FILOSOFIA
TEXTOS FUNDAMENTAIS COMENTADOS

CONSELHO EDITORIAL DE FILOSOFIA

Maria Carolina dos Santos Rocha (Presidente). Professora e Doutora em Filosofia Contemporânea pela ESA/Paris e UFRGS/Brasil. Mestre em Sociologia pela Escola de Altos Estudos em Ciências Sociais (EHESS)/Paris.

Fernando José Rodrigues da Rocha. Doutor em Psicolinguística Cognitiva pela Universidade Católica de Louvain, Bélgica, com pós--doutorados em Filosofia nas Universidades de Kassel, Alemanha, Carnegie Mellon, USA, Católica de Louvain, Bélgica e Marne-la-Vallee, França, *Professor Associado do Departamento de Filosofia da Universidade Federal do Rio Grande do Sul*

Lia Levy. Professora Adjunta do Departamento de Filosofia da Universidade Federal do Rio Grande do Sul. Doutora em História da Filosofia pela Universidade de Paris IV-Sorbonne, França. Mestre em Filosofia pela UFRJ

Nestor Luiz João Beck. Diretor de Desenvolvimento da Fundação ULBRA. Doutor em Teologia pelo *Concordia Seminary* de Saint Louis, Missouri, USA, com pós-doutorado em Teologia Sistemática no Instituto de História Europeia em Mainz, Alemanha. Bacharel em Direito. Licenciado em Filosofia.

Roberto Hofmeister Pich. Doutor em Filosofia pela Universidade de Bonn, Alemanha. Professor do Programa de Pós-Graduação em Filosofia da PUCRS.

Valerio Rohden. Doutor e livre-docente em Filosofia pela Universidade Federal do Rio Grande do Sul, com pós-doutorado na Universidade de Münster, Alemanha. Professor titular de Filosofia na Universidade Luterana do Brasil.

EQUIPE DE TRADUÇÃO

André Nilo Klaudat. Doutorado em Filosofia, University College London. Professor Adjunto da Universidade Federal do Rio Grande do Sul.

Darlei Dall'Agnol. Doutorado em Filosofia, University of Bristol. Professor Associado I da Universidade Federal de Santa Catarina.

Marco Antonio Franciotti. Doutorado em Filosofia pela University of London. Professor Adjunto IV da Universidade Federal de Santa Catarina.

Maria Carolina dos Santos Rocha. Doutorado em Filosofia Contemporânea pela ESA/Paris e Universidade Federal do Rio Grande do Sul.

Milene Consenso Tonetto. Doutorado em Filosofia pela Universidade Federal de Santa Catarina.

Nelson Fernando Boeira. Doutorado em História, Yale University. Professor na Universidade Federal do Rio Grande do Sul.

Roberto Hofmeister Pich. Doutorado em Filosofia, Bonn Universität. Professor na Pontifícia Universidade Católica do Rio Grande do Sul.

B715f BonJour, Laurence.
    Filosofia : textos fundamentais comentados / Laurence BonJour, Ann Baker ; consultoria e revisão técnica desta edição: Maria Carolina dos Santos Rocha, Roberto Hofmeister Pich. – 2. ed. – Porto Alegre : Artmed, 2010.
    776 p. ; 28 cm.

    ISBN 978-85-363-2119-6

    1. Filosofia. I. Baker, Ann. II. Título.

CDU 1

Catalogação na publicação: Renata de Souza Borges CRB-10/1922

LAURENCE BONJOUR
ANN BAKER

PROFESSORES DA UNIVERSIDADE DE WASHINGTON

FILOSOFIA
TEXTOS FUNDAMENTAIS COMENTADOS

2ª EDIÇÃO

Consultoria, supervisão e revisão técnica desta edição:
Maria Carolina dos Santos Rocha
Professora e Doutora em Filosofia Contemporânea pela ESA/Paris e UFRGS/Brasil
Mestre em Sociologia pela Escola de Altos Estudos em Ciências Sociais (EHESS)/Paris
Roberto Hofmeister Pich
Doutor em Filosofia pela Universidade de Bonn, Alemanha.
Professor do Programa de Pós-Graduação em Filosofia da PUCRS.

2010

© Obra originalmente publicada sob o título *Philosophical Problems: An Annotated Anthology*, Reprint, 2nd Edition.
ISBN 978-0-205-63947-2
Authorized translation from the English language edition, entitled PHILOSOPHICAL PROBLEMS: AN ANNOTATED ANTHOLOGY, reprint, 2nd Edition by Pearson Education, Inc., publishing as Prentice Hall, © 2008. All rights reserved. No part of this book may be reproduced or transmitted in any form or by any means, electronic or mechanical, including photocopying, recording or by any information storage retrieval system, without permission from Pearson Education, Inc.

Portuguese language edition published by Artmed Editora S.A., ©2010.

Tradução autorizada a partir do original em língua inglesa da obra intitulada PHILOSOPHICAL PROBLEMS: AN ANNOTATED ANTHOLOGY, reprint, 2ª edição por Pearson Education, Inc., sob o selo Prentice Hall, ©2008. Todos os direitos reservados. Este livro não poderá ser reproduzido nem em parte nem na íntegra, nem ter partes ou sua íntegra armazenado em qualquer meio, seja mecânico ou eletrônico, inclusive fotorreprografação, sem permissão da Pearson Education, Inc.

A edição em língua portuguesa desta obra é publicada por Artmed Editora S.A., ©2010.

Capa
Tatiana Sperhacke

Preparação de originais
Elisângela Rosa dos Santos

Leitura final
*Marcos Vinícius Martim da Silva e
Rafael Padilha Ferreira*

Editora Sênior – Ciências Humanas
Mônica Ballejo Canto

Projeto e editoração
Armazém Digital® Editoração Eletrônica – Roberto Carlos Moreira Vieira

Reservados todos os direitos de publicação, em língua portuguesa, à
ARTMED® EDITORA S.A.
Av. Jerônimo de Ornelas, 670 - Santana
90040-340 Porto Alegre RS
Fone (51) 3027-7000 Fax (51) 3027-7070

É proibida a duplicação ou reprodução deste volume, no todo ou em parte,
sob quaisquer formas ou por quaisquer meios (eletrônico, mecânico, gravação,
fotocópia, distribuição na Web e outros), sem permissão expressa da Editora.

SÃO PAULO
Av. Embaixador Macedo Soares, 10.735 - Pavilhão 5 - Cond. Espace Center
Vila Anastácio 05095-035 São Paulo SP
Fone (11) 3665-1100 Fax (11) 3667-1333

SAC 0800 703-3444

IMPRESSO NO BRASIL
PRINTED IN BRAZIL

Para Jen e David

APRESENTAÇÃO
À EDIÇÃO BRASILEIRA

O presente livro talvez possa ser considerado como um marco na história editorial brasileira no âmbito da filosofia. Afinal, ele oferece, em uma única e extensa edição, com diversas inovações metodológicas, textos-chave das principais áreas da filosofia como disciplina no ensino médio e em cursos de formação superior.

O grande empreendimento ora posto à disposição do público tem o intuito de ser, acima de tudo, um elemento de auxílio ao professor e ao aluno, mas presta-se, igualmente, ao leitor em geral que disciplina o seu estudo em uma área específica da filosofia ou deseja ganhar, também ele, uma formação abrangente extremamente atualizada e inequivocamente pertinente. O leitor é, portanto, o grande convidado aos Textos Fundamentais Comentados.

Tendo sido a empreitada de tradução e de revisão técnica desta obra uma tarefa de grande complexidade, muitos detalhes de facilitação para a leitura mostraram-se recomendáveis. Foi acrescentada à edição original certa quantidade de informações, visando essencialmente a estimular o estudo e deixar o leitor mais seguro no terreno em que se adentra. Para a melhor localização de tais esclarecimentos, o leitor encontrará, ao pé das páginas, Notas de Tradução (N. de T.) e/ou Notas de Revisão Técnica (N. de R.T.). Recomenda-se enfaticamente que elas sejam consultadas, pois objetivam tanto alertar sobre a expressão original para a qual o tradutor, não raro, teve de decidir de determinada maneira, havendo outras opções possíveis, quanto particularizar o entendimento do leitor acerca da questão exposta. Por vezes, esses esclarecimentos buscam preencher um hiato de pressupostos eventualmente ausentes ao público e cujo entendimento claro é exigido no prosseguimento da leitura.

Parte significativa e exaustiva da tarefa de revisão foi a de dar aos diversos textos versados ao português, por diferentes tradutores, a devida unificação no âmbito do possível. O principal fator unificador da linguagem de tradução foi o Glossário, que segue aquele da edição original. Além disso, para outros casos de expressões difíceis, que exigiram particular atenção, optou-se por adicionar um Léxico Seletivo Inglês-Português como Apêndice II.

No Apêndice III, os revisores técnicos decidiram deixar ao público leitor uma amostra do quanto a tarefa de traduzir pode exigir reflexão filosófica, mesmo nas situações em que, de início, não se esperava que isso ocorresse. Por motivos que ficarão mais claros à medida que o leitor avançar neste volume, *All bachelors are unmarried* – Uma nota sobre filosofia e tradução, ilustra que a precisão na tradução, mesmo sob crítica dos pares e sob intensa ponderação, pode ficar aquém do esperado.

Resta desejar a todos boa leitura e espírito crítico. O juízo dos bons leitores continua sendo o melhor instrumento para o aperfeiçoamento das obras que lhe são oferecidas e de suas respectivas traduções.

Dra. Maria Carolina dos Santos Rocha
Dr. Roberto Hofmeister Pich

SUMÁRIO

Apresentação à edição brasileira vii
Prefácio 13
Prefácio à segunda edição 18

1 O que é a filosofia? 21
Ann Baker – *Introdução ao pensamento filosófico* 22
Platão – *Eutífron* 40
Platão – *Apologia* 50
Bertrand Russell – *O valor da filosofia* 62

2 Conhecimento e ceticismo 68
Temos conhecimento do mundo exterior? 73
René Descartes – *Meditações sobre filosofia primeira* 73
John Locke – *Um ensaio sobre o entendimento humano* 93
George Berkeley – *Três diálogos entre Hilas e Filono* 106
Thomas Reid – *Realismo direto*, extraído dos *Ensaios sobre
os poderes intelectuais do homem* 131
Laurence BonJour – *Conhecimento do mundo exterior*, extraído de
Epistemologia: problemas clássicos e respostas contemporâneas 142
Sexto Empírico – *Linhas gerais do pirronismo* 160
Diálogo conclusivo sobre o problema do mundo exterior 163

É a indução justificada? 166
David Hume – *Uma investigação sobre o entendimento humano* 166
Wesley Salmon – *O problema da indução*, extraído de
Os fundamentos da inferência científica 175
A.C. Ewing – *O a priori e o empírico*, extraído de *As questões fundamentais da filosofia* 188
Diálogo conclusivo sobre o problema da indução 195

3 Mentes e corpos 199
As mentes e os estados mentais são
distintos dos corpos e dos estados materiais? 205
John Foster – *Uma defesa do dualismo* 205
J.J.C. Smart – *Sensações e processos cerebrais* 211
Jerry Fodor – *O problema mente-corpo* 217

Os estados mentais intencionais são análogos
aos estados de um computador? 229

A.M. Turing – *Maquinário computacional e inteligência* 229
John R. Searle – *A mente do cérebro é um programa de computador?* 232
Jerry Fodor – *Searle sobre O que só os cérebros podem fazer* 239
John R. Searle – *A resposta do autor* 243

O materialismo pode explicar a consciência qualitativa? 245

Thomas Nagel – *Como é ser um morcego?* 245
Frank Jackson – *O que Mary não sabia* 251
Laurence BonJour – *Como é ser um humano (em vez de ser um morcego)?* 255
David Lewis – *Sabendo como é* 258
David J. Chalmers – *O enigma da experiência consciente* 260
Diálogo conclusivo sobre o problema mente-corpo 266

4 Identidade pessoal e vontade livre 271

Identidade pessoal 277

John Locke – *Identidade pessoal* 277
Thomas Reid – *Sobre a explicação do Sr. Locke acerca da identidade pessoal* 283
Bernard Williams – *O eu e o futuro* 286
Derek Parfit – *Identidade pessoal* 296
Diálogo conclusivo sobre a identidade pessoal 309

As ações humanas são genuinamente livres? 314

O determinismo rígido 314

Robert Blatchford – *Uma defesa do determinismo rígido*, extraído de
Pessoas inocentes: uma defesa da ralé 314

Compatibilismo 320

David Hume – *Da liberdade e da necessidade*, extraído
de *Uma investigação sobre o entendimento humano* 320
W.T. Stace – *Uma explicação sobre a compatibilidade entre
vontade livre, religião e pensamento moderno* 329
Paul Edwards – *Determinismo rígido e suave* 335
Harry Frankfurt – *Liberdade da vontade e o conceito de pessoa* 340

Libertarismo 350

C.A. Campbell – *Em defesa da vontade livre* 350
Robert Nozick – *Escolha e indeterminismo*, extraído de *Explicações filosóficas* 357
Robert Kane – *Vontade livre e ciência moderna* 363

De volta ao determinismo rígido? 374

Galen Strawson – *Vontade livre* 374
Diálogo conclusivo sobre a vontade livre 385

5 Moralidade e problemas morais 392

Qual é a melhor teoria da moralidade? 396

Jeremy Bentham – *Uma introdução aos princípios da moral e da legislação* 396
John Stuart Mill – *Utilitarismo* 403
J.J.C. Smart – *Utilitarismo extremo e utilitarismo restrito* 410
Bernard Williams – *Uma crítica ao utilitarismo* 416
Peter Singer – *Fome, afluência e moralidade* 424

Concepções deontológicas: a moralidade depende de deveres e direitos 430

Immanuel Kant – *Fundamentação da metafísica dos costumes* 430
Onora O'Neill – *As perplexidades morais do alívio da fome* 441
David T. Ozar – *Direitos: o que eles são e de onde eles vêm* 455
Judith Jarvis Thomson – *Uma defesa do aborto* 468

A ética da virtude: a moralidade depende de traços de caráter 480

Aristóteles – *Ética a Nicômaco* 480
Rosalind Hursthouse – *A ética normativa da virtude* 493
Rosalind Hursthouse – *Teoria da virtude e aborto* 503

Desafios à moralidade: relativismo e egoísmo 509

James Rachels – *O desafio do relativismo cultural* 509
Joel Feinberg – *Egoísmo psicológico* 517
Platão – *Ficamos melhor por nos comportarmos moralmente ou imoralmente?* 525
Diálogo conclusivo sobre moralidade e problemas morais 533

6 A legitimidade do governo e a natureza da justiça 540

Qual é a justificação para o governo? 542

Thomas Hobbes – *O contrato social*, extraído de *Leviatã* 542
John Locke – *O contrato social*, extraído de *Segundo tratado sobre o governo* 553
David Hume – *Do contrato original* 565

O que é justiça social? 572

Robert Nozick – *A teoria da justiça em termos de intitulamento*, extraído de *Anarquia, estado e utopia* 572
John Rawls – *A justiça como equidade*, extraído de *Teoria da Justiça* 582
Robert Nozick – *Uma crítica de Rawls*, extraído de *Anarquia, estado e utopia* 596
Thomas M. Scanlon – *Nozick sobre direitos, liberdade e propriedade* 603
Diálogo conclusivo sobre governo e justiça 614

7 Deus é fé 621

Deus existe? 624

O argumento cosmológico 624

São Tomás de Aquino – *As cinco vias*, extraído de *Suma teológica* 624
Samuel Clarke – *O argumento cosmológico*, extraído de *Demonstração da existência e dos atributos de Deus* 627
David Hume – *Problemas com o argumento cosmológico*, extraído de *Diálogos sobre a religião natural* 630

O argumento do desígnio 634

William Paley – *O argumento do desígnio*, extraído de *Teologia natural* 634
Stephen Jay Gould – *O polegar do panda* 642
David Hume – *Problemas com o argumento do desígnio*, extraído de *Diálogos sobre a religião natural* 647
Antony Flew – *Crítica do argumento global a partir do desígnio* 661

O argumento ontológico **665**
Santo Anselmo – *O argumento ontológico*, extraído de *Proslógio* 665
René Descartes – *O argumento ontológico* 667
Immanuel Kant – *A impossibilidade de uma prova antológica da existência de Deus* 669

Um argumento contra a existência de Deus: o problema do mal **672**
David Hume – *O problema do mal*, extraído de *Diálogos sobre a religião natural* 672
J.L. Mackie – *Mal e onipotência* 683
John Hick – *O problema do mal*, extraído de *Filosofia da religião* 690

Devemos ter razões para crer em Deus? **696**
Walter Kaufmann – *A aposta de Pascal* 696
William James – *A vontade de crer* 698
Diálogo conclusivo sobre Deus e a fé 709

8 A vida boa 717
Epicteto – *O manual de Epicteto* 718
Robert Nozick – *A máquina de experiência* 724
Thomas Nagel – *O absurdo* 727
Susan Wolf – *Felicidade e sentido: dois aspectos da vida boa* 734
Diálogo conclusivo sobre a vida boa 749

Apêndices **753**
Glossário **762**

PREFÁCIO

Este livro surgiu da nossa insatisfação e inclusive de uma frustração ocasional com os tipos de livros que estão normalmente à disposição para um curso padrão introdutório de filosofia organizado por tópicos. Acreditamos que – e mostraremos isso no trabalho que segue – os livros-texto elaborados por um único autor oferecem aos estudantes pouco contato com as fontes filosóficas originais e não logram transmitir-lhes adequadamente o caráter da filosofia, inerentemente controvertido e dialético; as antologias, por sua vez, mesmo com os tipos de ajuda que elas usualmente oferecem para a compreensão, mostram-se muito difíceis para o entendimento adequado de vários alunos. Em vez disso, o que oferecemos são textos fundamentais comentados, que propõem aos alunos muito mais ajuda do que as antologias tradicionais para a sua compreensão das leituras selecionadas, bem como da estrutura geral das questões filosóficas que estão sendo discutidas.

A CONCEPÇÃO CENTRAL DE *FILOSOFIA: TEXTOS FUNDAMENTAIS COMENTADOS*

Acreditamos que aquilo que os alunos iniciantes realmente precisam não é de mais ajuda do mesmo tipo que lhes tem sido comumente fornecida, mas sim de um tipo de ajuda fundamentalmente diferente. O que eles mais necessitam é de uma assistência bem mais detalhada e específica com as seleções de leitura individual e, sobretudo, com sua *estrutura* argumentativa e dialética: uma espécie de guia continuado para o leitor que o ajudará a encontrar seu caminho através de uma seleção específica; a entender melhor o que um autor está dizendo (em uma linguagem talvez não familiar); a ver como os detalhes encaixam-se em um conjunto; a compreender por que uma objeção específica é apropriada em dado lugar; a perceber quando um autor está expondo seu próprio ponto de vista e quando ele está respondendo a uma crítica imaginada, e assim por diante.

Procuramos oferecer uma ajuda desse tipo. Parte dela pode ser encontrada nas introduções aos capítulos e nas leituras individuais. Contudo, a parte mais crucial dessa ajuda constitui-se no mais novo elemento deste livro: os comentários detalhados que incluímos em cada seleção (juntamente com as questões de discussão com as quais estão intimamente relacionadas e que se encontram a seguir). Nossa principal preocupação ao escrever esses comentários foi a de perguntar que tipo de ajuda ou de orientação um estudante padrão necessitaria em um ponto específico do texto: uma explicação de um conceito, uma referência para uma questão discutida em outro lugar (naquela seleção ou em alguma outra), uma pergunta crítica ou objeção sobre a qual pensar, uma elaboração ulterior e um esclarecimento do ponto em questão, ou talvez somente uma reafirmação ou um resumo mais claro do que o filósofo está fazendo no texto (e por que).

Somado a isso, buscamos editar as seleções de tal modo que expusessem as principais linhas dos argumentos, extraindo material que, embora interessante por si mesmo, é, de uma maneira ou outra, demasiadamente tangencial, remoto ou inacessível para os alunos iniciantes. À diferença de outros organizadores, não vemos nenhuma vantagem real em apresentar aos alunos, em nível introdutório, os textos filosóficos "completos", quando isso significa que as partes em que se espera objetivamente sua compreensão são obscurecidas por outras cujo ponto é difícil de discernir – e que, efetivamente, não vale a pena explicar no tempo limitado disponível em um curso introdutório. Procuramos igualmente escolher e selecionar as leituras de uma maneira que reflita, tão claramente quanto possível, os modos pelos quais as questões desenvolvem-se e que os diferentes autores possam ser vislumbrados como dialogando entre si. (O exemplo mais extremado ocorre no Capítulo 7, em que escolhemos dividir o material dos *Diálogos sobre a religião natural*, de Hume, em três seleções separadas que correspondem aos três tópicos centrais discutidos por esse autor, colocando-os nas subseções correspondentes com outras seleções que tratam dos mesmos tópicos, em vez de delegar sua seleção ao estudante ou ao instrutor.)

Nosso principal objetivo é capacitar os alunos a pensar juntamente *com* Platão, ou Locke, ou Searle ou quem quer que lhes seja proposto: absorvendo suas ideias e discutindo-as com eles enquanto leem, em vez de tentar assimilar passivamente aquilo que não sabem sequer o que é. Acreditamos que o resultado seja uma antologia com algumas das virtudes de um livro-texto que os encoraja a lidar com as fontes originais ao dar-lhes uma ajuda mais específica para esse propósito e ao apontar as atitudes filosóficas características e os hábitos mentais que se refletem nas leituras e que eles necessitam adquirir para si próprios. Em vez de apresentar tão somente ao estudante um esboço da dialética filosófica como se faz, em geral, tanto nos livros-texto quanto nas introduções das antologias, procuramos mostrar-lhes de fato como a dialética é verdadeiramente discernível por meio das leituras.

No Capítulo 1, o ensaio intitulado "Introdução ao pensamento filosófico" explica a concepção bastante antiquada da filosofia que se reflete no restante do livro. Essa concepção é autoconscientemente crítica e analítica, focando sobre argumentos, objeções, distinções, contraexemplos, definições, e assim por diante. Pensamos que este seja um relato preciso do melhor pensamento filosófico, mas também é particularmente bom para uma introdução à filosofia. Além de esboçar uma maneira de pensar que faz uma boa apresentação das questões clássicas da filosofia, oferece aos alunos as habilidades intelectuais que os ajudarão a entender o que se passa nas seleções de leitura, além de lhes fornecer algumas diretrizes concretas para suas próprias contribuições positivas aos trabalhos do curso, quer eles estejam pensando *ativamente* sobre as questões e ideias, quer estejam discutindo-as – dentro ou fora da sala de aula –, respondendo às perguntas de provas ou escrevendo um ensaio. O objetivo central não é mais simplesmente:

- aprender filosofia (o que quer que *isso* signifique), mas sim
- aprender como ler, escrever e discutir tópicos filosóficos por meio da avaliação de argumentos, da resposta a objeções, da explicação das relações entre as diferentes abordagens, cada uma delas pretendendo responder às questões filosóficas atuais.

Características do livro

- No Capítulo 1, iniciamos com **"Introdução ao Pensamento Filosófico"**, uma introdução geral que elabora uma concepção bastante tradicional da filosofia que dá ênfase às estratégias básicas da argumentação. Esse ensaio apresenta aos alunos os elementos fundamentais do pensamento filosófico que, se for trabalhado por eles, se transformará na sua segunda natureza, incluindo também uma discussão ampliada de como ler duas amostras de passagens filosóficas (que aparecerão posteriormente neste livro).

- A **introdução a cada capítulo** descreve a questão ou as questões principais nele discutidas e oferece um esboço da estrutura dialética principal refletida nas seleções que se seguem. Levando em consideração que o aluno ainda não está em posição de entender as questões nos seus mínimos detalhes, procuramos manter essas introduções bastante breves – embora o teor dessa brevidade varie de acordo com a extensão e a complexidade do capítulo. Nossa expectativa é a de que os estudantes serão capazes de ter uma visão panorâmica inicial a partir dessas introduções, mas que eles sejam capazes de entendê-la completamente somente *após* haver trabalhado o capítulo do começo até o fim – momento no qual eles farão um resumo proveitoso.

- A parte mais importante do livro é uma **coleção** razoavelmente **básica de leituras filosóficas**, tanto histórica quanto contemporânea. Ambas foram cuidadosamente escolhidas e editadas na tentativa de focar as principais questões e linhas de argumentação.

- A **introdução para cada sessão** descreve brevemente o histórico do autor e explica sua relevância nessa seleção. Essas introduções algumas vezes também procuram antecipar questões específicas ou problemas nos quais os estudantes poderiam necessitar de uma ajuda maior.

- As **anotações** que acompanham cada seleção têm como principal objetivo ajudar o estudante a conseguir ver e avaliar a estrutura detalhada da própria leitura: seus argumentos, suas transições, suas nuanças.

- Cada seleção é seguida por um conjunto de **questões para discussão**, geralmente bastante detalhadas, que visam a estimular o estudante a prosseguir pensando sobre várias questões suscitadas por essa seleção, incluindo aquelas que se relacionam com outras seleções. (Estas com frequência desenvolvem de maneira mais completa questões ou temas que surgiram inicialmente nas anotações.)

- O apêndice intitulado **"Redigindo um Ensaio Filosófico"** tem por objetivo ensinar aos estudantes como escrever seus primeiros trabalhos filosóficos, os quais refletem os hábitos da mente e as estruturas argumentativas e dialéticas que eles estão aprendendo.

- O **glossário**, apresentado no final do livro, oferece elaborações ulteriores a respeito de termos e conceitos explicados em outros lugares e propõe igualmente um resumo útil dos principais conceitos e posições discutidas no livro. Os negritos no texto indicam os itens que estão no glossário – algumas vezes em formas gramaticais variantes. (Procuramos ser seletivos quanto ao uso desse negrito, aplicando-o apenas quando não é demasiadamente repetitivo e quando, ao que tudo indica, provavelmente será útil.)

Em acréscimo a isso, o conteúdo *on-line*, disponível em www.artmed.com.br, inclui recursos adicionais para os estudantes que usam *Filosofia: textos fundamentais comentados*, com instrumentos filosóficos únicos, treinos interativos com questões de provas e um *link* de rede para cada capítulo.

Mais detalhes sobre a motivação deste projeto

Como já mencionado, os livros até agora organizados por tópicos à disposição para um curso de introdução à filosofia situam-se em duas classes principais. Por um lado, existem livros-texto escritos por um único autor (ou, às vezes, por dois ou mais autores trabalhando juntos). Eles têm a virtude de apresentar uma abordagem das questões filosóficas que é coerente, orientada deliberadamente para estudantes iniciantes, e que se expressa em uma linguagem e uma terminologia modernas. Mas eles apresentam também defeitos flagrantes. Em primeiro lugar, um curso que usa um livro-texto oferece aos estudantes pouca experiência no processo de examinar satisfatoriamente as fontes filosóficas originais, tanto históricas quanto contemporâneas, e ater-se a elas. Alguns itens desse tipo podem ser adicionados como uma espécie de suplementos e até mesmo incluídos no livro-texto. Contudo, o foco central fica por conta, inevitavelmente, das questões e dos argumentos oferecidos pelo autor ou pelos autores. Em segundo lugar, e o que é ainda mais importante, um livro-texto tende, na sua maior parte, a descrever as posições e os argumentos filosóficos vistos de fora, de segunda mão, em vez de participar realmente dos vários lados de uma discussão filosófica. Assim, os estudantes obtêm pouco do sabor característico da controvérsia filosófica ou dos modos pelos quais os filósofos efetivamente pensam e argumentam – pouco da sensação do caráter essencialmente *dialético* da filosofia. Uma consequência ulterior é que a oportunidade dos alunos em começar a participar da discussão filosófica e a desenvolver hábitos mentais filosóficos por si mesmos fica seriamente limitada porque eles não estão realmente expostos a exemplos do debate filosófico vivo: filósofos reais, discutindo de fato e criticando-se uns aos outros.

A alternativa é, obviamente, uma antologia composta por um amontoado de seleções de trabalhos filosóficos vigentes, tanto históricos quanto contemporâneos, juntamente com introduções editoriais e talvez com a ajuda de questões para estudo ou de um glossário. Aqui os estudantes estão expostos às fontes filosóficas originais com uma vantagem, e o caráter argumentativo e dialético da filosofia está amplamente representado – para aqueles capazes de percebê-lo. Mas exatamente aqui se encontra o problema. Os escritos filosóficos vigentes são notoriamente muito difíceis para os alunos iniciantes. Eles se dirigem a outros filósofos e não propriamente aos novatos, empregam uma terminologia técnica que pode ser bastante espinhosa e, geralmente, provêm de períodos anteriores nos quais a linguagem e o estilo eram muito diferentes. Por isso, muitas ou mesmo a maior parte das seleções em uma antologia tradicional são fragmentos que um aluno iniciante simplesmente não pode ler de uma maneira proveitosa sem uma ajuda considerável. Normalmente, alguma ajuda é oferecida na própria antologia, mas, na nossa opinião, ela é quase sempre inadequada para muitos, se não para a maioria dos estudantes. Considerando suas limitações, as introduções mais comuns para as questões e os métodos filosóficos, assim como para um conjunto específico de leituras são boas; porém, no que diz respeito à nossa experiência, não o são o bastante para possibilitar aos estudantes comuns ler e entender concretamente peças representativas de escritos filosóficos de um modo que os coloque em uma posição de pensar sobre elas e avaliá-las.

Há dois lados para esse problema. Em primeiro lugar, os estudantes necessitam de maior ajuda com os detalhes específicos de uma seleção e, de um modo mais considerável, em relação à sua estrutura. Eles devem ter a capacidade de ver como as questões e os argumentos específicos que a seleção de textos discute relacionam-se uns aos outros e à questão mais ampla que é sua preocupação fundamental. Com muita frequência, os estudantes que têm ao menos uma compreensão rudimentar do ponto central que a seleção de textos pretende apresentar encontram-se completamente incapazes de ver por que *este* assunto específico é tratado *neste* lugar específico ou por que *este* outro assunto específico segue-se logo após. As indicações estruturais que o autor oferece são, com frequência, ou demasiadamente sutis ou expressas de um modo que o estudante é incapaz de apreender. (Um problema colateral é que diversos escritos filosóficos, sobretudo aqueles que são inéditos, incluem muitas digressões de vários tipos que um aluno iniciante não pode esperar compreender, incluindo referências a trabalhos ou a autores desconhecidos.) Em segundo lugar, a maioria dos alunos necessita de uma ajuda específica para entender o *ponto principal* de muitas discussões filosóficas. Existem certos modos de pensar que os filósofos tomam como conhecidos, hábitos mentais que não são, de forma alguma, óbvios para a grande parte dos alunos de primeiro ano. Especialmente a posição crítica que a maioria dos filósofos adota até mesmo quanto às próprias ideias, a busca constante de argumentos, objeções e respostas, são estranhas para a maioria dos estudantes e bastante artificiais para muitos deles.

Quando esses dois problemas combinam-se, o resultado da leitura dos textos de filosofia não é esclarecedor, mas sim confuso e frustrante. Uma das queixas mais frequentes que ouvimos é "Fiz todas as leituras, mas não tenho ideia do que estou procurando". Muitas vezes, os estudantes sentem-se intimidados pela filosofia, acreditando que se trata de algo muito "secreto" ou "inescrutável", e esses receios confirmam-se quando as leituras parecem opacas, quando o estudante não consegue ver a questão intelectual da qual os diferentes autores estão tratando, ou de como eles se reportam uns aos outros. Outros estudantes ficam ainda convencidos de que a filosofia é trivial ou irrelevante – e tanto esse enfoque quanto o anterior tem a mesma origem: a opacidade inicial da leitura, a qual é resultado direto de uma dificuldade do material que se acrescenta à falta de compreensão, por parte do aluno, da estrutura argumentativa e dialética, bem como à sua inexperiência com os hábitos mentais típicos dos filósofos. Enquanto a maioria dos estudantes continuará a tentar realizar as tarefas acadêmicas, poucos continuarão, em tais condições, a ler de uma maneira séria, reflexiva, cuidadosa. Ao invés disso, a esterilidade percebida a partir de seus esforços irá levá-los a uma espécie de abordagem passiva, sem engajamento à leitura que é, em última instância, inútil.

Um bom professor pode, sem dúvida, ajudar muito na resolução desses problemas. No entanto, até mesmo o melhor professor terá dificuldades em explicar claramente o texto de um escrito filosófico aos estudantes que se mostraram incapazes de lê-lo suficientemente bem por si próprios, compreendendo os pontos específicos e as questões às quais se refere o professor. Na verdade, o que se necessita com frequência é de algo assim: no início, o professor apresenta cuidadosamente uma dada seleção, pede que os estudantes a leiam, fala um pouco mais sobre ela, pede que a leiam novamente e, por último, discute-a de uma maneira que pressupõe que eles a tenham compreendido relativamente na sua totalidade. Todavia, não se tem tempo em um curso introdutório para se fazer isso muito seguidamente, pelo menos não em um curso que abrange uma quantidade razoável de material, embora qualquer coisa menos do que isso tenha pouca chance em obter sucesso para muitos dos estudantes. Além disso, e este é realmente um ponto central, o trabalho do professor não deveria ser tão difícil, uma vez que o próprio livro deveria oferecer aos estudantes mais ajuda. Isso é o que procuramos fazer.

O valor do estudo da filosofia

Nossa convicção é a de que ensinar aos estudantes como fazer filosofia de um modo estimulado por este livro também pode ajudá-los a desenvolver habilidades mais amplas. Mesmo aquele estudante que não se engaje em um conteúdo específico de filosofia deveria desenvolver algumas habilidades poderosas e extremamente valiosas: amplas capacidades para um pensamento crítico, criativo e reflexivo. Essas habilidades fornecerão uma base excelente a partir da qual o estudante pode continuar a pensar criticamente sobre inúmeros tópicos – incluindo até mesmo essa abordagem à própria filosofia.

Dessa forma, nosso livro baseia-se na suposição de que existem modos básicos de pensamento filosófico, hábitos mentais filosóficos, que esses hábitos podem ser ensinados, mas que, como todos os hábitos, não apenas relatando aos alunos o que eles são. Esses hábitos mentais precisam ser exercitados em textos filosóficos. Nosso livro oferece as leituras e os instrumentos pedagógicos com os quais os alunos podem exercitar e, por conseguinte, adquirir esses hábitos mentais filosóficos.

Quando cada um de nós, há bastante tempo, começou a ensinar filosofia como estudantes entusiasmados de graduação, estávamos convencidos de que tudo o que devia ser feito era encontrar um caminho para abrir os olhos dos estudantes para a filosofia. Uma vez que isso tivesse sido feito, qualquer estudante veria que a filosofia é profundamente fascinante. Embora não mais acreditemos que todos os estudantes serão fascinados pela filosofia (já examinamos, em demasia, avaliações de alunos para continuar a acreditar nisso!), nós ainda acreditamos que qualquer estudante pode colher importantes benefícios ao seguir um curso de introdução à filosofia. De acordo com os relatos de muitos alunos, estudar filosofia ensinou-os que o aprendizado mais importante não consiste em unicamente memorizar grande quantidade de fatos. Eles chegaram à conclusão de que a habilidade para pensar de maneira clara, com uma apreciação pela sutileza e nuança, é fundamental para uma realização intelectual efetiva e alegam que o estudo da filosofia habilita-os a navegar inteligentemente através de áreas turbulentas, em vez de insistir no fato de que todos os debates devam ser categorizados em termos rigidamente definidos como "branco-e-preto". Graças a isso, eles reconhecem a filosofia como uma matéria das mais valiosas e relevantes de toda a sua carreira acadêmica – porque reconhecem que as decisões mais importantes que fazemos na vida exigem exatamente esse tipo de sutileza de pensamento.

Agradecimentos

No que diz respeito à concepção do livro, nosso maior débito de gratidão dirige-se, ao longo dos anos, a todos os nossos alunos: na University of Texas, em Austin; na State University of New York, em Stony Brook;

na Illinois Wesleyan University e na University of Washington. Sem seus esforços, algumas vezes ansiosos, muitas vezes intrigados, mas geralmente conscienciosos para abraçar com seriedade os conteúdos das várias antologias, nunca teríamos sido motivados a pensar nessa abordagem alternativa. Somos gratos aos nossos colegas nos Departamentos de Filosofia na University of Washington e, em especial, a Ken Clatterbaugh, David Keyt, Charles Marks, Angela Smith e Bill Talbott, por seu apoio, seus conselhos e comentários durante o processo de preparação deste livro (e pela ajuda dada em um remoto predecessor destes textos comentados).

No que diz respeito tanto ao desenvolvimento e refinamento da concepção quanto ao trabalho efetivo da criação do livro, temos uma imensa dívida de gratidão para com Marion Castelluci, nossa supervisora editorial: corajosa e infatigavelmente, ela leu a integralidade das seleções de leitura, bem como suas anotações correspondentes e as questões para discussão – além das introduções, do glossário, do apêndice e do prefácio – e proporcionou os indispensáveis comentários para cada aspecto do livro, assim como o valioso e altamente apreciado suporte moral durante a trajetória. Sem a sua contribuição, o livro seria muito diferente, ou talvez nem mesmo teria chegado ao seu fim. Priscilla McGeehon, nossa editora na Longman, contribuiu igualmente com uma ajuda valiosa e incentivadora: por meio de sua firme e entusiasmada confiança no projeto, de seu firme mas flexível manejo dos prazos de entrega, e pelo fornecimento do material de apoio de todos os tipos.

Gostaríamos ainda de agradecer àqueles que receberam o projeto e o texto nos seus vários estágios e apresentaram comentários e sugestões úteis (muitos dos quais não fomos capazes de aproveitar nesta edição): David Benfield, Montclair State University; Andrei A Buckareff, University of Rochester; Todd Buras, Baylor University; Susanne D. Claxton, Oklahoma State University; Matti Eklund, University of Colorado at Boulder; Todd S. Ganson, Oberlin College; Philip Goldstein, University of Delaware; Richard V. Greene, Weber State University; Peter Hutcheson, Texas State University; Jason Kawall, University of Tennessee at Chattanooga; Glen Kuhen, Mississippi State University; David Lefkowitz, University of Maryland; Dorothea Lotter, Wake Forest University; Marc Moffet, University of Wyoming; Hilde L. Nelson, Michigan State University; Walter Ott, East Tennessee State University; William Richards, University of Dayton; Teresa J. Robertson, University of Kansas; Peter Ross, California State Polytechnic University-Pomona; Samuel Ruhmkorff, Simon's Rock College; Edward L. Schoen, Western Kentucky University; Renée Smith, Coastal Carolina University; John Uglietta, Gran Valley State University; David Weberman, Georgia State University; Chase B. Wrenn, University of Alabama; David J. Yount, Mesa Community College; e John Zeis, Canisius College.

Laurence BonJour
Ann Baker

PREFÁCIO À SEGUNDA EDIÇÃO

Nesta edição, fizemos um grande número de mudanças com o propósito de melhorar as leituras e tornar o livro, como um todo, bem mais "amigável-para-o-uso" dos estudantes. As principais modificações são apresentadas a seguir.

Em primeiro lugar, a ordenação das leituras não foi significativamente alterada. A ordem dos capítulos foi mudada. Esta nos pareceu como um pouco mais lógica ao colocar inicialmente o capítulo da epistemologia (que se inicia com Descartes) e, seguindo-se a ele, dois capítulos sobre questões metafísicas. A seção sobre a identidade pessoal foi retirada do capítulo da filosofia da mente e combinada em um capítulo com o anterior sobre o livre-arbítrio, formando assim um capítulo sobre questões metafísicas relativas ao conceito de pessoa. O capítulo sobre a filosofia da religião foi recolocado, de modo mais lógico, logo após os capítulos sobre problemas morais e questões políticas e antes do capítulo de encerramento sobre o significado da vida. Foram adicionadas algumas novas seleções e outras foram eliminadas. As mudanças mais significativas estão no capítulo sobre epistemologia, cujas seções demasiadamente extensas sobre a indução e o conhecimento *a priori* foram reduzidas a uma só, com a indução como o tópico, mas dando-se ainda alguma atenção ao *a priori*. Na seção do livre-arbítriro, no capítulo da identidade pessoal e do livre-arbítrio, seleções de pontos de vista relativamente recentes e amplamente discutidos (os de Frankfurt e Kane) foram acrescidos e outros retirados para abrir espaço. No capítulo sobre moralidade, a seção separada mas demasiadamente breve sobre problemas morais foi retirada e substituída por seleções ilustrativas sobre problemas morais nas seções que discutem as três principais teorias morais (duas delas já se encontravam no livro e outras duas são novas). Outros acréscimos incluem uma seleção sobre o ceticismo de Sextus Empiricus e uma seleção de Santo Anselmo, apresentando sua versão do argumento ontológico. Além disso, todas as leituras foram cuidadosamente reeditadas, muitas delas sendo diminuídas significativamente, tornando assim as tarefas de leitura bem mais fáceis de serem tratadas.

Em segundo lugar, as introduções dos capítulos e seleções, as anotações e as questões para discussão foram minuciosamente reconsideradas e, com frequência, revisadas substancialmente, com alguns tópicos nas últimas duas categorias eliminados e alguns outros acrescidos. Além disso, as anotações agora foram classificadas em várias categorias mais importantes, indicadas por ícones, de modo que, esperamos, virão a ser úteis e instrutivas para os estudantes que as utilizem. (Observem a introdução separada para as anotações.) Uma outra mudança que nos agrada muito é que agora as anotações aparecem nas margens do texto, em vez de serem colocadas dentro das leituras, de um modo que era no mínimo desajeitado. Ao glossário também foram feitas algumas pequenas mudanças e revisões.

Em terceiro lugar, o ensaio introdutório "Introdução ao Pensamento Filosófico" foi revisado, principalmente pelo acréscimo de uma ponderação sobre duas passagens vigentes (extraídas de duas leituras no texto).

Em quarto lugar, um novo aspecto do livro é a dos "Diálogos Conclusivos" que aparecem após todos os capítulos, exceto no Capítulo 1 – ou, no caso dos Capítulo 2 e 4, depois das seções mais importantes. Esses diálogos têm vários objetivos: oferecer uma revisão do material contido do capítulo; em alguns casos, levantar questões que nos pareceram importantes e que não haviam sido levantadas ou, pelo menos, não pontuadas de maneira suficientemente clara nas leituras; oferecer alguma tentativa de avaliação dos vários pontos de vista e sugestões quanto aos resultados da questão geral; conduzir, talvez um pouco melhor, o caráter essencialmente dialético e dialógico do questionamento filosófico. Nesses diálogos, sentimo-nos um pouco mais livres em oferecer nossos próprios pontos de vista – pontos de vista dos quais estudantes e professores são, obviamente, estimulados a discordar como quiserem. Sugerimos ainda que os diálogos possam fornecer uma boa base para tarefas de redação nas quais os estudantes podem começar por algum ponto nos diálogos e procurar, então, apresentar uma visão alternativa de como as discussões poderiam ter ocorrido, acrescentando novos argumentos, novas objeções ou até mesmo novos participantes. (Os dois personagens nos diálogos refletem até certo grau os pontos de vista dos dois autores, embora isso seja no máximo aproximativo, e refletem tanto simplificações quanto modificações no interesse de uma discussão mais acessível e mais participativa.)

AGRADECIMENTOS ADICIONAIS

Ao preparar esta revisão, contamos com o auxílio e agradecemos os comentários e as sugestões de várias pessoas. Dentre aqueles que mais ajudaram, encontram-se os alunos de graduação – em Washington – que estudaram filosofia com base na primeira edição: Renee Conroy, Karen Mazner, Jason Benchimol, Joe Ricci, Monica Aufrecht, David Alexandre e Ali Hasan. Recebemos também comentários que muito nos ajudaram no que diz respeito aos Diálogos Conclusivos do Capítulo 5 por parte de Angela Smith e Karen Mazner; Renee Conroy leu e comentou extensivamente cinco dos Diálogos Conclusivos, sugerindo uma grande quantidade de valiosos refinamentos e melhorias. Agradecemos aos revisores da primeira edição publicada, cujos comentários de avaliação guiaram nossa preparação para a segunda edição: Harry Adams, Prairie View A & M University; Bryan Benham, University of Utah; Sara Chant, Florida State University; Evelyn Deluty, Nassau Community College; Craig Duncan, Ithaca College; Joan Esposito, Nassau Community College; Richard Greene, Weber State University; Gary Ostertag, Nassau Community College; Jamie Phillips, Clarion University; Hans von Rautenfeld, University of South Carolina; Harvey Sigel, University of Miami; e John Uglietta, Grand Valley State University. Finalmente, somos muito gratos a Eric Stano, nosso editor na Longman, por seu inesgotável entusiasmo sobre este livro, sua confiança em nossas ideias e julgamento, assim como suas valiosas sugestões sobre pontos muito diferentes.

PARA O ESTUDANTE:
UMA INTRODUÇÃO ÀS ANOTAÇÕES

A finalidade das anotações é a de ajudá-lo a compreender melhor o que ocorre nas seleções de leitura, algumas vezes difíceis. As introduções podem ajudar, mas seguidamente existe algo que pode ser dito de maneira útil em um ponto específico de uma seleção e que não se pode tornar claro antes que você tenha lido até esse ponto e esteja tentando compreender essa passagem específica. Nossa intenção ao escrever as anotações foi essencialmente a de imaginar que estávamos ao seu lado enquanto você lia, talvez na posse de uma espécie de caneta a laser que, de alguma forma, estivesse em conexão com os seus olhos e pudéssemos localizar exatamente em que ponto da leitura você se encontrava. Nessa situação, quando havia algum tipo de ajuda a dar e sentíamo-nos tentados a cochichá-la no seu ouvido, incluímos aí uma anotação correspondente.

Existem várias situações diferentes que ocorrem nas anotações, as quais correspondem aos diferentes tipos de ajuda de que você pudesse necessitar ou, ao menos, ser-lhe benéfica. Talvez o que mais aconteça é que a justificativa das anotações é simplesmente a de tornar uma passagem difícil mais clara ao reformular ou resumir o que está acontecendo, buscando torná-lo mais acessível. Contudo, há outros lugares nos quais ocorrem situações distintas. Acreditamos que talvez possa ser-lhe útil usar as anotações para indicar, de uma forma mais ampla, o que elas estão procurando fazer e, para essa finalidade, inserimos os seguintes ícones nas anotações nos pontos relevantes (geralmente, mas nem sempre, no início de uma dada anotação):

R   Assinala uma anotação que *reafirma* ou *resume* o conteúdo do texto, talvez em uma linguagem um pouco diferente, mas sem acrescentar nada que já não esteja no texto.

PARE   Assinala um lugar onde estamos recomendando a você que *pare e pense* – uma pausa em sua leitura para "digerir" um pouco a respeito de alguma pergunta ou questão feita na anotação. Em pouco tempo, tornar-se-á óbvia para você a necessidade de estar sempre pensando ativa e refletidamente à medida que lê filosofia. Procuramos, no entanto, escolher ocasiões em que haja uma questão relativamente específica na qual você está em uma boa posição para refletir imediatamente, tendo como base aquilo que você leu até agora, seu conhecimento geral ou, ainda, ambos – e onde é importante compreender perfeitamente a questão e avaliar a seleção em pauta. (Obviamente, criamos o ícone para sugerir um sinal de parada.)

Assinala um lugar onde um termo ou conceito relativamente importante é explicado ou esclarecido. (Criamos o ícone para sugerir um dicionário filosófico.)

Assinala um lugar onde alguma questão significativa é acrescida àquilo que está explicitamente presente na seleção, mas de um modo que, fundamentalmente, é a título de ajuda ou suplemento ao ponto de vista que está sendo feito aqui. (Criamos o ícone para sugerir a ajuda de um professor, cuja preocupação principal é esclarecer a passagem do texto.)

 Assinala um lugar onde uma crítica ou objeção é levantada e, de alguma forma, é externa, oposta ao ponto de vista da seleção de textos – em geral, um tipo de crítica que outro filósofo poderia fazer. Criamos o ícone para sugerir um tipo diferente de professor que presta ajuda, aquele que se apresenta um pouco mais argumentativo. Esses pontos críticos refletem, de certa maneira, os pontos de vista dos autores. (Tentamos ser relativamente econômicos com relação a eles, limitando-os a lugares onde julgamos que o ponto no texto não poderia ser adequadamente compreendido sem que fossem visto alguns dos problemas com os quais se deparam.)

Estes dois últimos ícones representam os dois debatedores nos Diálogos Conclusivos. Sobretudo em vista do uso que deles fazemos aí, pode ser interessante dar-lhes nomes, especialmente para facilitar sua referência. Nós chamaremos o personagem representado pelo primeiro ícone ☺ de Professora Boulangere* e o personagem representado pelo segundo ícone ☺ de Professor Gutentag.**

---

* N. de T. Na língua francesa, esse vocábulo significa "padeiro(a)", lembrando que o nome de família da autora é [Ann] Baker, ou seja ,"padeiro(a)" em inglês.
** N. de T. Na língua alemã, esse vocábulo significa "bom-dia", lembrando que o nome de família do autor é [Laurence] BonJour, "bom-dia" em francês.

1
O QUE É A FILOSOFIA?

Há muitas opiniões diferentes sobre a natureza da filosofia, mas provavelmente nenhuma definição muito simples do assunto. Isso reflete o fato de que – de um modo que não se verifica em nenhuma outra disciplina – a natureza da filosofia é em si mesma um assunto importante de discordância filosófica, um assunto para o qual há uma longa história de opiniões que competem entre si. A nossa convicção, que muitos partilham, é que ao final uma pessoa pode obter uma ideia realmente clara do que é a filosofia somente estudando, com efeito, o assunto em mais detalhes.

Felizmente, contudo, há alguns pontos modestos sobre os quais há concordância suficientemente ampla para proporcionar um ponto de partida razoável. Em primeiro lugar, a palavra "filosofia" significa, literalmente, o amor pela sabedoria, e desde o início da sua longa história os filósofos perguntaram e tentaram responder a questões muito difíceis sobre os tópicos que pareciam os mais importantes para a humanidade, buscando, por isso mesmo, a sabedoria.

Em segundo lugar, dado que o conhecimento parece importante, mesmo se não suficiente para a sabedoria, poder-se-ia perguntar que tipo de *conhecimento* o estudo da filosofia produz. Uma resposta tradicional é que os filósofos descobrem a natureza essencial de várias coisas abstratas: verdade, conhecimento, pensamento, liberdade, dever, justiça, beleza e, inclusive, a própria realidade. Uma versão mais contemporânea e talvez mais modesta dessa reivindicação é que os filósofos descobrem o conteúdo ou a análise correta dos *conceitos* que usamos quando pensamos sobre a verdade, o conhecimento e temas semelhantes – ou, talvez, os significados das palavras correspondentes.

Em terceiro lugar, todos concordam que muitas áreas de investigação que começaram como partes da filosofia depois se tornaram ramificações da ciência. Isso acontece, aproximadamente, quando as questões envolvidas tornam-se definidas de modo suficientemente claro para tornar possível investigá-las em termos científicos, através de observação empírica e de teorização com base empírica. Assim, enquanto virtualmente todo tipo de conhecimento foi parte da filosofia para o filósofo grego da Antiguidade Aristóteles, a física e a biologia têm sido separadas da filosofia por muito tempo, com outras áreas seguindo por esse caminho mais recentemente. (Por exemplo, até o final do século XIX, a psicologia ainda era vista como parte da filosofia.) Isso sugere que a filosofia pode ser identificada, ainda que um tanto indiretamente, como a origem daqueles temas que as pessoas ainda não aprenderam a investigar em termos científicos. Isso inclui alguns temas com respeito aos quais é difícil imaginar que isso jamais aconteça, porque são demasiado gerais, demasiado difíceis e, possivelmente, demasiado fundamentais.

Em quarto lugar, quase todos os filósofos concordam que a *história* da filosofia é importante para a própria natureza da filosofia e para a contínua investigação filosófica de um modo em que as outras histórias de outras disciplinas não são igualmente importantes para elas. Isso se reflete na proporção bastante grande de seleções históricas no presente volume. Contudo, os filósofos também discordam sobre o quão importante a história da filosofia é – e sobre *por que* ela é importante.

Uma abordagem da filosofia, oferecida pelo filósofo americano do século XX, Wilfrid Sellars, pode ajudar a resumir alguma das ideias anteriores e também revelar um pouco mais do sabor do assunto:

> O objetivo da filosofia, formulado abstratamente, é entender como as coisas, no mais amplo sentido possível do termo, estão conectadas no sentido mais amplo possível do termo. Sob "coisas no mais amplo sentido possível", incluo itens radicalmente diferentes, como não só

"repolhos e reis", mas também números e deveres, possibilidades e estaladas de dedos, experiência estética e morte. Alcançar sucesso na filosofia seria, para usar um modo de expressão contemporâneo, "estar familiarizado com o entorno", com respeito a todas essas coisas, não naquele modo irreflexivo no qual o centípoda da história tinha familiaridade com o seu entorno antes que encarasse a questão "como eu caminho?", mas naquele modo reflexivo que significa que nenhum apoio intelectual está barrado.[1]

Como isso sugere, nada está realmente além da competência da filosofia. Colocando esse ponto de uma maneira apenas levemente diferente, a filosofia busca entender, de um modo plenamente reflexivo, de que maneira tudo está relacionado a e conectado com, porém difere de tudo o mais.

Esta é uma concepção bastante abstrata, para dizer o mínimo, e também uma concepção bastante exigente. Por um lado, existem pessoas que pensam que o único modo de aprender filosofia é simplesmente começar lendo alguns textos filosóficos, tentando compreender o que está acontecendo e qual é o ponto, sem qualquer ajuda ou condução adicional. Essa visão está refletida em um antigo adágio de instrutor: jogue-os na água e veja quem consegue nadar! Por outro lado, algumas pessoas pensam que uma orientação inicial à filosofia, ainda que necessariamente uma orientação apenas aproximada e parcial, pode ser de grande ajuda. Dado que cremos que essa última concepção é correta, começamos este capítulo com um ensaio de Ann Baker sobre a natureza da filosofia e, especialmente, sobre os elementos do pensamento filosófico.

Uma das atividades filosóficas centrais, refletida na tentativa de entender a natureza essencial das coisas (ou dos conceitos), é a *clarificação*. Os filósofos estão constantemente levantando questões sobre o que vários tipos de coisas realmente vêm a ser (ou o que as palavras em questão realmente significam). Muitos dos diálogos de Platão estão focados sobre questões desse tipo, sobretudo questões relativas a noções morais ou avaliativas: "O que é a coragem?", "O que é a justiça?", "O que é o conhecimento?", e assim por diante. No seu diálogo *Eutífron*, Platão faz a pergunta: "O que é a piedade?", que, para os gregos, equivalia aproximadamente à pergunta "O que é a correção moral?". Aprendemos no *Eutífron* que Sócrates foi acusado de corromper a juventude de Atenas; e na *Apologia* de Platão temos um relato do julgamento de Sócrates, no qual ele foi declarado culpado e condenado à morte – assim se tornando, de fato, um mártir para a filosofia. Na *Apologia*, na medida em que Sócrates explana por que não pode evitar a sua punição, desistindo da investigação filosófica, ele faz a famosa afirmação de que "a vida sem reflexão não é digna de viver". A perspectiva e a integridade intelectual refletidas nessa afirmação foram frequentemente consideradas como paradigmáticas do verdadeiro filósofo.

Enquanto muitas pessoas creem que a filosofia é obviamente importante e valiosa, existem aquelas que desprezam o pensamento filosófico como jogo mental irrelevante, desprezível, sem importância. Bertrand Russell argumenta que a filosofia é valiosa mesmo que se revele como produzindo pouco ou nenhum conhecimento seguro. Assim, pois, mais de 2.000 anos depois de Platão ter escrito o *Eutífron* e a *Apologia*, Russell defendeu o estudo e a prática da filosofia como essenciais ao melhor tipo de vida.

Ann Baker

Ann Baker (1953-) é uma filósofa americana que leciona na Universidade de Washington, em Seattle, e é uma das coeditoras deste livro. Neste ensaio, ela explica o que é a filosofia, apresenta as suas principais ramificações ou subáreas, explica os elementos básicos do pensamento filosófico e discute como ler um texto filosófico.

---

[1] Wilfrid Sellars, "Philosophy and the Scientific Image of Man", reimpresso em *Science, Perception and Reality* (London: Routledge & Kegan Paul, 1963), p. 1.

Introdução ao Pensamento Filosófico

Você decidiu então estudar filosofia. Talvez você tenha uma ideia bastante clara do que o estudo da filosofia envolve, ou pode ter somente uma vaga ideia ou mesmo nenhuma ideia. ❶ Dado que existem algumas concepções interessantemente diferentes de filosofia (os filósofos filosofam até mesmo sobre a filosofia!), e dado que precisamos de uma concepção singular da filosofia para guiar o nosso trabalho, começaremos o nosso estudo da filosofia desenvolvendo primeiramente uma concepção bastante específica de filosofia. Ainda que nos baseemos nessa concepção de filosofia ao longo do livro, é responsabilidade sua (como um filósofo em potencial) pensar cuidadosamente sobre ela e ter uma opinião sobre os seus méritos no momento em que tiver concluído o curso. Nesse meio-tempo, você pode pensar que deveria haver mudanças ou qualificações, pequenas ou mesmo grandes, na concepção de filosofia que estávamos usando.

O CONTEÚDO DA FILOSOFIA

Comecemos construindo a nossa concepção de filosofia, diferenciando entre o conteúdo característico envolvido na disciplina da filosofia e o método característico do pensamento filosófico. O conteúdo diz respeito (obviamente) àquilo sobre o que os filósofos pensam. Por exemplo, os filósofos pensam tipicamente sobre questões como essas: O que é o conhecimento? O que é a verdade? O que são as mentes? O que é a consciência? Somos genuinamente livres? Ser moralmente responsável requer ser livre? Somos, por nossa própria natureza, egoístas? Há uma diferença genuína entre certo e errado ou bem e mal? O que é a justiça? Deus existe? E até mesmo, como já vimos, o que é a filosofia? Ao tentar responder a essas questões, os filósofos pensam sobre **alegações**[*] – asserções específicas, focadas, que são lançadas como sendo verdadeiras ou falsas – e também sobre concepções ou posições mais abrangentes (compostas de muitas alegações relacionadas), que têm o propósito de responder a questões como aquelas listadas antes.

Para generalizar a partir desses exemplos, seria razoável dizer que o conteúdo da filosofia diz respeito:

1. à natureza fundamental da realidade – a natureza do espaço e do tempo, de propriedades e de universais, e em especial, mas obviamente não de maneira exclusiva, da parte da realidade que consiste de **pessoas** (a ramificação da filosofia chamada de **metafísica**);
2. à natureza fundamental das relações cognitivas entre pessoas e outras partes da realidade – as relações de pensar sobre, conhecer, e assim por diante (a ramificação da filosofia chamada de **epistemologia**);
3. à natureza fundamental dos valores, sobretudo valores que pertencem às relações éticas ou sociais entre as pessoas e entre as pessoas e outras partes da realidade, tais como animais não humanos, o ambiente, e assim por diante (a ramificação da filosofia chamada de **axiologia**, que inclui os campos mais específicos da *ética*, da *filosofia política* e da *estética*).

O MÉTODO DA FILOSOFIA

Renunciaremos, de momento, a qualquer explanação posterior do *conteúdo* da filosofia, dado que essa é a tarefa principal do restante do livro. Todavia, existem algumas acepções implícitas feitas pelos filósofos, e a sua clarificação exigirá uma explicação do *método* do pensamento filosófico.

O método do pensamento filosófico requer um conjunto de habilidade e alguns hábitos intelectuais distintivos, que chamaremos de *hábitos filosóficos da mente*. Explanaremos sobre algumas dessas habilidades e desses hábitos neste ensaio introdutório, mas a sua plena apreciação requer exercitá-los nas concepções e nos argumentos filosóficos desenvolvidos no restante do livro. Duas das habilidades mais básicas envolvidas no pensamento filosófico são *clarificar* e *justificar* alega-

---

[*] N. de T. A palavra *claims* também poderia ser traduzida aqui como "reivindicações".

---

❶ *Pare e pense*

O que você acha que a filosofia é? Você leu algum texto que chamaria de filosófico? Você teve quaisquer discussões que consideraria filosóficas? Há alguém na sua família que é especialmente filosófico?

❷

PARE Coloque cada uma das questões do parágrafo anterior em uma dessas três categorias gerais.

ções: na qualidade de filósofos, temos como ocupação fazer dois tipos principais de coisas, clarificar e justificar, em relação a um tipo específico de objeto, uma alegação. O que queremos dizer com *clarificar e justificar alegações*? Vamos desmontar esta frase.

Primeiro, o que é uma alegação? Como vimos há pouco, uma alegação é uma asserção, algo que é dito com a intenção de dizer alguma coisa que é ou verdadeira ou falsa. Aqui estão alguns exemplos: há cerejeiras no pátio; Chicago fica a oeste de Washington, D.C.; 7 + 5 = 12; a relva é vermelha; nenhum cão jamais foi perdido; os políticos são uniformemente honestos. Note que as alegações podem ser tanto falsas quanto verdadeiras. Nem tudo o que você diz é uma alegação, uma vez que a sua intenção não é sempre afirmar verdades. Por exemplo, uma pergunta não é uma alegação, nem o é uma exclamação ou um comando.

Segundo, o que se quer dizer com *clarificação*? Quando um filósofo *clarifica* uma alegação, ele explica ou expressa em detalhes o significado da alegação. A clarificação é com frequência valiosa ou inclusive requerida, porque o significado de uma alegação tal como foi inicialmente formulada pode ser seriamente obscuro de forma que se torna difícil discuti-lo ou avaliá-lo. Considere, por exemplo, a alegação de que Deus é amor. Presumivelmente, a pessoa que diz que Deus é amor pretende dizer algo que é verdadeiro, mas algumas pessoas consideram essa alegação muito confusa. Isso significa meramente que Deus é uma pessoa amorosa? Não – parece que a intenção é querer dizer algo muito mais significativo do que isso. Mas o quê? Dado que o amor é um tipo de emoção, o significado literal da alegação não tem um sentido claro (visto que Deus certamente não é um tipo de emoção). Assim, talvez a alegação seja metafórica, em vez de literal. É muito mais fácil clarificar alegações literais do que clarificar alegações metafóricas. No entanto, um trabalho importante de clarificação é feito mesmo ao se dizer que a alegação é metafórica.

Obviamente, algumas alegações precisam de mais clarificação do que outras. Considere as seguintes alegações:

a) Dinheiro não pode comprar felicidade.
b) Deus é amor.
c) Nenhum homem solteiro* é feliz.
d) Se uma pessoa é mãe, então essa pessoa é do sexo feminino.
e) *Collies* são cachorros.
f) Estudar filosofia tem valor.

Essas alegações não são igualmente claras. Qual alegação mais tem necessidade de clarificação? As alegações (a) e (b) são ambas metafóricas, mas pode-se mais facilmente imaginar a explanação do significado metafórico de (a). Sem dúvida, você não pode literalmente comprar felicidade, dado que ela não pode ser encontrada em nenhuma loja (nem pode ser comprada pela internet!). Porém, esse não é o ponto real da alegação. Suponha, por exemplo, que você estivesse advertindo sua irmã mais nova de fazer o que lhe parecia um casamento muito ruim: a única coisa boa que você consegue ver sobre o futuro marido dela é que ele é muito rico. Seria natural dizer à sua irmã que dinheiro não pode comprar felicidade, querendo dizer que se pode ter muito dinheiro e ser ainda muito infeliz. (Obviamente, você estaria supondo que ela quer ser feliz.)

Você pode clarificar uma alegação sem, através disso, dar qualquer razão para pensar que a alegação é verdadeira. Pense em como você poderia clarificar a alegação (c), de que nenhum homem solteiro é feliz. Essa é certamente uma alegação falsa, mas alguém ainda poderia ficar pensando sobre o significado de ser "feliz". Antes que você pensasse demais sobre isso, poderia pensar que certamente entende o que é a felicidade. Contudo, tão logo você tente defini-la claramente, todos os tipos de problemas aparecem (ver os Capítulos 5 e 8). A clarificação, às vezes, exige explicar somente um dos termos na alegação (tal como em (c)), enquanto, em outros momentos, exige explicar o significado de diversos termos (tal como em (f)). Às vezes, uma alegação simplesmente necessita ser tornada mais precisa. Por exemplo, alguém poderia perguntar-se se todos os *collies* são cães, ou só a maioria dos *collies* são cães, ou só alguns *collies* são cães. O nível de clarificação que uma alegação realmente necessita pode depender do contexto.

---

* N. de T. Cf., no original, a expressão *bachelor*. Cf. também o Apêndice II.

Terceiro, o que se quer dizer com **justificação**? Quando os filósofos oferecem justificação para uma alegação, eles dão razões para crer na alegação – e que melhor razão há para crer numa alegação do que uma razão para pensar que ela é verdadeira? A nossa concepção de filosofia admite que uma razão para pensar que uma alegação é verdadeira é uma boa razão para crer nela. Além disso, tal razão parece, num primeiro olhar, ser o *único* tipo de boa razão para crer numa alegação – dado que aceitar a alegação é, afinal, aceitá-la *como verdadeira*. Em outras palavras, se você não tem uma razão para pensar que uma alegação é verdadeira, nesse caso você aparentemente não tem nenhuma razão para crer nessa alegação. (Se poderia haver alguma base aceitável para crer numa alegação além de uma razão para pensar que ela é verdadeira, essa é uma questão levantada explicitamente no Capítulo 7.)

Suponhamos, para o restante desta discussão, que uma razão para uma alegação será sempre uma razão para a verdade da alegação. Uma outra suposição que faremos, ao explicar o que se quer dizer com justificação, é que as razões avançadas para a verdade de uma alegação *serão* elas mesmas sempre alegações: asserções feitas na tentativa de dizer algo verdadeiro. E a suposição feita ao tratar dessas alegações como razões é que a verdade das razões provê evidência ou aval* de algum tipo para a verdade da alegação em questão (a alegação que estamos tentando justificar).

ARGUMENTOS E LÓGICA

Lançar outras alegações em suporte de uma alegação que você está defendendo é oferecer um **argumento**. Assim, pois, de acordo com a nossa acepção de justificação, quando um filósofo justifica uma alegação, ele normalmente oferece um argumento. Em filosofia, um argumento não é uma discordância ou uma briga. De acordo com a definição filosófica padrão, um argumento é um conjunto de alegações, uma dos quais é a **conclusão**, e as outras são as **premissas** oferecidas para dar suporte à conclusão: premissas que são afirmadas (pela pessoa que está propondo o argumento) para torná-lo muito provável ou, talvez, até mesmo para garantir que a conclusão é verdadeira.

Uma das primeiras coisas que você aprenderá, ao desenvolver as habilidades que são importantes para o método filosófico, é tornar-se muito sensível à diferença entre a conclusão e as premissas de um argumento: a alegação que está sendo asserida por um filósofo (a alegação *a favor* da qual se argumentará) é a conclusão, enquanto as alegações oferecidas em suporte da conclusão são as premissas. Um dos hábitos filosoficamente distintivos da mente é aquele que distingue claramente entre premissas e conclusões, entre aquilo a favor do que se está argumentando e o que está sendo oferecido como uma razão.

Uma questão que pode ser feita sobre as premissas de um argumento é se são verdadeiras – ou pelo menos se é razoável pensar que são verdadeiras. Porém, enquanto a questão relativa a se as premissas são verdadeiras é crucial para a força do argumento, ela não deveria ser a primeira questão que você faz ao avaliar um argumento. Antes de se preocupar se as alegações oferecidas como razões são verdadeiras, você deveria perguntar a si mesmo se, *em sendo verdadeiras*, elas genuinamente dariam suporte à alegação. Razões podem dar suporte a uma alegação de modo mais ou menos bem-sucedido, e quando você pergunta o quão boas são as razões oferecidas para a alegação (admitindo que são verdadeiras), você está perguntando sobre a *força* da relação de suporte: a relação evidencial entre as premissas e a conclusão.

Assim, a ideia central de um argumento filosófico é a ideia de dar razões para uma alegação: oferecer premissas para o propósito de mostrar que a conclusão do argumento é verdadeira.

Alguns argumentos são **argumentos dedutivos** válidos: argumentos cujas premissas, se verdadeiras, *garantem* a verdade da conclusão. Considere o seguinte argumento para a alegação de que Maria pegou o carro: ou João pegou o carro ou Maria pegou o carro, e eu sei que João não pegou o carro, de modo que Maria deve tê-lo pegado. Você pode avaliar a força da relação de suporte desse argumento sem conhecer João ou Maria, ou sem saber

---

* N. de T. Esta é a tradução que, via de regra, será proposta para *warrant* em sentido epistêmico.

qualquer coisa sobre o carro. Você simplesmente pergunta a si mesmo se as premissas, se verdadeiras, de fato dão suporte à conclusão. Elas dão. Se as premissas desse argumento são verdadeiras, então a conclusão deve ser verdadeira.

Contudo, alguns argumentos que se pretende dedutivos são **inválidos**: é possível que as premissas sejam verdadeiras, enquanto a conclusão seja falsa. Considere o seguinte argumento para a alegação de que Maria pegou o carro: se Maria pegou o carro, então João não o pegou; e eu sei que João não o pegou; assim, Maria deve tê-lo pegado. Suponha que todas as premissas são verdadeiras. A verdade daquelas premissas garante (ou mesmo dá suporte para) a verdade da conclusão? Não, esse argumento comete a *falácia de afirmar o consequente*. (Uma falácia é um equívoco no raciocínio.) Será útil digredir um pouco para ver claramente o que é essa falácia e por que é um equívoco raciocinar dessa maneira.

Como você verá, muitos argumentos filosóficos incluem afirmações **condicionais**: afirmações da forma se *A*, então *B*. Por exemplo, se *Maria pegou o carro*, então *João não o pegou*. A primeira parte da condicional, a parte *A*, é chamada de **antecedente**, e a segunda parte, a parte *B*, é chamada de **consequente**. (Uma afirmação condicional pode ser confusa, num primeiro momento, antes que se pense com cuidado sobre o que exatamente ela está dizendo. Considere a alegação de que, se George Washington era um polvo, então George Washington tinha oito pernas. É essa alegação verdadeira ou falsa? Alguns estudantes inicialmente dizem que a alegação é falsa, mas, assim que a olham novamente, veem claramente que a alegação é verdadeira.) A verdade de uma afirmação condicional *não* requer a verdade do antecedente (a alegação de que Maria pegou o carro), porque a condicional está alegando apenas que, *se* Maria pegou o carro, então João não o pegou. A *verdade* da condicional requer apenas que *se* o antecedente é verdadeiro, então o consequente deve ser verdadeiro (não pode ser falso); em outras palavras, se o consequente é falso, então o antecedente também deve ser falso para que a afirmação condicional total seja verdadeira. Contudo, se tanto Maria quanto João pegaram o carro (caso em que o antecedente é verdadeiro e o consequente é falso), então a afirmação condicional (*se* Maria pegou o carro, então João não o pegou) é em si mesma falsa. Assim, se uma afirmação condicional é verdadeira e o antecedente é verdadeiro, nesse caso você sabe que o consequente também deve ser verdadeiro; e se uma afirmação condicional é verdadeira e o consequente é falso, então você sabe que o antecedente também deve ser falso. Porém, *nada* se segue da verdade de uma condicional e da verdade do consequente; portanto, argumentos que *alegam* tirar uma conclusão sobre a verdade do antecedente na base da verdade da condicional e da verdade do consequente estão cometendo o erro de raciocínio chamado de falácia de afirmar o consequente.❸

Uma vez que as premissas, num caso de afirmar o consequente, na realidade não dão nenhum suporte à conclusão, você poderia ser tentado a dizer que esse não é um argumento em absoluto. Todavia, não parece correto dizer de forma taxativa que esse não é um argumento: parece mais claro dizer que é um *mau* argumento e, melhor ainda, dizer exatamente o que é ruim acerca dele. (Quando está diante de um argumento inválido, você não precisa se preocupar se as suas premissas são verdadeiras, visto que, mesmo se elas o são, não oferecem sequer um suporte mínimo para a conclusão.)

Há outros tipos de argumentos cujas premissas oferecem razões boas, mas não conclusivas, para a verdade da conclusão: argumentos que oferecem suporte genuíno para as suas conclusões, mas em que ainda é possível, embora improvável, que a conclusão seja falsa, muito embora as premissas sejam verdadeiras. Os argumentos mais comumente referidos como **argumentos indutivos** (ou, mais explicitamente, argumentos indutivos enumerativos) são dessa forma, e muitos argumentos científicos são desse tipo. Quando, por exemplo, alguém raciocina que todos os cisnes são brancos com base em muitas observações diferentes de cisnes brancos, esse alguém está oferecendo um exemplo simples de um argumento indutivo. Você não pode razoavelmente concluir que todos os cisnes são brancos com base em uma observação de um cisne branco, ou mesmo de dois ou vinte; porém, se existem observações suficientes em locais e circunstâncias suficientemente variados, então você pode razoa-

---

❸ **PARE** Há uma outra falácia, relacionada a essa, chamada de *negar o antecedente*. Você deveria ser capaz de compreender o que é aquele engano e por que ele é um engano, dada essa explicação da falácia de afirmar o consequente.

velmente concluir que *todos* os cisnes (não apenas aqueles que você observou até aqui) são brancos. Quando você raciocina que o sol nascerá amanhã com base na alegação de que ele nasceu todas as manhãs até aqui por milhares de anos, você está oferecendo um argumento indutivo. Os filósofos não chamam o bom argumento indutivo de *válido*, porque a definição de validade consiste em que é impossível para a conclusão ser falsa, enquanto as premissas são verdadeiras. Argumentos indutivos, por definição, têm conclusões que poderiam ser falsas, ainda que as premissas sejam verdadeiras. Todavia, quanto melhor é o argumento indutivo mais inverossímil ou improvável é que a conclusão seja falsa, ao passo que as premissas são verdadeiras. Bons argumentos indutivos, aqueles cuja relação evidencial ou de suporte entre as premissas e a conclusão é convincente, são normalmente descritos como *fortes*. Em tal argumento, a verdade das premissas oferece uma boa razão para pensar que a conclusão é verdadeira.

Um tipo diferente de argumento não-dedutivo – cujas premissas, novamente, proporcionam boas razões, mas não conclusivas, para a verdade das suas conclusões – é o que é referido como um **argumento explanatório** (também chamado de uma *inferência à melhor explanação** ou um **argumento abdutivo**; e às vezes o termo "indução" é usado mais amplamente, de maneira a também incluir argumentos desse tipo). A ideia de um argumento explanatório é que há um fato afirmado, de algum tipo, a ser explanado, outras considerações que são relevantes para a explanação desse fato e alguma explanação que é alegada como sendo a melhor à luz daquelas considerações. Assim, pois, as premissas de tal argumento incluem tanto uma afirmação do fato afirmado a ser explicado quanto afirmações dessas outras considerações relevantes, e a conclusão é uma afirmação da explanação tomada como sendo a melhor. E tal argumento será *forte* (jamais válido) se a explanação oferecida realmente for a melhor, admitindo-se que o fato em questão realmente é um fato e que as outras considerações supostamente relevantes são também verdadeiras.

Aqui está um exemplo simples: suponha que a polícia chame você no trabalho para dizer-lhe que o seu carro esteve envolvido num acidente e que o motorista do carro abandonou a cena. A questão é como explicar o fato de que o seu carro esteve num acidente (ao invés de ainda estar estacionado na entrada onde estava, quando você saiu para pegar o ônibus para o trabalho, nesta manhã). As seguintes considerações posteriores parecem relevantes: que sempre só você e a sua irmã Maria dirigem o carro, embora ela tenha sido recentemente proibida por você de dirigi-lo, devido às várias multas por excesso de velocidade que ela recebeu; que há somente uma chave para esse carro, que fica pendurada num gancho na porta dos fundos; que Maria é a única pessoa (além de você) com acesso fácil a essa chave e que a polícia encontrou o carro com a chave ainda nele. Então, poderia ser alegado, a explanação mais provável do fato de que o seu carro estava no acidente, ao invés de ainda estar no estacionamento onde você pensava que estava, é que Maria o dirigiu (apesar de estar proibida de fazê-lo). Obviamente, você terá evidência ainda melhor assim que falar com ela ou descobrir, a partir de relatos de testemunhas oculares, com quem o motorista do carro se parecia. Mas você não tem, exatamente agora, uma razão muito boa para a conclusão de que Maria pegou o carro? A sua razão não é conclusiva – isto é, a conclusão não está garantida como sendo verdadeira – porque há outras explanações possíveis para o fato de que o seu carro esteja na cena de um acidente que poderiam inclusive se revelar melhores no final das contas. (Talvez alguém tenha arrombado a sua casa, pegado a chave e levado o carro embora.)

Usamos argumentos explanatórios desse tipo na vida diária, e os cientistas fazem uso de argumentos explanatórios para tirar conclusões sobre leis e entidades teóricas. Tais argumentos, com grande frequência, também desempenham um papel importante nas discussões filosóficas.

Resumindo, de acordo com a definição padrão de argumento com a qual começamos, se as premissas são oferecidas com o propósito de dar suporte à

---

* N. de T. Neste capítulo, para *explanation* e *to explain*, além de "explanação" e "explanar", serão às vezes usadas, de modo equivalente, também as expressões "explicação" e "explicar".

verdade de uma conclusão, nesse caso o conjunto de alegações que consistem naquelas premissas e na conclusão constitui um argumento. O argumento é **dedutivo** se a verdade das premissas é destinada a garantir a verdade da conclusão; se a verdade das premissas é meramente destinada a tornar a verdade da conclusão muito verossímil ou provável, mas não garantida, o argumento pode ser **indutivo** ou **explanatório** – ainda que existam também outras possibilidades que não consideramos aqui, como os argumentos que apelam para analogias. Um argumento dedutivo cujas premissas são relacionadas à sua conclusão no modo correto de atingir o seu propósito é válido, enquanto bons argumentos indutivos ou explanatórios podem apenas ser fortes. Uma questão posterior sobre qualquer argumento é se as próprias premissas são verdadeiras.

UMA ILUSTRAÇÃO DO MÉTODO DA FILOSOFIA

Temos pensado até agora, através de uma explanação inicial, em duas das habilidades importantes envolvidas no método da filosofia: clarificação e justificação. Consideremos, agora, uma ilustração dessas habilidades, tentando clarificar e justificar a alegação de que estudar filosofia tem valor.

Clarificação: definindo o que queremos dizer

Clarifiquemos, primeiramente, a alegação de que estudar filosofia tem valor. Você, de modo razoável, pergunta-se sobre o significado de ambas as partes da alegação: o que significa "estudar filosofia" e o que significa "tem valor"? Suponha que alguém leu o livro de Bertrand Russell, *Os problemas da filosofia*, numa noite – é isso o suficiente para se ter "estudado filosofia"? De acordo com o que queremos dizer quando fazemos a alegação, não o é. Você tem de fazer mais do que ler um livro de filosofia para ter estudado filosofia. Leva muito mais do que uma noite para se estudar filosofia. Porém, não há uma quantidade exata de estudo que possa ser considerada como o significado preciso de "estudar filosofia".

Algumas vezes, o que é preciso para tornar uma questão suficientemente clara, para ser razoavelmente discutida, é substituir a alegação original por uma que é clara e mais precisa, embora diga aproximadamente a mesma coisa. Assim, pois, um tanto arbitrariamente, entenderemos "estudar filosofia" como significando fazer e passar por pelo menos quatro aulas de filosofia* ou fazer algo razoavelmente semelhante. (Provavelmente, você poderia, por si mesmo, fazer o equivalente a frequentar e a passar por quatro cursos de filosofia se estivesse suficientemente motivado e tivesse alguns recursos para conferir o seu entendimento).

Agora, o que você quer dizer com "tem valor" na segunda parte da alegação? Tudo o que queremos dizer com "valor", aqui, é que é bom para você, que você ficará significativamente melhor por tê-lo feito. Você poderia duvidar de que a nossa alegação é verdadeira, mas agora você tem um sentido bastante bom do que queremos dizer com ele. Clarificamos (embora, talvez, ainda não suficientemente) a nossa alegação de que estudar filosofia tem valor.

Poderíamos fazer mais uma clarificação. Alguém poderia perguntar se a alegação é que estudar filosofia tem *sempre* valor, não importa quem o faça, ou apenas que *normalmente* tem valor. Por exemplo, pense sobre as seguintes alegações que têm a forma de *fazer A é B*:

Correr uma maratona é exigente.
Dar à luz é feito por pessoas do sexo feminino.
Assistir à televisão é divertido.
Praticar exercícios regularmente é importante.
Obter um grau universitário vale a pena.

O contexto, às vezes junto com o conteúdo da alegação, determina normalmente se alguém que afirma uma dessas alegações quer dizer "sempre" ou "na maior parte das vezes" – ainda que isso possa, às vezes, ser obscuro. Vamos admitir que o que queremos dizer quando dizemos que estudar filosofia tem valor é que isso *sempre* tem valor.

---

* N. de T. *Philosophy classes*, ou seja, no sentido de disciplinas de filosofia cursadas ao longo de um período acadêmico, como um trimestre ou um semestre.

Assim, temos agora uma reafirmação bastante boa da alegação original resultante desse esforço inicial de clarificação: a nossa alegação de que estudar filosofia tem valor significa que alguém que faz o equivalente a frequentar e a passar por pelo menos quatro cursos de filosofia se beneficiará disso significativamente. Um dos hábitos mentais distintivamente filosóficos é aquele de perceber quando alegações são mais ou menos claras.

Justificação: oferecendo um argumento

Agora, desloquemo-nos da clarificação para a justificação, lembrando que a justificação filosófica tipicamente toma a forma de um argumento. Aqui está um argumento para a alegação que acabamos de clarificar:

1. Estudar filosofia sempre faz com que você pense mais claramente.
2. Pensar mais claramente sempre tem valor.
3. Portanto, estudar filosofia sempre tem valor.

O que faz disso um argumento? É um conjunto de alegações, uma das quais é a conclusão e as outras são premissas postas para dar suporte à conclusão. (Quando você oferece um argumento para uma alegação, a alegação é a conclusão do argumento.) Assim, as primeiras duas sentenças são as premissas, e a terceira sentença é a conclusão.

Apenas faça de conta, por um momento, que as premissas são verdadeiras. Se elas são verdadeiras, a verdade das premissas torna a conclusão provável ou até mesmo certa de ser verdadeira? Para esse argumento, como para muitos outros argumentos, você precisa *pensar* sobre as premissas e a conclusão no intuito de responder a essa questão – a resposta a essa questão não é o resultado de um teste mecânico claro. Na medida em que você adquire o hábito intelectual de avaliar argumentos, você fica cada vez melhor em distinguir os bons argumentos dos maus. O que você deveria fazer é supor que as premissas são verdadeiras e, então, tentar imaginar se seria possível que a conclusão fosse falsa, mesmo sendo dada a verdade das premissas.

Sugerimos que a verdade das premissas (se são verdadeiras) oferece uma razão muito boa para pensar que a conclusão é verdadeira. De fato, o argumento parece ser válido: parece logicamente impossível que as premissas sejam verdadeiras e a conclusão seja falsa. (Consideraremos mais tarde uma razão para questionar se isso realmente é assim.) Esse argumento, portanto, oferece um bom exemplo da relação de *oferecer uma boa razão*, que é o elemento central de um argumento.

No argumento anterior, se as premissas são verdadeiras, então a conclusão está aparentemente garantida como sendo verdadeira. É evidente, porém, que não podemos simplesmente admitir que as premissas são verdadeiras. E, visto que a conclusão do argumento foi justificada somente se as premissas são verdadeiras, a nossa tarefa de justificar a alegação original não está acabada até que tenhamos pelo menos defendido as premissas (dando razões para pensar que as premissas são verdadeiras). Além disso, deveríamos também considerar e responder às mais óbvias objeções, caso existam.

Dando razões para a verdade das premissas

Comecemos com a primeira premissa: estudar filosofia sempre faz com que você pense mais claramente. Em antecipação, pense sobre o que estará envolvido no estudo da filosofia: você lerá muitos textos filosóficos diferentes, de muitos períodos diferentes da história, aprendendo o que diferentes filósofos disseram sobre muitos tópicos diferentes. Além disso, como os autores são filósofos, eles normalmente estarão argumentando a favor das suas concepções, de modo que você precisa entender e avaliar criticamente aquelas opiniões e aqueles argumentos numa tentativa de compreender o que você pensa acerca do tópico filosófico em questão. Além disso, como os filósofos têm de discutir muitos outros assuntos ao explanar e clarificar as suas concepções, apresentando argumentos e considerando objeções a outras concepções (e, como veremos, inclusive às suas próprias), uma obra filosófica é normalmente bastante complicada, sendo que todas essas partes precisam ser devidamente resolvidas.

Estudar filosofia envolve realizar todos esses procedimentos com cuidado.

O que, então, é "pensar claramente"? Sem dúvida, envolve ser capaz de clarificar várias ideias e opiniões que você encontra, mas também envolve ser lógico: considerar e, às vezes, descobrir razões para aquelas opiniões, junto com a capacidade de avaliar de modo bem-sucedido quando aquelas razões são boas e quando não o são. Uma habilidade de pensar claramente é a habilidade de fazer malabarismos com combinações complicadas de ideias, enquanto se atenta para as diferentes relações entre elas. E, como qualquer habilidade, leva tempo e prática para tornar-se bom nela. Você precisa pensar claramente para ao menos entender os filósofos e precisa ser capaz de pensar claramente para avaliar opiniões filosóficas. Quando avalia uma opinião, você decide se ela é uma boa opinião (provavelmente verdadeira) ou uma má opinião (provavelmente falsa) e, como filósofo, você deve ter razões para fazer aquela avaliação. Portanto, alguém que estudou filosofia – dado o modo como clarificamos essa ideia – ou aprendeu a pensar claramente pela primeira vez, ou então já sabia em certa medida como pensar claramente, mas teve agora grande quantidade de prática adicional nisso, e assim presumivelmente pensa ainda mais claramente. Eis uma defesa da primeira premissa: uma razão para pensar que a primeira premissa é verdadeira.

Agora, consideremos uma defesa para a segunda premissa: a premissa de que pensar mais claramente sempre tem valor. Com certeza, podemos todos concordar que fazer alguma coisa que o ajuda a conseguir o que você quer tem valor – que você se beneficia significativamente ao fazer algo que aumenta a sua habilidade de conseguir o que quer (a menos, naturalmente, que o que você quer não seja bom para você). Defendemos que pensar claramente sempre faz isso. Suponha, por exemplo, que cada uma de duas pessoas – chame-as de Joe e Doug – quer terminar a faculdade do modo mais eficiente possível e suponha, além disso, que Joe pensa muito mais claramente do que Doug. Suponha que Doug de fato jamais pensa de modo suficientemente intenso para manter na linha os requisitos de grau, ou até mesmo perceber que existem alguns desses requisitos. Suponha que, quando um dos supervisores sugere a Doug que ele tome uma aula particular, Doug jamais se pergunta por que ou como aquela aula se encaixa no seu programa como um todo. Doug provavelmente não tem um plano claro, mas tem sim o desejo de terminar a faculdade do modo mais eficiente possível. Suponha que Joe esteja constantemente afiando as suas habilidades de pensamento: ele sempre pede à supervisora para clarificar os seus conselhos, sempre pergunta por que esse é um bom curso para se fazer e tem em mente com clareza os requisitos de grau. É razoável afirmar que, por causa da habilidade que Joe tem de pensar mais claramente do que Doug, Joe realizará o seu objetivo mais provavelmente do que Doug – e este nem sequer é o melhor exemplo, é? Você não tem de pensar com excepcional clareza para realizar o objetivo de terminar a faculdade do modo mais eficiente possível. Imagine o quão claramente você tem de pensar para ser um cidadão responsável ou um amigo afetuoso ou um ótimo pai. Ser capaz de distinguir entre crer em alguma coisa com base em pensamento ilusório como oposto a crer em alguma coisa com base em boa evidência pode fazer a diferença entre realizar um bom trabalho e realizar um trabalho inadequado em muitas áreas das relações humanas. Assim, pensar claramente tem sempre valor porque o ajuda a conseguir o que você quer: não importa que isso signifique ser um empregado da justiça, um bom pai ou um perfeito inútil.

Nesse ponto, oferecemos razões para pensar que ambas as premissas são verdadeiras, e parece inicialmente claro que, se as premissas são verdadeiras, então a conclusão deve ser verdadeira. Logo, apresentamos e defendemos um argumento, mas isso basta para justificar a alegação? Certamente é uma justificação, mas ainda não é a mais forte justificação que poderíamos dar. Uma justificação ainda melhor para uma alegação também inclui considerar e responder a objeções ao nosso próprio argumento.

Objeções: considerando razões contra a verdade das premissas

Alguns estudantes relutam em considerar **objeções** a um argumento que estão tentando defender, porque lhes parece que estão enfraquecendo a sua própria posição. Contudo, um argumento que considere e responda a objeções é muito mais forte do que um argumento que não considere nenhuma objeção. Imagine que você está lendo dois editoriais no jornal, um dos quais expressa as suas próprias opiniões políticas, enquanto o outro expressa opiniões contrárias às suas. Suponha que cada peça argumenta a favor da sua posição sem considerar quaisquer pontos de vista alternativos que poderiam levar a objeções. Quando você lê aquela com a qual você concorda é – infelizmente – demasiado fácil apenas acompanhar o argumento (você, afinal, já concorda com a conclusão). Porém, quando lê aquela da qual discorda, você está provavelmente pensando em objeções ao longo do caminho, e assim talvez não se sinta desafiado na sua própria concepção, porque você pensa que tem boas objeções para as razões dadas a favor da conclusão de que você discorda. No entanto, imagine que o editorial de que você discorda seguiu considerando objeções similares àquelas nas quais você está pensando à medida que o lê e imagine que as repostas que ele dá àquelas objeções são bastante convincentes.

Você não se sentiria mais desconfortável negando a importância da opinião que ele defende nesse caso? Não pareceria o desafio à sua própria concepção mais sério? Analogamente, não ficaria a peça que argumenta a favor da opinião com a qual você concorda até mesmo mais forte se também considerasse e respondesse a objeções? Qualquer opinião argumentada com base em um lado somente, sem considerar perspectivas alternativas e as objeções resultantes, não é tão convincente quanto uma opinião que considerou as mais fortes objeções e mostrou também como aquelas objeções, não importa o quanto pareçam fortes, podem receber resposta de um modo satisfatório. Esse é um hábito mental filosófico especialmente importante: veja muitos lados de uma questão – não fique satisfeito com uma perspectiva apenas.

Queremos considerar e responder a objeções pelo propósito de fortalecer o nosso argumento, mas presumivelmente julgamos o argumento bastante convincente (uma vez que o inventamos). De que modo, então, proceder para encontrar boas objeções? Essa é outra das habilidades que você adquirirá à medida que desenvolver hábitos filosóficos da mente: você precisará ser capaz de assumir uma atitude crítica, criticando os argumentos de outros filósofos. Você também pode adotar esse mesmo ponto de vista com relação ao seu próprio argumento, fazendo de conta que você mantém o outro ponto de vista e procurando fraquezas no seu argumento original.

Você poderia pensar, num primeiro momento, que o modo de objetar a um argumento é objetando a sua conclusão – encontrar razões para pensar que a conclusão é falsa. Mas, de fato, isso não funciona realmente muito bem se você está tentando criticar o argumento original. Ora, se você oferece razões para pensar que a conclusão é falsa, então você simplesmente produziu um outro argumento para a conclusão oposta. Você agora tem dois argumentos opostos, levando a resultados opostos, mas não está realmente envolvendo um com o outro em qualquer forma mais substancial. Eles não podem ambos ser argumentos válidos com premissas verdadeiras, e é improvável – ainda que não impossível – que sejam ambos fortes. Todavia, o mero conflito entre eles não oferece em si mesmo nenhuma percepção de qual é equivocado ou – o que é até mesmo mais importante – *de como* ele é equivocado. Assim, pois, se o objetivo é avaliar, criticar ou fortalecer o argumento original, o que faz mais sentido é considerar objeções às suas premissas ou ao raciocínio das premissas à conclusão, em vez de razões para rejeitar a conclusão. Se há boas razões para pensar que as premissas de um argumento são falsas ou que o raciocínio das premissas à conclusão é falho, então o argumento falha em dar suporte à sua conclusão; porém, se aquelas objeções podem ser respondidas, então a posição total a favor da conclusão é fortalecida.

Consideremos, inicialmente, uma objeção a cada premissa do nosso argumento de amostra. Uma objeção a uma premissa é uma razão para pensar que a premissa é falsa. Consideremos a primeira premissa: estudar filosofia faz com que você pense mais claramente. Alguém poderia objetar dizendo que estudar filosofia é muito confuso. Para estudar filosofia, você tem de ler muitos autores diferentes, sobre muitas questões diferentes, e muitos dos autores viveram há muito tempo, de modo que o seu estilo de escrever é muito diferente do nosso e, em geral, difícil de entender. Questões filosóficas são difíceis de entender sobretudo porque são demasiado abstratas e remotas em relação às preocupações diárias. Por isso, muitas pessoas que estudam filosofia acabam ficando muito confusas, e com certeza alguém que é muito confuso não é alguém que pensa claramente. Portanto, estudar filosofia não faz com que alguém pense mais claramente.

O que dizer sobre a segunda premissa: pensar mais claramente sempre tem valor? Alguém poderia objetar a essa premissa apontando que, quanto mais claramente alguém pensa, mais claramente alguém vê o quão vulneráveis nós, débeis seres humanos, somos. Temos muitos desejos grandiosos, mas a nossa habilidade de "conseguir o que queremos" é amplamente dependente de condições além do nosso controle, e assim todo o nosso planejamento e esquema é, no final, somente patético. Quanto mais claramente pensamos, mais claramente percebemos isso e mais paralisados nos tornamos. Obviamente, não nos beneficiamos em ficar tão paralisados. Pelo contrário, a ignorância e o pensamento obscuro são a maior alegria. Portanto, pensar claramente não tem sempre valor.

Objeções podem também ser feitas ao *raciocínio* envolvido na argumentação de que a conclusão é provavelmente verdadeira, dada a verdade das premissas. Considere uma objeção ao raciocínio do argumento de amostra. Suponha que alguém reconheça a verdade de ambas as premissas, mas argumente que há outros modos, com efeito muito mais fáceis de aprender a pensar mais claramente do que estudando filosofia. Se a conclusão – de que estudar filosofia sempre tem valor – significa que qualquer um deveria, consideradas todas as coisas, estudar filosofia, então essa conclusão poderia muito bem ser falsa, caso em que o argumento não é realmente válido no final das contas. Suponha que você é um especialista em matemática; suponha também que estudar matemática ensina você a pensar mais claramente; suponha ainda que, dados os seus talentos e interesses, tomar o tempo para estudar filosofia tiraria tempo de outras atividades de que você gosta, sem adicionar muito benefício (uma vez que você já está aprendendo a pensar claramente ao estudar matemática). Assim, você poderia argumentar que, mesmo sendo verdade que estudar filosofia ensinaria você a pensar mais claramente e que pensar mais claramente tem sempre valor, é falso que estudar filosofia tem valor para você. É falso que você, em função de tudo o que é verdadeiro sobre a sua vida, deveria estudar filosofia. Essa objeção desafia o raciocínio envolvido em tirar a conclusão a partir das premissas em vez de desafiar uma das premissas.

Nesse ponto, formulamos uma objeção a cada uma das nossas premissas e uma objeção ao raciocínio do argumento, tudo com o objetivo último de fortalecer a nossa posição a favor da alegação de que estudar filosofia tem valor por responder a essas objeções. ❹

Respostas: mostrando por que as objeções falham

Obviamente, precisamos *responder* a essas objeções: precisamos mostrar por que elas não são fortes o suficiente para afetar gravemente a força do argumento original. Ao responder a objeções, você às vezes mostrará que o raciocínio das objeções é falho, enquanto em outros momentos você pode responder mostrando que a afirmação original da premissa ou do raciocínio precisa ser alterada ou qualificada para acomodar a objeção (mesmo ainda sendo capaz de estabelecer a posição a favor da alegação que você está defendendo).

A primeira objeção alega que o estudo da filosofia, ao invés de levar ao pensamento claro, é algo confuso. Porém, enquanto algumas pessoas de fato o consideram confuso, num primeiro momento, aquele sentido de confusão quase sempre vai embora assim que se trabalha nele com um pouco mais de intensidade. Realmente não é muito fácil passar por quatro disciplinas de filosofia sem adquirir as habilidades de pensar que resolvem a confusão. Essa objeção poderia ter tido peso sério se tivéssemos especificado a ideia de estudar filosofia como significando passar por somente um curso de filosofia, mas ela não tem nenhum peso sério contra a primeira premissa quando estudar filosofia é entendido como requerendo que se tenha passado por quatro cursos de filosofia (ou feito o equivalente a isso).

---

❹ PARE — Você consegue pensar em quaisquer outras objeções a esse argumento?

A segunda objeção alega que somos virtualmente impotentes para obter o que queremos, não importa o quão cuidadosamente planejamos e antecipamos, de modo que o pensamento claro não tem de fato sempre valor. Mas que evidência pode ser oferecida para tal alegação? Que razão esse objetor pode oferecer para a concepção de que o nosso planejamento e pensamento cuidadoso não faz nenhuma diferença (ou tão pouca diferença a ponto de ser irrelevante) para o resultado dos nossos esforços? Suponha que você indique que sabe de muitos exemplos de pessoas que, com frequência, foram bem-sucedidas em conseguir o que queriam, quando planejaram isso cuidadosamente, e de outras pessoas que não planejam cuidadosamente e falham em obter o que querem. Esses exemplos são **contraexemplos** 5 à opinião do objetor: exemplos que oferecem alguma razão para pensar que a opinião é falsa. Naturalmente, ninguém defenderia que o planejamento cuidadoso garante bons resultados. A defesa para a premissa em consideração precisa apenas reivindicar que o pensamento cuidadoso, claro, torna mais provável a obtenção do que você quer – o que é o bastante para tornar tal pensamento valioso. Assim, o objetor precisa oferecer alguma razão para pensar que é falso que o pensar cuidadosamente, claramente, torna mais provável que você obterá o que quer.

O defensor da objeção poderia responder que todas aquelas pessoas que planejaram cuidadosamente tiveram apenas sorte e as pessoas que não planejaram bem foram apenas azaradas. Suponha que o objetor continue a fazer a mesma afirmação (que aqueles que planejam apenas têm sorte), não importa o quão detalhados sejam os seus exemplos nem com quantos exemplos você apareça. Não há nada que alguém possa dizer que prove de forma conclusiva que temos mais controle do que a objeção diz que temos, de sorte que a opinião do objetor não pode ser mostrada de forma conclusiva como estando errada. Por isso mesmo, é legítima a insistência do objetor acerca da opinião? É intelectualmente respeitável insistir numa opinião, apesar de possíveis contraexemplos, simplesmente porque a opinião não foi provada *de forma conclusiva* como sendo falsa? Isso parece claramente irrazoável.

A nossa principal resposta a essa objeção, então, é que a objeção repousa numa suposição muito controversa, mal-defendida, uma suposição que nos parece como sendo manifestamente errada. Portanto, a objeção falha em ter qualquer força séria contra a premissa à qual se volta.

O que dizer sobre a objeção ao raciocínio do argumento? A principal resposta a essa objeção é que a objeção confundiu o conteúdo da conclusão. O ponto do argumento não era argumentar que todos deveriam estudar filosofia, muito embora talvez não fosse inteiramente irrazoável para o objetor interpretar a conclusão desse modo. Um modo de entender a alegação de que estudar filosofia sempre tem valor é pensar que estudar filosofia terá valor para *qualquer um*. E isso sugere enfaticamente que qualquer um deveria fazê-lo. No entanto, poderíamos argumentar que a conclusão do argumento não quer dizer que qualquer um, não importa o que mais for verdadeiro a seu respeito, deveria encontrar algum tempo para estudar filosofia. A conclusão, em vez disso, simplesmente significa que, *se* você estuda filosofia, então esse estudo terá valor para você, no sentido de que você se beneficiará dele. Essa conclusão é completamente consistente com a alegação de que, para qualquer pessoa em particular, ela não deveria estudar filosofia, porque para aquela pessoa em particular o estudo da filosofia, apesar dos benefícios que produz, não teria valor, todas as coisas consideradas, dado o que teria de ser sacrificado para dedicar-se a tal estudo e dada a possibilidade de adquirir aqueles mesmos benefícios, ou outros muito parecidos, de algum outro modo. (Aqui, você pode ver o quanto a consideração de objeções também pode ajudar a clarificar uma posição.)

Resumo

Clarificamos e justificamos a alegação de que estudar filosofia tem valor. Para tanto, ilustramos muitas das habilidades e dos hábitos mentais filosóficos exigidos pelo método da filosofia. Você consegue ver como a alegação é clarificada ainda mais no processo de justificação? Você consegue ver o quão mais forte é a justificação porque consideramos e respondemos a objeções?

5 *Comentário*

Uma outra importante habilidade filosófica é oferecer contraexemplos a alegações ou teorias filosóficas. Para criar um contraexemplo, você precisa primeiro compreender o que exatamente a alegação ou a opinião diz e, então, pensar cuidadosamente sobre como ela se aplica a muitas situações, procurando exemplos que mostram que ela está errada.

Como você agora pode ver, um dos primeiros desafios do fazer filosofia é aprender a como dizer quando um filósofo – seja se é você ou alguém que você está lendo ou ouvindo – está argumentado a favor de uma opinião, fazendo objeção a ela ou respondendo a objeções. À medida que você praticar o pensar filosoficamente, mais hábil você ficará em reconhecer essas diferentes atividades, e você ficará melhor em clarificar alegações, realizar distinções e elaborar você mesmo argumentos, objeções e respostas.

LENDO FILOSOFIA

Com um pequeno esforço, quase qualquer um pode aprender a pensar filosoficamente. Contudo, você poderia perguntar o que é preciso fazer para trabalhar efetivamente na aquisição dessa habilidade. O primeiro e mais valioso recurso sobre o qual você deveria praticar o pensar filosoficamente é o conjunto de seleções de leitura neste livro (e quaisquer outros textos filosóficos que você puder ler). Todavia, aprendemos que os estudantes com frequência consideram a leitura da filosofia muito difícil, num primeiro momento, e assim incluímos alguns conselhos sobre ler filosofia junto com algumas breves ilustrações. Embora esses conselhos sejam dirigidos em especial à leitura da filosofia, os principais pontos também se aplicam ao ato de assistir a uma conferência filosófica ou à participação numa discussão filosófica.

O material filosófico é sobretudo argumentativo e crítico, quase nunca meramente expositivo. Você não lê filosofia com o intuito de reunir uma grande quantidade de fatos que então memorizará. Você deve ler filosofia como se estivesse pensando ativamente junto com o autor do texto, como se estivesse tendo uma conversação intelectual com ele. Os filósofos estão argumentando a favor de uma opinião ou posição. Você deve pensar no autor (ou no conferencista ou debatedor) como dizendo: "Olhe – isso é *o que* eu penso, e isso é *por que* eu penso assim. O que você pensa sobre isso?". Portanto, você deve sempre ter quatro perguntas em mente enquanto está lendo (ou ouvindo conferências, ou envolvendo-se em discussões com um outro filósofo): primeira, qual opinião ou posição o filósofo está defendendo? Em um artigo, a resposta a essa questão pode diferir em diferentes lugares: um artigo pode estabelecer mais do que um objetivo, e você deve perguntar como esses objetivos conectam-se uns com os outros. Note também que o que está sendo defendido num aspecto particular pode ser muito simples e geral (por exemplo, a alegação de que Deus existe) ou muito complicado e específico (por exemplo, a alegação de que uma objeção particular a um argumento particular de que Deus existe é equivocada). A segunda questão a perguntar é quais razões ou argumentos estão sendo oferecidos em suporte da opinião que está sendo defendida. Tente esquematizar as respostas a essas duas questões enquanto você lê – na sua cabeça ou, o que é melhor, no papel (talvez na margem do livro). Você, então, estará numa boa posição para fazer as próximas duas questões: o quão *fortes* são as razões oferecidas e há objeções a elas? É virtualmente impossível fazer isso enquanto se está relaxando numa disposição passiva da mente. Ler filosofia de modo bem-sucedido requer uma disposição mental ativa, crítica, imaginativa – um dos hábitos mentais distintamente filosóficos que você precisa cultivar no intuito de aprender a pensar filosoficamente.

Há uma fonte principal de confusão à qual se deve prestar atenção. Como a filosofia é essencialmente reflexiva e crítica, um filósofo discutirá outras posições e argumentos além do que foi defendido num artigo particular. Isso pode incluir qualquer um dos seguintes pontos:

1. posições opostas àquela defendida;
2. posições semelhantes, mas ainda significativamente diferentes em algum aspecto, daquela defendida (em que a diferença ajuda a clarificar a opinião principal);
3. argumentos em favor de posições opostas àquela defendida, que serão criticadas;
4. objeções à própria posição do filósofo, às quais se responderá;
5. às vezes, até mesmo argumentos a favor da opinião defendida que o filósofo *não* aceita e quer distinguir daqueles que de fato aceita.

É obviamente importante distinguir todas essas das próprias opiniões e argumentos do filósofo, o que é relativamente fácil de fazer se você está alerta. (Por exemplo, argumentos e posições diferentes da sua própria serão frequentemente introduzidos por frases de não comprometimento como "poderia ser alegado que..." ou "alguns escritores argumentam que..." ou talvez por uma referência a uma pessoa particular que mantém a opinião ou o argumento em questão.)

Via de regra, é uma boa ideia primeiro olhar de modo bem rápido, através de uma leitura, para ganhar uma ideia da "configuração" geral "do terreno" e, então, lê-lo outra vez, mais cuidadosa e criticamente. Do contrário, é muito fácil perder de vista o seu ponto principal na medida em que se trabalha nos argumentos detalhados. Lembre-se também de que uma releitura considerável será certamente necessária, especialmente, mas não apenas ao ler-se uma seleção posterior que discorda de uma anterior. Quase ninguém (incluindo filósofos profissionais) é capaz de apreender adequadamente um argumento complicado numa simples leitura. E o mais importante item de aconselhamento: não desista! Quanto mais você trabalha nessas habilidades e nesses hábitos, melhor você se tornará neles e mais você chegará a ver o propósito da filosofia. Dessa maneira, a tenacidade intelectual é um dos mais essenciais hábitos filosóficos da mente.

DUAS PASSAGENS DE AMOSTRA

Às vezes, uma caracterização geral de como fazer alguma coisa, tal como ler filosofia, vai só até esse ponto, e o que um estudante realmente necessita é de um exemplo concreto: um exemplo textual de filosofia com alguma discussão sobre como implementar algo daqueles conselhos gerais. Aqui, então, estão duas passagens de amostra, tomadas a partir de seleções que aparecem mais adiante neste livro: uma de J.L. Mackie, sobre o problema que o mal põe para a crença na existência de Deus; e a outra de John Locke, sobre o problema de justificar a nossa confiança de que os nossos sentidos proporcionam informação confiável sobre o mundo.

Exemplo 1: uma passagem contemporânea

Antes de analisarmos a primeira passagem (apresentada a seguir), precisamos dizer algo sobre o seu contexto argumentativo. A própria opinião de Mackie é que o problema do mal mostra que Deus, concebido como onipotente e totalmente bom, não existe. Contudo, ele reconhece que algumas pessoas pensam que a resposta da vontade livre* ao problema do mal desabona a sua opinião. De acordo com a resposta da vontade livre ao problema do mal, Deus deu ao homem vontade livre, apesar do fato de que tal dom resultaria na ocorrência do mal, porque, de acordo com a interpretação de Mackie dessa resposta: "seria melhor como um todo que os homens devessem agir livremente, e às vezes errar, do que ser autômatos inocentes, agindo corretamente de um modo totalmente determinado" (p. 689 deste livro).

Assim, na passagem que analisaremos, Mackie está objetando (dando razões para rejeitar) a resposta da vontade livre ao problema do mal. Aqui está a passagem:

> (...) se Deus fez os homens de tal modo que, nas suas escolhas livres, eles às vezes preferem o que é bom e, às vezes, o que é mau, por que não poderia ter feito os homens de tal modo que sempre escolhessem livremente o bem? Se não há nenhuma impossibilidade lógica em um homem escolher livremente o bem em uma ou em diversas ocasiões, não pode haver uma impossibilidade lógica em escolher livremente o bem em toda ocasião. Deus, portanto, não estava diante de uma escolha entre fazer autômatos inocentes e fazer seres que, ao agir livremente, às vezes agiriam de modo errado: estava aberta para ele a

---

* N. de T. Embora a expressão *free will* signifique, literalmente, "vontade livre", ela traz consigo, na língua inglesa, o sentido de "livre-arbítrio"; fossem esses conceitos postos em um contexto preciso de discussão filosófica, a expressão inglesa para "livre-arbítrio" teria de ser, porém, *free decision*. Em contextos de uso menos determinado, como no caso de J.L. Mackie, que não faz uma teoria sobre a "vontade" ou a "liberdade", a ideia que se quer transmitir com a primeira expressão é, de modo simples, "liberdade de decisão" ou "capacidade de livre decisão".

> possibilidade obviamente melhor de fazer seres que agiriam livremente, mas sempre fariam a coisa certa. Obviamente, a sua falha em valer-se ele mesmo dessa possibilidade é inconsistente com o seu ser tanto onipotente quanto totalmente bom (p. 689).

Mackie começa a passagem com uma questão, que é frequentemente uma escolha retórica efetiva para fazer com que o leitor pense na direção correta. Perceba, contudo, que ele a segue com uma alegação, uma alegação que é essencial à sua objeção à resposta da vontade livre:

> Se não há nenhuma impossibilidade lógica em um homem escolher livremente o bem em uma ou em diversas ocasiões, não pode haver uma impossibilidade lógica em escolher livremente o bem em toda ocasião.

Imediatamente depois dessa alegação, Mackie tira a conclusão de que Deus poderia ter feito pessoas livres que (como um resultado do modo como ele as fez) sempre escolhem livremente fazer o bem, mas formula isso de uma maneira mais complicada e menos perspícua:

> Deus não estava, então, confrontado com uma escolha entre fazer autômatos inocentes e fazer seres que, ao agir livremente, às vezes agiriam de modo errado: estava aberta para ele a possibilidade obviamente melhor de fazer seres que agiriam livremente, mas sempre fariam a coisa certa.

A última parte dessa sentença complicada na realidade formula a conclusão recém-afirmada, enquanto o restante torna claro como ela contrasta com a opinião a que ele está opondo-se.

Quais outras premissas são requeridas para tornar esse argumento plenamente explícito? É óbvio que, Mackie está admitindo, sem explicitamente dizê-lo, que é logicamente possível para alguém escolher livremente o bem ao menos algumas vezes. É difícil ver como o defensor da solução da vontade livre poderia negar isso. Assim, temos agora duas premissas, uma explícita e uma implícita:

1. Se não há nenhuma impossibilidade lógica em um homem escolher livremente o bem em uma ou em diversas ocasiões, não pode haver uma impossibilidade lógica no seu escolher livremente o bem em toda ocasião.
2. Não há nenhuma impossibilidade lógica em um homem escolher livremente o bem em uma ou em diversas ocasiões.

A partir dessas duas premissas, segue-se que não pode haver uma impossibilidade lógica em seu escolher livremente o bem em toda ocasião e segue-se imediatamente dessa conclusão intermediária que é de fato logicamente possível que ele escolha livremente o bem em toda ocasião.

Agora, qual suposição adicional está sendo feita antes que se siga que Deus poderia ter feito homens livres que sempre escolhem fazer o bem? Há ainda mais uma premissa implícita, uma premissa com a qual Mackie está bastante certo de que os defensores da solução da vontade livre concordariam.

3. Deus pode tornar atual tudo o que é logicamente possível.

Assim, simplesmente com uma pequena reflexão sobre lógica e o que ela entende satisfazer o argumento, podemos ver o que Mackie estava pensando quando fez o movimento da afirmação condicional: "se uma pessoa pode livremente escolher fazer o bem *algumas* vezes, então essa pessoa pode escolher livremente fazer o bem *todas* as vezes" para a conclusão: "Deus poderia ter feito as pessoas tal que (como um resultado do modo em que as fez) elas escolheriam livremente fazer o bem todas as vezes". Aqui está o argumento todo:

1. Se não há nenhuma impossibilidade lógica em uma pessoa escolher livremente o bem numa ou em diversas ocasiões, não pode haver uma impossibilidade lógica no seu escolher livremente o bem em toda ocasião.
2. Não há nenhuma impossibilidade lógica em uma pessoa escolher livremente o bem numa ou em diversas ocasiões.
Assim, não pode haver uma impossibilidade lógica no seu escolher livremente o bem em toda ocasião.
Assim, é logicamente possível que ela escolha livremente o bem em toda ocasião.

3. Deus pode tornar atual tudo o que é logicamente possível.

Assim, Deus poderia ter feito pessoas que (como um resultado do modo em que as fez) livremente escolhem o bem em toda ocasião.

Observe que você ainda não obtém a conclusão de que Deus poderia ter feito pessoas que não fizeram nenhum mal, sem adicionar a premissa implícita adicional de que as pessoas que escolhem livremente o bem em toda ocasião não fazem nenhum mal. (Mas o quão explícitos realmente temos de ser? – essa é uma questão para você decidir ao pensar sobre o argumento.)

A sentença final de Mackie, na passagem, diz mais do que o que ele precisa dizer para objetar à solução da vontade livre – você vê isso? Ele está ali reiterando a sua opinião principal de que nenhum Deus que é totalmente bom e todo-poderoso poderia permitir essa possibilidade particular: homens livres que cometem o mal, quando os homens poderiam ser feitos exatamente tão livres, mesmo sendo feitos assim, a ponto de não cometer o mal.

Agora, lembre-se de que a sua tarefa é ler Mackie criticamente. Para fazer isso, você deve primeiramente ver com clareza o que ele está dizendo e por que ele pensa que é verdadeiro, que é a razão pela qual afirmarmos claramente a sua conclusão e as suas premissas. Expusemos claramente o seu argumento e agora devemos tentar avaliá-lo: determinar o quão fortes são as suas razões. Lembre-se de que a primeira coisa a fazer é avaliar a forma do argumento: é ele forte – ou talvez até mesmo válido? Ele é tal que, se todas as premissas são verdadeiras, então a conclusão provavelmente é verdadeira (ou mesmo está garantida como sendo verdadeira)? A forma do raciocínio parece muito forte, não parece? (De fato, ele é válido.)

Agora, procure ver quais, se alguma, das premissas são as mais questionáveis. Embora haja alguns filósofos que aceitariam todas as premissas de Mackie e, por conseguinte, aceitariam o seu argumento e a sua conclusão, há uma premissa que muitos outros filósofos, incluindo muitos ou a maioria daqueles que são simpáticos à concepção que ele está criticando, rejeitariam. Você consegue ver que premissa é essa? Qual premissa seria a mais fácil de ser objetada? (Essa não é uma questão fácil.)

A premissa desse argumento que é a mais provavelmente desafiável é, de fato, a premissa 3. Embora soe inicialmente muito razoável supor que um Deus onipotente pode criar qualquer coisa que é logicamente possível, há um modo sutil no qual isso pode estar errado. Embora seja certamente possível que uma pessoa livre poderia sempre fazer a escolha moralmente melhor ("escolher o bem"), pode Deus fazer com que uma pessoa sempre escolha dessa maneira, sem fazer com que a pessoa não mais seja livre? A ideia subjacente, aqui, explorada em extensão muito maior no capítulo sobre a vontade livre, é que, quando uma pessoa escolhe *livremente* alguma coisa, nesse caso é sempre verdadeiro que ela poderia ter escolhido outra coisa em vez disso. Mas isso é verdadeiro a respeito de alguém que faz a melhor escolha em termos morais, porque Deus o criou de modo a ocasionar que ele faça exatamente aquela escolha?

Alguém poderia ficar preocupado com o fato de que, gastando todo esse tempo sobre cada parágrafo isolado da sua leitura de filosofia, ela duraria para sempre, e a resposta a essa preocupação é que você obviamente não faz isso em todo parágrafo. Escolhemos passagens claramente argumentativas, especialmente importantes, para usar como exemplos. Agora, porém, você deve ser capaz de ver por que raramente lhe é proposto ler tantas páginas nos seus cursos de filosofia em relação à maioria dos seus outros cursos. Ler filosofia toma bastante tempo, reflexão, cuidado e imaginação. Note que poderíamos ter continuado por muito mais tempo, dado que apenas começamos a fase de avaliação. O quão longe você vai com a fase de avaliação depende dos seus propósitos e do seu nível de experiência. É o suficiente para simplesmente entender a passagem oferecer respostas bastante curtas para as questões que formamos antes, mas, caso você devesse escrever um trabalho avaliando o raciocínio de Mackie, você teria de fazer mais.

Exemplo 2: uma passagem histórica

A outra passagem que consideraremos foi escrita numa época muito diferente, mas ainda é caracteristicamente filosófica no sentido de que há uma alegação filosófica sendo feita e razões sendo oferecidas para a verdade daquela alegação. No *Ensaio sobre o entendimento humano*, John Locke está defendendo a opinião bastante natural de que temos conhecimento do mundo (material) exterior e de que a nossa experiência sensória nos prové com justificação suficiente para fundamentar aquele conhecimento. Nos capítulos anteriores do livro, Locke enfoca a fonte e a natureza das nossas ideias, porque crê que o ponto de partida razoável para responder ao cético é mostrar como podemos confiar que os nossos sentidos nos dão as ideias corretas (isto é, ideias em grande parte verdadeiras).

No Livro IV, Capítulo XI, ele oferece quatro razões para a conclusão de que os nossos sentidos "não erram na informação que eles no dão da existência das coisas fora de nós". Abordaremos aqui a quarta dessas razões.

> Os nossos sentidos, em muitos casos, dão testemunho da verdade do relato de cada um acerca da existência de coisas sensíveis fora de nós. Aquele que vê um fogo, se duvidar que seja alguma coisa mais do que mera fantasia, pode também senti-lo e ser convencido a pôr a sua mão nele. E essa certamente jamais poderia ser posta em tal dor intensa por uma mera ideia ou imagem, a menos que a dor seja uma fantasia também: a qual, todavia, quando a queimadura está curada, ele não pode trazer a si novamente, suscitando a ideia dela. (p. 72)

Primeiramente, o que significa a conclusão de Locke? Ele está falando sobre a percepção sensória ordinária. Com "a existência de coisas fora de nós", ele quer referir-se à existência de objetos materiais ordinários – árvores, prédios, montanhas, rios, e assim por diante – fora de nós, ou seja, fora tanto dos nossos corpos quanto das nossas mentes. Com "a informação que eles [os sentidos] nos dão", ele simplesmente quer referir-se às crenças sobre tais objetos que naturalmente formamos como um resultado da percepção sensória e que parecem refletir o conteúdo da experiência perceptual. E, ao dizer que os nossos sentidos "não erram" nessa informação, ele está dizendo que as crenças em questão são, ao menos na sua maior parte, verdadeiras.

Assim, qual vem a ser a sua razão para essa conclusão? Ele diz: "Os nossos sentidos, em muitos casos, dão testemunho da verdade do relato de cada um acerca da existência de coisas sensíveis fora de nós". Coisas sensíveis são simplesmente coisas que podemos (aparentemente) sentir – objetos materiais como mesas e cadeiras. Mas o que ele quer dizer com "dão testemunho"?

Atente para o exemplo que ele oferece. (Exemplos são, com frequência, crucialmente importantes no entendimento de alegações filosóficas abstratas.) Como diria Locke, o seu sentido de visão relata a você que há um fogo e, então, o seu sentido de tato também relata a mesma coisa, porque ele também lhe dirá que há um fogo – se você puser a sua mão no (ou perto do) local onde o fogo parece estar. Se a sua percepção visual de um fogo era uma "mera ideia ou imagem" (isto é, era algo como uma mera ilusão mental, não causada "por", nem correspondendo "a" alguma coisa existente fora de você – alguma coisa real), quando você tentasse sentir o que você estava vendo, então você não atingiria a sensação correta (isto é, você não experimentaria dor ou calor) – a menos, naturalmente, que a sensação de dor ou de calor fosse uma ilusão ("uma fantasia") também. (Mas o quão provável é que duas ilusões se ajustassem daquela maneira? – isso é parte do propósito de Locke.) Note ainda que, quando a queimadura cura, não se pode, através da imaginação somente, fazer com que se experimente a mesma dor que se tem quando realmente se põe a mão no fogo – isso mostra, como pensa Locke, que a dor experimentada no caso atual é mais do que simplesmente uma mera ideia.

Assim, o exemplo sugere que, para os diferentes sentidos "dar testemunho da verdade do relato de cada um", significa, para um sentido, dizer-nos o que o outro sentido também nos diz. Obviamente, Locke pensa que isso dá suporte à conclusão de que os nossos sentidos "não erram". Contudo, precisamos dizer mais sobre como essa conclusão supostamente se segue. Como podemos raciocinar, a partir da premissa de que os nossos sentidos concordam uns com os outros dessa maneira, para a conclusão de que o que eles nos dizem é verdadeiro (ou, pelo menos, muito provavelmente verdadeiro)? Algo parece correto sobre esse pensamento, mas como funciona o raciocínio?

Locke parece estar pensando que, se o que os nossos sentidos nos informam não fosse verdadeiro, seria então pelo menos muito improvável que os nossos sentidos concordariam uns com os outros dessa maneira. Mas por que pensar que isso é verdadeiro? Um modo de dar sentido a esse argumento é vê-lo como um argumento explanatório ou uma inferência à melhor explanação. O que explanaria o fato de que os nossos sentidos concordam uns com os outros? ❻

Uma explanação possível, aquela que Locke parece ter em mente, é esta: as nossas experiências perceptuais são sistematicamente causadas pelos objetos externos, de um modo que faz com que a experiência perceptual reflita acuradamente as propriedades daqueles objetos externos. Esta é uma explanação do fato em questão: se fosse assim, então os diferentes sentidos, sendo afetados pelos mesmos objetos externos (quaisquer que estejam presentes onde os nossos corpos estão localizados), deveriam concordar uns com os outros tal como concordam. Mas é essa a melhor explanação? Ou existem outras explanações que são pelo menos igualmente boas – igualmente boas do ponto de vista a partir do qual Locke está formulando esse argumento, um argumento em que a precisão das nossas percepções e a própria existência do mundo material do senso comum estão em questão?

De fato, existe um número de outras explanações possíveis, embora uma avaliação completa delas não seja possível nessa discussão (ver o Capítulo 2 para mais detalhes sobre essa questão). Talvez estejamos sonhando. (Concordam as aparentes percepções umas com as outras nos sonhos?) Talvez um ente poderoso de alguma espécie esteja sistematicamente causando percepções que não correspondem a qualquer realidade material, mas que ainda concordam. Talvez, ao invés disso, a sua mente subconsciente esteja fazendo isso. Ou o que dizer sobre a possibilidade de que as percepções em questão sejam sistematicamente causadas pela realidade exterior (que é o motivo pelo qual elas têm concordância), mas de um modo que distorce aquela realidade muito gravemente (que é o motivo pelo qual as crenças resultantes não são de fato verdadeiras)? Qual explanação é a melhor: a de Locke ou uma dessas outras? E por quê?

Uma outra coisa digna de nota é que não estruturamos esse argumento em passos numerados, tal como fizemos com o argumento de Mackie na passagem anterior. Isso poderia ter sido feito, mas, a nosso juízo, não teria sido particularmente de auxílio nesse caso. A estrutura desse argumento é muito simples: um fato alegado acompanhado pela reivindicação de que uma certa conclusão é a melhor explanação daquele fato. O que é complicado são as razões para pensar que o fato alegado é um fato e as razões para pensar que a melhor explanação alegada realmente têm esse estatuto, e nenhuma dessas coisas se presta muito bem ao tipo de formulação em passos numerados que funcionou tão bem com o argumento de Mackie. A moral aqui é que formular um argumento numa série de passos – ou de qualquer outra maneira – é uma *ferramenta* para a clarificação e deveria ser usada onde ela é de auxílio, e não de outra maneira.

Um desafio para avaliar um raciocínio de um filósofo, que surge com essa passagem de Locke e também em muitos outros casos, é que os filósofos, com frequência, estão defendendo opiniões que já acreditamos ser verdadeiras. Porém, tenha cuidado! A sua tarefa como filósofo é avaliar criticamente a cogência das razões oferecidas para uma alegação, independentemente se você crê na alegação ou não. Assim, para avaliar essa passagem, você precisa escrutinar a razão que Locke oferece realmente, perguntando a si mesmo se é suficiente mostrar que a conclusão é verdadeira. Responder a essa questão é difícil, porque avaliar argumentos explanatórios requer decidir qual de muitas explanações possíveis é a melhor – uma questão para a qual os padrões relevantes não são inteiramente claros. No entanto, você pode começar a fazer tudo isso lendo e tentando entender a concepção de Locke, mesmo que não consegue chegar até o final de tal linha de raciocínio. Quanto mais intensamente você se força a entender exatamente o que ele está dizendo e a avaliar o quão cogentes são as suas razões, mais habilidoso você se tornará em ler filosofia e em pensar filosoficamente.

❻ **PARE** Pense por si mesmo sobre essa questão por um minuto ou dois.

Questões para Discussão

1. Por que precisamos de uma concepção particular de filosofia para os propósitos deste curso? O que aconteceria se alguém dissesse "Não precisamos de uma concepção particular de filosofia. Podemos trabalhar juntos, fazendo filosofia, mesmo se cada um de nós tiver diferentes concepções de filosofia"? Isso soa razoável? Por que sim ou por que não?

2. A área da filosofia chamada de *metafísica* estuda a natureza da realidade. O que você pensa sobre a realidade? Está claro quais coisas são reais e quais coisas não são reais? Liste algumas coisas que são reais. Em seguida, liste algumas outras coisas que não são reais. A ciência estuda a natureza da realidade? Qual você pensa que é a diferença entre ciência e filosofia?

3. Alegamos que o nível de clarificação de que uma reivindicação necessita varia, dependendo do contexto. Considere, por exemplo, a reivindicação de que existem árvores no pátio. Agora, imagine o seguinte contexto, no qual a reivindicação não precisa de nenhuma clarificação: suponha que uma firma paisagística foi contratada para fertilizar todas as árvores no *campus*, e os funcionários querem saber se precisam ir ao pátio. Você lhes diz que existem árvores no pátio, e a sua alegação é suficientemente clara e precisa para os propósitos em questão. Suponha, porém, que haja um outro contexto: uma firma paisagística foi contratada para fertilizar todas as cerejeiras no *campus*, e os funcionários querem saber se precisam ir até o pátio. Agora, a alegação de que existem árvores no pátio precisa ser clarificada nesse caso que foi tornado muito mais preciso: eles precisam ser informados se existem *cerejeiras* no pátio. Agora, pense no exemplo de uma alegação e em dois contextos: um no qual a alegação precisa de clarificação e um no qual a mesmíssima alegação não precisa de nenhuma clarificação.

4. Alegamos que razões para crer numa reivindicação deveriam ser razões para pensar que a reivindicação é verdadeira. Isso soa correto? Que outros tipos de razões alguém poderia pensar que são boas para crer numa reivindicação? Suponha que a sua melhor amiga diz que acredita que ganhou uma loteria de US$ 10 milhões. Você deveria acreditar nela? Suponha que ela não oferece nenhuma razão real para pensar que a sua reivindicação é verdadeira, mas quer que você acredite nela de qualquer maneira (talvez ela queira festejar). É essa uma boa razão para crer numa reivindicação: porque alguém *quer* que você acredite nela? O que dizer sobre a alegação de que Deus existe? Sob que base alguém deveria acreditar nessa alegação? Você deveria ter alguma razão para pensar que tal alegação é verdadeira? Suponha que deixe você feliz pensar que Deus existe. É essa uma boa razão para acreditar na alegação? Pense em alguns exemplos de alegações nas quais você considera que alguém não deveria crer, a menos que haja uma boa razão para pensar que são verdadeiras, e em alguns exemplos de alegações que você considera que *talvez* possam ser acreditadas sob outros motivos. Você obviamente terá de explicar o contexto dos últimos exemplos.

5. Tente explicar para um amigo o argumento a favor da conclusão de que estudar filosofia tem valor. Que tipos de clarificações você teve de fazer? O seu amigo fez objeções? O seu amigo ficou convencido?

Platão

Platão (427-347 a.C.) foi um dos dois maiores filósofos gregos da Antiguidade (sendo o outro Aristóteles) e é universalmente reconhecido como um dos mais importantes filósofos em toda a história da filosofia. (O lógico e metafísico britânico do século XX, Alfred North Whitehead, observou certa vez que a história da filosofia ocidental "consiste numa série de notas de rodapé a Platão" – um exagero, mas um exagero perdoável.) Os escritos de Platão consistem em diálogos nos quais a figura principal é o seu mestre Sócrates (469-399 a.C.). Normalmente se pensa que os diálogos iniciais, dos quais a presente seleção é um, reportam de modo mais preciso as opiniões reais do Sócrates histórico, sendo que os tardios desenvolvem as próprias opiniões de Platão – opiniões que ele talvez tenha visto como se desenvolvendo a partir das do seu mestre. Esse diálogo se passa nos degraus da corte de Atenas, onde Sócrates detém-se no intuito de falar com Eutífron sobre o assunto que cada um tem com a corte. O fundo do diálogo é real: Sócrates foi acusado de corromper a juventude de Atenas. (A seleção a seguir é um relato do próprio julgamento.)

Neste diálogo, vemos um exemplo de clarificação conceitual: Sócrates questiona Eutífron numa tentativa de clarificar a ideia de piedade. Enquanto há conotações religiosas na ideia de piedade, há também um significado mais amplo, mais apropriado aos argumentos neste diálogo: a piedade equivale aproximadamente à retidão ou à correção moral. Porém, nesse caso, a própria ideia de uma ação moralmente correta precisa de clarificação, e é sobre isso que o diálogo realmente trata. Eutífron está confiante de que entende o que é para uma ação ser piedosa nesse sentido e tenta explaná-lo para Sócrates.

Eutífron[2]

Eutífron: Que novidade há, Sócrates, para te fazer deixar as costumeiras disputas no Liceu e passar o teu tempo aqui no pórtico do rei-arconte? Certamente não estás, como eu, colocando alguém em juízo junto ao rei-arconte?

Sócrates: Os atenienses não chamam isso de juízo, Eutífron, mas de uma acusação.

E: O que é isso que dizes? Alguém deve ter te acusado, pois não me dirás que acusaste alguma outra pessoa.

S: Não, de fato.

E: Então alguma outra pessoa te acusou?

S: Exatamente.

E: Quem é ela?

S: Eu mesmo não a conheço, Eutífron. Aparentemente é um homem jovem e desconhecido. Eles o chamam de Meleto, creio. Ele pertence ao demo de Pítia, caso tu conheças alguém daquele demo chamado Meleto, com cabelos longos, pouca barba e um nariz bastante aquilino.

E: Eu não o conheço, Sócrates. Que acusação ele traz contra ti?

S: Que acusação? Uma acusação não desprezível, creio, pois não é coisa pequena para um jovem ter conhecimento de tão importante assunto. Ele diz que sabe como os nossos jovens são corrompidos e quem os corrompe. Ele é provavelmente sábio e, quando vê a minha ignorância corrompendo os seus contemporâneos, procede acusando-me tanto diante da cidade quanto diante de sua mãe. Creio que é o único dos nossos homens públicos a começar do modo correto, pois é correto cuidar primeiramente que os jovens sejam tão bons quanto possível, assim como é provável que um bom lavrador tome cuidado primeiramente das plantas jovens e depois das outras. Assim, também, Meleto primeiramente se livra de nós que corrompemos rebentos, como ele diz, e depois, então, obviamente tomará cuidado dos mais velhos e tornar-se-á uma fonte de grandes bênçãos para a cidade, como parece provável que aconteça com alguém que iniciou dessa maneira.

E: Eu desejaria que isso fosse verdadeiro, Sócrates, mas temo que o oposto aconteça. A mim parece que ele começa prejudicando o próprio coração da cidade ao tentar fazer algo errado contra ti. Dize-me o que ele afirma que tu fizeste para corromper os jovens?

S: É coisa estranha ouvi-lo dizer, pois afirma que eu sou um artífice de deuses, e segundo o motivo de que crio novos deuses, não crendo nos deuses antigos, ele me indiciou por causa deles, tal como ele o afirma.

E: Eu entendo, Sócrates. Isso é porque afirmas que o sinal divino permanece

---

[2] Extraído de *Cinco diálogos* (*Five Dialogues*, traduzido por G.M.A. Grube. Indianapolis: Hacket Publishing Company, 1981).

Nada sabemos sobre Eutífron, exceto o que podemos obter a partir deste diálogo. Ele é obviamente um sacerdote profissional, que considera a si mesmo um especialista sobre rituais.

❶

Como será explanado na *Apologia* (p. 32), Sócrates crê ter ouvido por anos uma voz que chama de sinal divino. A voz geralmente lhe diz para *não* fazer coisas que os deuses desaprovariam. (É difícil dizer o quão literalmente isso deve ser considerado.)

❷ *Reafirmação/Resumo*

R Sócrates faz de conta que acredita que Eutífron deve estar muito certo de que sabe qual é a coisa piedosa ou correta e qual não é, dado que está disposto a fazer algo inicialmente tão questionável quanto acusar o próprio pai.

vindo a ti. ❶ Assim, ele escreveu essa acusação contra ti como alguém que faz inovações em questões religiosas e vem ao tribunal para difamar-te, sabendo que tais coisas são facilmente mal-interpretadas pela multidão. O mesmo se dá no meu caso. Sempre que falo de questões religiosas na assembleia e predigo o futuro, eles riem de mim como se eu fosse doido; contudo, eu não predisse nada que não tenha acontecido. No entanto, eles têm inveja de todos nós que fazemos isso. Não é preciso preocupar-se com eles, mas encará-los de frente.

S: Meu querido Eutífron, ser alvo de risos talvez não importe, pois os atenienses não se importam com ninguém que considerem esperto, contanto que não ensine a sua própria sabedoria, mas se pensam que ele faz com que os outros sejam como ele mesmo, nesse caso ficam bravos, seja por inveja, como dizes, seja por alguma outra razão.

E: Eu certamente não tenho nenhum desejo de testar os sentimentos deles em relação a mim nesse assunto.

S: Talvez pareças fazer de ti mesmo só raramente disponível e não estejas disposto a ensinar a tua própria sabedoria, mas temo que o meu sentimento pelas pessoas faça com que pensem que despejo sobre qualquer um tudo o que tenho a dizer, não somente sem cobrar taxa, mas mesmo feliz de recompensar qualquer um que quiser ouvir. Se, então, eles pretendem rir de mim, assim como dizes que eles riem de ti, não haveria nada desagradável em que passem o seu tempo na corte, rindo e motejando, mas, se forem sérios, não fica claro qual é o resultado, exceto para vocês, profetas.

E: Talvez não dê em nada, Sócrates, e venhas a lutar pelo teu caso como pensas ser melhor, assim como penso que lutarei pelo meu caso.

S: Qual é o teu caso, Eutífron? És o acusado ou o acusador?

E: O acusador.

S: A quem acusas?

E: A alguém que sou considerado louco em acusar.

S: Estás acusando alguém que com facilidade escapará de ti?

E: Longe disso, pois ele é bastante idoso.

S: Quem é ele?

E: O meu pai.

S: Meu caro senhor! O teu próprio pai?

E: Certamente.

S: Qual é a acusação? Sobre o que é o caso?

E: Homicídio, Sócrates.

S: Pelos céus! Por certo, Eutífron, a maioria dos homens não saberia como poderiam fazer isso e estar certos. Não é o quinhão de qualquer um fazer isso, mas de alguém que está muito adiantado em sabedoria.❷

E: Sim, por Zeus, Sócrates, é assim mesmo.

S: É então o homem que o teu pai matou um dos teus parentes? Isso talvez seja óbvio, pois não acusarias o teu pai pelo homicídio de um estranho.

E: Acho ridículo, Sócrates, que penses que faz qualquer diferença se a vítima é um estranho ou um parente. Dever-se-ia somente observar se o assassino agiu de modo justo ou não; se agiu justamente, deixe-se que vá, mas, se não agiu assim, dever-se-ia acusá-lo, mesmo se o assassino partilha do teu lar e da tua mesa. A infâmia é a mesma, caso, sabendo disso, mantenhas companhia com tal homem e não limpes a ti mesmo e a ele, levando-o à justiça. A vítima era um serviçal meu, e quando estávamos trabalhando na terra, em Naxos, ele era um servo nosso. Ele assassinou um dos nossos escravos domésticos, irritado e sob o efeito da bebida, de modo que o meu pai o amarrou nas mãos e nos pés e jogou-o num fosso, tendo enviado então um homem até aqui para interrogar o sacerdote sobre o que deveria ser feito. Durante aquele tempo, ele não concedeu nenhum tipo de cuidado ao homem amarrado, por ser um assassino, e não importava se morresse, o que de fato aconteceu. A fome, o frio e as amarras causaram a sua morte antes que o mensageiro retornasse do vidente. Tanto o meu pai quanto os meus outros parentes estão indignados que eu esteja acusando o meu pai por homicídio, em favor de um assassino, quando ele nem sequer o tinha matado, eles dizem, e mesmo se tivesse o homem morrido não merecia um pensamento, dado que era um assassino. Afinal, eles dizem, é ímpio que um filho acuse o seu pai de homicídio. Porém, as suas ideias sobre a atitude divina quanto à piedade e à impiedade estão erradas, Sócrates.

S: Ao passo que, por Zeus, Eutífron, crês que o teu conhecimento do divino, bem como da piedade e da impiedade, é tão acurado que, se aquelas coisas aconteceram como dizes, não tens nenhum receio de ter agido impiamente, trazendo o teu pai a julgamento?

E: Eu não deveria ter nenhuma utilidade, Sócrates, e Eutífron não seria superior à maioria dos homens se eu não tivesse um conhecimento acurado de todas as coisas desse tipo.

S: É de fato extremamente importante, meu admirável Eutífron, que eu me torne o teu aluno e, no que diz respeito a essa acusação, desafie Meleto sobre essas mesmas coisas, dizendo-lhe que no passado também considerei o conhecimento sobre o divino como sendo o mais importante e que, como agora ele diz que sou culpado de improvisar e inovar sobre os deuses, eu me tornei o teu aluno. Eu diria a ele: "Meleto, se concordas que Eutífron é sábio nesses assuntos, considera-me também como alguém que tem as crenças corretas e não me leves a julgamento. Se não pensas assim, então acusa aquele meu mestre, e não a mim, por corromper os homens mais velhos, tanto a mim quanto ao seu próprio pai, ao ensinar-me e ao exortá-lo e puni-lo". Se ele não ficar convencido, nem retirar de mim a acusação ou acusar a ti ao invés de mim, repetirei o mesmo desafio no tribunal.

E: Sim, por Zeus, Sócrates, e, se ele tentasse me acusar, creio que eu encontraria os seus pontos fracos e o discurso no tribunal seria sobre ele ao invés de sobre mim.

S: É porque percebo isso que estou ansioso em tornar-me teu aluno, meu querido amigo. Sei que outras pessoas, incluindo esse Meleto, nem mesmo parecem te perceber, ao passo que ele me vê de modo tão agudo e claro que me acusa de impiedade. Assim, dize-me agora, por Zeus, o que mantinhas agora mesmo que sabias com clareza: que tipo de coisa dizes que são a piedade e a impiedade, tanto como respeito a homicídio quanto a outras coisas; ou não é o piedoso o mesmo e semelhante em toda ação, e o ímpio o oposto de tudo o que é piedoso e tal como ele mesmo, e tudo o que é ser impiedoso apresenta-se-nos com uma forma ou aparência na medida em que é impiedoso? ❸

E: Com toda razão, Sócrates.

S: Dize-me, então, o que é o piedoso e o que é o impiedoso?

E: Digo que o piedoso é fazer o que estou fazendo agora, acusando o malfeitor, seja isso sobre homicídio ou roubo sacrílego, ou qualquer outra coisa, seja se o malfeitor é seu pai ou sua mãe, ou qualquer outro; não acusar é impiedoso. ❹ E observa, Sócrates, que posso citar a lei como uma grande prova de que isso é assim. Eu já disse aos outros que tais ações são corretas, isto é, não favorecer o impiedoso, seja ele quem for. As mesmas pessoas que creem que Zeus é o melhor e o mais justo dos deuses concordam, contudo, que ele acorrentou o seu pai porque esse devorava injustamente os seus filhos e que esse último, por sua vez, castrou o seu pai por razões semelhantes. Todavia, eles estão indignados comigo porque estou acusando o meu pai pelo seu mau ato. Eles contradizem a si mesmos naquilo que dizem sobre os deuses e sobre mim. ❺

S: Com efeito, Eutífron, essa é a razão por que eu sou um acusado no caso, porque considero difícil aceitar que coisas como essa sejam ditas sobre os deuses, e é provável que seja a razão por que deverá ser dito de mim que faço algo errado. No entanto, se tu, que tens pleno conhecimento de tais coisas, partilhas das opiniões deles, nesse caso, assim me pareceria, também devemos concordar com eles. Pois o que diremos nós, que concordamos que nós mesmos não temos nenhum conhecimento delas? Dize-me, pelo deus da amizade, realmente crês que essas coisas são verdadeiras?

E: Sim, Sócrates, e assim também o são coisas ainda mais surpreendentes, das quais a maioria não tem nenhum conhecimento.

S: E acreditas que realmente haja guerra entre os deuses, inimizades terríveis e batalhas, e outras coisas tal como são contadas pelos poetas, e outras histórias sagradas tal como são tramadas por bons escritores e por representações, com o que o manto da deidade é adornado quando é levado até a Acrópole? Devemos dizer que essas coisas são verdadeiras, Eutífron?

❸ *Definição*

Ao perguntar pela *forma* da piedade, Sócrates está perguntando por uma definição ou um relato da própria piedade: pelo que é que todas as coisas ou ações piedosas têm em comum em virtude do que são piedosas.

❹

PARE Aqui está a primeira tentativa de Eutífron de responder ao pedido de Sócrates por clarificação: a piedade é o que Eutífron está fazendo agora ao acusar o seu pai. Essa tentativa é bem-sucedida em clarificar *a forma geral ou a ideia* de piedade?

❺

R Porque Eutífron está fazendo algo muito parecido com o que Zeus fez, qualquer um que disser que ele está fazendo algo impiedoso deve estar errado, dado que Zeus, com certeza, jamais fez qualquer coisa impiedosa. (Sócrates não fica impressionado com essa linha de argumento.)

6

Dar um exemplo de alguma coisa fracassa em clarificar a ideia ou a forma geral, visto que você pode não saber *como* e *por que* a coisa dada como um exemplo é o tipo de coisa em questão, e por isso falhar em realmente apreender a ideia geral. Portanto, Sócrates está em busca de um relato geral – algo como uma definição – da piedade, e não simplesmente de exemplos de coisas específicas que são piedosas. (Ver a Questão para Discussão 1.)

7

Sócrates mostra aprovação ao tipo geral de resposta que Eutífron ofereceu, não necessariamente ao conteúdo específico.

8

Aqui está a segunda tentativa de Eutífron de responder a Sócrates: a piedade é o que é caro aos deuses – torna-se claro, no que segue, que Sócrates toma isso como significando caro a *qualquer um* dos deuses.

E: Não somente essas, Sócrates, mas, como eu estava dizendo agora há pouco, se quiseres, relatarei muitas outras coisas que sei sobre os deuses que te deixarão maravilhado.

S: Não ficarei surpreso, mas me contarás essas coisas com tempo livre, em alguma outra ocasião. De momento, tenta me dizer mais claramente o que eu estava perguntando agora há pouco, pois, meu amigo, não me ensinaste adequadamente quando te perguntei sobre o que era o piedoso, mas disseste-me que o que estavas fazendo agora, acusando o teu pai de homicídio, é piedoso.

E: E eu dizia a verdade, Sócrates.

S: Talvez. Concordas, contudo, que existem muitas outras ações piedosas.

E: Existem.

S: Lembra que não mandei que me relatasses uma ou duas das muitas ações piedosas, mas aquela forma que faz com que todas as ações piedosas sejam piedosas, pois concordaste que todas as ações impiedosas são impiedosas e todas as ações piedosas são piedosas através de uma forma, ou não te lembras? **6**

E: Lembro.

S: Dize-me, então, o que é essa forma em si mesma, de modo que possa atentar para ela e, utilizando-a como um modelo, possa dizer que qualquer ação tua ou de um outro que for desse tipo é piedosa e, se não é dessa forma, não é piedosa.

E: Se isso é o que queres que seja, Sócrates, isso é como eu te direi.

S: Isso é o que eu quero.

E: Muito bem, então, o que é caro aos deuses é piedoso, mas o que não lhes é caro é impiedoso.

S: Esplêndido, Eutífron! Agora respondeste do modo como eu desejava. **7** Se a tua resposta é verdadeira, eu ainda não sei, mas obviamente me mostrarás que o que dizes é verdadeiro.

E: Certamente.

S: Vem, então, e examinemos o que queremos dizer. Uma ação ou um homem caro aos deuses é piedoso, mas uma ação ou um homem odiado pelos deuses é impiedoso. Eles não são o mesmo, porém deveras opostos, o piedoso e o impiedoso. Não é assim? **8**

E: É, com efeito.

S: E essa parece ser uma boa afirmação?

E: Creio que sim, Sócrates.

S: Também afirmamos que os deuses estão num estado de discórdia, que vivem de mal uns com os outros, Eutífron, e que mantêm inimizade uns com os outros. Também isso foi dito?

E: Foi.

S: Quais são os assuntos de divergência que causam ódio e ira? Verifiquemos isso do seguinte modo. Se eu e tu diferíssemos sobre os números quanto a qual deles é o maior, essa divergência nos tornaria inimigos e nos deixaria irritados um com o outro, ou nos aplicaríamos a contar e, em seguida, resolver a nossa divergência sobre isso?

E: Sem dúvida, agiríamos desse modo.

S: Novamente, se divergíssemos sobre o maior e o menor, voltaríamos à medição e, em seguida, cessaríamos de divergir.

E: Isso é assim.

S: E sobre o mais pesado e o mais leve, recorreríamos à pesagem e ficaríamos reconciliados.

E: Naturalmente.

S: Qual matéria de divergência nos faria irritados e hostis um com o outro se fôssemos incapazes de chegar a uma decisão? Talvez não tenhas uma resposta pronta, mas examina como eu te digo se esses assuntos são o justo e o injusto, o belo e o feio, o bom e o mau. Não são esses os assuntos de divergência sobre os quais, quando somos incapazes de chegar a uma decisão satisfatória, tu e eu, e outros homens, tornamo-nos hostis uns com os outros sempre que o fazemos?

E: Esse é o desacordo, Sócrates, sobre aqueles assuntos.

S: O que dizer sobre os deuses, Eutífron? Se realmente eles têm divergências, não será sobre esses mesmos assuntos?

E: Certamente deve ser assim.

S: Então, de acordo com o teu argumento, meu bom Eutífron, diferentes deuses consideram que diferentes coisas são justas, belas, feias, boas e más, pois não estariam de mal uns com os outros a menos que divergissem sobre esses assuntos, estariam?

E: Estás certo.

S: E gostam do que cada um deles considera belo, bom e justo, mas odeiam os opostos desses?

E: Certamente.

S: Mas tu dizes que as mesmas coisas são consideradas justas por alguns deuses e injustas por outros e, na medida em que disputam sobre essas coisas, eles estão de mal e em guerra uns com os outros. Não é assim?

E: É.

S: As mesmas coisas, então, são amadas pelos deuses e odiadas pelos deuses, e seriam, pois, tanto amadas-por-deus quando odiadas-por-deus.

E: Parece que sim.

S: E as mesmas coisas seriam tanto piedosas quanto impiedosas de acordo com esse argumento?

E: Receio que sim.

S: Portanto, não respondeste à minha pergunta, homem surpreendente. ❾ Não perguntei a ti qual mesma coisa é tanto piedosa quanto impiedosa, mas parece que o que é amado pelos deuses é também odiado por eles. Assim, não é de modo algum surpreendente se a tua presente ação, a saber, a de punir o teu pai, pudesse ser agradável a Zeus, mas desagradável a Crono e a Urano, agradável a Hefesto, mas desagradável a Hera, e assim com quaisquer outros deuses que divergissem uns do outros sobre esse assunto.

E: Creio, Sócrates, que sobre esse assunto quaisquer deuses divergiriam uns dos outros, a saber, que todo aquele que matou alguém injustamente deveria pagar a pena.

...

S: Vem, agora, meu querido Eutífron, dize-me, também, para que eu me torne mais sábio, qual prova tens de que todos os deuses consideram que aquele homem foi assassinado injustamente, aquele que se tornou assassino enquanto estava a teu serviço, que foi amarrado pelo mestre da sua vítima e morreu em suas amarras antes que aquele que o prendeu descobrisse dos videntes o que deveria ser feito com ele, e ainda que é correto, para um filho, denunciar e acusar o seu pai em nome de tal homem. Vem, tenta mostrar-me um sinal claro de que todos os deuses, definitivamente, creem que essa ação é correta. Se puderes oferecer-me uma prova adequada disso, jamais cessarei de exultar a tua sabedoria.

E: Isso talvez não seja uma tarefa fácil, Sócrates, ainda que eu pudesse mostrar-te muito claramente.

S: Entendo que me consideras mais lento de entendimento do que o júri, na medida em que obviamente mostrarás a eles que essas ações foram injustas e que todos os deuses odeiam tais ações.

E: Eu o mostrarei a eles claramente, Sócrates, se apenas eles forem me ouvir.

S: Eles ouvirão se pensarem que mostras isso a eles adequadamente. Contudo, essa ideia veio a mim enquanto você estava falando, e eu a estou examinando, dizendo a mim mesmo: "Se Eutífron me mostrar conclusivamente que todos os deuses consideram injusta tal morte, em que maior medida eu aprendi dele a natureza da piedade e da impiedade? Pois então essa ação, parece, seria odiada pelos deuses, mas o piedoso e o impiedoso não foram agora definidos, pois o que é odiado pelos deuses foi também mostrado como sendo amado por eles". Assim, não insistirei nesse ponto: admitamos, se desejares, que todos os deuses consideram isso injusto e que todos eles o odeiam. Entretanto, é essa a correção que estamos fazendo na nossa discussão, que o que todos os deuses odeiam é impiedoso, o que eles todos amam é piedoso e que o que alguns deuses amam e outros odeiam não é nenhum ou ambos? É esse o modo como agora desejas que definamos piedade e impiedade?

E: O que nos impede de proceder assim, Sócrates?

S: De minha parte nada, Eutífron, mas olha se da tua parte esse propósito te capacitará a ensinar-me o mais facilmente o que tu prometeste.

E: Eu certamente diria que o piedoso é o que todos os deuses amam e o oposto, o que todos os deuses odeiam, é o impiedoso. ❿

S: Nesse caso, examinemos novamente se essa é uma colocação válida, ou devemos deixá-la passar, e se um de nós, ou alguém outro, meramente diz que algo é assim, aceitamos que isso é assim? Ou deveríamos examinar o que o proponente quer dizer?

E: Devemos examiná-lo, mas certamente penso que essa é agora uma boa colocação.

S: Nós em breve saberemos melhor se ela o é. Considera isso: é o piedoso amado pelos deuses porque é piedoso, ou é piedoso porque é amado pelos deuses? ⓫

---

❾ **PARE** Assim, a segunda tentativa de Eutífron de um relato geral da piedade fracassa. Pense sobre o problema com ele e tente ver como isso poderia ser estabelecido.

❿ **R** Aqui está a terceira tentativa de Eutífron, uma modificação ou correção da segunda, como foi sugerido por Sócrates. Perceba o quanto ela difere da segunda tentativa justamente no modo em que precisa fazê-lo, no intuito de evitar a objeção que foi levantada contra aquela tentativa.

⓫ A objeção de Sócrates à terceira tentativa de Eutífron é mais complicada e sutil do que qualquer uma das outras. Pense cuidadosamente sobre a questão: a piedade de algo *explica* por que os deuses o amam – ou o fato de que os deuses o amam *explica* por que ele é piedoso? A ideia subjacente aqui é a de que se uma coisa *A* explica uma outra coisa *B*, então *A* é quanto à explicação anterior a *B* – e *B*, portanto, não pode por sua vez explicar *A*, ao menos não da mesma maneira.

12 🛑 Talvez você tenha de ler esse parágrafo lentamente e mais de uma vez. Sócrates tenta deixar claro o que significa que uma coisa seja, quanto à explicação, anterior a uma outra, considerando alguns exemplos posteriores. Qual coisa *explica* a outra coisa em cada um desses exemplos?

13 👤 Assim, admitindo que o amor não é simplesmente arbitrário, deve haver alguma *outra* razão por que alguma coisa é amada por alguém: alguma característica particular que fez com que alguém a amasse. E, uma vez que é amada por aquele alguém, ela se torna, então, alguma coisa sendo amada. A outra característica seria, então, anterior quanto à explicação, tanto com respeito à pessoa amando quanto com respeito à coisa sendo amada.

14 R Se o ser piedoso explica por que os deuses amam alguma coisa, nesse caso a piedade não pode ser *a mesmíssima coisa* que os deuses amarem aquela coisa (a mesma coisa que o seu ser "querido-a-deus").
👤 (Como uma analogia grosseira: se uma pedra batendo numa janela é o que explica a janela sendo quebrada, então a pedra batendo na janela não pode ser a mesmíssima coisa que a janela sendo quebrada).

15 R Por outro lado, ser amado pelos deuses explica de fato por que alguma coisa é querida-a-deus, e não o contrário.

16 R Portanto, os deuses amam uma coisa porque ela é piedosa, e ela se torna querida-a-deus porque eles a amam – tornando claro que ser querido-a-deus não pode ser a mesma coisa que ser piedoso, uma vez que se encontram em diferentes relações explanatórias com os deuses que realmente amam aquela coisa.
👤 (Um outro modo de colocar a questão é dizer que a piedade é de fato em *dois* passos explanatórios anterior ao ser querido-a-deus e por isso, obviamente, não pode ser idêntica a ele.)

E: Eu não compreendo o que queres dizer, Sócrates.
S: Tentarei explicar mais claramente: falamos de alguma coisa sendo levada e de alguma coisa levando, de alguma coisa sendo conduzida e de alguma coisa conduzindo, de alguma coisa sendo vista e de alguma coisa vendo, e compreendes que essas coisas são todas diferentes umas das outras e de que maneira elas diferem?
E: Acho que compreendo.
S: Assim, há alguma coisa sendo amada e alguma coisa amando, e o estar amando é uma coisa diferente.
E: É claro.
S: Dize-me, então, se aquilo que está sendo levado está sendo levado porque alguém o leva ou por alguma outra razão?
E: Não, essa é a razão.
S: E aquilo que está sendo conduzido é assim porque alguém o conduz, e aquilo que está sendo visto porque alguém o vê?
E: Certamente.
S: Não é visto por alguém porque está sendo visto, mas, pelo contrário, está sendo visto porque alguém o vê; nem é porque está sendo conduzido que alguém o conduz, mas é porque alguém o conduz que está sendo conduzido; nem alguém leva um objeto porque ele está sendo levado, mas ele está sendo levado porque alguém o leva. Está claro o que quero dizer, Eutífron? Quero dizer isso, a saber, que, se alguma coisa vem a ser, ou é afetada, ela não vem a ser porque está vindo a ser, mas está vindo a ser porque vem a ser; nem é ela afetada porque ela está sendo afetada, mas porque alguma coisa a afeta. Ou não concordas? **12**
E: Concordo.
S: O que está sendo amado é ou alguma coisa que vem a ser ou alguma coisa que é afetada por outra coisa?
E: Certamente.
S: Então, temos o mesmo caso quanto às coisas recém-mencionadas: não é amada por aqueles que a amam porque está sendo amada, mas está sendo amada porque eles a amam?
E: Necessariamente.
S: O que dizemos então sobre o piedoso, Eutífron? Certamente que é amado por todos os deuses, de acordo com o que dizes?
E: Sim.
S: Ele é amado porque é piedoso ou por alguma outra razão?
E: Por nenhuma outra razão.
S: Ele é amado, então, porque é piedoso, mas não é piedoso porque é amado?
E: Ao que aparece.
S: E porque é amado pelos deuses ele está sendo amado e é caro aos deuses?
E: É claro.
S: O querido-a-deus, então, não é o mesmo que o piedoso, Eutífron, nem o piedoso é o mesmo que o querido-a-deus, como dizes, mas um difere do outro. **14**
E: Como assim, Sócrates?
S: Concordamos que o piedoso é amado porque é piedoso, mas não é piedoso porque é amado. Não é assim?
E: É.
S: E que o querido-a-deus, por outro lado, é assim porque é amado pelos deuses, pelo próprio fato de ser amado, mas não é amado porque é querido-a-deus. **15**
E: É verdade.
S: Contudo, se o querido-a-deus e o piedoso fossem o mesmo, meu caro Eutífron, e o piedoso fosse amado porque era piedoso, então o querido-a-deus seria amado porque era querido-a-deus; e, se o querido-a-deus assim o fosse porque era amado pelos deuses, então o piedoso seria também piedoso porque era amado pelos deuses; porém, agora vês que eles estão em casos opostos, na medida em que são inteiramente diferentes um do outro: um é de uma natureza a ser amada porque é amada, enquanto o outro é amado porque é de uma natureza a ser amada. **16** Temo, Eutífron, que, quando foste perguntado sobre o que é a piedade, não querias tornar a sua natureza clara para mim, mas disseste-me [um traço] ou uma qualidade dela, que o piedoso tem a qualidade de ser amado por todos os deuses, mas ainda não me disseste o que o piedoso é. Agora, se quiseres, não escondas coisas de mim, mas dize-me novamente, desde o início, o que é a piedade, tanto se é ser amada pelos deuses quanto se é ter alguma outra qualidade – não dispu-

taremos sobre isso –, mas tenha ânimo em dizer-me o que são o piedoso e o impiedoso. ⓱

E: Mas, Sócrates, não tenho como dizer-te o que tenho em mente, pois toda proposição que fizemos avançar fica girando e recusa-se a ficar parada onde nós a fixamos.

S: As tuas colocações, Eutífron, parecem pertencer ao meu antepassado, Dédalo. Se fosse eu a colocá-las e adiantá-las, talvez estarias zombando de mim e dirias que, por causa do meu parentesco com ele, as minhas conclusões na discussão se vão embora e não querem permanecer onde se as põe. Como essas proposições são tuas, entretanto, precisamos de algum outro gracejo, pois elas não ficarão paradas para ti, como tu mesmo afirmas.

E: Creio que o mesmo gracejo é adequado à nossa discussão, Sócrates, pois não sou eu aquele que as faz ficar girando e não permanecer no mesmo lugar; tu que és o Dédalo; portanto, no que me diz respeito, elas permaneceriam tal como estavam.

S: Parece então que eu seria mais esperto do que Dédalo ao fazer uso das minhas habilidades, meu amigo, na medida em que ele podia somente causar o movimento das coisas que ele mesmo fizera, mas eu posso causar o movimento de outras pessoas, bem como o meu próprio. E a parte mais notável da minha habilidade é que sou dotado sem querer sê-lo, pois eu antes desejaria que as tuas colocações a mim permanecessem imóveis do que possuir a riqueza de Tântalo, bem como a inteligência de Dédalo. Mas basta disso. Dado que eu creio que estás impondo dificuldades desnecessárias, estou tão ávido quanto tu para encontrar um modo de ensinar-me sobre a piedade e não desisto antes que o faças. Examina se consideras que tudo o que é piedoso é necessariamente justo.

E: Creio que sim.

S: Então, tudo o que é justo é piedoso? Ou tudo o que é piedoso é justo, mas nem tudo o que é justo é piedoso, mas parte dele é e parte dele não é?

E: Não acompanho o que estás dizendo, Sócrates.

S: Contudo, és mais jovem do que eu por tanta medida quanto és mais sábio. Como digo, estás impondo dificuldades por causa da tua riqueza ou sabedoria. Recompõe-te, meu caro senhor, pois o que estou dizendo não é difícil de compreender. Estou dizendo o oposto do que o poeta disse, que escreveu:

> Não desejas dar nome a Zeus, que o fez e que fez com que todas as coisas cresçam, pois onde há temor há também vergonha.

Discordo do poeta. Devo dizer-te por quê?

E: Por favor, faze-o.

S: Eu não creio que "onde há temor há também vergonha", pois creio que muitas pessoas que temem doença e pobreza, e muitas outras coisas desse tipo, sentem temor, mas não estão envergonhadas das coisas que temem. Não achas isso?

E: Acho, com efeito.

S: Mas onde há vergonha há também temor. Pois há alguém que, ao sentir vergonha e embaraço diante de algo, também não teme ao mesmo tempo e receia uma reputação por maldade?

E: Ele está certamente com medo.

S: Então, não é correto dizer "onde há temor há também vergonha", mas que onde há vergonha há também temor, pois o temor cobre uma área maior do que a vergonha. A vergonha é uma parte do temor tal como ímpar é uma parte de número, tendo como resultado que não é verdade que, onde há número, há também o ser-ímpar, mas que onde há o ser-ímpar há também número. Podes me acompanhar agora?

E: Por certo.

S: Esse é o tipo de coisa que eu estava perguntando antes, se onde há piedade há também justiça, mas onde há justiça não há sempre piedade, pois o piedoso é uma parte da justiça. Deveremos dizer isso, ou pensas diferentemente?

E: Não, penso desse modo, pois o que dizes parece ser correto.

S: Atenta ao que vem depois: se o piedoso é uma parte do justo, devemos, parece, descobrir qual parte do justo ele é. Agora, se me perguntasses algo do que mencionamos agora há pouco,

---

⓱ Eutífron fracassou novamente: desta vez, porque apenas especificou uma *qualidade* que a piedade tem – ou, mais especificamente, um *resultado* que ela produz (ela faz com que os deuses amem coisas). Todavia, ele ainda não disse o que a piedade *é*: ele ainda tem de clarificar a *forma geral ou a ideia* de piedade.

tal como que parte de número é o par e que número esse é, diria que é o número que é divisível em duas partes iguais, não desiguais. Ou não pensas assim?

E: Penso.

S: Tenta, portanto, dizer-me qual parte do justo é o piedoso a fim de que digamos a Meleto para que não mais aja erradamente para conosco e não me indicie por impiedade, dado que aprendi de ti suficientemente o que é divino e piedoso, e o que não é.

E: Creio, Sócrates, que o divino e o piedoso são a parte do justo que é concernente ao cuidado dos deuses, ao passo que o concernente ao cuidado dos homens é a parte restante da justiça. **18**

S: Tu me pareces pôr isso muito adequadamente, mais ainda preciso de um pouco de informação. Não sei ainda o que queres dizer com cuidado, pois não te referes ao cuidado dos deuses no mesmo sentido que o cuidado de outras coisas, tal como, por exemplo, dizemos, não é mesmo, que nem todos sabem como cuidar dos cavalos, mas o criador de cavalos o sabe.

E: Sim, é dessa maneira que quero dizê-lo.

S: Assim, criar cavalos é o cuidado de cavalos.

E: Sim.

S: Nem é o caso que todos sabem como cuidar de cães, mas o caçador o sabe.

E: É assim.

S: Desse modo, caçar é o cuidado de cães.

E: Sim.

S: E a criação de gado é o cuidado do gado.

E: É bem assim.

S: Ao passo que a piedade e a devoção são o cuidado dos deuses, Eutífron. É isso o que queres dizer?

E: É.

S: Agora, o cuidado em cada caso tem o mesmo efeito; ele visa ao bem e ao benefício do objeto de que se cuida, como podes ver que os cavalos cuidados pelos criadores de cavalo são beneficiados e tornam-se melhores. Ou não pensas assim?

E: Penso.

S: Então, os cães são beneficiados pela criação de cães, o gado pela criação de gado, e assim com todos os demais. Ou pensas que o cuidado visa a prejudicar o objeto do seu cuidado?

E: Por Zeus, não!

S: Visa a beneficiar o objeto do seu cuidado.

E: Naturalmente.

S: A piedade, então, que é o cuidado dos deuses, visa a beneficiar os deuses e torná-los melhores? Concordarias que, quando fazes algo piedoso, tornas algum dos deuses melhor?

E: Por Zeus, não!

S: Nem eu penso que isso é o que queres dizer – longe disso –, mas é por esse motivo que te perguntei o que querias dizer com o cuidado dos deuses, porque não acreditava que tinhas em mente esse tipo de cuidado. **19**

E: Exatamente, Sócrates, esse não é o tipo de cuidado que tenho em mente.

S: Muito bem, mas que tipo de cuidado dos deuses seria a piedade?

E: O tipo de cuidado, Sócrates, que os escravos têm com os seus amos.

S: Entendo. É provável que seja um tipo de serviço dos deuses.

E: Precisamente.

S: Poderias me dizer para a realização de que meta está voltado o serviço dos médicos? Não crês que seja para atingir a saúde?

E: Creio que sim.

S: O que dizer sobre o serviço dos construtores de navio? A que realização ele é dirigido?

E: Claramente, Sócrates, à construção de um navio.

S: E o serviço dos construtores de casas para a construção de uma casa?

E: Sim.

S: Dize-me, então, meu bom senhor, para a realização de que objetivo está voltado o serviço aos deuses? Obviamente sabes, visto que afirmas que, de todos os homens, tens o melhor conhecimento das coisas divinas.

E: E estou dizendo a verdade, Sócrates.

S: Dize-me, então, por Zeus, qual é aquele objetivo excelente que os deuses realizam, fazendo uso de nós como seus serviçais?

E: Muitas coisas boas, Sócrates.

S: Assim fazem os generais, meu amigo. No entanto, poderias facilmente me dizer qual é o principal interesse deles, que é atingir a vitória na guerra, não é?

E: Naturalmente.

---

18 PARE — Aqui está a tentativa final de Eutífron para explicar o que é a piedade. Tente entender o que há de errado com ela.

19 R — Um significado de "cuidado dos deuses" é inaplicável, dado que os deuses não precisam de benefícios produzidos por seres humanos.

S: Os lavradores, também, eu creio, realizam muitas coisas boas, mas o ponto central dos seus esforços é gerar alimento da terra.
E: Exatamente.
S: Bem, então, como poderias resumir as muitas coisas boas que os deuses realizam?
E: Eu te disse há bem pouco, Sócrates, que é uma tarefa considerável adquirir qualquer conhecimento preciso dessas coisas, mas, para dizê-lo de maneira simples, afirmo que, se um homem sabe como dizer e fazer o que é agradável aos deuses, em oração e sacrifício, são ações piedosas aquelas tais como preservar tanto casas de família quanto questões públicas da cidade. As opostas a essas ações agradáveis são impiedosas, pois perturbam e destroem todas as coisas.
S: Poderias me dizer em muito menos palavras, se desejasses, a suma do que perguntei, Eutífron, mas não estás animado para me ensinar, isso está claro. Estavas a ponto de fazer isso, mas voltaste atrás. Se tivesses dado aquela resposta, eu deveria agora ter adquirido de ti conhecimento suficiente da natureza da piedade. Com efeito, o amante da investigação deve seguir o seu amado por onde quer que ele o conduza. Uma vez mais, então, o que dizes que são a piedade e o piedoso? São eles um conhecimento de como fazer sacrifício e oração?
E: São.
S: Sacrificar é oferecer um presente aos deuses, ao passo que fazer preces é pedir algo dos deuses?
E: Definitivamente, Sócrates.
S: Seguir-se-ia dessa colocação que a piedade seria um conhecimento de como dar e de como pedir dos deuses.
E: Entendeste muito bem o que eu disse, Sócrates.
S: É por isso que eu estou tão desejoso da tua sabedoria e concentro o meu pensamento nela, de maneira que nenhuma palavra da tua parte possa cair no chão. Mas, dize-me, que é esse serviço aos deuses? Dizes que é pedir deles e dar algo a eles?
E: Digo.
S: E rogar corretamente seria pedir-lhes coisas de que precisamos?
E: O que mais?

S: E dar corretamente é dar-lhes o que eles precisam de nós, pois não seria inteligente trazer presentes a alguém que de modo nenhum necessita deles.
E: Verdadeiramente, Sócrates.
S: A piedade seria, então, um tipo de habilidade de comércio entre deuses e homens?
E: Comércio, sim, se preferes chamá-la disso.
S: Eu não prefiro nada, a menos que seja verdadeiro. Mas, dize-me, que benefício os deuses derivam dos presentes que recebem de nós? O que eles nos dão é óbvio a todos. Para nós, não há nenhum bem que não recebemos deles, mas como eles são beneficiados por aquilo que recebem de nós? Ou temos tal vantagem sobre eles, na negociação, que recebemos deles todas as nossas benesses, mas eles não recebem nada de nós?
E: Supões, Sócrates, que os deuses são beneficiados por aquilo que recebem de nós?
S: O que poderiam ser aqueles nossos presentes aos deuses, Eutífron?
E: O que mais, crês, do que honra, reverência e o que mencionei agora mesmo, gratidão?
S: O piedoso, então, Eutífron, é agradável aos deuses, mas não proveitoso ou caro a eles?
E: Creio que seja, de todas as coisas, o mais caro a eles.
S: Desse modo, o piedoso é, uma vez mais, o que é caro aos deuses.
E: Com a máxima certeza.
S: Quando dizes isso, ficarás surpreso se os teus argumentos parecem ficar girando ao redor, ao invés de permanecerem estáveis? E me acusarás de ser Dédalo, que faz com eles se mecham, ainda que tu mesmo sejas muito mais talentoso do que Dédalo e faças com que eles girem em círculo? Ou não percebes que os nossos argumentos ficaram girando ao redor e vieram de novo para o mesmo lugar? Tu certamente te lembras que, anteriormente, o piedoso e o querido-a-deus foram mostrados não ser o mesmo, mas diferentes um do outro. Ou não te lembras?
E: Lembro-me.
S: Então não percebes agora que estás dizendo que o que é caro aos deuses é

o piedoso? Não é isso o mesmo que o querido-a-deus? Ou não é?

E: Certamente é.

S: Ou estávamos errados, quando concordamos anteriormente, ou, se estávamos certos então, agora estamos errados. ⑳

> [20] Sócrates alega que o relato alternativo de "cuidado dos deuses" é o mesmo que o relato já refutado.

E: Parece ser assim.

S: Então, devemos investigar novamente, desde o início, o que é a piedade, na medida em que não desistirei por minha vontade antes de aprender isso. Não me julgues imerecedor, mas concentra a tua atenção e dize-me a verdade. Pois, se algum homem a conhece, és tu que a conheces, e eu não devo deixar-te ir, como Proteu, antes que me digas. Se não tivesses nenhum conhecimento claro da piedade e da impiedade, jamais terias te aventurado a acusar o teu velho pai por homicídio em nome de um serviçal. Por temor dos deuses terias ficado receoso de correr o risco, a menos que não estivesses agindo corretamente, e terias ficado envergonhado diante dos homens, mas agora bem sei que acreditas que tens claro conhecimento da piedade e da impiedade. Assim, conta-me, meu bom Eutífron, e não escondas o que pensas que ela seja.

E: Em algum outro momento, Sócrates, pois estou com pressa agora, e é hora de ir-me.

S: Que coisa a se fazer, meu amigo! Ao ir-te, tiraste o meu alento de uma grande esperança que eu tinha, de que iria aprender de ti a natureza do piedoso e do impiedoso, e assim escaparia da acusação de Meleto, mostrando a ele que eu tinha adquirido sabedoria em assuntos divinos, de Eutífron, e a minha ignorância não mais causaria que eu fosse descuidado e inovador sobre tais coisas e que eu seria alguém melhor pelo resto da minha vida.

Questões para Discussão

1. Suponha que alguém peça a você para explicar algum termo particular. Por que dar um exemplo de alguma coisa é uma resposta inapropriada? Por exemplo, suponha que alguém pedisse a você para explicar a música *reggae* – suponha que esse alguém perguntasse "O que significa para alguma música ser uma música *reggae*"? Se você deu a ele um *exemplo* de música *reggae*, isso explicaria a questão? O que você deveria fazer em vez disso? Como você clarificaria a ideia de correção moral?

2. Muitas pessoas pensam que a fonte da moralidade deriva dos mandamentos ou das leis de Deus. Uma suposição desse tipo subjaz à observação de Dostoievsky: "Se Deus está morto, então tudo é permitido". Não importa o quão natural isso possa parecer, há um sério problema com isso, um problema que veio a ser chamado de *o problema de Eutífron*. Deus afirma que alguma coisa é correta ou manda que a façamos porque é correta, ou então ela se torna correta porque Deus assim o afirma? Há novamente uma questão de prioridade explanatória: é Deus meramente um bom juiz daquilo que é certo *independentemente* (de modo que o seu ser correto explica o seu comando), ou o comando de Deus *torna* alguma coisa correta (de modo que o seu comando explica o seu ser correto)? O que alguém que quer defender a ideia de que Deus é a fonte da moralidade deve dizer em resposta a essa questão? Qual é a objeção em se afirmar isso? (Deus poderia ter comandado qualquer coisa em absoluto – mesmo o homicídio ou o genocídio –, tal que isso tivesse sido correto?)

Platão

Embora essa obra ainda seja referida como um diálogo, Platão de fato deixa Sócrates realizar quase toda a fala. Sócrates está dirigindo-se a um júri bastante grande, um júri que decidirá se ele deve ser condenado da acusação de corromper a juventude de Atenas e, se condenado, qual será a sua sentença. (O procedimento após a condenação era, tanto para a acusação quanto para a defesa, propor punições, com o júri então decidindo entre os dois.) Sócrates argumenta que é inocente da acusação. O resultado do julgamento foi tal como Platão relata, ainda que não haja como ter certeza sobre o quão acurado é o seu relato da fala de Sócrates. (O título do diálogo vem da palavra grega para *defesa*: a fala de Sócrates claramente não é uma apologia no sentido costumeiro, mas tampouco há qualquer ironia refletida no título, como alguém poderia ficar tentado a pensar.)

Apologia[3]

Eu não sei, homens de Atenas, como os meus acusadores vos influenciaram; quanto a mim, quase fui levado, apesar de mim mesmo, de tão persuasivo o modo como falaram. E, todavia, dificilmente alguma coisa do que disseram é verdadeira. Das muitas mentiras que contaram, uma em particular me surpreendeu, a saber, a de que deveríeis ser cuidadosos em não ser enganados por um orador talentoso como eu. Que não ficaram envergonhados em de imediato se provar, pelos fatos, estarem errados, quando mostro a mim mesmo não ser um orador talentoso em absoluto, isso achei que foi o vergonhoso da parte deles – a menos, é claro, que chamem de orador talentoso o homem que fala a verdade. Se querem dizer isso, concordaria que sou um orador, mas não segundo a maneira deles, pois de fato, como digo, praticamente nada do que disseram era verdadeiro. De mim ouvireis a verdade inteira, ainda que, por Zeus, cidadãos, não expressa em frases tecidas e estilizadas como as deles, mas coisas faladas ao acaso e expressas nas primeiras palavras que vêm à mente, pois deposito a minha confiança na justiça do que digo, e nenhum de vós espera outra coisa. Não seria apropriado na minha idade, como poderia ser para um jovem, brincar com palavras quando apareço diante de vós.

Uma coisa eu de fato pergunto e peço a vós, cidadãos: se me ouvirdes fazendo a minha defesa no mesmo tipo de linguagem que estou acostumado a usar no mercado público... onde muitos de vós me ouvistes, e alhures, não fiqueis surpresos nem crieis um distúrbio por causa disso. A posição é esta: esta é a minha primeira aparição diante de um tribunal de justiça na idade de 70 anos; sou, portanto, simplesmente um estranho quanto à maneira de falar aqui. Tal como, se eu fosse um estrangeiro, certamente me perdoaríeis se eu falasse naquele dialeto e na maneira como fui educado, assim também a minha presente petição parece uma petição justa, que não presteis atenção na minha maneira de falar – seja ela melhor ou pior –, mas concentreis a vossa atenção sobre se o que digo é justo ou não, pois a excelência de um juiz reside nisso, tal como aquela de um orador reside em dizer a verdade.

É correto para mim, cidadãos, defender-me primeiramente contra as primeiras acusações mentirosas feitas contra mim e contra os meus primeiros acusadores, e então contra as últimas acusações e os últimos acusadores. Tem havido muitos que me acusaram a vós por muitos anos agora, e nenhuma das suas acusações é verdadeira. Essas eu temo muito mais do que temo Anito e os seus amigos, ainda que também eles sejam terríveis. Esses primeiros, contudo, cidadãos, são mais terríveis; eles cuidaram da maioria de vós desde a infância, persuadiram-vos e me acusaram muito falsamente, dizendo que há um homem chamado Sócrates, um sábio, um estudante de todas as coisas do céu e debaixo da terra, que faz do pior argumento o mais forte. Aqueles que espalharam esse rumor, cidadãos, são os meus perigosos acusadores, pois os seus ouvintes acreditam que aqueles que estudam essas coisas nem mesmo acreditam nos deuses. Além disso, esses acusadores são numerosos e têm estado envolvidos nesse propósito por um longo tempo; e também falaram a vós numa idade em que vós mais prontamente acreditaríeis neles, sendo alguns de vós crianças e adolescentes, e ganharam o seu caso por ausência, dado que não havia nenhuma defesa.

---

[3] **Extraído de** *Five Dialogues*, traduzido por G.M.A. Grube (Indianapolis: Hackett Publishing Company, 1981).

O que é o mais absurdo em tudo isso é que não se pode sequer saber ou mencionar os seus nomes, senão que um deles é um autor de comédias.[4] Aqueles que maliciosa e caluniosamente persuadiram-vos – que também, quando persuadiram a si mesmos, persuadiram a outros – todos esses são maximamente difíceis de se lidar: não se pode trazer um deles à corte ou refutá-lo; deve-se simplesmente lutar com sombras, por assim dizer, ao fazer a sua defesa e interrogar quando ninguém responde...

Tomemos, então, o caso desde o seu começo. Qual é a acusação a partir da qual surgiu a difamação na qual Meleto confiou quando escreveu a acusação contra mim? O que eles disseram quando me caluniaram? Devo, como se eles fossem os meus reais acusadores, ler a acusação sobre a qual teriam jurado. Acontece mais ou menos assim: Sócrates é culpado de mau procedimento, na medida em que se ocupa estudando coisas do céu e debaixo da terra; ele faz do pior o mais forte argumento e ensina essas mesmas coisas a outros. Vós mesmos vistes isso na comédia de Aristófanes, um Sócrates indo para lá e para cá, dizendo que estava caminhando no ar e falando uma porção de outros absurdos sobre coisas das quais nada sei. Não falo em desprezo a tal conhecimento, caso alguém seja sábio nessas coisas – pelo menos Meleto traz mais casos contra mim –, mas, cidadãos, não tenho parte nisso e, nesse ponto, invoco a maioria de vós como testemunhas. Creio que é correto que todos aqueles de vós que me ouviram conversando, e muitos de vós o fizeram, deveriam contar um ao outro se alguém de vós jamais me ouviu discutindo tais assuntos em alguma medida. Disso vós aprendereis que as outras coisas ditas sobre mim, em sua maioria, são de mesmo tipo.

Nenhuma delas é verdadeira. E, se vós ouvistes de alguém que me ponho a ensinar as pessoas e a cobrar uma taxa por isso, isso também não é verdade. Todavia, penso que é uma coisa boa ser capaz de ensinar as pessoas, como Górgias de Leontini o faz, bem como Pródico de Ceo e Hípias de Élida.[5] Cada um desses homens pode ir a qualquer cidade e persuadir os jovens – que, por sua vez, podem ter a companhia de qualquer um que quiserem dos seus próprios concidadãos, sem pagar – a deixar a companhia desses últimos, juntar-se a eles, pagar-lhes uma taxa e, além disso, ser gratos para com eles... Certamente, eu me orgulharia e me envaideceria se tivesse esse conhecimento, mas não o tenho, cidadãos.

Um de vós poderia talvez me interromper, dizendo: "Mas, Sócrates, qual é a tua ocupação? De onde vieram essas calúnias? Pois, certamente, se não te ocupas com alguma coisa fora do comum, todos esses rumores e todos esses rumores não teriam surgido, a menos que tenhas feito algo diferente do que a maioria das pessoas. Dize-nos o que é, de modo que não falemos inadvertidamente sobre ti". Qualquer um que diz isso parece estar certo, e tentarei mostrar a vós o que causou essa reputação e calúnia. Ouvi-me, então. Talvez alguns de vós pensarão que estou zombando, mas estejais certos de que tudo o que direi é verdadeiro. O que causou a minha reputação não é nenhuma outra coisa senão um certo tipo de sabedoria. Que tipo de sabedoria? Sabedoria humana, talvez. Pode ser que eu realmente a tenha, ao passo que aqueles a quem há pouco fiz menção são sábios com uma sabedoria mais do que humana; do contrário, não posso explicá-lo, pois eu certamente não a possuo, e quem quer que diga que a possuo está mentindo e fala para me caluniar. Não crieis uma confusão, cidadãos, mesmo que penseis que estou me gabando, pois a história que contarei não se origina em mim, mas referirei a vós uma fonte confiável. Invocarei o deus em Delfos como testemunha quanto à existência e à natureza da minha sabedoria, se ela for tal. Vós conheceis Querefonte. Ele era meu amigo desde a juventude, e amigo da maioria de vós, visto que participou do vosso exílio e do vosso retorno. Vós certamente co-

---

[4] Isso se refere em particular a Aristófanes, cuja comédia *As nuvens*, escrita em 423 a.C., ridiculariza a (imaginária) escola de Sócrates.

[5] Todos eles eram sofistas bem-conhecidos... [Os sofistas eram professores itinerantes de retórica, e em certa medida de filosofia, que recebiam taxas pelos seus serviços. Eles são reputados, talvez não de todo justamente, como sendo habilidosos em "fazer com o que o argumento mais fraco pareça o mais forte" – por isso mesmo, o termo derivativo "sofisma".]

nheceis o tipo de homem que era, o quão impulsivo em qualquer curso de ação. Ele foi a Delfos uma vez e aventurou-se a fazer uma pergunta ao oráculo – como digo, cidadãos, não crieis uma confusão; ele perguntou se algum homem era mais sábio do que eu, e a Pítia respondeu que nenhum homem era mais sábio. ❶ Querefonte está morto, mas o seu irmão testemunhará a vós sobre isso.

Considerai que eu vos conto isso porque vos informaria sobre a origem da calúnia. Quando ouvi dessa resposta, perguntei a mim mesmo: "O que quer dizer o deus? Qual é o seu enigma? Estou muito consciente de que não sou sábio; o que então ele quer dizer ao dizer que sou o mais sábio? Sem dúvida, ele não mente; não lhe é legítimo agir assim". Por um longo tempo, eu estava desorientado quanto ao seu significado; então, com muita relutância, voltei-me a uma investigação tal como esta: fui a um daqueles reputados sábios, pensando que ali, se em algum lugar, eu poderia refutar o oráculo e dizer a ele: "Esse homem é mais sábio do que eu, mas disseste que eu o era". Então, quando examinei esse homem – não tenho nenhuma necessidade de dizer-vos o seu nome, pois ele era um dos nossos homens públicos –, a minha experiência foi mais ou menos assim: pensei que ele aparecia sábio a muitas pessoas e especialmente a si mesmo, mas ele não o era. Tentei mostrar-lhe que pensava a si mesmo como sábio, mas que não o era. Como resultado, ele veio a desgostar de mim, e assim fizeram muitos dos circunstantes. Assim, retirei-me e pensei comigo mesmo: "Eu sou mais sábio do que esse homem; é provável que nenhum de nós saiba qualquer coisa que valha a pena, mas ele pensa que sabe alguma coisa, quando não sabe, ao passo que, quando não sei, tampouco penso que sei; portanto, é provável que eu seja mais sábio do que ele nessa pequena medida, a saber, que não creio que eu saiba o que não sei". ❷ Depois disso, abordei um outro homem, um daqueles considerado como sendo mais sábio do que ele, e pensei a mesma coisa, de modo que vim a ser antipatizado tanto por ele quanto por muitos outros.

Depois daquilo, procedi sistematicamente. Percebi, para minha tristeza e meu alarme, que estava tornando-me impopular, mas pensava dever fixar a maior importância ao oráculo do deus, tal que deveria ir a todos aqueles que tinham alguma reputação por conhecimento para examinar o seu significado. E... cidadãos do júri – pois devo dizer-vos a verdade – experimentei algo mais ou menos assim: na minha investigação no serviço do deus, descobri que aqueles que tinham a mais alta reputação eram praticamente os mais deficientes, enquanto os que eram considerados como inferiores eram de mais conhecimento. Devo dar-vos um relato das minhas jornadas como se fossem trabalhos que tinha assumido para provar irrefutável o oráculo. Depois dos políticos, fui aos poetas, aos escritores de tragédias e ditirambos, e a outros, tendo a intenção, no caso deles, de perceber a mim mesmo como mais ignorante do que eles. Assim, tomei aqueles poemas com os quais pareciam ter tido mais dificuldade e perguntei-lhes o que significavam, no intuito de que pudesse, ao mesmo tempo, aprender alguma coisa com eles. Estou envergonhado de contar-vos a verdade, cidadãos, mas devo fazer isso. Quase todos os circunstantes poderiam ter explicado os poemas melhor do que puderam os seus autores. Logo percebi que os poetas não compõem os seus poemas com conhecimento, mas por algum talento inato e por inspiração, como videntes e profetas que também dizem muitas coisas belas sem qualquer entendimento do que dizem. Os poetas pareciam a mim ter tido uma experiência semelhante. Ao mesmo tempo, via que, por causa da sua poesia, eles consideravam a si mesmos homens sábios em outros aspectos, o que não eram. Assim, ali novamente retirei-me, pensando que tinha a mesma vantagem sobre eles como tinha sobre os políticos.

Finalmente, fui aos artesãos, pois estava consciente de não saber praticamente nada, e sabia que descobriria que eles tinham conhecimento de muitas coisas belas. Nisso eu não estava enganado; sabiam de coisas que eu não sabia e, nesse tocante, eram mais sábios do que eu. Mas, cidadãos do júri, os bons artesãos pareciam a mim ter a mesma falha que os poetas: cada um deles, por causa do seu sucesso na sua arte, considerava a si mesmo muito sábio em outras matérias sumamente importantes, e esse erro deles ofuscava a sabedoria que tinham, de modo que perguntei a mim mesmo, em nome do oráculo, se eu deveria preferir ser como sou, nem com a sabedoria nem

❶ Os gregos acreditavam que as pessoas comuns poderiam comunicar-se com os deuses, perguntando questões aos sacerdotes em diversos templos. Um dos mais respeitados desses templos era o templo de Apolo, localizado num pequeno vilarejo chamado Delfos.

❷ Alguém que sabe que não sabe alguma coisa – ou, com efeito, que não sabe nada digno de nota – é, apesar disso, mais sábio do que alguém que equivocadamente crê que sabe alguma coisa?

com a ignorância deles, ou ter a ambos. A resposta que dei a mim mesmo e ao oráculo foi que era vantajoso para mim ser como sou.

Como resultado dessa investigação, cidadãos do júri, adquiri muita impopularidade, de um tipo que é difícil de lidar e é um fardo pesado; muitas calúnias vieram dessas pessoas e uma reputação por sabedoria, pois em cada caso os presentes pensavam que eu mesmo possuía a sabedoria que provava que o meu interlocutor não a tinha. O que é provável, cidadãos, é que de fato o deus é sabio e a sua resposta oracular significava que a sabedoria humana vale pouco ou nada e que, quando diz esse homem, Sócrates, ele está fazendo uso do meu nome como um exemplo, como se dissesse: "Entre vocês, mortais, esse homem é o mais sábio que, como Sócrates, entende que a sua sabedoria não tem valor". Assim, mesmo agora continuo essa investigação tal como o deus me ordenou – e ando por aí procurando alguém, cidadão ou estrangeiro, a quem considero sábio. E então, se não creio que seja, venho em assistência ao deus e mostro-lhe que não é sábio. Por causa dessa ocupação, não tenho o tempo livre para envolver-me em questões públicas, nem de fato para cuidar das minhas próprias, mas vivo em grande pobreza por causa do meu serviço ao deus.

Além disso, os jovens que seguem na minha volta, por sua livre vontade, aqueles que mais têm tempo livre, os filhos dos muito ricos, têm prazer em ouvir as pessoas questionadas; eles mesmos frequentemente me imitam e tentam questionar os outros. Creio que encontram uma abundância de homens que creem que têm algum conhecimento, mas sabem pouco ou nada. O resultado é que aqueles a quem questionam ficam bravos, não consigo, mas comigo. Eles dizem: "Aquele homem, Sócrates, é um sujeito pestilento, que corrompe os jovens". Se alguém lhes pergunta o que ele faz e o que ensina para corrompê-los, ficam silenciosos, na medida que não sabem, mas, para assim não parecer que estão desorientados, mencionam aquelas acusações que estão disponíveis contra os filósofos, sobre "coisas do céu e coisas debaixo da terra", sobre "não acreditar nos deuses" e "fazer do pior o mais forte argumento"; eles não desejariam contar a verdade, estou certo, de que se tem provado deles que trazem alegações de conhecimento quando não sabem nada. Essas pessoas são ambiciosas, violentas e numerosas; estão continuamente e convincentemente falando sobre mim; têm enchido os ouvidos de vocês, por muito tempo, com calúnias veementes contra mim... Essa, cidadãos do júri, é a verdade para vocês. Não escondi nem distorci nada. Sei muito bem que essa conduta torna-me impopular, e isso é prova de que o que digo é verdade, que tal é a calúnia contra mim e que tais são as suas causas. Se vós atentardes para isso, agora ou mais tarde, isso é o que encontrareis.

Que isso baste como uma defesa contra as ameaças dos meus primeiros acusadores. Depois disso, tentarei defender-me contra Meleto, aquele homem bom e patriota, como ele diz ser, e dos meus acusadores posteriores. Visto que esses são um grupo diferente de acusadores, tomemos novamente a sua deposição jurada. Ocorre mais ou menos assim: Sócrates é culpado de corromper os jovens e de não crer nos deuses em que a cidade acredita, mas em outras divindades novas. Tal é a acusação deles. Examinemo-la ponto a ponto.

Ele diz que sou culpado de corromper os jovens, mas digo que Meleto é culpado de lidar frivolamente com assuntos sérios, de levar irresponsavelmente pessoas ao tribunal e de professar estar seriamente preocupado com coisas com as quais jamais se importou, e tentarei provar que isso é assim. Vem aqui e conta-me, Meleto. Certamente, consideras da máxima importância que os nossos jovens sejam tão bons quanto possível? – De fato, eu considero.

Vem, então, conta ao júri quem os aperfeiçoa. Obviamente sabes, tendo em vista a tua preocupação. Dizes que descobriste aquele que os corrompe, a saber, eu, e me trazes aqui e me acusas ao júri. Vem, informa o júri e dize-lhe quem o é. Vês, Meleto, que estás em silêncio e não sabes o que dizer. Isso não parece vergonhoso a ti e uma prova suficiente do que digo, que não tens estado preocupado com qualquer desses assuntos? Dize-me, meu bom senhor, quem aperfeiçoa os nossos jovens? – As leis.

Não é isso o que estou perguntando, mas qual é a pessoa que tem conhecimento das leis para começar? – Esses jurados, Sócrates.

O que queres dizer, Meleto? São eles capazes de educar os jovens e de melhorá-los? – Certamente.

Todos eles, ou alguns, mas não outros? – Todos eles.

Muito bem, por Hera. Mencionas uma grande abundância de benfeitores. Mas o que dizer sobre o auditório? Eles aperfeiçoam os jovens ou não? – Eles também o fazem.

O que dizer sobre os membros do conselho? – Os conselheiros também.

Mas, Meleto, o que dizer sobre a assembleia? Os membros da assembleia corrompem os jovens, ou todos eles os aperfeiçoam? – Eles os aperfeiçoam.

Todos os atenienses, parece, tornam os jovens belos homens, exceto eu, e eu sozinho os corrompo. É isso o que queres dizer? – Isso é do modo mais definitivo o que quero dizer.

Tu me condenas a um grande infortúnio. Dize-me: consideras que isso também se aplica a cavalos? Que todos os homens os aperfeiçoam e um indivíduo os corrompe? Ou bem o contrário é verdadeiro, um indivíduo é capaz de melhorá-los, ou muito poucos, a saber, os criadores de cavalos, ao passo que a maioria, se eles têm cavalos e os utilizam, corrompem-nos? Não é esse o caso, Meleto, tanto com cavalos quanto com outros animais? Naturalmente é, não importa se tu e Anito afirmam isso ou não. Seria um estado de coisas muito feliz se somente uma pessoa corrompesse a nossa juventude, enquanto as outras a melhoram.

Tornaste suficientemente óbvio, Meleto, que jamais tiveste qualquer preocupação com a nossa juventude; mostras a tua indiferença claramente; que não dedicaste nenhuma reflexão aos assuntos sobre os quais me trazes a julgamento.

E, por Zeus, Meleto, dize-nos também se é melhor para um homem viver entre concidadãos bons ou maus. Responde, meu bom homem, pois não estou fazendo uma pergunta difícil. Os maus não causam algum dano àqueles que lhes são sempre mais próximos, ao passo que as pessoas boas os beneficiam? – Certamente.

E existe o homem que preferiria ser prejudicado a ser beneficiado pelos seus associados? Responde, meu bom senhor, pois a lei ordena que respondas. Há qualquer homem que queira ser prejudicado? – É claro que não.

Vens aqui para me acusar de corromper os jovens e torná-los piores deliberadamente ou involuntariamente? – Deliberadamente.

O que se segue, Meleto? És tão mais sábio na tua idade do que sou na minha que entendes que pessoas más sempre causam algum dano aos seus vizinhos mais próximos, enquanto pessoas boas fazem bem a eles, mas atingi tal ápice de ignorância que não percebo isso, a saber, que, se torno um dos meus associados mau, corro o risco de ser prejudicado por ele, de modo que pratico esse grande mal deliberadamente, como dizes? Não acredito em ti, Meleto, e não creio que qualquer outro acreditará. ❸ Ou não corrompo os jovens ou, se o faço, é involuntariamente, e estás mentindo nos dois casos. Agora, se os corrompo involuntariamente, a lei não requer que tragas as pessoas ao tribunal por essas más ações involuntárias, mas que as apartas privadamente, instrua-as e exorte-as; afinal, se aprendo melhor, cessarei de fazer o que estou fazendo involuntariamente. Contudo, evitaste a minha companhia e não estavas disposto a instruir-me, mas me trazes aqui, onde a lei requer que se traga aqueles que necessitam de punição, não de instrução.

E assim, cidadãos do júri, o que eu disse é claramente verdadeiro: Meleto jamais se preocupou com esses assuntos...

Não creio, cidadãos do júri, que se requeira uma defesa prolongada para provar que não sou culpado das acusações na deposição de Meleto, mas isso é o suficiente. Por outro lado, sabeis que o que eu disse anteriormente é verdadeiro, que sou muito impopular com muitas pessoas. Essa será a minha ruína, se arruinado sou, isto é, não Meleto ou Anito, mas as calúnias e a inveja de muitas pessoas. Isso destruiu muitos outros bons homens e, creio, continuará a fazê-lo. Não há risco de que isso venha a parar em mim.

Alguém poderia dizer: "Não estás envergonhado, Sócrates, de ter seguido o tipo de ocupação que te levou a estar agora correndo risco de morte?". Contudo, deverei ter razão em responder a ele: "Estás errado, senhor, se pensas que um homem que não é bom deveria levar em consideração o risco de vida ou de morte; ele deveria olhar para isso somente nas suas ações, se o que faz é certo ou errado, se está agindo como um homem bom ou um homem mau"...

❸ A acepção subjacente é a de que ninguém faz mal a si mesmo deliberadamente.

❹ Aqui está um relato do que Sócrates crê ser a sua tarefa como filósofo: examinar a si mesmo e aos outros sobre pretensões de conhecimento, desafiar a si mesmo e a outros a atingir a bondade e repreender aqueles que dão importância às coisas erradas.

Esta é a verdade da questão, cidadãos do júri: onde quer que um homem tenha assumido uma posição que crê ser a melhor, ou tenha sido colocado pelo seu comandante, ali, eu creio, deve ele permanecer e encarar o perigo, sem ficar pensando na morte ou em alguma outra coisa, a não ser na ignomínia. Teria sido um modo terrível de comportar-se, cidadãos do júri, se... quando o deus me ordenou, como pensava e acreditava, viver a vida de um filósofo, examinar a mim mesmo e aos outros, eu tivesse abandonado o meu posto por medo da morte ou de qualquer outra coisa. Isso teria sido uma coisa terrível, e, nesse caso, eu realmente poderia ter sido trazido, com justiça, para cá, por não crer que existem deuses, desobedecer ao oráculo, temer a morte e pensar que eu era sábio, quando não o era. Temer a morte, cidadãos, não é outra coisa senão considerar a si mesmo sábio, quando não se o é, pensar que se sabe o que não se sabe. Ninguém sabe se a morte não pode ser a maior de todas as bênçãos para um homem; contudo, os homens a temem como se soubessem que ela é o maior dos males. E certamente é a mais repreensível ignorância crer que se sabe o que não se sabe. É talvez nesse ponto e nesse aspecto, cidadãos, que difiro da maioria dos homens, e se eu fosse alegar que sou mais sábio do que alguém em alguma coisa, seria nisso, que, enquanto não tenho nenhum conhecimento adequado de coisas no submundo, assim não acho que eu o tenha. Sei de fato, porém, que é mau e vergonhoso fazer o mal, desobedecer ao seu superior, seja ele deus ou homem. Jamais deverei temer ou evitar coisas das quais não tenho conhecimento se podem não ser boas, ao invés de coisas que sei serem más. Mesmo se vós me absolvêsseis agora e não acreditásseis em Anito,... se dissésseis a mim nesse sentido: "Sócrates, não acreditamos em Anito agora; absolvemos a ti, mas só na condição de que não gastes mais nenhum tempo nessa investigação nem pratiques filosofia e, se fores pego fazendo isso, morrerás"; se, como digo, fôsseis me absolver nesses termos, eu vos diria: "Cidadãos do júri, sou grato e amigo vosso, mas obedecerei ao deus e não a vós. Enquanto respiro e sou capaz, não cessarei de praticar filosofia, de exortar-vos e, na minha maneira habitual, de apontar para qualquer de vós que me ocorrer de encontrar: "Bom senhor, és um ateniense, um cidadão da maior cidade, com a maior reputação tanto por sabedoria quando por poder; não estás envergonhado da tua avidez em possuir tanta riqueza, reputação e honras quanto possível, embora não te importes com nem penses na sabedoria, ou na verdade, ou no melhor estado possível da tua alma?". Então, se um de vós disputar isso e disser que ele se importa, não deixarei que ele vá sem mais nem o deixarei, mas o questionarei, examinarei e testarei; e, se não crer que ele atingiu a bondade que diz possuir, deverei repreendê-lo, porque deposita pouca importância nas coisas mais importantes e importância maior em coisas inferiores. **❹** Tratarei dessa maneira qualquer um que me ocorrer de encontrar, jovens e velhos, cidadão e estrangeiro, e mais ainda os cidadãos, porque vós sois mais aparentados a mim. Estejais certos de que isso é o que o deus ordena que eu faça, e penso que não há nenhuma bênção maior para a cidade do que o meu serviço ao deus...

Agora, se por dizer isso corrompo os jovens, esse conselho deve ser prejudicial; contudo, se alguém diz que dou diferentes conselhos, está falando absurdos. Sobre esse ponto, eu vos diria, cidadãos do júri: "Se acreditais em Anito ou não, se me absolveis ou não, faço isso no entendimento de que esse é o meu curso de ação, mesmo se devo encarar a morte muitas vezes". Não fiqueis perturbados, cidadãos, mas atenhai-vos à minha solicitação de não reclamar quanto ao que digo, mas ouvir, pois creio que vos será vantajoso ouvir, e estou prestes a dizer outras coisas pelas quais vós, talvez, clamareis. De modo algum façais isso. Estejai certos de que, se matardes o tipo de homem que digo que sou, não fareis mal a mim mais do que a vós mesmos. Nem Meleto nem Anito podem me causar nenhum dano; ele não poderia me causar dano, pois não creio que seja permitido que um homem melhor seja prejudicado por um pior: ele certamente poderia me matar, ou talvez banir-me ou tirar-me privilégios, coisa que ele e talvez outros pensem ser um grande dano, mas não penso assim. Penso que está causando a si mesmo dano muito maior, fazendo o que está fazendo agora, tentando fazer um homem ser executado injustamente. De fato, cidadãos do juri, estou longe de fazer uma defesa agora, em meu favor, como se poderia pensar, mas em favor de vós para evitar que procedeis mal, destratando o presente do deus a vós, ao condenar-me; pois, se me matardes, vós não encontrareis facilmente um outro como eu. Fui ligado a essa cidade pelo deus – ainda que pareça algo ridículo de se dizer – tal como sobre um grande e nobre cavalo, que de certo modo era preguiçoso por causa do seu tamanho e precisava ser picado por um tipo de mutuca. **5** É para cumprir com essa função que creio que o deus me colocou na cidade. Nunca deixei de despertar a todos e a cada um de vós, de persuadir-vos e repreender-vos durante todo o dia e em todo lugar em que eu me encontrasse na vossa companhia.

Um outro homem assim não virá facilmente a ser entre vós, cidadãos, e se credes em mim ireis me poupar. Poderíeis facilmente ficar incomodados comigo, como ficam as pessoas quando são despertadas de um cochilo, e bater em mim; se convencidos por Anito, poderíeis facilmente me matar e então continuar dormindo pelo resto de vossos dias, a menos que o deus, no seu cuidado por vós, enviasse a vós algum outro. Que eu sou o tipo de pessoa para ser um presente do deus à cidade, poderíeis perceber a partir do fato de que não parece como uma natureza humana para mim ter negligenciado todos os meus próprios interesses e ter tolerado essa negligência agora, por tanto anos, enquanto estava sempre preocupado convosco, aproximando-me de cada um de vós como um pai ou um irmão mais velho para persuadir-vos de cuidar da virtude. Ora, se eu lucrasse com isso, cobrando uma taxa pelos meus conselhos, haveria algum sentido para tanto, mas podeis ver por vós mesmos que, por todas as suas vergonhosas acusações, os meus acusadores não têm sido capazes, na sua insolência, de trazer uma testemunha para dizer que jamais recebi um pagamento ou jamais pedi por um. Eu, por outro lado, tenho uma testemunha convincente de que falo a verdade, a minha pobreza.

Pode parecer estranho que, enquanto vou por aí e dou esses conselhos privadamente, interferindo em negócios privados, não me aventuro a ir à assembleia e ali aconselhar a cidade. Vós me ouvistes dar a razão disso em muitos lugares. Tenho um sinal divino do deus que Meleto ridicularizou na sua deposição. Isso começou quando eu era criança. É uma voz. E, sempre que fala, ela me faz voltar de alguma coisa que estou por fazer, mas nunca me encoraja a fazer algo. Isso é o que me impediu de tomar parte em assuntos públicos, e penso que foi bastante correto impedir-me. Estejai certos, cidadãos do júri, que se eu tivesse há muito tempo tentado tomar parte na política, deveria ter morrido há muito, e não beneficiaria nem a vós nem a mim. Não fiqueis irritados comigo por falar a verdade; não sobreviverá nenhum homem que genuinamente se oponha a vós ou a qualquer outra multidão, evitando a ocorrência de muitos acontecimentos injustos e ilegais na cidade. Um homem que realmente luta por justiça deve levar uma vida privada, e não pública, se quiser sobreviver mesmo por um curto período de tempo... **6**

Credes que eu teria sobrevivido todos esses anos se estivesse envolvido em questões públicas e, agindo como um bom homem deve, viesse em auxílio da justiça e considerasse isso a coisa mais importante? Longe disso, cidadãos do júri, nem qualquer outro homem o faria. Ao longo da minha vida, em qualquer atividade pública em que possa ter me envolvido, sou o mesmo homem que sou na vida privada. Jamais cheguei a um acordo com alguém para agir injustamente, nem com qualquer outro nem com qualquer daqueles que dizem caluniosamente que são meus alunos. Jamais fui o mestre de alguém. Se alguém, jovem ou velho, deseja ouvir-me quando estou falando e lidando com os meus próprios assuntos, jamais invejei isso de ninguém, mas não entro em conversação quando recebo um pagamento, deixando então de conversar quando não recebo. Estou igualmente pronto a questionar o rico e o pobre quando alguém está disposto a responder às minhas questões e a ouvir o que digo. E não posso com justiça ser tomado como responsável pela boa ou má conduta dessas pessoas, tal como jamais prometi ensiná-las qualquer coisa, e não agi assim. Se alguém diz que aprendeu alguma coisa de mim, ou que ouviu alguma coisa privadamente que outros não ouviram, estejai certos de que não está falando a verdade.

Por que, então, algumas pessoas gostam de passar um tempo considerável

5 Mutuca é um tipo de mosca que pica e irrita os cavalos e o gado. O significado metafórico de uma mutuca como um crítico persistente, de certo modo irritante, tem origem nesse diálogo.

6 PARE Sócrates tem razão ao afirmar que uma pessoa que realmente luta por justiça não pode sobreviver na vida pública, na política?

na minha companhia? Vós ouvistes por que, cidadãos do júri, contei-vos a verdade toda. Eles gostam de ouvir sendo questionados aqueles que pensam que são sábios, mas não são. E isso não é desagradável. Fazer isso tem sido, como digo, associado a mim pelo deus, por meio de oráculos e sonhos, e de todo outro modo que uma manifestação divina jamais ordenou a um homem fazer alguma coisa. Isso é verdadeiro, cidadãos, e pode facilmente ser estabelecido.

Se corrompo alguns jovens e corrompi outros, nesse caso certamente alguns deles, que ficaram mais velhos e perceberam que lhes dei maus conselhos quando eram jovens, deveriam agora eles mesmos aparecer aqui para acusar-me e vingar-se. Se eles próprios não estivessem dispostos a fazer assim, então alguns dos seus aparentados, como seus pais ou irmãos, ou pessoas de outras relações, deveriam lembrar agora se a família deles foi prejudicada por mim. Vejo muitos deles presentes aqui: primeiramente Críton, meu contemporâneo e conterrâneo; em seguida Lisânias e Esfeto; também Antífon, o Cefísio; Nicóstrato, irmão de Teódoto, e Teódoto morreu, de maneira que não poderia influenciá-lo; ali está Adimanto, irmão de Platão; aqui está Acantodoro, irmão de Apolodoro.

Eu poderia mencionar muitos outros, algum dos quais Meleto certamente deveria ter trazido como testemunha no seu próprio discurso. Se esqueceu de fazer isso, então deixai que ele o faça agora; arranjarei tempo, se ele tem alguma coisa do gênero para dizer. Vós encontrareis bem o contrário, cidadãos. Esses homens estão todos prontos a vir em auxílio do corruptor, o homem que causou dano aos seus parentes, como dizem Meleto e Anito. Agora, aqueles que foram corrompidos poderiam muito bem ter razão em ajudar-me, mas os incorrompidos, os seus parentes que são homens mais velhos, não têm nenhuma razão em ajudar-me, exceto a razão certa e própria de que sabem que Meleto está mentindo e que estou falando a verdade.

Muito bem, cidadãos do júri. Isso, e talvez outras coisas semelhantes, é o que tenho a dizer em minha defesa. Talvez um de vós pudesse ficar bravo, na medida em que lembrasse que, quando ele mesmo esteve em julgamento, numa acusação menos perigosa, rogou e implorou ao júri com muitas lágrimas, que trouxe os seus filhos e muitos dos seus amigos bem como a família até a corte, para suscitar tanta pena quando pudesse, mas que não faço nenhuma dessas coisas, muito embora possa parecer estar correndo o risco derradeiro. Pensando nisso, ele poderia sentir-se ressentido com relação a mim, ficando irritado sobre isso, lançando o seu voto em ira. Se há alguém assim entre vós – não estou julgando que haja, mas se houver –, penso que seria correto dizer em réplica: "Meu bom senhor, eu também tenho uma... família, em verdade três filhos, cidadãos do júri, dos quais um é um adolescente, enquanto dois são crianças". No entanto, não vou rogar-lhes que me absolvam trazendo-os aqui. Por que não faço nenhuma dessas coisas? Não por arrogância, cidadãos, nem por falta de respeito para convosco. Se sou corajoso em face da morte, essa é uma outra questão, mas com respeito à minha reputação e à vossa, e àquela da cidade toda, não parece correto para mim fazer essas coisas, especialmente na minha idade e com a minha reputação. Pois geralmente se acredita, não importa, se é falso ou verdadeiro, que em certos aspectos Sócrates é superior à maioria dos homens. Agora, se aqueles de vós que são considerados superiores, seja em sabedoria, coragem ou qualquer outra virtude que os faça assim, são vistos comportando-se daquela maneira, isso seria uma desgraça. Todavia, eu muitas vezes os vi fazendo esse tipo de coisa, quando estando em julgamento, homens que são tidos como sendo alguém, fazendo coisas assombrosas, como se pensassem ser uma coisa terrível morrer e como se fossem ficar imortais, caso vós não os executásseis. Creio que esses homens trazem vergonha sobre a cidade, de modo que um estrangeiro também reconheceria que aqueles dentre os atenienses que são excelentes em virtude, a quem eles mesmos escolhem dentre si para preencher cargos de estado e receber outras honras, não são de modo algum melhores do que as mulheres. Não deveríeis agir dessa maneira, cidadãos do júri, aqueles de vós que tendes uma reputação, e se nós o fazemos, vós não deveis permiti-lo. Deveríeis deixar muito claro que ireis mais prontamente condenar um homem que realiza esses dramas constrangedores na corte, e assim faz da cidade o alvo de ridículo, do que um homem que se mantém em silêncio.

Independentemente da questão da reputação, cidadãos, não penso que seja certo suplicar ao júri e ser absolvido por causa disso, mas sim ensiná-lo e persuadi-lo. Não é a finalidade do cargo de um jurado dar justiça como um favor a quem quer que pareça bom a ele, mas julgar de acordo com a lei, e isso ele jurou fazer. Não deveríamos acostumar-vos a prestar falso testemunho, nem deveríeis vós fazer disso um hábito. Essa é uma conduta desrespeitosa para ambos de nós.

Não julgais correto para mim, cidadãos do júri, que eu devesse agir para convosco de uma maneira que não considero ser boa, justa ou pia, especialmente por Zeus, enquanto estou sendo acusado por Meleto aqui por impiedade; obviamente, se eu vos convencesse pela minha súplica a fazerdes violência ao vosso juramento de cargo, eu estaria ensinando a vós a não crer que existem deuses, e a minha defesa me condenaria a não acreditar neles. Isso está longe de ser o caso, cidadãos, pois de fato acredito neles como nenhum dos meus acusadores o faz. Deixo a vós e ao deus julgar-me do modo que for o melhor para mim e para vós.

[O júri agora dá o seu veredicto de culpado, e Meleto pede pela pena de morte.]

Há muitas outras razões para que não esteja bravo convosco por me condenardes, cidadãos do júri, e o que aconteceu não foi inesperado. Estou muito mais surpreso com o número de votos depositado em cada lado, pois não pensava que a decisão seria por tão poucos votos, mas por uma grande maioria. Como se vê, uma mudança de somente trinta votos teria me absolvido. Eu mesmo penso que fui absolvido das acusações de Meleto, e não somente isso, mas está claro para todos que, se Anito e Licon não tivessem se juntado a ele, acusando-me, ele teria sido multado em mil dracmas por não receber um quinto dos votos. Ele julga merecida a pena de morte. Assim seja. Que contra-avaliação deveria eu propor a vós, cidadãos do júri? Sem dúvida, deveria ser uma pena que eu mereça, e o que mereço sofrer ou pagar porque deliberadamente não levei uma vida tranquila, mas negligenciei o que ocupa a maioria das pessoas: a riqueza, as questões domésticas, a posição de orador geral ou público ou os outros cargos, os clubes e as facções políticas que existem na cidade? Acreditava-me por demais honesto para sobreviver, caso me ocupasse com essas coisas. Não segui aquele caminho que teria feito de mim inútil, seja a vós ou a mim mesmo, mas fui a cada um de vós reservadamente e conferi-lhe o que digo ser o maior benefício, tentando persuadi-lo a não se importar com nenhum dos seus pertences, antes de cuidar que ele mesmo devesse ser tão bom e tão sábio quanto possível, a não se importar com as posses da cidade mais do que com a própria cidade e a cuidar das outras coisas da mesma maneira. O que mereço por ser tal homem? Algum bem, cidadãos do júri, caso deva realmente fazer uma apreciação de acordo com os meus méritos, e algo apropriado. O que é apropriado para um pobre benfeitor que precisa de tempo livre para vos exortar? Nada é mais apropriado, cidadãos, do que ser alimentado no Pritaneu,[6] muito mais apropriado a ele do que a qualquer de vós que obteve uma vitória em Olímpia com uma biga ou uma quadriga. O vencedor olímpico faz com que penseis de vós mesmos como felizes; eu vos faço ser felizes. Além disso, ele não precisa de comida, mas eu preciso. Assim, caso deva fazer uma justa apreciação do que mereço, julgo isso merecido: três refeições no Pritaneu.

Quando digo isso, podeis pensar, como quando falei de apelos para ganhar pena e das súplicas, que falo arrogantemente, mas esse não é o caso, cidadãos do júri; antes, assemelha-se a isto: estou convencido de que jamais faço algo de errado a alguém intencionalmente, mas não vos estou convencendo disso, pois estivemos conversando, juntos, apenas por um breve período de tempo. Se fosse lei entre nós, tal como é alhures, que um julgamento pela vida não devesse durar um, mas muitos dias, estaríeis convencidos, mas agora não é fácil desfazer grandes calúnias num preve período de tempo. Dado que estou convencido de que não faço mal a ninguém, não é provável que eu faça mal

---

[6] O Pritaneu era o salão dos magistrados ou a prefeitura de Atenas onde diversões públicas eram oferecidas, particularmente aos vencedores olímpicos no seu retorno para casa.

a mim mesmo, para dizer que mereço algum mal e para fazer alguma apreciação desse tipo contra mim mesmo. O que eu deveria temer? Que eu sofresse a pena que Meleto sentenciou contra mim, da qual digo que não sei se é boa ou ruim? Devo então, em preferência a isso, escolher algo que sei muito bem ser um mal e julgar a pena naquilo? Aprisionamento? Por que deveria viver no cárcere, sempre sujeito aos magistrados dominantes, os Onze? Uma multa em dinheiro e aprisionamento até que eu o pague? Para mim, isso seria a mesma coisa, uma vez que não tenho dinheiro nenhum. Exílio? Pois talvez pudésseis aceitar essa sentença.

Eu teria de ser excessivamente apegado à vida, cidadãos do júri, para ser tão irrazoável a ponto de supor que outros homens tolerarão facilmente a minha companhia e conversação quando vós, meu concidadãos, foram incapazes de resistir a elas, mas julgaram-nas um fardo e ressentiram-se delas, de maneira que agora estais procurando livrar-se delas. Longe disso, cidadãos. Seria uma bela vida, na minha idade, ficar sendo movido de uma cidade para a outra, pois sei muito bem que, aonde quer que eu vá, os jovens ouvirão o meu discurso como fazem aqui. Se eu os afastar, eles mesmos persuadirão os seus pais a me perseguir; se não os afastar, os seus pais e as suas relações me perseguirão por causa deles.

Talvez alguém pudesse dizer: "Mas, Sócrates, se nos deixares, não serás capaz de viver tranquilamente, sem falar?". Bem, esse é o ponto mais difícil de convencer alguns de vós. Se digo que é impossível para mim ficar em silêncio, porque isso significa desobedecer ao deus, não acreditareis em mim e pensareis que estou sendo irônico. Por outro lado, se digo que é o maior bem para um homem discutir a virtude todos os dias e aquelas outras coisas sobre as quais me escutais conversando e testando a mim mesmo e aos outros, pois a vida sem reflexão não é digna de ser vivida por um homem, acreditareis em mim ainda menos. ❼

O que eu digo é verdade, cidadãos, mas não é fácil de vos convencer. Ao mesmo tempo, não estou acostumado a pensar que mereça qualquer pena. Se tivesse dinheiro, sentenciaria a pena com respeito à quantia que pudesse pagar, pois aquilo não me afetaria, mas não tenho nenhum, a menos que estejais dispostos a estabelecer a pena na quantia que eu puder pagar, e talvez eu pudesse vos pagar uma mina de prata.[7] Portanto, essa é a minha avaliação.

Cidadãos do júri, Platão, Críton, Critóbulo e Apolodoro pediram-me para estabelecer a pena em trinta minas e darão fiança pelo dinheiro. Bem, então, essa é a minha avaliação, e eles serão garantia suficiente de pagamento.

[O júri vota novamente e sentencia Sócrates à morte.]

É por causa de um curto período de tempo, cidadãos do júri, que adquirireis a reputação e a culpa, aos olhos daqueles que querem denegrir a cidade, de ter matado Sócrates, um homem sábio, pois os que querem ultrajar a vós dirão que sou sábio, mesmo se não o sou. Se tivésseis esperado ao menos um pouco, isso teria acontecido naturalmente. Vedes a minha idade, que já sou avançado em anos e estou perto da morte. Estou dizendo isso não a todos vós, mas àqueles que me condenaram à morte, e a esses mesmos juradores digo: talvez penseis que fui condenado por falta de tais palavras que poderiam ter-vos convencido, se pensasse que deveria fazer tudo o que pudesse para evitar a minha sentença. Longe disso. Fui condenado porque me faltaram não palavras, mas descaramento e falta de vergonha, e a disposição de dizer a vós o que teríeis ouvido o mais alegremente de mim, lamentações e lágrimas, e o meu dizer e fazer muitas coisas que digo serem indignas de mim, mas que estais acostumados a ouvir de outros. Não pensava, então, que o perigo que corria deveria levar-me a fazer qualquer coisa mesquinha, nem agora me arrependo da natureza da minha defesa. Preferiria sinceramente morrer por causa desse tipo de defesa a viver por fazer o outro tipo. Nem eu nem qualquer outro homem deveria, no tribunal ou na guerra, chegar a fazer qualquer coisa para evitar a morte.

Realmente, é bastante óbvio em batalha que alguém poderia escapar da morte jogando longe as suas armas e vol-

---

❼ Aqui está o famoso dito socrático, afirmando que a vida sem reflexão não é digna de ser vivida. Ele tem um significado bem mais literal nesse contexto do que normalmente.

[7] Uma mina correspondia a 100 dracmas, o equivalente a 25 dólares, ainda que, em poder de compra, fosse provavelmente cinco vezes mais elevada. De todo modo, era uma soma ridiculamente pequena naquelas circunstâncias.

tando-se a suplicar aos seus perseguidores, e há muitos modos de evitar a morte em todo tipo de perigo, se alguém for se aventurar a fazer ou a dizer alguma coisa para evitá-lo. Não é difícil evitar a morte, cidadãos do júri, mas é muito mais difícil evitar a maldade, pois ela corre mais rápido do que a morte. Lento e envelhecido como estou, fui pego pelo perseguidor mais vagaroso, ao passo que os meus acusadores, sendo espertos e agudos, foram pegos pelo mais rápido, a maldade. Deixo-vos agora, condenado à morte por vós, mas eles estão condenados pela verdade à maldade e à injustiça. Assim, mantenho a minha avaliação, e eles mantêm a deles. Isso talvez tivesse de acontecer, e creio que é como deveria ser.

Agora quero profetizar àqueles que me condenaram, pois estou no ponto quando os homens profetizam ao máximo, ou seja, quando estão prestes a morrer. Digo, cidadãos, àqueles que votaram por minha morte, que a vingança virá sobre vós imediatamente após a minha morte, uma vingança muito mais dura de suportar do que aquela que tivestes em matar-me. Fizestes isso na crença de que evitaríeis prestar contas da vossa vida, mas mantenho que exatamente o oposto vos acontecerá. Haverá mais pessoas para vos testar, a quem agora resguardei, mas vós não percebestes. Elas serão mais difíceis de se lidar, dado que serão mais jovens e que se ressentirão mais dessas coisas. Estais errados se credes que, matando pessoas, evitareis que alguém vos repreenda por não viverdes do modo correto. Evadir-se de tais exames não é nem possível nem bom, mas é melhor e mais fácil não descreditar os outros, mas preparar-se a si mesmo para ser tão bom quanto possível. Com essa profecia a vós que me condenastes, separo-me de vós.

Eu deveria estar contente em discutir com aqueles que votaram por minha absolvição o que aconteceu, digo, durante o tempo em que os oficiais da corte encontram-se ocupados e não tenho ainda de partir para a minha morte. Assim, cidadãos, ficai comigo por um tempo, pois nada nos impede de falar uns com os outros, enquanto for permitido. Para vós, na medida em que sois meus amigos, quero mostrar o significado do que ocorreu. Uma coisa surpreendente ocorreu comigo, juízes – eu com razão vos chamaria de juízes. Em todos os períodos anteriores, o meu sinal mântico costumeiro frequentemente se me opôs, mesmo em questões pequenas, quando eu estava prestes a fazer alguma coisa errada, mas agora que, como podeis ver por vós mesmos, estive diante do que alguém poderia pensar, e é o que geralmente se pensa, o pior dos males o meu sinal divino não se me opôs, seja quando saí de casa ao amanhecer, seja quando cheguei ao tribunal, seja em qualquer outro momento em que estava prestes a dizer alguma coisa durante a minha fala. Todavia, em outras conversas, ele comumente me resguardou no meio da minha fala, mas agora não se opôs a nenhuma palavra ou obra minha. Qual creio que seja a razão para isso? Eu vos direi. O que aconteceu comigo pode muito bem ser uma coisa boa, e aqueles de nós que acreditam que a morte seja um mal certamente estão enganados. Tenho prova convincente disso, pois é impossível que o meu sinal costumeiro não se me oporia se eu não estivesse prestes a fazer o que era certo. **8**

Reflitamos dessa maneira, também, de que há boa esperança de que a morte seja uma bênção, pois é uma de duas coisas: ou os mortos não são nada e não têm nenhuma percepção de coisa alguma, ou ela é, como nos contaram, uma mudança e uma recolocação para a alma daqui para um outro lugar. Se é uma completa falta de percepção, como um sono sem sonho, então a morte seria uma grande vantagem. Pois creio que, se alguém tivesse de escolher aquela noite durante a qual um homem dormiu profundamente e não sonhou, pondo ao lado dela as outras noites e dias da sua vida, e então visse quantos dias e noites foram melhores e mais agradáveis do que aquela noite, não só uma pessoa particular, mas o grande rei as consideraria fáceis de contar, comparadas com os outros dias e noites. Se a morte é semelhante a isso, digo-vos que é uma vantagem, pois toda a eternidade pareceria, então, ser não mais do que uma única noite. Se, por outro lado, a morte é uma mudança daqui para um outro lugar, e o que nos contam é verdadeiro e todos os que morreram estão lá, que maior bênção poderia haver, cidadãos do júri? Se alguém chegando ao Hades terá escapado daqueles que chamam a si mesmos juízes aqui e encontrará aqueles verdadeiros juízes que são ditos sentar em juízo lá, Minos, Radamanto, Éaco, Trip-

8 PARE Em que medida a concepção de Sócrates acerca do que um filósofo deveria fazer quando ameaçado pela morte depende da concepção de que a morte não é um mal? Um verdadeiro filósofo seria dissuadido de buscar a verdade e a justiça se a morte fosse genuinamente o pior dos males?

tolemo e os outros semideuses que foram honrados em sua própria vida, seria esse um tipo pobre de mudança? Novamente, o que um de vós daria para guardar companhia com Orfeu e Museu, Hesíodo e Homero? Eu estou disposto a morrer muitas vezes se isso for verdade. Seria um modo maravilhoso, para mim, gastar o meu tempo sempre que encontrasse Palamedes e Ajax, o filho de Telamon, e qualquer outro dos homens de idade que morreram por uma condenação injusta para comparar a minha experiência com a deles. Creio que seria agradável. E, o mais importante, eu poderia passar o meu tempo testando e interrogando as pessoas lá, como faço aqui, quanto a quem dentre eles é sábio e quem pensa que é, mas não o é. ❾

O que alguém não daria, cidadãos do júri, pela oportunidade de interrogar o homem que conduziu a grande expedição contra Troia, ou Ulisses, ou Sísifo, além de inumeráveis outros homens e mulheres que se poderia mencionar. Seria uma felicidade extraordinária falar com eles, ficar em companhia deles e examiná-los. De qualquer modo, eles certamente não levariam alguém à morte por fazer isso. Eles estão mais felizes lá do que estamos aqui em outros aspectos, e pelo resto do tempo eles são imortais, se realmente o que nos contaram é verdade.

Vós também deveis estar em boa esperança no que concerne à morte, cidadãos do júri, e tendes essa verdade em mente, a saber, que a um bom homem não se pode causar dano, tanto na vida quanto na morte, e que as suas questões não são negligenciadas pelos deuses. O que aconteceu agora a mim não aconteceu por si mesmo, mas está claro para mim que foi melhor morrer agora e escapar da inquietude. É por isso que o meu sinal divino não se me opôs em ponto algum. Por isso, não estou aborrecido com aqueles que me condenaram ou com os meus acusadores. Naturalmente, esse não era o seu propósito, quando me acusaram e me condenaram, mas pensaram que estavam me ferindo e, por causa disso, merecem reprovação. A eles pergunto: quando os meus filhos crescerem, vingai-vos causando a eles o mesmo tipo de tristeza que vos causei, caso penseis que eles se importam com dinheiro ou qualquer outra coisa mais do que se preocupam com a virtude, ou caso eles pensem que são alguém quando não são ninguém. Repreendam-nos como eu vos repreendo, que não se importam com as coisas certas e pensam que são dignos, quando não são dignos de coisa alguma. Se fizerdes isso, terei sido tratado com justeza por vós e também os meus filhos.

Então, é chegada a hora de partir. Vou à morte, vós à vida. Qual de nós vai para a melhor parte, isso não é conhecido por ninguém, exceto pelo deus.

❾ Sócrates muito obviamente ignora a aparente possibilidade de que a morte seja uma recolocação da alma para um lugar de grande dor e sofrimento. Ele tem qualquer justificativa para a sua concepção de como se pareceria a vida após a morte (se há alguma)?

Questões para Discussão

1. O que você pensa sobre o famoso dito socrático de que uma vida sem reflexão não é digna de ser vivida? Contraste-o com o dito de que a ignorância é a maior alegria. Que suposições alguém faria sobre o valor e a importância da vida humana para defender cada uma dessas filosofias de vida muito diferentes? Qual delas chama a sua atenção como uma filosofia pela qual você poderia querer viver? Por quê? O que há de errado com a outra?

2. Você pensa que Sócrates desempenhou uma função importante para a sociedade? Há algumas pessoas na nossa vida pública que funcionam como mutucas? Você conhece pessoalmente alguém que funciona como uma mutuca? Você acredita que Sócrates deveria ter sido condenado à morte? Alguém deveria ser punido por agir como uma mutuca?

Bertrand Russell

Bertrand Russell (1872-1970) foi um filósofo inglês que fez importantes contribuições aos fundamentos da matemática, da lógica, da epistemologia e de muitas outras áreas da filosofia. Russell também foi politicamente bastante ativo. (Ele foi preso devido às suas atividades antiguerra.) Recebeu o Prêmio Nobel de Literatura em 1950.

Esta seleção é o último capítulo de um dos mais famosos livros de Russell, intitulado *Os problemas da filosofia*. Nesse capítulo, ele explica o que considera ser valioso em relação à filosofia, embora pareça admitir que há relativamente pouco conhecimento filosófico genuíno.

O Valor da Filosofia[8]

Chegando agora ao final da nossa revisão breve e muito incompleta dos problemas da filosofia, será adequado considerar, em conclusão, qual é o valor da filosofia e por que ela deve ser estudada. Considerar essa questão é tanto mais necessário em vista do fato de que muitos homens, sob a influência da ciência ou de assuntos práticos, estão inclinados a duvidar se a filosofia é em alguma medida melhor do que futilidade inocente, mas inútil, distinções sem importância e controvérsias sobre assuntos acerca dos quais o conhecimento é impossível.

Essa visão da filosofia parece resultar, em parte, de uma concepção errada dos fins da vida e, em parte, de uma concepção errônea do tipo de bens pelos quais a filosofia se esforça em atingir. A ciência física, por intermédio de invenções, é útil para inumeráveis pessoas que são totalmente ignorantes dela; portanto, o estudo da ciência física deve ser recomendado não somente, ou principalmente, por causa do efeito sobre o estudante, mas antes por causa do efeito sobre a humanidade em geral. Assim, a utilidade não pertence à filosofia. Se o estudo da filosofia tem qualquer valor para outros que não os estudantes de filosofia, deve ser somente de modo indireto, através dos seus efeitos sobre a vida daqueles que a estudam. É nesses efeitos, portanto, se em algum lugar, que o valor da filosofia deve ser primeiramente buscado.

Mas, além disso, se não devemos falhar em nossa tentativa de determinar o valor da filosofia, devemos primeiramente libertar a nossa mente dos preconceitos daquilo que erroneamente são chamados de homens "práticos". O homem "prático", tal como essa palavra é frequentemente usada, é um homem que reconhece apenas necessidades materiais, que percebe que os homens devem ter comida para o corpo, mas esquece-se da necessidade de prover comida para a mente. Se todos os homens estivessem bem de vida, se a pobreza e a doença tivessem sido reduzidas ao ponto mais baixo possível, ainda restaria muito a ser feito para produzir uma sociedade valorosa; e, mesmo no mundo existente, os bens da mente são no mínimo tão importantes quanto os bens do corpo. É exclusivamente entre os bens da mente que o valor da filosofia deve ser encontrado; e só aqueles que não são indiferentes a esses bens podem ser persuadidos de que o estudo da filosofia não é uma perda de tempo. ❶

A filosofia, como todos os outros estudos, visa em primeiro lugar ao conhecimento. O conhecimento a que ela visa é o tipo de conhecimento que dá unidade e sistema ao corpo das ciências e o tipo que resulta de um exame crítico dos motivos das nossas convicções, de nossos preconceitos e crenças. Contudo, não se pode sustentar que a filosofia teve qualquer medida muito grande de sucesso nas suas tentativas de oferecer respostas definitivas a essas questões. Se você perguntar a um matemático, a um mineralogista, a um historiador ou a qualquer outro homem de erudição que corpo definitivo de verdades foi averiguado pela sua ciência, a sua resposta durará tanto tempo quanto você estiver disposto a ouvir. Porém, se você apresentar a mesma questão a um filósofo, ele, se for sincero, terá de confessar que o seu estudo não alcançou resultados po-

❶ PARE Pense em alguns exemplos de coisas que são "comida para a mente" ou "bens da mente". Você conhece alguém que é o que Russell chama de um "homem prático" (ou uma "mulher prática")?

---
[8] Extraído de *Os problemas da filosofia* (*The Problems of Philosophy*, Oxford University Press, 1959).

sitivos tais como os que foram atingidos pelas outras ciências. ❷ É verdade que isso é em parte explicado pelo fato de que, tão logo o conhecimento definitivo acerca de qualquer assunto torna-se possível, esse assunto deixa de ser chamado de filosofia, tornando-se uma ciência separada. O estudo integral dos céus, que agora pertence à astronomia, esteve uma vez incluído na filosofia; a grande obra de Newton foi chamada de "os princípios matemáticos da filosofia natural". De semelhante modo, o estudo da mente humana, que foi uma parte da filosofia, foi agora separado da filosofia e tornou-se a ciência da psicologia. Portanto, em grande medida, a incerteza da filosofia é mais aparente do que real: aquelas questões que já são capazes de respostas definitivas estão localizadas nas ciências, enquanto aquelas somente às quais, até o presente, nenhuma resposta definitiva pode ser dada continuam formando o resíduo que é chamado de filosofia. ❸

Esta é, entretanto, apenas uma parte da verdade relativa à incerteza da filosofia. Há muitas questões – entre as quais aquelas que são do mais profundo interesse para a nossa vida espiritual – que, tanto quanto podemos ver, devem permanecer insolúveis ao intelecto humano, a menos que os seus poderes tornem-se de uma ordem bastante diferente do que são agora. Tem o universo alguma unidade de plano ou propósito, ou é ele um concurso fortuito de átomos? É a consciência uma parte permanente do universo, dando esperança de aumento indefinido em sabedoria, ou é ela um acidente transitório num pequeno planeta no qual a vida deve se tornar em última análise impossível? São o bem e o mal de importância para o universo ou somente ao homem? Tais questões são propostas pela filosofia e diversamente respondidas pelos diversos filósofos. Porém, pareceria que, se as respostas podem ser descobertas de outro modo ou não, as respostas sugeridas pela filosofia não são, nenhuma delas, demonstravelmente verdadeiras. Contudo, não importa o quão tênue possa ser a esperança de descobrir uma resposta, é parte do assunto da filosofia continuar a consideração de tais questões, tornar-nos conscientes da sua importância, examinar todas as abordagens a elas e manter vivo esse interesse especulativo pelo universo, o qual é capaz de ser eliminado por confinarmo-nos ao conhecimento definitivamente averiguável. ❹

Muitos filósofos, é verdade, declararam que a filosofia poderia estabelecer a verdade de certas respostas a tais questões fundamentais. Eles supuseram que o que é da maior importância em crenças religiosas poderia ser provado, por demonstração rigorosa, como sendo verdadeiro. Para julgar tais tentativas, é necessário fazer um apanhado geral do conhecimento humano e formar uma opinião quanto aos seus métodos e às suas limitações. Sobre tal assunto seria insensato pronunciar-se dogmaticamente; porém, se as investigações dos nossos capítulos anteriores não nos desencaminharam, seremos forçados a renunciar à esperança de encontrar provas filosóficas de crenças religiosas. Não podemos, portanto, incluir como parte do valor da filosofia qualquer conjunto definitivo de respostas a tais questões. ❺ Portanto, uma vez mais, o valor da filosofia não deve depender de qualquer suposto corpo de conhecimento definitivamente apurável a ser adquirido por aqueles que a estudam.

De fato, o valor da filosofia deve ser buscado amplamente na sua própria incerteza. O homem que não tem nenhum matiz de filosofia atravessa a vida aprisionado nos preconceitos derivados do senso comum, das crenças habituais da sua época ou da sua nação e das convicções que cresceram no seu pensamento sem a cooperação ou o consentimento da sua razão deliberada. Para tal homem, o mundo tende a tornar-se definitivo, finito, óbvio; objetos comuns não levantam questões quaisquer, e possibilidades não familiares são rejeitadas com desdém. Tão logo começamos a filosofar, ao contrário, descobrimos, como vimos nos nossos capítulos iniciais, que mesmo as coisas mais ordinárias levam a problemas aos quais somente respostas muito incompletas podem ser dadas. A filosofia, embora incapaz de nos dizer com certeza qual é a resposta verdadeira às dúvidas que ela levanta, é capaz de sugerir muitas possibilidades que ampliam os nossos pensamentos e os libertam da tirania do costume. ❻ Logo, embora diminua o nosso sentimento de certeza quanto ao que as coisas são, ela aumenta muito o nosso conhecimento quanto ao que elas podem ser; ela remove o dogmatismo de

---

❷ Alguém poderia estar de acordo com essa apreciação, embora ainda pensando que a própria filosofia gerou *algum* corpo de conhecimento que é genuíno, mesmo se não na mesma medida que as ciências.

❸ Este é um ponto importante: quando aprendemos a como investigar um conjunto de questões de um modo que gera resultados claros e firmemente estabelecidos, aquelas questões param de ser parte da filosofia e tornam-se uma nova área da ciência (incluindo a ciência social). As questões com as quais ainda não sabemos como lidar são aquelas que permanecem na província da filosofia, incluindo algumas – como Russell segue a sugerir – que parecem improváveis de jamais serem estabelecidas de um modo científico. (Pense por que isso poderia ser assim.)

❹ Se você insistisse dizendo que pensaria somente sobre aquelas questões que tivessem respostas claras, averiguáveis de modo preto-no-branco, nesse caso você teria de se recusar a pensar sobre muitas das mais importantes questões acerca da condição humana.

❺ Alguns dos autores no Capítulo 7 desta obra pensam que se pode estabelecer a existência de Deus através de algo que se aproxime de uma prova demonstrativa. (No entanto, mesmo se Russell está certo ao afirmar que tais tentativas de provas terão muito pouca probabilidade de ser bem-sucedidas, isso em si mesmo já é algo bastante válido de se conhecer.)

❻ 6. O ponto de Russell aqui é no mínimo semelhante àquele que Sócrates fez ao dizer que "a vida sem reflexão não é digna de ser vivida": uma vida regida pelo costume e preconceito de senso comum realmente não é uma vida refletida.

certo modo arrogante daqueles que nunca ingressaram na região da dúvida libertadora e mantém vivo o nosso senso de espanto ao mostrar coisas familiares num aspecto não familiar.

Além da sua utilidade em mostrar possibilidades insuspeitadas, a filosofia tem um valor – talvez o seu valor principal – através da grandeza dos objetos que ela contempla e da liberdade com respeito a objetivos estreitos e pessoais que resultam dessa contemplação. A vida do homem instintivo está fechada dentro do círculo dos seus interesses privados: família e amigos podem ser incluídos, mas o mundo de fora não é considerado, exceto na medida em que pode ajudar ou impedir o que vem dentro do círculo de desejos instintivos. Em tal vida, há algo febril e confinado em comparação com o que a vida filosófica tem de calma e livre. O mundo privado de interesses instintivos é um mundo pequeno, colocado no meio de um grande e poderoso mundo que deve, mais cedo ou mais tarde, pôr o nosso mundo privado em ruínas. A menos que possamos alargar os nossos interesses a ponto de incluir o mundo de fora como um todo, permanecemos como uma guarnição numa fortaleza sitiada, sabendo que o inimigo impede a fuga e que a capitulação definitiva é inevitável. Em tal vida, não há paz, mas um conflito constante entre a insistência do desejo e a impotência da vontade. De um modo ou de outro, se a nossa vida deve ser grande e livre, devemos escapar dessa prisão e dessa luta. ❼

Um modo de escapar é pela contemplação filosófica. A contemplação filosófica, na sua visão mais ampla, não divide o universo em dois campos hostis – amigos e inimigos, de auxílio e hostis, bons e maus; ela vê o todo de maneira imparcial. A contemplação filosófica, se não é genuína, não visa a provar que o resto do universo é semelhante ao homem. Toda aquisição de conhecimento é um alargamento* do Eu, mas esse alargamento é melhor atingido quando não é buscado diretamente. É obtido quando o desejo de conhecimento é só operativo, por um estudo que não deseja, de antemão, que os seus objetos devam ter esse ou aquele aspecto, mas adapta o Eu aos aspectos que ele encontra nos seus objetos. ❽ Esse alargamento do Eu não é obtido quando, tomando o Eu como ele é, tentamos mostrar que o mundo é tão semelhante a esse Eu que o conhecimento dele é possível sem qualquer reconhecimento do que parece estranho O desejo de provar isso é uma forma de autoafirmação e, como toda autoasserção, é um obstáculo ao crescimento do Eu que ele deseja e do qual o Eu sabe que é capaz. A autoasserção, tanto na especulação filosófica quanto alhures, vê o mundo como um meio para os seus próprios fins; portanto, ela faz com que o mundo tenha menos importância do que o Eu, e o Eu estabelece limites à grandeza dos seus bens. Na contemplação, ao contrário, partimos do não Eu, e através da sua grandeza as fronteiras do Eu são alargadas; através da infinitude do universo, a mente que o contempla atinge alguma porção na infinitude. ❾

Por essa razão, a grandeza da alma não é favorecida por aquelas filosofias que assimilam o universo ao Homem. O conhecimento é uma forma de união do Eu com o não Eu; como toda união, ela é prejudicada pelo domínio e, portanto, por qualquer tentativa de forçar o universo a uma conformidade com o que encontramos em nós mesmos. Há uma difundida tendência filosófica para a concepção que nos diz que o Homem é a medida de todas as coisas, que a verdade é feita-pelo-homem, que o espaço e o tempo, e o mundo dos universais, são propriedades da mente e que, se deve haver qualquer coisa não criada pela mente, isso é incognoscível e não tem nenhuma importância para nós. Essa opinião, se as nossas discussões anteriores estavam corretas, não é verdadeira; em adição ao fato de não ser verdadeira, ela tem o efeito de roubar da contemplação filosófica tudo o que lhe dá valor, uma vez que ela agrilhoa a contemplação ao Eu. O que ela chama de conhecimento não é uma união com o não Eu, mas um conjunto de preconceitos, hábitos e desejos, fazendo um véu impenetrável entre nós e o mundo além. O homem que encontra prazer em tal teoria do conhecimento é como o homem que jamais deixa o cír-

---

* N. de T. Apesar de haver opções de tradução que pareçam ser mais adequadas à língua portuguesa, como, por exemplo, expansão e ampliação, optou-se por uma tradução literal por ter sido *enlargement* o termo usado pelo próprio autor, mesmo diante de outras palavras afins.

---

❼ **PARE** Se Russell está certo sobre o contraste entre a vida filosófica e a vida do "homem instintivo", então a vida filosófica parece realmente melhor. Você concorda com a sua avaliação? (Ele continua a oferecer outras razões a seguir.)

❽ Como se supõe que a aquisição de conhecimento resulta num "alargamento" do eu? Ao menos parte da ideia é esta: como a contemplação filosófica tem o objetivo de entender algo como é em si mesmo e não meramente como aparece a nós, a contemplação filosófica raramente confirmará apenas concepções prévias de um modo que promoveria a estagnação intelectual. (Em outra obra, *Uma história da filosofia ocidental*, Russell descreve o verdadeiro filósofo como aquele que "segue o argumento para onde ele leva", querendo dizer que tal pessoa não se esquiva de uma conclusão simplesmente porque ela não está em concordância com as suas próprias opiniões anteriores – novamente, podemos ver aqui um eco de Sócrates.)

❾ A metáfora do eu que se alarga, em última instância, para algum tipo de infinitude é difícil de fazer sentido claramente. (Ver a Questão para Discussão 3.) Todavia, o que quer que ela signifique, isso será o resultado da contemplação filosófica somente se há mais acerca da realidade do que nós, em nosso modo prático, pensamos que há.

10 Dizer que os seres humanos são a medida de todas as coisas é, aparentemente, rejeitar a ideia de que existem aspectos de realidade que não são criados pelos seres humanos e não dependem deles.

Russell argumentou em capítulos anteriores desse livro a favor de uma visão **realista**, a qual insiste que existem aspectos da realidade que são assim independentes do seres humanos.

11 Alguns filósofos chamam isso de "o ponto de vista dos olhos de Deus". Você também verá isso sendo referido como *sub specie aeternitatis*: da perspectiva da eternidade. Dessa perspectiva, os interesses ou as concepções próprias de alguém recebem a significação própria, ao passo que da perspectiva subjetiva aqueles mesmos interesses poderiam parecer muito mais importantes do que realmente são.

12 É fácil de ver como um ponto de vista imparcial poderia levar ao desejo por verdade e justiça, mas menos fácil de ver por que deveria resultar num amor universal (ao invés de, por exemplo, numa indiferença universal).

13 As questões que fazem tudo isso não podem ser pensadas como meras questões, não envolvendo nenhum desenvolvimento ou elaboração. O que o estudo e a investigação filosófica geram é, antes, **dialética** elaborada: questões junto com respostas alternativas, argumentos para aquelas respostas, objeções às respostas e aos argumentos, réplicas àquelas objeções, etc. Entender uma questão filosófica é entender esse quadro muito mais complicado.

culo doméstico por medo de que a sua palavra possa não ser lei. **10**

A verdadeira contemplação filosófica, em vez disso, encontra a sua satisfação em todo alargamento do não Eu, em tudo o que magnifica os objetos contemplados e, portanto, o sujeito contemplando. Tudo, na contemplação, que é pessoal ou privado, tudo o que depende de hábito, autointeresse ou desejo, distorce o objeto e prejudica a união que o intelecto busca. Logo, ao erguer uma barreira entre sujeito e objeto, essas coisas pessoais e privadas tornam-se uma prisão para o intelecto. O intelecto livre verá tal como Deus poderia ver, sem um *aqui* e *agora*, sem esperanças e temores, sem os obstáculos das crenças costumeiras e dos preconceitos tradicionais, calmamente, desapaixonadamente, no desejo único e exclusivo de conhecimento – conhecimento como impessoal, como puramente contemplativo, tal como é possível ao homem atingir. **11** Portanto, também o intelecto livre valorizará mais o conhecimento abstrato e universal, no qual os acidentes da história privada não entram, do que o conhecimento trazido pelos sentidos, e dependente, como tal conhecimento deve ser, de um ponto de vista exclusivo e pessoal e de um corpo cujos órgãos sensórios distorcem tanto quanto revelam.

A mente que se tornou acostumada com a liberdade e a imparcialidade da contemplação filosófica preservará alguma coisa da mesma liberdade e imparcialidade no mundo da ação e da emoção. Ela verá os seus propósitos e desejos como partes do todo, com a ausência de insistência que resulta de vê-los como fragmentos infinitesimais num mundo do qual todo o resto permanece não afetado por qualquer um dos atos do homem. A imparcialidade que, na contemplação, é o desejo não genuíno pela verdade é a mesmíssima qualidade da mente que, na ação, é a justiça e, na emoção, é aquele amor universal que pode ser dado a todos, e não àqueles que são julgados úteis ou admiráveis. **12** Portanto, a contemplação amplia não só os objetos dos nossos pensamentos, mas também os objetos das nossas ações e dos nossos afetos: ela faz de nós cidadãos do universo, e não somente de uma cidade cercada por muralhas em guerra com todo o restante. Nessa cidadania do universo consiste a verdadeira liberdade do homem, e a sua libertação do cárcere de esperanças e temores mesquinhos.

Então, para resumir a nossa discussão do valor da filosofia: a filosofia deve ser estudada não por causa de quaisquer respostas definitivas para as suas questões, dado que nenhuma resposta definitiva pode, como uma regra, ser conhecida como sendo verdadeira, mas sim por causa das questões em si mesmas; porque essas questões alargam a nossa concepção do que é possível, elas enriquecem a nossa imaginação intelectual e diminuem a certeza dogmática que fecha a mente para com a especulação; porém, sobretudo porque, através da grandeza do universo que a filosofia contempla, a mente também torna-se grande e torna-se capaz daquela união com o universo que constitui o seu mais elevado bem. **13**

Questões para Discussão

1. Uma crença dogmática é uma crença firmemente mantida, sem qualquer base ou razão. Crenças dogmáticas são tipicamente resistentes à mudança. Você pensa que, em algum momento, é apropriado ser dogmático? Alguém poderia argumentar que existem alguns fóruns de discussão nos quais perguntar por razões não faz sentido? Pense sobre religião e política. Algumas pessoas pensam que você jamais deveria falar sobre religião ou política com os amigos ou com a família, porque os argumentos simplesmente não ficarão bem. Como uma pessoa com orientação filosófica (alguém que pensa que você sempre deve buscar por razões) responderia a tal opinião?

2. Russell pensa que a filosofia pode proteger você da "tirania do costume". Pense em alguns exemplos de períodos da história quando o costume ditou que as coisas deveriam ser de um modo com o qual agora discordamos. Como uma atitude filosófica poderia proteger as pessoas, nesse caso, da tirania do costume? Que tipos de questões um filósofo deveria perguntar agora

para estar protegido da tirania do costume?

3. Russell faz uso da metáfora de um eu que *se alarga* e alcança algum senso da infinitude do universo ao contemplá-lo filosoficamente. Suponha que João jamais pensou sobre alguma questão filosófica antes de ingressar na faculdade, em 1969, porém 35 anos mais tarde ele é uma pessoa bastante filosófica, dedicando-se com frequência à contemplação filosófica. O que exatamente é diferente em relação a João? Uma diferença importante poderia ser que, quando João pensa sobre alguma questão importante, ele pode conceber agora muito mais possibilidades do que podia há 35 anos, ao invés de simplesmente ficar contente com a resposta padrão, endossada por seu governo ou aceita por seus pares. Ele também pode fazer muito mais questionamentos agora do que podia então, tanto de si mesmo quanto de outros, pedindo-lhes para clarificar e justificar as suas opiniões. Há um sentido em que poderíamos chamar o jovem João de uma "pessoa tacanha". É isso o que Russell tem em vista, ao falar sobre o eu que se alarga? É esse alargamento valioso para qualquer um ou apenas para aqueles que estão inclinados naquela direção? Todos deveriam estudar filosofia?

2

CONHECIMENTO E CETICISMO

As seleções neste capítulo estão voltadas a duas questões centrais na área geral da filosofia conhecida como teoria do conhecimento ou **epistemologia**, ambas dizendo respeito à pergunta se e como o conhecimento de certos tipos específicos é possível, e com a possibilidade e a plausibilidade do **ceticismo** com respeito aos tipos de conhecimento em questão. A primeira e mais ampla seção do capítulo enfoca um dos temas mais centrais da filosofia moderna: o problema do mundo exterior, que pergunta se e como crenças sobre objetos materiais fora da mente são justificadas com base na percepção dos sentidos. Uma segunda seção lida com o problema da **indução**, que pergunta se e por que é justificável inferir, a partir de regularidades aparentes encontradas na observação, conclusões mais gerais que se estendem para além daquelas observações.

Antes de discutirmos esses problemas mais específicos, seria conveniente dizer alguma coisa sobre o próprio conceito de conhecimento. De acordo com uma definição frequentemente caracterizada como tradicional ou padrão, o conhecimento é

1. *crença* que é
2. *verdadeira* e
3. adequadamente *justificada*.

Problemas podem ser levantados sobre cada um desses três elementos, mas será adequado, para os propósitos deste capítulo, entender **crença** como a aceitação ou a afirmação mental de uma alegação proposicional e **verdade** como a correspondência ou a concordância daquela alegação com tudo aquilo sobre o que ela é. A natureza da **justificação** no sentido relevante ao conhecimento tem sido matéria de amplo debate na filosofia recente, mas os autores de todas as presentes seleções teriam aceitado a concepção de que justificação é ter uma boa razão ou aval para pensar que a alegação em questão é verdadeira.[1]

Talvez uma outra observação preliminar mereça ser feita: as questões discutidas neste capítulo dependem de modo fundamental de conceitos e terminologia que são relativamente técnicos e difíceis. Você precisará se esforçar para dominá-los e deverá esperar apenas sucessos graduais, especialmente no início. Isso também se aplica ao material nesta introdução: nós o mantivemos breve, de modo que você possa relê-lo facilmente, e, se você fizer isso, encontrará conceitos e tópicos que eram inicialmente enigmáticos, mas que gradualmente foram tornando-se claros.

TEMOS CONHECIMENTO DO MUNDO EXTERIOR?

Parece inteiramente óbvio, de um ponto de vista tanto do senso comum quanto da ciência, em primeiro lugar, que temos uma grande quantidade de conhecimento de ob-

---

[1] Tornou-se claro, como resultado de uma discussão relativamente recente, que a definição tradicional de conhecimento é inadequada, no sentido de que existem casos em que as três condições são satisfeitas, mas é intuitivamente claro que o conhecimento genuíno não está presente. Intuitivamente, esses são casos nos quais a crença é verdadeira de um modo acidental, que não se conecta de forma apropriada com o modo pelo qual ela é justificada. O problema ficou conhecido como "o problema de Gettier", nomeado segundo o filósofo que primeiramente o descobriu, e o estudante interessado pode facilmente encontrar discussões sobre ele nos dicionários e nas enciclopédias filosóficas.

jetos materiais e do mundo material em geral; e, em segundo lugar, que a base desse conhecimento é a experiência sensória. A questão básica é como isso funciona e, em particular, como a experiência sensória oferece-nos a justificação – do tipo há pouco explicado – para as crenças sobre os objetos materiais por meio dos quais chegamos à base daquela experiência. Uma questão inicial diz respeito à natureza da própria experiência sensória: quando, por exemplo, temos a experiência sensória de uma mesa, de que estamos conscientes do modo mais direto e imediato – o que é isso que está "diretamente diante da mente"? Contrariamente à opinião manifesta do senso comum, *a maioria* dos filósofos nesta seção responderia que o objeto de consciência mais *direto* ou *imediato* na experiência sensória *não* é o objeto físico exterior (a mesa), cuja presença a experiência parece, de algum modo, refletir, mas, em vez disso, uma entidade mental subjetiva: uma *ideia* perceptual, na terminologia de John Locke e de George Berkeley, ou um dado-sensório (plural: dados-sensórios),* na terminologia de filósofos mais recentes. Tanto René Descartes quanto Locke tomam tal concepção mais ou menos por certa, assim como o faz Laurence BonJour; Berkeley argumenta a favor dela com considerável extensão, enquanto Thomas Reid a rejeita. Sexto Empírico também parece tem em mente algo como essa concepção da experiência sensória.

Se essa concepção da natureza da experiência sensória for aceita, então a questão passa a ser como alegações sobre os objetos materiais podem ser justificadas com base na consciência de ideias sensórias ou dados dos sentidos. Uma alternativa aqui é **o realismo representativo**: a concepção de que crenças perceptuais sobre objetos materiais podem ser justificadas por um argumento ou uma inferência, partindo-se de uma consciência das ideias ou dos dados sensórios que nos levam a ter aquelas crenças e parecem, de algum modo, representar os objetos correspondentes. Descartes, Locke e BonJour, todos eles defendem versões de tal concepção, enquanto Berkeley e Reid rejeitam a possibilidade de qualquer inferência cogente dessa espécie.

Uma segunda e inicialmente menos óbvia alternativa é dizer que os objetos materiais, ao invés de existir fora e independentemente da mente, são de fato em si mesmos nada mais do que coleções sistemáticas ou padrões de ideias sensórias ou dados dos sentidos, incluindo tanto aquelas que são experimentadas na realidade quanto aquelas que seriam experimentadas sob várias condições. Todas as concepções desse tipo são versões do **idealismo**. Berkeley defende uma versão específica do idealismo, de acordo com a qual as ideias que constituem os objetos materiais "reais" são sistematicamente postas em nossas mentes humanas por Deus (que é, pois, a fonte última da realidade delas). Uma versão mais recente do idealismo, que dispensa Deus e toma a disponibilidade de padrões ordenados de dados sensórios como sendo ela mesma o fato mais fundamental e não mais explanável sobre a realidade, é chamada de **fenomenalismo**; essa concepção é explanada e criticada por BonJour. (Concepções desse tipo provavelmente serão vistas como sendo deveras enigmáticas e difíceis de serem tomadas a sério, de um ponto de vista do senso comum, e você terá de se esforçar para tê-las em mente com clareza.)

Uma terceira alternativa, aparentemente muito mais próxima do senso comum do que qualquer das outras duas, é rejeitar o denominador comum dessas outras duas concepções, a ideia de que o objeto imediato da consciência, na experiência perceptual, é uma ideia sensória ou dado sensório, sustentando, em vez disso, que estamos direta ou imediatamente conscientes dos próprios objetos materiais, não havendo nenhuma necessidade do tipo de inferência justificadora invocada pelos realistas representativos. Uma vez referido como realismo ingênuo, porque foi pensado como sendo filosoficamente insustentável de uma maneira óbvia, tal concepção tem sido referida, mais recentemente, apenas como **realismo direto**. Uma versão do realismo direto é a defendida por Reid, que argumenta que a aceitabilidade das nossas crenças sensórias sobre o mundo material é um "primeiro princípio" do pensamento humano, um princípio que não requer nenhuma defesa adicional.

---

* N. de T. No original, as expressões em questão são: *sense-datum* e *sense-data*. A primeira delas será sempre traduzida por "dado sensório"; para o plural *sense-data*, serão usadas as expressões "dados dos sentidos" ou "dados sensórios".

Uma alternativa final é o **ceticismo**: em relação ao problema do conhecimento do mundo exterior, a opinião de que não temos tal conhecimento e de que a impressão de que o temos é simplesmente uma ilusão. Um modo de argumentar a favor do ceticismo é por apelo aos problemas que as várias abordagens positivas de como tal conhecimento opera têm de encarar, problemas que vêm a se revelar muito sérios. Contudo, também é possível argumentar mais diretamente a favor de uma conclusão cética. A seleção final nessa parte do capítulo é um breve excerto tirado do talvez mais famoso representante da escola cética de filosofia da Antiguidade, Sexto Empírico, que argumenta que não podemos ter nenhum conhecimento da verdadeira natureza dos objetos exteriores.

É A INDUÇÃO JUSTIFICADA?

O problema da indução diz respeito à justificação para inferir a partir de regularidades observadas na experiência para alegações mais gerais. Suponha que um grande número de casos de alguma propriedade observável ou categoria A foram observados (por vários observadores e sob condições colaterais amplamente variadas) – por exemplo, um grande número de ovos postos por pintarroxos foram observados em muitas localidades diferentes, com tanta variação de outras condições (temperatura, época do ano, elevação, etc.) quanto os hábitos dos pintarroxos permitem. Suponha também que todos os casos observados de A também foram casos de alguma outra propriedade observável ou categoria B – todos os ovos de pintarroxo observados eram verde-azulados e tinham pintas. (Uma versão mais geral do problema incluiria a possibilidade de que alguma fração m/n definida e estável de A's, ao invés de todos eles, eram B's.) Dada uma premissa de observação desse tipo, o raciocínio indutivo do tipo mais padrão leva à conclusão de que *todos* os casos de A (observados ou não, passados, presentes ou futuros) são também casos de B – de que todos os ovos de pintarroxo são verde-azulados e têm pintas. (Ou, na versão mais geral, a conclusão seria que aproximadamente m/n de todos os A's são B's.)

É óbvio que o raciocínio desse tipo é geralmente tido por certo pelo senso comum e nele a ciência se baseia muito amplamente. (Aqui, você deveria parar para refletir sobre como muitas das coisas que pensamos saber sobre o mundo repousam em raciocínios desse tipo: alegações sobre quais alimentos são seguros e nutritivos, sobre o comportamento de vários tipos de animais, sobre condições do tempo, sobre o comportamento humano em diversos tipos de circunstâncias, sobre as propriedades de vários tipos de minerais e outras substâncias, etc., etc.) A questão é se tal raciocínio é racionalmente justificado e, se o é, por que motivo, ou seja, por que tal conclusão é genuinamente provável de ser *verdadeira* sempre que a premissa correspondente é verdadeira. Hume considera essa questão no contexto mais específico de uma alegação causal (com A sendo a suposta causa, e B o efeito suposto, e os A's observados sendo todos seguidos por B's). Tendo posto o problema, ele argumenta a favor da opinião cética de que não existe justificação racional para uma conclusão indutiva, porque não existe raciocínio cogente a partir da premissa observacional para a conclusão indutiva. (Ele também oferece um relato psicológico de por que motivo raciocinamos dessa maneira.) Wesley Salmon recapitula a abordagem de Hume e, então, perpassa um número de diferentes respostas, rejeitando a maioria delas, mas argumentando que uma resposta, ao menos, é promissora. A.C. Ewing (no curso de uma discussão mais geral do conhecimento *a priori*) defende uma das respostas que Salmon rejeita: uma solução racionalista que mantém que o raciocínio indutivo é justificado *a priori*.

APÊNDICE: JUSTIFICAÇÃO *A PRIORI* E CONHECIMENTO

Uma terceira questão epistemológica que, segundo algumas opiniões ao menos, é altamente relevante para essas outras duas é a questão do conhecimento *a priori*, conhecimento cuja justificação não depende da experiência sensória. Salmon e Ewing diferem fundamentalmente sobre a natureza de tal conhecimento e, como um resultado, sobre se uma justificação *a priori* da indução é possível. E embora isso não seja discutido muito explicitamente nas leituras, o tipo de solução em termos de realismo representativo ao problema do mundo exterior que é defendida por Descartes, Locke e BonJour também teria, aparentemente, de repousar no tipo de conhecimento *a priori* que Ewing aceita e Salmon rejeita: conhecimento *a priori* que não é meramente definicional (ou "tautológico") em caráter. Afinal, apenas o conhecimento desse tipo poderia aparentemente justificar a inferência a partir de alegações sobre a experiência sensória para alegações sobre os objetos materiais exteriores – tal como BonJour explana (seguindo Hume), essa inferência não poderia ser justificada pela experiência, uma vez que não há nenhum modo, de uma perspectiva do realismo representativo, de experimentar uma conexão ou correlação entre a experiência e tais objetos. O que se segue é uma breve introdução ao conhecimento *a priori* e às questões que ele levanta.

A questão do conhecimento *a priori* é estruturada em torno de três distinções principais, todas elas complicadas e sutis – e facilmente confundidas umas com as outras. Em primeiro lugar, há uma distinção **metafísica** entre os dois modos nos quais uma proposição ou alegação pode ser verdadeira ou falsa. Algumas proposições – nisso a maioria dos filósofos está em concordância – são logicamente ou metafisicamente **necessárias**: verdadeiras em qualquer mundo ou situação que é logicamente ou metafisicamente possível, ao passo que outras são logicamente ou metafisicamente **contingentes**, isto é, verdadeiras em alguns mundos logicamente ou metafisicamente possíveis, e não em outros. Assim, por exemplo, proposições da lógica e da matemática são normalmente tidas como sendo necessárias nesse sentido, ao passo que a maioria das proposições sobre as coisas e os acontecimentos no mundo material são contingentes – *verdades contingentes*, se elas são de fato verdadeiras no mundo atual. (Algumas proposições desafortunadas são **necessariamente falsas**: falsas em todo mundo logicamente ou metafisicamente possível; a proposição de que $2 + 2 = 5$ é um exemplo.)

Em segundo lugar, há uma distinção **epistemológica** entre os dois diferentes modos nos quais uma proposição pode ser *justificada*: dois diferentes tipos de razões para pensar que ela é verdadeira (e, derivativamente, admitindo-se que conhecimento requer justificação, dois diferentes tipos de conhecimento). Embora pareça óbvio que grande parte do nosso conhecimento depende, para a sua justificação, da experiência sensória e, talvez, também de outros tipos de experiência, talvez semelhantes, tal como a experiência introspectiva (e assim é justificado **empiricamente** ou *a posteriori*), pareceu igualmente óbvio à maioria dos filósofos que há conhecimentos que não dependem da experiência sensória para a sua justificação, mas que são, em vez disso, *a priori*: justificados por meio da pura razão pura ou tão somente do pensamento. Aqui, os exemplos mais óbvios são novamente as alegações da lógica e da matemática, mas há muitos outros tipos de reivindicações que têm sido alegadas (correta ou incorretamente) como sendo justificadas *a priori*: reivindicações metafísicas (por exemplo, a reivindicação de que deve haver uma explanação para tudo o que acontece ou que o espaço tem apenas três dimensões); várias reivindicações sobre propriedades e relações do senso comum (de que nada pode ser totalmente vermelho e totalmente verde ao mesmo tempo ou que todos os cubos têm doze bordas) e também algumas reivindicações **éticas** (tais como que causar sofrimento desnecessário é moralmente errado, ou que praticar a discriminação racial é injusto). Em casos como esses, assim é reivindicado, alguém que entende adequadamente a reivindicação em questão pode simplesmente "ver", numa base intuitiva, que ela é verdadeira, de fato que ela *deve* ser verdadeira. As questões centrais aqui são: primeiro, como tal conhecimento *a priori* é possível, dado que não é justificado pela experiência sensória? De onde vem exatamente a justificação para tais reivindicações? Se o apelo é para uma intuição *a priori*, ao que equivale tal intuição e como exatamente ela funciona? E, segundo, quais tipos específicos de coisas são conhecíveis nesse tipo de base? Em particular, o conhecimento *a priori* inclui somente questões de *definição* essencialmente triviais (embora, às vezes, sejam complicadas), como a alegação de que todos os solteiros são não casados – alegações com frequência referidas como **tautologias** ou, mais tecnicamente, como "analíticas"?

Em terceiro lugar, há uma distinção lógica ou estrutural entre dois tipos de proposições, analíticas e sintéticas. A formulação explícita dessa distinção deriva do grande filósofo alemão Immanuel Kant. Tal como Kant define a noção, uma proposição

analítica é uma proposição da forma sujeito-predicado, cujo predicado está contido no seu sujeito, seja explicitamente (por exemplo, a alegação de que todos os homens altos são altos), seja implicitamente (por exemplo, a alegação de que todos os solteiros são não casados). O propósito da distinção, para Kant, é que, se uma proposição é analítica, então é aparentemente bastante fácil ver como ela pode ser justificada e conhecida *a priori*: simplesmente pelo entendimento dos conceitos envolvidos e pela percepção da relação de contenção. O que se torna problemático é como qualquer proposição **sintética** – uma proposição que *não* tem esse tipo de forma ou estrutura lógica, isto é, na qual o predicado *não* está contido no sujeito – ainda poderia ser justificada *a priori*, embora isso seja algo que Kant acredita ocorrer. (O que torna essa distinção especialmente complicada é que alguns filósofos, tais como Salmon em algumas passagens, retiveram esses termos e a ideia básica de que um certo tipo de estrutura lógica pode ser usado para explicar a justificação *a priori*, porém alterando a abordagem de Kant quanto ao que seja esse traço estrutural. Isso levanta a questão, com frequência não direcionada muito explicitamente, relativa a se a nova abordagem de analiticidade tem a mesma capacidade de explicar uma justificação *a priori* que a antiga abordagem tinha, algo que não pode, pois, ser admitido apenas porque o mesmo termo "analítico" é utilizado. Você deve ter essa questão em mente quando vier a ler Salmon.)

As principais posições opostas sobre a questão do *a priori* são versões do **empirismo** e do **racionalismo**. O empirismo é uma concepção geral sobre a cognição humana que envolve duas teses principais bastantes diferentes, cada uma delas tendo a ver com a relação entre cognição e experiência sensória e cada uma delas estando refletida no pensamento de Locke, embora uma muito mais clara e inequivocadamente do que a outra. A primeira tese, na forma mais padronizada referida como **empirismo de conceito** (mas ela também poderia, em relação à terminologia utilizada por Locke e outros, ser chamada de empirismo de *ideia*), é uma alegação sobre onde e como a mente humana adquire as ideias ou os conceitos que ela utiliza para pensar sobre o mundo ou, de fato, sobre qualquer coisa. De acordo com o empirista de conceito, todos os conceitos são derivados da experiência sensória (construída amplamente, de modo a também incluir a experiência introspectiva). Aqui, a principal opinião oponente é a alegação, defendida por Descartes e por seus sucessores racionalistas, de que ao menos algumas ideias ou alguns conceitos são inatos, "programados" na mente quando do nascimento (sendo essa "programação" normalmente atribuída a Deus).

A segunda corrente principal do empirismo (aquela que é mais relevante para a questão principal sobre o conhecimento *a priori*) carece de um rótulo completamente padrão, mas será referido aqui como **empirismo justificatório**. Essa é uma concepção sobre as *razões* ou o *aval* para pensar que crenças ou alegações proposicionais são verdadeiras. De acordo com uma versão do empirismo justificatório, toda a justificação para alegações que não são meramente tautologias lógicas ou de definição (não são analíticas no sentido de Kant ou, talvez, em algum outro sentido daquele termo) deve derivar da experiência sensória (outra vez, construída amplamente, de modo a incluir a introspecção). Uma versão dessa concepção de **empirismo moderado** é defendida por Salmon no curso da sua discussão acerca da indução.[2] A principal alternativa ao empirismo moderado é a concepção do **racionalismo moderado** de que uma justificação *a priori* e um conhecimento *a priori* incluem mais do que meras tautologias definicionais ou proposições analíticas. Em vez disso, alega-se que a mente humana tem a capacidade para percepção direta *a priori* de certos traços necessários da realidade. Aqui, os principais exemplos seriam os tipos de alegações brevemente listadas antes, nenhuma das quais sendo, de acordo com o racionalista, mera questão de definição ou analítica em qualquer sentido epistemologicamente relevante. (O racionalista moderado não alega que toda justificação e todo conhecimento são *a priori* – uma concepção que muito poucos filósofos desde talvez Platão jamais sustentaram.) Tal concepção é defendida por Ewing.

---

[2] Há também uma versão mais radical do empirismo que nega a existência de justificação *a priori* ou de conhecimento *a priori* de qualquer tipo; essa concepção não está representada na presente antologia. O principal proponente dessa versão mais radical do empirismo é o filósofo e lógico americano W.V.O. Quine.

Temos conhecimento do mundo exterior?

René Descartes

René Descartes (1596-1650), filósofo e matemático francês, foi um dos mais importantes e influentes filósofos de todos os tempos. Descartes é chamado de "o pai da filosofia moderna", porque diversos dos problemas e temas centrais da filosofia moderna (pós-renascentista) aparecem primeiramente na sua obra: de modo mais fundamental, a insistência em começar com questões sobre o conhecimento (questões epistemológicas) em vez de questões sobre a realidade (questões metafísicas). Entre os problemas filosóficos mais específicos que pela primeira vez aparecem claramente em Descartes, estão o problema do mundo exterior (como alegações sobre objetos materiais podem ser justificadas com base na experiência sensória) e o problema mente-corpo (ver Capítulo 3). *Meditações* é a sua obra mais importante e influente.

A motivação fundamental de Descartes para fazer questionamentos acerca do conhecimento está refletida justamente na primeira sentença das *Meditações*: "Diversos anos se passaram agora, desde que primeiramente percebi o quão numerosas eram as falsas opiniões que eu, na minha juventude, tomei por verdadeiras e, assim, o quão duvidosas foram todas aquelas que eu, subsequentemente, construi por sobre elas". Descartes viveu numa época de grande efervescência intelectual, quando as concepções medievais ainda estavam sendo substituídas por outras mais modernas e a revolução científica estava apenas a caminho. Estava claro para ele, com base em muitas opiniões e argumentos conflitantes com os quais era confrontado, que muitas das opiniões que ele tinha anteriormente aceitado a partir de várias fontes eram muito provavelmente falsas. A questão central das *Meditações* é como corrigir essa situação. Ao escrever as *Meditações*, Descartes está tentando pôr a descoberto o seu processo de pensamento, de maneira que o leitor possa seguir junto com ele, pensar com ele e, dessa maneira, chegar às mesmas conclusões às quais ele chega.

A solução de Descartes ao problema de como eliminar crenças errôneas é aceitar somente crenças que são *indubitáveis*, no sentido de serem incapazes de ser equivocadas e, portanto, serem certas. O seu método para atingir tal certeza é sistematicamente duvidar de categorias inteiras de crença, retirando delas o assentimento com base na mera *possibilidade* de que sejam falsas. Ele está sugerindo, pois, que o conhecimento genuíno requer justificação que é *conclusiva*: razões que são fortes o bastante para *garantir* a verdade da alegação em questão. (Assim entendido, Descartes concorda com a concepção tradicional do conhecimento com um adendo: o conhecimento não é meramente crença verdadeira justificada, mas crença verdadeira *conclusivamente* justificada.)

Ao final da *Meditação Primeira*, Descartes suspendeu a crença em toda opinião que ele considerou, primeiro com base na possibilidade de que poderia estar sonhando e, depois, com base na possibilidade bem mais radical de que poderia estar sendo enganado por um "gênio maligno" todo-poderoso. Contudo, na *Meditação Segunda*, ele descobre uma crença que não pode ser posta em dúvida nem mesmo pela última dessa razões: a crença de que ele mesmo existe como uma coisa pensante. Mais tarde, ele identifica outras crenças sobre as quais crê que pode estar certo essencialmente na mesma base: crenças sobre os seus diversos estados conscientes da mente. E, assim, o projeto nas *Meditações Terceira* e *Sexta* é reclamar como conhecimento as crenças anteriormente suspendidas (ou, no mínimo, tantas delas quanto for possível) com base nas crenças indubitáveis identificadas na *Meditação Segunda*. Ao final, você terá de tentar julgar se Descartes tem ou não sucesso em assegurar um *fundamento* com base naquilo que as suas crenças mantidas anteriormente podem ser justificadas, isto é, com base em quais razões *conclusivas* podem ser dadas para pensar que aquelas crenças são *verdadeiras*.

Meditações sobre Filosofia Primeira[3]

MEDITAÇÃO PRIMEIRA: ACERCA DAS COISAS QUE PODEM SER POSTAS EM DÚVIDA

> **① Pare e pense**
> Você consegue pensar em coisas nas quais acreditava, quando era mais jovem, porém não mais acredita que sejam verdadeiras? Algumas (ou mesmo muitas) das coisas em que você acredita agora poderiam tornar-se igualmente falsas? (Suponha que alguém perguntou a você pelas suas razões para estar convicto sobre a verdade de várias crenças das quais você está convicto [pense em exemplos específicos]: qual seria a sua resposta?)

> **② Definição**
> Este é o famoso *método da dúvida* de Descartes: duvidar de qualquer coisa que pode possivelmente ser verdadeira e, assim, chegar (se alguma coisa ainda resta) à certeza. Note que ele não está buscando meramente certeza *psicológica*. Muitas pessoas estão convencidas de diversas coisas (talvez de que Deus existe), embora não possam dar quaisquer razões para pensar que são verdadeiras, mas esse não é o tipo de certeza que ajudará a evitar o erro (dado que algo que é psicologicamente certo pode ainda ser falso). Em vez disso, ele está procurando um tipo de certeza que garante a verdade: crenças para as quais há uma razão *conclusiva*.

> **③**
> Em vez de escrutinar crenças individualmente, Descartes propõe examinar os *fundamentos* sobre os quais categorias inteiras de crenças repousam; a primeira categoria desse tipo, discutida nos parágrafos seguintes, é a das crenças justificadas pela experiência sensória. (A ideia de um *fundamento* para a crença ou o conhecimento faz apelo a uma metáfora arquitetônica – pense sobre a analogia entre erigir uma construção e a cognição que ela sugere.)

Diversos anos se passaram agora, desde que primeiramente percebi o quão numerosas eram as falsas opiniões que eu, na minha juventude, tomei por verdadeiras e, assim, o quão duvidosas foram todas aquelas que eu, subsequentemente, construi por sobre elas. **①** Então, percebi que uma vez em minha vida eu tinha de derrubar por terra todas as coisas e começar novamente desde os fundamentos originais se eu quisesse estabelecer qualquer coisa firme e duradoura nas ciências. No entanto, a tarefa parecia enorme, e eu estava esperando até que atingisse um ponto em minha vida que fosse tão oportuno que nenhum tempo mais apropriado para assumir esses planos de ação suceder-se-ia. Por essa razão, eu prorroguei por tanto tempo que doravante estaria em erro, caso fosse perder o tempo que permanece para executar o projeto, pensando sobre ele. De acordo com isso, eu hoje libertei apropriadamente o meu pensamento de todas as preocupações, assegurei para mim mesmo um período de calma tranquilidade e estou retirando-me em solitude. Finalmente, aplicar-me-ei de forma séria e sem reservas a essa demolição geral das minhas opiniões.

Contudo, para levar isso a termo, não precisarei mostrar que todas as minhas opiniões são falsas, o que talvez seja algo que eu jamais poderia realizar. Todavia, a razão agora me persuade de que eu deveria retirar o meu assentimento não menos cuidadosamente das opiniões que não são completamente certas e indubitáveis do que eu o faria daquelas que são claramente falsas. Por essa razão, bastará para a rejeição de todas essas opiniões se eu encontrar em cada uma delas alguma razão para duvidar. **②** E, portanto, nem preciso passar por cada opinião individualmente, uma tarefa que não teria fim. Em vez disso, já que destruir os fundamentos fará com que tudo o que foi construído sobre eles se desmorone por sua própria conta, atacarei diretamente aqueles princípios que dão suporte a tudo o que foi uma vez crido. **③**

Certamente, tudo o que eu tinha admitido até agora como maximamente verdadeiro eu recebi ou dos sentidos ou através dos sentidos. Entretanto, percebi que os sentidos são, às vezes, enganosos; e é um sinal de prudência jamais depositar a nossa confiança completa naqueles que nos enganaram sequer uma vez.

Embora os sentidos de fato às vezes nos enganem, quando se trata de coisas muito pequenas e distantes, ainda há muitas outras questões acerca das quais simplesmente não se pode duvidar, ainda que sejam derivadas dos mesmíssimos sentidos: por exemplo, que eu estou sentado aqui, próximo ao fogo, vestindo o meu roupão de inverno, que eu estou segurando essa folha de papel nas minhas mãos, e coisas semelhantes. Mas sob quais razões alguém poderia negar que essas mãos e esse corpo inteiro são meus? A menos, talvez, que eu fosse me igualar aos insanos, cujos cérebros são prejudicados por um tal vapor incessante de bile negra que insistem continuamente em dizer que são reis quando são paupérrimos, ou que estão vestidos em robes de cor púrpura quando estão nus, ou que têm cabeças feitas de barro, ou que são cântaros, ou que são feitos de vidro. Porém, tais pessoas são loucas, e eu não pareceria menos doido se eu fosse considerar o comportamento delas como um exemplo para mim mesmo.

Isso tudo estaria bem e em ordem se eu não fosse um homem acostumado a dormir à noite e a experimentar nos meus sonhos as mesmíssimas coisas, ou em uma e outra vez até mesmo coisas menos plausíveis do que essas pessoas insanas fazem quando estão despertas. O quão frequentemente o meu sono noturno persuade-me de coisas costumeiras como estas: que eu estou aqui, vestido no meu roupão, sentado próximo à lareira – quando de fato estou despido na cama!

---

[3] Extraído de *Meditations on First Philosophy*, 3. ed., traduzido por Donald A. Cress (Indianapolis: Hackett, 1993).

Mas exatamente agora os meus olhos estão com certeza bem despertos quando olho atentamente para essa folha de papel. Esta cabeça que estou balançando não está pesada com sono. Eu estendo esta mão consciente e deliberadamente, e eu a sinto. Tais coisas não seriam tão distintas para alguém que está adormecido. Como se eu não me lembrasse de ter sido enganado em outras ocasiões até mesmo por pensamentos semelhantes nos meus sonhos! Na medida em que considero essas questões mais cuidadosamente, vejo com tal clareza que não há sinais definitivos pelos quais distinguir entre estar desperto e estar adormecido. ❹ Como resultado, estou ficando deveras tonto, e essa tontura quase chega a me convencer de que estou dormindo.

Admitamos, então, em função do argumento, que estamos sonhando e que tais particularidades como estas não são verdadeiras: que estamos abrindo os nossos olhos, movendo a nossa cabeça e estendendo as nossas mãos. Talvez nem mesmo tenhamos tais mãos ou algum corpo desse tipo. No entanto, certamente se deve admitir que as coisas vistas durante o sono são, por assim dizer, como imagens pintadas que somente poderiam ter sido produzidas à semelhança de coisas verdadeiras e que, portanto, ao menos essas coisas gerais – olhos, cabeça, mãos e o corpo todo – não são coisas imaginárias, mas são verdadeiras e existem. De fato, quando os próprios pintores desejam representar sereias e sátiros por meio de formas especialmente bizarras, eles não conseguem atribuir-lhes naturezas inteiramente novas. Em vez disso, apenas fundem os membros de diversos animais. Ou, se talvez confeccionam alguma coisa tão inteiramente inovadora que nada como ela jamais foi vista antes (e, portanto, é algo completamente fictício e falso), no mínimo as cores a partir das quais a modelam devem ser verdadeiras. E pelo mesmo artifício, embora mesmo essas coisas gerais – olhos, cabeça, mãos e coisas semelhantes – pudessem ser imaginárias, ainda assim se deve admitir que pelo menos determinadas outras coisas que são de fato mais simples e universais são verdadeiras. É a partir desses componentes, tal como se a partir de cores verdadeiras, que todas aquelas imagens de coisas que estão no nosso pensamento são modeladas, sejam verdadeiras ou falsas. ❺

Essa classe de coisas parece incluir a natureza incorpórea em geral, junto com a sua extensão; a forma das coisas extensas; a sua quantidade, isto é, o seu tamanho e número, bem como o lugar onde elas existem; o tempo através do qual elas perduram, e outros fatores semelhantes.

Portanto, não é impróprio concluir a partir disso que a física, a astronomia, a medicina e todas as outras disciplinas que são dependentes da consideração de coisas compostas são duvidosas e que, por outro lado, a aritmética, a geometria e outras disciplinas afins, que não tratam de nada senão das coisas mais simples e mais gerais e que são indiferentes quanto ao caso de essas coisas existirem ou não existirem de fato, contêm alguma coisa certa e indubitável. Ora, se estou desperto ou adormecido, dois mais três somam cinco e um quadrado não tem mais do que quatro lados. Não parece possível que tais verdades óbvias devam ser sujeitas à suspeita de serem falsas. ❻

Seja como for, encontra-se fixa na minha mente uma certa opinião de longa data, a saber, que existe um Deus que é capaz de fazer qualquer coisa e por quem eu, tal como sou, fui criado. Como eu sei que ele não fez com que não exista terra alguma, nem céus, nem coisa extensa,* nem forma, nem tamanho, nem lugar, e contudo faça com que todas essas coisas pareçam-me existir precisamente como existem agora? Além disso, uma vez que eu julgo que outros, às vezes, cometem erros em matérias que creem que têm o mais perfeito conhecimento, não posso eu, por semelhante modo, ser enganado toda vez que adiciono dois e três ou conto os lados de um quadrado, ou realizo uma operação mesmo mais simples, caso isso possa ser imaginado? No entanto, talvez Deus não tenha desejado que eu fosse enganado dessa maneira, pois diz-se que ele é supremamente bom. Não obstante

---

* N. de T. Isto é, "substância corpórea" ou "corpo". Sobre os significados da expressão em Descartes, em especial o de "substância corpórea em geral" ou "corpo em geral", cf. John Cottingham, *Dicionário Descartes*. Rio de Janeiro: Jorge Zahar Editor, 1995, verbete "corpo", p. 44-45.

---

❹ *Reafirmação/Resumo*

R Este parágrafo contém a razão de Descartes para duvidar dessa primeira categoria de crenças.

❺

R A sugestão é que a criatividade envolvida em sonhos é limitada à recombinação de elementos derivados de algum outro modo. Isso significa que a hipótese do sonho não oferece uma razão para pensar que todas as coisas envolvidas na nossa experiência são equivocadas: os elementos básicos ainda podem ser verdadeiros, mesmo que os modos pelos quais se combinam sejam equivocados.

❻

R Assim, enquanto as ciências que lidam com coisas complexas são postas em questão pela hipótese do sonho, aquelas que lidam com esses elementos mais simples não o são.

Os exemplos que Descartes oferece ao final deste parágrafo sugerem que ele tem em mente pelo menos crenças primariamente justificadas numa base completamente diferente da experiência sensória: crenças *a priori* justificadas por razão ou pensamento racional, e não pela experiência sensória (a qual poderia ser simplesmente um sonho).

7 Comentário

Aqui, tem-se uma questão que se tornará importante, mais tarde, na *Meditação Sexta*: Deus, sendo perfeitamente bom, aparentemente não teria me feito de modo que eu incorresse em erro todo o tempo. O problema é que a bondade de Deus parece incompatível com o meu ato de cometer erros quaisquer, coisa que eu obviamente faço. (Nenhuma resolução da questão é oferecida nesse ponto.)

8

R Aqui está a segunda e muito mais importante razão de Descartes para duvidar de categorias inteiras de crença, uma razão que é muito mais poderosa do que aquela que apela à possibilidade do sonho, porque põe em questão muito mais crenças, incluindo, aparentemente, aquelas (como 2 + 3 = 5) que resultam da razão *a priori*.

PARE Algumas crenças escapam dessa segunda razão para duvidar?

---

isso, se fosse repugnante à sua bondade ter me criado tal que eu fosse enganado todo o tempo, também pareceria estranho àquela mesma bondade permitir que eu fosse enganado mesmo ocasionalmente. Porém, não podemos fazer essa última asserção. **7**

...

De acordo com isso, suporei não um Deus supremamente bondoso, a fonte da verdade, mas, em vez disso, um gênio maligno, supremamente poderoso e esperto, que dirigiu o seu inteiro esforço para me enganar. Considerarei os céus, o ar, a terra, as cores, as formas, os sons e todas as coisas externas como nada sendo senão os embustes enganosos dos meus sonhos, com os quais ele põe armadilhas para a minha credulidade. Considerarei a mim mesmo como não tendo mãos, ou olhos, ou carne, ou sangue, ou quaisquer sentidos, mas como, não obstante isso, falsamente crendo que possuo todas essas coisas. Permanecerei resoluto e firme nessa meditação e, mesmo que não esteja em meu poder conhecer qualquer coisa verdadeira, certamente está em meu poder cuidar resolutamente de retirar o meu assentimento ao que é falso, por mais que esse enganador, seja o quão poderoso, seja o quão esperto possa ser, tenha algum efeito sobre mim. **8** Todavia, esse empreendimento é árduo, e uma certa preguiça me traz de volta ao meu modo de vida costumeiro. Não sou diferente de um prisioneiro que goza de uma liberdade imaginária durante o seu sono, mas, quando mais tarde começa a suspeitar que esteja dormindo, teme ser despertado e despreocupadamente conspira com essas ilusões agradáveis. Exatamente assim recaio do meu próprio acordo às minhas antigas opiniões e temo ser despertado, receando que o despertar laborioso que se segue de um repouso pacífico seja consumido a partir de então não na luz, mas entre as sombras inextricáveis das dificuldades ora trazidas à tona.

MEDITAÇÃO SEGUNDA: ACERCA DA NATUREZA DA MENTE HUMANA: QUE ELA É MAIS BEM-CONHECIDA DO QUE O CORPO

A meditação de ontem lançou-me em tais dúvidas que não mais posso ignorá-las; contudo, falho em ver como elas podem ser resolvidas. É como se eu subitamente tivesse caído num profundo redemoinho: estou sendo tão sacudido por isso que não posso nem tocar o fundo com o meu pé nem nadar até a superfície. No entanto, esforçar-me-ei no meu caminho para cima e tentarei uma vez mais a mesma via pela qual enveredei ontem. Realizarei isso deixando de lado tudo o que admite a menor dúvida, tal como se eu tivesse descoberto que é completamente falso. Permanecerei nesse curso até que eu saiba alguma coisa certa ou, se nada mais houver, até que eu pelo menos saiba por certo que nada é certo. Arquimedes buscou somente um ponto firme e imóvel no intuito de mover a terra inteira de um lugar a outro. Exatamente assim, grandes coisas também devem ser esperadas, se eu for bem-sucedido em encontrar simplesmente uma coisa, não importa o quão pequenina, que seja certa e inabalável.

Portanto, suponho que tudo o que eu vejo é falso. Creio que nada do que a minha memória enganosa representa jamais existiu. Não tenho sentidos, quaisquer que sejam. Corpo, forma, extensão, movimento e lugar são todos quimeras. O que então será verdadeiro? Talvez simplesmente o fato único de que nada é certo.

Mas como eu sei que não há alguma outra coisa, além e acima de todas aquelas coisas que acabei de rever, acerca das quais não há sequer a menor ocasião para dúvida? Não existe algum Deus, ou seja por qual nome eu poderia chamá-lo, que infunde esses mesmos pensamentos em mim? Por que eu pensaria isso, visto que eu mesmo poderia talvez ser o autor desses pensamentos? Não sou eu, então, pelo menos alguma coisa? Eu já neguei que tenho quaisquer sentidos e qualquer corpo. Ainda assim, eu hesito: o que se segue disso? Estou tão amarrado a um corpo e aos sentidos que não posso existir sem eles? Porém, persuadi a mim mesmo de que não há absolutamente nada no mundo: nenhum céu, nenhuma terra, nenhuma mente, nenhuma corpo. É o caso de que também eu não existo? Mas, sem dúvida, eu existia se persuadi a mim mesmo de alguma coisa. Todavia, há um enganador ou outro que é supremamente poderoso, supremamente ardiloso, e que está sempre deliberadamente me enganando. Nesse caso também, se ele está me enganando, não há nenhuma dúvida de que eu existo. E mesmo que ele faça o seu melhor em iludir, ele jamais fará com que eu não seja nada, enquanto eu pensar que sou alguma coisa. Então, depois que tudo tiver sido pesado do modo mais cuidadoso, deve finalmente ser estabelecido que esse pronunciamento "Eu sou, eu existo" é necessariamente verdadeiro toda vez que o enuncio ou o concebo na minha mente. ❾

Contudo, ainda não entendo suficientemente o que eu sou – eu, que agora necessariamente existo. E, assim, desse ponto em diante, devo ser cuidadoso para que eu não confunda, desavisadamente, alguma outra coisa comigo mesmo e, assim, erre naquele item mesmo de conhecimento que reivindico ser o mais certo e evidente de todos. Por isso, meditarei mais uma vez sobre o que eu uma vez acreditei que eu mesmo era antes de ingressar nesses pensamentos. Por essa razão, então, colocarei de lado tudo o que possa ser enfraquecido mesmo no mais ínfimo grau pelos argumentos adiantados, de modo que, ao final, tudo o que permanecer será precisamente somente o que é certo e inabalado.

O que, então, [anteriormente] pensei que eu era? Um homem, naturalmente. Mas o que é um homem? Eu não poderia dizer um "animal racional"? Não, porque nesse caso eu teria de examinar o que "animal" e "racional" significam. E, assim, de uma questão eu escorregaria em outras muitas, mais difíceis. Nem tenho agora tempo livre suficiente que queira perdê-lo em sutilezas desse tipo. Ao invés disso, permito-me focar, aqui, o que veio espontaneamente e naturalmente ao meu pensamento sempre que ponderei sobre o que eu era. Agora, ocorreu a mim, primeiro, que eu tinha uma face, mãos, braços, e esse mecanismo inteiro de membros corpóreos: os mesmíssimos que são discernidos num cadáver e aos quais fiz referência pelo nome de "corpo". Em seguida, ocorreu a mim que ingeria comida, que caminhava por aí, que sentia e pensava várias coisas; essas ações eu costumava atribuir à alma. Porém, quanto ao que essa alma poderia ser, ou eu não pensava sobre ela ou, então, eu a imaginava como um rarefeito sei-lá-o-quê, como um vento, ou um fogo, ou éter que tinha sido infundido nas minhas partes mais grosseiras. Quanto ao corpo, porém, eu não tinha dúvida nenhuma. Pelo contrário, eu estava sob a impressão de que conhecia distintamente a sua natureza. Se eu fosse talvez tentado a descrever essa natureza tal como a concebia na minha mente, eu a teria descrito assim: por "corpo" entendo tudo o que é capaz de ser delimitado por alguma forma, ou ser encerrado num lugar, e de preencher um espaço de modo a excluir dele qualquer outro corpo; de ser percebido pelo tato, pela visão, pela audição, pelo paladar ou pelo odor; de ser movido de diversos modos, não, é claro, por si mesmo, mas por tudo aquilo que se impõe sobre ele. Era a minha opinião que o poder de automovimento, e semelhantemente o de sentir ou o de pensar, de modo algum pertencia à natureza do corpo. De fato, eu antes costumava espantar-me que tais faculdades fossem encontradas em certos corpos.

Mas, agora, o que sou eu quando suponho que há algum enganador supremamente poderoso e, se me for permitido dizer dessa forma, malicioso, que deliberadamente tenta me iludir de todo modo que lhe for possível? Não posso afirmar que tenho ao menos uma pequena medida de todas aquelas coisas que já disse pertencerem à natureza do corpo? Detenho a minha atenção sobre elas, penso sobre elas, revejo-as novamente, mas nada vem à mente. Estou cansado de repetir isso sem propósito. O que dizer sobre aquelas coisas que atribuía à alma? O que dizer sobre ser alimentado ou mover-se para os lados? Dado que eu agora não tenho um corpo, essas coisas nada são senão ficções. O que dizer sobre a sensação? Certamente, também isso não tem lugar sem um corpo; e eu parecia ter sentido nos meus sonhos muitas coisas que, mais tarde, percebi que não tinha sentido. O que dizer sobre o pensamento? Aqui eu faço a minha descoberta: o pensamento existe; ele somente não pode ser separado de mim. Eu sou, eu existo – isso é certo. Mas por quanto tempo? Por tanto tempo quanto eu estou pensando, pois talvez poderia também ocorrer que, se eu interrompesse todo o pensar, eu então deixaria totalmente de existir. Neste momento, não admito nada que não seja necessariamente verdadeiro. Portanto, não sou precisamente nada senão uma coisa pensante, isto é, uma mente, ou intelecto, ou entendimento, ou razão – palavras de cujos significados eu

❾ A intuição aqui é aquela que Descartes expressa mais sucintamente em outra obra (o seu *Discurso sobre o método*) como (em latim) *Cogito ergo sum*, "Penso, logo existo" – em geral, referida simplesmente como o *Cogito*.

PARE Qual exatamente é a alegação que se supõe ser indubitável? Descartes tem razão em pensar que mesmo o gênio maligno é incapaz de enganá-lo sobre a verdade daquela alegação: fazê-lo crer que ela é verdadeira, quando ela é, na realidade, falsa?

❿ Aqui, Descartes está alegando que existem muito mais coisas que estão além da dúvida no mesmo sentido em que a sua própria existência está – portanto, está amplamente expandindo o fundamento da certeza (alegada) sobre o qual ele por fim tentará reconstruir o seu conhecimento. O que são essas demais coisas? Está ele certo em dizer que elas são igualmente indubitáveis, mesmo sendo dada a possibilidade do gênio maligno? (Ver a Questão para Discussão 2.)

era anteriormente ignorante. Não obstante, sou uma coisa verdadeira e sou verdadeiramente existente; porém, que tipo de coisa? Eu já o disse: uma coisa pensante.

O que mais eu sou? Colocarei a minha imaginação em movimento. Não sou aquela concatenação de membros que chamamos de corpo humano. E nem sou tampouco algum ar sutil infuso nesses membros, nem um vento, nem um fogo, nem um vapor, nem um sopro, nem qualquer coisa que eu invento para mim mesmo. Afinal, supus que essas coisas não são nada. A suposição ainda permanece; e, apesar disso, sou alguma coisa. Mas é talvez o caso de que essas mesmas coisas que eu tomo como sendo nada, porque são desconhecidas a mim, não são de fato diferentes daquele "eu" que eu conheço? Isso eu não sei e não discutirei sobre isso agora. Posso fazer um juízo somente sobre as coisas que são conhecidas a mim. Sei que eu existo; pergunto agora quem é esse "eu" que eu conheço? Mais certamente, no sentido estrito, o conhecimento desse "eu" não depende de coisas de cuja existência eu ainda não tenho conhecimento. Portanto, ele não é dependente de qualquer daquelas coisas que simulo na minha imaginação...

Mas o que então eu sou? Uma coisa que pensa. O que é isso? Uma coisa que duvida, entende, afirma, nega, quer, refuta e que também imagina e sente.

De fato, não é questão pequena se todas essas coisas pertencem a mim. Mas por que não deveriam pertencer a mim? Não é exatamente o mesmo "eu" que agora duvida de quase tudo, que, no entanto, entende alguma coisa, que afirma que essa coisa é verdadeira, que nega outras coisas, que deseja saber mais, que deseja não ser enganado, que imagina muitas coisas mesmo contra a sua vontade, que também percebe muitas coisas que parecem vir dos sentidos? O que existe em tudo isso que não é em cada pedacinho tão verdadeiro quanto o fato de que eu existo – mesmo se eu estiver sempre adormecido ou mesmo se o meu criador fizer todos os esforços para me desviar? Qual dessas coisas é distinta do meu pensamento? Qual delas pode ser afirmada ser separada de mim? É tão óbvio que sou eu quem duvida, eu quem entende, eu quem quer, que não há nada por meio do que isso poderia ser explanado mais claramente. Mas, com efeito, é também o mesmo "eu" que imagina; assim, embora talvez, como supus antes, absolutamente nada do que eu imaginava seja verdadeiro, o próprio poder de imaginar realmente ainda existe e constitui uma parte do meu pensamento. Por fim, é esse mesmo "eu" que sente ou que é o conhecedor das coisas corpóreas tal como se através dos sentidos. Por exemplo, eu agora vejo uma luz, ouço um ruído, sinto o calor. Essas coisas são falsas, uma vez que estou dormindo. Contudo, eu certamente pareço, sim, ver, ouvir e sentir o calor. Isso não pode ser falso. Falando propriamente, isso é o que, em mim, é chamado de "sentir". Todavia, precisamente assim tomado, isso não é nada mais do que pensar. ❿

A partir dessas considerações, estou começando a conhecer um pouco melhor o que eu sou. No entanto, ainda parece (e eu não posso resistir de crer nisso) que as coisas corpóreas – cujas imagens são formadas pelo pensamento e que os próprios sentidos examinam – são muito mais distintamente conhecidas do que esse "eu" misterioso que não cai na imaginação. Contudo, seria estranho, de fato, se eu fosse apreender as mesmas coisas que considero como sendo duvidosas, desconhecidas e estranhas a mim, mais distintamente do que o que é verdadeiro, o que é conhecido – do que, em poucas palavras, eu mesmo. Porém, vejo o que está acontecendo: a minha mente adora extraviar-se e ainda não permite a si mesma ficar restrita nos confins da verdade. Assim seja então; deixemos só desta vez que ela tenha rédea solta, de modo que, um pouco mais tarde, quando vier o momento de puxar as rédeas, a mente possa mais prontamente permitir a si mesma ser controlada.

Consideremos aquelas coisas que comumente se acredita como sendo o mais distintamente apreendidas de todas: a saber, os corpos que tocamos e vemos. Não os corpos em geral, pois essas percepções gerais são aptas a ser de certo modo mais confusas, mas um corpo em particular. Tomemos, por exemplo, esse pedaço de cera. Ele foi tirado bem recentemente do favo de mel; ainda não perdeu todo o sabor de mel. Ele retém algo do perfume das flores das quais foi recolhido. A cor, a forma e o tamanho são manifestos. É duro e frio; é fácil de tocar. Se dermos uma batida nele, ele emitirá um som. Em poucas palavras, está presente nele tudo o que parece necessário para tornar possível que um corpo seja conhecido tão distintamente quanto possível. Todavia, perceba que, enquanto estou falando, eu o estou trazendo mais para perto do fogo. Os traços remanescentes do sabor de mel estão desaparecendo; o perfume está sumindo; a cor está mudando; a forma original está modificando-se. O seu tamanho está aumentando; está tornando-se líquido e quente; dificilmente se pode tocá-lo. E agora, quando se lhe der uma batida, ele não mais emite qualquer som. Permanece ainda a mesma cera? Devo confessar que sim; ninguém o nega; ninguém pensa de outra maneira. Assim, o que havia na cera que era apreendido tão distintamente? Certamente, nenhum dos aspectos que atingi por meio dos sentidos, pois tudo o que chegou aos sentidos do paladar, do olfato, da visão, do tato ou da audição agora mudou; contudo, a cera permanece.

Talvez a cera era o que eu agora penso que ela é: a saber, que a cera em si mesma jamais era realmente a doçura do mel, nem a fragrância das flores, nem a brancura, nem a forma, nem o som, mas em vez disso era um corpo que há pouco tempo manifestava-se a mim dessas maneiras e agora o faz de outros modos. Mas o que precisamente é essa coisa que assim imagino? Coloquemos a nossa atenção nisso e vejamos o que permanece depois que tivermos removido tudo o que não pertence à cera: somente que ela é uma coisa extensa, flexível e mutável. Mas o que significa ser flexível e mutável? É o que a minha imaginação mostra que seja: a saber, que este pedaço de cera pode mudar de uma forma redonda para uma forma quadrada, ou desta última para uma forma triangular? Não, em absoluto, pois eu compreendo que a cera é capaz de inúmeras mudanças desse tipo, embora eu seja incapaz de percorrer essas inúmeras mudanças pelo uso da minha imaginação. Portanto, essa percepção não é alcançada pela faculdade da imaginação. O que significa ser extenso? É a extensão desta coisa também desconhecida? Ela se torna maior na cera que está começando a derreter, maior na cera fervente e ainda maior à medida que o calor é aumentado. E eu não julgaria corretamente o que a cera é se eu não acreditasse que ela assume uma variedade ainda maior de dimensões do que eu jamais poderia apreender com a imaginação. Resta-me, então, reconhecer que eu não apreendo o que esta cera é através da imaginação; em vez disso, eu a percebo apenas pela mente. O ponto que estou fazendo refere-se a este pedaço particular de cera, pois o caso da cera em geral é ainda mais claro. Mas o que é este pedaço de cera que é percebido apenas pela mente? Com certeza, é o mesmo pedaço de cera que eu vejo, toco e imagino; em poucas palavras, é o mesmo pedaço de cera que entendo que ele seja desde o começo. Contudo, preciso dar-me conta de que a percepção da cera não é nem uma visão, nem um toque, nem uma imaginação. Nem ela jamais o foi, embora antes parecesse sê-lo; ao contrário, trata-se de uma inspeção da parte da mente apenas. Essa inspeção pode ser imperfeita e confusa, como era antes, ou clara e distinta, como é agora, dependendo de o quão rigorosamente eu dou atenção às coisas nas quais o pedaço de cera consiste.

...

Mas o que eu deveria dizer sobre essa mente, isto é, sobre mim mesmo? Até aqui, eu não admito nenhuma outra coisa ser em mim além e acima da mente. Eu pergunto: o que sou eu que pareço perceber esta cera tão distintamente? Não conheço a mim mesmo não só muito mais verdadeiramente e com maior certeza, mas também muito mais distinta e claramente? Se julgo que a cera existe a partir do fato de que a vejo, a partir desse mesmo fato de que vejo a cera segue-se muito mais evidentemente que eu mesmo existo. Afinal, poderia ocorrer que o que vejo não é verdadeiramente cera. Poderia acontecer que eu não tenho olhos com os quais se possa ver alguma coisa. Porém, é completamente impossível que, enquanto vejo ou penso que vejo (não distingo agora esses dois), eu que penso não seja alguma coisa. Por semelhante modo, se julgo que a cera existe a partir do fato de que a toco, o mesmo resultado se dará novamente, a saber, que eu existo. Se julgo que a cera existe a partir do fato de que eu a imagino, ou por qualquer outra razão, segue-se claramente a mesma coisa. Todavia, o que eu observo com respeito à cera aplica-se a tudo o mais que é exterior a mim. Além disso, se a minha percepção da cera parecesse mais distinta depois que se tornou conhecida a mim

⓫ **R** Descartes utiliza o exemplo da cera para argumentar a favor dessa ideia (a de que mesmo os corpos não são propriamente percebidos pelos sentidos nem pela faculdade da imaginação, mas apenas pelo intelecto).

⓬ **R** Aqui, Descartes resume o principal resultado da *Meditação Segunda*: a pequena quantidade de conhecimento que (supostamente) escapou à dúvida resultante da possibilidade do gênio maligno. Afirmado na primeira pessoa (como é obviamente apropriado), posso saber que estou pensando e também que estou pensando (experimentando, duvidando, refletindo) sobre várias coisas, mas não que existe alguma coisa além de mim mesmo e dos meus próprios estados conscientes.

⓭ **R** Essa é a sugestão de Descartes para uma regra ou um princípio geral que aprende a maneira pela qual a sua crença sobre a sua própria existência escapa à dúvida.
Mas ele está certo sobre isso? "Clareza e distinção" é a razão por que eu não posso duvidar da minha própria existência? De fato, o próprio Descartes procede mostrando que ela não o é, uma vez que ele prossegue questionando se as coisas que são claras e distintas são sempre verdadeiras, embora ele jamais ponha em questão a sua própria existência.

não somente com base na visão ou no toque, mas com base em muitas razões, deve-se admitir o quão mais distintamente eu sou, agora, conhecido a mim mesmo. Não há uma única consideração que possa ajudar na minha percepção da cera ou de qualquer outro corpo que falhe em tornar até mais manifesta a natureza da minha mente. Contudo, existem ainda tantas outras coisas na própria mente, com base nas quais o meu conhecimento dela pode ser tornado mais distinto, que dificilmente parece válido enumerar aquelas coisas que emanam dela a partir do corpo.

Ao fim e ao cabo, retornei naturalmente para onde eu queria estar. Como agora sei que mesmo os corpos não são, propriamente falando, percebidos pelos sentidos ou pela faculdade da imaginação, mas apenas pelo intelecto, ⓫ e que eles não são percebidos por serem tocados ou vistos, mas só por serem entendidos, claramente sei que nada pode ser percebido de forma mais fácil e mais evidente do que a minha própria mente. Todavia, como a tendência de ficar esperando em crenças longamente mantidas não pode ser posta de lado tão rapidamente, quero parar aqui, de modo que, pela amplitude da minha meditação, esse novo conhecimento possa ser impresso na minha memória mais profundamente.

MEDITAÇÃO TERCEIRA:
ACERCA DE DEUS, QUE ELE EXISTE

Fecharei agora os meus olhos, tamparei os meus ouvidos e retirarei todos os meus sentidos. Também apagarei dos meus pensamentos todas as imagens de coisas corpóreas, ou, em vez disso, dado que o último ponto é dificilmente realizável, considerarei essas imagens como vazias, falsas e sem valor. E, na medida em que converso apenas comigo mesmo e olho mais profundamente para dentro de mim mesmo, tentarei tornar-me gradualmente mais conhecido e mais familiar a mim mesmo. Sou uma coisa que pensa, o que significa dizer uma coisa que duvida, afirma, nega, entende algumas poucas coisas, é ignorante de muitas coisas, deixa de querer e também imagina e sente. Como observei anteriormente, embora essas coisas que sinto ou imagino possam talvez não ser nada fora de mim, no entanto estou certo de que esses modos de pensar, que são casos daquilo que chamo de sentir e imaginar, na medida em que são meramente modos de pensar, existem sim dentro de mim.

Nessas poucas palavras, eu revisei todas as coisas que verdadeiramente sei, ou pelo menos o que até aqui percebi que sei. ⓬ Agora, ponderarei mais cuidadosamente para ver se, talvez, podem existir outras coisas pertencendo a mim que, até agora, falhei em notar. Estou certo de que sou uma coisa pensante. Mas eu também não sei, portanto, o que é exigido de mim para estar certo de alguma coisa? Certamente, nesta primeira instância do conhecimento, não há nada senão uma certa percepção clara e distinta do que eu afirmo. Contudo, isso dificilmente seria o bastante para me deixar certo da verdade de uma coisa, se jamais pudesse acontecer que alguma coisa que percebo tão clara e distintamente fosse falsa. E, assim, eu agora pareço capaz de estabelecer, como uma regra geral, que tudo o que eu percebo muito clara e distintamente é verdadeiro. ⓭

Seja como for, admiti antes muitas coisas como totalmente certas e evidentes que, apesar disso, eu descobri mais tarde serem duvidosas. Que tipo de coisas eram essas? Por que a terra, o céu, as estrelas e todas as outras coisas eu percebi por meio dos sentidos. Mas o que se dizia sobre essas coisas que eu percebia claramente? Com certeza, o fato de que as ideias ou os pensamentos dessas coisas estavam pairando diante da minha mente. Contudo, mesmo agora eu não nego que essas ideias encontrem-se em mim. Havia alguma outra coisa que eu costumava afirmar, que, devendo isso à minha tendência habitual de crê-lo, eu costumava pensar que era alguma coisa que percebia claramente, muito embora eu de fato não a percebesse: a saber, que certas coisas existiam fora de mim, coisas das quais aquelas ideias procediam e com as quais aquelas ideias se assemelhavam completamente. Porém, sobre esse ponto eu estava enganado; ou, então, se o meu juízo era um juízo verdadeiro, não era o resultado da força da minha percepção.

O que dizer sobre quando eu considerava alguma coisa muito simples e fácil nas áreas da aritmética ou da geometria, por exemplo, que dois mais três somam cinco e coisas semelhantes? Eu não as intuía pelo menos de modo suficientemente claro, de sorte a afirmá-las como verdadeiras? Na realidade, decidi mais tarde que devo duvidar dessas coisas, mas isso era somente porque ocorria a mim que algum Deus poderia, talvez, ter me dado uma natureza tal que eu pudesse ser enganado mesmo sobre questões que pareciam maximamente evidentes. Todavia, sempre que essa opinião pré-concebida sobre o poder supremo de Deus me ocorre, não posso deixar de admitir que, se ele o desejasse, ser-lhe-ia fácil fazer com que eu errasse, mesmo naquelas questões que penso intuir tão claramente quanto possível com os olhos da mente. ⓮ Por outro lado, sempre que volto a minha atenção àquelas coisas que penso perceber com grande clareza, sou tão completamente persuadido por elas que deixo espontaneamente escapar estas palavras: "que qualquer um que pode assim fazê-lo engane-me; enquanto eu pensar que sou alguma coisa, ele jamais fará com que eu não seja nada. Nem um dia fará com que seja verdade que eu jamais existi, pois é verdade agora que eu de fato existo. Tampouco ele fará com que, talvez, dois mais três possam ser iguais a mais ou menos do que cinco, ou itens semelhantes, em que reconheço uma contradição óbvia". E, com certeza, porque eu não tenho nenhuma razão para pensar que há um Deus que é um enganador (e, naturalmente, eu ainda não sei sequer se existe um Deus), a base para duvidar, dependendo, como é o caso, meramente da hipótese acima, é muito tênue e, por assim dizer, metafísica. Para remover até mesmo essa base para a dúvida, eu deveria, na primeira oportunidade, investigar se existe um Deus e, caso exista, se pode ou não ser um enganador. Se sou ignorante disso, parece que jamais serei capaz de estar completamente certo sobre qualquer outra coisa. ⓯

Entretanto, nesse estágio, a boa ordem parece exigir que eu primeiro agrupe todos os meus pensamentos em certas classes e pergunte em quais delas a verdade ou a falsidade propriamente reside. Alguns desses pensamentos são como imagens de coisas; a esses apenas a palavra "ideia" propriamente se aplica, tal como quando penso num homem, ou numa quimera, ou no céu, ou num anjo, ou em Deus. Além disso, existem outros pensamentos que tomam diferentes formas: por exemplo, quando quero, ou temo, ou afirmo, ou nego, há sempre alguma coisa que eu apreendo como o sujeito do meu pensamento, embora abarque no meu pensamento algo mais do que a semelhança daquela coisa. Alguns desses pensamentos são chamados de volições ou afecções, ao passo que outros são chamados de juízos.

Agora, na medida em que as ideias estão em questão, se elas são consideradas isoladamente e por si mesmas, sem serem referidas a alguma outra coisa, elas não podem, propriamente falando, ser falsas. Se é uma cabra ou uma quimera que estou imaginando, não é menos verdadeiro que imagino uma do que imagino a outra. Além disso, não precisamos temer que exista falsidade na própria vontade ou nas afecções, pois, embora eu possa escolher coisas más ou até mesmo coisas que são absolutamente não existentes, não posso concluir a partir disso que seja uma inverdade que eu de fato escolho essas coisas. Portanto, permanecem somente juízos nos quais devo tomar cuidado de não estar enganado. Agora, o erro principal e mais frequente a ser encontrado nos juízos consiste no fato de que julgo que as ideias que são em mim são semelhantes ou estão em conformidade com certas coisas fora de mim. Obviamente, se eu fosse considerar essas ideias apenas como certos modos do meu pensamento, e não devesse referi-las a nenhuma outra coisa, elas dificilmente poderiam me dar qualquer matéria para o erro. ⓰

Entre essas ideias, algumas me parecem ser inatas, algumas adventícias e algumas produzidas por mim. Entendo o que uma coisa é, o que a verdade é, o que o pensamento é, e pareço ter derivado isso exclusivamente a partir da minha própria natureza. Mas, por exemplo, eu estou agora ouvindo um ruído, ou olhando para o sol, ou sentindo o fogo; até agora julguei que essas coisas procediam de certas coisas fora de mim, e finalmente que sereias, hipogrifos* e coisas semelhantes são feitas por mim. Ou talvez eu possa até mesmo pensar em todas essas ideias como sendo adventícias, ou como

---

* N. de T. Figura animal mitológica, descritível aproximadamente como uma criatura voadora com a cabeça e as asas de uma águia gigante, e o restante do corpo – incluindo as pernas e o rabo – de um cavalo.

⓮ **R** Como Descartes já disse que Deus não nos enganaria dessa maneira, é melhor tomá-lo como estando a falar aqui sobre o gênio maligno.

⓯ Aqui, poderia parecer que Descartes está questionando até mesmo a sua própria existência e seus estados mentais, mas a discussão subsequente mostra que ele não está realmente fazendo isso. (Se estivesse, ele não teria por onde começar na tentativa de provar a existência de Deus.) Assim, a questão parece ser se ele pode aceitar com segurança coisas diferentes da sua própria existência e estados mentais que parecem "claros e distintos" (coisas como 2 + 3 = 5). O gênio maligno poderia enganá-lo sobre tais coisas, de modo que a única maneira de estar certo é provar a existência de Deus (e, dessa forma, a não existência do gênio maligno).

⓰ Assim, Descartes está preocupado se os seus pensamentos *sobre o mundo* são corretos, não se os seus pensamentos *sobre os seus pensamentos* são corretos, visto que (ele alega) jamais poderia estar em erro sobre aqueles.

17 Uma ideia **inata** é uma ideia que está programada numa pessoa já no nascimento (por Deus, na concepção de Descartes). Ideias produzidas por mim são aquelas que eu invento ou que são "fictícias".

PARE O que, então, é uma ideia "adventícia"? Qual é a terceira alternativa além de ser inato ou ser "produzido por mim"?

18 Aqui estão duas razões iniciais para a concepção de que a experiência sensória reflete precisamente a natureza das coisas exteriores.

19 Por "luz natural", Descartes parece querer dizer algo como uma percepção *a priori* de *por que* uma alegação deve ser verdadeira – o tipo de percepção que se reflete na alegação que parece "clara e distinta". O seu ponto é que, embora eu, natural e espontaneamente, creia no que os sentidos parecem me dizer, não há nada nesse caso que me mostre que as alegações em questão devam ser verdadeiras.

Como vimos, o gênio maligno pode aparentemente me enganar, mesmo sobre coisas (diferentes da minha própria existência e dos estados da mente) que parecem ser mostradas pela luz natural ou que parecem claras e distintas (tais como 2 + 3 = 5).

20 Descartes conclui que as duas razões iniciais (ver a Anotação 18) não têm força real.

---

sendo inatas, ou como fabricações, pois ainda não verifiquei claramente a sua verdadeira origem. **17**

Aqui, eu devo investigar particularmente aquelas ideias que acredito serem derivadas de coisas que existem fora de mim. Simplesmente que razão eu tenho para crer que essas ideias se assemelham àquelas coisas? Bem, de fato pareço ter sido ensinado assim pela natureza. Além disso, sei de fato a partir da experiência que essas ideias não dependem da minha vontade, nem por conseguinte de mim mesmo, pois geralmente as observo as mesmo contra a minha vontade. Nesse momento, por exemplo, quer eu queira quer não, sinto o calor. É por essa razão que creio que esse sentimento ou ideia do calor vem a mim a partir de algo diferente de mim mesmo, a saber, do calor do fogo junto ao qual estou sentado. Nada é mais óbvio do que o juízo de que essa coisa está enviando a sua semelhança a mim, ao invés de alguma outra coisa. **18**

Verei agora se essas razões são poderosas o bastante. Quando digo, aqui, "fui ensinado assim pela natureza", tudo o que tenho em mente é que sou levado por um impulso espontâneo a crer nisso, e não que alguma luz da natureza está me mostrando que é verdadeiro. Essas são duas coisas muito diferentes. Ora, tudo o que me é mostrado por essa luz da natureza, por exemplo, que do fato de que duvido segue-se que sou, e assim por diante, não pode de forma alguma ser posto em dúvida. Isso se deve ao fato de que não pode haver nenhuma outra faculdade em que eu possa confiar tanto quanto essa luz e que poderia me ensinar que essas coisas não são verdadeiras. **19**

Contudo, na medida em que estão em questão impulsos naturais, no passado frequentemente julguei a mim mesmo como sendo levado por eles a fazer a escolha mais pobre quando se tratava de uma questão de escolher um bem; e falho em ver por que eu deveria depositar qualquer fé maior neles do que em outras questões.

Além disso, embora essas ideias não dependam da minha vontade, não se segue que elas necessariamente procedam das coisas que existem fora de mim. Assim como esses impulsos sobre os quais falei há pouco parecem ser diferentes da minha vontade, muito embora ocorram em mim, assim também talvez haja em mim alguma outra faculdade, uma faculdade ainda não suficientemente conhecida por mim, que produz essas ideias, como sempre pareceu até agora que as ideias são formadas em mim sem qualquer ajuda das coisas externas quando estou adormecido.

E, finalmente, mesmo se essas ideias procederam de coisas diferentes de mim mesmo, não se segue, portanto, que elas devam assemelhar-se àquelas coisas. Com efeito, parece que com frequência notei uma vasta diferença em muitos aspectos. Por exemplo, encontro em mim duas ideias distintas do sol. Uma ideia é tirada, por assim dizer, dos sentidos. Agora, é essa a ideia que, de todas aquelas que tomo como sendo derivada de fora de mim, mais necessita de inspeção. Por meio dessa ideia, o sol se me aparece deveras pequeno. Porém, há uma outra ideia, derivada do raciocínio astronômico, ou seja, que é produzida a partir de certas noções que são inatas em mim, ou que então é modelada em mim de alguma outra maneira. Através dessa ideia, o sol é mostrado como sendo diversas vezes maior do que a terra. Ambas as ideias certamente não podem assemelhar-se ao mesmo sol existente fora de mim; e a razão me convence de que a ideia que parece ter emanado do próprio sol tão de perto é justamente aquela que menos se assemelha ao sol.

Todos esses pontos demonstram suficientemente que, até aqui, não era um juízo bem-fundado, mas somente um cego impulso que formava a base da minha crença de que as coisas existentes fora de mim enviam a mim ideias ou imagens de si mesmas através dos órgãos dos sentidos ou por algum outro meio. **20**

No entanto, ainda uma outra via me ocorre para investigar se alguma das coisas das quais existem ideias em mim de fato existem fora de mim: na medida em que essas ideias são meramente modos de pensamento, não vejo nenhuma desigualdade entre elas; todas parecem proceder de mim da mesma maneira. Porém, na medida em que uma ideia representa uma coisa, e outra ideia representa outra coisa, é óbvio que elas diferem, sim, muito amplamente uma da outra. Inquestionavelmente, aquelas ideias que exibem substâncias para mim são alguma coisa mais e, se posso assim dizê-lo, contêm dentro de si mesmas mais realidade objetiva do que aquelas que representam apenas modos ou acidentes. Além disso, a ideia que me capacita a entender uma deidade suprema, eterna, infinita, onisciente, onipotente, e o criador de todas as coisas diferentes dele, tem claramente mais realidade objetiva dentro de si do que o têm aquelas ideias através das quais são exibidas substâncias finitas. **21**

Agora, é de fato evidente pela luz da natureza que deve haver ao menos tanta [realidade] na causa eficiente e total quanto há no efeito daquela mesma causa. Por isso, eu pergunto: poderia um efeito obter a sua realidade se não a partir da sua causa? E como poderia a causa dar aquela realidade ao efeito, a menos que também possuísse aquela realidade? Portanto, segue-se que alguma coisa não pode vir a ser a partir do nada, assim como o que é mais perfeito (ou seja, o que contém em si mesmo mais realidade) não pode vir a ser a partir do que é menos perfeito. Contudo, isso é claramente verdadeiro não só para aqueles efeitos cuja realidade é atual ou formal, mas também para as ideias nas quais só a realidade objetiva é considerada. **22**

Por exemplo, não só uma pedra que não existia antes não pode agora começar a existir, a menos que seja produzida por alguma coisa na qual há, formalmente ou eminentemente, tudo o que é na pedra; nem o calor pode ser introduzido num sujeito que ainda não tinha calor, a menos que isso seja feito por alguma coisa que é pelo menos de uma ordem tão perfeita quanto o calor – valendo o mesmo para o restante –, mas é também verdadeiro que não pode haver em mim nenhuma ideia do calor, ou de uma pedra, a menos que seja colocada em mim por alguma causa que tenha pelo menos tanta realidade quanto concebo haver no calor ou na pedra. Embora essa causa não traga nada da sua realidade atual ou formal à minha ideia, não se deveria pensar acerca dessa realidade que ela deva ser menos real. Ao contrário, a natureza de uma ideia é tal que ela não necessita de nenhuma realidade formal diferente do que toma emprestado a partir do meu pensamento, do qual ela é um modo. Todavia, que uma ideia particular contenha isso em oposição àquela realidade objetiva é certamente devido a alguma causa na qual há pelo menos tanta realidade formal quanto há realidade objetiva contida na ideia. Ora, se admitimos que alguma coisa é encontrada na ideia que não havia na sua causa, nesse caso a ideia obtém aquela alguma coisa do nada. Contudo, não importa o quão imperfeito seja um modo de ser como esse, pelo qual uma coisa existe no intelecto objetivamente através de uma ideia, ele certamente não é um nada; portanto, ele não pode obter o seu ser a partir do nada.

Além disso, embora a realidade que estou considerando nas minhas ideias seja meramente realidade objetiva, eu não deveria, nessa acepção, suspeitar que não há nenhuma necessidade para a mesma realidade ser formalmente nas causas dessas ideias, mas que basta para ela ser nelas objetivamente. Assim como o modo objetivo de ser pertence às ideias pela própria natureza delas, também o modo formal de ser pertence às causas das ideias, pelo menos às causas primeiras e preeminentes, por sua própria natureza. Embora uma ideia talvez possa originar-se de outra, nenhum regresso ao infinito é permitido aqui; por fim, alguma ideia primeira deve ser atingida, cuja causa é um tipo de arquétipo que contém formalmente toda a realidade que existe na ideia de modo apenas objetivo. **23**

Portanto, está claro para mim pela luz da natureza que as ideias que são em mim são como imagens que podem facilmente falhar em atingir a perfeição das coisas a partir das quais foram tomadas, mas que não podem conter nada maior ou mais perfeito.

E quanto mais longamente e atentamente examino todos esses pontos, mais claramente e distintamente sei que são verdadeiros. Mas o que devo, em última instância, concluir? Se a realidade objetiva de qualquer das minhas ideias é descoberta como sendo tão grande que estou certo de que a mesma realidade não existia em mim, seja formalmente ou eminentemente,* e que, portanto, eu

---

* N. de T. Uma coisa ou uma realidade está "formalmente" nos objetos que as ideias representam quando se encontra neles tal como é concebida pelo sujeito pensante; uma coisa ou uma realidade está "eminentemente" nos objetos que as ideias representam quando se encontra neles tão amplamente que não se pode dizer que está como tal na ideia ou que é como tal concebida pelo sujeito pensante. Cf. René Descartes, Razões (Objeções e respostas). In: René Descartes, *Discurso do método – As paixões da alma – Meditações – Objeções e respostas*. Coleção Os Pensadores. São Paulo: Nova Cultural, 1991. p. 251s.

---

21 Uma outra abordagem é ver se a alegação de que algumas das minhas ideias correspondem a coisas existentes fora da minha mente pode ser derivada a partir do *conteúdo* delas: o que elas parecem representar ou descrever.

Descartes põe isso em termos da concepção medieval obscura (a nós, de qualquer modo) da *realidade objetiva*: a realidade como um objeto do pensamento. (Assim, por exemplo, o Papai Noel teria "realidade objetiva" quando alguém tivesse um pensamento do Papai Noel.) Nessa concepção, ideias diferentes contêm diferentes graus de realidade objetiva, correspondendo ao grau de *perfeição* do objeto da ideia. Segue-se disso, ele acredita, que a ideia de Deus contém mais realidade objetiva do que qualquer outra ideia.

22 Aqui está o primeiro de dois princípios metafísicos importantes, envolvidos no argumento de Descartes: o princípio de que qualquer causa deve ter pelo menos tanta realidade (deve ser pelo menos tão perfeita) quanto o seu efeito. Ele aplica isso tanto à realidade formal ou atual (a realidade no sentido costumeiro) quanto à realidade objetiva. (Os rótulos "formal" e "objetivo" ferem os nossos ouvidos contemporâneos como terminologicamente às avessas. O que diríamos por "realidade objetiva" é o que Descartes quer dizer por "realidade formal".)

23 Aqui está o segundo princípio metafísico envolvido no argumento de Descartes: qualquer coisa com realidade objetiva deve, em última análise, ser causada por alguma coisa com realidade formal. A partir disso, Descartes pensa que decorre, dado o princípio anterior, que alguma coisa com um grau específico de realidade objetiva deve, em última análise, ser causada por alguma coisa com pelo menos aquele mesmo grau de realidade formal.

PARE Há qualquer plausibilidade nessa alegação? E, ainda mais importante, como Descartes sabe que esses dois princípios metafísicos são verdadeiros? Analise cuidadosamente o que ele diz. Você vê algum problema aqui? (Ver a Questão para Discussão 3.)

mesmo não posso ser a causa da ideia, segue-se então necessariamente que não estou sozinho no mundo, mas que alguma outra coisa, que é a causa dessa ideia, também existe. Contudo, se nenhuma ideia desse tipo for encontrada em mim, não terei nenhum argumento que me deixe certo da existência de qualquer coisa diferente de mim mesmo, pois conscientemente revisei todos esses argumentos e até o momento fui incapaz de encontrar qualquer outro. ㉔

Entre as ideias, em adição àquela que me expõe a mim mesmo (sobre a qual não pode haver nenhuma dificuldade neste ponto), existem outras que representam Deus, coisas corpóreas e inanimadas, anjos, animais e, enfim, outros homens como eu.

No que concerne as ideias que exibem outros homens, ou animais, ou anjos, posso facilmente entender que podem ser modeladas a partir das ideias que tenho de mim mesmo, de coisas corpóreas, e de Deus – mesmo se quaisquer homens (exceto eu mesmo), quaisquer animais e quaisquer anjos existissem no mundo.

Quanto às ideias de coisas corpóreas, não há nada nelas que seja tão grande que pareça incapaz de ter sido originado a partir de mim. Se eu as investigar profundamente e examinar cada uma delas individualmente, do modo como examinei ontem a ideia da cera, observo que existe apenas um pequeno punhado de coisas nelas que percebo clara e distintamente: a saber, tamanho ou extensão em comprimento, largura e profundidade; forma, que surge dos limites da sua extensão; posição, que várias coisas com forma têm uma em relação à outra, e movimento ou alteração na posição. A essas podem ser adicionadas substância, duração e número. Porém, quanto aos itens restantes, tais como luz e cores, sons, odores, sabores, calor, frio e outras qualidades táteis, penso nesses só de uma maneira muito confusa e obscura, na medida em que nem mesmo sei se são verdadeiras ou falsas, isto é, se as ideias que eu tenho deles são ideias de coisas ou ideias de não coisas. ㉕ Embora há pouco tempo tenha notado que a falsidade propriamente dita (ou falsidade "formal") deve ser encontrada somente em juízos, existe, no entanto, um outro tipo de falsidade (chamada de "material"), que é encontrada nas ideias sempre que representam uma não coisa como se ela fosse uma coisa. Por exemplo, as ideias que tenho do calor e do frio ficam tão aquém de ser claras e distintas que não posso dizer a partir delas se o frio é meramente a privação do calor ou se o calor é a privação do frio, ou se ambos são qualidades reais, ou se nenhum o é. E como as ideias podem apenas ser, por assim dizer, a partir de coisas, se é verdade que o frio é meramente a ausência do calor, então uma ideia que representa o frio para mim como algo real e positivo não será inapropriadamente chamada de falsa. O mesmo é válido para outras ideias similares.

Com certeza, não preciso atribuir a essas ideias um autor distinto de mim mesmo. Se elas fossem falsas, ou seja, se tivessem de representar não coisas, sei pela luz da natureza que elas procedem do nada, isto é, não são em mim por nenhuma outra razão senão que aquela uma coisa está faltando na minha natureza e que a minha natureza não é inteiramente perfeita. Se, por outro lado, essas ideias são verdadeiras, nesse caso, porque exibem tão pouca realidade a mim que não posso distingui-la de uma não coisa, não vejo nenhuma razão pela qual elas não podem obter o seu ser a partir de mim.

Quanto ao que é claro e distinto nas ideias de coisas corpóreas, parece que eu poderia ter tomado emprestado alguma dessas a partir da ideia de mim mesmo, a saber, substância, duração, número e tudo o mais que pode ser desse tipo. Por exemplo, penso que uma pedra é uma substância, ou seja, um coisa que é apta a existir em si mesma; semelhantemente, penso que eu também sou uma substância. Apesar do fato de que concebo a mim mesmo como sendo uma coisa pensante, e não uma coisa extensa, ao passo que concebo uma pedra como coisa extensa e não como uma coisa pensante, e portanto existe a maior diversidade entre esses dois conceitos, eles parecem concordar um com o outro, não obstante isso, quando considerados sob a rubrica de substância. Além disso, percebo que eu agora existo e lembro-me que existi anteriormente por algum tempo. E tenho vários pensamentos e sei quantos deles existem. É ao fazer essas coisas que adquiro as ideias de duração e número, as quais posso então aplicar a outras coisas. Entretanto, nenhum dos outros componentes a partir dos quais as ideias de coisas corpóreas

---

㉔ Assim, a questão se torna se tenho alguma ideia da qual eu mesmo, de acordo com o princípio anterior, não poderia ser a causa. Se assim se dá, posso saber, com base nisso, que alguma coisa fora de mim existe.

㉕ Descartes tem em mente ao menos aproximadamente a distinção entre qualidades **primárias** e **secundárias** (sobre as quais Locke terá muito mais a dizer).

são modeladas (a saber, extensão, forma, posição e movimento) estão contidos em mim formalmente, uma vez que sou meramente uma coisa pensante. Porém, uma vez que esses são apenas certos modos de uma substância, ao passo que sou uma substância, parece possível que estejam contidos em mim eminentemente.

Assim, permanece somente a ideia de Deus. Devo considerar se há alguma coisa nessa ideia que poderia não ter se originado de mim. **26** Entendo pelo nome "Deus" uma certa substância que é infinita, independente, supremamente inteligente e supremamente poderosa, que me criou junto com tudo o mais que existe – se qualquer outra coisa existe. De fato, todas essas são tais que, quanto mais cuidadosamente ponho a minha atenção sobre elas, o menos possível parece que pudessem ter surgido de mim apenas. Logo, a partir do que foi dito, devo concluir que Deus necessariamente existe.

Embora a ideia de substância exista em mim em virtude do fato de que sou uma substância, esse fato não é suficiente para explicar o fato de que possuo a ideia de uma substância infinita, visto que sou finito, a menos que essa ideia procedesse de alguma substância que realmente fosse infinita.

Nem deveria eu pensar que não percebo o infinito por meio de uma ideia verdadeira, mas só através de uma negação do finito, assim como percebo repouso e escuridão por meio de uma negação de movimento e luz. Pelo contrário, entendo claramente que há mais realidade numa substância infinita do que há numa finita. Portanto, a percepção do infinito é de algum modo anterior em mim à percepção do finito, isto é, a minha percepção de Deus é anterior à minha percepção de mim mesmo. Como eu entenderia que duvido e que desejo, ou seja, que careço de alguma coisa e que não sou totalmente perfeito, a menos que houvesse alguma ideia em mim de um ente mais perfeito em comparação com o qual eu poderia reconhecer os meus defeitos? **27**

...

Talvez eu seja alguma coisa maior do que eu mesmo entenda. Talvez, todas essas perfeições que estou atribuindo a Deus existam potencialmente de algum modo em mim, de sorte que ainda não façam valer a si mesmas e ainda não estejam atualizadas. Agora observo que o meu conhecimento está gradualmente sendo aumentado e não vejo nada que obstrua o caminho de ele ser aumentado mais e mais, até o infinito. Além disso, não vejo nenhuma razão pelo qual, com o meu conhecimento assim aumentado, eu não poderia adquirir todas as perfeições remanescentes de Deus. E, finalmente, se o potencial para essas perfeições já está em mim, não vejo nenhuma razão por que esse potencial não seria suficiente para produzir a ideia dessas perfeições.

Contudo, nenhuma dessas coisas pode ser o caso. Primeiro, embora seja verdadeiro que o meu conhecimento está gradualmente sendo aumentado e que existem potencialmente muitas coisas em mim que ainda não são reais, nenhuma delas pertence à ideia de Deus, na qual não há coisa alguma que seja potencial. Com efeito, esse aumento gradual é ele mesmo um prova certíssima de imperfeição. Além disso, ainda que o meu conhecimento possa sempre aumentar cada vez mais, eu entendo que esse conhecimento jamais será, por esse meio, realmente infinito, porque jamais atingirá um ponto no qual é incapaz de maior aumento. Pelo contrário, julgo que Deus é realmente infinito, de modo que nada pode ser adicionado à sua perfeição...

Nem pode alguém imaginar que talvez diversas causas parciais concorreram para trazer-me à existência e que tomei as ideias das várias perfeições que atribuo a Deus a partir de uma variedade de causas, de modo que todas essas perfeições são encontradas em algum lugar no universo, mas não estão todas conjugadas num único ente – Deus. Pelo contrário, a unidade, a simplicidade, isto é, a inseparabilidade de todas aquelas características que são em Deus é uma das principais perfeições que entendo existirem nele. Certamente, a ideia da unidade de todas as suas perfeições não poderia ter sido colocada em mim por qualquer causa a partir da qual eu também não obtivesse as ideias das outras perfeições, pois tampouco poderia alguma causa ter-me feito entendê-las conjugadas e inseparáveis umas das outras, a menos que ela também fizesse com que eu reconhecesse o que elas eram.

... Realmente, não tenho escolha senão concluir que o mero fato da minha existência e o existir em mim de uma

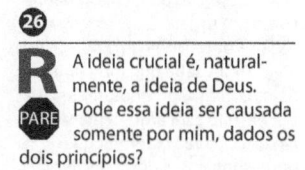

26
R A ideia crucial é, naturalmente, a ideia de Deus. Pode essa ideia ser causada somente por mim, dados os dois princípios?

27
R Uma razão para pensar que eu não posso ser a causa da minha ideia de Deus é que ela envolve a propriedade da infinitude, e eu sou apenas finito. Descartes considera a resposta de que a ideia da infinitude é somente a negação da ideia do finito e alega que, pelo contrário, a ideia da infinitude ou de um ente infinito vem primeiro.

(28)

R O resultado que se supõe decorrer dos ingredientes já discutidos finalmente emerge aqui: só um Deus genuinamente existente poderia ser a causa da ideia cartesiana de Deus. E, uma vez que Descartes sabe que Deus existe, ele pode confiar que as suas ideias claras e distintas são verdadeiras. O restante da *Meditação Terceira* procura responder a várias objeções ao seu argumento como um todo.

Contudo, há uma objeção mais séria que foi levantada pelos contemporâneos de Descartes: ele não está argumentando em um círculo ao admitir que pode confiar nos dois princípios metafísicos antes de estabelecer que Deus existe? (Ver a Questão para Discussão 3)

(29)

R Aqui, Descartes refere-se às três opções mencionadas no ponto no texto em que ocorre a Anotação 17.

(30)

R Isso equivale à alegação de que a percepção clara e distinta é pelo menos um bom critério para o que é *possível*.

(31)

R Chegamos agora à questão principal: a experiência sensória produz qualquer boa razão para pensar que os corpos materiais exteriores existem?

ideia de um ente maximamente perfeito, ou seja, Deus, demonstram do modo mais evidente que Deus também existe. **(28)**

Tudo o que permanece para mim é perguntar, agora, como eu recebi essa ideia de Deus. Ora, eu não a tiro dos sentidos; ela jamais veio a mim inesperadamente, como é normalmente o caso com as ideias de coisas sensíveis, quando essas coisas apresentam a si mesmas (ou parecem apresentar a si mesmas) aos órgãos sensórios externos. Tampouco foi ela feita por mim, pois manifestamente não posso nem subtrair qualquer coisa dela nem adicionar-lhe qualquer coisa. Portanto, a única opção que permanece é que essa ideia é inata em mim, assim como a ideia de mim mesmo é inata em mim. **(29)**

Com certeza, não é surpreendente que, ao criar-me, Deus tivesse me dotado com essa ideia, de modo que seria como a marca do artífice impressa na sua obra, embora essa marca não precise ser alguma coisa distinta da própria obra. Porém, o mero fato de que Deus me criou torna altamente plausível que eu tenha, de algum modo, sido feito à sua imagem e semelhança e que eu percebo essa semelhança, na qual a ideia de Deus está contida, por meio da mesma faculdade pela qual percebo a mim mesmo. Isto é, quando volto o olho da mente em direção a mim mesmo, entendo não apenas que sou alguma coisa incompleta e dependente de outra, alguma coisa aspirando indefinidamente a coisas maiores e maiores, ou melhores, mas também que o ente de quem dependo tem em si mesmo todas aquelas coisas maiores – não meramente de modo indefinido e potencial, mas de modo infinito e atual, e assim, pois, que ele é Deus. A força total do argumento repousa no fato de que reconheço que seria impossível para eu existir, sendo de tal natureza como sou (a saber, tendo em mim a ideia de Deus), a menos que Deus de fato existisse. Deus, digo, aquele mesmo ser cuja ideia é em mim: um ente tendo todas aquelas perfeições que não posso compreender, mas que posso de algum modo tocar com o meu pensamento, e um ente que não é sujeito a defeitos quaisquer que sejam. A partir dessas considerações, é bastante óbvio que ele não pode ser um enganador, pois é manifesto pela luz da natureza que toda fraude e engano dependem de algum defeito.

Todavia, antes de examinar essa ideia mais de perto e, ao mesmo tempo, investigar outras verdades que podem ser reunidas a partir dela, quero nesse ponto gastar algum tempo contemplando esse Deus, ponderar sobre os seus atributos e, até o ponto ao qual o olho da minha mente obscurecida pode levar-me, quero mirar, admirar e adorar a beleza dessa imensa luz. Assim como creio por fé que a maior felicidade da próxima vida consiste unicamente nessa contemplação da majestade divina, assim também experimentamos agora que, da mesma contemplação, embora ela seja muito menos perfeita, o maior prazer do qual somos capazes nessa vida pode ser percebido.

...

MEDITAÇÃO SEXTA:
ACERCA DA EXISTÊNCIA DAS COISAS MATERIAIS E DA DISTINÇÃO REAL ENTRE MENTE E CORPO

Resta-me examinar se as coisas materiais existem. De fato, agora sei que elas podem existir, ao menos na medida em que são o objeto da matemática pura, dado que eu as percebo clara e distintamente. Sem dúvida, Deus é capaz de produzir tudo o que sou capaz de perceber dessa maneira. E jamais julguei que Deus fosse incapaz de alguma coisa, exceto quando isso era incompatível com a minha percepção distinta. **(30)**...

...

No entanto, estou acostumado a imaginar muitas outras coisas, além e acima daquela natureza corpórea que é o objeto da matemática pura, tais como cores, sons, sabores, dor e coisas semelhantes, ainda que não tão distintamente. E percebo melhor essas coisas por meio dos sentidos, a partir dos quais, com a ajuda da memória, elas parecem ter chegado à imaginação. Assim, pois, eu... devo ver se posso obter algum argumento confiável para a existência das coisas corpóreas a partir daquelas coisas que são percebidas pelo modo de pensar que chamo de "sentido". **(31)**

Antes de tudo, por certo, revisarei aqui todas as coisas em que anteriormente acreditei como sendo verdadeiras, porque as tinha percebido por meio dos sentidos, e as causas que tinha para pensar isso. Em seguida, avaliarei as causas pelas quais, mais tarde, eu as coloquei em dúvida. Finalmente, considerarei o que, agora, devo crer sobre essas coisas.

Assim, primeiramente, senti que tinha uma cabeça, mãos, pés e outros membros que faziam parte desse corpo que eu via como parte de mim, ou talvez inclusive como o todo de mim. Sentia que esse corpo era encontrado entre muitos outros corpos, pelos quais o meu corpo pode ser afetado de diversos modos benéficos ou prejudiciais. Eu media o que era oportuno por meio de uma certa sensação de prazer e o que era inoportuno por uma sensação de dor. Em adição à dor e ao prazer, também sentia dentro de mim fome, sede e outros apetites afins, bem como certas tendências corpóreas para a alegria, a tristeza, a ira e outros afetos desse tipo. E externamente, além de extensão, formas e movimentos de corpos, também sentia a sua dureza, o seu calor e outras qualidades táteis. Também sentia a luz, as cores, os odores, os gostos e os sons, na base de cuja variedade eu distinguia o céu, a terra, os mares e os outros corpos uns dos outros. Agora, dadas as ideias de todas essas qualidades que se apresentavam ao meu pensamento e que eram tudo o que eu propriamente e imediatamente sentia, era ainda certamente não sem razão que pensava que sentia coisas que eram manifestamente diferentes do meu pensamento, a saber, os corpos a partir dos quais essas ideias procediam. Eu sabia por experiência que essas ideias vinham a mim totalmente sem o meu consentimento, na medida em que, seja como eu o desejasse, não podia sentir qualquer objeto, a menos que ele estivesse presente a um órgão sensório. Nem poderia falhar em senti-lo quando ele estivesse presente. E, dado que as ideias percebidas pelos sentidos eram muito mais vívidas e explícitas, e até mesmo, da sua própria maneira, mais distintas do que qualquer uma daquelas que eu deliberada e reconhecidamente formava através de meditação ou que encontrava impressas na minha memória, parecia impossível que elas viessem de mim mesmo. Logo, a alternativa restante era que elas vinham de outras coisas. Visto que eu não tinha nenhum conhecimento de tais coisas exceto a partir daquelas mesmas ideias, eu não podia deixar de acolher o pensamento de que elas eram semelhantes àquelas ideias. **32**

Além disso, eu também recordava que o uso dos sentidos precedia o uso da razão. E, dado que eu via que as ideias que eu mesmo modelava não eram tão explícitas quanto aquelas que percebia através da faculdade dos sentidos, e eram na sua maior parte compostas de partes da última, eu facilmente me convencia de que não tinha absolutamente nenhuma ideia no intelecto que não tinha anteriormente na faculdade sensória. Nem sem razão julgava que esse corpo, que por um certo direito especial chamava de "meu", pertence mais a mim do que pertencia a qualquer outro. Ora, eu jamais poderia ser separado dele da mesma maneira em que poderia ser de outros corpos. Eu percebia todos os apetites e sentimentos nele e por causa dele. Finalmente, notava dor e excitamento prazeroso nas suas partes, mas não em outros corpos exteriores a ele. Todavia, por que deveria uma certa tristeza de espírito surgir de uma sensação ou outra de dor? E por que deveria uma certa exaltação surgir de uma sensação de excitação? Ou por que deveria aquela contração peculiar no estômago, que chamo de fome, advertir-me a tomar alguma coisa para comer? Ou por que deveria a secura na garganta advertir-me a tomar alguma coisa para beber, e assim por diante? Eu claramente não tinha nenhuma outra explanação além de que eu tinha sido ensinado dessa maneira pela natureza. Não há nenhuma afinidade, qualquer que seja, ao menos nenhuma da qual eu esteja consciente, entre essa contração no estômago e a vontade de ter alguma coisa para comer, ou entre a sensação de alguma coisa que me cause dor e o pensamento de tristeza que surge dessa sensação. Contudo, a natureza também parece ter-me ensinado tudo o mais que eu julgava acerca dos objetos dos sentidos, pois eu já tinha me convencido de que esse era o modo como as coisas eram, anteriormente à minha avaliação de qualquer dos argumentos que poderiam prová-lo. **33**

Posteriormente, contudo, muitas experiências gradualmente enfraqueceram qualquer fé que eu tinha nos sentidos. Torres que, de longe, tinham parecido redondas ocasionalmente pareciam quadradas em distâncias curtas. Estátuas muito grandes montadas sobre os seus

32

R Essa é uma das razões mencionadas anteriormente, no ponto do texto em que a Anotação 20 ocorre. É também uma daquelas às quais Locke recorre (na seleção seguinte), na sua tentativa de argumentar, sem qualquer apelo a Deus, a favor da existência dos objetos materiais correspondentes à experiência sensória.

33

R Este parágrafo descreve a fé anterior de Descartes nos seus sentidos. Ele fez muitas suposições sobre a existência de corpos e a acurácia das crenças baseadas nas suas experiências sensórias, mas reconhece que não tinha razões ou argumentos para a correção dessas suposições.

PARE Pense sobre esta questão: de qual razão você dispõe para pensar que a crença que você tem exatamente agora de que há um livro físico na sua frente (uma crença baseada na sua experiência sensória visual) é verdadeira?

pedestais não pareciam grandes para alguém olhando para elas ao nível do solo. E, em incontáveis outras instâncias, eu determinava que os juízos em matérias dos sentidos externos estavam em erro... A essas causas para dúvida eu recentemente adicionara duas bastante gerais. A primeira era que tudo o que eu jamais pensava que sentia enquanto desperto eu poderia crer que também às vezes sentia enquanto dormindo e, dado que não creio que o que pareço sentir nos meus sonhos vem a mim das coisas exteriores a mim, eu não via nenhuma razão pela qual deveria manter essa crença sobre aquelas coisas que pareço estar sentindo enquanto desperto. A segunda era que, como eu ainda estava ignorante sobre o autor da minha origem (ou pelo menos fingia estar ignorante disso), não via nada para evitar que eu tivesse sido de tal modo constituído pela natureza que devesse estar enganado mesmo sobre o que me parecia sumamente verdadeiro. ㉞

Quanto aos argumentos que costumavam convencer-me da verdade das coisas sensíveis, não encontrava nenhuma dificuldade em responder a eles. Uma vez que eu parecia levado pela natureza para muitas coisas sobre as quais a razão tentava dissuadir-me, eu não pensava que o que fora ensinado pela natureza merecia muita credibilidade. E muito embora as percepções dos sentidos não dependessem da minha vontade, não pensava que devemos, portanto, concluir que elas advinham de coisas distintas de mim, dado que, talvez, haja alguma faculdade em mim, que ainda me é desconhecida, que produz essas percepções.

Porém, agora, tendo começado a ter um conhecimento melhor de mim mesmo e do autor da minha origem, sou da opinião de que não devo admitir apressadamente tudo o que pareço derivar dos sentidos; tampouco, por essa questão, deveria pôr todas as coisas em dúvida.

Primeiramente, sei que todas as coisas que entendo clara e distintamente podem ser feitas por Deus tal como as entendo. Por essa razão, a minha habilidade de entender clara e distintamente uma coisa sem outra basta para me deixar certo de que uma coisa é diferente da outra, uma vez que elas podem ser separadas uma da outra, ao menos por Deus. A questão sobre que tipo de poder poderia efetuar tal separação não é relevante para o seu ser pensado como sendo diferentes. Por essa razão, do fato de que eu sei que existo, e que ao mesmo tempo julgo que obviamente nenhuma outra coisa pertence à minha natureza ou essência exceto que sou uma coisa que pensa, concluo corretamente que a minha essência consiste inteiramente no meu ser uma coisa pensante. E embora, talvez (ou melhor, seguramente, como direi em breve), eu tenha um corpo que é muito estreitamente ligado a mim, contudo, porque por um lado eu tenho uma ideia clara e distinta de mim mesmo, na medida em que sou meramente uma coisa pensante e não uma coisa extensa, e porque por outro lado tenho uma ideia distinta de um corpo, na medida em que ele é meramente uma coisa extensa e não uma coisa pensante, é certo que sou realmente distinto do meu corpo e posso existir sem ele. ㉟

Além disso, encontro em mim mesmo faculdades para certos modos especiais de pensar, a saber, as faculdades de imaginar e sentir. Posso clara e distintamente entender a mim mesmo na minha inteireza sem essas faculdades, mas não vice-versa: não posso entendê-las clara e distintamente sem mim, isto é, sem uma substância dotada de entendimento na qual elas inerem, pois elas incluem um ato de entender no seu conceito formal. Assim, pois, percebo-as como sendo distintas de mim tal como modos de uma coisa... Agora, existe claramente em mim uma faculdade passiva de sentir, isto é, uma faculdade para receber e conhecer as ideias das coisas sensíveis; porém, não poderia usá-la a menos que também existisse, seja em mim ou em alguma outra coisa, uma certa faculdade ativa de produzir ou trazer a termo essas ideias. Contudo, essa faculdade certamente não pode ser em mim, dado que ela claramente não pressupõe nenhum ato de entendimento, e essas ideias são produzidas sem a minha cooperação e, muitas vezes, mesmo contra a minha vontade. Portanto, a única alternativa é que ela é em alguma substância diferente de mim, contendo, seja formalmente ou no mais alto grau, toda a realidade que existe objetivamente nas ideias produzidas por aquela faculdade, tal como há pouco apontei. Portanto, essa substância é ou um corpo, ou seja, uma natureza corpórea, que contém formalmente tudo o que está contido

---

㉞ **R** Esta é uma alusão ao gênio maligno.

㉟ **R** Aqui está um argumento para a conclusão de que uma pessoa (a sua mente) é distinta do seu corpo. (Ver a Questão para Discussão 4.)

objetivamente nas ideias, ou então ela é Deus, ou alguma outra criatura mais nobre do que um corpo, que contém, no mais alto grau, tudo o que está contido objetivamente nas ideias. Todavia, dado que Deus não é um enganador, é patentemente óbvio que ele não me envia essas ideias seja imediatamente por ele mesmo, ou através da mediação de alguma criatura que contém a realidade objetiva dessas ideias, não formalmente, mas apenas eminentemente. Visto que Deus não me concedeu nenhuma faculdade, qualquer que seja, para fazer essa determinação, mas antes me deu uma grande inclinação para crer que essas ideias originam-se de coisas corpóreas, falho em ver como Deus poderia ser entendido como não sendo um enganador se essas ideias fossem originar-se de uma fonte outra que as coisas corpóreas. E, consequentemente, as coisas corpóreas existem. No entanto, talvez nem todos os corpos existam exatamente como eu os apreendo pelos sentidos, dado que essa apreensão sensória é, em muitos casos, demasiado obscura e confusa. Contudo, ao menos eles de fato contêm tudo o que eu clara e distintamente entendo – isto é, tudo o que, considerado em sentido geral, está contido no objeto da matemática pura. **36**

No que diz respeito às questões remanescentes, que são ou meramente particulares (por exemplo, que o sol é de tal tamanho ou forma, e assim por diante) ou menos claramente entendidas (por exemplo, luz, som, dor e coisas semelhantes), muito embora esses assuntos sejam muito duvidosos e incertos, no entanto o fato de que Deus não é um enganador (e, portanto, nenhuma falsidade pode ser encontrada nas minhas opiniões, a menos que haja também em mim uma faculdade dada por Deus para o propósito de retificar essa falsidade) oferece-me uma esperança definitiva de alcançar a verdade mesmo nessas questões. E certamente não há nenhuma dúvida de que tudo o que sou ensinado pela natureza tem em si alguma verdade; ora, por "natureza", tomada de maneira geral, não entendo nenhuma outra coisa que Deus ou a rede ordenada de coisas criadas que foi instituída por Deus. Por minha própria natureza particular não entendo outra coisa que a combinação de todas as coisas outorgadas a mim por Deus.

Não há nada que essa natureza me ensine mais explicitamente do que o fato de que tenho um corpo que está mal disposto quando sinto dor, que precisa de comida e bebida quando sofro de fome ou sede, e assim por diante. Portanto, eu não deveria duvidar que haja alguma verdade nisso.

Por meio dessas sensações de dor, fome, sede, e assim por diante, a natureza também me ensina não apenas que estou presente em meu corpo tal como um navegante está presente num navio, mas que estou ligado do modo mais justo e, por assim dizer, misturado com ele, de tal maneira que eu e o corpo constituímos uma única coisa. Se este não fosse o caso, então eu, que sou somente uma coisa pensante, não sentiria dor quando o corpo é ferido; em vez disso, eu perceberia o machucado por meio do intelecto puro, assim como um navegante percebe pela visão se algo no seu navio está quebrado. E, quando o corpo está em necessidade de comida ou bebida, eu deveria entender isso explicitamente, em vez de ter sensações confusas de fome e de sede. Sem dúvida, essas sensações de sede, fome, dor, e assim por diante, são certos modos confusos de pensar que surgem da união e, por assim dizer, da mistura da mente com o corpo. **37**

Além disso, também sou ensinado pela natureza que vários outros corpos existem em torno do meu corpo, alguns dos quais devem ser buscados, enquanto outros devem ser evitados. E, por certo, do fato de que sinto uma ampla variedade de cores, sons, odores, gostos, níveis de calor e graus de dureza, e coisas semelhantes, concluo corretamente que nos corpos dos quais procedem essas diferentes percepções dos sentidos existem diferenças correspondentes às diferentes percepções – ainda que, talvez, a últimas não se assemelhem às anteriores. E do fato de que algumas dessas percepções são agradáveis, enquanto outras são desagradáveis, é manifestamente certo que o meu corpo, ou melhor, o meu eu todo, na medida em que sou constituído de um corpo e de uma mente, pode ser afetado por vários corpos benéficos e prejudiciais na vizinhança.

Certamente, existem muitas outras coisas que pareço ter sido ensinado pela natureza; no entanto, não foi realmente a natureza que as ensinou a mim, mas um certo hábito de fazer juízos descuidados. E, por isso, poderia acontecer facilmente

36

R Aqui, finalmente, está a principal razão de Descartes para pensar que existem coisas exteriores: as minhas ideias sensórias das coisas exteriores não podem ser produzidas por mim, porque são involuntárias, e a faculdade que as produz não é uma parte essencial da minha natureza como uma coisa pensante. Portanto, elas devem ser produzidas por alguma outra coisa, e Deus seria um enganador se dispusesse as coisas de tal modo que essas ideias fossem produzidas por algo diferente das coisas. Contudo, Deus não é um enganador (uma vez que o engano seria uma imperfeição). Portanto, as coisas exteriores devem existir – embora não necessariamente com todos os traços específicos que experimento. (Ver a Questão para Discussão 5.)

37

R Aqui está o relato de Descartes da relação entre a sua mente e o seu corpo; elas são duas coisas distintas (**substâncias**), mas estão intricadamente conectadas uma com a outra.

(38) Aqui, Descartes lista vários tipos de juízos equivocados que as suas experiências sensórias tentam-no a fazer. Locke e Berkeley terão mais a dizer sobre essas matérias nas seleções seguintes.

(39) A concepção de Descartes é que as percepções específicas dos sentidos não deveriam ser tomadas como revelando a natureza atual dos objetos externos, mas somente como um guia para quais coisas são úteis ou prejudiciais. A sensação de calor não descreve qualquer propriedade que realmente está no fogo, mas, não obstante isso, adverte-nos a não chegar muito perto dele. Assim, o fato de que as pessoas que não pensam cuidadosamente sobre tais assuntos são às vezes induzidas ao erro não mostra que Deus é um enganador.

(40) Há ainda um problema, contudo, já que a nossa experiência sensória, às vezes, nos induz ao erro mesmo no que diz respeito a quais coisas são benéficas ou prejudiciais.

que esses juízos sejam falsos: por exemplo, que qualquer espaço onde não há absolutamente nada acontecendo para mover os meus sentidos é vazio; ou que há alguma coisa num corpo quente que possui uma semelhança exata com a ideia do calor que existe em mim; ou que num corpo branco ou verde há a mesma brancura ou verdura que eu sinto; ou que num corpo amargo ou doce há o mesmo gosto, e assim por diante; ou que as estrelas e as torres e quaisquer outros corpos distantes têm o mesmo tamanho e forma que apresentam aos meus sentidos, e outras coisas desse tipo. **(38)** ... é essa natureza que me ensina a evitar as coisas que produzem uma sensação de dor e a buscar as coisas que produzem uma sensação de prazer, e assim por diante. Todavia, não parece que a natureza ensina-nos a concluir, além dessas, qualquer coisa dessas percepções sensórias a menos que o intelecto tenha primeiramente conduzido a sua própria investigação acerca das coisas externas a nós. Parece pertencer exclusivamente à mente, e não ao composto de mente e corpo, conhecer a verdade nessas matérias. Assim, embora uma estrela afete o meu olho não mais do que o faz a chama de uma pequena tocha, não há nenhuma tendência real ou positiva no meu olho para crer que a estrela não é maior do que a chama. Contudo, desde a minha juventude, fiz esse juízo sem qualquer razão para fazê-lo. E embora eu sinta o calor à medida que me coloco mais perto do fogo, e também sinta dor ao colocar-me demasiado próximo a ele, não há um único argumento que me persuada de que há alguma coisa no fogo semelhante àquele calor e nem mais do que àquela dor. Ao contrário, estou convencido apenas de que há alguma coisa naquele fogo, independentemente do que se revela ser ao final, que causa em nós aquelas sensações de calor ou dor. E embora possa não haver nada em dado espaço que mova os sentidos, não se segue, portanto, que não haja nenhum corpo nele. Porém, vejo que nessas e em muitas outras instâncias tenho tido o hábito de subverter a ordem da natureza. Admito fazer uso das percepções dos sentidos (que são propriamente dadas pela natureza só para significar à mente quais coisas são úteis ou prejudiciais ao composto do qual ela é uma parte e, nessa medida, elas são claras e distintas o bastante) como regras confiáveis para discernir imediatamente qual é a essência dos corpos localizados fora de nós. Contudo, elas nada significam sobre isso senão de forma bastante obscura e confusa. **(39)**

Já examinei em detalhes suficientes como poderia acontecer de que os meus juízos são falsos, apesar da bondade de Deus. No entanto, uma nova dificuldade ergue-se agora acerca daquelas mesmas coisas que a natureza mostra-me que são ou bem a ser buscadas ou a ser evitadas, bem como as sensações internas, nas quais pareço ter detectado erros, como, por exemplo, quando alguém é iludido pelo sabor agradável de uma comida a ingerir o veneno escondido dentro dela. Nesse caso, entretanto, ele é movido pela natureza somente a desejar a coisa na qual o gosto agradável é encontrado, mas não a desejar o veneno, do qual, obviamente, não tem consciência. Posso apenas concluir que essa natureza não é onisciente. Isso não é extraordinário, uma vez que o homem é uma coisa limitada, e, por conseguinte, só o que é de perfeição limitada encaixa-se nele.

Porém, não raras vezes erramos mesmo naquelas coisas às quais nos impele a natureza. Tome-se, por exemplo, o caso daqueles que estão doentes e que desejam comida ou bebida que lhe serão, logo em seguida, prejudiciais... Portanto, resta inquirir, aqui, como a bondade de Deus não impede a "natureza", assim considerada, de ser enganosa. **(40)**

Agora, a minha primeira observação aqui é que há uma grande diferença entre uma mente e um corpo, no sentido de que um corpo, por sua própria natureza, é sempre divisível. Por outro lado, a mente é totalmente indivisível, pois, quando considero a mente, isto é, a mim mesmo, na medida em que sou somente uma coisa pensante, não posso distinguir quaisquer partes dentro de mim; ao contrário, entendo a mim mesmo como sendo manifestamente uma coisa completa. Embora a mente inteira pareça estar unida ao corpo inteiro, caso um pé ou um braço ou qualquer outra parte do corpo tivessem de ser amputados, sei que nada foi tirado da mente nessa acepção. Nem podem as faculdades de querer, sentir, entender, e assim por diante, ser chamadas de "partes" da mente, dado que é uma e a mesma mente que quer, sente e entende. Por outro lado, não há coisa corpórea ou extensa na qual posso pensar que eu não possa facilmente no meu pensamento dividir em partes e, dessa maneira, entendo que ele é divisível. Essa consideração por si só bastaria para me ensinar que a mente é totalmente diversa do corpo, caso eu ainda não a tivesse conhecido bem o bastante de algum outro modo. **41**

A minha segunda observação é que a minha mente não é imediatamente afetada por todas as partes do corpo, mas apenas pelo cérebro, ou talvez mesmo por uma pequena parte do cérebro apenas, a saber, por aquela parte onde se diz que o senso "comum" reside. Sempre que essa parte do cérebro está disposta da mesma maneira, ela apresenta a mesma coisa à mente, ainda que as outras partes do corpo sejam capazes enquanto isso de ser relacionadas de diversas maneiras. Experimentos incontáveis mostram isso, nenhum dos quais precisa ser revisto aqui.

A minha próxima observação é que a natureza do corpo é tal que, sempre que qualquer das suas partes pode ser movida por uma outra parte a certa distância, ela pode também ser movida da mesma maneira por qualquer das partes que residem entre elas, ainda que essa parte mais distante não esteja fazendo nada. Por exemplo, na corda ABCD, se a parte final D é puxada, a primeira parte A seria movida exatamente da mesma forma como poderia ser se uma das partes intermediárias B ou C fossem puxadas, enquanto a parte final D permanecesse imóvel. Semelhantemente, quando sinto uma dor no meu pé, a física ensina-me que essa sensação teve lugar por meio dos nervos distribuídos através do meu pé, tal como cordas esticadas que se estendem desde o pé por todo o caminho até o cérebro. Quando esses nervos são puxados no pé, eles também puxam nas partes internas do cérebro às quais eles se estendem e produzem nelas um certo movimento. Esse movimento foi constituído pela natureza de modo a afetar a mente com uma sensação de dor, tal como se ela ocorresse no pé. Porém, como esses nervos precisam passar através da canela, da coxa, dos quadris, das costas e do pescoço para chegar do pé até o cérebro, pode acontecer que, embora não seja a parte no pé, mas apenas uma das partes intermediárias que está sendo afetada, o mesmo movimento ocorrerá no cérebro que ocorreria se o pé estivesse seriamente ferido. O resultado inevitável será que a mente sente a mesma dor. Tal opinião deveria ser válida para qualquer outra sensação.

A minha observação final é que, como qualquer movimento que ocorre naquela parte do cérebro que afeta imediatamente a mente produz somente uma sensação nele, não consigo pensar em nenhum arranjo melhor do que dizer que ele produz a sensação que, de todas aquelas que é capaz de produzir, está mais especialmente e mais frequentemente conduzindo à conservação de um homem saudável. Além disso, a experiência mostra que todas as sensações concedidas a nós pela natureza são desse tipo. Portanto, não há absolutamente nada a ser encontrado nelas que não dê testemunho do poder e da bondade de Deus. Por exemplo, quando os nervos no pé são agitados de um modo violento e incomum, esse movimento estende-se através da medula da espinha até os pontos internos do cérebro, onde ele dá à mente o sinal para sentir alguma coisa, a saber, a dor tal como se ela ocorresse no pé. Isso provoca a mente a fazer o seu máximo para livrar-se da causa da dor, uma vez que ela é vista como prejudicial ao pé. No entanto, a natureza do homem poderia ter sido de tal modo constituída por Deus que esse mesmo movimento no cérebro poderia ter indicado alguma outra coisa para a mente: por exemplo, o próprio movimento, tal como ele ocorre no cérebro, ou no pé, ou em alguma parte entre eles, ou alguma outra coisa inteiramente diferente. Contudo, nenhuma outra coisa teria servido tão bem à conservação do corpo. Semelhantemente, quando necessitamos de alguma coisa para beber, uma certa secura surge na garganta que move os nervos na garganta e, por meio deles, as partes interiores do cérebro. E esse movimento afeta a mente com uma sensação de sede, porque nessa questão toda nada é mais útil que saibamos do que o fato de que necessitamos de alguma coisa para beber, no intuito de conservar a nossa saúde; o mesmo é válido para os outros casos.

A partir dessas considerações, é absolutamente manifesto que, não obstante a imensa bondade de Deus, a natureza do homem, na medida em que é composta de mente e corpo, não pode evitar estar

41 R Como uma parte da sua explanação do fato de que a nossa natureza é passível de erros desse último tipo, Descartes argumenta, outra vez, que a sua mente é distinta do seu corpo, agora apelando às propriedades de divisibilidade e indivisibilidade. (Ver a Questão para Discussão 4.)

às vezes enganada. Se alguma causa, não no pé, mas em alguma outra parte através da qual os nervos estendem-se desde o pé até o cérebro, ou talvez no próprio cérebro, fosse produzir o mesmo movimento que normalmente seria produzido por um pé gravemente ferido, a dor será sentida tal como se fosse no pé, e os sentidos serão naturalmente enganados. Dado que um movimento idêntico no cérebro pode apenas produzir uma sensação idêntica na mente, e é mais comum o caso de que esse movimento costuma surgir em função de uma causa que prejudica o pé do que em função de uma outra coisa existente alhures, é razoável que o movimento deveria sempre mostrar a dor à mente como alguma coisa que pertence ao pé, e não a alguma outra parte. E se a secura na garganta não surge, como é normal, porque tomar alguma coisa para beber contribui para a saúde do corpo, mas a partir de uma causa contrária, como acontece no caso de alguém com gota, nesse caso seria muito melhor que ela nos enganasse naquela ocasião do que se ela sempre fosse enganosa quando o corpo goza de boa saúde. O mesmo é válido para os outros casos. ㊷

Essa consideração é de máximo auxílio, não somente para que eu perceba todos os erros dos quais a minha natureza é passível, mas também para capacitar-me a corrigi-los ou a evitá-los sem dificuldade. Por certo, sei que todos os sentidos estabelecem o que é verdadeiro mais frequentemente do que o que é falso acerca do que concerne ao bem-estar do corpo. Além disso, praticamente sempre posso fazer uso de diversos deles, no intuito de examinar a mesma coisa. Além disso, posso fazer uso da minha memória, que conecta acontecimentos correntes com acontecimentos passados, e do meu intelecto, que agora examinou todas as causas do erro. Portanto, eu não deveria mais temer que aquelas coisas que me são diariamente mostradas pelos sentidos sejam falsas. Pelo contrário, as dúvidas hiperbólicas dos últimos poucos dias deveriam ser rejeitadas como ridículas. Isso se dirige especialmente à razão principal para duvidar, que lidava com a minha falha em distinguir estar adormecido de estar desperto. Agora eu percebo que há uma diferença considerável entre esses dois; os sonhos jamais são ligados pela memória com todas as outras ações da vida, tal como é o caso com aquelas ações que ocorrem quando alguém está desperto. Certamente, se, enquanto estou acordado, alguém aparecesse subitamente para mim e, então, imediatamente desaparecesse, tal como ocorre em sonhos, de modo que eu não visse nem de onde veio nem para onde foi, não é sem razão que julgaria que se trata de um fantasma ou de um espírito invocado no meu cérebro, em vez de um homem verdadeiro. Porém, quando essas coisas acontecem, e percebo distintamente de onde elas vieram, onde estão agora e quando vêm a mim, e quando conecto a minha percepção delas, sem interrupção, com o restante inteiro da minha vida, estou claramente certo de que essas percepções aconteceram a mim não enquanto eu estava sonhando, mas enquanto eu estava desperto. ㊸

Nem deveria eu ter sequer a menor dúvida com respeito à verdade dessas coisas se, tendo reunido todos os sentidos, em adição à minha memória e ao meu intelecto, no intuito de examiná-los, nada me é passado por uma dessas fontes que conflite com as outras. Ora, do fato de que Deus não é nenhum enganador segue-se que não estou de modo algum enganado nessas questões. No entanto, como a necessidade de voltar aos afazeres nem sempre nos permite o tempo livre para tal investigação cuidadosa, devemos confessar que a vida do homem está apta a cometer erros sobre coisas particulares, e devemos reconhecer a fraqueza da nossa natureza.

㊷ R Os parágrafos precedentes contêm a explanação de Descartes acerca de por que os tipos de equívocos quanto ao que é desejável ou prejudicial, que resultam de vários tipos de condições anormais, não contam contra a bondade de Deus ou mostram que ele é um enganador.

㊸ R E aqui, finalmente, está uma resposta à preocupação acerca do sonho. PARE Como Descartes pensa que a experiência dos sonhos e a da vigília podem ser distinguidas? Está ele certo acerca disso?

Questões para Discussão

1. Descartes finalmente encontra alguma coisa indubitável na *Meditação Segunda*: a sua própria existência. Uma questão sobre isso é se a percepção de Descartes realmente toma a forma de um argumento, tal como sugere a formulação "Penso, portanto sou". Nesse caso, a premissa seria a alegação (na primeira pessoa) "Penso", a partir da qual a conclusão "Existo" é inferida. Há pouca dúvida sobre a cogên-

cia dessa inferência, mas a óbvia questão é por que a própria premissa é justificada. Poderia o gênio maligno me enganar sobre a verdade dessa premissa? Por que sim ou por que não? Ou, talvez, como alguns sugeriram, é um engano pensar absolutamente no *Cogito* como um argumento, em vez de apenas uma percepção unitária? E o que exatamente seria essa percepção?

2. Em adição à alegação de que não pode ser enganado sobre a sua própria existência, Descartes também alega que não pode ser enganado sobre a existência e o conteúdo dos seus estados conscientes da mente específicos. (Ver a Anotação 10.) Esse é um passo crucial, já que muito pouco poderia ser inferido a partir da sua existência somente. Está ele certo em pensar que o gênio maligno não poderia enganá-lo sobre tais coisas? Por que sim ou por que não? (Ao pensar sobre isso, pode ser de auxílio considerar cuidadosamente que forma tal engano assumiria: o que faria o gênio maligno se estivesse tentando enganar-me fazendo-me pensar que eu tinha um estado mental – talvez uma certa experiência sensória – que eu, na realidade, não tinha?)

3. Na *Meditação Terceira*, Descartes tenta provar a existência de Deus no intuito de estabelecer que ele pode seguramente aceitar alegações que lhe parecem ser claras e distintas – o que parece resultar na mesma coisa que alegações reveladas pela "luz da natureza" (ver a Anotação 19). Contudo, para fazer isso, ele tem de apelar a dois princípios metafísicos gerais (ver as Anotações 22 e 23). Como Descartes sabe que esses princípios são verdadeiros? (Atente cuidadosamente para o que ele diz.) Pode ele seguramente aceitar tais princípios nessa base *antes* que tenha provado a existência de Deus? O que isso mostra sobre o principal argumento de Descartes na *Meditação Terceira*: que Deus existe e que, portanto, ele pode confiar nas suas ideias claras e distintas?

4. Descartes oferece dois argumentos para a conclusão de que a sua mente e o seu corpo são duas entidades distintas, uma na passagem junto à Anotação 35 e a segunda na passagem junto à Anotação 41. Formule cada um desses argumentos tão cuidadosamente quanto puder e, então, avalie a sua cogência.

5. Quão convincente é o principal argumento de Descartes para a existência das coisas exteriores (ver a Anotação 36)? Uma questão é se esse argumento realmente gera o tipo de razão *conclusiva* para tais crenças que Descartes está buscando. E uma segunda questão é simplesmente quais conclusões específicas sobre as coisas exteriores podem ser justificadas dessa maneira: chegamos a saber apenas que existem coisas de algum tipo lá fora, ou podemos saber fatos mais específicos sobre a natureza e as propriedades das coisas particulares?

John Locke

Como Descartes, o filósofo inglês John Locke (1632-1704) foi um dos filósofos mais influentes de todos os tempos, fazendo grandes contribuições para a epistemologia, a metafísica e a filosofia política. Locke foi o fundador do movimento filosófico que veio a ser chamado de *empirismo britânico* (que também inclui George Berkeley, David Hume e John Stuart Mill, entre outros). O *Ensaio sobre o entendimento humano* é a sua obra epistemológica e metafísica principal e (como as *Meditações*) um dos livros filosóficos mais amplamente lidos de todos, em todos os tempos, tendo atingido o estatuto tanto de uma obra clássica quanto de um manual amplamente utilizado por estudantes quase imediatamente à sua publicação. (Para mais detalhes acerca da vida deveras intensa de Locke, ver a introdução à seleção extraída do seu *Segundo tratado do governo* no Capítulo 6).

Talvez o termo-chave da epistemologia de Locke seja "ideia". As ideias são consideradas os objetos do entendimento, quando uma pessoa pensa, mas isso não deve ser tomado como significando que pensamos somente *sobre* ideias, e não de alguma maneira sobre vários outros tipos de coisas, a maioria delas externa à mente (incluindo objetos materiais). A concepção de Locke é que as ideias são os objetos *imediatos* da consciência, aquilo que está diretamente diante da mente, mas que essas ideias *representam* outras coisas e, por isso, permitem-nos pensar sobre elas. Desse modo, poderia ser mais claro descrever as ideias como os *veículos* do pensar, os meios pelos quais pensamos sobre outras coisas. Nessa acepção, uma ideia é essencialmente a mesma coisa ou ao menos desempenha o mesmo papel que aquilo a que os filósofos mais recentes referem-se com o termo "conceito": é algo que existe na ou é uma característica da mente e que permite que ela pense sobre algum tipo específico de coisa. (Contudo, Locke também tem ao menos uma tendência a pensar em ideias como algo como quadros ou imagens mentais, e é duvidoso que imagens possam fazer o serviço de explicar o pensamento em geral. Ver a Questão para Discussão 1.)

Com respeito a como a mente adquire ideias, Locke é um proponente profundo do **empirismo conceitual** (ver a introdução a este capítulo). Ele argumenta no Livro I do *Ensaio* (não reproduzido aqui) que não há nenhuma razão para sustentar que quaisquer ideias são **inatas** e oferece no Livro II um relato detalhado da derivação de várias ideias específicas a partir da experiência. (O melhor modo de avaliar a sua concepção geral é pensar cuidadosamente sobre esses exemplos específicos.)

Com respeito ao **empirismo justificatório**, a posição de Locke é mais equívoca. Ainda que o objetivo principal do Livro IV do *Ensaio* seja o de oferecer um relato da justificação do conhecimento que repousa pesadamente na experiência sensória, Locke também sustenta (ainda que não nas partes do livro selecionadas aqui) que há alegações que são justificadas *a priori*, em vez de empiricamente, e que nem todas essas são meramente questões triviais de definição – "verdades insignificantes", como ele as chama. Locke, pois, defende uma visão bastante semelhante àquela de Descartes, afirmando que grande parte do nosso conhecimento é justificado por apelo à experiência, mas que algumas alegações substantivas, não triviais, são justificadas *a priori*. (O fato de ele ser rotulado, via de regra, como um empirista reflete o fato de que a questão sobre a aquisição de ideias ou de conceitos foi formulada tanto antes quanto inicialmente com mais clareza do que a questão sobre a natureza da justificação.)

O foco principal do Livro IV está na questão específica da justificação de alegações sobre o mundo material exterior. É justo dizer que Locke luta poderosamente com essa questão, primeiramente dando uma definição de conhecimento que parece não deixar nenhum lugar para tal conhecimento e, então, gradualmente alterando a sua posição na medida em que prossegue. Essa parte da sua discussão culmina no Capítulo XI do Livro IV, em que Locke tenta argumentar a partir de certas características da nossa experiência para a verdade provável das alegações sobre os objetos materiais que sustentamos com base naquela experiência. Essa é uma visão **realista representativa**, semelhante à tentativa de Descartes na *Meditação Sexta*, mas, diferentemente de Descartes, Locke não invoca a Deus como uma base para a sua solução.

Um Ensaio Sobre o Entendimento Humano[4]

(...) Se fosse adequado incomodar-te com a história deste *Ensaio*, deveria contar-te que cinco ou seis amigos, encontrando-se na minha sala e discursando sobre um assunto muito distante deste, viram-se rapidamente num certo estado, devido às dificuldades que se ergueram de todos os lados. Depois de termos, por um tempo, confundido a nós mesmos, sem chegar a nada mais próximo da solução daquelas dúvidas que nos haviam deixado perplexos, veio aos meus pensamentos que havíamos tomado um curso errado e que, antes que nos colocássemos em investigações daquela natureza, fazia-se necessário examinar as nossas próprias habilidades e ver com quais objetos os nossos entendimentos estavam ou não aptos a lidar (...)

A comunidade de ensino não se encontra, nessa época, sem mestres-construtores, cujos desígnios poderosos, ao avançar as ciências, deixarão monumentos duradouros para a admiração da posteridade; contudo, ninguém deve ter a esperança de ser um *Boyle* ou um *Sydenham*; e, numa época que produz tais mestres como o grande *Huygenius* e o incomparável Sr. *Newton*, junto com alguns outros daquela estirpe, é ambi-

---
[4] Extraído de *An Essay Concerning Human Understanding* (1689).

cioso o bastante estar empregado como um subtrabalhador, limpando um pouco o terreno e removendo um pouco do lixo que se encontra no caminho para o conhecimento. ❶ ...

LIVRO II: DAS IDEIAS

Capítulo I: Das ideias em geral, e o original delas

1. Sendo todo homem ele mesmo consciente de que pensa, e sendo aquilo sobre o que se aplica a sua mente enquanto pensando as *ideias* que lá estão, é dúvida passada que os homens têm, nas suas mentes, diversas *ideias*, como aquelas expressas pelas palavras *brancura, dureza, doçura, pensamento, movimento, homem, elefante, exército, sobriedade* e outras: deve-se investigar, então, em primeiro lugar, como ele chega a elas? (...)

2. Suponhamos, então, a mente como sendo, como dizemos, um papel branco vazio de todos os caracteres, sem quaisquer *ideias*. Como ela vem a se tornar equipada? De onde vem aquele vasto armazém que a imaginação ocupada e ilimitada do homem pintou sobre ela com uma variedade quase sem fim? De onde tem ela todos os materiais da razão e do conhecimento? A isso eu respondo, numa palavra, a partir da *experiência*, na qual todo o nosso conhecimento está fundado e a partir da qual ele mesmo em última instância é derivado. A nossa observação, aplicada seja sobre *os objetos sensíveis externos, seja sobre as operações internas das nossas mentes, percebidas e refletidas por nós*, é aquilo que supre *os nossos entendimentos com todos os materiais do pensamento*. Essas duas são as fontes do conhecimento, a partir de onde todas as *ideias* que nós temos, ou podemos naturalmente ter, de fato se originam. ❷

3. Em primeiro lugar, *os nossos sentidos*, familiarizados com objetos sensíveis particulares, com efeito *trazem à mente* diversas *percepções* distintas das coisas, de acordo com aqueles vários modos em que aqueles objetos de fato as afetam. E assim, pois, chegamos àquelas ideias que temos do *amarelo, branco, calor, frio, macio, duro, amargo, doce,* e todas aquelas que chamamos de qualidades sensíveis... Essa grande fonte da maioria das *ideias* que temos... eu chamo de SENSAÇÃO.

4. Em segundo lugar, a outra fonte a partir da qual a experiência fornece o entendimento com *ideias* é a *percepção das operações das nossas próprias mentes* dentro de nós, na medida em que ela se volta para as *ideias* que obteve; e essas operações, quando a alma vem a refletir e a considerar, fornecem sim o entendimento com um outro conjunto de ideias, as quais não poderiam ser tidas a partir das coisas de fora. E tais coisas são *perceber, pensar, duvidar, crer, raciocinar, conhecer, querer* e todas as diferentes ações da nossa própria mente (...) como chamo a outra de *sensação*, assim chamo essa de REFLEXÃO, sendo as *ideias* que ela fornece aquelas tais apenas como a mente obtém, refletindo sobre as próprias operações dentro de si...

5. O entendimento parece-me não ter o menor lampejo de quaisquer *ideias* que não receba de uma dessas duas fontes. *Os objetos externos abastecem a mente com as* ideias *de qualidades sensíveis*, que são todas aquelas percepções diferentes que eles produzem em nós, e *a mente abastece o entendimento com* ideias *das próprias operações*. ❸

Essas, quando tivermos feito uma abordagem plena delas e dos seus inúmeros modos, combinações e relações, descobriremos que contêm todo o nosso estoque completo de *ideias* e que não temos nada nas nossas mentes que não tenha vindo de um desses dois modos. Examine alguém os próprios pensamentos e busque profundamente no próprio entendimento e, então, deixe que ele me diga se todas as *ideias* originais que ele tem ali são diferentes que dos objetos dos seus *sentidos*, ou das operações da sua mente, consideradas como objetos da sua *reflexão* (...) ❹

Capítulo II: Das ideias simples

1. Quanto melhor entendemos a natureza, a maneira e a extensão do nosso conhecimento, uma coisa deve ser

❶
Nessas duas passagens, temos uma concepção bastante padrão da **epistemologia** e do seu papel: investigar a natureza do próprio entendimento humano (as capacidades cognitivas humanas) e remover os vários tipos de confusões e outros equívocos sobre a cognição que impedem a busca por um conhecimento mais substantivo.

❷
R Aqui está a afirmação inicial, feita por Locke, do empirismo conceitual, a qual ele elaborará no restante do Livro II. A mente é inicialmente "papel branco", em latim *tabula rasa*, e é só através da experiência que ela chega a ter a capacidade de pensar sobre qualquer coisa específica.

❸
R Tente pensar em exemplos de ideias que derivam de cada uma das duas fontes que Locke menciona, especificando em cada caso a experiência a partir da qual Locke alegaria que a ideia é derivada.

❹
R Aqui está o argumento básico do empirismo conceitual: um desafio ao oponente para identificar alguma ideia que não se pode explanar no modo empirista.
PARE (Você deveria tentar fazer isso, no intuito de ver o quão plausível é a alegação de Locke.)

cuidadosamente observada acerca das *ideias* que temos, e isso é que *algumas* delas são *simples* e *algumas* são *complexas*.

(...) A frieza e a dureza que um homem sente num pedaço de gelo são *ideias* tão distintas na mente quanto o cheiro e brancura de uma margarida, ou quanto o gosto do açúcar e o cheiro de uma rosa; e não há nada que possa ser mais óbvio a um homem do que a percepção clara e distinta que ele tem daquelas *ideias* simples, as quais, sendo cada uma em si incomposta, não contém nela nada senão uma concepção ou *uma aparência uniforme* na mente e não é distinguível em diferentes *ideias*.

2. Essas *ideias* simples, o material de todo o nosso conhecimento, são sugeridas e fornecidas à mente apenas por aqueles dois modos acima mencionados, a saber, *sensação* e *reflexão*. Quando o entendimento está, uma vez, suprido com essas *ideias* simples, tem o poder de repetir, comparar e uni-las, mesmo a uma variedade quase infinita, podendo fazer, assim, ao seu prazer novas *ideias* complexas. Porém, não está no poder do mais exaltado gênio ou mais amplo entendimento, por qualquer rapidez ou diversidade de pensamento, *inventar ou moldar uma nova* ideia *simples* na mente, não inserida pelos modos anteriormente mencionados.

Capítulo III:
Das ideias de um sentido

1. Para melhor conceber as *ideias* que recebemos a partir da sensação, não nos pode ser inapropriado considerá-las em referência aos diferentes modos por meio dos quais elas fazem as suas aproximações às nossas mentes e fazem de si mesmas perceptíveis por nós.

Em primeiro lugar, então, existem algumas que vêm às nossas mentes *por um sentido* somente.

Em segundo lugar, há outras que se transportam à nossa mente *por mais sentidos do que um*.

Em terceiro lugar, outras que são obtidas a partir da *reflexão* somente.

Em quarto lugar, há algumas que fazem o seu caminho e são sugeridas à mente *por todos os modos de sensação e reflexão*.

Nós as consideraremos separadamente, sob esses diversos cabeçalhos.

Em primeiro lugar, há *algumas* ideias *que são admitidas somente através de um sentido*, que é peculiarmente adaptado a recebê-las. Assim, luz e cores, como branco, vermelho, amarelo, azul, com os seus inúmeros graus ou tonalidades e misturas, como o verde, o escarlate, o roxo, o verde-mar e o resto, vêm só pelos olhos. Todos os tipos de ruídos, sons e tons, somente pelos ouvidos. Os diversos gostos e cheiros, pelo nariz e pelo palato...

Capítulo V: Das ideias
simples de sentidos diversos

As *ideias* que obtemos por mais do que um sentido são as de *espaço* ou *extensão*, *figura*, *repouso* e *movimento*. Elas tornam perceptíveis as impressões tanto nos olhos quanto no toque; podemos receber e trazer às nossas mentes as *ideias* da extensão, figura, movimento e o repouso dos corpos, tanto pelo ver quanto pelo sentir...

Capítulo VI: Das ideias
simples de reflexão

1. A mente, recebendo a partir de fora as *ideias* mencionadas nos capítulos anteriores, quando ela volta a sua visão para dentro, sobre si mesma, e observa as suas próprias ações sobre aquelas *ideias* que ela tem, toma a partir disso outras *ideias*, que são tão capazes de ser objetos da sua contemplação quanto quaisquer daquelas que ela recebeu a partir de coisas exteriores.

2. As duas grandes e principais ações da mente, que são as mais frequentemente consideradas e que são tão frequentes que todo aquele que quiser pode, nele mesmo, tomar nota delas, são estas duas:

Percepção ou *Pensamento* e
Volição ou *Vontade*

...

**Capítulo VII:
Das ideias simples tanto da sensação quanto da reflexão**

1. Existem outras *ideias* simples que trazem a si mesmas à mente por todos os modos da sensação e da reflexão, por exemplo:

> *Prazer* ou *Deleite* e os seus opostos.
> *Dor* ou *Inquietação.*
> *Poder.*
> *Existência.*
> *Unidade.*

...

7. *Existência* e *unidade* são duas outras *ideias* que são sugeridas ao entendimento por todo objeto de fora e toda *ideia* de dentro. Quando as *ideias* estão nas nossas mentes, nós as consideramos como estando realmente lá, bem como consideramos as coisas como estando em realidade fora de nós, ou seja, que elas existem ou têm *existência*. E tudo o que podemos considerar como uma coisa, seja um ente real ou uma ideia, sugere ao entendimento a *ideia* de *unidade*.

8. *Poder* também é uma outra dessas *ideias* simples que recebemos da *sensação* e da *reflexão*. Observando em nós mesmos que podemos, ao nosso bel-prazer, mover diversas partes dos nossos corpos que estavam em repouso, assim como os efeitos que os corpos naturais são capazes de produzir uns nos outros ocorrendo a todo momento aos nossos sentidos, obtemos nesses dois modos a *ideia* de *poder*. ❺

Capítulo VIII: Algumas considerações posteriores sobre as nossas ideias simples

...

7. Para descobrir a natureza das nossas *ideias*, e para discursar sobre elas de um modo inteligível, será conveniente distingui-las na medida em que são ideias ou percepções nas nossas mentes e na medida em que elas são as modificações da matéria nos corpos que causam tais percepções em nós: que assim nós *não podemos* pensar (como talvez normalmente seja feito) que elas são exatamente as imagens e as *semelhanças* de alguma coisa inerente no sujeito, sendo a maioria daquelas [ideias] da sensação na mente não mais a semelhança de alguma coisa existindo fora de nós do que os nomes que estão por elas são as semelhanças das nossas *ideias*, as quais contudo, na audição, eles são aptos a excitar em nós.

8. Seja o que for que a mente percebe nela mesma, ou é o objeto imediato da percepção, do pensamento ou do entendimento, a isso eu chamo de *ideia*; e o poder de produzir qualquer *ideia* na nossa mente eu chamo de *qualidade* do sujeito dentro do qual está aquele poder. Desse modo, uma bola de neve, tendo o poder de produzir em nós as *ideias* de *branco*, *frio* e *redondo*, os poderes de produzir aquelas *ideias* em nós tal como elas são na bola de neve, eu as chamo de *qualidades*; e, na medida em que elas são sensações ou percepções nos nossos entendimentos, eu as chamo de *ideias*; *ideias* das quais, se eu às vezes falo como sendo nas coisas mesmas, eu deveria ser entendido como querendo dizer aquelas qualidades nos objetos que as produzem em nós. ❻

9. As qualidades assim consideradas nos corpos são:
Em primeiro lugar, tais que são absolutamente inseparáveis do corpo, seja em que estado ele estiver; tais que em todas as alterações e mudanças que ele sofre, podendo toda a força ser utilizada sobre ele, o corpo constantemente [as] mantém; e tais que os sentidos constantemente [as] encontram em toda partícula da matéria que tem volume o suficiente para ser percebida, e a mente descobre [ser] inseparável de toda partícula da matéria, mesmo que menor do que o suficiente para poder fazer-se singularmente percebida pelos nossos sentidos. Por exemplo, tome-se um grão de trigo, divida-se-o em duas partes: cada parte tem ainda *solidez*, *extensão*, *figura* e *mobilidade*; divida-se-o novamente, e ele retém ainda as mesmas qualidades; e assim siga-se dividindo-o, até que as partes tornem-se imperceptíveis: elas devem reter ainda, cada uma delas, todas aquelas qualidades. A divisão (que é tudo o que um moi-

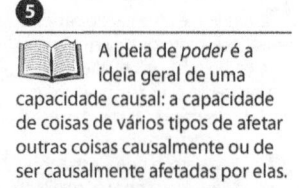

---

❺ A ideia de *poder* é a ideia geral de uma capacidade causal: a capacidade de coisas de vários tipos de afetar outras coisas causalmente ou de ser causalmente afetadas por elas.

❻ Uma *ideia* na mente é uma coisa; a qualidade correspondente num objeto é uma coisa bem diferente. (No princípio da seção 7, e alhures, Locke parece dizer que as ideias têm dois tipos de existência: nas mentes e nos objetos. Porém, tal como ele esclarece, ao falar de ideias "na medida em que elas são as modificações da matéria nos corpos que causam tais percepções", Locke pretende referir-se a qualquer coisa no corpo que causa aquela ideia – sem admitir que isso se encaixa muito estreitamente ao conteúdo da ideia).

❼

📖 **Qualidades primárias** existem genuinamente nos corpos, *assim como as ideias em questão as representam*, com o principal argumento sendo que os corpos são inconcebíveis sem tais qualidades. (Note, aqui, que a solidez é a única qualidade desse tipo que não é essencialmente espacial ou geométrica em caráter.) **Qualidades secundárias** são poderes (capacidades causais) nos corpos capazes de produzir as ideias em nós; esses poderes resultam de "volume, figura, textura e movimento" das "partes insensíveis" dos corpos – isto é, das suas qualidades primárias (compare a lista dessas aqui com a lista original) –, mas a qualidade representada por uma ideia de uma qualidade secundária não existe, *tal como é representada*, no objeto.

❽

R Um terceiro tipo de qualidade é uma capacidade causal no objeto que é representado como tal. Essas qualidades são, além disso, um resultado das qualidades primárias das partes insensíveis do corpo.

😎 (Portanto, o que é estranho e equívoco sobre as qualidades secundárias é que, embora elas, na concepção de Locke, não sejam realmente mais do que poderes, elas são *representadas* tal como se fossem qualidades em igualdade de condições com as qualidades primárias.)

❾

😎 No entanto, uma fonte possível de inquietação, aqui, é que o discurso sobre ideias *assemelhe-se* a qualidades em objetos, algo a que Berkeley objetará fortemente. Pense, aqui, na sua ideia de uma certa forma (diga-se, o ser-quadrado) e num objeto cuja superfície tem a qualidade em questão. É a *semelhança* o modo correto de pensar sobre a relação entre esses dois?

nho, pilão ou qualquer outro corpo faz sobre um outro ao reduzi-lo a partes insensíveis)* jamais pode retirar seja a solidez, a extensão, a figura ou a mobilidade de qualquer corpo, mas somente faz duas ou mais massas de matéria separadas distintas daquilo que anteriormente era só uma; todas essas massas distintas que, contadas como tantos corpos distintos, após a divisão perfazem um certo número. Essas eu chamo de *qualidades originais* ou *primárias* do corpo, as quais penso que podemos observar produzindo *ideias* simples em nós, por exemplo, solidez, extensão, figura, movimento ou repouso e número.

10. Em segundo lugar, aquelas *qualidades* que, em verdade, nada são nos objetos senão poderes para produzir várias sensações em nós pelas suas *qualidades primárias*, isto é, pelo volume, pela figura, pela textura e pelo movimento das suas partes insensíveis, tais como cores, sons, sabores, etc. Essas eu chamo de *qualidades secundárias*. **❼** A essas qualidades poderia ser adicionado um terceiro tipo, em relação ao qual se admite que são apenas poderes, embora sejam qualidades tão reais no sujeito quanto aquelas que eu, para cumprir com o modo comum de falar, chamo de *qualidades*, mas, por distinção, de *qualidades secundárias*. Ora, o poder no fogo de produzir uma nova cor, ou uma consistência na cera ou na argila, por suas qualidades primárias, é tanto uma qualidade no fogo quanto o poder que ele tem de produzir em mim uma nova *ideia* ou sensação de aquecimento ou queimadura, a qual eu não sentia anteriormente, pelas mesmas qualidades primárias, a saber, o volume, a textura e o movimento das suas partes insensíveis. **❽**

...

15. (...) as *ideias de qualidades primárias* de corpos *são semelhanças* deles, e os seus padrões realmente existem nos próprios corpos; contudo, as *ideias*

---

* N. de T. "Insensíveis" (*insensible*) são, neste texto, coisas quaisquer que não podem ser sentidas ou das quais não se pode ter sensação através dos cincos sentidos humanos externos.

produzidas em nós *por* essas *qualidades secundárias não têm nenhuma semelhança* com eles. Não há nada como as nossas *ideias* existindo nos próprios corpos. Elas são, nos corpos que denominamos a partir delas, apenas um poder de produzir aquelas sensações em nós; e o que é doce, azul ou cálido na *ideia* não é senão o volume, a figura e o movimento determinados das partes insensíveis nos corpos mesmos, que nós assim denominamos. **❾**

...

21. Sendo as *ideias*, pois, assim distinguidas e entendidas, podemos ser capazes de oferecer um relato de como a mesma água, ao mesmo tempo, pode produzir a *ideia* de frio, numa mão, e de calor, na outra, ao passo que é impossível que, se aquelas *ideias* realmente fossem nela, a mesma água seria ao mesmo tempo quente e fria. Ora, se imaginamos o *calor* enquanto está *nas nossas mãos* como sendo *apenas um certo tipo e grau de movimento nas partículas ínfimas dos nossos nervos, ou espíritos animais*, podemos entender como é possível que a mesma água possa, ao mesmo tempo, produzir a sensação de calor numa mão e de frio na outra; e isso, contudo, a figura jamais faz, isto é, jamais produzindo a *ideia* de um quadrado numa mão, que produziu a *ideia* de um globo na outra. Porém, se a sensação de calor e frio é apenas o aumento ou a diminuição do movimento das partes ínfimas dos nossos corpos, causados pelos corpúsculos de algum outro corpo, é fácil entender que, se aquele movimento for maior numa mão do que na outra, se um corpo então for aplicado às duas mãos, corpo esse que tem nas suas partículas ínfimas um movimento maior do que naquelas de uma das mãos e um movimento menor do que naquelas da outra mão, ele aumentará o movimento de uma mão e diminuirá o movimento na outra, causando assim as diferentes sensações de calor e de frio que disso dependem. **❿**

...

23. As *qualidades*, então, que existem nos *corpos*, corretamente consideradas, são de *três tipos*:

Em primeiro lugar, o *volume*, *a figura*, *o número*, *a situação* e *o movimento ou repouso* das suas partes sólidas. Essas existem neles, não importa se as percebemos ou não; e quando eles são daquele tamanho que possibilita que as descubramos, temos por essas uma *ideia* da coisa tal como ela é em si mesma, como é manifesto em coisas artificiais. Essas eu chamo de *qualidades primárias*.

Em segundo lugar, o *poder* que existe em algum corpo, por razão das *suas qualidades primárias* insensíveis, de operar segundo uma maneira peculiar sobre qualquer dos nossos sentidos e, a partir disso, *produzir em nós* as *ideias diferentes* de diversas cores, sons, cheiros, gostos, etc. Essas são normalmente chamadas de qualidades sensíveis.

Em terceiro lugar, o *poder* que está em algum corpo, *por* razão da constituição particular das *suas qualidades primárias, para* fazer tal *mudança, no volume, na figura, na textura e no movimento de um outro corpo*, de modo a fazê-lo operar sobre os nossos sentidos diferentemente do que o fez antes. Por exemplo, o sol tem o poder de tornar branca a cera, e o fogo de tornar fluido o chumbo. Esses *são* normalmente chamados de poderes.

As primeiras dessas, como foi dito, penso poderem ser apropriadamente chamadas de *qualidades reais, originais* ou *primárias*, porque existem nas coisas mesmas, sejam elas percebidas ou não, e é das suas diferentes modificações que as qualidades secundárias dependem.

As outras duas são apenas poderes de agir diferentemente sobre outras coisas, cujos poderes resultam das diferentes modificações daquelas qualidades primárias.

...

Capítulo XI: Do discernimento e de outras operações da mente

...

9. Devendo o uso de palavras, então, permanecer como marcas exteriores das nossas *ideias* internas, e sendo aquelas *ideias* tomadas de coisas particulares, se todas as *ideias* particulares que inserimos tivessem um nome distinto, nesse caso os nomes deveriam ser infindos. Para evitar isso, a mente faz com que as *ideias* particulares recebidas de objetos particulares tornem-se gerais; e isso é feito pela consideração delas enquanto existem, na mente, tais aparências, separadas de todas as outras existências e das circunstâncias da existência real, como tempo, lugar, ou quaisquer outras *ideias* concomitantes. Isso é chamado de ABSTRAÇÃO, por meio de que as *ideias* tomadas de entes particulares tornam-se representantes gerais* de tudo o que é do mesmo tipo, e os seus nomes, os nomes gerais, tornam-se aplicáveis a tudo o que existe, conformável a tais *ideias* abstratas. Essas aparências precisas, nuas na mente, sem considerar como, de onde ou com quais outras elas chegaram ali, o entendimento estoca (com nomes comumente anexados a elas) como os padrões para classificar existências reais em tipos, na medida em que elas concordam com esses padrões para *denominá-las* correspondentemente. Assim, a mesma cor que é observada hoje no giz ou na neve, a qual a mente ontem recebeu do leite, a mente considera apenas aquela aparência, fazendo dela um representante de tudo o que é daquele tipo; e, tendo dado a ela o nome de *brancura*, ela, por aquele som, significa a mesma qualidade onde quer que seja imaginada ou encontrada; e assim são feitos os universais, sejam eles *ideias* ou termos. ⑪

(...) as *ideias primeiramente* na mente, é evidente, são aquelas das coisas particulares, a partir das quais, por graus vagarosos, o entendimento procede para algumas poucas [*ideias*] gerais, as quais, sendo tomadas de objetos comuns e familiares dos sentidos, estabelecem-se nas mentes com nomes gerais para elas. Portanto, *ideias* particulares são *primeiramente* recebidas e distinguidas, e assim o conhecimento é obtido sobre elas; e, em seguida a elas, o menos geral ou específico, que são próximos ao particular. Ora, as *ideias* abstratas não são tão óbvias ou

---

* N. de T. No original, *general representatives*.

⑩ Esse exemplo, também utilizado por Berkeley, leva ao **argumento da ilusão**. Para ver esse ponto, imagine que uma das suas mãos esteve previamente na água gelada, e a outra numa água tão quente quanto você consiga aguentar, enquanto a "mesma água" na qual elas estão agora colocadas está morna. Se as experiências em questão fossem apreensões diretas de qualidades reais da água, a discrepância entre elas seria inexplicável. Isso é tomado para mostrar que as qualidades experimentadas diretamente são apenas ideias na mente.

⑪ É a alegada capacidade de abstração que permite que a mente pense em termos gerais ou abstratos. O relato de Locke funciona razoavelmente bem para o exemplo discutido aqui. No que segue, inserimos uma passagem posterior (do Livro IV, Capítulo VII, seção 9), na qual ele discute um exemplo diferente, mais difícil e infelizmente ao que tudo indica mais típico: a ideia abstrata de um triângulo.

⑫ Este é um dos lugares onde Locke parece estar pensando nas ideias como imagens ou figuras mentais.

PARE Com o que se pareceria uma *imagem* abstrata de um triângulo (uma que represente não um tipo particular de triângulo, mas, antes, triângulos em geral)?

⑬ Uma classe particularmente importante de ideias complexas é a de ideias de *substâncias*: tipos concretos de matéria ou de objetos, tais como o chumbo ou um homem. Por "ideia suposta ou confusa de substância", Locke refere-se à ideia subjacente de um *substratum*, no qual todas as várias qualidades pertencentes a um certo tipo de coisa existem, mas que não tem quaisquer qualidades em si mesmo. Esta é uma noção enigmática, a qual Berkeley atacou rapidamente.

⑭ Aqui está a definição inicial de conhecimento, feita por Locke, a qual segue muito naturalmente do relato de operações mentais no parágrafo anterior. Se tudo o que está imediatamente diante da mente são ideias, o que mais pode ser o conhecimento, nesse caso, senão a percepção dos modos nos quais elas concordam ou discordam?

fáceis, para as crianças ou para a mente ainda não exercitada, como o são as particulares. Se elas parecem assim a homens adultos, isso ocorre apenas porque, pelo uso constante e familiar, elas assim se tornam. Quando refletimos de modo justo sobre elas, descobriremos que as *ideias* gerais são ficções e artifícios* da mente que trazem dificuldades consigo e não se oferecem tão facilmente como estamos prontos a imaginar. Por exemplo, não requer alguns esforços e habilidade formar a *ideia geral* de um *triângulo* (que, todavia, não é nenhuma das mais abstratas, compreensivas e difíceis)? Afinal, ele não deve ser nem oblíquo nem retângulo, nem equilátero, nem isósceles, nem escaleno, mas todos e nenhum desses ao mesmo tempo. Com efeito, trata-se de algo imperfeito que não pode existir, uma *ideia* na qual algumas partes de diversas *ideias* diferentes e inconsistentes estão postas juntamente. É verdade que a mente, nesse estado imperfeito, tem necessidade de tais *ideias* e apressa-se a obtê-las para a conveniência da comunicação e a ampliação do conhecimento, para ambas as quais a mente está naturalmente muito inclinada. Contudo, alguém tem razão de suspeitar que tais *ideias* são marcas da nossa imperfeição: ao menos, isso é o bastante para mostrar que as *ideias* mais abstratas e gerais não são aquelas com as quais a mente está *primeiramente* e mais facilmente familiarizada, nem são aquelas com as quais o seu conhecimento mais inicial está acostumado. **⑫**

...

Capítulo XII:
Das ideias complexas

6. ... as *ideias* de *substâncias* são combinações de ideias simples na medida em que são tomadas para representar coisas particulares distintas que subsistem por si mesmas, nas quais a *ideia* suposta ou confusa de substância, tal como ela existe, é sempre a primeira e a principal. Logo, se à substância for ligada à *ideia* simples

---
* N. de T. No original, a expressão *contrivance*, que aparecerá com frequência aqui e em outras seleções do Capítulo 2, também poderia ser traduzida como "tramação", "idealização" ou "invenção engenhosa".

de uma certa cor esbranquiçada opaca, com certos graus de peso, dureza, maleabilidade e fusibilidade, temos a *ideia* de *chumbo*; e uma combinação das *ideias* de um certo tipo de figura, com os poderes de movimento, pensamento e raciocínio, juntadas com substância, formam a *ideia* ordinária de *um homem*. **⑬**

...

LIVRO IV: DO CONHECIMENTO E DA OPINIÃO

Capítulo 1: Do conhecimento em geral

1. Dado que *a mente*, em todos os seus pensamentos e raciocínios, não tem nenhum outro objeto imediato senão as suas próprias *ideias*, que ela somente faz ou contempla, é evidente que o nosso conhecimento somente está *familiarizado* com elas.

2. O *conhecimento*, então, parece-me ser apenas *a percepção da conexão e concordância, ou da discordância e repugnância, de quaisquer das nossas ideias*. Ele consiste tão somente nisso. **⑭** Onde existe essa percepção, ali há conhecimento; e onde ela não existe, embora possamos imaginar, supor ou crer, sempre ficamos, contudo, aquém do conhecimento (...)

3. Contudo, para entender um pouco mais distintamente em que consiste essa concordância ou discordância, penso que podemos reduzir tudo a esses quatro tipos:

1. *Identidade* ou *diversidade*.
2. *Relação*.
3. *Coexistência* ou *conexão necessária*.
4. *Existência real*.

4. *Em primeiro lugar*, quanto ao primeiro tipo de concordância ou discordância, a saber, *identidade* ou *diversidade*, é o primeiro ato da mente, quando ela tem quaisquer sentimentos ou *ideias*, perceber as suas *ideias* e, na medida em que ela as percebe, conhecer de cada uma o que ela é, e portanto também perceber a diferença delas e que uma não é a outra...

5. *Em segundo lugar*, o próximo tipo de concordância ou discordância que a mente percebe em qualquer das suas *ideias* pode, penso eu, ser chamado de *relativo*, e consiste na *percepção da relação entre duas ideias quaisquer*, seja de que tipo, se substâncias, modos, ou quaisquer outras...

6. *Em terceiro lugar*, o terceiro tipo de concordância ou discordância a ser encontrada nas nossas *ideias*, sobre as quais a percepção da mente é empregada, é *coexistência* ou *não coexistência* no mesmo sujeito; e isso diz respeito particularmente a substâncias...

7. *Em quarto lugar*, o quarto e último tipo é aquele da *existência real atual* que concorda com qualquer *ideia*. ⑮ Dentro desses quatro tipos de concordância ou discordância está contido, eu suponho, todo o conhecimento que temos ou somos capazes de ter...

Capítulo II: Dos graus do nosso conhecimento

1. (...) se formos refletir sobre os nossos próprios modos de pensar, descobriremos que, às vezes, a mente percebe a concordância ou a discordância de duas *ideias* imediatamente por si mesmas, sem a intervenção de qualquer outra; e isso, creio eu, podemos chamar de *conhecimento intuitivo*... Assim, a mente percebe que *branco* não é *preto*, que um *círculo* não é um *triângulo*, que *três* são mais do que *dois* e igual a *um mais dois*. Esses tipos de verdades a mente percebe na primeira visão das *ideias* juntas, por pura *intuição*, sem a intervenção de qualquer outra *ideia*; e esse tipo de conhecimento é o mais claro e o mais certo do qual a fragilidade humana é capaz. ⑯

...

2. O próximo grau de conhecimento é aquele no qual a mente percebe a concordância ou a discordância de quaisquer *ideias*, mas não imediatamente... Nesse caso, então, quando a mente não pode de tal modo juntar as suas *ideias* tal como pela sua comparação imediata e, por assim dizer, por justaposição ou aplicação de uma a outra, para perceber a sua concordância ou a sua discordância, é preciso descobrir a concordância ou a discordância que ela busca pela intervenção de outras *ideias* (uma ou mais, como acontece); e isso é o que chamamos de *raciocínio*. Desse modo, estando a mente desejosa de conhecer a concordância ou a discordância em grandeza entre os três ângulos de um triângulo, não pode fazê-lo por uma visão imediata e comparando-os, porque os três ângulos de um triângulo não podem ser trazidos de uma vez e comparados com qualquer um ou com dois ângulos; e, assim, disso a mente não tem nenhum conhecimento imediato, nenhum conhecimento intuitivo. Nesse caso, a mente é obrigada a descobrir alguns outros ângulos com os quais os três ângulos de um triângulo têm uma igualdade e, descobrindo que aqueles são iguais a dois ângulos retos, vem a conhecer a igualdade deles com dois ângulos retos.

3. Aquelas *ideias* de intervenção, que servem para mostrar a concordância de quaisquer duas outras, são chamadas de *provas*; e onde a concordância ou a discordância de modo algum é percebida manifesta e claramente, ela é chamada de *demonstração*: quando algo é *mostrado* ao entendimento e faz-se com que a mente veja que é assim. ⑰

...

14. Essas duas, a saber, a intuição e a demonstração, são os graus do nosso conhecimento; tudo aquilo que fica aquém de um desses, seja com qual segurança for adotada, é apenas fé ou opinião, mas não conhecimento, ao menos no que tange a todas as verdades gerais. Há, de fato, uma outra *percepção* da mente, empregada sobre *a existência particular de entes finitos* fora de nós, que, indo além da mera probabilidade e, todavia, não alcançando perfeitamente a nenhum dos graus precedentes de certeza, passa sob o nome de conhecimento. Não pode haver nada mais certo do que o fato de que a *ideia* que recebemos de um objeto exterior está nas nossas mentes: isso é conhecimento intuitivo. Porém, se há alguma coisa mais do que puramente aquela *ideia* nas nossas mentes, se podemos, então, inferir certamente a existência de qualquer coisa

---

R ⑮ O problema imediato, contudo, é como isso permite o conhecimento de coisas fora da mente, tais como objetos materiais de vários tipos. A primeira tentativa de Locke para resolver esse problema é construir tal conhecimento como uma percepção de um tipo especial de concordância de ideias, uma das quais é a ideia de "existência real atual".

Mas o que significa para essa ideia concordar com as outras ou discordar delas? E por que não fazê-lo mesmo se a coisa em questão não existisse realmente?

⑯ *Conhecimento intuitivo* é a base, na visão de Locke, para o conhecimento de verdades simples, autoevidentes, tais como aquelas enumeradas. Filósofos posteriores as descreverão como *a priori*.

⑰ Um segundo tipo de conhecimento é o *conhecimento demonstrativo*: aquele que resulta de argumentos mais extensos ou de provas nas quais os passos individuais são conhecidos intuitivamente.

fora de nós que corresponda àquela *ideia*, disso decorre que alguns homens pensam que pode haver uma questão feita: porque os homens podem ter tais *ideias* nas suas mentes, mesmo quando nenhuma coisa tal existe, quando nenhum objeto tal afeta os seus sentidos. Contudo, aqui penso que estamos providos com uma evidência que nos faz deixar passar a dúvida: pergunto a qualquer um se ele não está invencivelmente consciente a si mesmo de uma percepção diferente quando olha para o sol durante o dia e pensa sobre ele à noite, quando ele... cheira uma rosa ou somente pensa naquela... fragrância? Nós, manifestamente, encontramos a diferença que há entre qualquer *ideia* revivida em nossas mentes pela nossa própria memória e aquela que realmente entra em nossas mentes pelos nossos sentidos, tal como fazemos com quaisquer duas *ideias* distintas. Se alguém disser que um sonho pode fazer a mesma coisa, e todas essas *ideias* podem ser produzidas em nós sem quaisquer objetos externos, ele pode agradar-se em sonhar que lhe dei essa resposta:

1. que não é uma grande questão se removo a sua hesitação ou não: onde tudo é apenas um sonho, raciocínios e argumentos não têm nenhuma utilidade, verdade e conhecimento não são nada.
2. Que eu creio que ele admitirá uma diferença bastante evidente entre sonhar estar no fogo e estar nele em realidade.

No entanto, se ele estiver resolvido a parecer tão cético a ponto de sustentar que o que chamo de estar em realidade no fogo é apenas um sonho, e que não podemos, portanto, saber com certeza que alguma coisa tal como o fogo em realidade existe fora de nós, respondo que certamente, descobrindo que o prazer ou a dor se segue à aplicação de certos objetos a nós, cuja existência percebemos ou sonhamos que percebemos pelos nossos sentidos, essa certeza é tão grande quanto a nossa felicidade ou miséria, além do que não temos nenhuma preocupação de saber ou ser. De modo que, creio eu, podemos adicionar aos dois tipos anteriores de *conhecimento* também esse da existência de objetos exteriores particulares, por aquela percepção e consciência que temos da entrada real de *ideias* a partir deles, e admitir esses *três graus de conhecimento*, a saber, *intuitivo, demonstrativo e sensitivo*, em cada um dos quais existem diferentes graus e modos de evidência e certeza. ⓲

...

Capítulo IV: Da realidade do conhecimento

1. Eu não duvido, mas o meu leitor, nesse ponto, pode estar disposto a pensar que estive todo esse tempo somente construindo um castelo no ar, tal que está pronto a dizer-me: qual é o propósito de todo esse rebuliço? O conhecimento, dizes, é somente a percepção da concordância ou da discordância das nossas próprias *ideias*, mas quem sabe o que aquelas *ideias* podem ser? Há alguma coisa tão extravagante quanto as imaginações dos cérebros dos homens? Onde está uma cabeça que não tem *quimeras* dentro dela? Ou, se existir um homem sóbrio e um homem sábio, qual diferença haverá, pelas tuas regras, entre o seu conhecimento e aquele da mais extravagante fantasia no mundo?... Se for verdade que todo conhecimento reside só na percepção da concordância ou da discordância das nossas próprias *ideias*, as visões de um entusiasta e os raciocínios de um homem sóbrio estarão igualmente certas...

3. É evidente que a mente tem conhecimento não das coisas imediatamente, mas apenas pela intervenção das *ideias* que tem delas. *O nosso conhecimento*, portanto, *é real* somente na medida em que há uma conformidade entre as nossas *ideias* e a realidade das coisas. Mas qual será aqui o critério? Como a mente, quando não percebe nada senão as próprias *ideias*, pode saber que elas estão em concordância com as próprias coisas? ⓳

...

⓲ Aqui está a segunda tentativa de Locke, e deveras diferente, de explicar o conhecimento de objetos exteriores. Em vez de apelar à concordância de uma ideia da coisa em questão com a ideia de "existência real atual", Locke parece agora apelar ao caráter distintivo das ideias envolvidas na percepção sensória, como em contraste com outras ideias do mesmo objeto que estão envolvidas na memória ou no pensamento.

Contudo, está longe de ser claro no que resulta essa diferença, ou por que ela deveria ser tomada como indicando existência real fora da mente. O nervosismo de Locke acerca desse assunto é mostrado pelo modo como tenta ridicularizar o cético – e também pelo seu dizer que a cognição do tipo em questão "passa sob o nome de conhecimento", o que certamente levanta a questão relativa a se ela *é* de fato conhecimento.

⓳ Aqui, o problema é percebido e afirmado mais claramente: como podemos saber, *via* percepção das nossas ideias, que elas revelam de modo acurado alguma coisa que existe fora das nossas mentes no mundo?

Capítulo XI: Do nosso conhecimento da existência de outras coisas

1. O conhecimento do nosso próprio ser temos por intuição. A existência de um DEUS a razão claramente torna conhecida a nós...

O *conhecimento da existência* de qualquer outra coisa podemos ter somente pela *sensação*: pois, não havendo nenhuma conexão necessária da *existência real* com qualquer *ideia* que um homem tem na sua memória... nenhum homem particular pode saber da *existência* de qualquer outro ser a não ser quando, por operar realmente sobre ele, ele se faz percebido pelo outro. Ora, possuir a *ideia* de qualquer coisa na nossa mente não mais prova a existência daquela coisa do que o retrato de um homem evidencia o seu ser no mundo, ou as visões de um sonho tornam, portanto, uma história verdadeira.

2. É, portanto, o recebimento real de *ideias* a partir de fora que nos dá informação da *existência* de outras coisas e faz-nos saber que alguma coisa de fato existe naquele momento fora de nós, que causa aquela *ideia* em nós, ainda que, talvez, nem saibamos nem consideremos como ela o faz... ⓴

3. *A informação que temos, pelos nossos sentidos, do existir de coisas fora de nós*, ainda que não seja de todo tão certa quanto o nosso conhecimento intuitivo ou as deduções da nossa razão empregada sobre as *ideias* abstratas claras das nossas próprias mentes, é, contudo, uma garantia que *merece o nome de conhecimento*. Se persuadimos a nós mesmos de que as nossas faculdades agem e informam-nos corretamente, no que concerne à existência daqueles objetos que as afetam, isso não pode passar por uma confiança malfundada: penso que ninguém pode, a sério, ser tão cético a ponto de estar incerto da existência daquelas coisas que vê e sente. No mínimo, aquele que consegue duvidar até esse ponto (não importa o que possa ter com os seus próprios pensamentos) jamais terá qualquer controvérsia comigo, dado que jamais pode estar certo de que digo alguma coisa contrária à sua opinião. ㉑

Quanto a mim, creio que DEUS me deu garantia o suficiente da existência de coisas fora de mim, uma vez que, pela diferente aplicação delas, posso produzir em mim mesmo tanto prazer quanto dor, o que constitui uma grande preocupação do meu presente estado. Isto é certo: a confiança de que as nossas faculdades não nos enganam aqui é a maior garantia da qual somos capazes no que concerne à existência de entes materiais (...) Contudo, além da garantia que temos a partir dos nossos próprios sentidos, que eles não erram na informação que nos dão da existência das coisas fora de nós, quando eles são afetados por elas, somos posteriormente confirmados nessa garantia por outras razões concorrentes.

4. *Em primeiro lugar,* é evidente que aquelas percepções são produzidas em nós por causas exteriores e afetam os nossos sentidos, porque *aqueles que carecem dos órgãos de qualquer sentido jamais podem ter as* ideias *pertencentes àquele sentido* produzidas nas suas mentes. Isso é por demais evidente para ser duvidado, e portanto podemos estar assegurados de que elas entram pelos órgãos daquele sentido e de nenhum outro modo. Os próprios órgãos, é evidente, não as produzem: pois, nesse caso, os olhos de um homem na escuridão produziriam cores, e o seu nariz sentiria o cheiro de rosas no inverno; porém, vemos que ninguém obtém o aroma de um abacaxi até que vá às *Índias*, onde ele existe, e prove-o.

5. *Em segundo lugar, às vezes noto que não posso evitar ter aquelas* ideias *produzidas na minha mente*. Embora, quando os meus olhos estão fechados ou as janelas cerradas, eu posso, conforme queira, relembrar à minha mente as *ideias* de *luz* ou do *sol*, que anteriormente as sensações tinham alojado na minha memória, assim também eu posso, ao meu prazer, dispor daquela *ideia* e tomar em minha visão aquela do *cheiro* de uma rosa ou do *gosto* do açúcar. No entanto, se, ao meio-dia, volto os meus olhos para o sol, não posso impedir as *ideias* que a luz ou o sol, então, produz em mim. De maneira que há uma diferença manifesta entre as *ideias* depositadas na minha memória (sobre as quais, se apenas

⓴ Aqui está uma outra tomada sobre a questão de como a existência externa é conhecida: não pela concordância com a ideia da "existência real atual" e não pelo caráter das ideias, tomadas em si mesmas, mas pelo "receber atual" delas "a partir de fora".

Mas como, podemos perguntar, *isso* é conhecido? O que nas nossas ideias revela se elas foram assim "recebidas de fora" ou não – isto é, causadas pelas coisas externas?

㉑ Novamente, Locke mostra a sua incerteza sobre a questão (a garantia em questão "merece o nome de conhecimento") e tenta refutar o cético através de zombaria.

PARE Pense sobre as razões para confiar nos nossos sentidos que são oferecidas neste parágrafo. Algumas delas têm qualquer relevância?

㉒

🛑 Essas quatro razões "concorrentes" para pensar que os nossos sentidos "não erram" são o que de mais próximo Locke chega de um argumento para a verdade de alegações perceptuais sobre o mundo exterior. Pense cuidadosamente sobre elas. Elas têm peso muito desigual, e cada uma delas pode ser considerada sozinha ou em combinação com uma ou com todas as outras. Há um bom argumento, ou ao menos os princípios de um bom argumento, para a tese de que algumas das nossas ideias representam acuradamente os objetos externos que realmente existem? (Ver a Questão para Discussão 5.)

㉓

R Novamente, ele recorre à zombaria do cético.

---

estivessem ali, eu deveria ter constantemente o mesmo poder de dispor delas e estabelecê-las a meu bel-prazer) e aquelas que forçam a si sobre mim e que não posso evitar ter. E, portanto, deve precisar haver alguma causa exterior e o agir enérgico de alguns objetos fora de mim, a cuja eficácia não posso resistir, que produzem aquelas *ideias* na minha mente, não importa se quero ou não. Além disso, não há ninguém que não percebe a diferença, em si mesmo, entre contemplar o sol tal como tem a *ideia* dele na sua memória e olhar realmente para o sol: e dessas duas a sua percepção é tão distinta que poucas das suas *ideias* são mais distinguíveis uma da outra, e, portanto, ele tem conhecimento certo de que não são tanto memória ou as ações da sua mente quanto apenas fantasias dentro dele, mas que o ver real tem uma causa externa.

6. *Em terceiro lugar*, adicione-se a isso que *muitas daquelas* ideias *são produzidas em nós com dor, que posteriormente lembramos sem a menor ofensa*. Por exemplo, a dor do calor ou do frio, quando a *ideia* dela é revivida em nossas mentes, não nos causa nenhum distúrbio, a qual, quando sentida, foi muito incômoda e o é outra vez quando atualmente repetida: e ela é ocasionada pela desordem que o objeto externo causa em nossos corpos quando a ele aplicado; e lembramo-nos da *dor*, da *fome*, da *sede*, ou da *dor de cabeça* sem absolutamente qualquer dor; e essa ou jamais nos causaria distúrbio, ou então constantemente o faz, com tanta frequência quanto pensamos nela, caso não existisse nada mais senão *ideias* flutuando em nossas mentes e aparências entretendo as nossas fantasias, sem a real existência das coisas afetando-nos de fora. O mesmo pode ser dito do prazer que acompanha diversas sensações reais...

7. *Em quarto lugar*, os nossos *sentidos*, em muitos casos, dão *testemunho* da verdade do relato de cada um acerca da existência de coisas sensíveis fora de nós. Aquele que vê um *fogo*, se duvidar que seja alguma coisa mais do que mera fantasia, pode também senti-lo e ser convencido a pôr a sua mão nele. E essa certamente jamais poderia ser posta em tal dor intensa por uma mera *ideia* ou imagem, a menos que a dor seja uma fantasia também: a qual, todavia, quando a queimadura está curada, ele não pode trazer a si novamente, suscitando a *ideia* dela. **㉒**

...

8. Contudo, se depois de tudo isso alguém for tão cético a ponto de desconfiar dos seus sentidos e afirmar que tudo o que vemos e ouvimos, sentimos e degustamos, pensamos e fazemos durante o nosso ser consiste nas sérias e ilusórias aparências de um longo sonho, de onde não há nenhuma realidade, e for, portanto, questionar a existência de todas as coisas ou o nosso conhecimento de qualquer coisa, devo desejar que considere que, se tudo for um sonho, então ele não faz senão sonhar que faz a pergunta, e desse modo não é uma pergunta muito importante que um homem desperto deva responder-lhe. Todavia, se ele quiser, pode sonhar que eu lhe dei essa resposta, que a *certeza* de coisas existentes *in rerum natura*, quando temos *o testemunho dos nossos sentidos* para ela, é não somente *tão grande* quanto a nossa estrutura pode atingi-la, mas *quanto a nossa condição necessita*. Ora, as nossas faculdades, estando aptas não ao pleno alcance de ser, não a um conhecimento perfeito, claro, compreensivo das coisas, livre de toda dúvida e hesitação, mas à nossa preservação, em quem elas são, bem como acomodadas ao usufruto da vida, servem ao nosso propósito de modo suficientemente bom, caso elas nos não nos deem senão a informação certa daquelas coisas que são convenientes ou inconvenientes a nós (...) E se o nosso sonhador quiser testar se o calor brilhante de um material de vidro é meramente uma imaginação passageira na fantasia de um homem sonolento, pondo a sua mão nele, ele pode, talvez, ser despertado numa certeza maior do que poderia desejar de que é alguma coisa mais do que mera imaginação. **㉓** De modo que essa evidência é tão grande quanto podemos desejar, sendo tão certa para nós quanto o nosso prazer ou a nossa dor, isto é, felicidade ou miséria, além da qual não temos nenhuma preocupação, seja a de saber ou a de ser. Tal garantia da existência de coisas fora de nós é suficiente para nos direcionar a atingir o bem e evitar o mal que é causado por elas, que é a preocupação importante que temos de nos tornar familiarizados com elas.

9. Em suma, quando os nossos sentidos trazem de fato aos nossos entendimentos qualquer *ideia*, só podemos ficar satisfeitos de que alguma coisa ali de fato existe naquele momento fora de nós, que de fato afeta os nossos sentidos e por eles dá notícia de si mesma às nossas faculdades apreensivas, produzindo realmente aquela *ideia* que então percebemos. E não podemos até aqui desconfiar do seu testemunho, a ponto de duvidar que tais coleções de *ideias* simples, como observamos pelos nossos sentidos como estando unidas, realmente existem juntas. Porém, *esse conhecimento estende-se até o presente testemunho dos nossos sentidos*, aplicados sobre objetos particulares que, de fato, então, os afetam, *e não além disso*. Se eu visse tal coleção de *ideias* simples que costuma ser chamada de *homem* existindo juntas há um minuto, e estou agora sozinho, não posso estar certo de que o mesmo homem agora existe, uma vez que não há nenhuma conexão necessária da sua existência um minuto atrás com a sua existência agora: por mil modos ele pode cessar de ser, desde que tive o testemunho dos meus sentidos para a sua existência. E, se não posso estar certo de que um homem que eu vi pela última vez hoje existe agora, menos ainda posso estar certo de que é existente caso seja alguém que há mais tempo foi afastado do alcance dos meus sentidos e que não vi desde ontem ou desde o último ano; e muito menos posso estar certo da existência de homens que jamais vi. E, portanto, ainda que seja altamente provável que milhões de homens existem de fato agora, contudo, enquanto estou sozinho, escrevendo isso, não tenho certeza disso que chamamos estritamente de conhecimento: ainda que a grande probabilidade disso deixa a minha dúvida para trás e seja razoável que eu faça diversas coisas na confiança de que existem homens agora no mundo (e homens também de meu conhecimento íntimo, com os quais tenho algum vínculo), isso, porém, é apenas probabilidade, e não conhecimento.

10. De onde, contudo, podemos observar o quanto é coisa tola e vã para um homem de conhecimento estreito que, tendo-lhe a razão concedido julgar a diferente evidência e probabilidade das coisas e ser movido de acordo com isso, o quão *vão*, digo, é *esperar demonstração* e *certeza em coisas incapazes disso*, recusar o assentimento a proposições mui racionais e agir contrariamente a verdades mui claras e manifestas, porque não podem ser tornadas tão evidentes a ponto de sobrepujar a mínima (não direi razão, mas) pretensão de dúvida...

Questões para Discussão

1. Locke frequentemente parece estar pensando nas ideias como imagens ou figuras mentais. Isso de fato significaria que pensar nas coisas é ter uma sequência de tais imagens passando pelas nossas mentes. É essa uma visão adequada da natureza geral do pensamento? Um problema específico é se as imagens como tais, sem que qualquer coisa as acompanhe no modo como uma legenda acompanha uma figura no jornal, realmente fazem alegações que poderiam ser verdadeiras ou falsas.

2. O quão plausível é o relato de Locke, no Livro II, de como adquirimos os nossos diversos conceitos? Pense numa série de exemplos, pergunte o que Locke diria acerca deles e avalie, então, se a sua visão parece correta. Lembre que a questão não é se você consegue encontrar uma experiência à qual a ideia se aplica de algum modo ou que prove um exemplo da ideia, mas antes se todo o conteúdo daquela ideia pode ser encontrado de forma explícita naquela experiência, se a experiência em si mesma é rica o bastante para suprir todo aquele conteúdo. (Aqui estão alguns casos sobre os quais pensar: a ideia do gosto de limão, a ideia de um cachorro [não de algum cachorro particular ou do ladrar de cachorro, mas sim de cachorro

em geral], a ideia de reflexão [à qual Locke apela], a ideia de trunfo [tal como ela figura em vários jogos de cartas], a ideia de um político e a ideia de um elétron.)
3. A distinção entre qualidades primárias e secundárias (no Livro II, Capítulo VIII) é uma distinção que Locke herda de pensadores anteriores, incluindo Descartes, e ele pensa que esta distinção é óbvia o bastante para não precisar de argumento. A tese de Locke, aqui, parece plausível para você? Por exemplo, as formas realmente existem em objetos materiais, enquanto as cores, tal como as experimentamos, existem apenas nas nossas mentes, estando no objeto somente o poder de produzir tal experiência? Você consegue ver qualquer modo de argumentar a favor dessa tese? (Dica: pense no que seria exigido para *explicar* o fato de que temos experiências dessas duas qualidades.)
4. Temos ideias *abstratas*? Há certamente termos abstratos na nossa linguagem e, na teoria de significado de Locke (exposta no Livro III do *Ensaio* – não incluído nas seleções aqui), isso exigiria a existência de ideias abstratas correspondentes, que fornecem o significado de tais termos. Mas tais ideias realmente existem? Pense primeiramente na construção delas como imagens, considerando vários casos. Isso funciona? Se não funciona, você consegue pensar em alguma alternativa para a concepção de imagem que ainda explicaria o pensamento abstrato?
5. Reconsidere as quatro razões de Locke para pensar que os nossos sentidos "não erram", apresentadas no Capítulo XI do Livro IV. Uma delas incorre profundamente em petição de princípio (isto é, ela admite o tipo de conhecimento que Locke está tentando justificar). Uma outra razão, ainda que talvez correta, não parece apontar para a desejada conclusão de qualquer modo muito claro. As outras duas, embora sejam mais sugestivas, não parecem funcionar quando tomadas individualmente, mas podem desempenhar melhor papel quando tomadas em conjunto. Com essas dicas, tente selecionar essas razões e conceber quais duas delas, quando tomadas em conjunto, de fato geram um argumento a favor de algo como a conclusão que Locke está almejando. Quão forte é esse argumento? Você consegue pensar em qualquer resposta a ele?

George Berkeley

George Berkeley (1685-1753) foi um filósofo irlandês que era também bispo anglicano. É outro dos empiristas britânicos e foi grandemente influenciado por Locke. Contudo, ele é mais conhecido por suas críticas a Locke e sua visão radicalmente diferente tanto dos objetos quanto da natureza do conhecimento, especialmente do conhecimento perceptual. Embora tanto Locke quanto Berkeley creiam que os objetos diretos ou imediatos da nossa experiência, incluindo a experiência perceptual, são ideias nas nossas mentes, Locke, não obstante isso, crê num mundo de senso comum, de objetos materiais independentes da mente, e pensa que podemos ter conhecimento de tais objetos através de inferência a partir da nossa experiência sensória, mantendo, assim, uma visão **realista** do mundo material. Berkeley, em contraste, crê que nenhuma inferência desse tipo pode ser justificada e, por essa e outras razões, sustenta a visão **idealista** de que os objetos ordinários (árvores, mesas, prédios, e assim por diante) não são nada mais do que coleções de ideias que são causadas por Deus para ocorrer em nossas mentes. (Não importa o quanto isso possa parecer paradoxal, Berkeley pensou que, ao defender essa concepção, estava *defendendo* o senso comum contra a ameaça do ceticismo.)

Berkeley defendeu primeiramente o idealismo nos seus *Princípios do conhecimento humano* (1710). Tendo obtido esse livro desalentadora recepção, Berkeley tentou restabelecer o seu argumento de uma forma mais popularmente acessível, nos *Três Diálogos entre Hilas e Filono*, incluindo também uma ampla defesa da tese de que o objeto direto ou imediato da experiência perceptual é sempre uma ideia na mente – algo que não é defendido muito explicitamente, seja no *Ensaio* de Locke, seja nos próprios *Princípios* de Berkeley. Os dois personagens no diálogo são Hilas (o nome *Hylas* provém da palavra grega para "matéria") e Filono (*Philonous* igualmente provém do grego e significa "o que ama o pensamento"), sendo o último o porta-voz das próprias concepções de Berkeley.

Hilas começa defendendo uma opinião do senso comum – sendo levado a uma opinião, em termos básicos, lockiana – e finalmente é forçado a aceitar o idealismo. (Os *Três Diálogos* são normalmente considerados como um dos mais bem-sucedidos usos filosóficos da forma do diálogo, nivelando com os diálogos de Platão e os *Diálogos sobre a religião natural* de Hume – ver o Capítulo 7.)

Três Diálogos entre Hilas e Filono[5]

O PRIMEIRO DIÁLOGO
[I]

Filono: Bom dia, Hilas! Não esperava encontrar-te aqui fora tão cedo.

Hilas: É de fato algo incomum; porém, os meus pensamentos estavam tão ocupados com um assunto que eu estava discorrendo na última noite que, percebendo que não conseguia dormir, resolvi levantar-me e dar uma volta no jardim.

Filono: Foi bom ter acontecido para deixar-te ver que prazeres inocentes e agradáveis perdes toda manhã. Pode haver um período mais agradável do dia ou uma estação mais adorável do ano? Esse céu purpúreo, essas notas selvagens, mas doces dos passarinhos, esse florescimento fragrante nas árvores e flores, a agradável influência do sol que se levanta, essas e outra centena de belezas sem nome da natureza inspiram a alma com transportes secretos; estando também as suas faculdades neste momento frescas e vivas, estão aptas para aquelas meditações que a solidão de um jardim e a tranquilidade da manhã naturalmente nos dispõem a fazer. ❶ Mas temo interromper os teus pensamentos, pois me parecias muito absorto em alguma coisa.

...

Hilas: Estava considerando o estranho destino daqueles homens que, em todas as épocas, por uma sensação do serem distintos do vulgo, ou por alguma propensão do pensamento impossível de relatar, pretenderam ou não acreditar em nada ou crer nas coisas mais extravagantes no mundo. A isso, contudo, poder-se-ia ter resistido, se os seus paradoxos e ceticismo não trouxessem, com eles, algumas consequências de geral desvantagem à humanidade. Porém, o equívoco reside aqui: quando homens de menos cultura veem aqueles que, supostamente, gastaram todo o seu tempo na busca do conhecimento professarem uma inteira ignorância de todas as coisas, ou avançarem tais noções na medida em que são repugnantes a princípios manifestos e comumente recebidos, eles são tentados a levantar suspeitas acerca das verdades mais importantes que, até ali, eles tinham mantido como sagradas e inquestionáveis.

Filono: Concordo inteiramente contigo quanto à tendência doentia das dúvidas sentidas por alguns filósofos e às presunções fantásticas de outros...

Hilas: Estou feliz em perceber que não havia nada nos relatos que ouvi sobre ti.

Filono: Por favor, quais eram eles?

Hilas: Foste representado na conversa de ontem à noite como alguém que mantinha a mais extravagante opinião que jamais entrou na mente de um homem, a saber, que não há tal coisa como a *substância material* no mundo. ❷

Filono: Que não há tal coisa como o que os filósofos chamam de *substância material*, disso estou seria-

❶ Essa fala de abertura tem a intenção de deixar claro desde o princípio que Filono não está negando a existência de objetos ordinários, tais como aqueles encontrados na natureza. Ao invés disso, como veremos posteriormente, ele está oferecendo uma *interpretação* do que vem a ser aquela existência, uma interpretação que Berkeley ao menos crê estar de acordo com o senso comum.

❷ A doutrina da substância material é a interpretação de Berkeley da concepção de Locke sobre os objetos materiais, de acordo com a qual um objeto consiste de uma **substância** (um coisa existente independentemente) que tem várias qualidades (para Locke, somente qualidades primárias). Portanto, a substância material é o tipo de substância que existe fora da mente.

---
[5] Extraído de *Three Dialogues Between Hylas and Philonous* (1713).

Hilas: mente persuadido: porém, se me fosse feito ver qualquer coisa absurda ou cética nisso, deveria, então, ter a mesma razão para renunciar a isso que imagino que tenho agora para rejeitar a opinião contrária.

Hilas: O quê! Pode algo ser mais fantástico, mais contrário ao senso comum ou um item mais manifesto de ceticismo do que crer que não há tal coisa como a *matéria*?

Filono: Devagar, meu bom Hilas. O que aconteceria se fosse provado que tu, que defendes que ela existe, és, em virtude dessa opinião, um *cético* maior, e defendes mais paradoxos e contrariedades ao senso comum do que eu, que não creio em tal coisa?... Por favor, Hilas, o que queres dizer com um *cético*?

Hilas: Quero dizer o que todos homens querem dizer, alguém que duvida de tudo.

Filono: Aquele, então, que não considera nenhuma dúvida no que diz respeito a algum ponto particular, com respeito àquele ponto, não pode ser considerado um cético.

Hilas: Concordo contigo.

Filono: (...) a dúvida consiste em abraçar o lado afirmativo ou negativo de uma questão?

Hilas: Nenhum dos dois; por exemplo, quem quer que entenda o inglês* só pode saber que *duvidar* significa uma suspensão entre os dois.

...

Filono: Como vem a ser, então, Hilas, que me declaras um *cético*, porque nego o que tu afirmas, a saber, a existência da matéria? Por tudo o que podes me dizer, sou tão peremptório na minha negação quanto tu na tua afirmação.

Hilas: Um momento, Filono, fui um pouco desatento na minha definição; contudo, todo passo em falso que um homem dá num discurso sobre ele não deve insistir. Disse, de fato, que um *cético* era alguém que duvidava de tudo, mas eu deveria ter acrescentado, ou o que nega a realidade e a verdade das coisas. (...) O que pensas sobre desconfiar dos sentidos, negar a existência real das coisas sensíveis ou pretender delas não saber nada? Isso não é suficiente para chamar um homem de *cético*?

Filono: Devemos, portanto, examinar qual de nós nega a realidade das coisas sensíveis, ou professa a maior ignorância delas, visto que, se eu te entendo corretamente, ele deve ser estimado como sendo o maior dos *céticos*?

Hilas: É isso o que eu desejo.

[II]

Filono: O que queres dizer com coisas sensíveis?

Hilas: Aquelas coisas que são percebidas pelos sentidos. Consegues imaginar que eu queira dizer algo diferente?

Filono: Perdoa-me, Hilas, se estou desejoso de apreender claramente as tuas noções, uma vez que isso pode encurtar muito a nossa investigação. Permite que eu te pergunte ainda sobre essa outra questão. São percebidas pelos sentidos somente aquelas coisas que são percebidas imediatamente? Ou podem aquelas coisas propriamente ser ditas *sensíveis*, as que são percebidas mediatamente ou não sem a intervenção de outras coisas?

Hilas: Eu não te entendo suficientemente.

Filono: Ao ler um livro, o que eu imediatamente percebo são as letras, mas mediatamente, ou por meio dessas, são sugeridas à minha mente as noções de Deus, virtude, verdade, etc. Agora que as letras são verdadeiramente

---

* N de T. Assim como o português.

Hilas: coisas sensíveis,* ou percebidas pelos sentidos, não há nenhuma dúvida: porém, gostaria de saber se consideras as coisas sugeridas por elas como sendo também desse modo.

Hilas: Não, certamente seria absurdo pensar que *Deus* ou a *virtude* são coisas sensíveis, embora possam ser significadas e sugeridas à mente por marcas sensíveis, com as quais elas têm uma conexão arbitrária.

Filono: Parece, então, que por *coisas sensíveis* queres dizer somente aquelas que podem ser percebidas imediatamente pelos sentidos.

Hilas: (...) Digo-te de uma vez por todas que por *coisas sensíveis* quero dizer somente aquelas que são percebidas pelos sentidos e que, em verdade, os sentidos não percebem nada que não percebam imediatamente, pois eles não fazem inferências. Portanto, o deduzir de causas ou de ocasiões a partir de efeitos e fenômenos,** os quais somente são percebidos pelos sentidos, relaciona-se inteiramente à razão. ❸

Filono: Esse ponto, então, tem concordância entre nós, ou seja, que *as coisas sensíveis somente são aquelas que são imediatamente percebidas pelos sentidos*. Tu me informarás depois se percebemos imediatamente pela visão alguma coisa além da luz, das cores e das figuras; ou pela audição alguma coisa senão os sons; pelo paladar, alguma coisa além de gostos; pelo olfato, alguma coisa além de odores; ou pelo tato, mais do que qualidades tangíveis.

Hilas: Não o fazemos.

Filono: Parece, portanto, que, se tiras todas as qualidades sensíveis, não permanece nada sensível.

Hilas: Eu admito isso.

Filono: As coisas sensíveis, portanto, não são outra coisa senão as tantas qualidades sensíveis ou combinações de qualidades sensíveis.

Hilas: Nenhuma outra coisa. ❹

[III]

Filono: O calor, então, é uma coisa sensível.

Hilas: Certamente.

Filono: A realidade de coisas sensíveis consiste em serem percebidas? Ou é alguma coisa distinta do seu ser percebido, que não traz nenhuma relação com a mente?

Hilas: *Existir* é uma coisa e *ser percebido* é outra.

Filono: Falo com respeito apenas às coisas sensíveis: e dessas pergunto se pela sua existência real queres dizer uma subsistência exterior à mente e distinta do fato de serem percebidas?

Hilas: Quero dizer um ser absoluto real, distinto do e sem qualquer relação com o fato de ser percebido.

Filono: O calor, portanto, caso se admita que é uma coisa real, deve existir fora da mente. ❺

❸ A maior parte do Primeiro Diálogo está ocupada com a questão relativa ao que é percebido *diretamente* ou *imediatamente*, de modo direto diante da mente, na percepção sensória – ao invés de ser, de alguma maneira, inferido ou atingido *via* alguma outra espécie de transição.

PARE Antes de ler adiante, pergunte a si mesmo qual é a resposta a essa pergunta.

❹ **R** A sugestão inicial é que são as qualidades sensíveis, qualidades como cor, forma ou som, gosto ou odor, que são imediatamente percebidas e que as *coisas sensíveis* (coisas percebidas imediatamente) consistem somente dessas qualidades. A próxima questão é, então, a natureza ou o estatuto de tais qualidades, em particular, se estão dentro ou fora da mente, e o argumento prossegue considerando separadamente vários tipos específicos de qualidades sensíveis.

❺ A eventual tese de Berkeley é que tais qualidades são apenas ideias na mente e existem apenas devido ao fato de serem percebidas. Hilas tenta atribuir-lhes uma existência independente, começando com o primeiro exemplo do calor (e do frio).

---

* N. de T. "Coisas sensíveis" (*sensible things*) – como, de resto, a palavra "sensível" (*sensible*) e expressões compostas com ela – são coisas quaisquer que não só podem ser sentidas ou antes "percebidas", mas que também, eis a novo significado dado a elas por Berkeley, são ou vêm a ser efetiva e imediatamente percebidas. Como resultado disso, entre o seu ser sensível e o seu ser percebido na ideia na mente não deve haver, ao final, qualquer diferença, devendo, pois, desaparecer ou ser corrigido aquele primeiro aspecto quando tomado isoladamente. Se isso então sugeriria que a expressão *sensible things* devesse ser traduzida como "coisas percebidas", isso é, no entanto, o que Berkeley tem de explicar ao longo do diálogo. Portanto, em respeito à ordem do argumento, opta-se pela tradução literal da expressão, que é filosoficamente reinterpretada pelo autor. Por semelhante modo, quando se discute ao longo do diálogo sobre algo "insensível" (*insensible*), em que com isso se expressaria alguma coisa que não pode ser termo da sensação ou efetivamente não o é, também essa noção acabará sendo reinterpretada por Berkeley, no sentido de que não há "coisas insensíveis": além da coisa percebida ou das ideias na mente, não há, para todos os efeitos, sentido filosófico razoável em discursar sobre "coisas" e "objetos" do "mundo exterior".

** N. de T. A palavra *appearance*, nesta seleção, será traduzida predominantemente como "fenômeno" ou, literalmente, como "o que aparece" ou "se manifesta" aos sentidos. A palavra "aparência", em português, denota certa ambiguidade a ser evitada.

⑥ Se a qualidade do calor existe fora da mente, ela deve existir numa **substância** material. Sendo uma qualidade ou uma propriedade, ela não poderia simplesmente existir por si mesma. Esse é um ponto metafísico deveras profundo e sutil, sobre o qual você terá de pensar cuidadosamente.

("Inerir" é um termo metafísico para a relação entre as qualidades e a substância à qual elas pertencem – por exemplo, as qualidades de vermelho, caráter esférico aproximado, suculência, etc., *inerem* numa maçã madura.)

⑦ É correta essa alegação? É uma sensação intensa de calor a mesmíssima qualidade que a sensação correspondente de dor, de modo que há somente uma ideia, e não duas?

Hilas: Deve.
Filono: Dize-me, Hilas, é essa existência real igualmente compatível com todos os graus de calor que percebemos, ou há alguma razão pela qual deveríamos atribuí-la a algum e negá-la a outros? E se houver, por favor, permite-me saber essa razão.
Hilas: Qualquer grau de calor que percebemos pelos sentidos podemos estar certos de que o mesmo existe no objeto que o ocasiona.
Filono: Qual deles: o maior grau ou o menor?
Hilas: Digo-te que a razão é manifestamente a mesma com respeito a ambos: ambos são percebidos pelos sentidos, ou melhor, o grau maior de calor é mais sensivelmente percebido. Consequentemente, se há alguma diferença, estamos mais certos da sua existência real do que podemos estar da realidade de um grau menor.
Filono: Mas o mais veemente e intenso grau de calor não constitui uma dor muito grande?
Hilas: Ninguém pode negá-lo.
Filono: E alguma coisa imperceptível é capaz de provocar dor ou prazer?
Hilas: Certamente não.
Filono: É a tua substância material um ente sem sentidos ou um ente dotado de sentidos e percepção?
Hilas: É um ente sem sentidos, sem dúvida.
Filono: Ele não pode, portanto, estar sujeito a dor.
Hilas: De maneira nenhuma.
Filono: E nem, consequentemente, do maior calor percebido pelos sentidos, dado que reconheces isso como sendo não pequena dor.
Hilas: Reconheço.
Filono: O que deveremos dizer, então, do teu objeto exterior? Trata-se de uma substância material ou não?
Hilas: Trata-se de uma substância material com as qualidades sensíveis inerindo nela. **⑥**
Filono: Como, então, pode um grande calor existir nela, se reconheces que ele não pode existir em uma substância material? Desejo que [esclareças] esse ponto.
Hilas: Um momento, Filono, temo que estava desatento ao sustentar que o calor intenso é uma dor. Deveria parecer, em vez disso, que a dor é algo distinto do calor, bem como a consequência ou o efeito dele.
Filono: Ao pôr a tua mão próxima ao fogo, percebes uma sensação uniforme simples ou duas sensações distintas?
Hilas: Apenas uma sensação simples.
Filono: O calor não é percebido imediatamente?
Hilas: É.
Filono: E a dor?
Hilas: Verdadeiramente.
Filono: Vendo, portanto, que ambos são imediatamente percebidos ao mesmo tempo e que o fogo te afeta só com uma ideia simples, ou não composta, segue-se que essa mesma ideia simples é tanto o calor intenso imediatamente percebido quanto a dor; e, como consequência, que o calor intenso imediatamente percebido não é distinto de um tipo particular de dor. **⑦**
Hilas: Parece ser assim.
Filono: Novamente, tenta nos teus pensamentos, Hilas, se consegues conceber uma sensação veemente que seja sem dor ou prazer.
Hilas: Não consigo.
Filono: Ou consegues formular para ti mesmo uma ideia de dor ou prazer sensível em geral, abstraída de toda ideia particular de calor, frio, gostos, cheiros, etc.?
Hilas: Não acredito que eu consiga.
Filono: Não se segue, portanto, que a dor sensível não é diferente daquelas sensações ou ideias num grau intenso?
Hilas: É inegável; e, para falar a verdade, começo a suspeitar que um calor muito grande não pode existir senão numa mente que o percebe.
Filono: O quê! Estás, então, naquele estado *cético* de suspensão, entre o afirmar e o negar?
Hilas: Penso que posso ser positivo no ponto. Um calor muito violento

e doloroso não pode existir sem a mente. ❽

Filono: Ele não tem, portanto, de acordo contigo, qualquer ser real.

Hilas: Eu o admito.

Filono: É, portanto, certo que não há nenhum corpo na natureza que seja realmente quente?

Hilas: Não neguei que haja algum calor real nos corpos. Apenas digo que não há tal coisa como um calor real intenso.

Filono: Mas não disseste anteriormente que todos os graus de calor eram igualmente reais ou, então, se não havia qualquer diferença, que os graus maiores eram mais indubitavelmente reais do que os menores?

Hilas: Verdadeiramente, mas era porque eu não considerava, então, o motivo que há para distinguir entre eles, coisa que eu agora vejo manifestamente. E é este o motivo: porque o calor intenso não é nenhuma outra coisa senão um tipo particular de sensação dolorosa; e a dor não existe senão num ente percipiente;* segue-se que nenhum calor intenso pode realmente existir numa substância corpórea impercipiente. Contudo, isso não constitui uma razão pela qual deveríamos negar que o calor num grau inferior existe em tal substância.

Filono: Mas como seremos capazes de discernir aqueles graus de calor que só existem na mente daqueles que existem fora dela?

Hilas: Essa não é uma questão difícil. Como sabes, a mínima dor não pode existir despercebida; portanto, qualquer grau de calor é uma dor, e existe apenas na mente. Todavia, no que concerne a todos os outros graus de calor, nada nos obriga a pensar o mesmo deles.

Filono: Penso que havias admitido, anteriormente, que nenhum ente impercipiente era capaz de prazer e tampouco de dor.

Hilas: Admiti.

Filono: E a calidez, ou um grau mais ameno de calor do que aquele que causa desconforto, não é um prazer?

Hilas: O que mais seria?

Filono: Como consequência, ela não pode existir fora da mente em qualquer substância inpercipiente, ou corpo.

Hilas: Assim parece.

Filono: Então, uma vez que tanto aqueles graus de calor que não são dolorosos quanto aqueles que o são podem existir somente numa substância pensante, não podemos concluir que os corpos externos são absolutamente incapazes de qualquer grau de calor, seja qual for?

Hilas: Em reflexões posteriores, não penso que seja tão evidente que a calidez é um prazer, como é o caso que um grande grau de calor é uma dor.

Filono: Não quero dizer que a calidez é um prazer tão grande quanto o calor é uma dor. Contudo, se admites que ele nem sequer é um pequeno prazer, isso serve para fazer valer a minha conclusão.

Hilas: Eu poderia chamá-lo, em vez disso, de uma *indolência*. Parece não ser nada mais do que uma privação tanto de dor quanto de prazer. E que uma qualidade ou um estado como esse pode combinar numa substância não pensante, isso espero que não negarás.

Filono: Se estás resolvido a sustentar que a calidez, ou um grau ameno de calor, não é nenhum prazer, não sei como convencer-te de outra forma a não ser apelando aos teus próprios sentidos. Mas o que pensas do frio?

Hilas: O mesmo que penso do calor. Um grau intenso de frio é uma dor, pois sentir um frio muito grande é perceber um grande desconforto: ele não pode existir, por-

---

❽ Tendo dito "sim" à questão na anotação anterior, Hilas é forçado a admitir que um calor desse grau não pode existir fora da mente.

---

* N. de T. "Percipiente", e não "perceptivo", é com efeito a tradução adequada para *perceiving*, uma vez que o estatuto depende de um ente ou de uma substância que é *perceiving*, bem como o das coisas que ele ou ela percebe, não essencialmente de ele ou ela *poder* perceber e de as coisas *poderem* ser percebidas, mas de ele ou ela *efetivamente* perceber e de as coisas *efetivamente* serem percebidas.

⑨ Hilas resiste em dizer que todos os graus de calor e de frio existem apenas na mente, admitindo isso só para graus de calor e frio extremos o suficiente para envolver dor.
PARE (O quão plausível é a concepção resultante?)

⑩ Aqui está um argumento bastante diferente, um argumento via de regra considerado como substancialmente mais convincente: o argumento da ilusão (ou da relatividade perceptual).
PARE Tente formular esse argumento mais explicitamente. Filono argumenta que é absurdo dizer que *ambas* as qualidades experimentadas existem na água, mas segue-se (como por fim se conclui) que *nenhuma* delas existe na água? Como Filono poderia argumentar mais explicitamente a favor dessa alegação posterior?

⑪ Pode a conclusão respectiva ao calor ser estendida a todas as outras qualidades sensíveis também? Essa é a questão nas próximas seções.

tanto, sem a mente. Porém, um grau menor de frio pode, bem como um grau menor de calor.

Filono: Em relação àqueles corpos, portanto, em cuja aplicação aos nossos próprios percebemos um grau moderado de calor, deve-se concluir que há neles um grau moderado de calor ou calidez; e, em relação àqueles corpos em cuja aplicação sentimos um grau semelhante de frio, deve-se pensar que há neles o frio.

Hilas: Deve haver. ⑨

Filono: Pode ser verdadeira uma doutrina que necessariamente leve um homem a uma absurdidade?

Hilas: Sem dúvida, não pode.

Filono: Não é uma absurdidade pensar que a mesma coisa deveria ser ao mesmo tempo fria e cálida?

Hilas: É.

Filono: Supõe, agora, que uma das tuas mãos está quente, que a outra está fria e que ambas são de uma vez postas na mesma vasilha de água num estado intermediário. A água não parecerá fria a uma mão e cálida à outra?

Hilas: Parecerá.

Filono: Não deveríamos, portanto, pelos teus princípios, concluir que ela é realmente tanto fria quanto cálida ao mesmo tempo, isto é, de acordo com a tua própria concessão, crer numa absurdidade?

Hilas: Confesso que esse parece ser o caso. ⑩

Filono: Consequentemente, os próprios princípios são falsos, uma vez que admitiste que nenhum princípio verdadeiro leva a uma absurdidade.

Hilas: Mas, depois de tudo, pode alguma coisa ser mais absurda do que dizer que *não há calor no fogo*?

Filono: Para deixar o ponto ainda mais claro, dize-me se em dois casos exatamente iguais não deveríamos aplicar o mesmo juízo?

Hilas: Deveríamos.

Filono: Quando um alfinete finca no teu dedo, ele não rasga e divide as fibras da tua carne?

Hilas: Ele o faz.

Filono: E quando um carvão queima o teu dedo, faz ele mais do que isso?

Hilas: Não o faz.

Filono: Dado, portanto, que não julgas nem a própria sensação ocasionada pelo alfinete nem qualquer coisa como ela como existindo no alfinete, não deverias, em conformidade com o que agora admitiste, julgar a sensação ocasionada pelo fogo, ou qualquer coisa como ela, como existindo no fogo.

Hilas: Bem, dado que deve ser assim, estou contente em proporcionar esse ponto e reconhecer que o calor e o frio são somente sensações que existem em nossas mentes: porém, ainda restam qualidades o bastante para assegurar a realidade das coisas exteriores.

[IV]

Filono: Mas o que dirás, Hilas, se parecer que o caso é o mesmo com respeito a todas as outras qualidades sensíveis e que não se pode supor que elas existem sem a mente mais do que o calor e o frio?

Hilas: Nesse caso, realmente, terás feito algo para o teu propósito; contudo, isso é o que eu me desespero de ver provado. ⑪

Filono: Vamos examiná-las em ordem. O que pensas dos sabores? Existem eles sem a mente ou não?

Hilas: Pode algum homem duvidar nos seus sentidos se o açúcar é doce, ou se o absinto é amargo?

Filono: Informa-me, Hilas. Um sabor doce é um tipo particular de prazer ou de sensação de prazer, ou não é?

Hilas: É.

Filono: E não é a amargura um tipo de desconforto ou dor?

Hilas: Sim.

Filono: Se, portanto, o açúcar e o absinto são substâncias corpóreas não pensantes existentes fora da mente, como podem a doçura e a amargura, isto é, o prazer e a dor, combinar-se com elas?

Hilas: Um momento, Filono, eu agora vejo o que me confundiu todo esse tempo. Perguntaste-me se o calor e o frio, a doçura e a amargura, não eram tipos particulares de prazer ou dor, ao que eu respondi simplesmente que eram. No entanto, eu deveria assim ter distinguido: aquelas qualidades, tal como percebidas por nós, são prazeres ou dores, mas não como existindo nos objetos exteriores. Não devemos, portanto, concluir absolutamente que não há calor no fogo, ou doçura no açúcar, mas somente que o calor ou a doçura, tal como percebidos por nós, não estão no fogo ou no açúcar. O que dizes quanto a isso?

Filono: Digo que não significa nada para o propósito em questão. O nosso discurso procedeu inteiramente acerca das coisas sensíveis, que definiste como sendo as coisas que *percebemos imediatamente pelos nossos sentidos*. Portanto, todas as qualidades outras das quais falas, embora distintas dessas, delas eu nada sei, e tampouco elas pertencem ao ponto em disputa. Podes, de fato, pretender ter descoberto certas qualidades que não percebes e afirmar aquelas qualidades insensíveis como existindo no fogo e no açúcar. Todavia, que utilidade pode se tirar disso para o nosso propósito presente, isso estou perplexo em conceber. Dize-me, então, uma vez mais: reconheces que o calor e o frio, a doçura e a amargura (significando aquelas qualidades que são percebidas pelos sentidos), não existem fora da mente?

Hilas: Vejo que não tem propósito sustentar isso, de modo que abro mão da causa no que diz respeito àquelas qualidades mencionadas, embora eu professe que soa estranho dizer que o açúcar não é doce.

Filono: Contudo, para a tua maior satisfação, guarda isso contigo: aquilo que em outros momentos parece doce deverá parecer, para um paladar desajustado, amargo. E nada pode ser mais manifesto do que o fato de que diversas pessoas percebem diferentes gostos na mesma comida, dado que aquilo com que um homem se deleita, outro detesta. E como isso poderia se dar se o gosto fosse algo realmente inerente na comida?

Hilas: Reconheço que não sei como. ⑫

Filono: No passo a seguir, os odores devem ser considerados. E, com respeito a isso, eu precisaria saber se o que foi dito sobre os gostos não se ajusta exatamente aos odores. Não são eles tantas sensações agradáveis ou desagradáveis?

Hilas: São.

Filono: Consegues, então, conceber como possível que eles devessem existir numa coisa impercipiente?

Hilas: Não consigo.

Filono: Ou consegues imaginar que a sujeira e o excremento afetam aqueles animais brutos que deles se alimentam, sem escolha, com os mesmos cheiros que neles percebemos?

Hilas: De modo nenhum.

Filono: Não podemos, portanto, concluir a propósito dos cheiros, como das outras qualidades anteriormente mencionadas, que a única substância na qual elas podem existir é numa substância percipiente ou na mente?

Hilas: Creio que sim. ⑬

Filono: Então, quanto aos sons, o que devemos pensar deles: são acidentes realmente inerentes em corpos externos ou não?

Hilas: Que eles não inerem nos corpos sonoros, é manifesto a partir daqui, porque uma badalada de sino no receptor exaurido de uma bomba de ar não emite nenhum som. O ar, portanto, deve ser pensado como o sujeito do som.

Filono: Que razão existe para isso, Hilas?

Hilas: Quando algum movimento é suscitado no ar, percebemos um som maior ou menor com respeito ao movimento do ar; contudo, sem algum movimento no ar, jamais ouvimos qualquer som.

Filono: E, admitindo que jamais ouvimos um som senão quando al-

---

⑫ Aqui se encontra uma breve reprise do argumento da ilusão, aplicado ao paladar.

PARE — Pense novamente em como o argumento poderia ser expresso mais explicitamente.

⑬ O argumento da dor/do prazer é aplicado ao odor, levantando a mesma questão, tal como anteriormente. Nenhuma versão do argumento da ilusão é oferecida para as qualidades do cheiro, mas você deveria ser capaz de construir um.

gum movimento é produzido no ar, não vejo como podes inferir a partir daí que o próprio som existe no ar.

Hilas: É esse próprio movimento no ar externo que produz na mente a sensação de *som*. Por exemplo, batendo no tambor do ouvido, ele causa uma vibração que, sendo os nervos auditivos comunicados ao cérebro, a alma, situada em cima disso, é afetada com a sensação chamada de *som*.

Filono: O que! É o som, então, uma sensação?

Hilas: Digo-te que, tal como percebido por nós, é uma sensação particular na mente.

Filono: E pode alguma sensação existir fora da mente?

Hilas: Certamente não.

Filono: Como, então, pode o som, sendo uma sensação, existir no ar se por *ar* queres dizer uma substância não sensória existente fora da mente?

Hilas: Deves distinguir, Filono, entre o som tal como é percebido por nós e como é em si mesmo; ou (o que é a mesma coisa) entre o som que percebemos imediatamente e aquele que existe fora de nós. O primeiro, de fato, é um tipo particular de sensação, mas o segundo é meramente um movimento vibratório ou ondulatório no ar. ⓬

Filono: Pensei que já tinha tornado óbvia aquela distinção pela resposta que dei, quando tu a estavas empregando num caso parecido anteriormente. Mas, para não mais falar disso, tens certeza, então, de que o som realmente nada é senão movimento?

Hilas: Tenho.

Filono: Tudo o que, portanto, combina-se com o som real pode, verdadeiramente, ser atribuído ao movimento?

Hilas: Pode.

Filono: É, então, uma boa ideia falar de *movimento* tal como de uma coisa que é *alta, doce, aguda* ou *grave*.

Hilas: Vejo que estás resolvido a não me compreender. Não é evidente que aqueles acidentes ou modos pertencem somente ao som sensível, digo, ao *som* na acepção comum da palavra, mas não ao *som* no sentido real e filosófico, o qual, como agora há pouco te falei, não é nada senão um certo movimento do ar?

Filono: Parece, então, que existem dois tipos de som: um vulgar, ou aquele que é ouvido; o outro que é filosófico e real.

Hilas: Justamente.

Filono: E o último consiste no movimento.

Hilas: Eu te disse anteriormente.

Filono: Dize-me, Hilas, a qual dos sentidos, na tua opinião, pertence a ideia do movimento: à audição?

Hilas: Certamente não, mas à visão e ao tato.

Filono: Deveria seguir-se, então, que de acordo contigo os sons reais podem, ao que tudo indica, ser *vistos* ou *sentidos*, mas jamais *ouvidos*.

Hilas: Olha, Filono, podes, se quiseres, fazer gracejo com a minha opinião, mas isso não alterará a verdade das coisas. Admito, de fato, que as inferências às quais me levaste soam um tanto estranhas, mas a linguagem comum, tu sabes, é formulada pelo e destinada para o uso do vulgo: não devemos, portanto, admirar-nos se expressões uma vez adaptadas a noções filosóficas exatas parecem grosseiras e fora de propósito.

Filono: Chegou-se a isso? Garanto-te que me imagino ter ganho um ponto não insignificante, já que tornas tão fácil partir de frases e opiniões comuns, sendo uma parte central da nossa investigação examinar de quais são as noções mais amplas do caminho comum e também as mais contrárias ao sentido geral do mundo. Mas consegues pensar que seja não mais que um paradoxo filosófico dizer que os *sons reais jamais são ouvidos* e que a ideia deles seja obtida por algum outro sentido? E não há nada nisso contrário à natureza e à verdade das coisas?

⓬ Hilas não questiona que o som *tal como ouvido* é uma sensação na mente, mas tenta argumentar que o som, num sentido diferente, existe como uma vibração no ar. Na passagem imediatamente seguinte, Filono insiste de novo no fato de que o argumento diz respeito apenas a qualidades percebidas imediatamente.

Hilas: Para falar ingenuamente, não gosto disso. E, após as concessões já feitas, também tive de admitir que os sons não têm nenhum ser real fora da mente. ⓯

[V]

Filono: E espero que não imporás dificuldades para reconhecer o mesmo a respeito das cores?

Hilas: Perdoa-me: o caso das cores é muito diferente. Pode algo ser mais óbvio do que o fato de que as vemos nos objetos?

Filono: Os objetos dos quais falas são, eu suponho, as substâncias corpóreas que existem fora da mente.

Hilas: São.

Filono: E as cores verdadeiras e reais têm neles inerência?

Hilas: Cada objeto visível tem aquela cor que vemos nele. ⓰

Filono: Como! Há alguma coisa visível senão o que percebemos pela visão?!

Hilas: Não há.

Filono: E percebemos alguma coisa pelos sentidos que não percebemos imediatamente?

Hilas: Quantas vezes devo ser obrigado a repetir a mesma coisa? Afirmo-te, não o percebemos.

Filono: Tem paciência, bom Hilas, e dize-me mais uma vez se há alguma coisa imediatamente percebida pelos sentidos exceto as qualidades sensíveis. Sei que afirmaste que não havia, mas eu agora seria informado se tu ainda persistes na mesma opinião.

Hilas: Sim.

Filono: Por favor, é a tua substância corpórea uma qualidade sensível, ou é ela constituída de qualidades sensíveis?

Hilas: Que tipo de questão é essa? Quem jamais pensou que era?

Filono: A minha razão para perguntar foi porque, ao dizeres *Todo objeto visível tem aquela cor que vemos nele*, fazes com que objetos visíveis sejam substâncias corpóreas, o que implica ou que substâncias corpóreas são qualidades sensíveis, ou então que há alguma coisa além das qualidades sensíveis percebidas pela visão. Porém, visto que esse ponto constituiu anteriormente um acordo entre nós, e ainda é mantido por ti, é uma clara consequência que a tua substância corpórea não seja absolutamente distinta das qualidades sensíveis. ⓱

Hilas: Podes tirar tantas consequências absurdas quanto quiseres e tentar tornar perplexas as coisas mais óbvias; contudo, jamais me persuadirás de que estou fora dos meus sentidos. Eu entendo claramente o significado do que eu mesmo digo.

Filono: Gostaria que me fizesses entendê-lo também. Todavia, uma vez que não queres ter examinada a tua noção de substância corpórea, eu não insistirei mais nesse ponto. Apenas, faze-me o favor, permite-me saber se as mesmas cores que vemos existem nos corpos exteriores, ou se há outras.

Hilas: As mesmas.

Filono: O quê! São, então, o belo vermelho e roxo que vemos em nuvens lá longe realmente nelas? Ou imaginas que elas têm em si mesmas qualquer outra forma do que aquela de uma névoa escura ou de vapor?

Hilas: Devo confessar, Filono, que aquelas cores não são realmente nas nuvens tal como elas parecem ser à distância. Elas são apenas cores aparentes.

Filono: *Aparentes* tu as chamas? Como distinguiremos essas cores aparentes das reais?

Hilas: Muito facilmente. Devem ser consideradas aparentes aquelas que, aparecendo somente à distância, desaparecem numa abordagem mais próxima.

Filono: E, eu suponho, devem ser consideradas reais aquelas que são descobertas pela inspeção mais próxima e exata.

Hilas: Corretamente.

Filono: É a inspeção mais próxima e exata feita pela ajuda de um microscópio ou pelo olho nu?

Hilas: Por um microscópio, sem dúvida.

⓯ O argumento posterior é oferecido, isto é, que o som como um movimento não é o tipo de coisa que poderia ser ouvida. O quão convincente é isso? (Note que a questão realmente não importa muito, visto que já se reconheceu que as qualidades sensíveis que são imediatamente percebidas existem apenas na mente. Pense em como Berkeley poderia ter argumentado posteriormente para tal alegação sobre o som *tal como ouvido* ao fazer uso de argumentos iguais aos que foram aplicados ao calor e aos gostos.)

⓰ A alegação de que os objetos corpóreos têm a cor que vemos neles é ao menos aproximadamente a opinião de senso comum sobre as cores.

⓱ Esse é um argumento contra a concepção de Locke da substância (ver a Anotação 13 para a seleção de Locke): uma substância material ou corpórea é tida como sendo alguma coisa que *tem* qualidades sensíveis como a cor, mas é ela mesma distinta delas; porém, tudo o que percebemos são qualidades sensíveis, de sorte que tal substância não deve ser nada mais do que qualidades sensíveis – ou, então, alguma coisa que não percebemos absolutamente e assim, de um modo que se pode argumentar, da qual não temos nenhuma ideia.

Filono: No entanto, um microscópio geralmente descobre cores num objeto diferentes daquelas percebidas pela visão desassistida. E, caso tivéssemos microscópios que aumentassem até qualquer grau designado, é certo que nenhum objeto, seja qual for, visto através deles, apareceria na mesma cor que ele exibe a olho nu.

Hilas: E o que concluirias de tudo isso? Não podes argumentar que não existem real e naturalmente cores em objetos: porque pelo manuseio artificial elas podem ser alteradas ou feitas desaparecer.

Filono: Penso que pode evidentemente ser concluído das tuas próprias concessões que todas as cores que vemos a olho nu são apenas aparentes, tais como aquelas nas nuvens, já que desaparecem sob uma inspeção mais próxima e acurada, que nos é proporcionada por um microscópio. Assim, quanto ao que dizes a modo de prevenção, pergunto-te se o estado real e natural de um objeto é mais bem-descoberto por uma visão muito aguda e penetrante ou por uma que é menos aguda?

Hilas: Pela primeira, sem dúvida.

Filono: Não é manifesto (...) que microscópios tornam a visão mais penetrante e que representam os objetos tal como eles apareceriam ao olho, caso ele fosse naturalmente dotado com a mais espantosa agudeza?

Hilas: É.

Filono: Por conseguinte, a representação microscópica deve ser pensada como aquilo que melhor estabelece a natureza real da coisa ou o que ela é em si mesma. Logo, as cores por ela percebidas são mais genuínas e reais do que aquelas percebidas de outra maneira.

Hilas: Confesso que há algo interessante no que dizes.

...

Filono: O ponto estará além de toda dúvida se considerares que, se as cores fossem propriedades reais ou afecções inerentes em corpos externos, elas não poderiam admitir nenhuma alteração, sem alguma mudança forjada nos próprios corpos: mas não é evidente a partir do que foi dito que, com o uso do microscópio, com uma mudança acontecendo nos humores do olho ou uma variação de distância, sem qualquer forma de alteração real na coisa em si mesma, as cores de qualquer objeto ou são mudadas ou desaparecem totalmente? Ou melhor, permanecendo iguais todas as outras circunstâncias, mude-se somente a situação de alguns objetos, e eles apresentarão diferentes cores ao olho. A mesma coisa acontece ao ver-se um objeto sob variados graus de luz. E o que é mais conhecido do que o fato de que os mesmos corpos aparecem com cores diferentes à luz da vela do que aparecem a dia aberto? Acrescenta a esses casos o experimento de um prisma, o qual, separando os raios heterogêneos de luz, altera a cor de qualquer objeto e fará com que o mais branco apareça num azul ou vermelho profundo a olho nu. E, agora, dize-me se ainda és da opinião de que todo corpo tem a sua cor real verdadeira inerindo nele? E, se pensas que tem, precisaria saber de ti, além disso, qual distância e posição certa do objeto, qual peculiar textura e formação do olho, qual grau ou tipo de luz é necessário para averiguar aquela cor verdadeira e distingui-la das aparentes. ⓲

Hilas: Confesso-me inteiramente satisfeito, admitindo que elas são todas de igual modo aparentes e que não há tal coisa como a cor realmente inerindo em corpos exteriores, antes existindo ela, por inteiro, na luz. E o que me confirma nessa opinião é que, em proporção à luz, as cores são ainda mais ou menos vívidas; e, se não houver nenhuma luz, então não existem cores percebidas. Além disso, admitindo que existem cores nos objetos exteriores, como é possível para nós percebê-las? Nenhum corpo exte-

---

⓲ Aqui está uma outra versão do argumento da ilusão, dessa vez aplicado a cores. Essa versão é mais complicada, porque as diferentes qualidades de cor não são experimentadas no mesmo momento. A premissa adicional necessária é que as mudanças que produzem diferentes experiências de cor não envolvem nenhuma mudança no próprio objeto. (A observação de Filono, ao final deste parágrafo, pode sugerir um modo de lidar com a questão, levantada na Anotação 10, de por que a conclusão deveria ser tal que *nenhuma* das qualidades experimentadas é externa à mente, em vez de, meramente, que nem todas elas são.)

rior afeta a mente, a menos que aja primeiramente nos nossos órgãos dos sentidos. Contudo, a única ação dos corpos é o movimento; e o movimento não pode ser comunicado de outro modo que não pelo impulso. Um objeto distante, portanto, não pode agir sobre o olho e nem, como consequência, fazer a si mesmo ou as suas propriedades perceptíveis à alma. Disso se segue que é imediatamente alguma substância contígua que, operando sobre o olho, ocasiona uma percepção de cores   e tal é a luz.

Filono: O quê! É a luz, então, uma substância?

Hilas: Digo-te, Filono, que a luz externa não é senão uma fina e fluida substância, cujas partículas diminutas, sendo agitadas com um movimento brusco e refletidas de várias maneiras a partir de diferentes superfícies de objetos externos aos olhos, comunicam diferentes movimentos aos nervos ópticos; e esses, sendo propagados ao cérebro, causam ali dentro várias impressões, as quais são acompanhadas pelas sensações de vermelho, azul, amarelo, etc.

Filono: Parece, então, que a luz não faz mais do que agitar os nervos ópticos.

Hilas: Nada mais.

Filono: E, consequente a cada movimento particular dos nervos, a mente é afetada com uma sensação, que é alguma cor particular.

Hilas: Correto.

Filono: E essas sensações não têm existência fora da mente.

Hilas: Não têm.

Filono: Como, então, afirmas que as cores são na luz, dado que por *luz* entendes uma substância corpórea exterior à mente?

Hilas: Luz e cores, como imediatamente percebidas por nós, admito que não podem existir fora da mente. Todavia, em si mesmas elas são somente os movimentos e as configurações de certas partículas insensíveis da matéria.

Filono: As cores, então, no sentido vulgar, ou tomadas pelos objetos imediatos da visão, só podem combinar-se com uma substância percipiente.

Hilas: Isso é o que eu afirmo.

Filono: Bem, então, como desistes do ponto quanto àquelas qualidades sensíveis, que são ao lado disso somente cores pensadas por toda a humanidade, podes sustentar o que quiseres com respeito àquelas qualidades invisíveis dos filósofos. **19** Não é o meu propósito discutir sobre elas; eu apenas te advertiria a refletir contigo mesmo se, considerando a investigação na qual estamos, é prudente para ti afirmar *O vermelho e o azul que vemos não são cores reais, mas certos movimentos e figuras desconhecidas que nenhum homem jamais viu ou pode ver que são verdadeiramente assim*. Não são essas noções chocantes e não estão elas sujeitas a muitas inferências ridículas, como aquelas que foste obrigado a renunciar anteriormente no caso dos sons?

[VI]

Hilas: Francamente, Filono, confesso que é vão continuar resistindo. Cores, sons, gostos, enfim, todas aquelas coisas chamadas de *qualidades secundárias* certamente não têm nenhuma existência fora da mente. Contudo, por esse reconhecimento não se deve supor que diminuo qualquer aspecto da realidade da matéria ou dos objetos exteriores, vendo que isso não é mais do que o que diversos filósofos defendem, os quais, não obstante isso, estão o mais distantes que se possa imaginar de vir a negar a matéria. Para o entendimento mais claro disso, deves saber que as qualidades sensíveis são divididas pelos filósofos em *primárias* e *secundárias*. As primeiras são extensão, figura, solidez, gravidade, movimento e repouso. E eles sustentam que estas existem realmente nos corpos. As

19 Hilas aceita o resultado de que a cor não existe nos corpos, mas sugere que ela existe, antes, na luz (a qual ainda seria alguma coisa externa à mente). No entanto, ao tentar explicar como a cor é na luz, ele é forçado a admitir que as sensações de cor que experimentamos diretamente existem na mente, mesmo que a sua causa seja externa.

⑳ Hilas retrocede à distinção lockiana entre qualidades primárias e secundárias, concordando que as qualidades secundárias existem apenas na mente, mas reivindicando que as qualidades primárias existem nos objetos exteriores. (Ver a Anotação 7 para a seleção de Locke e o texto respectivo.)

㉑ Filono prossegue aplicando o argumento da ilusão para a figura (forma) e a extensão (tamanho).

seguintes são aquelas antes enumeradas, ou, em resumo, todas as qualidades sensíveis além das primárias, que eles afirmam ser apenas as tantas sensações ou ideias que só existem na mente. Mas, de tudo isso, não duvido, já estás informado. De minha parte, estive por muito tempo cônscio de que havia tal opinião corrente entre filósofos, porém jamais estive profundamente convencido da sua verdade até agora. ⑳

Filono: Ainda és, então, da opinião de que extensão e figuras são inerentes nas substâncias não pensantes exteriores?

Hilas: Sou.

Filono: Mas o que seria se os mesmos argumentos que são trazidos contra as qualidades secundárias se mostrassem bons contra essas qualidades também?

Hilas: Por esse motivo, então, serei obrigado a pensar que elas só existem na mente.

Filono: É a tua opinião que a figura e a extensão que percebes pelos sentidos existem no objeto externo ou na substância material?

Hilas: É.

...

Filono: (...) não reconheceste que nenhuma propriedade inerente real de qualquer objeto pode ser mudada, sem alguma mudança na coisa em si mesma?

Hilas: Reconheci.

Filono: Porém, à medida que nos aproximamos ou nos afastamos de um objeto, a extensão visível varia, sendo a uma distância dez ou cem vezes maior do que a uma outra. Não se segue, portanto, a partir daqui, de modo semelhante, que ela não é realmente inerente no objeto?

Hilas: Admito que estou perplexo quanto ao que pensar.

Filono: O teu juízo será em breve determinado se te arriscares a pensar tão livremente no que concerne a essa qualidade quanto pensaste no que concerne ao resto. Não foi reconhecido como um bom argumento que nem o calor nem o frio existiam na água porque ela parecia cálida para uma mão e fria para a outra?

Hilas: Foi.

Filono: Não é o mesmo raciocínio concluir que não há nenhuma extensão ou figura num objeto porque para um olho ele parecerá pequeno, liso e redondo, quando ao mesmo tempo parece ao outro grande, desigual e angular?

Hilas: O mesmíssimo. Mas esse último fato alguma vez acontece?

Filono: Podes, a qualquer momento, fazer o experimento, olhando com um olho nu e com o outro através de um microscópio.

Hilas: Não sei como sustentar isso, mas estou pouco inclinado a desistir da *extensão*, dado que vejo tantas consequências estranhas seguindo-se de tal concessão. ㉑

Filono: Estranhas, dizes? Depois das concessões já feitas, espero que não insistirás em coisa alguma por causa da sua estranheza...

Hilas: Desisto do ponto no presente momento, reservando ainda um direito de retratar-me da minha opinião, no caso de eu, a partir daqui, descobrir qualquer passo falso no meu progresso em direção a ela.

[VII]

Filono: Este é um direito que não se pode negar a ti. Figuras e extensão sendo despachadas, procedemos, em seguida, ao *movimento*. Pode um movimento real, em qualquer corpo exterior, ser muito veloz e, ao mesmo tempo, muito lento?

Hilas: Não pode.

Filono: Não está o movimento de um corpo veloz numa proporção recíproca ao tempo que ele toma ao descrever dado espaço? Assim, pois, um corpo que descreve uma milha em uma hora move-se três vezes mais rápido do que o faria no caso de descrever somente uma milha em três horas.

Hilas: Concordo contigo.

Filono: E não é o tempo medido pela sucessão de ideias na nossa mente?

Hilas: É.

Filono: E não é possível que as ideias sucedessem umas às outras duas vezes mais rápido na tua mente do que o fazem na minha ou naquela de algum espírito de outro tipo?

Hilas: Confesso que sim.

Filono: Como consequência, o mesmo corpo pode parecer, para outro, realizar o seu movimento sobre um espaço na metade do tempo que o faz para ti. E o mesmo raciocínio será válido quanto a qualquer outra proporção: ou seja, de acordo com os teus princípios (dado que os movimentos percebidos existem ambos realmente no objeto), é possível que um e o mesmo corpo seja realmente movido do mesmo modo a uma vez, tanto muito velozmente quanto muito lentamente. Como isso é consistente seja com o senso comum, seja com o que há pouco concedeste?

Hilas: Nada tenho a dizer quanto a isso. ㉒

Filono: Então, quanto à *solidez*: ou não queres dizer uma qualidade sensível por aquela palavra, e assim ela está além da nossa investigação; ou, se queres dizer, ela deve ser ou a dureza ou a resistência. Porém, tanto uma quanto a outra são manifestamente relativas aos nossos sentidos, sendo evidente que o que parece duro a um animal pode aparecer mole a outro, que tem força maior e maior firmeza de membros. E nem é menos óbvio que a resistência que eu sinto não está no corpo.

Hilas: Admito que a própria sensação de resistência, que é tudo o que imediatamente percebes, não está no *corpo*, mas a causa da sensação está.

Filono: Contudo, as causas das nossas sensações não são coisas imediatamente percebidas e, portanto, não são coisas sensíveis. Esse ponto, eu pensei, já havia sido determinado.

Hilas: Admito que estava, mas tu me perdoarás se eu parecer um pouco embaraçado: não sei como abandonar as minhas antigas noções. ㉓

Filono: Para ajudar-te, considera somente que, se a extensão for, de uma vez, reconhecida como não tendo nenhuma existência fora da mente, o mesmo deve necessariamente ser admitido acerca do movimento, da solidez e da gravidade, visto que elas todas supõem, evidentemente, a extensão. É supérfluo, portanto, investigar de modo particular no que concerne a cada uma delas. Ao negar a extensão, negaste a todas elas ter qualquer existência real.

...

Filono: Podes chegar até mesmo a separar as ideias de extensão e movimento das ideias de todas as qualidades que aqueles que fazem a distinção chamam de *secundárias*?

Hilas: O quê! Não é um assunto fácil considerar extensão e movimento por si mesmos, abstraídos de todas as outras qualidades sensíveis? Por favor, como os matemáticos as tratam?

Filono: Reconheço, Hilas, que não é difícil formar proposições gerais e raciocínios sobre aquelas qualidades sem mencionar alguma outra e, nesse sentido, considerá-las ou tratá-las abstratamente. Porém, como se segue que, porque posso pronunciar a palavra *movimento* por si mesma, posso formar a ideia dele na minha mente em exclusão ao corpo? Ou porque teoremas podem ser feitos de extensão e figuras, sem qualquer menção de *grande* e *pequeno*, ou qualquer outro modo sensível ou qualidade, é possível, portanto, que tal ideia abstrata de extensão, sem qualquer tamanho ou figura particular, ou qualidade sensível, fosse distintamente formada e apreendida pela mente? (...)

Hilas: Mas o que dizes quanto ao *intelecto puro*? Não podem as ideias abstratas ser formadas por aquela faculdade?

Filono: Como não posso formar ideias totalmente abstratas, é óbvio

㉒ Aqui, é importante perceber que aquilo com o que o argumento se preocupa é o movimento como diretamente experimentado, e não o movimento como medido (por exemplo, por um velocímetro). A alegação de que o tempo é medido pela velocidade com a qual as ideias sucedem umas às outras na mente não é particularmente plausível. Você consegue pensar em um argumento melhor nesse ponto? (Ver a Questão para Discussão 4.)

㉓ Aqui está um rápido gesto no argumento da ilusão em aplicação à solidez – você deveria tentar expressá-lo mais detalhadamente. No parágrafo seguinte, Filono segue argumentando que outras qualidades primárias pressupõem extensão e, assim, não podem existir fora da mente se a extensão não existe.

㉔

R Um outro argumento contra a existência separada de qualidades primárias é que não temos ideias delas de forma isolada com respeito às qualidades secundárias. Nesse ponto, Hilas rende-se e admite que todas as qualidades sensíveis existem apenas na mente.

Aqui, como alhures, as ideias parecem ser consideradas como *imagens*, sendo, então, o ponto que qualquer imagem, por exemplo, de uma forma particular deve envolver também outras qualidades, como a cor, que delineiam a forma.

㉕

Aqui está um outro ataque à ideia lockiana da substância, expressando o argumento que se encontrava apenas sugerido no texto correspondente à Anotação 17. Hilas faz uso do termo variante *substratum* para a substância, sendo a ideia que a substância material *subjaz* ou *dá suporte* às qualidades que nela inerem. Todavia, dado que todas as nossas ideias são de qualidades, ele é forçado a admitir que não tem nenhuma ideia real da própria substância material.

que não posso formá-las com a ajuda do *puro intelecto*, seja qual faculdade entendes por essas palavras. Além disso (...), isto parece tão claro, que as coisas sensíveis somente podem ser percebidas pelos sentidos ou representadas pela imaginação. As figuras, portanto, e a extensão, sendo originalmente percebidas pelos sentidos, não pertencem ao puro intelecto. No entanto, para a tua maior satisfação, tenta, se puderes, formar a ideia de alguma figura, abstraída de todas as particularidades do tamanho ou mesmo de outras qualidades sensíveis.

Hilas: Deixa-me pensar um pouco – não acho que eu possa.

Filono: E consegues pensar como é possível que realmente exista na natureza algo que implica uma contrariedade na sua concepção?

Hilas: De forma alguma.

Filono: Dado, portanto, que é impossível, mesmo para a mente, desunir as ideias de extensão e movimento de todas as outras qualidades sensíveis, não se segue que, onde uma existe, ali necessariamente a outra existe por semelhante modo?

Hilas: Deveria ser assim.

Filono: Consequentemente, os mesmíssimos argumentos que admitiste como conclusivos contra as qualidades secundárias o são, sem qualquer aplicação maior de força, contra as primárias também. Além disso, se confiares nos teus sentidos, não está claro que todas as qualidades sensíveis coexistem ou, quanto a elas, revelam-se como existindo no mesmo lugar? Elas algumas vez representam um movimento ou uma figura como privados de todas as outras qualidades visíveis e tangíveis?

Hilas: Não precisas falar mais sobre esse tópico. Sou livre para confessar, se não houver nenhum erro oculto ou despercebido nos nossos procedimentos até aqui, que de todas as qualidades sensíveis deve-se semelhantemente negar a existência fora da mente. Contudo, o meu temor é que eu tenha sido muito liberal nas minhas concessões anteriores, ou tenha passado por cima de alguma falácia ou outra. Em resumo, não tomei tempo para refletir. **㉔**

...

[VIII]

Hilas: Reconheço, Filono, que, numa observação justa do que se passa na minha mente, não posso descobrir nada mais além do fato de que sou um ente pensante, influenciado por uma variedade de sensações; e tampouco é possível conceber como uma sensação deveria existir numa substância impercipiente. Mas, por outro lado, quando olho para as coisas sensíveis numa diferente perspectiva, considerando-as como tantos modos e qualidades, julgo necessário supor um *substratum* material, sem o qual não se pode conceber que elas existam.

Filono: Um *substratum material* é como tu o chamas? Por favor, por qual dos teus sentidos tomaste conhecimento desse ente?

Hilas: Ele mesmo não é sensível; somente os seus modos e as suas qualidades são percebidos pelos sentidos.

Filono: Presumo, então, que foi por reflexão e razão que obtiveste a ideia dele.

Hilas: Não tenho a intenção de propor uma ideia positiva própria dele. Contudo, concluo que ele existe, porque não se pode conceber que as qualidades existam sem um suporte. **㉕**

Filono: Parece, então, que tens apenas uma noção relativa dele, ou que não o concebes de outra maneira a não ser compreendendo a relação que ele tem com as qualidades sensíveis.

Hilas: Correto.

Filono: Peço, portanto, que me faças saber em que consiste essa relação.

Hilas: Não está suficientemente expresso no termo *substratum* ou *substância*?

Filono: Se esse fosse o caso, a palavra *substratum* deveria significar que ele está espalhado sob as qualidades sensíveis ou acidentes.

Hilas: Verdadeiramente.

Filono: E, em consequência, sob a extensão.

Hilas: Confesso que sim.

Filono: Ele é, portanto, de algum modo na sua própria natureza algo inteiramente distinto da extensão.

Hilas: Digo-te, a extensão é somente um modo, e a matéria é alguma coisa que dá suporte a modos. E não é evidente que a coisa que recebe suporte é diferente da coisa que dá suporte?

Filono: De maneira que se supõe que algo distinto e exclusivo da extensão é o *substratum* da extensão?

Hilas: Exatamente assim.

Filono: Responde-me, Hilas, pode uma coisa ser espalhada sem extensão? Ou não está a ideia de extensão necessariamente incluída no *espalhar-se*?

Hilas: Está.

Filono: Tudo o que, portanto, supões espalhado sob alguma coisa deve ter em si mesmo uma extensão distinta da extensão daquela coisa sob a qual está espalhada?

Hilas: Deve.

Filono: Consequentemente, toda substância corpórea, sendo o *substratum* da extensão, deve ter em si mesma uma outra extensão pela qual é qualificada como sendo um *substratum*, e assim por diante, ao infinito? E pergunto se isso não é absurdo em si mesmo e contrário ao que reconheceste agora há pouco, a saber, que o *substratum* era algo distinto e exclusivo da extensão.

Hilas: Sim. Mas, Filono, tu me entendes erradamente. Não quero dizer que a matéria está *espalhada* sob a extensão num sentido literal grosseiro. A palavra *substratum* é usada somente para expressar em geral a mesma coisa que *substância*.

Filono: Bem, então, examinemos a relação implicada no termo *substância*. Não é aquilo que está sob os acidentes?

Hilas: A mesmíssima coisa.

Filono: Contudo, para que uma coisa possa estar sob ou dar suporte a uma outra, não deve ela ser extensa?

Hilas: Deve.

Filono: Portanto, essa suposição não é passível da mesma absurdidade que a anterior?

Hilas: Ainda tomas as coisas num sentido literal estrito; isso não é justo, Filono.

Filono: Não estou querendo impor qualquer sentido às tuas palavras: tens liberdade de explaná-las como quiseres. Apenas eu te suplico que me faças entender alguma coisa por elas. Tu me dizes que a matéria dá suporte ou está sob os acidentes. Como!? Do modo tal como as tuas pernas dão suporte ao teu corpo?

Hilas: Não, esse é o sentido literal.

Filono: Por favor, faze-me entender algum sentido, literal ou não, que entendes nela. Quanto tempo devo esperar por uma resposta, Hilas?

Hilas: Declaro que não sei o que dizer. Uma vez pensei que entendia suficientemente bem o que significava dizer que a matéria dá suporte aos acidentes. Mas, agora, quanto mais penso sobre isso, menos consigo compreendê-lo; enfim, acho que não sei nada sobre isso.

Filono: Parece, então, que não tens nenhuma ideia, nem relativa nem positiva, da matéria; nem sabes o que ela é em si mesma, nem qual relação ela tem com os acidentes.

Hilas: Eu o reconheço. **26**

Filono: E, contudo, afirmaste que não poderias conceber como qualidades ou acidentes realmente existiriam, sem conceber ao mesmo tempo um suporte material para elas.

Hilas: Afirmei.

Filono: Isso significa dizer que, quando concebes a existência real de qualidades, concebes, ao mesmo

---

26 R Filono impiedosamente reitera o ponto de que Hilas não tem nenhuma ideia inteligível nem da própria substância nem da sua relação com as qualidades.

tempo, algo que não podes conceber.

[IX]

Hilas: Eu estava errado, confesso. Mas ainda temo que haja alguma falácia ou outra. Por favor, o que pensas disso? Simplesmente veio à minha mente que o motivo de todo o nosso engano reside no teu tratamento de cada qualidade por si mesma. Agora, admito que cada qualidade não pode individualmente subsistir fora da mente. A cor não pode sem a extensão, nem pode a figura sem alguma outra qualidade sensível. No entanto, assim como as diversas qualidades unidas ou misturadas formam juntas coisas sensíveis inteiras, nada impede que se suponha que tais coisas possam existir fora da mente.

Filono: Hilas, ou estás de gracejos, ou tens uma memória muito ruim. Embora, com efeito, tenhamos atravessado todas as qualidades pelo nome, uma depois da outra, os meus argumentos, ou melhor, as tuas concessões, em lugar algum tiveram a tendência de provar que as qualidades secundárias não subsistiam cada uma por si mesma, mas que não existiam *em absoluto* fora da mente. De fato, ao tratar a figura e o movimento, concluímos que não poderiam existir fora da mente, porque era impossível, mesmo em pensamento, separá-los de todas as qualidades secundárias, de modo a concebê-los existindo por si mesmos (...) Contudo (para passar por tudo aquilo que foi dito até aqui e considerá-lo como não sendo nada, se queres colocar assim), estou satisfeito em depositar o todo nessa questão. Se puderes conceber como possível, para qualquer mistura ou combinação de qualidades, ou para qualquer objeto sensível que seja, existir fora da mente, nesse caso eu o admitirei como sendo de fato assim.

Hilas: Se vem a ser isso, o ponto logo será decidido. O que é mais fácil do que conceber uma árvore ou uma casa existindo por si mesma, independentemente de e não percebida por qualquer mente, seja qual for? De fato, nesse presente momento, concebo-as como existindo desse modo.

Filono: Como dizes, Hilas, que podes ver uma coisa que é, ao mesmo tempo, não vista?

Hilas: Não, isso seria uma contradição.

Filono: Não é igualmente grande contradição falar de *conceber* uma coisa que é *inconcebida*?

Hilas: É.

Filono: A árvore ou a casa, portanto, nas quais pensas, é concebida por ti.

Hilas: Como poderia ser diferente?

Filono: E o que é concebido está com certeza na mente.

Hilas: Está fora de questão que o que é concebido está na mente.

Filono: Como, então, vieste a dizer que concebeste uma casa ou uma árvore existindo independentemente e fora de todas as mentes, quaisquer que sejam?

Hilas: Isso, eu confesso, foi um lapso; porém, um momento, deixa-me considerar o que me levou a ele. É um engano suficientemente agradável. Como estava pensando numa árvore num lugar solitário, onde ninguém estava presente para vê-la, pareceu-me que isso era conceber uma árvore como existindo impercebida ou impensada, não considerando que eu mesmo a concebia todo esse tempo. Mas, agora, vejo manifestamente que tudo o que posso fazer é formular as ideias na minha própria mente. Posso, de fato, conceber nos meus próprios pensamentos a ideia de uma árvore, ou uma casa, ou uma montanha, mas isso é tudo. E isso está longe de provar que posso concebê-las como *existindo fora das mentes de todos os espíritos*.

Filono: Reconheces, então, que não podes possivelmente conceber de que modo alguma coisa sensível corpórea existiria de outro modo senão numa mente?

Hilas: Reconheço. ㉗

Filono: E, contudo, disputarás seriamente pela verdade daquilo que não consegues nem sequer conceber.

Hilas: Admito que não sei o que pensar...

[X]

Hilas: (...) mas, informa-me, Filono, não consegues perceber ou saber nada além das nossas ideias?

Filono: Quanto à dedução racional de causas a partir de efeitos, isso está além da nossa investigação. E, pelos sentidos, tu podes melhor dizer se percebes alguma coisa que não é imediatamente percebida. E eu te pergunto se as coisas imediatamente percebidas são diferentes das tuas próprias sensações ou ideias? Com efeito, declaraste a ti mesmo sobre esses pontos mais de uma vez no curso dessa conversa; porém, por essa última questão, parece que te afastaste daquilo que, então, pensavas.

Hilas: Para falar a verdade, Filono, penso que existem dois tipos de objetos: aqueles percebidos imediatamente, que são por semelhante modo chamados de *ideias*; aqueles que são as coisas reais ou os objetos exteriores, percebidos pela mediação das ideias, que são as suas imagens e representações. Agora, confesso que as ideias não existem fora da mente, mas o último tipo de objetos existe. Lamento que não tenha pensado nessa distinção antes; provavelmente, isso teria abreviado o teu discurso.

Filono: São aqueles objetos exteriores percebidos pelos sentidos ou por alguma outra faculdade?

Hilas: São percebidos pelos sentidos.

Filono: Como!? Há alguma coisa percebida pelos sentidos que não seja imediatamente percebida?

Hilas: Sim, Filono, de algum tipo existe. Por exemplo, quando olho um quadro ou uma estátua de Júlio César, pode-se dizer que, de alguma maneira, eu o percebo (ainda que não imediatamente) pelos meus sentidos.

Filono: Parece, então, que terás as nossas ideias, que são percebidas só imediatamente, como sendo figuras de coisas exteriores e que essas também são percebidas pelos sentidos, visto que têm uma conformidade ou semelhança com as nossas ideias. ㉘

Hilas: Isso é o que eu quero dizer.

Filono: E do mesmo modo que Júlio César, em si mesmo invisível, é contudo percebido pela visão, as coisas reais, em si mesmas imperceptíveis, são percebidas pelos sentidos.

Hilas: Do mesmíssimo modo.

...

Filono: (...) Admito que, numa acepção, pode-se dizer que percebemos as coisas sensíveis mediatamente pelos sentidos: isto é, quando de uma conexão frequentemente percebida a percepção imediata das ideias por um sentido sugere à mente outras, talvez pertencendo a um outro sentido, que costumam estar conectadas a elas. Por exemplo, quando ouço uma carruagem sendo conduzida ao longo das ruas, percebo imediatamente somente o som, mas, da experiência que tive que tal som está conectado a uma carruagem, pode-se dizer que ouço a carruagem. No entanto, é evidente que em verdade e em caráter estrito nada pode ser *ouvido* senão um *som*: e a carruagem não é, então, propriamente percebida pelos sentidos, mas apenas sugerida a partir da experiência. Assim, semelhantemente quando se diz de nós que vemos uma barra de ferro quente-vermelha; a solidez e o calor do ferro não são os objetos da visão, mas sugeridos à imaginação pela cor e figura, que são propriamente percebidas por aquele sentido. Em resumo, são atual e estritamente percebidas por algum sentido apenas aquelas coisas que teriam sido percebidas caso aquele mesmo

---

㉗ De acordo com a concepção **realista** de que objetos existem fora da mente, seria possível para tal objeto existir muito embora não fosse por ninguém concebido. Contudo, se alguém tenta conceber tal situação, parece seguir-se que o objeto é tanto supostamente inconcebido como também concebido, o que, aparentemente, é uma contradição. Assim, tanto a possibilidade em questão quanto a concepção que leva a ela parecem ser inconcebíveis e, portanto, aparentemente impossíveis.

PARE Esse é um dos argumentos favoritos de Berkeley, um argumento que lhe é único e também muito ardiloso. Você consegue ver algum modo de responder a ele?

㉘ Nesse ponto, Hilas finalmente chegou à principal concepção de Locke: estamos imediata ou diretamente conscientes das ideias na mente, mas elas representam os objetos externos à mente em virtude da "conformidade ou semelhança" entre essas duas.

㉙ Filono levanta a mesma questão com que Locke estava às voltas no Capítulo XI do Livro IV do *Ensaio* (p. 71-73): que razão há para crer na existência de objetos exteriores que nunca são diretamente percebidos ou experimentados? No caso da carruagem e da barra de ferro, a alegação é de que algumas ideias imediatamente percebidas sugerem outras anteriormente percebidas junto com elas – porém, esse relato não funcionará para alguma coisa que *jamais* é imediatamente percebida. Hilas não tem nenhuma resposta.

㉚ Filono, agora, desafia a alegação de que as ideias *assemelham-se* a objetos exteriores. É difícil ver de que modo uma coisa insensível, impercipiente, pode literalmente *assemelhar-se* a um aspecto de experiência como uma ideia ou sensação – de que modo poderiam duas coisas tão diferentes como essas ser literalmente semelhantes? Hilas admite que não consegue dar nenhum sentido a isso.

sentido tivesse, então, sido primeiramente outorgado a nós. Quanto a outras coisas, é óbvio que são apenas sugeridas à mente pela experiência, fundada em percepções anteriores. Contudo, para retornar à tua comparação da figura de César, é óbvio que, se prossegues naquilo, deves sustentar que as coisas reais, ou os arquétipos das nossas ideias, não são percebidas pelos sentidos, mas por alguma faculdade interna da alma, como a razão ou a memória. Portanto, gostaria de saber quais argumentos podes tirar da razão para a existência do que chamas de *coisas reais* ou *objetos materiais*. Ou lembras de tê-las visto anteriormente tal como elas são em si mesmas? Ou ouviste ou leste de alguém que o tenha feito?

Hilas: Vejo, Filono, que estás disposto à zombaria; porém, isso jamais me convencerá.

Filono: O meu propósito é só aprender de ti o modo de chegar ao conhecimento dos *entes materiais*. Tudo o que percebemos é percebido imediatamente ou mediatamente: pelos sentidos ou pela razão e pela reflexão. No entanto, visto que excluíste os sentidos, por favor, mostra-me que razão tens para crer na existência deles, ou de que *medium* podes possivelmente fazer uso para prová-lo, seja ao meu ou ao teu próprio entendimento.

Hilas: Para falar ingenuamente, Filono, agora que estou considerando o ponto, não creio que eu possa oferecer qualquer boa razão para ele. **㉙**

...

Filono: (...) se eu te entendo corretamente, dizes que as nossas ideias não existem fora da mente, mas que elas são cópias, imagens ou representações de certos originais que existem.

Hilas: Tu me entendes corretamente.

Filono: Elas são, então, como coisas exteriores.

Hilas: São.

...

Filono: As quais são objetos materiais em si mesmos, perceptíveis ou imperceptíveis?

Hilas: Propriamente e imediatamente nada pode ser percebido senão ideias. Todas as coisas materiais, portanto, são em si mesmas insensíveis e perceptíveis somente por suas ideias.

Filono: As ideias, então, são sensíveis, e os seus arquétipos ou originais são insensíveis.

Hilas: Correto.

Filono: Mas como pode aquilo que é sensível ser como aquilo que é insensível? Pode uma coisa real em si mesma *invisível* ser como uma *cor*, ou uma coisa real que não é *audível* ser como um *som*? Em resumo, pode alguma coisa parecer-se com uma sensação ou ideia senão uma outra sensação ou ideia?

...

Hilas: Após uma reflexão, acho que me é impossível conceber ou entender de que modo alguma coisa senão uma ideia pode parecer-se com uma ideia. E é o mais evidente que *nenhuma ideia pode existir fora da mente*. **㉚**

Filono: Portanto, estás, pelos teus princípios, forçado a negar a realidade de coisas sensíveis, dado que fizeste com que ela consistisse numa existência absoluta exterior à mente. Isso significa dizer que és um completo *cético*. Assim, eu obtive o meu ponto, que era o de mostrar que os teus princípios levavam ao ceticismo.

Hilas: No presente momento, estou, se não inteiramente convencido, ao menos silenciado.

Filono: Gostaria de saber o que mais exigirias para chegar a uma convicção perfeita. Não tiveste a liberdade de explicar a ti mesmo de todos os modos? Foram quaisquer pequenos escorregões ou alvo de insistência no discurso mantido? Ou não tiveste a permissão de retratar-te ou de reforçar qualquer coisa que ofereceste, como melhor servisse ao teu propósito? Tudo o que poderias dizer não foi ouvido e examinado com toda a correção imaginável? Em suma, não foste convencido em todos os pontos a partir da tua própria admissão? E se podes, no presente momento, descobrir qualquer lacuna em qualquer das concessões anteriores, ou pensar em qualquer subterfúgio remanescente, qualquer nova distinção, cor ou comentário seja qual for, por que não o fazes?

Hilas: Um pouco de paciência, Filono. Estou agora tão impressionado de ver a mim mesmo apanhado e, por assim dizer, aprisionado nos labirintos aos quais me levaste que de momento não se pode esperar que eu devesse encontrar a minha saída. Deves dar-me tempo para atentar sobre mim e recompor-me.

Filono: Ei! Isso não é o sino do prédio da faculdade?

Hilas: Ele badala para as orações.

Filono: Entraremos, então, se quiseres e vamos nos encontrar aqui, novamente, amanhã. Nesse meio-tempo, podes empregar os teus pensamentos sobre o discurso desta manhã e tenta, se puderes, encontrar nele alguma falácia ou inventar quaisquer novos meios para te livrar dele.

Hilas: De acordo.

O SEGUNDO DIÁLOGO
[XI]

Hilas: Peço-te perdão, Filono, por não te encontrar mais cedo. Toda essa manhã a minha cabeça estava tão cheia com a nossa última conversa que eu não tive tempo livre para pensar na hora do dia ou, de fato, em qualquer outra coisa.

Filono: Estou feliz que tenhas te dedicado tanto a isso, na esperança de que, se houvesse quaisquer enganos nas tuas concessões ou falácias nos meus raciocínios a partir delas, tu agora os descobrirás para mim.

Hilas: Asseguro-te que não fiz nada desde que te vi senão procurar por enganos e falácias. Com aquela concepção, examinei minuciosamente a série toda da discussão de ontem: mas foi tudo em vão, pois as noções a que ela me levou, sob revisão, parecem ainda mais claras e evidentes. Quanto mais eu as considero, mais irresistivelmente elas forçam o meu assentimento.

Filono: E não é isso, pensas, um sinal de que elas são genuínas, de que procedem da natureza e são imediatamente conformáveis à reta razão? Verdade e beleza são nisso semelhantes, a saber, que o exame mais exato estabelece-as, ambas, para vantagem. Contudo, o brilho falso do erro e do engano não podem resistir sendo revisados ou inspecionados muito de perto.

Hilas: Admito que há um bocado de coisas no que dizes. Nem pode alguém estar mais inteiramente satisfeito da verdade daquelas estranhas consequências, enquanto eu tiver em vista os raciocínios que levaram a elas...

Filono: Muito bem, então, estás amplamente persuadido de que nenhuma coisa sensível tem uma existência real e de que, em verdade, és um *cético* do pior tipo?

Hilas: É por demais óbvio para que seja negado.

Filono: Olha! Não estão os campos cobertos com uma aprazível relva verde? Não há algo nas florestas e nos arvoredos, nos rios e nas fontes claras, que suaviza, que deleita, que transporta a alma? No prospecto do amplo e profundo oceano, ou em alguma enorme montanha cujo topo está perdido nas nuvens, ou numa antiga floresta escura, não estão as nossas mentes cheias de um aprazível horror? Mesmo nas rochas e nos desertos, não há uma agradável violência? Quão sincero prazer é contemplar as belezas naturais da terra!... Não é o sistema todo imenso, belo, glorioso além da expressão e além do pensamento! Que trata-

(31) Tendo conduzido Hilas para o que *Hilas* considera como ceticismo sobre o mundo de objetos ordinários, Filono lança-se numa outra oração sobre as glórias da natureza, novamente sugerindo que não está negando a existência de tais coisas.

(32) Filono nega que seja um cético. Ao invés disso, vê a si mesmo como meramente oferecendo um relato diferente e mais correto do que a realidade dos objetos como aqueles na natureza (cuja existência ele não nega) vem a ser: tais coisas existem só como ideias na mente e, se elas têm uma existência que é independente da mente dele (e daquelas mentes de outros como ele), isso deve ser porque há alguma outra mente (a mente de Deus) na qual elas existem.

(33) Aqui está uma descrição geral de um dos argumentos de Berkeley para a existência de Deus, cujos detalhes são elaborados nas passagens seguintes.

(34) Aqui está uma razão para pensar que as coisas sensíveis existem independentemente da mente de Filono (ou de qualquer mente humana): as ideias que as constituem não estão dentro do seu controle voluntário (ou do de qualquer outro ser humano). Quão convincente é essa razão? (Compare-a com a segunda das "quatro razões concorrentes" de Locke, apresentada no Capítulo XI do Livro IV do *Ensaio*.)

(35) A concepção de Berkeley é de que as ideias correspondentes a objetos reais (em oposição, por exemplo, a objetos meramente imaginários) são produzidas em nós por Deus. Ele sugere que isso pode ser entendido em analogia com o nosso próprio poder mais fraco de deliberadamente imaginar ou pensar em várias coisas.

mento, então, merecem aqueles filósofos que retirariam dessas cenas nobres e deliciosas toda a realidade? Como deveriam ser cogitados aqueles princípios que nos levam a pensar toda a visível beleza da criação como um brilho imaginário falso? Para ser evidente, podes esperar que esse ceticismo teu não será pensado como extravagantemente absurdo por todos os homens de bom senso? **(31)**

Hilas: Outros homens podem pensar como bem quiserem. Contudo, pela tua parte, nada tens com o que me reprovar. O meu conforto é que tu és tão *cético* quanto eu.

Filono: Ali, Hilas, devo pedir licença para discordar de ti.

Hilas: O quê! Esse tempo todo concordaste com as premissas e agora negas a conclusão, deixando-me defender aqueles paradoxos por mim mesmo, nos quais me fizeste incorrer? Isso certamente não é justo.

Filono: Nego que concordei contigo naquelas noções que levaram ao ceticismo. Realmente disseste que a realidade das coisas sensíveis consistia numa *existência absoluta* fora das mentes dos espíritos ou distinta do fato de serem percebidas. E, professando essa noção de realidade, estás obrigado a negar às coisas sensíveis qualquer existência real: isto é, de acordo com a tua própria definição, professas a ti mesmo um *cético*. Todavia, eu nem disse nem pensei que a realidade das coisas sensíveis devia ser definida daquela maneira. Para mim, é evidente, pelas razões que admitiste, que as coisas sensíveis não podem existir de outra maneira que numa mente ou espírito. De onde concluo não que elas não têm existência real, mas que, vendo que não dependem do meu pensamento e têm uma existência distinta do serem percebidas por mim, *deve haver alguma outra mente em que elas existam*. Tão certo, então, quanto o mundo sensível realmente existe, tão certo existe algum espírito onipresente infinito, que o contém e a ele dá suporte. **(32)** (...) As coisas sensíveis realmente existem e, se elas realmente existem, são necessariamente percebidas por uma mente infinita; portanto, há uma mente infinita ou Deus. Isso te fornece uma demonstração direta e imediata, a partir de um princípio maximamente evidente, da existência de um Deus. **(33)**

...

Toma, aqui, de modo breve, o que quero dizer. É evidente que as coisas que percebo são as minhas próprias ideias e que nenhuma ideia pode existir a menos que seja em uma mente. Nem é menos manifesto que essas ideias ou coisas percebidas por mim, elas mesmas ou os seus arquétipos, existem independentemente da minha mente, visto que sei que eu mesmo não sou o seu autor, estando fora do meu poder determinar, como bem quiser, com quais ideias particulares devo ser afetado ao abrir os meus olhos ou ouvidos. **(34)** Elas devem, portanto, existir em alguma outra mente, cuja vontade é que elas deveriam ser mostradas a mim. As coisas, digo, imediatamente percebidas são ideias ou sensações, podes chamá-los como tu quiseres. Mas como pode qualquer ideia ou sensação existir em ou ser produzida por alguma coisa senão uma mente ou um espírito? Isso, com efeito, é inconcebível. E afirmar o que é inconcebível é falar algo absurdo, não é?

Hilas: Sem dúvida.

Filono: Mas, por outro lado, é concebível que elas deveriam existir em e ser produzidas por um espírito, uma vez que isso não é mais do que o que diariamente experimento em mim mesmo, visto que percebo inúmeras ideias e, por um ato da minha vontade, posso formar uma grande variedade delas, suscitando-as na minha imaginação: **(35)** ainda que se deva confessar que essas criaturas da imaginação não são inteiramente tão distintas, tão fortes, vívidas e permanentes como aquelas percebidas pelos meus sentidos, as quais, mais tarde, são chamadas de *coisas reais*. E de tudo isso concluo que *há uma mente que me afeta a todo momento, com todas as impressões sensíveis que percebo*. E a partir da variedade, da ordem e da maneira dessas, concluo que o autor delas é *sábio, poderoso e bom, além da compreensão*. **36** (...) as coisas percebidas por mim são conhecidas pelo entendimento e produzidas pela vontade de um espírito infinito. E não é tudo isso maximamente óbvio e evidente? Há algo mais nisso do que o que uma pequena observação das nossas próprias mentes e daquilo que se passa nelas tanto nos capacita a conceber como também nos obriga a reconhecer?

[XII]

Hilas: Creio que te entendo muito claramente e confesso que a prova que ofereces de uma deidade parece não menos evidente do que é surpreendente. Porém, admitindo que Deus seja a causa universal e suprema de todas as coisas, não pode haver ainda uma terceira natureza, além de espíritos e ideias? Não podemos admitir uma causa subordinada e limitada das nossas ideias? Em síntese, não pode haver, para tudo aquilo, *matéria*?
(...) De maneira alguma se pensaria de mim que nego que Deus ou um espírito infinito é a causa suprema de todas as coisas. Tudo o que argumento é que, subordinada ao agente supremo, há uma causa de uma natureza inferior e limitada, que concorre na produção das nossas ideias, não por qualquer ato da vontade ou de eficiência espiritual, mas por aquele tipo de ação que pertence à matéria, a saber, *o movimento*.

Filono: (...) estás pouco inclinado a abandonar o teu antigo preconceito. No entanto, para fazer com que o abandones mais facilmente, desejo que, além do que foi sugerido até aqui, venhas a considerar se, na suposição de que a matéria existe, consegues possivelmente conceber de que modo deverias ser afetado por ela? Ou, supondo que ela não existisse, se não é evidente que poderias, por tudo aquilo, ser afetado pelas mesmas ideias com que agora o és e, consequentemente, ter as mesmíssimas razões para crer na sua existência que tens agora?

Hilas: Reconheço que é possível que poderíamos perceber todas as coisas exatamente como percebemos agora, ainda que não houvesse matéria no mundo; tampouco posso conceber, se houver matéria, como ela deveria produzir qualquer ideia nas nossas mentes. **37**

...

Reconheço que provaste que a matéria é impossível; tampouco vejo o que mais pode ser dito em defesa dela. Contudo, ao mesmo tempo em que desisto disso, suspeito de todas as minhas outras noções. Com certeza, nenhuma poderia ser mais aparentemente evidente do que esta uma vez fora, embora ela agora pareça tão falsa e absurda como jamais pareceu verdadeira anteriormente. Todavia, penso que discutimos o ponto suficientemente para o presente momento. A parte restante do dia eu gostaria de gastar deixando correr nos meus pensamentos os inúmeros tópicos da conversa desta manhã e amanhã ficarei feliz em encontrar-te aqui novamente em torno da mesma hora.

Filono: Não deixarei de comparecer.

O TERCEIRO DIÁLOGO
[XIII]

Filono: Dize-me, Hilas, quais são os frutos da meditação de ontem? Ela te

36 Este é um apelo a alguma coisa como o argumento do desígnio (ver o Capítulo 7).

37 Hilas não consegue oferecer nenhum relato de como a matéria causaria as ideias e, portanto, tem de admitir que poderia muito bem ter as mesmas ideias se não houvesse nenhuma matéria, caso em que não há nenhuma razão para crer nela.
(A preocupação subjacente, aqui, é como as mentes e os corpos podem interagir causalmente – ver a discussão no Capítulo 3.)

confirmou no mesmo pensamento no qual te encontravas ao partir? Ou, desde então, viste algum motivo para mudar a tua opinião?

Hilas: De fato, a minha opinião é que todas as nossas opiniões são semelhantemente vãs e incertas. O que aprovamos hoje condenamos amanhã. Ficamos fazendo um rebuliço sobre o conhecimento e gastamos as nossas vidas na busca dele, quando, surpresa!, não sabemos nada todo o tempo: nem penso que nos seja possível jamais conhecer qualquer coisa nesta vida. As nossas faculdades são por demais estreitas e muito poucas. A natureza certamente jamais nos destinou para a especulação.

Filono: O quê! Dizes que não podemos saber nada, Hilas?

Hilas: Não há uma única coisa no mundo de onde possamos saber a real natureza ou o que ela é em si mesma.

Filono: Dir-me-ás que eu não sei realmente o que é o fogo ou a água?

Hilas: Podes de fato saber que o fogo parece quente e a água fluida, porém isso não é mais do que saber quais sensações são produzidas na tua própria mente, na aplicação do fogo e da água sobre os teus órgãos dos sentidos. A constituição interna deles, a sua natureza verdadeira e real, quanto a *isso* estás, em última instância, no escuro.

Filono: Eu não sei que esta é uma pedra real, sobre a qual estou de pé, e que aquilo que vejo diante dos meus olhos é uma árvore real?

Hilas: Saber? Não, é impossível que tu ou qualquer homem vivo devesse saber isso. Tudo o que sabemos é que tens tal ideia certa ou aparência na tua própria mente. Mas o que é isso no que diz respeito à árvore ou à pedra real? Digo-te que a cor, a figura e a dureza que percebes não são as naturezas reais daquelas coisas ou minimamente como elas. O mesmo pode ser dito a respeito de todas as coisas reais ou substâncias corpóreas que compõem o mundo. Nenhuma delas tem qualquer coisa em si como aquelas qualidades sensíveis percebidas por nós. Portanto, não deveríamos pretender afirmar ou conhecer algo delas, tal como são em sua própria natureza.

...

Filono: (...) E assim estás mergulhado no mais profundo e deplorável *ceticismo* em que jamais esteve um homem. Dize-me, Hilas, não se passa assim como digo?

[XIV]

Hilas: Concordo contigo. *A substância material* era não mais do que uma hipótese, e também uma hipótese falsa e sem fundamento. Não gastarei mais o meu fôlego em defesa dela. Porém, seja qual for a hipótese que formules, ou qual for o esquema de coisas que introduzes em seu lugar, não duvido que parecerá em todo mínimo aspecto como falso: dá-me só a permissão de questionar-te sobre isso. Isto é, permite-me servir-te na tua própria maneira, e asseguro que isso te conduzirá, através de tantas perplexidades e contradições, ao mesmíssimo estado de ceticismo no qual eu mesmo me encontro no presente momento.

Filono: Asseguro-te, Hilas, que não pretendo formular quaisquer hipóteses. Sou de uma casta vulgar, simples o bastante para crer nos meus sentidos e deixar as coisas tal como as encontro. Para ser claro, é a minha opinião que as coisas reais são aquelas que vejo, sinto e percebo pelos meus sentidos. Essas eu conheço e, notando que elas respondem a todas as necessidades e propósitos da vida, não tenho razão para ser solícito sobre quaisquer outros entes desconhecidos. Um pedaço de pão sensível, por exemplo, ficaria no meu estômago melhor do que dez mil vezes a quantidade daquele pão real insensível, ininteligível, do qual falas. É por semelhante modo minha opinião que as cores e outras qualidades sensíveis são nos objetos. Não posso, pela minha vida, deixar de pensar que a neve é branca e que o fogo é quente. Tu, de fato, que por *neve* e *fogo* queres dizer certas substâncias imperceptíveis, impercebidas, externas, estás no direito de negar a brancura ou o calor como sendo afecções inerentes nelas. Mas eu, que entendo por aquelas palavras as coisas que vejo e sinto, sou obrigado a pensar como outras pessoas. E, visto que não sou nenhum cético com respeito à natureza das coisas, tampouco o sou eu quanto à sua existência. Que uma coisa deveria realmente ser percebida pelos meus sentidos, e ao mesmo tempo não existir realmente, é para mim uma contradição manifesta, dado que não posso prescindir ou abstrair, mesmo no pensamento, a existência de uma coisa sensível do seu ser percebida. Madeira, pedras, fogo, água, carne, ferro e coisas semelhantes, as quais nomeio e sobre as quais discurso, são coisas que eu conheço; (...) E eu não as teria conhecido, a menos que as percebesse pelos meus sentidos, e as coisas percebidas pelos sentidos são imediatamente percebidas, as coisas imediatamente percebidas são ideias, e as ideias não podem existir fora da mente. A sua existência, portanto, consiste no ser percebido; quando, portanto, elas são realmente percebidas, não pode haver dúvida da sua existência. Para longe, então, com todo aquele ceticismo, todas aquelas ridículas dúvidas filosóficas. **38** Que brincadeira é, para um filósofo, questionar a existência das coisas sensíveis, até que a tenha provada para si a partir da veracidade de Deus, ou então pretender que o nosso conhecimento, nesse ponto, fique aquém da intuição ou demonstração? Eu também poderia duvidar do meu próprio existir, bem como do existir daquelas coisas que realmente vejo e sinto.

Hilas: Não tão rápido, Filono: dizes que não consegues perceber como as coisas sensíveis existiriam fora da mente. Não dizes?
Filono: Digo.
Hilas: Supondo que fosses aniquilado, não conseguirias conceber como é possível que as coisas perceptíveis pelos sentidos ainda possam existir?
Filono: Posso. Porém, nesse caso, deve ser numa outra mente. Quando nego às coisas sensíveis uma existência fora da mente, não quero dizer a minha mente em particular, mas todas as mentes. Agora, é evidente que elas têm uma existência exterior à minha mente, dado que eu as descubro, pela experiência, como sendo independentes dela. Há, portanto, alguma outra mente na qual elas existem durante os intervalos entre os momentos em que eu as percebo: como semelhantemente elas existiram antes do meu nascimento e existiriam depois da minha suposta aniquilação. E, na medida em que o mesmo é verdadeiro com respeito a todos os outros espíritos criados finitos, segue-se necessariamente que há uma *mente eterna onipresente*, a qual conhece e compreende todas as coisas, exibindo-as à nossa visão de tal maneira e de acordo com tais regras tal como ele mesmo ordenou, e são por nós chamadas de *leis da natureza*.

...

[XV]

Hilas: Mas, de acordo com as tuas noções, que diferença há entre as coisas reais e as quimeras formadas pela imaginação ou as visões de um sonho, já que todas elas existem igualmente na mente?
Filono: As ideias formadas pela imaginação são frágeis e indistintas; elas têm, além disso, uma inteira dependência da vontade. Contudo, as ideias percebidas pelos sentidos, isto é, as coisas reais, são mais vívidas e claras, e, estando

38
R A concepção contrária de Filono é que o existir de uma coisa é simplesmente o existir das ideias relevantes e que conhecer aquelas ideias é conhecer tudo o que há para conhecer sobre a natureza de tal coisa.
(A passagem imediatamente seguinte é dirigida a Descartes e a Locke.)

39 Se a realidade das coisas consiste apenas das ideias nas mentes, como podemos dizer a diferença entre *coisas reais* (aquelas que existem na mente de Deus e são causadas por Deus para existir em nossas mentes) e os vários tipos de ilusão? A resposta de Filono é que qualquer critério para essa distinção que apele à experiência, isto é, a ideias de percepção, estará igualmente disponível a ele.

40 Aqui está o relato de Berkeley sobre o erro perceptual: as ideias em questão não são equivocadas em si mesmas; em vez disso, o equívoco reside nas inferências que fazemos delas para outras ideias que são ou poderiam ser percebidas.

impressas na mente por um espírito diferente de nós, não têm uma semelhante dependência da nossa vontade. Portanto, não há perigo de confundir estas com as anteriores: e tão pouco perigo há de confundi-las com as visões de um sonho, que são turvas, irregulares e confusas. E embora pudesse acontecer, todavia, que elas jamais fossem tão vivas e naturais, por não estarem conectadas e em continuidade com as atividades precedentes e subsequentes das nossas vidas, elas poderiam facilmente ser distinguidas de realidades. Em resumo, seja por qual método distinguires *coisas* de *quimeras*, no teu próprio esquema, o mesmo, é evidente, valerá também para o meu. Isso deve ocorrer, eu presumo, por alguma diferença percebida, e eu não quero privar-te de qualquer uma das coisas que percebes. **39**

...

Hilas: O que dizes quanto a isso? Dado que, de acordo contigo, os homens julgam sobre a realidade das coisas pelos seus sentidos, como pode um homem estar enganado em pensar na lua como uma superfície luzidia plana, com cerca de um pé de diâmetro, ou numa torre quadrada, vista à distância, como redonda, ou ainda num remo, com uma ponta na água, como entortado?

Filono: Ele não se engana com respeito às ideias que realmente percebe, mas sim com as inferências que faz das suas presentes percepções. Assim, no caso do remo, o que ele percebe imediatamente pela visão está certamente arqueado e, nesse ponto, ele está certo. No entanto, se ele concluir, a partir daí, que, ao tirar o remo da água, perceberá o mesmo arqueamento, ou que ele afetará o seu toque, tal como as coisas arqueadas costumam fazer, nisso ele está enganado. Por semelhante modo, se concluir, a partir do que percebe numa estação, que, caso avance em direção à lua ou à torre, ainda deverá ser afetado pelas mesmas ideias, nisso ele se engana. Contudo, o seu engano reside não no que percebe imediatamente e no presente (sendo uma contradição evidente supor que ele errasse com respeito àquilo), mas no juízo errado que faz com respeito às ideias que apreende como estando conectadas com aquelas imediatamente percebidas; ou no juízo errado que faz no que concerne às ideias que, a partir do que percebe no presente, imagina que seriam percebidas em outras circunstâncias. **40**

...

Hilas: Estive por um longo tempo desconfiando dos meus sentidos; parecia-me que via as coisas por uma luz turva e através de falsos vidros. Agora, os vidros estão removidos, e uma nova luz irrompe sobre o meu entendimento. Estou claramente convencido de que vejo as coisas nas suas formas nativas e não estou mais angustiado sobre a sua natureza desconhecida ou a sua existência absoluta. Este é o estado no qual me encontro no presente: apesar, com efeito, do curso que me trouxe a ele, ainda não o compreendo profundamente. Começaste com os mesmos princípios que os acadêmicos, os cartesianos e as seitas semelhantes normalmente começam; e, por muito tempo, pareceu como se fosses avançar o *ceticismo* filosófico deles; porém, ao final, as tuas conclusões mostram-se diretamente opostas às deles.

Filono: Vês, Hilas, a água da fonte lá adiante, como ela é forçada para cima, numa coluna redonda, até uma certa altura, na qual ela interrompe e cai de volta na base de onde se ergueu, procedendo o seu ascenso bem como o seu descenso da mesma lei uniforme ou princípio de *gravitação*. Exatamente assim, os mesmos princípios que, num primeiro olhar, levam ao *ceticismo*, perseguidos até um certo ponto, trazem os homens de volta ao senso comum.

Questões para Discussão

1. Alguns dos argumentos de Berkeley repousam na alegação de que algumas das nossas ideias sensórias são indistinguíveis das ideias de prazer ou dor. Ele está certo sobre essa alegação?

2. Expresse o argumento da ilusão para o caso dos dois baldes de água e, então, para o caso das cores vistas a olho nu e através de um microscópio. (Admitindo que você não pode olhar para algo simultaneamente de ambos os modos, o segundo argumento terá de ser mais complicado, envolvendo a noção de que o objeto não muda quando você troca de uma visão para a outra.) Em cada caso, comece com um argumento para a conclusão de que pelo menos uma das qualidades percebidas não existe no objeto e então argumente a favor da alegação de que nenhuma delas o é. (Ver a Anotação 18 para uma sugestão sobre isso.) Quão convincentes são esses argumentos? Você consegue pensar numa resposta a eles?

3. Locke invocou a ideia de substância porque lhe parecia impossível que as qualidades pudessem simplesmente existir por si mesmas, mesmo em grupos, sem ser qualidades de coisa alguma. Considere as críticas de Berkeley a essa concepção, centrando-se em torno da alegação de que não temos nenhuma ideia inteligível de tal coisa subjacente. Essas objeções também se aplicam à ideia de Berkeley de uma mente que percebe ideias? Por que sim ou por que não? Se os objetos materiais, depois de tudo, existem de fato fora da mente, deve haver também substância material?

4. É uma experiência deveras comum que uma dada velocidade, por exemplo, enquanto se está dirigindo um carro, pareça mais alta ou mais baixa, dependendo do quão rapidamente se estava dirigindo pouco antes: 45 quilômetros por hora parece devagar depois de ir a 90, mas parece rápido depois de estar parado. Construa, com base nisso, um argumento que seja paralelo às outras versões do argumento da ilusão que Berkeley formula e que leva à conclusão de que *a velocidade aparente* (a velocidade como diretamente percebida ou experimentada) existe apenas na mente.

5. Tanto Locke quanto Berkeley tendem a pensar nas ideias como imagens mentais e na representação das coisas pelas ideias como dependendo de semelhança entre as duas. São todas as ideias imagens? (Ver a Questão para Discussão 1 para a seleção de Locke.) Temos imagens das nossas próprias mentes ou eus? Se uma pessoa tem de fato uma imagem mental, é essa última automaticamente uma representação de algum objeto com o qual a imagem se assemelha (admitindo que tal semelhança faz sentido)?

6. Locke e Berkeley apelam ambos a aproximadamente as mesmas características das nossas ideias perceptuais: o seu caráter involuntário e a sua ordem e a sua regularidade sistemáticas. Locke pode ser visto como argumentando que esses traços são explicados da melhor maneira supondo-se que as ideias são sistematicamente causadas por um mundo de objetos exteriores, enquanto Berkeley argumenta que elas são explicadas do melhor modo supondo-se que as ideias são causadas em nós por uma mente ou um espírito infinito. De quem você considera que é a melhor explicação? Como você argumentaria a favor de uma e contra a outra?

Thomas Reid

O filósofo escocês Thomas Reid (1710-1796) foi um dos fundadores daquela que ficou conhecida como a escola filosófica do "senso comum". Ele é sobretudo reconhecido por suas contribuições à epistemologia, que são focadas principalmente na defesa da concepção do senso comum sobre o nosso conhecimento do mundo material contra aquilo que ele vê como as tendências céticas a serem encontradas em seus predecessores britânicos, Locke, Berkeley e Hume, assim como em Descartes e outros.

Na seleção que segue, Reid ataca a visão lockiana de que percebemos objetos materiais exteriores pela percepção, de um modo mais imediato, das ideias que os represen-

> tam. A sua alternativa é uma versão primitiva de realismo direto, de acordo com o qual os objetos materiais são, eles mesmos, os objetos mais diretos das nossas percepções. Como Reid reconhece, a visão de que a percepção é direta desse modo não responde em si mesma à questão sobre qual razão ou motivo nós temos para pensar que os nossos juízos de percepção direta são verdadeiros. Assim, ele também argumenta que a alegação de que a "evidência dos sentidos" é boa evidência para as alegações que aceitamos com aquela base tem o estatuto de um axioma ou "primeiro princípio": algo que é imediatamente conhecido sem qualquer necessidade de justificação posterior.

Realismo Direto,[6] Extraído de *Ensaios Sobre os Poderes Intelectuais do Homem*

DA PERCEPÇÃO

...

Se (...) atentamos àquele ato da nossa mente que chamamos de percepção de um objeto exterior dos sentidos, encontraremos nele três coisas. *Em primeiro lugar*, alguma concepção ou noção do objeto percebido. *Em segundo lugar*, uma convicção forte e irresistível, além de uma crença na sua existência presente. E, *em terceiro lugar*, que essa convicção e crença são imediatas, e não o efeito de raciocínio.* ❶

Primeiro, é impossível perceber um objeto sem ter alguma noção ou concepção daquilo que percebemos. Podemos, com efeito, conceber um objeto que não percebemos; porém, quando percebemos o objeto, devemos ter ao mesmo tempo alguma concepção dele e temos comumente uma noção mais clara e contínua do objeto enquanto o percebemos do que temos a partir da memória ou da imaginação quando ele não está sendo percebido...

Segundo, na percepção não apenas temos uma noção mais ou menos distinta do objeto percebido, mas também uma convicção e uma crença irresistível na sua existência. Esse é sempre o caso quando estamos certos de que o percebemos. Pode haver uma percepção tão confusa e indistinta que nos deixa em dúvida se percebemos o objeto ou não. Assim, quando uma estrela começa a brilhar, assim que a luz do sol se retira, alguém pode, por um breve período de tempo, pensar que a vê, sem estar certo disso, até que a percepção adquira alguma força e firmeza. Quando uma navio apenas começa a aparecer na linha mais distante do horizonte, podemos, num primeiro momento, ficar em dúvida se o percebemos ou não; porém, quando a percepção é, em qualquer grau, clara e firme, não resta nenhuma dúvida da sua realidade e, quando a realidade da percepção está certificada, a existência do objeto percebido não pode mais ser posta em dúvida.

...

Pode-se dar alguma prova mais forte de que é o juízo universal da humanidade que a evidência dos sentidos é um tipo de evidência no qual, nas questões mais significativas da humanidade, podemos seguramente nos apoiar? Que ela é um tipo de evidência com respeito ao qual não deveríamos admitir qualquer raciocínio? Portanto, que argumentar, seja a favor dela ou contra ela, é um insulto ao senso comum? ❷

Toda a conduta da humanidade, nas ocorrências diárias da vida, bem como o solene procedimento dos administradores da justiça no processo de causas, civis e criminais, demonstra isso. Sei somente de duas exceções que podem ser oferecidas contra o fato de isso ser a crença universal da humanidade.

A primeira exceção é aquela de alguns lunáticos, que foram persuadidos de coisas que parecem contradizer o claro

---

❶ Esta é a acepção básica de Reid daquilo que acontece quando uma pessoa percebe um objeto material exterior. Note-se, contudo, que isso até agora nada diz sobre se e como a crença resultante é *justificada*, ou seja, se e como a pessoa tem um motivo ou uma razão para pensar que ela é verdadeira.

❷ Há duas alegações consideravelmente diferentes sendo feitas aqui: a primeira é que as dúvidas céticas sobre o conhecimento perceptual não deveriam ser tomadas seriamente, porque vão contra "o juízo universal da humanidade"; a segunda é que esse juízo universal mostra que "a evidência dos sentidos" não depende de ou requer qualquer tipo de argumentação em seu suporte.

---

[6] Extraído de *Essays on the Intellectual Powers of Man* (Cambridge, Mass.: MIT Press, 1969).
* N. de T. A expressão *reasoning* pode ser igualmente traduzida aqui como "argumentação". Ao contrário de uma crença imediata, enfatiza-se com isso a ideia de uma crença à qual se chega com mediação.

testemunho dos seus sentidos. Diz-se que existiram pessoas lunáticas e hipocondríacas, que acreditavam seriamente ser elas mesmas feitas de vidro e, em consequência disso, viviam em contínuo terror de ter a sua estrutura quebradiça feita em pedaços.

...

A outra exceção que pode ser feita para o princípio que estabelecemos é aquela de alguns filósofos que sustentaram que o testemunho dos sentidos é falacioso e, portanto, jamais deveria ser objeto de confiança. Talvez pudesse ser uma resposta suficiente a isso dizer que não há nada de tão absurdo que alguns filósofos não tenham sustentado. Uma coisa é proferir uma doutrina desse tipo, e outra é crer seriamente nela e ser governado por ela na condução da vida. É evidente que um homem que não acreditasse nos seus sentidos não poderia ficar longe do caminho do perigo por uma hora da sua vida; contudo, em toda a história da filosofia, jamais lemos a respeito de qualquer cético que tenha pisado no fogo ou na água porque não acreditava nos seus sentidos, ou que tenha demonstrado, na condução da vida, menos confiança nos seus sentidos do que os outros homens demonstram. Isso nós dá um motivo justo para depreender que a filosofia jamais foi capaz de conquistar aquela crença natural que os homens têm nos seus sentidos e que todas as suas argumentações sutis contra essa crença jamais foram capazes de persuadir a si mesmos.

Parece, portanto, que o testemunho claro e distinto dos nossos sentidos carrega consigo uma convicção irresistível a todo homem no seu reto juízo.

Observei, em terceiro lugar, que essa convicção não apenas é irresistível, mas também é imediata, ou seja, não é por uma sequência de raciocínio e argumentação que chegamos a ficar convencidos da existência do que percebemos, não pedimos nenhum argumento para a existência do objeto, mas estamos convencidos de que o percebemos; a percepção comanda a nossa crença por sua própria autoridade e desdenha repousar a sua autoridade sobre qualquer raciocínio qualquer que seja. ❸

A convicção de uma verdade pode ser irresistível, e contudo não imediata. Assim, pois, a minha convicção de que os três ângulos de todo triângulo comum são iguais a dois ângulos retos é irresistível, porém ela não é imediata: estou convencido dela por raciocínio demonstrativo. Há outras verdades na matemática das quais temos não somente convicção irresistível, mas também uma convicção imediata. Tais são os axiomas. A nossa crença nos axiomas da matemática não está fundada em argumento. Argumentos estão fundados neles, mas a sua evidência é discernida imediatamente pelo entendimento humano.

Sem dúvida, uma coisa é ter uma convicção imediata de um axioma autoevidente; outra coisa é ter uma convicção imediata da existência do que vemos; todavia, a convicção é igualmente imediata e igualmente irresistível em ambos os casos. Nenhum homem pensa em procurar uma razão para crer no que vê, e, antes de sermos capazes de raciocinar, colocamos não menos confiança nos nossos sentidos do que depois. O selvagem mais rude está tão plenamente convencido do que vê, ouve e sente quanto o mais especializado dos lógicos...

DAS OPINIÕES* DO SR. LOCKE

[Locke] estabelece no seu *Ensaio*, com uma convicção plena, comum a ele junto com outros filósofos, que as ideias na mente são os objetos de todos os nossos pensamentos em toda operação do entendimento. Isso o leva a fazer uso da palavra *ideia* tão frequentemente, além do que era usual na língua inglesa, que pensou ser necessário, na sua introdução, fazer [uma] apologia (...)

Falando da realidade do nosso conhecimento, ele diz "É evidente que a mente tem conhecimento não das coisas imediatamente, mas apenas pela intervenção das ideias que tem delas. O nosso conhecimento, portanto, é real apenas na medida em que há uma conformidade entre as nossas ideias e a realidade das coisas. Mas qual será aqui o critério? Como a mente, quando não percebe nada senão as suas próprias ideias, pode saber que elas concordam com as próprias coisas? (...)"

---

* N. de T. Conforme, no original, a expressão *sentiments*.

❸ Reid está claramente certo de que não se chega costumeiramente aos juízos de percepção através de um processo explícito de raciocínio. Segue-se disso que nenhum raciocínio está envolvido, mesmo implicitamente, ou que nenhum raciocínio é requerido para mostrar que é de fato provável que a crença resultante seja verdadeira?

4

R Portanto, em certo sentido, ter uma ideia de alguma coisa é simplesmente pensar nela, sem qualquer implicação de que a ideia seja uma entidade distinta que tem de ser percebida em si mesma.

5

R Em contraste com a concepção no parágrafo anterior, a concepção lockiana trata as ideias como entidades mentais que são percebidas por si mesmas e são (de algum modo) a base para a percepção das coisas fora da mente.

Vemos que o Sr. Locke estava consciente, não menos do que Descartes, de que a doutrina das ideias tornou necessário, e ao mesmo tempo difícil, provar a existência de um mundo material fora de nós, porque a mente, de acordo com aquela doutrina, não percebe nada senão um mundo de ideias em si mesmo. Não apenas Descartes, mas Malebranche, Arnauld e Norris haviam percebido essa dificuldade e tentaram removê-la com pouco sucesso. O Sr. Locke tenta a mesma coisa, mas os seus argumentos são frágeis. Ele até parece estar consciente disso; afinal, conclui o seu raciocínio com essa observação: "Que temos evidência suficiente para dirigirmo-nos a atingir o bem e evitar o mal causados por objetos exteriores e que essa é a questão importante que temos ao tornarmo-nos familiarizados com eles". Isso, com efeito, é dizer não mais do que será admitido por aqueles que negam a existência do mundo material.

E não há nenhuma diferença material entre Locke e Descartes com respeito à percepção dos objetos pelos sentidos, e tampouco há ocasião, nesse lugar, para dar notícia de todas as suas diferenças em outros pontos (...)

Embora nenhum autor tenha mais mérito do que o Sr. Locke em apontar para a ambiguidade das palavras e em resolver por esse meio muitas questões complicadas, que haviam torturado os cérebros dos escolásticos, entendo que ele tenha às vezes sido malconduzido pela ambiguidade da palavra *ideia*, que ele tão frequentemente usa, quase em todas as páginas do seu *Ensaio*.

Na explicação dada a essa palavra, tomamos ciência de dois significados dados a ela, um popular e um filosófico. No significado popular, ter uma ideia de alguma coisa significa nada mais do que pensar nela.

(...) Quando a palavra *ideia* é tomada nesse sentido popular, não pode haver dúvida de termos ideias em nossas mentes. Pensar sem ideias seria pensar sem pensamento, o que é uma contradição manifesta. **4**

Contudo, há um outro significado da palavra *ideia*, peculiar aos filósofos e fundado numa teoria filosófica, na qual o vulgo nunca pensa. Os filósofos, antigos e modernos, sustentaram que as operações da mente, tal como as ferramentas de um artífice, apenas podem ser empregadas sobre objetos que estão presentes na mente ou no cérebro, onde se supõe que a mente reside. Portanto, objetos que se encontram distantes, no tempo ou no lugar, devem ter um representante* na mente ou no cérebro, alguma imagem ou figura deles, que é o objeto que a mente contempla. **5**

(...) Desde a época de Descartes, [essa imagem representativa] tem (...) sido chamada de uma *ideia*; e todo pensamento é concebido como tendo uma ideia para o seu objeto. Na medida em que essa tem sido uma opinião comum entre filósofos, há tanto tempo quanto podemos buscar os rastros da filosofia, não é de admirar que eles estivessem sujeitos a confundir a operação da mente no pensar com a ideia ou o objeto do pensamento, que se supõe ser o seu concomitante inseparável.

...

A partir disso, penso que é evidente que, se a palavra *ideia*, numa obra em que ela ocorre em todos os parágrafos, for usada sem qualquer sugestão da ambiguidade da palavra, às vezes significando o pensamento ou a operação da mente no pensar, às vezes significando aqueles objetos internos do pensamento que os filósofos supõem, isso deve ocasionar confusão nos pensamentos tanto do autor quanto dos leitores. Tomo isso como sendo a maior mácula no *Ensaio sobre o entendimento humano*; entendo que isso é a verdadeira fonte de diversas opiniões paradoxais naquela obra excelente, as quais terei oportunidade de comentar.

Aqui, é muito natural perguntar se foi opinião do Sr. Locke que as ideias são os únicos objetos do pensamento, ou se não é possível para os homens pensar em coisas que não são ideias na mente?

A essa questão não é fácil dar uma resposta direta. Por um lado, ele diz frequentemente, em expressões distintas e estudadas, que o termo *ideia* representa tudo aquilo que é o objeto do entendimento quando um homem pensa ou tudo aquilo sobre o que a mente pode ser empregada no pensar: que a mente percebe apenas as próprias ideias, que todo o conhecimento consiste na percepção da concordância ou discordância das nossas

---

* N. de T. Ou um "meio representativo". No original, tem-se a expressão *representative*.

ideias, que não podemos ter nenhum conhecimento a mais do que temos ideias. Essas e muitas outras expressões de mesmo significado implicam, evidentemente, que todo objeto do pensamento deve ser uma ideia e não pode ser nenhuma outra coisa.

Por outro lado, estou persuadido de que o Sr. Locke teria reconhecido que podemos pensar em Alexandre Magno ou no planeta Júpiter e em inúmeras coisas que ele teria confessado que não são ideias na mente, mas objetos que existem independentemente da mente que pensa nelas.

Como reconciliaremos as duas partes dessa visível contradição? Tudo o que sou capaz de dizer sobre os princípios do Sr. Locke no intuito de reconciliá-los é isto: não podemos pensar em Alexandre, ou no planeta Júpiter, a menos que tenhamos uma ideia na nossa mente, ou seja, uma imagem ou uma figura daqueles objetos. A ideia de Alexandre é uma imagem, ou uma figura, ou uma representação daquele herói na minha mente, e essa ideia é o objeto imediato do meu pensamento quando penso em Alexandre. Que essa era a opinião de Locke e que ela tem sido, em geral, a opinião dos filósofos, disso não pode haver nenhuma dúvida. ❻

Porém, ao invés de lançar luz à questão proposta, parece que se a envolve numa escuridão ainda maior.

Quando penso em Alexandre, é-me dito de que há uma imagem ou ideia de Alexandre na minha mente, que é o objeto imediato desse pensamento. A consequência necessária disso parece ser que existem dois objetos desse pensamento, a ideia, que está na mente, e a pessoa representada por aquela ideia; o primeiro é o objeto imediato do pensamento, enquanto o segundo é o objeto do mesmo pensamento, mas não o objeto imediato. Essa é uma colocação difícil; afinal, ela faz com que todo pensamento de coisas exteriores tenha um objeto duplo. Todo homem é consciente dos seus pensamentos e, contudo, com reflexão atenta, não percebe nenhuma duplicidade dessa espécie no objeto sobre o qual pensa. Algumas vezes, os homens vêm objetos duplos, mas sempre sabem quando o fazem; e eu não tenho conhecimento de nenhum filósofo que tenha admitido expressamente essa duplicidade no objeto do pensamento, ainda que ela decorra necessariamente da declaração de que, no mesmo pensamento, há um objeto que é imediato e está na própria mente, e um outro objeto que não é imediato e não está na mente. ❼

...

Compreendo, portanto, que, se os filósofos sustentaram que as ideias na mente são os únicos objetos imediatos do pensamento, eles são forçados a admitir que elas são os únicos objetos do pensamento e que é impossível para os homens pensar em qualquer outra coisa. Contudo, certamente o Sr. Locke acreditava que podemos pensar em muitas coisas que não são ideias na mente, mas ele parece não ter percebido que, ao defender que as ideias na mente são os únicos objetos imediatos do pensamento, deve necessariamente considerar essa consequência junto com isso.

A consequência, entretanto, foi vista pelo Bispo Berkeley e pelo Sr. Hume, que preferiram admitir tal consequência a abandonar o princípio do qual ela se segue. ❽

...

REFLEXÕES SOBRE A TEORIA COMUM DAS IDEIAS

Após um detalhamento tão longo das opiniões dos filósofos, antigos e modernos, acerca das ideias, pode parecer presunçoso pôr em questão a existência delas. Contudo, nenhuma opinião filosófica, embora antiga ou recebida de maneira geral, deveria estar apoiada em autoridade. Não há nenhuma presunção em exigir evidência para ela ou em regular a nossa crença pela evidência que podemos encontrar.

Para evitar equívocos, o leitor deve ser novamente lembrado de que, se pelas *ideias* faz-se referência apenas aos atos ou às operações da nossa mente ao perceber, lembrar ou imaginar objetos, estou longe de pôr em questão a existência daqueles atos, pois estamos conscientes deles todos os dias e todas as horas da nossa vida, e creio que nenhum homem de mente sã jamais duvidou da existência real das operações da mente das quais está consciente. Nem se deve duvi-

---

❻ Note que Locke está, nesse particular, tentando oferecer um relato de *como* a mente percebe alguma coisa fora dela. Reid, em contraste, não faz nenhuma tentativa de oferecer tal relato.

❼ Isso sugere no mínimo que os dois objetos não são percebidos do mesmo modo – que em casos ordinários o foco da consciência está no objeto exterior, com a ideia (se há alguma) servindo como o modo pelo qual a mente é capaz de ter acesso àquele objeto exterior.

❽ A concepção de Berkeley era, naturalmente, o idealismo. (Hume defende uma concepção de certa maneira similar.)

⑨ A alegação mais crucial aqui é que as ideias *representam* objetos exteriores. Que elas o fazem por *assemelhar-se* a eles ou que elas são *imagens* mentais constituem alegações posteriores, feitas num esforço para explicar como funciona a relação de representação. (Assim, seria pelo menos possível rejeitar essas últimas alegações e a abordagem de representação que elas incorporam, embora preservando a própria alegação de representação – ainda que, nesse caso, alguma outra abordagem de representação fosse necessária.)

⑩ Aqui, Reid mal-interpreta seriamente a concepção que está criticando. Locke não afirma que o sol e a lua estão na nossa mente ou cessam de existir quando não estamos pensando neles. E, embora Berkeley afirme a primeira dessas coisas, ele não concordaria com a segunda (pense por quê).

⑪ Esta é uma afirmação mais acurada da concepção de Locke.
Qual é a alternativa de Reid? O sol e a lua "aparecem a nós na sua própria pessoa" e, se o fazem, como fazem isso – dado que também Reid defende que eles existem fora da mente? Pode a mente pensar sobre alguma coisa fora dela sem existir alguma característica interna – seja ela uma entidade tal como uma ideia ou não – que representa a coisa em questão?

dar que, pelas faculdades que Deus deu a nós, podemos conceber coisas que estão ausentes, bem como perceber aquelas que estão no alcance dos nossos sentidos, e que tais concepções podem ser mais ou menos distintas e mais ou menos vivas e fortes (...) As ideias, de cuja existência exijo a prova, não são as operações de alguma mente, mas supostos objetos daquelas operações. Elas não são percepção, memória ou concepção, mas coisas que se diz serem percebidas, lembradas ou imaginadas.

E nem contesto a existência do que o vulgo chama de objetos da percepção. Esses, por todos aqueles que reconhecem a sua existência, são chamados de *coisas reais*, e não de *ideias*. No entanto, filósofos sustentam que, além desses, há objetos imediatos da percepção na própria mente, que, por exemplo, não vemos o sol imediatamente, mas uma ideia (...) Essa ideia é considerada a imagem, a semelhança, o representante do sol, caso exista um sol. **⑨**

É a partir da existência da ideia que devemos inferir a existência do sol. Porém, sendo a ideia imediatamente percebida, não pode haver nenhuma dúvida, como pensam os filósofos, da sua existência.

...

A *primeira* reflexão que eu faria sobre essa opinião filosófica é que ela é diretamente contrária à percepção universal dos homens que não foram instruídos em filosofia. Quando vemos o sol ou a lua, não temos dúvida de que os objetos que vemos imediatamente estão muito distantes de nós e uns dos outros. Não temos a menor dúvida de que isso é o sol e a lua que Deus criou há alguns milhares de anos e que continuaram realizando as suas revoluções nos céus desde então. Todavia, como ficamos pasmados quando o filósofo informa-nos que estamos enganados em tudo isso, que o sol e a lua que vemos não estão, tal como imaginamos, muitas milhas distantes de nós e um do outro, mas que estão na nossa mente, que não tinham nenhuma existência antes de os termos visto e não terão nenhuma quando cessarmos de percebê-los e de pensar neles, porque os objetos que percebemos são apenas ideias na nossa mente, que não podem ter nenhuma existência por um momento a mais do que pensamos nelas. **⑩**

Se um homem simples, não instruído em filosofia, tem fé para receber esses mistérios, quão grande deve ser o seu assombro. Ele é trazido a um novo mundo, onde todas as coisas que ele vê, prova ou toca é uma ideia, um tipo evasivo de ente que ele pode invocar à existência ou pode aniquilar no piscar de um olho.

Depois que a sua mente se encontra, de algum modo, recomposta, ser-lhe-á natural perguntar ao seu instrutor filosófico, por favor, senhor, não existem, então, quaisquer entes substanciais e permanentes chamados de "sol" e "lua", os quais continuam a existir, quer pensemos neles ou não?

Aqui, os filósofos diferem. O Sr. Locke, e aqueles que existiram antes dele, responderão a essa questão dizendo que é muito verdadeiro que existem entes substanciais e permanentes, chamados "sol" e "lua", mas eles jamais aparecem a nós na sua própria pessoa, e sim pelos seus representantes, as ideias na nossa mente, e que não sabemos nada deles senão aquilo que podemos colher a partir daquelas ideias. **⑪**

O Bispo Berkeley e o Sr. Hume dariam uma resposta diferente à questão proposta. Eles assegurariam ao que questiona que é um erro comum, um mero preconceito do ignorante e iletrado, pensar que há quaisquer entes permanentes e substanciais chamados "sol" e "lua", que os corpos celestes, os nossos próprios corpos e todos os corpos, quaisquer que sejam, são apenas ideias na nossa mente e que não pode haver nada parecido com as ideias de uma mente senão as ideias de uma outra mente. Não há nada na natureza senão mentes e ideias, diz o Bispo (...)

Nessa representação da teoria das ideias, não há nada exagerado ou mal-reproduzido, tanto quanto sou capaz de julgar, e certamente nada mais é necessário para mostrar que ao não instruído em filosofia isso deve parecer extravagante e visionário, além de maximamente contrário aos ditames do entendimento comum.

...

Uma *segunda* reflexão sobre esse assunto é que os autores que trataram das ideias têm, em geral, tomado a sua existência por certa, por uma coisa que não poderia ser posta em questão, e tais argumentos, tal como eles mencionaram ocasionalmente, no intuito de prová-la, parecem por demais fracos para dar suporte à conclusão.

O Sr. Locke, na introdução ao seu *Ensaio*, relata-nos que utiliza a palavra *ideia* como significando tudo o que é o objeto imediato do pensamento e, então, acrescenta: "Presumo que me será facilmente admitido que existem tais ideias na mente dos homens, todos são conscientes delas em si mesmos, e as palavras e ações dos homens convencer-lhes-ão de que elas existem em outros". Estou de fato consciente de perceber, lembrar, imaginar; porém, que os objetos dessas operações são imagens na minha mente, disso eu não estou consciente. Estou convencido, pelas palavras e ações dos homens, de que eles frequentemente percebem os mesmos objetos que eu percebo, o que não poderia acontecer se aqueles objetos fossem ideias na mente deles. ⓬

...

Resta apenas um outro argumento que fui capaz de encontrar, incitado contra a nossa percepção imediata de objetos exteriores. É proposto pelo Sr. Hume, que, no *Ensaio*, já mencionado, depois de reconhecer que é uma opinião universal e primária de todos os homens que percebemos objetos exteriores imediatamente, acrescenta o que segue:

"Contudo, essa opinião universal e primária de todos os homens é logo destruída pela mais insignificante filosofia, que nos ensina que nada jamais pode estar presente à mente senão uma imagem ou percepção e que os sentidos são as únicas entradas através das quais essas imagens são recebidas, sem serem jamais capazes de produzir qualquer intercurso imediato entre a mente e o objeto. A mesa que vemos parece diminuir à medida que nos afastamos para longe dela; porém, a mesa real, que existe independentemente de nós, não sofre nenhuma alteração. Portanto, foi apenas a sua imagem que esteve presente à mente. Esses são os óbvios ditames da razão..." ⓭

...

A passagem agora citada é tudo o que eu encontrei nos escritos do Sr. Hume sobre esse ponto; e, de fato, há mais argumento nele do que encontrei em qualquer outro autor. Portanto, examiná-lo-ei detidamente (...)

Para julgar a força desse argumento, é necessário atentar para (...) a distinção entre magnitude real e aparente. A magnitude real de uma linha é medida por alguma medida conhecida de comprimento, como polegadas, pés ou milhas (...)

A magnitude aparente é medida pelo ângulo em que um objeto faz oposição ao olho (...)

A partir do que foi dito, é evidente que a magnitude real de um corpo deve continuar inalterada, enquanto o corpo permanece inalterado. Isso tomamos por certo. Mas é semelhantemente evidente que a magnitude aparente deve continuar a mesma, enquanto o corpo permanece inalterado? Até que se mostre o contrário, isso todo homem que sabe alguma coisa de matemática pode facilmente demonstrar, o mesmo objeto individual, permanecendo no mesmo lugar e inalterado, deve necessariamente variar na sua magnitude aparente, à medida que o ponto a partir do qual ele é visto for mais ou menos distante, e o seu comprimento ou a sua largura aparente estarão aproximadamente numa proporção recíproca à distância do espectador. Isso é tão certo quanto os princípios da geometria.

...

Se essas coisas forem consideradas, parecerá que o argumento do Sr. Hume não tem força para dar suporte à sua conclusão, ou melhor, que ele leva a uma conclusão contrária. O argumento é este: a mesa que vemos parece diminuir à medida que mais nos afastamos dela, isto é, a sua magnitude aparente é diminuída; porém, a mesa real não sofre nenhuma alteração, a saber, na sua magnitude real; portanto, não é a mesa real que vemos. Admito ambas as premissas nesse silogismo, mas nego a conclusão...

Suponhamos, por um momento, que é a mesa real que vemos. Não deve essa mesa real parecer diminuir à medida que nos afastamos dela? É demonstrável que deve ser assim. Como, então, essa aparente diminuição pode ser um argumento de que ela não é a mesa real? Quando aquilo que deve acontecer com a mesa real, à medida que nos afastamos dela, de fato acontece com a mesa que vemos, é absurdo concluir, a partir disso, que não é a mesa real que vemos. É evidente, portanto, que esse engenhoso autor abusou

⓬ Locke, naturalmente, não negaria que diferentes pessoas podem perceber o mesmo objeto exterior, ainda que insistisse que elas não o fazem tendo cada uma as suas próprias ideias particulares a respeito dele.
(Novamente, qual é a alternativa de Reid? *Como* pessoas diferentes percebem o mesmo objeto?)

⓭ Ainda que Reid esteja focando Hume, esta é a mesma linha básica de argumento, o argumento a partir da ilusão (ou da relatividade perceptual), que aparece muitas vezes nos *Três Diálogos* de Berkeley.

(14) Esta é uma resposta adequada ao argumento? O que significa que uma pessoa está consciente da magnitude aparente da mesa e que essa diminui, enquanto a mesa não sofre mudança? Berkeley (e Hume) diriam que a nossa consciência dessa magnitude aparente implica ter algo como uma imagem mental que muda (no sentido de que a mesa ocupa uma parte menor dela), mesmo quando a mesa não se submete a nenhuma mudança, de maneira que é essa imagem (e ideia) aquilo do que estamos mais imediatamente conscientes. Reid oferece alguma alternativa clara para essa concepção?

(15) [PARE] Reid tem razão em afirmar que a concepção de que a existência do mundo material precisa ser provada e que o ceticismo resultante das tentativas fracassadas de assim fazê-lo são só o resultado da teoria das ideias? A rejeição daquela teoria impede que se levante essencialmente o mesmo problema – e, se o faz, por que motivo?

de si mesmo, ao confundir a magnitude real com a magnitude aparente, e que o seu argumento é um mero sofisma. **(14)**

...

A *última* reflexão que farei sobre essa teoria é que as consequências naturais e necessárias dela fornecem um justo juízo prévio contra ela para todo homem que paga uma consideração devida ao senso comum da humanidade.

...

Foi essa teoria ou meio que levou Descartes, e aqueles que o seguiram, a pensar ser necessário provar, por argumentos filosóficos, a existência dos objetos materiais. E quem não vê que a filosofia deve fazer um papel muito ridículo aos olhos dos homens sensíveis, enquanto é empregada na reunião de argumentos metafísicos para provar que há um sol e uma lua, uma terra e um mar? Contudo, encontramos esses homens verdadeiramente grandes, Descartes, Malebranche, Arnauld e Locke, ocupando-se seriamente com esse argumento.

Certamente, os seus princípios os levaram a pensar que todos os homens, desde o começo do mundo, acreditaram na existência dessas coisas segundo razões insuficientes e a pensar que seriam capazes de pôr essa crença universal da humanidade sobre um fundamento mais racional. No entanto, o infortúnio é que todos os argumentos trabalhados que eles adiantaram, no intuito de provar a existência daquelas coisas que vemos e sentimos, são meros sofismas. Nenhum deles suportará investigação.

...

Contudo, todas essas consequências da doutrina das ideias eram toleráveis, comparadas com aquelas que vieram posteriormente a ser descobertas por Berkeley e Hume: que não há um mundo material qualquer, quaisquer ideias ou noções abstratas, que e mente é apenas uma série de impressões e ideias relacionadas, sem qualquer sujeito no qual possam ser impressas, que não há nem espaço nem tempo, nem corpo nem mente, mas impressões e ideias somente. E, para resumir tudo, que não há nenhuma probabilidade, mesmo na própria demonstração, nem qualquer proposição mais provável do que o seu contrário.

Esses são os nobres frutos que cresceram sobre essa teoria das ideias, desde que ela começou a ser cultivada por mãos habilidosas. Não é de admirar que os homens sensíveis deveriam ficar desgostosos com a filosofia quando tais paradoxos extravagantes e chocantes passam sob o seu nome. Entretanto, na medida em que esses paradoxos, com grande agudeza e engenhosidade, foram deduzidos por justo raciocínio a partir da teoria das ideias, eles devem ao final trazer essa vantagem, ou seja, que posições tão chocantes ao senso comum da humanidade e tão contrárias às decisões de todos os nossos poderes intelectuais abrirão os olhos dos homens e quebrarão a força do juízo prévio que os manteve enredados naquela teoria. **(15)**

...

DA EVIDÊNCIA DOS SENTIDOS E DA CRENÇA EM GERAL

A intenção da natureza nos poderes que chamamos de sentidos externos é evidente. Eles têm o propósito de dar-nos aquela informação de objetos exteriores que o Ente Supremo viu ser própria a nós, no nosso presente estado, e eles dão para a humanidade toda a informação necessária para a vida, sem raciocínio, sem qualquer arte ou investigação da nossa parte.

O camponês menos instruído tem uma concepção tão distinta e uma crença tão firme nos objetos imediatos dos seus sentidos quanto o maior dos filósofos, e com isso ele fica satisfeito, não dando a si mesmo nenhuma preocupação sobre como chegou a essa concepção e crença. Contudo, o filósofo é impaciente em saber como a sua concepção dos objetos exteriores e a sua crença na existência deles é produzida. Isso, eu receio, está oculto em impenetrável escuridão. Porém, onde não há nenhum conhecimento há mais espaço para conjetura; e nisso os filósofos têm sido sempre muito liberais.

...

Damos o nome de evidência para tudo aquilo que é motivo de crença. Crer sem evidência é uma fraqueza que todo homem preocupa-se em evitar e que todo homem deseja evitar. E nem está no poder de um homem crer qualquer coisa por mais tempo que pensa possuir evidência. ⓰

...

As ocasiões comuns da vida levam-nos a distinguir evidência em diferentes tipos, aos quais damos nomes que são bem-compreendidos, tal como a evidência dos sentidos, a evidência da memória, a evidência da consciência, a evidência do testemunho, a evidência dos axiomas, a evidência do raciocínio (...)

Confesso que, embora eu tenha, como penso, uma noção distinta dos diferentes tipos de evidência antes mencionados, e talvez de alguns outros, o que é desnecessário enumerar aqui, não sou contudo capaz de encontrar qualquer natureza comum à qual eles todos possam ser reduzidos. Eles parecem, para mim, concordar somente nisto: que eles são todos apropriados, por natureza, a produzir crença na mente humana, alguns deles no grau mais elevado, que chamamos de certeza, outros em graus variados, de acordo com as circunstâncias.

Tomarei por certo que a evidência dos sentidos, quando as circunstâncias próprias concorrem, é boa evidência e uma justa razão de crença. ⓱

A minha intenção nesse lugar é apenas compará-la com os outros tipos que foram mencionados, tal que possamos julgar se ela é redutível a algum deles, ou se é de uma natureza peculiar a si mesma.

Primeiramente, ela parece ser bastante diferente da evidência do raciocínio. Toda boa evidência é comumente chamada de evidência razoável, e muito justamente, porque ela deveria governar a nossa crença como criaturas razoáveis. E, de acordo com esse significado, penso que a evidência dos sentidos é não menos razoável do que aquela da demonstração (...)

Todavia, quando falamos da evidência do raciocínio como um tipo particular de evidência, isso significa a evidência de proposições que são inferidas pelo raciocínio a partir de proposições já conhecidas e cridas (...)

Que a evidência dos sentidos é de um tipo diferente, isso precisa de pouca prova. Nenhum homem procura uma razão para crer no que vê ou sente; e, se ele o fez, seria difícil encontrar uma. Porém, ainda que ele não possa dar nenhuma razão para crer nos seus sentidos, a sua crença permanece tão firme como se fosse fundada em demonstração.

Muitos filósofos eminentes, pensando ser irrazoável crer quando não puderam mostrar uma razão, esforçaram-se para nos abastecer de razões para crer nos nossos sentidos; contudo, as razões deles são bastante insuficientes e não suportarão investigação. ⓲

Outros filósofos mostraram muito claramente a falácia dessas razões e, tal como imaginam, descobriram razões invencíveis contra essa crença, mas eles jamais foram capazes de estremecê-la em si mesmos ou de convencer outros (...) um homem pode, pelo raciocínio, puxar a lua para fora da sua órbita tão rápido quanto destruir a crença nos objetos dos sentidos.

(...) quando (...) vejo um objeto diante dos meus olhos, isso comanda a minha crença não menos do que um axioma. Todavia, quando, como filósofo, reflito sobre essa crença e quero rastreá-la até a sua origem, não sou capaz de reduzi-la a axiomas necessários e autoevidentes, ou a conclusões que são necessariamente consecutivas a eles. Pareço querer aquela evidência que posso compreender melhor e que concede perfeito convencimento a uma mente inquiridora; contudo, é ridículo duvidar, e descubro que isso não está em meu poder. Uma tentativa de lançar fora essa crença é como uma tentativa de voar, igualmente ridícula e impraticável. ⓳

Para um filósofo, que foi acostumado a pensar que o tesouro do seu conhecimento é a aquisição daquele poder de raciocínio do qual ele se jacta, é sem dúvida humilhante descobrir que a sua razão não pode impor nenhuma reivindicação quanto à maior parte dele.

Por sua razão, ele pode descobrir certas relações abstratas e necessárias das coisas; porém, o seu conhecimento do que realmente existe, ou existiu, vem por um outro canal, que está aberto àqueles que não conseguem raciocinar. Ele é levado no escuro a esse conhecimento e não sabe como o obteve.

Não é de admirar que o orgulho da filosofia deveria levar alguns a inventar vãs teorias com o intuito de explicar esse conhecimento; e a outros, que veem isso como sendo impraticável, a desdenhar de

⓰ Essa última parte é altamente questionável. Mas o principal problema, aqui, é que o que *se pensa* ser boa evidência não precisa realmente *ser* boa evidência.

⓱ **R** Isso está de acordo com a perspectiva de senso comum de Reid.
No entanto, mesmo que seja aceitável tomar isso por certo, ainda se pode perguntar *por que* e *como* isso é assim.

⓲ Aqui, Reid tem em mente sobretudo Descartes e Locke.

⓳ Dúvida, porém, não é realmente a questão. Mesmo se Reid estiver certo de que a dúvida é "ridícula", um filósofo pode (e aparentemente deveria) perguntar o que torna aceitáveis crenças desse tipo.

um conhecimento que não podem explicar, tentando de maneira vã desfazer-se dele, como uma censura ao seu entendimento. Contudo, o sábio e o humilde recebê-lo-ão como o presente dos céus e esforçar-se-ão para fazer o melhor uso dele.

...

DOS PRIMEIROS PRINCÍPIOS EM GERAL

(...) existem (...) proposições que não são mais entendidas do que são cridas. O juízo segue necessariamente a apreensão delas, e ambos são igualmente a obra da natureza e o resultado dos nossos poderes originais. Não há busca por evidência, não há ponderação de argumentos; a proposição não é deduzida ou inferida a partir de uma outra; ela tem a luz da verdade em si mesma e não tem nenhuma ocasião para tomá-la emprestada de outra. [20]

As proposições do último tipo (...) são chamadas de *primeiros princípios*, *princípios do senso comum*, *noções comuns*, *verdades autoevidentes* (...)

Tomo por certo que existem princípios autoevidentes. Ninguém, creio eu, o nega. E, se algum homem fosse tão cético a ponto de negar que existe alguma proposição que é autoevidente, não vejo como seria possível convencê-lo por raciocínio.

Contudo, parece haver uma grande diferença de opiniões entre filósofos acerca dos primeiros princípios. O que um toma como sendo autoevidente, um outro esforça-se em provar por argumentos e um terceiro nega de todo.

Assim, antes da época de Descartes, foi tomado como um primeiro princípio que há um sol e uma lua, uma terra e um mar que realmente existem, não importa se pensamos neles ou não. Descartes pensou que a existência daquelas coisas deveria ser provada por argumento, e nisso ele foi seguido por Malebranche, Arnauld e Locke. Todos eles se esforçaram em provar, por raciocínio muito fraco, a existência dos objetos exteriores dos sentidos; Berkeley e Hume, sensíveis à fraqueza dos seus argumentos, foram levados a negar a sua existência de todo.

...

OS PRIMEIROS PRINCÍPIOS DAS VERDADES CONTINGENTES

...

Dado que as mentes dos homens estão ocupadas muito mais acerca das verdades que são contingentes do que acerca daquelas que são necessárias, empenhar-me-ei primeiramente em apontar os princípios do tipo anterior.

Primeiramente porque tomo como um primeiro princípio a existência de todas as coisas das quais estou consciente.

...

Quando um homem está consciente da dor, ele está certo da sua existência; quando ele está consciente de que duvida ou crê, ele está certo da existência daquelas operações.

No entanto, a convicção irresistível que ele tem da realidade daquelas operações não é o efeito de raciocínio; ela é imediata e intuitiva. A existência, portanto, daquelas paixões e operações das nossas mentes, das quais estamos conscientes, é um primeiro princípio que a natureza exige de nós que creiamos segundo sua autoridade.

Se alguém me pede para provar que não posso ser enganado pela consciência, para provar que ela não é um sentido falacioso, não consigo encontrar nenhuma prova. Não posso encontrar qualquer verdade antecedente a partir da qual ela é deduzida ou da qual a sua evidência depende. Ela parece desdenhar de qualquer autoridade derivada desse tipo e reivindicar o meu assentimento em seu próprio direito.

Se pudesse ser encontrado algum homem tão frenético a ponto de negar que ele pensa, enquanto está consciente disso, posso impressionar-me, posso rir ou posso ter pena dele, mas não posso raciocinar a questão junto com ele. Não temos princípios comuns a partir do quais possamos argumentar e, portanto, não podemos jamais tomar parte num argumento. [21]

...

Em terceiro lugar, um outro primeiro princípio que tomo como existente é que realmente aconteceram aquelas coisas das quais eu me lembro distintamente.

Este tem um dos marcos mais certos de um primeiro princípio; afinal, nenhum

---

[20] Há duas diferentes características indicadas aqui, as quais não deveriam ser percorridas em conjunto (tal como Reid, ao menos às vezes, parece fazer): primeiro, que a proposição é aceita tão logo ela é entendida, sem qualquer busca pela evidência ou ponderação de argumentos; segundo, que há algum tipo de fundamento ou base para pensar que ela é verdadeira (ela tem a "luz da verdade em si mesma").

[21] Aqui, Reid tem em mente a consciência de entidades e processos mentais, não a consciência de objetos exteriores. Ele está certo em afirmar que não há razão ou argumento que dê suporte à verdade de alegações resultantes de tal consciência?

homem jamais pretendeu prová-lo, contudo nenhum homem em seu entendimento o coloca em questão; o testemunho da memória, como aquele da consciência, é imediato; ele clama pelo nosso assentimento em sua própria autoridade.

...

De fato, a teoria concernente às ideias, tão geralmente recebida pelos filósofos, destrói toda a autoridade da memória, bem como a autoridade dos sentidos. Descartes, Malebranche e Locke estavam cônscios de que essa teoria tornava necessário a eles encontrar argumentos para provar a existência dos objetos exteriores, nos quais o vulgo crê pela mera autoridade dos seus sentidos; porém, aqueles filósofos não estavam cônscios de que essa teoria tornava igualmente necessário a eles encontrar argumentos para provar a existência das coisas passadas, das quais nos lembramos, e para dar suporte à autoridade da memória.

Todos os argumentos que eles adiantaram para dar suporte à autoridade dos nossos sentidos foram facilmente refutados pelo Bispo Berkeley e pelo Sr. Hume, sendo, com efeito, muito fracos e inconclusivos. E teria sido igualmente fácil responder a todo argumento que poderiam ter trazido, consistente com a sua teoria, para dar suporte à autoridade da memória. ㉒

Em quinto lugar, um outro primeiro princípio é que existem realmente aquelas coisas que percebemos distintamente pelos nossos sentidos, e elas são o que percebemos que elas são. ㉓

É por demais evidente para que precise de prova que todos os homens são, por natureza, levados a dar fé implícita ao testemunho distinto dos seus sentidos, muito antes de serem capazes de quaisquer prevenções a partir de juízos prévios da educação ou da filosofia.

...

Examinamos anteriormente as razões dadas pelos filósofos para provar que as ideias, e não os objetos exteriores, são os objetos imediatos da percepção e que as instâncias dadas para provar os sentidos são falaciosas. Sem repetir o que foi dito antes sobre aqueles pontos, apenas observaremos aqui que, se os objetos exteriores forem percebidos imediatamente, temos a mesma razão para crer na sua existência que os filósofos têm para crer na existência de ideias, na medida em que defendem que elas são os objetos imediatos da percepção. ㉔

...

Em sétimo lugar, um outro primeiro princípio é que as faculdades naturais pelas quais distinguimos a verdade do erro não são falaciosas. Se algum homem fosse exigir uma prova disso, seria impossível satisfazê-lo. Supondo que se devesse demonstrar isso matematicamente, não significaria nada nesse caso, porque, para julgar uma demonstração, um homem precisa confiar nas suas faculdades e tomar por certa a própria coisa em questão.

Se a honestidade de um homem fosse posta em questão, seria ridículo referir isso à própria palavra do homem, se ele é honesto ou não. A mesma absurdidade existe na tentativa de provar, por qualquer tipo de raciocínio, provável ou demonstrativo, que a nossa razão não é falaciosa, dado que o ponto em questão é se o raciocínio deve ser objeto de confiança.

Se um cético construísse o seu ceticismo sobre esse fundamento, que todo o nosso raciocínio e os poderes de julgamento são falaciosos em sua natureza, ou resolvesse pelo menos retirar o assentimento, até que fosse provado que eles não são falaciosos, seria impossível por argumento demovê-lo dessa influência forte, e ele deve até mesmo aceitar que seja zombado de seu ceticismo.

Descartes certamente deu um passo em falso nessa questão: tendo sugerido essa dúvida, entre outras, que não importaria qual fosse a evidência que pudesse ter a partir da sua consciência, dos seus sentidos, da sua memória ou da sua razão, possivelmente contudo algum ente maligno dera-lhe aquelas faculdades no propósito de impôr-se sobre ele e que, portanto, elas não devem ser objeto de confiança sem um vale próprio; para remover essa dúvida, ele se esforça em provar a existência de uma deidade que não é um enganador, a partir do que conclui que as faculdades que lhes foram dadas são verdadeiras e dignas de confiança.

É estranho que um pensador tão agudo não tenha percebido que, nesse raciocínio, há evidentemente uma petição de princípio. ㉕

...

㉒ Aqui está a resposta de Reid a uma outra questão epistemológica muito difícil, uma questão que não tem nenhuma consideração posterior neste livro. Reid está sugerindo, em parte, que o problema da memória e o problema da percepção são paralelos e que a futilidade de tentar defender crenças perceptuais pela via do argumento pode até mesmo ser tornada mais óbvia pela reflexão sobre esse caso paralelo. (Ver a Questão de Discussão 3.)

㉓ Esta é a resposta básica de Reid à questão de como crenças perceptuais são justificadas: que as coisas que nós percebemos (provavelmente?) existem e são tais como percebemos que elas são, isso é um primeiro princípio. É essa uma solução adequada ao problema? (Ver Questão para Discussão 2.)

㉔ Reid oferece um argumento posterior: uma vez que se admite que os objetos exteriores são percebidos imediatamente, a razão que temos para aceitar as crenças perceptuais daí resultantes é tão boa quanto aquela que teríamos para as crenças sobre as ideias (caso elas existissem) – ou, presumivelmente, quanto aquela que temos no caso de crenças sobre estados da mente tais como sensações. (Ver a Questão para Discussão 1.)

㉕ Reid tem em mente aqui o poder de raciocinar e o pensamento racional. Ele indica corretamente que não há maneira de provar a confiabilidade dessa capacidade básica, visto que qualquer prova estaria baseada na própria capacidade em questão e, assim, entraria em petição de princípio.

Questões para Discussão

1. Considere uma crença introspectiva sobre um dos seus estados conscientes da mente: a crença de que você está experimentando uma dor no pulso, talvez, ou a crença de que você está pensando sobre Reid. Que tipo de razão ou base você tem para pensar que tais crenças são verdadeiras? É isso simplesmente algo que tem de ser aceito como um "primeiro princípio", ou há algo mais a ser dito? (Se há uma razão desse tipo, então a questão seguinte é se algo paralelo pode ser dito sobre as crenças perceptuais concernentes a objetos exteriores.)

2. Mesmo que objetos exteriores sejam percebidos diretamente, no sentido de que não há nenhuma entidade intermediária que é percebida mais imediatamente, ao que parece pode-se ainda perguntar se a crença ou a convicção específica que é o conteúdo de um juízo perceptual é verdadeira (ou provavelmente verdadeira). É uma resposta suficiente a essa questão dizer, como o faz Reid, que é simplesmente um primeiro princípio que crenças desse tipo são verdadeiras – especialmente se for admitido, como ele o faz, que tal alegação não é autoevidente ou necessária? Bertrand Russell nota que o método de postulação "tem todas as vantagens do roubo sobre a faina honesta", com o que ele quer dizer que postular que algo é assim é fácil demais para ser convincente. Essa mesma objeção pertence aos primeiros princípios de Reid (e, se não é o caso, por que não)?

3. Pense sobre o problema, em alguma medida análogo, de como crenças de memória podem ser justificadas (estamos fazendo uso do termo "crença de memória" para referir-nos a crenças que parecem ser memórias, não importa se o são realmente ou não). Reid tem razão em afirmar que filósofos que discutem a percepção em grande medida dizem frequentemente muito pouco sobre a memória, embora questões bastante semelhantes pareçam surgir ali. Pense em como soluções paralelas às de Locke e às de Berkeley teriam aplicação no caso da memória e considere os problemas que surgem em cada caso. Crenças de memória podem ser justificadas em cada um desses dois modos? Se não o podem, uma solução ao modo de Reid é a única disponível? E, se isso é assim, tal solução dá suporte, por analogia, ao relato de Reid acerca da percepção?

Laurence BonJour

Laurence BonJour (1943-) é um filósofo norte-americano que leciona na Universidade de Washington. Ele é autor ou coautor de diversos livros sobre epistemologia e também é o coeditor desta obra. Nesta seleção, BonJour recapitula o problema do mundo exterior, tal como ele surge na obra de Descartes, de Locke e de Berkeley; em seguida, explica e critica a resposta fenomenalista a esse problema, que se origina da concepção de Berkeley (e da de Hume); finalmente, oferece uma solução provisória em linhas muito basicamente lockianas. Ao final, ele também tem algo a dizer sobre concepções de realismo direto como aquela oferecida por Reid.

Conhecimento do Mundo Exterior,[7] Extraído de *Epistemologia: Problemas Clássicos e Respostas Contemporâneas*

❶ Dados-sensórios (singular: dado-sensório) são basicamente as mesmas coisas que Locke e Berkeley têm em mente quando falam de ideias perceptuais: entidades que têm as qualidades que são diretamente ou imediatamente experimentadas e que existem na mente.

Até aqui, aceitamos provisoriamente a conclusão de que o objeto *imediato* da consciência na experiência perceptual jamais é um objeto material exterior, mas, ao invés disso, algo de um tipo bastante diferente: (...) um dado-sensório (...) ❶

Será útil ter um breve rótulo para esse resultado disjuntivo, e eu me refe-

---

[7] Extraído de *Epistemology: Classic Problems and Contemporary Responses* (Lanham, Md.: Rowman & Littlefield, 2002). Algumas notas foram suprimidas.

rirei a ele como *subjetivismo perceptual* (...)

Temos de considerar agora as implicações do subjetivismo perceptual para a questão epistemológica sobre a qual ele incide mais diretamente, que é, também se pode argumentar, a questão mais central do período moderno da epistemologia, que começou com Descartes: a questão se e, se esse for o caso, como crenças concernentes ao mundo material exterior e aos objetos que ele supostamente contém podem ser justificadas com base em nossa experiência sensória imediata, assim entendida (...) examinaremos, primeiramente, as opiniões dos sucessores imediatos de Descartes, os chamados empiristas britânicos Locke, Berkeley e Hume, cujos argumentos desempenharam um papel central na configuração da discussão subsequente. Examinaremos, então, os dois principais relatos alternativos do "conhecimento do mundo exterior" (com a suposição de que o subjetivismo perceptual ou algo parecido com ele é de fato verdadeiro) que emergiram subsequentemente, em especial nas formas que assumiram no século XX: *fenomenalismo* e *representacionismo*. As dificuldades com essas concepções incitarão, assim, na última parte do capítulo, uma reconsideração referente a se a rejeição do subjetivismo perceptual poderia tornar disponível uma alternativa posterior e mais promissora.

LOCKE, BERKELEY E HUME SOBRE A PERCEPÇÃO E O MUNDO EXTERIOR

Como mencionado anteriormente, Locke e Berkeley falam não de dados-dos-sentidos (...), mas de "ideias" ou "ideias dos sentidos" – com o primeiro termo sendo aplicado também a conteúdos de pensamento e, de fato, aparentemente a conteúdos conscientes de qualquer tipo. O modo como eles utilizam esses termos deveras escorregadios sugere, em muitos lugares, algo como uma teoria de dados-sensórios dos objetos imediatos da experiência sensória. Para os nossos propósitos, entretanto, será suficiente considerar o termo "ideia" meramente para referir-se a conteúdos conscientes de algum tipo e "ideias dos sentidos" para conteúdos distintivos da experiência sensória, sem supor que esses termos indicam qualquer quadro metafísico definido da natureza de tais conteúdos.

A concepção de Locke é claramente a de que as nossas crenças ou opiniões sobre os objetos materiais existentes fora das nossas mentes são justificadas pelas nossas ideias dos sentidos.[8] Contudo, a sua discussão a respeito desse ponto é tanto deveras incerta quanto bastante cautelosa. Ele diz que a nossa garantia com base no que concerne a objetos materiais "merece o nome de conhecimento" [p. 71], parecendo, portanto, sugerir que ela não é simplesmente conhecimento e sem qualquer qualificação. Ele também questiona se alguém pode ser genuinamente cético sobre a existência das coisas que vê e sente, falando de modo vago acerca da "garantia que temos a partir dos nossos próprios sentidos, que eles não erram na informação que nos dão" [p. 72].

Porém, o mais próximo que Locke chega da explicação de como tais crenças são justificadas pela experiência sensória é a sua citação de quatro "razões concorrentes" que são considerados como dando confirmação posterior à garantia derivada dos sentidos: em primeiro lugar, podemos saber que as ideias sensórias são "produzidas em nós por causas exteriores" pela observação de que aqueles que carecem de um órgão sensório particular jamais podem ter as ideias sensórias correspondentes [p. 72]. (Assim, por exemplo, um homem cego jamais pode ter experiências sensórias imediatas de qualidades visuais como a cor.) Em segundo lugar, uma outra razão para pensar que as nossas ideias sensórias resultam de causas exteriores é o seu caráter *involuntário*, como contrastado com a imaginação e, numa menor medida, com a memória [p. 72]. (Assim, por exemplo, se tenho os meus olhos abertos e estou olhando numa direção particular, não tenho escolha quanto a quais objetos ou propriedades aparentes eu experimentarei, isto é, na visão de Locke, quais ideias de visão eu experimentarei – enquanto olho para fora da janela da minha sala de estudo, não posso evitar de estar consciente de uma massa de verde e marrom variegados, que tomo

---

[8] Cf. John Locke, *Essay Concerning Human Understanding*, Livro IV, Capítulo XI. As subsequentes referências de página no texto são respectivas à seleção no presente livro.

como sendo uma percepção de árvores, galhos e folhas.) Em terceiro lugar, uma outra diferença entre as nossas experiências sensórias imediatas e outros tipos de ideias, como aquelas da imaginação e da memória, é que ideias sensórias de certos tipos são acompanhadas por *dor*, ao passo que as ideias correspondentes de imaginação e de memória não o são [p. 72]. (Por exemplo, se tenho a experiência sensória imediata de aparentemente bater na minha mão com um martelo, ao tentar cravar um prego, normalmente experimentarei a dor junto com isso; contudo, se apenas imagino ou lembro tal experiência, não há dor nenhuma).[9] Em quarto lugar, "os nossos sentidos, em muitos casos, dão testemunho da verdade do relato de cada um acerca da existência de coisas sensíveis fora de nós" [p. 72]. (Por exemplo, a minha experiência visual da aparência de um fogo próximo ao meu corpo é normalmente acompanhada por experiências tácteis de calor, de cheiros aparentes de queimado, da audição aparente de crepitações ou de outros sons distintivos do fogo, etc. – pense aqui você mesmo em outros exemplos.) Todavia, Locke tem pouco a dizer em relação a *como* essas "razões concorrentes" supostamente mostram que as nossas crenças concernentes a objetos materiais aos quais se chega com base em nossas experiências sensórias imediatas são justificadas por aquelas experiências. Segue-se realmente tal conclusão? E, se esse for o caso, como e por quê? (...)

De fato, as razões consideradas por Locke são de peso bastante desigual. A primeira é totalmente sem valor, porque incorre em petição do mesmo princípio em questão e também requereria uma solução anterior de um outro problema epistemológico relacionado. Até que o problema de justificar uma crença em objetos exteriores com base em sua experiência sensória tenha sido resolvido, Locke, obviamente, não está numa posição de apelar a supostos fatos sobre os órgãos sensórios de outras pessoas, dado que os órgãos sensórios são estruturas físicas e, assim, as crenças sobre eles teriam de ser justificadas exatamente do modo que está em questão. Além disso, para invocar essa primeira razão, ele também precisaria ter crenças justificadas sobre os estados mentais das outras pessoas, especificamente concernentes a se elas têm ou não têm ideias sensórias do tipo relevante. Como esse último tipo de conhecimento é possível, isso é em si mesmo um problema sério (o "problema das outras mentes"...). Mas é muito claro, sob reflexão (...), que o conhecimento dos estados mentais de outras pessoas normalmente depende de conhecimento *anterior* do comportamento e da condição dos seus corpos físicos, pressupondo, novamente, o próprio conhecimento do mundo material que ainda não foi estabelecido. ❷

...

A segunda razão de Locke é pelo menos um pouco melhor. O caráter involuntário ou espontâneo da minha experiência sensória ao menos a distingue de outros tipos de estados mentais e de experiência (embora, talvez, não de um modo completamente agudo – não são muitas memórias e mesmo algumas imaginações semelhantemente involuntárias?). Contudo, esse fato não parece estabelecer por si mesmo que experiências sensórias imediatas são, como ele alega, causadas por alguma coisa externa à pessoa que as tem. Por que as minhas experiências sensórias involuntárias não poderiam resultar, em vez disso, de alguma faculdade subconsciente ou inconsciente da minha própria mente que está fora do meu controle voluntário? E, mesmo mais obviamente, que as ideias sejam involuntárias não nos diz nada se a causa externa, caso exista alguma, tem as propriedades específicas que a minha experiência sensória parece retratar (se ela "se assemelha às minhas ideias", como Locke colocaria). Por que a causa externa da minha ideia de uma árvore verde, se há alguma, não poderia nem ser verde nem ter as outras propriedades de uma árvore? De fato, por que ela não poderia, como Berkeley sugerirá, ser alguma coisa totalmente diferente de um objeto material? E a terceira razão, embora mostrando de novo, talvez, que as experiências sensórias são, de modo importante, diferentes de muitos outros fenômenos mentais, também não dá suporte de alguma maneira clara quanto a uma conclusão sobre o que é responsável por essa diferença.

---

❷ **PARE** Como você sabe da existência e do caráter específico dos estados mentais de outras pessoas? Que razão você tem para pensar que elas não são, por exemplo, apenas robôs inteligentemente designados, que não possuem estados mentais de nenhum tipo? (Ver a Questão para Discussão 1.)

---

[9] Pode haver, é claro, dor *imaginada* ou *lembrada*, mas isso, obviamente, não é a mesma coisa que a dor realmente experimentada.

E o que dizer sobre a quarta razão? Certamente, é um fato notável que as minhas variadas experiências sensórias encaixem-se de uma forma extremamente ordenada e coerente para retratar um mundo em andamento, que é tanto extremamente complicado quanto altamente regular ou governado por leis. A informação ou aparente informação derivada, em dado momento, de um sentido está em concordância num grau muito alto tanto com aquela derivada, naquele momento, de outros sentidos quanto também com aquela derivada tanto do mesmo sentido quanto de outros sentidos em outros momentos – admitindo-se, naturalmente, a mudança contínua e o desenvolvimento do mundo, que é também algo que está refletido em regularidades no âmbito da nossa experiência sensória. Assim, se pareço ver uma cadeira, posso normalmente também ter a experiência de tocá-la, dado que também tenho a experiência de mover o meu corpo na direção correta e longe o bastante. E as experiências que tenho da mobília e dos conteúdos do meu escritório, antes de deixá-lo para dar uma aula, estão em ótima concordância com as experiências semelhantes que tenho depois que aparentemente retornei – levando em conta, em alguns casos, as ações do zelador ou do meu cachorro (que às vezes é deixado lá), ou da minha esposa (que tem uma chave). ❸

Mas como exatamente esse fato admitidamente notável supostamente dá suporte à conclusão pretendida por Locke, a saber, que há boa razão ou justificação para pensar que as crenças sobre o mundo material às quais chegamos com base em nossa experiência sensória imediata são provavelmente verdadeiras? Sobre essa questão obviamente crucial, Locke tem muito pouco a dizer...

De fato, se você pensa cuidadosamente sobre isso, a ordem da minha experiência sensória imediata e a aparente concordância entre experiências aparentemente produzidas por diferentes sentidos não seria impressionante, ou, no mínimo, não seria aproximadamente tão impressionante, se aquelas ideias estivessem sob o meu controle involuntário – pois, nesse caso, eu poderia deliberadamente imaginar um mundo ordenado, de um modo parecido com aquele em que isso é feito por um artista ou romancista. O que torna a ordem tão digna de nota é precisamente o fato de que ela não é criada voluntariamente, mas ocorre de forma espontânea e, em muitos dos seus detalhes, de forma inesperada. Assim, pois, vemos que a quarta "razão concorrente" de Locke precisa ser suplementada pela sua segunda e que são essas duas *juntas* que poderiam oferecer ao menos o começo de um argumento real. A experiência que foi involuntária, mas caótica, mostraria muito pouco – e tampouco a experiência que foi ordenada, mas controlada voluntariamente, o mostraria. É a experiência que é *tanto* involuntária *quanto* altamente ordenada que parece exigir algum tipo de *explicação* posterior: o que produz e sustenta a ordem? Por isso, é natural interpretar Locke como argumentando, é óbvio que sem formular o ponto muito claramente ou explicitamente, que *a melhor explicação* da sua experiência involuntária, mas ordenada, é que ela é sistematicamente causada por um mundo de objetos materiais independentes, que ela retrata com uma exatidão no mínimo aproximada. (A principal razão pela qual a representação* é só aproximadamente acurada é que, de acordo com Locke, os objetos materiais têm apenas *qualidades primárias* como tamanho, forma e movimento, mas não *qualidades secundárias* como cor, cheiro, gosto e temperatura [como são sentidas]).

Esse argumento realmente mostra que as nossas crenças sobre o mundo material, às quais se chega com base em nossa experiência sensória involuntária, são provavelmente verdadeiras e, portanto, justificadas? Parece razoável pensar que deve haver alguma *explicação* para essas características das nossas ideias sensórias, o que equivale a dizer que o tipo de ordem que elas exibem de fato muito improvavelmente resulta de mero acaso. Mas a explicação proposta por Locke é a correta?

Berkeley, embora apele essencialmente aos mesmos traços das nossas ideias sensórias (em serem elas independentes da nossa vontade e em serem elas ordenadas e coerentes), oferece uma explicação bastante diferente e, na sua opinião, superior: que as nossas ideias sen-

---

❸ PARE Pense em alguns outros exemplos de ordem e concordância entre as percepções de diferentes sentidos ou entre as percepções de um sentido em momentos diferentes, tentando especificá-los em detalhe.

---

* N. de T. A palavra *depiction*, no original, também pode ser traduzida como "descrição" ou até mesmo "retrato".

sórias são produzidas em nossas mentes por Deus, que determina e controla o seu caráter ordenado, de maneira que não há, pois, nenhuma necessidade ou justificação para supor que o reino material independente, advogado por Locke, realmente exista. O Deus de Berkeley obviamente guarda uma semelhança notável com o gênio maligno de Descartes, com a diferença crucial de que, enquanto Descartes admite que o gênio maligno estaria *enganando-nos*, a concepção de Berkeley é, com efeito, a de que ter ideias sensórias sistematicamente produzidas em nós por Deus (presumivelmente refletindo o quadro idealmente completo que Deus tem do mundo assim representado) é *exatamente o que significa* para um mundo de objetos ordinários existir. Portanto, temos ao menos duas explicações competindo para os mesmos fatos concernentes à nossa experiência sensória, e a questão é como deveríamos decidir entre tais explicações. ❹

Admitamos que podemos decidir racionalmente. A resposta de Hume ao problema é negar que *qualquer* tentativa afim para explicar a nossa experiência por apelo a objetos ou entidades que existem fora daquela experiência jamais poderia ser justificada. Um elemento essencial de ambas as explicações propostas por Locke e Berkeley é a alegação de que as nossas ideias sensórias experimentadas imediatamente (ou "impressões", como Hume as chama, no intuito de distingui-las de outros tipos de ideias) são *causadas* pelas entidades exteriores que aquelas explicações invocam – pelos objetos materiais, de acordo com a explicação de Locke, e por Deus, de acordo com a de Berkeley. Além disso, parece óbvio que qualquer tentativa semelhante de explicar a experiência por apelo a alguma coisa existente fora da experiência (até mesmo a própria mente inconsciente da pessoa) exigirá uma alegação causal semelhante (então, de que outro modo a explanação funcionaria?). No entanto, argumenta Hume, as relações causais só podem ser conhecidas pelo ato de *experimentar* a sequência regular de causa e efeito, algo que é impossível no caso de uma relação causal alegada entre alguma coisa fora da experiência imediata e aquela própria experiência. ❺

Em relação à explicação de Locke especificamente, o ponto é que não consigo experimentar imediatamente os corpos materiais como causando as minhas ideias sensórias, porque não tenho nenhuma experiência imediata de tais corpos; e a alegação de que eu percebo *indiretamente* os corpos materiais pressupõe, para a sua justificação, uma explicação que repousa na relação causal em questão, não podendo, assim, ser utilizada para estabelecer que tal relação causal existe.

A discussão posterior de Hume acerca da questão do mundo exterior é caracteristicamente atrapalhada por sua tendência geral de fundir e confundir questões concernentes à justificação com questões que têm a ver com a causação ou a gênese psicológica das crenças em questão (...) Mas, não obstante isso, é fácil ver como Hume, que foi mais claro sobre a distinção entre explicação psicológica e justificação epistêmica, poderia ter argumentado que o conteúdo das nossas alegações sobre objetos materiais, na medida em que isso é justificado, deve ter a ver *unicamente* com características e padrões da nossa experiência sensória, em vez de ter a ver com objetos genuinamente transcendentes à mente (...)

Assim, temos esboços iniciais das duas principais concepções que agora seguiremos discutindo mais sistematicamente. A concepção de Locke, de acordo com a qual a nossa experiência sensória subjetiva e as crenças que adotamos com base nela constituem uma *representação* do mundo material exterior, uma representação que é causada por aquele mundo e que estamos justificados em pensar ser ao menos aproximadamente acurada, é uma versão da posição mais geral conhecida como *representacionalismo* ou *realismo representativo*. (Assim também é a concepção de Descartes.) A segunda concepção principal, que a discussão de Hume sugere, mas à qual nunca chega de fato, é que

1. não podemos ter nenhum conhecimento (ou, talvez, até mesmo nenhuma concepção inteligível) de um reino de causas externas da nossa experiência e
2. que as nossas crenças sobre o mundo exterior ainda podem ser em geral justificadas e verdadeiras, porque o conteúdo delas de fato tem a ver apenas com as características e a ordem da nossa experiência subjetiva.

---

❹ **PARE** Você consegue pensar em algum modo de escolher racionalmente entre essas duas explicações? Você consegue pensar em quaisquer outras explicações possíveis?

❺ Para a discussão de Hume sobre isso, ver a seleção na seção acerca da indução.

PARE Hume tem razão em dizer que as relações causais são sempre conhecidas por experiências repetidas da sequência de causa e efeito? Pense aqui nos vários exemplos de relações causais que parecem ser conhecidas. Você consegue pensar em quaisquer alegações causais plausíveis que não parecem ser conhecidas dessa maneira?

Essa é a concepção que passou a ser conhecida como *fenomenalismo*, uma versão do idealismo. ❻

...

Todavia, uma terceira possibilidade seria a visão essencialmente cética de que podemos saber que as nossas experiências são causadas externamente de *algum* modo, mas não podemos saber nada mais sobre a natureza daquelas causas. Tal visão cética, é claro, não seria uma *solução* ao problema do mundo exterior, mas, em vez disso, uma confissão de que não há nenhuma solução: trata-se, pois, de uma concepção a ser adotada somente depois que as outras duas possibilidades tenham fracassado claramente.

Historicamente, as objeções ao representacionalismo de Descartes e Locke, em especial o representacionalismo humiano discutido antes, foram amplamente tomadas como sendo decisivas, com as posições na direção do fenomenalismo sendo vistas como a principal alternativa não cética, sobretudo nos primeiros dois terços do século XX. Portanto, começaremos a nossa discussão mais sistemática com uma consideração do fenomenalismo e, então, retornaremos mais tarde à consideração do representacionalismo que foi iniciada na discussão de Locke.

FENOMENALISMO

Como foi brevemente formulado há pouco, a concepção fenomenalista é que o conteúdo de proposições sobre objetos materiais e o mundo material é *inteiramente* concernente às características e relações dos objetos imediatos da nossa experiência perceptual, isto é, às características e relações dos nossos dados-sensórios. De acordo com o fenomenalista, crer que um objeto físico ou material de um certo tipo existe *é* exatamente crer que dados-sensórios de vários tipos foram experimentados, estão sendo experimentados, serão experimentados e/ou seriam experimentados sob certas condições especificáveis. Assim, por exemplo, crer que há uma mesa marrom grande numa certa sala da Biblioteca da Universidade de Washington é crer, basicamente,

1. que os tipos de dados-sensórios que parecem, de um ponto de vista do senso comum, refletir a presença de tal mesa ou bem foram, são no presente ou serão experimentados no futuro, no contexto de outros dados-sensórios, eles mesmos experimentados concorrentemente ou imediatamente antes ou depois, que refletem o local como a sala em questão; e somado a isoo – ou, ao contrário, se a mesa jamais foi de fato percebida e nunca será de fato percebida –

2. que tais dados-sensórios *seriam* experimentados *se* outros dados-sensórios que refletem a ida do sujeito-que-percebe* à biblioteca e àquela sala fossem experimentados.

(Essa é uma especificação bastante complicada, e você terá de pensar muito cuidadosamente sobre o que está sendo dito.) ❼

Numa fórmula deveras padrão, crer que tal objeto material existe é, de acordo com o fenomenalista, crer em nada mais que os dados-sensórios do tipo apropriado são atuais (no passado, no presente ou no futuro) e/ou possíveis – onde dizer que certos dados-sensórios são *possíveis* é dizer não só que é logicamente possível que eles sejam experimentados (o que aparentemente seria sempre assim, embora a descrição deles não fosse contraditória), mas que eles *seriam* de fato experimentados atualmente sob certas circunstâncias especificáveis (especificáveis em termos de dado-sensório); assim, pois, seria de algum modo mais claro falar de dados-sensórios atuais e *obteníveis*. O filósofo britânico John Stuart Mill estabelece esse ponto, dizendo que objetos materiais são apenas "possibilidades permanentes de sensação", isto é, dados-sensórios – onde, é claro, as possibilidades em questão são apenas *relativamente* permanentes, dado que objetos podem mudar ou ser destruídos. A questão crucial a ser vista é que o que Mill e os outros fenomenalistas estão dizendo é que não há objetos existentes independentemente que sejam responsáveis pelas possibilidades de sensação ou pela possibilidade de obtenção de dados-sensórios; a atualidade e a possibilidade de obtenção de dados-sensórios são *tudo o que há* quanto ao mundo físico ou material.

---

* N. de T. No original, *perceiver*.

❻ A concepção fenomenalista é ao menos semelhante à concepção de Berkeley acerca dos objetos materiais, ainda que sem a referência a Deus: para ambas as concepções, os objetos materiais existem apenas como padrões de ideias ou experiências, ou de dados-sensórios nas mentes, e não têm nenhuma existência fora de todas as mentes (essa seria a existência "transcendente-à-mente").

❼ PARE Tente expressar mais minuciosamente os detalhes deste exemplo e pense em alguns outros.

O fenomenalismo é, de fato, uma daquelas concepções filosóficas ocasionais (alguns diriam: mais do que ocasionais) que é *tão* monumentalmente bizarra e implausível, ao menos a partir de alguma coisa próxima a um ponto de vista do senso comum, que chega, talvez, a tornar difícil (...) crer que ela realmente afirme o que ela afirma – e até mesmo mais difícil crer que tal concepção foi de fato, algumas vezes, amplamente defendida e (aparentemente) acreditada; na verdade, que ela foi, assim pode-se argumentar, a concepção dominante no que concerne ao problema do mundo exterior durante boa parte do século XX. A primeira e mais importante coisa a se dizer sobre essa situação é que você não deve, como acontece algumas vezes, permitir que ela faça com que você falhe em entender o que a concepção está dizendo ao tentar torná-la mais razoável do que ela é. O fenomenalista realmente está dizendo que não há *nada mais* quanto ao mundo material (incluindo, é claro, os nossos próprios corpos físicos!...) do que as nossas experiências sensórias subjetivas e a possibilidade, no sentido exposto, das demais experiências afins (ainda que haja, como veremos por fim, um sério problema sobre o "nossas").

Mas por que tal concepção obviamente implausível deveria ser tomada seriamente, sequer por um momento? De fato, já encontramos elementos essenciais do principal argumento do fenomenalismo, porém será de ajuda reiterá-los de alguma maneira mais explícita. Uma das premissas principais do argumento é a tese humiana de que as relações causais podem ser conhecidas somente via experiência da sequência causal, de modo que, como já foi explicado, não há modo no qual uma relação causal entre o conteúdo imediato da experiência e alguma coisa fora daquele conteúdo imediato poderia ser conhecida. Portanto, não há nenhum modo de invocar justificadamente tais causas externas como explicações daquela experiência. Essa tese tem uma boa dose de plausibilidade inicial e somente pode ser rebatida ao oferecer-se algum outro relato de como relações causais podem ser conhecidas. A outra premissa principal é simplesmente a convicção de senso comum de que o ceticismo é falso, de que nós *obviamente* temos crenças justificadas e conhecimento no que concerne a objetos ordinários como árvores, rochas, prédios e sobre o mundo material no qual eles existem. E o argumento é, então, meramente que o único modo em que tais crenças justificadas e o conhecimento são possíveis, dado que não há nenhuma inferência causal ou explanatória da experiência imediata aos objetos materiais que são genuinamente externos àquela experiência que jamais poderia, mesmo em princípio, ser justificada, é se o conteúdo das nossas crenças sobre o mundo material realmente não tem de ter a ver com objetos existentes fora da nossa experiência imediata, mas, em vez disso, pertence só aos objetos daquela experiência e à ordem que eles manifestam. ❽

A maioria dos fenomenalistas admitirá que isso parece, inicialmente, muito implausível, mas tentarão argumentar que essa implausibilidade aparente é, de algum modo, uma ilusão, a qual pode ser explicada por definitivo, uma vez que a concepção fenomenalista e as considerações em favor dela tenham sido plenamente entendidas.

OBJEÇÕES AO FENOMENALISMO

O argumento precedente, como a maior parte dos argumentos a favor de concepções filosóficas implausíveis, que, não obstante isso, são amplamente mantidas, é um argumento sério, não facilmente descartado. Nenhuma das premissas é fácil de rebater, e a conclusão parece, sim, originar-se das premissas. Porém, é claro, ainda é extremamente óbvio que essa conclusão não pode ser correta e, portanto, que algo deve ter saído errado. Ora, é óbvio, mesmo na mais insignificante reflexão imparcial, que o conteúdo de proposições sobre objetos físicos ou materiais pertence, sim, não importa se justificadamente ou não, a um reino de entidades que, se genuíno, existe fora da nossa mente e das nossas experiências num reino físico independente.

Esse *insight* básico parece, de fato, constituir por si mesmo uma razão mais do que adequada para rejeitar o fenomenalismo. Contudo, dado que ela, não obstante isso, equivale a pouco mais do que uma negação direta, não argumentada, da dita concepção, será útil ver se pode-

❽ Uma premissa adicional subjacente é a tese da subjetividade perceptual. Esse argumento é semelhante ao argumento de Berkeley, exceto no fato de que Berkeley alega somente que as relações causais entre experiência e objetos materiais exteriores são incognoscíveis.

PARE Berkeley tem boas razões para pensar que a causação da experiência por Deus é mais cognoscível?

mos encontrar objeções e problemas posteriores de um tipo mais articulado que pertence ao fenomenalismo. (Considerar tais objeções e as respostas disponíveis ao fenomenalista também ajudará você a entender melhor essa concepção.) De fato, há muitas objeções e problemas desse tipo que foram adiantados. Aqui nos contentaremos com uma porção dos mais interessantes deles.

Considere, primeiramente, qual é talvez a questão mais óbvia acerca da concepção fenomenalista: *por que*, de acordo com o fenomenalista, os dados-sensórios ordenados em questão são obteníveis ou "permanentemente possíveis"? Qual é a *explicação* para o padrão de experiências sensórias atuais e obtíveis que, alegadamente, constitui a existência de um objeto material ou do mundo material como um todo, se isso não deve ser explicado por apelo a objetos genuinamente exteriores? A única resposta fenomenalista possível a essa questão é dizer que o fato de que a experiência sensória reflete esse tipo de ordem é simplesmente o fato mais fundamental sobre a realidade, não mais explicável em termos de qualquer outra coisa. Afinal, *qualquer* explicação posterior tentada, visto que ela obviamente teria de apelar a alguma coisa fora daquela experiência, seria (pelas razões já discutidas) injustificada e incognoscível. O fenomenalista acrescentará que é óbvio, de qualquer modo, que nem tudo pode ser explicado, uma vez que cada explicação só introduz algum fato posterior para o qual uma explicação poderia ser exigida.

Todavia, embora esse último ponto pareça correto (não parece?), parece bastante implausível supor que alguma coisa tão ampla e complicada como a ordem total da nossa experiência imediata não tenha nenhuma explicação – e também muito óbvio que o senso comum (ao menos se aceitasse o subjetivismo perceptual) consideraria alegações sobre objetos materiais como oferecendo tal explicação, em vez de simplesmente uma nova descrição da própria ordem experiencial (tal como o fenomenalista alega que elas sejam). Talvez, por tudo o que vimos até aqui, o fenomenalista tenha razão em dizer que não podemos jamais saber se qualquer explicação tal está correta, mas esse, se assim for, é um argumento a favor do *ceticismo* sobre o mundo material, não uma justificação para reinterpretar perversamente o significado ou o conteúdo de alegações sobre objetos materiais. (Aqui, é importante deixar muito claro que *não* se supõe que o fenomenalismo seja uma visão cética, mas antes um relato de como crenças sobre objetos materiais são, de fato, justificadas e constituem, sim, conhecimento – dado o relato fenomenalista do conteúdo de tais crenças.) ❾

Um segundo problema (ou, antes, um conjunto de problemas relacionados) tem a ver com a especificação das *condições* sob as quais os vários dados-sensórios, que (de acordo com o fenomenalismo) constituem aquilo sobre o que trata uma proposição de objeto-material, são ou seriam experimentados. É claro que tais condições devem ser especificadas para haver sequer uma esperança de capturar o conteúdo de no mínimo a maioria de tais proposições em termos de dado-sensório. Para recorrer ao nosso exemplo anterior, dizer meramente que os dados-sensórios que são característicos de uma mesa marrom são atuais ou obtíveis em algumas circunstâncias ou outras pode talvez capturar o conteúdo da alegação de que o mundo contém pelo menos uma mesa marrom (embora até mesmo isso seja dubitável), mas certamente não de qualquer alegação mais específica, tal como aquela sobre essa mesa estar numa sala particular na Biblioteca da Universidade de Washington. Para tanto, como vimos brevemente, devem ser especificadas condições que afirmam, por assim dizer, que é em relação àquela sala particular que os dados-sensórios são ou seriam experimentados. (Mas lembre-se que, para o fenomenalista, a sala não existe como um lugar externo à mente; o discurso sobre uma sala ou qualquer localidade física deve ser entendido apenas como um modo de indicar um aspecto da ordem da experiência imediata, a saber, que os diversos dados-sensórios que refletem as diversas características atribuídas à sala tendem a ser experimentados juntos ou em estreita sucessão, com esse "agrupamento" todo de dados-sensórios permanecendo em relações semelhantes com os demais dados-sensórios que pertencem à área circundante.)

O que torna esse problema extremamente difícil, na melhor das hipóteses, é que, para que o fenomenalismo seja uma posição viável, as condições sob as quais

❾
R O fenomenalista, como Berkeley, pensa estar oferecendo um relato daquilo que a existência de objetos ordinários vem a constituir, e *não* estar negando a sua existência.

os dados-sensórios são experimentados ou passíveis de obtenção devem elas mesmas (como acabou de ser indicado) ser especificáveis em termos de *outros dados-sensórios*, não em termos de objetos materiais e estruturas como a biblioteca ou a sala em questão. Ora, a alegação essencial do fenomenalismo é que o conteúdo de proposições sobre objetos materiais pode ser *inteiramente* dado em termos de dados-sensórios. Se, na especificação das condições sob as quais ocorreriam os dados-sensórios atuais e obtíveis, relevantes para uma proposição de objeto-material, fosse necessário fazer referência a outros objetos materiais, nesse caso o relato do conteúdo da primeira proposição ainda não estaria completamente em termos de dados-sensórios. E se, na especificação das condições relevantes às alegações sobre aqueles outros objetos materiais, ainda outros objetos materiais tivessem de ser mencionados, e assim por diante, nesse caso o relato fenomenalista jamais seria completo. Se o conteúdo das proposições sobre objetos materiais não pode ser dado *inteiramente* em termos de dados-sensórios, se aquele conteúdo envolve referência essencial e ineliminável a objetos posteriores desse tipo, então o fenomenalismo fracassa.

Há, de fato, muitos problemas aqui, mas podemos continuar enfocando aquele sugerido pelo exemplo da mesa na sala da biblioteca. Como a ideia de que os dados-sensórios são ou seriam observados em certo local pode ser adequadamente capturada apenas em termos de dados-sensórios? A resposta natural, de fato invocada quando o exemplo foi originalmente discutido, é apelar para a ideia de uma *rota sensória*: uma série de dados-sensórios justapostos e frequentemente sobrepostos, que seriam experimentados naquilo que pensamos intuitivamente como movendo-se para o local em questão. (Contudo, para repetir, não se supõe haver qualquer local real externo à mente ou movimento corpóreo; de acordo com o fenomenalista, reivindicações sobre esse tipo de movimento experimentado têm a ver *somente* com sequências de dados-sensórios que são experimentados ou poderiam ser experimentados – incluindo aqueles nos quais pensamos intuitivamente, como os sentimentos associados a movimentos corpóreos como caminhar.)

Há, entretanto, no mínimo dois sérios problemas relativos a essa resposta. Um é que existem normalmente muitas rotas sensórias *diferentes* para um dado local, dependendo de onde se começa e de como se aproxima dele; e se o local de partida é ele próprio determinado por uma rota sensória prévia, nesse caso um regresso ameaça, no qual as condições sensórias devem retornar cada vez mais no tempo, sem jamais atingir um lugar a partir do qual possam começar. Um segundo problema é que parece claro que podemos frequentemente entender a alegação de que um certo objeto material ou conjunto de objetos existe num certo local físico, sem ter qualquer ideia clara da rota sensória relevante: por exemplo, entendo a alegação de que existem pinguins no Polo Sul, mas não tenho nenhuma ideia clara da rota sensória que eu teria de seguir para garantir ou mesmo tornar provável que eu tenha alcançado o Polo Sul. (Note que é uma *garantia* que está sendo na verdade exigida, pois, de outro modo, o conteúdo da alegação em questão não foi plenamente apreendido.)

...

E há também o problema relacionado, porém ainda muito mais difícil, do que o fenomenalista pode dizer sobre o conteúdo de proposições acerca de objetos materiais e eventos no *passado*, talvez no passado muito distante. Considere esse problema cuidadosamente, por você mesmo, concentrando-se no caso mais difícil: eventos passados que não foram observados por ninguém na época em questão. Sob quais condições sensórias deveriam os dados-sensórios de uma árvore ter sido obteníveis para tornar verdadeiro que existiu um pinheiro no local agora ocupado pela minha casa em 1.000 a.C.? É, pois, bastante duvidoso que o tipo de especificação das condições que o fenomenalismo necessita seja possível em geral.

...

Uma (...) objeção final ao fenomenalismo, uma objeção que é, felizmente, muito mais simples e muito mais direta, diz respeito ao que o fenomenalista deve aparentemente dizer sobre o conhecimento dos estados mentais de pessoas diferentes de mim mesmo (ou diferentes de quem quer que seja que esteja pensando sobre o assunto – por razões que ficarão claras, cada um de vocês terá de formular essa questão por si mesmo). O principal foco da posição fenomenalista, como vimos, é que *qualquer* inferência além da experiência imediata é impossível, que alegações que poderiam parecer relativas a coisas fora da experiência, se devem ser justificáveis e conhecidas, devem ser entendidas como pertencendo somente a características e padrões ordenados daquela experiência. Contudo, os estados mentais de *outras* pessoas, as suas experiências, os seus sentimentos e pensamentos conscientes, estão certamente fora da *minha* experiência imediata. De fato, alcançar conclusões justificadas sobre o que pessoas distintas de mim estão genuinamente pensando e experimentando requeriria, aparentemente, *duas* inferências: primeiro, uma inferência a partir da minha experiência imediata de dados-sensórios pertencentes aos seus corpos físicos para conclusões sobre aqueles corpos; e, segundo, uma inferência a partir de fatos sobre aqueles corpos assim atingidos para conclusões posteriores sobre as mentes e os estados mentais das pessoas em questão. *Ambas* inferências dependem de relações causais que são, de acordo com o fenomenalista, incognoscíveis, porque não podemos experimentar ambos os lados ou, no segundo caso, até mesmo um lado da relação. Portanto, nenhuma das inferências, construídas daquela maneira, é justificada de acordo com a perspectiva fenomenalista básica.

O que o fenomenalismo deve aparentemente dizer aqui, para ser consistente, é

1. que o conteúdo de proposições sobre as condições e o comportamento dos corpos de outras pessoas (como aquele de todas as outras proposições de objeto material) é relativo apenas a fatos sobre a *minha* experiência imediata e
2. que o conteúdo de alegações posteriores sobre os estados mentais associados àqueles corpos é apenas uma descrição posterior, mais complicada e menos direta, da *minha* experiência.

Ainda que o fenomenalista talvez resistisse em colocar a questão dessa maneira, o resultado é que a *minha* mente e os *meus* estados mentais, incluindo a minha experiência imediata, constituem a única mente e a única coleção de estados mentais que existem genuinamente, com as alegações que são aparentemente sobre outras mentes equivalendo apenas a descrições posteriores dessa mente única e das suas experiências. Essa é a concepção conhecida como *solipsismo* – que cada um de vocês deve obviamente formular por si mesmo (admitindo que qualquer um de vocês realmente está aí fora!). Isso parece ser claramente uma consequência absurda, assim produzindo, pois, uma objeção realmente decisiva, se alguma ainda fosse necessária, ao fenomenalismo.[10]

DE VOLTA AO REPRESENTACIONALISMO

Se o fenomenalismo é de fato indefensável, e admitindo que continuamos a aceitar o subjetivismo perceptual, então a única alternativa não cética que aparentemente resta é o *representacionalismo*: a concepção, reformulando-a um pouco, de que os nossos dados-sensórios experimentados imediatamente, junto com as crenças posteriores às quais chegamos com base neles, constituem uma *representação* ou descrição de um reino independente de objetos materiais – um reino no qual, em geral, de acordo com o representacionalista, estamos justificados em crer como sendo verdadeiro.

Defesas do representacionalismo tomaram uma variedade de formas, mas assumirei aqui que o melhor tipo de defesa para tal concepção é uma defesa nas linhas gerais que encontramos sugeridas, embora não muito explicitamente, em Locke (e de fato também, ainda que até menos explicitamente, em Descartes). A ideia central é, em primeiro lugar, que (contrariamente à alegação do fenomenalista) alguma *explicação* é necessária para a ordem complicada e intricada que encontramos nos nossos dados-sensórios experimentados involuntariamente (...);

---

[10] Certa vez, uma mulher supostamente escreveu a Bertrand Russell dizendo que pensou que o solipisismo era uma concepção tão obviamente correta que ela não poderia entender por que tal concepção não era mais amplamente aceita. (Pense sobre isso!)

e, em segundo lugar, que a *melhor* explicação, ou seja, aquela que é mais provavelmente correta, é que aquelas experiências são causadas por e, com certas qualificações, refletem sistematicamente o caráter de um mundo de objetos materiais genuinamente independentes, o qual nós, correspondentemente, temos boas razões para crer que existe.

Eu já apontei que o representacionalismo foi amplamente repudiado como insustentável durante a maior parte do período entre Locke e os tempos recentes, sendo o principal argumento aquele que encontramos em Hume sobre a incognoscibilidade de qualquer relação causal entre algo fora da experiência e a própria experiência. Começaremos olhando mais de perto para aquele argumento e considerando de um modo geral como se poderia responder a ele. Tendo sustentado que o representacionalismo não pode ser simplesmente excluído como impossível, tal como Hume tenta fazê-lo, consideraremos, então, a questão posterior de se e como a explicação específica da experiência que o representacionalista propõe pode ser defendida contra outras alternativas, tais como as de Berkeley. Por fim, examinaremos a qualificação significativa, já mencionada brevemente, advogada por Descartes, Locke e muitos outros, com respeito à acurácia com a qual a nossa experiência representa o verdadeiro caráter dos objetos materiais: aquela qualificação que tem a ver com a distinção entre qualidades *primárias* e *secundárias*.

UMA RESPOSTA AO ARGUMENTO DE HUME: INFERÊNCIA TEÓRICA OU EXPLANATÓRIA

Para relembrar, a objeção de Hume ao representacionalismo repousa na premissa de que relações causais podem ser conhecidas somente em se experimentando a sequência regular entre causa e efeito, a qual requer experimentar ambos os lados da relação causal. Isso, ele argumenta, é impossível para uma alegada relação causal entre algo fora da experiência direta e a própria experiência, de maneira que a alegação de que essa relação causal existe jamais pode ser justificada ou conhecida. E, portanto, assim ele conclui, tampouco o pode a explicação proposta pelo representacionalista da ordem da nossa experiência, dado que ela depende essencialmente dessa alegação causal incognoscível e injustificável.

Se a premissa inicial de Hume é aceita, então o restante do seu argumento parece decorrer disso. Mas tal premissa deveria ser aceita? Um modo de abordar essa questão é considerar exemplos em que parecemos raciocinar de modos que conflitam com aquela premissa, mas que ainda parecem intuitivamente cogentes. Aqui, considerarei [um exemplo] desse tipo, (...) que tem a ver com o conhecimento que diz respeito a entidades e a eventos inobserváveis, tais como os elétrons, os quarks ou a radioatividade, na física teórica. Nesse [caso], parecemos intuitivamente ter crença justificada e conhecimento que dizem respeito a relações causais às quais não se poderia chegar do modo como a premissa de Hume, se correta, exigiria. (Ao considerar [esse exemplo], adotamos o ponto de vista do senso comum, reconhecendo, pois, que o problema do mundo exterior – de algum modo – foi solucionado.)

...

[No] caso de entidades e eventos científicos inobserváveis[,]... parecemos ter crença justificada e conhecimento concernentes a relações causais entre tais entidades e eventos, e entre elas e os vários tipos de resultados observáveis, muito embora as entidades e os eventos em si não possam ser experimentados, mesmo em sentido indireto: o conhecimento, por exemplo, de que a radioatividade resulta da separação ou da decadência de vários tipos de átomos e que ela produz um som crepitante num contador Geiger. Obviamente, crenças concernentes a relações desse tipo não podem ser justificadas pela experiência de ambos os lados da relação causal do modo como a premissa de Hume requeriria.

Observe cuidadosamente que a reivindicação, até aqui, *não* é que esses casos alegados de conhecimento causal são genuínos, de maneira que a premissa de Hume teria de estar errada. É possível para um proponente da concepção de Hume responder a isso alegando ou que nós não temos realmente o conhecimento causal em questão (...) Assim, pois, defensores da concepção de Hume têm frequentemente sido também advogados (...) do *ficcionalismo* (a concepção de que entidades científicas aparentemente inobserváveis não existem de fato, mas só refletem modos de falar que ajudam a descrever sistematicamente observações). Contudo, [essa concepção parece] desesperadoramente implausível, de modo que, se puder ser dado um relato geral razoavelmente plausível de como tal conhecimento causal pode ser atingido justificadamente, isso bastaria para avaliar a rejeição da premissa de Hume e do argumento que dela resulta. **10**

O relato que foi oferecido (...) defende que o conhecimento do tipo em questão depende de um modo de raciocínio fundamental e, às vezes, não reconhecido, um modo que é bastante distinto tanto do raciocínio dedutivo quanto (...) do raciocínio indutivo[:] (...) raciocínio *teórico* ou *explanatório*. No raciocínio desse tipo, uma hipótese é apresentada para explicar um conjunto relevante de dados e é justificada simplesmente com base no fato ser *a melhor explicação* dos dados em questão.¹¹ **11**

O que exatamente torna uma explicação a *melhor* é uma questão difícil e complicada, como veremos de certo modo a seguir, mas o ponto no momento é que, *se* tal avaliação pode ser defendida, nesse caso, supostamente, torna-se justificável aceitar a hipótese explanatória por inteiro, *incluindo quaisquer reivindicações causais que ela possa envolver* naquela base – sem qualquer exigência de que haja evidência experiencial do tipo que a premissa de Hume exigiria para aquelas reivindicações causais por si mesmas. Assim, por exemplo, quando toda a teoria física de isótopos radioativos e da sua decadência em outros tipos de átomos é justificada como a melhor explicação de uma variedade de fenômenos observados, incluindo a nublagem do filme fotográfico, mudanças na composição de amostras, trajetórias em câmaras nubladas, etc., as relações causais entre os vários tipos de átomos e partículas, como também entre essas entidades e processos inobserváveis e as suas manifestações observáveis, são justificadas como parte do pacote total, sem necessidade correspondente de que elas sejam justificadas separadamente.

Uma defesa plena da ideia de raciocínio teórico ou explanatório obviamente não é possível [aqui]. A sugestão, de momento, é apenas que a ideia é plausível o bastante, especialmente à luz de exemplos como aqueles dados, para fazer com que seja razoável rejeitar a tese de Hume sobre o conhecimento de relações causais, ao menos provisoriamente, abrindo assim a porta para a possibilidade de que a posição representacionalista sobre o problema do mundo exterior possa, afinal de contas, ser defensável. **12**

A EXPLICAÇÃO REPRESENTACIONALISTA

Contudo, isso apenas abre a porta. Precisamos ainda nos preocupar se a explicação da nossa experiência proposta pelo representacionalista é realmente a *melhor*. E, antes que possamos fazer isso, precisamos considerar de maneira substancialmente mais detalhada do que poderia ser o aspecto fundamental daquela explicação e de como se supõe que ele funcione.

O lugar para se começar é perguntar o que há acerca do caráter da nossa experiência sensória imediata que aponte para ou talvez até mesmo pareça exigir tal explicação. Como vimos anteriormente, Locke aponta para duas características da nossa experiência nessa conexão: o seu caráter involuntário e a sua ordem sistemática. Porém, embora essas características possam de fato exigir *algum* tipo de explicação, elas, ao menos quando descritas naquele nível de abstração, não parecem apontar em absoluto para aquela característica específica que o representacionalista favorece (que é o motivo pelo qual a porta está aparentemente aberta para a alternativa de Berkeley). Se alguma coisa respectiva à experiência faz isso, terão de ser, eu sugeriria, características mais específicas do que qualquer uma daquelas que Locke menciona explicitamente.

Aqui está uma questão para que você reflita profundamente, de preferência antes de ler adiante neste parágrafo – uma questão que é tanto historica quanto substancialmente tão fundamental quanto qualquer outra no campo geral da epistemologia. Pense tão cuidadosamente quanto você puder sobre a sua experiên-

---

¹¹ Assim, o tipo de raciocínio em questão às vezes é também referido como "inferência à melhor explicação".

10 Esse é um *contraexemplo* à alegação geral de Hume sobre o conhecimento da causalidade: um caso em que o tipo de conhecimento que ele rejeita como impossível parece, apesar disso, existir. Quão claro é o fato de que tal conhecimento é genuíno (e, portanto, que o ficcionalismo está errado)?

11 O raciocínio dedutivo é aquele logicamente conclusivo e inteiramente *a priori*. O raciocínio indutivo, tal como BonJour está fazendo uso do termo, é aquele que envolve uma simples generalização a partir de padrões observados na experiência: a partir da observação de muitos corvos que são pretos (e de nenhum que seja de qualquer outra cor) para a conclusão de que todos os corvos são pretos. O raciocínio teórico também depende de observações, mas conclui para uma explicação em termos diferentes do que simplesmente uma generalização. (Algumas vezes, o termo "indução" é utilizado para esses dois últimos tipos de raciocínio, mas eles, não obstante isso, são consideravelmente diferentes).

12 PARE O raciocínio teórico ou explanatório é, de fato, bastante comum. Tente pensar em outros exemplos, extraídos de fora da ciência.

cia sensória imediata: a sua experiência de qualidades como cores, formas e relações espaciais aparentes, como sons aparentes e qualidades tácteis, etc. Você está presentemente experimentando padrões de marcas brancas e pretas que, de acordo com o representacionalista, são causadas por e representam as páginas deste livro, junto com outras cores que refletem o ambiente circundante imediato; as suas sensações auditivas poderiam ser aquelas que supostamente refletem os passos de pessoas na biblioteca ou a música que você está ouvindo enquanto lê; você tem sensações tácteis que supostamente refletem coisas como o livro na sua mão, a cadeira ou o sofá no qual você está sentado, e assim por diante; talvez haja um cheiro estranho de algum tipo também. O que, se é que algo, acerca dessas qualidades experimentadas *tomadas em si mesmas* sugere que a sua fonte ou causa é um reino independente de objetos materiais do tipo que o representacionalista advoga? Por que, deixando de lado a mera familiaridade, tal explicação da experiência parece tão natural e convincente?

A minha sugestão é que a resposta a essa questão tem duas partes principais. A primeira aponta para a presença, na experiência imediata, de *sequências* repetíveis de qualidades experimentadas, qualidades que se sobrepõem e vão gradualmente fazendo sombra uma sobre a outra. Aqui, tenho em mente algo como as "rotas sensórias" que, como anteriormente discutido, são invocadas pelo fenomenalista. Enquanto essas "rotas sensórias" não podem, em última instância, fazer o serviço que o fenomenalista precisa que elas façam, pelas razões ali dadas, elas são, apesar disso, bastante reais e pervasivas. Pense nos modos como tais "rotas sensórias" podem ser experimentadas em ordens opostas (imagine aqui o que o senso comum consideraria como caminhar de um lugar para o outro e, então, retornar ao primeiro local pela mesma rota – talvez até mesmo caminhando para trás, de modo a fazer as duas sequências tão similares quanto possível). Pense nos modos como tais "rotas sensórias" se interseccionam umas com as outras, por exemplo, permitindo assim que uma vá de um fim ao outro sem atravessar a própria "rota", delineando, portanto, uma volta sensória. Pense na estrutura resultante de um conjunto total de "rotas sensórias" que se sobrepõem e que se interseccionam.

Aqui poderia ser de ajuda, como um tipo de analogia, pensar, de um ponto de vista do senso comum, de que modo você se sairia programando um jogo de computador para simular um "espaço" contendo "objetos" através do qual o personagem do computador pode mover-se. Você programaria "telas" sucessivas de cores e formas visualmente observáveis, de tal forma a imitar a aparência de objetos que são gradualmente aproximados e transpostos, talvez com qualidades de som concomitantes, que se tornam mais altas e então mais baixas, e, pode-se imaginar, até mesmo outras qualidades sistematicamente variáveis, como cheiros ou temperaturas. (Talvez o jogo seja jogado numa barraca fechada que pode ser aquecida ou resfriada.) Você também incluiria algum modo controlável no qual se pode fazer com que o personagem olhe em diferentes direções, mova-se em diferentes velocidades e fique parado. Nesses termos, a minha sugestão é que a nossa experiência imediata atual tem mais ou menos exatamente as mesmas características que um programa ideal desse tipo criaria. (Além disso, você terá de ponderar esse ponto, "mastigá-lo", com relação a uma gama dos seus próprios exemplos para poder entendê-lo plenamente.)

A ideia é, então, que ao menos a explicação mais óbvia e natural dessas características da nossa experiência é que estamos localizados num reino espacial de objetos, através do qual nos movemos e do qual podemos perceber, em qualquer dado momento, somente a porção limitada que está próxima o bastante para ser acessível aos nossos vários sentidos (o que isso requer difere de sentido para sentido) – um tipo de "túnel" experiencial. A nossa experiência reflete tanto as qualidades desses objetos quanto as diferentes perspectivas a partir das quais eles são percebidos, na medida em que gradualmente nos aproximamos deles a partir de diferentes direções, em diferentes velocidades, sob diferentes condições de percepção, etc. Assim, pois, a estrutura relativamente permanente desse rol espacial de objetos é parcialmente refletida nas características muito mais temporárias e variáveis,

---

13 PARE Pense cuidadosamente sobre padrões de experiência do tipo indicado, tornando-os tão detalhados quanto possível. Pense sobre o motivo pelo qual a hipótese de que as experiências são causadas por um mundo estável de objetos externos parece explicar tão bem aquelas experiências. Você consegue pensar em alguma explicação alternativa que não invoca um ser como o Deus de Berkeley ou o gênio maligno de Descartes?

mas amplamente repetíveis, da nossa experiência imediata (...) ⓭

A segunda parte da resposta à questão sobre o que há acerca do caráter da experiência imediata que aponta para a explicação representacionalista cita o fato, já observado em nossa discussão do fenomenalismo, de que a ordem experiencial recém-descrita, ainda que inegavelmente impressionante, é *incompleta* ou *fragmentária* num número de modos relacionados. O modo mais fácil de indicá-los é por referência aos tipos de situação que, de um ponto de vista do senso comum, produz e explica os mesmos (ainda que o representacionalista não possa, é claro, admitir nesse estágio, sem incorrer em petição de princípio, que essas coisas são o que em realidade está acontecendo). Imagine, então, atravessar uma "rota sensória" do tipo recém-indicado, mas fazendo isso

1. com os olhos fechados (ou com os ouvidos tapados, etc.) durante parte do tempo requerido, ou talvez enquanto adormecido durante parte do tempo (viajando num carro ou num trem); ou
2. enquanto as condições de percepção, incluindo aquelas que são relativas ao funcionamento dos seus órgãos sensórios e ao seu "processamento" mental, estão mudando ou sendo variadas (envolvendo coisas como mudança de iluminação, incluindo escuridão completa, como a icterícia e doenças semelhantes que afetam a percepção, como objetos e condições que temporariamente bloqueiam a percepção ou interferem nela, e mesmo algo tão simples quanto virar a sua cabeça numa diferente direção, piscando ou esfregando os olhos).

Se você pensar sobre isso cuidadosamente, verá que fatores de interferência desses variados tipos tornam as sequências sensórias que definem as diversas "rotas" muito menos regulares e confiáveis do que elas poderiam parecer à primeira vista (...) ⓮

Portanto, a reinvindicação básica é que o reino da experiência sensória imediata, dos dados-sensórios (...), é tanto *demasiadamente ordenada* para não exigir uma explicação quanto *não ordenada o bastante* para que a explicação seja que os dados-sensórios têm uma ordem intrínseca própria. O que isso sugere fortemente, o representacionalista arguirá, é um reino independente de objetos, fora da nossa experiência, um reino que tem os seus padrões de ordem (principalmente espacial), com a ordem parcial e fragmentária da nossa experiência resultando do nosso contato perceptual parcial e intermitente com aquele reino mais amplo e mais estável.

A discussão até aqui oferece apenas um quadro inicial e altamente esquemático da explicação proposta pelo representacionalista. Ele teria de ser completado em um certo número de maneiras para que fosse sequer aproximadamente completo. Aqui me contentarei com três pontos posteriores. Primeiro, o foco principal da discussão até agora foi sobre as propriedades *espaciais* de objetos materiais e as características da experiência imediata que parecem sugeri-las. Assim, o resultado nesse ponto é, na melhor das hipóteses, apenas um tipo de figura esquelética do mundo material, uma figura que teria de ser "embutida" de várias maneiras, até que sequer chegasse perto da imagem do mundo partilhada pelo senso comum. De fato, é útil pensar na explicação representacionalista como começando com propriedades espaciais, como um estágio primeiro e mais fundamental, acrescentando, então, refinamentos posteriores ao ponto de partida.

Segundo, o principal acréscimo a essa imagem espacial inicial do mundo seriam os vários tipos de relações *causais* entre os objetos materiais e entre esses objetos e os sujeitos-que-percebem, junto com as propriedades causais e disposicionais dos objetos (inflamabilidade, solubilidade, maleabilidade, fragilidade, toxicidade, etc.), que estão na base de tais relações. Essas são, do ponto de vista do representacionalista, basicamente acrescentados no intuito de explicar mudanças aparentes nos objetos materiais que se refletem em mudanças relativamente permanentes nas, por outro lado, estáveis "rotas sensórias" (...)

Terceiro, existe a questão das qualidades primárias e secundárias. Como já mencionado, a concepção de Locke é que objetos materiais têm qualidades *primárias* como tamanho, figura e movimento através do espaço, mas não qualidades *secundárias* como cor, cheiro, gos-

⓮ PARE Tente pensar em exemplos específicos de ordem fragmentária ou interrompida. Quão comuns eles são?

to e temperatura, uma concepção com a qual a maioria dos outros representacionalistas tendeu em concordar. Aqui, bastará enfocar a cor, sem dúvida a mais aparentemente pervasiva e interessante das qualidades secundárias. Com certeza, negar que objetos materiais são genuinamente coloridos complica a explicação proposta pelo representacionalista ao tornar a relação entre os objetos materiais e as nossas experiências imediatas muitos menos diretas do que o seriam de outro modo: de acordo com tal concepção, embora as nossas experiências imediatas de propriedades espaciais sejam causadas mais ou menos diretamente por propriedades espaciais estreitamente relacionadas dos objetos (dando vez, de forma importante, à perspectiva), as nossas experiências imediatas de propriedades de cor são causadas por propriedades totalmente diferentes de objetos materiais, sobretudo pelo modo como as suas superfícies refletem diferentemente os comprimentos de ondas de luz.

Locke oferece pouco argumento real para essa concepção, mas o argumento que parece ter em mente é que, à medida que se desenvolve o relato causal do mundo material, demonstra-se que atribuir uma propriedade como a cor (construída como a propriedade "sensual" que está presente na experiência visual imediata) a objetos materiais é, de fato, quase sem utilidade para explicar as nossas experiências de cores. Quais cores experimentamos, isso depende das propriedades da luz que se chocam com os nossos olhos, e isso, por sua vez, nos casos mais comuns, depende de como os objetos materiais refletem e absorvem a luz, o que, por sua vez, depende da estrutura das suas superfícies como constituídas por propriedades primárias e causais (...) *se* [isso] é correto, então a negação de que os objetos materiais são realmente coloridos simplesmente decorre da lógica básica da posição representacionalista: de acordo com o representacionalismo, a única justificação para atribuir *qualquer* propriedade ao mundo material é que ela explica melhor algum aspecto da nossa experiência imediata, de modo que a atribuição de propriedades que não figuram em tais explicações é automaticamente injustificada. ⑮

PARE É essa uma boa razão para pensar que a cor não constitui uma característica genuína dos objetos materiais exteriores? (Ver Questão para Discussão 2.)

ALTERNATIVAS À EXPLICAÇÃO REPRESENTACIONALISTA

A discussão até aqui estabeleceu talvez um caso razoável, ainda que, naturalmente, nada parecido com uma conclusão de que, em primeiro lugar, a explicação proposta pelo representacionalista da ordem da nossa experiência imediata não pode ser excluída segundo razões humanas; e, em segundo lugar, que essa explicação tem uma boa dose de plausibilidade em relação àquela experiência. Contudo, isso ainda não é o suficiente para mostrar que ela é a *melhor* explicação e, portanto, mesmo admitindo a aceitabilidade geral do raciocínio teórico, aquela cuja aceitação é, portanto, justificada. Aqui nos encontramos essencialmente de volta à questão posta bem cedo neste capítulo: por que, se é que de algum modo, a explicação da nossa experiência que invoca objetos materiais exteriores, independentes da mente, deveria ser preferida a outras explicações possíveis, tais como a de Berkeley (ou aquela muito semelhante, se não idêntica a ela, que apela ao gênio maligno de Descartes)?

Deveria ser óbvio que a hipótese explanatória de Berkeley é capaz de explicar exatamente as mesmas características da experiência imediata às quais o representacionalista apela. Tudo o que é preciso, como anteriormente sugerido, é que Deus tenha uma concepção ou imagem idealmente completa do mundo material do representacionalista e, então, cause sistematicamente experiências em sujeitos-que-percebem que refletem a sua localização aparente no mundo e o seu movimento através dele. (Isso admite que Deus pode reconhecer intenções de "mover" em várias direções e ajustar as percepções das pessoas de forma correspondente; é claro que nenhum movimento genuíno realmente tem lugar, nem o sujeito-que-percebe realmente tem uma localização física).[12] Uma hipótese expla-

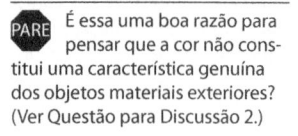

---

[12] Aqui, outra vez, um jogo de computador oferece uma analogia útil. Ao jogar muitos jogos desse tipo, você controla o "movimento" de um personagem do computador através do "mundo", geralmente de uma maneira bastante realista, muito embora não haja realmente nenhum movimento daquele tipo nem qualquer mundo daquele tipo no qual isso pudesse ter lugar. Na hipótese explanatória de Berkeley, Deus desempenha o papel do computador.

natória diferente, mas essencialmente paralela, é oferecida por um cenário de ficção científica: o sujeito-que-percebe e um cérebro desincorporado boiando em uma cuba de nutrientes cerebrais, recebendo impulsos elétricos a partir de um computador que, além disso, contém um modelo ou representação idealmente completa de um mundo material e gera os impulsos de forma correspondente, levando em conta os impulsos motores recebidos do cérebro que refletem os movimentos intencionados pela pessoa. E hipóteses explanatórias posteriores podem ser geradas, de acordo com a mesma fórmula básica: deve haver algum tipo de uma representação ou de um modelo de um mundo material, junto com alguma espécie de mecanismo (que não precisa ser mecânico no sentido habitual) que sistematicamente produz a experiência nos sujeitos-que-percebem, dando vez para os seus movimentos intencionados subjetivamente. *Qualquer* padrão de experiência imediata que pode ser explicado pela hipótese explanatória do representacionalista pode, assim, ser também automaticamente explicado pelas hipóteses explanatórias desse último tipo, provavelmente por indefinidamente muitas delas, sem nenhuma base experimental possível para decidir entre elas ou entre qualquer uma delas e a hipótese representacionalista.

Se deve haver uma razão para favorecer a hipótese representacionalista, portanto, ela terá de ser *a priori* em caráter, ❻ e é mais do que um pouco difícil ver o que ela poderia ser. Aqui me limitarei a uma sugestão deveras provisória (...)

Um contraste notável entre a hipótese explanatória representacionalista e as outras que examinamos é que, sob a concepção representacionalista, há um sentido intuitivo claro no qual as qualidades dos objetos que explicam a nossa experiência imediata estão diretamente refletidas no caráter daquela experiência em si mesma, de modo que se pode afirmar que os objetos existem, dando vez à perspectiva e talvez a outras espécies de distorção, outras espécies de experiências das qualidades, muito embora indiretas. Uma vez mais isso se aplica o mais diretamente a propriedades espaciais: assim, por exemplo, a forma retangular ou de trapézio que é experimentada imediatamente pode ser considerada uma percepção indireta de uma face retangular do objeto material que causa aquela experiência. Em contraste, as características dos elementos nas outras hipóteses explanatórias que são responsáveis pelas várias características da nossa experiência não estão diretamente refletidas naquela experiência. Por exemplo, o que é responsável nessas outras hipóteses pela forma retangular ou de trapézio na minha experiência imediata é um aspecto da imagem ou da concepção total de Deus de um mundo material, ou talvez um aspecto de uma representação de tal mundo armazenada num computador. Esse aspecto, em si mesmo, não tem nenhuma forma de qualquer espécie (ou, ao menos, no caso do computador, nenhuma que seja relevante para a forma que eu experimento); trata-se meramente de uma *representação* de uma forma relacionada, de acordo com algum sistema de representação ou de codificação. Logo, a sua relação com o caráter da experiência que ela supostamente explica é inerentemente menos direta, mais complicada do que no caso da explicação do representacionalista.

A minha sugestão é de que o caráter inerentemente menos direto, mais complicado, do modo como essas hipóteses explanatórias em competição dão conta das características da nossa experiência imediata pode gerar uma razão para preferir a hipótese explanatória representacionalista mais direta e, portanto, em certo sentido mais simples, por considerá-la como sendo mais provavelmente verdadeira. Mas como exatamente? A ideia é que uma hipótese explanatória como a de Berkeley, ao menos como nós a construímos, depende, para o seu sucesso explanatório, da verdade de duas alegações igualmente essenciais: primeiro, a alegação de que um mundo material do tipo postulado pelo representacionalista *poderia* dar conta das características da nossa experiência, pois é precisamente por emular ou imitar a ação de tal mundo que Deus (ou o computador) decide simplesmente quais experiências produzir em nós; segundo, Deus (ou o computador) pode de fato produzir de maneira bem-sucedida a emulação requerida. Contudo, a concepção representacionalista requer somente a verdade da primeira dessas duas ideias. Ela é, pois, eu sugiro, inerentemente menos vulnerável a problemas e desafios e, por isso, mais provavelmente verdadeira. E essa é uma razão

❻ Porque todas as explicações são igualmente compatíveis com a experiência relevante.

> **(17)** **PARE** É essa uma boa razão para favorecer a explicação do representacionalista sobre a de Berkeley? Você consegue pensar em alguma razão para preferir a explicação de Berkeley àquela do representacionalista?

aparente para considerar a hipótese explanatória do representacionalista como oferecendo a melhor dessas explanações em competição (...) **(17)**

É esse um argumento bem-sucedido a favor do representacionalismo? Há pelo menos duas questões acerca dele que precisam ser consideradas. A primeira é que o argumento admite que as abordagens em competição com o representacionalismo são todas parasitárias sobre a hipótese explanatória representacionalista no modo indicado, e vale a pena perguntar se isso é realmente assim. Há uma explicação da nossa experiência imediata que não repousa numa emulação do modo pelo qual um mundo material produziria aquela experiência? Não ajudará dizer simplesmente que Deus causa a nossa experiência, sem dizer como e por que ele produz os resultados específicos que produz, pois isso não é realmente oferecer uma explicação completa. Mas há algum outro modo de preencher a hipótese explanatória de Berkeley ou uma das hipóteses paralelas que não invoque uma concepção ou modelo de um mundo material? A segunda questão é que, mesmo se o argumento for bem-sucedido em certo grau, *o quão* provável ou próxima ele torna a hipótese do mundo material em comparação com essas outras? É o grau de probabilidade ou a probabilidade resultante elevada o bastante para ajustar-se de modo aproximado às nossas convicções de senso comum nesse sentido (ou para produzir conhecimento...)? Deixarei essas difíceis questões posteriores para que você reflita.

HÁ UMA ALTERNATIVA MELHOR? REALISMO DIRETO

O resultado da nossa discussão até aqui é que o fenomenalismo revela-se inteiramente indefensável e que ao menos uma defesa melhor do que muitos supuseram possível pode ser oferecida a favor do representacionalismo. Muitos filósofos recentes, contudo, pensaram que há uma *terceira* alternativa que é superior a essas duas: uma alternativa normalmente referida como *realismo direto*. A ideia central do realismo direto é que a concepção que chamamos de subjetivismo perceptual é falsa, ou seja, ao invés de experimentar imediatamente (...) dados-sensórios (...) experimentamos *diretamente* objetos materiais exteriores, sem a mediação dessas outras espécies de entidades ou estados. E com frequência a sugestão parece ser, embora isso em geral não seja explicado plenamente, que tal concepção pode simplesmente passar ao lado do problema do representacionalista, a saber, de justificar uma inferência da experiência imediata para o mundo material, fazendo isso sem ter de advogar nada tão bizarro quanto o fenomenalismo.

Para qualquer um que tenha lutado com a ideia de dados-sensórios (...) e com as dificuldades e complexidades do representacionalismo e do fenomenalismo, a simplicidade aparente do realismo direto, o modo pelo qual ele parece fazer com que problemas extremamente difíceis ou mesmo intratáveis desapareçam, pode ser difícil de resistir. Devemos, contudo, ser cautelosos. A que equivale tal concepção? Ela pode realmente alcançar os resultados que promete?

Podemos começar com um ponto que é seguidamente proposto em argumentos a favor do realismo direto, um ponto que, ainda que correto enquanto dá certo, apresenta-se de fato como sendo muito menos útil do que se tem pensado algumas vezes, seja ao defender ou ao explicar a concepção. Pense em um exemplo costumeiro de experiência perceptual: estando no meu quintal, observo os meus cachorros correndo atrás um do outro, num largo círculo em torno de alguns arbustos, criando formas ali dentro pelos raios de sol e pelas sombras, à medida que um carro vem vindo pela rua. A alegação do realista direto é que, em tal caso (supondo que eu me encontre numa estrutura mental normal, não filosófica), o quadro que é fácil de encontrar ou ler em alguns representacionalistas, de acordo com o qual eu *primeiramente* tenhos pensamentos ou crenças ocorrentes sobre o caráter da minha experiência (... em termos... de dados-sensórios) e *então* infiro explicitamente a partir desses pensamentos ou crenças sobre objetos materiais, é simples e terminantemente errado como uma descrição do meu estado consciente atual. De fato, as únicas coisas sobre as quais penso *diretamente* e explicitamente, em tal caso, são coisas como cachorros e arbustos, carros e luz do sol, e não alguma coisa tão sutil e complicada como dados-sensórios (...) O realista direto não precisa negar (ainda que alguns pareceram fazê-lo) que a minha experiência sensória de algum modo envolve as várias qualidades, tais como padrões complicados de forma e cor, dos quais essas outras concepções falaram, ou mesmo que estou, de *alguma* maneira, perceptivo ou consciente desses padrões. O seu ponto é que, não importa o que puder ser dito sobre essas outras questões, de um ponto de vista intuitivo são os objetos materiais e nada mais que estão "diretamente diante da minha mente" – e que qualquer concepção que nega essa verdade óbvia está simplesmente enganada sobre os fatos.

Eu já disse que considero que o realista direto está correto sobre isso ao menos na maior parte dos casos. O que acontece do modo mais central na experiência perceptual é que temos pensamentos explícitos ou "juízos perceptuais" sobre o que estamos percebendo; e, em casos normais (deixando de lado contextos artísticos ou talvez filosóficos muitos especiais), esses juízos perceptuais são diretamente e inteiramente sobre coisas (bem como processos e qualidades) no mundo material exterior. Os filósofos falam daquilo sobre o que um estado proposicional da mente trata diretamente como o seu *objeto intencional*, e podemos correspondentemente dizer que os objetos intencionais dos nossos juízos perceptuais básicos em geral são os objetos materiais supostos ou aparentes. Dessa maneira, a relação de tais juízos com os objetos materiais é, poder-se-ia dizer, *intencionalmente* direta. **18**

Mas qual peso, se houver algum, essa diretividade intencional tem sobre a questão epistemológica central, isto é, que razão ou justificação temos para pensar que tais juízos perceptuais sobre o mundo material são *verdadeiros*? Talvez a espécie de presença direta à mente que está envolvida na ideia de uma experiência imediata (...) gera o resultado de que as crenças ou as consciências de alguém concernentes aos objetos de tal experiência estão automaticamente justificadas, simplesmente porque não há espaço para que o erro entre rastejando. **19**

Porém, há alguma maneira de dizer que, do mero fato de que os juízos perceptuais sobre objetos materiais são *intencionalmente* diretos, segue-se que eles estão também *justificados*? Ainda parece óbvio que tanto um juízo perceptual quanto o estado mental total do qual ele é uma parte são bastante distintos do objeto material, se houver algum, que é o seu objeto direto intencionalmente. Isso é demonstrado pelo fato de que, em casos como alucinação, o objeto em questão não precisa existir, mas seria claro o bastante mesmo sem tais casos – tendo sido rejeitadas concepções fenomenalistas, o objeto material de algum modo não entra de forma literal na mente. Assim, pois, muito embora juízos de percepção sejam diretamente sobre tais objetos no sentido intencional, a questão relativa a se eles os representam *corretamente* ainda se levanta em termos exatamente iguais à questão que surge para o representacionalista. E essa questão, ao sujeito-que-percebe que tudo indica, ainda deve ser respondida, se é que pode sê-lo, por apelo às características experimentadas imediatamente, envolvidas no estado mental do sujeito-que-percebe, sendo o caráter específico da experiência sensória a única coisa óbvia a invocar.

Portanto, embora a ideia de diretividade intencional possa ser utilizada para apresentar um quadro de certo modo mais acurado de um estado mental de um sujeito-que-percebe normal, a concepção que resulta é ainda fundamentalmente uma versão do representacionalismo, na medida em que encara o mesmo problema essencial de justificar a transição (não importa se é uma inferência explícita ou não) a partir do caráter da experiência da pessoa para crenças ou juízos sobre o mundo material. Se isso é tudo ao que o realismo direto equivale, então ele não é uma terceira alternativa genuinamente distinta com respeito à questão básica de como crenças ou juízos perceptuais são justificados. **20**

...

A minha conclusão provisória (...) é que a ideia de que o realismo direto representa uma alternativa posterior à presente questão é uma quimera. Portanto, uma vez que o fenomenalismo é rejeitado como irremediável, as únicas alternativas com respeito ao conhecimento do mundo exterior parecem ser o ceticismo e alguma versão do representacionalismo, talvez uma versão que reconheça e incorpore a concepção de que os juízos perceptuais sobre o mundo material são intencionalmente diretos.

---

18 Isso não significa que as ideias ou os dados-sensórios não desempenham nenhum papel, mas apenas que eles não são o objeto do juízo perceptual resultante. Em vez disso, eles poderiam ser veículos essenciais para a nossa consciência perceptual, essenciais para explicar de que modo somos capazes de pensar "diretamente" nos objetos fora da mente. (Ver a introdução à seleção de Locke.)

19 A sugestão é de que somente ideias ou dados-sensórios e outros estados da mente são experimentados imediatamente nesse sentido.

20 A alegação é de que o modo como estamos diretamente conscientes de objetos exteriores (o fato de que tais objetos, e não as nossas experiências, ideias ou dados-sensórios, são aquilo sobre o que estamos pensando em tal experiência) realmente nada faz para explicar por que as nossas alegações perceptuais são justificadas, por que temos boas razões para pensar que elas são verdadeiras. O nosso estado mental é ainda distinto do objeto, e assim a questão relativa a se ele representa corretamente tal objeto ainda pode ser levantada – exatamente do modo como ela se levanta para Locke.

Questões para Discussão

1. Você consegue pensar num bom argumento para a existência de estados mentais diferentes dos seus naquilo que parece ser outras pessoas? O ponto de partida óbvio é o comportamento de outros corpos. Tente construir tal argumento e avalie a força dele.
2. Pense em como uma explicação científica da experiência da cor poderia ser estabelecida. Locke e BonJour estão certos em que a cor, como sendo uma característica de objetos materiais, não desempenha nenhum papel em tal explicação? Se esse é o caso, depreende-se que não temos nenhuma razão para crer que tais objetos são realmente coloridos, ou há alguma outra razão (além de um papel na explicação) para pensar que eles são coloridos?
3. Qual explicação dos padrões de experiência é a melhor? A do representacionalista ou a de Berkeley? Por quê? Você consegue pensar em outras explicações que sejam significativamente diferentes de qualquer uma dessas? Quais padrões gerais são os corretos para escolher entre tais explanações e por quê?
4. BonJour oferece o que reconhecidamente é apenas o esboço de um argumento para a existência de objetos materiais. Quão difícil seria fazer isso até o fim, num argumento completo (em que a parte grande do trabalho seria dar uma descrição muito mais completa das características relevantes da experiência)? É plausível supor que pessoas comuns, que têm crenças sobre objetos materiais, têm esse argumento ou algo como ele em mente? Se não o é, isso significa que elas não têm boas razões para pensar que as suas crenças são verdadeiras? Quão implausível é esse resultado?

Sexto Empírico

Sexto Empírico (século III a.C.) foi um filósofo grego que parece ter servido como uma espécie de historiador da escola cética de filosofia. Muito pouco se sabe sobre a sua vida, ainda que, aparentemente, ele tenha sido um médico que ensinou numa academia cética, talvez em Alexandria. A seleção a seguir provém da sua explanação sobre o argumento dos Dez Modos, por meio do qual os céticos podem alcançar a suspensão da crença – vista por eles como um estado intrinsecamente desejável no qual se tem a cura do dogmatismo.

Linhas Gerais do Pirronismo[13]

O QUARTO MODO

Também podemos atingir a suspensão baseando o nosso argumento em cada um dos sentidos separadamente, ou mesmo desconsiderando os sentidos. Para esse fim, empregamos o quarto modo de suspensão, que chamamos de modo baseado nas circunstâncias. Entendemos por "circunstâncias" os estados nos quais estamos. Esse modo, assim dizemos, é visto em casos de estados naturais ou inaturais, em estados de vigília ou sono, em casos em que idade, movimento ou repouso... estão envolvidos; ou em que o fator determinante é um estado de carência ou saciedade... Por exemplo, as coisas aparecem dessemelhantes conforme estejamos num estado natural ou inatural; pessoas delirantes, e aquelas que são possuídas por um deus, pensam que ouvem vozes divinas, enquanto nós não pensamos assim. Frequentemente, elas alegam que percebem, entre um número de outras coisas, o odor de... incenso adocicado, ou algo desse tipo, enquanto nós

---

[13] Seleções extraídas de *Outlines of Pyrrhonism*, do volume *Selections from the Major Writings on Skepticism, Man, and God*, traduzido por Sanford G. Etheridge (Indianapolis: Hackett, 1985).

não percebemos nada. E a mesma água que parece quente a uma pessoa quando derramada sobre partes inflamadas parece tépida para nós. A capa que parece laranja-amarelada para homens com olhos injetados não parece assim para mim, e, no entanto, trata-se da mesma capa. E o mesmo mel que parece doce para mim parece amargo para aqueles que sofrem de icterícia. ❶

Agora, alguém poderia objetar que, naqueles cuja condição é inatural, é o amálgama de certos humores que faz com que obtenham impressões inaturais dos objetos exteriores. A nossa resposta a isso seria que é possível que os objetos exteriores de fato são, na realidade, tal como aparecem àqueles de quem se diz estarem num estado inatural; e, dado que pessoas num estado de boa saúde também têm humores mistos, é possível que esses humores façam com que os objetos apareçam diferentes a elas. Ora, seria uma coisa forjada atribuir aos humores de pessoas doentes um poder de mudar objetos exteriores e negar esse poder aos humores dos saudáveis. Afinal de contas, é natural para os saudáveis estar num estado saudável, e inatural para eles estar num estado doente. Pelo mesmo motivo, é inatural para os doentes estar num estado saudável, mas natural para eles estar num estado doente. Consequentemente, os enfermos também merecem crédito, já que também eles se encontram, em certo sentido, num estado natural. Se alguém está num estado de sono ou de vigília, isso também faz diferença nas impressões-sensórias, uma vez que a nossa maneira de percepção enquanto despertos difere da percepção que temos durante o sono; e a nossa maneira de percepção no sono não é como a nossa percepção desperta. Como resultado, a existência ou a não existência das nossas impressões-sensórias não é absoluta, mas relativa, dado que elas trazem uma relação como o nosso estado de sono ou de vigília. É provável, portanto, que, embora as nossas imagens-de-sonho sejam irreais no nosso estado de vigília, elas, não obstante isso, não são absolutamente irreais, pois existem, sim, em nossos sonhos. Da mesma maneira, as realidades do estado de vigília, mesmo que não existam de fato nos sonhos, existem não obstante isso. A idade também faz diferença. Homens velhos, por exemplo, podem achar que o ar está frio, mas o mesmo ar parece ameno para aqueles que se encontram na primavera da vida. A mesma cor parece turva para pessoas mais velhas, porém cheias para aquelas no seu melhor momento. E um som, por semelhante modo, parece indistinto para os primeiros, mas deveras audível para os últimos... A partir disso, segue-se que as diferenças de idade também podem fazer com que as impressões-sensórias sejam diferentes, embora os objetos exteriores sejam os mesmos. Movimento ou repouso também podem ser o fator determinante quando objetos parecem diferentes. Por exemplo, as coisas que vemos como sendo imóveis, quando estamos estacionados num lugar, parecem estar movendo-se, quando estamos velejando e passando por elas... Fome ou saciedade também pode ser a causa, na medida em que a mesma comida pode parecer muito saborosa para o faminto e, contudo, desagradável àqueles que já estão satisfeitos... Predisposições são uma outra causa, uma vez que o mesmo vinho parece ser ácido, se anteriormente comeste tâmaras ou figos secos, e doce, se comeste nozes ou ervilhas adocicadas. Além disso, o vestíbulo da casa de banho está aquecido para aqueles que vêm de fora, mas causa frio àqueles que estão saindo, se nele se demoram...

Agora, considerando o fato de que tanta discrepância é devida aos estados em que nos encontramos e de que os homens estão em estados diferentes em momentos diferentes, é fácil, talvez, afirmar a natureza de cada objeto tal como ele aparece a essa ou aquela pessoa, mas difícil dizer, para além disso, o que é a sua real natureza. Isso se dá porque a própria discrepância não se empresta ao juízo. ❷

De fato, quem quer que tente resolver essa discrepância se encontrará ou num ou noutro dos estados anteriormente mencionados ou, então, em nenhum estado. Porém, agora, dizer que ele não se encontra em nenhum estado, que ele não está nem saudável nem doente, nem em movimento nem em repouso, que ele não tem nenhuma idade específica e que está livre dos outros estados, isso é perfeitamente absurdo. Por outro lado, o fato de ele estar num estado ou noutro, enquanto tenta realizar o juízo, fará com que ele seja um partícipe na controvérsia. E, além disso, ele estará confundido pe-

❶ Exemplos desses tipos e daqueles que seguem também constituem a base para **o argumento da ilusão**, tal como formulado repetidamente por Berkeley na seleção anterior. Sexto está provavelmente admitindo algo como a conclusão de Berkeley de que aquilo de que estamos o mais imediatamente conscientes é uma ideia (ele utiliza o termo "impressão-sensória") na mente. Contudo, ele tem igualmente em vista uma conclusão diferente, mais claramente cética também.

❷ Dado que o que assumimos (sob que base?) como sendo o mesmo objeto ou situação dá ocasião a diferentes impressões-sensórias, dependendo das "circunstâncias" em que o sujeito-que-percebe está, coloca-se a questão de como decidir quais impressões-sensórias (se alguma delas) revelam a verdadeira natureza daquele objeto.

3 Sexto argumenta que não há razão para ver as impressões-sensórias do saudável como mais acuradas do que aquelas do doente e indica que nem uma pessoa saudável nem uma pessoa doente está em posição de fazer tal avaliação de um modo não prejudicado. E ele diria a mesma coisa sobre as outras diferenças em "circunstâncias".

4 Aqui, temos uma versão de um famoso argumento cético, um argumento cujas implicações estendem-se para muito além da questão específica que Sexto está discutindo. A questão subjacente é como qualquer critério ou padrão de aceitabilidade racional pode ser estabelecido como correto: se por uma prova, então qual critério ou padrão pode ser utilizado para mostrar que a prova é em si mesma cogente? (Sexto afirma, aqui, que o resultado é a circularidade, na qual o próprio critério cuja correção está em questão é utilizado para validar a prova; porém, há uma outra possibilidade, discutida na próxima seção, que é igualmente inaceitável.)

5 Aqui temos, em certa medida, um conjunto diferente de exemplos, baseados no fenômeno geral da *relatividade perceptual*: o modo pelo qual uma pessoa recebe as impressões-sensórias de um objeto depende da perspectiva a partir da qual ele é percebido. Novamente, surge a questão de como decidir quais das diversas e aparentemente conflitantes impressões-sensórias revelam a verdadeira natureza do objeto.

los estados nos quais se encontra, e isso impedirá que seja um juiz absoluto na matéria. Uma pessoa, portanto, que está no estado de vigília não pode comparar as impressões de uma pessoa dormindo com aquelas impressões de pessoas despertas, e uma pessoa saudável não pode comparar as impressões de pessoas doentes com aquelas das pessoas saudáveis. Nós, afinal de contas, tendemos, sim, a dar o nosso assentimento àquelas coisas que estão presentes e têm uma influência presente sobre nós, e não às coisas que não estão presentes. **3**

A discrepância entre tais impressões é irresolúvel também sob outras razões, pois, se uma pessoa prefere uma impressão-sensória a outra, assim como uma circunstância a outra, ela o faz ou sem julgar e sem prova ou julgando e oferecendo prova. Contudo, ele não pode fazê-lo sem juízo e prova, pois, nesse caso, será desacreditado. E nem pode fazer isso mesmo com juízo e prova, pois, se julga as impressões, ele precisa, para todos os casos, fazer uso de um critério ao julgá-las. E esse critério ele declarará como sendo ou bem verdadeiro ou falso. Se falso, ele não merecerá crença; porém, se alega que é verdadeiro, nesse caso a sua afirmação de que o critério é verdadeiro será oferecida tanto sem prova quanto com prova. Se sem prova, novamente ele não merecerá crença; todavia, se ele oferece prova para a sua afirmação, a prova deve, em todo caso, ser uma prova verdadeira, pois do contrário ele não será digno de crença. Agora, se ele diz que a prova empregada para a confirmação do seu critério é verdadeira, dirá isso depois de ter realizado juízo sobre a prova ou sem tê-la julgado? Se não a julgou, ele não será digno de crença, mas, se a julgou, ele obviamente dirá que utilizou um critério no seu julgamento. Devemos pedir por uma prova para esse critério e para essa prova um outro critério. Ora, a prova sempre precisa de um critério para confirmá-la, e o critério precisa de uma prova para mostrar que é verdadeiro. Uma prova não pode ser válida sem a pré-existência de um critério verdadeiro, e um critério não pode tampouco ser verdadeiro sem a confirmação anterior da prova. E, assim, tanto o critério quanto a prova caem num argumento circular, no qual ambos são descobertos como sendo inconfiáveis. O fato de que cada um espera por confirmação a partir do outro faz de ambos igualmente inconfiáveis. É impossível, pois, para uma pessoa, dar preferência a uma impressão-sensória em relação a outra. Sendo assim, tais diferenças em impressões-sensórias, tal como surgem a partir de uma disparidade de estados, serão irresolúveis. Como resultado, esse modo também serve para introduzir suspensão de juízo com respeito à natureza dos objetos exteriores. **4**

O QUINTO MODO

O quinto argumento é aquele baseado em posições, distâncias e lugares. Cada um destes pode fazer com que os mesmos objetos pareçam diferentes. Tome um pórtico como exemplo. Quando visto a partir de ambas as extremidades, ele parece estreitado; contudo, o mesmo pórtico visto a partir do meio parece simétrico em todos os lados. Igualmente, o mesmo bote parece pequeno e parado a uma distância, mas grande e em movimento de perto. E a mesma torre parece redonda de longe, mas quadrada na proximidade.

Essas diferenças são o resultado das distâncias envolvidas. Nesse caso, há diferenças devido aos lugares envolvidos. Por exemplo, a luz de uma lâmpada parece apagada na luz do sol, mas brilhante na escuridão; o mesmo remo parece quebrado na água, mas reto quando fora da água...

A posição também pode ser a causa de diferentes aparências. A mesma figura parece lisa quando inclinada para trás, mas parece ter furos e saliências quando inclinada para frente num certo ângulo. Além disso, os pescoços dos pombos parecem de cores diferentes, de acordo com as diferenças em inclinação. **5**

Logo, todos os objetos que aparecem a nós são vistos como estando em algum lugar ou outro, a certa distância e em certa posição, e cada um desses fatores faz uma grande diferença nas impressões-sensórias, tal como mencionamos. Portanto, também por esse modo seremos compelidos a recorrer à suspensão do juízo. De fato, qualquer um que deseja dar a qualquer dessas impressões-sensórias a preferência por sobre as outras estará assumindo uma tarefa impossível. Ora, se faz o seu juízo simplesmente e sem prova, ele será desacreditado; se deseja empregar uma prova, e então diz que a sua prova é falsa, ele estará refutando a si mesmo; se diz que a prova é verdadeira, ele será questionado por uma prova da sua verdade, e uma outra prova para aquela, e assim por diante, *ad infinitum*. No entanto, é impossível apresentar uma série infinita de provas; por isso, ele não será capaz, mesmo pelo uso de provas, de preferir uma impressão-sensória a outra.

E se uma pessoa é incapaz de realizar juízo sobre as impressões mencionadas, seja sem prova ou com prova, então o resultado necessário é a suspensão de juízo. Assim, embora talvez sejamos capazes de afirmar de que natureza cada objeto parece ser, numa posição particular, a uma distância particular e em dado local, não está em nosso poder, pelas razões recém-dadas, declarar qual é a sua verdadeira natureza. ❻

❻
R R. E, novamente, o argumento é que não há base disponível para escolher uma impressão-sensória em relação a outra, como revelando a verdadeira natureza do objeto, porque não há nenhum critério para tal escolha que possa ser estabelecido como o critério correto ao qual apelar.

(Note que a objeção ao final do Quarto Modo era que o apelo a tal critério leva à *circularidade*, enquanto, aqui, a objeção é que ele leva a um *regresso infinito* de critérios posteriores e provas posteriores. Obviamente, ambos os resultados são possíveis. Assim, a versão mais clara do argumento diria que ele deve levar a um ou a outro desses dois resultados igualmente inaceitáveis.)

Questões para Discussão

1. Imagine um exemplo detalhado no qual um objeto particular parece, para diferentes pessoas, ter qualidades diferentes e conflitantes, dependendo das suas "circunstâncias" – expandindo a categoria de "circunstâncias" para que inclua também as diferenças de posição discutidas no Quinto Modo. Tente formular um critério ou padrão para julgar que algumas das impressões-sensórias em questão revelam a verdadeira natureza do objeto, enquanto outras não. Em seguida, tente oferecer uma justificação ou prova para esse critério e pergunte o que estabeleceu essa justificação ou prova como sendo ela mesma correta. Há algum modo de evitar cair ou em circularidade ou em regresso infinito?

2. Um modo possível de responder a Sexto é dizer que um relato correto da natureza de tal objeto deve ser capaz de *explicar* todas as aparências ou impressões-sensórias diferentes, em vez de simplesmente selecionar entre elas. (Ver a abordagem de BonJour acerca de como um realista representativo poderia apelar à inferência explanatória.) Com respeito a um exemplo apropriado, tente decidir se essa abordagem ajuda em algum grau significativo na solução do problema levantado por Sexto.

Diálogo Conclusivo sobre o Problema do Mundo Exterior

Como creio que você percebe, às vezes é difícil fazer com que as pessoas levem esta questão a sério. Que nós temos muitos conhecimentos sobre objetos materiais – árvores, prédios, carros e montanhas – parece tão absolutamente óbvio e inegável, que os filósofos que levantam dúvidas sobre isso parecem precisar de alguma espécie de terapia – ou talvez precisam ser trancafiados, a fim de que não machuquem a si mesmos!

Concordo que a existência do mundo material *parece* absolutamente óbvia. Contudo, o problema filosófico é dizer – de um modo suficientemente claro e perspicaz – por que e como ela é realmente óbvia. Se, depois de tantas tentativas, ninguém é capaz de fazer isso, então é difícil descartar a possibilidade de que ela não seja, depois de tudo, realmente tão óbvia – que talvez o senso comum esteja ignorando ou deixando de perceber problemas que são perfeitamente genuínos.

Se consideramos o problema seriamente, muitos epistemólogos recentes parecem pensar, seguindo Reid, que a resposta correta é o realismo direto: apreendemos os objetos materiais diretamente ou imediatamente e, desse modo, a questão de tentar justificar as crenças sobre o mundo material na base de ideias subjetivas ou experiência sensória, do modo como Descartes, Locke ou BonJour tentam fazê-lo, simplesmente não surge. Não precisamos, de algum modo, *argumentar* sobre a nossa via para a existência do mundo material, porque isso é justamente de onde começamos.

O realismo direto, como qualquer outra concepção que faz com que um problema, de outro modo muito difícil, simplesmente seja resolvido, de início tem um forte apelo. Mas ele realmente lida de forma adequada com a questão subjacente?

Bem, mesmo BonJour reconhece que o realista direto está certo ao menos sobre uma coisa: que raramente, senão jamais, pensamos muito explicitamente sobre as nossas experiências, mas, ao invés disso, saltamos diretamente para crenças ou juízos sobre objetos materiais. Por certo, nem mesmo Descartes ou Locke discordaria seriamente sobre isso?

Creio que isso está certo, ainda que se pudesse desejar que eles fossem mais claros sobre essa questão. Todavia, o problema é que esse ponto não fala realmente de modo claro ao tópico da *justificação*. Mesmo que não pensemos explicitamente sobre a nossa experiência, ainda parece difícil negar que os objetos materiais e as experiências conscientes com base nas quais parecemos de algum modo conhecê-los são, de um ponto de vista metafísico, bastante distintos uns dos outros: a ocorrência de uma experiência (aqui, em mim) é um estado de coisas, e a existência do objeto que ela parece descrever (ali, fora de mim) é um estado de coisas em separado, bastante diferente. A nossa mente não se estica, em termos literais, para apreender o mundo, nem os objetos materiais entram de fato, em termos literais, na mente. Contudo, nesse caso, ainda parece possível perguntar se aquelas experiências oferecem boas razões ou evidência para as nossas alegações sobre aqueles objetos exteriores, e aparentemente não há nada senão fatos sobre aquelas experiências e os nossos outros estados mentais para se apelar, na tentativa de responder a essa questão.

Então, você está dizendo que uma resposta bem-sucedida a essa questão ainda equivaleria a alguma espécie de uma concepção realista representativa. Talvez não tenhamos de pensar primeiramente sobre a nossa experiência e, então, explicitamente inferir sobre o mundo. No entanto, as características daquela experiência ou ao menos dos nossos estados mentais conscientes geralmente são o único lugar para procurar boas razões para as nossas crenças sobre os objetos materiais – ainda assim, parecemos precisar do tipo de inferência acerca da qual Descartes, Locke e BonJour tentam oferecer uma explicação.

Sim. E, se isso está correto, então o realismo direto realmente não responde à questão principal de um modo mais significativo.

Mas o projeto do realista representativo parece tão desesperadoramente difícil! É muito difícil oferecer uma descrição clara e detalhada das características específicas da experiência que pudessem parecer ser relevantes, e é até mesmo mais difícil dizer *por que* elas são relevantes da maneira correta – por que aquelas características realmente geram *boas* razões para pensar que um mundo contendo apenas tais-e-tais espécies de objetos materiais existe.

Concordo que é difícil e que ninguém fez nenhuma daquelas coisas de um modo detalhado e convincente – ao menos não até agora. Porém, é um fato peculiar sobre a história dessa questão que relativamente pouco esforço filosófico tem sido posto nesse projeto, com a vasta maioria dos filósofos ou vindo a adotar alguma espécie de idealismo ou, então, a abraçar o ceticismo. (Até recentemente, eles não teriam sido tentados pelo realismo direto – o que eles teriam chamado de "realismo ingênuo".)

Creio que sempre tive uma queda em meu coração pela concepção de Berkeley – ou talvez pelo fenomenalismo. Se tudo de que temos conhecimento direto são as nossas experiências, por que supor que haja algo mais do que isso? Por que não ver simplesmente os objetos costumeiros como meros padrões de experiência do tipo correto? Do que mais realmente precisamos?

Você está inteiramente certa de que a queda não está na sua cabeça? De qualquer modo, é realmente importante distinguir o fenomenalismo da concepção de Berkeley, muito embora os dois sejam com frequência tratados como sendo praticamente a mesma coisa. Pessoas que fazem isso não estão levando a sério o apelo de Berkeley a Deus; contudo, Berkeley certamente o levou *muito* a sério.

Suponha que eu vejo o que você quer dizer. Enquanto o fenomenalista diz que não há explicação posterior para a nossa experiência e os seus padrões (ou ao menos nenhuma que seja conhecível), Berkeley está propondo uma explicação posterior bastante definida – uma que é completamente diferente da explicação de Locke, mas ainda assim uma explicação, e uma que apela para algo que também está fora da experiência!

Exatamente. E, por estranho que possa parecer, num primeiro momento, isso torna Berkeley, de fato, um tipo estranho de realista representativo – apenas considerando que o que as nossas ideias sensórias representam ou ao menos aquilo ao que correspondem não são objetos materiais independentes do tipo que Locke advoga, mas, em vez disso, algo acerca de Deus: a imagem específica do mundo que ele tem em mente e transmite a nós. No entanto, Berkeley ainda enfrenta um problema paralelo, a saber, o de justificar uma inferência a partir da nossa experiência para algo fora da nossa experiência – o tipo de inferência que Hume (tal como BonJour reporta) crê que jamais pode ser justificada.

Nesse caso, como BonJour mais ou menos sugere, a questão central entre Berkeley e Locke é de quem é a melhor explicação, com os dois concordando, em oposição ao fenomenalista, que alguma explicação é necessária. Eles certamente parecem estar certos sobre esse último ponto: seria melhor dizer que a nossa experiência deve ter uma explicação, mesmo que nós não saibamos ou não possamos saber qual ela é, do que dizer que tudo o que se refere àquela ordem e complexidade é meramente um fato bruto que não tem nenhuma explicação. E, tal como BonJour indica, o fenomenalismo enfrenta vários outros problemas que ninguém jamais chegou perto de solucionar.

Portanto, a questão crucial é se há algum modo de argumentar, se uma dessas explicações – ou talvez ainda uma explicação posterior – é claramente melhor do que qualquer outra, de um modo que a torne mais provavelmente verdadeira. A sugestão provisória de BonJour é que a explicação em termos de objeto material lockiana deve ser preferida, porque corre menos risco de erro do que as outras, ao apelar diretamente para a causação da experiência por um mundo material, ao invés de apelar a algum outro ser ou mecanismo que imita tal causação.

Entretanto, isso supõe que todas as outras explicações devam tomar essa forma. Isso não está claramente errado. No mínimo, de fato, não é fácil pensar numa explicação que não seja adequada a esse padrão e que realmente explique por que temos justamente as experiências específicas que temos. Contudo, (sempre um problema com inferências à melhor explicação!) talvez haja alguma possibilidade na qual não tenhamos pensado.

Essa preocupação pode, naturalmente, ser levantada sobre quase qualquer explicação científica, de maneira que o argumento de BonJour estaria em boa companhia se este fosse o pior problema. No entanto, tal argumento também precisa de uma série de elaborações detalhadas, tanto com respeito aos padrões da experiência em questão quanto com respeito aos detalhes da explicação, uma elaboração que não será fácil de oferecer – se é que realmente pode ser oferecida.

Assim, talvez a lição a ser aprendida de tudo isso é que deveríamos diminuir as nossas expectativas. Ainda que isso não conste nas leituras, uma concepção importante sobre expectativas diminuídas é aquela que Immanuel Kant defende no seu famoso livro *Crítica da razão pura*. Sem entrar nos detalhes deveras complicados da posição real de Kant, o que ele diz é essencialmente que, embora não possamos saber como o mundo exterior que causa a nossa experiência realmente é "em si mesmo", *podemos* saber que ele regular e confiavelmente causará diversos tipos de aparências* de experiência. Por que algo assim não é bom o suficiente? Por que aquelas aparências regulares e confiáveis, sejam quais forem a sua fonte última, não são uma base adequada para as escolhas, as ações e a vida humana em geral?

Todavia, o problema é aquela parte "regulares e confiáveis". Se pudéssemos saber sobre a causa ou a fonte externa da nossa experiência do modo em que uma bem-sucedida concepção lockiana ou berkeliana tornaria possível, então talvez

---

* N. de T. A palavra *appearance*, levando-se em consideração a obra de Kant aqui mencionada, tem naturalmente o significado de "fenômeno".

pudéssemos saber não só que a experiência tem sido "regular e confiável" *até aqui*, mas também que isso continuará sendo assim. Porém, se tudo o que podemos saber é que as aparências têm sido geralmente regulares e confiáveis até o momento, é difícil ver que boa razão existe para pensar que essa regularidade e confiabilidade persistirá. Por que os padrões familiares da experiência não poderiam subitamente mudar, de modo que fariam com que as nossas escolhas e ações normais não mais gerassem resultados satisfatórios? (Aqui, estamos muito próximos da questão da indução, mas falaremos sobre isso numa discussão separada.)

Assim, o ponto é que se, por exemplo, a nossa experiência está realmente sendo produzida por alguma-coisa-que-não-sabemos-o-quê – ao invés de ser produzida por um mundo material conhecível ou mesmo por um Deus berkeliano que é de algum modo conhecido como sendo confiável –, nesse caso não temos nenhuma razão para pensar que tal causa não produzirá súbita e arbitrariamente padrões inteiramente diferentes de experiências. Talvez a experiência de um piso com aparência sólida, em vez de ser seguida pela experiência de ter suporte, na medida em que caminhamos sobre ele, será seguida por experiências de cair ao chão, machucar-se, e assim por diante.

Correto! E, se não podemos encontrar qualquer boa razão por que tal alteração não é simplesmente tão provável quanto "regularidade e confiabilidade" continuadas, então meramente conhecer aparências (até aqui), assim como Kant sugere, não é muito satisfatório mesmo de um ponto de vista prático.

Creio que você me convenceu, se eu precisava de convencimento, de que esse problema tem de ser levado a sério – e também que não há uma solução fácil. Parece, de fato, como se não houvesse realmente qualquer alternativa muito boa para a tentativa do realista representativo de encontrar uma justificação à alegação de que a melhor explicação da nossa experiência é algum claro tipo de realidade independente. Contudo, eu não creio que devêssemos admitir tão rapidamente que a melhor explicação respectiva apelará a objetos materiais – especialmente objetos materiais tal como concebidos pelo senso comum.

Creio que isso está certo. A questão das qualidades secundárias já parece mostrar que a melhor explicação provavelmente deve partir do senso comum em importantes aspectos: o senso comum parece atribuir qualidades, como as cores que experimentamos, aos objetos materiais, mas é muito difícil ver como tais propriedades terão qualquer papel explanatório sério – e, portanto, torna-se difícil justificar essa parte da concepção do senso comum por meio de um argumento explanatório. O que explicará a nossa experiência da cor serão, muito mais provavelmente, propriedades que não são como aquelas que parecemos experimentar – propriedades estruturais das superfícies dos objetos, em virtude das quais eles refletem um tipo de luz em vez de outro.

No entanto, eu tinha em mente uma ruptura mais radical para com o senso comum. Talvez algo como o Deus de Berkeley ainda esteja valendo, depois de tudo?

Lá vem você de novo.

É a indução justificada?

David Hume

David Hume (1711-1776), filósofo e historiador escocês, é comumente considerado como um dos filósofos mais importantes e influentes de todos os tempos. Ele escreveu obras muito influentes em epistemologia, metafísica, ética e filosofia da religião, produzindo uma posição filosófica abrangente que se distingue, sobretudo, por suas tendências céticas – tendências que estão refletidas na presente seleção.

Na primeira seção (Seção IV) incluída nesta seleção, Hume apresenta o que é, talvez, a primeira formulação razoavelmente clara do problema da indução. A sua preocupação inicial é com o conhecimento de relações causais, que alega serem a única base para o conhecimento de questões de fato que vão além da experiência direta e da memória. A sua concepção é de que as próprias relações causais podem ser conhecidas somente através da experiência repetida da sequência causal. No entanto, isso levanta, por sua vez, o problema mais geral de como a experiência repetida da coisa ou propriedade A, sempre sendo seguida pela coisa ou propriedade B, pode justificar a conclusão de que A provavelmente sempre será seguido por B (que é ao menos parte do significado da alegação de que A causa B, no sentido de ser uma **condição** causalmente **suficiente** para B). A tese cética de Hume é que não há raciocínio cogente que leve de uma premissa de experiência a essa conclusão, de modo que um raciocínio indutivo desse tipo realmente *não* está justificado. (É importante perceber que ele não está meramente defendendo que conclusões indutivas não podem ser conhecidas com certeza: a sua concepção mais forte e muito mais surpreendente é que não há nenhuma boa razão para aceitá-las nem mesmo como prováveis.)

Na segunda das duas seções (Seção V – apenas brevemente selecionada aqui), Hume oferece uma abordagem fundamentalmente psicológica de como e por que raciocinamos indutivamente, de acordo com a qual tais inferências repousam no costume ou hábito (em vez de repousarem na razão).

Uma Investigação sobre o Entendimento Humano[14]

SEÇÃO IV: DÚVIDAS CÉTICAS ACERCA DAS OPERAÇÕES DO ENTENDIMENTO

Parte I

Todos os objetos da razão ou da investigação humana podem naturalmente ser divididos em duas espécies, a saber: *relações de ideias* e *questões de fato*. Do primeiro tipo são as ciências da geometria, álgebra e aritmética; em suma, toda afirmação que é ou intuitivamente ou demonstrativamente certa. *Que o quadrado da hipotenusa é igual aos quadrados dos dois catetos* é uma proposição que expressa uma relação entre essas figuras. *Que três vezes cinco é igual à metade de trinta* expressa uma relação entre esses números. Proposições desse tipo podem ser descobertas pela mera operação do pensamento, sem dependência do que é existente em qualquer lugar no universo. Ainda que jamais houvesse um círculo ou um triângulo na natureza, as verdades demonstradas por Euclides reteriam para sempre a sua certeza e evidência. ❶

Questões de fato, que são os segundos objetos da razão humana, não são verificadas da mesma maneira; nem a nossa evidência da sua verdade, não importa quão grande seja ela, é de uma natureza igual à precedente. O contrário de toda questão de fato é ainda possível, porque ele jamais pode implicar uma contradição, sendo concebido pela mente com a mesma facilidade e distinção, tal como se desde sempre pudesse conformar-se assim com a realidade. *Que o sol não nascerá amanhã* não é uma proposição menos inteligível e não implica mais contradição do que a afirmação *que ele nascerá*. Portanto, tentaríamos em vão demonstrar a sua falsidade. Fosse ela demonstrativamente falsa, implicaria uma contradição e jamais poderia ser distintamente concebida pela mente. ❷

Pode, portanto, ser um assunto digno de curiosidade investigar qual é a natureza daquela evidência que nos certifica de qualquer existência real e questão de fato, além do presente testemunho dos nossos sentidos ou dos registros da nossa memória (...)

❶ Essa distinção é a base principal para o argumento subsequente e precisa ser considerada cuidadosamente: "relações de ideias" sugere a ideia de **analiticidade** (ver o Apêndice à introdução do capítulo), mas Hume também está alegando que qualquer coisa conhecível *a priori* tem esse estatuto – e, portanto, no próximo parágrafo, que todas as alegações desse tipo são necessárias, uma vez que nada contingente tem esse estatuto. Hume está admitindo, com efeito, que as três principais distinções pertencentes ao conhecimento *a priori* (ver novamente o Apêndice à introdução do capítulo) coincidem (caso em que, entre outras coisas, não existiriam verdades sintéticas *a priori*).

❷ O significado primário de "questões de fato" parece ser o de alegações que podem ser negadas sem contradição e, assim, são contingentes ao invés de necessárias. No entanto, Hume também está dizendo que elas não são cognoscíveis *a priori*, nem são relações de ideias, não sendo, portanto, analíticas, mas antes sintéticas. A implicação global é que todas as três distinções (*a priori/a posteriori*, necessário/contingente, analítico/sintético) coincidem, ainda que Hume não ofereça nenhum argumento real a favor dessa alegação (uma versão de empirismo moderado).

---

[14] Extraído de *An Inquiry Concerning Human Understanding* (1748).

R **❸** Assim, a alegação é de que qualquer fato contingente que vá além da percepção sensória direta ou da memória de tal percepção pode ser conhecida somente através de raciocínio causal.

R **❹** Portanto, A pode ser conhecido como sendo a causa de B somente ao descobrir-se na experiência que os dois estão constantemente conjugados (na ordem correta), ou seja, que A é sempre seguido por B.

Todos os raciocínios acerca de uma questão de fato parecem ser fundados na relação de *causa e efeito*. Por meio dessa relação somente podemos ir além da evidência da nossa memória e dos nossos sentidos. ❸ Se fosses perguntar a um homem por que ele crê em alguma questão de fato que está ausente, por exemplo, que o seu amigo está no país ou na França, ele te daria um motivo, e esse motivo seria algum outro fato, tal como uma carta recebida dele ou o conhecimento das suas resoluções e promessas anteriores. Um homem, ao encontrar um relógio ou qualquer outra máquina numa ilha deserta, concluiria que, em algum momento, existiram homens naquela ilha. Todos os nossos raciocínios acerca de fatos são da mesma natureza. E, aqui, supõe-se constantemente que há uma conexão entre o fato presente e aquele que é inferido a partir dele. Caso não houvesse nada para ligá-los, a inferência seria totalmente precária. A audição de uma voz articulada e de um discurso racional na escuridão certifica-nos da presença de uma pessoa. Por quê? Porque esses são os efeitos da constituição e da estrutura humana e estão estreitamente conectados com ela. Se dissecarmos todos os outros raciocínios dessa natureza, descobriremos que estão fundados na relação de causa e efeito e que essa relação é ou próxima ou remota, direta ou colateral. Calor e luz são efeitos colaterais do fogo, e um efeito pode justamente ser inferido do outro.

Se fôssemos persuadir a nós mesmos, portanto, no que concerne à natureza daquela evidência que nos assegura de questões de fato, deveríamos investigar como chegamos ao conhecimento de causa e efeito.

Aventurar-me-ei a afirmar, como uma proposição geral, que não admite nenhuma exceção, que o conhecimento dessa relação não é, em qualquer caso, obtido por raciocínios *a priori*, mas surge inteiramente a partir da experiência, quando descobrimos que quaisquer objetos particulares estão constantemente conjugados uns com os outros. ❹ Considere-se que um objeto seja apresentado a um homem que tenha sempre tido razão e habilidades naturais bastante fortes; se aquele objeto for inteiramente novo para ele, ele não será capaz, pelo mais acurado exame das suas qualidades sensíveis, de descobrir qualquer das suas causas ou efeitos. Adão, muito embora sejam supostas as suas faculdades racionais, no primeiro momento, como inteiramente perfeitas, não poderia ter inferido a partir da fluidez e da transparência da água que ela iria sufocá-lo, ou a partir da luz e do calor do fogo que ele iria consumi-lo. Nenhum objeto jamais desvela, pelas qualidades que aparecem aos sentidos, quais sejam as causas que o produziram ou os efeitos que surgirão a partir dele; tampouco pode a nossa razão, sem o auxílio da experiência, jamais realizar qualquer inferência acerca da existência real e de questões de fato.

Esta proposição, *que causas e efeitos podem ser descobertos, não pela razão, mas pela experiência*, será prontamente admitida com respeito a tais objetos, na medida em que lembramos terem sido uma vez totalmente desconhecidos a nós, dado que devemos estar conscientes da extrema inabilidade na qual então nos encontrávamos de prever o que surgiria a partir deles. Apresentemos duas peças de mármore lisas a um homem que não tem tino nenhum de filosofia natural; ele jamais descobrirá que elas aderirão de tal modo que será requerida grande força para separá-las numa linha direta, ao passo que fazem tão pequena resistência sob pressão lateral. Tais eventos, na medida em que trazem pequena analogia com o curso comum da natureza, são também prontamente confessados como sendo conhecidos só pela experiência; e tampouco algum homem imagina que a explosão da pólvora ou a atração de um magneto poderiam jamais ser descobertas por argumentos *a priori*. Por semelhante modo, quando um efeito é suposto como sendo dependente de uma maquinaria intricada ou de uma secreta estrutura de partes, não temos nenhuma dificuldade em atribuir todo o nosso conhecimento dele à experiência. Quem afirmará que pode dar a razão definitiva de por que o leite ou o pão é uma alimentação própria ao homem, mas não a um leão ou um tigre?

Contudo, a mesma verdade pode, num primeiro olhar, não parecer ter a mesma evidência com respeito a eventos que se tornaram familiares a nós a partir da nossa primeira aparição no mundo, os quais trazem uma estreita analogia com o curso total da natureza e que supostamente dependem das qualidades simples dos objetos, sem qualquer estrutura secreta de partes. Estamos aptos a imaginar que poderíamos descobrir esses efeitos pela mera operação da nossa razão, sem a experiência. Fantasiamos que, se fôssemos trazidos subitamente para este mundo, poderíamos inicialmente ter inferido que uma bola de bilhar comunicaria movimento a uma outra, sob impulso, e que não precisaríamos ter esperado pelo evento para que nos pronunciássemos com certeza acerca dele. Tal é a influência do costume que, onde ela é a mais forte, ela não apenas cobre a nossa ignorância natural, mas até mesmo oculta a si mesma e parece não tomar lugar, meramente porque ela se encontra no grau mais elevado. **5**

Entretanto, para convencer-nos de que todas as leis da natureza, e todas as operações dos corpos, sem exceção, são conhecidas só pela experiência, as seguintes reflexões podem talvez ser suficientes. Caso um objeto qualquer fosse apresentado a nós, e de nós fosse requerido que nos pronunciássemos acerca do efeito que resultaria a partir dele, sem consultar observações do passado, segundo qual maneira, suplico-te, deve a mente proceder nessa operação? Ela deve inventar ou imaginar algum evento que atribui ao objeto tal como o seu efeito; e é óbvio que essa invenção deve ser inteiramente arbitrária. A mente não pode jamais descobrir o efeito na suposta causa pelo mais acurado escrutínio e exame, pois o efeito é totalmente diferente da causa e, consequentemente, jamais pode ser descoberto nela. O movimento na segunda bola de bilhar é um evento bastante distinto do movimento na primeira: nem há qualquer coisa numa para sugerir o menor indício da outra. Uma pedra ou um pedaço de metal erguido ao ar, e deixado sem qualquer suporte, cai imediatamente; porém, para considerar a matéria *a priori*, há qualquer coisa que descobrimos nessa situação que pode gerar a ideia de um movimento para baixo, ao invés de um movimento para cima ou qualquer outro, na pedra ou no metal?

E como a primeira imaginação ou invenção de um efeito particular, em todas as operações naturais, é arbitrária, ali onde não consultamos a experiência, assim devemos estimar também a suposta ligação ou conexão entre a causa e o efeito que os mantém juntos e torna impossível que qualquer outro efeito pudesse resultar a partir da operação daquela causa. Quando vejo, por exemplo, uma bola de bilhar movendo-se numa linha reta em direção a outra, mesmo que se suponha que o movimento na segunda bola deveria acidentalmente ser sugerido a mim como o resultado do contato delas ou do impulso, eu não posso conceber que uma centena de eventos diferentes poderia seguir-se também a partir daquela causa? Não podem ambas as bolas permanecer em absoluto repouso? Não pode a primeira bola retornar numa linha reta ou saltar sobre a segunda em qualquer linha ou direção? Todas essas suposições são consistentes e concebíveis. Por que, então, deveríamos dar preferência a uma, a qual não é mais consistente ou concebível do que o restante? Todos os nossos raciocínios *a priori* jamais serão capazes de mostrar-nos qualquer fundamento para essa preferência.

Numa palavra, então, todo efeito é um evento distinto da sua causa. Ele não poderia, portanto, ser descoberto na causa, e a primeira invenção ou concepção dele, *a priori*, deve ser inteiramente arbitrária. E, mesmo depois de ele ser sugerido, a conjunção dele com a causa deve parecer igualmente arbitrária, uma vez que sempre há muitos outros efeitos que, para a razão, devem parecer tão completamente consistentes e naturais como aquele. Em vão, portanto, pretenderíamos determinar qualquer evento singular, ou inferir qualquer causa ou efeito, sem o auxílio da observação e da experiência. **6**

...

Parte II

Todavia, ainda não atingimos qualquer persuasão tolerável com respeito à questão primeiramente proposta. Cada solução ainda dá vez a uma nova pergunta, tão difícil quanto a precedente, e conduz-nos a inquéritos posteriores. Quando se pergunta *Qual é a natureza de todos os nossos raciocínios acerca de questões de fato?*, a própria resposta parece ser que eles estão fundados na relação de causa e efeito. Quando de novo se pergunta *Qual é o fundamento de todos os nossos raciocínios e conclusões acerca daquela relação?*,

---

5 R No caso de eventos que são similares o bastante àqueles com os quais estamos familiarizados, podemos parecer ter percepções diretas do que causará aquilo que não depende da experiência. Hume está dizendo que isso é uma ilusão.

6 Um tipo importante de relação causal que isso não parece explicar é aquele que envolve entidades inobserváveis, como na ciência teórica. Veja a seleção de BonJour (na seção sobre o mundo exterior deste capítulo) para uma discussão de como tais relações causais poderiam ser conhecidas.

❼ Hume poderia parecer aqui estar sugerindo que o conhecimento causal seria mais fácil de obter se fosse de alguma maneira possível observar diretamente esses "poderes secretos". Mas isso é equivocado. Mesmo se pudéssemos, de algum modo, observar a natureza interna das coisas (pelas quais Hume parece ter em mente algo como a sua estrutura molecular ou atômica), e não meramente as suas "qualidades superficiais", as relações causais entre aquelas qualidades e quaisquer efeitos posteriores ainda teria de ser estabelecida através da experiência de um modo essencialmente idêntico.

❽ Hume está alegando que não há raciocínio cogente de qualquer tipo a partir da premissa observacional de que uma conjunção constante foi observada para a conclusão de que a mesma sequência ocorrerá em outros casos. A sua primeira razão para isso é um desafio para que o seu oponente produza tal raciocínio a fim de que pronuncie em detalhes como se daria um argumento a partir daquele tipo de premissa para aquele tipo de conclusão – algo que Hume está seguro de que não pode ser feito.

pode-se responder, numa palavra, a experiência. Mas se ainda levamos adiante a nossa veia de análise minuciosa e perguntamos *Qual é o fundamento de todas as conclusões a partir da experiência?*, isso implica uma nova pergunta, que pode ser de solução e explicação mais difícil (...)

Eu me contentarei, nesta seção, com uma tarefa fácil e aspirarei somente a dar uma resposta negativa à questão aqui proposta. Digo, então, que, mesmo após termos experiência das operações de causa e efeito, as nossas conclusões a partir da experiência *não* estão fundadas em raciocínio ou em qualquer processo do entendimento. Essa resposta devemos tentar tanto explicar quanto defender.

Deve certamente ser admitido que a natureza nos manteve a uma grande distância de todos os seus segredos e nos forneceu apenas o conhecimento de um pequeno número de qualidades superficiais dos objetos, enquanto esconde de nós aqueles poderes e princípios dos quais a influência daqueles objetos depende inteiramente. Os nossos sentidos nos informam da cor, do peso e da consistência do pão; contudo, nem os sentidos nem a razão podem jamais nos informar daquelas qualidades que são próprias dele para a alimentação e o suporte de um corpo humano. Visão ou sensação nos dá uma ideia do movimento atual dos corpos; porém, quanto àquela força maravilhosa ou poder que carregaria um corpo movente para sempre, numa mudança contínua de lugar, e a qual os corpos jamais perdem senão pela comunicação dela a outros, disso não podemos formar a mais distante concepção. Todavia, não obstante essa ignorância de poderes e princípios naturais, sempre presumimos, quando vemos qualidades sensíveis semelhantes, que elas têm poderes secretos semelhantes e temos a expectativa de que efeitos, semelhantes àqueles que experimentamos, decorrerão a partir deles. Se um corpo com cor e consistência semelhantes às daquele pão que anteriormente comemos for apresentado a nós, não hesitaremos em repetir o experimento e em prever, com certeza, alimentação e suporte semelhantes. Contudo, esse é um processo da mente ou do pensamento, do qual eu de bom grado gostaria de saber qual é o fundamento. É admitido por todas as partes que não há conexão conhecida entre as qualidades sensíveis e os poderes secretos; e, por conseguinte, que a mente não é levada a formar tal conclusão acerca da sua conjunção constante e regular por qualquer coisa que ela conheça da sua natureza. **❼**

Quanto à *experiência* passada, pode-se reconhecer que ela dá informação *direta* e *certa* somente daqueles objetos precisos e daquele período de tempo preciso que caiu sob o seu conhecimento; porém, por que essa experiência deveria ser estendida a períodos futuros e a outros objetos que, por tudo o que sabemos, podem ser semelhantes só em aparência? Essa é a principal questão na qual eu insistiria. O pão que eu anteriormente comi me alimentou, isto é, um corpo de tais sensíveis qualidades estava, naquele momento, suprido com tais poderes secretos; contudo, segue-se que o outro pão deve também me alimentar em outro momento e que qualidades sensíveis parecidas devem sempre ser obtidas com poderes secretos parecidos? A consequência não parece sensatamente necessária. Pelo menos, deve ser reconhecido que há aqui uma consequência tirada pela mente, que há um certo passo tomado, um processo de pensamento e uma inferência que exige ser explicada. Essas duas proposições estão longe de ser iguais, isto é, *Eu descobri que tal objeto sempre foi assistido por tal efeito* e *Eu prevejo que outros objetos, que são em aparência similares, serão assistidos por efeitos semelhantes*. Admitirei, se quiseres, que uma proposição pode ser justamente inferida a partir da outra; sei, de fato, que ela sempre é inferida. No entanto, se insistires que a inferência é feita por uma cadeia de raciocínio, desejo que produzas aquele raciocínio. A conexão entre essas proposições não é intuitiva. Ali é requerido um meio que pode capacitar a mente a fazer tal inferência, se de fato ela é obtida por raciocínio e argumento. O que é esse meio, devo confessar, ultrapassa a minha compreensão, e cabe àqueles produzi-lo, ou seja, aos que afirmam que ele realmente existe e é a origem de todas as nossas conclusões acerca de questões de fato. **❽**

Esse argumento negativo deve certamente, no decurso do tempo, tornar-se de todo convincente, caso muitos filósofos penetrantes e hábeis mudarem as suas investigações dessa maneira, e nenhum jamais seja capaz de descobrir qualquer proposição de conexão ou passo intermediário que dê suporte ao entendimento nessa conclusão. Contudo, sendo a questão ainda nova, nenhum leitor deve confiar tanto na sua própria argúcia a ponto de concluir, porque um argumento escapa ao seu inquérito, que, portanto, ela realmente não existe. Por essa razão, pode ser imprescindível aventurar-se numa tarefa mais difícil, bem como, enumerando todas as ramificações do conhecimento humano, esforçar-se em mostrar que nenhuma delas pode fornecer tal argumento.

Todos os raciocínios podem ser divididos em dois tipos, a saber: raciocínio demonstrativo, ou aquele concernente a relações de ideias e raciocínio moral, ou aquele concernente à questões de fato e à existência. ❾ Que não há quaisquer argumentos demonstrativos no caso parece evidente; afinal, não implica nenhuma contradição que o curso da natureza pode mudar e que um objeto, aparentemente como aqueles que experimentamos, pode ser assistido por efeitos diferente ou contrários. Não posso clara e distintamente conceber que um corpo, caindo das nuvens e, em todos os outros aspectos, assemelhando-se à neve, tem, contudo, o gosto de sal ou a sensação de fogo? Há qualquer proposição mais inteligível do que afirmar que todas as árvores florescerão em dezembro ou janeiro e cairão em maio ou junho? Tudo o que é inteligível e pode ser distintamente concebido não implica nenhuma contradição e jamais pode ser provado como falso por qualquer argumento demonstrativo ou raciocínio abstrato *a priori*. ❿

Se, pois, formos pegos por argumentos para pôr confiança na experiência passada e fazer dela o padrão do nosso juízo futuro, esses argumentos deverão ser prováveis somente ou dizendo respeito a questões de fato e à existência real, de acordo com a divisão antes mencionada. Mas que não há nenhum argumento desse tipo deve ficar manifesto se a nossa explicação daquele tipo de raciocínio for admitido como sólido e convincente. Dissemos que todos os argumentos concernentes à existência são fundados na relação de causa e efeito, que o nosso conhecimento daquela relação é derivado inteiramente da experiência e que todas as nossas conclusões experimentais procedem na suposição de que o futuro será conforme ao passado. Empenhar-se, portanto, na prova dessa última suposição por argumentos prováveis, ou por argumentos concernentes à existência, deve evidentemente ser andar em círculos e tomar por certo aquilo que é o próprio ponto em questão. ⓫

Na realidade, todos os argumentos a partir da experiência são fundados na similaridade que descobrimos entre objetos naturais, pela qual somos induzidos a esperar efeitos similares àqueles que descobrimos seguir-se de tais objetos. E embora ninguém senão um tolo ou um louco jamais terá a pretensão de disputar a autoridade da experiência ou rejeitar aquele grande guia da vida humana, pode seguramente ser concedido a um filósofo ter tanta curiosidade ao ponto de examinar o princípio da natureza humana que dá essa autoridade poderosa à experiência e faz com que tiremos vantagem daquela similaridade que a natureza colocou entre os diferentes objetos. De causas que parecem *similares* esperamos efeitos similares. Essa é a suma de todas as nossas conclusões experimentais. Contudo, parece evidente que, se essa conclusão fosse formada pela razão, ela seria tão perfeita num primeiro momento, e num exemplo, quanto depois, por quanto tempo durasse um curso de experiência. Mas o caso é de longe diferente (...) É somente depois de um longo curso da experimentos uniformes de algum tipo que chegamos a uma confiança e segurança firmes com respeito a um evento particular. Em que medida aquele processo de raciocínio que, a partir de uma instância, tira uma conclusão é tão diferente daquele que infere a partir de uma centena de casos que não são de modo nenhum diferentes daquele caso singular? Proponho essa questão tanto em função da informação quanto com uma intenção de evocar dificuldades. Não posso encontrar, não posso imaginar qualquer raciocínio desse tipo. No entanto, mantenho a minha mente ainda aberta à instrução, se alguém garantir outorgá-la a mim.

Deveria ser dito que, de um número de experimentos uniformes, *inferimos* uma conexão entre as qualidades sensíveis e os poderes secretos; isso, devo confessar, parece ser a mesma dificuldade expressa em termos diferentes. A questão ainda se repete: em que processo de argumento essa *inferência* está fundada? Onde está o meio, as ideias interpostas, que ligam proposições tão distantes uma

❾ **R** O seu segundo e mais importante argumento toma a forma de um dilema, repousando na distinção explicada no início da seleção textual. De acordo com essa distinção, existem apenas dois tipos possíveis de raciocínio: um raciocínio *a priori* e um raciocínio que apela à experiência.

📖 (O uso do termo "moral", por Hume, para referir-se ao último raciocínio é um uso arcaico que nada tem a ver com o uso moderno do termo como se referindo a assuntos que têm a ver com ética).

❿ **R** O raciocínio *a priori* não funcionará, porque tal raciocínio depende, na concepção de Hume, do evitar uma contradição, e não há nenhuma contradição em supor que "o curso da natureza pode mudar", de tal maneira que uma sequência que seja experimentada até aqui pode deixar de ter validade.

⓫ **R** E o raciocínio que apela à experiência não funcionará, uma vez que o único modo em que a experiência pode dar suporte a uma conclusão geral de tal tipo em questão é pela generalização a partir de sequências repetidas exatamente do modo que está em pauta. Assim, pois, apelar para qualquer raciocínio desse tipo (tal como argumentar que o raciocínio indutivo foi observado no passado como gerando conclusões verdadeiras e, portanto, provavelmente fará assim também no futuro) significaria **incorrer em petição de princípio**.

da outra? Admite-se que a cor, a consistência e outras qualidades sensíveis do pão não parecem, em si mesmas, ter qualquer conexão com os poderes secretos de alimentação e suporte. Ora, de outro modo, poderíamos inferir esses poderes secretos a partir da primeira aparição dessas qualidades sensíveis, sem a ajuda da experiência, contrariamente ao parecer de todos os filósofos e contrariamente à questão óbvia de fato. Aqui, então, está o nosso natural estado de ignorância com respeito aos poderes e à influência de todos os objetos. Como isso é remediado pela experiência? Isso apenas nos mostra um número de efeitos uniformes, resultando de certos objetos, e ensina-nos que aqueles objetos particulares, naquele momento particular, estavam dotados de tais poderes e forças. Quando um novo objeto, dotado de qualidades sensíveis semelhantes, é produzido, esperamos poderes e forças similares, assim como procuramos por um efeito parecido. De um corpo de cor e consistência parecidas com o pão esperamos semelhante alimentação e suporte. Porém, esse certamente é um passo ou um progresso da mente que precisa ser explicado. Quando um homem diz *Encontrei, em todas as instâncias do passado, tais qualidades sensíveis conjugadas com tais poderes secretos*, ou quando ele diz *Qualidades sensíveis similares sempre estarão conjugadas com poderes secretos similares*, ele não é acusado de tautologia, e tampouco essas proposições são, em qualquer sentido, as mesmas. Dizes que uma proposição é uma inferência da outra, mas deves confessar que a inferência não é intuitiva, e tampouco é ela demonstrativa. ⓬

Então, de qual natureza é ela? Dizer que ela é experimental é incorrer em petição de princípio. Ora, todas as inferências a partir da experiência supõem, como o fundamento delas, que o futuro se assemelhará ao passado e que poderes similares serão conjugados com qualidades sensíveis similares. Se houver qualquer suspeita de que o curso da natureza pode mudar e de que o passado pode não ser regra nenhuma para o futuro, toda a experiência torna-se inútil e não pode dar lugar a nenhuma inferência ou conclusão. É impossível, portanto, que quaisquer argumentos a partir da experiência possam provar essa semelhança do passado com o futuro, uma vez que todos esses argumentos estão fundados na suposição daquela semelhança. Seja reconhecido que o curso da natureza até aqui tenha sido sempre tão regular; isso sozinho, sem um novo argumento ou inferência, não prova que, para o futuro, continuará assim. Em vão pretendes ter conhecimento da natureza dos corpos a partir das tuas experiências passadas. A sua natureza secreta e, consequentemente, todos os seus efeitos e influências podem mudar, sem qualquer mudança nas suas qualidades sensíveis. Isso acontece algumas vezes e com relação a alguns objetos; por que não pode acontecer sempre e com relação a todos os objetos? Qual lógica, qual processo de argumentos te assegura contra essa suposição? A minha prática, dizes, refuta as minhas dúvidas. Porém, confundes o propósito da minha questão. Como um agente, estou bastante convencido quanto ao ponto; porém, como um filósofo, que tem alguma parte de curiosidade, não direi ceticismo, quero aprender o fundamento dessa inferência. Nenhuma leitura, nenhum inquérito foi capaz ainda de remover a minha dificuldade ou de convencer-me num assunto de tal importância. Posso fazer algo melhor do que propor a dificuldade ao público, muito embora, talvez, tenha pequenas esperanças de obter uma solução? Ao menos, por esses meios, deveremos ser sensíveis quanto à nossa ignorância, se não aumentamos o nosso conhecimento.

Devo confessar que é culpado de arrogância imperdoável um homem que conclui, pelo fato de que um argumento escapou à sua própria investigação, que esse, portanto, realmente não existe. Devo também confessar que, embora todos os letrados, em diversas épocas, tivessem posto a si mesmos em busca infrutífera por qualquer assunto, talvez ainda seja apressado concluir positivamente que o assunto deva, portanto, ultrapassar toda a compreensão humana. Muito embora examinemos todas as fontes do nosso conhecimento e concluamos que são inapropriadas para tal assunto, ainda pode restar uma suspeita de que a enumeração não está completa ou o exame não é acurado. Todavia, com respeito ao assunto presente, há algumas considerações que parecem remover toda essa acusação de arrogância ou suspeita de equívoco.

É certo que os mais ignorantes e estúpidos camponeses – ou então os in-

---

⓬ Dizer que a inferência é "intuitiva" seria dizer que temos uma percepção *a priori* direta de que a conclusão se segue; dizer que ela é "demonstrativa" seria dizer que há um argumento *a priori* mais extenso, envolvendo passos intermediários. Contudo, esses dois modos de justificar a inferência dependem, assim pensa Hume, do fato de ser contraditório aceitar a premissa de experiência e rejeitar a conclusão – o que, como ele argumentou, não é o caso aqui.

fantes, ou mesmo as feras selvagens – melhoram pela experiência e aprendem as qualidades dos objetos naturais observando os efeitos que deles resultam. Quando uma criança sentiu a sensação de dor a partir do toque na chama de uma vela, ela passa a ser cuidadosa em não pôr a sua mão perto de alguma vela; porém, esperará um efeito similar a partir de uma causa que é similar nas suas qualidades sensíveis e aparência. Se afirmas, portanto, que o entendimento da criança é levado a essa conclusão por qualquer processo de argumento ou uso de raciocínio, posso com justiça exigir que produzas esse argumento, e tampouco tens qualquer pretexto para recusar uma exigência tão apropriada. Não podes dizer que o argumento é complicado e pode, possivelmente, escapar à tua investigação, uma vez que confessas que isso é óbvio à capacidade de uma mera criança. Se hesitas, portanto, por um momento, ou se, após reflexão, produzes algum argumento intricado ou profundo, em certo sentido desistes da questão e confessas que não é o raciocínio que nos leva a supor que o passado se assemelha ao futuro e a esperar efeitos semelhantes a partir de causas que aparentemente são similares. Essa é a proposição que eu pretendia reforçar na presente seção. Se eu estiver correto, não pretendo ter feito qualquer descoberta poderosa. E, se eu estiver errado, devo reconhecer a mim mesmo como sendo, de fato, um acadêmico muito retrógrado, já que não consigo descobrir agora um argumento que, parece, me era perfeitamente familiar muito antes de eu estar fora do berço. ⓭

Seção V: Solução cética dessas dúvidas

(...) Ainda que devêssemos concluir, por exemplo, como na seção precedente, que, em todos os raciocínios a partir da experiência, há um passo tomado pela mente que não ganha suporte por qualquer argumento ou processo do entendimento, não há perigo de que esses raciocínios, dos quais quase todo o conhecimento depende, jamais sejam afetados por tal descoberta. Se a mente não estiver ocupada com argumento para realizar esse passo, ela deve ser induzida por algum outro princípio, de igual peso e autoridade, e esse princípio preservará a sua influência enquanto a natureza humana permanecer a mesma. O que é esse princípio, isso pode ser bastante digno das dores da investigação.

Suponha-se uma pessoa que, embora dotada com as mais fortes faculdades da razão e reflexão, seja trazida subitamente a este mundo; ela poderia, de fato, imediatamente observar uma sucessão contínua de objetos e um evento seguindo ao outro. No entanto, ela não seria capaz de descobrir qualquer coisa além. Ela não seria capaz, num primeiro momento, por meio de qualquer raciocínio, de atingir a ideia de causa e efeito, uma vez que os poderes particulares, pelos quais todas as operações naturais são realizadas, jamais aparecem aos sentidos, e nem é razoável concluir, meramente porque um evento, num exemplo, precede o outro, que um é a causa e o outro é o efeito. A conexão deles pode ser arbitrária e casual. Pode não haver nenhuma razão para inferir a existência de um a partir da aparição do outro. E, numa palavra, tal pessoa, sem mais experiência, jamais poderia empregar a sua conjectura ou o seu raciocínio acerca de qualquer questão de fato, ou estar segura de qualquer coisa além do que estava imediatamente presente aos seus sentidos.

Suponha-se, novamente, que ela adquiriu mais experiência e viveu por tanto tempo no mundo a ponto de ter observado objetos ou eventos familiares como estando constantemente conjugados. Qual é a consequência dessa experiência? Ela imediatamente infere a existência de um objeto a partir da aparição do outro. Todavia, por toda a sua experiência, ela não adquiriu qualquer ideia ou conhecimento do poder secreto pelo qual um objeto produz o outro; ⓮ nem é o caso que ela esteja ocupada em fazer essa inferência por qualquer processo de raciocínio. Mas ela ainda assim se encontra determinada a fazê-lo e, embora devesse estar convencida de que o seu entendimento não tem parte na operação, ela continuaria, entretanto, no mesmo curso de pensamento. Há algum outro princípio que a determina a formar tal conclusão.

Esse princípio é o *costume* ou o *hábito*. Afinal, onde quer que a repetição de qualquer ato ou operação particular produza uma propensão a renovar o próprio ato ou operação, sem ser impelida por qualquer raciocínio ou processo do

⓭ R Hume reforça o desafio ao seu oponente, alegando que o raciocínio em questão, se existisse, não poderia ser muito difícil de especificar, uma vez que ele teria de ser familiar mesmo a crianças pequenas (que, obviamente, tiram tais conclusões).

⓮ Como já observado (ver a Anotação 7), a referência a "poderes secretos" é altamente enganadora, no sentido de que não há razão para pensar que não estaríamos diante do mesmo problema essencial, não importa quanto conhecimento de tais poderes pudéssemos ter.

entendimento, sempre dizemos que essa propensão é o efeito do *costume*. Ao empregar essa palavra, não pretendemos ter dado a razão última de tal propensão. Apenas apontamos para um princípio da natureza humana que é universalmente reconhecido e que é bem conhecido pelos seus efeitos. Talvez não possamos avançar as nossas investigações ou pretender oferecer a causa dessa causa, mas devemos ficar satisfeitos com ela como o princípio último que podemos assinalar de todas as nossas conclusões a partir da experiência. É satisfação suficiente que podemos ir até aqui sem aborrecermo-nos com a estreiteza das nossas faculdades, pelo fato de que elas não nos levarão além. E é certo que nós, aqui, avançamos uma proposição pelo menos bastante inteligível, se não verdadeira, quando afirmamos que, após a constante conjunção de dois objetos – calor e chama, por exemplo, peso e solidez –, somos determinados pelo costume somente a esperar um a partir da aparição do outro. Essa hipótese parece até mesmo ser aquela que explica a dificuldade por que tiramos, de mil instâncias, uma inferência que não somos capazes de tirar de uma instância que em aspecto algum é diferente delas. A razão é incapaz de qualquer variação desse tipo. As conclusões que ela extrai da consideração de um círculo são as mesmas que ela formaria vistoriando todos os círculos no universo. Porém, nenhum homem, tendo visto apenas um corpo mover-se após ser impelido por outro, poderia inferir que todo outro corpo mover-se-á depois de um impulso semelhante. Todas as inferências a partir da experiência, portanto, são efeitos do costume, e não do raciocínio. **❺**

O costume, então, é o grande guia da vida humana. É aquele princípio que torna a nossa experiência útil a nós e faz com que esperemos, para o futuro, uma sequência de eventos semelhante àqueles que ocorreram no passado. Sem a influência do costume, seríamos inteiramente ignorantes de toda questão de fato além do que é imediatamente presente à memória e aos sentidos. Jamais saberíamos como ajustar meios a fins, ou como empregar os nossos poderes naturais na produção de qualquer efeito. **❻** Haveria um fim súbito de toda ação, bem como da parte principal da especulação.

...

Qual, então, é a conclusão de todo o assunto? Uma conclusão simples, ainda que, deve-se confessar, deveras distante das teorias comuns da filosofia. Toda crença sobre questão de fato ou existência real é derivada meramente de um objeto, presente à memória ou aos sentidos, e de uma conjunção costumeira entre aquele e um outro objeto. Ou, em outras palavras, tendo descoberto, em muitas instâncias, que quaisquer dois tipos de objetos – chama e calor, neve e frio – têm sempre estado conjugados, se a chama ou a neve forem novamente apresentadas aos sentidos, a mente é levada pelo costume a esperar o calor ou o frio, bem como a crer que tal qualidade existe de fato e que descobrirá essa mesma numa abordagem mais próxima. Essa crença é o resultado necessário de colocar a mente em tais circunstâncias (...) Todas essas operações são uma espécie de instinto natural, que nenhum raciocínio ou processo do pensamento e do entendimento é capaz seja de produzir ou de impedir.

...

Aqui, então, está um tipo de harmonia pré-estabelecida entre o curso da natureza e a sucessão das nossas ideias; e embora os poderes e as forças, pelos quais a primeira é governada, sejam totalmente desconhecidos a nós, os nossos pensamentos e as nossas concepções, assim descobrimos, ainda têm ido na mesma sequência com as outras obras da natureza. O costume é aquele princípio pelo qual essa correspondência, tão necessária para a subsistência da nossa espécie e a regulação da nossa conduta, tem sido efetivada em toda circunstância e ocorrência da vida humana. Não tivesse a presença de um objeto excitado instantaneamente a ideia daqueles objetos comumente conjugados a ele, todo o nosso conhecimento deveria ter ficado limitado à esfera estreita da nossa memória e dos nossos sentidos, e jamais teríamos sido capazes de ajustar meios a fins ou de empregar os nossos poderes naturais, seja para promover o bem, seja para evitar o mal. Aqueles que se comprazem na descoberta e na contemplação de causas finais têm aqui ampla matéria para depositar o seu espanto e a sua admiração. **❼**

Devo acrescentar, para uma confirmação posterior da teoria precedente, que, na medida em que essa operação da

---

❺ Aqui, Hume parece estar admitindo que o fato de que existem muitas instâncias repetidas (e nenhuma conflitante) é em si mesmo *racionalmente* irrelevante, que somente o caráter das instâncias individuais faz qualquer diferença à razão, e esse é o motivo por que a mesma conclusão se seguiria de uma instância tal como a partir de muitas. Mas o fato da repetição não poderia dar suporte a uma conclusão geral, mesmo que instâncias individuais não o façam?

❻ Contudo, o fato de que temos *conhecimento* em vez de ignorância com base nisso parece depender de haver alguma razão para pensar que os resultados aos quais se chegou dessa maneira são no mínimo provavelmente verdadeiros. De acordo com Hume, não há tal razão.

❼ Essa é uma passagem bastante enigmática. Hume parece reconhecer que as conclusões gerais alcançadas através da operação do costume estarão de fato de acordo com "as outras obras da natureza" – isto é, que elas serão verdadeiras. (Essa é a "harmonia pré-estabelecida", embora ela não seja pré-estabelecida de algum modo muito claro.) Contudo, pelo seu próprio argumento anterior, ele não tem nenhuma boa razão para pensar que isso será assim em geral, ou mesmo em alguma parte do tempo.

mente, pela qual inferimos efeitos semelhantes a partir de causas semelhantes, e *vice-versa*, é tão essencial para a subsistência de todas as criaturas humanas, não é provável que ela pudesse ser confiada às deduções falaciosas da nossa razão, que é lenta nas suas operações, não aparece, em qualquer medida, durante os primeiros anos da infância e, na melhor das hipóteses, é, em toda idade e todo período da vida humana, extremamente passível de erro e engano. Conforma-se melhor com a sabedoria ordinária da natureza garantir que um ato tão necessário da mente, por algum instinto ou tendência mecânica, que pode ser infalível nas suas operações, possa desvelar a si mesmo na primeira aparição de vida e pensamento e possa ser independente de todas as deduções elaboradas pelo entendimento. Tal como a natureza ensinou-nos o uso dos nossos membros, sem dar-nos o conhecimento dos músculos e dos nervos pelos quais eles são postos em ato, assim ela implantou em nós um instinto que leva adiante o pensamento, num curso correspondente àquilo que ela estabeleceu entre os objetos exteriores, muito embora sejamos ignorantes daqueles poderes e forças dos quais esse curso regular e a sucessão dos objetos dependem totalmente. **18**

18 Aqui, a acepção injustificada de que o raciocínio indutivo costumeiro ou habitual levará, apesar de tudo, à verdade, fica ainda mais clara. Tal raciocínio pode ser "infalível" no sentido de que jamais falha em funcionar, mas, se o argumento anterior de Hume estava correto, não há nenhuma razão para pensar que os seus resultados serão infalíveis no sentido de produzir conclusões verdadeiras.

Questões para Discussão

1. Às vezes, são feitas tentativas de justificar o raciocínio indutivo pela adição de uma premissa ou um princípio posterior ao argumento: a premissa de que o futuro provavelmente se assemelhará ao passado, ou talvez que casos inobservados provavelmente se assemelharão a casos observados. Qual seria a provável resposta de Hume a tal tentativa?
2. Hume parece assumir que qualquer caso em que um tipo de evento A foi sempre seguido (no futuro também) por um outro tipo de evento B seria um caso de causação, mas esse é um quadro demasiadamente simples. Você consegue pensar em um ou mais exemplos de senso comum nos quais é plausível (deixando de lado preocupações sobre a indução) supor que A é sempre seguido por B, mas em que A não é a causa ou mesmo parte da causa de B? (Dica: pense em casos nos quais tanto A quanto B são causados por algum terceiro tipo de evento C.)
3. Analise novamente a discussão do raciocínio teórico ou explanatório na seleção de BonJour (na seção deste capítulo dedicado ao mundo exterior). A aceitação de uma conclusão indutiva poderia ser justificada por esse tipo de raciocínio, com base no fato de que a existência de uma regularidade objetiva na natureza é a melhor explicação da sequência regular observada? Que outras explicações são possíveis para tal sequência observada? Tal argumento mostra que a conclusão indutiva é provavelmente verdadeira, dada a verdade da premissa? O que você pensa que Hume diria sobre esse tipo de defesa da indução? Ele está, talvez até mesmo tacitamente, afirmando algo parecido com isso ao final da sua discussão? (Esta questão é muito mais difícil e complicada do que a maior parte das questões para discussão.)

Wesley Salmon

Wesley Salmon (1925-2001), filósofo norte-americano, lecionou na Universidade de Indiana, na Universidade do Arizona e na Universidade de Pittsburgh. Salmon escreveu extensamente sobre filosofia da ciência, sendo particularmente influentes os seus trabalhos sobre explanação e o tópico relacionado da causalidade. Na próxima seleção, Salmon restabelece o problema da indução tal como ele se ergue da discussão de Hume e, em seguida, considera e avalia uma variedade de soluções possíveis (algumas das quais foram omitidas aqui). Nesse processo, ele também oferece uma versão da visão empirista moderada de um conhecimento *a priori* (ver a introdução do capítulo). Isso é

> relevante, porque Salmon quer argumentar contra a possibilidade de uma justificação *a priori* da indução. (Ver a seleção seguinte, extraída de uma obra de Ewing, para uma visão contrastante.) Essa é uma das seleções mais desafiadoras deste livro, e você terá de trabalhar duro para tentar entendê-la.

O Problema da Indução,[15] Extraído de *Os Fundamentos da Inferência Científica*

Nós todos cremos que temos conhecimento de fatos que se estendem para muito além daqueles que percebemos diretamente. O escopo dos nossos sentidos é gravemente limitado em espaço e tempo; o nosso conhecimento perceptual imediato não alcança eventos que aconteceram antes de termos nascido, eventos que estão acontecendo agora em outros lugares determinados ou quaisquer eventos futuros. Cremos, não obstante isso, que temos algum tipo de conhecimento indireto de tais fatos.

Sabemos que, há tempos, uma geleira cobria grande parte da América do Norte, que o sol continua a existir à noite e que as marés subirão e baixarão amanhã. Ciência e senso comum têm ao menos esse item em comum: cada um inclui conhecimento de questões de fato que não estão abertas à nossa inspeção direta. De fato, a ciência tem como propósito estabelecer leis gerais ou teorias que se aplicam a todas as partes do espaço e do tempo sem restrição. Uma "ciência" que consistisse em não mais do que um mero resumo dos resultados de observação direta não mereceria esse nome.

A profunda crítica da indução, feita por Hume, começa com uma questão simples e aparentemente inocente: como adquirimos conhecimento do inobservado?[16] Essa questão, assim colocada, pode parecer estar exigindo uma resposta empírica. Observamos que os seres humanos utilizam aquilo que pode ser caracterizado basicamente como métodos indutivos ou científicos de estender o conhecimento do observado para o inobservado. As ciências, com efeito, abarcam os métodos mais poderosos e altamente desenvolvidos conhecidos, e podemos fazer uma investigação empírica de métodos científicos de modo muito parecido como faríamos com respeito a qualquer outro tipo de comportamento humano. Podemos considerar o desenvolvimento histórico da ciência. Podemos estudar os fatores psicológicos, sociológicos e políticos relevantes para a atividade da ciência. Podemos tentar oferecer uma caracterização exata do comportamento dos cientistas. Ao fazer todas essas coisas, entretanto, importantes e interessantes como são, teremos ignorado o aspecto *filosófico* do problema que Hume levantou. Colocando a questão de maneira muito simples, essas investigações empíricas podem capacitar-nos a descrever os modos pelos quais as pessoas chegam a *crenças* sobre fatos inobservados, mas deixam em aberto a questão se as crenças às quais se chega dessa maneira constituem realmente *conhecimento*. Uma coisa é descrever como as pessoas se comportam, buscando estender o seu conhecimento; outra coisa bem diferente é reivindicar que os métodos empregados em realidade produzam mesmo conhecimento.

Uma das diferenças básicas entre o conhecimento e a crença é que o conhecimento deve estar fundado em evidência – isto é, deve ser uma crença fundada em alguma justificação racional. Dizer que certos métodos geram conhecimento do inobservado é fazer uma reivindicação cognitiva a favor deles. Hume pôs em questão a justificação de tais reivindicações cognitivas. A resposta não pode ser encontrada inteiramente em um estudo empírico do comportamento humano, pois um problema *lógico* foi levantado. É o problema de entender a relação lógica entre evidência e conclusão em inferências logicamente corretas. É o problema de determinar se as inferências pelas

---

[15] Extraído de *The Foundations of Scientific Inference* (Pittsburgh: University of Pittsburgh Press, 1967).
[16] David Hume, *Enquiry Concerning Human Understanding*.

quais tentamos fazer a transição do conhecimento do observado para o conhecimento do inobservado são logicamente corretas. O fato de que pessoas utilizam ou não utilizam um certo tipo de inferência é irrelevante quanto à sua justificabilidade. Se as pessoas têm confiança na correção de um certo tipo de inferência, isso não tem nada a ver com a pergunta relativa a se tal confiança é justificada. Se adotássemos um método logicamente incorreto para inferir um fato a partir de outros, esses fatos não constituiriam evidência para a conclusão a que chegamos. O problema da indução é o problema de explicar o próprio conceito de *evidência indutiva*. ❶

...

Considere uma situação simples e altamente artificial. Suponha que um número de bolas foram tiradas de uma urna e que todas as bolas de cor preta que foram tiradas têm o sabor de alcaçuz (...) O problema – o problema *filosófico* básico de Hume – é este: dado que todas as bolas pretas observadas tinham sabor de alcaçuz e dado que, de algum modo, foi suscitada a conclusão de que as bolas pretas inobservadas na urna também têm sabor de alcaçuz, os fatos observados constituem boa *evidência* para aquela conclusão? Estaríamos nós *justificados* em aceitar aquela conclusão, com base nos fatos alegados como sendo evidência para ela? ❷

Como uma primeira resposta a essa questão, podemos apontar para o fato de que a inferência está realmente em conformidade com um princípio indutivo aceito, um princípio que diz aproximadamente que instâncias observadas em conformidade com uma generalização constituem evidência para ela. ❸ É, contudo, um passo muito pequeno para a próxima questão: que motivos temos nós para aceitar esse ou qualquer outro princípio indutivo? Há qualquer razão ou justificação para depositar confiança nas conclusões de inferências desse tipo? Dado que as premissas dessa inferência são verdadeiras, e dado que a inferência se conforma a uma certa regra, podemos oferecer qualquer justificação racional para aceitar a sua conclusão em vez de, por exemplo, a conclusão de que bolas pretas ainda a serem tiradas terão sabor parecido com quinino?

É bem conhecido que a resposta de Hume a esse problema era essencialmente cética. Foi seu grande mérito ter mostrado que uma justificação da indução, se for possível, não é de forma alguma fácil de oferecer. No intuito de apreciar a força do seu argumento, primeiro é necessário esclarecer alguns pontos terminológicos. Isso é particularmente importante porque a palavra *indução* tem sido utilizada numa ampla variedade de modos.

Para propósitos de discussão sistemática, uma distinção é fundamental, a saber, a distinção entre inferência demonstrativa e não demonstrativa. Uma inferência *demonstrativa* é aquela cujas premissas atribuem um caráter necessário à sua conclusão; a conclusão não pode ser falsa se as premissas são verdadeiras. Todas as deduções válidas são inferências demonstrativas. Uma inferência *não demonstrativa* é simplesmente aquela que falha em ser demonstrativa. A sua conclusão não se torna necessária por causa de suas premissas; a conclusão poderia ser falsa, mesmo que as premissas fossem verdadeiras. Uma inferência demonstrativa é *necessariamente preservadora-da-verdade*; uma inferência não demonstrativa não o é. ❹

A categoria de inferências não demonstrativas, como eu a caracterizei, contém, entre outras coisas, talvez todos os tipos de inferências falaciosas. Se, contudo, há qualquer tipo de inferência cujas premissas, ainda que não tornando necessária a conclusão, concedem-lhe peso, dão-lhe suporte ou tornam-na provável, nesse caso tais inferências possuem um certo tipo de retidão lógica. Não se trata de validade dedutiva, mas, de qualquer modo, é uma validade importante. As inferências que a possuem são *inferências indutivas corretas*.

Uma vez que inferências demonstrativas têm sido caracterizadas em termos da sua propriedade básica de necessária preservação da verdade, é natural perguntar como elas atingem esse mui desejável traço. Para um amplo grupo de inferências demonstrativas, incluindo aquelas discutidas sob "dedução válida" na maioria dos textos de lógica, a resposta é deveras fácil. As inferências desse tipo adquirem a necessária preservação da verdade sacrificando qualquer extensão de conteúdo. A conclusão de tal inferência não diz mais do que as premissas

❶ Seria de certo modo mais lúcido dizer que o problema é explicar por que a evidência indutiva, tal como entendida normalmente (ver a introdução do capítulo), é boa evidência – por que ela genuinamente dá suporte ao tipo de conclusão que normalmente dela se tira.

❷ Esse não é o melhor exemplo. Não há razão para pensar que a retirada de algo de uma urna reflete qualquer regularidade real na natureza, que é aquilo a que o problema da indução sobretudo diz respeito.

❸ Isto é, que observações de casos de As que são também Bs constituem evidência para a generalização de que todos os As são Bs.

❹ Também é importante ficar claro que um argumento demonstrativo garante que a conclusão será verdadeira somente *se* as premissas forem verdadeiras.

Observe que isso, até aqui, não diz nada sobre *por que* argumentos particulares têm a característica de ser necessariamente preservadores-da-verdade.

– frequentemente diz menos. A conclusão não pode ser falsa, se as premissas são verdadeiras, porque a conclusão não diz nada que já não havia sido afirmado nas premissas. A conclusão é uma mera reformulação de todo ou de parte do conteúdo das premissas. Em alguns casos, a reformulação é imprevista e, portanto, psicologicamente surpreendente, mas a conclusão não pode aumentar o conteúdo das premissas. Tais inferências são *não ampliativas*; uma inferência ampliativa, portanto, tem uma conclusão com um conteúdo não presente nas premissas, seja explícita ou implicitamente. ❺

Embora se mostre fácil entender por que inferências não ampliativas são necessariamente preservadoras-da-verdade,* ergue-se a questão posterior: se há quaisquer inferências necessariamente preservadoras-da-verdade que também são ampliativas. Há qualquer tipo de inferência cuja conclusão deve necessariamente ser verdadeira se as premissas são verdadeiras, mas cuja conclusão diz alguma coisa não afirmada pelas premissas? Hume acreditava que a resposta é negativa, e assim creio eu, mas não é fácil produzir uma defesa adequada dessa resposta. Vejamos, então, ao que equivaleria uma resposta afirmativa.

Suponha-se que houvesse uma inferência ampliativa que também é necessariamente preservadora-da-verdade. Considere-se a implicação a partir das suas premissas, $P_1,..., P_k$, até a sua conclusão C. Se a inferência fosse uma dedução não ampliativa costumeira, essa implicação seria analítica e vazia; porém, dado que se supõe que o argumento é ampliativo, a implicação deve ser sintética. Ao mesmo tempo, como se supõe que o argumento é necessariamente preservador-da-verdade, essa implicação deve ser não apenas verdadeira, mas necessariamente verdadeira. Logo, sustentar que há inferências que são tanto ampliativas quanto necessariamente preservadoras-da-verdade equivale a afirmar que existem verdades sintéticas *a priori*. ❻

Se concordamos que não existem verdades sintéticas *a priori*, então devemos identificar a inferência necessariamente preservadora-da-verdade com a inferência não ampliativa. Toda inferência ampliativa é não demonstrativa. Isso leva a uma exaustiva tricotomia de inferências: inferência dedutiva válida, inferência indutiva correta e falácias variadas. A primeira questão é, entretanto, se a segunda categoria é vazia ou se há tais coisas como inferências indutivas corretas. Esse é o problema humiano da indução. Podemos mostrar que algum tipo particular de inferência ampliativa pode ser justificado de algum modo? Se a resposta é sim, ela se qualificará como indução correta.

Considere, então, uma inferência ampliativa, seja de que tipo for. O exemplo das bolas pretas de sabor de alcaçuz ilustra esse ponto. Não podemos mostrar *dedutivamente* que essa inferência terá uma conclusão verdadeira, dadas as premissas verdadeiras. Se pudéssemos, teríamos provado que a conclusão deve ser verdadeira se as premissas o são. Isso a tornaria necessariamente preservadora-da-verdade, ou seja, demonstrativa. Isso, por sua vez, significaria que ela era não ampliativa, contrariamente à nossa hipótese. Portanto, se uma inferência ampliativa pudesse ser justificada dedutivamente, ela não seria ampliativa. Segue-se que a inferência ampliativa não pode ser justificada dedutivamente.

Ao mesmo tempo, não podemos justificar qualquer tipo de inferência ampliativa *indutivamente*. Fazer isso exigiria o uso de algum tipo de inferência não demonstrativa. No entanto, a questão em discussão é a justificação da inferência não demonstrativa e, assim, o procedimento incorreria em petição de princípio. Antes que possamos empregar propriamente uma inferência não demonstrativa num argumento justificador, já devemos ter justificado aquela inferência não demonstrativa. ❼

A posição de Hume pode ser resumida sucintamente: não podemos justificar qualquer tipo de inferência ampliativa. Se ela pudesse ser justificada dedutivamente, não seria ampliativa. Ela não pode ser justificada não demonstrativamente, porque isso seria circular de um modo vicioso. Parece, então, que não há maneira pela qual possamos estender o nosso conhecimento ao inobservado. Temos, na verdade, muitas crenças sobre o inobservado e depositamos grande confiança em algumas delas. Não obstante isso, elas carecem de uma justificação racional de qualquer tipo!

---

* N. de T. No original, *truth-preserving*.

---

❺ A concepção de Salmon é que todos os argumentos logicamente válidos são "não ampliativos", porque o conteúdo da conclusão está presente, ao menos "implicitamente", no conteúdo das premissas – donde se supõe que isso explica por que a conclusão deve ser verdadeira se as premissas são verdadeiras. (Ver a seleção seguinte, de Ewing, para uma maior discussão sobre esse tópico.)

❻ A afirmação de que todos os casos nos quais as premissas são verdadeiras constituem casos em que a conclusão é verdadeira seria ela mesma uma verdade necessária (e, Salmon assim está admitindo, seria a partir disso conhecível *a priori*), mas também seria sintética (no sentido de Kant), porque o predicado não está incluído no sujeito. (Ver a discussão de um conhecimento *a priori* no Apêndice à introdução do capítulo.)

❼ Este parágrafo e o parágrafo precedente contêm a versão de Salmon do argumento dilema de Hume.

Essa é uma conclusão cruel; contudo, ela parece ganhar suporte por argumentos impecáveis. Ela poderia ser chamada de "o paradoxo de Hume", pois a conclusão, ainda que argumentada engenhosamente, é de todo repulsiva ao senso comum e às nossas convicções mais profundas. *Sabemos* ("em nossos corações") que temos conhecimento do fato inobservado. O desafio é mostrar como isso é possível. ❽

II. SOLUÇÕES BUSCADAS

Não é difícil observar que os filósofos tentaram enfrentar o desafio intrigante de Hume numa ampla variedade de modos (...) Nesta seção, inspecionarei o que me parecem ser os esforços mais importantes para lidar com o problema.

1. **Justificação indutiva.** Se os argumentos de Hume jamais tivessem sido propostos, e fôssemos questionados por que aceitamos os métodos da ciência, a resposta mais natural seria, creio eu, que esses métodos provaram-se por seus resultados. Podemos apontar para os avanços tecnológicos assombrosos, para a compreensão vastamente acrescida e para as predições notáveis. A ciência ofereceu-nos previsão, controle e entendimento. Nenhum outro método pode reivindicar um cômputo comparável de realização bem-sucedida. Se os métodos devem ser julgados por seus frutos, não há dúvida de que o método científico sairá no topo.

Infelizmente, Hume examinou esse argumento e mostrou que ele é circular de um modo vicioso. É um exemplo de uma tentativa de justificar métodos indutivos indutivamente. A partir da premissa de que a ciência tem tido sucesso preditivo considerável no passado, concluímos que ela continuará a ter sucesso preditivo substancial no futuro. Casos observados da aplicação do método científico geraram predição bem-sucedida; portanto, até agora, casos inobservados da aplicação do método científico gerarão predições bem-sucedidas. Esse argumento tem a mesma estrutura que o nosso exemplo das bolas-pretas-na-urna; é precisamente o tipo de inferência ampliativa do observado para o inobservado, cuja justificabilidade está em questão.

Considere-se o caso paralelo para um tipo de método radicalmente diferente. Um vidente de bola de cristal alega que o seu método é o método apropriado para fazer predições. Quando questionamos a sua alegação, ele diz "Espere um momento; descobrirei se o método de ver através da bola de cristal é o melhor método de fazer predições". Ele olha na sua bola de cristal e anuncia que os casos futuros de ver através dela gerarão sucesso preditivo. Se protestássemos que o seu método não foi especialmente bem-sucedido no passado, ele poderia muito bem fazer certas observações sobre paridade de raciocínio. "Dado que você utilizou o seu método para justificar o seu método, por que eu não deveria utilizar o meu método para justificar o meu método? Se você insiste em julgar o meu método fazendo uso do seu método, por que eu não deveria utilizar o meu método para avaliar o seu método? A propósito, ao olhar na minha bola de cristal, vejo que o método científico está agora numa maré de sorte muito ruim". ❾

A dificuldade com argumentos circulares é óbvia: com um argumento circular apropriado você consegue provar qualquer coisa (...)

4. **Princípios sintéticos *a priori*.** Uma longa tradição filosófica, datando até a Antiguidade, nega a ideia empirista de que o conhecimento do mundo repousa unicamente em evidência observacional – que o conhecimento factual é limitado ao que podemos observar e ao que podemos inferir a partir dele. No período moderno, essa tradição racionalista é representada por homens como Descartes e Leibniz, que retiraram a sua inspiração do aspecto abstrato da física moderna. Depois da devastadora crítica à indução de Hume, Kant ofereceu uma formulação mais precisa, uma elaboração mais plena e uma defesa mais sutil do racionalismo do que qualquer uma que havia sido dada anteriormente (ou, é bastante possível, subsequentemente). Como o próprio Kant atestou, foi Hume que o despertou dos seus "sonos dogmáticos" e, a partir disso, estimulou a *Crítica da razão pura*.

❽ Para ver simplesmente o quão "cruel" ou "repulsiva" essa conclusão é, pergunte a si mesmo o quanto do nosso conhecimento seria solapado, se a indução fosse rejeitada, e o quanto restaria. (Ver a Questão para Discussão 1.)

❾ Nem todos os "métodos" serão automaticamente autojustificadores desse modo: se bolas de cristal, às vezes, oferecem, sim, respostas claras e definitivas a questões, nesse caso algumas delas poderiam dizer que bolas de cristal *não* são confiáveis ou poderiam não oferecer nenhuma resposta definitiva, seja de que modo for, a essa questão particular.

Contudo, embora um método que solapou a si mesmo dessa forma seria até mesmo menos defensável, isso não faz nada para mostrar que autojustificação é o bastante para uma justificação genuína.

10

A primeira dessas alternativas não tem plausibilidade alguma. Ninguém jamais alegou que a conclusão de um argumento indutivo é garantida como sendo verdadeira, uma vez que não se defende que tais conclusões são ocasionalmente falsas – por exemplo, quando a regularidade observada foi meramente um acidente. A segunda alternativa pode evitar esse problema, porque o princípio em questão poderia afirmar somente que a conclusão de um argumento indutivo é *provavelmente* verdadeira quando as premissas observacionais são verdadeiras.

11

Uma *verdade lógica* é aquela que está garantida como sendo verdadeira em virtude da sua *forma*. (Omitimos a abordagem mais técnica de Salmon, que vem a resultar na mesma coisa.)

12

Essa é a principal definição de "analítico" feita por Salmon. Você pode compará-la com a de Kant, tal como discutida no Apêndice à introdução do capítulo. ("Todos os homens adultos não casados são não casados" é uma verdade lógica porque é do tipo "Todos FGH são F", e qualquer alegação desse tipo é necessariamente verdadeira). (Ver a Questão para Discussão 2.)

A doutrina de que existem verdades sintética *a priori* é, como expliquei antes, equivalente à concepção de que existem inferências ampliativas necessariamente preservadoras-da-verdade. Se pudéssemos encontrar uma inferência ampliativa demonstrativa *bona fide*, teríamos uma solução ao problema de Hume referente a qual é a base da inferência do observado para o inobservado. Essa solução poderia ser apresentada em um ou outro de dois modos. Primeiro, seria possível afirmar que há proposições factuais que podem ser estabelecidas pela razão pura – sem a ajuda de evidência empírica – e que essas proposições sintéticas *a priori*, em conjunção com premissas estabelecidas por observação, tornam possível deduzir (de modo não ampliativo) conclusões pertencentes a questões realmente inobservadas. Segundo, seria possível alegar que essas proposições sintéticas *a priori*, muito embora não adicionadas como premissas a inferências ampliativas para torná-las não ampliativas, oferecem, em vez disso, um aval para inferências genuinamente ampliativas do observado para o inobservado. **10** ...

Para apreciar as questões filosóficas envolvidas na tentativa de justificar a indução por meio de um princípio sintético *a priori*, devemos introduzir algumas definições razoavelmente precisas dos termos-chave. Dois pares de conceitos estão envolvidos: a distinção entre afirmações *analíticas* e *sintéticas*; a distinção entre afirmações *a priori* e *a posteriori* (...)

Embora seja razoável defender, creio eu, que todas as verdades lógicas são analíticas, parecem existir afirmações analíticas que não são verdades lógicas. **11**

Por exemplo,

Todos os solteiros são não casados

não é [uma verdade lógica]. Contudo, dada a definição,

Solteiro = homem adulto não casado,

a afirmação precedente pode ser transformada numa verdade lógica, pois a definição dá permissão para substituir o *definiens*, "homem adulto não casado", pelo *definiendum* "solteiro". Essa substituição produz

Todos os homens adultos não casados são não casados,

que é uma verdade lógica. Para incorporar casos desse tipo, podemos definir uma *afirmação analítica* como uma afirmação que é uma verdade lógica ou pode ser transformada numa verdade lógica por substituição definitória do *definiens* pelo *definiendum*. **12**

A negação de uma verdade analítica é uma *autocontradição*. Qualquer afirmação que não é nem analítica nem autocontraditória é *sintética*...

...

Afirmações analíticas são frequentemente consideradas (...) como sendo desprovidas de qualquer conteúdo factual. Ainda que existam dificuldades em oferecer uma abordagem adequada do conceito de conteúdo factual, pode ser dito o suficiente para iluminar a sua relação com afirmações analíticas. A característica básica parece ser que o conteúdo factual de uma afirmação é uma medida da capacidade daquela afirmação de *excluir* possibilidades. Nesse sentido, é um conceito negativo. Em estado de total ignorância, todos os estados de coisas possíveis são vivas possibilidades; qualquer estado de coisas possível poderia, por tudo o que sabemos, ser o estado atual de coisas. À medida que se acumula o conhecimento, percebemos que algumas possibilidades não estão atualizadas. As afirmações que expressam o nosso conhecimento são incompatíveis com descrições de vários mundos possíveis, de forma que sabemos que essas possibilidades estão excluídas – o nosso mundo atual não coincide com qualquer dessas possibilidades que são incompatíveis com o que sabemos. Falando em termos gerais, além disso, quanto maior o nosso conhecimento – quanto maior o conteúdo factual das afirmações que sabemos – mais possibilidades são inabilitadas de serem atuais. Imagine, por exemplo, os habitantes da famosa caverna de Platão, que são totalmente ignorantes da natureza do mundo exterior. Eles podem imaginar pássaros de todos os tipos, incluindo corvos de cores variadas. Quando o emissário ao mundo exterior retorna e relata que todos os corvos são pretos, aqueles que permaneceram na caverna podem excluir todas as possibilidades que davam lugar para corvos de outras cores. A afirmação "Todos os corvos são pretos" tem conteúdo factual por causa das descrições de mundos possíveis com os quais ela é incompatível. Se, entretanto, o emissário retornasse e observasse que todos os corvos são ou pretos ou não pretos, a sua afirmação careceria totalmente de conteúdo, e os habitantes que permanecessem na caverna – ansiosos por conhecimento do mundo exterior – ficariam, com justiça, furiosos com ele em função do seu relato vazio. A sua afirmação careceria de conteúdo porque é compatível com qualquer possibilidade. Ela é (...) uma verdade lógica (...) Dado que é verdadeira sob quaisquer circunstâncias possíveis e não é incompatível com qualquer descrição de um mundo possível, o seu conteúdo é zero. Qualquer afirmação analítica, como vimos antes, partilhará dessa característica. Portanto, estamos autorizados a asserir que afirmações analíticas não têm nenhum conteúdo factual (...) ⓭

Voltemo-nos, agora, para a outra distinção requerida para a nossa discussão. Uma afirmação é *a priori* se a sua verdade ou falsidade pode ser estabelecida sem recurso à evidência observacional; ela é *a posteriori* se a evidência observacional se faz necessária para a sua verdade ou falsidade. A distinção entre afirmações *a priori* e *a posteriori* refere-se exclusivamente à justificação de afirmações e não tem nada a ver com descoberta. As afirmações da aritmética, por exemplo, são consideradas pela maioria dos filósofos como *a priori*; o fato de que as crianças podem aprender aritmética pela contagem de objetos físicos (por exemplo, dos dedos) nada tem a ver com a questão. Afirmações da aritmética podem ser estabelecidas (...) sem a ajuda de observação empírica ou experimento, e isso as qualifica como *a priori*. É evidente, além disso, que afirmações analíticas, como foram descritas antes, são *a priori*. Como a sua verdade decorre somente de verdades lógicas e de definições – isto é, apenas de considerações sintáticas e semânticas –, a observação e o experimento não são exigidos para a sua prova.

A maioria dos filósofos reconheceria que muitas afirmações sintéticas são *a posteriori*. Pareceria que nenhuma quantidade da pura operação de raciocinar revelaria se eu comi ovos no café da manhã de hoje, ou se há uma máquina de escrever em cima da escrivaninha no escritório ao lado. Algum tipo de observação pareceria ser indispensável. Entretanto, não é nem de perto evidente que *todas* as afirmações sintéticas são *a posteriori*. A doutrina de que existem afirmações sintéticas *a priori* é, eu admito, a tese do racionalismo. Foi defendida por Kant, bem como por muitos outros filósofos, tanto antes quanto depois dele. A doutrina de que todas as afirmações *a priori* são ou analíticas ou autocontraditórias é a tese do empirismo, tal como eu a entendo. ⓮

Não sei de nenhum modo fácil de discorrer em torno da questão se existem quaisquer afirmações sintéticas *a priori*. A história do pensamento humano ofereceu muitas tentativas de estabelecer verdades sintéticas *a priori*, com uma notável falta de sucesso, na minha opinião...

Descartes oferece um exemplo especialmente claro do uso de princípios sintéticos *a priori* para justificar a inferência ampliativa. Começando com o seu famoso *cogito*, ele se pôs a deduzir um relato completo do mundo real. Ele jamais supôs que a dedução não ampliativa seria igual a tal tarefa; em vez disso, ele apelou a princípios que considerou evidentes à luz natural da razão: "Ora, é manifesto pela luz natural que deve haver pelo menos tanta realidade na causa eficiente e total quanto no seu efeito. Então, eu rogo, de onde pode o efeito derivar a sua realidade, se não a partir da sua causa?".[17] O homem que pensava que poderia não estar certo de que 2 + 2 = 4 ou de que tinha mãos, a não ser que pudesse provar que Deus não é um enganador, considerou o princípio anterior tão claro e distinto que é impossível conceber a sua falsidade! ⓯

A abordagem de Kant quanto à questão de princípios sintéticos *a priori* é profundamente instrutiva. Tão convencido ele estava de que a geometria oferecia exemplos de proposições sintéticas *a priori* que ele não precisava demorar-se sobre a questão se existem quaisquer coisas desse tipo. Em vez disso, ele se moveu para a questão de como elas são possíveis. O conhecimento sintético *a priori* (se há tal coisa) exibe, de fato, um mistério epistemológico genuíno. Após alguma exposição à lógica formal, pode-se ver, sem muita dificuldade, como estipula-

---

[17] René Descartes, "Acerca de Deus, que Ele existe", *Meditações* III [p. 160]; a tradução que consta neste livro varia levemente.

⓭ PARE O fato de que uma alegação não tem nenhum conteúdo factual nesse sentido ajuda a explicar como ela pode ser justificada ou conhecida *a priori* (como Salmon parece estar sugerindo)? Como se daria tal explicação?

⓮ R Isto é, do empirismo moderado.

⓯ Salmon tem razão em dizer que é a isso que equivale a alegação de Descartes. Reflita sobre Descartes e tente ver claramente por que motivo isso é assim.

PARE (Haveria qualquer plausibilidade para a alegação de que o princípio de Descartes é *analítico* sob a definição ou de Kant ou de Salmon?)

ções linguísticas podem gerar afirmações analíticas que valem em qualquer mundo possível. É fácil ver que "A neve é branca ou a neve não é branca" é verdadeira simplesmente por causa dos significados que ligamos a "ou" e a "não". Afirmações analíticas *a priori* não são nenhum grande mistério. Semelhantemente, não é muito difícil ver como os nossos sentidos podem prover indícios para a natureza da realidade física, ajudando-nos a estabelecer proposições que são verdadeiras em alguns, mas não em todos os mundos possíveis (...) Mas como poderíamos concebivelmente estabelecer pelo pensamento puro que alguma imagem logicamente consistente do mundo real é falsa? Como poderíamos, sem qualquer auxílio da experiência, qualquer que fosse, descobrir alguma coisa sobre o nosso mundo em contradistinção a outros mundos possíveis? Dada uma fórmula logicamente contingente – uma que admite tanto interpretações verdadeiras quanto falsas –, como poderíamos esperar decidir, com uma base completamente *a priori*, quais das suas interpretações são verdadeiras e quais são falsas? ⓰ O empirista afirma que é impossível fazê-lo, e nisso penso que ele está correto. No entanto, é tentador dotar vários princípios com o estatuto de verdades sintéticas *a priori*. O grande mérito de Kant foi ter visto a urgência da questão *Como isso é possível?*

Vários princípios causais, como vimos, têm recebido o estatuto de verdades sintéticas *a priori* – por exemplo, o tradicional princípio *ex nihilo*, o princípio de razão suficiente e o princípio cartesiano de que a causa dever ser tão grande quanto o efeito. ⓱ Kant, além de reivindicar que as proposições da aritmética e da geometria são sintéticas *a priori*, também sustentou que o princípio de causação universal – tudo o que acontece pressupõe algo do qual se segue de acordo com uma regra – é sintético *a priori*. É por meio desse princípio que ele esperava desfazer-se do problema da indução. Contudo, a tentativa de Kant de explicar a possibilidade de proposições sintéticas *a priori* é insatisfatória. As proposições da geometria de Euclides não gozam de primazia epistemológica; as proposições da aritmética carecem de conteúdo sintético, ⓲ e o mundo físico pode tornar-se inteligível em termos não deterministas. Os poderes de concepção e de visualização humanos excedem em muito os limites que Kant viu como restrições necessárias ao intelecto humano e como a fonte de verdades sintéticas *a priori*.

É lamentável que os filósofos que se seguiram dedicaram pouca atenção à questão central de Kant: como as proposições sintéticas *a priori* são possíveis? Antes, a categoria de proposições sintéticas *a priori* tornou-se, com certa frequência, uma caixa de refugos conveniente para afirmações não classificáveis prontamente como analíticas ou *a posteriori* (...) Parece, para mim, que todas as afirmações afins podem ser mostradas, sob exame cuidadoso, como sendo analíticas ou *a posteriori* e que nenhum exemplo convincente de uma proposição sintética *a priori* já chegou a ser produzido. Mesmo que esse seja o caso, naturalmente, não está provado que não existem afirmações sintéticas *a priori*. Entretanto, isso deveria dar-nos uma pausa e realmente nos libera de qualquer obrigação de aceitar a tese racionalista positiva de que existem proposições sintéticas *a priori*. Isso de fato coloca o ônus da prova sobre aqueles que têm a esperança de escapar do problema humiano da indução através de um princípio sintético *a priori*. Além disso, mesmo que um exemplo recalcitrante fosse oferecido – um exemplo que parecesse desafiar toda a análise seja do analítico ou do sintético –, ainda poderia ser razoável supor que não teríamos exercitado a argúcia suficiente em lidar com ele. Se fôssemos deixados com um mistério epistemológico total sobre a questão de como proposições sintéticas *a priori* são possíveis, poderia ser sábio supor como sendo mais provável que a nossa perspicácia analítica é deficiente do que supor que ocorreu um milagre epistemológico. ⓳

5. O princípio da uniformidade da natureza. Uma parte substancial da crítica humiana da indução apoiava-se no seu ataque ao princípio da uniformidade da natureza. Hume argumentou taxativamente que das formas habituais de inferência indutiva não se pode esperar que produzam predições corretas se a natureza falha em ser uniforme – se o futuro não é como o passado –, se qualidades sensíveis semelhantes não são acompanhadas por resultados semelhantes.

⓰ Aqui, Salmon não coloca a questão de modo completamente correto: um proponente racionalista do conhecimento sintético *a priori* pensa, de fato, que algumas alegações *logicamente* contingentes ou consistentes – isto é, alegações que não são necessárias unicamente em virtude da sua forma – podem ser conhecidas como sendo verdadeiras *a priori*. Porém, ele não crê que tais noções são realmente contingentes ou consistentes, mas, em vez disso, que elas são necessárias, mesmo que não sejam *formalmente* necessárias. (Ver a seleção de Ewing, especialmente a Anotação 1 e o texto correspondente.) Assim, uma noção sintética *a priori* é supostamente verdadeira em todo mundo possível e, dessa forma, não nos diria alguma coisa "sobre o nosso mundo em contradistinção a outros mundos possíveis".

⓱ O "princípio *ex nihilo*" é o princípio de que algo não pode vir do nada, e o princípio de razão suficiente é a alegação de que tudo o que existe deve ter uma causa ou explicação. Ambos os "princípios" são frequentemente invocados em discussões sobre o argumento cosmológico (ver o Capítulo 7).

⓲ Ver Ewing para uma discussão da questão relativa a se proposições aritméticas tais como 5 + 7 = 12 são analíticas ou sintéticas.

⓳ Esse é provavelmente o argumento mais forte de Salmon contra a existência de alegações sintética *a priori*. Contudo, ele depende da alegação de que a ideia da analiticidade pode explicar todos os casos *claros* de uma justificação e de um conhecimento *a priori* sem nenhum mistério desse tipo. (Ver as Questões para Discussão 2 e 3.)

Todas as inferências a partir da experiência supõem, como o fundamento delas, que o futuro se assemelhará ao passado e que poderes similares serão conjugados com qualidades sensíveis similares. Se houver qualquer suspeita de que o curso da natureza pode mudar, e de que o passado pode não ser regra nenhuma para o futuro, toda a experiência torna-se inútil e não pode dar lugar a nenhuma inferência ou conclusão.[18]

Ele argumentou, além disso, que não há nenhuma contradição lógica na suposição de que a natureza não é uniforme – de que as regularidades que observamos até o presente falharão em grande escala no futuro (...) Ele argumenta, adicionalmente, que o princípio da uniformidade da natureza não pode ser estabelecido por uma inferência a partir da experiência: "É impossível, portanto, que quaisquer argumentos a partir da experiência possam provar essa semelhança do passado com o futuro, uma vez que todos esses argumentos estão fundados na suposição daquela semelhança".[19] ⓴ Ao longo da discussão de Hume, há, contudo, uma forte sugestão de que poderíamos ter plena confiança nos métodos indutivos habituais se a natureza fosse conhecida como sendo uniforme.

Kant tentou lidar com o problema da indução exatamente desse modo, estabelecendo um princípio de uniformidade da natureza, na forma do princípio de causação universal, como uma verdade sintética *a priori*. Ele alegou, em outras palavras, que toda ocorrência é governada por regularidades causais, e essa característica geral do universo pode ser estabelecida pela razão pura, sem o auxílio de qualquer evidência empírica. Ele não tentou mostrar que o princípio de causação universal é um princípio da lógica, pois fazê-lo teria sido mostrar que esse era analítico – não sintético – e, portanto, carecia de conteúdo factual. Ele não rejeitou a alegação de Hume de que não há contradição lógica na afirmação de que a natureza não é uniforme; nem tentou provar o seu princípio de causação universal deduzindo uma contradição a partir da sua negação. Acreditou, contudo, que esse princípio, embora não seja uma proposição da lógica pura, é necessariamente verdadeiro. ㉑ Hume, naturalmente, argumentava contra essa alternativa também. Ele defendia não só que a uniformidade da natureza não é uma verdade lógica ou analítica, mas também que ela não pode ser nenhum outro tipo de verdade *a priori*. Mesmo antes de Kant ter enunciado a doutrina de princípios sintéticos *a priori*, Hume tinha oferecido fortes argumentos contra eles:

> Aventurar-me-ei a afirmar, como uma proposição geral, que não admite nenhuma exceção, que o conhecimento dessa relação não é, em qualquer caso, obtido por raciocínios *a priori*.[20]
>
> Adão, muito embora sejam supostas as suas faculdades racionais, no primeiro momento, como inteiramente perfeitas, não poderia ter inferido a partir da fluidez e da transparência da água que ela iria sufocá-lo, ou a partir da luz e do calor do fogo que ele iria consumi-lo.[21]

...

Agora, tudo o que é inteligível e pode ser distintamente concebido (...) jamais pode ser provado como falso por qualquer (...) raciocínio abstrato *a priori*.[22]

Hume argumenta, por um exemplo persuasivo e um princípio geral, que nada acerca da estrutura causal da realidade pode ser estabelecido pela razão pura. Ele propõe um desafio incisivo àqueles que reclamariam a habilidade de estabelecer o conhecimento *a priori* de uma relação causal particular ou do princípio da causação universal. Na discussão precedente das afirmações sintéticas *a priori*, ofereci razões para crer que Kant fracassou em superar as objeções de Hume.

...

7. **Uma abordagem probabilista**. Pode parecer estranho ao extremo que essa discussão do problema da indução teve seguimento em tal extensão, sem introduzir seriamente o conceito de probabilidade. É muito tentador reagir imediatamente ao argumento de Hume com a admissão de que não temos *conhecimento* do inobservado. Resulta-

⓴ Para ser plausível, como já vimos, a alegação teria de ser que o futuro assemelha-se ao passado num nível substancial, não que ele o faz perfeitamente, no sentido de que todas as regularidades observadas também ocorrem no futuro – uma vez que sabemos que isso não é verdade.

㉑ A alegação de Kant é, *grosso modo*, que a mente ordena a experiência, de maneira a situar o princípio causal verdadeiro no reino da experiência, ainda que não necessariamente verdadeiro das coisas, tal como elas existem em si mesmas fora da experiência.

---
[18] David Hume, *Human Understanding* [p. 290].
[19] Ibid.
[20] Ibid. [p. 286].
[21] Ibid. [p. 286].
[22] Ibid. [p. 288-289].

dos científicos não são estabelecidos com certeza absoluta. Na melhor das hipóteses, podemos fazer afirmações probabilistas sobre questões de fato inobservadas e, na melhor das hipóteses, podemos reivindicar que generalizações e teorias científicas são altamente confirmadas. Nós que vivemos numa época de empirismo científico podemos aceitar com perfeita equanimidade o fato de que a querela por certeza é fútil; sem dúvida, os nossos agradecimentos vão para Hume por ajudar-nos a destruir falsas esperanças por certeza na ciência.

A busca de Hume por uma justificação da indução, poder-se-ia continuar, foi fundamentalmente malconcebida. Ele tentou encontrar um modo de provar que inferências indutivas com premissas verdadeiras teriam conclusões *verdadeiras*. Ele falhou propriamente em encontrar qualquer justificação desse tipo precisamente porque é a função da *dedução* provar a verdade de conclusões, dadas premissas verdadeiras. A indução tem uma função diferente. Uma inferência indutiva com premissas verdadeiras estabelece as suas conclusões como *prováveis*. Não é de admirar que Hume fracassasse em tentar fazer da indução uma dedução, tendo sido bem-sucedido apenas em provar a platitude de que indução não é dedução. Se queremos justificar a indução, devemos mostrar que inferências indutivas estabelecem as suas conclusões como prováveis, não como verdadeiras.

O tipo anterior de crítica aos argumentos de Hume é extremamente atraente e tem dado vez ao tipo mais popular de tentativa, atualmente, de lidar com o problema. No intuito de examinar essa abordagem, devemos considerar, ao menos superficialmente, o significado do conceito de probabilidade. Dois significados básicos devem ser levados em conta no presente momento.

Um destacado conceito de probabilidade identifica probabilidade com frequência – *grosso modo*, o provável é aquilo que acontece frequentemente, e o improvável é aquilo que acontece raramente. Vejamos o que acontece com o argumento de Hume sob essa interpretação de probabilidade. Se alegássemos que conclusões são prováveis nesse sentido, estaríamos alegando que inferências indutivas com premissas verdadeiras habitualmente têm conclusões verdadeiras, embora nem sempre. O argumento de Hume mostra, infelizmente, que essa alegação não pode ser substanciada. Reconheceu-se muito antes de Hume que de inferências indutivas não se pode esperar que conduzam sempre à verdade. O argumento de Hume mostra não apenas que não podemos justificar a alegação de que *toda* inferência indutiva com premissas verdadeiras terá uma conclusão verdadeira, mas também que não podemos justificar a alegação de que *qualquer* inferência indutiva com premissas verdadeiras terá uma conclusão verdadeira. O argumento de Hume mostra que, por tudo o que podemos saber, toda inferência indutiva feita a partir de agora poderia ter uma conclusão falsa, apesar das premissas verdadeiras. Portanto, Hume provou isto: não podemos mostrar nem que inferências indutivas estabelecem as suas conclusões como verdadeiras nem que elas estabelecem as suas conclusões como prováveis no sentido de frequência. ㉒ A introdução do conceito de probabilidade em termos de frequência não oferece nenhuma ajuda para contornar o problema da indução, mas isso não causa surpresa alguma, pois não deveríamos ter tido a expectativa de que ele fosse apropriado a esse propósito.

Um conceito de probabilidade mais promissor identifica probabilidade com grau de crença racional. Dizer que uma afirmação é provável nesse sentido significa que se estaria racionalmente justificado em crer nela; o grau de probabilidade é o grau de assentimento que uma pessoa estaria racionalmente justificada em dar. Não estamos referindo-nos, é claro, ao grau em que alguém *realmente* crê na afirmação, mas, em vez disso, ao grau em que alguém poderia *racionalmente* crer nela (...) Dizer que uma afirmação é provável nesse sentido significa que ela tem suporte em evidência. Contudo, assim prossegue o argumento, se uma afirmação é a conclusão de uma inferência indutiva com premissas verdadeiras, e ela ganha suporte por evidência – por evidência indutiva –, isso é parte do que *significa* ter suporte por evidência. O próprio conceito de evidência depende da natureza da indução, e ele se torna incoerente se tentamos divorciar os dois. Trivialmente, então, a conclusão de uma inferência indutiva é provável sob esse conceito de probabilidade. Perguntar, com Hume, se

㉒ A prova é justamente o argumento dilema (ver as Anotações 9, 10 e 11 à seleção de Hume e o texto correspondente). Pense cuidadosamente sobre como aquele argumento se aplicaria à alegação probabilista.

deveríamos aceitar conclusões indutivas equivale a perguntar se deveríamos modelar as nossas crenças em termos da evidência, e isso, por sua vez, equivale a perguntar se deveríamos ser racionais. Dessa maneira, chegamos a uma "dissolução da linguagem ordinária" relativa ao problema da indução. Uma vez que entendemos claramente os significados de tais termos-chave como "racional", "provável" e "evidência", vemos que o problema surgiu a partir de uma confusão linguística e evapora-se na questão se é racional ser racional. Tais questões tautológicas, se de algum modo são significativas, exigem respostas afirmativas. ㉓

Infelizmente, a dissolução não é satisfatória (...) A dificuldade fundamental surge do fato de que a própria noção de evidência indutiva é determinada pelas regras de inferência indutiva. Se uma conclusão deve ter suporte em evidência indutiva, ela deve ser a conclusão de uma inferência indutiva correta com premissas verdadeiras. Se a inferência indutiva é correta, isso depende de se a regra que governa aquela inferência é correta (...) Para que sejamos capazes de dizer se uma dada afirmação tem suporte em evidência indutiva, devemos ser capazes de dizer quais regras indutivas são corretas.

Por exemplo, suponha que um dado foi jogado um grande número de vezes, e observamos que o lado dois veio à tona em um sexto dos arremessos. Essa é a nossa "evidência" e. Seja h a conclusão de que, "com o passar do tempo", o lado dois virá à tona um sexto das vezes. Considere as seguintes três regras:

1. (Indução por enumeração) Dado m/n dos As são Bs observados, inferir que a frequência relativa "com o tempo" de Bs entre As é m/n.
2. (Regra *a priori*) Independentemente das frequências observadas, inferir que a frequência relativa "com o tempo" de Bs entre As é $1/k$, onde k é o número de resultados possíveis – seis no caso de um dado.
3. (Regra contraintuitiva) Dado m/n de As são Bs observados, inferir que a frequência relativa "com o tempo" de Bs entre As é $(n-m)/n$. ㉔

(...) No intuito de dizer quais conclusões têm suporte por meio de qual evidência, é necessário chegar a uma decisão com relação a quais regras indutivas são aceitáveis. Se a Regra 1 é correta, a evidência e dá suporte à conclusão h. Se a Regra 2 é correta, estamos justificados em tirar a conclusão h, mas isso é inteiramente independente da evidência observacional e; as mesmas conclusões teriam sido sancionadas pela Regra 2, independentemente de evidência observacional. Se a Regra 3 está correta, não apenas estamos proibidos de tirar a conclusão h, mas também temos a permissão de tirar uma conclusão $h9$, que é logicamente incompatível com h. Se uma dada conclusão *ganha suporte* por *evidência* – se seria *racional crer* nela com base na evidência dada – se ela é *tornada provável* em virtude da sua relação com uma evidência dada – isso depende da seleção da regra ou das regras corretas dentre as infinitamente muitas regras que poderíamos concebivelmente adotar.

O problema da indução pode agora ser reformulado como um problema acerca da evidência. Quais regras deveríamos adotar para determinar a natureza da evidência indutiva? (...) Se tomamos as regras indutivas habituais para definir o conceito de evidência indutiva, adotamos um conceito próprio de evidência? A adoção de algumas regras indutivas alternativas proveria um conceito de evidência mais apropriado? Essas são questões genuínas que precisam ser respondidas.

Descobrimos, além disso, que o que parecia anteriormente uma questão sem importância agora se torna significativa e difícil. Se tomamos as regras habituais de inferência indutiva como oferecendo uma definição apropriada da relação de suporte evidencial indutivo, adquire um sentido considerável perguntar se é racional crer com base na evidência assim definida, ao invés de crer com base na evidência definida de acordo com outras regras (...)

Há um perigo de ser pego por uma equivocação simples. Um significado que podemos atribuir ao conceito de evidência indutiva é, *grosso modo*, a base na qual deveríamos formular as nossas crenças. Um outro significado resulta da relação de suporte evidencial determinada por qualquer regra de inferência indutiva que adotemos. É apenas por supor que esses dois conceitos são o mesmo que supomos que o problema da indução tenha desaparecido. O problema da indução ainda está

㉓ R A alegação é que raciocinar indutivamente é exatamente o que queremos dizer com "racional" nesse tipo de caso, de modo que o raciocínio indutivo está garantido como racional.

㉔ Aqui, a primeira regra é a concepção padrão de raciocínio indutivo, levemente generalizada para cobrir também casos nos quais alguma fração de As observados são Bs (no caso em que todos os As observados são Bs, m e n são o mesmo número). A segunda regra é o assim chamado "princípio de indiferença" – que poderia estar gravemente errado se os dados fossem "viciados". A terceira regra é a regra intuitivamente bizarra que diz que a verdade é simplesmente o oposto do que a evidência até aqui parece mostrar.

(25) Portanto, se raciocinar indutivamente significa qualquer modo de raciocínio que é racional nesse tipo de caso, não será automaticamente verdadeiro que isso é seguir a primeira regra, em vez de uma das outras regras ou de alguma regra posterior – de sorte que alguma defesa posterior será necessária, que é apenas o problema da indução novamente por toda parte. Por sua vez, se raciocinar indutivamente significa seguir a primeira regra, nesse caso não se pode simplesmente assumir que esse é o modo racional de proceder (onde "racional" significa, *grosso modo*, que um método provavelmente levará a resultados verdadeiros ou confiáveis).

(26) A alegação de Reichenbach não é que raciocinar indutivamente levará, mesmo que *provavelmente*, a conclusões verdadeiras, mas apenas que ele o fará se qualquer método puder ser bem-sucedido dessa maneira. Isso é alguma justificação, mas é o bastante para que realmente se resolva o problema? (Ver a Questão para Discussão 1.)

---

aqui: é o problema de oferecer motivos adequados para a seleção de regras indutivas. Queremos que a relação de suporte evidencial determinada por essas regras gere um conceito de evidência indutiva que é, de fato, a base na qual deveríamos formular as nossas crenças. **(25)**

...

8. Justificação pragmática. De todas as soluções e dissoluções propostas para lidar com o problema humiano da indução, a tentativa de Hans Reichenbach de oferecer uma justificação pragmática parece-me a mais frutífera e promissora.[23] Essa abordagem aceita os argumentos de Hume até o ponto de concordar que é impossível estabelecer, seja dedutivamente ou indutivamente, que quaisquer inferências indutivas jamais terão de novo conclusões verdadeiras. No entanto, argumenta Reichenbach, o método habitual de generalização indutiva pode ser justificado. Ainda que o seu *sucesso* como um método de predição não possa ser estabelecido de antemão, ele pode ser demonstrado como sendo superior a qualquer método alternativo de predição.

O argumento pode ser posto de modo bastante simples. A natureza pode ser suficientemente uniforme, em aspectos apropriados a nós, para que façamos inferências indutivas do observado ao inobservado. Por outro lado, por tudo o que sabemos, ela pode não sê-lo. Hume mostrou que não podemos mostrar de antemão qual caso se verifica. Tudo o que podemos dizer é que a natureza pode ser ou pode não ser uniforme – se ela o é, a indução funciona; se ela não o é, a indução fracassa. Mesmo em face da nossa ignorância sobre a uniformidade da natureza, podemos perguntar o que aconteceria se adotássemos algum método de inferência radicalmente diferente. Considere-se, por exemplo, o método do vidente da bola de cristal. Dado que não sabemos se a natureza é uniforme ou não, devemos considerar ambas pos-

---

[23] Hans Reichenbach, *Experience and Prediction* (Chicago: University of Chicago Press, 1938), Capítulo 5, e *The Theory of Probability* (Berkeley: University of California Press, 1949), Capítulo 11.

---

sibilidades. Se a natureza é uniforme, o método de olhar na bola de cristal poderia operar com sucesso ou poderia falhar. Não podemos provar *a priori* que ele não funcionará. Ao mesmo tempo, não podemos provar *a priori* que ele funcionará, mesmo que a natureza exiba um elevado grau de uniformidade. Portanto, no caso de a natureza ser razoavelmente uniforme, o método indutivo habitual *deve* funcionar, enquanto o método alternativo de olhar na bola de cristal *pode ou não* funcionar. Nesse caso, a superioridade do método indutivo padrão é evidente. Agora, suponha-se que a natureza carece de uniformidade em tal grau que o método indutivo padrão é um completo fracasso. Nesse caso, Reichenbach argumenta, o método alternativo deve, de semelhante modo, fracassar. Suponha que ele não falhou – suponha, por exemplo, que o método de olhar na bola de cristal funcionou consistentemente. Isso constituiria uma importante uniformidade relevante, que poderia ser explorada indutivamente. Se um vidente de bola de cristal tivesse predito consistentemente ocorrências futuras, poderíamos inferir indutivamente que ele tem um método de predição que gozará de continuado sucesso. O método indutivo, dessa maneira, partilharia do método de olhar na bola de cristal e seria, então, contrariamente à hipótese, bem-sucedido. Portanto, Reichenbach conclui, o método indutivo habitual será bem-sucedido *se qualquer outro método puder ser bem-sucedido*. Como resultado, temos tudo para ganhar e nada para perder ao adotar o método indutivo. Se qualquer método funciona, a indução funciona. Se adotamos o método indutivo e ele falha, não perdemos nada, pois qualquer outro método que poderíamos ter adotado teria, de semelhante modo, falhado. Reichenbach não tem a pretensão de provar que a natureza é uniforme ou que o método indutivo padrão será bem-sucedido. Ele não postula a uniformidade da natureza. Ele tenta mostrar que o método indutivo é o melhor método para a inferência ampliativa, não importa se este se revela bem-sucedido ou não. **(26)**

Esse argumento engenhoso, embora extremamente sugestivo, é em última análise insatisfatório. Tal como o apresentei há pouco, ele é insuportavelmente vago. Não especifiquei a natureza do método indutivo padrão. Não afirmei com qualquer exatidão o que constitui o sucesso para o método indutivo ou qualquer outro. Além disso, a uniformidade da natureza não é uma questão de tudo ou nada. A natureza parece ser uniforme em alguma medida e também carecer de uniformidade em algum grau (...) A vagueza do argumento precedente não é, porém, a sua desvantagem fundamental. Ele pode ser tornado preciso (...) Quando é tornado preciso, como veremos, ele sofre do sério defeito de igualmente justificar de modo por demais amplo uma variedade de regras para a inferência ampliativa. ㉗

Apresentei o argumento de Reichenbach de modo bastante geral, no intuito de tornar intuitivamente clara a sua estratégia básica. O sentido no qual ele é uma justificação pragmática deveria estar claro. Diferentemente de muitos autores que procuraram uma justificação da indução, Reichenbach não tenta provar a verdade de qualquer proposição sintética. Ele reconhece que o problema é concernente à justificação de uma regra, e regras não são nem verdadeiras nem falsas. Portanto, ele tenta mostrar que a adoção de uma regra indutiva padrão é, na prática, útil na tentativa de aprender sobre e de lidar com o inobservado. Ele defende que isso pode ser mostrado muito embora não possamos provar a verdade da asserção de que os métodos indutivos levarão ao sucesso preditivo. Esse aspecto pragmático é, parece-me, a fonte da fertilidade da abordagem de Reichenbach. Ainda que o seu argumento não constitua uma justificação adequada da indução, parece-me que oferece um núcleo válido, a partir do qual podemos tentar desenvolver uma justificação mais satisfatória.

...

㉗ A alegação básica de Reichenbach é que o método de generalizar a partir da experiência ("propondo" que a proporção de todos os As que são Bs é a mesma que a proporção correntemente observada e, então, corrigindo o postulado à medida que ingressam novas observações) tem a garantia de ser bem-sucedido com o passar do tempo se o seu sucesso é possível, isto é, se há uma regularidade objetiva a ser descoberta. O problema que Salmon está indicando é que existem muitos outros métodos que podem ser justificados da mesma maneira. (Ver a Questão para Discussão 3.)

Questões para Discussão

1. Se o ceticismo de Hume sobre a indução está correto, nesse caso não temos nenhuma razão para pensar que qualquer conclusão que depende do raciocínio indutivo é verdadeira. Quão implausível é esse resultado do ponto de vista do senso comum? Observe, ao pensar sobre isso, que pelo menos a maioria dos resultados da ciência teórica são atingidos como as melhores explicações de regularidades observacionais estabelecidas indutivamente. Observe ainda que a evidência para alegações históricas também depende de regularidades estabelecidas indutivamente, pertencendo a diversos tipos de evidência. (O quanto ajudaria ser informado de que, embora não tenhamos boas razões para pensar que as conclusões indutivas são verdadeiras, o método indutivo ainda está garantido como bem-sucedido na descoberta da verdade, se o sucesso é possível, que é aquilo a que equivale a justificação pragmática de Reichenbach – ver a Questão para Discussão 3.)

2. Todas as plausíveis alegações justificáveis *a priori* são analíticas no sentido de Salmon? Considere, por exemplo, a alegação de que nada pode ser totalmente vermelho e totalmente verde ao mesmo tempo. Isso é algo que pode ser justificado *a priori*? Esta não é uma verdade lógica, tal como se encontra (dado que muitas alegações do tipo "nada por ser totalmente F e totalmente G ao mesmo tempo" são falsas – pense sobre isso). Ela pode tornar-se uma verdade lógica, oferecendo-se definições de um ou mais dos seus termos, presumivelmente "vermelho" e/ou "verde"? (Lembre-se que, para ser aceitável, uma definição deve em realidade capturar o significado do termo.)

3. Pense sobre o elemento fundamental para a justificação pragmática da indução feita por Reichenbach. Você consegue ver por que o método descrito na Anotação 27 tem a garantia de eventualmente descobrir uma regularidade objetiva na natureza, caso realmente exista uma? Por que tal sucesso tem garantia somente com o passar do tempo? Você consegue pensar em outro método que tenha igualmente a garantia de ser bem-sucedido com o passar do tempo, mas que ofereça uma resposta significativamente diferente a curto prazo? (Pense aqui em casos nos quais a proporção observada de As que são Bs é uma fração em vez de todas – ver a Anotação 24 e o texto associado.) Dica: o que você quer é uma regra que se desvia da proporção observada, mas cujo desvio se torna cada vez menor, à medida que o número de casos se torna maior, de maneira que, a longo prazo – mas não a curto prazo, quando o método, na verdade, sempre

é aplicado –, o resultado a que se chega será o mesmo que o do método indutivo. Uma questão posterior: quão longo é necessário que seja o prazo para que o método indutivo tenha a garantia de ser bem-sucedido, se o sucesso é possível?

A.C. Ewing

Alfred Cyrill Ewing (1899-1973) foi um filósofo britânico que lecionou na Universidade de Cambridge e fez contribuições importantes para a ética e a metafísica. Nesta seleção, ele defende uma visão racionalista de uma justificação *a priori*, de acordo com a qual a mente humana tem uma capacidade fundamental para a percepção de verdades necessárias. Ao longo da exposição, ele responde a muitos argumentos populares a favor do empirismo moderado e também sugere uma solução *a priori* para o problema da indução, ainda que sem realmente desenvolver essa ideia muito extensamente.

O A Priori e O Empírico,[24] Extraído de *As Questões Fundamentais da Filosofia*

SIGNIFICADO DA DISTINÇÃO; O CARÁTER *A PRIORI* DA MATEMÁTICA

Na teoria do conhecimento, o primeiro ponto que nos confronta é a aguda distinção entre dois tipos de conhecimento que têm sido chamados, respectivamente, de *a priori* e empírico. Obtemos a maior parte do nosso conhecimento por observação do mundo exterior (percepção sensória) e de nós mesmos (introspecção). Isso é chamado de conhecimento empírico. Porém, podemos obter algum conhecimento pelo simples pensamento. Aquele tipo de conhecimento é chamado de *a priori*. As suas principais exemplificações podem ser encontradas na lógica e na matemática. Para verificar que 5 + 7 = 12, não precisamos tomar cinco coisas e sete coisas, colocá-las juntas e contar, então, o número total. Podemos saber qual será o número total simplesmente pelo pensamento.

Uma outra diferença importante entre conhecimento *a priori* e empírico é que, no caso do primeiro, não vemos meramente que alguma coisa, S, é de fato P, mas que ela deve ser P e por que ela é P. ❶

Posso descobrir que uma flor é amarela (ou pelo menos produz sensações de amarelo) olhando para ela, mas não posso, a partir daí, ver por que ela é amarela ou que ela deve ser amarela. Por qualquer coisa que eu possa relatar, ela poderia igualmente ter sido uma flor vermelha. No entanto, com uma verdade tal como 5 + 7 = 12, não vejo meramente que é um fato, mas que deve ser um fato. Seria deveras absurdo supor que 5 + 7 = 12 poderia ter sido igual a 11, e simplesmente aconteceu ser igual a 12, e posso ver que a natureza de 5 e 7 constitui uma razão plenamente adequada e inteligível por que a sua soma deveria ser 12, e não algum outro número. É de fato concebível que algumas das coisas que perfazem os dois grupos de 5 e 7 poderiam, quando fossem postas em conjunto, fundir-se como gotas de água, ou mesmo desaparecer, de modo que não haveria mais 12 coisas; porém, o que é inconcebível é que poderia haver *ao mesmo tempo* 5 + 7 coisas de um certo tipo de uma só vez em certo lugar e, contudo, menos do que 12 coisas daqueles tipo naquele lugar. Antes que algumas dessas coisas se fundissem ou desaparecessem, elas seriam 5+7 em número e também 12 em número; após a fusão ou o desaparecimento, elas não seriam nem 5 + 7 nem 12. Quando digo, nesta conexão,

---

❶ **R** Essa é uma alegação importante sobre o caráter aparente de uma percepção *a priori*: parece revelar não somente que a alegação em questão é verdadeira, mas também que a alegação é *necessária* (no sentido lógico ou metafísico) e *por que* a alegação é verdadeira.

---

[24] Extraído de *The Fundamental Questions of Philosophy* (New York: Collier, 1962). Algumas notas de rodapé foram omitidas.

que algo é inconcebível, não tenho em vista meramente ou primariamente que não podemos concebê-la – esse não é um caso de uma mera inabilidade psicológica, como a inabilidade de entender matemática avançada. Trata-se de uma percepção positiva: definitivamente vemos como sendo impossível que certas coisas pudessem acontecer. Isso nós não vemos no caso de proposições empíricas que são falsas: elas não são verdadeiras, mas poderiam, por tudo o que sabemos, ter sido verdadeiras. É até mesmo concebível, até onde podemos ver, que as leis fundamentais do movimento poderiam ter sido bastante diferentes daquilo que são, mas podemos ver que não poderia ter havido um mundo que contradissesse as leis da aritmética. Isso está expresso ao dizer-se que proposições empíricas são *contingentes*, mas proposições verdadeiras *a priori* são *necessárias*. ❷ ...

Não devemos ser enganados aqui pelo fato de que, para chegar a entender a aritmética, originalmente requeremos exemplos. Uma vez que tenhamos aprendido os princípios da aritmética no jardim-de-infância, com a ajuda de exemplos, não precisamos mais de exemplos para apreendê-la e podemos ver a verdade de muitas proposições aritméticas, como 3112 + 2467 = 5579, das quais jamais tivemos exemplos. Provavelmente jamais tomamos 3112 coisas e 2467 coisas, colocamo-las juntas e contamos o conjunto resultante, mas ainda sabemos que isso é o que o resultado da contagem seria. Se se tratasse de conhecimento empírico, não poderíamos saber dele sem contar. Os exemplos são necessários, não para provar alguma coisa, mas apenas para capacitar-nos a vir a entender, numa primeira instância, o que é significado pelo número.

...

O *A PRIORI* EM LÓGICA

Um outro campo importante para um conhecimento *a priori* é a lógica. As leis da lógica têm de ser conhecidas *a priori* ou não são conhecidas em absoluto. Elas certamente não são uma matéria de observação empírica, e a função do argumento lógico é simplesmente nos oferecer conclusões que não descobrimos por observação. O argumento seria supérfluo se nós já as tivéssemos observado. Somos capazes de fazer inferências porque, às vezes, há uma conexão lógica entre uma ou mais proposições (a premissa ou as premissas) e uma outra proposição, a conclusão, de modo que a última deve ser verdadeira se a primeira o é. Portanto, se temos conhecimento da primeira, podemos afirmar a última na força dela, antecipando, assim, qualquer experiência. Para tomar um exemplo, há uma história em que o Sr. X, um homem de alta reputação e importante posição social, havia sido solicitado para presidir um grande evento. Ele estava atrasado para chegar, de modo que se pediu a um sacerdote católico romano para fazer um discurso para que passasse o tempo até a sua chegada. O sacerdote contou diversas anedotas, incluindo uma que lembrava o seu embaraço quando, como confessor, teve de lidar com o seu primeiro penitente, e este confessou um assassinato particularmente atroz. Pouco tempo depois, o Sr. X chegou e, na sua própria palestra, ele disse: "Vejo que o Padre _____ está aqui. Bem, muito embora ele possa não me reconhecer, ele é um velho amigo meu, pois eu fui o seu primeiro penitente". É óbvio que tal episódio capacitaria alguém a inferir que o Sr. X havia cometido um assassinato sem ter pago pelo crime. ❸

OUTROS CASOS DO *A PRIORI*

O conhecimento *a priori*, embora mais proeminente na matemática e na lógica, não está limitado a esses assuntos. Por exemplo, podemos ver *a priori* que a mesma superfície não pode ter totalmente duas cores diferentes ao mesmo tempo, ou que um pensamento não pode ter um formato. Os filósofos têm sido divididos em racionalistas e empiristas, conforme se enfatize mais o elemento *a priori* ou o elemento empírico. A possibilidade da metafísica depende de um conhecimento *a priori*, pois a nossa experiência é bastante inadequada para capacitar-nos a fazer, sob razões meramente empíricas, quaisquer generalizações abarcantes do tipo que o metafísico deseja. O termo *a priori* cobre tanto proposições autoevidentes, isto é, aquelas que são vistas como sendo verdadeiras por si mesmas, quanto aque-

❷ Poderia alguma vez uma alegação contingente, uma alegação que é falsa em alguns mundos possíveis, ser conhecida *a priori* como verdadeira no mundo atual? Ewing está negando que isso poderia acontecer, mas alguns filósofos recentes questionaram tal fato. O exemplo habitual (devido a Saul Kripke) é "a barra-metro padrão (a barra de platinum-iridium em Paris) tem um metro de comprimento". É esse um contraexemplo à alegação de Ewing?

❸ A alegação de que o Sr. X é um assassino *segue-se logicamente* das duas premissas indicadas. Está ela *contida* nelas, de alguma forma que ajudaria a explicar *por que* ela se segue logicamente? (Nos termos de Salmon, essa é uma inferência ampliativa ou uma inferência não ampliativa?)

las que são derivadas por inferência, a partir de proposições autoevidentes.

A TEORIA LINGUÍSTICA DO *A PRIORI* E A NEGAÇÃO DE QUE PROPOSIÇÕES OU INFERÊNCIAS *A PRIORI* PODEM OFERECER CONHECIMENTO NOVO

No presente momento, mesmo os filósofos empiristas reconhecem a impossibilidade de explicar por completo proposições *a priori* como meramente generalizações empíricas, mas estão inclinados à concepção de que proposições *a priori* e raciocínio *a priori* são meramente respectivos à linguagem e, desse modo, não podem informar-nos qualquer coisa nova sobre o mundo real. Assim, é dito que, quando fazemos uma inferência, a conclusão é simplesmente parte das premissas expressa em linguagem diferente. ❹

Se esse é o caso, a inferência seria de utilidade meramente para esclarecer a nossa linguagem e não envolveria nenhum avanço real em conhecimento. Algumas inferências são desse tipo, por exemplo, A é um pai, portanto A é do sexo masculino. Mas todas elas são assim? Isso seria realmente difícil de enquadrar com a novidade *prima facie* de muitas conclusões. Tome, por exemplo, a proposição de que o quadrado da hipotenusa de um triângulo retângulo é igual à soma dos quadrados dos outros dois lados. Tal proposição pode ser inferida a partir dos axiomas e dos postulados de Euclides, mas ela certamente não parece estar incluída no seu significado. De outro modo, deveríamos conhecê-la tão logo entendêssemos os axiomas e os postulados. O exemplo que dei do assassino descoberto através de um argumento lógico parece ser outro caso de um fato não conhecido com antecipação por aquele que raciocina, o qual é então descoberto por seu raciocínio. Os filósofos empiristas extremados afirmam que essa aparência de novidade é realmente ilusória e que em algum sentido já conhecíamos a conclusão todo o tempo; porém, eles jamais foram bem-sucedidos em tornar claro em que sentido nós já a conhecíamos. Não basta dizer que a conclusão está implícita nas premissas. "Implícito" significa "implicado por", e naturalmente uma conclusão é implicada por suas premissas se a inferência é de alguma maneira correta. Contudo, essa admissão deixa bastante em aberto a questão relativa a se ou não uma proposição pode seguir de uma proposição diferente, que não a contém como parte de si mesma. Dado que nós obviamente podemos, por inferência dedutiva, vir a conhecer coisas que não sabíamos anteriormente, em qualquer sentido ordinário de "conhecer", devemos tratar a alegação empirista como injustificada, até que ela tenha produzido um sentido claramente definido de "implícito em" ou "contido em", que deixa espaço para aquela novidade na inferência que nós todos não podemos realmente evitar admitir. Em qualquer sentido ordinário de "conhecer", a conclusão não é, nos casos que eu mencionei, conhecida anteriormente à inferência e, dado que as premissas são e realmente devem ser conhecidas antes que conheçamos a conclusão, ela não é, portanto, em nenhum sentido ordinário de "parte", parte das premissas. ❺

...

No entanto, a concepção de que a inferência não pode gerar novas conclusões é difícil de mudar, e assim não será demais trazer ainda outros argumentos.

1. "Isso tem uma forma" admitidamente segue-se logicamente de "Isso tem um tamanho", e vice-versa. Se a concepção que eu estou criticando fosse verdadeira, "isso tem um tamanho" teria, portanto, de incluir no seu significado "isso tem uma forma", e "isso tem uma forma" também teria de incluir no seu significado "isso tem um tamanho". Contudo, isso só seria possível se as duas sentenças quisessem dizer exatamente a mesma coisa, o que elas obviamente não fazem. ❻

2. Tome um argumento como – Montreal fica ao norte de Nova York, Nova York fica ao norte de Washington, portanto Montreal fica ao norte de Washington. Se a concepção que eu estou discutindo é verdadeira, a conclusão é parte das premissas. Todavia, ela não é parte de cada uma das premissas por si mesma, pois do contrário ambas as premissas não seriam necessárias. Assim, o único modo pelo qual ela poderia ser parte de ambas as premissas juntas seria se ela fosse divisível em duas proposições, uma das quais seria parte da primeira e a outra parte da

---

❹ Isto é, tal como Salmon o coloca, todas as inferências desse tipo são não ampliativas

❺ Se a alegação de contenção simplesmente significa que a conclusão segue das premissas, nesse caso ela não consegue explicar por que isso é assim (ou como somos capazes de ver que isso é assim).

❻ Uma analogia: se o número de membros do grupo A está contido no número de membros do grupo B, e vice-versa, nesse caso os dois grupos devem ter exatamente o mesmo número de membros. Portanto, se todos os elementos incluídos no significado de uma alegação estão incluídos naquele significado da outra, e vice-versa, o conjunto total de elementos deve ser exatamente o mesmo.

segunda. Eu desafio qualquer um a dividi-la dessa maneira.
3. A proposição "Sócrates foi um filósofo" certamente acarreta a proposição "se Sócrates teve sarampo, algum filósofo teve sarampo", mas não pode ser o caso que a segunda proposição está incluída na primeira. Ora, a primeira proposição certamente não inclui a noção de sarampo.

Algo que é em realidade a mesma concepção é frequentemente expresso ao dizer-se que todas as proposições *a priori* são "analíticas". Uma distinção foi comumente feita entre proposições *analíticas*, nas quais o predicado está na noção do sujeito já formado antes que a proposição seja asserida, de modo que a proposição não oferece nenhuma nova informação, e proposições *sintéticas*, nas quais o predicado não está contido dessa maneira e que são, portanto, capazes de oferecer nova informação. Proposições analíticas são essencialmente verbais, sendo todas elas verdadeiras por definição, por exemplo, que todos os pais são somente do sexo masculino. Como exemplo de uma proposição sintética, poderíamos tomar qualquer proposição estabelecida pela experiência, tais como "estou com frio" ou "está nevando", mas os empiristas geralmente afirmam que não existem proposições *a priori* sintéticas. Que essa concepção não pode ser justificada, isso pode ser mostrado de imediato. A proposição de que não existem proposições *a priori* sintéticas, dado que ela não pode ser estabelecida por observações empíricas, seria, se justificada, ela mesma uma proposição *a priori* sintética, e não podemos afirmar como uma proposição *a priori* sintética que não existem proposições *a priori* sintéticas. ❼ Portanto, podemos descartar sem mais quaisquer argumentos a favor dessa teoria. Tais argumentos, quaisquer que sejam, teriam de envolver proposições *a priori* sintéticas...

A concepção analítica parece plausível quando estamos interessados em proposições mais simples da lógica e da aritmética, mas não devemos admitir que uma proposição é analítica pelo fato de que ela é óbvia. Ainda que possa ser muito difícil determinar precisamente onde proposições analíticas terminam e proposições sintéticas começam, não podemos usar isso como um motivo para negar as últimas. É muito difícil dizer precisamente onde o azul termina e o verde começa, visto que os diferentes tons incorrem um no outro imperceptivelmente, mas não podemos argumentar, portanto, que todo azul é realmente verde. Tomando a aritmética, mesmo que haja um bom montante de plausibilidade em dizer que 2 + 2 está incluído no significado de "4", não há nenhum em dizer 95 – 91 ou > 216 > ÷ 2 – (> 287 + 25) > ÷ 3 estão incluídos dessa maneira. ❽ Contudo, se a visão analítica fosse verdadeira, todas as infinitas combinações numéricas que pudessem ser vistas *a priori* como sendo iguais a 4 teriam de estar incluídas no significado de "4".

...

As pessoas inclinaram-se a negar proposições *a priori* sintéticas porque não puderam ver como uma característica poderia necessariamente envolver a outra, mas a afirmação de que isso não poderia acontecer seria ela mesma uma proposição metafísica *a priori* sintética. As pessoas também pensaram que era necessário dar algum tipo de explicação de um conhecimento *a priori* e não conseguiram ver como isso poderia ser feito exceto em termos de linguagem. Quanto a isso, eu deveria replicar que não há nenhuma razão para supor que um conhecimento *a priori* requer alguma explicação especial, não mais do que o requer a nossa habilidade de atingir conhecimento empiricamente por observação. Por que não tomá-lo como um fato último? Os seres humanos certamente não podem explicar tudo, seja que haja, em sentido último, uma explicação para isso ou não.

...

INDUÇÃO

O principal uso de um conhecimento *a priori* é capacitar-nos a fazer inferências. Sempre que podemos fazer uma inferência de p para q, devemos saber, ou ao menos estar justificados em crer, a [inferência] hipotética "se p, então q". Para que q decorra necessariamente a partir de p, aquela proposição hipotética deve ser *a priori*; conexão necessária não é uma questão de observação empírica. Depreende-se, contudo, uma distinção

❼ Esse é um ponto ardiloso. Para pensar claramente sobre ele, você precisa restabelecer a alegação em questão para deixá-la explicitamente na forma sujeito-predicado. (Ver a Questão para Discussão 1.)

❽ Note ainda que também deveria ser alegado que o significado de cada uma dessas expressões mais complicadas está incluído naquele da outra – e, portanto, que elas também têm o mesmo significado.

importante entre dedução e indução (...) A indução, em todas as suas formas mais características, é uma questão de generalização empírica, isto é, argumentamos que, porque algo se provou verdadeiro num número de casos observados, provavelmente se provará verdadeiro em casos semelhantes que ainda não foram observados. A conclusão não é (exceto em casos muito especiais) certa, mas ela pode ser muito provável, e todas as nossas predições racionais sobre o futuro dependem de uma inferência desse tipo. A indução apresentou problemas muito sérios para lógicos e filósofos em geral. A inferência na indução com certeza não é uma questão meramente empírica: nós a utilizamos para capacitar-nos a prognosticar o futuro, mas não observamos o futuro empiricamente. A utilidade toda da indução é realmente capacitar-nos a inferir o que jamais observamos. Portanto, algum princípio *a priori* sobre o mundo é requerido, caso a indução deva ser justificada. ❾ O princípio deve ser de tal natureza a ponto de justificar-nos em supor que o que aconteceu em casos observados provavelmente ocorrerá outra vez em casos inobservados; contudo, os lógicos certamente não se depararam com um princípio que é tanto autoevidente quanto adequado para justificar a inferência indutiva. Aquele que mais comumente foi posto à frente como suprindo o que se precisa é o princípio de que toda mudança tem uma causa, mas seria muito contestado hoje em dia se isso era ou necessário ou suficiente para justificar a indução. O próprio significado de "causa" também é um assunto sobre o qual há muitas concepções variantes. Assim, a justificação da indução é um dos piores problemas em lógica. O fato de que devemos fazer uso da indução se queremos ter qualquer ciência é uma prova de que a ciência não pode ser meramente empírica (mesmo onde ela não faz uso da matemática), mas não podemos dizer que a conclusão de uma inferência indutiva segue-se das suas premissas com a mesma necessidade como segue a conclusão de uma inferência dedutiva.

A maior parte das proposições que chamamos de empíricas não é justificada por mera observação, mas por observação junto com indução. Isso se aplica a todas as conclusões da ciência, porque essas jamais são afirmações de fatos singulares observados, mas generalizações sobre o que normalmente acontece ou inferências a partir de tais generalizações. Isso se aplica também a todos os nossos juízos sobre objetos físicos, pois sempre lemos mais do que é realmente observado, e a única justificação para o que lemos deve ser encontrada na indução (isto é, admitimos que os objetos terão, além das características que realmente observamos no momento, aquelas características que observamos no passado em objetos semelhantes, por exemplo, que o gelo que vemos é frio, muito embora não estejamos sentindo o frio). Isso não significa que, sempre que observamos, estamos conscientemente fazendo inferências. Contudo, podemos falar de "inferências implícitas", no sentido de que, sem fazer inferências conscientes, mantemos crenças na força de experiências que poderiam ser usadas como premissas para justificar as crenças por inferências explícitas.

INTUIÇÃO

Uma pressuposição necessária da inferência, ainda que nem sempre reconhecida, é a intuição. Para argumentar validamente – A∴B∴C –, devemos ver uma conexão entre A e B e uma conexão entre B e C. ❿ Mas como sabemos que aquela conexão é realmente válida? Podemos ser capazes de interpolar outros termos, D e E, e dizer A, ∴D, ∴B, ∴E, ∴C, mas obviamente não podemos continuar dessa maneira *ad infinitum*. Mais cedo ou mais tarde, devemos chegar a um ponto em que vemos imediatamente que há uma conexão, mas não podemos *provar* que isso é assim. Quando vemos imediatamente algo como sendo verdadeiro de outro modo que por observá-lo empiricamente, considera-se que temos uma *intuição*. ⓫ Sem dúvida, intuições aparentes frequentemente devem ser explicadas como inferências realmente implícitas ou suprimidas, mas o argumento que recém oferecí mostra que isso não pode ser assim com todos os casos de intuição. Mesmo quando tornamos explícitos todos os passos omitidos, o ponto lógico permanece sendo que, para ser possível inferir qualquer proposição de qualquer outra, devemos ver a conexão entre elas, e essa conexão não pode sempre ser provada pela interpolação de novas pro-

---

❾ Há um argumento implícito aqui: se um argumento indutivo oferece uma boa razão ou justificação para pensar que a sua conclusão é verdadeira, então, dado que a transição da evidência indutiva para a conclusão não pode ser justificada por motivos empíricos ou de experiência (uma vez que não observamos o futuro), essa justificação deve ser *a priori*. Salmon negaria essa conclusão, mas pode ele fazê-lo sem reconhecer que a conclusão de um argumento indutivo não é, no final das contas, realmente justificada?

❿ O símbolo ∴ significa "portanto".

⓫ O que Ewing está descrevendo aqui é uma intuição *a priori*, algumas vezes referida como uma percepção *a priori*. (Isso não é intuição no sentido de um pressentimento ou uma premonição.) Os empiristas tipicamente negam que haja algo desse tipo.

posições; contudo, ela tem de ser conhecida, de algum modo. Pode-se dizer que a conexão é derivada das leis fundamentais da lógica, mas as próprias leis são conhecidas intuitivamente. Ademais, antes que possamos ver a sua validade em abstrato, devemos ter visto a sua validade em casos particulares. Todos nós fizemos uso de silogismos antes que soubéssemos qualquer coisa sobre as regras de inferência silogística. Isso se deu porque podíamos ver que uma conclusão seguia-se das suas premissas, sem conhecer o princípio geral na base do qual ela se seguia, tal como podemos mover os nossos braços efetivamente, em modos intencionais definidos, sem conhecer as leis da fisiologia que governam os nossos movimentos ou as leis da física que fazem dos movimentos selecionados os mais efetivos para o nosso propósito prático. O mesmo se aplica se a conexão é tal que faz com que a conclusão, dadas as premissas, siga-se com certeza, ou se ela é, como na maior parte dos argumentos indutivos, tal que as premissas tornam a conclusão somente provável. Porém, embora os lógicos facilmente concordem sobre os princípios gerais que governam a dedução, e possamos vê-los como sendo completamente autoevidentes, nada disso é o caso no que diz respeito aos princípios gerais que governam a indução. Contudo, ainda que nem o homem comum nem mesmo o lógico tenham clareza quanto às leis fundamentais subjacentes ao processo, podemos ver, em casos particulares de indução, que a verdade das premissas torna provável a verdade da conclusão, tal como podemos ver que a verdade das premissas torna a verdade da conclusão certa em casos particulares de dedução. ⓬

A "intuição" como fonte de conhecimento ou de crença justificada é frequentemente afastada com desprezo, mas o argumento que eu ofereci, de qualquer maneira, mostra que, se deve haver quaisquer inferências válidas, deve haver algumas intuições.

...

O principal argumento daqueles que atacam a noção de intuição é que intuições aparentes estão sujeitas a conflitar umas com as outras, e não há então meios de decidir qual é correta. ⓭

No entanto, isso é um equívoco; podemos de fato testá-las de várias maneiras. Podemos considerar se elas são capazes de qualquer afirmação clara e internamente consistente. Podemos perguntar se elas se encaixam num sistema coerente com o restante das nossas crenças bem-estabelecidas. Podemos também perguntar se intuições do mesmo tipo foram confirmadas no passado. Podemos perguntar se uma intuição fica de pé ou cai por si mesma, ou é uma pressuposição de um número total de outras crenças que não podemos deixar de manter, assim como alguma intuição (ainda que confusa) da ocorrência da causação ou da uniformidade da natureza parece ser uma pressuposição necessária de todas as crenças indutivas. Podemos considerar a plausibilidade de oferecer uma explicação alternativa da crença intuitiva. O resultado pode ser, então, negativo ou positivo. Pode ser que a nossa intuição aparente desaparecerá quando pensarmos na explicação, e nesse caso a última é provavelmente uma explicação correta, ao menos quanto ao motivo pelo qual *nós* mantivemos a crença. Ou pode ser que a intuição persistirá inabalada, caso no qual a explicação é provavelmente no mínimo inadequada. Podemos, além disso, considerar se a intuição se repete quando considerada em contextos diferentes e humores diferentes ou com diferentes exemplos.

Assim, quando duas pessoas têm intuições conflitantes, não precisamos supor que há simplesmente uma diferença irredutível da faculdade intuitiva entre elas e que não há nada mais a ser feito sobre isso. Podem muito bem estar disponíveis argumentos que, sem provar estritamente que um ou outro dos lados está errado, põem um disputante numa posição em que pode ver melhor por si mesmo se ele está certo ou errado, ou pelo menos parcialmente confirmar ou lançar dúvida sobre a verdade da sua concepção. Em geral, quanto mais claros nos fizermos sobre um assunto por pensamento inferencial, analisando os diferentes fatores envolvidos e esclarecendo a nossa terminologia, mais provavelmente podemos ter intuições corretas sobre a matéria se tais intuições estão de alguma forma disponíveis. Mais uma vez, confusões intelectuais que foram responsáveis pela verdade da crença em questão podem ser reveladas. Assim, pois, uma pessoa que realmente vê que A é B pode confundir B com C e pensará, então, que vê intuitivamente que A é C. Alguns conflitos desse

---

⓬ **R** Ewing está dizendo que argumentos indutivos particulares podem ser vistos *a priori* como sendo racionalmente cogentes, mesmo que não possamos afirmar um princípio geral em relação ao qual eles são assim. (Ver a Questão para Discussão 3.)

⓭ Essa é uma objeção habitual à intuição *a priori*.

tipo podem ser causados simplesmente ou principalmente por ambiguidades de terminologia ou pela anexação de significados diferentes à mesma palavra. E, naturalmente, não precisamos negar que diferenças de intuição podem, às vezes, ser devidas, de um lado, ou mesmo de ambos, ao "pensamento ilusório"* ou ao tipo de causa que é assunto do psicanalista (ou de um paciente e diplomático amigo) remover (...) Não podemos, naturalmente, resolver dessa maneira todas as disputas, mas tampouco podemos, na prática, resolver todas as disputas em ciência. O máximo que podemos dizer é que elas são, em princípio, solucionáveis, ainda que possamos não ter a habilidade para atingir o modo certo de solucionar uma disputa particular. Semelhantemente, não há razão para crer que conflitos entre intuições rivais não seriam todos capazes de uma solução, se esses métodos fossem aplicados corretamente e com boa vontade de ambos os lados, ainda que de fato não possamos aplicá-los assim.^{25} **(14)** ...

> **(14)** A resposta de Ewing é que existem muitas maneiras de tentar resolver a disputa entre intuições opostas, muito embora nenhuma dessas tenha garantia de ser bem-sucedida. (Tente pensar em como essas intuições funcionariam em casos particulares).

Questões para Discussão

1. Como a alegação de que não existem verdades *a priori* sintéticas – isto é, de que nenhuma proposição sintética é capaz de estar justificada *a priori* – poderia ser restabelecida na forma "todos os As são Bs"? Uma tentativa, embora um pouco desajeitada, seria "todas as proposições sintéticas são proposições incapazes de ser justificadas *a priori*". O predicado dessa alegação está incluído no seu sujeito de algum modo claro ou óbvio? Há qualquer modo em que a sua verdade pode ser vista seguir-se das definições dos termos envolvidos? Admita-se que "sintético" é definido como "não analítico".

2. É $5 + 7 = 12$ conhecível *a priori*? Se esse é o caso, é uma proposição analítica ou sintética (tal como Kant define esses conceitos – ver o Apêndice da introdução a este capítulo)? Aqui, é importante abordar a questão com um foco bem claro: a questão não é meramente se a alegação é tal que qualquer um que a entende pode ver que ela é verdadeira. Trata-se antes se *o modo* em que ela é vista como verdadeira é por analisar o conceito de $7 + 5$ e por encontrar 12 como estando *contido* nele, assim como *não casado* está contido em *solteiro*. Uma outra maneira de colocar essa questão: a negação de $7 + 5 = 12$ é uma contradição tal como a alegação de que alguns bacharéis são casados o é? Ela é falsa e de fato necessariamente falsa, mas é ela contraditória em si mesma – sem introduzir outros princípios ou axiomas matemáticos? (Essa é uma questão difícil.)

3. $18.697 + 23.849 = 42.546$ é uma proposição analítica ou sintética? Sem dúvida, a maior parte das pessoas consegue entender o conceito de *a soma de 18.697 e 23.849*, sem, com isso, saber que ele tem a propriedade de *ser igual a 42.546*, de um modo em que não poderiam entender o conceito de *solteiro*, sem, com isso, saber que a propriedade de *não casado* está contida nele. Isso mostra que a alegação é sintética? Por que sim ou por que não?

4. Considere a alegação de que nada pode ser totalmente vermelho e totalmente verde ao mesmo tempo. Essa alegação é conhecível *a priori*? Ela é analítica ou sintética? Essa alegação não é claramente da forma sujeito-predicado tal como ela se apresenta, mas se trata de uma reformulação de certo modo complicada, que é da forma sujeito-predicado e é paralela a "todos os solteiros são não casados": todas as coisas que são totalmente vermelhas em dado momento têm a propriedade de não ser totalmente verdes naquele mesmo momento. O predicado dessa alegação está incluído no seu sujeito – o que equivale a perguntar se não ser verde está incluído em vermelho? (Uma questão relevante aqui: alguém poderia entender o conceito de vermelho sem ainda ter aprendido o conceito de verde?)

5. Pense num exemplo atual de raciocínio indutivo, um caso em que existiram muitas observações de As que são Bs sob con-

---

* N. de T. Cf., no original, a expressão *wishful thinking*, que melhor descreve aquele pensamento que expressa o que desejamos ou desejaríamos que fosse o caso.

^{25} Semelhantemente, a frase "está contido em" é algumas vezes usada apenas como significando "segue-se de" ou "é implicado por" e não precisa conotar que a conclusão é realmente parte das premissas, como seria o caso no significado literal de "contido".

dições e circunstâncias variadas e nenhuma observação de As que não são Bs e em que se infira que todos os As são Bs. Quão plausível é que tenhamos uma indução *a priori* (ou pelo menos uma "intuição ostensiva") de que a conclusão do argumento é provavelmente verdadeira – de que as premissas do argumento dão suporte à conclusão de um modo análogo àquele que ocorre num argumento dedutivo?

Diálogo Conclusivo sobre o Problema da Indução

— Aqui, mais uma vez, temos um problema que muitas pessoas têm dificuldade de levar a sério – talvez esse seja um traço da maior parte das questões epistemológicas. De novo, simplesmente parece tão *óbvio* que o raciocínio indutivo é justificado que ele de fato faz com que as suas conclusões sejam provavelmente verdadeiras, mesmo que não garantidas. Até mesmo Hume, que desafiou se esse é realmente o caso, admitiu que não podia evitar acreditar nele, tão logo deixasse o seu estudo e saísse para o mundo.

— Porém, uma vez mais, como você sabe, o problema é explicar *como* e *por que* o raciocínio indutivo é justificado – por que argumentos indutivos são genuinamente cogentes. Duvido se alguém, no seu íntimo, realmente duvide que eles o sejam. Mas esse fato ainda não constitui uma solução ao problema filosófico.

— Então, quais são as possibilidades aqui? Salmon favorece a solução "pragmática" de Reichenbach (o seu número 8), embora admita que existem alguns sérios problemas sobre ela que ainda têm de ser solucionados. Ewing favorece uma solução *a priori* (o número 4 de Salmon) – mas não posso deixar de apontar para o fato de que um grande número de pessoas considera isso irremediável, um não começo (o que vem a ser, muito claramente, a concepção de Salmon). E, então, há a solução em termos de "linguagem ordinária", que Salmon explica e contra a qual argumenta (o seu número 7). Esses realmente me parecem ser os únicos candidatos significativos. Apelos a um Princípio de Uniformidade somente fazem sentido como versões de uma solução *a priori*, que é a maneira como Salmon os vê (o seu número 5).

— Creio que você está basicamente certo sobre o fato de essas serem as principais alternativas. Contudo, suponho que deveríamos ao menos mencionar a chamada "justificação indutiva da indução" (o número 1 de Salmon). Isso parece, tal como ele argumenta, obviamente circular ou incorrer em petição de princípio, porque faz uso do mesmo tipo de argumento cuja justificação está em questão para tentar mostrar que argumentos daquele tipo são justificados. No entanto, as pessoas foram, agora e então, tentadas por essa ideia. Penso que isso se deve ao fato de que o raciocínio indutivo realmente parece, sim, intuitivamente cogente, de tal modo que *qualquer* argumento que o empregue parece cogente também – até mesmo a defesa indutiva da indução. Porém, a coisa a ser dita, creio, é que mesmo se tal argumento é de fato cogente – de maneira que ele, de certo modo, realmente oferece uma boa razão para pensar que as conclusões de argumentos indutivos são provavelmente verdadeiras – oferecer esse argumento não faz nada para *explicar* por que qualquer argumento indutivo – *incluindo esse argumento* – é cogente. Portanto, ele não fala em realidade à questão principal.

— Certo. O que queremos é um relato perspícuo de por que o raciocínio indutivo é justificado, não só um argumento que pressupõe – mesmo se corretamente – que ele o é. Assim, o que dizer sobre a concepção de Reichenbach? Salmon aponta para um problema: que o mesmo tipo de defesa funcionaria para um grande número de outras regras de inferência a partir de instâncias observadas para conclusões gerais. Isso, tal como eu o entendo, é um ponto técnico bastante complicado. As outras regras em questão são todas regras bastante elaboradas, que gerarão um resultado muito próximo àquele gerado pela regra indutiva com o passar do tempo – à medida que o número de casos observados torna-se muito grande (esse é o motivo pelo qual elas também serão bem-sucedidas, se o sucesso é possível). Contudo, elas podem dar suporte a resultados que se desviarão de forma muito ampla da conclusão indutiva costumeira a curto prazo – com um pequeno número de casos.

Sim, essa é a ideia básica. Você só precisa de uma regra que "corrija" ou "ajuste" a conclusão indutiva, de maneira que diminuirá a zero, à medida que o número de casos torne-se muito amplo, a longo prazo, mas cuja correção pode ainda ser muito substancial a curto prazo. E a razão por que esse problema é realmente muito sério é que qualquer uso atual da indução sempre será a curto prazo em relação a pelo menos algumas dessas regras, de modo que alguma regra alternativa que é *igualmente* justificada sob os motivos de Reichenbach poderia gerar mais ou menos qualquer outra conclusão que você queira sobre a proporção de As que são Bs.

Isso não é nada bom! Mas Reichenbach ainda pode dizer – ele pode? – que, se raciocinamos indutivamente, estamos seguindo uma regra que tem a garantia de ser bem-sucedida, eventualmente ao descobrir a verdadeira regularidade na natureza, se há uma a ser descoberta, mesmo que somente no prazo infinitamente longo. Por que isso ainda não é pelo menos *alguma* justificação para raciocinar daquele modo, embora não saibamos bem o que dizer sobre essas outras regras idealizadas (regras que ninguém realmente leva a sério, de qualquer modo)?

Infelizmente, há um outro problema espreitando aqui que me parece ainda mais sério. Reichenbach diz que a indução será bem-sucedida em encontrar uma regularidade na natureza *se* há ali alguma a ser encontrada. No entanto, ele de fato está *admitindo* que a evidência indutiva em qualquer caso particular, não importa o quanto dela possa haver ou o quão completamente sem exceções ela possa ser, ainda não nos oferece nenhuma razão para pensar que há, de fato, uma regularidade na natureza. E isso equivale a admitir que tal evidência não nos dá *nenhuma razão* para pensar que a conclusão do argumento indutivo correspondente, o qual obviamente afirma que há tal regularidade, é verdadeira. A sua concepção pode ainda gerar alguma espécie de justificação – indução é melhor do que adivinhação ao acaso, a qual provavelmente não será bem-sucedida, mesmo que haja uma regularidade –, mas não o tipo de justificação que é necessária para o *conhecimento*: uma razão para pensar que a alegação ou a crença em questão é *verdadeira*.

É realmente difícil acreditar que conclusões indutivas, e todas as demais reivindicações tecnológicas e científicas que, em última instância, dependem delas, não têm mais justificação do que isso. O que dizer sobre a justificação em termos de "linguagem ordinária"? Será que ela é melhor do que Salmon pensa?

Infelizmente, Salmon parece ter razão sobre essa justificação. Pode ser verdade que, em contextos ordinários, o que temos sobretudo em mente – e nesse sentido pretendemos exprimir – falando de "boa evidência" é a evidência indutiva. Certamente, essa é uma interpretação plausível do que alguém poderia pretender ao perguntar se há boa evidência para, digamos, a concepção de que tomar vitamina C evitará resfriados ou tipos semelhantes de reivindicações. Porém, o que realmente queremos dizer *em última análise*, no sentido mais estrito, por "boa evidência" é precisamente a evidência que *genuinamente* mostra que a alegação em questão provavelmente é verdadeira, e o fato de que habitualmente cremos e até mesmo temos por certo que a evidência indutiva faz isso não estabelece que ela realmente o faça.

Entendo. Se "boa evidência" é simplesmente tudo o que o senso comum considera como bom, então a evidência indutiva certamente se qualifica. Contudo, se tomamos "boa evidência" como significando a evidência que realmente *é* boa no sentido de mostrar genuinamente que são verdadeiras as conclusões às quais se entende que ela dá suporte, nesse caso o que o senso comum pensa é irrelevante – ou ao menos há simplesmente o mesmo problema por toda parte de novo, isto é, de tentar dizer por que o senso comum está correto em pensar o que ele pensa.

Sim. A solução em termos de "linguagem ordinária" é realmente só um apelo disfarçado ao senso comum e, assim (como todos os apelos nesse sentido), fracassa em dirigir-se à questão *filosófica* subjacente. Aqui, como alhures, o senso comum pode, é claro, estar certo, mas queremos entender *por que* ele está certo – e, naturalmente, a resposta não pode ser que ele está certo porque está em concordância com o senso comum, ou seja, com ele mesmo.

Assim, se tudo isso, até o momento, é correto, parece que somos deixados somente com a solução *a priori* como uma possibilidade. Sei que você tem simpatia por essa concepção, mas preciso de uma explicação melhor de como e por que supõe-se que ela funciona. Certamente, a discussão dela feita por Ewing não nos leva muito longe. Se não podemos articular qualquer tipo de princípio geral, nesse caso simplesmente dizer que as inferências indutivas são justificadas de acordo com uma intuição *a priori* assemelha-se a nada mais do que dizer que estamos certos de que elas são *de algum modo* justificadas e que não vemos como a justificação possa ser qualquer coisa senão *a priori*, mas que realmente não temos nenhuma ideia de como ela realmente se dá. Por certo, isso não ajuda muito com relação ao problema!

Tenho de concordar que a abordagem de Ewing da solução *a priori* não é muito iluminadora nesse particular. Apesar disso, creio que ele ainda está estabelecendo um ponto muito importante. Suponha que concordamos (como devemos) que a evidência empírica reunida na premissa indutiva não contém em e de si mesma a conclusão mais geral – isto é, que a conclusão genuinamente vai além da evidência (de maneira que a evidência é, como Salmon afirma, "ampliativa"). Suponha também que pensamos que as inferências indutivas realmente estabelecem que as suas conclusões são provavelmente verdadeiras – e nós todos pensamos isso, afinal de contas. Nesse caso, a alegação *hipotética* que diz que, se a premissa de tal argumento é verdadeira, *então* a conclusão é provavelmente verdadeira, devendo ela mesma ser justificada de algum modo. E dizer que ela não está justificada empiricamente (porque a evidência empírica estabelece apenas a parte do "se") parece deixar *somente* a justificação *a priori* como uma possibilidade. Esse é um resultado significativo, porque tantos (como Salmon) quiseram rejeitá-lo, mesmo ainda parecendo dizer que a indução é, não obstante isso, justificada. Se Ewing tem razão, essa simplesmente não é uma posição sustentável.

Mas, mesmo se você e Ewing estão certos sobre isso (e eu admito que não consigo ver nenhum caminho em torno disso), isso ainda não nos leva muito longe. Não estão as verdades *a priori* sendo supostas como racionalmente autoevidentes ou algo nesse sentido? E se há uma verdade autoevidente geral aqui, não deveríamos ser capazes de dizer qual ela é? O apelo de Ewing à cogência intuitiva de argumentos individuais simplesmente não é satisfatório – ele não pode estar dizendo que elas são, cada uma, justificadas *a priori*, de um modo que é independente de todas as outras, o que seria o único modo de evitar a exigência por um princípio geral ou, pelo menos, alguma espécie de fundamento geral.

Concordo que, se a solução *a priori* está certa, então deve haver um princípio ou uma razão geral a ser encontrada. O lugar para se olhar, eu creio (embora não possamos nos adentrar muito nisso neste momento), é a regularidade *repetida* que está envolvida na evidência indutiva – algo que Hume, em certo ponto, alega que não tem nenhuma relevância racional. A questão a perguntar, e creio que ela é uma questão óbvia, é *por que* esse padrão geral de evidência persiste: qual é a melhor *explicação* para essa persistência. A razão fundamental subjacente para o raciocínio indutivo pode ser então que, em geral e na ausência de razões específicas para o contrário, a melhor explicação de tal padrão de evidência é que ele corresponde a e é produzido por uma regularidade objetiva na natureza – o que significaria, portanto, que a conclusão indutiva é verdadeira.

Isso está indo um pouco rápido demais. Posso concordar que, se o padrão de evidência é bastante extenso, nesse caso é muito improvável que ele seja devido ao acaso – o que significa dizer que *alguma* explicação se faz necessária. Mas por que deveríamos pensar que a explicação em termos de regularidade objetiva é a melhor nos casos em que essa significa a regularidade que é o mais provavelmente verdadeira?

Concordo que um nível muito maior de elaboração se faz necessário. Essa seria uma longa história, e realmente não temos tempo para ela aqui. Todavia, o modo de pensar sobre ela é tentar pensar em *outras* explicações possíveis para um padrão persistente de evidência desse tipo e, então, tentar encontrar razões pelos quais elas são menos prováveis – ou talvez mais prováveis – do que a explicação em termos de regularidade objetiva. Divirta-se com isso!

3

MENTES E CORPOS

As seleções de leitura neste capítulo pertencem à área da filosofia conhecida como filosofia da mente e giram em torno do problema central dessa área: o problema mente/corpo – uma questão que o filósofo alemão Arthur Schopenhauer descreveu, por sua centralidade e dificuldade, como "o nó do mundo". Os filósofos tentam desatar esse nó esclarecendo a natureza da mente e a relação entre *mentes* e estados mentais (ou espirituais), de um lado, e *corpos* físicos e seus estados físicos ou materiais, de outro.

AS MENTES E OS ESTADOS MENTAIS SÃO DISTINTOS DOS CORPOS OU ESTADOS MATERIAIS ?

É bastante óbvio que as pessoas têm estados mentais conscientes, incluindo não apenas sensações e sentimentos de vários tipos, como também crenças, desejos e emoções conscientes; e se a mente é aquilo *em relação ao qual* esses vários estados ocorrem, então é também óbvio que as pessoas têm mentes. Ao mesmo tempo, é igualmente óbvio que as pessoas têm corpos físicos, incluindo, em especial, seus cérebros, que envolvem vários tipos de estados e processos físicos. A questão fundamental da qual tratam as seleções de leitura neste capítulo é a relação entre estes dois aspectos das pessoas: será que as mentes e os estados mentais são distintos dos corpos ou estados materiais ou corporais (como o **dualismo** afirma), sendo que as pessoas seriam constituídas de dois tipos fundamentalmente diferentes de ingredientes? Ou será que, de algum modo, as mentes e os estados mentais são apenas, ou são **redutíveis** a, corpos e estados materiais (como o **materialismo** afirma)? Apesar da tendência recente de se admitir que o cérebro é central para a atividade mental e mesmo talvez de ser identificado com a mente, na verdade, a conexão entre esses dois aspectos básicos das pessoas está longe de ser óbvio.

Ao pensar sobre essas visões, será útil ter disponível um exemplo simples que envolva estados tanto mentais quanto materiais. Suponha que eu saia pela porta da frente e pare na metade do caminho em direção ao meu carro, pois percebo que está frio e úmido, que há nuvens escuras e que o vento parece estar aumentando; eu decido que provavelmente irá chover e esfriar, de modo que eu volto para casa para buscar um casaco e um guarda-chuva; tendo feito isso, vou ao carro novamente. Aqui temos vários estados mentais: *sensações* de frio, umidade, escuridão e tempo ventoso; *crenças* perceptivas sobre tudo isso e ainda a crença de que vai chover e esfriar; e supostamente um *desejo* de não me molhar ou sentir frio. Há também vários estados físicos ou materiais: além da condição física do meu ambiente, há o *comportamento* físico do meu corpo andando, parando, virando a cabeça e andando outra vez, juntamente com a condição física do meu corpo e dos vários órgãos sensoriais: o frio e a umidade da minha pele, as ondas de luz atingindo meus olhos, e assim por diante.

Dualismo

De acordo com a visão dualista, os estados mentais envolvidos nesse exemplo são bem distintos dos estados físicos ou materiais. A motivação inicial do dualismo é a constatação, que apenas um grupo de filósofos (os behavioristas lógicos – a ser discutido) chegou a negar, de que os estados mentais conscientes não *parecem*, na medida em que somos conscientes deles, ser estados do cérebro ou de nenhum tipo de estado físico. Pense agora na minha sensação de frio ou na crença consciente de que irá chover e esfriar; se esses estados mentais são apenas estados cerebrais (como afirmam J.J.C. Smart e Jerry Fodor, entre outros, embora de maneiras bem diferentes), isso certamente não é óbvio apenas ao se refletir sobre eles. (Uma maneira de ver isso é se dar conta de que eles não se apresentam como estados cerebrais *específicos*: nem mesmo os defensores do materialismo afirmariam que alguém poderia dizer, apenas refletindo sobre a aparência consciente de tal estado, qual estado ou processo neurofisiológico ele é.) Esse fato, por si mesmo, cria um caso *prima facie* em favor do dualismo – um caso que, paradoxalmente, baseia-se não no entendimento real dos estados dualistas não materiais, ou de como seria esse estado, mas sim num conhecimento bastante detalhado dos estados *materiais* e, em consequência, de como *eles* deveriam ser. Além disso, como veremos, os filósofos muitas vezes afirmaram que há mais argumentos específicos que mostram, aparentemente, que os estados mentais não podem ser idênticos aos estados físicos de nenhum tipo e, assim, dão ainda mais suporte à abordagem dualista das mentes e dos estados mentais.

Há várias versões do dualismo e elas diferem entre si em importantes aspectos. Na versão mais direta e historicamente proeminente, os estados mentais são estados de uma coisa ou entidade ou **substância**: a mente; já os estados físicos ou materiais são estados de uma coisa, ou entidade, ou substância separada: o corpo. Assim, um ser humano é, de fato, um tipo de parelha composta de dois elementos separados, operando (ou aparentemente operando) em conjunto. Essa era a visão de René Descartes (ver a seleção das *Meditações* no Capítulo 2, especialmente p. 88, 90) e também parece ser a versão do dualismo que John Foster tem em mente na seleção imediatamente seguinte a esta introdução. Contudo, muitos dos mais recentes defensores do dualismo, tais como Frank Jackson e David Chalmers, optaram, em vez disso, por uma versão do dualismo de **atributo** ou propriedade (a principal razão são as dúvidas sobre se há uma concepção clara do que seria uma *substância* mental ou espiritual como distinta de seus estados e propriedades). O dualismo de atributo é a visão segundo a qual há dois tipos fundamentalmente diferentes de atributos, ou propriedades, ou características: os atributos mentais ou espirituais e os materiais ou físicos, mas todos eles são atributos da mesma coisa ou substância subjacente. Essa substância é aquilo a que nos referimos como corpo (ou mais provavelmente uma parte do corpo, a saber, o cérebro); porém, nessa visão, a substância em questão não é nem puramente material nem puramente mental, uma vez que possui ambas as propriedades. (A importância mais óbvia da diferença entre o dualismo de substância e o de atributo é que a sobrevivência de uma pessoa após a morte de seu corpo parece pelo menos possível sob o dualismo de substância, mas não sob o dualismo de atributo.)

Uma segunda questão que divide diferentes versões do dualismo diz respeito às relações *causais* que existem (se é que existem) entre a mente e o corpo. Aqui a visão do senso comum é a do **interacionismo**: a visão de que os estados mentais influenciam causalmente os estados físicos e de que os estados físicos influenciam causalmente os estados mentais. Pense novamente no nosso exemplo e, em particular, na explicação natural do meu comportamento. Aqui *parece* que temos tanto a causação dos estados mentais pelos materiais quanto a causação dos estados materiais pelos estados mentais: os estados materiais do frio, do céu nublado e do vento afetam causalmente meus órgãos sensoriais corporais que, por seu turno, produzem sensações que refletem essas condições e então as crenças de que elas existem. Essas crenças, junto com meu desejo permanente de não estar com frio ou molhado, produz o estado mental posterior de decidir voltar e pegar meu casaco e guarda-chuva. E essa decisão (ou talvez uma intenção – um estado mental posterior – que dela resulta), por seu turno, leva meu corpo material a fazer os movimentos específicos que faço enquanto caminho de volta, para dentro de casa e, então, para fora novamente em direção ao carro. Há muitos outros exemplos similares que também ilustrariam nossa suposição comum de que nossas mentes afetam nossos corpos e de que nossos corpos afetam nossas mentes.

Alguns dualistas aceitam, sem maiores problemas, a visão de que a mente e o corpo interagem causalmente dessa maneira. Foster defende tal visão e, assim, tem de explicar como coisas imateriais e materiais podem interagir causalmente. Mas outros dualistas, juntamente com muitos materialistas (ver a discussão na seleção de Fodor), questionam se as relações causais entre esses tipos fundamentalmente diferentes de coisas são possíveis ou mesmo inteligíveis. Alguns dualistas pensam que a visão de que os estados mentais influenciam causalmente o mundo material – tornando, assim, impossível, a princípio, explicar de forma adequada todos os eventos materiais em termos somente de outros eventos materiais – é especialmente implausível, levando-os a adotar a visão de que as relações causais entre corpo e mente são apenas unidirecionais: enquanto os estados corporais podem afetar causalmente ou mesmo produzir inteiramente os estados mentais, estes não podem afetar causalmente os estados físicos. Essa visão, chamada de **epifenomenalismo**, não pode aceitar a explicação do senso comum acerca do meu comportamento no exemplo, uma vez que tal explicação depende das relações causais em ambas as direções. Surpreendentemente, o epifenomenalismo, com exceção de seu desacordo acerca de um aspecto fundamental da visão do senso comum, é provavelmente a versão mais popular de dualismo em tempos recentes; Foster, contudo, argumenta contra ela.

Um terceiro tipo de dualismo, certa vez popular, mas hoje raramente sustentado, é o **paralelismo**: a visão de que não há relações causais *de nenhum* modo – de que o domínio mental está causalmente isolado do domínio físico. Um paralelista obviamente tem de encontrar alguma explicação para a *aparência* da interação causal (como no exemplo anterior), e historicamente os defensores dessa visão recorreram a Deus para esse propósito: ou Deus cria os domínios mental e material de tal modo que eles funcionem paralelamente um ao outro, como dois relógios, sempre em harmonia um com outro (*harmonia preestabelecida*), ou Deus intervém constantemente para manter os dois em sincronia (*ocasionalismo*). Você não estará sozinho se concluir que é difícil levar o paralelismo a sério.[1]

A distinção entre interacionismo e epifenomenalismo é independente de, e passa por, aquela entre o dualismo de substância e o de atributo, de modo que há de fato quatro principais visões dualistas (além das duas versões de paralelismo, que seguramente podem ser deixadas de lado): as versões da substância e do atributo de cada uma das duas principais alternativas com respeito às relações causais. E, uma vez que a questão entre as versões de substância e atributo recebe bem menos atenção e nem chega a ser muito bem-entendida, a principal questão que divide as versões de dualismo é aquela entre o interacionismo e o epifenomenalismo.

Materialismo

Enquanto alguns filósofos ainda defendem o dualismo, sem dúvida a posição mais universalmente aceita hoje em dia é o materialismo (ou **fisicalismo**): a visão de que não há uma mente no sentido dualista, isto é, independente do corpo, ou que não há atributos a não ser os materiais, de modo que a mente e seus estados mentais são, em certo sentido, inteiramente **redutíveis** aos corpos e aos estados materiais.[2] Aqui novamente há várias diferentes visões.

Uma posição materialista que certa vez foi amplamente sustentada (mais ou menos na metade do século XX), mas que hoje praticamente não é mais, é o **behaviorismo lógico**: a visão extremamente implausível de que os estados mentais são apenas comportamento corporal e disposições de tal comportamento (de modo que estar com dor é apenas retrair-se e queixar-se e pedir ajuda, ou estar disposto a fazer essas coisas;

---

[1] Há uma quarta visão que é, pelo menos, logicamente possível: a mente influencia causalmente o corpo, mas o corpo não influencia causalmente a mente. Não obstante, essa possibilidade jamais foi defendida por ninguém. Veja se você consegue descobrir por quê.

[2] Isso se as mentes e os estados mentais realmente existirem. Há uma versão radical do materialismo, não representada nas seleções desta obra, que nega a própria existência de mentes e estados mentais, sustentando que elas são meramente coisas advogadas por uma má teoria do senso comum acerca do comportamento humano (mais ou menos do mesmo modo que o flogisto foi certa vez advogado por uma teoria física equivocada de como funciona a combustão). Essa visão é chamada de *materialismo eliminativo*.

e acreditar que irá chover é apenas fazer ou estar disposto a fazer coisas como levar um guarda-chuva, deliberadamente não regar a grama, e assim por diante). De acordo com o behaviorismo lógico, essa identidade entre estados mentais, de um lado, e comportamento e disposições para se comportar, de outro, é simplesmente uma questão de *definição*: o que vários conceitos de estado mental *significam* é apenas comportamento e disposições ao comportamento. Argumentos filosóficos contra o behaviorismo lógico têm salientado a possibilidade lógica de pessoas:

a) que imitam perfeitamente o comportamento, mas que não estão realmente no estado mental correspondente ("perfeitos fingidores"); ou
b) que têm experiência de estados como dor, mas que são tão estóicas e têm tanto controle sobre suas reações que não estão sequer dispostas a exibir um comportamento característico de dor (os "superespartanos").

Porém, o principal problema é que o behaviorista lógico está, de fato, negando que haja realmente estados mentais conscientes no final das contas – e também, talvez mesmo de modo mais implausível, que tais estados cheguem a causar ou explicar o comportamento da maneira que parece estar refletida em nosso exemplo. Ambas as afirmações são extremamente implausíveis (embora, lembre-se, a versão epifenomenalista do dualismo também aceite a segunda versão). Fodor discute brevemente o behaviorismo lógico (junto com outra versão do behaviorismo que simplesmente nega a necessidade de recorrer aos estados mentais em explicações dadas de comportamento, sem negar explicitamente a existência de tais estados).

A segunda versão mais recente do materialismo, embora seja uma visão que não é mais amplamente sustentada, é a **teoria da identidade** (do corpo e da mente), também conhecida como *materialismo do estado central*. De acordo com essa visão, os estados e processos mentais nada mais são do que os estados e processos neurofisiológicos do cérebro. Entretanto, em contraste com o behaviorismo lógico, isso não deve ser verdadeiro por definição ou simplesmente em virtude do significado ou conteúdo vulgar dos conceitos de estados mentais, nem mesmo se reflete em nossa experiência introspectiva de tais estados. É óbvio que os *conceitos* vulgares dos vários tipos de estados mentais podem ser muito bem-entendidos sem a ideia de que os estados em questão se encontrem no cérebro ou que tenham realmente qualquer coisa a ver com cérebro;[3] e também, como mencionado antes, que os estados mentais não se apresentem introspectivamente como estados cerebrais específicos. Em vez disso, de acordo com a teoria da identidade, a identidade entre esses dois tipos de estados é uma descoberta *empírica*, análoga à descoberta empírica de que o raio (o clarão visível no céu) é idêntico a certo tipo de descarga elétrica (de novo, não uma questão de significado ou definição e também não algo óbvio apenas a partir da experiência do raio, mas a descoberta que exigiu uma investigação empírica bastante complicada – envolvendo, entre outras coisas, pessoas como Benjamin Franklin fazendo coisas como empinar pipas em temporais).

Porém, se o conteúdo dos conceitos de estados mentais não envolve processos cerebrais, então, para que a teoria da identidade seja correta, deve haver alguma outra abordagem do conteúdo de tais conceitos que seja *neutra* em relação tanto ao materialismo quanto ao dualismo na medida em que não *requer*, mas antes *permite*, que a identidade afirmada pela teoria da identidade se sustente. (Compare novamente o caso do raio: se não tivesse havido um conceito *independente* do que seja o raio – um que não fizesse referência à eletricidade –, não teria havido nenhuma ideia de um tipo de coisa ou processo que pudesse ser subsequentemente *descoberto*, de fato, como sen-

---

[3] Pense sobre este ponto: um modo útil de fazer isso é salientar que aquele que nada sabe sobre o cérebro – ou mesmo que as pessoas tenham órgãos desse tipo – pode ainda ter o mesmo entendimento dos conceitos de vários tipos de sensações, pensamentos, e assim por diante, como qualquer outra pessoa; tal pessoa, se uma visão materialista como a da teoria da identidade está correta, ignoraria um fato importante sobre os estados mentais, mas poderia ainda assim entender os conceitos de tais estados como qualquer um.

do um tipo de descarga elétrica.) Smart defende a teoria da identidade, concentrando-se principalmente nas sensações conscientes, e tenta oferecer uma abordagem neutra das propriedades mentais (sua abordagem "tópico-neutra"). Fodor também discute a teoria da identidade e alguns dos problemas que, em sua visão, apontam para mais outra visão materialista.

Essa terceira visão materialista, hoje em dia de longe a mais popular, é chamada de **funcionalismo** – embora o rótulo não seja nem um pouco claro, e você terá de trabalhar muito para entender a posição a qual ela se refere. Como a teoria da identidade, o funcionalismo não defende que os estados mentais sejam estados materiais simplesmente como uma questão do significado ou conteúdo dos conceitos mentais, nem de um modo que seja óbvio em nossa experiência mental. Em vez disso, como o teórico da identidade, o funcionalista oferece uma abordagem dos conceitos mentais – ou, do mesmo modo, da natureza essencial dos estados mentais – que é em si mesma neutra entre materialismo e dualismo, mas então acrescenta que, de fato, são certos estados materiais, especificamente estados do cérebro e do sistema nervoso central, que satisfazem ou realizam essa natureza essencial (ao menos em seres humanos).

A abordagem funcionalista dos estados mentais é um desenvolvimento da abordagem "tópico-neutra" do significado dos conceitos mentalistas de Smart e também reflete certos aspectos da visão behaviorista lógica. De acordo com essa abordagem, os estados mentais são estados *funcionais*, definidos em termos de seu *papel causal* (também chamado "papel funcional"). O que caracteriza um estado mental particular são

a) os modos particulares nos quais ele é causado por *inputs* externos (marcadamente perceptuais),
b) os modos particulares nos quais ele se relaciona causalmente com outros estados mentais específicos (através de inferência, associação psicológica, etc.) e
c) os modos específicos nos quais ele produz causalmente *outputs* comportamentais – com o alcance e a importância desses três aspectos variando de estado a estado.

Assim, por exemplo, a crença de que vai chover é um estado que

a) é causado por certos tipos distintos de experiências perceptuais (como a experiência de ver nuvens escuras, sentir o vento e escutar o trovão à distância) e, em última instância, pelos estímulos físicos que levam a tais experiências,
b) interage causalmente com outros estados mentais (como o desejo de ficar seco ou a crença de que a grama precisa de água) e
c) tende a levar (indiretamente nesse caso, *via* suas relações com outros estados mentais, tal como o desejo de ficar seco) a ações como levar um guarda-chuva ou usar uma capa de chuva.

De acordo com o funcionalista, ter a crença de que vai chover *é* apenas estar num estado que realiza esse papel causal e funcional (do qual nenhuma caracterização completa foi dada aqui) – e qualquer estado que realiza esse papel, seja um estado cerebral, seja um estado de uma mente dualista imaterial, seja um estado de ainda um outro tipo, *é* uma crença de que vai chover. E o mesmo é verdade, com as devidas modificações do papel causal, para todos os outros estados mentais – embora alguns desses três principais aspectos do papel causal sejam mais importantes para certos tipos específicos de estados mentais do que outros.[4] A seleção de Fodor oferece uma explicação e uma defesa do funcionalismo.

---

[4] A "abordagem tópico-neutra" de Smart pode ser vista como sendo, de fato, uma versão limitada da abordagem funcionalista que gira em torno dos tipos de estados – principalmente sensações – em que o componente (a) do papel causal é tão importante que os outros dois componentes importam muito pouco. Expandir a visão de Smart de modo a considerar estados em que os componentes (b) e (c) sejam mais importantes – estados como crenças e desejos – seria essencialmente transformar sua visão numa versão completa de funcionalismo. Nesse sentido, a teoria da identidade pode ser vista como um tipo de versão inicial e incompleta do funcionalismo, razão pela qual ela não é mais considerada como uma importante alternativa independente.

Resumindo esta discussão complicada até aqui, uma vez que há muitas posições que são teoricamente possíveis (algumas das quais sustentadas seriamente em tempos remotos), a discussão recente na filosofia da mente tende a se concentrar num conjunto bem pequeno de alternativas: as versões interacionista e epifenomenalista do dualismo, de um lado (com a distinção substância-atributo espreitando ao fundo), e a versão funcionalista do materialismo, de outro.

Tendo em vista que o materialismo em geral e o funcionalismo em particular devem ser preferidos por sua economia ou simplicidade, se tudo o mais for igual, a principal questão resultante é se a visão funcionalista pode explicar adequadamente os aspectos que os estados mentais parecem ter, em especial os aspectos conscientes – por meio disso explicando por que os estados que são de fato neurofisiológicos apresentariam a aparência consciente que apresentam. Como Fodor enfatiza, há dois principais aspectos dos estados mentais que são relevantes aqui: o conteúdo *intencional* e o conteúdo *qualitativo* (embora ele os liste na ordem oposta). Um estado mental é **intencional** na medida em que ele é *sobre* ou *representa* outra coisa: minha crença de que vai chover é um estado mental *sobre* o tempo e o *representa* como tendo um certo caráter específico. O problema é entender como tal representação funciona: como minha mente é capaz de alcançar e compreender o mundo dessa forma. Em contrapartida, meu estado mental de estar com dor em consequência de, por exemplo, uma distensão no tornozelo não representa nada (mesmo que seja *causada* por uma distensão no tornozelo), mas tem realmente um caráter ou sentimento qualitativo distintivo, um aspecto dos estados mentais que os filósofos chamam de *quale* (cujo plural é *qualia*) – em que parte desse caráter é o próprio fato de estar, no final das contas, *consciente*. É no mínimo obscuro o fato de que um estado meramente material possa ter esse caráter experiencial distintivo. As outras duas seções do capítulo tratam das duas questões resultantes: se o funcionalismo (ou qualquer visão materialista) pode explicar satisfatoriamente

1. o conteúdo intencional e
2. os *qualia* conscientes.

OS ESTADOS MENTAIS INTENCIONAIS SÃO ANÁLOGOS AOS ESTADOS DE UM COMPUTADOR?

Uma vez que, como Fodor argumenta, os estados do programa de um computador também são estados funcionais, um outro modo de apresentar a visão funcionalista é dizer que os estados mentais são análogos aos estados de um computador – por meio disso, levanta-se a possibilidade de que um computador qualquer também possa ser capaz de pensamento intencional. A seleção de Alan Turing apresenta um modo amplamente discutido de formular essa questão.

Se Turing é bastante otimista sobre a possibilidade de as máquinas pensarem, John Searle, escrevendo 30 anos depois, está bem certo de que as máquinas, como os computadores, cuja natureza essencial é manipular símbolos, não apenas não podem pensar hoje, como em princípio jamais poderão – e por isso essa visão funcionalista, que caracteriza os estados mentais em termos de estados parecidos com os de um computador, não pode dar conta de modo bem-sucedido da intencionalidade dos estados mentais. Searle baseia seu caso no famoso experimento imaginário do Quarto Chinês, um experimento concebido para enfatizar a diferença entre os elementos intrinsecamente significativos do pensamento humano e os símbolos intrinsecamente sem significado que os computadores manipulam. Searle insiste que o pensamento e a intencionalidade genuínas requerem significado *intrínseco*, algo que nem um programa de computador nem, mais genericamente, qualquer estado caracterizado apenas em termos do papel funcional pode produzir. Em outra seleção, Fodor, ainda confiante de que o funcionalismo pode resolver o problema da intencionalidade, objeta ao experimento imaginário do Quarto Chinês de Searle, argumentando que um tipo particular de programa com tipos particulares de *inputs* e *outputs* terá realmente pensamentos com conteúdo. Em outra seleção, Searle responde às objeções de Fodor.

O materialismo pode explicar a consciência qualitativa?

As seleções na seção final do capítulo dizem respeito a outro problema principal enfrentado pelo funcionalismo (e, de fato, tal como o problema da intencionalidade, por qualquer visão materialista): será que essa visão pode explicar o caráter qualitativo particular dos estados mentais – ou realmente a própria consciência (que é, de fato, apenas um aspecto central de qualquer tipo de caráter qualitativo)? A seleção de Thomas Nagel, que se tornou amplamente reconhecida por apresentar um desafio fundamental ao materialismo, levanta a questão, entre outras, sobre se o caráter qualitativo da experiência – especificamente a experiência de uma criatura não humana, um morcego – poderia ser conhecido com base no conhecimento de sua constituição material (incluindo a descrição funcional de seus estados). Isso é algo que talvez seja possível se a história material for, como o materialista afirma, a história completa sobre a natureza de tais seres. Frank Jackson e Laurence BonJour tratam desse ponto, transformando-o no que passou a se chamar de "argumento do conhecimento" contra o materialismo e o fisicalismo.

Uma resposta à aparente cogência do argumento do conhecimento, advogada na seleção de David Lewis, é aceitar a afirmação de que os estados mentais são inteiramente materiais ou físicos apropriados, que a abordagem física não deixa nada de fora e negar, assim, a própria existência do conteúdo qualitativo ou *qualia* (que Lewis refere como qualidades fenomenais). Uma outra resposta bem diferente seria reavaliar o dualismo e tentar resolver alguns de seus problemas. David Chalmers sugere e defende esse segundo tipo de resposta, argumentando que os filósofos devem tentar encontrar as **leis psicofísicas** que explicarão a relação entre mentes e corpos.

As mentes e os estados mentais são distintos dos corpos e dos estados materiais?

John Foster

John Foster (1941-) é professor da Universidade de Oxford. Ele tem escrito vastamente sobre metafísica e epistemologia, assim como sobre filosofia da religião e filosofia da mente. Nesta seleção, Foster defende uma versão interacionista do dualismo, respondendo a uma variedade de objeções, todas as quais criticam a possibilidade de haver relações causais entre o corpo físico e a mente não física. Ele também parece, ao menos a princípio, ter em mente o dualismo de substância. (Ao falar da *causação psicofísica*, Foster está referindo-se às relações causais entre estados mentais [psicológicos] e estados físicos.)

Como vimos (na Introdução), o fato de os estados mentais, enquanto experienciados conscientemente, não parecerem ser estados materiais cria um argumento *prima facie* em favor do dualismo. É por isso que uma defesa do dualismo pode supostamente se limitar apenas a responder a objeções.

Uma Defesa do Dualismo[5]

Por "dualismo" entendo a tese de que a mente e seus conteúdos são radicalmente não físicos, isto é, que eles não são em si mesmos físicos, nem o produto lógico de nada físico, nem, exceto causal ou nomologicamente, dependente de nada físico. ❶

Hoje em dia se admite que o dualismo foi desacreditado. Mesmo aqueles que veem problemas com as alternativas

❶ *Definição*

Dizer que estados mentais são "o produto lógico" de algo físico (supostamente os estados cerebrais) é dizer que o discurso sobre os estados mentais é apenas uma redescrição desses estados físicos. (O funcionalismo, discutido na introdução e em muitas seleções mais adiante, seria um exemplo dessa visão.) Se assim fosse, os estados mentais não teriam uma existência independente dos estados físicos relevantes – e, portanto, não poderiam tê-los causado. "Nomológico" tem a ver com as leis da natureza, de modo que Foster parece admitir que pode haver leis (supostamente leis causais) que descrevem relações entre a mente e o corpo ou entre os estados mentais e os estados corporais.

---
[5] Extraído de *The Case for Dualism*, editado por John R. Smythies e John Beloff (Charlottesville: University Press of Virginia, 1989).

❷ Se uma esfera da existência está causalmente isolada de outra, então nada numa esfera pode afetar causalmente qualquer outra coisa na outra esfera. O paralelismo (ver a Introdução) é a visão de que a esfera mental da existência é, desse modo, causalmente isolada da esfera física. (Com a expressão "um teísmo adequado", Foster refere-se às teorias sobre como Deus faz para parecer que há relações causais psicofísicas, mesmo que elas não existam – de novo, ver a Introdução.)

❸ "Necessitação objetiva" quer dizer que há um tipo que é "mais forte" de conexão entre uma causa e seu efeito do que uma mera sequência regular ou conjunção constante, isto é, que o evento causal faz o efeito acontecer de um modo mais forte. (Esta é, sem dúvida, a visão do senso comum.) Se isso fosse correto, então haveria algumas limitações específicas quanto a qual tipo de causa poderia fazer isso em relação a qualquer efeito particular. Se considerarmos que a teoria da regularidade de Hume está certa, então não haverá restrições gerais sobre qual tipo de coisa pode ser uma causa para qualquer efeito particular (ver a discussão da questão 1.)

❹ Foster sugere que as relações causais puramente físicas nunca são diretas porque tal processo é espaço-temporalmente contínuo. Pense numa linha contínua: entre dois pontos quaisquer há um outro ponto. Foster afirma que, entre uma causa física e qualquer efeito físico (não importa o quanto os dois estejam próximos espaço-temporalmente), sempre haverá passos causais intermediários. Mas este não é o caso para a relação causal supostamente direta entre um evento mental e um evento físico, ou vice-versa.

geralmente se recusam a aceitar o dualismo como solução possível. Eu acredito que ele seja correto [...] Considerarei algumas das principais objeções ao dualismo e tentarei mostrar por que elas são ineficazes.

...

É claro que não há espaço aqui para considerar todas as objeções. Algumas nada mais são que retóricas (colocaria nessa categoria objeções como "entidades não físicas são estranhas" e "postular entidades não físicas é ontologicamente extravagante")...

As objeções que considero dizem respeito, de um modo ou de outro, à abordagem do dualista da causação psicofísica – sua abordagem das relações causais entre corpo e mente. O próprio dualismo, é evidente, não implica que haja tais relações. Não há contradição em sustentar que a mente, além de ser não física, está causalmente isolada do mundo físico; e, com a ajuda de um teísmo adequado, talvez seja possível explicar por que as coisas estão empiricamente organizadas como se houvesse uma causação psicofísica, quando não há. Não quero, porém, que minha defesa do dualismo obrigue-me a aceitar tal posição excêntrica; por isso, irei supor que o paralelismo, em sua forma extrema, é insustentável e que mente e corpo estão, de fato, relacionados causalmente. **❷** Isso ainda deixa o dualismo com a escolha entre interacionismo, que considera as relações causais como ocorrendo em ambas as direções, e o epifenomenalismo, que as considera apenas do corpo para a mente. Aqui vão minhas simpatias, de novo em sintonia com o senso comum, pelo interacionista. E, consequentemente, eu me sentiria no mínimo desconfortável se houvesse algo me obrigando a escolher entre abandonar totalmente o dualismo e adotar sua versão epifenomenalista. Que eu de fato enfrente tal escolha é tema da objeção [final].

A objeção tradicional. Talvez a mais antiga objeção ao dualismo é a de que, se a mente é não física, a própria ideia da causação psicofísica – dos corpos afetando causalmente a mente ou da mente afetando causalmente o corpo – é bastante obscura, para não dizer incoerente. Como tipos tão diferentes de coisas – o físico e o não físico – podem entrar em contato causal? Como um corpo material pode ganhar acesso à mente imaterial, ou vice-versa? Contudo, colocado dessa forma, eu não posso ver qual deva ser o problema. Obviamente, a causação dualística não opera através do contato físico, como quando uma bola de bilhar desloca outra. Mas por que não poderia ser apenas da natureza das coisas que, em certas condições psicofísicas, certos tipos de eventos neurais causem certos tipos de eventos mentais, ou vice-versa? De acordo com Thomas Nagel, não podemos conceber como tal causação funcionaria. Nagel admite – e creio que corretamente, embora contrário à abordagem de Hume – que a causação envolve algum tipo de necessitação objetiva. **❸** Ele então argumenta que, de fato, na medida em que concebemos eventos mentais e físicos como radicalmente diferentes em sua natureza intrínseca, tal necessitação é incompreensível: "o que não podemos entender é *como*... o processo cerebral torna necessária a sensação". Porém, o que eu não posso entender é como surge essa questão do "como"... Tendo em vista que a causação é direta (o evento cerebral causando diretamente o evento mental, ou vice-versa), não há motivo para se ter um mecanismo interveniente. Talvez seja realmente o fato de essa causação ser direta que Nagel considere intrigante. Isso ocorre porque, no mundo físico, processos causais são, em geral, espaço-temporalmente contínuos, fornecendo, assim, um mecanismo interveniente entre uma causa e qualquer efeito subsequente. **❹** Mas não há, obviamente, nada incoerente ou problemático sobre a noção de causação direta. E se a causação é direta, não vejo em que sentido poderia haver uma questão sobre como ela opera, exceto como uma solicitação para que sejam especificadas as propriedades e... leis causalmente relevantes.

O problema dos pares causais. Enquanto a objeção tradicional à causação psicofísica dualística é totalmente malconcebida, há uma objeção mais problemática a ela e pela qual, ironicamente, eu sou o responsável. Em geral, admite-se que, se dois eventos estão causalmente relacionados, tal relação se dá em virtude do modo no qual, *via* suas propriedades e relações não causais, eles são governados por alguma lei natural. Assim, se numa ocasião particular, eu esquentar uma pla-

ca de metal e causar seu derretimento, supõe-se que o que torna isso verdadeiro é o fato de o metal ser de um certo tipo e chegar a uma certa temperatura e que se trata de uma lei da natureza (ou uma consequência de uma lei da natureza) em que, sempre que uma placa de metal desse tipo chega a essa temperatura, ela derrete. No entanto, quando aplicamos esse modelo à causação psicofísica, concebida dualisticamente, encontramos um problema. Suponha que B é o evento do cérebro de Smith estar num estado Φ no momento t e que E é um evento mental do tipo Ψ que ocorre na mente de Smith um décimo de segundo após t e como um resultado causal direto de B. ❺ Que lei psicofísica poderíamos postular para explicar esse episódio causal? Poderíamos começar postulando a lei (L_1) tal que, sempre que um cérebro estiver num certo estado Φ, um evento mental do tipo Ψ ocorrerá um décimo de segundo depois. Mas isso seria inadequado. Suponha que o cérebro de Jones também esteja num estado Φ em t, dando-nos o evento B' que é uma duplicata simultânea de B', e que isso causa na mente de Jones, um décimo de segundo depois, um evento E' do tipo Ψ que é uma duplicata simultânea de E. *Ex hypothesi*, B é a causa de E e B' é a causa de E'. Porém, a lei L_1 não explica esses pares causais. Tendo em vista que ela só especifica a relação temporal entre a causa e o efeito, ela é neutra entre esses pares e a hipótese alternativa, mas falsa, de que B é a causa de E' e B' é a causa de E. ❻ A solução óbvia é substituir L_1 pela lei mais forte (L_2) tal que, sempre que um cérebro x estiver num estado Φ, um evento mental do tipo Ψ ocorrerá um décimo de segundo depois naquela mente que x, ou o organismo contendo x, incorpora – em outras palavras, na mente do sujeito cujo cérebro é x. L_2 então produziria os únicos pares causais de B com E e de B' com E'. Mas o problema com esse fato é que, para um dualista, a própria relação de incorporação deve ser analisada, total ou parcialmente, em termos causais: pelo menos parte do que faz um cérebro particular x ser o cérebro de um sujeito particular y é que as coisas são psicofisicamente organizadas de modo a conferir a x (e somente x) a capacidade de ter uma influência causal direta em y (e somente y) e, para o interacionista, vice-versa. Seria circular explicar essa organização por meio de leis como L_2 e, devido ao problema original, impossível de se explicar isso por meio de leis como L_1.
❼ Em vista disso, poderia parecer que a solução correta é abandonar o dualismo. Isso ocorre porque, se identificamos os eventos mentais com os eventos neurais, poderíamos imaginar leis que garantissem pares causais únicos, especificando a relação espaço-temporal precisa entre causa e efeito. Realmente, poderíamos esperar explicar a causação psicofísica totalmente em termos das leis ordinárias da física e da química.

Quando escrevi pela primeira vez sobre esse problema... afirmei que a resposta correta, para o dualista, era postular leis psicofísicas restritas a pares particulares de cérebros e mentes (ou cérebros e sujeitos). Assim, no caso de Smith e Jones, podemos proteger os pares causais corretos postulando uma lei separada para cada pessoa – a lei (relevante a Smith) segundo a qual, sempre que o cérebro x_1 estiver num estado Φ, um evento Ψ ocorre um décimo de segundo depois na mente M_1 (ou no sujeito S); e a lei (relevante a Jones) tal que, sempre que o cérebro x_2 estiver num estado Φ, um evento Ψ ocorrerá um décimo de segundo depois na mente M_2 (ou no sujeito J), onde x_1 e M_1 são o cérebro e a mente de Smith e x_2 e M_2 são o cérebro e a mente de Jones. ❽ Mais recentemente, tentei abordar o problema de um modo bem diferente. Argumentei que, mesmo no domínio físico, podemos imaginar casos em que as leis fundamentais não explicam os pares causais. Assim, suponha que, para um certo tipo K de metal, há uma lei segundo a qual, quando qualquer pedaço esférico de K chega a uma temperatura específica, uma luz pisca um décimo de segundo após em algum lugar (não especificado) na região dos pontos não muito distantes do centro da esfera do que o dobro de seu diâmetro. Suponha também que não há nenhuma lei mais forte a partir da qual se fixe a posição da luz mais precisamente. Agora imagine o caso em que duas esferas K cheguem simultaneamente a uma temperatura crítica e, um décimo de segundo depois, duas luzes pisquem, ambas dentro da região especificada para cada esfera. ❾ É coerente e inclusive plausível supor que cada lampejo seja o efeito de apenas uma das esferas e que cada uma delas seja a causa de um

❺ *Reafirmação/Resumo*

R Aqui, B e E são eventos específicos no cérebro e na mente de Smith, enquanto Φ é o tipo geral do qual B é uma instância e Ψ é o tipo geral do qual E é uma instância.

❻

R Uma vez que se refere apenas a tipos de eventos, L1 não pode distinguir entre um estado cerebral em Smith que causa um estado mental de um certo tipo em Smith, e um estado cerebral em Smith que causa um estado mental daquele mesmo tipo em Jones. Assim, L1 não representa adequadamente a relação causal real.

❼

R Dizer que "a relação de incorporação deve ser analisada... em termos causais" é dizer que a abordagem sobre qual mente corresponde a qual corpo recorrerá às relações causais entre eles: o que faz a mente e o corpo de Smith constituir uma pessoa (Smith) é que eles influenciam causalmente um ao outro de modo direto (e nenhum deles tem uma influência causal direta em outras mentes e corpos). Mas então as leis que descrevem essas relações causais não podem pressupor essas conexões entre corpos específicos e mentes específicas, uma vez que isso é parte do que eles devem explicar.

❽

R Nessa visão, haverá uma lei psicofísica separada (ou conjunto de leis) para cada pessoa.

PARE O quanto tal visão é plausível (ou implausível)?

❾

R A ideia é que as esferas estejam próximas o bastante para que as regiões especificadas para cada esfera se justaponham, tornando possível a ambos os lampejos ocorrerem na área de justaposição. Nesse caso, a lei não determinará qual luz é causada por qual pedaço esférico de K.

dos lampejos. Contudo, os pares causais não são determinados pela lei e pelas condições não causais, uma vez que cada lampejo ocorre dentro da região especificada a cada esfera. Disso eu concluí que devemos abandonar a suposição de que as relações causais possam ser inteiramente explicadas em termos de propriedades e leis não causais. E tão logo essa suposição é abandonada, o problema dos pares causais psicofísicos não surge mais; é irrelevante se o par de B com E e B' e E' é ou não é determinado pelas condições não causais e pela lei correspondente. ❿

Revendo essas respostas alternativas, penso agora que, em certo sentido, ambas são corretas. Por um lado, o caso hipotético das esferas de K realmente mostra que os pares causais podem ser transcendentes a leis; ⓫ e, assim, a objeção original à posição dualista fracassa. Por outro lado, parece ser bastante plausível imaginar leis do tipo restrito subjazendo à relação de incorporação. Como dissemos, pelo menos parte do que torna um cérebro particular x o cérebro de um sujeito mental particular y é que as coisas estão psicofisicamente arranjadas de modo a conferir a x (e somente x) a capacidade de ter uma influência causal direta em y (e somente y) – e, para o interacionista, vice-versa. É difícil ver em que esse arranjo possa consistir, exceto em certas leis psicofísicas que conectem especificamente x e y, e tais leis garantiriam pares causais únicos. ⓬ Em todo caso, fica claro que o dualista tem recursos suficientes para responder à objeção.

...

Uma objeção ao interacionismo dualístico. Alguns dualistas, embora aceitem que haja relações causais psicofísicas, sustentam que elas só funcionam numa direção – do corpo para a mente. Eles aceitam, por exemplo, que, se eu sou picado por uma abelha, a dor subsequente seja causada pela resposta neural que a picada induz, mas eles negam que, se eu decido fumar meu cachimbo, os movimentos corporais subsequentes que envolvem o cachimbo e os fósforos sejam causados pela minha decisão. E, de modo bastante genérico, eles aceitam que os estados mentais de uma pessoa sejam causalmente afetados pelos estados de seu corpo, mas negam que seus estados mentais tenham qualquer influência nos estados de seu corpo ou em qualquer coisa no mundo físico. Essa versão do dualismo é conhecida como "epifenomenalismo" e a versão que se contrasta a ela é conhecida como "interacionismo". Devo acrescentar que muitos epifenomenalistas, além de negar que a mente tenha qualquer influência causal no corpo, também negam que ela tenha, no final das contas, uma influência causal em qualquer coisa. Em particular, eles negam que os estados mentais possam causar, ou contribuir para a causação de, outros estados mentais.

Como a maioria dos filósofos de hoje, eu considero o epifenomenalismo não natural e implausível. Em primeiro lugar, ele está em conflito radical com a concepção que temos de nós mesmos como agentes. Se os estados mentais não têm qualquer influência em nosso comportamento, então este último não pode ser considerado intencional em nenhum sentido apropriado, mesmo se o sujeito tiver certas intenções que o comportamento realiza. E se o comportamento não é intencional, ele não se qualifica como ação num sentido diferente do mero movimento corporal. O epifenomenalista pode responder que a conformidade geral do nosso comportamento às nossas intenções não é meramente acidental; ela é assegurada pela própria estrutura do nosso cérebro e de suas extensões musculares no quadro geral da lei física e psicofísica. Contudo, mesmo assim, o comportamento não seria intencional no sentido esperado, uma vez que as intenções e as leis psicofísicas que controlam suas ocorrências seriam irrelevantes à produção de tal comportamento. ⓭ Em segundo lugar, o comportamento humano exibe certas regularidades complexas que requerem explicação e que, no momento, explicamos (ao menos parcialmente) em termos psicológicos. Essas explicações psicológicas(...) atribuem uma eficácia causal ao mental; elas representam o comportamento como se submetendo ao controle de crenças e desejos do sujeito, ou ao controle das decisões do sujeito, que reagem às (ou são determinadas por) suas crenças e aos seus desejos. E essas explicações adquirem suas credenciais do fato de, além de serem bem-sucedidas em seus próprios termos, não poderem, até o momento, ser substituídas por explicações não psicológicas que cubram o mesmo terreno. ⓮ Em terceiro lugar, é difícil

---

❿ R Assim, de acordo com Foster, devemos abandonar a visão geral segundo a qual as leis causais corretas devam sempre ser capazes de determinar qual efeito se relaciona a qual causa – e, assim, o fracasso das leis causais, no caso corpo-mente, em fazer isso já não constituiria mais uma objeção à causação psicofísica dualística.

⓫ "Transcendente à lei" significa apenas que as leis relevantes não determinam quais pares são corretos.

⓬ R Já que tal lei restrita aplica-se apenas a estados de um único indivíduo, as causas e os efeitos são sempre eventos dentro do mesmo indivíduo. Assim, nenhum par em que a causa estaria numa pessoa e o efeito em outra pessoa permaneceria dentro da lei.

⓭ R Foster oferece três razões para rejeitar o epifenomenalismo antes de continuar a discutir a objeção ao interacionismo mencionada no início do parágrafo precedente. A primeira objeção é que, numa visão epifenomenalista, ações corporais (como fumar um cachimbo) jamais são causadas por estados mentais (como ter a intenção de fumar). Mas isso quer dizer que o comportamento humano não é jamais genuinamente intencional – o que, sem dúvida, entra em conflito com nossa "visão comum". (Ver a Questão para Discussão 2.)

⓮ R Um corolário da objeção anterior é que, se o epifenomenalismo for verdadeiro, então nossa explicações psicológicas correntes do comportamento humano, que parecem ser muito bem-sucedidas, deverão estar equivocadas.

ver como, se o epifenomenalismo fosse verdadeiro, a mente poderia formar um conceito para uma discussão pública. Certamente, se os estados mentais não têm nenhum acesso causal aos nossos centros da fala, a noção de um relato introspectivo entra em colapso: mesmo que o sujeito retivesse um conhecimento introspectivo de seus estados mentais, suas proferições não contariam como expressando conhecimento se ele não contribuísse em nada para a produção deles. Mas nem é claro como, na visão epifenomenalista, nossa linguagem, enquanto um meio para nossas proferições, faz contato semântico com a mente. Em qual sentido, por exemplo, poderia a palavra "dor", tal como usada publicamente, ser considerada como significando certo tipo de sensação, se nem a ocorrência das sensações nem nossa concepção introspectiva de seu tipo afetam o uso público(...)? ⓯

Nenhum desses pontos mostra que o epifenomenalismo é logicamente insustentável, no sentido de ser incoerente ou autocontraditório... Contudo, penso que temos, e talvez de modo conclusivo, razões bastante fortes para rejeitá-lo. Por causa disso, não gostaria que minha defesa do dualismo envolvesse minha aceitação de tudo menos uma posição interacionista.

É nesse ponto que surge a objeção [final], pois há um argumento que pretende mostrar que o dualismo de qualquer tipo menos o epifenomenalista é cientificamente inaceitável. O argumento é como se segue:

1. O corpo é um sistema físico.
2. Como tal, o corpo deve estar sujeito a leis físicas comuns.
3. Nossas teorias sobre o que as leis físicas podem nos dar estão sujeitas à revisão. Porém, nossa evidência científica atual sustenta fortemente a visão de que, em qualquer nível de descrição relevante a uma teoria do comportamento humano, essas leis são, para todos os propósitos práticos, determinísticas.
4. Assim, podemos razoavelmente concluir que qualquer evento corporal, de um tipo tal que possa ser citado numa descrição ou explicação do comportamento, é causalmente determinado por eventos e condições físicas anteriores.
5. No entanto, tal conclusão não dá nenhuma margem para que uma mente não física tenha qualquer influência no comportamento.
6. Portanto, em nossa evidência científica presente, estamos diante de uma escolha entre o epifenomenalismo e algum tipo de tese da identidade (mesmo se apenas da variedade exemplar-exemplar). ⓰

Se estiver correto, esse argumento apresenta-se como uma objeção ao interacionismo dualístico. À primeira vista, ele também constitui uma objeção ao dualismo como tal, se o epifenomenalismo for, como eu reconheço, inaceitável. E hoje em dia é normalmente como uma objeção ao dualismo, e em defesa da tese da identidade, que o argumento é apresentado. Mas aqui precisamos ter cuidado. É verdade que o epifenomenalismo é bastante implausível e, expresso publicamente, pode até ser autorrefutável. E isso significa que, considerando as demais coisas como iguais, devemos rejeitá-lo. Porém, isso não significa que devamos rejeitá-lo a todo custo. Se a única alternativa fosse a tese da identidade, então, na minha visão, o epifenomenalismo, apesar de sua implausibilidade, seria uma opção preferível... A escolha entre o epifenomenalismo e a tese da identidade só conta contra o dualismo na suposição, que considero falsa, de que o epifenomenalismo não é apenas bastante implausível, mas menos plausível do que seu rival... ⓱

Contudo, independentemente de ser uma objeção ao dualismo como tal ou apenas ao interacionismo, esse argumento requer uma resposta, pois não estou disposto a aceitar que o epifenomenalismo e a tese da identidade sejam as únicas opções empiricamente aceitáveis. De fato, o erro no argumento não é difícil de identificar. Devemos começar distinguindo dois modos nos quais a ciência pode fornecer evidência de que o funcionamento do corpo é totalmente explicável em termos de uma lei física determinística. O primeiro modo seria através de uma pesquisa direta no próprio corpo – em particular, no cérebro, uma vez que é na atividade do cérebro, antes de tudo, que podemos esperar que a mente exerça uma influência causal direta. Assim, monitorando a atividade neural em várias partes do cérebro (sem perturbar

⓯ *Comentário*

A fala e a escrita são eventos físicos (envolvem cordas vocais que vibram ou marcas de tinta no papel). De acordo com o epifenomenalismo, os estados mentais do conhecimento introspectivo de uma pessoa não podem ser a causa para que a pessoa diga ou escreva certas coisas; portanto, nem a fala nem a escrita poderiam de modo algum refletir ou expressar tal conhecimento. E, o que é pior, parece impossível para a linguagem referir-se a ou descrever eventos mentais se estiver causalmente isolada deles.

⓰

A "tese da identidade" é qualquer visão segundo a qual os estados mentais são idênticos aos estados cerebrais. Isso inclui tanto a visão (defendida por Smart na próxima seleção) segundo a qual os estados mentais de um certo tipo são idênticos aos estados mentais de um tipo específico (identidade tipo-tipo) quanto a visão de que cada estado mental individual é idêntico a algum estado cerebral individual, mas não necessariamente o mesmo tipo de estado cerebral para cada instância do mesmo tipo de estado mental (a visão "exemplar-exemplar", em que um "exemplar" é uma instância individual de um tipo).

⓱

A afirmação de Foster aqui é que qualquer tese da identidade é tão implausível que o epifenomenalismo parece bom se comparado a ela – não obstante as objeções ao epifenomenalismo que ele acabou de apresentar. (As objeções de Foster às visões da identidade foram omitidas aqui, mas objeções similares são discutidas nas seleções seguintes.)

18

"Determinado por" quer dizer aqui algo mais forte do que "influenciado por": quer dizer que a causa em questão explica inteiramente o resultado, não restando nenhuma outra influência.

19

R A evidência do segundo tipo (a de que o resto do mundo físico é determinístico), portanto, não auxilia no estabelecimento da afirmação crucial sem a evidência do primeiro tipo (que qualquer estado cerebral particular é completamente determinado por algum estado físico prévio). E é claro que ainda não temos a evidência do primeiro tipo.

seu funcionamento normal), os cientistas podem construir um forte caso indutivo para a conclusão de que o estado eletroquímico de qualquer neurônio em qualquer momento é determinado pelo seu estado eletroquímico imediatamente anterior, assim como pelos estados de outros neurônios diretamente conectados a ele. **18** O segundo modo seria descobrindo, sem referência ao funcionamento do corpo humano, que o resto do mundo físico parece estar sujeito a certas leis físicas que, se aplicadas universalmente, tornariam o corpo um sistema determinístico. Essa é a evidência fornecida pelas investigações da física e da química sobre as propriedades da matéria e da energia em geral. Ora, o argumento recorre sobretudo à evidência do segundo tipo. A afirmação não é que uma amostra da atividade cerebral revela um sistema totalmente determinístico, pois nenhuma amostra como essa foi apresentada. Em vez disso, a afirmação é que o corpo humano, incluindo o cérebro, deve ser fisicamente determinístico a fim de que se conforme àquelas teorias aplicadas aos sistemas físicos em geral. Mas essa evidência, justamente por ter uma importância apenas indireta na questão do sistema humano, não é decisiva. Ela tem de ser relacionada ao que sabemos, ou temos razão para acreditar, independentemente, sobre a relação entre corpo e mente... **19** Quando tudo é levado em conta, a conclusão mais razoável é certamente que, através da sua conexão com a mente não física, o cérebro está sujeito a certas influências que não afetam outros sistemas físicos que a ciência investiga e em cujo comportamento suas teorias nomológicas estão baseadas. É concebível que essa conclusão seja reexaminada pela pesquisa cerebral futura (se assim for, deverei reconsiderar minha recusa ao epifenomenalismo). Porém, no estado atual das coisas, estamos autorizados a admitir que não será.

Questões para Discussão

1. Será que a causalidade é meramente uma sequência regular ou uma conjunção constante de eventos, como a teoria da regularidade de Hume afirma, ou será que a causação genuína requer alguma relação mais forte entre a causa e o efeito (ao que Nagel – citado por Foster na p. 206 – refere-se como "necessitação objetiva")? Em que resultaria essa conexão mais forte? Como saberíamos se ela estivesse presente? Você consegue pensar num exemplo plausível de sucessão regular em que, todavia, não parece haver uma relação causal entre os dois eventos em questão? É possível haver uma relação causal entre os eventos específicos *sem* que haja qualquer relação de sucessão regular entre os tipos correspondentes de eventos?

2. A primeira objeção de Foster ao epifenomenalismo (p. 208) é que, se ele é verdadeiro, então não somos agentes genuínos (uma vez que, para sê-lo, é necessário que nossas intenções sejam genuinamente efetivas na causação do nosso comportamento) – o que conflita fortemente com o senso comum. Ele considera a seguinte resposta de um epifenomenalista: nossas intenções *parecem*, do ponto de vista do senso comum, causar nosso comportamento, porque a causa real de algum aspecto particular do comportamento (um estado cerebral) é *também* a causa da intenção mental de se comportar de certo modo. Uma vez que não estamos conscientemente a par do estado cerebral, pensamos que a intenção é a causa do comportamento, mas ela é realmente apenas um outro efeito de uma causa (o outro efeito sendo o comportamento). Considere o exemplo de Foster de decidir fumar cachimbo. De acordo com o dualista interacionista, sua decisão consciente de fumar causou seus movimentos corporais de pegar o cachimbo. De acordo com a resposta epifenomenalista, um simples estado cerebral é responsável tanto pelos movimentos corporais de pegar o cachimbo quanto pela decisão consciente de fumar. Assim, sua decisão consciente de fumar *não é* a causa de seus movimentos corporais de pegar o cachimbo. Quão é plausível ou implausível é a resposta epifenomenalista e por quê? Será que a aparência de as intenções causarem ações pode ser apenas um ilusão?

3. Será que temos uma boa razão para pensar que o mundo físico ou material é *causalmente fechado*: causalmente influenciado apenas pelo que seja físico? Muitos filósofos da mente consideram

essa tese como obviamente correta e, do mesmo modo, qualquer visão (tal como a interacionista) que conflita com ela como obviamente equivocada. Foster tenta mostrar que não temos uma boa razão para pensar que a tese do fechamento causal é verdadeira. Qual visão é verdadeira aqui?

J.J.C. Smart

J.J.C. Smart (1920-) é um filósofo australiano cujo trabalho tem sido bastante influente na filosofia da mente, na filosofia da ciência e na ética. Ele colaborou com Bernard Williams na elaboração de um livro famoso sobre o utilitarismo (ver o Capítulo 5).

Esta seleção explica e defende o que muitos filósofos passaram a chamar de teoria da identidade do estado central (ou apenas teoria da identidade), a visão materialista ou fisicalista de que os estados mentais são estritamente idênticos aos estados ou processos cerebrais. Esta não é meramente a visão de que os estados mentais sejam causados pelos, ou correlacionados aos, estados cerebrais, uma vez que muitas visões dualistas aceitam tal afirmação e inclusive insistem nisso. Um proponente da teoria da identidade, por outro lado, diz que um estado mental é apenas um estado cerebral, que há apenas um estado e não dois, um simples estado que pode ser referido tanto a uma descrição mental quanto a uma descrição cerebral. (Smart, como muitos materialistas, encara os resultados da ciência com grande seriedade e suspeita bastante de tudo o que está fora dos limites da investigação científica.)

Sensações e Processos Cerebrais[6]

...Suponha que eu afirme ter, neste momento, uma pós-imagem arredondada que é mais amarelada próxima à margem e mais alaranjada próxima ao centro. O que estou relatando? Uma resposta a essa questão pode ser que eu não estou relatando nada, que quando digo que me parece haver um borrão arredondado laranja-amarelado de luz na parede estou expressando algum tipo de *compulsão*, a compulsão de dizer que *há* um borrão arredondado laranja-amarelado de luz na parede (embora saiba que não há tal coisa na parede)... De modo similar, quando "relato" uma dor, não estou realmente relatando nada (ou, se preferir, estou relatando num modo estranho de "relatar"); estou, isso sim, fazendo um tipo sofisticado de careta. ❶... A sugestão que desejo, se possível, evitar é... que "estou com dor" seja um relato genuíno e que o que isso relata seja algo irredutivelmente psíquico. E igualmente a sugestão que desejo combater é também aquela segundo a qual dizer "tenho uma pós-imagem amarelada" é relatar algo irredutivelmente psíquico. ❷

Por que desejo combater essa sugestão? Principalmente por causa da Navalha de Occam. ❸ Parece-me que a ciência cada vez mais nos fornece um ponto de vista por meio do qual os organismos são capazes de ser vistos como mecanismos físico-químicos: parece que até mesmo o comportamento do próprio ser humano será um dia explicável em termos mecânicos. Não parece haver, no que diz respeito à ciência, nada no mundo senão arranjos cada vez mais complexos de constituintes físicos. Em todos os lugares com exceção de um: a consciência. Isto é, para uma descrição completa do que ocorre no ser humano, deve-se mencionar não apenas os processos físicos em seus tecidos, glândulas, sistema nervoso, e assim por diante, mas também seus estados de consciência: suas sensações visuais, auditivas e táteis, suas dores e aflições. Dizer que todos esses estados devam ser *correlacionados* a pro-

❶ As visões descritas seriam versões do **behaviorismo lógico**: a tese, certa vez amplamente aceita (embora extremamente implausível), de que os estados mentais nada mais são do que o comportamento público ou as disposições a tal comportamento (ver a Introdução). Smart acaba rejeitando essa visão.

❷ Dizer que a experiência, tanto da dor quanto da pós-imagem, é algo "irredutivelmente psíquico" significa dizer, sobretudo, que ela é algo mais do que o físico, algo que não pode ser reduzido ao físico.

❸ Ao citar a "**Navalha de Occam**" Smart apela ao princípio da parcimônia, que recomenda simplicidade na construção da teoria: não multiplique entidades sem necessidade.

---

[6] Extraído de *The Philosophy of Mind*, editado por V. C. Chappell (Englewood Cliffs, N.J.: Prentice-Holl, 1962).

4 Um materialista ou fisicalista não está satisfeito com a afirmação de que os estados mentais sejam meramente correlacionados aos estados cerebrais. Um dualista poderia concordar com essa afirmação, uma vez que ela é consistente com a visão de que os estados mentais ainda são metafisicamente distintos dos estados cerebrais.

5 "Nomológico" significa apenas ter a ver ou estar de acordo com as leis da natureza. Ao afirmar que as sensações são "importunadoras nomológicas", Smart quer dizer que elas são causadas por estados físicos de acordo com leis, mas não podem causar estados físicos – e assim "importunam" em relação ao mundo físico. Smart admite que a única visão dualista que se pode levar a sério é a **epifenomenalista**.

6 Como Smart admite no parágrafo seguinte, ele não apresentou nenhum argumento específico contra o dualismo aqui. Ele se limita a dizer que sua visão não pode ser verdadeira.

7 Quando alguém diz "A é B", a afirmação às vezes é baseada numa identidade de significado e às vezes não. Por exemplo, a afirmação de que solteiros são "homens adultos não casados" depende de, e pode ser tomada como, um modo de dizer que "solteiro" significa o mesmo que "homem adulto não casado". Em contraste, a afirmação de que o presidente dos Estados Unidos em 2004 era George W. Bush não é baseada numa identidade de significado: uma pessoa pode entender plenamente o significado de ambas as expressões e, ao mesmo tempo, não saber que elas se referem à mesma entidade.

cessos cerebrais não ajuda, pois significa dizer que eles são *correlacionados* é dizer que eles são algo "para além" do físico. **4** Você não pode correlacionar algo consigo mesmo. Você relaciona as pegadas com os bandidos, mas não Bill Sikes, o bandido, com Bill Sikes, o bandido. Desse modo, as sensações, os estados da consciência, parecem ser um tipo de coisa que está fora da visão fisicalista – e por várias razões eu não posso acreditar que isso seja assim. Que tudo deva ser explicável em termos da física (junto, é claro, com descrições dos modos nos quais as partes são reunidas...), exceto a ocorrência de sensações, parece-me francamente inacreditável. Tais sensações seriam "importunadoras nomológicas", para usar a expressão de Feigl. **5** Nem sempre se percebe o quanto seriam estranhas as leis por meio das quais essas importunadoras nomológicas importunariam. Às vezes se pergunta: "por que não pode haver leis psicofísicas de um novo tipo, tal como as leis da eletricidade e do magnetismo foram novidades do ponto de vista da mecânica newtoniana?". Certamente, temos muita certeza de, no futuro, encontrar novas leis fundamentais de um novo tipo, mas espero que elas relacionem constituintes simples: por exemplo, quaisquer partículas que estejam na moda. Não consigo acreditar que as leis fundamentais da natureza possam relacionar constituintes simples a configurações que consistem talvez de bilhões de neurônios (e só Deus sabe quantos bilhões e bilhões de subpartículas), todos reunidos, como se seu propósito central na vida fosse um mecanismo negativo de retroalimentação de um tipo complicado. Tais leis seriam bem diferentes daquelas conhecidas na ciência. Elas têm um "aroma" estranho. Sou incapaz de acreditar nas importunadoras nomológicas ou nas leis por meio das quais elas importunariam. Se houvesse um argumento filosófico compelindo-nos a acreditar em tais coisas, eu suspeitaria que há algo de errado com ele. **6** De qualquer forma, o objetivo deste artigo é mostrar que não há argumentos filosóficos que nos convençam a ser dualistas.

O que foi dito antes é sobretudo uma profissão de fé, mas explica porque considero [a visão behaviorista lógica] tão aceitável. Nessa visão, em certo sentido, não há sensações. Um homem é um grande arranjo de partículas físicas, mas não há, para além delas, sensações ou estados de consciência. Há apenas fatos comportamentais sobre esse vasto mecanismo, por exemplo, que ele expressa uma compulsão (disposição de comportamento) a dizer "há um borrão laranja-amarelado na parede" ou que ele faz um tipo sofisticado de careta, isto é, que ele diz "estou com dor".

Embora, pelas razões dadas, eu seja bastante receptivo a essa abordagem "sugestiva" sobre afirmações de sensação, não sinto que isso resolva o problema. Talvez seja porque não tenha refletido muito sobre isso, mas não me parece que, quando uma pessoa diz "estou com uma pós-imagem", ela *esteja* fazendo um relato genuíno, e quando ela diz "estou com dor", ela *esteja* fazendo mais do que "substituir o comportamento de dor" e que esse "algo mais" não é apenas dizer que ela esteja aflita. Não estou certo, entretanto, de que admitir isso seja admitir que haja correlatos não físicos dos processos cerebrais. Por que as sensações não poderiam ser apenas processos cerebrais de um certo tipo? Há, é claro, objeções filosóficas bastante conhecidas (assim como aquelas não muito conhecidas) à visão segundo a qual relatos de sensações são relatos de processos cerebrais, mas tentarei defender que esses argumentos não são de modo algum tão cogentes quanto usualmente se pensa.

Permita-me, em primeiro lugar, tentar afirmar mais precisamente a tese de que as sensações são processos cerebrais. Esta não é a tese de que, por exemplo, "pós-imagem" ou "dor" significa o mesmo que "processo cerebral de um tipo X" (onde "X" é substituído por uma descrição de um certo tipo de processo cerebral). **7** Em vez disso, na medida em que "pós-imagem" ou "dor" é um relato de um processo, trata-se de algo que *não passa de* um processo cerebral. Disso se segue que a tese não diz que as afirmações sobre uma sensação podem ser *traduzidas* em afirmações sobre processos cerebrais. Nem afirma que a lógica da afirmação sobre uma sensação seja a mesma que aquela sobre um processo cerebral. Tudo o que ela afirma é que, na medida em que uma afirmação sobre uma sensação é um relato de algo, esse algo é de fato um processo cerebral. Sensações nada são para além dos processos cerebrais. As nações nada são "para além" de seus cidadãos, mas isso não impede que a lógica das afirmações sobre uma nação seja bem diferente da lógica das afirmações sobre um cidadão, nem assegura a traduzibilidade das afirmações sobre uma nação em afirmações sobre um cidadão. (Não desejo, contudo, afirmar que a relação entre as afirmações sobre uma sensação e as afirmações sobre um processo cerebral sejam muito parecidas com aquela entre as afirmações sobre uma nação e as afirmações sobre um cidadão. É incorreto dizer que, para além de seus cidadãos, as nações nada sejam, por exemplo. Recorro ao exemplo das "nações" só para levantar um ponto negativo: que o fato da lógica das afirmações-A ser diferente da lógica das afirmações-B não assegura que As nada sejam para além de Bs.)

Considerações sobre identidade. Quando digo que uma sensação é um processo cerebral ou que o raio é uma descarga elétrica, estou usando "é" no sentido de *identidade estrita*. (Exatamente como na proposição – neste caso necessária – de que "7 é idêntico ao menor número primo maior do que 5".) ❽ Quando digo que uma sensação é um processo cerebral ou que o raio é uma descarga elétrica, não quero dizer apenas que a sensação seja de algum modo espacial e temporalmente contínua ao processo cerebral ou que o raio seja apenas espacial ou temporalmente contínuo à descarga...

Considerarei, a partir de agora, várias objeções possíveis à visão de que os processos relatados nas afirmações sobre uma sensação sejam de fato processos no cérebro. Muitos acabam tendo contato com algumas dessas objeções já no primeiro ano como estudantes de filosofia. Um motivo a mais para olhá-las mais de perto. Outras objeções serão mais ocultas e sutis.

Objeção 1. Qualquer camponês analfabeto pode falar perfeitamente bem de pós-imagens, ou de como as coisas se parecem ou são sentidas por ele, ou sobre suas dores e aflições; contudo, pode não saber nada sobre neurofisiologia. Um homem pode acreditar, como é o caso de Aristóteles, que o cérebro é um órgão que serve apenas para esfriar o corpo, mas isso não interfere na sua habilidade de fazer afirmações verdadeiras sobre suas sensações. Por isso, as coisas de que estamos falando quando descrevemos nossas sensações não podem ser processos no cérebro. ❾

Resposta. ...Considere o raio. A ciência física moderna nos diz que o raio é um certo tipo de descarga elétrica devido à ionização das nuvens de vapor na atmosfera. Esta é, como hoje se acredita, a verdadeira natureza do raio. Veja que não há duas coisas: um lampejo do raio e uma descarga elétrica. Há apenas uma coisa, um lampejo de raio, que é descrita cientificamente como uma descarga elétrica na terra, vinda de uma nuvem de moléculas ionizadas de água. ❿ ... Dizemos que o raio, ou a natureza dele, é aquela revelada pela ciência, uma descarga elétrica...

...

Em suma, a resposta à Objeção 1 é que pode haver afirmações contingentes da forma "A é idêntico a B", e uma pessoa pode muito bem saber que algo é um A sem saber que é um B. ⓫ Um camponês analfabeto pode muito bem ser capaz de falar sobre suas sensações sem saber sobre processos cerebrais, exatamente como ele pode falar de raios sem saber nada de eletricidade.

...Novamente, "eu vejo a estrela da manhã" não *significa* o mesmo que "eu vejo a estrela da tarde"; contudo, "a estrela da tarde e a estrela da manhã são uma única e mesma coisa" é uma proposição contingente... ⓬

Objeção 3. Embora a Objeção 1... não prove que as sensações sejam algo para além dos processos cerebrais, ela prova que as qualidades de sensações são algo para além das qualidades dos processos cerebrais. Isto é, pode-se evitar afirmar a existência de processos irredutivelmente psíquicos, mas não evitar afirmar a existência de *propriedades* irredutivelmente psíquicas... ⓭

De fato, seria possível pensar que essa objeção é bem-sucedida num ponto. Considere a propriedade de "ser um lampejo amarelo". Pode parecer que essa propriedade encontre-se inevitavelmente fora da estrutura fisicalista dentro da qual estou tentando trabalhar... Devo, portanto, fazer uma digressão por um momento

---

❽ **R** Há um menor número primo maior que 5, a saber, 7. Você pode referir essa coisa ou com o rótulo "7" ou com o rótulo "o menor dos números primos maior do que 5". A afirmação de Smart é que não há duas coisas, a sensação e o processo cerebral, mas apenas uma coisa, a que que se pode referir com o rótulo "sensação" ou com o rótulo "processo cerebral".

❾ A objeção admite que, se há dois diferentes termos ou rótulos para a mesma coisa, então alguém que entende um deles entenderia o outro e também saberia que eles se referem à mesma coisa. (Ver a Questão para Discussão 1.)

❿ **R** Não há aqui duas coisas, mas apenas uma coisa descrita de dois modos diferentes. (O exemplo do raio é uma excelente analogia para entender a visão de Smart sobre a relação entre a ideia do senso comum de uma sensação e a abordagem em termos de processos cerebrais.)

⓫ Uma afirmação **contingente** é aquela que não é verdadeira simplesmente pelo significado de seus termos.

⓬ **R** As descrições "a estrela da manhã" e "a estrela da tarde" referem-se ambas ao planeta Vênus. Mas que o objeto astronômico às vezes visível nos primeiros instantes da manhã é o mesmo que aquele às vezes visível nos primeiros momentos da noite não se segue dos significados dessas expressões e teve de ser empiricamente descoberto.

⓭ Smart refere-se aqui à visão chamada de dualismo de propriedade ou de atributo (ver Introdução).

(14) John Locke (ver o Capítulo 2) disse que as qualidades primárias (forma, tamanho, movimento) realmente existem nos objetos, mas que as qualidades secundárias (cor, sabor, odor) são meros poderes dos objetos de causar em nós certas experiências – de modo que tais objetos não têm realmente qualquer qualidade como aquela da qual temos experiência.

(15) Imagine aqui que as pétalas de gerânio são sempre vermelhas e que as folhas de alface jamais são vermelhas.

(16) Uma resposta discriminatória é um tipo de comportamento publicamente observável, enquanto uma sensação é um estado mental, não publicamente observável.

(17) Propriedades fenomenais (também chamadas de *qualia*) são as propriedades distintivas supostamente encontradas na experiência subjetiva, tal como a cor, que é diretamente percebida.
A objeção é que as sensações devem ser escolhidas através de tais propriedades e que os processos cerebrais não têm tais propriedades. Por isso, as sensações não podem, no final das contas, ser idênticas aos processos cerebrais.

(18) Por "quasilógica ou tópico-neutra", Smart quer dizer que esses relatos são altamente abstratos, afirmando apenas que duas situações são similares de algum modo não especificado.

(19) "Sentimento bruto" é um modo de se referir às qualidades das sensações experienciadas imediatamente. Smart sugere que nós, de fato, não esta-

e indicar como eu lido com as qualidades secundárias. **(14)** Eu me concentrarei na cor.

Em primeiro lugar, permita-me introduzir o conceito de um percipiente normal. Uma pessoa será mais uma percipiente normal do que outra se ela puder fazer discriminações de cores que a outra não pode. Por exemplo, se A pode pegar uma folha de alface de uma pilha de folhas de repolho, ao passo que B não pode, embora ele possa pegar uma folha de alface numa pilha de folhas de beterrabas, então A é mais normal do que B. (Estou admitindo que A e B não tiveram tempo de distinguir as folhas por suas pequenas diferenças em formato, e assim por diante.) A partir do conceito de "mais normal do que", é fácil ver como podemos introduzir o conceito de "normal"... Dizer "isto é vermelho" significa algo mais ou menos como "um percipiente normal não pegaria facilmente isto de uma pilha de pétalas de gerânio, embora ele possa pegar isto de uma pilha de folhas de alface". **(15)** É claro que a sentença não significa exatamente isto: uma pessoa pode saber o significado de "vermelho" sem saber nada sobre gerânio, ou mesmo sobre percipientes normais. Mas a ideia é que uma pessoa pode ser *treinada* a dizer "isto é vermelho" sobre objetos que podem ser facilmente pegos de pétalas de gerânio por um percipiente normal, e assim por diante. (Note que mesmo um daltônico pode razoavelmente afirmar que algo é vermelho, embora sem dúvida ele precise usar outro ser humano, não apenas ele mesmo, como seu "medidor de cores".) Essa abordagem das qualidades secundárias explica sua irrelevância na física, pois é óbvio que as discriminações e faltas de discriminações feitas por um mecanismo neurofisiológico bastante complexo raramente correspondem às distinções simples e não arbitrárias na natureza.

Portanto, eu elucido cores como poderes, no sentido de Locke, para evocar certos tipos de respostas discriminatórias nos seres humanos. Elas também são, é claro, poderes para causar sensações em seres humanos (uma abordagem também próxima da de Locke). Porém, estou argumentando que essas sensações são identificáveis a processos cerebrais. **(16)**

Mas como devo responder à objeção de que uma sensação só pode ser identificada com um processo cerebral se tiver alguma propriedade fenomenal, não possuída por processos cerebrais, por meio da qual metade da identificação possa ser, por assim dizer, determinada? **(17)**

Resposta. Minha sugestão é a seguinte. Quando uma pessoa diz "vejo uma pós-imagem laranja-amarelada", ela está dizendo algo como: "*Há algo ocorrendo que é como o que ocorre quando* tenho meus olhos abertos, estou acordado, e há um luz laranja bem distinta diante de mim, isto é, quando eu realmente vejo uma laranja"... Veja que as palavras em itálico, a saber, "há algo ocorrendo que é como o que ocorre quando", são palavras quasilógicas ou tópico-neutras. **(18)** Isso explica por que os relatos dos camponeses gregos antigos sobre suas sensações podem ser neutros em relação à metafísica dualística ou à minha metafísica materialista. Isso explica como as sensações podem ser processos mentais e, ainda assim, como um homem que as relata não precisa saber nada sobre processos cerebrais, já que ele as relata apenas muito abstratamente como "algo ocorrendo que é como o que ocorre quando..." Do mesmo modo, uma pessoa pode dizer "alguém está no quarto", relatando assim verdadeiramente que o médico está no quarto, mesmo que ela jamais tenha ouvido falar de médicos. (Não há duas pessoas no quarto: "alguém" *e* o médico.) Essa abordagem das afirmações sobre uma sensação também explica o artifício singular dos "sentimentos brutos" **(19)** – por que ninguém parece ser capaz de agregar quaisquer propriedades a eles. Sentimentos brutos, na minha visão, são incolores pelo mesmo motivo que *algo* é incolor. Isso não quer dizer que as sensações não tenham muitas propriedades: se elas são processos cerebrais, então devem ter uma porção de propriedades neurológicas. Isso só significa que, ao falar delas como sendo parecidas ou não umas com as outras, não precisamos conhecer ou mencionar essas propriedades.

É assim, então, que eu responderia à Objeção 3. A força da minha resposta depende da possibilidade de sermos capazes de relatar que uma coisa é parecida com outra sem que sejamos capazes de afirmar como ela é. Não vejo por que isso deva ser assim. Se pensarmos ciberneticamente sobre o sistema nervoso, poderemos imaginá-lo como sendo capaz de responder a certas semelhanças entre seus processos internos sem que ele seja capaz de fazer mais do que isso. **20** Seria mais fácil construir uma máquina que nos dissesse, como num cartão perfurado, se dois objetos são similares ou não do que construir uma máquina que relatasse em que consistem essas similaridades.

Objeção 4. A pós-imagem não está num espaço físico. O processo cerebral está. Então, a pós-imagem não é um processo cerebral.

Resposta. Esta é uma *ignoratio elenchi*. **21** Não estou defendendo que a pós-imagem seja um processo cerebral, mas que a experiência de ter uma pós-imagem seja um processo cerebral. Ela é a *experiência* apresentada no relato introspectivo. De modo similar, se for objetado que a pós-imagem é laranja-amarelada, minha resposta é que é a experiência de ver algo laranja-amarelado que está sendo descrita, e essa experiência não é algo laranja-amarelado. Assim, dizer que um processo cerebral não pode ser laranja-amarelado não significa dizer que um processo cerebral não possa de fato ser a experiência de se ter uma pós-imagem laranja-amarelada. Em certo sentido, não há tal coisa como uma pós-imagem..., embora haja uma coisa como a experiência de se ter uma imagem, e essa experiência é descrita indiretamente na linguagem-objeto material, não na linguagem fenomênica, pois não há tal coisa. **22** Descrevemos a experiência dizendo, de fato, que é como a experiência que temos quando, por exemplo, vemos realmente um borrão laranja-amarelado na parede. Árvores e papel de parede podem ser verdes, mas não a experiência de ver ou imaginar uma árvore ou um papel de parede. (Ou se elas são descritas como verdes ou amarelas, isso só pode ser num sentido derivado.)

Objeção 5. Faria sentido falar de um movimento molecular no cérebro que é rápido ou lento, reto ou circular, mas não faz sentido dizer isso da experiência de ver algo amarelo.

Resposta. Até agora não explicamos o que significa falar de experiências como rápidas ou lentas, retas ou circulares. Contudo, não estou afirmando que a "experiência" e o "processo cerebral" significam o mesmo ou que eles tenham a mesma lógica. "Alguém" e "o médico" não têm a mesma lógica, mas isso não nos leva a supor que falar de alguém telefonando é falar de alguém para além, por exemplo, do médico. O homem comum, quando relata uma experiência, relata que algo está ocorrendo, mas ele deixa em aberto que tipo de coisa está ocorrendo: se no meio sólido material ou talvez em algum tipo de meio gasoso, ou até talvez em algum tipo de meio não espacial (se isso faz sentido). Tudo o que estou dizendo é que "experiência" e "processo cerebral" podem de fato se referir à mesma coisa e, assim sendo, podemos facilmente adotar uma convenção (que não é uma mudança em nossas regras para o uso de palavras de experiência, mas uma adição a elas) por meio da qual faria sentido falar de uma experiência em termos próprios a processos físicos. **23**

Objeção 6. Sensações são privadas, enquanto processos cerebrais são *públicos*. Se digo sinceramente "vejo uma pós-imagem laranja-amarelada", e não estou cometendo um erro verbal, então não posso estar errado. No entanto, posso estar errado acerca de um processo cerebral... Além disso, faz sentido dizer que duas ou mais pessoas estejam observando o mesmo processo cerebral, mas não que duas ou mais pessoas estejam relatando a mesma experiência interna.

Resposta. Isso mostra que a linguagem dos relatos introspectivos tem uma lógica diferente da linguagem dos processos materiais. É óbvio que, até a teoria do processo cerebral ser bem melhorada e amplamente aceita, não haverá nenhum conjunto de *critérios* para dizer "Smith tem uma experiência de tal e tal tipo" *exceto* os relatos introspectivos de Smith. **24** Assim, adotamos uma regra da linguagem segundo a qual (normalmente) o que Smith diz é o caso.

...

Se me perguntarem qual a diferença entre aqueles processos cerebrais que, na minha visão, são experiências e aqueles que não são, só posso responder que isso, no momento, ainda nos é desconhecido... **25** Porém, no mínimo, podemos classificar os processos cerebrais que são experiências como os processos que são, ou podem ter sido, condições causais daquelas partes do comportamento verbal que chamamos de relatos da experiência imediata.

Até aqui, considerei várias objeções à tese sobre os processos cerebrais.

---

mos a par do caráter específico de tais qualidades.

PARE O sentimento bruto de chupar limão é bem diferente do sentimento bruto de chupar um cubo de açúcar. Será que estamos a par das qualidades específicas envolvidas, ou apenas de uma similaridade não especificada entre dois casos de chupar limão ou dois casos de chupar um cubo de açúcar?

20 Smart afirma não apenas que não dispomos de termos para as propriedades fenomenais, mas que não estamos a par de nenhuma propriedade específica, apenas de similaridades não especificadas entre situações. Será que sua afirmação é plausível? (Ver a Questão para Discussão 2.)

21 Uma *ignoratio elenchi* é o erro que se comete quando se argumenta, ou se refuta, uma afirmação irrelevante em vez de se lidar com aquela que está em questão.

22 A linguagem fenomenal descreveria diretamente as propriedades fenomenais. Já que Smart nega a existência de propriedades fenomenais, ele também sustenta que não há uma linguagem fenomenal.

23 **R** A afirmação de Smart é que, após se descobrir que as sensações são processos cerebrais, as afirmações de que elas têm propriedades como velocidade ou direção poderiam tornar-se significativas até se elas não estivessem presentes. A sugestão subjacente é que, antes de essa mudança ocorrer, tais afirmações podem ser vazias ou ininteligíveis, mas não absurdas ou sem sentido.

24 **R** A sugestão aqui é que, após nos darmos conta de que a teoria da identidade é verdadeira, podemos, a princípio, dizer quando Smith está tendo uma experiência particular simplesmente examinando seu cérebro. (Essa ideia será importante mais adiante neste capítulo.)

㉕ Disso resulta outra profissão de fé da parte de Smart: deve haver algum tipo de diferença entre um processo cerebral que é uma experiência (ou é consciente) e um que não é. E, se Smart estiver certo sobre uma experiência ser apenas um processo cerebral e nada mais, então qualquer que seja essa diferença, será uma diferença puramente física.

㉖ Pare e Pense

PARE Pense cuidadosamente sobre essa afirmação e sobre a diferença entre a teoria da identidade e o epifenomenalismo. Será que Smart está correto ao dizer que não há nenhum modo empírico de decidir entre as duas visões? (Ver a Questão para Discussão 3.)

㉗ O apelo à simplicidade só será relevante se todo o resto for igual, se não houver mais considerações de nenhum dos lados. Contrariamente à afirmação de Smart aqui, alguns filósofos pensam que há sérias objeções ao fisicalismo (por exemplo, o chamado argumento do conhecimento discutido mais adiante neste capítulo). Se assim fosse, tais objeções anulariam o apelo à simplicidade.

Gostaria agora de concluir com algumas considerações sobre o *status* lógico dessa tese. U.T. Place parece sustentar que ela é uma hipótese claramente científica. Se assim for, ele está parcialmente certo e parcialmente errado. Se a questão é decidir entre (afirmar) uma tese sobre os processos cerebrais e uma tese sobre o coração, ou o fígado, ou o rim, então a questão é puramente empírica, e o veredicto é totalmente a favor do cérebro. Os tipos certos de coisas não ocorrem no coração, no fígado, ou no rim, nem esses órgãos possuem o tipo certo de complexidade de estrutura. Entretanto, se a questão for entre uma tese sobre o cérebro, ou o fígado, ou o rim (isto é, alguma forma de materialismo), de um lado, e o epifenomenalismo, de outro, então a questão não será empírica, já que não há nenhum experimento concebível através do qual se possa decidir entre materialismo e epifenomenalismo. **㉖** Esta última questão não é como aquela usualmente encontrada na ciência, ou seja, direta e empírica, mas sim como a questão que havia entre Philip Gosse, naturalista inglês do século XIX, e os geólogos e paleontólogos ortodoxos de seu tempo. De acordo com Gosse, a Terra foi criada há cerca de 4000 a.C., exatamente como descrito no *Gênesis*, com camadas de rocha interpostas, "evidência" de erosão, e assim por diante, e todos os tipos de fósseis, todos em suas respectivas camadas, exatamente como se a história evolucionista comum tivesse sido verdade. Sem dúvida, essa teoria é, em certo sentido, irrefutável: nenhuma evidência pode falar contra ela. Ignoremos o ponto de vista teológico no qual se sustentava a hipótese de Philip Gosse, deixando de lado, assim, as objeções de tipo teológicas, tal como "que estranho Deus se dar ao trabalho de fazer um plano tão elaborado para nos enganar". Suponhamos que o universo *tenha começado* apenas em 4004 a.C., com as condições iniciais em toda parte como elas eram em 4004 a.C., e que em particular nosso próprio planeta tenha sido criado já com sedimentos em rios, colinas que sofreram erosão, fósseis nas rochas, e assim por diante. Nenhum cientista consideraria esta como uma hipótese séria, embora seja consistente com toda evidência possível. A hipótese vai contra os princípios de parcimônia e simplicidade. Haveria um número grande de fatos inexplicáveis e brutos. Por que os ossos de pterodátilo são como são? Nenhuma explicação em termos da evolução dos pterodátilos, a partir das primeiras formas de vida, seria mais possível. Teríamos milhões de fatos sobre o mundo como ele era em 4004 a.C. que simplesmente deveriam ser *aceitos*.

A questão entre a teoria dos processos cerebrais e o epifenomenalismo parece ser do tipo apresentado antes... Se for aceito que não há argumentos filosóficos cogentes forçando-nos a aceitar o dualismo, e se a teoria dos processos cerebrais e o dualismo são igualmente consistentes com os fatos, então os princípios de parcimônia e simplicidade parecem-me decidir totalmente em favor da teoria dos processos cerebrais. **㉗** Como salientei há pouco, o dualismo envolve um grande número de leis psicofísicas irredutíveis (por meio das quais as "importunadoras nomológicos" importunam) de um tipo estranho, que têm apenas de ser tomadas em confiança e que são tão difíceis de engolir quanto os fatos irredutíveis sobre a paleontologia da Terra com os quais nos deparamos na teoria de Philip Gosse.

Questões para Discussão

1. É comum haver mais de uma maneira de referir ou descrever a mesma coisa: "George Washington" e "o primeiro presidente dos Estados Unidos" referem-se à mesma coisa (uma pessoa), mas não do mesmo modo. Faça uma lista de exemplos desse tipo de situação, tentando pensar em casos que sejam tão diferentes entre si quanto possível. Se sua lista for abrangente o bastante, haverá casos em que alguém não poderá entender nenhum dos dois modos de referir ou descrever a mesma coisa sem, ao mesmo tempo, entender o outro modo e também se dar conta de que eles são referências ou descrições da mesma coisa. Mas qual a frequência disso? Quão comuns são os casos em que um modo de referir ou descrever pode ser entendido sem que se entenda o outro? Quão comuns são os casos em que ambos podem ser entendidos sem que se dê conta de que eles se referem ou descrevem a mesma coisa?

2. Suponha que você é bem melhor do que um de seus amigos em identificar instrumentos musicais simplesmente ouvindo o som que eles produzem: você pode distinguir o som de um viola do som de um violoncelo ou o som de um violão do som de um alaúde, mas seu amigo não pode. Parece plausível dizer que você é capaz de fazer isso porque ou (a) suas sensações são mais diferenciadas do que as do seu amigo (um violoncelo e uma viola tocando uma certa nota produzem sensações qualitativamente diferentes em você, mas as mesmas no seu amigo); ou (b) você é mais sensível às diferenças entre diferentes sensações do que seu amigo (embora o violoncelo e a viola produzam diferentes sensações em cada um de vocês, você pode reconhecer a diferença, mas seu amigo não pode). Alguém que aceita a existência de propriedades fenomenais dirá que, no caso (a), suas sensações têm diferentes propriedades fenomenais, enquanto as do seu amigo não; e, no caso (b), você é capaz de reconhecer uma diferença entre duas propriedades fenomenais diferentes, mas seu amigo não. O que Smart terá a dizer sobre esses casos, uma vez que ele nega a própria existência das propriedades fenomenais? Quão plausível é a visão dele? Será que você está de fato a par das propriedades fenomenais quando faz tais discriminações?

3. Suponha que, para cada tipo de sensação, haja um tipo de processo cerebral que é pelo menos *correlacionado* a ela no sentido de que eles sempre ocorrem nos mesmos instantes nas mesmas pessoas. De acordo com a teoria da identidade, a sensação e o processo cerebral são a mesma entidade, ao passo que, de acordo com o epifenomenalismo, o processo cerebral causa a sensação conforme uma lei da natureza (mas a própria sensação não tem nenhum efeito ulterior sobre qualquer coisa física). Parece haver duas visões bastante diferentes. Será que Smart está correto em dizer que não há maneira de decidir empiricamente qual delas é a verdadeira, ou que nenhuma observação ou experimento pode fornecer evidência a uma delas?

Jerry Fodor

Jerry Fodor (1935-) é um filósofo americano que dá aulas na Rutgers University e tem sido um dos principais participantes nos debates na área de filosofia da mente (e campos afins, tais como a filosofia da linguagem e a ciência cognitiva) nas últimas décadas. Ele argumenta que o funcionalismo, a visão de que os estados mentais são estados funcionais definidos em termos do papel causal, é preferível em relação tanto ao dualismo quanto às várias versões iniciais do materialismo. Seu argumento para essa afirmação procede mediante a consideração de outras visões mais ou menos em sua ordem de desenvolvimento histórico e mediante a argumentação de que cada uma delas é fatalmente inválida. A sugestão de Fodor é que o funcionalismo, de fato, combina os melhores aspectos das teorias prévias numa única visão. A preocupação que o guia em sua discussão é encontrar uma teoria que justificará e dará sentido à prática e à teorização dos psicólogos clínicos, pessoas que explicam nosso comportamento apelando aos nossos estados mentais (pense no exemplo do guarda-chuva na Introdução).

Sobretudo pelo fato de o funcionalismo ser inicialmente uma visão difícil de entender, este é um artigo bem difícil, e nossas anotações são, portanto, mais longas e mais complicadas (e às vezes mais críticas, com o propósito da clareza) do que aquelas de muitos outros artigos neste livro. Seja paciente e tente trabalhar gradualmente na compreensão do funcionalismo e das questões que ele suscita.

O Problema Mente-Corpo[7]

...Só recentemente os filósofos interessaram-se seriamente pelos princípios metodológicos da psicologia. As explicações psicológicas do comportamento

---
[7] Extraído de *Scientific American*, vol. 262 (janeiro de 1990).

referem-se de modo irrestrito à mente e a seus estados, operações e processos. A dificuldade filosófica surge ao se afirmar, numa linguagem não ambígua, o que tais referências implicam.

As filosofias tradicionais da mente podem ser divididas em duas grandes categorias: as teorias dualistas e as materialistas. Na abordagem dualista, a mente é uma substância não física. Nas teorias materialistas, o mental não é distinto do físico; de fato, todos os estados, propriedades, processos e operações mentais são, a princípio, idênticos aos estados, propriedades, processos e operações físicas. Alguns materialistas, conhecidos como behavioristas, sustentam que o discurso sobre as causas mentais pode ser eliminado da linguagem da psicologia em favor do discurso sobre os estímulos ambientais e as respostas comportamentais. Outros materialistas, os teóricos da identidade, afirmam que há causas mentais e que elas são idênticas aos eventos neurofisiológicos no cérebro.

Nos últimos 15 anos, uma filosofia da mente chamada funcionalismo, que não é nem dualista nem materialista, surgiu a partir da reflexão filosófica sobre os desenvolvimentos da inteligência artificial, teoria computacional, linguística, cibernética e psicologia. **❶** Todos esses campos, que são coletivamente conhecidos como ciências cognitivas, têm em comum um certo nível de abstração e preocupação com sistemas que processam informação. O funcionalismo, que procura fornecer uma abordagem filosófica desse nível de abstração, reconhece a possibilidade de que sistemas tão diversos como os seres humanos, as máquinas de cálculo e os espíritos desencarnados possam todos ter estados mentais. Na visão funcionalista, a psicologia de um sistema depende não da matéria de que ele é feito (celular, metal ou energia espiritual), mas de como essa matéria é reunida. O funcionalismo é um conceito difícil, e uma maneira de compreendê-lo é rever as deficiências das filosofias dualista e materialista da mente que ele tenta substituir.

O principal obstáculo do dualismo é o seu fracasso em explicar adequadamente a causação mental. Se a mente não é física, ela não tem uma posição no espaço físico. Como, então, uma causa mental pode produzir um efeito comportamental que tem uma posição no espaço? Em outras palavras, como o não físico pode produzir o físico sem violar as leis de conservação da massa, da energia e da quantidade de movimento? **❷**

O dualista pode responder que o problema de como uma substância imaterial pode causar eventos físicos não é tão mais obscuro do que o problema de como um evento físico pode causar outro. Todavia, há uma importante diferença: há muitos casos claros de causação física, mas não há um caso claro de causação não física. A interação física é algo com o qual os filósofos, assim como quaisquer outras pessoas, têm de conviver. A interação não física, entretanto, pode ser não mais do que um artefato da interpretação imaterialista da mente. Muitos filósofos hoje concordam que nenhum argumento pode demonstrar com sucesso por que a causação mente-corpo não deve ser considerada como uma espécie de causação física. **❸**

O dualismo também é incompatível com as práticas dos psicólogos clínicos. O psicólogo com frequência aplica os métodos experimentais das ciências físicas ao estudo da mente. Se os processos mentais fossem diferentes dos físicos, não haveria razão para esperar que esses métodos funcionassem no domínio do mental. Para justificar seus métodos experimentais, muitos psicólogos buscam urgentemente uma alternativa ao dualismo. **❹**

Em 1920, John B. Watson, da Johns Hopkins University, fez uma sugestão radical de que o comportamento não tem causas mentais. Ele considerou o comportamento de um organismo como suas respostas observáveis aos estímulos, que ele tomou como sendo as causas de seu comportamento. Nos 30 anos seguintes, psicólogos como B.F. Skinner, da Harvard University, desenvolveram as ideias de Watson, elaborando uma visão de mundo em que o papel da psicologia era o de catalogar as leis que determinam as relações causais entre os estímulos e as respostas. Nessa visão "behaviorista radical", o problema de explicar a natureza da interação mente-corpo desaparece; não há tal interação. **❺**

O behaviorismo radical sempre teve um ar de paradoxo. Bem ou mal, a ideia de causação mental está profundamente enraizada em nossa linguagem cotidiana e em nossa maneira de entender outros

---

❶ É um tanto enganoso descrever o funcionalismo como não sendo "nem dualista nem materialista". Embora a abordagem funcionalista dos estados mentais seja neutra em relação às duas visões, praticamente todos os funcionalistas acreditam que são os estados mentais que satisfazem essa abordagem e realmente constituem os estados mentais – e o objetivo do funcionalismo é encontrar uma visão materialista defensável.

❷ Fodor realmente levanta duas diferentes objeções aqui, uma sobre a posição espacial e a outra sobre as leis de conservação. Nenhuma delas é desenvolvida de modo pleno. (Ver a Questão para Discussão 1.)

❸ Se alguma abordagem materialista for verdadeira, então obviamente não haverá razão para se considerar a causação mente-corpo como algo diferente de uma causação física. Os argumentos contrários são apenas objeções às abordagens materialistas – que Fodor discute mais à frente.

❹ A objeção reconhece que a base lógica geral para os métodos experimentais da ciência aplica-se apenas a investigações de coisas e processos físicos, e não a qualquer tipo de investigação empírica.

❺ O que Fodor chama de "behaviorismo radical" é diferente do behaviorismo lógico (discutido mais tarde): ele simplesmente nega que os estados mentais sejam relevantes ao comportamento, sem dizer nada mais sobre a natureza e a existência deles (Mas tal recusa torna tentadora a recusa da própria existência deles.)

seres humanos e a nós mesmos. Por exemplo, as pessoas comumente atribuem o comportamento a crenças, conhecimento e expectativas. Brown coloca gasolina em seu tanque porque ele acredita que o carro não funcionará sem ela. Jones escreve "rampa" e não "ranpa" porque ele conhece a regra do uso do "m" antes do "p". Mesmo quando uma resposta comportamental está intimamente ligada a um estímulo do ambiente, os processos mentais frequentemente intervêm. Smith carrega um guarda-chuva porque o céu está nublado, mas o tempo é apenas parte da história. Aparentemente, há também conexões mentais na cadeia causal: a observação e a expectativa. As nuvens afetam o comportamento de Smith só porque ele as observa e porque ele induz em si mesmo uma expectativa de chuva. ❻ Assim, o behaviorista radical deve rejeitar um grande número de explicações do senso comum acerca do comportamento por serem equivocadas. Será que é plausível pensarmos seriamente que estamos todos errados assim? (Note que um behaviorista radical não pode, de modo consistente, dizer que ele advoga o behaviorismo radical porque ele *acredita* ser verdadeiro.)

O behaviorista não se abala com os recursos a tais casos. Ele está preparado para rejeitar as referências às causas mentais, não importando o quanto elas possam ser plausíveis, como resíduos de crenças antiquadas. O behaviorista prevê que, na medida em que os psicólogos passam a entender mais sobre as relações entre estímulos e respostas, eles irão cada vez mais considerar possível explicar o comportamento sem postular causas mentais.

O argumento mais forte contra o behaviorismo é que a psicologia não se tornou behaviorista; ocorreu o oposto. A psicologia amadureceu, a estrutura dos estados e processos mentais aparentemente necessárias para explicar as observações experimentais tornou-se ainda mais elaborada. Particularmente no caso do comportamento humano, as teorias psicológicas que satisfazem os princípios metodológicos do behaviorismo radical verificaram-se amplamente estéreis, como seria esperado se nelas postulasse que processos mentais postulados são reais e causalmente efetivos.

No entanto, muitos filósofos foram levados inicialmente ao behaviorismo radical porque, apesar do paradoxo, parecia melhor do que o dualismo. Uma vez que a psicologia comprometida com as substâncias imateriais era inaceitável, os filósofos recorreram ao behaviorismo radical porque este parecia a única filosofia da mente materialista alternativa. A escolha, como eles viam, era entre behaviorismo radical e fantasmas. ❼

No início dos anos 1960, os filósofos começaram a ter dúvidas de que o dualismo e o behaviorismo radical esgotavam as abordagens possíveis na filosofia da mente. Como as duas teorias pareciam pouco atrativas, a estratégia correta seria desenvolver uma filosofia da mente materialista que, todavia, aceitasse causas mentais. Duas dessas filosofias surgiram: uma chamada de behaviorismo lógico e a outra chamada de teoria da identidade do estado central.

O behaviorismo lógico é uma teoria semântica sobre o que significam os termos mentais. ❽ A ideia básica é que atribuir um estado mental (por exemplo, sede) a um organismo é o mesmo que dizer que o organismo está disposto a se comportar de um modo particular (por exemplo, beber se houver água disponível). Nessa visão, toda atribuição mental é equivalente em significado a uma afirmação se-então (chamada condicional comportamental) que expressa uma disposição comportamental. Por exemplo, "Smith está com sede" pode ser tomada como equivalente à afirmação disposicional "se houvesse água disponível, então Smith beberia um pouco". Por definição, uma condicional comportamental não inclui nenhum termo mental. A cláusula "se" da condicional fala apenas dos estímulos e a cláusula "então" fala apenas das respostas comportamentais. Uma vez que estímulos e respostas são eventos físicos, o behaviorismo lógico é uma espécie de materialismo.

A força do behaviorismo lógico é que, ao traduzir a linguagem mental para a linguagem de estímulos e respostas, ele fornece uma interpretação das explicações psicológicas na qual os efeitos comportamentais são atribuídos às causas mentais. A causação mental é simplesmente a manifestação de uma disposição comportamental. Mais precisamente, a causação mental é o que ocorre quando um organismo tem uma disposição comportamental e a cláusula "se" da condi-

---

❻ Assim, o behaviorista radical deve rejeitar um grande número de explicações do senso comum como equivocadas.

❼ Essa referência de Fodor a "fantasmas" é um modo de zombar do dualista.

PARE Reflita sobre a afirmação de que o behaviorista radical é pelo menos melhor do que o dualismo. Será que, no final das contas, as objeções à causação mente-corpo realmente são tão fortes a ponto de negar que os estados mentais afetam causalmente o comportamento?

❽ Seria mais claro dizer que o behaviorismo lógico é uma teoria sobre a natureza dos estados mentais que conta com, e advoga, tal teoria semântica. Note na discussão seguinte que a sede (como oposta a uma sensação de sede) é um exemplo de certa forma estranho – talvez não um estado mental de fato (como oposto a um estado fisiológico).

cional comportamental, que expressa a disposição, é verdadeira. Por exemplo, a afirmação causal "Smith bebeu água porque estava com sede" pode ser tomada como significando "Se houvesse água disponível, então Smith a tomaria, e havia água disponível".

De certo modo, eu simplifiquei demais o behaviorismo lógico ao admitir que cada atribuição mental pode ser traduzida por uma única condicional comportamental. De fato, o behaviorismo lógico frequentemente sustenta que é necessário um conjunto infinito de condicionais comportamentais para detalhar a disposição comportamental expressa por um termo mental. A atribuição mental "Smith está com sede" também pode ser satisfeita por uma condicional como "se houvesse suco de laranja disponível, então Smith o beberia" e por várias outras condicionais. De qualquer forma, o behaviorista lógico normalmente não argumenta que possa enumerar todas as condicionais que correspondem a uma disposição comportamental que expressa um dado termo mental. Ele apenas insiste que, a princípio, o significado de qualquer termo mental pode ser expresso por condicionais comportamentais. ❾

O modo como o behaviorista lógico interpreta um termo mental como "estar com sede" é modelado a partir do modo como muitos filósofos interpretam uma disposição física tal como fragilidade. A disposição física "o vidro é frágil" é geralmente tomada como significando algo do tipo "se o vidro caísse, então ele se quebraria". Do mesmo modo, a análise do behaviorista lógico da causação mental é similar à análise comum de um tipo de causação física. A afirmação causal "o vidro se quebrou porque era frágil" significaria algo como "se o vidro caísse, então ele se quebraria, e o vidro caiu". ❿

Ao considerar os estados mentais equivalentes às disposições comportamentais, o behaviorista lógico colocou termos mentais em paridade com as disposições não comportamentais das ciências físicas. Esse é um raciocínio promissor, pois a análise das disposições não comportamentais encontra-se numa base filosófica relativamente sólida. Uma explicação que atribui o fato de o vidro se quebrar à sua fragilidade é certamente algo que mesmo o mais convicto materialista pode aceitar. Argumentando que os termos mentais são sinônimos de termos disposicionais, o behaviorista lógico acabou fornecendo algo que o behaviorista radical não podia: uma abordagem materialista da causação mental. ⓫

Todavia, a analogia entre a causação mental interpretada pelo behaviorista lógico e a causação física só vai até aqui. O behaviorista lógico trata a manifestação de uma disposição como a única forma da causação mental, ao passo que as ciências físicas reconhecem tipos adicionais de causação. Há o tipo de causação em que um evento físico causa outro, como quando o vidro que se quebra é atribuído ao fato de ele ter caído. Na verdade, as explicações que envolvem a causação evento-evento são presumivelmente mais básicas do que as explicações disposicionais, porque a manifestação de uma disposição (um vidro frágil que se quebra) sempre envolve causação evento-evento, e não vice-versa...

A causação evento-evento realmente parece ser bem comum no domínio mental. Causas mentais normalmente produzem efeitos comportamentais em virtude de sua interação com outras causas mentais. Por exemplo, ter uma dor de cabeça só causa uma disposição para se tomar aspirina se a pessoa também tiver o desejo de se livrar da dor de cabeça, a crença de que a aspirina existe, a crença de que tomá-la reduz a dor, e assim por diante. Tendo em vista que os estados mentais interagem ao gerar comportamento, será necessário encontrar uma interpretação das explicações psicológicas que postule processos mentais: sequências causais de eventos mentais. É essa interpretação que o behaviorismo lógico não consegue fornecer.

Tais considerações revelam um parentesco fundamental entre o behaviorismo lógico e o behaviorismo radical. É verdade que o behaviorista lógico, diferentemente do behaviorista radical, reconhece a existência de estados mentais. Contudo, uma vez que o princípio subjacente do behaviorismo lógico é que as referências aos estados mentais podem ser traduzidas a partir das explicações psicológicas empregando-se condicionais comportamentais, todo discurso sobre estados e processos mentais é, em certo sentido, heurístico. Os únicos fatos com os quais o behaviorista se compromete são aqueles sobre as relações entre estí-

---

❾ O behaviorismo lógico afirma que tudo o que há para qualquer estado mental é a verdade de um vasto conjunto de afirmações hipotéticas desse tipo. Nessa visão, não há experiência interna consciente envolvida de modo algum.

❿ Esse apelo a disposições causa mais problemas do que a discussão aqui sugere. O que está exatamente sendo afirmado sobre a natureza metafísica do próprio vidro quando dizemos, por exemplo, que ele é frágil. (Ver a Questão para Discussão 2.)

⓫ Como veremos daqui a pouco, Fodor na verdade não concorda com tal afirmação.

mulos e respostas. Assim, o behaviorismo lógico nada mais é do que uma versão semântica do behaviorismo radical. Embora a primeira teoria ofereça uma interpretação da causação mental, tal interpretação é metafórica.* O que realmente não existe não pode causar nada, e o behaviorista lógico, como o radical, acredita no fundo que, no final das contas, as causas mentais não existem. ⓬

Uma alternativa materialista ao behaviorismo lógico é a teoria da identidade do estado central. De acordo com essa teoria, os eventos, estados e processos mentais são idênticos a eventos neurofisiológicos no cérebro, e a propriedade de estar em certo estado mental (tal como ter dor de cabeça ou acreditar que irá chover) é idêntica à propriedade de estar em certo estado neurofisiológico. Com base nisso, é fácil dar sentido à ideia de que um efeito comportamental pode às vezes ter uma cadeia de causas mentais; esse será o caso sempre que um efeito comportamental for contingente em relação à sequência apropriada de eventos neurofisiológicos.

A teoria da identidade do estado central reconhece que é possível às causas mentais interagirem causalmente sem jamais produzirem qualquer efeito comportamental, como quando uma pessoa pensa por um momento sobre o que ela deverá fazer e então decide não fazer nada. Se os processos mentais são neurofisiológicos, eles devem ter as propriedades causais dos processos neurofisiológicos. Na medida em que os processos neurofisiológicos são presumivelmente processos físicos, a teoria da identidade do estado central assegura que o conceito de causação mental é tão rico quanto o conceito de causação física. ⓭

A teoria da identidade do estado central fornece uma abordagem satisfatória daquilo a que se referem os termos mentais nas explicações psicológicas; por isso, ela tende a ser preferida por psicólogos insatisfeitos com o behaviorismo. O behaviorista sustenta que os termos mentais não se referem a nada, ou se referem aos parâmetros das relações de estímulo-resposta. De qualquer maneira, a existência das entidades mentais é apenas ilusória. O teórico da identidade, por outro lado, argumenta que os termos mentais referem-se a estados neurofisiológicos. Assim, ele pode considerar seriamente o projeto de explicar o comportamento apelando às suas causas mentais.

A principal vantagem da teoria da identidade é que ela aceita os constructos explanatórios da psicologia, que é sem dúvida algo que uma filosofia da mente deve fazer, se puder. ⓮ A teoria da identidade mostra como as explicações mentalistas da psicologia podem ser não meras abordagens heurísticas, mas abordagens literais da história causal do comportamento. Além disso, já que a teoria da identidade não é uma tese semântica, ela está imune a muitos argumentos que lançam dúvida sobre o behaviorismo lógico. Uma desvantagem do behaviorismo lógico é que a observação "John está com dor de cabeça" não parece significar o mesmo que uma afirmação da forma "John está disposto a se comportar de tal e tal modo". O teórico da identidade, contudo, pode conviver com o fato de que as sentenças "John tem uma dor de cabeça" e "John está em tal e tal estado cerebral" não são sinônimas. A afirmação do teórico da identidade não é que essas sentenças significam a mesma coisa, mas apenas que elas são tornadas verdadeiras (ou falsas) pelos mesmos fenômenos neurofisiológicos. ⓯

A teoria da identidade pode ser defendida tanto como uma doutrina sobre os particulares mentais (a dor de John agora ou o medo que Bill tem de animais) quanto como uma doutrina sobre universais ou propriedades mentais (ter uma dor ou ter medo de animais). As duas doutrinas, chamadas respectivamente de fisicalismo de exemplar e fisicalismo de tipo, diferem em força e plausibilidade. O fisicalismo de exemplar sustenta que todos os particulares mentais que existem são neurofisiológicos, enquanto o fisicalismo de tipo faz a afirmação mais impetuosa de que todos os particulares mentais que podem potencialmente existir são neurofisiológicos. O fisicalismo de exemplar não descarta a possibilidade lógica de que máquinas e espíritos desencarnados tenham propriedades mentais. O fisicalismo de tipo recusa essa possibilidade porque nem máquinas nem espíritos desencarnados têm neurônios. ⓰

O fisicalismo de tipo não é uma doutrina plausível sobre as proprieda-

---

* N. de T. *Pickwickian* no original.

⓬ Agora, tornou-se claro que o behaviorismo lógico não pode explicar a causação mental genuína, uma vez que realmente nega até que as causas mentais existam (e, assim, não "reconhece a existência de estados mentais", de fato, como foi afirmado antes neste parágrafo bastante confuso).

⓭ A "riqueza" de cada conceito de causação realmente não é o principal ponto; o principal é que a teoria da identidade permite que estados mentais causem genuinamente o comportamento. O behaviorismo lógico, ao contrário, não permite isso.

⓮ **R** De acordo com a teoria da identidade do estado central (contrastada com o behaviorismo lógico), os tipos de estados envolvidos nas explicações psicológicas (coisas como crenças e desejos e raciocínios de vários tipos – esses sendo os "constructos explanatórios") têm uma existência genuína e podem, portanto, funcionar como causas genuínas.

⓯ Para mais informações sobre esse ponto, ver a seleção prévia de Smart.

⓰ Ambas as visões concordam que um estado mental específico (por exemplo, a dor de cabeça de John neste momento) é idêntico a um certo tipo específico de estado neurofisiológico. A questão entre eles é se todas as dores de cabeça de um mesmo tipo são idênticas a estados neurofisiológicos desse mesmo tipo – de modo que somente um ser com um cérebro exatamente como o de John pode ter tal dor de cabeça.

A questão subjacente é: por que esse estado neurofisiológico específico é uma dor de cabeça desse tipo específico? Será que é por causa de suas propriedades físicas específicas, ou por causa de algo mais abstrato, como um papel causal, que também pode ser realizado por outros tipos de "cérebros"?

(17) Que é logicamente possível às máquinas terem propriedades mentais não é tão óbvio quanto Fodor faz parecer. O exemplo do marciano é melhor: se eles forem criaturas percipientes como nós, então é plausível supor que eles tenham crenças, desejos e também experiência de dor, mesmo que seus cérebros sejam bem diferentes dos nossos. Que isso seja uma questão de "programar" é essencialmente a afirmação funcionalista, que Fodor eventualmente defenderá, mas ainda não o fez.

Dizer que duas propriedades são "coextensivas" é dizer que elas se aplicam exatamente às mesmas coisas; isso não significa necessariamente que elas são realmente a mesma propriedade, dado que a coextensividade poderia ser uma coincidência.

(18) Além disso, tal afirmação está longe de ser obviamente correta. (Seu computador é um sistema que processa informação? Ele tem estados mentais ou psicológicos?)

(19) Não fica claro se Fodor está endossando tal sugestão. O problema aqui parece ser que ela deixa de lado o mais óbvio e importante aspecto de uma dor de cabeça: a experiência consciente, o modo como a sentimos.

des mentais mesmo se o fisicalismo de exemplar estiver correto acerca de particulares mentais. O problema com o fisicalismo de tipo é que a constituição psicológica de um sistema parece depender não de *hardware* ou componente físico, mas de seu *software* ou programa. Por que o filósofo recusa a possibilidade de que marcianos feito de silício tenham dores, admitindo que o silício esteja organizado de modo adequado? E por que o filósofo descarta a possibilidade de que as máquinas tenham crenças, admitindo que as máquinas estejam corretamente programadas? Se for logicamente possível que marcianos e máquinas possam ter propriedades mentais, então propriedades mentais e processos neurofisiológicos não podem ser idênticos, não importa o quanto eles possam ser provados como coextensivos. **(17)**

Tudo isso parece indicar que há um nível de abstração com o qual as generalizações da psicologia devem muito naturalmente estar sintonizadas. Esse nível de abstração passa por diferenças na composição física dos sistemas aos quais se aplicam as generalizações psicológicas. Nas ciências cognitivas, ao menos, o domínio natural da teorização psicológica parece ser todos os sistemas que processam informação. **(18)** O problema com o fisicalismo de tipo é que há sistemas de processamento de informação possíveis com a mesma constituição psicológica que os seres humanos, mas não com a mesma organização física. A princípio, todos os tipos de coisas fisicamente diferentes podem ter um *software* humano.

A situação sugere uma abordagem relacional das propriedades mentais que as abstraia da estrutura física de seus portadores. Apesar das objeções ao behaviorismo lógico que apresentei antes, o behaviorismo lógico ao menos parecia estar no caminho certo ao oferecer uma interpretação relacional das propriedades mentais: ter uma dor de cabeça é estar disposto a exibir um certo padrão de relações entre os estímulos que uma pessoa encontra e as respostas que ela exibe. Se isso é o que é ter uma dor de cabeça, contudo, não há razão, a princípio, para que apenas cabeças que são fisicamente similares às nossas possam doer. Realmente, de acordo com o behaviorismo lógico, é uma verdade necessária que qualquer sistema que tenha nossas contingências estímulo-resposta também tenha nossas dores de cabeça. **(19)**

Tudo isso surgiu há 10 ou 15 anos como um terrível dilema para o programa materialista na filosofia da mente. Por um lado, o teórico da identidade (e não o behaviorista lógico) estava correto quanto ao caráter causal das interações mente-corpo. Por outro lado, o behaviorista lógico (e não o teórico da identidade) estava certo quanto ao caráter relacional das propriedades mentais. O funcionalismo, aparentemente, foi capaz de resolver o dilema. Ao enfatizar a distinção feita pela ciência computacional entre *hardware* e *software*, o funcionalista pode dotar de sentido tanto o caráter causal quanto o relacional do mental.

A intuição que subjaz ao funcionalismo é a seguinte: o que determina o tipo psicológico ao qual um particular mental pertence é o papel causal do particular na vida mental do organismo. A individuação funcional é a diferenciação em relação ao papel causal. Uma dor de cabeça, por exemplo, é identificada com um tipo de estado mental que, entre outras coisas, causa uma disposição para tomar aspirina em pessoas que acreditam que a aspirina alivia a dor de cabeça, causa um desejo de se livrar da dor em pessoas que a sentem e frequentemente causa alguém que fala inglês* a dizer coisas do tipo "estou com dor de cabeça" por excesso de trabalho, fadiga ocular e tensão. Essa lista é supostamente incompleta. Mais será conhecido sobre a natureza de uma dor de cabeça na medida em que se desenvolver a pesquisa psicológica e fisiológica sobre o seu papel causal.

O funcionalismo interpreta o conceito de papel causal de modo que um estado mental pode ser definido por suas relações causais com outros estados mentais. Assim, o funcionalismo é completamente diferente do behaviorismo lógico. Uma outra grande diferença é que o funcionalismo não é uma tese reducionista. Ele não prediz, nem mesmo em princípio, a eliminação de conceitos mentalistas do aparato explanatório das teorias psicológicas.

A diferença entre o funcionalismo e o behaviorismo lógico surge do fato de que o funcionalismo é totalmente compatível com o fisicalismo de exemplar. O

---

* N. de R. Assim como em português.

funcionalista não ficará perturbado se os eventos cerebrais se tornarem as únicas coisas com as propriedades funcionais que definem os estados mentais. De fato, a maioria dos funcionalistas espera que as coisas sejam assim. ⓴

Uma vez que o funcionalismo reconhece que os particulares mentais possam ser físicos, ele é compatível com a ideia de que a causação mental é uma espécie de causação física. Em outras palavras, o funcionalismo tolera a solução materialista ao problema mente-corpo fornecida pela teoria da identidade do estado central. É possível para o funcionalista afirmar tanto que as propriedades mentais sejam tipicamente definidas em termos de suas relações quanto que as interações da mente com o corpo sejam tipicamente causais em qualquer noção forte de causalidade exigida pelas explicações psicológicas. O behaviorista lógico pode endossar apenas a primeira asserção e o fisicalista de tipo apenas a segunda. Assim sendo, o funcionalismo parece capturar as melhores características das alternativas materialistas e do dualismo. ㉑ Não é à toa que o funcionalismo tem-se tornado cada vez mais popular.

As máquinas fornecem bons exemplos de dois conceitos que são centrais ao funcionalismo: o conceito de que os estados mentais são interdefinidos e o conceito de que eles podem ser realizados por muitos sistemas. [Isso pode ser ilustrado contrastando-se] uma máquina behaviorista de coca-cola com uma mentalista. Ambas as máquinas liberam uma lata de coca-cola por 10 centavos. (O preço não foi afetado pela inflação.) Os estados das máquinas são definidos em referência aos seus papéis causais, mas apenas [uma] máquina satisfaz o behaviorista. Seu estado singular *(SO)* está completamente especificado em termos de estímulos e respostas. *SO* é o estado em que está uma máquina se, e somente se, com uma moeda de 10 centavos colocada como *input*, ela liberar uma lata de coca-cola como *output*. ㉒

A [segunda] máquina tem estados interdefinidos (*S1* e *S2*), que são característicos do funcionalismo. *S1* é o estado em que se encontra uma máquina se, e somente se,

1. dada uma moeda de 5 centavos, ela não libera nada e procede a *S2* e
2. dada uma moeda de 10 centavos, ela libera uma lata de coca-cola e fica em *S1*.

S2 é o estado em que se encontra uma máquina se, e somente se,

1. dada uma moeda de 5 centavos, ela libera uma coca-cola e procede a *S1* e
2. dada uma moeda de 10 centavos, ela libera uma lata de coca-cola e uma moeda de 5 centavos e procede a *S1*.

O que *S1* e *S2* conjuntamente produzem como resultado é a liberação de uma lata de coca-cola pela máquina se for colocada nela uma moeda de 10 centavos, a liberação de uma lata de coca-cola e uma moeda de 5 centavos se for colocada uma moeda de 10 centavos e outra de 5 centavos e a liberação de uma moeda de 5 centavos e a espera da segunda moeda de 5 centavos se for colocada apenas a primeira. ㉓

Uma vez que *S1* e *S2* são ambos definidos por condicionais, eles podem ser vistos como disposições. Entretanto, não são disposições comportamentais, porque as consequências que um *input* têm para uma máquina em *S1* e *S2* não são especificadas apenas em termos do *output* da máquina. Antes, as consequências também envolvem os estados internos da máquina.

Nada sobre o modo como descrevi as máquinas behaviorista e mentalista de coca-cola impõe limitações acerca do material de que elas são feitas. Qualquer sistema cujos estados exibam as relações próprias de *inputs*, *outputs* e a outros estados pode ser uma dessas máquinas. Sem dúvida, é razoável esperar que tal sistema seja construído a partir de coisas como rodas, alavancas e diodos (o fisicalismo de exemplar para máquinas de coca-cola). Similarmente, é razoável esperar que nossas mentes possam ser consideradas neurofisiológicas (o fisicalismo de exemplar para os seres humanos).

Todavia, a descrição do *software* de uma máquina de coca-cola não requer logicamente rodas, alavancas e diodos para sua realização concreta. Do mesmo modo, a descrição do *software* para a mente não requer logicamente neurônios. No que diz respeito ao funcionalismo, uma máquina de coca-cola com estados *S1* e *S2* pode ser feita de ectoplasma, se houver tal coi-

---

⓴ R O ponto aqui é que a descrição do papel causal nada diz sobre o caráter intrínseco do estado – como de que ele é feito, por exemplo –, deixando em aberto a possibilidade de ele ser um estado cerebral, embora não necessariamente.

(Mas note também que essa descrição parece não dizer nada sobre como seria ter conscientemente experiência de tal estado – ou que há realmente uma experiência consciente envolvida.)

㉑ R Isto é, os particulares mentais são ambos definidos em termos de relações e capazes de causar genuinamente outros estados.

㉒ SO não é de fato um estado interno da máquina em nenhum sentido, nem mesmo requer dela muita programação ou processamento de informação. Ele pode requerer apenas uma alavanca acionada pela moeda de 10 centavos, quando esta é posta na máquina, para então liberar uma lata de coca-cola.

㉓ S1 e S2, por outro lado, envolvem informação (sobre se uma moeda de 5 centavos foi recebida, tão logo a última lata de coca-cola tenha sido liberada) e de fato desempenham diferentes papéis em algo mais ou menos parecido com um programa.

(24) "Ectoplasma" era um termo usado para se referir à matéria espiritual. Qualquer material complexo o bastante para fornecer os diferentes estados estabelecidos nas relações indicadas pode servir como "estados internos da máquina de coca-cola" (obviamente, o que quer que segure ou libere as latas de coca-cola, mais as próprias coca-colas, ainda teria de ser material).

(25) Um "homúnculo" é apenas um homenzinho ou humanoide dentro da pessoa, da mente ou do cérebro, introduzido para realizar algum processo misterioso. O ponto é que, postular um homúnculo fazendo somas, por exemplo, obviamente não enriquece uma explicação psicológica sobre como as pessoas fazem somas, porque a ação interna do homúnculo é exatamente tão misteriosa quanto à ação pública para qual a explicação foi originalmente buscada.

(26) Falar de um "mecanismo" não significa necessariamente falar de um mecanismo físico. A ideia é, em vez disso, que se trata de um processo totalmente compreendido, para o qual não surge nenhuma outra explicação. Se podemos descrever um mecanismo que processa informação visual, então não há nenhum problema explicativo sobre como isso é feito.

(27) Qualquer coisa que opere de um modo análogo é considerada uma máquina de Turing – ela não precisa tomar essa forma explícita.

(28) **PARE** Será que a segunda máquina de coca-cola descrita acima é uma máquina de Turing? Isto é, você pode ver como as operações da máquina podem ser realizadas por um dispositivo do tipo descrito anteriormente? (Ver a Questão para Discussão 3.)

sa e se seus estados tiverem as propriedades causais apropriadas. O funcionalismo aceita a possibilidade de máquinas de coca-cola desencarnadas exatamente no mesmo sentido e na mesma extensão que aceita a possibilidade de mentes desencarnadas. **(24)**

Dizer que $S1$ e $S2$ são interdefinidos e realizáveis por diferentes tipos de *hardware* não é, sem dúvida, dizer que uma máquina de coca-cola tem uma mente. Embora interdefinições e especificações funcionais sejam características típicas de estados mentais, elas certamente não são suficientes para produzir o mental. O que mais é requerido será uma questão à qual retornarei mais abaixo.

Alguns filósofos duvidam do funcionalismo porque ele parece muito fácil. Como o funcionalismo permite a individuação de estados em referência aos seus estados causais, ele parece permitir uma explicação trivial de qualquer evento observado E, isto é, ele parece postular uma causa para E. Por exemplo, o que faz com que se abram as válvulas de uma máquina? Ora, a operação de qualquer coisa que tenha a propriedade funcionalmente definida que faz com que se abram as válvulas.

Na psicologia, esse tipo de desvio da questão muitas vezes ocorre com teorias que realmente postulam homúnculos com as mesmas capacidades intelectuais a serem explicadas. **(25)** Tal é o caso quando a percepção visual é explicada simplesmente postulando-se mecanismos psicológicos que processam a informação visual. O behaviorista com frequência acusa o mentalista, às vezes justificadamente, de recorrer a esse tipo de pseudoexplicação que desvia a questão. Essa acusação tem de ser avaliada para que os estados mentais definidos funcionalmente tenham um papel sério nas teorias psicológicas.

O peso da acusação não é de falsidade, mas de trivialidade. Não pode haver dúvida de que é um abridor de garrafas que abre garrafas, e é provável que a percepção visual seja mediada pelo processamento de informação visual. A acusação é que tais explicações supostamente funcionais são meras banalizações. O funcionalista pode rebater essa objeção só permitindo constructos teóricos definidos funcionalmente quando existem mecanismos que possam realizar a função somente quando ele tenha alguma noção de como são tais mecanismos. **(26)** Um modo de impor essa exigência é identificar os processos mentais postulados pela psicologia com as operações da classe restrita de computadores possíveis chamados máquinas de Turing.

A máquina de Turing pode ser informalmente caracterizada como um mecanismo com um número finito de estados do programa. Os *inputs* e *outputs* da máquina são escritos numa fita dividida em quadrados, cada um dos quais inclui o símbolo de um alfabeto finito. A máquina escaneia a fita um quadrado por vez. Ela pode apagar o símbolo num quadrado escaneado e imprimir um novo em seu lugar. A máquina pode executar apenas as operações mecânicas elementares de escanear, imprimir, mover a fita e mudar de estado. **(27)**

Os estados do programa da máquina de Turing são definidos apenas em termos de símbolos de *input* na fita, símbolos de *output* na fita, operações elementares e outros estados do programa. Cada estado do programa é, portanto, funcionalmente definido pelo papel que desempenha na operação geral da máquina. Visto que o papel funcional de um estado depende da relação do estado com outros estados, assim como com *inputs* e *outputs*, o caráter relacional do mental é capturado pela versão "máquina de Turing" do funcionalismo. Visto que a definição de um estado do programa jamais se refere à estrutura física do sistema executando o programa, a versão máquina de Turing do funcionalismo também contempla a ideia de que o caráter de um estado mental é independente de sua realização física. Um ser humano, um grupo de pessoas, um computador e um espírito desencarnado seriam todos uma máquina de Turing se operassem de acordo com um programa da máquina de Turing. **(28)**

A proposta é restringir a definição funcional dos estados psicológicos àqueles que possam ser expressos em termos dos estados do programa das máquinas de Turing. Se essa restrição puder ser imposta, ela fornecerá uma garantia de que as teorias psicológicas sejam compatíveis com as exigências dos mecanismos. Dado que as máquinas de Turing são dispositivos muito simples, elas são, a princípio, bastante fáceis de se construir. Consequentemente, ao formular uma explicação psicológica como um programa da máquina de Turing, o psicólogo assegura que a explicação é mecanicista, mesmo se o *hardware* que realiza o mecanismo for deixado aberto.

Há muitos tipos de mecanismos computacionais diferentes das máquinas de Turing, e assim a formulação de uma teoria psicológica funcionalista numa notação "máquina de Turing" fornece apenas uma condição suficiente para que a teoria seja mecanicamente realizável. O que torna a condição interessante, contudo, é que a máquina de Turing simples pode realizar muitas tarefas complexas. Embora as operações elementares da máquina de Turing sejam restritas, as iterações das operações permitem que a máquina realize qualquer computação bem definida em símbolos discretos.

Uma tendência importante nas ciências cognitivas é tratar a mente sobretudo como um dispositivo que manipula símbolos. ㉙ Se um processo mental puder ser definido funcionalmente como uma operação com símbolos, haverá uma máquina de Turing capaz de realizar a computação e uma variedade de mecanismos para realizar a máquina de Turing. Quando a manipulação de símbolos for importante, a máquina de Turing fornecerá uma conexão entre a explicação funcional e a mecanicista.

A redução da teoria psicológica a um programa para uma máquina de Turing é um modo de exorcizar o homúnculo. ㉚ A redução assegura que nenhuma operação tenha sido postulada, exceto aquela que puder ser realizada por um mecanismo familiar. É claro que o psicólogo clínico não pode especificar a redução para cada processo funcionalmente individualizado em qualquer teoria que ele esteja preparado a considerar seriamente. Na prática, o argumento normalmente vai na direção oposta: se a postulação de uma operação mental é essencial para alguma explicação psicológica apreciada, então o teórico tende a admitir que deve haver um programa para uma máquina de Turing que possa realizar essa operação.

...

Tal é a origem, a proveniência e a promessa do funcionalismo contemporâneo. O quanto ele é bem-sucedido? Não é fácil responder a essa questão, pois muito do que ocorre hoje na filosofia da mente e nas ciências cognitivas está direcionado a explorar o alcance e os limites da explicação funcionalista do comportamento. Contudo, eu farei uma rápida consideração sobre isso.

Uma objeção óbvia ao funcionalismo como uma teoria da mente é que a definição funcionalista não está limitada aos estados e processos mentais. Catalisadores, máquinas de coca-cola, abridores de válvulas, apontadores de lápis, ratoeiras e ministros da fazenda são todos, de um modo ou de outro, conceitos funcionalmente definidos, mas nenhum deles é um conceito mental como dor, crença e desejo. O que, então, caracteriza o mental? E o que ele pode capturar numa estrutura funcionalista?

Segundo a visão tradicional na filosofia da mente, os estados mentais são distinguidos por terem o que é chamado de conteúdo qualitativo ou intencional. Discutirei primeiro o conteúdo qualitativo.

Não é fácil dizer o que é um conteúdo qualitativo: de acordo com algumas teorias, não é nem possível dizer o que ele é porque só pode ser conhecido por experiência direta, não por descrição. Entretanto, tentarei descrevê-lo. Tente imaginar que você está olhando para uma parede branca através de um filtro vermelho. Agora mude o filtro para verde e deixe tudo como estava. Algo sobre o caráter de sua experiência muda quando o filtro muda, e é esse tipo de coisa que os filósofos chamam de conteúdo qualitativo. Não me sinto totalmente confortável em introduzir o conteúdo qualitativo desse jeito, mas este é um assunto com o qual muitos filósofos não se sentem confortáveis. ㉛

O motivo pelo qual o conteúdo qualitativo é um problema para o funcionalismo é imediato. O funcionalismo propõe-se a definir os estados mentais em termos de suas causas e efeitos. Parece, contudo, que os estados mentais podem ter relações causais e, mesmo assim, ainda podem diferir com respeito ao seu conteúdo qualitativo. Permita-me ilustrar isso com o clássico enigma do espectro invertido.

É possível imaginar dois observadores que se assemelham em todos os aspectos psicológicos relevantes, exceto que as experiências de um conteúdo qualitativo do vermelho para um observador teriam o conteúdo qualitativo de verde para o outro. Nada sobre o comporta-

---

㉙ Essa sugestão é, de fato, muito influente na filosofia da mente recente. O quanto ela é plausível? Será que manipular símbolos é a principal coisa que a mente faz? (Ver a Questão para Discussão 4.)

㉚ Se todo processo e operação são realizados por um mecanismo (ver nota 25), não há mistério a ser resolvido e, portanto, nenhum homúnculo é necessário.

㉛ A ideia de conteúdo qualitativo é essencialmente a mesma que aquela das **propriedades fenomenais** ou *qualia* (ver a anotação 17 do texto de Smart).

> **32** A princípio, você pode pensar que, se o mesmo objeto aparecesse diferentemente colorido para diferentes pessoas, então a diferença logo seria descoberta. Contudo, se as palavras para cores são aprendidas ao se apontar os objetos, então, quaisquer que sejam as diferenças na experiência da cor, elas se correlacionarão sistematicamente com as diferenças no modo como cada pessoa entende essas palavras: duas dessas pessoas concordarão em chamar tomates maduros de "vermelhos" mesmo se elas tiverem diferentes experiências com cores ao olharem um tomate maduro. Assim, a descrição verbal deles não revelará a diferença. (Será que há algum outro modo pelo qual ela possa ser revelada?)

> **33** Se duas pessoas estão nessa situação com respeito às suas experiências com tomates maduros, então o conteúdo qualitativo de seus estados de experiência pode ser totalmente diferente, mesmo se o papel causal de cada um desses estados for exatamente o mesmo: eles são causados por tomates maduros (e outras coisas como carros de bombeiro, bife cru, etc.) e causam cada uma delas a dizer "vermelho" quando perguntada sobre qual cor ela está percebendo (e a fazer várias outras coisas, dependendo do que mais esteja acontecendo). Mas então a abordagem funcionalista de tais estados de experiência em termos do papel causal está equivocada, pois ela deixa de lado a característica central de tal estado.

mento deles precisa revelar essa diferença, porque ambos veem tomates maduros e ocasos flamejantes como exibindo a mesma cor chamada "vermelho". **32** Além disso, a conexão causal entre suas experiências (qualitativamente distintas) e seus outros estados mentais também pode ser idêntica. Talvez ambos pensem na Chapeuzinho Vermelho quando veem tomates maduros, ou se sintam deprimidos quando veem a cor verde, e assim por diante. É como se qualquer coisa que pudesse ser inserida na noção do papel causal de suas experiências pudesse ser compartilhada por eles, mas o conteúdo qualitativo das experiências fosse tão diferente quanto possível. Se isso é assim, então a abordagem funcionalista não se aplica aos estados mentais que tenham conteúdo qualitativo. Se uma pessoa está tendo uma experiência do verde enquanto outra está tendo do vermelho, então certamente elas devem estar em diferentes estados mentais. **33**

O exemplo do espectro invertido é mais do que um enigma verbal. Ter conteúdo qualitativo deve ser um fato importante naquilo que torna consciente um estado mental. Muitos psicólogos que estão inclinados a aceitar a estrutura funcionalista preocupam-se, todavia, com o fracasso do funcionalismo em revelar muito sobre a natureza da consciência. Os funcionalistas fizeram algumas tentativas engenhosas para que eles próprios e seus colegas deixassem essa preocupação de lado, mas não obtiveram, a meu ver, muito sucesso. (Por exemplo, talvez estejamos errados ao pensar que podemos imaginar o que seria um espectro invertido.) Tal como as coisas estão, o problema do conteúdo qualitativo apresenta uma séria ameaça à afirmação de que o funcionalismo pode fornecer uma teoria geral do mental.

O funcionalismo tem se saído melhor com o conteúdo intencional dos estados mentais. Realmente, é aqui que as maiores realizações das recentes ciências cognitivas podem ser encontradas. Dizer que um estado mental tem um conteúdo intencional é dizer que ele tem certas propriedades semânticas. Por exemplo, que Enrico acredite que Galileu era italiano aparentemente envolve uma relação tripla entre Enrico, uma crença e uma proposição que é o conteúdo da crença (a saber, a proposição de que Galileu era italiano). Em particular, é uma propriedade essencial da crença de Enrico que ela seja sobre Galileu (e não, digamos, sobre Newton) e que seja verdadeira se e somente se Galileu tenha sido realmente italiano. Os filósofos estão divididos a respeito de como essas considerações se relacionam entre si, mas é amplamente aceito que as crenças envolvem propriedades semânticas, tais como expressar uma proposição, ser verdadeira ou falsa e versar sobre uma coisa e não sobre outra.

...

A ideia corrente é que as propriedades semânticas de uma representação mental são determinadas por aspectos de seu papel funcional. Em outras palavras, uma condição suficiente para se ter propriedades semânticas pode ser especificada em termos causais...

Nenhum filósofo está hoje preparado para dizer exatamente como o papel funcional de uma representação mental determina suas propriedades semânticas. No entanto, o funcionalista reconhece três tipos de relação causal entre os estados psicológicos que envolvem representações mentais, e eles podem servir para se ajustarem às propriedades semânticas das representações mentais. Os três tipos são: as relações causais entre os estados mentais e estímulos; os estados mentais e as respostas; alguns estados mentais e outros estados mentais.

Considere a crença de que John é alto. Os seguintes fatos – que correspondem, respectivamente, aos três tipos de relação causal – são supostamente relevantes para determinar as propriedades semânticas da representação mental envolvida na crença. Primeiro, a crença é um efeito normal de certos estímulos, tal como ver John em circunstâncias que revelam sua altura. Segundo, a crença é a causa normal de certos efeitos comportamentais, tal como proferir "John é alto". Terceiro, a crença é uma causa normal de outras crenças e um efeito normal de outras crenças. Por exemplo, qualquer um que acredite que John seja alto provavelmente também acredita que alguém é alto. Ter a primeira crença é normalmente suficiente do ponto de vista causal para se ter a segunda. E qualquer um que acredite que todos num recinto sejam altos e também acredite que John esteja no quarto provavelmente acreditará que John seja alto. A terceira crença é um efeito normal das duas primeiras. Em suma, o funcionalista sustenta que a proposição expressa por uma representação mental depende de propriedades causais dos estados mentais em que figura a representação mental. **34**

A ideia de que as propriedades semânticas das representações mentais são determinadas por aspectos de seu papel funcional está no centro dos estudos correntes nas ciências cognitivas. No entanto, essa ideia pode não ser verdadeira. Muitos filósofos que não são simpáticos à virada cognitiva na psicologia moderna duvidam de sua verdade, e muitos psicólogos provavelmente o rejeitariam em função desse modo pouco elaborado e trivial em que a esquematizei. Contudo, mesmo em sua forma esquematizada, há muito o que dizer em seu favor: ela legitima a noção de representação mental, que tem se tornado cada vez mais importante para se teorizar em qualquer área das ciências cognitivas. Avanços recentes na formulação e no teste de hipóteses sobre o caráter da representação mental, em campos que vão da fonética à visão por meio de computador, sugerem que o conceito de representação mental é fundamental para teorias empíricas da mente. **35**

O behaviorista tem evitado o recurso à representação mental porque isso contraria sua visão dos mecanismos explicativos que podem figurar nas teorias psicológicas. No entanto, a ciência da representação mental está florescendo hoje em dia. A história da ciência revela que, quando uma teoria bem-sucedida conflita com o escrúpulo metodológico, geralmente é o escrúpulo que cede. Do mesmo modo, o funcionalista eliminou as amarras behavioristas sobre as explicações psicológicas. É provável que não haja nenhum modo melhor de decidir o que é metodologicamente permissível em ciência do que investigar o que a ciência bem sucedida requer.

34 Todas essas coisas parecem ser verdadeiras a respeito da crença de que John é alto. A questão é se elas são suficientes para caracterizar esse estado mental, isto é, se qualquer estado que tenha esse papel causal automaticamente for tal crença. (As outras crenças envolvidas devem ser identificadas apenas pelo papel causal.) O quanto isso é plausível? (ver a Questão para Discussão 5.)

35 Uma representação mental é um estado mental com um conteúdo que descreve ou diz algo sobre alguma coisa ou situação. Pensar que baseball é um esporte excitante é ter uma representação mental cujo conteúdo faz uma afirmação específica sobre o jogo específico.

Questões para Discussão

1. Na página 169, Fodor levanta duas objeções às abordagens dualistas da causação mental.

    a) Uma delas tem a ver com a localização espacial: por que um estado mental que, de acordo com o dualista, não tem uma posição espacial produz um efeito numa localização espacial e não em outra – isto é, afeta um corpo e não outro? A seleção de Foster contém uma resposta possível a essa objeção (em sua discussão do "problema dos pares causais"). O quanto essa resposta é plausível? Você consegue pensar numa outra resposta em nome do dualista?

    b) A outra objeção de Fodor apela para várias leis de conservação: considere, por exemplo, a lei da conservação de energia. A ideia de Fodor aqui pode ser a de que as transações causais envolvem energia, de modo que, se houvesse relações causais entre estados mentais e estados físicos, a energia estaria ou entrando (se o estado mental afeta causalmente o estado físico) ou deixando (se o estado físico afeta causalmente o estado mental) o domínio físico, em qualquer caso violando o princípio da conservação de energia – admitindo que isso se aplica ao domínio físico tomado em si mesmo. Você conseguiria pensar num modo de entender a lei que não seria violado por tais casos? O quanto estamos seguros e com base em que dizemos que a lei, entendida do modo como Fodor a concebe, é verdadeira? (Você pode ter de fazer uma pequena pesquisa sobre a lei da conservação de energia para responder a essa questão.)

2. Pense com cuidado sobre o que significa ser *frágil*. Suponha que sempre lhe disseram para ser muito cuidadoso com o vaso favorito de sua mãe porque ele é frágil. De certo modo, você sabe o que isso significa: esse vaso se quebrará mais facilmente do que muitos outros se receber igual tratamento. Mas o que deve ser verdade acerca do próprio vaso para que isso seja assim? Uma propriedade disposicional como a fragilidade descreve como um objeto se comportará sob certas circunstâncias, mas muitos filósofos pensam que tal descrição é apenas a primeira fase de uma explicação do comportamento. Alguém pode

também perguntar *por que* o objeto se comporta dessa forma em tais circunstâncias, e a resposta a essa questão normalmente recorrerá a alguma propriedade fundamental não disposicional – no caso do vaso, algo sobre sua estrutura molecular. Agora pense nessa mesma questão em relação às disposições do behaviorista. Uma resposta seria que tal disposição é o resultado de um estado mental subjacente e, nesse caso, o behaviorista não explicou, no final das contas, os estados mentais. Há alguma outra resposta plausível que o behaviorista pode dar?

3. Tente imaginar como uma máquina de Turing teria de ser programada a fim de servir como um processador interno da máquina de coca-cola. A máquina começa escaneando um quadrado em branco da fita. Há um certo dispositivo que causa a impressão de um símbolo específico na fita quando uma moeda de 5 centavos é inserida e um símbolo diferente para uma moeda de 10 centavos (talvez apenas os numerais "5" e "10"); e alguns outros símbolos (talvez a marca da coca e um "menos 5") que causam a liberação, por parte de outro dispositivo, de uma coca-cola ou de uma moeda de 5 centavos quando elas aparecem na fita. (Esses dispositivos adicionais não são parte da máquina de Turing, mas representam seu *input* e *output*.) Sua tarefa é descrever um conjunto de estados da máquina de Turing (*S0, S1, S2*, etc. – contrariamente ao que a discussão de Fodor sugere, você precisará mais do que dois), onde *S0* é o estado inicial quando ela escaneia a fita em branco antes da inserção de qualquer moeda. Para cada estado, você precisa dizer o que a máquina faz quando está nesse estado e está olhando cada um dos cinco estados possíveis da fita (incluindo em branco): ela pode apagar o símbolo que lá está, escrever um novo símbolo (mas apenas se a fita estiver previamente em branco), ou deixar esse símbolo inalterado; e ela pode movê-lo para esquerda ou para a direita ao longo da fita ou deixá-lo no mesmo lugar (mas apenas uma ação de imprimir ou apagar, e um movimento por combinação de estado e símbolo). Você precisa organizar os estados de modo que a máquina "saiba" quanto dinheiro foi inserido, imprima o símbolo da coca-cola ao receber 10 centavos, imprima o símbolo "menos 5" quando a mudança é esperada e finalize o processo apagando todos os símbolos, de modo que a fita fique novamente em branco para a próxima vez. Suponha que o dispositivo de *input* imprime o símbolo relevante no quadrado que a máquina estiver escaneando se esse quadrado estiver em branco e, caso contrário, no primeiro quadrado em branco à direita. Suponha também que as pessoas que tentam comprar latas de coca-cola jamais põem mais do que 15 centavos na máquina e põem mais de 10 centavos apenas se for uma moeda de 5 centavos seguida por uma de 10 centavos.

4. Fodor sugere (tal como muitos outros) que as operações da mente podem ser manipulações de símbolos. Aqui, um símbolo é algo análogo a uma palavra na linguagem: algo que representa uma coisa, mas não em virtude de seu caráter intrínseco. Assim, a palavra "pássaro" representa pássaros, mas não por causa de seu formato intrínseco; esse formato poderia ter representado uma coisa inteiramente diferente, ou poderia ter sido apenas um rabisco sem sentido. (Em contraste com isso, o desenho de um pássaro representaria um pássaro por causa de seu formato específico e então não seria, nesse sentido, um símbolo.) A sugestão de Fodor é essencialmente que essas pessoas pensam e refletem em virtude de terem símbolos em suas mentes ou cérebros: não símbolos de uma "linguagem natural" como o inglês,* mas símbolos numa "linguagem do pensamento" que é, talvez, inata. Pensar em pássaros é estar num estado análogo ao de ter a palavra "pássaro" escrita num quadro-negro mental; e inferir, a partir do fato de que algo é um pássaro, a conclusão de que ele tem sangue quente, é como ter uma ocorrência da palavra mental "pássaro" causando uma ocorrência da palavra mental "sangue quente". Um problema com esse tipo de visão é se e como a pessoa em questão *entende* o significado dos símbolos. Pense em seu computador: ele contém símbolos de um tipo análogo (sequências digitais de 0 e 1), mas será que entende o que eles significam? Será que apenas processar símbolos é o bastante para a atividade mental significativa (tal como pensar, raciocinar, imaginar, ter medo, etc.)? (O primeiro artigo selecionado, de Searle, tem mais a dizer sobre essa questão.)

5. Suponha que há um estado mental com o papel causal descrito por Fodor na passagem correspondente à nota 34 – ou talvez um papel causal mais elaborado, com

---

* N. de R. Assim como o português.

outras relações causais adicionadas. Será que o fato de esse estado mental satisfazer quaisquer desses conjuntos de relações causais é suficiente para garantir que ele seja o pensamento *consciente* de que John é alto? Será que há uma razão clara pela qual um estado não possa satisfazer nenhum papel causal desse tipo, não importa o quão seja elaborado, e não envolva nenhuma consciência de modo algum?

6. Foster (p. 208) levanta a objeção de que, numa visão funcionalista ("identidade exemplar-exemplar"), apenas os aspectos *físicos* do estado cerebral que satisfaz o papel funcional requerido para ser um estado mental particular afetarão causalmente outros estados físicos, com a descrição mentalista do estado sendo causalmente irrelevante. Se assim for, então o funcionalismo parecerá objetável do ponto de vista do senso comum do mesmo modo que o epifenomenalismo o foi, já que ele também implica que os estados mentais das pessoas não afetam causalmente seu comportamento. Será que esse é um problema sério para o funcionalismo? Faria sentido a um funcionalista atribuir significação causal ao fato de que um estado cerebral satisfaz um certo papel funcional ou causal? Se não, isso significa que o estado mental é causalmente irrelevante, mesmo que o estado cerebral não seja? (Essa é uma questão *bastante* difícil, à qual os funcionalistas têm dificuldades em responder, mas que vale muito a pena considerar.)

Os estados mentais intencionais são análogos aos estados de um computador?

A.M. Turing

Alan Turing (1912-1954) foi um matemático britânico por vezes descrito como o pai da ciência computacional. Turing trabalhou para o governo britânico durante a Segunda Guerra Mundial e desempenhou um papel vital na decodificação das comunicações de rádio alemãs.

Neste artigo, ele considera a questão "o computadores podem pensar?", a qual é indiretamente importante para avaliar a visão funcionalista dos estados mentais. Turing argumenta que o melhor modo de abordar essa questão é reformulá-la em termos de um jogo distintivo que ele descreve ("o jogo da imitação") – e um ponto importante sobre o artigo é se essa reformulação realmente captura a questão original de um modo adequado.

Maquinário Computacional e Inteligência[8]

Proponho-me a considerar a questão "a máquinas podem pensar?". Devemos começar com as definições do significado dos termos "máquina" e "pensar". As definições podem ser estruturadas de modo a refletir, tanto quanto possível, o uso normal das palavras, mas essa atitude é perigosa. Se o significado das palavras "máquina" e "pensar" deve ser encontrado examinando-se como elas comumente são usadas, é difícil evitar a conclusão de que o significado e a resposta à questão "as máquinas podem pensar?" devem ser buscadas num exame estatístico, tal como faz o Instituto Gallup. Mas isso é absurdo. Em vez de tentar tal definição, eu substituirei a questão por outra, que se relaciona intimamente a ela e é ex-

---
[8] Extraído de *Mind*, v. LIX, n. 236 (1950).

❶ A abordagem de Turing da modificação do jogo para o caso do computador não é muito clara. Como será mostrado na próxima discussão, ele tem em mente um jogo em que o interrogador está tentando decidir qual dos dois outros jogadores (um sendo humano de um gênero e outro um computador) é o computador e qual é o humano. O humano está tentando ajudá-lo e responderá verdadeiramente, enquanto o computador está programado de modo a tentar enganá-lo.

❷ R Uma vez que o que está em questão é se o computador pode pensar, outras características do tipo "como ele se parece?" são irrelevantes. Comunicar-se via teletipo (ou a alternativa mais moderna de algo como **e-mail**) é um modo de deixar de lado essas questões irrelevantes.

❸ R Assim, Turing está dizendo que ser capaz de enganar o interrogador com suficiente frequência é uma **condição suficiente** para determinar (razoavelmente) que o computador pode pensar, mesmo que esta não seja, talvez, uma **condição necessária**: pode haver computadores que não sejam bem-sucedidos no jogo, mas que ainda estejam pensando de algum outro modo. Isso passou a ser chamado de "teste de Turing" (ver, por exemplo, a seleção de Searle mais adiante nesta seção).

pressa em palavras relativamente livres de ambiguidade.

A nova forma do problema pode ser descrita em termos de um jogo que eu chamo de "jogo da imitação". Ele é jogado com três pessoas, um homem (A), uma mulher (B) e um interrogador (C) que pode ser tanto homem quanto mulher. O interrogador fica num quarto isolado dos outros dois. O objetivo do jogo para o interrogador é determinar qual dos dois é o homem e qual a mulher. Ele os conhece pelos rótulos X e Y e, no final do jogo, diz ou "X é A e Y é B" ou "X é B e Y é A". Ao interrogador é permitido colocar questão a A e a B da seguinte forma:

C: Será que X poderia me dizer o comprimento de seu cabelo?

Ora, suponha que X é realmente A, então A deve responder. O objetivo de A no jogo é o de tentar levar C a fazer uma identificação incorreta. Sua resposta poderia, então, ser:

"Meu cabelo é curto, e os fios mais longos têm mais ou menos 23 cm".

Para que os tons de voz não ajudem o interrogador, as respostas devem ser escritas ou, melhor ainda, datilografadas.* O arranjo ideal é ter um teletipo para a comunicação entre os dois quartos. Alternativamente, a questão e as respostas podem ser repetidas por um intermediário. O objeto do jogo para o terceiro jogador (B) é ajudar o interrogador. A melhor estratégia para ela é provavelmente fornecer respostas verdadeiras. Ela pode adicionar coisas como "eu sou a mulher, não preste atenção nele!" para suas respostas, mas isso de modo algum lhe será útil, pois o homem pode fazer observações similares.

Agora perguntamos. "O que acontecerá quando uma máquina assumir o papel de A nesse jogo?". Será que o interrogador, quando o jogo é jogado dessa forma, cometerá erros com a mesma frequência mostrada quando ele é jogado entre um homem e uma mulher? Essas questões substituem nossa questão original, "as máquinas podem pensar?" ❶

---

* N. de R.T. Devido à época em que o artigo foi escrito (1950), optou-se por manter o termo *datilografados*. Hoje, porém, com a ampla difusão do uso dos computadores, é evidente que as respostas seriam *digitadas*.

2. A CRÍTICA DO NOVO PROBLEMA

...

O novo problema tem a vantagem de estabelecer uma linha bem definida entre as capacidades físicas e intelectuais de um homem. Nenhum engenheiro ou químico afirma ser capaz de produzir um material que seja indistinguível da pele humana. É possível que, em algum momento, isso possa ser possível; porém, mesmo supondo essa invenção como disponível, devemos perceber que não basta tentar fazer uma "máquina pensante" mais humana vestindo-a de carne artificial. A forma como colocamos o problema reflete esse fato ao impedir o interrogador de ver ou tocar os outros competidores, ou escutar suas vozes. ❷

O jogo pode talvez ser criticado com base no fato de que ele é bem desfavorável à máquina. Se o homem fosse tentar fingir ser uma máquina, ele sem dúvida não seria bem-sucedido. Ele seria flagrado imediatamente pela sua lentidão ou imprecisão em aritmética. Será que as máquinas poderiam não realizar algo descrito como pensamento, mas sim algo bem diferente do que um homem faz? Essa objeção é contundente, mas ao menos podemos dizer que, se uma máquina pode ser construída para jogar o jogo da imitação satisfatoriamente, então não precisamos nos preocupar com essa objeção. ❸

6. VISÕES CONTRÁRIAS SOBRE A QUESTÃO PRINCIPAL

Podemos agora considerar que o fundamento tenha sido esclarecido e estamos prontos a proceder ao debate sobre a nossa questão, "as máquinas podem pensar?"...

Será mais simples ao leitor se eu explicar... as minhas próprias crenças sobre o assunto. Considero primeiro a forma mais precisa da questão. Acredito que, em 50 anos [portanto, no ano 2000], será possível programar computadores com uma capacidade de armazenamento de 10^9 e fazê-los jogar o jogo da imitação tão bem que um interrogador médio não terá mais do que 70% de chance de fazer uma identificação correta após cinco minutos de questionamento. Creio que a questão original, "as máquinas podem pensar?", é tão sem sentido que não merece discussão. Todavia, creio que, no final do século, o uso das palavras e a opinião pública em geral terão se alterado tanto que será possível falar de máquinas pensantes sem se esperar ser contraditado...

Questões para Discussão

1. Você considera que o seu computador (ou o que você usa na biblioteca ou no laboratório) realmente pensa no mesmo sentido em que você pensa? Quando, por exemplo, você joga um jogo nele (talvez com o computador como oponente), será que ele está a par, de algum modo, do que está acontecendo? Ou é apenas uma máquina de calcular? Suponha que o programa para um jogo de computador inclua (como sempre ocorre) instruções que geram afirmações do computador sobre o quanto ele odeia perder ou o quanto ele se exulta ao derrotar você – isso lhe dá uma razão a mais para supor que ele está pensando genuinamente? Talvez, de um forma mais relevante, haja alguma boa razão para pensarmos que os computadores sejam *conscientes*?

2. Será que a habilidade de estimular um padrão aparentemente inteligente de respostas a questões fornece uma boa razão para acreditarmos que um computador entende as questões e as respostas e, por conseguinte, pensa? Suponha que um programa de enciclopédia seja capaz de responder a questões e inclusive a questões de acompanhamento. Será isso uma evidência de que ele está pensando, ou apenas uma questão de recuperação mecânica de informação sem qualquer pensamento ou entendimento da parte do computador? Há algum nível de atuação nessas tarefas que tornaria mais razoável supor que um computador está pensando do que supor que ele está meramente realizando operações mecanicamente? Se a resposta for positiva, como esse nível pode ser especificado?

3. Os programas de jogo de xadrez têm atingido um alto nível de sofisticação: eles podem facilmente derrotar um jogador humano médio e podem se sair bem mesmo contra os maiores jogadores humanos de xadrez do mundo. Será que essa é uma boa razão para se pensar que um computador que execute tal programa esteja pensando? Uma coisa que parece ser verdadeira é que o programa de computador determina seus movimentos de um modo bem diferente dos jogadores humanos, a saber, calculando os resultados de movimentos em longas sequências de movimentos alternativos de um modo que nenhum ser humano é capaz. Suponha que, em dada posição de xadrez, um ser humano e um computador fazem o mesmo movimento brilhante. O ser humano faz isso refletindo sobre a posição, pensando à frente vários movimentos, mas também empregando ideias estratégicas gerais. O computador só calcula todas as possibilidades para muito mais movimentos à frente do que o ser humano é capaz. Será que o fato de o computador chegar, de um modo bem diferente, ao mesmo resultado que o ser humano chega pensando, produz uma boa razão para se acreditar que o computador também esteja pensando? Por que sim, ou por que não?

4. Pense nos filmes contemporâneos em que a questão sobre se os computadores podem pensar é ou discutida ou reconhecida. Por exemplo, no filme chamado *O caçador de androides*, há um robô que age como se "ela" fosse humana. No filme, ela "acredita" ser humana; ela foi programada com "memórias" de infância e tem fotos que são, na verdade, montagens de quando ela era criança. Porém, ela jamais foi uma criança, dado que já foi construída como uma "mulher" adulta. Ela tem "pele" e "sangra" quando cortada, mas sua "pele" e seu "sangue" são supostamente diferentes em termos de composição química da pele e do sangue humanos. Contudo, ela pode mover-se e falar; logo passaria facilmente no Teste de Turing. Ela inicialmente engana todo mundo no filme – o personagem representado por Harrison Ford chega inclusive a se apaixonar por ela! Admitindo que tal caso seja realmente possível, o que deve ser verdadeiro acerca desse ser a fim de que possamos dizer que ela realmente pensa? Será que deve haver uma consciência real envolvida, ou só o comportamento é suficiente? – que é essencialmente a afirmação de Turing.

> ## John R. Searle
>
> John Searle (1932-) é um filósofo americano que leciona na University of California, Berkeley. A maior parte do seu trabalho concentra-se em questões no campo da filosofia da mente, mas ele também fez importantes contribuições para a filosofia da linguagem e a filosofia das ciências sociais.
>
> Searle é, talvez, mais famoso pelo seu experimento de pensamento chamado "O Quarto Chinês". Neste artigo, ele usa o experimento de pensamento do Quarto Chinês para se contrapor à visão que ele chama de IA (Inteligência Artificial) Forte. Embora ele não mencione o funcionalismo explicitamente, esta é, de fato, a filosofia da mente que subjaz e dá suporte à IA Forte. (Há um caloroso e contínuo debate sobre seu experimento de pensamento desde que Searle o publicou pela primeira vez em 1980.) Neste artigo, Searle também apresenta uma alternativa positiva ao funcionalismo: uma visão, ainda materialista, de acordo com a qual os estados mentais são biológicos ou neurobiológicos.

A Mente do Cérebro é um Programa de Computador?[9]

❶ Esta não é, com certeza, a noção comum de "máquina" e também não é a noção que Searle está particularmente interessado. Note que ele rejeita o dualismo desde o início, embora não ofereça nenhum argumento real contra essa visão aqui.

❷ Se o programa fosse constitutivo do pensamento, então simplesmente executar um programa, por si mesmo, seria logicamente suficiente para o pensamento (do mesmo modo que ser um adulto não casado é logicamente suficiente para ser solteiro).

❸ De acordo com essa versão do Teste de Turing, um computador tem uma certa habilidade apenas no caso de um especialista não poder dizer, com base em suas respostas a inputs, que ele não é um ser humano exercendo essa mesma habilidade.

(Obviamente, isso não seria um bom teste se o período de tempo envolvido fosse muito curto – por exemplo, os 5 minutos originalmente especificados por Turing. Para tornar plausível a afirmação resultante, a exigência tem de ser aparentemente a de que a diferença entre um ser humano e o computador não pode ser percebida mesmo num período de tempo ilimitado.)

Uma máquina pode pensar? Uma máquina pode ter pensamentos conscientes exatamente no mesmo sentido que você eu temos? Se por "máquina" se quer dizer um sistema físico capaz de realizar certas funções (e o que mais se poderia queria dizer?), então os seres humanos são máquinas de um tipo biológico especial – e os seres humanos podem pensar e, assim, sem dúvida as máquinas podem pensar. **❶** E, até onde saibamos, seria possível produzir uma máquina pensante a partir de materiais totalmente diferentes – por exemplo, chips de silício e tubos a vácuo. Talvez isso se revele impossível, mas certamente ainda não o sabemos.

Em décadas recentes, contudo, a questão sobre se uma máquina pode pensar tem sido interpretada de modo inteiramente diferente. A questão que foi colocada em seu lugar é: será que uma máquina poderia pensar apenas executando um programa de computador? O próprio programa seria constitutivo do pensamento? **❷** Essa é uma questão completamente diferente, porque ela não trata das propriedades físicas e causais dos sistemas físicos reais ou possíveis, mas sim das propriedades computacionais e abstratas dos programas formais de computadores que podem ser executados em qualquer tipo de substância, sob a única condição de que a substância seja capaz de carregar o programa.

Um grande número de pesquisadores em inteligência artificial (IA) acredita que a resposta à segunda questão é sim, isto é, eles acreditam que, ao criar programas corretos com os *inputs* e *outputs* corretos, eles literalmente estão criando mentes. Eles acreditam, além disso, que possuem um teste científico para determinar o sucesso ou o fracasso: o Teste de Turing, concebido por Alan M. Turing, o fundador da inteligência artificial. O Teste de Turing, tal como se entende hoje, é simplesmente o seguinte: se um computador pode atuar de tal forma que um especialista não possa distinguir sua atuação da atuação de um ser humano com certa habilidade cognitiva – por exemplo, a habilidade de fazer adições ou de falar chinês –, então o computador também tem essa habilidade. **❸** Assim, o objetivo é criar programas que irão estimular a cognição humana de modo a passar no Teste de Turing. E mais, tal programa não será meramente um modelo da mente: ele será, literalmente, uma mente, no mesmo sentido que uma mente humana é uma mente.

Nem todos os trabalhos em inteligência artificial aceitam essa visão extrema. Uma abordagem mais prudente é

---

[9] Extraído de *Scientific American*, v. 262 (janeiro de 1990).

pensar os modelos computacionais como sendo úteis no estudo da mente assim como são úteis no estudo do tempo, da economia ou da biologia molecular. Para distinguir essas duas abordagens, chamo a primeira de IA Forte e a segunda de IA Fraca. É importante ver somente o quanto a abordagem IA Forte é audaciosa. A IA Forte afirma que pensar é apenas uma manipulação de símbolos formais, e isso é exatamente o que o computador faz: manipular símbolos formais. Essa visão é frequentemente resumida ao se dizer: "a mente está para o cérebro como o programa está para o *hardware*". ❹

A IA Forte é incomum em relação às teorias da mente em pelo menos dois sentidos: ela pode ser afirmada claramente e pode ser refutada simples e decisivamente. A refutação pode ser realizada por qualquer pessoa. Veja aqui um exemplo. Considere uma linguagem que você não entenda. No meu caso, eu não entendo chinês. Para mim, a escrita chinesa parece um conjunto de rabiscos sem significado. Agora suponha que estou numa sala com cestas cheias de símbolos chineses. Suponha também que eu receba um livro de regras em inglês para combinar símbolos chineses com outros símbolos chineses. As regras identificam os símbolos totalmente pelo formato deles e não requerem que eu as entenda. ❺ As regras podem ser coisas como: "tome um sinal curvilíneo* da cesta número um e ponha-o ao lado do sinal ondulado** da cesta número dois".

Imagine que as pessoas fora da sala, fluentes em chinês, entregam-me pequenas porções de símbolos e que, em resposta, eu os manipule de acordo com o livro de regras e devolva outras pequenas porções de símbolos. Ora, o livro de regras é o "programa de computador". As pessoas que o escreveram são os "programadores", e eu sou um "computador". As cestas cheias de símbolos são o "banco de dados", as pequenas porções que são entregues a mim são as "questões" e as porções que eu devolvo são as "respostas".

Agora suponha que o livro de regras esteja escrito de tal modo que as minhas "respostas" às "questões" são indistinguíveis daquelas de um chinês. Por exemplo, as pessoas lá fora podem entregar-me alguns símbolos que, sem que eu saiba, signifiquem: "qual é sua cor favorita?" e eu posso, após consultar as regras, devolver símbolos que, sem que eu saiba, signifiquem: "minha cor favorita é azul, mas eu também gosto bastante do verde". Eu passo no Teste de Turing em entender chinês. ❻ Mesmo assim, eu sou totalmente ignorante em chinês. E não há como eu possa vir a entender chinês no sistema descrito, uma vez que não há como eu possa aprender o significado de quaisquer dos símbolos. Como um computador, eu manipulo símbolos, porém não lhes atribuo nenhum significado.

O objetivo do experimento de pensamento é este: se eu não entendo chinês apenas executando um programa de computador para entender chinês, então esse também é o caso de qualquer computador digital que execute o mesmo programa. Computadores digitais somente manipulam símbolos formais de acordo com regras no programa.

O que vale para o chinês também vale para outras formas de cognição. ❼ Apenas manipular símbolos não é, em si mesmo, suficiente para garantir a cognição, a percepção, o entendimento, o pensamento, e assim por diante. E, uma vez que os computadores *qua* computadores são dispositivos que manipulam símbolos, apenas executar um programa de computador não é suficiente para garantir a cognição.

Esse simples argumento é decisivo contra as afirmações da AI Forte. A primeira premissa do argumento simplesmente afirma o caráter formal de um programa de computador. Programas são definidos em termos de manipulações de símbolos, e os símbolos são puramente formais ou "sintáticos". A propósito, o caráter formal do programa é o que torna os computadores tão poderosos. O mesmo programa pode ser executado numa variedade indefinida de *hardwares*, e um sistema de *hardware* pode executar uma gama de programas de computador. Permita-me abreviar esse "axioma" como:

Axioma 1. Programas de computador são formais (sintáticos).

Esse ponto é tão crucial que vale a pena explicá-lo mais detalhadamente. Um computador digital processa informação codificando-a no simbolismo que o com-

---
* N. de T. *Squiggle-squiggle* no original.
** N. de T. *Squoggle-squoggle* no original.

❹ Como Searle tornará claro mais adiante, por "símbolos formais" ele quer dizer símbolos sem significado que desempenham algum papel na manipulação dos símbolos pelo computador. (A seleção anterior, de Fodor, expressa uma visão bem similar àquela atribuída aqui à IA Forte.)

❺ Se as regras identificam os símbolos pelo formato deles (e ordem), então obviamente a pessoa no quarto não precisa entender os significados dos símbolos para seguir as regras.

❻ A fim de satisfazer as exigências da AI Forte para entender chinês, a pessoa que está seguindo essas regras deveria ser capaz de produzir respostas indiscerníveis daquelas de um cidadão chinês a um grupo essencialmente ilimitado de questões desse tipo. Obviamente, se assim for, então ela irá satisfazer o Teste de Turing.

(Contudo, uma versão relativamente resumida do Teste de Turing poderia ser aplicada por uma pessoa que executa um programa não totalmente adequado neste sentido: um programa que responde satisfatoriamente às questões realmente perguntadas, mas que não o faz a questões que não foram perguntadas no momento em questão. (Ver a Questão para Discussão 1.)

❼ Por "cognição", Searle entende um pensamento de qualquer tipo.

8 Ver a discussão de Fodor de uma máquina de Turing na seleção anterior. Pode ser rigorosamente provado que qualquer coisa que qualquer computador possa fazer pode ser feito por uma máquina de Turing com um programa suficientemente complicado.

9 Dizer que um programa tem uma sintaxe, mas não uma semântica, é dizer apenas que (como vimos) as regras do programa não fazem referência aos significados dos símbolos (quer eles os tenham ou não), mas apenas às suas formas sintáticas: forma, ordem e coisas assim.

10 O processo de pensamento parece fundamentalmente depender, no mínimo, dos significados ou conteúdos dos nossos pensamentos. Parece que entendemos o que estamos pensando e raciocinamos de modo correspondente, em vez de apenas manipularmos símbolos sem qualquer referência aos significados deles. (Ver a Questão para Discussão 2.)

11 Algo tem um conteúdo intrínseco se tem esse conteúdo inteiramente por causa de suas características internas, e não por causa de suas relações externas com outras coisas. Searle pensa que os pensamentos têm conteúdo intrínseco nesse sentido (Fodor recusaria isso.) Mas o ponto essencial é que as características sintáticas das quais depende um programa de computador são independentes de qualquer tipo de conteúdo. (Ver a Questão para Discussão 3.)

12 Contrariamente ao que Searle diz aqui, não é de modo algum óbvio que qualquer coisa que possa ser simulada computacionalmente possa ser corretamente descrita como um computador. (Ele depois sugere que um estômago digerindo *pizza* pode ser simulado assim, seria muitíssimo estranho, porém, dizer que tal estômago é um computador.)

putador usa e, então, manipula os símbolos através de um conjunto de regras precisamente estabelecidas. Essas regras constituem o programa. Por exemplo, na teoria inicial de Turing sobre computadores, os símbolos eram simplesmente 0's e 1's, e as regras do programa diziam coisas como "imprima 0 na fita, mova um quadrado para a esquerda e apague 1". O surpreendente sobre computadores é que qualquer informação que possa ser afirmada numa linguagem pode ser codificada em tal sistema e qualquer tarefa de processamento de informação que possa ser resolvida por meio de regras explícitas pode ser programada. **8**

Dois outros pontos são importantes. Primeiro, os símbolos e programas são noções puramente abstratas: eles não têm propriedades físicas essenciais e podem ser executados em qualquer meio físico. Os zeros e uns, *qua* símbolos, não têm propriedades físicas essenciais e *a fortiori* não têm propriedades físicas e causais. Eu enfatizo esse ponto porque é tentador identificar computadores com alguma tecnologia específica – por exemplo, *chips* de silício – e assim pensar que as questões são sobre a física dos *chips* de silício, ou pensar que essa sintaxe identifica algum fenômeno físico que pode ter poderes causais até agora desconhecidos, tal como os fenômenos físicos reais como radiação eletromagnética ou átomos de hidrogênio, têm propriedades físicas e causais. O segundo ponto é que os símbolos são manipulados com referência a qualquer significado. Os símbolos do programa podem representar qualquer coisa que o programador ou o usuário quiser. Nesse sentido, o programa tem uma sintaxe, mas não uma semântica. **9**

O próximo axioma é apenas um lembrete do fato óbvio de que pensamentos, percepções, compreensões e coisas desse tipo têm um conteúdo mental. Em virtude de seu conteúdo, eles podem ser sobre objetos e estados de coisas no mundo. Se o conteúdo envolver a linguagem, haverá sintaxe em adição à semântica, mas o entendimento linguístico requer pelo menos uma estrutura semântica. Se, por exemplo, estou pensando sobre a última eleição presidencial, certas palavras surgirão em minha mente, porém as palavras são apenas sobre a eleição porque eu atribuo significados específicos a elas, de acordo com o meu conhecimento de por-

tuguês. Com respeito a isso, elas são diferentes dos símbolos chineses para mim. **10** Permita-me abreviar o axioma assim:

Axioma 2. As mentes humanas têm conteúdos mentais (semântica).

Agora me permita adicionar o ponto que o Quarto Chinês demonstrou. Ter os próprios símbolos – tal como ter a sintaxe – não é suficiente para se ter uma semântica. Apenas manipular os símbolos não é suficiente para garantir o conhecimento do que eles significam. Eu abreviarei isso como:

Axioma 3. A sintaxe, por si mesma, não é constitutiva nem é suficiente para a semântica.

Em certo nível, esse princípio é verdadeiro por definição. Sem dúvida, os termos sintaxe e semântica podem ser definidos diferentemente. O importante aqui é que há uma distinção entre elementos formais, que não têm nenhum significado ou conteúdo intrínseco, e aqueles fenômenos que têm conteúdo intrínseco. **11** Dessas premissas segue-se que:

Conclusão 1. Os programas não são constitutivos nem suficientes para serem mentes.

E isso é só outro modo de dizer que a IA Forte é falsa.

É importante ver o que é provado e o que não é por intermédio desse argumento.

Primeiro, não tentei provar que "um computador não pode pensar"; se qualquer coisa que pode ser simulada computacionalmente pode ser descrita como um computador, e se nossos cérebros podem, em algum nível, ser simulados, segue-se trivialmente que nossos cérebros são computadores e que podem certamente pensar. **12** Mas do fato de que um sistema poder ser simulado por manipulação de símbolos, e do fato de estar pensando, não se segue que o pensamento seja equivalente à manipulação formal de símbolos.

Segundo, não tentei mostrar que somente sistemas de base biológica como nossos cérebros podem pensar. Neste momento, esses são os únicos sistemas que conhecemos com certeza como pensantes, mas podemos encontrar outros sistemas no universo capazes de produzir pensamentos conscientes e podemos até vir a ser capazes de criar sistemas de pensamento artificialmente. ⓭ Considero que essa questão permanece em aberto.

Terceiro, a tese da IA Forte não é que, até onde saibamos, os computadores com os programas certos podem estar pensando, que eles podem ter algumas propriedades psicológicas ainda não detectadas; ao contrário, é que eles devem estar pensando porque isso é o que basta para o pensamento.

Quarto, tentei refutar a IA Forte definida da forma anterior. Tentei demonstrar que o programa, por si mesmo, não é constitutivo do pensamento porque o programa é puramente uma questão de manipulação de símbolos formais – e sabemos que manipulações de símbolos, por si mesmas, não são suficientes para garantir a presença de significados. ⓮ Esse é o princípio de acordo com o qual o Argumento do Quarto Chinês funciona.

...

(...) O Argumento do Quarto Chinês também refuta quaisquer afirmações feitas pela IA Forte para as novas tecnologias paralelas que são inspiradas e modeladas em redes neurais. Diferente do tradicional computador de von Neumann, que procede passo a passo, esses sistemas têm muitos elementos computacionais que operam em paralelo e interagem uns com os outros de acordo com regras inspiradas pela neurobiologia. Embora os resultados ainda sejam modestos, esses modelos de "processamento distribuído paralelamente", ou "conectivista", levantam questões úteis sobre como os sistemas de rede complexos e paralelos como esses nos cérebros podem realmente atuar na produção do comportamento inteligente.

Esse caráter paralelo de processamento parecido com o cérebro é, contudo, irrelevante para os aspectos puramente computacionais do processo. ⓯ Qualquer função que pode ser computada numa máquina paralela também pode ser computada numa máquina serial. De fato, tendo em vista que as máquinas paralelas ainda são raras, os programas conectivistas são usualmente executados em máquinas seriais tradicionais. O processamento paralelo, portanto, ainda não oferece um modo de evitar o Argumento do Quarto Chinês.

Além disso o sistema conectivista está sujeito, mesmo em seus próprios termos, a uma variante da objeção apresentada pelo Argumento do Quarto Chinês original. Imagine que, ao invés de um Quarto Chinês, eu tenha um ginásio de esportes: um local contendo muitos homens que só falam inglês. Esses homens realizariam as mesmas operações que os nódulos e as sinapses numa arquitetura conectivista(...) e o resultado seria o mesmo que ter um homem manipulando símbolos de acordo com o livro de regras. Ninguém no ginásio fala uma palavra de chinês – e não há como, para o sistema como um todo, aprender os significados de quaisquer palavras chinesas. Todavia, com ajustes apropriados, o sistema pode fornecer as respostas corretas às questões chinesas. ⓰

Como sugeri anteriormente, há propriedades interessantes das redes conectivistas que as capacitam a estimular os processos cerebrais mais precisamente do que a arquitetura serial tradicional. Contudo, as vantagens da arquitetura paralela para a IA Fraca são irrelevantes nas questões entre o Argumento do Quarto Chinês e a IA Forte.

...

Muitas pessoas impressionadas com esse argumento estão, porém, confusas sobre as diferenças entre as pessoas e os computadores. Se os seres humanos são, ao menos no sentido trivial, computadores, e se os seres humanos têm uma semântica, então por que não podemos dar uma semântica a outros computadores? Por que não poderíamos programar um Vax ou um Cray de modo que também tivessem pensamentos e sentimentos? Ou por que uma nova tecnologia computacional não poderia superar a separação entre forma e conteúdo, entre sintaxe e semântica? Quais são, de fato, as diferenças entre os cérebros animais e os sistemas computacionais que levam o Argumento do Quarto Chinês a funcionar contra os computadores, mas não contra os cérebros? ⓱

A diferença mais óbvia é que os processos que definem algo como um computador – processos computacionais – são completamente independentes de qualquer referência a um tipo específico de implementação de *hardware*. Poder-se-ia, a princípio, construir um computador usando latas de cerveja amarradas com fios recebendo energia de moinhos de vento.

Todavia, quando se trata de cérebros, embora a ciência seja amplamente

---

⓭ Searle ainda não mencionou explicitamente a consciência. Porém, de fato, a razão aparentemente tão óbvia pela qual a pessoa no Quarto Chinês não entende chinês é que parece não haver nenhuma consciência dos significados dos caracteres chineses presentes.

⓮ E, como vimos, o significado (ou conteúdo) parece ser essencial ao pensamento, tal como normalmente o entendemos.

⓯ O processamento paralelo ainda depende da manipulação de símbolos formais de acordo com regras sintáticas e, portanto, não depende do significado. As regras são mais complexas, mas elas são ainda meramente sintáticas.

⓰ **R** A ideia é que cada pessoa no ginásio recebe símbolos de *input*, tanto de fora quanto de outras pessoas no ginásio, e então procede seguindo seu próprio conjunto de regras sobre quais símbolos fornecer como *output*, novamente tanto para o exterior quanto para outros no ginásio. (Seria possível inclusive ter muitos quartos chineses, com conexões apropriadas entre eles pelas quais os símbolos pudessem passar.)

⓱ Aqui, Searle admite que é o cérebro que pensa (e por isso novamente que o dualismo é falso). Dada essa suposição, a questão é como e por que o cérebro é capaz de fazer isso, enquanto os computadores que dependem da manipulação formal de símbolos não o são.

⓲ A visão de Searle é que estados mentais são propriedades de "alto nível" do cérebro, produzidas por meio de propriedades de "baixo nível" como descargas neurais. Em outra obra, ele oferece como analogia a liquidez de uma substância (tal como a água): tal como a liquidez é uma propriedade de alto nível que é causada pelas propriedades das moléculas que compõem a substância, assim também as propriedades mentais são propriedades de alto nível causadas por propriedades de baixo nível, "neurobiológicas", do cérebro.

⓳ R Como esses exemplos tornam claro, a simulação de um certo tipo de processo não deve ser identificada com o próprio processo.

⓴ A afirmação de que cérebros causam mentes é altamente enganosa, pois sugere que a mente seja uma entidade separada do cérebro, e essa não é a visão de Searle. Antes, como vimos, a ideia é que processos neurobiológicos específicos do cérebro causam eventos mentais particulares. Mas Searle realmente não ofereceu nenhuma razão clara para essa visão. O quanto ela é plausível? (Ver a Questão para Discussão 4.)

㉑ Se Searle está certo quanto ao fato de que os estados mentais são fenômenos biológicos, produzidos por propriedades específicas do cérebro, então ele está certo de que só algo com esses mesmos poderes causais podem produzir tais estados. E, se isso for verdade, então a visão funcionalista de que ser um estado mental envolve apenas executar o programa certo (tendo o *software* certo) e não qualquer *hardware* específico está errada.

ignorante sobre como os cérebros atuam de modo a produzir estados mentais, é surpreendente a extrema especificidade da anatomia e da fisiologia. Se sabemos algo sobre como os processos cerebrais produzem fenômenos mentais – por exemplo, dor, sede, visão, odor –, então é claro que processos neurobiológicos específicos estão envolvidos. A sede, pelo menos de certos tipos, é causada por certos tipos de descargas neurais que, por seu turno, são causadas pela ação de um peptídio específico, a angiotensina II. A causação se dá "de baixo para cima" no sentido de que processos neuronais de baixo nível causam fenômenos mentais de alto nível. De fato, até onde saibamos, todo evento "mental", de sensações de sede a pensamentos de teoremas matemáticos e memórias da infância, é causado por neurônios específicos que liberam descargas nas arquiteturas neurais específicas. **⓲**

Mas por que essa especificidade deve ser importante? Afinal de contas, descargas neurais podem ser simuladas em computadores que teriam uma física e uma química completamente diferentes daquelas do cérebro. A resposta é que o cérebro não instancia meramente um padrão ou programa formal (ele faz isso também), mas ele também *causa* eventos mentais em virtude de processos neurobiológicos específicos. Os cérebros são órgãos biológicos específicos, e suas propriedades bioquímicas específicas permite-lhes causar a consciência e outros tipos de fenômenos mentais. As simulações computacionais dos processos cerebrais fornecem modelos dos aspectos formais desses processos, mas a simulação não deve ser confundida com duplicação. O modelo computacional dos processos mentais não é mais real do que o modelo computacional de qualquer outro fenômeno natural.

Pode-se imaginar uma simulação computacional da ação dos peptídios no hipotálamo que é precisa até a última sinapse. Porém, igualmente, pode-se imaginar uma simulação computacional da oxidação de hidrocarbonetos no motor de um automóvel ou a ação dos processos digestivos no estômago enquanto ele digere *pizza*. E a simulação é tão irreal no caso do cérebro quanto no caso do automóvel ou do estômago. Excetuando-se os milagres, você não poderia ligar seu carro fazendo uma simulação computacional da oxidação da gasolina, assim como você não poderia digerir *pizza* executando um programa que simula tal digestão. Parece óbvio que a simulação da cognição, similarmente, não produzirá os efeitos da neurobiologia e da cognição. **⓳**

Todos os fenômenos mentais, portanto, são causados por processos neurofisiológicos no cérebro. Por iss:

Axioma 4. *Cérebros causam mentes.* **⓴**

Em conjunção com a minha conclusão anterior, eu imediatamente derivo:

Conclusão 2. Qualquer outro sistema capaz de causar mentes deve ter um poder causal (no mínimo) equivalente àqueles dos cérebros.

Isso é como dizer que, se um motor elétrico é capaz de fazer um carro movimentar-se tão rapidamente quanto um motor à gasolina, então ele deve ter (no mínimo) um *output* de força equivalente. Essa conclusão nada diz sobre os mecanismos. De fato, a cognição é um fenômeno biológico: estados e processos mentais são causados por processos cerebrais. Isso não implica que apenas um sistema biológico possa pensar, mas que qualquer sistema alternativo, não importa se feito de silício, latas de cerveja ou outra coisa, deveria ter as capacidades causais relevantes equivalentes àquelas dos cérebros. Assim, eu agora posso derivar:

Conclusão 3. Qualquer artefato que produzisse fenômenos mentais, qualquer cérebro artificial, deveria ser capaz de duplicar os poderes causais específicos dos cérebros, e ele não poderia fazer isso apenas executando um programa formal. **㉑**

Além disso, eu posso derivar uma importante conclusão sobre os cérebros humanos:

Conclusão 4. O fato de os cérebros humanos realmente produzirem fenômenos mentais não se deve somente à execução de um programa de computador.

Apresentei originalmente a parábola do Quarto Chinês na obra *Behavioral and Brain Sciences* em 1980, quando apareceram, como é a prática do jornal junto com o comentário dos pares, nesse caso, 26 comentários. Francamente, eu penso que a ideia central é bastante óbvia, mas, para minha surpresa, a publicação foi seguida de uma avalanche de objeções que – mais surpreendentemente ainda – continuam até os dias de hoje. O Argumento do Quarto Chinês claramente tocou algum nervo sensível.

A tese da IA Forte é que qualquer sistema – seja ele feito de latas de cerveja, *chips* de silício ou papel higiênico – não apenas pode ter pensamentos e sensações, mas *deve* ter pensamentos e sensações, contanto apenas que ele execute o programa certo, com os *inputs* e *outputs* certos. Ora, essa é uma visão profundamente antibiológica, e seria possível pensar que os defensores da IA ficariam felizes em abandoná-la. Muitos deles, especialmente a geração mais nova, concordam comigo, mas fico espantado com o número e a veemência dos defensores. Eis aqui algumas objeções comuns. ㉒

a) No Quarto Chinês, você realmente entende chinês, mesmo que não saiba disso. Afinal de contas, é possível que você compreenda algo sem saber que o compreende.
b) Você não entende chinês, mas há um subsistema (inconsciente) dentro de você que entende. Afinal de contas, é possível ter estados mentais inconscientes, e não há razão pela qual nosso entendimento do chinês não possa ser totalmente inconsciente.
c) Você não entende chinês, mas o quarto inteiro entende. Você é como um único neurônio no cérebro e, tal como um neurônio sozinho é incapaz de entender, apenas contribuindo para o entendimento de todo o sistema, você não entende, mas o sistema inteiro entende.
d) A semântica, afinal de contas, não existe; só existe sintaxe. É um tipo de ilusão pré-científica supor que haja no cérebro misteriosos "conteúdos mentais", "processos de pensamento" ou "semântica". Tudo o que existe no cérebro é o mesmo tipo de manipulação sintática de símbolos que ocorre nos computadores. Nada mais.
e) Você não está de fato executando um programa de computador – você só pensa que está. Tão logo você tenha um agente consciente acompanhando os passos do programa, já não é mais o caso de se executar um programa.
f) Computadores teriam semântica e não apenas sintaxe se seus *inputs* e *outputs* fossem postos numa relação causal apropriada com o resto do mundo. Imagine que puséssemos o computador dentro de um robô, instalássemos câmeras de televisão na cabeça do robô e transdutores conectando as mensagens da televisão ao computador e fizéssemos o *output* do computador operar os braços e pernas do robô. Assim, o sistema inteiro teria uma semântica. ㉓
g) Se o programa simulasse a operação do cérebro do falante chinês, então ele entenderia chinês. Suponha que simulássemos o cérebro de um chinês ao nível dos neurônios. Então, seguramente, tal sistema compreenderia chinês assim como o cérebro de qualquer chinês.

E assim por diante.

Todos esses argumentos têm uma mesma característica: eles são todos inadequados porque falham em compreender o argumento real do Quarto Chinês. Esse argumento repousa na distinção entre a manipulação de símbolos formais, que é feita pelo computador, e os conteúdos mentais biologicamente produzidos pelo cérebro, uma distinção que eu abreviei – e espero que a tenha feito de um modo correto – como a distinção entre sintaxe e semântica. Não repetirei minhas respostas a todas essas objeções, mas ajudará esclarecer as questões se eu explicar a fraqueza da objeção mais amplamente sustentada, a saber, a do argumento c – a qual chamo de réplica dos sistemas. (A réplica do simulador de cérebro, o argumento g, é outro argumento popular, mas já tratei dele na seção anterior.)

A réplica dos sistemas afirma que, sem dúvida, *você* não entende chinês, mas o sistema inteiro – você, o quarto, o livro de regras, as cestas cheias de símbolos – entende. Quando ouvi essa explicação pela primeira vez, perguntei a um de seus proponentes: "Você quer dizer que o quarto entende chinês?". A resposta dele foi sim. É uma afirmação ousada, mas, tirando sua implausibilidade, ela não funcionará em bases puramente lógicas. A ideia original do argumento foi que a manipulação de símbolos, por si mesma, não fornece de modo algum o acesso aos significados dos símbolos. Mas isso é tão verdadeiro acerca do quarto inteiro

㉒ PARE Reflita com cuidado sobre essas objeções. Muitas delas podem parecer suficientemente implausíveis para uma resposta, mas tente mesmo assim imaginar qual seria a resposta para a, b, d e e, uma vez que essas objeções não são discutidas mais adiante nesta seleção ou na seleção seguinte. (Ver a Questão para Discussão 5.) A objeção g, como Searle diz depois, já foi respondida, mas certifique-se de que você vê claramente qual é a resposta dele.

㉓ A sugestão aqui é que um símbolo mental passa a ser significativo, ou tem um conteúdo específico, que estabelece uma relação causal do tipo certo com algo, normalmente algo fora da pessoa. Assim, por exemplo, um símbolo mental viria a significar cão (ou ter o conteúdo cão) estabelecendo o tipo certo de relação causal com cães. Fodor elabora essa objeção na próxima seleção.

quanto é acerca da pessoa dentro dele. Pode-se ver esse ponto estendendo o pensamento imaginário. Imagine que eu memorize os conteúdos das cestas e do livro de regras, fazendo todos os cálculos na minha cabeça. Você pode até imaginar que eu faça isso abertamente. Não há nada no "sistema" que não esteja em mim e, uma vez que eu não entendo chinês, o sistema também não entende. ㉔

...

Já que as ideias que venho apresentando são bastante óbvias – sintaxe não é o mesmo que semântica, os processos cerebrais causam fenômenos mentais –, surge a seguinte questão: como chegamos a essa confusão? Como alguém chegou a supor que uma simulação computacional de um processo mental deveria ser a coisa real? Afinal, a característica central dos modelos é que eles contenham apenas alguns aspectos do domínio modelado, deixando de fora o resto. Ninguém espera ficar molhado numa piscina cheia de bolas de pingue-pongue como modelos das moléculas de água. Mas então por que se supôs que um modelo computacional dos processos de pensamento realmente pensaria?

Parte da resposta é que as pessoas herdaram um resíduo das teorias psicológicas behavioristas da geração passada. O Teste de Turing santifica a tentação de pensar que, se algo se comporta como se tivesse certos processos mentais, então ele deve realmente ter esses processos mentais. E isso é parte da suposição equivocada do behaviorista segundo a qual, para ser científica, a psicologia deve confinar seu estudo do comportamento àquilo que é externamente observável. Paradoxalmente, o behaviorismo residual encontra-se ligado ao dualismo. Ninguém pensa que uma simulação computacional da digestão realmente possa digerir algo; porém, quando se trata da cognição, as pessoas estão preparadas a acreditar em tal milagre porque elas não conseguem reconhecer que a mente é apenas um fenômeno tão biológico quanto a digestão. A mente, elas supõem, é algo formal e abstrato, e não parte dessa matéria úmida e viscosa em nossas cabeças. A literatura polêmica em IA normalmente contém ataques a algo que os autores chamam de dualismo, mas o que eles não conseguem ver é que eles próprios exibem o dualismo numa versão forte, pois é somente na medida em que se aceita a ideia de que a mente é completamente independente do cérebro ou de qualquer outro sistema fisicamente específico que é possível esperar que se criem mentes apenas mediante a criação de programas. ㉕

Historicamente, os desenvolvimentos científicos no Ocidente que trataram os seres humanos apenas como uma parte da ordem comum biológica e física têm sido combatidos por várias ações retrógradas – Copérnico e Galileu foram combatidos porque negaram que a Terra era o centro do universo; Darwin foi combatido porque afirmou que os seres humanos descendiam de animais inferiores. É melhor ver a IA Forte como um das últimas manifestações dessa tradição anticientífica, pois ela nega que haja algo essencialmente físico e biológico sobre a mente humana. A mente, de acordo com a IA Forte, é independente do cérebro. É um programa de computador e, como tal, não tem nenhuma conexão essencial com qualquer *hardware* específico.

Muitas pessoas que têm dúvidas sobre o significado psicológico da IA pensam que os computadores podem ser capazes de entender chinês e refletir sobre números, mas não podem fazer as coisas crucialmente humanas, a saber – e daí se segue a especialidade humana favorita deles – apaixonar-se, ter senso de humor, sentir a angústia da sociedade pós-industrial sob o capitalismo tardio, e assim por diante. Contudo, os pesquisadores em IA queixam-se - corretamente – de que esse é um daqueles casos em que se colocam os mastros da chegada mais à frente. Assim que uma simulação da IA tem sucesso, ela deixa de ter uma importância psicológica. Nesse debate, ambos os lados falham em ver a distinção entre simulação e duplicação. No que diz respeito à simulação, não há dificuldade em programar meu computador de modo a que ele imprima: "te amo, Suzy", "ha ha" ou "estou sofrendo de angústia da sociedade pós-industrial sob o capitalismo tardio". O importante é que essa simulação não é o mesmo que duplicação – e esse fato é tão importante para o pensamento sobre a aritmética como o é para se sentir angústia. O argumento não é que o computador chega apenas até a metade do caminho e não cruza a linha final. O computador nem mesmo chega a começar. Ele não está jogando esse jogo.

㉔ Outra maneira de colocar essa questão é dizer que entender chinês envolve estar consciente dos significados apropriados, e não há razão para se pensar que tal consciência exista de algum modo no quarto, separada da consciência do manipulador do símbolo.

㉕ Este é um uso bem diferente do termo "dualismo" daquele discutido na Introdução que se aplica à visão de Foster. Os funcionalistas e defensores da IA Forte não argumentam que o pensamento ocorra numa substância distinta do cérebro, nem pensam que haja propriedades mentais que são distintas de propriedades físicas. O que é verdade é que a abordagem funcionalista do que deve ser um estado mental não pode ser satisfeita apenas por um cérebro físico, mesmo que todos os funcionalistas reais acreditem que são os cérebros que de fato executam o programa relevante. Assim, enquanto o funcionalismo permite a mera possibilidade de mentes imateriais, a visão de Searle não permite.

Questões para Discussão

1. Reflita cuidadosamente sobre o Teste de Turing para o pensar. O que parece certo sobre ele (se é que há algo certo)? O que parece errado (se é que há algo errado)? Em que você se baseia para dizer que qualquer um de seus amigos ou parentes está pensando, seja em geral, seja sobre alguma coisa específica? O que ocorreria se você encontrasse um ser alienígena? Como você julgaria que ele pode pensar? Com base em que você acredita que seu cão pode ou não pode pensar? (Será que devemos ser mais prudentes em nossos juízos sobre os outros do que comumente somos?) Quanto a *consciência* é importante para o pensamento? Com base em que você julga que alguém ou algo está consciente?

2. Será que é verdade, como Searle afirma, que o pensamento normal depende essencialmente do significado ou conteúdo? Pense novamente sobre o exemplo do guarda-chuva apresentado na Introdução: eu entendo o que é a chuva e também o que é um guarda-chuva, e é por causa desse entendimento que sou levado a concluir que devo voltar e pegar meu guarda-chuva para me proteger contra a chuva. Será que há algum modo de entender os exemplos desse tipo que recorra apenas à manipulação de símbolos?

3. Muitos filósofos afirmaram que os pensamentos têm significado ou conteúdo *intrínseco*, que qualquer pensamento particular significa o que significa por causa das propriedades do próprio pensamento, e não por causa de quaisquer conexões ou relações externas com algo mais. Embora essa afirmação seja controversa para o pensamento, isso é claramente falso para os símbolos de qualquer linguagem ordinária (tal como o português, o francês ou o chinês). A palavra portuguesa "cão" e a francesa "chien" têm o mesmo significado, mas não há nada nas letras ou no modo de as letras serem reunidas que exija que essas combinações de letras tenham o significado que têm ou que realmente tenham, no final das contas, qualquer significado. O significado delas é puramente convencional e resulta, de alguma forma, dos fatos externos sobre como elas são usadas. A palavra "cão" poderia ter tido o significado da palavra "jacaré", e vice-versa. Há uma diferença entre o modo como nossos pensamentos são significativos e o modo como a linguagem é significativa? Será que o seu *pensamento* sobre cães poderia ter sido, em vez disso, um *pensamento* sobre jacarés (o que pareceria possível se, como Fodor acredita, ele fosse ou envolvesse apenas um símbolo mental)?

4. A visão de Searle de que os estados mentais como o pensamento sejam causados por e dependam essencialmente de propriedades neurobiológicas específicas foi às vezes caracterizada como uma teoria "carneísta"* da mente – porque, de acordo com ela, o pensamento depende do tipo distintivo de "carne" de que é feito o cérebro, e não da estrutura meramente formal que o funcionalista afirma. O quanto essa visão (que não se segue de nenhum modo direto dos argumentos de Searle contra o funcionalismo e a IA Forte) é plausível? Você consegue ver alguma razão para pensar que é o caráter "neurobiológico" específico do cérebro que explica o pensamento consciente – ou alguma ideia de como isso pode funcionar?

5. Considere novamente as objeções a, b, d e e ao experimento imaginário de Quarto Chinês. Será que qualquer uma dessas objeções podem ser esclarecidas e defendidas de modo a torná-la uma objeção cogente? Se assim for, então como? Se não, por que não?

Jerry Fodor

Esta seleção é retirada da réplica de Fodor à apresentação original de Searle do Argumento do Quarto Chinês (em 1980) – que não difere de nenhum modo essencial da última versão contida na seleção anterior. Fodor está especialmente criticando a réplica de Searle à objeção que foi referida na primeira versão como "réplica do robô", e ela é similar

---

* N. de T. *Meatist* no original.

① "Atitudes proposicionais" é um rótulo padrão para estados mentais como crença e desejo que envolvem uma "atitude" em relação a uma proposição (tal como a proposição de que choverá amanhã), aceitando-a (no caso da crença) ou querendo que ela seja verdadeira (no caso do desejo). Aqui, Fodor está concordando com Searle que meramente executar um programa de algum modo não é suficiente para produzir crenças e desejos genuínos. (Fodor também concorda que satisfazer o Teste de Turing não é suficiente para mostrar que, aquilo que o satisfaz, esteja pensando basicamente porque os padrões para o teste podem não ser suficientemente exigentes.)

② Fodor está afirmando que um dispositivo executando um programa dentro de um robô pode genuinamente ter crenças e desejos se houver os *tipos certos* de conexões *causais* entre os símbolos manipulados pelos dispositivos e as coisas no mundo. Dizer que a "intuição" não rejeita claramente a atribuição das atitudes proposicionais a tal dispositivo é apenas dizer que ele não parece claramente errado no caso de o programa *não* estar sendo executado por um homem dentro da cabeça de um robô. (Assim, Fodor rejeita a réplica de Searle como irrelevante no que diz respeito ao caso mais importante.)

③ Há um argumento sutil pairando no ar aqui. É óbvio que algumas fórmulas simbólicas têm significados ("interpretações"), a saber, aquelas empregadas em linguagens ordinárias como o inglês. Fodor admite que não sabemos como esse emprego funciona, mas ele está sugerindo que, independentemente de como funcione para essas linguagens, o emprego em questão pode funcionar do mesmo modo para a "linguagem do pensamento" – e que os estados mentais têm significado porque eles envolvem símbolos com significado na "linguagem do pensamento". (Contudo, ainda permanece a questão relativa a se as relações causais do tipo envolvido no caso do robô são suficientes para explicar o significado ou conteúdo em *qualquer* caso – se aquele de uma linguagem do pensamento ou aquele de mais tipos comuns de linguagens. Ver a Questão para Discussão 1.)

à objeção f na lista da seleção prévia. Essa objeção insiste que, embora o Argumento do Quarto Chinês possa mostrar com sucesso que só executar um programa supostamente certo não é suficiente para que estados e processos mentais genuínos ocorram, ele falha em mostrar que a execução do programa certo, juntamente com a satisfação de certas condições ulteriores, pode não ser suficiente. Considere um sistema em que o programa controla um robô com sistemas perceptuais e motores: sistemas para obter informação (por exemplo, uma videocâmera e um microfone) e a capacidade de movimento (de modo que ele possa, por exemplo, andar e fazer coisas). O programa executado em tal robô seria o "cérebro" que coordena os *inputs* (análogo aos *inputs* sensoriais) e os *outputs* (análogos às nossas ações). Nesse tipo de caso, haverá o que Fodor chama de "conexões causais" entre os símbolos envolvidos nas manipulações formais que constituem a execução do programa e as coisas no mundo exterior com as quais o robô interage – por meio disso, afirma Fodor, dando a esses símbolos o conteúdo ou significado semântico que Searle afirma estar faltando.

A resposta de Searle à "réplica do robô", no artigo original, foi imaginar que o sistema executando o programa dentro do robô é substituído por uma pessoa que manipula símbolos do mesmo modo formal que no Quarto Chinês original. Sua afirmação é a de que não há ainda nenhum significado ou conteúdo genuíno original a ser encontrado no sistema. Fodor insiste que não haveria o *tipo* certo de conexões causais se a pessoa estivesse dentro do robô manipulando os símbolos dessa forma, mas que poderia haver o tipo certo de conexões causais se um computador interno estivesse executando o programa.

Searle sobre O Que Só os Cérebros Podem Fazer[10]

1. Searle sem dúvida está certo ao afirmar que instanciar o mesmo programa do cérebro não é, por si mesmo, uma condição suficiente para se ter aquelas atitudes proposicionais características do organismo que tem o cérebro. Se algumas pessoas na IA pensam que é, elas estão erradas. Quanto ao Teste de Turing, ele tem todas as dificuldades usuais com as predições de "nenhuma diferença"; não se pode distinguir a verdade da predição da insensitividade do instrumento de teste.[11] **①**
2. Contudo, o tratamento de Searle da "réplica do robô" é muito pouco convincente. Mesmo que haja os tipos certos de conexões causais entre os símbolos que o dispositivo manipula e as coisas no mundo – incluindo os transdutores aferentes e eferentes do dispositivo –, é muito pouco claro que a intuição rejeite atribuir atitudes proposicionais a ele. Tudo o que o exemplo de Searle mostra é que o tipo de conexão causal que ele imagina – que é, de fato, mediado por um homem sentado na cabeça de um robô – não é, previsivelmente, o tipo certo. **②**
3. Não sabemos quais são os tipos certos de conexão causais. Isso também não surpreende, uma vez que não sabemos quais tipos de conexão entre uma fórmula e o mundo determinam a interpretação sob a qual a fórmula é empregada. Não temos uma resposta a essa questão para *qualquer* sistema simbólico; *a fortiori*, não a temos para representações mentais. Essas questões estão intimamente ligadas porque, dada a visão da representação mental, é natural admitir que o que torna intencional os estados mentais é, em primeiro lugar, o fato de eles envolverem relações com objetos mentais interpretados semanticamente; em segundo lugar, as relações do tipo certo. **③**
4. Parece-me que Searle não entendeu o principal aspecto sobre o tratamento da intencionalidade nas teorias repre-

---

[10] Extraído de *Behavioral and Brain Sciences*, vol. 3 (setembro de 1980).
[11] Reconheço, por simplicidade, que há apenas um programa que o cérebro instancia (que, é claro, não existe). Note, aliás, que inclusive ser bem-sucedido no Teste de Turing requer fazer mais do que apenas manipular símbolos. Um dispositivo que não pode executar uma máquina de escrever não pode jogar o jogo.

sentacionais da mente; isso não surpreende, uma vez que os defensores da teoria – especialmente na IA – têm sido notadamente obscuros ao expô-la. À guisa de esclarecimento, então, o principal ponto é este: as propriedades intencionais das atitudes proposicionais são vistas como herdadas de propriedades semânticas das representações mentais (e não do papel funcional das representações mentais, a não ser que o "papel funcional" seja interpretado de um modo suficientemente abrangente para incluir as relações símbolo-mundo). ❹ De fato, o que se propõe é uma redução do problema sobre *o que tornam intencionais os estados mentais* ao problema sobre *o que exibe propriedades semânticas em (ou fixa a interpretação de) um símbolo*. Essa redução parece promissora porque não teremos de responder à última questão (por exemplo, ao construir teorias de linguagens naturais); e, de qualquer forma, precisamos da noção de representação mental (por exemplo, para fornecer os domínios apropriados aos processos mentais).

Pode-se acrescentar que não há nada novo sobre essa estratégia. Locke, por exemplo, pensou

a) que as propriedades intencionais dos estados mentais são herdadas das propriedades semânticas (referenciais) das representações mentais;
b) que processos mentais são formais (associativos);
c) que os objetos dos quais os estados mentais herdam essa intencionalidade são os mesmos que aqueles com base nos quais os processos mentais são definidos: a saber, as ideias. ❺

Creio que nenhuma alternativa séria a esse tratamento das atitudes proposicionais já tenha sido proposta.

5. Dizer que um computador (ou um cérebro) executa operações formais em símbolos não é o mesmo que dizer que ele executa operações em símbolos formais (no sentido de "não interpretados"). Esse equívoco ocorre repetidamente no artigo de Searle e causa uma confusão considerável. Se há representações mentais, elas devem, sem dúvida, ser objetos interpretados; é porque eles são objetos interpretados que os estados mentais são intencionais. Mas o cérebro, salvo melhor juízo, pode ser um computador. ❻

6. Essa situação – precisar de uma conexão causal, mas não saber qual noção de conexão causal é a correta – é inteiramente familiar na filosofia. É, por exemplo, extremamente plausível que "a percebe b" seja verdadeiro somente quando houver o tipo certo de conexão causal entre a e b. E também não sabemos qual é o tipo certo de conexão causal aqui.

Demonstrar que alguns tipos de conexão causal são os tipos *errados*, sem dúvida, não prejudicaria a afirmação. Por exemplo, suponha que interpolemos um homenzinho entre a e b, cuja função seja relatar a presença de b para a. Então, teríamos (*inter alia*) um tipo de conexão causal de a para b, mas não teríamos o tipo de conexão causal que é exigido para a perceber b. ❼ Seria, sem dúvida, uma falácia argumentar, a partir do fato de que essa conexão causal falha em reconstruir a percepção, para a conclusão de que *nenhuma* conexão causal seria bem-sucedida. O argumento de Searle contra a "réplica do robô" é exatamente uma falácia desse tipo.

7. É bastante razoável (realmente deve ser verdadeiro) que o tipo certo de relação causal é o tipo que ocorre entre nossos cérebros e nossos mecanismos transdutores (de um lado) e entre nossos cérebros e objetos distantes (de outro lado). ❽ Disso não se seguiria, nem remotamente, que *apenas* os nossos cérebros podem manter tais relações com transdutores e objetos distantes; e também não se seguiria que ser do mesmo tipo que o nosso cérebro (em qualquer sentido bioquímico de "mesmo tipo") é uma condição necessária para se estar nessa relação. E disso também não se seguiria que as manipulações formais de símbolos não estejam entre as conexões nessas cadeias causais. E, mesmo que nossos cérebros *sejam* os únicos tipos de coisas que podem estar nessa relação, o fato de que eles estão pode presumivelmente não ser de nenhum interes-

---

❹ **R** A afirmação de Fodor é que a melhor versão do funcionalismo afirma não que o significado ou o conteúdo surja somente das manipulações formais dos símbolos, mas principalmente das propriedades semânticas de símbolos que dependem em parte de relações causais externas.

❺ As "ideias" de Locke parecem, no entanto, ser estados ou entidades intrinsecamente significativas, e não meros símbolos que adquirem um significado através de relações causais externas.

❻ **R** O ponto de Fodor aqui é que, embora as operações do computador não se baseiem nos significados dos símbolos, isso não quer dizer que esses símbolos não tenham significados. Fodor concorda que eles devam ter significados se deles resultarem estados mentais com conteúdo, mas, repetindo, ele pensa que esses significados derivam de relações causais externas, e não de manipulações formais.

❼ Como exemplo, imagine uma mulher cega que tem um homenzinho (com visão normal) sentado em seu ombro constantemente lhe dizendo o que está ocorrendo ao redor dela. Isso pode levá-la a ter muitas crenças corretas sobre o que está ocorrendo em seu ambiente. Em tal caso, haveria um tipo de conexão causal entre as crenças da pessoa cega e as coisas no ambiente, mas não seria o "tipo certo" de conexão causal para que seja verdadeiro que ela visualmente percebe essas coisas.

❽ Isso só "deve ser verdadeiro" na suposição de que nossos cérebros envolvam símbolos do tipo em questão, e não (como pensa Searle) estados intrinsecamente com conteúdo.

> **[9]** Isto é, Searle realmente não apresentou nenhuma razão para a teoria "carneísta" além das objeções ao funcionalismo.

se em particular. Isso dependerá de *por que* tal relação é verdadeira.

Searle não dá a menor indicação do motivo de ele pensar que a bioquímica seja importante para a intencionalidade; além disso, *prima facie*, a ideia de que o importante é como o organismo está conectado ao mundo parece bem mais plausível. Afinal, é fácil imaginar, de um modo pouco elaborado, como o fato de o meu pensamento estar causalmente conectado a uma árvore tem ligação com o fato dele ser um pensamento sobre uma árvore. Mas é difícil imaginar (colocando isso grosseiramente) como o fato de o meu pensamento ser feito de hidrocarbonetos poderia ser importante, exceto na improvável hipótese de que somente os hidrocarbonetos possam estar causalmente conectados às árvores do modo como os cérebros estão. **[9]**

...

10. *Falar* envolve executar certas operações formais sobre símbolos: pôr palavras numa sequência. Todavia, nem tudo o que pode pôr palavras em sequência pode falar. Dessas observações banais não se segue que o que proferimos sejam sons não interpretados, ou que não entendemos o que dizemos, ou que um falante qualquer fala coisas sem sentido, ou que somente hidrocarbonetos podem fazer afirmações – similarmente, *mutatis mutandis*, se você substituir "pensar" ou "falar".

Questões para Discussão

1. O quanto é plausível (ou implausível) a visão de Fodor de que as propriedades semânticas (significados) dos símbolos mentais na "linguagem do pensamento" resultam de relações causais externas do tipo que existe no caso do robô? Suponha que haja um símbolo envolvido nas suas operações mentais – podemos supor que seja algo análogo à palavra da língua portuguesa "cão" escrita em algo análogo a um quadro-negro mental. Em virtude das relações perceptuais externas e motoras (e também do processamento interno, puramente formal), esse símbolo acaba por se colocar numa complicada rede de relações causais com cães reais no mundo: talvez isso tenda a ser produzido (escrito num lugar específico do "quadro-negro") quando seus órgãos sensórios são estimulados de um modo certo quando passam cães e tenda a produzir movimentos corporais que dependam também dos estados que, de acordo com Fodor, são desejos ou aversões a animais (embora isso também dependa essencialmente dos símbolos cuja significação apresente o mesmo problema). Suponha que a rede resultante de relações causais seja do "tipo certo", o que quer que isso seja, para produzir nesse símbolo o significado ou a representação para cães. Se você não tiver nenhum conhecimento independente dessas relações causais externas (que você ordinariamente não teria), mas está apenas, por assim dizer, a par do símbolo no "quadro-negro", será que há algum meio a partir do qual você seja capaz de se tornar a par do significado do símbolo tal que você pudesse, por meio disso, ter pensamentos conscientes sobre cães? (Está é uma questão difícil, porém é importante refletir sobre ela).

2. Fodor afirma que as relações causais que ocorrem na versão do caso do robô, em que há uma pessoa na cabeça do robô executando o programa, não são do "tipo certo" para produzir significado aos símbolos envolvidos, mas aquelas que resultam quando há um computador executando o programa podem ser. A razão para pensar que as relações causais não são do tipo certo na primeira versão do caso é que a pessoa não está consciente do significado ou conteúdo resultante, enquanto essa razão não se aplica na versão em que não há tal pessoa. Mas será que há alguma razão plausível para se pensar que as relações *causais* envolvidas no caso do computador, quaisquer que sejam, podem não ser duplicadas no caso da pessoa (de sorte que o papel causal dos estados internos possa ser exatamente o mesmo de um ponto de vista funcionalista)?

John R. Searle

Searle publicou pela primeira o Argumento do Quarto Chinês no periódico *Behavioral and Brain Sciences* juntamente com 27 comentários e com suas respostas a esses comentários. A próxima seleção consiste na resposta de Searle a Fodor, além de uma parte do material que surge inicialmente em sua resposta, elaborando posteriormente sua visão biológica (ou "carneísta") dos estados mentais.

A Resposta do Autor[12]

IA Forte. Uma das virtudes dos comentários é que eles tornam claro o caráter extremo da tese da IA Forte. A tese implica que, de todos os tipos conhecidos de processos especificamente biológicos, da mitose e meiose à fotossíntese, digestão, lactação e secreção de auxina, somente um tipo é completamente independente da bioquímica de suas origens, e essa é a cognição. A razão de ela ser independente é que consiste inteiramente de processos computacionais e, uma vez que esses processos são puramente formais, qualquer substância capaz de instanciar o formalismo é capaz de cognição. ❶ O cérebro é apenas um dentre um número indefinido de diferentes tipos de computadores capazes de cognição, mas os computadores feitos de tubos d'água, papel higiênico e pedras, fios elétricos – qualquer coisa sólida que dure o suficiente para carregar o programa certo – necessariamente terão pensamentos, sentimentos e todas as outras formas de intencionalidade, porque a intencionalidade consiste apenas nisto: instanciar os programas certos. O ponto da IA Forte é(...) que não há nada na intencionalidade que não seja a instanciação do programa certo.

Ora, considero a tese da IA Forte incrível em qualquer sentido da palavra. Porém, não basta considerá-la incrível; deve-se possuir um argumento, e eu ofereço um argumento que é bastante simples: instanciar um programa não pode ser constitutivo da intencionalidade porque poderia ser possível a um agente instanciar o programa e ainda não ter o tipo certo de intencionalidade. ❷ Esse é o ponto central do exemplo do Quarto Chinês. Grande parte do que se segue dirá respeito à força desse argumento.

* * * * * * * *

Fodor concorda com minha tese central de que instanciar um programa não é condição suficiente para a intencionalidade. Ele pensa, porém, que se tivéssemos as conexões causais certas entre os símbolos formais e as coisas no mundo isso seria o bastante. Ora, há uma objeção óbvia a essa variante da réplica do robô que eu apresentei várias vezes: o mesmo experimento de pensamento de antes se aplica a esse caso. Isto é, não importa quais impactos causais externos existam nos exemplares, eles não são suficientes, por si mesmos, para dar aos exemplares qualquer conteúdo intencional. Não importa o que causou os exemplares, o agente ainda não entende chinês. Conecte causalmente o símbolo do ovo *foo yong*, como você preferir, com o ovo *foo yong*; essa conexão, por si mesma, jamais permitirá ao agente interpretar o símbolo como significando ovo *foo yong*. ❸

Para fazer isso, ele deveria ter, por exemplo, alguma *consciência* da relação causal entre o símbolo e o referente; porém, agora já não estamos mais explicando a intencionalidade em termos de símbolos e causas, mas sim em termos de símbolos, causas e intencionalidade, e abandonamos tanto a IA Forte quanto a réplica do robô. A única resposta de Fodor é dizer que isso mostra que ainda não encontramos o tipo certo de conexão causal. Mas qual é o tipo certo, uma vez que o argumento anterior se aplica a qualquer tipo? Ele diz que não pode nos dizer, mas

---

❶ Searle está certo ao dizer que o funcionalismo e a IA Forte tornam os estados mentais independentes de quaisquer fatos específicos sobre a bioquímica. Estados de qualquer tipo, não importa qual seja a composição ou a constituição deles, podem desempenhar o papel de símbolos nas manipulações formais (e também, na versão de Fodor, eles se colocam em relações causais externas como resultado de conexões de *input* e *output*). Contudo, essa é uma visão "extrema" ou surpreendente apenas se admitirmos que a "cognição" é um processo biológico ao menos numa tosca paridade com coisas como digestão e fotossíntese – algo que certamente não é o caso de modo algum aqui.

❷ PARE Lembre-se aqui da resposta de Fodor a esse modo de colocar a objeção.

❸ Searle está dizendo que as conexões causais externas, não importa de que tipo, jamais permitirão à pessoa no quarto (ou na cabeça do robô) atribuir qualquer significado aos caracteres que ela estiver manipulando. A resposta de Fodor será que as relações causais jamais serão do tipo certo enquanto tal agente estiver envolvido, mas será que ele realmente tem uma boa razão para essa afirmação?

---

[12] Extraído de *Behavioral and Brain Sciences*, vol. 3 (setembro de 1980)

④ Isso não ajuda muito na indicação do tipo certo de conexão causal. A afirmação importante é aquela feita anteriormente: que as relações causais não podem produzir significado a não ser que a pessoa esteja consciente deles (nesse caso, a intencionalidade está sendo pressuposta, e as relações causais sozinhas não estão fazendo o trabalho principal).

⑤ Isso reafirma o ponto de que as relações causais externas só podem produzir um significado que seja internamente acessível ao agente se o agente tiver uma consciência independente delas.

⑥ A outra alternativa que compõe o suposta dilema é a possibilidade de as relações causais ajudarem a causar (e não constituir) um estado mental intencional independentemente significativo (Searle quer dizer um que é intrinsecamente significativo, e não apenas um símbolo.) Nesse caso, o estado intencional significativo deve ser algo mais do que apenas o símbolo e as relações causais externas.

⑦ Assim, a questão crucial entre Searle e Fodor não é se os estados mentais têm significado ou conteúdo, mas de onde provém esse significado ou conteúdo. (ver a Questão para Discussão 2.)

o tipo certo está lá mesmo assim. E eu posso especificá-lo: é qualquer forma de causação suficiente para produzir conteúdo intencional no agente, suficiente para produzir, por exemplo, a experiência visual, ou uma memória, ou uma crença, ou uma interpretação semântica de alguma palavra. **④**

A variante de Fodor da réplica do robô confronta-se, portanto, com um dilema. Se as conexões causais são apenas matérias de fato sobre as relações entre símbolos e o mundo exterior, elas jamais darão, por si mesmas, qualquer interpretação aos símbolos; elas não possuirão, por si mesmas, nenhum conteúdo intencional. **⑤** Se, por outro lado, o impacto causal for suficiente para produzir intencionalidade no agente, isso só poderá acontecer porque há algo mais no sistema do que o *fato* do impacto causal e o *símbolo*, a saber, o conteúdo intencional que o impacto produz no agente. Ou o homem no quarto não aprende o significado do símbolo a partir do impacto causal, e nesse caso o impacto causal em nada acrescenta à interpretação, ou o impacto causal ensina a ele o significado da palavra, e no caso a causa é relevante apenas porque ela produz uma forma de intencionalidade que é algo mais do que ela mesma e o símbolo. **⑥** Em nenhum dos casos, o símbolo, ou a causa e o símbolo, é constitutivo da intencionalidade.

...

No que é talvez seu ponto crucial, Fodor sugere que não devemos pensar o cérebro ou o computador como executando operações formais apenas em símbolos *interpretados*, e não em símbolos *formais*. Mas quem está interpretando? E o que é uma interpretação? Se ele está dizendo que, para a intencionalidade, deve haver conteúdo intencional em adição aos símbolos formais, então sem dúvida eu concordo. De fato, dois dos principais pontos do meu argumento são que em nosso caso temos a "interpretação", isto é, temos intencionalidade intrínseca e que o programa de computador, por si mesmo, jamais seria suficiente para isso... **⑦**

Questões para Discussão

1. Os dilemas normalmente começam ao se afirmar a *disjunção*, uma afirmação ou-ou, cada lado da qual levando a um resultado que a visão criticada não pode aceitar. Qual é a disjunção que Searle tem em mente quando diz que a réplica de Fodor se confronta com um dilema? Por que cada alternativa do dilema deve criar um problema para a posição de Fodor?

2. Searle e Fodor concordam que os estados mentais tenham significado ou conteúdo, com a principal questão entre eles sendo de onde vem o significado ou o conteúdo. A visão "carneísta" de Searle sustenta que o conteúdo reside nos estados intrinsecamente significativos ou com conteúdo, que são, por seu turno, um resultado de causas neurobiológicas de baixo nível ou, em última instância, biológicas. A visão de Fodor é que o conteúdo depende dos símbolos mentais que se tornam significativos por estarem conectados às coisas externas de vários tipos através de conexões causais do tipo certo. Ambas as visões parecem problemáticas. Será que Searle pode explicar *como* as causas subjacentes produzem estados significativos ou com conteúdo e, em particular, o que determina o significado ou o conteúdo específico de tal estado? Será que Fodor pode explicar como o significado que supostamente resulta das relações causais externas se torna acessível à pessoa de um modo que lhe permita desempenhar um papel em pensamentos conscientes e significativos do tipo que parecemos ter? Qual dessas visões parece a você mais promissora? Será que há alguma esperança real para qualquer uma delas? Qual seria a resposta certa para um dualista que sugere que esses problemas apenas mostram que as visões materialistas não podem explicar adequadamente o conteúdo mental consciente e significativo – e por isso alguma versão do dualismo deve ser, no final das contas, verdadeira?

O materialismo pode explicar a consciência qualitativa?

Thomas Nagel

Thomas Nagel (1937-) é um filósofo americano que atualmente leciona na New York University. Ele é conhecido por seu trabalho em filosofia da mente e ética. O artigo do qual a presente seleção é retirada tem sido extremamente influente, e as ideias nele continuam a ser amplamente discutidas e debatidas na filosofia da mente contemporânea.

É notoriamente difícil definir, explicar, ou dar uma explicação para a consciência. Nagel, usando as experiências conscientes de morcegos como um exemplo, argumenta que as experiências conscientes são essencialmente ligadas a um ponto de vista subjetivo, apresentado em primeira pessoa. Uma vez que os estados cerebrais físicos são essencialmente objetivos, e assim acessíveis a muitos pontos de vista, isso cria um problema para qualquer visão que afirme que os estados mentais são idênticos a ou realizados por estados cerebrais.

Como é Ser um Morcego?[13]

A consciência é o que torna o problema mente-corpo intratável. Talvez por isso as discussões recentes do problema dão pouca atenção a ela ou a interpretam de modo equivocado. A onda recente de euforia reducionista produziu várias análises dos fenômenos mentais e dos conceitos mentais designados a explicar a possibilidade de alguma variedade do materialismo, da identificação psicofísica ou da redução. ❶ Mas os problemas tratados são aqueles comuns a esse e a outros tipos de redução, embora se ignore aquilo que torna o problema mente-corpo único e diferente do problema água-H₂O ou o problema máquina de Turing-máquina IBM, ou o problema descarga elétrica-raio...

Todo reducionista elabora sua analogia favorita a partir da ciência moderna. É muito improvável que qualquer um desses exemplos não relacionados de redução bem-sucedida lance alguma luz na relação da mente com o cérebro. Contudo, os filósofos compartilham da fraqueza humana geral por explicações do incompreensível em termos compatíveis com o familiar e bem-compreendido, embora inteiramente diferente. Isso tem levado à aceitação de abordagens implausíveis do mental, principalmente porque elas permitem tipos familiares de redução. ❷ Tentarei explicar por que os exemplos usuais não nos ajudam a entender a relação mente e corpo – por que, de fato, não temos até agora nenhuma concepção do que seria uma explicação da natureza física de um fenômeno mental. Sem a consciência, o problema mente-corpo seria muito menos interessante. Com a consciência, ele parece insolúvel. O aspecto mais importante e característico dos fenômenos mentais conscientes é muito pouco compreendido. Muitas teorias reducionistas nem mesmo tentam explicá-lo. E um exame cuidadoso mostrará que nenhum conceito de redução disponível atualmente é aplicável a ele. Talvez uma nova forma teórica possa concebida para esse fim, mas tal solução, se existe, encontra-se num futuro intelectual distante.

A experiência consciente é um fenômeno bem-difundido. Ela ocorre em mui-

❶ Como foi visto nas seleções anteriores de Smart e Fodor, muitos filósofos são seduzidos pela visão de que os estados psicológicos podem ser identificados com, ou de algum modo reduzidos a, estados cerebrais físicos, com o funcionalismo sendo hoje a versão mais amplamente aceita de tal visão.

❷ Não há nenhuma objeção real para se tentar explicar o que é presentemente incompreensível em termos do que é familiar e bem-compreendido. O ponto de Nagel é que essas tentativas dificilmente serão bem-sucedidas se as coisas que tentamos entender forem radicalmente diferentes das que são familiares e bem-compreendidas – e ele argumentará que esse é caso para os estados mentais conscientes.

---
[13] Extraído de *Mortal Questions* (Cambridge University Press, 1979).

❸ Nagel está apontando aqui para o que ele pensa ser a característica essencial da consciência. Se, por exemplo, sapos têm experiência consciente, então deve haver algo que faça com que o sapo seja um sapo.

❹ A afirmação de Nagel é que as abordagens redutivas, tal como o funcionalismo, não capturam esse caráter subjetivo essencial da experiência consciente: descrever o papel causal de um estado não nos diz o que é estar nesse estado, ou realmente que há algo que faça isso – que o estado seja, no final das contas, consciente.

📖 (Uma análise de algo, como diz Nagel, é uma abordagem supostamente completa e detalhada do que esse algo envolve.)

❺ Este é um ponto crucial: uma análise redutiva, física ou química, de uma substância comum como o café não precisa incluir seu gosto (uma característica fenomenal) porque o gosto do café pode plausivelmente ser considerado como apenas a resposta subjetiva de uma pessoa que bebe o café, e não uma característica intrínseca do próprio café. O ponto de Nagel é que, embora as reduções físicas de muitas coisas possam ignorar características fenomenológicas (experienciais), tratando-as como características de uma pessoa com a experiência do item a ser reduzido, e não como características do próprio item, a redução dos estados mentais não pode ignorar tais características, uma vez que os estados mentais são essencialmente experienciais (e não há nenhum observador independente envolvido).

❻ O uso do exemplo do morcego não é realmente essencial ao argumento – de fato, como Nagel sugere mais adiante, o mesmo problema surge em relação a outras pessoas com diferentes capacidades sensórias. Mas é sem dúvida bastante plausível que os morcegos tenham experiência consciente, de modo que há algo que dá uma ideia de como é ser um morcego.

tos níveis da vida animal, embora não possamos estar certos de sua presença nos organismos mais simples, e é difícil dizer em geral o que fornece evidência disso. (Alguns extremistas estão prontos a negar isso mesmo em relação a todos os mamíferos, com exceção do ser humano.) Sem dúvida, ela ocorre de incontáveis formas totalmente inimaginável a nós, em outros planetas e outros sistemas solares através do universo. Todavia não importa o quanto a forma possa variar, o fato de um organismo ter experiência consciente *no final das contas* significa, basicamente, que há algo que dá uma ideia de como é *ser* esse organismo. Podem existir implicações posteriores sobre a forma da experiência; podem existir (embora eu duvide disso) até mesmo implicações sobre o comportamento do organismo. Fundamentalmente, porém, um organismo tem estados mentais conscientes se e somente se houver algo que dê uma ideia de como é ser esse organismo – algo *para* o organismo. **❸**

Podemos chamar isso de caráter subjetivo da experiência. Ele não é capturado por nenhuma das análises redutivas familiares e recentemente concebidas do mental, pois todas elas são logicamente compatíveis com a sua ausência. Ele não é analisável em termos de nenhum sistema explicativo dos estados funcionais, ou estados intencionais, uma vez que esses estados poderiam ser atribuídos a robôs ou autômatos que se comportassem como pessoas, embora não tivessem nenhuma experiência. Ele não é analisável em termos do papel causal das experiências em relação ao comportamento tipicamente humano – por razões similares. Não nego que os estados e eventos mentais conscientes causem o comportamento, nem tampouco que eles devam receber caracterizações funcionais. Eu nego apenas que esse tipo de coisa exaure a análise deles. Qualquer programa reducionista deve estar baseado numa análise do que deve ser reduzido. Se a análise deixar algo de fora, o problema será falsamente colocado. **❹** É inútil basear a defesa do materialismo em qualquer análise dos fenômenos mentais que falhe em lidar explicitamente com o seu caráter subjetivo, pois não há razão para supor que uma redução, que parece plausível quando nenhuma tentativa é feita para explicar a consciência, possa ser estendida para incluir a consciência. Sem alguma ideia, portanto, do que é o caráter subjetivo da experiência, não podemos saber o que é exigido de uma teoria fisicalista.

Embora uma abordagem da base física da mente tenha de explicar muitas coisas, isso parece ser o mais difícil. É impossível excluir, a partir de uma redução, as características fenomenológicas da experiência, assim como se excluem as características fenomenais de uma substância comum a partir da redução física ou química dele – a saber, explicando-as como efeitos nas mentes dos observadores humanos. **❺** Para que o fisicalismo seja defendido, as próprias características fenomenológicas devem receber uma abordagem física. Porém, quando examinamos seu caráter subjetivo, parece que tal resultado é impossível. A razão é que todo fenômeno subjetivo está essencialmente conectado a um único ponto de vista, e parece inevitável que uma teoria objetiva e física abandone esse ponto de vista.

Permita-me primeiramente afirmar a questão de um modo um pouco mais abrangente do que mediante referência à relação entre o subjetivo e o objetivo(...) Isso é bem difícil. Fatos sobre como é ser um X são bastante peculiares, tão peculiares que alguns podem estar inclinados a duvidar da realidade deles ou da significação das afirmações sobre eles. Para ilustrar a conexão entre subjetividade e um ponto de vista, e para tornar evidente a importância das características subjetivas, será útil explorar o problema em relação a um exemplo que mostre claramente a divergência entre os dois tipos de concepção, subjetiva e objetiva.

Admito que todos nós acreditamos que os morcegos têm experiência. Afinal, eles são mamíferos, e não há dúvida de que eles tenham experiência como não há para o caso de camundongos, pombos ou baleias. Escolhi morcegos ao invés de moscas ou linguados porque ficaria cada vez mais difícil para as pessoas acreditarem que há experiência nos seres vivos que se encontram bem abaixo na árvore filogenética. **❻** Os morcegos, embora mais próximos de nós do que outras espécies, apresentam, porém, uma gama de atividades e um aparato sensório tão diferente do nosso que torna o problema que desejo colocar excepcionalmente rico (embora certamente ele possa ser colocado em relação a outras espécies). Mesmo sem o benefício da reflexão filosófica, qualquer um que tenha passado algum tempo num espaço fechado com um morcego agitado sabe como é encontrar uma forma fundamentalmente *estranha* de vida.

Eu tenho afirmado que a essência da crença de que os morcegos têm experiência é que há algo que dá uma ideia de como é ser um morcego. Agora sabemos que muitos morcegos (os microchiroptera, para ser mais preciso) percebem o mundo exterior primariamente por sonar ou ecolocalização, detectando os reflexos, a partir dos objetos dentro de alcance de seus guinchos estridentes de alta frequência, rápidos e sutilmente modulados. Os cérebros deles são projetados para correlacionar os impulsos que emanam com os ecos subsequentes, e a informação assim adquirida permite aos morcegos tornarem precisas as discriminações de distância, tamanho, forma, movimento e textura comparáveis àquelas que fazemos por meio da visão. Mas o sonar do morcego, embora claramente uma forma de percepção, não é similar em sua operação a nenhum sentido que possuímos, e não há razão para supor que ele seja subjetivamente igual a qualquer coisa que possamos experienciar ou imaginar. ❼ Isso parece criar dificuldades para a noção de como é ser um morcego. Precisamos considerar se há algum método que nos permitirá penetrar na vida interna do morcego a partir do nosso próprio caso[14] e, se não houver, quais métodos alternativos podem existir para se entender a noção.

Nossa própria experiência fornece o material básico para nossa imaginação, cujo alcance é, portanto, limitado. Não ajudará tentar imaginar que se tenha uma palmatura nos braços, com a qual se possa voar do escurecer à aurora pegando insetos com a boca; que se tenha uma visão muito ruim e se perceba o mundo exterior por meio de um sistema de sinais de som de alta frequência refletidos; que se passe o dia pendurado de ponta cabeça num sótão. Tanto quanto eu possa imaginar (o que não é muito difícil), tudo isso me diz apenas como seria para *mim* comportar-me como um morcego se comporta. Mas essa não é a questão. Eu quero saber como é para um *morcego* ser um morcego. Todavia, se tento imaginar isso, eu estou restrito aos recursos da minha própria mente, e esses recursos são inadequados para tal fim. Não posso fazer isso nem imaginando adições à minha experiência presente, nem imaginando segmentos gradualmente subtraídos dela, nem tampouco imaginando alguma combinação de adições, subtrações e modificações.

...

Assim, se a extrapolação a partir do nosso próprio caso estiver envolvida na ideia de como é ser um morcego, a extrapolação não poderá jamais ser completada. Não podemos formar senão uma concepção esquemática de como *é*. Por exemplo, podemos atribuir *tipos* gerais de experiência com base na estrutura e no comportamento dos animais. Assim, descrevemos o sonar do morcego como uma forma de percepção frontal tridimensional; acreditamos que os morcegos sintam alguma versão de dor, medo, fome ou desejo e que eles tenham outros tipos mais familiares de percepção além daquela do sonar. No entanto, acreditamos que essas experiências também tenham, em cada caso, um caráter subjetivo específico, que está para além da nossa habilidade de conceber. E, se há vida consciente em algum lugar no universo, é provável que algumas não sejam descritíveis nem mesmo nos termos experienciais mais gerais disponíveis a nós. (O problema, contudo, não se limita a casos exóticos, pois ele existe entre uma pessoa e outra. O caráter subjetivo da experiência de uma pessoa surda e cega de nascença não é acessível a mim, por exemplo, nem presumivelmente a minha a ela. Isso não nos impede de acreditar que a experiência do outro tenha um caráter subjetivo.) ❽

Se uma pessoa estiver inclinada a negar que possamos acreditar na existência de fatos como esse, cuja exata natureza não podemos de modo algum conceber, ela deve pensar que, ao contemplar os morcegos, estamos na mesma posição que morcegos inteligentes ou marcianos estariam se tentassem formar uma concepção de como é ser humano.

---

[14] Por "nosso próprio caso" não quero dizer apenas "meu próprio caso", mas sim as ideias mentalistas que aplicamos não problematicamente a nós mesmos e a outros seres humanos.

❼ Podemos imaginar o morcego experienciando algo como uma imagem visual, talvez bastante esquemática, como a pintura de uma tela de radar. Porém, não há razão para pensarmos que essa seja uma visão correta da experiência do morcego – ou que não seja. A questão é que simplesmente não podemos dizer.

❽ PARE Imagine tentar atribuir a dor envolvida numa dor de dente ou num braço quebrado a alguém que jamais teve a experiência em questão ou de algo muito similar. O que você diria?

A estrutura da sua mente pode tornar essa tarefa impossível; porém, se eles concluíssem que não há nada que dê uma ideia de como é ser humano, saberíamos que estão equivocados: que apenas certos tipos gerais de estado mental podem ser atribuídos a nós (talvez a percepção e o apetite fossem conceitos comuns a ambos; talvez não). Sabemos que eles estariam errados ao chegar a tal conclusão cética porque sabemos como é ser o que somos. E sabemos disso apesar da quantidade enorme de variação e complexidade; apesar de não termos o vocabulário para descrever isso adequadamente, seu caráter subjetivo é altamente específico e, em alguns aspectos, descritível em termos que podem ser entendidos apenas por criaturas como nós. O fato de que não podemos esperar jamais acomodar em nossa linguagem uma descrição detalhada da fenomenologia do marciano ou do morcego leva-nos a considerar como sem significado a afirmação de que os morcegos e os marcianos tenham experiência completamente comparáveis em riqueza de detalhe às nossas próprias experiências. ❾ ...

Não me refiro aqui à suposta privacidade da experiência de seu possuidor. O ponto de vista em questão não é aquele acessível apenas a um indivíduo singular. Em vez disso, ele é um *tipo*. É frequentemente possível assumir um ponto de vista diferente do nosso, de modo que a compreensão de tais fatos não esteja limitada ao nosso próprio caso. Há um sentido em que os fatos fenomenológicos são perfeitamente objetivos: uma pessoa pode saber ou dizer qual é a qualidade da experiência de uma outra. Eles são, porém, subjetivos, no sentido de que mesmo essa atribuição objetiva da experiência só é possível se realizada por alguém suficientemente similar ao objeto da atribuição para ser capaz de adotar seu ponto de vista – para entender a atribuição tanto em primeira quanto em terceira pessoa, por assim dizer. ❿ Quanto mais diferente a pessoa for daquela que está tendo a experiência, menores são as chances de sucesso nessa tarefa. Em nosso próprio caso, adotamos o ponto de vista relevante, mas teremos tanta dificuldade em entender nossa própria experiência se a abordarmos de outro ponto de vista quanto teríamos se tentássemos entender a experiência de outra espécie sem assumir *seu* ponto de vista.[15]

Isso nos remete diretamente ao problema mente-corpo. Se os fatos da experiência – fatos sobre como é, para o organismo, ter essa experiência – são acessíveis apenas de um ponto de vista, então é um mistério como o verdadeiro caráter das experiências poderia ser revelado na operação física desse organismo. Tal operação é um domínio de fatos objetivos *par excellence* – o tipo que pode ser observado e entendido a partir de muitos pontos de vista e por indivíduos com sistemas perceptuais diferentes. Não há obstáculos imaginativos comparáveis à aquisição do conhecimento sobre a neurofisiologia do morcego pelos cientistas humanos, e morcegos e marcianos inteligentes podem aprender mais sobre o cérebro humano do que jamais possamos. ⓫

No caso da experiência, por outro lado, a conexão com um ponto de vista particular parece bem mais próxima. É difícil entender o que se poderia estar querendo dizer com o caráter *objetivo* de uma experiência, independentemente do ponto de vista particular a partir do qual seu sujeito o apreende. Afinal, o que restaria da ideia de como seria ser um morcego se o ponto de vista do morcego fosse removido? Mas se a experiência não tem, além seu caráter subjetivo, uma natureza objetiva que pode ser apreendida de muitos diferentes pontos de vista, então como se pode supor que um marciano investigando meu cérebro possa estar observando processos físicos que foram meus processos mentais (como ele pode observar processos físicos que foram raios), apenas de um ponto de vista diferente? Como, sendo assim, poderia um

---

❾ **R** A afirmação é a de que nossa total inabilidade em conceber a natureza de um fato não é, ela própria, uma razão para se concluir que não haja tal fato.

❿ **R** Posso dizer objetivamente que você está com dor, mas o que quero dizer com isso depende do meu entendimento do que seja a dor, dada minha perspectiva de primeira pessoa. Meu ponto de vista, portanto, faz uma contribuição essencial ao significado da minha afirmação sobre sua dor, e é assim que a afirmação é, em certo sentido, subjetiva.

⓫ **R** Os fatos físicos, em virtude de serem acessíveis a partir de muitos diferentes pontos de vista, são claramente objetivos, no sentido de Nagel de objetividade. Se ele estiver certo que os fatos experienciais sejam essencialmente subjetivos, no sentido de serem acessíveis a partir de apenas um ponto de vista, então haverá uma dificuldade óbvia em se identificar um fato experiencial com um fato físico.

---

[15] Pode ser mais fácil do que imagino transcender barreiras intraespécies com a ajuda da imaginação. Por exemplo, pessoas cegas são capazes de detectar objetos próximos a elas por meio de um tipo de sonar, usando estalos com a língua ou tapinhas num bastão. Talvez, se soubéssemos como é ser assim, poderíamos, por extensão, imaginar toscamente como seria possuir o sonar mais refinado de um morcego. A distância entre uma pessoa e as outras, ou outras espécies, pode ser vista num *continuum*...

fisiologista humano observá-los de outro ponto de vista?[16]

Parece que estamos diante de uma dificuldade geral sobre a redução psicofísica. Em outras áreas, o processo de redução é um movimento na direção da uma objetividade maior, em direção a uma visão mais precisa da natureza real das coisas. Isso acontece ao se reduzir nossa dependência dos pontos de vista individuais ou específicos da espécie em relação ao objeto da investigação. Não o descrevemos em termos das impressões que ele causa em nossos sentidos, mas em termos de seus efeitos mais gerais e das propriedades detectáveis por meios diferentes dos sentidos humanos. Quanto menos nossa descrição depender do ponto de vista especificamente humano, mais objetiva ela será. É possível seguir esse caminho porque, embora os conceitos e as ideias que empregamos ao pensarmos o mundo exterior sejam inicialmente aplicados do ponto de vista do nosso aparato perceptual, eles são usados por nós em referência a algo para além das coisas – em relação às quais *temos* o ponto de vista fenomenal. Portanto, podemos abandoná-la em favor de outra e ainda estar pensando sobre as mesmas coisas. ⓬

A própria experiência, porém, não parece ajustar-se ao padrão. A ideia de se mover da aparência à realidade parece não fazer sentido aqui. Qual é o análogo, nesse caso, de buscar uma compreensão mais objetiva dos mesmos fenômenos abandonando o ponto de vista subjetivo inicial em relação a eles em favor de outro que é mais objetivo, mas que diz respeito à mesma coisa? Certamente, *parece* improvável que cheguemos mais próximos da natureza real da experiência humana, deixando para trás a particularidade do nosso ponto de vista humano e buscando uma descrição em termos acessíveis a seres que não pudessem ter uma ideia de como seria ser humano. Se o caráter subjetivo da experiência for totalmente compreensível somente de um ponto de vista, então nenhuma mudança para uma objetividade maior – isto é, menos ligação com um ponto de vista específico – nos colocará mais próximos da natureza real do fenômeno: ao contrário, nos colocará longe dela. ⓭

Em certo sentido, as raízes dessa objeção à redutibilidade da experiência já são detectáveis em casos bem-sucedidos de redução; ao descobrirmos que o som é, na verdade, um fenômeno ondulatório no ar ou em outro meio, abandonamos um ponto de vista para assumir outro, e o ponto de vista auditivo, humano ou animal, que abandonamos permanece não reduzido. Os membros de espécies totalmente diferentes da nossa podem ambos entender os mesmos eventos físicos em termos objetivos, e isso não requer que eles compreendam as formas fenomenais nas quais esses eventos aparecem aos sentidos dos membros de outras espécies. Assim, é uma condição para que eles se refiram a uma realidade comum que os seus pontos de vista mais particulares não sejam parte da realidade comum que ambos apreendem. A redução pode ser bem-sucedida somente se o ponto de vista específico da espécie for omitido daquilo que está para ser reduzido. ⓮

Embora estejamos corretos em deixar de lado esse ponto de vista na busca de um entendimento mais completo do mundo exterior, não podemos ignorá-lo permanentemente, uma vez que ele é a essência do mundo interno, e não apenas um ponto de vista sobre ele. Grande parte do neobehaviorismo da psicologia filosófica recente resulta do esforço em substituir um conceito objetivo de mente pela coisa real a fim de não deixar nada que não possa ser reduzido. ⓯ Se reconhecemos que uma teoria física da mente deve explicar o caráter subjetivo da experiência, devemos admitir que nenhuma concepção hoje disponível mostra-nos como isso pode ser feito. O problema é único. Se os processos mentais são realmente processos físicos, então há intrinsecamente algo que dá uma ideia de como é passar por certos processos físicos. Como é para uma coisa ser assim permanece um mistério. ⓰

Que conclusão pode ser deduzida a partir dessas reflexões. E o que deve

---

[16] O problema não é apenas que, quando olho a *Mona Lisa*, minha experiência visual tem uma certa qualidade, que não seria encontrada por ninguém contemplando dentro do meu cérebro. Mesmo se ele observasse ali uma pequena imagem da *Mona Lisa*, ele não teria motivo para identificá-la com aquela experiência.

⓬ Por exemplo, nossas investigações iniciais sobre o calor estavam conectadas ao nosso acesso experiencial à propriedade calor, pois nossa própria concepção de calor foi amplamente definida em termos da nossa experiência dele (apenas de um modo geral, pois outros efeitos de calor foram óbvios desde o início). Porém, quanto mais estudamos o fenômeno, mais fomos capazes de constatar que o calor dos objetos era a causa da nossa sensação de calor, o que nos levou gradualmente à nossa concepção corrente de calor como significando energia cinética – uma concepção há muito arraigada em nossa experiência do calor. Progredimos a partir da aparência subjetiva do calor para a realidade objetiva do calor (se estivermos certos hoje sobre o que é o calor).

⓭ R As experiências não têm o tipo de lacuna entre aparência e realidade que têm as propriedades e os objetos no mundo. A aparência de uma experiência não é senão sua realidade, de modo que, ao deixarmos de lado a aparência, perdemos a realidade.

⓮ Imagine aqui duas pessoas investigando os mesmos objetos físicos, uma só pela visão e outra só pelo toque. Parece plausível que elas possam concordar com uma descrição objetiva dos objetos e suas relações uns com os outros, uma descrição que ambos pudessem entender sem entender o modo como os objetos foram experienciados pela outra pessoa.

⓯ O funcionalismo é o mais claro exemplo de tal visão "neobehaviorista".

⓰ PARE Qual propriedade física poderia explicar o aspecto distintivamente experiencial da nossa vida mental? Por que alguns processos cerebrais têm tal dimensão experiencial, enquanto outros não?

17 Como você verá nas próximas duas seleções, outros usaram as ideias de Nagel para argumentar que o fisicalismo é falso. A própria conclusão de Nagel é que somos incapazes de entender como o fisicalismo pode ser verdadeiro – mesmo que ele o seja no final das contas.

18 Para entender a afirmação de que dois "caminhos referenciais" convergem ao mesmo objeto, o modo como os dois caminhos funcionam deve ser tal que torne claro como seria para eles convergirem. A afirmação de Nagel é que não temos (ainda?) um claro entendimento de como isso poderia acontecer no caso experiência-processo cerebral.

19 (PARE) Reflita sobre esse exemplo concentrando-se em tipos específicos de energia (o calor, a eletricidade, a energia cinética de um objeto em movimento, a energia potencial de um objeto suspenso acima da Terra, etc.) e vários tipos de matéria (madeira, água, metal, etc.). Está claro para você o que significa dizer que matéria é apenas energia (e não somente que pode ser convertida em energia)?

20 Como o evento cerebral a ser identificado com um evento mental deve ser escolhido? Será que é como um evento experienciado de certo modo (caso no qual a dimensão experiencial não foi explicada), ou será que é experienciado por algo como o papel causal ou funcional (caso no qual a dimensão experiencial mais importante para o estado mental foi simplesmente ignorada)?

21 (PARE) Você tem alguma evidência análoga de que nossos estados mentais são apenas estados cerebrais físicos, mesmo que nós não entendamos como isso pode ser verdadeiro? (Ver a Questão para Discussão 3.)

ser feito depois? Seria um erro concluir que o fisicalismo deve ser falso. Nada se prova com a inadequação de hipóteses fisicalistas que assumem uma análise objetiva equivocada da mente. Seria mais verdadeiro dizer que o fisicalismo é uma posição que não podemos entender, porque não temos, no momento, nenhuma concepção de como ele possa ser verdadeiro. **17** Talvez não seja razoável conceber tal concepção como uma condição do entendimento. Afinal, seria possível dizer, o significado do fisicalismo é suficientemente claro: os estados mentais são estados do corpo; os eventos mentais são eventos físicos. Não sabemos *quais* estados e eventos físicos eles sejam, mas isso não deve impedir-nos de entender a hipótese. O que poderia ser mais claro do que as palavras "é" e "são"?

No entanto, acredito que é precisamente essa aparente clareza da palavra "é" que é tão enganosa. Normalmente, quando nos dizem que X é Y, sabemos *como* isso deve ser verdadeiro, mas isso depende de um pano de fundo conceitual ou teórico e não expresso apenas por "é". Sabemos como "X" e "Y" referem, e os tipos de coisas às quais eles referem, e temos uma vaga ideia de como os caminhos referenciais podem convergir numa única coisa, seja um objeto, uma pessoa, um processo, um evento, etc. Porém, quando os dois termos da identificação são díspares, pode não ser tão claro como isso é verdadeiro. Podemos não ter nem mesmo uma vaga ideia de como dois caminhos referenciais possam convergir, ou que tipo de coisas em direção às quais eles convergem, e pode ser necessário fornecer uma estrutura teórica para entendermos isso. Sem a estrutura, um ar de misticismo circunda a identificação. **18**

Isso explica o sabor mágico das apresentações populares das descobertas científicas fundamentais, realizadas por meio de certas proposições que temos de aceitar sem realmente entendê-las. Por exemplo, as pessoas ouvem, desde a infância, que matéria é realmente energia. Contudo, apesar do fato de muitas pessoas saberem o que "é" significa, elas jamais formam uma concepção do que torna essa afirmação verdadeira, porque elas não dispõem do pano de fundo teórico. **19**

Até o momento, o *status* do fisicalismo é similar àquele da hipótese de que matéria é energia, tal como pronunciada por um filósofo pré-socrático. Não temos a menor ideia de como isso poderia ser verdadeiro. Para entender a hipótese de que um evento mental é um evento físico, precisamos mais do que um entendimento da palavra "é". A ideia de como um termo mental e um físico podem referir-se à mesma coisa está faltando, e as analogias comuns com a identificação teórica em outros campos falham ao tentar fornecê-la. Elas falham porque, se interpretarmos a referência dos termos mentais aos eventos físicos no modelo usual, obteremos ou uma reaparição dos eventos subjetivos separados enquanto efeitos através dos quais a referência mental aos eventos físicos é assegurada, ou uma falsa explicação de como os termos mentais referem (por exemplo, a explicação behaviorista causal). **20**

Estranhamente, poderemos ter a evidência da verdade de algo realmente incompreensível para nós. Suponha que uma lagarta esteja presa num cofre estéril por alguém não familiarizado com a metamorfose do inseto e, após várias semanas, o cofre é reaberto, revelando uma borboleta. Se a pessoa souber que o cofre ficou fechado o tempo todo, ela terá motivos para acreditar que a borboleta é ou foi certa vez uma lagarta, sem ter a menor ideia de como isso se deu. (Uma possibilidade é que a lagarta continha um pequeno parasita alado que a devorou e cresceu até virar uma borboleta.) **21**

Questões para Discussão

1. Suponha que você esteja familiarizado com duas supostas "estrelas": uma que você chama de "estrela da manhã" porque você a vê pela manhã, e outra que você chama de "estrela da tarde" porque a vê no final da tarde. Você supõe que esses dois nomes referem-se a coisas diferentes (que há dois "caminhos referenciais" levando a dois objetos distintos). Contudo, ao investigar melhor, você descobre que ambas, a estrela da manhã e a estrela da tarde, são o planeta Vênus, que às vezes aparece de manhã e às vezes no final da tarde. Você pode ter descoberto que dois caminhos referenciais convergem para um objeto. Pense sobre como você pode fazer isso. Uma maneira pode ser determinar a posição de uma "estrela" em relação a outros objetos celestes, independentemente do movimento e da rotação da Terra, e então descobrir que a posição da segunda "estrela" é a mesma. Outra maneira pode ser viajar à primeira "estrela" numa espaçonave e monitorá-la tempo o suficiente para ver que ela aparece, mais tarde, como a segunda "estrela". Essas possibilidades fazem sentido porque o "caminho referencial" de cada objeto fundamentalmente envolve localização espacial. Agora pense no caso de uma experiência e de um processo cerebral. O "caminho referencial" para cada experiência não envolve localização espacial (pense nisso), por isso o mesmo tipo de abordagem não funcionará. Como, então, podemos entender o que seria a convergência de dois "caminhos referenciais"? O que um funcionalista como Fodor poderia dizer sobre essa questão?

2. Os filósofos têm reações variadas em relação à afirmação de que os estados mentais são, de fato, estados físicos de um certo tipo. Alguns pensam que temos razões bastante fortes para pensar que isso seja verdade – mesmo se, como Nagel sugere, ainda não estivermos numa posição de entender como isso é verdade, e possivelmente jamais estaremos. Um filósofo desse tipo considerará as várias objeções ao materialismo como problemas a serem resolvidos, mas não como sérias razões para pensar que alguma versão do dualismo pode ser, no final das contas, verdadeira. Outros filósofos veem a questão de um modo bem mais aberto, com o dualismo sendo uma séria possibilidade – que talvez deva ser aceita se as objeções às visões materialistas não puderem ser adequadamente satisfeitas. Quem está certo aqui? Há alguma razão forte para se pensar que o materialismo é verdadeiro, que ele é anterior e independente do sucesso de visões materialistas particulares? (Algumas das seleções anteriores contêm sugestões sobre isso.)

3. Será que Nagel está certo ao dizer que não há nenhum modo de saber "como é ser um morcego" apenas conhecendo a fisiologia e a neurofisiologia do morcego (incluindo os papéis causais dos estados cerebrais do morcego)? Imagine que você tenha o conhecimento físico relevante. Você pode pensar numa maneira de inferir ou até mesmo de adivinhar ou conjecturar, com base nisso, como seria a experiência de um morcego? Considere, por exemplo, a especulação mencionada na nota 7: será que há algum modo, com base no conhecimento físico dos morcegos, de decidir, inclusive como mera tentativa, se essa conjectura é verdadeira ou falsa?

Frank Jackson

Frank Jackson (1943-) é um filósofo australiano, mais conhecido por sua obra em filosofia da mente e metafísica. Ele é professor na Australian National University.

Neste artigo, Jackson retorna ao experimento de pensamento que ele desenvolvera em um artigo anterior a fim de responder às objeções feitas durante esse intervalo de tempo. Este artigo desenvolve uma das versões mais claras do que os filósofos passaram a chamar de *argumento do conhecimento* contra o materialismo. A principal afirmação de Jackson é a de que esse argumento fornece uma razão convincente para se rejeitar a afirmação de que os estados mentais são estados físicos. (É curioso que Jackson tenha mudado sua posição sobre isso desde então.)

O Que Mary Não Sabia[17]

Mary está trancada num quarto em preto e branco, é educada com livros em preto e branco e aulas transmitidas numa televisão em preto e branco. Nesse sentido, ela aprende tudo o que há para se saber sobre a natureza do mundo físico. ❶ Ela conhece todos os fatos físicos sobre nós e nosso ambiente, num amplo

❶ Supõe-se que Mary não tenha nenhuma experiência de cor, apenas experiências visuais em preto e branco. Portanto, temos de supor que ela jamais se corta (e vê o sangue vermelho) ou olha no espelho ou seu próprio corpo (e vê sua pele rósea). (Pode parecer mais fácil imaginar que Mary nasceu daltônica e então se submete a uma operação que lhe dá uma visão normal das cores.)

[17] Extraído de *The Journal of Philosophy*, v. LXXXIII, n. 5 (maio de 1986).

❷ Também se supõe que Mary conheça todos os fatos físicos sobre os seres humanos. Obviamente, ninguém hoje em dia tem um conhecimento tão completo assim, mas é um experimento imaginário filosófico: tentamos determinar o que se seguiria se essas suposições fossem verdadeiras.

❸ Se o fisicalismo é verdadeiro, então não há coisas reais, ou estados, ou eventos, senão aqueles inteiramente físicos – sem partes ou aspectos não físicos das coisas, dos estados, ou dos eventos. Assim, se Mary conhece todos os fatos físicos sobre os seres humanos, ela conhece todos os fatos que existem.

❹ Ela terá uma experiência do vermelho e, assim, ela saberá algo que não sabia antes, a saber, o tipo específico de experiência resulta dos processos perceptuais que ela conhecia antes sob descrições físicas. Mas o que ela agora aprendeu não pode ser um fato físico, uma vez que, por hipótese, ela já conhecia todos os fatos físicos.

❺ De acordo com Jackson, o que Mary (ou o estudioso de morcegos) pode ou não pode imaginar é estritamente irrelevante. Mesmo se Mary conseguisse imaginar perfeitamente a experiência da cor, ela ainda não teria, antes de sair do quarto, como *saber* que sua concepção imaginada estava correta.

❻ Seu conhecimento dos estados mentais de outras pessoas incluía um conhecimento de todos os fatos físicos sobre o cérebro de alguém quando, por exemplo, tem experiência de um tomate maduro (incluindo quaisquer estados mentais que, segundo um materialista, fossem idênticos àquelas experiências). Ela também sabia, pois conhecia todos os fatos físicos, que a experiência de uma pessoa em particular com um tomate maduro é causada

sentido de "físico", que inclui *tudo* sobre física, química e neurofisiologia, e tudo o que há para se saber sobre os fatos causais e relacionais resultantes de tudo isso, incluindo, é claro, os papéis funcionais. **❷** Se o fisicalismo é verdadeiro, ela sabe tudo o que há para se saber. Supor o contrário é supor que haja algo mais para se saber do que o fato físico, e isso é exatamente o que o fisicalismo nega.

O fisicalismo não é a tese incontroversa de que o mundo real e amplamente físico, mas a tese polêmica de que ele é inteiramente físico. **❸** É por isso que os fisicalistas têm de sustentar que o conhecimento físico completo é, pura e simplesmente, o conhecimento completo...

Parece, entretanto, que Mary não sabe tudo o que há para se saber. Isso ocorre porque, ao sair do quarto em preto e branco, ou ao assistir a uma televisão a cores, ela aprenderá como é ver algo vermelho, vamos dizer. **❹** Isso é corretamente descrito como *aprender* – ela não dirá "hã, hum". Por isso, o fisicalismo é falso. Esta é uma das variações do argumento do conhecimento contra o fisicalismo. Esta nota é uma réplica a três objeções a ele apresentadas por Paul M. Churchland.

I ... ESCLARECIMENTOS

O argumento do conhecimento não repousa na dúbia afirmação de que, logicamente, você não pode imaginar como é sentir o vermelho a não ser que você tenha sentido o vermelho. Sua capacidade de imaginação não está em questão. A afirmação sobre Mary não é que, apesar de seu fantástico entendimento da neurofisiologia e tudo o mais que é físico, ela *não pode imaginar* como é sentir o vermelho; é que, na verdade, ela *não saberia*. Porém, se o fisicalismo é verdadeiro, ela saberia; e nenhuma capacidade de imaginação seria requerida. A imaginação é uma faculdade requerida por aqueles que *não possuem* conhecimento para se reerguerem. **❺**

... o conhecimento que falta a Mary, e que é de fundamental importância para o argumento do conhecimento contra o fisicalismo, é o *conhecimento sobre as experiências dos outros*, não sobre ela mesma. Quando sai do quarto, ela tem novas experiências, experiências de cores que jamais havia tido antes. Portanto, a objeção ao fisicalismo não é que Mary aprende *algo* ao sair. Antes de sair, ela não poderia ter conhecido fatos sobre sua experiência do vermelho, pois não havia tais fatos para se saber. Tanto os detratores quanto os defensores do fisicalismo concordam com isso. Após ela sair, as coisas mudam; e o fisicalismo pode alegremente admitir que ela aprenda isso; afinal, algumas coisas físicas mudarão, por exemplo, seus estados cerebrais e seus papéis funcionais. O problema para o fisicalismo é que, após Mary vir seu primeiro tomate maduro, ela perceberá quão precária havia sido, durante *todo esse tempo*, sua concepção da vida mental dos *outros*. Ela perceberá que, durante todo o tempo em que fez suas laboriosas investigações sobre a neurofisiologia de outras pessoas e sobre os papéis funcionais dos seus estados mentais, havia algo sobre elas de que Mary não estava nem um pouco a par. O tempo todo as experiências delas (ou muitas delas, aquelas obtidas de tomates, do céu, etc.) tinham uma característica acessível a elas, mas até então escondida dela... **❻** Contudo, ela conhecia todos os fatos físicos sobre elas desde o início; por isso, o que ela não conhecia até ser solta não é um fato físico sobre as experiências delas. Mas é um fato sobre elas. Esse é o problema do fisicalismo.

II. AS TRÊS OBJEÇÕES DE CHURCHLAND

A primeira objeção de Churchland é a de que o argumento do conhecimento contém um defeito que "é a própria simplicidade". O erro do argumento está no sentido de "conhecer". Como assim? Churchland sugere que o que se segue é "uma versão convenientemente estreita" do argumento do conhecimento:

1. Mary sabe tudo o que há para se saber sobre os estados cerebrais e suas propriedades.
2. Não é o caso que Mary saiba tudo o que há para se saber sobre as sensações e suas propriedades.

Portanto, de acordo com a lei de Leibniz,

1. Sensações e suas propriedades ≠ estados cerebrais e suas propriedades. ❼

Churchland observa, de modo bastante plausível, que o tipo de conhecimento envolvido na premissa 1 é distinto do tipo de conhecimento envolvido na premissa 2. Podemos seguir sua indicação e rotular a primeira de "conhecimento por descrição" e a segunda de "conhecimento por familiaridade" ❽ mas, não importa quais sejam os rótulos, ele está correto ao afirmar que o argumento apresentado envolve um uso bastante duvidoso da lei de Leibniz.

Minha réplica é a de que o argumento apresentado pode ser conveniente, mas não é correto. Não é o argumento do conhecimento. Veja, por exemplo, a premissa 1. O ponto central do argumento do conhecimento é que Mary (antes de ser solta) *não* sabe tudo o que há para se saber sobre os estados cerebrais e suas propriedades, porque ela não sabe sobre certos *qualia* associados a eles. O que é completo, de acordo com o argumento, é seu conhecimento das questões físicas. Um modo conveniente e preciso de apresentar o argumento é:

1. Mary (antes de ser solta) sabe tudo o que há para se saber de físico sobre outras pessoas.
2. Mary (antes de ser solta) não sabe tudo o que há para se saber sobre outras pessoas (porque ela *aprende* algo sobre elas quando é solta).

Portanto,

1. Há verdades sobre outras pessoas (e sobre ela mesma) que escapam da visão fisicalista.

O que é imediatamente relevante não é o tipo ou o modo do conhecimento que Mary tem, mas *o que* ela sabe. O que ela sabe, desde o início, é *ex hypothesi* tudo o que há para se saber de físico, mas será que isso é tudo o que há para se saber? Essa é a questão crucial. ❾

Há, porém, um desafio importante envolvendo questões sobre tipos de conhecimento. Ela diz respeito à *base* para a premissa 2. O caso para a premissa 2 é que Mary aprende algo ao ser solta, ela adquire conhecimento, e isso implica que seu conhecimento, desde o início (*o que* ela sabia, não importa se por descrição, familiaridade, etc.), era incompleto. O desafio, elaborado por David Lewis e Laurence Nemirow, é que, ao ser solta, Mary *não* aprende algo ou adquire conhecimento no sentido relevante. O que Mary adquire quando é solta é uma certa habilidade representacional ou imaginativa; é conhecimento como e não conhecimento quê. Por isso, um fisicalista pode admitir que Mary adquire algo bastante significativo sobre um tipo de conhecimento – que dificilmente pode ser negado – sem admitir que seu conhecimento factual anterior seja defeituoso. Ela sabia tudo *o que* havia para se saber sobre as experiências de outras pessoas desde o início, mas não possuía tal habilidade até ser solta. ❿

Ora, é certamente verdade que Mary adquirirá vários tipos de habilidades após ser solta. Ela será, por exemplo, capaz de imaginar como é ver o vermelho, ser capaz de lembrar como é e ser capaz de entender por que seus amigos a consideravam tão reclusa (algo que, até ser solta, sempre a mistificara). Mas é plausível que isso seja *tudo* o que ela adquirirá? Suponha que ela tenha assistido a uma aula sobre ceticismo acerca de outras mentes enquanto estava presa. Quando é solta, ela vê um tomate maduro em condições normais e, assim tem uma sensação do vermelho. Sua primeira reação é dizer que ela agora sabe mais sobre o tipo de experiências que outras pessoas têm quando olham tomates maduros. Ela então se lembra da aula e começa a se preocupar. Será que ela sabe mais sobre como são as experiências de outras pessoas, ou será que ela está fazendo uma generalização apressada a partir de um único caso? ⓫ No final, ela decide que sabe e que o ceticismo não é correto (mesmo que, como muitos de nós, ela não consiga demonstrar seus erros). Será que ela estaria perdendo e ganhando habilidades? É claro que não; suas habilidades representacionais foram uma constante conhecida o tempo todo. Sobre o que mais, então, ela estava se lamentando além da dúvida sobre se tinha obtido conhecimento factual dos outros? Não haveria nada para se lamentar se a habilidade fosse *tudo* o que ela adquirisse ao ser solta. ⓬

pela luz que se choca com o tomate e entra em seus olhos, e também o comprimento de onda de luz, e assim por diante. O que ela supostamente não sabia, mas aprende quando ela sai do quarto, é o que são essas experiências para aqueles que as têm.

❼
De acordo com a lei de Leibniz, se dois itens quaisquer são idênticos, então tudo o que for verdadeiro sobre um deve ser verdadeiro sobre o outro. A afirmação desse argumento é que, uma vez que há algo verdadeiro sobre as sensações que não é verdadeiro sobre os estados cerebrais, as sensações não podem ser a mesma coisa que os estados cerebrais.

❽
O "conhecimento por familiaridade" requer experiência direta de algo, enquanto o "conhecimento por descrição" não. Churchland afirma que o conhecimento completo de Mary sobre os estados cerebrais é conhecimento por descrição, enquanto o conhecimento que ela inicialmente não possui, mas que depois adquire, das sensações é conhecimento por familiaridade. Se essa "versão convenientemente estreita" é uma interpretação precisa do argumento original de Jackson, então Churchland tem uma boa objeção, uma vez que as premissas sustentam a conclusão somente se "conhecer" significar a mesma coisa em ambas as premissas.

❾
Ex hypothesi quer dizer de acordo com a hipótese que está sendo considerada.

❿
Lewis e Nemirow estão afirmando que o que Mary adquire é a habilidade de imaginar o vermelho, ou talvez de representá-lo de certo modo, mas que ela não está aprendendo quaisquer fatos novos.

⓫
Aquilo com que Mary deveria estar preocupando-se aqui é se ela tem uma justificativa para atribuir a nova característica, que ela aparentemente aprendeu através de suas próprias experiências, às experiências de outras pessoas também.

12 **R** Mary decide que sua preocupação cética está equivocada. Contudo, o ponto de Jackson é que há uma afirmação factual sobre as experiências de outros, cuja correção ela estava incerta a respeito, caso no qual é equivocada a visão de que ela havia adquirido apenas uma nova habilidade imaginativa ou representacional. (Ver a Questão para Discussão 1.)

13 De qualquer modo, Mary não aprendeu um novo fato sobre si mesma? Ou seja, quando ela tem certos estados físicos, ela também tem um tipo específico de experiência?

14 **R** A objeção é a de que, se Mary realmente aprende algo novo, isso só seria algo novo para ela se também tivesse aprendido tudo sobre os estados mentais dualistas, assim como aprendeu tudo sobre as coisas físicas, igualmente através da televisão e de livros em preto e branco. Portanto, sugere Churchland, o exemplo de Mary conta tanto contra o dualismo quanto contra o materialismo.

15 **R** A resposta de Jackson é que, apesar de termos toda razão para pensar que o processo educacional em preto e branco de Mary é adequado para ela adquirir uma explicação completa do mundo físico, não há razão para pensar que o mesmo seja verdadeiro para os fatos não físicos do tipo defendido pelo dualismo. (Ver a Questão para Discussão 2.) (O dualismo de atributo é a versão do dualismo que sustenta que há propriedades tanto físicas quanto não físicas, mas não necessariamente dois diferentes tipos de coisas ou de substâncias.)

Admito não ter nenhuma *prova* de que Mary adquire quando solta, além de habilidades, o conhecimento factual sobre as experiências dos outros – e não só porque não tenha nenhuma refutação do ceticismo. **13** Minha afirmação é a de que o argumento do conhecimento é um argumento válido, a partir de premissas altamente plausíveis, embora reconhecidamente não demonstráveis, para a conclusão de que o fisicalismo é falso. Afinal, essa é uma objeção tão boa quanto se poderia esperar na área da filosofia.

2. A segunda objeção de Churchland(...) é a de que deve haver algo de errado com o argumento, pois ele prova coisas demais. Suponha que Mary tenha recebido uma série especial de aulas em sua televisão em preto e branco de um dualista radical, explicando as "leis" que governam o comportamento do "ectoplasma" e contando-lhe sobre os *qualia*. Isso não afetaria a plausibilidade da afirmação de que, ao ser solta, ela aprende algo. Assim, se o argumento funciona contra o fisicalismo, também funciona contra do dualismo. **14**

Minha réplica é a de que as aulas sobre *qualia* na televisão em preto e branco não dizem a Mary tudo o que há para se saber sobre os *qualia*. Elas podem dizer-lhe algumas coisas sobre os *qualia*, por exemplo, que eles não aparecem na história fisicalista e que o *quale* do "amarelo" é quase tão diferente do quale do "azul" quanto o branco do preto. Mas por que se deveria supor que elas lhe contariam tudo sobre os *qualia*? Por outro lado, é plausível que as aulas na televisão em preto e branco pudessem, a princípio, contar a Mary tudo sobre o fisicalismo. Você não precisa de televisão colorida para aprender física ou psicologia funcionalista. Para obter um bom argumento contra o dualismo (dualismo de atributo; ectoplasma é uma gozação), a premissa no argumento do conhecimento, de que Mary aprende tudo sobre o fisicalismo antes de ser solta, tem de ser substituída pela premissa de que ela aprende tudo sobre o dualismo. O primeiro é plausível; o último não. Por isso, não há nenhum problema de "paridade de razões" aos dualistas que usam o argumento do conhecimento. **15**

3. A terceira objeção de Churchland é a de que o argumento do conhecimento afirma "que Mary não poderia nem *imaginar* como seria a experiência relevante, apesar de seu exaustivo conhecimento neurocientífico, e por isso alguma informação crucial ainda deve estar faltando" (...), uma afirmação contra a qual ele argumenta.

Porém, como enfatizei antes, o argumento do conhecimento afirma que Mary não saberia como é a experiência relevante. O que ela poderia imaginar é outra questão. Se seu conhecimento é defeituoso, apesar de ser tudo o que há para se saber de acordo com o fisicalismo, então o fisicalismo é falso, qualquer que seja a sua capacidade de imaginação.

Questões para Discussão

1. É difícil negar que Mary aprende ou adquire *algo* novo ao sair do quarto preto e branco e ter experiência das cores. Mas será que o que ela aprende são *fatos* novos? Ou são, como Lewis e Nemirow sugerem, novas *habilidades* de imaginar ou representar? Ou é algo ainda diferente disso? Um modo de pensar a respeito dessa questão é tentar dizer o que são fatos novos e se realmente eles existem. Será que esses fatos novos podem ser formulados linguisticamente? E se puderem, como isso se dá? Se não, o que isso mostra?

2. Jackson afirma que, apesar de ser bastante plausível supor que Mary possa aprender tudo sobre a descrição física do mundo em preto e branco, isso é bem menos plausível, obviamente, para a explicação dualista dos estados mentais. Em que medida essa afirmação é plausível? Você pode pensar num argumento? (Uma abordagem poderia ser apelar para distinção de Nagel entre fatos objetivos e subjetivos.)

Laurence BonJour

Laurence BonJour (1943-), filósofo americano e professor na University of Washington em Seattle, é mais conhecido por seu trabalho em epistemologia. Ele é autor deste livro.

BonJour afirma que há um argumento persuasivo contra o fisicalismo ou o materialismo, que surge das principais ideias das seleções de Nagel e Jackson. (Este artigo não está publicado em nenhum outro lugar, mas uma versão mais completa pode ser encontrada em http://faculty.washington.edu/bonjour.)

Como É Ser Um Humano (Em Vez de Ser Um Morcego)?

Meu propósito neste artigo é discutir e defender uma objeção às abordagens fisicalistas ou materialistas da mente – a qual acredito ser essencialmente conclusiva. ❶ O argumento em questão não é novo. Uma versão dele parece estar implícita, junto com muitas outras coisas, no famoso artigo de Thomas Nagel "Como é ser um Morcego?"[18]; e uma versão mais explícita deve ser encontrada num artigo bem conhecido de Frank Jackson.[19] Entretanto, apesar dos esforços de Nagel e Jackson (e de alguns outros), acredito que uma versão mais persuasiva do argumento ainda não surgiu claramente; como resultado disso, as réplicas materialistas que, de fato, falham em tratar de seu ponto central, acabam sendo frequentemente consideradas como adequadas. Assim, o propósito do presente artigo é oferecer o que considero uma reafirmação mais nítida do argumento Nagel-Jackson, que mostra claramente por que as réplicas em questão não funcionam.

I

O que é necessário, a meu ver, é uma versão do argumento segundo o qual há *fatos* ou *verdades* sobre os estados mentais humanos que alguém na posição de Mary não sabe e não pode saber com base puramente no conhecimento físico, não importa o quanto ele seja completo. E uma maneira de fazer isso, eu sugiro, é realmente inverter o exemplo original de Nagel, de um modo que ele próprio sugere de passagem, mas não desenvolve: em vez de imaginarmos a nós mesmos tentando conhecer ou compreender as experiências de uma forma de vida alienígena, precisamos imaginar uma forma de vida alienígena tentando conhecer ou compreender nossas experiências.

Suponha então que um brilhante cientista marciano venha à Terra para investigar, com nossa total cooperação, a natureza e a estrutura dos seres humanos. Podemos supor que ele tenha um aparato sensório bastante diferente do nosso, mas que ainda é adequado, dado o seu domínio do raciocínio científico, para chegar a um conhecimento completo de qualquer fenômeno puramente físico. Assim, com o tempo, o marciano chega a um conhecimento idealmente completo dos fatos físicos que dizem respeito aos seres humanos, incluindo aqueles pertencentes aos papéis funcionais causalmente definidos. Será que ele acaba sabendo, por meio disso, de todos os fatos sobre os estados mentais humanos, tais como as experiências de cor?

Suponha que eu seja um dos sujeitos estudados pelo marciano. Em uma ocasião particular, eu olho para um gramado recentemente cortado, bem irrigado e cuidado e assim tenho uma experiência de uma certa propriedade fenomenal específica ou sensória, que se encontra no conjunto das propriedades que costumo chamar de "verde". Pouco tempo depois, eu olho um carro de bombeiros recentemente pintado e então tenho uma experiência de uma segunda propriedade fenomenal específica ou sensória, que se encontra no conjunto das propriedades que costumo chamar de "vermelho".

❶ Quando BonJour se refere às abordagens fisicalistas ou materialistas da mente, BonJour está pensando não apenas no que Fodor chama de materialismo de estado central*, mas também nas teorias funcionalistas. Tendo em vista que muitos funcionalistas são o que Fodor chama de fisicalistas de exemplar, a ideia é que cada estado mental seja um estado cerebral ou, em outras palavras, nada mais há num estado mental do que o estado cerebral particular que ele é (incluindo seu papel causal fisicamente especificado).

* N. de R. T. Materialismo de estados centrais tem (in Simon Blackburn, Dicionário Oxford de Filosofia, R.J, Jorge Zakar Editora, 1997, p. 240) a seguinte definição: "Uma filosofia da mente que identifica os acontecimentos mentais com acontecimentos físicos que ocorrem no cérebro e no sistema nervoso central. É, portanto, uma forma de fisicalismo".

---
[18] Reimpresso neste livro, páginas 192-197.
[19] Frank Jackson, "O que Mary não sabia", reimpresso neste livro, páginas 198-200.

Que na primeira ocasião eu experiencio a primeira propriedade e na segunda ocasião a segunda propriedade, e não o contrário, são fatos simples sobre mim no sentido mais imediato possível. Suponha que o marciano esteja presente em ambas as ocasiões e esteja monitorando cuidadosamente meus estados físicos e cerebrais com um conjunto sofisticado de instrumentos que ele construiu para esse propósito. Podemos supor que ele venha a saber *tudo* sobre esses estados físicos, incluindo suas relações causais com outros estados, a um nível tão completo de detalhes quanto possível. Será que ele é capaz de saber que estou experienciando a primeira propriedade sensória na primeira ocasião e a segunda propriedade sensória na segunda ocasião? ❷

Eu supus que o marciano não possui sentidos como os nossos. Em particular, ele não possui olhos e uma faculdade de visão como a nossa. Assim, uma coisa que ele não pode fazer é determinar qual propriedade eu estou experienciando ao olhar ele mesmo os objetos relevantes. Ele nem precisará fazer isso, uma vez que os fatos sobre suas próprias experiências são, sem dúvida alguma, parte de sua abordagem física supostamente completa dos humanos em geral e de mim em particular. ❸ (A mesma coisa é de fato verdadeira em relação à Mary: embora seja um membro da espécie que ela está investigando, sua consciência introspectiva de suas próprias experiências ainda não é uma parte da abordagem física idealmente completa dos humanos à qual ela chega pelos métodos da ciência física. É por isso que as especulações sobre as extrapolações imaginativas são simplesmente irrelevantes para essa questão.)

O marciano não tem experiência de cores do mesmo modo e nos mesmos contextos que nós. Contudo, ainda é possível que ele esteja familiarizado de algum outro modo com as propriedades fenomenais específicas ou sensoriais em questão, e será útil que nos concentremos no ponto essencial se supusermos que isso é assim. Dessa forma, suponha que ele de fato experiencie essas mesmas propriedades, embora num contexto causal bem diferente. Talvez ele experiencie cores quando ouve, ou sente vibrações no ar correspondentes à música. Ou talvez ele tenha algo como olhos e visão, porém num alcance de radiação eletromagnética bem diferente e, por isso, experiencia todas as cores que experiencia (e talvez outras?), mas em relação a objetos e situações diferentes do que aquelas que causam nossas experiências específicas. Assim, vamos supor, ele tem uma noção perfeita dos *conceitos* advindos de uma experiência de cada uma das duas propriedades em questão, e o problema é somente se ele pode aplicar esses conceitos corretamente a mim.

Podemos até conceder ao marciano mais uma informação bastante útil, embora seja uma informação à qual ele muito provavelmente não pudesse de fato chegar sozinho. Vamos estipular não apenas que ele esteja familiarizado com as propriedades das cores e tenha os conceitos advindos dessas experiências; vamos estipular também que, de algum modo, ele saiba – talvez Deus sussurre isso em seu ouvido ou num órgão sensório alternativo – que as duas propriedades específicas de cores, além daquelas com as quais ele está familiarizado, são de fato as duas que eu estou experienciando nas duas ocasiões em questão (mas não, é claro, qual é qual). Além disso, suponhamos que o marciano solucionou o difícil problema de isolar características específicas de minha neurofisiologia que são relevantes à questão em foco, de maneira que ele é capaz de se concentrar em dois estados cerebrais relativamente restritos (talvez caracterizados em termos funcionais) que são, supondo que o fisicalismo seja verdadeiro, idênticos às minhas experiências das duas cores. Assim, ele é capaz de formular para si mesmo os dois pares de proposições, um par identificando o primeiro desses estados restritos com uma experiência da primeira das duas propriedades e o segundo estado restrito com a experiência da segunda das duas propriedades, e o outro par invertendo essas atribuições. ❹ Assim, ele sabe, estamos supondo, que as proposições num desses pares são verdadeiras e aquelas no outro par são falsas, mas não qual é qual. Será que ele consegue dizer, com base apenas em seu conhecimento físico completo, qual par é o correto? ❺

Ao refletir sobre essa questão, é importante ser bastante claro sobre a forma exata do problema. Proponho então que, se o fisicalismo for verdade, então o marciano não deverá extrapolar ou adivinhar, não importa o quão precisa-

---

❷ Se o fisicalismo for verdadeiro, então a experiência de BonJour do verde é idêntica a um estado cerebral – talvez descrito em termos de seu papel causal, mas o marciano também saberia isso.

❸ Mesmo se o marciano realmente tivesse olhos e pudesse ver o gramado, ele não saberia que nós experienciamos isso do mesmo modo que ele experiencia.

❹ O marciano então sabe como são as duas experiências do (que chamamos de) vermelho e do (que chamamos de) verde, embora também não saiba qual é qual. E ele também sabe quais são os estados cerebrais relevantes, embora também não saiba qual é qual. Ele pode, assim, formular e entender a questão que pergunta sobre qual estado cerebral é a experiência do vermelho e qual é a experiência do verde.

❺ Se chamarmos o primeiro estado cerebral de A e o segundo estado cerebral de B, e se chamarmos a experiência do vermelho de R e a experiência do verde de G, então um par de proposições é A é R e B é G, enquanto o outro par de proposições é A é G e B é R. Se o fisicalismo é verdadeiro, afirma BonJour, o marciano deve ser capaz de dizer qual par de proposições é verdadeiro.

mente, a fim de determinar qual par de proposições é o correto. Se a explicação física ideal é realmente uma explicação *completa* de todos os fatos que dizem respeito aos seres humanos e a seus estados mentais, e se um dos dois pares de proposições for verdadeiro e o outro falso em relação ao assunto, parece então se seguir que as proposições do par verdadeiro já devem estar *incluídas* de algum modo nessa explicação e que as proposições no outro par devem ser, de algum modo, *incompatíveis* com essa explicação. E isso aparentemente significaria, por seu turno, que as ideias ou os conceitos das duas propriedades fenomenais ou sensórias em questão teriam de estar ou já presentes na explicação física, ou de algum modo estritamente definíveis com base nos conceitos ou nas ideias físicas pertencentes aos estados físicos relevantes.

❻ A primeira dessas alternativas parece claramente equivocada, o que é o mesmo que dizer que nem a descrição física do cérebro nem a do organismo humano como um todo traz explicitamente a ideia de cor sensória ou fenomenal. E a última alternativa é igualmente implausível. Um modo de argumentar sobre esse ponto é apelar à visão familiar de que os conceitos de cores são essencialmente indefiníveis, uma visão que acredito ser correta. No entanto, independentemente desse tipo de recurso, a ideia de que os conceitos de várias cores sensórias ou fenomenais sejam estritamente definíveis com base em conceitos físicos pertencentes a estados cerebrais e outros estados estritamente físicos tem muito menos plausibilidade do que a antiga ideia fenomenalista de que os conceitos pertencentes ao objeto físico sejam definíveis em termos puramente sensórios. Não sei como provar estritamente que nenhuma definição como essa é possível, mas sei que ninguém jamais defendeu seriamente tal visão, ou que a tenha tornado minimamente plausível.

Portanto, parece bastante evidente que a resposta à questão original é "não". Tudo o que o conhecimento físico do marciano pode lhe oferecer são explicações cada vez mais complicadas da estrutura dos dois estados cerebrais restritos e das relações estruturais e causais deles entre si e entre outros estados e processos do mesmo tipo. Porém, todo esse conhecimento, não importa o quão detalhado e elaborado, ainda seria inteiramente compatível com a verdade de qualquer um dos dois pares de proposições concernentes às relações dos estados cerebrais com as experiências de cores. Assim, embora o cientista marciano conheça todos os fatos *físicos* existentes, ele não conhece todos os *fatos* existentes, e disso se segue que o fisicalismo é falso.

III

Gostaria de considerar mais uma aplicação de nossa linha geral de argumento, de várias maneiras a mais fundamental de todas, mas que é felizmente passível de ser tratada muito rapidamente. É óbvio que, em qualquer versão plausível do fisicalismo, só alguns dos nossos estados cerebrais serão identificados com estados mentais conscientes. Não há consciência associada a esses estados, por exemplo, que controle a respiração ou o batimento cardíaco. Todavia, isso suscita a questão sobre se nosso cientista marciano, com base em seu conhecimento físico completo, pode dizer quais estados cerebrais são conscientes e quais não são.

❼ Minha sugestão, mais uma vez, é a de que não há como ele possa fazer isso do modo logicamente rígido que se requer.

Podemos supor, de forma bastante razoável, que há alguma diferença estrutural entre os estados que são conscientes e os que não são, e por isso é que o marciano pode dividir nossos estados em dois grupos, correspondentes a essa diferença. Contudo, mesmo que ele possa chegar até aí, como ele poderá determinar, e não simplesmente adivinhar ou conjecturar, que os estados num grupo envolvem consciência e que aqueles em outro grupo não envolvem? De qualquer modo, é bem mais óbvio se pensar que a consciência não é explicitamente mencionada como tal em sua explicação física completa, nem definível em termos das coisas que são mencionadas. Além disso, como no caso das propriedades fenomenais, não sei de ninguém que tenha alguma vez sugerido seriamente o contrário.

Minha conclusão é a de que o cientista marciano, apesar de possuir um conhecimento físico completo de mim, não conheceria muitos fatos importantes sobre minha vida mental consciente, nem mesmo que tenho uma vida mental consciente no final das contas. Isso signi-

---

❻ Essa afirmação é crucial ao argumento de BonJour de que o cientista marciano é incapaz de saber qual dos dois pares de proposições é o correto: os conceitos de cor têm ou de ser parte da teoria física ou de ser definível em termos dos conceitos físicos. (É importante enfatizar que BonJour tem mente aqui a experiência com a qualidade da cor, não com questões como o comprimento de luz correspondente, que o marciano pode, é claro, conhecer.)

❼ **PARE** Esta é uma questão que foi originalmente levantada por Smart. Essa linha de argumento sobre a consciência poderia ser mais completamente desenvolvida de um modo bem similar ao argumento original sobre a cor. Pense a respeito de como seria tal argumento.

fica que a explicação física é radicalmente incompleta como uma abordagem da minha estrutura pessoal completa e, por isso, que o fisicalismo ou materialismo, como uma explicação dos seres humanos, é certa e irremediavelmente falso.

Questões para Discussão

1. Será que BonJour está correto ao dizer que o cientista marciano seria incapaz de dizer qual dos estados cerebrais de BonJour é uma sensação de uma cor e qual é uma experiência da outra (ambos sendo experienciados pelo marciano)? Reflita sobre essa questão listando todas as coisas que o marciano seria plausivelmente capaz de saber (quais coisas externas causam o estado cerebral em questão, quais frequências de luz estão envolvidas em cada caso, o que BonJour chama de duas experiências, de qual delas BonJour gosta mais, etc.). Você consegue ver algum modo, com base no conhecimento físico dos estados cerebrais, juntamente com qualquer desse outro conhecimento (todos concernentes ao papel causal), de dizer qual experiência é o quê?
2. Reflita sobre a aplicação do experimento imaginário do cientista marciano ao problema do conteúdo intencional. Suponha que BonJour esteja pensando sobre vários tipos de coisas e que o cientista marciano tenha um conhecimento completo de cada um dos estados cerebrais relevantes. Será que ele pode determinar, com base nisso, o conteúdo específico dos pensamentos de BonJour? Considere uma gama de exemplos – e lembre-se de que, se o fisicalismo é verdadeiro, então o marciano aparentemente deveria ser capaz de conhecer o conteúdo exato dos pensamentos de BonJour: não apenas sobre quais coisas ele está pensando, mas como exatamente ele as concebe.
3. Suponha que o resultado do experimento de pensamento do cientista marciano é o de que ele não pode conhecer pelo menos alguns fatos sobre a vida mental de BonJour com base no conhecimento físico completo. Será que há algum modo plausível para um materialista argumentar que esse resultado seja compatível com sua visão?

David Lewis

David Lewis (1941-2001) foi um grande filósofo americano que lecionou na Princeton University. Ele é mais conhecido por seu trabalho em metafísica, mas também deu importantes contribuições a muitas outras áreas.

Quando J.J.C. Smart considerou o problema das propriedades fenomênicas 20 anos antes do argumento do conhecimento ter sido proposto, ele estava confiante de que a ciência descobriria os fatos físicos que, de algum modo, constituiriam essas propriedades fenomênicas. Lewis, escrevendo 20 anos depois, afirma que o fisicalista, em última instância, deve negar a própria existência das propriedades fenomênicas a fim de responder ao argumento do conhecimento.

Sabendo Como É[20]

O mais formidável desafio de qualquer tipo de materialismo e funcionalismo vem do amigo dos *qualia* fenomenais. Ele diz que deixamos de fora o aspecto fenomenal da vida mental ❶: esquecemos que a dor é uma sensação, que há algo que dá uma ideia de como é pôr a mão no fogo, que estamos conscientes de algo quando sofremos dor, que podemos reconhecer esse algo quando ele aparece

❶ O próprio Lewis advoga uma versão funcionalista de materialismo sobre a mente e, por isso, ele usa "nós" para se referir aos defensores da visão que está sendo desafiada.

[20] Extraído de *Philosophical Papers*, vol 1 (New York: Oxford University Press, 1983).

novamente(...) Até agora, nossa réplica apropriada é aquela esboçada no (artigo de Lewis intitulado "Mad Pain and Marcian Pain" ["Dor Louca e Dor Marciana"]): não negamos nada lá apresentado! Dizemos ao amigo dos *qualia* que, debaixo de seu jargão tendencioso, ele está apenas falando da dor e dos vários aspectos de seu papel funcional. Já dissemos o que entendemos por dor; e não duvidamos que uma parte de seu papel causal seja o de trazer à baila juízos de que alguém está com dor e parte seja o de capacitar alguém a reconhecer a dor (o realizador do mesmo papel) quando ela aparece novamente. ❷

Até aqui, tudo bem. Porém, se ele persiste, o amigo dos *qualia* pode conseguir escapar de nossa concordância indesejável; e, quando ele consegue, precisamos reverter nossa estratégia. Suponha que ele defenda seu ponto como se segue.2¹ Não experimentamos o Vegemite (um reputado condimento baseado em levedura). Assim, você não sabe como é experimentar Vegemite. E você jamais saberá, a não ser que experimente Vegemite. (Ou a não ser que a mesma experiência, ou os traços falsificados dela, seja de algum modo produzida em você por meios artificiais.) Nenhuma quantidade de informação apresentada por materialistas e funcionalistas ajudará você. Contudo, se você experimentar Vegemite, *então* você saberá como é. Assim, você terá obtido um tipo de informação que os materialistas e funcionalistas negligenciaram completamente. Chame isso de *informação fenomênica*. Por *qualia* eu entendo o tema central dessa informação fenomênica.

Agora precisamos nos tornar eliminativos. ❸ Não ousamos admitir que haja um tipo de informação que negligenciamos; ou, em outras palavras, que haja possibilidades exatamente nos termos que sabemos, embora diferentes de algum outro modo. Isso seria uma derrota. Nem podemos afirmar com veracidade que as lições em física, fisiologia(...) possam ensinar ao inexperiente como é sentir o sabor do Vegemite. Nossa resposta apropriada, creio eu, consiste em dizer que saber como é não se constitui, de forma alguma, na posse de uma informação. Não é a eliminação de quaisquer possibilidades até então deixadas em aberto. Ao contrário, saber como é consiste na posse de habilidades: habilidades de reconhecer, habilidades de imaginar, habilidades de prever o comportamento de alguém por meio de experimentos de imaginação. (Alguém que sabe como é experimentar Vegemite pode fácil e seguramente prever se ele tomaria novamente um sorvete de Vegemite.) As lições não podem comunicar essas habilidades – quem pensaria o contrário? É claro que há um estado de saber como é. E Vegemite tem um poder especial de produzir esse estado. Entretanto, a informação fenomênica e seu tema central não existem. ❹

❷ Essas são algumas das coisas que um funcionalista poderia saber quando tenta explicar a dor ou qualquer outro estado experiencial.

❸ Isto é, o funcionalista precisa, de acordo com Lewis, negar a própria existência do tipo de informação fenomenal à qual o argumento de Jackson recorre. Preste muita atenção ao que exatamente será eliminado.

❹ PARE Nessa visão, saber como é não envolve ter um tipo especial de informação, ou saber quaisquer fatos, mas antes ser capaz de fazer algo: reconhecer, discriminar, prever. Talvez ainda seja um tipo de conhecimento, mas não um tipo que envolva informação. O quanto é plausível a visão de que isso é tudo o que está implicado em vir a saber qual o gosto de alguma coisa? (Ver a Questão para Discussão 1.)

Questões para Discussão

1. Lewis nega que "saber como é" ter uma certa experiência envolve vir a ter algum tipo de nova informação. Mas então parece que ele precisa também negar que tal experiência envolva tornar-se consciente das propriedades fenomênicas distintivas, pois, se ele aceitasse isso, haveria aparentemente uma informação envolvida: a de que a experiência envolveu uma certa propriedade fenomênica e não outra. (Ver a versão de BonJour do argumento do conhecimento.) O quanto é plausível negar a própria existência de tais propriedades? Tente pensar em outros exemplos específicos – talvez você possa inclusive tentar experimentar alguma coisa real que jamais experimentou antes e ver se você encontra uma nova propriedade fenomênica.

2. Lewis diz que uma das habilidades que uma pessoa poderia adquirir experimentando Vegemite é a habilidade de prever se ela tomaria mais um sorvete de Vegemite – ou supostamente se provaria o primeiro sorvete. Um modo de entender essa habilidade preditiva é que ela depende de nos tornarmos familiarizados com uma propriedade fenomênica específica e gostar ou não gostar

---

²¹ Este é o "argumento do conhecimento" de Frank Jackson. Ele também aparece, de forma menos depurada, no artigo de Thomas Nagel intitulado "What is like to be a bat?", *Philosophical Review*, n. 83, p. 435-50, 1974 (páginas 192-197 deste livro).

dela – mas então as propriedades fenomênica teriam de existir. Você consegue pensar em outras explicações a respeito de como a habilidade em questão pode funcionar, a qual não envolva qualquer recurso às propriedades fenomênicas?

David J. Chalmers

David Chalmers (1966 -) é um filósofo australiano que lecionou nos Estados Unidos, mas atualmente trabalha na Australian National University. Ele é mais conhecido por seu trabalho em filosofia da mente, particularmente no tópico sobre a consciência.

Nesta seleção, Chalmers distingue entre o *problema difícil* e os *problemas fáceis* da consciência. Os problemas fáceis, em última instância, têm a ver com o funcionamento do cérebro, enquanto o problema difícil diz respeito ao modo como o cérebro origina a experiência consciente. Ele argumenta que os resultados da neurociência são insuficientes para resolver o problema difícil da consciência por causa do que ele chama de "hiato explanatório". Chalmers não desenvolve uma visão dualista detalhadamente, mas ele parece ter em mente uma versão do **epifenomenalismo**, de acordo com o qual os estados ou as propriedades conscientes não têm qualquer efeito no mundo físico.

O Enigma da Experiência Consciente[22]

A experiência consciente é, ao mesmo tempo, a coisa mais familiar do mundo e a mais misteriosa. Não há nada que saibamos mais diretamente do que a consciência, mas é extraordinariamente difícil reconciliá-la com tudo o mais que conhecemos. Por que ela existe? O que ela faz? Como ela pode surgir a partir de processos neurais no cérebro? Essas questões estão entre as mais intrigantes em toda a ciência.

De um ponto de vista objetivo, o cérebro é relativamente compreensível. Quando você olha para esta página, inúmeras coisas estão ocorrendo: fótons chocam-se com sua retina, sinais elétricos passam ao nervo óptico e a diferentes áreas do seu cérebro, e eventualmente você pode responder com um sorriso, uma expressão de perplexidade ou um comentário. Mas há também um aspecto subjetivo. Quando olha para a página, você está consciente dela, experienciando diretamente as imagens e as palavras como parte de sua vida mental privada. Você tem impressões vívidas de flores coloridas e do céu vibrante. ❶ Ao mesmo tempo, você pode estar sentindo algumas emoções e formando alguns pensamentos. Juntas, essas experiências compõem a consciência: a vida interna subjetiva da mente.

Durante muitos anos, a consciência foi evitada por pesquisadores do cérebro e da mente. A visão dominante era a de que a ciência, que depende da objetividade, não podia acomodar algo tão subjetivo quanto a consciência. O movimento behaviorista na psicologia, dominante no início deste século, concentrou-se no comportamento externo e desencorajou qualquer discurso sobre processos mentais internos. Mais tarde, a ascensão da ciência cognitiva concentrou sua atenção nos processos que ocorrem dentro da cabeça. Ainda assim, a consciência permanecia proibida, aceita apenas em discussões noturnas acompanhadas de bebida.

Nos últimos anos, contudo, um número crescente de neurocientistas, psicólogos e filósofos têm rejeitado a ideia de que a consciência não pode ser estudada e tentam investigar seus segredos. Como era de se esperar num campo tão novo, há uma porção de teorias diversas e conflitantes, que frequentemente usam conceitos básicos de maneiras incompatíveis. Para ajudar a desembaraçar os nós, o raciocínio filosófico é vital.

❶ Embora você não tenha impressões vívidas de flores e do céu quando olha o papel, você teria tais impressões se olhasse para as flores e para o céu lá fora ou para uma pintura de flores e do céu. Chalmers está salientando aqui a mesma coisa que Nagel apontou quando disse que há "algo que dá uma ideia de como é", por exemplo, ver as flores e o céu.

[22] Extraído de *Scientific American* (dezembro de 1995).

As miríades de visões contidas nesse campo vão das teorias reducionistas, de acordo com as quais a consciência pode ser explicada por métodos padronizados da neurociência e da psicologia, até a posição dos chamados *misterianos*,* que dizem que nós jamais entenderemos a consciência. ❷ Acredito que, numa análise mais detalhada, ambas as visões podem ser vistas como incorretas e que a verdade encontra-se no meio delas.

Contra o reducionismo, argumentarei que os instrumentos da neurociência não podem fornecer uma explicação completa da experiência da consciência, embora eles tenham bastante a oferecer. Contra o misterianismo, sustentarei que a consciência pode ser explicada por um novo tipo de teoria. Os detalhes completos de tal teoria ainda se encontram fora de alcance, mas um raciocínio cuidadoso e algumas inferências refinadas podem revelar elementos de sua natureza geral. Por exemplo, isso envolverá provavelmente novas leis fundamentais, e o conceito de informação pode desempenhar um papel central. Essas rápidas considerações sugerem que uma teoria da consciência pode ter consequências surpreendentes para nossa visão do universo e de nós mesmos.

O PROBLEMA DIFÍCIL

Os pesquisadores usam a palavra "consciência" de maneiras bastante diferentes. Para esclarecer essas questões, primeiro temos de discernir os problemas que existem em conexão com esse conceito. Para tal propósito, creio ser útil distinguir entre os "problemas fáceis" e o "problema difícil" da consciência. Os problemas fáceis não são de modo algum triviais – eles são, de fato, tão desafiadores quanto vários outros na psicologia e na biologia –, mas é no problema difícil que se encontra o mistério central.

Os problemas fáceis da consciência incluem o seguinte: como um sujeito humano pode discriminar estímulos sensórios e reagir a eles apropriadamente? Como o cérebro integra informação de muitas fontes diferentes e usa essa informação para controlar o comportamento?

---

* N. de T. No original, *mysterians*.

Como os sujeitos podem verbalizar seus estados internos? Embora todas essas questões estejam associadas à consciência, todas dizem respeito aos mecanismos objetivos do sistema cognitivo. Consequentemente, temos toda razão para esperar que o trabalho contínuo na psicologia cognitiva e na neurociência responda a elas. ❸

O problema difícil, em contraste, é a questão de como os processos físicos no cérebro criam a experiência subjetiva. O enigma envolve o aspecto interno do pensamento e da percepção: o modo como as coisas são sentidas pelo sujeito. Quando vemos, por exemplo, temos a experiência de sensações visuais, tal como um azul brilhante. Ou pense no inefável som de um oboé distante, na agonia de uma dor intensa, no lampejo de felicidade ou na qualidade meditativa de um momento perdido no pensamento. Tudo isso é parte do que estou chamando de consciência. São esses fenômenos que engendram o mistério real da mente. ❹

Para ilustrar essa distinção, considere um experimento de pensamento concebido pelo filósofo australiano Frank Jackson. ❺ Suponha que Mary, uma neurocientista do século XXIII, é a maior especialista internacional dos processos cerebrais responsáveis pela visão da cor. Contudo, Mary viveu toda a sua vida num quarto preto e branco e jamais viu quaisquer outras cores. Ela sabe de tudo o que há para se saber sobre os processos físicos no cérebro – sua biologia, estrutura e função. Esse entendimento a capacita a aprender tudo o que há para se saber sobre os problemas fáceis: como o cérebro discrimina os estímulos, integra informação e produz relatos verbais. A partir de seu conhecimento da visão da cor, ela passa a saber como os nomes das cores correspondem aos comprimentos de onda no espectro de luz. Porém, há ainda algo crucial sobre a visão da cor que Maria não sabe: como é ter a experiência de uma cor como o vermelho. Segue-se que há fatos sobre a experiência consciente que não podem ser deduzidos dos fatos físicos sobre o funcionamento do cérebro. ❻

Realmente, ninguém sabe por que esses processos físicos são acompanhados da experiência consciente. Por que é que, quando nossos cérebros processam a luz de um certo comprimento de onda,

---

❷ Uma teoria reducionista da consciência reduz a consciência a algo mais familiar: por exemplo, a teoria da identidade do estado central reduz os estados mentais a estados cerebrais, uma vez que os estados mentais são apenas estados cerebrais. Alguns filósofos (geralmente materialistas) pensam que todos os dualistas são "misterianos".

❸ Esses são os tipos de questões que o cientista, no exemplo de Nagel, poderia responder sobre os morcegos e que o cientista marciano de BonJour poderia responder sobre os seres humanos.

❹ O mistério real, de acordo com Chalmers, é como algo físico, tal como o cérebro, pode "criar" ou causar experiências como essas.

❺ Ver a seleção anterior de Jackson.

❻ Chalmers reconhece, juntamente com Jackson (e BonJour), que a experiência de Mary do vermelho envolve uma característica fenomenal que Mary só teria conhecido previamente se pudesse ter deduzido uma descrição adequada dela a partir dos fatos físicos sobre o cérebro. (Observe a similaridade entre esse argumento e o argumento do cientista marciano de BonJour.)

temos uma experiência de púrpura escura? Por que temos, afinal de contas, uma experiência? Será que um autômato inconsciente teria realizado as mesmas tarefas tão bem quanto nós? São essas são questões que esperamos ser respondidas por uma teoria da consciência.

Não estou negando que a consciência surja do cérebro. ❼ Sabemos, por exemplo, que a experiência subjetiva da visão está intimamente ligada a processos no córtex visual. É essa conexão, entretanto, que nos deixa perplexos. Notadamente, a experiência subjetiva parece emergir de um processo físico, mas não temos a menor ideia de como isso se dá.

A NEUROCIÊNCIA É SUFICIENTE?

Dada a onda de trabalhos recentes sobre consciência na neurociência e na psicologia, poder-se-ia pensar que esse mistério estivesse começando a ser esclarecido. Contudo, olhando mais de perto, vemos que quase todos os trabalhos concentram-se apenas nos problemas fáceis da consciência. A confiança da visão reducionista provém do progresso em relação aos problemas fáceis, mas nenhum deles faz diferença quando consideramos o problema difícil.

Considere a hipótese apresentada pelo neurobiólogo Francis Crick, do Salk Institute for Biological Studies em San Diego, e Christof Koch, do California Institute of Technology. Eles sugerem que a consciência pode surgir de certas oscilações no córtex cerebral, que se tornam sincronizadas à medida que os neurônios liberam descargas 40 vezes por segundo. Crick e Koch acreditam que o fenômeno pode explicar como os diferentes atributos de um único objeto percebido (sua cor e forma, por exemplo), que são processados em diferentes partes do cérebro, fundem-se num todo coerente. Nessa teoria, duas partes da informação tornam-se interligadas precisamente quando elas são representadas por liberações de descargas neurais sincronizadas.

A hipótese pode elucidar um dos problemas fáceis sobre como a informação é integrada no cérebro. Mas por que oscilações sincronizadas acabam criando a experiência visual, não importa a integração que esteja ocorrendo? ❽ Essa questão envolve o problema difícil, sobre o qual a teoria nada tem a oferecer. Realmente, Crick e Koch são agnósticos em relação a que o problema difícil pode ser de fato resolvido pela ciência.

...

O traço comum crucial entre esses problemas fáceis é que todos eles dizem respeito a como a função cognitiva ou comportamental é realizada. Todas são, em última instância, questões sobre como o cérebro realiza alguma tarefa – como ele descrimina os estímulos, integra informação, produz relatos, e assim por diante. Uma vez que o neurobiólogo especifica os mecanismos neurais apropriados, mostrando como as funções são realizadas, os problemas fáceis são resolvidos. O problema difícil da consciência, em contraste, vai além dos problemas sobre como as funções são realizadas. Mesmo se toda função comportamental e cognitiva relacionada à consciência fosse explicada, ainda restaria um mistério: por que a realização dessas funções é acompanhada de experiência consciente? ❾ É esse dilema adicional que torna difícil o problema difícil.

O HIATO EXPLANATÓRIO

Alguns têm sugerido que, para resolver o problema difícil, precisamos recorrer a novos instrumentos da explicação física: dinâmica não linear, por exemplo, ou novas descobertas na neurociência, ou mecânica quântica. Mas essas ideias sofrem exatamente da mesma dificuldade(...)

O problema é que as teorias físicas são mais adequadas na explicação do motivo pelo qual os sistemas têm uma certa estrutura física e como eles realizam várias funções. Muitos problemas na ciência têm essa forma: para explicar a vida, por exemplo, precisamos descrever como um sistema físico pode reproduzir, adaptar e metabolizar. No entanto, a consciência é um tipo inteiramente diferente de problema, que vai além da explicação da estrutura e da função.

Sem dúvida, a neurociência não é irrelevante ao estudo da consciência. Ela pode, entre outras coisas, revelar a natureza dos correlatos neurais da consciência – os processos cerebrais mais diretamente associados à experiência consciente.

---

❼ Ao afirmar que a consciência surge do cérebro, Chalmers não está dizendo, tal como o materialista, que os estados conscientes são apenas estados cerebrais. Em vez disso, ele está dizendo que os estados conscientes são inteiramente causados por estados cerebrais (algo que algumas versões do dualismo aceitariam, mas outras negariam).

❽ A ênfase aqui é na experiência. Como essas oscilações podem ser responsáveis pela experiência distintamente subjetiva: como é para alguém, por exemplo, ver a cor e a forma de um objeto percebido?

❾ O que há sobre a execução dessas funções, ou de quaisquer funções, que resulta em experiência consciente, em vez de nenhuma experiência? (Um problema intimamente relacionado é por que, num caso particular, há um tipo distintivo de experiência e não outra.)

Ela pode inclusive oferecer uma correspondência detalhada entre os processos específicos no cérebro e os componentes da experiência relacionados a eles. ⑩ Porém, até onde saibamos por que esses processos criam a experiência consciente, não teremos atravessado o que o filósofo Joseph Levine chamou de abismo explanatório entre os processos físicos e a consciência. Dar esse salto exigirá um novo tipo de teoria.

UMA TEORIA VERDADEIRA SOBRE TUDO

Ao procurar uma alternativa, a observação central é que nem todas as entidades na ciência são explicadas por meio das entidades mais básicas. Na física, por exemplo, espaço-tempo, massa e carga (entre outras coisas) são consideradas como características fundamentais do mundo, uma vez que elas não são redutíveis a nada mais simples. Apesar dessa irredutibilidade, as teorias detalhadas e úteis relacionam essas entidades a outras em termos de leis fundamentais. Juntas, essas características e leis explicam uma grande variedade de fenômenos complexos e sutis.

É amplamente aceito que a física fornece um catálogo completo das leis e características fundamentais do universo. Como disse o físico Steven Weinberg, em seu livro *Dreams of a Final Theory*, de 1992, o objetivo da física é uma "teoria sobre tudo", a partir da qual se pode derivar tudo o que há para ser conhecido no universo. Porém, Weinberg admite que há um problema com a consciência. Apesar do poder da teoria física, a existência da consciência não parece ser derivável de leis físicas. Ele defende a física argumentando que ela pode eventualmente explicar o que chamo de correlatos objetivos da consciência (isto é, os correlatos neurais), mas sem dúvida fazer isso não é explicar a própria consciência. Se a existência da consciência não pode ser derivada de leis físicas, uma teoria da física não é uma teoria sobre tudo. Assim, uma teoria final deve conter um componente adicional fundamental.

Para esse fim, proponho que a experiência consciente possa ser considerada uma característica fundamental, irredutível a nada mais básico. A ideia pode parecer estranha de início, mas consistência parece ser necessária aqui. No século XIX, os fenômenos eletromagnéticos não podiam ser explicados em termos de princípios previamente conhecidos. Como consequência, os cientistas introduziram a carga eletromagnética como uma nova entidade fundamental e estudaram as leis fundamentais associadas a ela. Um raciocínio similar deve ser aplicado à consciência. Se as teorias fundamentais existentes não podem abarcá-la, então algo novo é necessário.

Quando há uma propriedade fundamental, há leis fundamentais. Nesse caso, as leis devem relacionar a experiência com os elementos da teoria física. Essas leis certamente não interferirão naquelas do mundo físico; parece que as últimas formam um sistema fechado em si mesmo. Em vez disso, as leis servirão como uma ponte, especificando como a experiência depende de processos físicos subjacentes. É essa ponte que atravessará o abismo explanatório.

Assim, uma teoria completa terá dois componentes: as leis físicas, que tratam do comportamento dos sistemas físicos, do infinitesimal ao cosmológico, e o que podemos chamar de leis psicofísicas, que nos dizem como alguns desses sistemas estão associados à experiência consciente. Esses dois componentes constituirão a verdadeira teoria sobre tudo. ⑪

PROCURANDO POR UMA TEORIA

Supondo por um momento que elas existam, como podemos descobrir essas leis psicofísicas? O maior obstáculo nessa busca será a falta de dados. Como descrevi, a consciência é subjetiva, por isso não há nenhum meio direto de monitorá-la nas outras pessoas. Contudo essa dificuldade é um obstáculo, não um beco sem saída. Para começar, cada um tem acesso às suas próprias experiências, e essa já é uma fonte que pode ser usada para formular teorias. Também podemos confiar razoavelmente na informação indireta, tais como descrições que o sujeito faz de suas experiências. Os argumentos filosóficos e os experimentos imaginários têm um papel a desempenhar. Tais métodos têm limitações, mas eles nos fornecem mais do que o suficiente para começarmos.

---

⑩ Esse é o tipo de coisa que Mary e os cientistas marcianos estão apresentando como conhecimento. Contudo, mesmo se soubéssemos exatamente qual estado cerebral estava correlacionado a algum estado experiencial particular, sem entender por que esse estado cerebral particular cria qualquer estado experiencial, e esse estado experiencial em particular, ainda assim não teríamos resolvido o problema difícil da consciência.

⑪ **R** As leis psicofísicas preencherão o abismo explanatório, relacionando os estados psicológicos (experienciais) com os estados (cerebrais) físicos.

Ora, se essas leis não "interferem" nas leis do mundo físico, pois estas formam um "sistema fechado", então os estados conscientes não influenciam o mundo físico – o que resulta no epifenomenalismo.

12 A razão para que esses tipos de teorias que Chalmers tem em mente não sejam "conclusivamente testáveis" é que as experiências de outras pessoas não são diretamente acessíveis e as experiências em primeira pessoa de um indivíduo não fornecem suficiente evidência para um teste "conclusivo". (Essa é mais ou menos a mesma razão que motivou os psicólogos behavioristas a tentarem explicar o comportamento sem recorrer à consciência – ver a discussão do "behaviorismo radical" na primeira seleção de Fodor.)

13 De acordo com o uso de Chalmers da expressão, "estar a par de" é um processo físico que não envolve, em si mesmo, a consciência (Esse não é o significado comum do termo.)

14 A hipótese de que há uma correlação entre nossa experiência de formas coloridas e a informação processada pelo cérebro é sustentada pela habilidade de realizar ações físicas que se relacionam diretamente aos detalhes de tal experiência – incluindo dar uma descrição verbal disso.
(Porém, em uma visão epifenomenalista, tal descrição não pode, paradoxalmente, ser causada pela própria experiência, porque isso seria um caso da consciência que afeta causalmente o mundo físico. (Ver a Questão para Discussão 3.)

15 Aqui há um candidato inicial para uma lei psicofísica aproximada, que conecta a estrutura da experiência consciente aos estados físicos envolvidos no processo neural do "estar a par de" – lembre-se de que "estar a par de" não é um estado consciente para Chalmers.

Essas teorias não serão conclusivamente testáveis, de modo que elas serão inevitavelmente mais especulativas do que aquelas das disciplinas científicas mais convencionais. Todavia, não há razão para que elas não sejam fortemente restritas, a fim de explicar precisamente nossas experiências em primeira pessoa, assim como a evidência dos relatos dos indivíduos. Se procurarmos uma teoria que se encaixe melhor nos dados do que qualquer outra teoria de igual simplicidade, teremos uma boa razão para aceitá-la. Por enquanto, ainda não temos uma única teoria que se ajuste aos dados, de sorte que as preocupações sobre a testabilidade são prematuras. **12**

Podemos começar procurando por leis conectoras de alto nível, ligando diariamente os processos físicos com a experiência. O contorno básico de tal lei pode ser desenhado a partir da observação de que, quando estamos conscientes de algo, geralmente somos capazes de agir e falar sobre isso – que são funções físicas objetivas. Ao contrário, quando uma informação está diretamente disponível para a ação e a fala, ela geralmente é consciente. Assim, a consciência correlaciona-se bem com o que chamamos de "estar a par de", isto é, o processo pelo qual a informação no cérebro torna-se amplamente disponível aos processos motores, tais como a fala e a ação corporal. **13**

A noção pode parece trivial. No entanto, tal como definida aqui, o ato de estar a par de algo é objetivo e físico, enquanto a consciência não o é. Alguns refinamentos à definição de "estar a par de" são necessários a fim de estender o conceito a animais e a crianças que não podem falar. Contudo, ao menos nos casos familiares, é possível ver os esboços de uma lei psicofísica: onde há o ato de estar a par de algo, há consciência, e vice-versa.

Para dar um passo a mais nessa linha de raciocínio, considere a estrutura presente na experiência consciente. A experiência de um campo de visão, por exemplo, é um mosaico de cores, formas e padrões em constante mutação e, como tal, tem uma estrutura geométrica detalhada. O fato de podermos descrever essa estrutura, apontar na direção de muitos de seus componentes e realizar outras ações que dependem dela sugere que a estrutura corresponde diretamente àquela da informação disponibilizada no cérebro através dos processos neurais a partir dos quais nos tornamos a par de algo. **14**

Similarmente, nossas experiências de cor têm uma estrutura tridimensional intrínseca que se espelha na estrutura dos processos de informação no córtex visual do cérebro. Essa estrutura é ilustrada pelas rodas de cores e mapas usadas por artistas. As cores são dispostas num padrão sistemático – do vermelho ao verde num eixo, do azul para o amarelo, em outro, e do preto ao branco no terceiro. É extremamente provável que elas também correspondam a representações perceptuais semelhantes no cérebro, como parte de um sistema de codificação tridimensional complexo entre os neurônios que não é ainda completamente entendido. Podemos reformular o conceito subjacente como um princípio de coerência estrutural: a estrutura da experiência consciente é espelhada pela estrutura da informação no ato de estar a par de algo, e vice-versa. **15**

...

INFORMAÇÃO: FÍSICA E EXPERIENCIAL

O objetivo último de uma teoria da consciência é um conjunto simples e elegante de leis fundamentais, análogas às leis fundamentais da física. Os princípios antes descritos, todavia, não são provavelmente fundamentais. Antes, eles parecem ser leis psicofísicas de alto nível, análogos aos princípios macroscópicos na física, como aqueles da termodinâmica ou da cinemática. O que poderiam ser as leis fundamentais subjacentes? Ninguém sabe, mas não me importo em especular.

Sugiro que as leis psicofísicas primárias possam envolver principalmente o conceito de informação. A noção abstrata de informação(...) é aquela de um conjunto de estados separados com uma estrutura básica de similaridades e diferenças entre eles. Podemos pensar num código binário de dez *bits* como um estado de informação, por exemplo. Tais estados de informação podem ser incorporados no mundo físico. Isso ocorre sempre que eles correspondem aos estados físicos (voltagens, vamos dizer): as diferenças entre eles podem ser transmitidas ao longo de um trajeto, como uma linha telefônica.

Podemos também encontrar informação incorporada na experiência consciente. O padrão de manchas de cores num campo visual, por exemplo, pode ser visto como análogo àquele dos *pixels* que cobrem a tela de um monitor. De maneira intrigante, ocorre que encontramos os mesmos estados de informação embutidos na experiência consciente e nos processos físicos subjacentes no cérebro. A codificação tridimensional dos espaços de cor, por exemplo, sugere que o estado de informação numa experiência de cor corresponde diretamente a um estado de informação no cérebro. Podemos até mesmo considerar os dois estados como aspectos distintos de um estado simples de informação, que é simultaneamente incorporado tanto no processo físico quanto na experiência consciente.

Segue-se disso uma hipótese natural. Talvez a informação, ou pelo menos alguma informação, tenha dois aspectos básicos: um físico e um experiencial. Essa hipótese tem o *status* de um princípio fundamental que pode subjazer à relação entre os processos físicos e a experiência. Onde quer que encontremos experiência consciente, ela existe como um aspecto de um estado de informação, sendo que o outro aspecto está inserido no processo físico no cérebro. ❶⓰ Essa proposta precisa ser complementada para constituir uma teoria satisfatória. Mas ela se harmoniza perfeitamente com os princípios antes mencionados – sistemas com a mesma organização irão incorporar a mesma informação, por exemplo – e isso poderia explicar várias características da nossa experiência consciente.

...

Um problema potencial é colocado pela ubiquidade da informação. Até um termostato contém alguma informação, por exemplo, mas ele é consciente? Há no mínimo duas respostas possíveis. Primeiro, podemos restringir as leis fundamentais a fim de que somente alguma informação tenha um aspecto experiencial, talvez dependendo de como ela é processada fisicamente. Segundo, podemos fazer a concessão de permitir que toda informação tenha um aspecto experiencial – onde há um processamento complexo de informação, há experiência complexa, e onde há um processamento simples de informação, há experiência simples. ❶⓱ Se assim for, então mesmo um termostato pode ter experiências, embora bem mais simples do que a experiência básica de cor, e não haveria certamente nenhuma emoção ou pensamento acompanhando-o. Isso parece estranho de início; porém se a experiência é verdadeiramente fundamental, então podemos esperar que isso se torne universalmente aceito. De qualquer modo, a escolha entre essas alternativas dependerá de qual pode ser integrada na teoria mais potente.

Sem dúvida, tais ideias podem estar erradas. Por outro lado, elas podem evoluir numa proposta mais poderosa que prevê a estrutura precisa da nossa experiência consciente a partir de processos físicos em nossos cérebros. Se esse projeto for bem-sucedido, teremos boa razão para aceitar a teoria. Se ele falhar, outras avenidas serão percorridas, e teorias alternativas fundamentais poderão ser desenvolvidas. Nesse sentido, poderemos um dia resolver o maior mistério da mente.

⓰ **PARE** A afirmação de que qualquer estado informativo tem um aspecto consciente significa, aparentemente, que mesmo os tipos de estados informativos que estão envolvidos no monitoramento de coisas como respiração e batimento cardíaco nos seres humanos têm tais aspectos, ainda que não estejamos conscientemente a par delas. Chalmers não se compromete com tal visão, mas considera a possibilidade. Será que ela é plausível?

⓱ "Fazer a concessão" aqui seria afirmar uma implicação aparentemente contraintuitiva ou implausível de uma visão – quanto mais implausível, maior é a "concessão". Parece de fato ser extremamente peculiar dizer que um termostato tem experiência; portanto, afirmar essa consequência da visão de que todos os estados físicos são informativos e que todos os estados informativos têm um aspecto experiencial seria "fazer a concessão".

Questões para Discussão

1. Suponha que a afirmação de que todo estado informacional tem um aspecto consciente seja verdadeira. Considere os estados informativos de um termômetro. Ele teria estados com pelo menos algum aspecto consciente mínimo. Será que decorre dessa suposição que "há algo que dá uma ideia de como é" ser um termômetro? Thomas Nagel tem mostrado simpatia por uma visão chamada "pampsiquismo" (a visão de que a mente ou a consciência é uma característica fundamental de toda realidade). Para alguns, a visão parece totalmente louca, enquanto, para outros, parece ser ao menos plausível. Como você argumentaria a favor dessa visão ou contra ela?

2. Você consegue pensar em outras vezes na história da ciência quando havia um hiato explanatório entre dois domínios que pareciam estar relacionados? Pense na relação entre as descrições biológicas de um organismo (você, por exemplo) e uma descrição em termos da física (talvez inclusive da mecânica quântica). Outro exemplo, tornado famoso por Sir Arthur Eddington, envolve duas descrições de uma mesa: de um lado, você pode descrever a mesa em termos do senso comum, que incluirá sua cor, solidez e forma, e assim por diante; de outro lado, poder-se-ia oferecer uma descrição da mesa em termos da física mais avançada, a saber, como uma nuvem de partículas com grandes vazios entre elas e nenhuma propriedade como a cor. Mas as duas descrições são supostamente da mesma mesa. Será que a descrição do senso comum é simplesmente falsa? Qual é a relação entre as duas descrições?

3. Chalmers parece aceitar uma versão epifenomenalista do dualismo, provavelmente do dualismo de atributo. Pense cuidadosamente sobre as implicações dessa visão, incluindo aquela mencionada na nota 14. O quanto essa visão é implausível? Você considera óbvio que os seus estados conscientes influenciem o mundo físico através de suas reações a eles, incluindo tanto as ações deliberadas quanto aquelas como contorcer-se de dor? Como um epifenomenalista poderia responder a essa objeção? Será que há, como pensa Chalmers, fortes razões para se pensar que a consciência não tenha nenhum efeito no mundo físico? Se as houver, quais são elas?

Diálogo Conclusivo sobre o Problema Mente-Corpo

Bem, depois de tudo isso, o que se pode concluir sobre o problema mente-corpo? Será que somos apenas criaturas materiais, ou será que nossas mentes ou estados mentais são algo acima e para além do material? Uma grande parte da discussão neste capítulo tratou dos problemas com as visões materialistas, em especial dos problemas acerca do funcionalismo. Esses problemas, principalmente aquele sobre o conteúdo experiencial qualitativo, parecem sérios, mas então por que muitos filósofos ainda parecem acabar endossando o materialismo em geral e o funcionalismo em particular?

No final das contas, é fácil ver por que pode parecer tão óbvio que *alguma* versão do materialismo deva ser verdadeira. A razão para isso é o que às vezes é chamado de *naturalismo*: a visão de que os seres humanos são apenas uma outra espécie animal, emergindo e evoluindo através de processos basicamente materiais ou, mais especificamente, bioquímicos – de modo que *tudo* sobre eles precisa ser entendido em termos materiais.

Certo. Essa razão parece nada mais do que o bom senso científico. Mas então por que ela não parece suficiente para resolver a questão?

Você sabe perfeitamente por quê. Porque isso não significa, de modo algum, realmente falar da questão distintivamente filosófica. Não é suficiente estar confiante de que o materialismo deva ser verdadeiro. O problema filosófico é realmente explicar *como* ele pode ser verdadeiro: de que modo os estados mentais tais como os conhecemos – e especialmente como nós os experienciamos em casos individuais – podem ser apenas estados materiais.

Alguns materialistas acabam somente negando que os estados mentais conscientes existam. É nisso que consiste, de fato, o behaviorismo lógico. E há também alguns filósofos, os chamados *materialistas eliminativos,* que rejeitam a existência de estados mentais conscientes mais aberta e explicitamente – embora as visões deles não apareçam neste capítulo!

Isso se deve ao fato de que o eliminativismo é *bem* difícil de ser considerado seriamente. Certa vez, encontrei um eliminativista sobre crenças e outras atitudes proposicionais numa convenção. Eu lhe disse, de modo provocativo, que não *acreditava* que sua visão fosse correta. Ele então tentou argumentar comigo, mas o que ele realmente deveria ter dito era que *sem dúvida* eu não acreditava nisso e ele também não – já que não há crenças. Mas então em que resultaria sua defesa da visão?

Concordo que o eliminativismo pareça bastante difícil de se aceitar: negar algo que parece óbvio demais para ser negado de modo razoável. Mas há, sem dúvida, visões materialistas bem mais moderadas – como o funcionalismo.

Você diz "como o funcionalismo". O que as pessoas nem sempre percebem é que, uma vez que o behaviorismo lógico e o eliminativismo são postos de lado como implausíveis demais para serem tomados seriamente e uma vez que se percebe que a teoria da identidade é apenas um degrau na direção do funcionalismo, realmente *só* existe o funcionalismo como séria possibilidade para as visões materialistas. Talvez por isso é que o funcionalismo ainda seja a visão mais amplamente sustentada, apesar dos sérios problemas que todos reconhecem.

Isso é um pouco rápido demais para mim. Por que não pode haver outras visões materialistas também, visões que são diferentes de qualquer uma delas?

Bem, a princípio, poderia haver, suponho eu. Mas a única ideia que já se teve sobre o que é realmente a questão predominantemente central – *como* o que experienciamos e concebemos como um estado mental pode realmente apenas ser algum tipo de estado material, presumivelmente um estado cerebral – é aquela apresentada por Smart sobre uma descrição "tópico-neutra" de um estado experiencial e desenvolvida mais completa e amplamente a partir da ideia funcionalista de que a descrição "mental" de um estado é realmente apenas uma descrição dele em termos de seu papel causal. Se fosse plausível que as descrições em termos "tópico-neutros" ou do papel causal pudessem capturar *tudo* o que parecesse inegavelmente verdadeiro sobre os vários tipos de estados mentais, então esses estados – aqueles que desempenham esses papéis causais – poderiam ser os estados cerebrais, e o problema mente-corpo seria resolvido.

Entendo. O que faz com que o problema persista é que, mesmo se tal descrição do papel causal talvez capture *parte* do que é verdadeiro de um estado mental particular, parece – ao menos no caso dos estados qualitativos como a experiência de cor – deixar alguma coisa fora. De fato, não apenas alguma coisa, mas a coisa mais importante, a característica que é realmente essencial a esse estado mental. Minha experiência do vermelho pode desempenhar um certo papel causal, mas como é isso *experiencialmente*? Qual é a qualidade específica da qual estou a par em tal experiência? E em que resulta realmente meu ato consciente de estar a par dessa qualidade?

Sim. É por isso que o problema do espectro reverso é amedrontador para os funcionalistas. Não parece haver razão alguma para que um estado que satisfaz um certo papel causal em mim não possa ser experiencialmente bem diferente daquele que satisfaz o mesmo papel causal em você. Melhor dizendo, não parece haver razão alguma para que a minha sensação de vermelho não possa ser *experiencialmente* a mesma que a sua sensação do que você chama de verde, e vice-versa. Contudo, se a explicação do papel causal não captura essa dimensão experiencial crucial, então ela também não explica realmente como um estado cerebral pode ser apenas esse estado experiencial.

Esse é de fato o ponto central. E também explica por que não parecemos ser capazes de saber "como é ser um morcego" com base na explicação física e causal da fisiologia do morcego – e por que Mary ou o cientista marciano não podem conhecer a natureza distintiva das experiências da cor meramente conhecendo a fisiologia do cérebro e os papéis causais.

Certo, mas então o materialista parece ficar sem qualquer explicação viável de como esses estados experienciais podem ser apenas estados cerebrais – ou como eles podem ser quaisquer outros tipos de estado material também. Talvez o que Nagel sugere esteja certo: temos boas razões para pensar que o materialismo é verdadeiro, mesmo se não entendamos de modo algum *como* ele pode ser verdadeiro. Mas por que o fato de não entendermos como algo pode ser verdadeiro não é uma boa razão filosófica para pensarmos que provavelmente não é verdadeiro? Se não podemos ver como os estados materiais podem ter as características que *sabemos* que os estados mentais têm, por que essa não é uma boa razão – talvez não conclusiva, mas bastante forte – para pensarmos que o materialismo é falso?

De fato, muitos materialistas parecem concordar que as propriedades experienciais qualitativas – chamadas de "*qualia*" – são um problema difícil e até agora não resolvido para a visão deles. Mas o que dizer dos estados mentais como crenças e outras atitudes proposicionais? Meu pensamento consciente de que há pinheiros no *campus* da University of Washington não parece ter nenhum conteúdo ou característica qualitativa – nada ao qual o experimento de pensamento do espectro reverso pudesse ser aplicado. E muitas pessoas pensam que o funcionalismo se sai bem explicando-os – e que as atitudes proposicionais são tão mais importantes para a explicação psicológica que, se uma visão materialista pode lidar com eles, então o materialismo ainda está firme e forte.

— Talvez ele esteja. Porém, não estou convencido de que o funcionalismo realmente se saia bem com as atitudes proposicionais. É verdade que os estados desse tipo não têm conteúdo qualitativo distintivo assim como os estados de cor têm. Contudo, a crença ou o pensamento consciente ainda envolve um ato de estar a par de um conteúdo particular. Se você está pensando conscientemente que há muitos pinheiros no *campus* da University of Washington, então você está conscientemente a par de um conteúdo específico que envolve a ideia de um pinheiro e a ideia de um *campus* e a ideia de uma certa localização geográfica. Será que realmente entendemos como um estado cerebral pode essencialmente envolver o *ato de estar a par* de tais ideias ou conteúdos?

— E é com isso que Searle se preocupa, eu suponho. De acordo com funcionalistas como Fodor, o estado em questão deve envolver um *símbolo* mental que tenha significado ou conteúdo apenas por estar causalmente conectado a outros símbolos e aos *inputs* e *outputs* externos. E o ponto de Searle é que a pessoa no Quarto Chinês pode perceber todas as conexões causais certas para o pensamento de que há muitos pinheiros no *campus* da University of Washington e ainda assim não ter nenhuma percepção de que esse conteúdo específico ou qualquer coisa parecida estejam envolvidos.

— Exatamente. Assim, esse fato é parecido com aquele do espectro reverso para o conteúdo mental. Uma pessoa que satisfaz o papel causal em questão pode ter um conteúdo consciente muito diferente em mente, isso se ela realmente tiver um conteúdo consciente em mente. Assim, o funcionalista não explicou como o ato consciente de estar a par desse conteúdo pode ser um estado mental também.

— Uma outra maneira de apresentar esse ponto seria dizer que o cientista marciano não seria capaz, apenas determinando o papel causal ou funcional do estado em que estou quando penso nos pinheiros, de saber a respeito de qual conteúdo consciente – se é que há – ele é um pensamento.

— Fodor responde a Searle recorrendo às relações causais externas "de tipo certo". A ideia é a seguinte: o que torna um estado cerebral particular o pensamento de que há muitos pinheiros no *campus* da University of Washington é que esse estado cerebral particular está relacionado, de um modo causal correto e muito complicado, aos pinheiros, aos *campi* reais e ao estado de Washington. Mas o problema é que tudo isso é apenas uma parte do papel causal e não parece explicar como e por que a pessoa tendo um tal estado estará *conscientemente a par* de quaisquer dessas coisas – ou mesmo de quaisquer coisas em geral. Não estou totalmente certo de que esse seja exatamente o ponto que Searle deseja chegar, mas ainda acho que é o problema central. Como Nagel e Chalmers dizem, é a consciência que torna tão difícil o problema mente-corpo!

— Bem, se você pensa que o único candidato realmente sério para uma visão materialista não funciona, então você deve pensar que o dualismo é a resposta certa?

— Na verdade não – ao menos não com tanta confiança. O problema com o materialismo é que ele não parece ter uma boa explicação de como um estado mental consciente pode ser um estado cerebral. O problema com o dualismo é que ele não tem, de fato, uma explicação dos estados *não materiais* a que recorre. Quase tudo o que os dualistas dizem sobre esses estados é negativo em vez de positivo – quase se limitando a dizer que eles não são materiais – e isso não é suficiente para resolver o problema.

— Para mim, parece pior do que isso. Não é apenas que os dualistas não dizem muito, mas que há outras objeções materialistas ao dualismo, algumas das quais me parecem bastante fortes. Uma das principais é que um estado imaterial, e especialmente um que não está no espaço, não pode interagir causalmente com um estado material, mesmo que os estados mentais pareçam interagir claramente com estados corporais não mentais. Mesmo que você esteja disposto a ser um epifenomenalista, a visão dualista teria de envolver ao menos a causação a partir do mundo material para a mente a fim de explicar a experiência perceptual. (Estou admitindo que o paralelismo é implausível demais para ser considerado seriamente.)

Tenho de admitir que jamais me preocupei muito com essa objeção em particular, mesmo que muitos materialistas (como Fodor) pareçam considerá-la mais ou menos decisiva. Concordo que não temos nada próximo de uma explicação detalhada de como tal causação funcionaria, mas isso é bem diferente de ter um argumento decisivo inválido. Se tivéssemos uma explicação detalhada da natureza da mente ou dos estados mentais tais como eles são entendidos pelo dualismo, talvez um problema desse tipo surgisse. Mas não com a explicação – ou não explicação – que temos hoje. Por que (como Fodor sugere) não pode haver apenas causação *direta* entre os estados mentais e certos estados materiais, sem qualquer tipo de mecanismo interveniente?

Ainda não vejo como coisas tão diferentes como mentes e corpos materiais (vistas pelo dualista) possam ter algum tipo de impacto causal, direto ou não, umas sobre as outras. No entanto, também há outras questões sobre o dualismo que nos levam a outros problemas. Se você finalmente optar pelo dualismo, que tipo você escolheria? Interacionismo ou epifenomenalismo? Dualismo de substância ou dualismo de atributo?

Na primeira questão, certamente o interacionismo. Muitos dualistas hoje em dia (como Chalmers) parecem optar pelo epifenomenalismo, mas eu o considero extremamente difícil de entender. Pelo menos uma coisa é verdadeira: se o epifenomenalismo fosse verdadeiro, então ninguém jamais seria capaz de *dizer* qualquer coisa sobre estados mentais – nem mesmo que o epifenomenalismo é verdadeiro! Dizer algo sobre qualquer coisa certamente deve envolver algum tipo de relação causal entre a coisa em questão (vários estados mentais, nesse caso) e as afirmações verbais físicas, e o epifenomenalismo descartaria isso. Se a existência e o caráter específico de um estado mental (tal como uma experiência do vermelho) não tivessem nenhum impacto causal em quais palavras são proferidas (tal como eu dizendo "estou tendo uma experiência do vermelho") – de modo que o estado pudesse ter sido completamente diferente (tal como uma experiência do verde) e as palavras ainda exatamente as mesmas –, o que tornaria verdadeiro que essas palavras fossem realmente sobre aquele estado?

Isso é um verdadeiro paradoxo! Ninguém que pareça advogar o epifenomenalismo sobre os estados mentais pode realmente estar fazendo isso, se o que eles parecem estar dizendo for correto. Então, ou isso não é o que eles estão dizendo (mas o que eles estão dizendo?), ou eles estão errados!

Certo. A principal motivação para o epifenomenalismo é a ideia de que o mundo material é causalmente autônomo, de sorte que a ciência física pode ser completa de um modo preditivo e explicativo, mesmo se não mencionar os estados mentais. Porém, jamais fui capaz de ver que isso produza um bom argumento contra o interacionismo. O argumento parece apenas *admitir* que não há nenhuma influência causal mental-física, ou salienta que os cientistas *admitem* isso, ou salienta que não há nenhum *caso que não* envolva estados mentais onde temos alguma razão para pensarmos que o mundo material não esteja "causalmente fechado". Essas simplesmente não são razões muito fortes. O problema com a última é que os estados mentais conscientes parecem ser tão diferentes de tudo o mais que generalizar a partir de casos que não os envolvem para aqueles que os envolvem parece bastante questionável.

E o que dizer da questão substância ou atributo?

Não tenho muita certeza de compreendê-la – e, como muitos filósofos, se não considero que esteja entendendo uma questão, isso me leva a pensar que talvez não haja uma questão clara a ser entendida! Mas suponha que eu optasse pelo dualismo de atributo se tivesse que fazer uma escolha. A natureza das *substâncias* mentais é bastante obscura, e são, afinal, as *propriedades* mentais – sendo uma experiência de uma cor particular ou um ato de estar a par de um conteúdo proposicional particular – que parecem claramente inegáveis.

Você não parece estar muito confiante.

Não estou mesmo – sobre isso ou sobre qualquer coisa que diga respeito ao dualismo. A situação parece-me ser que a única visão materialista que existe fracassa totalmente em explicar uma característica fundamental dos estados mentais conscientes (conteúdo qualitativo) e provavelmente a outra também (conteúdo do pensamento) –, mas que a alternativa dualista não é desenvolvida o suficiente para produzir muita confiança de que possa se sair melhor. Talvez mais estudo sobre o dualismo vá torná-lo uma visão mais substancial – realmente não houve muitos, mesmo que a visão tenha existido por tanto tempo. Ou talvez haja alguma alternativa materialista na qual ninguém ainda tenha pensado. Mas, por enquanto, o "nó do mundo" de Schopenhauer ainda parece fortemente apertado.

4
IDENTIDADE PESSOAL E VONTADE LIVRE

Os textos selecionados neste capítulo dizem respeito a dois tópicos metafísicos sobre as pessoas (somando-se ao problema mente-corpo considerado no capítulo anterior). Por uma **pessoa** iremos entender qualquer ser com o estatuto moral e as características morais que atribuímos ao seres humanos normais, deixando aberta ao menos a possibilidade de que membros de outras espécies que não a nossa (tais como, talvez, golfinhos ou extraterrestres) possam contar como pessoas. Cada um dos dois tópicos a serem considerados é muito relevante, embora de modos diferentes, à atribuição de *responsabilidade moral* a uma pessoa.

A fim de ser moralmente responsável por uma ação ou pelos seus resultados em um outro momento, parece ser inicialmente óbvio que essa pessoa, considerada mais tarde, a quem tal responsabilidade é atribuída dever ser *idêntica* à pessoa anteriormente considerada que realizou a ação. E, somando-se a sua importância ao tópico da responsabilidade moral, a identidade pessoal é inclusive mais central ao assunto da *sobrevivência*: para que uma pessoa possa sobreviver, isto é, continuar a existir no futuro (algo que a maioria das pessoas deseja muito ardentemente) parece obviamente exigir que a pessoa futura seja *idêntica* àquela que existiu num tempo anterior. Desse modo, qualquer discussão que diga respeito à responsabilidade ou à sobrevivência deve confrontar a difícil questão sobre as condições que precisam ser satisfeitas para uma relação de identidade ao longo do tempo valer no caso de uma pessoa.

Além disso, admite-se via de regra que, para ser corretamente considerada responsável, uma pessoa precisa ter realizado a ação em questão *livremente*. Desse modo, um segundo tópico (ou conjunto de tópicos relacionados) é se as pessoas são de alguma maneira genuinamente livres – e, mais fundamentalmente, a que a liberdade, em sentido relevante, realmente equivale.

Cada um desses tópicos revela-se extremamente difícil, embora em sentidos um tanto diferentes. Sob a pressão de vários exemplos problemáticos, o conceito de identidade pessoal e o conceito fortemente relacionado de sobrevivência ao longo do tempo estão ameaçados de se dissolverem, deixando seriamente obscuro o que essas coisas que, em alguns estados de ânimo preocupam-nos tanto, realmente significam. No caso da vontade livre, de outro lado, a preocupação maior é que o tipo de liberdade que pensamos que nos importa (que parece ao menos inicialmente muito claro) pode revelar-se como não existente ou não ser de fato nem mesmo possível.

O QUE É NECESSÁRIO PARA A IDENTIDADE PESSOAL?

Os textos selecionados na primeira (e mais curta) seção do capítulo ocupam-se com o problema da identidade pessoal. A primeira coisa a dizer é que este é sobretudo um tópico **metafísico**, e não um tópico **epistemológico**: a questão principal é o que significa uma relação de identidade existir, não como podemos saber ou acreditar justificadamente que ela existe.

Dois aspectos desse tópico exigem alguns esclarecimentos iniciais. Em primeiro lugar, o tópico principal é a identidade de *pessoas*, e não a identidade de *seres humanos*. Um ser humano é certo tipo de organismo biológico, um membro de certa espécie animal. Como a vida envolve assimilar e expelir partes de vários tipos de matéria, há uma questão sobre o que significa para um organismo biológico que existe em um tempo ser idêntico a um organismo que existe em outro tempo. Contudo, resolver essa questão não resolveria automaticamente a questão de identidade pessoal, pois não é nada claro que uma pessoa, tomada de forma básica como o tipo de ser que tem responsabilidade e direitos e que se preocupa com a sua própria sobrevivência, deva ser simplesmente identificada com um organismo biológico.

Em segundo lugar, o que está em jogo é a *identidade numérica* (ser a mesma entidade individual) em oposição ao que é às vezes chamado de *identidade qualitativa* (ser exatamente similar em qualidades e características). Um outro carro que é da mesma marca, modelo e cor do meu carro, com os mesmo acessórios, os mesmos arranhões na pintura, e assim por diante, pode talvez ser qualitativamente idêntico ao meu carro, mas ele ainda seria obviamente numericamente distinto. Por outro lado, meu carro é considerado numericamente como a mesma entidade individual em tempos diferentes, mesmo que as suas qualidades mudem conforme ele envelhece, fica sujo ou é lavado, sofre arranhões e amassados, e assim por diante.[1]

Somando-se ao interesse teórico, o tópico da identidade pessoal também é importante em termos práticos de dois modos bem distintos. Primeiro, como vimos, há o tópico da responsabilidade moral – ou, mais especificamente, da possibilidade da justificação de coisas como censura, elogio, punição, recompensa, e assim por diante. Para uma pessoa ser censurada, elogiada, punida, ou recompensada justificadamente por uma ação anterior, parece ser necessário que ela seja numericamente a mesma pessoa que aquela que efetivamente realizou a ação, sendo importante decidir o que tal identidade requer. (Por exemplo, uma pessoa que sofreu amnésia total ainda é a mesma pessoa que aquela que existiu antes da amnésia e que talvez realizasse alguma ação merecedora de elogio ou censura?) Segundo, há o tópico da *sobrevivência* individual. A maioria das pessoas deseja sobreviver no futuro, e muitas estão preocupadas com a possibilidade de sobrevivência após a morte. Porém, para uma pessoa sobreviver, parece, ao menos à primeira vista, necessário que alguma pessoa posterior seja *idêntica* àquela anterior à sobrevivência, tornando importante que os indivíduos preocupados com a sobrevivência descubram o que a identidade exige. (Tome-se um exemplo familiar: uma pessoa ressuscitada no sentido advogado pelo Cristianismo poderia ser numericamente a mesma pessoa que aquela que morreu antes? Se sim, o que isso exigiria especificamente?)

O que torna o problema da identidade pessoal tão difícil é que ele não parece poder ser resolvido sem se decidir que tipo de entidade uma pessoa realmente é. Aqui há uma variedade de respostas possíveis, nenhuma delas livre de dificuldades. Uma pessoa é somente um animal de uma espécie diferente – ou talvez tal animal em relação à parte de sua história (excluindo os estágios muito iniciais e talvez os tardios)? Pode ser o caso de que uma pessoa é somente um cérebro funcional de certo tipo – ou talvez até mesmo apenas uma parte desse cérebro? Uma pessoa é uma mente ou alma cartesiana da espécie advogada pela visão dualista a respeito do problema mente-corpo? Uma pessoa é uma entidade composta que consiste de uma mente ou alma junto com

---

[1] O exemplo do carro levanta um problema que está relacionado embora seja distinto do problema da identidade pessoal: o que é preciso para que um objeto material seja numericamente idêntico ou o mesmo de um tempo para o outro, conforme suas qualidades mudam de várias maneiras e conforme partes materiais são acopladas ou subtraídas? Ninguém diria que o meu carro hoje não é o mesmo que o meu carro ontem só porque ele sofreu um novo arranhão ou foi amassado nesse intervalo – embora isso queira presumivelmente dizer que não se trata da mesma coleção de átomos e moléculas na mesma combinação (pois algumas moléculas foram arrancadas no arranhão e outras rearranjadas). Contudo, suponha-se que muitas peças do meu carro original foram substituídas: os pneus, a surdina, um ou mais vidros, algumas peças ou todas as peças do motor, ou o motor todo, alguns ou todos os bancos, e assim por diante. A que altura (se em alguma) o carro resultante não é mais o mesmo numericamente que o meu carro original? E a passagem da identidade para a não identidade acontece gradualmente ou de uma vez? Há também um problema muito parecido, embora ainda seja algo diferente, para coisas vivas de vários tipos, incluindo corpos humanos (e os corpos de outros tipos de pessoas, se houver algum). O que torna o tópico da identidade pessoal de um modo importante diferente de ambos os anteriores é que, na maioria das visões, uma pessoa não é somente um objeto material ou um corpo vivo. Também se tem presumido (embora Parfit desafie isso) que a identidade pessoal, diferentemente da identidade de objetos materiais e de coisas vivas, não pode ser uma questão de grau.

um componente material (que poderia ser qualquer uma das possibilidades listadas aqui)? Ou uma pessoa talvez seja algo como um programa abstrato ou coleção de informações, algo que poderia ser armazenado de várias maneiras? (Algumas dessas possibilidades são elaboradas nos textos a seguir.)

O que então a identidade pessoal exige? A tendência predominante nas discussões recentes, surgidas a partir de Locke, é apelar para condições *psicológicas* de alguma espécie: coisas como memória ou memórias aparentes de ações ou experiências anteriores. A visão do próprio Locke, tal como ela é defendida na primeira seleção, é que a identidade pessoal requer que uma pessoa posterior tenha "a mesma consciência" que a pessoa anterior à qual ela é idêntica: isso quer dizer ao menos, aproximadamente, que a pessoa posterior tem uma memória aparente das ações e experiências da pessoa anterior (talvez essa memória também deva ser causada da maneira correta). Thomas Reid oferece uma série de objeções à visão de Locke. Bernard Williams então considera o assunto relativo a se, como sugere Locke, uma pessoa que habita um corpo humano poderia ser idêntica a uma pessoa posterior que habita um corpo diferente – se duas pessoas poderiam "trocar corpos", argumentando que a resposta para essa pergunta é seriamente incerta. Finalmente, Derek Parfit argumenta que há casos descritos em que o assunto relativo a se uma pessoa é idêntica a uma anterior não tem uma resposta clara e determinada, mas também que o assunto da identidade pessoal é menos importante do que se tem pensado que é – em particular, ao contrário do que se tem quase sempre presumido, a *sobrevivência* de uma pessoa *não* exige que exista uma pessoa posterior à qual a pessoa previamente existente é idêntica.

AS AÇÕES HUMANAS SÃO GENUINAMENTE LIVRES?

A questão central na segunda (e maior) seção do capítulo é se as ações humanas são normalmente – ou mesmo alguma vez – o resultado de escolhas genuinamente *livres* no sentido – qualquer que ele seja exatamente – que parece ser exigido para a responsabilidade moral. A razão fundamental, no fim das contas, para que sejamos relutantes quanto a punir alguém que pensamos ser insano, mesmo para um crime que consideramos muito sério, é que não pensamos que uma pessoa insana seja realmente responsável pelo que faz num sentido moral. E a razão mais óbvia para isso é que pensamos que uma pessoa realmente insana é incapaz de fazer escolhas genuinamente livres para agir de determinado modo. Mas as pessoas comuns são realmente mais livres do que as pessoas insanas, embora difiram delas em outros aspectos? E, mais fundamentalmente, o que significa uma ação ser genuinamente livre: em que consiste realmente uma vontade livre?

Determinismo rígido*

A razão inicial (embora, como veremos, no final não a mais importante) para se duvidar de que a liberdade genuinamente exista é a tese do **determinismo causal**: a tese de que tudo o que acontece, incluindo todas as ações humanas, está rigidamente determinado por causas antecedentes que operam de acordo com as leis da natureza. Se isso é assim, então qualquer ação humana poderia em princípio ter sido prevista milhares ou milhões de anos antes de ter ocorrido, uma vez que tenhamos conhecimento suficiente das condições nesse tempo anterior e conhecimento das leis da natureza relevantes. Isso parece mostrar que a pessoa que realizou a ação não poderia de fato ter realizado alguma outra ação em vez desta: *não poderia ter feito de modo diferente*. E isso, por sua vez, parece mostrar, para muitos, que a ação não era livre no sentido que a responsabilidade moral exige. Como, pergunta-se, pode uma pessoa ser realmente censurada por fazer algo que era inevitável bem antes do seu nascimento? A visão que aceita a tese do determinismo causal e argumenta dessa maneira para a inexistência da liberdade genuína e da responsabilidade genuína é uma versão do **determinismo rígido.**

---

* N. de R.T. No original, *hard determinism*.

Mas a tese do determinismo causal é de fato verdadeira? Os argumentos em prol do determinismo que apela para o sucesso científico na explicação e na predição são menos que conclusivos, pois há muitas coisas que ainda não puderam ser explicadas e preditas em todos os detalhes. Além disso, desenvolvimentos científicos recentes no campo da teoria quântica parecem oferecer razões muito fortes para pensar que o determinismo causal é de fato falso. Segundo a interpretação padrão da teoria quântica, há certos eventos físicos em escala muito pequena que são inerentemente fortuitos ou de caráter casual, eventos para os quais não há causas determinísticas. Um exemplo aqui é o decaimento radioativo: segundo a teoria padrão, é impossível em princípio prever quando um átomo radioativo particular decairá em outro (ao emitir ou uma partícula alfa ou beta, dependendo de qual tipo específico de átomo radioativo ele seja) porque essa é uma ocorrência genuinamente fortuita que não envolve nenhum mecanismo determinista subjacente. (Tudo o que pode ser predito é que, de uma dada coleção de átomos daquela espécie, metade decairá num certo intervalo especificável – a assim denominada "vida média" daquele isótopo.)

Entretanto, contrariamente ao que se poderia supor de início, a rejeição do determinismo causal realmente fez muito pouco para que a existência de escolhas livres fosse mais provável. Ela dá lugar à possibilidade de que algumas ações humanas (ou talvez as suas causas imediatas) sejam eventos *ao acaso*, que acontecem sem alguma causa ou razão, mas infelizmente um evento casual ou produzido ao acaso não é visto como, de modo mais plausível, uma instância de ação livre do que um evento determinado causalmente – de fato, talvez até mesmo menos desse modo. Se uma ação acontece ao acaso, então alguma outra coisa também poderia ter acontecido ao acaso, mas ainda não seria o caso de que a pessoa pudesse *ter feito* de maneira diferente no sentido em que o que ela fez estava sob o seu *controle* voluntário. Se, por exemplo, o seu corpo de repente começa a fazer coisas ao acaso – talvez algo como correr sem propósito em torno de uma árvore ou a atacar outras pessoas ou a fazer coisas sem sentido ou coisas abusivas –, você não parece ser mais responsável do que qualquer outra pessoa e parece inclusive ser realmente mais uma vítima na situação. Desse modo, um determinismo rígido cuja tese principal é que a liberdade genuína não existe pode de fato aceitar a existência de eventos ao acaso e a negação do determinismo causal, embora continue a insistir que esse resultado de maneira alguma estabelece a existência da liberdade. É bastante comum, embora seja um pouco enganador, continuar a se referir a uma posição que é assim modificada com o nome de "determinismo rígido", mesmo que ela não aceite mais a tese geral do determinismo causal, mas nós continuaremos a usá-lo na sequência. (Na seleção final do capítulo sobre a vontade livre, Galen Strawson refere-se a essa mesma visão de um modo mais perspícuo, porém menos comum, como a "teoria da não liberdade" ou como o "pessimismo sobre a vontade livre".)

Portanto, o argumento mais importante para a negação da liberdade de fato não depende de que o determinismo causal seja verdadeiro ou não. Uma vez que se reconhece que o acaso também é incompatível com a liberdade, o defensor da liberdade deve enfrentar um sério dilema. É ao menos plausível admitir que qualquer evento, incluindo qualquer ação humana, deve ser ou causalmente determinado ou acontecer ao acaso – essas são as únicas alternativas. Contudo, de acordo com o argumento até agora, *nenhuma* dessas alternativas é compatível com a liberdade, e assim somos levados à conclusão de que a liberdade não só é não existente, como também é inteiramente impossível. (Considerar uma ação como parcialmente determinada e então como acontecendo ao acaso dentro dos limites impostos pelo determinismo também não parece ajudar, pois nem o aspecto determinado nem o aspecto ao acaso seriam livres.)

No entanto, essa é uma conclusão muito difícil de aceitar. Pode-se realmente acreditar, a partir de uma perspectiva intuitiva, que a própria ideia de liberdade é de alguma maneira contraditória ou ininteligível? Certamente a nossa convicção, que tem supremacia no senso comum, de que ao menos algumas vezes agimos livremente, em especial como ela aparece em momentos de uma escolha difícil, não poderia ser equivocada de modo tão completo como aquela. Ou poderia?

Os deterministas rígidos muitas vezes apelam mais especificamente para a *hereditariedade* e para o *meio ambiente* como causas determinísticas para as ações humanas. Uma posição como essa é desenvolvida na seleção inicial de Robert Blatchford. (Duas seleções seguintes, de Paul Edwards e Galen Strawson, também defendem versões do determinismo rígido em resposta às outras posições consideradas.)

Compatibilismo (ou "determinismo suave")

Não obstante a cogência inicial do argumento a favor do determinismo rígido, poucos filósofos foram convencidos por ele. Uma resposta possível é admitir que os eventos que não são determinados precisam acontecer ao acaso e assim não podem ser ações livres, mas daí a questionar se *toda* espécie de determinismo causal é incompatível com a liberdade tal como o argumento do determinista duro sustenta. Esse tipo de resposta leva à segunda posição mais importante a respeito do problema da vontade livre: **compatibilismo** (também conhecido como "**determinismo suave**" – uma designação bastante comum, mas igualmente um tanto enganadora, já que não é o determinismo como tal, mas a conclusão sobre a liberdade que é aí extraída que é "suave").

Apelando para os nossos juízos de senso comum sobre quais ações são de fato livres, o compatibilista rejeita a afirmação de que a liberdade e o determinismo causal são incompatíveis (embora concorde com o determinista duro a respeito de a liberdade ser incompatível com o acaso e, por conseguinte, ele argumenta, com o indeterminismo). Essa visão é a de que, ao invés de ser incompatível com qualquer tipo de determinação causal, a liberdade é simplesmente um tipo especial de determinação causal: numa primeira aproximação, uma determinação pela própria vontade do agente ou por seus desejos ou estados psicológicos, e não por algo externo ao agente. Uma pessoa cuja ação é determinada dessa maneira *poderia ter feito diferente* no sentido específico de que, *se* seus desejos tivessem sido diferentes ou se ela tivesse raciocinado de um modo diferente, ela teria feito algo diferente. E isso pode ser verdadeiro mesmo se tanto a sua ação quanto seus desejos e outros estados psicológicos e processos de raciocínio que levaram a ela tivessem sido de fato causalmente determinados. Portanto, a liberdade é compatível com o determinismo, e o problema da vontade livre parece desaparecer.

Uma versão levemente mais sofisticada do compatibilismo poderia acrescentar que a liberdade também requer a ausência de *constrangimentos* externos (tais como ameaças) e estender isso até a ausência de *compulsões* psicológicas de vários tipos (tais como a compulsão de lavar as mãos sem parar). Todavia, mesmo com essa modificação, não poderá haver dúvida de que a visão compatibilista da liberdade existe genuinamente numa ampla gama de casos. (Os compatibilistas comumente aceitam a possibilidade de eventos ao acaso, com base nas razões científicas já discutidas, mas insistem que essa possibilidade é irrelevante ao tópico da liberdade, uma vez que ações aleatórias claramente não são livres.) David Hume e W.T. Stace apresentam versões dessa forma bem comum de compatibilismo.

Mas o compatibilismo do tipo de Hume e Stace é realmente uma solução satisfatória para o problema? Paul Edwards critica a explicação compatibilista do "poderia ter feito diferentemente" e duvida que o tipo de liberdade advogado pelo compatibilista seja realmente suficiente para a responsabilidade moral. Harry Frankfurt então apresenta um refinamento recente da posição compatibilista: o *compatibilismo hierárquico*, como tem sido chamado, uma concepção que pode ser vista como uma resposta a alguns dos problemas sugeridos por Edwards. De acordo com o compatibilismo hierárquico, a liberdade da vontade requer não só que uma pessoa seja capaz de agir de acordo com os seus desejos, mas também que os desejos a partir dos quais ela age sejam determinados pelos seus "desejos de segunda ordem" – seus desejos a respeito dos próprios desejos. Essa exigência mais complicada para a liberdade ainda é compatível com o determinismo, pois os desejos de segunda ordem podem eles mesmos ser determinados. Frankfurt também nega que ser capaz de fazer diferentemente seja uma exigência tanto para a liberdade quanto para a responsabilidade moral.

Libertarismo

Dúvidas como as apresentadas por Edwards podem levar-nos de volta para o determinismo rígido (essa é a conclusão de Edwards), ou para uma terceira posição importante, a saber, o **libertarismo**: a visão de que a liberdade é incompatível com o determinismo causal, mas, apesar disso, ela genuinamente existe. Em função de que a maioria do libertaristas também concorda, por razões já discutidas, que ações meramente ao acaso não são livres, o libertarista é aparentemente forçado a encontrar uma terceira alternativa ao determinismo causal e ao acaso argumentando que um evento que não é causalmente determinado não precisa acontecer (embora possa) ao acaso. A visão será a de que a liberdade é uma espécie de *indeterminismo*, mas um que é diferente daquele do acaso. E o problema central para o libertarista é então o de explicar como pode haver ocorrências que não são causalmente determinadas e também não ocorrem ao acaso – como pode haver uma terceira alternativa ao determinismo causal e ao acaso.

Uma possibilidade aqui é o que veio a ser chamado de "causação de agente": a visão de que uma ação livre é uma ação causada não por *eventos* anteriores, mas sim por um *agente* ou *eu*, de uma maneira que não é causada por seu caráter ou sua estrutura antecedentes (ou por qualquer outra coisa) – e assim não é causalmente determinado. C.A. Campbell oferece uma versão de tal visão, de acordo com a qual as escolhas livres ocorrem sempre em situações nas quais um sujeito precisa decidir se vai ou não realizar o esforço necessário para vencer o seu esforço mais forte e assim fazer o que é moralmente a coisa certa. O principal problema para qualquer visão desse tipo é explicar o motivo pelo qual um exemplo de "causação por agente", dado que se alega que ela não é um resultado do caráter previamente formado do agente ou de qualquer outra coisa previamente verdadeira sobre ele, não é afinal de contas uma ocorrência ao acaso – situação na qual o problema não foi de fato resolvido.

Robert Nozick oferece uma visão similar, embora não apele explicitamente para a ideia de causação de agente. De acordo com Nozik, uma ação livre envolve o agente *atribuir* pesos para as razões relevantes a favor e contra aquela ação, pesos que não são determinados por seu caráter previamente formado. Novamente, a principal dificuldade é como entender por que essa atribuição de pesos, já que é não causada, não acontece meramente ao acaso.

Robert Kane oferece uma terceira versão do libertarismo, a qual não apela para a ideia metafisicamente difícil de que um agente ou de um eu possa ser uma causa (ou possa atribuir pesos a razões de uma maneira não causada). O objetivo de Kane é propor uma versão do libertarismo que seja compatível com as visões científicas modernas dos seres humanos. Segundo essa visão, a situação fundamental da escolha livre é aquela na qual a pessoa está frente a motivos que competem para duas ações diferentes, nenhuma deles forte o suficiente para determinar o resultado. Em tal situação fundamentalmente indeterminista, ele argumenta, a pessoa pode *escolher* qual motivação vencerá, formando assim a pessoa que ela será de uma maneira que é indeterminada, embora, afirma ele, ainda racional e voluntária. É em tais "ações de formar a si mesmo", Kane argumenta, que a vontade livre fundamentalmente reside. Porém, aqui de novo o principal problema será entender por que tal escolha, sendo indeterminada por qualquer coisa a respeito do sujeito prévio, não acontece de fato ao acaso.

De volta ao determinismo rígido?

A seleção final na parte do capítulo que é dedicada à vontade livre, escrita por Galen Strawson, volta ao tópico da responsabilidade moral. Strawson critica tanto a visão compatibilista quanto a libertarista. Ele questiona se qualquer uma dessas visões realmente permite que as pessoas sejam moralmente responsáveis no modo profundo ou último que os libertaristas estão buscando e também se tal responsabilidade última é realmente possível. O "pessimismo" sobre a vontade livre que ele provisoriamente defende constitui uma versão do determinismo rígido.

Identidade pessoal

John Locke

O filósofo inglês John Locke (1632-1704) foi um dos mais influentes filósofos de todos os tempos, tendo realizado contribuições importantes para a epistemologia, a metafísica e a filosofia política. (Para saber mais sobre a sua vida, ver a introdução para os textos selecionados do seu *Segundo tratado do governo* no Capítulo 6.)

Nesta seleção do seu *Ensaio sobre o entendimento humano*, Locke oferece uma explicação bastante influente da natureza da identidade pessoal. Pelo fato de que Locke foi, assim como Descartes, um dualista de substância (defendendo que um ser humano consiste num corpo material com uma mente ou alma imaterial), teria sido natural para ele sustentar que a identidade pessoal é apenas a identidade do corpo ou a identidade da mente ou talvez a identidade de ambos. Entretanto, ele rejeita todas essas possibilidades e afirma que o que faz uma pessoa B posterior idêntica a uma pessoa A anterior é a continuidade da *consciência* através da qual B é consciente dos (isto é, presumivelmente, tem uma memória aparente dos) vários estados conscientes de A – ou ao menos de alguns deles. Essa exigência poderia, pensa Locke, ser satisfeita mesmo se nem o corpo material nem a mente imaterial de B fossem idênticos àqueles de A.

Identidade Pessoal[2]

(...) 8. Um animal é um corpo vivo organizado; consequentemente, o mesmo animal, como observamos, é a mesma vida continuada comunicada às diferentes partículas de matéria, uma vez que estão sucessivamente unidas àquele corpo vivo organizado. ❶ E o que quer que se diga sobre outras definições, a observação engenhosa põe fora de dúvida que a *ideia* em nossa mente, da qual o som *homem* em nossa boca é o sinal, não é senão de um animal com uma certa forma: pois penso que posso estar confiante de que qualquer um que veja uma criatura de sua própria forma e constituição, embora ela não tenha mais a razão em toda a sua vida do que a de um *gato* ou um *papagaio*, ainda iria chamá-lo de *homem*; ou qualquer um que ouça um *gato* ou um *papagaio* discorrer, raciocinar e filosofar, não iria dizer ou pensar nada dele senão que é um *gato* ou um *papagaio* e iria dizer que aquele é um *homem* estúpido e racional, e o outro um *papagaio* muito inteligente e racional (...)

Não é somente a *ideia* de um ser pensante ou racional que constitui a *ideia* de um homem no sentido dado pela maior parte das pessoas, mas a de um corpo formado dessa e daquela maneira, ligado a ele; e, se essa for a *ideia* de um *homem*, o mesmo corpo sucessivo que não é alterado a uma só vez deve, assim como o mesmo espírito imaterial, participar na constituição do mesmo *homem*. ❷

9. Tendo dito isso, para descobrirmos em que consiste a *identidade pessoal*, precisamos considerar o que representa *pessoa*, que, penso eu, é um ser pensante inteligente que tem razão e reflexão e que pode considerar a si mesmo como a mesma coisa pensante em diferentes tempos e lugares; o que ele só pode fazer através daquela consciência que é inseparável do pensar e que, parece-me, é essencial a ele (...) Em função de que a consciência sempre acompanha o pensar e é aquilo que faz cada um ser o que ele chama de *eu*, com isso distinguindo a si próprio de todas as outras coisas pensantes: nisso unicamente consiste a *identidade pessoal*, ou seja, a igualdade do um ser racional. E à medida que essa consciência pode ser estendida para trás, para quaisquer ações e pensa-

❶ *Reafirmação/Resumo*

R A visão de Locke é que para um animal (isto é, um corpo animal) em um tempo ser idêntico a um animal em um tempo anterior não é que todas as suas partes materiais sejam idênticas (o que nunca é verdadeiro por muito tempo), mas apenas para a matéria em cada estágio ser de tal modo organizada que seja parte da mesma "vida continuada".

❷

R O que torna algo um *homem* (isto é, um ser humano) é o fato de ter um corpo animal vivo de uma certa espécie distinta, e não qualquer coisa específica sobre suas capacidades mentais ou intelectuais (embora ele também precise ter um mente ou alma de alguma espécie). Desse modo, para um ser humano em um momento ser idêntico a outro num momento anterior, Locke afirma, para ambos o corpo e a alma devem ser idênticos.

(Almas, diferentemente de corpos, não têm partes que possam ser substituídas na sua visão, de modo que a identidade da alma significa que a alma em um estágio é a mesma entidade particular que a alma em um estágio posterior.)

---

[2] Extraído de *An Essay Concerning Human Understanding* (1694).

❸ Definição

📖 Uma *pessoa*, por oposição a um ser humano, é um ser racional consciente que é consciente de sua própria existência contínua. E é essa consciência de ser em um momento o mesmo ser consciente que existiu num tempo anterior que, de acordo com Locke, torna a pessoa posterior idêntica à anterior. Desse modo, a identidade de uma pessoa vai tão longe em direção ao passado quanto ela tem consciência do seu eu anterior, incluindo somente aqueles estados conscientes e ações prévios dos quais a pessoa posterior é consciente – isto é, se lembra ou ao menos parece lembrar-se.

❹

R A substância mental (a mente ou a alma) em um estágio da vida de uma pessoa é idêntica àquela de um estágio posterior da vida da mesma pessoa? Locke sugere que falhas parciais da memória, momentos em que estamos prestando atenção somente ao que acontece no presente e a ausência completa da consciência no sono fazem surgir dúvidas quanto a isso.

❺

R Porém, se a substância mental é ou não idêntica, isso não faz a menor diferença, na visão de Locke, para a identidade pessoal. Na medida em que a pessoa posterior tem a "mesma consciência" dos seus pensamentos e ações que a pessoa anterior, as duas são idênticas, mesmo que essa consciência posterior exista numa substância mental ou alma diferente do que aquela num estágio anterior.

👤 (O que significa para a consciência ser "a mesma"? Ver as Questões para Discussão 1 e 2.)

❻

R Investigando mais o assunto, Locke pergunta se pode a haver (a) substâncias pensantes diferentes na mesma pessoa ou (b) a mesma substância pensante em pessoas diferentes.

❼

R Sua primeira reação é que a resposta para (a) é obviamente "sim" para o não dualista para quem a entidade pensante é somente o corpo animal (que pode permanecer a mesma entidade mesmo que os seus constituintes materiais mudem).

mentos passados, até lá alcançará a identidade daquela *pessoa*: é o mesmo *eu* agora que era então, e é pelo mesmo *eu* que esse com o atual que agora reflete sobre ela o que aquela ação foi realizada. ❸

10. Mas pergunta-se, além disso, se ela é a mesma substância idêntica? Isso poucos pensariam que têm razões para duvidar se essas percepções, com suas consciências, sempre permanecessem presentes à mente, com o que a mesma coisa pensante estaria sempre conscientemente presente e, como se pensaria, evidentemente a mesma para si própria. Mas isso que parece constituir a dificuldade é o seguinte: se essa consciência sempre for interrompida pelo esquecimento, não haverá nenhum momento em nossa vida no qual teremos toda a série de nossas ações passadas ante os nossos olhos numa visão, mas mesmo as melhores memórias perderão a visão de uma parte enquanto estiverem observando outra; e nós algumas vezes, e isso a maior parte da nossa vida, não refletiremos sobre nossos eus passados, estando tão ocupados com nossos pensamentos presentes, e em sono profundo não tendo nenhum pensamento, ou ao menos não com aquela consciência que caracteriza nossos pensamentos quando acordados; eu digo, em todos esses casos, nossa consciência é interrompida, e nós perdemos a visão dos nossos *eus* passados, dúvidas são apresentadas a respeito de se somos a mesma coisa pensante, ou seja, a mesma substância, ou não. ❹ O que, embora seja razoável ou não, não concerne de modo algum à *identidade pessoal*: a questão é o que constitui a mesma *pessoa*, e não se ela é a mesma substância idêntica que sempre pensa na mesma pessoa; que, no caso presente, não importa de forma alguma: substâncias diferentes são unidas pela mesma consciência (quando elas compartilham da mesma) em uma pessoa, assim como diferentes corpos são unidos pela mesma vida em um animal cuja *identidade* é preservada naquela mudança de substâncias pela unidade de uma vida contínua. Sendo a mesma consciência que faz um homem ser ele mesmo para si mesmo, a *identidade pessoal* depende somente disso, sendo ela anexada apenas a uma substância individual, ou podendo ser contínua na sucessão de várias substâncias. Na medida em que qualquer ser inteligente pode repetir a *ideia* de qualquer ação passada com a mesma consciência que dela teve então, e como a mesma consciência que ele tem de qual ação presente, nessa medida ele é um mesmo *eu pessoal*. É através da consciência que ele tem dos seus pensamentos e ações presentes que ele é um *eu* para *si mesmo* agora, e assim ele será o mesmo *eu* conforme a mesma consciência possa estender-se para as ações passadas ou para as ações futuras (...): a mesma consciência une essas ações distantes numa mesma *pessoa*, não importando quais substâncias contribuíram para a sua produção. ❺

...

12. Mas a questão é se a mesma substância, que pensa e é mudada, pode ser a mesma pessoa ou, permanecendo a mesma, se ela pode ser diferentes pessoas. ❻

E para isso eu respondo, primeiramente, que isso não pode ser de modo algum uma questão para estes que pensam em uma constituição animal puramente material, vazia de uma substância imaterial. Caso sua suposição seja verdadeira ou não, é claro que eles concebem a identidade pessoal como preservada em outra coisa que a identidade da substância, como a identidade animal é preservada na identidade da vida e não da substância (...) ❼

13. Mas em seguida, em relação à primeira parte da questão, se quando a mesma substância pensante (supondo-se que substâncias imateriais possam somente pensar) for mudada, ela pode ser a mesma pessoa, eu respondo: isso não pode ser resolvido senão por estes que conhecem que tipo de substâncias são as que pensam e se a consciência de ações passadas pode ser transferida de uma substância pensante para outra. Admito que, se fosse a mesma consciência a mesma ação individual, ela não poderia. (...) Mas isso que chamamos a *mesma consciência* não é o mesmo ato individual, por que uma substância intelectual não pode ter representado para si, como feito por si mesmo, o que ela nunca fez, e foi talvez feito por algum outro agente (...) será difícil concluir a partir da natureza das coisas (...) Contudo (...) precisa-se admitir que, se a mesma consciência (...) pode ser transferida de uma substância pensante para outra, será possível que

duas substâncias pensantes possam formar somente uma pessoa. Sendo preservada a mesma consciência, se em uma mesma ou em diferentes substâncias, a identidade pessoal é preservada. ❽

14. Quanto à segunda parte da questão, se a mesma substância imaterial permanece, pode haver duas pessoas distintas, questão que me parece estar baseada no seguinte: se o mesmo ser imaterial, sendo consciente das ações de sua duração passada, pode ser completamente despida de toda consciência de sua existência passada e perdê-la para além de todo o poder de alguma vez recuperá-la de novo e assim, como se fosse começar uma nova conta a partir de um novo período, ter uma consciência que não pode alcançar para além desse novo estado. (...) ❾ Que cada um reflita sobre si mesmo e conclua que tem em si mesmo um espírito imaterial, que é aquilo que nele pensa e que na mudança constante de seu corpo mantém o mesmo e é aquilo que ele chama de si mesmo; que ele também suponha ser ela a mesma que a alma que estava em *Nestor* ou em *Tersites* no cerco de *Troia* (pois as almas são na sua natureza, na medida em que conhecemos alguma coisa delas, indiferentes a qualquer porção de matéria, a suposição não tem nenhum absurdo aparente nela), que ela pode ter sido, tanto quanto ela pode agora ser a mente de qualquer outro homem. Mas ele agora não tem nenhuma consciência de qualquer ação de *Nestor* ou de *Tersites*; ele poderá conceber a si mesmo como a mesma pessoa que algum deles? Ele pode estar envolvido em alguma de suas ações, atribuí-las a si mesmo, ou pensar nelas como suas mais do que as ações de qualquer outro homem que alguma vez existiu? De maneira que essa consciência não alcança nenhuma das ações de qualquer um desses homens, ele não será um *eu* com nenhum deles, mais do que se a alma ou espírito imaterial que agora lhe dá forma tivesse sido criado e começasse a existir quando ela começou a dar forma ao seu corpo atual. (...) Mas que ele se descubra consciente de quaisquer das ações de *Nestor*, ele se descobrirá a mesma pessoa que *Nestor*. ❿

15. E assim somos capazes, sem qualquer dificuldade, de conceber a mesma pessoa na ressurreição, embora não exatamente no mesmo corpo, em forma e partes, que ele teve aqui, a mesma consciência acompanhando a alma que o habita. Contudo, a alma sozinha, na mudança de corpos, dificilmente seria suficiente para formar o mesmo *homem* para qualquer um que não aquele para quem a alma forma o *homem*. Caso a alma de um príncipe, levando consigo a consciência da vida passada do príncipe, entrasse e desse forma ao corpo de um sapateiro tão logo este fosse abandonado por sua própria alma, todo mundo veria que ele seria a mesma pessoa que o príncipe, responsável somente pelas ações do príncipe. Mas quem diria que são o mesmo homem? O corpo também forma o homem e irá, eu presumo, determinar, para todo mundo, o homem nesse caso, no qual a alma com todos os seus pensamentos principescos junto de si não formaria um outro homem: mas ele seria o mesmo sapateiro para todos à sua volta. (...) ⓫

16. Embora a mesma substância imaterial ou alma não formem sozinhas, quando quer que seja, e não importa em qual estado, o mesmo homem, é óbvio que a consciência, à medida que ela possa ser estendida seja para tempos passados, une existências e ações muito remotas no tempo na mesma pessoa, tanto quanto ela une a consciência das ações do momento imediatamente precedente, de modo que o que quer que seja que tem a consciência das ações presentes e passadas é a mesma pessoa a quem elas pertencem. Tivesse eu a mesma consciência de ter visto a arca e o dilúvio de *Noé*, como tenho de que vi a inundação do *Tâmisa* no inverno passado, ou com a qual escrevo agora, eu não poderia mais duvidar de que eu que agora escrevo isto, que vi a inundação do *Tâmisa* no inverno passado e que vi a inundação no dilúvio geral, sou o mesmo *eu*, coloque-se esse *eu* em qualquer substância que se queira, que eu que escrevo isto sou o mesmo *eu* agora enquanto escrevo (caso eu consista completamente da mesma substância, material ou imaterial, ou não) que eu era ontem. Quanto a ser o mesmo *eu*, não importa se esse *eu* atual é formado da mesma ou de outras substâncias, eu estou tão envolvido e sou tão justamente responsável por quaisquer ações que foram feitas mil anos atrás, que seja atribuída a mim agora por essa autoconsciência, tal como pelo que fiz no momento passado.

17. O *eu* é aquela coisa pensante consciente (qualquer que seja a substân-

---

❽ R Para um dualista, a resposta para (a) dependerá de se é possível para a consciência de ações passadas (e estados mentais) ser transferida da mente ou alma que de fato as teve ou experimentou para uma que não o fez. Locke argumenta que não há uma razão clara para pensar que isso não seja possível.'

❾ R Com relação à parte (b) da questão, o problema é se a mente ou alma poderia ter a consciência de suas ações e estados mentais inteiramente removidos e então começar uma nova e diferente vida consciente. (Locke provavelmente diria, como com relação à parte(a), qu enão há uma razão clara para o contrário).

❿ R Se essa remoção total da consciência for seguida de uma consciência nova e diferente é possível, então não haverá, Locke argumenta, nenhuma razão para dizer que a pessoa em quem a alma reside antes da remoção e aquela na qual ela reside após a nova consciência tenha emergido são a mesma pessoa.

⓫ R Isso torna possível para uma pessoa ressuscitar com um corpo diferente, conquanto a alma envolvida tenha consciência das ações e dos estados mentais da pessoa original. Porém, embora ter a mesma consciência seja suficiente para fazer de um ser humano individual a mesma *pessoa*, ela não é suficiente para fazê-lo o mesmo *homem* (pois ser o mesmo homem requer ter o mesmo corpo animal). Desse modo, o sapateiro com a alma e a consciência do príncipe é a mesma *pessoa* que o príncipe, mas o mesmo *homem* que o sapateiro – as condições de identidade dependem de que espécie de coisa está em questão.

12

R Locke reitera a sua visão: uma *pessoa* em um momento é a mesma pessoa que uma pessoa anterior qualquer, não importa quão remota, de cujas ações (e estados mentais) ela é consciente (isto é, lembra ou parece lembrar) junto com a suas próprias. Não importa se a substância ou as substâncias envolvidas sejam as mesmas. Se a consciência do tipo correto pode residir no dedo mínimo, então esse dedo mínimo é uma pessoa.

13

R A justificabilidade da recompensa e da punição depende da identidade pessoal, assim compreendida, e não da identidade da substância. Desse modo, se a consciência de ter cometido algum crime permanece com o dedo mínimo e não com o resto do corpo, será somente o dedo mínimo que poderá ser justificadamente punido.

14

R Se o Sócrates acordado e o Sócrates adormecido têm duas consciências diferentes, não incluindo as ações nem os eventos incluídos na consciência do outro, então há de fato duas pessoas no mesmo corpo.

(Isso se parece com casos de múltipla personalidade, os quais Locke presumivelmente não conhecia. Ver a Questão para Discussão 4.)

15

R Alguém que esquece total e irrecuperavelmente algumas de suas ações anteriores não é mais, na visão de Locke, a mesma pessoa que as realizou – embora ainda possa ser o mesmo *homem* (ser humano).

cia da qual ela é feita, espiritual ou material, simples ou composta, não importa) que é sensível ou consciente de prazer e dor, capaz de felicidade ou miséria, e assim está preocupada *consigo mesma* na extensão em que alcança aquela consciência. Desse modo, todos descobrem que, embora contida sob aquela consciência, o dedo mínimo é tão parte de *si mesmo* quanto o que é mais assim. Após a separação do dedo mínimo, caso essa consciência acompanhe esse dedo mínimo e abandone o resto do corpo, é evidente que o dedo mínimo seria a *pessoa*, a *mesma pessoa*; o eu então não teria nada a ver com o resto do corpo. Como nesse caso é a consciência que acompanha a substância, quando uma parte é separada da outra, que forma a mesma *pessoa* e constitui esse *eu* inseparável: assim é com referência à substância remota no tempo. Aquilo com o que a *consciência* da coisa pensante atual pode-se juntar forma a mesma *pessoa* e é um *eu* com ela, e com nada mais, e atribui a *si mesmo* como suas todas as ações daquela coisa como suas próprias, tanto quanto aquela consciência alcança, e não mais longe; como todo mundo que reflete perceberá. **12**

18. Nessa *identidade pessoal* baseia-se toda a correção e a justiça da recompensa e da punição: a felicidade e a miséria são aquilo com que todos se preocupam *consigo mesmos*, não importando o que venha a acontecer com qualquer substância não associada ou afetada por aquela consciência. Como é evidente no exemplo que dei há pouco, se a consciência acompanhasse o dedo mínimo quando ele fosse removido, isso seria o mesmo *eu* que estava preocupado com todo o corpo ontem, como fazendo parte de *si mesmo*, de cujas ações então ela não pode senão admitir como suas agora. Contudo, se o mesmo corpo ainda vivesse e imediatamente após a separação do dedo mínimo tivesse sua própria consciência peculiar, da qual o dedo mínimo não soubesse nada, ele não estaria de modo algum preocupado com ele como uma parte de *si*, ou poderia apropriar-se de qualquer de suas ações, ou ter qualquer uma dela imputada a ele. **13**

19. Isso poderá mostrar-nos em que consiste a *identidade pessoal*: não na identidade da substância, mas, como disse, na identidade da *consciência*, na qual, se *Sócrates* e o atual prefeito de *Queensborough* concordam, ele são a mesma pessoa; se o mesmo *Sócrates* acordado e o adormecido não partilham da mesma *consciência*, o *Sócrates* acordado e o adormecido não são a mesma pessoa. E punir o *Sócrates* acordado pelo que pensou o *Sócrates* adormecido, do que o *Sócrates* acordado nunca foi consciente, não seria mais certo do que punir um gêmeo pelo que seu irmão gêmeo fez, do que ele não sabia nada, por que a sua aparência exterior era tão semelhante que não podiam ser distinguidos; pois tais gêmeos já foram vistos. **14**

20. Contudo, ainda será objetado, suponha que eu perca completamente a memória de alguma parte da minha vida sem possibilidade de recuperá-la, de modo que talvez eu não vá nunca ser consciente dela de novo: não sou eu a mesma pessoa que realizou essas ações, teve tais pensamentos dos quais eu um vez fui consciente, embora eu os tenha esquecido agora? Ao que eu respondo que nós precisamos notar a que a palavra *eu* é aplicada, que, nesse caso, é somente um homem. E presumindo-se que o mesmo homem seja a mesma pessoa, *eu* é aqui facilmente considerado como também sendo a mesma pessoa. Porém, se é possível para o mesmo homem ter consciências distintas incomunicáveis em diferentes momentos, não há dúvida de que o mesmo homem seria em diferentes momentos pessoas diferentes; o que, nós vemos, é o sentido da humanidade em suas declarações mais solenes das suas opiniões, sendo que as leis humanas não punem o *homem louco* pelas ações do *homem sóbrio*, nem o *homem sóbrio* pelo que o *homem louco* fez, desse modo fazendo deles duas pessoas: o que é de alguma maneira explicado pela nossa maneira de falar em *inglês* quando dizemos que este aí *não é ele mesmo* ou está *fora de si*; expressões nas quais é insinuado, como se esses que agora pensaram, ou ao menos pela primeira vez as usaram, que o *eu* tivesse mudado, a pessoa que é o mesmo *eu* não estivesse mais naquele homem. **15**

...

22. Mas não é um homem bêbado e sóbrio a mesma pessoa, por que mais é ele punido pelos atos que cometeu quando bêbado, embora posteriormente não seja consciente deles? Tanto a mesma pessoa quanto o homem que caminha e faz outras coisas no seu sono é a mesma pessoa e é responsável por qualquer mal-

dade que faça. As leis humanas punem a ambos com a justiça adequada à sua maneira de conhecer, porque nesses casos eles não podem distinguir certamente o que é real e o que é falso; e assim a ignorância na embriaguez ou no sono não é admitida como uma justificativa. Embora a punição seja anexada à personalidade, e a personalidade à consciência, e o bêbado talvez não seja consciente do que fez, o judiciário humano o pune justamente, porque o fato é provado contra ele, mas falta de consciência não pode ser provada para ele. Porém, no Grande Dia, quando os segredos de todos os corações serão revelados, será razoável pensar que ninguém será chamado a responder a respeito do que ele não sabe nada, mas receberá seu destino, sua consciência a acusá-lo ou a desculpá-lo. ⓰

...

24. De fato, [o eu] pode conceber a substância da qual ele agora é feito ter existido anteriormente, unida no mesmo ser consciente; porém, remova-se a consciência, e então aquela substância não é mais *ela mesma* ou não faz mais parte dela, não mais que qualquer outra substância, como é evidente no caso que já demos de um membro amputado, de cujo calor ou frio ou outras afecções não temos mais qualquer consciência, e não é mais parte do eu de um homem do que qualquer outra parte do universo. Do mesmo modo se dará com referência a qualquer substância imaterial que está vazia daquela consciência através da qual eu agora sou *eu mesmo* para *mim mesmo*. Se houver qualquer parte de sua existência que eu não posso após me lembrar juntar com a consciência presente através da qual eu agora sou *eu mesmo*, ela não será nessa parte da sua existência mais *eu mesmo* do que qualquer outro ser imaterial. Seja o que for que uma substância tenha pensado ou feito que eu não possa me lembrar e por minha consciência fazer meu próprio pensamento e ação, isso não pertencerá a mim, não importa se uma parte de mim o pensou ou o fez, mais do que se tivesse sido pensado ou feito por qualquer outro ser imaterial existente em algum lugar.

25. Eu concordo que a opinião mais provável é que essa consciência está anexada a e é a afecção de uma substância imaterial individual.

Mas que os homens, de acordo com as suas diferentes hipóteses, resolvam isso como queiram. Todo ser inteligente, que se importa com sua felicidade ou miséria, precisa aceitar isto: há algo que é *ele mesmo* com o que se preocupa e quer ver feliz; esse *eu* tem existido numa duração contínua mais do que em um instante e é possível que exista, como já fez, por meses e anos por vir, sem quaisquer limites certos para a sua duração; e o mesmo *eu* existe pela mesma consciência, continuado para o futuro. E assim, por essa consciência, ele se descobre como o *mesmo eu* que fez tal e tal ação alguns anos atrás, pelo que ele vem a se sentir feliz ou miserável agora. E, nessa explicação do *eu*, a mesma substância numérica não é considerada como formando o mesmo *eu*, mas a consciência contínua, na qual várias substâncias podem ter sido unidas e novamente separadas dela, que, enquanto elas continuaram numa união vital com aquilo no qual essa consciência então residia, forma uma parte daquele mesmo *eu*. Desse modo, qualquer parte dos nossos corpos, vitalmente unida àquilo que é consciente em nós, forma uma parte de nossos *eus*; contudo, após a separação da união vital, pela qual a consciência é comunicada, aquilo que um momento atrás era parte dos nossos *eus* não é mais assim, mais do que uma parte do *eu* de um outro homem é parte de mim; e não é impossível que em pouco tempo possa tornar-se uma parte real de uma outra pessoa. E assim nós chegamos a ter a mesma substância numérica tornando-se uma parte de duas pessoas diferentes, e a mesma pessoa preservada sob mudança de várias substâncias. (...)

26. *Pessoa*, como a tomo, é o nome para esse *eu*. Onde quer que um homem encontre o que chama de *ele mesmo*, aí, eu penso, um outro poderá dizer que é a *mesma pessoa*. É um termo forense, apropriando as ações e o seu mérito, e assim pertence somente a agentes inteligentes, capazes de lei e de felicidade e miséria. ⓱ Essa personalidade estende a *si mesma* para além da existência presente para o que é passado somente pela consciência; com isso, ele se torna preocupada e responsável, apropria-se e imputa a *si mesma* ações passadas, justamente com o mesmo fundamento e com a mesma razão que ela o faz para o presente. Tudo isso está assentado numa preocupação

⓰
R As leis humanas punem as pessoas por coisas que elas não podem mais lembrar, mas isso é injusto e é feito somente porque é muito difícil determinar se uma pessoa pode de fato lembrar ou não. (Por "Grande Dia", Locke quer dizer o Dia do Juízo Final, como ele é concebido no Cristianismo.)

⓱
Ao dizer que "pessoa" é um termo *forense*, Locke está dizendo que ele tem a ver com lei, justiça e direitos, e não primeiramente com a natureza metafísica das entidades em questão.

com a felicidade, o concomitante inevitável da consciência: aquilo que é consciente de prazer e dor deseja que aquele eu que é consciente seja feliz. E, portanto, qualquer que seja a ação passada que ela não pode reconciliar ou apropriar para o *eu* presente pela consciência, ela não estará mais preocupada com isso do que se isso nunca tivesse sido feito; e receber prazer ou dor, isto é, recompensa ou punição, em função de qualquer ação dessa espécie, é o mesmo que ser feito feliz ou miserável no início de sua existência sem qualquer demérito algum. Supondo que um homem punido agora pelo que ele fez em outra vida, da qual não se poderia fazer com que ele tivesse qualquer consciência, qual é a diferença que há entre aquela punição e o fato de ter sido criado miserável? (...)

Questões para Discussão

1. Locke fala de um indivíduo posterior que tem a "mesma consciência" de um indivíduo anterior e que é desse modo a mesma pessoa, mas ele não explica muito claramente o que é exigido para que a consciência em questão seja a *mesma* no sentido relevante – embora ele esclareça que a mente ou a alma na qual a consciência reside (pressupondo, como ele em geral faz, em uma visão dualista) não precisa ser aquela que efetivamente realizou uma certa ação ou experienciou um certo estado mental a fim de que ela tenha a "mesma consciência" dessas coisas. Suponha que, num período de tempo, a pessoa A teve várias experiências e realizou várias ações. Discuta se nos seguintes casos uma pessoa B tem a "mesma consciência" no sentido exigido para que a pessoa A e a pessoa B sejam (de acordo com Locke) a mesma pessoa:

    a. Num momento posterior no tempo, a pessoa B, inteiramente por coincidência (talvez como resultado de um tumor cerebral), vem a ter as memórias aparentes de ter feito ou experienciado algumas ou todas as coisas que A fez (e é consciente dessas coisas juntamente com as suas ações e experiências).

    b. Num momento posterior no tempo, a pessoa B é hipnotizada por uma terceira pessoa que está intimamente familiarizada com a vida e as experiências de A e que provoca por sugestão pós-hipnótica que B tenha memórias manifestas de algumas ou de todas as ações e experiências de A (e está consciente dessas juntamente com as suas próprias ações e experiências).

    c. Como resultado de um trauma cerebral, a pessoa A esquece completamente suas ações e experiências. Num momento posterior, a pessoa B (cujo corpo é o mesmo corpo vivo que estava envolvido na pessoa A e cuja mente ou alma imaterial é também aquela da pessoa A, mas cuja memória primeiramente vai até a época do trauma) tem um segundo episódio de trauma cerebral que produz, inteiramente por coincidência, memórias manifestas de ter feito e experienciado alguma ou todas as coisas que A fez ou experienciou (e está consciente dessas coisas juntamente com a suas próprias ações e experiências).

    d. A pessoa A vem a não ter mais uma memória consciente da suas história anterior, embora traços de memória de suas ações e experiências permaneçam armazenadas em seu cérebro ou mente imaterial. Após um longo período, esses traços de memória são reativados e a pessoa naquele momento (a pessoa B), que tem o mesmo corpo humano e a mesma mente imaterial, vem a ter as memórias conscientes manifestas e algumas ou de todas as ações e experiências de A (e está consciente delas juntamente com as suas próprias ações e experiências).

    e. A pessoa A morre e, com isso, sua consciência de suas ações e experiências cessa. Porém, via um *scan* do cérebro, um registro dessas ações é é mantido guardado num computador. Num momento posterior, esse registro é usado para criar novas memórias manifestas de algumas ou de todas as ações e experiências de A na pessoa B, e a pessoa B é consciente delas juntamente com as suas próprias ações e experiências. (A pessoa B não tem o mesmo corpo humano que a pessoa A. É importante se ou não a mente ou alma imaterial da pessoa B – se há uma – é a mesma?)

    f. Ao final de um período inicial, a pessoa A entra um "transportador" no estilo de *Star Trek*. O transportador faz um *scan* tanto do seu corpo quanto de sua mente, realizando um registro completo e preciso de ambos, e então destrói aquele corpo (e também a alma imaterial de A, se houver uma). A informação sobre A é passada a um segundo transportador, que então cria um novo corpo (e alma imaterial, se A tivesse uma), cada um qualitativamente similar em todos os aspectos ao corpo de A, e programa-o (ou programa ele e ela) com as memórias, os traços de caráter, etc., de A. O resultado desse processo, a pessoa B, então sai do segundo transportador. Ela tem as memórias manifestas aparentes de algumas ou de todas as ações e experiências de A (e está consciente delas juntamente com suas próprias ações e experiências).

2. Com base em suas respostas aos casos anteriores, tente formular uma explicação explícita do que é exigido para a consciência de duas pessoas serem a *mesma* no sentido exigido por Locke para elas serem a mesma pessoa.

3. Na visão de Locke, para uma pessoa num período posterior ser idêntica a uma outra num período anterior exige que a pessoa posterior seja consciente, isto é, lembre-se (ou ao menos pareça lembrar-se) das experiências e ações de pessoa anterior. Como ele entende isso, parece significar que uma pessoa que cometeu algum crime sério pode, num momento posterior, escapar de toda responsabilidade em relação a ele simplesmente ao ter a sua memória apagada dessas experiências e ações envolvidas no crime – algo que pode bem vir a ser tecnicamente factível. Esse é um resultado razoável? Seria razoável (ou mesmo mais razoável) que todas as todas as memórias anteriores de experiências específicas fossem assim apagadas?

4. Suponha que um corpo esteja aparentemente habitado por duas ou mais personalidades, tendo traços de caráter diferentes, padrões de comportamento, conhecimento e inclusive graus de inteligência diferentes. (Há, alegadamente, muitos casos desse tipo, nos quais você talvez queira verificar.) Suponha que nenhuma dessas personalidades seja consciente das ações das outras (excetuando-se indiretamente, ao ser informado por outros), esse é o caso de um corpo que está sendo habitado por múltiplas *pessoas*? Suponha que uma dessas personalidades cometa um crime muito sério, do qual as outras personalidades são ignorantes (e sobre as quais elas expressam choque e horror quando informadas). O corpo em questão pode ser justamente preso pelo crime?

Thomas Reid

Thomas Reid (1710-1796), filósofo escocês, foi um dos fundadores daquilo que ficou conhecido como a escola de filosofia do "senso comum". Ele é mais conhecido por suas contribuições à epistemologia, que enfocaram principalmente a defesa da concepção de senso comum sobre o nosso conhecimento do mundo material, contra o que ele vê como as tendências céticas encontradas em seus predecessores britânicos, Locke, Berkeley e Hume, como também em Descartes e outros.

Nesta seleção, Reid discute e critica a explicação de Locke acerca da identidade pessoal. A visão do próprio Reid, que não aparece claramente aqui, é que a identidade pessoal é não analisável ou indefinível, de modo que nenhuma explicação do tipo que Locke procura oferecer é possível.

Sobre a Explicação do Sr. Locke acerca da Identidade Pessoal[3]

Em um longo capítulo sobre identidade e diversidade, o Sr. Locke fez muitas observações engenhosas e justas, e algumas que, eu penso, não podem ser defendidas. Ater-me-ei apenas à explicação que ele dá sobre a nossa identidade pessoal. (...)

Identidade (...) supõe a existência contínua do ser do qual ela é afirmada e, portanto, pode ser aplicada somente

---
[3] Extraído de *Essays on the Intellectual Powers of Man* (Cambridge, Mass.: MIT Press, 1969)

a coisas que têm uma existência contínua. À medida que um ser continua a existir, ele é o mesmo ser; porém, duas coisas que têm começos diferentes ou terminações diferentes não podem ser a mesma. Com isso, penso que o Sr. Locke concorda.

Ele observa, muito justamente, que para saber o que se quer dizer por uma mesma pessoa nós precisamos considerar o que a palavra *pessoa* representa; e ele define pessoa como sendo um ser inteligente, dotado de razão e com consciência, e que por último, assim ele pensa, é inseparável do pensamento.

A partir dessa definição de pessoa é necessário depreender que, enquanto o ser inteligente continua a existir e a ser inteligente, ele deve ser a mesma pessoa. Dizer que o ser inteligente é uma pessoa e, contudo, que uma pessoa deixa de existir enquanto o ser inteligente continua a existir, ou que a pessoa continua enquanto o ser inteligente deixa de existir, é, na minha compreensão, uma contradição manifesta.

Poderíamos pensar que a definição de pessoa deveria afirmar perfeitamente a natureza da identidade pessoal ou em que ela consiste, embora possa ainda haver uma questão a respeito do modo como chegamos a saber e a ter certeza da nossa identidade pessoal. ❶

O Sr. Locke afirma-nos, porém, "que a identidade pessoal, isto é, a igualdade de um mesmo ser racional, consiste unicamente na consciência; e, à medida que essa consciência puder ser estendida para trás a qualquer ação ou pensamento, tão longe alcançará a identidade ou aquela pessoa. Portanto, qualquer coisa que tenha a consciência das ações presentes e passadas é a mesma pessoa a quem elas pertencem".

Essa doutrina tem algumas consequências estranhas, das quais o autor está consciente. Por exemplo, se a mesma consciência puder ser transferida de um ser inteligente a outro, coisa que ele acredita que não podemos mostrar ser impossível, então dois ou vinte seres inteligentes poderão ser a mesma pessoa. E, se o ser inteligente puder perder a consciência das ações feitas por ele, coisa que certamente é possível, então ele não será a pessoa que fez aquelas ações; assim, um ser inteligente poderá ser duas ou vinte pessoas diferentes se ele vier a perder com tanta frequência a consciência das suas ações anteriores. ❷

Há uma outra consequência dessa doutrina, que se segue não menos necessariamente, embora o Sr. Locke provavelmente não a veja. É que um homem pode ser, e ao mesmo tempo não ser, a pessoa que realizou uma ação particular.

Suponha um oficial corajoso que foi castigado quando criança na escola por roubar um pomar, que tomou o estandarte do inimigo em sua primeira campanha e que se tornou general em vida avançada. Suponha também, o que deve ser admitido como possível, que, quando tomou o estandarte, ele estava consciente de ter sido castigado na escola; e que, quando se tornou general, ele estava consciente de ter tomado o estandarte, mas havia perdido absolutamente a consciência do seu castigo.

Essas coisas sendo supostas, decorrerá, da doutrina do Sr. Locke, que aquele que foi castigado na escola é a mesma pessoa que tomou o estandarte e que aquele que tomou o estandarte é a mesma pessoa que se tornou general. De onde se segue que, se houver qualquer verdade na lógica, o general é a mesma pessoa que aquela que foi castigado na escola. Contudo, a consciência do general não alcança tão longe quanto o seu castigo; então, de acordo com a doutrina do Sr. Locke, ele não é a pessoa que foi castigada. Portanto, o general é, e ao mesmo tempo não é, a mesma pessoa que aquela que foi castigada na escola. ❸

Deixando as consequências dessa doutrina para aqueles que têm o tempo livre para extraí-las, podemos observar com relação à própria doutrina:

Em primeiro lugar, o Sr. Locke atribui à consciência a convicção que temos a respeito de nossas ações passadas, tal como se um homem pudesse agora ser consciente do que fez há vinte anos. É impossível entender o significado disso, a menos que por consciência ele quisesse dizer a memória, a única faculdade pela qual temos um conhecimento imediato de nossas ações passadas.

Algumas vezes, no discurso popular, um homem diz que está consciente de que ele fez tal coisa, querendo dizer que se lembra distintamente que ele o fez. É desnecessário, no discurso comum, fixar precisamente os limites entre a consciência e a memória. (...)

---

❶ **Comentário**

Isto é, uma "definição" de que tipo de coisa uma pessoa é deveria resolver a dificuldade *metafísica* do *que é* para uma pessoa em um momento ser idêntica a alguma outra em outro momento, mesmo que não resolva a dificuldade *epistemológica* de como podemos *dizer* quando essa relação de identidade de fato se dá (Ver o capítulo introdutório.)

❷ **Pare e pense**

Reid assinala algumas das consequências da concepção de Locke que o próprio Locke endossa. Quão estranhas (e, portanto, implausíveis) elas são?

❸ A objeção mais forte de Reid a Locke é esse contraexemplo, um contraexemplo que muitos consideram bastante decisivo. O princípio subjacente da lógica é que a identidade (de qualquer espécie) é *transitiva*: se A é idêntico a B, e B é idêntico a C, então A é idêntico a C. Desse modo, o general precisa ser idêntico ao estudante que foi castigado, mesmo que a explicação de Locke diga o contrário. (Há alguma maneira de corrigir a concepção de Locke a fim de evitar esse problema? Ver a Questão para Discussão 1.)

No entanto, isso deve ser evitado na filosofia, pois de outro modo confundimos os diferentes poderes da mente e atribuímos a um o que realmente pertence a outro. Se um homem pode estar consciente do que fez há vinte anos, ou há vinte minutos, não há utilidade para a memória, nem deveríamos aceitar que exista qualquer faculdade desse tipo. As faculdades da consciência e da memória são distinguidas principalmente por isto: enquanto a primeira é um conhecimento imediato do presente, a segunda é um conhecimento imediato do passado.

Quando, portanto, a concepção do Sr. Locke sobre a identidade pessoal é expressa apropriadamente, ela se baseia no fato de que a identidade pessoal consiste na lembrança distinta: afinal, mesmo no sentido comum, dizer que estou consciente da ação passada quer dizer apenas que me recordo distintamente do que eu fiz. ❹

Em segundo lugar, pode-se observar que, nessa doutrina, não só a consciência é confundida com a memória, mas, o que é mais estranho, a identidade pessoal também é confundida com a evidência que temos da nossa identidade pessoal.

É bem verdade que a minha lembrança de que eu fiz tal coisa é a evidência que tenho de que sou a pessoa idêntica que a fez. E isso, estou em condições de pensar, é o que o Sr. Locke quis dizer; porém, dizer que a minha lembrança de que eu fiz tal coisa, ou minha consciência, torna-me a pessoa que fez isso é, em minha compreensão, um absurdo grande demais para ser definido por qualquer homem que preste atenção ao sentido disso. Afinal, é atribuir à memória ou à consciência um estranho poder mágico de produzir o seu objeto, embora esse objeto deva ter existido antes da memória ou da consciência que o produziu.

A consciência é o testemunho de uma faculdade; a memória é o testemunho de outra faculdade. Dizer que tal testemunho é a causa da coisa testemunhada é certamente um absurdo, se é que pode ser alguma coisa, e não poderia ter sido dito pelo Sr. Locke se ele não tivesse confundido o testemunho com a coisa testemunhada. ❺

Quando um cavalo que foi furtado é encontrado e requisitado por seu dono, a única evidência que ele pode ter, ou que um juiz ou uma testemunha pode ter, de que esse é com efeito o cavalo idêntico que era a sua propriedade é a similitude.

Mas não seria ridículo inferir a partir disso que a identidade de um cavalo consiste na similitude somente? A única evidência que eu tenho de que sou a pessoa idêntica que realizou tais ações é que eu me lembro distintamente que as realizei; ou, como o Sr. Locke afirma, eu estou consciente de que as realizei. Inferir a partir disso que a identidade pessoal consiste na consciência é um argumento que, se tivesse alguma força, provaria que a identidade de um cavalo furtado consiste somente na similitude. ❻

Em terceiro lugar, não é estranho que a igualdade ou a identidade de uma pessoa deva consistir em uma coisa que está continuamente mudando e não é a mesma em quaisquer dois minutos?

A nossa consciência, a nossa memória e toda operação da mente ainda estão fluindo como as águas de um rio ou como o próprio tempo. A consciência que eu tenho deste momento não pode mais ser a mesma consciência que tive do momento passado. Só se pode afirmar a identidade de coisas que têm uma existência contínua. A consciência, e todo tipo de pensamento, é transitória e momentânea, não tendo nenhuma existência contínua; portanto, se a identidade pessoal consiste na consciência, certamente se depreenderá que nenhum homem é o mesmo em quaisquer dois momentos de sua vida; e como a correção e a justiça das recompensas e das punições estão assentadas sobre a identidade pessoal, nenhum homem pode ser responsável por suas ações. ❼

...

❹ Lembro-me correta ou incorretamente – isto é, *pareço* lembrar-me. Apelar para a memória genuína pressuporia a identidade em vez de explicá-la, pois eu não posso lembrar-me genuinamente de fazer ou experienciar algo ao menos que eu de fato seja a mesma pessoa que o fez ou experienciou.

❺ A visão de Reid é que parecer lembrar-me de que eu fiz algo (ou tive certa experiência) é *evidência* de que eu sou idêntico à pessoa anterior (supondo que houve uma) que fez (ou experienciou) a coisa em questão. Contudo, se é evidência para a identidade, então, ele parece estar sugerindo que isso não pode ser também aquilo no que consiste a identidade (pois, nesse caso, ela seria evidência para si mesma, o que não faz sentido).

❻ **PARE** Quão boa é essa analogia? Ela parece mostrar de uma maneira bastante convincente que a evidência para algo é algumas vezes ou mesmo normalmente distinta daquilo para o que ela é uma evidência. Mas isso é verdadeiro em todos os casos? Ou poderá haver algum caso em que o fato de que algo é verdadeiro simplesmente redunda em se obter a melhor evidência para ele?

❼ Essa é uma objeção mais imprecisa e obviamente menos forte, embora seja uma objeção se torna mais séria através da falha de Locke em explicar a que equivale ter a "mesma consciência". Há algum modo claro pelo qual o fato de que a própria consciência é "transitória e momentânea" evita que as pessoas em diferentes tempos tenham a *mesma* consciência no sentido em que Locke pretende?

Questões para Discussão

1. Considere novamente o tipo de situação envolvida no caso de Reid acerca do general e suponha que o mesmo tipo de situação é repetido ao longo de toda a vida do general: embora existam muitas ações e estados mentais anteriores de que a pessoa em determinado estágio não pode lembrar, cada uma dessas pessoas pode lembrar de ações e estados mentais que pertencem a um estágio anterior, e assim por diante, de modo que, começando com o general e apelando aos estágios intermediários, podemos voltar até o começo da vida do general (ou quase isso) por meio dos elos da memória. *Grosso modo*, isso é o que algumas vezes é referido como *continuidade psicológica*. A continuidade psicológica é uma condição suficiente para a identidade pessoal, caso no qual o general no fim de sua vida ainda seria a mesma pessoa que a jovem criança no começo daquela vida? Ela é uma condição necessária? Por que sim e ou por que não?

2. Uma das objeções de Reid à concepção de Locke sobre a identidade pessoal é que Locke confunde a *evidência* para a identidade pessoal com aquilo em que efetivamente consiste a identidade pessoal. Isso é sempre um erro (considere uma série de casos)? Você pensa que Locke está fazendo isso?

Bernard Williams

Bernard Williams (1929-2003) foi um filósofo britânico que lecionou principalmente na Universidade de Cambridge. Ele fez contribuições importantes para muitas áreas da filosofia, sobretudo para a ética e para as discussões sobre a identidade pessoal.

Nesta seleção, Williams trata do assunto da identidade pessoal, perguntando se é possível ou não para duas pessoas "trocarem" seus corpos materiais ao ter as memórias e os traços de caráter de uma apagados de seu cérebro e transferidos para o cérebro de outra, ou vice-versa. De modo que, após a troca, a pessoa que habita um dos corpos aparentemente satisfará as exigências psicológicas certas da identidade pessoal (se existirem): ela estará envolvida nas mesmas relações psicológicas com as ações, as experiências prévias e os traços de caráter da pessoa que originalmente habitava o outro corpo, nas quais as pessoas normalmente estão envolvidas em relação às suas próprias ações e experiências prévias, como também em relação aos traços de caráter; e, novamente, vice-versa. (Isso admite um critério psicológico que é mais amplo do que o de Locke, pois apela a mais do que à memória.) Mas isso significa que os corpos foram genuinamente "trocados", de sorte que cada uma das pessoas agora habita um novo corpo? Williams oferece uma explicação desse caso que parece apoiar tal conclusão. Ele então o contrasta com uma segunda explicação que concorda quanto aos fatos básicos do caso, mas que os representa de um modo diferente – aquele que parece apoiar a conclusão de que os corpos não foram "trocados", mas, em vez disso, que cada uma das pessoas, ainda habitando o mesmo corpo que tinha originalmente, sofreu uma combinação de amnésia, memórias e traços de caráter artificialmente induzidos. Williams muito hesitantemente opta pela segunda explicação do caso, embora admita que é difícil saber qual das duas é a correta.

O Eu e o Futuro[4]

O EU E O FUTURO

Suponha que exista algum processo ao qual duas pessoas, A e B, possam ser submetidas, cujo resultado seja que delas se diga – pressupondo a questão – que tenham *trocado de corpos*. Isso é dizer – talvez de um modo que pressuponha menos a questão – que há um certo corpo humano que é tal que, quando o confrontamos previamente, éramos confrontados com a pessoa A, certas enunciações vindas dele eram expressões de memórias das experiências passadas de A, certos movimentos dele eram parcialmente constitutivos das ações de A e eram tomados como expressivos do caráter de A, e assim por diante. Mas agora, depois que o processo foi completado, as enunciações vindas desse corpo são expressivas do

---

[4] Extraído de *Problems of the Self* (Cambridge: Cambridge University Press, 1973).

que parecem ser simplesmente aquelas memórias que previamente identificávamos como as memórias das experiências passadas de B, e seus movimentos parcialmente constituem as ações expressivos do caráter de B, e assim por diante; e vice-versa com o outro corpo. ❶

Existem certas limitações filosóficas importantes a respeito de como tais casos imaginários devem ser construídos e de como eles devem ser considerados quando construídos de várias maneiras. Mencionarei duas limitações principais, não a fim de considerá-las aqui, mas precisamente para tirá-las do caminho.

Existem certas limitações, particularmente com relação ao caráter e ao maneirismo, referentes à nossa habilidade de imaginar tais casos mesmo no sentido mais restrito de estarmos dispostos a tomar as últimas *performances* daquele corpo que era previamente de A como expressivas do caráter de B; se os prévios A e B eram extremamente diferentes um do outro, tanto física quanto psicologicamente, e se, além disso, eles eram de sexos diferentes, haverá sérias dificuldades para encontrar as disposições de B em qualquer *performance* possível do corpo de A. Esqueçamos isso e, para os propósitos presentes, tomemos simplesmente A e B como suficientemente parecidos (não importa quão parecidos tenham de ser) para a dificuldade não aparecer; após o experimento, as pessoas familiarizadas com A e B estarão *fortemente impressionadas* com o caráter de B acerca das realizações do que anteriormente era o corpo de A, e vice-versa. Desse modo, o ato de imaginar uma troca de corpos é supostamente possível no sentido mais restrito. Mas agora há uma outra limitação que tem de ser vencida se o ato deve ser não só meramente possível no sentido mais restrito, mas também ter um resultado que, numa reflexão séria, nós estaríamos preparados para descrever como sendo o de que A e B trocaram de corpos – isto é, um resultado no qual, confrontados com o que era previamente o corpo de A, estamos preparados seriamente para dizer que agora estamos confrontados com B.

Pareceria uma condição necessária de procedermos assim que os enunciados vindos daquele corpo fossem tomados como genuinamente expressivos das memórias do passado de B. Contudo, a memória é uma noção causal; e tal como nós efetivamente a usamos parece ser uma condição necessária para o conhecimento presente de *x* das experiências anteriores de *x*, as quais constituem a memória daquelas experiências, que a cadeia causal que está ligando as experiências e o conhecimento não deva se dar fora do corpo de *x*. ❷ Portanto, se enunciados que vêm de um dado corpo devem ser tomados como expressivos de memórias das experiências de B, deveria haver algum elo causal adequado entre o estado apropriado daquele corpo e a sucessão original daquelas experiências para B. Uma maneira radical de assegurar essa condição no caso imaginado da troca de corpos é supor (...) que os cérebros de A e de B são transferidos. Não precisamos de uma condição tão radical. Por isso, suponha que fosse possível extrair as informações do cérebro de um homem e armazená-la em um dispositivo enquanto seu cérebro fosse consertado ou mesmo substituído: seria exagerado insistir que o homem resultante não pudesse ter as memórias que ele tinha antes da operação. Com relação ao nosso conhecimento do nosso próprio passado, fazemos distinções entre meramente lembrar, ser lembrados e aprender de novo, e essas distinções correspondem (aproximadamente) às distinções entre nenhum *input* novo, um *input* parcialmente novo e um *input* totalmente novo da informação em questão. E parece claro que o caso do armazenamento de informações recém-imaginado não contaria como *input* novo no sentido necessário e suficiente para se "aprender de novo". Portanto, podemos imaginar o caso com o qual estamos preocupados em termos da informação extraída dos cérebros de A e B e substituída no outro cérebro: esse é o tipo de modelo que, eu penso que não injustamente para o argumento presente, terei em mente. ❸

Imaginemos o seguinte. O processo considerado antes existe; duas pessoas podem entrar em uma máquina, por exemplo, e sair dela apropriadamente modificadas. Se A e B são as pessoas que entram, chamemos as pessoas que saem de a *pessoa-corpo-A* e a *pessoa-corpo-B*: a pessoa-corpo-A é aquela pessoa (quem quer que seja) com quem fui confrontado quando, após o experimento, eu sou confrontado com aquele corpo que previamente era o corpo de A. (...) Uma descrição que não é uma petição de princípio

❶ Se os enunciados e o comportamento são tomados como aparecem, a pessoa que agora está no corpo que foi previamente habitado pela pessoa A tem o mesmo tipo de memória das ações e experiências prévias da pessoa B que a pessoa B teria tido delas se a "troca" não tivesse acontecido. A pessoa que está no corpo previamente habitado pela pessoa A também tem aparentemente todos os traços de caráter que a pessoa B.

❷ Há pelo menos duas exigências diferentes sendo sugeridas aqui para a memória genuína. Primeiro, as crenças e imagens atuais precisam ser *causadas* pelas experiências anteriores (em vez de somente acontecer por coincidência que se adaptem a essas experiências anteriores). Segundo, como muitas vezes se coloca o assunto, a relação causal precisa ser do "tipo certo": se, por exemplo, o conhecimento atual da pessoa acerca de suas experiências anteriores depende de elas ouvirem um relato por uma segunda pessoa (que foi previamente informada pela pessoa original), então isso não é um caso de memória.

❸ No caso descrito, a informação é removida, armazenada externamente e, então, recolocada. Esse último conhecimento não é causado da mesma maneira que o conhecimento ordinário da memória (pois o processo causal envolve um armazenamento externo – e assim passa por fora do corpo da pessoa), mas ele também não envolve uma outra pessoa que se lembra e então relata a informação (isso seria um exemplo de "aprender de novo"). Ao afirmar que "pareceria exagerado" dizer que o resultado, nesse caso, não é de memória genuína, Williams está sugerindo, muito hesitantemente, que esse é um caso de memória genuína – de modo que não é uma exigência geral para a memória que o processo causal não ocorra fora do corpo da pessoa. (Ver a Questão para Discussão 1.)

④

R Desse modo, a pessoa-corpo-A agora tem *aparentemente* as memórias e os traços de caráter de pessoa B; e a pessoa-corpo-B agora tem aparentemente as memórias e os traços de caráter da pessoa A.

⑤

Como a escolha deve ser feita com base em razões *egoístas*, cada pessoa aparentemente acredita (correta ou incorretamente) que, depois que o processo ocorre, ela será a pessoa no corpo da outra (de maneira que os corpos de fato terão sido trocados). Porém, se elas estão certas sobre isso, é uma outra questão.

⑥

A pessoa-corpo-A, tendo as memórias e os traços de caráter de B, parecerá a si mesma ser B e, em particular, lembrará de ter optado pelo resultado no qual a pessoa-corpo-A recebe o dinheiro em vez de ser torturada. Assim, *parecerá* a essa pessoa que ela recebeu o resultado que pediu (e que a outra pessoa não recebeu). Contudo, ainda não foi decidido se cada uma delas está certa em suas avaliações.

---

do experimento deixaria em aberto qual (se é que alguma) das pessoas A e B é a pessoa-corpo-A; a descrição do experimento como de "pessoas mudando de corpos" implica, é claro, que a pessoa-corpo-A seja de fato B. **④**

Tomemos duas pessoas A e B nas quais o processo será realizado. (Podemos supor que elas estão querendo que isso aconteça.) Anunciamos que uma das duas pessoas resultantes, a pessoa-corpo-A e a pessoa-corpo-B, receberá após o experimento US$100.000, enquanto a outra será torturada. Pedimos então a cada uma para escolher que tratamento deverá ser dispensado a qual das pessoas que sairá do experimento, devendo a escolha ser feita com base (se assim for possível) em razões egoístas.

Suponhamos que A escolheu que a pessoa-corpo-B deva receber o tratamento agradável e que a pessoa-corpo-A o tratamento desprazeroso, e B escolheu inversamente (isso pode indicar que elas pensavam que "trocar de corpos" era realmente uma boa descrição do resultado). O experimentador não pode agir de acordo com esses conjuntos de preferências, aquelas expressas por A e aquelas expressas por B. Assim, há um sentido claro no qual as pessoas A e B não podem ambas ter o que querem: se o experimentador, antes do experimento, anuncia a A e a B que ele pretende levar a cabo a alternativa (por exemplo) de tratar a pessoa-corpo-B de modo desprazeroso e a pessoa-corpo-A de modo prazeroso, então A pode dizer com justiça "esse não é o resultado que eu escolho para acontecer", e B pode dizer com justiça "esse é justamente o resultado que eu escolho para acontecer". **⑤** (...) Mas também é verdadeiro que, quando o experimentador procede, após o experimento, de modo a agir de acordo com uma das preferências e não com a outra, *então* um entre A e B terá o que quis, enquanto o outro não?

Parece haver boas razões para dizer isso. Suponhamos que o experimentador, tendo tomado conhecimento das preferências de A e B, não lhes diz nada sobre o que fará; ele realiza o experimento e, por exemplo, dá o tratamento desprazeroso à pessoa-corpo-B e o prazeroso à pessoa-corpo-A. Então, a pessoa-corpo-B não reclamará do tratamento desprazeroso em si, mas reclamará (porque tem as memórias de A) de que aquele não foi o resultado que ela escolheu, pois escolheu que a pessoa-corpo-B fosse bem-tratada; e como A fez a sua escolha com um espírito egoísta, poderá acrescentar que escolheu precisamente daquela maneira porque não queria que as coisas desagradáveis acontecessem para *ela*. A pessoa-corpo-A, ao contrário, expressará satisfação tanto pelo recebimento de US$100.000 quanto pelo fato de o experimentador ter escolhido agir da maneira que ela, B, tão sabiamente escolheu. Esses fatos levam-nos enfaticamente a dizer que o experimentador fez com que B obtivesse o resultado que queria, enquanto A não. Isso nos leva então a dizer que a pessoa-corpo-B realmente é A e que a pessoa-corpo-A realmente é B; e, portanto, a dizer que o processo do experimento realmente é esse de troca de corpos. **⑥** Pelas mesmas razões, pareceria que A e B, em nosso exemplo, realmente escolheram sabiamente e que foi falta de sorte de A que a sua escolha (correta) não tenha sido levada a cabo e sorte de B que a sua escolha (correta) tenha sido levada a cabo. Isso parece mostrar que me preocupar com o que acontece comigo no futuro não é necessariamente me preocupar com o que acontece com *este* corpo (este que eu agora tenho). (...)

Essas sugestões são reforçadas quando consideramos os casos nos quais A e B fazem outras escolhas com relação ao experimento. Suponhamos que A escolha que a pessoa-corpo-A deva receber o dinheiro e que a pessoa-corpo-B deva receber a dor, enquanto B escolhe ao contrário. Aqui novamente não poderá haver um resultado que satisfaça as preferências expressas por ambas: elas não podem, ambas, ter o que querem. O experimentador anuncia, antes do experimento, que a pessoa-corpo-A de fato ganhará o dinheiro e que a pessoa-corpo-B ganhará a dor. Portanto, nesse estágio, A recebe o que quer (o resultado anunciado satisfaz as suas preferências expressas). Após o experimento, a distribuição é realizada tal como foi anunciada. Tanto a pessoa-corpo-A quanto a pessoa-corpo-B terão de concordar que o que está acontecendo está de acordo com a preferência que A originalmente expressou. A pessoa-corpo-B naturalmente expressará esse reconhecimento (pois ela tem as memórias de A) dizendo que essa é a distribuição que ela escolheu; ela se lembrará, entre outras coisas, do anúncio do experimentador sobre esse resultado, da sua aprovação quanto a essa escolha, e assim por diante. Entretanto, ela (a pessoa-corpo-B) certamente não está gostando do que agora está acontecendo com ela e preferiria estar recebendo o que a pessoa-corpo-A está recebendo – a saber, US$100.000. A pessoa-corpo-A, por outro lado, lembrará de ter escolhido um resultado diferente deste, mas considerará boa sorte que o experimentador não tenha feito o que ela se lembra de ter escolhido. Parece, então, que a pessoa-corpo-A recebeu o que queria, mas não o que escolheu, enquanto a pessoa-corpo-B recebeu o que o escolheu, mas não o que queria. Desse modo, mais uma vez parece como se elas fossem, respectivamente, B e A; nesse caso, as escolhas originais tanto de A quanto de B foram pouco sábias. ❼

Suponhamos, por fim, que na escolha original A toma a linha do primeiro caso e B a do segundo: isto é, A escolhe que a pessoa-corpo-B deva receber o dinheiro e que a pessoa-corpo-A deva receber a dor, e B escolhe exatamente o mesmo. Nesse caso, o experimentador estaria na situação confortável de dar a ambas as pessoas o que elas querem. (...) Nesse caso, a pessoa-corpo-B está contente com o que está recebendo, lembra-se de ter escolhido isso e congratula-se pela sabedoria (como ela coloca a questão) de sua escolha, enquanto a pessoa-corpo-A não gosta do que está recebendo, lembra-se de ter escolhido isso e é forçada a reconhecer que (como ela coloca a questão) a sua escolha não foi sábia. Desse modo, novamente, parece que obtemos resultados que apoiam as sugestões derivadas do primeiro caso. ❽

...

Consideremos agora algo aparentemente diferente. Alguém em cujo poder eu me encontro me diz que eu serei torturado amanhã. Estou com medo e espero o amanhã com grande apreensão. Ele me diz mais: quando chegar a hora, eu não me lembrarei de ter sido informado de que isso aconteceria, pois pouco antes da tortura uma outra coisa será feita comigo e isso fará com que eu esqueça o anunciado. Isso certamente não me animará, pois eu sei perfeitamente bem que posso esquecer coisas e que de fato existe algo como ser torturado sem esperar ou porque esqueci ou porque fizeram com que esquecesse a predição da tortura: isso ainda será uma tortura que, na medida em que souber da predição, eu esperarei com medo. Ele então me diz mais: o fato de eu esquecer o anúncio será apenas parte de um processo maior, já que, quando o momento da tortura chegar, eu não me lembrarei de nenhuma das coisas que agora estou em posição de lembrar. Isso também não me animará, pois eu posso facilmente conceber estar envolvido em um acidente, por exemplo, cujo resultado é eu acordar em um estado de completa amnésia e também de grande dor; isso certamente poderia acontecer comigo, e eu não gostaria que acontecesse comigo, nem de saber que acontecerá comigo. Ele ainda diria que, no momento da tortura, eu não só não me lembrarei das coisas que agora estou em posição de lembrar, mas que também terei um conjunto diferente de impressões do meu passado, bem diferentes das memórias que tenho agora. Eu não penso que isso me animaria de alguma maneira, pois posso ao menos conceber a possibilidade, se não a realidade concreta, de ficar completamente louco e talvez pensar que sou Jorge IV ou outra pessoa; e tendo sido informado de que alguma coisa daquele tipo aconteceria comigo, não teria nenhuma tendência de sentir menos terror de que ao ser informado com autoridade de que eu seria torturado, mas somente aumentaria o horror. Eu também não vejo por que eu deveria ser posto em um melhor estado mental pela pessoa que está no comando se ela dissesse, por fim, que as impressões do meu passado com as quais estarei equipado na véspera da tortura se conformarão exatamente com o passado de uma pessoa que está vivendo agora e que, de fato, eu irei adquirir essas impressões através (por exemplo) da informação que agora está no seu cérebro ser copiada e posta no meu. Medo, certamente, ainda seria a reação apropriada: e não porque eu não soubesse o que iria acontecer, mas porque ao menos em um aspecto vital eu saberia o que iria acontecer – ser torturado, coisa que alguém pode esperar acontecer para si mesmo e ser precedido por certos desequilíbrios mentais também.

Se isso está certo, a questão toda parece agora ser totalmente misteriosa, pois isso pelo que passamos é claramente

❼ R Cada pessoa aparentemente acredita que os corpos não serão "trocados" e assim escolhe, em vista de suas preferências egoístas, ter a pessoa em seu corpo anterior sendo bem-tratada e a outra pessoa sendo maltratada. Depois de o processo ter sido completado, parece a cada pessoa que ela fez da escolha errada, porque lhe *parece* (por causa das memórias que ela tem) que agora está no outro corpo.

❽ R A pessoa A aparentemente pensa que a "troca" acontecerá e B pensa que ela não acontecerá. Desse modo, cada uma escolhe que a pessoa-corpo-B após o processo seja bem-tratada e que a outra pessoa seja maltratada. Quando isso é feito, a pessoa-corpo-B gosta do resultado (e *parece* a si mesma ser A e ter feito uma escolha sábia), enquanto a pessoa-corpo-A não gosta do resultado (e *parece* a si mesma ser B e ter feito uma escolha pouco sábia).

apenas um lado, apresentado de modo distinto, da transação que consideramos anteriormente; e isso a apresenta como um prospecto perfeitamente odioso, enquanto as considerações anteriores a apresentavam como algo que se pudesse escolher racionalmente, talvez até com ânimo, dentre opções que foram apresentadas. Agora ela é apresentada diferentemente, é óbvio, e em dois aspectos notáveis; porém, quando olhamos para essas duas apresentações diferentes, podemos facilmente nos convencer de que a segunda apresentação está errada ou é enganadora, deixando assim o caminho aberto para a primeira apresentação, que naquele momento parecia tão convincente? Certamente não. ❾

A primeira diferença é que, na segunda versão, a tortura é sempre apresentada como acontecendo *comigo*: "você", diz persistentemente o homem que está no comando. Portanto, ele não é muito neutro. Mas ele deveria ser neutro? Ou, para colocar o assunto de outra maneira, o uso que ele faz da segunda pessoa tem meramente um efeito emocional ou retórico sobre mim, fazendo com que eu fique com medo, quando uma reflexão maior me mostraria que não tinha razões para temer? Por certo, não é obviamente assim. O problema é simplesmente que em cada passo de suas predições parece que sou capaz de segui-lo com sucesso. Contudo, se reflito sobre se o que ele disse me dá razões para temer que eu serei torturado, eu poderia considerar que por trás do meu temor há algum princípio como o seguinte: o meu sofrimento de dor física no futuro não está excluído por qualquer estado psicológico no qual eu possa estar no momento, com a óbvia exceção daqueles estados psicológicos que por si mesmos excluem a experiência de dor, notadamente a inconsciência (se é que ela constitui um estado psicológico). Em particular, as impressões que eu tenho do passado não terão qualquer efeito sobre se eu terei dor ou não. Esse princípio parece suficientemente correto. ❿

Um fato importante é que nem todas as coisas que eu, tal como as coisas são, consideraria como más seriam do tipo que eu viria racionalmente a temer como um mal, se fosse predito que isso aconteceria para mim no futuro e também predito que eu viria a sofrer consideráveis mudanças psicológicas nesse intervalo. O fato de que eu considero esse acontecimento, sendo as coisas tal como são, como um mal pode depender de fatores ligados às crenças e ao caráter, os quais podem ser eles próprios modificados pelas mudanças psicológicas em questão. Desse modo, se sou tremendamente sujeito à acrofobia e me dizem que serei colocado no topo de uma montanha muito íngreme em um futuro próximo, mas se me dizem que eu estarei psicologicamente modificado no intervalo, de modo a me livrar da acrofobia (e, assim como na outra predição, eu acredito nisso), então eu não tenho razões para estar com medo do acontecimento predito ou ao menos não com a mesma razão. (...)

A dor física, entretanto, o exemplo que tomei por motivos de simplicidade (e não por alguma razão de obsessão), depende minimamente do caráter ou das crenças. Nenhuma quantidade de mudança no meu caráter ou nas minhas crenças pareceria afetar substancialmente a maldade das torturas aplicadas a mim; correspondentemente, nenhum grau de mudança predita no meu caráter e nas minhas crenças pode afastar o medo da tortura que, junto com essas mudanças, é predita para mim. ⓫

...

Eu disse que havia duas diferenças notáveis entre a segunda apresentação da nossa situação e a primeira. A primeira diferença, sobre a qual acabamos de dizer algo, foi que o homem predisse a tortura para *mim*, um "eu" psicologicamente bastante modificado. Temos ainda de encontrar uma razão para dizer que ele não deveria ter feito isso, ou que eu realmente deveria ser incapaz de segui-lo se ele o faz; eu pareço ser capaz de segui-lo bem demais. A segunda diferença é que, nessa apresentação, ele não menciona o outro homem, a não ser na posição um tanto incidental de estar no papel de ser a proveniência das impressões do passado que eu terei no final. Ele não o menciona de nenhum modo como alguém que terá no final as impressões do passado derivadas de mim (e, incidentalmente, terá US$100.000 também – uma consideração que, na atitude mental apropriada a essa versão, meramente me fará ficar com inveja).

---

❾ **PARE** Pense cuidadosamente a respeito dessa explicação em relação à anterior. Deixando de lado o assunto da preferência voluntária, parece que ela corresponde à situação de B no exemplo original – excetuando-se que aqui se supõe que não há "troca" de corpos, de modo que a pessoa-corpo-B que é torturada é a pessoa B original (embora com diferentes memórias e traços de caráter). A segunda explicação, que supõe que os corpos não foram "trocados", é errada ou objetável de algum modo claro? Como alguém deveria decidir entre essas duas explicações acerca do que é, em muitos aspectos, o mesmo conjunto de fatos?

❿ O aspecto central do princípio descrito é dizer que nenhuma diferença nos estados psicológicos da pessoa que são compatíveis com a ocorrência da própria dor – mesmo alterações completas da memória e do caráter – afastam a possibilidade de que é ainda aquela mesma pessoa que sofre a dor futura. (Ver a Questão para Discussão 2.)

⓫ **R** Portanto, nenhuma descrição de tais mudanças, Williams afirma, pode tornar não razoável para alguém temer a dor futura.

Mas por que ele *deveria* mencionar esse homem e o que lhe acontecerá? A minha preocupação egoísta é a de que me digam o que vai acontecer comigo, e agora eu sei: tortura, precedida de mudança de caráter, operações no cérebro, mudanças nas impressões do passado. O conhecimento de que uma outra pessoa, ou nenhuma, ou muitas serão igualmente maltratadas pode afetar-me de outras maneiras, com simpatia, maior horror em relação ao poder desse tirano, e assim por diante, porém certamente isso não pode afetar as minhas expectativas em relação à tortura. No entanto, alguém dirá, isso deixa de lado exatamente uma característica que, como a primeira apresentação mostrou, faz toda a diferença: deixa de lado a pessoa que, como a primeira apresentação mostrou, será você. Isso é deixar de lado não só uma característica que deveria afetar fundamentalmente os seus temores, mas também deixar de lado a pessoa em relação à qual você está tão temerosa. Então, é claro, quem objeta dirá que isso faz toda a diferença. ⓬

Mas pode fazer toda a diferença? Considere a série de casos apresentada a seguir. Em cada um dos casos, devemos supor que, depois do que é descrito, A, assim como antes, deve ser torturado e também devemos supor que a pessoa A está informada de antemão que exatamente essas coisas seguidas pela tortura acontecerão a ela:

1. a pessoa A é submetida a uma operação que produzirá amnésia total;
2. a amnésia é produzida em A e outras interferências levam a certas mudanças em seu caráter;
3. mudanças em seu caráter são produzidas e, ao mesmo tempo, certas crenças ilusórias de "memória" induzidas nela; essas são de um caráter fictício e não se adaptam à vida de qualquer pessoa real;
4. o mesmo que (iii), excetuando-se que tanto os traços de caráter quanto as impressões de "memória" são planejados para ser apropriados a uma outra pessoa real, B;
5. o mesmo que (iv), excetuando-se que o resultado é produzido ao se colocar as informações em A a partir do cérebro de B, por meio de um método que deixa B do mesmo jeito que era antes;
6. o mesmo acontece com A como em (v), mas B não permanece o mesmo, pois uma operação similar é conduzida para reverter a direção.

Penso que ninguém irá discordar quanto a A ter razões – e razões bastante boas – para temer a dor quando o prospecto é aquele da situação (i); parece não haver razões concebíveis sobre por que isso não deva ser estendido para a situação (ii); a situação (iii) não pode, com certeza, introduzir qualquer diferença de princípio – simplesmente parece uma situação na qual deveríamos temer por mais de uma razão, como foi sugerido antes. A situação (iv) ao menos introduz a pessoa B, que foi o foco da objeção que estamos discutindo agora, mas não parece introduzi-la de modo a fazer alguma diferença importante; se eu posso esperar a dor através de uma transformação que envolve novas impressões de "memória", isso pareceria ser um fato puramente externo, referente àquilo em relação a que as impressões de "memória" tinham um modelo. Em (iv), também não satisfazemos uma condição causal que eu mencionei no começo para as "memórias" realmente constituírem memórias; embora se note que, se o trabalho fosse feito completamente, eu poderia extrair da pessoa-corpo-A o tipo de observações sobre suas expectativas anteriores em relação ao experimento – observações apropriadas ao B original – que nos impressionaram tanto na primeira versão da história. Eu deveria ter uma confiança similar em relação a esse ser o caso na situação (v), na qual, além disso, uma aplicação plausível da condição causal está à disposição. ⓭

Entretanto, duas coisas devem ser observadas a respeito dessa situação. A primeira é que, se nos concentramos em A e na pessoa-corpo-A, parece que não acrescentamos nada que, do ponto de vista dos seus medos, faça alguma diferença importante; assim como na passagem de (iii) para (iv) não fez nenhuma diferença importante que as novas impressões de "memória" que precederam a dor tivessem, como aconteceu, um modelo, assim também na passagem de (iv) a (v) tudo o que acrescentamos é que elas têm um modelo que é igualmente a sua causa: e ainda é difícil ver por que razão, para ela, esse olhar para frente poderia fazer qualquer diferença entre esperar a dor e

⓬ **R** A objeção afirma que a inclusão da outra pessoa que passa a existir após a "troca" – a pessoa que na descrição do caso original começou no corpo de A e após o processo *pareceu* ser B – deveria remover o medo de B da tortura futura ao tornar claro que é A, e não B, que de fato será torturada.

⓭ No caso original, a pessoa-corpo-B é que foi torturada, mas essa mudança não faz uma diferença real para os problemas centrais. Os casos (i)-(iv) aqui correspondem aos passos sucessivos na explicação original do caso da não troca (p. 288), enquanto os casos (v) e (vi) também incluem uma versão similar de não troca da situação da segunda pessoa.

14

R A questão é se a adição de elementos dos casos (v) e (vi) faz alguma diferença quanto a se a pessoa (A, como o caso é descrito) cujo corpo será por fim torturado é não razoável ou está enganada de alguma maneira ao esperar e temer que *ela* será torturada. As adições no caso (v) por si mesmas não fazem qualquer diferença: B ainda existe no corpo-B, de modo que não pode ser o caso que A esteja agora no corpo-B.

15

R Se A está razoavelmente temerosa de ser torturada nos casos (i)-(v), como podem os elementos adicionais no caso (vi) fazer alguma diferença? Se a pessoa no corpo-A é ainda A no caso (v), como pode ser que fazer alguma coisa a uma outra pessoa e absolutamente mais nada para A produz de algum modo no caso (vi) que A esteja agora no corpo-B (e, por isso, não deveria temer a tortura que vai ser aplicada ao corpo-A)?

O princípio subjacente que está sendo admitido aqui é que a identidade da pessoa no corpo-A não pode ser afetada pela existência ou pela situação de uma outra pessoa num corpo diferente.

16

R Insistir que a pessoa-corpo-B no caso (vi) é a pessoa A original exige que também se diga, assim Williams está sustentando, que a pessoa-corpo-A no caso (v) também não foi A – presumivelmente porque aquela pessoa então tinha as memórias e os traços de caráter de B. Mas é claro que a pessoa-corpo-A também não era B, pois B ainda existe no corpo B nos casos (i)-(v). Desse modo, quem é a pessoa no corpo A de acordo com essa visão – que Williams não aceita? (Ver a Questão para Discussão 3.)

17

PARE Se A não existe no caso (v) – uma vez que ela não é nem a pessoa no corpo-B nem a pessoa no corpo-A, de acordo com a visão que está sendo considerada –, quando na sequência dos casos ela deixa de existir? (O que Locke diria a respeito disso?)

não esperar a dor. Para ilustrar o ponto a partir do caso do caráter: se A é capaz de esperar a dor, ela é capaz de esperar a dor precedida de uma mudança em suas disposições – e assim, para tal expectativa, não pode fazer qualquer diferença se essa mudança em suas disposições é modelada ou diretamente causada pelas disposições de alguma outra pessoa. Se seus temores podem, por assim dizer, atravessar a mudança, parece um mero detalhe o modo como de fato a mudança é induzida. O segundo ponto sobre a situação (v) é que, se a questão crucial para os temores de A com relação ao que acontece com a pessoa-corpo-A é se a pessoa-corpo-A é ou não é a pessoa B, então aquela condição não foi satisfeita na situação (v): pois aí nós temos uma pessoa B aceita em adição à pessoa-corpo-A, e certamente essas duas não são a mesma pessoa. **14**

Na situação (vi), parece que assim pensávamos, isso é finalmente o que ela é. Contudo, se os temores originais de A podem ultrapassar as mudanças esperadas em (v), como eles fizeram em (iv) e (iii), então certamente podem ultrapassar em (vi). De fato, do ponto de vista das expectativas e dos temores de A, há menos diferença entre (vi) e (v) do que entre (v) e (iv) ou entre (iv) e (iii). Nessas transições, havia ao menos diferenças – embora não pudéssemos ver que eram diferenças realmente relevantes – no conteúdo ou na causa do que lhe acontecia; no caso presente, não há absolutamente nenhuma diferença no que lhe acontece; a única diferença está no que acontece a outra pessoa. E se ela pode temer a dor quando (v) é predito, por que deveria parar de temer quando (vi) é? **15**

Eu só consigo ver uma maneira de atribuir um peso relevante à transição de (v) para (vi) – e isso envolve uma dificuldade considerável. Isso é negar que, como coloquei, a transição de (v) para (vi) envolve meramente a adição de algo que acontece para a *outra pessoa*; o que isso faz, será dito, é envolver a reintrodução de A mesmo, como a pessoa-corpo-B; em função de que ela reapareceu nessa forma, é para essa pessoa, e não para a infeliz pessoa-corpo-A, que A terá as suas expectativas. Isso é reafirmar, com efeito, o ponto de vista enfatizado em nossa primeira apresentação do experimento. Mas isso certamente tem a consequência de que A não deveria ter os temores para

a pessoa-corpo-A que apareceram na situação (v). Pelo argumento presente, a pessoa-corpo-A em (vi) não é A; a pessoa-corpo-B é que o é. Porém, a pessoa-corpo-A em (v) é, em caráter, história e tudo o mais, exatamente a mesma que a pessoa-corpo-A em (vi); portanto, se a última não é A, então nem o é a primeira. **16** (É esse ponto, sem dúvida, que nos encoraja a falar da diferença que temos em (vi) como sendo, na visão presente, a *reintrodução* de A.) Todavia, ninguém mais em (v) tem qualquer razão melhor para ser A. Desse modo, em (v), parece que A simplesmente não existe. Isso certamente explicaria por que A não deveria ter medo em relação ao estado futuro de coisas em (v) – embora pudesse muito bem ter medo em relação ao caminho até lá. Contudo, parecia anteriormente como se ela pudesse muito bem ter medo pelo estado de coisas em (v). Admita-se, no entanto, que aquilo era uma ilusão e que A realmente não existe em (v); então, ela existe em (iv), (iii), (ii) ou (i)? Parece muito difícil negar isso em relação a (i) e a (ii); será que devemos traçar uma linha entre (iii) e (iv)? **17**

Aqui alguém dirá: você não deve insistir em traçar uma linha – casos limítrofes são casos limítrofes, e você não deve forçar nossos conceitos para além dos seus limites. Porém, esse bem-conhecido conselho, razoável como é em muitas ocasiões, parece envolver no caso presente uma dificuldade extraordinária. Pode ser que ele reconforte intelectualmente observadores da situação de A, mas e o que A deve fazer a respeito? Ouvir dizer que uma situação futura é uma situação limítrofe por ser eu mesmo quem será machucado, que é conceitualmente indecidível se será eu ou não, parece ser algo com o que eu não posso começar nada; porque, em particular, parece não ter nenhuma representação que possa estar contida nas minhas expectativas e nas emoções que as acompanham. **18**

Se eu espero que uma certa situação, *S*, acontecerá no futuro, há claramente um leque amplo de emoções e preocupações, direcionadas a *S*, que eu posso experienciar agora com relação à minha expectativa. A menos que eu seja excepcionalmente egoísta, não é uma condição para a minha preocupação em relação a essa expectativa que eu mesmo esteja envolvido em *S* – em que o meu estar "envolvido" em *S* significa que eu figure em *S* como alguém fazendo alguma coisa naquele momento ou tendo alguma coisa sendo feita para mim ou, então, que *S* tenha consequências que me afetam naquele momento e em momentos subsequentes. Há algumas emoções, porém, que eu só poderei sentir se estiver envolvido em *S*, e o temor é um exemplo óbvio.

Ora, a descrição de *S* sob a qual ela figura em minhas expectativas será necessariamente, de vários modos, indeterminada; e uma maneira pela qual tal descrição pode ser indeterminada é que ela deixa em aberto se eu estarei envolvido em *S* ou não. Desse modo, eu posso ter boas razões para esperar que um de nós cinco se machucará, mas nenhuma razão para esperar que serei eu em vez de um dos outros. Minhas emoções presentes serão afetadas de forma correspondente por essa indeterminação. Assim, mantendo-me fiel à preocupação egoísta envolvida no medo, eu ficarei presumivelmente mais animado do que se eu souber que serei eu, menos animado do que se eu tivesse sido deixado de fora completamente. O medo estará misturado com e será qualificado pela apreensão, a assim por diante. Essas emoções giram em volta do pensamento da determinação eventual da indeterminação; momentos de medo direto focam-se em ser realmente eu no final, e momentos de esperança em não ser eu no final. Todas as emoções estão relacionadas ao fato de acontecer o que eu espero: e o que eu espero em tal caso simplesmente não pode acontecer a não ser que aconteça de uma maneira ou de outra.

Há outros modos nos quais expectativas indeterminadas podem estar relacionadas com o medo. Assim, eu posso esperar (talvez neuroticamente) que alguma coisa ruim me acontecerá, de fato esperar que, quando acontecer, ela tome alguma forma determinada, mas posso não ter nenhum leque ou nenhum leque fechado de candidatos para a forma determinada no intuito de ensaiá-la no meu pensamento atual. Diferente disso seria o medo de algo radicalmente indeterminado – o medo (assim alguém poderia dizer) de um horror inominável. Se alguém tivesse tal medo, poder-se-ia até mesmo dizer que, em certo sentido, tem uma expectativa perfeitamente determinada: se o que espera de fato acontece, não haverá nada mais determinado para se dizer sobre isso após o evento do que aquilo que foi dito no período de expectativa. Ambos os casos, sem dúvida, são casos de *medo* porque uma coisa que está fixa no âmbito da indeterminação é a crença de que é para mim que essas coisas acontecerão. **19**

...

Suponhamos agora que há uma situação *S* em relação à qual permanece não decidido, por razões conceituais, se ela me envolve ou não, como foi proposto para a situação experimental em nossa linha de discussão. É importante que a expectativa de *S* não seja *indeterminada* de nenhuma das maneiras que há pouco foram consideradas. Não é como o horror inominável, pois o ponto fixo daquele caso era que ele iria acontecer com o sujeito, e isso fez o seu estado ser inequivocamente o de medo. Nem é como a expectativa do homem que espera que uma das cinco pessoas seja machucada; o seu medo era de fato equivocado, mas o seu foco, e aquele da sua expectativa, era o de que, quando *S* acontecesse, certamente aconteceria de um modo ou de outro. No caso presente, o medo (da tortura, ou seja, não do experimento inicial) não parece nem apropriado nem não apropriadamente equivocado. Relacionado com isso, o sujeito tem uma dificuldade incurável a respeito de como ele poderá pensar sobre *S*. Se ele se engajar em um pensamento imaginativo e projetivo (a respeito de como será para ele), implicitamente responde à questão que necessariamente não pode ser respondida; se ele pensar que não pode se engajar em tal pensamento, parece como se ele também respondesse à questão, embora na direção oposta. Talvez ele precise evitar tal pensamento; porém, estará simplesmente evitando-o se é incuravelmente não decidível se ele pode ou não engajar-se nele? **20**

Pode-se dizer que todas essas considerações só mostram que o medo, de qualquer maneira, não está bem-assentado nesse caso, mas que poderia haver alguma outra forma de preocupação, uma forma mais ambivalente, que de fato seria apropriada a essa expectativa particular, a expectativa de uma situação conceitualmente não decidida. Tal-

18

R A sugestão é de que, embora a pessoa A não exista no caso (v) e claramente exista (no corpo-A) antes de quaisquer das mudanças envolvidas na sequência de casos que aconteceram, não há qualquer linha clara acerca de quando ela deixou de existir. Ao menos alguns dos casos intermediários são casos *limítrofes* nos quais simplesmente não fica claro se A existe ou não – e presumivelmente permaneceriam obscuros, não importando quanto detalhe adicional do tipo geral já dado fosse adicionado.

PARE (Essa visão é realmente inteligível? Poderá haver casos limítrofes com relação à própria identidade – em oposição a casos que são limítrofes meramente com relação ao nosso *conhecimento* da identidade?)

19

R Eu posso estar com medo em vários graus porque está indeterminado o que acontecerá comigo em uma situação futura, na medida em que está claro que é de fato comigo que essas coisas indeterminadas acontecerão.

20

R No caso em que permanece indeterminado se eu estarei envolvido de alguma maneira, eu simplesmente não sei, de acordo com Williams, o que pensar – se ficarei com medo em algum grau ou não. Note-se que esse não é meramente um caso de ignorância, não é um caso em que eu de fato estou definitivamente lá ou definitivamente não estou lá, mas simplesmente não sei em qual deles.

㉑ Suponha, por exemplo, que um carro com o qual eu tenho uma longa história e do qual gosto muito é seriamente danificado em um acidente e é substancialmente reconstruído, com novas peças, um motor novo, e assim por diante.

㉒ Se o caso fosse como aquele do carro (tente imaginar como isso poderia ser – se é mesmo possível), então ficaria claro que eu não sou completa e inequivocamente idêntico à pessoa resultante – de sorte que o tipo de medo que eu teria, no caso em que a pessoa a ser torturada fosse claramente eu, seria inapropriado. O ponto de Williams é que *não* é assim que a situação parece ser – em vez disso, é incerto, sob bases conceituais, se sou eu mesmo, e por isso é incerto o que eu deveria sentir.

㉓ Poderíamos saber, tal como Williams está em parte sugerindo, de que modo pensar sobre a situação na qual a identidade é indeterminada na perspectiva da terceira pessoa, mas não na perspectiva da primeira pessoa.

㉔ R E a visão de que é uma questão de *convenção*, algo que estamos livres para decidir de qualquer maneira, se A ainda existe no caso (v) é, assim sugere Williams, absurda. Quando A se preocupa a respeito de ficar temeroso quanto a essa situação, aquilo com o que ele está preocupado não é algo que pode ser resolvido dessa maneira essencialmente arbitrária.

vez existam sentimentos análogos que ocorram em situações reais. Assim, pois, objetos materiais às vezes sofrem transformações enigmáticas que deixam uma sombra conceitual sobre sua identidade. Suponhamos que eu estivesse sentimentalmente apegado a um objeto ao qual aconteceu tal tipo de coisa; pode ser que eu nem pudesse me sentir em relação a ele como me sentia originalmente, nem ser totalmente indiferente para com ele, porém teria algum outro sentimento mais ambivalente em relação a ele. **㉑** Similarmente, pode-se dizer, em relação àquela pessoa em perspectiva de sofrer dor, com quem as minhas relações de identidade estão conceitualmente obliteradas, que eu não posso sentir nem tal como eu sentiria se ela certamente fosse eu, nem tal como eu sentiria se ela certamente não fosse eu, mas, em vez disso, alguma preocupação ambivalente desse tipo.

Contudo, essa analogia faz pouco quanto a afastar o aspecto mais surpreendente do caso presente – um aspecto que já apareceu no que dissemos sobre a dificuldade do sujeito em pensar sobre a situação quer projetiva quer não projetivamente. Ora, considerar aquela pessoa que sofre dor em perspectiva *simplesmente* como o objeto transmutado do sentimento e conceber a minha perturbação ambivalente sobre a sua dor futura simplesmente como uma perturbação ambivalente sobre algum dano futuro a tal objeto é, sem dúvida, estabelecer uma diferença clara entre ela e mim, deslocando assim a sombra conceitual do seu lugar apropriado. **㉒** Tenho de chegar mais perto dela do que isso. Mas é possível chegar mais perto sem esperar a sua dor? Se é, a analogia não nos mostrou. Certamente não podemos chegar mais perto ao esperarmos, por assim dizer, dor *ambivalente*; não há de modo algum lugar para isso. Parece haver uma perplexidade obstinada em espelhar nas minhas expectativas uma situação na qual é conceitualmente não decidível se eu ocorro ou não. **㉓**

A perplexidade parece, além disso, transformar-se em simples absurdo se nos movemos da indecidibilidade conceitual para a sua amiga e vizinha próxima, a decisão convencionalista. Isso acontece se consideramos uma outra descrição, abertamente convencionalista, da série de casos que ocasionaram a presente discussão. Essa descrição rejeitaria um ponto no qual se apoiou o argumento anterior, a saber: se negamos que a pessoa-corpo-A em (vi) é A (porque a pessoa-corpo-B o é), então precisamos negar que a pessoa-corpo-A em (v) é A, pois elas são exatamente similares. "Não", assim poderá ser dito, "isso é simplesmente admitir que dizemos a mesma coisa em diferentes tipos de situação. Sem dúvida, quando temos o ótimo candidato para ser A – ou seja, a pessoa-corpo-B –, nós o chamamos de A; porém, isso não significa que deveríamos chamar a pessoa-corpo-A de A naquela outra situação em que não temos um candidato melhor à disposição. Situações diferentes pedem descrições diferentes". Essa linha de resposta é de fato apropriada a advogados que estão decidindo a posse de alguma propriedade que sofreu um conjunto surpreendente de transformações; eles simplesmente têm de decidir, e em cada situação, suponhamos, ela teve de ir para alguém, sob bases tão razoáveis quanto os fatos e a lei admitem. No entanto, como uma linha de resposta para lidar com os temores e as expectativas a respeito de seu próprio futuro, ela parece não ter nenhum sentido. Se os temores de A podem ser estendidos para o que acontecerá à pessoa-corpo-A em (v), não vejo como eles podem ser racionalmente desviados do destino da pessoa exatamente similar em (vi) por ser ela informada de que alguém teria razões na última situação que ela não teria na primeira situação para decidir chamar uma outra pessoa de A. **㉔**

Resumindo, é como se houvesse duas apresentações do experimento imaginado e da escolha associada a ele, cada uma das quais produzindo convicção e levando a conclusões contrárias. A ideia, além disso, de que a situação após o experimento é conceitualmente indecidível no aspecto relevante parece não ajudar, mas sim aumentar a perplexidade; e a ideia (a que tantas vezes se apela nesses assuntos) de que ela é convencionalmente decidível é ainda pior. Disso tudo se segue que eu não estou de modo algum convencido a respeito de qual opção seria sábio escolher se alguém fosse apresentado a elas antes do experimento. E eu acho isso bastante preocupante.

...

Terminarei sugerindo uma maneira bastante imprecisa a partir da qual poderíamos tentar uma solução para o problema, usando apenas os materiais limitados já à disposição.

Os argumentos aparentemente decisivos da primeira apresentação, que sugeriram que A deva identificar-se com a pessoa-corpo-B, dependem da extrema precisão da situação em satisfazer, se é que alguma situação o poderia, a descrição de "corpos em mudança". Contudo, essa precisão é basicamente artificial; ela é o produto da vontade do experimentador de produzir uma situação que naturalmente provocaria, com o mínimo de hesitação, aquela descrição. Pelo tipo de métodos que ele empregou, poderia facilmente tê-la abandonado antes ou ter ido mais adiante. Ele poderia ter parado na situação (v), deixando B como era; ou poderia ter continuado e produzido duas pessoas, cada uma com um caráter e uma memória como os de A, tanto quanto uma ou duas pessoas com as características parecidas com as de B. ㉕ Se ele tivesse feito qualquer um dos dois, estaríamos em dificuldades ainda maiores sobre o que dizer; ele simplesmente escolheu tornar mais fácil para nós, tanto quanto possível, encontrar algo para dizer. Ora, se tivéssemos algum modelo de pessoas fantasmagóricas em corpos, que em algum sentido fossem efetivamente movidas de um lugar para o outro por meio de algum procedimento, então poderíamos considerar o experimento preciso simplesmente como o experimento *eficiente*: aquele método que realmente resultava nas pessoas fantasmagóricas mudando de lugares sem serem destruídas, dispersas ou o que quer que seja. Porém, não podemos usar seriamente tal modelo. O experimentador não *induziu*, no sentido do modelo, uma mudança de corpos; ele produziu uma situação a partir de uma variedade de situações igualmente possíveis que estamos bastante dispostos a chamar de mudança de corpos. Contra isso, o princípio de que os nossos temores podem ser estendidos para a dor futura, não importando quais mudanças psicológicas a precedem, parece positivamente sem complicações. Talvez, de fato, ele não o seja, mas é preciso que nos mostrem o que há de errado com ele. Até que nos seja mostrado o que há de errado com ele, talvez devêssemos decidir que, se fôssemos a pessoa A, então deveríamos passar a dor para a pessoa-corpo-B se fôssemos decidir de modo egoísta. Isso seria arriscado: que exista espaço para a noção de um *risco* aqui é, por si mesmo, uma das principais características do problema.

㉕ Parece claro que, se existem duas ou mais pessoas tendo as memórias e o caráter de A depois que o processo foi completado, elas não poderiam ambas ser idênticas ao A original. (Ver a Questão para Discussão 4.)

Questões para Discussão

1. Quando a pessoa no corpo-A parece (depois que o processo é completado) lembrar-se das experiências de B, esta é uma memória genuína? Obviamente, o processo que produz tais memórias aparentes é diferente do caso normal, mas ainda é similar o suficiente (como Williams sugere) para fazer os resultados contarem como memórias genuínas – o que é aparentemente exigido se a pessoa resultante deve ser B?

2. Obviamente, há muitos tipos de mudanças psicológicas que são compatíveis com a existência contínua da mesma pessoa, mas isso é verdadeiro para qualquer tipo de mudança psicológica (como afirma o segundo modo de descrever o caso)? Uma pessoa que sofreu uma amnésia grave e irreversível ainda é idêntica à pessoa que existia antes disso? Uma pessoa que depois da amnésia tem novas experiências e forma traços de caráter totalmente novos ainda é idêntica à pessoa anterior? Ou há algum grau ou alguma espécie de mudança que elimina a identidade contínua? Qual é a importância de tais mudanças para o tópico da responsabilidade moral e para a justificação da recompensa e da punição?

3. a segunda versão do caso, a pessoa no corpo-A no caso (v) não é ainda B (porque B ainda existe), mas também supostamente não é mais A (pois todas as mudanças que a levarão a ser B no caso (vi) já aconteceram). O que deveríamos dizer sobre a identidade dessa pessoa? Se as pessoas A e B antes do processo no caso (v) estivessem cada uma preocupada com o fato de que elas iriam sobreviver, alguma delas deveria ficar tranquila ao saber que a pessoa no corpo-A existirá depois que o processo for completado? Se sim, qual delas (e por quê)?

4. Suponha que as memórias e os traços de caráter de A são transferidos para *dois* ou

mais corpos (e que o corpo-A original é destruído ou tem as memórias e o caráter de outra pessoa transpostos para si). Segundo a abordagem que interpreta o caso original de Williams como envolvendo a troca de corpos, o que deveríamos dizer a respeito da pessoa que passa a ter as memórias e o caráter de A nesse novo caso? Algum deles é idêntico à pessoa A? Se a resposta é sim, como poderíamos determinar *qual* deles? Se nenhum deles é idêntico a A, isso significa que A não sobrevive nesse novo caso? Se A, antes de o processo acontecer, fosse capaz de tomar medidas que pudessem prejudicar ou ferir essas pessoas posteriores, qual deveria ser a sua atitude em relação a elas (e por quê)?

5. Você estaria disposto a sofrer o processo descrito por Williams no caso original se *ambas* as pessoas resultantes recebessem quantidades suficientemente grandes de dinheiro? (Admita-se que não há dúvida de que o processo acontecerá como foi descrito.) Se, como no caso original, somente uma pessoa receberá o dinheiro e a outra será torturada (e você não pode escapar a ocorrências do processo), quem você gostaria que recebesse o dinheiro: a pessoa (não importa quem seja) que acaba por estar no seu corpo original ou a pessoa (tendo suas memórias e seus traços de caráter) que está naquele que é (para você) o novo corpo? O fato de que o seu corpo atual tem câncer terminal e o outro corpo é perfeitamente saudável seria capaz de mudar a sua atitude em relação a sofrer o processo (supondo que você pode receber garantias de que o corpo saudável que acaba tendo as suas memórias e seus traços de caráter não será torturado)? Tente dar razões para cada uma de suas repostas.

Derek Parfit

Derek Parfit (1942-) é um filósofo britânico que fez contribuições importantes tanto para a metafísica quanto para a ética. Ele é professor na Universidade de Oxford.

Nesta seleção, Parfit argumenta a favor de duas teses principais: a primeira é de que há casos que podem ser descritos, alguns dos quais são cientificamente possíveis, nos quais não há respostas claras do tipo sim ou não para a pergunta relativa a se uma pessoa futura é numericamente idêntica a alguma pessoa que existiu previamente. A segunda é de que o tópico da identidade pessoal é bem menos importante do que ele normalmente pareceu ser: em particular, o tópico relativo se uma pessoa previamente existente *sobreviveu* em alguma situação futura não depende da questão da identidade da maneira como normalmente se pensou. Esta é uma visão que alguns filósofos consideraram extremamente paradoxal, e você deve considerar com cuidado as suas razões para ela.

Mais para o final da seção IV do texto selecionado, Parfit faz uma distinção entre a *continuidade* e a *conectividade* psicológicas, das quais a continuidade psicológica é a relação mais fraca e menos exigente. Ela se aplica a uma série de pessoas (ou de "estágios de pessoa")* que existem em diferentes períodos na medida em que existem relações psicológicas *diretas* (uma lembrando-se das experiências de outra, uma pretendendo realizar uma ação que outra realiza, e assim por diante) entre elas que se sobrepõem de um modo que quaisquer duas pessoas sucessivas ou estágios estão conectados por uma delas. (Quantas relações diretas existem entre os vários estágios é uma questão de grau, assim como é uma questão de grau a própria continuidade psicológica.) Desse modo, no exemplo de Reid (p. 284), existe a relação direta de lembrar-se de uma experiência anterior entre o general e o jovem oficial que capturou a bandeira inimiga e também entre o jovem oficial e o menino de escola. Em função de que essas são relações diferentes entre quaisquer dois desses estágios, a série inteira satisfaz a exigência de continuidade psicológica ao menos nesse sentido. No entanto, a conectividade psicológica (também uma questão de grau) exige relações diretas entre *todos* os membros de uma série, e não só entre os membros sucessivos. Portanto, a série que consiste do menino de escola, do jovem oficial e do general não possui, tal como Reid a descreve, conectividade psicológica em nenhum grau, pois não existem quaisquer relações psicológicas diretas entre o general e o menino de escola. (Isso pressupõe que o general não se lembra de quaisquer experiências do menino de escola, não age de modo a realizar nenhuma das intenções do menino de escola, e assim por diante.)

---

* N. de R.T. No original, *person-stages*.

Identidade Pessoal[5]

Podemos, penso eu, descrever casos nos quais, embora saibamos a resposta para todas as outras questões, não temos nenhuma idéia de como responder uma questão a respeito da identidade pessoal. Esses casos não são cobertos pelos critérios da identidade pessoal que nós efetivamente usamos.

Eles representam um problema?

Pode-se pensar que não, porque nunca poderiam ocorrer. Eu suspeito que alguns deles poderiam. (Alguns, por exemplo, poderiam tornar-se cientificamente possíveis.) Mas eu defenderei que, mesmo que sim, isso não representa qualquer problema.

Meus alvos são duas crenças: uma sobre a natureza da identidade pessoal e a outra sobre sua importância.

A primeira é que nesses casos a questão sobre a identidade pessoal precisa ter uma resposta.

Ninguém pensa isso sobre, digamos, nações e máquinas. Nossos critérios para a identidade desses itens não cobrem certos casos. Ninguém pensa que nesses casos as perguntas "é a mesma nação?" ou "é a mesma máquina?" precisam ter respostas.

Algumas pessoas acreditam que nesse aspecto tais questões são diferentes. Elas concordam que nossos critérios de identidade pessoal não cobrem certos casos, mas acreditam que a natureza de sua própria identidade através do tempo é, de alguma maneira, tal que ela garante que nesses casos as questões sobre a sua identidade pessoal precisam ter respostas. Essa crença pode ser expressa como segue: "O que quer que aconteça entre agora e qualquer tempo futuro, ou eu existirei, ou não. Qualquer experiência futura ou será *minha* experiência, ou não será". ❶

...

Eu não sei como desaprovar essa primeira crença. Eu descreverei um caso-problema, mas isso somente poderá fazer com que ela pareça implausível.

Uma outra abordagem poderia ser a seguinte: nós poderíamos sugerir que uma causa da crença é a projeção de nossas emoções. Quando nos imaginamos num caso-problema, sentimos que a pergunta "Poderia ser eu?" precisa ter uma resposta. Contudo, o que nós consideramos uma perplexidade a respeito de um fato a mais pode ser apenas uma perplexidade da nossa preocupação. ❷

Eu não abordarei essa sugestão aqui. Mas uma causa da nossa preocupação é a crença, que é o meu segundo alvo: a menos que a questão referente à identidade tenha uma resposta, não poderemos responder a certas perguntas importantes (perguntas sobre assuntos como sobrevivência, memória e responsabilidade).

Contra essa segunda crença minha posição será a seguinte. Certas questões importantes pressupõem uma questão sobre a identidade pessoal. Todavia, elas podem ser libertas dessa pressuposição e, quando o são, a questão sobre a identidade não tem importância.

I

Podemos começar considerando o caso muito discutido do homem que, como uma ameba, divide-se.

Wiggins recentemente dramatizou esse caso.[*] Ele primeiramente se referiu à operação imaginada por Shoemaker.[**] Suponhamos que meu cérebro seja transplantado para o corpo de alguém (sem cérebro) e que a pessoa resultante tenha meu caráter e as memórias aparentes da minha vida. A maioria de nós concordaria, depois de pensar, que a pessoa resultante seria eu. Aqui admitirei tal acordo.

Wiggins então imagina a sua própria operação. O meu cérebro é dividido, e cada metade é alocada em um novo corpo. Ambas as pessoas resultantes têm meu caráter e as memórias aparentes de minha vida.

O que acontece comigo? Parece haver somente três possibilidades:

❶ **R** A crença em questão é que sempre deve haver uma resposta correta do tipo sim ou não para a pergunta relativa a se uma pessoa que existe em dado momento ainda existe em algum momento posterior (e se a reposta é "sim", também se admite que existe uma resposta definitiva para a pergunta sobre *qual* pessoa em momento posterior é idêntica à pessoa que existia previamente).

❷ Parfit está sugerindo que o que poderia parecer uma incerteza factual relativa a se eu vou ou não existir em alguma situação possível (e, se eu irei existir, que pessoa eu serei) pode, em vez disso, ser uma incerteza mais geral relativa a se e como minhas preocupações normais com o meu próprio bem-estar aplicam-se no caso em questão, se é que se aplicam.

---

[5] Extraído de Philosophical Review, v. 80, n. 1 (janeiro de 1971).
[*] David Wiggins, *Identity and Spatio-Temporal Continuity* (Oxford, 1967), p. 50.
[**] Sydney Shoemaker, *Self-Knowledge and Self-Identity* (Ithaca, New York, 1963), p. 22.

❸

PARE Pense a respeito desse caso antes de ir adiante: se isso acontecesse com você, uma das pessoas resultantes seria você (e, se sim, qual delas)? Faz sentido dizer que *ambas* as pessoas são você? Ou você deixou de existir – e, se sim, você *morreu* (ou, se não, o que aconteceu a você)?

❹

PARE Você concorda que você continuaria a existir (sobreviver) se *metade* do seu cérebro fosse transplantada com sucesso e a outra metade destruída? (Note que isso presume que o resto do seu corpo não importa para a sua sobrevivência como pessoa – e, assim, que você não é meramente um animal humano.)

❺

Lembre-se que a pergunta não é como alguém poderia *dizer* quem delas sou eu (uma pergunta epistemológica), mas sim por que seria *verdadeiro* que uma é e a outra não é eu. (Você pode pensar na resposta que um dualista mente-corpo daria para essa pergunta? Ver a Questão para Discussão 1.)

❻

PARE O resultado da operação é dois corpos que funcionam, cada um com o seu próprio cérebro que funciona (embora cada um seja somente metade do original), e fluxos de experiências conscientes resultantes separados. Pode ainda ter algum sentido afirmar que há somente uma pessoa e não duas?

❼

A evidência para duas esferas separadas de consciência envolve experimentos nos quais para cada olho (cada um estando conectado apenas a um hemisfério do cérebro) é mostrada somente parte de uma frase como "argola de chaves"[*key ring*]. Quando isso é feito, as partes do corpo sob controle dos hemisférios separados respondem de uma maneira apropriada à parte da expressão que o olho correspondente viu, mas não às duas partes juntas (assim selecionando a partir de um conjunto de opções uma chave ou um anel de casamento, mas não uma argola de chaves). Isso ao menos sugere consciências separada nessas duas partes.

1. eu não sobrevivo;
2. eu sobrevivo como uma das duas pessoas;
3. eu sobrevivo como ambas. **❸**

O problema com (1) é o seguinte: nós concordamos que eu poderia sobreviver se o meu cérebro fosse transplantado com sucesso. E as pessoas têm de fato sobrevivido com metade do seu cérebro destruída. Parece seguir-se que eu poderia sobreviver se metade do meu cérebro fosse transplantada com sucesso e a outra metade fosse destruída. Mas se isso é assim, como eu poderia *não* sobreviver se a outra metade fosse transplantada com sucesso? Como poderia um duplo sucesso ser um fracasso? **❹**

Podemos passar para a segunda descrição. Talvez um sucesso seja o escore máximo. Talvez eu seja uma das pessoas resultantes.

O problema aqui é que, no caso de Wiggins, cada metade do cérebro é exatamente similar e assim, para começar, é cada pessoa resultante. Então, como eu posso sobreviver somente como uma das duas pessoas? O que poderá me fazer ser uma delas em vez de outra? **❺**

Parece claro que as duas descrições – que eu não sobrevivo e que eu sobrevivo como uma das duas pessoas – são altamente implausíveis. Aqueles que as aceitam precisam ter presumido que elas são as únicas descrições possíveis.

Mas o que dizer da nossa terceira descrição: que eu sobrevivo como ambas as pessoas?

Pode-se afirmar o seguinte: "se 'sobreviver' implica identidade, essa descrição não faz sentido – você não pode ser duas pessoas. Se ela não implica identidade, a descrição é irrelevante para um problema relativo à identidade".

Eu posteriormente negarei a segunda dessas observações, mas existem maneiras de negar a primeira. Podemos dizer que "o que chamamos de 'as duas pessoas resultantes' não são duas pessoas. Elas são uma pessoa. Eu sobrevivo à operação Wiggins. Seu efeito é dar-me dois corpos e uma mente dividida". **❻**

Isso reduziria o meu argumento se fosse absurdo, mas eu não penso que seja. Vale a pena mostrar por quê.

Nós podemos, eu sugiro, imaginar uma mente dividida. Nós podemos imaginar um homem que tem duas experiências simultâneas e, ao ter cada uma delas, ele não é consciente de ter a outra.

Nós nem precisamos imaginar isso. Certos casos efetivos, ao quais Wiggins se refere, parecem ser mais bem-descritos nesses termos que envolvem a cisão da ligação entre os hemisférios do cérebro. O objetivo era curar a epilepsia, mas o resultado parece ser, nas palavras do cirurgião, a criação de "duas esferas separadas de consciência",[6] cada uma das quais controla uma metade do corpo do paciente. O que é experienciado em cada uma é, presumivelmente, experienciado pelo paciente. **❼**

Há certas complicações nesses casos efetivos. Imaginemos, então, um caso mais simples.

Suponha que a ligação entre os hemisférios seja posta sob o meu controle voluntário. Isso me permitiria desconectar meu hemisfério tão facilmente como se eu fosse piscar. Fazer isso dividiria minha mente. E podemos supor que, quando a mente está assim dividida, eu posso voltar a produzir a união em cada metade.

Essa habilidade teria dois usos óbvios. Um exemplo seria: eu estou próximo do final de um exame de matemática e vejo duas maneiras de enfrentar o último problema. Eu decido dividir a mente para trabalhar com cada parte em um dos dois cálculos e, então, reúno minha mente e escrevo uma cópia justa do melhor resultado.

O que irei experienciar?

Quando eu desconecto meus hemisférios, minha consciência divide-se em dois fluxos, mas essa divisão não é algo que eu experiencio. Cada um dos meus dois fluxos de consciência parecem ser diretamente contínuos com o meu único fluxo de consciência até o momento da divisão. As únicas mudanças em cada fluxo são o desaparecimento de metade do meu campo visual e a perda da sensação nele, bem como a perda de controle de metade do meu corpo. **❽**

Considere-se as minhas experiências no que podemos chamar de meu fluxo "do lado direito". Eu lembro que atribuí à minha mão direita o cálculo maior. Isso eu começo agora. Ao trabalhar nesse cálculo eu posso ver, a partir dos movi-

---

[6] R.W. Sperry, *Brain and Conscious Experience*, editado por J.C. Eccles (New York, 1966), p. 299.

mentos da minha mão esquerda, que eu também estou trabalhando no outro cálculo, mas eu não tenho consciência de trabalhar no outro, de modo que eu poderia, no meu fluxo do lado direito, perguntar como estou indo no meu fluxo do lado esquerdo.

Meu trabalho agora terminou. Eu estou prestes a reunificar a minha mente. O que eu deveria esperar em cada fluxo? Simplesmente que eu deva de repente parecer me lembrar de ter há pouco resolvido dois cálculos e, ao pensar em cada um, eu não estava consciente de resolver o outro. Isso, eu presumo, nós podemos imaginar. E, se minha mente estava dividida, essas memórias são corretas. **9**

Ao descrever esse episódio, eu reconheço que havia duas séries de pensamentos e que ambas eram minhas. Se as minhas duas mãos visivelmente resolveram dois cálculos, e se eu afirmo lembrar duas séries correspondentes de pensamentos, isso é certamente o que gostaríamos de dizer.

Se é assim, então a história mental de uma pessoa não precisa ser como um canal, com uma canalização somente. Poderia ser como um rio, com ilhas e correntes separadas.

Apliquemos isso agora à operação de Wiggins: nós mencionamos a posição de que ela me dá dois corpos e uma mente dividida. Não podemos agora dizer que isso é absurdo. Mas é, penso eu, insatisfatório.

Havia duas características do caso do exame que nos faziam querer dizer que apenas uma pessoa estava envolvida. A mente era prontamente reunida, e havia apenas um corpo. Se uma mente estava permanentemente dividida e as suas metades desenvolviam-se de maneiras diferentes, o propósito de se falar em uma pessoa começaria a desaparecer. O caso de Wiggins, no qual também existem dois corpos, parece estar além dos limites. Depois que sofri a operação, os dois "produtos" têm cada um todos os atributos de uma pessoa. Eles poderiam viver nos lados opostos da Terra. (Se eles posteriormente se encontrassem, poderiam até mesmo não se reconhecer.) Seria intolerável negar que eles seriam pessoas diferentes.

Suponha-se que admitimos que eles são pessoas diferentes. Poderíamos ainda afirmar que eu sobrevivi como ambos, usando "sobreviver" no sentido de identidade?

Nós poderíamos sim, porque poderíamos sugerir que duas pessoas podem compor uma terceira. Nós poderíamos dizer "eu sobrevivo à operação de Wiggins como duas pessoas. Elas podem ser pessoas diferentes e, contudo, serem eu (...)".

Essa é uma maneira possível de dar sentido à afirmação de que eu sobrevivi como duas pessoas diferentes, usando "sobreviver" no sentido de identidade. Mas isso mantém a linguagem da identidade somente ao alterar o conceito de pessoa. E existem objeções óbvias a essa alteração.[7] **10**

A alternativa, a favor da qual eu irei argumentar, é abandonar a linguagem da identidade. Nós podemos sugerir que eu sobrevivo como duas pessoas diferentes sem implicar que eu seja essas pessoas.

Quando mencionei essa alternativa pela primeira vez, eu mencionei esta objeção: "Se a sua maneira nova de falar não implica identidade, ela não pode resolver o nosso problema, pois este é sobre a identidade. O problema é que todas as respostas possíveis à questão sobre a identidade são altamente implausíveis".

Agora podemos responder essa objeção.

Podemos começar lembrando que essa é uma objeção somente se temos uma ou ambas as crenças que eu mencionei no início deste artigo.

A primeira era a crença de que, para qualquer pergunta sobre a identidade pessoal em qualquer caso que possamos descrever, precisa haver uma resposta verdadeira. Para aqueles que têm essa crença, o caso de Wiggins é duplamente desconcertante. Se todas as respostas possíveis são implausíveis, é difícil decidir qual delas é verdadeira, e ainda mais

---

[7] Suponha-se que as pessoas resultantes do processo lutem num duelo. Há três pessoas lutando, uma de cada lado e uma em ambos? E suponha-se que um dos tiros mate. Há dois atos, um assassinato e um suicídio? Quantas pessoas sobram com vida? Uma? Duas? (Dificilmente diríamos "uma e meia".) Nós poderíamos falar desse jeito. Porém, em vez de dizer que as pessoas resultantes são a pessoa original – de sorte que o par é um trio –, seria muito mais simples tratá-las como um par e descrever a sua relação com a pessoa original de uma maneira nova. (Eu devo a sugestão desse modo de falar, as objeções a ele, a Michael Woods.)

---

8 Como uma questão de fato, o hemisfério direito controla o lado esquerdo do corpo, e o hemisfério esquerdo controla o lado direito. Uma complicação que Parfit não menciona, mas na qual ainda vale a pena pensar, é que a fala e o uso da linguagem são normalmente controlados somente pelo hemisfério esquerdo – de modo que o hemisfério direito e a mão esquerda podem não ser capazes de resolver problemas de combinação, embora isso possa ser superado através de treinamento.

9 PARE Tente imaginar como isso seria. (Ver a Questão de Discussão 2.)

10 R Tudo a respeito das vidas subsequentes de cada uma das duas pessoas poderia ser tão diferente da outra quanto para duas pessoas comuns – em particular uma poderia estar contente num momento em que a outra está triste, dormindo quando a outra está acordada, e assim por diante. Por isso, é "intolerável" negar que elas são pessoas separadas – e também porque parece absurdo dizer que a pessoa original é de algum modo idêntica a ambas.

11 Há muitas coisas para as quais fica claro que a pergunta sobre tal coisa num momento ser idêntica a outra em um momento posterior não precisa ter uma resposta correta do tipo sim ou não: nações após mudanças de governos, ou adições ou subtrações territoriais importantes, ou mudanças populacionais de ampla escala; objetos físicos (um carro, uma casa, um navio) após grandes adições ou subtrações ou alterações de peças; e inclusive coisas vivas (uma planta que se dividiu, um animal clonado). O tópico é se a identidade *pessoal* pode ser incerta da mesma maneira.

12 A sugestão é que responder à questão da identidade não é genuinamente essencial para respondermos a essas outras questões, tornando assim possível formulá-las de um modo que seja independente dela.

13 O que quer que seja verdadeiro sobre as relações entre a pessoa original e uma das pessoas resultantes, consideradas somente por si mesmas, não é afetado pela presença ou pela ausência da segunda pessoa resultante.
(Pense outra vez sobre o que um dualista diria sobre esse caso. Ver a Questão para Discussão 1.)

14 Essa analogia não parece muito próxima, mas parece ser paradoxal dizer que a presença dessa segunda pessoa significa que a pessoa original não sobrevive, quando de outro modo ela teria sobrevivido. Deveria ela tentar assegurar sua sobrevivência tomando medidas de antemão para fazer com que um dos transplantes de hemisférios falhasse? (Ver a Questão para Discussão 3.)

15 Uma relação *um com um* é aquela que uma coisa do tipo relevante pode ter apenas com exatamente uma segunda coisa. (A relação entre os números de x serem da metade da grandeza de y é um com um, enquanto a relação de x ser menor do que y é *um com muitos*, pois um dado número x é menor do que muitos outros números.)

difícil manter a crença de que uma delas precisa ser verdadeira. Se abdicamos dessa crença, como penso que deveríamos fazer, esses problemas desaparecem. Então encararemos o caso como muitos outros nos quais, por razões bastante aceitáveis, não *existe* uma resposta para a pergunta sobre a identidade. (Considere "A Inglaterra era a mesma nação depois de 1066?") **11**

O caso de Wiggins torna a primeira crença implausível. Também a torna trivial, pois ele solapa a segunda crença. Essa era a crença de que as perguntas importantes giram em torno da identidade (...)

Contra essa segunda crença minha posição é a seguinte: certas questões pressupõem uma questão a respeito da identidade pessoal. Como essas questões *são* importantes, o caso de Wiggins apresenta um problema, mas nós não podemos responder a esse problema ao respondermos à questão sobre a identidade. Podemos resolver esse problema somente ao enfrentarmos essas questões importantes e ao separá-las da questão sobre a identidade. Depois que fizermos isso, a questão sobre a identidade (embora possamos em função da elegância decidi-la) não despertará mais interesse. **12**

Como existem várias questões que pressupõem a identidade, essa posição levará algum tempo para ser explicitada.

Em primeiro lugar, podemos voltar para a questão da sobrevivência. Esse é um caso especial, pois a sobrevivência não parece tanto supor a identidade, mas ser equivalente a ela. Portanto, é a relação geral que temos de manter separada da identidade. Podemos então considerar relações particulares, tais como aquelas envolvidas na memória e na intenção.

"Eu sobreviverei?" parece, como eu disse, equivalente a "haverá alguma pessoa viva que será a mesma pessoa que eu?".

Se tratarmos essas perguntas como equivalentes, então a descrição menos insatisfatória do caso de Wiggins é, suponho, que eu sobreviverei com dois corpos e uma mente dividida.

Vários escritores têm escolhido dizer que eu não sou nenhuma das pessoas resultantes. Dada a nossa equivalência, isso implica que eu não sobrevivo e, portanto, presumivelmente, que mesmo se a operação de Wiggins não é literalmente a morte, eu devo considerá-la *como* a morte, já que não sobreviverei à operação. Mas isso pareceu absurdo.

Vale a pena repetir por que motivo. Uma emoção ou atitude pode ser criticada por se basear numa falsa crença ou por ser inconsistente. Um homem que considerasse a operação de Wiggins como a morte precisa, penso eu, estaria sujeito a uma das seguintes críticas.

Ele pode acreditar que sua relação com cada uma das pessoas resultantes falha em conter algum elemento que está contido na sobrevivência. Mas como isso pode ser verdadeiro? Concordamos que ele *sobreviveria* se estivesse nessa mesma relação somente como *uma* das pessoas resultantes. Logo, não pode ser a natureza dessa relação que a faz falhar em ser, no caso de Wiggins, sobrevivência. **13** Só pode ser a sua duplicação.

Suponha que o nosso homem aceite isso, mas que ainda considere a divisão como morte. A sua reação pareceria agora completamente inconsistente. Ele seria como um homem que, quando se falou a ele sobre uma droga que poderia duplicar seus anos de vida, considerou a ingestão dessa droga como a morte. A única diferença no caso da divisão é que os anos extras são usufruídos simultaneamente. Essa é uma diferença interessante, mas ela não pode significar que *não* há anos a usufruir. **14**

...

Minha primeira conclusão, então, é a seguinte. A relação da pessoa original com cada uma das pessoas resultantes contém tudo o que nos interessa – tudo o que importa – em qualquer caso comum de sobrevivência. É por isso que precisamos de um sentido em que uma pessoa possa sobreviver como duas.

Um dos meus objetivos na parte final deste artigo será sugerir tal sentido. Contudo, podemos antes fazer algumas observações gerais.

II

Identidade é uma relação um com um. O caso de Wiggins serve para mostras que o que importa na sobrevivência não precisa ser um com um. **15**

O caso de Wiggins, sem dúvida, é pouco provável de acontecer. As relações que importam são, de fato, um com um. É porque são tais que nós podemos deduzir que essas relações valem ao usar a linguagem da identidade.

O uso dessa linguagem é conveniente, mas ela pode nos desencaminhar. Podemos afirmar que o que importa é a identidade e, portanto, o que tem as propriedades da identidade.

No caso da propriedade de ser um com um, esse erro não é tão sério, pois o que importa é de fato um com um. Porém, no caso de uma outra propriedade, o erro é sério. A identidade é tudo ou nada. A maioria das relações que importam na sobrevivência constitui, de fato, relações de grau. Se ignorarmos isso, seremos levados a atitudes e crenças malfundamentadas. **(16)**

A posição que acabei de apresentar – que a maior parte do que importa são relações de grau – eu ainda tenho de justificar. O caso Wiggins mostra somente que essas relações não precisam ser um com um. O mérito do caso não está em mostrar isso em particular, mas em realizar um primeiro rompimento entre o que importa e a identidade. A crença de que a identidade *é* o que importa é difícil de vencer. Isso se mostra na maioria das discussões dos casos-problema que de fato ocorrem: casos, por exemplo, de amnésia ou de dano cerebral. Uma vez que o caso de Wiggins criou uma brecha nessa crença, o resto deveria ser mais fácil de remover.[8]

Voltemo-nos para um debate recente: a maioria das relações que importam pode ser provisoriamente referida com o título de "continuidade psicológica" (que inclui a continuidade causal). Minha posição é então a de que nós usamos a linguagem da identidade pessoal a fim de representar tal continuidade. Isso está próximo da visão de que a continuidade psicológica oferece o critério da identidade.

Williams tem atacado essa visão com o seguinte argumento: a identidade é uma relação um com um. Desse modo, qualquer critério de identidade precisa apelar para uma relação que é logicamente um com um. A continuidade psicológica não é logicamente um com um. Portanto, ela não pode oferecer um critério.[9] **(17)**

Alguns escritores têm respondido que é suficiente se a relação à qual se apela é sempre do tipo um com um.

Eu sugiro uma réplica levemente diferente. A continuidade psicológica é um fundamento para se falar de identidade quando ela é um com um.

Se a continuidade psicológica tomasse uma forma de um com muitos ou de ramificação, nós precisaríamos, eu argumentei, abandonar a linguagem da identidade. Desse modo, essa possibilidade não contaria contra tal posição.

Podemos afirmar algo mais forte: essa possibilidade contaria a seu favor.

A posição pode ser defendida da seguinte maneira: juízos de identidade pessoal têm grande importância. O que lhes confere sua importância é o fato de que eles implicam continuidade psicológica. É por isso que, sempre que há tal continuidade, nós devemos, se possível, implicá-la ao estabelecermos um juízo de identidade.

Se a continuidade psicológica tomasse uma forma de ramificação, nenhum conjunto coerente de juízos de identidade poderia corresponder à forma de ramificação dessa relação e, assim, ser usado para implicá-la. Mas o que devemos fazer em tal caso é considerar a importância de que se revestirá um juízo de identidade e conferir essa importância diretamente a cada um dos membros da relação de ramificação. Desse modo, tal caso ajuda a mostrar que os juízos de identidade pessoal derivam sua importância do fato de que eles implicam continuidade psicológica. Ele ajuda a mostrar que, quando podemos falar proficuamente de identidade, essa relação é o seu fundamento. **(18)**

...

---

[8] O artigo de Bernard Williams "The Self and the Future", *Philosophical Review*, 79 (1970), 161-180 [p. 228-237], é relevante aqui. Ele se coloca a questão "eu sobreviverei?" numa gama de casos-problema e mostra quão natural é acreditar (1) que essa questão precisa ter uma resposta, (2) que a resposta precisa ser do tipo tudo ou nada e (3) que há um "risco" de chegarmos à resposta errada. (...)

[9] "Personal Identity and Individuation", *Proceedings of the Aristotelian Society,* 57 (1956-1957), p. 229-253; também *Analysis,* 21 (1960-1961), p. 43-48.

---

(16) R O ponto de Parfit é que, embora nos casos normais (não incluindo transplantes de hemisférios e coisas do gênero), a relação de identidade e "as relações que importam na sobrevivência" (não especificadas) sejam iguais ao ser um com um, elas se diferenciam no que tange à relação de identidade ser tudo ou nada, enquanto as "relações que importam" são (de acordo com ele) questões de grau.

(17) *A continuidade psicológica* é similar à relação da memória sugerida por Locke, embora seja mais geral. Ela é, superficialmente falando, uma relação na qual os estados psicológicos (memórias aparentes e outros) em um estágio são causados por e surgem desses estágios anteriores de uma maneira gradual e contínua, em vez de envolver saltos ou lacunas. (Ver a introdução a esta seleção.)

(18) R É possível, Parfit está sugerindo, que os estados psicológicos de mais de uma pessoa em determinado momento sejam psicologicamente contínuos com os estados de um e a mesma pessoa em um momento anterior (como no caso do transplante de hemisférios). Desse modo, enquanto a identidade requer – e assim implica – continuidade psicológica, a identidade psicológica pode existir sem identidade. E é a continuidade psicológica – com ou sem identidade – de acordo com Parfit, o que realmente importa para questões como a da sobrevivência (e também para a responsabilidade moral).

Para resumir essas observações: mesmo que a continuidade psicológica não seja nem logicamente nem sempre de fato um com um, ela pode oferecer um critério de identidade, o qual pode apelar para a relação de *não ramificação* da continuidade psicológica, que é logicamente um com um.

O critério pode ser assim esboçado: "X e Y são a mesma pessoa se elas são psicologicamente contínuas e se não há qualquer pessoa que seja contemporânea com qualquer uma e psicologicamente contínua com a outra". Devemos explicar o que queremos dizer com "psicologicamente contínua" e dizer quanto de continuidade o critério exige. Desse modo, creio eu, teremos descrito uma condição suficiente para falarmos de identidade.[10]

Precisamos dizer algo mais. Se admitimos que a continuidade psicológica pode não ser um com um, precisamos dizer o que precisamos fazer se ela não fosse um com um. Do contrário, nossa explicação estaria exposta às objeções de que é incompleta e arbitrária.

Eu sugeri que, se a continuidade psicológica tomasse uma forma de ramificação, deveríamos falar de uma nova maneira em relação ao que descrevemos como tendo a mesma importância que a identidade. Isso responde a essas objeções.

Podemos agora voltar para a nossa discussão. Temos três objetivos restantes. Um é sugerir um sentido para "sobreviver" que não implica identidade. Outro é mostrar que o que mais importa na sobrevivência são as relações de grau. E um terceiro é mostrar que nenhuma dessas relações precisa ser descrita de uma forma que pressuponha identidade.

Podemos procurar alcançar esses objetivos na ordem inversa.

III

A relação particular mais importante é aquela envolvida na memória. Isso se dá porque é tão fácil acreditar que a sua descrição precisa fazer referência à identidade. (...)

---

[10] Mas não uma condição necessária, já que, na ausência da continuidade psicológica, a identidade corporal pode ser suficiente.

Talvez seja uma verdade lógica que só podemos lembrar a nossa própria experiência. Contudo, podemos desenvolver um novo conceito para isso que não é uma verdade lógica. Chamemos isso de "q-memória".

Para esboçar uma definição, eu estou q-lembrando uma experiência se

1. eu tenho uma crença sobre uma experiência passada que parece em si mesma como uma crença da memória,
2. alguém teve tal experiência e
3. minha crença é dependente dessa experiência assim como (qualquer que seja) uma memória de uma experiência é dependente dela.

De acordo com (1), q-memórias assemelham-se a memórias. Desse modo, eu me q-lembro de *ter* experiências. ⑲

Isso pode parecer fazer com que as q-memórias pressuponham identidade. Alguém poderia dizer: "Minha memória aparente de *ter* uma experiência é uma memória aparente do *meu* ter uma experiência. Então, como eu poderia q-lembrar as experiências de outras pessoas?".

Essa objeção baseia-se num equívoco. Quando pareço lembrar-me de uma experiência, de fato pareço lembrar-me de *tê*-la. Contudo, não pode ser uma parte do que pareço lembrar a respeito dessa experiência que eu, a pessoa que agora parece lembrá-la, sou a pessoa que teve essa experiência. ⑳ Que eu seja é algo que eu automaticamente admito. (Minhas memórias aparentes algumas vezes me vêm simplesmente como a crença de que *eu* tive uma certa experiência.) Mas isso é algo que estou justificado em admitir somente porque eu de fato não tenho q-memórias das experiências de outras pessoas.

Suponha-se que eu comece a ter tais q-memórias. Se eu as tivesse, eu deveria parar de admitir que minhas memórias aparentes precisam ser a respeito das minhas próprias experiências. ㉑ Eu viria a avaliar uma memória aparente formulando duas questões:

1. Ela me diz algo sobre uma experiência passada?
2. Se sim, acerca de quem?

Além disso (e este é um ponto crucial), minhas memórias aparentes agora

---

⑲ Outros têm usado o termo "quase-memória". A condição 3 é vaga e deveria ser mais bem-explicitada numa explicação completa. Porém, cada uma das pessoas cujos estados são psicologicamente contínuos com esses de uma pessoa anterior (como no caso do transplante de cérebro) teria q-memórias de suas experiências – embora não memórias se há mais do que uma pessoa e se a memória exige identidade.

⑳ Identidade efetiva não é o tipo de coisa que poderia ser parte do conteúdo da memória.

㉑ Isso pressupõe que eu sou de alguma maneira capaz de dizer que ao menos algumas de minhas q-memórias são sobre as experiências de outras pessoas (e, portanto, não são simplesmente memórias de um tipo normal).

ocorreriam a mim como *q*-memórias. Considere estas das minhas memórias aparentes que me ocorrem simplesmente como crenças a respeito do meu passado: por exemplo, "eu fiz isso". Se eu soubesse que poderia *q*-lembrar experiências de outras pessoas, essas crenças viriam a mim de uma forma bem mais resguardada: por exemplo, "alguém – provavelmente eu – fez isso". Eu talvez tenha de descobrir quem foi.

Eu sugeri que o conceito de *q*-memória é coerente. O caso de Wiggins oferece um exemplo. As pessoas resultantes, no seu caso, têm memórias aparentes de viver a vida da pessoa original. Se elas concordam que não são essa pessoa, elas terão de considerar essas memórias como *q*-memórias somente. E quando delas se pergunta algo como "você ouviu esta música antes?" elas terão de responder "estou certo de que eu me *q*-lembro de tê-la ouvido. Eu não estou certo se fui eu quem a ouviu ou a pessoa original".

Nós podemos, na continuação, assinalar que com a nossa definição toda memória é também uma *q*-memória. As memórias são simplesmente *q*-memórias de nossas próprias experiências. Uma vez que isso é assim, agora podemos abandonar o conceito de memória e usar no seu lugar o conceito mais amplo de *q*-memória. (...) ㉒

Mas precisamos avançar. Na sequência, podemos considerar a relação entre uma intenção e uma ação posterior. Talvez seja uma verdade lógica que tenhamos a intenção de realizar somente as nossas próprias ações. Contudo, intenções podem ser redescritas como *q*-intenções. E uma pessoa poderia *q*-pretender realizar as ações de outra pessoa.

O caso Wiggins novamente oferece a ilustração. Estamos supondo que nenhuma das pessoas resultantes é a pessoa original. Se é assim, devemos concordar que a pessoa original pode, antes da operação, *q*-pretender realizar as suas ações. Ela pode, por exemplo, *q*-pretender, como uma delas, continuar a sua carreira presente e, como a outra, tentar algo novo. (Eu digo "*q*-pretender *como* uma delas" porque tal expressão não veicularia o caráter direto da relação que está envolvida. Se eu pretendo que alguém deva fazer algo, eu não posso querer que o faça simplesmente por formar a sua intenção. Porém, se eu sou a pessoa original, e se esse alguém é uma das pessoas resultantes, eu posso.)

A expressão "*q*-pretender *como* uma delas" lembra que precisamos de uma noção na qual uma pessoa pode sobreviver como duas. Todavia, podemos primeiramente assinalar que os conceitos de *q*-memória e *q*-intenção oferecem um modelo para as outras noções das quais precisamos. Assim, um homem que pode *q*-lembrar poderia *q*-reconhecer e ser uma *q*-testemunha do que ele nunca viu; um homem que pode *q*-pretender poderia ter *q*-ambições, fazer *q*-promessas e ser *q*-responsável por algo.

Para colocar essa afirmação em termos gerais: muitas relações diferentes estão incluídas na continuidade psicológica ou são uma conseqüência dela. Descrevemos essas relações de modos que pressupõem a existência contínua de uma pessoa, mas poderíamos descrevê-las de novos modos que não o fizessem. ㉓

(...) O que eu tentarei descrever é uma maneira de pensar em nossa própria identidade através do tempo que é mais flexível e menos enganadora do que a maneira como estamos fazendo agora.

Essa é uma maneira que permitirá um sentido no qual uma pessoa pode sobreviver como duas. Uma característica mais importante é que ela trata da sobrevivência com uma questão de grau.

IV

Inicialmente, precisamos mostrar a necessidade dessa segunda característica. Eu usarei dois exemplos imaginários.

O primeiro é o inverso do caso do Wiggins: fusão. Assim como a divisão serve para mostrar que o que importa na sobrevivência não precisa ser um com um, a fusão serve para mostrar que pode ser uma questão de grau.

A fusão é fácil de descrever fisicamente. Duas pessoas juntam-se. Enquanto estão inconscientes, seus corpos desenvolvem-se em um. Uma pessoa então acorda.

A psicologia da fusão é mais complexa. Um detalhe dela nós já tratamos no caso do exame. Quando a mente foi reunificada, eu simplesmente me lembrei de ter pensado dois cálculos. A pessoa que resulta da fusão pode similarmente *q*-lembrar-se ter vivido a vida de duas

---

㉒ **R** Todas as memórias efetivas são também *q*-memórias, mas nem todas as *q*-memórias são memórias efetivas.

㉓ A fim de ter *q*-estados orientados para o futuro (tal como pretender que uma das pessoas que resultam dos transplantes dos hemisférios do meu cérebro siga a minha carreira e outra tente algo novo), eu aparentemente preciso ter agora uma maneira de especificar cada uma das pessoas futuras relevantes de modo que essas pessoas futuras sejam capazes de reconhecê-los e aplicá-los a si mesmas quando o momento chegar, ou então a intenção será ineficaz. Cada uma das pessoas futuras precisa ser capaz de distinguir que coisas específicas é capaz de ela fazer de acordo com a intenção original. Não é muito claro como isso poderia funcionar.

24

Isso é um pouco complicado. A pessoa fundida pode lembrar cada uma das pessoas prévias ao fazer o que quer que tenham feito. Mas pode ela se lembrar de ter feito essas coisas ela mesma *– mesmo que isso exigisse que tivesse estado em dois lugares diferentes e tido experiências aparentemente incompatíveis ao mesmo tempo?*

25

PARE *Pense com cuidado nesses exemplos invente mais alguns. Quão claro é quais serão os estados nos quais a pessoa fundida estará?*

26

Você reagiria bem a um tratamento que mudasse suas características ao fundi-las com as de uma outra pessoa arbitrariamente escolhida da maneira indicada?

27

PARE *Quão boa é essa analogia? Você ao menos tem de imaginar um casamento no qual todas as escolhas e decisões são feitas conjuntamente.*

pessoas originais. Nenhuma de suas *q*-memórias precisa ter sido perdida. **24**

No entanto, algumas coisas precisam ter sido perdidas, pois duas pessoas que são fundidas terão características diferentes, desejos diferentes e intenções diferentes. Como eles podem ser combinados?

Podemos sugerir o seguinte: algumas dessas coisas podem ser compatíveis e coexistir em uma pessoa resultante. Algumas delas, porém, serão incompatíveis. Se tiverem força igual, poderão anular-se e, se tiverem forças diferentes, a mais forte poderá enfraquecer-se. E todos esses efeitos podem ser previstos.

Vejamos alguns exemplos. Primeiro, o da compatibilidade: eu gosto de Palladio e pretendo visitar Veneza. Eu estou prestes a me fundir com uma pessoa que gosta de Giotto e pretende visitar Pádua. Eu posso saber que a pessoa que nós viermos a ser terá ambos os gostos e ambas as intenções. Segundo, o da incompatibilidade: eu odeio cabelos vermelhos e sempre voto nos Trabalhistas. A outra pessoa adora cabelos vermelhos e sempre vota nos Conservadores. Eu posso saber que a pessoa que nós seremos será indiferente em relação a cabelos vermelhos e será um eleitor flutuante. **25**

Se estivermos prestes a sofrer uma fusão dessa espécie, nós a encararemos como morte?

Alguns de nós encararão. Isso é menos absurdo do que considerar a divisão como morte. Ora, após minha divisão, as duas pessoas resultantes serão de todas as maneiras como eu, ao passo que após minha fusão a única pessoa resultante não será completamente similar. Isso faz com que seja mais fácil dizer, quando enfrentamos a fusão, "eu não sobreviverei", continuando assim a considerar a sobrevivência como uma questão de tudo ou nada.

Essa reação é menos absurda. Mas eis duas analogias que vão contra ela.

A primeira é que a fusão envolveria a mudança de algumas de nossas características e alguns de nossos desejos, mas somente os muito satisfeitos consigo mesmos pensariam nisso como morte. Muitas pessoas reagem bem a tratamentos com tais efeitos. **26**

A segunda é que alguém que está prestes a fundir pode ter anteriormente tanto "controle intencional" sobre as ações do indivíduo resultante quanto alguém que está prestes a casar pode ter anteriormente sobre as ações do casal resultante. E a escolhe de um parceiro para a fusão pode ser tão bem considerada como a escolha de um parceiro de casamento. As duas pessoas originais podem assegurar-se (talvez por meio de uma "fusão de experiência") de que elas têm caráter, desejos e intenções compatíveis. **27**

Eu sugeri que essa fusão, embora não seja claramente sobrevivência, não é claramente uma falha em sobreviver e, portanto, o que importa para a sobrevivência pode ter graus.

Para reforçar essa afirmação, podemos passar para um segundo exemplo. Esse é fornecido por certos seres imaginados. Esses seres são como nós, excetuando-se o fato de que eles se reproduzem por um processo de divisão natural.

Podemos ilustrar as histórias desses seres imaginados com a ajuda de um diagrama. As linhas no diagrama representam os caminhos espaço-temporais que seriam percorridos pelos corpos desse seres. Podemos chamar cada linha individual (como a linha dupla) de um "ramo" e a estrutura toda de uma "árvore". E suponhamos que cada "ramo" corresponde ao que é pensado como a vida de um indivíduo. Esses indivíduos são referidos como "A", "B + 1", e assim por diante.

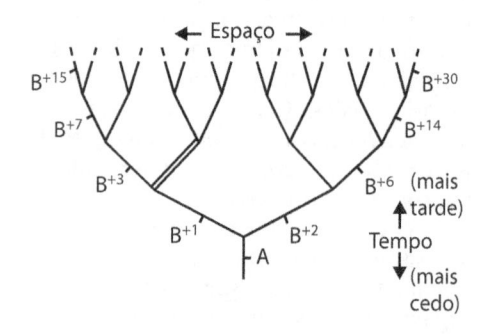

Agora, cada divisão singular é uma instância do caso de Wiggins. Desse modo, a relação de A tanto com B + 1 quanto com B + 2 vale como sobrevivência. Mas e a relação de A com B + 30?

Eu disse anteriormente que o que importa para a sobrevivência poderia ser provisoriamente referido como "continuidade psicológica". Eu preciso agora distinguir essa relação de uma outra, que chamarei de "conectividade psicológica".

Digamos que a relação entre uma *q*-memória e a experiência *q*-lembrada seja uma relação "direta". Uma outra relação "direta" é aquela que existe entre uma *q*-intenção e a ação *q*-intencionada. Uma terceira é aquela que se dá entre as diferentes expressões de uma *q*-característica com alguma duração.

A "conectividade psicológica", tal como eu a defino, exige a vigência dessas relações psicológicas diretas. A "conectividade" não é transitiva, pois essas relações não são transitivas. Portanto, se X se *q*-lembra da maior parte da vida de Y, e se Y se *q*-lembra da maior parte da vida de Z, não se segue disso que X se *q*-lembra da maior parte da vida de Z. E se X realiza as *q*-intenções de Y, e Y realiza as *q*-intenções de Z, não se segue disso que X realize as *q*-intenções de Z.

A "continuidade psicológica", ao contrário, somente requer cadeias sobrepostas de relações psicológicas diretas. Logo, a "continuidade" é transitiva. ㉘

Voltando ao nosso diagrama. A é psicologicamente contínuo com B + 30. Há entre eles duas cadeias contínuas que se sobrepõem. Então, A tem um controle *q*-intencional sobre B + 2, B + 2 tem um controle *q*-intencional sobre B +6, e assim por diante até B + 30. Ou B + 30 pode se *q*-lembrar da vida de B + 14, B+14 se *q*-lembrar da vida de B +6, e assim por diante até A.[11]

Entretanto, A *não* precisa estar psicologicamente conectado com B + 30. A conectividade exige relações diretas. E, se esses seres são como nós, A não pode estar envolvido em tais relações com todo indivíduo em sua indefinidamente longa "árvore". *Q*-memórias se enfraquecerão com a passagem do tempo e então se apagarão. *Q*-ambições, uma vez satisfeitas, substituirão outras. *Q*-características mudarão gradualmente. Em geral, A está envolvido em cada vez menos relações psicológicas com um indivíduo em sua "árvore" à medida que esse indivíduo estiver mais remoto dele. E, se o indivíduo está (como B +30) suficientemente remoto, poderá não existir entre os dois *nenhuma* relação psicológica direta.

Agora que distinguimos as relações gerais de continuidade psicológica e de conectividade psicológica, eu sugiro que a conectividade seja o elemento mais importante na sobrevivência. Como uma afirmação sobre a minha própria sobrevivência, isso exigiria mais argumentos do que tenho aqui espaço para oferecer. Contudo, parece claramente verdadeiro para os meus seres imaginados. A está tão próximo psicologicamente de B + 1 como eu hoje estou de mim mesmo amanhã. A está tão distante de B + 30 como eu estou de meu tataraneto. ㉙

Mesmo que a conectividade não seja mais importante do que a continuidade, o fato de que uma delas é uma relação de grau é suficiente para mostrar que o que importa para a sobrevivência pode ter graus. E, de qualquer maneira, as duas relações são bem diferentes. Desse modo, os nossos seres imaginados precisariam de uma forma de pensar na qual essa diferença fosse reconhecida.

V

O que eu proponho é o seguinte.

Primeiramente, A pode pensar a respeito de qualquer indivíduo, em qualquer lugar na sua "árvore", como um "eu descendente". Essa expressão implica continuidade psicológica. De modo semelhante, qualquer indivíduo posterior pode pensar em qualquer indivíduo anterior numa mesma rota que o conecta com A como o seu "eu ancestral".

Como a continuidade psicológica é transitiva, "ser um eu ancestral de" e "ser um eu descendente de" são transitivas também.

Para representar a conectividade psicológica, eu sugeri as expressões "um dos meus eus futuros" e "um dos meus eus passados". ㉚

Essas são as expressões com as quais podemos descrever o caso de Wiggins. Ter eus passados e futuros é, do que precisamos, uma maneira de continuar a existir que não implica identidade através do tempo. A pessoa original, nesse sentido, sobrevive à operação de Wiggins: as duas pessoas resultantes são seus eus posteriores. E cada um deles pode referir-se a ele como "meu eu passado". (Elas podem compartilhar um eu passado ser ser o mesmo eu que o outro.)

---

[11] A cadeia de continuidade precisa ir numa direção de tempo. B +2 não é, no sentido que pretendo, psicologicamente contínuo com B + 1.

㉘ Uma relação *transitiva* é aquela na qual se A a mantém com B e B a mantém com C então A a mantém com C. Portanto, a relação de ser um ancestral biológico é transitiva, enquanto a relação de ser a mãe de alguém não o é: se A é a mãe de B e B é a mãe de C, então A *não* é a mãe de C. (Ver a introdução à presente seleção para saber mais sobre a diferença entre a continuidade psicológica e a conectividade.)

㉙ Talvez não seja a melhor comparação, pois é claro que não há continuidade psicológica entre uma pessoa e seus filhos e netos, e assim por diante.

㉚ Então, ser um dos meu eus *futuros* exige mais do que somente ser um dos meus eus *descendentes*, como Parfit explica esses conceitos: todos os eus futuros são eus descendentes, mas nem todos os eus descendentes são eus futuros. A relação de ser um eu descendente é transitiva: se B é um eu descendente de A e C é um eu descendente de B, então C é um deu descendente de A. Contudo, a relação de ser um futuro eu não é transitiva: B pode ser um futuro eu de A e C um futuro eu de B, sem que C seja um futuro eu de A (se ambas as relações entre B e A e aquela entre C e B são psicologicamente diretas o suficiente, mas aquela entre C e A é muito indireta com poucas relações psicológicas diretas).

Em função de que a conectividade psicológica não é transitiva, e é uma questão de grau, as relações "ser um eu passado de" e "ser um eu futuro de" deveriam ser tratadas como relações de grau. Admitimos a seguinte série de descrições: "o meu eu mais recente", "um dos meus eus anteriores", "um dos meus eus distantes", "dificilmente um dos *meus* eus passados (eu somente posso q-lembrar algumas de suas experiências)" e, por fim, "de nenhum modo um dos *meus* eus passados – somente um eu ancestral".

Essa maneira de pensar claramente serviria aos nossos primeiros seres imaginados. Mas passemos agora a uma segunda espécie de seres. Estes se reproduzem tanto por fusão quanto por divisão. E suponhamos que eles se fundem todo outono e que se dividem toda primavera. Isso gera o seguinte diagrama:

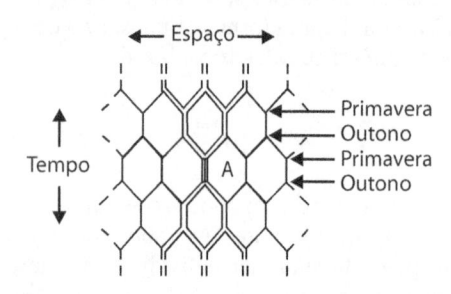

Se A é o indivíduo cuja vida está representada pelo "ramo" de três linhas, a "árvore" de duas linhas representa aquelas vidas que são psicologicamente contínuas com a vida de A. (Pode-se ver que cada indivíduo tem a sua própria "árvore", que se sobrepõe a muitas outras.)

Para os seres imaginados nesse segundo mundo, as expressões "um eu ancestral" e "um eu descendente" teriam uma extensão ampla demais para ser de alguma utilidade. (Poderá muito bem exisitir pares de datas tais que todo indivíduo que viveu antes da primeira data era um eu ancestral de todo indivíduo que alguma viveu depois da segunda data.) Inversamente, uma vez que a vida de cada indivíduo dura somente meio ano, a palavra "eu" cobriria muito pouco para realizar todo o trabalho que ela faz para nós. Então, parte desse trabalho teria de ser feito, para essa outra espécie de seres, através de modos de falar de eus passados e futuros. ㉛

...

Mas olhemos, por fim, para uma terceira espécie de seres.

Nesse mundo, não há nem divisão nem união. Há um número de seres que duram, que gradualmente mudam de aparência. E relações psicológicas diretas, como antes, são mantidas somente por períodos limitados de tempo. Isso pode ser ilustrado por um terceiro diagrama. (...) Nesse diagrama, os dois sombreados representam os graus de conectividade psicológica com seus dois pontos centrais.

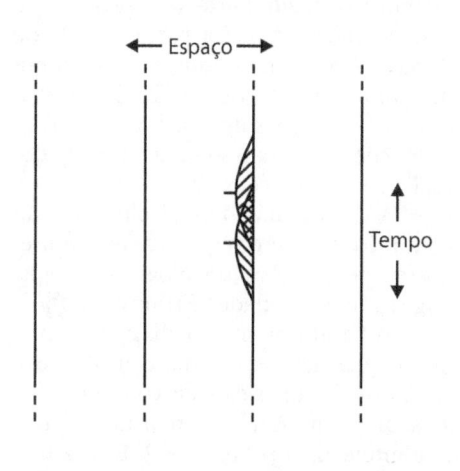

Esses seres não poderiam usar o modo de pensar que propusemos. Como não há nenhuma ramificação de continuidade psicológica, eles deveriam considerar-se como imortais. Mas há, eu proponho, uma descrição melhor.

Nossos seres teriam uma razão para pensar em si mesmos como imortais. As partes de cada "linha" são todas psicologicamente contínuas. Porém, as partes de cada "linha" não estão psicologicamente conectadas. As relações psicológicas diretas ocorrem somente entre aquelas partes que estão próximas uma à outra no tempo. Isso dá aos nossos seres uma razão para *não pensar* em cada "linha" como correspondendo a uma única vida, pois, se o fizessem, eles não teriam uma maneira de implicar essas relações diretas. Quando um falante diz, por exemplo, "eu gastei um tempo fazendo isso e aquilo", os seus ouvintes não estariam autorizados a presumir que o falante tem quaisquer memórias desse período, que o seu caráter de antes e de agora são de algum modo similares, que ele está agora realizando os planos ou as intenções que ele então tinha, e assim por diante. Como a

---

㉛ **PARE** Esse é um exemplo complicado, e você precisará pensar nele com cuidado. Se A está preocupado com a sua própria sobrevivência, com o que exatamente ele está preocupado (isto é, o que é preciso para satisfazer essa preocupação)?

palavra "eu" não teria nenhuma dessas implicações, ela não teria para esses seres "imortais" a utilidade que tem para nós. ㉜

Para que tenhamos uma maneira melhor de pensar, precisamos revisar a maneira de pensar proposta antes. A revisão é a seguinte: a distinção entre eus sucessivos pode ser feita com referência não à ramificação da continuidade psicológica, mas aos graus de conectividade psicológica. Uma vez que essa conectividade é uma questão de grau, o traçado dessas distinções pode ser deixado para a escolha do falante e pode-se aceitar que varie de contexto para contexto.

Segundo essa maneira de pensar, a palavra "eu" pode ser usada para implicar o maior grau de conectividade psicológica. Quando as conexões são reduzidas, quando houve alguma mudança notável de caráter ou de estilo de vida, ou uma perda notável de memória, nossos seres imaginados diriam "não fui eu quem fez isso, mas um eu anterior". Eles poderiam então descrever de que maneiras, e em qual grau, eles estão relacionados com o seu eu anterior. ㉝

Essa maneira revisada de pensar seria apropriada não só para os nossos seres "imortais". É também a maneira por meio da qual nós mesmos poderíamos pensar sobre as nossas vidas. Como sugeri, ela é surpreendentemente natural.

Uma de suas características, a distinção entre eus sucessivos, já foi usada por vários autores. Para dar um exemplo, citemos o de Proust: "somos incapazes, enquanto estamos apaixonados, de agir como predecessores apropriados das próximas pessoas nas quais, quando não estivermos mais apaixonados, nós nos tornaremos (...)".[12]

Embora Proust distinga entre eus sucessivos, ele ainda pensou numa pessoa como sendo esses eus diferentes. Isso não mais faríamos segundo a maneira que proponho. Se eu digo "não será eu, mas um dos meus eus futuros", não afirmo que eu serei um destes eus futuros. Ele é um dos meus eus posteriores, e eu sou um dos seus eus anteriores. Não há nenhuma pessoa subjacente que nós dois sejamos.

Ressaltemos uma outra característica dessa maneira de pensar. Quando eu digo "não há nenhuma pessoa que nós dois sejamos", eu estou somente apresentando a minha decisão. Uma outra pessoa poderia dizer "ainda será você", decidindo então diferentemente. Não há uma questão relativa a alguma dessas decisões ser um equívoco. Se você disser "eu", ou "um dos meus futuros eus", ou "um seu descendente", esta será uma questão de escolha. A questão de fato, com a qual precisamos concordar, é apenas se a disjunção realmente se aplica. (A questão "são X e Y a mesma pessoa?" passa a ser "é X *ao menos* um eu ancestral [ou descendente] de Y?") ㉞

VI

Tentei mostrar que o que importa na existência continuada de uma pessoa são, na maior parte das vezes, relações de grau. E propus uma maneira de pensar pela qual isso seria reconhecido.

Concluirei sugerindo duas consequências e fazendo uma pergunta.

Pensa-se, algumas vezes, que é especialmente racional agir em função dos seus melhores interesses. Porém, eu sugiro que o princípio do interesse próprio não tem força. Há somente dois competidores genuínos nesse campo particular. Um é o princípio da racionalidade parcial: faça o que melhor atenderá ao que você de fato deseja. O outro é o princípio da imparcialidade: faça o que melhor atenderá aos interesses de todos os envolvidos. ㉟

A força aparente do princípio do interesse próprio deriva, penso eu, desses dois outros princípios.

O princípio do interesse próprio normalmente tem apoio no princípio da racionalidade parcial. Isso ocorre porque a maioria das pessoas preocupa-se com os seus próprios interesses futuros.

Suponha que falte esse apoio. Suponha que um homem não se preocupe com o que lhe acontecerá, por exemplo, no seu futuro mais distante. Para esse homem, o princípio do interesse próprio só pode ter apoio através do apelo ao princípio da imparcialidade. Precisamos dizer "mesmo que você não se preocupe, você deve levar o que lhe acontece igualmente em conta". Mas para isso, como uma exigência especial, não me parece haver

---

[12] *Within a Budding Grove* (Londres, 1949), I, p. 226 (tradução minha).

㉜ Isto é, "eu" (e "me" e "mim"), se usados da forma indicada, não capturariam para esses seres a parte importante do que é capturado pelo nosso uso desses termos. Eu me preocupo com o *meu* passado e com o *meu* futuro (selecionados como casos nos quais esses termos, como são usados ordinariamente, se aplicariam corretamente). Contudo, Parfit está sugerindo, os seres em questão não se preocupariam (ou ao menos não teriam razão para se preocupar) com os seus passados e futuros distantes quando todas as relações de conectividade psicológica com os seus eus presentes tivessem acabado.

㉝ Note-se que essa é uma exigência mais forte do que aquela que impomos ao uso de "eu" (e de termos relacionados) mesmo em nossa própria situação: muitas vezes ainda usamos "eu" para nos referirmos a um ser com caráter ou estilo de vida muito diferente ou mesmo aquele que existe ou vai existir depois de uma perda séria de memória.

㉞ Quão plausível é essa sugestão? É realmente uma questão de *escolha* se uma pessoa futura com o mesmo corpo vivo que você tem, mas com um caráter ou estilo de vida muito diferente, ainda é você, é um futuro eu ou é meramente um eu descendente – por oposição a dizer que é só um fato que a pessoa futura seja ainda idêntica a você apesar das várias mudanças?

㉟ A diferença entre o primeiro princípio e o princípio do interesse próprio é que "o que você de fato deseja" normalmente incluirá coisas que dizem respeito aos interesses de outros e que não necessariamente incluirão coisas que pertencem aos seus eus futuros ou descendentes muito remotos.

nenhum bom argumento. Ela só pode ser apoiada como parte de uma exigência geral, a saber: "Você deve levar em conta o que acontece para todos igualmente".

A exigência especial diz a um homem que atribua um peso *igual* a todas as partes do seu futuro. O argumento para isso só pode ser que todas as partes do seu futuro são *igualmente* partes do *seu* futuro. Isso é verdadeiro. Mas é uma verdade muito superficial para sustentar o peso do argumento. (Para oferecer uma analogia: a unidade de uma nação, em sua natureza, é uma questão de grau. É, portanto, apenas uma verdade superficial que todos os compatriotas de um homem sejam *igualmente* seus compatriotas. Essa verdade não pode dar apoio a um bom argumento a favor do nacionalismo.)[13]

Eu tenho sugerido que o princípio do interesse próprio não tem força por si só. Se isso é assim, não há nenhum problema especial no fato de que o que nós devemos fazer pode ser contrário aos nossos interesses. Há somente o problema geral de que pode não ser o que queremos fazer.

A segunda consequência que mencionarei está implicada na primeira. O egoísmo, o temor não da morte próxima mas da distante, o receio de que tanto da nossa *única* vida já se tenha passado – esses não são, penso eu, sentimentos completamente naturais ou instintivos. Eles são todos reforçados pela crença na identidade pessoal que eu tenho atacado. Se abandonarmos essas crenças, eles deverão ser enfraquecidos.

...

36
Parfit está dizendo que o fato de os seus eus futuros distantes ainda serem seus não lhe oferece boas razões para se preocupar com eles tanto quanto você se preocupa com os seus eus mais próximos – ou até mesmo, no caso extremo, para se preocupar com eles de algum modo. (Ver a Questão para Discussão 4.)

37
A sugestão é que a preocupação relativa a se você vai sobreviver no futuro deveria diminuir à medida que seus eus futuros tornam-se psicologicamente cada vez mais remotos do seu eu presente, talvez por fim desaparecendo por completo. (Ver a Questão para Discussão 4.)

Questões para Discussão

1. Suponha que seu cérebro seja dividido e que metade dele seja transplantada para outro corpo, enquanto a metade restante permaneça no seu corpo atual, de modo que haja duas pessoas após a operação. A pessoa cujo corpo é o seu corpo original tem uma razão mais forte para ser idêntica a você do que a outra pessoa? Se sim, por quê? Suponha, ao contrário, que ambas as metades sejam transplantadas para novos corpos. Se a consciência envolve uma mente ou alma imaterial separada, então ou
   a) ela se divide também, ou
   b) ela vai com uma das duas metades e uma nova mente ou alma emerge de algum modo para a outra, ou
   c) ela é destruída e as duas pessoas resultantes têm novas mentes ou almas.

Aqui o caso interessante é (b): o (suposto) fato de que uma pessoa tem a sua alma original e a outra não dá àquela que a tem uma pretensão mais forte para ser idêntica a você? Por que sim ou por que não?

2. Como seria, do ponto de vista de cada um dos fluxos de consciência separados, se os dois fluxos que foram voluntariamente divididos a fim de resolver dois problemas de matemática fossem reunidos (ou existem tais pontos de vista)? Eu ainda me lembraria dos dois fluxos separados de consciência como *separados*? Você alguma vez pensou sobre duas coisas ao mesmo tempo (talvez uma conversação atual e um problema que esteja martelando no fundo da sua cabeça)? A memória combinada disso pode ser algo parecido com a memória no caso de Parfit?

3. Você sobreviveria se ambas as partes do seu cérebro fossem transplantadas com sucesso para dois novos corpos? Se você soubesse que as duas partes do seu cérebro foram transplantadas, seria razoável para você pagar alguém para destruir um deles ou de alguma maneira evitar o sucesso da operação a fim de garantir que você sobrevivesse? Se você pensa que sobreviveria quando ambas as partes fossem transplantadas, seria racional para você pagar por tal transplante para que você aumentasse as suas chances gerais de sobrevivência (presumindo-se

---

[13] Raramente consideramos a unidade de uma nação ser mais do que ela é. Isso em parte porque muitas vezes pensamos em nações não como unidades, mas de uma maneira mais complexa. Se pensarmos em nós mesmos da maneira como propus, menores serão as chances de que consideremos a nossa própria identidade mais do que ela é. Às vezes nos dizem, por exemplo, "É irracional agir contra os seus próprios interesses. No final das contas, será você mesmo que lamentará". A isso poderíamos responder "Não, não eu. Nem mesmo um dos meus eus futuros. Somente um eu descendente".

que os riscos envolvidos fossem negligenciáveis)?

4. Suponhamos que você tenha boas razões para acreditar que viverá 20 anos mais e que você esteja numa posição para tomar medidas para garantir que o seu futuro eu seja mais feliz, esteja mais seguro, e assim por diante. Deveria seu grau de preocupação com o seu futuro eu depender de quão proximamente conectados seus estados psicológicos estariam com os seus: quanto da sua experiência ele se lembrará, quão similares serão os seus traços de caráter e seus valores, e assim por diante? Por que sim ou por que não? Há um ponto no futuro (definido em termos de conectividade e continuidade psicológicas, não de tempo) quando não será mais razoável para você se preocupar *de modo algum* como o bem-estar do seu futuro eu?

5. Embora Parfit mencione a responsabilidade algumas vezes, ele diz muito pouco sobre ela. Quais são as implicações de sua visão para a questão relativa a quando as pessoas podem ser consideradas justamente responsáveis (e de acordo recompensadas ou punidas) pelas ações de pessoas anteriores? Considere aqui o caso original do transplante, junto com os casos apresentados nos três diagramas. A responsabilidade poderia ser uma questão de grau assim como, na visão de Parfit, a sobrevivência também o é?

Diálogo Conclusivo sobre a Identidade Pessoal

Bem, este é um assunto intrigante! Como você sabe, eu me preocupo bastante com a sobrevivência, talvez até mais do que a maioria das pessoas. Muitas vezes digo, ao menos meio sério, que eu gostaria de viver – isto é, sobreviver – para sempre se isso fosse possível. Mas agora não estou certo a respeito do que significa especificamente isso que eu quero. O que precisaria ser verdadeiro acerca de alguma pessoa futura para que ela fosse idêntica a mim? E, mais fundamentalmente, que tipo de entidade eu sou de fato?

Talvez possamos começar com aquela visão na seleção que claramente não pode estar certa – a saber, a visão de Locke de que uma pessoa posterior é idêntica a uma pessoa anterior se e somente se a pessoa posterior tem a memória dos eventos na vida da pessoa anterior. Como todos concordam, Reid está certo quanto à visão de Locke ser inaceitável em bases puramente lógicas. Ela teria a consequência absurda de que o velho general é idêntico ao jovem oficial que apanhou o estandarte e o jovem oficial é idêntico ao menino que foi castigado, mas o general não é idêntico ao menino. A identidade genuína não pode ser assim!

Não tentarei defender o principal aspecto da visão de Locke, ao menos não sem muita revisão. Contudo, há outras coisas que ele diz que me parecem corretas. Uma delas é que uma *pessoa* não é a mesma coisa que certa espécie de *animal*, assim como certo membro da espécie *homo sapiens*. De um ponto de vista, eu sou tal animal – ou ao menos estou intimamente conectado a um. E se você me dissesse que esse animal específico estaria vivo em algum momento no futuro, isso certamente me tornaria mais otimista quanto a se eu de fato sobreviverei nesse futuro. Não obstante, isso não seria uma *garantia* de que eu sobreviveria. O animal pode sobreviver em termos do que as pessoas chamam de "um estado permanentemente vegetativo". Eu também penso que Locke está certo quanto a ele poder ser associado (se é que esta é a palavra correta) com uma pessoa cuja memória, cujos desejos, intenções, traços de caráter, hábitos, e assim por diante, são inteiramente diferentes dos meus. Em qualquer um desses casos, não me parece que *eu* de fato sobreviveria.

Se você não é apenas um animal, talvez você seja um animal com uma alma imaterial ou uma mente. Porém, na medida em que sei que você tem alguma simpatia com o dualismo mente-corpo, isso não vai ajudar aqui se Locke estiver certo. Ele argumenta que a sua alma imaterial cartesiana ou mente, se é que você tem uma, também poderia continuar a existir, mas conter memórias (e assim também outras espécies de estados psicológicos) que a fariam ser – ou ser o hospedeiro ou qualquer que seja a relação exata – uma pessoa diferente.

– Teríamos uma solução se pudéssemos acreditar tanto no fato de que as pessoas realmente têm uma alma ou mente quanto no fato de que a consciência associada a ela não pode mudar tanto a ponto de se tornar uma pessoa completamente diferente. Contudo, tenho de admitir que não há nenhum argumento genuíno sobretudo para a segunda suposição.

– Todos esses problemas parecem ao menos apontar para uma visão na direção da abordagem *psicológica* de Locke da identidade pessoal. De acordo com essa abordagem, o que faz com que dois indivíduos sejam a mesma pessoa é algo a respeito das relações entre os seus estados psicológicos. Esta é de longe a abordagem geral mais popular. Para que a apreciemos melhor, precisamos mudar a abordagem de Locke no mínimo de duas maneiras. Primeiro, precisamos adicionar ingredientes psicológicos além das memórias, adicionar mais elementos como esses que você acabou de mencionar: desejos, intenções, traços de caráter, hábitos, e assim por diante. Somente memórias não é o suficiente, pois essas outras coisas também são obviamente relevantes para a identidade. Segundo, precisamos de uma relação mais complicada entre elas – algo como aquilo a que Parfit se refere como *continuidade psicológica* –, na qual há elementos que se sobrepõem a esses tipos todos e que conectam os vários estágios da vida de uma pessoa. Isso ao menos ajuda com o caso do menino-soldado-general, pois é razoável supor que o menino e o general estarão conectados por uma série de estágios que envolvem elementos sobrepostos daquelas espécies.

– Uma relação de continuidade como essa poderia ser mais forte ou mais fraca, dependendo da quantidade de elementos que estão envolvidos e de quanto tempo eles persistem individualmente e de quanto se sobrepõem, e não está claro quão forte precisa ser para a identidade pessoal. Uma relação meramente fraca de continuidade, com apenas uns poucos estados psicológicos que se sobrepõem, não parece ser suficiente. Também parece bastante plausível que alguns aspectos da relação mais forte que Parfit chamou de *conectividade psicológica* sejam exigidos: ao menos *alguns* elementos psicológicos (talvez traços de caráter básicos) que são os mesmos através de toda a sequência de estágios parecem ser necessários. Poderíamos ir além, mas fiquemos por aqui: estipulemos apenas que há alguma relação de continuidade e conectividade desse tipo geral – podemos nos referir a ela como a *continuidade psicológica adequada* – que é forte o suficiente para a identidade pessoal *se* (e esse é um grande se) esse tipo geral de visão funcionar.

– OK. A questão principal então é esta: o fato de uma pessoa futura ser (numericamente) idêntica a mim é simplesmente a mesma coisa que essa pessoa ser "contínua adequadamente contínua em termos psicológicos" a mim? E além disso – o que até agora supomos como sendo a mesma questão – é aquilo com o que nos *preocupamos* quando nos preocupamos com a *sobrevivência* no futuro completamente apreendido pela ideia de haver uma pessoa futura com a qual estamos nessa relação de "continuidade psicológica adequada"? Aqui eu penso que deveríamos acrescentar explicitamente o que a maioria dos filósofos posteriores tendia a tomar como certo: essa relação deve estar *causalmente assentada* de uma maneira que se torne mais do que um mero acidente ou coincidência o que ela obtenha. (Mas que tipo específico de conexão causal é exigido – o que significa para a relação causal ser "da espécie correta" como as pessoas dizem – é algo sobre o qual teremos de conversar mais adiante.)

– Essa última observação está certamente correta. Não é suficiente para a identidade – ou sobrevivência – se acontece de alguma pessoa posterior, por mero lance de sorte, ter um conjunto de estados que são psicologicamente contínuos ou mesmo idênticos aos meus. Uma boa maneira de avançar nesse assunto é ver os casos que Williams descreve. Podemos pressupor que o caso com o qual ele começa a relação entre a pessoa original A e o que Williams chama de pessoa corpo-B é forte o suficiente para constituir o que estamos chamando de "continuidade psicológica adequada" e, similarmente, para os outros casos que funcionam da mesma maneira. De fato, Williams parece pressupor que as duas pessoas em questão são exatamente a mesma em termos psicológicos no último momento para o original A e no primeiro momento após o procedimento para a chamada pessoa corpo-B.

Desse modo, a questão que surge com o caso é se, havendo alguma pessoa posterior relacionada a você daquela maneira específica, seria suficiente para constituir identidade e sobrevivência – se no primeiro dos seus casos a pessoa-corpo-B é idêntica ao original A, de forma que A sobreviveu. Williams é ambíguo a respeito disso, mas parece inclinar-se para a visão que é apresentada em sua segunda abordagem do caso: a pessoa-corpo-A ainda é A e a pessoa-corpo-B ainda é B apesar da mudança psicológica total em ambas.

Posso entender por que Williams parece estar inseguro quanto a isso, pois o caso força as nossas intuições ao extremo. Contudo, se a mudança psicológica na pessoa-corpo-A é considerada tão total como afirmado – de modo que nada da psicologia original de A sobrevive (a menos que aconteça de A e B serem por sorte as mesmas pessoas em alguns aspectos) –, eu não penso que eu teria sobrevivido de uma maneira releveante se a mesma coisa acontecesse comigo. O simples fato de que o meu *corpo* anterior ainda está vivo posteriormente não é suficiente. Se, no caso original de Williams, o corpo-B morre por alguma razão como resultado do procedimento, mas o corpo-A vive, eu não penso que o original A tenha sobrevivido.

Eu concordo e acho que a maior parte dos filósofos atuais que lidaram com esse assunto também concordariam. Mas deveríamos dar-nos conta de que existem alguns que consideram que uma pessoa, afinal de contas, não é nada senão um animal de uma certa espécie. Para eles, se o animal sobreviveu, então a pessoa sobreviveu. Não tenho, contudo, qualquer inclinação concreta de defender essa opinião. Creio que o que Locke afirma sobre isso está correto.

Eu concordo. Mas o problema é que, se eu sou o original A (antes do procedimento), então a existência da pessoa-corpo-B (após o procedimento) também não me parece ser suficiente para a minha sobrevivência, ao menos não de modo claro. Uma maneira de ver isso é observar que não há nada a respeito do procedimento descrito que descarte a produção de mais pessoas que são, em termos psicológicos, adequadamente contínuas no mesmo grau que o original A: uma pessoa-corpo-C, uma pessoa-corpo-D, e assim por diante, todas produzidas essencialmente da mesma maneira que a pessoa corpo-B. Elas não podem ser *todas* idênticas ao original A, pois obviamente não são idênticas umas às outras. Todavia, não há nenhuma razão para pensar que *qualquer* uma delas o é, pois estão todas relacionadas ao original A exatamente da mesma maneira. Mas uma razão até mesmo mais forte para pensar que o original A não é idêntico à pessoa-corpo-B após o procedimento é que parece não haver qualquer motivo pelo qual não poderíamos produzir seres como a pessoa-corpo-B (e também a pessoa-corpo-C, e assim por diante), enquanto ainda deixamos o original A psicologicamente inalterado: copiamos a informação psicológica e a colocamos nos outros corpos, mas não a apagamos em A. Então, com certeza, a subsequente pessoa-corpo-A é idêntica ao original A, e os outros são apenas *duplicatas*.

É claro que alguém que concorda com a abordagem psicológica geral à identidade poderia aceitar tudo o que você acabou de dizer ao insistir que a relação causal nos outros casos não é "da espécie certa" para preservar o tipo correto de continuidade psicológica – talvez, como Williams sugeriu, porque a cadeia causal está parcialmente fora dos corpos dos indivíduos em questão. Mas também poderá haver alguns defensores insistentes da visão de que *somente* as relações psicológicas importam. Eles diriam que a pessoa-corpo-A subsequente, inalterada, não tem mais direito de ser o original A do que qualquer um dos outros, que a natureza exata da relação causal de fato não importa. Tal pessoa poderá querer considerar essa versão do exemplo como um caso de *fissão*, como aqueles casos discutidos por Parfit.

Eu não vejo como isso possa estar certo. A única coisa que parece clara é que, se nós temos o mesmo corpo, a mesma alma ou mente (se é que existe uma) e a mesma continuidade psicológica adequada, então nós temos identidade e sobrevivência genuínas. Isso significa que, no caso em que continua inalterado, é a pessoa corpo-A subsequente que é idêntica ao original A, e não os outros. E isso me parece sugerir fortemente que, se o corpo-A morre durante o procedimento e os outros sobrevivem, então a pessoa A de fato morreu e não sobrevive. Eu não vejo como qualquer um dos outros pode ser idêntico a A naquele caso quando isso não seria assim se A tivesse sobrevivido. (Embora eu saiba que existem alguns que dirão isso, ao menos no caso em que há somente uma outra pessoa – advogados da chamada visão "melhor candidata").

Tendo tocado no assunto da fissão, nós deveríamos atentar para os casos de Parfit, começando com aquele que poderá algum dia se tornar um caso da vida real: aquele que envolve transplantar hemisférios do cérebro. A pergunta inicial a fazer, penso eu, é sobre o que dizer acerca do caso no qual metade do seu cérebro é transplantada para um novo corpo e a outra metade, junto com o seu corpo original, é destruída. Você é idêntico à pessoa resultante, de tal sorte que se possa dizer que você sobreviveu? Parfit parece pensar que a resposta a essa pergunta é claramente "sim".

Eu sei que ele diz isso, mas eu não penso que essa resposta seja tão obviamente correta como ele pensa. Parece-me que tudo depende exatamente de qual é a relação entre as duas metade do cérebro e a consciência da pessoa. Nós realmente não sabemos muito sobre isso, mas suponhamos que fosse o seguinte: suponha que a minha consciência esteja diretamente associada a (ou alojada em ou não importa como exatamente devemos colocar isso) somente uma metade do meu cérebro e que a outra sirva como um depósito de reserva. Então, se uma das metades é transplantada e a outra é destruída, parece-me importante para as questões sobre identidade e sobrevivência dizer de qual parte se trata. Se é a metade "de reserva" que é transplantada, então mesmo que ela agora possa assumir as funções primárias do cérebro, eu não estou de modo algum certo de que sou *eu* que sobrevivi e de que sou idêntico ao resultado. Talvez isso seja somente uma maneira de transferir informações, como nos casos de Williams, e o resultado seja uma nova pessoa. Se eu tenho uma alma ou mente imaterial, talvez ela morra como a metade previamente primária do meu cérebro. Talvez uma *nova* alma ou mente seja criada ou venha a estar conectada com a velha metade "de reserva", que agora está funcionando de uma maneira completamente diferente de como funcionava antes. E então a pessoa resultante parece-me de novo ser uma duplicata e não eu mesmo. Não estou dizendo que seja assim que as coisas realmente funcionem, mas que pode ser, de modo que não podemos realmente estar certos quanto ao que dizer sobre o caso que você descreve.

Nossa, você é mesmo um dualista ferrenho! Então, no caso principal de Parfit, no qual *ambas* as metades são transplantadas, você diria que *pode* ser o caso de que uma das pessoas resultantes (a que recebe o hemisfério "primário") é você, e a outra (a que recebe o hemisfério "de reserva") não é. Mas é claro que a sua especulação pode estar equivocada: pode ser que no caso normal, pré-transplante, os dois hemisférios trabalhem juntos, com nenhum deles sendo o primário, mesmo que cada uma das partes ainda seja capaz de cumprir a tarefa sozinha se elas estiverem separadas. Se isso funciona dessa maneira – e se nós não nos preocupamos com a possibilidade bastante real de que algumas funções (tais como a fala) e talvez também algumas outras informações psicológicas sejam encontradas em um hemisfério somente e não no outro –, então temos o caso que Parfit quer, no qual parece a ele que cada uma das pessoas resultantes tem o mesmo direito de ser idêntica à pessoa original. O que você diz sobre *esse* caso?

Mesmo assim, não está claro para mim que a visão de Parfit seja a correta. Tudo depende de como a minha mente ou o meu fluxo de consciência entrem na história. Se eu tenho uma alma ou mente imaterial, ela também se divide de alguma forma em duas ou permanece com um dos hemisférios? Se a segunda dessas possibilidades é a correta, então a pessoa que recebe minha alma ou mente original tem, penso eu, um direito maior de ser eu. Contudo, mesmo que nada como uma mente ou alma separada esteja envolvida, eu ainda penso que vale a pena perguntar como seria, subjetivamente ou fenomenologicamente, ter feito essa operação, supondo – o que pode ser praticamente improvável, mas certamente não impossível – que a consciência continue através de todo o procedimento.

Nós sabemos o que Parfit diria sobre isso. Seria como o seu caso em que a conexão entre os dois hemisférios pode ser voluntariamente rompida e depois restaurada, permitindo que as duas metades operem em duas tarefas separadas por um período de tempo – exceção feita ao fato de que a separação seria permanente.

Porém, uma vez mais, esse não é o único quadro possível. Segue-se aqui uma versão diferente do exemplo da separação voluntária. Quando os dois hemisférios são separados, o meu fluxo de consciência original continua como se nada tivesse acontecido, presumivelmente em um dos hemisférios. Mas também, presumivelmente no outro hemisfério, um *novo* fluxo de consciência começa. Ele tem muitas das mesmas memórias aparentes e de outras informações, reflete os mesmos traços de caráter, e assim por diante, mas é como se estivesse dormindo e tivesse acordado justamente naquele momento. Ele se lembraria de que várias coisas estavam acontecendo no fluxo de consciência principal imediatamente antes, mas não se lembraria efetivamente de *experienciar* essas coisas de uma maneira que fluísse em sua própria consciência. Então, quando a reconexão acontece, esse novo fluxo de consciência simplesmente cessa, como se a pessoa tivesse ido dormir, e o fluxo original de consciência seria inundado repentinamente com nova informação junto com memórias de processos consciente que pareceriam pertencer àquela outra pessoa porque eles não ocorreram nesse fluxo de consciência.

Isso é bem criativo! Mas, OK, *talvez* possa ser dessa maneira. E, se é assim, eu posso ver por que você desejaria dizer no caso do duplo transplante que aquele que é idêntico a você é aquele com o fluxo de consciência contínuo (ou aquele cuja consciência *teria* sido o contínuo se a consciência tivesse continuado durante todo o procedimento – assumindo-se que isso seja algo que tenha significado dizer!). E aquele cuja consciência começa nova naquele momento não é você. Isso se parece com a sua visão dos dois hemisférios, o "primário" e o "de reserva", embora não exija que efetivamente as coisas aconteçam dessa forma. Contudo, não poderia funcionar como Parfit imagina que funciona, com os dois fluxos de consciência simplesmente continuando sem sobressaltos a partir do original – e também reunindo-se, embora não tão sem sobressaltos (essa parte de fato é muito difícil de imaginar), na versão da disconexão voluntária?

Eu presumo que não esteja convencido de que a visão de Parfit realmente *é* possível. Mas suponha que é. Então, eu penso que nós realmente obtemos o resultado que ele procura. No caso em que os hemisférios são transplantados separadamente, *nenhuma* das duas pessoa resultantes é idêntica a mim (pois elas obviamente não são idênticas uma a outra). E, contudo, as suas existências parecem oferecer tudo o que eu poderia querer para a sobrevivência (admitindo-se de novo que nenhuma informação importante ou habilidades estão localizadas em um dos hemisférios e, assim, sejam perdidas para a outra pessoa). Desse modo, o ponto básico de que a *sobrevivência* no sentido relevante não requer uma pessoa subsequente com a qual eu seja *idêntico* ainda parece correto, dado tudo isso. Algo semelhante poderia ser dito sobre o caso mais complicado da fissão e sobre o caso da fusão, ao presumir-se, uma vez mais (e acho que tenho dúvidas sobre isso), que esses são realmente possíveis: também nesses casos sem a identidade, ter tudo aquilo que poderia desejar para a sobrevivência.

É claro que Parfit não está realmente afirmando, ao menos não em qualquer sentido forte, que os exemplos para além do caso do transplante duplo de cérebro são possíveis. Ele somente está usando essas alegadas possibilidades para sugerir uma maneira diferente de pensar sobre a sobrevivência e sobre o interesse próprio – sobre a preocupação de uma pessoa com o seu próprio eu futuro. Desse modo, o exemplo que realmente importa é o último: aquele com os corpos imortais cujas mentes envolvem graus de conectividade psicológica que diminui a zero com o passar do tempo. E o seu propósito é que tal ser pode não se preocupar muito (se é que de alguma maneira) a respeito dos estágios da sua existência contínua que estão muito distantes no futuro e com o quais ele não tem nenhuma conectividade psicológica. Ele poderá ver esses estágios como envolvendo "eus descendentes" inteiramente distintos – e poderá inclusive estender esse modo de pensar a "eus futuros" intermediários, que têm apenas graus relativamente fracos de conectividade psicológica com o eu presente. E, embora ele possa se preocupar mais com esses eus futuros do que com aqueles descendentes, essa preocupação ainda poderá não ser tão grande como esta que ele tem com o seu eu presente ou do futuro próximo.

Tudo isso é um pouco difícil de imaginar, ao menos para mim. Porém, o ponto principal, penso eu, é que nós não somos assim de forma alguma. Embora possa variar de caso para caso, as pessoas normais têm um grau razoavelmente alto de conectividade psicológica, não somente continuidade, através de todas as suas vidas. Elas não são como esses seres imaginários e, ao menos quando introduzimos outras propriedades psicológicas, elas não são nem como no caso do menino-oficial-general. Quando isso é assim, e quando o corpo ou ao menos o cérebro é o mesmo, temos o tipo de sobrevivência e de identidade contínua que a maioria das pessoas quer – certamente é o que eu quero. Qualquer coisa menos do que isso não é bom o suficiente.

Mas eu não penso que você está dizendo – você está? – que nada menos do que isso seria suficiente para a identidade pessoal? O que você está realmente dizendo é que é a sobrevivência nesse sentido robusto e não a mera identidade que interessa a você. Você ainda poderia concordar com Parfit que poderiam existir casos de sobrevivência sem identidade – e talvez também identidade sem sobrevivência, pois não há nada que evite que digamos que os seres eternos com conectividade psicológica menor são, não obstante, idênticos como pessoas no decorrer de sua história.

Eu presumo que sim. Uma maneira de colocar o objetivo de Parfit, penso eu, é dizer que, se nós não vemos os seres eternos com conectividade psicológica menor como sendo as mesmas pessoas através de sua história, então será ao menos algo arbitrário o ponto em que traçamos a linha entre diferentes pessoas na história de um desses seres. Assim, a visão mais razoável seria a de que cada um desses seres é, no final das contas, a mesma pessoa ao longo de toda a sua história. Nesse caso, a identidade como tal pode não ser muito importante em relação à espécie de sobrevivência com a qual nos preocupamos. Todavia, contrariamente ao que ele parece sugerir, nada a respeito *desse* resultado mostra que existe algo de irracional quanto a querer sobreviver no sentido mais forte ou de eu me preocupar muito intensamente com as pessoas futuras cujas existências constituiriam tal sobrevivência forte no meu próprio caso. O que eu realmente quero, penso eu, é ser um dos seres eternos de Parfit, mas com a continuidade psicológica adequada (incluindo um grau razoavelmente alto de conectividade) todo o tempo!

As ações humanas são genuinamente livres?

O determinismo rígido

Robert Blatchford

Robert Blatchford (1851-1943) foi um jornalista e político inglês que ajudou a fundar o Partido Trabalhista Inglês, tendo sido um forte defensor do socialismo. Nesta seleção, ele defende o determinismo rígido com base no que considera como sendo essencialmente fundamentos de senso comum, argumentando que tudo o que uma pessoa faz está determinado pela combinação de hereditariedade e ambiente; portanto ninguém é livre para agir de modo diferente de como agiu, ou moralmente responsável, ou merecedor quer de censura quer de apreço. Seu argumento não é dependente de nenhuma maneira importante da tese geral do determinismo causal.

O motivo de Blatchford advogar essa conclusão é fortemente prático: ele quer convencer-nos de que mesmo "pessoas da ralé"* na sociedade, pessoas que parecem completamente sem salvação e inteiramente desmerecedoras de simpatia ou preocupação, não são responsáveis pela sua maneira de ser e não merecem punições ou outros tratamentos negativos que recebem. Seu argumento talvez seja mais bem-compreendido como desafios para outras visões: que alternativa há para uma ação que é rigidamente determinada pela hereditariedade e pelo ambiente, e como pode uma ação que é assim determinada ser livre (no sentido exigido pela responsabilidade moral)?

Uma Defesa do Determinismo Rígido,[14]
Extraído de *Pessoas Inocentes: uma Defesa da Ralé*

A APOLOGIA DO AUTOR

(...) Eu afirmo que os homens não deveriam ser classificados como bons ou maus, mas como afortunados e desafortunados; que deles deveríamos ter dó e não censurá-los; ajudá-los em vez de puni-los.

Eu afirmo que assim como não consideramos um homem digno de louvor por ter nascido bonito, nem o censuramos por ter nascido feio, assim também não deveríamos considerá-lo digno de louvor por ter nascido virtuoso, nem censurá-lo por ter nascido vicioso.

Eu baseio minha afirmação no fato autoevidente e inegável de que os homens não têm parte na criação de sua própria natureza.

Alguns dirão que isso significa que nenhum homem é responsável por seus próprios atos.

É exatamente o que isso significa.

Contudo, argumentarão, todo homem tem uma vontade livre para agir como ele escolhe; e negar isso é colocar em risco a lei e a ordem, toda a moralidade e a disciplina.

Eu nego essas duas inferências e peço ao leitor para ouvir minha defesa pacientemente e para julgá-la em seus méritos.

...

DE ONDE VEM A NOSSA NATUREZA?

(...) Vou abordar a hereditariedade antes do ambiente, porque é necessário considera-los um por vez, e a hereditariedade vem antes, assim como o nascimento vem antes da escola.

Mas não devemos cair no mau hábito de pensar na hereditariedade e no ambiente separados um do outro, pois são *ambos*, e não somente um deles, que fazem o caráter do homem.

Muitas vezes se diz que nem a hereditariedade nem o ambiente dão conta da conduta de um homem. E isso é verdade. Mas é verdade também que a hereditariedade *e* o ambiente dão conta de cada qualidade na "composição" humana. (...)

Bem, o que queremos dizer com "hereditariedade"?

Hereditariedade é "descendência" ou "linhagem". Hereditariedade, como a palavra é aqui usada, significa aquelas qualidades que são passadas de uma geração a outra. Significa aquelas qualidades que uma nova geração herda da geração da qual ela descende. Significa tudo o que está "nos seus genes". Se um homem herda um nariz grego, um temperamento violento, músculos firmes, um bom ouvido para música, do seu pai ou da sua mãe, essa qualidade ou característica é parte de sua hereditariedade. Ele a "herdou".

---

* N. de R.T. No original bottom dogs. A expressão idiomática presta-se para a especificação de tipos de membros da sociedade que pertencem às mais baixas camadas da sociedade: ralé, escória, pária.
[14] Extraído de *Not Guilty: A Defense of the Bottom Dog* (New York: Boni and Liveright, 1918).

Toda qualidade que uma criança possui no momento do nascimento, *toda* qualidade de corpo ou mente é herdada de seus pais ou ancestrais. E o todo dessas qualidades – que *são* a criança – é o que nós chamamos "hereditariedade".

Nenhuma criança traz ao mundo uma única qualidade de corpo ou mente que não tenha sido passada a ela por seus ancestrais.

...

Ora, visto que uma criança herda algumas qualidades de seu pai e outras de sua mãe, decorre disso que, se o pai e a mãe são diferentes um do outro, a criança precisa diferir de ambos e, contudo, assemelhar-se a ambos. Ela herdará do pai as qualidades que a mãe não herdou dos seus ancestrais, e ela vai herdar da mãe as qualidades que o pai não herdou dos seus ancestrais. Desse modo, a criança se parecerá com seus pais, sem ser uma cópia exata de nenhum deles. Ela "varia" em relação aos pais por herdar [qualidades] de ambos.

...

AMBIENTE

O que é o ambiente?

Quando falamos do ambiente de um homem, nós nos referimos àquilo que o cerca, às suas experiências; tudo o que ele vê, ouve, sente e aprende, a partir do instante em que a vela da sua vida é acesa até o instante em que a sua luz se apaga.

Por ambiente nós queremos dar a entender tudo o que desenvolve e modifica a criança ou o homem para o bem ou para o mal.

Com isso queremos dizer o leite da mãe, a casa, o estado de vida no qual a criança passa a viver. Nós nos referimos à babá que a amamenta, às crianças com quem brinca, à escola na qual aprende, à água que bebe, à comida que come. Nós nos referimos aos jogos que joga, ao trabalho que faz, aos sinais que vê, aos sons que ouve. Nós nos referimos às meninas que ama, à mulher com quem casa, aos filhos que cria, ao salário que recebe. Nós nos referimos às doenças que o testam, às tristezas que o machucam, aos amigos que o ajudam e aos inimigos que o ferem. Nós nos referimos a todas as suas esperanças e medos, suas vitórias e derrotas, suas crenças e desilusões. Nós nos referimos a todo o mal que faz e a toda a ajuda que oferece; todos os ideais que o tomam e as tentações que o cativam; todos os seus choros e seus risos, seus beijos e xingamentos, seus lances de sorte e seus erros azarados: tudo o que faz e sofre sob o sol.

Eu apresentei todos esses detalhes porque nós precisamos lembrar que tudo o que acontece a um homem, tudo o que o influencia, é parte do seu ambiente.

É um erro comum pensar no ambiente num sentido limitado, como se o ambiente não implicasse nada mais do que pobreza ou riqueza. Tudo para fora da nossa pele pertence ao nosso ambiente.

Pensemos nele de novo. Educação é ambiente; religião é ambiente; negócios e política são ambiente; todos os ideais, convenções e preconceitos de raça e classe são ambiente; literatura, ciência e jornais são ambiente; música, história e esportes são ambiente; beleza e feiúra são ambiente; guerra, viagem e comércio são ambiente; raios de sol e ozônio, honra e desonra, derrota e sucesso, são ambiente; amor é ambiente.

Eu enfatizo e multiplico os exemplos porque o poder do ambiente é tão imenso que dificilmente podemos superestimar a sua importância.

Uma criança não nasce com uma consciência, mas com os rudimentos de uma consciência: os materiais a partir dos quais uma consciência pode ou não ser desenvolvida – pelo ambiente.

Uma criança não nasce com capacidades, mas somente com potencialidades ou possibilidades para o bem ou para o mal, que podem ou não ser desenvolvidas – pelo ambiente.

Uma criança nasce absolutamente sem conhecimento. Todo átomo de conhecimento que recebe precisa ser obtido do ambiente.

...

COMO A HEREDITARIEDADE E O AMBIENTE FUNCIONAM

Há muitos indivíduos que têm alguma compreensão da hereditariedade e do ambiente quando tomados separadamente, mas que falham em reconhecer seus efeitos um sobre o outro.

A causa comum desse tropeço é fácil de remover.

Muitas vezes se diz que dois homens são afetados diferentemente pelo mesmo ambiente, ou o que parece ser o mesmo ambiente, e que, portanto, precisa haver algum poder no homem para "superar" o seu ambiente.

(...) a disputa entre um homem e seu ambiente é realmente uma disputa entre hereditariedade e ambiente. (...)

Determinado ambiente afetará dois homens diferentemente, porque a sua hereditariedade é diferente.

...

Tomemos o caso de duas crianças. Uma tem uma boa e a outra uma má hereditariedade. Uma é um bebê saudável, nascido de quem tem base moral. O outro é um degenerado, nascido de quem tem uma base imoral. Chamaremos o bebê saudável de Dick, e o bebê degenerado de Harry. ❶

Ao nascerem, eles são postos num ambiente de roubos, bebedeiras e vício. A eles se ensina a mentir, roubar e beber. Eles nunca ouvem nem veem um bom exemplo.

Harry, o degenerado, se entregará ao mal como um pato à água. Disso, penso eu, não há dúvida. E, quanto a Dick, o bebê saudável?

Dick nasceu sem conhecimento. Ele também nasceu com propensões subdesenvolvidas. Ele aprenderá o mal. Suas propensões serão treinadas para o mal. Como ele "superará o seu ambiente e se tornará bom"? Ele *não pode*. O que acontecerá no caso de Dick é que ele se tornará uma espécie diferente de criminoso – um criminoso mais forte e mais esperto do que Harry.

Contudo, ouço alguns dizerem, "nós sabemos de crianças, nascidas de ladrões e bêbados, e criadas em ambientes ruins, que se tornaram homens honestos e sóbrios". E a inferência é que elas se tornaram maiores do que o seu ambiente.

Mas essa inferência é equivocada. O *fato* é que essas crianças foram salvas por algum ambiente *bom*, agindo contra o mau.

...

Duas crianças podem nascer dos mesmos pais, ser criadas no mesmo barraco, na mesma favela, aprender as mesmas más lições. No entanto, elas encontrarão companheiros diferentes e terão experiências diferentes.

...

E nós sempre descobriremos que homens que superaram o seu ambiente foram realmente ajudados por um bom ambiente a superar o ambiente mau. Ele aprendeu algo de *bom*. E esse aprendizado é parte do seu ambiente. E ele precisa ter *aprendido* algo de bom, se ele sabe algo de bom, já que nasceu destituído de conhecimento.

...

É um erro pensar na hereditariedade como sendo totalmente boa ou totalmente má. Ela é mista. Nós herdamos, *todos* nós, qualidades boas e más.

É um erro pensar no ambiente como sendo totalmente bom totalmente mau. Ele é misto. Sempre há boas e más influências à volta de todos nós.

É um erro pensar que dois homens alguma vez já viveram exatamente no mesmo ambiente.

É tão impossível para o ambiente de quaisquer dois homens ser idêntico, quanto a sua hereditariedade ser idêntica. Como não há dois homens exatamente iguais, também não há dois homens cujas experiências sejam exatamente iguais. ❷

...

VONTADE LIVRE

A ilusão da vontade livre tem sido uma pedra de tropeço no caminho do pensamento humano por milhares de anos. Vejamos se o senso comum e o conhecimento comum não podem removê-la.

...

Quando um homem diz que sua vontade é livre, ele quer dizer que ela é li-

❶ Que haja inclinações hereditárias à imoralidade da maneira como sugerida aqui é algo que muita gente rejeita hoje em dia. Porém, é suficiente para os propósitos de Blatchford que algumas pessoas sejam hereditariamente mais suscetíveis às influências do ambiente na direção da imoralidade. E mesmo que isso não seja verdadeiro, então o papel do ambiente torna-se ainda maior, o que não afetaria as principais conclusões de Blatchford.

❷ Como pode Blatchford (ou quem quer que seja) justificar a afirmação de que duas pessoas que têm exatamente a mesma hereditariedade e vivem no mesmo ambiente se comportarão exatamente da mesma maneira nas mesmas circunstâncias? Mesmo gêmeos idênticos criados na mesma casa não têm exatamente o mesmo ambiente. Como pode essa afirmação ser estabelecida se tais casos nunca ocorrem?

> **❸** Essa afirmação é exagerada. "Sobrepor-se" à hereditariedade e ao ambiente sugeriria que eles não têm qualquer influência. Mas seria suficiente, ao menos para algum grau de liberdade, se essas coisas *influenciassem*, mas não *determinassem* completamente as ações de uma pessoa – isto é, se houvesse ao menos duas alternativas significativamente diferentes abertas a ela.

vre de todo controle ou interferência: que ela pode se sobrepor-se à hereditariedade e ao ambiente. ❸

Nós respondemos que a vontade é comandada pela hereditariedade e pelo ambiente.

...

Para começo de conversa, o homem comum vai estar contra mim. Ele sabe que escolhe entre dois cursos a toda hora, e muitas vezes a todo minuto, e pensa que a sua escolha é livre. Mas isso é uma ilusão: sua escolha não é livre. Ele pode escolher, e ele escolhe. Contudo, só pode escolher conforme a sua hereditariedade e o seu ambiente façam com que ele escolha. Ele nunca escolheu e nem escolherá exceto conforme a sua hereditariedade e o seu ambiente – o seu temperamento e o seu treinamento – façam com que ele escolha. E a sua hereditariedade e o seu ambiente fixaram a sua escolha antes que ele a fizesse.

O homem comum diz "eu sei que eu posso agir como eu desejo agir". Mas o que faz com que ele assim deseje?

O partido da vontade livre diz "nós sabemos que um homem pode e, de fato, escolhe entre dois atos". O que determina a escolha?

Há uma causa para cada desejo, uma causa para cada escolha; e toda causa para cada desejo e escolha surge da hereditariedade ou do ambiente.

Ora, um homem sempre age a partir do temperamento, que é hereditário, ou do treinamento, que é o ambiente.

E nos casos em que um homem hesita na sua escolha entre dois atos, a hesitação é devida a um conflito entre o seu temperamento e o seu treinamento ou, como alguns o expressariam, "entre o seu desejo e a sua consciência".

...

Suponhamos um caso. Uma jovem mulher recebe duas cartas pelo mesmo correio; uma é um convite para ir com seu namorado a um concerto, a outra é um pedido para que ela vá visitar uma criança doente na favela. A garota gosta muito de música e tem até mesmo medo das favelas. Ela deseja ir ao concerto e estar com o seu amante; ela teme as ruas fedorentas e a casa suja, além de se apavorar com o risco de sarampo e de febre. Mas ela vai encontrar com a criança doente e abre mão do concerto. Por quê?

Por que o seu senso de dever é mais forte do que o seu amor-próprio.

Ora, o seu sendo de dever é parcialmente devido à sua natureza – isto é, à sua hereditariedade –, mas é principalmente devido ao seu ambiente. Como todos nós, essa garota nasceu sem qualquer tipo de conhecimento e apenas com os rudimentos de uma consciência. Mas ela foi bem-ensinada, e o ensinamento é parte do seu ambiente.

Podemos dizer que a garota é livre para agir como escolhe, mas ela *age* como foi *ensinada* que *deve* agir. Esse ensinamento, que é parte do seu ambiente, controla a sua vontade.

Podemos dizer que um homem é livre para agir como ele escolhe. Ele é livre para agir como *ele* escolhe, mas *ele* escolherá conforme a hereditariedade e o ambiente fazem com que *ele* escolha. A hereditariedade e o ambiente fizeram dele o que ele é.

...

Macbeth era ambicioso, mas tinha uma consciência. Ele queria a coroa de Duncan, mas fugia da traição e da ingratidão. A ambição o puxava numa direção, enquanto a honra o puxava para outra. As forças opostas eram tão equilibradas que ele parecia incapaz de se decidir. Macbeth era livre para escolher? Em que medida ele era livre? Ele era tão livre que podia não chegar a nenhuma decisão, e foi a influência de sua mulher que fez a balança pender para o crime.

Madame Macbeth era livre para escolher? Ela não hesitou. Porque sua ambição era tão mais forte que a sua consciência ela nunca teve dúvidas. Ela escolheu conforme a sua ambição irresistível fez com que escolhesse.

E a maioria de nós, em nossas decisões, assemelha-se ou a Macbeth ou à sua esposa. Ou nossa natureza é muito mais forte do que o nosso treinamento, ou o nosso treinamento é muito mais forte do que a nossa natureza, de maneira que decidimos tão prontamente pelo bem ou pelo mal como um córrego decide correr morro abaixo; ou a nossa natureza e o nosso treinamento estão tão equilibrados que nós dificilmente decidimos.

No caso de Macbeth, a briga é bastante clara e fácil de acompanhar. Ele era ambicioso, e o seu ambiente ensinou-o a considerar a coroa como uma posse gloriosa e desejável. Contudo, o seu ambiente também o ensinou que o assassinato, a traição, a ingratidão eram maus e desonrosos.

Caso ele nunca tivesse aprendido essas lições, ou tivesse aprendido que a gratidão era loucura, que a honra era fraqueza e que o assassinato desculpável quando levasse ao poder, ele não teria hesitado de modo algum. Foi o seu ambiente que estorvou a sua vontade.

...

Dizemos que um bêbado e um abstêmio são livres por toda a vida para beber ou para recusar um copo de whisky. Mas sabemos em ambos os casos que a ação da vontade livre é previsível.

Em todos os casos, a ação da vontade depende da força relativa de dois ou mais motivos. O motivo mais forte decide a vontade, assim como o peso mais pesado decide como pendem os pratos da balança.

No caso de Macbeth, a balança parecia quase equilibrada: a persuasão da Lady Macbeth fez pender o prato do lado errado.

Se a vontade fosse livre, ela seria independente do temperamento e do treino, e assim agiria livremente tanto num caso quanto no outro. De modo que seria tão fácil para o bêbado quanto para o abstêmio recusar-se a beber por toda a vida: tão fácil para o ladrão quanto para o cardeal ser honesto; tão fácil para Macbeth quanto para Lady Macbeth selar o destino de Duncan.

No entanto, todos nós sabemos que é bem mais difícil para um homem do que para outro ficar sóbrio, ou ser honesto, ou virtuoso; e todos nós sabemos que a sobriedade, ou a honestidade, ou a virtude de qualquer homem depende de seu temperamento e treinos, ou seja, da sua hereditariedade e do seu ambiente. ❹

Como, então, podemos acreditar que a vontade livre está fora e é superior à hereditariedade a ao ambiente?

...

Os apóstolos da vontade livre acreditam que as vontades de todos os homens são livres. Mas um homem só pode querer aquilo que ele é capaz de querer. E um homem é capaz de querer aquilo que um outro homem é incapaz de querer. Negar isso é negar os fatos mais comuns de óbvios da vida. ❺

...

Todos sabemos que é possível prever a ação de certos homens em certos casos porque nós conhecemos o homem.

Sabemos que, nas mesmas condições, Jack Sheppard roubaria e o Cardeal Manning não. Sabemos que, nas mesmas condições, o marujo flertaria com a garçonete e o padre não; que o bêbado ficaria bêbado e o abstêmio continuaria sóbrio. Sabemos que Wellington recusaria um suborno, que Nelson não fugiria, que Bonaparte tomaria o poder, que Abraham Lincoln seria fiel à sua pátria, que Torquemada não pouparia o herege.* Por quê? Se a vontade é livre, como poderemos estar certos, antes de o teste surgir, a respeito de como a vontade deverá agir? ❻

CULPADO OU NÃO CULPADO?

Perguntemos se é verdade que tudo o que um homem faz é a única coisa que ele poderia fazer no momento em que o faz.

Essa é uma questão muito importante, porque, se a resposta for sim, todo mérito e toda a censura serão imerecidos.

Todo mérito e *toda* censura.

Tomemos alguma ação repugnante como teste.

Um vagabundo assassinou uma criança na estrada, roubou dela algum dinheiro e jogou seu corpo num valo.

"Você quer dizer que o vagabundo não pôde evitar fazer isso? Você quer di-

---

* N. de R.T: Jack Sheppard é um protagonista do seriado americano "Lost". As demais figuras são militares e políticos importantes na história da Grã-Bretanha, França e Espanha.

---

❹ Que é *mais difícil* para uma pessoa ser sóbria do que é para outra (o que parece óbvio) ainda não prova que aquilo que cada pessoa faz está *inteiramente* determinado pela hereditariedade e pelo ambiente.

❺ Contudo, fato de uma pessoa possa querer coisas que uma segunda pessoa não pode querer não mostra que *tudo* o que elas querem está determinado – que não há *nenhuma* alternativa significativa aberta a elas.

❻ PARE O fato de que o comportamento das pessoas ser na maior parte *previsível* mostra que este é inteiramente *determinado*? Se ele fosse completamente previsível, de modo que pudéssemos estar "certos" a respeito do que cada pessoa fosse fazer em cada situação, isso estabeleceria o determinismo? (É plausível que o comportamento das pessoas seja de fato *completamente* previsível? Pense em alguns exemplos aqui.

zer que ele não deve ser culpado? Você quer dizer que ele não deve ser punido?"

Sim. Eu digo todas essas coisas; e, se todas essas coisas não são verdadeiras, este livro não vale o papel no qual está impresso.

Devo provar isso? Eu já o provei. Porém, eu só instanciei atos venais, e agora nós estamos frente a um assassinato. E o horror de um assassinato leva os homens quase à loucura, de modo que eles param de pensar: eles só conseguem sentir.

Assassinato. Sim, um assassinato brutal. Ele nos afeta como um choque que nos faz passar mal. (...) Eu tenho de clamar pelo pobre coitado, o mais baixo, o mais detestável, o pior.

...

O vagabundo cometeu um assassinato. Foi um assassinato covarde e cruel, e o motivo foi o roubo.

Mas eu provei que todos os motivos e todos os poderes, todo o conhecimento e todas as capacidades, todos os atos e todas as palavras são causados pela hereditariedade e pelo ambiente.

Eu provei que um homem só pode ser bom ou mau na medida em que a hereditariedade e o ambiente fazem com que ele seja bom ou mau: eu provei essas coisas porque afirmei que todas as punições e recompensas, todo mérito e toda culpa são imerecidos.

...

Questões para Discussão

1. Blachtford oferece razões para pensar que a hereditariedade e especialmente o ambiente influenciam as escolhas das pessoas, tornam mais difícil para elas fazer certas coisas mais do que outras e talvez excluam inteiramente algumas escolhas. Essas razões, ou alguma outra que ele oferece, são convincentes em prol da afirmação de que o que uma pessoa faz é *inteiramente determinado* pela hereditariedade e pelo ambiente, de modo que nenhuma outra alternativa referente àquilo que ela fez era-lhe genuinamente possível?
2. Suponha que Blatchford esteja errado ao afirmar que as ações de uma pessoa são inteiramente determinadas pela hereditariedade e pelo ambiente. Uma possibilidade é de que há um grau de aleatoriedade na ação humana: que exista mais do que uma escolha possível para uma pessoa com uma hereditariedade e um ambiente específicos numa situação particular e que seja uma questão de acaso qual das escolhas possíveis essa pessoa fará. O que Blatchford provavelmente diria sobre uma escolha que nessa medida é aleatória? Você pensa que ele estaria certo? Há alguma outra alternativa além da completa determinação pela hereditariedade e pelo ambiente ou a determinação parcial mais um grau de aleatoriedade?
3. Se a visão determinista de Blatchford está correta, segue-se disso que não há propósito em punir (ou elogiar) as pessoas pelo que fazem? Você pode pensar em alguma justificação para a punição que seja compatível com o determinismo rígido?

Compatibilismo

David Hume

David Hume (1711-1776), filósofo e historiador escocês, é comumente considerado como um dos mais importantes e influentes filósofos de todos os tempos. Ele realizou trabalhos muito importantes em epistemologia, metafísica, ética e filosofia da religião, produzindo uma posição filosófica abrangente que chama a atenção por suas tendências céticas.

> Nesta seleção, Hume defende o compatibilismo (ou "determinismo suave"), argumentando que as ações de seres humanos normais são caracterizadas tanto pela necessidade (determinismo causal) quanto pela liberdade. Ele procura mostrar que a visão de que necessidade e liberdade são incompatíveis resulta da incompreensão desses conceitos.

Da Liberdade e da Necessidade,[15] Extraído de *Uma Investigação sobre o Entendimento Humano*

DA LIBERDADE E DA NECESSIDADE

Parte 1

Poder-se-ia esperar que em questões para as quais se fez campanhas e que têm sido discutidas com grande fervor, desde a primeira origem da ciência e da filosofia, que o significado de todos os termos tivessem ao menos sido acordados por todos os disputantes e que as nossas investigações, no curso de dois mil anos, tivessem sido capazes de passar das palavras para o assunto real e verdadeiro da controvérsia. Quão fácil pode parecer dar definições exatas dos termos empregados nos raciocínios e fazer dessas definições, não do mero som das palavras, o objeto da análise futura e do exame? Contudo, se consideramos o assunto mais de perto, seremos capazes de chegar à conclusão diametralmente oposta. A partir dessa circunstância apenas, de que uma controvérsia tem-se mantido de pé e de que permanece ainda sem decisão, podemos presumir que há alguma ambiguidade na expressão e que os disputantes fixam ideias diferentes aos termos empregados na controvérsia. Como se supõe que as faculdades da mente são naturalmente semelhantes em todos os indivíduos, pois de outro modo nada seria mais infrutífero do que raciocinar ou disputar conjuntamente, seria impossível, se os homens fixassem as mesmas ideias aos seus termos, que eles pudessem por tanto tempo formar opiniões diferentes sobre o mesmo assunto, especialmente quando comunicam suas visões, e cada partido ataca de todos os lados na busca de argumentos que possam dar-lhe a vitória sobre seus antagonistas. (...) ❶

Esse tem sido o caso com a questão, por muito tempo disputada, a respeito da liberdade e da necessidade; e num grau tão notável que, se não me engano muito, descobriremos que toda a humanidade, tanto instruídos quanto ignorantes, tem sempre sido da mesma opinião sobre o assunto e que umas poucas definições inteligíveis poderiam pôr um fim imediatamente a toda controvérsia. (...)

Eu espero, portanto, fazer parecer que todos os homens sempre concordaram sobre as doutrinas da necessidade e da liberdade, de acordo com um sentido razoável que possa ser dado a esses termos, e que a controvérsia toda até agora girou meramente em torno de palavras. Começaremos com o exame da doutrina da necessidade.

Admite-se universalmente que a matéria, em todas as suas operações, é motivada por uma força necessária e que todo efeito natural é tão precisamente determinado pela energia de sua causa que nenhum outro efeito, em tais circunstâncias particulares, poderia de alguma maneira ter resultado dela. O grau e a direção de todo movimento são, pelas leis da natureza, prescritos com tal exatidão que uma criatura viva poderia tão pronto surgir do choque de dois corpos quanto o movimento em algum outro grau ou alguma outra direção do que aqueles que foram efetivamente produzidos por ele. Se quisermos, então, formar uma ideia justa e precisa da *necessidade*, precisamos considerar de onde surge essa ideia quando a aplicamos à operação dos corpos. ❷

Parece evidente que, se todos os cenários da natureza fossem constantemente alterados de tal forma que nunca sequer dois eventos tivessem quaisquer

---

❶ A ideia de que disputas filosóficas resultam da confusão sobre o significado dos termos e de que podem ser resolvidas se esses termos forem esclarecidos é uma das doutrinas centrais do que veio a ser conhecido como a escola *analítica* de filosofia. Nesse sentido (e em outros), Hume é visto plausivelmente como uma das fontes históricas da visão analítica.

❷ Hume considera ser inquestionável que a necessidade (determinismo causal) aplica-se ao reino dos objetos materiais. Portanto, ele se propõe a determinar o que é a necessidade investigando a que ela equivale nesse reino.

---

[15] Extraído de *An Enquiry Concerning Human Understanding* (1978).

semelhança um com o outro, mas que todo objeto fosse inteiramente novo, sem qualquer similitude com o que tivesse acontecido anteriormente, nós jamais chegaríamos à mínima ideia de necessidade ou de uma conexão entre esses objetos. Poderíamos dizer, segundo tal suposição, que um objeto ou evento seguiu um outro, mas não que um foi produzido pelo outro. A relação de causa e efeito precisaria ser completamente desconhecida da humanidade. (...) Nossa ideia, portanto, de necessidade e da causação surge inteiramente da uniformidade observável nas operações da natureza, cujos objetos similares são constantemente postos juntos e a mente é determinada pelo costume de inferir um a partir da aparência do outro. Essas duas circunstâncias formam o todo daquela necessidade que atribuímos à matéria. Além da *conjunção* constante de objetos similares, não temos qualquer noção de qualquer necessidade ou conexão. ❸

Se parecer, portanto, que toda a humanidade sempre concordou, sem qualquer dúvida ou hesitação, com o fato de que essas duas circunstâncias verificam-se nas ações voluntárias dos homens e nas operações da mente, precisa seguir-se que toda a humanidade sempre concordou com a doutrina da necessidade e que os homens têm disputado até agora meramente porque não entendem uns aos outros.

Quanto à primeira circunstância, a conjunção constante e regular de eventos similares, talvez possamos nos satisfazer com as seguintes considerações. É universalmente reconhecido que há uma grande uniformidade nas ações humanas, em todas as nações e em todas as épocas, e que a natureza humana ainda permanece a mesma em seus princípios e operações. Os mesmo motivos sempre produzem as mesmas ações: os mesmos eventos decorrem das mesmas causas. Ambição, avareza, amor-próprio, vaidade, amizade, generosidade, espírito público: essas paixões misturadas em vários graus e distribuídas pela sociedade têm sido, desde o começo do mundo, e ainda são, a fonte de todas as ações e de todos os empreendimentos que já foram observados na humanidade. Você quer conhecer os sentimentos as inclinações e o gênero de vida dos gregos e dos romanos? Estuda bem o temperamento e as ações dos franceses e dos ingleses: você não se enganará muito ao transferir aos primeiros *a maioria* das observações que você fez em relação aos últimos. A humanidade é tão parecida em todos os tempos e lugares que a história não nos informa nada de novo ou estranho nesse particular. Sua principal utilidade é somente descobrir os princípios universais e constantes da natureza humana, mostrando os homens em toda a variedade de circunstâncias e situações, assim como fornecendo a nós materiais a partir dos quais podemos formar nossas observações e nos tornar familiarizados com os móveis regulares da ação e do comportamento. Esses registros de guerras, intrigas, facções e revoluções são tanto coleções de experimentos pelos quais o político ou o filósofo moral fixam os princípios de suas ciências quanto experimentos pelos quais um médico ou um filósofo natural familiarizam-se com a natureza das plantas, dos minerais e de outros objetos externos. Nem são a terra, a água e os outros elementos examinados por Aristóteles e Hipócrates mais parecidos com estes que presentemente observamos do que são os homens descritos por Políbio e Tácito em relação a estes que agora governam o mundo.

Caso um viajante, voltando de um país distante, trouxesse-nos um relato de homens completamente diferentes de qualquer um com o qual já estivemos alguma vez familiarizados – homens que eram completamente desprovidos de avareza, ambição ou vingança; que não conheciam nenhum outro prazer senão amizade, generosidade e espírito público –, nós imediatamente, a partir dessas circunstâncias, detectaríamos a falsidade e provaríamos que ele é um mentiroso, com a mesma certeza se ele tivesse recheado a sua narrativa com histórias de centauros e dragões, milagres e prodígios. E, se quisermos destruir qualquer falsificação na história, não precisamos fazer uso de um argumento mais convincente do que provar que as ações atribuídas a qualquer pessoa são diretamente contrárias ao curso da natureza e que nenhum motivo humano, nessas circunstâncias, poderia induzi-la a tal conduta. ❹ (...) Tão prontamente e universalmente reconhecemos uma uniformidade nos motivos e nas ações humanos quanto nas operações do corpo.

...

---

❸ **R** A sugestão de Hume é de que a necessidade, tal como ela se aplica ao reino dos corpos materiais, não equivale a mais do que (a) uma *conjunção constante* (eventos ou objetos de um tipo específico sendo regularmente seguidos por eventos ou objetos de um outro tipo específico) junto com (b) a consequente tendência da mente de *inferir* a ocorrência de um desses tipos de eventos ou objetos para a ocorrência de outro. (Ver o Capítulo 5 da seleção de Hume na seção sobre a indução do Capítulo 2)

❹ **R** O assunto é então se os dois elementos da necessidade também podem ser encontrados no reino das ações humanas. A afirmação de Hume é que o primeiro pode – e que, além disso, ninguém de fato discute isso. As ações humanas acontecem de maneira regular, e nós suspeitaríamos de relatos em contrário.

Não devemos, no entanto, esperar que essa uniformidade das ações humanas seja levada tão longe a ponto que todos os homens, nas mesmas circunstâncias, sempre agirão precisamente da mesma maneira, sem fazer qualquer consideração à diversidade de caracteres, preconceitos e opiniões. Tal uniformidade em todos os particulares não é encontrada em nenhuma parte da natureza. Ao contrário, a partir da observação da variedade da conduta em homens diferentes, somos capazes de formar uma grande variedade de máximas, as quais ainda dão suporte a um grau de uniformidade e regularidade.

Os modos dos homens são diferentes em diferentes épocas e países? Disso nós aprendemos a grande força do costume e da educação, que molda a mente humana desde a sua infância e a forma num caráter fixo e estabelecido. O comportamento e a conduta de um sexo são muito diferentes do comportamento e da conduta do outro? É a partir disso que nos tornamos familiarizados com os diferentes caracteres que a natureza impôs aos sexos e que ela preserva com constância e regularidade. As ações de uma mesma pessoa são muito diversas nos diferentes períodos de sua vida, da infância à velhice? Isso dá lugar a muitas observações gerais sobre as mudanças graduais de nossos sentimentos e inclinações, assim como sobre as distintas máximas que prevalecem nas diferentes idades das criaturas humanas. Mesmo o caráter, que é peculiar a cada indivíduo, tem uma uniformidade em sua influência; de outro modo, nossa familiaridade com as pessoas e nossas observações acerca de sua conduta nunca poderiam nos ensinar as suas inclinações ou servir para direcionar nosso comportamento com relação a elas. ❺

Admito que é possível encontrar algumas ações que não parecem ter qualquer conexão regular com quaisquer motivos conhecidos e que são exceções a todas a medidas de conduta que alguma vez foram estabelecidas para o governo dos homens. Porém, se quisermos muito saber que juízo devemos formar de tais ações irregulares e extraordinárias, podemos considerar os sentimentos comumente envolvidos com relação a esses eventos irregulares que aparecem no curso da natureza e as operações dos objetos externos. (...)

O vulgo, que aceita as coisas como lhe aparecem à primeira vista, atribui a incerteza dos eventos a essa incerteza das causas que faz com que estas últimas muitas vezes falhem quanto à sua influência usual, embora não encontrem qualquer impedimento em suas operações. Mas os filósofos, observando que em quase toda parte da natureza existe uma vasta variedade de fontes e princípios que estão escondidos, em função de sua pequenez e de seu afastamento, concluem que é ao menos possível que a contrariedade dos eventos possa não proceder de nenhuma contingência na causa, mas da operação de causas contrárias. Essa possibilidade é convertida em certeza por mais essa consideração quando eles observam que, após um exame exato, uma contrariedade de efeitos sempre indica uma contrariedade nas causas e procede de sua mútua oposição. Um camponês não pode dar melhor explicação para a parada de algum relógio do que dizer que ele simplesmente não costuma regular, mas um artífice facilmente percebe que a mesma força na mola ou no pêndulo tem sempre a mesma influência sobre as engrenagens e que talvez falhe em seu efeito usual devido a um grão de poeira que põe fim a todo o movimento. Da observação de vários exemplos paralelos, os filósofos formam a máxima de que a conexão entre todas as causas e efeitos é igualmente necessária e de que a aparente incerteza em alguma instância provém da oposição secreta de causas contrárias.

...

O filósofo, se ele for consistente, precisa aplicar o mesmo raciocínio a ações e volições de agentes inteligentes. As resoluções mais irregulares e inesperadas dos homens podem frequentemente ser explicadas por aqueles que conhecem toda circunstância particular do seu caráter e da situação. Uma pessoa de disposição obsequiosa dá uma resposta irritada; ou ela está com dor de dente ou ainda não almoçou. Um indivíduo ignorante revela um contentamento incomum em seu comportamento; talvez ele tenha tido uma grande sorte. Mesmo quando uma ação, quando algo acontece, não pode ser explicada em especial, nem pela própria pessoa nem pelos outros, nós sabemos, em geral, que o caráter dos homens é,

❺ R As pessoas nem sempre agem da mesma maneira nas mesmas circunstâncias externas, mas isso apenas mostra que o costume, a educação e o caráter também são causalmente relevantes.

em certo grau, inconstante e irregular. Esse é, de certa forma, o caráter constante da natureza humana, embora ele seja aplicável, de um modo mais particular, a algumas pessoas que não têm uma regra fixa para a sua conduta, mas que procedem num curso contínuo de caprichos e inconstâncias. Os princípios e motivos internos podem operar de uma maneira uniforme, apesar das aparentes irregularidades, assim como se supõe que os ventos, a chuva, as nuvens e as outras variações do tempo são governadas por princípios firmes, embora não sejam facilmente descobertos pela sagacidade e pela investigação humanas. ❻

Desse modo, parece não só que a conjunção entre motivos e ações voluntárias é tão regular e uniforme como essa entre a causa e o efeito em toda parte da natureza, mas também que essa conjunção constante tem sido universalmente reconhecida pela humanidade e nunca foi alvo de disputa, quer na filosofia quer na vida comum. Ora, como é a partir da experiência passada que fazemos todas as inferências a respeito do futuro e como concluímos que os objetos sempre estarão juntos, esses que descobrimos que sempre estiveram juntos, poderá parecer supérfluo provar que essa uniformidade experienciada nas ações humanas seja a fonte da qual extraímos *inferências* a respeito delas. Contudo, a fim de colocar o argumento sob uma variedade maior de luzes, nós também insistiremos, embora brevemente, nesse último tópico.

A dependência mútua dos homens é tão grande em todas as sociedades que quase não há ação humana que seja completa em si mesma, ou seja, realizada sem alguma referência às ações de outros, que são exigidas para que ela responda completamente à intenção do agente. O mais pobre dos inventores, que trabalha sozinho, espera a proteção do magistrado para assegurar a ele o aproveitamento do fruto do seu trabalho. Ele também espera que, quando levar seus bens ao mercado e oferecê-los a preços razoáveis, encontrará compradores e será capaz, com o dinheiro que obtiver, de engajar outros a lhe suprirem com os produtos que são necessários à sua sobrevivência. À medida que os homens estendem seus negócios e tornam os seus relacionamentos com outros mais complexos, eles sempre envolvem, em seus esquemas de vida, uma grande quantidade de ações voluntárias, as quais eles esperam que, a partir de motivos próprios, cooperem com os seus. Em todas essas conclusões, eles tomam sua orientação da experiência passada, da mesma maneira como em seus raciocínios a respeito dos objetos externos, e acreditam firmemente que os homens, assim como todos os elementos, continuarão sendo, em suas operações, os mesmos como eles sempre os encontraram. Um fabricante conta com o trabalho de seus empregados para a execução de qualquer obra tanto quanto ele conta com os instrumentos que emprega e ficaria igualmente surpreso se as suas expectativas fossem frustradas. Em suma, essa inferência e esse raciocínio experimentais a respeito das ações dos outros entram de tal modo na vida humana que nenhum homem, enquanto acordado, está em algum momento sem empregá-los. Não temos razões, portanto, para afirmar que toda a humanidade sempre concordou com a doutrina da necessidade de acordo com a definição e a explicação anteriores dela?

Nem os filósofos jamais consideraram alguma opinião diferente das pessoas nesse particular. Para não mencionar que quase toda a ação das suas vidas supõe aquela opinião, há mesmo poucas partes do conhecimento especulativo para as quais ela não é essencial. O que seria da *história* se não dependêssemos da veracidade do historiador de acordo com a experiência que tivemos da humanidade? Como a *política* poderia ser uma ciência se as leis e as formas de governo não tivessem uma influência uniforme sobre a sociedade? Onde estaria o fundamento da *moral* se os caracteres particulares não tivessem poderes certos ou determinados de produzir sentimentos particulares e se esses sentimentos não tivessem nenhuma operação constante sobre as ações? E com qual pretensão poderíamos empregar a nossa *crítica* de algum poeta ou autor refinado se não pudéssemos afirmar que a conduta e os sentimentos dos seus atores são naturais ou não naturais para tais caracteres em tais circunstâncias? Parece quase impossível, portanto, envolver-se quer na ciência quer na ação de qualquer espécie sem reconhecer a doutrina da necessidade – e essa *inferência* vai do motivo para as ações voluntárias, dos caracteres à conduta. ❼

---

❻ **R** Em ambos os reinos (dos corpos materiais e das ações humanas), há exceções às regularidades gerais da sucessão. Hume considera que isso mostra, em ambos os casos, somente que há outras causas operando, as quais ainda não foram descobertas.

❼ **R** Além disso, não há dúvida de que no reino das ações humanas, assim como no reino dos corpos materiais, nós confiamos nos padrões de uniformidade para inferir o que as pessoas farão em várias circunstâncias, dados motivos específicos. Tanto as ações ordinárias no mundo quanto o estudo acadêmico das ações humanas dependem essencialmente dessas inferências.

E, de fato, quando consideramos quão adequadamente se juntam a evidência *natural* e a *moral*, formando somente uma cadeia de argumentação, não temos escrúpulos para admitir que são da mesma natureza e que derivam dos mesmos princípios. Um prisioneiro que não tem nem dinheiro nem dinheiro em haver descobre a impossibilidade de escapar quando ele considera tanto a determinação do carcereiro quanto as paredes e grades com as quais está rodeado; e, em todas as tentativas para obter a liberdade, escolhe ao invés trabalhar sobre a pedra e o ferro de um do que sobre a natureza inflexível daquele outro. O mesmo prisioneiro, quando conduzido para o cadafalso, prevê sua morte tão certamente a partir da constância e fidelidade dos seus guardas quanto da operação do machado ou da roda. Sua mente percorre certo curso de ideias: a recusa dos guardas em consentir em sua fuga; a ação do executor; a separação da cabeça e do corpo; o sangramento, os movimentos compulsivos e a morte. Aqui temos uma cadeia conexa de causas naturais e ações voluntárias, mas a mente não sente nenhuma diferença entre eles ao passar de um elo ao outro. E nem está menos certa do evento futuro se ele estivesse conectado com os objetos presentes à memória ou aos sentidos, por uma sequência de causas cimentadas juntas por aquilo que podemos chamar de uma necessidade *física*. A mesma união experienciada tem o mesmo efeito sobre a mente, não importa que os objetos unidos sejam motivos, volições e ações ou figura e movimento. Podemos mudar o nome das coisas; porém a sua natureza e a sua operação sobre o entendimento não mudam jamais.

Se um homem, que eu sei que é honesto e opulento, com o qual eu tenho uma amizade íntima, vier a minha casa, onde estou cercado por meus criados, eu ficarei tranquilo que ele não me apunhalará antes de sair para roubar o meu tinteiro de prata; e eu não suspeitarei desse evento nem da queda da própria casa, que é nova e construída solidamente e alicerçada. – *Mas ele pode ser acometido de uma loucura súbita e desconhecida.* – Do mesmo modo, pode acontecer um terremoto repentino e sacudir ou derrubar a minha casa à minha volta. Eu então mudarei as suposições. Eu direi que sei com certeza que ele não colocará sua mão no fogo e a manterá lá até que seja consumida: e penso que eu posso prever esse evento com a mesma segurança de que, se ele se atirar para fora da janela e não encontrar nenhum obstáculo, ele não permanecerá por um momento suspenso no ar. Nenhuma suspeita de uma loucura desconhecida pode dar a menor possibilidade para o primeiro evento, que é tão contrário a todos os princípios conhecidos da natureza humana. Um homem que ao meio-dia deixa sua carteira cheia de ouro na calçada em Charing Cross pode ter a expectativa tanto de que ela sumirá voando como uma pena quanto de que ele a encontrará intocada depois de uma hora. Mais de uma metade dos raciocínios humanos contém inferências de uma natureza similar, acompanhados de graus de certeza maiores ou menores que são proporcionais à nossa experiência da conduta habitual da humanidade em tais situações particulares. ❽

Tenho frequentemente considerado quais poderiam porventura ser as razões por que toda a humanidade, embora ela sempre tenha, sem hesitação, reconhecido a doutrina da necessidade em toda a sua prática e raciocínio, tem demonstrado tanta relutância em reconhecê-la em palavras e demonstrado uma propensão, em todas as épocas, de professar a opinião contrária. A questão pode ser respondida, penso eu, da seguinte maneira: se examinarmos as operações do corpo e a produção de efeitos a partir de suas causas, descobriremos que nenhuma das nossas faculdades pode nos levar mais adiante no conhecimento dessa relação do que simplesmente observar que objetos particulares estão *constantemente unidos* e que a mente é levada, por uma *transição costumeira*, da aparência de um para a crença no outro. Embora essa conclusão concernente à ignorância humana seja o resultado de uma análise a mais cuidadosa desse assunto, os homens ainda têm uma forte propensão de acreditar que podem penetrar mais nos poderes da natureza e perceber algo como uma conexão necessária entre a causa e o efeito. Quando eles voltam a sua reflexão para as operações de suas próprias mentes e não *sentem* nenhuma conexão desse tipo, seja do motivo seja da ação, são capazes de supor que há uma diferença entre os efeitos que resultam da força material e aqueles que surgem do pensamento e

R ❽ De fato, muitas vezes raciocinamos de modo a integrar regularidades pertencentes aos corpos materiais com aquelas pertencentes às ações humanas, com menos incerteza em relação às últimas do que com relação às primeiras.

da inteligência. Porém, estando uma vez convencidos de que não sabemos nada mais a respeito da causação, de nenhuma espécie, do que a *conjunção constante* de objetos e a consequente *inferência* da mente de um para o outro, e descobrindo que essas duas circunstâncias são universalmente admitidas como obtendo nas ações voluntárias, nós poderemos ser mais facilmente conduzidos a reconhecer a mesma necessidade comum a todas as causas. E embora esse raciocínio possa contradizer os sistemas de muitos filósofos, ao atribuir necessidade às determinações da vontade, nós descobriremos, após considerar o assunto, que eles discordam dela em palavras somente, não em seus sentimentos reais. A necessidade, de acordo com o sentido em que ela é tomada aqui, nunca foi rejeitada, e nem pode, penso eu, ser rejeitada por quaisquer filósofos (...). ❾

Parece inclusive que os homens começam do lado errado quanto a essa questão sobre liberdade e necessidade quando a abordam examinando as faculdades da alma, a influência do entendimento e as operações da vontade. Que discutam antes uma questão mais simples, a saber, as operações do corpo e da matéria bruta não inteligente, e vejam se aí podem formar qualquer ideia de causação e necessidade, exceto esta de uma conjunção constante de objetos e a subsequente inferência da mente de um para o outro. Se essas circunstâncias formam, na realidade, o todo daquela necessidade que concebemos na matéria, e se essas circunstâncias também são universalmente reconhecidas como tomando parte nas operações da mente, então a disputa está no fim, ou ao menos precisará ser reconhecida, a partir disso, como meramente verbal. Contudo, enquanto continuarmos a supor precipitadamente que temos alguma ideia a mais de necessidade e causação nas operações dos objetos externos, ao mesmo tempo em que não descobrimos nada nas ações voluntárias da mente, não há possibilidade de trazermos a questão para um tópico determinado enquanto procedemos segundo uma suposição tão errônea. O único método de nos desenganarmos é colocando-nos num ponto mais alto e examinando a extensão limitada da ciência quando ela é aplicada às causas materiais para nos convencer de que tudo o que sabemos a respeito delas é a conjunção constante e a inferência antes mencionadas. Poderemos talvez descobrir que é com dificuldade que somos induzidos a fixar tais limites estreitos ao entendimento humano, mas não poderemos posteriormente encontrar qualquer dificuldade quando viermos a aplicar essa doutrina às ações da vontade. Como é evidente que elas têm uma conjunção regular com motivos e circunstâncias e caracteres, e como nós sempre realizamos inferências de um para o outro, seremos obrigados a reconhecer em palavras aquela necessidade que já foi declarada em todas as deliberações de nossa vida, em todos os passos da nossa conduta e comportamento.[16]

No entanto, para prosseguirmos em nosso projeto reconciliatório com relação à questão da liberdade e necessidade – a questão mais controversa da metafísica, a mais controversa das ciências –, não serão necessárias muitas palavras para provar que toda a humanidade sempre concordou a respeito da doutrina da liberdade, assim como a respeito daquela doutrina da necessidade, e que a disputa toda, nesse âmbito também, tem sido até agora meramente verbal. O que quer se dizer com liberdade quando aplicada às

❾ **R** Uma maneira como as pessoas são enganadas em relação a esses assuntos, sugere Hume, é pensar que a conexão necessária de uma espécie que vai além dos dois elementos que ele indicou é perceptível na natureza, mas não nas ações das suas próprias mentes – que nós podemos de algum modo perceber a conexão causal em si mesma, e não apenas a regularidade que resulta dela. Hume nega que esse seja o caso.

---

[16] A prevalência da doutrina da liberdade pode ser explicada por outra causa, a saber, uma falsa sensação ou experiência aparente que nós temos, ou poderíamos ter, de liberdade ou indiferença em muitas de nossas ações. A necessidade de qualquer ação, seja da matéria seja da mente, não é, estritamente falando, uma qualidade do agente, mas de qualquer ser pensante ou inteligente que possa estar considerando a ação, e consiste principalmente na determinação de seus pensamentos de inferir a existência daquela ação a partir de alguns objetos precedentes; como a liberdade, quando oposta à necessidade, não é nada senão uma falta daquela determinação, certa frouxidão ou indiferença que sentimos ao passarmos, ou não passarmos, da ideia de um objeto para aquela de qualquer objeto que se sucede. Podemos observar que, embora ao *refletirmos* sobre as ações humanas, nós raramente sentimos tal frouxidão ou indiferença, mas somos comumente capazes de inferi-las com considerável certeza a partir de seus motivos e das inclinações do agente, com frequência acontece que, ao *realizarmos* as próprias ações, somos sensíveis a algo semelhante àquilo. E como todos os objetos parecidos são prontamente tomados um pelo outro, isso tem sido usado como uma prova demonstrativa ou até mesmo intuitiva da liberdade humana. *(continua)*

ações voluntárias? Com certeza, não podemos querer dizer que as ações têm tão pouca conexão com motivos, inclinações e circunstâncias que uma não ocorre com um certo grau de uniformidade da outra e que uma não possibilita qualquer inferência através da qual podemos concluir a existência de outra, pois esses são fatos óbvios e reconhecidos. Por liberdade, portanto, podemos somente querer dizer *um poder de agir ou não agir de acordo com as determinações da vontade*; isto é, se escolhemos ficar parados, podemos fazer isso; se escolhemos nos mover, também podemos fazer isso. Ora, essa liberdade hipotética é universalmente aceita como pertencendo a qualquer um que não seja prisioneiro ou esteja acorrentado. Aqui, portanto, não há qualquer assunto para disputa. ❿

Qualquer definição que queiramos dar a respeito da liberdade, devemos ser cuidadosos quanto a observar duas circunstâncias indispensáveis: *primeiro*, que ela seja consistente com os fatos mais óbvios; *segundo*, que ela seja consistente consigo mesma. Se observarmos essas circunstâncias e tornarmos nossa definição inteligível, estou convencido de que toda a humanidade se revelará como tendo uma opinião com relação a ela.

...

Não tivessem os objetos uma conjunção regular uns com os outros, nunca consideraríamos qualquer noção de causa e efeito; e essa conjunção regular produz aquela inferência do entendimento que é a única conexão da qual temos alguma compreensão. Qualquer um que tente uma definição de causa, que exclua essas circunstâncias, será obrigado a empregar ou termos ininteligíveis ou termos que são sinônimos com o termo que ele tenta definir. E se a definição antes mencionada for admitida, a liberdade – quando oposta à necessidade, não à coibição – é a mesma coisa que o acaso, o qual se reconhece universalmente como inexistente. ⓬

Parte II

Não há método de raciocínio mais comum, e contudo nenhum mais censurável, do que nas disputas filosóficas tentar refutar qualquer hipótese através da pretensão de suas consequências perigosas para a religião e para a moralidade. Quando uma opinião conduz a absurdos, ela é certamente falsa; porém, não é certo que uma opinião seja falsa por ter consequências perigosas. Tais tópicos, portanto, deveriam ser completamente deixados de lado, por não servirem de nenhum modo para a descoberta da verdade, mas apenas para tornar odiosa a pessoa do antagonista. Isso eu observo em geral, sem pretender extrair qualquer vantagem disso. Eu francamente me submeto a um exame dessa espécie e me aventuro a afirmar que as doutrinas, tanto da necessidade quanto da liberdade, tal como foram explicadas aqui, são não só consistentes com a moralidade, mas absolutamente essenciais para o seu suporte.

A necessidade pode ser definida de dois modos, de acordo com as duas definições de *causa*, das quais ela é uma parte essencial. Ela consiste ou na conjunção constante de objetos similares, ou na inferência do entendimento de um objeto para o outro. Ora, a necessidade, em ambos os sentidos (que no fundo são o mesmo), foi universalmente reconhecida, embora tacitamente, nas escolas, no púlpito e na vida comum, por pertencer à vontade do homem; e ninguém jamais pretendeu negar que podemos fazer inferências a respeito das ações humanas e

---

❿ R A que, portanto, equivale a liberdade, se não à negação da regularidade e à possibilidade de inferirmos o que todos admitem? Hume sugere que a liberdade significa somente agir (ou não agir) de acordo com as determinações da vontade, isto é, tal como alguém decide. Como isso é inteiramente compatível com o fato de a ação e a escolha serem causalmente determinadas, Hume afirma assim *reconciliar* liberdade com necessidade (determinismo causal).

⓫ R Por "doutrina da liberdade" Hume aqui quer dar a entender a equivocada (de acordo com ele) ideia de que há uma espécie de liberdade pertencente às ações humanas que é distinta e incompatível com a necessidade causal. Sua sugestão é de que a plausibilidade dessa ideia resulta de parecer, numa situação em que a pessoa está efetivamente realizando uma ação, que mais de uma alternativa é possível; que embora ele faça uma coisa, ele simplesmente poderia ter feito algo outro. Hume considera isso como uma espécie de ilusão, como é revelado pelo fato de que um observador externo (ou mesmo a própria pessoa refletindo posteriormente) irá considerar a ação tão regular e previsível como qualquer outra coisa.

⓬ Uma liberdade que é incompatível com a necessidade redundaria em acaso ou aleatoriedade. A afirmação de Hume, muito mais plausível então do que agora, é que o acaso genuíno não existe.

Sentimos que nossas ações estão sujeitas à nossa vontade na maioria das ocasiões e imaginamos sentir que a própria vontade não está sujeita a nada, porque, quando através de uma negação dela somos provocados a tentar, sentimos que ela se move facilmente de todas as formas e produz um imagem de si mesma (...) mesmo daquele lado para o qual ela não se estabeleceu. Essa imagem, ou movimento imaginário, assim nos persuadimos, poderia ter-se tornado realidade naquele momento, porque, se isso fosse negado, descobrimos, numa segunda tentativa, que ela pode assim se tornar. Não consideramos que o desejo fantasioso de mostrar liberdade é aqui o motivo das nossas ações. E parece certo que, embora possamos imaginar que sentimos uma liberdade dentro de nós, um espectador pode normalmente inferir nossas ações a partir dos nossos motivos e caráter; e mesmo quando ele não pode, ele conclui, em geral, que poderia inferir isso caso estivesse perfeitamente familiarizado com todas as circunstâncias da nossa situação e do nosso temperamento, e as fontes mais secretas da nossa compleição e disposição. Ora, essa é a própria essência da necessidade, de acordo com a doutrina precedente. ⓫

que essas inferências estão fundadas na união experienciada de ações semelhantes com motivos, inclinações e circunstâncias semelhantes. O único particular no qual alguém pode diferir é que talvez ou se recusará a dar o nome de necessidade a essa propriedade das ações humanas – todavia, na medida em que o significado é compreendido, eu espero que a palavra não vá causar danos –, ou afirmará que é possível descobrir algo a mais nas operações da matéria. No entanto, isso precisa ser reconhecido, não pode ter qualquer importância para a moralidade ou para a religião qualquer que possa ter para a filosofia natural ou para a metafísica. Podemos aqui estar enganados ao afirmar que não há qualquer outra ideia de necessidade ou conexão necessária nas ações dos corpos, mas certamente não atribuímos nada às ações da mente, senão o que todo mundo atribui e que precisa ser prontamente admitido. Não mudamos nenhuma circunstância no sistema ortodoxo aceito com relação à vontade, mas somente com relação aos objetos materiais e às causas. Nada, portanto, pode ser mais inocente do que essa doutrina.

Como todas as leis estão fundadas em recompensas e punições, supõe-se como um princípio fundamental que esses motivos têm uma influência regular e uniforme sobre a mente e que ambos produzem as boas e evitam as más ações. Podemos dar a essa influência o nome que quisermos; porém, como ela está usualmente conjugada à ação, precisa ser considerada como a *causa* e precisa ser vista como um caso daquela necessidade que pretendemos aqui estabelecer. **13**

O único objeto apropriado do ódio ou da vingança é uma pessoa ou criatura dotada de pensamento e consciência; e quando quaisquer ações criminosas ou nocivas excitam aquela paixão, é somente por suas relações com a pessoa ou por sua conexão com ela. As ações são, por sua própria natureza, temporárias e perecíveis; quando elas não procedem de alguma *causa* no caráter ou na disposição da pessoa que as realizou, nunca podem redundar na sua honra, se forem boas, ou na sua infâmia, se forem más. As próprias ações podem ser censuráveis; elas podem ser contrárias a todas as regras da moralidade e da religião. Contudo, se a pessoa não é responsável por elas, na medida em que não procedem de nada que seja durável e constante, nem abandonam essa natureza após passarem, será impossível que ela possa, por causa disso, tornar-se o objeto de punição ou vingança. De acordo com o princípio que nega a necessidade, e consequentemente as causas, um homem é tão puro e imaculado após ter cometido os crimes mais terríveis como no primeiro momento do seu nascimento, e nem está o seu caráter de nenhum modo envolvido em suas ações, pois não são derivadas delas, e a maldade de umas nunca pode ser usada para provar a depravação do outro.

Os homens não são censurados por aquelas ações que eles realizam ignorantemente ou casualmente, não importam quais sejam as consequências. Por quê? Porque os princípios dessas ações são apenas momentâneos e só terminam com elas. Os homens são menos censurados por tais ações que eles realizam de forma precipitada e não premeditada do que por aquelas que provêm da deliberação. Por quê? Porque um temperamento precipitado, embora seja uma causa ou um princípio constante na mente, opera apenas em intervalos e não influencia todo o caráter. Mais ainda, o arrependimento apaga todo crime se for acompanhado de uma reforma de vida e de hábitos. Como se deve explicar isso? Afirmando-se que as ações somente tornam a pessoa criminosa na medida em que elas são provas de princípios criminosos na mente; e quando, por uma alteração desses princípios, elas deixam de ser provas certas, também deixam de ser criminosas. Todavia, a não ser pela doutrina da necessidade, elas nunca seriam provas certas e, consequentemente, nunca seriam criminosas. **14**

Será igualmente fácil provar, e com os mesmos argumentos, que a *liberdade*, de acordo com aquela definição antes mencionada, com a qual todos os homens concordam, é também essencial à moralidade e que nenhuma ação humana, onde ela estiver faltando, será suscetível de qualquer qualidade moral, ou será objeto quer de aprovação quer de desapreço. Como as ações são objetos do nosso sentimento moral somente na medida em que elas são indicações do caráter interno, das paixões e das afecções, é impossível que elas possam dar lugar ao elogio ou à censura caso não procedam desses princípios, mas sejam derivadas completamente da violência externa. **15**

...

---

13 R A necessidade também é exigida para se fazer sentido da prática de recompensar e punir as pessoas, que pressupõe que tais coisas irão influenciar (causalmente afetar) o seu comportamento (e o dos outros) de um modo regular.

14 R Censurar e punir alguém por uma ação faz sentido somente se a ação flui de modo regular do caráter da pessoa, novamente pressupondo a necessidade causal.

15 R Desse modo, a liberdade no sentido compatibilista é essencial a qualquer tipo de avaliação moral das ações humanas.

Questões para Discussão

1. A visão de Hume é que a necessidade causal, na medida em que temos conhecimento dela, redunda somente em (a) uma sucessão regular junto com (b) a tendência da mente de inferir uma das coisas que está regularmente conjugada para outra. Ele nega que qualquer tipo mais forte de conexão entre causa e efeito seja reconhecível. Isso está certo? Ou a causalidade parece essencialmente envolver a ideia de que um evento *faz* o outro acontecer? Avalie a visão de Hume sobre esse ponto pensando numa série de exemplos.

2. Na longa nota à página 263, Hume reconheceu que numa situação efetiva de ação a nossa escolha não *parece* ser determinada, mas em vez disso que duas ou mais opções *parecem* estar genuinamente abertas. Essa espécie de experimento oferece o argumento básico para a existência da liberdade no sentido libertarista, que é incompatível com o determinismo. Hume está certo em rejeitá-lo como uma ilusão? Como podemos decidir esse assunto tão difícil? Pense sobre isso considerando alguns exemplos efetivos de escolhas importantes.

3. Hume nega que o acaso ou a aleatoriedade genuinamente existam. Suponha que ele esteja errado sobre isso (como os resultados da teoria quântica parecem mostrar). Seria então plausível identificar uma ação livre com um desses resultados do acaso? A discussão de Hume sugere alguma outra objeção a tal visão?

W.T. Stace

Walter Terence Stace (1886-1967) foi um filósofo inglês que serviu no Serviço Civil Britânico no Ceilão e, posteriormente, lecionou em Princeton. Stace era tanto empirista (ver Capítulo 2) quanto utilitarista (ver Capítulo 5), mas também tentou criar espaço em sua filosofia para a experiência religiosa. Nesta seleção, ele defende uma posição compatibilista (um determinismo suave), de acordo com o qual a liberdade não é incompatível com o determinismo causal, porém, exige que uma ação seja determinada *da maneira certa*: pelos estados psicológicos da própria pessoa, e não por alguma coisa fora dela. A sua posição é em muitos aspectos bastante próxima à de Hume, embora com muito mais exemplos e alguns argumentos a mais.

Uma Explicação sobre a Compatibilidade entre Vontade Livre, Religião e Pensamento Moderno[17]

(...) Discutirei, inicialmente, o problema da vontade livre, pois é certo que, se não houver uma vontade livre, não haverá moralidade. A moralidade está preocupada com o que os homens devem e não devem fazer. Todavia, se o homem não tem liberdade para escolher o que fará, se tudo o que fizer será sob compulsão, então não faz sentido dizer-lhe que deve fazer algo diferente. Todos os preceitos morais seriam, em tal caso, sem sentido. Além disso, se ele age sempre sob compulsão, como pode ser considerado moralmente responsável por suas ações? Como pode, por exemplo, ser punido por aquilo que ele não podia evitar fazer?

Devemos observar que estes doutos professores de filosofia ou de psicologia que negam a existência da vontade livre o fazem somente nos seus momentos profissionais e nos seus escritórios e nas salas de aula. Quando se trata de fazer qualquer

---

[17] Extraído de *Religion and the Modern Mind* (Philadelphia: Lippincott, 1952).

coisa prática, mesmo aquela mais trivial, eles invariavelmente se comportam como se eles e os outros fossem livres. Eles lhe perguntam no jantar se você vai escolher este ou aquele prato. Eles perguntarão a uma criança porque contou uma mentira e irão puni-la por não ter escolhido o caminho da verdade. Tudo isso é inconsistente com uma descrença na vontade livre. Isso deveria levar-nos a suspeitar que o problema não é um problema real: e esse, creio eu, é o caso. A disputa é meramente verbal e deve-se a nada mais do que uma confusão a respeito dos significados das palavras. É o que agora está na moda chamar de um problema semântico. ❶

Como surge uma disputa verbal? Consideremos um caso que, embora seja absurdo no sentido em que ninguém jamais cometeria o erro envolvido nele, ilustra o princípio que deveremos usar na solução do problema. Suponha que alguém acredite que a palavra "homem" designa uma certa espécie de animal de cinco pernas; em resumo, que "animal de cinco pernas" é a *definição* correta de homem. Ele poderá então vasculhar o mundo e, observando corretamente que não há animais de cinco pernas, passará a negar a existência de homens. Essa conclusão absurda teria sido alcançada porque estava usando uma definição incorreta de "homem". Tudo o que você precisaria fazer para mostrar-lhe seu erro seria indicar-lhe a definição correta ou, no mínimo, mostrar-lhe que a sua definição estava errada. Tanto o problema quanto a sua solução seriam, é claro, inteiramente verbais. O problema da vontade livre e a sua solução, assim eu sustentarei, são verbais exatamente no mesmo sentido. O problema foi criado pelo fato de que homens letrados, especialmente filósofos, assumiram uma definição incorreta da vontade livre e, então, não descobrindo nada no mundo que respondesse pela sua definição, passaram a negar a sua existência. No que tange à lógica, a sua conclusão é tão absurda quanto aquela do homem que nega a existência do homem. A única diferença é que o erro no último caso é óbvio e grosseiro, enquanto o erro cometido por aqueles que negam a existência da vontade livre é mais sutil e difícil de detectar.

Durante todo o período moderno, até bem recentemente, foi afirmado, tanto pelos filósofos que negavam a vontade livre quanto por aqueles que a defendiam, que o *determinismo é inconsistente com a vontade livre*. Se as ações de um homem fossem totalmente determinadas pela cadeia de causas que vão até o passado remoto, de modo que poderiam ser preditas de antemão por uma mente que conhecesse todas as causas, então se assumiria que nesse caso elas não poderiam ser livres. ❷ Isso implicaria que certa definição das ações praticadas de livre vontade era presumida, a saber, que elas *não* eram ações completamente determinadas pelas causas ou previsíveis de antemão. Podemos resumir isso dizendo que a vontade livre seria definida como significando indeterminismo. ❸ Essa é a definição incorreta que tem conduzido à negação da vontade livre. Tão logo vemos qual é a verdadeira definição, percebemos que a questão relativa a se o mundo é determinístico, como a ciência newtoniana supunha, ou em alguma medida é indeterminista, como a física atual ensina, é um problema totalmente irrelevante. ❹

É óbvio que há um sentido no qual qualquer um pode definir uma palavra arbitrariamente da maneira que desejar. Mas uma definição pode, não obstante, ser chamada de correta ou incorreta. Ela é correta se está de acordo com um *uso comum* da palavra definida. Ela é incorreta se não está. E, se você oferece uma definição incorreta, então resultados absurdos ou não verdadeiros provavelmente acontecerão. Por exemplo, não há nada que evite que você defina um homem como um animal com cinco pernas, mas isso é incorreto no sentido de que não concorda como o significado comum da palavra. E também há o resultado absurdo de levar à negação da existência de homens. Isso mostra que *o uso comum é o critério para decidir se uma definição é correta ou não*. E esse é o princípio que eu aplicarei à vontade livre. Demonstrarei que o indeterminismo não é o que é significado pela expressão "vontade livre" *como ela é comumente usada*. Tentarei descobrir a definição correta investigando como a expressão é usada na conversação ordinária.

Eis aqui alguns exemplos de como a expressão pode ser usada na conversação ordinária. Será notado que eles incluem casos nos quais a questão relativa a se um homem agiu de livre vontade é apresentada com o objetivo de determinar se ele era moralmente e legalmente responsável por seus atos.

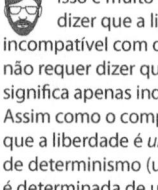

---

❶ Como Hume, Stace considera o problema da vontade livre como surgindo fundamentalmente de uma confusão semântica.

❷ Aqui está a razão mais importante pela qual o determinismo causal parece excluir a vontade livre: ele pressupõe que as ações de uma pessoa estão determinadas (e assim compelidas) pelos antecedentes causais (presumivelmente hereditariedade e ambiente, assim como aquilo que os causou) de um modo que não lhe deixa uma escolha real. Stace rejeitará tal posição.

❸ Isso é muito rápido: dizer que a liberdade é incompatível com o determinismo não requer dizer que a liberdade significa apenas indeterminismo. Assim como o compatibilista dirá que a liberdade é *uma espécie* de determinismo (uma ação que é determinada de uma maneira em vez de outras), um *libertário* (que afirma que a liberdade e o determinismo são incompatíveis e que a liberdade existe) dirá que a liberdade é *uma espécie* de indeterminismo.

❹ Um compatibilista não precisa insistir no fato de que tudo é determinado e, assim, não precisa negar que existem eventos puramente aleatórios. (Ele irá, no entanto, negar que as ações livres são eventos aleatórios.)

Jones: Certa vez, eu fiquei sem comida por uma semana.
Smith: Você fez isso de livre vontade [*of your own free will*]?
Jones: Não. Eu fiz isso porque estava perdido num deserto e não conseguia achar comida.

Porém, suponha que o homem que jejuou era Mahatma Gandhi. A conversa então poderia ter sido a seguinte:

Gandhi: Certa vez, eu jejuei por uma semana.
Smith: Você fez isso de livre vontade?
Gandhi: Sim. Eu o fiz porque queria obrigar o governo britânico a dar a independência à Índia.

Considere-se um outro caso. Suponha que eu tenha furtado um pão, mas que eu fosse tão veraz quanto George Washington. Então, se eu fosse acusado de crime na corte, uma conversa nos seguintes termos poderia acontecer:

Juiz: Você furtou o pão de livre vontade?
Stace: Sim. Eu furtei porque estava com fome.

Ou, em circunstâncias diferentes, a conversa poderia ser a seguinte:

Juiz: Você furtou o pão de livre vontade?
Stace: Não. Eu furtei porque o meu empregador ameaçou me bater se eu não o fizesse.

Num julgamento recente de assassinato em Trenton, alguns dos acusados haviam assinado suas confissões, mas posteriormente afirmaram que fizeram isso sob pressão policial. A seguinte conversa poderia ter ocorrido:

Juiz: Você assinou esta confissão de livre vontade?
Prisioneiro: Não. Eu assinei porque os policiais me bateram.

Agora suponha que um filósofo fosse membro do júri. Poderíamos imaginar a seguinte conversa acontecendo na sala do júri:

Presidente do júri: O prisioneiro diz que ele assinou a confissão porque foi surrado, e não de livre vontade.
Filósofo: Isso é completamente irrelevante para o caso. Não existe algo como a livre vontade.
Presidente: Você quer dizer que não faz diferença se ele assinou porque a sua consciência o fez querer dizer a verdade ou porque ele foi surrado?
Filósofo: Nenhuma. Se ele foi causado a assinar por uma surra ou por algum desejo seu – o desejo de dizer a verdade, por exemplo –, em qualquer caso a sua assinatura foi causalmente determinada e, portanto, em nenhum caso ele agiu de livre vontade. Em função de que não existe algo como uma livre vontade, a questão relativa a se ele assinou de livre vontade não deveria ser discutida por nós. ❺

O presidente e o restante do júri concluiriam com justiça que o filósofo deve estar cometendo algum erro. Que tipo de erro poderia ser? Só há uma resposta possível. O filósofo deve estar usado a expressão "vontade livre" de um modo peculiar, que não é a maneira como os homens costumeiramente usam a expressão quando querem determinar uma questão de responsabilidade moral. Isto é, ele deve estar usando uma definição incorreta dessa expressão, que implica uma ação não determinada por causas. ❻

Suponha que um homem deixou o seu escritório ao meio-dia e foi questionado a respeito disso. Poderíamos ouvir o seguinte:

Jones: Você saiu de livre vontade?
Smith: Sim. Eu saí para almoçar.

Mas também podemos ouvir:

Jones: Você saiu de livre vontade?
Smith: Não. Eu fui forçado a sair pela polícia.

Agora reunimos um número de casos de ações que, no uso comum da língua inglesa,* seriam chamados de casos em que as pessoas agiram de livre vontade. Também diríamos, em todos esses casos, que elas *escolheram* agir tal como agiram e que poderiam ter agido de outro modo se assim tivessem escolhido. Por exemplo, Mahatma Gandhi não foi obrigado a jejuar; ele escolheu fazê-lo. Ele poderia ter comido se tivesse desejado. Quando Smith saiu para almoçar, ele escolheu fazê-lo. Ele poderia ter ficado e trabalhado mais se tivesse desejado. ❼ Nós também

❺ Alguém como o "filósofo", que nega a existência da liberdade, poderia ainda admitir que a ausência da liberdade é mais clara e óbvia no caso da compulsão externa, como aquele no qual o prisioneiro é forçado a assinar a confissão ao ser surrado até que o faça.

❻ O "filósofo" negaria, é óbvio, que ele estivesse usando uma definição incorreta e provavelmente afirmaria, em vez disso, que as pessoas que dizem que o ato de assinar não coercivo é livre simplesmente não reconhecem que ele também foi inteiramente determinado por causas antecedentes.

❼ O compatibilista dirá que a pessoa cuja ação é causada por seus próprios estados psicológicos (que, por sua vez, são determinados por causas antecedentes que vão até o passado) ainda *poderia ter feito diferentemente* no sentido de que, *se* a pessoa tivesse desejado fazer algo diferente (isto é, se os seus estados psicológicos tivessem sido diferentes – o que eles não poderiam ser dadas as causas antecedentes), ela teria feito essa outra coisa.

reunimos um número de casos do tipo oposto. São casos nos quais as pessoas não eram capazes de exercer a sua livre vontade. Elas não tinham escolha. Elas foram compelidas a agir como agiram. O homem no deserto não jejuou de livre vontade. Ele não tinha escolha quanto a isso. Ele foi compelido a jejuar porque não havia nada para comer. E assim com os outros casos. Deveria ser bem fácil, através de uma análise desses casos, dizer o que costumeiramente queremos dizer quando afirmamos que um homem exerceu ou não a sua livre vontade. Deveríamos, então, ser capazes de extrair deles a definição apropriada do termo. Coloquemos os casos numa tabela:

Atos livres	Atos não livres
Gandhi jejuou porque queria libertar a Índia.	O homem jejuou no deserto porque não havia comida.
Furtar pão porque se está com fome.	Furtar porque o nosso empregador ameaça nos bater.
Assinar uma confissão porque se quis dizer a verdade.	Assinar porque a polícia nos bate.
Deixar o escritório porque se quer almoçar.	Deixar o escritório porque se é forçado.

É evidente que, para encontrar a definição correta de atos livres, precisamos descobrir que características são comuns a todos os casos na coluna da esquerda e estão, ao mesmo tempo, ausentes de todos os atos na coluna da direita. Essa característica que todos os atos livres têm, e que nenhum ato não livre tem, será a característica definidora da vontade livre.

É o ser não causado, o ser não determinado por causas, a característica que estamos procurando? Não pode ser, porque, embora seja verdade que todos os atos na coluna da direita tenham causas, tais como a surra dada pela polícia ou a ausência de comida no deserto, do mesmo modo as têm os atos da coluna da esquerda. O jejum de Gandhi foi causado por seu desejo de libertar a Índia, o homem deixa o seu escritório por causa de sua fome, e assim por diante. Além disso, não há razão para duvidar de que essas causas das ações livres são, por sua vez, o resultado de causas, e assim por diante, voltando-se indefinidamente no passado. ❽ Qualquer fisiologista pode nos dizer quais são as causas da fome. O que causou o desejo tremendamente poderoso de Gandhi de libertar a Índia é, sem sombra de dúvida, mais difícil de descobrir. Porém, deve ter tido causas. Algumas dela podem estar nas peculiaridades de suas glândulas ou de seu cérebro, outras em suas experiências passadas, outras na hereditariedade, outras na sua educação. ❾ Os defensores da vontade livre têm usualmente tendido a negar tais fatos, mas fazer isso é com certeza o caso de um recurso especial, que não tem apoio em nenhum resquício de evidência. A única posição razoável é que todas as ações humanas, tanto aquelas que são realizadas livremente quanto aquelas que não, são totalmente determinadas por causas, ou ao menos tão determinadas como quaisquer outros eventos na natureza. Pode ser verdadeiro, como dizem os físicos, que a natureza não é tão determinista como uma vez se pensou. No entanto qualquer que seja o grau de determinismo que prevaleça no mundo, as ações humanas parecem ser tão determinadas como qualquer outra coisa. Se isso é assim, não pode ser o caso de que o que distingue as ações livremente escolhidas daquelas que não são livres é que as últimas são determinadas por causas, enquanto as primeiras não o são. Portanto, ser não causado ou ser não determinado por causas deve ser uma definição incorreta da vontade livre.

Qual é, então, a diferença entre os atos que são praticados livremente e aqueles que não o são? Qual é a carac-

❽ R A afirmação de Stace aqui é que é óbvio que as ações que nós consideramos como livres são tão causalmente determinadas quanto aquelas que nós consideramos como não livres, de modo que o determinismo ou a ausência dele não marcam uma diferença entre elas.

❾ Que as ações de Gandhi foram ao menos *influenciadas* por causas anteriores parece extremamente plausível. Mas é tão óbvio quanto pensa Stace que elas tenham sido *inteiramente* determinadas por tais causas?

---

* N. de R.T. E também da língua portuguesa.

terística que está presente em todos os atos na coluna da esquerda e ausente em todos os atos da coluna da direita? Não é óbvio que, embora os dois conjuntos de atos tenham causas, as causas dos atos da coluna da esquerda são de um *tipo diferente* das causas dos atos da coluna da direita? Os atos livres são todos causados por desejos, ou motivos, ou por alguma espécie de estados psicológicos internos da mente do agente. Os atos livres, por outro lado, são todos causados por forças físicas ou condições físicas, externas ao agente. A prisão por parte da polícia significa força física exercida de fora; a ausência de comida no deserto é uma condição física do mundo externo. Então, podemos formar as seguintes definições apressadas: *atos realizados livremente são aqueles cujas causas imediatas são estados psicológicos no agente; atos realizados não livremente são aqueles cujas causas imediatas são os estados de coisas externos ao agente.* ❿

É claro que, se nós definimos a vontade livre dessa maneira, então a vontade livre certamente existirá, e a negação inicial da sua existência por parte do filósofo é vista pelo que é – um contrassenso. Ora, é óbvio que todas as ações dos homens que ordinariamente deveríamos atribuir ao exercício de sua vontade livre, ou das quais deveríamos dizer que foram livremente escolhidas, são de fato ações que foram causadas por seus próprios desejos, vontades, pensamentos, emoções, impulsos ou outros estados psicológicos.

Ao aplicar a nossa definição, descobriremos que ela usualmente funciona bem, mas que há alguns casos embaraçosos aos quais ela não parece se aplicar adequadamente. Esses casos podem ser sempre resolvidos se prestamos atenção às maneiras como as palavras são usadas e lembrando que elas não são usadas sempre de modo consistente. Eu só tenho espaço para um exemplo. Suponha que um malfeitor ameace atirar em você, a menos que você lhe dê sua carteira, e suponha que você faz isso. Ao lhe dar a carteira, você fez isso de livre vontade ou não? Se aplicarmos a nossa definição, descobriremos que você agiu livremente, pois a causa imediata da ação não foi uma força exterior efetiva, mas o medo da morte, que é uma causa psicológica. Muitas pessoas, entretanto, diriam que você não agiu de vontade livre, mas sob compulsão. Isso mostra que a nossa definição está errada? Eu penso que não. Aristóteles, que deu ao problema da vontade livre uma solução substancialmente igual à nossa (embora ele não usasse o termo "vontade livre"), admitia que há o que ele chamou de casos "mistos" ou "limítrofes", nos quais é difícil saber se devemos chamar os atos de livres ou de compelidos. No caso em discussão, embora nenhuma força efetiva fosse usada, a arma apontada para a sua testa tanto se aproxima da força efetiva que tendemos a dizer que o caso era um de compulsão. É um caso limítrofe. ⓫

Eis o que pode parecer como um outro tipo de dificuldade. De acordo com a nossa visão, uma ação pode ser livre ainda que seja prevista anteriormente com certeza. Mas suponha que você contou uma mentira e que era certo anteriormente que você iria contá-la. Como alguém poderia, então, dizer "você poderia ter contado a verdade"? A resposta é que é perfeitamente verdadeiro que você poderia ter contado a verdade *se* você tivesse desejado. De fato, você teria feito isso, pois nesse caso as causas que estão produzindo a sua ação, a saber, seus desejos, teriam sido diferentes e produzido efeitos diferentes. É uma ilusão que a perfeita previsibilidade e a vontade livre sejam incompatíveis. Isso vai ao encontro do senso comum. Se, conhecendo o seu caráter, eu prevejo que você agirá honradamente, ninguém dirá que, quando você de fato age honradamente, isso mostra que você não fez isso de vontade livre. ⓬

Como a vontade livre é uma condição da responsabilidade moral, precisamos estar certos de que a nossa teoria da vontade livre nos dá uma base suficiente para ela. Ser considerado moralmente responsável por suas ações significa que se pode ser justamente punido ou recompensado, culpado ou elogiado por elas. Mas não é justo punir um homem pelo que ele não pode evitar fazer. (...) Nós não temos tentado decidir se, como uma questão de fato, todos os eventos, incluindo as ações humanas, são completamente determinadas, pois essa questão é irrelevante para o problema da vontade livre. Contudo, se nós assumirmos para efeitos de argumentação que o determinismo completo é verdadeiro, mas que somos livres, então é possível perguntar se tal vontade livre determi-

---

❿ Eis aqui uma formulação explícita da versão de Stace do compatibilismo. Alguns compatibilistas acrescentariam uma segunda exigência para a liberdade: que os atos não sejam externamente *forçados* por algo como uma ameaça (o que seria compatível com a primeira exigência de Stace, já que a ameaça opera afetando os estados psicológicos do agente).

De fato, dois dos exemplos do próprio Stace de ações não livres (um envolvendo uma surra e o outro envolvendo a ameaça de apanhar) são realmente livres se julgados por sua explicação, visto que os estados psicológicos do agente são as causas *imediatas* do que ele faz.

⓫ A maioria dos compatibilistas diria que tal ação é claramente não livre para todos os efeitos, porque ela é externamente *constrangida*. (Mas note-se que a pessoa ainda tem uma pequena latitude dentro da qual a sua escolha determina o resultado: ela pode passar a carteira ou pode se recusar a fazê-lo – e receber um tiro se o assaltante é sério. E algo análogo é verdadeiro no caso em que alguém é ameaçado com uma surra por seu empregador ou apanha da polícia.)

⓬ Stace reitera o sentido no qual uma pessoa poderia ter agido de outra maneira e afirma que esse tipo de previsibilidade não é ordinariamente tomado como excluindo a liberdade.

PARE (Importa quão *certamente* e *exatamente* previsível é a ação?)

nista é compatível com a responsabilidade moral. Pode parecer injusto punir um homem por uma ação que se poderia prever de antemão com certeza que ele iria realizá-la.

Ora, que esse determinismo seja incompatível com a responsabilidade moral é uma ilusão tanto quanto o fato de que ele seja incompatível com a vontade livre. Você não desculpa um homem por realizar uma ação errada porque, conhecendo o seu caráter, você estava certo de antemão que ele iria realizá-la. Tampouco você priva um homem de uma recompensa ou um prêmio porque, conhecendo a sua bondade ou a sua capacidade, você estava certo de antemão que ele iria ganhá-lo.

Muito já se escreveu sobre a justificação da punição. Todavia, na medida em que afeta a questão da vontade livre, os princípios fundamentais envolvidos são bem simples. A punição de um homem por cometer uma ação errada está justificada, ou porque ela vai corrigir o seu próprio caráter, ou porque vai evitar que outras pessoas façam coisas semelhantes. ⓭ O instrumento da punição foi no passado, e sem dúvida ainda o é, muitas vezes mal-empregado, de modo que muitas vezes provocou mais danos do que trouxe benefícios. Mas isso não é relevante para o nosso problema atual. A punição, se e quando ela está justificada, está justificada somente em função de uma ou de ambas as razões mencionadas há pouco. A questão, então, é como, se assumirmos o determinismo, a punição poderá corrigir o caráter ou evitar que as pessoas realizem más ações.

Suponha que o seu filho desenvolva o hábito de contar mentiras. Você o espanca levemente. Por quê? Porque você acredita que a sua personalidade é tal que os motivos usuais para se contar a verdade não causam que ele o faça. Você então supre a causa que falta, ou o motivo, na forma de dor e do medo de dor futura se ele repetir o comportamento mentiroso. E você espera que uns poucos tratamentos dessa espécie o condicionem no hábito de dizer a verdade, de modo que ele virá a dizer a verdade sem provocar dor. Você supõe que as suas ações são determinadas por causas, mas que as causas usuais para se dizer a verdade não produzem nele o seu efeito costumeiro. Você, portanto, o supre com um motivo injetado artificialmente, dor e medo, que você pensa que no futuro farão com que ele diga a verdade.

O princípio é exatamente o mesmo quando você espera, ao punir um homem, impedir outros das ações erradas. Você acredita que o medo da punição fará com que outros – que poderiam de outro modo fazer o mal – façam o bem.

Agimos com base no mesmo princípio com os seres não humanos, e até mesmo com coisas inanimadas, quando não se comportam como pensamos que devam. As roseiras no jardim só produzem brotos pequenos e fracos, embora queiramos grandes e fortes. Nós suprimos uma causa que produzirá brotos enormes, a saber, fertilizantes. O nosso automóvel não anda bem. Nós suprimos uma causa que fará com que ande melhor, a saber, óleo na máquina. A punição para o homem, o fertilizante para a planta e o óleo para o carro são todos justificados pelo mesmo princípio e da mesma forma. A única diferença é que diferentes tipos de coisas requerem diferentes tipos de causas para fazê-las se comportar como devem. A dor pode ser o remédio apropriado a aplicar, em certos casos, aos seres humanos, e o óleo às máquinas. Obviamente, é inútil injetar óleo no menino e bater na máquina. ⓮

Assim, podemos ver que a responsabilidade moral não só é consistente com o determinismo, mas também o exige. A pressuposição na qual se baseia a punição é que o comportamento humano está causalmente determinado. Se a dor não pudesse ser a causa de se dizer a verdade, então não haveria qualquer justificação para se punir a mentira. Se as ações e volições humanas fossem não causadas, seria inútil tanto punir quanto recompensar, ou de fato fazer qualquer coisa para corrigir o mau comportamento das pessoas, pois nada que você pudesse fazer iria influenciá-las. Desse modo, a responsabilidade moral desapareceria completamente. Se hão houvesse nenhum determinismo dos seres humanos, as suas ações seriam completamente imprevisíveis, caprichosas e, portanto, irresponsáveis. Este é por si mesmo um argumento forte contra a visão comum dos filósofos de que vontade livre significa ser indeterminado por causas. ⓯

...

⓭ Essa é uma justificação utilitarista para a punição: a punição está justificada porque geralmente leva a consequências melhores do que qualquer outra alternativa. Se a pessoa é *responsável* ou *merece* ser punida é irrelevante – a menos que responsabilidade ou merecimento sejam interpretados como significando apenas que a punição levará a consequências melhores.

⓮ PARE Pense com cuidado sobre essa comparação: tratar as *pessoas* de uma certa maneira exige somente a mesma espécie de justificação que é exigida para se fazer várias coisas às plantas e às máquinas?

⓯ Stace está supondo que a única alternativa a uma explicação determinista das ações humanas livres é aquela de acordo com a qual tais ações são aleatórias em caráter.

Questões para Discussão

1. Pense cuidadosamente sobre a explicação compatibilista do sentido no qual uma pessoa "poderia ter agido de outro modo", aplicando-o a alguns exemplos, procurando obter a maior clareza de que você é capaz a respeito de como ele é compatível com o determinismo causal. Ser capaz de agir de outro modo nesse sentido é suficiente para a liberdade no sentido exigido para a responsabilidade moral?

2. A pessoa que entrega a sua carteira porque uma outra pessoa está com uma arma na sua cabeça está livre em algum sentido significativo? Ela poderia ter agido de outro modo? O compatibilista deveria acrescentar a exigência de que uma ação não seja externamente constrangida? O que se deveria dizer sobre os diferentes graus de constrangimento?

3. Pense a respeito de alguns dos exemplos de Blatchford. O que Stace diria sobre tais casos? Você pensa que ele está certo?

4. Compare a posição geral de Stace com a de Blatchford. Eles de fato concordam em muitas coisas. Sobre o que eles concordam? Onde exatamente estão os pontos sobre os quais eles discordam? Quem está certo?

5. Quão bem-sucedido é o argumento de Stace de que a sua concepção da vontade livre dá conta da assunção de que a vontade livre é uma condição da responsabilidade moral? Seu argumento depende de se mostrar que a sua visão da vontade livre pode justificar a punição. A justificação utilitarista de Stace para a punição é suficiente para mostrar que a punição é *moralmente* (por oposição a praticamente) justificada?

Paul Edwards

Paul Edwards (1923-2004), filósofo nascido na Áustria, foi educado na Austrália, mas lecionou a maior parte de sua vida nos Estados Unidos, principalmente na universidade de Columbia. Talvez mais conhecido por ser editor-chefe da *Encyclopedia of Philosophy* da Macmillan (1967), Edwards escreveu extensamente sobre tópicos na filosofia da religião, na metafísica e na ética. Nesta seleção, ele critica as posições do determinismo suave e do compatibilismo em função de que suas visões da liberdade evitam os problemas mais profundos a respeito da vontade livre e não oferecem uma base aceitável para a responsabilidade moral. Sua conclusão é a de que o determinismo rígido é a posição correta.

Determinismo Rígido e Suave[18]

Em seu artigo "The Dilemma of Determinism", William James faz uma distinção que servirá como ponto de partida para as minhas observações. Ele distingue os filósofos que chama de deterministas "rígidos" e aqueles que ele chama de deterministas "suaves". Os primeiros, os deterministas rígidos, James nos diz, "não se apequenaram frente a palavras como fatalidade, cativos da vontade, necessidade e afins". Ele cita uma estrofe famosa de Omar Khayyám como representando essa espécie de determinismo:

Com o primeiro barro da terra eles o último homem amassaram,
E então da última colheita o grão plantaram,
E a primeira manhã da criação escreveu
O que o último pôr do sol do juízo irá ler.

Outro verso de Omar talvez expresse ainda melhor o tipo de teoria que James tinha em mente aqui:

É tudo um tabuleiro de noites e dias,
Onde o destino com os homens joga por peças;

---

[18] Extraído de *Determinism and Freedom*, editado por Sidney Hook (New York: Collier Books, 1961).

Faz movimentos de aproximação, inflige e mata,
E um a um de volta na caixa coloca.

James não menciona outros nomes que além de Omar Khayyám. Porém, não há dúvida de que, entre os deterministas rígidos ele teria incluído Jonathan Edwards, Anthony Collins, Holbach, Priestley, Robert Owen, Schopenhauer, Freud e também, se tivesse vindo um pouco antes, Clarence Darrow. ❶

James, é claro, recusava tanto o determinismo rígido quanto o suave, mas pelo primeiro ele tinha certo respeito: o tipo de respeito que temos por um adversário honesto e direto. Pelo determinismo suave, por outro lado, ele não tinha nada senão desprezo, chamando-o de "pântano da evasão". "Hoje em dia", ele escreveu, "temos um determinismo *suave* que tem horror a palavras duras e, repudiando a fatalidade, a necessidade e até mesmo a pré-determinação, diz que o seu nome real é 'liberdade'"...

A teoria que James chama de determinismo suave, especialmente a variedade de Hume-Mill-Schlick, tornou-se extremamente famosa nos últimos 25 anos, ao passo que quase não se pode mais encontrar alguém que tenha algo de bom a dizer sobre o determinismo rígido. ❷ Em oposição a essa moda contemporânea, eu gostaria de dar um duro golpe em nome do determinismo rígido na minha manifestação hoje. Eu também tentarei apresentar exatamente o que de fato está em jogo entre o determinismo rígido e o suave. Penso que a natureza da disputa tem sido frequentemente malconcebida sobretudo porque muitos escritores, incluindo James, têm uma noção bastante imprecisa do que é defendido pelos deterministas rígidos reais, em oposição aos espectros que eles apresentam a fim de obter uma vitória fácil.

Para começar, é necessário apresentar de modo mais detalhado as principais afirmações dos deterministas suaves. Como se trata da forma dominante de determinismo suave no momento, eu me restringirei à teoria Hume-Mill-Schlick. De acordo com essa teoria, não há, em primeiro lugar, nenhuma contradição entre o determinismo e a proposição de que os seres humanos são algumas vezes agentes livres. Quando chamamos uma ação de "livre", jamais queremos dizer em nenhuma das situações ordinárias que ela é não causada; e isso enfaticamente inclui o tipo de ação sobre a qual fazemos juízos morais. Ao chamarmos uma ação de "livre", queremos dizer que o agente não estava compelido ou constrangido a realizá-la. Algumas vezes, as pessoas agem de determinada maneira por causa de ameaças, ou por causa de drogas, ou por causa de sugestão hipnótica, ou por causa de uma necessidade irracional incontrolável como esta que faz um cleptomaníaco furtar algo de que ele realmente não precisa. Em tais ocasiões, os seres humanos não são agentes livres. ❸ Mas em outra ocasiões eles agem de determinada maneira por causa de seus próprios desejos racionais, por causa de seus próprios esforços não obstaculizados, porque escolheram agir dessa maneira. Nessas ocasiões, eles são agentes livres embora suas ações sejam tão causadas quanto as ações que não são consideradas livres. Ao distinguirmos entre as ações livres e as não livres, nós não tentamos marcar a presença e a ausência de causas, mas sim indicar o *tipo* de causas que estão presentes.

Em segundo lugar, não há qualquer antítese entre o determinismo e a responsabilidade moral. Quando julgamos que uma pessoa é moralmente responsável por certa ação, nós de fato pressupomos que ela era um agente livre ao tempo da ação. Contudo, a liberdade pressuposta não é contracausal em relação àquilo que os indeterministas são arrebatados. ❹ Ela não é nada mais do que a liberdade já mencionada – a habilidade de agir de acordo como as nossas escolhas ou os nossos desejos. Visto que o determinismo é compatível com a liberdade nesse sentido, ele também é compatível com a responsabilidade moral. Em outras palavras, o mundo é afinal de contas maravilhoso: podemos ser deterministas e, mesmo assim, continuar punindo nossos inimigos e nossas crianças, como também podemos continuar culpando-nos, tudo sem qualquer má consciência intelectual.

Mill, que provavelmente era o maior moralista entre os deterministas suaves, reconhecia com satisfação especial a influência ou a alegada influência de uma classe de desejos humanos. Não só os desejos mais baixos, como, por exemplo, o de comprar um carro novo, influenciam minha conduta. É igualmente verdadeiro, ou ao menos era nisso que Mill acredita-

---

❶ E Robert Blatchford.

❷ O determinismo suave também é claramente a visão defendida por Stace – e, de uma forma consideravelmente diferente, por Frankfurt na próxima seleção.

❸ Edwards está aqui se referindo à versão mais amplamente defendida da posição do determinismo suave. Mas é muito claro que, de acordo com Hume e Stace, o cleptomaníaco age livremente (porque a sua ação foi determinada por seus próprios estados psicológicos ou por sua vontade). O que diriam esses dois deterministas suaves sobre esses outros casos?

❹ Ou seja, ela não é nem aleatoriedade nem alguma terceira alternativa ao determinismo e à aleatoriedade da espécie advogada pelos libertaristas.

va, que o meu desejo de me tornar uma pessoa virtuosa em algumas ocasiões influencia minhas ações. ❺ Através de treinamento adequado e de esforço, o meu desejo de mudar meu caráter pode de fato causar as mudanças desejadas. Se Mill estivesse vivo hoje, ele poderia apontar para a psiquiatria contemporânea como uma ilustração do seu ponto de vista. Suponhamos que eu tenha um desejo intenso de me tornar famoso, mas que eu também tenha um desejo intenso de me tornar uma pessoa mais feliz e mais amável, que, entre outras coisas, não se preocupa muito com a fama. Suponhamos, além disso, que eu saiba de uma terapia que pode transformar as estruturas de caráter de alguém que busca a fama e não é amável em alguém que é amável e é indiferente à fama. Se eu tenho dinheiro suficiente, energia e coragem, e se algumas outras condições estão satisfeitas, meu desejo pode de fato me levar a uma enorme mudança em meu caráter. ❻ Em função de que podemos, ao menos em alguma medida, formar o nosso próprio caráter, o determinismo de acordo com Mill é compatível não só com juízos de responsabilidade moral sobre esta ou aquela *ação* particular que flui de um desejo não obstaculizado, mas também, dentro de certos limites, com juízos morais sobre o *caráter* de seres humanos.

Eu penso que várias das observações de Mill foram importantes e que o veredicto de James sobre a sua teoria como um "pântano de evasão" é excessivamente difamatória. Eu penso que os deterministas rígidos têm ocasionalmente escrito de tal maneira a sugerir que eles negam a eficácia causal dos desejos e dos esforços humanos. Desse modo, Holbach escreveu:

> Você dirá que eu me sinto livre. Isso é uma ilusão, a qual pode ser comparada àquela da mosca na fábula que, pousada sobre o eixo de tração de uma pesada carruagem, aplaudia a si mesma por direcionar o seu curso. O homem, que pensa que é livre, é como a mosca que imagina que tem o poder de mover o universo, quando mesmo sem saber é carregado por ele.

Também há a seguinte passagem em Schopenhauer:

> Todo homem, sendo o que é e colocado nas circunstâncias que estão presentes no momento, mas que de sua parte também surgem por estrita necessidade, não pode absolutamente fazer nada diferente do que faz naquele momento. De acordo com isso, o curso total da vida de um homem, em todos os seus incidentes grandes e pequenos, está tão necessariamente predeterminado como o curso de um relógio. ❼

...

Além disso, não pode haver dúvida de que Hume, Mill e Schlick foram bem mais claros sobre a relação entre motivos e ações do que os deterministas rígidos. (...)

No entanto, mesmo depois de tudo ter sido dito e feito, ainda resta uma boa quantidade de verdade na acusação de James de que o determinismo suave é uma evasão. Uma leitura cuidadosa de seus trabalhos mostra que nenhum dos deterministas rígidos realmente negava que os desejos, os esforços e as escolhas humanas fazem diferença no curso dos eventos. Quaisquer observações em contrário são, no máximo, lapsos temporários. Isso, portanto, não pode ser o ponto de disputa. Se não é o ponto em disputa, o que é? Permitam-me neste momento imaginar um determinista rígido respondendo a um ardoroso defensor da teoria Hume-Mill: "Você está certo", ele diria, "ao afirmar que algumas de nossas ações são causadas pelos nossos desejos e pelas nossas escolhas. Mas você não vai longe o suficiente. Você arbitrariamente para nos desejos e nas volições. Nós não devemos parar aí. Nós precisamos continuar e perguntar de onde *eles* vêm; e se o determinismo é verdadeiro, não pode haver dúvidas sobre a resposta a essa pergunta. No final das contas, nossos desejos e todo o nosso caráter são derivados do nosso equipamento herdado e das influências do ambiente às quais estivemos sujeitos desde o início de nossa vida. É claro que não nos intrometemos na formação de nenhum deles". ❽ Um determinista rígido poderia citar um número de apoiadores eminentes. "Nossas volições e nossos desejos", escreveu Holbach em seu pequeno livro *Good Sense*, "nunca estão em nosso poder. Você pensa que é livre, porque você faz o que quer, mas você é livre para querer ou não querer, para desejar ou não desejar?". E Schopenhauer

❺ A visão de Mill aqui é uma antecipação parcial da posição de Frankfurt (na seleção seguinte).

❻ Mas é claro que, se eu tenho ou não o desejo em questão e satisfaço as condições para ser capaz de fazer tal coisa, isso também é determinado na visão de Mill.

❼ Leia essas passagens com atenção. É claro que Holbach ou especialmente Schopenhauer está negando a "eficácia causal dos desejos e esforços humanos" – em oposição a simplesmente dizer que estes também estão determinados?

❽ Isso é o que Blatchford diria.

expressou o mesmo pensamento no seguinte epigrama: "Uma homem pode certamente fazer o que quer fazer, mas não pode determinar o que quer".

Voltemos mais uma vez para o tópico da transformação do caráter através da psiquiatria para apresentar esse ponto com toda a força. Suponhamos que tanto A quanto B são compulsivos e sofrem muito devido a suas neuroses. Suponhamos que haja uma terapia que poderia ajudá-los, que poderia mudar consideravelmente suas estruturas de caráter, mas que custa grande energia e coragem para fazer o tratamento. Suponhamos que A tem a energia e a coragem suficientes, enquanto B não as tem. A faz a terapia e muda da forma desejada. B simplesmente torna-se cada vez mais compulsivo e mais infeliz. Ora, é verdade que A ajudou a formar seu próprio caráter posterior, mas o seu ponto de partida, o seu desejo de mudança, a sua energia e a sua coragem já estavam lá. Eles podem e podem não ser o resultado de esforços prévios de sua parte. Contuo, precisa ter havido um primeiro esforço, e o esforço nesse momento foi o resultado de fatores que não eram a sua criação.

O fato de que o caráter de uma pessoa no final das contas é o produto de fatores sobre os quais ela não tem controle não é negado pelos deterministas suaves, embora muitos deles não gostem de ser lembrados disso quando estão na fase moralizante. Uma vez que os deterministas rígidos admitem que nossos desejos e nossas escolhas ocasionalmente influenciam o curso de nossa vida, não há por isso desacordo entre o determinista suave e o rígido sobre os fatos empíricos. ❾ Entretanto, alguns deterministas rígidos inferem a partir de alguns desses fatos que os seres humanos nunca são moralmente responsáveis por suas ações. Os deterministas suaves, como já foi colocado, não fazem tal inferência. No restante deste artigo, tentarei mostrar o que os deterministas rígidos inferem e por que motivo, na minha opinião, eles estão justificados em suas conclusões.

Começarei por adotar para os meus propósitos uma distinção introduzida por C.A. Campbell em seu artigo extremamente valioso "É a vontade livre um pseudo-problema?"[19] no qual ele distingue duas concepções de responsabilidade moral. Pessoas diferentes, ele diz, exigem que condições diferentes sejam preenchidas antes de considerar que os seres humanos são moralmente responsáveis pelo que fazem. Primeiramente, existe o que Campbell chama de a pessoa ordinária não reflexiva, que é bastante ignorante e que não está muito preocupada com as teorias da ciência, com a filosofia e a religião. Se a pessoa não reflexiva está certa de que o agente a ser julgado estava agindo sob coerção ou era constrangido, ela não o considerará responsável. Se, no entanto, ela está certa de que a ação foi realizada de acordo com o desejo racional não obstaculizado do agente, se ela está segura de que a ação não teria acontecido senão pela decisão do agente, então a pessoa não reflexiva irá considerar a atribuição de responsabilidade moral justificada. O fato de que o agente no final das contas não criou o seu próprio caráter ou não ocorrerá a ela, ou não será considerada uma razão suficiente para suspender o juízo de responsabilidade moral.

Em adição a tais pessoas não reflexivas, continua Campbell, há outras que alcançaram um "nível toleravelmente avançado de reflexão".

> Tal pessoa, sem dúvida, estará familiarizada com as alegações avançadas de alguns indivíduos de que as leis causais operam universalmente; e/ou com as teorias de algumas filosofias de que o universo é totalmente a expressão de um único princípio supremo; e/ou com as doutrinas de alguns teólogos de que o mundo foi criado, é mantido e governado por um Ser Onisciente e Onipotente.

Tal pessoa tenderá a exigir a satisfação de uma condição ulterior antes de considerar alguém moralmente responsável. Ele exigirá não apenas que o agente não tenha sido forçado ou constrangido, mas também – e esta é considerada como uma condição adicional – que ele "poderia ter escolhido de maneira diferente do que efetivamente fez". ❿ Prefiro colocar isso de modo um pouco diferente, mas isso não afetará a conclusão principal a que chega Campbell, com a qual eu concordo. A pessoa reflexiva, prefiro colocar isso assim, exige não só que o agente não tenha sido coagido; ela também exige

---

❾ Pense novamente na comparação entre Blatchford e Stace. Há algum assunto *empírico* capaz de ser resolvido pela observação e pelo experimento sobre o qual eles diferem?

❿ Os deterministas suaves como Hume e Stace, é claro, aceitam a formulação verbal dessa exigência – ver Stace, p. 332. A disputa entre eles e os libertaristas como Campbell (e Nozick e Kane) versa sobre o que é exigido para que as expressões citadas apliquem-se corretamente a uma ação.

---

[19] *Mind*, 1951.

que o agente *escolha originalmente o seu próprio caráter* – o caráter que agora se mostra em suas escolhas, desejos e esforços. ⓫ Campbell conclui que o determinismo é de fato compatível com juízos de responsabilidade moral no sentido não reflexivo, mas que é incompatível com juízos de responsabilidade moral no sentido reflexivo.

Embora eu não acompanhe Campbell na rejeição do determinismo, eu basicamente concordo com a sua análise, com uma outra ressalva. Eu não penso que seja uma questão de diferentes sentidos nos quais o termo é usado, de um lado, pela pessoa ignorante e não reflexiva e, de outro, por aqueles que estão interessados em ciência, religião e filosofia. As mesmas pessoas – quer educadas, quer não educadas – usam o termo em certos contextos em um sentido e em outros contextos em outro. Praticamente todos os seres humanos, não importa quão pouco interesse eles tenham em ciência, religião e filosofia, empregam o que Campbell chama de concepção não reflexiva quando eles são dominados por emoções violentas, como raiva, indignação ou ódio, e em especial quando a conduta que estão julgando foi pessoalmente prejudicial a eles. Por outro lado, muitas pessoas, quer sejam educadas ou não, empregarão o que Campbell chama de concepção reflexiva quando não estão sendo consumidas pela raiva ou pelo ódio – quando estão julgando uma situação calma e refletidamente e quando o fato de que o agente não criou o seu caráter foi vividamente trazido à sua atenção. Clarence Darrow, em seus famosos pedidos, repetidamente apelavam ao júri precisamente nessa base. Se qualquer um de vocês, ele dizia, tivesse sido criado num ambiente como aquele do acusado ou tivesse sofrido de sua hereditariedade deficiente, *você* estaria agora sentado no bando dos réus. (...) Darrow quase sempre convencia o júri de que o acusado não podia ser moralmente responsabilizado por seus atos; e, com certeza, a maioria dos jurados era relativamente não educada.

Até aqui, eu apenas distingui dois conceitos de responsabilidade moral. Agora eu gostaria de avançar e afirmar que somente um deles pode ser considerado, falando-se com propriedade, como um conceito moral. Este não é um assunto que se possa esclarecer bem, mas eu posso ao menos indicar o que quero dizer. Nós normalmente não consideramos qualquer sentimento positivo ou negativo como uma emoção "moral". Nem consideramos qualquer juízo contendo as palavras "bom" e "mau" como expressões de juízos "morais". (...) Um sentimento ou um juízo precisam ser "impessoais" em um certo sentido antes que os consideremos morais. Para isso, eu acrescentaria que eles também precisam ser independentes de emoções violentas. Restringindo-me a juízos, eu diria que um juízo é "moral" somente se foi formulado num espírito calmo e reflexivo, ou ao menos se recebe apoio num estado mental que é calmo e reflexivo. Se isso é assim, então o que Campbell chama de o sentido reflexivo da "responsabilidade moral" é o único que qualifica como um uso propriamente moral do termo. ⓬

Antes de concluir, eu desejo evitar certo mal-entendido sobre minhas observações. Do fato de que os seres humanos no final das contas não formam o seu próprio caráter, eu disse, *segue-se* que eles nunca são moralmente responsáveis. Eu não quero dizer que, ao lembrar as pessoas das causas últimas do seu caráter, nós as tornamos mais caridosas e menos vingativas. Talvez nós o façamos, mas não é isso o que quero dizer. Eu quero dizer "segue-se" ou "implica" no mesmo sentido em que, ou em sentido muito próximo, a conclusão de um silogismo válido segue-se das premissas. A efetividade das defesas de Darrow não mostra simplesmente, estou argumentando, quão poderoso ele era na condução das emoções dos jurados. Suas defesas também traziam à luz uma das condições que os jurados, assim como outros, necessariamente consideraram ao refletir, antes que alguém possa ser considerado um agente moralmente responsável. (...)

⓫ PARE Pense cuidadosamente sobre essa condição bastante exigente. O que significa escolher o próprio caráter? Com base em que você faria tal escolha?

⓬ Edwards está dizendo que qualquer um que lide com o assunto num "estado mental calmo e reflexivo" concordará que a explicação do determinista suave a respeito da responsabilidade moral é inadequada. (Você pensa que ele está certo sobre isso?)

Questões para Discussão

1. Admitindo-se que a liberdade e a responsabilidade moral requerem que uma pessoa "possa ter agido de outra maneira", a explicação compatibilista (ou o determinismo suave) do que isso significa é a correta? Pense em exemplos como aqueles listados por Edwards na página 272 (antes da Anotação 3). As pessoas em questão poderiam ter agido de outro modo no sentido compatibilista? Se sim, isso mostra que elas são livres e moralmente responsáveis, ou que a explicação compatibilista de "poderia ter agido de outra maneira" não é a correta para a liberdade genuína?

2. Considere agora a explicação alternativa de Edwards de "poderia ter agido de outro modo" (p. 339) Se essa é a explicação correta, alguém é, alguma vez, livre e responsável? Você pode imaginar como essa exigência (que outros também sugeriram) poderia ser satisfeita? Como seria escolher o seu próprio caráter – com base em que você faria a escolha? Você pode pensar em algum caso no qual pareça plausível que você escolheu ao menos alguma parte importante do seu próprio caráter? A escolha em questão derivou de outras partes ou aspectos do seu caráter?

Harry Frankfurt

Harry Frankfurt é um filósofo americano que lecionou em diferentes universidades, incluindo Yale e mais recentemente Princeton (onde agora se tornou professor emérito). Ele é bem conhecido por seu trabalho sobre Descartes, sobre psicologia moral e sobre o problema da vontade livre. Nesta seleção, Frankfurt apresenta e defende uma versão de compatibilismo que é mais complicada e sofisticada do que a de Hume e a de Stace.

Na visão de Frankfurt, a vontade livre genuína requer mais do que simplesmente ter as suas ações determinadas por suas vontades ou seus desejos. Também é exigido que os seus desejos comuns sejam eles mesmos determinados por desejos de "segunda ordem": desejos sobre os seus desejos. Desse modo, uma pessoa que tem vontade livre, de acordo com Frankfurt, precisa ter uma espécie de controle sobre seus próprios desejos, o que não é exigido por Hume e Stace. (A abordagem da psicologia humana que Frankfurt está oferecendo é complicada e sutil; você a compreenderá melhor se tentar pensar em exemplos plausíveis, em sua própria vida, de vários tipos de desejos que ele discute.)

Liberdade da Vontade e o Conceito de Pessoa[20]

...

Há um sentido em que a palavra "pessoa" é meramente a forma singular de "pessoas"* e no qual ambos os termos não conotam mais do que a participação em certa espécie biológica. Entretanto, naqueles sentidos da palavra em que há um interesse filosófico maior, os critérios para ser uma pessoa não servem primeiramente para distinguir os membros da nossa espécie dos membros de outras espécies. Em vez disso, eles são desenvolvidos para apreender aqueles atributos que são o alvo das nossas preocupações mais humanas e são a fonte do que consideramos como o mais importante e mais problemático em nossas vidas. Ora, esses atributos seriam de importância igual para, mesmo se não fossem de fato peculiares e comuns aos membros da nossa espécie.

O que mais nos interessa na condição humana não nos interessaria menos se isso também fosse uma característica da condição de outras criaturas. ❶

O nosso conceito de nós mesmos como pessoas não deve ser entendido, portanto, como um conceito de atributos que são necessariamente específicos de

❶ Uma **pessoa** é, *grosso modo*, um ser que tem esses atributos que, assim acreditamos, dão aos seres humanos um estatuto especial no mundo (onde isso quer dizer principalmente um estatuto *moral* especial). Frankfurt não diz aqui quais são esses atributos, embora ofereça, mais adiante, uma explicação do que ele afirma ser um dos atributos centrais.

[20] Extraído de *Journal of Philosophy*, vol. 68 (1971).
* N. de T. No original, *'people'*.

uma espécie. É conceitualmente possível que os membros de uma espécie nova ou mesmo de uma espécie não humana familiar devam ser pessoas; e também é conceitualmente possível que alguns membros da espécie humana não sejam pessoas. Reconhecemos, por outro lado, que nenhum membro de outra espécie é uma pessoa. De acordo com isso, há uma suposição de que o que é essencial às pessoas é um conjunto de características que em geral supomos – quer correta ou incorretamente, serem únicas aos humanos. ❷

Minha concepção é de que uma diferença essencial entre as pessoas e as outras criaturas pode ser encontrada na estrutura da vontade da pessoa. Os seres humanos não estão sozinhos em ter desejos e motivos ou em fazer escolhas. Eles compartilham essas coisas com os membros de algumas outras espécies, alguns dos quais até parecem engajar-se em deliberações e tomar decisões baseadas em pensamento anterior. Contudo, parece ser uma característica peculiar dos humanos que eles sejam capazes de formar o que chamarei de "desejos de segunda ordem" ou "desejos da segunda ordem".

Além de desejarem, escolherem e serem movidos *a fazer* isso ou aquilo, os homens também podem querer ter (ou não ter) certos desejos e motivos. Eles são capazes de querer, em suas preferências e seus propósitos, ser diferentes do que são. Muitos animais parecem ter a capacidade para o que chamarei de "desejos de primeira ordem" ou "desejos da primeira ordem", que são simplesmente desejos de fazer ou não fazer uma coisa ou outra. No entanto, nenhum animal diferente do homem parece ter a capacidade para a autoavaliação reflexiva que se manifesta na formação de desejos de segunda ordem. ❸

I

...

Considere (...) estas afirmações da forma "A quer X" que identificam desejos de primeira ordem, isto é, afirmações nas quais o termo "X" refere-se a uma ação. Uma afirmação dessa espécie não indica, por si, a força relativa do desejo de A com respeito a X. Não esclarece se esse desejo é capaz de desempenhar um papel decisivo no que A de fato fará ou tentará fazer, pois é possível dizer corretamente que A quer fazer X mesmo que o seu desejo de fazer X seja só um dos seus desejos e quando ele está longe de ser o mais importante deles. Desse modo, pode ser verdadeiro que A quer fazer X quando prefere ardentemente fazer outra coisa; e pode ser verdadeiro que quer fazer X apesar do fato de que, quando ele age, não seja o desejo de fazer X que o motive a fazer o que faz. Por outro lado, alguém que afirma que A quer fazer X pode querer comunicar que é esse desejo que o está motivando ou movendo A para fazer o que ele está efetivamente fazendo, ou que A será de fato movido por esse desejo (a menos que mude de ideia) quando ele age.

Somente quando é usada na segunda maneira que, dado um uso especial de "vontade" que proponho adotar, a afirmação identifica a vontade de A. Identificar a vontade de um agente é ou identificar o desejo (ou os desejos) pelos quais ele está motivado em alguma ação que realiza ou identificar o desejo (ou os desejos) pelos quais ele estaria motivado quando ou se age. A vontade de um agente, então, é idêntica a um ou mais dos seus desejos de primeira ordem. Todavia, a noção de vontade, tal como a estou utilizando, não é coextensiva à noção de desejos de primeira ordem. Não é a noção de algo que meramente inclina um agente, em algum grau, a agir de certa maneira. Em vez disso, é a noção de um desejo *efetivo* – um desejo que move (ou que moverá ou moveria) uma pessoa por todo o caminho até a ação (...) ❹

Considere agora aquelas afirmações da forma "A quer fazer X" que identificam "desejos de segunda ordem", isto é, enunciados em que o termo "fazer X" refere-se a um desejo de primeira ordem. Também há dois tipos de situação em que pode ser verdadeiro que A quer desejar X. Em primeiro lugar, pode ser verdadeiro acerca de A que ele quer ter um desejo de fazer X, apesar do fato de que tem um desejo unívoco, totalmente livre de conflito e ambivalência, de deixar de fazer X. Em outras palavras, alguém poderia querer ter certo desejo, mas univocamente querer que aquele desejo permaneça insatisfeito.

Suponha que um médico envolvido em psicoterapia com viciados em

❷ **R** A sugestão de Frankfurt é de que as características que tornam os seres humanos especiais *não* exigem logicamente que se seja um membro da espécie biológica humana, de modo que os membros de outras espécies poderiam tê-las. Contudo, ele também insiste que há uma suposição (da qual ele se utilizará mais adiante) de que apenas os seres humanos têm de fato essas características.

❸ PARE É quase certo que você tem alguns desejos de segunda ordem: pense em alguns exemplos. Parece correto afirmar que animais de outras espécies não têm esses desejos de segunda ordem?

❹ PARE Você deveria ser facilmente capaz de pensar em casos em que você não age segundo uma (ou mais) de suas vontades ou de seus desejos, porque, como às vezes é dito, esse desejo é "superado" por outro desejo mais forte. Você consegue pensar em algumas vontades ou alguns desejos genuínos seus com respeito aos quais é plausível pensar que sejam *sempre* superados, de modo que eles nunca serão satisfeitos em suas ações – nunca serão "efetivos" ou idênticos, na acepção de Frankfurt, à sua *vontade*? (Isso é um pouco mais difícil, porém ainda assim deve ser razoavelmente fácil de fazer.)

narcóticos acredite que a sua habilidade em ajudar os seus pacientes poderia ser melhorada caso entendesse melhor o que significa para eles desejar a droga na qual estão viciados. Suponha que o médico seja levado a querer ter o desejo pela droga. Se é um desejo genuíno que ele quer, então o que ele quer não é meramente sentir as sensações que os viciados caracteristicamente sentem quando estão tomados pelos seus desejos pela droga. O que o médico quer, tendo em vista que quer ter um desejo, é estar inclinado ou movido em alguma medida a tomar a droga.

Contudo, é inteiramente possível que, embora queira ser movido por um desejo de tomar a droga, ele não queira que esse desejo seja efetivo. Ele pode não querer que isso o mova à ação. Ele não precisa estar interessado em descobrir como é tomar a droga. E, na medida em que agora quer somente *desejar* tomar a droga, e não *tomá-la*, não há nada no que ele agora quer que seja satisfeito pela própria droga. Ele agora pode ter de fato um desejo completamente unívoco de *não* tomar a droga e pode prudentemente encontrar um modo em que lhe seja impossível satisfazer o desejo que teria caso a sua vontade de desejar a droga devesse na ocasião ser satisfeito. ❺

Portanto, seria incorreto inferir, do fato de que o médico agora quer desejar tomar a droga, que ele já deseja tomá-la. O seu desejo de segunda ordem de ser movido a tomar a droga não implica que ele tenha um desejo de primeira ordem de tomá-la. Se a droga lhe fosse administrada agora, isso poderia não satisfazer nenhum desejo que está implícito em seu desejo de querer tomá-la. Embora queira desejar tomar a droga, ele pode não ter *nenhum* desejo de tomá-la; pode ser que tudo o que o médico queira seja experimentar o desejo por ela. Isto é, o seu desejo de ter certo desejo que não tem pode não ser um desejo de que a sua vontade seja de algum modo diferente do que ela é. ❻

Alguém que queira, somente dessa forma truncada, desejar X está à margem do preciosismo, e o fato de que quer desejar X não é pertinente à identificação da sua vontade. Há, no entanto, um segundo tipo de situação que pode ser descrito por "A quer desejar X"; e, quando o enunciado é usado para descrever uma situação desse segundo tipo, então ele pertence ao que A quer que seja a sua vontade. Em tais casos, o enunciado significa que A quer que o desejo de X seja o desejo que o mova efetivamente a agir. Não é o caso simplesmente de que ele quer que o desejo de X esteja entre os desejos pelos quais, em um grau ou outro, ele é movido ou inclinado a agir. Ele quer que esse desejo seja "efetivo", isto é, que forneça o motivo para o que ele de fato faz. Ora, quando o enunciado de que A quer desejar X é usado dessa maneira, ele implica que A já tem o desejo de X. Não poderia ser verdadeiro tanto que A quer que o desejo de X o mova à ação quanto que ele não quer X. Somente se ele quer X é que ele pode coerentemente querer que o desejo de X não seja apenas um dos seus desejos, porém, mais decisivamente, que seja a sua vontade. ❼

Suponha que um homem quer estar motivado no que ele faz pelo desejo de concentrar-se em seu trabalho. É necessariamente verdadeiro, se essa suposição é correta, que ele já quer concentrar-se em seu trabalho. Esse desejo está agora entre os seus desejos. Contudo, a questão relativa a se esse seu desejo de segunda ordem está ou não satisfeito não depende somente de se o desejo que ele quer é um dos seus desejos. Depende de se esse desejo é, como ele quer que seja, o seu desejo efetivo ou a sua vontade. Se, quando as coisas estão complicadas, é o seu desejo de concentrar-se no seu trabalho que o move a fazer o que faz, então o que ele quer naquele momento é de fato (no sentido relevante) o que ele deseja querer fazer. Se é algum outro desejo que de fato o move quando ele age, por outro lado, então o que ele quer naquele momento não é (no sentido relevante) o que ele deseja querer. Isso será assim apesar do fato de que o desejo de concentrar-se em seu trabalho continua a estar entre os seus desejos. ❽

II

Alguém tem um desejo de segunda ordem ou quando quer simplesmente ter certo desejo, ou quando quer que certo desejo seja a sua vontade. Em situações do segundo tipo, chamarei os seus desejos de segunda ordem de "volições de segunda ordem" ou "volições da ordem

---

❺ Assim ele não quer tomar a droga, mas quer desejar tomá-la, isto é, quer experienciar tal desejo.

❻ Isto é, ele pode querer ter um desejo pela droga (de modo que possa saber como ele é), mas não ter na realidade qualquer desejo dessa espécie.

❼ Frankfurt está correto a respeito isso? Por que alguém não poderia querer ter um desejo que de fato não tem e também querer que o desejo seja efetivo – que seja a sua vontade? Isso, reconhecidamente, seria algo esquisito de se querer, mas por que não poderia o "médico envolvido em psicoterapia com viciados em narcóticos" querer isso, se (como pode ser o caso) ele pensar que pode entender os seus pacientes adequadamente só ao experienciar o que significa que o desejo de tomar drogas é efetivo, é a vontade da pessoa, em vez de ser meramente o desejo mais fraco que é superado? (É claro que, se ele agora tem alguma maneira de produzir essa situação no futuro, ele agora pode também querer fazer os arranjos para que alguém intervenha e evite que ele realmente tome a droga.)

❽ Pode ser que o homem em questão de fato se concentre em seu trabalho, mas que sua motivação para fazer isso seja que ele não quer enfrentar algum problema pessoal e está usando o trabalho como uma distração. Ele poderia ainda ter um desejo mais fraco de concentrar-se em seu trabalho, mas esse não seria o seu desejo efetivo – a sua vontade.

segunda" **9**. Ora, é o ter volições de segunda ordem, e não o ter de desejos de segunda ordem em geral, que considero essencial para que se seja uma pessoa. É logicamente possível, embora improvável, que haja um agente com desejos de segunda ordem, mas sem volições de segunda ordem. Usarei o termo *wanton**** para referir-me a agentes que têm desejos de primeira ordem, mas que não são pessoas, porque, tenham ou não desejos de segunda ordem, não têm volições de segunda ordem.[21]

A característica essencial de um *wanton* é que ele não se importa com a sua vontade. Os seus desejos o movem a fazer certas coisas, sem ser verdadeiro que queira ser movido por esses desejos, ou que prefira ser movido por outros desejos. A classe dos *wantons* inclui todos os animais não humanos que têm desejos e todas as crianças bem pequenas. Talvez também inclua algum ser humano adulto. De qualquer modo, humanos adultos podem ser mais ou menos *wanton*; eles podem agir como um *wanton*, em resposta a desejos de primeira ordem a respeito dos quais não têm volições de segunda ordem, mais ou menos frequentemente. **10**

O fato de que um *wanton* não tem volições de segunda ordem não significa que cada um dos seus desejos de primeira ordem seja traduzido em ações sem mais e imediatamente. Ele pode não ter oportunidade de agir de acordo com alguns dos seus desejos. Além disso, a tradução de seus desejos em ações pode ser retardada ou evitada tanto por desejos conflitantes de primeira ordem quanto pela intervenção da deliberação, pois um *wanton* pode ter e empregar faculdades racionais de ordem superior. Nada no conceito de um *wanton* implica que ele não possa raciocinar ou que não possa deliberar a respeito de como fazer o que quer fazer. O que distingue o *wanton* racional de outros agentes racionais é que ele não está preocupado com a desejabilidade dos seus desejos. Ele ignora a questão do que deve ser a sua vontade. Não é só o caso que ele persegue qualquer curso de ação ao qual esteja mais fortemente inclinado a seguir, mas sim que não se importa sobre qual das suas inclinações é a mais forte.

Portanto, uma criatura racional, que reflete sobre a adequação para os seus desejos de um curso de ação ou de outro, pode não obstante ser um *wanton*. Ao afirmar que a essência do ser uma pessoa está não na razão, mas na vontade, estou longe de sugerir que uma criatura sem razão possa ser uma pessoa. Somente em função das suas capacidades racionais é que uma pessoa pode tornar-se criticamente consciente de sua própria vontade e formar volições de segunda ordem. A estrutura da vontade de uma pessoa pressupõe, então, que ela seja um ser racional.

A distinção entre uma pessoa e um *wanton* pode ser ilustrada pelas diferenças entre dois viciados em narcóticos. Suponhamos que a condição fisiológica que dá conta do vício é a mesma nos dois homens e que ambos sucumbam inevitavelmente aos seus desejos periódicos pela droga na qual são viciados. Um dos viciados odeia o seu vício e está sempre lutando desesperadamente, embora sem sucesso, contra a sua dependência. Ele tenta tudo o que acredita que poderia fazer com que vencesse os seus desejos pela droga. Porém, os seus desejos são muito poderosos para ele resistir e invariavelmente o vencem. Ele é um viciado que

---

* N. de R.T. A expressão *wanton* refere-se, em diferença a agentes que são pessoas, a um agente que tem desejos de primeira ordem, e eventualmente de segunda ordem, porém não tem volições de segunda ordem. Versá-la para o português com uma expressão claramente equivalente é tarefa difícil. Em língua inglesa, ela responde a dois sentidos lexicais mais relevantes: 1) prejudicar alguém ou alguma coisa sem nenhuma razão aparente; 2) designar algo ou alguém sem controle ou incontrolado. Nos dois casos, a expressão é usada como adjetivo. No uso de Harry Frankfurt, ela aparece predominantemente substantivada. Dado que com ela o autor faz uma oposição conceitual a um sujeito ou um agente que é uma pessoa, parece-nos que a tradução "incontrolado" seria aproximadamente a mais adequada. No entanto, reconhecendo a ausência de um cognato preciso, decidimos mantê-la na forma original ao longo do texto.

[21] Criaturas com desejos de segunda ordem, mas sem volições de segunda ordem, diferem consideravelmente de animais e, para alguns propósitos, seria desejável considerá-las como pessoas. O meu uso, que evita a designação "pessoa" para elas, é um tanto arbitrário. Eu o adoto principalmente porque ele facilita a formulação de alguns pontos que eu gostaria de registrar. Daqui em diante, sempre que eu considerar enunciados da forma "A quer querer X", terei em mente enunciados que identificam volições de segunda ordem, e não enunciados identificando desejos de segunda ordem que não são volições de segunda ordem.

---

9 Dessa maneira, uma "volição de segunda ordem" é um desejo de ter um desejo de primeira ordem efetivo de algum tipo específico.

10 PARE A menos que você seja *muito* incomum, você muitas vezes agirá como um *wanton* nesse sentido. Pense em alguns exemplos.

não quer sê-lo, desamparadamente violado por seus próprios desejos.

O viciado que não quer ser viciado tem desejos de primeira ordem conflitantes: ele quer tomar a droga e também quer deixar de tomá-la. Contudo, além desses desejos de primeira ordem, ele tem uma volição de segunda ordem. Ele não é neutro em relação ao conflito entre seu desejo de tomar a droga e seu desejo de deixar de tomá-la. É o último desejo, e não o primeiro, que ele quer que constitua a sua vontade; é o último desejo, e não o primeiro, que ele quer que seja efetivo e que forneça o propósito que ele procurará realizar no que efetivamente faz. ⑪

O outro viciado é um *wanton*. As suas ações refletem a economia de seus desejos de primeira ordem, sem que ele se preocupe se os desejos que o movem a agir são os desejos pelos quais ele quer sem movido a agir. Se ele enfrenta problemas para obter a droga ou para administrá-la a si mesmo, suas respostas para a forte vontade de tomá-la podem envolver deliberação. Todavia, nunca lhe ocorre considerar se quer que as relações entre os seus desejos resultem em ele ter a vontade que tem. O viciado *wanton* pode ser um animal e, por isso, ser incapaz de estar preocupado com a sua vontade. De qualquer modo, ele não é, com respeito à sua falta de preocupação à maneira de *wanton*, diferente de um animal.

O segundo viciado pode sofrer um conflito de primeira ordem similar ao conflito de primeira ordem sofrido pelo primeiro. Seja ele humano ou não, o *wanton* pode (talvez em função de condicionamentos) querer tanto tomar a droga quanto querer deixar de tomá-la. Diferentemente do viciado que não quer sê-lo, entretanto, ele não prefere que um dos seus desejos conflitantes deva ser o primeiro em relação ao outro; ele não prefere que um dos desejos de primeira ordem, em vez do outro, constitua a sua vontade. Seria enganador dizer que ele é neutro em relação ao conflito entre os seus desejos, pois isso sugeriria que ele considera ambos igualmente aceitáveis. Em função do fato de que ele não tem qualquer identidade independentemente dos seus desejos de primeira ordem, é verdade que ele não prefere um em detrimento do outro e que prefere não tomar partido.

Faz diferença para o viciado que não quer sê-lo, que é uma pessoa, qual dos seus desejos conflitantes de primeira ordem vencerá. Ambos os desejos são seus, é claro: e se ele por fim toma a droga ou se por fim é bem-sucedido em evitar tomá-la, ele age para satisfazer o que em sentido literal é o seu próprio desejo. Em qualquer caso, ele faz algo que quer fazer – e ele o faz não por causa de uma influência externa cujo objetivo coincide com o seu próprio, mas por causa do seu desejo de fazê-lo. O viciado que não quer sê-lo se identifica, através da formação de uma volição de segunda ordem, com um em vez do outro dos seus desejos de primeira ordem conflitantes. Ele faz de um deles um desejo que é mais verdadeiramente seu e, ao fazer isso, ele se afasta do outro. É em virtude de sua identificação e de seu afastamento, obtidos através da formação de uma volição de segunda ordem, que o viciado que não quer sê-lo pode formular significativamente os enunciados analiticamente embaraçosos de que a força que o move a tomar a droga é uma força outra que a sua própria e que não é de sua livre vontade, mas sim contra a sua vontade, que essa força o move a tomá-la. ⑫

O *wanton* viciado não pode ou não se preocupa com qual dos seus desejos de primeira ordem conflitantes vence. A sua falta de preocupação não é devida à sua inabilidade de encontrar uma base convincente para a preferência. É devida, em vez disso, à sua falta de capacidade de reflexão ou à sua inconsequente indiferença em relação à empreitada de avaliar os seus próprios desejos e motivos.[22] Há somente uma questão na disputa à qual o seu conflito de primeira ordem pode

---

⑪ De novo, você deve achar que é muito fácil pensar em exemplos no seu próprio caso que tenham a mesma estrutura que aquela do caso do viciado que não quer sê-lo: dois desejos que competem e uma volição de segunda ordem que um deles seja efetivo, mas na qual é de fato o outro desejo que é efetivo.

⑫ "Analiticamente embaraçosos" porque a força externa ou alheia em questão é, afinal de contas, um dos seus próprios desejos.

---

[22] Ao falar da avaliação de seus próprios desejos e motivos como sendo algo característico de uma pessoa, não quero sugerir que as volições de segunda ordem de uma pessoa necessariamente refletem uma perspectiva *moral* de sua parte em relação aos seus desejos de primeira ordem. Pode não ser do ponto de vista da moralidade que uma pessoa avalie os seus desejos de primeira ordem. Além disso, uma pessoa pode ser indecisa e irresponsável, ao formar suas volições de segunda ordem, e não se preocupar seriamente com o que está em jogo. Volições de segunda ordem expressam avaliações somente no sentido de que são preferências. Não há nenhuma restrição essencial em relação ao tipo de base, se há alguma, sobre a qual elas são formadas.

levar: se um ou outro dos seus desejos conflitantes é o mais forte. Como é movido por ambos os desejos, ele não ficará completamente satisfeito pelo que faz, não importa qual deles seja o efetivo. Porém, não faz nenhuma diferença *para ele* se o seu forte desejo ou se a sua aversão acabar tendo a vantagem. Ele não tem preferências nesse conflito e, diferentemente do viciado que não quer sê-lo, não pode nem ganhar nem perder a briga na qual está envolvido. Quando uma *pessoa* age, o desejo pelo qual ela é movida é ou a vontade que ela quer ter ou a vontade que ela quer estar sem. Quando um *wanton* age, não é nenhuma delas.

III

Há uma relação muito íntima entre a capacidade de formar volições de segunda ordem e uma outra capacidade que é essencial às pessoas – uma capacidade que foi muitas vezes considerada a marca distintiva da condição humana. É somente porque uma pessoa tem volições de segunda ordem que ela é capaz tanto de usufruir quanto de carecer da liberdade da vontade. O conceito de uma pessoa não é apenas, então, o conceito de um tipo de entidade que tem tanto os desejos de primeira ordem quanto as volições de segunda ordem. Ele também pode ser compreendido como o conceito de um tipo de entidade para o qual a liberdade de sua vontade pode ser um problema. Esse conceito exclui todos os *wantons*, tanto os infra-humanos quanto os humanos, pois eles não satisfazem uma condição essencial para o usufruto da liberdade da vontade. E ele exclui aqueles seres supra-humanos, caso existam, cujas vontades são necessariamente livres.

Exatamente de que tipo de liberdade é a liberdade da vontade? Essa questão requer uma identificação da área especial da experiência humana para a qual o conceito de liberdade da vontade, distinto dos conceitos de outras espécies de liberdade, é particularmente relevante. Ao lidar com ele, o meu objetivo será primeiramente localizar o problema com o qual uma pessoa está mais imediatamente envolvida quando está envolvida com a liberdade da sua vontade.

De acordo com uma tradição filosófica familiar, ser livre é fundamentalmente uma questão de fazer o que se quer fazer. ⓭ (...) Acredito que essa noção capta ao menos parte do que está implícito na ideia de um agente que *age* livremente. No entanto, ela perde inteiramente o conteúdo peculiar de ideia – completamente diferente – de um agente cuja *vontade* é livre. ⓮

Não supomos que animais usufruam da liberdade da vontade, embora reconheçamos que um animal pode ser livre para correr em qualquer direção que queira. Desse modo, ter a liberdade para fazer o que se quer fazer não é uma condição suficiente para se ter uma vontade livre. E tampouco é uma condição necessária. Afinal, privar alguém da sua liberdade de ação não é necessariamente destruir a liberdade da sua vontade.

Quando um agente está consciente de que há certas coisas que ele não é livre para fazer, isso sem dúvida afeta seus desejos e limita o leque de escolhas que ele pode fazer. Contudo, suponha que alguém, sem estar consciente disso, de fato perdeu a liberdade de ação ou dela tenha sido privada. Mesmo que ele não seja mais livre para fazer o que quer fazer, sua vontade pode permanecer tão livre como foi antes. Apesar do fato de que ele não é livre para traduzir seus desejos em ações ou de agir de acordo com as determinações de sua vontade, ele ainda pode formar esses desejos e fazer essas determinações tão livremente como se a sua liberdade de ação não tivesse sido prejudicada. ⓯

Quando perguntamos se a vontade de uma pessoa é livre, não estamos perguntando se ela está em uma posição de traduzir seus desejos de primeira ordem em ações. Essa questão refere-se a se ela é livre para agir como lhe apraz. A questão da liberdade da sua vontade não diz respeito à relação entre o que ela faz e o que ela quer fazer. Ao contrário, diz respeito aos seus próprios desejos. Mas que tipo de questão a respeito deles versa a questão da liberdade da vontade?

Parece-me tanto natural quanto útil entender a questão relativa a se a vontade de uma pessoa é livre em estreita analogia com a questão relativa a se o agente usufrui da liberdade de ação. Ora, liberdade de ação é (ao menos de modo básico) a liberdade de fazer o que queremos fazer. Analogamente, então, o enunciado de que uma pessoa usufrui da liberdade

---

⓭ Essa é a visão compatibilista padrão (ou "determinismo suave") tal como é encontrada em Hume e Stace, entre muitos outros.

⓮ **R** Portanto, *agir livremente* não é suficiente, de acordo com Frankfurt, para a *liberdade da vontade*.

⓯ Imagine uma pessoa sentada em um quarto cuja porta está chaveada por fora, embora ela acredite que a porta esteja aberta. Tal pessoa pode ter um desejo de sair e ir ao cinema, um desejo que compete que é de ficar no quarto (e trabalhar em algum projeto) e uma volição de segunda ordem de que o desejo de ficar seja aquele que seja efetivo, que esse último desejo seja a sua vontade. Se ela é capaz (através do "poder de vontade") de fazer com que o desejo de ficar seja efetivo e ela, portanto, permanece no quarto, então (assim Frankfurt diria) ela agiu tanto livremente quanto exerceu a sua liberdade de vontade, mesmo que ela não tenha de fato sido livre para agir de acordo com o desejo que competia – ela não podia ter agido diferentemente.

16 E se ela é do modo como ela é como um resultado de ela querer ser daquele modo.

17 De acordo com essa explicação, uma pessoa pode ter vontade livre somente com relação àqueles casos nos quais ela tem volições de segunda ordem. Dado que essas, ao menos para a maioria das pessoas, são bastante raras, assim também serão os casos de vontade livre. Uma visão diferente e talvez mais plausível, embora ainda na mesma direção geral, seria a de que uma pessoa tem liberdade da vontade somente no caso em que a sua vontade for controlada por qualquer volição de segunda ordem que ela possa ter, permitindo assim que uma ação em relação à qual não há volições de segunda ordem ainda conte como um exercício da vontade livre.

18 PARE Tente pensar em exemplos, talvez de filmes ou da ficção, que se encaixem nessa descrição.

19 PARE Pense cuidadosamente a respeito do que exatamente um desejo ou uma volição de terceira ordem significariam. Você tem algum desejo ou alguma volição de terceira ordem?

da vontade significará (também de modo básico) que ela é livre para querer o que quer desejar. Mais precisamente, significa que ela é livre para querer o que quer querer ou para ter a vontade que quer. Assim como a questão sobre a liberdade de ação de um agente tem a ver com a pergunta se ela é a ação que quer realizar, assim a questão sobre a liberdade da sua vontade tem a ver com a pergunta referente a se ela é a vontade que quer ter. **16**

É ao assegurar a conformidade da sua vontade com as suas volições de segunda ordem, então, que uma pessoa exerce a liberdade da vontade. E é na discrepância entre a sua vontade e as suas volições de segunda ordem, ou na sua consciência de que coincidência delas não é o que ela própria fez, mas só uma feliz coincidência, que uma pessoa que não tem essa liberdade sente a sua falta. A vontade do viciado que não quer sê-lo não é livre. Isso se mostra no fato de que ela não é a vontade que ele quer. É também verdadeiro, embora de uma maneira diferente, que a vontade de um viciado *wanton* não é livre. O viciado *wanton* nem tem a vontade que quer nem tem uma vontade que difere da vontade que quer. Dado que não tem volições de segunda ordem, a liberdade da sua vontade não pode ser um problema para ele. Ela lhe falta, por assim dizer, normalmente. **17**

As pessoas são em geral mais complicadas do que a minha abordagem esquemática da estrutura da vontade de uma pessoa pode sugerir. Há tanta oportunidade para ambivalência, conflito e autoengano com relação aos desejos de segunda ordem, por exemplo, quanto há em relação aos desejos de primeira ordem. Se existe um conflito não solucionável entre os desejos de segunda ordem de alguém, então ele corre o risco de não ter nenhuma volição de segunda ordem; a menos que esse conflito seja resolvido, ele não tem preferência em relação a qual dos seus desejos de primeira ordem deve ser a sua vontade. Essa condição, se é tão severa a ponto de evitar que ele se identifique de um modo suficientemente decisivo com *qualquer* dos seus desejos de primeira ordem conflitantes, o destrói como pessoa. Afinal, tal condição ou tende a paralisar a sua vontade e a evitar que o indivíduo aja, ou tende a afastá-lo de sua vontade de modo que a sua vontade opere sem a sua participação. Em ambos os casos, ele se torna, assim como o viciado que não quer sê-lo, embora de um modo diferente, um expectador desamparado das forças que o movem. **18**

Uma outra complexidade é que uma pessoa pode ter, especialmente se os seus desejos de segunda ordem estão em conflito, desejos e volições de uma ordem superior que a segunda. Não há limites teóricos para a extensão da série de desejos de ordens mais altas e mais altas; nada, em se excetuando o senso comum e talvez uma fadiga que nos salva, evita que um indivíduo se recuse obsessivamente a se identificar com quaisquer de seus desejos, até que ele forme um desejo da próxima ordem superior. A tendência a gerar tais séries de atos de formar desejos, que seria um caso de humanização com perda do controle, também leva à destruição de uma pessoa. **19**

É possível, no entanto, concluir tal série de atos sem interrompê-la arbitrariamente. Quando uma pessoa identifica-se *decisivamente* com um de seus desejos de primeira ordem, esse comprometimento "ressoa" por toda a série potencialmente sem fim de ordens superiores. Considere uma pessoa que, sem reservas ou conflitos, quer ser motivada pelo desejo de concentrar-se em seu trabalho. O fato de que a sua volição de segunda ordem de ser movida por esse desejo é uma volição decisiva significa que não há lugar para questões concernentes à pertinência de desejos ou volições de ordens superiores. Suponha que se pergunte a uma pessoa se ela quer concentrar-se em seu trabalho. Ela pode apropriadamente insistir que essa questão concernente a um desejo de terceira ordem nem sequer se coloca. Seria um erro afirmar que, como ela não considerou se quer a volição de segunda ordem que formou, ela é indiferente à questão relativa a se é com essa volição ou com alguma outra que ela quer que a sua vontade esteja de acordo. O caráter decisivo do seu comprometimento significa que ela decidiu que nenhuma outra questão sobre a sua volição de segunda ordem, em qualquer nível superior, permanece para ser respondida. É relativamente sem importância se explicamos isso ao dizermos que esse comprometimento implicitamente gera uma série sem fim de desejos confirmadores de ordens superiores, ou ao dizermos que o comprometimento equivale a uma dissolução da relevância de todas as questões concernentes às ordens superiores de desejo. ⑳

Exemplos como aquele a respeito do viciado que não queria sê-lo podem sugerir que volições de segunda ordem, ou de ordens superiores, precisam ser formadas deliberadamente e que uma pessoa tipicamente luta para assegurar que elas sejam satisfeitas. No entanto, a conformidade da vontade de uma pessoa às suas volições de ordem superior pode ser bem mais irrefletida e espontânea do que isso. Algumas pessoas são naturalmente movidas pela bondade, quando querem ser boas, e pela maldade, quando querem ser más, sem qualquer pensamento explícito ou sem qualquer necessidade de um autocontrole enérgico. Outras são movidas pela maldade, quando querem ser boas, e pela bondade, quando pretendem ser más, igualmente sem deliberação e sem uma resistência ativa a essas violações dos seus desejos de ordens superiores. O usufruto da liberdade é algo fácil para alguns. Outros precisam lutar para alcançá-la.

IV

A minha teoria a respeito da liberdade da vontade explica facilmente a nossa falta de inclinação para permitir que essa liberdade seja usufruída pelos membros de qualquer espécie inferior à nossa. Ela também satisfaz uma outra condição que precisa ser satisfeita por qualquer teoria desse tipo ao deixar manifesto por que motivo a liberdade da vontade deveria ser considerada como desejável. O usufruto de uma vontade livre significa a satisfação de certos desejos – desejos de segunda ordem ou de ordens superiores – enquanto a sua ausência significa a frustração deles. As satisfações em jogo são aquelas que afetam uma pessoa de quem se pode dizer que a sua vontade é realmente sua. As frustrações correspondentes são aquelas sofridas por uma pessoa de quem se pode dizer que ela está estremecida consigo mesma, ou que ela se

descobre um espectador desamparado ou passivo das forças que o movem.

Uma pessoa que é livre para fazer o que quer fazer pode, contudo, não estar em uma posição de ter a vontade que ela quer. Suponha, porém, que ela usufrua tanto de liberdade de ação quanto de liberdade da vontade. Então, ela não é somente livre pra fazer o que quer fazer; ela também é livre para querer o que deseja querer. Parece-me que ela tem, nesse caso, toda a liberdade que é possível desejar ou conceber. Há outras coisas boas na vida, e ela pode não possuir algumas delas. Mas não há nada de que ela careça no que diz respeito à liberdade. ㉑

Está longe de ser claro que outras teorias da liberdade da vontade satisfaçam essas condições elementares, mas essenciais: que seja compreensível por que desejamos essa liberdade e por que nos recusamos a atribuí-la aos animais. Considere, por exemplo, a versão estranha de Roderick Chisholm acerca da doutrina de que a liberdade humana implica uma ausência de determinação causal.²³ Sempre que uma pessoa realiza uma ação livre, de acordo com Chisholm, isso é um milagre. O movimento da mão da pessoa, quando a move, é o resultado de uma série de causas físicas; porém, algum evento nessa série, "e presumivelmente um desses que aconteceu dentro do cérebro, foi causado pelo agente e não por quaisquer outros eventos" (18). Um agente livre, portanto, tem "uma prerrogativa que alguns atribuiriam somente a Deus: cada um de nós, quando age, é um primeiro motor imóvel" (23). ㉒

Essa explicação não nos oferece nenhuma base para duvidar que animais e espécies sub-humanas usufruam da liberdade que ela define. Chisholm não diz nada que faça parecer menos provável que um coelho realize um milagre quando move a sua perna do que um homem quando move a sua mão. Mas por que, de qualquer modo, deveria alguém se preocupar se pode interromper a ordem natural de causas, tal como Chisholm descreve? Ele não oferece nenhuma razão para acreditar que exista uma diferença

---

²³ "Freedom and Action", in: K. Lehrer (ed.), *Freedom and Determinism* (New York: Random House, 1966), p.11-44.

---

⑳ **PARE** Você consegue pensar em exemplos, de sua própria vida ou de outras fontes, de tal "identificação decisiva" com desejos de primeira ordem?

㉑ Isso pode ser verdadeiro mesmo se os desejos de primeira ordem da pessoa, as suas volições e os desejos de segunda ordem e o seu sucesso em fazer com que os desejos de primeira ordem efetivos – a sua vontade – conformem-se às suas volições de segunda ordem estejam todos causalmente determinados. É por isso que a posição de Frankfurt ainda é uma versão do compatibilismo.

㉒ A visão de Chisholm é libertarista, similar, basicamente falando, àquela advogada (na seleção posterior) por Campbell e (embora de uma maneira menos clara) por Nozick.

discernível entre a experiência de um homem que miraculosamente inicia uma série de causas quando move a sua mão e um homem que move a sua mão sem a quebra da sequência causal normal. Parece não haver qualquer base concreta para se preferir estar envolvido em um estado de coisas do que em outro. ㉓

Em geral, supõe-se que, além de satisfazer as duas condições que mencionei, uma teoria satisfatória da liberdade da vontade necessariamente oferece uma análise de uma das condições da responsabilidade moral. A abordagem recente mais comum do problema da compreensão da liberdade da vontade tem sido, de fato, investigar o que está implicado pela suposição de que alguém é moralmente responsável pelo que fez. Na minha visão, entretanto, a relação entre responsabilidade moral e liberdade da vontade tem sido muito mal-entendida. Não é verdadeiro que uma pessoa é moralmente responsável pelo que fez somente se a sua vontade era livre quando ela o fez. Ela pode ser moralmente responsável por tê-lo feito mesmo que a sua vontade não tenha sido livre.

A vontade de uma pessoa é livre só se ela é livre para ter a vontade que quer. Isso significa que, com relação a qualquer um dos seus desejos de primeira ordem, ela é livre ou para fazer daquele desejo a sua vontade ou para fazer de algum outro desejo de primeira ordem a sua vontade. Qualquer que seja a sua vontade, então, a vontade da pessoa cuja vontade é livre poderia ter sido diferentemente; ela poderia ter feito diferentemente do que constituir a sua vontade tal como ela fez. ㉔ É uma questão embaraçosa saber justamente de que modo "ela poderia ter feito diferentemente" deve ser entendido em contextos como esse. Contudo, embora essa questão seja importante para a teoria da liberdade, ela não tem qualquer relação com a teoria da responsabilidade moral. Afinal, a assunção de que uma pessoa é moralmente responsável pelo que fez não implica que estava na posição de ter qualquer vontade que quisesse.

Essa suposição *implica* que a pessoa fez o que fez livremente, ou que ela o fez de sua livre vontade. É um erro, porém, acreditar que alguém age livremente somente quando é livre para fazer o que quer ou que age de livre vontade somente se a sua vontade é livre. Suponha que uma pessoa tenha feito o que ela queria fazer, que ela o fez porque ela quis fazer e que a vontade pela qual foi movida quando fez o que fez era a sua vontade porque era a vontade que ela queria. Nesse caso, ela o fez livremente e de livre vontade. Mesmo que se suponha que ela poderia ter feito de outro modo, ela não teria feito de outro modo; e mesmo que se suponha que ela poderia ter outra vontade, ela não teria querido que a sua vontade diferisse do que ela era. Além disso, dado que a vontade que a moveu quando ela agiu foi a sua vontade porque ela queria que o fosse, ela não pode afirmar que a sua vontade lhe foi imposta ou que ela era um espectador passivo de sua constituição. Sob essas condições, é completamente irrelevante investigar se as alternativas pelas quais ela não optou estavam de fato à sua disposição. ㉕

Como ilustração, considere uma terceira espécie de viciado. Suponha que o seu vício tenha a mesma base fisiológica e que esta exerça a mesma dependência irresistível que exercem os vícios do viciado que não quer sê-lo e do viciado *wanton*, mas que ele está completamente satisfeito com a sua condição. Ele é um viciado que quer ser viciado, que não quer as coisas de outro modo. Se a dependência do seu vício de alguma maneira enfraquecesse, ele faria o que pudesse para restabelecê-la; se o seu desejo pela droga começasse a amainar, ele tomaria medidas para renovar a sua intensidade.

A vontade do viciado que quer sê-lo não é livre, pois o seu desejo de tomar a droga será efetivo não importa se ele quer ou não que o seu desejo constitua a sua vontade. Porém, quando ele toma a droga, ele a toma livremente e de livre vontade. Estou inclinado a compreender a sua situação como envolvendo a superdeterminação do seu desejo de primeira ordem de tomar a droga. Esse desejo é o seu desejo efetivo também porque ele quer que assim o seja. Sua vontade está fora de seu controle, mas, através do seu desejo de segunda ordem de que seu desejo pela droga seja efetivo, ele tornou sua vontade a sua vontade. Então, como não é somente por causa do seu vício que o seu desejo é

㉓ A visão de Chisholm (e aquela de Campbel e Nozick) é a de que uma pessoa ou um agente que diretamente causa uma ação genuinamente *controla* o resultado e poderia genuinamente ter agido de modo diferente, em um sentido que não é válido para a pessoa cuja ação é causalmente determinada, mesmo *via* volições de segunda ordem. A concepção deles é que esse tipo de controle é exigido para a responsabilidade moral genuína.

㉔ *Se* a sua volição de segunda ordem tivesse sido diferente. Porém, se tudo a respeito dela está causalmente determinado, então aquela volição de segunda ordem não poderia ter sido diferente.

㉕ Pense aqui no exemplo descrito na Anotação 15. (Frankfurt oferece um exemplo mais complicado do mesmo tipo geral em seu artigo "Alternate Possibilities and Moral Responsibility", *Journal of Philosophy* vol. 66, 1969.)

efetivo, ele pode ser moralmente responsável por tomar a droga. **26**

A minha concepção da liberdade da vontade parece ser neutra com relação ao problema do determinismo. Parece concebível que deva estar causalmente determinado que uma pessoa é livre para querer o que quer querer. Se isso é concebível, então pode estar causalmente determinado que uma pessoa usufrua de uma vontade livre. Não há mais do que uma aparência inócua de paradoxo na proposição de que está determinado, inelutavelmente e por forças além dos seus controles, que certas pessoas têm vontades livre e outras não. Não há nenhuma incoerência na proposição de que alguma agência outra que a da própria pessoa seja responsável (mesmo *moralmente* responsável) pelo fato de que ela usufrui ou deixa de usufruir da liberdade da vontade. É possível que uma pessoa deva ser moralmente responsável pelo que ela faz de livre vontade e que alguma outra pessoa também deva ser moralmente responsável por ela ter feito isso. **27**

Por outro lado, parece concebível que aconteça por acaso que uma pessoa seja livre para ter a vontade que quer. Se isso é concebível, então poderá ser por acaso de que certas pessoas usufruam de liberdade da vontade e que outras não usufruam. Talvez seja concebível também, como um bom número de filósofos acreditam, que estados de coisas surjam de uma maneira diferente do que por acaso ou como o resultado de uma sequência de causas naturais. Se de fato é concebível que o estado de coisas relevante ocorra de uma terceira maneira, então também é possível que uma pessoa usufrua, nessa terceira maneira, da liberdade da vontade. **28**

26 A descrição desse caso por Frankfurt é enigmática. Se o desejo desse terceiro viciado de tomar a droga será efetivo não importa qual seja a sua volição de segunda ordem, por que esse é um caso de "superdeterminação" (determinação de um resultado por mais de uma causa suficiente), em vez de ser simplesmente determinação pelo vício? E por que "não é somente por causa do vício que o seu desejo é efetivo", uma vez que a volição de segunda ordem não faz qualquer diferença? Como o fato de que ele endossa o que faz (mesmo que fosse incapaz de controlar o vício) o torna moralmente responsável por isso?

27 Os filósofos algumas vezes imaginaram casos em que os desejos de uma pessoa são controlados de fora por alguém (*via* hipnose, implantes controlados remotamente ou o que quer que seja). Frankfurt parece estar dizendo que tal pessoa ainda pode ter uma vontade livre e ser moralmente responsável, na medida em que o controlador externo determina quais dos desejos de primeira ordem (produzidos pelo controlador) são efetivos ao produzir volições de segunda ordem efetivas, em vez de por uma outra maneira.

28 O que teria de acontecer dessas outras maneiras é o fato de que a volição de segunda ordem relevante é efetiva, não a escolha ou a efetividade dos próprios desejos de primeira ordem.

Questões para Discussão

1. Considere novamente o exemplo sugerido na Anotação 15. A pessoa descrita escolhe ficar no quarto e o faz. Tal pessoa está agindo livremente e exercendo a sua vontade livre ao fazer isso? A pessoa poderia ter agido diferentemente no sentido relevante à vontade livre?

2. Considere os três viciados em drogas descritos por Frankfurt: (1) o viciado que não quer sê-lo, (2) o viciado *wanton* e (3) o viciado que quer sê-lo. A visão de Frankfurt é que nenhum deles tem uma vontade livre genuína (embora os dois últimos ajam livremente); porém, os dois últimos são moralmente responsáveis por tomarem a droga, enquanto o primeiro viciado não é. Supondo que a situação de todos os três está causalmente determinada, esse é o resultado correto? O que diriam Hume e Stace? O que diria um libertarista? O que você diria?

3. Considere o exemplo sugerido na Anotação 27. Frankfurt está certo ao dizer que uma pessoa pode agir livremente e ter uma vontade livre mesmo quando todos os seus desejos (incluindo os desejos e as volições de segunda ordem) são deliberadamente controlados por uma outra pessoa de fora? Uma pessoa controlada desse modo ainda seria (como Frankfurt parece afirmar) moralmente responsável pelo que faz?

4. A objeção de Edwards à versão Hume-Stace do compatibilismo é a de que, embora (mesmo que o determinismo seja verdadeiro) uma pessoa possa ser capaz de fazer o que quer ou deseja, ela não escolhe ou não tem controle sobre esses desejos e sobre o caráter do qual eles brotam. Na visão de Frankfurt, de um "compatibilismo hierárquico", uma pessoa que tem vontade livre escolhe e assim tem controle sobre quais dos seus desejos de primeira ordem são efetivos. Contudo, se o determinismo é verdadeiro, ela não escolhe e não tem controle sobre as volições de segunda ordem que determinam quais desejos de primeira ordem são efetivos (ou o caráter a partir do qual essas volições de segunda ordem surgem) – a menos que ela também tenha volições de ordens mais altas; porém, nesse caso, a mesma coisa será afinal de contas verdadeira acerca delas. Isso é suficiente para responder às objeções de Edwards e para permitir a vontade livre genuína (e a responsabilidade moral)?

Libertarismo

C.A. Campbell

Charles Arthur Campbell (1897-1974) foi um filosofo escocês que lecionou na Universidade de Glasgow e na Universidade de North Wales. Ele é mais conhecido por seu trabalho sobre o problema da vontade livre, mas também fez contribuições importantes na ética e na filosofia da religião. Na seleção que segue, ele tenta elaborar e defender uma visão libertarista da vontade livre.

A visão de Campbell é uma versão da doutrina da causação por agente.* A ideia central é que uma escolha livre (no seu caso a escolha de exercer ou não o esforço exigido para superar o equilíbrio dos nossos desejos e fazer o que percebemos como sendo a coisa moralmente certa) é causada pelo agente ou eu, mas não por algum evento específico (ou conjunto de eventos) que ocorrem dentro do agente – porque de outro modo poderíamos perguntar pela causa desse evento, e assim por diante, levando ou ao determinismo causal ou a um ou mais eventos aleatórios. Portanto, a causa da escolha é uma coisa ou substância, não um evento.

Em Defesa da Vontade Livre[24]

(...) Comecemos mencionando que o problema da vontade livre tem a sua premência para o homem educado comum em razão de sua estreita conexão com a concepção de responsabilidade moral. Quando consideramos um homem como moralmente responsável por um ato, nós o consideramos como o objeto legítimo do elogio ou da censura moral em função dele. Contudo, parece óbvio que um homem não pode ser censurado por um ato a menos que, ao querer o ato, ele seja em algum sentido importante um agente "livre". Evidentemente, a vontade livre, em algum sentido, é uma pré-condição da responsabilidade moral (...)

Então, colocaremos a pergunta desde já: quais são as condições, com respeito à liberdade, que precisam se ligar ao ato a fim de torná-lo um ato moralmente responsável? Parece-me que as condições fundamentais são duas. Irei enunciá-las com o máximo de brevidade, pois temos um longo caminho pela frente.

A primeira condição é a universalmente reconhecida condição de que o ato precisa ser *auto*causado, *auto*determinado. Todavia, é importante aceitar essa condição em seu rigor pleno. O agente precisa ser não meramente *uma* causa, mas a *única* causa daquilo para o que ele é tomado como moralmente responsável. Se entidades outras que o eu também têm um influência causal sobre um ato, então esse ato não é um ato pelo qual podemos dizer sem restrições que o *eu* é moralmente responsável. Se em relação a ele de alguma maneira sustentamos que o eu é responsável, só pode ser por alguma característica do ato – admitindo-se a possibilidade de nos afastarmos dessa característica – do qual o eu *é* a única causa. Não vejo como podemos evitar tal conclusão. No entanto, ela apresenta implicações embaraçosas que têm levado não poucas pessoas a abandonar totalmente a noção de responsabilidade moral individual. ❶

Essa primeira condição, entretanto, é claramente insuficiente. É possível conceber um ato do qual o agente é a única causa, mas que é ao mesmo tempo um ato *necessitado* pela natureza do agente (...) No caso de tal ato, em relação ao qual o agente não poderia agir diferentemente de como agiu, precisamos todos

---

❶ Essa é uma exigência muito forte. Você consegue pensar em um exemplo de ação a respeito da qual é plausível pensar que seja causada *unicamente* pelo seu próprio eu, sem nenhuma influência causal de nada mais? De fato, faz mesmo sentido pensar sobre um *eu* – em oposição a um ou mais de seus estados, tais como desejos e motivos – como uma causa?

---

* N. de R.T. No original, *agent causation*.
[24] Extraído de *In Defence of Free Will* (London: George Allen & Unwin Ltd, 1967.

concordar, penso eu, que é inadequado dizer que ele *deveria* ter agido diferentemente e é portanto moralmente censurável, ou que *não deveria* ter agido de outro modo e é por isso moralmente louvável. É perfeitamente verdadeiro que nós, algumas vezes, consideramos que uma pessoa é moralmente responsável por um ato, mesmo quando acreditamos que ela, sendo o que é agora, virtualmente não poderia ter agido de outro modo. Porém, subjacente a esse juízo sempre está a assunção de que a pessoa *veio a ser* o que ela é agora em virtude de atos passados da vontade nos quais ela *foi* confrontada por alternativas reais, por possibilidades genuinamente abertas; e, falando-se estritamente, é com respeito a esses seus atos *passados* que louvamos ou censuramos o agente *agora*. ❷ Para uma análise final, o poder do agente para uma ação alternativa seria uma condição inexpugnável da sua sujeição ao louvor ou à censura morais, isto é, de sua responsabilidade moral.

Podemos estabelecer, portanto, que um ato é um ato "livre" no sentido exigido pela responsabilidade moral apenas se o agente

a) é a única causa do ato e
b) poderia exercer a sua causalidade de maneiras alternativas (...)

E agora, tendo definido as condições da vontade livre nesses termos gerais, devemos perguntar se os seres humanos são de fato capazes de realizar ações livres; e, se são, onde exatamente esses atos podem ser encontrados. A fim de preparar o terreno para uma resposta, é desejável, penso eu, que tenhamos imediatamente clareza sobre a importância de certa crítica muito familiar, porém nem por isso menos assustadora, da vontade livre que (...) os libertaristas têm de enfrentar. Essa é a crítica que se baseia nos fatos da hereditariedade, por um lado, e no ambiente por outro. Eu poderia resumir rapidamente tal crítica da seguinte maneira.

Todo eu histórico tem uma natureza hereditária que consiste de um grupo de propensões inatas, em uma extensão mais ou menos comum à espécie, mas específica ao indivíduo nas forças respectivas. O eu simplesmente *nasce* com esse equipamento. Falando estritamente, ele antecede a existência do eu propriamente, ou seja, a existência de um sujeito autoconsciente, e ele mesmo é o efeito de uma série de causas que voltam até a antiguidade indefinidamente remota. Disso decorre, portanto, que qualquer uma das escolhas do eu que manifestam a influência de sua natureza hereditária não é uma escolha da qual *ele*, o eu histórico efetivo, é a única causa. A escolha está determinada, ao menos em parte, por fatores externos ao eu. O mesmo vale para o "ambiente". Todo eu nasce e é alimentado em um ambiente físico e social particular, que não é de sua escolha, que o influencia de inúmeras maneiras, encorajando essa propensão, desencorajando essa outra, e assim por diante. É claro que, qualquer das escolhas do eu que manifestam a influência de fatores do ambiente será igualmente uma escolha que está determinada, ao menos em parte, por fatores externos ao eu. Mas se aceitamos, como parece inevitável, que a hereditariedade e o ambiente são influências externas, onde encontraremos uma escolha em toda a história do eu que não esteja sujeita à influência externa? Certamente precisamos admitir que todo ato particular de escolha tem as marcas da natureza hereditária e da criação do ambiente sobre o agente, situação em que um ato livre, no sentido de um ato determinado somente pelo eu, precisa ser afastado com uma mera quimera. ❸

...

A exterioridade dessas influências é assumida como dada em nossos juízos práticos reflexivos em relação às pessoas. Nessas ocasiões, quando estamos com toda seriedade prestes a oferecer uma estimativa crítica e considerada do calibre moral de um homem – como, por exemplo, em qualquer estudo biográfico sério –, impomos a nós mesmos, como uma questão resolvida, o dever de investigar escrupulosamente as propensões hereditárias e as circunstâncias ambientais, com vistas a descobrir em que medida a sua conduta foi influenciada por esses fatores. E, tendo traçado essas influências, certamente não consideramos que o resultado não tenha qualquer relação com a questão da responsabilidade moral do homem em relação à sua conduta. Ao contrário, o propósito da investigação é habilitar-nos, pela apreciação devida das

❷ Campbell acrecenta a exigência de que a pessoa pudesse ter agido diferentemente, o que significa na sua visão que a natureza do eu ou do agente não necessitaram da ação em questão – ou, de outro modo, que a natureza que necessitou da ação era ela mesma o resultado de uma ou mais escolhas anteriores, nas quais o eu ou o agente poderia ter agido diferentemente.

❸ Isso se parece muito com Blatchford. Porém, todos os outros autores até agora neste capítulo concordariam, muito similarmente, que a liberdade no sentido em que Campbell descreve é impossível.

influências *externas* que afetam a sua conduta, a ter uma visão tão acurada quanto possível daquilo que pode justamente ser atribuído à *auto*determinação do próprio sujeito. Os descontos que todos nós damos na prática para as influências da hereditariedade e do ambiente, ao julgarmos nossos iguais, seriam sem sentido se não supuséssemos que essas influências são, em um sentido real, "exteriores" ao sujeito.

O reconhecimento dessa exterioridade é, sem dúvida, um assunto [sério] para o libertarista. Como vimos, o libertarista aceita a condição (*a*), ou seja, que um ato é livre somente se é determinado pelo eu e por nada mais senão o eu. (...) Agora sabemos que a condição (*a*) não é preenchida por nenhum ato com respeito ao qual a hereditariedade ou o ambiente exercem uma influência causal, pois esse tipo de influência revelou-se ser em um sentido real exterior ao sujeito. O ato livre do qual estamos à procura deve, portanto, ser aquele em que as influências desse tipo não entram de modo algum. ❹

Além disso, um presságio encorajador emergiu no curso de nossa breve discussão. Notamos que os nossos juízos práticos reflexivos sobre as pessoas, embora reconheçam completamente a exterioridade da influência da hereditariedade e do ambiente, não obstante pressupõem todo o tempo que há *algo* na conduta que é genuinamente autodeterminado, algo que o agente contribui apenas com sua própria iniciativa, não sendo afetado por influências externas; algo pelo que, apropriadamente, ele pode ser justamente considerado moralmente responsável. Essa convicção pode, é claro, ser falsa. Contudo, o fato de sua existência ser amplamente reconhecida não pode deixar de ter importância para o nosso problema. ❺

Avancemos, então, seguindo essa pista. Perguntemos por que os seres humanos persistem tão obstinadamente em acreditar que há um cerne indissolúvel de atividade puramente *auto*-originada, que mesmo a hereditariedade e o ambiente não têm o poder de afetar? Não pode haver dúvida, penso eu, a respeito da resposta em termos gerais. Eles agem assim, no fundo, porque se sentem seguros quanto à existência de tal atividade a partir das próprias experiências práticas imediatas. ❻ Nem poderá no final das contas haver muita dúvida, creio eu, em qual função do eu essa atividade deve ser localizada. Parece-me haver uma e somente uma função do eu com respeito à qual o agente pode inclusive fingir ter uma segurança daquela auto-origem absoluta que está em questão. No entanto, tornar precisa a natureza dessa função é obviamente da maior importância: e podemos fazer isso, penso eu, só através de uma análise exaustiva – que eu agora me proponho a tentar – da situação experiencial na qual ela ocorre, a saber, a situação da "tentação moral".

É característico daquela situação que nela eu sou consciente de um fim A que acredito ser moralmente correto, e também de um fim B, incompatível com A, em relação ao qual, em virtude daquele sistema de disposições conativas que constituem o meu "caráter" tal como este foi formado até agora, nutro um desejo muito forte. Pode haver, e talvez precise ser o caso, elementos de desejo na minha natureza que estão voltados também para A. Contudo, o que atribui à situação o seu caráter específico de tentação moral é que o anseio da nossa natureza desejante em relação ao fim correto, A, é sentido como *relativamente* fraco. Estamos certos de que, se permitirmos que a nossa natureza desejante volte-se diretamente à ação, é o fim B que escolheremos. É isso que se quer dizer quando se afirma, como faz William James, que o fim B está "na linha de menor resistência" relativamente às nossas disposições conativas. A expressão é por certo metafórica, mas serve para descrever, de modo bastante gráfico, uma situação da qual temos experiência frequente, a saber, quando reconhecemos um fim específico como aquele para o qual o "aparelho" da nossa natureza desejante mais fortemente nos inclina e o qual indubitavelmente escolheríamos se nenhum fator inibidor interviesse. ❼

Porém, fatores inibidores, a maioria de nós diria, *podem* intervir, e de duas maneiras totalmente diferentes, que é vital que distingamos com clareza. O fator inibidor pode ser da natureza de outro desejo (ou aversão), que opera ao mudar o balanço da situação de desejo. Embora em um estágio eu deseje B, que acredito ser errado, mais fortemente do que desejo A, que acredito ser correto, pode acontecer que antes de realizar a ação eu me torne consciente de certas consequências

---

❹ De novo, essa é uma exigência *muito forte* – uma exigência que pode muito bem ser impossível satisfazer.

❺ É claro que nenhum dos compatibilistas concordaria com o fato de que a responsabilidade moral requer essa espécie de liberdade como autodeterminação.

❻ Campbell está referindo-se à experiência efetiva de escolha, especialmente em uma situação na qual alguém é impelido em mais de uma direção.

❼ Supõe-se que a ação moralmente incorreta, B, é uma ação que a sua "natureza desejante" escolheria e, portanto, aquela ação que você mais quer, todas as coisas consideradas – aquela ação que concorda com o balanço geral dos seus desejos. Você pode ter algum desejo de fazer a coisa moralmente certa, A, mas isso não é suficiente, por si só, para vencer o desejo mais forte por B. Todo mundo já experienciou situações que ao menos *parecem* conformar-se a essa especificação, e você deve pensar em um exemplo por conta própria.

não antevistas de A que eu desejo fortemente, e o resultado pode ser que agora não *B*, mas A apresenta-se a mim como o fim na linha de menor resistência. A tentação moral aqui é superada pelo simples processo de deixar de ser uma tentação moral. ❽

Essa é uma maneira, e provavelmente de longe a mais comum, na qual intervém um fator inibidor. Contudo, ele certamente não é considerado pelo eu que é confrontado com a tentação moral como a *única* maneira. Em tais situações, nós todos acreditamos, correta ou incorretamente, que mesmo que B *continue* a estar na linha de menor resistência, mesmo que, em outras palavras, a situação continue a ser uma situação com as marcas características da tentação moral, *podemos*, não obstante, alinhar-nos com A. Podemos fazer isso, acreditamos, porque temos o poder de introduzir uma nova energia, fazer o que chamamos de um "esforço da vontade", por meio do qual somos capazes de agir contrariamente ao balanço que sentimos do simples desejo e alcançar o fim mais alto, apesar de ele continuar na linha de maior resistência em relação à nossa natureza desejante. O eu na prática acredita que tem o poder; e acredita, além disso, que a decisão está com ele somente, aqui e agora, sobre se esse poder será exercido ou não. ❾

Ora, a validade objetiva ou outro aspecto dessa crença não está em questão no momento. Aqui estou simplesmente apontando para a sua existência como um fato psicológico. Nenhuma quantidade de análise introspectiva, tanto quanto eu possa ver, sequer tende a impugnar que acreditamos, com efeito, em situações de tentação moral, que depende do nosso eu absolutamente decidir se exercemos o esforço de vontade que nos habilitará a atender ao dever, ou se deixamos que a nossa natureza desejante siga o seu curso.

Agora tenho de ressaltar, ainda mais, de que modo esse ato de decisão moral, ao menos em termos da importância que tem para o próprio agente, satisfaz em cheio as duas condições que descobrimos no início serem necessárias para o tipo de ato "livre" que a responsabilidade moral pressupõe.

É óbvio que ele, em primeiro lugar, é um ato que o agente acredita que poderia realizar de maneiras alternativas. Ele acredita que está genuinamente aberto a fazer um esforço – de vários graus, se a situação admitir isso – ou evitá-lo completamente. E, quando ele se *decidiu* – da maneira que for –, ele continua convencido de que esses cursos alternativos estavam realmente abertos a ele.

Talvez seja um pouco menos óbvio, mas, assim creio, igualmente certo, que o agente acredite que a segunda condição também está satisfeita, ou seja, que o ato de decisão é determinado *unicamente* pelo seu eu. Parece menos óbvio porque todos nós reconhecemos que o caráter formado tem muito a ver com as escolhas que fazemos; e o caráter formado é, sem sombra de dúvida, parcialmente dependente dos fatores externos da hereditariedade e do ambiente. Porém, é crucial aqui que não entendamos mal a natureza precisa da influência que o caráter formado tem sobre as escolhas que constituem a conduta. Ninguém nega que ele determina, ao menos em grande parte, que coisas nós desejamos e também com que intensidade as desejamos. Pode-se então justamente dizer que ele determina o balanço que sentimos dos desejos na situação de tentação moral. Porém, isso tudo equivale ao fato de que o caráter formado prescreve a natureza da situação *na qual* o ato da decisão moral tem lugar. Não decorre disso que ele próprio tenha qualquer influência na determinação do ato de decisão – a decisão relativa a se vamos exercer um esforço ou se vamos tomar o curso fácil de seguir a inclinação da nossa natureza desejante, se vamos tomar, a saber, o curso que, em virtude da influência determinante do nosso caráter tal como formado até agora, sentimos estar na linha de menor resistência. ❿

Quando se avalia isso, talvez se esteja mais bem-preparado para reconhecer o fato de que o próprio agente na situação de tentação moral não considera, e na realidade não poderia considerar, o seu caráter formado como tendo qualquer influência sobre o seu ato de decisão como tal. A natureza mesma de tal decisão, como se apresenta a ele, é relativa a se ele permitirá ou não que o seu caráter formado dite a sua ação. Em outras palavras, o agente distingue fortemente entre o eu que toma a decisão e o eu que, como caráter formado, determina não a decisão, mas a situação na qual a decisão acontece. Correta ou incorretamente, o

❽ Informações novas ou simplesmente uma mudança de ideia podem alterar o balanço de desejos em favor de A. Agir de acordo com o novo balanço de desejos seria simplesmente fazer o que se segue mais naturalmente da nossa "natureza desejante" e não seria, na visão de Campbell, um exemplo genuíno de escolha livre.

❾ Note com cuidado que Campbell aqui está descrevendo somente o que ele pensa que todos *acreditam* ser verdadeiro em uma situação desse tipo: que está em nosso poder exercer o esforço de superar o balanço geral dos desejos em favor de B em vez de A.
PARE (Ele está certo quanto a isso ser o que todos acreditam a respeito de tal situação? Você acredita nisso? Pense sobre essa questão em relação a alguns exemplos.)

❿ *Se* uma pessoa realmente tem a habilidade de realizar esse tipo especial de esforço (e também, é claro, de não fazer o que está em questão), então, se ela age ou não desse modo é algo que parece estar sendo controlado apenas por ela e não parece ser em nenhuma grau determinado por qualquer outra causa (dado que todas as outras causas meramente contribuem para constituir a situação em relação à qual esse esforço é ou não exercido).

⓫ Embora o caráter formado determine o balanço dos nossos desejos, a escolha relativa a exercermos ou não o esforço para vencer esse balanço de desejos não pode ser devida ao caráter formado – *se* tal coisa realmente ocorre.

PARE Ele tem razão em afirmar que isso é o que todos acreditam sobre tal situação? Você acredita nisso? Pense sobre esta questão, relacionando com alguns exemplos.

⓬ Campbell afirma, primeiro, que uma pessoa não pode evitar acreditar que em tal situação ela tenha a habilidade em questão; que, se ela escolhe exercer ou não o esforço, isso é algo que não está determinado pelo seu caráter formado. Segundo, ele afirma que isso é suficiente para criar uma "forte presunção *prima facie*" a favor do libertarismo, com isso colocando o ônus da prova decisivamente no lado oposto.'

agente acredita que, através do seu ato de decisão, ele pode opor e transcender o seu próprio caráter formado no interesse do dever. Somos portanto obrigados a dizer, penso eu, que o agente *não pode* considerar o seu caráter formado como em nenhum sentido determinante do seu ato de decisão como tal. O ato é sentido como sendo um ato genuinamente criativo, originado do eu *ad hoc* e pelo eu unicamente. **⓫**

Aqui, então, se a minha análise está certa, na função da decisão moral em situações de tentação moral temos um ato do eu que ao menos *parece ao agente* satisfazer ambas as condições da liberdade que apresentamos no início. A questão vital, agora, é se essa "aparência" é verdadeira ou falsa. O ato de decisão é realmente o que parece ao agente, determinado unicamente pelo agente e capaz de formas alternativas de expressão? Se o é, então temos aqui um ato livre que serve como uma base adequada para a responsabilidade moral. Estaremos autorizados a considerar o agente como moralmente elogiável ou censurável de acordo com a maneira como ele decide fazer o esforço ou com o modo como ele deixa a sua natureza desejante ter a sua vez. Estaremos autorizados, em resumo, a julgar o agente como ele certamente julga a si mesmo na situação de tentação moral. Se, por um lado, há boas razões para acreditar que o agente é vítima de ilusão ao supor que o seu ato de decisão tem esse caráter, então precisamos abandonar toda a concepção de responsabilidade moral, pois parece-me certo que não há nenhuma outra função do eu que sequer pareça satisfazer as condições exigidas para o ato livre.

Pois bem, ao considerar a pretensão de verdade dessa crença da nossa consciência prática, deveríamos começar por notar que o ônus da prova está com o crítico que rejeita essa crença. Até que uma evidência cogente do contrário seja aduzida, estamos autorizados a colocar a nossa confiança em uma crença que está tão profundamente enraizada em nossa experiência como seres práticos a ponto de ser, aventuro-me a dizer, inerradicável dessa natureza. Qualquer um que duvide que seja inerradicável pode ser convidado a colocar-se imaginativamente em uma situação de tentação moral como a que descrevemos antes e, então, perguntar-se se nessa situação ele considera que é possível *não acreditar* que o seu ato de decisão tem as características em questão. Não tenho dúvidas a respeito da resposta. É possível deixar de acreditar só quando estamos pensando abstratamente sobre a situação, não quando a estamos vivendo, seja efetivamente ou na imaginação. Esse fato certamente estabelece uma forte presunção *prima facie* a favor da posição libertarista. **⓬** Contudo, concordo que devemos examinar cuidadosamente várias críticas de grande autoridade antes que possamos nos sentir justificados em afirmar que a vontade livre é uma verdade última e conclusiva.

Felizmente, para os nossos propósitos, há algumas linhas de crítica que, embora extremamente influentes no passado recente, podem ser legitimamente ignoradas no presente. (...)

O libertarismo certamente é inconsistente com uma teoria determinista rígida do mundo físico. É vão fazer de conta que existem possibilidades abertas para a decisão psíquica, enquanto ao mesmo tempo sustentamos que os eventos físicos nos quais essas decisões manifestam-se são eles mesmos determinados de acordo com uma lei irrevogável. Todavia, embora há até poucos anos o peso da autoridade científica fosse usado sobejamente do lado de um determinismo universal dos fenômenos físicos, a situação, como se sabe, tem-se alterado profundamente ao longo do século atual, mais especialmente desde o advento da Teoria Quântica de Planck e do Princípio de Incerteza de Heisenberg. Muito poucos cientistas hoje em dia tentariam impugnar a vontade livre com base em quaisquer supostas implicações dos objetivos ou das conquistas da ciência física. (...)

Posso, portanto, passar imediatamente às linhas de argumentação que ainda usufruem de amplo curso entre os antilibertaristas. E começarei com um argumento que, embora seja uma questão simples mostrar a sua irrelevância para a posição libertarista tal como eu a apresentei, é tão popular que não pode, sem mais, ser ignorado.

A crítica feita é que a posição libertarista é incompatível com a *previsibilidade* da conduta humana. Afinal, fazemos previsões grosseiras sobre a conduta das pessoas, com base no que sabemos a respeito do seu caráter, todos os dias de nossa vida, e não pode haver dúvida de que essa prática, dentro de certos limites, está amplamente justificada pelos resultados. De fato, se não fosse assim, a vida social seria reduzida a um puro caos. A íntima relação entre o caráter e a conduta que a previsão postula realmente parece ser tão certa como qualquer coisa pode ser. Contudo, a visão libertarista, assim afirma-se, ao atribuir ao eu um poder misterioso de decisão não controlado pelo caráter e capaz de resultar em atos inconsistentes com o caráter, nega aquela continuidade entre o caráter e a conduta da qual a previsão depende. Se o liberarismo é verdadeiro, então a previsão é impossível. Porém, a previsão é possível; portanto, o libertarismo é inverídico. ⓭

A minha resposta é que a visão libertarista é perfeitamente compatível com a previsão, dentro de certos limites, e que não há evidência empírica de que a previsão é de fato possível para além desses limites. As considerações a seguir, assim penso eu, deixarão claro o assunto.

1. Não há por que, em nossa visão, sustentarmos uma vontade livre que possa querer qualquer coisa. O leque de escolhas possíveis está limitado pelo caráter do agente em todos os casos; afinal, nada pode ser o objeto de uma escolha possível se não é sugerido ou pelos desejos do agente ou por seus ideais morais, e estes dependem do "caráter" tanto para nós quanto para os nossos oponentes. De fato, reconhecemos explicitamente em um estágio anterior que o caráter determina a situação na qual o ato de decisão moral tem lugar, embora não o próprio ato de decisão moral. Obviamente, essa consideração fornece uma ampla base para previsões ao menos aproximadas. ⓮

2. Há *uma* situação experiencial, e *somente uma*, em nossa visão, na qual há alguma possibilidade de o ato da vontade não estar de acordo com o caráter, a saber, a situação na qual o curso que o caráter formado prescreve é um curso que está em conflito com o ideal moral do agente: em outras palavras, a situação de tentação moral. Ora, essa é uma situação de comparativa raridade. Porém, com relação a todas as outras situações na vida, estamos em total acordo com aqueles que sustentam que a conduta é a resposta do caráter formado do agente à situação dada. Por que não haveria de ser assim? Não poderia haver nenhuma razão, em nossa visão mais do que em alguma outra, para o agente sequer considerar desviar-se do curso que o seu caráter formado prescreve e que ele mais fortemente deseja, *a menos que* aquele curso seja considerado por ele como incompatível com o que é certo. ⓯

3. Mesmo nessa situação que é relevante à vontade livre, a nossa posição ainda pode reconhecer certa base para previsão. Nessa situação, o nosso caráter, tal como formado até agora, prescreve um curso de ação oposto ao dever, e um esforço da vontade é exigido se queremos desviar-nos desse curso. Porém, é claro que somos conscientes de que um maior esforço de vontade é exigido em proporção ao grau em que temos de transcender o nosso caráter formado a fim de querer o [curso] certo. Tal ação é, como dizemos, "mais difícil". Todavia, se a ação é "mais difícil" na medida em que envolve o desvio do caráter formado, parece razoável supor que, levando tudo isso em consideração, a ação será de ocorrência mais rara naquela mesma medida, embora talvez não possamos dizer que em qualquer grau de desvio ela se torne completamente impossível. Disso se segue que, mesmo com respeito a situações de tentação moral, normalmente podemos empregar o nosso conhecimento do caráter do agente como uma pista para a previsão. Será uma pista de valor limitado, embora de nenhum modo negligenciável. Ela nos dará aval ao prevermos, por exemplo, de uma pessoa que se tornou escrava do álcool, que é improvável que ela, mesmo que completamente consciente do mal moral dessa escravidão, seja bem-sucedida em libertar-se imediata e completamente dos seus grilhões. Previsões desse tipo todos nós, na prática, fazemos com suficiente frequência. E não parece haver nenhuma razão pela qual a doutrina libertarista deva questionar a sua validade. ⓰

Quando essas três considerações são levadas em conta, torna-se bastante claro que a doutrina que estamos defendendo

⓭ Temos aqui uma objeção óbvia ao libertarismo, a qual é levantada tanto por Blatchford quanto por Hume.

⓮ R A liberdade, de acordo com Campbell, envolve uma escolha entre o nosso balanço geral de desejos e as demandas da moralidade. Dado que tanto os desejos de alguém quanto a sua concepção da moralidade são parte do seu caráter formado, que é o resultado da hereditariedade e do ambiente, ainda haverá uma base para muitas previsões aproximadas: previsões de que uma pessoa não fará uma ampla gama de coisas que não são favorecidas nem pelo desejo nem pela moralidade e de que a sua ação será de certo tipo (um tipo que inclui tanto a opção desejada quanto aquela favorecida pela moralidade).

⓯ Desse modo, se situações de escolha entre o desejo e a moralidade são bastante raras, muitas ações serão previsíveis com base no caráter formado. Isso aparentemente significa que somos livres e moralmente responsáveis apenas nessas ocasiões bastante raras.

⓰ Contudo, se é muito difícil vencer o balanço de desejos que resulta do caráter formado, a pessoa que falha em fazê-lo é ainda completamente livre e moralmente responsável? Não é a sua ação determinada em grande parte pelo seu caráter formado, que por sua vez é determinado pelo ambiente e pela hereditariedade, restando muito pouco espaço para a liberdade?

é de fato compatível com uma quantidade substancial de previsibilidade. E sustento que não há um pingo de evidência empírica de que uma quantidade maior do que essa exista em realidade.

Passemos para a consideração de uma crítica bem mais interessante e, assim penso eu, mais plausível. Com frequência, objeta-se à doutrina libertarista que ela é fundamentalmente *ininteligível*. O libertarismo defende que um ato de decisão moral é um ato do *eu*; porém, insiste ao mesmo tempo que ele não é influenciado por nenhuma dessas características determinadas da natureza do eu que constituem o seu "caráter". Mas, pergunta-se, essas duas proposições não se contradizem? Certamente, a *auto*determinação que é a determinação por alguma outra coisa que o *caráter* do eu é uma contradição em termos? Que sentido há na concepção de um "eu" em abstração do seu "caráter"? Se você realmente quer manter, afirma-se, que o ato de decisão não está determinado pelo caráter do eu, você deve admitir francamente que ele não é determinado pelo *eu* de nenhum modo. Todavia, nesse caso, é claro, você não estará advogando uma liberdade que oferece qualquer apoio à responsabilidade moral; de fato, bem ao contrário. ❼

Ora, essa crítica, e todas as da sua espécie, parecem-me ser o produto de um erro simples, mas extraordinariamente comum: o erro de confinar o eu às categorias do observador externo, ao lidar com as ações dos agentes humanos. Explicarei.

É perfeitamente verdadeiro que o ponto de vista do observador externo, o qual somos obrigados a adotar ao lidarmos com processos físicos, não nos fornece nem mesmo a menor das noções do que pode se querer dizer com uma entidade que age causalmente e, contudo, não através de qualquer característica determinada do seu caráter. Na medida em que nos limitamos à observação externa, concordo que essa noção deve parecer-nos puro contrassenso. Mas também *não* somos obrigados a limitarmo-nos à observação externa ao lidarmos com o agente humano. Aqui, embora aqui unicamente, temos a vantagem inestimável de sermos capazes de apreender as operações do lado de *dentro*, do ponto de vista da *experiência vivida*. Contudo, se adotamos esse ponto de vista de dentro – certamente um ponto de vista que é adequado e que deveríamos estar felizes em adotar, se pudéssemos, no caso de outras entidades –, a situação altera-se completamente. Descobrimos que não meramente podemos, mas constantemente fazemos isto: atribuir um significado a essa causação que é a causação do eu, mas que não é exercida pelo caráter do eu. Já vimos isso em nossa análise da situação da tentação moral. Quando confrontados por tal situação, assim vimos, estamos certos de que depende do nosso *eu* decidir se deixaremos que o nosso caráter, formado até o presente, dite a nossa ação ou se, através do esforço, nós nos oporemos aos seus ditames e nos elevaremos ao dever. Estamos certos, em outras palavras, de que o ato *não* está determinado pelo nosso *caráter*, embora continuemos igualmente certos de que o ato *está* determinado pelo nosso *eu*.

Ou então vejamos, para mais uma ilustração (dado que o que queremos mostrar aqui é de extrema importância para toda a controvérsia sobre a vontade livre), a experiência do próprio querer com todo o esforço, na qual o ato de decisão encontra expressão na vontade de fazer o nosso dever. Em tal experiência, estamos certos de que é o nosso eu que faz o esforço. No entanto, estamos igualmente certos de que o esforço não brota do nosso sistema de disposições conativas, que chamamos de o nosso caráter formado, pois a função mesma que o esforço tem para nós é a de nos capacitar a agir contra a "linha de menor resistência", isto é, de agir de uma maneira *contrária* àquela para a qual nos inclina o nosso caráter formado. ❽

Concluo, portanto, que aqueles que pensam que a doutrina libertarista da causalidade do eu, na decisão moral, é inerentemente ininteligível pensam isso simplesmente porque se limitam, de modo deveras arbitrário, a um ponto de vista inadequado: um ponto de vista a partir do qual, de fato, uma atividade criativa genuína, se ela existe, nunca *poderia* ser apreendida.

...

O que se exige do crítico, se ele obviamente quiser defender bem o seu ponto de vista, é uma justificação arrazoada da sua atitude de superioridade em relação ao testemunho da autoconsciência

---

❼ Há uma maneira óbvia na qual uma escolha que não está de acordo com o caráter de um agente parece possível: se a escolha é feita simplesmente ao acaso. Porém, uma escolha ao acaso não seria um ato do eu em qualquer sentido relevante para a responsabilidade moral. Portanto, uma outra maneira de colocar o problema seria dizer que é difícil entender como uma escolha não pode ser *nem* o resultado do caráter formado *nem* aleatória. Se ela não se enquadra em nenhum desses, de onde ela vem?

❽ Campbell apela para a nossa *experiência* de efetivamente fazermos escolhas dessa maneira. Todavia, mesmo que ele esteja certo (ele está?) quanto à nossa experiência *parecer* apoiar a visão de que tais escolhas de fato ocorrem, isso não é suficiente para *explicar* o que está acontecendo: em que realmente importa a determinação pelo eu, mas não pelo caráter formado ou pela natureza do eu. Ou como tal coisa é possível?

prática. Esse é o primeiro *desideratum*. E a falta deste mesmo no grosso da literatura determinista, é em minha opinião, um escândalo. Sem isso, a crítica que vimos examinando é puro dogmatismo. É, de fato, dogmatismo de um tipo peculiarmente perverso. A situação é, com efeito, como se segue. Com a nossa autoconsciência prática, obtemos uma noção de um ato genuinamente criativo – que pode ser definido como um ato que nada determina senão o realizar dele por parte do agente. De tal caráter é o ato de decisão moral como nós o experienciamos. Todavia, o crítico diz "Não! Isso não pode ser assim. Uma pessoa não pode, sem afrontar a razão, ser concebida como a autora de um ato que não mantém, *ex hypothesi*, nenhuma relação com o seu caráter. Uma mera intuição da autoconsciência prática é o único apoio solitário dessa noção fantástica e, certamente, ela é completamente incapaz de sustentar o peso que você põe sobre ela". Agora, observe a perversidade! O crítico diz, excluindo a evidência da autoconsciência prática, que a noção é um absurdo. Em outras palavras, excluindo a única evidência que *poderia* de fato haver para tal noção, a noção é um absurdo! É claro que, se devesse existir tal coisa como uma atividade criativa, não haveria nenhuma outra maneira a não ser uma intuição da autoconsciência prática como um modo em que poderíamos nos tornar conscientes dela. Só a partir de dentro, do ponto de vista da experiência vivida do agente, a "atividade" pode alguma vez ser apreendida. De modo que o que o crítico está realmente fazendo é condenar uma noção como absurdo com base no fato de que a única evidência para ela é a única evidência que jamais vez poderia haver para ela. ⓵⁹

...

⓵⁹ Novamente, o problema real não é tanto se há uma evidência para a existência de tais escolhas quanto se podemos entender a que equivaleria tal escolha e como se poderia chegar a ela.

Questões para Discussão

1. Na visão de Campbell, uma pessoa que fez um esforço que é necessário para vencer o equilíbrio dos seus desejos agiu livremente. A ação de uma pessoa que escolheu *não* fazer esse esforço, e assim faz o que mais deseja fazer, é também uma ação livre (de modo que as pessoas não seriam moralmente responsáveis somente quando fazem a coisa certa)? Por que sim ou por que não? O que acontece se os desejos que se opõem à moralidade são muito fortes (ver a Anotação 16 e o texto associado)?
2. A ideia de uma causação do agente, em geral e na versão específica de Campbell, realmente faz sentido? Como a escolha é determinada ou como chegamos a ela, se tal escolha não é o resultado do caráter formado (e também não ocorre ao acaso)?
3. Na visão de Campbell, uma pessoa é livre e moralmente responsável apenas em situações na quais existe um conflito entre o desejo e a moralidade (e talvez apenas quando ela segue a moralidade, e não o desejo). É essa uma visão plausível da liberdade? Há alguma maneira de expandir a visão de Campbell de modo a permitir uma gama mais ampla de escolhas livres?

Robert Nozick

Robert Nozick (1938-2002) lecionou filosofia durante muitos anos na Universidade de Harvard e foi uma figura importante na filosofia do século XX. Ele fez contribuições relevantes em muitas áreas, mas talvez seja mais conhecido por seu livro *Anarchy, State and Utopia* (do qual foram extraídas duas das seleções no Capítulo 6).

Na seleção que segue, Nozick defende uma versão do libertarismo. Em sua visão, as ações livres ocorrem como resultado de o agente *atribuir* pesos a razões, favorecendo várias alternativas (em vez de simplesmente agir de acordo com as razões antecedentes que tinham mais peso). Esta poderia ser vista como uma versão da causação por agente, pois a atribuição de peso é feita pelo agente, mas não é determinada por nenhuma característica específica do agente (incluindo o seu próprio caráter formado). Contudo, Nozick não faz nenhum apelo explícito à ideia de causação por agente e tenta explicar de outras maneiras por que tal atribuição de pesos não é meramente casual.

Escolha e Indeterminismo,[25] Extraído de *Explicações Filosóficas*

PESANDO RAZÕES*

Fazer algumas escolhas se parece com o seguinte. Há várias razões pró e contra realizar cada uma das ações alternativas ou dos cursos alternativos de ação que se está considerando, e sente-se como se se pudesse fazer qualquer uma delas. Ao considerar as razões e examiná-las com cuidado, chega-se à conclusão de quais razões são mais importantes, quais têm mais peso. Decide-se com base em que razões agir; ou pode-se decidir agir com base em nenhuma delas, mas tentar em vez disso uma nova alternativa, dado que nenhuma das alternativas anteriores era satisfatória.

Após a escolha, entretanto, outros dirão que fomos levados a agir pelas considerações que eram (ou vieram a ser) as mais pesadas. E não somente os outros. Nós também, ao olharmos para trás e analisarmos as nossas próprias ações, veremos que razões nos impulsionaram e veremos aquelas considerações (aceitando-as) como tendo nos levado a agir como agimos. Tivéssemos realizado outra ação, no entanto, agindo com base nas considerações opostas, nós (juntamente com os outros) teríamos descrito essas considerações como nos tendo levado a praticar aquele outro ato. Para qualquer ato que praticamos, existem considerações (diferentes) que formam o pano de fundo e que podem ser elevadas ao estatuto causal. Quais considerações serão desse modo elevadas, isso depende de qual ato praticado. O ato simplesmente mostra qual das considerações foi a causa de mais peso, ou a decisão torna alguma delas a de mais peso?

As razões não vêm com pesos previamente especificados e precisamente dados; o processo de decisão não é um processo de descobrir tais pesos precisos, mas sim de atribuí-los. O processo não somente pesa as razões, ele (também) confere pesos a elas. Ao menos é assim que às vezes parece. Esse processo de conferir pesos a razões pode ser bem focado, ou pode envolver considerar ou decidir que tipo de pessoa queremos ser, que tipo de vida queremos levar. ❶

Que imagem emerge se levamos a sério o sentimento de que pesos (precisos) a serem conferidos às razões é "da nossa conta"? É causalmente indeterminado (por fatores anteriores) quais de nossos atos decidiremos praticar. Pode estar causalmente determinado que certas razões são razões (em uma direção ou em outra), mas não há qualquer determinação causal anterior do peso preciso que cada razão terá em competição com outras. ❷ (...) A psicologia, a sociobiologia e várias ciências sociais, nessa visão, oferecerão explicações causais acerca de por que algo é ou não é uma razão para certa pessoa (em dada situação). Elas não serão sempre capazes de explicar por que as razões têm o peso preciso que têm. (...)

Não é nem necessário nem apropriado, segundo essa visão, dizer que a ação de uma pessoa é incausada. Na medida em que a pessoa está decidindo, meditando sobre as razões R$_A$ que são razões para realizar a ação A e meditando sobre as razões R$_B$ que são razões para realizar a ação B, é indeterminado que ato ela praticará. Nessa situação, ela poderia realizar A e poderia realizar B. ❸ Ela decide, suponhamos, realizar A.

---

❶ Algumas vezes, é incerto qual o *peso* que várias razões devem ter para as diferentes alternativas. A sugestão de Nozick é que algumas vezes não há pesos antecedentes a serem descobertos, de modo que eles devem *ser atribuídos*.

❷ R É só o *peso* das razões que se alega não ser, em um caso de escolha genuinamente livre, causalmente determinado.

❸ Assim, qualquer que seja o ato que ela por fim pratique, ela *poderia ter agido de outro modo* – não somente no sentido compatibilista de que ela teria agido de modo diferente *se* os seus desejos ou o seu caráter tivesse sido diferente, mas em um sentido mais forte, em que o outro ato poderia ter ocorrido, sem nenhuma mudança nos seus desejos ou no seu caráter, antes da decisão.

---

[25] Extraído de *Philosophical Explanations* (Cambridge, Mass.: Harvard University Press, 1981).
* N. de T. No original, a expressão é *weigh(t)ing reasons*. Ao que parece, a expressão sem o "t" (*weighing reasons*) significa "pesando razões"; com o "t" (*weighting reasons*), ela significa "aplicando pesos" ou "atribuindo peso a razões".

Então, será verdadeiro que ela foi levada a praticar A por (aceitar) R_A. Entretanto, tivesse ela decidido praticar o ato B, então teria sido R_B que a levou a praticar B. O que quer que ela decida, A ou B, haverá uma causa para isso, a saber, R_A ou R_B. A sua ação não é (causalmente) determinada, pois naquela situação ela poderia ter decidido diferentemente; se a história do mundo tivesse sido repetida até aquele ponto, ela poderia ter continuado com uma ação diferente. Com relação à sua ação, a pessoa tem o que foi chamado de liberdade contracausal – é melhor chamá-la de liberdade contradeterminista. ❹

Desse modo, traçamos a distinção entre uma ação ser causada e ser causalmente determinada. Alguns filósofos negarão essa distinção, sustentando que, sempre que um evento causa um outro, vale uma lei geral de acordo com a qual isso acontece: alguma especificação do primeiro evento (junto com outras condições que se aplicam) sempre é e seria seguida por um evento do mesmo tipo que o segundo. É uma tese metafísica que a noção de base da causalidade, de produzir ou fazer algo acontecer, só pode operar através de tal universalidade legalista. ❺ Se isso estivesse correto, (...) então a causalidade necessariamente envolveria determinação causal: na repetição de exatamente as mesmas condições, exatamente a mesma coisa teria de (novamente) acontecer. De acordo com a visão que distingue causalidade de determinação causal, um ato pode ser praticado por causa de alguma coisa ou ter uma causa mesmo que, exatamente nas mesmas condições, um outro ato pudesse ter sido praticado. É comum, em retrospectiva, ver o que nos levou a agir tal como agimos. Embora possamos retrospectivamente identificar a causa, isso não significa que a nossa ação foi causalmente determinada; tivéssemos nós agido diferentemente naquela situação (como poderíamos), teríamos retrospectivamente identificado uma causa diferente – R_B em vez de R_A. ❻

Os pesos das razões estão latentes até a decisão. A decisão não precisa atribuir quantidades exatas, mas somente fazer com que algumas razões venham a pesar mais do que outras. Uma decisão estabelece diferenças de pesos, mesmo que não sejam pesos precisos.

Esses pesos conferidos (ou a avaliação comparativa de razões) não são tão fugazes a ponto de desaparecer imediatamente após a decisão que os confere. Eles se conformam em uma moldura a partir da qual tomamos decisões futuras, não eternas, mas aquelas com as quais estamos provisoriamente comprometidos. Esse processo de decisão fixa os pesos que as razões terão. A situação assemelha-se àquela dos precedentes dentro de um sistema legal; uma decisão anterior não é simplesmente ignorada embora possa ser derrubada por uma razão; a decisão representa um comprometimento provisório de tomar decisões futuras de acordo com os pesos que foram estabelecidos, e assim por diante. ❼

Diz-se algumas vezes que a afirmação de que sempre fazemos o que mais queremos ou sempre agimos a partir do nosso desejo mais forte é vazia de conteúdo, pois a preferência ou a força do motivo é identificada pelo que a pessoa faz. Se a alegação deve ter conteúdo empírico, então é necessário que algumas vezes seja possível descobrir qual é a preferência da pessoa ou o seu motivo mais forte, por meio de alguma outra situação, para identificá-la de um modo independente, no intuito, então, de verificar nessa situação se a pessoa está fazendo o que mais prefere ou aquilo para o qual ela tem o motivo mais forte. ❽ Defensores da alegação apontam para outras situações (de escolha ou de resposta a perguntas) nas quais a preferência relevante ou o motivo podem ser identificados; dessa forma, a verdade da alegação nessa situação de decisão é testável, dada a assunção de que a preferência ou o motivo seja estável de uma situação para a outra. Entretanto, se a nossa concepção da atribuição de pesos (com um comprometimento que perdura) mostrar-se verdadeira, então esses "testes" independentes deverão ser interpretados diferentemente. Nem sempre agimos com base no que era uma preferência ou um motivo pré-existente mais forte; ele pode tornar-se o mais forte no processo de tomada de decisão, tendo a partir daí um peso maior (em outras decisões futuras) do que as razões que ele superou. O teste anterior independente de uma preferência, portanto, não precisa descobrir uma preferência que existiu; ele pode estabelecer uma preferência que então se impõe consistentemente em

❹ **R** A visão de Nozick é de que a ação ainda é causada pela razão à qual o agente atribui um peso maior, mesmo que não seja causalmente *determinada* (uma vez que não estava determinado que a essa razão seria atribuído um peso maior)

❺ **R** Nozick não aceita essa tese metafísica.

❻ A causa da ação não é R_A sozinha, mas R_A com o peso que lhe foi atribuído, que excede o peso de R_B. E há uma lei geral para o efeito de que uma razão mais pesada triunfará sobre uma menos pesada. A atribuição de pesos é a causa última da ação, e essa atribuição não parece ser *nem* determinada *nem* causada na visão de Nozick.

❼ Dessa maneira, Nozick está sugerindo, tal decisão pode dar forma aos desejos subsequentes e ao caráter da pessoa basicamente do mesmo modo que Edwards pensa ser necessário à liberdade genuína (mas que ele também pensa ser impossível).

❽ Blatchford, entre outros, afirma que uma pessoa sempre age em função de seus motivos antecedentemente mais fortes. Nozick questiona de que modo esse motivo pode ser identificado (dado que dizer que ele é simplesmente um motivo qualquer que acaba por ser aquele com base no qual se age torna a alegação trivial). Portanto, é necessário que se tenha alguma outra maneira de identificar o motivo antecedentemente mais forte de todos.

⑨ Uma solução para esse problema é identificar o motivo pré-existente mais forte pelo qual a pessoa diz ou age em outra ocasião. Nozick responde que esse procedimento não pode distinguir entre um motivo que foi antecedentemente o motivo mais forte e um motivo que se torna o mais forte como resultado da atribuição de força pelo agente (na ocasião da questão ou da ação anterior) – e, dessa forma, não pode dar apoio à afirmação de Blatchford.

PARE (Há alguma outra maneira de identificar um motivo *antecedentemente* mais forte, uma maneira que o distinga de um motivo que *se torna* o mais forte somente por ser aquele ao qual em algum momento se *atribui* maior peso?)

⑩ Temos aqui uma maneira importante em que a posição de Nozick difere daquela de Campbell.

⑪ Nozick não explica de fato como isso pode ser feito.

⑫ Portanto, a ideia de atribuir pesos a razões não pode por si mesma resolver o problema central do libertarismo: o de encontrar uma terceira alternativa ao determinismo e à aleatoriedade.

⑬ A ideia é que as limitações sobre as razões e o intervalo seriam eles próprios causalmente determinados.

situações de novas decisões. O procedimento de teste não pode mostrar que sempre agimos com base em uma preferência ou um motivo pré-existente que é o mais forte. **⑨**

Somente quando existem razões opostas para ações diferentes é que é necessário chegar a uma atribuição de pesos; caso contrário, simplesmente podemos fazer aquilo que todas as razões favorecem. Contudo, nenhum dos grupos dessas razões opostas precisa ser moral; decisões que envolvem um conflito de dever ou de outros motivos morais com desejos (imorais) são apenas uma subclasse de decisões livres. **⑩** Devemos dizer, no entanto, que toda decisão livre envolve um conflito de alguma espécie, com as razões impelindo em diferentes direções? As razões em conflito não precisam ter peso indeterminado, pois uma decisão livre pode "superar" uma decisão de atribuição de peso como precedente. (Mas sempre está presente uma razão de peso indeterminado para reexaminar e derrubar uma precedente anterior, razão essa a que se deve dar um peso determinado menor na decisão de seguir a precedente?) Mesmo que ela não venha a incluir quaisquer casos interessantes que queiramos julgar em especial, ainda assim podemos formular a teoria para evitar a consequência desconfortável de que ações em face de nenhuma razão contrária não são ações livres. **⑪**

...

ATRIBUINDO PESOS NÃO ALEATORIAMENTE

Aceitando-se a coerência da concepção na qual o processo de decisão atribui pesos, ainda assim é isso a vontade livre? Que uma ação são seja determinada (...) não é suficiente para que ela seja livre – ela pode simplesmente ser um ato aleatório. Se agíssemos da maneira como o urânio 238 emite partículas alfa, o determinismo seria falso, mas (a menos que estejamos muito enganados sobre o urânio 238) não teríamos, por causa isso, vontade livre. O que torna a atribuição de pesos a razões diferente de alguma forma? Se isso também é um ato aleatório, então agir em função de tais pesos nessa decisão é algo diferente do aleatório? Agir com base nesses mesmos pesos posteriormente não será aleatório, mas é isso melhor do que qualquer outro ato determinado, se isso rastreia a sua história, não até as causas antes do seu nascimento, mas até uma atribuição de pesos recente, porém aleatória? **⑫**

Como pode a atribuição de pesos ser outra coisa que não aleatória? Dado que (por hipótese) não há nenhuma causa para se dar ou atribuir esses pesos particulares às razões, em vez de outros pesos, deve ser o caso de que se trata de um ato aleatório quando os pesos são atribuídos? (...) Se a ausência da causação implicasse aleatoriedade,* então a negação da vontade livre (contracausal) disso decorreria imediatamente. Entretanto, "não causado" não implica "aleatório". É certo que o teórico da vontade livre ainda tem de explicar de onde vem a ser o caso de que um ato que não é causalmente determinado não é aleatório, mas ao menos há espaço para essa tarefa.

De que forma a alocação de pesos** não é simplesmente aleatória? Pode haver causas que limitam as razões às quais um peso (diferente de zero) pode ser alocado, e o intervalo dentro do qual esses pesos estão pode ser similarmente limitado. Todavia, embora não seja uma questão aleatória que tais pesos caiam dentro desse escopo, tampouco isso é decidido pela pessoa. **⑬** A questão permanece: como é que a sua decisão entre as alternativas causalmente abertas para ela (as alternativas em que não está causalmente determinado que ela não escolherá) não é simplesmente uma questão aleatória?

Primeiramente, a decisão pode ser autossubsumível; os pesos que ela confere podem fixar princípios gerais que ordenam não só o ato relevante, mas também a atribuição desses pesos (ou de pesos similares). A atribuição de pesos produz tanto a ação (como uma subsunção, não uma repetição) quanto a própria atribuição. Por exemplo, considere a política de escolher de modo a rastrear o que é melhor: se o ato não fosse o melhor, você não o praticaria, ao passo que, se fosse o melhor, você o praticaria. A decisão de seguir essa política pode ser

---

* N. de R.T. No original, *randomness*.
** N. de R.T. No original, *bestowal of weights*.

uma instância dela própria, subsumida a ela. ⑭

...

Considere uma decisão autossubsumida,* que atribui pesos a razões com base em uma então escolhida concepção de si mesmo e da vida apropriada para si, uma concepção que inclui atribuir esses pesos e escolher essa concepção (em que os pesos também geram a escolha daquela autoconcepção). Tal decisão autossubsumida não será um fato bruto aleatório; ela será explicada como uma instância da própria concepção e dos pesos escolhidos. (Não estou dizendo que todas as nossas decisões ou todas as nossas atribuições de pesos são autossubsumidas dessa maneira; entretanto, as outras decisões que estão baseadas em pesos previamente dados em tais decisões, pesos revogáveis, herdarão autonomia.) Não será um fato bruto aleatório mais do que o é sustentar uma lei explanatória profunda e fundamental, que subsume e com isso explica a si mesma. (...) Uma decisão autossubsumida não acontece sem explicação, ela não é aleatória no sentido de não estar conectada a quaisquer razões de peso (incluindo aquelas razões autossubsumidas então escolhidas). Embora ela não aconteça simplesmente de modo aleatório, ainda assim há decisões autossubsumidas diferentes e conflitantes que poderiam ser feitas, tal como poderia ser o caso que diferentes leis autossubsumidas, fundamentais, que poderiam mostrar-se verídicas. Não é então arbitrário que uma decisão autossubsumida seja tomada em vez de outra? Não ficará como algo inexplicável o motivo pelo qual essa decisão foi feita (em vez daquela)? ⑮

ENTENDENDO E EXPLICANDO ESCOLHAS LIVRES

...

De que (...) maneira (...) podemos entender o processo de fazer escolhas livres? Talvez ao fazê-las. ⑯ Podemos interpretar aqueles teóricos que apontam para as nossas escolhas não como tentando provar que fazemos escolhas livres, mas como ostensivamente explicando a noção, mostrando a sua inteligibilidade. Estariam eles dizendo que entendemos as escolhas livres e a agência em virtude de fazermos escolhas livres como agentes? (...) O nosso problema é que estamos confusos com relação à natureza das escolhas livres, de modo que qualquer conhecimento interno que possamos ter de tais escolhas devida a elas e ao fazê-las obviamente não serviu para esclarecer as nossas dúvidas sobre a sua natureza. É tentador dizer que a nossa confusão brota da suposição de que precisamos ser capazes de discursivamente dizer ou descrever o modo como é uma escolha livre; contudo, o fato de que não podemos fazer isso, quando estamos diretamente familiarizados com elas, não interfere em nossa compreensão das mesmas. Porém, inefabilidades demais estragam o caldo filosófico. Dado que eu mesmo não tenho nem sequer o sentimento de compreensão, continuarei as tentativas (discursivas) de explicação. ⑰

(...) Já dissemos que o processo de decisão (algumas vezes) confere pesos às razões a favor das e contra as várias alternativas e que essa atribuição de pesos é autossubsumida, sendo nessa medida não aleatória. Ainda assim, pode haver atribuições de pesos que são autossubsumidas e diferentes. Embora depois que alguma delas aconteça sejamos capazes de retrospectivamente dar uma razão como a causa (mesmo que sem determinação causal), pode alguma coisa ser dita a respeito de por que aquela decisão autossubsumida é tomada em vez de uma outra? Não, os pesos são conferidos em virtude dos pesos que entram em cena no próprio ato de atribuição. Essa é a tradução, para esse contexto, da noção de reflexividade: o fenômeno, tal como a referência e a vigência de uma lei, tem o caráter de ser "interno" quando ele se dá ou ocorre em virtude de uma característica conferida por sua vigência ou ocorrência.

A decisão livre é reflexiva; ela se dá em virtude de pesos atribuídos por sua ocorrência. Uma explicação de por que o ato foi escolhido terá de se referir ao fato de ele ser escolhido. Entretanto, nem todo ato que você realiza é um

---

⑭ Uma ocorrência aleatória é algumas vezes tomada como uma ocorrência que acontece sem nenhuma razão. Nozick está sugerindo que, de certo modo, pode haver uma razão para a atribuição de pesos. Ela pode operar *via* um princípio geral que é *autossubsumível*, isto é, cuja adoção é uma instância de si mesmo. O exemplo de Nozick é o da política geral ou do princípio de escolher de modo a "rastrear o melhor", ou seja, fazer o que é moralmente o melhor. Adotar tal princípio *é* presumivelmente uma instância de se fazer o que é moralmente o melhor, de modo que o princípio é autossubsumido. (Uma outra maneira de colocar isso é dizer que o princípio adotado pode oferecer uma razão para a adoção desse mesmo princípio.)

⑮ A decisão autossubsumida pode ser tão geral como a escolha de um tipo geral de vida: viver a melhor vida moralmente, em que a adoção desse princípio é parte de se viver a melhor vida moralmente.

Embora exista, nesse estranho modo, uma razão para adotar tal princípio ou tal concepção da sua própria vida, nos casos mais importantes haverá escolhas alternativas que serão similarmente autossubsumidas. Então, por que a escolha entre essas alternativas ainda não é arbitrária, ou seja, aleatória?

⑯ Essa é essencialmente a sugestão de Campbell.

⑰ Experienciar escolha de fato não explica como ela funciona e, em particular, como ela pode não ser nem determinada nem aleatória. Nozick reconhece (e isso é uma concessão muito grande) que nem mesmo ele *parece* estar entendendo esse ponto.

---

* N. de R.T. No original, *self-subsuming decision*.

⑱ Dizer que a atribuição de pesos é *reflexiva* significa dizer que ela é adotada em virtude de si mesma: ela explica a sua própria adoção. (Mas ela de fato a explica?)

⑲ Dizer que essa imagem parece "fenomenologicamente acurada" é dizer que ela parece acuradamente refletir o que ocorre na experiência *efetiva* da escolha livre.

⑳ Se a atribuição de pesos é uma parte da criação ou da constituição do tipo de eu que nós escolhemos ser, então haverá uma outra maneira (relacionada) em que ela não é aleatória: ela reflete a natureza do próprio eu *resultante*.
(Mas ainda poderia haver escolhas alternativas que refletiriam a natureza de eus resultantes alternativos, deixando obscuro por que a escolha entre esses eus diferentes não é aleatória.)

pequeno milagre de autossubsunção reflexiva,* mas somente aqueles que envolvem escolha de princípios fundamentais e de autoconcepção. (Uma vez que tal escolha é revogável, escolhas posteriores o reafirmam e, assim, também envolvem uma autossubsunção reflexiva?) **⑱**

Suponha que um processo de decisão possa ter essas características, atribuindo pesos de uma maneira autossubsumida que é reflexiva. A decisão então não balança no ar aleatoriamente – podemos ver os muitos elos e as muitas conexões que ela tem (incluindo internas); a decisão particular não é inexplicável – nós a vemos como algo que poderia surgir de um processo desse tipo.

Contudo, mais do que isso pode ser pedido; pode-se pedir que o teórico da vontade livre mostre como a decisão é causalmente determinada. De outro modo, dir-se-á, o caráter e a natureza da decisão permanecerão misteriosos. Todavia, esclarecer qualquer mistério dessa maneira viria às custas de um ato de liberdade contracausal. Nenhuma condição adequada da explicação ou da compreensão necessita (...) de uma explicação causal. (...) A vontade livre deve ser explicada diferentemente ao se delinear um processo de decisão que pode dar lugar a vários atos de uma maneira não aleatória e não acidental; qualquer um ao qual ela der lugar – e ela pode dar lugar a qualquer um de muitos – acontecerá não arbitrariamente. Essas observações são independentes do processo particular que foi delineado aqui, envolvendo a atribuição de pesos, a autossubsunção reflexiva, e assim por diante. O que é inapropriado é exigir que uma escolha livre seja explicada de uma maneira que mostre que ela é não livre.

O tema da atribuição de pesos a razões, em uma situação de nenhum peso determinado pré-existente, parece-me ser fenomenologicamente acurado e próprio para ser enfatizado. **⑲** Tenho mais preocupação em denominar essa atribuição de não arbitrária e não aleatória pelo fato de ela ser autossubsumida e reflexiva. Essa posição tem em demasia a peculiaridade da aplicação de instrumentos e ideias radiantemente novas por toda a parte, como uma chave mágica – excetuando-se que algumas da suas aplicações dependem, talvez, de essas ideias não serem tão bem-entendidas, não tão brilhantes. Por isso, deveríamos estar um pouco desconfiados desse uso dos temas da autossubsunção e da reflexividade para delinear a natureza não arbitrária de uma escolha livre. Não obstante isso, eles têm a peculiaridade correta (...)

PODERÍAMOS TER ATRIBUÍDO PESOS DE OUTRO MODO?

(...) Uma outra maneira em que a atribuição de pesos a razões pode ser não arbitrária é que o eu pode sintetizar a si mesmo em torno de tal atribuição: "Eu avalio as coisas dessa maneira". Se nessa autorreferência reflexiva* o eu sintetiza a si mesmo (em parte) em torno do ato de atribuir pesos a razões então, não será arbitrário ou aleatório que *aquele* eu atribua esses pesos. **⑳**

O processo de decisão pode dar lugar à realização intencional de diferentes ações, e assim o faria se pesos diferentes tivessem sido conferidos, o que pode acontecer. Mas segue-se disso que a pessoa poderia ter agido de outro modo, que a pessoa estava no poder de conferir pesos diferentes em contraste à mera ocorrência disso? Como a pessoa poderia ter *agido* de outro modo e não ser meramente a arena na qual algo aconteceu de outro modo?

Seria infrutífero embarcar em um regresso teórico em que ações intencionais diferentes ocorrem com os seus próprios pesos separados, que têm de ser conferidos por um ato ainda separado. E por que se pergunta apenas se uma outra atribuição poderia ter sido feita? Por que não se pergunta similarmente se a atribuição que de fato aconteceu era uma ação ou meramente um acontecimento? Talvez seja possível que pesos, de alguma maneira, simplesmente sejam atribuídos a razões; entretanto, quando a atribuição está ancorada e ligada, da maneira descrita, a uma autoconcepção formada (mesmo que formada naquele momento),

---

* N. de R.T. No original, *reflexive self-subsumption*.

* N. de R.T. No original, *reflexive self-reference*.

se ela é autossubsumida e reflexiva, conduzindo a comprometimentos posteriores (revogáveis), então é uma ação, e não meramente um acontecimento. Se todo esse contexto e constituição de cenário (...) não a torna uma ação, que concepção alternativa da ação está sendo pressuposta? A atribuição efetiva de pesos a razões é uma ação, e não um mero acontecimento; uma outra e alternativa atribuição de pesos a razões poderia ter acontecido em vez dessa – essa não foi causalmente determinada, e outras não estão causalmente excluídas –, com todo o contexto que acompanha e com toda a constituição de cenário apropriada a ela, de modo que a atribuição alternativa também teria sido uma ação, e não um mero acontecimento. A pessoa poderia ter atribuído pesos diferentemente. (...) 21

21 Nozick está dizendo que a escolha do eu foi algo que a pessoa *fez*, e não algo que meramente aconteceu a ela (como resultado de uma determinação causal ou da aleatoriedade). Portanto, a pessoa poderia ter agido de outro modo no sentido de que poderia ter escolhido um eu diferente com uma atribuição de pesos correspondentemente diferente.

(Contudo, isso ainda não explica por que a escolha entre os diferentes pesos e os diferentes eus não é aleatória.)

Questões para Discussão

1. Nozick está certo quando diz que a sua visão parece "fenomenologicamente acurada"? Pense em um ou dois exemplos realistas e tente determinar de que modo a visão de Nozick acerca de tal caso difere tanto da visão do determinista rígido quanto da visão dos dois tipos de compatibilistas. (A comparação com Frankfurt é especialmente interessante.)
2. A ideia de *autossubsunção* resolve o problema referente a por que a atribuição de pesos não é arbitrária? De algum modo contribui para uma solução desse problema? Por que sim ou por que não?
3. Nozick admite que ele não "tem nem sequer o sentimento de compreensão" com relação à questão de como uma escolha livre realmente acontece, como ela é diferente do determinismo e da aleatoriedade. Admitindo que ninguém está em uma posição melhor do que a dele com relação a isso, quão sério é esse problema para o libertarismo? É possível que tenhamos boas razões para pensar que haja tais escolhas e talvez até mesmo que possamos dizer quais sejam elas, mesmo que não entendamos realmente a sua natureza?

Robert Kane

Robert Kane (1938-) é um filósofo americano que lecionou principalmente na Universidade do Texas. Ele é conhecido por seu trabalho sobre o problema da vontade livre, mas também realizou contribuições importantes em muitas outras áreas. Na seleção a seguir, Kane defende uma concepção libertarista que não apela para a causação por agentes (em oposição àquela por eventos) ou a qualquer outra coisa que não esteja no campo de visão da ciência moderna. A sua posição é que a liberdade depende de *ações autoformadoras*:* ações que ocorrem em situações nas quais uma pessoa está fortemente dividida em direções conflitantes por razões muito fortes e escolhe entre elas de uma maneira que não é determinada, mas ainda é (assim ele afirma) racional e voluntária.

Vontade Livre e Ciência Moderna[26]

1. INTRODUÇÃO

Podemos dar sentido a uma vontade livre que requer uma Responsabilidade Última (...)? 1 Muitos filósofos pensam que não. Eles argumentam (...) que ser a fonte *última* da sua vontade e das suas ações é um ideal incoerente e impossível,

1 Em um capítulo anterior do livro do qual essa seleção é retirada, Kane afirma que "para ser *responsável de forma última* por uma ação, um agente precisa ser responsável por qualquer coisa que é uma razão suficiente, causa ou motivo para que a ação ocorra".

Sem dúvida, essa exigência não é satisfeita por uma ação que seja causalmente determinada pelas condições que existiam antes que o agente tenha nascido. Nem parece estar satisfeita para uma ação que resulta de uma ocorrência aleatória e ao acaso. (Ela é satisfeita por ações que ocorrem nos modos descritos por Campbell e Nozick?)

---
* N. de T. No original, *self-forming actions*.
[26] Extraído de *A Contemporary Introduction to Free Will* (New York: Oxford University Press, 2005).

pois isso exigiria que fôssemos "primeiros motores imóveis" ou causas não causadas de nós mesmos" – "a melhor autocontradição que foi concebida até agora", como Nietzsche colocou. Responsabilidade Última, ou RU, requer que existam alguns atos em nossas vidas que não tenham causas ou motivos suficientes. Mas como atos que poderiam não ter nem causas nem motivos suficientes podem ser ações livres e responsáveis?

Em um capítulo [anterior], notei que as teorias libertaristas tradicionais da vontade livre usualmente apelam para "fatores extras" em resposta a esses problemas. Reconhecendo que a vontade livre não pode ser meramente indeterminismo ou acaso, libertaristas têm aduzido formas adicionais e misteriosas de agência ou causação para sanar as diferenças, tais como mentes imateriais, eus numênicos fora do espaço e do tempo ou causas-por-agente* que não são a modo de eventos. ❷ A ideia por trás de tais estratégias de fatores extras é fácil de entender: visto que o indeterminismo deixa em aberto o modo como uma agente escolherá ou agirá, algum tipo de causação ou agência "extra" precisa ser postulado para além do fluxo natural dos eventos a fim de explicar por que o agente vai por um caminho ou outro – alguma outra coisa precisa desequilibrar a balança. Essa é uma maneira tentadora de pensar. Contudo, introduzir formas extras de causação ou agência para além do fluxo natural de eventos tem provocado críticas de que as teorias libertaristas da vontade livre são obscuras e misteriosas e que não podem ser reconciliadas como as visões da ciência moderna sobre os seres humanos.

Os libertaristas em geral não têm sido bem-sucedidos em explicar como as suas concepções da vontade livre podem ser reconciliadas com as posições da ciência moderna a respeito dos seres humanos e do cosmo. Esse é um desafio que eu quero enfrentar neste capítulo. Pode a posição libertarista da vontade livre, exigindo Responsabilidade Última, ser inteligível sem apelar para formas obscuras e misteriosas de agência e causação? Pode tal vontade livre ser reconciliada com o que sabemos sobre os seres humanos na física moderna, na biologia e nas modernas ciências humanas? Para responder a essas questões, acredito que temos de repensar assuntos como liberdade, responsabilidade e indeterminismo a partir do zero, sem confiar em apelos a fatores extras, a menos que absolutamente necessários. O que se segue é a minha tentativa de fazer isso. Considere isso uma proposta com o intuito de estimular a reflexão sobre como uma vontade livre pode existir em um mundo natural, onde os seres humanos existem e precisam exercer a sua liberdade.

2. FÍSICA, CAOS E COMPLEXIDADE

Precisamos reconhecer, antes de mais nada, que, se qualquer teoria libertarista da vontade livre quiser ser bem-sucedida, precisa haver algum indeterminismo genuíno na natureza para dar lugar a ela. Como os antigos filósofos epicuristas diziam, os átomos precisam algumas vezes "desviar" por caminhos indeterminados, caso haja espaço na natureza para a vontade livre. Além disso, não seria útil se os átomos desviassem no espaço exterior para algum lugar bem longe dos assuntos humanos. Eles precisam desviar ali onde seria de interesse para as escolhas e as ações humanas, por exemplo, no cérebro. Isso é verdadeiro mesmo se postularmos tipos especiais de causas-por-agente ou eus não materiais para intervir no cérebro. Se essas formas especiais de agência devem ter espaço para operar, o indeterminismo deve estar aí, só para começar.

Esse é o ponto, como vimos, em que alguns cientistas desejam introduzir a física quântica moderna para ajudar na explicação da vontade livre. Suponha que existam saltos quânticos ou algum outro evento quântico indeterminado que ocorre no cérebro. Sabemos que o processamento de informações no cérebro acontece através do disparo de neurônios individuais ou de células nervosas em padrões complexos. Disparos individuais de neurônios envolvem, por suas vez, a transmissão de íons químicos através das paredes das células neuronais, chamados de neurotransmissores, e através do estímulo elétrico vindo de outros neurônios. Alguns neurocientistas têm sugerido que as indeterminações quânticas na transmissão desses íons químicos entre as

---

❷ A posição de Campbell é um claro exemplo de concepção libertarista que apela para uma forma adicional de causação ou agência. Se Nozick deseja apelar para algo como isso, não fica muito claro, embora ele não diga nada que o negue.

---

* N. de R.T. No original, *agent-causes*.

paredes celulares dos neurônios podem tornar o tempo exato dos disparos dos neurônios individuais incertos, introduzindo assim o indeterminismo na atividade do cérebro e criando um "lugar" para a vontade livre.

Tais sugestões são especulativas. Porém, mesmo que fossem corretas, como elas poderiam ajudar a explicar a vontade livre? Notamos anteriormente que, se as escolhas acontecessem como resultado de saltos quânticos ou de outros eventos indeterminados no cérebro, as escolhas não estariam sob o controle do agente e não contariam como ações livres e responsáveis. Uma crítica similar foi feita a respeito da visão epicurista antiga. Como poderia a mudança repentina no movimento dos átomos ajudar a dar-nos vontade livre? Um outro problema a respeito de usar a indeterminação quântica para defender a vontade livre foi também mencionado em um capítulo [anterior] (...) Os deterministas (...) assinalavam que a indeterminação quântica é normalmente insignificante no comportamento de sistemas físicos maiores, como o cérebro e o corpo humanos. Quando um grande número de partículas estão envolvidas, como na transmissão de íons químicos através das paredes celulares, qualquer indeterminação quântica seria muito provavelmente "anulada" e teria efeitos negligenciáveis sobre a atividade mais ampla do cérebro e do corpo.

Talvez seja assim. No entanto, há uma outra possibilidade sugerida por alguns cientistas. A teoria quântica sozinha não explicará a vontade livre, eles reconhecem. Mas talvez a teoria quântica possa ser combinada com as novas ciências do "caos" e da "complexidade" para ajudar a dar sentido à vontade livre. Em sistemas físicos "caóticos", mudanças muito pequenas nas condições iniciais conduzem a mudanças muito grandes e imprevisíveis no comportamento subsequente do sistema. Você deve ter ouvido a história na qual o bater das asas de uma borboleta na África do Sul inicia uma cadeia de eventos que afetam os padrões do tempo na América do Norte. Talvez o exemplo mais famoso seja um pouco exagerado. Contudo, fenômenos caóticos, nos quais pequenas mudanças conduzem a efeitos enormes, são agora conhecidos como acontecendo bem mais frequentemente na natureza do que acreditávamos anteriormente, e eles são particularmente comuns entre as coisas vivas. Há uma crescente evidência de que o caos pode desempenhar um papel no processamento de informação no cérebro, oferecendo algo da flexibilidade que o sistema nervoso precisa para se adaptar criativamente – em vez de modos previsíveis e rígidos – a um ambiente que está sempre mudando.

Os deterministas, com certeza, rapidamente dirão que o comportamento caótico nos sistemas físicos, embora imprevisível, é normalmente determinista e não implica uma indeterminação genuína na natureza. Todavia, alguns cientistas têm sugerido que uma combinação de caos e de física quântica pode oferecer a indeterminação genuína de que precisamos. Se o processamento no cérebro faz "o caos a fim de dar sentido ao mundo" (tal como um artigo de pesquisa recente colocou o tema), então o caos resultante pode aumentar as indeterminações nos disparos dos neurônios individuais. Essas indeterminações caoticamente aumentadas nos disparos dos neurônios poderiam ter efeitos indeterministas de ampla escala sobre a atividade das redes neuronais no cérebro como um todo. A indeterminação no nível do neurônio não seria mais "anulada", mas teria efeitos significativos sobre os processos cognitivos e a deliberação.

Porém, mais uma vez, podemos nos perguntar como até mesmo isso nos ajudaria com a vontade livre. Se a indeterminação em nossos neurônios fosse ampliada de modo a ter efeitos significativos sobre nosso processamento mental e nossa deliberação, isso nos daria um controle maior e a liberdade? É mais provável que nos desse menos controle e menos liberdade. A deliberação não se tornaria algo como o girar de uma roda de roleta na nossa mente para se fazer uma escolha? ❸ Talvez. Contudo, antes de tirarmos conclusões precipitadas, precisamos examinar a situação de um modo mais aprofundado. Se houvesse algum indeterminismo significativo à disposição no cérebro, poderíamos dar mais sentido a ele do que o girar de rodas de uma roleta? Vejamos. O que é exigido para responder a essas questões, como sugeri, é repensar completamente os tópicos da liberdade, da responsabilidade e do indeterminismo.

❸ Isto é, tal indeterminação ampliada, juntamente com qualquer coisa que resulta dela, não seria apenas uma ocorrência ao acaso?

3. CONFLITOS NA VONTADE

O primeiro passo nesse processo é notar que o indeterminismo não precisa estar envolvido em *todos* os atos feitos "da nossa própria vontade livre", pelos quais somos responsáveis de forma última. Nem todos os atos feitos pela própria vontade livre precisam ser indeterminados, somente aqueles atos pelos quais fazemos de nós mesmos o tipo de pessoa que somos – a saber, as "ações para o assentamento da vontade" ou "que formam o eu" (AAF = ações autoformadoras) que são exigidas para a responsabilidade última. ❹

Bem, acredito que essas ações indeterminadas de autoformação, ou AAFs, ocorram naqueles momentos difíceis da vida, quando estamos divididos entre visões que competem sobre o que devemos fazer ou no que devemos nos transformar. Talvez estejamos divididos entre fazer a coisa moral ou agir por ambição, ou entre desejos atuais poderosos e objetivos a longo prazo; ou podemos estar enfrentando tarefas difíceis pelas quais temos aversões. Em todos esses casos de escolhas difíceis em nossa vida, que são formadoras do eu, estamos encarando motivações que competem entre si e temos de fazer um esforço para superar a tentação de fazer alguma outra coisa que também desejamos fortemente. Há uma tensão e uma incerteza em nossa mente sobre o que fazer nessas ocasiões, que se refletem, suponhamos, nas regiões apropriadas do nosso cérebro por movimentos que afastam o equilíbrio termodinâmico – em resumo, uma espécie de "mexida do caos" no cérebro que o torna sensível a microindeterminações em nível neuronal. A incerteza e a tensão interna que sentimos em tais momentos de reflexão e de autoformação seriam então refletidas na indeterminação dos nossos próprios processos neuronais. O que experienciamos internamente como uma incerteza sobre o que fazer nessas ocasiões corresponderia fisicamente à abertura de uma janela de oportunidade que temporariamente veda a completa determinação pelas influências do passado. ❺

Quando decidimos sob condições de incerteza, o resultado não é determinado, graças à indeterminação que o precedeu. Contudo, o resultado pode ser desejado de qualquer uma das maneiras que escolhemos, racional ou voluntariamente, porque em tal autoformação as vontades anteriores do agente estão divididas pelos motivos conflitantes. Considere uma mulher de negócios que enfrenta um conflito desse tipo. Ela está a caminho de um encontro importante quando observa uma agressão acontecendo em uma rua. Um conflito interno surge entre a sua consciência, por um lado (parar e chamar ajuda para a vítima da agressão), e a sua ambição em relação à carreira, por outro lado, que lhe diz que ela não pode perder uma importante reunião de negócios. Ela tem de fazer um esforço de vontade para superar a tentação de fazer a coisa egoísta e ir ao encontro. Se ela supera a tentação, será o resultado do seu esforço de fazer a coisa moral; porém, se ela falha, será porque não *permitiu* que seu esforço tivesse sucesso. Ora, enquanto ela queria superar a tentação, ela também queria falhar. Isso quer dizer que ela tinha fortes razões para querer a coisa moral, mas também tinha fortes razões, razões de ambição, para fazer a escolha egoísta que era diferente e incomensurável com as suas razões morais. Quando nós, tal como a mulher, decidimos em tais circunstâncias, e os esforços indeterminados que fazemos tornam-se escolhas determinadas, *fazemos* com que um conjunto de razões ou motivos em competição prevaleçam em relação aos outros naquele momento *ao decidirmos*. Dessa forma, a escolha que por fim fazemos, embora indeterminada, ainda pode ser racional (feita por razões) e voluntária (feita de acordo com as nossas vontades), qualquer que seja a escolha que façamos. ❻

Agora adicionemos uma outra peça ao quebra-cabeça. Assim como o indeterminismo não precisa solapar a racionalidade e a voluntariedade das escolhas, assim também o indeterminismo por si só não precisa solapar o controle e a responsabilidade. Suponha que você esteja tentando resolver um difícil problema matemático. Digamos que haja uma indeterminação em seus processos neuronais, o que complica a tarefa. Essa indeterminação deixaria a sua tarefa mais difícil, da mesma maneira que um leve ruído de fundo o distrairia levemente se você estivesse tentando resolver um problema matemático difícil. Se você vai conseguir resolver o problema, isso é incerto e indeterminado por causa do barulho neuronal que o distrai. Contu-

---

❹ Uma *ação que forma o eu* é uma ação (a) que não é determinada por desejos já fixos, motivos ou caráter anteriores e (b) que ajuda a formar os desejos, os motivos e o caráter subsequentes.

(Uma ação que resulta diretamente de uma alocação indeterminada de pesos a razões, descrita por Nozick, não seria formadora do eu nesse sentido; assim também, presumivelmente, seria o tipo de escolha livre descrita por Campbell.)

❺ É importante ter clareza de que isso é meramente uma sugestão especulativa da parte de Kane, uma sugestão que resulta da tentativa de explicar de que modo pode ocorrer uma escolha genuinamente livre pela qual a pessoa é responsável de forma última.

❻ PARE Kane está certo em afirmar que tal escolha pode ser vista como *racional*, ao menos em algum grau – havia razões para ela (embora também houvesse razões para a escolha alternativa que não foi feita). Mas ela foi *voluntária* no sentido de estar *em controle* da mulher de negócios? Ela *fez* (como Kane afirma) um conjunto de razões prevalecer em relação ao outro? Ou é o fato de que uma escolha em vez da outra ocorreu algo que simplesmente aconteceu sem que a mulher pudesse fazer nada, de uma maneira em relação à qual ela não tinha nenhum controle real – e, assim, era uma ocorrência aleatória ou ao acaso, se ela não fosse genuinamente determinada por alguma outra coisa?

do, se você conseguir se concentrar e resolver o problema, não obstante tudo isso, temos razão em dizer que você o fez e que é responsável por isso – mesmo que estivesse indeterminado se você seria bem-sucedido. O barulho indeterminista teria sido um obstáculo que você teria superado com o seu esforço.

Há muitos exemplos que apoiam essa ideia de indeterminismo funcionando como um obstáculo ao sucesso, sem evitar a responsabilidade. Incluídos nesses exemplos estão os exemplos ao estilo de Austin, discutidos em um capítulo [anterior]... Lembre-se do assassino que estava tentando atirar no primeiro-ministro, mas que pode errar, porque eventos indeterminados no seu sistema nervoso o levaram a um sobressalto ou a um tremor do seu braço. Se o assassino conseguiu atingir o seu alvo, apesar do indeterminismo, ele pode ser considerado responsável? A resposta é claramente sim, porque ele intencional e voluntariamente conseguiu fazer o que estava *tentando* fazer – matar o primeiro-ministro. No entanto, a sua ação, matar o primeiro-ministro, estava indeterminada. O indeterminismo funciona aqui como um obstáculo ao seu sucesso, mas não afasta a sua responsabilidade *se* ele é bem-sucedido.

Eis um outro exemplo. Um marido, completamente irado na discussão com a sua esposa, move o seu braço para baixo, em direção ao tampo de vidro da mesa favorita da esposa, com a intenção de quebrá-lo. Suponhamos que algum indeterminismo em suas rotas neuronais de saída torne indeterminado o *momentum* do seu braço, de modo que está indeterminado se a mesa irá se quebrar bem no momento em que for atingida. Se o marido quebra a mesa, isso é indeterminado, mas ele é claramente responsável se a quebrar. (Seria uma desculpa muito ruim para oferecer à sua esposa caso ele dissesse "o acaso quebrou a mesa, não eu". Embora o indeterminismo estivesse envolvido, o acaso não o fez, ele o fez.) Nesse exemplo, como no anterior, o agente pode ser responsabilizado por uma ação mesmo que a ação seja indeterminada. ❼

Ora, esses exemplos – do problema de matemática, do assassino e do marido – não são tudo o que queremos em relação à vontade livre. Eles não são exercícios genuínos de ações autoformadoras (AAFs) como o da mulher de negócios cuja vontade estava dividida entre motivos conflitantes. A mulher de negócios quer ajudar a vítima do ataque, mas também quer ir para o seu encontro. Por contraste, a vontade do assassino não está igualmente dividida. Ele quer matar o primeiro-ministro, mas *não* quer também falhar. (Se ele falhar, portanto, será *meramente* por acaso.) Desse modo, embora os exemplos do assassino, do marido e desse tipo não nos digam tudo o que precisamos saber a respeito da vontade livre, eles de fato nos oferecem algumas pistas para o que a vontade livre requer. Para avançar, temos de apelar a algumas ideias adicionais.

4. PROCESSAMENTO EM PARALELO

Imagine casos de conflito característicos das ações autoformadoras ou AAFs, como a da mulher de negócios, em que o ruído indeterminista que está oferecendo um obstáculo à sua superação da tentação não está vindo de uma fonte externa, mas da sua própria vontade, pois ela também deseja profundamente fazer o oposto. Imagine que duas redes neuronais recorrentes que se cruzam estejam envolvidas, cada uma influenciando a outra e representando as motivações conflitantes da mulher. (Essas redes neuronais são redes complexas de neurônios interconectados no cérebro que fazem circular impulsos de retroalimentação que estão normalmente envolvidos no processamento cognitivo de alto nível.) O *input* de uma dessas redes neuronais consiste nas razões da mulher para agir moralmente e parar para ajudar a vítima; o *input* da outra rede constitui-se dos seus motivos ambiciosos para ir à reunião. As duas redes neuronais estão conectadas, de modo que o ruído determinista, que é um obstáculo para a mulher fazer uma das suas escolhas, está vindo do seu próprio desejo de fazer a escolha oposta. Nessas circunstâncias, quando qualquer uma das rotas "vence" (isto é, alcança o limiar de ativação, que redunda na escolha), a mulher fará a sua escolha apesar do ruído indeterminista que ela tinha de superar. A sua escolha, apesar do obstáculo do ruído indeterminista, será tal como a sua solução de um problema matemático difícil, apesar do ruído de fundo que distrai. E

❼ Kane parece estar certo quanto ao fato de esses exemplos mostrarem que podemos corretamente dizer de uma pessoa que ela fez alguma coisa e que é responsável por isso até mesmo quando a conexão entre o que ela faz mais diretamente (tentar pensar em um problema de matemática, atirar no primeiro-ministro, bater tão forte quanto possível na mesa) e o resultado eventual envolve um grau de indeterminismo. Eles não mostram, no entanto, que uma pessoa pode ser responsável em um caso (como esse da mulher de negócios) no qual a "ação" mais diretamente realizada é indeterminada.

assim como podemos dizer, quando você resolve o problema matemático ao superar o ruído que distrai, que você o fez e é responsável por isso, também podemos dizer isso, eu defenderia, no caso da mulher, *qualquer que seja o caminho que ela escolher*. O caminho através do qual a mulher consegue chegar a um limiar de escolha terá superado o obstáculo na forma do ruído de indeterminação gerado pelo outro caminho.

Note que sob tais condições de indeterminismo, que surgem de alternativas conflitantes, escolhas que vão em qualquer direção não serão "inadvertidas", "acidentais", "caprichosas" ou "meramente ao acaso" (como os críticos do indeterminismo afirmam). Ao contrário, as escolhas serão *desejadas* pelo agente, não importando em qual direção sejam feitas – razões que os agentes naquele momento *endossam*. Porém, essas são condições usualmente exigidas para se dizer que algo foi feito "de propósito" em vez de acidentalmente, caprichosamente ou meramente ao acaso. Além disso, essas condições para se dizer que as ações foram feitas de propósito, tomadas conjuntamente, eu diria, excluem cada uma das razões que temos para dizer que os agentes agiram, mas que não têm *controle* sobre as suas ações. Os agentes não precisam ter agido sob compulsão, coerção, constrangimento, inadvertência, acidente, controle de outros, e assim por diante. Com certeza, precisamos garantir que, quando escolhas são AAFs indeterminadas, os agentes não controlam ou determinam qual resultado de escolha ocorrerá *antes* que ocorra. Mas não se segue que, como não controlamos ou determinamos qual de um conjunto de resultados acontecerá antes que ocorra, não controlamos ou determinamos qual deles ocorre, *quando* ele ocorre. ❽

Quando as condições precedentes para as AAFs são satisfeitas, e os agentes exercem controle sobre a sua vida futura *no momento* ao decidirem, eles têm o que eu chamo de *controle voluntário plural* sobre as opções no seguinte sentido: os agentes são capazes de acarretar *qualquer que seja* das opções que acarretarão, *quando* o fizerem, *pelas* razões pelas quais farão isso, *de propósito*, em vez de acidentalmente ou por engano, *sem* serem coagidos ou compelidos a agir desse modo ou a querer agir desse modo por quaisquer outros agentes ou mecanismos. Cada uma dessas condições pode estar satisfeita para as AAFs, como as da mulher de negócios, tal como eu as descrevi. As condições podem ser resumidas ao se dizer que os agentes podem escolher de qualquer modo *à vontade*. Em outras palavras, as escolhas são "fixadoras da vontade"*: formamos a nossa vontade de um modo ou de outro no *ato* de decidir, e não antes. ❾

Observemos também que essa explicação das escolhas autoformadoras redunda em uma espécie de "duplicação" da dificuldade vista no exemplo do problema de matemática, no qual o agente tinha de fazer um esforço para superar o ruído indeterminista de fundo. É como se um agente que encara uma escolha autoformadora estivesse *tentando* ou fazendo um esforço para resolver dois problemas cognitivos de uma vez, ou completando *duas* tarefas (deliberativas) conflitantes de uma vez. No nosso exemplo, a mulher de negócios está tentando fazer uma escolha moral e tentando fazer uma escolha autointeressada conflitante. As duas escolhas competidoras correspondem a duas redes neuronais competidoras no seu cérebro. Cada tarefa está sendo frustrada pelo indeterminismo que vem da outra, de modo que ela pode falhar. Contudo, caso se seja bem-sucedido, então os agentes podem ser considerados responsáveis, porque, como no caso da resolução do problema de matemática, eles terão conseguido fazer o que estavam tentando fazer de propósito e com conhecimento de causa. Lembre-se do assassino e do marido. Devido a indeterminações em suas rotas neuronais, o assassino pode errar o alvo ou o marido pode falhar em quebrar a mesa. Todavia, se esses dois agentes são *bem-sucedidos*, apesar da probabilidade de falharem, eles são responsáveis, pois terão conseguido fazer o que estavam tentando fazer. E assim acontece, estou sugerindo, com escolhas que são autoformadoras, como a da mulher de negócios. Os agentes serão responsáveis *por qualquer escolha que fizerem*, porque em qualquer das escolhas que fizerem terão sido bem-sucedidos em fazer o que estavam tentando fazer. As suas falhas quanto a fazer alguma coisa não são uma mera fa-

---

* N. de T. No original, *will-setting*.

---

❽ A questão central é se a mulher tem algum controle sobre *qual* das redes neuronais ou das rotas neuronais que competem por fim vence. Ela tem razões para cada uma das escolhas em competição; e, quando uma das redes vence, isso pode contar como o seu desejo por aquela escolha e talvez também como o seu endosso do resultado. Porém, cada uma dessas coisas seria verdadeira acerca da outra escolha se aquela rede tivesse vencido ao invés, tornando obscuro por que elas têm qualquer tendência a mostrar que a mulher controlava o resultado.

❾ Parte disso está claramente correto: tais agentes não são coagidos ou compelidos; eles têm razões que levam às suas escolhas, e as escolhas não são meramente acidentais ou feitas por engano. Mas é realmente verdadeiro que elas são feitas "para acarretar *qualquer que seja* das opções que acarretarão" ou que elas podem "escolher de qualquer modo *à vontade*"? A outra escolha poderia de fato ter ocorrido (da mesma maneira), mas há qualquer maneira clara pela qual elas, em vez disso, poderiam ter acarretado deliberadamente a opção?

lha, mas um sucesso voluntário em relação a fazer a outra coisa. ⑩

Faz sentido falar a respeito de um agente tentando fazer duas coisas em competição de uma só vez dessa maneira, ou de resolver dois problemas cognitivos de uma vez? Agora sabemos que o cérebro é um "processador em paralelo"; ele pode processar simultaneamente diferentes tipos de informações relevantes para tarefas tais como percepção ou reconhecimento através de diferentes rotas neuronais. Tal capacidade, acredito eu, é essencial para o exercício da vontade livre. Nos casos de autoformação (AAFs), os agentes estão simultaneamente tentando resolver tarefas cognitivas plurais e em competição. Estão, como dizemos, com a cabeça em dois lugares. Mas eles não são duas pessoas. Eles não estão dissociados das duas tarefas. A mulher de negócios que quer fazer algo para ajudar a vítima é a mesma mulher que é ambiciosa e que quer ir para o encontro e realizar a venda. Ela está dividida internamente por diferentes visões sobre quem ela é e o que ela quer ser, como todos nós, de tempos em tempos. Porém, esse é o tipo de complexidade necessária para a autoformação genuína e para a vontade livre. E, quando ela conseguir fazer uma das coisas que está tentando fazer, ela endossará esse resultado como a *sua* resolução do conflito na sua vontade, de forma voluntária e intencional, e não por acidente ou por engano. ⑪

5. OBJEÇÕES A ESSA CONCEPÇÃO: RESPONSABILIDADE, SORTE E ACASO

Obviamente, muitas questões surgem sobre a posição precedente, e um número de objeções podem ser feitas a ela. Não podemos tratar de todas essas questões e objeções aqui, mas consideremos algumas das mais importantes. Algumas pessoas têm objetado que, se as escolhas como a da mulher de negócios são realmente indeterminadas, elas *precisam* acontecer meramente ao acaso – e, portanto, precisam ser "aleatórias", "caprichosas", "não controladas", "irracionais" e todas as outras coisas usualmente apontadas. O primeiro passo na resposta a essa objeção é questionar a pressuposição de que, se o indetermininsmo está envolvido em alguma ocorrência, essa ocorrência precisa acontecer *meramente* como uma questão de acaso ou sorte. "Acaso" e "sorte" são termos da linguagem comum que têm como significado "está fora do meu controle". Assim, fazer uso deles já pressupõe que algumas questões estão resolvidas. "Indeterminismo", ao contrário, é um termo técnico que meramente exclui a causação *determinista*, mas não a causação em absoluto. O indeterminismo é consistente com a causação não determinista ou probabilística, na qual o resultado não é inevitável. Portanto, é um erro (de fato um dos mais comuns nos debates sobre a vontade livre) pressupor que "indeterminado" significa "não causado" ou "*meramente* uma questão de acaso".

Uma segunda objeção está relacionada com a primeira. Alguém pode argumentar que, no caso da mulher de negócios, em função do resultado do seu esforço (a escolha) ser indeterminado até o último minuto, ela precisa primeiramente ter feito o esforço de superar a tentação de ir ao seu encontro e, então, no último momento "o acaso toma conta" e decide o assunto por ela. Todavia, essa é uma imagem equivocada. Na visão antes apresentada, não podemos separar o indeterminismo do esforço da vontade, de modo que *primeiro* ocorre o esforço da mulher, a ser seguido pelo acaso ou pela sorte. Precisamos pensar no esforço e no indeterminismo como fundidos: o esforço está indeterminado, e o indeterminismo é uma propriedade do esforço, não algo separado que ocorre depois ou anteriormente ao esforço. O fato de que o esforço tem essa propriedade de ser indeterminado não o torna menos um *esforço* da mulher. A rede neuronal complexa recorrente que realiza o esforço no cérebro está fazendo circular impulsos de retroalimentação, e há alguma indeterminação nesses impulsos circulantes. Contudo, o processo todo é esforço da vontade da mulher, e ele persiste até o momento em que a escolha é feita. Não há nenhum ponto no qual o esforço cessa e o acaso "toma conta". A mulher escolhe como resultado do esforço, mesmo que pudesse ter falhado. ⑫ Similarmente, o marido quebra a mesa como resultado do seu esforço, mesmo que ele pudesse ter falhado por causa da indeterminação. (É por isso que a sua desculpa "O acaso quebrou a mesa, não eu" é tão fraca.)

⑩ De tal agente pode-se talvez dizer que foi bem-sucedido em fazer uma coisa e falhou em fazer a outra. Mas ele tem um *controle* real sobre qual é qual? Ou isso é somente um resultado ao acaso? (E se é, como pode a pessoa ser considerada corretamente responsável por fazer uma coisa em vez de outra?)

⑪ Ela pode endossá-la retrospectivamente, mas realmente controlou o resultado no momento em que ele aconteceu?

⑫ Não está claro por que a objeção da aleatoriedade precisa dizer que há algum ponto no processo no qual os esforços da mulher (ambos na direção em competição) param e o acaso toma conta. A questão é se existe alguma maneira em que ela determina *qual* esforço por fim será bem-sucedido, ou se isso é somente uma questão de acaso.

Uma terceira objeção tem a ver com a noção de sorte. Se os esforços da mulher de negócios estivessem subdeterminados, de modo que qualquer um deles pudesse falhar, conforme alguns críticos argumentam, então foi só uma questão de sorte qual esforço foi bem-sucedido. Para enfrentar essa objeção, agora já familiar, precisamos examinar mais detidamente o tópico da sorte. Lembre-se que alguém poderia dizer a respeito do assassino e do marido que "eles tiveram sorte" em matar o primeiro-ministro e quebrar a mesa, porque as suas ações eram subdeterminadas e poderiam ter falhado. Contudo, o que é surpreendente é que ainda dizemos que o assassino e o marido foram *responsáveis* se eles foram bem-sucedidos em matar o primeiro-ministro ou quebrar a mesa. Então, deveríamos perguntar o seguinte: por que é errado dizer "ele teve sorte, *portanto não foi responsável*" nos casos do marido e do assassino? É errado dizer isso, na medida em que eles tiveram sorte e foram *ainda* responsáveis. (Imagine o advogado do assassino argumentando no tribunal que o seu cliente não era culpado porque o assassinato do primeiro-ministro era subdeterminado e poderia, devido a isso, ter por acaso falhado. Essa defesa seria bem-sucedida?)

A primeira parte de uma resposta relativa a por que o assassino e o marido ainda são responsáveis tem a ver com o ponto registrado anteriormente sobre "sorte" e "acaso". Essas duas palavras têm implicações na linguagem comum que julgam previamente a questão e que não são necessariamente implicações de "indeterminismo" (pois o indeterminismo implica apenas a ausência da causação determinista). O significado principal de "ele teve sorte" nos casos do assassino e do marido é "ele conseguiu *apesar da probabilidade ou da chance de falha*"; e esse significado principal não implica ausência de responsabilidade *se ele for bem-sucedido*. Se "ele teve sorte" tivesse outros significados nesses casos, significados que estão muitas vezes associados a "sorte" e a "acaso", a inferência de que uma pessoa "teve sorte, portanto não foi responsável" não falharia, como claramente é o caso. Por exemplo, se "sorte" nesses casos significasse que o resultado não foi obra dele, ou que ocorreu por mero acaso, ou que ele não foi responsável, então a inferência "ele teve sorte, portanto não foi responsável" valeria para o marido e para o assassino. No entanto, a questão é que esses significados adicionais de "sorte" e de "acaso" não decorrem *da mera presença do indeterminismo*.

A segunda razão relativa a por que a inferência "ele teve sorte, portanto não foi responsável" não funciona nos casos do assassino e do marido é que *o que* eles conseguem fazer foi o que estavam *tentando* e querendo fazer todo o tempo (matar o primeiro-ministro e quebrar a mesa, respectivamente). A terceira razão é que, *quando* eles foram bem-sucedidos, as suas reações não foram "Meu Deus, isso foi um equívoco, um acidente – algo que *aconteceu* a mim, não algo que eu *fiz*!". Em vez disso, eles *endossam* os resultados como algo que estavam tentando e querendo fazer todo o tempo, de propósito e com conhecimento de causa, e não por engano ou acidente.

Entretanto, essas condições também estão satisfeitas no caso da mulher de negócios, *não importando o modo* como ela escolhe. Se ela é bem-sucedida em escolher voltar e ajudar a vítima (ou em escolher ir para o seu encontro de negócios), então

1. ela terá sido "bem-sucedida *apesar da probabilidade ou chance de falhar*",
2. ela terá sido bem-sucedida em fazer o que estava *tentando* e *querendo* fazer todo o tempo (ela queria muito ambos os resultados, mas por razões diferentes, e estava tentando fazer essas razões prevalecerem em ambos os casos) e
3. quando ela conseguiu (ao escolher voltar e ajudar) a sua reação não foi "Meu Deus, fiz isso por engano, foi um acidente; foi algo que aconteceu a mim, não algo que eu fiz!".

Em vez disso, ela *endossou* o resultado como algo que estava tentando e querendo fazer todo o tempo; ela reconheceu a escolha como a sua resolução do conflito na sua vontade. E se ela tivesse escolhido ir ao seu encontro, teria endossado tal resultado, reconhecendo-o como a sua resolução do conflito na sua vontade. ⑬

6. ESCOLHA E AGÊNCIA

Eis uma quarta objeção que pode ter ocorrido a você. Talvez estejamos su-

---

⑬ **PARE** Os pontos (1) e (2) da resposta de Kane à objeção relativa à sorte (que é muito similar à objeção relativa à aleatoriedade) funcionam no caso da mulher de negócios? Ou o fato de que ela *igualmente* queria e tentava fazer duas coisas em competição faz com que aquela que acontece não seja mais sua obra, não seja mais algo pelo que ela seja responsável? (E o ponto (3) – o fato de que ela *retrospectivamente* endossa o resultado – faz alguma diferença?)

pondo algo crucial ao assumirmos que os resultados dos esforços da mulher são *escolhas* desde o início. Se o indeterminismo está envolvido em um processo (tal como a deliberação da mulher), de modo que o seu resultado está subdeterminado, alguém poderia argumentar que o resultado precisa meramente *acontecer* e, portanto, não pode ser a *escolha* de alguém. Contudo, não há nenhuma razão para admitir que tal afirmação seja verdadeira. Uma escolha é a formação de uma intenção ou um propósito de fazer algo. Ela resolve a incerteza e a indecisão na mente a respeito do que fazer. Nada em tal descrição implica que não poderia haver alguma indeterminação na deliberação e nos processos neuronais da escolha precedente de um agente, correspondendo à incerteza anterior do agente a respeito do que fazer. Lembre-se do nosso argumento anterior de que a presença do indeterminismo não significa que o resultado aconteceu *meramente* por acaso, e não pelos esforços do agente. As escolhas autoformadoras são subdeterminadas, mas não são não causadas. Elas são causadas pelos esforços dos agentes.

Ora, dirão alguns críticos, talvez o indeterminismo não solape a ideia de que algo é uma *escolha*, mas que seja a escolha *do agente*. Essa objeção dá lugar a algumas questões importantes sobre a agência. O que faz a escolha da mulher a sua própria escolha na explicação anterior é que ela resulta de seus esforços e deliberação, que por sua vez são causalmente influenciados por suas razões e intenções (por exemplo, sua intenção de resolver a indecisão de um modo ou de outro). O que faz esses esforços, deliberações, razões e intenções serem *seus* é que eles estão imersos em um sistema motivacional maior, presente em seu cérebro, em termos dos quais ela se define como um sujeito que raciocina praticamente e um agente. Uma escolha é do agente quando ela é produzida intencionalmente pelos esforços, pelas deliberações e pelas razões que são parte desse sistema motivacional autodefinidor e quando, além disso, o agente *endossa* a nova intenção ou propósito, criado pela escolha, no sistema motivacional, fazendo dela mais um propósito que guiará o seu raciocínio prático e sua ação *futura*. ⓮

Tudo bem então, dirão outros críticos, talvez a questão não diga respeito a se uma AAF indeterminada, tal como a da mulher de negócios, é uma *escolha*, ou mesmo se é a escolha de um *agente*, mas, ao contrário, quanto *controle* ela tem sobre isso. Embora possa ser verdadeiro, como foi argumentado anteriormente (na discussão do controle voluntário plural), que a presença do indeterminismo não precisa eliminar completamente o controle, não seria o caso que a presença do indeterminismo ao menos *diminui* o controle que a pessoa tem sobre as suas escolhas e ações? Não é o caso que o controle do assassino sobre se o primeiro-ministro será morto (a sua habilidade de levar a cabo os seus propósitos e fazer o que estava tentando fazer) é diminuído pelos impulsos subdeterminados em seu braço? Essa crítica está relacionada a um problema com a liberdade libertarista. (...) O problema é que o indeterminismo, sempre que ocorre, parece ser um *impedimento* ou um *obstáculo* à realização dos nossos propósitos e, portanto, é um obstáculo à nossa liberdade, em vez de ser um *incremento* dela.

Há alguma verdade nessa objeção. No entanto, penso que o que é a verdade nela pode revelar algo importante sobre a vontade livre. Talvez devamos admitir que o indeterminismo, sempre que ocorre, *diminui* o nosso controle sobre o que estamos tentando fazer e *é* um impedimento ou obstáculo à realização de nossos propósitos. Contudo, lembre-se que, no caso da mulher de negócios (e das AAFs em geral), o indeterminismo que está admitidamente diminuindo o controle da agente sobre uma coisa que ela está tentando fazer *está vindo da sua própria vontade* – do seu desejo e esforço para fazer uma coisa diferente que ela também quer fazer. E o indeterminismo que está diminuindo o seu controle sobre aquela coisa diferente (nesse caso, a coisa egoísta) está vindo do seu desejo e esforço de fazer o seu oposto (ser uma pessoa moral que age em função de razões morais). Desse modo, em cada caso, o indeterminismo *está* de fato funcionando como um impedimento ou obstáculo à realização de um dos seus propósitos – um impedimento ou obstáculo na forma de resistência à sua vontade, que tem que ser superada pelo esforço.

Se não houvesse tais impedimentos – se não houvesse resistência na sua vontade –, a mulher teria de fato, em certo

⓮ Mais uma vez, todas essas coisas teriam sido aparentemente verdadeiras acerca da escolha alternativa, tivesse ela sido feita ao invés. Existe alguma coisa que faz com que a escolha feita, por oposição à outra, seja a *sua* escolha – além do fato de que ela, em vez da outra, ocorreu (o que também seria verdadeiro acerca de uma escolha aleatória)?

sentido, "controle completo" sobre uma de suas opções. Não haveria motivos em competição no caminho da sua escolha dela. Mas, então, ela também não seria livre para escolher racional e voluntariamente a outra opção, porque ela não teria nenhuma boa razão para fazer isso. Portanto, ao *ser* um impedimento à realização de alguns dos nossos propósitos, o indeterminismo paradoxalmente abre a possibilidade genuína de perseguirmos outros propósitos – de escolher ou fazer *diferentemente* de acordo com, em vez de contra, nossas vontades (voluntariamente) e nossas razões (racionalmente). Para sermos genuinamente agentes autoformadores (criadores de nós mesmos) – para termos vontade livre –, devem existir na vida de tempos em tempos obstáculos e impedimentos dessa espécie à nossa vontade para que os superemos. ⓯

Uma outra objeção à teoria precedente é que não somos conscientes de fazer dois esforços competidores entre si quando nos engajamos nas escolhas autoformadoras. No entanto, a teoria não exige que sejamos conscientes desses esforços em competição. A ideia era comparar os exercícios de vontade livre com outros casos de processamento em paralelo no cérebro, tais como a visão. Os neurocientistas dizem que, quando vemos um objeto visual, como um celeiro vermelho, o cérebro de fato processa propriedades diferentes do objeto (tais como forma e cor) separadamente, através de rotas paralelas cujos resultados são, por fim, postos juntos na imagem visual. Não somos introspectivamente conscientes do processamento do vermelho do celeiro e da sua forma separadamente e em paralelo. De fato, essa informação sobre o processamento em paralelo no cérebro é uma surpresa para nós. Todavia, se essas teorias neurofisiológicas estão certas, é isso o que estamos fazendo.

A explicação precedente da vontade livre sugere que algo similar acontece quando fazemos escolhas autoformadoras. Não somos introspectivamente conscientes de que nossos esforços (nossos esforços para fazer com que uma ou outra das nossas escolhas seja bem-sucedida) estão sendo processados em rotas separadas, embora interajam no cérebro; porém, aquele processo pode realmente ser o que está acontecendo. Se de fato tivéssemos introspecção de tudo o que está acontecendo quando fazemos escolhas livres, a vontade livre seria menos misteriosa e o problema da vontade livre seria bem mais fácil de resolver do que é. Para resolvê-lo, temos de considerar o que pode estar acontecendo por trás do pano, quando estamos conscientes de tentar decidir sobre qual de duas opções escolher, em que cada uma das escolhas é difícil porque existem motivos resistente que nos puxam em diferentes direções.[27]

Concluamos com uma objeção final a essa explicação da vontade livre apresentada neste capítulo. Essa objeção talvez seja a mais reveladora e não tem sido discutida. Ela é a seguinte: mesmo que asseguremos que as pessoas, tais como a mulher de negócios, possam fazer escolhas genuínas autoformadoras que são indeterminadas, não há algum ponto na acusação de que tais escolhas sejam *arbitrárias*? Uma arbitrariedade residual parece permanecer em todas as escolhas autoformadoras, pois os agentes não podem em princípio ter razões *prévias* suficientes ou conclusivas para fazer com que uma opção e um conjunto de razões prevaleça sobre o outro.

Há muita verdade nessa objeção também, mas ainda penso que pode ser uma verdade que nos diz algo importante sobre a vontade livre. Ela nos diz que toda escolha livre autoformadora subdeterminada é o começo do que pode ser

---

⓯ E aqui de novo o problema principal não é o impedimento que resulta dos desejos, motivos ou propósitos em competição. O problema real é se a própria mulher de negócios, de um modo claro, decide ou tem controle sobre qual das motivações opostas vence – se ela genuinamente "supera" um dos impedimentos opostos – ou se (supondo que eles sejam iguais em força – ver a Questão para Discussão 4) o resultado é meramente uma questão de acaso.

---

[27] É irracional esforçar-se para fazer coisas incompatíveis? Na maioria das situações comuns, é. Porém, acredito que em certas circunstâncias especiais não seja irracional fazer esforços que competem entre si: (i) quando estamos deliberando entre opções competidoras (tais como uma escolha moral e uma escolha ambiciosa); (ii) quando intencionamos escolher uma ou outra, mas não podemos escolher ambas; (iii) quando temos motivos poderosos para querer escolher cada um das opções, por razões diferentes e incomensuráveis, de modo que estamos em conflito profundo; (iv) quando há resistência em nossa vontade em relação a qualquer uma das escolhas, de sorte que, (v) se qualquer uma das escolhas tiver uma chance de ser feita, esforços precisarão ser feitos para superar a tentação de fazer a outra escolha; e (vi) queremos dar a cada uma das escolhas uma chance de ser a que fazemos, porque os motivos para cada uma delas são importantes para nós. Os motivos para cada uma das escolhas definem em parte que tipo de pessoa nós somos; e nós as encararíamos sem seriedade se não fizéssemos um esforço em prol delas. Essas condições são, é claro, as condições para as AAFs.

chamado de *experimento de valor* cuja justificação está no futuro e não é completamente explicado pelas razões passadas. Ao fazermos uma escolha, dizemos com efeito "tentemos isso. Ela não é exigida pelo meu passado, mas é consistente com o meu passado e é um dos caminhos que se abrem no jardim dos caminhos que se bifurcam, o qual a minha vida pode agora tomar de forma significativa. Se ela é a escolha certa, só o tempo dirá. Por enquanto, estou disposto a assumir a responsabilidade por ela de uma maneira ou de outra".

Vale a pena notar que o termo "arbitrário" vem do latim *arbitrium*, que significa "juízo". (...) Imagine um escritor no meio de um romance. A heroína do romance enfrenta uma crise, e o escritor ainda não desenvolveu o seu caráter em detalhes suficientes para dizer como exatamente ela agirá. O autor emite um "juízo" sobre isso que não está determinado pelo passado já formado da heroína, que não dá uma direção única. Nesse sentido, o juízo (*arbitrium*) de como ela vai reagir é "arbitrário", mas não completamente arbitrário. Ele tinha um *input* do passado ficcional da heroína e, por sua vez, deu um *input* ao seu futuro projetado. De maneira similar, agentes que exercem a vontade livre são tanto autores quanto personagens de sua própria história, tudo de uma vez. Em função dos juízos "autoformadores" da vontade (...) (AAFs), eles são os "juízes" de sua própria vida, "fazendo a si mesmos" a partir de um passado que, se eles são verdadeiramente livres, não limita o seu caminho futuro.

Suponha que disséssemos a tais pessoas: "Vejam bem, vocês não tinham razões prévias suficientes ou *conclusivas* para escolher como escolheram, pois vocês também tinham razões viáveis para escolher de outro modo". Elas poderiam responder: "É bem verdade, mas eu tinha *boas* razões para escolher como escolhi, as quais estou disposto a manter e *pelas quais* assumo *a responsabilidade*. Se essas razões não foram razões suficientes ou conclusivas, isso é porque, tal como a heroína no romance, eu não era uma pessoa completamente formada antes de escolher (e ainda não sou, diga-se de passagem). Assim como o autor do romance, estou no processo de escrever uma história inacabada e formar um caráter ainda não terminado que, no meu caso, sou eu mesmo".

Em resumo, neste capítulo, sugeri que uma vontade livre libertarista que exige responsabilidade última e indeterminismo pode ser reconciliada com o conhecimento científico corrente. Há muito que discutir sobre a teoria deste capítulo e muitas objeções podem e foram feitas a ela. Tentei responder a algumas delas aqui; porém, muitas outras objeções que também merecem resposta ainda não foram respondidas. (Os que querem perseguir essas questões podem olhar as leituras sugeridas que se seguem.) Muitas pessoas acreditam que a vontade livre libertarista não poderá jamais ser reconciliada com a ciência nem existir na ordem natural. Talvez elas estejam certas ao final. Contudo, não devemos concluir precipitadamente que a vontade livre do tipo profundo na qual os libertaristas acreditam não possa ser reconciliada com a ciência sem antes tentar o nosso melhor para ver de que modo isso pode ser feito.

Questões para Discussão

1. Um dos objetivos explícitos de Kane é uma explicação da vontade livre que seja compatível com "as teorias científicas modernas sobre os seres humanos". Quão importante é esse objetivo como um critério para uma *posição* aceitável? Existem razões de peso para pensar que tudo o que pode ser relevante para as ações e as escolhas humanas já é conhecido (e bem-compreendido) pela ciência – de sorte que uma concepção que não pode ser "reconciliada" com a ciência *corrente* precisa estar errada?

2. Considere novamente o exemplo da mulher de negócios, tal como descrito por Kane, nos termos de duas redes ou rotas neuronais tentando competir para completar duas tarefas competidoras entre si. O fato de que a eventual escolha constitui o sucesso para um (mas não para o outro) desses dois esforços competidores é algo suficiente para fazer com que seja o caso

de que a mulher está no controle e é responsável pelo resultado? O fato de que ela *endossa* o resultado faz diferença com relação a esse assunto?

3. É *possível* que, em um caso como esse da mulher de negócios, a vitória de um dos sistemas neuronais competidores (e sistemas de razões e motivações) seja somente a ocorrência aleatória, não selecionada ou controlada pela mulher de negócios ou por outra pessoa? Se não é possível, por que não? Contudo, se isso é possível, então de que modo, se é que de algum, supõe-se que as coisas são diferentes, no caso efetivo de Kane, em que a mulher de negócios decide, está no controle e é responsável?

4. Kane parece admitir que a força de motivações competidoras e os esforços resultantes no caso da mulher de negócios são iguais. Suponha que eles não sejam iguais: que um conjunto é de alguma maneira mais forte do que o outro, mas não o suficiente para simplesmente determinar a escolha. (Talvez isso exija que, se a mesma escolha ocorre repetidas vezes, a motivação mais forte precisa vencer em uma porcentagem correspondentemente mais alta dos casos.) Essa modificação faz alguma diferença em relação à explicação de Kane a respeito de como a vontade livre é possível – e se faz, de que maneira? Ela torna uma escolha genuinamente livre mais ou menos provável?

De Volta ao Determinismo Rígido?

Galen Strawson

Galen Strawson (1959-) leciona filosofia na Universidade de Reading (Inglaterra) e na Universidade da Cidade de Nova York. Ele fez contribuições importantes e influentes sobre uma variedade de tópicos filosóficos, especialmente a filosofia da mente, as questões a respeito da causação e o problema da liberdade da vontade. (Ele também é filho do filósofo britânico, talvez até mais conhecido, P.F. Strawson).

Na próxima seleção, além de oferecer um resumo muito útil acerca das principais posições sobre o problema da liberdade da vontade, Strawson argumenta que a responsabilidade moral (e a liberdade) no seu sentido mais definitivo exigiria uma espécie de controle sobre a nossa própria natureza ou caráter que é impossível de se ter. A sua posição é, portanto, uma versão do que tem sido chamado de *determinismo rígido* – uma posição que não está comprometida com a tese do determinismo causal, mas que afirma que, independentemente de que o determinismo causal seja verdadeiro ou não, ainda assim não há espaço lógico para a liberdade.

Vontade Livre[28]

"Vontade livre" é o nome convencional para um tópico que é mais bem-discutido sem referência à vontade. As suas questões centrais são "o que é agir (ou escolher) livremente?" e "o que é ser moralmente responsável pelas nossas ações (ou escolhas)?". Essas duas questões estão intimamente ligadas, pois a liberdade de ação é necessária para a responsabilidade moral, mesmo que não seja suficiente.

Os filósofos dão respostas diferentes para essas questões e, portanto, também para duas outras questões mais específicas a respeito de nós:

---

[28] Extraído da obra *Routledge Encyclopedia of Philosophy*, editada por Edward Craig (New York: Routledge, 1998).

1. somos agentes livres? e
2. podemos ser responsáveis pelo que fazemos?

Respostas para (1) e (2) vão de "sim, sim" a "não, não" – *via* "sim, não" e vários graus de "talvez", "possivelmente" e "em certo sentido". (O quarto par das respostas diretas, "não, sim", é mais raro, mas parece ser aceito por alguns protestantes). ❶ Proeminentes entre aqueles que respondem "sim, sim" são os *compatibilistas*, que afirmam que a vontade livre é compatível com o *determinismo*. Resumidamente, o determinismo é a posição de que tudo o que acontece é requerido pelo que já aconteceu anteriormente, de sorte que nada pode acontecer de modo diferente em que acontece. De acordo com o compatibilismo, a liberdade é compatível com o determinismo porque a liberdade diz respeito essencialmente à questão de não estar constrangido ou impedido de certa maneira quando agimos ou escolhemos. Logo, seres humanos adultos normais em circunstâncias normais são capazes de agir e escolher livremente. Ninguém está apontando uma arma para a sua cabeça. Eles não estão drogados, acorrentados ou sujeitos a compulsões psicológicas. Eles são, portanto, completamente livres para escolher e agir, mesmo que toda a sua estrutura física e psicológica esteja inteiramente determinada por coisas pelas quais eles não são, no final das contas, responsáveis – começando pela herança genética e pela criação quando são bem jovens.

Os *incompatibilistas* sustentam que a liberdade não é compatível com o determinismo. Eles assinalam que, se o determinismo é verdadeiro, então todas as nossas ações estavam determinadas a acontecer como aconteceram, antes que nascêssemos. Eles sustentam que, nesse caso, não podemos ser considerados como verdadeiramente livres e por fim moralmente responsáveis pelas nossas ações. Eles creem que o compatibilismo é um "subterfúgio vergonhoso (...) um infame truque de palavras", como Kant afirmou. Ele falha totalmente em satisfazer as nossas convicções naturais sobre a natureza da responsabilidade moral.

Os incompatibilistas têm razão em um ponto e podem ser divididos em dois grupos. Os *libertaristas* respondem "sim, sim" às questões (1) e (2). Eles afirmam que de fato somos livres e agentes completamente responsáveis em termos morais; o determinismo precisa, portanto, ser falso. A sua grande dificuldade está em explicar por que a falsidade do determinismo é, de alguma maneira, melhor do que a verdade do determinismo quando chegamos ao problema de estabelecer a nossa agência livre e a nossa responsabilidade moral. Suponha que nem todo evento seja determinado e que alguns eventos aconteçam aleatoriamente ou como uma questão de acaso. Como pode a nossa pretensão à responsabilidade moral ser incrementada pela suposição de que ela é em parte uma questão de acaso, ou é o resultado aleatório de que nós e a nossas ações são como são? ❷

O segundo grupo de incompatibilistas é menos sanguíneo. Eles respondem "não, não" às questões (1) e (2). Eles concordam com os libertaristas que a verdade do determinismo exclui a responsabilidade moral genuína, mas argumentam que a falsidade do determinismo não pode ajudar. Por consequência, concluem que não somos agentes genuinamente livres ou genuinamente responsáveis em termos morais, quer o determinismo seja verdadeiro ou falso. Um dos seus argumentos pode ser assim resumido: quando agimos, somos influenciados pela maneira como somos. Desse modo, para que fôssemos verdadeiramente responsáveis em termos morais pelas nossas ações, teríamos de ser verdadeiramente responsáveis pela maneira como somos: precisaríamos ser *causa sui*, ou a causa de si mesmo, ao menos em certos aspectos mentais cruciais. Porém, nada pode ser *causa sui* – nada pode ser a causa última de si mesmo em qualquer aspecto. Desse modo, nada pode ser verdadeiramente responsável em termos morais. ❸

Adequadamente desenvolvido, esse argumento contra a responsabilidade moral parece muito forte. Contudo, para muitos seres humanos, a experiência da escolha dá lugar à convicção de uma responsabilidade absoluta que não permanece intocada pelos argumentos filosóficos. Essa convicção é a fonte profunda e inexaurível do problema da vontade livre; argumentos poderosos que parecem mostrar que não podemos ser moralmente responsáveis do modo definitivo como supomos têm de enfrentar continuamente razões psicológicas igualmente pode-

❶ Você deveria ser capaz de imaginar aproximadamente que tipo de posições essas respostas refletem. A resposta "sim, não" pode ser dada por alguém que aceita a explicação compatibilista da liberdade como a única inteligível, mas pensa que ela ainda é inadequada para a responsabilidade moral genuína. A visão protestante em questão é a ideia de que tudo o que a pessoa faz está predestinado por Deus, porém as pessoas ainda são responsáveis, ao menos no sentido de que podem ser apropriadamente recompensadas ou punidas.

❷ Assim, como vimos anteriormente neste capítulo, parece que o libertarista precisa encontrar uma terceira alternativa para o determinismo e a aleatoriedade – uma versão do indeterminismo que não seja de alguma forma uma mera aleatoriedade.

❸ Essa é essencialmente a concepção de Blatchford e, até mais claramente, a de Edwards – e também, ao final, a de Strawson.

> **4** Como vimos, essa convicção psicológica, sobretudo à medida que surge em situações de escolha efetiva, está entre as razões mais básicas para se acreditar na vontade livre.

rosas quanto a por que nós continuamos a acreditar que somos, em última análise, moralmente responsáveis. **4**

1. COMPATIBILISMO

Temos vontade livre? Depende do que você quer dizer com a palavra "livre". Mais de duas centenas de sentidos da palavra foram distinguidos: a história da discussão da vontade livre é rica e notável. David Hume chamou o problema da vontade livre de "a mais disputada questão da metafísica, a mais disputada das ciências".

De acordo com os *compatibilistas*, temos sim vontade livre. Eles propõem um sentido para a palavra "livre" segundo o qual a vontade livre é compatível com o *determinismo*, mesmo que o determinismo seja a visão de que a história do universo está fixada de tal forma que nada pode acontecer diferentemente do que acontece, porque tudo o que acontece é requisitado pelo que já aconteceu anteriormente.

Suponha que amanhã seja feriado nacional. Você está pensando sobre o que vai fazer. Você pode escalar uma montanha ou ler Lao Tse. Você pode consertar a sua bicicleta ou ir ao zoológico. Neste momento, você está lendo (...) filosofia. Você é livre para continuar lendo ou parar agora. Você começou esta sentença, mas você não precisa (...) terminá-la.

Nessa situação, como tantas vezes na vida, você tem um número de opções. Nada força a sua mão. Parece natural dizer que você é *inteiramente* livre para escolher o que fazer. E, dado que nada o impede, parece natural dizer que você age de modo inteiramente livre quando você efetivamente faz (ou tenta fazer) o que decidiu fazer.

Os compatibilistas afirmam que essa é a coisa certa a dizer. Eles acreditam que ter uma vontade livre, ser uma agente livre, ser livre na escolha e na ação, é simplesmente ser livre de certos tipos de *constrangimento*. Liberdade é uma questão de não ser física ou psicologicamente forçado ou compelido a fazer o que fazemos. O seu caráter, a sua personalidade, as suas preferências e a sua estrutura motivacional podem estar inteiramente determinados por eventos pelos quais você não é de maneira alguma responsável (pela sua herança genética, sua criação, sua experiência subsequente, e assim por diante). Contudo, você não precisa estar no controle de nenhuma dessas coisas no intuito de ter a liberdade compatibilista. Elas não o constrangem nem o compelem, porque a liberdade compatibilista é somente uma questão de ser capaz de escolher e agir da maneira como se prefere ou se pensa que é a melhor, *dado o modo como se é*. Tal como o nome declara, ela é compatível com o determinismo: mesmo que disso decorra que todo aspecto do seu caráter e tudo o que você alguma vez fará já eram situações inevitáveis antes de você nascer.

Se o determinismo não conta como um constrangimento ou compulsão, então conta como o quê? Os compatibilistas normalmente consideram que a liberdade pode ser limitada por coisas como a prisão, uma arma apontada para a nossa cabeça, a ameaça à vida dos nossos filhos ou uma obsessão psicológica, e assim por diante.

Pode-se argumentar, entretanto, que a liberdade compatibilista é algo que continuamos a ter de forma não diminuída à medida que podemos escolher ou agir de determinada maneira. Continuamos a tê-la em qualquer situação na qual não estamos de fato em pânico, ou literalmente compelidos a fazer o que fazemos, de sorte que não seja claro se de nós pode-se dizer que escolhemos ou agimos (tal como quando alguém pressiona um botão, porque o seu dedo foi de fato forçado para baixo sobre o botão).

Considere os pilotos de aviões sequestrados. Eles normalmente mantém a calma e *escolhem* atender as exigências dos sequestradores. Agem responsavelmente, como costumamos dizer. Eles são capazes de agir de modo diferente, mas escolhem não fazê-lo. Eles fazem o que mais querem fazer, ou seja, todas as coisas consideradas nas circunstâncias em que eles se encontram.

Todas as circunstâncias limitam as nossas opções de alguma forma. É verdade que algumas circunstâncias limitam as nossas opções muito mais drasticamente do que outras; porém, não se segue disso que não sejamos livres para escolher nessas circunstâncias. Somente uma compulsão literal, um estado de pânico ou um impulso realmente incontrolável removem a nossa liberdade de escolher e de (tentar) fazer o que mais queremos, dado o nosso caráter e dada a nossa personalidade. Mesmo quando o nosso dedo é forçado para baixo sobre o botão, ainda podemos agir livremente ao resistirmos a pressão, e de muitas outras maneiras. **5**

A maioria de nós é livre para escolher ao longo de toda a nossa vida no estado de vigília, de acordo com a concepção compatibilista de liberdade. Somos livres para escolher entre as opções que percebemos que estão abertas para nós. (Algumas vezes, preferimos não ter de encarar as opções, mas somos incapazes de evitar a consciência do fato de as encararmos.) Temos opções, mesmo quando estamos acorrentados ou caindo através do espaço. Mesmo se estamos completamente paralisados, ainda somos livres para escolher pensar sobre uma coisa em vez de outra. Sartre observou que há um sentido no qual somos "condenados" à liberdade: não somos livres para não sermos livres.

É claro que podemos não ser capazes de fazer tudo o que gostaríamos – podemos querer voar sem auxílio, vaporizar todas as armas nos Estados Unidos por um ato de pensamento ou dar moradia para todos aqueles que dormem nas ruas de Calcutá até o final do mês. Todavia, poucos supuseram que a vontade livre, ou a agência livre, é uma questão de ser capaz de fazer tudo o que se quer. Essa é uma visão possível do que é ser livre; porém, de acordo com os compatiblistas, a vontade livre é simplesmente uma questão de ter opções e oportunidades genuínas para a ação e ser capaz de escolher entre elas de acordo com o que queremos ou pensamos ser o melhor.

Pode-se dizer que os cães e outros animais podem ser agentes livres, conforme a explicação básica do compatibilismo. Os compatibilistas podem responder que os cães podem de fato ser agentes livres. E, contudo, não pensamos que os cães podem ser livres ou moralmente responsáveis da maneira como nós podemos. Portanto, os compatibilistas precisam dizer qual é a diferença relevante entre os cães e nós.

Muitos supõem que seja a nossa capacidade para pensamento autoconsciente que faz a diferença crucial, porque ela torna possível que estejamos explicitamente conscientes de nós mesmos como enfrentando escolhas e engajando-nos em processos de raciocínio sobre o que fazer. Isso *não* é porque ser autoconsciente pode de alguma forma nos liberar dos fatos do determinismo; se o determinismo é verdadeiro, estamos determinados a ter os pensamentos autoconscientes que temos, quaisquer que sejam eles, qualquer que seja a sua complexidade. Contudo, muitos estão inclinados a pensar que a explícita percepção de si autoconsciente de uma criatura como alguém que escolhe e é um agente pode constituí-la como um agente livre em um sentido fundamental que não está à disposição de qualquer agente que não é autoconsciente. **6**

Os compatibilistas podem concordar com isso. Eles podem reconhecer e incorporar a visão de que a percepção autoconsciente de si mesmo como enfrentando escolhas dá lugar a uma espécie de liberdade que não está à disposição de agentes não autoconscientes. Eles podem acrescentar que os seres humanos são fortemente distinguidos dos cães pela sua capacidade de agir por razões que eles explicitamente consideram ser razões morais. Em geral, o compatibilismo tem muitas variantes. De acordo com a versão de Harry Frankfurt, por exemplo, alguém tem vontade livre se quer ser movido à ação pelos motivos que de fato o movem à ação. Nessa concepção, a liberdade é uma questão de ter uma personalidade que é de certa forma harmoniosa. A liberdade, nesse sentido, é claramente compatível como o determinismo.

O compatibilismo tem sido refinado de muitas maneiras, mas isso nos dá uma ideia de sua base. "O que mais, possivelmente, poderia ser a agência livre?", os compatibilistas gostam de perguntar. E essa é uma pergunta muito poderosa.

2. INCOMPATIBILISMO

Aqueles que querem assegurar a conclusão de que somos agentes livres fazem bem ao adotar a teoria compatibilista da liberdade, pois o determinismo é infalsificável e pode ser verdadeiro. **7** (...) Muitos, entretanto, pensam que a explicação compatibilista das coisas nem mesmo toca o problema real da vontade livre. Eles acreditam que todas as teorias compatibilistas da liberdade são claramente inadequadas.

---

5 Strawson está dizendo aqui que a visão compatiblista central que encontramos em Hume e em Stace (que uma ação livre é aquela que resulta de nossa própria vontade ou de nossos processos psicológicos) não justifica realmente excluir casos de constrangimento ou compulsão da classe de ações livres. (Isso foi reconhecido em alguma medida por Stace quando ele descreveu tais casos como "casos-limite": eles envolvem algum grau de liberdade no sentido de que ainda temos algumas opções, mesmo que muito limitadas.)

6 Esta parece ser a concepção de Frankfurt.

7 Strawson quer dizer que a falha de encontrar causas não estabelece que não há nenhuma, de modo que o determinismo nunca pode ser conclusivamente refutado. Mesmo no caso da teoria quântica, alguns ainda pensam que causas determinísticas subjacentes (as chamadas variáveis escondidas) ainda o serão ao final descobertas.

O que significa, dizem eles, definir a liberdade de tal sorte que ela seja compatível com o determinismo? Significa defini-la de tal sorte que uma criatura pode ser um agente livre mesmo que todas as suas ações, por toda a sua vida, sejam determinadas a acontecer como acontecem por eventos que tiveram lugar antes que ela nascesse; assim, há um sentido claro em que ela não podia em nenhum momento da sua vida ter agido diferentemente de como agiu. Isso, dizem eles, certamente não é vontade livre. Mais importante do que isso, não é uma base suficiente para a verdadeira responsabilidade moral. Não se pode ser verdadeiramente ou definitivamente responsável em termos morais pelo que se fez se tudo o que alguém fez é, em última análise, o resultado determinista de eventos que tiveram lugar antes que ele tivesse nascido; ou (em termos mais gerais) um resultado determinista de eventos para cuja ocorrência não somos de nenhum modo responsáveis ao final.

Esses anticompatibilistas ou *incompatibilistas* dividem-se em dois grupos: os *libertaristas* e os *teóricos da liberdade zero** ou *pessimistas* sobre a vontade livre e a responsabilidade moral. ❽ Os libertaristas pensam que a abordagem compatibilista da liberdade por ser melhorada. Eles sustentam

1. que temos vontade livre,
2. que a vontade livre não é compatível com o determinismo e
3. que o determinismo é, portanto, falso.

No entanto, eles têm pela frente uma tarefa extremamente difícil: mostrar como o *indeterminismo* (a falsidade do determinismo) pode ser útil à vontade livre e, em particular, à responsabilidade moral.

Os pessimistas ou os teóricos da liberdade zero não creem que isso possa ser mostrado. Eles concordam com os libertaristas que a abordagem compatibilista da vontade livre é inadequada, mas não pensam que ela possa ser melhorada. Concordam que a vontade livre não é compatível com o determinismo, mas negam que o indeterminismo possa ajudar a que nós (ou qualquer outra pessoa)

---

* N. de R.T. No original, *no-freedom theorists*.

---

nos tornemos livres. Eles acreditam que a vontade livre, tal como é necessária para a responsabilidade moral genuína, é provavelmente impossível.

Os pessimistas sobre a vontade livre admitem o que todos devem admitir: que há um sentido compatibilista claro e importante segundo o qual podemos ser agentes livres (podemos ser livres, quando não-constrangidos, para escolher e fazer o que queremos ou pensamos ser o melhor, dado o modo como somos). Contudo, eles insistem que esse sentido compatibilista da liberdade não é suficiente: ele não nos dá o que queremos quanto à vontade livre; ele também não nos dá o que acreditamos que temos. E não é como se os compatibilistas deixassem algo de fora. A verdade é que nada pode nos dar o que (pensamos que) queremos, o que costumeiramente pensamos que temos. Todas as tentativas de fornecer uma noção mais forte de vontade livre falharam. Não podemos ser moralmente responsáveis, da maneira absoluta, derradeira, na qual muitas vezes irrefletidamente pensamos que somos. Não podemos ter uma vontade livre no sentido "forte", do tipo que precisaríamos ter a fim de sermos moralmente responsáveis dessa maneira. ❾

O motor fundamental do debate da vontade livre é a preocupação a respeito da responsabilidade moral. Se ninguém precisasse preocupar-se com isso, é duvidoso que o problema da vontade livre viesse a ser um problema filosófico famoso. O restante dessa discussão será, portanto, organizado em função da questão da responsabilidade moral.

Primeiramente, no entanto, é importante notar que a preocupação com a vontade livre não precisa ser expressa como uma preocupação a respeito dos fundamentos da responsabilidade moral. Um comprometimento com a crença na vontade livre pode ser algo integral a sentimentos que são extremamente importantes para nós, independentemente do assunto da responsabilidade moral: sentimentos de gratidão, por exemplo, e talvez amor. A nossa crença em uma vontade livre no sentido forte também pode ser amparada simplesmente pela convicção de que somos ou podemos ser *radicalmente autodeterminantes* em nossas ações (de forma incompatível com o determinismo), e essa convicção não pre-

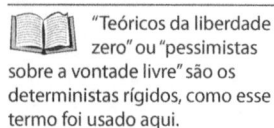

---

❽ "Teóricos da liberdade zero" ou "pessimistas sobre a vontade livre" são os deterministas rígidos, como esse termo foi usado aqui.

❾ Essa espécie "absoluta ou derradeira" de liberdade é aquela que fornece o que Kane descreve como a "responsabilidade última". É também a espécie de liberdade advogada por Campbell e Nozick: uma liberdade na qual a pessoa é responsável pelas escolhas livres, mas sem que essas escolhas dependam do seu caráter formado ou da sua natureza (o que ao contrário as tornaria dependentes da hereditariedade e do ambiente). O "pessimista" nega que essa espécie de liberdade seja possível.

cisa envolver dar muita – ou qualquer – atenção ao assunto da responsabilidade moral. Parece que uma criatura poderia conceber a si mesma como radicalmente autodeterminante sem ter qualquer concepção do certo ou do errado morais – e, então, sem ser qualquer tipo de agente moral.

3. PESSIMISMO

Uma maneira de desenvolver o argumento dos teóricos da liberdade zero é a seguinte:

1. Quando você age, você faz o que faz, na situação em que você se encontra, em função de como você é. ⑩

Parece seguir-se que

2. Para você ser verdadeira ou definitivamente responsável em termos morais pelo que você *faz*, você precisa ser verdadeira ou definitivamente responsável por como você *é*, ao menos quanto a certos aspectos mentais cruciais. (Obviamente, você não precisa ser responsável pelo modo como você é em todos os aspectos. Você não precisa ser responsável por sua altura, sua idade, seu sexo, e assim por diante. Contudo, parece que você precisa ser responsável por como você é ao menos quanto a certos aspectos mentais cruciais, já que, no final das contas, é a sua constituição mental geral que leva você a fazer o que você faz quando age.)

Porém,

3. Você não pode ser definitivamente responsável por como você é em nenhum aspecto, de modo que você não pode ser definitivamente responsável pelo que você faz.

Por que você não pode ser definitivamente responsável pelo modo como você é? Porque

4. Para ser definitivamente responsável pelo modo como você é você, deveria ter produzido intencionalmente como você é, de uma forma que é impossível.

A impossibilidade mostra-se tal como segue. Suponha que

5. Você produziu intencionalmente o fato de que você é como você é hoje em dia em certos aspectos mentais: suponha que você tenha produzido intencionalmente que você tem uma certa natureza mental N e que você produziu isso de uma forma a respeito da qual se pode dizer agora que você é definitivamente responsável por ter a natureza N. (O caso-limite disso seria aquele em que você simplesmente endossou a sua natureza mental existente N a partir de uma posição de poder para mudá-la.) ⑪

Para que isso seja verdadeiro

6. Você já precisa ter uma certa natureza mental N_{-1}, a partir da qual você intencionalmente produziu o fato de que você agora tem a natureza N. (Se você já não tinha uma certa natureza mental, então você não pode ter tido qualquer intenção ou preferências e, mesmo que tenha mudado de alguma maneira, você não pode ser responsabilizado pelo modo como você é agora.) ⑫

Mas, então,

7. Para ser verdadeiro que você e somente você é verdadeiramente responsável pelo modo como você é agora, você precisa ser verdadeiramente responsável por ter tido a natureza N_{-1} anterior, em função da qual você intencionalmente produziu o fato de que você agora tem a natureza N.

Assim,

8. Você precisa ter produzido intencionalmente o fato de que você tinha a natureza N_{-1}. Porém, nesse caso, você precisa ter existido já com uma natureza anterior. N_{-2}, à luz da qual você intencionalmente produziu que você tivesse a natureza N_{-1}.

E assim por diante. Aqui está começando um regresso potencialmente infinito. Para que alguém seja verdadeira e definitivamente responsável por *como ele é*, de uma maneira que podemos ser

⑩ Pense cuidadosamente sobre o conteúdo dessa premissa. Não se supõe que ela afirme que o determinismo causal seja verdadeiro. Nem se supõe que ela elimine as influências externas ou a aleatoriedade – ela apenas afirma que qualquer coisa que você *faça* (por oposição a algo que meramente acontece a você) deriva de alguma maneira de sua natureza, e não de influências externas ou da aleatoriedade.

⑪ Observe que isso seria possível até mesmo segundo a concepção de Frankfurt.

⑫ O passo (6) é crucial no argumento. Ele afirma que uma escolha da nossa própria natureza (talvez *via* uma escolha de superar o desejo mais forte e fazer a coisa certa, como discutido por Campbell; ou *via* a adoção de um princípio para atribuir pesos a razões, como discutido por Nozick; ou *via* uma "ação autoformadora", como discutida por Kane) *precisa* ser baseada em intenções ou preferências que são derivadas de nossa natureza prévia. A ideia implícita é que, de outra maneira, ela seria meramente aleatória e, por isso, não seria coisa alguma pela qual a pessoa seria responsável.

verdadeiramente responsáveis em termos morais pelo que *nós fazemos*, algo impossível tem de ser verdadeiro: tem de haver, e não pode haver, um ponto de partida na série de atos de produzir que se tenha uma certa natureza – um ponto de partida que constitui um ato de auto-origem definitiva. ⓭

Há uma forma mais concisa de colocar este ponto: a fim de sermos verdadeiramente responsáveis em termos morais pelo que fazemos, parece que precisaríamos ser causas ou origens últimas de nós mesmos, ou ao menos de alguma parte crucial de nossa natureza mental. Precisaríamos ser *causa sui* na velha terminologia. Todavia, nada pode ser verdadeiramente ou finalmente *causa sui* em qualquer aspecto. Mesmo que a propriedade de ser *causa sui* seja admitida como pertencendo (ininteligivelmente) a Deus, não se pode plausivelmente supor que ela seja possuída por seres humanos finitos comuns...

De fato, quase todos aqueles que acreditam na vontade livre forte assim o fazem sem qualquer pensamento consciente de que ela requer uma auto-origem última.

Contudo, essa é a única coisa que poderia realmente fundamentar o tipo de vontade livre forte na qual se acredita costumeiramente, e parece que uma maneira pela qual se manifesta a crença em uma vontade livre forte é na crença bastante vaga e (necessariamente) não examinada que muitos têm de que eles são, de alguma forma, radicalmente responsáveis por sua natureza mental geral, ou ao menos por certos aspectos cruciais delas.

O argumento dos pessimistas pode parecer forçado, mas essencialmente o mesmo argumento pode ser oferecido de uma forma mais natural como se segue.

i. É inegável que alguém é do modo que é, inicialmente, como resultado da hereditariedade e das experiências iniciais.
ii. É inegável que essas são coisas pelas quais não se pode ser absolutamente considerado responsável (isso pode não ser verdadeiro se houvesse reencarnação, mas ela apenas colocaria o problema em um estágio anterior).
iii. Não se pode esperar que, em um estágio posterior da vida, alguém concorde com a responsabilidade verdadeira e definitiva pelo modo como é ao tentar mudar o modo como já é como resultado de sua hereditariedade e experiência prévia. Alguém pode tentar mudar a si mesmo, mas
iv. tanto o modo particular em que é levado a tentar mudar a si mesmo quanto o grau de sucesso em sua tentativa de mudança serão determinados pelo modo como já se é como resultado da hereditariedade e da experiência prévia. E
v. quaisquer mudanças posteriores que alguém possa produzir somente após ter produzido certas mudanças iniciais serão, por sua vez, determinadas, *via* essas mudanças iniciais, pela hereditariedade e pela experiência prévia.
vi. Essa pode não ser a história toda, pois pode ser o caso de que algumas mudanças no modo como se é sejam rastreáveis à influência de fatores indeterministas ou aleatórios. Porém,
vii. não é sensato supor que fatores indeterministas ou aleatórios, pelos quais não se é *ex hypothesi* responsável, possam eles mesmos contribuir para que se seja verdadeira e definitivamente responsável pelo modo como se é. ⓮

A tese, portanto, não é de que as pessoas não podem mudar o modo como são. Elas até podem em certos aspectos (que tendem a ser exagerados pelos norte-americanos e subestimados, talvez, pelos membros de muitas outras culturas). A tese é apenas de que não se pode supor que as pessoas não podem mudar a si próprias de tal maneira que sejam ou se tornem verdadeira ou definitivamente responsáveis pelo modo como são e, por conseguinte, por suas ações. Podemos dizer que o modo como você é, em última análise, em todos os mínimos detalhes, é uma questão de sorte – de boa ou de má sorte.

4. RESPONSABILIDADE MORAL

Duas questões importantes surgem com o argumento dos pessimistas. Primeiro, é realmente verdadeiro que precisamos ser autocriadores ou *causa sui* de alguma maneira a fim de sermos verdadeira ou definitivamente responsáveis pelo que fazemos, como afirma o passo

---

⓭ Dado que um regresso infinito é impossível, precisa haver um ponto de partida no qual constituímos a nossa própria natureza pela primeira vez, com base em nenhuma natureza prévia. Strawson afirma que isso é impossível. No parágrafo seguinte, essa afirmação é elaborada por apelo a uma ideia alegadamente impossível de causar a si próprio.

⓮ Eis uma versão mais simples do argumento, a qual Blatchford e Edwards endossariam. Nozick (e presumivelmente Campbell) rejeitariam o passo (iv), afirmando que podemos algumas vezes mudar a nós mesmos de maneiras não determinadas pelo nosso caráter previamente formado. (Frankfurt não está explicitamente comprometido com a aceitação do passo (iv), mas ele é compatível com a sua posição.) A posição de Kane é menos clara: ele rejeita o passo (iv) ou o passo (vii)?

(2) do argumento dos pessimistas? A resposta a essa questão será adiada até a seção 6, porque surge uma questão mais básica: a que noção de responsabilidade se está apelando nesse argumento? O que exatamente é essa responsabilidade "definitiva" na qual se supõe que acreditamos (...) ? E, se acreditamos nela, o que nos faz acreditar nela?

Uma maneira dramática de caracterizar a responsabilidade última* é por referência à história do céu e do inferno: responsabilidade moral "definitiva" é a responsabilidade de um tipo tal que, se a temos, *faz sentido* propor que seria justo punir alguns de nós com os tormentos do inferno e recompensar outros com a glória do céu. Faz sentido porque o que fazemos se deve totalmente a nós. As palavras "faz sentido" são enfatizadas porque certamente não é preciso acreditar na história do céu e do inferno no intuito de entender a noção de responsabilidade última que ela ilustra. Nem é preciso que alguém acredite na história do céu e do inferno a fim de acreditar na responsabilidade última (muitos ateus acreditaram nela). Não é preciso que se a tenha ouvido. ⓕ

A história é útil porque ilustra o *tipo* de responsabilidade absoluta ou definitiva que muitos supuseram – e de fato supõem – ter. Ela se torna particularmente vívida quando estamos especificamente preocupados com a responsabilidade moral e com questões de merecimento, mas ela serve igualmente bem para ilustrar o sentido de liberdade e de responsabilidade radicais que podem ser possuídos por um agente autoconsciente que não tem qualquer conceito de moralidade. E não é preciso referir-se à história do céu e do inferno para descrever o tipo de situação ordinária que parece ser influente em fazer surgir a nossa crença na responsabilidade última. Suponha que você vá às compras na véspera de um feriado nacional com a intenção de comprar um bolo com a sua última nota de dez libras. Tudo está fechando. Resta um bolo: ele custa dez libras. Nas escadarias da loja, alguém está sacudindo uma latinha da Oxfam. ⓖ Você se detém, e parece-lhe completamente claro que depende apenas de você o que fará na sequência. Ou seja, parece-lhe claro que você é verdadeira e radicalmente livre para escolher, de sorte que será definitivamente responsável por qualquer coisa que faça. Você pode colocar o dinheiro na latinha, entrar e comprar o bolo ou simplesmente se afastar. (Você não é só completamente livre para escolher. Você não é livre para não escolher.)

Parado lá, você pode acreditar que o determinismo é verdadeiro. Você pode acreditar que em cinco minutos você será capaz de voltar à situação e dizer, sobre o que você então terá feito, "estava determinado que eu fizesse isso". Porém, mesmo que você acredite nisso, isso não parece solapar o seu senso atual do caráter absoluto de sua liberdade e de sua responsabilidade moral pela sua escolha.

Um diagnóstico desse fenômeno é que não se pode realmente acreditar que o determinismo seja verdadeiro, em tais situações de escolha, e não se pode evitar pensar que a falsidade do determinismo torne a liberdade possível. No entanto, o sentimento da responsabilidade última permanece inescapável mesmo que não se pense isso e mesmo que alguém tenha sido convencido por argumentos gerais contra a responsabilidade última oferecidos na seção 3. Suponha que alguém aceite que ninguém pode ser absolutamente uma *causa sui* e, contudo, seria preciso ser uma *causa sui* (em certos aspectos mentais cruciais) a fim de sermos definitivamente responsáveis por nossas ações. Isso não parece ter qualquer impacto sobre o senso de radical liberdade e responsabilidade de alguém, quando se está parado lá, perguntando o que fazer. A responsabilidade radical parece advir simplesmente do fato de que se está completamente consciente da sua situação e sabe-se que se pode decidir e acredita-se que uma ação seja moralmente melhor do que outra. Isso parece ser o bastante para conferir responsabilidade completa e definitiva. Contudo, isso não pode ser realmente assim, de acordo com os pessimistas: o que quer que alguém faça, fará por causa do modo como é, e isso é algo pelo qual nem se é nem se pode ser responsável, não importando o quão autoconscientemente alerta alguém esteja da sua situação.

O exemplo do bolo pode ser artificial, mas situações similares de escolha ocorrem regularmente na vida humana.

---

*N. de R.T. No original, *ultimate responsibility*.

ⓕ O último ponto aqui vale a pena sublinhar: Strawson está usando a ideia do céu e do inferno para ilustrar como pode ser a "responsabilidade moral última". Porém, ele *não* está dizendo que a existência do céu e do inferno – ou de Deus – é exigida para que a responsabilidade moral última exista ou para que a sua concepção seja inteligível.

ⓖ Oxfam é uma organização internacional de caridade e de socorro emergencial.

Elas são a base experimental sobre a qual se assenta a crença na responsabilidade última. A crença muitas vezes toma a forma de crença na responsabilidade especificamente moral, que implica um merecimento. Porém, como assinalamos, o agente poderia ter o senso de responsabilidade última sem possuir qualquer concepção de moralidade. (...)

5. METAFÍSICA E PSICOLOGIA MORAL

Temos agora os principais elementos do problema da vontade livre. É natural começarmos com a posição compatibilista; todavia, basta que a enunciemos para provocar a objeção de que o compatibilismo não pode satisfazer as nossas intuições sobre a responsabilidade moral. De acordo com essa objeção, uma noção incompatibilista de vontade livre é essencial a fim de darmos sentido à ideia de que somos genuinamente responsáveis em termos morais. Entretanto, também basta que enunciemos essa posição para provocarmos a objeção dos pessimistas de que ocorrências indeterministas não podem contribuir para a responsabilidade moral: é difícil supormos que somos mais verdadeiramente responsáveis em termos morais por nossas escolhas e ações ou por nosso caráter se ocorrências indeterministas tiveram algum papel na sua causação do que se elas não tiveram nenhum papel. O indeterminismo dá lugar à imprevisibilidade, não à responsabilidade. Ele não pode ajudar de modo algum.

Os pessimistas concluem, portanto, que uma vontade livre forte não é possível e que a responsabilidade última tampouco é possível. Portanto, nenhuma punição ou recompensa é justa ou adequada quando se trata de assuntos morais.

...

O argumento agora pode voltar para o campo compatibilista. Ressaltando que a responsabilidade moral "última" é obviamente impossível, os compatibilistas podem afirmar que deveríamos ficar contentes com a explicação compatibilista das coisas, pois ela é a melhor que podemos ter. Porém, essa alegação reativa a objeção compatibilista, e o ciclo continua.

A essa altura, há uma estratégia alternativa, a saber, abandonar o ciclo metafísico tradicional e passar ao domínio da *psicologia moral*. As principais posições no debate metafísico tradicional são claras. Não é provável que alguma posição radicalmente nova aparecerá após milênios de debate. As questões interessantes que restam são sobretudo psicológicas: por que acreditamos que temos vontade livre forte e responsabilidade última? (...) O que significa viver como essa crença? Quais são as suas variedades? Como podemos ser modificados quanto à insistência na concepção de que a responsabilidade última é impossível?

Uma resposta completa a essas questões está para além do escopo deste [artigo], mas uma causa fundamental da nossa crença na responsabilidade última foi mencionada. Ela está na experiência da escolha que temos como agentes autoconscientes, que são capazes de ser completamente conscientes do que estão fazendo quando deliberam sobre o que fazer e fazem escolhas. (Escolhemos entre a caixa da Oxfam e o bolo; ou fazemos uma escolha difícil, moralmente neutra, entre qual de dois quadros comprar.) Isso dá lugar a uma pergunta interessante: é verdade que qualquer possível criatura autoconsciente que enfrenta escolhas e é completamente consciente do fato de que faz isso precisa experienciar a si própria como tendo um vontade livre forte, ou como sendo radicalmente autodeterminante, simplesmente em virtude do fato de que é um agente autoconsciente (não importa se ela tem ou não uma concepção de responsabilidade moral)? Parece que não podemos viver ou experienciar as nossas escolhas como determinadas, mesmo que o determinismo seja verdadeiro. Contudo, talvez isso seja uma peculiaridade humana, não uma característica inescapável de qualquer possível agente autoconsciente. E talvez nem seja universal entre os seres humanos.

6. DESAFIOS PARA O PESSIMISMO

A discussão precedente tenta ilustrar a dinâmica interna do debate sobre a vontade livre e explicar por que é provável que o debate continuará pelo tempo em que os seres humanos puderem pensar. O ponto básico é o seguinte: razões

---

17

PARE — Como seria ter a experiência oposta: *experienciar* as nossas escolhas como determinadas? As pessoas têm alguma vez essa experiência?

lógicas e metafísicas poderosas para supor que não podemos ter uma vontade livre forte continuam a surgir contra razões psicológicas igualmente poderosas para supor por que não podemos evitar que acreditemos que a temos. As conclusões do pessimista ou do teórico da liberdade zero parecem irresistíveis durante a discussão filosófica, mas é provável que elas percam a sua força e pareçam obviamente irrelevantes para a vida quando paramos de filosofar.

Vários desafios para o argumento dos pessimistas foram propostos, alguns dos quais parecem ser apoiados pela experiência ou pela "fenomenologia" da escolha. Um desafio admite que não se pode ser definitivamente responsável pela própria natureza mental – o caráter, a personalidade ou a estrutura motivacional –, mas nega deduzir que não se pode ser verdadeiramente responsável em termos morais pelo que se faz (portanto, ele desafia o passo (2) do argumento que apresentamos na seção 3).

Esse desafio tem ao menos duas versões. Uma já foi mencionada: somos atraídos pela ideia de que a nossa capacidade para a deliberação autoconsciente plenamente explícita é suficiente por si só para constituir-nos como agentes verdadeiramente responsáveis em termos morais, no sentido mais forte possível. A ideia é que tal percepção plenamente autoconsciente de algum modo torna irrelevante o fato de que nem se é nem se pode ser definitivamente responsável por qualquer aspecto da natureza mental. Nessa visão, o mero fato da presença autoconsciente de alguém na situação de escolha pode conferir responsabilidade moral verdadeira; pode ser inegável que se é, em última análise, completamente constituído como o tipo de pessoa que se é por fatores pelos quais não se pode ser de nenhum modo definitivamente responsável; porém, a ameaça que esse fato parece apresentar à pretensão de responsabilidade moral verdadeira é simplesmente obliterado pela percepção autoconsciente de alguém a respeito da sua situação. **18**

A réplica pessimista: isso pode descrever corretamente uma fonte forte de nossa *crença* na responsabilidade (moral) última, mas não é uma explicação de algo que poderia *constituir* a responsabilidade (moral) última. Quando alguém age após uma deliberação explicitamente autoconsciente, age por certas razões. Todavia, que razões por fim importam é uma questão da natureza mental de alguém, que é algo pelo que não se pode ser definitivamente responsável. **19** Com certeza, pode-se ser um agente moralmente responsável de tal modo que se tem consciência de considerações distintivamente morais quando se age. Porém, não se pode ser moralmente responsável de tal modo que se seja definitivamente merecedor de punição ou recompensa pelo que se faz.

A convicção de que a percepção autoconsciente completamente explícita da situação de alguém pode ser um fundamento suficiente para uma vontade livre forte é extremamente poderosa. O argumento dos teóricos da liberdade zero parece mostrar o que está errado, mas é uma convicção que vai mais fundo do que a argumentação racional e sobrevive intocada na condução cotidiana da vida, mesmo depois que a validade do argumento dos teóricos da liberdade zero foi admitida. **20**

Uma outra versão do desafio é a seguinte. A razão acerca de por que se pode ser verdadeira e definitivamente responsável (moralmente) pelo que se faz é que o *eu* de alguém – o que se pode chamar de "eu-agente"* – é, em um sentido crucial, independente da *natureza mental* geral de alguém (do caráter, da personalidade, da estrutura motivacional, e assim por diante). A natureza mental de alguém *inclina* a fazer uma coisa em vez de outra, mas não *força* alguém a fazer uma coisa em vez de outra. (...) Como um eu-agente, incorpora-se um poder de decisão livre que é independente de todas as particularidades da natureza mental de alguém, de tal forma que se pode, afinal de contas, contar como verdadeira e definitivamente responsável em termos morais nas decisões e ações, mesmo que não se seja definitivamente responsável por qualquer aspecto de sua natureza mental. **21**

A réplica dos pessimistas: mesmo que se admita a validade dessa concepção do eu-agente só para fins de argumentação, ela não pode ajudar a estabelecer a responsabilidade moral última.

---

* N. de R.T. No original *agent-self*.

18 Essa é a concepção de Frankfurt.

19 Essa é essencialmente a réplica que Blatchford e Edwards dariam a Frankfurt.

20 Essa convicção é realmente tão forte como Strawson alega? Há um ponto fundamental claro sobre por que "uma percepção autoconsciente completamente explícita" é suficiente para uma "vontade livre forte" (e para a responsabilidade última)? Note que o próprio Frankfurt não parece alegar isso.

21 Essa é a concepção de Campbell e presumivelmente também a de Nozick (de onde mais viria a atribuição de pesos para as razões?) A réplica de Strawson é dada no próximo parágrafo.

De acordo com a concepção, o eu-agente decide em função da natureza mental do agente, mas não é determinado pela natureza mental do agente. A seguinte questão surge imediatamente: *por que* o eu-agente decide tal como decide? A resposta geral é clara. O que quer que o agente decida, ele decide como decide por causa de como é em geral; e essa verdade necessária leva-nos de volta ao ponto em que começamos. Novamente, parece que o eu-agente precisa ser responsável por ser como é a fim de que seja a fonte da verdadeira e definitiva responsabilidade. Contudo, isso é impossível pelas razões oferecidas na seção 3: nada pode ser uma *causa sui* no sentido exigido. Não importa qual seja a natureza do eu-agente, no final das contas é uma questão de sorte (ou, para os que acreditam em Deus, uma questão de graça). Pode-se propor que o eu-agente decida assim como decide parcialmente ou completamente por causa da presença de ocorrências indeterministas no processo de decisão. No entanto, é claro que as ocorrências indeterministas não podem de modo algum ser a fonte da verdadeira responsabilidade (moral). ㉒

Alguns acreditam que a vontade livre e a responsabilidade moral são, sobretudo, uma questão de ser governado, em suas escolhas e ações, pela razão – ou pela Razão com "R" maiúsculo. Todavia, a posse da propriedade de ser governados pela Razão não pode ser um fundamento da responsabilidade moral radical tal como ela é normalmente compreendida. Ela não pode ser a propriedade que torna a punição (por exemplo) definitivamente justa para aqueles que a possuem e injusta para aqueles que não a possuem. ㉓ Por que não? Porque ser moralmente responsável, nessa concepção, é simplesmente ter uma espécie de estrutura motivacional entre outras. É valorizar ou responder naturalmente a considerações racionais – que são, muitas vezes, pensadas como incluindo considerações morais por aqueles que propõem essa concepção. É ter uma estrutura motivacional que pode ser atraente e que pode ser mais benéfica socialmente do que muitas outras. Porém, não há escapatória para o fato de que alguém que possui tal estrutura motivacional simplesmente tem sorte por tê-la – se ela é de fato uma coisa boa –, enquanto alguém que não a tem é alguém que tem azar.

Isso pode ser negado. Pode-se dizer que algumas pessoas esforçam-se para se tornar moralmente responsáveis e fazem um esforço enorme. A sua responsabilidade moral não é, então, uma questão de sorte; é uma conquista obtida a muito custo.

A resposta dos pessimistas é imediata. Suponha que você seja alguém que se esforça para ser moralmente responsável e faz um tremendo esforço. Ora, também isso é uma questão de sorte. Você tem sorte de ser alguém que tem um caráter de um tipo que o dispõe a fazer esse tipo de esforço. Alguém que carece de um caráter desse tipo é alguém que simplesmente tem azar. (...)

No final das contas, a sorte engole tudo. Essa é uma maneira de colocar o ponto de que não pode haver responsabilidade última, dada a concepção natural e forte da responsabilidade que foi apresentada no começo da seção 4. Relativamente a essa concepção, nenhuma punição ou recompensa é definitivamente justa, não importa o quão natural e útil ou humanamente apropriada ela possa ser ou parecer.

Os fatos são claros e já são conhecidos há muito tempo. Quando falamos da metafísica da vontade livre, a observação de André Gide é adequada: "Tudo já foi dito anteriormente, mas, como ninguém ouve, temos de voltar e começar tudo de novo". Parece que a única liberdade que podemos ter é a liberdade compatibilista. Se – e dado que – ela não é suficiente para a responsabilidade última, não podemos ter responsabilidade última. A única alternativa a essa conclusão é apelar a Deus e ao mistério – no intuito de dar apoio à alegação de que algo que parece ser comprovadamente impossível não é apenas possível, mas é também efetivo.

O debate continua; alguns pensaram que a filosofia deveria ir adiante. Há poucas razões para esperar que ela fará isso, na medida em que cada nova geração surge apresentando filósofos tomados da convicção de que podem ter responsabilidade última. Seria uma coisa boa se a filosofia fosse adiante, ou se nós nos tornássemos mais esclarecidos do que somos acerca do tópico da vontade livre? É difícil dizer.

㉒ A ideia subjacente aqui é que qualquer aspecto da ação que não derive de alguma maneira do "eu-agente" precisa ser meramente aleatória (pois não é controlada por nada a respeito do agente). Isso é também o que Strawson diria sobre a concepção de Kane.

㉓ Essa seria uma versão do compatibilismo, mas, de uma forma importante, diferente daquelas discutidas até agora em sua ênfase na razão. A resposta de Strawson é essencialmente a mesma que ele dá para os outros tipos de compatibilismo.

Questões para Discussão

1. Pense cuidadosamente nos dois argumentos relacionados a favor do determinismo rígido que Strawson oferece nas páginas 308-309. Como responderia a isso um compatibilista da classe de Hume e Stace? Como Frankfurt responderia? Como responderiam Campbell, Nozick e Kane? (Não pressuponha que as respostas deles seriam as mesmas.) Qual é a posição que você considera a mais plausível e por quê?
2. Strawson afirma em vários momentos que uma concepção de causação por agente é impossível. Ele tem algum argumento claro para essa afirmação – para além do desafio (já visto anteriormente) de explicar como as escolhas livres do tipo que eles tentam descrever podem falhar em ser determinadas pela natureza antecedente do eu sem serem aleatórias?
3. Quão intuitivamente implausível é a rejeição da "vontade livre forte" e da "responsabilidade última"? Imagine-se no processo de tomar uma decisão moral muito difícil. Você pode se convencer de que qualquer coisa que você vier a fazer está inteiramente determinada pelas condições que existiam antes de você nascer ou que se trata de um evento parcialmente aleatório? Como você encararia tal escolha se acreditasse em alguma dessas coisas?

Diálogo Conclusivo sobre a Vontade Livre

Embora todos os principais problemas filosóficos sejam muito difíceis – e é isso o que faz deles os principais problemas no final das contas –, o problema da vontade livre sempre me pareceu ser provavelmente o mais difícil de todos. Mais claramente do que em relação a qualquer outro, as principais alternativas parecem capturar todas as possibilidade reais. Podemos dizer que não há uma vontade livre genuína (porque ela é incompatível tanto com o determinismo quanto com a aleatoriedade, e não há uma terceira alternativa). Podemos dizer que a vontade livre existe e envolve alguma espécie de determinismo. Podemos dizer que a vontade livre existe e envolve alguma espécie de indeterminismo. Parece bem claro que uma dessas três visões *deve* estar certa e, contudo, também parece haver razões extremamente convincentes – razões reconhecidamente muito diferentes em cada caso – para pensar que cada uma delas está errada. O assunto lhe parece tão espinhoso quanto parece a mim?

Eu não diria espinhoso, mas definitivamente muito difícil. Portanto, pensemos sobre ele, começando pelo compatibilismo. Em certo sentido, esta seria a solução mais fácil. Um compatibilista não tem de rejeitar o fato aparentemente óbvio de que existe a vontade livre e também não tem de explicar de que modo uma ocorrência pode ser indeterminada e, ao mesmo tempo, não ser meramente aleatória. Isso é provavelmente o que torna a posição compatibilista tão atraente para muitos filósofos – ela é provavelmente sustentada por um número muito maior, dentre aqueles que têm uma posição sobre o assunto, do que as outras duas visões colocadas juntas.

Bem, talvez ela seja inicialmente atraente – a maioria das posições que permitem que você tenha seu bolo e o coma também são –, mas os problemas são bastante óbvios. Um problema importante para a visão compatibilista mais tradicional (aquela de Hume, Stace e de muitos outros) é exatamente onde traçar a linha entre as ações livres e as que não são livres. Hume afirma que a liberdade é meramente ser capaz de fazer o que você escolhe, enquanto Stace afirma que a liberdade é praticar uma ação que está sendo imediatamente causada por seus próprios estados psicológicos. No fundo, elas me parecem ser a mesma coisa. Contudo, Edwards assinala alguns casos que produzem sérias dificuldades para essa visão – casos em que uma ação que é imediatamente causada pelos estados psicológicos de uma pessoa não parecem ser genuinamente livres.

Certo. Algo que você faz porque alguém ameaça feri-la se você não o fizer ainda é, apesar de tudo, *imediatamente* causado por seus próprios estados psicológicos e por sua própria escolha. Desse modo, tal ação deveria contar como livre, de acordo com a visão de Stace, mas isso parece estar errado. (De fato, esse é um dos exemplos que o próprio Stace oferece para uma ação *não livre*!) As circunstâncias obviamente limitam as suas escolhas nesse caso (admitindo-se que a outra pessoa é capaz de e está disposta a levar a cabo a ameaça), mas *todas* as escolhas são constrangidas em alguma medida pelas circunstâncias, de modo que isso não caracteriza uma linha de pensamento muito clara. A sugestão pós-hipnótica é um outro caso em que a causa imediata de uma ação é o estado psicológico do próprio agente, mas em que é duvidoso que aquela pessoa seja realmente livre.

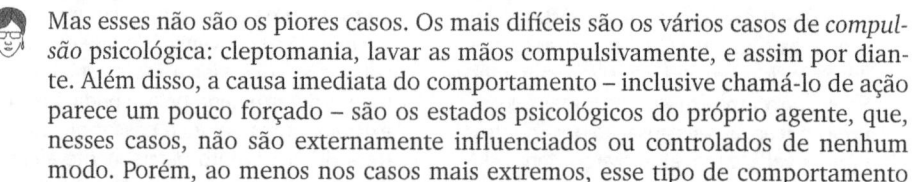

Mas esses não são os piores casos. Os mais difíceis são os vários casos de *compulsão* psicológica: cleptomania, lavar as mãos compulsivamente, e assim por diante. Além disso, a causa imediata do comportamento – inclusive chamá-lo de ação parece um pouco forçado – são os estados psicológicos do próprio agente, que, nesses casos, não são externamente influenciados ou controlados de nenhum modo. Porém, ao menos nos casos mais extremos, esse tipo de comportamento compulsivo não se parece muito com a liberdade real.

Uma resposta que o compatibilista poderia dar para esses casos, uma resposta que Edwards talvez pareça ter em mente, é apelar à *racionalidade*: dizer que os processos psicológicos que levam a uma ação precisam ser racionais, caso a ação deva ser livre – o que não parece ser verdadeiro nos casos de compulsão. Embora isso tenha alguma plausibilidade, tornaria a linha divisória entre ações livres e não livres muito pouco nítida e discutível, pois as pessoas certamente podem discordar – e de fato discordam – sobre o que é racional e o que não é.

Frankfurt, por outro lado, oferece um tipo bastante diferente de resposta para tais casos, levando a uma visão compatibilista significativamente diferente. O seu viciado que não deseja sê-lo não tem vontade livre porque age com base em um desejo de tomar drogas que está em conflito com uma *volição de segunda ordem* de não agir conforme esse desejo. De modo que, se o cleptomaníaco (ou a pessoa que compulsivamente lava as mãos) tiver uma volição de segunda ordem de que os desejos compulsivos não sejam aqueles com base nos quais ele age, então não contará como alguém que tem uma vontade livre, de acordo com Frankfurt.

Isso parece ser o resultado correto quanto a esses casos específicos. Mas estou incomodado com a afirmação de Frankfurt de que alguém que simplesmente falha em ter a volição de segunda ordem relevante é, por causa disso, não livre. Essa de fato parece ser a situação na qual se encontra a maioria das pessoas durante a maior parte do tempo – as volições de segunda ordem parecem-me muito sofisticadas para serem comuns. Desse modo, a extensão da vontade livre, segundo a visão de Frankfurt, será muito reduzida, não o suficiente para satisfazer a intuição de senso comum de que as pessoas são livres a maior parte do tempo.

Tenha cuidado. A posição de Frankfurt é um tanto complicada aqui. Ele afirma que a pessoa que não tem as volições de segunda ordem relevantes não tem *vontade livre*, mas ainda pode *agir livremente*. Se a intuição de senso comum é que as pessoas agem livremente a maior parte do tempo, então Frankfurt ainda pode estar em concordância com isso. E é claro que a sua posição a respeito do que a responsabilidade moral exige também é mais complicada, como discutiremos um pouco mais adiante.

Duvido que o senso comum realmente reconheça uma distinção entre a ação livre e a vontade livre. Mas o problema efetivo para ele, assim me parece, é este que se desenvolve a partir do caso do viciado *que quer sê-lo**: aquele que tem uma volição de segunda ordem de que o desejo de tomar drogas seja efetivo. (Poderia haver, tanto quanto posso ver, cleptomaníacos que o são de propósito, ou aqueles que lavam as mãos compulsivamente também de propósito.) Na versão de Frankfurt, três aspectos são verdadeiros acerca do viciado que quer sê-lo. Primeiro, ele age livremente (porque o desejo de usar drogas causa a sua ação). Segundo, ele

---

* N. de R.T. No original, *willing addict*.

é moralmente responsável (porque endossa esse desejo). Terceiro, ele ainda não tem vontade livre (porque o desejo de primeira ordem seria efetivo, mesmo se ele estivesse em conflito com a volição de segunda ordem – embora Frankfurt também diga, enigmaticamente, que ele usa drogas "de livre vontade"). Não estou certo de que a segunda afirmação esteja correta. De qualquer maneira, por que não pode haver uma volição de segunda ordem em tal caso que realmente controle se o desejo de primeira ordem é efetivo, mas seja *ele mesmo* compulsivo em caráter?

Isso dependeria, suponho, daquilo que torna um desejo (ou uma volição) compulsivo. Frankfurt pode dizer que a compulsão necessariamente envolve um desejo de ordem mais alta que é ineficaz. Contudo, independentemente do fato de que um compatibilista possa ou não resolver essas questões sobre onde traçar a linha entre ações livres e ações não livres, eu ainda penso que há um problema muito mais sério em relação ao compatibilismo. Pode o compatibilismo, seja de que espécie for, realmente fazer justiça à intuição que se impõe de que temos vontade livre genuína? Hume e Stace parecem certos quando dizem que o compatibilista traça a linha entre ações que são livres e ações que não são livres ao menos aproximadamente no lugar em que o senso comum a traçaria (embora tenhamos visto alguns problemas com essa suposição). No entanto, *talvez* isso seja assim só porque o senso comum – sobretudo o modo como ele se reflete no pensamento de pessoas que de fato fazem escolhas importantes – simplesmente não considera o determinismo como uma possibilidade séria, nem tampouco a aleatoriedade. Parece ser óbvio, nos casos normais, que, quando uma pessoa age de determinado modo, ela também poderia ter escolhido livremente fazer algo diferente: ambas as possibilidades (e, em geral, muito mais que duas) estão genuinamente abertas e poderiam realmente ter ocorrido. Mas isso é justamente o que o compatibilista de fato nega. Para o compatibilista, há realmente só uma possibilidade para uma escolha livre que está genuinamente aberta, dadas as condições antecedentes e as leis naturais (e colocando de lado a aleatoriedade como irrelevante para a liberdade). Isso é muito difícil de engolir e parece intuitivamente incompatível com a vontade livre genuína – afinal, a pessoa realmente não podia ter agido de outra maneira.

Penso que você esteja certa sobre isso. Presumo que eu tenha de admitir ter sido, em um certo período, seriamente tentado pelo compatibilismo. Há algo muito satisfatório a respeito de uma visão que pode fazer com que um problema aparentemente intratável desapareça, e há uma forma de pensar, partilhada por muitos dos chamados filósofos "analíticos", que afirma que, de fato, qualquer problema filosófico (em oposição a um científico) que parece ser *tão* difícil tem, de alguma maneira, de estar baseado em algum erro ou confusão – como Hume e Stace sugeriram. Porém, soluções como essa quase nunca parecem resistir a um exame mais detalhado, e concordo que essa solução não resiste, principalmente pela razão que você oferece.

É assim que me parece. Simplesmente não está claro que o sentido em que uma pessoa poderia ter agido de outra maneira sob uma visão compatibilista é forte o suficiente para a liberdade genuína e para a responsabilidade moral. E isso é um problema tanto para Frankfurt quanto para o compatibilista padrão. E essa é a razão básica pela qual o compatibilismo não me parece funcionar.

É claro, estamos pressupondo nisso tudo que a espécie de liberdade exigida pela responsabilidade moral requer genuinamente que sejamos capazes de agir de outra maneira. Lembre-se que Frankfurt (em outro artigo) nega que a responsabilidade moral exige que sejamos capazes de agir de outra maneira. O seu exemplo famoso é o de um caso em que uma pessoa (o controlador) está na posição de controlar as ações de outrem (a vítima) através de implantes ativados por rádio, ou o que quer que seja. O controlador quer que a pessoa controlada faça certa coisa e está pronto para controlá-lo para esse fim, se necessário. Contudo, a vítima escolhe por sua própria conta fazer a mesma coisa que o controlador quer, de modo que o controlador de fato nunca necessita intervir. A pessoa não podia realmente ter agido de outra maneira (porque o controlador teria interferido para fazê-la realizar a coisa em questão), mas ela ainda parece (a menos que haja algum outro problema) ser moralmente responsável. De fato, mesmo se alguma explicação libertarista da liberdade estiver certa, a escolha efetiva (não controlada) nesse caso ainda pode ser livre – pode envolver causação por agência ou atribuição de pesos a razões, ou o quer que seja.

O exemplo é muito claro, mas não me parece ser completamente convincente. *Talvez* ele mostre que há alguns casos especiais em que uma pessoa ainda pode ser moralmente responsável e inclusive livre, mesmo que ela não possa – por essas razões bastante incomuns – ter agido diferentemente. Mas isso não é suficiente para mostrar que, se a pessoa não pode agir diferentemente apenas porque as suas escolhas efetivas estão determinadas por condições que existem há centenas ou milhões de anos antes que ela tivesse nascido, ela ainda poderia ser livre ou responsável em um sentido significativo – e isso é o que o compatibilista afirma.

Como eu já disse, concordo com esse ponto fundamental. Certamente, liberdade genuína e responsabilidade moral genuína requerem que eu mesmo pudesse ter efetivamente escolhido algo diferente daquilo que escolhi (e também, como o caso de Frankfurt assinala, que essa escolha pudesse de fato ter levado à ação correspondente). Os compatibilistas dizem, com efeito, que eu podia ter escolhido e podia ter feito diferentemente somente no sentido de que, se tivesse existido alguém parecido comigo em um mundo possível diferente, com causas antecedentes diferentes, que conduzissem a um desejo diferente no caso em questão, *essa* pessoa teria feito algo diferente. Mas isso não parece bom o suficiente, pois essa outra pessoa simplesmente não sou eu.

Sim. E essa, sem dúvida, é a idéia fundamental que torna o libertarismo tão atraente de um ponto de vista meramente intuitivo. Só uma visão libertarista torna realmente possível que a mesma pessoa que faz uma coisa – não um *Doppelgänger** de outro mundo – possa genuinamente ter feito algo diferente, em vez do que foi feito.

No entanto, você sabe qual é o problema com isso: uma vez que reconhecemos que realmente ser capaz de *agir* diferentemente tem de significar mais do que o simples fato de que algo diferente poderia ter *acontecido* aleatoriamente, de uma maneira que não estava em nosso controle, torna-se muito difícil estar seguro de que a posição libertarista faça mesmo sentido. Como pode haver uma ação que não é determinada por nenhuma condição antecedente, incluindo todas aquelas que pertencem ao meu caráter e constituição pessoal, e os desejos antecedentes e os processos de pensamento antecedentes, mas que também não seja meramente uma ocorrência aleatória ou ao acaso? Os libertaristas, incluindo os três nos textos selecionados, lutam duramente com esses problemas, mas não está claro para mim que algum deles seja realmente bem-sucedido.

Bem, falemos sobre eles. Campbell afirma que uma ação livre é causada pelo agente, mas não pelo seu caráter já formado – o que de fato deve significar não causada por qualquer coisa que tenha a ver com os seus estados psicológicos antecedentes. Ele entende que isso tem lugar nas situações de escolha moral, quando exercemos o esforço de superar o nosso desejo mais forte e fazer a coisa moralmente certa. Um problema com essa acepção é que ela parece de novo restringir a vontade livre em limites muito estreitos para que satisfaça a intuição de senso comum que é a principal motivação para a posição. De um ponto de vista intuitivo, pareço ser livre em inúmeros casos em que nenhum assunto moral está envolvido – e também em casos em que o meu desejo mais forte é o de me comportar moralmente. Um outro problema é que o apelo à moralidade pode justamente parecer um apelo a um aspecto diferente do caráter da pessoa ou de sua constituição, um aspecto que pode às vezes ser forte o suficiente para sobrepujar nossos desejos mais egoístas.

---

* N. de R.T. Isto é, um sósia ou uma duplicata.

Contudo, o problema principal ainda é certamente a preocupação com a aleatoriedade. Na visão de Campbell, as coisas se parecem como se *tudo* acerca da pessoa – hereditariedade, ambiente, traços de caráter resultantes, processos de pensamento, e assim por diante – poderia ter sido exatamente a mesma coisa justamente até o ponto mágico em que uma escolha livre acontece e em vez disso uma escolha diferente foi feita. Mas, então, como a pessoa *controlou* quais das duas (ou mais) escolhas possíveis foi feita? Por que ela não foi meramente aleatória em relação a tudo o mais sobre isso?

Suponho que você pense que o mesmo problema surge para Nozick. Na sua visão, escolhas livres ocorrem quando um agente atribui *pesos* às suas várias razões para diferentes ações em uma situação particular. O agente poderia ter feito diferentemente porque ele poderia ter atribuído pesos diferentes. Porém, novamente, se os pesos conferidos não forem determinados por nada a respeito da sua constituição prévia ou sua história, então torna-se obscuro por que deveríamos dizer que ele os *conferiu*, em vez de dizer simplesmente que eles foram atribuídos de modo aleatório, sobre o qual ele não tinha nenhum controle real.

Certo. Nozick tenta dizer de que modo a atribuição de pesos poderia ser não aleatória ao apelar para a ideia de "autossubmissão reflexiva". A ideia é que um princípio geral para atribuir pesos pode incluir, como um caso particular, a atribuição de pesos que levam à adoção do princípio em questão. Isso é muito engenhoso e esperto, mas não parece de fato ajudar. Um problema é que de novo isso parece restringir por demais a liberdade: do ponto de vista do senso comum, sou livre para fazer muitas coisas que aparentemente não podem ser capturadas por tais princípios gerais autossubsumíveis – livre para ser bem caprichoso e errático. Contudo, o problema principal é novamente a preocupação com a aleatoriedade. Assumindo-se que há princípios autossubsumíveis alternativos, por que não continua sendo aleatório qual deles o agente de fato adota?

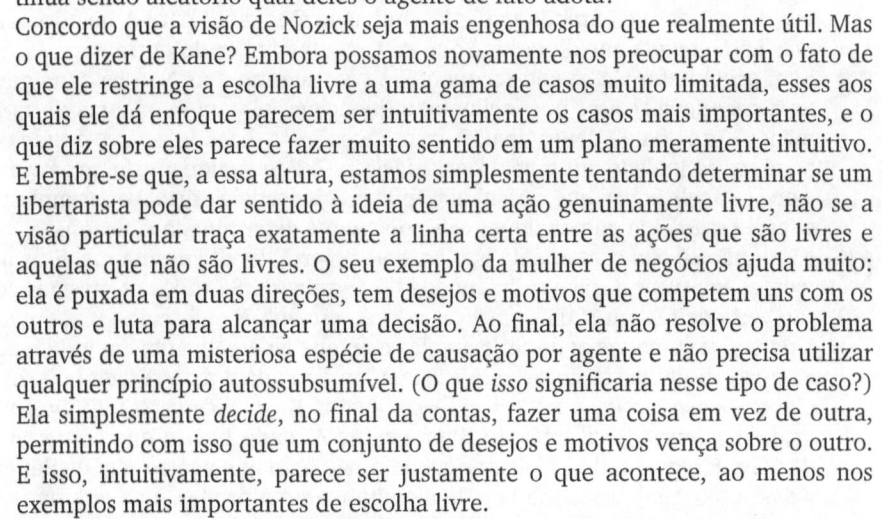

Concordo que a visão de Nozick seja mais engenhosa do que realmente útil. Mas o que dizer de Kane? Embora possamos novamente nos preocupar com o fato de que ele restringe a escolha livre a uma gama de casos muito limitada, esses aos quais ele dá enfoque parecem ser intuitivamente os casos mais importantes, e o que diz sobre eles parece fazer muito sentido em um plano meramente intuitivo. E lembre-se que, a essa altura, estamos simplesmente tentando determinar se um libertarista pode dar sentido à ideia de uma ação genuinamente livre, não se a visão particular traça exatamente a linha certa entre as ações que são livres e aquelas que não são livres. O seu exemplo da mulher de negócios ajuda muito: ela é puxada em duas direções, tem desejos e motivos que competem uns com os outros e luta para alcançar uma decisão. Ao final, ela não resolve o problema através de uma misteriosa espécie de causação por agente e não precisa utilizar qualquer princípio autossubsumível. (O que *isso* significaria nesse tipo de caso?) Ela simplesmente *decide*, no final da contas, fazer uma coisa em vez de outra, permitindo com isso que um conjunto de desejos e motivos vença sobre o outro. E isso, intuitivamente, parece ser justamente o que acontece, ao menos nos exemplos mais importantes de escolha livre.

Concordo que Kane conseguiu apresentar a fenomenologia intuitiva de modo ao menos aproximadamente certo, mas ele realmente explica de modo adequado como uma "decisão" funciona? O que faz com que seja verdadeiro que a mulher de negócios *decide* e está no *controle*, em vez de uma escolha, em lugar de outra, simplesmente *acontecer* por acaso (admitindo que a situação toda é, como Kane insiste, indeterminista em caráter)? De fato, não estou certo de que essa não é exatamente a posição de Kane: a escolha acontece ao acaso, mas ainda é uma daquelas escolhas para a qual ela tem fortes razões (essa parte é determinada), e ela também a endossa retrospectivamente (embora teria igualmente endossado a escolha oposta, caso ela tivesse acontecido). Isso faz a visão de Kane soar parecida com a discussão de Frankfurt sobre o viciado que quer ser viciado: em ambos os casos, a escolha não é realmente controlada pelo agente, mas supõe-se que o endosso retrospectivo ainda a torna compatível com a responsabilidade moral e, ao menos para Kane, com a liberdade. E o problema é que o endosso retrospectivo simplesmente não é relevante à pergunta se a pessoa poderia realmente ter agido de modo diferente, no sentido de que o resultado estava realmente em seu controle.

Percebo o que o preocupa. Se o que você está sugerindo está certo, Kane na verdade só nos oferece a aleatoriedade com uma roupagem mais atraente, como Frankfurt também nos oferece o determinismo com uma roupagem mais atraente. E é possível que Nozick não seja realmente diferente de Kane: que a sua versão da escolha livre também a torne fundamentalmente aleatória, embora com uma roupagem diferente. A causação por agente, como em Campbell, de fato não ajuda realmente, porque não está claro de que forma ela exclui a aleatoriedade. No entanto, preocupo-me com o fato de que esses argumentos contra as várias posições libertaristas pressupõem a questão de uma maneira sutil. Você perguntou anteriormente como poderia haver uma ação que não é determinada por qualquer coisa a respeito do agente (ou por qualquer coisa fora dele também), mas que é igualmente não aleatória. E você ainda me parece precipitado ao tirar a conclusão de que a única possibilidade, uma vez eliminado o determinismo, é a aleatoriedade.

Espere um momento. Eu *adoraria* descobrir uma maneira pela qual o libertarismo pudesse funcionar. Eu certamente não adotei a afirmação de que qualquer coisa indeterminada é automaticamente aleatória, mas preciso ser capaz de ver de modo claro justamente *como* e *por que* algo indeterminado pode também não ser aleatório. Quando Kane, por exemplo, diz que *decidimos*, tenho de me perguntar o que isso realmente significa. De forma consistente com tudo o que aconteceu até agora, incluindo tudo o que eu previamente pensei e desejei, eu poderia fazer tanto A quanto B. E quando eu fiz A, por exemplo, em vez de B, não há uma única coisa anterior à própria decisão que pode explicar *por que* eu fiz A em vez de B. Não me entenda mal – há muitas razões tanto para A quanto para B, mas não há *nada* que determine que eu faça um em vez do outro.

Sim, exatamente. Você não escuta o que você mesmo diz? Não há nada que *determine*, apenas coisas que inclinam, influenciam, tentam ou alguma outra ação menos forte do que determinar. Portanto, você está dizendo, se isso é tudo o que pode ser assinalado antes da própria decisão (ou de qualquer esforço da vontade a que se apele aqui), que o resultado final precisa ser aleatório. Você simplesmente está *assumindo* que qualquer coisa que não é determinada é aleatória!

Não – não só não exatamente isso, mas nem perto disso! Permita-me dizer novamente, sem usar a palavra inflamada "determinar". Se todas as mesmas coisas são verdadeiras antes da decisão – caso eu escolha A ou escolha B –, então *nenhuma* dessas coisas pode ser o que faz com que eu escolha um em vez do outro. Se essas são todas as coisas que existem, então nada a meu respeito ou sobre o que eu penso *escolhe* ou *seleciona* A em vez de B (ou vice-versa). Eu poderia *de modo igualmente fácil* ter feito B em vez de A, dado *tudo* o que era anterior à decisão. E o que mais é a aleatoriedade senão algo que ocorre sem qualquer explicação ou qualquer coisa que de alguma maneira produz uma alternativa em vez de outra?

Eu tenho de admitir, mesmo que relutantemente, que não vejo qual possa ser uma resposta clara para isso. E também concordo que o libertarista precisa ter uma resposta clara. Portanto, as perspectivas para uma vontade livre genuína começam a parecer bastante sombrias.

E esse é o ponto básico de Strawson e a força do que chamamos de determinismo rígido (embora "incompatiblismo rígido"* possa ser um nome melhor, já que Strawson não precisa aceitar o determinismo causal). O determinista rígido não precisa apresentar uma metafísica engenhosa ou passos elaborados para evitar ou amenizar a aleatoriedade, nem precisa nos convencer de que podemos ser livres e responsáveis, mesmo que realmente não pudéssemos ter escolhido nada

---

* N. de R.T. No original, *hard incompatibilism*.

diferente. Ele só tem de dizer que a intuição de senso comum sobre a liberdade genuína é realmente uma ilusão. Talvez as nossas ações sejam determinadas e talvez elas sejam em alguma medida aleatórias (embora certamente não inteiramente aleatórias), mas em ambos os casos não há qualquer espaço lógico para a liberdade. Não gosto do resultado – e não estou certo de que qualquer um possa de fato acreditar nele enquanto está efetivamente envolvido em escolher e agir. Mas nada disso mostra de uma maneira decisiva que ele não poderia ainda ser verdadeiro.

Contudo, a intuição da liberdade ainda é *extremamente* poderosa, e não só nos casos moralmente difíceis, como também naqueles em que os libertaristas se concentram. Pense em algo tão simples tal como se, começando com o meu braço esticado para o lado, eu o levantasse ou o abaixasse. *Certamente* eu posso fazer qualquer uma dessas coisas de um modo que significa que ninguém poderia rigorosamente predizer há 10.000 anos o que eu faria e também que aquilo que (por outro lado) eu faço não acontece só aleatoriamente, mas em vez disso está sob o meu controle. Isso me parece óbvio demais para que seja razoavelmente negado, mesmo que ninguém tenha descoberto como isso deveria acontecer.

Basicamente concordo com isso, mesmo que eu possa ser um pouco menos confiante do que você. Algumas vezes eu me pergunto, entretanto, se o problema todo não é mal concebido. Talvez seja um erro colocar tantos tipos de casos diferentes sob a expressão geral "causação" e então definir o determinismo causal com base nisso. Talvez a maneira como uma decisão é produzida em um agente racional, reflexivo, seja tão diferente da mera ocorrência mecânica que é um erro vê-las essencialmente como duas versões de uma mesma espécie geral de processo. Imagino que, se o problema é tão difícil como parece, precisa haver *algo* que estamos entendendo mal ou confundindo, mesmo que não seja algo tão simples e fácil como o que Hume e Stace assinalaram.

5

MORALIDADE E PROBLEMAS MORAIS

As seleções deste capítulo são concernentes a questões que pertencem à ética ou à filosofia moral: o estudo filosófico do que torna as ações moralmente corretas ou erradas (e também de outros tipos de valor moral que pertencem a coisas como fins ou caráter). A primeira e mais extensa seção principal do capítulo está voltada a enfoques rivais de princípios ou padrões que determinam a aceitabilidade moral, a correção ou a incorreção[*] das ações. A segunda e mais breve seção principal está voltada a enfoques que, de modos diferentes, desafiam a própria existência da objetividade ou de padrões morais interpessoais universalmente corretos que todos os enfoques da primeira seção admitem existir.

QUAL É A MELHOR TEORIA DA MORALIDADE: UTILITARISMO, CONCEPÇÕES DEONTOLÓGICAS OU ÉTICA DA VIRTUDE?

As seleções desta seção explicam e discutem três concepções rivais acerca do conteúdo da moralidade: uma que apela para as *consequências* de uma ação; uma que apela para a *natureza intrínseca* de uma ação (de um modo que não faça menção às consequências) e também para os *direitos* morais; uma que pergunta se uma ação seria ou não realizada por uma pessoa que tem *virtude* moral. Dado que ver como uma concepção moral aplica-se a questões concretas ajuda a entendê-la e a avaliá-la, cada uma das três subseções inclui também um ou mais exemplos de tal aplicação para cada concepção. (Para facilitar a comparação entre essas concepções, vamos nos concentrar somente em duas questões morais, matar a fome e praticar o aborto, com duas seleções contrastantes discutindo cada uma delas.)

Utilitarismo: a moralidade depende das consequências

A primeira e inicialmente mais óbvia dessas concepções é o **utilitarismo**: a concepção de que a aceitabilidade moral de uma ação depende da *utilidade* (o valor ou a bondade em relação a desejos ou preferências humanas) que ela produz quando comparada com outras alternativas. (O utilitarismo é a principal versão do **consequencialismo**: a concepção segundo a qual a correção moral ou a aceitabilidade de uma ação é determinada por suas consequências; outras concepções consequencialistas apelam para valores que incluem mais do que simplesmente a utilidade.) A versão mais direta do utilitarismo é o **utilitarismo de ato:** a concepção de que uma ação moralmente correta em qualquer situação de escolha é aquela que, dentre as alternativas disponíveis, produz a maior utilidade no todo (para todos os que são afetados por ela num período indefinidamente longo). Jeremy Bentham apresenta uma versão plena do utilitarismo de ato **hedonista**, a versão histórica mais proeminente do utilitarismo, de acordo com a qual a utilidade que torna as ações boas (ou más) é simplesmente o *prazer* ou a *felicidade* (contrastadas com a *dor* e a *infelicidade*) que elas produzem. John Stuart Mill oferece uma versão revisada e mais sutil do utilitarismo de ato hedonista, que reconhece, entre outras coisas, diferentes *qualidades* (em oposição apenas a quantidades) de prazer e felicidade.

---
[*] N. de T. No original, *wrongness*.

Muitos pensam que o utilitarismo de ato enfrenta sérios contraexemplos: casos em que a conformação ao princípio do utilitarismo de ato levaria a ações que parecem inaceitáveis de um ponto de vista intuitivo, sendo os mais importantes de tais exemplos aparentes violações da justiça. Esse problema motivou alguns utilitaristas a optar por uma versão diferente do utilitarismo: o **utilitarismo de regra**, segundo o qual

a) a ação moralmente correta em dada situação é determinada por um conjunto de regras gerais e
b) o conjunto correto de regras é aquele cuja observância *geral* leva à maior utilidade.

Assim, a ideia é que, se cada um seguir uma regra como "nunca minta" isso pode produzir mais utilidade *no todo* mesmo que a conformação com essa regra tenha produzido, em alguns casos específicos, menos utilidade. J.J.C. Smart discute essas duas versões do utilitarismo afirmando que não há nenhum argumento essencial em favor do utilitarismo de regra, desde um ponto de vista utilitarista. Bernard Williams oferece outras críticas influentes ao utilitarismo. Finalmente, Peter Singer aplica uma versão do utilitarismo à questão da obrigação moral de matar a fome.

Deve-se também mencionar que, enquanto as versões hedonistas do utilitarismo são as mais proeminentes historicamente, há dois outros enfoques da utilidade que são aceitos por algumas versões do utilitarismo: segundo o que é algumas vezes chamado de **utilitarismo ideal**, há muitos tipos de **bondade intrínseca**, coisas que são boas em si mesmas ou valiosas por si mesmas em contraste com ser bom apenas como um meio para alguma outra coisa (**instrumentalmente boa**), sendo o prazer ou a felicidade apenas uma – ou talvez duas – delas (o conhecimento, em algumas versões, é outra). O princípio fundamental do utilitarismo ideal é que a soma de *todas* essas coisas boas deve ser maximizada, seja por cada ação (na versão de ato), seja pelo conjunto de regras (na versão de regra). Um terceiro e mais recente desenvolvimento de uma concepção de utilidade define-a em termos da satisfação das *preferências* das pessoas, sendo a ação moralmente correta ou o conjunto de regras aquela que maximiza a satisfação de tais preferências (permitindo também considerações sobre a importância ou o peso que elas têm para aqueles que as possuem). Quando usamos o termo "utilitarismo" neste livro (sem a qualificação "hedonista"), referimo-nos à concepção geral do utilitarismo, cujas versões específicas são a hedonista, a do utilitarismo ideal e a do utilitarismo de preferências. (Em vez disso, alguns filósofos recentes usam o termo "consequencialismo" para se referir a essa concepção geral.)

Concepções deontológicas: a moralidade depende de deveres e direitos

A segunda concepção importante é uma teoria moral **deontológica**, de acordo com a qual a correção ou a incorreção de uma ação é determinada não por suas consequências, mas sim pelo tipo de ação que ela é – cuja afirmação central é a de que certos tipos de ação são moralmente inaceitáveis seja a que resultados eles poderiam levar em termos de utilidade. Aqui, a concepção de longe mais influente é a de Immanuel Kant, tanto que a principal alternativa ao utilitarismo é geralmente referida como uma teoria moral kantiana. A seleção de Kant oferece um enfoque desse tipo de posição, centrando-se nas supostamente equivalentes versões do que ele vê como sendo o princípio fundamental da moralidade: o **imperativo categórico**. Onora O'Neill, então, discute o contraste entre o utilitarismo e as concepções kantianas em relação a uma questão moral específica: novamente, a questão de matar a fome.

Uma ideia deontológica que desempenha uma função explícita relativamente menor na concepção de Kant, mas que se tornou proeminente nas discussões morais recentes, é a ideia de **direitos** morais. O que torna essa noção um conceito moral deontológico é que direitos são normalmente tomados como sobrepondo-se a considerações de utilidade, no sentido de que é moralmente errado violar o direito de uma pessoa a algo mesmo se, ao fazê-lo, produzem-se os melhores resultados no todo. A ideia de que as pessoas possuem direitos também parece refletir a concepção de Kant de que elas devem ser tratadas como fins em si mesmas. David T. Ozar explica e desenvolve a ideia de direitos morais, enquanto Judith Jarvis Thomson discute a moralidade do aborto a partir de uma perspectiva que enfatiza os direitos.

Ética da virtude: a moralidade depende de traços de caráter

Um terceiro tipo de concepção moral tem origens muito antigas, mas recentemente tem sido reabilitado como uma concepção central (e está, mais do que as outras duas concepções, ainda em processo de elaboração e desenvolvimento). Essa concepção centra-se na ideia das **virtudes morais**: traços de caráter moralmente valiosos ou admiráveis como a coragem, a temperança, a caridade, e assim por diante. Há duas importantes versões de uma ética da virtude, sendo que uma delas faz uma afirmação substancialmente mais forte e controversa do que a outra. A concepção mais fraca apresenta-se menos como uma rival do que como um suplemento às concepções utilitarista e kantiana: ela insiste no fato de que há importantes questões morais que vão além do moralmente correto ou do curso de ação aceitável. Uma dessas questões é que tipo de pessoa alguém deve ser, com a ideia da virtude moral desempenhando um papel importante na resposta. Em contraste, uma segunda e mais ambiciosa versão da ética da virtude tenta apresentar um enfoque alternativo de padrão para uma ação moralmente correta ou aceitável: uma ação moralmente correta é tal que seria desempenhada (na situação em questão) por uma pessoa idealmente virtuosa. O excerto de Aristóteles oferece o enfoque historicamente mais influente da natureza da virtude moral. Rosalind Hursthouse defende uma versão da segunda e mais ambiciosa versão da ética de virtudes, contrastando-a com as concepções utilitarista e kantiana. Uma segunda seleção de textos de Hursthouse discute, então, como a ética de virtudes trataria de questões referentes ao aborto.

INVESTIGAÇÃO MORAL: O MÉTODO DO EQUILÍBRIO REFLEXIVO

Há outro tópico que precisa ser discutido aqui e que é especialmente relevante para a discussão de questões morais específicas e concretas. Existe um método geral de pensar sobre questões morais que, nos dias atuais, tornou-se amplamente aceito entre os filósofos, ao menos em suas linhas gerais. Esse método está motivado por dois fatos gerais que também foram amplamente reconhecidos: o primeiro é que reivindicações morais são raramente, se é que o são alguma vez, óbvias e diretamente verdadeiras para que possam ser simplesmente aceitas com base nisso; o segundo é que, embora fatos não morais possam ser relevantes de várias maneiras para as questões éticas, a verdade de afirmações morais é sempre logicamente independente de tais fatos não morais e incapaz de ser estabelecida apelando-se para eles.

Como pode, então, a verdade ou a correção de afirmações morais ser avaliada em bases racionais? O ponto de partida aqui é a percepção de que, como já foi observado, embora tais afirmações sejam raramente óbvias ou autoevidentemente verdadeiras, muitas vezes temos opiniões de vários graus de força sobre a sua verdade, opiniões essas que não são inferidas a partir de outras opiniões morais, mas são, em vez disso, diretas ou imediatas. Assim, por exemplo, ao observar um caso simples de roubo (ou, melhor ainda, ao ter tal caso descrito com alguns detalhes), a maioria das pessoas julgaria imediatamente e não inferencialmente que a ação do ladrão é errada. (Elas *também* poderiam inferir essa conclusão a partir de princípios mais gerais, mas isso não seria normalmente a única ou mesmo a principal base para a crença resultante.) Essas opiniões morais imediatas, não inferenciais, passaram a ser referidas como *intuições morais*.

O ponto de partida para o método do equilíbrio reflexivo são as intuições morais que pertencem tanto a casos específicos, reais ou inventados, quanto a questões de níveis de generalidade maior. Não há dúvida de que temos tais intuições e de que muitas delas são objeto de acordo substancial entre as diferentes pessoas. Contudo, também não há dúvida de que as intuições de diferentes pessoas sobre a mesma questão moral podem estar em conflito umas com as outras – e ainda, interessantemente, que as intuições de uma única pessoa sobre diferentes questões e em diferentes níveis podem conflitar umas com as outras. Desse modo, mesmo que se admita que as pessoas têm *alguma* capacidade de intuir verdades morais e, portanto, que as suas intuições morais cuidadosamente consideradas têm *alguma* pretensão de estarem corretas, é óbvio que nem todas essas intuições são corretas. A esperança, entretanto, é que ao pesar refletidamente tais intuições umas contra as outras, descartando aquelas que parecem estar em conflito com muitas outras, e talvez refinando ou ajustando outras para evitar tais conflitos, pode-se chegar a um conjunto coerente no todo dessas alegações com vários graus de generalidade. A ideia é, então, a de que a concepção completa desse tipo que melhor preserva as intuições mais claras e mais fortes (e também elimina muitas das intuições que se deve rejeitar como erradas ou de alguma forma confusas) pode ter a mais alta reivindicação de ser correta. A situação na qual tal resultado foi obtido é chamada de *equilíbrio reflexivo*: "equilíbrio" porque os tipos de conflito que tornam as concepções morais de alguém instáveis e sujeitas à mudança foram, ao menos no momento, eliminados. A sugestão é a de que o principal alvo do filósofo ao pensar sobre questões morais é procurar e (assim se espera) encontrar esse equilíbrio reflexivo.

Talvez ninguém possa afirmar seriamente ter alcançado tal resultado de um modo completamente satisfatório. Todavia, apelos implícitos a esse método estão presentes nos escritos que se seguem com intuições sobre vários tipos de casos e exemplos sendo citados como razões pró ou contra concepções morais particulares.

DESAFIOS À MORALIDADE: RELATIVISMO E EGOÍSMO

Como foi observado brevemente antes, todas as três concepções de moralidade discutidas até aqui compartilham a pressuposição de que há verdades morais que são universal e objetivamente aplicáveis, em relação às quais as ações de pessoas em diferentes sociedades e períodos da história podem ser corretamente valoradas. Implícita nessa discussão também está a ideia de que, obviamente, uma pessoa que age em seu próprio interesse pode estar fazendo algo errado e de que as reivindicações da moralidade geralmente se sobrepõem às do interesse próprio. As leituras da seção final deste capítulo discutem concepções que questionam essas duas pressuposições.

Relativismo

Muitas pessoas, especialmente estudantes, mas não apenas eles, desconfiam do **objetivismo moral**: a ideia de que há verdades morais objetivas e necessárias. Para muitas delas, a alternativa preferível é alguma forma de **relativismo moral**. Essa é a concepção

a) de que há certamente verdades morais de algum tipo, mas também
b) de que a verdade moral é *relativa* a algo, cuja versão mais familiar é em relação à cultura de uma pessoa, em vez de ser objetiva e universal.

Aqui, a parte (a) é crucial, pois há uma terceira alternativa ao objetivismo moral e ao relativismo que poucas pessoas consideram palatável: o **niilismo moral**, a concepção de que não há verdades morais de nenhum tipo, e a moralidade é apenas um erro ou uma ilusão. Com certeza, o niilista moral não nega o fato óbvio de que as pessoas têm *opiniões* morais. A sua afirmação é somente que nenhuma dessas opiniões são de algum modo verdadeiras e, por isso, não há uma boa razão pelo qual as escolhas de alguém devam ser guiadas ou restringidas por elas. Assim, um requisito para uma versão significativa do relativismo moral é que ele não resulte no niilismo moral. Isso requer que o relativismo moral ofereça algum tipo de explicação de como e por que as suas verdades morais relativas são ainda genuinamente obrigatórias para aqueles aos quais elas supostamente se aplicam – e tem de fazer isso sem apelar para alguma verdade objetiva, universal, do tipo que a concepção repudia. (Assim, por exemplo, o relativista cultural deve explicar por que as pessoas são genuinamente obrigadas a se conformar aos princípios morais sustentados por sua cultura e fazer isso sem adotar um princípio objetivo de que qualquer pessoa deveria conformar-se à moralidade de sua cultura.)

É um fato curioso sobre o presente estado de discussão moral que, apesar da popularidade das concepções relativistas entre os não filósofos, poucos filósofos pensam que elas sejam plausíveis. Concordando ou não, você deveria tentar entender as razões dessa rejeição filosófica generalizada do relativismo. Muitas das mais importantes dessas razões são apresentadas na seleção feita por James Rachels, que se concentra no relativismo cultural.

Egoísmo

Um desafio diferente à ideia de verdades morais objetivas e universais é posto pelo egoísmo ético. Aqui, há duas concepções distintas, mas que estão relacionadas. Primeiro, há o **egoísmo psicológico**, a concepção de que, como uma questão psicológica de fato, ninguém é *capaz* de procurar algo senão os seus próprios interesses egoístas. Segundo, há o **egoísmo ético**, a concepção de que ninguém está moralmente obrigado a agir de um modo que seja contrário aos seus próprios interesses (o argumento sendo que uma pessoa não pode ser *moralmente obrigada* a fazer algo que é psicologicamente impossível) – e talvez, com menos plausibilidade, a concepção de que as pessoas são moralmente obrigadas a procurar os seus melhores interesses. O egoísmo ético, em qualquer dessas versões, resultaria, se correto, de algum modo em uma verdade moral, mas significaria que não há verdades morais objetivas do tipo familiar que restringe o comportamento egoísta das pessoas que apelam para o interesse e os direitos dos outros. A seleção de Joel Feinberg oferece uma crítica detalhada ao egoísmo psicológico, que Feinberg sustenta parecer plausível somente como resultado de confusões de vários tipos. (Se o egoísmo psicológico é rejeitado, então não há padrão racional de nenhum tipo para o egoísmo ético.)

A seleção final, extraída do mais famoso diálogo de Platão, *A República*, levanta uma questão que é distinta, porém está relacionada com o egoísmo ético: se é ou não do interesse próprio de uma pessoa agir de modo a conformar-se à moralidade. A afirmação do egoísmo psicológico era, com efeito, que o comportamento moral é impossível se as demandas da moralidade conflitam com aquelas do autointeresse. A surpreendente tese de Platão é a de que tal conflito não surge, não porque o egoísmo ético é verdadeiro, mas sim porque conformar-se às demandas de uma moralidade não egoísta (como aquelas concepções discutidas na primeira seção) é de fato melhor para a pessoa como indivíduo – ou, mais especificamente, para a saúde da sua alma.

Qual é a melhor teoria da moralidade?
Utilitarismo: a moralidade depende das consequências

Jeremy Bentham

Jeremy Bentham (1948-1832) foi um filósofo moral, político e jurídico, assim como o principal fundador do enfoque utilitarista da ética. A preocupação principal de Bentham era com a prática jurídica e com as reformas sociais em termos utilitaristas, e ele se tornou um líder de um importante grupo de reformistas (os "Radicais da Filosofia"), cuja influência levou a significativas mudanças no direito britânico, particularmente na área do direito penal. Na seleção a seguir, a partir de sua mais importante obra, Bentham apresenta, explica e defende uma versão hedonista do utilitarismo de ato, baseado no *princípio da utilidade*, que ele considera como a única base razoável para os julgamentos morais.

Uma Introdução aos Princípios da Moral e da Legislação[1]

O PRINCÍPIO DA UTILIDADE

I. A natureza colocou a humanidade sob o governo de dois mestres soberanos, a *dor* e o *prazer*. É somente a partir deles que podemos apontar o que devemos fazer, assim como determinar o que iremos fazer. De um lado, o padrão do correto e do errado e, do outro lado, a cadeia de causas e efeitos estão ligados ao seu trono. Eles nos governam em tudo o que fazemos, em tudo o que dizemos, em tudo o que pensamos: cada esforço que fazemos para livrarmo-nos dessa sujeição servirá apenas para demonstrá-la e confirmá-la. Somente em palavras o homem pode pretender adjurar de tal império, mas na realidade permanecerá sujeito a ele sempre. O *princípio da utilidade*[2] reconhece essa sujeição e a considera como fundamento do sistema, cujo objetivo consiste em construir o edifício da felicidade por meio da razão e do direito. Os sistemas que tentaram questioná-la tratam das palavras em vez do bom senso, do capricho em vez da razão, das trevas em vez da luz.

Porém, chega de metáforas e declamações: não é através de tais meios que a ciência moral deve ser melhorada.

II. O princípio da utilidade é o fundamento do presente trabalho: portanto, será apropriado de início apresentar um enfoque explícito e determinado do que é entendido por ele. Por princípio da utilidade entende-se aquele princípio que aprova ou desaprova cada ação de acordo com a tendência que ela parece ter de aumentar ou diminuir a felicidade da parte cujo interesse está em questão: ou, o que é o mesmo dito em outras palavras, promover aquela felicidade ou opor-se a ela. ❶ Digo de cada ação e, portanto, não somente de cada ação de um indivíduo privado, mas de cada medida do governo.

III. Por utilidade entende-se a propriedade, em qualquer objeto, pela qual ele tende a produzir benefício, vantagem, prazer, bem ou felicidade (todas eles aqui significam a mesma coisa) ou (o que novamente é a mesma coisa) prevenir o acontecimento de dano, dor, mal ou infelicidade para a parte cujo interesse é considerado: se a parte é a comunidade em geral, então a felicidade da comunidade; se é o indivíduo particular, então a felicidade daquele indivíduo. ❷

IV. O interesse da comunidade é uma das expressões mais gerais que pode ocorrer na linguagem da moral. Não admira, então, que muitas vezes se perca o seu significado. Quando ele tem significado, então é este: a comunidade é um *corpo* fictício, composto por pessoas individuais que são consideradas como constituindo os seus *membros*. O que é, então, o interesse da comunidade? A soma dos interesses dos muitos membros que a compõem.

V. É inútil falar do interesse da comunidade sem entender o que é o interesse do indivíduo. Uma coisa é tida como promovendo, ou como *favorecendo* o interesse de um indivíduo quando ela tende a aumentar a soma total de seus prazeres ou, o que resulta no mesmo, a diminuir a soma total de suas dores.

VI. Uma ação, portanto, pode ser tida como estando em conformidade com o princípio da utilidade, ou, por amor à brevidade, à utilidade (entendida em relação à comunidade em geral) quando a tendência maior é aumentar a felicidade da comunidade do que qualquer outra tem de diminuí-la. ❸

VII. Uma medida do governo (a qual não é senão um tipo particular de ação desempenhada por uma pessoa em particular ou pessoas) pode ser tida como estando em conformidade com ou sendo ditada pelo princípio da utilidade quando

❶ *Comentário*

Como ficará mais claro posteriormente, a parte em questão é a comunidade inteira.

❷ *Pare e pense*

PARE Bentham claramente admite que todos os tipos de prazer e felicidade resultam essencialmente na mesma coisa, assim como o que diz respeito à dor e à infelicidade. É plausível pensar assim?

❸ O que Bentham provavelmente quer dizer aqui (como foi sugerido na nota de rodapé anterior) é que a ação moralmente correta é aquela cuja tendência em favor da felicidade em contraposição à infelicidade é *maior* do que as alternativas disponíveis: a ação que *maximiza* a soma média de prazer ou felicidade sobre a dor ou a infelicidade. (Observe que, numa situação suficientemente difícil, essa soma pode ainda ser negativa – isto é, todas as alternativas podem produzir mais infelicidade do que felicidade.)

---

[1] Extraído de *An Introduction to the Principles of Morals and Legislation* (1823)
[2] Nota do autor, julho de 1822: a essa denominação foi acrescentado recentemente, ou substituído, o princípio (...) *da máxima felicidade*. (...) *aquele princípio* que afirma que a máxima felicidade daqueles cujo interesse está em questão é o correto e próprio, e o único correto, próprio e universalmente desejável fim da ação humana: da ação humana em cada situação e particularmente naquela de um funcionário ou de um conjunto de funcionários que exerce os poderes do governo. (...)

a tendência que tem de aumentar a felicidade da comunidade é maior do que qualquer outra de diminuí-la.

...

X. De uma ação que está em conformidade com o princípio da utilidade pode-se sempre afirmar que é ou uma ação que deve ser feita ou, no mínimo, que não é uma ação que não pode ser feita. Alguém pode dizer ainda que é correto que ela seja feita ou, no mínimo, que não é errado que ela deva ser feita: que ela é a ação correta ou, no mínimo, que ela não é uma ação errada. ❹ Quando são assim interpretadas, as palavras *dever*, *correto* e *errado*, e outras desse tipo, têm um significado; quando é de outro modo, elas não têm.

XI. A correção desse princípio foi alguma vez formalmente contestada? Parece que sim, por aqueles que não sabem o que dizem. É suscetível de alguma prova direta? Parece que não, pois aquilo que é usado para provar todo o resto não pode, por sua vez, ser provado: a cadeia de provas deve ter seu começo em algum lugar. Apresentar tal prova é tão impossível quanto desnecessário. ❺

XII. Não que não exista ou nunca tenha existido alguma criatura humana, por mais estúpida ou perversa que seja, que não tenha deferido a esse princípio em muitas ocasiões de sua vida, talvez na maioria das ocasiões de sua vida. Pela própria natureza de sua constituição, na maior parte das ocasiões, os homens em geral adotam esse princípio, mesmo sem pensar nele: se não para ordenar as suas próprias ações, ao menos para julgá-las, e também a dos outros homens. Ao mesmo tempo, não têm havido muitos, talvez mesmo entre os mais inteligentes, que demonstrem disposição para adotar o princípio pura e simplesmente sem reserva. Alguns até chegaram a contestá-lo em algumas ocasiões, seja por não entenderem sempre como aplicá-lo, seja por conta de um preconceito ou outro que eles tinham medo de examinar ou não tiveram a coragem de adotar. Pois este é o material de que é feito o homem: em princípio e na prática, na direção correta ou errada, a mais rara de todas as qualidades humanas é a coerência.

XIII. Quando um homem tenta combater o princípio da utilidade, é com razões derivadas do próprio princípio, sem que ele tenha consciência disso.³ Seus argumentos, se eles provam algo, não é que o princípio está *errado*, mas que, de acordo com as aplicações que ele supõe que podem ser feitas, está *mal-aplicado*. É possível para um homem mover a Terra? Sim, mas ele deve antes encontrar outra Terra e ficar sobre ela.

...

CAPÍTULO II

Dos princípios contrários ao da utilidade

I. Se o princípio da utilidade for um princípio correto para deixar-se governar, e em todos os casos, isso é algo que se segue do que foi dito há pouco, que qualquer princípio que difere dele deve ser em todo caso necessariamente errado. Portanto, para provar que qualquer outro princípio é errado, não é necessário nada mais do que mostrar isso que ele é, um princípio cujos ditames são em um ponto ou outro diferentes daqueles do princípio da utilidade: enunciá-lo é refutá-lo. ❻

...

XI. Entre os princípios adversos ao da utilidade, aquele que nesses dias parece ter maior influência em questões governamentais é o que pode ser chamado de princípio da simpatia e da antipatia. Por princípio da simpatia e da antipatia, eu entendo o princípio que aprova ou desaprova certas ações não por sua tendência de aumentar a felicidade, nem por sua tendência de diminuir a infelicidade da parte cujo interesse está em questão, mas meramente porque um homem sente-se disposto a aprovar ou desaprová-las, defendendo que a aprovação ou a desaprovação é uma razão suficiente por si mesma e rejeitando a necessidade de procurar por algum fundamento extrínseco. (...) ❼

...

---

³ "O princípio da utilidade (ouvi dizer) é um princípio perigoso: é perigoso em certas ocasiões consultá-lo". Isso equivale a dizer o quê? Que não está em conformidade com a utilidade consultar a utilidade? Em resumo, que consultá-lo *não* é consultá-lo.

---

❹ Por que Bentham diz que uma ação que está em conformidade com o seu princípio pode ser *meramente* aquela "que não é uma ação que não pode ser feita"? Ele parece admitir aqui a possibilidade de que possam existir duas ou mais ações que são *igualmente* boas do ponto de vista da utilidade. Nesse caso, cada uma delas seria permitida (seria aquela que "não é uma que não pode ser feita"), mas nenhuma delas em particular seria requerida ("aquela que deve ser feita").

❺ O que Bentham parece estar dizendo aqui é que o princípio da utilidade é **autoevidente**, que alguém pode ver que ele é verdadeiro apenas compreendendo o conteúdo do princípio.

❻ Novamente, a pressuposição parece ser (?) a de que o princípio da utilidade é autoevidentemente verdadeiro. Assim, Bentham pode apelar para ele ao refutar as concepções contrárias.

❼ O princípio da simpatia e da antipatia é o nome dado por Bentham à concepção moral que avalia a correção ou não das ações simplesmente apelando para a inclinação imediata de aprová-las ou desaprová-las – o que é algumas vezes referido como intuição moral. Como já vimos, a sua concepção é que não há base racional a não ser a utilidade de tais inclinações.

XIII. Ao analisar o catálogo das ações humanas (diz um defensor desse princípio), a fim de determinar quais delas são marcadas pelo selo da desaprovação, você precisa apenas aconselhar-se com os seus próprios sentimentos: seja lá o que você está propenso a condenar, é errado por essa mesma razão. O mesmo ocorre com a punição: em que medida ela é adversa à utilidade, ou se ela é adversa à utilidade, é uma questão que não faz diferença. A mesma *proporção* é também utilizada para a punição: se você odeia muito, puna muito; se você odeia pouco, puna pouco. Puna, enfim, tanto quanto você odeia. Se você não odeia, não puna. Os sentimentos nobres da alma não devem ser sobrecarregados e tiranizados pelos rígidos e implacáveis ditames da utilidade política.

XIV. Os vários sistemas que têm sido formados no que diz respeito ao padrão do certo e do errado podem todos ser reduzidos ao princípio da simpatia e da antipatia. Uma explicação única serve para todos. Eles buscam artifícios para evitar a obrigação de apelar para algum padrão externo e para fazer o leitor aceitar o sentimento do autor ou a opinião como uma razão por si mesma. As frases diferem, mas o princípio é o mesmo.[10] ❽

...

XVI. O princípio da simpatia e da antipatia está mais apto a errar no que diz respeito à severidade. Ele defende que se deva aplicar punição em muitos casos em que não se merece nenhuma; em muitos casos em que se merece alguma punição, ele é a favor de aplicar mais do que se merece. Não há incidente imaginável, mesmo que seja trivial e esteja muito longe do dano, para o qual o princípio não encontre uma base para punição. Qualquer diferença no gosto, qualquer diferença na opinião; seja sobre um assunto, seja sobre outro. Não existe desacordo algum que a perseverança e a contenda não transformem em algo sério. Cada qual se torna aos olhos dos outros um inimigo e, se as leis assim o permitem, um criminoso. Esta é uma das circunstâncias pelas quais a espécie humana distingue-se (não tanto para vantagem própria) do mundo dos animais.

XVII. Não é, todavia, incomum para esse princípio errar no caso da indulgência. Um dano próximo e perceptível move a antipatia. Um dano remoto e imperceptível, embora não menos real, não tem efeito. (...)

...

CAPÍTULO IV

O valor de uma quantidade de prazer ou dor

I. Os *fins* que o legislador deve ter em mente são os prazeres e o ato de evitar a dor. Por isso, é conveniente que compreenda o seu *valor*. Os prazeres e as dores são os *instrumentos* que ele tem para trabalhar: deve, portanto, entender a sua força, ou seja, qual é o seu valor.

II. Para a pessoa considerada *em si mesma*, o valor do prazer e da dor, considerado *por si mesmo*, será maior ou menor de acordo com as seguintes quatro circunstâncias:

1. Sua *intensidade*.
2. Sua *duração*.
3. Sua *certeza ou incerteza*.
4. Sua *proximidade* ou *distância*. ❾

III. Essas são as circunstâncias que devem ser levadas em conta ao estabelecer o prazer ou a dor considerando-se cada um deles por si. Contudo, quando o valor de um prazer ou de uma dor for considerado para estipular a tendência de qualquer *ato* pelo qual eles são produzidos, há duas outras circunstâncias que devem ser tomadas em consideração. São elas:

1. Sua *fecundidade*, ou a probabilidade que ela tem de ser seguida de sensações do *mesmo* tipo, isto é, prazeres se é um prazer; dores se é uma dor.
2. Sua *pureza*, ou a probabilidade que ela tem de *não* ser seguida de sensações do tipo *oposto*, isto é, dores se é o prazer; prazeres se é a dor. ❿

---

[10] É bastante curioso observar a variedade de invenções que os homens têm feito e a variedade de frases que eles têm produzido para esconder-se do mundo e, se possível, de si próprios – esta é mui geral e, por isso, mui perdoável autossuficiência.

---

❽ *Reafirmação/Resumo*

R Esta importante nota de rodapé lista uma variedade de modos de formular o que Bentham vê como essencialmente o mesmo apelo a inclinações ou intuições morais não argumentadas e fundamentalmente irracionais. (PARE) (Bentham está certo em afirmar que todos eles equivalem à mesma coisa?)

❾ As duas primeiras são as características mais óbvias no que diz respeito à utilidade ou não dos prazeres e das dores: quão intenso eles são e quanto eles duram. "Certeza e incerteza" pertencem realmente ao nosso conhecimento que o prazer ou a dor vão resultar da ação em questão, e não da dor e do prazer em si mesmos. Bentham está apontando para o fato óbvio de que podemos basear uma decisão somente no que *acreditamos* que vai resultar. "Proximidade ou distância" tem a ver com quão próximo o resultado em questão está no tempo. Bentham parece sugerir que um prazer ou uma dor temporalmente distante deve contar menos do que aquele que vai ocorrer logo.

Essas duas últimas, todavia, dificilmente podem ser consideradas propriedades do prazer e da dor em si mesmos. Portanto, elas não devem, no sentido estrito, ser consideradas no estabelecimento do prazer ou da dor. A rigor, elas devem ser consideradas propriedades do ato ou de outro evento pelo qual o prazer ou a dor foram produzidos. Do mesmo modo, só devem ser consideradas na avaliação da tendência de tal ato ou evento.

IV. Para um *número* de pessoas em relação às quais o valor de um prazer ou de uma dor é considerado, ele será maior ou menor de acordo com as circunstâncias: a saber, as seis precedentes; *viz.*

1. Sua *intensidade*.
2. Sua *duração*.
3. Sua *certeza ou incerteza*.
4. Sua *proximidade* ou *distância*.
5. Sua *fecundidade*.
6. Sua *pureza*.

E outra, a saber:

7. Sua *extensão*, isto é, o número de pessoas para as quais se *estende*, ou (em outras palavras) quem é afetado pelo prazer ou pela dor.

V. Para fazer uma avaliação exata da tendência de qualquer ato, pelo qual os interesses de uma comunidade são afetados, proceda do seguinte modo. Comece com qualquer pessoa cujos interesses parecem ser mais imediatamente afetados pelo ato e leve em consideração:

1. o valor de cada *prazer* distinguível que parece ser produzido por ele em *primeira* instância;
2. o valor de cada *dor* que parece ser produzida por ele em *primeira* instância;
3. o valor de cada prazer que parece ser produzido por ele *depois* do primeiro. Isso constitui a *fecundidade* do primeiro *prazer* e a *impureza* da primeira *dor*;
4. o valor de cada *dor* que parece ser produzida por ele depois do primeiro. Isso constitui a *fecundidade* da primeira *dor* e a *impureza* do primeiro prazer;
5. some, de um lado, os valores de todos os *prazeres* e, de outro lado, todas as dores. Se a balança tender para o lado do prazer, indicará a *boa* tendência do ato no todo no que diz respeito aos interesses de cada pessoa *individual*; se tender para o lado da dor, indicará a *má* tendência dele no todo; ⑪
6. leve em consideração o *número* de pessoas cujos interesses parecem estar em jogo e repita o procedimento anterior para cada uma delas. *Some* os números que expressam a *boa* tendência do ato tem com respeito a cada indivíduo em relação ao qual a tendência é *boa* no todo. Faça isso novamente com respeito a cada indivíduo em relação ao qual a tendência é *má* no todo. Faça o balanço que, se estiver do lado do *prazer*, indicará a *boa tendência* geral do ato com respeito ao número total ou comunidade de indivíduos em questão; se estiver do lado da dor, indicará a *má tendência* geral com respeito à mesma comunidade. ⑫

VI. Não se pode esperar que esse processo seja feito a rigor antes de cada julgamento moral ou para cada operação legislativa ou jurídica. Ele pode, entretanto, ser sempre mantido e, na medida em que o processo real for seguido nas ocasiões que se aproximam dele, na mesma medida tal processo se tornará exato. ⑬

VII. O mesmo processo também é aplicável ao prazer e à dor, não importa de que forma eles apareçam nem por qual nome sejam distinguíveis: ao prazer, se ele é chamado de *bom* (que é propriamente a causa ou o instrumento do prazer) ou de *proveitoso* (que é um prazer distante ou a causa ou o instrumento de um prazer distante), ou de *conveniência, vantagem, benefício, recompensa, felicidade,* e assim por diante; à dor, se ela é chamada de *má* (que corresponde ao contrário de bom) ou de *prejuízo, inconveniência, desvantagem, perda, infelicidade,* e assim por diante.

VIII. Esta não é uma teoria nova ou infundada e também não é inútil. Em tudo isso não há nada a não ser aquilo com que as práticas da humanidade são conformáveis sempre que os homens têm uma visão clara sobre seus interesses.

---

⑩ Como Bentham continua afirmando, "fecundidade" e "pureza" não são qualidades próprias dos prazeres e das dores. Seria mais claro afirmar aqui que todas as consequências de uma ação em termos de prazer e dor devem ser contadas ao avaliá-la, incluindo obviamente prazeres e dores que são causados por prazeres e dores anteriores.

⑪ Assim, Bentham admite que todos os prazeres e todas as dores para um certo indivíduo são *comensuráveis*: que os valores positivos e negativos que eles representam podem ser combinados numa totalidade. É sugerido aqui e tornado mais claro nos próximos parágrafos que esses valores devem ser pensados em termos numéricos.

⑫ Ele também admite, de forma mais controversa, que os valores positivos e negativos pertencentes às diferentes pessoas podem ser combinados em uma totalidade expressa numericamente.

⑬ Levado adiante em casos reais no sentido estrito, esse processo requereria muito tempo e esforço (se ele pudesse ser feito – ver a Questão para Discussão 2). Isso dispendioso e ineficiente, estando errado *de acordo com o próprio princípio da utilidade*, pois os recursos envolvidos produziriam mais prazer ou mais evitariam a dor se usados de outro modo do que aquele que é obtido em se buscando encontrar a melhor ação com total precisão.

Uma certa propriedade, um terreno por exemplo, é valioso em que bases? Segundo a avaliação dos prazeres de todos os tipos que ela permite ao homem ter, e o que é a mesma coisa, das dores de todos os tipos que ela permite evitar. No entanto, o valor de tal propriedade é universalmente entendido como aumentando ou decaindo de acordo com o período de tempo que um homem tem, com a certeza ou incerteza de estar possuindo-a, da proximidade ou não do tempo que ele virá a tê-la. Quanto à *intensidade* dos prazeres que um homem pode derivar dela, isso nunca é considerado, porque depende do uso que cada pessoa particular pode vir a fazer dela, o qual não pode ser estimado até que os prazeres particulares que ela poderá extrair ou as dores particulares que ela poderá evitar através dela forem trazidos à tona. Pela mesma razão, ela também não pensa na *fecundidade* ou na *pureza* desses prazeres.

...

1. Um homem diz que tem uma coisa feita com o propósito de lhe dizer o que é certo e o que é errado, e isso é chamado de *senso moral*. E assim ele vai trabalhar e diz que tal coisa é certa e tal coisa é errada – por quê? "porque meu senso moral me diz isso".
2. Outro homem chega e altera a frase, deixando fora *moral* e colocando no lugar *comum*. Ele então lhe diz que o seu senso comum ensina-lhe o que é certo e o que é errado tão seguramente quanto o senso moral fez. Ele diz: entendo por senso comum um senso de um tipo ou outro que é possuído por toda a humanidade – o senso daqueles cujo senso não é igual ao do autor deve ser jogado fora e não tem valor. Essa invenção mostra-se melhor do que a outra, pois o senso moral, sendo uma coisa nova, pode levar um homem a sentir-se mal sem ser capaz de encontrá-lo. Contudo, o senso comum é tão antigo quanto a criação, e não há homem que não se sinta envergonhado de ser acusado de não tê-lo tanto quanto seus vizinhos. (...)
3. Outro homem vem e diz que a respeito do senso moral que ele certamente não pode encontrar tal coisa, mas que, todavia, ele tem um *entendimento* que poderá dar conta de tudo muito bem. Esse entendimento, ele diz, é o padrão do correto e do errado, pois ele lhe diz isso ou aquilo. Todos os homens bons e sábios entendem o que ele faz e, se o entendimento de outros homens difere em algum ponto do dele, pior para eles, pois é um sinal certo de que são ou falhos ou corruptos.
4. Outro homem diz que há uma regra do correto, eterna e imutável, e que tal regra do correto comanda isso e aquilo. Então, ele começa a expressar seus sentimentos sobre qualquer coisa de mais elevada e esses sentimentos (você deve admitir como dado) são as múltiplas faces da eterna regra do correto.
5. Outro homem, ou talvez o mesmo homem (não interessa), diz que há certas práticas conformes e outras contrárias à Adequação das Coisas. Ele então lhe diz, a seu bel-prazer, quais práticas são conformes e quais são contrárias: exatamente como acontece quando ele gosta de uma prática e repudia outra.
6. Uma grande multidão de pessoas continuamente fala da Lei da Natureza, e elas então seguem apresentando-lhe os seus sentimentos sobre o que é certo e o que é errado. Esses sentimentos, você deve entender, são os muitos capítulos e seções da Lei da Natureza.
7. Algumas vezes, ao invés da expressão Lei da Natureza, você tem, Lei da Razão, Razão Correta, Justiça Natural, Equidade Natural, Boa Ordem. Qualquer uma delas servirá muito bem, e esta última é muito usada na política. As três últimas são mais toleráveis do que as outras porque não são muito mais do que meras frases: elas insistem, porém debilmente, em ser vistas tal como muitos padrões positivos de si mesmas, parecendo satisfeitas em ser tomadas, ocasionalmente, como frases que expressam a conformidade da coisa em questão com o padrão próprio, não importa qual seja. (...)

É a partir do princípio da antipatia que tais e tais atos são frequentemente reprovados por serem *não naturais*: a prática de expor crianças, estabelecida entre os gregos e romanos, era uma prática não natural. Quando significa algo, "não natural" significa "incomum" e assim significa algo, embora nada para o presente propósito. Todavia, aqui ele não significa tal coisa, pois a frequência de tais atos é talvez a grande reclamação. Portanto, não significa algo, ao menos nada que esteja no próprio ato. Tudo a que ele se presta para expressar é a disposição da pessoa que está falando disso: a disposição em que se encontra a pessoa para que esteja com raiva ao pensar nele. Ele merece a sua raiva? Muito provavelmente sim; porém, se esse é o caso ou não, é uma questão que só pode ser corretamente respondida a partir do princípio da utilidade.

...

Questões para Discussão

1. Bentham parece considerar o princípio da utilidade como sendo autoevidentemente correto. Será que isso significa algo mais do que o fato de que ele (e muitos outros) tem uma inclinação forte ou uma intuição a favor do princípio? Se é assim, Bentham parece estar apelando para o próprio princípio da simpatia ou da antipatia que ele quer rejeitar. Há algum modo de avaliar afirmações morais que não apele, direta ou indiretamente, para tais inclinações morais ou intuições? (Ver a discussão sobre o método do equilíbrio reflexivo na introdução deste capítulo.)

2. Considere uma escolha entre duas ações, A e B, admitindo que somente a sua própria utilidade está em questão. A ação A envolve sair com amigos, comer *pizza*, beber cerveja e ir a um concerto, mas também implica gastar bastante, dirigir num trânsito pesado, e assim por diante. A ação B envolve ficar em casa com seu(sua) companheiro(a), comer a comida que você mesmo preparou, beber limonada, ver um filme na TV a cabo e relaxar com pouco esforço ou gasto. (Você pode precisar ajustar os exemplos para adaptá-los aos seus desejos e gostos particulares.) Quão plausível é pensar que os vários prazeres e dores (incluindo vários tipos de desconforto) envolvidos em cada um desses casos podem ser combinados em duas totalidades de valores que são razoavelmente precisas e que podem ser comparadas numericamente uma com a outra?

3. Quão factível é o cálculo utilitarista mais amplo que Bentham descreve? Suponha que você esteja escolhendo entre dois diferentes cursos de ação, cada um dos quais produz uma variedade de prazeres e dores (ou estados de felicidade ou infelicidade) para muitos indivíduos diferentes. (Experimente pensar em um exemplo seu, específico, bastante detalhado.) Há algum modo de chegar ao valor total para cada ação, para todos os indivíduos diferentes envolvidos, através da combinação de todos os tipos de prazer e dor diferentes (ou felicidade e infelicidade) numa totalidade – especialmente se as consequências são indefinidas em um futuro a ser considerado?

4. Eis um problema mais específico para tais cálculos: suponha que uma alternativa de ação leve à *morte* de uma ou mais pessoas, enquanto a outra não leva. Como a morte deve ser considerada no cálculo? Quanto prazer ou felicidade deve ser considerado para compensar a morte de alguém (ou quanta dor de outros tipos é equivalente a ela)? Há alguma resposta a tal questão que seja clara e defensável?

5. Um valor moral que é frequentemente visto como sendo importante é a justiça (ou a equidade). Que papel desempenha a justiça, se é que ela desempenha algum, na avaliação utilitarista de cursos de ação alternativos? Suponha que uma ação produza certa quantidade de utilidade positiva (prazer ou felicidade), que é dividida justamente entre os membros de uma comunidade relevante, enquanto a segunda ação produz uma quantidade de utilidade que é levemente maior, mas que é desfrutada por um grupo pequeno de pessoas, tal que a maioria dos membros da comunidade recebe muito pouco. Qual ação será aparentemente preferida de acordo com o princípio da utilidade? Será este o resultado correto? (Este é um apelo à intuição moral.) Você pode pensar em alguma resposta a essa objeção em favor do utilitarismo?

John Stuart Mill

John Stuart Mill (1806-1873) foi um filósofo britânico que fez importantes contribuições para muitas áreas da filosofia, incluindo lógica, ética, filosofia política e epistemologia. Seu pai, James Mill, foi um seguidor próximo de Bentham, e John Stuart foi educado como um utilitarista. Na seção seguinte, Mill defende uma versão do utilitarismo hedonista, mas afasta-se de Bentham por colocar a qualidade dos prazeres, juntamente com a quantidade, na avaliação utilitarista. A discussão de Mill também apresenta algumas passagens que parecem mover-se na direção de um utilitarismo de regras. Mill apresenta ainda uma controversa "prova" do princípio da utilidade.

Utilitarismo[5]

CAPÍTULO I

Observações gerais

Há poucas circunstâncias entre as que formam a presente condição do conhecimento humano que sejam tão diferentes do que se poderia esperar, ou mais reveladoras do estado de atraso no qual ainda se encontra a especulação sobre matérias muito importantes, do que o pequeno progresso que tem sido feito na decisão da controvérsia a respeito do critério de correto e incorreto. Desde o início da filosofia, a questão que diz respeito ao *summum bonum* ou, o que é a mesma coisa, que está relacionada com os fundamentos da moralidade, foi considerada o problema principal do pensamento especulativo, tem ocupado os intelectos mais talentosos e os dividido em seitas e escolas, levando a uma vigorosa guerra entre umas e outras. Depois de mais de dois mil anos, as mesmas discussões continuam, e os filósofos ainda são classificados nos mesmos catálogos; nem os pensadores nem a humanidade em geral parecem estar mais próximos da unanimidade sobre o assunto do que quando o jovem Sócrates escutava o velho Protágoras e afirmava (se o diálogo de Platão relata uma conversa real) a teoria do utilitarismo contra a moralidade popular do chamado sofista. ❶

...

Investigar até que ponto os maus efeitos dessa deficiência foram mitigados na prática ou até que ponto as crenças morais da humanidade têm sido viciadas ou tornadas incertas pela ausência de qualquer reconhecimento de um padrão último implicaria uma investigação e crítica das doutrinas éticas passadas e presentes. Seria, todavia, fácil mostrar que, qualquer que tenha sido a firmeza ou a consistência que essas crenças morais tenham alcançado, isso se deve a uma influência tácita de um padrão não reconhecido. Embora a não existência de um primeiro princípio não reconhecido tenha tornado a ética um guia não seguro para a consagração dos sentimentos reais dos homens, ainda assim, como sentimentos humanos, seja de atração, seja de aversão, eles são fortemente influenciados por aquilo que supõem ser os efeitos das coisas sobre a sua felicidade. O princípio da utilidade, ou, como Bentham mais tarde denominou, o princípio da maior felicidade, teve uma grande influência em formar as doutrinas morais mesmo daqueles que desdenhosamente rejeitam a sua autoridade. (...)

Na presente ocasião, vou tentar, sem uma discussão maior com as outras teorias, contribuir com algo para o entendimento e a apreciação da teoria "utilitarista" ou da "felicidade" e apresentar uma prova que lhe cabe. É evidente que não pode ser uma prova no sentido ordinário e popular do termo. Questões sobre fins últimos não são suscetíveis de prova direta. Não importa o que seja provado como sendo bom, deve sê-lo ao ser mostrado que é um meio para algu-

❶ A referência é ao diálogo de Platão chamado Protágoras.

---

[5] Extraído de *Utilitarism* (1861).

ma coisa admitida como sendo boa sem prova. (...)

Antes (...) de tentar entrar nos fundamentos filosóficos que permitem fundamentar o padrão utilitarista, vou oferecer algumas ilustração da própria doutrina, com a intenção de mostrar mais claramente em que ela consiste, distinguindo-a daquilo que ela não é e denunciando as objeções práticas contra ela, como originando-se ou conectando-se com interpretações erradas de seu significado. (...)

CAPÍTULO II

O que é o utilitarismo

...

O credo que aceita como fundamento da moral a "utilidade" ou o "princípio da máxima felicidade"* defende que as ações são corretas à medida que elas tendem a promover a felicidade e erradas à medida que elas tendem a produzir o contrário da felicidade. Por felicidade entende-se o prazer e a ausência da dor e por infelicidade a dor e a privação do prazer. Para apresentar uma visão clara do padrão moral estabelecido pela teoria, muito ainda precisa ser dito; em particular, que coisas ela inclui nas ideias de dor e prazer e até que ponto isso é deixado como uma questão aberta. Porém, essas explicações complementares não afetam a teoria da vida sobre a qual essa teoria da moralidade está fundada – a saber, que o prazer e a ausência da dor são as únicas coisas desejáveis como fins e que todas as outras coisas desejáveis (que são numerosas tanto na teoria utilitarista quando em qualquer outro esquema) são desejáveis seja pelo prazer inerente a elas, seja como meios para a promoção do prazer e a prevenção da dor. ❷

Tal teoria da vida suscita em muitas mentes, mesmo entre algumas das mais estimáveis em sentimentos e propósitos, um profundo desagrado. Supor que a vida não tem (como eles expressam) nenhum fim maior que o prazer –nenhum objeto do desejo ou propósito mais nobre – é considerado por eles como sendo sumamente baixo e mesquinho, como uma doutrina própria de porcos, com os quais foram comparados, numa época remota, os discípulos de Epicuro. Os defensores modernos da doutrina são objeto da mesma comparação por seus detratores germânicos, franceses e ingleses.

Quando assim atacados, os epicuristas sempre têm respondido que não são eles, mas seus acusadores, que detratam a natureza humana nesses termos, pois a acusação pressupõe que os seres humanos não são capazes senão daqueles prazeres que os porcos têm. Se essa suposição fosse verdadeira, a acusação não poderia ser rejeitada, mas deixaria então de ser uma imputação, uma vez que, se as fontes do prazer fossem exatamente as mesmas para o ser humano e para os porcos, a regra da vida que é boa o suficiente para um também seria suficiente para o outro. A comparação da vida epicurista com a dos bichos é vista como degradante precisamente porque os prazeres das bestas não satisfazem as concepções humanas de felicidade. Os seres humanos têm faculdades mais elevadas que os apetites dos animais e, quando se tornam conscientes delas, não consideram felicidade aquilo que não inclui a sua satisfação. ❸ (...) Deve-se admitir, entretanto, que escritores utilitaristas em geral colocaram os prazeres mentais como sendo superiores aos corporais principalmente quanto à permanência, à segurança, à facilidade de aquisição, etc., dos primeiros, isto é, nas suas vantagens circunstanciais em vez de sua natureza intrínseca. ❹ Em todos esses pontos, os utilitaristas têm provado completamente o seu caso, mas poderiam ter tomado o outro ponto e, por assim dizer, fazê-lo também num plano mais elevado. É perfeitamente compatível com o princípio da utilidade reconhecer o fato de que alguns tipos de prazer são mais desejáveis e mais valiosos do que outros. Seria absurdo que – embora ao considerar todas as outras coisas, a qualidade fosse considerada tanto quanto a quantidade – na avaliação do prazer houvesse a suposição de que este depende apenas da quantidade. ❺

Se me fosse perguntado sobre o que eu entendo por diferença de qualidade nos prazeres, ou o que torna um prazer mais valioso do que outro meramente como prazer, sem contar a sua quantida-

---

❷ O prazer (entendido como incluindo a evitação da dor) é assim, para Mill, o único **valor intrínseco**, e as outras coisas são valiosas seja pelo prazer que elas envolvem, seja pelo seu **valor instrumental** que leva ao prazer (ou à evitação da dor).

❸ R Mill sugere não apenas que os seres humanos são capazes de experienciar tipos de prazer que os animais não são (o que é óbvio), mas também que nada conta como fazendo parte da felicidade humana que não inclua esses prazeres "mais elevados".

❹ R Aqui está uma razão para a afirmação de que os prazeres "mais altos" são mais valiosos: eles são *instrumentalmente* superiores aos prazeres corporais, no sentido de que duram mais, envolvem menos riscos (de experiências não prazerosas) e são mais baratos (também, em termos de experiências não prazerosas, e não somente de dinheiro).

❺ Apesar de não rejeitar os pontos anteriores, Mill sugere uma razão diferente para preferir os prazeres "mais altos" e não os "mais baixos": os prazeres "mais altos" são superiores em *qualidade* comparados aos prazeres "mais baixos", e isso significa que uma dada quantidade de um prazer mais alto é preferível *em termos* de sua *prazerosidade intrínseca* somente em relação à mesma quantidade ou mesmo a uma quantidade maior (o quão maior?) de um prazer "mais baixo".

---

* N. de T. No original, *greatest happiness principle*.

de, há apenas uma resposta que eu posso dar. De dois prazeres, se existe algum que todos ou quase todos os que os experienciaram têm uma escolha preferencial, deixando de lado qualquer sentimento de obrigação moral de preferi-lo, este é o prazer mais desejável. Se um dos dois prazeres, por parte daqueles que têm um conhecimento adequado dos dois, for colocado tão acima do outro que venham a preferi-lo, mesmo sabendo que o alcançarão com uma maior dose de descontentamento, e não abririam mão dele por qualquer quantidade de outro prazer de que sua natureza é capaz, então estamos justificados em atribuir ao prazer preferido uma superioridade em qualidade tal que, em comparação, a quantidade resulta de importância menor. ❻

É um fato inquestionável que aqueles que têm uma familiaridade igual e são igualmente capazes de apreciar e aproveitar ambos dão uma preferência maior para um estilo de vida que empregue as mais altas faculdades. Poucos seres humanos consentiriam em ser trocados por algum animal inferior sob a promessa do pleno gozo de prazeres bestiais. Nenhum ser humano inteligente consentiria em ser um louco, nenhuma pessoa instruída seria ignorante, nenhuma pessoa de sentimento e consciência seria egoísta e má, embora pudessem ser persuadidos de que o louco, o ignorante ou o tolo estão mais satisfeitos com a sua vida do que eles com a deles. Também não abdicariam daquilo que possuem mais do que ele em troca da mais completa satisfação de todos os desejos que têm em comum com ele. (...) Quem supõe que essa preferência aconteça como sacrifício da felicidade – que o ser superior não é, em iguais circunstâncias, mais feliz do que o inferior – confunde as duas ideias diferentes de felicidade e satisfação. É indiscutível que o ser cujas capacidades de contentamento são mais baixas tem a maior chance de tê-las completamente satisfeitas e que o ser superior sempre sentirá que qualquer felicidade que ele procurar, tal como o mundo é constituído, será imperfeita. Contudo, ele pode aprender a suportar as suas imperfeições, caso elas sejam de algum modo suportáveis. Elas não irão fazê-lo ter inveja do ser que é certamente inconsciente das imperfeições, mas só porque ele não sente em absoluto o bem que essas imperfeições limitam. É melhor ser um ser humano insatisfeito do que um porco satisfeito; é melhor ser Sócrates insatisfeito do que um tolo satisfeito. E, se o tolo e o porco são de opinião diferente, é porque eles apenas conhecem o seu próprio lado da questão. A outra parte, em comparação, conhece os dois lados. ❼

...

De acordo com o princípio da máxima felicidade, tal como foi explicado acima, o fim último, com referência e pelo qual todas as outras coisas são desejáveis – se estamos considerando nosso próprio bem ou aquele de outras pessoas – é uma existência tanto quanto possível livre da dor e tão rica em satisfações quanto possível, tanto em quantidade quanto em qualidade. O teste da qualidade e a régua para medi-la em relação à quantidade é a preferência sentida por aqueles que, em seus momentos de experiência, aos quais deve ser acrescentado os seus hábitos de autoconsciência e auto-observação, estão melhor preparados para fazer a comparação. Sendo este, de acordo com a opinião utilitarista, o fim da ação humana, ele é também necessariamente o padrão da moralidade, o qual pode ser definido como "as regras e os preceitos da conduta humana", por cuja observância é possível assegurar para toda a humanidade uma existência tal como foi descrita na sua maior extensão possível. Não apenas à humanidade, mas na medida em que a natureza das coisas admite, à toda a criação senciente. (...) ❽

...

Devo repetir novamente que os detratores do utilitarismo não lhe fazem a justiça de reconhecer que a felicidade que forma o padrão utilitarista do que é certo na conduta não é a felicidade do próprio agente, mas de todos os envolvidos. Entre a sua própria felicidade e a dos outros, o utilitarismo requer que ele seja tão imparcial quanto um espectador desinteressado e benevolente. Na regra de ouro de Jesus de Nazaré, lemos o completo espírito da ética da utilidade: "Faze aos outros como gostarias que te fizessem" e "ama o teu próximo como a ti mesmo" constituem a perfeição ideal da moralidade utilitarista. (...) ❾

Não será supérfluo notar algumas outras más interpretações da ética utilitarista, mesmo aquelas que são tão ób-

---

❻ Mill parece apresentar aquilo que tem sido chamado "um júri dos testadores de prazer" para dar o próprio *significado* da afirmação de que um prazer é de melhor qualidade do que outro, mas talvez seja melhor ver nisso apenas um *teste* ou *critério* prático. Poderia a "competência" de tais juízes ser decidida sem que se cometa uma petição de princípio? (Ver a Questão para Discussão 1.)

❼ A questão não é simplesmente se é "melhor ser um ser humano insatisfeito do que um porco satisfeito" (isto é, se alguém familiarizado com os dois lados da vida escolheria o primeiro), mas se isso é assim porque a vida humana é superior *em termos de prazer ou felicidade*. Mill não pode simplesmente supor que o prazer ou a felicidade é a única base para essa escolha.

❽ Há, no mínimo, três diferentes questões que são levantadas por essa passagem: (1) É verdade que a felicidade e a satisfação são os fins últimos da vida humana no sentido de que elas capturam tudo o que as pessoas almejam? (Ver a seleção de Nozick, no Capítulo 8, para mais leituras sobre esse ponto.) (2) Mesmo que isso seja verdadeiro, depreende-se que a felicidade é o padrão da moralidade – que as pessoas *devem* ser guiadas somente pela busca da felicidade (a sua própria ou a dos outros)? (3) Se as circunstâncias não permitem que toda a humanidade ou mesmo "toda a criação senciente" seja maximamente feliz, o utilitarismo tem algo a dizer sobre como deve ser feita a escolha de quem pode ser feliz (e em que grau) e quem não pode?

❾ Visto que tudo o que importa é alcançar a maior totalidade, o utilitarismo não permite à pessoa dar *qualquer* preferência à sua felicidade ou bem-estar (ou de sua família ou amigos) – nem estar preocupado com seus próprios projetos e compromissos mais do que dos outros.
PARE Quão razoável é essa exigência? (Ver a seleção de Williams mais adiante neste capítulo.)

10

R Uma objeção ao utilitarismo de ato é que ele permitiria violar várias regras morais do senso comum (regras que parecem ser sustentadas por nossas convicções morais intuitivas, como não mentir, não quebrar as promessas, etc.) sempre que parecesse um pequeno ganho na utilidade resultar. A resposta a essa objeção é que, quando os efeitos danosos de tais ações sobre as instituições sociais valiosas e suas práticas são acrescentadas, essas violações serão justificadas somente em um número incomum de casos, nos quais não está mais claro que elas sejam objetáveis. (Será que isso funciona? Ver a Questão para Discussão 3.)

---

vias e grosseiras que pareceria impossível para qualquer pessoa honesta e inteligente cair nelas. As pessoas, mesmo as de maiores talentos mentais, geralmente se dão tão pouco trabalho para entender o significado de qualquer opinião que seja contrária aos seus preconceitos, e os homens são em geral tão pouco conscientes de que essa ignorância voluntária muitas vezes constitui um defeito, que os mais vulgares mal-entendidos das doutrinas éticas são continuamente encontrados nos escritos inescrupulosos das pessoas com as mais altas pretensões, seja a elevados princípios, seja à filosofia. (...)

(...) a utilidade é frequentemente estigmatizada como uma doutrina imoral, dando-se a ela o nome de "conveniência" e tomando vantagem do uso popular desse termo para contrastá-lo com "princípio". No entanto, aquilo que é conveniente, no sentido do que é oposto ao correto, geralmente significa aquilo que é conveniente para um interesse do próprio agente. (...) Quando significa algo melhor do que isso, significa aquilo que é conveniente para algum objeto imediato, algum propósito temporário, mas que viola uma regra cuja observância é conveniente num grau mais elevado. O conveniente, nesse sentido, em vez de ser a mesma coisa que o útil, é um ramo do danoso. Assim, poderá ser conveniente, para o propósito de superar um embaraço momentâneo, ou obter algum objeto imediatamente útil para nós ou para os outros, contar uma mentira. Porém, o cultivo em nós de um sentimento de veracidade é um dos mais úteis, e o enfraquecimento desse sentimento é uma das coisas mais danosas à qual a nossa conduta pode servir de instrumento. Visto que qualquer desvio da vontade, mesmo não intencional, tem grande influência sobre o enfraquecimento da veracidade das asserções humanas, a qual não é apenas o suporte de todo o bem-estar social humano presente, mas cuja insuficiência faz mais do que qualquer outra coisa que possa ser nominada para retardar a civilização, a virtude, tudo de que a felicidade humana depende em larga escala, sentimos que a violação, para uma vantagem presente, de uma regra de tal conveniência transcendente não é conveniente e que aquele que, para a conveniência de si próprio ou de outro indivíduo, faz algo que depende dele para privar a humanidade do bem e infligir o mal, envolvidos na maior ou na menor confiança que podem depositar na palavra de cada um, age como um dos seus piores inimigos. Todavia, que essa regra, mesmo que seja sagrada, admite possíveis exceções, isso é reconhecido por todos os moralistas. A principal delas é quando a omissão de um fato (como de uma informação de um malfeitor ou de más notícias de uma pessoa perigosamente doente) servirá para salvar aquele indivíduo (especialmente um indivíduo que não seja o próprio) de um grande e imerecido mal e quando a omissão somente pode ser conseguida pela negação. Contudo, para que a exceção não se estenda para além do que é necessário e possa ter o menor efeito possível para o enfraquecimento da nossa confiança na verdade, deve ser reconhecido que, se possível, seus limites sejam definidos. E, se o princípio da utilidade serve para alguma coisa, deve ser capaz de pesar essas utilidades conflitantes umas contra as outras e marcar a região onde uma ou outra prepondera. **10**

Além disso, os defensores da utilidade com frequência se encontram na posição de ter de responder a objeções como esta: que não há tempo, antes da ação, de calcular e pesar os efeitos de qualquer linha de conduta que leva à felicidade geral. (...) A resposta a essa objeção é que tem havido tempo o suficiente, a saber, todo o passado da espécie humana. Durante todo esse tempo, a humanidade tem aprendido pela experiência as tendências das ações. Experiência essa de que depende toda a prudência e toda a moralidade da vida. As pessoas falam como se o começo desse curso de experiência tivesse sido adiado até agora e como se, no momento em que um homem sente a tentação de intrometer-se na propriedade e na vida de outro, ele tivesse de começar a considerar pela primeira vez se o assassinato e o roubo são prejudiciais à felicidade humana. (...) Não há nenhuma dificuldade em provar que qualquer padrão ético funciona mal se o associamos à imbecilidade universal. Porém, sendo essa hipótese pouco provável, a humanidade deve ter adquirido nesse tempo crenças positivas em relação aos efeitos que algumas ações têm sobre a sua felicidade, e as crenças que se formaram são regras da moralidade para a multidão e para o filósofo até que ele seja bem-sucedido em encontrar outras melhores. Eu admito, ou melhor, sustento enfaticamente que os filósofos podem facilmente fazer isso, mesmo agora, em muitas matérias, que o código de ética recebido não é de modo algum de direito divino e que a humanidade tem ainda muito a aprender acerca dos efeitos das ações sobre a felicidade geral. Os corolários do princípio da utilidade, assim como os preceitos de toda arte prática, admitem um aperfeiçoamento indefinido e, num estado progressivo da mente humana, o seu melhoramento está acontecendo de modo perpétuo. Considerar as regras da moralidade como sendo capazes de melhoramento é uma coisa, mas outra coisa é passar por cima de toda generalização intermediária e pretender avaliar diretamente cada ato pelo princípio primeiro. É uma noção estranha que o reconhecimento de um primeiro princípio seja inconsistente com a admissão de princípios secundários. Informar ao viajante o lugar de seu destino último não é proibi-lo de usar marcos e placas de sinalização ao longo do caminho. A proposição de que a felicidade é o fim e o alvo da moralidade não significa que nenhum caminho possa ser traçado até esse fim, ou que pessoas que a ele se destinam não possam ser aconselhadas a tomar uma direção ao invés de outra. Os homens realmente devem deixar de falar um tipo de absurdo sobre esse assunto, que não desejariam ouvir nem dizer sobre outras questões de interesse prático. Ninguém argumenta que a arte de navegação não está fundada na astronomia pelo fato de que os marinheiros não podem esperar o cálculo do Almanaque Náutico. Sendo criaturas racionais, lançam-se ao mar com ela já calculada, e todas as criaturas racionais vão ao mar da vida já com uma opinião formada sobre as questões do certo e do errado, tanto quanto sobre muitas das questões mais difíceis sobre a sabedoria e a loucura. É de se presumir que, enquanto a previsão for uma qualidade humana, eles continuarão a proceder assim. Seja lá que princípio fundamental da moralidade adotemos, vamos precisar de princípios subordinados para aplicá-lo. A impossibilidade de agir sem eles, sendo comum em todos os sistemas, não pode proporcionar argumentos contra nenhum em particular. Contudo, argumentar seriamente que tais princípios secundários não podem existir, como se a humanidade tivesse permanecido até agora e devesse permanecer sempre, sem extrair quaisquer conclusões gerais da experiência da vida humana, é um dos maiores absurdos, penso eu, a que já se chegou na controvérsia filosófica. ⑪

(...) Não é uma deficiência de qualquer credo, mas da complicada natureza das coisas humanas, que as regras de conduta não possam ser formatadas para não ter exceções e que quase nenhuma ação possa ser estabelecida como sendo ou sempre obrigatória ou sempre condenável. (...) Não existe sistema moral no qual não surjam casos inequívocos de obrigações conflitantes. Essas são dificuldades reais, os pontos intrincados tanto na teoria da ética quanto na conscienciosa orientação da conduta pessoal. (...) Se a utilidade é a fonte última das obrigações morais, ela pode ser invocada para decidir quando as demandas são incompatíveis. Embora a aplicação do padrão possa parecer difícil, é melhor do que não ter padrão algum. Enquanto nos outros sistemas as leis morais são concebidas como tendo uma autoridade independente e não há árbitro habilitado para interferir entre elas, suas afirmações de precedência de umas sobre as outras baseiam-se em pouco mais do que sofismas e, salvo se forem determinadas, como geralmente se faz, pela influência não reconhecida da consideração de utilidade, permitem uma liberdade de escopo para atos de desejos pessoais e parcialidades. Devemos lembrar que somente nesses casos de conflito entre princípios secundários é necessário apelar para os primeiros princípios. Não há caso de obrigação moral no qual algum princípio secundário não esteja envolvido e, se for apenas um, raramente poderá haver dúvida real sobre qual ele é na mente de qualquer pessoa que reconhece esse princípio. ⑫

...

CAPÍTULO IV

Sobre o tipo de prova a que o princípio da utilidade é suscetível

Já foi observado que questões sobre fins últimos não admitem prova no sentido comum desse termo. Ser incapaz de prova pelo raciocínio é comum a todos os

---

⑪ Mesmo o utilitarismo de ato pode sancionar o uso de regras da moralidade gerais em casos nos quais é muito difícil ou custoso, ou em que se consome muito tempo para fazer o cálculo utilitarista completo (uma observação também feita por Bentham). A questão entre o utilitarismo de ato e o de regra é se alguém deve seguir tais regras, mesmo quando não é *claro* que fazendo isso não vai produzir a maior utilidade na situação em questão. (Ver a seleção seguinte de Smart sobre esse ponto.)

⑫ Aqui Mill pode estar dizendo que um cálculo utilitarista pode ser feito somente quando "regras secundárias" estão em conflito. Isso significaria que, na falta de tal conflito, a regra secundária relevante deveria *sempre* ser seguida – mesmo em casos nos quais ela claramente não leva à maior utilidade. Essa seria uma concepção de um utilitarista de regra (ver o capítulo introdutório e a seleção seguinte de Smart). Porém, ele pode estar apenas dizendo que um apelo ao cálculo utilitarista não é requerido (um "requisito") quando não há conflito, mas é permitido e talvez inclusive desejável quando ele pode ser feito – o que ainda seria uma concepção de utilitarismo de ato.

primeiros princípios, tanto das primeiras premissas do nosso conhecimento quanto daquelas da nossa conduta. Mas os primeiros, sendo questão de fato, podem estar sujeitas a um apelo direto às faculdades que julgam fatos – a saber, nossos sentidos e nossa consciência interna. Pode tal apelo ser feito para as mesmas faculdades em questões de fins práticos? *Ou por qual outra faculdade se pode adquirir um conhecimento deles*?

Questões sobre fins são, em outras palavras, questões sobre coisas desejáveis. A doutrina utilitarista reza que a felicidade é desejável e a única coisa desejável como um fim e que as outras coisas são desejáveis apenas como meios para aquele fim. O que pode ser exigido dessa doutrina – que condições é necessário que a doutrina preencha – para tornar-se crível?

A única prova capaz de ser dada de que um objeto é visível é que as pessoas de fato o veem. A única prova de que um som é audível é que as pessoas o ouvem, e assim por diante sobre as outras fontes de nossa experiência. Da mesma maneira, suponho que a única evidência que é possível produzir de que algo é desejável é que as pessoas de fato o desejam. **13** Se o fim que a doutrina utilitarista propõe não fosse, na teoria e na prática, reconhecido como um fim, nada convenceria pessoa alguma de que é assim. Nenhuma razão pode ser dada em relação a por que a felicidade geral é desejável, exceto que cada pessoa, na medida em que acredita ser alcançável, deseja sua própria felicidade. Sendo isso, todavia, um fato, não temos apenas tudo o que a prova no caso admite, mas tudo o que é possível exigir, que a felicidade é um bem, que a felicidade de cada pessoa é um bem para aquela pessoa e que, portanto, a felicidade geral é um bem para o conjunto de todas as pessoas. A felicidade mostrou seu direito a ser *um* dos fins da conduta e, consequentemente, um critério da moralidade. **14**

Mas não se provou, apenas por isso, que ela seja o único critério. Para fazer isso, seria necessário, pela mesma regra, mostrar não apenas que as pessoas desejam a felicidade, mas que elas nunca desejam outra coisa. Ora, parece que elas desejam coisas que, em linguagem comum, são decididamente distintas da felicidade. Elas desejam, por exemplo, virtude e ausência de vício não menos que prazer e ausência de dor. O desejo de virtude não é universal, porém é um fato autêntico como o desejo de felicidade. E aqui os oponentes do padrão utilitarista ousam dizer que eles têm o direito de inferir que há outros fins da ação humana além da felicidade e que a felicidade não é o padrão da aprovação ou desaprovação.

A doutrina utilitarista nega que as pessoas desejam virtude ou defende que a virtude não é algo a ser desejado? Exatamente o oposto. Ela sustenta não apenas que a virtude deve ser desejada, mas também que ela deve ser desejada desinteressadamente, por si mesma. Não importa qual seja a opinião dos moralistas utilitaristas sobre as condições originais que fazem com que a virtude seja uma virtude e possam acreditar (como eles o fazem) que ações e disposições são somente virtuosas porque promovem outro fim que a virtude, ainda assim, supondo isso e tendo sido determinado a partir de considerações dessa descrição o que *é* virtuoso, eles não apenas colocam a virtude no alto das coisas que são boas como meios para o fim último, mas também reconhecem como um fato psicológico a possibilidade de ser, para o indivíduo, um bem em si, sem olhar para qualquer fim além dele. Além disso, afirmam que a mente não está em seu estado correto, não no estado de conformidade com a utilidade, não no estado que mais conduz à felicidade geral, a não ser que ame a virtude dessa maneira – como uma coisa desejável em si mesma, mesmo que, no caso individual, ela não produza aquelas outras consequências desejáveis que tende a produzir e a partir das quais é considerada virtude. **15** Essa opinião não é, em menor grau, um afastamento do princípio da felicidade. Os ingredientes da felicidade são vários e cada um deles é desejável em si, e não meramente considerados como agregados do todo. O princípio da utilidade não significa que cada prazer, como a música, por exemplo, ou determinada ausência de dor, como, por exemplo, a saúde, deve ser visto como um meio para algo coletivo denominado "felicidade" e ser desejado com vistas a ela. Eles são desejados e desejáveis em e por si mesmos, pois, além de meios, eles são partes de um fim. A virtude, de acordo com a doutrina utilitarista, não é natural e originalmente parte do fim, mas é capaz de tornar-se tal; e, para aqueles

---

13 Esse é o primeiro estágio da "prova" de Mill, o qual procura estabelecer que a felicidade é *desejável* no sentido de ser um bem intrínseco para todas as pessoas (dada a premissa posterior de que todas as pessoas de fato desejam sua própria felicidade).

PARE Quão sustentável é a analogia entre a visibilidade ou a auditibilidade e o sentido relevante de "desejabilidade"? (Ver a Questão para Discussão 4.)

14 Aqui está o segundo passo do argumento: se a felicidade de cada pessoa é um bem intrínseco para aquela pessoa (supostamente estabelecido no primeiro estágio), então "a felicidade geral" de todas as pessoas é um bem intrínseco para "o conjunto de todas as pessoas".

PARE Será que isso, como Mill pretende, estabelece que a pessoa individual deve procurar a "felicidade geral" (como o utilitarismo sustenta)? (Ver a Questão para Discussão 4.)

15 R É claramente compatível com o utilitarismo que alguma outra coisa além da felicidade (tal como a virtude) seja desejada como um meio instrumental para o fim da felicidade. De um modo mais surpreendente, também é compatível com o utilitarismo sustentar que mais utilidade será produzida se a virtude for desejada como um fim em si, como intrinsecamente valiosa, ao invés de ser explicitamente buscada apenas como meio para a felicidade. (Mas, isso poderia simplesmente significar que é instrumentalmente valioso para as pessoas acreditarem que a virtude é um bem intrínseco).

que a vivem desinteressadamente, ela se tornou tal e é desejada e louvada não como um meio para a felicidade, mas como uma parte da sua felicidade.

(...) A vida seria miserável, muito escassa de recursos da felicidade, se não existisse essa providência da natureza pela qual as coisas que são originalmente indiferentes, mas que conduzem à (ou são associadas à) satisfação de nossos desejos primitivos, tornam-se em si mesmas fontes de prazer mais valiosas do que os prazeres primitivos, tanto na permanência, no espaço da existência humana que elas são capazes de cobrir, quanto na intensidade.

A virtude, de acordo com a concepção utilitarista, é um bem desse tipo. Não havia desejo original por ela, ou motivo para ela, a não ser a sua capacidade de conduzir ao prazer e especialmente à proteção contra a dor. No entanto, através da associação assim formada, ela pode ser sentida como um bem em si e desejada com tanta intensidade quanto qualquer outro bem. (...)

Segue-se das considerações precedentes que não há em realidade nada desejado exceto a felicidade. Qualquer coisa que é desejada de outro modo que não como meio para algum fim além de si próprio, e por fim para a felicidade, é desejado como parte da felicidade e não é desejado por si mesmo até que se torne tal. (...)

Temos agora, portanto, uma resposta à questão sobre a que tipo de prova o princípio da utilidade é suscetível. Se a opinião que eu agora enunciei é psicologicamente verdadeira – se a natureza humana é assim constituída para não desejar nada que não seja parte da felicidade ou um meio para a felicidade –, não podemos ter outra prova, e não requeremos outra, de que essas são as únicas coisas desejáveis. Se é assim, a felicidade é o único fim da ação humana, e a sua promoção é o teste por meio do qual julgamos toda a conduta humana. Disso se depreende que ela deve ser o critério da moralidade, pois a parte está incluída no todo.

E, para decidir se isso é realmente assim, se a humanidade não deseja nada por si, mas aquilo que é um prazer para ela, ou cuja ausência é a dor, chegamos a uma questão de fato e de experiência, dependente, como em todas as questões similares, de evidência. Pode ser determinada somente por autoconsciência e auto-observação praticada, assistida pela observação dos outros. Acredito que essas fontes de evidência, imparcialmente consultadas, declararão que desejar uma coisa e considerá-la prazerosa, ter aversão a ela e considerá-la dolorosa, são fenômenos inteiramente inseparáveis ou, em vez disso, duas partes de um mesmo fenômeno – em linguagem estrita, dois modos diferentes de nomear o mesmo fato psicológico; que pensar em um objeto como desejável (a não ser por suas consequências) e considerá-lo prazeroso são uma e a mesma coisa; e que desejar algo exceto em proporção com a ideia de que é agradável é uma impossibilidade física e metafísica. ⑯

⑯ Aqui está o terceiro e último estágio do argumento: Mill argumenta que, se a virtude (ou alguma outra coisa) é desejada como um fim em si mesmo, então realizar aquele fim torna-se em si mesmo uma fonte de prazer ou felicidade, de tal modo que se torna "parte da felicidade" e, nesse caso, é ainda somente o prazer ou a felicidade que está sendo desejado.

Aqui ele parece estar cometendo um erro (que é discutido na seleção que será apresentada mais adiante, da autoria de Feinberg): o prazer ou a felicidade que resulta quando um desejo por algo é satisfeito não pode ser o fim principal daquele desejo, pois é apenas porque há um desejo independente por aquela coisa que o prazer resulta quando o desejo é satisfeito.

Questões para Discussão

1. Suponha que você esteja tentando avaliar a qualidade relativa de dois prazeres: o prazer de ir a uma ópera e o prazer de comer uma pizza. Mill diz que essa questão deve ser decidida pelo apelo a um júri composto por pessoas que experimentaram ambos os prazeres ou, ele diz isso um pouco mais adiante, estão "competentemente familiarizadas com ambos". Como se pode decidir quais pessoas estão qualificadas para ser membros desse júri? Sem dúvida, ter uma breve exposição à *pizza* e à ópera não é suficiente, especialmente para a ópera, que parece ser um "gosto adquirido". Mas, então, quanta exposição é necessária para produzir "familiaridade competente" com algo como uma ópera (ou outro prazer "mais elevado")? Com certeza, não podemos dizer que uma pessoa não é "competentemente familiarizada" com um prazer "mais elevado" a menos que ela o prefira a prazeres "mais baixos", pois isso levaria a decidir em favor de prazeres "mais elevados".

2. Mesmo que o cálculo utilitarista fosse possível com base no ponto de vista de Bentham (ver as Questões para Discussão 2 e 3 da seleção de Bentham), ele ainda seria

possível dado o reconhecimento, feito por Mill, de qualidades além das quantidades de prazer? Como as qualidades podem figurar no cálculo? Prazeres de diferentes qualidades podem ser combinados numa totalidade? E, se puderem, como? (Lembre-se de como diferenças de qualidade devem ser determinadas: será que isso contém plausivelmente um valor numérico para a qualidade de prazer que pode talvez ser multiplicada pela medida numérica da quantidade?) Se esse não for o caso, como chegar a um resultado definitivo de qual ação leva ao mais prazeroso (e ao menos penoso) que se supõe ser capaz de atingir?

3. Uma objeção ao utilitarismo de ato é que ele pode permitir e certamente requer ações tais como contar mentiras ou quebrar promessas sempre que disso resulta até mesmo um pequeno ganho em utilidade. Suponha, por exemplo, que você prometeu a um amigo que irá ao cinema com ele, mas que você foi convidado na última hora para ir a um concerto com outro amigo. Suponha também que é óbvio que você gostará mais do concerto do que do filme, de modo que a utilidade total (permitindo tanto o desapontamento e a infelicidade experimentada pelo primeiro amigo quanto a felicidade aumentada experimentada pelo segundo amigo) será maior se você quebrar a promessa e ir ao concerto. (Suponha que não há modo algum de remarcar, de maneira satisfatória, a ida ao cinema com o primeiro amigo.) O utilitarismo de ato parece indicar que você deve ir ao concerto, mas essa é a escolha errada, de acordo com as convicções morais ponderadas de muitas pessoas. Mill sugere (ver a passagem na Anotação 10) que nosso cálculo deve incluir o valor negativo resultante do efeito de sua ação sobre a valiosa *prática* de confiar nas promessas de outras pessoas: essa prática permite que as pessoas coordenem suas ações de modo a levar a uma grande quantidade de prazer e felicidade, enquanto o ato de quebrar as promessas tende a minar a prática ao fazer com que as pessoas desconfiem dela. Não há dúvida de que essa consideração adicional pode ser suficiente para alterar o cálculo utilitarista, caso a diferença original na utilidade seja pequena o bastante. Mas quão plausível é isso que fará diferença o bastante, na maioria ou em todos os casos, para evitar um conflito sério entre o utilitarismo de ato e as nossas convicções morais ponderadas?

4. Quão convincentes são os três estágios da "prova" do princípio da utilidade oferecida por Mill (ver Anotações 13, 14 e 15)? Uma sugestão adicional para o primeiro estágio: "visível" significa "capaz de ser visto", mas "desejável" significa (no sentido relevante de valor intrínseco) "capaz de ser desejado"? E para o segundo estágio: segue-se do fato de que algo é um bem para "um agregado de pessoas" que isso é um bem para cada membro individual daquele conjunto (algo que tal indivíduo deve almejar em vez de almejar o seu próprio bem individual)? O que significa que algo é um bem para "o agregado de pessoas", quando somente pessoas individuais, e não os agregados, fazem as escolhas ou agem? Para o terceiro estágio: ver o ponto levantado na Anotação 15.

J.J.C. Smart

John Jamieson Carswell Smart (1920-) é um filósofo nascido na Grã-Bretanha que construiu praticamente toda a sua carreira profissional e acadêmica na Austrália. Smart tem feito importantes contribuições à filosofia da mente (ver a seleção no Capítulo 3), à filosofia da ciência e à ética, sendo um dos mais recentes defensores do utilitarismo de ato. Nesta seleção, Smart discute as questões que dividem o utilitarismo de ato (que ele chama de "utilitarismo extremo") e o utilitarismo de regra (que ele chama de "utilitarismo restrito"). Ele argumenta que um utilitarista de ato ainda pode apelar para "regras práticas"* morais e, quando isso é feito, não há justificação (de um ponto de vista utilitarista) para dar às regras um estatuto mais fundamental, tal como é defendido pelo utilitarismo de regra.

---

* N. de R.T. No original, *rules of thumb*. A expressão diz respeito àquelas "regras práticas" do dia a dia que são adotadas pelas pessoas sem maior reflexão teórica, e sim com base na experiência habitualmente bem-sucedida.

Utilitarismo Extremo e Utilitarismo Restrito[6]

I

O utilitarismo é a doutrina que sustenta que a correção das ações tem de ser julgada pelas suas consequências. O que entendemos aqui por "ações"? Entendemos ações particulares ou classes de ações? Dependendo do modo como interpretamos a palavra "ações", temos duas diferentes teorias, sendo que ambas merecem ser chamadas "utilitaristas".

1. Se por "ações" entendemos ações particulares individuais, temos o tipo de doutrina que foi defendida por Bentham, Sidgwick e Moore. De acordo com essa doutrina, nós testamos as ações individuais pelas suas consequências, e regras gerais como "mantenha as promessas" são meras regras práticas que usamos para evitar a necessidade de avaliar as prováveis consequências de nossas ações em cada caso. A correção ou não de manter uma promessa em uma ocasião particular depende apenas da bondade ou não das consequências de manter ou quebrar a promessa naquela ocasião particular. Certamente, parte das consequências de quebrar a promessa e parte daquilo a que normalmente atribuímos decisiva importância será o enfraquecimento da confiança na instituição do fazer promessas. Todavia, se a bondade das consequências de quebrar a regra é *in toto* maior que a bondade das consequências de mantê-la, então devemos quebrar a regra a despeito do fato de que a bondade das consequências da obediência de *todos* à regra seja ou não maior do que as consequências de *todos* quebrarem a regra. Falando brevemente, regras não importam, salvo *per accidens* como regras práticas e como instituições sociais *de facto*, com as quais o utilitarista deve contar quando está avaliando as consequências. Vou chamar essa doutrina de "utilitarismo extremo". ❶
2. Uma forma mais modesta de utilitarismo tornou-se moda recentemente. A doutrina pode ser encontrada no livro de Toulmin, *O lugar da razão na ética*, no de Nowell-Smith, *Ética* (embora eu pense que Nowell-Smith tenha hesitações), no de John Austin, *Conferências sobre jurisprudência* (Conferência II), e mesmo em J.S. Mill, se a interpretação de Urmson estiver correta. (...) Parte de seu charme é que ela parece resolver a disputa, na filosofia moral, entre os intuicionistas e os utilitaristas de uma maneira muito elegante. Os filósofos citados defendem, ou parecem defender, que regras morais são mais do que regras práticas. Em geral, a correção de uma ação *não* tem de ser testada pela avaliação de suas consequências, mas somente considerando se ela recai sob certa regra ou não. Todavia, se a regra deve ser considerada uma regra moral aceitável, deixa-se para decidir isso ao considerar as consequências da adoção da regra. Falando brevemente, ações devem ser testadas pelas regras e as regras pelas consequências. Os únicos casos nos quais devemos testar uma ação individual diretamente pelas suas consequências são

a) quando a ação cai sob duas regras diferentes e
b) quando não há regra que governe um determinado caso.

Vou chamar essa doutrina de "utilitarismo restrito". ❷

...

A disputa entre o utilitarismo extremo e o restrito pode ser ilustrada considerando a observação "Mas suponha que todo mundo faça o mesmo". (...) Dizer que você não pode fazer uma ação A porque teria maus resultados se todos (ou muitas pessoas) fizessem A pode significar meramente apontar ao fato de que, enquanto a ação A é a otimizadora, quando você leva em consideração que fazer A provavelmente levará também outras pessoas a fazer A, você pode ver que A não é, de um ponto de vista amplo,

❶ Como já foi observado, esse é o termo de Smart para o que é geralmente referido como "utilitarismo de ato".

❷ Esse é o termo para o que é geralmente referido como "utilitarismo de regra".

---
[6] Extraído de *Philosophical Quarterly*, 6 (1956).

❸
Para um utilitarista de ato, a utilidade que poderá resultar se outras pessoas agirem da mesma maneira tal como a ação está sendo avaliada é relevante só na medida em que a ação em questão tenderá a levar outros a agirem da mesma maneira (assim, os resultados daquelas ações serão contabilizados, pois ações similares serão então parte dos resultados da ação original).

(Raramente, se é que alguma vez, uma ação resultará em todos agindo daquela maneira ou em algo próximo a ela. Desse modo, é muito enganador falar de "a forma causal" do "princípio da universalização".)

❹
Para um utilitarista de regra, em contraste com um utilitarista de ato, a avaliação da ação depende essencialmente da avaliação dos resultados de *todos* agirem daquele modo, isto é, de todos seguirem uma regra que exige tal ação – independentemente de qualquer questão sobre se uma ação daquele tipo tenderia causalmente a produzir outras.

(Visto que os resultados de todos agirem do modo em questão dependeria de quais *outras* regras as pessoas também seguem, é melhor, como foi discutido na introdução deste capítulo, pensar em termos das consequências de todos seguirem um conjunto amplo de regras. Uma ação é então moralmente correta se ela é permitida por uma regra no conjunto de regras que leva ao máximo da utilidade.)

❺
Como foi observado tanto por Bentham quanto por Mill, é muito improvável que a utilidade máxima possa ser atingida fazendo-se um cálculo utilitarista completo para cada ação. Uma razão para isso é que frequentemente não há tempo suficiente (ou informação necessária). Assim, adotar e seguir "regras práticas" (aquelas que, ao serem seguidas, produzirão mais utilidade do que se forem seguidas outras regras ou conjuntos de regras do mesmo tipo) é *por si mesmo* uma escolha que será sancionada pelo princípio do utilitarismo de ato – mesmo que isso esteja propenso a levar a resultados que não são ótimos ou inclusive a maus resultados em alguns casos.

realmente otimizadora. Se essa influência causal pode ser evitada (como pode acontecer no caso de uma promessa em uma ilha deserta secreta), então podemos dispensar o princípio da universalização. Essa é a forma causal do princípio. ❸ Uma pessoa que aceitou o princípio da universalização em sua forma hipotética seria uma pessoa que estava preocupada somente com o que aconteceria *se* todos praticassem a ação A: ela estaria totalmente despreocupada com a questão se de fato todos praticassem a ação A. Em outros termos, ela poderia dizer que seria errado não votar porque haveria maus resultados se todos tomassem essa atitude e ela não ficaria impressionada com os argumentos que procuram mostrar que a minha recusa em votar não tem qualquer efeito sobre a propensão de votar das outras pessoas. Usando essa distinção, podemos dizer que um utilitarista extremo aplicaria o princípio da universalização em sua forma causal, enquanto um utilitarista restrito o aplicaria em sua forma hipotética. ❹

...

II

Para um utilitarista extremo, regras morais são regras práticas. Na prática, o utilitarista extremo geralmente vai guiar a sua conduta apelando para regras ("não minta", "não quebre as promessas", etc.) da moralidade do senso comum. Isso não é assim porque existe algo sacrossanto nas próprias regras, mas porque ele pode argumentar que provavelmente agirá, na maioria das vezes, de um modo utilitarista extremo se não pensar como um utilitarista. Uma razão para isso é que ações têm frequentemente de ser feitas de forma apressada. Imagine um homem vendo uma pessoa afogar-se. Ele se atira e a resgata. Não há tempo para pensar sobre o assunto, mas esse geralmente será o curso de ação que um utilitarista extremo recomendaria se tivesse pensado sobre o assunto. Se, contudo, o homem estivesse afogando-se num rio perto de Berchtesgaden em 1938 e se tivesse a bastante conhecida aparência e o bigode de Adolf Hitler, um utilitarista extremo, se tivesse tempo, calcularia a probabilidade de o homem ser o ditador vilão e, se a probabilidade fosse bastante alta, ele iria, com base no utilitarismo extremo, deixá-lo se afogar. O salvador, todavia, não tem tempo. Ele confia nos seus instintos, mergulha e salva o homem. Assim, confiar nos instintos e nas regras morais pode ser justificado sob as bases do utilitarismo extremo. ❺ Além disso, um utilitarista extremo, que sabia que o homem afogando-se era Hitler, louvaria o salvador e não o condenaria. Ao louvar o homem, estaria reforçando uma disposição da mente corajosa e benevolente, e em geral essa disposição tem grande utilidade positiva. (Da próxima vez, quem sabe, será Winston Churchill que o homem virá a salvar!) Não devemos nunca esquecer que um utilitarista extremo pode louvar ações que sabe serem erradas. Salvar Hitler foi errado, mas foi uma ação pertencente a uma classe de ações que são geralmente corretas, e o motivo de praticar ações dessa classe costuma ser otimizador. Ao considerar questões de louvor ou condenação, não é a conveniência da ação louvada ou condenada que está em questão, mas sim a conveniência do louvor. Pode ser conveniente louvar uma ação inconveniente e inconveniente louvar uma ação conveniente. ❻

Falta de tempo não é a única razão pela qual um utilitarista extremo pode, sob princípios do utilitarismo extremo, confiar nas regras do senso moral comum. Ele sabe que, em casos particulares, nos quais seus interesses estão envolvidos, é provável que seus cálculos estejam baseados preconceituosamente em seus próprios gostos. Suponha que ele está casado e infeliz e está considerando divorciar-se. Ele, com toda probabilidade, exagerará em sua própria infelicidade (e possivelmente na de sua esposa) e desconsiderará o dano que será feito aos seus filhos com o rompimento de sua família. Ele também provavelmente menosprezará o dano que causará ao enfraquecer a confiança geral nas promessas do casamento. Assim, ele provavelmente chegará à conclusão correta do utilitarismo extremo, se não pensar como um utilitarista extremo, mas confiar na moralidade do senso comum. ❼

Há muitos outros pontos sutis que poderiam ser feitos em conexão com a relação entre o utilitarismo extremo e a moralidade do senso comum. (...) Uma questão levantada por Sidgwick, nesse contexto, é se um utilitarista (extremo) deve, com base no princípio utilitarista (extremo), divulgar o utilitarismo (extremo) para o público. Como muitas pessoas não são pessoas de mente filosófica e também não são boas em cálculos empíricos, é provável que, na maioria das vezes, agirão de um modo utilitarista extremo se elas não tentarem pensar como utilitaristas extremos. ❽ Vimos o quão fácil é aplicar de forma errada o critério do utilitarismo extremo no caso do divórcio. Sidgwick parece pensar que é provável que um utilitarista extremo não deva divulgar a sua doutrina tão amplamente. Todavia, o grande perigo para a humanidade vem hoje do plano da moralidade pública – não da moralidade privada. Há um perigo maior para a humanidade oriundo da bomba de hidrogênio do que oriundo do aumento da taxa de divórcio, apesar de ser esse censurável. Parece que não há dúvidas de que o utilitarismo extremo é bem-sucedido em questões de relações internacionais. (...) Eu mesmo não hesito em dizer que, com base em princípios do utilitarismo extremo, devemos divulgar o utilitarismo extremo tão amplamente quanto possível. Mas Sidgwick tinha razões respeitáveis para suspeitar do contrário.

O utilitarista extremo, então, vê as regras morais como regras práticas e como fatos sociológicos que devem ser levados em consideração quando se decide o que fazer, justamente como se leva em consideração fatos de qualquer outro tipo. Contudo, por si mesmos, eles não justificam qualquer ação.

III

O utilitarista restrito vê as regras morais como sendo mais do que simples regras práticas para encurtar os cálculos das consequências. Comumente, assim ele argumenta, as consequências não são de modo algum relevantes para decidirmos o que temos de fazer em um caso particular. Em geral, elas são relevantes apenas para decidir que regras são boas razões para agir de certo modo em casos particulares. Essa doutrina é possivelmente uma boa concepção de como um inglês moderno do século XX, não muito reflexivo, frequentemente considera a moralidade, mas é por certo monstruosa como uma explicação de como é maximamente racional pensar sobre a moralidade. Suponha que haja uma regra *R* e que em 99% dos casos os melhores resultados são obtidos agindo-se de acordo com *R*. Então, *R* é claramente uma útil regra prática. Se não temos tempo ou não somos imparciais o suficiente para avaliar as consequências de uma ação, é uma aposta extremamente boa que a coisa a fazer seja agir de acordo com *R*. Porém, não é monstruoso supor que, se *tivéssemos* calculado as consequências e se tivéssemos confiança total na imparcialidade de nossos cálculos, e se *soubéssemos* que neste momento quebrar *R* traria melhores resultados do que mantê-la, deveríamos ainda assim obedecer à regra? Não é elevar *R* a um tipo de ídolo, se a mantemos quando, por infringi-la, evitamos, por exemplo, alguma miséria? Não é essa uma forma de superstição, de adoração à regra (facilmente explicável em termos psicológicos), e não um pensamento racional de um filósofo? ❾

O ponto pode ser mais bem-esclarecido se consideramos a comparação de Mill de regras morais com tabelas em um almanaque náutico. (...) Essa comparação de Mill é usada por Urmson como evidência de que Mill foi um utilitarista restrito, mas não penso que essa interpretação possa ser sustentada no todo. (Embora eu concorde completamente com Urmson que muitas outras coisas que Mill disse estão em harmonia com o utilitarismo restrito, e não com o extremo. Provavelmente, Mill nunca pensou muito sobre a distinção e estava argumentando em favor do utilitarismo, seja restrito ou extremo, contra outras formas não utilitaristas de argumentação moral.) Mill afirma: "Ninguém argumenta que a arte de navegação não está fundada na astronomia pelo fato de que os marinheiros não podem esperar o cálculo do Almanaque Náutico. Sendo criaturas racionais, eles se lançam ao mar com ela já calculada, e todas as criaturas racionais vão ao mar da vida já com uma opinião formada sobre as questões do certo e do errado, tanto quanto sobre muitas das questões mais difíceis sobre a sabedoria e a loucura. (...) Seja lá que princípio fundamental da moralidade adotemos, vamos precisar de princípios subordinados para aplicá-lo". Observe que, assim como está, esse argumento serve apenas para princípios subordinados como regras prá-

---

❻ O ato de louvar uma ação é *ele mesmo* uma ação e, portanto, deve ser avaliado em termos utilitaristas. Assim, devemos louvar (ou condenar) não as ações que são em si mesmas corretas (ou erradas) em termos de utilidade, mas sim aquelas ações cujo ato de louvar (ou condenar) produzirá a máxima utilidade – que serão normalmente aquelas que seguem as regras práticas que mais conduzem à utilidade.

❼ Outra razão para confiar nas regras práticas é que preconceitos pessoais muito provavelmente levam a um cálculo utilitarista incorreto.

(Observe que Smart está supondo que as regras da "moralidade de senso comum" são de fato aquelas que tendem a produzir a maior utilidade se usadas desse modo – algo que não é claro ou obviamente correto.)

❽ Deve o utilitarista de ato tentar convencer as pessoas de que o utilitarismo de ato é correto – isto é, tentar convencê-las a acreditar no que ele pensa ser correto? Visto que essa é justamente outra ação para ser avaliada de acordo com o utilitarismo de ato, do mesmo modo, um utilitarista de ato deve fazer isso somente se ela produz os melhores resultados em termos de utilidade – o que poderia muito bem não ser o caso se as pessoas não são muito boas em fazer os tipos de cálculos relevantes.

❾ Aqui está o problema fundamental para o utilitarismo de regra: *por que*, de um ponto de vista utilitarista, uma determinada regra deve ser seguida, mesmo quando a pessoa está completamente certa de que fazer algo diferente levará a uma maior utilidade? Aquela regra é, assim supomos, uma regra que produz resultados máximos em termos de utilidade quando geralmente seguida (ou um membro de um conjunto amplo de regras que têm essa característica), mas por que isso interessa, se segui-la não produz os melhores resultados no caso realmente em questão? (Como Smart continua argumentando, o exemplo do navegador, dado por Mill, não sustenta tal resultado.)

ticas. O exemplo do almanaque náutico é enganador, porque a informação dada no almanaque é, em todos os casos, a mesma que a informação que alguém obteria se fizesse um longo e trabalhoso cálculo a partir dos dados astronômicos originais sobre os quais o almanaque está baseado. Suponha, todavia, que a astronomia fosse diferente. Suponha que o comportamento do sol, da lua e dos planetas fosse muito parecido como é agora, mas que em algumas raras ocasiões houvesse irregularidades e descontinuidades muito peculiares e que, então, o almanaque nos desse regras da forma "em 99% dos casos nos quais as observações são tais e tais, você pode deduzir a sua posição assim e assim". Além disso, vamos supor que existam métodos que nos permitam, a partir dos dados astronômicos originais e por meio de cálculos diretos e laboriosos, não usando tabelas rústicas e prontas do almanaque, obter a nossa posição correta em 100% dos casos. Os navegadores podiam usar o almanaque porque nunca tinham tido tempo para fazer os longos cálculos e estavam satisfeitos com uma chance de 99% de ter sucesso ao calcular as suas posições. Não seria absurdo, porém, se *fizessem* o cálculo direto e, ao descobrir que ele está em desacordo com o cálculo do almanaque, ainda assim o ignorassem e se apegassem à conclusão do almanaque? Sem dúvida, o caso seria alterado se houvesse uma probabilidade alta o suficiente de cometer erros no cálculo direto. Então, poderíamos nos apegar ao resultado do almanaque, sujeito a erro como sabíamos, simplesmente porque o cálculo direto estaria sujeito ao erro por uma razão diferente, a saber, a falibilidade do computador. Isso seria análogo ao caso do utilitarista extremo, que se prende a regras convencionais contra os ditames dos cálculos utilitaristas simplesmente porque pensa que seus cálculos estão provavelmente afetados pelos seus preconceitos pessoais. Contudo, se o navegador estiver seguro de seus cálculos diretos, não seria ele tolo ao apegar-se ao seu almanaque? Eu concluo, então, que, se mudamos nossas suposições sobre a astronomia e o almanaque (para o qual não havia exceções) para alinhar o caso à moralidade (cujas regras têm exceções), o exemplo de Mill perde a sua aparência de dar suporte à forma restrita do utilitarismo. Deixe-me dizer, mais uma vez, que não estou aqui preocupado em como pessoas comuns pensam sobre a moralidade, mas com como elas devem pensar. Podemos muito bem imaginar um grupo de marinheiros que adquiriu uma reverência supersticiosa ao seu almanaque, mesmo que ele estivesse certo em apenas 99% dos casos, e que indignamente jogassem ao mar qualquer homem que mencionasse a possibilidade de um cálculo direto. Mas seria racional esse comportamento dos marinheiros?

Consideremos um tipo de caso muito discutido, no qual o utilitarista extremo vai contra a regra moral convencional. Prometi a um amigo, morrendo em uma ilha deserta da qual sou posteriormente resgatado, que eu iria fazer com que a sua fortuna (sobre a qual tenho controle) fosse dada a um jockey clube. Todavia, logo após ser resgatado, decidi que seria melhor doar o dinheiro a um hospital, que pode fazer dele melhor proveito. Seria possível argumentar que é errado dar o dinheiro ao hospital. Mas por quê?

a) O hospital pode fazer mais bem às pessoas com o dinheiro do que o jockey clube.
b) O caso presente é diferente da maioria dos casos de promessa, pois ninguém exceto eu mesmo sabe a respeito da promessa. Ao quebrar a promessa, estou fazendo isso em completo segredo e não estou fazendo nada para diminuir a confiança nas promessas. Isto é, há um fator que normalmente manteria o utilitarista extremo longe de quebrar a promessa mesmo em casos não otimizadores, mas que não funciona no presente caso.
c) Há certamente um pequeno enfraquecimento do meu próprio caráter como um mantenedor habitual de promessas e, além disso, tensões psicológicas vão se formar em mim cada vez que sou perguntado sobre o que o homem me fez prometer-lhe.

Certamente, terei de dizer que ele me fez prometer dar o dinheiro ao hospital e, visto que sou habitualmente uma pessoa confiável, isso irá contra aquilo que estou pensando. ❿ De fato, estou bastante seguro de que na prática eu manteria a promessa. Porém, não estamos discutindo o que meus hábitos morais provavelmente me levariam a fazer. Estamos discutindo o que eu devo fazer. Além disso, não podemos esquecer que, mesmo se fosse

---

❿ R Aqui estão duas outras coisas, bastante relacionadas uma com a outra, a que um utilitarista de ato poderá apelar ao tentar mostrar que suas concepções não conflitam com nossas convicções morais, ponderadas em casos como esse: primeiro, os efeitos sobre o caráter moral do agente por quebrar a promessa (porque isso fará, como questão de um fato psicológico, com que ele mais facilmente quebre promessas em outros casos, mesmo quando tal ação não produzir maior utilidade); segundo, a não utilidade resultante do conflito e do desconforto psicológicos experimentados pelo agente.

mais racional para mim doar o dinheiro ao hospital, também seria mais racional para você punir-me ou condenar-me se você descobrisse, mesmo não sendo isso provável, a verdade (por exemplo, encontrando um bilhete em uma garrafa à beira da praia). Além disso, eu concordaria que, embora fosse mais racional para mim doar o dinheiro ao hospital, seria mais racional que você me condenasse por fazê-lo. Voltamos novamente à distinção de Sidgwick entre a utilidade de uma ação e a utilidade de louvá-la. ⓫

(...) Seria útil (...) considerar um outro exemplo. (...) Suponha que durante o verão haja um decreto de que a água não deve ser usada para regar o jardim. Tenho um jardim e penso que a maioria das pessoas estará certamente obedecendo ao decreto e que a quantidade de água que eu usar causará um dano negligenciável caso eu a use secretamente. Assim, eu utilizo a água produzindo flores maravilhosas, que trazem felicidade para várias pessoas. Você ainda poderá dizer que, embora a ação tenha sido ótima em termos de utilidade, ela foi injusta e errada.

Há muitas outras questões a considerar. Sem dúvida, minha ação deve ser condenada. Voltamos, novamente, à distinção de Sidgwick. Uma ação correta pode ser racionalmente condenada. Além disso, esse tipo de ofensa normalmente é descoberto. Se tenho um jardim maravilhoso quando o de todos está seco e murcho, só existe uma explicação. Portanto, se rego o meu jardim, estou enfraquecendo meu respeito pela lei e pela ordem e, como isso leva a maus resultados, um utilitarista extremo concordaria que eu estava errado ao regar o meu jardim. Suponha, agora, que o caso é alterado e mantenho a coisa em segredo: há uma parte marcada do meu jardim onde cultivo flores que são doadas anonimamente a um asilo. Você ainda está tão convicto de que fiz a coisa errada ao regar o meu jardim? Todavia, esse ainda é um caso mais fraco do que aquele do hospital e do jockey clube. Haverá tensões criadas em mim: meu conhecimento secreto de que quebrei uma regra tornará difícil que eu exorte as outras pessoas a seguir a regra. Esses efeitos psicologicamente ruins podem não ser desconsideráveis: direta ou indiretamente, eles podem levar a um dano que é ao menos da mesma ordem que a felicidade das senhoras idosas que recebem as flores no asilo. Você pode ver que, do ponto de vista do utilitarista extremo, há dois lados da questão. ⓬

...

Concluo que, em cada caso, se há uma regra R cuja manutenção é em geral otimizadora, mas de tal modo que em algum tipo especial de circunstância o comportamento otimizador é quebrar R, então, nessas circunstâncias, devemos quebrar R. Certamente, devemos considerar todos os efeitos menos óbvios de quebrar R, tais como reduzir a fé das pessoas na ordem moral, antes de chegar à conclusão de que quebrar R é correto: de fato, raramente chegaremos a essa conclusão. Regras morais, de um ponto de vista do utilitarista extremo, são somente regras práticas, mas não são más regras práticas. Porém, se *de fato* chegamos à conclusão de que devemos infringir a regra e se pesamos na balança a nossa própria falibilidade e responsabilidade com nossos preconceitos, que boa razão permanece para manter a regra? Posso entender "é otimizador" como uma razão para a ação, mas por que "é um membro de uma classe de ações que são normalmente otimizadoras" ou "é um membro de uma classe de ações que como classe são mais otimizadoras do que qualquer classe geral alternativa" deveria ser uma boa razão? (...)

⓫ Smart parece sugerir que a ação correta no caso descrito é quebrar a promessa. Contudo, não se segue (ver a Anotação 6 e a passagem correspondente) que a pessoa não deverá ser condenada (ou mesmo punida) se ela for pega fazendo isso – novamente, a escolha entre louvar ou condenar ou nenhuma delas (tanto quanto a escolha entre recompensar ou punir ou nenhuma delas) são escolhas separadas, elas próprias sujeitas à avaliação utilitarista.
(Observe que isso significa que, se a pessoa deve ser punida, isso não depende mais de se ela fez algo errado e, portanto, *merece* ser punida.)

⓬ Isto é, para um utilitarista de ato, o caso pode ir em ambas as direções, dependendo dos detalhes em relação a esses assuntos, ao passo que, para um utilitarista de regra, não pode existir incerteza (se a regra melhor ou o conjunto de regras diz que sempre se deve seguir tais decretos). Smart está sugerindo que o resultado correto de fato depende desses detalhes incertos. Desse modo, a posição do utilitarista de regra, segundo a qual o assunto estaria completamente claro, está ela mesma equivocada.

Questões para Discussão

1. Considere novamente o caso da quebra de promessa formulada por Smart na Anotação 9.

a) De acordo com as suas convicções morais ponderadas, qual é a escolha correta a se fazer nesse caso?

b) O que o utilitarismo de ato afirma ser o resultado correto? Isso requer avaliar todos os resultados relevantes em termos de utilidade, incluindo aqueles mencionados na Anotação 11. Esse caso constitui uma séria objeção ao utilitarismo de ato?

2. Aqui está outro tipo padrão de caso-problema para o utilitarismo de ato: suponha que uma série de assassinatos horríveis de membros de um grupo minoritário, aparentemente motivados por preconceitos raciais, tenha sido cometida em uma pequena cidade, e a polícia é incapaz de capturar a pessoa ou as pessoas responsáveis. As tensões estão crescendo, havendo uma ameaça série de motim e conflitos abertos entre o grupo minoritário e o grupo majoritário. Você é o detetive responsável pelo caso e está em uma posição de prender com sucesso um membro inocente do grupo majoritário por alguns dos assassinatos. Além disso, essa pessoa não tem família, emprego regular e contribui pouco com a comunidade. Você deve prendê-la, produzindo a convicção e a eventual execução pelos crimes em questão, aliviando assim grande parte da tensão e talvez também dissuadindo as pessoas dos dois lados, que de outro modo poderiam estar motivadas a cometer mais assassinatos ou entrar em todo o tipo de violência?

a. O que um utilitarista de ato como Smart diria sobre tal caso, considerando todos os fatores relevantes e lembrando que prender uma pessoa inocente é uma ação, de acordo com o utilitarista de ato, que deve ser avaliada inteiramente em termos de suas consequências? (Complete os detalhes do caso ou considere diferentes alternativas se você precisar.)

b. O que diria um utilitarista de regra sobre esse caso?

3. Um problema com o utilitarismo de regra, não mencionado por Smart, é a possibilidade de regras mais complexas, especificando exceções à regra principal quando isso produz maior utilidade. Assim, alguém poderia ter uma regra que ordenasse manter as promessas a não ser que quebrá-las pudesse ser feito em segredo e aumentar a utilidade. Ou uma regra que diz que pessoas inocentes não devem ser punidas a menos que possam ser presas e enquadradas com sucesso (assim, todos pensam que elas são culpadas), havendo, novamente, um ganho de utilidade. Se tais regras são permitidas, então o utilitarismo de regra não consegue evitar esses problemas típicos para o utilitarismo, visto que o melhor conjunto de regras ainda levará às ações aparentemente inaceitáveis em questão. Há alguma razão que um utilitarista de regra possa dar para excluir regras desse tipo? Com efeito, há alguma razão para excluir o próprio princípio da utilidade como a regra relevante (entendendo que isso levará à frequente confiança em regras práticas da maneira como Smart discute)? (Se o princípio da utilidade é uma regra aceitável, então parece não haver diferença real entre o utilitarismo de ato e o utilitarismo de regra.)

Bernard Williams

Bernard Williams (1929-2003) foi um filósofo britânico que lecionou principalmente na Universidade de Cambridge. Williams fez importantes contribuições para muitas áreas da filosofia, em especial para a ética, em que suas críticas sutis ao utilitarismo e ao kantismo refletem um temperamento distintivamente cético. Na seleção que segue, extraída de sua mais influente discussão com o utilitarismo, Williams coloca dois casos-problema amplamente discutidos e argumenta, entre outras coisas, que o utilitarismo falha em dar relevância adequada aos projetos e compromissos* individuais da própria pessoa.

Uma Crítica ao Utilitarismo[7]

RESPONSABILIDADE NEGATIVA E DOIS EXEMPLOS

(...) O consequencialismo é basicamente indiferente a se um estado de coisas consiste naquilo que eu faço ou se é produzido por aquilo que eu faço, pois a noção é ampla o suficiente para incluir, por exemplo, situações nas quais as outras pessoas fazem coisas que eu as fiz

---

* N. de R.T. No original, *commitment*. O vocábulo deve ser entendido neste texto como um engajamento, tal como dizemos estar "engajados" em uma causa ou em um projeto.

[7] Extraído de *Utilitarism: For and Against*, por J.J.C. Smart e Bernard Williams (Cambidge: Cambridge University Press, 1973).

fazer, permiti que façam, encorajei-as a fazer ou dei-lhes uma chance de fazer. Tudo em que o consequencialismo está interessado é na ideia de que essas ações são *consequências* do que eu faço, e esta é uma relação ampla o suficiente para incluir as relações há pouco mencionadas e muitas outras. ❶

(...) Há certas situações nas quais a produção da situação, a relação que ela tem com o que eu faço, não é de modo algum remota ou problemática em si mesma e justifica inteiramente a afirmação de que a situação é uma consequência do que eu faço. Por exemplo, é bastante claro, ou razoavelmente claro, que, se eu faço uma coisa, essa situação vai se produzir e, se eu não faço, não se produzirá; assim, de um ponto de vista consequencialista, isso entra no cálculo das consequências junto com qualquer outro estado de coisas que me é acessível. Todavia, a partir de ao menos algumas concepções não consequencialistas, há uma diferença vital entre tais situações e outras, a saber, que algum elo vital na produção de um eventual resultado é fornecido por *alguma outra pessoa* que faz algo. Contudo, para o consequencialismo, todas as conexões causais estão no mesmo nível, e não faz diferença, na medida em que isso está em questão, se a produção de determinado estado de coisas se dá através de outro agente ou não. ❷

(...) É porque o consequencialismo associa o valor em última análise a estados de coisas, e a sua preocupação é com os estados de coisas que o mundo possui, que ele envolve em última instância a noção de *responsabilidade negativa*: segundo ela, se sou alguma vez responsável por algo, então eu devo ser tão responsável pelas coisas que permito ou falho em evitar quanto sou pelas coisas que eu próprio, em sentido cotidianamente mais restrito, produzo. Essas coisas também devem entrar da mesma maneira nas minhas deliberações, como agente responsável que sou. O que importa é que estados de coisas o mundo contém e, assim, o que importa em relação a uma dada ação é o que é produzido se ela é feita e o que é produzido se ela não é feita. Essas questões não são intrinsecamente afetadas pela natureza das conexões causais, em particular se o resultado é parcialmente produzido por outros agentes.

A doutrina forte da responsabilidade negativa segue-se diretamente da atribuição consequencialista de valor último a estados de coisas. A partir de um outro ponto de vista, ela pode ser encarada como uma aplicação especial de algo que é sustentado por outras concepções morais que não são consequencialistas – certamente, algo que alguns pensadores estão dispostos a considerar como sendo a própria essência da moralidade: um princípio da imparcialidade. Tal princípio afirmará que não pode haver nenhuma diferença relevante, a partir de uma perspectiva moral, que consista justamente no fato, não mais explicável em termos gerais, de que os benefícios e os danos aumentam para uma pessoa em vez de para outra – "sou eu" nunca pode por si ser uma razão moralmente compreensível. Podemos ver o consequencialismo estendendo esse princípio, familiar no que diz respeito à recepção dos danos e benefícios, à sua produção: de um ponto de vista moral, não há diferença compreensível que consista justamente no fato de eu produzir certo resultado em vez de alguma outra pessoa fazê-lo. (...)

(...) Ora, (...) vamos atentar mais concretamente a dois exemplos para ver o que o utilitarismo poderia dizer sobre eles, o que nós podemos dizer sobre o utilitarismo e, mais importante de tudo, o que seria sugerido por certos modos de pensar sobre as situações. (...)

1. George, que acabou de obter o seu Ph.D. em química, enfrenta extremas dificuldades para conseguir um emprego. Ele não é muito saudável, o que diminui o número de empregos em que pode atuar satisfatoriamente. A sua esposa precisa sair para trabalhar para sustentá-los, o que causa uma série de pressões, pois eles têm crianças pequenas e há problemas sérios sobre o cuidado relativo a elas. Os resultados de tudo isso, especialmente para as crianças, são desastrosos. Um químico mais velho, que sabe dessa situação, diz que pode conseguir um emprego decentemente remunerado para George, em um certo laboratório que faz pesquisas para a indústria bélica, química e biológica. George diz que não pode aceitar isso, porque ele se opõe a guerras químicas e biológicas. O senhor mais idoso responde

❶ *Definição*

Consequencialismo é a concepção mais geral da qual o utilitarismo é a espécie mais importante: a concepção segundo a qual a melhor ação moral é aquela que produz as melhores consequências totais.

❷

Assim, por exemplo, se alguém deliberadamente causa dano a outra pessoa de um modo que eu poderia impedir, então o dano produzido é tanto uma consequência de minha ação (ou omissão) quanto um dano que eu mesmo produzo deliberadamente.

❸

PARE Toda a discussão de Williams centra-se em dois exemplos. Você deve tentar decidir, antes de continuar a ler, (a) qual é a ação correta em cada caso e (b) o que você pensa que um utilitarista diria sobre eles. (Williams tem em mente, sobretudo, o utilitarismo de ato, mas você pode refletir se alguma outra versão do utilitarismo de regra poderia gerar um resultado diferente.)

❹

PARE Certifique-se de que você entende claramente por que isso é assim.

❺

Aqui está uma ideia anticonsequencialista e antiutilitarista básica: a moralidade da ação de uma pessoa depende primeiramente do que ela realmente faz – do tipo específico de ação feita (e das consequências que resultam diretamente dela sem a interferência de outras pessoas) – e menos das consequências a que a ação leva como resultado das ações dos outros. (Ver a seleção seguinte, de Kant, para uma versão dessa concepção.)

que ele próprio não está muito entusiasmado com o assunto, mas mesmo a recusa de George não fará o emprego ou o laboratório desaparecerem. Para piorar a situação, ele sabe que, se George recusar o emprego, este certamente irá para um conterrâneo de George que não está inibido por tais escrúpulos e, provavelmente, se designado para a função, levará adiante a pesquisa com um zelo maior do que George teria. De fato, não é a mera preocupação com George e a sua família, mas (para falar franca e confidencialmente) foi algum alarme sobre o excesso de zelo desse outro homem que levou o químico mais idoso a oferecer a sua influência para conseguir o emprego para George. (...) A esposa de George, a quem ele está profundamente ligado, tem concepções (cujos detalhes não nos devem preocupar) segundo as quais, ao menos, não há nada de particularmente errado com a pesquisa na guerra química e biológica. O que ele deveria fazer?

2. Jim encontra-se na praça central de uma pequena cidade da América do Sul. Amarrados contra a parede há uma fila de vinte indígenas, em sua maioria apavorados, alguns poucos agressivos, diante de muitos homens de uniforme armados. Um homem forte numa camisa cáqui suada é o capitão responsável que, após muito questionar Jim, que diz que está ali por acidente, fazendo uma expedição botânica, explica que os indígenas são um grupo selecionado ao acaso que, após os recentes atos de protesto contra o governo, serão mortos para lembrar aos outros possíveis contestadores sobre as vantagens de não protestar. Todavia, como Jim é um visitante ilustre de outro país, o capitão está disposto a oferecer-lhe o privilégio concedido aos convidados para matar um indígena. Se Jim aceita, então, como concessão especial do momento, os outros indígenas serão libertados. Obviamente, se Jim recusa, então não haverá uma ocasião especial, e Pedro, aqui ao lado, terá de fazer aquilo que estava por fazer quando Jim chegou, isto é, matar todos. Então, Jim, lembrando desesperadamente das ficções de seu tempo de escola, imagina que, se ele tivesse uma arma, poderia segurar o capitão, Pedro e o restante dos soldados, ameaçando-os, (isto é, ameaçando-os e, assim, evitando a matança), mas torna-se muito claro pelo modo como as coisas estão dispostas que nenhuma atitude desse tipo poderá funcionar. Qualquer tentativa desse tipo significará que ele próprio e todos os indígenas serão mortos. Os homens contra a parede e os outros habitantes da vila compreendem essa situação e obviamente estão suplicando para que Jim aceite a oferta. O que ele deveria fazer? **❸**

Parece-me que a esses dilemas o utilitarista responde que, no primeiro caso, George deve aceitar o trabalho e, no segundo, que Jim deve matar o indígena. Não só o utilitarismo dá essas respostas, mas, se as situações são essencialmente como foram descritas e não há fatores especiais adicionais, ele considera, parece-me, que essas são *obviamente* as respostas corretas. **❹** No entanto, com certeza muitos de nós nos perguntaríamos se, em

1. aquela poderia ser efetivamente a resposta correta e, no caso
2. mesmo alguém que viesse a crer que aquela era a resposta correta poderá se perguntar se ela é obviamente a resposta correta.

Nem se trata apenas da questão de correção ou obviedade dessas respostas. Trata-se também do tipo de considerações que surgem ao se tentar encontrar a resposta. Uma característica do utilitarismo é que ele deixa de fora um tipo de consideração que, para alguns, faz uma diferença sobre o que sentimos acerca de tais casos, uma consideração que envolve a ideia, a qual pode ser colocada de maneira simples, de que cada um de nós é especialmente responsável pelo que *ele* faz, em vez de sê-lo pelo que as outras pessoas fazem. **❺** Essa é uma ideia conectada com o valor da integridade. Suspeita-se que o utilitarismo, ao menos em suas formas diretas, torna a integridade enquanto valor algo mais ou menos ininteligível. Procurarei mostrar que essa suspeita é correta. Obviamente, mesmo se ela for correta, daí não se segue necessariamente que devemos rejeitar o utilitarismo. Talvez, como alguns utilitaristas às vezes sugerem, devemos somente esquecer a integridade em favor de coisas como a preocupação com o bem geral. Todavia, se eu estiver certo, não podemos apenas fazer isso, visto que a razão pela qual o utilitarismo não pode compreender a integridade é que ele não consegue descrever coerentemente as relações entre os projetos de um homem e as suas ações.

DOIS TIPOS DE EFEITO REMOTO

Muito do que temos para dizer acerca dessa questão será sobre as relações entre os meus projetos e os projetos das outras pessoas. ❻ Porém, antes de entrarmos nesse ponto, devemos perguntar se não estamos admitindo muito rapidamente quais são as respostas utilitaristas aos dilemas. Em termos de efeitos mais diretos das possíveis decisões, certamente não parece que se tenha muitas dúvidas sobre a resposta em cada caso, mas seria possível dizer que, em termos de efeitos mais remotos e menos evidentes, poderiam ser encontrados contrapesos para entrar na escala utilitarista. Assim, o efeito sobre George de uma decisão de aceitar o emprego poderia ser invocada, ou os seus efeitos sobre os outros que viriam a tomar conhecimento da sua decisão. A possibilidade de haver no futuro mais trabalhos beneficentes dos quais ele seria barrado ou aos quais seria desqualificado é algo que poderia ser mencionado, e assim por diante. Tais efeitos – em particular efeitos possíveis sobre o caráter do agente e efeitos sobre o público em geral – são frequentemente invocados pelos escritores utilitaristas que tratam de problemas como mentir ou quebrar promessas, e algumas considerações similares poderiam ser invocadas.

Há uma observação bastante geral que é importante fazer sobre argumentos desse tipo. A certeza que está associada a essas hipóteses sobre possíveis efeitos é normalmente muito baixa. Em alguns casos, sem dúvida, a hipótese invocada é tão implausível que raramente passaria se não estivesse sendo usada para chegar à resposta moralmente respeitável, como na fantasia habitual de que um dos efeitos de alguém contar uma mentira particular é o enfraquecimento da disposição do mundo em geral de falar a verdade. As exigências de certeza e probabilidade dessas crenças como crenças sobre ações particulares são muito mais suaves do que seriam sobre crenças que favorecem o curso não convencional. (...) ❼

Deixando de lado esse ponto genérico, quero agora considerar dois tipos de efeito que são frequentemente invocados pelos utilitaristas e que poderiam ser invocados em conexão com esses casos imaginários. (...)

Primeiro, há o efeito psicológico sobre o agente. Nossas descrições dessas situações não levaram em consideração como George e Jim ficarão depois que adotarem um curso de ação ou outro. Poder-se-ia dizer que, se adotarem o curso que parece à primeira vista ser o utilitarista, os efeitos sobre eles serão maus e extensos o suficiente para anular as vantagens do curso utilitarista. Há uma versão desse efeito em que, para um utilitarista, alguma confusão deve estar envolvida, a saber, aquela em que o agente sente-se mal, sua conduta e suas relações subsequentes são avariadas, e assim por diante, *porque ele pensa que fez a coisa errada* – se a relação dos resultados fosse como parecia ser *antes* de invocar esse efeito, então ele, de um ponto de vista utilitarista, não fez a coisa errada. Assim, aquela versão do efeito, para um agente racional e utilitarista, não poderia possivelmente fazer qualquer diferença para a avaliação do certo e do errado. ❽ Todavia, talvez ele não seja um agente completamente racional e esteja predisposto a ter sentimentos maus, não importa o que decida fazer. Tais sentimentos, que são de um ponto de vista utilitarista estritamente irracionais – nada, assim um utilitarista pode salientar, é ganho ao tê-los –, não podem consistentemente ter qualquer grande peso no cálculo utilitarista. Logo mais considerarei um argumento para sugerir que eles não devem ter nele peso algum. Contudo, o utilitarista poderia razoavelmente dizer que tais sentimentos não deveriam ser encorajados, mesmo se aceitarmos a sua existência. Dar-lhes um peso muito grande é encorajá-los. Ou, quando muito, mesmo que eles sejam, diretamente e sem qualquer desconto, colocados no cálculo, o seu peso deve ser muito pequeno, pois são, no final das contas (e no melhor dos casos), os sentimentos de um homem.

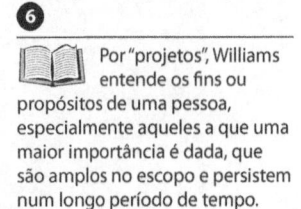

❻ Por "projetos", Williams entende os fins ou propósitos de uma pessoa, especialmente aqueles a que uma maior importância é dada, que são amplos no escopo e persistem num longo período de tempo.

❼ R A questão é que a probabilidade desse tipo de consequência remota raramente é alta o suficiente para tornar plausível que o fato de tê-las em conta genuinamente alterará a avaliação utilitarista no todo.

❽ R Não há nenhuma boa razão para a pessoa estar perturbada se ela fez, como o utilitarismo sustenta, a coisa certa. (E também, pode-se acrescentar, não há nenhuma razão para o seu caráter moral ser afetado de maneiras indesejáveis.)

Essa consideração parece ter força considerável no caso de Jim. No caso de George, os seus sentimentos representam uma proporção maior do que deve ser pesado e são mais comensuráveis do que outros itens no cálculo. No caso de Jim, porém, os seus sentimentos parecem ter pouco peso se comparados com as outras coisas que estão em jogo. (...)

Se, então, alguém realmente considerará seus sentimentos de um ponto de vista estritamente utilitarista, Jim deve dar pouco peso aos seus sentimentos. Parece quase indecente, de fato, quando alguém assumiu aquela perspectiva, supor que ele deve dar a eles algum peso. (...)

O efeito psicológico sobre o agente foi o primeiro de dois efeitos gerais, considerados pelos utilitaristas, que tinha de ser discutido. O segundo é via de regra um item mais substancial, mas não é preciso ater-se a ele, visto que está claro e tem pouca aplicação aos casos em discussão. Esse é o *efeito precedente*. Como Burke corretamente enfatizou, esse efeito pode ser importante: que alguém *possa* moralmente fazer o que realmente fez é um princípio psicologicamente efetivo, mesmo que não seja um princípio deonticamente válido. É óbvio que, para o efeito funcionar, algumas condições devem ser satisfeitas sobre a publicidade do ato e sobre coisas tais como o estatuto do agente (...); quais devem ser elas é algo que, evidentemente, variará com as circunstâncias. ❾

Para que o efeito precedente faça uma diferença no cálculo utilitarista, ele deve estar baseado numa confusão. Suponha que há um ato que seria o melhor nas circunstâncias, exceto que, fazendo-o, encorajar-se-ão, pela precedência, outras pessoas a fazer coisas que não são as melhores coisas a fazer. Logo, a situação dessas outras pessoas deve ser significativamente diferente daquelas do agente original. Se não fossem, então, ao fazer o mesmo que seria o melhor para o agente original, elas próprias fariam necessariamente a melhor coisa. Porém, se as situações se mostram, dessa maneira, relevantemente diferentes, deve ser confusa aquela percepção que considera a primeira situação, bem como a conduta do agente nela, como um precedente adequado para a segunda.

Todavia, o fato de que o efeito precedente, se ele realmente faz uma diferença, está nesse sentido baseado numa confusão não significa que ele não seja perfeitamente real, nem que deva ser descontado; efeitos sociais são, por sua própria natureza, confusos. O que ele enfatiza é que os cálculos do efeito precedente têm de ser realistas, envolvendo considerações sobre como as pessoas realmente são suscetíveis de ser influenciadas. Nos exemplos atuais, contudo, é muito implausível pensar que o efeito precedente poderia ser invocado para fazer alguma diferença no cálculo. O caso de Jim é incomum o bastante e é difícil imaginar quem poderiam ser os receptores do efeito; George, por sua vez, não está em uma situação ou função pública para que a questão seja suficientemente levantada daquela forma e, seja como for, seria possível supor que as motivações dos outros sobre tal assunto muito provavelmente já estariam fixadas de um modo ou de outro.

Nenhum apelo, então, a esses outros efeitos fará alguma diferença para o modo como o utilitarista decidirá sobre esses exemplos. Agora, olhemos mais de perto para a estrutura dessas decisões.

INTEGRIDADE

As situações têm em comum o fato de que, se o agente não faz certa coisa desagradável, alguma outra pessoa o fará, e na situação de Jim, ao menos o resultado, o estado de coisas depois que o outro homem agiu, se ele o fizer, será pior do que depois que Jim agir, se ele o fizer. O mesmo é verdadeiro, em escala menor, no caso do George. Já sugeri que é inerente ao consequencialismo que ele oferece uma doutrina forte da responsabilidade negativa. Se sei que se eu fizer X, O_1 será o resultado e, se eu não fizer X, O_2 será o resultado e que O_2 é pior que O_1, então sou responsável por O_2 se eu voluntariamente deixar de fazer X. Assim, pois, seria dito para Jim pelos parentes dos outros indígenas: "Você poderia ter evitado", e isso seria verdadeiro se Jim se recusasse a fazer o proposto. (...)

Isso pode ser o suficiente para falarmos, em algum sentido, da responsabilidade de Jim pelo resultado, se ele ocorrer, certamente mas não é suficiente, é válido de se notar, para falarmos de Jim como *fazendo* com que essas coisas aconteçam.

❾ Por "estatuto do agente", Williams entende coisas tais como se a pessoa em questão é especialmente proeminente ou respeitada, visto que a ação da pessoa que é especialmente notável desse modo provavelmente influenciará mais os outros. (Dizer que o princípio "que alguém pode fazer o que realmente fez" não é "deonticamente" válido é apenas dizer que ele não reflete um bom raciocínio moral. O que uma outra pessoa fez pode ainda ser moralmente inaceitável para ele ou para você.

Afinal, garantido esse resultado concernente a elas, ele poderia tê-las feito acontecer somente ao fazer Pedro atirar, e não há nenhum sentido no qual a sua recusa faz com que Pedro atire. Se o capitão tivesse dito diante da recusa de Jim "você não me deixa nenhuma outra alternativa", ele estaria mentindo, como muitos que usam essa frase. Enquanto as mortes e a matança podem ser o resultado da recusa de Jim, é enganador pensar, nesse caso, que Jim tem um *efeito* sobre o mundo através do meio (tal como acontece) dos atos de Pedro. Isso seria deixar Pedro de fora da situação no seu papel essencial de alguém que tem intenções e projetos, projetos para realizar a que a recusa de Jim dará uma oportunidade. ❿ Em vez de pensar em termos dos supostos efeitos dos projetos de Jim sobre Pedro, é mais esclarecedor pensar em termos dos efeitos dos projetos de Pedro sobre a decisão de Jim. Essa é a direção a partir da qual quero criticar a noção de responsabilidade negativa.

...

Que projetos um agente utilitarista tem? Como utilitarista, ele tem o projeto geral de produzir o máximo de resultados desejáveis. Como ele fará isso em algum momento é uma questão, por assim dizer, de quais alavancas causais estão ao alcance naquele momento. Os resultados desejáveis, todavia, não consistem apenas de agentes que realizam *aquele* projeto. Devem existir outros projetos mais básicos ou de uma ordem mais baixa que ele e os outros agentes têm, e os resultados desejáveis consistirão, em parte, da realização harmoniosa máxima daqueles projetos ("em parte" porque um componente de um resultado utilitaristicamente desejável pode ser a ocorrência de experiências agradáveis que não satisfazem aos projetos de ninguém). A não ser que existam projetos de primeira ordem, o projeto utilitarista geral não terá nada com o que trabalhar e seria vazio. ⓫ O que contém os projetos mais básicos ou de primeira ordem? Muitos serão desejos óbvios por coisas para si, para a família, para os amigos, incluindo as necessidades básicas da vida e, em circunstâncias mais relaxadas, objetos de gosto. Ou poderão ser projetos e interesses de caráter intelectual, cultural ou criativo. (...)

Além desses, alguém pode ter projetos conectados com o seu apoio a alguma causa: por exemplo, o sionismo ou a abolição da guerra biológica ou química. Ou poderiam existir projetos que decorrem de uma disposição mais geral em relação à conduta humana e ao caráter, tais como odiar a injustiça, a crueldade ou a matança.

(...) O utilitarismo acertaria, então, ao reconhecer o fato evidente de que entre as coisas que tornam as pessoas felizes não está somente fazer as outras pessoas felizes, mas ser considerado ou estar envolvido em algum dos inúmeros projetos ou – se acenamos às associações evangélicas e moralizantes da palavra – compromisso. Alguém pode estar comprometido com coisas como uma pessoa, uma causa, uma instituição, uma carreira, o próprio talento ou a busca do perigo.

Ora, nenhum deles é, por si mesmo, *a busca da felicidade*: dito através de um chavão muito antigo, não é de todo claro que ela fosse justamente aquilo ou, ao menos, alguma coisa que tivesse a menor chance de ser bem-sucedida em sê-lo. Em vez disso, a felicidade requer estar envolvido em ou, ao menos, contente com outra coisa. Não é impossível para o utilitarismo aceitar esse ponto. Ele não tem de estar sobrecarregado com uma filosofia da mente ingênua e absurda sobre a relação entre desejo e felicidade. O que ele deve dizer é que, se tais compromissos valem a pena, então buscar realizar os projetos que deles decorrem e, de fato, realizar alguns desses projetos tornará feliz a pessoa a quem eles são valiosos. Pode ser que sustentar isso ainda seja errado. Pode ser que um compromisso faça sentido a um homem (dê sentido à sua vida) sem que ele suponha que isso o tornará *feliz*. Mas esse agora não é o ponto. Reconheçamos ao utilitarismo que todos os projetos humanos valiosos devem conduzir, de um modo ou de outro, à felicidade. O ponto é que, mesmo que isso seja verdadeiro, não se segue, nem poderia possivelmente ser verdadeiro, que aqueles projetos sejam em si mesmos projetos de busca da felicidade. Alguém deve acreditar, ou ao menos querer, ou de forma mínima estar contente com outras coisas, para que possa haver algum lugar de onde venha aquela felicidade.

O utilitarismo, então, deveria estar disposto em concordar que o fim geral de

❿ É Pedro, e não Jim, que terá um efeito sobre o mundo, caso venha a matar os prisioneiros.

⓫ A felicidade, em qualquer sentido significativo, parece pressupor a existência de outros tipos de desejos e compromissos, além justamente daquele de procurar a felicidade – o que Williams entende por projetos. Um agente particular poderia almejar somente a satisfação máxima dos projetos das outras pessoas, mas este não pode ser o alvo único de todos, pois assim não haveria mais projetos específicos para serem realizados. (Este ponto está relacionado com a distinção de Feinberg entre dois sentidos de prazer [ver p. 523-524].)

maximizar a felicidade não implica que o que todo mundo está fazendo é somente buscar a felicidade. Pelo contrário, as pessoas devem estar procurando outros tipos de coisas. Quais seriam essas outras coisas, o utilitarismo, prendendo-se ao seu declarado domínio empírico, deveria estar preparado para descobrir. Sem dúvida, alguns projetos ele procuraria desencorajar, na medida em que a sua busca e realização envolveriam um peso negativo sobre a felicidade dos outros, embora mesmo ali o olhar fixo e calculista do utilitarista estrito terá algo a colocar no lado positivo da coluna, a saber, as satisfações do agente destrutivo. Além disso, haveria uma grande variedade de projetos geralmente beneficentes ou, no mínimo, inofensivos. Alguns, sem dúvida, tomariam a forma não apenas de questões de gosto ou fantasia, mas do que chamei de "compromissos". Pode até ser que o pesquisador utilitarista descobrirá que muitas daquelas pessoas com compromissos, que realmente se identificaram com objetos fora de si próprias, que estão completamente envolvidas com outras pessoas, instituições, atividades ou causas, são realmente mais felizes do que aquelas cujos projetos e vontades não são assim. Se esse for o caso, trata-se de um elemento importante da doutrina empírica utilitarista.

...

Voltemos agora ao agente como utilitarista e aos seus projetos de ordem superior de maximizar resultados desejáveis. Nesse nível, ele está comprometido apenas com o seguinte: quais serão realmente os resultados é algo que dependerá inteiramente dos fatos, de que pessoas com quais projetos e que satisfações potenciais há dentro do escopo calculável dos dispositivos causais perto dos quais ele se encontra. Seus projetos substanciais próprios e compromissos entram no cálculo, mas só como um entre outros – eles potencialmente proporcionam um conjunto de satisfações entre aqueles que ele é capaz de assistir a partir de onde ele se encontra. Ele é o agente do sistema de satisfação que acontece de estar num ponto particular em um tempo particular: no caso de Jim, é na América do Sul. Suas próprias decisões como um agente utilitarista são uma função de todas as satisfações que ele pode afetar do lugar onde está. Isso significa que os projetos dos outros, numa extensão indeterminadamente grande, determinam a sua decisão.

Isso pode ser assim tanto negativa quanto positivamente. Será positivamente se os agentes que estão no campo causal de sua decisão tiverem projetos que, de qualquer modo, não produzem dano e então devem ser assistidos. Será igualmente assim, mas negativamente, se houver um agente no campo causal cujos projetos são danosos e tem de ser impedido de realizá-los para maximizar resultados desejáveis. Esse é o caso com Jim e com o soldado Pedro. De um ponto de vista utilitarista, os projetos indesejáveis das outras pessoas determinam, desse modo negativo, tanto as decisões de alguém quanto os projetos desejáveis determinam positivamente: se aquelas pessoas não estivessem lá ou tivessem projetos diferentes, o nexo causal seria diferente, e é o estado atual do nexo causal que determina a decisão. A determinação de um grau indefinido de minhas decisões pelos projetos de outras pessoas é somente outro aspecto da minha responsabilidade ilimitada de agir pelo melhor, num esquema causal formado numa extensão considerável pelos seus projetos. ⓬

A decisão assim determinada é, para o utilitarismo, a decisão correta. Mas o que acontece se ela conflita com algum projeto meu? Isso, dirá o utilitarista, já foi discutido: a satisfação por você realizar o seu projeto, e qualquer satisfação da parte dos outros por você agir assim, já foi levada em consideração através do expediente de cálculo e resultou inadequada. Ora, em muitos tipos de projetos, esse é um tipo bastante razoável de resposta. Porém, no caso de projetos do tipo que tenho chamado de "compromissos", aqueles com os quais alguém está mais profunda e amplamente envolvido e identificado, esta não pode ser por si mesma uma resposta adequada e talvez não possa existir, de maneira alguma, qualquer resposta adequada. Tomando o tipo extremo de caso, como pode um homem, na categoria de um agente utilitarista, vir a considerar como uma satisfação entre outras – e uma satisfação dispensável – um projeto ou uma atitude em torno da qual ele construiu a sua vida, simplesmente porque os projetos de uma

---

⓬ Embora o agente utilitarista tenha em casos normais seus próprios projetos e compromissos, estes não desempenham um papel no cálculo utilitarista geral maior do que qualquer projeto ou compromisso dos outros a quem ele está numa posição de afetar, seja positiva, seja negativamente. O peso que os seus próprios projetos terão é algo que depende de quais são os outros projetos e quais são as suas relações com eles.

outra pessoa estruturaram de tal forma a cena causal que é daquele modo que o cálculo utilitarista vem a se expressar?

O ponto aqui não é, como muitos utilitaristas apressam-se em dizer, que, se o projeto ou a atitude é central para a sua vida, então abandoná-lo será muito desagradável para você e uma grande perda de utilidade estará envolvida. (...) O ponto é que ele está identificado com suas ações como resultando de projetos e atitudes que, em alguns casos, ele leva a sério num nível bastante profundo, tal como aquilo de que trata a sua vida (ou, em alguns casos, aquilo de que trata esse domínio específico da sua vida – seriedade não é necessariamente o mesmo que persistência). É absurdo exigir desse homem, quando os cálculos entram a partir da rede de utilidade em parte determinada pelos projetos de outros, que ele deva justamente deixar de lado o seu próprio projeto e decisão e reconhecer a decisão que o cálculo utilitarista requer. É aliená-lo, em sentido real, de suas ações e da fonte de sua ação nas suas próprias convicções. É colocá-lo dentro de um canal entre o *input* dos projetos de todos, incluindo o seu próprio, e um *output* de decisão otimizadora. Contudo, isso é negligenciar em que medida as *suas* ações e as *suas* decisões têm de ser vistas como as ações e decisões que decorrem dos projetos e das atitudes com os quais ele está mais proximamente identificado. Portanto, é um ataque, no sentido mais literal, à sua integridade. ⓭

Esses tipos de considerações não apresentam por si mesmos soluções aos dilemas práticos, tais como aqueles que aparecem nos nossos exemplos, mas espero que ajudem a estabelecer outros modos de pensar sobre eles. De fato, não é difícil ver que, no caso de George, analisando a partir dessa perspectiva, a solução utilitarista estaria errada. O caso de Jim é diferente e mais difícil. No entanto, se (como suponho) o utilitarista está provavelmente certo nesse caso, isso não pode ser descoberto somente através do questionamento utilitarista. Discussões sobre ele – não levarei isso adiante aqui – terão de levar a sério a distinção entre eu matar alguém e o fato de alguma outra pessoa matá-lo por causa do que eu fiz: uma distinção baseada não tanto na distinção entre ação e inação, mas sim na distinção entre os meus projetos e os projetos de alguma outra pessoa. Ao menos se deveria começar por levar isso a sério, coisa que o utilitarismo não faz. Mas, então, ele terá de ser construído a partir dali, perguntando por que aquela distinção parece ter menos força, ou uma força diferente, nesse caso e não no de George. Uma questão aqui seria até que ponto a objeção poderosa de alguém com respeito a matar pessoas é, de fato, a aplicação de uma objeção poderosa ao fato de serem elas assassinadas. Outra dimensão disso é a questão de o quanto importa que as pessoas em perigo sejam reais e existam, contrariamente a serem hipotéticas, futuras, ou estarem meramente em outro lugar. ⓮

Há muitas outras considerações que poderiam entrar em tal questão, mas o ponto imediato de tudo isso é estabelecer um contraste particular com o utilitarismo, a saber, que atingir uma decisão fundamentada em tal caso não deve ser visto apenas como uma questão de descontar as reações, os impulsos e os projetos profundamente sustentados de alguém em relação a um padrão de utilidades, nem meramente acrescentá-los – mas, em primeiro lugar, de procurar entendê-los.

Com certeza, as circunstâncias e o tempo provavelmente impedirão de tomar uma decisão fundamentada, ao menos no caso de Jim. Ela poderá nem mesmo ser decente. Em vez de pensar de um modo sistemático e racional sobre as utilidades ou sobre o valor da vida humana, a relevância das pessoas em perigo estando presente, e assim por diante, a presença das pessoas em perigo pode ter seu efeito. A significação do imediato não deve ser subestimada. Os filósofos, não só os utilitaristas, repetidamente querem que vejamos o mundo *sub specie aeternitatis* ⓯ ; porém, para a maioria dos propósitos humanos, esta não é uma boa *espécie* de perspectiva para ser usada. Se não somos agentes de um sistema universal de satisfação, não somos primeiramente zeladores de qualquer sistema de valores, mesmo do nosso próprio. Com grande frequência, nós simplesmente agimos, como um resultado possivelmente confuso da situação em que nos encontramos. Isso, eu suspeito, é uma coisa extremamente boa. (...)

⓭ Assim, mesmo os projetos e compromissos mais sérios e profundos de uma pessoa devem, de uma perspectiva utilitarista, ser sacrificados se esse é o modo em que se apresenta o cálculo geral. (É esse, como Williams sustenta, um resultado absurdo que viola a integridade de uma pessoa?)

⓮ Pense cuidadosamente sobre como ver as coisas a partir dessa outra perspectiva é supostamente capaz de levar a um resultado oposto no caso que envolve George. Williams está certo em afirmar que isso provavelmente não muda o resultado no caso de Jim. Se é assim, por quê? (Pense sobre as sugestões que ele, a título de experiência, oferece aqui.)

⓯ Sob o aspecto (ou do ponto de vista) da eternidade – essencialmente da perspectiva de Deus. Adotar tal ponto de vista é abandonar o ponto de vista próprio, tal como definido pelos projetos e compromissos próprios.

> ### Questões para Discussão
>
> **1.** Depois de considerar os casos de George e Jim e avaliar o que Williams diz, qual é a ação correta em cada um dos principais casos que ele descreve? Por quê? Cada um dos casos constitui **contraexemplos** claros ao utilitarismo?
>
> **2.** O utilitarismo é uma posição moral exigente de uma forma não razoável? É razoável esperar que as pessoas não deem mais peso a seus próprios projetos e compromissos do que dariam aos dos outros – nas palavras de Mill, ser estritamente imparcial entre a felicidade própria e aquela dos outros? Pense cuidadosamente sobre as implicações que essa concepção teria em várias situações, tais como em ações relacionadas com a família e os amigos, vários tipos de atividades recreativas e fins pessoais de vários tipos. (Poderia um utilitarista comprometido fazer algo como uma caminhada num fim de semana?)

Peter Singer

> Peter Singer (1946-) é um filósofo nascido na Austrália que atualmente leciona na Universidade de Princeton e na Universidade de Melbourne. Talvez mais conhecido por seu influente trabalho sobre questões morais relativas ao tratamento de animais não humanos, Singer fez também várias contribuições importantes para muitos outros assuntos na ética aplicada e na bioética. Ele é um dos principais defensores contemporâneos do utilitarismo.
>
> Nesta seleção, Singer aplica uma versão qualificada e de certo modo limitada do utilitarismo à questão do alívio da fome. Suas conclusões são, primeiro, que pessoas em países afluentes estão ao menos moralmente obrigadas a fazer mais do que hoje fazem para proporcionar ajuda às pessoas desnutridas e vítimas de inanição em outros países; segundo, e mais importante, que elas estão de fato obrigadas a providenciar tanta ajuda quanto puderem, sem causar um maior sofrimento para si mesmas do que aquele que é atenuado em outras.

Fome, Afluência e Moralidade[8]

Enquanto escrevo, em novembro de 1971, pessoas estão morrendo em Bengala Oriental por falta de comida, abrigo e cuidados médicos. O sofrimento e a morte que estão agora ocorrendo lá não são inevitáveis, não no sentido fatalista do termo. Pobreza constante, um ciclone e uma guerra civil transformaram pelo menos nove milhões de pessoas em refugiados despossuídos. Todavia, não está além da capacidade das nações mais ricas prestar assistência suficiente para reduzir qualquer sofrimento adicional a proporções bem pequenas. As decisões e ações dos seres humanos podem evitar esse tipo de sofrimento. Infelizmente, os seres humanos não tomaram as decisões necessárias. No nível individual, as pessoas não responderam à situação de um modo significativo, com algumas poucas exceções. Em geral, as pessoas não doaram grandes quantias para fundos de ajuda; elas não escreveram aos seus representantes parlamentares exigindo aumento na assistência do governo; elas não se manifestaram nas ruas, não fizeram je-

---

[8] Extraído de *Philosophy and Public Affairs*, v.1, n.3 (primavera de 1972).

juns simbólicos ou qualquer atitude direcionada a providenciar aos refugiados os meios de satisfação de suas necessidades básicas. No nível governamental, nenhum governo ofereceu o tipo de ajuda massiva que permitiria aos refugiados sobreviver por mais de alguns poucos dias. A Grã-Bretanha, por exemplo, doou mais do que muitos países. Até o presente momento, ela doou £14.750,000. Para fins comparativos, a parcela da Grã-Bretanha nos custos de desenvolvimento não recuperável para o projeto anglo-francês do Concorde já tem um excedente de £275.000,000 e, nas estimativas presentes, atingirá £ 440.000,000. A implicação é que o governo britânico considera o transporte supersônico mais de trinta vezes mais valioso do que as vidas de nove milhões de refugiados. A Austrália é outro país que, em uma base *per capita*, está engajada na "ajuda a Bengala". A ajuda da Austrália, porém, totaliza menos que 1/12 do custo da nova ópera de Sydney. O total doado, de todas as fontes, agora está em £65.000,000. O custo estimado para manter os refugiados vivos por um ano é de £464.000,000. (...)

Esses são os fatos essenciais sobre a presente situação em Bengala. Até onde ela aqui nos ocupa, não há nada que seja único sobre essa situação, exceto sua magnitude. A emergência respectiva a Bengala é somente a última e mais grave das emergências em várias partes do mundo originadas tanto por causas naturais quanto produzidas pelo homem. Há também muitas partes do mundo nas quais as pessoas morrem de desnutrição e falta de comida, independentemente de qualquer emergência especial. Tomo Bengala como exemplo apenas porque é uma preocupação atual e porque a dimensão do problema garantiu uma adequada publicidade. Nem os indivíduos nem os governos podem alegar que não estão conscientes do que está acontecendo lá.

Quais são as implicações morais de uma situação como essa? A seguir, argumentarei que o modo como as pessoas reagem em países relativamente afluentes a uma situação como aquela de Bengala não pode ser justificada. Além disso, todo o modo como olhamos para questões morais – nosso esquema conceitual moral – precisa ser alterado e, com ele, o modo de vida que se tornou comum na nossa sociedade.

Ao argumentar a favor dessa conclusão, é evidente que não defenderei uma posição moralmente neutra. Todavia, tentarei argumentar a favor da posição moral que assumo, de sorte que todos os que aceitam certas pressuposições, que serão explicitadas, aceitarão, eu espero, a minha conclusão.

Começo com a pressuposição de que sofrer e morrer por falta de comida, moradia e cuidados médicos é ruim. Penso que a maioria das pessoas concordará com isso, embora alguém poderia chegar à mesma concepção por caminhos diferentes. Não argumentarei a favor dessa concepção. As pessoas podem sustentar todo o tipo de posição excêntrica e talvez para algumas delas não se seguiria que a morte e a inanição são ruins em si mesmas. É difícil, talvez impossível, refutar tais posições e, assim, por questões de brevidade, considerarei, daqui para frente, essa pressuposição como aceita. Aqueles que discordam não precisam continuar lendo.

O próximo ponto é este: se está em nosso poder evitar que algo ruim aconteça, sem sacrificar algo de comparável importância moral, devemos moralmente fazê-lo. Por "sem sacrificar algo de comparável importância moral" entendo sem fazer que alguma outra coisa comparativamente ruim aconteça, ou sem fazer algo que é errado em si, ou falhar em promover algum bem moral, comparável em significância com a coisa ruim que podemos evitar. ❶ Esse princípio parece quase tão não controverso quanto o primeiro. Ele requer de nós apenas que evitemos o que é mau, e não que promovamos o que é bom, requerendo isso de nós só quando podemos fazê-lo sem sacrificar algo que é, do ponto de vista moral, comparativamente importante. Eu poderia inclusive, na medida em que a aplicação do meu argumento está voltado à emergência em Bengala, qualificar o ponto da seguinte forma: se está em nosso poder evitar que algo ruim aconteça, sem sacrificar algo moralmente significativo, devemos moralmente fazê-lo. ❷ Uma aplicação desse princípio poderia ser esta: se estou caminhando próximo a um lago raso e vejo

❶ Esse princípio difere da maioria das versões de utilitarismo de ato em dois aspectos principais: primeiro, ele requer somente a evitação de coisas ruins, mas não a maximização de coisas boas e, segundo, ele permite a possibilidade de que certas ações sejam más em si mesmas, independentemente de qualquer avaliação das consequências (do modo como é advogado pelas concepções deontológicas na próxima seção). Todavia, essas modificações não fazem uma diferença real na questão em discussão.

❷ Esse é um princípio *muito mais* fraco. A visão de Singer, como se tornará claro, é que o princípio mais forte está de fato correto. Contudo, ele menciona esse princípio mais fraco (um princípio que poderia ser aceito por muitos que rejeitam o princípio mais forte) para mostrar que até mesmo este leva a uma objeção central ao comportamento presente das pessoas nos países afluentes.

uma criança afogando-se, devo saltar e tirar a criança para fora. Isso implicará sujar a minha roupa de lama, mas isso é insignificante, enquanto a morte da criança seria presumivelmente uma coisa muito ruim.

A aparência não controversa do princípio há pouco apresentado é enganadora. Se nós o seguíssemos, mesmo na sua forma qualificada, nossas vidas, nossa sociedade e nosso mundo seriam profundamente mudados. Primeiro, o princípio não faz diferença entre proximidade e distância. Não faz diferença moral se a pessoa que posso ajudar é uma criança vizinha dez metros longe de mim ou um bengalês cujo nome nunca vou saber e que está dez mil milhas distante. Segundo, o princípio não faz distinção entre casos nos quais sou a única pessoa que pode possivelmente fazer algo e casos nos quais sou somente um entre milhões na mesma posição. ❸

Não penso que seja preciso dizer muito em defesa da recusa de levar em consideração a proximidade ou a distância. O fato de que uma pessoa está fisicamente próxima a nós, de modo que tenhamos contato pessoal com ela, poderia tornar mais provável que *devamos* assisti-la, mas isso não mostra que *devamos* ajudá-la em vez de outra que está muito mais distante. Se aceitamos qualquer princípio de imparcialidade, (...) igualdade, ou seja lá o que for, não podemos discriminar alguém meramente porque está muito longe de nós (ou nós estamos muito longe desse alguém). Pode-se admitir que possivelmente estamos em uma posição melhor para julgar o que precisa ser feito para ajudar uma pessoa próxima a nós do que uma que está distante e talvez também para providenciar a assistência que julgamos ser necessária. Se esse fosse o caso, seria uma razão para ajudar primeiro aqueles próximos a nós. ❹ Essa pode ter sido uma justificação no passado para que se estivesse mais preocupado com os pobres na própria cidade do que com as vítimas da fome na Índia. Infelizmente, para aqueles que gostam de manter as suas responsabilidades morais limitadas, a comunicação instantânea e o transporte rápido mudaram a situação. Da perspectiva moral, o desenvolvimento do mundo numa "aldeia global" fez uma grande diferença, embora ainda não reconhecida, à nossa situação moral. Observadores especialistas e supervisores enviados por organizações que procuram aliviar a fome ou permanentemente instalados em áreas propensas à fome podem direcionar nossa ajuda a um refugiado em Bengala tão eficazmente quanto poderíamos ajudar alguém em nossa quadra. Parece não existir, portanto, justificação possível para fazer discriminação sob bases geográficas.

Pode haver uma necessidade maior de defender a segunda implicação do meu princípio – que o fato de que há milhões de outras pessoas na mesma posição com respeito aos refugiados de Bengala, como eu estou, não torna a situação significativamente diferente de uma situação na qual sou a única pessoa que pode evitar que algo muito ruim ocorra. Novamente, é claro, admito que há uma diferença psicológica entre os casos. Uma pessoa sente-se menos culpada sobre não fazer nada se ela pode apontar para outras, na mesma posição, que também não fizeram nada. Todavia, isso não pode fazer qualquer diferença real para nossa obrigação moral. Eu deveria me sentir menos obrigado a tirar para fora do lago a criança que está se afogando se, ao olhar ao redor, vejo outras pessoas não mais distantes do que eu, que também viram a criança, mas não estão fazendo nada? É preciso apenas fazer essa pergunta para enxergar a absurdidade da concepção de que números enfraquecem a obrigação. É uma concepção que serve de desculpa ideal para a inatividade. Infelizmente, grande parte dos maiores males – pobreza, superpopulação, poluição – são problemas em que todos estão igualmente envolvidos.

...

Poder-se-ia pensar que este argumento tem uma consequência absurda. Visto que a situação parece ser a de que muito poucas pessoas possivelmente doariam quantidades substanciais, segue-se que eu e todos os outros, em circunstâncias similares, devemos doar tanto quanto possível, isto é, ao menos até o ponto em que, doando mais, se começaria a causar sério sofrimento para si e seus dependentes – talvez, mesmo além desse ponto, até o ponto da utilidade marginal, na

---

❸ Observe que o princípio também não menciona se alguém tem qualquer relação especial com as pessoas que precisam de assistência, de sorte que isso pudesse proporcionar a base para uma obrigação: relações tais como ser de algum modo responsável ou parcialmente responsável por sua má situação, ou pertencer junto com eles a alguma comunidade ou grupo moralmente relevante.

❹ Essa é uma justificação que, algumas vezes, é apresentada para dar mais peso na ajuda aos amigos e familiares ou membros de uma comunidade mais próxima.

qual, ao doar mais, o doador causaria a si e a seus dependentes tanto sofrimento quanto evitaria em Bengala. ❺ Se todo mundo fizer isso, todavia, haverá mais do que o que poderá ser usado em benefício dos refugiados, e alguns dos sacrifícios não terão sido necessários. Assim, se todos fazem o que devem fazer, o resultado não seria tão bom como seria se todos fizessem um pouco menos do que devem fazer, ou se somente alguns fazem tudo o que devem fazer.

O paradoxo surge aqui apenas se admitimos que as ações em questão – enviar dinheiro para os fundos de auxílio contra a fome – são feitas mais ou menos simultaneamente e são também inesperadas. Ora, se é esperado que todos vão contribuir com algo, então claramente cada um não é obrigado a doar tanto quanto estaria obrigado a doar, caso os outros não tivessem doado também. E se todos não estão agindo mais ou menos simultaneamente, então aqueles que estão doando mais tarde saberiam quanto mais seria necessário e não teriam a obrigação de doar mais do que o que é necessário para alcançar aquela quantia. Dizer isso não é negar que o princípio de que as pessoas nas mesmas circunstâncias têm as mesmas obrigações, mas apontar para o fato de que os outros doaram, ou espera-se que doem, é uma circunstância relevante: para aqueles que doam mais tarde tornou-se conhecido que muitos outros estão doando, e aqueles que doaram anteriormente não estão nas mesmas circunstâncias. ❻ (...)

Se o meu argumento até agora é sólido, nem a nossa distância em relação a um mal que pode ser evitado, nem o número de pessoas que em relação àquele mal estão na mesma situação que estamos diminui a nossa obrigação de mitigar ou evitar aquele mal. Portanto, assumirei como estabelecido o princípio que declarei primeiro. Como já disse, preciso afirmá-lo somente na sua forma qualificada: se está em nosso poder evitar que alguma coisa de muito ruim aconteça, sem sacrificar qualquer outra coisa moralmente significativa, devemos moralmente fazê-lo.

O resultado desse argumento é que nossas categorias morais tradicionais estão desordenadas. A distinção tradicional entre dever e caridade não pode ser estabelecida ou, ao menos, não no lugar que normalmente fazemos. Doar dinheiro para o Fundo de Auxílio a Bengala é visto como um ato de caridade na nossa sociedade. As organizações que recebem o dinheiro são conhecidas como "beneficentes". Essas organizações se veem dessa forma – se você envia para elas um cheque, você vai receber um agradecimento pela sua "generosidade". Já que doar dinheiro é visto como um ato de caridade, não se pensa que há algo de errado em não doar. O homem caridoso pode ser louvado, mas o homem que não é caridoso não é condenado. As pessoas não se sentem de modo algum envergonhadas ou culpadas sobre gastar dinheiro em roupas novas ou num novo carro em vez de doar para o alívio da fome. (Com efeito, a alternativa não lhes ocorre.) Esse modo de ver a questão não pode ser justificado. Quando você compra roupas novas para estar "bem-vestido" e não aquecido, não estamos suprindo nenhuma necessidade importante. Não sacrificaríamos algo importante se continuássemos a vestir roupas velhas e doar dinheiro para matar a fome. Ao fazer isso, estaríamos evitando que alguém sofresse de inanição. Segue-se daquilo que eu disse primeiro que devemos doar dinheiro, em vez de gastar em roupas de que não precisamos para nos aquecer. Fazer isso não é caridade ou generosidade. Nem é o tipo de ato que filósofos ou teólogos chamaram de "suprarrogatório" – um ato que seria bom fazer, mas que não é errado não fazer. Pelo contrário, devemos doar dinheiro e é errado não fazê-lo. ❼

(...) a revisão de nosso esquema conceitual que estou propondo (...) teria, dada a extensão tanto da afluência quanto da fome no mundo de hoje, implicações radicais. Essas implicações podem levar a uma objeção adicional distinta da que já considerei. (...)

A (...) objeção (...) é aquela que de tempos em tempos tem sido feita ao utilitarismo. Depreende-se de algumas formas da teoria utilitarista que todos nós devemos moralmente trabalhar o tempo todo para aumentar o balanço de felicidade sobre a miséria. A posição que adotei aqui não levaria a essa conclusão em todas as circunstâncias, pois, se existissem más ocorrências que teríamos de evitar

❺ Na medida em que nenhum outro fim está envolvido, é uma clara implicação do utilitarismo (que Singer em última análise aceita) que uma pessoa deva continuar a doar até o ponto em que, ao fazer isso, produzirá piores resultados em termos de utilidade geral.

❻ Assim, cada ação da pessoa deve ser avaliada à luz das circunstâncias nas quais ela ocorre, o que inclui aquilo que as outras pessoas no universo de fato farão.
(Mas isso cria a dificuldade óbvia de em realidade tomar decisões quando outros estão escolhendo ao mesmo tempo.)

❼ Apesar de a conclusão do próprio Singer ser mais forte do que essa, o resultado até aqui com certeza é suficiente para revirar radicalmente nossas categorias morais comuns e a perspectiva moral. Pense sobre as implicações completas dessa concepção e se elas parecem corretas. A perspectiva de Singer deixa de fora quaisquer considerações que são moralmente relevantes para a questão?

sem sacrificar algo de considerável importância moral, meu argumento não teria aplicação. Contudo, dadas as condições presentes em muitas partes do mundo, segue-se do meu argumento que devemos moralmente trabalhar o tempo todo para aliviar grandes sofrimentos que ocorrem como resultado da fome e de outros desastres. Certamente, circunstâncias mitigadoras podem ser acrescentadas – por exemplo, se nos sobrecarregamos de trabalho, passamos a ser menos efetivos do que seríamos em caso contrário. Todavia, quando todas as considerações desse tipo tiverem sido contabilizadas, a conclusão permanece: devemos evitar tanto sofrimento quanto pudermos sem sacrificar algo de comparável importância moral.

⑧ Essa conclusão é tal que podemos estar relutantes em aceitar. Não consigo ver, entretanto, porque ela deve ser vista como uma crítica à posição em favor da qual tenho argumentado, em vez de uma crítica aos nossos padrões habituais de comportamento. Já que muitas pessoas são até certo ponto autointeressadas, poucos de nós possivelmente faríamos tudo o que devem fazer. No entanto, dificilmente seria honesto tomar isso como uma evidência de que não é o caso que devamos fazê-lo.

...

Quero agora considerar [dois outros] pontos, mais práticos do que filosóficos, que são relevantes para a aplicação da conclusão moral que alcançamos. Esses dois pontos desafiam não a ideia de que devemos fazer tudo o que podemos para evitar a inanição, mas a ideia de que doar uma grande quantia de dinheiro é o melhor meio para esse fim.

...

Uma razão muitas vezes apresentada para não doar aos fundos de auxílio à fome é que, até que não haja um controle efetivo da população, aliviar a fome somente adia a inanição. Se salvamos os bengaleses refugiados agora, outros, talvez as crianças desses refugiados, enfrentarão inanição em alguns anos. Em apoio a isso, alguém poderia citar os fatos agora bem conhecidos sobre a explosão populacional e o espaço relativamente pequeno para o aumento da produção.

Esse ponto, assim como o precedente, é um argumento contra o alívio do sofrimento que está acontecendo agora porque há uma crença sobre o que poderia acontecer no futuro. Ele é diferente do ponto precedente – em que muito boa evidência pode ser acrescentada em apoio a essa crença sobre o futuro. Não vou entrar nessa evidência aqui. Reconheço que a Terra não pode suportar indefinidamente o aumento da população na presente taxa. Isso certamente coloca um problema para qualquer um que pense que é importante evitar a fome. Contudo, alguém poderia aceitar esse argumento sem tirar a conclusão de que ele absolve alguém da obrigação de fazer qualquer coisa para evitar a fome. A conclusão a que se deve chegar é que o melhor meio para prevenir a fome, num prazo amplo, é o controle populacional. Então, decorreria da posição alcançada anteriormente que alguém deveria fazer tudo o que pudesse para promover o controle populacional (a menos que se defenda que todas as formas de controle populacional são em si mesmas erradas ou teriam consequências significativamente ruins). Visto que há organizações que trabalham especificamente para o controle populacional, alguém então poderia apoiá-las em vez de apoiar os métodos mais ortodoxos de prevenir a fome.

Um segundo ponto levantado pela conclusão alcançada anteriormente diz respeito à questão de exatamente quanto devemos doar. Uma possibilidade, que já foi mencionada, é que devemos doar até que alcancemos o nível da utilidade marginal – isto é, o nível em que, ao doar mais, eu causaria mais sofrimento a mim ou aos meus dependentes do que causaria alívio pela minha doação. Isso significaria, é evidente, que a pessoa se reduziria às condições materiais muito próximas das de um refugiado bengalês. Deve ser relembrado que eu ofereci anteriormente tanto uma versão moderada quanto uma versão forte do princípio de que devemos evitar ocorrências ruins. A versão mais forte, que exige de nós que evitemos que coisas ruins aconteçam a menos que, fazendo assim, estejamos sacrificando algo de comparável importância moral, parece requerer que nos reduzamos ao nível da utilidade marginal. Devo também dizer que a versão forte parece-me a mais correta. Propus a versão mais moderada

---

⑧ **PARE** Aqui está a concepção mais forte, mais exigente, que Singer na realidade defende (e que é uma clara consequência do utilitarismo). Pense sobre que tipo de vida uma pessoa que agisse de acordo com essa conclusão seria capaz de levar. Você pensa que Singer está certo ao afirmar que pessoas em países afluentes – e mesmo aquelas em países relativamente pobres, que não estão ameaçados com inanição – estão obrigadas a se sacrificar até esse ponto?

– que devemos evitar ocorrências ruins a menos que, ao fazer assim, sacrifiquemos algo de moralmente importante – somente a fim de mostrar que, mesmo sob esse princípio certamente inegável, uma grande mudança no nosso modo de vida é exigida. Na versão do princípio mais moderado, pode não se depreender que devamos nos reduzir ao nível da utilidade marginal, pois alguém poderia afirmar que reduzir a si e a sua família a esse nível é causar algo significativamente ruim. Se isso é realmente assim, não vou discutir, uma vez que, como eu disse, não posso ver uma boa razão para manter a versão moderada do princípio em vez da versão forte. Mesmo que aceitemos o princípio na sua versão mais moderada, deve ficar claro que devemos doar dinheiro o suficiente para assegurar que a sociedade de consumo, dependente como ela é de as pessoas gastarem em coisas triviais em vez de doar para o alívio da fome, talvez desacelerasse e desaparecesse inteiramente. Há várias razões pelas quais isso seria desejável em si mesmo. O valor e a necessidade de crescimento econômico estão agora sendo questionados não só por conservacionistas, mas também por economistas. Não há dúvida, também, de que a sociedade de consumo teve um efeito distorcido sobre os fins e propósitos de seus membros. Todavia, olhando a questão puramente a partir da ajuda externa, deve haver um limite para que desaceleremos deliberadamente a nossa economia. Pode ser o caso que, se doássemos, digamos, 40% do nosso Produto Interno Bruto, desacelerássemos a economia de tal forma que, em termos absolutos, estaríamos doando menos do que se doássemos 25% do PIB muito maior que teríamos se limitássemos nossa contribuição a essa percentagem menor.

Eu menciono isso somente como uma indicação do tipo de fator que alguém deveria levar em consideração para estabelecer um ideal. Visto que as sociedades ocidentais geralmente consideram 1% do PIB como um nível de ajuda aceitável para ajuda a outros países estrangeiros, a matéria é inteiramente acadêmica. Ela também não afeta a questão de quanto um indivíduo deve doar numa sociedade na qual muito poucos estão dando quantias substanciais.

...

Questões para Discussão

1. Suponha que, em algum momento do futuro, a humanidade tenha solucionado todos os seus problemas e entrado num período de paz e prosperidade econômica para todos. Até lá, as pessoas engajaram-se na exploração do espaço e recentemente descobriram um novo e distante planeta, no qual há bilhões de pessoas (talvez humanos, talvez alienígenas de algum tipo – não importa), todas próximas da inanição. Evitar inanição em massa nesse planeta exigirá que todas as pessoas na Terra reduzam seu padrão de vida a um mínimo requerido para a sobrevivência de muitas gerações. Aqueles que estão vivendo sobre a Terra estão moralmente obrigados a fazer isso, tal como o princípio mais forte de Singer parece afirmar? Por que sim ou por que não?
2. Aqui está uma lista de fatores que podem parecer moralmente relevantes para a maneira como você pode ou deve alocar seus recursos, mas que são irrelevantes se o princípio mais forte de Singer for correto e se qualquer um, em qualquer lugar, estiver em necessidade terrível o bastante: relações familiares, especialmente o dever de cuidar e educar os próprios filhos; amizade e relações comunitárias de vários tipos de escopo; fins ou projetos pessoais de todo tipo que não contribuem diretamente para tal ajuda; obrigações de muitos tipos voluntariamente assumidas para com outras pessoas que não afetam a sua sobrevivência. Além disso, se você ou sua sociedade ou seu país é de algum modo responsável pelas pessoas em questão estarem em terrível necessidade; e se e em que grau elas mesmas são responsáveis pela sua situação. Singer está certo em afirmar que *nenhuma* dessas considerações faz qualquer diferença moral?

Concepções deontológicas: a moralidade depende de deveres e direitos

Immanuel Kant

O filósofo alemão Immanuel Kant (1724-1804) foi um dos filósofos mais importantes e mais influentes de todos os tempos. Kant fez importantes contribuições para a epistemologia, a metafísica, a ética, a filosofia da religião, a estética e muitas outras áreas. Sua preocupação central foi explicar e defender a autoridade e a autonomia da razão, tanto a razão *teórica* (que pertence ao conhecimento factual e especialmente ao conhecimento científico do mundo) quanto à razão *prática* (que pertence à ação e à moralidade).

Na seleção de textos que segue, da primeira de suas obras éticas mais importantes, Kant tenta derivar e defender o que ele considera ser o princípio fundamental da moralidade: o *imperativo categórico*. O ponto de partida é a ideia de que a moralidade não deve depender de qualquer motivo ou fim que podemos compartilhar com outros, mas antes ser válida para qualquer ser racional. Kant tenta, com efeito, mostrar que esse requerimento pode por si mesmo levar ao princípio da moralidade que ele está procurando. Ele oferece várias formulações desse princípio, que supõe resultarem na mesma coisa, mas não é evidente que esse seja realmente o caso.

Fundamentação da Metafísica dos Costumes[8]

PRIMEIRA SEÇÃO: TRANSIÇÃO DO CONHECIMENTO RACIONAL COMUM DOS COSTUMES PARA O FILOSÓFICO

Nada neste mundo – com efeito nada além dele – pode ser concebido que possa ser chamado bom sem qualificação exceto uma *vontade boa*. ❶ Inteligência, perspicácia, julgamento e outros talentos da mente, seja lá como podem ser nomeados, ou coragem, resolução e perseverança como qualidades do temperamento, são sem dúvida bons e desejáveis. Eles podem, todavia, tornar-se extremamente ruins e danosos se a vontade, que fará uso desses dons da natureza e que pela sua constituição especial chama-se caráter, não for boa. É a mesma coisa com os dons da fortuna. Poder, riqueza, honra e até mesmo saúde, bem-estar geral e contentamento com a própria condição que é chamada felicidade tornam-se orgulho e inclusive arrogância, se não há uma vontade boa para corrigir a sua influência sobre a mente e sobre os seus princípios de ação para torná-la universalmente conforme ao seu fim. ❷ Não seria preciso mencionar que a visão de um ser sem traço algum de uma vontade pura e boa, mas com uma ininterrupta prosperidade, não poderia ser aprovada por um observador imparcial. Assim, a vontade boa parece constituir-se numa condição indispensável para sermos dignos de felicidade.

Algumas qualidades parecem levar a essa vontade boa e podem facilitar a sua ação, mas, apesar disso, elas não possuem valor intrínseco incondicional. Em vez disso, elas pressupõem uma vontade boa, a qual limita a autoestima que se nutre por elas e não permite que as consideremos absolutamente boas. Moderação nas emoções e nas paixões, autocontrole

❶ Por "vontade boa", Kant entende uma vontade que está motivada somente pelas exigências do dever moral (não uma vontade que é benevolente ou generosa, como a frase é mais comumente usada).

❷ Todas essas coisas podem, na ausência de uma vontade boa, levar a ações e resultados que são moralmente maus.

---
[8] Extraído de *Foundations of the Metaphysics of Morals*, editado por Robert Paul Wolff (New York: Bobbs-Merrill, 1969).

e deliberação calma não são apenas boas em muitos aspectos, mas parecem constituir uma parte do valor íntimo da pessoa. Porém, conquanto fossem incondicionalmente estimadas pelos antigos, elas estão longe de serem boas sem qualificação. Com efeito, sem os princípios de uma vontade boa, elas podem tornar-se extremamente más, e o sangue-frio de um facínora não só o torna muito mais perigoso, como também o faz imediatamente mais abominável ainda a nossos olhos do que o julgaríamos sem isso. ❸

A vontade boa não é boa por causa de seus efeitos, pelo que promove ou pela aptidão para alcançar qualquer finalidade proposta, mas só pelo próprio querer, isto é, é boa em si mesma. Considerada em si mesma, ela deve ser estimada em grau muito mais alto do que tudo o que por seu intermédio possa ser alcançado em proveito de qualquer inclinação ou mesmo da soma de todas as inclinações. Mesmo que acontecesse, por um desfavor especial do destino ou pelo arranjo avarento de uma natureza madrasta, que faltasse a essa vontade o poder de fazer vencer as suas inclinações, mesmo que nada pudesse alcançar a despeito dos seus maiores esforços e só afinal restasse a vontade boa (é claro que não se trata aqui de um simples desejo, mas do emprego de todos os meios de que as nossas forças disponham), ela ficaria brilhando por si mesma como uma joia, como alguma coisa que em si mesma tem o seu pleno valor. A utilidade ou a inutilidade nada podem acrescentar ou tirar a esse valor. (...)

Temos, então, de desenvolver o conceito de uma vontade altamente estimável em si mesma e sem relação com qualquer outra coisa. Esse conceito já reside no bom senso natural e não precisa ser ensinado, mas apenas ser esclarecido. Esse conceito está sempre presente no cume da apreciação de todo valor e é a condição de todo o resto. Para mostrar isso, tomaremos o conceito de dever. Ele contém em si o de uma vontade boa, embora com algumas limitações e obstáculos subjetivos. Contudo, esses estão longe de ocultar e tornar irreconhecível a vontade boa, pois eles apenas ressaltam e, por contraste, a fazem brilhar com uma luz mais clara.

Omitirei aqui todas as ações que são reconhecidas como contrárias ao dever, mesmo que elas sejam úteis sob esse ou aquele aspecto, pois nelas nem sequer se põe a questão de saber se foram praticadas *por dever*, visto que elas conflitam com ele. Também deixarei de lado as ações que são verdadeiramente conformes ao dever, mas a que alguém não sente uma inclinação direta, porém as executa porque é impelido por outras inclinações. É facilmente decidido se uma ação de acordo com o dever é executada por dever ou por algum propósito egoísta. É muito mais difícil ver essa diferença quando a ação está de acordo com o dever e, além disso, o sujeito é levado a realizá-la por inclinação imediata. Por exemplo, está de acordo com o dever que um comerciante não suba os preços ao comprador inexperiente, e o comerciante prudente não faz tal coisa, mas tem um preço fixo para todos; assim, uma criança pode comprar dele tão barato quanto qualquer outro. Dessa forma, o consumidor é servido honestamente. Todavia, isso está longe de ser suficiente para justificar a crença de que o comerciante agiu desse modo por dever e por princípios de honestidade. A sua própria vantagem exigia esse comportamento. Contudo, não se pode pressupor que, para além disso, ele tinha uma inclinação direta pelo comprador e que, por amor dele, por assim dizer, não tenha dado um preço maior do que para outro. Portanto, a ação não foi feita por dever nem por inclinação direta, mas só por um propósito egoísta. ❹

...

Ser caridoso quando se pode é um dever, e, além disso, há muitas pessoas constituídas tão compassivamente que, sem qualquer motivo de vaidade ou interesse, encontram uma satisfação íntima em espalhar a alegria e podem alegrar-se com o contentamento dos outros que elas tornaram possível. Mas digo que tal ação, por mais conforme ao dever, por amável que seja, não tem nenhum verdadeiro valor moral. Ela vai estar no mesmo nível [no sentido de as ações originarem-se] das outras inclinações, tais como a inclinação à honra que, quando por feliz acaso está dirigida àquilo que efetivamente é de interesse geral e conforme ao dever, é por isso honrosa e merece louvor e estímulo, mas não estima. À sua máxima ❺ falta o conteúdo moral que ordena

❸ R Novamente, o ponto é que os vários traços de caráter podem levar a resultados que são moralmente bons ou maus se não são acompanhados de uma vontade boa.

❹ R A ação do dono da loja conforma-se com as exigências do dever moral (isto é, ele cumpre o dever exigido), mas a ação ainda não possui valor moral se é praticada devido ao interesse próprio. O dono da loja fez a coisa certa pela razão errada.
(Contrariamente ao que a ordem da última sentença está sugerindo, Kant não está dizendo que esse sempre deve ser o caso.)

❺ Uma *máxima* é o princípio prático que um agente está subjetivamente seguindo: fazer certo tipo de coisa em determinada situação por algum tipo de razão. Com efeito, é uma versão generalizada da intenção consciente da pessoa em praticar a ação.

6 As pessoas que ajudam ou beneficiam os outros porque têm inclinação espontânea em direção à compaixão (ou à benevolência ou à generosidade) estão, assim como o dono da loja, fazendo o que querem fazer, e não agindo por dever. Assim, as suas ações, embora sejam dignas de louvor e encorajamento, não têm valor *moral* real. A pessoa que é digna de estima moral é aquela que não tem inclinação ou desejo de ajudar alguém, que "é por temperamento fria e indiferente", mas que ajuda os outros somente a partir do dever. (Ver a Questão para Discussão 1.)

7 Kant conclui que o valor moral deve derivar do princípio de ação que não depende de nenhum propósito ou fim em relação ao qual possamos ter alguma inclinação. (Isso é muito estranho: como é possível que um princípio tenha qualquer teor definitivo se não em relação a algum propósito ou objetivo?).

8 Assim, uma ação obrigatória deve derivar do respeito pela lei (moral), e não de quaisquer inclinações específicas que a pessoa possa ter. (Mais uma vez, como essa lei moral ou prática chega a ter qualquer conteúdo específico?)

9 Faltando qualquer propósito, o conteúdo da lei moral pode somente derivar do fato de que ela é considerada uma lei *universal*, uma lei que governa todos os entes racionais. Assim, a exigência moral fundamental (elaborada mais adiante de forma mais aprofundada) é que a máxima de minha ação deve ser capaz de ser uma lei universal que um ente racional possa sustentar. (Não está ainda claro neste ponto como isso resultará em um conteúdo definido.)

que tais ações sejam praticadas não por inclinação, mas *por dever*. Todavia, admita que a mente desse filantropo estivesse velada pelo desgosto pessoal, que apaga toda simpatia pela sorte alheia, e que ele continuasse a ter a possibilidade de fazer bem aos outros na desgraça, mas que a desgraça alheia não o tocasse porque estava bastante preocupado com a sua própria. E agora suponha que nenhuma inclinação o estimulasse e que ele saísse dessa insensibilidade mortal e praticasse a ação por dever e sem qualquer inclinação – então, pela primeira vez, a sua ação teria valor moral genuíno. Além disso, se a natureza colocou pouca simpatia no coração desse homem e se ele, embora sendo um homem honesto, é por temperamento frio e indiferente ao sofrimento dos outros, talvez porque está dotado dos talentos especiais da paciência e fortaleza e espera ou até mesmo exige que os outros também o tenham – e tal homem por certo não seria o mais mesquinho produto da natureza –, não encontraria ele dentro de si uma fonte a partir da qual pudesse dar a si um valor muito mais elevado do que o que poderia ter obtido por ter um temperamento de boa índole? Isso é inquestionavelmente verdadeiro, mesmo que a natureza não o tenha feito um filantropo, pois é exatamente aqui que o valor do caráter é expresso, que é moralmente e incomparavelmente o mais alto de todos: ele é benevolente não por inclinação, mas por dever. **6**

...

[Assim, a primeira proposição da moralidade é que, para ter valor moral, uma ação deve ser praticada a partir do dever]. A segunda proposição é: uma ação praticada por dever não tem seu valor moral no propósito que com ela se quer atingir, mas na máxima que a determina. Portanto, seu valor moral não depende do objeto da ação, mas meramente do princípio do querer* a partir do qual a ação é praticada abstraindo de todos os objetos da faculdade de desejo. Com base na discussão precedente, fica claro que os propósitos que temos para nossas ações e seus efeitos como fins e incentivos da vontade não podem atribuir às ações

---

* N. de R.T. No original, *principle of volition*.

qualquer valor moral incondicional. Em que reside, então, esse valor se ele não está na vontade considerada em relação com o efeito esperado dessas ações? Ele não pode estar em nenhum outro lugar senão no princípio da vontade, abstraindo dos fins que possam ser realizados por tal ação. **7** ...

A terceira proposição, como consequência das duas anteriores, expressarei da seguinte maneira: dever é a necessidade de uma ação por respeito à lei. Posso certamente ter uma inclinação por um objeto como efeito de determinada ação, mas nunca posso ter respeito por ele precisamente porque é um mero efeito e não uma atividade da vontade. Do mesmo modo, não posso ter respeito por qualquer inclinação, seja minha, seja de outra pessoa. No primeiro caso, posso no máximo aprová-la e, no último caso, posso até mesmo amá-la, isto é, vê-la como favorável aos meus interesses. Porém, aquilo que (...) não serve à minha inclinação, mas tem prevalência sobre ela ou ao menos a exclui de ser considerada ao fazer a escolha – em uma palavra, a própria lei – pode ser um objeto de respeito e, portanto, um mandamento. Ora, na medida em que um ato do dever exclui totalmente a influência da inclinação e, com ela, todo objeto da vontade, nada mais resta que possa determinar a vontade objetivamente a não ser a lei e nada subjetivamente senão o puro respeito por essa lei prática. Esse elemento subjetivo é a máxima de que tenho de seguir tal lei mesmo em prejuízo de todas as minhas inclinações. **8**

...

Mas que tipo de lei pode ser essa, cuja representação deve determinar a vontade sem referência ao resultado esperado? Sob essa condição, apenas a vontade será chamada absolutamente boa sem qualificação. Visto que despojei a vontade de todos os impulsos que poderiam advir da obediência a qualquer lei, nada permanece para servir de princípio da vontade exceto a conformidade universal dessa ação com a lei como tal. Isto é, nunca devo agir de tal modo que não possa querer que minha máxima seja uma lei universal. **9** A mera conformidade à lei como tal (sem assumir qualquer lei particular aplicável a certas ações) serve como princípio da vontade e deve servir como um princípio se o dever não é uma vã ilusão e um conceito quimérico. (...)

SEGUNDA SEÇÃO: TRANSIÇÃO DA FILOSOFIA MORAL POPULAR PARA A METAFÍSICA DOS COSTUMES

...

Tudo na natureza funciona de acordo com leis. Somente um ser racional tem a capacidade de agir de acordo com a representação de leis, isto é, de acordo com princípios. Essa capacidade é a vontade. Visto que a razão é necessária para derivar as ações a partir das leis, a vontade nada é senão razão prática. ⑩ Se a razão infalivelmente determina a vontade, as ações que tal ser reconhece como objetivamente necessárias são também subjetivamente necessárias. Ou seja, a vontade é a faculdade de escolher apenas o que a razão, independentemente da inclinação, reconhece como praticamente necessário, isto é, como bom. (...)

A concepção de um princípio objetivo, à medida que ele obriga uma vontade, chama-se mandamento (da razão), e a fórmula de tal comando é chamada *imperativo*.

Todos os imperativos são expressos por um "dever" e mostram assim a relação de uma lei objetiva da razão com a vontade, que não é em sua constituição subjetiva necessariamente determinada por essa lei. Essa relação é uma obrigação. Os imperativos dizem que seria bom praticar ou deixar de praticar algo, mas dizem a uma vontade que nem sempre faz algo só porque lhe é representado que seria bom fazê-lo. Bem prático é o que determina a vontade por meio de representações da razão e, por conseguinte, não por causas subjetivas, mas, em vez disso, objetivamente, isto é, por princípios que são válidos para todos os seres racionais. Ele se distingue do agradável, pois este só influi na vontade por meio da sensação em virtude de causas puramente subjetivas, que valem apenas para a sensibilidade deste ou daquele, e não como princípio da razão que é válido para todos. ⑪

...

Todos os imperativos comandam ou hipoteticamente ou categoricamente. Os primeiros apresentam a necessidade prática de uma ação possível como um meio de atingir outra coisa que se deseja (ou que é possível desejar-se). O imperativo categórico seria aquele que apresenta uma ação como sendo objetivamente necessária, sem relação com qualquer outra finalidade. ⑫

Visto que toda a lei prática apresenta uma ação possível como boa e então como necessária para um sujeito praticamente determinável pela razão, todos os imperativos são fórmulas da determinação da ação, que é necessária pelo princípio de uma vontade que é de qualquer modo boa. Se a ação é boa somente como um meio para outra coisa, o imperativo é hipotético; porém, se a ação é representada como boa em si mesma e, por conseguinte, como necessária para em uma vontade que é de si mesma conforme à razão como sendo o princípio dessa vontade, o imperativo é categórico.

...

O imperativo hipotético, portanto, indica somente que a ação é boa para algum propósito, possível ou real. No primeiro caso, ele é problemático; no último, ele é um princípio assertórico, prático. O imperativo categórico, que declara a ação como objetivamente necessária em si mesma, sem fazer qualquer referência ao propósito, isto é, sem ter qualquer outro fim, vale como princípio (prático) apodítico. ⑬

Podemos pensar que aquilo que só é possível pelas forças de um ser racional é também intenção possível para qualquer vontade e, por isso, são de fato infinitamente numerosos os princípios da ação, enquanto esta é representada como necessária para alcançar qualquer intenção possível de atingir por meio deles. (...)

Há um fim, todavia, que podemos pressupor como real para todos os seres racionais na medida em que imperativos aplicam-se a eles, isto é, na medida em que são seres dependentes. Há um propósito não só que eles *podem* ter, mas que podemos pressupor que de fato *têm* como necessidade da natureza. Esse propósito é a felicidade. O imperativo hipotético que nos representa a necessidade prática de uma ação como meio na promoção da felicidade é um imperativo assertórico. Não se deve propor apenas como necessário

⑩ R Ou seja, a vontade é a faculdade existente em nós de derivar resultados práticos (ações) das exigências da razão.

⑪ Um *imperativo*, sendo um mandamento da razão, vale para qualquer ser racional. Quando o prazer influencia a vontade, isso normalmente não envolve qualquer mandamento da razão e deve variar de pessoa para pessoa, porque diferentes pessoas encontram prazer em diferentes coisas.

⑫ Os *imperativos hipotéticos* dependem de desejos reais ou possíveis (inclinações), ao passo que os *imperativos categóricos* não dependem. (Dada a discussão anterior, segue-se que um imperativo de moralidade deve ser categórico em vez de hipotético, porque ele não opde depender de qualquer desejo específico ou inclinação)

⑬ Um princípio prático "problemático" diz que uma pessoa deve praticar alguma ação particular *se* aquela pessoa tem o propósito ou o fim para o qual aquela ação é de fato um meio. Um princípio prático "assertórico" diz de uma pessoa que de fato tem um propósito particular ou um fim que ela definitivamente deve fazer a ação que é um meio para tal propósito ou fim. (Isso admite que há apenas um meio relevante ou que é claramente melhor do que qualquer outro.) Um propósito prático "apodítico" diz que uma ação (que pode ser a "ação" de não fazer alguma coisa particular) deve *necessariamente* ser feita por qualquer ser racional, não importando que propósitos ou fins específicos ele possa ter.

14 Visto que não há propósitos específicos ou fins em questão, um imperativo categórico não diz respeito à relação da ação com tal fim. Kant conclui que ele pode somente dizer respeito à *forma* da ação: o tipo geral de ação que é. (Mas ainda não está claro nesse ponto o que isso significa.)

15 Não faria sentido querer um fim sem querer um "meio necessário indispensável". Então, qualquer ser racional que quer o fim quer também os meios – é o que afirma a "regra da habilidade" (um princípio problemático).

16 Um ponto análogo vale para a maioria dos "conselhos da prudência" (princípios assertóricos). Porém, para o caso principal cujo fim é a felicidade, a incerteza relativa tanto à natureza da felicidade quanto aos meios exigidos para alcançá-la torna possível que um ser racional queira o fim e, ainda assim, falhe em querer os meios – como nós, lamentavelmente, descobrimos muitas vezes mais tarde.

17 A possibilidade de imperativos categóricos não pode ser estabelecida empiricamente citando-se casos reais de ações nas quais não há fim específico ou propósito, visto que sempre é possível que haja algum fim (como o medo da desgraça) do qual o agente está inconsciente.

para um propósito incerto e meramente possível, mas como necessário para um propósito que podemos *a priori* e com segurança assumir para todos, pois pertence à sua essência. Ora, a habilidade na escolha dos meios para atingir o bem-estar maior pode ser chamada de prudência no mais estrito sentido. Assim, o imperativo que se relaciona com a escolha dos meios para alcançar a felicidade própria, ou seja, o preceito da prudência, é ainda somente hipotético; a ação não é absolutamente comandada, mas comandada apenas como meio para outro fim.

Por fim, há um imperativo que comanda diretamente uma certa conduta sem fazer de sua condição algum propósito a ser alcançado através dele. Esse imperativo é categórico. Ele não diz respeito à matéria da ação e aos seus resultados procurados, mas somente à forma e ao princípio do qual ela deriva. **14** O que é essencialmente bom nela consiste na atitude, seja lá qual for o resultado. Esse imperativo pode ser chamado de imperativo da moralidade.

O querer segundo esses três princípios distingue-se também pela diferença de obrigação imposta à vontade. Para esclarecer essa diferença, creio que o mais conveniente seria denominar esses princípios por sua ordem, dizendo que eles são ou regras de habilidade, ou conselhos de prudência, ou mandamentos (leis) da moralidade, respectivamente. (...)

A questão que surge agora é a seguinte: como são possíveis todos esses imperativos? Essa questão não requer uma resposta relativa a como pode ser pensada a execução de uma ação ordenada pelo imperativo, mas sim como pode ser pensada a obrigação da vontade que o imperativo exprime na tarefa a cumprir. Não é necessária uma discussão sobre como é possível um imperativo de habilidade. Quem quer o fim, na medida em que a razão tem influência decisiva sobre suas ações, quer também os meios necessários indispensáveis que estão em seu poder. **15** (...)

Se fosse igualmente fácil oferecer um conceito determinado de felicidade, os imperativos de prudência corresponderiam completamente aos da habilidade. (...) Seria possível dizer, nesse caso como no anterior, que quem quer o fim quer também (necessariamente de acordo com a razão) os únicos meios para isso que estão em seu poder. Contudo, infelizmente, o conceito de felicidade é tão indeterminado que, muito embora toda pessoa deseje alcançá-la, ela nunca pode afirmar de modo definitivo e em consistência consigo o que ela realmente quer e deseja. **16** (...)

Ver como o imperativo da moralidade é possível, então, é sem dúvida a única questão que precisa de uma resposta. Ele não é hipotético e, por isso, a necessidade objetivamente concebida não pode ter apoio em qualquer pressuposição, como era o caso com os imperativos hipotéticos. Mas é preciso não perder de vista que não se pode demonstrar por qualquer exemplo (isto é, não se pode mostrar empiricamente) se existe ou não um tal imperativo. (...) Não podemos mostrar, com certeza, por qualquer exemplo, que a vontade é determinada somente pela lei, sem quaisquer outros incentivos, embora assim pareça. Sempre é possível que o receio da vergonha e talvez também a obscura apreensão de outros perigos tenham influenciado a vontade. Quem é que pode provar pela experiência a não existência de uma causa, uma vez que a experiência nada mais nos ensina senão que não a descobrimos? Todavia, no caso do chamado imperativo moral, que como tal parece categórico e incondicional, não passaria de uma prescrição pragmática que chama a nossa atenção para as vantagens e apenas nos ensina a tomá-las em consideração. **17**

Teremos de investigar, então, puramente *a priori* a possibilidade de um imperativo categórico, pois não temos aqui a vantagem que a experiência pode oferecer-nos da realidade desse imperativo, tal que [a demonstração] de sua possibilidade seria necessária somente para a sua explicação, e não para o seu estabelecimento. Enquanto isso, ao menos podemos provisoriamente ver o seguinte: o imperativo categórico tem o caráter de uma *lei* prática, enquanto todos os outros podem ser chamados princípios da vontade, mas não de leis. Isto é assim porque o que é necessário meramente para a obtenção de um propósito arbitrário pode ser visto como sendo contingente. Podemos em qualquer momento livrar-nos da prescrição renunciando à intenção, ao passo que o mandamento incondicional não deixa à vontade a liberdade de escolha relativamente ao contrário do que ordena. Só ele tem em si, portanto, aquela necessidade que é exigida de uma lei.

...

Ao enfrentarmos esse problema, investigaremos primeiramente se o mero conceito de um imperativo categórico não fornece também a fórmula que contém a proposição que só por si seja um imperativo categórico. **18** (...)

Se penso em um imperativo hipotético como tal, não sei de antemão o que ele poderá conter até que a condição seja enunciada [sob a qual é um imperativo]. No entanto, se penso em um imperativo categórico, penso imediatamente no que ele contém. Ora, não contendo o imperativo, além da lei, senão a necessidade de que a máxima[9] deveria concordar com essa lei, embora a lei não contenha nenhuma condição que a limite, nada mais resta senão a universalidade de uma lei em geral à qual a máxima da ação deve ser conforme. Com efeito, essa conformidade só o imperativo categórico representa-nos propriamente como necessária.

Há, portanto, somente um imperativo categórico. É este: age apenas segundo aquela máxima pela qual possas ao mesmo tempo querer que ela se torne uma lei universal. **19**

...

A universalidade da lei de acordo com os efeitos produzidos constitui aquilo que se chama propriamente de natureza em seu sentido mais geral (quanto à forma), isto é, a existência de coisas à medida que são determinadas por leis universais. [Por analogia], então, o imperativo universal do dever pode ser expresso da seguinte maneira: age como se a máxima da tua ação fosse pela tua vontade tornar-se uma lei universal da natureza.

Vamos agora enumerar alguns deveres, adotando a divisão usual deles em deveres para consigo mesmo e deveres para com os outros e em deveres perfeitos e imperfeitos. **20**

1. Um homem que é reduzido ao desespero por uma série de males sente um aborrecimento com a vida, mas ainda está suficientemente de posse da sua razão para perguntar se não seria contrário ao seu dever para consigo tirar a própria vida. Então, ele pergunta se a máxima da sua ação poderia tornar-se uma lei universal da natureza. A sua máxima, contudo, é a seguinte: por amor a mim mesmo, torno meu princípio encurtar a minha vida, quando, por uma duração mais longa, ela ameaça com mais males do que satisfação. Porém, é questionável se esse princípio de amor-próprio poderia tornar-se uma lei universal da natureza. Vê-se imediatamente uma contradição em um sistema da natureza cuja lei seria destruir a vida pelo sentimento cujo encargo especial é o de impelir a melhoria da vida. Nesse caso, ele não existiria como natureza; portanto, aquela máxima não pode estabelecer-se como uma lei da natureza e, assim, ela contradiz totalmente o princípio supremo de todo dever. **21**
2. Um outro homem vê-se forçado pela necessidade a tomar dinheiro emprestado. Ele bem sabe que não será capaz de restituí-lo, mas também vê que nada lhe será emprestado se ele não prometer firmemente devolvê-lo em determinado momento. Ele deseja fazer tal promessa, mas tem consciência o bastante para perguntar a si mesmo se não é impróprio e oposto ao dever aliviar-se de suas angústias dessa maneira. Então, supondo que ele de fato decide agir dessa maneira, a máxima da sua ação seria tal como segue: quando creio estar em necessidade de dinheiro, tomarei dinheiro emprestado e prometerei devolvê-lo, embora saiba que jamais farei isso. Agora, esse princípio de amor-próprio ou do seu próprio benefício pode muito bem ser compatível com todo o seu bem-estar futuro, mas a questão é se ele é correto. Ele muda a pretensão de amor-próprio em uma lei universal e coloca então a pergunta: como seria se

---

[9] Uma máxima é um princípio subjetivo de ação e deve ser distinguida do princípio objetivo, isto é, da lei prática. O primeiro contém a regra prática que a razão determina em conformidade com as condições do sujeito (muitas vezes a sua ignorância ou suas inclinações) e é, portanto, o princípio segundo o qual o sujeito age. A lei, por outro lado, é o princípio objetivo, válido para todo ser racional, princípio segundo o qual ele deveria agir, ou seja, um imperativo.

---

18 Aqui está a ideia principal, já abordada anteriormente (ver a Anotação 9 e a passagem correspondente): a própria ideia de um imperativo *categórico*, aquele que não deriva de qualquer fim ou propósito, também determinará (de algum modo) o *conteúdo* desse imperativo.

19 De acordo com a ideia de um imperativo categórico, a máxima de uma ação deve conformar-se com a lei universal, válida para todos os seres racionais. Como não há base para um conteúdo mais específico, o imperativo categórico pode dizer somente que a máxima da ação de alguém deve ser tal que torne isso possível: algo que pode ser uma lei universal e pode ser desejado pelo agente como tendo esse estatuto. Essa é a primeira formulação de Kant acerca do imperativo categórico.

20 Um dever perfeito é aquele que exige *estritamente* certas ações específicas, sem que haja nenhuma escolha ou liberdade. Um dever imperfeito é aquele que pode ser cumprido de modos diferentes, entre os quais o agente pode escolher, e assim nenhum é exigido estritamente.

21 PARE A alegação de Kant é de que a máxima dessa ação proposta não poderia ser uma lei universal, porque ela é **contraditória** quando é tornada uma lei universal. Você consegue ver uma clara contradição? (Ver a Questão para Discussão 2.)

22 🛑 Aqui, mais uma vez, a alegação é de que a máxima da ação torna-se contraditória quando tornada universal. Esse é um caso mais plausível no sentido de que há um modo em que a máxima universalizada seria (provavelmente?) autorrefutadora. Mas ela é realmente *contraditória*? (Ver a Questão para Discussão 2.)

23 🧑 O problema alegado é diferente nesse caso: a máxima pode ser tornada universal sem contradição, mas (assim é alegado) a pessoa não pode querer que essa máxima universalizada seja uma lei, porque qualquer ente racional necessariamente quer alguma coisa que a contradiz (de modo que o problema ainda é a contradição, mas dessa vez no âmbito da própria vontade, e não da máxima universalizada).

🧑 (Há qualquer razão clara por que um ente racional deva querer que todas as suas faculdades sejam desenvolvidas – com efeito, isso sequer é possível? Ver a Questão para Discussão 3.)

24 🛑 O segundo caso de um alegado conflito no âmbito da própria vontade é novamente mais plausível. Mas é realmente verdadeiro que alguém poderia deixar de querer que fosse ajudado quando em necessidade? (Ver a Questão para Discussão 3.)

25 🧑 Kant resume os dois modos em que o imperativo categórico pode falhar em ser satisfeito pela máxima de uma ação. O primeiro corresponde a deveres perfeitos, e o segundo a deveres imperfeitos: na concepção de Kant, jamais se pode cometer suicídio em face ao infortúnio ou fazer uma promessa mesmo sabendo que não se será capaz de mantê-la; contudo, alguém tem a escolha de quais talentos desenvolver (ele agora parece reconhecer que nem todos podem ser plenamente desenvolvidos) e de quais pessoas ajudar (ninguém pode ajudar a todos).

a minha máxima se tornasse uma lei universal? Ele vê imediatamente que ela jamais poderia valer como uma lei universal da natureza e ser consistente consigo mesma; ao contrário, ela deve necessariamente contradizer a si mesma. Ora, a universalidade de uma lei que afirma que qualquer um que crê a si mesmo como estando em necessidade poderia prometer o que bem quisesse torna impossíveis a própria promessa e o fim a ser realizado por ela; ninguém acreditaria no que lhe foi prometido, mas apenas darias risadas diante de qualquer asserção desse tipo como vã pretensão. **22**

3. Um terceiro encontra em si mesmo um talento que poderia, por meio de algum cultivo, torná-lo em muitos aspectos um homem de utilidade. No entanto, ele se encontra em circunstâncias confortáveis e prefere indulgência em prazeres a incomodar-se com a ampliação e a melhoria dos seus dons naturais afortunados. Agora, deixemos que ele se pergunte se a sua máxima de negligenciar os seus dons, além de concordar com a sua propensão a entretenimentos ociosos, também concorda com o que é chamado de dever. Ele vê que um sistema de natureza poderia de fato existir de acordo com tal lei, muito embora o homem (como os habitantes das Ilhas dos Mares do Sul) devesse deixar que os seus talentos enferrujassem e resolver dedicar a sua vida meramente à ociosidade, à indulgência e à propagação – em resumo, ao prazer. Todavia, não é possível que ele possa querer que isso se torne uma lei universal da natureza ou que isso seja implantado em nós por um instinto natural. Como um ente racional, ele necessariamente quer que todas as suas faculdades desenvolvam-se, na medida em que elas lhe são dadas para todos os tipos de propósitos possíveis. **23**

4. Um quarto homem, para quem as coisas estão indo bem, vê que outros (a quem ele poderia ajudar) têm de lutar com grandes esforços e pergunta: "Que tenho eu a ver com isso? Que cada um seja tão feliz como os céus o permitirem, ou como conseguir fazer por si mesmo; eu não tirarei dele coisa qualquer ou mesmo o invejarei; porém, para o seu bem-estar ou para a sua assistência em tempos de necessidade, eu não tenho nenhum desejo de contribuir". Se tal modo de pensar fosse uma lei universal da natureza, certamente a raça humana poderia existir, e sem dúvida até mesmo melhor do que em um estado no qual todos falam de simpatia e boa vontade, e até se esforçam em ocasionalmente praticá-las, embora, por outro lado, trapaceiam quando podem, traem ou violam os direitos do homem. Embora seja possível que uma lei universal da natureza possa existir de acordo com aquela máxima, é impossível querer que tal princípio tenha validade em todos os lugares como uma lei da natureza. Uma vontade que tivesse essa resolução estaria em conflito consigo mesma, uma vez que, com frequência, podem surgir exemplos nos quais ele precisaria do amor e da simpatia dos outros e em que ele se teria furtado, por tal lei da natureza surgindo da sua própria vontade, de toda esperança de ajuda que ele desejasse. **24**

Os deveres precedentes são um pequeno número dos muitos deveres reais, ou pelo menos dos deveres que acreditamos serem reais, cuja derivação a partir daquele princípio afirmado é clara. Devemos ser capazes de querer que uma máxima da nossa ação torne-se uma lei universal; esse é, em geral, o cânone da estimação moral da nossa ação. Algumas ações são de tal natureza que a sua máxima não pode sequer ser *pensada* como uma lei universal da natureza sem contradição, longe de ser possível que alguém pudesse querer que ela fosse tal. Em outras, essa impossibilidade interna não é encontrada, embora ainda seja impossível *querer* que a sua máxima seja erguida à universalidade de uma lei da natureza, porque tal vontade contradiria a si mesma. Vemos facilmente que a primeira máxima entra em conflito com o dever mais estrito e mais estreito (imprescritível), enquanto a última entra em conflito com o dever mais amplo (meritório). **25** Portanto, todos os deveres, até onde o tipo de obrigação (não o objeto da ação deles) está em questão, foram completamente exibidos por esses exemplos em sua dependência daquele princípio.

Quando observamos a nós mesmos em qualquer transgressão de um dever, descobrimos que não queremos em realidade que a nossa máxima deva tornar-se uma lei universal. Isso nos é impossível; antes, o contrário dessa máxima deveria permanecer como uma lei em geral, e apenas tomamos a liberdade de fazer uma exceção a ela para nós mesmos, ou por causa da nossa inclinação, e para essa ocasião específica. Consequentemente, se pesássemos todas as coisas a partir de um e do mesmo ponto de vista, a saber, a razão, chegaríamos a uma contradição em nossa própria vontade, ou seja, que um certo princípio é objetivamente necessário como uma lei universal e, contudo, subjetivamente não é válido universalmente, mas, em vez disso, admite exceções. (...)

Estabelecemos assim, portanto, pelo menos que, se o dever é um conceito que deve ter importância e legislação real para as nossas ações, ele deve ser expresso somente em imperativos categóricos, e não em imperativos hipotéticos. Para todas as aplicações dele, também exibimos claramente o conteúdo do imperativo categórico que deve conter o princípio de todo dever (se houver tal dever). Isso é em si muita coisa. Contudo, ainda não avançamos longe o suficiente para provar *a priori* que aquele tipo de imperativo realmente existe, que há uma lei prática que de si mesma comanda absolutamente e sem quaisquer incentivos e que a obediência a essa lei é um dever. ㉖

...

A vontade é pensada como uma faculdade de determinar a si mesma à ação de acordo com a concepção de certas leis. Tal faculdade pode ser encontrada apenas em entes racionais. Aquilo que serve à vontade como o motivo objetivo da sua autodeterminação é um fim e, se ele é dado somente pela razão, ele deve valer do mesmo modo para todos os entes racionais. Por outro lado, aquilo que contém o motivo da possibilidade da ação, cujo resultado é um fim, é chamado de meio. O motivo subjetivo de desejo é o estímulo, enquanto o motivo objetivo da volição é o motivo. Assim, pois, surge a distinção entre fins subjetivos, que repousam em estímulos, e fins objetivos, que dependem de motivos válidos para todo ente racional. Os princípios práticos são formais quando desconsideram todos os fins subjetivos; eles são materiais quando têm fins subjetivos e, assim, certos estímulos como a sua base. Os fins que um ente racional propõe arbitrariamente a si mesmo como consequências da sua ação são fins materiais e são sem exceção apenas relativos, pois somente a relação deles com uma faculdade de desejo constituída particularmente no sujeito dá a eles o seu valor. E esse valor não pode, portanto, proporcionar quaisquer princípios universais para todos os entes racionais ou princípios válidos e necessários para todas as volições. Isto é, eles não podem dar vez a quaisquer leis práticas. Todos esses fins relativos, portanto, são motivos para imperativos hipotéticos somente.

No entanto, suponha que existisse alguma coisa cuja existência em si mesma tivesse valor absoluto, alguma coisa que, como um fim em si mesmo, pudesse ser um fundamento de leis definitivas. Nela e somente nela poderia residir o fundamento de um imperativo categórico possível, isto é, de uma lei prática. ㉗

Agora, eu digo, o homem e, em geral, todo ente racional existem como um fim em si mesmos e não meramente como um meio para ser usado arbitrariamente por essa ou por aquela vontade. Em todas as suas ações, não importa se elas são direcionadas a si mesmo ou a outros entes racionais, ele sempre deve ser considerado ao mesmo tempo como um fim. Todos os objetos das inclinações têm somente um valor condicional, já que, se as inclinações e as necessidades encontradas neles não existissem, o objeto delas não teria valor. Contudo, as próprias inclinações como as fontes de necessidades são tão carentes de valor absoluto que o desejo de todo ente racional deve ser realmente o de libertar-se completamente delas. ㉘ Portanto, o valor de quaisquer objetos a serem obtidos pelas nossas ações é, em todas as vezes, condicional. Entes cuja existência não depende da nossa vontade, mas da natureza, se não são entes racionais, têm somente um valor relativo como meio e são, por isso, chamados de "coisas"; por outro lado, entes racionais são designados de "pessoas" porque a sua natureza indica que eles são fins em si mesmos, isto é, coisas que não podem ser usadas meramente como meios. Tal ente é, pois, um objeto de respeito e, até esse ponto, restringe toda escolha [arbitrária]. Tais entes não são me-

㉖ A razão para a incerteza expressa aqui não é inteiramente clara. A ideia parece ser a de que o ponto último da lei moral ainda não está clara. Propósitos ou fins específicos, opcionais, foram excluídos, mas Kant sugerirá que há um determinado fim incondicional que qualquer ente racional deve ter.

㉗ Pense novamente sobre a ideia de um imperativo categórico: um imperativo que é obrigatório a qualquer ente racional, não importa que propósitos específicos ele possa ter ou não. Um fim que tivesse valor *absoluto* funcionaria como tal imperativo; e, assim Kant está dizendo, *somente* um fim com tal valor poderia oferecer essa base. No que segue, Kant proclama (há algum argumento real?) que entes racionais são eles mesmos fins com valor absoluto em oposição a um valor meramente condicional.

㉘ PARE Essa alegação reflete o caráter realmente austero do pensamento moral de Kant: segundo ele, um ente racional desejaria não ter quaisquer inclinações contingentes – quaisquer desejos por qualquer coisa que não tenha valor absoluto. Como seria a vida para tal ente? (Quantos, se é que algum, dos seus desejos presentes satisfariam esse padrão?)

> **㉙** A existência de um ente racional é um fim em si mesmo. É, pois, um engano fundamental considerar ou tratar tal ente como meramente um meio para alguma outra coisa (que só poderia ser alguma coisa com valor meramente contingente, condicional).

> **㉚** Aqui está a segunda formulação do imperativo categórico, supostamente apenas uma outra formulação da mesma lei moral universal. É importante enfatizar que as pessoas jamais devem ser tratadas "somente como um meio", isto é, jamais meramente como um meio – não que elas jamais possam ser tratadas em qualquer aspecto como um meio (o que faria da maior parte das formas de interação humana impossíveis).

> **㉛** À primeira vista, essa é uma razão diferente para a inaceitabilidade moral do suicídio em face do infortúnio: ela trata uma pessoa (a pessoa que comete o suicídio) como um meio para o fim de escapar do infortúnio em questão. (Mas isso é realmente assim? Ver a Questão para Discussão 4.)

> **㉜** Esse é o exemplo mais claro da aplicação da segunda versão do imperativo categórico – e provavelmente o melhor e o mais claro de todos os exemplos específicos de Kant.

> **㉝** [PARE] Quão claro é o raciocínio de Kant nesse caso? Por que tratar a sua própria humanidade como um fim em si mesmo requer desenvolver os próprios talentos? (Ver a Questão para Discussão 5.)

ramente fins subjetivos cuja existência, como um resultado da nossa ação, tem um valor para nós, mas são fins objetivos, ou seja, entes cuja existência em si mesma é um fim. Tal fim é um fim para o qual nenhum outro fim pode ser substituído, para o qual esses entes serviriam meramente como meios. **㉙** Sem eles, nada de valor absoluto poderia ser encontrado e, se todo valor é condicional e contingente, não poderia ser encontrado em nenhum lugar nenhum princípio prático supremo para a razão.

Assim, se deve haver um princípio prático supremo e um imperativo categórico para a vontade humana, ele deve ser tal que forme um princípio objetivo da vontade a partir da concepção daquilo que é necessariamente um fim para todos porque é um fim em si mesmo. Portanto, esse princípio objetivo pode servir como uma lei prática universal. O fundamento desse princípio é o seguinte: a natureza racional existe como um fim em si mesmo. O homem necessariamente pensa a sua existência dessa maneira; até aqui, trata-se de um princípio subjetivo das ações humanas. Portanto, qualquer outro ente racional pensa a sua existência por meio do mesmo princípio racional que tem validade também para mim mesmo; então, ele é ao mesmo tempo um princípio objetivo a partir do qual, como um fundamento prático supremo, deve ser possível derivar todas as leis da vontade. O imperativo prático, portanto, é o seguinte: age de tal modo que trates a humanidade, na tua própria pessoa ou naquela de outra pessoa, sempre como um fim e nunca somente como um meio. **㉚** Vejamos agora se isso pode ser atingido.

Para retornar aos nossos exemplos anteriores:

Em primeiro lugar, de acordo com o conceito de dever necessário para consigo mesmo, aquele que contempla o suicídio perguntará a si mesmo se a sua ação pode ser consistente com a ideia da humanidade como um fim em si mesmo. Se, no intuito de escapar de circunstâncias aflitivas, ele destrói a si mesmo, ele faz uso de uma pessoa meramente como um meio para manter uma condição tolerável até o fim da vida. O homem, contudo, não é uma coisa e, assim, não é uma coisa a ser usada meramente como um meio; ele deve sempre ser considerado, em todas as suas ações, como um fim em si mesmo. Portanto, não posso dispor do homem em minha própria pessoa de modo a mutilá-lo, corrompê-lo ou matá-lo. **㉛** (Pertence à ética propriamente definir de forma mais acurada esse princípio básico, de maneira a evitar todo mal-entendimento, por exemplo, quanto à amputação de membros no intuito de preservar a mim mesmo, ou de expor a minha vida ao perigo no intuito de salvá-la; devo, portanto, omiti-los aqui.)

Em segundo lugar, no que concerne aos deveres necessários ou obrigatórios para com os outros, aquele que tem em vista uma promessa enganosa a outros vê imediatamente que ele tem a intenção de fazer uso de outro homem meramente como um meio, sem que o último contenha ao mesmo tempo o fim em si mesmo. Ora, aquele a quem eu quero usar para os meus próprios propósitos por meio de tal promessa não pode possivelmente assentir ao meu modo de agir contra si e não pode conter nele mesmo o fim dessa ação. Esse conflito contra os princípios de outros homens fica até mesmo mais claro se citamos exemplos de ataques à sua liberdade e propriedade. Nesses casos, é claro que aquele que transgride os direitos dos homens tem a intenção de fazer uso das pessoas de outros meramente como meio, sem considerar que, como entes racionais, elas devem sempre ser estimadas ao mesmo tempo como fins, ou seja, apenas como entes que devem ser capazes de conter em si mesmos o fim da mesmíssima ação. **㉜**

Em terceiro lugar, no que diz respeito ao dever contingente (meritório) para consigo mesmo, não é suficiente que a ação não entre em conflito com a humanidade na nossa pessoa como um fim em si mesmo; deve também estar em harmonia com ela. Na humanidade, há capacidades para maior perfeição que pertencem ao fim da natureza com relação à humanidade em nossa própria pessoa; negligenciar essas capacidades poderia, talvez, ser consistente com a preservação da humanidade como um fim em si mesmo, mas não com a promoção daquele fim. **㉝**

Em quarto lugar, com relação ao dever meritório para com outros, o fim natural que todos os homens têm é a sua própria felicidade. Com efeito, a humanidade poderia existir se ninguém contribuísse para a felicidade dos outros, considerando que não depreciasse intencionalmene essa felicidade; porém, essa harmonia com a humanidade como um fim em si mesmo é só negativa em vez de positiva se todos não fazem também a tentativa, até o ponto em que podem, de promover os fins alheios. Os fins de qualquer pessoa, que é um fim em si mesma, devem ser tanto quanto possível também o meu fim se aquela concepção de fim em si mesmo deve ter o seu pleno efeito sobre mim. **34**

...

Se agora olhamos para trás, para todas as tentativas anteriores que jamais foram feitas, no intuito de descobrir o princípio da moralidade, não devemos admirar-nos do fato de que todas tinham de fracassar. O homem era visto como estando ligado a leis pelo seu dever, mas não era visto como estando sujeito somente à sua própria legislação, embora fosse universal, e que está apenas obrigado a agir de acordo com a sua própria vontade, a qual é, contudo, designada por natureza a ser uma vontade que outorga leis universais. Se alguém pensou nele como sujeito à lei somente (não importa o que ela fosse), isso necessariamente implicaria algum interesse como um estímulo ou uma compulsão à obediência, porque a lei não surgiu de sua vontade. Em vez disso, a sua vontade estava constrangida por alguma coisa outra, de acordo com uma lei de agir de certa maneira. Todavia, por essa consequência estritamente necessária, todo o labor de descobrir um fundamento supremo para o dever foi irrevogavelmente perdido e jamais se chegou ao dever, mas apenas à necessidade de ação a partir de um certo interesse. Esse poderia ser o seu próprio interesse ou aquele de outro, mas em ambos os casos o imperativo sempre tinha de ser condicional e não poderia em absoluto servir como um mandamento moral. Esse princípio eu chamarei de princípio da *autonomia* da vontade, em contraste com todos os outros princípios que, de acordo com isso, classifico sob *heteronomia*. **35**

O conceito de cada ente racional como um ente que deve considerar a si mesmo como estabelecendo uma lei universal através de todas as máximas da sua vontade, de modo que pode julgar a si mesmo e as suas ações a partir desse ponto de partida, leva a um conceito bastante frutífero, a saber, o conceito de um *reino dos fins*.

Por "reino" entendo a união sistemática de diferentes entes racionais através de leis comuns. Como as leis determinam os fins com relação à sua validade universal, se abstraímos da diferença pessoal dos entes racionais e, por conseguinte, de todo conteúdo dos seus fins privados, podemos pensar em uma totalidade de todos os fins em conexão sistemática, uma totalidade de entes racionais como fins em si mesmos, bem como nos fins particulares que cada um pode estabelecer para si mesmo. Esse é o reino dos fins, que é possível segundo os princípios anteriormente mencionados. Ora, todos os entes racionais encontram-se sob a lei de que cada um deles deveria tratar a si mesmo e a todos os outros jamais meramente como um meio, mas em todos os casos também como um fim em si mesmo. Assim, surge uma união sistemática de entes racionais através de leis objetivas comuns. Esse é um reino que pode ser chamado de um reino dos fins (certamente apenas um ideal), porque o que essas leis têm em vista é apenas a relação desses entes uns com os outros como fins e meios. **36**

...

A moralidade, portanto, consiste na relação de todas as ações com aquela legislação através da qual somente um reino de fins é possível. Essa legislação, contudo, deve ser encontrada em todo ente racional. Ela deve ser capaz de surgir a partir da sua vontade, cujo princípio, então, é não realizar nenhuma ação de acordo com qualquer máxima que seja inconsistente com o fato de ser ela uma lei universal e, assim, agir apenas de modo que a vontade através das suas máximas possa considerar a si mesma ao mesmo tempo como universalmente legisladora. Se agora as máximas não se conformam por sua natureza já necessariamente a esse princípio objetivo dos entes racionais como universalmente legisladores, a necessidade de agir de acordo com aquele princípio é chamada de obrigação prática, ou seja, de dever. O dever pertence não ao soberano no reino de fins, mas sim a cada membro, e a cada um no mesmo grau.

A necessidade prática de agir de acordo com esse princípio, ou seja, o de-

34 Por que o fato (supondo que é um fato) de que uma outra pessoa é um fim em si mesma significa que os seus fins também devem ser os meus fins? Portanto, quão forte é essa exigência? (Ver a Questão para Discussão 6.)

35 Esse é um modo diferente de estabelecer o ponto de que apenas uma lei moral que surge da vontade de um ente racional como tal (e assim é um princípio de *autonomia*) pode ser incondicionalmente obrigatória. Basear princípios morais em qualquer outra coisa (princípios de *heteronomia* – literalmente, estar sob o domínio de um outro) fracassará em mostrar por que os entes racionais são obrigados a segui-los.

36 Aqui se encontra mais uma formulação, supostamente equivalente, da ideia moral central de Kant, a qual leva a mais uma formulação do imperativo categórico.

Contudo, o que exatamente essa versão adiciona às duas anteriores não fica particularmente claro.

ver, não repousa em absoluto em sentimentos, impulsos e inclinações; repousa meramente na relação dos entes racionais uns com os outros, na qual a vontade de um ente racional deve sempre ser considerada como legisladora, pois de outro modo ele não poderia ser pensado como um fim em si mesmo. A razão, portanto, relaciona todas as máximas da vontade como conferindo leis universais a todas as outras vontades e também a todas as ações com respeito a ela mesma; ela o faz não por causa de qualquer outro motivo prático ou de qualquer vantagem futura, mas sim por causa da ideia da dignidade de um ente racional que não obedece a nenhuma lei, exceto àquela que ele mesmo também estabelece.

...

Os três modos anteriormente mencionados de apresentar o princípio da moralidade são fundamentalmente apenas tantas fórmulas da mesmíssima lei, e cada uma delas une as outras em si mesma. Contudo, há nelas uma diferença; essa diferença é mais subjetivamente do que objetivamente prática, pois ela tem a intenção de trazer uma ideia de razão para mais perto da intuição (por meio de uma certa analogia) e, assim, para mais perto do sentimento. Todas as máximas têm:

1. Uma forma, que consiste na universalidade; nesse sentido, a fórmula do imperativo moral requer que as máximas sejam escolhidas como se devessem valer como leis universais da natureza.
2. Uma matéria, a saber, um fim; nesse sentido, a fórmula afirma que o ente racional, enquanto é por na natureza um fim e, pois, enquanto é um fim em si mesmo, deve servir em todas as máximas como a condição que restringe todos os fins meramente relativos e arbitrários.
3. Uma determinação completa de todas as máximas pela fórmula de que todas as máximas que provêm de legislação autônoma devem harmonizar-se com um reino possível de fins tal como com um reino da natureza.

Há uma progressão, aqui, como aquela através das categorias da unidade da forma da vontade (a sua universalidade), a pluralidade da matéria (os objetos, ou seja, o fins) e a abrangência total ou a totalidade do sistema de fins. Porém, na avaliação moral é melhor seguir o método rigoroso e fazer da fórmula universal do imperativo categórico a base: age de acordo com a máxima que pode, ao mesmo tempo, tornar-se uma lei universal. Contudo, se alguém deseja obter uma audiência para a lei moral, é muito útil trazer uma e a mesma ação sob os três princípios afirmados e, tanto quanto possível, trazê-la para mais perto da intuição.

Podemos agora terminar como começamos, com o conceito de uma vontade incondicionalmente boa. É absolutamente boa aquela vontade que não pode ser má, ou seja, é uma vontade cuja máxima, quando tornada uma lei universal, jamais pode entrar em conflito consigo mesma. Portanto, esse princípio é também a sua lei suprema: age sempre de acordo com aquela máxima cuja universalidade como uma lei podes ao mesmo tempo querer. Essa é a condição única sob a qual uma vontade jamais pode entrar em conflito consigo mesma, e tal imperativo é categórico. Porque a validade da vontade, como uma lei universal para ações possíveis, tem uma analogia com a conexão universal da existência das coisas sob leis universais, que é o elemento formal da natureza em geral, o imperativo categórico também pode ser expresso como segue: age de acordo com as máximas que podem ao mesmo tempo ter a si mesmas por seu objeto, como leis universais da natureza. Essa é então a fórmula de uma vontade absolutamente boa.

Questões para Discussão

1. Kant está certo em afirmar que uma pessoa que ajuda as outras apenas a partir do dever é moralmente superior a alguém que age a partir de uma inclinação à sim-

patia, à generosidade, à benevolência, e assim por diante? Você consegue pensar em como ele poderia defender essa alegação?

2. Ao aplicar a primeira versão do imperativo categórico (ver Anotação 19) ao exemplo do suicídio e do ato de fazer promessas, Kant alega que as máximas das ações em questão são contraditórias quando universalizadas. Ele está certo sobre isso em ambos os casos? O ato de fazer promessas é o mais plausível dos dois, mas há realmente uma contradição em supor que todos tomem dinheiro emprestado e prometam devolver, mas jamais façam isso? É muito improvável que as pessoas fossem ingênuas o bastante para continuar a emprestar dinheiro em tais circunstâncias, mas é realmente *impossível* que elas pudessem ser ingênuas desse jeito?

3. Nos outros dois casos (talento e caridade), Kant alega que, embora universalizar a máxima possa ser feito sem contradição, *querer* a máxima universalizada leva a um conflito ou a uma contradição na própria vontade. O seu argumento para isso depende da sua alegação de que existem outras coisas, conflitantes, que um ente racional necessariamente quer. Quão plausível é a sua alegação, em cada um dos dois casos, de que qualquer ente racional necessariamente quer as outras coisas em questão? Você consegue imaginar um ente racional que não queira isso?

4. Uma pessoa que comete suicídio no intuito de escapar de um infortúnio de um tipo sério (saúde ruim, catástrofe financeira, perda de uma pessoa amada, etc.) está fazendo uso de si mesma meramente como um meio para um fim? Qual é o fim e de que modo a pessoa está sendo usada como um meio para isso? Você consegue ver como alguém poderia argumentar em algum desses casos que o suicídio é consistente com ou até mesmo requerido pela ideia de que a pessoa é um fim em si mesma?

5. Por que a ideia de que as pessoas são fins em si mesmas requer desenvolver os talentos de alguém? Kant tem qualquer argumento claro para essa alegação? O que ele quer dizer nessa discussão com o "fim da natureza com relação à humanidade"? Isso sugere fazer uso da humanidade como um meio para algum fim posterior que não é o fim da pessoa em questão, mas da natureza (e o que "natureza" significa aqui)?

6. Uma objeção ao utilitarismo (ver a seleção de Williams) era a de que ele requeria atribuir aos projetos e desejos das outras pessoas a mesma consideração que as próprias de alguém. Alguém simpático à concepção de Kant poderia colocar esse aspecto, dizendo que o utilitarismo vê as pessoas meramente como um meio para a realização do máximo total geral de felicidade. Contudo, o próprio Kant incorre no mesmo problema ao afirmar que "os fins de qualquer pessoa, que é um fim em si mesma, devem ser também tanto quanto possível o meu fim"? Em que medida uma limitação é expressa por "tanto quanto possível"?

Onora O'Neill

Onora O'Neil (1941-) é uma filósofa britânica (nascida na Irlanda do Norte) que fez importantes contribuições à filosofia moral e política, à bioética, a questões relativas à justiça internacional e à filosofia de Kant. O'Neill lecionou por muitos anos nos Estados Unidos, no Barnard College, antes de voltar à Grã-Bretanha para lecionar na Universidade de Essex e na Universidade de Cambridge. Em 1999, passou a fazer parte do British House of Lords.

Na seleção a seguir, O'Neill explora o contraste entre os enfoques utilitarista e kantiano em questões morais, examinando o que cada concepção diria sobre uma questão que só recentemente tem sido foco de discussão filosófica: a questão da obrigação moral para com os que passam fome e a questão do alívio da fome. Na parte da discussão dedicada a Kant, ela se concentra naquilo que tem sido visto como a mais útil e sugestiva formulação do imperativo categórico, a saber, a versão que requer que as pessoas sejam tratadas sempre como fins em si e nunca meramente como meios.

As Perplexidades Morais do Alívio da Fome[10]

§1 A fome é um problema moral novo?

(...) quando nos perguntamos o que nós ou os outros deveríamos fazer sobre a fome global, parece não haver tradições literárias ou religiosas familiares ou discussões filosóficas que possamos utilizar. Isso não acontece porque a fome é nova, mas porque existe hoje muito mais do que nós (ou os outros) podemos fazer – ou deixar de fazer – que afetará o curso ou a vida de qualquer tipo de privação que possa existir. Na história, milhões de pessoas morreram de inanição completa e de desnutrição ou de doenças a que poderiam ter sobrevivido com uma alimentação melhor. E, sempre que tais mortes ocorreram, os sobreviventes próximos poderiam ter percebido que teriam condições de ajudar a evitar tais mortes, podendo, de fato, ter feito isso ou se perguntado se deveriam fazê-lo. Contudo, ninguém se perguntava se deveria prevenir mortes que ocorrem em locais muito distantes. A distância fazia uma importante diferença e, com poucas exceções, não havia nada para ser feito por essas vítimas da fome que viviam em locais remotos.

Em uma economia global, as coisas são diferentes. O milho das pradarias da América do Norte pode ser (e tem sido) distribuído para os que sofrem de inanição em Bangladesh ou na Somália. As políticas de longo prazo que afetam o desenvolvimento econômico, os níveis de fertilidade e a produtividade agrícola podem precipitar ou atrasar fomes remotas ou torná-las mais ou menos graves. Consequentemente, enfrentamos agora questões morais relativas a se devemos fazer algumas dessas novas ações possíveis. Devemos (ou os outros) distribuir comida, ajuda ou introduzir melhoramentos técnicos? Quem deve pagar a conta e sofrer os outros custos? Para quem (se é que para alguém) a ajuda deve ser dada e para quem deve ser negada? Quanto trabalho ou sacrifício (se é que algum) deve ser exigido daqueles que têm os meios para ajudar?

...

§6 Delimitando a discussão

Considerarei apenas duas teorias morais potencialmente aceitáveis. Escolhi essas duas porque são os principais disputantes para o objetivo de serem teorias moralmente aceitas. Uma dessas teorias é o utilitarismo; a outra é uma versão (simplificada) da ética kantiana. (...)

ENFOQUES UTILITARISTAS DE ALGUNS PROBLEMAS RESPECTIVOS À FOME

§ Bentham e o utilitarismo

A primeira pessoa que chamou a si de "utilitarista" foi (...) Jeremy Bentham. (...) Bentham (...) queria (...) aumentar a felicidade humana e esperava que uma reforma legal e moral realizada de modo sistemático e organizado pudesse fazer isso. (...) Se tivéssemos de tomar uma decisão, de acordo com a teoria moral de Bentham, deveríamos perguntar qual ato mais provavelmente aumentaria a felicidade da pessoa ou das pessoas afetadas. Os legisladores deveriam perguntar qual a lei que tornaria mais feliz a maioria que teria de viver sob ela. Se somos capazes de descobrir o ato ou a lei que vai produzir a maior felicidade para as partes afetadas, então encontramos o ato que é correto e exigido.

...

Bentham percebeu que a sua teoria exigia que as pessoas que tomam decisões tinham de fazer longos cálculos para descobrir qual ação disponível (ou legislação) produziria a maior felicidade. Ele era audaz. Pensava que poderia listar os

---

[10] Extraído de *Matters of Life and Death*, editado por T. Regan (New York: McGraw-Hill, 1980).

cursos de ação disponíveis e, então, descobrir quanta felicidade cada um produziria. (...)
(...) O cálculo de Bentham requer que façamos a conta para aquilo que *quase sempre* não temos as informações necessárias. Frequentemente estamos inseguros sobre quanta felicidade e quanta infelicidade um ato produzirá. Na realidade, não sabemos como podemos medir a felicidade. Frequentemente não sabemos quem será afetado, em que medida ou por quanto tempo. (...)

§ Mill e o utilitarismo

Os sucessores de Bentham, incluindo alguns de seus mais ardentes admiradores, foram mais céticos quanto ao cálculo felicífico [*the felicific calculus*]. ❶ Mesmo que pensassem que a teoria moral utilitarista estava certa em princípio, duvidaram do fato de que as decisões morais pudessem ser transformadas numa questão de cálculo. (...)
John Stuart Mill (...) duvidou que seria possível fazer cálculos de precisão sobre a quantidade de prazer que se poderia esperar de qualquer curso possível de ação. Pensou que os prazeres podem variar tanto em qualidade quanto em quantidade. Se alguns prazeres são de uma qualidade superior, então é impossível somá-los em conjunto. (...) Para somar coisas, é necessário que elas sejam medidas nas mesmas unidades, ou em unidades (como polegadas e centímetros) que podem ser reduzidas umas às outras. Contudo, do ponto de vista de Mill, alguns prazeres são *irredutivelmente* superiores aos outros. (...)
(...) Há ainda alguns utilitaristas (a maioria economistas e teóricos da decisão) que esperam uma precisão benthaniana ao tratar dos problemas. No entanto, há um número ainda maior daqueles que não sustentam que cálculos precisos de prazer possam ser feitos para guiar cada decisão, mas apenas que podemos fazer com que um julgamento informado ilumine qual curso de ação mais provavelmente aumentará a felicidade humana e, se podemos identificar tal ação com uma certeza razoável, devemos fazê-la, ao pasos que, se identificamos ações que mais provavelmente produzirão miséria, devemos evitá-las. (...)

§14 Alguns argumentos utilitaristas sobre a fome

Tomarei agora a teoria moral resumida na última seção e mostrarei como ela pode e tem sido usada para estabelecer conclusões diametralmente opostas sobre o que pessoas afluentes (nós, por exemplo) devem fazer em relação aos famintos que podemos ajudar. Tentarei usar esse resultado embaraçoso como a base para uma avaliação do utilitarismo. (...)
Para chegar às conclusões opostas, basear-me-ei em argumentos de dois artigos recentes, muito conhecidos, sobre problemas morais levantados pelo prospecto da fome. O primeiro artigo é "Ética salva-vidas: o caso contra a ajuda aos pobres", de Garrett Hardin, que argumenta que os afluentes não devem ajudar a aliviar a fome. O segundo é o artigo "Fome, afluência e moralidade", de Peter Singer, que argumenta que os afluentes devem ajudar a aliviar a fome.[11]

...

§15 Um utilitarista argumenta contra o alívio da fome

O argumento de Hardin pode ser resumido do seguinte modo. Os cidadãos de países afluentes são como passageiros de um bote salva-vidas ao redor do qual outras pessoas náufragas, desesperadas, estão nadando. As pessoas no bote podem ajudar algumas que estão na água. Porém, se os cidadãos dos países ricos ajudarem alguns que têm inanição, isso terá, diferentemente de muitos resgates com botes salva-vidas, efeitos ruins. De acordo com Hardin, para começar, os países afluentes terão menos margem

---

❶ "O cálculo felicífico" é a etiqueta de O'Neill para o cálculo do total geral de prazer e felicidade (incluindo valores negativos de dor e infelicidade) que resulta de várias ações alternativas. (*Felicity* significa justamente felicidade.)

---

[11] G. Hardin, "Lifeboat Ethics: The Case Against Helping de Poor"; P. Singer, "Famine, Affluence and Morality", ambos reimpressos em: W. Aiken e H. La Follette, *World Hunger and Moral Obligation*, Englewood Cliffs, N.J.: Prentice-Hall, 1977. [O artigo de Singer foi reimpresso neste livro, p. 424-429]

de segurança, tal como um bote superlotado. Só isso já pode ter mais peso do que a felicidade acrescida daqueles que foram resgatados, mas os efeitos a longo prazo são ruins para todos. Os resgatados presumirão que estão seguros, multiplicarão seus números e assim tornarão impossíveis salvamentos futuros. É melhor, de um ponto de vista utilitarista, perder algumas vidas agora do que perder mais vidas mais tarde. Assim, nenhuma tentativa de resgate deve ser feita.

O uso por Hardin (e outros) da metáfora do bote salva-vidas tem sido amplamente criticado. As pessoas em um bote salva-vidas (geralmente) têm direito aos seus assentos. As operações de resgate em botes salva-vidas põem em perigo os que resgatam. Há poucos interesses que aqueles que estão no bote salva-vidas partilham com aqueles que estão se afogando. Em contraste, não é muito claro que as pessoas e os países afluentes têm direito a tudo o que têm. Parte pode ter sido adquirida pela exploração de nações ou pessoas mais pobres. Mesmo que tenham sido adquiridas pelos procedimentos padrão de mercado, os termos de comércio estão a favor (e talvez injustamente) dos mais poderosos. Além disso, não é muito claro que as tentativas de aliviar a fome apresentem riscos sérios aos afluentes. Por fim, os interesses dos ricos e dos pobres são com frequência congruentes, enquanto aqueles dos que estão salvando e dos que estão se afogando são diametralmente opostos. Todos têm um interesse na preservação da paz e na prevenção de catástrofes ecológicas. ❷ Mas (...) o principal ponto de Hardin pode ser enunciado sem depender da metáfora.

A sua principal afirmação é a de que o alívio da fome *encoraja* o crescimento populacional a um nível que não pode ser sustentado indefinidamente. Se compartilharmos nossos recursos com os pobres deste mundo, logo ninguém terá uma margem de segurança e até mesmo falhas em colheitas locais e temporárias terão um efeito drástico. Se compartilharmos recursos, logo estaremos todos no mesmo barco e ele não será forte frente à tempestade.

A concepção de Hardin é que, uma vez que a população cresceu pelo acréscimo de crianças por aqueles que de outro modo não teriam sobrevivido para ter crianças, a quantidade de sofrimento será maior do que o sofrimento de um grupo menor de pessoas que não tiveram a fome aliviada. Ele escreve:

> Se os países pobres não receberem comida de fora, a taxa de sua população será periodicamente controlada por falhas em colheitas e por fomes. Contudo, se podem sempre confiar em um banco mundial de alimentação em um período de necessidade, a sua população pode continuar a crescer sem ser controlada e assim será a sua "necessidade" por ajuda. A curto prazo, um banco mundial de alimentação poderá diminuir aquela necessidade, mas a longo prazo ele aumentará de fato a necessidade sem limite.[12]

O ponto de vista de Hardin sobre a fome é pesado, porém pensado. Ele afirma que alimentar os famintos é meramente levar a um provável aumento populacional e a um sofrimento maior no futuro. Alimentar os famintos preserva agora a vida e a felicidade, mas custa grandes quantidades de vida e miséria no futuro. Os mais prósperos não apenas podem, mas também devem, se são utilitaristas, deixar os famintos à sua própria sorte, isto é, morrer ou sobreviver tão bem quanto puderem. ❸

Singer, todavia, pensa que os prósperos têm uma obrigação de tentar alimentar os pobres. Ele parte da pressuposição de que

> se está em nosso poder prevenir que algo ruim aconteça, sem a partir disso sacrificar qualquer coisa de comparável significação moral, devemos moralmente fazê-lo. ❹ [13]

Ele então afirma que contribuir para o alívio da fome, mesmo contribuindo com uma proporção grande do rendimento de uma pessoa próspera, digamos 50%, não sacrifica nada de importância comparável, mas ajuda a prevenir a miséria e a perda da vida que a fome produz. Assim, ele conclui, os prósperos devem ajudar a alimentar os famintos e devem fazer isso até o ponto em que reduziram

---

❷ **PARE** Pense cuidadosamente sobre cada uma dessas alegadas diferenças entre o exemplo do bote salva-vidas e o caso da fome. Até que ponto eles solapam o argumento de Hardin?

❸ **PARE** Quão plausível é que resultados em termos de prazer e felicidade menos dor e sofrimentos serão maiores se as pessoas forem entregues à inanição do que em qualquer alternativa disponível? Há alternativas mais complicadas que Hardin deveria considerar? (Ver a Questão para Discussão 1.)

❹ Como já foi observado, na seleção de Singer, esse princípio capta somente parte de uma concepção utilitarista completa: a obrigação de evitar a dor e o sofrimento sempre que o custo é menor que o ganho. Nada é dito sobre a obrigação de maximizar o prazer e a felicidade, e não apenas de evitar a dor e o sofrimento.

---

[12] G. Hardin, in: W. Aiken e H. La Follette, op. cit., p. 17.
[13] P. Singer, in: W. Aiken e H. La Follette, op. cit., p. 24 (p. 426 deste livro).

tanto o seu próprio padrão de vida que, se continuarem doando, algo de importância moral comparável será sacrificado.

Essa conclusão também pode ser alcançada por uma via explicitamente utilitarista. O que torna a fome ruim, como Singer e todos os utilitaristas concordam, é que ela causa um sofrimento humano agudo e o que torna os sacrifícios dos prósperos menos ruins é que esses causam menos sofrimento humano agudo. (Compare como seria não ter um carro a como seria ficar com a metade da comida que você come agora.) Assim, se pensamos que devemos praticar ações que prevenirão ou reduzirão o sofrimento ou, ainda melhor, produzirão felicidade, então parece que há pouca dúvida de que devemos aliviar a fome, mesmo que fazer isso nos custe uma quantidade razoável de infelicidade de menor importância. ❺

§17 Por que Hardin e Singer chegam a conclusões incompatíveis?

Lendo Hardin e Singer, apresenta-se para cada utilitarista (...) um dilema. Parece que os seus pontos de partida não são muito diferentes, mas que chegaram a conclusões incompatíveis. Quero acreditar que isso é devido aos seus pontos divergentes sobre os efeitos das tentativas de aliviar a fome, e não a uma diferença sobre uma teoria moral.

Hardin presta atenção aos efeitos a longo prazo do crescimento populacional descontrolado. Ele é um neomalthusiano pessimista que pensa que não há método para cortar o crescimento populacional a não ser deixando os famintos seguirem o seu curso "natural". Com sorte, essa experiência poderá educar os sobreviventes da população irresponsável e, assim, eles conterão o tamanho de suas famílias. Só a realidade da fome pode ensinar essa lição. (...)

Singer é um neomalthusiano otimista que tende a subestimar os efeitos de longo alcance de salvar as pessoas da fome sem ser capaz de prevenir o crescimento populacional que mais tarde poderá exceder os recursos disponíveis. (...) A menos que consigamos resolver a disputa sobre os fatos e o futuro do crescimento populacional, não seremos capazes de resolver a disputa entre Singer e Hardin.

§ 18 A incerteza das consequências

(...) É um dos pontos fortes do pensamento moral utilitarista que ele pode ser aplicado de modo tão geral. Seu escopo é grande. As ações dos indivíduos, as políticas das nações e as atividades dos grupos (indo de corporações multinacionais até órgãos beneficentes para o alívio da fome e departamentos governamentais) afetam a felicidade humana. Portanto, os atos de todos esses agentes e agências podem ser moralmente avaliados pelos mesmos argumentos. Todavia, esse enorme escopo da teoria moral utilitarista não é útil a não ser que possamos calcular precisamente quais efeitos os atos produzidos terão. Um utilitarista consciencioso, mesmo aquele que não usa cálculos benthanianos, deve tentar encontrar os efeitos de suas ações. Como vimos no caso de Hardin e Singer, é difícil encontrá-los, sobretudo de forma precisa, quando deliberamos sobre o alívio da fome.

Essa imprecisão está presente na grande diversidade de políticas (frequentemente incompatíveis) que resultam dos argumentos utilitaristas. Em um nível mais geral, os argumentos utilitaristas apaixonados têm sido propostos *tanto* para o planejamento econômico centralizado *quanto* para a confiança no livre mercado. Em um nível menos global, os utilitaristas repetidamente discordam sobre políticas e ações.

Considere, por exemplo, a seguinte política de distribuição de alívio da fome que alguns utilitaristas defendem. William e Paul Paddock em *Famine – 1975!* sugerem que o alívio da fome deve ser alocado em um princípio de *triagem*.[14] Quando os recursos são limitados, devem ser dados para aqueles que podem beneficiar-se mais. O termo "triagem" é tomado da medicina militar. Em contextos médicos, ele significa que o mais ferido deve ser deixado para morrer e o ferido que caminha deve ser deixado para mancar. Todo o cuidado deve dirigir-se ao terceiro grupo intermediário. No caso da fome, isso significa que a ajuda deve ser concentrada naqueles países que têm as melhores chances de sobrevivência se

❺ Isso parece subestimar seriamente o que parece decorrer do princípio citado: se devemos ajudar até que o custo de ajudar atinja o ponto em que isso será tão ruim quanto o sofrimento evitado (e assim de "comparável significação moral"), muito mais do que "infelicidade de menor importância" será exigido. O resultado que O'Neill sugere mais provavelmente decorreria do outro princípio mais fraco que Singer oferece. (Ver a Anotação 2 da seleção de Singer.)

---

[14] W. e P. Paddock, *Famine – 1975!*, Boston: Little, Brown, 1967.

forem ajudados e que não sobreviverão se não o forem. A triagem é uma política que procura maximizar o número de sobreviventes. Vidas devem ser sacrificadas, mas somente para proteger mais vidas através da concentração de recursos onde eles produzirão o bem maior.

Provavelmente, os utilitaristas endossarão o princípio de triagem *se* pensarem que todas as vidas tendem na média a ser igualmente felizes. A preservação da vida é necessária para a existência das vidas felizes. Então, se as coisas permanecem iguais (e raramente elas são), preservar tantas vidas quanto possível produzirá a maior quantidade de felicidade total. Só se algumas das vidas a serem preservadas muito provavelmente, em um balanço, fossem dolorosas, os utilitaristas defenderiam que não deveriam ser preservadas. (...) Não preocupa aos utilitaristas que a triagem sacrifique algumas vidas em função de outras. Para os utilitaristas, a vida biológica não é um fim em si mesmo, mas um meio para contentamento com a vida. E onde um total maior de felicidade ou contentamento será atingido através da triagem de populações ou países, não é apenas permissível, mas inclusive um dever adotar essa política. A felicidade deve ser maximizada, mesmo ao custo de algumas vidas.

Não é muito claro, todavia, que a triagem de fato maximizaria a felicidade. Primeiro, as vidas *não* são todas igualmente felizes; e, se nem todas as vidas podem ser preservadas, os utilitaristas preferirão políticas que assegurem que serão ajudados aqueles que têm prospectos de maior felicidade em vez daqueles cuja sobrevivência é a mais fácil de garantir. Segundo, é difícil ver como a triagem possa ser legitimamente aplicada além do contexto médico. Não há padrão claro para determinar quem é o "melhor risco". Qualquer nação ou região se tornará a que mais provavelmente sobreviverá se lhe for dado o tipo certo de ajuda. Algumas nações ou regiões parecem precisar mais de ajuda; porém, visto que não temos um enfoque científico dos métodos para atingir desenvolvimento econômico (embora haja legiões de teorias), realmente não sabemos a quem será mais difícil salvar a longo prazo. Neste século, alguns países aparentemente desesperados alcançaram crescimento econômico sólido, enquanto outros que pareciam igualmente bem-situados não conseguiram. Portanto, não é muito óbvio a quem aqueles que praticam a triagem devem rejeitar como casos sem esperança, a quem devem dispensar como feridos que caminham e a quem devem ajudar. Logo, não fica claro se os utilitaristas, após uma reflexão, endossariam a política de triagem. ❻

Considere, alternativamente, alguns dos seguintes dilemas que os indivíduos utilitaristas podem enfrentar quando estão pensando sobre a fome. Em todos esses exemplos, suponha que *A* seja um utilitarista moderadamente próspero, que sinceramente quer usar seu dinheiro extra para aliviar a fome e salvar vidas, coisas que ele razoavelmente julga que reduziriam enormemente a miséria humana. *A* pode estar pensando se deve tentar mandar dinheiro para uma família pobre em algum país pobre. Porém, como ele pode estar certo de que a família receberá o dinheiro e de que este não vai parar nas mãos de um oficial local que não precisa, que o usa para piorar a situação dos outros, talvez para comprar bens importados, deixando sem um cliente aqueles que anteriormente vendiam para ele? Não poderia o resultado da generosidade de *A* também piorar a posição daquelas famílias que precisam e que ele não pode beneficiar, que descobrem que os preços dos bens subiram além do que podem suportar, porque famílias que se beneficiaram podem pagar mais, e por isso os preços subiram? Ou suponha que *A* pense que o modo de beneficiar o pobre seja comprando os produtos de nações ou áreas em necessidade. Isso não poderia encorajar a produção para mercados exportadores instáveis, retardar o crescimento da autossuficiência local e tornar as pessoas mais vulneráveis nos anos difíceis? Se *A* comprar café brasileiro, apesar do seu preço alto, poderá estar certo sobre quem ele estará beneficiando? Não poderia estar encorajando o desenvolvimento de uma economia de monocultura, com todo o seu potencial para o desastre? Ou suponha que, a fim de encorajar o desenvolvimento do mundo árabe, *A* defenda (e, como consumidor, pratique) políticas que são altamente dependentes da importação de petróleo da OPEP. Não poderia ser o caso de que essa política não encoraja nada mais produtivo da felicidade e da vida humana do que a corrida por armas do

---

❻ **PARE** Pense cuidadosamente sobre essa questão. Há alguma esperança real, diante dos problemas que O'Neill aponta, de que um utilitarista chegue a uma decisão razoavelmente clara e justificada referente a se alguma versão específica da política moral da triagem é a solução correta para o problema da fome?

Oriente Médio? Ou suponha que *A* espere assistir, através de uma corporação multinacional, à introdução de um processo industrial mais moderno em alguma economia subdesenvolvida. Como ele pode estar certo de que isso não vai levar a um enclave desenvolvido em uma economia mais tradicional que, no todo, causa atrito para muitos, desemprego para alguns e ganho para outros que não estavam em primeiro lugar entre os que precisavam de maior ajuda? Ou suponha que *A* seja um planejador econômico em um país socialista. Esperando aumentar o bem-estar elevando o consumo *per capita* de carne, ele faz grandes compras de grãos no mercado mundial (para consumo animal), o que impede que a produção crescente de cereal beneficie as pessoas mais famintas e eleva os preços mundiais de cereais. Mais uma vez, o efeito em conjunto de um ato que tenta a aumentar a felicidade pode aumentar em vez de reduzir a miséria humana. Os enigmas podem ser multiplicados indefinidamente. O ponto é que, se tentamos encontrar as consequências de nossas ações como a teoria utilitarista exige, nós nos veremos repetidamente defrontados com cálculos impossíveis. O utilitarismo oferece-nos uma precisão espúria na argumentação moral. ❼

As razões para essas dificuldades estão profundamente enraizadas na estrutura da teoria utilitarista e não serão provavelmente remediadas por pesquisa posterior. O utilitarismo não diz que alguém deve *apenas* olhar para os efeitos locais de suas ações. (...)

A estrutura ampla e sistemática que torna a teoria moral utilitarista atrativa para muitas pessoas torna-se, se pensarmos bem, um dos seus pesadelos. Podemos geralmente ter muita clareza sobre o efeito a curto prazo, sobre pessoas próximas, daquilo que pretendemos fazer. Contudo, raramente temos clareza sobre o efeito total ou a tendência dos atos ou das políticas em um mundo economicamente interdependente, onde podemos afetar as vidas de pessoas a milhares de quilômetros ou de muitas gerações por vir. Enfrentamos em nossa época decisões sobre política energética que afetarão profundamente as vidas futuras. Se deixarmos um mundo de radiação nuclear ou terrorismo, ou um mundo faminto por combustível fóssil ou destruidor da saúde e das colheitas, tornaremos as pessoas futuras mais miseráveis – ou menos felizes – do que poderiam ser se tomássemos decisões diferentes. Mas será que cada um de nós pode estar certo (incluindo os especialistas na questão) de qual decisão mais provavelmente terá os resultados mais felizes? (...) Onde não há limites para o número de consequências, próximas ou remotas, que devemos considerar, as conclusões parecem se evaporar, e não se cristalizar. Os utilitaristas podem começar querendo ser realistas que soberbamente calculam os ganhos e as perdas, mas não parece haver um ponto natural de parada antes que se encontrem na posição de futurologistas que procuram descobrir o impacto das suas ações, ou de suas instituições, em uma vasta e complexa teia causal que se estende indefinidamente no futuro. ❽

Um utilitarista sério enfrenta uma vida moral zelosa. Cada decisão é uma decisão moral, visto que qualquer ato afeta a felicidade humana ou previne outro ato que pode afetar a felicidade humana. Um utilitarista nunca pode dizer: "Cumpri o meu dever". Não importa quão grande a contribuição de alguém tenha sido, muito provavelmente haverá outras misérias que poderia ter reduzido sem causar a si mesmo ou aos outros considerável miséria. Assim que cada miséria for subjugada, haverá outra aguardando pela administração de alguém. ❾ (...)

ENFOQUES KANTIANOS A ALGUNS PROBLEMAS RESPECTIVOS À FOME

§22 Um relato simplificado da ética de Kant

A teoria moral de Kant adquiriu a reputação de ser extremamente difícil de entender e, uma vez entendida, excessivamente exigente em suas demandas. Não acredito que essa reputação tem sido completamente merecida e procurarei desaboná-la. Nos §§ 23-26, tentarei reduzir algumas de suas dificuldades, enquanto nos §§ 27-30 tentarei mostrar as implicações de uma teoria moral kantiana para a ação em relação àqueles que sofrem ou podem sofrer fome. Finalmente, compararei os enfoques kantiano e utilitarista e avaliarei seus pontos fortes e fracos.

...

❼ Esta é uma objeção fundamental ao utilitarismo, tanto nessa área quanto em muitas outras: é simplesmente impossível determinar qual é a ação correta, a partir da perspectiva utilitarista, ou mesmo chegar a uma avaliação ou a uma aproximação razoável.

❽ Parte do problema é a necessidade de considerar consequências indefinidamente futuro adentro. Não se pode lidar adequadamente com esse problema dizendo – como Bentham parece sugerir – que consequências em um futuro distante devem ser "descontadas": valoradas com menor peso do que as mais próximas temporalmente. Mesmo que elas contem menos, as consequências futuras distantes podem muito bem ser mais importantes para o resultado total correto simplesmente porque há muitas delas.

❾ De uma perspectiva utilitarista, há obrigações morais relativas a *tudo* o que fazemos, com ações que são aceitáveis, mas não obrigatórias, ocorrendo somente no caso raro de que muitas ações estão amarradas de forma exata no seu valor utilitário. E o ponto não é que isso seja exigente demais, mas que é intuitivamente implausível que as demandas da moralidade sejam realmente tão amplas e inflexíveis.

Kant chama o seu Princípio Supremo de *Imperativo Categórico*. Suas várias versões têm também nomes sonoros. Uma é chamada de Fórmula da Lei Universal; outra é a Fórmula do Reino dos Fins. Aquela que em me concentrarei é conhecida como a *Fórmula do Fim em Si Mesmo*. (...)

§23 A fórmula do fim em si mesmo

Kant enuncia a Fórmula do Fim em Si Mesmo da seguinte maneira:

> Age de tal modo que sempre trates a humanidade, na tua própria pessoa ou na pessoa de qualquer outro, nunca simplesmente como um meio, mas sempre e ao mesmo tempo como um fim.[15]

Para entender isso, precisamos saber o que é tratar uma pessoa como um meio ou como um fim. De acordo com Kant, cada um de nossos atos reflete uma ou mais *máximas*. A máxima do ato é o princípio no qual alguém se vê agindo. Uma máxima expressa a política de uma pessoa, ou, se ela não tem uma política estabelecida, o princípio subjacente à intenção particular ou à decisão sobre a qual ela age. Assim, a pessoa que decide "Este ano, darei 10% da minha renda para o alívio da fome" tem como máxima o princípio de dízimo da sua remuneração para o alívio da fome. Na prática, a diferença entre intenções e máximas tem pouca importância, pois, dada qualquer intenção, podemos formular a máxima correspondente apagando referências a tempos, lugares ou pessoas particulares. No que se segue, tomarei os termos "máxima" e "intenção" como equivalentes.

Sempre que agimos intencionalmente, temos ao menos uma máxima e podemos, se refletirmos, enunciar qual é essa máxima. (...)

De acordo com Kant, quando queremos descobrir se um ato que nos propomos a fazer é correto ou errado, devemos olhar para nossas máximas, e não para quanta miséria ou felicidade o ato provavelmente produzirá, e se ele opera melhor para aumentar a felicidade do que um outro ato disponível. Temos de verificar se aquele ato que temos em mente não usará alguém como um mero meio e, se possível, se ele trata as outras pessoas como fins em si.

§24 Usando pessoas como meros meios

Usar alguém como um *mero meio* é envolvê-lo em um esquema de ação *ao qual ele não pode em princípio consentir*. ❿ Kant não diz que há algo de errado em usar alguém como um meio. Evidentemente, temos de fazer isso em cada esquema cooperativo de ação. Se eu desconto um cheque, uso o contador como um meio, sem o qual eu não poderia colocar as minhas mãos no dinheiro, e o contador, por outro lado, usa-me como um meio para receber o seu sustento. Porém, nesse caso, cada parte consente na transação. Kant diria que, embora eles se usem uns aos outros como meios, eles não se usam como *meros* meios. (...)

No entanto, há outras situações em que uma pessoa usa a outra de um modo que ela não poderia em princípio consentir. Por exemplo, uma pessoa poderia fazer uma promessa a outra com todas as intenções de quebrá-la. Se a promessa for aceita, então a pessoa a quem ela foi feita deverá ignorar qual é a verdadeira intenção (máxima) de quem fez a promessa. Se alguém soubesse que quem está prometendo não tem a intenção de cumprir o que estava prometendo, não aceitaria afinal de contas confiar na promessa. Seria como se não tivesse sido feita promessa alguma. Prometer com falsidade tem êxito somente através do engano da pessoa a quem a promessa foi feita, a saber, sobre qual é a máxima real de quem faz a promessa. Visto que a pessoa que foi enganada não conhece aquela máxima real, ela não pode em princípio consentir com a sua parte no esquema proposto de ação. A pessoa que é enganada é, por assim dizer, uma escora ou um instrumento – um mero meio – para o esquema do falso prometedor. Uma pessoa que promete falsamente trata aquela que aceita a promessa como uma escora

---

❿ Esta é uma sugestão que ajuda a entender o que significa tratar uma pessoa como um "mero meio", uma sugestão que tem apoio na própria discussão de Kant. Será que ela capta todos os casos relevantes? Pense aqui nos próprios exemplos de Kant, embora alguns deles, como vimos, sejam discutíveis em si mesmos. (Ver também a Questão para Discussão 3.)

---

[15] I. Kant, *Groundwork of the Metaphysics of Morals*, traduzido por H.H. Paton, New York: Harper Torchbooks, 1964, p. 96.

ou uma coisa, e não como uma pessoa. Do ponto de vista de Kant, é isso o que torna falso prometer algo errado.

Um modo comum de usar os outros como meros meios é enganando-os. Ao conseguir que alguém se envolva em um esquema de negócios ou em uma atividade criminal com falsas pretensões, ou ao oferecer um relato enganador sobre o que se está pretendendo fazer, ou ao fazer uma falsa promessa ou um contrato fraudulento, uma pessoa envolve outra em algo que ela em princípio não pode consentir, uma vez que o esquema requer que não saiba o que está acontecendo. ⓫ Outro modo padrão de usar os outros como meros meios é através da coerção. Se uma pessoa rica ou poderosa ameaça um devedor com a bancarrota, a menos que ele se junte em algum esquema, nesse caso a intenção do credor é coagir; e o devedor, se coagido, não pode consentir com a sua parte no esquema do credor. Para tornar o exemplo mais específico: se alguém que empresta dinheiro em uma vila indígena ameaça não renovar um empréstimo vital a não ser que lhe seja entregue a terra do devedor, então usa o devedor como um mero meio. Ele coage o credor, que não pode verdadeiramente consentir com essa "oferta que ele não pode recusar". ⓬ (...)

Na perspectiva de Kant, atos que são praticados a partir de máximas que requerem engano ou coerção dos outros – e, portanto, não podem ter o seu consentimento (pois o consentimento previne tanto o engano quanto a coerção) – são errados. Quando agimos sob tais máximas, tratamos os outros como meros meios, como coisas em vez de fins em si mesmos. Se agimos sob tais máximas, nossos atos não são apenas errados, mas também injustos: tais atos usam os outros que são enganados e coagidos.

§25 Tratando as pessoas como fins em si mesmos

Deveres de justiça são, na concepção de Kant (assim como de muitos outros), os nossos mais importantes deveres. (...) Contudo, há casos também em que, embora não usemos os outros como meros meios, ainda assim falhamos em usá-los como fins em si mesmos no sentido mais completo possível. Tratar alguém como um fim em si requer, em primeiro lugar, que não se use esse alguém como um mero meio, que se respeite cada pessoa racional com suas próprias máximas. Além disso, alguém pode procurar fomentar os planos dos outros e suas máximas compartilhando os seus fins. Agir de modo beneficente é procurar a felicidade dos outros, ou seja, tentar alcançar algumas das coisas que os outros estão tentando com suas máximas. Se quero fazer os outros felizes, adotarei as máximas que não apenas não os manipulem, mas que também incrementem alguns de seus planos e atividades. Atos beneficentes tentam atingir o que os outros querem. Todavia, não podemos procurar tudo o que os outros querem, pois suas vontades são por demais numerosas e diversas e, certamente, algumas vezes são incompatíveis. Segue-se que a beneficência deve ser seletiva. ⓭

Há, portanto, uma distinção bastante clara entre os requerimentos da justiça e da beneficência na ética kantiana. A justiça requer que *não* ajamos sob máximas que usam os outros como meros meios. A beneficência requer que ajamos sob *algumas* máximas que incrementam os fins dos outros, embora seja uma questão de julgamento e discrição quais de seus fins nós incrementamos. Alguns fins certamente não devem ser buscados porque seria injusto fazer isso. (...) Os kantianos sustentam que eles não fizeram nada de errado se nenhum de seus atos é injusto e que seu dever está completo se, além disso, em seus planos de vida, têm sido razoavelmente beneficentes nas circunstâncias.

(...) A teoria de Kant tem menos escopo do que o utilitarismo. Os kantianos não alegam descobrir se atos cujas máximas eles não conhecem plenamente são justos. Eles podem ser relutantes para julgar os atos ou as políticas dos outros que não podem ser consideradas como a máxima de qualquer pessoa ou instituição. Eles não podem hierarquizar atos em ordem de mérito. Ainda assim, a teoria oferece mais precisão do que o utilitarismo quando os dados são escassos. Pode-se normalmente dizer se o ato de alguém usaria os outros como meros meios, mesmo quando seu impacto na felicidade humana é obscuro do início ao fim.

⓫ **PARE** Assim, qualquer ação que dependa essencialmente de enganar uma outra pessoa será uma ação com a qual a pessoa em questão "não poderia em princípio consentir". É plausível supor que todas as ações que têm essa característica são moralmente objetáveis? (Ver a Questão para Discussão 4.)

⓬ Será que qualquer pressão sobre a escolha de outra pessoa conta como *coerção*? Presumivelmente não, mas qual é então o nível de pressão requerido? Há alguma resposta razoavelmente clara aqui? (Ver a Questão para Discussão 5.)

⓭ Até que ponto temos de buscar coisas que os outros procuram, no intuito de incrementar os seus planos e as atividades, para satisfazer essa parte do requerimento de Kant? Quanto é requerido para ser "razoavelmente beneficente", como O'Neill afirma mais adiante? Será que a concepção de Kant contém alguma resposta clara para essa questão?

§26 Deliberações Kantianas sobre Problemas respectivos à Fome

Pode parecer que a teoria que eu acabei de esboçar tenha pouco a dizer sobre problemas respectivos à fome. É uma teoria que nos proíbe de usarmos os outros como meros meios, mas não exige de nós que direcionemos nossa benevolência primeiramente para aqueles que sofrem mais. Parece que um kantiano consciencioso deve somente evitar ser injusto para com aqueles que sofrem fome e pode então ser beneficente com aqueles que estão ali perto de casa. Ele não estaria obrigado a ajudar os que sofrem inanição, mesmo que ninguém mais estivesse igualmente aflito. ⑭

...

§27 Deveres Kantianos de justiça em tempos de fome

Em situações de fome, a teoria moral kantiana requer de forma não ambígua que não cometamos injustiça. Não devemos agir sob uma máxima que usa os outros como meros meios, assim como não devemos nem enganar nem coagir os outros. Tal requerimento pode tornar-se bastante exato quando os meios para a vida são escassos, quando as pessoas podem ser mais facilmente coagidas e quando a vantagem de ganhar mais do que é justamente devido é grande. Apresentarei uma lista de atos que seria injusto praticar sob princípios kantianos, mas que alguém pode estar fortemente inclinado a praticar em condições de fome.

Começarei com uma lista de atos que alguém pode estar inclinado a praticar como membro de uma população atingida pela fome. Primeiro, onde há um esquema de racionamento, alguém não deve trapacear ou buscar mais do que aquilo que é a sua parte – qualquer esquema de trapaça vai usar alguém como um mero meio. Nem pode alguém ter vantagem diante do desespero dos outros para lucrar ou desviar bens para o mercado negro ou para acumular uma fortuna a partir das desgraças dos outros. Transações que são aparentemente compras e vendas podem ser coercitivas quando uma parte está desesperada. Todas as formas de corrupção que enganam ou exercem pressão sobre os outros também são erradas: acumular comida ainda não alocada, desviar suplementos de auxílio para uso privado, usar a influência corruptamente para a desvantagem dos outros. Tais requerimentos estão longe de ser triviais e comumente são violados em tempos difíceis. Em tempos de extrema fome, deixar de coagir e enganar pode colocar a própria vida em perigo e requer a mais alta coragem. ⑮

Segundo, a justiça requer que, em situações de fome, a pessoa ainda tente cumprir os seus deveres em relação aos outros. Por exemplo, mesmo em tempos de fome, uma pessoa tem deveres de tentar prover seus dependentes. Esses deveres podem tragicamente ser irrealizáveis. ⑯ Se eles o são, a teoria ética kantiana não julgaria errados os atos de uma pessoa que fez o seu melhor. Tem existido tempos na história humana em que não havia nada a fazer, exceto abandonar os fracos e os idosos ou (...) deixar as crianças defenderem-se por si mesmas da melhor forma que pudessem. No entanto, prover o responsável pelos dependentes com atos sob máximas que tentam ir ao encontro das suas reivindicações não significa usar os outros como meros meios para a sua própria sobrevivência e não é injusto. Uma tentativa consciencosa de cumprir as obrigações particulares que alguém assumiu também pode requerer muitas outras máximas de autorrestrição e empenho – por exemplo, pode requerer um esforço consciencoso de evitar ter mais crianças; pode requerer contribuir em termos de tempo e esforço para programas de desenvolvimento econômico. Quando não há outros modos de cumprir obrigações particulares, os princípios kantianos podem requerer uma geração de sacrifício. Eles não irão, todavia, requerer que alguém procure maximizar a felicidade de gerações posteriores, mas só estabelecer a segurança modesta e a prosperidade necessária para dar conta das obrigações presentes.

As obrigações daqueles que vivem com ou estão próximos aos famintos são sem dúvida mais fortes e exatas do que as daqueles que vivem mais longe – e, para estes, é mais difícil ver o que uma teoria moral kantiana exige. Não poderia, por exemplo, ser permissível nada fazer

---

⑭ A questão aqui é se todos os tipos de beneficência estão moralmente no mesmo nível, na medida em que o total geral for grande o suficiente – ou se não tratar os outros como meros meios requer ajudá-los ou ao menos tentar ajudar aqueles em maior necessidade.

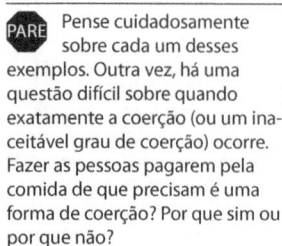

⑮ Pense cuidadosamente sobre cada um desses exemplos. Outra vez, há uma questão difícil sobre quando exatamente a coerção (ou um inaceitável grau de coerção) ocorre. Fazer as pessoas pagarem pela comida de que precisam é uma forma de coerção? Por que sim ou por que não?

⑯ Não tentar cumprir uma obrigação que resulta de algum tipo de acordo explícito seria um caso típico de usar outra pessoa como mero meio. Fica claro até que ponto isso se aplica a outros tipos de deveres que se pode ter em relação a pessoas particulares, tais como deveres em relação aos filhos? Se não quero fazer sacrifício a fim de alimentar minhas crianças em tempos de fome, eu as terei usado como mero meio? Se esse for o caso, como?

a respeito daqueles que passam fome? Não poderia alguém assegurar que nada faz de injusto para as vítimas da fome ao adotar máximas que de modo algum as mencionam? Fazer isso seria, no mínimo, exigir que uma pessoa contenha-se de certas práticas enganadoras ou coercitivas com frequência empregadas durante a exploração europeia e a penetração econômica do mundo agora subdesenvolvido e ainda não conhecido. Por exemplo, seria injusto "comprar" terras valiosas e recursos de pessoas que não entendem de transações comerciais, direitos exclusivos de propriedade ou direitos de minerais e, portanto, não entendem que a sua aceitação de ninharias destrói seus modelos econômicos tradicionais e seu modo de vida. (...)

Poucas pessoas no mundo desenvolvido hoje se encontram na posição de enfrentar a possibilidade de adotar em grande escala máximas de engano ou coerção de pessoas que vivem na pobreza. Contudo, ao menos algumas pessoas pensam que seus trabalhos exigem que tomem decisões sobre investimento e políticas de ajuda que afetam enormemente as vidas daqueles mais próximos da fome. O que um compromisso com a teoria moral kantiana exige de tais pessoas?

Tornou-se comum nos escritos de ética e nas políticas sociais distinguir entre as *responsabilidades pessoais* e as *responsabilidades de função*. Assim, uma pessoa pode dizer "como indivíduo eu tenho simpatia por isso, mas na minha função não posso fazer algo". Podemos desculpar os atos de coerção de uma pessoa porque ela está agindo em nome de uma função particular – por exemplo, como um soldado ou um guarda. Por outro lado, essa distinção não é feita ou aceita por todos. Nos julgamentos dos crimes de guerra, em Nuremberg, a defesa "Eu estava apenas fazendo o meu trabalho" não foi permitida, ao menos para aqueles cuja posição de comando significava que tinham alguma discrição no que faziam. Os kantianos geralmente desprezam qualquer distinção entre as responsabilidades próprias de uma pessoa e as responsabilidades de sua função. (...) Quando assumimos posições, *acrescentamos* às nossas responsabilidades aquelas que o trabalho requer, mas não perdemos aquelas que já são requeridas de nós. Nosso papel ou trabalho social não nos dá, na perspectiva de Kant, licença para usar os outros como meros meios. Mesmo executivos de negócios e oficiais de ajuda e revolucionários sociais agirão de forma injusta – e, por conseguinte, errada – se enganarem ou coagirem – não importa quão benevolentes sejam seus motivos.

Se as pessoas são responsáveis por todos os seus atos, depreende-se que seria injusto para os oficiais de ajuda coagir as pessoas a aceitar a esterilização, seria errado usar o poder coercitivo para alcançar vantagens políticas (como bases militares) ou vantagens comerciais (como acordos de comércio que causarão dano a outro país). Seria errado para os executivos de grandes corporações extorquirem um preço muito alto para operações continuadas de emprego e comércio. Quando um país menos desenvolvido é forçado a excetuar uma corporação multinacional das leis de impostos ou construir com seus próprios impostos a infraestrutura de ruas, portos ou aeroportos (para não mencionar mansões executivas) de que a corporação precisa – mas talvez não o país –, então se suspeita de que alguma coerção esteja envolvida.

O problema com tais julgamentos – e esse é um problema imenso – é que se torna difícil identificar a coerção ou o engano em arranjos institucionais complicados. Não é difícil entender o que é coercitivo quando uma pessoa ameaça outra com um ferimento sério se ela não atender ao pedido da primeira pessoa. Mas não é de modo algum fácil dizer quando formas exteriores de negociação comercial e política – que em geral envolvem um elemento de ameaça – tornaram-se coercitivas. Não posso explorar aqui essa fascinante questão. Contudo, penso que ao menos é bastante claro que a preservação de formas externas de negociação, barganha e consentimento voluntário *não* demonstram que não há coerção, especialmente quando uma parte é muito mais poderosa ou a outra está em profunda necessidade. Exatamente como nosso sistema judiciário tem uma longa tradição de invalidar contratos ou acordos com base na compulsão ou na incompetência de uma das partes, pode-se imaginar um tribunal de um tipo semelhante rejeitando alguns tratados e acordos como coercitivos, apesar do fato de terem sido negociados entre poderes "soberanos" ou seus representantes. Em particular, quando tais acordos foram negociados com base em alguns dos enganos e das coerções dos primeiros dias da expansão econômica europeia ou das coerções e dos enganos sutis dos superpoderes contemporâneos, parece duvidoso que a justiça do acordo possa ser sustentada.

É evidente que a justiça não é tudo, mesmo para os kantianos. Porém, as suas demandas são tais que eles podem empenhar-se razoavelmente em cumprir. Eles podem ter alguns momentos incertos – por exemplo, será que defender matérias-primas baratas significa defender um sistema de comércio internacional no qual os menos desenvolvidos continuarão a sofrer as pressões do mundo desenvolvido, ou é uma política benevolente que maximizará o comércio mundial e beneficiará todas as partes e que não fará injustiça a ninguém? Todavia, para os kantianos, as escolhas morais importantes são acima de tudo aquelas em que alguém age diretamente, não aquelas em que se decide quais modelos de ação devem ser encorajados nos outros ou quais instituições podem ser influenciadas. E tais decisões morais incluem decisões sobre atos benevolentes que alguém fará ou não.

§28 Deveres Kantianos de beneficência em tempos de fome

As bases para os deveres de beneficência consistem em que tais atos não meramente não usem os outros como meros meios, mas que sejam atos que desenvolvam ou promovam os fins dos outros e que, em particular, incrementem as capacidades dos outros para atingirem seus fins, sendo assim seres autônomos.

Há claramente várias oportunidades para a beneficência. Entretanto, uma área na qual a tarefa *primária* de desenvolver as capacidades dos outros de buscarem seus próprios fins é particularmente necessária é nas partes do mundo onde a pobreza extrema e a fome tornam as pessoas incapazes de perseguir *qualquer* de seus outros fins. A beneficência direcionada para colocar as pessoas em uma posição de procurar quaisquer fins que elas tenham adquire, para Kant, uma força maior sobre nós do que a beneficência direcionada para o compartilhamento de fins com aqueles que já estão em uma posição de procurar uma variedade de fins. Seria bom se eu comprasse uma raquete de tênis para jogar com meu amigo que é louco por tênis e nunca teve parceiros suficientes. Porém, é mais importante tornar as pessoas capazes de planejar minimamente a própria vida. É bom caminhar com uma pessoa que requer a nossa companhia por um segundo quilômetro, mas melhor ainda é compartilhar uma jaqueta com alguém que, do contrário, estaria com muito frio para fazer qualquer caminhada. Embora essas sugestões não sejam um conjunto de instruções detalhadas para a alocação da beneficência pelos kantianos, elas mostram que o alívio da fome deve posicionar-me em um lugar superior entre os deveres de beneficência.

§29 Os limites da ética Kantiana: intenções e resultados

A ética kantiana difere da ética utilitarista tanto no seu escopo quanto na precisão com que ela guia a ação. Cada ação, seja de uma pessoa ou de uma agência, pode ser avaliada por métodos utilitaristas, contanto que a informação esteja disponível sobre todas as consequências do ato. A teoria tem um escopo ilimitado, mas, devido a falta de dados, frequentemente falha em precisão. A ética kantiana tem um escopo mais restrito. Uma vez que ela avalia as ações olhando para as máximas dos agentes, pode apenas avaliar atos intencionais. Isso significa que ela se sente mais à vontade para avaliar atos de indivíduos, mas pode ser estendida para avaliar atos de departamentos que (como corporações e governos e uniões de estudantes) têm procedimentos de tomada de decisões. Ela não pode fazer algo para avaliar modelos de ação que não refletem intenções ou políticas e, por isso, não pode avaliar os atos de grupos que não têm procedimentos de tomada de decisões, tais como o movimento dos estudantes, o movimento das mulheres ou o movimento dos consumidores.

Pode parecer uma grande limitação da ética kantiana que ela se concentre em intenções e negligencie os resultados. Pareceria que o que todos os kantianos conscienciosos deveriam fazer é estar

---

⑰ PARE Aqui está um argumento segundo o qual, da perspectiva kantiana, nós somos obrigados a tentar ajudar aqueles cuja necessidade é maior de que a sua pretensão sobre a nossa beneficência é maior. Quão forte é o argumento (da perspectiva kantiana)?

certos de que nunca têm a intenção de usar os outros como meros meios e de que, algumas vezes, tenham a intenção de incrementar os fins dos outros. E, como todos sabemos, boas intenções muitas vezes levam a maus resultados e, correspondentemente, más intenções algumas vezes não produzem dano ou até mesmo produzem algum bem. Se Hardin está certo, as boas intenções daqueles que alimentam os que estão em inanição levam a resultados terríveis a longo prazo. Se alguns argumentos tradicionais em favor do capitalismo estão certos, a gula e o egoísmo do motivo do lucro produziram uma prosperidade sem precedentes para muitos.

No entanto, tais discrepâncias entre as intenções e os resultados são a exceção, e não a regra. Não podemos simplesmente *afirmar* que nossas intenções são boas e fazer o que quisermos. Nossas intenções refletem o que esperamos que sejam os resultados imediatos de nossa ação. Ninguém acredita nas "intenções" de um casal que não pratica nem o celibato nem a contracepção, mas ainda insiste em dizer "nunca quisemos ter mais filhos". A concepção é muito provável (e sabidamente é provável) em tais casos. Quando as intenções expressas das pessoas ignoram os resultados normais e previsíveis do que elas fazem, inferimos que (se elas não são muito ignorantes) que as suas palavras não expressam as suas verdadeiras intenções. A Fórmula do Fim em Si Mesmo aplica-se a intenções nas quais alguém age, e não a alguma versão petrificada manifestada por alguém. Contanto que essa intenção – a intenção real do agente – não use o outro como mero meio, ele não faz nada injusto. Se alguma de suas intenções incrementam os fins dos outros, então ele é algumas vezes beneficente. Portanto, é possível que as pessoas testem os seus propósitos através de argumentos kantianos, mesmo quando eles não possuem o conhecimento causal completo que o utilitarismo exige. Os kantianos conscienciosos podem descobrir se agirão errado por algum ato, mesmo sabendo que sua capacidade de previsão é limitada e que podem causar algum dano ou falhar em causar algum benefício. Porém, eles não causarão danos que podem prever sem que isso esteja presente em suas intenções.

RESPEITO PELA VIDA: UMA COMPARAÇÃO DAS CONCEPÇÕES KANTIANA E UTILITARISTA

§30 Utilitarismo e o respeito pela vida

A partir das diferentes implicações que as teorias morais kantiana e utilitarista têm para nossas ações em relação àqueles que passam ou podem passar fome, descobrimos duas visões bastante contrastantes do valor da vida humana. Os utilitaristas valorizam a felicidade e a ausência ou redução da miséria. Sendo um utilitarista, alguém deve (se consciencioso) devotar a vida a alcançar o melhor balanço possível de felicidade com relação à miséria. Se os planos permanecem em dúvida, isso se deve ao fato de que os meios para esse fim não estão claros. Contudo, sempre que a tendência causal dos atos é clara, os utilitaristas serão capazes de discernir os atos que devem realizar com sucesso para aumentar o balanço de felicidade sobre infelicidade no mundo.

Essa tarefa não se dirige a alguém covarde. Primeiro, ela é demasiadamente longa, certamente interminável. Segundo, ela pode requerer em certos momentos o sacrifício da felicidade, e inclusive de vidas, para atingir uma felicidade maior. Tal sacrifício pode ser moralmente requerido não apenas quando a pessoa cuja felicidade – ou mesmo cuja vida – está em questão prontifica-se para fazer o sacrifício. Pode ser necessário sacrificar algumas vidas em função de outras. Visto que o nosso controle sobre os meios de finalizar ou preservar a vida humana cresceu, dilemas análogos surgiram em muitas áreas para os utilitaristas. Deve a vida ser preservada do custo da dor quando a medicina moderna torna isso possível? Deve a vida ser preservada sem esperança de consciência? Devem as políticas de triagem, porque podem maximizar o número de sobreviventes, ser usadas para determinar quem deve ser deixado à inanição? Deve o aumento populacional ser incentivado quando aumentará o total da felicidade humana – ou, em algumas concepções, à medida que a felicidade média não é reduzida? Todas essas questões podem ser colocadas em um esquema utilitarista e respondidas *se* tivéssemos as informações relevantes. E, algumas vezes, a resposta será que a felicidade humana demanda o sacrifício de vidas, incluindo o sacrifício de vidas indesejáveis. Além disso, para muitos utilitaristas, não faz diferença se os sacrifícios indesejáveis envolvem atos de injustiça para aqueles que perderão as vidas. Pode, por exemplo, ser necessário para a felicidade máxima que algumas pessoas tenham as suas rações repartidas ou suas rendas, duramente ganhas, desviadas para o benefício de outros. Ou pode vir a ser o caso que algumas gerações devam sacrificar o conforto ou a liberdade e até mesmo vidas para erigir "a fabricação da felicidade" para seus sucessores. Os utilitaristas não negam essas possibilidades, embora a imprecisão do nosso conhecimento das consequências normalmente manche as implicações da teoria. Se olhamos através da mancha, vemos que a concepção utilitarista é que vidas podem ser certamente sacrificadas para um bem maior mesmo quando as pessoas não estão querendo fazer isso. Nada há de errado em usar outro como mero meio, contanto que o fim para o qual a pessoa é usada seja um resultado mais feliz que um outro que poderia ter sido atingido, levando em consideração a miséria que os meios causaram. No pensamento utilitarista, as pessoas não são fins em si. O seu estatuto moral especial deriva do fato de serem meios para a produção da felicidade. Portanto, a vida humana tem valor alto, embora ele seja derivado, e uma vida pode ser tirada em nome da felicidade maior de outras vidas, ou tendo-se em vista o fim da miséria daquela vida. Também não existe qualquer diferença profunda entre terminar uma vida em nome da felicidade dos outros através da não ajuda (por exemplo, pela triagem) e fazer isso através do malefício. Dado que a distinção entre justiça e beneficência não é prontamente feita no utilitarismo, não é possível dizer que a triagem seja uma questão de não beneficiar, ao passo que outras intervenções são uma questão de injustiça.

A teoria moral utilitarista tem, portanto, uma visão paradoxal do valor da vida humana. Seres humanos vivos, conscientes, são (juntamente com outros seres sencientes) necessários para a existência de tudo o que os utilitaristas valorizam. Apesar disso, não é o fato de estarem vivos, mas sim o estado de suas consciências que tem valor. Eis por que os melhores resultados podem requerer que certas vidas sejam perdidas – por quaisquer meios – em nome da felicidade total e da ausência de miséria que pode ser produzida.

§31 Kant e o respeito pelas pessoas

Os kantianos chegam a diferentes resultados sobre a vida humana. Ela é valiosa porque os humanos (e outros seres possivelmente concebíveis, por exemplo, os anjos e os primatas) são os portadores da vida racional. Os seres humanos são capazes de escolher e de planejar. Essa capacidade e o seu exercício são de tal valor que não devem ser sacrificados por nada de menor valor. Portanto, nenhuma criatura racional ou autônoma deve ser tratada como mero meio para o contentamento ou até mesmo felicidade de outra. Na visão de Kant, podemos justificadamente – e inclusive nobremente – arriscar ou sacrificar nossa vida pelos outros. Ao fazermos isso, seguimos nossa própria máxima e ninguém nos usa como meros meios. Contudo, nenhum outro pode usar nossa vida ou nosso corpo para um esquema ao qual eles ou nos coagiram ou nos enganaram para que entrássemos. Ao fazer isso, eles falhariam em nos tratar como seres racionais. Eles nos usariam como meros meios, e não como fins em nós mesmos.

É concebível que uma sociedade de kantianos, todos se esforçando para não usar uns aos outros como meros meios, terminaria com menos felicidade ou com menos pessoas vivas do que algumas sociedades de utilitaristas praticantes. Visto que os kantianos estariam apenas amarrados estritamente à justiça, poderiam ser, sem fazer algo errado, muito seletivos em sua beneficência e falhar em maximizar tanto os índices de sobrevivência quanto a felicidade ou mesmo em alcançar cada uma dessas coisas no nível em que o faz um grupo de zelosos utilitaristas, que de algum modo faz os cálculos corretos. Por outro lado, em uma sociedade de kantianos praticantes, ninguém seria transformado em um instrumento de sobrevivência ou felicidade dos outros.

...

Questões para Discussão

1. Hardin parece argumentar a favor da conclusão de que países afluentes não deveriam ajudar aqueles que estão sofrendo fome (e enfrentando problemas similares, tais como doenças epidêmicas) – dizendo não apenas que isso não é moralmente exigido, mas que seria moralmente *errado*, de uma perspectiva utilitarista, agir assim. Quão plausível é o seu argumento? Em que medida ele depende de uma escolha entre não ajudar de modo algum e um grande nível de ajuda que pode colocar os países afluentes em perigo? Existem níveis intermediários de ajuda que teriam um melhor resultado, da perspectiva utilitarista, do que qualquer uma dessas duas alternativas extremas? Se for assim, fica suficientemente claro qual é a melhor alternativa?

2. Pense em vários exemplos de escolhas morais razoavelmente sérias e nas possíveis consequências que diferentes ações podem ter em um futuro não muito distante. Com que frequência, nesses casos, estamos em posição de fazer uma avaliação confiável do valor utilitarista daquelas consequências distantes? Da perspectiva utilitarista, com que frequência alguém pode fazer tal escolha com uma confiança muito grande de que está fazendo a coisa certa?

3. O que significa a parte "em princípio" do requerimento kantiano, sugerido por O'Neill, de que alguém não deve envolver pessoas em "um esquema de ação ao qual eles não podem em princípio consentir"? Poderia alguém, por exemplo, consentir em ser tratado como escravo? Por que sim ou por que não?

4. Uma ação que essencialmente envolve enganar outra pessoa é imoral por causa disso? É imoral enganar uma pessoa preparando uma festa surpresa para ela (algo que essencialmente envolve enganá-la – e ao que ela não poderia em princípio consentir, visto que isso estragaria a surpresa)? Você pode pensar em outras ações com essa característica que não parecem ser moralmente objetáveis? Há algum modo para um kantiano traçar uma linha clara entre um engano que é moralmente permissível e um engano que não é?

5. Há vários tipos de ações nas quais a coerção – ou ao menos algo que se pareça muito com a coerção – parece estar essencialmente envolvida, mas que apesar disso parece moralmente permissível. Pode-se dizer que os donos de uma loja, por ter preços para as suas mercadorias (e expedientes antifurto), estariam coagindo os seus clientes a pagar pelo que eles querem. Pode-se dizer que as autoridades que reforçam a lei usam vários tipos de punição para coagir os cidadãos a cumprirem a lei. Pode-se dizer que os professores coagem seus alunos para se esforçar mais com a ameaça de notas mais baixas. Há algum modo razoavelmente claro de traçar a linha entre casos de coerção (ou pressão) que são moralmente aceitáveis e aqueles que usam os outros meramente como meios?

David T. Ozar

David T. Ozar (1942-) é um filósofo americano que leciona na Universidade Loyola, onde também é o diretor do Centro de Ética Loyola. Ele escreveu extensamente sobre direitos e ética na assistência à saúde. Nesta seleção, Ozar explica o conceito geral de direitos, distingue direitos morais de direitos convencionais (tais como direitos legais) e discute a questão relativa a se há direitos morais universais que todos os seres humanos têm (e, se esse for o caso, qual pode ser a base para tais direitos).

Direitos: O Que Eles São e de Onde Eles Vêm[16]

O DISCURSO SOBRE DIREITOS

O discurso sobre direitos é um modo de tentar falar, pensar e raciocinar sobre o que os indivíduos e as comunidades devem ou não fazer. Isto é, o discurso sobre direitos é uma área do discurso moral. Há muitos outros modos de tentar analisar os vários tipos de situação que surgem em nossas vidas quando uma ação ou política é boa ou má, certa ou errada, moral ou imoral. Contudo, no mundo ocidental hoje, o discurso sobre direitos é um dos modos mais comuns de formular questões morais, não importa se as questões envolvem somente indivíduos, ou se envolvem indivíduos e comunidade, ou mesmo quando envolvem as relações entre comunidades inteiras umas com as outras. (...)

O QUE SÃO DIREITOS?

Nenhuma definição simples da forma "um direito é um (...)" pode explicar adequadamente esse conceito complexo. Em vez disso, precisamos formular duas questões estreitamente relacionadas:

1. O que está implícito quando fazemos a afirmação "A tem um direito D de algum tipo"? e
2. Que condições devem ser satisfeitas para que tal enunciado seja verdadeiro?

Primeiramente, quando dizemos que alguém tem um direito de algum tipo, estamos, como já foi observado, falando sobre o que deve e o que não deve ser feito. Falar sobre direitos é um tipo de discurso moral. Ele é usado para informar as pessoas sobre as suas obrigações e dar explicações de nossas escolhas e ações, assim como das ações dos outros.

Segundo, falar sobre um direito, qualquer direito, é dizer que há *alguém* que *tem* tal direito. Um direito sempre tem referência a (...) um "agente" – um ser que age e que sofre uma ação. Direitos não existem como se fossem independentes, desenraizados. Na maioria dos casos, o agente será um indivíduo humano, isto é, comumente são os seres humanos que *têm* direitos. Se animais não humanos podem ter direitos e se um *grupo* de seres humanos, que funcionam como uma entidade singular, pode ter direitos, essas são questões para debate. (...)

Terceiro, dizer que alguém, A, tem um direito D de algum tipo é sugerir que outra pessoa, B, tem uma *obrigação* de algum tipo, de fazer ou deixar de fazer algum ato em relação a A. Ou seja, direitos são *relacionais*. Isso não significa necessariamente dizer que todos os direitos têm sua base em relações. Discutiremos várias bases dos direitos em um momento. O ponto que estamos ressaltando aqui é, antes, que um direito *é* uma relação. É uma relação entre uma pessoa que tem um direito e outras que têm obrigações correspondentes de agir ou deixar de agir. ❶

Quarto, direitos têm um caráter especial de *sobreposição*. Como Gregory Vlastos coloca, direitos têm precedência sobre muitos outros tipos de consideração moral.[17] Quando dizemos que alguém tem um direito, nossas palavras sugerem que as considerações morais que formam a base dessa afirmação são mais importantes do que qualquer outros tipo de consideração moral que pode ser relevante na situação.

Que outros tipos de considerações morais podem ser relevantes? Em geral, elas caem sob duas categorias: regras e consequências. Para muitas pessoas, as obrigações de agir ou deixar de agir geralmente derivam de um conjunto de

---

❶ **R** Como isso sugere, a ideia de que alguém tem um *direito* parece não ter sentido, a menos que haja outros que têm *deveres* correlativos.

(Porém, o contrário não parece ser o caso: nem todo dever acarreta um direito correspondente. O dever de beneficência em Kant é um exemplo de um suposto dever para o qual não há direito correspondente: ninguém em particular tem um direito a uma dada ação beneficente de uma pessoa.)

---

[16] Extraído de *Philosophical Issues in Human Rights: Theories and Applications*, editado por Patricia H. Werhane, A.R. Gini e David T. Ozar (New York: Randon House, 1986).
[17] Gregory Vlastos, "Justice and Equality", in: *Social Justice*, editado por Richard Brandt (Englewood Cliffs, N.J.: Prentice-Hall, 1962), p. 31-72.

regras fundamentais de conduta. Essas regras podem ser simplesmente regras diretas, como aquelas que frequentemente usamos para educar asnossas crianças: não minta, não roube, não cause dano às outras pessoas, cumpra as promessas, ajude aqueles em necessidade, desenvolva seus talentos, e assim por diante. Ou elas podem ser regras muito mais *abstratas*, como os dois testes da ação moral propostos pelo filósofo alemão Immanuel Kant (1724-1804):

1. "Nunca devo agir exceto de modo em que possa também querer que a minha máxima torne-se uma lei universal".
2. "Age de tal modo que sempre trates a humanidade, seja na tua própria pessoa ou na pessoa de qualquer outro, jamais como simplesmente um meio, mas sempre ao mesmo tempo como um fim".[18]

Por outro lado, para muitas outras pessoas, o ponto da nossa obrigação é produzir através de nossas ações a maior quantidade de bem, a maior melhoria do bem-estar para as pessoas. Nessa concepção, a chave para julgamentos corretos sobre o que devemos e o que não devemos fazer é uma análise cuidadosa das consequências que podem ser esperadas das várias ações que podem ser feitas. Esse enfoque defende que, das ações disponíveis para nós em uma situação particular, a ação que deve ser feita é aquela que traz o maior nível de bem-estar para as pessoas afetadas. ❷ (...)

Quando dizemos que alguém tem um direito, deixamos implícito que as considerações morais que formam a base dessa afirmação sobre direitos são mais importantes do que regras de conduta que podem ser relevantes e que essas considerações morais também ultrapassam em importância as consequências das ações particulares sob consideração. Como uma questão de fato, quando falamos sobre um direito, estamos falando sobre algo que tem precedência sobre outras considerações morais em dois sentidos. Os direitos têm um *duplo* caráter de sobreposição. Primeiro, se A tem um direito de algum tipo, então a obrigação de B de fazer ou não algo tem precedência sobre outras considerações morais relevantes no que diz respeito às próprias escolhas de B em relação à sua ação melhor ou mais exigida. Isto é, B não pode simplesmente descartar uma obrigação baseada no direito de A sem cometer uma falta moral e, com raras exceções, as únicas considerações que podem ter possivelmente um peso moral comparável para B são considerações baseadas em direitos de terceiras partes ou, de um modo mais limitado, aos próprios direitos de B. ❸

O segundo traço de sobreposição de um direito diz respeito a nós todos. Dizer que A tem um direito de algum tipo implica não somente que B tem uma obrigação de algum tipo para fazer ou deixar de fazer. Implica também que nós, os outros, temos em alguma medida a obrigação de ver que, dentro de certos limites, que B aja ou deixe de agir de acordo. Os limites dessa obrigação são determinados por nossos próprios direitos, pelos direitos de B e possivelmente por outras considerações morais, dependendo das circunstâncias. (...)

Quinto, dizer que A tem um direito de que B aja ou deixe de agir de algum modo é dizer que não apenas B tem uma obrigação nesse sentido, mas que B também deve isso a A. Se B falha em agir ou deixar de agir de acordo, B não está apenas falhando em agir como a moralidade requer; B está falhando em relação a A.

Suponha, por contraste, que B tenha uma obrigação de algum tipo de ser generoso com A, mas que A não tenha um direito a isso. Se B falha em ser generoso, B age imoralmente, mas B não falha em relação a A, pois B não *devia* nada a A. Porém, se A tem *um direito*, então se B falha em agir ou deixar de agir tal como é obrigatório, B falha em relação a A porque B devia algo a A e não o fez. (...)

Pela mesma razão, se A tem um direito e se falhamos em cumprir nossa obrigação correspondente de ver se B age ou deixa de agir correspondentemente,

---

[18] Immanuel Kant, *Groundwork of the Metaphysics of Morals*, traduzido por H.J. Paton (New York: Harper & Row, 1964), p. 70, p. 96.

❷ O utilitarismo é, obviamente, o principal exemplo dessa concepção consequencialista.

❸ Esse caráter de sobreposição dos direitos torna tentador formular qualquer alegação moral séria como um direito. Contudo, o fato de que os direitos se sobrepõem desse modo às outras considerações morais sugere que será mais difícil estabelecer a existência de direitos do que estabelecer a existência de outros tipos de consideração moral – é por isso que devemos suspeitar das afirmações de direitos que são colocadas sem qualquer base clara.

> **④** Será que os direitos *sempre* dão suporte a esse tipo de exigência? Um assunto relacionado aqui é o escopo desse "nós": ele se estende a toda a humanidade ou será mais restrito a algumas pequenas comunidades (e, se é assim, a qual delas)?

> **⑤** Esse ponto é de algum modo mais controverso: será que direitos genuínos simplesmente desaparecem quando se torna impossível satisfazê-los? (Ver a Questão para Discussão 1.) Outra questão sobre o direito específico mencionado é quem teria a obrigação correspondente.

então não só falhamos em agir como a moralidade requer, mas falhamos também em relação a A, pois o direito de A é uma *reivindicação* sobre nós, os outros; é algo que *devemos* a A. Ele justifica uma *exigência* sobre o restante de nós – uma exigência de que vejamos, dentro de limites próprios, que B aja ou deixe de agir de acordo. **④**

Sexto, visto que não existe uma obrigação moral de fazer o que é simplesmente impossível, segue-se que nunca é o caso de que A tem um direito que B faça o que é impossível ou que B deixe de fazer o que B não pode possivelmente evitar. Essa é uma característica da própria noção de um direito, e constitui tal característica porque é um traço da própria noção de obrigação moral. (...)

(...) Suponha que seja apresentado um argumento segundo o qual todos no mundo têm um direito a comida suficiente para manter um nível mínimo de funcionamento. Mas suponha que é sabido que a Terra não pode simplesmente produzir comida o bastante para todos no mundo manterem esse nível de funcionamento. Então, segue-se (admitindo que não há outra fonte de comida disponível) que não podemos dizer significativamente que há uma obrigação de providenciar tal comida. Porém, se não podemos dizer significamente que há uma obrigação de fazer X, como podemos dizer significativamente que alguém tem um *direito* de que X seja feito? Em tais casos, a fala sobre direitos não é exatamente falsa. Ela é, assim como a fala sobre obrigações em tais casos, simplesmente vazia. **⑤**

Sétimo, se A tem um direito, A tem a opção de *não exercer* aquele direito e também a opção de renunciar a ele em casos particulares e, possivelmente, em todos os casos. (...)

DIREITOS CONVENCIONAIS E DIREITOS MORAIS

...

Para determinar se um enunciado da forma "A tem um direito D de algum tipo" é verdadeiro, devemos analisar dois conjuntos muito diferentes de condições. Alguns direitos são verificados por referência a uma regra social, a um sistema de regras ou a um arranjo institucional de algum tipo. Tais direitos são chamados de direitos *convencionais* porque a sua existência depende da existência de regras sociais particulares, sistemas de regras e instituições cuja existência depende, por sua vez, da *aceitação* de tais regras, sistemas de regras e instituições das partes envolvidas. (...)

Por outro lado, muitas pessoas, tanto filósofos quanto não filósofos, defendem que há direitos de outro tipo que existem como parte da natureza moral das coisas, independentemente de alguém escolher. Tais direitos são algumas vezes chamados de direitos naturais, algumas vezes de direitos humanos e algumas vezes de direitos morais. Quando são chamados de direitos naturais, a ênfase pode estar no fato de que são parte da natureza das coisas, mas essa expressão é também usada para indicar que a base de tais direitos está na "natureza humana" – um conjunto estável e fundamental de características que se pensa estar construída dentro de cada ser humano. (...) outros pensadores têm chamado esse tipo de direitos de direitos humanos, direitos que temos simplesmente porque somos seres humanos. (...) Assim, eles são também chamados de direitos morais, direitos que todos *deveriam* reconhecer em qualquer lugar e em todas as circunstâncias. (...) Empregaremos a expressão "direitos morais" aqui. (...)

EXISTEM DIREITOS MORAIS UNIVERSAIS?

Um direito moral (humano, natural), como dissemos, é um direito que existe como parte da natureza moral das coisas e independentemente de alguém escolher ou concordar que há tal direito. Muitas pessoas acreditam que os seres humanos têm tais direitos e acreditam que *todos* os seres humanos os têm. Em outros termos, acreditam que há alguns direitos morais que são *universais* entre os seres humanos. (...)

a) A grande máquina e o seu escravo. Será útil começar a nossa discussão dos direitos morais universais com um caso. A seguinte história – de algum modo fantasiosa – pode iluminar quão profundas são as nossas convicções sobre a existência de direitos morais universais.

Suponhamos que, numa época futura, torne-se possível conectar toda a tecnologia do mundo a um único computador-mestre, que então poderá dirigir todos os processos produtivos do mundo para produzir e distribuir os recursos necessários a cada ser humano na Terra, para que se viva uma vida segura e confortável. Suponhamos também que o computador-mestre foi programado para realizar a sua tarefa de um modo ecologicamente correto e, assim, não há risco para os futuros membros da comunidade humana. Suponhamos ainda que a Grande Máquina é completamente segura, que não há risco de um mau funcionamento ao submetermos o bem-estar de toda a raça humana à sua direção.

No entanto, há um problema. Com tantos processos complexos para integrar e controlar ao mesmo tempo, a Grande Máquina precisa ter uso permanente e total de um cérebro humano vivo a fim de levar adiante os processos de raciocínio que são necessários para o seu trabalho. Alguns seres humanos devem ser conectados à Grande Máquina para que ela faça o seu trabalho. Essa pessoa continuará a viver em conforto, mas o seu cérebro será completamente tomado pela Grande Máquina. Não há nenhum modo em que essa função possa ser compartilhada entre um grupo de pessoas, com menos efeitos sobre cada uma. Também não há razão alguma para alguém fazer isso por algum momento e depois passar para outra pessoa, porque, uma vez programado pela Grande Máquina, o cérebro humano nunca mais poderá ser usado para levar uma vida humana comum. A escravidão à Grande Máquina é total e permanente.

Suponhamos que não haja voluntários para serem escravos da Grande Máquina. Seria moralmente justificável escravizar um ser humano que não deseje a Grande Máquina a fim de atingir um nível tão alto de bem-estar e tanta oportunidade para crescer e ter uma vida plena para todos os outros na Terra? (Postulemos que um procedimento justo e equitativo para selecionar essa pessoa pudesse estar disponível e, assim, não haveria nenhum problema moral em relação ao próprio processo seletivo.) Seria moral escravizar alguém à Grande Máquina? ❻

Muitas pessoas responderiam a esse caso dizendo que agiríamos de forma imoral, na verdade de forma profundamente imoral, se fizéssemos alguém escravo da Grande Máquina contra a vontade da pessoa, a despeito dos benefícios para todos os outros. Muitos dos que responderiam desse modo explicariam a sua resposta dizendo que cada ser humano tem certos direitos morais que seriam violados se ele fosse escravizado à Grande Máquina contra a sua vontade. Mas que razões existem para dizer que há direitos morais universais?

b) *"Dotado pelo seu Criador"*. Um enfoque possível das bases dos direitos morais universais é que eles foram dados à humanidade por Deus. Essa é a base que Thomas Jefferson identificou na Declaração de Independência: "Afirmamos que essas verdades são autoevidentes, que todos os homens são criados iguais, que eles são dotados pelo seu Criador com certos direitos inalienáveis". (...)

Jefferson não apela para as Escrituras ou para alguma fonte de ensino religioso com autoridade para afirmar que Deus dotou cada ser humano com direitos. Ele diz, em vez disso, que é algo "autoevidente." Com isso, ele certamente quer dizer "óbvio para todos". Em outras palavras, Jefferson pensou que há uma evidência que é clara para todos verem que aponta para a existência de direitos morais universais. Mas que evidência é essa? Sem dúvida, Jefferson acreditava que há traços dos seres humanos ou da vida humana que levam infalivelmente para essa conclusão.

Jefferson não nos ajuda muito a identificar esses traços e parece que não temos feito muito progresso ao examinar as palavras da Declaração. Contudo, há algo importante para aprender a partir disso. Mesmo aqueles que identificam as bases dos direitos morais universais na escolha de Deus de criar a raça humana de um certo modo têm em mente características dos seres humanos – as indicações que nos falam que, assim criados, os seres humanos possuem direitos morais universais. Isto é, acreditar na origem divina dos direitos humanos universais não é responder à nossa questão sobre a base da crença de que humanos têm tais direitos. É no máximo uma razão urgente para tentar responder a essa questão.

❻ Um utilitarista de ato aparentemente teria de responder "sim" a essa questão. Como vimos anteriormente, casos como esse apresentam uma das objeções comuns ao utilitarismo de ato – a qual pode agora ser colocada, dizendo que utilitaristas de ato aparentemente não podem reconhecer direitos morais (visto que, para eles, qualquer direito alegado poderia sempre ser sobreposto por considerações de utilidade).

c) Traços compartilhados por todos os seres humanos. Dos traços específicos dos seres humanos que foram propostos como a base dos direitos morais, os dois mais frequentemente mencionados são a liberdade humana e a racionalidade humana. Seres humanos são livres, isto é, fazem escolhas, e essas escolhas derivam de maneira significativa das próprias pessoas. Consequentemente, os seres humanos são especiais, diferentes de todas as outras espécies deste planeta (...): eles desempenham um tipo de atividade que nenhuma outra espécie desempenha. Portanto, o nosso tratamento dos seres humanos, assim se argumenta, também deve ser especial. Os seres humanos não podem ser simplesmente usados, como os outros seres do planeta são usados, para o cumprimento dos propósitos de alguém. As nossas ações em relação aos outros seres humanos devem reconhecer que eles são seres que escolhem, que têm os seus próprios propósitos. Tratar os seres humanos sem a preocupação com as suas escolhas e propósitos é tratá-los como eles não são, como se eles não fossem seres que escolhem. Então, de acordo com esse modelo de pensamento, os direitos são formas de respeitar as escolhas e os propósitos dos outros seres humanos.

Por outro lado, alguns pensadores enfatizam a racionalidade humana. Os seres humanos não são meramente sensores do mundo ao redor deles. São sujeitos que conhecem, juízes, criadores, comunicadores. Eles não apenas reagem aos estímulos. Juntam informações para formar verdades generalizadas sobre o mundo. Eles usam essas verdades para entender cada nova situação que surge. Consequentemente, também são capazes de transformar o mundo e compartilhar suas experiências sobre o mundo uns com os outros através da linguagem, dos símbolos e da cultura. Assim, os seres humanos são especiais entre os seres deste planeta, (...) especiais (...) por desempenhar atividades que outros não desempenham. Portanto, devem ser tratados de forma especial, como criadores de entendimento, como formatadores do mundo ao seu redor, como construtores da comunidade humana. De acordo com esse modelo de pensamento, os direitos protegem essas atividades especiais da espécie humana. ❼

Críticos desses dois enfoques, todavia, argumentam que nem as escolhas nem as atividades da razão são universais na espécie humana. Crianças pequenas não fazem escolhas nem desempenham atos de racionalidade tal como foram há pouco descritos. Mesmo crianças jovens não fazem escolhas ou julgamentos com tal independência que pensamos ser impróprio sobrepor as suas escolhas ou deixar de lado os seus julgamentos. Há também aqueles com sérias doenças mentais que perdem a capacidade de raciocinar corretamente e de fazer escolhas genuínas. Os que estão em coma (...) não desempenham atos ou raciocinam.

Será que isso significa que os direitos de um ser humano começam e terminam com as formas de atividade relevantes? Com certeza, esse não é o modo como os direitos morais são entendidos cotidianamente. Será que isso significa que alguns membros da espécie humana não têm direitos – bebês, crianças bastante pequenas, doentes mentais, comatosos (...)? Se esse é o caso, obviamente não devemos ir adiante falando de direitos morais *universais*. ❽

Outro enfoque seria olhar para os traços em relação aos quais estamos certos de que são características universais da espécie humana. (...) Os seres humanos são todos bípedes, têm polegares opostos e muitos outros traços genéticos em comum. Contudo, nenhum desses dois traços nem qualquer outro conjunto de características biológicas comuns parecem ser significativos o bastante, do ponto de vista moral, para servir de base aos direitos morais.

Todos os seres humanos que estão vivos estão, é claro, vivendo e estão sujeitos à dor e à morte. A vida, a dor, a morte são certamente questões de importância moral. Poderia a importância, para os seres humanos, de manter a vida, evitar a morte e evitar ou ao menos minimizar a dor servir como a base dos direitos morais universais? O problema com esse enfoque é que a rede parece ser muito ampla. Se a vulnerabilidade à dor e à morte é a base dos direitos morais, todos os seres humanos seriam certamente incluídos, mas assim também seriam muitos dos animais de outras espécies. A sugestão

---

❼ É plausível supor que esses traços distinguem outros seres humanos ao menos da maioria das outras espécies do planeta. Mas será claro *por que* esses traços supostamente garantem os direitos morais em questão? (Ver a Questão para Discussão 2.) Algumas vezes, tem-se sugerido que mamíferos inteligentes como golfinhos podem ter tais traços. Outra possibilidade são seres extraterrestres não humanos.

❽ Aqui está uma questão fundamental sobre os alegados direitos humanos: eles se estendem àqueles humanos que não têm os traços especiais que supostamente são a base deles (e, se é assim, por quê)?

de que os animais não humanos têm direitos morais é um tópico importante do discurso moral, mas muitos defensores dos direitos morais universais para os seres humanos sustentam que, no mínimo, os direitos morais dos seres humanos são mais fortes, mais amplos, diferentes de algum modo dos direitos que os animais não humanos podem ter, sejam lá quais forem. ❾

Alguns defensores dos direitos morais universais têm sustentado que a base desses direitos é a "dignidade humana" ou o "valor humano," que é certamente algo que os seres humanos não compartilham com os animais não humanos. No entanto, o problema com esse enfoque é a dificuldade de determinar quais traços dos seres humanos são referidos pelas expressões "dignidade humana" e "valor humano". Se é dito que os seres humanos têm dignidade ou valor porque são livres e/ou racionais, então os direitos morais baseados na dignidade ou no valor não serão universais pelas razões explicadas antes. Se os seres humanos têm dignidade ou valor por outra razão, isso precisa ser explicado, e as expressões "dignidade" e "valor" não proporcionam nenhuma indicação clara para essa explicação.

Parecemos estar em um impasse. Ou há direitos morais que alguns humanos têm, e possivelmente somente por algum tempo, ou há direitos morais que todos os humanos têm, mas a maioria dos animais não humanos também tem esses mesmos direitos. Se paramos nesse ponto, temos de abandonar a nossa idéia original – de que há direitos morais que todos os seres humanos têm precisamente "porque são humanos".

...

d) *Enfoques de duplo nível e de potencialidade*. Alguns teóricos morais responderam aos problemas colocados na seção anterior admitindo francamente que a noção completa de direitos morais aplica-se propriamente só àqueles seres humanos que têm capacidade para escolha livre e racionalidade. Fetos, bebês e crianças pequenas, até certo ponto de desenvolvimento, não têm direitos morais. Também não os têm os permanentemente comatosos e aqueles membros da espécie humana que, por qualquer razão e a despeito de sua idade cronológica, nunca se tornaram capazes de escolha e atividade racional.

Contudo, isso não significa dizer que humanos incluídos nessas categorias não têm quaisquer direitos. Isso dependerá de dois outros fatores. Primeiro, em algumas teorias de duplo nível*, todos os membros da espécie humana têm direitos morais de um tipo diminuto por causa de sua vulnerabilidade à dor e à morte. (...)

Porém, esses direitos não são em princípio diferentes dos direitos dos animais não humanos. A obrigação de não torturar é simplesmente uma aplicação de uma obrigação mais geral de não tratar cruelmente qualquer ser que pode experienciar dor intensa. A única diferença é que, com nossa psiquê mais complexa, a vulnerabilidade humana a certas formas de dor é mais ampla do que aquelas de animais não humanos. Consequentemente, as obrigações implicadas pelos direitos desse tipo terão provavelmente um escopo maior quando seus referentes forem os seres humanos do que quando seus referentes forem os animais não humanos.

Segundo, em todas as teorias que atribuem direitos morais completos somente àqueles seres humanos capazes de atos de escolha ou racionalidade, os outros seres humanos ainda podem ter direitos convencionais extensivos. Entre esses direitos, podem estar os direitos legais e os direitos baseados em outros sistemas de regras sociais. Todavia, mais importantes ainda são os direitos que derivam dos compromissos escolhidos de humanos racionais e livres. Por exemplo, uma criança jovem pode ter um direito convencional de ser cuidada por seus pais, em razão dos atos de compromisso de sua parte em manter a criança, ao invés de oferecê-la para a adoção. De um modo similar, um paciente comatoso permanente pode ter os direitos convencionais *vis-à-vis* vários profissionais do cuidado médico que livremente assumiram o seu cuidado e estão, portanto, comprometidos em providenciá-lo.

...

Os enfoques de duplo nível geralmente marcam a distinção entre aqueles

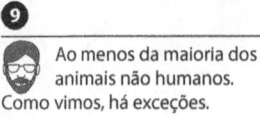

❾ Ao menos da maioria dos animais não humanos. Como vimos, há exceções.

---

* N. de R.T. No original, *bilevel*.

membros da espécie humana que têm direitos morais completos e aqueles que não têm dizendo que os primeiros são *pessoas* humanas, enquanto os últimos, embora certamente humanos, não são pessoas. (...) Em debates recentes sobre direitos morais, entretanto, o termo *pessoa* têm sido frequentemente usado com pouca explicação acerca de que traços dos seres humanos ele refere. (...)

Uma segunda resposta aos problemas discutidos anteriormente se concentra na noção de potencialidade. Essa concepção sustenta que há direitos humanos universais porque a base dos direitos morais é a *potencialidade* para atos livres e racionais. Esses seres humanos têm esse potencial desde o momento de sua concepção, pois, a partir daquele momento, estão continuamente se desenvolvendo em direção a desempenhar tais atos. Eles mantêm esse potencial, até onde podemos estar certos do nosso julgamento sobre ele, até o momento em que morrem. Mesmo aqueles que são comatosos podem ter esse potencial, ao menos até o ponto em que podemos nos certificar de que todas as suas funções cerebrais superiores, que são necessárias para atos livres e racionais, cessaram. Nesse ponto, eles não só não têm mais direitos morais, como também não são mais seres humanos vivos.

Há um grande número de argumentos que podem ser apresentados para defender essa concepção. Primeiro, é difícil identificar qualquer ponto no desenvolvimento de um ser humano em que acontece uma mudança radical que ofereça sentido para que digamos que ele é, depois disso, uma pessoa, mas não era antes desse momento, ou que ele agora tem direitos morais completos, mas não tinha direitos morais completos antes. O que existe e se descobre continuamente através de todo esse processo é precisamente o potencial para desempenhar atos de liberdade e racionalidade. Portanto, argumenta-se, o enfoque da potencialidade representa a nossa experiência real da vida humana com muito mais precisão do que o enfoque do duplo nível. Obviamente, o enfoque da potencialidade também converge muito mais do que o enfoque do duplo nível com a convicção milenar de que, se há quaisquer direitos morais, eles são direitos morais universais.

...

Uma objeção à teoria da potencialidade refere-se àqueles membros da espécie humana que nasceram ou se tornaram gravemente retardados, e cujo nível de funcionamento mental é, portanto, tal que não podem desempenhar atos de liberdade ou racionalidade – isto é, eles não têm a potencialidade para tais atos. Parece que esses membros da espécie humana não teriam direitos morais de acordo com a teoria da potencialidade, tal como ela foi explicada e, ainda assim, eles são certamente seres humanos. Como pode então o teórico da potencialidade afirmar que há direitos humanos *universais*?

...

Uma objeção mais radical diz respeito à própria noção de potencialidade. O que *é* uma potencialidade? Uma potencialidade, diz a objeção, não é "algo" que pode ser possuído por um ser humano. Quando falamos das potencialidades das pessoas, esse é simplesmente uma maneira mais conveniente de dizer que temos expectativas e consideramos provável que essas pessoas agirão de certo modo no futuro. Baseamos essas predições ou no próprio passado dos indivíduos ou no fato de pertencerem a uma classe de seres que têm agido de uma forma previsível. Contudo, nenhum desses envolve atribuir a um indivíduo um *traço* especial de sua constituição, que deveria ser chamado de potencialidade. Então, muito menos deveríamos ser levados a considerar esse "traço" da constituição de um indivíduo a base de qualquer outra coisa, incluindo direitos morais.

Uma objeção relacionada aponta que os teóricos da potencialidade afirmam ter demonstrado direitos *reais*. Isto é, eles implicam que outras pessoas *realmente têm* obrigações para agir ou deixar de agir de certo modo. Mas como podem as atividades humanas, não importa quão moralmente significativas forem, que são meramente *potenciais*, dar origem a direitos e, por conseguinte, a obrigações que são completamente *reais*?

...

e) *Enfoques relacionais da existência de direitos morais*. Em vez de concentrar-se nos traços dos seres humanos individuais, um certo número de teóricos dos direitos têm-se focado nos traços da vida humana em conjunto. Poderia a convicção amplamente espalhada de que há direitos morais universais ter o seu fundamento nas relações centrais que todos os seres humanos estão envolvidos? Muitas tradições filosóficas têm insistido na ideia de que não podemos descrever os elementos essenciais da constituição humana considerando os indivíduos humanos isolados uns dos outros. Estar conectado com outros seres humanos é uma parte fundamental do que é ser humano. (...)

Em "Justiça e Igualdade", Gregory Vlastos (...) mostra que há certas instâncias e traços das valorações humanas que fazemos uns dos outros que não envolvem comparações de pessoas ou hierarquização das pessoas, umas acima ou abaixo das outras. Entre os modos nos quais os seres humanos relacionam-se uns com os outros, há ao menos uma relação na qual as pessoas não são comparadas ou hierarquizadas e que contrasta com a miríade de relações humanas em que atribuir graus, hierarquizar e comparar as pessoas em termos de habilidades, desempenhos e outros atributos é apropriado. Vlastos não tenta dar nome a essa relação distintiva, mas ele a identifica dizendo que, nessa relação, o que é valorado em um ser humano por outro é o "valor humano".

Embora Vlastos não afirme que a seguinte descrição é completa sobre o que significamos por valor humano, ele sustenta que esses dois elementos farão parte de qualquer descrição completa dele:

a) "o contentamento com o valor em todas as formas nas quais ele pode ser experimentado por seres humanos", que ele chama, por questões de brevidade, de "bem-estar", e

b) "as escolhas conscientes e decisões deliberadas [bem como] modulações mais sutis e expressões mais espontâneas de preferências individuais", que Vlastos junta sob a etiqueta simples "liberdade".[19]

---

[19] Gregory Vlastos, "Justice and Equality", in: *Social Justice*, editado por Richard Brandt (Englewood Cliffs, N.J.: Prentice-Hall, 1962), p. 48-53.

(...) A relação que Vlastos descreve claramente implica direitos e obrigações entre os participantes. Essa relação consiste em uma afirmação incondicional do valor do outro em seu bem-estar e em sua liberdade. Ninguém poderia consistentemente afirmar tal relação com outro ser humano enquanto falhasse em levar em consideração o bem-estar do outro e a sua liberdade em ações concretas. (...) Em outras palavras, nessa relação o outro tem direitos. ❿

Vlastos defende que essa relação está completamente presente na comunidade humana e que, portanto, cada membro da comunidade humana tem direitos morais. A essa afirmação pode-se objetar que os direitos que Vlastos demonstrou existem somente entre aqueles que têm essa relação incondicional e que essa relação é opcional – uma questão de escolha. Consequentemente, pode-se argumentar que esses são realmente direitos convencionais em vez de morais, e não temos razão ainda para pensar que eles são direitos universais. ⓫

...

Existe alguma relação que tem (...) universalidade e necessidade (...) e, ao mesmo tempo, uma dimensão moral explícita como a afirmação incondicional de Vlastos do valor humano? Bernard Williams fez uma sugestão valiosa nessa direção em um artigo muito conhecido, intitulado "A ideia de igualdade". Williams começa seu argumento sobre a base da igualdade humana de uma maneira muito similar à de Vlastos, com uma distinção de abertura entre "a atitude técnica ou profissional" e "o modo humano". Nas relações profissionais e no mundo do trabalho, as ações de uma pessoa são julgadas pelos outros de acordo com vários títulos profissionais ou técnicos, tais como "trabalhador" ou "garçom" ou "gerente assistente". Ele escreve:

> A atitude técnica ou profissional é aquela que vê o homem somente sob aquele título, enquanto o modo humano é aquele que o vê como *um homem que tem* aquele título (entre outros), voluntariamente, involuntariamente, através da falta de alternativas, com orgulho, etc.

Essa abordagem humana envolve olhar para a pessoa não só como "a

---

❿ Tal afirmação incondicional do valor do outro ser humano está muito próxima do que Kant parece querer dizer ao ver outros seres humanos como "fins em si mesmos". Assim, a atribuição de direitos morais aos outros, pode-se afirmar, é uma clara aplicação da concepção de Kant.

⓫ Kant certamente negaria que ver outros humanos desse modo seja *moralmente* opcional. Em sua perspectiva, tal postura em relação aos outros humanos é o requerimento moral mais fundamental. (O que Kant – ou Vlastos – diz sobre o problema dos humanos que são incapazes de experimentar valor ou tomar decisões deliberadas?)

superfície sobre a qual um certo rótulo pode ser aplicado", mas tentando "ver o mundo (incluindo o rótulo) do seu ponto de vista".[20]

Cada um de nós que faz essa identificação imaginativa com a perspectiva de outro ser humano reconhece, ao fazê-la, que a perspectiva do outro tem valor, tem significado moral. O único modo de excluir essa valoração da perspectiva do outro como centro da experiência é recusar-se a ver as coisas a partir da sua perspectiva. Porém, essa recusa não elimina a possibilidade de tal identificação. A relação de valoração da perspectiva do outro está sempre disponível. (...)

Além disso, embora nem todos os seres humanos sejam capazes, todo o tempo, de identificar-se com a perspectiva do outro desse modo, todos os seres humanos são centros de experiência e são, portanto, capazes de ser identificados e de ter suas perspectivas valoradas. Aqueles que são (...) retardados, ou vivem em dor grave, são centros de experiência e têm um ponto de vista que outros podem identificar e experienciar como valiosos. Assim também são os bebês e, muito provavelmente, os fetos durante a maior parte de seu desenvolvimento. Mesmo os comatosos podem ser centros ativos de experiência, especialmente da experiência da dor e do fato de que não podem ser ajudados. Assim, embora o iniciador da relação possa não incluir todos os seres humanos, o seu termo é universal, ou seja, todos os seres humanos contam. Todos eles têm sapatos que cada um de nós pode calçar. A partir dessa perspectiva, experienciamos cada um deles – todas as outras pessoas – como valiosos. ⓬

Mais reflexão e argumento serão necessários para demonstrar completamente que, nessa relação universal de valorar incondicionalmente, está a base dos direitos morais universais. (...) Contudo, no desenvolvimento completo da proposta de Williams, podemos ter a base para os direitos morais universais.

---

[20] Bernard A.O. Williams, "The Idea of Equality", in: *Philosophy, Politics, and Society*, segunda série, editado por Peter Laslett e W.G. Runciman (London: Basil Brackwell, 1962), p. 117.

5. DIREITOS E CONSEQUÊNCIAS

O discurso sobre direitos, como foi dito anteriormente, é um modo de falar, pensar e raciocinar sobre o que indivíduos e comunidades devem ou não fazer. A fala sobre direitos é um tipo de discurso moral. Outro tipo importante de discurso moral considera a moralidade das ações dos indivíduos e comunidades em termos de suas consequências. Esse enfoque do raciocínio da reflexão moral é frequentemente chamado de consequencialismo.

...

Para os teóricos do direito que defendem que a base de todo raciocínio moral sólido está nos direitos morais fundamentais das pessoas, as análises da moralidade em termos das consequências das ações individuais ou de grupos não nos informam corretamente sobre o que deve ou não deve ser feito, a menos que essas análises sejam derivadas, por sua vez, de um entendimento mais fundamental dos direitos morais. Há certas ações que devem ser feitas ou não *apesar de suas consequências*. Isso significa, necessariamente, que as consequências não podem ser a base mais fundamental do que deve ou não ser feito. Tais teóricos em geral citam casos análogos ao da Grande Máquina, discutido antes, ao defender essa posição. De acordo com tais teóricos do direito, os consequencialistas estariam comprometidos não apenas em permitir, mas inclusive requerer que alguém fosse forçado a ser escravo da máquina. Conforme, eles argumentam, os grandes benefícios de fazer isso para milhões de pessoas superaria certamente os custos, na forma de uma vida sem o uso do próprio cérebro, para a pessoa escravizada. Todavia, dado que a escravização de até mesmo uma pessoa é claramente imoral, assim eles argumentam, o enfoque consequencialista é inadequado em si. A moralidade requer que ninguém seja escravizado à Grande Máquina, mesmo que as consequências de fazer isso fossem melhores para todos exceto para a pessoa escravizada.

Por outro lado, os consequencialistas com frequência sustentam que uma teoria dos direitos ou está baseada no consequencialismo ou está errada. Eles defendem essa afirmação argumentando

---

⓬ É suficiente distinguir todos os seres humanos dos animais "superiores" de diferentes tipos?

que, sempre que uma decisão moral envolve direitos em competição, resolvemos a questão examinando as consequências das ações disponíveis e identificando a ação que tem as melhores e mais desejáveis consequências.

Por que, então, assim pode perguntar um consequencialista, falamos de direitos? Por que o discurso sobre direitos tornou-se uma parte tão importante do discurso moral? Porque, dizem os consequencialistas, alguns tipos de coisas valiosas são a precondição para sermos capazes de alcançar todos os outros nossos valores. A vida, a saúde, a ausência da coerção e de certos tipos de interferência, o autorrespeito, um senso de identidade como seres que pensam e escolhem – esses valores particulares são valores que *devemos* ter de maneira significativa, antes de podermos atingir outras coisas e ter as outras experiências que valorizamos na vida, não interessando quais sejam os outros valores e experiências valiosas. Portanto, nas avaliações de nossas ações possíveis, a esses valores é reservado um lugar especial. Não é necessariamente o caso de que os valorizemos mais. Em vez disso, é o caso de que eles são precondições para os outros e, por isso, devem ser assegurados em primeiro lugar até mesmo antes que os outros possam ser possíveis. Essa prioridade real das precondições de tudo o que valorizamos é a razão para atribuir um nome especial para essas coisas – a saber, direitos – e para dar-lhes um peso especial em nossas reflexões morais. Assim, diz o consequencialista, o discurso sobre direitos tem um papel útil a desempenhar no discurso moral, mas são as consequências, e não os direitos, que são a verdadeira base para nossos julgamentos do que se deve ou não fazer. ⓭

...

DIREITOS POSITIVOS, DIREITOS NEGATIVOS E LIBERTARIANISMO

Dizer que A tem um direito é pressupor, como indicamos acima, que alguma outra pessoa, B, tem uma obrigação de fazer ou deixar de fazer algum ato em relação a A. Alguns teóricos contemporâneos dos direitos traçaram uma distinção forte entre direitos que implicam uma obrigação de B para agir, que têm sido geralmente chamados de direitos positivos, e direitos que implicam somente uma obrigação de B para abster-se de agir, que eles chamaram de direitos negativos.

...

Um grupo de teóricos morais que defende que a distinção entre direitos positivos e negativos é da mais alta importância é conhecido como libertarianistas. A posição libertarianista tem sido explicada de várias maneiras. Um modo de explicá-la é dizer que a base de todos os julgamentos morais sólidos é uma única regra moral fundamental: respeito pela liberdade das pessoas. Isso significa que não devemos interferir na maneira de agir dos outros com base em seus próprios fins, valores e propósitos. Temos de deixá-los livres para agir como quiserem na medida em que, ao exercer a sua liberdade, eles não interferem nos direitos dos outros que também devem similarmente ser deixados sozinhos. ⓮

É fácil ver por que essa teoria da moralidade também é muitas vezes referida como uma teoria de direitos – cada pessoa tem um direito fundamental de não interferência ao agir com base em seus fins, valores e propósitos. Esse direito libertário fundamental é, certamente, um "direito negativo", um direito que implica obrigações da parte dos outros de apenas deixar de interferir. Os libertarianistas afirmam que os únicos direitos morais são negativos, a saber, esse direito fundamental e quaisquer outros mais específicos que possam ser derivados dele. Não existem direitos morais que sejam direitos positivos; todos os direitos positivos que qualquer um pode ter são direitos convencionais, baseados em acordos voluntários para cumprir as obrigações envolvidas.

Os teóricos libertarianistas expandem essa regra ou direito fundamental de diferentes modos. No entanto, a maioria deles aceitaria as seguintes afirmações como sendo um ponto de partida para desenvolver obrigações focadas e mais estritas:

1. Nunca é moralmente permitido interferir nas ações de um adulto competente (que não está interferindo na vida de alguma outra pessoa) sim-

---

⓭ Esse enfoque consequencialista é similar ao utilitarismo de regra e enfrenta o mesmo problema importante: não há uma justificação consequencialista clara para reconhecer um direito quando está claro (e algumas vezes vai estar) que consequências melhores podem ser alcançadas por meio de sua violação. Contudo, o proponente dos direitos argumentará, um direito que pode ser sobreposto desse modo por um apelo às consequências não é realmente um direito.

⓮ Respeitar a liberdade das pessoas desse modo envolve também respeitar a sua vida – e, mesmo sujeito a discussão, respeitar as propriedades que elas adquiriram através do uso de sua liberdade (sem ilegitimamente interferir na liberdade ou na vida dos outros). As seleções de Locke e Nozick no Capítulo 6 apresentam versões dessa concepção.

⑮ Se você está quase atropelando alguém com o seu carro, evitar esse resultado é uma omissão (não bater nele) ou uma ação (pisar no freio ou mudar rapidamente a direção para longe dessa pessoa)? Isso sugere que muitos casos de não interferência junto aos outros podem ser descritos dos dois modos. Mas será que isso solapa a distinção entre direitos positivos e negativos? (Ver a Questão para Discussão 3.)

⑯ Nem todos concordam que direitos negativos sempre envolvem obrigações positivas. Porém, mesmo que o fizessem, ainda há uma diferença entre uma concepção de acordo com a qual as únicas obrigações positivas são as de ajudar os outros a assegurar e defender os seus direitos negativos e uma outra concepção de acordo com a qual há outras obrigações positivas e também direitos correspondentes: direitos de receber algo dos outros que vai além desse tipo de ajuda.

⑰ A seleção de textos de Rawls, no Capítulo 6, defende uma versão dessa concepção. Uma questão sobre direitos positivos desse tipo é quem tem a obrigação correspondente – o que vimos que é essencial para um direito significativo (ver a Questão para Discussão 4.)

plesmente para produzir melhores consequências.
2. É moralmente permitido interferir nas ações de alguém que está interferindo na vida de outra pessoa para o propósito de terminar com aquela interferência e/ou assegurar a apropriada restituição e/ou punição.
3. Todas as outras obrigações entre as pessoas devem dar-se por acordo voluntário das partes envolvidas e, assim, os arranjos acordados baseiam-se em direitos convencionais e obrigações.
4. A obrigação de não interferir aplica-se não apenas sobre o corpo, mas também sobre a mente e a propriedade de cada pessoa.
5. Quando o exercício da liberdade conflita com outro exercício da liberdade (isto é, quando um direito fundamental conflita com outro direito fundamental), então deve-se preferir aquela ação ou política que preserva a maior liberdade total para todos incluídos.

Nem todos os teóricos do direito, todavia, concordam com os libertarianistas em relação ao fato de que os direitos morais são apenas direitos negativos. Alguns teóricos têm defendido a concepção de que todos os direitos morais envolvem tanto obrigações "positivas" quanto "negativas", isto é, obrigações tanto para agir quanto para deixar de agir.

Tal argumento questiona a afirmação de que há uma distinção significativa entre ações e omissões. Se a linha que demarca a distinção entre uma ação e uma omissão não pode ser mantida, ou caso se possa provar que ela não tem significação moral, então a afirmação de que os direitos morais são apenas direitos negativos perderá a sua importância. **⑮**

Um segundo argumento que dá suporte a essa concepção baseia-se na implicação de que, no caso de qualquer direito *moral*, cada um de nós tem em alguma medida a obrigação de verificar se as ações relevantes ou as omissões são executadas. Isso significa que mesmo os direitos que à primeira vista parecem abranger somente obrigações de não interferência de fato também abrangem obrigações de agir positivamente para prevenir ou deter interferências em circunstâncias nas quais elas possivelmente ocorrerão. Consequentemente, argumenta-se que os chamados direitos negativos envolvem tanto obrigações de deixar de agir quanto obrigações de efetivamente agir. **⑯**

Finalmente, alguns teóricos que aceitam a distinção entre direitos positivos e negativos argumentam veementemente pela importância dos direitos morais positivos. Esses pensadores, que são críticos ferrenhos do libertarianismo, sustentam que os direitos positivos e as obrigações que eles implicam são essenciais para o desenvolvimento humano. Direitos negativos criam, no máximo, "negligência benigna" para aqueles que são incapazes de exercitar os seus direitos, porque direitos negativos permitem somente àqueles que são agressivos em perseguir a sua liberdade e que por acaso têm os recursos necessários ter sucesso, e isso, muitas vezes, à custa dos outros. Um modo de formular esse argumento, por exemplo, é mostrar que aqueles cujas necessidades básicas não são satisfeitas, quando os recursos suficientes estão disponíveis de sorte que assim eles *poderiam* satisfazer as necessidades, não possuem a igualdade de oportunidade que muitos libertarianistas enfatizam, ou então não têm a possibilidade psicológica de alcançar fins a não ser a sobrevivência. Outro modo é questionar a afirmação, implícita no libertarianismo, de que não temos relações morais positivas uns com os outros como ponto de partida. A interação social, argumenta-se, é uma parte inseparável da constituição de cada um de nós, e assim os direitos negativos "fundamentais" dos libertarianistas são eles próprios já fundados e dependentes da realização de relações morais positivas entre as pessoas. **⑰**

7. DIREITOS CONFLITANTES E OUTRAS OBRIGAÇÕES

Em algumas teorias morais, os direitos morais são a base de todas as obrigações morais. Em tais teorias, é importante perguntar se todos os direitos morais têm o mesmo peso, ou se alguns direitos têm precedência sobre outros quando ambos não puderem ser satisfeitos simultaneamente. Pelo mesmo motivo, é importante determinar se as obrigações implicadas por um determinado direito têm todas o mesmo peso moral ou não.

Para considerar um exemplo simples, suponha que o Sr. Jones fale para o Dr. Smith: "Se é câncer, doutor, não me conte". Suponhamos que Jones tem um direito de saber a verdade sobre a sua condição e também um direito, digamos, de definir os termos de sua relação com o Dr. Smith. Qual é a melhor coisa, moralmente falando, para o Dr. Smith fazer quando esses direitos conflitam? Ou suponha que sejam os direitos de dois portadores de direitos que estão em conflito. Se um feto tem um direito de não ser morto e uma mulher o direito de controlar o que acontece com seu corpo, por exemplo, então a moralidade de um aborto opcional é uma questão de direitos conflitantes de distintos portadores de direitos. Há alguma base na teoria dos direitos para hierarquizar direitos de forma a resolver tais conflitos?

Alguns teóricos dos direitos têm defendido que não é possível atribuir prioridades entre os direitos morais mais fundamentais e mais gerais. Contudo, como os direitos mais estritos são derivados deles, esses terão de ser pesados e hierarquizados um contra o outro, visto que algumas vezes estarão em conflito em situações concretas. A base para a sua hierarquização será até que ponto cada um deles cumpre e/ou impede o valor expresso nos direitos fundamentais – por exemplo, liberdade humana, racionalidade, relações fundamentais entre seres humanos, ou seja lá o que for.

Um modo de atribuir prioridade entre os direitos está baseado na afirmação de que há alguns direitos morais que devem ser satisfeitos antes de quaisquer outros. Henry Shue chama tais direitos de direitos básicos e argumenta que eles incluem os direitos de subsistência e segurança, além de certas formas de liberdade. Esses "direitos básicos" devem vir primeiro, Shue argumenta, porque são precondições de todos os outros direitos. Sem eles, o cumprimento dos outros direitos é impossível.[21] (Shue também propõe uma hierarquização de obrigações derivadas de sua tese sobre a basicalidade* de tais direitos. Shue divide as preocupações humanas em quatro categorias, em ordem crescente de significação moral: satisfação de preferências, enriquecimento cultural, direitos não básicos e direitos básicos. Ele oferece um princípio de prioridade que diz, primeira e obviamente, que uma pessoa deve hierarquizar obrigações que derivam de direitos básicos à frente de obrigações que derivam de direitos não básicos e, em segundo lugar, que uma pessoa está moralmente obrigada a sacrificar as suas próprias preferências e o seu enriquecimento cultural, por exemplo, se isso é necessário para assegurar direitos não básicos para um outro, e está também moralmente obrigada a sacrificar todos os três, se necessário, para assegurar direitos básicos de outra pessoa.)[22] **18**

...

R 18 Visto que os direitos básicos de Shue incluem alguns que são positivos (tais como os direitos de subsistência e segurança), isso leva ao resultado de que as pessoas são moralmente exigidas a não devotar recursos para buscar realizar os seus próprios projetos e interesses enquanto os "direitos básicos" de alguém não forem satisfeitos.

Uma questão importante sobre isso é o escopo da comunidade na qual essa obrigação vale. (Ver a Questão para Discussão 5.)

Questões para Discussão

1. Suponha que uma pessoa A tem uma obrigação (talvez resultante de um contrato ou acordo de algum tipo) de dar a outra pessoa B uma certa quantidade de dinheiro em um momento determinado e que a pessoa B tem um direito correspondente contra a pessoa A de que isso seja feito. Se para A é impossível naquele momento pagar a B a quantia exigida, será que isso significa que não existe a obrigação e, assim, nenhum direito? Suponha que A nunca será capaz de pagar (talvez porque não esteja mais vivo). Importa saber por que a pessoa A não é capaz de cumprir a obrigação? (Pense em diferentes possibilidades aqui.) Se o pagamento é genuinamente impossível, então obviamente A de fato não cumprirá a obrigação, mas há alguma razão para pensar que o direito de B não foi violado? Nesse caso, ele e a obrigação correspondente ainda devem existir.

2. Ozar (assim como muitos outros) sugere que são os traços específicos da liberdade e da racionalidade que fazem com que, ao menos em seres humanos desenvolvidos, eles tenham direitos morais (tais como os direitos à vida e à liberdade). Contudo, ele diz muito pouco sobre por que se supõe

---

[21] Henry Shue, *Basic Rights* (Princeton: Princeton University Press, 1980).
* N. de R.T. No original, *basicness*.
[22] Shue, op. cit., p. 114-119.

que isso seja assim, além de apenas observar que esses traços tornam os humanos "especiais entre os seres desse planeta". Mesmo admitindo que essa afirmação é correta, não fica muito claro como se segue a reivindicação de direitos. Você consegue ver alguma razão ou algum argumento a mais aqui? (Esta é uma questão extremamente difícil, mas vale a pena pensar sobre ela.)

3. Ozar sugere que a distinção entre direitos negativos e positivos depende daquela entre omissões e ações, e por isso pode ser solapada se a última distinção puder ser questionada (como no caso descrito na Anotação 15). Porém, outro modo de colocar a distinção é em termos de direitos negativos que não devemos interferir (exceto para evitar interferência com outros) e direitos positivos para que seja dado algum benefício positivo ou assistência. Investigue a clareza e a profundidade dessa distinção, pensando em vários direitos que se diz que as pessoas têm e experimente ver se eles claramente caem sob uma ou outra dessas duas categorias.

4. Afirma-se com frequência que todos os seres humanos têm direitos morais à nutrição mínima adequada, moradia, vestuário, entre outros. Uma questão sobre tais alegados direitos é a seguinte: quem tem os deveres correspondentes? Uma possível resposta é a "sociedade" ou "a comunidade". Todavia, além da preocupação sobre o tamanho ou o escopo da sociedade relevante ou comunidade (será que inclui todos os seres humanos ou mesmo todos os seres racionais de algum tipo ou é mais limitado em tamanho?), alguns objetarão que a sociedade não tem recursos por si mesma, mas só aqueles derivados de indivíduos de algum modo (como os impostos). Poderia ter a sociedade uma obrigação de providenciar para todos as coisas em questão (supondo que eles não são capazes de providenciá-las para si mesmos), sem que alguns ou todos os membros da sociedade tenham tal obrigação? Se não é o caso, qual é a base da última obrigação – especialmente quando ela se estende, por exemplo, a pessoas de países distantes? Essa é uma objeção séria à ideia (não convencional) dos direitos positivos? (Há qualquer problema análogo sobre os direitos negativos?)

5. Cada pessoa tem uma obrigação moral de não destinar recursos para seus próprios projetos e interesses até que, e a menos que, os direitos básicos de todos os seres humanos (ou talvez mesmo de todas as criaturas racionais) tenham sido satisfeitos? Quais seriam as implicações de tal concepção na questão do alívio da fome? O que aconteceria se descobríssemos, no processo de exploração espacial, um grande planeta repleto de seres racionais excepcionalmente carentes? (Importaria se fossem biologicamente humanos?) (Pense aqui sobre a objeção de Williams ao utilitarismo: ele falha em dar um peso adequado aos projetos e compromissos de uma pessoa. Em que medida uma objeção similar se aplica à concepção de Shue acerca dos direitos?)

Judith Jarvis Thomson

Judith Jarvis Thomson (1929-) é uma filósofa americana que leciona no Massachusetts Institute of Technology. Ela tem feito importantes contribuições tanto para a ética quanto para a metafísica.

Na seleção a seguir (que é talvez o trabalho, singularmente considerado, mais conhecido de Thomson), ela defende a tese de que o aborto é com frequência (mas não sempre) moralmente permissível, mesmo sob a pressuposição (que ela não aceita) de que o feto (o organismo pré-natal) seja uma pessoa desde o momento da concepção e mesmo em casos nos quais a vida da mãe não esteja em perigo. Aqui, é importante distinguir entre o conceito *moral* de uma pessoa e o conceito *biológico* de um membro da espécie humana. Não há dúvida de que o feto é biologicamente *humano*, mas o que Thomson admite para fins de argumento é que ele é também um ser com o tipo de estatuto moral, incluindo direitos, que atribuímos a quase todos os humanos, mas que pode também ser presumivelmente atribuído a seres de outras espécies, tais como golfinhos e seres extraterrestres. A discussão de Thomson é relevante para algumas das questões levantadas por Ozar e também reflete a ideia de Kant sobre pessoas como "fins em si mesmos".

Uma Defesa do Aborto[23]

Grande parte da oposição ao aborto baseia-se na premissa de que o feto é uma (...) pessoa desde o momento de sua concepção. Essa premissa é defendida com argumentos, mas, penso eu, não muito bem. Considere, por exemplo, o argumento mais comum. Pede-se que observemos que o desenvolvimento de um ser humano desde a sua concepção, passando pelo nascimento, até a infância é contínuo. Então, afirma-se que traçar uma linha para escolher um ponto desse desenvolvimento e dizer "antes desse ponto a coisa não é uma pessoa e depois desse ponto é uma pessoa" é fazer uma escolha arbitrária, uma escolha para a qual na natureza das coisas não pode ser apresentada uma boa razão. Conclui-se que o feto é – ou, de qualquer modo, é melhor dizer que é – uma pessoa desde o momento da concepção. Contudo, não se segue essa conclusão. Coisas similares podem ser ditas sobre o desenvolvimento de uma bolota num carvalho, e não se segue que bolotas sejam carvalhos ou que é melhor dizermos que elas o sejam. Argumentos desse tipo são algumas vezes chamados de "argumentos perigosos" – a expressão é talvez autoexplicativa – e é desanimador ver que os oponentes do aborto confiam neles tão firmemente e de forma não crítica. ❶

Estou inclinada a concordar, todavia, que os prospectos de "traçar uma linha" no desenvolvimento do feto parecem obscuros. Estou inclinada a pensar que provavelmente temos de concordar que o feto já se tornou uma pessoa humana antes do nascimento. De fato, chega a ser surpreendente quando se aprende pela primeira vez o quão cedo em sua vida ele começa a adquirir características humanas. Na décima semana, por exemplo, o feto já tem face, braços e pernas, dedos das mãos e dos pés, órgãos internos e a atividade cerebral é detectável. ❷ Por outro lado, penso que a premissa é falsa, que o feto não é uma pessoa desde o momento de sua concepção. Um ovo há pouco fertilizado, um amontoado de células há pouco implantado, não é mais uma pessoa do que uma bolota é um carvalho. Entretanto, não discutirei qualquer desses assuntos, pois me parece de grande interesse perguntar o que acontece se, para fins de argumentação, aceitamos a premissa. ❸ Como, precisamente, chegaremos a partir daí à conclusão de que o aborto é moralmente não permissível? Os oponentes do aborto comumente gastam muito do seu tempo estabelecendo que o feto é uma pessoa e raramente qualquer tempo explicando o passo daí até a impermissibilidade do aborto. Talvez pensem que o passo é por demais simples e óbvio para requerer algum comentário. Ou talvez sejam simplesmente econômicos na argumentação. Muitos dos que defendem o aborto apoiam-se na premissa de que o feto não é uma pessoa, mas um pedaço de tecido que se tornará uma pessoa ao nascer. Por que colocar mais argumentos do que você deve? Seja qual for a explicação, sugiro que o passo que eles dão não é nem fácil nem óbvio, que ele exige mais exame do que é comumente dado e que, quando lhe dermos mais atenção, estaremos inclinados a rejeitá-lo.

Proponho, então, que suponhamos que o feto é uma pessoa desde o momento de sua concepção. Como o argumento procede a partir daí? Algo tal como segue, eu penso. Cada pessoa tem direito à vida. Logo, o feto tem direito à vida. Não há dúvida de que a mãe tem o direito de decidir sobre o que deve acontecer com o seu corpo. Todos aceitarão isso. Porém, certamente o direito de uma pessoa à vida é mais forte e mais estrito do que o direito da mãe de decidir sobre o que acontece no e com o seu corpo e, assim, sobrepõe-se a ele. Portanto, o feto não pode ser morto. Um aborto não pode ser cometido.

Isso parece plausível. Mas agora permita-me pedir para que você imagine a seguinte situação. Você acorda de manhã e encontra-se de costas na cama com um violinista inconsciente. Um violinista famoso, mas inconsciente. Descobriu-se que ele tem uma doença letal nos rins, e a Sociedade dos Amantes da Música averiguou todos os prontuários médicos disponíveis, descobrindo que só você tem

---

❶ **PARE** Pense cuidadosamente sobre essa analogia. O que diríamos sobre os estágios entre uma bolota e um carvalho é razoavelmente claro: eles são estágios intermediários, mais do que bolotas, porém não são carvalhos ainda. Mas o que se deve dizer sobre os estágios intermediários entre algo que não tem estatuto moral ou direitos morais e uma pessoa completa que tem ambos? Pode algo ser mais do que uma não pessoa, mas não ainda uma pessoa completa (e, se é assim, que tipo de estatuto moral e direitos ela teria)?

❷ Contudo, essas características são claramente mais relevantes para a humanidade biológica do que para a pessoalidade.

❸ **R** A "premissa" é que o feto é uma pessoa desde o momento da sua concepção. Thomson propõe supor, para fins de argumentação, que isso seja assim, mesmo que ela não aceite realmente tal premissa.

---

[23] Extraído de *Philosophy and Public Affairs*, vol. 1, nº 1, outono de 1971.

> **④ PARE** — Essa analogia famosa é central para o argumento de Thomson, e você deve pensar sobre ela com muito cuidado. Uma coisa a observar é que há diferenças entre o caso da gravidez e o caso do violinista, tal como Thomson o apresenta. Você deve perguntar quão importantes elas são e se o caso do violinista pode ser modificado, eliminando assim algumas ou todas as diferenças. (Ver a Questão para Discussão 1.)

> **⑤ PARE** — Muitas pessoas pensam que o fato de que uma gravidez resultou de um estupro é moralmente significativo, mas *por que* isso é assim (se é assim)? Será que existe alguma relação com a questão referente a se o feto é ou não uma *pessoa*? Será que é relevante de algum outro modo?

o tipo correto de sangue para ajudar. Por isso, você foi sequestrado e, na noite passada, o sistema circulatório do violinista foi conectado ao seu, de modo que os seus rins podem ser usados para extrair toxinas do sangue dele tanto quanto do seu próprio. O diretor do hospital agora lhe diz "Olhe, sentimos muito que a Sociedade dos Amantes da Música tenha feito isso com você – nunca teríamos permitido se soubéssemos. Porém, mesmo assim foi feito, e o violinista está agora plugado em você. Desconectar você significaria matá-lo. Mas, não se preocupe, será apenas por nove meses. Até lá ele vai se recuperar da doença e poderá ser desconectado de você com segurança". É uma incumbência moral que você aceite essa situação? Sem dúvida, seria muito bom da sua parte se você aceitasse, seria uma grande generosidade. Mas você *teria* de consentir nisso? E se não fossem nove meses, mas nove anos? Ou ainda mais tempo? E o que aconteceria se o diretor do hospital dissesse: "Destino pesado, eu concordo, mas você deve ficar agora na cama, com o violinista plugado em você, pelo resto da sua vida, pois lembre-se disso: todas as pessoas têm um direito à vida, e os violinistas são pessoas. É claro que você tem um direito de decidir sobre o que acontece com e no seu corpo, mas o direito de uma pessoa à vida sobrepõe-se ao seu direito de decidir o que acontece no e com o seu corpo. Assim, você não pode jamais ser desconectado dele". Imagino que você consideraria isso horrível, o que sugere que algo realmente está errado com o argumento aparentemente plausível que mencionei um momento atrás. ④

Nesse caso, você foi sequestrado. Você não agiu voluntariamente na operação que conectou o violinista aos seus rins. Aqueles que se opõem ao aborto, baseados no que eu mencionei, podem fazer uma exceção para a gravidez que é devida ao estupro? Certamente. Eles podem dizer que as pessoas têm direito à vida somente se não vieram a existir por causa do estupro, ou podem dizer que todas as pessoas têm um direito à vida, mas que alguns têm menos direito à vida que outros; em particular, aqueles que vieram a existir devido a um estupro têm menos direito. No entanto, essas afirmações soam de modo bastante desagradável. Sem dúvida, a questão referente a se você tem um direito completo à vida, ou quanto você o tem, não deveria depender do fato de você ser produto de um estupro ou não. Realmente, as pessoas que se opõem ao aborto baseadas no que eu mencionei não fazem essa distinção e, por isso, não fazem uma exceção em caso do estupro. ⑤

Elas também não fazem uma exceção para o caso no qual a mãe tem de passar os nove meses de sua gravidez na cama. Eles concordarão que isso será uma grande pena e uma situação difícil para a mãe. Não obstante isso, todas as pessoas têm um direito à vida, o feto é uma pessoa, e assim por diante. Suspeito, de fato, que eles não fariam uma exceção para o caso em que, miraculosamente, a gravidez fosse adiante por nove anos ou mesmo pelo resto da vida da mãe.

Alguns não farão uma exceção para o caso em que a continuação da gravidez provavelmente encurtará a vida da mãe. Eles consideram o aborto não permissível mesmo para salvar a vida da mãe. Tais casos são hoje em dia muito raros, e vários oponentes do aborto rejeitam essa concepção extrema. Não obstante, é um bom lugar para começar: um número de pontos de interesse surge a esse respeito.

1. Chamemos de "concepção extrema" a concepção de que o aborto não é permissível para salvar a vida da mãe. Quero sugerir primeiro que ele não deriva do argumento que mencionei anteriormente sem o acréscimo de algumas premissas muito poderosas. Suponha que uma mulher engravidou e agora descobre que tem uma condição cardíaca tal que ela morrerá se levar adiante o bebê até o nascimento. O que pode ser feito por ela? O feto, sendo uma pessoa, tem direito à vida, mas a mãe também é uma pessoa e, portanto, tem direito à vida. Eles têm presumivelmente um direito igual à vida. Como é possível concluir que um aborto não pode ser feito? Se a mãe e a criança têm um direito igual à vida, não deveríamos talvez jogar uma moeda? Ou deveríamos acrescentar ao direito da mãe de viver o seu direito de decidir sobre o que acontece no e com o seu corpo, o qual todos parecem estar prontos a reconhecer – a soma dos seus direitos agora se sobrepõem ao direito do feto à vida?

O argumento mais familiar aqui é o seguinte. Afirma-se que cometer o aborto será matar[24] diretamente a criança, enquanto não fazer nada não será matar a mãe, mas só deixá-la morrer. Além disso, ao matar a criança, alguém estaria matando uma pessoa inocente, pois a criança não cometeu crime algum e não está almejando a morte de sua mãe. Então, há uma variedade de modos nos quais isso pode continuar.

1. Porém, dado que matar diretamente uma pessoa inocente é sempre e absolutamente não permissível, um aborto não pode ser cometido. Ou
2. dado que matar diretamente uma pessoa inocente é um assassinato, e o assassinato é sempre e absolutamente não permissível, um aborto não pode ser cometido. Ou
3. dado que o dever de alguém de deixar de matar diretamente uma pessoa inocente é mais forte do que o dever de evitar que uma pessoa morra, um aborto não pode ser cometido. Ou
4. se as únicas opções de alguém são matar diretamente uma pessoa inocente ou deixar uma pessoa morrer, então se deve preferir deixar a pessoa morrer e assim um aborto não pode ser cometido.[25] ❻

Algumas pessoas parecem ter pensado que essas não são premissas posteriores que devem ser acrescentadas, caso a conclusão tenha de ser alcançada, mas isso elas deduzem a partir do mero fato de que uma pessoa inocente tem direito à vida. Contudo, isso me parece ser um erro, e talvez o modo mais simples de mostrá-lo seja dizendo que, embora certamente devamos admitir que pessoas inocentes têm direito à vida, as teses em (1) até (4) são todas falsas. Considere (2), por exemplo. Se matar diretamente uma pessoa inocente é assassinato, e isso não é permissível, então a mãe que mata diretamente a pessoa inocente dentro de si comete um assassinato e, assim, isso não é permissível. Todavia, não se pode pensar seriamente que seja um assassinato se a mãe mesma fizer um aborto para salvar a sua vida. Não se pode dizer seriamente que ela *deve* conter-se, que ela *deve* sentar passivamente e esperar pela sua morte. Olhemos novamente para o caso do violinista. Você está lá, na cama com o violinista, e o diretor do hospital lhe diz "É tudo muito desgastante e eu simpatizo com você, mas isso está colocando um peso adicional aos seus rins e você estará morta em um mês. Não obstante, você *tem* de ficar onde você está porque, desconectando-se, você vai matar diretamente um violinista inocente, e isso é assassinato e não é permissível". Se algo no mundo é verdadeiro, é que você não comete assassinato, você não faz o que não é permissível, caso você coloque a sua mão nas suas costas e desconecte-se do violinista para salvar a sua vida. ❼

O principal ponto de atenção nos escritos sobre o aborto tem sido o que uma terceira parte pode ou não fazer ao responder a um pedido de uma mulher para praticar um aborto. De certo modo, isso é compreensível. Do jeito como as coisas são, não há um modo seguro pelo qual uma mulher possa praticar o aborto em si própria. Assim, a questão posta é o que uma terceira parte pode fazer. O que a mãe pode fazer, se isso é de alguma forma mencionado, é deduzido, quase como um pensamento posterior, daquilo que se conclui que terceiras partes podem fazer. No entanto, parece-me que tratar a questão dessa maneira é recusar à mãe aquele mesmo estatuto de pessoa que é tão firmemente mantido para o feto. Não podemos simplesmente deduzir o que uma pessoa pode fazer a partir do que uma terceira parte pode. Suponha que você se encontre trancado em uma pequena casa com uma criança em crescimento. Quero dizer, uma casa muito pequena e uma criança em rápido crescimento – você já está contra a parede e em poucos minutos será esmagada até a morte. A criança, por outro lado, não será esmagada até a morte. Se nada for feito para impedir que ela cresça, ela será ferida, mas, no final,

---

[24] O termo "diretamente" nos argumentos a que me refiro é um termo técnico. *Grosso modo*, o que se entende por "matar diretamente" é ou matar como um fim em si, ou matar como um meio para um outro fim, por exemplo, o fim de salvar a vida de alguém. (...)

[25] A tese em (4) é de um modo interessante mais fraca do que em (1), (2) e (3): elas evitam o aborto mesmo em casos nos quais *tanto* a mãe *quanto* a criança morrerão se o aborto não for feito. Em contraste, alguém que sustente a concepção expressa em (4) poderia dizer consistentemente que não se precisa preferir deixar duas pessoas morrer a matar uma.

---

❻ A ideia implícita aqui é algo frequentemente referido como o "Princípio do Duplo Efeito". Como Thomson menciona na nota de rodapé anterior, esse princípio dá grande peso à distinção entre as consequências de uma ação que são intencionadas (como fins ou como meios para fins) e as consequências que são "efeitos colaterais não intencionados".

❼ PARE É *mais* óbvio, como Thomson parece pensar, que a mãe pode salvar a própria vida do que alguma outra pessoa possa agir para fazer isso por ela – e analogamente no caso do violinista? Por quê?

ela simplesmente arrebentará a casa e caminhará como um homem livre. Agora, eu poderia muito bem entender se um espectador dissesse "Não há nada que possamos fazer por você. Não podemos escolher entre a sua vida e a dela, não podemos ser aqueles que decidem quem vai viver, não podemos interferir". Mas não se pode concluir que você também não pode fazer algo, que você não pode atacá-la para salvar a sua vida. Por mais inocente que a criança seja, você não deve esperar passivamente enquanto ela lhe esmaga até a morte. Talvez se pense que uma mulher grávida tenha o estatuto de uma casa, à qual não permitimos o direito de autodefesa. Contudo, se a mulher abriga a criança, deve ser lembrado que ela é a pessoa que abriga.

Eu deveria talvez parar para dizer explicitamente que não estou afirmando que as pessoas têm o direito de fazer qualquer coisa para salvar a sua vida. Penso, em vez disso, que há limites drásticos para o direito de autodefesa. Se alguém ameaça você com a morte, a menos que você torture alguma outra pessoa até a morte, penso que você não tem o direito, mesmo para salvar a sua vida, de fazer isso. Porém, o caso em consideração aqui é muito diferente. No nosso caso, há somente duas pessoas envolvidas, uma cuja vida é ameaçada e uma que a ameaça. Ambas são inocentes: aquela que é ameaçada não é ameaçada por causa de alguma falta, aquela que ameaça não o faz por causa de alguma falta. Por essa razão, podemos sentir que nós, os espectadores, não podemos interferir. Mas a pessoa ameaçada pode. ❽

Em resumo, uma mulher pode certamente defender a sua vida contra a ameaça colocada por uma criança não nascida, mesmo que fazer isso envolva a sua morte. E isso mostra não apenas que as teses em (1) até (4) são falsas. Mostra também que a concepção extrema do aborto é falsa, e por isso precisamos discutir outros modos possíveis de chegar até ela a partir do argumento que mencionei no início.

2. A concepção extrema pode certamente ser enfraquecida para dizer que, enquanto o aborto é permitido para salvar a vida da mãe, ele não pode ser feito por uma terceira parte, mas somente pela própria mãe. Mas isso também não pode ser correto. O que devemos ter em mente é que a mãe e a criança não nascida não são como dois elementos em uma casa pequena que, por um erro infeliz, foi alugada para eles: a mãe *é dona* da casa. O fato de ela ser dona da casa adiciona a ofensividade de deduzir que a mãe não pode fazer nada a partir da suposição de que terceiras partes não podem fazer nada. No entanto, tal fato faz mais do que isso: joga uma luz clara sobre a suposição de que as terceiras partes não podem fazer algo. Certamente, isso nos permite ver que uma terceira parte que diz "Eu não posso escolher entre vocês" está enganada se pensa que isso é imparcialidade. Se Jones encontrou e recolheu um casaco, do qual ele precisa para evitar ser congelado, mas que Smith também precisa para evitar ser congelado, então não é imparcialidade dizer "Não posso escolher entre vocês" se Smith for o dono do casaco. As mulheres podem dizer sempre "Este corpo é *meu* corpo!" e elas têm razão de se sentir enfurecidas, razão para sentir que é como se elas estivessem gritando ao vento. Afinal, Smith provavelmente não nos aprovaria se disséssemos para ele "Claro, o casaco é seu, qualquer um vai concordar com isso. Mas ninguém pode escolher, entre você e Jones, quem deve ter o casaco". ❾

Devemos realmente perguntar o que é isso que diz "ninguém pode escolher" diante do fato de que o corpo que abriga a criança é o corpo da mãe. Pode ser simplesmente uma falha em apreciar esse fato. Todavia, pode ser algo mais interessante, a saber, o sentido de que alguém tem o direito de recusar pôr as mãos nas pessoas, mesmo quando pode ser justo e equitativo fazer isso, mesmo quando a justiça parece requerer que alguém faça isso. Assim, a justiça parece chamar alguém para tomar de volta de Jones o casaco de Smith – e, ainda assim, você tem o direito de recusar ser aquele que colocará as mãos em Jones, um direito de recusar praticar violência física contra ele. Isso, eu creio, deve ser reconhecido. Então, o que pode ser dito não é "ninguém pode escolher", mas somente "*eu* não posso escolher" e certamente nem mesmo isso, mas "*eu* não *agirei*",

---

❽ O exemplo (um tanto fantasioso) no parágrafo anterior é o caso de uma *ameaça inocente*: alguém que é uma ameaça à vida de outra pessoa (ou ao seu bem-estar) sem ter cometido uma falta. A afirmação de Thomson é que uma pessoa pode defender-se de uma ameaça inocente mesmo se isso requer causar dano ou mesmo matar a pessoa inocente que coloca a ameaça. Isso é correto? (Ver a Questão para Discussão 2.)

❾ Uma premissa central do argumento de Thomson é que a mãe *possui* seu corpo (tal como a pessoa conectada com o violinista).

(Em analogias como a do exemplo do casaco, é importante insistir que, no caso em que a posse está envolvida, ela é inteiramente legítima sob o ponto de vista moral e de nenhum modo moralmente questionável, como podem ser os casos em que a posse, por exemplo, resulte de exploração ou fraude.)

deixando em aberto que alguma outra pessoa pode ou deve e em particular que alguém em uma posição de autoridade, com a função de assegurar os direitos das pessoas, tanto pode quanto deve agir. Portanto, isso não é uma dificuldade. Não argumentei que qualquer terceira parte deve aceitar o pedido da mãe para que faça um aborto no intuito de salvar a sua vida, mas somente que pode fazer isso.

Suponho que, em algumas concepções sobre a vida humana, o corpo da mulher está apenas emprestado a ela, um empréstimo que não lhe dá nenhuma reivindicação prioritária. Alguém que defenda essa concepção pode muito bem pensar que é imparcial dizer "Não posso escolher". Mas simplesmente ignorarei essa possibilidade. Minha própria concepção é que, se um ser humano tem alguma reivindicação justa, anterior a tudo o mais, ele tem uma reivindicação justa, anterior, de seu próprio corpo. E talvez isso não precise ser sustentado aqui, visto que, como mencionei, os argumentos contra o aborto que estamos analisando admitem que a mulher tem o direito de decidir sobre o que acontece com o corpo dela.

Embora eles sustentem isso, tenho tentado mostrar que eles não levam a sério o que está implícito nessa sustentação. Sugiro que a mesma coisa reaparecerá até mesmo de forma mais clara quando deixarmos de considerar casos nos quais a vida da mãe está em jogo e prestarmos atenção, como proponho que façamos agora, a casos muito mais comuns, nos quais uma mulher quer um aborto por alguma razão menos forte do que para preservar a própria vida.

3. Quando a vida da mãe não está em jogo, o argumento que mencionei no início parece ter um apelo mais forte. "Todos têm direito à vida, então uma pessoa não nascida tem direito à vida". E não é o direito da criança à vida mais forte do que o próprio direito da mãe à vida, que ela pode apresentar como base para o aborto?

Esse argumento trata o direito à vida como se ele não fosse problemático. Isso não é assim, e esta me parece ser exatamente a fonte do erro.

Devemos finalmente perguntar o que significa ter direito à vida. Em algumas concepções, ter direito à vida inclui ter o direito a que seja dado ao menos o mínimo de que alguém necessita para continuar a vida. Mas suponha que o que de fato *é* o mínimo de que um homem precisa para continuar vivo é algo que ele não tem direito que lhe seja dado de modo algum. Se estou doente, próximo da morte, e a única coisa que salvará a minha vida é um toque da mão fria de Henry Fonda sobre a minha testa febril, então, não obstante isso, não tenho o direito de que me seja dado o toque da mão fria de Henry Fonda sobre a minha testa febril. Seria muito delicado da parte dele voar da Costa Oeste para proporcioná-lo. Seria menos bonito, embora fosse bem-intencionado, se meus amigos voassem até a Costa Oeste e trouxessem de volta Henry Fonda com eles. Mas não tenho direito algum com respeito a qualquer pessoa de que ele faça isso por mim. Ou para voltar novamente ao exemplo que contei primeiro, o fato de que para continuar vivo o violinista precisa do uso contínuo do seu rim não determina que ele tenha direito ao uso continuado dos seus rins. Ele certamente não tem direito com respeito a você de que *você* deva conceder-lhe o uso continuado dos seus rins. Ninguém tem qualquer direito de usar os seus rins a não ser que você lhe conceda tal direito, e ninguém tem direito com respeito a você de que você lhe conceda esse direito – se você permite a alguém que continue usando os seus rins, isso é uma gentileza da sua parte, e não algo que esse alguém pode reivindicar de você como lhe sendo devido. Ele também não tem qualquer direito com respeito a outras pessoas que *elas* devam conceder-lhe um uso continuado dos seus rins. Certamente, ele não tem direito com respeito à Sociedade dos Amantes da Música de que seus membros devam conectá-lo em você em primeiro lugar. E se agora você começa a se desconectar, tendo sabido que, se você não fizer isso, passará nove anos na cama com ele, não há ninguém no mundo que deva tentar impedir você de fazer isso, com o intuito de garantir que seja dado a ele algo a que ele tem direito. **10**

Algumas pessoas são muito estritas sobre o direito à vida. Em suas concepções, ele não inclui o direito a receber algo, mas se resume ao, e somente ao, direito de não ser morto por alguém. **11** Porém, aqui surge uma dificuldade relacio-

---

10 Na visão de Thomson, o direito à vida (aquele que atribuímos às pessoas) não é um direito *positivo* para receber *qualquer* ajuda mínima que seja necessária para preservar a vida – tal como o uso dos rins de alguém ou a mão de Henry Fonda. (Para a distinção entre direitos positivos e negativos, ver a seleção de Ozar.)

11 Isso significa considerar o direito à vida como meramente um direito negativo de não interferência, sem conteúdo positivo.

nada. Se todos devem abster-se de matar o violinista, então todos devem abster-se de fazer um grande número de outros tipos de coisas. Todos devem abster-se de cortar a sua garganta, todos devem abster-se de atirar nele – e todos devem abster-se de desconectar você dele. Mas será que ele tem um direito com respeito a todos, tal que eles devem abster-se de desconectar você dele? Deixar de fazer isso é permitir que ele continue a usar os seus rins. Seria possível argumentar que ele tem um direito com respeito a nós de que *nós* deveríamos permitir que ele continuasse a usar os seus rins. Isto é, embora ele não tivesse nenhum direito com respeito a nós de que deveríamos permitir-lhe o uso de nossos rins, seria possível argumentar que ele de algum modo tem um direito com respeito a nós de que não vamos agora interferir e tirar dele o uso de seus rins. Voltarei a intervenções de terceira parte mais tarde. Contudo, certamente o violinista não tem direito com respeito a você de que *você* deva permitir que ele continue a usar os seus rins. Como eu disse, se você permite que ele faça o uso, é uma gentileza de sua parte, e não algo que você deve a ele. ⓬

A dificuldade que eu aponto aqui não é peculiar ao direito à vida. Ela reaparece em conexão com todos os outros direitos naturais. É algo que um enfoque adequado dos direitos deve tratar. Para os propósitos presentes, é suficiente apenas chamar a atenção para ela. Contudo, eu salientaria que não estou afirmando que as pessoas não têm direito à vida – muito pelo contrário, parece-me que a primeira exigência que deveríamos colocar na aceitabilidade de um enfoque de direitos é que deveria resultar desse enfoque ser verdadeiro que todas as pessoas têm direito à vida. ⓭ Estou afirmando apenas que ter direito à vida não garante nem um direito ao uso nem um direito a ser permitido o uso contínuo do corpo de uma outra pessoa – mesmo que alguém precise dele para a própria vida. Portanto, o direito à vida não serve para os oponentes do aborto de um modo simples e claro, tal como eles parecem ter pensado que poderia servir.

4. Há outro modo de exibir a dificuldade. Na maioria dos casos comuns, tirar de alguém aquilo a que ele tem direito é tratá-lo injustamente. Suponha que a um menino e a seu irmão menor seja dada uma caixa de chocolates como presente de Natal. Se o irmão mais velho apanhar a caixa e se recusar a dar ao seu irmão qualquer um dos chocolates, ele será injusto, pois ao irmão lhe foi dado o direito de ter a metade deles. Mas suponha que, tendo sabido que de outro modo isso significará que você passará nove anos com o violinista na cama, você se desconecta dele. Você certamente não estará sendo injusto com ele, pois você não lhe deu o direito de usar os seus rins, e ninguém mais pode conceder-lhe tal direito. Contudo, temos de observar que, ao se desconectar, você o estará matando. E violinistas, como todo mundo, têm direito à vida e, por conseguinte, na concepção que agora estamos considerando, o direito de não ser morto. Então, aqui você faz algo que supostamente ele tem direito de que você não faça; porém, ao fazer isso, você não age injustamente em relação a ele.

O acréscimo que pode ser feito nesse ponto é este: o direito à vida não consiste no direito de não ser morto, mas sim no direito de não ser morto injustamente. ⓮ Isso tem o perigo de circularidade, mas não se preocupe: permite-nos adequar o fato de que o violinista tem direito à vida com o fato de que você não age injustamente se você se desconectar, matando-o dessa maneira. Se você não o mata injustamente, você não viola o seu direito à vida e, assim, não constitui uma surpresa que você não lhe faz injustiça.

No entanto, se esse acréscimo é aceito, o furo no argumento contra o aborto aparece claramente diante de nós: não é de modo algum suficiente mostrar que o feto é uma pessoa e lembrar-nos de que todas as pessoas têm direito à vida – também é preciso que nos seja mostrado que matar um feto é violar o seu direito à vida, isto é, que o aborto é uma morte injusta. Mas ele o é?

Suponho que podemos admitir como um dado que, no caso de uma gravidez resultante de um estupro, a mãe não concedeu à pessoa não nascida um direito de uso de seu corpo para comida e abrigo. De fato, em qual tipo de gravidez seria possível supor que a mãe deu à pessoa não nascida tal direito? Não é como

---

⓬ Se o violinista não tem direito a usar os seus rins, então parece seguir-se que você pode impedir que ele os use e talvez – para ser discutido mais tarde – outros podem ajudar você nisso. Assim, o direito do violinista à vida não é um direito à não interferência de algum tipo. (Como mostrado também pelo exemplo anterior do casaco de que cada uma das duas pessoas precisa, mas uma é dona, e a outra está presentemente usando.)

⓭ Thomson está dizendo que a intuição de que todas as *pessoas* (não necessariamente todos os seres humanos) têm um direito à vida é forte o suficiente para que qualquer enfoque aceitável desse direito deva levar a esse resultado (isso pode, de fato, decorrer imediatamente do conceito de uma pessoa).

⓮ Assim, na concepção de Thomson, o direito à vida é um direito de não interferência de certo tipo: o direito de não ser morto *injustamente*. (Isto, é claro, não estabelece a questão do que conta como ser morto injustamente.)

se houvesse pessoas não nascidas perambulando pelo mundo e a quem uma mulher que quer a criança diz "Convido você a entrar".

Contudo, seria possível argumentar que há outros modos por meio dos quais alguém adquiriu um direito de uso do corpo de outra pessoa, além do modo de ter sido convidada para usá-lo pela outra pessoa. Suponha que uma mulher entrega-se voluntariamente a uma relação sexual, sabendo da chance de que resultará em gravidez e, então, de fato engravida. Ela é em parte responsável pela presença, pela própria existência, de uma pessoa não nascida no seu interior? Sem dúvida, ela não a convidou para entrar. Mas a sua responsabilidade parcial de estar lá não lhe dá o direito de uso do corpo dela? Se for assim, então abortá-la será mais parecido com o menino tomando os chocolates só para si e menos com você se desconectando do violinista – fazer isso tirará dela aquilo a que ela tem direito e, portanto, seria fazer-lhe uma injustiça. **⓯**

E, então, poderíamos perguntar se ela pode matar o feto mesmo para salvar a sua própria vida: se ela voluntariamente o chamou a existência, pode ela agora matá-lo, mesmo em autodefesa?

A primeira coisa a ser dita sobre isso é que é algo novo. Os oponentes do aborto estiveram por demais preocupados em mostrar a independência do feto, no intuito de estabelecer que ele tem direito à vida, tal como a mãe, que tiveram a tendência de subestimar o suporte que possivelmente podem ganhar apontando ao fato de que o feto é *dependente* da mãe, a fim de demonstrar que ela tem um tipo especial de responsabilidade por ele, uma responsabilidade que lhe dá direitos com respeito a ela, que não são possuídos por uma pessoa independente – tal como um violinista adoentado que é um estranho para ela.

Por outro lado, esse argumento daria à pessoa não nascida um direito ao corpo de sua mãe somente se a gravidez resultasse de um ato voluntário, feito em completo conhecimento da chance de que uma gravidez poderia resultar dele. Deixaria completamente de fora a pessoa não nascida cuja existência é devida ao estupro. Dependendo da disponibilidade de algum argumento posterior, chegaríamos então à conclusão de que as pessoas não nascidas cuja existência é devida ao estupro não têm direito ao uso dos corpos de suas mães e, assim, abortá-las não é tirar delas algo a que elas têm um direito e, por conseguinte, não é matá-las injustamente. **⓰**

E devemos também observar que não é tão óbvio que esse argumento realmente vai até o ponto em que se propõe a ir. Há casos e casos, e os detalhes fazem a diferença. Se a sala está abafada e eu, portanto, abro uma janela para arejá-la e um ladrão entra por ela, seria absurdo dizer "Ah! Agora ele pode ficar, ela lhe deu o direito de usar a sua casa – pois ela é parcialmente responsável pela sua presença lá, tendo voluntariamente feito aquilo que permitiu que ele entrasse, com conhecimento completo de que há coisas como ladrões e de que ladrões roubam". Seria ainda mais absurdo dizer isso se eu tivesse grades instaladas fora das minhas janelas, precisamente para impedir que ladrões entrassem, e o ladrão entrasse só por causa de um defeito nas barras. Permaneceria igualmente absurdo se imaginássemos que não é um ladrão que sobe pela janela, mas uma pessoa inocente que por acaso entra ou cai ali dentro. (...)

Parece que o argumento que estamos analisando pode estabelecer no máximo que há *alguns* casos nos quais a pessoa não nascida tem direito ao uso do corpo de sua mãe e, portanto, *alguns* casos nos quais o aborto é uma morte injusta. Há espaço para muita discussão e argumentação sobre quais sejam eles, se algum o é. Contudo, penso que devemos deixar de lado esse assunto e mantê-lo em aberto, pois de qualquer modo o argumento certamente não estabelece que todo aborto é uma morte injusta.

5. Há lugar ainda para um outro argumento aqui. Todos nós devemos certamente admitir que há casos nos quais seria moralmente indecente desligar uma pessoa do seu corpo, o que custaria a vida dela. Suponha que você fique sabendo que o violinista não precisa de nove anos da sua vida, mas somente de uma hora: tudo o que você precisa fazer para salvar a vida dele é ficar uma hora com ele na cama. Suponha também que deixá-lo usar o seu rim por uma hora não afetará nem um pouco a sua saúde. Você foi, admitimos, sequestrado. Admitamos também que você não deu a

---

⓯ Thomson está sugerindo essa concepção, não está subscrevendo-a inteiramente. Um meio de avaliá-la é imaginar uma versão do caso do violinista que envolve você ter de fazer algo que saiba de antemão que pode levá-lo a ser conectado ao violinista. (Ver a Questão para Discussão 3.)

⓰ **R** De acordo com Thomson, este é o mais claro caso no qual o aborto não é uma morte injusta e, então, não viola o direito do feto à vida. Ela não está dizendo que é o único caso.

sua permissão para que conectassem você a ele. Todavia, parece-me claro que você *deve* deixá-lo usar os seus rins por aquela hora – seria indecente recusar.

Suponha, novamente, que a gravidez durasse apenas uma hora e não se constituísse em ameaça à vida ou à saúde. E suponha que uma mulher ficasse grávida por causa de um estupro. Admitamos que ela não fez nada voluntariamente para trazer à existência uma criança. Admitamos que ela não fez nada que desse à pessoa não nascida o direito de usar o corpo dela. Não obstante, seria possível dizer, como no caso recontado do violinista, que ela *deve* permitir que ele permaneça por aquela hora – que seria indecente se ela recusasse. ⑰

Ora, algumas pessoas estão inclinadas a usar o termo "direito" de tal modo que se deduz, do fato de que você deve permitir que uma pessoa use o seu corpo pela hora que ela precisa, que ela tem o direito de usar o seu corpo pela hora que ela precisa mesmo que esse direito não lhe tenha sido dado por outra pessoa ou ato. Elas podem dizer que se deduz também que, se você recusar, você agirá de forma injusta em relação à outra pessoa. Esse uso do termo é talvez tão comum que não pode ser chamado de errado. Todavia, parece-me um modo infeliz de perder aquilo que seria melhor manter em rédeas curtas. Suponha que a caixa de chocolates que mencionei anteriormente não tivesse sido dada aos dois meninos juntos, mas só ao menino mais velho. Ele se senta lá, calmamente comendo sua caixa de chocolate, e seu irmão mais novo fica olhando com inveja. Aqui provavelmente diremos "Você não deve ser tão mesquinho. Você deve dar a seu irmão alguns desses chocolates". Minha opinião é de que não decorre da verdade disso que o irmão tenha qualquer direito a qualquer chocolate. Se o menino se recusa a dar a seu irmão qualquer chocolate, ele é guloso, avaro, insensível – mas não injusto. Suponho que as pessoas que eu tenho em mente dirão que não se deduz que o irmão menor tenha direito a alguns dos chocolates, e assim que o irmão maior não age injustamente caso se recuse a dar ao seu irmão algum chocolate. Mas o efeito de dizer isso é obscurecer o que devemos antes manter distinto, a saber, a diferença entre a recusa do menino nesse caso e a recusa do menino no caso inicial, no qual a caixa havia sido dada aos dois juntamente, e no qual o irmão menor tinha, de qualquer ponto de vista, direito à metade. ⑱

Uma objeção posterior com respeito a tal uso do termo "direito", de tal sorte que, a partir do fato de que A deve fazer algo a B, segue-se que B tem um direito com respeito a A, que A faça algo para ele, é que ele tornará a questão se um homem tem ou não direito a uma coisa simplesmente reduzida a quão fácil é proporcioná-la a ele. E isso parece não só algo infeliz, mas moralmente inaceitável. Voltemos ao caso de Henry Fonda. Eu disse anteriormente que não tenho o direito ao toque de sua mão fria sobre a minha testa febril, mesmo que eu precise disso para salvar a minha vida. Disse que seria muito elegante da parte dele voar da Costa Oeste para me dar o toque, mas que não tinha direito de exigir que ele fizesse isso. Não tenho o direito de exigir que ele faça isso. Mas suponha que ele não está na Costa Oeste. Suponha que ele tenha somente que atravessar o quarto, colocar a mão sobre a minha testa – e, veja, a minha vida está salva. Nesse caso, certamente ele deve fazê-lo, pois seria indecente recusar. Poderia ser dito "Ah! Bem, segue-se que nesse caso ela deve ter o direito do toque de sua mão sobre a sua testa e, assim, seria uma injustiça se ele se recusasse?" De maneira que eu tenho um direito ao toque quando é fácil para ele providenciar tal toque, embora não tivesse nenhum direito quando é difícil? É com efeito uma ideia chocante que os direitos de alguém devam esvair-se e desaparecer na medida em que se tornar cada vez mais difícil ajustá-los a ele. ⑲

Assim, minha concepção é de que, mesmo que você tenha de deixar o violinista usar os seus rins pela hora que ele precisa, não devemos concluir que ele tem o direito de fazer uso – devemos dizer que se você recusa, você é, assim como o menino que é dono de todos os chocolates e não dará nenhum, insensível, indecente, mas não injusto. E similarmente que, mesmo supondo um caso no qual uma mulher grávida devido ao estupro deve deixar a pessoa não nascida usar o corpo dela pela hora que ele necessita, nós não devemos concluir que ele tem o direito de fazer isso. Devemos concluir que ela é au-

---

⑰ "Moralmente indecente" porque o que é necessário para manter a pessoa não nascida viva custa tão pouco à mãe.

Uma maneira de defender esse ponto seria apelar para o dever de beneficência em Kant, derivado da exigência de tratar as outras pessoas como fins em si mesmos: você poderia ver outra pessoa como um fim em si mesmo e, ainda assim, não querer fazer esse esforço mínimo para salvá-la?

⑱ Embora todos os direitos tenham obrigações correlativas, não é verdadeiro na concepção de Thomson (ou naquela de quase todos os outros teóricos do direito) que cada obrigação cria um direito correlativo.

⑲ Thomson está apelando aqui para a intuição moral de que direitos *subrepõem-se* aos outros tipos de considerações – e, por isso, não podem depender de quão facilmente eles podem ser satisfeitos. (Ver a seleção de Ozar para uma discussão de como os direitos sobrepõem-se a outras considerações morais.)

tocentrada, insensível, indecente, mas não injusta se ela recusa. As reclamações não são menos graves. Elas são simplesmente diferentes. Todavia, não há necessidade de insistir nesse ponto. Se alguém deseja deduzir "ele tem um direito" de "você deve", então pelo mesmo procedimento deve certamente reconhecer que há casos em que não é moralmente exigido de você que permita ao violinista usar seus rins e em que ele não tem o direito de usá-los, e assim também no caso da mãe e da criança não nascida. Exceto em casos como o da pessoa não nascida que tem um direito de exigir – e estamos deixando em aberto a possibilidade de que pode haver tais casos –, ninguém é moralmente *exigido* a fazer grandes sacrifícios, de saúde, de todos os outros interesses e preocupações, de todos os outros deveres e compromissos, por nove anos, ou mesmo por nove meses, a fim de manter uma outra pessoa viva.

6. Devemos de fato distinguir dois tipos de samaritanos: o Bom Samaritano e o que podemos chamar de o Samaritano Minimamente Decente. A história do Bom Samaritano, você vai lembrar, é assim:

> Certo homem descia de Jerusalém para Jericó e veio a cair em mãos de salteadores, os quais, depois de tudo lhe roubarem e lhe causarem muitos ferimentos, fugiram, deixando-o semimorto.
>
> Casualmente, descia um sacerdote por aquele mesmo caminho e, vendo-o, passou ao largo.
>
> Semelhantemente, um Levita descia por aquele lugar e, vendo-o, também passou ao largo.
>
> Certo Samaritano, que seguia o seu caminho, passou-lhe perto e, vendo-o, compadeceu-se dele.
>
> E, aproximando-se, curou-lhe os ferimentos, aplicando-lhes óleo e vinho; e, colocando-o sobre o seu próprio animal, levou-o para uma hospedaria e tratou dele.
>
> No dia seguinte, tirou dois denários e entregou-os ao hospedeiro, dizendo: "Cuida deste homem, e, se alguma coisa gastares a mais, eu te indenizarei quando voltar".
>
> (Lucas 10: 30-35)

O Bom Samaritano saiu de seu caminho, com algum custo, para ajudar alguém que precisava. Não se diz quais eram as opções, isto é, se o sacerdote e o Levita poderiam ter ajudado fazendo menos que o Bom Samaritano, mas, supondo que poderiam, então o fato de que eles nada fizeram mostra que não eram nem sequer Samaritanos Minimamente Decentes, não porque eles não eram Samaritanos, mas porque não eram nem mesmo minimamente decentes.

Essas questões, sem dúvida, são questões de grau, mas há uma diferença e ela aparece mais claramente na história de Kitty Genovese, que, como você vai lembrar, foi assassinada enquanto 38 pessoas olhavam ou ouviam e não fizeram nada para ajudá-la. Um Bom Samaritano teria corrido para dar assistência direta contra o assassino. Ou talvez poderíamos dizer que foi um Samaritano Esplêndido que fez isso, na medida em que poderia envolver um risco de morte para ele. Porém, as 38 pessoas não apenas não fizeram isso, como nem mesmo se preocuparam em pegar o telefone e chamar a polícia. Samaritanismo Minimamente Decente clamaria por se fazer ao menos isso, e foi monstruoso que eles não o tenham feito. [20]

Depois de contar a história do Bom Samaritano, Jesus disse "Vão e façam vocês o mesmo". Talvez ele quisesse dizer que somos moralmente obrigados a agir tal como o Bom Samaritano. Talvez ele estivesse aconselhando que as pessoas façam mais do que é moralmente exigido delas. Em todos os casos, parece claro que não é moralmente requerido de qualquer um dos 38 vizinhos que eles corressem para dar assistência direta sob risco de vida e que não é moralmente exigido de ninguém que ele conceda longos períodos de sua vida – nove anos ou nove meses – para sustentar a vida de uma pessoa que não tem direito especial (estamos deixando aberta essa possibilidade) de exigi-lo.

É evidente que, com algumas poucas exceções, ninguém em nenhum lugar do mundo está *legalmente* obrigado a fazer algo próximo a isso para alguma outra pessoa. A classe de exceções é óbvia. Minha principal obrigação aqui não é o estado da lei com relação ao aborto, mas é importante chamar a atenção para o fato de que em nenhum estado deste país algum homem é compelido pela lei a ser mesmo um Samaritano Minimamente Decente para qualquer pessoa. Não existem leis a partir das quais alguma acusação

[20] Mais uma vez, um argumento kantiano parece relevante: poderia alguém que recusou até mesmo fazer uma chamada telefônica afirmar seriamente que está tratando Kitty Genovese como um fim em si mesmo?

㉑

R Não há injustiça porque você não fez nada para dar ao violinista qualquer direito de usar os seus rins.

PARE (Pense em modos nos quais a situação poderia ser diferente nesse sentido.)

R E um mínimo de decência (como o dever kantiano da beneficência) não requer um sacrifício tão grande.

pode ser feita contra as 38 pessoas que ficaram paradas enquanto Kitty Genovese morria. Em contraste, na maioria dos estados deste país as mulheres são compelidas pela lei a ser não meramente Samaritanas Minimamente Decentes, mas Boas Samaritanas para pessoas não nascidas dentro delas. Isso por si mesmo não estabelece algo de um lado ou de outro, porque se poderia muito bem argumentar que deveria haver leis neste país – como existem em muitos países europeus – que exigissem no mínimo o Samaritanismo Minimamente Decente. Todavia, ele mostra que há uma injustiça muito grande no presente estado da lei. E também mostra que os grupos atualmente trabalhando contra a liberalização das leis de aborto, de fato trabalhando para tornar inconstitucional que um estado permita o aborto, teriam antes de começar a trabalhar para adotar leis do Bom Samaritano em geral, ou merecem a acusação de estarem agindo de má-fé.

Eu pensaria que leis Samaritanas Minimamente Decentes seriam uma coisa e leis do Bom Samaritano outra muito diferente e, de fato, altamente impróprias. Porém, não estamos aqui preocupados com o direito. O que devemos perguntar não é se todos devem ser compelidos pela lei a serem Bons Samaritanos, mas se devemos aceitar uma situação na qual alguém está sendo compelido – talvez pela natureza – a ser um Bom Samaritano. Em outras palavras, devemos olhar para as intervenções de terceiros. Tenho argumentado que nenhuma pessoa é moralmente requerida a fazer grandes sacrifícios para manter a vida de outra que não tem direito de exigi-los, e isso mesmo quando os sacrifícios não incluem a própria vida. Somos obrigados a ser Bons Samaritanos ou, no mínimo, Samaritanos Muito Bons uns para com os outros. Mas o que acontece se um homem não pode sair de tal situação? O que acontece se ele pede para que o livremos da situação? Parece-me claro que há casos nos quais podemos fazê-lo, casos nos quais um Bom Samaritano o livraria. Lá está você, raptado e deitado durante nove anos na cama com o violinista conectado a você. Você tem a sua própria vida para levar. Você está triste, mas simplesmente não pode ver como abdicar da sua vida para manter a dele. Você não pode livrar-se dele por conta própria e pede para que façamos isso. Eu pensaria que – dado que ele não possui direito a usar o seu corpo – é óbvio que não temos de concordar que você seja forçado a abdicar de tudo. Podemos fazer o que você pede. Não há injustiça ao violinista em fazer isso. **㉑**

7. Seguindo o exemplo dos oponentes do aborto, falei do feto meramente como uma pessoa e questionei se o argumento que começamos, que procede somente do fato de que ele é uma pessoa, realmente estabelece a sua conclusão ou não. Tenho sustentado que ele não faz isso.

Não obstante, obviamente há argumentos e argumentos, e pode-se dizer que eu simplesmente me fixei no argumento errado. Pode-se dizer que o que é importante não é meramente que o feto seja uma pessoa, mas que é uma pessoa para a qual a mulher tem um tipo especial de responsabilidade, a qual se origina do fato de que ela é a sua mãe. E se pode argumentar que todas as minhas analogias são, portanto, irrelevantes – pois você não tem aquele tipo de responsabilidade especial para com o violinista, Henry Fonda não tem aquele tipo especial de responsabilidade para comigo. E nossa atenção pode ser dirigida ao fato de que homens e mulheres *são* ambos compelidos pela lei a providenciar apoio para seus filhos.

De fato, lidei (brevemente) com esse argumento na seção 4, mas uma recapitulação (ainda que breve) é agora adequada. Certamente, não temos nenhuma "responsabilidade especial" para com uma pessoa a não ser que a tenhamos, implícita ou explicitamente, assumido. Se alguns pais não tentam prevenir a gravidez, não conseguem abortar e, no momento do nascimento da criança, não a colocam para adoção, mas antes a levam para casa com eles, então assumiram responsabilidade por ela, deram-lhe direitos e não podem *agora* retirar o suporte ao custo de sua vida, porque agora julgam difícil continuar a providenciá-lo. Contudo, se eles tomaram todas as precauções razoáveis para não ter uma criança, não têm uma responsabilidade especial pela criança simplesmente em virtude de sua relação biológica que veio a existir. Eles podem querer assumir a responsabilidade por ela ou podem não querer assumir. E estou sugerindo que, se assumir responsabilidade por ela requer grandes sacrifícios, então eles podem recusar. Um Bom Samaritano não recusaria – ou, até mesmo, um Esplêndido Samaritano – se os sacrifícios que tivessem de ser feitos fossem enormes. Mas então, nesse caso, um Bom Samaritano assumiria responsabilidade pelo violinista; assim também Henry Fonda, se fosse um Bom Samaritano, voaria da Costa Oeste e assumiria responsabilidade por mim. ㉒

8. O meu argumento será considerado insatisfatório em dois pontos por muitos daqueles que querem ver o aborto como moralmente permissível. Primeiro, embora eu afirme que o aborto não é não permissível, não afirmo que ele é sempre permissível. Haverá casos nos quais levar a gravidez a termo requer apenas um Samaritanismo Minimamente Decente da mãe, e esse é um padrão abaixo do qual não devemos descer. Estou inclinada a pensar que é um mérito do meu enfoque que ele *não* dá um sim geral ou um não geral. Ele permite e dá apoio ao nosso senso de que, por exemplo, uma menina de 14 anos, em idade escolar, doente e desesperadamente amedrontada, grávida devido a um estupro, pode *obviamente* escolher abortar e de que qualquer lei que exclui isso é uma lei insana. E ele permite e dá suporte ao nosso senso de que em outros casos o recurso ao aborto é inclusive positivamente indecente. Seria indecente da parte da mulher solicitá-lo, e indecente da parte do doutor fazê-lo, se ela está no seu sétimo mês e quer o aborto só para evitar o incômodo de postergar uma viagem ao exterior. O fato mesmo de que os argumentos aos quais tenho chamado a atenção tratam todos os casos, ou mesmo todos os casos nos quais a vida da mãe não está em questão, como moralmente equivalentes deveria de saída tê-los tornado suspeitos. ㉓

Segundo, embora eu esteja argumentando pela permissibilidade do aborto em alguns casos, não estou argumentando pelo direito de assegurar a morte da criança não nascida. É fácil confundir essas duas coisas, pois até certo ponto na vida do feto ele não é capaz de sobreviver fora do corpo da mãe. Logo, removê-lo do corpo dela leva à morte dele. No entanto, elas são coisas diferentes num sentido importante. Tenho argumentado que você não está moralmente obrigado a passar nove meses na cama, mantendo a vida do violinista. Mas dizer isso não significa dizer que, quando você se desconectar, havendo um milagre e a sobrevivência dele, você então tem o direito de virar-se e cortar-lhe a garganta. Você pode desconectar-se mesmo que isso custe a vida dele. Mas você não tem outro direito de garantir a morte dele por outros meios se, ao se desconectar, você não o mata. Há outras pessoas que se sentirão decepcionadas por esse outro traço do meu argumento. Uma mulher pode sentir-se completamente devastada pelo pensamento de entregar uma criança, um pouco de si própria, para a adoção e nunca mais vê-la ou ouvi-la de novo. Ela pode, portanto, querer não apenas que a criança seja desconectada dela, porém, mais do que isso, que ela morra. Alguns oponentes do aborto estão inclinados a ver isso como estando abaixo do desprezível – mostrando assim insensibilidade para o que é certamente uma poderosa fonte de desespero. Não obstante isso, concordo que o desejo pela morte de uma criança não é algo de que alguém possa se vangloriar, caso se mostrasse possível desprender a criança viva.

Nesse ponto, todavia, é preciso lembrar que só estivemos simulando ao longo deste trabalho que o feto é um ser humano desde o momento da concepção. Um aborto nos primeiros estágios não constitui, certamente, matar uma pessoa e, portanto, não é tratado por qualquer coisa que eu tenha dito aqui.

㉒ Thomson está dizendo, entre outras coisas, que uma mera relação *biológica* não é suficiente para dar à mãe uma responsabilidade especial pela criança. Aqui, mais uma vez, um modo de refletir sobre essa afirmação é imaginar uma variação correspondente do exemplo do violinista.

㉓ O argumento de Thomson não parece dar suporte a "um direito da mulher de escolher" tal como esse é comumente entendido, não ao menos como um direito moral. (A questão relativa a se o aborto deveria ser *legalmente* permitido não é diretamente discutido por nada do que Thomson diz.)

Questões para Discussão

1. Aqui estão duas diferenças óbvias entre o caso do violinista e um caso padrão de aborto (essas não são as únicas):

1. Uma mulher grávida é capaz de se mover livremente, continuar a trabalhar e realizar várias atividades, enquanto

uma pessoa conectada com o violinista deve permanecer na cama.
2. O violinista é descrito como famoso, e assim é presumivelmente muito talentoso e valioso, ao passo que não se sabe nada desse tipo a respeito de um feto normal.

Tente imaginar uma versão do caso do violinista que esteja mais próxima da gravidez normal nesses aspectos (não uma gravidez anormal que está mais próxima do caso do violinista) e então veja se qualquer uma das mudanças faz uma diferença para a sua avaliação intuitiva do caso.

2. Aqui está um outro exemplo de uma ameaça inocente: uma inocente criança de 5 anos está prestes a apertar um botão que disparará uma bomba que vai matar muitas pessoas. Você não pode chegar lá a tempo de fisicamente impedir a criança de pressionar o botão, mas pode impedir que ela faça isso atirando nela com uma arma que você já tem na sua mão. Suponha que seja certo, além de qualquer dúvida razoável, que a criança apertará imediatamente o botão (talvez ele se pareça com um botão em um jogo que a criança gosta de jogar) e também que nenhuma das pessoas envolvidas, incluindo a criança, é de algum modo responsável pela situação tal como ela se apresenta. É moralmente aceitável atirar na criança para impedir que a bomba dispare? Será que importa quantas outras serão mortas se ela o fizer? Importa se você é uma das outras? E se a bomba matar também a criança?

3. Aqui está uma versão modificada do caso do violinista: suponha que, ao invés de ser raptado ao acaso, você seja raptado de um concerto de música clássica e que você saiba de antemão (a) que havia um grupo tentando ajudar músicos com rins danificados e (b) que havia uma boa chance de que algumas pessoas que foram ao concerto fossem raptadas para ser conectadas aos músicos. Isso é suficiente para afirmar que você deu ao violinista o direito de usar os seus rins? Será que importam quais são as inconveniências de ser assim raptado (supondo que você tenha conhecimento delas)? O que aconteceria se você pudesse ter reduzido grandemente a probabilidade de ser raptado para esse propósito comprando um bilhete mais caro para o concerto, mas você escolheu de fato comprar somente um bilhete mais barato? E se era parte do acordo que você fez ao comprar o bilhete que haveria uma certa probabilidade de ser conectado a um músico e que você concordou em permanecer plugado por nove meses se isso acontecesse (como uma condição para conseguir o bilhete)?

4. Suponha que uma pessoa que não pode nadar caiu na água e está quase se afogando. Você está à margem e tem um sistema disponível que automaticamente localizará a pessoa, prenderá uma corda a ela e irá puxá-la para a margem (sem se afogar ou, no mínimo, sem causar dano a ela no processo). Contudo, o sistema precisa ser ativado pressionando um botão. Você estará violando o direito de uma pessoa à vida se não pressionar o botão? Você estará sendo "moralmente indecente" se não fizer isso? Será que importa se há outras pessoas que poderiam pressionar o botão e algumas delas estão mais próximas do que você? Importa o quanto você deve caminhar para alcançar o botão (supondo ainda que você possa chegar lá em tempo) e quanta inconveniência estará envolvida para você? Deveriam as pessoas em sua situação ser *legalmente* exigidas a pressionar o botão (se ninguém mais o faz primeiro)?

A ética da virtude: a moralidade depende de traços de caráter

Aristóteles

Aristóteles (384-322 a.C.), filósofo grego, foi um dos mais importantes e influentes filósofos de todos os tempos – muito possivelmente, o mais importante e influente de todos. Ele foi aluno de Platão, foi tutor de Alexandre, o Grande, e mais tarde fundou a sua própria escola filosófica, o Liceu. Nos escritos que sobreviveram, em que quase nenhum deles teve o intuito de ser publicado no estado em que ficaram, Aristóteles faz contribuições importantes para praticamente todas as áreas da filosofia, incluindo a lógica, a metafísica, a epistemologia, a filosofia da mente, a ética, a filosofia política e a estética.

Na seleção que segue, retirada de sua obra ética mais importante, Aristóteles argumenta que a felicidade humana (ou o bom-sucedimento) consiste na ação de acordo com a virtude e prossegue oferecendo um exame das virtudes morais. A sua famosa concepção é a de que uma virtude consiste em um meio entre dois vícios opostos, um deles envolvendo um excesso e o outro uma deficiência da qualidade relevante. Embora o pensamento de Aristóteles tenha oferecido grande inspiração para a ética da virtude contemporânea, é uma questão de controvérsia acadêmica (que não pode ser tratada aqui) se ele mesmo defendeu uma concepção desse tipo.

Os títulos na seleção e os números de cada seção foram adicionados pelo tradutor e não são oriundos de Aristóteles. (Alguns deles foram suprimidos.)

Ética a Nicômaco[26]

LIVRO I: O BEM PARA O HOMEM

Objeto da nossa investigação

Todas as atividades humanas têm em vista algum bem: alguns bens estão subordinados a outros

1. Toda arte e toda investigação, e por semelhante modo toda ação e busca, é pensada como tendo em vista algum bem; e por essa razão o bem tem sido corretamente declarado como aquilo que todas as coisas têm em vista. Porém, uma certa diferença é encontrada entre os fins; alguns são atividades, outros são produtos separados das atividades que os produzem. Quando há fins separados das ações, é da natureza dos produtos serem melhores do que as atividades. (...)
2. Se, então, há algum fim das coisas que fazemos, que desejamos por causa dele mesmo (sendo tudo o mais desejado por causa dele), e se não escolhemos todas as coisas por causa de alguma outra (pois nessa medida o processo seguiria ao infinito, de modo que o nosso desejo seria inútil e vão), esse claramente deve ser o bem, e o bem principal. ❶ Não terá o conhecimento dele, então, uma grande influência sobre a vida? Não será então mais fácil que nós, como arqueiros que têm uma marca em que mirar, acertemos o alvo sobre o que é correto? (...)

O que é o bem para o homem?

É geralmente aceito que ele é a felicidade, mas há várias concepções com respeito ao que é a felicidade (...)

4. Vamos resumir a nossa investigação e afirmemos, diante do fato de que todo conhecimento e toda busca tem em vista algum bem, (...) qual é o mais elevado de todos os bens atingíveis pela ação. Verbalmente, há concordância muito geral; afinal, tanto os homens em geral quanto as pessoas de refinamento superior dizem que é a felicidade e identificam viver bem e bem-suceder com o ser feliz; ❷ porém, com respeito ao que é a felicidade, eles diferem, e o vulgo não oferece a mesma abordagem que o sábio. Os primeiros pensam que ela é alguma coisa explícita e óbvia, como o prazer, a riqueza ou a honra; eles diferem, entretanto, uns dos outros – e com frequência ocorre até que o mesmo

❶ Nem tudo pode ser desejado somente por causa de alguma outra coisa. Assim, algumas coisas devem ser **bens intrínsecos**, desejáveis por causa de si mesmos. Aristóteles afirma, além disso, que há um e somente um bem intrínseco por causa do qual tudo o mais é desejado.

❷ A palavra grega aqui traduzida como "felicidade" é *eudaimonia*, também algumas vezes traduzida como "bom-sucedimento humano".* Ela se refere a qualquer tipo de vida que seja a mais desejável ou a mais satisfatória, não tendo nenhuma implicação de que esta será uma vida de prazer ou de entretenimento.

---

[26] Extraído de *The Nichomachean Ethics*, traduzido por David Ross, revisado por Ackrill e Urmson (Oxford: Oxford University Press, 1980).

* N. de T. No original, *human flourishing*.

homem identifica-a com diferentes coisas, com a saúde, quando ele está doente, com a riqueza, quando ele está empobrecido (...) Além disso, alguns pensaram que, separadamente desses muitos bens, há um outro que é o bem em si mesmo e que também causa a bondade de todos esses bens. (...)

Discussão das concepções populares de que o bem é o prazer, a honra, a riqueza...

5. (...) Julgando a partir das vidas que os homens levam, a maioria dos homens, e os homens do mais vulgar tipo, parecem (não sem algum motivo) identificar o bem ou a felicidade com o prazer; e essa é a razão por que eles amam a vida de entretenimento. Existem, podemos dizer, três tipos destacados de vida – esse recém-mencionado, a vida política e a vida contemplativa. Agora, a humanidade em sua maioria é evidentemente bastante servil em seus gostos, preferindo uma vida apropriada aos animais selvagens. (...) Uma consideração dos tipos proeminentes de vida mostra que as pessoas de refinamento superior e de disposição ativa identificam a felicidade com a honra; afinal, esse é, falando de modo simplificado, o fim respectivo à vida política. Contudo, parece por demais superficial para que seja aquilo que estamos buscando, dado que ela é pensada como dependendo daqueles que conferem honra em vez daquele que a recebe, mas o bem nós imaginamos ser alguma coisa do próprio homem e não algo facilmente tirado dele por um outro. Ademais, os homens parecem buscar a honra no intuito de que possam ser convencidos do seu mérito; pelo menos é por homens de sabedoria prática que eles buscam ser honrados, e entre aqueles que os conhecem, e com base em sua virtude; claramente, pois, de acordo com eles, de qualquer forma a virtude é melhor. (...) ❸

O bem deve ser alguma coisa final e autossuficiente. A definição de felicidade que é alcançada ao considerar-se a função característica do homem

7. Retornemos novamente ao bem que estamos buscando e perguntemos o que ele pode ser (...) chamamos aquilo que é em si mesmo digno de ser buscado mais final do que aquilo que é digno de ser buscado por causa de alguma outra coisa, e aquilo que jamais é desejável por causa de alguma outra coisa de algo mais final do que as coisas que são desejáveis tanto em si mesmas quanto por causa daquela outra coisa; portanto, chamamos de final absolutamente aquilo que é sempre desejável em si mesmo e jamais por causa de alguma outra coisa.

Ora, tal coisa, acima de tudo o mais, é tida como sendo a felicidade; afinal, nós a escolhemos sempre por si mesma e jamais por causa de alguma outra coisa, enquanto a honra, o prazer, a razão e toda virtude escolhemos de fato por si mesmos (pois, se nada resultasse a partir deles, ainda assim deveríamos escolher cada um deles), mas também os escolhemos por causa da felicidade, julgando que, através deles, seremos felizes. A felicidade, por outro lado, ninguém escolhe por causa desses, nem, em geral, por qualquer coisa diferente dela mesma. ❹

Do ponto de vista da autossuficiência, o mesmo resultado parece seguir-se, pois o bem final é considerado autossuficiente. No entanto, por autossuficiente não queremos dizer aquilo que é suficiente para um homem por si mesmo, para um homem que vive uma vida solitária, mas também para os pais, os filhos, a esposa e em geral para os seus amigos e concidadãos, uma vez que o homem é nascido para a cidadania. (...) O autossuficiente definimos agora como aquilo que, quando em isolamento, faz a vida ser desejável e de nada carente, e isso pensamos ser a felicidade. Além disso, nós a consideramos a mais desejável de todas as coisas, não uma coisa contada como uma coisa boa entre outras. (...) A felicidade, então, é alguma coisa final e autossuficiente; é o fim da ação.

É de se presumir, contudo, que dizer que a felicidade é o bem principal parece uma platitude e uma abordagem mais clara do que ela é ainda é desejada. Essa poderia talvez ser dada se pudéssemos primeiramente assegurar qual é a função do homem. Assim como para um flautista, um escultor ou qualquer artista, e em geral para todas as coisas que têm uma função ou uma atividade, o bem e o "bem-feito" são pensados como residin-

---

❸ A palavra grega aqui traduzida como "virtude" é *arete*, também algumas vezes traduzidas como "excelência". (A *arete* de alguma coisa de certo tipo é aquilo que a torna uma coisa boa daquele tipo.) A virtude é, então, a excelência do caráter humano. As pessoas são honradas por suas excelências, mas não só pela excelência moral.

❹ Esta é essencialmente uma questão de definição: a felicidade é *o que quer que seja* que tenha essa natureza. (O que isso é, ainda não sabemos.)

do na função, assim também parece ser para o homem se ele tem uma função. O carpinteiro, pois, e o curtidor têm certas funções ou atividades. Seria o caso que o homem não tem nenhuma? Ele nasceu sem uma função? Ou, assim como o olho, a mão, o pé e cada uma das partes evidentemente tem uma função, pode-se estabelecer que o homem, por semelhante modo, tem uma função, separada dessas todas? **5** Qual então ela pode ser? A vida parece pertencer até mesmo às plantas, mas estamos procurando o que é peculiar ao homem. Excluamos, portanto, a vida de nutrição e crescimento. Em seguida, estaria uma vida de percepção, mas *ela* também parece ser partilhada até mesmo pelo cavalo, pelo boi e por todo tipo de animal. Resta, então, uma vida ativa do elemento que tem um princípio racional. (...) **6** Agora, se a função do homem é uma atividade da alma que segue ou implica um princípio racional, (...) e se qualquer ação é bem-realizada quando ela é realizada de acordo com a excelência apropriada, se esse é o caso, o bem humano vem a ser a atividade da alma que exibe excelência e, se há mais do que uma excelência então de acordo com a melhor e a mais completa. **7**

Mas devemos acrescentar "em uma vida completa". Uma andorinha não faz verão, nem o faz um dia; e assim também um dia, ou um curto período de tempo, não faz um homem venturoso e feliz.

...

8. (...) Com aqueles que identificam a felicidade com a virtude ou com alguma virtude, a nossa abordagem está em harmonia; afinal, à virtude pertence a atividade virtuosa. Contudo, talvez, não faz pouca diferença se localizamos o bem principal na posse ou no uso, no estado da mente ou na atividade. Ora, o estado da mente pode existir sem produzir qualquer bom resultado, tal como em um homem que está adormecido ou deveras inativo de alguma outra maneira, mas a atividade não pode; afinal, alguém que tem a atividade estará, por necessidade, agindo, e agindo bem. (...) **8**

A vida deles é também em si mesma agradável, pois o prazer é um estado da *alma*, e, para todo homem, aquilo de que se diz que ele é um amante é agradável; por exemplo, não só é um cavalo agradável ao amante de cavalos e um espetáculo ao amante de apresentações, mas também atos justos são igualmente agradáveis ao amante da justiça e os atos virtuosos ao amante da virtude. Todavia, para a maioria dos homens, os seus prazeres estão em conflito uns com os outros, porque eles não são por natureza agradáveis, mas os amantes daquilo que é nobre consideram agradáveis as coisas que são por natureza agradáveis; e as ações virtuosas são desse tipo, de modo que elas são agradáveis para esses homens bem como em sua própria natureza. A vida deles, portanto, não tem nenhuma necessidade adicional de prazer como uma espécie de encanto adventício, mas tem o seu prazer em si mesma. Afinal, além daquilo que dissemos, o homem que não se alegra em ações nobres não é nem sequer bom, dado que ninguém chamaria a um homem de justo que não tenha se comprazido em agir de forma justa, nem a algum homem de liberal que não tenha se comprazido em ações liberais; e por semelhante modo em todos os outros casos. Se isso é assim, as ações virtuosas devem ser agradáveis em si mesmas. **9** No entanto, elas também são *boas* e *nobres*, e têm cada um desses atributos no grau mais elevado, dado que o homem bom julga bem acerca desses atributos. (...) A felicidade, então, é a melhor, a mais nobre e a mais agradável coisa no mundo. (...) Todas essas propriedades pertencem às melhores atividades; e essas, ou uma dessas – a melhor –, identificamos com a felicidade.

Todavia, evidentemente, (...) precisa-se dos bens externos também; afinal, é impossível, ou não é fácil, realizar atos nobres sem o devido aparato. Em muitas ações, fazemos uso de amigos, riquezas e poder político como instrumentos; e há algumas coisas cuja ausência tira o brilho da felicidade – bom nascimento, filhos de boa índole, beleza, pois o homem que é muito feio em aparência ou mal-nascido, ou então solitário e sem filhos, por certo não será feliz, e talvez um homem fosse por certo ainda menos feliz se tivesse filhos ou amigos profundamente ruins, ou tivesse perdido bons filhos e bons amigos pela morte. (...) A felicidade parece necessitar, em acréscimo, desse tipo de prosperidade; e, por essa razão, alguns identificam a felicidade com a boa fortu-

5 A função (*ergon*) de alguma coisa é a sua atividade característica em virtude do tipo de coisa que ela é.

6 Aristóteles argumenta que a função de um ser humano deve ser alguma coisa que não é partilhada pelas formas inferiores de vida: uma vida ativa que envolve a razão ou a racionalidade, em vez de simplesmente nutrição ou percepção.

7 Assim, a felicidade ou o bom-sucedimento é a atividade racional em harmonia com a excelência ou a virtude melhor e mais completa.

8 Aristóteles insiste que a felicidade envolve essencialmente a atividade; não basta simplesmente possuir traços da mente que levem à atividade virtuosa, mas que de fato jamais são utilizados.

9 Uma pessoa virtuosa terá prazer em ações virtuosas como tais, sem a necessidade de prazer externo como uma motivação.

10 Para os gregos, a felicidade envolvia mais do que os corretos estados internos da mente ou inclusive as motivações corretas para as ações; um grau substancial de sucesso mundano também era requerido, de modo que mesmo uma pessoa com o melhor tipo de caráter poderia ter a sua felicidade destruída por má fortuna externa de vários tipos.

11 A natureza humana é em si mesma receptiva tanto à virtude quanto ao vício; qual desses ela adquire depende de como é exercitada e de quais hábitos eventualmente forma.

12 Isso pode parecer paradoxal: como você pode fazer alguma coisa no intuito de aprender como fazê-la? Aristóteles explicará.

13 Portanto, as pessoas tornam-se virtuosas por praticar comportamento virtuoso antes que os traços de caráter correspondentes tenham sido formados (e tornam-se viciosas do mesmo modo).

14 Tal como Aristóteles afirmou em uma passagem anterior, omitida desta seleção, uma discussão adequada deveria ter "tanta clareza quanto o objeto de estudo admite" – ele alega que a ética não admite o mesmo grau de clareza como, por exemplo, a lógica ou a ciência.

na, muito embora outros a identifiquem com a virtude. **10**

...

LIVRO II: VIRTUDE MORAL

Virtude moral, como é produzida, em que meio e de que maneira ela é exibida

A virtude moral, como as artes, é adquirida pela repetição dos atos correspondentes

1. A virtude, então, sendo de dois tipos, intelectual e moral, a virtude intelectual deve, na maior parte dos casos, tanto o seu nascimento quanto o seu crescimento ao ensino (razão pela qual ela requer experiência e tempo), ao passo que a virtude moral surge como um resultado do hábito. (...) A partir disso, é também manifesto que nenhuma das virtudes morais surge em nós pela natureza; afinal, nada que existe por natureza pode formar um hábito contrário à sua natureza. (...) Nem por natureza, pois, nem em contrariedade à natureza as virtudes de fato surgem em nós; em vez disso, somos adaptados por natureza para recebê-las e somos aperfeiçoados pelo hábito. **11**

Além disso, de todas as coisas que vêm a nós por natureza, nós primeiramente adquirimos a potencialidade e, mais tarde, exibimos a atividade (...); porém, as virtudes nós obtemos primeiramente por exercitá-las, como também acontece no caso das artes. As coisas que temos de aprender antes que possamos fazê-las, aprendemos por fazê-las, por exemplo, os homens tornam-se construtores por construir e tocadores de lira por tocar a lira; assim também nós nos tornamos justos por fazer atos justos, temperantes por fazer atos temperantes, corajosos por fazer atos corajosos. **12**

...

Além disso, é a partir das mesmas causas e pelos mesmos meios que toda virtude é tanto produzida quanto destruída, e por semelhante modo toda arte. (...) Por fazer os atos que fazemos em nossos envolvimentos com outros homens, nós nos tornamos justos ou injustos, e por fazer os atos que fazemos diante do perigo, e por sermos habituados a sentir medo ou confiança, tornamo-nos corajosos ou covardes. O mesmo é verdadeiro acerca de apetites e sentimentos de ira; alguns homens tornam-se temperantes e calmos, outros autoindulgentes e irascíveis, por comportarem-se de um modo ou de outro, nas circunstâncias apropriadas. Assim, em uma palavra, os estados de caráter surgem de atividades semelhantes. Esse é o motivo pelo qual as atividades que exibimos devem ser de um certo tipo; é porque os estados de caráter correspondem às diferenças entre essas. Não faz pouca diferença, então, se formamos hábitos de um tipo ou de outro desde a nossa juventude; faz muita diferença, ou melhor, *toda* a diferença. **13**

Esses atos não podem ser prescritos exatamente, mas devem evitar o excesso e a falta

2. Dado, então, que a presente investigação não tem em vista o conhecimento teórico como as outras (pois estamos investigando não no intuito de conhecer o que é a virtude, mas no intuito de tornarmo-nos bons, já que de outro modo a nossa investigação não teria sido de nenhuma utilidade), devemos examinar a natureza das ações, a saber, como deveríamos realizá-las, uma vez que elas também determinam a natureza dos estados de caráter que são produzidos. (...) Contudo, deve-se concordar de antemão que a abordagem inteira de questões de conduta deve ser dada em linhas gerais, e não de maneira precisa, como dissemos bem no começo que os relatos que exigimos devem estar em harmonia com o objeto de estudo; as questões concernentes à conduta e as questões sobre o que é bom para nós não têm nenhuma fixidez, não mais do que questões sobre a saúde. Sendo a abordagem geral dessa natureza, o tratamento de casos particulares é, todavia, mais carente de exatidão; afinal, eles não recaem sobre nenhuma arte ou preceito, mas os próprios agentes devem em cada caso considerar o que é apropriado à ocasião, tal como acontece também na arte da medicina ou da navegação. **14**

Embora a nossa presente exposição seja dessa natureza, devemos prestar o serviço que pudermos. Primeiramente, então, consideremos que é da natureza de tais coisas serem destruídas pela falta ou pelo excesso, tal como vemos no caso da força e da saúde (para ganhar luz sobre coisas imperceptíveis, devemos fazer uso da evidência das coisas sensíveis); o exercício, tanto excessivo quanto defeituoso, destrói a força e, por semelhante modo, bebida ou comida acima ou abaixo de uma certa quantidade destrói a saúde, ao passo que aquilo que é proporcionado tanto a produz quanto a aumenta e a preserva. Assim também ocorre, pois, no caso da temperança, da coragem e de outras virtudes. Ora, o homem que foge de tudo, teme tudo e não fica de pé diante de coisa qualquer torna-se um covarde, enquanto o homem que não tem medo de nada, mas põe-se a confrontar todo perigo, torna-se temerário; e semelhantemente o homem que é indulgente em todo prazer e não se abstém de nenhum deles torna-se autoindulgente, enquanto o homem que se afasta de todo prazer, como fazem os rústicos, torna-se de certo modo insensível; a temperança e a coragem, então, são destruídas pelo excesso e pela falta, mas são preservadas pela mediania. **15**

...

4. A pergunta poderia ser feita, a saber, o que queremos dizer ao afirmar que devemos tornar-nos justos por fazer atos justos e temperantes por fazer atos temperantes, que, se os homens fazem atos justos e temperantes, eles já são justos e temperantes, exatamente como, se eles fazem o que está em harmonia com as leis da gramática e da música, eles são gramáticos e músicos. **16**

Ou isso não é verdadeiro nem sequer a respeito das artes? É possível fazer alguma coisa que esteja de acordo com as leis da gramática, seja por acaso, seja sob a condução de outra pessoa. Um homem será um gramático, portanto, só quando ele tanto disse alguma coisa gramatical quanto a disse gramaticalmente; e isso significa fazê-lo de acordo com o conhecimento gramatical que há nele mesmo.

Além disso, o caso das artes e aquele das virtudes não são similares; afinal, os produtos das artes têm a sua bondade em si mesmos, de sorte que é suficiente que tenham um certo caráter; porém, se os atos que estão de acordo com as virtudes têm eles mesmos um certo caráter, não se depreende que sejam feitos de maneira justa ou de modo temperante. O agente também deve estar em uma certa condição quando os faz: em primeiro lugar, deve ter conhecimento; em segundo lugar, deve escolher os atos, e escolhê-los por si mesmos; em terceiro lugar, a sua ação deve proceder de um caráter firme e imutável. (...)

Portanto, as ações são chamadas de justas e temperantes quando elas são tal como o homem justo ou o temperante as faria; porém, não é o homem que faz essas ações que é justo e temperante, mas o homem que também as faz *tal como* homens justos e temperantes as fazem. É correto dizer, então, que é por fazer atos justos que o homem justo é produzido e por fazer atos temperantes é gerado o homem temperante; sem fazer esses atos, ninguém teria sequer uma possibilidade de tornar-se bom. **17**

As pessoas, em sua maioria, não fazem esses [atos], mas refugiam-se na teoria e pensam que estão sendo filósofos e assim se tornarão boas, comportando-se de certo modo como pacientes que escutam atentamente os seus médicos, mas não fazem nenhuma das coisas que se lhes ordena fazer. Assim como os últimos não recuperarão a saúde do corpo por tal curso de tratamento, os primeiros não ficarão bem no que tange à alma por tal curso de filosofia.

Definição de virtude moral

O gênero da virtude moral: é um estado de caráter, não uma paixão, nem uma faculdade

5. Agora, devemos considerar o que é a virtude. Dado que as coisas que são encontradas na alma são de três tipos – paixões, faculdades e disposições de caráter –, a virtude deve ser uma dessas. Por paixões quero dizer apetite, cólera, medo, confiança, inveja, alegria, sentimento de amizade, ódio, expectativa, emulação, compai-

15 R Aqui se encontra a primeira manifestação de uma concepção a ser amplamente desenvolvida no que segue: traços de caráter virtuoso são intermediários entre o excesso e a deficiência.

16 R Aristóteles levanta uma objeção à concepção de que as virtudes são adquiridas quando se fazem ações do tipo correspondente: alguém que age nos modos correspondentes (por exemplo, de modo corajoso ou de modo temperante) já deve ter a virtude correspondente e, por isso, não pode adquiri-la daquela maneira.

17 R Todavia, a objeção anterior é equivocada. Tal como nas artes, uma pessoa pode fazer os tipos de ações em questão, pode agir em determinado caso assim como a pessoa virtuosa agiria, sem, contudo, ter o traço de caráter formado. (Essa pessoa não faz a ação virtuosa tal como a pessoa virtuosa a faria, porque o ato não é produzido do mesmo modo, no sentido de que ele não surge a partir do mesmo traço de caráter.)

xão e os sentimentos em geral que são acompanhados por prazer ou dor; por faculdades, as coisas em virtude das quais se diz que somos capazes de sentir essas coisas, por exemplo, de ficarmos irados, de sentirmos dor ou de sentirmos pena; por disposições de caráter, as coisas em virtude das quais ficamos bem ou mal com referência às paixões, por exemplo, com respeito à ira ficamos mal se a sentimos violentamente ou de modo demasiado fraco, mas ficamos bem se a sentimos moderadamente; e por semelhante modo com respeito às outras paixões. ⓲

Contudo, nem as virtudes nem os vícios são *paixões*, porque não somos considerados bons ou maus em razão de nossas paixões, mas somos assim chamados em razão de nossas virtudes e de nossos vícios, como também não somos louvados nem condenados por nossas paixões (pois o homem que sente medo ou cólera não é louvado, nem o homem que simplesmente sente cólera é condenado, mas o homem que a sente de uma certa forma), mas sim pelas nossas virtudes e pelos nossos vícios *somos* louvados ou condenados.

Mais uma vez, sentimos ira e medo sem escolha, porém as virtudes são modos de escolha ou envolvem escolha. Ademais, com respeito às paixões se diz que somos movidos, mas com respeito às virtudes e aos vícios não se diz que somos movidos, mas que estamos dispostos a isso de uma forma particular.

Por essas razões, também elas não são faculdades; afinal, nem somos chamados bons ou maus, nem louvados ou condenados, pela simples capacidade de sentir as paixões; além disso, temos as faculdades por natureza, mas não nos tornamos bons ou maus por natureza; já falamos disso antes.

Se, então, as virtudes não são nem paixões nem faculdades, tudo o que resta é que sejam *disposições de caráter*.

Assim, afirmamos o que a virtude é com relação ao seu gênero. ⓳

A diferença da virtude moral: ela é uma disposição para escolher o meio

6. Contudo, devemos não só descrever a virtude como uma disposição de caráter, mas também dizer que tipo de disposição ela é. Podemos observar, então, que toda virtude ou excelência tanto traz a uma boa condição a coisa da qual ela é a excelência quanto faz com que a função dessa coisa seja bem-feita; por exemplo, a excelência do olho torna bons tanto o olho quanto a sua função, pois é pela excelência do olho que vemos bem. (...) Portanto, se isso é verdadeiro em todos os casos, a virtude do homem também será a disposição de caráter que torna um homem bom e que faz com que ele exerça bem a sua função própria. ⓴

Como isso deve acontecer, isso já afirmamos, mas ficará manifesto também pela seguinte consideração da natureza específica da virtude. Em todas as coisas que são contínuas e divisíveis, é possível tomar mais, menos ou uma quantidade igual, e isso tanto em termos da coisa mesma quanto relativamente a nós; e o igual é um meio-termo entre o excesso e a falta. Por meio-termo no objeto quero dizer aquilo que é equidistante de cada um dos extremos, que é um e o mesmo para todos os homens; por meio-termo relativamente a nós quero dizer aquilo que não é nem demais nem de menos – e esse não é um nem o mesmo para todos. Por exemplo, se dez é muito e dois é pouco, seis é o meio-termo, considerado em termos do objeto; afinal, ele excede e é excedido por uma mesma quantidade; isso é meio-termo de acordo com a proporção aritmética. No entanto, o meio-termo relativamente a nós não deve ser tomado assim; se dez libras é demais para uma pessoa particular comer e duas libras é muito pouco, não se segue que o treinador ordenará seis libras, porque também isso é talvez demais para a pessoa que deve tomá-lo, ou então muito pouco. (...) Assim, pois, um mestre de qualquer arte evita o excesso e a falta, mas busca o meio-termo e o escolhe – o meio-termo não no objeto, mas relativamente a nós. ㉑

Se é assim, então, que toda arte faz bem a sua obra – ao atentar para o meio-termo e julgar as suas obras por esse padrão (...), e se, além disso, a virtude é mais exata e melhor do que qualquer arte, tal como a natureza também o é, então a virtude deve ter a qualidade de almejar o meio-termo. Quero dizer a vir-

---

⓲ Aristóteles diferencia as disposições da alma em três categorias gerais e supostamente exaustivas.

⓳ Aristóteles argumenta por eliminação que as virtudes são estados de caráter. (Isso pode parecer óbvio demais para que sequer precise ser dito, mas não se as virtudes são somente excelências humanas.) Esse é o *gênero* (categoria geral) no qual recai a virtude, mas ainda não diz que tipos específicos de estados de caráter as virtudes são.

⓴ Por comparação com outros casos, as virtudes humanas serão estados de caráter que permitem que as pessoas exerçam a sua função essencial ou funcionem bem.

㉑ E isso, por sua vez, implica evitar tanto o excesso quanto a falta (a deficiência) e encontrar a ação intermediária apropriada ou o *meio* – mas com a importante qualificação de que o meio relevante deve ser determinado em relação à pessoa e à situação, não só matematicamente.

tude moral, pois é essa que diz respeito a paixões e a ações, e nessas há excesso, falta o meio-termo. Por exemplo, tanto o medo quanto a confiança, o apetite, a ira, a compaixão e em geral o prazer e a dor podem ser sentidos tanto em demasia quanto em medida insuficiente e, nos dois casos, não são sentidos apropriadamente; porém, senti-los nos momentos corretos, com referência aos objetos corretos, com relação às pessoas corretas, com o motivo correto e da maneira certa é o que é tanto meio-termo quanto o melhor, e isso é característico da virtude. ㉒ Por semelhante modo, com respeito a ações também há excesso, falta e meio-termo. Contudo, a virtude é relativa a paixões e ações, em que o excesso é uma forma de erro, e assim o é a falta, enquanto o meio-termo é louvado e representa uma forma de sucesso; e ser louvado e ser bem-sucedido são características da virtude. Portanto, a virtude é um tipo de meio, dado que, como vimos, ela tem em vista o que é o meio-termo.

...

A virtude, então, é uma disposição de caráter concernente à escolha que consiste em um meio, isto é, o meio relativo a nós, sendo esse determinado por um princípio racional e por aquele princípio pelo qual o homem de sabedoria prática a determinaria. ㉓ Não obstante, trata-se de um meio entre dois vícios: um que depende do excesso e outro que dependa da falta. Além disso, é um meio porque os vícios, respectivamente, ficam aquém ou excedem o que é correto tanto nas paixões quanto nas ações, enquanto a virtude tanto encontra quanto escolhe aquilo que é o meio-termo. Portanto, com respeito ao que ela é, isto é, à definição que afirma a sua essência, a virtude é um meio e, com respeito ao que é o melhor e correto, ela é um extremo.

...

A proposição acima é ilustrada por referência a virtudes particulares

7. (...) Com relação a sentimentos de medo e confiança, a coragem é o meio; dentre as pessoas que excedem, aquela que excede na ausência de medo não recebe nenhum nome (muitos dos estados não têm nenhum nome), ao passo que aquela que excede em confiança é temerária e aquela que excede em medo e tem pouca confiança é covarde. Com relação aos prazeres e às dores – nem todos dentre eles, e não tanto com respeito às dores –, o meio é a temperança, o excesso é a autoindulgência. Pessoas deficientes com relação aos prazeres não são encontradas com frequência; portanto, tais pessoas também não receberam nenhum nome, mas chamemo-las de "insensíveis".

Com relação a dar e a tomar dinheiro, o meio é a liberalidade, o excesso e a falta são a prodigalidade e a avareza. Nessas ações, as pessoas excedem e ficam aquém de modos contrários; o pródigo excede em gastar e fica aquém com relação a ganhar dinheiro, enquanto o homem avaro excede em tomar dinheiro e fica aquém em gastar. (De momento, estamos oferecendo um mero esboço ou um resumo, e estamos satisfeitos com isso; mais adiante, essas disposições serão determinados com mais exatidão.) ㉔ Com relação ao dinheiro, existem também outras disposições – um meio, a saber, a magnificência (pois o homem magnificente difere do homem liberal; o primeiro lida com grandes somas, o segundo com somas pequenas), um excesso, a saber, o mau gosto e a vulgaridade, e uma deficiência, a sovinice; elas diferem das disposições opostas à liberalidade, e o modo da sua diferença será estabelecido mais tarde.

Com relação à honra e à desonra, o meio é o orgulho apropriado, o excesso é conhecido como um tipo de "vaidade vazia", e a deficiência é a humildade indevida. E como dissemos que a liberalidade está relacionada com a magnificência, diferindo dela por lidar com somas pequenas, assim há um estado semelhantemente relacionado com o orgulho apropriado, sendo esse respectivo a pequenas honras, enquanto aquele é respectivo a grandes honras. Ora, é possível desejar a honra como se deveria, bem como mais do que se deveria, e também menos, e o homem que excede em seus desejos é chamado de ambicioso, o homem que fica aquém é desambicioso, enquanto a pessoa intermediária não recebe nenhum nome. (...)

Com relação à cólera, também há um excesso, uma deficiência e um meio. Embora dificilmente se possa dizer que

㉒ **R** Aqui está a fórmula geral para a ação virtuosa: o que é virtuoso (ou apropriado) em cada caso depende de evitar tanto o excesso quanto a deficiência na dimensão em questão e, a partir daí, encontrar o meio apropriado.

㉓ Aqui, finalmente, está a definição de virtude. A tradução é equivocada no sentido de que a palavra traduzida como "princípio racional" (*logos*) não sugere necessariamente que haja um princípio no sentido de uma regra clara, mas somente que a determinação é feita de um modo racional, através da razão.

㉔ **R** Alguns, porém não todos desses relatos mais detalhados, estão incluídos mais adiante nesta seleção.

eles têm nomes, visto que chamamos a pessoa intermediária de calma, chamemos também o meio-termo de calma; dos que se encontram nos extremos seja chamado de irascível aquele que excede, e o seu vício de irascibilidade, e o homem que fica aquém seja chamado de um tipo pacato, e a deficiência de pacatez.

...

LIVRO III: VIRTUDE MORAL

...

5. (...) Com relação às virtudes *em geral*, afirmamos o seu gênero em linhas gerais, a saber, que elas são meios e que são disposições de caráter, tendem, por sua própria natureza, à realização dos atos pelos quais são produzidas, estão em nosso poder e são voluntárias e agem tal como a regra correta prescreve. Porém, as ações e as disposições de caráter não são voluntárias da mesma maneira; afinal, somos senhores de nossas ações, desde o começo até o fim, se conhecemos os fatos particulares, mas, embora controlemos o início das nossas disposições de caráter, o progresso gradual não é óbvio, não mais do que ele o é nas doenças; porque estava em nosso poder agir ou não agir dessa maneira, as disposições são, portanto, voluntárias. ㉕

Tomemos, contudo, as diversas virtudes e digamos quais são elas, com que tipos de coisas elas se ocupam e de que modo se ocupam; ao mesmo tempo, tornar-se-á manifesto quantas são as virtudes. E, primeiramente, falemos da coragem.

Coragem

A coragem dizia respeito aos sentimentos de medo e de confiança – falando de modo estrito, ao medo da morte na batalha

6. Que ela é um meio com respeito aos sentimentos de medo e de confiança, isso já se tornou evidente; e manifestamente as coisas que tememos são coisas temíveis, e essas são, para falar sem especificação, males; por essa razão, as pessoas chegam a definir o temor como a expectativa do mal. Agora, tememos todos os males, por exemplo, a ignomínia, a pobreza, a doença, a inimizade, a morte, mas não se considera que o homem corajoso esteja ocupado com todos eles; afinal, temer certas coisas é até mesmo correto e nobre, sendo algo vil não temê-las – por exemplo, a ignomínia; aquele que a teme é bom e modesto, enquanto aquele que não a teme é despudorado. (...) A pobreza e a doença nós talvez não devêssemos temer, nem as coisas que não procedem do vício e não são devidas ao próprio homem. Todavia, nem mesmo o homem que não tem medo delas é corajoso. (...) Afinal, com que tipo de coisas temíveis se ocupa o homem corajoso? Sem dúvida, com as mais temíveis; ora, certamente ninguém mais do que ele fica firme em sua posição contra aquilo que inspira terror. Ora, a morte é a mais temível de todas as coisas; afinal, ela é o fim, e coisa alguma se considera ser ainda boa ou má para os mortos. No entanto, o homem corajoso não pareceria sequer relacionar-se com a morte em *todas* as circunstâncias, por exemplo, no mar ou na doença. Então, em que circunstâncias? Com certeza, nas mais nobres. Ora, tais mortes são aquelas na batalha, pois essas têm lugar no perigo maior e mais nobre. (...) Portanto, será apropriadamente chamado de corajoso aquele que não tem medo diante de uma morte nobre e de todas as emergências que envolvem a morte; e as emergências da guerra são desse tipo no mais elevado grau. (...) ㉖

O motivo da coragem é o senso de honra: as características dos vícios opostos, a covardia e a temeridade

7. (...) Das faltas que são cometidas, uma consiste em temer o que não deveríamos temer, uma outra em temer tal como não deveríamos temer, uma outra em temer quando não deveríamos, e assim por diante; e assim também com relação às coisas que inspiram confiança. O homem, então, que

---

㉕ Voluntário no sentido de que podemos agir de forma deliberada, de modo a produzir esses estados, mesmo que não possamos simplesmente produzi-los de forma direta.

㉖ O aspecto do pensamento grego que entende ser a guerra a atividade humana maior e mais nobre por certo não será muito plausível para os leitores modernos. Contudo, a maior parte daquilo que Aristóteles afirma sobre a coragem também pode ser aplicado a outras situações de perigo.

encara e que teme as coisas corretas e a partir do motivo correto, do modo correto e no momento correto, e que sente confiança sob as condições correspondentes, é corajoso; afinal, o homem corajoso sente e age de acordo com os méritos do caso e tal como a regra direcione. (...)

Daqueles que incorrem no excesso, aquele que excede em ausência de temor não recebe nenhum nome (dissemos anteriormente que muitas disposições de caráter não têm quaisquer nomes), mas seria um tipo de louco ou um homem insensível à dor se ele não temesse nada, nem os terremotos nem as ondas (...) ao passo que o homem que excede em confiança sobre o que realmente é temível é temerário. (...) O homem que excede em medo é covarde, pois ele teme tanto o que deveria quanto o que não deveria, e todas as caracterizações semelhantes associam-se a ele. Ele também é deficiente em confiança; porém, ele é mais conspícuo por seu excesso de medo em situações de dor. O covarde, o homem temerário e o homem corajoso ocupam-se, então, com os mesmos objetos, mas estão diferentemente dispostos com respeito a eles; afinal, os dois primeiros excedem e ficam aquém, ao passo que o terceiro mantém a posição do meio, que é a posição correta. (...)

Como dissemos, então, a coragem é um meio com relação a coisas que inspiram confiança ou medo nas circunstâncias que foram afirmadas; e ela escolhe ou suporta coisas porque é nobre fazê-lo, ou porque é vil não proceder assim. (...)

Temperança

10. Depois da coragem, falemos da temperança. (...) Dissemos que a temperança é um meio com relação aos prazeres (pois ela é menos, e não da mesma maneira, concernente às dores); a autoindulgência, portanto, manifesta-se na mesma esfera. (...)

A temperança e a autoindulgência são concernentes ao tipo de prazeres em que os outros animais partilham, os quais, portanto, parecem escravizantes e brutais. (...)

Características da temperança e dos seus opostos, a autoindulgência e a "insensibilidade"

11. (...) Manifestamente, pois, o excesso com relação ao prazer é a autoindulgência e é culpável; com relação às dores, não se é, tal como no caso da coragem, chamado de temperante por encará-las, ou é chamado de autoindulgente por não agir desse modo, mas o homem autoindulgente é assim chamado porque sofre mais do que deveria por não obter coisas prazerosas (mesmo sendo a sua dor causado pelo prazer), e o homem temperante é assim chamado porque não fica aflito na ausência do que é prazeroso e na abstinência relativa a isso.

O homem autoindulgente, então, anseia por todas as coisas prazerosas ou por aquelas que são prazerosas ao máximo, e é levado pelo seu apetite a escolher essas coisas às custas de tudo o mais; portanto, ele fica aflito tanto quando deixa de obtê-las como quando está meramente ansiando por elas (pois o apetite envolve a dor). (...) As pessoas que ficam aquém com relação aos prazeres e com eles se deleitam menos do que deveriam dificilmente são encontradas; afinal, essa insensibilidade não é humana. (...) O homem temperante ocupa uma posição intermediária com relação a esses objetos. Afinal, ele nem aprecia as coisas de que o homem autoindulgente goza maximamente – em vez disso, é desgostoso para com elas – nem em geral as coisas que ele não deveria apreciar, nem qualquer coisa desse tipo em excesso, nem sente dor ou ansiedade quando elas estão ausentes, ou faz isso só em um grau moderado, e não mais do que deveria, nem quando não deveria, e assim por diante. Entretanto, as coisas que, sendo agradáveis, contribuem para a saúde e para a boa condição, essas ele desejará moderadamente, tal como deveria, e também outras coisas agradáveis, se elas não forem impedimentos para esses fins ou contrárias ao que é nobre, ou estejam além dos seus meios. Ora, aquele que negligencia essas condições ama tais prazeres mais do que eles merecem, ao passo que o homem temperante não é esse tipo de pessoa, mas sim o tipo de pessoa que a regra justa prescreve. ㉗

...

LIVRO IV: VIRTUDE MORAL

...

A virtude relativa à cólera

5. A calma é um meio com relação à cólera; não tendo nome o estado intermediário, ㉘ e os extremos também quase sempre sem um nome, colocamos a calma na posição média, embora ela se incline para a deficiência, a qual não recebe nome. O excesso poderia ser chamado de "irascibilidade", pois a paixão é a cólera, enquanto as suas causas são muitas e diversas.

Louva-se o homem que se encoleriza com as coisas corretas e com as pessoas corretas e, ademais, como deveria, quando deveria e na medida em que deveria. Esse, então, será o homem calmo, visto que a calma é louvada. Ora, o homem calmo tende a não se perturbar e a não ser levado pela paixão, mas a encolerizar-se da maneira, com as coisas e pela extensão de tempo que a regra dita. Todavia, pensa-se que ele erra na direção da deficiência, pois o homem calmo não é vingativo e tende a fazer concessões.

A deficiência, não importa se ela é um tipo de "não irascibilidade" ou o que quer que seja, é condenada. Afinal, aqueles que não se encolerizam com as coisas com que deveriam encolerizar-se são considerados tolos, assim como aqueles que não se encolerizam do modo correto, no momento certo ou com as pessoas corretas. Ora, considera-se que tal homem não sente coisas nem fica aflito por elas e, dado que ele não se encoleriza, considera-se improvável que ele defenda a si mesmo. Aguentar ser insultado e conviver com os insultos dirigidos aos seus amigos é próprio de escravos.

...

(...) Não é fácil definir como, com quem, com o quê e por quanto tempo alguém deve encolerizar-se, ou em que ponto cessa a ação correta e começa a errada. O homem que se afasta um pouco do caminho, seja para mais, seja para menos, não é condenado, já que às vezes louvamos aqueles que exibem a deficiência e os chamamos de calmos, e às vezes chamamos de coléricas as pessoas viris e as consideramos como sendo capazes de governar. Até que ponto, então, e de que modo um homem deve desviar-se antes de tornar-se digno de censura, isso não é coisa fácil de enunciar em palavras; afinal, a decisão depende dos fatos particulares e da percepção. ㉙ No entanto, ao menos é manifesto que o estado intermediário é digno de louvor – aquele em virtude do qual ficamos encolerizados com as pessoas certas, com as coisas certas, do modo certo, e assim por diante. Por sua vez, os excessos e as faltas são dignas de repreensão – de forma leve, se estão presentes em um grau baixo, mais fortemente, se presentes em um grau mais elevado, e energicamente, se presentes em um grau elevado. Evidentemente, pois, devemos nos ater ao estado intermediário. (...)

LIVRO VI: A VIRTUDE INTELECTUAL

Introdução

1. Dado que dissemos anteriormente que alguém deveria escolher aquilo que é intermediário, não o excesso nem a falta, e que o intermediário é determinado pelos ditames da regra correta, discutamos a natureza desses ditames. Em todos os estados de caráter que mencionamos, como em todas as outras questões, há uma marca à qual visa o homem que tem a regra, e ele intensifica ou relaxa a sua atividade de acordo com isso, havendo um padrão que determina os estados intermediários que dizemos que são intermediários entre o excesso e a falta ao estar em harmonia com a regra correta. Contudo, tal afirmação, ainda que verdadeira, não é de modo algum clara; ora, não só aqui, mas em todas as outras empreitadas que são objetos do conhecimento, é realmente verdadeiro dizer que não devemos empenhar-nos nem relaxar os nossos esforços demais ou de menos, mas em uma medida intermediária e tal como

---

㉗ Aqui, novamente, a palavra grega traduzida como "regra correta" (*logos*) não significa que há uma regra definitiva, mas que a escolha é feita sob bases racionais.

㉘ Sem nome até que Aristóteles o nomeasse de "calma".

㉙ Assim, não há nenhuma regra claramente definida, nada que possa evitar a necessidade de juízo racional.

dita a regra correta; porém, se um homem tivesse somente esse conhecimento, ele não seria em nada mais sábio – por exemplo, não saberíamos que tipo de medicamentos aplicar ao nosso corpo se alguém dissesse "todos aqueles que a arte médica prescreve e que estão em concordância com a prática de alguém que possui a arte". Portanto, é necessário, também com relação aos estados da alma, não só que essa afirmação verdadeira seja feita, mas também que seja determinado o que é a regra correta e qual é o padrão que a estabelece. ③⓪

...

2. A virtude de uma coisa é relativa à sua função própria. Todavia, há três coisas na alma que controlam a ação e a verdade – a sensação, a razão e o desejo.

Dessas, a sensação não dá origem a nenhuma ação; isso é manifesto a partir do fato de que os animais inferiores têm sensação, mas não têm parte na ação. ③①

O que a afirmação e a negação que são no pensamento, a busca e a evitação são no desejo; assim, como a virtude moral é uma disposição de caráter concernente à escolha, e a escolha é o desejo deliberado, tanto o raciocínio deve ser verdadeiro quanto o desejo deve ser correto, se a escolha deve ser boa, e o último deve buscar simplesmente o que o primeiro afirma. Contudo, esse tipo de intelecto e de verdade é prático. (...)

LIVRO X: A FELICIDADE NO SENTIDO MAIS ELEVADO

Felicidade

A felicidade é a boa atividade, não o divertimento

6. Agora que falamos das virtudes (...) o que resta é discutir, em linhas gerais, a natureza da felicidade, uma vez que é isso que afirmamos ser o fim das questões humanas. A nossa discussão será tanto mais concisa se primeiramente resumirmos o que já dissemos. Dissemos, pois, que ela não é uma disposição; ora, se ela o fosse, poderia pertencer a alguém que passou adormecido ao longo da sua vida, vivendo a vida de uma planta, ou, então, a alguém que tenha sofrido os maiores infortúnios. Se essas implicações são inaceitáveis, e devemos com efeito classificar a felicidade como uma atividade, como dissemos anteriormente, e se algumas atividades são necessárias e desejáveis por causa de alguma outra coisa, enquanto outras o são em si mesmas, evidentemente a felicidade deve estar localizada entre aquelas coisas desejáveis em si mesmas, não entre aquelas desejáveis por causa de alguma outra coisa. Afinal, à felicidade não falta coisa alguma, já que ela é autossuficiente. No entanto, são desejáveis em si mesmas aquelas atividades a partir das quais nada mais é buscado além da atividade. E é dessa natureza que se pensa que sejam as ações virtuosas: fazer ações nobres e boas é uma coisa desejável por si mesma.

(...) A felicidade (...) não consiste no divertimento; seria realmente estranho se o fim fosse o divertimento, e alguém tivesse de enfrentar dificuldades e passar por asperezas por toda a sua vida no intuito de divertir-se. Em uma palavra, tudo o que escolhemos é por causa de alguma outra coisa – exceto a felicidade, que é um fim. Então, empenhar-se e trabalhar por causa do divertimento parece tolo e definitivamente pueril, mas divertir-se no intuito de que se possa empenhar-se (...) parece correto; afinal, o divertimento é um tipo de relaxamento, e precisamos de relaxamento porque não podemos trabalhar continuamente. O relaxamento, então, não é um fim; afinal, ele é feito por causa da atividade. ③②

...

A felicidade no sentido mais elevado é a vida contemplativa

7. Se a felicidade é a atividade que está de acordo com a virtude, é razoável que ela deva estar de acordo com a virtude mais elevada; e essa virtude será aquela da melhor coisa em nós. Não importa se a razão ou alguma outra coisa seja o elemento que é

---

③⓪ Aqui, temos diversas passagens em que a tradução sugere algum tipo de regra explícita, mas o que de fato é dito por Aristóteles é apenas que a razão ou a racionalidade, ou o bom juízo, está envolvida.

③① R A concepção de Aristóteles é de que, embora os animais inferiores possam reagir à sensação, eles não agem no sentido em que isso envolve escolha deliberada.

③② PARE Quão boas são as razões de Aristóteles para rejeitar a concepção de que a vida de gozos ou de divertimento é a vida boa?

considerado como o nosso regente natural e o nosso guia, e como refletindo sobre as coisas nobres e divinas, independentemente de ser ele mesmo também divino ou só o elemento mais divino em nós, a atividade desse elemento de acordo com a sua virtude própria será a felicidade perfeita. (...) Essa atividade é contemplativa. (...)

Isso pareceria estar em concordância tanto com o que foi dito anteriormente quanto com a verdade. Afinal, em primeiro lugar, essa atividade é a melhor (visto que não só a razão é a melhor coisa em nós, mas os objetos da razão são os melhores dos objetos conhecíveis); e, em segundo lugar, ela é a mais contínua, uma vez que podemos contemplar a verdade mais continuamente do que podemos *fazer* alguma coisa. E pensamos que a felicidade deveria ter o prazer misturado com ela, porém a atividade da sabedoria filosófica é reconhecidamente a mais prazerosa das atividades virtuosas; ao menos, a sua busca é pensada como oferecendo prazeres maravilhosos por sua pureza e sua resistência. (...) E a autossuficiência da qual se fala deve pertencer acima de tudo à atividade contemplativa. Embora um filósofo, assim como um homem justo ou um homem com alguma outra virtude, precise das necessidades da vida, quando estão suficientemente providos com coisas daquele tipo, o homem justo precisa de pessoas com relação às quais e com as quais ele agirá justamente, e o homem temperante, o homem corajoso e cada um dos outros se encontra no mesmo caso, mas o filósofo, mesmo quando sozinho, pode contemplar a verdade – e melhor o faz quanto mais sábio for. Ele pode talvez fazê-lo melhor se tem colaboradores, mas ainda assim ele é o mais autossuficiente de todos. E essa atividade parece ser amada somente por causa dela mesma; afinal, nada surge a partir dela separadamente da contemplação, ao passo que das atividades práticas obtemos mais ou menos separadamente da ação. (...) Assim, se entre as ações virtuosas as ações políticas e militares são distinguidas por nobreza e grandeza, e essas não incluem lazeres, têm em vista a um fim e não são desejáveis por causa de si mesmas, mas a atividade da razão, que é contemplativa, parece tanto ser superior em valor importante quanto não ter em vista a nenhum fim além de si mesma e ter o seu prazer próprio a si mesma (e esse aumenta a atividade), e a autossuficiência, os lazeres e a ausência de fadiga (até o ponto em que isso é possível a um homem), e todas as outras propriedades atribuídas ao homem sumamente feliz são evidentemente aquelas ligadas a essa atividade, segue-se que essa será a felicidade completa do homem, caso lhe seja concedido um termo de vida completo (pois nenhum dos atributos da felicidade é incompleto). ㉝

㉝ PARE A concepção de Aristóteles é de que o melhor tipo de vida para um ser humano, aquele tipo que mais perfeitamente atinge a felicidade (*eudaimonia*), é a vida contemplativa. Quão boas são as razões que ele oferece para isso?

Questões para Discussão

1. Quão plausível você considera a ideia de Aristóteles de que, por agir tal como uma pessoa virtuosa, você adquirirá as virtudes relevantes? Considere a virtude da caridade: a pessoa caridosa faz contribuições caridosas *por causa do* traço de caráter da caridade. Suponha que Carol faz contribuições de caridade apenas para ganhar a aprovação de seu pai. Não parece ser o caso de que Carol poderia agir desse modo por anos, sem contudo adquirir a virtude da caridade? Considere um outro exemplo: geralmente ensinamos as nossas crianças a partilhar, tentando criar nelas o traço de caráter da generosidade (a disposição estável de dar, acompanhada pelas respostas emocionais relevantemente apropriadas). Esse tipo de treinamento poderia ser bem-sucedido? De que modo as pessoas adquirem os tipos de traços de caráter sobre os quais Aristóteles está falando?

2. Quão plausível é a tese central de Aristóteles de que uma virtude é sempre um meio entre dois extremos, sendo cada um deles um vício? Pense em outros exemplos de virtudes além daqueles que ele discute e tente avaliar se e em que medida eles se encaixam nessa descrição.

3. Aristóteles crê que a melhor coisa respectiva a nós é a nossa razão: a pessoa que chega da forma mais próxima à excelência que é distintamente humana é aquela que passa a maior parte da sua vida em contemplação. O que você pensa sobre essa concepção? E sobre a concepção de

que uma vida de gozo ou de divertimento é uma vida menos do que excelente? Você acredita que há alguma outra coisa respectiva a nós, diferente da razão, que é "a melhor coisa acerca de nós"? Algumas vidas envolvem mais claramente o bom-sucedimento humano do que outras vidas?

Rosalind Hursthouse

Rosalind Hursthouse (1943-) leciona atualmente na Universidade de Auckland, na Nova Zelândia, tendo anteriormente lecionado tanto na Inglaterra quanto nos Estados Unidos. É um dos grandes nomes na recente área da ética da virtude, defendendo uma concepção que ela caracteriza como "neoaristotélica".

Na presente seleção, Hursthouse defende a tese de que a ética da virtude, além de oferecer um relato sobre o caráter bom e mau e sobre o que significa para um ser humano viver bem e desenvolver-se, pode também dizer que ações são corretas e incorretas em situações particulares, providenciando assim uma alternativa genuína aos enfoques dados pelo utilitarismo e pela ética deontológica (kantiana).

A Ética Normativa da Virtude[27]

Uma crença comum a respeito da ética da virtude é que ela não nos diz o que devemos fazer. Essa crença é algumas vezes manifestada meramente na pressuposição expressa de que a ética da virtude é "centrada no agente" em vez de ser "centrada no ato", está preocupada com o ser em vez do fazer, com o bom (e mau) caráter em vez da ação correta (e incorreta), com a questão "que tipo de pessoa devo ser?" em vez da questão "o que devo fazer?". Nessa pressuposição, a chamada "ética da virtude" não aparece como uma rival normativa ao utilitarismo e à ética deontológica. Em vez disso, a sua reabilitação recente é vista como tendo servido ao propósito útil de lembrar os filósofos morais que a elaboração de uma teoria normativa pode ficar aquém de uma descrição completa da nossa vida moral. Assim instigados, os deontologistas voltaram-se à "Doutrina da Virtude" de Kant, há muito negligenciada, e os utilitaristas abandonaram o antigo debate sobre o utilitarismo de ato e o utilitarismo de regra, mostrando interesse nas consequências que maximizam a felicidade geral, as quais se originam do inculcar virtudes tais como amizade, honestidade e lealdade.

A partir dessa pressuposição, parece que os filósofos que "trabalham a ética da virtude", tendo servido a esse propósito, devem perceber que não estão fazendo mais do que suplementar a teoria normativa e devem agora decidir qual das duas concepções padrão eles endossam. (...) Porém, qualquer um que quer assumir a ética da virtude como um enfoque rival à ética deontológica ou ao utilitarismo (pensando ser algo bizarro assumir que Aristóteles endossaria uma das duas) considerará essa crença comum pronunciada contra ela como uma objeção: "A ética da virtude, porque não o pode, não diz o que devemos fazer. Assim, ela não pode ser uma rival à deontologia e ao utilitarismo". ❶

Este artigo é dedicado a defender a ética da virtude contra essa objeção.

❶ Esta é uma objeção padrão contra a ética da virtude.

AÇÃO CORRETA

Que bases pode ter alguém para acreditar que a ética da virtude não pode

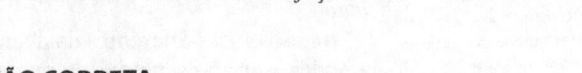

---

[27] Extraído de *How Should One Live?*, editada por Roger Crisp (New York: Oxford University Press, 1996).

nos dizer o que devemos fazer? Parece que algumas vezes a base não é mais do que dizer que a ética da virtude está preocupada com o caráter bom (e mau) em vez da ação correta (e errada). Contudo, essa afirmação não faz mais do que sublinhar um contraste interessante entre, de um lado, a ética da virtude e, de outro, a deontologia e o utilitarismo. A primeira é centrada no agente; as últimas, assim se diz, são centradas no ato. Disso não se segue que a ética da virtude nada tenha a dizer sobre o conceito de ação correta, nem sobre quais são as ações corretas e quais são as incorretas. Querendo sublinhar um contraste diferente entre o utilitarismo e a deontologia, poderíamos igualmente dizer "o utilitarismo está preocupado com estados de coisas bons (e maus) em vez de ações boas (e más)", e ninguém tomaria isso como significando que o utilitarismo, diferentemente da deontologia, nada tenha a dizer sobre a ação correta, pois o que o utilitarismo diz é tão familiar.

Suponha que um utilitarista de ato apresente a sua concepção de ação correta da seguinte maneira:

U1. Uma ação é correta sse ela promove as melhores consequências. ❷

Essa premissa apresenta uma especificação da ação correta, estabelecendo o elo utilitarista familiar entre os conceitos de *ação correta* e *melhores consequências*, mas não nos dá uma orientação sobre come agir até que alguém saiba o que conta como melhores consequências. Assim, elas devem ser especificadas em uma segunda premissa, por exemplo:

U2. As melhores consequências são aquelas nas quais a felicidade é maximizada,

o que forja o elo utilitarista familiar entre os conceitos de *melhores consequências* e *felicidade*.

Muitas versões diferentes da deontologia podem ser apresentadas de maneira tal que mostram a mesma estrutura básica. Elas começam com uma premissa que provê uma especificação da ação correta:

D1. Uma ação é correta sse ela está de acordo com uma regra ou um princípio moral correto.

Assim como a primeira premissa do utilitarismo de ato, isso não nos dá uma orientação sobre como agir, até que, nesse caso, alguém saiba o que conta como uma regra moral correta (ou um princípio). Então, isso deve ser especificado em uma segunda premissa, que começa assim:

D2. Uma regra moral correta (princípio) é aquela que ...,

e isso pode ser completado de uma série de modos diferentes, como, por exemplo:

i. está na seguinte lista (e então a lista é apresentada)

ou

ii. nos é confiada por Deus

ou

iii. é universalizável

ou

iv. seria o objeto de escolha de todos os seres racionais

e assim por diante. ❸

Embora esse modo de apresentar versões muito familiares do utilitarismo e da deontologia dificilmente seja controverso, é importante notar que ele sugere um problema no *slogan* "o utilitarismo começa com (ou toma como seu conceito fundamental, etc.) o Bem, enquanto a deontologia começa com o Correto". Se o conceito com o qual uma ética normativa "começa com" é usado para especificar a ação correta, então pode-se dizer que o utilitarismo começa com o Bem (se tomamos isso como sendo o "mesmo" conceito que o *melhor*), porém deveríamos nos apressar em acrescentar "mas somente em relação às consequências; não, por exemplo, com relação a agentes *bons*, ou com o viver *melhor*". ❹ E, mesmo assim, não seremos capazes de ir adiante e dizer que a maior parte das versões da deontologia "começam com" o Correto, pois elas usam o conceito de regra moral ou de princípio para especificar a ação correta. (...)

Caso se suponha que a sentença seleciona muito vagamente o conceito que é "o mais importante", então os conceitos de *consequências* ou *felicidade* parecem

---

❷ Aqui e em outros lugares, "sse" é uma abreviação filosófica padrão que significa "se e somente se".

❸ Aqui, (iii) e (iv) apresentam aspectos da posição de Kant. Para uma consideração de uma posição como (ii), ver a seleção do diálogo *Eutífron* no Capítulo 1. Uma concepção que meramente apresente uma lista não será muito convincente sem uma apresentação posterior de como se chega a essa lista (o que, então, muito provavelmente, substituirá a lista como principal enfoque).

❹ O utilitarismo certamente não começa com a ideia de um bom agente (ou de alguém que vive bem) – e tem pouco a dizer sobre isso, exceto que um bom agente seguirá o princípio da utilidade (ou, para o utilitarismo de regra, conformar-se-á às regras que maximizam a utilidade). Defensores de uma ética da virtude sugerirão que essa é uma abordagem claramente inadequada do que significa, para um ser humano, viver uma vida boa.

merecer a menção como o conceito de Bem para o utilitarismo, e o que conta como o mais importante (se algum conceito o faz) para os deontologistas certamente irá variar de caso para caso. Para alguns, será Deus, para outros a capacidade de ser universalizável, para outros o imperativo categórico, para outros a aceitação racional, e assim por diante.

É possível que uma aceitação servil desse *slogan* e a dificuldade inevitável de encontrar um complemento para "e a ética da virtude começa com ..." que não revele a sua inadequação tenham contribuído para a crença de que a ética da virtude não pode apresentar uma especificação da ação correta. (...) Contudo, se a questão é "como pode a ética da virtude especificar a ação correta?", então a resposta é fácil:

V1. Uma ação é correta sse é aquilo que um agente virtuoso caracteristicamente faria (ou seja, agir com caráter) naquelas circunstâncias.

Essa especificação raramente silencia, se alguma vez o fez, aqueles que defendem que a ética da virtudes não pode nos dizer o que devemos fazer. Pelo contrário, ela tende a provocar uma gargalhada irritante e um deboche. "*Isso* não serve para nada", a objeção diz. "Ela não nos dá nenhuma orientação. Quem são os agentes virtuosos?". Mas, se o fracasso da primeira premissa de uma ética normativa que estabelece um elo entre o conceito de ação correta e o conceito distintivo daquela ética pode provocar desprezo porque não apresenta uma orientação prática, por que não dirigir o mesmo desprezo à primeira premissa do utilitarismo de ato e à deontologia na forma que dei a elas? Observei que cada uma delas (...) não nos dá qualquer orientação. O utilitarismo deve especificar o que conta como as melhores consequências e a deontologia o que conta como uma regra moral correta, produzindo uma segunda premissa antes que qualquer orientação seja dada. De modo similar, a ética da virtude deve especificar quem deve contar como um agente virtuoso. Até agora, as três estão na mesma posição.

Obviamente, se o agente virtuoso pode apenas ser especificado como um agente disposto a agir de acordo com regras morais, como alguns admitiram, então a ética da virtude entra em colapso com a deontologia e não é uma rival.

❺ Assim, acrescentaremos uma premissa subsidiária a essa descrição sumária com a intenção de tornar mais claro que a ética da virtude procura apresentar uma especificação não deontológica do agente virtuoso *via* uma especificação das virtudes, que serão apresentadas na sua segunda premissa:

V1a. Um agente virtuoso é alguém que age virtuosamente, ou seja, alguém que tem e exercita as virtudes.

V2. Uma virtude é um traço de caráter que ....

Essa segunda premissa da ética das virtudes pode, assim como a segunda premissa de algumas variações da deontologia, ser complementada simplesmente pela enumeração ("uma virtude é uma das seguintes", e então a lista é apresentada). Ou podemos, não de forma implausível, interpretar o Hume da segunda *Investigação* como defendendo uma ética da virtude. De acordo com ele, uma virtude é um traço de caráter (dos seres humanos) que é útil ou agradável ao seu possuidor ou aos outros (um "ou" inclusivo nos dois casos). O complemento padrão neoaristotélico afirma que uma virtude é um traço de caráter do qual um ser humano precisa para a *eudaimonia*, para bem-suceder ou viver bem. ❻

Aqui, portanto, temos uma especificação de uma ação correta, cuja estrutura assemelha-se aproximadamente com aquelas do utilitarismo de ato e com muitas formas de deontologia. Visto que a ética da virtude pode apresentar tal especificação, ainda é possível afirmar que ela, diferentemente do utilitarismo ou da deontologia, não pode nos dizer o que devemos fazer? Será que a especificação de algum modo falha em providenciar uma orientação de uma maneira que as outras duas não o fazem?

Nesse ponto, a dificuldade de identificar o agente virtuoso de um modo que torne V1 um guia para a ação tende a ser apresentada novamente. Suponha que a deontologia tem tanta dificuldade em identificar as regras corretas quanto a ética da virtude tem em identificar as virtudes e o agente virtuoso. Nesse caso, a seguinte objeção pode ser feita.

"Não obstante isso, pode-se dizer, se imaginamos que aquilo foi atingi-

❺ O principal ponto aqui não é se a tese V1 é verdadeira, mas sim o que a *torna* verdadeira. Um kantiano (ou um utilitarista ou alguém que defenda outro tipo de concepção moral) pode aceitá-la como verdadeira na medida em que define "um agente virtuoso" como alguém que se conforma com as regras morais kantianas (ou com aquelas do utilitarismo ou com qualquer outra concepção). Todavia, um ético das virtudes quer começar com uma concepção definida *independentemente* de um agente virtuoso (como uma exemplificação ideal das virtudes morais) e, então, definir a ação correta como aquela que o agente pratica nas circunstâncias em questão.

❻ Esses são modos muito diferentes de complementar V2. Será que algum deles é definitivo o suficiente para que V1 leve a resultados precisos quanto à questão de quais são as ações corretas?

> **[7]** Quão plausível é afirmar que somente um agente virtuoso poderia saber o que um agente virtuoso faria em uma situação particular?

> **[8]** Aqui, um problema é se é possível identificar pessoas completamente virtuosas e ótimas com confiança suficiente para tornar possível usar os seus conselhos como um critério para a ação correta. (Outro problema é levantado na Questão para Discussão 1.)

> **[9]** Há dois problemas ocultos aqui, a respeito dos quais você deve pensar: primeiro, se é sempre ou ao menos usualmente claro aquilo que uma virtude exigirá em dada situação; segundo, como lidar com situações em que diferentes virtudes apontam para diferentes direções (que Hursthouse discute mais adiante).

do – talvez por simples enumeração –, a deontologia leva a um conjunto claro de prescrições que são rapidamente aplicáveis ('Não minta', 'não roube', 'não cause mal ou dano aos outros', 'ajude os outros', 'mantenha as promessas', etc.). No entanto, a ética da virtude fornece apenas a prescrição 'Faça o que o agente virtuoso (aquele que é honesto, caridoso, justo, etc.) faria naquelas circunstâncias', e isso não me dá orientação, a menos que eu mesmo seja (e sei que sou) um agente virtuoso (nesse caso, eu dificilmente precisaria daquele agente). Se sou menos do que completamente virtuoso, não terei qualquer ideia sobre o que um agente virtuoso faria e, portanto, não posso aplicar a única prescrição que a ética da virtude me forneceu. (Obviamente, o utilitarismo de ato também fornece apenas uma prescrição simples. 'Faça o que maximiza a felicidade', mas não há dificuldades *paralelas* em sua aplicação.) Assim, há um modo no qual V1 falha em ser um guia de ação por meio do qual a deontologia e o utilitarismo têm sucesso". **[7]**

É importante observar que, se reconheço que não sou perfeito e se não está claro o que um agente virtuoso faria nas circunstâncias nas quais eu me encontro, a coisa óbvia a fazer é perguntar para tal agente, se isso for possível. Esse não é um ponto trivial, pois fornece uma explicação direta de um aspecto de nossa vida moral que não deve ser ignorado, a saber, o fato de que procuramos orientação moral a partir das pessoas que pensamos que são moralmente melhores do que nós. Quando estou procurando uma desculpa para fazer algo sobre o que tenho uma suspeita horrível de que é errado, pergunto aos moralmente inferiores (ou aos meus pares, se sou ruim o bastante), "Você não faria isso ou aquilo se estivesse no meu lugar?". Porém, quando estou ansioso para fazer o que é certo e não consigo ver claramente, vou até as pessoas que respeito e admiro – pessoas que penso serem mais queridas, mais honestas, mais justas, mais sábias do que eu mesmo – e pergunto-lhes o que elas fariam em minhas circunstâncias. Não sei como o utilitarismo e a deontologia explicariam tal fato, mas, como disse, a explicação em termos da ética da virtude é clara. Se você quer fazer o que é correto, e fazer o que é correto é fazer o que um agente virtuoso faria em tais circunstâncias, então você deve descobrir o que ele faria, caso você ainda não saiba. **[8]**

Além disso, procurar orientação a partir de pessoas virtuosas não é a única coisa que pode fazer um agente imperfeito procurando aplicar a única prescrição da ética da virtude. É simplesmente falso que, em geral, "se sou menos do que completamente virtuoso, então não terei ideia do que um agente virtuoso faria", como afirma a objeção. Lembre que estamos supondo que as virtudes foram enumeradas, assim como as regras do deontologista o foram. As últimas foram enumeradas como, por exemplo, "não minta", "não cause mal ou dano, etc."; as primeiras como, por exemplo, honestidade, caridade, justiça, etc. Assim, *ex hypothesi*, um agente virtuoso é alguém que é honesto, caridoso, justo, etc. Assim, o que ele caracteristicamente faz é agir honestamente, caridosamente, justamente, etc., em vez de desonestamente, não caridosamente, injustamente. Assim, dada uma enumeração das virtudes, posso ter uma ideia perfeitamente boa do que uma pessoa virtuosa faria nas circunstâncias a despeito de minha imperfeição. Ela mentiria para conseguir uma vantagem não merecida? Não, pois este seria um ato tanto desonesto quanto injusto. Ela ajudaria o homem sem roupas ao lado da rua ou passaria pelo outro lado? A primeira opção, pois ela age caridosamente. Ela manteria uma promessa feita ao leito de morte, muito embora pessoas vivas fossem se beneficiar caso ela a quebrasse? Sim, pois ela age de forma justa. E assim por diante. **[9]**

REGRAS MORAIS

A resposta anterior à objeção de que V1 falha em ser um guia de ação resulta claramente em uma negação da afirmação frequentemente repetida de que a ética da virtude não apresenta nenhuma regra (outra versão do pensamento de que está preocupada com o ser mais do que com o fazer e precisa ser complementada por regras). Agora podemos ver que ela apresenta um grande número de regras. Não apenas cada virtude gera uma prescrição – aja honestamente, caridosamente, justamente –, como também cada vício gera uma proibição – não aja desonestamente, não caridosamente, injustamente. Uma vez que esse ponto sobre a ética da virtude seja entendido (e é notável quão frequentemente ele é ignorado), será que permanece qualquer razão para pensar que a ética da virtude não pode nos dizer o que devemos fazer? Sim. A razão apresentada é, falando basicamente, que regras como "Aja honestamente", "Não aja de forma não caridosa", etc. são, assim como a regra "Faça o que o agente virtuoso faria", o tipo errado de regra, ainda de algum modo condenada a falhar em fornecer a orientação de ação suprida pelas regras (ou pela regra) da deontologia e do utilitarismo.

Como assim? É verdade que essas regras da ética da virtude (daqui para frente "regras-v") são formuladas em termos, ou conceitos, que são certamente "valorativos" em *algum* sentido, ou sentidos, dessa palavra difícil. É isso que as condena ao fracasso? ❿ Certamente não, a menos que muitas formas de deontologia também falhem.[28] Se nos concentramos no simples exemplo do mentir, definindo mentir como "asserir que você acredita no não verdadeiro com a intenção de enganar seu(s) ouvinte(s)", então podemos, por um momento, preservar a ilusão de que as regras de um deontologista não contêm termos "valorativos". Contudo, tão logo lembremos que poucos deontologistas desejarão privar-se de princípios de não maleficência ou beneficência, a ilusão desaparece. Ora, esses princípios e suas regras correspondentes ("Não cause mal ou dano aos outros", "Ajude os outros", "Promova seu bem--estar") baseiam-se em termos ou conceitos que são ao menos tão "valorativos" quanto aqueles empregados nas regras-v. Poucos deontologistas ficam satisfeitos com o simples e quase biológico "Não mate", porém versões mais refinadas dessa regra, tais como "Não assassine", "Não mate o inocente", também empregam termos "valorativos" e "Não mate injustamente" é ela mesma uma instanciação de uma regra-v.

Supondo que esse ponto seja reconhecido, um deontologista poderia ainda afirmar que as regras-v são marcadamente inferiores às regras deontológicas na medida em que providenciar orientação para as crianças está em jogo. Sem dúvida, os deontologistas adultos devem pensar muito sobre o que realmente constitui causar dano a alguém, ou promover o seu bem-estar, ou respeitar a sua autonomia, ou cometer assassinato, mas certamente as regras simples que aprendemos com a nossa mãe são indispensáveis? Como pode a ética da virtude procurar plausivelmente dispensá-las e esperar que crianças entendam "aja caridosamente, honestamente e amavelmente", "não aja injustamente" e assim por diante? Esses conceitos são corretamente descritos como "densos"! Muito densos para uma criança entender. ⓫

Essa afirmação sobre a aprendizagem, falando estritamente, não dá apoio de fato à reivindicação *geral* de que regras-v falham em proporcionar orientação, mas a afirmação sobre a aprendizagem, surgindo naturalmente no contexto de uma reivindicação geral, é aquela que eu gostaria de discutir. Ela define claramente uma condição de adequação que qualquer ética normativa deve satisfazer, a saber, que tal ética não deve apresentar somente a um adulto racional inteligente os seus guias de ação, mas também gerar alguma explicação da educação moral, de como uma geração ensina a outra sobre o que ela deve fazer. Todavia, é improvável que uma ética inspirada em Aristóteles tenha esquecido a questão da educação moral, e assim a objeção falha em seu objetivo. Primeiro, a formação empírica implícita de que as crianças são ensinadas *somente* por regras deontológicas, não por conceitos "densos", é falha. Sentenças como "Não faça isso, isso machuca, você não deve ser *cruel*", "Seja amável com seu irmão,

---

[28] Formas de utilitarismo que procuram ser inteiramente neutras ou empíricas, tais como aquelas que definem a felicidade em termos de satisfação de desejos ou preferências reais, a despeito de seu conteúdo, ou como um estado mental cuja presença é estabelecida definitivamente pela introspecção, parecem-me menos plausíveis, mas aceito que qualquer um que as adote possa consistentemente reclamar de que regras-v fornecem uma orientação para a ação inferior pelo fato de conterem termos "valorativos". Porém, qualquer utilitarista que deseje empregar uma distinção entre prazeres mais altos e mais baixos, ou confiar em alguma lista de bens (tais como autonomia, amizade, conhecimento de assuntos importantes) na definição da felicidade, deve admitir que mesmo a sua regra única é implicitamente "valorativa".

---

❿ O ponto da objeção que está sendo sugerido é que uma regra que requer uma valoração posterior não contém uma orientação clara de ação por si mesma, visto que o que ela diz para fazer depende de um resultado de uma valoração posterior. Isso coloca um problema sério somente se a valoração posterior for difícil de realizar.

⓫ Um conceito moral "denso" envolve tanto uma descrição quanto uma valoração: "bom" ou "correto" são conceitos morais "tênues", enquanto "generoso" e "honesto" são *densos*.

ele é pequeno", "Não seja tão *mesquinho*, tão *ávido*" são comumente dirigidas às crianças. Segundo, por que o proponente de uma ética da virtude deveria negar a significação de tais regras maternas como "não minta", "mantenha as promessas", "não pegue mais do que a sua parte", "ajude os outros"? Embora seja um erro, como afirmei, definir um agente virtuoso simplesmente como alguém disposto a agir de acordo com regras morais, é um erro compreensível, dada a conexão entre, por exemplo, o exercício da virtude da honestidade e deixar de mentir. Éticos da virtude querem enfatizar o fato de que, se as crianças são ensinadas a ser honestas, elas devem ser ensinadas a louvar a verdade e *meramente* ensiná-las a não mentir não atinge essa finalidade. Contudo, eles não precisam negar que, para alcançar esse fim, é útil e até mesmo indispensável ensiná-las a não mentir. ⑫

Assim, podemos ver que a ética das virtudes não só fornece regras (as regras-v captadas em termos derivados das virtudes e dos vícios), mas também não exclui as regras deontológicas mais familiares. A distinção teórica entre as duas é que as regras familiares e suas aplicações em casos particulares são dadas inteiramente por diferentes processos de apoio. De acordo com a ética da virtude, não devo falar essa mentira, pois seria desonesto, e desonestidade é um vício; não devo quebrar essa promessa, pois seria injusto ou trairia uma amizade, ou, talvez (já que os termos virtude e vício disponíveis não cobrem todas as contingências), simplesmente porque nenhuma pessoa virtuosa faria isso. ⑬

A distinção, todavia, não é meramente teórica. É certamente o caso de que, a respeito de um número de exemplos familiares, os éticos da virtude e os deontologistas tendem a estar ombro a ombro contra os utilitaristas negando que, por exemplo, essa mentira possa ser contada, essa promessa possa ser quebrada, esse ser humano possa ser morto porque as consequências de se fazer isso serão em geral maximizadoras da felicidade. Porém, apesar de um número grande de coincidências nas orientações para a ação entre os deontologistas e os éticos da virtude, os últimos têm um enfoque distinto para os problemas práticos envolvidos em dilemas.

O PROBLEMA DO CONFLITO

É um fato notável que, para dar suporte à afirmação geral de que a ética da virtude não pode nos dizer o que devemos fazer, cita-se frequentemente o "problema do conflito". As exigências das diferentes virtudes, afirma-se, podem nos indicar direções opostas. A caridade pode nos levar a matar a pessoa que (verdadeiramente) estaria melhor morta, mas a justiça proíbe. A honestidade nos levaria a falar uma verdade dolorosa, mas a amabilidade e a compaixão a permanecer em silêncio ou até mesmo mentir. E assim por diante. Logo, a ética da virtude nos abandona justamente no ponto em que precisamos dela, quando temos de enfrentar os dilemas realmente difíceis e não sabemos o que fazer. ⑭

Na boca do utilitarista, isso pode ser uma crítica compreensível, pois, como bem se sabe, o único conflito que a regra do utilitarismo clássico pode gerar é aquela lógica fatigante entre as duas ocorrências do "maior" na sua formulação clássica. ⑮ Porém, é estranho encontrar a mesma crítica vinda de deontologistas, que notadamente enfrentam o mesmo problema. "Não mate", "Respeite a autonomia", "Fale a verdade", "Mantenha as promessas" podem todas conflitar com "Previna o sofrimento" ou "Não cause dano", que é precisamente por que os deontologistas tantas vezes rejeitam as soluções utilitaristas dos vários dilemas. Presumivelmente, eles devem pensar que a deontologia pode resolver o "problema do conflito" e, além disso, que a ética da virtude não pode. Eles estão certos a esse respeito?

A respeito de um grande número de casos, a estratégia do deontologista é argumentar que o "conflito" é meramente aparente ou *prima facie*. O proponente da ética da virtude utiliza a mesma estratégia: de acordo com ela, muitos dos conflitos são meramente aparentes, resultando de uma aplicação errada dos termos virtude e vício. Será que a amabilidade requer que não se falem verdades dolorosas? Algumas vezes, mas, *neste* caso, o que se deve entender é que ninguém faz algo amável escondendo esse tipo de verdade, por mais doloroso que possa ser. Ou, em um caso diferente, a importância da verdade em questão coloca a consideração sobre sentimentos dolorosos fora

---

⑫ Isso ecoa a ideia de Aristóteles de que uma pessoa primeiro torna-se virtuosa agindo do modo que é prescrito pela virtude, mesmo que ainda não pela razão pela qual a pessoa virtuosa age.

⑬ Contraponha isso à explicação de Kant (tomando como base a versão do imperativo categórico que diz que não devemos tratar os outros como meros meios) sobre por que uma pessoa não deve contar mentiras e deve manter as promessas. (Ver a Questão para Discussão 2.)

⑭ Essa é, talvez, a mais importante objeção ao tipo de concepção que Hursthouse está defendendo.

⑮ Hursthouse está referindo-se à fórmula de que alguém deve produzir "o maior bem para o maior número", cuja segunda parte levanta a questão de como as boas consequências devem ser distribuídas entre as pessoas. Contudo, esse não é um conflito sério para a concepção utilitarista padrão, visto que o que é claramente exigido é a maximização das boas consequências (da felicidade ou seja lá o que elas forem), não importando como elas devem ser distribuídas.

da jurisdição e o próprio agente não se mostra como sendo não amável, ou insensível, ao falar. Será que a caridade requer que eu mate a pessoa que estaria melhor morta, mas que quer permanecer viva, conflitando então com a justiça? Não, se, nas palavras de Foot, "não falta caridade a um homem porque ele se abstém de um ato de injustiça que teria sido para o bem de alguém".[29]

Não se tem de estar em concordância com os três julgamentos expressos aqui para se reconhecer essa *estratégia* como estando disponível para a ética da virtude, [ao menos] não mais do que alguém teria de concordar com os julgamentos particulares dos deontologistas que, por exemplo, podem afirmar que uma regra sobrepõe-se à outra, ou que uma certa regra tem uma cláusula de exceção construída nela, quando argumentam que um caso de conflito é resolúvel. Uma questão é se um indivíduo resolveu um conflito moral ou um dilema corretamente; outra, muito diferente, é se uma ética normativa tem condições de resolvê-lo – e é com esta última questão que estamos preocupados.

A forma que a estratégia toma com a ética da virtude proporciona o que pode ser plausivelmente sustentado como sendo a explicação profunda do porquê, em alguns casos, os agentes não sabem a resposta à questão "o que devo fazer nessas circunstâncias?", apesar de *haver* uma resposta. Trivialmente, a explicação é que lhes falta o conhecimento moral do que fazer nessa situação. Mas por quê? De que modo? Segundo a estratégia da ética da virtude, a falha resulta da falta de sabedoria moral, de um entendimento inadequado do que está envolvido em agir *amavelmente* (ou não amavelmente) ou *caridosamente* (ou não), em ser *honesto, justo*, ou agir *falho em caridade*, ou como os termos virtude (e vício) devem ser corretamente aplicados em geral. **16**

Aqui chegamos a uma defesa interessante das regras-v, frequentemente criticadas como sendo muito difíceis de aplicar quando aos agentes falta sabedoria moral.[30] A defesa baseia-se em uma intuição de Aristóteles (insuficientemente reconhecida) – a saber, que o conhecimento moral, diferentemente do conhecimento matemático, não pode ser adquirido meramente através de lições ou conferências nem pode ser encontrado caracteristicamente em pessoas muito jovens que não têm muita experiência de vida. Agora, *se* a ação correta fosse determinada pelas regras que qualquer adolescente inteligente pudesse aplicar corretamente, como isso poderia ser assim? Por que não existem crianças-prodígio morais tal como existem crianças-prodígio matemáticas (ou *quasi*-matemáticas). Ora, se as regras que determinam as ações corretas são, assim como regras-v, muito difíceis de aplicar corretamente, envolvendo, por exemplo, uma apreensão do *tipo* de verdade em que alguém não faz nenhuma gentileza às pessoas ao ocultá-la, então a explicação está prontamente à mão. Adolescentes espertos, em geral, não têm uma boa apreensão desse tipo de coisa. E *obviamente* tenho de dizer "o tipo de verdade que..." e "esse tipo de coisa", confiando no entendimento reconhecível dos meus leitores. Se eu pudesse definir esses tipos, então, mais uma vez, os adolescentes inteligentes poderiam adquirir sabedoria moral a partir de livros-texto.

Até aqui, tenho descrito uma estratégia disponível para a ética da virtude, a fim de lidar com o "problema do conflito", uma estratégia que consiste em argumentar que o conflito é meramente aparente e que pode ser resolvido. (...) Tenho falado até aqui como se os exemplos de dilemas reais e os exemplos de conflitos reais entre as exigências de diferentes virtudes (ou regras dos deontologistas) coincidissem. Contudo, parecerá a muitos, de fato parece a mim, que há certos dilemas (reais) que só podem ser descritos em termos de conflito (suposto) com muito artifício e perda de detalhes relevantes.

Portanto, vamos considerar o problema dos dilemas morais sem nos preocuparmos se eles podem ser descritos em termos simples de um conflito entre as exigências de duas virtudes (ou duas regras do deontologista). A maioria de nós, pode-se supor, tem seu(s) próprio(s) exemplo(s), sejam eles reais ou imaginários, de caso (ou casos) em que se vê a decisão sobre se se deve fazer A ou B como uma questão muito grave, pensou

---

[29] P. Foot, *Virtues and Vices* (Oxford, 1978), p. 60, n. 12.

[30] Isso pode muito bem ser visto como outra versão da crítica discutida anteriormente, de que as regras-v de algum modo falham em proporcionar orientação prática.

16 A sugestão de Hursthouse aqui parece ser que, quando forem entendidas corretamente, as virtudes não conflitam genuinamente; portanto, qualquer aparência de conflito resulta da falta de um entendimento completo. Quão plausível é essa afirmação (da qual ela parece se retratar mais tarde)? (Ver a Questão para Discussão 3.)

muito sobre o que pode ser dito a favor e contra fazer A, e fazer B, e ainda não chegou a uma conclusão que pensa ser a correta. Como, se é que de algum modo, a ética da virtude nos conduz a pensar sobre tais casos?

4. DILEMAS E TEORIA NORMATIVA

Como uma preliminar para responder a essa pergunta, devemos considerar uma questão mais geral, a saber, "como deve qualquer ética normativa nos conduzir a pensar em tais casos?". Isso nos leva ao tópico da teoria normativa.

É possível detectar um novo movimento na filosofia moral, um movimento que já atraiu o nome "antiteoria na ética". Seus vários representantes têm como tema comum a rejeição da teoria ética normativa. (...) O que se entende por "teoria normativa" nesse contexto não é fácil de ser estabelecido, mas, brevemente, uma teoria normativa é considerada como um conjunto (possivelmente de um único membro no caso do utilitarismo) de princípios gerais que proporcionam um *procedimento de decisão* para todas as questões sobre como agir moralmente. ⓱

Parte da necessidade de distinguir uma ética normativa chamando-a de "teoria" normativa é que uma teoria decente, como sabemos com base na ciência, permite-nos responder questões que não poderíamos responder antes que a tivéssemos. Supõe-se que ela possa resolver dilemas difíceis, nos quais, diz-se, nossas intuições morais chocam-se e, antes de termos a teoria, não sabemos como devemos agir. Uma grande parte da motivação para subscrever uma "antiteoria na ética" é a crença de que não devemos olhar para a ciência para nos proporcionar um modelo do nosso conhecimento moral. Nossas "intuições" na ética não desempenham o mesmo papel *vis-à-vis* a articulação sistemática do conhecimento moral que nossas "observações" desempenham *vis-à-vis* a articulação sistemática do conhecimento científico. Muitos dos fins apropriados do conhecimento científico – universalidade, consistência, completude, simplicidade – não são apropriados para o conhecimento moral. A aquisição de conhecimento moral envolve treinamento nas emoções de um modo que a aquisição do conhecimento científico não o faz, e assim por diante. ⓲

Sem dúvida, muitas questões diferentes estão envolvidas no problema de até que ponto o conhecimento moral deve estar modelado no conhecimento científico. A questão na qual quero me concentrar aqui é aquela relativa a se uma ética normativa deve nos permitir resolver todos os dilemas morais. Ela deve, para refazer a pergunta que fiz antes, (1) conduzir-nos a pensar sobre dilemas morais, na crença de que eles *devem* ter uma resolução e de que é tarefa da ética normativa em questão proporcionar uma resolução? Ou ela deve (2) construir em si a possibilidade de existirem, tal como David Wiggins coloca, algumas "questões absolutamente indecidíveis – por exemplo, casos em que (...) nada pode contar como *a* resposta prática razoável",[31] contando questões sobre dilemas do tipo descrito como estando entre elas. Ou ela deve (3) ser suficientemente flexível para permitir um desacordo compreensível sobre esse assunto entre dois proponentes da ética normativa em questão?

Se devemos evitar modelar a ética normativa insensatamente na teoria científica, não deveríamos simplesmente admitir a primeira posição como sendo a correta. Contudo, a rejeição de tal modelo também não é suficiente para justificar a segunda posição. Alguém poderia acreditar que, para *qualquer* dilema, deve haver algo que conte como a resposta certa para sair dele, sem acreditar que a ética normativa remotamente se pareça com a teoria científica. (...) Mais particularmente, alguém pode acreditar, com bases religiosas, que, se eu me encontro, por falta nenhuma da minha parte, confrontado com um dilema (do tipo descrito), deve haver algo que conte como o modo correto de sair dele. (...)[32] ⓳ Parece-me que uma ética normativa deve ser capaz de acomodar tais diferenças e, assim, eu

---

[31] D. Wiggins, "Truth, Invention and the Meaning of Life", *Proceedings of the British Academy* 62 (1976), p. 371, itálicos meus.
[32] Estou supondo a qualificação "por falta nenhuma da minha parte" como sendo importante, pois não posso imaginar por que alguém pode pensar (exceto devido a algum engano) que sempre deve haver uma ação correta que eu possa fazer para sair de qualquer confusão em que eu me meti por causa de erros prévios.

⓱ Talvez fosse melhor descrever tal procedimento de decisão como um *fim* para a teoria normativa ou como aquilo que seria realizado por uma teoria normativa *ideal*. Se a ideia é um procedimento que pode clara e inequivocamente resolver todas as questões desse tipo, poucos filósofos, se é que algum (embora Bentham possa ser uma exceção), afirmariam seriamente ter apresentado um procedimento desse tipo.

⓲ É duvidoso que a analogia com a ciência realmente apresente a motivação para se procurar uma teoria normativa. A ideia é antes, em primeiro lugar, que parece plausível supor que há uma resposta correta para tais questões e, em segundo lugar, que, se não podemos dizer como determinar qual é a resposta correta, então nosso entendimento é nessa medida incompleto – e a orientação prática oferecida pela concepção é nessa medida incompleta. (Porém, ao menos a primeira dessas afirmações pode ser questionada.)

⓳ PARE Você pode pensar em modos nos quais ações pelas quais você é claramente culpado podem levar a um dilema moral para o qual não há solução correta – em que, não importa o que você fizer, você estará errado? (Isso é mais fácil do que pode parecer inicialmente.)

subscrevo a terceira posição apresentada anteriormente.

Não é do meu interesse aqui estabelecer qual posição os utilitaristas e os deontologistas podem subscrever. Quero tornar claro como a ética da virtude é capaz de acomodar a terceira.

Vamos voltar a V1 – "Uma ação é correta sse ela é o que um agente virtuoso caracteristicamente faria naquelas circunstâncias". Isso torna claro que, se duas pessoas discordam sobre a possibilidade de dilemas morais não resolúveis, o seu desacordo se tornará manifesto no que dizem sobre a virtude dos agentes. Assim, suponhamos que dois candidatos a agente virtuoso estão enfrentando, cada um com o seu caso, o mesmo dilema. (...) E, depois de muito refletir, um faz A e o outro faz B.

Ora, aqueles que acreditam que não pode haver dilemas não resolúveis (ou do tipo descrito) podem dizer que, em um caso particular, ao menos um agente, digamos aquele que praticou A, mostra que falta em virtude, talvez naquela sabedoria prática que é um aspecto essencial de cada uma das virtudes "não intelectuais". (...) Ou eles podem dizer que ao menos a um agente deve ter faltado virtude, sem afirmar saber qual. **20**

Todavia, aqueles que acreditam que há, ou pode haver, dilemas morais não resolúveis podem supor que ambos os agentes não são meros candidatos a isso, mas realmente são agentes virtuosos. Acreditar em tais dilemas é acreditar em casos nos quais mesmo a mais perfeita sabedoria prática que o mais idealizado agente virtuoso tem não o orienta a fazer, digamos, A, em vez de B. E, então, o fato de que aqueles agentes virtuosos agem diferentemente, apesar de nas mesmas circunstâncias, *determina* o fato de que não há resposta à questão "Qual é *a* resposta correta para fazer nessas circunstâncias?". Se é verdadeiro tanto que *um* agente virtuoso deveria fazer A quanto que *um* agente virtuoso deveria fazer B (como é o caso, pois, *ex hypothesi*, um fez A e o outro fez B), então ambos estão, nessas circunstâncias, certos de acordo com V1. **21**

A aceitação disso não deve ser tomada como um conselho de desespero nem como uma desculpa de irresponsabilidade moral. Ela não permite jogar uma moeda quando alguém está enfrentando um dilema moral real, pois as escolhas morais que consideramos mais difíceis não chegam até nós convencionalmente com as etiquetas "resolúvel" ou "não resolúvel". Fui cuidadosa em especificar que os dois candidatos a agentes virtuosos agiram somente "após muita reflexão". Será sempre necessário pensar muito antes de aceitar a ideia de que uma decisão moral particular não tem um resultado certo e, mesmo em ocasiões raras nas quais de fato chegou à conclusão de que esse é um caso afim, o agente virtuoso arremessaria a moeda? É claro que não.

...

A aceitação da possibilidade de dilemas não resolúveis na ética da virtude (para nós que aceitamos isso) não deve ser vista em si mesma como cedendo muito ao "pluralismo". Se digo que eu posso imaginar um caso no qual dois agentes virtuosos estão enfrentando um dilema, e um faz A enquanto o outro faz B, não estou imaginando um caso no qual cada um dos dois agentes virtuosos pensa que o que o outro faz é errado (vicioso, contrário à virtude) porque eles têm visões radicalmente diferentes sobre o que é requerido por uma certa virtude, ou sobre se um certo traço de caráter é um vício, ou sobre se algo deve ser valorado enormemente ou se tem pouca importância. Estou imaginando um caso no qual meus dois agentes virtuosos têm as mesmas "visões morais" sobre tudo, até mesmo e incluindo a visão de que, nesse caso particular, nenhuma das decisões é *a* correta e, por conseguinte, nenhuma é errada. Cada um reconhece a propriedade da razão do outro para fazer o que ele faz – por exemplo, "evitar *aquele* mal", "assegurar *esse* bem" –, pois o seu reconhecimento do fato de que essa é uma razão moralmente boa tanto quanto a sua própria (por exemplo, "evitar *esse* mal", "assegurar *esse* bem") é o que forçou cada um a aceitar a ideia de que o dilema era, em primeiro lugar, não resolúvel. Embora cada um possa dar uma razão para o que fizeram (A em um caso, B no outro), nenhum deles tenta dar "a razão moral" por que fez uma coisa *em vez* de outra. A "razão" para ou a explicação *disso* seria, se estivesse disponível de algum modo, em termos de autobiografia psicológica ("eu fui dormir pensando nisso e, quando acordei, encontrei-me pensando em termos

---

20 Um modo de lidar com o problema do conflito de virtudes, que Hursthouse parece sugerir aqui, é apelar para uma suposta virtude de ordem superior, a sabedoria prática, que é essencialmente a capacidade de adjudicar entre reivindicações competidoras de virtudes de ordem inferior (como amabilidade, equidade, lealdade, honestidade, etc.). A questão consiste em se é claro o suficiente a que a sabedoria prática equivaleria e como ela funcionaria para ser uma solução real ao problema.

21 Dizer que ambas as ações são corretas é dizer que não há objeção *moral* para fazer qualquer uma delas. (Ver a Questão para Discussão 4.)

de fazer A" ou "Eu me senti simplesmente horrível ao pensar em fazer A: estou certo de que isso era totalmente irracional, mas eu fiz e, portanto, eu fiz B").

O tópico deste capítulo foi a concepção de que a ética da virtude não pode ser uma rival normativa ao utilitarismo e à deontologia porque "ela não pode nos dizer o que devemos fazer". Ao defender a existência de uma ética da virtude normativa, não tentei argumentar que ela pode "nos dizer o que devemos fazer" de um modo tal que a difícil questão do agir bem torne-se algo fácil para nós. Não somente admiti, mas dei boas-vindas ao fato de que, em alguns casos, a sabedoria prática é exigida se regras-v devem ser aplicadas corretamente e dilemas aparentes assim resolvidos (ou certamente identificados, visto que uma escolha que pode parecer clara para o idiota ou para uma pessoa má pode corretamente parecer difícil, exigindo muita reflexão do sábio). Também não tentei mostrar que a ética da virtude está em condições de resolver cada dilema. Parece bizarro insistir que uma ética normativa deva ser capaz de fazer isso antes de formar uma crença razoável sobre a questão de que não pode haver dilemas não resolúveis, mas aqueles que formaram tal crença podem compartilhar uma ética normativa com aqueles que têm concepções diferentes. (...) Uma ética normativa, eu sugeri, deve ser capaz de acomodar essas concepções sobre tal questão, como a ética da virtude o faz, não estando modelada negligentemente em uma teoria científica.

Questões para Discussão

1. Hursthouse está certa em dizer que com frequência buscamos conselhos morais de outras pessoas, particularmente daquelas que mais respeitamos e admiramos do ponto de vista moral. Mas o que queremos dessas pessoas? É simplesmente um conselho sobre o que fazer (com base no que elas fariam), como o enfoque de Hursthouse parece sugerir? Ou, em vez disso, não queremos que elas nos deem *razões* em favor de alguma ação (geralmente para mais de uma alternativa), razões que então tentamos avaliar por nós mesmos? (A última alternativa sugeriria que há considerações morais que são mais fundamentais do que aquilo que uma pessoa virtuosa faz: regras, princípios ou padrões que ela mesma está seguindo. Como Hursthouse poderia responder a essa objeção?)

2. Considere o exemplo de fazer uma promessa insincera deliberadamente a alguém (como pedir emprestado dinheiro com a intenção de não pagar). Kant diz que isso é moralmente errado porque trata a outra pessoa como mero meio. A concepção de Hursthouse diz que isso é errado porque uma pessoa idealmente virtuosa não faria tal coisa. Cada um pode em parte concordar com o ponto de vista do outro: Kant pode dizer que uma pessoa idealmente virtuosa não agiria dessa maneira *porque* ela envolve tratar outra pessoa como um mero meio, enquanto Hursthouse pode dizer que é errado tratar outro como um mero meio *porque* uma pessoa idealmente virtuosa não faria isso. Assim, eles podem concordar sobre o resultado moral, embora divirjam sobre a razão fundamental para isso. Quem está certo sobre essa última questão?

3. Quão plausível é a sugestão de Hursthouse de que as diferentes virtudes não conflitam umas com as outras quando são apropriadamente entendidas? Faça uma lista de virtudes e procure pensar em situações nas quais elas pareçam conflitar. Quão plausível é defender que tais conflitos sempre podem ser resolvidos pelo entendimento correto de cada virtude – em oposição ao entendimento, talvez *via* sabedoria prática, de que uma virtude sobrepõe-se a outra em determinado caso? (Esse último resultado não significa que a virtude sobreposta não conflita com aquela que se sobrepõe, pois, do contrário, não haveria sentido em dizer que uma se sobrepõe à outra.)

4. Poderia acontecer que, sem falta nenhuma do agente, houvesse sérias objeções morais a *qualquer* ação disponível – nesse caso, mesmo o que a pessoa idealmente virtuosa faz não seria o correto sem sérios acréscimos? (Pense aqui especialmente no caso de Jim, apresentado por Williams, na página 343). Se isso fosse assim, então uma ação moralmente correta não poderia ser definida como aquela que uma pessoa idealmente virtuosa faria (visto que mesmo uma pessoa idealmente virtuosa faria algo). Quão séria é a objeção à versão de Hursthouse da ética da virtude?

Rosalind Hursthouse

Veja a seleção de textos precedente para obter informações biográficas sobre Rosalind Hursthouse. Na presente seleção, Hursthouse tenta aplicar a ética da virtude a um assunto moral específico: a questão da moralidade do aborto. (Esta seleção foi extraída de um artigo que também contém uma versão anterior e menos desenvolvida da teoria da ética de virtudes oferecida na seleção precedente.)

Teoria da Virtude e Aborto[33]

...

Agora volto para uma ilustração [da] discussão [de uma questão moral real], aplicando a teoria da virtude ao aborto. Antes de embarcar nessa empreitada tendenciosa, eu devo lembrar o leitor do objetivo dessa discussão. Eu não estou tentando, neste artigo, resolver o problema do aborto; eu estou exemplificando como a teoria da virtude orienta alguém a pensar sobre o aborto. De fato, poderia ser dito que pensar sobre o problema desse modo "resolve-o" ao dissolvê-lo, apesar de ele levar à conclusão de que não há uma única resposta correta, mas uma variedade de respostas particulares – e, no que se segue, eu estou tentando certamente fazer essa conclusão parecer plausível. Mas, admitido isso, ainda deve ser dito que não estou tentando "resolver os problemas" no sentido prático de falar para as pessoas que elas devem fazer ou não isso ou aquilo se elas estiverem grávidas nem contemplando o aborto a partir dessas ou daquelas circunstâncias particulares.

Eu não presumo nem espero que todos os meus leitores concordarão com tudo aquilo que estou para dizer. Pelo contrário, dada a suposição plausível de que alguém é moralmente mais sábio do que eu, e outros menos sábios, a teoria tem construído em si a ideia de que estamos destinados a discordar em alguns pontos. Por exemplo, podemos discordar sobre a aplicação particular de alguns dos termos das virtudes e dos vícios, assim como podemos discordar sobre o que é valioso ou sério, sem valor ou trivial. Contudo, meu objetivo é tornar claro como se comportam esses conceitos numa discussão conduzida nos termos de uma teoria da virtude. O que está em questão é se esses conceitos são de fato aqueles que devem ser empregados, isto é, se a teoria de virtudes deve ser criticada por empregá-los. O problema do aborto destaca essa questão drasticamente, pois a teoria de virtudes transforma completamente a discussão acerca disso.

Como todos sabem, a moralidade do aborto geralmente é discutida em relação a apenas duas considerações: primeiro, e predominantemente, o *status* do feto e se é o tipo de coisa que pode ou não ser morta inocente ou justificadamente; segundo, e menos predominantemente (isto é, quando a discussão diz respeito à *moralidade* do aborto ao invés da questão da legislação permissível em uma sociedade particular), os direitos das mulheres. Se alguém pensa com essa estrutura teórica familiar, pode muito bem ficar em dúvida sobre como a teoria de virtudes, como tal, pode contribuir. Algumas pessoas afirmam que a discussão será conduzida somente nos termos do que um agente virtuoso faria ou não faria. (...) Outras pessoas afirmam que somente a justiça ou, no máximo, a justiça ou a caridade será aplicada à questão, gerando uma discussão muito similar a de Judith Jarvis Thomson.[34]

❶ Como Thomson (juntamente com muitos outros) colocou isso, se o feto (tomando esse termo para se referir a todos os estágios de vida pré-natal) é ou não uma *pessoa*.

---

[33] Extraído de *Philosophy and Public Affairs*, v. 20, n. 3, verão de 1991.
[34] Judith Jarvis Thomson, "A Defense of Abortion", *Philosophy & Public Affair* 1, n. 1 (outono de 1971): p. 47-66 [p. 468-480 neste livro]. De fato, alguém pode ver esse artigo como uma teoria pró-virtude (sem dúvida para a surpresa do autor) se aos conceitos de insensibilidade e bondade for concedido mais peso.

Agora, se essa é a maneira como a discussão do aborto é imaginada pelos teóricos da virtude, não surpreende que as pessoas pensem pouco sobre isso. Parece óbvio de antemão que em tal discussão deve haver uma grande quantidade de aplicações extremamente tendenciosas dos termos da virtude *justo, caridoso*, e assim por diante, ou um forte apelo retórico para "isso é somente o que o agente virtuoso conhece". Mas essas são caricaturas; elas falham em apreciar o modo como a teoria da virtude transforma completamente a discussão do aborto ao rejeitar as duas considerações familiares dominantes como sendo fundamentalmente irrelevantes. De que modo ou modos, eu espero tornar tão claro quanto plausível.

Vamos primeiro considerar os direitos das mulheres. Quero enfatizar novamente que estamos discutindo a *moralidade* do aborto, não os acertos e erros das leis proibitivas ou permissivas a respeito disso. Se supomos que as mulheres têm um direito moral de fazer o que quiserem com seu próprio corpo ou, mais particularmente, interromper sua gravidez, então podemos muito bem deduzir que uma *lei* proibindo o aborto seria injusta. De fato, mesmo que elas não tenham esse direito, essa lei pode ser, como as coisas estão neste momento, injusta, ou impraticável ou desumana: sobre essa questão eu não tenho nada a dizer neste artigo. Porém, colocando todas as questões sobre a justiça ou a injustiça das leis de um lado, e supondo apenas que as mulheres têm esse direito moral, *nada se depreende* dessa suposição sobre a moralidade do aborto, de acordo com a teoria da virtude, uma vez que seja observado (em geral, não com referência particular ao aborto) que no exercício de um direito moral eu posso fazer algo cruel, insensível, egoísta, volúvel, arrogante, estúpido, inconsiderado, desleal, desonesto – isto é, eu posso agir viciosamente.³⁵ O amor e a amizade não sobrevivem se suas partes estão constantemente insistindo em seus direitos, nem as pessoas vivem bem quando elas pensam que conseguir o que lhes é de direito é de importância pre-eminente; elas causam dano aos outros e a si mesmas. Assim, a questão relativa a se as mulheres têm um direito moral para interromper sua gestação é irrelevante na teoria da virtude, pois é irrelevante para a questão "Fazendo um aborto nessas circunstâncias, estaria o agente agindo de forma virtuosa ou viciosa ou nenhuma delas?". ❷

E sobre a consideração do *status* do feto – o que a teoria da virtude tem a dizer sobre isso? Alguém poderia dizer que esse assunto não está no domínio de *nenhuma* teoria moral. É uma questão metafísica e extremamente difícil nesse ponto. Então, a teoria da virtude deve esperar que a metafísica chegue a uma resposta?

À primeira vista, pode parecer que sim. Diz-se que a virtude envolve conhecimento, e parte desse conhecimento consiste em ter a atitude *correta* em relação às coisas. "Correto" não significa apenas "moralmente correto" ou "próprio" ou "agradável" no sentido moderno; significa "exato, verdadeiro". Não se pode ter a atitude certa ou correta em relação a algo se a atitude está baseada em ou envolve falsas crenças. E isso sugere que o *status* do feto é relevante para a correção ou não do aborto; seu *status* deve ser conhecido, como uma verdade, para a pessoa virtuosa e completamente sábia. ❸

Contudo, o tipo de sabedoria que uma pessoa completamente virtuosa tem não deve ser supostamente recôndito. Ela não clama por uma sofisticação filosófica fantasiosa e não depende das, nem sequer espera, descobertas dos filósofos acadêmicos. ❹ E isso implica a seguinte conclusão um tanto quanto assustadora: que o *status* do feto – esse assunto sobre o qual muita tinta tem sido gasta – não é, de acordo com a teoria da virtude, simplesmente relevante para a correção ou não do aborto. (...) ❺

Ou então, visto que esta é uma conclusão muito radical, é relevante em certo sentido, mas somente no sentido em que os fatos biológicos familiares são relevantes. Por "fatos biológicos familiares" eu entendo os fatos com que a maioria das sociedades humanas estão e têm estado familiarizadas – que, em geral (mas não invariavelmente), a gravidez ocorre como

---

❷ O ponto de Hursthouse aqui é que o mero fato de que uma mulher tem um direito de controlar o seu próprio corpo ou, derivadamente, um direito de fazer um aborto não significa que não haja uma objeção moral séria ao aborto num caso particular ou mesmo em geral – algo que todas as três principais concepções morais irão de fato aceitar. (Ver a última parte da discussão de Thomson para tomar conhecimento do que uma kantiana poderia dizer sobre isso.) ☺ A existência de tais direitos pode, todavia, remover uma objeção séria ao aborto e, assim, parece de fato ter uma importante relevância moral. Se uma teoria da virtude deve negar isso (o que não é muito claro que o deva), então isso seria uma grande objeção a tal concepção. (Ver a Questão de Discussão 1.)

❸ Seria mais plausível dizer que *agir* de um modo verdadeiramente virtuoso num caso particular requer tal conhecimento. Não fica claro porque a teoria da virtude tenha de dizer que uma pessoa completamente virtuosa deve ter todo o conhecimento requerido pela ação virtuosa em qualquer situação.

❹ Essa afirmação pode ser correta em muitos casos. Contudo, a *ratio* para ela na teoria da virtude não é particularmente clara: por que não pode haver aspectos da virtude que requerem conhecimento "recôndito" ou sabedoria de algum tipo?

❺ Hursthouse está certa em descrever essa conclusão como "assustadora". Parte da definição de Aristóteles de virtude (p. 487) envolve sentimento e, portanto, um agir do modo correto "com referência ao objeto correto". Como pode, então, o tipo de objeto que o feto é não ter realmente relevância moral? (Ver a Questão para Discussão 2.)

---

³⁵ Uma possível qualificação: se alguém vincular o conceito de justiça muito próximo aos direitos, então, se as mulheres têm realmente um direito moral para interromper a gravidez, pode-se depreender que, ao fazer isso, elas não agem injustamente. (cf. Thomson, "Uma defesa do aborto".) Contudo é discutível se isso acontece.

resultado de intercurso sexual, que ela dura nove meses durante os quais o feto cresce e se desenvolve, que ela em geral termina com o nascimento de um bebê e assim é como todos nós viemos a ser. ❻

Pode-se pensar que essa distinção – entre os fatos biológicos familiares e o *status* do feto – é uma distinção sem diferença. Porém, isso não é assim. Atrelar relevância ao *status* do feto, no sentido em que a teoria da virtude afirma que não é relevante, é estar tomado pela convicção de que nós devemos ir além dos fatos biológicos, derivando algum tipo de conclusão a partir deles, tal como a de que o feto tem direitos ou não é uma pessoa ou algo similar. É também acreditar que isso esgota a relevância dos fatos biológicos familiares, que eles são relevantes somente para o *status* do feto e se é o tipo de coisa que pode ou não ser morta.

Essas convicções, eu suspeito, estão enraizadas no desejo de resolver o problema do aborto fazendo-o cair sob alguma regra geral to tipo "Você não deve matar algo com direito à vida, mas pode matar outra coisa". Todavia, eles resultaram naquilo que certamente deve chocar qualquer não filósofo como o aspecto mais bizarro de quase toda a literatura filosófica sobre o aborto, a saber: longe de tratar o aborto como um problema moral único, diferente de qualquer outro, quase tudo o que foi escrito sobre o *status* do feto e suas implicações para a questão do aborto seria consistente com os fatos reprodutivos humanos (para não dizer nada sobre a vida familiar) sendo totalmente diferente do que eles são. Imagine que você seja um antropólogo alienígena extraterrestre que não sabe que a raça humana é mais ou menos metade feminina e metade masculina, ou que nossa única forma (natural) de reprodução envolve intercurso heterossexual e nascimento vivíparo, ou que a mulher (somente a mulher) fica grávida durante nove meses e que as mulheres são capazes de ter crianças desde o final da infância até o final da idade adulta, ou que dar à luz é doloroso, perigoso e emocionalmente desgastante – você acha que seria capaz de encontrar esses fatos na centena de artigos escritos sobre o *status* do feto? Eu estou muito certa de que não. ❼ O que, penso eu, mostra que a literatura filosófica atual sobre o aborto está muito fora da realidade.

Agora, se estamos usando a teoria da virtude, nossa primeira questão não é "O que fatos biológicos familiares mostram – o que pode ser derivado deles sobre o *status* do feto?", mas sim "Como esses fatos aparecem no raciocínio prático, nas ações e paixões, nos pensamentos e reações, do virtuoso e do não virtuoso? Qual é a marca de ter a atitude correta em relação a esses fatos e o que manifesta ter a atitude errada diante deles?". Isso torna imediatamente relevante não só todos os fatos sobre a reprodução humana que eu mencionei antes, mas uma grande quantidade de fatos sobre nossas emoções em relação a eles também. Refiro-me a fatos tais como os de que os pais humanos, tanto homens quanto mulheres, tendem a cuidar apaixonadamente de seus filhotes e de que as relações de família estão entre as mais profundas e fortes de nossas vidas – e, significativamente, entre as que mais duram.

Esses fatos tornam óbvio que a gravidez não é uma entre muitas outras condições físicas. Assim, qualquer um que genuinamente pensa que um aborto é comparável a um corte de cabelo ou a uma cirurgia de apendicite está errado. ❽

O fato de que o término prematuro da gravidez é, em algum sentido, a interrupção de uma nova vida humana e, a partir disso, assim como a procriação de uma nova vida humana, conecta todos os nossos pensamentos sobre a vida humana e a morte, a paternidade e as relações familiares deve tornar a questão séria. Desprezar esse fato sobre ele, pensar no aborto como nada mais senão matar algo que não conta, ou como nada mais senão o exercício de algum direito ou direitos que alguém tem, ou como um meio casual para um estado de coisas desejado, é fazer algo insensível e volúvel, o tipo de coisa que nenhuma pessoa virtuosa ou sábia faria. É ter a atitude errada não só com os fetos, mas também genericamente com a vida e a morte humana, com a paternidade e as relações familiares. ❾

Embora eu diga que os fatos tornam isso óbvio, eu sei que este é um dos meus pontos tendenciosos. Dando suporte parcial a ele, eu notei que mesmo os mais dedicados proponentes da visão de que o aborto deliberado é igual a uma cirurgia de apendicite ou a um corte de cabelo raramente defendem a mesma concepção em relação ao aborto espontâneo. Não é

❻ O mero conhecimento de fatos biológicos mundanos desse tipo é suficiente para capacitar a pessoa virtuosa a julgar que tipo de ação é, num conjunto particular de circunstâncias, correta ou apropriada para tomar em relação feto?

❼ Hursthouse está certa em dizer que isso é verdadeiro ao menos para uma grande parte da literatura sobre o aborto, e a principal razão é que filósofos como Thomson estão tentando encontrar princípios morais *gerais* de algum tipo que podem ser aplicados ao caso do aborto. A questão será se Hursthouse pode mostrar que fatos do tipo que ela menciona são significativamente relevantes para estabelecer a questão.

❽ Tais concepções têm certamente sido sugeridas algumas vezes. Porém, poucos filósofos as levariam a sério – de fato, há algum espaço para duvidar de que mesmo aqueles que as propuseram realmente as levaram a sério.

❾ Mas os fatos, sejam biológicos, sejam fatos sobre nossas reações emocionais, tornam verdadeiro que matar de um feto não representa "a morte de algo que não conta"? Por que isso não depende de se o feto é realmente uma entidade moralmente significante – a questão que foi deixada de lado antes como não tendo relevância moral? (Compare também com o apelo dela mais tarde à "santidade da vida humana".)

tão tendencioso da minha parte afirmar que reagir ao pesar das pessoas sobre o aborto espontâneo dizendo, ou mesmo pensando, "Que alvoroço por nada!" seria insensível e volúvel, enquanto tentar rir de alguém em pesar por uma cicatriz de apendicite ou um remendo de corte de cabelo não o seria. É difícil dar a esse ponto a devida proeminência em teorias centradas no ato, pois a inconsistência é uma inconsistência na atitude sobre a seriedade da perda de uma vida, não em crenças sobre quais atos são certos ou quais são errados. Além disso, um teorista centrado no ato pode dizer "Bem, não há nada de errado em *pensar* 'Que alvoroço por nada!' na medida em que você não diga e não fira a pessoa que está sofrendo. Além disso, não podemos ser responsáveis pelos nossos pensamentos, somente pelas ações intencionais a que eles dão origem". No entanto, os traços de caráter que a teoria da virtude enfatiza não são simplesmente disposições de ações intencionais, mas uma disposição sem costuras para certas ações e paixões, pensamentos e reações.

Dizer que tirar uma vida humana é sempre uma questão de alguma seriedade, em qualquer estágio, não é negar a relevância do desenvolvimento gradual do feto. Não obstante o ponto desgastado de que linhas claras não podem ser estabelecidas, nossas emoções e atitudes em relação ao feto mudam conforme ele se desenvolve e, novamente, quando ele nasce e, certamente, ainda mais quando o bebê cresce. O aborto por razões superficiais nos últimos estágios é muito mais chocante do que o aborto pelas mesmas razões em estágios iniciais, de um modo que se encaixa no fato de que uma tristeza profunda sobre um aborto espontâneo nos últimos estágios é mais apropriada do que nos primeiros estágios. (...) ⑩

O fato de que a gravidez não é uma entre outras tantas condições físicas não significa que alguém não possa vê-la nessa perspectiva sem manifestar um vício. Quando as mulheres estão em condições físicas muito debilitadas, ou exaustas por dar à luz, ou forçadas a executar trabalhos fisicamente desgastantes, então elas não podem ser descritas como sendo autoindulgentes, insensíveis, irresponsáveis ou volúveis se elas optam pelo aborto principalmente com a visão de evitar uma gravidez dado o tipo de condição física. Levar adiante uma gravidez quando se está fisicamente exausta, ou quando o seu trabalho consiste em se arrastar em túneis empurrando carvão, como muitas mulheres no século XIX foram obrigadas a fazer, é talvez heroico, mas as pessoas que não alcançarem esse heroísmo não são necessariamente viciosas. Que elas vejam a gravidez somente como oito meses de miséria, seguida de horas e talvez de dias de agonia e exaustão, e o aborto somente como um escape abençoado desse prospecto, é algo inteiramente compreensível e não manifesta nenhuma falta de respeito sério pela vida humana ou uma atitude superficial em relação à maternidade. O que mostra é que algo é inapropriado nas suas condições de vida, tornando tão difícil reconhecer a gravidez e o ato de dar à luz como algo tão bom quanto pode ser.

(...) Os filósofos que argumentam contra algo que parece remotamente uma crença na santidade da vida (com as afirmações anteriores claramente encaixadas) frequentemente apelam para a existência de outras comunidades nas quais o aborto e o infanticídio são praticados. Não devemos automaticamente admitir que é impossível que algumas outras comunidades não sejam moralmente inferiores à nossa. Talvez algumas sejam, ou têm sido, precisamente na medida em que seus membros são tipicamente insensíveis, volúveis ou injustos. Contudo, em comunidades nas quais a vida é mais vigorosa para todos do que é na nossa, ter a atitude correta em relação à vida humana e à morte, à paternidade, às relações familiares pode muito bem manifestar-se de modos que são diferentes dos nossos. Quando é essencial para a sobrevivência que a maioria dos membros da comunidade cuidem de sua própria sobrevivência numa idade bem jovem ou que trabalhem durante a maior parte das suas horas de vigília, o aborto seletivo ou o infanticídio pode ser praticado como uma forma de eutanásia genuína, ou em prol do bem da comunidade e, a meu ver, não pode ser pensado como algo insensível ou volúvel. Mas isso não torna tudo certo. Tal como antes, mostra que há algo de errado com as suas condições de vida, que está tornando impossível para elas viver realmente bem.

A discussão anterior, tendo em vista que ela enfatiza a atitude correta

⑩ Não há dúvida de que as reações das pessoas frequentemente diferem desse modo. Mas Hursthouse deu alguma razão clara, baseada ou não na ética da virtude, para pensar que tais reações diferentes são genuinamente virtuosas ou moralmente corretas?

em relação à vida e á morte humanas, assemelha-se em alguma medida com as discussões comuns sobre o aborto que se concentram somente na questão do ato de matar. Todavia, ela não ilumina o fato, como aquelas discussões fazem, enfatizado por aqueles que discutem a moralidade do aborto em termos dos direitos das mulheres, a saber: o aborto, diferentemente de qualquer outra forma de matar, é o término de uma gravidez, a qual é uma condição de um corpo de uma mulher e resultaria *nela* tendo uma criança se não fosse abortado. A esse fato é dado o devido reconhecimento não pelo apelo aos direitos das mulheres, mas sim pela relevância dos fatos psicológicos e biológicos familiares e por sua conexão com a adoção da atitude correta em relação à paternidade e às relações familiares. Contudo, pode-se muito bem pensar que falhar em garantir os direitos das mulheres ainda deixa alguns aspectos importantes do problema do aborto intocados.

Falando em termos dos direitos das mulheres, as pessoas às vezes dizem coisas como "Bem, é sobre a vida dela que você está falando. Ela tem um direito à sua vida, à sua própria felicidade". E a discussão termina aí. Porém no contexto da teoria da virtude, dado que você está particularmente preocupado com o que constitui o bem para a vida humana, com o que *é* a verdadeira felicidade ou *eudaimonia*, este não é o lugar para parar. Nós podemos ir adiante e perguntar "A vida dela é uma vida boa? Ela está vivendo bem?".

Se temos de ir adiante e falar sobre vidas humanas boas, no contexto do aborto, temos de trazer para nossos pensamentos o valor do amor e da vida familiar, assim como o nosso próprio desenvolvimento emocional através de um ciclo da vida natural. Os fatos familiares defendem a concepção de que a paternidade em geral, e a maternidade e a gravidez em particular, são intrinsecamente valiosos, pois estão entre as coisas que podem ser corretamente pensadas como sendo particularmente constitutivas de uma vida humana completa. Se isso é correto, então uma mulher que opta por não ser mãe (de modo geral, ou novamente ou agora), optando pelo aborto, pode assim estar manifestando um entendimento equivocado do que a sua vida deveria ser – um entendimento que é infantil, ou grosseiramente materialista, ou curto ou ainda superficial.

Eu disse "*pode* assim": isso não *precisa* ser assim. Considere, por exemplo, uma mulher que tem já várias crianças e teme que ter mais uma afetará seriamente a sua capacidade de ser uma boa mãe para aquelas que ela já tem – ela não mostra uma falta de apreciação pelo valor intrínseco de ser mãe ao optar pelo aborto. Nem o faz uma mulher que tem sido uma boa mãe e está aproximando-se da idade na qual ela pode estar olhando adiante para ser uma boa avó. Nem o faz uma mulher que descobre que a sua gravidez pode muito bem matá-la e opta pelo aborto e pela adoção. Nem o faz, necessariamente, uma mulher que decidiu levar uma vida centrada em outra atividade valiosa ou em atividades com as quais a maternidade competiria.

As pessoas que não têm crianças por escolha própria são algumas vezes descritas como sendo "irresponsáveis" ou "egoístas" ou "recusando-se a crescer" ou "não sabendo sobre o que é a vida". Mas alguém pode afirmar que ter crianças é intrinsecamente valioso sem endossar isso, pois nós estamos, afinal de contas, numa posição feliz de ter mais coisas valiosas a fazer do que pode ser completado na vida de uma pessoa. A paternidade, e a maternidade em particular, mesmo que se reconheça que é intrinsecamente valiosa, sem dúvida ocupa muito da vida de um adulto, não deixando lugar para procurar algumas outras coisas valiosas. No entanto, algumas mulheres que escolhem o aborto ao invés de ter a sua primeira criança, e alguns homens que encorajam suas parceiras a escolher o aborto, não estão evitando a paternidade em função de outras coisas valiosas, mas sim pelo pouco valioso "ter bons momentos" ou pela falsa visão das ideias de liberdade ou autorrealização. E outros que dizem "não estou ainda pronto para a paternidade" estão cometendo algum tipo de erro sobre a extensão em que alguém pode manipular as circunstâncias da própria vida para possibilitar a realização de algum sonho que alguém tem. (...) **⓫**

Mais uma vez, isso não é negar que garotas possam dizer propriamente "eu não estou ainda pronta para a maternidade", especialmente em nossa sociedade, e, longe de manifestar irresponsabilidade ou insensatez, demonstram uma modéstia ou humildade apropriada, ou um medo que não chega a ser covardia. Todavia, mesmo

⓫ Observe que todas as considerações nos três parágrafos precedentes aplicam-se tanto à decisão de conceber uma criança quanto á de fazer o aborto de uma que já foi concebida. Assim, elas não parecem discutir aquilo que torna o aborto um problema moral distintivo.

quando a decisão de fazer um aborto é a decisão correta – aquela que não recai sob um termo relacionado com o vício e, portanto, aquela que uma pessoa perfeitamente virtuosa recomendaria – não se segue que não há sentido em que fazer um aborto não é errado ou inapropriado e culposo. Em virtude do fato de que uma vida humana tem sido abreviada, algum mal provavelmente foi produzido.[36] Aquelas circunstâncias que fizeram da decisão de produzir algum mal a decisão correta serão uma base para a culpa se entrar nessas circunstâncias em primeiro lugar manifestamente uma falha de caráter. ⓬

O que é "entrar nessas circunstâncias" no caso do aborto, exceto no caso do estupro, são as atividades sexuais de alguém, as suas escolhas, ou a falta delas, sobre o parceiro sexual e sobre a prevenção. A mulher virtuosa (que aqui não significa é claro simplesmente "a mulher casta", mas "a mulher com as virtudes") tem traços de caráter tais como força, independência, resolução, decisão, autoconfiança, responsabilidade, seriedade e autodeterminação – e ninguém, creio eu, poderia negar que muitas mulheres engravidam em circunstâncias nas quais elas não podem dar boas-vindas á criança ou não podem enfrentar o pensamento de ter essa criança precisamente porque elas não têm alguns desses traços de caráter. Assim, mesmo nos casos em que a decisão de fazer um aborto é a correta, ela ainda pode ser o reflexo de uma falha moral – não porque a própria decisão é fraca ou covarde ou não resoluta ou irresponsável ou volúvel, mas porque a falta dos requisitos opostos a essas falhas levou alguém a essas circunstâncias em primeiro lugar. Portanto, a afirmação comum universalizada de que a culpa e o remorso nunca são emoções apropriadas sobre o aborto é negada. Elas podem ser apropriadas e apropriadamente ensinadas, mesmo quando a decisão foi a correta.

...

⓬ Aqui, como antes, nós temos um apelo a algo como a "santidade da vida humana" – *todas* as vidas humanas, incluindo a do feto. Não é essa conclusão sobre um assunto que antes Hursthouse negou que tivesse relevância moral? E ela apresentou uma explicação clara de como essa conclusão foi alcançada do ponto de vista de uma virtude?

Questões para Discussão

1. Hursthouse diz que se o feto é ou não uma pessoa é irrelevante para a questão do aborto e que somente os fatos biológicos mundanos são relevantes para o que uma pessoa virtuosa faria quando ela tivesse de enfrentar tal escolha. Contudo, ela também fala da "santidade da vida humana" (com a sugestão de que isso se estende aos fetos) e do mal moral envolvido em interromper a vida humana num tal caso, o qual parece envolver um apelo a mais do que meramente fatos biológicos sobre o feto. Há alguma forma de reconciliar essas duas concepções?

2. Uma questão geral que está de algum modo relacionada com o tema do aborto é a eutanásia: se a indivíduos extremamente doentes ou comatosos pode-se, alguma vez, deliberadamente permitir que morram ou mesmo que sejam mortos. Uma questão frequentemente levantada em conexão com a eutanásia é se os indivíduos em várias condições específicas são ainda pessoas, isto é, seres que merecem respeito moral ou têm um direito sério à vida. O que a ética de virtudes de Hursthouse pode dizer sobre isso? A questão relativa a se um indivíduo permanentemente comatoso é ainda uma pessoa é moralmente irrelevante?

3. Hursthouse torna claro, no começo, que ela não está tentando resolver o problema do aborto, mas somente explicar como alguém deve pensar sobre ele de acordo com a sua versão da ética de virtudes. Em que medida o enfoque dela pode realmente ajudar alguém que está pensando em uma escolha desse tipo? Ignorando no momento a questão de qual dessas concepções é a correta, será que pensar em um caso de aborto do modo sugerido por Hursthouse provavelmente levaria a um resultado definitivo, tal como leva pensando a partir do modo sugerido por Thomson ou de uma concepção utilitarista?

---

[36] Eu digo "algum mal provavelmente foi produzido" com base em que a vida (humana) é (normalmente) um bem e, portanto, a morte (humana) é normalmente um mal. As exceções seriam (a) quando a morte é realmente um bem ou um benefício porque o bebê que viria se a vida não tivesse sido interrompida estaria melhor morto do que vivo e (b) quando a morte, embora não seja um bem, também não é um mal porque a vida que será vivida (por exemplo, num estado de permanente coma) não seria um bem. (...)

Desafios à moralidade: relativismo e egoísmo

James Rachels

James Rachels (1941-2003) foi um filósofo americano mais conhecido por seu trabalho tanto na ética teórica quanto na ética aplicada. Lecionou em diferentes universidades, tendo passado o mais longo período na Universidade de Alabama-Birmingham. Nesta seleção, ele explica e critica o relativismo cultural, argumentando que as razões típicas apresentadas por essa concepção falham em dar-lhe suporte e que tal concepção tem consequências implausíveis. Além disso, ele afirma, não há tanto desacordo moral como muitos defensores do relativismo cultural sustentam que existe.

O Desafio do Relativismo Cultural[37]

1. COMO DIFERENTES CULTURAS TÊM DIFERENTES CÓDIGOS MORAIS

Dario, um rei da antiga Pérsia, ficou intrigado com a variedade de culturas que encontrou em suas viagens. Ele descobriu, por exemplo, que os calatinos (uma tribo de indianos) costumeiramente comiam os corpos dos seus pais mortos. Os gregos, obviamente, não faziam isso – eles praticavam a cremação e consideravam esse tipo de funeral o modo natural e adequado de lidar com os mortos. Dario pensava que um modo sofisticado de entendimento do mundo deveria incluir uma apreciação de tais diferenças entre as culturas. Certo dia, para ensinar essa lição, convocou alguns gregos que estavam presentes na sua corte e perguntou-lhes o que achavam de comer os corpos dos pais mortos. Eles ficaram chocados, como Dario sabia que ficariam, e responderam que nenhuma quantia de dinheiro poderia persuadi-los a fazer tal coisa. Então Dario chamou alguns calatinos, enquanto os gregos ouviam o que eles pensavam a respeito de queimar os corpos dos pais mortos. Os calatinos ficaram horrorizados e pediram para Dario nem sequer mencionar essa coisa pavorosa.

Essa história, contada por Heródoto em sua *História*, ilustra um tema recorrente na literatura da ciência social: as diferentes culturas têm códigos morais diferentes. O que é considerado correto em um grupo pode ser completamente detestável para membros de outro grupo, e vice-versa. Devemos comer os corpos dos mortos ou queimá-los? Se você fosse grego, uma resposta pareceria obviamente a correta; porém, se você fosse calatino, a resposta oposta pareceria igualmente certa.

É fácil apresentar exemplos do mesmo tipo. Considere os esquimós. Eles são um povo remoto e inacessível. Somando em torno de 25.000, eles vivem em povoados isolados, espalhados pela América do Norte e pela Groenlândia. Até o início deste século, o mundo exterior conhecia pouco sobre eles. Então, exploradores começaram a trazer histórias estranhas.

Os costumes dos esquimós são muito diferentes dos nossos. Os homens geralmente têm mais de uma esposa e eles compartilham as suas esposas com os visitantes, emprestando-as durante a noite como sinal de hospitalidade. Além disso, em uma comunidade, um macho dominante pode exigir – e conseguir – acesso sexual às mulheres dos outros homens. As mulheres, todavia, são livres para quebrar esses arranjos simplesmente deixando os seus maridos e assumindo novos

---

[37] Extraído de *The Elements of Moral Philosophy*, Capítulo 2 (Philadelphia, Temple University Press, 1986).

companheiros – livres, isto é, na medida em que seus antigos maridos escolhem não causar problemas. No todo, a prática esquimó foi um esquema volátil que tem poucas semelhanças com o que chamamos de casamento.

Contudo, não eram apenas os seus casamentos e as suas práticas sexuais que eram diferentes. Os esquimós também pareciam ter menos preocupações com a vida humana. Knud Rasmussen, um dos primeiros exploradores mais famosos, relatou que encontrou uma mulher que tinha dado à luz a vinte crianças, mas que havia matado dez delas no nascimento. Ele descobriu que as meninas eram mais propensas a serem destruídas, e isso era permitido simplesmente com base na prudência dos pais, sem qualquer estigma social associado a essa prática. As pessoas mais velhas, quando se tornavam muito fracas para ajudar na família, também eram deixadas na neve para morrer. Assim, nessa sociedade, parecia existir muito pouco respeito pela vida.

Para o público em geral, essas eram revelações perturbadas. Nosso modo de viver parece tão natural e correto que, para muitos de nós, é difícil conceber que outros vivam de forma tão diferente. E, quando ouvimos tais coisas, imediatamente tendemos a classificar aquelas outras pessoas como "atrasadas" ou "primitivas". No entanto, para os antropólogos e sociólogos, não havia nada particularmente surpreendente sobre os esquimós. Desde o tempo de Heródoto, observadores esclarecidos acostumaram-se à ideia de que concepções de certo e errado diferem de cultura para cultura. Se supormos que *nossas* ideias de certo e errado serão aceitas por todos os povos de todos os tempos, estaremos sendo meramente ingênuos.

2. RELATIVISMO CULTURAL

Para muitos pensadores, essa observação – "diferentes culturas têm diferentes códigos morais" – parece ser a chave para entender a moralidade. A ideia de verdades universais na ética, eles dizem, é um mito. ❶ Os costumes das diferentes sociedades são tudo o que existe. Esses costumes não podem ser considerados "corretos" ou "incorretos", pois isso implica que temos um padrão independente de correto ou incorreto pelo qual eles podem ser igualmente julgados. Todavia, não há tal padrão independente: cada padrão é fundamentado culturalmente. O grande sociólogo pioneiro William Graham Sumner, escrevendo em 1906, colocou a questão do seguinte modo:

> O modo "correto" é o modo que os ancestrais usaram e que passaram adiante. A tradição é sua própria garantia. Ela não está sujeita à verificação pela experiência. A noção de correto está nos costumes populares. Não está fora deles, de uma origem independente e trazida para testá-los. Nos costumes populares, não importa quais sejam, está o correto. Isso acontece porque eles são tradicionais e, portanto, contêm em si mesmos a autoridade dos fantasmas ancentrais. Quando chegamos aos costumes populares, chegamos ao final de nossa análise.

Essa linha de pensamento provavelmente persuadiu as pessoas a serem céticas sobre a ética mais do que qualquer outra coisa. O *relativismo cultural*, como tem sido chamado, desafia a nossa crença comum na objetividade e na universalidade da verdade moral. Ele sustenta, com efeito, que não existe algo como verdade universal na ética; o que existe são vários códigos culturais, nada mais. Além disso, nosso próprio código não tem estatuto especial. É apenas um entre outros.

Como veremos, essa ideia básica é, na realidade, composta de muitos pensamentos diferentes. É importante separar os vários elementos da teoria, porque, a partir da análise, algumas partes da teoria mostram-se certas, enquanto outras parecem erradas. Para começar, podemos distinguir as seguintes afirmações, todas feitas pelos relativistas culturais:

1. Diferentes sociedades têm diferentes códigos morais.
2. Não há padrão objetivo que possa ser usado para julgar um código social como sendo melhor do que o outro.
3. O código moral da nossa sociedade não tem um estatuto especial; ele é apenas um entre outros.
4. Não há "verdade universal" na ética, isto é, não há verdades morais que valham para todas as pessoas em todos os tempos.
5. O código moral de uma sociedade determina o que é correto para aquela

---

❶ Por "verdade universal na ética" Rachels entende verdades éticas objetivas (ou "absolutas"): verdades éticas que são verdadeiras do mesmo modo não relativo que verdades científicas ou, ao menos, verdades históricas simples, puramente factuais, são verdadeiras.

sociedade, ou seja, se o código moral de uma sociedade diz que uma certa ação é correta, então aquela ação *é* correta, ao menos naquela sociedade.
6. É mera arrogância de nossa parte pretender julgar a conduta de outros povos. Devemos adotar uma atitude de tolerância em relação às práticas das outras culturas. ❷

Embora possa parecer que essas seis proposições andem juntas, elas são independentes umas das outras, no sentido de que algumas podem ser verdadeiras mesmo que outras sejam falsas. No que se segue, tentaremos identificar o que é correto no relativismo cultural, mas também estaremos preocupados em apresentar o que é errado nele.

3. O ARGUMENTO DAS DIFERENÇAS CULTURAIS

O relativismo cultural é uma teoria sobre a natureza da moralidade. À primeira vista, ele parece plausível. Todavia, assim como todas as outras teorias, pode ser avaliado submetendo-a à análise racional. Quando analisamos o relativismo cultural, descobrimos que ele não é tão plausível como aparenta à primeira vista.

A primeira coisa que precisamos notar é que, no cerne do relativismo cultural, há uma certa *forma de argumento*. A estratégia usada pelos relativistas culturais é argumentar a partir de fatos sobre as diferentes culturas para chegar a uma conclusão sobre o estatuto da moralidade. Assim, somos convidados a aceitar o seguinte raciocínio:

1. Os gregos acreditavam que era errado comer os mortos, enquanto os calatinos acreditavam que era correto comer os mortos.
2. Portanto, comer os mortos não é nem objetivamente correto nem objetivamente errado. É meramente uma questão de opinião, que muda de cultura para cultura.

Ou, alternativamente,

1. Os esquimós não veem nada errado com o infanticídio, enquanto os americanos acreditam que o infanticídio é imoral.
2. Portanto, o infanticídio não é nem objetivamente correto nem objetivamente errado. É meramente uma questão de opinião, que muda de cultura para cultura.

É evidente que esses argumentos são variações de uma ideia fundamental. Ambos são casos especiais de um argumento mais geral, que diz:

1. Culturas diferentes têm códigos morais diferentes.
2. Portanto, não existe "verdade" objetiva na moralidade. Correto e incorreto são apenas questões de opinião, e as opiniões variam de cultura para cultura.

Podemos chamar isso de o *argumento das diferenças culturais*. Para muitas pessoas, ele é bastante convincente. Porém, de um ponto de vista lógico, é um argumento *sólido*? ❸

Ele não é sólido. O problema é que a conclusão não se segue realmente da premissa, isto é, mesmo que a premissa seja verdadeira, a conclusão ainda pode ser falsa. A premissa diz respeito ao que as pessoas *acreditam*: em algumas sociedades, as pessoas acreditam em alguma coisa; em outras sociedades, as pessoas acreditam diferentemente. A conclusão, todavia, diz respeito *ao que realmente é o caso*. O problema é que esse tipo de conclusão não se segue logicamente desse tipo de premissa.

Consideremos novamente o exemplo dos gregos e dos calatinos. Os gregos acreditavam que era errado comer os mortos; os calatinos acreditavam que era certo. Segue-se, *do mero fato de que discordam*, que não há verdade objetiva sobre a questão? Não, não se segue, pois *poderia* ser que a prática fosse objetivamente certa (ou errada) e que um ou outro estivesse simplesmente errado.

Para tornar esse ponto mais claro, considere uma questão diferente. Em algumas sociedades, as pessoas acreditam que a Terra é plana. Em outras sociedades, como a nossa, as pessoas acreditam que a Terra é (aproximadamente) esférica. Segue-se, *do mero fato que elas discordam*, que não há "verdade objetiva" na geografia? É claro que não. Nunca chegaríamos a essa conclusão, porque percebemos que, em suas crenças sobre o mundo, os membros de algumas sociedades

❷ Pense cuidadosamente sobre essas alegações e as relações entre elas. A alegação 1 é uma alegação não moral, uma alegação factual, enquanto todas as outras são alegações morais de um tipo ou outro. A alegação central do relativismo cultural é a 5.

❸ Dizer que um argumento é *sólido* [sound] é dizer tanto que a premissa ou as premissas são verdadeiras quanto que o argumento é *válido* [valid] no sentido de que a conclusão genuinamente se segue das premissas (em outras palavras, é impossível que as premissas sejam verdadeiras e a conclusão seja falsa).

(4) Assim como com outros argumentos, a conclusão pode de fato ser verdadeira, mesmo que o argumento seja inválido e, portanto, não sólido.

(5) Um exemplo ainda mais óbvio pode ser a prática da escravidão no Sul dos Estados Unidos antes da Guerra Civil. É realmente impossível (como os relativistas culturais sustentariam) que digamos, de maneira inteligível, que as práticas daquela sociedade eram consideravelmente inferiores às da nossa sociedade atual?

(6) O *apartheid* não é mais praticado na África do Sul, mas ainda podemos perguntar se uma pessoa que vivesse sob tal regime poderia ter decidido corretamente que a segregação racial era moralmente aceitável apenas apelando para o padrão realmente aceito naquele tempo.

podem estar simplesmente errados. Não há razão para pensar que, se o mundo é redondo, todo mundo deve saber disso. Do mesmo modo, não há razão para pensar que, se há verdade moral, todo mundo deve sabê-lo. O erro fundamental no argumento das diferenças culturais é que ele tenta derivar uma conclusão substantiva sobre um assunto (moralidade) a partir do mero fato de que as pessoas discordam sobre ele.

É importante compreender a natureza do ponto que está sendo defendido aqui. Nós *não* estamos dizendo (ainda não, de qualquer modo) que a conclusão do argumento é falsa. Na medida em que algo está sendo dito aqui, ainda é uma questão aberta se a conclusão é verdadeira. Nós *estamos* fazendo uma observação puramente lógica e dizendo que a conclusão *não se segue* da premissa. Isso é importante porque, a fim de determinar se a conclusão é verdadeira, precisamos de argumentos para dar suporte a ela. O relativismo cultural propõe tal argumento, mas infelizmente o argumento mostra-se falacioso. Portanto, ele não prova nada.

4. AS CONSEQUÊNCIAS DE LEVAR A SÉRIO O RELATIVISMO CULTURAL

Mesmo que o argumento das diferenças culturais seja inválido, o relativismo cultural ainda pode ser verdadeiro. **(4)** Como ele seria se fosse verdadeiro?

Na passagem antes citada, William Graham Sumner resume a essência do relativismo cultural. Ele diz que não há padrão de medida a respeito do certo e do errado a não ser aquele da sociedade de alguém: "A noção de correto está nos costumes populares. Não está fora deles, de uma origem independente e trazida para testá-los. Nos costumes populares, não importa quais sejam, está o correto".

Suponha que levemos isso a sério. Quais seriam algumas das consequências?

1. Não diríamos mais que os costumes das outras sociedades são moralmente inferiores aos nossos. Obviamente, esse é um dos principais pontos enfatizados pelo relativismo cultural. Deveríamos parar de condenar as outras sociedades meramente porque são "diferentes". Na medida em que nos concentramos em alguns exemplos, tais como as práticas funerárias praticadas pelos gregos e pelos calatinos, esta parece ser uma atitude sofisticada e esclarecida.

Todavia, também pararíamos de criticar outras práticas menos benignas. Suponha que uma sociedade declare guerra a seus vizinhos com o propósito de fazer escravos. **(5)** Ou suponha que uma sociedade seja violentamente antissemita e que seus líderes ponham-se a destruir os judeus. O relativismo cultural nos impediria de dizer que qualquer uma dessas práticas estaria errada. Não seríamos sequer capazes de dizer que uma sociedade tolerante aos judeus seria *melhor* do que uma sociedade antissemita, pois isso implicaria um tipo de padrão transcultural de comparação. A falha em condenar *essas* práticas não parece "esclarecida". Pelo contrário, escravidão e antissemitismo parecem errados *sempre* que ocorrem. No entanto, se levarmos a sério o relativismo cultural, então teremos de admitir que essas práticas sociais também estão imunes à crítica.

2. Poderíamos decidir se ações são certas ou erradas simplesmente consultando os padrões da nossa sociedade. O relativismo cultural sugere um teste simples para determinar o que é certo ou errado: tudo o que alguém tem a fazer é perguntar se a ação está de acordo com o código de sua sociedade. Suponha que um residente da África do Sul (antes de 1994) esteja se perguntando se a política de *apartheid* em seu país – segregação racial rígida – é moralmente correta. Tudo o que ele tem a fazer é perguntar se essa política conforma-se ao código moral de sua sociedade. Se ela o faz, não há nada com o que se preocupar, ao menos do ponto de vista moral. **(6)**

Essa implicação do relativismo cultural é perturbadora, porque poucos de nós pensam que o código de nossa sociedade é perfeito – podemos pensar em modos de melhorá-lo. Ainda assim, o relativismo cultural não apenas nos proibiria de criticar o código de *outras* sociedades, como também não impediria de criticar a *nossa* sociedade. Afinal de contas, se o correto e o incorreto são relativos a uma cultura, isso deve ser verdadeiro sobre a nossa sociedade tanto quanto sobre as outras.

3. A ideia do progresso moral torna-se duvidosa. Normalmente, pensamos que ao menos algumas mudanças na nossa sociedade têm sido feitas para melhor. (Algumas, é claro, podem ter sido feitas para pior.) Considere o seguinte exemplo: durante a maior parte da historia ocidental, o lugar das mulheres na sociedade foi bastante restrito. Elas não podiam ter propriedade; não podiam votar ou ocupar função política; com poucas exceções, não se permitia que elas tivessem empregos remunerados; e, geralmente, estavam sob o mais absoluto controle de seus maridos. Recentemente, muita coisa mudou, e a maioria das pessoas pensa que isso foi um progresso.

Se o relativismo cultural está correto, podemos pensar legitimamente nisso como um progresso? Progresso significa mudar um modo de fazer as coisas por outro *melhor*. Mas a partir de que padrão julgamos os novos modos como sendo melhores? Se os novos modos estão de acordo com os padrões sociais de nosso tempo, então o relativismo cultural diria que é um erro julgá-los pelos padrões de um tempo diferente. A sociedade do século XVII era, com efeito, uma sociedade diferente daquela que temos agora. Dizer que fizemos progresso implica um julgamento de que a nossa sociedade atual é melhor, e este é exatamente o tipo de julgamento transcultural que, de acordo com o relativismo cultural, não é permissível.

Nossa ideia de *reforma* social também deveria ser reconsiderada. Um reformista como Martin Luther King Jr. procura mudar a sua sociedade para melhor. A partir das restrições impostas pelo relativismo cultural, não há modo algum em que isso possa ser feito. Se uma sociedade não está à altura de seus próprios ideais, o reformista pode ser visto como alguém que está agindo pelo melhor: os ideais da sociedade são o padrão pelos quais julgamos as suas propostas como valiosas. Contudo, o "reformista" pode não questionar os próprios ideais, pois esses ideais são por definição corretos. De acordo com o relativismo cultural, então, a ideia de reforma social faz sentido somente de modo muito limitado.

Essas três consequências do relativismo cultural levaram muitos pensadores a rejeitá-lo como implausível. Faz sentido, eles dizem, condenar algumas práticas tais como a escravidão ou o antissemitismo, não importa onde ocorram. Faz sentido pensar que a nossa sociedade tem feito algum progresso moral, embora se admita que ela ainda é imperfeita e precisa ser reformada. Visto que o relativismo cultural diz que esses julgamentos não fazem sentido, o argumento avança, ele não pode estar certo.

5. POR QUE HÁ MENOS DESACORDO DO QUE PARECE

O ímpeto original para o relativismo cultural vem da observação de que as culturas diferem drasticamente em suas concepções sobre o certo e o errado. Mas até que ponto elas diferem? É verdade que há diferenças. Todavia, é fácil supervalorizar o tamanho dessas diferenças. Muitas vezes, quando examinamos o que *parece* ser uma diferença drástica, descobrimos que as culturas não diferem tanto quanto parece.

Considere uma cultura na qual as pessoas acreditam que é errado comer vacas. Essa pode ser uma cultura pobre, na qual não há comida suficiente e, mesmo assim, as vacas não podem ser tocadas. Tal sociedade *parecerá* ter valores muito diferentes dos nossos. Mas será que tem? Ainda não perguntamos por que essas pessoas não comem vacas. Suponha que é porque elas acreditam que depois da morte as almas humanas habitam os corpos de animais, especialmente de vacas, de tal modo que uma vaca pode ser a avó de alguém. Agora, queremos dizer que seus valores são diferentes dos nossos? Não. A diferença encontra-se em outro lugar. Concordamos que não devemos comer a avó. Simplesmente discordamos se a vaca *é* (ou pode ser) a avó. ❼

O ponto geral é este: muitos fatores funcionam juntos para produzir os costumes de uma sociedade. Os valores de uma sociedade são somente alguns deles. Outras coisas também são importantes, tais como as crenças religiosas e factuais sustentadas por seus membros

❼ Assim, se os membros da nossa cultura passarem a acreditar que as vacas são reencarnações de nossos parentes ou amigos, eles também pensarão presumivelmente que é errado comê-las.

e pelas circunstâncias físicas nas quais eles devem viver. Não podemos concluir, então, somente porque os costumes diferem, que há desacordo sobre *valores*. A diferença nos costumes pode ser atribuída a algum outro aspecto da vida social. Portanto, pode existir menos desacordo sobre valores do que aparenta existir.

Considere os esquimós novamente. Muitas vezes, eles matam crianças perfeitamente normais, em especial meninas. Não aprovamos isso de modo algum. Um pai que fizer isso na nossa sociedade será preso. Então, parece haver uma grande diferença nos valores de nossas duas culturas. Mas suponha que perguntemos *por que* os esquimós fazem isso. A explicação não é que eles têm menos afeição por suas crianças ou menos respeito pela vida humana. Uma família esquimó sempre protegerá seus bebês se as condições assim o permitirem. Contudo, eles vivem em um meio ambiente inóspito, cujo estoque de comida geralmente é escasso. Um postulado fundamental do pensamento do esquimó é: "A vida é difícil e a margem de segurança pequena". Uma família pode querer nutrir os seus bebês, mas ser incapaz de fazê-lo.

Como em muitas sociedades "primitivas", as mães esquimós cuidarão de seus bebês por um período maior do que as mães de nossa cultura. A criança irá nutrir-se do peito de sua mãe por quatro anos, talvez até mais. Assim, mesmo em tempos melhores, há limites para o número de bebês que uma mãe pode manter. Além disso, os esquimós são um povo nômade – incapazes de lavrar, eles precisam mover-se em busca de comida. Os bebês devem ser carregados e uma mãe pode carregar somente um bebê na sua capa de borracha, enquanto viaja e sai para trabalhar fora de casa. Outros membros da família podem ajudar, mas isso nem sempre é possível.

Bebês meninas são mais rapidamente abandonadas porque, primeiro, naquela sociedade os homens providenciam a comida na maioria das vezes – eles são caçadores, de acordo com a divisão tradicional do trabalho – e é obviamente importante manter um número suficiente de coletores de comida. No entanto, há uma segunda razão importante também. Como os caçadores sofrerão uma alta taxa de perda, os homens adultos que morrem prematuramente são em número muito maior do que as mulheres que morrem cedo. Logo, se meninos e meninas bebês sobrevivem em número igual, a população feminina adulta ultrapassará enormemente a população adulta masculina. Examinando as estatísticas disponíveis, um escritor concluiu que "se não fosse pelo infanticídio feminino (...) existiria aproximadamente 1,5 vez mais mulheres nos grupos médios dos esquimós do que homens produtores de comida".

Assim, entre os esquimós, o infanticídio não significa uma atitude fundamentalmente diferente em relação às crianças. Em vez disso, é um reconhecimento de que medidas drásticas algumas vezes são necessárias para assegurar a sobrevivência da família. Mesmo assim, todavia, matar um bebê não é a primeira opção considerada. A adoção é comum. Casais sem crianças ficam especialmente felizes em adotar o "excedente" de um casal mais fértil. Matar é só o último recurso. Eu saliento isso a fim de mostrar que os dados brutos dos antropólogos podem ser enganadores, fazendo as diferenças entre os valores nas diferentes culturas parecerem maiores do que de fato são. Os valores dos esquimós não são tão diferentes dos nossos valores. É somente o caso de que a vida impõe sobre eles escolhas que nós não temos de fazer. ❽

6. DE QUE MODO TODAS AS CULTURAS TÊM ALGUNS VALORES EM COMUM

Não deveria ser surpreendente que, apesar das aparências, os esquimós protejam suas crianças. Como poderia ser diferente? Como um grupo poderia sobreviver se *não* valorizasse os seus bebês? Isso sugere um argumento que mostra que todos os grupos culturais devem proteger os seus bebês:

1. Bebês humanos não podem ajudar a si mesmos e não podem sobreviver se a eles não é dado um cuidado extenso por um determinado período de anos.

2. Portanto, se um grupo não cuida de seus bebês, ele não sobreviverá, e os membros mais velhos do grupo não serão substituídos.

3. Portanto, qualquer grupo cultural que continue a existir deve cuidar de seus

---

❽ **PARE** Até que ponto a diferença de comportamento entre a nossa sociedade e a sociedade tradicional dos esquimós pode ser explicada desse modo? (Ver a Questão para Discussão 1.)

bebês. Aqueles que *não* são cuidados devem ser a exceção, e não a regra.

Um raciocínio similar mostra que outros valores devem ser mais ou menos universais. Imagine como seria se uma sociedade não atribuísse valor algum ao ato de falar a verdade. Quando uma pessoa falasse para outra, não existiria pressuposição alguma de que ela estivesse falando a verdade – pois poderia muito facilmente estar falando mentiras. Em tal sociedade, não haveria razão alguma para prestar atenção ao que alguém dissesse. (Pergunto a você que horas são, e você diz "4 horas", mas não há suposição de que esteja falando a verdade. Você pode facilmente ter dito a primeira coisa que lhe veio à mente. Assim, eu não teria razão para prestar atenção à sua resposta – de fato, não haveria nenhum motivo para perguntar algo a você em primeiro lugar!) A comunicação, então, seria extremamente difícil, se não impossível. E, como sociedades complexas não podem existir sem comunicação regular entre os seus membros, a sociedade se tornaria impossível. Disso decorre que em qualquer sociedade complexa *deve* existir uma suposição em favor do ato de falar a verdade. Podem existir, obviamente, exceções a essa regra: deve haver situações nas quais se pensa que é permitido mentir. Todavia, essas serão exceções à regra que *está* vigendo na sociedade.

Permitam-me dar um outro exemplo do mesmo tipo. Poderia existir uma sociedade na qual não há proibição de assassinato? Como ela seria? Suponha que as pessoas fossem livres para matar outras pessoas à vontade e que ninguém pensasse que há qualquer coisa de errado nisso. Em tal "sociedade", ninguém se sentiria seguro. Todos estariam constantemente alertas. As pessoas que quisessem sobreviver teriam de evitar as outras tanto quanto possível. Isso resultaria, inevitavelmente, em indivíduos que se tornariam tão autossuficientes quanto possível – afinal, associar-se com outros poderia ser perigoso. A sociedade em uma escala maior entraria em colapso. Obviamente, as pessoas poderiam reunir-se em pequenos grupos com outras em quem *pudessem* confiar que não lhes causariam dano. Contudo, perceba o que isso significa: elas formariam pequenas sociedades que *reconhecessem* uma regra contra o assassinato. A proibição do assassinato, então, é um traço necessário de todas as sociedades.

Há outro ponto teórico geral aqui, a saber: *há algumas regras morais que todas as sociedades terão em comum porque tais regras são necessárias para a sociedade existir*. As regras contra a mentira e o assassinato são dois exemplos. E, de fato, encontramos essas regras vigendo em todas as culturas viáveis. As culturas podem diferir naquilo que elas veem como exceções legítimas às regras, mas esse desacordo existe contraposto ao pano de fundo do acordo acerca de questões maiores. Portanto, é um erro sobrevalorizar a quantidade de diferenças entre as culturas. Nem *toda* regra moral pode variar de sociedade para sociedade. ❾

7. O QUE SE PODE APREENDER DO RELATIVISMO CULTURAL

No começo, eu disse que identificaríamos tanto o que é correto quanto o que é errado no relativismo cultural. Até aqui, mencionei somente os seus erros: eu disse que ele se funda em um argumento inválido, que ele tem consequências que o tornam implausível e que a extensão do desacordo cultural é menor do que é sugerido. Isso tudo leva a um repúdio completo da teoria. No entanto, ele ainda é uma ideia com apelo, e o leitor pode ter o sentimento de que tudo isso é um pouco injusto. A teoria *deve* ter algo a seu favor, senão por que ela tem sido tão influente? De fato, penso que *há* algo correto sobre o relativismo cultural e agora eu quero dizer o que é. Há duas lições que aprendemos sobre a teoria, mesmo se no final foi com o intuito de rejeitá-la.

1. O relativismo cultural alerta-nos, de forma correta, sobre o perigo de supor que todas as nossas preferências estão baseadas em algum padrão racional absoluto. Elas não estão. Muitas (mas não todas) das nossas práticas são meramente peculiares da nossa sociedade, e é fácil perder de vista esse fato. Ao lembrar-nos dele, a teoria presta um serviço.

Práticas funerais são um exemplo. Os calatinos, de acordo com Heródo-

❾ PARE O fato de que certos princípios morais parecem essenciais para qualquer sociedade imaginável é suficiente para mostrar que eles são objetivamente verdadeiros, ou seja, que qualquer sociedade está *moralmente* exigida de segui-los?

to, eram "homens que comiam os seus pais" – uma ideia chocante, ao menos para nós. Porém, comer a carne do morto pode ser entendido como um sinal de respeito. Poderia ser tomado como um ato simbólico que diz: "Queremos que o espírito dessa pessoa permaneça conosco". Talvez esse tenha sido o entendimento dos calatinos. Nesse modo de pensar, queimar o morto pode ser visto como um ato de rejeição e queimar o corpo como um ato de desprezo. Se isso é difícil de imaginar, então devemos ampliar nossa imaginação. Obviamente, podemos sentir uma repugnância profunda à ideia de comer carne humana em quaisquer circunstâncias. Mas e daí? Essa repugnância pode ser, como os relativistas dizem, somente uma questão do que é costume em nossa sociedade particular.

Há muitas outras coisas que tendemos a pensar em termos de um objetivo correto ou incorreto, mas que nada mais são do que meras convenções sociais. As mulheres devem cobrir os seus seios. Um seio publicamente exposto é escandaloso na nossa sociedade, enquanto em outras culturas passa despercebido. Objetivamente falando, não é nem certo nem errado – não há razão objetiva pela qual qualquer costume é melhor. O relativismo cultural começa com a intuição valiosa de que muitas das nossas práticas são como essa – elas são produtos culturais. ❿ Então, ele erra ao concluir que, como *algumas* práticas são assim, *todas* devem sê-lo.

2. A segunda lição tem a ver com o fato de manter a mente aberta. Enquanto crescíamos, cada um de nós adquiriu alguns sentimentos fortes: aprendemos a pensar que alguns tipos de conduta são aceitáveis e aprendemos a ver outros como sendo simplesmente inaceitáveis. Ocasionalmente, podemos ter esses sentimentos questionados. Podemos encontrar alguém que sustente que nossos sentimentos estão errados. Por exemplo, podemos ter sido ensinados que a homossexualidade é imoral e ficarmos desconfortáveis na presença de *gays*, vendo-os como estranhos e "diferentes". Todavia, alguém sugere que isso pode ser um mero preconceito, que não há nada de errado com a homossexualidade, que os *gays* são pessoas justas como qualquer outra pessoa e que são apenas indivíduos que sem escolha sentiram-se atraídos por outros do mesmo sexo. Porém, como temos sentimentos tão fortes sobre esse assunto, podemos considerar difícil levar isso a sério. Mesmo depois de escutarmos os argumentos, ainda podemos permanecer imóveis, pensando que os homossexuais *devem*, de algum modo, ter uma triste sina.

O relativismo cultural, ao enfatizar que nossas concepções morais podem refletir os preconceitos da nossa sociedade, apresenta um antídoto para esse tipo de dogmatismo. Quando contou a história dos gregos e dos calatinos, Heródoto acrescentou:

> Se alguém, não importa quem, tivesse a oportunidade de escolher, entre todas as nações do mundo, o conjunto de crenças que pensasse ser melhor, iria inevitavelmente, depois de cuidadosa consideração de seus méritos relativos, escolher aquele de seu próprio país. Todos sem exceção acreditam que seus costumes nativos, e a religião em que foi educado, são os melhores.

Perceber isso pode resultar em mentes mais abertas. Chegamos a entender que nossos sentimentos não são necessariamente percepções da verdade – eles podem ser nada mais do que o resultado do condicionamento cultural. Assim, quando ouvimos alguém sugerindo que algum elemento de nosso código social *não* é o melhor e nos encontramos instintivamente resistindo a essa sugestão, podemos parar e lembrar disso. Então, podemos estar mais abertos para encontrar a verdade, seja ela qual for.

Podemos assim entender o apelo do relativismo cultural, mesmo que a teoria tenha sérios defeitos. Ela é uma teoria atrativa porque está baseada em uma intuição genuína – que muitas das práticas e atitudes que pensamos ser tão naturais são apenas produtos culturais. Além disso, manter essa intuição firmemente em vista é importante se quisermos evitar a arrogância e ter a mente aberta. Esses são pontos importantes que devem ser levados a sério. Mas podemos aceitar esses pontos sem ir adiante e aceitar toda a teoria. ⓫

---

❿ É *inteiramente* consistente com a existência da moralidade objetiva que há muitas questões, incluindo algumas que têm sido pensadas como moralmente significativas, sobre as quais não há verdade moral objetiva.

⓫ Isto é, de certo modo, enganador. Aceitar esses pontos não nos força a aceitar qualquer parte da teoria, menos ainda a teoria toda.

Questões para Discussão

1. Rachels argumenta que desacordos morais aparentes podem geralmente ser tratados pelo apelo a diferenças nas crenças factuais ou nas circunstâncias físicas que existem em culturas diferentes, sem supor que as crenças morais ou os valores subjacentes sejam realmente diferentes. Em que medida isso funciona em relação ao contraste entre a nossa cultura e a cultura tradicional do esquimó, tal como Rachels a descreve? Se as nossas circunstâncias físicas fossem tão proximamente similares àquelas dos esquimós, será que decidiríamos – sem qualquer mudança nas crenças morais e princípios subjacentes – que tratar crianças e pessoas mais idosas tal como os esquimós fazem é moralmente aceitável? Ou ainda existiria um conflito entre as exigências da moralidade e as necessidades da sobrevivência?

2. A concepção cultural relativista é que um indivíduo está moralmente obrigado a seguir os padrões morais de sua sociedade ou cultura. Todavia, pode-se argumentar que muitos indivíduos no mundo moderno são membros de mais de uma sociedade ou no mínimo mais de um grupo, com diferentes grupos frequentemente aceitando diferentes padrões morais. Pense em exemplos a respeito desse problema. Há alguma maneira de decidir, em tal situação, *quais* são os padrões morais do grupo que o indivíduo está obrigado a seguir?

3. O relativismo cultural permite um desacordo moral genuíno entre dois (ou mais) indivíduos: uma situação na qual esses indivíduos defendem diferentes concepções morais que são genuinamente opostas uma à outra de tal modo que ambas (ou todas) não podem estar corretas? Considere aqui tanto (a) dois indivíduos da mesma cultura quanto (b) dois indivíduos de culturas diferentes. Em (a), pode haver um desacordo moral genuíno de um tipo, um desacordo sobre qual concepção moral é realmente defendida naquela cultura. Mas será esse um desacordo *moral* (oposto a um meramente factual)? E é plausível que esse seja o único modo em que o desacordo moral é possível no caso (a)? Pode mesmo existir esse tipo de desacordo moral (se ele realmente é um) ou qualquer outro no caso (b)? Se não, quão implausível é esse resultado?

4. A afirmação central do relativismo cultural é que o código moral de uma sociedade particular *determina* o que é certo (e errado) para os indivíduos naquela sociedade (alegação 5, p. 510-511). Isso parece significar que os indivíduos estão moralmente obrigados pelos padrões de sua cultura a seguir aqueles padrões. Mas o relativista cultural pode dar conta da verdade *dessa* afirmação moral? O que a tornaria verdadeira da perspectiva relativista? O código moral de cada cultura deve incluir uma afirmação desse tipo? O que acontece se o código moral de uma cultura não faz isso?

5. Há também outras versões do relativismo moral. Uma delas que por vezes é atrativa aos estudantes é o relativismo individual: a concepção de que a verdade moral para cada indivíduo depende apenas do que é aceito por aquele indivíduo. Considere as seguintes questões sobre essa concepção: (i) Ela é realmente diferente do niilismo moral? Se qualquer reivindicação moral que a pessoa aceita é "verdadeira para ela", como pode tal reivindicação exigir dela que faça algo que não quer? (Isto é, por que ela não pode simplesmente aceitar uma alegação que torna qualquer coisa que ela queira aceitável?) (2) Se há algum modo em que um código moral individual pode requerer dessa pessoa fazer algo que conflitua com suas vontades ou seus desejos, o que torna verdadeiro que ela deve se conformar a esse código? (Compare isso com a questão prévia sobre o relativismo cultural.)

Joel Feinberg

Joel Feinberg (1926-2004) foi um filósofo americano que se dedicou ao estudo da moral, da política e do direito. Lecionou na UCLA, na Universidade de Princeton, na Uni-

> versidade Rockefeller e na Universidade do Arizona. Nesta seleção, Feinberg explica e critica o *egoísmo psicológico*: a concepção de que as pessoas, como uma questão de necessidade psicológica, sempre agem a partir de motivos egoístas, dando especial atenção à versão *hedonista* do egoísmo, de acordo com a qual elas sempre procuram o seu próprio prazer ou felicidade. Feinberg declara que não há bons argumentos em favor do egoísmo psicológico e que a plausibilidade superficial dessa concepção está baseada em uma confusão.

Egoísmo Psicológico[38]

A TEORIA

1. "Egoísmo psicológico" é o nome dado à teoria amplamente sustentada por pessoas comuns e ao mesmo tempo quase universalmente aceita por economistas políticos, filósofos e psicólogos, de acordo com a qual todas as ações humanas, quando propriamente entendidas, podem ser vistas como sendo motivadas por desejos egoístas. Mais precisamente, egoísmo psicológico é a doutrina de que a única coisa que alguém é capaz de desejar ou procurar em última análise (como um fim em si mesmo) é o *seu* interesse próprio. Nenhum egoísta psicológico nega que às vezes as pessoas desejam outras coisas além do próprio bem-estar – por exemplo, a felicidade das outras pessoas. Porém, todos os egoístas psicológicos insistem que as pessoas são capazes de desejar a felicidade dos outros somente quando veem isso como um *meio* para a sua própria felicidade. Em suma, ações e desejos puramente altruístas e benevolentes não existem, mas as pessoas algumas vezes parecem estar agindo de forma não egoísta e desinteressada, quando tomam os interesses dos outros como meios para a promoção de seus interesses próprios.

2. Essa teoria é chamada de egoísmo *psicológico* para indicar que não é uma teoria sobre o que *deve* ser o caso, mas antes, como uma questão de fato, sobre o que *é* o caso. Ou seja, a teoria defende que é uma descrição de fatos psicológicos, não uma prescrição de ideais éticos. Ela afirma, entretanto, não meramente que todos os homens, como uma questão contingente de fato, "colocam seus interesses próprios acima dos outros", mas que não são capazes de nada mais, que a natureza humana é assim. O egoísmo universal não é apenas um acidente ou uma coincidência, mas sim uma consequência inevitável de leis psicológicas.

A teoria precisa ser distinguida de outra doutrina, o chamado "egoísmo ético", de acordo com o qual todas as pessoas *devem* procurar o seu bem-estar próprio. Essa doutrina, sendo uma prescrição sobre o que *deve* ser o caso, não defende que é uma teoria psicológica sobre os motivos humanos. A palavra "ético" aparece em seu nome para distingui-lo do egoísmo *psicológico*. ❶

3. Há um grande número de tipos de motivos e desejos que podem razoavelmente ser chamados de "egoístas",* correspondendo a cada um deles uma versão possível do egoísmo psicológico. Talvez a versão mais comum da teoria é aquela aparentemente sustentada por Jeremy Bentham.[39] De acordo com essa versão, todas as pessoas têm somente um único motivo último em seu comportamento voluntário, e esse motivo é egoísta. Mais especificamente, é um tipo particular de motivo egoísta – a saber, um desejo

❶ Esses são dois enfoques distintos. Contudo, o egoísmo psicológico pode ser usado como um argumento para o egoísmo ético, apelando ao princípio de que "dever implica poder" (isto é, que alguém não pode ser obrigado a fazer algo que não pode fazer). Disso se seguiria que alguém não pode ter uma obrigação moral para agir de um modo não egoísta se o egoísmo psicológico é verdadeiro – nesse caso, quaisquer obrigações morais que existam podem ser somente egoístas.

---
[38] Extraído de *Reason and Responsibility*, editado por Joel Feinberg (Belmont, CA.: Wadsworth, 1996).
* N. de R.T. No original, *egoistic or selfish*, ambas traduzidas, no português, como "egoísta".
[39] Ver a sua *Introduction to the Principles of Morals and Legislation* (1789), Capítulo 1, primeiro parágrafo (p. 397, neste livro): "A natureza colocou a humanidade sob o governo de dois mestres soberanos, *dor* e *prazer*. Somente eles é que dirão o que devemos fazer, bem como determinar o que faremos.(...) Eles nos governam em tudo o que fazemos, em tudo o que vemos, em tudo o que pensamos: cada esforço que fazemos para nos livrarmos dessa sujeição servirá para demostrá-la e confirmá-la".

de *prazer* para si mesmo. De acordo com essa versão da teoria, "o único tipo de desejo último é o desejo de conseguir e prolongar experiências prazerosas e evitar ou diminuir experiências não prazerosas para si mesmo".[40] A essa forma de egoísmo psicológico é frequentemente dado o incômodo nome de *hedonismo egoísta psicológico*.

RAZÕES *PRIMA FACIE* EM SUPORTE DESSA TEORIA

4. O egoísmo psicológico pareceu plausível para muitas pessoas por uma variedade de razões, entre as quais são típicas as seguintes: ❷

a. "Cada ação minha é induzida por motivos, desejos ou impulsos que são motivos *meus* e de ninguém mais. Esse fato pode ser explicado dizendo que sempre que eu ajo estou procurando meus próprios fins ou tentando satisfazer meus desejos. E disso podemos passar a 'Estou procurando algo para mim ou procurando a minha própria satisfação'. Aqui está o que parece ser uma descrição adequada de um homem agindo egoisticamente, e, se a descrição aplica-se a todas as ações de todos os homens, então se segue que todos os homens, em todas as suas ações, são egoístas".[41]
b. É um truísmo dizer que, quando uma pessoa consegue o que quer, ela caracteristicamente sente prazer. Isso sugere para muitas pessoas que o que realmente queremos em cada caso é nosso próprio prazer e que procuramos outras coisas somente como um meio.
c. *Autoengano*. Frequentemente, nós mesmo nos enganamos pensando que desejamos algo fino ou nobre, quando o que realmente queremos é que os outros pensem bem de nós, ou que sejamos capazes de nos felicitar a nós mesmos, ou que possamos desfrutar dos prazeres com consciência tranquila. É um fato conhecido que as pessoas tendem a esconder os seus motivos verdadeiros de si mesmas, camuflando-os com as palavras "virtude", "dever", etc. Visto que estamos tão frequentemente enganados, tanto sobre nossos motivos reais quanto sobre os motivos reais dos outros, não é razoável suspeitar que podemos *sempre* estar enganados quando pensamos em motivos desinteressados e altruístas? (...)

d. *Educação moral*. A moralidade, as boas maneiras, a decência e outras virtudes devem ser ensinadas. Os egoístas psicológicos geralmente observam que a educação moral e o treinamento de boas maneiras utilizam o que Bentham chamou de "sanções de prazer e dor". As crianças são forçadas a adquirir as virtudes civilizadoras só pelo método de recompensas sedutoras e punições dolorosas. O mesmo é verdade da história da raça. As pessoas em geral inclinam-se a se comportar bem somente quando se torna claro que há "nisso algo para elas". Não é, então, altamente provável que esse mecanismo de motivação humana, tal como Bentham descreve, deva ser pressuposto por nossos métodos de educação moral?

C. CRÍTICA DO EGOÍSMO PSICOLÓGICO: CONFUSÕES NOS ARGUMENTOS

5. O caráter não empírico dos argumentos. Se os argumentos do egoísmo psicológico consistissem em sua maior parte em evidências empíricas cuidadosamente obtidas (relatórios bem documentados de experimentos controlados, pesquisas, entrevistas, dados dos laboratórios, e assim por diante), então o filósofo crítico não teria nada para censurar neles. Afinal, visto que o egoísmo psicológico defende que é uma teoria científica sobre os motivos humanos, é do interesse do psicólogo experimental, não do filósofo, aceitá-lo ou rejeitá-lo. Contudo, de fato, uma evidência empírica do tipo exigido raramente é apresentada em suporte do egoísmo psicológico. Os psicólogos, como um todo, fogem timidamente de genera-

❷ PARE Como Feinberg explicará, nenhum desses argumentos é muito convincente. Veja se você consegue descobrir agora o que há de errados com eles.

---

[40] C.D. Broad, *Ethics and the History of Philosophy* (New York: The Humanities Press, 1952), p. 218.
[41] Austin Duncan-Jones, *Buttler's Moral Philosophy* (London: Penguin Books, 1952), p.96. Duncan Jones avança para rejeitar esse argumento. Ver p. 512s.

lizações sobre motivos humanos que são tão vastas e tão vagamente formuladas que não podem ser testados cientificamente. É normalmente o "cientista de poltrona" que defende a teoria do egoísmo universal, e seus argumentos usuais ou estão baseados em suas próprias "impressões" ou são em grande parte de um tipo não empírico. Os últimos estão com frequência repletos de um tipo sutil de confusão lógica, e isso torna a sua crítica uma questão de interesse especial para o filósofo analítico.

6. O primeiro argumento do egoísta psicológico (4a, já citado) é um bom exemplo de confusão lógica. Ele começa com um truísmo – a saber, que todos os meus motivos e desejos são *meus* motivos e desejos, e não de outra pessoa. (Quem poderia negar isso?) No entanto, a partir dessa simples tautologia, nada se pode deduzir a respeito da natureza dos meus motivos ou dos objetivos dos meus desejos. (...) O que o egoísta deve provar não é meramente que:

i. cada ação voluntária é induzida por um motivo do próprio agente,

mas sim que:

ii. cada ação voluntária é induzida por um motivo muito particular, ou seja, um motivo egoísta.

A afirmação (i) é obviamente verdadeira, mas ela não pode por si mesma dar qualquer suporte lógico à afirmação (ii). ❸

A fonte de confusão nesse argumento torna-se logo manifesta. Não é a gênese de uma ação, a *origem* ou os seus motivos que a tornam "egoísta", mas sim o "propósito" do ato ou o *objetivo* de seus motivos; não *de onde os motivos provêm* (em ações voluntárias, eles sempre provêm do agente), mas *o que ele almeja* determina se é egoísta ou não. Há, certamente, uma distinção válida entre comportamento voluntário, no qual a ação do agente é motivada por propósitos próprios, e comportamento *egoísta*, no qual os motivos do agente são de um tipo especial. (...)

7. Contudo, se o argumento 4a falha em provar o seu ponto, o argumento 4b não se sai melhor. A partir do fato de que todas as nossas ações exitosas (aquelas nas quais conseguimos o que estávamos querendo) são acompanhadas ou seguidas de prazer, não se segue, como o egoísta afirma, que o *objetivo* de cada ação é conseguir prazer para si mesmo. Para começar, a premissa do argumento não é, estritamente falando, nem mesmo verdadeira. A realização de um desejo (simplesmente conseguir o que alguém quer) não é garantia de satisfação (sentimentos prazerosos de gratificação na mente do agente). Algumas vezes, quando conseguimos o que queremos, *também* conseguimos, como um dividendo extra, um sentimento caloroso, entusiasmado, de contentamento. Porém, com grande frequência, não conseguimos dividendo algum ou, o que é pior, obtemos o gosto amargo das cinzas. Além disso, tem-se afirmado que o problema psicológico característico de nosso tempo é a *insatisfação* que acompanha a realização dos nossos desejos mais poderosos.

Mesmo que reconheçamos, todavia, para fins de argumentação, que conseguir aquilo que alguém quer *geralmente* leva à satisfação, a conclusão egoísta não se segue. Podemos admitir que normalmente obtemos prazer (no sentido de satisfação) quando nossos desejos são satisfeitos, *não importando quais sejam os nossos desejos*, mas não se segue dessa generalização mais ou menos precisa que a única coisa que desejamos é a nossa própria satisfação. (...)

8. Benevolência desinteressada. (...) O argumento (4b) não só é falacioso, como também nos apresenta a sugestão de um contra-argumento para mostrar que sua conclusão (hedonismo egoísta psicológico) é falsa. A presença do prazer (satisfação) como um produto secundário de uma ação não só é uma prova de que a ação foi egoísta, como em certos casos especiais ela proporciona, em vez disso, uma prova conclusiva de que a ação foi não egoísta. Nesses casos especiais, o fato de que obtemos prazer a partir de uma ação particular pressupõe que desejamos algo diferente – algo diferente de nosso próprio prazer – como um fim em si, e não meramente como um meio para o nosso próprio estado mental prazeroso.

Esse modo de virar o argumento do hedonista egoísta contra ele próprio pode ser ilustrado tomando um típico argumento egoísta, atribuído (talvez de modo apócrifo) a Abraham Lincoln, examinando-o então de perto:

---

❸ **R** A afirmação (i) é compatível com o fato de o motivo do agente ser completamente não egoísta: por exemplo, o desejo de ajudar outra pessoa inteiramente para o bem dela mesma.

O Sr. Lincoln certa vez observou a um passageiro, acompanhante em uma carreta antiga, que todos os homens estavam imbuídos de egoísmo ao fazer o bem. O seu companheiro estava questionando essa posição quando eles passaram sobre uma ponte que atravessava um lamaçal. Enquanto atravessavam essa ponte, eles avistaram uma porca javali fazendo um barulho terrível porque seus porquinhos haviam caído na lama e estavam em perigo de se afogar. Assim que a velha carreta começou a subir a montanha, o Sr. Lincoln gritou: "Cocheiro, você pode parar por um momento?". Então, o Sr. Lincoln pulou para fora, correu de volta e puxou os porquinhos para fora da lama e da água, colocando-os na margem. Quando voltou, seu companheiro observou: "E agora, onde entra o egoísmo nesse pequeno episódio?". "Abençoada seja a sua alma, Ed, essa é a própria essência do egoísmo. Eu não teria paz nos meus pensamentos o dia todo se tivesse ido adiante e deixado aquela velha javali preocupada com seus porquinhos. Eu fiz isso para conseguir ter paz na consciência, você não o vê?".[42]

Se Lincoln não tivesse se preocupado nem um pouco com o bem-estar dos porquinhos e com o "sofrimento" da mãe, mas somente com sua própria "paz na consciência", seria difícil explicar como poderia ter tido prazer em ajudá-los. O fato mesmo de que sentiu satisfação como resultado de ajudar os porquinhos pressupõe que ele tinha um desejo pré-existente por algo diferente de sua própria felicidade. Então, quando *aquele* desejo foi satisfeito, Lincoln certamente teve prazer. O *objeto* do prazer de Lincoln não foi o prazer, mas o prazer foi a *consequência* de seu desejo preexistente por outra coisa. Se Lincoln tivesse sido completamente indiferente ao estado dos porquinhos, tal como ele afirma, como ele poderia possivelmente derivar qualquer prazer em ajudá-los? (...) Ele não poderia ter atingido paz na consciência resgatando os porquinhos, não tivesse ele uma preocupação anterior – da qual a paz na consciência depende – pelo bem-estar dos porcos por causa deles mesmos. ❹

Em geral, o hedonista psicológico analisa a benevolência aparente em termos de "desejo benevolente". Sem dúvida, a pessoa benevolente obtém prazer a partir de sua benevolência, mas, na maioria dos casos, isso acontece simplesmente porque ela desejou previamente o bem para alguma pessoa, para um animal ou para a humanidade em geral. Onde não há tal desejo, não se pensa que a conduta benevolente ofereça prazer ao agente.

9. Malevolência. Casos difíceis para o egoísta psicológico incluem não só exemplos de benevolência desinteressada, mas também casos de "malevolência desinteressada". Sem dúvida, a malícia e o ódio não são geralmente mais "egoístas" do que a benevolência. Ambos são motivos que provavelmente levam um agente a sacrificar seus próprios interesses – no caso da benevolência, a fim de ajudar alguma outra pessoa; no caso da malevolência, a fim de causar dano a outra pessoa. A pessoa egoísta está preocupada, em última instância, apenas com o seu próprio prazer, felicidade ou poder, ao passo que a pessoa benevolente também está preocupada com a felicidade dos outros. Para a pessoa malevolente, a injúria de outra é geralmente um fim em si – um fim a ser buscado algumas vezes sem pensar nos interesses próprios. Há razão para pensar que pessoas sacrificaram a si próprias para causar injúria ou matar outras tão frequentemente quanto para ajudar ou salvar outras e com tanto "heroísmo" em um caso como no outro. ❺ (...)

10. A falta de evidência para o autoengano universal. Do tipo mais cínico de egoísta psicológico que está muito impressionado com o fenômeno difundido do autoengano (ver 4c) não se pode facilmente desfazer, pois ele não cometeu quaisquer erros lógicos. Podemos somente argumentar que a frequência reconhecida do autoengano é evidência insuficiente para a sua generalização universal. O seu argumento não é falacioso, mas também não é conclusivo.

Ninguém, a não ser o próprio agente, pode estar certo de que os motivos conscientes realmente estavam presentes em sua ação, e, quando os seus motivos são dilaceráveis, o próprio agente pode não admitir para si mesmo a natureza de seus desejos. Assim, para cada caso aparente de comportamento altruísta,

---

[42] Citado a partir de *Springfield* (Illinois) *Monitor*, por F.C. Sharp em sua obra *Ético* (New York: Appleton-Century, 1928), p.75.

---

❹ R Se Lincoln não tivesse uma preocupação *independente* pelo bem-estar dos porquinhos (ou da sua mãe), seria inexplicável *por que* a sua própria paz na consciência seria afetada se eles não tivessem sido ajudados ou por que ele se sentiria melhor depois de ajudar. Assim, não faz sentido dizer que ele está somente preocupado com a sua própria paz na consciência.

❺ R Assim, as ações da pessoa malevolente só fazem sentido porque ela tem o desejo de causar dano para outra pessoa que é independente de qualquer desejo pela sua própria felicidade: é por causa desse desejo independente que ela pode ser incapaz de ser feliz a não ser que a outra pessoa sofra.

o egoísta psicológico pode argumentar, com alguma plausibilidade, que a verdadeira motivação *pode* ser egoísta, mesmo que as aparências sejam contrárias. Atos filantrópicos são realmente motivados pelo desejo de receber gratidão; atos de autossacrífício, quando são verdadeiramente compreendidos, são vistos como sendo motivados pelo desejo de sentir autoestima, e assim por diante. Devemos reconhecer ao egoísta que todo altruísmo aparente pode ser enganador, mas tal generalização ampla requer considerável evidência empírica e tal evidência não está hoje disponível. ❻

11. O "paradoxo do hedonismo" e suas consequências para a educação. O hedonista egoísta psicológico (por exemplo, Jeremy Bentham) tem a teoria mais simples possível da motivação humana. De acordo com esse tipo de teoria egoísta, todos os motivos humanos sem exceção podem ser reduzidos a apenas um: o desejo de seu próprio prazer. Contudo, essa teoria, apesar de sua simplicidade atrativa, ou talvez por causa dela, leva alguém imediatamente a um paradoxo. Observadores astutos dos assuntos humanos desde os tempos dos gregos antigos têm frequentemente observado que o prazer, a felicidade e a satisfação são estados mentais que mantêm uma relação muito peculiar com o desejo. Um desejo exclusivo por felicidade é o caminho mais certo para prevenir a felicidade de acontecer. A felicidade tem um modo de "entrar sorrateiramente" nas pessoas, quando elas estão preocupadas com outras coisas; porém, quando as pessoas deliberada e exclusivamente saem em busca da felicidade, ela desaparece de vista e não pode ser capturada. Esse é o famoso "paradoxo do hedonismo": o pensamento único de busca da felicidade é necessariamente autoenganador, pois a maneira de alcançar a felicidade é esquecendo-se dela e, então, talvez ela venha até você. Se você visa exclusivamente ao próprio prazer, sem nenhuma preocupação pelas coisas que trazem prazer, então o prazer nunca virá. Para ter satisfação, uma pessoa deve habitualmente desejar primeiro algo diferente da satisfação e, então, encontrar os meios para conseguir o que deseja.

Para sentir a força completa do paradoxo do hedonismo, o leitor deve fazer um experimento em sua imaginação. Imagine uma pessoa (vamos chamá-la "Jones") que é, acima de tudo, despojada de curiosidade intelectual. Ela não tem desejo de adquirir qualquer tipo de conhecimento por si mesmo e, assim, é totalmente indiferente a questões de ciência, matemática e filosofia. Imagine, além disso, que as belezas da natureza deixam Jones desinteressado: ele não se impressiona com as folhas do outono, com as montanhas cobertas de neve e com os oceanos ondulados. Caminhadas longas no campo nas manhãs de primavera e esquiar no inverno são um tédio para ele. Além disso, suponha que Jones não pode ver apelo algum na arte. Os romances são insípidos, a poesia é algo doloroso, as pinturas são sem sentido e a música é somente barulho. Suponha ainda que Jones não tem nem a paixão do espectador nem do participante pelo beisebol, futebol, tênis ou por qualquer outro esporte. Nadar para ele é uma forma aquática cruel de calistenia; o sol é apenas uma causa de queimaduras. Dançar é uma idiotice coeducacional, a conversa uma perda de tempo e o sexo oposto um mistério sem apelo. A política é uma fraude, a religião mera superstição e a miséria de milhões de seres humanos desprivilegiados não é algo com que se deva ficar preocupado ou excitado. Suponha, finalmente, que Jones não tenha nenhum talento para o artesanato, a indústria ou o comércio e que ele não se lastime por isso.

No que, então, Jones está interessado? Ele deve desejar algo. De fato, ele deseja. Jones tem uma paixão enorme, uma preocupação completa, com a sua própria felicidade. O único desejo exclusivo de sua vida é *ser feliz*. Precisa-se de pouca imaginação para, nesse ponto, ver que o único desejo de Jones está condenado a ser frustrado. Pessoas que – como Jones – buscam apaixonadamente a sua própria felicidade são aquelas com menos chances de encontrá-la. Pessoas felizes são aquelas que procuram com mais sucesso coisas como experiência estética ou religiosa, autoexpressão, serviço aos outros, vitória em competições, conhecimento, poder, e assim por diante. Se nenhuma dessas coisas em si mesmas e por si mesmas significa algo para uma pessoa, se elas são vistas somente como um meio para estados mentais do próprio prazer de uma pessoa, então o prazer nunca pode chegar. O modo de atingir a felicidade é procurar outra coisa. ❼

---

❻ PARE É mesmo possível que haja *sempre* um motivo egoísta em cada caso aparente de altruísmo? Pense em alguns exemplos. (Ver a Questão para Discussão 1.)

❼ PARE Será que os estados mentais de Jones, tal como são descritos aqui, têm algum sentido claro? Quando ele diz que deseja a sua própria felicidade, o que exatamente ele tem em mente, se é que ele tem algo? (Ver a Questão para Discussão 2.)

Quase todas as pessoas sentem prazer em algum momento de sua vida. Algumas pessoas (embora talvez não muitas) realmente levam uma vida em que são no todo felizes. Contudo, se o prazer e a felicidade pressupõem desejos por alguma outra coisa além do prazer e da felicidade, então a existência de prazer e felicidade na experiência de algumas pessoas prova que elas têm desejos fortes por algo além de sua própria felicidade – contrariamente ao que pensa o hedonismo egoísta.

As implicações do "paradoxo do hedonismo" para a teoria educacional deveriam ser óbvias. Os pais com menos chances de criar uma criança feliz são aqueles que, mesmo com as melhores intenções, treinam seus filhos para buscar a felicidade diretamente. Quantas vezes ouvimos os pais dizerem:

> Não me preocupo se meu filho não se tornar um intelectual, uma estrela dos esportes ou um grande artista. Eu só quero que ele seja um tipo médio de pessoa. A felicidade não exige grandes ambições e grandes frustrações; não vale a pena sofrer e tornar-se neurótico em função da ciência, da arte ou de fazer o bem. Eu só quero que meu filho seja feliz.

Esse pode ser um erro perigoso, pois é a criança (e o adulto para essa questão) sem interesses "dirigidos para fora" que será mais provavelmente infeliz. O puro egoísta seria a mais desgraçada das pessoas.

...

No que diz respeito à educação moral, é provavelmente verdadeiro que a punição e a recompensa são meios indispensáveis para o treinamento. Todavia, se a criança chega a acreditar que as *únicas* razões para ser moral são para escapar da dor da punição, tal que assim ganhará o prazer de uma boa reputação, então o que vai impedi-la de fazer a coisa imoral sempre que ela estiver certa de que não será descoberta? Embora a punição e a recompensa sejam importantes instrumentos para o educador moral, elas obviamente têm limites. Tome cuidado com o homem que faz a coisa moral só para escapar da dor ou pelo amor ao prazer. É provável que ele não seja totalmente confiável. A educação moral é verdadeiramente bem-sucedida quando ela produz pessoas que estão querendo fazer a coisa certa *simplesmente porque ela é certa*, e não porque isso é popular ou mais seguro. ❽

12. Prazer como sensação. Um argumento final contra o hedonismo psicológico deve ser suficiente para enterrar para sempre essa forma de psicologia egoísta. O hedonista egoísta sustenta que todos os desejos podem ser reduzidos ao desejo singular do próprio prazer. Agora, a palavra "prazer" é ambígua. Por um lado, ele pode significar uma certa sensação indefinível, porém muito familiar e específica, ou mais precisamente uma propriedade de sensações. Ele é geralmente, senão exclusivamente, associado aos sentidos. Por exemplo, certas sensações palatáveis como a doçura, sensações térmicas derivadas de um banho quente ou de sentir o sol de agosto enquanto se está deitado em uma praia com areia, sensações eróticas, sensações olfativas (digamos) da fragrância de flores ou perfume, assim como as sensações táteis e cinestésicas de uma boa massagem, são todos prazerosas nesse sentido. Chamaremos esse sentido de "prazer", o qual é o oposto de "dor física", de $prazer_1$.

Por outro lado, a palavra "prazer" é geralmente usada como um sinônimo de "satisfação" (no sentido de gratificação, não apenas de satisfação do desejo). Nesse sentido, a existência de prazer pressupõe a existência anterior de desejo. Conhecimento, experiência religiosa, expressão estética e outras atividades chamadas de "espirituais" via de regra dão prazer nesse sentido. De fato, como vimos, tendemos a ter esse tipo de prazer sempre que conseguimos o que desejamos, não importa o que seja. O masoquista deriva prazer (no sentido de "satisfação") até mesmo de suas sensações físicas dolorosas. Chamaremos esse sentido de "prazer" que significa "satisfação" de $prazer_2$.

Agora podemos avaliar a afirmação do hedonista psicológico de que o único motivo humano é o desejo pelo próprio prazer, mantendo presente (como ele não o faz) a ambiguidade da palavra "prazer". Primeiro, consideraremos o hedonista como alguém que afirma que o desejo de $prazer_1$ (prazer na sensação) é o único desejo último de todas as pessoas e o único desejo capaz de proporcio-

---

❽ Observe que esse é um ponto muito diferente em relação ao precedente acerca de Jones. Não há nada impossível ou necessariamente autodestrutivo sobre estar motivado a ser moral só pela promessa de recompensas e ameaças de punição.

nar um motivo para a ação. Ora, tenho poucas dúvidas de que todas (ou quase) as pessoas desejam o seu próprio prazer *algumas vezes*. Contudo, mesmo esse tipo familiar de desejo ocorre, penso eu, muito raramente. Quando estou muito faminto, frequentemente desejo comer ou, mais especificamente, comer esse pedaço de bife com essas batatas. Menos frequentemente, desejo comer certos bocados simplesmente pelo prazer de degustação que certas sensações podem causar. Por outro lado, tenho sido motivado do segundo modo quando vou a restaurantes exóticos (e caros), franceses ou chineses. Porém, normalmente, sensações gastronômicas prazerosas são uma simples consequência feliz ou um produto secundário do meu comer, não um objetivo desejado antecipadamente do meu comer. Há outros, com certeza, que tomam as sensações degustatórias muito mais seriamente: o *gourmet* que come apenas para saborear as texturas e os sabores das comidas finas, e o colecionador de vinhos que "coleciona" os gostos sutilmente extraordinários e muito prazerosos de vinhos raros envelhecidos. Tais pessoas estão absortas em suas sensações quando comem e bebem, e pode inclusive haver certas pessoas (ricas) cujo desejo por tais sensações é o único motivo para comer e beber. Todavia, é necessário pouco argumento para convencer o leitor de que tais pessoas são extremamente raras. ❾

Do mesmo modo, normalmente tenho prazer ao tomar um banho quente e, algumas vezes (embora não muito frequentemente), até mesmo decido tomar banho simplesmente em nome de tais sensações. Mesmo que isso seja verdadeiro a respeito de todo mundo, isso dificilmente proporciona bases para inferir que *ninguém nunca* toma banho por qualquer *outro* motivo. Deveria ser empiricamente óbvio que algumas vezes tomamos banho simplesmente para ficarmos limpos ou agradar aos outros ou simplesmente por hábito.

A concepção, então, de que nunca estamos procurando algo em nossas ações a não ser o próprio prazer ❿ – de que todas as pessoas são completos *gourmet* de um tipo ou outro – não é apenas moralmente cínica. Ela é também contrária ao senso comum e às experiências cotidianas. De fato, a concepção de que as sensações de prazer desempenham um papel enorme nos assuntos humanos é tão patentemente falsa, a partir da evidência disponível, que devemos concluir que o hedonista psicológico tem o outro sentido de "prazer" – satisfação – em mente quando afirma a sua tese. Se, por outro lado, ele realmente tenta reduzir a aparente multidão de motivos humanos para o único desejo de sensações prazerosas, então a abundância de contraexemplos históricos justifica a nossa rejeição de sua tese. Com certeza, pareceria incrível que os mártires cristãos estivessem procurando ardentemente seu próprio prazer quando marchavam para enfrentar os leões, ou que aquilo que os soldados russos em Stalingrado "realmente" queriam quando se molhavam com gasolina, ateavam fogo em si mesmos e então atiravam as tochas em chamas de seu próprio corpo contra os tanques alemães era simplesmente a experiência de sensações físicas prazerosas.

13. O prazer como satisfação. Consideraremos agora a outra interpretação da tese hedonista, de acordo com a qual é o próprio prazer$_2$ (satisfação), e não meramente o prazer$_1$ (sensação prazerosa), que é o único objetivo de todo comportamento voluntário. Em um aspecto, a "tese da satisfação" é até mesmo menos plausível do que a "tese da sensação física", pois a última ao menos é uma genuína hipótese empírica, testável pela experiência, embora contrária aos fatos que a experiência revela. A primeira, todavia, é tão confusa que não pode nem mesmo ser enunciada sem paradoxo. Ela é, por assim dizer, destruída em sua própria formulação. Qualquer explicação que se tentou da teoria de que todos os homens de todos os tempos desejam somente a sua própria satisfação leva a um regresso infinito do seguinte modo:

> "Todos os homens desejam somente a satisfação."
> "Satisfação do quê?"
> "Satisfação de seus desejos."
> "Seus desejos pelo quê?"
> "Seus desejos por satisfação."
> "Satisfação de quê?"
> "De seus desejos."
> "Pelo quê?"
> "Por satisfação" – etc., *ad infinitum*.

O hedonismo psicológico interpretado desse modo atribui a todas as pessoas como o seu único motivo um desejo total-

---

❾ É na realidade muito difícil imaginar uma pessoa desse tipo, que realmente se preocupe só com as sensações prazerosas (e de modo algum com o fato de que o vinho é raro e caro).

❿ Isto é, prazer$_1$.

mente vácuo e infinitamente autorrefutador. A fonte dessa absurdidade é a noção de que a satisfação pode, por assim dizer, alimentar a si mesma e desempenhar o milagre da perpétua autorregeneração na ausência de desejos por algo além de si mesma. ⑪

Para resumir o argumento das seções 12 e 13: a palavra "prazer" é ambígua. Prazer$_1$ significa certa característica indefinível de sensação física. Prazer$_2$ refere-se ao sentimento de satisfação que frequentemente ocorre quando alguém consegue o que deseja, seja qual for a natureza daquilo que deseja. Porém, se o hedonista refere-se ao prazer$_1$ quando diz que o próprio prazer é o objetivo último do comportamento de alguém, então sua concepção não está embasada nos fatos. Por outro lado, se ele se refere ao prazer$_2$, então a sua teoria não pode nem mesmo ser claramente formulada, visto que ela leva ao seguinte regresso ao infinito: "desejo somente a satisfação do meu desejos por satisfação do meu desejo por satisfação (...) etc., *ad infinitum*". Concluo, então, que o hedonismo psicológico (a forma mais comum de egoísmo psicológico), não importa como seja interpretado, é insustentável.

...

⑪ Assim, o prazer$_2$ essencialmente pressupõe a existência de desejos por algo diferente do prazer, com a satisfação resultando quando esses desejos são satisfeitos.

Questões para Discussão

1. Feinberg argumenta que não há evidência adequada para a afirmação de que casos aparentes de altruísmo sempre envolvem, na realidade, motivos egoístas, mas parece reconhecer que esse pode ainda *possivelmente* ser o caso (ver a passagem na Anotação 6) – mesmo que o desejo pelo prazer que resulta da satisfação de um desejo altruísta independente seja deixado de lado pelas razões já discutidas (ver Anotação 4). Essa é uma possibilidade séria (como oposta a uma meramente lógica)? Pense em vários casos de altruísmo aparente e tente imaginar qual poderia ser o suposto motivo egoísta. ("O desejo de receber gratidão" não parece sempre se aplicar de um modo realista, visto que com frequência não há ninguém a partir de quem a gratidão possa ser esperada. E é difícil ver por que alguém deveria sentir autoestima como o resultado de uma ação altruísta, a menos que valorize independentemente o altruísmo.)

2. Será que realmente faz sentido desejar apenas a própria felicidade (como foi dito acerca de Jones na passagem da Anotação 7)? Em que consiste a felicidade, se não envolve ter ou ser capaz de fazer várias coisas que alguém gosta ou valoriza – isto é, várias coisas pelas quais alguém tem desejos independentes?

Platão

Platão (427-347 a.C.) foi um dos dos maiores filósofos gregos da Antiguidade, sendo o outro Aristóteles (ver as seleções no Capítulo 1 para mais informação sobre Platão). Nesta seleção, tomada do seu diálogo *A República*, Glauco apresenta argumentos a favor da conclusão de que é melhor ser injusto do que justo, em que por ser justo pode-se considerar que ele quer dizer agir de um modo que é correto ou moralmente aceitável. Os argumentos apresentados por Glauco têm o propósito de mostrar que as recompensas para qualquer pessoa são as maiores se ela age injustamente (imoralmente), embora esteja sendo vista como alguém que age justamente (moralmente). Glauco afirma que está apresentando esses argumentos porque tem a esperança de que Sócrates será capaz de mostrar o que está errado com eles, e a seleção termina com um breve resumo da abordagem de Platão (de uma parte posterior no diálogo) sobre por que a concepção de que é melhor para a própria pessoa ser injusta (imoral) do que justa (moral) é uma concepção equivocada.

Ficamos Melhor por nos Comportarmos Moralmente ou Imoralmente?[43]

Glauco. Sócrates, [Glauco] irrompeu, deste uma amostra da prova de que a justiça é melhor do que a injustiça de todas as formas. Isso é o suficiente, ou queres que fiquemos realmente convencidos?

Sócrates. Certamente eu quero, se isso depender de mim.

G. Nesse caso, não estás indo pelo caminho certo acerca disso. Eu desejo saber de que modo classificas as coisas que chamamos de boas. Não existem algumas que deveríamos desejar ter, não por suas consequências, mas simplesmente por si mesmas, tais como prazeres inofensivos e divertimentos que não têm nenhum outro resultado além da satisfação do momento?

S. Sim, penso que existem coisas boas que seguem essa descrição.

G. E também algumas a que damos valor tanto por si mesmas quanto por suas consequências – tais como o conhecimento, a saúde e o uso dos nossos olhos?

S. Sim.

G. E um terceiro tipo que incluiria o exercício físico, o tratamento médico, a obtenção de seu ganha-pão como médico ou de alguma outra maneira – coisas úteis, mas coisas penosas, as quais queremos somente por causa do lucro ou de outro benefício que elas trazem. ❶

S. Sim, existe essa terceira classe. E então?

G. Em qual classe colocas a justiça?

S. Eu deveria dizer na mais elevada, como uma coisa que qualquer um que deseja alcançar a felicidade deve valorizar tanto por si mesma quanto por seus resultados.

G. Bem, essa não é a opinião comum. A maior parte das pessoas diria que ela era uma daquelas coisas, cansativas e desagradáveis em si mesmas, que porém não podemos deixar de praticar por causa da recompensa ou de uma boa reputação.

S. Eu sei, disse eu; é por causa disso que Trasímaco tem estado queixoso com ela todo esse tempo e vem louvando a injustiça. Contudo, eu pareço ser lento em ver qual é o seu ponto.

G. Escuta-me, então, e vê se concordas com o meu. (...) Nada do que foi dito até aqui sobre a justiça e a injustiça foi estabelecido a meu contento. Desejo saber o que cada uma delas realmente é e que efeito cada uma tem, em si mesma, na alma que a abriga quando todas as recompensas e consequências são deixadas fora de consideração. Assim, caso o aproves, aqui está o meu plano. Revisarei a teoria de Trasímaco. Primeiro, abordarei o que comumente se afirma sobre a natureza da justiça e a sua origem; segundo, defenderei que ela é sempre praticada com relutância, não como boa em si mesma, mas como uma coisa sem a qual não se pode viver; e, terceiro, demonstrarei que essa relutância é razoável, porque a vida de injustiça é a melhor vida dentre as duas – assim dizem as pessoas. Isso não é o que eu mesmo penso, Sócrates; apenas é o caso em que me encontro perplexo por tudo aquilo que Trasímaco e tantos outros sempre insinuaram em meus ouvidos; e jamais ouvi a questão a favor da justiça afirmada tal como desejo ouvi-la. Tu, eu creio, se há alguém, podes me dizer o que deve ser dito em louvor da justiça em e por si mesma; é isso o que eu quero. Sendo assim, colocar-te-ei um exemplo ao glorificar a vida da injustiça com toda a energia que espero que mostrarás depois, denunciando-a e exaltando em vez dela a justiça. ❷ Esse plano será adequado para ti?

S. Nada poderia ser melhor, eu respondi. De todos os assuntos, é aquele sobre o qual um homem sensato deve sempre estar contente em trocar ideias.

G. Ótimo, disse Glauco. Escuta-me, então, e eu começarei com o meu pri-

---

❶ Em uma terminologia mais contemporânea, os filósofos distinguem entre coisas que são apenas **instrumentalmente boas** (boas apenas por seus resultados – a terceira classe de Glauco), coisas que são **intrinsecamente boas** (boas apenas pelo que são em si mesmas, independentemente dos seus resultados – a primeira classe) e coisas que são tanto intrinsecamente boas quanto instrumentalmente boas (a segunda classe).

❷ Glauco quer um argumento a favor da alegação de que a própria justiça, e não meramente as consequências de ser justo, é um bem intrínseco para a pessoa que está agindo de forma justa.

---

[43] Extraído de *The Republic of Plato*, traduzido para o inglês por Francis MacDonald Conford (New York: Oxford University Press, 1973).

meiro ponto: a natureza e a origem da justiça.

O que as pessoas dizem é que fazer o que é errado é, em si mesmo, uma coisa desejável; por outro lado, não é desejável sofrer injustiça, e o dano daquele que sofre injustiça pesa mais do que a vantagem daquele que a comete. Por consequência, quando os homens tiveram uma experiência de ambos, aqueles que não têm o poder de tirar a vantagem e escapar do dano decidem que ficarão em uma melhor condição se fizerem um pacto de nem fazer o que é errado nem sofrê-lo. Portanto, eles começaram a fazer leis e estabelecer convênios uns com os outros; e tudo aquilo que a lei prescreve eles chamam de legal e correto. É isso que é o correto ou a justiça e o modo como ela veio a existir; ela se acha a meio-caminho entre a melhor coisa de todas – fazer o que é errado com impunidade – e a pior, que é sofrer o mal sem o poder de retaliação. Assim, a justiça é aceita como um compromisso e valorizada não como um bem em si mesma, mas por falta de poder de fazer o mal; nenhum homem digno desse nome, que tivesse aquele poder, jamais entraria em tal pacto com alguém; ele seria louco se o fizesse. ❸ Essa, Sócrates, é a natureza da justiça, de acordo com esse relato, e tais são as circunstâncias em que ela surgiu.

O próximo ponto é que os homens a praticam contra o veio por falta de poder de fazer o mal. O quão verdadeiro é isso veremos melhor se imaginarmos dois homens, um justo e o outro injusto, sendo dada a eles plena licença de fazer tudo o que quiserem, e então os seguirmos para observar para onde cada um será levado por seus desejos. Apanharemos o homem justo tomando o mesmo caminho que o injusto; ele será movido pelo interesse próprio, o fim que é natural que toda criatura persiga como o bem, até que forçosamente seja posto de lado pela lei e pelo costume para que respeite o princípio da igualdade.

Agora, o modo mais fácil de dar-lhes aquela liberdade completa de ação seria imaginá-los possuídos pelo talismã encontrado por Giges, o antepassado do famoso Lídio. A história relata de que modo ele foi um pastor a serviço do rei. Certo dia, houve uma grande tempestade, e o solo no qual o seu rebanho estava alimentando-se foi rasgado por um terremoto. Impressionado com tal visão, ele se dirigiu ao abismo e viu, entre outras maravilhas sobre as quais a história relata, um cavalo de bronze, oco, com aberturas nos lados. Perscrutando, ele viu lá dentro um cadáver que parecia ter um tamanho maior do que o humano. Ele estava nu, salvo por um anel de ouro, que Giges arrancou do dedo, tomando então o seu caminho para fora. Quando os pastores se encontraram, como faziam todo mês, para enviar ao rei um relato sobre o estado dos seus rebanhos, Giges apareceu portando o anel. Quando estava sentando com os outros, aconteceu de girar o engaste do anel para a parte interna da sua mão. De imediato, ele se tornou invisível, e os seus companheiros, para sua surpresa, começaram a falar dele tal como se ele os tivesse deixado. Então, quando estava manuseando o anel, ele girou o engaste para a parte externa e tornou-se visível novamente. Com aquilo, pôs-se a testar o anel, para ver se ele realmente tinha esse poder, e sempre com o mesmo resultado: dependendo se girasse o engaste para a parte de dentro ou para a de fora, ele desaparecia e reaparecia. Depois dessa descoberta, ele maquinou para que fosse um dos delegados enviados à corte. Ali, ele seduziu a Rainha e, com a ajuda dela, assassinou o rei e tomou o trono.

Agora, suponha que houvesse dois anéis mágicos desse tipo e que um fosse dado ao homem justo, e o outro ao injusto. Ninguém, assim comumente se acredita, seria tão inabalável a ponto de manter-se firme em fazer o que é correto ou manter as suas mãos longe dos bens dos outros homens, quando poderia ir ao mercado e sem medo algum ajudar a si mesmo com qualquer coisa que quisesses, entrar nas casas e dormir com qualquer mulher que escolhesse, libertar prisioneiros e matar homens ao seu prazer, e em uma palavra transitar entre homens com os poderes de um deus. Ele não se comportaria melhor do que o outro; ambos tomariam o mesmo curso. Por certo, isso seria uma prova forte de que os homens fazem o que é correto apenas sob compulsão; nenhum indivíduo considera isso bom para si pessoalmente, dado que faz o que é errado sempre que descobre que tem o poder para tanto. Todos os homens acreditam que fazer o mal lhe é pessoalmente muito mais vantajoso e, de acordo

❸
R A sugestão aqui é que agir de maneira justa não é nada senão agir de acordo com uma lei feita pelo homem e que tais leis são obrigatórias (se é que o são) só porque os cidadãos tacitamente consentiram com as leis como um modo de controlar as pessoas (a motivação para o consentimento é a ideia de que viver em uma sociedade com leis é melhor do que sofrer o caos resultante de uma sociedade sem leis).

> **④** O experimento de pensamento tem a meta de defender a alegação de que *a única* razão pela qual as pessoas agem de forma justa é que elas têm medo de sofrer as consequências negativas que resultam de agir de forma injusta. Parece correto que qualquer um com aquele anel agiria de tal maneira? Você sempre tomaria o que não é seu se você pudesse sumir com tal coisa? Agiriam dessa maneira todos a quem você conhece? (Ver a Questão para Discussão 1.)

> **⑤** Presumivelmente, a alegação aqui é de que a maioria das pessoas injustas que parecem ser justas serão mais felizes do que a maioria das pessoas justas que parecem ser injustas, mas não que isso será invariavelmente verdadeiro.

com tal teoria, essa é a verdade. Dada a plena permissão de fazer como bem quisesse, as pessoas pensariam ser ele um tolo miserável se o encontrassem recusando fazer mal a seus vizinhos ou tocar em seus pertences, muito embora em público fingissem elogiar a sua conduta, por medo de serem elas mesmas objeto de maldades. **④** É o bastante sobre esse ponto.

Por fim, se realmente devemos julgar entre as duas vidas, o único modo de fazê-lo é constrastando os extremos da justiça e da injustiça. Podemos fazer isso do melhor modo ao imaginarmos os nossos dois homens como sendo tipos perfeitos e dando pleno crédito a ambos sobre as qualidades de que precisam para os seus respectivos modos de vida. Começando com o homem injusto: ele deve ser tal como algum mestre qualificado de alguma arte, um médico ou um capitão, que, sabendo exatamente o que a sua arte pode fazer, jamais tenta fazer mais e sempre pode recuperar-se de um passo dado em falso. O homem injusto, caso deva atingir a perfeição, deve ser igualmente discreto em suas tentativas criminosas, e não deve ser descoberto, pois do contrário pensaremos nele como um trapalhão; afinal, a mais elevada porção de injustiça é parecer justo quando não se é. Assim, devemos conferir ao nosso homem o pleno complemento da injustiça; devemos permitir-lhe ter assegurado uma reputação ilibada de virtude, embora cometa os mais obscuros crimes; ele deve ser capaz de recuperar-se de qualquer equívoco, de defender a si próprio com eloquência convincente, caso os seus erros sejam denunciados, e, quando a violência é requerida, de resistir a toda oposição pela sua coragem e pela sua força, assim como pelo seu comando dos amigos e do dinheiro.

Agora, ponha ao lado desse parágono o homem justo em sua simplicidade e nobreza; um homem que, nas palavras de Ésquilo, "seria, e não pareceria, o melhor". Com efeito, não deve haver essa aparência, pois, se o seu caráter fosse aparente, a sua reputação lhe traria honras e recompensas e, nesse caso, não saberíamos se foi por causa delas que ele era justo ou apenas por causa da justiça. Ele deve ser despojado de todas as coisas, exceto a justiça, e deve ser-lhe negada toda vantagem de que o outro gozou. Ao não fazer nada de errado, ele deve ter a pior reputação por fazer males no intuito de testar se a sua virtude é uma prova contra tudo o que acontece pelo fato de ter um nome ruim; e, sob essa imputação perpétua de maldade, deixe-se que ele siga o seu curso de justiça inabalável até o ponto da morte. E assim, depois de os dois homens terem conduzido a sua justiça e a sua injustiça até o último extremo, podemos julgar qual é o mais feliz.

S. Meu caro Glauco, exclamei, o quão vigorosamente te empenhas em deixar limpos esses dois tipos de caráter para inspeção, tal como se estivesses esfregando um par de estátuas!

G. Estou dando o melhor de mim, ele respondeu. Bem, dados esses dois tipos, não é difícil, eu imagino, descrever o gênero de vida que cada um deles pode esperar; e, se a descrição soa grosseira, toma-a como provindo daqueles que defendem os méritos da injustiça, em vez de provirem de mim. Eles te dirão que o nosso homem justo será lançado na prisão, em flagelos e tormentos, terá os seus olhos queimados e, depois de sofrer todo tipo de tormentos, será empalado. Isso lhe ensinará o quão melhor é parecer virtuoso do que ser assim. [Considera, em contraste, a vida do homem injusto.] Com a sua reputação de virtude, ele manterá cargos de estado, unir-se-á por matrimônio com qualquer família que escolher, tornar-se-á sócio em qualquer negócio e, não tendo quaisquer escrúpulos sobre ser desonesto, tirará proveito de todas essas vantagens. Se ele estiver envolvido em um caso judicial, público ou privado, conseguirá o melhor dos seus adversários, enriquecerá com os procedimentos e será capaz de ajudar os seus amigos e de prejudicar os seus inimigos. Por fim, ele pode fazer sacrifícios aos deuses e dedicar ofertas com a devida magnificência e, estando em uma posição muito melhor do que o homem justo para servir aos deuses bem como aos seus amigos escolhidos, pode com razoabilidade ter a esperança de encontrar-se em posição mais elevada no favor dos deuses. Tão melhor, assim eles afirmam, Sócrates, é a vida preparada para os injustos, tanto pelos deuses quanto pelos homens. **⑤**

S. Glauco aqui terminou, e eu estava meditando sobre uma resposta, quando o seu irmão, Adimanto, exclamou:

A. Por certo, Sócrates, não podes supor que isso é tudo o que há para ser dito.

S. E por que não?, perguntei.

A. A parte mais essencial do caso não foi mencionada, ele retrucou.

S. Bem, eu continuei, há um provérbio acerca da ajuda de um irmão. Se Glauco falhou, cabe a ti fazer o que for melhor das suas falhas; porém, até onde isso me diz respeito, ele disse o bastante para me pôr fora do páreo e deixar-me impotente para resgatar a causa da justiça.

A. Tolice, disse Adimanto. Há mais para ser dito, e tu deves me ouvir. Se queremos uma visão clara do que considero ser a intenção de Glauco, devemos estudar o lado oposto do caso, os argumentos utilizados quando a justiça é louvada e a injustiça é condenada. Quando os filhos ouvem dos seus pais, de todos os seus tutores e mestres que é uma coisa boa ser justo, o que é recomendado não é a justiça em si mesma, mas a respeitabilidade que ela traz. Eles devem deixar que os homens vejam o quão justos eles são no intuito de obter altas posições, casar bem e obter todas as outras vantagens que Glauco mencionou, dado que o homem justo deve todas elas à sua boa reputação.

...

A. Agora, meu caro Sócrates, depois de ter-se falado de toda essa matéria sobre a estima que se dedica à virtude e ao vício por parte da (...) humanidade, que efeito podemos supor que isso tem sobre a mente de um jovem inteligente o bastante para obter mel de todas essas flores da sabedoria popular e tirar as suas próprias conclusões quanto ao tipo de pessoa que ele deveria ser e quanto ao modo em que deveria agir no intuito de levar a melhor vida possível? Com toda a probabilidade, ele perguntaria a si mesmo, nas palavras de Píndaro: "Será o caminho do justo ou serão as sendas do engano que me levarão ao bastião mais elevado", onde posso entrincheirar-me pelo resto da minha vida? De acordo com o que eles me dizem, não tenho nada a ganhar senão dificuldades e perdas manifestas por ser honesto, a menos que eu também ganhe um nome por ser assim; ao passo que, se sou desonesto e granjeio a mim mesmo uma reputação por honestidade, eles me prometem uma carreira maravilhosa. Muito bem, então; dado que "aparência externa", assim como os sábios me informam, "subjuga a verdade" e decide a questão da felicidade, teria sido melhor para mim voltar-me às aparências com toda a convicção. (...) Podes dizer que não é tão fácil ser mau sem jamais ser descoberto. Talvez não seja; porém, coisas grandes jamais são fáceis. De qualquer forma, se devemos alcançar a felicidade, tudo aquilo que ouvimos aponta para esse como sendo o caminho a ser seguido. Formaremos sociedades secretas para livrar-nos da exposição; além disso, existem homens que ensinam a arte de vencer nas assembleias populares e nos foros, de sorte que, de um modo ou de outro, por persuasão ou violência, conseguiremos obter o melhor daqueles que estão próximos de nós sem sermos punidos.

...

Que razão, então, permanece para preferir a justiça em face do extremo da injustiça, quando a crença comum e as melhores autoridades prometem-nos a realização dos nossos desejos (...) se somente ocultamos o nosso mal agir sob uma capa de comportamento decente? O resultado, Sócrates, é que nenhum homem dotado de capacidades da mente superiores ou nenhuma pessoa de nível ou de riqueza colocará qualquer valor na justiça; é mais provável que ela dê risadas quando ouve ser elogiada. Assim, mesmo alguém que pudesse provar falso o meu relato e estivesse bastante certo de que a justiça é o melhor, longe de indignar-se com os injustos, estará pronto para desculpá-los. Ele saberá que, aqui e ali, um homem pode deixar de fazer o que é errado porque isso revolta a algum instinto com o qual é agraciado, ou porque veio a conhecer a verdade; ninguém mais é virtuoso por sua própria vontade; é só a falta de espírito, a infirmeza da idade ou alguma outra fraqueza que faz com que os homens condenem as iniquidades que não têm a força de praticar. Isso pode ser facilmente visto: dê a tal homem o poder, e ele será o primeiro a usá-lo ao máximo.

O que se encontra lá no fundo de toda essa questão não é nada senão o fato a partir do qual Glauco, assim como eu, iniciou esse longo discurso. Nós o pusemos a ti, Sócrates, com todo o respeito, dessa maneira. Todos vocês que professam cantar os louvores da conduta correta, desde os antigos heróis cujas lendas sobreviveram até os homens do presente dia, jamais denunciaram a injustiça ou louvaram a justiça separadamente da reputação, das honras e das recompensas que elas trazem; porém, que efeito qualquer uma delas tem em si mesma sobre o seu possuidor quando ela reside na sua alma, sem ser vista por deuses ou homens, isso nenhum poeta ou homem comum jamais explicou. Ninguém provou que uma alma não pode abrigar nenhum mal pior do que a injustiça e nenhum bem maior do que a justiça. Tivessem todos vocês dito isso desde o começo e tentado convencer-nos desde a nossa juventude, não estaríamos cuidando os nossos vizinhos para evitar que nos façam mal, mas cada um prestaria uma atenção muito mais efetiva sobre si mesmo por temer que, ao fazer mal aos outros, abrisse as portas de sua casa para o pior de todos os males.

Esta, Sócrates, é a concepção de justiça e de injustiça que Trasímaco e, sem dúvida, outros afirmariam, talvez em palavras até mesmo mais fortes. De minha parte, creio que isso é uma rude perversão do seu verdadeiro valor e efeito; todavia, como devo francamente confessar, expus o caso com toda a força que eu poderia reunir, porque quero ouvir de ti o outro lado. Não deves ficar satisfeito em provar que a justiça é superior à injustiça; deves tornar claro qual bem ou qual dano cada uma delas faz ao seu possuidor, tomando-a simplesmente em si mesma e, como Glauco requeriu, deixando fora da investigação a reputação que ela carrega. Afinal, a menos que prives cada uma da sua verdadeira reputação e associes a ela a reputação falsa, diremos que estás louvando ou denunciando nada mais do que as aparências, em ambos os casos, e recomendando-nos fazer o mal sem sermos descobertos e também que sustentas, com Trasímaco, que o justo significa aquilo que é bom para alguém, sendo esse o interesse do mais forte, e o injusto é o que realmente vale a pena, servindo ao interesse próprio de alguém às custas do mais fraco. Concordaste que a justiça pertence àquela classe mais elevada de coisas boas que são válidas de se possuir não só por suas consequências, mas muito mais por si mesmas – coisas como a visão e a audição, o conhecimento e a saúde, cujo valor é genuíno e intrínseco, não dependendo de opinião. Assim, quero que tu, ao recomendares a justiça, consideres somente de que modo em si mesma ela beneficia um homem que a tem nele mesmo e de que maneira a injustiça o prejudica, deixando recompensas e reputação fora de consideração. ❻

Eu poderia suportar que outros se fiassem naqueles efeitos exteriores como uma razão para louvar uma e condenar a outra; porém, de ti, que passaste a tua vida no estudo dessa questão, devo permitir-me exigir alguma coisa melhor. Não deves ficar satisfeito apenas em provar que a justiça é superior à injustiça, mas deves explicar de que modo uma é um bem, a outra um mal, em virtude do efeito intrínseco que cada uma tem sobre o seu possuidor, não importa se os deuses ou os homens a percebem ou não.

...

AS VIRTUDES NO INDIVÍDUO

S. (...) concluiremos que um homem é justo do mesmo modo que um estado era justo. E certamente não esquecemos que a justiça no estado significava que cada uma das três ordens nele estava desempenhando a sua tarefa própria. Assim, a partir de agora, podemos ter em mente que cada um de nós, por semelhante modo, será uma pessoa justa, realizando a sua função própria, somente se as diversas partes da nossa natureza realizam as suas funções. ❼

G. Certamente.

S. E será o próprio interesse da razão governar com sabedoria e ponderação em nome da alma inteira, enquanto o elemento irascível deveria agir como seu subordinado e aliado. Os dois serão levados a um acordo, como dissemos anteriormente, por aquela combi-

---

❻ Lembre-se de que o desafio para Sócrates é mostrar que a *própria* justiça, e não a mera aparência de justiça, é uma coisa boa e que ser justo é bom para a pessoa, não importa se ela parece justa ou não.

❼ Platão argumentou em outras partes do diálogo que um estado é justo somente se os três diferentes tipos de cidadãos (governantes, soldados e pessoas comuns) realizam as suas funções próprias. A pessoa justa, analogamente, tem três partes diferentes da sua natureza, que também realizam a sua função própria. (Ver a Questão para Discussão 5.)

nação de exercício mental e corpóreo que afinará uma corda do instrumento e relaxará a outra, nutrindo a parte racional no estudo da literatura elevada e aliviando a selvageria da outra pela harmonia e pelo ritmo. ❽ Quando ambas forem assim criadas e treinadas para conhecer as suas próprias funções verdadeiras, elas devem ser colocadas no comando sobre os apetites que formam a parte maior da alma de cada homem e são por natureza insaciavelmente cobiçosos. Elas devem ficar atentas para que essa parte, ao encher-se dos prazeres que são chamados de corpóreos, não fique tão grande e poderosa que não mais se conserve em sua própria tarefa, mas tente escravizar as outras e usurpe um domínio ao qual ela não tem nenhum direito, fazendo com que a totalidade da vida volte-se de cabeça para baixo. ❾ Ao mesmo tempo, aquelas duas partes juntas serão os melhores guardiães para a alma como um todo e para o corpo contra todos os inimigos de fora: uma tomará conselho, enquanto a outra fará o combate, seguindo aos comandos do seu governante e, por sua própria bravura, trazendo a efeito os desígnios do governante.

G. Sim, isso tudo é verdade.
S. E assim chamamos um indivíduo de corajoso em virtude dessa parte irascível da sua natureza, quando, apesar da dor ou do prazer, ele se atém firmemente às instruções da razão sobre aquilo que deveria ou não deveria temer.
G. Verdadeiramente.
S. E chamamos de sábio em virtude daquela pequena parte que governa e estabelece essas instruções, possuindo, tal como possui, o conhecimento do que é bom para cada um dos três elementos e para todos eles em comum.
G. Certamente.
S. E, novamente, chamamos de temperante em razão da unanimidade e da concórdia de todas as três, quando não há nenhum conflito interno entre o elemento governante e os seus dois elementos sujeitados, mas todos estão em concordância de que a razão deveria ser governante.
G. Sim, esse é um relato exato da temperança, tanto no estado quanto no indivíduo.
S. Finalmente, um homem será justo por observar o princípio que tantas vezes afirmamos. ❿
G. Necessariamente.
S. Agora, há qualquer aspecto indistinto em nossa visão da justiça, tal que poderia parecer que ela, de algum modo, fosse diferente daquilo que descobrimos que ela é no estado?
G. Não creio que seja esse o caso.
S. Porque, se tivéssemos qualquer mínima dúvida, poderíamos certificar-nos comparando-a com algumas noções triviais. Suponha, por exemplo, que uma soma de dinheiro fosse confiada ao nosso estado ou a um indivíduo de formação e de caráter correspondentes: alguém imaginaria que tal pessoa estaria especialmente inclinada a desviá-lo?
G. Não.
S. E ela não seria incapaz de sacrilégio e roubo, assim como de traição aos amigos ou ao país, jamais falsa com respeito a um juramento ou a qualquer outro pacto, a última a ser culpada de adultério ou de negligenciar o cuidado aos pais ou o devido serviço dos deuses?
G. Sim.
S. E a razão para tudo isso é que cada parte da sua natureza está exercitando a sua função própria, de governar ou de ser governada.
G. Sim, exatamente.
S. Estás satisfeito, então, que a justiça é o poder que produz estados ou indivíduos com respeito aos quais isso é verdadeiro, ou devemos seguir procurando?
G. Não há nenhuma necessidade; estou bastante satisfeito.
S. E assim o nosso sonho se fez realidade – quero dizer a suspeita que tínhamos de que, por algum feliz acaso, tínhamos lançado luz sobre uma forma rudimentar de justiça desde o momento em que nos pusemos a fundar o nosso estado. (...) Mas, em realidade, a justiça (...) não é uma questão de comportamento externo, mas do eu interior e de atenção para tudo o que, no sentido mais pleno, é ocupação próprio de um homem. O homem justo não permite que os diversos elementos em sua alma usurpem as funções uns dos outros; ele é com efeito um homem que põe a sua

❽ A razão, o nosso pensamento, a faculdade cognitiva, é a parte da nossa natureza análoga aos reis-filósofos que são os governantes do estado; e o espírito, a nossa faculdade conativa desejante, é análoga aos guardiães que são os soldados do estado. Tal como em um estado bem-ordenado os soldados agem de acordo com os comandos dos governantes, assim também em uma alma bem-ordenada o espírito age em harmonia com os ditames da razão.

❾ A terceira parte da nossa natureza são os nossos apetites, os nossos desejos por prazeres corpóreos de vários tipos, e essa parte da nossa natureza é análoga ao fazendeiro e ao comerciante, às pessoas comuns que levam adiante os assuntos do estado sob a liderança dos governantes. Assim como cada um dos três diferentes tipos de pessoas tem uma função própria em um estado bem-ordenado, assim também as três partes de uma alma humana têm, cada uma, uma função própria, de acordo com a teoria platônica da natureza humana.

❿ R Em uma pessoa justa, a razão governa ao invocar o espírito a controlar os apetites de acordo com o que é bom para cada parte e o que é bom para a pessoa toda.

11 A justiça, então, envolve o ordenamento próprio das três partes da natureza de uma pessoa e é só derivativamente relacionada ao seu comportamento exterior. Uma pessoa justa se comportará de forma justa (moral) simplesmente como uma consequência de ser uma pessoa justa.

12 A injustiça, pois, envolve primeiramente a falta de ordenamento próprio das três partes da natureza de uma pessoa. A injustiça, nessa concepção, é um tipo de doença. Como resultado de tal doença, uma pessoa injusta se comportará de maneira injusta.

casa em ordem, pelo autodomínio e pela disciplina, ficando em paz consigo mesmo e dando harmonia àquelas três partes, como os termos na proporção de uma escala musical, as notas mais altas e as mais baixas, bem como o meio-termo entre elas, com todos os intervalos intermediários. Só quando ele tiver juntado essas partes em temperante harmonia, e tiver tornado a si mesmo um homem em vez de muitos, ele estará pronto para envolver-se com qualquer coisa que possa ter de fazer, seja fazer dinheiro e satisfazer as necessidades do corpo, as transações de negócios ou os assuntos políticos. Em todos esses campos, quando fala da conduta justa e honrosa, ele terá em mente o comportamento que ajuda a produzir e a preservar esse hábito da mente; e por sabedoria ela terá em mente o conhecimento que preside tal conduta. Qualquer ação que tende a romper esse hábito lhe será injusta, e as noções que a governam ele chamará de ignorância e loucura. **11**

G. Isso é totalmente verdadeiro, Sócrates.

S. Ótimo, eu disse. Creio que não se deveria pensar de nós que estamos totalmente equivocados se alegássemos ter descoberto o homem justo e o estado justo, e em que a sua justiça consiste.

G. Com efeito, não se deveria.

S. Faremos essa alegação, então?

G. Sim, faremos.

S. Assim seja, eu disse. Em seguida, eu suponho, temos de considerar a injustiça.

G. Evidentemente.

S. Essa deve por certo ser um tipo de conflito civil entre os três elementos, em que eles usurpam e invadem as funções alheias e em que uma parte da alma ergue-se em rebelião contra o todo, alegando uma supremacia à qual não tem nenhum direito, porque a sua natureza só a capacita a ser a serva do princípio governante. Tal agitação e aberração deveremos identificar, assim eu creio, com a injustiça, a intemperança, a covardia, a ignorância e, em suma, com toda a maldade.

G. Exatamente.

S. E, agora que sabemos da natureza da justiça da injustiça, podemos ter igualmente clareza sobre o que se quer dizer por agir de forma justa e, de outra parte, pela ação injusta e pelo fazer o mal.

G. O que queres dizer?

S. Manifestamente, elas são exatamente análogas àquelas atividades saudáveis e não saudáveis que, respectivamente, produzem uma condição saudável e uma não saudável no corpo; da mesma maneira, a conduta justa e a conduta injusta produzem um caráter justo ou um caráter injusto. A justiça é produzida na alma, tal como a saúde no corpo, ao restabelecer os elementos concernentes em suas relações naturais de controle e de subordinação, ao passo que a injustiça é tal como a doença e significa que essa ordem natural está invertida. **12**

G. Exatamente assim.

S. Parece, então, que a virtude é por assim dizer a saúde, a beleza e o bem-estar da alma, assim como a maldade é a doença, a deformidade e a fraqueza.

G. Verdadeiramente.

S. E, portanto, que a virtude e a maldade são produzidas pela forma de vida de alguém, digna ou vergonhosa.

G. Isso é o que se depreende.

S. Assim, agora resta apenas considerar qual é o curso mais vantajoso: fazer o que é certo, viver de modo digno e ser justo, não importa se alguém sabe ou não que tipo de homem és, ou fazer o que é errado e ser injusto, contanto que possas escapar da punição que poderia fazer de ti um homem melhor.

G. Mas, realmente, Sócrates, parece-me ridículo fazer aquela pergunta agora que a natureza da justiça e da injustiça foi trazida à luz. As pessoas pensam que todo o luxo, a riqueza e o poder no mundo não podem tornar a vida digna de se viver quando a constituição corpórea está prestes a soçobrar e arruinar-se; e não temos de acreditar que, quando o próprio princípio de onde vivemos é afetado e corrompido, a vida será válida de ser vivida enquanto um homem puder fazer o que bem quiser, não desejando fazer coisa alguma senão libertar-se do vício e do fazer o mal e ganhar a justiça e a virtude?

S. Sim, eu respondi, trata-se de uma questão ridícula.

Questões para Discussão

1. O experimento intuitivo de pensamento envolvendo o anel de Giges dá suporte à alegação de que as pessoas se comportam de maneira justa somente porque elas querem evitar as consequências negativas de serem apanhadas comportando-se de maneira injusta. Quão plausíveis são as alegações feitas naquele experimento de pensamento? É assim tão óbvio que alguém que pudesse tornar-se invisível constantemente se comportaria de maneira injusta? Tente avaliar essa alegação ao considerar alguns exemplos específicos.

2. O argumento de Platão de que é melhor ser justo do que ser injusto baseia-se em uma analogia entre as partes do estado e as partes da alma de uma pessoa: assim como um estado é justo e, portanto, saudável na medida em que os seus três diferentes tipos de cidadãos realizam as suas funções próprias, assim também a alma de uma pessoa será justa e, portanto, saudável na medida em que as três diferentes partes da sua natureza realizam a sua função própria. Quão boa é essa analogia? Quão semelhantes ou dessemelhantes são os dois casos que estão sendo comparados, especialmente com relação aos aspectos que parecem maximamente relevantes ao ponto em questão?

3. De acordo com Platão, sempre é de nosso interesse próprio comportarmo-nos moralmente. Se Platão está correto, nesse caso todos têm uma razão para comportar-se moralmente, mas suponha que Platão esteja errado. Suponha que não é sempre de nosso interesse próprio comportarmo-snos moralmente, que as exigências da moralidade com frequência requerem que ajamos de modos que fomentem os interesses dos outros e que estejam em conflito com o nosso interesse próprio. Em tais casos temos qualquer razão convincente para comportarmo-nos moralmente?

Diálogo Conclusivo Sobre Moralidade e Problemas Morais

Penso que a questão central deste capítulo é uma das perguntas mais importantes que um filósofo pode fazer: o que torna uma ação correta? Comecemos com o utilitarismo (ou consequencialismo). Devo dizer que, lendo o material deste capítulo, ainda não estou convencida de que a concepção utilitarista é a mais plausível. Por que alguém pensaria que, se uma ação é correta ou não, isso é meramente determinado pela utilidade de suas consequências?

O que você quer dizer? Acredito que seja muito fácil entender por que um utilitarismo de certo tipo parece ser para muitas pessoas tão *obviamente* correto a ponto de ser virtualmente autoevidente – como Bentham parece tê-lo considerado. Se você está tentando decidir o que fazer em uma situação difícil, é óbvio que ações diferentes levarão a resultados diferentes (incluindo, é claro, aqueles resultados que são parte essencial das próprias ações) – por que, então, a ação correta não seria aquela cujos resultados ou consequências são melhores do que as de qualquer ação alternativa? Por que seria uma ação com as *piores* consequências em termos de utilidade moralmente preferível a uma ação com as *melhores* consequências?

Tudo bem, essa última maneira de colocar a questão tem alguma plausibilidade. Mas há tantos problemas! Alguns deles têm a ver com a soma do valor das consequências em uma totalidade. Alguns utilitaristas – ao menos Bentham – parecem pensar que algo muito próximo a um cálculo matemático está envolvido, com os valores de todas as ações alternativas sendo combinadas em um total. Isso não deve, penso eu, ser levado muito a sério – afinal, nenhuma outra teoria moral fornece resultados matematicamente precisos. Mas ainda temos de saber como pesar qualidades de prazeres (se Mill está certo em afirmar que elas são relevantes) com relação a quantidades. E devemos saber como contar as utilidades futuras: aquelas mais remotas, futuro adentro, tornam-se mais difíceis de conhecer e, mesmo que lhes demos um peso menor, elas ainda podem fazer uma diferença significativa – simplesmente porque há tantas delas! Se não há soluções para problemas como esses, então a ideia de utilidades totais, sejam matematicamente expressáveis ou não, simplesmente não farão nenhum sentido claro.

Eu nunca consegui levar muito a sério o apelo de Mill às qualidades dos prazeres. Sempre pensei que Bentham está certo em dizer que se o *pushpin* (um jogo como o boliche, mas com pequenos pinos e uma bola atada a uma corda) é mais agradável do que a poesia, então ele é *melhor* – de um ponto de vista utilitarista hedonista – do que a poesia. Contudo, a questão sobre as utilidades futuras parece muito difícil. E há também outro problema de um tipo diferente sobre somar utilidades, mesmo que possa parecer que ele não tem recebido muita atenção. Estivemos falando *dos* resultados ou das consequências de uma dada ação, mas obviamente os resultados de uma ação particular muitas vezes dependerão de quais *outras* ações também serão desempenhadas – pela mesma pessoa ou por outras pessoas. Se empurro alguém ao mar, o resultado obviamente dependerá de que alguém (eu ou outra pessoa) atire-lhe uma corda. Então, quais consequências são as corretas para que se conte? Ou devem ser todas de algum modo consideradas?

Ah! Isso parece ser um problema *muito* sério. Talvez pudéssemos tentar atribuir probabilidades a todas essas outras ações e combinações de ações e, então, pesar os diferentes resultados possíveis da ação em questão por meio da probabilidade de que as outras ações que a fariam chegar a um resultado particular ocorrerão e somar as utilidades totais esperadas. Mas tais probabilidades são realmente cognoscíveis – ou será que elas mesmo existem em todos esses casos?

Penso que todos esses problemas são muito sérios. Porém, a objeção mais comum à versão do utilitarismo de ato não é nenhuma daquelas que estivemos falando até aqui. Em vez disso, provavelmente é a objeção de que as concepções desse tipo violam as nossas intuições morais ponderadas que têm a ver com a justiça e a equidade.

Esta sempre me pareceu ser a mais séria objeção. Por exemplo, não diria o utilitarismo de ato que é moralmente correto prender e punir uma pessoa inocente em uma situação na qual fazer isso evitaria revoltas ou outros problemas sociais (ver a Questão para Discussão 2 na seleção de Smart)? Ou que uma promessa pode ser quebrada sempre que resultar em um pequeno ganho em utilidade (permitindo, assim, um dano à prática geral de fazer promessas e também quaisquer efeitos negativos que possa haver sobre o caráter moral da pessoa)? Suponho que um utilitarista *poderia* argumentar que esses são de fato resultados corretos e que as aparentes intuições em contrário são de algum modo confusas ou erradas, mas isso parece muito difícil de aceitar.

Poucos utilitaristas têm de fato adotado esse tipo de caminho. Em vez disso, a principal resposta utilitarista aos problemas desse tipo foi o utilitarismo de regra. A ideia é que o melhor conjunto de *regras* não levaria a esses resultados aparentemente ruins. Por exemplo, se uma das regras fosse algo como "mantenha as suas promessas a não ser que quebrá-las resulte em um ganho na utilidade", então o rompimento de promessas casual para pequenos ganhos estaria excluído.

Então a ideia, eu suponho, é que o conjunto correto de regras para a prática da punição pode impedir a punição do inocente, ao menos na maioria dos casos. Mas tudo isso depende de qual seja o melhor conjunto de resultados, o que parece mais difícil de avaliar do que a utilidade das ações individuais. Pense em todas as consequências que um conjunto de regras pode ter!

Essa avaliação parece ser extremamente difícil. Contudo, penso que o maior problema com o utilitarismo de regras é aquele que Smart apontou. Embora pareça bastante razoável para um utilitarista adotar "regras práticas" para lidar com casos nos quais uma avaliação utilitarista direta gaste muito tempo, ou seja muito difícil, ou por alguma razão seja muito provavelmente errada, é difícil ver por que alguém deveria seguir aquelas regras nos casos em que está *claro* que as melhores consequências resultarão de uma violação delas – como o utilitarismo de regras dirá que você deve fazer. E isso mostra que o utilitarismo de regras parece mais uma evasão do que uma solução séria aos tipos de contraexemplos que mencionamos.

Creio que isso está certo. Na medida em que a justiça é aceita como um valor moral independente (e não, como Mill tentou de forma não muito persuasiva argumentar, como sendo meramente derivada da utilidade), uma concepção genuinamente utilitarista inevitavelmente favorecerá algumas vezes uma solução que é injusta, até mesmo seriamente injusta. Tais concepções almejam *somente* as melhores consequências totais – e, se as demandas da justiça são ou não satisfeitas, isso é algo que não interessa para tanto. Se isso está correto, ou a intuição de que tais resultados são moralmente inaceitáveis – que considerações de justiça têm uma força moral genuína – tem de ser de algum modo deixada de lado ou então o utilitarismo está simplesmente errado.

Concordo. Porém, ainda não chegamos à objeção ao utilitarismo que me incomoda mais. É aquela que está por detrás dos exemplos dados por Williams, mas vou colocá-la de uma forma mais ampla. O utilitarismo trata os seres humanos individuais como agentes para maximizar a totalidade da utilidade, em vez de tratá-los como pessoas que têm vidas, propósitos, cuidados e projetos próprios. E isso, como Kant diria, resulta em tratá-las como *meios* para o fim da maximização da utilidade em vez de fins em si mesmos. Se tudo aquilo com o que uma pessoa se preocupa – família e amigos, fins pessoais, valores pessoais, etc. – deve *sempre* ser sacrificado quando resultar em *qualquer* ganho de utilidade, mesmo que relativamente pequeno, então torna-se mais ou menos impossível para uma pessoa ter uma vida coerente e significativa.

O utilitarismo não está parecendo ser de muita ajuda. Assim, vamos nos voltar agora às concepções deontológicas, começando com Kant. Essas parecem ser mais promissoras, mas ainda há sérios problemas. Um deles é se as várias formas kantianas do imperativo categórico realmente levam a algum resultado claro. Por exemplo, nunca consegui ver que a primeira fórmula do imperativo categórico funciona do jeito como Kant diz que ela o faz. Por que a "máxima" de qualquer ação que pode, em realidade, ser executada não pode também ser desejada como uma lei universal sem qualquer contradição? Alguém pode não gostar dos resultados de tal tipo universalização, mas isso não indica que há qualquer *impossibilidade* ou *absurdidade* envolvida – um ponto que Mill foi um dos primeiros a notar.

Estou inclinado a concordar. Não parece haver contradição genuína envolvida em *qualquer* um dos casos que Kant discute. Não há obviamente nenhuma contradição no fato de as pessoas sempre cometerem suicídio quando as circunstâncias são difíceis o bastante, ou sempre falharem em desenvolver qualquer um dos seus talentos, ou qualquer razão clara por que ambos não possam ser desejados. Talvez esses resultados sejam moralmente ruins, porém, se é assim, a razão *por que* eles são moralmente ruins tem de ser encontrada em outro lugar, não nessa versão do imperativo categórico. Também não há qualquer contradição no fato de as pessoas em necessidade sempre tentarem tomar dinheiro emprestado que prometem pagar, embora saibam que não serão capazes de fazê-lo. A menos que a maioria das pessoas sejam por demais ricas para importar-se ou que as pessoas em necessidade sejam muito raras, essas ações provavelmente não darão certo porque as outras pessoas vão parar de ter disposição de emprestar dinheiro. Mesmo assim, isso não torna tal ação ou a máxima implícita *contraditória*. E há ainda menos contradição em não querer que ninguém jamais ajude as pessoas em necessidade – mesmo que eu acabe por ser uma das pessoas que precisa de ajuda. Ora, isso pode ser moralmente indesejável, mas não pelas razões que Kant apresenta.

Penso que seja difícil, talvez ainda mais difícil, tirar qualquer resultado definitivo da terceira formulação do imperativo categórico, a do "reino dos fins", tomada em si mesma. A versão de longe mais promissora parece ser aquela que diz que você nunca deve tratar as pessoas meramente como meios para um fim, mas sempre como fins em si mesmas. Parece-me que essa ideia tem um apelo profundo do ponto de vista intuitivo e, com certeza, é mais ou menos definidora da categoria moral da pessoa. Uma pessoa é exatamente um ser que não deve nunca ser tratado como mero meio. E (na medida em que estamos certos de que outros seres humanos são pessoas nesse sentido) muitos resultados claros parecem decorrer daí: que é errado enganar outras pessoas, que é errado escravizá-las, que é errado tratá-las como mero meio para o prazer sexual, e assim por diante. Isso plausivelmente também descartará a punição de uma pessoa inocente como mero meio para evitar revoltas – e também, como já vimos, a consideração de pessoas como meros meios para o fim geral de maximizar a utilidade.

Tudo isso me parece muito plausível. Mas algumas das afirmações de Kant ainda assim parecem questionáveis. Não fica claro por que o suicídio em circunstâncias suficientemente difíceis envolve tratar-me como mero meio, nem fica claro por que não desenvolver os meus talentos também faz isso. Kant apela aqui, estranhamente, para "o fim da natureza com respeito à humanidade". Isso pode parecer uma referência velada a Deus, mas de qualquer modo ela ao menos ameaça dizer que as pessoas são *meios* para algum fim posterior da natureza. E a questão de ajudar os outros é ainda mais difícil sob essa formulação: não ajudar alguma outra pessoa não parece em si tratá-la como mero fim, e ainda há a questão posterior de *quanto* de ajuda daquele tipo é moralmente exigido.

O que Kant parece realmente dizer sobre essa última questão é que os fins dos outros devem também ser tomados como fins ao lado dos fins do próprio indivíduo. Essa resposta levará de volta a uma concepção bastante próxima do utilitarismo, na qual dada pessoa é moralmente exigida a estar preocupada com as necessidades e os projetos de todos os outros no universo, tanto quanto com os seus próprios. Kant certamente não quis dizer algo tão forte quanto isso, e os kantianos em geral não defendem tal concepção. Contudo, então ainda não está claro o quanto de preocupação pelos fins dos outros é requerido. A versão do imperativo categórico que estamos discutindo não parece levar a qualquer resposta real – a conclusão de O'Neill sobre esse ponto é bastante imprecisa.

Acho que isso está certo. Talvez seja uma consequência da visão de Kant de que há um "dever de beneficência" de caráter geral, mas é difícil ver como a extensão de tal dever ou que obrigações morais específicas que decorrem dele são coisas que podem ser determinadas. O problema subjacente é que Kant queria fazer com que todo o conteúdo da moralidade decorresse simplesmente da própria ideia de razão, visto que pensou que não haveria propósitos ou fins mais definitivos que pudessem ser assumidos. Mas talvez não seja surpreendente que essa concepção extremamente abstrata não leve a resultados muito específicos.

Podemos fazer algo melhor invocando a ideia de direitos humanos ou direitos morais? Essa ideia também está situada dentro de um quadro amplamente kantiano. É fácil ver como certos direitos parecem decorrer da própria ideia das pessoas como fins em si mesmos. Isso significaria que há algumas coisas que simplesmente não podem ser feitas a pessoas por nenhuma boa razão – e tampouco pela razão de que acréscimos em utilidade total acabariam resultando disso, em que matar pessoas ou escravizar pessoas seriam os exemplos mais claros.

Suponho que um apelo a direitos possa ajudar. Contudo, há dois problemas com os direitos. O primeiro é quem os detêm. Se todos os direitos pertencem aos indivíduos na categoria moral de *pessoas*, então que indivíduos são pessoas? Quase todo mundo concorda que seres humanos adultos normais são pessoas (embora alguém pudesse pedir uma explicação de *por que* isso é assim). Mas e os fetos, os indivíduos que são doentes terminais ou os indivíduos comatosos, os seres humanos seriamente retardados, vários outros animais (golfinhos, baleias, chimpanzés, etc.) e, ao menos em princípio, os seres extraterrestres de algum tipo? Cada um desses casos é difícil de decidir, mas a questão real é como devemos decidir sobre eles – que padrões ou critérios usar. Ozar tem algumas coisas a dizer sobre isso, mas elas não vão muito longe. (E observe que a concepção de Kant realmente enfrenta o mesmo problema.)

Portanto, a objeção é que uma concepção que baseia a moralidade nos direitos morais das pessoas, mas não diz o que determina se um indivíduo é uma pessoa ou não, não leva muito longe. E outra preocupação é que, mesmo que possamos resolver esse problema, é altamente improvável – não é verdade? – que todas as questões morais importantes tornem-se passíveis de decisão com um apelo aos direitos. É possível para uma ação ser moralmente errada mesmo que ela não viole os direitos de alguém?

Eu penso assim. Mas é difícil estar seguro até que consigamos estabelecer como determinar *quais* direitos específicos as pessoas realmente têm – que é o meu segundo problema com o enfoque dos direitos. Apelar meramente para a ideia kantiana das pessoas como fins em si mesmas não leva a muitos direitos específicos, ao menos não de modo claro. Assim, se haverá direitos o bastante para lidar com uma parte, ao menos uma grande parte das questões morais importantes, algum outro tipo de base ou razão para identificá-los parece ser necessário. E simplesmente não parece muito claro o que pode ser. Algumas vezes, a existência de direitos particulares parece ser vista como algo autoevidente ou óbvio. Porém, mesmo que isso seja verdadeiro para alguns direitos, não parece plausível para outros.

De fato, as pessoas frequentemente parecem criar novos direitos na procura de alvos políticos específicos. Se você pensa que é moralmente importante que as pessoas recebam algo ou sejam protegidas contra algo, a sua reivindicação terá mais força, ao menos retoricamente, se você puder indicá-lo em termos de um direito alegado. Assim, você tem todos os tipos de reivindicações de direitos: o direito a uma renda adequada, o direito à educação, o direito a um trabalho gratificante, o direito a um tempo de lazer, o direito ao enriquecimento cultural – até mesmo o direito de acesso à internet! Alguns desses direitos podem ser genuínos, embora pareça claro que nem todos o são. No entanto, o ponto principal é que precisamos de algum caminho baseado em princípios para decidir quais direitos são genuínos e quais não são, se um apelo a direitos deve realmente ter um papel sério aqui – e ninguém parece ter tido sucesso em apresentar isso.

Então, parece que concordamos que os dois tipos gerais de teoria moral sobre os quais estivemos conversando apresentam muitos problemas, mesmo que eu tenha concordado com você que os problemas que o utilitarismo enfrenta são os mais sérios. Penso que é por isso que alguns filósofos têm se sentido atraídos pela ideia de uma ética da virtude como uma alternativa a essas concepções – embora eu nunca tenha sido capaz de entender muito claramente como se supõe que isso possa funcionar.

Bem, penso que a motivação mais específica para a ética da virtude é mais ou menos a seguinte. Para muitos filósofos, especialmente aqueles que têm sido influenciados por Aristóteles, parece que as concepções que discutimos até agora são bastante dúbias como teorias morais gerais, mesmo deixando de lado os problemas específicos que examinamos. A objeção deles é que tanto o utilitarismo quanto as concepções deontológicas falham em capturar o modo como as pessoas realmente pensam sobre a maioria das questões morais. Durante a maior parte do tempo, e especialmente para as questões que parecem muito sérias, não somamos utilidades, mesmo aproximadamente, e não aplicamos nenhuma forma de imperativo categórico. Em vez disso, apelamos para as virtudes morais, como amabilidade, caridade, coragem ou equidade, e à meta de evitar os vícios correspondentes. Invocamos exemplos do que pessoas boas realmente fariam e como elas levariam as suas vidas. E isso ao menos sugere que uma concepção nesses termos poderia ser uma alternativa melhor.

Concordo com a ideia de que as virtudes morais são de algum modo relevantes para a avaliação moral das ações – e ainda mais para a avaliação moral das pessoas. Mas o problema é detalhar exatamente *como* elas são relevantes. Uma concepção a partir das virtudes pode ser defendida plausivelmente como uma competidora direta do utilitarismo ou de uma concepção kantiana-deontológica? Ou as virtudes são talvez relevantes de outro modo?

Não podemos explorar todas as alternativas possíveis aqui. Porém, a razão para que nos concentremos em Hursthouse é precisamente que ela quer tornar a sua ética da virtude um rival direto das outras duas. Esse é o ponto de sua proposição

V1, que se supõe ser um competidor direto de U1, do utilitarismo, e de D1, do deontologista. V1 reza que "uma ação é correta sse (se e somente se) é aquilo que um agente virtuoso caracteristicamente faria (ou seja, agir com caráter) naquelas circunstâncias" (p. 494). Ela prossegue discutindo o problema relativo a se isso realmente proporciona orientação moral, o que equivale à questão referente a se podemos expressar adequadamente com o que um agente teria de se parecer para ser virtuoso.

Isso é um problema, mas há também um outro mais sério – um problema que Hursthouse, de certo modo, parece não ver. A maioria das pessoas concordaria que V1 é *verdadeiro*, porém a questão é *por que* é verdadeiro. É verdadeiro porque ser uma ação que um agente virtuoso faria é a definição ou a natureza essencial de ser a ação *correta* – nesse caso, ser o que um agente completamente virtuoso faria é o que *torna* a ação correta? Ou é verdadeiro meramente porque um agente completamente virtuoso sempre seria *guiado* pela correção moral e, assim, de fato sempre faria a coisa certa? Digo "meramente" porque, na segunda alternativa, ser o que uma pessoa virtuosa faria não é o que *torna* a ação correta – em vez disso, ser correta *por alguma outra razão* é o porquê o agente virtuoso a faz. Em qualquer caso, a teoria da virtude não explica realmente o que torna a ação correta tal como o utilitarismo ou as concepções deontológicas ao menos tentam fazer.

Vejo esse problema, e ele me parece muito sério. Pode ser comparado ao problema para a teoria da moralidade em termos do comando divino, levantado no *Eutífron* (ver Capítulo 1): é uma ação correta *porque* Deus a ordena, ou Deus a ordena *porque* ela é correta? Analogamente, é uma ação correta porque a pessoa perfeitamente virtuosa a faria ou a pessoa perfeitamente virtuosa a faria porque ela é correta?

Exatamente! E não importa o que alguém possa pensar sobre a ideia de que os comandos divinos criam obrigações morais (um assunto que não podemos tratar aqui), uma vez que a mesma questão é feita sobre o agente virtuoso simplesmente parece óbvio que a escolha certa entre as duas alternativas é a segunda, de acordo com a qual ser escolhido por um agente virtuoso não é o que *torna* uma ação correta. Aqui, um exemplo fortemente negativo pode tornar esse ponto especificamente mais claro. É moralmente errado torturar e assassinar uma pessoa inocente, mas a razão primária para isso *não* é certamente que uma pessoa virtuosa nunca faria tal coisa (embora seja claro que ela não o faria). Pelo contrário, tal ação é errada por causa da dor e do sofrimento envolvidos, por causa do que ela faz à vítima ou por causa do tipo de ação em que ela consiste – que é claramente o motivo *por que* o agente virtuoso não a faria.

Esta parece ser uma objeção realmente devastadora para a concepção de Hursthouse, visto que parece significar que um apelo às virtudes não é um enfoque alternativo plausível daquilo que torna uma ação correta ou não – e assim não é, afinal de contas, uma teoria competidora para as outras duas concepções. Mas não poderia a reflexão sobre o que uma pessoa virtuosa faria ainda ajudar a descobrir que ação é a correta? Como um filósofo poderia colocar, não poderia servir como um *critério* para a correção, mesmo que não uma definição?

Penso que poderia servir como um critério, ao menos em alguma medida, e não há dúvida de que frequentemente pensamos desse modo. Todavia, um problema com isso – como a própria Hursthouse viu – é como especificar um "pacote" completo e consistente de virtudes que uma pessoa *idealmente* virtuosa possuiria. Em nosso pensamento comum, parece-me, em geral nos concentramos justamente em uma ou duas virtudes que parecem particularmente relevantes em determinado caso, sem tentar um apelo a algo como uma pessoa idealmente virtuosa.

Estou inclinada a concordar que a teoria da virtude, seja lá que outro valor ela possa ter, não leva a uma resposta plausível à questão com a qual começamos: a questão do que torna uma ação correta. Contudo, lembre-se de que as outras concepções também têm vários problemas sérios, como já discutimos. Assim, talvez, o que tudo isso mostra é que é um erro procurar por uma explicação geral dos padrões para a ação correta do tipo que o utilitarismo e as concepções deontológicas tentam dar. Talvez precisemos de um enfoque mais particularizado – um enfoque que lide apenas com casos específicos, sem tentar oferecer uma explicação geral. E talvez um apelo a virtudes específicas que pareçam relevantes nesses casos é o melhor que possamos fazer.

Não posso concordar com isso. Se realmente existe uma verdade moral – se ações são genuinamente certas ou erradas –, não vejo como se pode falhar em dar uma explicação geral daquilo que as torna assim. E não penso que seja suficiente meramente invocar virtudes particulares sem uma explicação do motivo pelo qual elas são "relevantes". No meu entendimento, a concepção mais defensável é ainda provavelmente aquela que apela para a ideia kantiana de não tratar pessoas como meros meios. Porém, tenho de admitir que tal concepção não parece ir muito longe, mesmo nos casos em que estamos certos de que estamos lidando com pessoas. Aqui, como em vários outros assuntos discutidos neste livro, uma solução completa parece estar ainda muito distante.

Embora você esteja convencido de que há uma verdade moral, algumas pessoas podem olhar para muitos problemas envolvidos na defesa de uma teoria moral e ficar tentadas a tirar a conclusão de que não há verdade moral alguma, de que toda verdade moral é relativa. Mas adotar o relativismo moral não ajuda – não é mesmo? Mesmo que nos vejamos tentando especificar somente a visão moral da nossa própria cultura ou as nossas concepções morais pessoais, surgem essencialmente os mesmos problemas, tais como somar utilidades, quem conta como uma pessoa, que direitos as pessoas têm ou como as virtudes são relevantes.

Creio que isso é correto. Mesmo regras ou princípios morais relativistas ainda terão de apelar para ideias como essas, e por isso o relativismo não ajuda a resolver os problemas que surgem com elas. No entanto, a preocupação real, eu penso, é que o *niilismo* moral (ver a introdução ao capítulo) possa tornar-se correto, apesar de sua implausibilidade inicial. Talvez a razão pela qual não podemos dar uma explicação clara daquilo que torna as ações corretas é que nada de fato o faz – simplesmente temos uma grande quantidade de opiniões e reações morais que não fazem, em última análise, qualquer sentido estruturado. Não acredito nisso e nem você acredita; porém, na medida em que não parecemos capazes de encontrar um padrão moral geral defensável, é difícil afastar definitivamente a concepção niilista. Essa é a principal razão pela qual não gosto do seu enfoque fragmentado acerca da virtude.

6

A LEGITIMIDADE DO GOVERNO E A NATUREZA DA JUSTIÇA

Os textos selecionados neste capítulo referem-se a duas questões centrais na ampla área da filosofia conhecida como *filosofia política*: primeiro, se e como a existência do governo é moralmente justificada ou *legitimada*; segundo, quais são as exigências para que uma sociedade e suas instituições governamentais sejam *justas* com respeito à distribuição dos benefícios e dos ônus entre seus cidadãos.

Exatamente que relação existe entre essas duas questões é, em si mesmo, tema de alguma controvérsia: como veremos, a resposta historicamente mais influente para a primeira questão está baseada na ideia de que a legitimidade de um governo precisa derivar do *consentimento* daqueles que são governados por ele. Todavia, outros parecem ter sustentado que a legitimidade de um governo depende diretamente de se ele satisfaz os padrões morais relevantes, sendo a justiça o mais importante deles. Obviamente, é pelo menos possível que esses dois parâmetros se dissociem: as pessoas podem continuar dando seu consentimento a um governo que é profundamente injusto ou, de uma outra maneira, moralmente questionável; ou então elas podem deixar de dar seu consentimento a um governo que continua a satisfazer os padrões morais relevantes.

QUAL É A JUSTIFICAÇÃO PARA UM GOVERNO?

Talvez as características mais distintivas dos governos sejam as seguintes:

a) os governos controlam e restringem o comportamento dos cidadãos que eles governam através de uma ampla variedade de formas, proibindo ou penalizando alguns tipos de conduta e exigindo outros;
b) os governos retiram recursos econômicos de seus cidadãos e, algumas vezes, de forma direta, também do trabalho deles e
c) os governos empregam meios coercitivos – a força e a ameaça da força – para alcançar esses dois propósitos.

Ao fazer isso, os agentes do governo portam-se de uma maneira que, é óbvio, seria moralmente questionável se praticada por cidadãos ou por grupos privados, tais como gangues, organizações criminosas, corporações ou mesmo instituições de caridade.

A questão política mais fundamental é o que (se é que alguma coisa) torna a existência dos governos e o poder coercitivo que eles exercem moralmente legítimos. E por que essa legitimidade não vale para o exercício de outras formas similares de poder quando realizadas por entes privados? Como os governos se diferenciam das gangues ou das organizações criminosas, que também podem exercer pelo menos um certo grau de controle sobre um território particular e forçar as pessoas que aí vivem a pagar por "proteção"? Ou, como os anarquistas têm ocasionalmente sugerido, não é o caso que os governos não são realmente diferentes daqueles em nenhum aspecto essencial, mas apenas aceitos de modo mais geral (ainda que sem nenhuma boa razão) e mais bem-sucedidos?

Além disso, uma questão estreitamente relacionada a essa é se e em que medida a obediência às ordens do governo pelos cidadãos é ela mesma – ao menos em sua maior parte – *moralmente* requerida. Embora existam exceções muito claras ao dever de obediência ao governo, isto é, circunstâncias em que as ações dos governos são suficientemente questionáveis para justificar uma resistência passiva (ou mesmo ativa), o fato de que a lei exija um certo comportamento (ou o proíba) é frequentemente tomado como uma razão para agir em conformidade com a lei. Mas é esta (sempre ou jamais) uma razão *moral* e, em caso afirmativo, por quê? A alternativa óbvia é que a obediência ao governo é simplesmente uma questão de *prudência* em face de seu poder irresistível – o que significa dizer que não há nenhuma razão para não transgredir a lei, se é possível fazer isso sem sofrer as consequências.

Uma resposta outrora bastante popular a essas questões, ainda que haja pouco a ser dito em seu favor do ponto de vista filosófico, é a doutrina do *direito divino* dos reis: a concepção de que os governantes são de alguma forma ungidos por Deus e governam com base em sua autoridade. Por isso, a obediência ao governo é moralmente requerida como uma instância do princípio mais geral segundo a qual a obediência a Deus é moralmente requerida. Há muitos problemas com tal concepção – inclusive, com certeza, as dúvidas sobre se tal ente realmente existe (ver Capítulo 7). Contudo, talvez o problema mais imediato e óbvio seja o de como determinar que pessoa ou grupo tem, de fato, o suposto *status* de ser ungido por Deus. Sem dúvida, esse problema torna-se mais sério do ponto de vista prático em razão das inúmeras ocasiões nas quais um governante é deposto por outro por meios – tais como golpes ou assassinatos – que aparentemente são ilegítimos se o governante que é deposto foi ungido por Deus. (Se o governante que é deposto foi ungido por Deus, então presumivelmente o novo governante não foi, por isso é ilegítimo.)

À medida que a doutrina do direito divino passou cada vez mais a ser vista como duvidosa, os filósofos buscaram outra alternativa. Alguns deles acreditaram que ela podia ser encontrada na ideia de que o governo origina-se de alguma espécie de acordo, um *contrato social* entre aqueles que se tornam cidadãos ao deixar o *estado de natureza* anteriormente existente e formam uma sociedade organizada com um governo. Segundo essa concepção, a justificação fundamental para a autoridade governamental remonta ao *consentimento* daqueles a quem ela se aplica. E a exigência moral de obedecer ao governo daí resultante é vista como uma instância específica da obrigação moral mais geral de conformar-se aos acordos dos quais o indivíduo participa deliberada e livremente.

Há muitas questões óbvias que podem ser suscitadas acerca das teorias do contrato social: se tal momento de acordo ocorreu realmente, onde e quando isso aconteceu? Quais foram os termos específicos do acordo, supondo-se que tenha realmente ocorrido: ele especificou os limites para o poder do governo ou exigiu que o governo assumisse certa forma específica? E, mais importante, supondo-se que tal acordo tenha efetivamente ocorrido, ele ainda se aplica àqueles cidadãos que não estavam diretamente envolvidos nele – em caso afirmativo, por quê? Thomas Hobbes e John Locke ofereceram duas explicações historicamente influentes e significativamente diferentes da ideia de que um contrato social justifica a existência do governo. David Hume, embora concordasse que tal acordo poderia em princípio ser a base de um governo legítimo, questionou se a autoridade dos governos que realmente existem, em seu ou em nosso tempo, pode ser justificada dessa maneira. Sua sugestão, em contrário, é de que a justificação para o governo deriva simplesmente de sua *utilidade*: deriva do fato de um certo tipo de governo produzir uma soma de consequências para os indivíduos envolvidos que é melhor do que qualquer outra alternativa (incluindo tanto a anarquia quanto outros tipos específicos de governos). Ao menos nesse ponto, Hume é utilitarista. (Para uma maior discussão da concepção utilitarista em geral e dos problemas com os quais ela se defronta, ver o Capítulo 5.)

QUAL É A NATUREZA DA JUSTIÇA SOCIAL?

Um dos mais óbvios e importantes resultados das instituições sociais em geral e dos governos em particular é a *distribuição* de bens de vários tipos, de maneira mais conspícua a distribuição de bens econômicos entre as várias pessoas que vivem em determinada sociedade. Algumas vezes, essa distribuição toma a forma de uma alocação direta de dinheiro ou serviços ou de empregos com salários, enquanto em outros casos ela pode ser muito mais indireta, dependendo da operação conjunta de leis e de vários tipos de organizações sociais. Contudo, parece claro que nem todas essas distribuições são igualmente aceitáveis de um ponto de vista moral, em particular algumas que tratem diferentes indivíduos ou grupos de maneiras que são *injustas* – discriminando de maneira não imparcial* em favor de alguns indivíduos ou grupos em detrimento de outros, ou privando pessoas de bens em relação aos quais elas têm uma reivindicação legítima. Assim, é possível no mínimo argumentar que a satisfação dos padrões do que é referido como justiça distributiva é uma condição necessária para a aceitabilidade de um conjunto de instituições sociais e, em particular, das ações de um governo.

Quais são exatamente esses padrões? Que tipo de distribuição a justiça permite ou requer? Uma resposta que pareceu obviamente correta para alguns pensadores, mas que poucas sociedades concretas – se é que alguma – chegaram a realizar, é o *igualitarismo*: a concepção segundo a qual a justiça requer que os bens econômicos e outros benefícios sejam distribuídos *igualmente* entre todos os cidadãos. Outras concepções defendem a distribuição desigual com base em outros critérios, tais como o mérito moral, a contribuição à sociedade e coisas semelhantes. Na prática, é óbvio que as sociedades distribuíram os benefícios desigualmente com base em critérios como classe social, distinções raciais ou étnicas e gênero – embora poucos filósofos tenham defendido, em algum momento, distribuições desse tipo.

Robert Nozick e John Rawls oferecem respostas influentes e muito diferentes para a questão do que a justiça exige com relação à distribuição. Nozick apela simplesmente para a ausência de injustiça no processo pelo qual determinada distribuição é produzida, de modo que conta como justa toda distribuição que é produzida através de etapas que, tomadas individualmente, são justas. Segundo a concepção de Nozick, a justiça distributiva não requer qualquer *padrão* específico de distribuição – seja a igualdade ou outra distribuição que dependa de algum outro critério ou conjunto de critérios do tipo já mencionado. Sua alegação é que as escolhas livres dos indivíduos que, quando avaliadas uma a uma, não se revelam de algum modo injustas, podem conduzir a padrões de distribuição muito variados (inclusive alguns que se afastam bastante da igualdade) e que, se isso ocorre, o resultado ainda assim será justo.

Ao contrário, Rawls apresenta – e argumenta em favor de – dois princípios abstratos de justiça. O mais importante deles ("o princípio da diferença") estabelece que o afastamento de uma distribuição igual somente será justo se o resultado global de tal desvio beneficiar, não obstante isso, aqueles membros da sociedade que são proporcionalmente menos favorecidos ao conceder-lhes mais, em termos absolutos, do que eles receberiam sob uma distribuição igualitária. Isso acontece porque, ao proporcionar incentivos adicionais àqueles que são especialmente talentosos ou produtivos, pode ocorrer um aumento na produção societária global em um tal nível que, mesmo aqueles que recebem parcelas menores do grande "bolo" social, ainda assim recebem mais do que obteriam com uma parcela igual, caso o "bolo" fosse menor. No entanto, o grau de desigualdade que é compatível com a justiça segundo Ralws será quase certamente bem menor para Rawls do que para Nozick. Um texto de Nozick apresenta críticas a Rawls, enquanto outro texto de Thomas Scanlon critica Nozick e defende parcialmente Rawls.

Qual é a justificação para o governo?

Thomas Hobbes

Uma das versões mais antigas e influentes da ideia geral de um contrato social como a base para o governo é aquela apresentada pelo filósofo inglês Thomas Hobbes (1588-1679), em seu livro *Leviatã*. Hobbes viveu durante a Guerra Civil Inglesa de 1642-1649

---

*N. de T. "De maneira não imparcial" é a tradução para a expressão *unfairly*.

(que terminou com a decapitação do Rei Charles I). Ele também foi espectador à distância de muitas outras guerras e agitações. A mais impressionante delas foi a devastadora Guerra dos Trinta Anos, de 1618-1648, no continente europeu. Assim, não é nada surpreendente que Hobbes atribua grande – na verdade, prioritário – valor à estabilidade, à ordem e à paz.

A apresentação e a defesa de Hobbes da sua versão de um contrato social começam com a sua concepção da situação na qual os seres humanos existiriam na ausência de um governo: o *estado de natureza*. Ele argumenta que o estado de natureza de fato corresponderia na verdade a um estado de guerra de "todos contra todos", no qual a vida humana seria consequentemente, segundo sua expressão famosa, "solitária, pobre, sórdida, embrutecida e breve". É para escapar a tal estado que ele concebe as pessoas entrando em acordo entre si para criar um *Estado**, conferindo todo o seu poder e a sua autoridade a um *soberano* (que pode ser tanto uma pessoa quanto um grupo de pessoas, apesar de Hobbes preferir claramente a primeira alternativa).

A maior parte da concepção de Hobbes sobre o estatuto e o poder do soberano pode ser entendida como decorrendo diretamente de objetivos gêmeos:

a) escapar do estado de natureza e, tão importante quanto isso,
b) garantir (ou chegar tão próximo de uma garantia quanto for possível na prática) que não haverá regressão a essa condição, tal como ocorreria se o governo entrasse em colapso.

É principalmente para assegurar esse segundo objetivo que, de acordo com ele, os poderes do soberano devem ser absolutos, o que inclui não apenas coisas como o controle de todo o poder militar e o seu uso, o poder legislatório e judicial na sua totalidade, o poder de censura e outros poderes semelhantes. Mas abrange igualmente uma ideia mais extrema: a de que cada súdito deverá considerar as ações do soberano como se fossem suas próprias ações. Contudo, mesmo esse poder absoluto acaba tendo algumas limitações surpreendentes. E com isso não é possível eliminar completamente a possibilidade que Hobbes mais teme: que o poder do soberano seja erodido, levando ao colapso do Estado e ao retorno aos horrores do estado de natureza.

O Contrato Social,[1] Extraído de *Leviatã*

DA CONDIÇÃO NATURAL DA HUMANIDADE NO QUE CONCERNE À SUA FELICIDADE E MISÉRIA

A natureza fez os homens tão iguais, nas faculdades do corpo e da mente, que, embora às vezes possa ser encontrado um homem manifestamente mais forte de corpo, de uma mente mais viva do que outro, todavia, quando tudo é calculado em conjunto, a diferença entre um homem e outro não é tão considerável a ponto de um homem, em vista disso, reivindicar para si mesmo qualquer benefício a que um outro não possa pretender tanto quanto ele. Ora, no que tange à força do corpo, o mais fraco tem força suficiente para matar o mais forte, seja por uma maquinação secreta, seja por uma aliança com outros que se encontram no mesmo perigo que ele próprio.

E quanto às faculdades da mente (deixando de lado as artes baseadas em palavras e especialmente aquela habilidade de proceder segundo regras gerais e infalíveis, chamada de ciência, a qual muito poucos têm, e isso senão em poucas coisas, uma vez que não é uma faculdade nativa, nascida conosco...), encontro uma igualdade ainda maior entre os homens do que aquela relativa à força. Ora, a prudência não é senão a experiência, a qual um tempo igual igualmente confere a todos os homens, naquelas coisas a que eles igualmente se dedicam. (...) ❶

A partir dessa igualdade de habilidade, surge a igualdade de esperança na atingência dos nossos fins. E, portanto, se

❶ *Definição*

Por prudência, Hobbes quer dizer algo mais amplo do que se quer dizer hoje em dia: a sabedoria, em geral, com respeito a questões práticas.

---
* N. de T. "Estado" é aqui a tradução de *commonwealth*.
[1] Extraído de *Leviathan* (1651).

② Por *difidência*, Hobbes quer dizer simplesmente medo e desconfiança com relação aos outros – palavra que agora tem [na língua inglesa] um significado arcaico.

❸ *Pare e pense*

PARE O que Hobbes quer dizer por *glória*? E por que o desejo por ela leva (supostamente) as pessoas a atacarem umas às outras? Elas estão sendo racionais ao proceder assim? (De que modo ter glória torna uma pessoa mais segura no estado de natureza?)

④

PARE Essa seção contém a descrição de Hobbes do estado de natureza. Que suposições ele está fazendo: tanto sobre os seres humanos, especialmente a sua psicologia, quanto sobre o mundo em que eles habitam?

quaisquer dois homens desejam a mesma coisa, de que, no entanto, não podem ambos gozar, eles se tornam inimigos e, no caminho rumo ao seu fim (que é, acima de tudo, a sua própria conservação e, às vezes, é somente o seu prazer), tentam destruir ou subjugar um ao outro. E a partir disso, pois, vem a acontecer que, onde um invasor não tem mais nada a temer do que o poder individual de um outro homem, se alguém planta, semeia, constrói ou possui um assento conveniente, pode-se provavelmente esperar que outros venham preparados, com forças unidas, para desapossá-lo e destituí-lo não apenas do fruto do seu trabalho, mas também da sua vida ou liberdade. E o invasor, por sua vez, encontra-se no mesmo perigo com relação a outros.

E a partir dessa difidência **②** de uns com relação aos outros, não há nenhum modo de um homem dar segurança para si mesmo, de forma tão razoável, quanto a antecipação, isto é, dominar, pela força ou pela astúcia, as pessoas de todos os homens que puder, por tanto tempo até que não veja nenhum outro poder grande o suficiente para ameaçá-lo. Isso não é mais do que a sua própria conservação requer e é geralmente permitido. Também porque há alguns que, tendo prazer em contemplar o seu próprio poder nos atos de conquista, buscam para mais além do que a sua segurança exige; se os outros, que de resto estariam contentes em ficar tranquilos dentro de limites modestos, não aumentassem por invasão o seu poder, eles não seriam capazes de subsistir por muito tempo, ficando somente em sua defesa. Por conseguinte, tal aumento de domínio sobre os homens, sendo necessário à conservação de um homem, deveria ser-lhe permitido.

Além disso, os homens não têm nenhum prazer (antes, pelo contrário, grande quantidade de pesar) em permanecer na companhia de outros quando não há nenhum poder capaz de atemorizar a todos. Cada um cuida para que o seu companheiro o valorize na mesma medida em que ele se atribui valor, e em todos os sinais de desprezo ou subestimação ele naturalmente procura, na medida em que ousa (o que, entre aqueles que não têm nenhum poder comum de mantê-los em silêncio, vai longe o bastante para fazer com que eles se destruam mutuamente), extrair uma maior atribuição de valor dos seus opositores por causar-lhes dano; de outros, tenta pelo exemplo.

Desse modo, na natureza do homem, encontramos três causas principais de querela. Primeiro, a competição; segundo, a difidência; terceiro, a glória.

A primeira faz com que um homem invada por causa do lucro; a segunda, por causa da segurança; a terceira, por causa da reputação. Os primeiros usam a violência para que se tornem senhores das pessoas de outros homens, esposas, filhos e rebanho; os segundos para defendê-los; os terceiros por bagatelas, como uma palavra, um sorriso, uma opinião diferente e qualquer outro sinal de subestimação, seja diretamente em suas pessoas, seja indiretamente em seus parentes, seus amigos, sua nação, sua profissão ou o seu nome. **❸**

A partir disso, fica manifesto que, durante o tempo em que os homens vivem sem um poder comum para mantê-los todos em respeitoso temor, eles estão naquela condição que é chamada de guerra, e uma guerra tal que é de todos os homens contra todos os homens. A guerra não consiste na batalha somente, ou no ato de lutar, mas em um período de tempo em que a vontade de ter contenda, por meio de batalha, é suficientemente conhecida. (...)

Portanto, não importa o que seja concernente a um período de tempo em que todos os homens são inimigos de todos os homens, o mesmo é concernente com relação ao tempo em que os homens vivem sem outra segurança que aquilo que a sua própria força e a sua própria invenção possam fornecer-lhes. Em tal condição, não há nenhum lugar para o trabalho, porque o fruto vindo dele é incerto; consequentemente, não há nenhum cultivo da terra, nenhuma navegação, nenhum uso das mercadorias que podem ser importadas pelo mar, nenhuma construção confortável, nenhum instrumento para mover e remover as coisas que exigem muita força, nenhum conhecimento da face da Terra, nenhum cômputo de tempo, nenhuma arte, nenhuma literatura, nenhuma sociedade e, o que é pior de tudo, um medo contínuo e um perigo de morte violenta, e a vida do homem é solitária, pobre, sórdida, embrutecida e breve. **④**

...

Para essa guerra de todo homem contra todo homem, isto também é uma consequência: nada pode ser injusto. As noções de certo e errado, justiça e injustiça não têm ali nenhum lugar. Onde não há nenhum poder comum, não há nenhuma lei; onde não há nenhuma lei, não há nenhuma injustiça. A força e a fraude são, na guerra, as duas virtudes cardeais. A justiça e a injustiça não são nenhuma das faculdades do corpo ou da mente. Se elas o fossem, poderiam existir em um homem que estivesse sozinho no mundo, assim como os seus sentidos e as suas paixões. Elas são qualidades relativas aos homens em sociedade, não em isolamento. É uma consequência, portanto, da mesma condição que não haja nenhuma propriedade, nenhum domínio, nenhum *meu* e *teu* distintos, mas somente o fato de que é de cada homem aquilo que ele consegue obter e enquanto for capaz de conservá-lo. ❺ E essa é a condição ruim em que muitos, pela mera natureza, em realidade se encontram, ainda que com uma possibilidade de escapar dela, que consiste parcialmente nas paixões, parcialmente na razão.

As paixões que inclinam os homens à paz são o medo da morte, o desejo daquelas coisas que são necessárias para uma vida cômoda e uma esperança de obtê-las por seu trabalho. E a razão sugere termos de paz convenientes, em torno dos quais os homens podem ser levados à concordância.

DA PRIMEIRA E DA SEGUNDA LEIS NATURAIS E DOS CONTRATOS

O DIREITO DE NATUREZA, que os autores comumente chamam de *jus naturale*, é a liberdade que cada homem tem de usar o seu próprio poder, como ele mesmo quiser, para a preservação da sua própria natureza, ou seja, da sua própria vida, e consequentemente de fazer qualquer coisa que, no seu próprio juízo e razão, ele conceba como sendo os meios mais aptos para tanto.

...

UMA LEI DA NATUREZA (*lex naturalis*) é um preceito, ou uma regra geral, descoberta pela razão, pela qual um homem está proibido de fazer aquilo que pode destruir a sua vida ou tirar os meios para preservá-la, e de omitir aquilo por meio do que ele pensa que ela pode ser preservada da melhor maneira. (...) ❻

E porque a condição do homem (como foi declarado no capítulo anterior) é uma condição de guerra de todos contra todos, caso em que todos são governados por sua própria razão, e não há nada de que ele possa fazer uso que não possa ser um auxílio para preservar a sua vida contra os seus inimigos, segue-se que, em tal condição, todo homem tem um direito a todas as coisas, mesmo aos corpos uns dos outros. E, portanto, enquanto durar esse direito natural de todo homem a todas as coisas, não pode haver nenhuma segurança para homem qualquer (não importa o quão forte ou sábio ele seja) de viver pelo tempo que a natureza normalmente permite aos homens viver. E, por conseguinte, é um preceito, ou uma regra geral da razão, *que todo homem deva buscar atingir a paz enquanto tiver esperança de obtê-la e, quando não puder obtê-la, que ele possa buscar e fazer uso de todas as ajudas e vantagens da guerra*. A primeira parte dessa regra contém a primeira e fundamental lei da natureza, qual seja, *buscar a paz e segui-la*. A segunda, a suma do direito de natureza, consiste em *defender a nós mesmos por todos os meios que pudermos*.

Dessa lei fundamental da natureza, pela qual se ordena que os homens se esforcem pela paz, é derivada a segunda lei, a de que um homem esteja disposto, quando os outros assim estão também, na medida em que ele considere necessário tanto para a paz quanto para a defesa de si mesmo, a abandonar esse direito a todas as coisas e contentar-se com tanta liberdade com relação aos outros homens quanto ele permitiria que outros homens tivessem com relação a ele. Enquanto todos os homens mantiverem esse direito, de fazer qualquer coisa que lhes aprouver, por tanto tempo estarão todos os homens na condição de guerra. Porém, se os outros homens não abandonarem esse direito, bem como ele próprio, então não haverá razão nenhuma para que alguém prive a si mesmo do seu; afinal, isso equivaleria a expor-se como presa (coisa a que nenhum homem é obrigado), em vez de dispor-se à paz. (...) ❼

❺ *Comentário*

A concepção de Hobbes, em agudo contraste com aquela que encontraremos em Locke, é que o certo e o errado, a justiça e a injustiça e os direitos de propriedade não podem existir fora da sociedade – e, desse modo, não existem no estado de natureza.

❻

Por uma *lei da natureza*, Hobbes parece querer referir-se a algo como uma exigência de prudência racional ou de autointeresse racional (não um comando divino ou um princípio de moralidade objetiva). Um *direito de natureza* é uma liberdade estabelecida na mesma base.

❼ *Reafirmação/Resumo*

Hobbes acredita que ninguém poderia racionalmente preferir um estado de guerra. A paz é obviamente preferível *se* ela puder ser obtida de um modo que não exponha uma pessoa a ainda mais riscos do que o estado de guerra.

PARE Isso poderia ser feito em um estado de natureza (tal como Hobbes o concebe)? (Se alguém vive próximo o suficiente para atacar você e tem força suficiente para ser bem-sucedido se você for pego desprevenido, você pode se permitir não atacá-lo primeiramente?)

8 O que é preciso no intuito de escapar do estado de natureza é uma concordância – um *contrato* – no qual as pessoas mutuamente entregam os seus direitos naturais de atacar umas às outras na busca de sua própria sobrevivência. Tal contrato é um *pacto* na terminologia de Hobbes, porque ele envolve promessas de realização futura. (Não seria bom o suficiente meramente prometer não atacar agora mesmo.)

9 Aqui está a razão fundamental de Hobbes para pensar que a paz é impossível nessa base, enquanto as pessoas continuarem em um estado de natureza. Deixar de atacar (quando uma pessoa tem uma oportunidade favorável, tal como quando a outra pessoa está adormecida) em resposta a uma promessa de que as outras pessoas não atacarão no futuro (quando as circunstâncias lhes são favoráveis) não pode ser uma coisa racional a fazer, porque não há e não pode haver nenhum modo de garantir o cumprimento futuro por parte da outra pessoa. (Ver a Questão para Discussão 1.)

10 Hobbes parece talvez estar dizendo, aqui, que as concordâncias são meras palavras e assim, portanto, não têm nenhuma força *moral*, a menos que possam ser socialmente impostas.

11 Alguma coisa menos extrema do que a eventual proposta de Hobbes – juntar-se em um grupo menor ou escolher um líder temporário – poderia ser o suficiente para gerar segurança? Talvez temporariamente – mas não, assim Hobbes argumenta, a longo prazo.

Sempre que um homem transfere o seu direito ou renuncia a ele, isso é feito ou em consideração a algum direito que lhe foi reciprocamente transferido ou por algum outro bem que ele daí espera, pois trata-se de um ato voluntário, e objeto dos atos voluntários de todos os homens é algum *bem para si mesmo*. (...)

A transferência mútua de direito é aquela que os homens chamam de CONTRATO.

(...) um dos contratantes pode entregar a coisa contratada de sua parte e deixar que o outro realize a sua parte em algum momento posterior determinado, recebendo confiança nesse meio-tempo. De sua parte, então, o contrato é chamado de PACTO, ou de ALIANÇA*; ou então ambas as partes podem entrar em contrato agora para realizar doravante. (...) **8**

Se um pacto for feito, em que nenhuma das partes realiza o seu presentemente, mas ambas confiam uma na outra na condição de mera natureza (que é uma condição de geurra de todos os homens contra todos os homens), sob qualquer suspeita razoável ele se anula; porém, se houver um poder comum, posto acima de ambas, com direito e força suficientes para forçar a realização, ele não é nulo. Afinal, aquele que cumpre primeiramente não tem nenhuma segurança de que o outro cumprirá depois, porque os laços das palavras são fracos demais para conter a ambição, a avareza, a cólera e as outras paixões dos homens, sem o medo de algum poder coercitivo; e esse, na condição da mera natureza, emque todos os homens são iguais e juízes do acerto dos seu próprios medos, não pode ser suposto. E, portanto, aquele que cumpre primeiramente nada faz senão entregar a si mesmo ao seu inimigo, contrariamente ao direito (que ele jamais pode abandonar) de defender a sua vida e os meios de viver. **9**

Contudo, em um estado civil no qual há um poder estabelecido para coagir aqueles que de outro modo violariam a sua fé, esse medo não é mais razoável, e por esse motivo aquele que, pelo pacto, deve cumpri-lo primeiramente está obrigado a assim proceder.

...

---
* N. de T. No original, *covenant*. No texto será usado "pacto".

DAS CAUSAS, DA GERAÇÃO E DA DEFINIÇÃO DE UM ESTADO

A causa final, o fim ou o desígnio dos homens (que naturalmente amam a liberdade e o domínio sobre os outros), com a introdução daquela restrição sobre si mesmos (em que nós os vemos viverem em estados), é a previsão da sua própria preservação e de uma vida mais satisfatória a partir daí; isso significa apontar a perspectiva de conseguirem sair da condição miserável de guerra, que é uma consequência necessária (como foi mostrado) das paixões naturais dos homens, quando não há nenhum poder visível para mantê-los em temor e forçá-los, pelo medo de punição, ao cumprimento dos seus pactos e à observação daquelas leis da natureza estabelecidas [anteriormente].

Ora, as leis da natureza (como a *justiça*, a *equidade*, a *modéstia*, a *misericórdia* e [em suma] *fazer aos outros como se faria a nós*) de si mesmas, sem o terror de algum poder que faça com que sejam observadas, são contrárias às nossas paixões naturais, que nos conduzem à parcialidade, ao orgulho, à vingança e a coisas semelhantes. E os pactos, sem a espada, nada são senão palavras e não têm nenhuma força para oferecer qualquer segurança a um homem. (...) **10**

Tampouco é a união de um pequeno número de homens que lhes oferece essa segurança, porque, quando são pequenos os números, pequenas adições de um lado ou de outro tornam a vantagem de força tão grande quanto é suficiente para conduzir à vitória, sendo isso, portanto, um encorajamento à invasão. (...)

Tampouco é o bastante para obter a segurança, coisa que os homens desejam que durasse todo o tempo de sua vida, que sejam governados e dirigidos por um critério durante um período de tempo limitado, tal como em uma batalha ou em uma guerra. Embora obtenham uma vitória por seu esforço unânime contra um inimigo estrangeiro, posteriormente, quando ou não têm mais nenhum inimigo comum, ou quando aquele que, por uma parte, é tido como inimigo, é tido por outra parte como amigo, eles devem necessariamente, devido à diferença de seus interesses, dissolver-se e entrar novamente em guerra entre si. **11**

...

O único modo de instituir esse poder comum, para que possa ser capaz de defendê-los da invasão de estrangeiros e das injúrias uns dos outros, e portanto dar-lhes segurança de tal sorte, mediante o seu próprio esforço, e pelos frutos da terra possam alimentar-se e viver de forma satisfatória, é conferir todo o seu poder e a sua força a um homem, ou a uma assembleia de homens, que possa reduzir todas as suas vontades, pela pluralidade de vozes, a uma vontade; e isso equivale a dizer apontar um homem, ou uma assembleia de homens, para representar a sua pessoa, e até mesmo que alguém reconheça a si mesmo como sendo o autor de toda e qualquer coisa que aquele que assim representa a sua pessoa vier a fazer ou levar a que seja feito, naquelas coisas que dizem respeito à paz e à segurança comum, e nisso mesmo submetendo as suas vontades, a todos à sua vontade, e os seus juízos ao juízo dele. Isso é mais do que consentimento ou concórdia; trata-se de uma unidade real deles todos, em uma e na mesma pessoa, feita pelo pacto de todo homem com todo homem, de modo que, se todos os homens fossem dizer a todos os homens *Eu autorizo e abro mão do meu direito de governar a mim mesmo a este homem, ou a esta assembleia de homens, nesta condição, de que desistas do teu direito em favor dele e autorizes todas as suas ações por semelhante modo*. Feito isso, a multidão assim unida em uma pessoa é chamada de um ESTADO. (...) Essa é a geração daquele grande LEVIATÃ, ou então (para falar de modo mais reverente) daquele *deus mortal* ao qual devemos, abaixo do *Deus imortal*, a nossa paz e a nossa defesa. Através dessa autoridade, dada a ele por cada homem particular no estado, ele tem o uso de tanto poder e de tanta força conferida a ele que, pelo terror daqui tirado ele está capacitado a formar as vontades deles todos para a paz interna e a ajuda mútua contra os seus inimigos no estrangeiro. E nele consiste a essência do estado, a qual (para defini-la) é *uma pessoa de cujos atos uma grande multidão, por mútuos pactos uns com os outros, fizeram a si mesmos, todos, o autor, com o fim de que ela possa usar a força e os recursos de todos eles, tal como ela considerar oportuno para a sua paz e defesa comum*.

E aquele que detém essa pessoa é chamado de SOBERANO, e dele se diz que tem poder soberano; e todos os outros além dele são chamados de seus SÚDITOS. ⓬

A obtenção desse poder soberano ocorre de duas maneiras. Uma delas é pela força natural, tal como quando um homem faz com que os seus filhos se submetam e com que os filhos deles se submetam ao seu governo, dado que é capaz de destruí-los caso eles se recusem; ou então quando pela guerra submete os seus inimigos à sua vontade, concedendo-lhes a sua vida sob essa condição. ⓭ A outra é quando os homens concordam entre si a submeter-se a um homem, ou a uma assembleia de homens, voluntariamente, na confiança de serem protegidos por ele contra todos os outros. Esse último pode ser chamado de um estado político, ou um estado por *instituição*, e o primeiro pode ser chamado de um estado por *aquisição*. (...)

DOS DIREITOS DOS SOBERANOS POR INSTITUIÇÃO

Diz-se que um *estado* é *instituído* quando uma *multidão* de homens concorda de fato e *pactuam, todos com todos*, que a qualquer *homem* ou *assembleia de homens* a que seja dado pela parte majoritária o *direito de representar* a pessoa de todos eles (isto é, de ser o seu *representante*), todos, tanto aquele que *votou a favor* disso quanto aquele que *votou contra isso*, devem *autorizar* todas as ações e as decisões daquele homem ou daquela assembleia de homens, da mesma maneira como se fossem as suas próprias, com o fim de viverem em paz entre si e serem protegidos contra os outros homens. ⓮

A partir dessa instituição de um estado, são derivados todos os *direitos* e as *faculdades* daquele ou daqueles a quem o poder soberano é conferido mediante o consentimento das pessoas reunidas.

Em primeiro lugar, porque eles pactuam, deve-se entender que não estão obrigados por um pacto anterior a qualquer coisa que contradiga o de agora. E, consequentemente, aqueles que já instituíram um estado, sendo, a partir daí, obrigados pelo pacto a reconhecer as ações e as decisões de alguém, não podem legitimamente fazer um novo pacto entre si para que sejam obedientes a algum outro, em qualquer coisa que seja, sem a sua permissão. (...)

⓬ Portanto, a única solução viável, na concepção de Hobbes, é que todos ou quase todos aqueles em dada área entreguem todos os seus direitos de autodefesa e todo o seu poder e autoridade para um *soberano* (seja uma pessoa singular, seja um grupo, mas falaremos como se fosse uma pessoa singular), criando a partir daí um *estado*.

⓭ Um segundo e bastante diferente modo no qual a autoridade de um soberano sobre um grupo particular de pessoas pode ser estabelecida é pela força, pela conquista. Dessa maneira, um estado estabelecido em uma área ou sobre um grupo poderia ser estendido a outra área ou grupo.

PARE (À luz disso, considere a questão referente àquilo que poderia acontecer se a maioria das pessoas, em determinada área, concordasse em instituir um soberano, mas um pequeno número se recusasse a acompanhar essa maioria.)

⓮ Um soberano deve ser escolhido por um voto majoritário daqueles que concordam com a criação de um estado. O que deveríamos pensar sobre o poder do soberano? Esta passagem dá o cerne da resposta de Hobbes: cada pessoa concorda em autorizar as decisões e as ações do soberano "como se fossem as suas próprias".

Essa ideia tem algumas consequências surpreendentes, como em breve veremos.

Em segundo lugar, visto que o direito de representar a pessoa deles todos é dado àquele que eles tornam soberano por um pacto somente de uns com os outros, e não do soberanos com quaisquer deles, não pode ocorrer nenhuma ruptura do pacto da parte do soberano e, por conseguinte, nenhum dos seus súditos, sob qualquer pretensão de infração, pode libertar-se da sujeição a ele. Que aquele que é feito soberano não faz nenhum pacto com os seus súditos de antemão, isso é manifesto, porque ou deve fazê-lo com a multidão toda, como uma parte do pacto, ou deve fazer um pacto diverso com cada um. Com o todo ou com uma parte é impossível, porque assim eles não são ainda uma pessoa; e se ele faz tantos pactos quantos homens existem, aqueles pactos, depois que recebe a soberania, são vazios, porque qualquer ato que possa ser pretendido por um deles como rompimento do pacto é o ato tanto dele mesmo quanto de todo os demais, porque é feito na pessoa e pelo direito de cada um deles em particular. ❶❺ Além disso, se um, ou mais de um deles, alega um rompimento do pacto feito pelo soberano, quando da sua instituição, e outros, ou um outro dos seus súditos, ou ele próprio sozinho, alegam que não tenha havido nenhum rompimento desse tipo, não há nesse caso nenhum juiz para decidir a controvérsia. Ela retorna, portanto, de novo à espada, e todos recuperam o direito de proteger a si mesmos pela sua própria força, contrariamente ao propósito que tinham quando da instituição. (...)

Em terceiro lugar, porque a maioria, por votos de consentimento, declarou um soberano, aquele que dissentia agora deve consentir com o restante, isto é, deve contentar-se em chancelar todas as ações que venha a fazer, ou então ser com justiça destruído pelo restante. Ora, se ele voluntariamente entrou na congregação daqueles que formaram a assembleia, declarou suficientemente por meio disso a sua vontade (e, portanto, tacitamente entrou no pacto) de ficar ao lado do que a maioria decretasse. (...) E, não importa que ele faça parte da congregação ou não, e que o seu consentimento seja pedido ou não, ele deve ou submeter-se aos seus decretos ou ser deixado na condição de guerra em que anteriormente se encontrava, caso em que poderia, sem injustiça, ser destruído por qualquer homem, seja quem for. ❶❻

Em quarto lugar, como todo súdito é por essa instituição autor de todas as ações e decisões do soberano instituído, segue-se que o que for que ele fizer não pode constituir nenhum desacato a qualquer um dos seus súditos, nem deveria ele ser acusado de injustiça por qualquer um deles. Afinal, aquele que faz alguma coisa pela autoridade de outro não comete nisso nenhuma injúria àquele por cuja autoridade ele age, mas, por essa instituição de um estado, todo homem particular é autor de tudo o que o soberano faz e, por conseguinte, aquele que reclama de injúria por parte do seu soberano reclama daquilo de que ele mesmo é o autor e, portanto, não deveria acusar a qualquer homem, mas a si próprio; e tampouco pode acusar a si mesmo de injúria, porque causar a injúria a si próprio é impossível. É verdadeiro que aqueles que detêm um poder soberano podem cometer iniquidade, mas não injustiça ou injúria em sentido próprio.

Em quinto lugar, e por consequência daquilo que foi dito em último lugar, nenhum homem que detém um poder soberano pode justamente ser posto à morte, ou ser de alguma maneira punido pelos seus súditos. Vendo cada súdito como o autor das ações do seu soberano, ele castiga a um outro pelas ações cometidas por ele próprio. ❶❼

E pelo fato de que o fim dessa instituição é a paz e a defesa deles todos, e todo aquele que tem direito quanto ao fim tem direito quanto aos meios, pertence de direito, a todo e qualquer homem ou qualquer assembleia que tenha a soberania, ser juiz tanto dos meios da paz quanto da defesa, bem como dos estorvos e distúrbios das mesmas, e fazer o que quer que seja que pense necessário ser feito, tanto de antemão, para a preservação da paz e da segurança, mediante a prevenção da discórdia no interior e da hostilidade vindo do exterior, quanto, quando a paz e a segurança são perdidas, para a recuperação das mesmas.

Em sexto lugar, é respectivo à soberania ser juiz de quais opiniões e doutrinas são avessas e quais são conducentes à paz e, por conseguinte, em que ocasiões, até que ponto e em que homens se deve depositar confiança, ao falarem para multidões de pessoas, e quem deve examinar as doutrinas de todos os livros antes que sejam publicados. Ora, as ações dos homens procedem das suas opiniões, e no bom gover-

---

❶❺ O soberano pode violar o pacto que estabelece o estado? A resposta surpreendente de Hobbes é que ele não pode fazer isso porque não é uma parte nele. (Presumivelmente, a ideia é de que o soberano *qua soberano* não é e não pode ser uma parte com respeito ao pacto, e não que a pessoa ou o grupo que mais tarde se torna o soberano não poderia ter sido tal parte.)

❶❻ Temos aqui a resposta explícita à questão referente àquilo que acontece com aqueles que discordam sobre a formação do estado ou a escolha do soberano.

❶❼ Neste parágrafo e no parágrafo anterior, constam duas consequências alegadas, muito surpreendentes, de cada súdito concordar em considerar as ações do soberano como suas próprias: o soberano não pode lesar (isto é, prejudicar *erradamente*) os súditos; e o soberano não pode ser justamente punido pelos súditos por qualquer de suas ações.

no de opiniões consiste o bom governo das ações dos homens no intuito de sua paz e de sua concórdia. E embora em matéria de doutrina nada deva ser considerado senão a verdade; todavia, isso não é contrário à sua regulação por causa da paz. A doutrina contrária à paz não pode ser mais verdadeira do que a paz e a concórdia possam ser contra a lei da natureza. (...)

Em sétimo lugar, pertence à soberania todo o poder de prescrever as regras a partir das quais todos os homens podem saber de que bens podem usufruir e que ações podem praticar, sem serem molestado por qualquer dentre os seus concidadãos, e é isso que os homens chamam de *propriedade*. (...)

Em oitavo lugar, pertence à soberania o direito de judicatura, o que significa ouvir e decidir todas as controvérsias que possam surgir a respeito da lei, seja civil, ou natural, ou concernente a fatos. Ora, sem a decisão de controvérsias não há nenhuma proteção de nenhum súdito contra as injúrias de outros; (...) e a todos os homens permanece, a partir do desejo necessário e natural da sua própria conservação, o direito de proteger a si mesmo por sua força individual, que é a condição de guerra e contrária ao fim para o qual todos os estados são instituídos.

Em nono lugar, pertence à soberania o direito de fazer a guerra e a paz com outras nações e estados, e isso significa o direito de julgar quando isso é bom para o público e de que modo grandes forças devem ser reunidas, armadas e pagas para aquele fim, e de arrecadar dinheiro dos súditos no intuito de bancar as despesas para tanto. (...)

Em décimo lugar, pertence à soberania a escolha de todos os conselheiros, ministros, magistrados e funcionários, tanto na paz quanto na guerra. Dado que o soberano está encarregado do fim que é a paz e a defesa comuns, ele é entendido como possuindo o poder de usar esses meios, tal como considerar maximamente adequado para o seu resgate.

Em décimo primeiro lugar, confia-se ao soberano o poder de recompensar com riquezas ou honra e de punir com castigo corpóreo ou pecuniário, ou com ignomínia, a todo súdito de acordo com a lei que ele previamente estabeleceu. Se não houver nenhuma lei estabelecida, de acordo com o modo como julgar que melhor conduza para o encorajamento dos homens a servir ao estado, ou a dissuadi-los de praticar desserviços ao mesmo.

Em último lugar, considerando quais valores os homens são naturalmente aptos a atribuir a si mesmos, qual respeito eles procuram obter dos outros e quão pouco eles dão valor a outros homens, a partir do que surgem continuamente entre eles emulação, querelas, facções e finalmente a guerra, para a destruição uns dos outros e a diminuição da sua força contra um inimigo comum, é necessário que haja leis de honra. (...) Portanto, ao soberano também compete conceder títulos de honra e apontar qual ordem de lugar e dignidade cada um deva possuir, bem como que sinais de respeito, em encontros públicos ou provados, eles devem manifestar uns aos outros.

Esses são os direitos que fazem a essência da soberania e que são as marcas por meio das quais um homem pode discernir em que homem ou assembleia de homens está localizado e reside o poder soberano. Afinal, esses são incomunicáveis e inseparáveis. (...) **18**

No entanto, um homem pode aqui objetar que a condição dos súditos é muito miserável, pois ela está submetida aos apetites e a outras paixões irregulares dele ou daqueles que detêm em suas mãos um poder tão ilimitado. E comumente aqueles que vivem sob um monarca pensam que isso é um defeito da monarquia, e aqueles que vivem sob o governo da democracia ou de outra assembleia soberana atribuem toda a inconveniência àquela forma de estado, ao passo que o poder, em todas as formas, se forem perfeitas o suficiente para protegê-los, é o mesmo, não considerando que a condição do homem jamais pode encontrar-se sem um incômodo ou outro e que a melhor coisa que, em qualquer forma de governo, pode acontecer ao povo em geral quase não conta, em comparação com as misérias e calamidades horríveis que acompanham uma guerra civil, ou aquela condição dissoluta de homens sem um condutor, sem sujeição a leis e um poder coercitivo para atar as suas mãos da rapina e da vingança. (...) **19**

DAS LIBERDADE DOS SÚDITOS

...

Passando agora às particularidades da verdadeira liberdade de um súdito, o

18 Os demais poderes do soberano são mais óbvios, dado o objetivo básico de capacitá-lo a preservar a paz e evitar um retorno ao estado de natureza.

19 Muitos objetariam à ideia de um soberano absoluto, citando os diversos males que frequentemente decorrem de tal sistema. Hobbes ofereceria dois pontos em resposta, sendo que apenas o primeiro deles é explícito aqui: primeiro, não importa quão ruins aqueles males possam ser, o estado da natureza é muito, muito pior; segundo, um soberano absoluto é o único modo de *garantir* (ou que chega o mais perto possível de garantir) que tal estado terrível não venha a repetir-se.

que equivale a dizer quais são as coisas que, embora comandadas pelo soberano, ele não obstante isso pode sem injustiça recusar-se a fazer, devemos considerar quais direitos transferimos quando criamos um estado, ou (o que é a mesma coisa) qual liberdade negamos a nós mesmos ao reconhecer todas as ações (sem exceção) do homem ou da assembleia que tornamos nosso soberano. (...)

(...) é manifesto que cada súdito tem liberdade em todas aquelas coisas cujo direito não pode, por pacto, ser transferido. Mostrei anteriormente (...) que pactos que não se estabelecem para defender o próprio corpo de um homem são vazios.

Se o soberano ordena a um homem (ainda que condenado justamente) que se mate, se fira ou se mutile, ou que não resista àqueles que o assaltam, ou que se abstenha de fazer uso de alimento, do ar, de medicamentos ou de qualquer outra coisa sem a qual ele não pode viver, tem aquele homem, todavia, a liberdade de desobedecer.

Se um homem for interrogado pelo soberano ou por sua autoridade acerca de um crime cometido por ele, ele não é obrigado (sem uma garantia de perdão) a confessá-lo, porque nenhum homem (como mostrei...) pode ser obrigado, por um pacto, a acusar a si próprio.

Além disso, o consentimento de um súdito ao poder soberano está contido nessas palavras: *eu autorizo, ou assumo sobre mim todas as suas ações*, nas quais não há nenhuma restrição de sua própria liberdade natural anterior; ora, ao permitir que me *mate*, não fico obrigado a matar-me quando ele me ordena. Uma coisa é dizer *mata-me, ou ao meu companheiro, se quiseres*; outra coisa é dizer *eu me matarei ou ao meu companheiro*.

Portanto, nenhum homem está obrigado pelas próprias palavras a matar a si mesmo ou a qualquer outro homem. Consequentemente, a obrigação que um homem pode às vezes ter, sob a ordem do soberano, de executar qualquer tarefa perigosa ou desonrosa depende não das palavras da nossa submissão, mas da intenção, que deve ser entendida através do fim relativo a isso. Quando a nossa recusa em obedecer frustra o fim pelo qual a soberania foi criada, não há nesse caso nenhuma liberdade de recusar; de outro modo, há.

Por esse motivo, um homem a que, como um soldado, ordene-se lutar contra o inimigo, ainda que o seu soberano tenha direito suficiente para punir com a morte a sua recusa, pode não obstante em muitos casos recusar, sem injustiça, tal como quando ele é substituído por um soldado adequado em seu lugar. Ora, nesse caso ele não está desertando do serviço do estado. E há uma permissão a ser considerada no que tange ao temor natural não só às mulheres (das quais não se espera nenhum dever perigoso dessa natureza), mas também aos homens de coragem feminina. Quando a defesa do estado requer a uma só vez a ajuda de todos aqueles que são capazes de pegar em armas, todos são obrigados, porque de outro modo a instituição do estado, a que eles não têm o propósito ou a coragem de preservar, foi em vão.

Resistir à espada do estado em defesa de outro homem, culpado ou inocente, a isso nenhum homem tem liberdade, porque tal liberdade tira do soberano os meios de proteger a nós, e ela é, portanto, destrutiva da própria essência do governo. Porém, no caso de um grande número de homens em conjunto ter já resistido injustamente ao poder soberano ou cometido algum crime capital pelo qual todos eles esperam a morte, não têm eles então a liberdade de unir-se, auxiliar e defender uns aos outros? Certamente eles a têm, porque nada fazem senão defender a sua vida, o que o homem culpado, tanto quanto o inocente, também pode fazer. Havia com efeito injustiça no primeiro rompimento do seu dever, mas o fato de pegarem em armas subsequentemente, ainda que seja no inutito de manter o que fizeram, não constitui nenhum novo ato injusto. E, se for somente para defender as suas pessoas, não é injusto em absoluto. Contudo, a oferta de perdão tira daqueles a quem ele é oferecido o pretexto de autodefesa e torna ilegítima a sua perseverança em assistir ou em defender os demais. **❷⓿**

Quanto a outras liberdades, elas dependem do silêncio da lei. Em casos nos quais o soberano não prescreveu nenhuma regra, o súdito tem a liberdade de fazer ou deixar de fazer, de acordo com o seu próprio discernimento. Portanto, essa liberdade é maior em alguns lugares, menor em outros, algumas vezes maior, outras vezes menor, à medida que aqueles que detêm a soberania considerarem o mais conveniente. (...)

---

❷⓿ Restam aos súditos do estado com um soberano absoluto ter quaisquer liberdades (além daquelas que o soberano possa escolher conceder-lhes)? De forma um tanto surpreendente, eles têm – decerto, as liberdades que poderiam obviamente ameaçar a própria estabilidade do estado. Para perceber por que Hobbes afirma isso, você precisa pensar novamente sobre o motivo fundamental para o acordo original, visto do ponto de partida de cada pessoal individual.

Entende-se que a obrigação do súdito com o soberano dura por tanto tempo, e não por mais tempo, quanto dura o poder mediante o qual ele é capaz de protegê-los. Ora, os direitos que os homens têm por natureza de proteger a si mesmos, quando ninguém mais pode protegê-los, não podem ser renunciados por nenhum pacto. A soberania é a alma do estado, a qual, uma vez separada do corpo, os membros não mais recebem dela o seu movimento. (...) E ainda que a soberania, na intenção daqueles que a criam, seja imortal, ela é, na sua própria natureza, não só sujeita à morte violenta, por guerra exterior, mas também, devido à ignorância e às paixões dos homens, ela tem em si, desde a própria instituição, muitas sementes de uma mortalidade natural por discórdia intestina. **21**

...

DAQUELAS COISAS QUE ENFRAQUECEM OU LEVAM À DISSOLUÇÃO DE UM ESTADO

Ainda que nada possa ser imortal naquilo que os mortais fazem, se os homens tivessem o uso da razão que fingem possuir, os seus estados ao menos poderiam estar protegidos de perecer em razão de doenças internas. Pela natureza da sua instituição, eles estão destinados a viver tanto tempo quanto a humanidade, ou quanto as leis da natureza, ou quanto a própria justiça, que lhes dá vida. (...) **22**

Entre as *enfermidades* de um estado considerarei, em primeiro lugar, aquelas que surgem de uma instituição imperfeita e assemelham-se às doenças de um corpo natural, que provêm de uma procriação defeituosa.

Essa é uma delas, a saber, que um homem, para obter um reino, às vezes contenta-se com menos poder do que é exigido para a paz e a defesa do estado. E daí vem a acontecer que, quando o exercício do poder é estabelecido para que a segurança seja restaurada, isso ganha a semelhança de um ato injusto, que dispõe um grande número de homens (quando se apresenta a ocasião) a rebelar-se. (...)

Em segundo lugar, observo as *doenças* de um estado, que se originam do veneno de doutrinas sediciosas, das quais uma é *que todo homem particular é juiz das boas e más ações*. Isso é verdadeiro na condição da simples natureza, em que não há leis civis, e também sob o governo civil, em casos que não são determinados pela lei. Todavia, de outro modo é manifesto que a medida das boas e más ações é a lei civil; e o juiz é o legislador, que sempre é o representante do estado. Com base nessa falsa doutrina, os homens ganham a disposição de debater entre si e de discutir as ordens do estado, e depois disso de obedecê-las ou desobedecê-las, tal como venham a pensar apropriado em seu juízo particular. E, a partir daí, o estado é aturdido e *enfraquecido*.

...

Uma quarta opinião, contrária à natureza de um estado, é esta: *aquele que detém o poder soberano está sujeito às leis civis*. É verdade que os soberanos são todos sujeitos às leis da natureza. (...) Contudo, àquelas leis que o próprio soberano, isto é, que o estado faz, a essas ele não está sujeito. Ora, estar sujeito a leis é estar sujeito ao estado, ao representante soberano, ou seja, a si mesmo, e isso não é sujeição, mas liberdade com respeito às leis. E esse erro, porque coloca as leis acima do soberano, coloca também um juiz acima dele e um poder de puni-lo, o que equivale a fazer um novo soberano e, pela mesma razão, fazer com que um terceiro puna o segundo, e assim continuamente, ao infinito, até que se chegue à confusão e à dissolução do estado.

Uma quinta doutrina que tende à dissolução de um estado é a de *que todo homem particular tem uma propriedade absoluta em seus bens, a ponto de excluir o direito do soberano*. Todo homem tem realmente uma propriedade que exclui o direito de todo outro súdito: e ele a tem somente a partir do poder soberano, sem cuja proteção todo outro homem teria igual direito acerca do mesmo. Porém, se o direito do soberano também for excluído, ele não pode realizar o cargo em que o puseram, qual seja defendê-los tanto dos inimigos externos quanto das injúrias uns dos outros, e consequentemente não haverá mais um estado.

...

Há uma sexta doutrina, manifesta e diretamente contrária à essência do estado, a saber, *que o poder soberano pode ser*

21 Aqui está uma outra limitação fundamental ao poder absoluto do soberano, um poder que uma vez mais segue-se a partir do motivo central do contrato social.

22 Hobbes estava muito consciente da fragilidade potencial de um estado e, nesta seção, ele adverte de diversas coisas que poderiam levar ao seu colapso. Algumas dessas são óbvias à luz da discussão anterior, mas outras sugerem quais teriam sido as objeções de Hobbes a outras formas de governo.

> **㉓** Aqui (e na discussão da quarta opinião) encontra-se a objeção de Hobbes a uma doutrina que se acha no cerne da Constituição dos Estados Unidos: a ideia de divisão (e balanço) de poder. Ele não está dizendo que tal governo ruirá a uma só vez, mas que ele essencialmente envolve uma possibilidade de conflito interno que pode levar à sua própria destruição e, portanto, a um retorno ao estado de natureza.
>
> **PARE** Que resposta um proponente do sistema americano de governo poderia dar a Hobbes?

dividido. O que é dividir o poder de um estado senão dissolvê-lo, uma vez que os poderes divididos destroem mutuamente uns aos outros? E, para essas doutrinas, os homens apoiam-se principalmente em alguns daqueles que, ao fazer das leis uma profissão, esforçam-se para torná-las dependentes da sua própria erudição, e não do poder legislativo. ㉓

...

Por fim, quando em uma guerra (externa ou intestina), os inimigos obtêm uma vitória final, de modo que (as forças dos estado não mais se mantendo em campo) não há mais proteção aos súditos leais, nesse caso o estado está DISSOLVIDO, e todos os homens têm a liberdade de proteger a si próprios por aqueles recursos que o seu próprio discernimento lhes sugerirá. (...)

Questões para Discussão

1. Ao pensar sobre o problema de tentar estabelecer a paz no estado de natureza, é útil recorrer ao seguinte tipo de raciocínio, típico do que é estudado na *teoria da escolha racional*. Suponha que a pessoa A tenha um vizinho, a pessoa B, e que os dois sejam aproximadamente iguais em força e em outras capacidades relevantes. Suponha que A e B tentem estabelecer a paz acordando não atacar um ao outro. Suponha também que haja momentos facilmente identificáveis nos quais um ataque de um sobre o outro seria provavelmente bem-sucedido (quando a vítima em potencial está adormecida, por exemplo). Examinando agora uma situação na qual B está em tal condição vulnerável, considere as escolhas disponíveis para A: ele pode manter o acordo ou pode atacar B (presumivelmente matando-o). Quando a situação é invertida, B tem as mesmas duas escolhas. Cada uma dessas escolhas tem dois resultados possíveis, dependendo do que a outra pessoa faz, conduzindo à seguinte *matriz teórica* de escolhas e resultados:

	B mantém o acordo	B ataca
A mantém o acordo	Ao menos paz temporária	A é morto; B está mais seguro
A ataca	B é morto; A está mais seguro	Retorno ao estado de guerra

Pense agora nos valores desses resultados para cada uma das duas partes. Mesmo a paz temporária é melhor do que a guerra, mas a guerra é melhor do que a morte. E a morte da outra pessoa é melhor do que a paz temporária, pois remove todas as ameaças relacionadas com aquela pessoa. Isso leva à seguinte matriz de "desenlace", na qual os números representam o valor ordinal dos resultados (onde 1 é o melhor). O valor para A é listado em primeiro lugar:

	B mantém o acordo	B ataca
A mantém o acordo	2,2	4,1
A ataca	1,4	3,3

Examine a tabela da perspectiva de A: não importa o que B venha a escolher, é melhor que A ataque do que mantenha o acordo. E o mesmo é verdadeiro para B. Assim, para cada um deles, a escolha racional e autointeressada é aparentemente o ataque – mesmo que, ao fazer isso, cada um deles chegue, ao final, nos resultados que estão mais próximos dos piores possíveis. (Note que estamos supondo que as duas escolhas sejam feitas independentemente uma da outra – o que parece ser verdadeiro no estado de natureza.) Essa é uma versão do que ficou conhecido como "o dilema do prisioneiro" (assim chamado com base em um exemplo distinto, no qual dois criminosos que estão sendo acusados devem decidir, cada um independentemente, se "dedurarão" o outro). O exemplo parece capturar muito bem o que Hobbes tinha em mente com sua discussão sobre o estado de natureza.

Explique como isso oferece uma razão para a instituição de um soberano, ou seja, como a existência de um soberano acima de A e B resolveria o problema. Há alguma outra saída para essa situação na qual as partes permaneceriam no estado de natureza? Essa solução poderia envolver um ponto de apoio, a partir do qual uma pessoa teria condições de escolher a manutenção do acordo sem violar o seu interesse próprio racional. Nesse caso, um ponto a se considerar é como esse argumento poderia ser afetado pela presença de outras pessoas. Suponha que há outras pessoas, C, D, E, e assim por diante, que estão testemunhando à distância os eventos entre A e B. Como elas poderiam reagir ao fato de A fazer uma ou outra escolha? E como essas reações poderiam alterar o valor do resultado final de cada escolha para A?

2. Há um problema oculto na concepção de Hobbes, sobre o qual ele diz muito pouco – o problema de como exigir o cumprimento da lei. Suponha que um Estado tenha sido formado e que você tenha sido escolhido pela maioria dos votos (ou mesmo por consenso unânime) para ser o soberano. Talvez coloquemos um pequeno chapéu em suas mãos e digamos: "Parabéns! Você é o soberano". Você passa a formular e a anunciar diversas regras, exigindo que as pessoas não ataquem umas às outras, que paguem impostos, que se alistem na polícia ou no exército, e assim por diante. Essas regras requerem que seus súditos façam várias coisas que, contrariamente a isso, eles podem preferir não fazer. Como você lhes imporá essas regras? Suponha que você chame a atenção de algumas pessoas para a violação de uma regra e aponte para o seu chapéu, mas elas deem de ombros e continuem a fazer aquilo que estavam fazendo. O que você pode fazer? Sozinho, você não é forte o bastante para impor as regras com chances de sucesso, especialmente se os violadores da regra se unirem para resistir. Você precisa de um grupo de pessoas para impor o cumprimento da lei – de uma milícia*. Mas como você pode formar uma se o seu povo não obedece às suas ordens? Há uma solução para esse problema, ou a explicação de Hobbes sobre como o governo é criado desmorona logo de início? (Aqui, pode ser útil pensar sobre como os líderes dos grupos que não são legalmente constituídos conseguem e mantêm o poder – grupos como gangues de rua e assemelhados.)

3. Hobbes sustenta uma concepção da natureza humana segundo a qual os seres humanos são indivíduos dotados de interesse próprio e para os quais a sociedade tem valor somente na medida em que conduz a uma maior segurança ou a outras vantagens concretas (tal como trocas econômicas). Outros defenderam concepções segundo as quais os seres humanos são criaturas essencialmente sociais, incapazes de ter uma vida satisfatória fora da sociedade. O que você pensa sobre essa questão? Hobbes está certo? Se não está, quão seriamente isso enfraquece os seus argumentos?

John Locke

No *Segundo Tratado sobre o Governo*, o filósofo inglês John Locke (1632-1704) apresenta uma exposição da ideia de contrato social que tem sido ainda mais influente do que a oferecida por Hobbes. (Se você estiver se perguntando, saiba que o *Primeiro Tratado* é uma crítica da concepção segundo a qual a autoridade do governo deriva de um "direito divino".) Locke viveu pouco tempo depois de Hobbes e esteve mais amplamente envolvido com a prática política do que a maior parte dos outros grandes filósofos. Ele foi conselheiro e auxiliar do Conde de Shaftesbury, um dos líderes do movimento (após a restauração da monarquia britânica depois de Cromwell) que tentou impedir uma eventual ascensão de Jaime II ao trono britânico, em razão de suas crenças católicas. Shaftesbury teve de abandonar o país em 1683 para evitar sua execução como traidor, e em seguida Locke fez o mesmo. Shaftesbury morreu no exílio, mas Locke retornou à Inglaterra com Guilherme e Maria ao tempo da "Revolução Gloriosa" de 1688-1689 (na qual a monarquia dos Stuart foi deposta rapidamente e sem derramamento de sangue). Depois disso, Locke participou do governo que se formou, ocupando diversas posições importantes. Ao menos em parte, os dois *Tratados* foram escritos como uma justificação para o movimento político que culminou com a Revolução Gloriosa.

Tal como Hobbes, Locke começa sua exposição sobre a origem e a justificação do governo como uma apresentação do estado de natureza, mas um estado de natureza que é substancialmente menos atemorizador do que o retratado por Hobbes. Na concepção

---

* N. de T. No original, *posse*.

> de Locke, pessoas no estado de natureza são capazes de viver pelos menos em relativa paz, em grande parte porque elas são capazes de compreender, através da razão, uma *lei da natureza* de caráter moral (que Locke vê como tendo sido posta por Deus) – uma lei que cada uma delas tem o direito moral de exigir o cumprimento. Contudo, podem surgir problemas: algumas pessoas podem ignorar a lei moral e ter poder suficiente para escapar impunes. E mesmo aqueles que aceitam a lei podem interpretá-la em seu próprio benefício. Na perspectiva de Locke, esses problemas são suficientemente sérios para motivar a formação de uma comunidade e a instituição de um governo com poderes para garantir o cumprimento da lei da natureza. Porém, eles não justificam a atribuição de um poder absoluto ao governo, uma situação que, segundo a concepção de Locke, seria pior do que o estado de natureza. Em vez disso, os poderes do governo são limitados e conferidos a ele de maneira apenas provisória. O povo retém o direito de derrubar o governo e substituí-lo por outro se este exceder a autoridade que lhe é própria ou violar os direitos do povo.
>
> Essa é a justificação de Locke para a Revolução Gloriosa. Sua concepção teve também uma influência fundamental sobre os Pais Fundadores na época da Revolução Americana. Isso se reflete claramente na Declaração da Independência.

O Contrato Social,[2] Extraído de *Segundo Tratado sobre o Governo*

DO ESTADO DA NATUREZA

4. Para entender o poder político, o direito, e derivá-lo da sua origem, devemos considerar em que estado naturalmente todos os homens se encontram, e esse é *um estado de liberdade perfeita* para ordenar as suas ações e dispor das suas posses e pessoas, tal como pensam que seja apropriado, dentro dos limites da lei da natureza, sem pedir permissão ou depender da vontade de qualquer outro homem.

É *também um estado de igualdade*, em que todo poder e toda jurisdição são recíprocos, ninguém tendo mais do que outro, não havendo nada mais evidente do que o fato de que as criaturas da mesma espécie e posição, nascidas promiscuamente para todas as mesmas vantagens da natureza e para o uso das mesmas faculdades, deveriam também ser iguais umas às outras, sem subordinação ou sujeição. (...)

6. Embora este possa ser *um estado de liberdade, não é um estado de licenciosidade*; ainda que o homem tenha, naquele estado, uma liberdade incontrolável de dispor de sua pessoa e de suas posses, ele não tem, contudo, a liberdade de destruir a si mesmo, ou qualquer criatura em sua posse, mas onde um uso mais nobre do que a sua mera preservação o requer. O *estado de natureza* tem uma lei de natureza para governá-lo, que obriga a todos; e a razão, que é aquela lei, ensina a toda a humanidade que tão só a consultar que, sendo todos *iguais e independentes*, ninguém deveria prejudicar a outrem em sua vida, saúde, liberdade ou posses. Ora, os homens, sendo todos a obra de um Artífice onipotente e infinitamente sábio, todos servos de um mestre soberano, enviados ao mundo pela sua ordem e com respeito ao seu interesse, são a sua propriedade e são obra dele, feitos para durar segundo a sua vontade, e não segundo a vontade de outro. E, sendo equipados com faculdades semelhantes, partilhando de uma comunidade de natureza, não pode ser suposta qualquer subordinação entre nós que nos autorize a destruir uns aos outros, como se fôssemos feitos para o uso uns dos outros, tal como os níveis inferiores de criaturas são para nós. Todos, como estão *obrigados a preservar a si mesmos* e a não abandonar intencionalmente a sua posição, assim também, pela mesma razão, quando a sua própria preservação não entra em jogo, devem, tanto quanto puderem, *preservar o restante da humanidade*, e não podem, a menos que seja para fazer justiça a um ofensor, tirar ou prejudicar a vida, ou o que tende à pre-

---

[2] Extraído de *Second Treatise of Government* (1690).

servação da vida, da liberdade, da saúde, dos membros ou dos bens de outros. ❶

7. E para que todos os homens sejam impedidos de invadir os direitos de outros e de fazer mal uns aos outros, e para que a lei da natureza seja observada, a qual quer a paz e a *preservação de toda a humanidade*, a *execução* da lei da natureza é posta, naquele estado, nas mãos de todos os homens, por meio de que todos têm o direito de castigar os transgressores daquela lei em tal grau que possa impedir a sua violação. A *lei da natureza*, assim como todas as outras leis que dizem respeito aos homens neste mundo, seria vã se não houvesse ninguém, no estado de natureza, que tivesse o *poder de executar* aquela lei e, a partir daí, preservar o inocente e constranger os ofensores. E se qualquer um no estado de natureza pode punir um outro por qualquer mal que tenha feito, todos podem fazer assim. Ora, nesse *estado de igualdade perfeita*, em que naturalmente não há nenhuma superioridade ou jurisdição de um sobre o outro, o que qualquer um pode fazer na prossecução daquela lei todos devem ter um direito de fazer. ❷

8. E assim, pois, no estado de natureza *um homem adquire um poder sobre outro*; todavia, não é nenhum poder absoluto ou arbitrário para haver-se com um criminoso, quando ele o teve em suas mãos, de acordo com as cóleras apaixonados ou a extravagância sem limites de sua própria vontade, mas um poder só de revidar-lhe, à medida que a razão calma e a consciência ditarem o que é proporcionado à sua *transgressão*, que deve ser tal que possa servir para a reparação e a *coibição*. Afinal, essas duas são as únicas razões pelos quais um homem pode, segundo a lei, fazer mal a um outro, que é o que chamamos de *punição*. ❸ Ao transgredir a lei da natureza, o ofensor declara a si mesmo viver por uma outra regra que não aquela da razão e da equidade comum, que é aquela medida que Deus estabeleceu para as ações dos homens, para a sua segurança mútua, e assim ele se torna perigoso à humanidade, sendo então desfeito e quebrado por ele o laço que deve assegurá-los contra o dano e a violência. E sendo essa uma transgressão contra a espécie toda, e contra a paz e a segurança dela estabelecidas pela lei da natureza, todos os homens podem por esse motivo, pelo direito que têm de preservar a humanidade em geral, coibir ou, quando for necessário, destruir coisas prejudiciais a eles, e assim podem trazer tal malefício sobre qualquer um que transgrediu aquela lei, de modo que possa fazê-lo arrepender-se de tê-lo feito e a partir daí impedi-lo, pelo seu exemplo a outros, de cometer um malefício semelhante. Nesse caso, e por esse motivo, *todos os homens têm o direito de punir o ofensor e ser o executor da lei da natureza*.

...

10. Além do crime que consiste em violar a lei e divergir da regra reta da razão, em que um homem torna-se degenerado e declara abandonar os princípios da natureza humana e tornar-se uma criatura nociva, há comumente o dano feito a uma pessoa ou outra, tal que algum outro homem é prejudicado pela sua transgressão, caso em que aquele que foi prejudicado tem, além do direito de punição comum a ele e aos outros homens, um direito particular de procurar *reparação* da parte daquele que o fez. E qualquer outra pessoa que o considera justo também pode unir-se àquele que é prejudicado e assisti-lo a recuperar do ofensor tanto quanto possa compensar pelo prejuízo que ele sofreu.

11. E assim, pois, é que todos os homens, no estado de natureza, têm o poder de matar um assassino, assim como de impedir outros de causarem dano semelhante, que nenhuma reparação pode compensar, pelo exemplo da punição que o espera da parte de todos, ❹ como também de dar segurança aos homens das tentativas de um criminoso que, tendo renunciado à razão, à regra e à medida comum que Deus deu à humanidade, declarou, pela injusta violência e matança que cometeu contra alguém, guerra contra toda a humanidade, e portanto pode ser destruído como um *leão* ou um *tigre*, uma dessas feras selvagens com as quais os homens não podem ter nenhuma sociedade ou segurança. (...)

13. A essa estranha doutrina, a saber, que *no estado de natureza todos têm o poder executivo* da lei da natureza, não duvido que seja objetado que é irrazoável que os homens sejam juízes em seus próprios casos, que o amor-próprio tornará os homens parciais consigo mesmos e com seus amigos; e, por outro lado, que

---

❶ Este parágrafo apresenta a concepção de Locke acerca da lei da natureza, que ele mais tarde resume como sendo a ideia de que "tudo, tanto quanto possa ser, deve ser preservado" (§ 183, não incluído nesta seleção). Ao contrário das "leis da natureza" de Hobbes, que são fundamentalmente *prudenciais* em caráter, a lei da natureza lockiana é uma lei *moral*, estabelecida por Deus, mas na concepção de Locke ainda discernível pela razão humana, sem a necessidade de apelar à autoridade religiosa (a qual estaria indisponível no estado de natureza).

❷ Mas quem deve forçar tal lei na ausência de um governo? Enquanto Hobbes pensa que não pode haver nenhuma moralidade significativa ou justiça fora da sociedade, a concepção de Locke é que a própria existência da lei da natureza traz consigo um direito de *executá-la* (isto é, de impô-la), um direito que é igualmente partilhado por todos na situação de igualdade e independência que define o estado de natureza. Como ele deixa claro naquilo que segue, esse direito de execução não é limitado à autodefesa, mas estende-se também a proteger os outros de violações dos seus direitos e a castigar os ofensores.

❸ R Locke oferece duas justificações para a punição: a *reparação* à parte lesada e a *coibição* do criminoso em cometer ofensas semelhantes. Afirma-se que essas são limitadas ao que é "proporcional" ao crime. (Quão clara é essa limitação?)

❹ R A coibição pode envolver também *impedir* que outros cometam crimes semelhantes.

⑤ Aqui está o primeiro motivo fundamental para deixar o estado da natureza e instituir o governo: mesmo aqueles que reconhecem a lei da natureza podem ser prejudicados em sua aplicação, favorecendo a si ou aos seus amigos e exagerando o grau de punição que é justificado àqueles que os prejudicam.
(Contudo, Locke segue argumentando que um soberano absoluto de tipo hobbesiano não apenas falha em resolver esse problema, mas em realidade torna-o pior).

⑥ Um estado de guerra vem a existir quando uma pessoa deixa claro que não aceita as restrições impostas pela lei da natureza. Locke primeiramente se detém no caso em que tal pessoa ameaça a vida de uma pessoa inocente.

⑦ A lei da natureza também garante direitos à liberdade e à propriedade (os quais Locke vê como adquiridos quando uma pessoa "mistura o seu labor" com partes não apossadas do mundo). Assim, uma pessoa que falha em respeitar aqueles direitos específicos também mostra que não reconhece a lei da natureza em geral e por isso, Locke afirma, pode ser morta justificadamente.

uma índole ruim, paixão e vingança os levarão longe demais na punição de outros; e, portanto, que nada senão confusão e desordem se seguirá; e, por conseguinte, que Deus certamente designou o governo no intuito de restringir a violência e a parcialidade dos homens. Sem dúvida, reconheço que o governo civil é o remédio próprio para as inconveniências do estado de natureza, as quais certamente devem ser grandes nas situações em que os homens podem ser juízes em sua própria causa, dado que é fácil imaginar que aquele que foi tão injusto a ponto de causar dano ao seu irmão dificilmente será tão justo a ponto de condenar a si mesmo por isso. **⑤**

Todavia, desejarei que aqueles que fazem essa objeção lembrem-se de que os *monarcas absolutos* não são senão homens; e, se o governo deve ser o remédio daqueles males, que necessariamente se seguem do fato de serem os homens juízes em suas próprias causas, tal que, portanto, não se pode suportar o estado da natureza, desejo saber que tipo de governo é esse e o quão melhor ele é do que o estado de natureza, no qual um homem comandando uma multidão tem a liberdade de julgar em seu próprio caso e pode fazer tudo o que lhe aprouver com respeito aos seus súditos, sem que alguém tenha a menor liberdade de questionar ou controlar aqueles que executam a sua vontade. E tal que, não importa que ele faça, se levado pela razão, pelo engano ou pela paixão, deve-se submeter-se a isso. Muito melhor é no estado de natureza, em que os homens não estão obrigados a submeter-se à vontade injusta de um outro; e, se aquele que julga julgar erroneamente em seu próprio caso ou no de qualquer outro, ele é por isso responsável perante o restante dos homens.

...

DO ESTADO DE GUERRA

16. O *estado de guerra* é um estado de *inimizade* e de *destruição*; portanto, declarar pela palavra ou pela ação um propósito não apaixonado e impetuoso, mas um propósito tranquilo e estabelecido sobre a vida de um outro homem, *coloca-o em um estado de guerra* com aquele contra quem ele declarou tal intenção e assim expôs a sua vida ao poder do outro para ser tirada por ele ou por qualquer um que a ele se ligue em sua defesa e compartilhe a sua causa; é assim razoável e justo que eu deva ter um direito de destruir aquilo que me ameaça de destruição. Afinal, *pela lei fundamental da natureza*, *devendo ser o homem preservado* tanto quanto possível, quando nem tudo pode ser preservado, deve ser preferida a segurança do inocente; e alguém pode destruir um homem que faz guerra com ele ou que descobriu um inimigo à sua existência pela mesma razão pela qual pode matar um *lobo* ou um *leão*, porque tais homens não estão sob as amarras da lei comum da razão, não têm nenhuma outra regra senão aquela da força e da violência, e assim podem ser tratados com feras selvagens de caça, aquelas criaturas perigosas e nocivas que com certeza o destruirão sempre que ele cair em seu poder. **⑥**

17. Portanto, é o caso de que aquele que tenta colocar um outro homem em seu poder absoluto a partir daí com efeito *coloca-se em um estado de guerra* com ele, devendo isso ser entendido como uma declaração de um propósito sobre a sua vida. Tenho razão para concluir que aquele que se apodera de mim sem o meu consentimento faria uso de mim como bem quisesse, quando me tivesse em mãos, e também se destruiria quando tivesse uma inclinação para tanto; ora, ninguém pode desejar *ter-me em seu poder asoluto* a menos que isso seja para obrigar-me por força àquilo que é contra o direito da minha liberdade, ou seja, tornar-me um escravo. (...)

18. Isso torna legítimo que um homem *mate um ladrão* que não o feriu nem sequer minimamente, nem declarou qualquer propósito contra a sua vida, não mais do que, pelo uso da força, apoderar-se dele de modo a tirar o seu dinheiro ou o que dele quiser, porque, ao fazer uso da força quando ele não tem nenhum direito de colocar-me em seu poder, seja qual for a pretensão que o motive, não tenho nenhuma razão para supor que aquele que *tiraria a minha liberdade* não arrebataria, tão logo ele me tivesse em seu poder, todas as demais coisas. Portanto, é legítimo que eu o trate como alguém que colocou *a si mesmo em um estado de guerra* comigo, ou seja, que eu o mate se eu puder, pois justamente a esse risco se expôs quem quer que introduza um estado de guerra e é nele o agressor. **⑦**

19. E aqui temos a manifesta *diferença entre o estado de natureza e o estado de guerra*, os quais, embora alguns homens tenham confundido, estão tão distantes um do outro quanto um estado de paz, boa vontade, assistência mútua e preservação está de um estado de inimizade, malícia, violência e destruição mútua. Quando os homens vivem juntos de acordo com a razão, sem um superior comum na Terra que tenha autoridade para julgar entre eles, há *propriamente o estado de natureza*. Contudo, a força, ou um propósito declarado de força, sobre a pessoa de um outro, quando não há nenhum superior comum sobre a Terra a quem apelar para um socorro, *constitui o estado de guerra*. (...) *A necessidade de um juiz comum com autoridade coloca todos os homens em um estado de natureza; a força sem o direito sobre a pessoa de um homem provoca um estado de guerra*, havendo ou não um juiz comum. ❽

...

21. Evitar esse *estado de guerra* (em que não há nenhum apelo senão aos céus e em que toda mínima divergência é capaz de levar a termo quando não há nenhuma autoridade para decidir entre os contendores) é *uma razão decisiva de os homens se reunirem em sociedade* e abandonarem o estado de natureza. Quando há uma autoridade, um poder sobre a Terra do qual se possa obter, por *apelo*, um socorro, então a continuação do *estado de guerra* está excluída, e a controvérsia é decidida por aquele poder. (...) ❾

DA SOCIEDADE CIVIL OU POLÍTICA

87. Sendo o homem nascido, como foi provado, com um direito de liberdade perfeita e de um gozo incontrolado de todos os direitos e privilégios da lei da natureza, em igualdade com qualquer outro homem ou grupo de homens no mundo, tem por natureza o poder não apenas de preservar a sua propriedade, ou seja, a sua vida, a sua liberdade e os seus bens contra os danos e os ataques de outros homens, mas também o de julgar e de punir o rompimento dessa lei em outros, tal como for persuadido que a ofensa merece, mesmo a própria morte, em crimes em que, na sua opinião, a hediondez do fato o exige. No entanto, como nenhuma sociedade *política* pode existir e subsistir sem ter em si o poder de preservar a propriedade e, no intuito de atingir esse aspecto, punir as ofensas de todos os membros daquela sociedade, há sociedade política somente quando todos os membros renunciaram ao seu poder natural, resignando-o às mãos da comunidade em todos os casos que não os impedem de apelar por proteção à lei por ela estabelecida. E assim, sendo excluído todo juízo privado de todo membro particular, a comunidade vem a ser arbitrada por regras permanentes estabelecidas, indiferentes e iguais para todas as partes; e por homens que têm autoridade a partir da comunidade para a exceução dessas regras, ela decide todas as diferenças que possam ocorrer entre quaisquer membros daquela sociedade, no que concerne a qualquer assunto de direito, e castiga aquelas ofensas que qualquer membro tenha cometido contra a sociedade com penas tais como a lei estabeleceu; nesse sentido, é fácil discernir quem está e quem não está junto na *sociedade política*. Aqueles que estão unidos em um corpo e têm uma lei comum estabelecida e uma judicatura a quem apelar, com a autoridade de decidir controvérsias entre eles e de punir ofensores, *estão em sociedade civil* uns com os outros; aqueles que não têm esse apelo comum, quero dizer, sobre a Terra, ainda estão em um estado de natureza, sendo cada um, quando não há nenhum outro, juiz para si mesmo e executor, o que constitui, como anteriormente mostrei, o perfeito *estado de natureza*. ❿

88. Desse modo, pois, o estado obtém o poder de estabelecer qual castigo deve caber às diversas transgressões que são consideradas dignas disso, quando cometidas entre os membros daquela sociedade (que é o *poder de fazer leis*), e ele tem também o poder de punir qualquer dano feito a qualquer dos seus membros, por qualquer um que não pertence a ela (que é o poder de guerra e de paz), e tudo isso para a preservação da propriedade de todos os membros dessa sociedade, tanto quanto for possível. Porém, embora todo homem que entrou em uma sociedade civil e tornou-se um membro de qualquer estado tenha, a partir disso, abandonado o seu poder de castigar as ofensas contra a lei da natureza, na demanda de seu próprio juízo privado, todavia, dado que ele abriu mão, para o legislativo, do

❽ Para Locke, diferentemente do que para Hobbes, há uma distinção clara entre o estado de natureza e um estado de guerra. O estado de natureza pode degenerar em um estado de guerra, mas isso não é de modo algum necessário ou inevitável.

❾ Porém, o risco de tal estado de guerra é ainda um segundo aspecto fundamental para deixar o estado de natureza em favor da sociedade organizada.

❿ Por definição, a sociedade política existe somente quando o povo entregou a uma comunidade (e, em última análise, a um governo particular) o seu direito natural de impor a lei da natureza e punir os transgressores.

julgamento de ofensas em todos os casos em que possa apelar ao magistrado, ele deu um direito ao estado de empregar a sua força para a execução dos juízos do estado sempre que ele for chamado para tanto, e esses, com efeito, são os seus próprios juízos, sendo feitos por ele mesmo ou por seu representante. E aqui encontramos a origem do poder executivo e legislativo da sociedade civil, que deve julgar por leis permanentes o quanto as ofensas devem ser castigadas, quando cometidas dentro do estado, e também determinar por juízos ocasionais, fundados nas circunstâncias presentes do fato, o quanto os danos vindos de fora devem ser vingados, e em ambos os casos deve empregar toda a força de todos os membros, quando houver necessidade. ⓫

89. Portanto, sempre que qualquer grupo de homens reúne-se em uma sociedade até o ponto de abandonar, todos eles, o seu poder executivo da lei da natureza e entregá-lo para o público, ali e só ali há uma sociedade política ou civil. (...) E onde quer que haja qualquer grupo de homens, conquanto associados, que não tem nenhum poder decisivo desse tipo ao qual apelar, ali eles ainda se encontram no estado de natureza.

90. Então, é evidente que a monarquia absoluta, que por alguns homens é considerada como a única forma de governo no mundo, é de fato inconsistente com a sociedade civil e, assim, não pode ser nenhuma forma de governo civil, pois, sendo o objetivo da sociedade civil evitar e remediar essas inconveniências do estado de natureza, as quais se seguem necessariamente do fato de todo homem ser juiz em seu próprio caso, por estabelecer uma autoridade conhecida a quem todos daquela sociedade podem apelar em função de qualquer injúria recebida ou de uma controvérsia que possa surgir e a quem todos da sociedade devem obedecer. Onde quer que existam quaisquer pessoas que não têm tal autoridade a quem recorrer para a decisão de qualquer diferença entre elas, aquelas pessoas ali se encontram ainda *no estado de natureza*. E assim se encontra todo *príncipe absoluto* com respeito àqueles que estão sob o seu domínio.

91. Ora, supondo-se que ele tenha em si a todos, tanto o poder legislativo quanto o poder executivo, não será encontrado nenhum juiz, nenhum apelo ficará aberto a alguém que possa, com imparcialidade, indiferença e autoridade, decidir e a partir dessa decisão possam ser esperados auxílio e reparação de qualquer dano ou inconveniência que possam ser originados pelo príncipe ou pela sua ordem. De modo que esse homem, não importa como seja intitulado, *czar*, *grand seignior* ou como quiserdes, encontra-se tanto *no estado de natureza*, tendo todos sob o seu domínio, quanto ele se encontra para com o restante da humanidade. Ora, onde quer que existam dois homens quaisquer que não tenham nenhuma regra permanente e um juiz comum a quem apelar sobre a Terra, para a resolução de controvérsias de direito entre eles, ali eles ainda se encontram *no estado de natureza* e sob todas as inconveniências dele, somente com essa deplorável diferença com respeito ao súdito, ou antes com respeito ao escravo, de um príncipe absoluto: ora, enquanto no estado ordinário de natureza ele tem liberdade de julgar de seu direito e, segundo o melhor do seu poder, de sustentá-lo, agora, sempre que a sua propriedade for invadida pela vontade e ordem do seu monarca, ele não só não possui nenhum apelo, como aqueles que estão na sociedade deveriam ter, mas, como se fosse degradado do estado comum das criaturas racionais, é-lhe negada a liberdade de julgar ou de defender o seu direito, e assim ele fica exposto a toda a miséria e às inconveniências que um homem pode temer por parte de alguém que, estando no irrestrito estado de natureza, está ainda corrompido pela lisonja e revestido pelo poder. ⓬

...

DO INÍCIO DAS SOCIEDADES POLÍTICAS

95. Sendo os homens, como foi dito, por natureza, todos livres, iguais e independentes, ninguém pode ser expulso dos seus bens e submetido ao poder político de outro sem o seu próprio consentimento. O modo único por meio do qual qualquer um se despe de sua liberdade natural e coloca-se nos *laços da sociedade civil* consiste na concordância com outros homens em ligar-se e unir-se em uma comunidade para viverem uns com os outros de modo confortável, seguro e pacífico, em um gozo seguro das suas propriedades e em maior segurança contra quais-

---

⓫ R Dessa maneira, a comunidade adquire dos indivíduos que a compõem o poder (a) de fazer leis definindo crimes e determinando a punição para eles e (b) de impor essas leis, usando a força dos seus membros sempre que necessário. Aqui se encontra (a) a fonte do poder legislativo e (b) a fonte do poder executivo.

⓬ R Longe de escapar do estado de natureza, os súditos de um monarca absoluto não só estão em um estado de natureza com relação a ele, mas também são menos capazes de defender a si mesmos.

quer pessoas que não façam parte dela. Isso qualquer grupo de homens pode fazer, porque assim não prejudica a liberdade dos demais; eles são deixados como se encontravam na liberdade do estado de natureza. ⓭ Quando qualquer número de homens assim *consentiu em constituir uma comunidade ou um governo*, eles se encontram a partir daí presentemente incorporados e formam *um corpo político*, em que a *maioria* tem um direito de agir e decidir pelo restante.

96. Afinal, quando qualquer número de homens, pelo consentimento de todos os indivíduos, constituiu uma *comunidade*, a partir daí fez dessa *comunidade* um corpo, com um poder de agir como um corpo, o que ocorre somente pela vontade e determinação da maioria. Sendo aquilo que leva qualquer comunidade a agir somente o *consentimento* dos seus indivíduos, e sendo necessário para aquilo que é um corpo, no intuito de mover-se de um modo, que o corpo se mova naquela direção em que a força maior o leva, e essa é o *consentimento da maioria*, de outra forma é impossível que aja ou continue a ser um corpo, uma comunidade, que o consentimento de todos os indivíduos que nela se uniram concordou que fosse, e assim todos estão obrigados por aquele consentimento às decisões da maioria. E, portanto, vemos que em assembleias que ganham poder para agir mediante leis positivas, nas quais nenhum grupo é estabelecido por essa lei positiva que lhes dá poder, o *ato da maioria* passa pelo ato do todo e obviamente decide como tendo, pela lei da natureza e da razão, o poder do todo.

...

98. Ora, se *o consentimento da maioria* não for recebido em razão como *o ato do todo* e incluir a todos os indivíduos, nada senão o consentimento de todos os indivíduos pode fazer com que qualquer ato seja o ato do todo. Porém, é quase impossível que tal consentimento jamais seja obtido. (...) Uma constituição como essa faria com que o poderoso *leviatã** fosse de uma duração mais breve do que as criaturas mais frágeis e não permitiria que ele perdurasse o dia em que nasceu. (...) ⓮

99. (...) E assim, pois, aquilo que dá início e em realidade *constitui qualquer sociedade política* nada mais é do que o consentimento de um número de homens livres capazes de maioria para unir-se e incorporar-se em uma sociedade. E isso é aquilo, e aquilo somente, que deu ou poderia dar começo a qualquer governo legítimo no mundo.

...

DOS FINS DA SOCIEDADE POLÍTICA E DO GOVERNO

123. Se o homem no estado de natureza é tão livre como foi dito, se ele é senhor absoluto de sua própria pessoa e de suas posses, igual aos maiores e sujeito a ninguém, por que ele entregará a sua liberdade? Por que ele desistirá desse império e se sujeitará ao domínio e ao controle de qualquer outro poder? Ao que é óbvio responder que, embora no estado de natureza ele tenha tal direito, a fruição dele, contudo, é muito incerta e constantemente exposta à invasão de outros. Sendo todos reis tanto quanto ele, todo homem igual a ele e em sua maior parte nenhum observador estrito da equidade e da justiça, a fruição da propriedade que ele possui nesse estado é muito incerta, muito insegura. Isso o torna disposto a abandonar essa condição, a qual, embora livre, é repleta de temores e contínuos perigos; e não é sem razão que ele procura e está disposto a juntar-se em sociedade com outros que já estão unidos ou têm uma intenção de unir-se para a mútua preservação de sua vida, de sua liberdade e de seus bens a que eu chamo pelo nome geral de propriedade.

124. O grande e *principal objetivo*, portanto, da união dos homens em estados e de colocar-se sob governo é *a preservação da sua propriedade*. ⓯ E, para isso, no estado de natureza há muitas coisas que não estão à altura.

Em primeiro lugar, carece-se de uma lei estabelecida, constituída, reconhecida, recebida e aceita por consentimento comum, que sirva como o padrão de certo e errado, como a medida comum para decidir todas as controvérsias entre eles. Ainda que a lei da natureza seja manifesta e inteligível a todas as criaturas racionais, os homens, contudo, sendo desviados por seus interesses, bem como ignorantes pela

---

* N. de T. A palavra *leviatã*, de origem hebraica, significa "monstro", "monstro poderoso".

⓭ **R** Uma sociedade política ou civil (dois termos para a mesma coisa) passa a existir, de acordo com Locke, apenas quando em um grupo de pessoas todas concordam voluntariamente em entregar a liberdade e os direitos que têm no estado de natureza e unir-se em uma comunidade.

⓮ **R** As ações de tal comunidade devem ser determinadas pela regra da maioria, uma vez que exigir unanimidade tornaria fútil, já desde o início, formar uma comunidade.
Tal como está implícito aqui e mais explícito depois, Locke vê o ato de unir-se em uma comunidade – diferentemente da formação de um tipo específico de governo – como irrevogável. Se as pessoas pudessem retirar-se sempre que desaprovassem a ação da comunidade, nesse caso a formação da comunidade não teria nenhuma força real.

⓯ Tal como a sentença anterior deixa claro, "propriedade" inclui, para Locke, a vida e a liberdade, bem como a propriedade no sentido habitual.

falta de estudo da mesma, não são capazes de aceitá-la como uma lei que os obrigue em sua aplicação aos casos particulares.

125. *Em segundo lugar*, no estado de natureza, carece-se de *um juiz conhecido e indiferente*, com autoridade para determinar todas as diferenças, de acordo com a lei estabelecida. Sendo todos, naquele estado, tanto juízes quanto executores da lei da natureza, sendo os homens parciais com respeito a si mesmos, a paixão e a vingança são bem capazes de levá-los longe demais, com excesso de ardor, em seus próprios casos, bem como a negligência e a despreocupação podem torná-los desleixados nos casos dos demais homens.

126. *Em terceiro lugar*, no estado de natureza, carece-se com frequência de poder para defender e dar suporte à sentença, quando correta, e para dar a ela a devida execução. Aqueles que ofenderam por alguma injustiça raramente falharão, sempre que forem capazes, de pela força darem bom rumo à sua injustiça; essa resistência muitas vezes torna perigoso o castigo, e geralmente destrutivo, para aqueles que o tentam. ⓰

127. Portanto, os homens, não obstante todos os privilégios do estado da natureza, não se encontrando senão em uma má condição enquanto nela permanecem, são rapidamente movidos à sociedade. (...)

131. Contudo, ainda que os homens, quando entram na sociedade, entreguem nas mãos da sociedade a igualdade, a liberdade e o poder executivo que tinham no estado de natureza para que, a partir de então, estejam dispostos pelo legislativo, tal como o bem da sociedade deva requerer, todavia, dando-se isso apenas com a intenção, em todos, de melhor preservar a si mesmos, à sua liberdade e propriedade (pois não se pode supor que alguma criatura racional possa mudar a sua condição com a intenção de ficar pior), o poder da sociedade ou o legislativo constituído por eles *jamais pode ser considerado como estendendo-se para além do bem comum*, mas está obrigado a assegurar a propriedade de cada um ao prover meios contra aqueles três defeitos mencionados antes, que tornaram o estado de natureza tão inseguro e arriscado. E, assim, quem quer que tenha o poder legislativo ou supremo de qualquer estado está obrigado a governar mediante leis permanentes estabelecidas, promulgadas e conhecidas ao povo, e não mediante decretos extemporâneos, bem como mediante juízes indiferentes e honestos, que devem decidir controvérsias mediante essas leis e empregar a força da comunidade internamente, *apenas na execução de tais leis*, ou externamente para prevenir ou reparar danos estrangeiros e garantir a comunidade contra as incursões e a invasão. E tudo isso não deve ser direcionado a nenhum outro *objetivo* senão a *paz*, a *segurança* e o *bem público* do povo. ⓱

...

DA EXTENSÃO DO PODER LEGISLATIVO

134. Sendo o grande objetivo dos homens ao entrar em sociedade o gozo de suas propriedades em paz e segurança, e sendo o grande instrumento e meio disso as leis estabelecidas naquela sociedade, *a primeira e fundamental lei positiva* de todos os estados *é o estabelecimento do* poder *legislativo*; *a primeira e fundamental lei natural*, que deve reger até mesmo o próprio legislativo, *é a preservação da sociedade* e (na medida em que for compatível com o bem público) de todas as pessoas nela. ⓲ Esse *legislativo* não é somente o *poder supremo* do estado, mas sagrado e inalterável nas mãos de quem a comunidade uma vez o colocou, nem pode qualquer édito de qualquer outro, concebido seja em que forma ou com o suporte de seja qual for o tipo de poder, ter a força e a obrigação de uma lei se não tiver a sua *sanção a partir* daquele *legislativo* que o público escolheu e nomeou, pois sem isso a lei não poderia ter aquilo que é absolutamente necessário para ser ela uma *lei, o consentimento da sociedade*. (...) ⓳

135. Ainda que o legislativo, esteja localizado em um ou mais, seja sempre reunido ou somente por intervalos, ainda que ele seja o poder supremo em todos os estados, todavia,

Em primeiro lugar, ele *não* é nem pode ser absolutamente *arbitrário* acerca da vida e do destino das pessoas. Sendo ele somente o poder conjunto de todos os membros da sociedade, entregue àquela pessoa ou assembleia, que constitui o legislador, ele não pode ser mais do que essas pessoas tinham em um estado de natureza antes de terem entrado em uma

---

⓰ Esses três pontos expressam mais plenamente as dificuldades concernentes à imposição da lei da natureza no estado de natureza.

⓱ Logo, o poder supremo não pode propriamente fazer uso do poder de que os homens abriram mão para promover a riqueza de uns poucos às custas de muitos.

⓲ "Lei positiva" é aquela feita pelo homem em oposição à lei natural. E a lei mais fundamental desse tipo é aquela que estabelece e delineia a autoridade ou as autoridades legisladoras da sociedade. (Em muitas sociedades, essa seria a parte mais importante de uma constituição escrita.)

⓳ "O legislativo" (isto é, as pessoas ou os corpos em quem o poder legislativo está localizado) constitui a autoridade suprema na sociedade, a partir da qual quaisquer outras autoridades legítimas devem em última análise derivar o seu poder.

sociedade e terem-no cedido à comunidade. Ninguém pode transferir a outro mais poder do que possui em si mesmo, e ninguém tem um poder arbitrário absoluto sobre si mesmo, ou sobre qualquer outro, para destruir a sua própria vida, ou tirar a vida ou a propriedade de outro. (...) O poder deles, em seus limites máximos, está *limitado ao bem público* da sociedade. É um poder que não tem nenhum outro objetivo senão a preservação e, portanto, jamais pode ter um direito de destruir, escravizar ou propositadamente empobrecer os súditos. (...) As regras que eles elaboram para as ações de outros homens devem, tanto para as suas próprias ações quanto para as ações de outros homens, estar em conformidade com a lei da natureza, ou seja, com a vontade de Deus, da qual aquela é uma declaração, e, *sendo a lei fundamental da natureza a preservação dos homens*, nenhuma sanção humana pode ser boa ou válida contra ela. ❷⓪

136. *Em segundo lugar*, o legislativo ou a autoridade suprema não pode chamar a si mesma um poder de governar por decretos extemporâneos, arbitrários, mas está *obrigada a distribuir a justiça* e decidir os direitos do súdito *por leis promulgadas, permanentes e por juízes autorizados conhecidos*. Não sendo escrita a lei da natureza, e dessa maneira não podendo ser encontrada em nenhum lugar, mas nas mentes dos homens, aqueles que, por paixão ou interesse, adulterassem ou fizessem mau uso dela não poderiam tão facilmente ser convencidos do seu engano, se não houvesse nenhum juiz estabelecido; e, assim, ela não serve como deveria para determinar os direitos e pôr limites nas propriedades daqueles que vivem sob ela. (...) ❷①

137. O poder arbitrário absoluto ou o ato de governar sem *leis permanentes estabelecidas* não podem estar em harmonia com os fins da sociedade e do governo, em que os homens não abririam mão da liberdade do estado de natureza nem se vinculariam firmemente sob ele, se ele não existisse para preservar a sua vida, liberdades e fortuna, bem como garantir, por *regras afirmadas* do direito e da propriedade, a paz e a tranquilidade. (...)

138. *Em terceiro lugar*, o *poder supremo não pode tomar* de nenhum homem parte de sua propriedade sem o seu próprio consentimento. Afinal, sendo a preservação da propriedade o objetivo do governo e o motivo pelo qual os homens entram em uma sociedade, ela necessariamente pressupõe e exige que as pessoas devam *ter propriedade*, sem o que se deve supor que elas percam aquilo que, ao entrarem em uma sociedade, era o objetivo pelo qual nela ingressaram, sendo isso um absurdo por demais grosseiro para que algum homem admita. (...) Portanto, é um equívoco pensar que o *poder supremo ou legislativo* de qualquer estado possa fazer o que bem queira e dispor dos bens do súdito arbitrariamente, ou tomar ao belprazer qualquer parte deles. (...) ❷②

140. É verdade que os governos não podem ter suporte sem grande dispêndio, e é adequado que todos os que gozam de uma parcela da proteção devam pagar, com base em seus bens, a sua proporção para a manutenção dela. Todavia, também isso deve dar-se com o seu próprio consentimento, ou seja, com o consentimento da maioria, dando-o seja diretamente, seja mediante os representantes escolhidos por eles. Ora, se alguém fosse reivindicar um *poder de lançar* e exigir *taxas* sobre o povo, pela sua própria autoridade e sem o consentimento do povo, esse alguém infringiria a *lei fundamental da propriedade* e subverteria o objetivo do governo. Afinal, que propriedade tenho eu naquilo que um outro pode ter o direito de tomar para si quando bem quiser?

141. *Em quarto lugar*, o *legislativo não pode transferir o poder de elaborar leis* a quaisquer outras mãos. Não sendo ele senão um poder delegado pelo povo, aqueles que o têm não podem transferi-lo a outros. O povo somente pode indicar a forma do estado, o que se dá pela constituição do legislativo e pela indicação daqueles em cujas mãos esse deve ficar. E, quando o povo disser nós nos submeteremos a regras e seremos governados pelas leis feitas por esses homens, então ninguém mais poderá dizer que outros homens devam fazer-lhes leis, nem pode o povo ser obrigado por quaisquer leis senão as que são aprovadas por aqueles a quem ele escolheu e autorizou a elaborar-lhes leis. (...) ❷③

DO PODER LEGISLATIVO [E] EXECUTIVO DO ESTADO

143. O poder legislativo é aquele que tem um direito *de direcionar de que maneira a força do estado* deve ser em-

❷⓪ **R** Mesmo os poderes da autoridade legislativa encontram-se, de acordo com Locke, fortemente limitados. Ele segue enumerando quatro restrições principais. Primeiro, a autoridade legislativa não tem e não pode legitimamente ter poder arbitrário, ilimitado, sobre os cidadãos.

❷① **R** Em segundo lugar, a autoridade legislativa deve governar por "leis permanentes estabelecidas", e não por decretos arbitrários ou *ad hoc*. Parte do motivo para tanto ficou agora óbvia. Contudo, há ainda outro aspecto central, subjacente: um dos propósitos para deixar o estado de natureza é evitar a situação em que a lei natural fica sujeita a diferentes interpretações, levando ao conflito e à insegurança.

❷② **R** Em terceiro lugar, Locke afirma que a autoridade legislativa não pode tomar a propriedade de pessoas sem o seu consentimento. O elemento básico é que preservar a propriedade foi, desde o início, o principal propósito da instituição da sociedade e do governo.
Isso parece tornar incerto de que modo um governo pode pagar as suas próprias despesas necessárias. No parágrafo seguinte, contudo, Locke parece afirmar que o consentimento da maioria das pessoas ou dos seus representantes é o bastante para satisfazer essa exigência.

❷③ **R** Em quarto lugar, a autoridade legislativa não pode transferir o seu poder legislador fundamental a outrem (o que não exclui a delegação de poderes subsidiários). Quem quer que exercite aquele poder assim o detém, com efeito, por empréstimo do povo, mas não o detém de um modo que permitiria concedê-lo a outrem.

pregada para preservar a comunidade e os seus membros. Porém, como as leis devem ser constantemente executadas e sua força sempre deve vigorar, elas podem ser elaboradas em um curto período de tempo; não há nenhuma necessidade de o legislativo manter-se sempre em exercício, uma vez que não tem sempre com o que se ocupar. E como pode ser um tentação demasiado grande à fraqueza humana, capaz de agarrar o poder, para que as mesmas pessoas que têm o poder de elaborar leis também tenham em suas mãos o poder de executá-las, podendo então escusar a si mesmas da obediência às leis que fizeram e acomodar a lei, tanto no seu fazer quanto na sua execução, para a sua própria vantagem particular, vindo, portanto, a ter um interesse distinto do restante da comunidade, contrário ao objetivo da sociedade e do governo, em estados bem-ordenados, onde o bem do todo é considerado tal como é devido, o poder legislativo é posto nas mãos de pessoas diversas que, devidamente reunidas, têm por si mesmas ou em conjunto com outras um poder de elaborar leis, às quais, depois de terem sido elaboradas por elas, sendo elas de novo separadas, estão sujeitas, e esse é um novo e próximo laço sobre elas, que cuidem que as elaborem para o bem público.

144. Porém, como as leis que são elaboradas de uma vez e em um curto período têm uma força constante e duradoura, precisando de uma *execução perpétua* ou de uma assistência para tanto, é necessário, então, que deva haver um poder *sempre em vigor* a zelar pela execução das leis que são feitas e pela sua vigência. Assim, pois, o poder legislativo e o executivo ficam com frequência separados. ❷❹

...

DA SUBORDINAÇÃO DOS PODERES DO ESTADO

149. Ainda que em um estado constituído, o qual se ergue sobre a sua própria base e atua de acordo com a sua própria natureza, isto é, agindo para a preservação da comunidade, não possa haver senão *um poder supremo*, que é o *legislativo*, ao qual todos os demais estão e devem ficar subordinados, todavia, sendo o legislativo somente um poder fiduciário no intuito de agir para certos fins, permanece ainda *no povo um poder supremo de remover ou de alterar o legislativo* quando ele considera o ato legislativo contrário à responsabilidade neles depositada. Sendo todo *o poder concedido em confiança* para a obtenção de um objetivo limitado por esse objetivo, sempre que aquele objetivo for manifestamente negligenciado ou contrariado, a confiança necessariamente deve ser negada e o poder devolvido às mãos daqueles que o concederam, pois podem depositá-lo de novo onde considerarem o melhor para a sua garantia e segurança. ❷❺ E, assim, a *comunidade* perpetuamente *retém um poder supremo* de salvaguardar-se das tentativas e dos propósitos de qualquer um, mesmo dos seus legisladores, sempre que forem tão tolos ou maldosos a ponto de lançar ou levar adiante propósitos contra as liberdades e propriedades do súdito. (...) E pode-se dizer que a comunidade nesse sentido é *sempre o poder supremo*, mas não quando considerada sob qualquer forma de governo, porque esse poder do povo jamais pode ter lugar até que o governo seja dissolvido.

...

DA DISSOLUÇÃO DO GOVERNO

211. Aquele que quiser falar com alguma clareza da *dissolução do governo* deve, em primeiro lugar, distinguir entre a *dissolução da sociedade* e a *dissolução do governo*. Aquilo que faz a comunidade e tira os homens do estado solto de natureza para *uma sociedade política* é o acordo que todos têm com o restante para incorporar-se e agir como um corpo, constituindo assim um estado distinto. O modo habitual e quase único pelo qual *essa união é dissolvida* é a incursão de força estrangeira, que realiza uma conquista sobre eles. Nesse caso (não sendo os homens capazes de manter e dar suporte a si mesmos como *um corpo inteiro* e *independente*), a união que cabia àquele corpo e realizava-se ali dentro deve necessariamente cessar, e assim todos devem retornar ao estado em que se encontravam anteriormente, com uma liberdade de mover-se por conta própria e prover para a sua própria segurança, como pensam ser apropriado, em algum outra sociedade. (...) ❷❻

---

❷❹ Na visão de Locke, o poder executivo é subsidiário ao legislativo e existe somente por razões essencialmente práticas. **PARE** (Como isso se compara à presidência no atual sistema americano [ou no atual sistema brasileiro] de governo?)

❷❺ Aqui se encontra a diferença fundamental entre Locke e Hobbes: enquanto para Hobbes o poder é conferido ao soberano de forma irrevogável, para Locke o poder é meramente *confiado* ao governo para que aja para fins específicos – uma confiança que pode ser revogada pelo povo se o governo falhar em agir satisfatoriamente, sobretudo se ele exceder a sua autoridade própria, invadindo os direitos dos súditos.

❷❻ Um meio pelo qual um governo pode ser dissolvido é pela conquista estrangeira, caso em que a comunidade também é dissolvida, e as pessoas retornam ao estado de natureza.

212. Além dessa subversão oriunda de fora, *os governos dissolvem-se a partir de dentro*.

Em primeiro lugar, quando *o legislativo é alterado*. Sendo a sociedade civil um estado de paz entre aqueles que dela fazem parte, do qual se exclui o estado de guerra pela arbitragem que proporcionaram no seu legislativo, no intuito de dar fim a todas as diferenças que possam surgir entre quaisquer deles, é no seu legislativo que os membros de um estado unem-se e combinam-se em um corpo vivo coerente. Essa *é a alma que dá forma, vida e unidade* ao estado; daí têm os diversos membros a sua influência mútua, simpatia e conexão; portanto, quando o legislativo é interrompido ou dissolvido, seguem-se dissolução e morte. (...) Quando um homem ou mais de um vierem a tomá-los para elaborar leis, homens a quem o povo não nomeou para assim proceder, eles elaboram leis sem autoridade, às quais o povo, portanto, não tem obrigação de obedecer, mediante o que ele vem novamente a estar fora da sujeição e pode constituir para si mesmo um novo legislativo, tal como julgar melhor. (...) ㉗

...

221. Há, portanto, em segundo lugar, um outro meio pelo qual *os governos dissolvem-se*, e esse é quando o legislativo ou o príncipe agem contrariamente à confiança depositada. ㉘

...

222. A razão pela qual os homens entram em sociedade é a preservação da sua propriedade; e o objetivo por que escolhem e autorizam um legislativo é que possam existir leis feitas e regras estabelecidas como guarda e proteção para as propriedades de todos os membros da sociedade: para limitar o poder e moderar o domínio de cada parte e membro da sociedade. Dado que jamais se pode supor que seja a vontade da sociedade que o legislativo tenha um poder de destruir aquilo que todos têm o propósito de assegurar ao entrarem na sociedade e em função do que as pessoas submeteram-se aos legisladores por iniciativa própria, sempre que os *legisladores esforçam-se em tirar e destruir a propriedade do povo* ou reduzi-lo à escravidão sob poder arbitrário, põe-se em um estado de guerra com o povo, que fica a partir disso absolvido de qualquer obediência posterior e é deixado ao refúgio comum, que Deus providenciou a todos os homens, contra a força e a violência. Portanto, sempre que o *legislativo* transgredir essa regra fundamental da sociedade e, seja por ambição, medo, loucura ou corrupção, *esforçar-se em apoderar-se ou entregar às mãos de outro qualquer um poder absoluto* sobre a vida, a liberdade e os bens do povo, por essa infração da confiança depositada ele *renuncia ao poder* que o povo tinha posto em suas mãos, por fins deveras contrários, e ele o devolve ao povo, que tem um direito de reassumir a sua antiga liberdade e, pelo estabelecimento de um novo legislativo (tal como julgar adequado), prover em favor de sua própria garantia e segurança, que é o objetivo pelo qual os homens encontram-se em sociedade. O que eu disse aqui acerca do legislativo em geral é verdadeiro também com respeito ao executor supremo, que, tendo um duplo encargo depositado nele, tanto o de ter uma parte no legislativo quanto o da execução suprema da lei, age contra ambos quando ele se põe a estabelecer a sua própria vontade arbitrária como a lei da sociedade. (...) ㉙

223. A isso talvez seja objetado que, sendo o povo ignorante e sempre descontente, estabelecer a base do governo na opinião instável e na disposição incerta do povo é expô-lo à ruína certa, e *nenhum governo será capaz de subsistir por muito tempo* se o povo puder instituir um novo legislativo sempre que ele se sentir ofendido pelo antigo. ㉚ A isso eu respondo: muito ao contrário. O povo não é tão facilmente tirado de suas antigas formas, como alguns tendem a sugerir. Dificilmente se consegue fazer com que ele corrija as faltas reconhecidas na estrutura à qual foi acostumado. (...)

224. Contudo, dirão, essa *hipótese* lança um *fermento* para frequente *rebelião*. A isso eu *respondo*.

Em primeiro lugar, não mais do que qualquer outra *hipótese*: quando o povo torna-se miserável e vê-se *exposto aos maus-tratos do poder arbitrário*. (...) o mesmo acontecerá. *O povo geralmente maltratado* e contrariamente ao justo está pronto, em qualquer ocasião, a livrar-se de um fardo que se põe pesadamente sobre ele. (...)

㉗ **R** Uma vez que a constituição da autoridade legislativa suprema é o ato fundamental que estabelece um governo, qualquer alteração na autoridade legislativa destrói a legitimidade do governo. Isso poderia envolver uma tentativa de transferência de poder legislativo pela autoridade legislativa original para uma nova autoridade ou uma usurpação ilegítima daquele poder por alguma outra pessoa ou outro corpo.

㉘ Por "o príncipe" Locke quer dizer o poder executivo (que, assim ele supõe, em geral estará nas mãos de um monarca limitado constitucionalmente).

㉙ **R** Aqui, Locke expressa a forma mais importante pela qual a autoridade legislativa ou executiva pode violar a confiança nela depositada pelas pessoas, justifcando por meio disso a rebelião: ao tentar assumir poder arbitrário, ilimitado, sobre o povo.

㉚ Aqui temos, com efeito, a objeção que Hobbes teria feito à concepção de Locke: a de que sancionar a derrubada do governo pelo povo sempre que ele estiver descontente tornará o governo por demais instável para sobreviver por muito tempo. A réplica de Locke é dada neste e nos parágrafos imediatamente seguintes.

R ③¹ Locke sustenta, de modo retórico, que aqueles que tentam violar a constituição e legitimar restrições sobre os poderes do governo são os verdadeiros rebeldes, e não as pessoas que resistem a tais tentativas.

R ³² Aqui se encontra uma questão crucial: quem decide se o governo violou a confiança nele depositada nas maneiras indicadas? A resposta de Locke é que o povo é o juiz final – e, nesse caso, presume-se que isso signifique uma maioria do povo.

225. *Em segundo lugar*, eu respondo: tais *revoluções* não *acontecem* por qualquer pequena má administração em negócios públicos. *Grandes enganos* por parte dos governantes, muitas leis equivocadas e inconvenientes e todos os resbalos da fraqueza humana *serão suportados pelo povo* sem motim ou murmúrio. Porém, se uma longa cadeia de abusos, prevaricações e artifícios, todos mostrando a mesma tendência, tornam o propósito visível ao povo, não podendo este deixar de sentir aquilo sob o que ele se encontra e ver para onde está indo, não é de admirar que ele mesmo se erga, então, e empenhe-se em pôr o governo sob mãos que possam assegurar-lhe os fins para os quais o governo foi primeiramente instituído. (...)

226. *Em terceiro lugar*, respondo que *essa doutrina* sobre um poder do povo de prover a sua segurança renovadamente, mediante um novo legislativo, quando os seus legisladores agirem contrariamente à sua confiança ao invadir a sua propriedade, é a *melhor proteção contra a rebelião* e o meio mais provável de evitá-la. Afinal, sendo a *rebelião* uma oposição, não às pessoas, mas à autoridade fundada tão somente nas constituições e leis do governo, aqueles, quem quer que sejam, que pela força abrem caminho e pela força justificam a violação delas são verdadeira e propriamente *rebeldes*. (...) ³¹

227. (...) pois, se alguém, mediante força, retira o legislativo estabelecido de uma sociedade e as leis por ele feitas em conformidade com a sua confiança, ele elimina a partir disso o poder de arbitragem ao qual todos consentiram para uma decisão pacífica de todas as suas controvérsias e para pôr uma barreira ao estado de guerra entre eles. Aqueles que removem ou modificam o legislativo removem esse poder decisivo (...) e, assim, ao eliminar o legislativo estabelecido pela sociedade (em cujas decisões o povo aquiesceu e uniu-se como sendo da sua própria vontade), eles desamarram o nó e *expõem novamente o povo ao estado de guerra*. (...)

240. Aqui, é provável que seja feita a pergunta comum: *quem julgará* se o príncipe ou o legislativo agem contrariamente à confiança neles depositada? (...) A isso eu respondo que "O povo será o juiz", pois quem *julgará* se o seu depositário ou deputado age corretamente e de acordo com a confiança nele colocada senão aquele que o nomeia e deve, por tê-lo nomeado, ter ainda o poder de desfazer-se dele quando falha em sua confiança? Se isso for razoável em casos particulares de homens particulares, por que deveria ser diferente naquele da máxima importância, em que o bem-estar de milhões está em jogo, e portanto onde o mal, se não for evitado, é maior e a reparação é muito difícil, dispendiosa e perigosa?

...

242. Se surgir uma controvérsia entre um príncipe e alguém do povo, em um assunto em que a lei silencia ou é duvidosa, e a questão apresenta-se como sendo de grande importância, considero que, nesse caso, a *instância* própria *de arbitragem* deva ser o corpo do *povo*; afinal, em casos nos quais o príncipe tem um encargo que lhe foi confiado e está dispensado das regras habituais da lei, então, se homens quaisquer acham-se oprimidos e consideram que o príncipe age contrariamente ou para além daquele encargo, quem mais propriamente do que o corpo do *povo* (que, em um primeiro momento, depositou nele tal confiança) deve *julgar* até onde ele deva estender-se? ³² Contudo, se o príncipe, ou quem quer que se encontre na administração, rejeitar essa forma de resolução, o apelo, nesse caso, não será a nenhum outro lugar senão aos céus, sendo pois a força entre as pessoas que não têm nenhum superior conhecido sobre a Terra ou que não permite nenhum apelo a um juiz sobre a Terra propriamente um estado de guerra, em que o apelo se volta somente aos céus, e nesse estado a *parte prejudicada deve julgar* por si mesma quando considerar apropriado fazer uso daquele apelo e nele pôr a sua confiança.

243. Para concluir, o *poder que cada indivíduo concedeu à sociedade*, quando nela entrou, jamais pode de novo reverter aos indivíduos enquanto durar a sociedade, mas sempre permanecerá na comunidade. Ora, sem isso não pode haver nenhuma comunidade, nenhum estado, e isso é contrário ao acordo original; assim também, quando a sociedade colocou o legislativo em qualquer assembleia de homens, para continuar neles e nos seus sucessores, com orientação e autoridade

para prover aos seus sucessores, o *legislativo não pode jamais retornar ao povo* enquanto durar aquele governo. Tendo criado um legislativo com o poder de continuar para sempre, ele desistiu do seu poder político ao legislativo e não pode restabelecê-lo. No entanto, se pôs limites à duração do legislativo e tornou esse poder supremo apenas temporário em alguma pessoa ou assembleia, ou então, quando em razão da má condução daqueles que tinham autoridade, ele é perdido, em função da perda ou de estar findado o tempo estabelecido *ele é devolvido à sociedade*, e o povo tem direito de agir como supremo e continuar o legislativo por si mesmo, ou de erigir uma nova forma, ou sob a forma antiga colocá-lo em novas mãos, conforme julgar que seja bom. ㉝

R ㉝ Locke afirma explicitamente que a dissolução do governo não significa a dissolução da comunidade, mas, em vez disso, significa que o povo tem o direito de formar um novo governo ou de ele mesmo atuar como o governo (isto é, como a autoridade legislativa) se ele assim escolher.

Questões para Discussão

1. Hobbes argumenta que o soberano não foi e não poderia ser parte do contrato social e, portanto, não poderia violá-lo. Explique como Locke responde ao argumento de Hobbes sobre esse ponto, valendo-se da ideia de que o contrato social tem dois estágios: o primeiro, no qual a comunidade é formada, e o segundo, em que o governo efetivo (principalmente a autoridade legislativa) é constituído.

2. A concepção de estado de natureza de Locke é muito diferente da apresentada por Hobbes. Explique as principais diferenças e examine o que elas revelam sobre suas visões contrastantes a respeito da psicologia humana básica. Que razões cada um deles poderia ter apresentado em oposição ao outro? Quem lhe parece ter razão (ou pelo menos estar mais próximo da verdade)?

3. Você pensa que o tipo de situação na qual o contrato social foi explicitamente acordado – tal como descrita por Hobbes ou Locke – ocorreu de fato na história humana? Se ocorreu, quando foi? Se não ocorreu, isso significa que as explicações desses dois autores não têm nenhuma relevância concreta para responder à questão referente a se os governos que existem de fato no mundo detêm ou não autoridade legítima?

4. Se a lei natural (tal como descrita por Locke) realmente existe, então estamos obrigados a preservá-la tanto quanto pudermos, de tal modo que quem descuidadamente destruir propriedades e vidas estará violando a lei natural. Você pensa que uma lei natural desse tipo geral realmente existe? A resposta a essa questão depende essencialmente da existência de um Deus? Ou essa lei moral poderia existir, mesmo que não fosse criada pelos comandos de uma divindade?

5. Locke de fato oferece dois critérios diferentes para determinar quando um governo pode ser legitimamente derrubado pelo povo:

    a) um critério objetivo (quando fracassa na tentativa de realizar o propósito para o qual foi instituído ou quando extrapola os seus poderes legítimos – um exemplo disso é a transferência ilegítima do poder legislativo);
    b) um critério subjetivo (quando perde a confiança do povo, porque este julga, correta ou incorretamente, que o governo fez uma ou mais de uma dessas coisas).

    Examine quais desses dois critérios é prioritário, considerando qual é o resultado correto quando eles divergem: quando (a) é satisfeito, mas (b) não o é, ou quando (b) é satisfeito, mas (a) não o é.

David Hume

Uma das críticas mais agudas ao apelo que Locke faz à ideia de um contrato social e às teorias de contrato social em geral foi produzida cerca de 60 anos mais tarde (1748) por seu parceiro no "empirismo britânico", David Hume (1711-1776). (Para saber mais sobre ele, ver o artigo de Hume no Capítulo 2 deste livro.) Hume reconhece o apelo da ideia segundo a qual a legitimidade do governo deve repousar no tipo de consentimento que estaria envolvido em um contrato social. Ele não nega nem

a) que algo como um consentimento (ou ao menos aquiescência) deve ter sido a base original do governo em um passado muito distante, nem
b) que o consentimento efetivo do povo, se fosse genuinamente obtido, seria um fundamento justo para o governo.

Contudo, Hume nega que a legitimidade dos governos que existem de fato no mundo (no seu tempo ou no nosso) possa ser razoavelmente concebida como deixando espaço, em qualquer grau significativo, para um consentimento real. Hume também considera e rejeita que a ideia do *consentimento tácito*, consentimento manifesto por coisas como a permanência voluntária no país em questão, possa oferecer um substituto aceitável para um acordo explícito real. (Uma resposta possível a essas críticas seria insistir que governos cujas autoridades não repousam sobre o consentimento não têm qualquer autoridade legítima; Hume não menciona explicitamente tal concepção, mas com certeza a teria considerado absurda demais para ser levada a sério.)

Hume também oferece uma refutação "mais filosófica" do apelo a um contrato social ou a um consentimento popular, perguntando quais seriam as bases das supostas obrigações de cumprir os contratos ou de aderir às promessas. A sua tese é de que a única base para tais obrigações é a sua *utilidade* à sociedade. No entanto, o dever de vassalagem para com governos razoavelmente satisfatórios também pode estar baseado diretamente na utilidade social, tornando desnecessário o desvio através das ideias de um contrato social ou de um consentimento popular. (A sua visão é, portanto, uma versão do utilitarismo, semelhante à de Bentham e à de Mill – ver Capítulo 5 – e sujeita a muitas das mesmas objeções.)

Do Contrato Original[3]

❶ Hume resume aqui as duas concepções concernentes à justificação do governo que eram correntes na Grã-Bretanha em meados dos anos 1700: o apelo lockiano a um contrato social revogável e à antiga ideia de direito divino (normalmente restrita a governos monárquicos).

Dado que nenhum partido, na presente época, pode sustentar a si mesmo sem um sistema filosófico ou especulativo de princípios, associado ao seu sistema político ou prático, nós, correspondentemente, verificamos que cada uma das facções nas quais a nação está dividida criou um tecido desse tipo no intuito de proteger e cobrir o esquema de ações que persegue.

Sendo o povo em geral construtor muito rude, especialmente nesse aspecto especulativo, e mais especialmente ainda quando nele atua o zelo partidário, é natural imaginar que a sua habilidade deva estar um pouco disforme e descobrir marcas evidentes daquela violência e pressa em que foi erguida. Uma partido, ao associar o governo à Deidade, busca torná-lo tão sagrado e inviolado que deve ser pouco menos que um sacrilégio, não importa o quão tirânico ele possa se tornar, tocá-lo ou invadi-lo no mais ínfimo artigo. O outro partido, ao encontrar o governo totalmente baseado no consentimento do Povo, supõe que haja um tipo de *contrato original* pelo qual os súditos tacitamente se reservaram o poder de resistir ao seu soberano sempre que se consideram ofendidos por aquela autoridade que, para certos propósitos, confiaram voluntariamente a ele. Esses são os princípios especulativos dos dois partidos, e essas são também as consequências práticas deduzidas a partir deles. ❶

Eu me atreverei a afirmar *Que esses dois sistemas de princípios especulativos são justos, embora não no sentido pretendido pelos partidos, e Que ambos os esquemas de consequências práticas são prudentes, ainda que não nos extremos a que cada partido, em oposição ao outro, comumente se esforçou em levá-los.*

Que a Deidade é o autor último de todo governo isso jamais será negado por alguém que admite uma providência

---
[3] Extraído de *Of the Original Contract* (1748).

geral e admite que todos os eventos no universo são conduzidos por um plano uniforme e dirigido a propósitos sábios. Como é impossível à raça humana subsistir, pelo menos em qualquer estado confortável ou seguro, sem a proteção do governo, essa instituição certamente deve ter sido proposta por aquele Ente beneficiente que visa ao bem de todas as suas criaturas. E como, de fato, universalmente tem tido lugar em todos os países e em todas as época, podemos concluir com certeza ainda maior que ela foi proposta por aquele Ente onisciente que jamais pode ser enganado por qualquer evento ou operação. Porém, visto que Ele deu origem ao governo, não por qualquer intervenção particular ou miraculosa, mas por sua eficácia oculta e universal, um soberano não pode, propriamente falando, ser chamado de Seu vice-regente em qualquer outro sentido senão o de que todo poder ou toda força, sendo derivado dEle, permite que se diga que aquele age por Sua comissão. Tudo o que em realidade acontece está compreendido no plano ou na intenção geral da providência; nem o maior e mais legítimo príncipe tem qualquer razão mais, segundo esse relato, de alegar uma sacralidade peculiar ou uma autoridade inviolável do que um magistrado inferior, ou mesmo um usurpador, ou mesmo um ladrão e um pirata. (...) ❷

Quando consideramos o quão aproximadamente iguais são todos os homens em sua força física, e mesmo em seus poderes e faculdades mentais, até serem cultivados pela educação, devemos necessariamente admitir que nada senão o próprio consentimento deles poderia, em um primeiro momento, associá-los e sujeitá-los a qualquer autoridade. O povo, se reconduzirmos o governo à sua primeira origem, nas florestas e nos desertos, é a fonte de todo poder e toda jurisdição, e voluntariamente, por causa da paz e da ordem, abandonou a sua liberdade nativa e recebeu leis dos seus iguais e companheiros. As condições sob as quais eles estavam dispostos a submeter-se ou foram expressas ou foram tão claras e óbvias que se poderia muito bem julgar supérfluo expressá-las. Se é isso, então, que significa o *contrato original*, não se pode negar que todo governo, em um primeiro momento, está fundado em um contrato e que as mais antigas e rudes combinações da humanidade foram formadas principalmente de acordo com esse princípio. Em vão nos perguntam em que arquivos esse alvará das nossas liberdades está registrado. Não foi escrito em pergaminho, nem tampouco em folhas ou cascas de árvores. Ele precedeu o uso da escrita e de todas as outras artes civilizadas da vida. (...) ❸

Todavia, até mesmo esse consentimento foi por muito tempo imperfeito e não poderia ser a base de uma administração regular. O líder principal, que provavelmente adquirira a sua influência durante a continuação da guerra, governava mais por persuasão do que por comando; e, até que pudesse empregar a força para reduzir os refratários e os desobedientes, dificilmente se poderia dizer que a sociedade tivesse atingido um estado de governo civil. Nenhum pacto ou acordo, é evidente, foi expressamente formado para a submissão geral, uma ideia muito além da compreensão dos selvagens. Cada exercício de autoridade por parte do líder principal deve ter sido particular e conclamado pelas exigências presentes do caso. A utilidade perceptível, resultante dessa interposição, fez com que esses exercícios se tornassem diariamente mais frequentes; e a sua frequência gradativamente produziu no povo uma aquiescência habitual e, se quiserem assim chamá-la, voluntária e, portanto, precária. ❹

Contudo, os filósofos que abraçaram um partido (se isso não for uma contradição em termos) não se contentam com essas concessões. Eles afirmam não só que o governo em sua mais precoce infância surgiu a partir do consentimento ou, em vez disso, da aquiescência voluntária ❺ do povo, mas também que, mesmo no presente, quando atingiu plena maturidade, o governo não repousa sobre nenhum outro fundamento. Afirmam ainda que todos os homens nasceram iguais e não devem lealdade a nenhum príncipe ou governo, a menos que forçados por obrigação e sanção de uma *promessa*. E como nenhum homem, sem algo equivalente, preteriria as vantagens da sua liberdade nativa ou se sujeitaria à vontade de outro, essa promessa é sempre entendida como condicional e não impõe sobre ele nenhuma obrigação, a menos que ele encontre justiça e proteção por parte do seu soberano. Essas vantagens o soberano promete-lhe em troca, e, caso

❷ Ainda que alhures Hume seja cético sobre tais alegações, ele aqui reconhece a existência de Deus e, portanto, a sanção divina aparente para os governos humanos, embora dando a essa alegação a virada irônica de que governos ou líderes de qualquer tipo têm uma igual pretensão à sanção divina.

❸ Hume admite que algum tipo de consentimento ou concordância deve ter estado envolvido quando o governo primeiramente se originou, mas aponta de imediato que não há nenhum registro dos termos de tal concordância.

❹ Tampouco há, assim ele argumenta, qualquer razão para pensar que esse ato original de consentimento envolva algo como um contrato explícito e detalhado em oposição a acréscimos fragmentários e *ad hoc* de autoridade.

❺ Tome nota com cuidado dos dois termos muito diferentes que Hume está empregando aqui: "consentimento" e mera "aquiescência voluntária" são coisas muito diferentes, servindo a última como base para a autoridade legítima de modo muito menos claro do que a primeira.

❻ Hume resume aqui as principais ideias da concepção lockiana.

❼ R Um problema é que a ideia de tal contrato não é reconhecida nem aceita em quase nenhum outro lugar no mundo. Como então, assim Hume pergunta, pode ele ser a base para a autoridade atual dos governos?

❽ R Não adiantará afirmar que o contrato relevante é o suposto contrato original, agora esquecido. Por que ele reteria a sua autoridade depois de tanto tempo e de tantas mudanças? E (um problema sério para qualquer concepção de contrato social) por que tal contrato continuaria a obrigar as pessoas depois que aqueles que na realidade concordaram com ele já estivessem mortos?

❾ R Governos reais são quase todos fundados originalmente em "usurpação ou conquista", tornando pouco claro de que modo um contrato pode ser considerado como desempenhando algum papel.

ele falhe na execução, terá rompido da sua parte os artigos do compromisso e, portanto, terá liberado o seu súdito de todas as obrigações de lealdade. Este é, de acordo com esses filósofos, o fundamento da autoridade em todo governo, e este é o direito de resistência que cada súdito possui. ❻

Entretanto, caso esses pensadores olhassem em volta no mundo, não se deparariam com nada que, no mínimo aspecto, correspondesse às suas ideias ou pudesse dar aval a um sistema tão refinado e filosófico. Pelo contrário, encontramos, em todo lugar, príncipes que reivindicam os seus súditos como sua propriedade e afirmam o seu direito independente de soberania a partir da conquista ou da sucessão. Encontramos também, em todo lugar, súditos que reconhecem esse direito a seu príncipe e consideram a si mesmos nascidos sob obrigações de obediência a um certo soberano, tanto quanto sob os laços de reverência e dever a certos pais. Essas conexões são sempre concebidas como igualmente independentes do nosso consentimento (...), onde quer que as doutrinas mencionadas não tenham sido cuidadosamente inculcadas. Obediência ou sujeição torna-se tão familiar que a maioria dos homens jamais faz qualquer investigação sobre a sua origem ou causa mais do que sobre o princípio de gravidade (...) ou as leis mais universais da natureza. Ou, se a curiosidade em algum momento os move, tão logo aprendem que eles mesmos e os seus antepassados foram sujeitados, por muitas eras ou desde tempos imemoriais, a tal forma de governo ou a tal família, eles imediatamente aquiescem e reconhecem a sua obrigação à lealdade. Se vós fosseis pregar, na maioria dos cantos do mundo, que as ligações políticas são fundadas totalmente no consentimento voluntário ou em uma mútua promessa, o magistrado em breve vos prenderia como sediciosos, por afrouxar os laços da obediência; isso se os vossos amigos não vos calassem previamente como delirantes por sugerir tais aburdos. É estranho que um ato da mente, o qual se supõe que todos os indivíduos tenham formado, e depois de terem começado a fazer uso da razão – de outro modo ele não poderia ter nenhuma autoridade –, que esse ato, digo, fosse tão desconhecido a todos eles que sobre a face do Terra inteira praticamente não restassem traços ou lembrança dele. ❼

Todavia, diz-se que o contrato no qual o governo está fundado é o *contrato original* e, consequentemente, pode-se supor que ele é por demais antigo para chegar ao conhecimento da presente geração. Se for aqui posto em apreço o acordo pelo qual os selvagens primeiramente se associaram e uniram as suas forças, este é reconhecido como real; porém, sendo tão antigo e estando obliterado por milhares de mudanças de governo e príncipes, não se pode supor que agora retenha qualquer autoridade. Se fôssemos dizer alguma coisa a esse propósito, deveríamos afirmar que todos os governos particulares que são legais e impõem qualquer dever de lealdade sobre o súdito foram, em um primeiro momento, fundados no consentimento e em um pacto voluntário. Contudo, supor além disso que o consentimento dos pais obriga os filhos, mesmo até as mais remotas gerações (e isso escritores republicanos jamais reconhecerão), isso não é justificado pela história ou pela experiência em qualquer época ou país do mundo. ❽

Quase todos os governos que existem no presente, ou dos quais permanece algum registro na história, foram originalmente fundados ou por usurpação ou por conquista, ou por ambas, sem qualquer presença de um consentimento lícito ou de uma sujeição voluntária do povo. Quando um homem engenhoso e corajoso é posto na liderança de um exército ou de uma facção, com frequência lhe é fácil, ao empregar às vezes a violência, às vezes falsas pretensões, estabelecer o seu domínio sobre um povo cem vezes mais numeroso do que os seus partidários. (...)

A face da Terra está continuamente mudando pela fusão de pequenos reinos em grandes impérios, pela dissolução de grandes impérios em reinos menores, pelo assentamento de colônias, pela migração de tribos. Há qualquer coisa que se possa descobrir em todos esses acontecimentos senão força e violência? Onde está o acordo mútuo ou a associação voluntária da qual tanto se falou? ❾

...

Que a instauração quando da *Revolução* não nos engane, ou nos deixe tão inclinados a uma origem filosófica para o governo, a ponto de imaginarmos todas as outras origens como monstruosas e irregulares. Mesmo aquele acontecimento estava longe de corresponder a essas ideias refinadas. Foi apenas a sucessão que mudou então, e isso somente na parte régia do governo; e foi apenas a maioria de setecentos que determinou aquela mudança para aproximadamente dez milhões. Não duvido, com efeito, que o grosso daqueles dez milhões aquiesceu de boa vontade à determinação; porém, a matéria foi deixada, em um mínimo aspecto, para a sua escolha? Não se supôs que ela estava simplesmente decidida, desde aquele momento, e que estavam punidos todos os homens que se recusassem a se submeter ao novo soberano? De que outra forma a matéria jamais poderia ter sido trazida a qualquer termo ou conclusão? ❿

...

A minha intenção aqui não é excluir que o consentimento do povo seja um fundamento justo do governo ali onde tiver lugar. Ele é certamente o melhor e o mais sagrado de todos. Apenas tenho a pretensão de dizer que ele muito raramente tem tido lugar, em qualquer grau e quase nunca em sua plena extensão, e que, portanto, algum outro fundamento para o governo também deve ser admitido. ⓫

...

Quando um novo governo é estabelecido, por quaisquer meios que sejam, o povo comumente fica insatisfeito com ele e presta-lhe obediência mais por causa do medo e da necessidade do que por causa de qualquer ideia de lealdade ou de obrigação moral. O príncipe é vigilante e ciumento, devendo guardar-se cuidadosamente contra todo começo ou aparência de insurreição. O tempo remove gradativamente todas essas dificuldades e acostuma a nação a considerar como seus príncipes legítimos ou naturais aquela família que, em um primeiro momento, era considerada como usurpadora e conquistadora estrangeira. No intuito de fundar essa opinião, o povo não tem nenhum recurso a qualquer noção de consentimento voluntário ou de promessa, o que, ele sabe, jamais foi, nesse caso, esperado ou exigido. A instauração inicial foi formada pela violência e submetida com base na necessidade. A administração subsequente também é apoiada pelo poder, e a ela o povo aquiesce não como uma questão de escolha, mas de obrigação. Ele não imagina que o seu consentimento concede ao seu príncipe um título; porém, ele de boa vontade consente porque pensa que, em virtude de uma posse de longa data, o príncipe adquiriu um título, independentemente da sua escolha ou da sua inclinação.

Se fosse dito que, por viverem sob o domínio de um príncipe que se poderia abandonar, todos os indivíduos deram um consentimento *tácito* à sua autoridade e prometeram-lhe obediência, seria possível responder que o consentimento subentendido pode somente ter lugar onde um homem imagina que a questão depende da sua escolha. Todavia, onde ele pensa (como pensa de fato toda a humanidade que nasceu sob governos estabelecidos) que pelo seu nascimento ele deve lealdade a um certo príncipe ou a uma certa forma de governo, seria absurdo inferir um consentimento ou uma escolha que ele, nesse caso, expressamente renuncia ou renega. ⓬

Podemos seriamente dizer que um camponês pobre ou um artesão tem escolha livre para deixar o seu país quando não conhece nenhuma língua estrangeira ou costumes e vive, dia após dia, das pequenas quantias que adquire? Podemos também afirmar que um homem, ao permanecer em um navio, consente livremente ao domínio do capitão, embora tenha subido a bordo enquanto estava adormecido e deva saltar ao oceano e vir a perecer no momento em que resolver abandoná-lo?

...

O mais verdadeiro consentimento *tácito* desse tipo que às vezes se observa é quando um estrangeiro se estabelece em um país e de antemão tem conhecimento do príncipe, do governo e das leis às quais deve submeter-se; todavia, a sua lealdade é, ainda que mais voluntária, muito menos esperada ou dependente do que a de alguém que é um súdito natural por nascimento. Ao contrário, o seu príncipe natural ainda afirma uma reivindicação sobre ele. E, se ele não pune os renegados quando o aprisiona em guerra, com o seu novo serviço a um príncipe, essa clemên-

---

❿ De fato, assim Hume argumenta, mesmo o governo estabelecido pela "Revolução Gloriosa" na Grã-Bretanha estava fundado na força ou na ameaça de força – contrariamente à concepção mantida por muitos (aparentemente incluindo Locke) de que ela era um caso explícito de um contrato social. A vasta maioria do povo pode ter *aquiescido* à mudança governamental, mas não tinha nenhuma chance real quanto a consentir ou não.

⓫ Algum outro fundamento deve ser admitido *se*, como Hume está supondo, não é razoável dizer que virtualmente todos os governos são ilegítimos.

⓬ As teorias de contrato social frequentemente apelaram à ideia de um consentimento tácito: a ideia de que as pessoas, por permanecerem em um país particular (e aceitarem os benefícios resultantes) em vez de irem para outro lugar, por isso mesmo consentiram tacitamente ou implicitamente à autoridade do governo existente. Um problema disso é que não se pode dizer, de modo razoável, que as pessoas que não percebem que têm alguma escolha deram o seu consentimento. Um outro problema, no parágrafo seguinte, é que emigrar para outro país não é uma opção razoável para a maioria das pessoas.

> **13** Hume também aponta para o fato de que o caso mais claro de consentimento tácito seria aquele de uma pessoa que deliberadamente vem a um país e lá se estabelece. Porém, de fato, ninguém considera que essa pessoa tenha um dever *mais forte* de lealdade do que um cidadão natural.

cia não está fundada na lei municipal, que em todos os países condena o prisioneiro, mas no consentimento dos príncipes, que concordaram com a sua indulgência no intuito de evitar represálias. **13**

...

Suponha que um usurpador, depois de ter banido o seu príncipe legítimo e a sua família real, estabelecesse o seu domínio por dez ou doze anos em algum país e mantivesse uma disciplina tão rigorosa entre suas tropas e uma disposição tão regular em suas guarnições que nenhuma insurreição jamais fosse levantada, ou sequer fosse ouvido um murmúrio contra a sua administração. Pode-se afirmar que o povo, que em seu coração abomina tal traição, consentiu tacitamente com a sua autoridade e prometeu-lhe lealdade apenas porque, por necessidade, vive sob o seu domínio? Suponha ainda que o príncipe natural seja restabelecido por meio de um exército que ele recruta em países estrangeiros; ele o recebe com alegria e exultação, demonstrando explicitamente com que relutância havia se submetido a um outro jugo. Posso agora perguntar sob que fundamento repousa o título do príncipe? Por certo, não no consentimento popular, pois, embora o povo de boa vontade aquiesça à sua autoridade, ele jamais imagina que o seu consentimento tornou-o soberano. As pessoas consentem porque o reconhecem como já sendo por nascimento o seu soberano legítimo. E quanto àquele consentimento tácito, que agora pode ser inferido pelo fato de elas viverem sob o seu domínio, nada mais é do que aquele consentimento que anteriormente davam ao tirano e usurpador. **13**

...

Contudo, se devêssemos fazer uma refutação mais regular, ao menos uma refutação mais filosófica desse princípio de um contrato original ou de um consentimento popular, talvez as seguintes observações possam bastar.

Todos os deveres *morais* podem ser divididos em dois tipos. O *primeiro* são aqueles aos quais os homens são impelidos por um instinto natural ou por uma propensão imediata que neles opera, independentemente de qualquer ideia de obrigação e de qualquer concepção, seja para a utilidade pública ou privada. Dessa natureza são o amor aos filhos, a gratidão aos benfeitores, a piedade para com os desafortunados. Quando refletimos sobre a vantagem que resulta para a sociedade a partir de tais instintos humanos, pagamos-lhes o justo tributo de aprovação e de estima morais. Porém, a pessoa que por causa deles é movida à ação sente o seu poder e a sua influência anteriormente a qualquer reflexão desse tipo.

O *segundo* tipo de deveres morais são aqueles que não recebem apoio de qualquer instinto original da natureza, mas são realizados inteiramente em função de um sentido de obrigação, quando consideramos as necessidades da sociedade humana e a impossibilidade de sustentá-la, se esses deveres forem negligenciados. Assim, a *justiça* ou uma consideração à propriedade de outros e a *fidelidade* ou a observância de promessas tornam-se obrigatórias e adquirem uma autoridade sobre a humanidade. Ora, tal como é evidente que todo homem ama a si mesmo mais do que a qualquer outra pessoa, ele é naturalmente impelido a estender as suas aquisições tanto quanto possível; e nada pode restringi-lo nessa propensão a não ser a reflexão e a experiência, pelas quais ele aprende os efeitos perniciosos daquela licensiosidade e a total dissolução da sociedade que dela devem resultar. Portanto, a sua inclinação original ou o instinto é aqui controlado e restringido por um juízo ou por uma observação subsequente.

O caso é precisamente o mesmo tanto com relação ao dever político ou civil de *lealdade* quanto com relação aos deveres naturais de justiça e fidelidade. Os nossos instintos primários impelem-nos ou a comprazer-nos em liberdade ilimitada ou a buscar o domínio sobre os outros. E é somente a reflexão que nos leva a sacrificar tão fortes paixões ao interesse da paz e da ordem pública. Basta um pequeno grau de experiência e de observação para nos ensinar que a sociedade não pode ser mantida fora da autoridade dos magistrados e que essa autoridade logo deve cair em desprezo ali onde a obediência exata não lhe é prestada. A observação desses interesses gerais e manifestos é a fonte de toda lealdade e daquela obrigação moral que lhe atribuímos.

> **14** A ideia de consentimento tácito falha em discriminar entre vários governos que poderiam ser pensados como diferindo em legitimidade: na medida em que todos eles estão firmemente no poder, receberão o mesmo grau de consentimento tácito – ou, em vez disso, de aquiescência.

Portanto, que necessidade há ali para fundar o dever de *lealdade* ou de obediência aos magistrados naquele dever de *fidelidade* ou de uma consideração por promessas e para supor que é o consentimento de cada indivíduo que o sujeita ao governo, quando fica manifesto que tanto a lealdade quanto a fidelidade se encontram precisamente no mesmo fundamento e que a ambas a humanidade está submetida em virtude dos interesses evidentes e das necessidades da sociedade humana? Estamos obrigados a obedecer ao nosso soberano, assim se diz, porque fizemos uma promessa tácita quanto a esse propósito. Mas por que estamos obrigados a observar a nossa promessa? (...) Sendo a obrigação de lealdade de igual força e autoridade que a obrigação de fidelidade, nada ganhamos ao dissolver uma na outra. Os interesses ou as necessidades gerais da sociedade são suficientes para estabelecer a ambas. ⑮

Se for perguntada a razão dessa obediência que somos obrigados a prestar ao governo, respondo prontamente: *porque a sociedade não poderia subsistir de outra maneira*. Essa resposta é clara e inteligível para toda a humanidade. A sua resposta é: *porque devemos manter a nossa palavra*. Mas, além disso, ninguém, até que seja treinado em um sistema filosófico, pode compreender ou apreciar essa resposta. Além disso, digo, ficais embaraçados quando vos é perguntado: *por que somos obrigados a manter a nossa palavra?* Nem podeis oferecer qualquer resposta, senão aquela que imediatamente sem qualquer rodeio, teria justificado a nossa obrigação de lealdade.

...

A obrigação geral que nos compromete com o governo é o interesse e as necessidades da sociedade, e essa obrigação é muito forte. A determinação dela a esse ou àquele príncipe particular ou forma de governo é com frequência mais incerta e duvidosa. A posse atual tem considerável autoridade nesses casos, e maior do que na propriedade privada, em função das desordens que se ligam a todas as revoluções e mudanças de governo.

Apenas observaremos, antes de concluírmos, que, embora um apelo à opinião geral possa de forma justa, nas ciências especulativas da metafísica, da filosofia da natureza ou da astronomia, ser julgado injusto e inconclusivo, todavia, em todas as questões relativas à moral é à crítica, não há em realidade nenhum outro padrão pelo qual possa jamais ser resolvida qualquer controvérsia. E não há prova mais clara de que uma teoria desse tipo é errônea do que verificar que ela leva a paradoxos, repugnantes às opiniões comuns da humanidade, bem como à prática e à opinião de todas as nações e de todas as épocas. A doutrina que funda todo governo legítimo em um *contrato original*, ou no consentimento do povo, é manifestamente desse tipo; tampouco o mais reputado dos seus partidários, na promoção dela, hesitou em afirmar *que a monarquia absoluta é inconsistente com a sociedade civil, e por isso não pode ser nenhuma forma de governo civil, e que o poder supremo em um estado não pode tirar de qualquer homem, por taxas e imposições, qualquer parte da sua propriedade sem o seu próprio consentimento ou aquele dos seus representantes*. É fácil determinar que autoridade pode ter qualquer raciocínio moral que leva a opiniões tão distantes da prática geral da humanidade em todos os lugares senão neste reino particular. ⑯

...

Novas descobertas não são de se esperar nesses assuntos. Se por acaso algum homem, até muito recentemente, jamais imaginou que o governo era fundado no pacto, é certo que ele não pode, em geral, ter qualquer fundamento desse tipo.

...

⑮
R Hume agora levanta a questão de fundo sobre a base para o dever de aderir a contratos, acordos ou promessas. A sua alegação é de que ele não está fundado em instintos naturais humanos, mas na utilidade percebida para a sociedade. Contudo, um dever de obedecer a um governo solidamente estabelecido, razoavelmente satisfatório, poderia ser alcançado sobre a mesma base da utilidade social, fazendo o apelo a um contrato social desnecessariamente indireto (em acréscimo a todos os seus outros problemas).

⑯
R Hume argumenta que as implicações da concepção em termos de contrato social estão demasiadamente fora de conexão com "os sentimentos comuns da humanidade" e com a prática vigente para que tenham qualquer plausibilidade real.

Questões para Discussão

1. Hume está certo (em sua sugestão implícita) ao dizer que a visão segundo a qual quase todos os governos reais falham em ter poder legítimo é absurda demais para ser levada a sério? Poderia ser o caso de que o consentimento real é a única base legítima para a autoridade governamental, mesmo que ela tenha sido raramente

(se é que alguma vez) realizada completamente?
2. No diálogo *Críton*, de Platão, Sócrates argumenta que, permanecendo em Atenas e aceitando os inúmeros benefícios da cidadania ateniense, ele incorreu na obrigação de obedecer às leis de Atenas e de aceitar o veredicto das autoridades atenienses – mesmo quando estas o sentenciam à morte. Isso se trata de um apelo à ideia de consentimento tácito. Quão convincentes são as objeções de Hume a essa ideia? Considere particularmente em que medida importa se Sócrates tinha um conhecimento explícito da escolha entre permanecer em Atenas ou abandoná-la.
3. Hume está certo ao dizer que poucos governos – se é que algum – que estavam realmente no poder em seu tempo haviam sido criados por um contrato social em oposição a surgirem de diferentes modos pela força e pela coerção. O mesmo é verdadeiro hoje? Por exemplo, a ratificação da constituição dos Estados Unidos (em 1787-1790) constituiu algo próximo a um contrato social? O estabelecimento de um novo governo no Iraque, ou em outro caso semelhante, se feito de forma bem-sucedida e com larga participação popular, poderia constituir tal contrato?
4. Hume está certo ao dizer que a utilidade social oferece a única base para o dever de aderir a contratos ou de cumprir promessas? O fato de que alguma instituição ou padrão de comportamento possa ser justificado com base na utilidade social cria uma obrigação tão forte em mantê-la tal como um contrato explícito ou uma promessa o faria? Por que sim ou por que não? (Pense em exemplos.)

O que é justiça social?

Robert Nozick

Robert Nozick (1938-2002), por muitos anos professor em Harvard, foi uma grande figura da filosofia do século XX, com contribuições em muitas áreas, as mais importantes delas na filosofia política e na teoria do conhecimento. Nozick é, talvez, mais famoso por seu estilo engajado e sua aptidão para conceber exemplos surpreendentes e intuitivamente convincentes, tais como o de Wilt Chamberlain, exemplo que aparece nesta seção.

Em *Anarquia, Estado e Utopia*, Nozick desenvolve uma filosofia política amplamente *libertária*, que enfatiza o valor da liberdade humana e da escolha voluntária, que coloca sob suspeita o poder governamental e exige uma justificação clara para ações governamentais que restrinjam essa liberdade. A concepção total de Nozick inclui também uma abordagem da justificação do governo em relação ao estado de natureza, na tradição de Hobbes e Locke. A presente seleção oferece um esboço abstrato de uma apresentação da justiça distributiva, juntamente com críticas vigorosas a concepções que a ela se opõem. Nozick chama sua exposição sobre a justiça de "a teoria de intitulamento"*. Sua ideia central é a de que a justiça ou a injustiça de uma distribuição da propriedade ou de outros bens entre os membros de uma sociedade depende inteiramente da justiça da transação específica através da qual essa distribuição foi produzida, incluindo tan-

---

* N. de T. No original, *entitlement theory*. Não parece haver, ainda, uma tradução canônica para o português deste termo técnico da obra de Robert Nozick. A expressão "intitulamento" vem sendo utilizada em alguns artigos sobre a obra de Nozick no Brasil. Julgo que a opção ora adotada está justificada, pois cobre a dimensão semântica do termo inglês, não incorrendo, também, em um abuso do vernáculo brasileiro. A escolha desse termo fica reforçada quando observamos que ele entra no idioma inglês através do francês (francês antigo: *entitle, entiteler, entituler*; correspondência ao francês moderno: *intitule*), sendo uma derivação da composição latina *in* + *titulus*. Tanto o *Webster International* quanto o *Oxford English Dictionary* apontam para esta origem do termo e apresentam como uma de suas significações principais "o ato de conceder um direito ou um título legal"; "fornecer a uma pessoa o direito a possessão de um objeto, dar a uma pessoa o direito de reivindicar um objeto ou sua posse"; "possuir o título ou a qualificação de algo". Na mesma direção, o dicionário *Houaiss* aponta para origem latina da expressão portuguesa "intitular" e seus derivados (intitulação, intitulamento, intitulador, intitulante, intitulativo, intitulável). No português, presenciamos, também, o sentido de concessão de um título de honra ou de propriedade, o direito a uma propriedade.

> to a aquisição das coisas previamente não possuídas quanto a transferência de coisas possuídas de uma pessoa para outra. Isso significa, argumenta Nozick, que não existe um **padrão** de distribuição estruturalmente especificado que seja requerido pela justiça – seja a simples igualdade, seja algo mais complicado (tal como é requerido pela concepção de John Rawls – ver o próximo texto selecionado). A partir da perspectiva de Nozick, concepções que insistem em um tal padrão estão sujeitas a objeções: (a) porque elas interferem maciça e continuadamente na vida das pessoas para manter o padrão e (b) porque muito dessa interferência equivale a negar que mesmo aqueles que têm recebido uma cota de dinheiro ou bens de acordo com o padrão escolhido tenham liberdade para fazer com essa cota o que eles escolherem (uma vez que, agindo desse modo, muito provavelmente subverter-se-á o padrão).

A Teoria da Justiça em Termos de Intitulamento,[4] Extraído de Anarquia, Estado e Utopia

(...) A expressão "justiça distributiva" não é neutra. Ao ouvir o termo "distribuição", a maioria das pessoas presume que algo ou algum mecanismo utiliza algum princípio ou critério para distribuir um suprimento de coisas. Alguns equívocos podem ter ocorrido nesse processo de distribuição das parcelas. Assim, é pelo menos uma questão aberta, se a redistribuição deve ocorrer; se nós devemos fazer novamente o que já foi feito, embora o tenha sido feito de modo insatisfatório. Todavia, não estamos na posição de crianças a quem foi dado um pedaço de torta por alguém que, no último minuto, faz ajustes para retificar a divisão descuidada da torta. Não há distribuição *centralizada* tampouco, alguma pessoa ou grupo está intitulado para controlar todos os recursos, decidindo, ao mesmo tempo, como devam ser divididos. O que uma pessoa recebe, recebe de outro que lhe dá isso em troca de algo ou como um presente. Em uma sociedade livre, diversas pessoas controlam diferentes recursos e novas possessões surgem das trocas voluntárias e das ações entre as pessoas. Não existe um distribuidor ou uma distribuição de parcelas além da que ocorre na distribuição de cônjuges em uma sociedade na qual as pessoas escolhem com quem querem casar. Isto é, o resultado final é a produção de muitas decisões individuais que os diferentes indivíduos envolvidos estão intitulados a tomar. (...) ❶ Nós falaremos das possessões das pessoas; um princípio da justiça a respeito das possessões descreve (parte de) o que a justiça nos diz (requer) sobre as possessões. (...)

A TEORIA DO INTITULAMENTO

O objeto da justiça em relação às possessões consiste em três tópicos principais. O primeiro é a *aquisição original das possessões*, a apropriação das coisas não possuídas. Isso inclui a questão de como coisas não possuídas podem vir a sê-lo, o processo, ou os processos através dos quais elas podem vir a ser possuídas, as coisas que, através desses processos, podem vir a ser possuídas, a dimensão do que pode vir a ser possuído mediante esses processos, e assim por diante. Nós nos referiremos a uma complicada verdade sobre este tópico que não formularemos aqui, a saber, o princípio da justiça na aquisição. ❷ O segundo tópico diz respeito à *transferência das possessões* de uma pessoa para outra. Por quais processos uma pessoa pode transferir possessões para outra? Como pode uma pessoa tomar posse de algo que outra possui? Sob este tópico encontram-se descrições gerais sobre a troca voluntária, a doação e (por outro lado) a fraude, bem como referências a detalhes convencionais particulares fixados em uma dada sociedade. Chamaremos a complicada verdade sobre este assunto (...) de princípio de justiça

---

❶ **R** Nozick objeta que o entendimento usual da questão da justiça distributiva e esse próprio termo envolvem uma suposição altamente questionável: que os vários tipos de possessões das pessoas são o resultado de um processo básico de distribuição por uma autoridade central, que é, assim, aceita como tendo o controle legítimo sobre o que é distribuído.

PARE (Você pode imaginar uma situação, talvez um pouco mais limitada, na qual esta suposição poderia ser legítima?)

❷ A justiça na aquisição trata de como coisas não previamente possuídas (isto é, não apropriadas) podem vir a ser legitimamente possuídas.

PARE Genuinamente, coisas não possuídas são relativamente raras no mundo moderno. Tente pensar algumas coisas para as quais o princípio de Nozick poderia ser aplicado.

---

[4] Extraído de *Anarchy, State, and Utopia* (New York: Basic Books, 1974).

na transferência. (Suporemos, também, que ela inclui princípios que governam o modo como a pessoa pode desfazer-se, ela mesma, de uma possessão, passando-a a um estado de não possessão).

Se o mundo fosse completamente justo, a seguinte (...) definição cobriria exaustivamente a questão de justiça em relação às possessões.

1. Uma pessoa que adquire uma possessão de acordo com o princípio de justiça em relação à aquisição está intitulada a essa possessão.
2. Uma pessoa que adquire uma possessão de acordo com o princípio de justiça na transferência, de outra pessoa que está intitulada a possuí-la, está [por sua vez] intitulada a essa possessão.
3. Ninguém está intitulado a uma possessão exceto por aplicações (reiteradas) de 1 e 2.

O princípio completo da justiça distributiva diria, simplesmente, que uma distribuição é justa se todos estão intitulados ao que possuem segundo a distribuição. ❸

Uma distribuição é justa se parte de outra distribuição justa através de meios legítimos. Os meios legítimos de mover-se de uma distribuição para outra são especificados pelo princípio de justiça na transferência. Os primeiros "movimentos" legítimos são especificados pelo princípio de justiça na aquisição. O que quer que surja de uma situação justa por passos justos é, em si mesmo, justo. Os meios de troca especificados pelo princípio da justiça em relação à transferência preservam a justiça. (...) ❹ Que de uma situação justa uma outra situação *poderia* ter surgido via meios preservadores da justiça *não* parece suficiente para demonstrar sua justiça. O fato de que as vítimas de um ladrão *poderiam*, voluntariamente, ter-lhe oferecido presentes não intitula o ladrão ao que ele obteve roubando. A justiça em relação à possessão é histórica, depende daquilo que de fato ocorreu. Retornaremos a esse ponto posteriormente.

Nem todas as situações reais são geradas em concordância com os dois princípios da justiça de possessão: o princípio de justiça na aquisição e o princípio de justiça na transferência. Algumas pessoas roubam outras, as defraudam, as escravizam, apoderam-se de seus produtos e as privam de viver como escolheram; ou, pela força, excluem outras de competir nas trocas. Nenhum desses são modos permissíveis de transição de uma situação para outra. E algumas pessoas adquirem possessões por meios não sancionados pelo princípio de justiça na aquisição. A existência de injustiças passadas (violações prévias dos dois primeiros princípios de justiça) suscita o terceiro mais importante tópico sobre a justiça na aquisição: a retificação das injustiças em relação às possessões. Se injustiças passadas modelaram de muitas maneiras as possessões atuais – algumas identificáveis e outras não –, o que agora, se é que algo, deve ser feito para retificar essas injustiças? Que obrigações têm os autores da injustiça em relação àqueles cuja posição é pior do que seria caso a injustiça não tivesse sido cometida? Ou como seria essa situação se uma compensação houvesse sido paga prontamente? Como a situação se altera (se é que se altera) quando os beneficiários e os prejudicados não são as partes diretamente envolvidas no ato de injustiça, mas, por exemplo, os seus descendentes? Uma injustiça cometida contra alguém cujas possessões são baseadas em uma injustiça não retificada é também uma injustiça? Quanto devemos recuar para limpar a lista histórica de injustiças? O que é permitido às vítimas da injustiça fazer para retificar as injustiças que estão sendo cometidas contra elas, inclusive as muitas injustiças cometidas por pessoas agindo em nome de seu governo? ❺ Não conheço um tratamento completo ou teoricamente sofisticado dessas questões. Recorrendo a uma grande idealização, suponhamos que a investigação teórica produzirá um princípio de retificação. Esse princípio faz uso de informações históricas a respeito de situações prévias e de injustiças nelas cometidas (como definido pelos dois primeiros princípios de justiça e direitos contra a interferência), bem como informações sobre o atual curso dos eventos que decorreu dessas injustiças até o presente e gera uma descrição (ou descrições) das possessões [existentes] na sociedade. O princípio de retificação presumivelmente fará uso de sua melhor estimativa de informações subjuntivas sobre o que teria ocorrido (ou uma distribuição de probabilidades sobre o que poderia ter ocorrido, usando o va-

---

❸ Obviamente, Nozick nem mesmo começou a expor como seriam os detalhes de tal princípio. Ele está descrevendo somente a estrutura geral de uma tal teoria da justiça.

❹ Assim, a justiça de uma distribuição da propriedade depende somente da justiça das transações através das quais se chegou em conformidade com os princípios de justiça na aquisição e na transferência. Desse modo, uma distribuição de possessões (propriedades) poderia ser justa mesmo se as parcelas das diferentes pessoas ou diferentes grupos de pessoas fossem muito desiguais.

❺ PARE Como Nozick sugere, a questão de até onde se estende e como devem ser retificadas as injustiças passadas é muito difícil e complicada. Pense sobre isso considerando alguns casos reais de injustiças passadas e pergunte o que, se é que algo pode e deve ser feito atualmente para retificá-las.

lor esperado) se a injustiça não tivesse ocorrido. Se a descrição atual das possessões não for uma das descrições geradas a partir do princípio, então uma das descrições geradas deve ser realizada.

As linhas gerais da teoria da justiça nas possessões afirmam que as possessões de uma pessoa são justas se essa pessoa está intitulada a elas pelos princípios da justiça na aquisição e na transferência, ou pelo princípio de retificação da injustiça (como especificado pelos dois primeiros princípios). Se as possessões de cada uma das pessoas são justas, então o conjunto total (distribuição) de possessões é justo. ❻ Para transformar essas linhas gerais em uma teoria específica, teremos de especificar os detalhes de cada um dos três princípios de justiça em relação às possessões: o princípio da aquisição de possessões, o princípio de transferência de possessões e o princípio de retificação das violações dos dois primeiros princípios. Eu não tentarei realizar essa tarefa aqui. (...)

PRINCÍPIOS HISTÓRICOS E PRINCÍPIOS DE RESULTADOS FINAIS

As linhas gerais da teoria do intitulamento esclarecem a natureza e os defeitos de outras concepções de justiça distributiva. A teoria do intitulamento em relação à distribuição é *histórica*; o fato de uma distribuição ser justa, depende de como ela se deu. Em contraste, *os princípios de justiça relativos a uma parcela do tempo presente** sustentam que a justiça de uma distribuição é determinada pela forma com que as coisas são distribuídas (quem tem o que) enquanto julgada por algum(ns) princípio(s) *estrutural(is)* de distribuição. Um utilitarista que julga entre quaisquer duas distribuições observando qual delas tem a maior soma de utilidade e, no caso das somas serem idênticas, aplica algum critério fixo de igualdade para escolher a divisão mais igualitária, sustenta os princípios de justiça relativos a uma parcela do tempo presente. [Julga] tal como faria alguém que tivesse uma tabela fixa de correspondência** entre a soma de felicidade e igualdade. De acordo com um princípio de justiça da parcela do tempo presente, tudo o que precisa ser observado, ao julgar a justiça de uma distribuição, é quem termina com o quê. (...)

A maioria das pessoas não aceita o princípio da parcela do tempo presente como constituindo toda a história das parcelas distributivas. Elas pensam ser relevante, ao avaliar a justiça de uma situação, considerar não somente a distribuição [final] que ela contém, mas também como essa distribuição ocorreu. Se algumas pessoas estão na prisão por assassinatos ou por crimes de guerra, não dizemos, a fim de determinar a justiça da distribuição na sociedade que, devemos observar somente o que esta ou essa outra pessoa tem (...) no tempo presente. Pensamos que é relevante perguntar se alguém cometeu algo que *merece* ser punido, que o torna merecedor de uma parcela menor. A maioria concordará com a relevância de mais informações com relação às punições e às penalidades. (...)

Construímos de uma maneira muito estreita a posição que acabamos de discutir ao falar dos princípios da parcela do tempo *presente*. Nada é alterado se os princípios estruturais são aplicados a uma sequência de tempo de perfis de tempo presente e, por exemplo, conferem mais a alguém no presente para contrabalançar o que foi recebido a menos no passado. (...) Doravante, referiremo-nos a esses princípios não históricos de justiça distributiva, incluindo os princípios da parcela do tempo presente, como *princípios de resultado final* ou *princípios de estado final*. ❼

Em contraste com os princípios de estado final da justiça, *princípios históricos* de justiça sustentam que circunstâncias ou ações passadas das pessoas podem criar intitulamentos diferenciados ou merecimentos diferenciados com relação a coisas. (...)

ESTABELECENDO UM PADRÃO

Os princípios do intitulamento em relação às possessões que esboçamos são princípios históricos de justiça. Para melhor entendermos seu caráter preciso, nós os distinguiremos de outra subclasse de princípio históricos. Consideremos, como um exemplo, o princípio da distribuição

❻ De acordo com a concepção de Nozick, a justiça de um conjunto de possessões não depende, de modo algum, de qualquer consideração que extrapole esses princípios (tais como a estrutura ou os padrões da distribuição resultante).

❼ O igualitarismo estrito (a concepção de que cada pessoa deveria ter uma igual parcela de possessões) é o mais óbvio exemplo deste "princípio de estado final" de justiça.

---

* N. de T. No original *current slice-time principles*.
** N. de T. No original, *fixed schedule of trade-offs*.

segundo o mérito moral. Esse princípio requer que as parcelas distributivas totais variem diretamente com o mérito moral; nenhuma pessoa deve receber uma parcela maior do que outra cujo mérito é maior. (...) Ou consideremos o princípio que resulta da substituição, no exemplo anterior, do "mérito moral" pela "utilidade para a sociedade", (...) chamemos de *padronizado* um princípio de distribuição se ele especificar que a distribuição deve variar com relação a alguma dimensão natural, a soma ponderada das dimensões naturais ou (...) com a ordenação das dimensões naturais. ❽ E digamos que uma distribuição é padronizada se ela estiver de acordo com algum princípio *padronizado*. (...)

Quase todos os princípios de justiça distributiva sugeridos são baseados em padrões: a cada um de acordo com seu mérito moral, necessidades, produto marginal, esforço ou de acordo com a soma ponderada desses elementos, e assim por diante. O princípio do intitulamento *não* é baseado em um padrão. Não existe uma dimensão natural, uma soma ponderada ou uma combinação de um pequeno número de dimensões naturais que produza as distribuições geradas de acordo com o princípio do intitulamento. O conjunto de possessões que resulta de quando algumas pessoas recebem seus produtos marginais, de quando outras ganham no jogo, de uma parcela da renda do companheiro, de doações de fundações, de juros sobre empréstimos, de presentes de admiradores, de retornos de investimentos ou, ainda, quando fabricam, elas mesmas, boa parte do que possuem ou quando encontram coisas, e assim por diante, não será padronizado. (...)

Pensar que a tarefa de uma teoria da justiça distributiva é preencher o espaço vazio em "a cada um de acordo com suas _____" implica estar predisposto a buscar um padrão; e o tratamento em separado dado a "de cada um segundo suas _____" trata a produção e a distribuição como duas questões separadas e independentes. Numa concepção do intitulamento, essas não são duas questões separadas. Quem quer que faça algo, tendo comprado ou contratado todos os demais recursos usados no processo (transferindo algumas de suas possessões para esses fatores de cooperação), está intitulado a isso. A situação *não* é que algo tenha sido feito e que há uma questão em aberto a respeito de quem vai ficar com esse algo. Coisas aparecem no mundo já vinculadas a pessoas que estão intituladas a elas. Do ponto de vista da concepção de justiça do intitulamento histórico quanto a possessões, aqueles que começam tudo de novo para completar "a cada um segundo suas _____" tratam os objetos como se esses surgissem do nada. (...) ❾

COMO A LIBERDADE PERTURBA OS PADRÕES

Não está claro como aqueles que sustentam concepções alternativas de justiça distributiva podem rejeitar a concepção de justiça do intitulamento com relação às possessões. Suponhamos que uma distribuição preferida por uma dessas concepções contrárias ao intitulamento esteja dada. Suponhamos que essa distribuição seja a sua preferida e a chamemos de distribuição D_1 ❿. Talvez todos tenham uma parcela igual, talvez as parcelas variem de acordo com alguma dimensão que você valoriza. Suponhamos, agora, que Wilt Chamberlain ⓫ seja, na condição de grande atração de bilheteria, muito requisitado por equipes de basquete. (Suponhamos, também, que os contratos tenham vigência de apenas um ano, com os jogadores comportando-se como agentes livres.) Wilt assina o seguinte tipo de contrato com um desses times: em cada jogo em casa, receberá 25 centavos do preço de cada ingresso. (...) A temporada começa e as pessoas comparecem de maneira entusiástica aos jogos do time de Wilt; elas compram seus ingressos e, em cada ocasião, colocam em uma caixa especial com o nome de Chamberlain os respectivos vinte e cinco centavos dos bilhetes. Elas estão excitadas com a perspectiva de vê-lo jogar; consideram que o preço da entrada vale a pena. Suponhamos que, em uma temporada, um milhão de pessoas compareça aos jogos em casa do time de Wilt Chamberlain e este arrecade $ 250.000, uma soma muito maior do que a renda média [da população] e maior ainda do que a de qualquer outra pessoa. Ele está intitulado a esta renda? Essa nova distribuição D_2 é injusta? Se o for, por quê? Não há nenhuma dúvida sobre se cada uma das pessoas em D_1 estava intitulada a controlar os

---

❽ Pense em outros exemplos de princípios de justiça padronizados. (Não se limite àqueles que você mesmo julga plausíveis.) É bastante natural expandir a categoria dos princípios padronizados a fim de incluir também princípios de estado final, uma vez que esses também envolvem um padrão, embora não um padrão histórico. Nozick, às vezes, parece fazer isso.

❾ Existe aqui uma objeção às concepções baseadas em padrões, relacionada ao ponto discutido na Anotação 1: do ponto de vista da teoria do intitulamento, essas concepções ignoram o fato de que a maioria das coisas são produzidas de maneira que concedem a pessoas específicas reivindicações de propriedade sobre elas, reivindicações que podem muito bem entrar em conflito com algum padrão escolhido

❿ Por "sua distribuição favorita", Nozick entende, única e exclusivamente, o que quer que seja que algum proponente de uma concepção baseada em padrões pense ser correto.

⓫ Wilt Chamberlain foi um famoso jogador de basquete das décadas de 1960 e 1970, um dos maiores pontuadores de todos os tempos. Os detalhes de sua carreira são muito conhecidos pelos amantes do basquete. Mas, para os estudantes de hoje, Michael Jordan ou Shaquille O'Neill poderiam ser exemplos melhores.

recursos que elas possuíam em D_1; pois, esta foi a distribuição (...) que (para as finalidades do argumento) assumimos que era aceitável. Cada uma dessas pessoas escolheu dar 25 centavos de seu dinheiro a Chamberlain. Elas poderiam tê-lo gastado indo ao cinema, comprando doces ou em exemplares das revistas *Dissent* ou *Monthly Review*. Mas, todas elas, ou pelo menos um milhão delas, convergiram ao dá-lo a Wilt Chamberlain em troca de vê-lo jogar basquetebol. Se D_1 foi uma distribuição justa e as pessoas moveram-se voluntariamente para D_2, transferindo parte das parcelas que tinham sob seu poder em D_1 (por que fizeram isso, se não foi para fazer algo com esses recursos?), D_2 também não é justo? ⓬ Se as pessoas estavam intituladas a dispor de seus recursos da forma como estavam intituladas (de acordo com D_1), não estaria aí incluído que elas estavam intituladas a dá-los ou trocá-los com Wilt Chamberlain? Alguém mais pode queixar-se com base na justiça? Todas as demais pessoas já possuíam sua parcela legítima em D_1. Em D_1, não há nada que alguém tenha que outra pessoa possa reivindicar com justiça. Depois que alguns transferissem algo a Wilt Chamberlain, terceiros *ainda* têm suas parcelas legítimas; *suas* parcelas não foram alteradas.

(...) Notem, também, que pequenas fábricas surgiriam em uma sociedade socialista, a menos que fossem proibidas. Gasto algumas de minhas posses pessoais (sob D_1) e construo uma máquina com o material adquirido. Ofereço a você e a outras pessoas uma aula de filosofia uma vez por semana em troca de você acionar a manivela de minha máquina, cujos produtos troco por outras coisas mais, e assim por diante. (As matérias-primas usadas por mim na máquina me são dadas por outros que as possuem em D_1, em troca das aulas por mim ministradas). Cada pessoa poderia participar a fim de obter coisas além de seus lotes em D_1. Algumas pessoas desejariam mesmo deixar seus cargos na indústria socialista e trabalhar em tempo integral neste setor privado. (...) [Assim] a propriedade privada, mesmo com relação aos meios de produção, poderia surgir em uma sociedade socialista que não proibisse as pessoas de usarem, como desejassem, alguns dos recursos que lhes foram concedidos na divisão socialista em D_1. A sociedade socialista teria de proibir atos capitalistas entre adultos capazes de dar seu consentimento a tais atos.*

O ponto central ilustrado pelo exemplo de Wilt Chamberlain e pelo exemplo de um empresário em uma sociedade socialista é que nenhum princípio de estado final ou princípio de justiça distributiva com base em padrões pode ser continuamente implementado sem uma interferência contínua na vida das pessoas. As pessoas que escolhem agir de modos variados transformariam qualquer padrão escolhido em um padrão desfavorecido pelo princípio. Por exemplo: pessoas que trocam bens e serviços com outras pessoas, ou que dão coisas a outras pessoas, estão intituladas a fazê-lo de acordo com o princípio distributivo preferido. Para manutenção do padrão, alguém deveria ou interferir continuamente para impedir que as pessoas transfiram recursos conforme seu desejo, ou interferir continuamente (ou periodicamente), tomando de algumas pessoas recursos que outras, por alguma razão, escolheram transferir a elas. (...) ⓭

REDISTRIBUIÇÃO E DIREITOS DE PROPRIEDADE

Aparentemente, princípios padronizados permitem que as pessoas escolham gastar com elas mesmas, mas não com outras, aqueles recursos aos quais elas estão intituladas (ou melhor, recebem) em algum padrão distributivo preferido D_1. Pois, se cada uma das muitas pessoas escolhe gastar alguns de seus recursos de D_1 com outra pessoa, então essa outra receberá mais do que sua parcela em D_1, perturbando o padrão distributivo preferido. Manter um padrão distributivo é muito individualismo! Princípios distributivos com base em padrões não proporcionam às pessoas as coisas que os princípios de intitulamento lhes oferecem, mas trazem só a diferença de elas serem melhor distribuídas. Ora, os princípios distributivos com base em padrões não dão às pessoas o direito a escolher o que fazer com aquilo que elas têm; esses princípios não dão o direito de escolher perseguir um fim que envolva (intrinse-

---

* N. de T. No original *consenting adults*.

⓬ **R** Aqui está uma das objeções básicas de Nozick às concepções com base em padrões: se D_1 é uma distribuição justa e se as pessoas estão, de um modo justo, livres para fazer o que quiserem com seus lotes justos, então como pode o resultado da distribuição de D_2 ser injusto (como a teoria que defende D_1 deve aparentemente afirmar), uma vez que D_2 difere de D_1?

⓭ Nozick observa que essas interferências contínuas são em si mesmas inaceitáveis. Mas isso parece também conflitar com a ideia de que pessoas são, genuinamente, proprietárias e podem assim controlar livremente o que elas recebem de acordo com o padrão preferido.

camente ou como meio) o melhoramento da posição de outro. Para tal concepção, as famílias são elementos perturbadores; pois no interior de uma família ocorrem transferências que subvertem o padrão distributivo preferido. Ou as próprias famílias tornam-se unidades nas quais ocorre a distribuição (...)(com base em que critério?), ou o comportamento amoroso é proibido. (...)

Os proponentes de princípios de justiça distributiva com base em padrões focam sua atenção em critérios que determinam quem deve receber possessões; eles consideram as razões pelas quais alguém deveria ter algo e, também, o quadro total de possessões. Os proponentes de princípios com base em padrões ignoram totalmente a dimensão do dar – se é ou não melhor dar que receber. Ao considerar a distribuição de bens, rendas, etc., suas teorias comportam-se como teorias da justiça baseadas no receber; ignoram completamente qualquer direito que uma pessoa possa ter de dar algo a alguém. Mesmo em trocas em que cada uma das partes é, simultaneamente, doadora e recebedora, os princípios da justiça padronizada concentram-se somente no papel do recebedor e em seus supostos direitos. Assim, as discussões tendem a focar a atenção antes no direito de herdar do que no direito de legar **14**, ou a dar mais atenção ao direito de posse de uma pessoa do que ao direito dessa pessoa de escolher que outros tenham essa posse em seu lugar. Não tenho uma boa explicação de por que as teorias usuais de justiça distributiva são orientadas, tão fortemente, para a dimensão recebedora. Ignorar os doadores e os transmissores bem como os seus direitos é o mesmo que ignorar os produtores e seus intitulamentos. Mas, por que *tudo* isso é ignorado?

Princípios de justiça distributiva com base em padrões precisam de atividades *re*distributivas. A probabilidade de que qualquer conjunto atual de possessões a que se chegou livremente satisfaça um padrão dado é pequena e a probabilidade que continue a satisfazer o padrão na medida em que as pessoas trocam e fazem doações* é nula. Do ponto de vista de uma teoria do intulamento, a redistri-

---

* N. de T. No original, o verbo para "fazer doações" é *to give*.

buição é uma questão realmente séria, envolvendo, como de fato ocorre, a violação dos direitos das pessoas. (Uma exceção são aquelas tomadas de posse ocorridas com base no princípio da retificação de injustiças.) Também para outros pontos de vista esta é uma questão séria.

A tributação dos rendimentos do trabalho está no mesmo nível que o trabalho forçado. Algumas pessoas consideram esta alegação obviamente verdadeira: apossar-se dos ganhos de *n* horas de trabalho é como tomar *n* horas de outra pessoa; é como forçar a pessoa a trabalhar *n* horas para as finalidades de outrem. Outras consideram essa alegação absurda. Mas, mesmo essas pessoas, se são contrárias ao trabalho forçado, seriam contrárias a forçar *hippies* desempregados a trabalhar em benefício dos necessitados. E elas também seriam contrárias a forçar todas as pessoas a trabalhar cinco horas extras em benefício dos necessitados. (...)

O homem que escolhe trabalhar mais horas para ganhar rendimentos maiores do que o suficiente para suas necessidades básicas prefere alguns bens ou serviços extras ao lazer e a outras atividades que poderia realizar em seu período de folga; ao passo que o homem que optou por não trabalhar o período extra prefere atividades de lazer a bens ou serviços extras que ele poderia adquirir se trabalhasse mais. Sendo assim, caso fosse legítimo que o sistema tributário confiscasse parte do lazer de um homem (forçando-o a trabalhar) para atender aos necessitados, como poderia ser legítimo que se expropriassem os bens de um homem para o mesmo objetivo? Por que deveríamos tratar diferentemente o homem que requer certos bens materiais ou serviços para sua felicidade do homem cujas preferências e desejos tornam tais bens desnecessários para sua felicidade? Por que deveria o homem que prefere assistir a um filme (e que tem de ganhar dinheiro para comprar o ingresso) estar submetido à exigência de um pedido de ajuda aos necessitados, enquanto a pessoa que prefere apreciar o pôr-do-sol (e que portanto não precisa ganhar dinheiro extra), não?

Quando princípios de justiça distributiva de resultado final são incorporados à estrutura legal de uma sociedade, eles (como ocorre com a maioria dos

---

14 A sugestão de Nozick é a de que as restrições sobre heranças (talvez sobre os impostos) sejam incompatíveis com a ideia de que a pessoa que lega algo a outra possua esse algo de forma legítima (seja através de um padrão de distribuição ou em algum outro sentido).

princípios baseados em padrões) dão a cada cidadão um direito de reivindicar, [cuja implementação é protegida pelo Estado], alguma parte do produto social total, isto é, alguma porção da soma total do que é produzido individualmente e em conjunto. Esse produto total é produzido por indivíduos que trabalham, usando, para criá-lo, meios de produção que outros economizaram, por pessoas que organizaram a produção ou criaram meios para produzir coisas novas, ou novos meios para produzi-las. É a partir desse conjunto de atividades individuais que os princípios distributivos com base em padrões concedem a cada indivíduo reivindicações cuja satisfação pode ser exigida. Cada pessoa tem uma reivindicação às atividades e aos produtos das demais pessoas, independentemente de se as demais pessoas entram em relações pessoais que dão origem a essas reivindicações e independentemente de se elas voluntariamente acatam essas reivindicações, por caridade ou em troca de algo.

Seja isso realizado através de tributação de salários ou sobre salários acima de certo montante, ou através do confisco de lucros, ou ainda através de um grande *fundo social** de modo que não fique claro o que vem de onde e o que vai para onde, os princípios de justiça distributiva com base em padrões envolvem a apropriação das ações de outras pessoas. Apoderar-se dos resultados do trabalho de outra pessoa é equivalente a apoderar-se de horas de outrem e compeli-lo** a realizar várias atividades. (...) ⓯

A TEORIA DA AQUISIÇÃO DE LOCKE

Antes de considerarmos mais detalhadamente outras teorias da justiça, devemos introduzir uma pequena complexidade adicional na estrutura da teoria do intitulamento. A melhor maneira de fazer isso é examinar a tentativa de Locke para especificar um princípio de justiça na aquisição. ⓰ Locke vê os direitos de propriedade sobre um objeto sem dono como originando-se da mistura do trabalho com o objeto. Isso dá margem a muitas questões. Quais são os limites daquilo com o que o trabalho é combinado? Se um astronauta particular limpar uma área em Marte, ele combinou seu trabalho com (tornando-se, assim, seu proprietário) o planeta inteiro, com todo universo desabitado ou somente com um lote particular? ...

Por que combinar o trabalho de uma pessoa com alguma coisa, torna-a proprietária desse mesmo objeto? Talvez, porque as pessoas sejam proprietárias de seu próprio trabalho e, desse modo, uma pessoa torna-se dona de uma coisa previamente não possuída que é permeada por aquilo que ela possui. A propriedade infiltra-se nas coisas*. Mas, por que combinar o que possuo com o que não possuo não é um modo de perder o que tenho antes do que de ganhar o que não tenho? Se eu tenho uma lata de suco de tomate e derramo-a no mar para que desse modo suas moléculas (tornadas radioativas para que eu possa controlar isso) se misturem uniformemente pelo mar, eu, através desse ato, torno-me proprietário do mar? Ou eu diluo tolamente minha massa de tomate? Em vez disso, a ideia talvez seja que trabalhar em alguma coisa melhora-a e torna-a mais valiosa; e qualquer um está intitulado a possuir uma coisa à qual adicionou valor. (...) Ignoremos o fato de que trabalhar em alguma coisa pode torná-la menos valiosa (como borrifar com *spray* cor-de-rosa um pedaço de madeira flutuante que encontramos). Por que deveria o intitulamento de alguém estender-se a todo o objeto e não somente ao *valor adicionado* que foi produzido pelo seu trabalho? (...)

É implausível considerar que melhorar um objeto conceda propriedade integral sobre ele, se o estoque de objetos não possuídos que podem ser melhorados é limitado. Isso porque um objeto que passa a ser propriedade de alguém altera a situação de todas as demais pessoas. ⓱ Enquanto anteriormente elas eram livres (...) para usufruir o objeto, agora elas não o são mais. Essa alteração na situação dos outros (removendo-lhes sua liberdade para agir sobre um objeto previamente não possuído) não precisa tornar pior a situação dessas pessoas. Se eu me aproprio de um grão de areia de *Coney Island*, ninguém mais poderá fazer o que

---

* N. de T. No original, *social pot*.
** N. de T. No original, *direct him*.

* N. de T. No original, *seeps over into the rest*.

⓯ PARE Existe uma diferença moralmente importante entre (a) tomar os resultados do trabalho de alguém e utilizá-los para alcançar algum fim e (b) requerer que a pessoa trabalhe pelo mesmo número de horas para alcançar diretamente este fim? Se existe uma diferença, qual é?

⓰ A concepção de Nozick é similar à de Locke [tal como formulada] em uma parte do *Segundo Tratado do Governo*, omitida da seleção incluída anteriormente. Mas ele rejeita a ideia de que "misturar o próprio trabalho" com algo é a chave para aquisição.

⓱ Nozick não está somente dizendo que o ato de adquirir um objeto não possuído previamente, quando o estoque desses objetos é limitado, "altera a situação de todos os outros" (o que é óbvio), mas que isso a altera de modo que pode ser moralmente censurável. Isso parece equivalente a dizer que pessoas estão em uma relação moralmente significante com os objetos não-possuídos – mesmo com aqueles que estão distantes e com os quais elas nunca entraram em contato. Há alguma razão plausível para isso?

deseja com *aquele* grão. Mas existe uma abundância de outros grãos de areia deixados à vontade para que outros façam a mesma coisa com eles. Ou, se não forem grãos de areia, então serão outras coisas. Alternativamente, as coisas que faço com o grão de areia de que me apropriei podem melhorar a posição dos outros, contrabalanceando suas perdas da liberdade para usar o grão. O ponto crucial é se a apropriação de um objeto não possuído piora a situação dos demais.

A condição de Locke de que exista "o suficiente e igualmente bom, que tenha sido deixado em comum para os outros" (...) visa garantir que a situação dos demais não seja piorada. **(18)** (...) Diz-se com frequência que essa condição se aplicava outrora, mas agora não mais. Mas parece haver um argumento em favor da conclusão de que, se a condição não se mantém, então essa condição não pode jamais ter se sustentado e produzido direitos de propriedade e herança. Consideremos a primeira pessoa Z para quem não existe o suficiente e igualmente bom disponível para apropriação. A última pessoa Y, ao apropriar-se, deixou Z sem sua liberdade prévia para agir sobre um objeto e, assim, tornou pior a situação de Z. Nessas condições, a apropriação de Y não é permitida sob as condições de Locke. Portanto, a penúltima pessoa X ao apropriar-se deixou Y em uma posição pior, pois o ato de X terminou com as apropriações permissíveis. Portanto, a apropriação por parte de X não era permissível. Mas, então, o que se apropriou em antepenúltimo lugar, W, acabou com as apropriações permissíveis e assim, já que ele piorou a posição de X, sua apropriação [a de W] não era permissível. E assim até a primeira pessoa A, ao apropriar-se de um direito de propriedade permanente. **(19)**

Contudo, esse argumento desenvolveu-se muito rapidamente. A apropriação feita por alguém pode piorar a situação de um outro em dois sentidos: primeiro, ao perder a oportunidade de melhorar sua situação por uma apropriação particular ou qualquer outra; em segundo lugar, por não ser mais capaz de usar livremente (sem apropriação) algo como podia fazer anteriormente. Uma exigência *estrita* de que outra pessoa não seja colocada em pior situação por uma apropriação excluiria tanto a primeira alternativa (a), se nada mais contrabalanceasse a diminuição na oportunidade, quanto a segunda alternativa (b). Uma exigência *mais fraca* excluiria a segunda alternativa, embora não a primeira. Com a condição mais fraca não podemos voltar tão rapidamente de Z para A, como no argumento acima; pois, embora a pessoa Z não possa mais apropriar-se, pode permanecer com ela a possibilidade de uso, como antes. Neste caso, a apropriação de Y não violaria a condição lockiana mais fraca. É argumentável que ninguém possa queixar-se legitimamente se a condição mais fraca for satisfeita. (...) **(20)**

A situação de pessoas que não estão capacitadas a apropriar-se de algo (não existindo mais objetos acessíveis e úteis que ainda não estejam na posse de alguém) é piorada por um sistema que permite a propriedade e a apropriação permanente? Nesse ponto, são introduzidas várias considerações sociais familiares favoráveis à propriedade privada: ela aumenta a produção social ao colocar meios de produção nas mãos daqueles que podem usá-los mais eficientemente (lucrativamente); a experimentação é encorajada, porque, com pessoas separadas umas das outras controlando os recursos, não há uma pessoa ou um pequeno grupo que alguém com uma nova ideia deva convencer para tentar aplicá-la; a propriedade privada habilita pessoas a decidirem sobre os padrões e tipos de riscos que elas desejam correr, levando a tipos especializados de aceitação de riscos; a propriedade privada protege as pessoas no futuro, ao levar alguns a reter recursos do consumo presente para mercados futuros; fornece fontes alternativas de emprego para pessoas impopulares que não precisam convencer nenhuma pessoa ou pequeno grupo a contratá-las, e assim por diante. Essas considerações entram em uma teoria lockiana para sustentar a reivindicação de que a apropriação da propriedade privada satisfaz a intenção por trás da condição "o suficiente e igualmente bom", mas *não* como uma justificação utilitarista da propriedade. Elas entram na teoria para refutar a alegação de que, uma vez que a condição é violada, nenhum direito natural à propriedade pode surgir através de um processo lockiano. A dificuldade de trabalhar tal argumento para demonstrar que a condição é satisfeita reside na fixação da base apropriada para a comparação. *Como* é possível

---

(18) R Esta é a restrição de Locke sobre a aquisição de propriedade que é admissível (tal como apresentada no *Segundo Tratado do Governo*).

(19) Este é um argumento muito astucioso. Ele mostra que, se é de fato *possível* esgotar o estoque de uma coisa não possuída, então nunca existiu, nem mesmo no início, "o suficiente e igualmente bom" para ser deixado aos demais – o que pode excluir a possibilidade da aquisição.

(20) R A sugestão de Nozick é de que a condição mais fraca é a correta e de que a condição mais rigorosa é excessivamente rigorosa.

afirmar que a apropriação lockiana não deixa as pessoas em pior situação do que estariam antes da apropriação? (...) ㉑

A CONDIÇÃO

O fato de que a teoria particular de apropriação de Locke pode ou não ser especificada de várias maneiras para enfrentar essas muitas dificuldades me leva a pressupor que qualquer teoria da justiça na aquisição adequada deverá conter uma condição similar à condição mais fraca que atribuímos a Locke. Um processo que normalmente dá origem a um direito de propriedade sobre uma coisa previamente não possuída – direito esse permanentemente transmissível por legado – não terá esse efeito se a posição de outros que já não têm liberdade de usar a coisa for com isso piorada. É importante especificar *este* modo particular de piorar a situação dos outros, pois a condição não abrange outros modos. Não inclui o agravamento devido a oportunidades mais limitadas para apropriar-se de algo (...), e não inclui, também, o modo como eu "pioro" a posição do vendedor se eu me aproprio de materiais para fazer o que ele está vendendo e entro então em competição com ele. Uma pessoa cuja apropriação [de algo] de outro modo violaria a [dita] condição ainda assim pode apropriar-se, desde que forneça compensações aos demais, de tal modo que, por meio disso, a situação deles não piore. A menos que ela compense os demais, sua apropriação violará a condição do princípio da justiça na aquisição e se tornará ilegítima. ㉒ Uma teoria da apropriação que incorpore essa condição lockiana lidaria corretamente com os casos (que são objeções a uma teoria carente dessa condição) nos quais alguém se apropria do suprimento total de alguma coisa necessária à vida.

Cada título de proprietário à sua possessão inclui a sombra histórica da condição lockiana relativa à apropriação. Isso exclui a transferência de sua propriedade para um aglomerado que viola efetivamente a condição lockiana e exclui o uso dessa propriedade – em coordenação com outros ou de maneira independente – de um modo que viole a condição, tornando a situação dos demais pior do que era na situação que serve de base de comparação. Uma vez que saibamos que a propriedade de alguém se choca com a condição lockiana, existem limites estritos ao que ele pode fazer com (o que agora é difícil continuar chamando sem reservas de) "sua propriedade". Desse modo, uma pessoa não pode apropriar-se da única fonte de água no deserto e cobrar o que desejar. Do mesmo modo, ele não pode cobrar o que desejar, caso possua uma fonte de água no deserto e, por infortúnio, ocorra de todas as demais fontes de água do deserto secarem, exceto a sua. Essa desafortunada circunstância, que admitidamente não é culpa sua, coloca em operação a condição lockiana e limita seus direitos de propriedade. Similarmente, o direito de propriedade do dono de uma ilha isolada próxima a uma área em que ocorre um naufrágio não permite que ele expulse de sua ilha um sobrevivente do desastre, acusando-o de invasor, pois isso violaria a condição lockiana.

㉑ R A sugestão de Nozick é a de que é claro que o sistema de propriedade privada não deixaria as pessoas em pior situação do que elas estariam se a aquisição de objetos não possuídos não ocorresse, embora elas próprias não tivessem mais muitas oportunidades para a aquisição de objetos não possuídos.

Mas Nozick reconhece o difícil problema de qual é a "base" apropriada para esta comparação: as pessoas não devem ficar em pior situação do que estariam em um estado de natureza (fácil de satisfazer) ou não devem ficar em pior situação do que elas estariam em algum outro sistema sem propriedade privada (talvez, substancialmente mais difícil de satisfazer)?

㉒ Nozick conclui que a apresentação correta da justiça incluirá uma restrição quanto à aquisição de objetos não possuídos, condição essa de um tipo mais fraco do que a discutida anteriormente – sem, contudo, resolver a questão mencionada na Anotação anterior.

Questões para Discussão

1. A prática histórica da escravidão humana no sul dos Estados Unidos, antes da Guerra Civil, é um bom exemplo de injustiça passada que poderia requerer a retificação prevista sob o princípio de retificação de Nozick. Parte da injustiça associada com a escravidão é que o resultado do trabalho escravo foi apropriado pelos proprietários (sob ameaça de uso da força). Discuta o que, se é que algo, deveria ser feito, *atualmente*, para retificar esta injustiça, tendo o cuidado de especificar claramente quem deveria receber os benefícios de tal retificação e quem pagaria por isso. O que deveria ser feito se os grupos relevantes não podem ser confiavelmente identificados?

2. Wilt Chamberlain (ou qualquer outro atleta famoso) está intitulado a receber tudo que as pessoas desejem livremente pagar (extraído de seus lotes de recursos legítimos) para assisti-lo jogar? Ele está intitulado a legar aos seus herdeiros tanto quanto deseje desse montante? E o que ocorre se os recursos de Chamberlain forem tão su-

periores aos dos demais que ele (ou seus herdeiros) fiquem em condições de exercer uma influência muito maior do que a de qualquer outra pessoa sobre coisas como o resultado de eleições políticas?

3. Os impostos para redistribuição de renda e riqueza equivalem ao trabalho forçado em benefício dos que estão (alegadamente) intitulados aos resultados de tal redistribuição, de acordo com alguma teoria da justiça com base em padrões? Se não, por que não? Existe alguma diferença entre o imposto com essa finalidade e o imposto para sustentar outros serviços governamentais (como a polícia, o corpo de bombeiros, a manutenção de estradas, etc.)?

4. Por que deveria existir alguma limitação, mesmo aquela proposta por Nozick, sobre a aquisição de itens não possuídos? Se esses são genuinamente não possuídos, por que alguém que os encontre não é livre para tomar posse deles? Nesse caso, tente pensar em exemplos de coisas não possuídas, talvez em um tempo anterior (terras em locais não explorados, fontes de minerais não descobertos, peixes em mar aberto, etc.).

John Rawls

John Rawls (1921-2002), uma das figuras mais conhecidas e influentes da filosofia política e social recente, foi, professor em Harvard, tal como Nozick. Diferentemente de Hobbes, Locke e Nozick, o seu interesse básico é menos com questões relativas a se e por que algum tipo de poder governamental é legítimo, e mais com a questões relativas a quais são os tipos de estruturas e instituições, governamentais e sociais, que satisfazem as exigências da *justiça*. Em seu livro *Uma teoria da justiça* (1971), Rawls oferece uma complicada e sutil abordagem da justiça, com foco no que ele chama de "a estrutura básica da sociedade", abordagem voltada especialmente para questões sobre como a renda, a riqueza e outros resultados da cooperação social devem ser distribuídos entre os membros de uma determinada sociedade.

Algumas vezes, Rawls descreve a sua visão da justiça como uma versão de uma teoria do contrato. Contudo, para ele, a situação contratual é puramente hipotética ("a posição original"), uma situação na qual os membros da sociedade não teriam conhecimento de sua própria situação, a qual lhes permitiria influenciar os resultados a seu favor ao buscarem um acordo sobre os princípios básicos de justiça movidos pela busca de seu interesse próprio (tanto quanto fossem capazes de discerni-lo). Rawls alega que o traço distintivo do que seria acordado nessa situação hipotética é o princípio ("o princípio da diferença") segundo o qual, embora os benefícios sociais não precisem ser distribuídos igualmente, uma distribuição desigual somente pode ser justificada caso tal distribuição coloque os membros menos favorecidos da sociedade em situação ainda melhor do que eles estariam sob uma distribuição igualitária. (Porque a distribuição desigual resultaria em um aumento da produção total).

Existem três aspectos da discussão de Rawls que precisam ser cuidadosamente distinguidos. Primeiro, existe uma apresentação de como as pessoas efetivamente raciocinariam na posição original; essa apresentação aparece ao final da presente seleção. Segundo, existe o argumento de Rawls em favor de que a especificação dos termos segundo os quais a posição original é definida é adequada para produzir a correta concepção de justiça. Nesse caso, a questão crucial é saber se Rawls está certo sobre quais conhecimentos deveriam ser permitidos ou excluídos na posição original. Esse tema aparece tanto no início quanto próximo ao final da seleção, imediatamente antes da apresentação do raciocínio que ocorre na posição original. Terceiro, existe um argumento independente para defender os alegados resultados da posição original como correspondendo de fato à concepção correta da justiça. Esse ponto começa a ser desenvolvido com a exposição dos dois princípios e continua com a discussão da igualdade e meritocracia.

A discussão de Rawls é de caráter bastante abstrato – bem mais do que na maior parte da filosofia. Por isso, é importante que se leia devagar e cuidadosamente, tentando a cada passo reconhecer e manter presente que tipos de coisas correspondem aos termos abstratos que Rawls emprega.

A Justiça como Equidade,[5] Extraído de *Teoria da Justiça*

O PAPEL DA JUSTIÇA

A justiça é a primeira virtude das instituições, assim como a verdade o é dos sistemas de pensamento. Uma teoria elegante e econômica, contudo, deve ser rejeitada e revisada caso ela seja inverídica; por semelhante modo, leis e instituições, não importa o quão eficientes e bem-dispostas, devem ser reformadas e abolidas caso sejam injustas. Cada pessoa possui uma inviolabilidade fundada na justiça que mesmo o bem-estar da sociedade como um todo não pode ignorar. Por essa razão, a justiça nega que a perda da liberdade para alguns torne-se justa mediante um bem maior partilhado por outros. Ela não permite que os sacrifícios impostos sobre uns poucos sejam compensados pelo soma maior de vantagens desfrutadas por muitos. Portanto, em uma sociedade justa, as liberdades de igual cidadania são tomadas como estabelecidas; os direitos assegurados por justiça não estão sujeitos à negociação política ou ao cálculo de interesses sociais (...), analogamente, uma injustiça é tolerável somente quando é necessário evitar uma injustiça ainda maior. Sendo virtudes primeiras das atividades humanas, a verdade e a justiça não podem ser comprometidas.

Essas proposições parecem expressar a nossa convicção intuitiva no primado da justiça. Sem dúvida, elas são expressas de maneira demasiado forte. Seja como for, desejo inquirir se esses argumentos ou outros parecidos com eles são válidos e, se o são, como eles podem ser expostos. Para esse propósito, é necessário trabalhar uma teoria da justiça à luz da qual essas asserções possam ser interpretadas e avaliadas. Começarei considerando o papel dos princípios da justiça. Suponhamos, para fixar ideias, que uma sociedade é uma associação mais ou menos autossuficiente de pessoas que, em suas relações umas com as outras, reconhecem certas regras de conduta como obrigatórias e que, em sua maior parte, agem de acordo com elas. Suponhamos, ademais, que essas regras especificam um sistema de cooperação designado a promover o bem daqueles que tomam parte nele. Nesse caso, embora uma sociedade seja um empreendimento cooperativo para mútua vantagem, ela é tipicamente marcada por um conflito e por uma identidade de interesses. Há uma identidade de interesses, dado que a cooperação social torna possível para todos uma vida melhor do que qualquer um teria se cada um fosse viver unicamente por seus próprios esforços. Há um conflito de interesses, dado que as pessoas não são indiferentes quanto ao modo como os benefícios maiores produzidos por sua colaboração são distribuídos, pois, no intuito de buscar os seus propósitos, cada uma delas prefere uma parcela maior a uma menor. Um conjunto de princípios é requerido para escolher entre as várias ordenações sociais que determinam essa divisão de vantagens e para selar um acordo sobre as parcelas distributivas apropriadas. Esses princípios são os princípios de justiça social: eles fornecem um modo de atribuir direitos e deveres nas instituições básicas da sociedade, bem como definem a distribuição apropriada dos benefícios e dos encargos da cooperação social. ❶

Agora, digamos que uma sociedade está bem-ordenada quando não apenas está projetada a promover o bem dos seus membros, mas também quando está efetivamente regulada por uma concepção pública da justiça. Ou seja, é uma sociedade na qual

1. todos aceitam e conhecem que os outros aceitam os mesmos princípios de justiça e,
2. as instituições sociais básicas geralmente satisfazem e são conhecidas como satisfazendo esses princípios. ❷

Nesse caso, ainda que os homens possam lançar exigências excessivas uns aos outros, eles, não obstante isso, reconhecem um ponto de vista comum a partir do qual as suas reivindicações podem ser julgadas. (...)

❶ Assim, a abordagem da justiça a ser desenvolvida está voltada primeiramente às instituições básicas da sociedade e à especificação do modo como os "benefícios e os encargos" da cooperação social deveriam ser distribuídos – e não a questões de justiça que surgem em contextos mais limitados (tais como a justiça criminal).

PARE Essa é uma especificação bastante abstrata, e você deveria tentar identificar alguns dos aspectos da sociedade com os quais tal concepção se preocupará.

❷ Portanto, uma sociedade que satisfizesse até mesmo princípios optimais de justiça, mas não fosse creditada por seus membros como agindo assim, não seria "bem-ordenada".

---

[5] Extraído de *A Theory of Justice*. (Cambridge Mass.: Harvard University Press, 1971).

O OBJETO DA JUSTIÇA

Muitos tipos diferentes de coisas são considerados justos e injustos: não só leis, instituições e sistemas sociais, mas também ações particulares de muitos tipos, incluindo decisões, juízos e imputações. Também chamamos de justas e injustas as atitudes e as disposições das pessoas, bem como as próprias pessoas. O nosso tópico, contudo, é o da justiça social. Para nós, o objeto primário da justiça é a estrutura básica da sociedade ou, mais exatamente, o modo como as instituições sociais mais importantes* distribuem direitos e deveres fundamentais e determinam a divisão de vantagens a partir da cooperação social. Por instituições mais importantes entendo a constituição política e as ordenações sociais e econômicas principais. Assim, pois, a proteção legal da liberdade de pensamento e da liberdade de consciência, os mercados competitivos, a propriedade privada nos meios de produção e a família monogâmica são exemplos de instituições sociais mais importantes. ❸ Tomadas em conjunto como um esquema, as instituições mais importantes definem os direitos e os deveres dos homens e influenciam os seus projetos de vida, o que eles podem esperar ser e o quão bem podem almejar viver. A estrutura básica é o objeto primário da justiça porque os seus efeitos são extremamente profundos e presentes desde o princípio. (...)

A IDEIA PRINCIPAL DA TEORIA DA JUSTIÇA

O meu objetivo é apresentar uma concepção de justiça que generalize e conduza a um nível mais elevado de abstração a teoria familiar do contrato social, tal como encontrada, por exemplo, em Locke, Rousseau e Kant. No intuito de fazer isso, não devemos pensar no contrato original como um contrato para ingressar em uma sociedade particular ou para estabelecer uma forma particular de governo. Em vez disso, a ideia norteadora é que os princípios de justiça para a estrutura básica da sociedade são o objeto do acordo original. Eles são os princípios que pessoas livres e racionais, preocupadas em promover os seus próprios interesses, aceitariam em uma posição inicial de igualdade como definindo os termos fundamentais da sua associação. Esses princípios devem regular todos os acordos posteriores; eles especificam os tipos de cooperação social em que se pode ingressar e as formas de governo que podem ser estabelecidas. Esse modo de considerar os princípios de justiça eu chamo de justiça como equidade.

...

Na justiça como equidade, a posição original de igualdade corresponde ao estado de natureza na teoria tradicional do contrato social. Obviamente, essa posição original não é concebida como um estado de coisas histórico real e muito menos como uma condição primitiva da cultura. Ela é entendida como uma situação puramente hipotética, caracterizada de maneira a levar a uma certa concepção de justiça. Entre os traços essenciais dessa situação, está que ninguém tem conhecimento do seu lugar na sociedade, da sua posição de classe ou do seu estatuto social; tampouco alguém conhece a sua sorte na distribuição dos dotes e das habilidades naturais, a sua inteligência, a sua força, e assim por diante. Afirmo inclusive que as partes não conhecem as suas concepções do bem ou as suas propensões psicológicas especiais. Os princípios de justiça são escolhidos por detrás de um véu de ignorância. ❹ Isso assegura que ninguém seja favorecido ou desfavorecido na escolha dos princípios por consequência do acaso natural ou da contingência de circunstâncias sociais. Uma vez que todos estão situados semelhantemente e ninguém é capaz de conceber princípios para favorecer a sua condição particular, os princípios da justiça são o resultado de um acordo ou de uma negociação equitativa. (...)

Um traço da justiça como equidade é conceber as partes na situação inicial como racionais e mutuamente desinteressadas. Isso não significa que as partes são egoístas, ou seja, indivíduos com apenas certos tipos de interesses, por exemplo, em riqueza, prestígio e dominação. Porém, elas são concebidas como não tendo um interesse nos interesses das outras. (...) ❺

---

* N. de T. No original, *major social institutions*.

---

❸ Aqui há um pouco mais de auxílio para apreender quais instituições sociais são parte da "estrutura básica da sociedade".

❹ A posição original não é, pois, uma situação real que poderia de fato ocorrer: provavelmente nenhuma pessoa real poderia ser tão ignorante das suas próprias características quanto o "véu de ignorância" exige. Em vez disso, trata-se de um experimento de pensamento hipotético que supostamente reflete equidade e igualdade entre cidadãos de uma maneira que os leva a escolher os princípios corretos de justiça.

❺ A única preocupação das partes na posição original é o seu próprio autointeresse racional. Elas não estão preocupadas altruisticamente com o bem-estar dos outros, nem se supõe que sejam movidas por valores morais, nem mesmo por qualquer ideia antecedente da própria justiça. O ponto central é que os princípios corretos de justiça são aqueles que indivíduos racionalmente autointeressados escolheriam em uma situação na qual são incapazes (por causa do véu de ignorância) de, sem imparcialidade, favorecer a sua própria situação ou as suas características.

(...) uma vez que os princípios da justiça são pensados como surgindo a partir de um acordo original em uma situação de igualdade, é uma questão em aberto se o princípio de utilidade seria reconhecido. Em um primeiro momento, dificilmente parece provável que pessoas que veem a si mesmas como iguais concordariam com um princípio que pudesse exigir perspectivas inferiores de vida para algumas simplesmente por causa de uma soma maior de vantagens desfrutadas por outras. Dado que cada um deseja proteger os seus interesses, a sua capacidade de promover a sua concepção, ninguém tem motivos para aquiescer a uma perda duradoura para si mesmo no intuito de produzir um saldo líquido de satisfação que seja maior. ❻ Na ausência de impulsos benevolentes fortes e duradouros, um homem racional não aceitaria uma estrutura básica meramente porque ela maximizaria a soma algébrica de vantagens, independentemente dos seus efeitos permanentes sobre os seus próprios direitos e interesses básicos. Assim, parece que o princípio de utilidade é incompatível com a concepção de cooperação social entre iguais para vantagem mútua. Ele parece ser inconsistente com a ideia de reciprocidade implícita na noção de uma sociedade bem-ordenada. Ou, de qualquer modo, é nesse sentido que argumentarei.

Afirmarei em vez disso que as pessoas, na situação inicial, escolheriam dois princípios deveras diferentes: o primeiro princípio exige igualdade na atribuição de direitos e deveres básicos, enquanto o segundo defende que as desigualdades sociais e econômicas, por exemplo, as desigualdades de riqueza e de autoridade, são justas somente se elas resultam em benefícios compensatórios para todos e, em particular, para os membros menos favorecidos da sociedade. ❼ Esses princípios excluem justificar instituições com base no fato de que as dificuldades de alguns são compensadas por um bem agregado maior. Pode ser conveniente, mas não é justo que alguns tenham menos no intuito de que outros prosperem. Contudo, não há nenhuma injustiça nos benefícios maiores obtidos por poucos, contanto que a situação das pessoas não tão afortunadas seja, com isso, melhorada. A ideia intuitiva é que, dado que o bem-estar de todos depende de um esquema de cooperação sem o qual ninguém poderia ter uma vida satisfatória, a divisão de benefícios deveria ser tal que suscitasse a cooperação voluntária de todos que tomam parte nela, incluindo aqueles menos bem-situados. Os dois princípios mencionados parecem ser uma base equitativa sobre a qual aqueles mais bem-dotados ou mais afortunados na sua posição social, em que não se pode dizer de nenhum desses aspectos que os merecemos, poderiam esperar a cooperação voluntária dos outros quando algum esquema viável fosse uma condição necessária do bem-estar de todos. Uma vez que decidimos procurar uma concepção de justiça que impeça o uso dos acidentes dos dotes naturais e as contingências da circunstância social como trunfos em uma busca por favorecimento econômico e político, somos levados a esses princípios. ❽ Eles expressam o resultado de deixar de lado aqueles aspectos do mundo social que parecem arbitrários de um ponto de vista moral.

...

A POSIÇÃO ORIGINAL E A JUSTIFICAÇÃO

Eu afirmei que a posição original é o *status quo* incial apropriado que assegura que os acordos fundamentais nela alcançados sejam equitativos. Esse fato dá origem ao nome "justiça como equidade". É claro, então, que quero dizer que uma concepção de justiça é mais razoável do que outra, ou justificável com respeito a isso, se pessoas racionais na situação inicial escolhem os princípios dela, para o papel da justiça, em preferência àqueles princípios de outros. Concepções de justiça devem ser hierarquizadas por sua aceitabilidade para pessoas em tais circunstâncias. Entendida dessa maneira, a questão da justificação é estabelecida ao resolver-se um problema de deliberação: temos de nos certificar sobre quais princípios seria racional adotar, dada a situação contratual. (...)

Não deveríamos ser enganados, então, pelas condições de certo modo incomuns que caracterizam a posição original. A ideia aqui é simplesmente tornar vívidas a nós mesmos as restrições que parece razoável impor sobre argumentos em favor de princípios de justiça e, por-

❻ Aqui está um bom exemplo inicial de raciocínio baseado na posição original. O princípio de utilidade (discutido mais adiante no Capítulo 5) sustenta de forma básica que a ação moralmente correta em um conjunto de escolhas é aquela que produz as melhores consequências como um todo, para todos, considerados em conjunto. Pessoas autointeressadas, na posição original, rejeitariam tal princípio, assim argumenta Rawls, porque ele não diz nada sobre como essas boas consequências estão distribuídas entre as pessoas, deixando em aberto a possibilidade de que qualquer pessoa poderia sair-se muito pobremente.

❼ Aqui está a afirmação inicial dos dois princípios básicos da justiça, conforme Rawls. A ideia principal subjacente ao segundo princípio ("o princípio da diferença") é que as desigualdades que dão a pessoas talentosas ou produtivas um incentivo para desenvolver e utilizar os seus talentos podem levar a um crescimento suficiente em produção para fazer com que todos, mesmo aqueles que recebem as menores porções relativas, fiquem em melhor situação em termos absolutos do que ficariam em uma situação de igualdade.

❽ Aqui estão duas questões importantes que ficariam ocultadas por detrás do véu de ignorância na posição original e que não poderiam ser usadas para buscar vantagens em um sistema justo.

Por "contingências da circunstância social" Rawls quer dizer coisas como classe social. Esse é um dos exemplos mais claros do item respectivo ao véu de ignorância: as pessoas na posição original não podem escolher um princípio que dá vantagens à sua classe social, porque elas não sabem qual é essa classe.

Uma das principais questões sobre a concepção de Rawls é se ele está certo em afirmar que "um acidente de dote natural" (talentos e habilidades naturais) deveria ser tratado da mesma maneira.

> **9**
> Aqui estão alguns exemplos adicionais, mais específicos, de coisas que seriam excluídas do conhecimento das pessoas hipotéticas na posição original.
>
> Rawls parece sugerir aqui que a especificação do que deveria ser então excluído é bastante óbvia, mas nem todos concordariam com ela – portanto, você deveria pensar cuidadosamente sobre essa questão.

tanto, sobre esses mesmos princípios. Por isso, parece razoável e via de regra aceitável que ninguém deveria ser favorecido ou desfavorecido pela sorte natural ou pelas circunstâncias sociais na escolha de princípios. Também parece amplamente acordado que deveria ser impossível moldar princípios para as circunstâncias do seu próprio caso. Deveríamos garantir ainda que inclinações e aspirações particulares, assim como as concepções que as pessoas têm do seu bem, não afetassem os princípios adotados. O objetivo é excluir aqueles princípios que seria racional propor para aceitação, não importa o quão pequena seja a chance de sucesso, somente se fossem conhecidas certas coisas que são irrelevantes do ponto de vista da justiça. Por exemplo, se um homem soubesse que era rico, ele poderia considerar racional promover o princípio de que diversos impostos, por medidas de bem-estar, fossem considerados injustos; se ele soubesse que era pobre, ele provavelmente proporia o princípio contrário. Para representar as restrições desejadas, imagina-se uma situação na qual todos são privados desse tipo de informação. Exclui-se o conhecimento daquelas contingências que criam disparidades entre os homens e permitem que sejam guiados pelos seus preconceitos. Dessa maneira, chega-se até o véu de ignorância de um modo natural. Esse conceito não deveria causar nenhuma dificuldade se tivéssemos em mente as restrições sobre argumentos que ele pretende expressar. A qualquer momento, podemos introduzir a posição original, por assim dizer, simplesmente seguindo um certo procedimento, a saber, ao argumentar a favor de princípios de justiça de acordo com essas restrições. **9**

...

OS DOIS PRINCÍPIOS DA JUSTIÇA

Afirmarei, agora, de uma forma provisória, os dois princípios de justiça que eu acredito que obteriam concordância na posição original. A primeira formulação desses princípios é a modo de esboço. À medida que continuarmos, considerarei diversas formulações e me aproximarei passo a passo da afirmação final, a ser dada muito depois. Creio que fazer isso permite que a exposição proceda de uma maneira natural.

A primeira afirmação dos dois princípios reza do seguinte:

> Primeiro: cada pessoa deve ter um direito igual ao mais amplo esquema de liberdades básicas iguais, compatível com um esquema semelhante de liberdades para os outros.
>
> Segundo: as desigualdades sociais e econômicas devem ser ordenadas de modo que sejam tanto (a) razoavelmente estimadas como sendo de vantagem para todos quanto (b) vinculadas a posições e cargos abertos para todos.

Há duas frases ambíguas no segundo princípio, a saber, "vantagem para todos" e "abertos para todos". Determinar de maneira mais exata o seu sentido levará a uma segunda formulação do princípio. (...)

Esses princípios aplicam-se primariamente, como eu disse, à estrutura básica da sociedade, governam a atribuição de direitos e deveres e regulam a distribuição de vantagens sociais e econômicas. A sua formulação pressupõe que, para os propósitos de uma teoria da justiça, a estrutura social pode ser vista como tendo duas partes mais ou menos distintas, aplicando-se a uma o primeiro princípio, e o segundo princípio à outra. Assim, pois, distinguimos entre os aspectos do sistema social que definem e asseguram as liberdades básicas iguais e os aspectos que especificam e estabelecem desigualdades econômicas e sociais. Agora, é essencial observar que as liberdades básicas são dadas por uma lista de tais liberdades. Importante entre essas são a liberdade política (o direito de votar e ocupar um cargo público) e a liberdade de expressão e de reunião; a liberdade de consciência e a liberdade de pensamento; a liberdade da pessoa, que inclui a liberdade de opressão psicológica e da agressão e do desmembramento físicos (integridade da pessoa); o direito de manter propriedade pessoal e a liberdade da prisão e da captura arbitrárias como definidas pelo conceito da regra da lei. Essas liberdades devem ser iguais, de acordo com o primeiro princípio.

O segundo princípio aplica-se, na primeira abordagem, à distribuição de renda e riqueza e ao projeto de organizações que fazem uso de diferenças em autoridade e responsabilidade. Embora a distribuição de riqueza e rendimento não precise ser igual, ela deve servir para a vantagem de todos e, ao mesmo tempo, posições de autoridade e de responsabilidade devem ser acessíveis a todos. Aplica-se o segundo princípio mantendo-se abertas as posições e, em seguida, em sujeição a essa restrição, ordenam-se desigualdades sociais e econômicas de modo que todos se beneficiem.

Esses princípios devem ser ordenados em uma série, sendo o primeiro princípio anterior ao segundo. Essa ordenação significa que as violações das liberdades iguais básicas protegidas pelo primeiro princípio não podem ser justificadas ou compensadas por vantagens econômicas e sociais maiores. ❿ Essas liberdades têm um âmbito central de aplicação no qual podem ser limitadas e comprometidas somente quando conflitam com outras liberdades básicas. Dado que podem ser limitadas quando se chocam umas com as outras, nenhuma dessas liberdades é absoluta; contudo, elas são ajustadas de modo a formar um sistema, e esse sistema deve ser o mesmo para todos. (...)

Os dois princípios são bastante específicos em seu conteúdo, e a sua aceitação repousa em certas suposições que eu devo eventualmente tentar explicar e justificar. De momento, deveria ser observado que esses princípios são um caso especial de uma concepção mais geral de justiça que pode ser expressa como segue:

> Todos os valores sociais – a liberdade e a oportunidade, a renda e a riqueza e as bases sociais do auto-respeito – devem ser distribuídos igualmente, a menos que uma distribuição desigual de algum, ou de todos esses valores, seja para a vantagem de todos.

A injustiça, então, consiste apenas em desigualdades que não servem ao benefício de todos. Sem dúvida, essa concepção é extremamente vaga e exige interpretação. ⓫

Como um primeiro passo, suponhamos que a estrutura básica da sociedade distribui certos bens primários, ou seja, coisas que se presume que todo homem racional deseje. Esses bens normalmente têm um uso, seja qual for o plano racional de vida de uma pessoa. Para simplificar, suponhamos que os principais bens primários à disposição da sociedade são direitos, liberdades e oportunidades, renda e riqueza. (...) Esses são os bens primários sociais. (...)

INTERPRETAÇÕES DO SEGUNDO PRINCÍPIO

Já mencionei que, como as frases "vantagem de todos" e "igualmente abertos para todos" são ambíguas, ambas as partes do segundo princípio têm dois sentidos naturais. Como esses sentidos são independentes uns dos outros, o princípio tem quatro significados possíveis. Supondo que o primeiro princípio de liberdade igual assume sempre o mesmo significado, temos então quatro interpretações dos dois princípios. Essas são indicadas na tabela abaixo:

	"Vantagem de todos"	
"Igualmente abertos"	Princípio da eficiência	Princípio da diferença
Igualdade como carreiras abertas a talentos	Sistema de liberdade natural	Aristocracia natural
Igualdade como igualdade de oportunidades equitativas	Igualdade liberal	Igualdade democrática

...

No sistema de liberdade natural, a distribuição inicial é regulada pelas ordenações implícitas na concepção de carreiras abertas a talentos. (...) Essas ordenações pressupõem um pano de fundo de igual liberdade (como especificado pelo primeiro princípio) e uma economia de mercado livre. Elas requerem uma igualdade formal de oportunidade no sentido de que todos têm pelo menos os mesmos direitos legais de acesso a todas as posições sociais privilegiadas. Porém, dado que não há nenhum esforço de preservar uma igualdade ou semelhança de condições sociais, exceto à medida que isso é necessário para preservar as instituições básicas* requeridas, a distribuição inicial de recursos**, em qualquer período

---

* N. de T. No original, *background institutions*.
** N. de T. No original, *assets*; ao longo do texto, *asset* também será traduzido como "dote".

---

❿ Parece óbvio que pessoas autointeressadas na posição original não estariam dispostas a sacrificar liberdades básicas em *qualquer* medida em troca de vantagens sociais e especialmente econômicas maiores? (Ver a discussão adicional desse ponto na Anotação 27.)

⓫ Vemos aqui uma suposição forte em favor do igualitarismo: as desigualdades precisam ser justificadas e podem ser justificadas somente ao se mostrar que servem aos interesses de todos. É bastante óbvio que a sociedade atual não satisfaz essa requisição.

PARE Qual poderia ser a justificação para tal suposição?

⑫ O "sistema de liberdade natural" é ao menos aproximadamente o sistema definido pela teoria do intitulamento de Nozick. A alegação de Rawls é de que a distribuição da riqueza e de outras vantagens em tal sistema é injusta porque ela reflete os resultados a longo prazo de distribuições de talentos e habilidades naturais, sendo tudo isso "arbitrário de um ponto de vista moral", no sentido de que não há nenhuma razão *moral* por que uma pessoa deveria ter tal talento enquanto outra não. (Ele tem razão em afirmar que tal resultado é uma "injustiça óbvia"?)

⑬ A principal diferença entre a "igualdade liberal" e o "sistema de liberdade natural" é que, na "igualdade liberal", as pessoas com os mesmos bens naturais deveriam ter a mesma chance de sucesso, a mesma chance para carreiras e posições desejáveis. Isso não é assim sob a liberdade natural por causa de fatores como oportunidades diferentes para a educação.

⑭ Mesmo que a influência de "contingências sociais" (coisas como *status* de família e riqueza) fossem eliminadas sob a igualdade liberal, as "chances de vida" de diferentes pessoas ainda seriam influenciadas por suas habilidades e seus talentos naturais. Rawls tem razão em dizer que isso é claramente injusto?

⑮ A ideia de "aristocracia natural" é talvez a menos clara das quatro alternativas de Rawls. Nesse sistema, há somente igualdade "formal", e não "equitativa", de oportunidade: assim, por exemplo, aqueles provenientes de contextos familiares melhores terão uma chance maior de ser bem-sucedidos, mas as suas recompensas serão apenas tão grandes quanto é exigido para gerar o melhor resultado (em termos absolutos, não relativos) para aqueles que se encontram em pior situação.

de tempo, é fortemente influenciada por contingências naturais e sociais. A distribuição existente de renda e de riqueza, por exemplo, é o efeito cumulativo de distribuições anteriores de recursos naturais – ou seja, talentos e habilidades naturais – à medida que esses foram desenvolvidos ou não foram realizados, e o seu uso tenha sido favorecido ou desfavorecido, ao longo do tempo, por circunstâncias sociais e contingências sociais tais como acidente e boa sorte. Intuitivamente, a injustiça mais óbvia do sistema de liberdade natural é que ele permite que parcelas distributivas sejam impropriamente influenciadas por tais fatores, tão arbitrários de um ponto de vista moral. **⑫**

A interpretação liberal, como me referirei a ela, tenta corrigir isso, acrescentando ao requerimento de carreiras abertas aos talentos a condição adicional do princípio de igualdade equitativa de oportunidade. O pensamento aqui é o de que não só as posições devem ser abertas em um sentido formal, mas também todos deveriam ter uma chance equitativa* de atingi-las. À primeira vista, não fica claro o que se quer dizer, mas poderíamos afirmar que aqueles com habilidades e talentos semelhantes deveriam ter oportunidades de vida semelhantes. Mais especificamente, supondo que há uma distribuição de recursos naturais, aqueles que estão no mesmo nível de talento e habilidade e demonstram a mesma disposição para fazer uso deles deveriam ter as mesmas perspectivas de sucesso, independentemente do seu lugar inicial no sistema social. Em todos os setores da sociedade, deveria haver basicamente perspectivas iguais de cultura e realização para todos aqueles que são semelhantemente motivados e dotados. As expectativas daqueles com as mesmas habilidades e aspirações não deveriam ser afetadas por sua classe social. **⑬**

A interpretação liberal dos dois princípios busca, então, mitigar a influência das contingências sociais e da sorte natural sobre as parcelas de distribuição. Para realizar esse objetivo, é necessário impor condições estruturais básicas adicionais ao sistema social. As ordenações de mercado livre devem ser postas em uma estrutura de instituições políticas e legais que regule

---

* N. de T. No original, *fair chance*.

as tendências mundiais de eventos econômicos e preserve as condições sociais necessárias para a igualdade equitativa de oportunidade. Os elementos dessa estrutura são familiares o bastante, embora possa ser válido relembrar a importância de evitar acumulações excessivas de propriedade e de riqueza, bem como de manter oportunidades iguais de educação para todos. Chances de adquirir conhecimento e habilidades culturais não deveriam depender da posição de classe de alguém; portanto, o sistema de escolas, seja público ou privado, deveria ser planejado para equalizar barreiras de classe.

Embora a concepção liberal pareça claramente preferível ao sistema de liberdade natural, intuitivamente ela ainda se mostra defeituosa. Por um lado, mesmo que ela funcione perfeitamente em eliminar a influência de contingências sociais, ela ainda permite que a distribuição de riqueza e de renda seja determinada pela distribuição natural de habilidades e talentos. **⑭**

Dentro dos limites permitidos pelas ordenações básicas, parcelas distributivas são decididas pelo resultado da loteria natural; e esse resultado é arbitrário de uma perspectiva moral. Não há mais razão para permitir que a distribuição de renda e riqueza seja estabelecida pela distribuição de dotes naturais do que pela sorte histórica e social*. (...)

Antes de voltar à concepção de igualdade democrática, deveríamos atentar para a aristocracia natural. Nessa concepção, não é feita nenhuma tentativa de regular contingências sociais além do que é requerido por igualdade formal de oportunidade, mas as vantagens de pessoas com dotes naturais maiores devem ser limitadas àquelas que promovem o bem dos setores mais pobres da sociedade. O ideal aristocrático é aplicado a um sistema que é aberto, ao menos de um ponto de vista legal, e a situação melhor daqueles que são favorecidos por ele é considerada justa somente quando menos seria possuído por aqueles de baixo se menos fosse dado àqueles de cima. **⑮** Dessa maneira, a ideia de *noblesse oblige* é transferida para a concepção de aristocracia natural.

---

* N. de T. No original, *historical and social fortune*.

Ora, tanto a concepção liberal quanto aquela da aristocracia natural são instáveis. Uma vez que somos perturbados pela influência ou de contingências sociais ou de acaso natural na determinação das parcelas distributivas, estamos obrigados, após reflexão, a ficar incomodados pela influência do outro elemento. De um ponto de vista moral, os dois parecem igualmente arbitrários. Assim, não importa o quanto nos afastemos do sistema de liberdade natural, não podemos ficar satisfeitos com qualquer coisa que fique aquém da concepção democrática. (...)

A IGUALDADE DEMOCRÁTICA E O PRINCÍPIO DE DIFERENÇA

Tal como a tabela sugere, chega-se à intepretação democrática ao combinar o princípio de igualdade equitativa de oportunidade com o princípio de diferença. Esse princípio remove a indeterminação do princípio de eficiência ao especificar uma posição particular a partir da qual as desigualdades sociais e econômicas da estrutura básica devem ser julgadas. Pressupondo a estrutura de instituições requerida pela liberdade igual e pela igualdade equitativa de oportunidade, as expectativas mais elevadas daqueles mais bem-situados são justas se e somente se elas operam como parte de um esquema que melhora as expectativas dos membros menos favorecidos da sociedade. A ideia intuitiva é que a ordem social não deve estabelecer e assegurar as perspectivas mais atraentes daqueles que estão em melhor situação, a menos que fazer isso sirva para a vantagem daqueles menos afortunados. (...) **16**

A TENDÊNCIA À IGUALDADE

Quero concluir essa discussão sobre os dois princípios ao explicar o sentido em que eles expressam uma concepção igualitária de justiça. Portanto, também gostaria de antecipar a objeção ao princípio de oportunidade equitativa de que ele leva a uma sociedade meritocrática. No intuito de preparar o caminho para fazer isso, noto diversos aspectos da concepção de justiça que apresentei.

Primeiramente, podemos observar que o princípio de diferença dá algum peso a considerações destacadas pelo princípio de reparação. Esse é o princípio de que desigualdades imerecidas clamam por reparação*; dado que desigualdades de nascimento e dotes naturais são imerecidas, essas desigualdades devem ser compensadas de alguma maneira. Assim, pois, o princípio defende que, no intuito de tratar todas as pessoas com igualdade, para oferecer genuína igualdade de oportunidade, a sociedade deve dar mais atenção àqueles com dotes naturais em menor quantidade e àqueles nascidos nas posições sociais menos favoráveis. A ideia é reparar o desvio de contingências em direção à igualdade. Na busca desse princípio, maiores recursos poderiam ser gastos na educação dos menos em vez dos mais inteligentes, ao menos por um certo período de vida, por exemplo, os primeiros anos da escola. **17**

Não obstante, o princípio de reparação, até onde é do meu conhecimento, não foi proposto como o critério único da justiça, como o objetivo único da ordem social. Ele é plausível, tal como a maioria desses princípios o é, como um princípio *prima facie*, um princípio que deve ser pesado na balança junto com outros princípios. Por exemplo, devemos pesá-lo em comparação com o princípio de implementação do padrão médio de vida ou da promoção do bem comum. Porém, quaisquer que sejam os outros princípios que defendermos, as reivindicações de reparação devem ser consideradas. Ele é pensado como representando um dos elementos em nossa concepção de justiça. Ora, o princípio de diferença não é, obviamente, o princípio de reparação. Ele não exige que a sociedade tente equalizar as desvantagens como se fosse esperado de todos que competissem, na mesma corrida, em uma base equitativa. Contudo, o princípio de diferença alocaria recursos em educação, por exemplo, de maneira a melhorar as expectativas de longo prazo dos menos favorecidos. Se esse objetivo é atingido ao se dar maior atenção aos mais bem-dotados, isso é permissível; de outra maneira, não o é. E, ao tomar essa decisão, o valor da educação não deveria ser avaliado unicamente em termos de eficiência econômica e bem-estar social. Igualmente, se não mais importante, está

_____
* N. de T. No original, *redress*.

16 Se os diferentes modos nos quais a igualdade liberal e a aristocracia natural são (alegadamente) melhorias sobre a liberdade natural forem combinados, teremos o princípio da diferença: as desigualdades são justificadas somente se fazem com que os membros menos privilegiados da sociedade fiquem em melhor situação (porém, em termos absolutos).

17 O "princípio de reparação" assevera que a sociedade deveria *compensar* aqueles que não estão tão bem-situados em termos de *status* familiar ou dotação natural, chegando a partir disso mais perto da igualdade genuína de oportunidade.
PARE Isso parece correto? Por exemplo, uma pessoa com menos inteligência natural do que outras merece ser compensada pela sociedade por causa dessa situação?

(18) Rawls afirma alhures que isso significa somente que a *distribuição* de talentos, o fato de que diferentes pessoas têm habilidades diferentes e, frequentemente, complementares, deve ser tratada como um "bem comum", não os próprios talentos (o que aparentemente equivaleria a dizer que as outras pessoas têm uma reivindicação sobre os talentos de uma dada pessoa).

Mas é difícil evitar pensar que o princípio de diferença envolve ambas as ideias – por que então as pessoas têm a permissão de beneficiar-se dos seus próprios talentos somente se todos os demais se beneficiarem também?

(19) PARE Pense novamente sobre essa comparação básica: é injusto que a sociedade recompense pessoas porque ocorre que elas nasceram em famílias "melhores". É igualmente injusto permitir que aqueles com habilidades maiores se beneficiem delas de maneiras que não beneficiem todos os demais? (Pense aqui em um escritor talentoso ou em um inventor.) Por que todos os demais têm uma reivindicação justa quanto a se beneficiar dos seus talentos?

o papel da educação em capacitar uma pessoa a desfrutar da cultura da sua sociedade e tomar parte em suas questões e, dessa forma, proporcionar para cada indivíduo um sentido seguro do seu próprio valor.

Assim, embora o princípio de diferença não seja o mesmo que o de reparação, ele sem dúvida atinge algo desse último princípio. Ele transforma os objetivos da estrutura básica, de modo que o esquema total de instituições não mais enfatiza eficiência social e valores tecnocráticos. O princípio de diferença representa, com efeito, um acordo de considerar a distribuição de talentos naturais como, em alguns aspectos, um recurso comum e de partilhar os benefícios econômicos e sociais maiores, tornados possíveis pelas complementaridades dessa distribuição. **(18)** Aqueles que foram favorecidos pela natureza, não importa quem sejam, podem ter ganhos a partir da sua boa fortuna apenas em termos que melhorem a situação daqueles que perderam tudo. Os naturalmente favorecidos não devem ganhar meramente porque são mais talentosos, mas só para cobrir os custos de treino e de educação, assim como para fazer uso dos seus dotes de maneiras que ajudem também os menos afortunados. Ninguém merece a sua capacidade natural maior nem merece um lugar inicial na sociedade que seja mais favorável. Porém, naturalmente, essa não é nenhuma razão para ignorar, muito menos para eliminar essas distinções. Em vez disso, a estrutura básica pode ser ordenada de modo que essas contingências operem para o bem dos menos afortunados. Assim, somos levados ao princípio de diferença, caso desejemos montar o sistema social de modo que ninguém ganhe ou perca a partir do seu lugar arbitrário na distribuição de dotes naturais ou da sua posição inicial na sociedade, sem dar ou receber vantagens compensatórias em troca.

Em vista dessas observações, podemos rejeitar o argumento de que a ordenação das instituições é sempre defeituosa porque a distribuição de talentos naturais e as contingências da circunstância social são injustas, e essa injustiça deve necessariamente transferir-se para as ordenações humanas. Ocasionalmente, essa reflexão é oferecida como uma desculpa para ignorar a injustiça, como se a recusa em aquiescer à injustiça estivesse no mesmo par que ser incapaz de aceitar a morte. A distribuição natural não é nem justa nem injusta: tampouco é injusto que as pessoas tenham nascido, em uma sociedade, em alguma posição particular. Esses são simplesmente fatos naturais. O que é justo e injusto é o modo como as instituições lidam com esses fatos. **(19)** As sociedades aristocráticas e de castas são injustas porque elas fazem dessas contingências a base referencial para pertencer a classes sociais mais ou menos fechadas e privilegiadas. A estrutura básica dessas sociedades incorpora a arbitrariedade encontrada na natureza. Todavia, não há nenhuma necessidade de que os homens se resignem a essas contingências. O sistema social não é uma ordem imutável além do controle humano, mas um padrão de ação humana. Na justiça como equidade, os homens concordam em valer-se dos acidentes da natureza e da circunstância social somente quando proceder assim serve para o benefício comum. Os dois princípios são um modo equitativo de ir de encontro à arbitrariedade da fortuna; e, embora sem qualquer dúvida sejam imperfeitas em outros aspectos, as instituições que satisfazem esses princípios são justas.

Um ponto adicional é que o princípio de diferença expressa uma concepção de reciprocidade. Ele é um princípio de mútuo benefício. Contudo, à primeira vista, ele pode mostrar-se imparcialmente tendencioso em direção aos menos favorecidos. Para considerar essa questão de um modo intuitivo, suponhamos, para fins de simplicidade, que existem somente dois grupos na sociedade, um perceptivelmente mais afortunado do que o outro. Sujeita a essas restrições usuais (definidas pela prioridade do primeiro princípio e pela igualdade equitativa de oportunidades), a sociedade poderia maximizar as expectativas de qualquer um dos grupos, mas não de ambos, dado que podemos maximizar com respeito a um único objetivo de cada vez. Parece claro que a sociedade não deveria fazer o melhor que ela pode fazer em benefício daqueles inicialmente mais favorecidos; assim, se rejeitamos o princípio de diferença, devemos preferir maximizar alguma média ponderada das duas expectativas. No entanto, se damos qualquer peso aos mais afortunados, estamos, por causa deles mesmos, atribuindo valor aos ganhos daqueles já mais favorecidos pelas contingências naturais e sociais. Ninguém tinha uma reivindicação antecedente para ser beneficiado dessa maneira, e maximizar uma média ponderada é, por assim dizer, favorecer duas vezes os mais afortunados. Portanto, os mais favorecidos, quando veem a questão de uma perspectiva geral, reconhecem que o bem-estar de cada um depende de um esquema de cooperação social, sem o qual ninguém poderia ter uma vida satisfatória; eles reconhecem também que podem esperar a cooperação voluntária de todos somente se os termos do esquema forem razoáveis. Assim, eles consideram a si mesmos como já compensados, por assim dizer, pelas vantagens às quais ninguém (incluindo eles próprios) tinha uma reivindicação anterior. Eles abandonam a ideia de maximizar uma média ponderada e consideram o princípio de diferença como uma base equitativa para regular a estrutura básica. ⓴

...

Assim, é incorreto que indivíduos com maiores dotes naturais e o caráter superior que tornou possível o seu desenvolvimento tenham direito a um esquema cooperativo que os capacite a obter até mesmo benefícios adicionais de modos que não contribuem às vantagens dos outros. Não merecemos o nosso lugar na distribuição de dotes inatos, não mais do que merecemos o nosso lugar inicial na sociedade. Que mereçamos o caráter superior que nos possibilita fazer o esforço de cultivar as nossas possibilidades também é problemático; afinal, tal caráter depende em boa medida de uma família afortunada e de circunstâncias sociais no início da vida para as quais não reivindicamos nenhum crédito. A noção de merecimento não se aplica aqui. Com certeza, os mais favorecidos têm um direito aos seus dotes naturais, como qualquer outro o tem; esse direito é coberto pelo primeiro princípio sob a liberdade básica de proteger a integridade da pessoa. E assim os mais favorecidos têm direito* a tudo o que puderem adquirir em conformidade com as regras de um sistema equitativo de cooperação social. O nosso problema é de que modo esse esquema, a estrutura

básica da sociedade, deve ser planejado. De um ponto de vista apropriadamente geral, o princípio de diferença mostra-se aceitável tanto para os indivíduos mais favorecidos quanto para os menos favorecidos. ⓴ Naturalmente, nenhum desses é, em termos estritos, um argumento a favor do princípio, uma vez que, em uma teoria do contrato, argumentos são propostos do ponto de vista da posição original. Contudo, essas considerações intuitivas ajudam a esclarecer o princípio e o sentido em que ele é igualitário.

...

Agora parece evidente, à luz dessas observações, que a interpretação democrática dos dois princípios não levará a uma sociedade meritocrática. Essa forma de ordem social segue o princípio de carreiras abertas a talentos e faz uso da igualdade de oportunidade como um modo de liberar as energias dos homens na busca de prosperidade econômica e de domínio político. Existe uma disparidade notória entre as classes superiores e inferiores tanto em meios de vida quanto em direitos e privilégios de autoridade organizacional. A cultura das camadas mais pobres é empobrecida, enquanto aquela da elite governante e tecnocrática é solidamente baseada no serviço dos propósitos nacionais de poder e de riqueza. A igualdade de oportunidade significa uma chance igual de deixar para trás os menos afortunados na busca pessoal por influência e posição social. Portanto, uma sociedade meritocrática é um perigo para as outras interpretações dos princípios de justiça, mas não para a concepção democrática. Ora, como recém vimos, o princípio de diferença transforma os objetivos da sociedade em aspectos fundamentais. (...)

AS CIRCUNSTÂNCIAS DA JUSTIÇA

As circunstâncias da justiça podem ser descritas como as condições normais sob as quais a cooperação humana é tanto possível quanto necessária. Assim, como notei no início, embora uma sociedade seja um empreendimento cooperativo para mútuo benefício, ela é tipicamente marcada por um conflito, bem como por uma identidade de interesses. Há uma identidade de interesses, dado

⓴ Aqui está a reposta de Rawls (de certo modo alterada a partir da primeira edição do livro, como veremos na seleção seguinte) à questão de por que os termos da cooperação entre pessoas com mais talentos e aquelas com menos talentos deveria ser tal a ponto de gerar a máxima vantagem para os menos talentosos, em vez de um compromisso entre os interesses dos dois grupos.

㉑ As pessoas com maiores talentos naturais deveriam ficar satisfeitas com o princípio de diferença? Elas concordarão com ele na posição original, assim Rawls está alegando, porque não conhecem a sua própria situação nesse sentido, mas isso *poderia* mostrar apenas que a posição original está erroneamente concebida, que esse bocado de conhecimento não deveria ser excluído.

---

* N. de T. No original, *are entitled*.

㉒ Isso é claramente verdadeiro mesmo sobre os mais talentosos, sendo, então, uma das razões de Rawls para pensar que eles deveriam ficar satisfeitos com a distribuição de benefícios que resulta do princípio de diferença. Mas isso realmente diz algo para a questão levantada na anotação anterior?

㉓ **R**   Somente em situações nas quais essas condições gerais são satisfeitas é que a justiça se torna tanto um valor social importante quanto um valor capaz de ser razoavelmente atingido. As diferenças fundamentais nesses aspectos fariam da justiça ou algo de pouca importância ou virtualmente impossível de ser atingida.

que a cooperação social torna possível uma vida melhor para todos, melhor do que qualquer um teria se cada um fosse tentar viver unicamente por seus próprios esforços. **㉒** Há um conflito de interesses, uma vez que os homens não são indiferentes acerca do modo como os benefícios maiores produzidos mediante a sua colaboração são distribuídos, pois, no intuito de perseguir os seus objetivos, cada um deles prefere uma parcela maior do que uma menor. Logo, princípios são necessários para escolher entre as várias ordenações sociais que determinam essa divisão de vantagens e para subscrever um acordo sobre as parcelas distributivas apropriadas. Essas exigências definem o papel da justiça. As condições de fundo* que dão origem a essas necessidades são as circunstâncias da justiça.

Essas condições podem ser divididas em dois tipos. Primeiro, existem as circunstâncias objetivas que tornam possível e necessária a cooperação humana. Segundo, muitos indivíduos coexistem juntos ao mesmo tempo em um território geográfico definido. Esses indivíduos são basicamente semelhantes em poderes físicos e mentais; ou, de qualquer modo, as suas capacidades são comparáveis no sentido de que ninguém dentre eles pode dominar o restante. Eles são vulneráveis ao ataque, e todos são sujeitos a ter os seus planos interrompidos pela força unida dos outros. Finalmente, existe a condição de escassez moderada, entendida como cobrindo um amplo espectro de situações. Recursos naturais e de outro tipo não são tão abundantes a ponto de esquemas de cooperação tornarem-se supérfluos, nem são as condições tão duras que empreendimentos frutíferos devam inevitavelmente soçobrar. Embora ordenações mutuamente vantajosas sejam factíveis, os benefícios que elas produzem ficam aquém das exigências lançadas pelos homens. **㉓**

As circunstâncias subjetivas são os aspectos relevantes dos sujeitos de cooperação, ou seja, das pessoas que trabalham juntas. Por isso, embora as partes tenham basicamente necessidades e interesses semelhantes, ou necessidades e interesses de várias maneiras complementares, de modo que a cooperação mutuamente vantajosa entre elas seja possível, elas não obstante isso têm os seus próprios planos de vida. Esses planos ou concepções do bem levam-nas a ter diferentes objetivos e propósitos e a fazer reivindicações conflitantes sobre os recursos naturais e sociais disponíveis. Além disso, embora os interesses promovidos por esses planos não sejam tomados como sendo interesses no eu, eles são os interesses de um eu que considera a sua concepção do bem como válida de reconhecimento, a qual lança reivindicações em causa própria como merecedores de satisfação. Também suponho que os homens sofram de diversas limitações de conhecimento, pensamento e juízo. O seu conhecimento é necessariamente incompleto, os seus poderes de raciocínio, memória e atenção são sempre limitados e o seu juízo provavelmente é distorcido pela ansiedade, pelo preconceito e por uma preocupação com as suas próprias questões. Alguns desses defeitos originam-se de falhas morais, do egoísmo e da negligência; porém, em um grau elevado, eles são simplesmente parte da situação natural dos homens. Como consequência, os indivíduos não só têm planos de vida diferentes, mas também existe uma diversidade de crença filosófica e religiosa, assim como de doutrinas políticas e sociais.

...

O VÉU DE IGNORÂNCIA

A ideia da posição original é estabelecer um procedimento equitativo de forma que quaisquer princípios acordados sejam justos. De algum modo, devemos anular os efeitos de contingências específicas que põem os homens em divergência, deixando-nos tentados a explorar circunstâncias sociais e naturais para a sua própria vantagem. No intuito de fazer isso, eu afirmo que as partes estão situadas por detrás de um véu de ignorância. Elas não sabem como as várias alternativas afetarão o seu próprio caso particular e estão obrigadas a avaliar princípios unicamente com base em considerações gerais.

Supõe-se, então, que as partes não conhecem certos tipos de fatos particulares. Primeiro, ninguém sabe o seu lugar na sociedade, a sua posição de classe ou

---

* N. de T. No original, *background conditions*.

o estatuto social; nem tem conhecimento da sua sorte na distribuição de dotes e de habilidades naturais, bem como de sua inteligência e força. E, além disso, tampouco alguém tem conhecimento da sua concepção do bem, dos aspectos particulares do seu plano racional de vida, ou mesmo dos traços especiais da sua psicologia, tais como a sua aversão ao risco ou a sua inclinação ao otimismo ou ao pessimismo. (...)

Então, tanto quanto possível, os únicos fatos particulares que as partes conhecem é que a sociedade está sujeita às circunstâncias da justiça e a tudo o que isso implica. Toma-se por garantido, contudo, que elas têm conhecimento dos fatos gerais sobre a sociedade humana. Elas entendem as questões políticas e os princípios da teoria econômica; elas têm conhecimento da base da organização e das leis da psicologia humana. Com efeito, presume-se que as partes têm conhecimento dos fatos gerais – não importa quais sejam – que afetam a escolha dos princípios da justiça. (...) **24**

A RACIONALIDADE DAS PARTES

Afirmei até aqui que as pessoas na posição original são racionais. Contudo, também assumi que elas não têm conhecimento da sua concepção do bem. Isso significa que, embora tenham conhecimento de que têm algum plano racional de vida, elas não têm conhecimento dos detalhes desse plano, os propósitos e interesses particulares que se calcula que ele promova. Como, então, pode-se decidir quais concepções de justiça mais lhes trazem vantagens? Ou devemos supor que elas são reduzidas à mera adivinhação? Para ir ao encontro dessa dificuldade, postulo que elas aceitam (...) que normalmente preferem mais bens sociais primários do que menos bens sociais primários. **25** Naturalmente, pode ocorrer que, depois de removido o véu de ignorância, alguma delas, por motivos religiosos ou de outra natureza, possam, com efeito, não mais querer esses bens. Todavia, do ponto de vista da posição original, é racional que as partes suponham que querem, de fato, uma parcela maior, dado que, de qualquer modo, elas não são obrigadas a aceitar mais se elas não o desejam. Assim, embora as partes estejam desprovidas de informação sobre os seus fins particulares, elas têm conhecimento o bastante para hierarquizar as alternativas. Elas têm conhecimento de que, em geral, devem tentar proteger a sua liberdade, ampliar as suas oportunidades e alargar os seus meios para a promoção de suas metas, sejam essas quais forem. Guiadas pela teoria do bem e dos fatos gerais da psicologia moral, as suas deliberações não são mais um exercício de adivinhação. Elas são capazes de tomar uma decisão racional no sentido habitual.

...

Portanto, a suposição da racionalidade mutuamente desinteressada resulta nisto: as pessoas na posição original tentam tanto quanto possível, reconhecer princípios que promovem o seu sistema de fins. Elas fazem isso ao tentar obter para si mesmas o mais elevado índice de bens sociais primários, já que isso as capacita a promover a sua concepção do bem mais efetivamente, não importa o que ela venha a ser. As partes não buscam conferir benefícios ou impor danos umas às outras; elas não são movidas por afeição ou rancor. Nem tentam levar vantagem umas sobre as outras; elas não são invejosas ou vaidosas. (...)

O RACIOCÍNIO QUE LEVA AOS DOIS PRINCÍPIOS DA JUSTIÇA

...

Consideremos agora o ponto de vista de alguém na posição original. Não há nenhum modo em que ela conquiste vantagens especiais para si. E, por outro lado, não existem motivos para que ele concorde com desvantagens especiais. Como não é razoável para ele esperar mais do que uma parcela igual na divisão de bens primários sociais, nem é razoável para ele concordar com menos, a atitude sensata é reconhecer como o primeiro passo um princípio de justiça que requer uma distribuição igual. Com efeito, esse princípio é tão óbvio, dada a simetria das partes, que ele ocorreria a todos imediatamente. Assim, as partes começam com um princípio que requer liberdades básicas iguais para todos, bem como igualda-

24 Porque tal conhecimento geral não permitirá que elas tornem tendenciosa a escolha de princípios em seu próprio favor.

25 "Bens sociais primários" são aqueles que serão de valor para quase qualquer um, não importa qual possa ser a sua concepção do bem ou do plano racional da vida: direitos, liberdades e oportunidades, renda e riqueza.

de equitativa de oportunidade e divisão igual de renda e de riqueza.

No entanto, mesmo mantendo firme a prioridade das liberdades básicas e da igualdade equitativa de oportunidade, não há nenhuma razão por que esse reconhecimento inicial deveria ser definitivo. A sociedade deveria levar em conta a eficiência econômica e as exigências de organização e tecnologia. Se existem desigualdades em renda e riqueza, assim como diferenças em autoridade e graus de responsabilidade, que funcionam para deixar a todos em melhor condição na comparação com o padrão de referência da igualdade, por que não permiti-las? ㉖ (...) Então, as partes [recusariam] concordar com essas diferenças só se elas ficassem decepcionadas pelo mero conhecimento ou pela percepção de que os outros estão em melhor situação; porém, suponho que elas decidem como se não fossem movidas por inveja. Desse modo, a estrutura básica deveria permitir essas desigualdades na medida em que melhorassem a situação de todos, incluindo aquela dos menos favorecidos, contanto que fossem consistentes com a liberdade igual e com a oportunidade equitativa. Como as partes começam a partir de uma divisão igual de todos os bens primários sociais, aqueles que menos se beneficiam têm, por assim dizer, um poder de veto. Assim, chegamos ao princípio de diferença. Tomando a igualdade como a base de comparação, aqueles que ganharam mais devem fazê-lo em termos que sejam justificáveis àqueles que ganharam o mínimo.

Por meio de um raciocínio desse tipo, as partes podem chegar aos dois princípios de justiça em ordem serial. Não tentarei justificar essa ordenação aqui, mas as observações que seguem podem transmitir a ideia intuitiva. (...)

A prioridade da liberdade significa que sempre que as liberdades básicas podem ser efetivamente estabelecidas, uma liberdade menor ou desigual não pode ser trocada por uma melhoria no bem-estar econômico. É somente quando as circunstâncias sociais não permitem o estabelecimento efetivo desses direitos básicos que se pode admitir a sua limitação; e, mesmo nesse caso, tais restrições podem ser aceitas somente na medida em que elas são necessárias para preparar o caminho para o momento em que não são mais justificadas. A negação das liberdades iguais pode ser defendida somente quando é essencial mudar as condições de civilização, de maneira que no devido curso essas liberdades possam ser desfrutadas. (...) ㉗

A partir dessas observações, parece que os dois princípios são no mínimo uma concepção plausível da justiça. A questão, contudo, é como se deve argumentar a favor deles mais sistematicamente. (...) No intuito de ver de que modo isso pode ser feito, é útil como um artifício heurístico pensar em princípios como a solução máximo-mínima* para o problema da justiça social. Há uma relação entre os dois princípios e a regra máximo-mínima** para a escolha em condição de incerteza. Isso é evidente a partir do fato de que os dois princípios são aqueles que uma pessoa escolheria para o projeto de uma sociedade na qual o seu inimigo é quem deve atribuir-lhe o seu lugar. A regra máximo-mínima nos diz para hierarquizar alternativas pelos seus piores resultados possíveis: devemos adotar a alternativa cujo pior resultado é superior aos piores resultados das outras. ㉘ As pessoas na posição original não admitem, é claro, que o seu lugar inicial na sociedade é decidido por um oponente malevolente. Como eu observo a seguir, elas não deveriam raciocinar com base em falsas premissas. O véu de ignorância não viola essa ideia, dado que uma ausência de informação não é desinformação. Porém, que os dois princípios de justiça seriam escolhidos se as partes fossem forçadas a proteger a si mesmas contra tal contingência explica o sentido no qual essa concepção é a solução máximo-mínima. E essa analogia sugere que, se a posição original foi descrita de um modo que seja racional para as partes adotarem a atitude conservadora expressa por essa regra, um argumento conclusivo pode de fato ser construído a favor desses princípios. Obviamente, a regra máximo-mínima não é, em geral, um guia apropriado para escolhas em condição de incerteza. Contudo, ela é válida apenas em situações marcadas por certos traços especiais. O meu propósito, então, é mostrar que um bom exemplo pode ser construído a favor dos dois princípios, com base no fato de

---

* N. de T. No original, *maximin solution*.
** N. de T. No original, *maximin rule*.

㉖ Tais desigualdades poderiam ser necessárias para dar àqueles com talentos especiais o incentivo para desenvolvê-los e empregá-los, aumentando, a partir daí, a produção social total e fazendo com que todos, mesmos os menos favorecidos, ficassem melhor situação em termos absolutos.

㉗ Encontra-se aqui uma exceção para a ideia de que o primeiro princípio (a liberdade igual) tem prioridade completa sobre o segundo princípio (o princípio da diferença).

PARE — Tente pensar em casos possíveis ou em condições nas quais essa exceção poderia ocorrer.

㉘ Máximo-mínimo é um princípio de decisão bastante conservador, avesso ao risco. A alegação de Rawls é a de que esse princípio, ainda que não seja geralmente o melhor princípio de escolha racional, é o correto a ser seguido no caso muito especial da posição original.

que a posição original tem essas características em um nível bastante elevado.

Agora, parece haver três características centrais de situações que dão plausibilidade a essa regra incomum. A primeira é seguinte: já que a regra não toma nenhuma consideração sobre as probabilidades das circunstâncias possíveis, deve haver alguma razão para que se descarte prontamente as estimativas dessas probabilidades. (...) Assim deve ser o caso, por exemplo, em que a situação é tal que um conhecimeto das probabilidades é impossível ou, na melhor das hipóteses, extremamente incerto. Nesse caso, é irrazoável não ser cético quanto aos cálculos probabilísticos, a menos que não haja nenhuma saída, particularmente se a decisão é uma decisão fundamental, que precisa ser justificada com relação a outros.

A segunda característica que sugere a regra máximo-mínima é a seguinte: a pessoa que escolhe tem uma concepção do bem tal que ela se preocupa muito pouco, se é que o faz em alguma medida, com o que poderia ganhar acima do estipêndio mínimo que ela, de fato, pode assegurar, uma vez seguindo a regra máximo-mínima. Para ela, não vale a pena arriscar-se por causa de uma vantagem adicional, especialmente quando pode acontecer-lhe de perder muito do que lhe é importante. Essa última condição conduz à terceira característica, a saber, que as alternativas rejeitadas têm resultados que dificilmente podem ser aceitos. A situação envolve graves riscos. Naturalmente, essas características operam da forma mais efetiva quando em combinação. A situação paradigmática para seguir a regra máximo-mínima se dá quando todas as três características são realizadas no grau mais elevado.

Façamos um breve resumo da natureza da posição original, tendo essas três características especiais em mente. Para começar, o véu de ignorância exclui todo o conhecimento de probabilidades. As partes não têm nenhuma base para determinar a natureza provável da sua sociedade ou o seu lugar nela. Logo, elas não têm nenhuma base para cálculos de probabilidade. Elas devem, portanto, levar em consideração o fato de que a sua escolha de princípios deveria parecer razoável a outros, em particular aos seus descendentes, cujos direitos serão profundamente afetados por ela. Essas considerações são fortalecidas pelo fato de que as partes têm muito pouco conhecimento sobre os estados possíveis de sociedade. Elas não só são incapazes de conjecturar sobre as probabilidades das diversas circunstâncias possíveis, como também não podem dizer muito sobre quais são as circunstâncias possíveis, e muito menos enumerá-las ou prever as consequências de cada alternativa disponível. (...)

Diversos tipos de argumentos a favor dos dois princípios de justiça ilustram a segunda característica. Então, se podemos afirmar que esses princípios oferecem uma teoria aplicável* da justiça social e que são compatíveis com demandas razoáveis de eficiência, nesse caso tal concepção garante um mínimo satisfatório. Pode haver, após reflexão, poucas razões para tentar fazer algo melhor. (...) **29**

Não precisamos considerar aqui a verdade dessa reivindicação. De momento, esse argumento serve somente para ilustrar o modo como as concepções de justiça podem permitir resultados que as partes não serão capazes de aceitar. E, tendo a alternativa pronta dos dois princípios que asseguram um mínimo satisfatório, parece não ser sábio, se não irracional, que elas corram o risco de que essas condições não sejam realizadas. **30**

29 Essa segunda característica é claramente satisfeita na situação da posição original? Com relação à escolha do princípio de diferença, ela equivale a dizer que os ganhos possíveis que poderiam resultar ao afastar-se daquele princípio (ficar em uma situação extremamente boa, melhor do que poderia ser justificado pelo princípio de diferença) não são muito importantes para qualquer pessoa com discernimento.

30 Grande parte disso diz respeito a afastamentos do primeiro princípio (de liberdade). Contudo, os afastamentos do princípio de diferença também poderiam levar a resultados terríveis, tais como a fome e a pobreza extrema.

Essas são obviamente consequências indesejáveis, mas está realmente claro que nenhuma pessoa racional se arriscaria a elas na busca dos tipos de ganhos possíveis indicados na anotação anterior?

Questões para Discussão

1. Considere duas pessoas, uma de família de classe alta e outra de classe baixa. Descreva que tipo de princípio de justiça cada uma delas preferiria, com base no seu autointeresse, caso elas não estivessem sob o "véu de ignorância" e por que nenhum desses princípios pareceria corresponder intuitivamente a uma correta abordagem da justiça. Como o véu de ignorância evita que elas favoreçam esses princípios com

---

* N. de T. No original, *workable theory*.

base em seu autointeresse? Que tipo de princípio elas poderiam adotar, enquanto estivessem submetidas ao véu de ignorância, segundo o qual as pessoas deveriam ser tratadas de acordo com a sua classe social? O princípio que elas poderiam escolher nessa situação parece a você, leitor, o mais nitidamente justo? Por que sim ou por que não?

2. Consideremos agora a situação comparável entre duas pessoas com diferentes níveis de talentos naturais ou habilidades, por exemplo, uma mais e outra menos inteligente. Descreva quais princípios relativos à alocação de ganhos resultantes da inteligência que cada uma dessas pessoas escolheria, com base em seu autointeresse, caso não estivesse sob o véu de ignorância. Nesse caso, está claro que nenhum desses princípios pode ser considerado um princípio aceitável de justiça? Segundo Rawls, que princípio pode ser adotado na posição original para definir a alocação de ganhos resultantes da inteligência? Por quê? Do ponto de vista da justiça, esse princípio é claramente preferível a outros princípios que cada indivíduo escolheria fora da posição original?

3. Rawls alega que o princípio máximo-mínimo é o princípio de decisão correto a ser seguido na posição original. Contraste esse princípio com o princípio *máximo-mínimo*, segundo o qual as escolhas deveriam ser hierarquizadas de acordo com seus melhores resultados possíveis. Este é um princípio extremamente otimista, voltado para a aceitação de riscos. Considere as diferentes situações nas quais você deve fazer uma escolha e qualquer das alternativas [disponíveis] pode conduzir a mais de um resultado possível e explique o que cada um desses princípios lhe diria para fazer em cada um desses casos.

Um modo de formular tal questão é através de uma matriz teórica de decisão, como a que se segue para uma escolha esquemática (em que você não tem nenhum conhecimento de quais condições realmente possui):

	Escolha 1	Escolha 2	Escolha 3
Condição 1	100	5	90
Condição 2	-100	10	85
Condição 3	-100	5	0

Nesse caso, o máximo-mínimo selecionaria a escolha 2 e o máximo-máximo selecionaria a escolha 1. Algum desses princípios de tomada de decisão é claramente o correto em tais casos – ou até mesmo em qualquer caso? Você poderia pensar em outros princípios para tomar decisões que parecessem melhores? Algum desses princípios seria aplicável na posição original?

4. A ideia básica do argumento de Rawls para a escolha do princípio da diferença (refletida no princípio *máximo-mínimo*) consiste em que o que é racional a se fazer quando se depara com uma escolha fundamental (uma escolha com muitos efeitos em toda a sua vida) é agir com segurança, em vez de arriscar ficar muito melhor podendo ficar muito pior. Você pensa que é óbvio que essa seja uma escolha correta, que nenhum indivíduo racional teria vontade de arriscar? Pode ser que isso seja uma questão de temperamento – que algumas pessoas tenham vontade de arriscar e outras não? Que efeitos isso teria em um argumento baseado na posição original?

Robert Nozick

Nesta seleção, também extraída de *Anarquia, estado e utopia*, Nozick oferece suas objeções à abordagem de Rawls sobre a justiça. Ele coloca em dúvida se o princípio da diferença é realmente equitativo* para aqueles que têm melhores dotes naturais e questiona se Rawls tem algum bom argumento para afirmar que tais dotes devam ser tratados da maneira exigida por seus princípios. Nozick sugere igualmente que, em uma situação mais limitada, em que as graduações [de características] fossem atribuídas de maneira equitativa, a concepção de Rawls geraria resultados incertos (embora Ralws afirme com firmeza que a sua concepção não se aplica a tais situações).

---

* N. de T. No original, *fair*.

Uma Crítica de Rawls,[6] Extraído de *Anarquia, Estado e Utopia*

OS TERMOS DA COOPERAÇÃO E O PRINCÍPIO DA DIFERENÇA

(...) Rawls imagina indivíduos racionais, mutuamente desinteressados, reunidos em uma determinada situação. Todas as características desses indivíduos, não definidas por ela, são abstraídas. Nessa situação hipotética de escolha, que Rawls chama de "posição original", eles escolhem os primeiros princípios de uma concepção de justiça que deverá regular todas as críticas e reformas subsequentes de suas instituições. Enquanto fazem essa escolha, nenhum dos participantes sabe seu lugar na sociedade, sua classe ou *status* social, seus dotes e habilidades, sua força, sua inteligência, e assim por diante.

...

Com o que as pessoas na posição original concordariam?

> Pessoas na situação inicial escolheriam dois (...) princípios: o primeiro exige igualdade na atribuição de direitos e deveres básicos, enquanto o segundo assegura que desigualdades sociais e econômicas, por exemplo, desigualdade de riqueza e autoridade, são justas somente se resultam em benefícios compensatórios para todos e, em particular, para os membros menos favorecidos da sociedade. (...)[7]

O segundo princípio, que Rawls especifica como sendo o princípio da diferença, sustenta que a estrutura institucional deva ser desenhada de maneira que o grupo dos menos favorecidos dentro dela estará, no mínimo, tão bem quanto o grupo dos menos favorecidos (não necessariamente o mesmo grupo) estaria em qualquer outra estrutura institucional alternativa. Rawls argumenta que, se as pessoas na posição original seguirem a política *minimax* ao realizar a importante escolha dos princípios de justiça, elas escolherão o princípio da diferença. (...)

Rawls sustenta (...) que já que o bem-estar de todos depende de um esquema de cooperação sem o qual ninguém poderia ter uma vida satisfatória, a divisão das vantagens deveria ser tal que suscitasse a cooperação voluntária de todos os que tomam parte nela, inclusive a dos menos bem-situados. No entanto, só se poderia esperar isso se fossem propostos termos razoáveis. Os dois princípios aludidos parecem constituir uma base equitativa sobre a qual os mais dotados ou os mais afortunados por sua posição social (...) podem esperar a cooperação voluntária dos demais, quando algum sistema viável for uma condição necessária para o bem-estar de todos.[8]

Sem dúvida, o princípio da diferença apresenta os termos fundamentais sobre os quais os menos favorecidos estariam dispostos a cooperar. (Que outros termos *melhores* para si mesmos eles poderiam propor?) Mas este é um acordo equitativo com base no qual os *menos* favorecidos poderiam esperar uma cooperação *voluntária* dos demais? Com relação à existência de ganhos a partir da cooperação social, a situação é simétrica. Os mais dotados ganham por cooperar com os menos favorecidos *e* os menos favorecidos ganham em cooperar com os mais dotados. Já o princípio da diferença não é neutro entre os mais e os menos dotados. De onde vem essa assimetria? ❶

Talvez a simetria seja perturbada se alguém pergunta quanto cada um ganha com a cooperação social. Essa questão poderia ser entendida de dois modos. Quanto as pessoas se beneficiam da cooperação social em comparação com suas possessões individuais em um esquema não cooperativo? (...) Ou, alternativamente, quanto cada indivíduo ganha da cooperação social geral, não quando a comparação é feita com a não cooperação, mas com a cooperação mais limitada? Esta última é a questão mais apropriada com relação à cooperação social geral. No caso de fracasso do acordo geral sobre os princípios para governar o modo como os benefícios da cooperação social

❶ **R** Sob o princípio da diferença, os menos dotados são contemplados com *mais* do que eles possivelmente receberiam: qualquer tentativa de lhes dar mais terminaria por lhes dar menos. Porém, os mais dotados são contemplados com *menos* do que eles possivelmente receberiam sem prejudicar a posição dos menos favorecidos.

---

[6] Extraído de *Anarchy, State and Utopia* (New York: Basic Books, 1974).
[7] Rawls, *Theory of Justice*, 1. ed., p. 14-15 (p. 585-586 neste livro).
[8] Rawls, *Theory of Justice*, primeira edição, p. 15 [p. 585-586 neste livro].

geral devam ser estabelecidos, nem todos permanecerão em uma situação não cooperativa, se houver algum outro arranjo cooperativo benéfico envolvendo algumas pessoas, mas não todas, com o qual os participantes podem concordar. Essas pessoas participarão desse arranjo cooperativo mais limitado. Para nos determos nos benefícios que resultam da cooperação entre os mais e os menos dotados, devemos tentar imaginar esquemas menos amplos de cooperação social repartida, nos quais os mais dotados cooperam apenas entre si e os menos dotados cooperam apenas entre si, sem qualquer cooperação cruzada. ❷ Os membros de ambos os grupos ganham com a cooperação interna em seus respectivos grupos e têm parcelas maiores do que eles teriam se não houvesse qualquer cooperação social. Um indivíduo beneficia-se de um sistema mais amplo de cooperação entre os mais e os menos dotados à medida que o incremento de seus ganhos nessa cooperação se amplia, isto é, à medida que sua parcela sob um esquema de cooperação *geral* é maior do que seria sob um esquema de cooperação limitado intragrupo (mas não intergrupos). A cooperação geral será mais benéfica para os mais e menos dotados se (para tomar um critério simples) o incremento médio (a média) de ganho a partir da cooperação geral (quando comparada com cooperações intragrupos limitadas) for maior em um grupo do que é em outro.

Alguém poderia especular sobre se há uma desigualdade entre os ganhos médios de incrementos dos grupos e, se esse for o caso, a quem ele favorece. Se o grupo mais bem dotado inclui aqueles que conseguem realizar algo que traz grande vantagem econômica para os outros – tais como invenções, novas ideias sobre produção ou maneiras de fazer coisas, habilidades para realizar tarefas econômicas, e assim por diante –, é difícil evitar concluir que os *menos* bem-dotados ganham *mais* que os bem-dotados nesse esquema de cooperação geral. ❸ O que se segue dessa conclusão? *Não* quero dizer que isso implica que os mais bem-dotados deveriam receber ainda mais do que já receberam no sistema de intitulamentos da cooperação social geral. O que se segue *sim* dessa conclusão é uma profunda suspeita de que está impondo, em nome da equidade, constrangimentos sobre a cooperação social voluntária (e o conjunto de possessões que dela nasce), de modo que aqueles que já se beneficiam ao máximo da cooperação social geral passem a se beneficiar ainda mais!

É como se Rawls levasse-nos a imaginar as pessoas menos bem-dotadas, dizendo algo como: "Vejam, mais bem-dotados, vocês ganham ao cooperar conosco. Se vocês desejarem nossa cooperação, terão de aceitar termos razoáveis. Nós sugerimos estes termos: cooperaremos com vocês somente se obtivermos o *máximo possível*. Isto é, os termos de nossa cooperação devem dar a nós essa parcela máxima, de tal sorte que, caso fosse tentado dar-nos ainda mais, acabaríamos recebendo menos". O quão generosos são esses termos pode ser visto imaginando-se uma contraproposta quase simétrica, feita pelos mais bem-dotados: "Vejam, menos bem-dotados, vocês ganham ao cooperar *conosco*. Se vocês desejarem nossa cooperação, terão de aceitar termos razoáveis. Nós propomos estes termos: cooperaremos com vocês na medida em que *nós* ganharmos o máximo possível. Isto é, os termos de nossa cooperação devem dar a nós parcela máxima, de tal sorte que, caso fosse tentado dar-nos mais, acabaríamos com menos". Se esses termos parecem afrontosos, como de fato são, por que as condições propostas por aqueles menos bem-dotados não parecem igualmente afrontosas? ❹ Por que os mais bem-dotados não deveriam tratar essa última proposta como não merecendo consideração, supondo que alguém ousado o suficiente tivesse a audácia para formulá-la explicitamente?

Rawls dedica muita atenção para explicar por que aqueles bem menos favorecidos não se devem lamentar por receber menos. Sua explicação, posta de modo simples, é que, como a desigualdade trabalha a favor deles, alguém menos favorecido não se deveria lamentar por isso; ele recebe mais, em um sistema desigual, do que receberia em um sistema igual. (Embora pudesse receber ainda mais em outro sistema desigual que colocasse alguém abaixo dele.) Contudo, Rawls discute a questão relativa a se aqueles *mais* favorecidos considerariam ou deveriam considerar esses termos satisfatórios *somente* na seguinte passagem, na qual *AB* são quaisquer dois homens representativos, sendo *A* o mais favorecido:

---

❷ Rawls considera somente a situação na qual todos cooperam com todos. No entanto, tipos mais limitados de cooperação também são possíveis. Nozick argumenta que esses outros tipos de cooperação devem ser igualmente considerados ao se decidir quanto cada grupo se beneficia quando todos cooperam com todos.

❸ Nozick *especula* que são os menos dotados que ganham mais com a cooperação geral, em comparação com o que ocorre na cooperação mais limitada entre eles próprios, porque o grupo dos mais dotados contribuirá mais através de suas habilidades e de sua produção de ideias.

❹ Nozick imagina dois grupos fazendo o que ele descreve como propostas "quase simétricas". Ele está correto a esse respeito? Ou existe algum sentido no qual a proposta dos menos dotados (o que corresponde ao que é requerido pelo princípio da diferença) é mais razoável ou mais justa?

A dificuldade consiste em mostrar que *A* não tem razão para se lamentar. Talvez se exija dele ter menos do que ele poderia ter, já que, se ele tivesse mais, isso resultaria em uma perda para *B*. O que pode ser dit o ao homem mais favorecido? Para começar, é claro que o bem-estar de cada um depende de um esquema de cooperação social sem o qual ninguém poderia levar uma vida satisfatória. Em segundo lugar, podemos pedir a cooperação voluntária de todos somente se os termos do esquema forem razoáveis. Então, o princípio da diferença parece ser uma base equitativa a partir da qual os mais dotados, ou mais afortunados graças a suas circunstâncias sociais, podem esperar que os outros colaborem com eles, quando algum arranjo exequível for uma condição necessária para o bem de todos.[9]

O que Rawls imagina que possa ser dito aos mais favorecidos *não* mostra que eles não tenham fundamentos para queixas, nem reduz a importância de quaisquer queixas que tenham. A afirmação de que o bem-estar de todos depende da cooperação social, sem a qual ninguém poderia ter uma vida satisfatória, poderia ser feita também aos menos bem-dotados por alguém que proponha qualquer outro princípio, inclusive o de maximizar a posição dos mais bem-dotados. [Isso é assim] de modo similar pelo fato de que podemos pedir a cooperação voluntária de cada um somente se os termos do esquema forem razoáveis. A questão é: quais termos *seriam* razoáveis? O que Rawls imagina que tenha sido dito até agora meramente formula o seu problema; porém, não distingue o princípio da diferença proposto por ele da contraproposta quase simétrica que imaginamos que possa ser feita pelos mais dotados ou de qualquer outra proposta. Assim, quando Rawls continua: "o princípio da diferença, então, parece ser uma base equitativa a partir da qual os mais dotados, ou mais afortunados graças a suas circunstâncias sociais, podem esperar que os outros colaborem com eles quando algum arranjo exequível for uma condição necessária para o bem de todos", a presença do "então" nessa sentença é desconcertante. Visto que as frases que a antecedem são neutras quanto à sua proposta e a qualquer outra proposta, a conclusão que apresenta o princípio da diferença como uma base equitativa para a cooperação *não pode* ser depreendida do que a precede nessa passagem. Rawls está simplesmente repetindo que ela parece razoável; uma resposta muito pouco convincente para qualquer um a quem ela não parece razoável. Ao exigir do homem mais favorecido que tenha menos, a fim de que outro homem *B* possa ter mais do que de outra maneira teria, Rawls não mostrou que o homem mais favorecido *A* não tem fundamentos para queixas. E Rawls não pode mostrar isso, já que *A possui* fundamentos para suas queixas. Ou não possui? **5**

A POSIÇÃO ORIGINAL E OS PRINCÍPIOS DE RESULTADO FINAL

...

Suponhamos que exista um grupo de alunos que estudou durante um ano, prestou exames e recebeu notas que variam de 0 a 100, mas ainda não foi informado sobre elas. Eles estão reunidos e não têm ideia das nota que cada um recebeu. A eles é solicitado que atribuam notas a si mesmos, de tal modo que a notas totalizem uma determinada soma (que é determinada pela soma de notas que eles efetivamente receberam do professor). Suponhamos primeiro que eles tenham de decidir em conjunto sobre uma distribuição particular das notas. Eles devem dar uma nota particular a cada um dos presentes na reunião. Nesse caso, dadas as restrições suficientes sobre suas habilidades para ameaçar cada um dos demais, eles provavelmente concordariam que cada pessoa recebesse a mesma nota, sendo a nota de cada um igual ao total dividido pelo número de pessoas a serem avaliadas. Com certeza, eles *não* correriam riscos com respeito ao conjunto de notas que eles já receberam. Suponhamos, na sequência, que exista um papel fixado em um mural do local onde ocorre a reunião, com o cabeçalho INTITULAMENTOS, que lista o nome de cada pessoa com a sua respectiva nota, e essa lista é idêntica à lista com as notas do instrutor. Ainda assim, os que tiveram

---

5 A passagem citada por Nozick é extraída da primeira edição de *Uma teoria da justiça*. Na edição revisada, da qual foi extraída a seleção de Rawls para este livro, essa passagem é substituída por outro parágrafo que segue da p. 590 até a p. 591 (ao qual a Anotação 20 está anexada). A versão posterior fornece uma resposta melhor para o desafio que Nozick está levantando aqui?

---

[9] Rawls, *Theory of Justice*, 1. ed., p.103 (ver p. 590-591 neste livro para uma versão desta passagem extraída da edição revisada)

(6) O aluno que recebeu melhores notas sob a distribuição dos "intitulamentos" teria razões autointeressadas para aceitar essa distribuição, mas não existe nenhuma razão autointeressada para que os outros concordem.

(7) Esta é a tentativa de Nozick para tornar esse caso parecido com a situação na qual dar incentivos a algumas pessoas resulta em uma maior produção total.

um desempenho fraco não concordarão com essa distribuição particular. Mesmo que eles saibam o que "intitulamento" significa – talvez devamos supor que eles não saibam a fim de que isso corresponda à ausência de fatores morais nos cálculos das partes na posição original de Rawls –, por que deveriam estar de acordo com a distribuição do instrutor? Que razão autointeressada teriam eles para estar de acordo? **(6)**

Suponhamos a seguir que eles devam entrar em acordo unanimemente, não sobre uma distribuição *particular* de notas, mas sobre princípios gerais para reger essa distribuição. Que princípio seria selecionado? O princípio da igualdade, que dá a cada pessoa a mesma nota, teria uma chance destacada. E se o total fosse variável, dependendo de como eles o dividissem, dependendo de qual deles recebesse que nota **(7)** – e a nota mais alta fosse desejável, embora eles não competissem uns com os outros (como, por exemplo, se cada um deles competisse por alguma posição com membros de grupos separados e distintos) –, então, nesse caso, o princípio da distribuição das notas que maximizasse as notas mais baixas *poderia* parecer plausível. Será que essas pessoas concordariam com um princípio histórico, um princípio que não fosse de estado final, um princípio do tipo: atribuir notas aos alunos de acordo com o modo como seus exames forem avaliados por um observador qualificado e imparcial? Se todos os participantes da decisão conhecessem a distribuição particular que seria produzida por esse princípio histórico, elas não concordariam com ele. Nesse caso, a situação seria equivalente a anterior, na qual teriam decidido por uma distribuição particular. Já vimos que naquele caso eles não estariam de acordo com a distribuição com base em intitulamentos. Suponhamos, então, que as pessoas não conheçam a distribuição particular efetivamente produzida por esse princípio histórico. Elas não podem ser levadas a selecionar esse princípio histórico porque lhes parece justo ou equitativo; afinal, não é permitido que tais noções operem na posição original. (Caso contrário, as pessoas poderiam argumentar na posição original, do mesmo modo que no exemplo citado, sobre o que a justiça requer.) Cada pessoa faz um cálculo para decidir se será em seu próprio interesse aceitar esse princípio histórico de distribuição. Notas, consideradas a partir do princípio histórico, dependem da natureza e do desenvolvimento da inteligência, de quão arduamente as pessoas trabalharam, de acidentes, e assim por diante – fatores sobre os quais as pessoas na posição original não sabem quase nada. (...) Cada pessoa na posição original fará algo como atribuir distribuições de probabilidade para o seu lugar ao longo dessas várias dimensões. Parece improvável que o cálculo de probabilidade de cada pessoa conduza ao princípio do intitulamento histórico, de preferência a qualquer outro princípio.

Considere [agora] o princípio que chamaremos de princípio do intitulamento reverso. Ele recomenda formular uma lista de intitulamentos históricos em ordem de grandeza e dar o máximo do que alguém está intitulado à pessoa intitulada a receber o mínimo possível; a segunda maior parcela à pessoa intitulada a receber a segunda menor parcela, e a assim por diante. Qualquer cálculo de probabilidade de pessoas autointeressadas na posição original de Ralws, ou qualquer cálculo de probabilidade de estudantes que tenham considerado, os levará a considerar os princípios do intitulamento e do intitulamento reverso como sendo de mesma hierarquia no que diz respeito ao autointeresse deles. (Que cálculos os levaria a considerar um dos princípios como superior ao outro?) Seus cálculos não os levariam a selecionar o princípio do intitulamento.

...

A construção de Rawls é incapaz de produzir uma concepção de justiça distributiva histórica ou de intitulamento. (...) Todo o procedimento de pessoas que escolhem princípios na posição original de Rawls pressupõe que nenhuma concepção de justiça histórica de intitulamento seja correta.

Poderia ser objetado ao nosso argumento que o procedimento de Rawls é destinado a *estabelecer* todos os fatos acerca da justiça, que não existe uma noção independente de intitulamento, não proporcionada por sua teoria, na qual se apoiar para criticá-la. Porém, não necessitamos de nenhuma teoria *particular* desenvolvida sobre o intitulamento, de caráter histórico, como uma base a partir da qual criticar a construção de Rawls. Se *qualquer* concepção fundamental de intitulamento, de caráter histórico, está correta, então a teoria de Rawls não está. Assim, estamos aptos a fazer essa crítica estrutural ao tipo de teoria que Rawls apresenta e ao tipo de princípios que ela deve produzir, mesmo sem ter previamente formulado por inteiro uma teoria particular e histórica do intitulamento como uma alternativa a concepção rawlsoniana. Estaríamos mal-informados se aceitássemos a teoria de Rawls e a sua construção do problema como se ela fosse uma teoria cujos princípios seriam escolhidos por indivíduos racionais, egoístas e autointeressados sob um véu de ignorância, a menos que estivéssemos seguros de não poder obter nenhuma teoria adequada de intitulamento com caráter histórico. ❽

...

DOTES NATURAIS E ARBITRARIEDADE

Rawls chega muito perto de considerar o sistema do intitulamento em sua abordagem do que ele denomina o sistema de liberdade natural. (...)

...

(...) a razão de Rawls para rejeitar um sistema de liberdade natural [é que] ele "permite" que as parcelas distributivas sejam influenciadas de maneira imprópria por fatores que são (...) arbitrários do ponto de vista moral. Esses fatores são: "a distribuição prévia (...) de talentos e habilidades naturais, tal como essas têm se desenvolvido ao longo do tempo, por circunstâncias sociais e por contingências fortuitas como fatores acidentais e boa fortuna." (...)

Ralws *concebe* de maneira explícita a posição original e a sua situação de escolha de modo a incorporar e pôr em execução a sua refletida avaliação negativa quanto a permitir que parcelas de possessões possam ser afetadas por dotes naturais: "Uma vez que decidimos buscar uma concepção de justiça que anule os acidentes oriundos de dons naturais e as contingências das circunstâncias sociais. (...)" [10] ❾ (...) Essa busca modela, de modo crucial, a teoria de Rawls e subjaz a seu delineamento da posição original. (...)

Por que as possessões* não deveriam depender parcialmente dos dotes naturais? (Elas também dependem do modo como esses dotes são desenvolvidos e dos usos que recebem.) A resposta de Rawls é que esses dons e dotes naturais, sendo imerecidos, são "arbitrários de um ponto de vista moral." (...)

O ARGUMENTO POSITIVO

(...) Como é possível que o ponto segundo o qual as diferenças nos dons naturais são arbitrárias da perspectiva moral possa funcionar em um argumento destinado a estabelecer que as diferenças quanto a possessões, oriundas das diferenças de dotes naturais, devem ser anuladas? Consideraremos [dois] argumentos possíveis; primeiro, o argumento A:

1. Qualquer pessoa deveria merecer, do ponto de vista moral, suas possessões; as pessoas não devem ter as possessões que não merecem.
2. Do ponto de vista moral, as pessoas não merecem seus dotes naturais.
3. Se o X de uma pessoa determina parcialmente o seu Y**, e este X é imerecido, então Y será igualmente imerecido.

Portanto,

4. As possessões das pessoas não deveriam ser parcialmente determinadas por seus dotes naturais.

(...) Porém, Rawls rejeita de maneira explícita e enfática a distribuição de acordo com o merecimento moral.

> Há uma tendência por parte do senso comum em supor que renda e riqueza, e as boas coisas da vida em geral, deveriam ser distribuídas de acordo com o merecimento moral. A justiça e a felicidade de acordo com a virtude. Embora seja reconhecido que esse ideal talvez jamais seja levado a cabo inteiramente, ele é a concepção apropriada (conforme o senso comum) de justiça distributiva, ao menos com um princípio *prima facie*, e a sociedade deve tentar

---

[10] Rawls, *Theory of Justice*, 1. ed., p.15 (ver p. 585-586 neste livro).

* N. de R.T. No original, *holdings*.
** N. de T. Entenda-se "Y" como uma possessão.

❽ A alegação de Nozick é que a maneira pela qual Rawls formula a questão e define a posição original garante que nenhuma teoria do intitulamento com caráter histórico possa ser escolhida. Ao fazer isso, *pressupõe* que nenhuma teoria nesses moldes é correta.

PARE Isso significa que a abordagem de Rawls apresenta um preconceito irrazoável contra a concepção de Nozick? Ou Rawls tem boas razões para excluir concepções desse tipo?

❾ Esta passagem também foi alterada na edição revisada de *Uma teoria da justiça* – e na seleção deste volume. Compare essa citação com a passagem da Anotação 8, na seção que contém o texto de Rawls, na qual ele já não fala mais em *anular* os dotes naturais devido ao seu caráter acidental.

10

🛑 **PARE** Pense cuidadosamente sobre *por que* esse princípio não seria escolhido na posição original.

11

R Nozick garante que possessões e outros benefícios derivados do governo deveriam ser iguais, a menos que exista um "razão moral de peso" no sentido contrário, porém nega que isso seja verdadeiro no que diz respeito às possessões cuja distribuição não resulte da ação governamental, mas de escolhas livres dos indivíduos.

🛑 **PARE** Como você pensa que Rawls poderia responder a tal questão?

---

realizá-lo à medida que as circunstâncias permitam. Contudo, a justiça como equidade rejeita essa concepção. Tal princípio não seria escolhido na posição original. **10** [11]

Portanto, Rawls não poderia aceitar nenhuma premissa como a primeira premissa do argumento *A* e, assim, nenhuma variante desse argumento serve de base para a sua rejeição de diferenças nas parcelas distributivas que decorrem de diferenças imerecidas de dotes naturais.(...)

Agora, volto-me a nosso [segundo] argumento positivo, que se propõe a derivar a conclusão de que parcelas distributivas não deveriam depender de dotes naturais. Essa derivação parte da proposição segundo a qual a distribuição dos dotes naturais é moralmente arbitrária. Esse argumento centra-se na noção de igualdade. Visto que uma grande parte do argumento de Rawls serve para justificar ou apresentar como aceitável um desvio particular a partir de parcelas iguais – alguns podem ter mais se isso servir para melhorar a posição daqueles menos favorecidos –, talvez uma reconstrução de seu argumento subjacente, no qual a igualdade tem uma posição central, seja esclarecedora. Diferenças entre pessoas (reza o argumento) são arbitrárias de um ponto de vista moral se não existe nenhum argumento moral em favor da conclusão de que deveriam existir diferenças. (...)

Assim, temos o argumento *D*:

1. As possessões devem ser iguais, a menos que exista uma razão moral (de peso) [que justifique] por que elas devem ser desiguais.
2. As pessoas não merecem as maneiras segundo as quais elas diferem de outras pessoas em dotes naturais; não existe nenhuma razão moral pela qual elas devem diferir em dotes naturais.
3. Se não existe nenhuma razão moral pela qual as pessoas diferem com relação a certos traços, então suas diferenças reais quanto a esses traços não fornecem – e não podem dar origem – a uma razão moral pela qual elas deveriam diferir em outros traços (por exemplo, com relação a possessões).

---

[11] Rawls, *Theory of Justice*, 1. ed., p. 310 (passagem não incluída neste livro).

Portanto,

4. As diferenças das pessoas em dotes naturais não são uma razão pela qual as possessões devem ser desiguais.
5. As possessões das pessoas devem ser iguais, a menos que exista alguma outra razão moral (tal como, por exemplo, a melhoria da posição daqueles em pior situação) segundo a qual suas possessões devem ser desiguais.

(...) Neste ponto, focaremos nossa atenção na primeira premissa, a premissa da igualdade. Por que as possessões das pessoas deveriam ser iguais na ausência de razões morais especiais que justifiquem um desvio da igualdade? (Por que pensar que *deveria* existir *algum* padrão particular com relação a possessões?) Por que a igualdade é a posição de descanso (ou o movimento retilíneo) do sistema, e todo desvio com relação à igualdade só pode ser causado por forças morais? Muitos "argumentos" em favor da igualdade simplesmente *afirmam* que as diferenças entre as pessoas são arbitrárias e devem ser justificadas. Com frequência, escritores formulam um pressuposto em favor da igualdade da seguinte forma: "Diferenças no tratamento das pessoas precisam ser justificadas." (...) Que as diferenças no tratamento concreto [das pessoas] devam ser justificadas *realmente* se aplica ao caso dos *governos* contemporâneos. Nesse caso, há um processo centralizado de tratamento que inclui a todos, sem que haja um intitulamento para distribuir esse tratamento de maneira caprichosa. Contudo, a grande parcela da distribuição em uma sociedade livre não chega através das ações do governo, nem os fracassos na anulação dos resultados de trocas individuais localizadas constituem uma "ação do estado". Quando *ninguém* está executando esse tratamento e todos estão intitulados a dispor de suas possessões como desejam, não fica claro por que a máxima segundo a qual diferenças de tratamento devem ser justificadas poderia ser pensada como tendo aplicação ampla. Por que as diferenças entre as pessoas devem ser justificadas? Por que pensar que nós devemos trocar, remediar ou compensar qualquer desigualdade que possa ser alterada, remediada ou compensada? **11**(...) Neste ponto, precisamos apenas notar que a conexão que o argumento *D* forja entre não merecer os dotes naturais e algumas conclusões sobre parcelas distributivas *pressupõe* a igualdade como uma norma (da qual se pode desviar com, e apenas com, razões morais).

Portanto, o argumento *D* não pode, ele próprio, ser usado para estabelecer qualquer conclusão sobre a igualdade.

...

Questões para Discussão

1. Como Rawls poderia justificar o tratamento assimétrico que o princípio da diferença dá aos menos e aos mais dotados? Esse tratamento é compatível com a justiça? (Observe que esta questão não pode ser resolvida apelando para a posição original, visto que ela, na realidade, questiona se o próprio modo segundo o qual Rawls concebe a posição original é compatível com as demandas da justiça.)
2. Nozick oferece o caso da distribuição de notas como uma analogia para questionar se algo como a posição original é uma boa maneira para decidir o que a justiça requer. Nesse caso, parece bastante claro que um procedimento análogo ao sugerido por Rawls não é requerido pela justiça nem produz resultados justos. Na verdade, Rawls diz explicitamente que sua concepção não está destinada a determinar o que é justo em situações mais limitadas desse tipo. Mas existe alguma boa explicação que ele possa oferecer de por que as demandas de justiça com relação à estrutura básica da sociedade são aparentemente tão diferentes daquelas nos casos mais limitados?
3. Se supomos que a concepção de Rawls estabelece o que a justiça requer, como ele pode estar justificado em apelar para um procedimento que aparentemente exclui uma concepção como a de Nozick, mesmo como uma possibilidade? Nozick está certo em pensar que tal procedimento tem esse resultado? Se ele está, existe algum modo pelo qual Rawls pode justificar a sua maneira de abordar essa questão?
4. A justiça requer que as diferenças com relação a dotes naturais sejam *anuladas*, como Rawls diz na primeira edição de *Uma teoria da justiça*? (Ver a Anotação 9 e as passagens correspondentes.). É a isso que a adoção do princípio da diferença realmente conduz? Existem diferenças que não podem ser anuladas dessa maneira? (Um exemplo a ser considerado é a atração física e os benefícios que esta proporciona.) Existe algum outro modo que você pode conceber para anular tais diferenças? A justiça realmente requer que isso seja feito nesse tipo de caso?

Thomas M. Scanlon

Thomas Scanlon (1940-) é um filósofo moral e político norte-americano que leciona atualmente na Universidade de Harvard. Na seleção a seguir, ele faz uma extensa crítica à abordagem de Nozick sobre a justiça e, de passagem, uma defesa de Rawls contra algumas das críticas de Nozick.

Nozick sobre Direitos, Liberdade e Propriedade[12]

Em *Anarquia, estado e utopia*[13], Robert Nozick aborda a filosofia política a partir de um quadro de referência que enfatiza os direitos individuais e a derivação* da obrigação política a partir do consentimento. (...) Nozick afirma que o

---
[12] Extraído de *Philosphy and Public Affairs* (outono de 1976).
[13] (New York, 1974). Os números das páginas no texto e nas notas de rodapé referem-se aos excertos neste livro.
* N. de T. No original, *derivation*.

único estado legítimo é o estado mínimo, cujas atividades limitam-se à proteção dos indivíduos e de suas propriedades e à observância dos contratos. Esse estado é único entre as organizações sociais por ter o direito de forçar seus membros a pagar por seus serviços, quer eles tenham consentido com isso ou não. Os cidadãos podem unir-se para quaisquer outros propósitos que desejarem – prover a educação, ajudar os necessitados, organizar esquemas de segurança social –, mas tais esquemas devem ser inteiramente voluntários, e o estado deve garantir o direito de cada um de não ser obrigado a contribuir para a realização deles.

Nozick chega a essas conclusões ao aderir, tão aproximadamente quanto possível, à ideia de que, na vida econômica como na política, todas as obrigações válidas derivam do consentimento.

❶ Certamente, (...) as obrigações e os intitulamentos que uma pessoa adquire por meio de acordos voluntários podem afetar as alternativas disponíveis a outros que não tomaram parte nesses acordos. Deve haver alguma coisa que estabeleça quando tais efeitos colaterais tornam nulo um acordo. Na teoria de Nozick, essas condições e esses limites são estabelecidos por uma estrutura esquelética de direitos derivada de Locke. A função mínima concedida ao estado e a grande amplitude concedida ao acordo voluntário e ao consentimento em sua teoria são consequências diretas do caráter específico desses direitos. Contudo, esse sistema de direitos não é discutido diretamente no livro, e Nozick não pretende ter oferecido um fundamento para esses direitos.(...)

O artifício teórico central do livro é a classificação dos princípios da justiça como sendo "históricos", "de resultados finais"* e "em conformidade com um padrão".** Nozick classifica um princípio da justiça como histórico quando esse princípio faz a justiça de uma distribuição depender de como ela se realizará (p. 575). Com base em um princípio histórico de justiça, "as circunstâncias ou ações passadas dos indivíduos podem criar inti-

---
* N. de T. No original, *end-state*.
** N. de T. No original, *patterned*.

tulamentos* ou merecimentos diferenciados com relação a coisas" (p. 575). Em contraste, nos casos submetidos ao que Nozick denomina de "princípio de resultados finais", a justiça de uma distribuição dependerá somente de certas características estruturais da situação que ela representa, como por exemplo, da soma de utilidade produzida ou do grau de igualdade resultante. É claro que as características estruturais de uma distribuição que são consideradas relevantes por um princípio da justiça podem fazer referência a eventos históricos. Por exemplo, um princípio pode exigir que as posses das pessoas devam ser proporcionais ao valor moral delas como determinado por suas ações passadas. Tal princípio é histórico no sentido de Nozick, mas evidentemente ele tem muito em comum com os princípios de resultados finais. Nozick denomina esse princípio – que estabelece que as posses devem "variar de acordo com alguma dimensão natural" ou alguma combinação de tais dimensões – de "princípio em conformidade com um padrão".** A própria teoria da justiça de Nozick está baseada em princípios históricos não submetidos a um padrão. Essa teoria é uma concepção da justiça como intitulamentos. Tal concepção é especificada por três componentes: um princípio (inicial) de aquisição, um princípio de transferência e um princípio de retificação. Seu ponto central é que qualquer configuração de posses que resulte de uma transferência legítima de posses legitimamente adquiridas é em si mesma justa. Não há razão para esperar (ou exigir) que essas posses correspondam a qualquer padrão natural. (O princípio de retificação serve para explicar como essa situação há de ser reparada se as posses forem afetadas por violações dos princípios de justa aquisição e de transferência.)

Muitas teorias da justiça, talvez quase todas, atribuem alguma função

---
* N. de T. A expressão *entitlement* corresponde a um conceito central da teoria de Nozick. Na língua inglesa, essa expressão é utilizada em contextos formais e significa literalmente "ter o direito de ter ou fazer alguma coisa". Assim, o indivíduo que possui um *entitlement* é titular legítimo de um direito. Ver também esclarecimentos sobre a tradução para o português na primeira seleção de Nozick que consta deste capítulo.
** N. de T. No original, *patterned principle*.

---

❶ Com certeza, esta é uma concepção que teria sido aceita tanto por Hobbes quanto por Locke. Como Scanlon mais tarde indicará, a concepção de Rawls também pode ser vista como uma espécie de teoria do consentimento, ainda que com a diferença bastante importante de que o consentimento é mais hipotético (em relação à "posição original") do que real.

às considerações de intitulação, isto é, reconhecem alguns procedimentos que conferem legitimidade a seus resultados. O que é específico na concepção de Nozick é que ela faz dos princípios de intitulamento o início e o fim da justiça distributiva. Embora seus princípios não sejam descritos em detalhe, parece que a teoria de Nozick difere de outras concepções puras de intitulamento, sobretudo ao admitir menos restrições na aquisição e na troca de propriedades. Ele faz menção a apenas uma restrição, denominada de "*condição lockiana*", a qual estabelece que qualquer aquisição, transferência ou combinação de transferências é nula se deixar terceiros em piores condições do que eles estariam no estado de natureza.[14] Por exemplo, tais condições menos favoráveis podem ocorrer se alguém comprar, em transações simultâneas e secretas, os direitos a todas as fontes de água disponíveis. Essa restrição poderia ser importante se não fosse o fato de que o critério de base para sua aplicação é estabelecido pelas condições no estado de natureza. Segundo Nozick, a produtividade do sistema capitalista, ao melhorar nossas condições materiais, torna improvável que (em uma economia competitiva) qualquer um possa adquirir posses que deixem os outros abaixo desse padrão.

Nozick percebe claramente que a distinção entre princípios de justiça históricos (que não estão em conformidade com padrões) e princípios em conformidade com padrões ou de resultados finais é de fundamental importância. Ele salienta que quase todos os princípios de justiça comumente oferecidos são princípios de resultado final ou em conformidade com padrões e, como tais, estão claramente equivocados. Se isso for correto, trata-se de algo realmente importante. Sem dúvida, a distinção de Nozick capta algo que é intuitivamente atraente. Com frequência se tem afirmado, como crítica ao utilitarismo, que este ignora as relações moralmente significativas resultantes de ações passadas. ❷ A distinção de Nozick é de grande interesse se ela conferir a essa crítica uma forma mais abstrata e mostrar que ela se aplica não só ao utilitarismo, mas também à teoria de Rawls e, virtualmente, a todas as outras teorias comumente oferecidas. Mas não acredito que a distinção tenha a importância que lhe é atribuída. Para ver por que é assim, permitam-me examinar as razões que Nozick oferece para sustentar que todos os princípios em conformidade com padrões são claramente equivocados.

Essas razões podem ser rapidamente reconhecidas na observação frequente de Nozick de que, já que o ato de presentear alguém pode alterar um padrão de distribuição, os defensores dos princípios da justiça baseados em padrões teriam de proibir essa forma de "comportamento amoroso" (p. 578). Em uma formulação mais geral: seja D_1 a distribuição dos bens* que ocorre em determinada sociedade e suponha-se que essa distribuição esteja de acordo com o nosso padrão favorito (por exemplo, a igualdade estrita). Essa distribuição pode ser transformada na distribuição D_2, em desacordo com aquele padrão, por qualquer um dentre muitos meios: por presentes, por alguém que começa um negócio bem-sucedido em seu tempo excedente usando apenas recursos para os quais ele já estava autorizado sob D_1, ou, como sugere Nozick, por um milhão de indivíduos que decidem, cada um deles, pagar 25 centavos para Wilt Chamberlain** pelo privilégio de vê-lo jogar basquete. Para manter D_1, teríamos de restringir essas atividades. Nozick afirma que tal "interferência contínua" é obviamente inaceitável. Consequentemente, deve-se concluir que nenhuma concepção de justiça em conformidade com padrões pode ser correta.

Uma resposta imediata a esse argumento é colocar em dúvida se alguém, em algum momento, defendeu uma concepção de justiça "em conformidade com padrões" no sentido que é refutado por Nozick. É improvável que uma pessoa que questione a desigualdade no mundo esteja preocupada com aqueles que têm menos em consequência de terem doado ou negociado parte daquilo que outrora

---

[14] Em piores condições quanto àquilo que eles são capazes de utilizar. Não é suficiente que eles estejam em piores condições com respeito àquilo que permanece disponível para uma apropriação inicial. Ver p. 580.

* N. de R.T. No original, *goods*.
** N. de T. Wilt Chamberlain, maior astro do basquete americano nas décadas de 1960 e 1970. (ver Anotação 11 na primeira seleção de Nozick).

❷ Desse modo, por exemplo, o fato de que uma pessoa tenha feito uma promessa a alguém tem pouco ou nenhum peso moral para o utilitarismo, uma vez que a ação correta é completamente determinada pelas consequências futuras. (Para uma maior discussão do utilitarismo, ver o Capítulo 5.)

era uma parcela igualmente distribuída para todos. O que acima de tudo ofende um igualitarista é a grande desigualdade dos recursos iniciais das pessoas como resultado das posições sociais nas quais elas nasceram. Porém, nesse caso, Nozick pode alegar que isso não afeta seu argumento. De uma maneira arbitrária, as grandes desigualdades nos pontos de partida dos membros de uma geração podem resultar de presentes ou trocas voluntárias realizadas por membros das gerações anteriores. Portanto, manter essa espécie vaga de igualdade requer uma restrição dessas atividades.

Apresentada dessa maneira, esta não é uma conclusão surpreendente; certamente ela não faz o igualitarismo parecer tão tolo como parecia à primeira vista. E isso ocorre porque, em primeiro lugar, já não existe a aparência de um consentimento unânime. Já não é mais plausível responder "Bem, se os fãs estão todos contentes em pagar [todos os que agora vivem em sociedade são fãs] e Wilt quer jogar por aquele preço, como pode uma interferência igualitarista objetar a isso?"

❸ Em segundo lugar, essa forma de considerar o exemplo altera nossa imagem das liberdades que provavelmente serão infringidas. As liberdades envolvidas no exemplo parecem ser as seguintes: a liberdade dos fãs de pagar 25 centavos adicionais para ver Wilt atuar, a liberdade de Wilt de manter qualquer soma que ele possa receber através de tais transações, sua liberdade de decidir se ele quer ou não jogar pela soma que sobra depois de descontados os impostos incidentes sobre o montante que os fãs e os patrocinadores oferecem-lhe e, finalmente, a liberdade de seus herdeiros de manter qualquer quantia de dinheiro que Wilt desejar transferir a eles. Não parece provável que os igualitaristas – se seus objetivos são como os descrevi – desejarão vigiar os 25 centavos de cada indivíduo ou recrutar estrelas do basquete. Portanto, o que está em questão é o direito de uma pessoa guardar para si tudo aquilo que as outras estão dispostas a pagar por seus serviços e o direito dos herdeiros de receber doações ilimitadas. No entanto, não há uma base intuitiva forte para pensar que tais direitos são absolutos, e há pouco fundamento para surpreender-se com a sugestão de que a busca pela igualdade pode requerer a restrição desses direitos. ❹

Nozick tenta fazer com que tais medidas pareçam mais alarmantes para nós, vinculando-as às mais extremas formas de intervenção. Assim, ele afirma que "o imposto sobre os ganhos provenientes do trabalho está no mesmo plano que o trabalho forçado" (p. 578); em outra parte, ele pergunta por que motivo, se fixarmos um limite sobre por quanto tempo uma pessoa pode controlar os [seus] bens e transferi-los aos outros, não incorreremos em um confisco imediato. Porém, parece não haver nenhuma razão para desconsiderar essas diferenças óbvias no grau de regulamentação da vida pessoal. De acordo com a alegação de Nozick, pode haver uma série contínua de interferências que vão do imposto ao trabalho forçado, sendo que cada uma delas restringe cada vez mais as opções. Contudo, o fato de haver essa série contínua não é razão para que sejamos indiferentes entre quaisquer dois pontos dessa série. ❺ Mesmo que Nozick não nos convença de que são inaceitáveis as restrições sobre os salários e a herança, que têm como fim manter a igualdade, ainda assim seus exemplos suscitam a questão de por que qualquer interferência deveria ser justificada a fim de preservar um padrão. Como ele afirma, o que há de tão especial em um padrão?

Há várias preocupações que levam as pessoas a exigir uma maior igualdade, e nem todas elas implicam um padrão em algum sentido fundamental. Por exemplo, o objetivo político principal de um indivíduo pode ser aliviar as terríveis condições sob as quais muitos são forçados a viver. Ao mesmo tempo, o fato de que outros estão em condições muito melhores demonstra que seria possível eliminar esse sofrimento e – poder-se-ia acrescentar – fazê-lo sem reduzir ninguém mais a esse nível mais baixo. Os recursos estão aí; eles apenas precisam ser redistribuídos. Para uma pessoa que adote essa posição, a humanitária, a equalização é simplesmente um meio para a melhoria de grande parte daqueles conhecidos como mais desfavorecidos. É possível que uma pessoa que esteja hoje em dia profundamente preocupada com essa causa possa ficar plenamente satisfeita se o padrão de vida de todos for significativamente melhorado, mesmo que a distância entre ricos e pobres mantenha-se inalterada. ❻

Uma segunda posição consideraria mais seriamente [a ideia de] padrão, mas

---

❸ Que *cada um* seja um fã de Chamberlain não faz parte do exemplo, como Nozick o apresenta. A plausibilidade do exemplo requer o acréscimo de uma estipulação adicional?

❹ PARE Pense sobre as liberdades que Scanlon relaciona no seu texto. Nozick provavelmente afirmaria que o exemplo sustenta todas as quatro igualmente, enquanto Scanlon sugere que duas delas são obviamente menos imunes à violação legítima do que as outras duas. Quem está certo?

❺ Isso parece ser uma reivindicação substancialmente mais fraca do que a que Nozick realmente faz. Quando ele afirma que o imposto sobre salários está "no mesmo nível do trabalho forçado", parece dizer que eles correspondem à mesma coisa de um ponto de vista moral. (Essa alegação mais forte de Nozick é plausível?)

❻ Rawls certamente não defende tal visão. PARE (O que Nozick poderia dizer sobre a observação de que "Os recursos estão aí; eles apenas precisam ser redistribuídos"?)

ainda assim atribuiria a ele uma função puramente instrumental. Alguém que adote essa posição está interessado no fato de que, onde há grandes diferenças entre ricos e pobres, especialmente onde a riqueza está concentrada nas mãos de poucos, o rico passa a ter um grau inaceitável de controle sobre os empregos existentes, sobre o que deve ser produzido e também sobre os processos políticos. Por essa razão, o crescimento da desigualdade pode transformar instituições aceitáveis em instituições inaceitáveis, mesmo quando essa desigualdade é gerada através de meios que, de outro modo, pareçam ser inocentes. ❼ Essas considerações parecem-me fortes nos casos a que se aplicam, mas elas argumentam em favor apenas da eliminação das formas mais extremas de desigualdade. Uma posição igualitarista mais rigorosa poderia sustentar que, mesmo nos casos em que nenhum daqueles males precedentes ocorre (ninguém experimenta necessidades e não há a ameaça de dominação), as desigualdades ainda são questionáveis porque são incompatíveis com as relações sociais saudáveis e com o desenvolvimento de uma comunidade genuína. Estabelecer a questão em termos da busca de um ideal social parece roubar a demanda por igualdade de parte de sua força. É necessário explicar por que esse ideal específico é moralmente importante.

Essa explicação poderia ser buscada numa quarta posição igualitarista. Uma pessoa que adote essa posição objetaria às desigualdades nas perspectivas de vida, resultantes das diferenças na riqueza familiar, argumentando que todas as diferenças de tratamento exigem uma justificação e que essas diferenças são imerecidas e arbitrárias. É importante notar que Nozick, embora em geral seja duro em relação às reivindicações igualitaristas, admite que a exigência de uma justificação para as desigualdades nos recursos iniciais seria válida se estas resultassem de algum mecanismo centralizado de distribuição (p. 602). Ele rejeita essa exigência com base no fato de que essas desigualdades não resultam da "ação estatal", mas, ao contrário, decorrem de ações independentes de muitos indivíduos, todos agindo conforme seus direitos. Ele defende que os resultados desse processo não precisam de justificação independente. Retornarei a essa questão mais tarde.

Um defensor dessa quarta posição precisa dizer algo sobre por que as distribuições desiguais, e não as distribuições iguais, exigem uma justificação especial. Uma razão poderia ser que nós reconhecemos como um caso nítido de algo que é mau o fato de que uma pessoa seja menos favorecida em relação às outras em sua sociedade. Nesse caso, o mal em questão é essencialmente comparativo. Não se trata de que é algo mau estar em um nível baixo de bem-estar nem apenas de que qualquer um preferiria estar em algum nível mais alto (no qual outros estão). O que é mau é estar num nível mais abaixo *quando os outros ao redor estão em uma situação muito melhor*. (É pior quando o nível que os outros alcançaram é a norma na sua sociedade.) ❽ Se esse tipo de desvantagem relativa é algo mau, então as instituições que o impõem às pessoas requerem uma defesa. Tal defesa pode ser oferecida. As circunstâncias melhores de alguns podem ser de algum modo merecidas, ou pode ser impossível eliminar tais diferenças ou muito dispendioso fazer isso em termos de outros benefícios. O que há de especial nas distribuições igualitárias é tão somente que elas não requerem uma defesa desse tipo particular.

Se o que há de mal em estar em desvantagem relativa justifica a eliminação das desigualdades pela redistribuição, pode-se, no entanto, questionar se isso não fornece uma razão igualmente forte para apenas piorar a posição dos mais favorecidos quando a redistribuição não for possível. Pode soar irracional, mas no caso das muitas desigualdades sociais, por exemplo, as distinções de posição e casta social, o igualitarista exige a eliminação das vantangens que não puderem ser redistribuídas, quando essa eliminação não for implausível. Em outros casos, quando pensamos que as vantagens não redistribuíveis não devem ser eliminadas, não pensamos isso porque essas vantagens são consistentes com o puro igualitarismo, mas porque ponderamos sobre as exigências de igualdade com outras considerações. A igualdade não é a nossa única preocupação. ❾

De modo semelhante, os defensores de quaisquer dessas posições igualitaristas podem reconhecer que os poderes

---

❼ Scanlon parece estar correto em dizer que alguns dos efeitos das grandes diferenças de riqueza são extremamente indesejáveis. Será suficiente torná-los (moralmente) "inaceitáveis", de modo que medidas corretivas sejam por isso moralmente justificadas – mesmo se envolverem restrições aos "meios inocentes" (as livres escolhas que as pessoas têm o direito de fazer) que conduzem a essa situação? (Ver a Questão para Discussão 1.)

❽ Scanlon parece estar correto ao afirmar que isso é de alguma forma algo ruim. É algo *moralmente* ruim, tanto que automaticamente constitui uma objeção *moral* a qualquer espécie de instituição que conduza a tal resultado?

❾ Nos casos de posição e casta social, a vantagem que uma pessoa tem parece depender essencialmente da desvantagem imposta aos outros (alguém não pode ter uma posição mais elevada sem que os outros tenham uma posição mais baixa). Os casos de maior dificuldade são aqueles em que isso não é assim: casos envolvendo coisas como inteligência, força física e assim por diante. (Ver a Questão para Discussão 2.)

(10) Sob essa perspectiva, um sistema de propriedade moralmente aceitável exigirá que se chegue a um equilíbrio entre as várias espécies de considerações, das quais o valor do controle de uma pessoa sobre suas "posses" é apenas um deles. Não haverá direitos de propriedade absolutos do tipo que Nozick reconhece.

(11) Esse é o tipo de intitulação [*entitlement*] que Scanlon mencionou anteriormente e que quase qualquer teoria reconheceria. Ela difere do tipo de teoria que Nozick defende em dois sentidos: o espectro de tais intitulações [*entitlements*] e os direitos [*rights*] que eles conferem são estabelecidos por uma apresentação da justiça que se assenta em outras bases (como, por exemplo, se as instituições em questão satisfazem o princípio da diferença).

(12) Portanto, um utilitarista poderia tentar argumentar que, em geral, manter promessas conduzirá à uma maior utilidade (ver Anotação 2), mas isso é virtualmente verdadeiro, na melhor das hipóteses, apenas para a maior parte dos casos. E, mesmo que fosse de algum modo verdadeiro em todos casos, a razão oferecida para a manutenção das promessas não seria a intuitivamente correta, segundo a qual alguém tem o dever moral de manter a promessa simplesmente por tê-la feito.

dos indivíduos para dispor das próprias posses são muito importantes – o poder de doá-las, de trocá-las por outras, de determinar o que acontecerá com elas depois da morte. De fato, ao falar de "distribuição", eles estão sempre supondo que distribuir um bem a uma pessoa é dar-lhe alguns poderes desse tipo sobre esse bem. O exemplo de Nozick mostra que os interesses atendidos por esses poderes estão entre aquelas coisas que devem ser ponderadas com as várias considerações que apoiam a igualdade. Isso é algo que um igualitarista realista pode aceitar. **(10)**

Com certeza, uma teoria não pode falar sensatamente de padrões de posses sem considerar como esses padrões devem ser produzidos e mantidos. Se isso é tudo o que Nozick exige, ao afirmar que nenhuma teoria puramente de resultados finais ou em conformidade com um padrão é defensável, então ele realmente tem razão. Contudo, isso não contribui muito para limpar o terreno. Como Nozick corretamente indicou, as teorias filosóficas da justiça distributiva muitas vezes negligenciaram os problemas relativos a como os padrões de distribuição podem ser estabelecidos e preservados. Porém, uma teoria pode incorporar tais considerações e, desse modo, evitar tornar-se uma teoria de resultados finais no sentido estrito do termo, sem no entanto aproximar-se da posição defendida por Nozick.

Contudo, parece que a rejeição de Nozick das teorias de resultados finais abrange mais do que as alegações que acabei de endossar. Ele quer rejeitar a teoria de Rawls como sendo uma inaceitável teoria de resultados finais, apesar do fato de que essa teoria incorpora considerações a respeito de intitulamentos por meio da noção da justiça processual pura. De acordo com Rawls, se as instituições básicas da sociedade são justas, então as posses que os indivíduos adquirem através da operação dessas instituições são legítimas, quaisquer que sejam essas posses, e os indivíduos possuem direitos sobre essas posses de acordo com as regras providas pelas instituições. **(11)** De acordo com Rawls, a estrutura básica é em si mesma justa se estiver conforme os seus dois princípios, a saber, o princípio de máximas liberdades básicas iguais e o princípio de que as instituições que geram posses desiguais são justas somente à medida que essas desigualdades resultarem em benefício dos que estão em piores condições e [ainda] somente se as posições com maiores recompensas estiverem acessíveis a todos sob condições de igualdade equitativa de oportunidades. Nozick objeta a essa teoria sob o fundamento de que os intitulamentos que ela defende possuem apenas um estatuto derivado; ele afirma que princípios fundamentais da teoria são de resultados finais e, por conseguinte, devem ser rejeitados. Essa rejeição também se aplicaria às posições igualitaristas modificadas que descrevi anteriormente.

Qual é a base para essa alegação forte, segundo a qual qualquer teoria aceitável precisa considerar como fundamentais as intitulações? Ao argumentar contra Rawls, Nozick afirma que uma teoria que utiliza princípios de intitulação como princípios derivados, a serem defendidos através do apelo a noções morais mais fundamentais, tomadas em conjunto com fatos empíricos, nos parecerá equivocada pela mesma razão que as tentativas do utilitarismo de ato de dar conta dos direitos nos parecem equivocadas. O que é derivado em tais teorias serão apenas aproximações de princípios que nós desejamos intuitivamente. Mesmo quando elas defendem as mesmas conclusões que esses princípios, elas o fazem por razões que parecem equivocadas.

Se essa objeção é convincente contra uma teoria de resultados finais, isso dependerá do caráter dos resultados finais com os quais essa teoria se ocupa. Por exemplo, considere uma teoria preocupada apenas com a produção de certos estados de consciência valorizados ou preocupada em assegurar igualdade no tocante ao que as pessoas possuem de uma maneira física. Pode-se alegar que, de acordo com tal teoria, certos direitos de dispor das próprias posses estariam justificados, uma vez que são bons meios para produzir um resultado final do tipo exigido. De fato, tal argumento nos pareceria equivocado por razões do tipo mencionado por Nozick, razões estritamente análogas àquelas que contaminam o utilitarismo de ato quando este oferece uma explicação para a obrigação de manter as próprias promessas **(12)** ou para a proibição do paternalismo. Porém, a teoria igualitarista modificada, do tipo que sugeri antes, não teria esse problema. Em tal teoria, o controle sobre os vários aspectos da vida de alguém tem um valor independente. Isso fornece uma base direta para argumentos em apoio aos direitos pessoais que asseguram e protegem tal controle, removendo qualquer necessidade de apelar a qualquer tendência de que esses direitos possam ter de promover outros efeitos, intuitivamente não relacionados. Esse é o fundamento com base no qual a teoria de Rawls reconhece poderes e liberdades como bens sociais primários, incluindo o direito de manter propriedade pessoal, assim como os bens primários.

O valor vinculado à habilidade de exercitar o controle sobre determinado aspecto da vida de alguém não é a mesma coisa que o direito de atribuir a uma pessoa uma forma particular de tal controle. (...) Contudo, esse valor é a razão natural para possuir tal direito e é, penso eu, o elemento que frequentemente falta nas abordagens utilitaristas que procuram [encontrar] o valor de um direito na sua tendência a promover alguns efeitos adicionais sem relação com ele. Reconhecer um interesse particular como merecedor de proteção na forma de um direito não é o mesmo que dizer que ele deve receber proteção absoluta. A questão de como conceber um direito para proteger aquele interesse e [determinar] quanta proteção pode ser dada a um custo tolerável pode ser difícil de resolver.(...) ❸

Esse ponto geral acerca da relação entre os direitos que podem ser viabilizados e os interesses humanos que os tornam importantes possui uma relevância adicional para o argumento de Nozick. Ao defender seu sistema particular de direitos, Nozick frequentemente parece supor que quaisquer direitos alternativos teriam caráter indiscriminado. Um desses direitos que ele examina é "o direito de ser ouvido sobre o que afeta você". Nozick aponta com propriedade que um direito a ser literalmente ouvido* sobre todas as decisões que afetam você, ou mesmo em todas aquelas que afetam você profunda e intimamente, seria de uma amplitude impossível [de ser implementada]. É essencial distinguir entre as diferentes formas pelas quais algo pode afetar um indivíduo. Como formula Nozick: que decisão me afeta mais profundamente do que a decisão que a pessoa que eu amo toma ao decidir com quem casar? Mas isso não significa que eu tenha o direito a um papel na tomada daquela decisão. A conclusão de Nozick é que são meus direitos "lockianos" que determinam sobre que coisas, entre todas aquelas que me afetam, eu tenho o direito de falar.

Eu concordaria que, embora a importância dos direitos decorra, em ampla medida, da importância de se ter controle sobre as coisas que nos afetam, a função de um sistema de direitos é distinguir entre as várias formas através das quais as coisas podem afetar as pessoas e dividir em partes proporcionais as formas específicas de controle. Segue-se que, se concordamos sobre como isso deve ser feito, então nos reportaremos aos direitos das pessoas para determinar sobre o que elas têm autoridade para pronunciar-se*. No entanto, não se segue daí que os direitos "lockianos" de Nozick sejam os direitos corretos, e é apenas isso que está em questão.

Se ocorre que um suposto direito concede à pessoa que o possui um nível de controle claramente inaceitável sobre as vidas das outras pessoas, então isso serve de base para afirmar que não há tal direito. "O direito de falar sobre aquilo que o afeta" falha nesse teste. Todavia, o que a objeção formulada em termos desse direito realmente alega é que os direitos de propriedade irrestrita, do tipo apoiado por Nozick, também devem ser rejeitados com base nos mesmos fundamentos. ❹

...

O contraste entre as concepções sobre obrigação política de Nozick e Rawls ilustra a importante diferença entre dois tipos de teoria do consentimento. Nas teorias do primeiro tipo, o consentimento real tem um papel fundamental como fonte de legitimidade das instituições sociais. As teorias do segundo tipo partem da suposição de que as instituições com as quais se ocupa a filosofia política são fundamentalmente não voluntárias. Essas instituições são consideradas legítimas se satisfazem condições apropriadas, e a ideia de um consentimento hipoté-

R ❸ "Custo tolerável" em termos de valores concorrentes.

R ❹ Porque os direitos de propriedade irrestrita concedem a algumas pessoas o tipo de controle sobre as vidas dos outros, referido na Anotação 7.

---

* N. de T. A expressão em inglês para "ser ouvido" é *to have a say*.

* N. de T. A expressão em inglês para "pronunciar-se" é *to have a say over*.

15

Um consentimento hipotético é o que está envolvido na posição original de Rawls. A concepção de Rawls é que este é o único tipo de consentimento que pode ser realisticamente aplicado às instituições sociais e políticas.

16

Assim, um estado de natureza está muito distante das condições reais para que possa fazer com que as pessoas deem o seu consentimento em um estado "relevante para a aceitabilidade das instituições contemporâneas".

17

Parte do problema que Scanlon está indicando é que as preferências das pessoas podem ser distorcidas pelas instituições existentes, através de formas que fazem com que aquelas instituições pareçam mais aceitáveis do que elas genuinamente são. Um exemplo extremo seriam os escravos que são influenciados pela própria instituição da escravidão a preferirem permanecer escravizados. Por conseguinte, uma concepção que se apoia em preferências reais seria incapaz de encontrar qualquer base para rejeitar a escravidão – e o mesmo seria verdadeiro para alguém que apelasse para o consentimento. Mas devem ser dadas razões de algum tipo para pensar que isso de fato acontece em qualquer caso específico.

18

Um problema diferente para quem apela ao consentimento real (ainda que Scanlon diga que seja um problema "similar") é que aquilo com o que as pessoas consentem é uma função de seu poder de barganha individual, o qual, por sua vez, depende de seus recursos e talentos naturais. Scanlon está afirmando, primeiro, que as diferenças nessas coisas dará a algumas pessoas muito menos controle do que a outras sobre que tipos de instituições resultarão do consentimento (o que é muito plausível) e, segundo, que essa diferença no grau de controle é moralmente inaceitável (algo que Nozick no mínimo questionaria).

tico entra como um artifício metafórico utilizado na formulação e defesa dessas condições(...) **15** A diferença entre essas duas teorias é ampliada pelo fato de que a ideia do consentimento envolve a escolha contra um pano de fundo de alternativas. Se o que está em questão é o consentimento inicial, de uma perspectiva externa, para as instituições, então o pano de fundo relevante é essa condição pré-institucional. É somente esse ponto de vista que faz "a base"** das condições no estado de natureza parecer relevante. Em contraste, uma vez que as questões suscitadas pelo artifício do contrato hipotético são questões sobre a justificativa das instituições sociais para pessoas que se encontram vivendo nelas, nesse caso o pano de fundo relevante é dado pelas alternativas realmente disponíveis para as pessoas nas sociedades e pelos valores que essas pessoas vinculam a essas alternativas(...) nessa perspectiva, não há a tentação de tomar os padrões de alguma época mais antiga (por exemplo, a pré-tecnológica) como relevantes para a aceitabilidade das instituições contemporâneas. **16**

A ideia de que o respeito pela liberdade individual requer que o consentimento seja uma condição necessária para todas as obrigações que vão além das exigências de uma estrutura de direitos mínima surge da mesma forma que a ideia que faz a preferência subjetiva parecer a única base aceitável para juízos eticamente significativos sobre o bem-estar relativo. Além disso, as duas concepções envolvem equívocos semelhantes. Os economistas do Estado de bem-estar e aqueles que apoiam as versões subjetivas do utilitarismo são movidos pela crença de que os interesses das partes afetadas constituem as bases sobre as quais as políticas sociais devem ser avaliadas e de que é inaceitável "impor" a essas partes, como uma apresentação relevante dos seus interesses, um sistema de valores que elas não compartilham. Em geral, a resposta a essas crenças é utilizar as preferências individuais em um nível fundacional da teoria, fazendo delas a base para todos os juízos de valor relativo. Algumas restrições sobre o que pode contar como preferências admissíveis po-

---

* N. de T. No original, *baseline*.

dem ser aceitas na forma de exigências de consistência, transitividade, e assim por diante, mas nada além de tais restrições puramente formais é visto como uma ameaça. Quando uma teoria é construída dessa maneira, de sorte a tratar quase todas as preferências por seu valor de face, independentemente de suas origens ou de seu conteúdo, suas conclusões podem ser substancialmente afetadas pelas condições sociais que influenciam as preferências dominantes e seus pesos relativos. Isso despoja a teoria de um tipo importante de poder crítico e, adicionalmente, torna-a um guardião incerto até mesmo daqueles valores da autonomia individual que se propõe a proteger. Muitas condições diferentes são importantes para o desenvolvimento de preferências autônomas. E a habilidade dos indivíduos para tornar efetivas tais preferências em suas próprias vidas e no estabelecimento de políticas sociais depende de uma variedade de poderes e liberdades. Para dar o reconhecimento devido ao valor da autonomia individual, uma teoria precisa atribuir pesos apropriados a todos esses fatores, comparando-os uns aos outros e a outras considerações concorrentes. A autonomia não é reconhecida simplesmente permitindo-se que esses e todos os outros pesos sejam determinados por qualquer constelação de preferências individuais que prevaleça sobre o ponto ao qual se aplica a teoria. **17**

Problemas semelhantes surgem para uma concepção que, atuando com base no desejo de salvaguardar a liberdade individual, utilize o consentimento em um nível fundacional, tomando-o como base para quase todas as obrigações e permitindo que ela seja restringida por apenas um mínimo de exigências morais "impostas". As consequências que tal teoria pode endossar são inaceitavelmente abertas à determinação por fatores que afetam o poder de barganha relativo de vários indivíduos, como por exemplo, variações na demanda por talentos e recursos específicos e escassez desses fatores. Em particular, a habilidade dos indivíduos de exercer um tipo de controle sobre suas vidas – que, supõe-se, a liberdade em face das obrigações impostas assegura – será, em um grau inaceitável, apenas uma função do poder de barganha desses indivíduos. **18** Tal como no caso anterior, a conclusão extraída aqui é que a liberdade individual não é adequadamente protegida apenas pela utilização do consentimento como fundamento da obrigação. Uma teoria adequada precisa levar em conta os vários modos – outros que o ser moralmente livre apenas por recusar seus serviços – pelos quais os indivíduos podem estar capacitados a exercer controle sobre suas próprias vidas e sobre suas instituições comuns (ou incapacitados de fazer isso).

...

As duas formas de teoria do consentimento correspondem a duas concepções diferentes de direitos. Uma concepção pode reconhecer os direitos como base para as reivindicações individuais contra as instituições sociais. Dessa maneira, ambas vêem alguns direitos como "naturais", no sentido de ter uma validade que não deriva de uma lei positiva ou das instituições sociais. Contudo, por meio dessa primeira concepção, os direitos que são a base para a crítica moral e para a defesa das instituições sociais são vistos como "direitos naturais" em um sentido mais forte, de acordo com o qual eles são realmente os mesmos direitos que os indivíduos possuem e podem reivindicar uns contra os outros em um estado de natureza. Na segunda concepção, os direitos representam juízos gerais acerca das condições de legitimidade das instituições sociais, como, por exemplo, juízos da forma "quaisquer instituições que concedem *aquele* poder são moralmente inaceitáveis". Exatamente quais generalizações parecem verdadeiras e importantes – que coisas são direitos e o que esses direitos incluem – são questões que se transformarão à medida que as condições sociais mudarem. Alguns desses direitos dizem respeito a coisas que não teriam qualquer relevância ou somente uma espécie de relevância muito diferente ou mais limitada em um estado de natureza. (Direitos [rights] à liberdade de expressão, direitos a processos legais devidos e direito à participação política parecem ter esse caráter.) ⓘ

É central para o argumento de Nozick que os direitos pelos quais ele se interessa sejam reivindicados como direitos naturais num sentido mais forte. As objeções que levantei contra seus exemplos exigem, quase todas, que ele considere as consequências da observância da propriedade absoluta e dos direitos contratuais e que ele explique por que a perda da liberdade que isso envolve para algumas pessoas não é pior do que aquela envolvida nos sistemas alternativos que ele deplora. Tais objeções supõem que os direitos de propriedade cuja observância é garantida pelo estado mínimo e os direitos incorporados nas instituições socialistas são dois sistemas sociais alternativos abertos à mesma espécie de objeções e necessitam do mesmo tipo de defesa. Nozick rejeita essa representação simétrica. Em sua concepção, os direitos de propriedade particular protegidos pelo estado mínimo não são licenciados ou criados pelo estado e, consequentemente, não precisam ser defendidos como parte de sua justificação. Esses direitos são aqueles que os indivíduos possuem independentemente das instituições sociais nas quais vivem. Ao garantir a observância desses direitos, o estado mínimo somente está fazendo para os indivíduos o que eles já estariam autorizados a fazer por si mesmos. Portanto, o estado mínimo não está fazendo qualquer coisa que poderia ser classificada como infringindo a liberdade de alguém. ⓘ

Quão plausível é a alegação de que os direitos invocados pelos exemplos de Nozick são aqueles que os indivíduos teriam num estado de natureza? Essa alegação tem maior plausibilidade inicial com respeito ao direito de não agressão. Um ataque não provocado que ocorre hoje nas ruas de Nova York parece ser errado pelas mesmas razões que se aplicariam a um ataque semelhante no estado de natureza. No entanto, o direito de não agressão, como Nozick o interpreta, contempla mais do que isso. Ele proíbe, de maneira geral, "o sacrifício de uma pessoa para beneficiar outra". Admito que, nesse caso, Nozick queira excluir qualquer uso ou ameaça de uso da força destinado a fazer com que uma pessoa contribua para o bem-estar de outra que não tem nenhum direito a tal contribuição. Essa última qualificação reduz o direito consideravelmente, mas sem ela esse direito seria absurdo. ⓘ Isso mostra que o direito de não agressão não pode ser interpretado de maneira isolada de outros direitos. Seu caráter invariável no estado de natureza e em outras condições consequentemente dependerá da invariância desses outros direitos.

⑲ Ainda que na segunda concepção não existam direitos naturais muito específicos (ou existam poucos deles). Como já apontado, quais são os direitos que os indivíduos possuem e exatamente até onde eles se estendem dependerá de uma complicada ponderação de diferentes considerações moralmente relevantes

⑳ Assim, na concepção de Nozick, os direitos (ao menos os mais fundamentais) não derivam da sociedade ou do estado, e mesmo o direito do estado de impor a observância de tais direitos é derivado do direito anterior dos indivíduos de fazer valer seus próprios direitos (*grosso modo*, tal como defendido por Locke).

㉑ A concepção de Nozick é essencialmente que o direito de outra pessoa a tal contribuição deve derivar de um arranjo voluntário do mesmo tipo.

> **22** A reivindicação de Scanlon é que não há direito natural de propriedade que seja suficientemente definido para produzir uma abordagem específica de quem possui o quê e que a reivindicação de Nozick, pelo contrário, resulta da confusão de um sistema de direitos de propriedade com "o direito natural de não interferência" – o qual, diria Scanlon, não envolve absolutamente a propriedade como tal. (Ver a Questão para Discussão 3.)

> **23** Esse exemplo é admitido para apoiar a alegação de que não há um sistema natural de direitos de propriedade além do direito de não interferência. Se houvesse, então a família em questão teria um direito de reapropriar-se da fazenda do avô ou, no mínimo, de exigir pagamento, o que para Scanlon obviamente não é o caso. (O que Nozick poderia dizer a respeito disso?)

O principal entre esses direitos é o direito à propriedade pessoal. Um sistema de propriedade é um conjunto de regras que define as condições sob as quais uma pessoa possui um objeto e especifica a extensão e o caráter dos direitos dos proprietários. Quais sejam os direitos de propriedade de uma pessoa dependerá normalmente não apenas do que os sistemas de propriedade podem legitimamente garantir nas condições em que vive essa pessoa, mas também de que sistema está efetivamente em uso. Na medida em que esse sistema é moralmente legítimo, suas cláusulas determinam os direitos da pessoa, mas as cláusulas desse sistema também podem ser equivocadas. Elas podem reivindicar direitos que ninguém pode realmente possuir ou fracassar na proteção de reivindicações que qualquer sistema válido teria de reconhecer. Com certeza, podemos imaginar um incidente, ocorrido em um estado de natureza, que percebemos intuitivamente como uma violação dos direitos de propriedade. Imagine que uma família viva na selva quando um grupo de desconhecidos chega e a expulsa de sua terra e se apossa de sua colheita. Percebemos isso como uma nítida injustiça. A meu ver, o ponto central da afirmação de que isso ocorre "em um estado de natureza" é apenas que o erro envolvido não parece depender de nenhum sistema legal ou convenção social. Contudo, pode-se questionar se o que nós percebemos como violado em tais exemplos é realmente um direito natural de propriedade. Esses casos parecem-nos nitidamente injustos apenas se supormos, em primeiro lugar, que o que é arrebatado tem utilidade para a pessoa que o perde (ou seja, que o fato de lhe ter sido retirado realmente constitua uma interferência em sua vida e em suas atividades). Em segundo lugar, que a apropriação e o uso das coisas [por parte da pessoa lesada] não constitui uma interferência na vida de outros.(...) Quando essas condições são satisfeitas, o ato de arrebatar infringe aquilo que poderia ser chamado de direito natural à não interferência. Um sistema de direitos de propriedade vai além desse direito primitivo ao especificar critérios formais para a propriedade. Se uma pessoa é privada de algo ao qual ela adquiriu um título de maneira especificada, então seu direito de propriedade foi violado caso o ato de arrebatá-lo faça alguma diferença para a sua vida. Sistemas diferentes de propriedade levam a cabo essa extensão de diferentes maneiras, cada uma delas especificando seus próprios critérios de propriedade, definindo e limitando os direitos dos proprietários à sua maneira. **22** (...)

Para sustentar a alegação de que alguns direitos de propriedade são direitos naturais, precisamos pensar em um exemplo do estado de natureza que envolva uma injustiça nítida,* a qual pareça violar um desses direitos, sem violar o direito primitivo de não interferência. Porém, se imaginamos um caso desse tipo, podemos ter de responder à questão de por que deveríamos imaginar um estado de natureza que contenha *aquele* sistema particular de propriedade, e não algum outro sistema que não seja violado pelo ato em questão.

Essa objeção pode ser evitada caso possamos demonstrar que o direito primitivo de não interferência não dá conta do núcleo comum dos sistemas de direitos de propriedade. Talvez existam certas cláusulas que não estão incluídas nesse direito de não interferência, as quais podem ser incorporadas em qualquer sistema de direitos de propriedade que possa, de maneira plausível, ser considerado como válido em um estado de natureza. Então se poderia argumentar que as cláusulas de que se valem os exemplos de Nozick caem nessa categoria. Isso ocorre, por exemplo, com um direito de herança irrestrito, mas está longe de ser claro. Suponhamos que o avô da família previamente imaginada teria vivido em uma terra situada a uma curta distância e que, quando ele morreu, teria dito [aos seus descendentes]: "Agora isso pertence a vocês". Contudo, os descendentes tinham de dedicar-se inteiramente ao cuidado de suas próprias terras e, certo dia, perceberam que mais alguém se mudou para a velha fazenda de seu avô. Eles estão autorizados (no estado de natureza) a expulsar essa pessoa ou exigir dela um pagamento? Não me parece óbvio que seja assim. **23** Mesmo que haja "muita terra e tão boa quanto" não longe dali, a alegação que exige que os ocupantes mudem-se

---
* N. de T. A expressão em inglês para "uma injustiça nítida" é *a clear wrong*.

para lá é totalmente discutível. Ademais, mesmo se estivéssemos convencidos, por meio de tais exemplos, de que qualquer sistema de propriedade válido em um estado de natureza deva incluir a herança irrestrita, permanece a questão relativa a quanto esse juízo depende de nossa avaliação das consequências que essa cláusula teria em um "estado natural". Essas consequências são capazes de ser totalmente diferentes daquelas que resultariam da [aplicação da] mesma cláusula em outras condições sociais.

...

Nozick(...) enfrenta, então, o problema de derivar, partindo de um fundamento "natural" originário, semelhante ao de Locke, [todo] um amplo sistema de direitos de propriedade que envolve dinheiro, comércio e vastas posses. Essa derivação enfrenta dois problemas. O primeiro é que a falta de limites naturais para a aquisição significa que os outros estarão provavelmente ameaçados – pode não haver bens suficientes ou tão bons à disposição deles. Nesse ponto, a resposta de Nozick é que o aumento no estoque de bens devido ao aumento da produtividade acompanhará o ritmo do aumento da aquisição, tornando improvável que qualquer um fique em piores condições em relação à base das expectativas [existentes] no estado de natureza. O segundo problema é que, com as posses ampliadas muito além das "comodidades da vida" (certamente muito além daquelas incluídas no estado de natureza), o caso para a absoluta proteção dessas posses torna-se mais fraco. Isso torna ainda mais controversa a escolha de um critério de base extremamente baixo para determinar se a condição de outros foi piorada. ㉔

㉔ A sugestão é que, como as posses tornam-se maiores, a alegação de que elas devem ser absolutamente protegidas torna-se mais fraca. Além disso, grandes conjuntos de propriedades tornam mais duvidoso se o que existe no estado de natureza é o "critério de base" correto para determinar se a condição dos outros foi piorada pela aquisição.

Questões para Discussão

1. Scanlon diz que qualquer afastamento da igualdade exige um defesa especial, simplesmente porque é mau para alguém estar em condições mais desvantajosas que outros e especialmente estar em condições mais desvantajosas do que é a norma em sua sociedade. Isso sugere que a igualdade é uma espécie de posição de "partida":* ela não necessita de justificação especial, mas qualquer afastamento dela – mesmo um que resulta de coisas como dotes naturais – precisa ser justificado. Quão plausível é essa concepção?

2. Considere a questão do que o igualitarismo diz ou deveria dizer – se é que deve dizer alguma coisa – a respeito dos dotes naturais, tais como a inteligência ou a força física. Esses dotes têm duas características: primeiro, eles não podem ser redistribuídos aos outros para alcançar a igualdade; segundo, ao contrário de coisas como classe social ou sistema de castas, as vantagens que eles produzem para as pessoas que os possuem não derivam de nenhuma maneira óbvia de desvantagens impostas aos outros. Contudo, uma maior aproximação a condições de igualdade pode ser alcançada piorando de diferentes maneiras a situação daqueles que possuem tais dotes (por exemplo, através de cirurgia). Scanlon diz (ver Anotação 9) que outras considerações podem "equilibrar" as exigências de igualdade nessa área. Porém, um igualitarista convicto pode ainda dizer que piorar a situação das pessoas favorecidas no tocante a esses aspectos é, de certo modo, um aperfeiçoamento moral, mesmo que isso seja sobrepujado por essas outras considerações. Apesar dessas restrições, essa formulação parece certa?

3. Nozick alega que existe um direito natural à propriedade, enquanto Scanlon sugere que casos superficialmente plausíveis (ver Anotação 22) envolvem apenas o direito à não interferência e, assim, qualquer sistema definido de propriedade é uma criação social. A concepção de Scanlon significa que qualquer sistema de direitos de propriedade deveria ser julgado pesando-se todos os tipos relevantes de valores. Nesse caso, o sistema de propriedade privada pode ou não vir a ser o melhor sistema. Ele está certo a esse respeito? Ou existem pelo menos alguns princípios (independentemente de

---
* N. de T. A expressão em inglês é *default position*.

que Nozick os tenha formulado de maneira correta) aos quais qualquer sistema social aceitável de direitos de propriedade deve conformar-se, princípios estes que não é adequado abandonar na busca de outros valores (tais como a igualdade)?

Diálogo Conclusivo sobre Governo e Justiça

Para qualquer um nascido e criado em um país administrado por um governo estável, a questão sobre o que *justifica* a existência desse governo pode parecer imotivada e até mesmo irrelevante. Porém, como foi identificado no capítulo introdutório, é claro que muitas coisas que um governo faz seriam altamente objetáveis se fossem feitas por grupos privados, como gangues ou empresas. Então o que – se é que alguma coisa – torna moralmente aceitável que o governo faça tais coisas? E existe, para os cidadãos, alguma *obrigação* moral correlativa que os obriga a obedecer aos decretos governamentais ou ao menos à maior parte deles?

Concordo que essas são questões sérias. A resposta historicamente predominante consistiu em um apelo ao direito divino, resposta que é muito difícil de levar a sério nos dias que correm. Desse modo, a única resposta realmente óbvia para a primeira pergunta é que o que torna um governo legítimo (quando ele é legítimo) é o *consentimento* dos governados – por certo, com a implicação imediata de que um governo que não tem esse consentimento, desde o princípio ou em algum momento posterior, é *ilegítimo* e a ele se pode devidamente resistir.

Você concorda com a posição de Locke. Contudo, Hobbes certamente não aceitaria essa última parte. De fato, sua posição é que *a única* maneira segundo a qual um governo pode tornar-se ilegítimo é fracassando em sua tarefa básica de preservar a ordem e proteger seus cidadãos. Enquanto o governo realizar essas ações com sucesso, para Hobbes não parece importante que ele tenha o consentimento dos cidadãos.

Penso que isso está certo. Hobbes parece pensar que, em alguns casos, as pessoas de fato consentem quando elas inicialmente formam governos. No entanto, mesmo isso não parece ser assim no caso do que ele chama de "comunidade por aquisição" – quando uma pessoa ou grupo alcança o poder pela força. Nesse caso, a única coisa que se assemelha ao consentimento é a *aquiescência* – o que realmente não é a mesma coisa. A posição de Hobbes parece ser que as leis da prudência racional exigem a obediência a *qualquer* governo que realize as tarefas mínimas de proteção e preservação da ordem.

Mas como isso torna o governo *moralmente* legítimo? Talvez Hobbes esteja apenas *pressupondo* que, se a resistência ao governo é racionalmente imprudente, então ela é também imoral, de modo que nesse caso a obediência é também uma exigência moral. Sempre tive dificuldade para decidir qual exatamente é a posição de Hobbes sobre esse ponto.

Vamos pensar sobre o contraste entre Locke e Hobbes. A maior parte da diferença entre eles está obviamente nas concepções muito diferentes sobre o estado de natureza. Parte dessa diferença está em que Locke pensa que existe uma lei (o significado de "lei natural" pare ele) no estado de natureza, e não apenas leis de prudência racional (o significado de "lei natural" para Hobbes). Mas Locke também adota uma concepção muito diferente de natureza hunana – ou, mais especificamente, de como as pessoas se comportariam umas em relação às outras na ausência de governo. Isso torna muito mais fácil para Locke afirmar que um governo que é muito opressivo possa ser um estado de natureza – o que significa que recusar-se a obedecer-lho pode ser melhor inclusive do ponto de vista da prudência, além de ser moralmente aceitável.

Percebo a diferença. Porém, mesmo que Hobbes esteja certo sobre o estado de natureza (embora eu não pense que ele esteja – agrada-me muito mais a concepção de Locke sobre a natureza humana), ainda assim não se depreende que a mera desejabilidade *prudencial* de obedecer a um governo opressivo crie, de alguma forma, uma obrigação *moral* de assim proceder e, desse modo, torne o governo *moralmente* legítimo. Por fim, não estou certo de que Hobbes realmente tenha uma explicação clara sobre a legitimidade do governo, mesmo que isso certamente pareça ser, ao menos em parte, o que ele estava tentando oferecer.

— Concordo que a posição de Hobbes sobre a questão da legitimidade não é muito clara. Por outro lado, de muitas maneiras, a explicação de Locke é mais plausível e muito mais clara. Ao contrário de Hobbes, Locke não aceitaria como legítimo um governo imposto pela força. A mera aquiescência não é suficiente. Em sua concepção, aparentemente é preciso que exista um acordo real para a formação de um governo – ou melhor, dois acordos, um para formar a comunidade política e outro para constituir um governo de tipo específico. Locke concordaria com Hobbes que um governo pode perder sua legitimidade ao fracassar na proteção aos cidadãos, mas insistiria que um governo que é suficientemente opressivo também pode tornar-se ilegítimo. E são as próprias pessoas que julgam quando isso ocorre.

— Eu concordo que o tipo de consentimento que Locke descreve tornaria legítimos os governos que dele resultassem. Entretanto, como Hume indicou, o grande problema com essa imagem em tudo mais muito atraente é que não existe registro histórico de quaisquer acordos desse tipo – isto é, nenhuma razão para pensar que eles jamais tenham ocorrido. Talvez no passado distante da pré-história tenha havido casos nos quais os governos resultaram de alguma coisa como um consentimento – embora seja importante ter em mente a diferença crucial entre consentimento e mera aquiescência. Todavia, como argumenta Hume, virtualmente todos os governos que existiam em sua época haviam resultado "ou da usurpação ou da conquista", e não de qualquer tipo de acordo explícito. Se Locke está certo em afirmar que o consentimento explícito é a única base para o governo legítimo, então parece decorrer disso que quase todos os governos existentes são ilegítimos. Esta talvez não seja uma consequência tão nitidamente absurda como pensa Hume, mas eu ainda a considero difícil de aceitar.

— Não vá tão rápido nesse ponto. Na verdade, existem alguns casos nos quais é plausível argumentar que um acordo explícito, equivalente a um contrato social, realmente ocorreu. Um desses casos é a adoção da Constituição Americana através do voto de convenções ratificadoras nos vários estados, com a eleição dos membros dessas convenções através de algo que fica próximo de uma votação democrática. Esse voto não era plenamente democrático porque ainda existiam alguns requisitos quanto à propriedade (embora mínimos), as mulheres não podiam votar e, por certo, tampouco os escravos. Ainda assim, era razoavelmente próximo de um voto democrático. Exemplos ainda melhores ocorreram em outros lugares – e obviamente podem voltar a ocorrer. Não obstante isso, devo admitir que ainda existem muitos governos por todo o mundo com relação aos quais nenhum acordo desse tipo jamais ocorreu. Além disso, existe também o grande problema – igualmente apontado por Hume – de por que tal acordo deveria vincular futuras gerações que ainda não haviam nascido quando ele ocorreu.

— Então você concorda que o acordo explícito não nos levará muito longe na tentativa de justificar governos efetivamente existentes. Que dizer então da ideia de um consentimento *tácito*? No diálogo platônico *Críton*, Sócrates, enquanto aguarda na prisão para ser executado, apresenta o famoso argumento segundo o qual, ao permanecer em Atenas e aceitar os benefícios da cidadania ateniense, em vez de emigrar para qualquer outro lugar, ele concordara *tacitamente* em obedecer às leis de Atenas e, por isso, estava comprometido por esse acordo a não escapar, mesmo que tivesse sido injustamente (embora legalmente) sentenciado à morte. Muitas pessoas consideram essa ideia bastante atraente. Ela obviamente não se aplica a crianças muito jovens, mas por que não seria uma justificação adequada para o governo no caso de cidadãos adultos?

— Mas há problemas em relação a isso, como você sabe. Hume indicou alguns deles. Um deles é que, para muitas pessoas, especialmente aquelas que são pobres, emigrar para outro país apresenta tal dificuldade que se torna de fato impossível. Outra dificuldade é que muitas pessoas, talvez a maioria delas em alguns países, não *se dão conta* de que têm alguma escolha nesse aspecto e simplesmente aceitam a autoridade do governo sem questionar. Uma terceira dificuldade, não mencionada por Hume, é que alguém que queira escapar de *todos* os governos, e não apenas de algum em particular, não terá para onde ir no mundo moderno.

Concordo que esses são problemas reais. Mas eles são, de fato, suficientemente sérios para tornar a ideia de consenso tácito completamente indefensável? Talvez o primeiro ponto fosse verdadeiro na época de Hume, mas no mundo moderno é claro que muitas pessoas relativamente pobres ainda conseguem, de uma maneira ou de outra, escapar de determinados países e governos. Além disso, a prevalência desse fato torna mais difícil – mesmo para pessoas relativamente sem educação – não tomar consciência dessa possibilidade. E, com relação ao seu último ponto, não estou certa de que a alegação de que, quando uma pessoa deu seu consentimento tácito ao governo do país em que ela vive, isso requer a possibilidade de poder escapar de todos os governos. Sem dúvida, a ideia de legitimidade derivada do consenso tácito obviamente não se aplicará aos governos que seus cidadãos de deixarem livremente o país – como era o caso da Alemanha Oriental no tempo do Muro de Berlim e ainda é o caso em outros lugares. Contudo, parece-me possível argumentar que o consentimento tácito é um argumento razoável em favor da legitimidade da maior parte dos atuais governos ocidentais e também provavelmente de outros mais. Afinal, ninguém está tentando argumentar que todos os governos são legítimos – é claro que muitos não o são!

Embora alguns problemas ainda me preocupem, estou inclinado a concordar com a ideia de que o consenso tácito fornece um bom argumento para a legitimidade de pelo menos muitos governos e de que isso é provavelmente o melhor que poderemos conseguir nessa área. Certamente não é melhor que a alternativa de Hume, que apela para a utilidade social do governo, algo que apenas os utilitaristas tenderão a aceitar. Não podemos examinar aqui os problemas que existem no utilitarismo (ver o Capítulo 5), mas intuitivamente parece bastante claro que, se algum grupo autonomeado começar a forçar as pessoas a se comportarem de diversas maneiras e a tomar delas dinheiro e recursos sob a ameaça de uso da força, então, nesse caso, a simples alegação que disso resultaria em maior utilidade social, mesmo se verdadeira, não tornaria tais ações moralmente aceitáveis ou transformaria o grupo em um governo legítimo.

Passemos a outra questão deste capítulo. Mesmo que o consenso tácito possa ser usado para argumentar que pelo menos alguns governos são legítimos, certamente disso não se segue que tudo o que eles fazem é moralmente aceitável. Há muitas questões aqui. Uma delas, apresentada nos textos selecionados, é a questão da *justiça distributiva*: qual é o padrão apropriado para decidir se é justa a distribuição de bens ou benefícios em uma sociedade, distribuição essa que resulta em grande parte de ações ou inações governamentais de vários tipos? Nesse ponto, Nozick e Rawls oferecem concepções radicalmente diferentes – tão diferentes que tenho dificuldades para aceitar qualquer uma delas e não posso evitar o pensamento de que a verdade deve estar em alguma posição intermediária.

Tenho de admitir que sempre tive bastante simpatia pela posição de Nozick. Há uma simplicidade atraente em sua ideia mais importante: a justiça aplica-se primordialmente às "transações" individuais e, se todas as transações que levam a uma distribuição particular de riqueza e outros bens forem justas, então essa distribuição também é justa – não importando que tipo de padrão de larga escala ela satisfaça ou não. Se isso é correto, então a justiça não exige tal padrão – seja a simples igualdade, seja alguma coisa mais complicada, como a que é advogada por Rawls.

Considerada nesse nível de abstração, devo admitir que a posição de Nozick apresenta alguma plausibilidade genuína. Rejeitá-la seria dizer que a justiça das transações individuais depende do padrão a que elas conduzem – o que, de fato, dependerá também das demais transações individuais que venham a ocorrer. E é difícil ver como seria assim: como pode a justiça do meu envolvimento em uma certa transação com um pequeno número de outras pessoas depender do que todas as demais pessoas da sociedade estejam fazendo? Mas o problema é como estar seguro de que uma transação individual seja justa – especialmente aquela que é mais complicada do que uma simples troca de bens. O fato de que certas transações conduzem a padrões de larga escala que parecem moralmente questionáveis não pode oferecer ao menos uma indicação de que existe algo objetável a respeito dessas mesmas transações individuais – mesmo que o problema seja por demais sutil para que seja facilmente percebido quando você as examina uma a uma?

Penso que isso é correto. Não percebo por que Nozick tem de afirmar que uma transação individual que, quando examinada superficialmente, parece justa não pode, apesar disso, ser injusta de maneiras significativas, mas não óbvias, ou por que ele não pode admitir que padrões de larga escala são capazes de oferecer alguma evidência de que isso ocorre. Os salários aparentemente absurdos de diretores executivos de grandes empresas podem servir como um bom exemplo nesse caso: embora seja difícil discernir uma clara injustiça nos tipos de transações bastante complicadas que dão origem a tais salários, com certeza o resultado – talvez tomado em conjunto com o fato de que, nesse caso, os acionistas têm pouca contribuição efetiva – sugere fortemente que algo saiu muito errado. Penso que esta é a razão pela qual Nozick foca a sua atenção em casos muito simples, como o de Wilt Chamberlain. Esse caso é suficientemente simples para que torne difícil acreditar que exista alguma injustiça sutil que esteja escapando-nos. E exemplos como esse são suficientes para mostrar – desde que você aceite a ideia de que a justiça das transações individuais tem um caráter primordial – que nenhuma concepção que insista em padrões de larga escala é correta.

Não tenho certeza a respeito disso. Falemos um pouco sobre esse exemplo, mas deixemos de lado duas questões com as quais não quero ocupar-me. Uma é a questão posta pelo argumento de Nozick segundo o qual preservar qualquer padrão exigirá "interferência contínua" na vida das pessoas. Parece-me que a questão de se um certo padrão é exigido pela justiça é bem diferente da questão de se existe alguma forma aceitável de *impor o cumprimento* desse padrão. Para usar uma analogia: podemos pensar que o simples roubo é sempre injusto, sem pensar que existe alguma forma aceitável de o prevenir completamente.

Ok. Concordo que uma questão é o que a justiça requer; outra questão separada é como e se ela pode ser implementada.

Bom. Vamos também supor que é justo para um governo, cuja legitimidade está baseada em algo como um consenso tácito, cobrar *imposto*sobre os ganhos de Wilt a fim de cobrir os gastos com coisas como defesa externa, policiamento interno necessário para preservar a ordem, obras de infraestrutura como pontes e estradas e coisas assim – talvez até mesmo um imposto progressivo com uma taxa maior para quem ganha mais. A posição real de Nozick sobre esses temas (que não estão muito bem representados no texto selecionado neste livro) é complicada, mas não parece central para a sua concepção de justiça distributiva como tal. Assim, a questão que eu gostaria de examinar é se é justo cobrar um imposto maior de Wilt, talvez bem alto, com o propósito adicional de sua riqueza para outras pessoas a fim de satisfazer algum princípio de justiça baseado em um padrão semelhante ao advogado por Rawls ou algum outro princípio para a promoção da igualdade.

Concordo que essa é a questão central. Scanlon observa que não existe uma razão intuitiva forte para pensar que Wilt tem um direito absoluto a guardar tudo aquilo que outros estão dispostos a pagar por seus serviços como jogador de basquete (mesmo depois de descontados os impostos cobrados para custear as funções essenciais de governo). No entanto, penso que Nozick gostaria de perguntar por que o direito ou o título de Wilt à riqueza absoluto depois da cobrança de tais impostos – isso pressupondo, como parece ser razoável, que não há nada injusto nas transações individuais que geram essa riqueza. Nesse ponto, as razões que Scalon sugere – a desejabilidade de aliviar a pobreza extrema, de evitar a dominação política e econômica e de assegurar "relações sociais saudáveis" – não pareceriam impositivas para Nozick, assim como não parecem para mim. Sem dúvida, esses são objetivos valiosos em si mesmos, mas disso não se segue (a mesmos que você seja um utilitarista – ver mais uma vez o Capítulo 5) que, apenas porque a taxação (e a consequente redução) do restante da riqueza de Wilt pode ser usada para atingir esses fins, ele deixa de ter um direito legítimo* a ela.

Acho que não estou inclinada a defender Scanlon nesses pontos, embora Rawls talvez tenha algo melhor a dizer sobre isso quando tratarmos dele. No entanto, Scanlon apresenta um ponto adicional, a respeito do tema específico da herança, que talvez possa ajudar: "as desigualdades de perspectivas de vida" que resultam de "diferenças de riqueza familiar" são "arbitrárias e não merecidas". Suponhamos, para argumentar, que Wilt tem direito,** com base na justiça, à enorme riqueza que resta após o pagamento dos impostos para fins redistributivos. Suponhamos agora que Wilt morre, depois de ter legado essa riqueza a seus filhos. Eles nada fizeram para merecer essa riqueza e, não obstante isso, esta lhes dá uma enorme vantagem na comparação com outros membros da sociedade. Independentemente de qual possa ser o caso com Wilt, *isso* certamente é injusto, não é?

Concordo que a herança é o caso mais difícil. Parece injusto – ou pelo menos não equânime – que os filhos de Wilt tenham acesso a uma riqueza e suas respectivas vantagens sem que nada tenham feito para merecê-lo. Mas se, como estamos supondo, Wilt tinha direito com justiça à sua riqueza, então por que não se deduz que ele pode fazer o que quiser com ela: gastá-la toda consigo, doá-la a obras de caridade – ou legá-la a seus filhos? De modo que, quanto a esse ponto, existem duas questões de justiça, uma com relação ao próprio Wilt e outra com relação a seus filhos. O problema é que o resultado intuitivamente correto para uma não se ajusta muito bem com o que estamos pressupondo que seja o resultado intuitivamente correto para a outra. Penso que Nozick diria duas coisas sobre isso. Uma é que o direito*** de Wilt aos seus ganhos é *muito mais* claro do que a injustiça intuitiva concernente à herança de seus filhos. A outra é que, mesmo que reconheçamos que o direito dos filhos à riqueza herdada é suspeito, não parece ser, de maneira alguma, óbvio que *qualquer outra pessoa* tenha direito a essa riqueza em grau maior ou mesmo igual.

Não estou convencida a respeito de qualquer uma dessas alegações. Mas talvez seja um bom momento para retornar a Rawls, que oferece argumentos adicionais para uma concepção muito diferente da de Nozick. Com efeito, sua posição é de que existe uma *forte* presunção em favor de uma distribuição igualitária, uma presunção que somente pode ser revogada se a permissão de uma quantidade determinada de desigualdade fizer com que os que recebem menos fiquem em situação melhor, em termos absolutos, do que ficariam em uma situação de distribuição igualitária.

Nunca considerei a posição de Ralws muito convincente. Seu argumento é complicado e sempre me pareceu extremamente enganador. Uma linha de argumentação é a que apela à "posição original", na qual, supomos, as pessoas escolhem princípios de justiça, ao mesmo tempo em que ignoram muitos fatos a respeito de si mesmas. A ideia por trás desse argumento é talvez suficientemente plausível em alguns tipos de casos. Por exemplo, se estivéssemos dividindo uma torta que é propriedade comum, uma divisão justa seria aquela que pode ser acordada por pessoas que não sabem de antemão que pedaço lhes corresponderá. Contudo, em outros casos, como no exemplo de gradações apresentado por Nozick, tal procedimento conduz a resultados obviamente *injustos*. E isso será verdadeiro sempre que os que estiverem escolhendo os princípios forem mantidos na ignorância de um traço que, na verdade, é relevante para a justiça. Imagine, por exemplo, se os princípios que governam a punição justa fossem decididos por aqueles que ignoram se serão ou não culpados por crimes!

---

* N. de T. No original, *just entitlement*.
** N. de T. No original, *is justly entitled*.
*** N. de T. No original, *entitlement*.

Rawls certamente não alega que seu argumento aplica-se a esse tipo de questão – embora eu suponha que seja razoável* perguntar por que se deveria pensar que o argumento se aplica ao caso que ele examina, já que não se aplica também a outras questões relacionadas com a justiça. Afora casos flagrantemente simples como o da torta, a aplicação de seu argumento que sempre me pareceu mais convincente é aquela que envolve temas como classe social (ou, analogamente, grupos raciais e étnicos). Se as pessoas na posição original ignoram a classe social a que pertencerão, então elas não escolherão princípios de distribuição que favoreçam uma classe social em detrimento de outra. E isso parece corresponder exatamente ao resultado correto. Pertencer a tal classe [favorecida] não é relevante para uma distribuição justa.

Concordo, é claro – como concordará quem quer que pense que coisas como classes sociais são irrelevantes para questões de justiça distributiva. Porém, este é exatamente o problema com o argumento da posição original: para decidir que coisas podem ser conhecidas pelos que estão na posição original, precisamos *primeiramente* decidir que coisas a respeito deles são e que coisas não são moralmente relevantes para questões de justiça. Desse modo, a posição original não pode ser utilizada para decidir a questão a respeito de quais aspectos de uma situação são relevantes para a justiça.

E a discordância mais fundamental entre Rawls e Nozick diz respeito a essa questão. A divergência entre eles é se "dotes naturais" – coisas como força física, inteligência, criatividade, talentos e habilidades de vários tipos e inclusive saúde física vigorosa – são relevantes para a justiça (e então os participantes da posição original deveriam ter conhecimento deles) ou não.

Sim, exatamente. De fato, a forma pela qual Ralws estabelece a posição original parece *pressupor* precisamente que os dotes naturais devem ser tratados da mesma maneira que a classe social – que eles não são relevantes para a justiça e, portanto, que os participantes da posição original devem ser mantidos na ignorância desses dotes. Ele tem algum argumento efetivo em favor dessa concepção?

Por certo, o que ele diz é que, do mesmo modo que a classe social, os dotes naturais são "arbitrários do ponto de vista moral" e que as pessoas não *merecem* seus dotes naturais. Mas ele também diz que a distribuição natural dos dotes não é nem justa nem injusta e que as pessoas têm um direito aos seus dotes. Ainda assim, é difícil evitar pensar – lendo um pouco entre as linhas – que ele considera injusto ou, no mínimo, não equitativo** que algumas pessoas tenham melhores dotes naturais que outras. (Ver especialmente a discussão do "princípio de reparação"*** e sua observação de que o princípio da diferença realiza "parte da intenção" daquele princípio.) A ideia é que pessoas com dotes naturais superiores não merecem quaisquer vantagens que possam decorrer deles. Segue-se para Rawls que, se tais pessoas devem receber quaisquer benefícios (além do grande benefício de simplesmente possuir tais dotes), isso só pode ser porque, em razão disso, os menos favorecidos também ficarão em melhores condições.

Penso que isso é o melhor que você pode encontrar em Rawls a respeito desse ponto, porém, esse argumento não é, de modo algum, obviamente certo. Pessoas que possuem dotes naturais superiores podem não merecê-los – no sentido de terem feito algo para conquistá-los –, mas não os obtiveram à custa dos outros. Não é como se houvesse um quinhão comum de inteligência e, digamos, os mais inteligentes tivessem tomado para si mais do que parcela que lhes corresponderia numa divisão equitativa. Isso é *muito* diferente de classe social, caso em que alguns somente podem ser superiores à custa de outros que são inferiores. O fato de que uma pessoa tenha dotes naturais pode ser uma questão de sorte ou acaso

---

* N. de T. No original, *fair*.
** N. de T. No original, *unfair*.
*** N. de T. No original, *"principle of redress"*.

favorável. Mas por que isso dá a *outras* pessoas qualquer direito a tais dotes – ou às coisas que deles resultam?

Um argumento que às vezes é apresentado nesse contexto – e que é sugerido por algumas das coisas que Rawls diz – é que mesmo aqueles com dotes naturais superiores não se beneficiariam tanto deles sem o contexto social no qual esses dotes são utilizados. Considera-se então que isso significa que pelo menos uma grande parte dos diferentes tipos de coisas que resultam desses talentos deve-se, na verdade, à cooperação com os outros, e não apenas às ações do indivíduo talentoso. E é isso que dá aos outros e talvez à sociedade em geral a condição de reivindicar benefícios oriundos dos talentos desse tipo de pessoa. Bill Gates pode ter um talento enorme como programador de computador, como empresário, e assim por diante, mas nenhum desses talentos teria produzido a imensa riqueza que ele possui sem a complicada infraestrutura fornecida pelo sistema social. Em vista disso, uma alegação adicional é a de que, em alguns sistemas sociais, tais como o atual, indivíduos com maiores dotes naturais conseguem reter uma parcela maior do que realmente merecem, retirada daquilo que apenas são capazes de produzir com a ajuda de outros.

Devo admitir que esse último argumento tem muita força, embora seja bastante difícil de conceber como ele se aplica à situação de um indivíduo particular ou à de uma sociedade determinada. Contudo, uma coisa pode ser dita: é improvável que esse argumento produza um resultado muito próximo ao exigido pelo princípio da diferença de Rawls. Ainda assim, o que é merecido pelas pessoas com maiores dotes será substancialmente maior (porque os seus talentos desempenham um papel fundamental). Aquilo que os outros podem legitimamente reivindicar pode variar muito, dependendo de seu papel exato no processo geral. Em particular, não existe, dessa perspectiva, uma razão óbvia para focar a atenção nos menos favorecidos, tal como Rawls faz. Mas o resultado justo, desse ponto de vista, será também muito diferente daquele que parece resultar da concepção de Nozick – embora ele realmente nunca discuta essas questões nesse nível de especificidade. De modo que você, afinal, talvez tenha encontrado uma concepção intermediária.

7
DEUS E FÉ

As seleções neste capítulo estão voltadas a dois tópicos estreitamente relacionados na ideia geral da filosofia conhecida como a filosofia da religião: primeiro, argumentos a favor da e contra a existência de Deus; e, segundo, a questão se a crença em Deus pode ser racionalmente aceitável sob alguma base diferente de argumentos racionais que estabelecem a existência de tal ente.

Ainda que outras concepções de Deus sejam obviamente possíveis, a atenção dos filósofos tem estado focada, em especial, na concepção que é mais ou menos padrão nas três grandes religiões monoteístas: judaísmo, cristianismo e islamismo. De acordo com essa concepção, Deus é

a) um ser *pessoal* que é
b) todo-poderoso ou *onipotente*,
c) de tudo conhecedor ou *onisciente*,
d) *perfeitamente bom, benevolente, misericordioso* e *justo* e
e) o *criador* do universo.

A elaboração posterior dos atributos (b), (c) e (d) nessa lista frequentemente emprega a ideia de *infinitude*: Deus é visto como tendo poder infinito, conhecimento infinito e infinita bondade, benevolência, misericórdia e justiça. É sobre essa concepção de Deus que as questões filosóficas mais interessantes têm sido levantadas. (Alguma atenção também é dada nessas leituras à possibilidade de um ser concebido de modo paralelo, porém mais fraco: um ser cujos atributos ficam aquém da infinitude.)

DEUS EXISTE?

Argumentos a favor da existência de Deus

Que razões há para crer que tal ser existe em realidade? É claro que muitas pessoas creem na existência de Deus com base em algum tipo de *autoridade*: aquela dos pais ou da família, da comunidade, do estado, dos textos religiosos de diversos tipos, ou mesmo alegadamente (e de um modo que obviamente **incorre em petição de princípio**) da autoridade do próprio Deus (ou da própria divindade). Contudo, o problema óbvio com qualquer apelo desse tipo, exceto o último, é que a alegação de que sobre *essa* questão deve-se ter confiança em tal autoridade simplesmente tanto carece de razão ou argumentação quanto a alegação original. Então, os filósofos enfocaram, em vez disso, argumentos que são considerados racionalmente cogentes em si mesmos, sendo os mais importantes e influentes desses os três argumentos discutidos nas próximas seleções. Os primeiros dois argumentos das seções seguintes concentram-se em dois argumentos que têm sido amplamente discutidos pelos filósofos, mas que também têm tido grande interesse para o senso comum: o *argumento cosmológico* e o *argumento do desígnio*.* A terceira seção tem

---

* N. de T. No original, *argument from design*.

a ver com um argumento que fascinou filósofos (ainda que um número relativamente pequeno deles o tenha aceitado), mas que é o mais improvável de ocorrer a alguém senão a um filósofo: o chamado *argumento ontológico*.

O argumento cosmológico

O argumento cosmológico começa com a premissa empírica inegável e simples de que *coisas* de algum tipo existem, de que o mundo não é simplesmente um vácuo vazio. Trata-se de objetos e processos materiais ordinários que são normalmente citados para dar suporte a essa premissa, mas em princípio qualquer tipo de existência não divina o faria. O argumento, então, pergunta *por que* essas coisas existem, exigindo uma *causa*, ou uma *razão*, ou uma *explicação* de algum tipo para a sua existência (com a ênfase entre essas variando em diferentes versões do argumento). O apelo, aqui, é a um princípio de fundo, o **princípio de razão suficiente** (geralmente abreviado como PRS), que diz que deve haver uma resposta a esse tipo geral de questão, para qualquer tipo de coisa existente ou, em algumas versões, para qualquer fato positivo. Algumas coisas existentes (diferentes de Deus) podem, é claro, ser explicáveis de modos familiares por apelo a outras coisas, mas argumenta-se (igualmente de modos um tanto diferentes) que uma explicação completa de tudo o que existe ou talvez do fato de que há alguma coisa (ao invés do nada) requer a existência de uma ser *necessário* ou *autoexistente*, um ser que não poderia ter falhado em existir. Esse ser necessário é, então, considerado idêntico a Deus, tal como via de regra concebido – ainda que esse último passo, obviamente crucial, muitas vezes receba pouca atenção. Versões desse argumento são discutidas por São Tomás de Aquino, Samuel Clarke e David Hume.

O argumento do desígnio

O argumento do desígnio também parte de um fato empírico básico e exige uma explicação daquele fato. Dessa vez, contudo, o fato é mais específico e imensamente mais complicado: a presença de ordem, desígnio (aparente) ou propósito (aparente) no mundo (sendo a primeira dessas especificações a menos provável de incorrer em petição de princípio).

Existem duas versões consideravelmente diferentes desse argumento, dependendo do escopo da ordem para a qual é procurada uma explicação. Há uma versão *global* que pede pela explicação da presença de ordem no mundo tomado como um todo. E há diversas versões *locais* que pedem pela explicação de um tipo particular ou de um exemplo de ordem, mais comumente a ordem refletida nas coisas vivas e em seus componentes – na versão de William Paley, nesse caso, o olho e as estruturas orgânicas similares. A principal importância dessa distinção, como veremos, é que, embora a teoria da evolução e outras explicações relativamente limitadas do mesmo tipo ofereçam alternativas, não teístas de muitos dos traços específicos aos quais versões locais do argumento podem apelar, tais explicações alternativas revelam elas mesmas pressupor um fundo de ordem mais geral – e por isso não podem, em princípio, explicar *toda* a ordem no mundo ou o motivo por que há alguma ordem.

Em todo caso, a alegação avançada no argumento é que os traços em questão podem ser adequadamente explicados apenas supondo-se que ou o mundo como um todo ou o aspecto específico em questão ganhou deliberadamente forma por um designador inteligente e poderoso. Esse resultado, além disso, fica aquém de ser a plena concepção padrão de Deus, sobretudo no sentido de que um mundo finito não exige poder ou conhecimento infinito, mas, obviamente, ainda representa um passo central naquela direção. Versões desse argumento são discutidas por São Tomás de Aquino (muito brevemente), William Paley, Hume e Antony Flew, enquanto Stephen Jay Gould apresenta uma importante consideração que favorece a teoria da evolução sobre a criação divina como uma explicação da ordem envolvida nas coisas vivas.

O argumento ontológico

Diferentemente dos dois argumentos anteriores, o argumento ontológico não faz nenhum apelo a qualquer fato empírico, por menor que ele seja, mas em vez disso tem um caráter inteiramente *a priori*. A ideia central é que Deus existe, de fato deve **necessariamente** existir, não como explicação de alguma outra coisa (como nos outros dois argumentos principais), mas simplesmente porque o próprio **conceito** desse ser requer ou torna necessário que ele exista. Essa é uma alegação não só surpreendente, mas também paradoxal: normalmente, a questão do que está incluído no conceito de certo tipo de coisa (ou, de forma mais ou menos equivalente, do que temos em mente ao pensá-lo) é bastante distinta da (e logicamente anterior à) questão relativa a se quaisquer coisas desse tipo realmente existem no mundo. Se, por exemplo, a questão é se o mundo contém animais de certo tipo específico (tais como mamíferos que vivem nos oceanos), devemos primeiro especificar claramente o que está sendo requerido para satisfazer o conceito em questão e, então, olhar o mundo para ver se quaisquer instâncias reais podem ser encontradas – com o segundo desses estágios dependendo obviamente do primeiro. A alegação do argumento ontológico é, com efeito, que no caso de Deus (mas somente ali) essas duas questões de estágios ou de investigação não são distintas, mas em vez disso que a resposta correta à primeira questão determina a resposta correta para a segunda. Santo Anselmo e René Descartes apresentam versões desse argumento, enquanto Immanuel Kant oferece duas objeções respectivas a ele.

Um argumento contra a existência de Deus: o problema do mal

Decididamente, o argumento mais importante *contra* a existência de um Deus que satisfaz a concepção padrão é, com efeito, o reverso do argumento do desígnio. O problema do mal (que poderia ser mais bem-rotulado como o argumento a partir do mal a favor da não existência de Deus) questiona por que motivo, se o mundo foi criado por um ser que tem os atributos especificados pela concepção padrão, há tanto *mal* (principalmente dor e sofrimento) a ser encontrado: tanto o **mal** *físico* ou *natural* (a dor e o sofrimento causados por coisas como doenças, desastres naturais e outras semelhantes) quanto o **mal** *moral* (a dor e o sofrimento que resultam das ações humanas voluntárias, como crimes, guerras e outros tipos de violência). Para alguém que já tem uma razão convincente ou um argumento a favor da crença em tal Deus, a existência de males desses vários tipos talvez seja meramente um *problema*: algo que parece entrar em conflito com uma crença bem-fundada e que, portanto, precisa ser de algum modo explicado. Contudo, para alguém a quem a questão está razoavelmente aberta, a existência do mal constitui um argumento deveras convincente *contra* a existência de tal ser. A questão é se esse argumento pode ser respondido oferecendo-se uma explicação satisfatória de por que Deus permite que o mal exista. Tais explicações são, de modo padrão, referidas como *teodiceias*, e é bastante comum para os teístas apelar a uma explicação para o mal físico e a uma diferente explanação para o mal moral. O problema do mal é discutido por Hume, J.L. Mackie e John Hick.

DEVEMOS TER RAZÕES PARA CRER?

Em vez de se apelar a argumentos a favor da existência de Deus (e respostas a argumentos contrários), poderia haver uma base alternativa para a crença em Deus, uma base que ainda torna tal crença racionalmente aceitável? Walter Kaufmann explora a ideia, derivada de Blaise Pascal, de que a crença em Deus poderia ser a melhor *aposta* numa situação de incerteza. William James advoga uma versão da opinião de que é racional crer em Deus com base na *fé* mais do que em argumentos ou evidência.

Deus existe?
O argumento cosmológico

São Tomás de Aquino

São Tomás de Aquino (1225-1274) foi um filósofo e teólogo italiano (ainda que tenha realizado a maior parte do seu ensino e da sua escrita em Paris). Era monge da Ordem Dominicana (que é devotada à pesquisa e à educação), e pode-se dizer que foi o pensador mais influente da Idade Média. Tomás de Aquino baseou muito do seu pensamento filosófico nas obras de Aristóteles e foi o principal responsável pela posição dominante que Aristóteles veio a ocupar no pensamento medieval. As ideias de Aristóteles estão refletidas em diversos pontos nos argumentos que seguem.

A principal obra de Tomás de Aquino, a *Summa Theologica* (da qual esta seleção é extraída), tem uma estrutura explicitamente **dialética**. Ela está dividida em artigos, cada um dos quais começa com uma questão. Isso é seguido por objeções que argumentam a favor do contrário da concepção que Tomás de Aquino defenderá e, então, por uma afirmação da própria concepção de Tomás de Aquino e das suas razões. Finalmente, o artigo conclui com respostas explícitas às objeções anteriores. Na próxima seleção, a questão é se Deus existe, e Tomás de Aquino oferece cinco argumentos famosos – ainda que, de certo modo, obscuros – para uma resposta afirmativa. Os três primeiros são versões diferentes do argumento cosmológico, o quarto (e o mais obscuro) é um argumento único em Tomás de Aquino (omitido aqui) e o quinto é uma versão bastante breve do argumento do desígnio.

❶ *Reafirmação/Resumo*

R A primeira objeção é, com efeito, o problema do mal, discutido mais tarde neste capítulo. Nesta versão, o caráter alegadamente infinito dos atributos de Deus desempenha um papel crucial.

❷

R A segunda objeção alega que Deus é desnecessário para o propósito de explicar o que acontece no mundo.

❸ *Definição*

📖 Movimento, aqui, inclui não somente movimento no sentido habitual, mas qualquer tipo de mudança ou atividade.

❹

📖 Tomás de Aquino apela, aqui, a algumas ideias da metafísica de Aristóteles. Qualquer mudança envolve uma transição do *potencial* a alguma qualidade para a sua realização *atual*. Tal transição deve ser produzida pela atividade de alguma outra coisa (para explanar por que a transição toma lugar). Assim, pois, a madeira que está *potencialmente* quente é movida para tornar-se *atualmente* quente por alguma outra coisa que já é atualmente quente.

As Cinco Vias,[1] Extraído de *Suma Teológica*

TERCEIRO ARTIGO: DEUS EXISTE?

Procedemos, pois, ao Terceiro Artigo:
Objeção 1. Parece que Deus não existe; porque, se um de dois contrários fosse infinito, o outro seria totalmente destruído. Contudo, o nome Deus significa que Ele é bondade infinita. Se, portanto, Deus existisse, não haveria nenhum mal a ser descoberto; porém, há o mal no mundo. Portanto, Deus não existe. ❶

Objeção 2. Ademais, é supérfluo supor que o que pode ser explicado por alguns poucos princípios foi produzido por muitos. Todavia, parece que tudo que vemos no mundo pode ser explicado por outros princípios, supondo-se que Deus não existisse. Ora, todas as coisas naturais podem ser reduzidas a um princípio, que é a natureza; e todas as coisas voluntárias podem ser reduzidas a um princípio, que é a razão humana ou a vontade. Portanto, não há nenhuma necessidade de supor a existência de Deus. ❷

Ao contrário, é dito na pessoa de Deus: *Eu sou Quem sou* (Êx 3.14).

Respondo que a existência de Deus pode ser provada por meio de cinco vias.

A primeira e mais manifesta via é o argumento a partir do movimento. É certo, e evidente aos nossos sentidos, que no mundo algumas coisas estão em movimento. ❸ Agora, tudo o que é movido é movido por um outro, pois nada pode ser movido a menos que esteja em potencialidade para aquilo ao que é movido, ao passo que uma coisa move na medida em que está em ato. O movimento não é nada mais do que a redução de alguma coisa da potencialidade para a atualida-

---

[1] Extraído de *Summa theologica*, in Anton C. Pegis, ed., *Introduction to St. Thomas Aquinas* (New York: Random House, 1945, 1948).

de.* Contudo, nada pode ser reduzido da potencialidade para a atualidade, exceto por alguma coisa num estado de atualidade. Portanto, aquilo que é atualmente quente, como o fogo, faz a madeira, que é potencialmente quente, ser atualmente quente, e por causa disso a move e a modifica. ❹ Todavia, não é possível que a mesma coisa devesse existir de uma só vez em atualidade e em potencialidade no mesmo aspecto, mas só em aspectos diferentes. Ora, o que existe em atualidade quente não pode simultaneamente ser potencialmente quente, mas simultaneamente é potencialmente frio. Portanto, é impossível que no mesmo aspecto e na mesma maneira uma coisa seja tanto movente quanto movida, isto é, que ela mova a si mesma. ❺ Portanto, tudo o que é movido deve ser movido por um outro. Se aquilo pelo que é movido for ele mesmo movido, nesse caso esse também deve necessariamente ser movido por um outro, e este por um outro novamente. Contudo, isso não pode continuar ao infinito, porque, então, não haveria nenhum primeiro movente, ❻ e, consequentemente, nenhum outro movente, vendo que moventes subsequentes movem só na medida em que são movidos pelo primeiro movente, tal como o bastão move apenas porque é movido pela mão. Portanto, é necessário chegar a um primeiro movente, movido por nenhum outro; e este todos entendem ser Deus. ❼

A segunda via é a partir da natureza da causa eficiente. No mundo das coisas sensíveis, percebemos que há uma ordem de causas eficientes. ❽ Não há nenhum caso conhecido (nem é, de fato, possível) no qual uma coisa é descoberta como sendo a causa eficiente de si mesma; para tanto, ela seria anterior a si mesma, o que é impossível. Porém, nas causas eficientes, não é possível seguir ao infinito, porque, em todas as causas eficientes seguindo em ordem, a primeira causa é a causa da causa intermediária, e a causa intermediária é a causa da causa última, não importa se a causa intermediária seja diversa ou apenas uma. Além disso, retirar a causa é retirar o efeito. Portanto, se não houver nenhuma primeira causa entre as causas eficientes, não haverá nenhuma causa última, nem qualquer causa intermediária. Contudo, se nas causas eficientes for possível seguir ao infinito, não haverá nenhuma causa eficiente primeira, nem haverá um efeito último, nem quaisquer causas eficientes intermediárias; e tudo isso é manifestamente falso. Portanto, é necessário admitir uma causa eficiente primeira, para a qual todos dão o nome de Deus. ❾

A terceira via é extraída da possibilidade e da necessidade, e procede assim. Encontramos na natureza coisas que podem ser e não ser, dado que são encontradas como sendo geradas e a serem corrompidas. Consequentemente, a elas é possível ser e não ser. ❿ Mas é impossível para essas [coisas] sempre existir, pois aquilo que pode não ser em algum momento não é. Portanto, se todas as coisas podem não ser, então em algum momento não houve

❺
R Assim, algo não pode "mover" a si mesmo, pois para fazer isso teria de ter o traço relevante tanto de forma meramente potencial quanto de forma atual.

❻ *Pare e pense*

PARE Tomás de Aquino argumenta que não pode haver uma série infinita de "moventes" (estendendo-se para trás no tempo), cada um "movido" por aquele antes dele. A sua razão para afirmar isso parece ser que não haveria, então, nenhuma explicação por que qualquer deles é "movido". Ele está certo sobre isso?

❼ *Comentário*

O primeiro "movente" não pode ser movido por uma outra coisa, nem pode "mover" a si mesmo. Logo, ele não deve "mover-se", mas deve, não obstante isso, de algum modo ainda ser capaz de "mover" outras coisas – como isso pode acontecer? (Um outro problema óbvio é por que tal primeiro "movente" deveria ser identificado com Deus.)

❽
Causação eficiente significa mais ou menos causação no sentido habitual, em que alguma coisa anterior (atirar um pedra) causa alguma coisa posterior (um respingo num lago). Assim, é diretamente óbvio que nada pode causar a si mesmo nesse sentido (porque, para fazer assim, ele teria de preceder a si mesmo).

❾
R Aqui, novamente, a alegação é de que uma sequência infinita de causas (para trás no tempo) é impossível, e outra vez a questão fundamental parece ser que seria impossível explicar por que quaisquer das coisas em tal sequência existem.

❿
R Qualquer coisa que pode vir a ser a partir de um estado anterior de não existência ou, então, declinar da existência seria um exemplo.

PARE Você consegue pensar em algo no mundo que não se encaixe nessa caracterização?

---

* N. de R.T. "Atual" (em inglês, *actual*) e "atualidade" (em inglês, *actuality*), referindo-se às expressões latinas *actualis* e *actus* ou *in actu*, pertencem à linguagem filosófica da metafísica aristotélica e são, sob esse pano de fundo, adotadas por Tomás de Aquino. De forma simples, "atual" e "atualidade" são conceitos metafísicos ou sobre a realidade em seus aspectos mais fundamentais e podem ser definidos por oposição a "potencial" e "potencialidade" (sobretudo a partir do Livro IX da *Metafísica* de Aristóteles e, em especial, no intuito de explicar na realidade a natureza da mudança). Se, de maneira muito geral, em um sentido básico, "potencial"/"potencialidade" diz respeito à potência que alguma coisa tem de passar de um estado para outro estado, "atual"/"atualidade", um par conceitual que tanto do ponto de vista lógico quanto do ponto de vista metafísico é sempre anterior ao par conceitual "potencial"/"potencialidade", indica o estado de realidade em que alguma coisa se encontra ou em que alguma coisa é. (Em uma analogia conhecida, a atualidade está para a potencialidade tal como um ser humano que está construindo está para aquele que sabe como construir, tal como o ser humano acordado está para o adormecido, tal como aquele que vê está para o que possui a potência da visão, mas mantém os olhos fechados, tal como o objeto com dada forma e feito de certa matéria está para a matéria da qual é feito.) Se algo existente, pois, em nenhum aspecto é "em potência" e tampouco tem "potencialidade" para vir a ser algo ou algum aspecto que ainda não é, dele pode-se dizer que é de fato apenas de forma "atual", que é em todos os sentidos "ato puro", a saber, Deus.

(11) Nenhuma dessas alegações decorre de um modo óbvio. Por que alguma coisa para a qual o não ser é *possível* deve realmente falhar em existir em algum momento? E, mesmo se todas as coisas para as quais não ser é possível de fato falham em existir em algum momento, por que a existência delas não poderia coincidir, de sorte que jamais há um tempo em que nada existe?

(12) A suposição subjacente é que algo não pode vir do nada, de modo que, se há um tempo em que nada existe, então é impossível para qualquer coisa vir subsequentemente à existência.

(13) Tomás de Aquino conclui que devem existir algumas coisas cuja existência é necessária: que não poderiam deixar de existir. Ele crê que essas coisas sejam de dois tipos: aquelas cuja necessidade é causada por alguma outra coisa e aquelas cuja necessidade é causada por sua própria natureza.

(14) A possibilidade de uma série infinita de entes cuja necessidade é derivativa é rejeitada, levando à conclusão de que há um ente cuja necessidade deriva-se da sua própria natureza.
Aqui, há um pouco mais de fundamento para a identificação com Deus, visto que um ente que explica a sua própria existência é muito diferente das coisas ordinárias no mundo.

(15) Coisas ordenadas não podem agir ao acaso ("fortuitamente"), e Tomás de Aquino não vê nenhuma outra explicação além do desígnio inteligente.

(16) Por que deve haver só uma inteligência desse tipo? Coisas naturais diferentes não poderiam ser direcionadas por inteligências diferentes? (Tal dirigente único não precisaria ter poder infinito).

nada em existência. **(11)** No entanto, se isso fosse verdadeiro, mesmo agora não haveria nada em existência, porque aquilo que não existe começa a existir somente através de alguma coisa já existente. Portanto, se em algum momento nada foi em existência, teria sido impossível para qualquer coisa ter começado a existir; e assim, pois, mesmo agora nada seria em existência – o que é absurdo. **(12)** Portanto, nem todos os entes são meramente possíveis, mas deve existir alguma coisa cuja existência é necessária. Porém, toda coisa necessária ou tem a sua necessidade causada por uma outra, ou não. **(13)** Contudo, é impossível seguir ao infinito em coisas necessárias que têm a sua necessidade causada por uma outra, como já foi provado com respeito às causas eficientes. Portanto, não podemos senão admitir a existência de algum ente que tem de si mesmo a sua própria necessidade, não a recebendo de um outro, mas antes causando em outros a sua necessidade. Disso todos os homens falam como sendo Deus. **(14)**

...

A quinta via procede do governo do mundo. Vemos que as coisas que carecem de conhecimento, tais como os corpos naturais, agem por um fim, e isso é evidente do seu agir sempre, ou aproximadamente sempre, do mesmo modo, de maneira a obter o melhor resultado. Portanto, é evidente que atingem o seu fim não de maneira fortuita, mas designadamente. **(15)** Entretanto, tudo o que carece de conhecimento não pode mover-se rumo a um fim, a menos que seja direcionado por algum ente dotado de conhecimento e de inteligência, assim como a flecha é direcionada pelo arqueiro. Portanto, algum ente inteligente existe, por quem todas as coisas naturais são direcionadas ao seu fim; e a esse ente chamamos de Deus. **(16)**

Resposta à Objeção 1. Como diz Agostinho: *Dado que Deus é o bem mais elevado, Ele não permitiria que qualquer mal existisse nas Suas obras, a menos que a Sua onipotência e bondade fossem tais que trouxessem o bem mesmo a partir do mal.* Isso é parte da bondade infinita de Deus, que Ele deva permitir que o mal exista e que a partir dele produza o bem. **(17)**

Resposta à Objeção 2. Dado que a natureza opera para um determinado fim sob a direção de um agente mais elevado, tudo o que é feito pela natureza deve ser reconduzido a Deus como à sua primeira causa. Assim, de maneira semelhante, tudo o que é feito voluntariamente deve ser reconduzido a alguma causa mais elevada, diferentemente da razão e da vontade humanas, uma vez que elas podem mudar e falhar; logo, todas as coisas que são mutáveis e passíveis de defeito devem ser reconduzidas a um princípio primeiro imóvel e necessário por si, tal como foi mostrado. **(18)**

Questões para Discussão

1. Uma alegação-chave no primeiro argumento é que a causa de uma mudança ("movimento") deve sempre vir de fora da coisa que muda. Parece óbvio que as coisas sempre funcionam dessa maneira? Uma mudança não poderia originar-se de dentro de uma coisa? Você consegue pensar em algum exemplo? Como Tomás de Aquino poderia responder?

2. Pense sobre a alegação de que não pode haver uma série infinita de causas eficientes para trás no tempo (e nas alegações análogas para a série de "moventes" e a série de entes necessários cuja necessidade é causada por um outro). Há uma objeção clara a esse tipo de alternativa? Tomás de Aquino parece estar dizendo que não haveria nenhuma explicação de como as séries jamais chegaram a começar, mas a resposta poderia ser que ela não chegou a *começar* porque ela se estende infinitamente para trás. Qual concepção está correta?

3. Um elemento crucial do terceiro argumento é a ideia de um *ente necessário*: um ente que não pode deixar de existir. Realmente entendemos essa ideia? O que tornaria a existência de tal ente necessária – isto é, tornaria impossível para ela não existir? Você consegue pensar em quaisquer outros exemplos de entes necessários? O que dizer sobre um número, por exemplo, o número sete (o número mesmo, não o numeral que está por ele): poderia ele ter falhado em existir? Mesmo que possamos dar sentido à existência necessária para um objeto **abstrato** como um número, isso faz sentido para um objeto **concreto** como Deus? (Ver a subseção sobre o argumento ontológico para uma discussão posterior dessa questão.)

Samuel Clarke

Samuel Clarke (1675-1729) foi um filósofo, teólogo e pregador inglês, que escreveu extensamente sobre assuntos filosóficos e teológicos, incluindo a existência de Deus, a natureza do espaço e do tempo, a vontade livre e a natureza da moralidade. Hoje, ele é mais conhecido por sua extensa correspondência com o grande filósofo alemão Gottfried Wilhelm Leibniz, na qual muitos desses tópicos são discutidos.

Tal como a terceira via de Tomás de Aquino, porém inclusive mais explicitamente, a versão de Clarke do argumento cosmológico baseia-se no princípio de razão suficiente (PRS): o princípio de que deve haver uma razão, causa ou explicação para tudo o que existe. A parte do argumento incluída aqui não tem o propósito de provar que Deus existe, mas sim que "desde a eternidade algum ente imutável e independente" existe, um resultado que Clarke pensa poder seguir para provar a existência do pleno Deus judaico-cristão. (Esta é uma passagem deveras densa e, para entendê-la, você pode ter de lê-la mais de uma vez.)

17

PARE A réplica de Tomás de Aquino ao problema do mal consiste em que Deus pode produzir o bem a partir do mal, de sorte que o mundo é, de algum modo, melhor por conter o mal. O quão plausível você considera isso?

18

R A resposta à segunda objeção é direta se os argumentos são aceitos: toda explicação pode, em última instância, ser traçada para trás até Deus.

O Argumento Cosmológico,[2] Extraído de *Demonstração da Existência e dos Atributos de Deus*

I

Em primeiro lugar, pois, é absoluta e inegavelmente certo que *alguma coisa existiu desde a eternidade*. Essa é uma proposição tão evidente e inegável que nenhum ateu em qualquer época jamais presumiu afirmar o contrário, e portanto há pouca necessidade de ser minucioso na prova disso. Afinal, dado que alguma coisa é agora, é evidente que alguma coisa sempre foi; do contrário, as coisas que agora são devem ter sido produzidas do nada, absolutamente e sem uma causa, o que é uma óbvia contradição em termos. Afinal, dizer que uma coisa é produzida e, contudo, que não há nenhuma causa para aquela produção é dizer que alguma coisa é efetivada quando ela não é efetivada por nada, ou seja, ao mesmo tempo em que ela não é absolutamente efetivada. Tudo o que existe tem uma causa, uma razão, um motivo para a sua existência, um fundamento sobre o qual a sua existência repousa, um motivo ou uma razão por que ele de fato existe em vez de não existir, seja na necessidade da sua própria natureza (e, nesse caso, ela deve ter sido eterna em si mesma), seja na vontade de algum outro ente (e, nesse caso, aquele outro ente deve, ao menos na ordem da natureza e da causalidade, ter existido antes dela). ❶

...

II

Existiu desde a eternidade algum ente imutável e independente. ❷ Ora, dado que alguma coisa deve necessariamente ter sido desde a eternidade, como já foi provado e é garantido por todas as partes, ou sempre existiu algum ente imutável e independente a partir do qual todos os outros entes que existem ou existiram no universo receberam o seu original, ou então tem existido uma sucessão infinita de entes mutáveis e dependentes, produzidos uns pelos outros, numa progressão sem fim, sem qualquer causa original. ❸ Contudo, essa última suposição é tão demasiadamente absurda que, embora todo ateísmo deva, nos seus relatos da maior parte das coisas (como deverá ser mostrado daqui em diante), terminar nelas, penso que muito poucos ateístas jamais foram tão fracos a ponto de defendê-la aberta e diretamente. Ela é em si manifestamente impossível e contraditória. ❹ Eu não argumentarei contra ela a partir da suposta impossibilidade de sucessão infinita, pura e abso-

1

R O argumento de Clarke, aqui, reconhece que tudo deve ter uma causa ou uma razão para a sua existência (o PRS) e, então, alega que alguma coisa vir a ser a partir do nada é uma contradição: ela tem uma causa (nada), mas ter nada como causa é não ter absolutamente causa.

2

R Esta é a conclusão do argumento principal, para a qual Clarke prossegue dando razões.
📖 Um *ente independente* é aquele cuja existência não depende de coisa alguma fora de si mesmo, ao passo que um *ente dependente* é aquele cuja existência depende de fato de qualquer coisa fora de si mesmo. (A alegação de que o ente independente é também imutável não é explicada ou defendida.)

3

R Clarke alega que existem somente duas alternativas: um ente independente (cuja existência causa a existência de quaisquer entes dependentes que existem) ou nada mais senão uma série de entes dependentes, cada um causado pelo anterior.

4

R Clarke alega que a segunda alternativa é impossível e autocontraditória, mesmo que ainda não explique de que maneira.

---

[2] Extraído de *A Demonstration of the Being and Attributes of God* (1705).

❺

Aqui está a principal novidade na versão de Clarke a respeito do argumento cosmológico (e uma diferença central em relação à terceira via de Tomás de Aquino): ele propõe tratar a série inteira de entes dependentes como uma entidade e pergunta o que a explica (invocando, a partir daí, o PRS). Clarke prossegue apresentando duas alternativas no que concerne à explicação, uma das quais é facilmente excluída.

❻

Aqui está uma caracterização alternativa de um *ente independente*: um ente que é *necessário* ou *autoexistente* – um ente que contém dentro de si mesmo a razão para a sua existência. (Isso é discutido em mais detalhes mais adiante).

❼

R A alegação é de que não há nada sobre a natureza interna da série de entes independentes que explicaria por que a série, como um todo, existe.

❽

Aqui, finalmente, temos uma explicação do motivo pelo qual se considera que a suposição de que não há nada senão uma série de entes dependentes resulta em uma contradição. PARE Qual é exatamente a contradição? Como ela decorre da discussão precedente?

❾

PARE O quão boa é a analogia na nota de rodapé?

lutamente considerada em si mesma, devido a uma razão que será mencionada daqui a pouco. Porém, se consideramos tal progressão infinita como uma série sem fim inteira de entes dependentes, ❺ é manifesto que a série inteira de entes não pode ter nenhuma causa exterior à sua existência, porque nela se supõe estar incluídas todas as coisas que são, ou jamais foram, no universo. E é claro que ela não pode ter nenhuma razão dentro de si mesma para a sua existência, porque não se supõe que nenhum ente nessa sucessão infinita seja autoexistente ou necessário (que é o único motivo ou razão da existência de alguma coisa que pode ser imaginado dentro da própria coisa, tal como presentemente aparecerá de forma mais plena), ❻ mas todos são dependentes do precedente. E, onde nenhuma parte é necessária, é manifesto que o todo não pode ser necessário – a necessidade absoluta de existência não sendo uma denominação extrínseca, relativa e acidental, mas uma propriedade interna e essencial da natureza da coisa que assim existe. ❼

Uma sucessão infinita, portanto, de entes meramente dependentes, sem qualquer causa independente original, é uma série de entes que não tem nem necessidade, nem causa, nem qualquer razão ou motivo para sua existência, seja dentro de si mesma ou a partir de fora. Isto é, trata-se de uma expressa contradição e de uma impossibilidade. Há uma suposição de que algo é causado (porque está garantido em todos os seus estágios de sucessão não ser necessariamente e nem ser de si mesmo) e, contudo, no todo, não é causado absolutamente por nada. ❽ Todos os homens reconhecem que é uma contradição imaginar que isso seja feito no tempo; e, porque a duração, nesse caso, não faz nenhuma diferença, é igualmente uma contradição supor que ele seja feito desde a eternidade. E consequentemente, ao contrário, deve necessariamente ter existido desde a eternidade algum ente imutável e independente.

Supor uma sucessão infinita de entes mutáveis e dependentes, produzidos uns a partir dos outros, em uma progressão infinita, sem qualquer causa original, é somente retornar de um passo a outro e, por assim dizer, tirar de vista a questão concernente ao motivo ou à razão da existência de coisas.³ ❾

...

De outro modo, então, ou sempre existiu algum ente imutável e independente, a partir do qual todos os outros entes receberam o seu original, ou então tem existido uma sucessão infinita de entes mutáveis e dependentes, produzidos uns pelos outros numa progressão infinda, sem qualquer causa original. De acordo com essa última suposição, não há nada no universo que seja autoexistente ou que exista necessariamente. E, se esse é o caso, então, originalmente, foi igualmente possível que, desde a eternidade, tenha existido uma sucessão de entes mutáveis e dependentes. Supondo-se isso, o que, desde a eternidade, tem determinado a existência de tal sucessão de entes, ao invés de, desde a eternida-

---

³ Essa questão foi bem-ilustrada por um escritor recentemente falecido: "Suponha que uma cadeia está pendurada nos céus, a partir de uma altura desconhecida, e embora todo elo dela gravitasse na direção da Terra e sobre aqulo no que estivesse pendurada não fosse visível, ela, contudo, não descesse, mas mantivesse a sua situação; e [suponha] que, sobre isso, uma questão deveria surgir: o que sustentava ou mantinha essa cadeia? Seria uma resposta suficiente dizer que o primeiro ou mais baixo elo estaria pendurado no segundo, ou naquele próximo acima dele, [e] o primeiro, ou antes o primeiro e o segundo juntos, estivessem pendurados no terceiro, e assim *in infinitum*? Ora, o que segura o *todo*? Uma cadeia de dez elos cairia, a menos que alguma coisa capaz de segurá-la o impedisse. Uma de vinte, se não mantida por alguma coisa de uma firmeza ainda maior, [cairia] em proporção ao aumento de peso, e portanto também uma cadeia de elos infinitos, com certeza, se não sustentada por alguma coisa infinitamente forte e capaz de suportar um peso infinito. E assim se dá numa cadeia de causas e efeitos tendendo ou, por assim dizer, gravitando para algum fim. O último ou o mais baixo depende da ou, como alguém poderia dizer, está suspenso pela causa acima dele. Esta, por sua vez, se não for a primeira causa, está suspensa como um efeito sobre alguma coisa acima dele, etc. E se elas fossem infinitas, a menos que em afinidade com o que foi dito haja alguma causa na qual tudo está sustentado ou depende, elas nada seriam senão um efeito infinito sem um eficiente. E assim afirmar que há tal coisa seria uma absurdidade tão grande quanto dizer que um peso finito ou pequeno requer alguma coisa para sustentá-lo, mas um peso infinito, ou o maior de todos, não". W. Wollaston, *The Religious Nature Delineated* (London, Samuel Palmer, 1724; reimpresso New York, Garland Publishing Co., 1978), p. 67.

de, jamais dever ter existido qualquer coisa? Necessidade não havia, porque era igualmente possível, com base nessa suposição, que eles pudessem não ter absolutamente existido. O acaso é apenas uma mera palavra, sem qualquer significado. E supõe-se que não havia nenhum outro ente para determinar a existência desses. A existência deles, portanto, foi determinada por nada; nem por alguma necessidade na natureza das próprias coisas, porque se supõe que nenhuma delas é autoexistente, nem por qualquer outro ente, porque não se supõe que nenhum outro exista. Isso significa dizer que, de duas coisas igualmente possíveis, a saber, se alguma ou nenhuma coisa devesse ter existido desde a eternidade, uma é determinada, ao invés da outra, absolutamente por nada, o que é uma contradição expressa. ❿ E, por conseguinte, como antes, deve ter existido, ao contrário, necessariamente desde a eternidade algum ente imutável e independente. E este, o que ele é, permanece a ser investigado no próximo ponto.

III

Aquele ente imutável e independente que existiu desde a eternidade, sem qualquer causa externa da sua existência, deve ser autoexistente, isto é, existente necessariamente. Ora, tudo o que existe deve ou ter vindo a ser a partir do nada, absolutamente sem causa, ou deve ter sido produzido por alguma causa externa, ou deve ser autoexistente. No entanto, surgir a partir do nada, absolutamente sem causa alguma, já se demonstrou que é uma manifesta contradição. Ter sido produzido por alguma causa externa não pode, possivelmente, ser verdadeiro a respeito de todas as coisas, mas alguma coisa deve ter existido eterna e independentemente, como, por semelhante modo, já se mostrou. O que resta, portanto, [é] que aquele ente que existiu independentemente desde a eternidade deve, por necessidade, ser autoexistente. Ora, ser autoexistente não é ser produzido por si mesmo, pois essa é uma contradição expressa, mas é (...), eu digo, existir por uma necessidade absoluta, originalmente na natureza da própria coisa. E essa necessidade deve ser antecedente à existência do próprio ente (porque ele é eterno) não de fato no tempo, mas deve ser antecedente na ordem natural das nossas ideias no que tange à nossa suposição do seu ser. Isto é, essa necessidade (...) deve anteriormente forçar a si mesma sobre nós, não importa se queremos isso ou não, mesmo quando estamos tentando supor que não existe nenhum ente desse tipo.

...

A partir dessa terceira proposição, segue-se (...) que a única ideia verdadeira de um ente autoexistente ou necessariamente existente é a ideia de um ente cuja suposição de não existir é uma contradição expressa. Ora (...) uma necessidade não relativa nem por consequência, mas absoluta em sua própria natureza, não é outra coisa senão algo com respeito à qual supor o contrário é uma impossibilidade manifesta ou implica uma contradição. ⓫

(...) a partir disso, pois, segue-se que o mundo material não pode possivelmente ser o ente primeiro e original, incriado, independente e eterno em si mesmo (...) a menos que o mundo material exista necessariamente por uma necessidade absoluta em sua própria natureza, de maneira que deve ser uma contradição expressa supor que ele não existe, que ele não possa ser independente e eterno em si mesmo. Contudo, que o mundo material não existe necessariamente assim é algo muito evidente. Ora, sendo que a necessidade absoluta de existir e uma possibilidade de não existir constituem ideias contraditórias, é manifesto que o mundo material não pode existir necessariamente, caso possamos, sem uma contradição, concebê-lo ou como não sendo, ou como sendo diferente em algum aspecto do que ele agora é. ⓬ Nada é mais fácil do que isso. Quer consideremos a forma do mundo com a disposição e o movimento das suas partes, quer consideremos a matéria dele como tal, sem consideração à sua presente forma, todas as coisas que existem nele, tanto o todo quanto cada uma das suas partes, a sua situação e o movimento, a forma e também a matéria, são as coisas mais arbitrárias e dependentes, e de longe as mais distantes da necessidade que pode possivelmente ser imaginada. Uma necessidade, com efeito, de adequação, isto é, uma necessidade de que as coisas deveriam ser tal como se estivessem em uma ordem para o

---

❿ **R** Clarke enfoca mais claramente a questão de por que motivo essa série específica existe, ao invés de nada (ou ao invés de alguma outra série possível?).

PARE Qual é a "contradição expressa" à qual ele se refere? (Ver a Anotação 19.)

⓫ 📖 Aqui se encontra ainda uma explicação posterior da ideia de um ente necessário ou *autoexistente*: é um ente cuja existência, em virtude de sua própria natureza, é **contraditório** negar.

PARE Você consegue pensar em alguma maneira pela qual isso poderia ser assim?

⓬ O ponto fundamental para a segunda parte dessa alegação (que não se poderia imaginar um ente necessariamente existente como sendo diferente do que ele é) é a alegação, mencionada anteriormente, de que tal ente deve ser o pensamento de que Deus é imutável. Porém, a razão básica para essa alegação não está clara. (E há também os problemas de pensar em Deus como imutável, o que poderia parecer excluir pensar ou agir de alguma maneira).

⑬

Na próxima seleção, David Hume levanta a questão relativa a se o próprio mundo material poderia ser o ente necessário ou autoexistente. Aqui está a resposta de Clarke.

PARE O quão convincente é isso – especialmente se a alegação de que um ente necessário deve ser imutável é posta de lado, ficando sem defesa?

bem-estar do todo, isso pode muito bem existir em todas essas coisas; porém, uma necessidade absoluta da natureza, em qualquer delas (que é o que o ateu deve defender), disso não há a menor manifestação. Se algum homem disser nesse sentido (como todo ateu deve fazer) que a forma do mundo, ou pelo menos a matéria e o movimento dele, é necessário, possivelmente nada poderá ser inventado de mais absurdo. **⑬**

...

Questões para Discussão

1. O argumento de Clarke depende de tratar-se a série toda de entes dependentes como uma entidade e perguntar por aquilo que explica a existência daquela entidade. Mas pense em um dos entes dependentes na série. Sua existência é adequadamente explicada pelo seu ser causado pelo ente anterior na série? (Clarke oferece qualquer razão para uma resposta negativa a essa questão?) Contudo, se a existência de cada ente dependente individual é adequadamente explicada, a série toda de tais entes requer alguma explicação posterior? Por que sim ou por que não? (Suponha que você encontre diversos amigos em um café e que você consiga explicar por que cada um deles está ali: um trabalha nesse lugar, um foi convidado por você, um aparece frequentemente nesse café, e assim por diante. O fato de que todos eles estão ali como um grupo requer uma explicação posterior?)

2. Clarke argumenta que um ente independente também deve ser um ente necessário (ou autoexistente). Pense cuidadosamente sobre o que é um ente independente: ele é necessário por sua própria natureza? Se ele é necessário, então deve ser eterno? Tal como ilustra a discussão de Clarke, um modo de argumentar a favor de uma alegação é inferir consequências a partir da sua negação e mostrar que elas levam a uma contradição, demonstrando, a partir daí, que a negação da alegação deve ser falsa e, por conseguinte, que a alegação original é verdadeira (isso é chamado de redução ao absurdo – *reductio ad absurdum*). Suponha, em função do argumento, que um ente independente não seja necessário. Explique o conteúdo de tal suposição, esclarecendo as ideias de independência e de necessidade. Há um argumento de reductio ad absurdum para a alegação de que um ente independente deve ser necessário? Se houver, explique-o o mais claramente que puder.

3. Há algum fundamento plausível para a alegação de Clarke de que um ente necessário ou autoexistente deve ser imutável? Talvez a ideia seja que, se a existência de tal ente é necessária, então todas as coisas sobre ele devem ser necessárias – há qualquer plausibilidade para isso? A exigência de imutabilidade é compatível com a ideia de Deus como um ente pessoal que cria e dá forma ao universo, preocupa-se ativamente com o que as pessoas fazem e (talvez) intervém de vez em quando no curso dos assuntos humanos?

David Hume

David Hume (1711-1776), filósofo e historiador escocês, é normalmente considerado como um dos mais importantes e influentes filósofos de todos os tempos. Ele fez trabalhos muito relevantes em epistemologia, metafísica, ética e filosofia da religião, produzindo uma posição filosófica que se distingue, acima de tudo, por suas tendências céticas.

Os seus *Diálogos sobre a religião natural* (dos quais outras duas seleções neste capítulo também são extraídas) oferecem uma discussão abrangente do argumento cosmológico, do argumento do desígnio, do problema do mal e da questão relacionada se os atributos de Deus são conhecidas por mentes humanas finitas. Isso é apresentado através de um uso envolvente da forma do diálogo, que é rivalizada, por sua combinação de naturalidade e cogência filosófica, somente pelos diálogos de Platão e pelos *Três Diálogos entre Hilas e Filono*, de Berkeley. Há três personagens no diálogo:

> 1. Cleanthes, que defende o argumento do desígnio e a concepção de que os atributos de Deus são conhecíveis por analogia aos atributos humanos;
> 2. Demea, que defende o argumento cosmológico e a concepção de que os atributos de Deus estão além da compreensão humana; e
> 3. Filo, normalmente considerado como o porta-voz das próprias concepções de Hume, que é um advogado sutil do ateísmo (ou ao menos de um agnosticismo muito forte), mas que finge, na maior parte do diálogo, estar ao lado de Demea.
>
> Essa breve seção sobre o argumento cosmológico ocorre bem mais tarde no diálogo (depois de discussão principal do argumento do desígnio).

Problemas com o Argumento Cosmológico,[4] Extraído de *Diálogos sobre a Religião Natural*

...

Porém, se tantas dificuldades tangem o argumento *a posteriori*, disse Demea, não teríamos feito melhor aderindo àquele simples e sublime argumento *a priori*, ❶ que, oferecendo a nós uma demonstração infalível, retira de uma vez toda dúvida e dificuldade? Por esse argumento, além disso, podemos provar a *infinitude* dos atributos divinos, a qual, receio, jamais pode ser averiguada com certeza a partir de qualquer outro tópico. Como pode um efeito, que é ou finito, ou, por tudo o que sabemos, pode assim sê-lo, como pode tal efeito, digo, provar uma causa infinita? Também a unidade da Natureza Divina é muito difícil, se não absolutamente impossível, de ser deduzida meramente a partir da contemplação das obras da natureza, e nem por si só a uniformidade do plano [da natureza], mesmo se fosse admitida, oferece-nos qualquer garantia daquele atributo, ao passo que o argumento *a priori*...

Pareces raciocinar, Demea, interpôs Cleanthes, como se aquelas vantagens e conveniências no argumento abstrato fossem provas plenas da sua solidez. No entanto, é primeiramente apropriado, na minha opinião, determinar sobre qual argumento dessa natureza escolhes insistir. Posteriormente, a partir dele mesmo, melhor do que a partir das suas úteis consequências, determinaremos qual valor devemos atribuir a ele.

O argumento, respondeu Demea, sobre o qual eu insistiria é o argumento comum. Tudo o que existe deve ter uma causa ou razão da sua existência, sendo absolutamente impossível, para qualquer coisa, produzir a si mesma ou ser a causa de sua própria existência. ❷ Subindo, portanto, de efeitos a causas, ou devemos continuar traçando uma sucessão infinita, sem qualquer causa última, ou devemos finalmente recorrer a alguma causa última, que existe *necessariamente*. Contudo, que a primeira suposição é absurda pode ser assim provado. Na cadeia ou sucessão infinita de causas e efeitos, determina-se que cada efeito singular existe pelo poder e pela eficácia daquela causa que imediatamente precedia; porém, a cadeia ou sucessão eterna total, tomada em conjunto, não é determinada ou causada por qualquer coisa; e, contudo, é evidente que ela requer uma causa ou razão, tanto quanto qualquer objeto particular que começa a existir no tempo. A questão é ainda razoável, porque essa sucessão particular de causas existia desde a eternidade, e não qualquer outra sucessão ou nenhuma sucessão. Se não houver nenhum ente necessariamente existente, qualquer suposição que pode ser formada é igualmente possível; tampouco há mais absurdidade no ter existido do *nada* desde a eternidade do que há naquela sucessão de causas que constitui o universo. O que foi, então, que determinou existir alguma coisa ao invés de nada e outorgou

❶ 📖 Demea descreve o argumento cosmológico como *a priori*, querendo dizer que ele não depende da experiência de modo amplo como o argumento do desígnio ("o argumento *a posteriori*") o faz. Contudo, ele não é um argumento puramente *a priori*, dado que depende da premissa, conhecida através da experiência, de que um mundo de alguma espécie existe.

❷ 👓 A primeira parte desta sentença é uma versão do princípio de razão suficiente. A última parte poderia parecer excluir a própria conclusão que Demea tem em vista, mas ele não diz que um ente não pode *explicar* a sua existência.

---
[4] Extraído de *Dialogues Concerning Natural Religion* (1779).

3 Demea, como Clarke, vê toda a série de causas e efeitos como uma entidade que requer uma causa ou razão (isto é, uma explicação). Todavia, ele explica adiante: a questão é por que essa série (aquela no mundo atual) existe, ao invés de alguma outra série ou até mesmo nada.

4 A resposta, tal como em Clarke, é a ideia de um ente necessariamente existente, aqui explicado como um ente cuja natureza em si mesma torna contraditório negar a sua existência.

5 Cleanthes rejeita a ideia de que a negação de que um ente específico existe poderia ser autocontraditória. A sua razão, elaborada com base naquilo que segue, é que tal negação sempre é concebível de maneira inteligível. (Se a negação da existência de Deus fosse de fato autocontraditória, isso geraria um argumento muito mais simples para a existência de Deus. (Ver a Questão para Discussão 1 e a seção sobre o argumento ontológico.)

6 Se a ideia de existência necessária fizesse sentido, assim Cleanthes está dizendo, também poderia muito bem ser o universo material, em vez de Deus, que necessariamente existe.

7 A resposta de Clarke (elaborada em mais detalhes aqui) é que partículas de matéria podem ser concebidas como sendo *aniquiladas*, mas Deus não pode. Porém, a conceptibilidade de Deus não existir, em primeiro lugar, seria o bastante para mostrar que a sua existência não é necessária, mesmo que a sua aniquilação, depois que ele existe, seja impossível.

PARE A não existência de Deus é concebível?

ser sobre uma possibilidade particular, excluindo todo o resto? **3** *Causas externas* supõe-se não haver nenhuma. *Acaso* é uma palavra sem um significado. Foi o *nada*? No entanto, isso jamais pode produzir alguma coisa. Devemos, portanto, recorrer a um Ente necessariamente existente, que traz a razão da sua existência em si mesmo e que não pode ser suposto não existir sem uma contradição expressa. **4** Há, por conseguinte, tal Ente, isto é, há uma Deidade.

Eu não deixarei para Filo, disse Cleanthes, (ainda que eu saiba que as objeções iniciais são o seu prazer principal), apontar para a fraqueza desse raciocínio metafísico. Ele me parece tão obviamente malfundado e, ao mesmo tempo, de consequência tão pequena para a causa da verdadeira piedade e religião que eu me aventurarei a mostrar a falácia dele.

Começarei com a observação de que há uma aburdidade evidente na pretensão de demonstrar uma questão de fato, ou de prová-la por quaisquer argumentos *a priori*. Nada é demonstrável, a menos que o contrário implique uma contradição. Nada que é distintamente concebível implica uma contradição. Tudo o que concebemos como existente também podemos conceber como não existente. Não há nenhum ente, portanto, cuja não existência implica uma contradição. Como consequência, não há nenhum ente cuja existência é demonstrável. **5** Proponho esse argumento como inteiramente decisivo e estou disposto a apoiar a controvérsia toda sobre ele.

Supõe-se que a Deidade seja um ente necessariamente existente, e tenta-se explicar essa necessidade da sua existência afirmando-se que, se conhecêssemos a sua essência inteira ou natureza, deveríamos perceber que é tão impossível para ele não existir quanto para duas vezes dois não ser quatro. Contudo, é evidente que isso nunca pode acontecer, embora as nossas faculdades permaneçam as mesmas como no presente. Ainda será possível para nós, a qualquer momento, conceber a não existência do que anteriormente concebemos existir; nem a mente pode jamais encontrar-se sob uma necessidade de supor qualquer objeto como permanecendo sempre no ser, assim como nos encontramos sob uma necessidade de sempre conceber duas vezes dois como sendo quatro. As palavras, portanto, *existência necessária* não têm nenhum significado, ou, o que é a mesma coisa, nenhum significado que seja consistente.

Além disso, por que o universo material não poderia ser o Ente necessariamente existente, de acordo com essa pretensa explicação da necessidade? **6** Não ousamos afirmar que conhecemos todas as qualidades da matéria; e, por tudo o que podemos determinar, ela pode conter algumas qualidades que, se fossem conhecidas, fariam com que a sua não existência parecesse uma contradição tão grande quanto duas vezes dois são cinco. Encontro somente um argumento utilizado para provar que o mundo material não é o Ente necessariamente existente, e esse argumento é derivado da contingência tanto da matéria quanto da forma do mundo. "Qualquer partícula de matéria", assim se diz,[5] "pode ser *concebida* como sendo aniquilada, e qualquer forma pode ser *concebida* como sendo alterada. Tal aniquilação ou alteração, portanto, não é impossível". **7** No entanto, parece uma grande parcialidade não perceber que o mesmo argumento estende-se igualmente à Deidade, enquanto tivermos qualquer concepção dela, e que a mente humana pode ao menos imaginá-la como sendo não existente, ou os seus atributos como sendo alterados. Deve haver qualidades desconhecidas, inconcebíveis, que podem fazer com que a sua não existência pareça impossível ou os seus atributos pareçam inalteráveis. E nenhuma razão pode ser assinalada, porque essas qualidades não podem pertencer à matéria. Na medida em que são completamente desconhecidas e inconcebíveis, jamais se pode provar que elas são incompatíveis com a matéria.

Adicione-se a isso que, ao traçar uma sucessão eterna de objetos, parece absurdo investigar atrás de uma causa geral ou um primeiro autor. Como pode alguma coisa, que existe a partir da eternidade, ter uma causa, visto que a relação implica uma prioridade no tempo e um começo de existência? **8**

Em tal cadeia também, ou sucessão de objetos, cada parte é causada por aquela que a precedeu e causa aquela que a sucede. Onde, então, está a difi-

---

[5] O Dr. Clarke.

culdade? Mas o *todo*, dizes, necessita de uma causa. Respondo que a união dessas partes num todo, como a união de diversos condados distintos num só reino ou de diversos membros distintos num corpo, é realizada meramente por um ato arbitrário da mente e não tem nenhuma influência sobre a natureza das coisas. Se eu te mostrasse as causas particulares de cada partícula individual, numa coleção de vinte partículas de matéria, eu deveria crer como sendo muito irracional se posteriormente me perguntasses qual foi a causa das vinte como um todo. Isso está suficientemente explicado ao explicar-se a causa das partes. ❾

Ainda que os raciocínios que tu incitaste, Cleanthes, possam muito bem me excusar, disse Filo, de começar quaisquer dificuldades posteriores, não posso evitar, contudo, de insistir ainda sobre um outro tópico. É observado pelos aritméticos que os produtos de 9 compõem sempre ou 9 ou alguns produtos de 9 menores, se adicionas junto todos os caracteres dos quais qualquer um dos produtos anteriores é composto. Portanto, de 18, 27, 36, que são produtos de 9, chegas a 9 adicionando 1 a 8, 2 a 7, 3 a 6. Assim, 369 é um produto também de 9; e se adicionas 3, 6 e 9, chegas a 18, um produto menor de 9. Para um observador superficial, uma regularidade tão maravilhosa pode ser admirada como o efeito ou do acaso ou do desígnio; porém, um algebrista talentoso conclui imediatamente que isso é a obra da necessidade e demonstra que deve para sempre resultar a partir da natureza desses números. Não é provável, pergunto, que a economia inteira do universo seja conduzida por uma necessidade parecida, ainda que nenhuma álgebra humana possa fornecer uma chave que solucione a dificuldade? E, em vez de admirar a ordem dos entes naturais, não pode acontecer que, se pudéssemos penetrar na natureza íntima dos corpos, veríamos claramente por que era absolutamente impossível que eles jamais pudessem admitir qualquer outra disposição? ❿ É tão perigoso introduzir essa ideia de necessidade na questão presente! E tão naturalmente ela fornece uma inferência diretamente oposta à hipótese religiosa!

❽ R Se Deus causa o universo material eternamente existente, é óbvio que não o faz existindo anteriormente a ele.
PARE A ideia de que Deus causa o universo material requer que ele (ou ela) exista anteriormente a esse universo? Ou há alguma outra maneira de entender a causação de Deus?

❾ R Cleanthes oferece uma resposta à ideia de que a série inteira de causas e efeitos é uma entidade que requer explicação, alegando que, se cada parte é explicada, nesse caso o todo é explicado.
Mas isso responde à questão de por que toda aquela série específica existe, em vez de alguma outra série ou nada?

❿ R Filo sugere que é possível que, se entendêssemos o universo material suficientemente bem, veríamos por que ele teria de existir do modo específico em que existe (e por que ele existe em vez do nada?). Isso se parece com uma possibilidade genuína?

Questões para Discussão

1. Como a negação da existência de Deus poderia levar a uma contradição (que Cleanthes sugere ser o único relato possível de como Deus poderia ser um ente necessário ou autoexistente)? Uma resposta, e talvez a única, a essa questão seria que a ideia de existência está incluída no próprio conceito de Deus. Suponha que Deus é definido como um ente onipotente, onisciente, perfeitamente bom, que criou o universo e que existe. Segue-se disso que tal ente realmente existe? Por que sim ou por que não? (Ver a subseção sobre o argumento ontológico para mais discussão sobre esse tópico.)
2. Talvez a versão mais fundamental do argumento cosmológico comece a partir da questão de por que alguma coisa existe em vez do nada:
   1. Alguma coisa existe (em vez do nada).
   2. Deve haver uma razão ou uma explicação para qualquer fato positivo.
   3. Se todas as coisas que existem são contingentes (não necessárias ou autoexistentes), não há nenhuma razão ou explicação para (1).

   Portanto, deve existir um ente necessário ou autoexistente, a saber, Deus.
   Qual avaliação deveria ser feita desse argumento?

   a) A premissa (2) é uma versão do princípio de razão suficiente, mas uma versão mais exigente do que aquelas que vimos até aqui, na medida em que exige explicações não só para a existência de coisas, mas para qualquer fato positivo de qualquer sorte. O quão plausível é essa premissa?
   b) A premissa (3) é correta? Tente expressar cuidadosamente as razões para essa premissa.
   c) A primeira parte da conclusão é realmente inteligível?
   d) Há qualquer razão para pensar que o ente necessário ou autoexistente deve ter as características de Deus, tal como concebido habitualmente?

O argumento do desígnio

William Paley

William Paley (1743-1805) foi filósofo e também um destacado teólogo inglês. Escreveu extensamente sobre a existência e a natureza de Deus, tendo sido um dos primeiros proponentes do utilitarismo em ética.

Nesta seleção, Paley oferece uma versão local do argumento do desígnio (como explanado na introdução a este capítulo), repousando numa analogia entre um relógio do tipo mecânico de tempos passados, encontrado abandonado numa charneca, e o olho de uma criatura viva (ainda que leve um tempo até que o olho apareça e, então, a comparação imediata seja entre um olho e o relógio). A sua alegação básica é de que assim como está claro que o relógio deve ter sido designado por algum designador inteligente, a mesma coisa é verdadeira a respeito do olho.

O Argumento do Desígnio,[6] Extraído de *Teologia Natural*

CAPÍTULO UM: ESTADO DO ARGUMENTO

Ao atravessar uma charneca, suponha que eu batesse o meu pé contra uma *pedra* e fosse perguntado sobre como a pedra veio parar ali; eu poderia possivelmente responder que, até onde eu soubesse, ela tinha estado ali desde sempre, e talvez não seria muito fácil mostrar a absurdidade dessa resposta. Contudo, suponha que eu tivesse encontrado um *relógio* no chão e fosse perguntado sobre como aconteceu de o relógio estar naquele lugar; eu dificilmente pensaria na resposta que havia dado anteriormente, de que até onde eu soubesse o relógio tinha sempre estado ali. Todavia, por que essa resposta não serviria para o relógio tanto quanto para a pedra? Por que não é admissível no segundo caso, como é no primeiro? ❶

Por essa razão, e por nenhuma outra, a saber, que quando chegamos a inspecionar o relógio percebemos – o que não conseguiríamos descobrir na pedra – que as suas diversas partes são estruturadas e reunidas por um propósito, por exemplo, que elas são de tal maneira formadas e ajustadas de modo a produzir movimento e que o movimento é de tal modo regulado para indicar a hora do dia que, se as diferentes partes tivessem sido formadas diferentemente do que são, ou colocadas segundo alguma outra maneira ou em qualquer outra ordem do que aquela em que estão postas, então ou nenhum movimento teria sido realizado na máquina ou nenhum movimento que respondesse ao uso que é agora oferecido por ela. ❷

Consideremos algumas das mais manifestas dessas partes e das suas funções, todas tendendo a um resultado: vemos uma caixa cilíndrica contendo uma mola elástica enrolada que, na sua tentativa de distender-se, gira ao redor da caixa. Em seguida, observamos uma cadeia flexível – artificialmente forjada para o propósito de flexão – que comunica a ação da mola desde a caixa até o fuso. Encontramos então uma série de rodas, os dentes de cada uma apegando-se e associando-se a cada outra, conduzindo o movimento desde o fuso até a balança e da balança até o ponteiro. Ao mesmo tempo, devido ao tamanho e ao formato daquelas rodas, aquele movimento é regulado de modo a terminar fazendo com que um indicador, por uma progressão uniforme e medida, atravesse um dado espaço num dado tempo. Percebemos que as rodas são feitas de latão, de modo a protegê-las da ferrugem; as molas são de aço, não sendo nenhum outro metal tão elástico; sobre a face do relógio está colocado um vidro, um material empregado em nenhuma outra parte da obra, mas no espaço do qual, se tivesse havido qualquer outra que não uma substância transparente, as horas não poderiam ser vistas sem abrir-se a tampa. Sendo esse mecanismo observado – ele requer, de fato, um exame do instrumento, e talvez algum conhecimento prévio

---

❶ A comparação inicial é entre o relógio e uma pedra: o primeiro, argumenta Paley, exige um tipo explicação que a segunda não exige.

🛑 Antes de ler adiante, pare e pergunte a si mesmo quais são as diferenças entre os dois casos (há inúmeras). Tente conceber quais delas são responsáveis pela diferente necessidade de explicação

❷ Aqui está a resposta de Paley à questão precedente: o relógio exige uma explicação por causa do modo pelo qual as suas partes ganham forma, de sorte a operar, em conjunto, para produzir um resultado específico que não teria sido alcançado de outra maneira.

👤 (Colocar isso em termos de *propósito* corre o risco de incorrer em **petição de princípio**, dado que parece pressupor um ente inteligente.)

---

[6] Extraído de *Natural Theology* (1802).

do assunto, para percebê-lo e entendê-lo –, como dissemos, sendo uma vez observado e entendido, é inevitável, cremos, a inferência de que o relógio deve ter tido alguém que o fez, que deve ter existido, em algum momento e em algum lugar ou outro, um artífice ou artífices que o formaram para o propósito ao qual notamos que ele atualmente se presta, que compreendeu completamente a sua construção e designou o seu uso. ❸

I. Nem, assim entendo, enfraqueceria a conclusão o fato de que jamais tivéssemos visto um relógio feito – que jamais tivéssemos conhecido um artista capaz de fazer um –, que fôssemos nós mesmos completamente incapazes de executar tal peça de habilidade humana ou de entender de que maneira ela foi realizada, sendo tudo isso não mais do que aquilo que é verdadeiro de alguns impressionantes resquícios de arte antiga, de algumas artes perdidas e, para a generalidade da humanidade, das produções mais curiosas da manufatura moderna. Sabe um homem em um milhão de que modo estruturas ovais são torcidas? A ignorância desse tipo exalta a nossa opinião do talento do artista não visto e desconhecido, caso ele seja não visto e desconhecido, mas não suscita nenhuma dúvida na nossa mente quanto à existência e à atividade de tal artista em algum tempo anterior e em um lugar ou outro. ❹ Tampouco posso entender que altere de algum modo a inferência, se é suscitada a questão acerca de um agente humano ou acerca de um agente de uma espécie diferente, ou de um agente que possui uma natureza diferente em alguns aspectos.

II. E tampouco, em segundo lugar, invalidaria a nossa conclusão de que o relógio, às vezes, falhasse ou que raramente estivesse exatamente certo. O propósito da maquinaria, o desígnio e o designador* poderiam ser evidentes – e no caso suposto seriam evidentes de que maneira explicaríamos a irregularidade do movimento, não importa se pudéssemos explicá-la ou não. Não é necessário que uma máquina seja perfeita para mostrar com que desígnio foi feita; isso é ainda menos necessário quando a única questão é se foi feita com algum desígnio.

III. Nem, em terceiro lugar, traria qualquer incerteza ao argumento se houvesse um pequeno número de partes do relógio acerca das quais não pudéssemos descobrir ou não tivéssemos ainda descoberto de que maneira conduziam ao efeito geral; ou mesmo que houvesse algumas partes sobre as quais não pudéssemos assegurar se levavam àquele efeito de algum modo, seja qual fosse. Quanto à primeira ramificação do caso, se por perda, por desordem ou por deterioração das partes em questão, o movimento do relógio fosse constatado estar de fato interrompido, prejudicado ou retardado, nenhuma dúvida permaneceria em nossa mente quanto à utilidade ou à intenção dessas partes, embora fôssemos incapazes de investigar a maneira de acordo com a qual, ou a conexão pela qual, o efeito último dependeria da ação ou da assistência delas; e, quanto mais complexa a máquina, mais provável é que se levante essa obscuridade. Em seguida, quanto à segunda coisa suposta, a saber, que haveria partes que poderiam ser poupadas, sem prejuízo ao movimento do relógio, e que teríamos provado isso por experimento, essas partes supérfluas, mesmo se estivéssemos completamente assegurados de que fossem tais, não fariam renunciar ao raciocínio que tínhamos estabelecido com relação a outras partes. Com respeito a elas, a indicação de invenção* permaneceria aproximadamente como estava anteriormente.

IV. Nem, em quarto lugar, um homem pensaria em sua percepção que a existência do relógio, com a sua maquinaria variada, estivesse explicada ao ser informado de que ele era uma a partir de possíveis combinações de formas mate-

---

* N. de R.T. Cf., no original, *designer*. A opção pela tradução "designador" impõe-se devido à precisão e à literalidade com que aquela palavra é utilizada em língua inglesa, no contexto das discussões sobre filosofia da religião, em que o *designer* é aquele ente (tal como Deus) que dá as coisas do mundo e ao mundo como um todo o seu "desígnio" ou o seu "propósito" (*design*). "Designador", portanto, de maneira alguma deve ser confundido com a função de nomeação ou de indicação que certas expressões – os "designadores" – assumem na linguagem ordinária.

* N. de R.T. No original, *contrivance*, que também poderia ser traduzida como "ideia" ou "artifício". Preferimos manter, no entanto, invenção para *contrivance* e inventor para *contriver*, enfatizando ainda que esses vocábulos associam-se a propósito e intenção.

❸ Aqui se encontra a explicação de Paley para o relógio, que ele alega ser óbvia e convincente.
PARE Você consegue pensar em alguma explicação alternativa nesse caso?

❹ Paley parece estar certo de que não precisamos saber como relógios são feitos para concluirmos que são designados deliberadamente. Mas precisamos saber que um relógio contém elementos (metais trabalhados, vidro formatado, rodas e molas) que sabemos serem feitos pelo homem e não coisas que ocorrem naturalmente?

riais, de que tudo o que ele tinha encontrado no lugar onde encontrou o relógio deve ter contido uma configuração interna ou outra e de que essa configuração poderia ser tanto a estrutura agora exibida, a saber, das operações de um relógio, quanto uma estrutura diferente. ❺

V. Nem, em quinto lugar, a investigação dele produziria mais convencimento, caso fosse respondido que existira nas coisas um princípio de ordem que havia disposto as partes do relógio na sua presente forma e situação. Ele jamais teve conhecimento de um relógio feito pelo princípio de ordem, nem pode ele sequer formar para si mesmo uma ideia do que é significado por um princípio de ordem distinto da inteligência do relojoeiro. ❻

...

CAPÍTULO DOIS: ESTADO DO ARGUMENTO CONTINUADO

Suponha, no passo seguinte, que a pessoa que encontrasse o relógio descobrisse, depois de algum tempo, que, em acréscimo a todas as propriedades que havia observado nele até aqui, que ele possuía a propriedade inesperada de produzir, no curso do seu movimento, outro relógio como ele mesmo – a coisa é concebível: que ele continha dentro de si um mecanismo, um sistema de partes, um molde, por exemplo, ou um ajustamento complexo de tornos, lixas e outras ferramentas, evidentemente e separadamente calculadas para esse propósito. Investiguemos qual efeito tal descoberta deveria ter sobre a sua conclusão anterior. ❼

I. O primeiro efeito seria aumentar a sua admiração pela invenção e a sua convicção do talento consumado do inventor. Se ele considerasse o objeto da invenção, o aparato distinto, o mecanismo intricado, mas em muitas partes inteligível, pelo qual ele foi realizado, nessa nova observação ele não perceberia nada senão uma razão adicional para fazer o que ele já tinha feito – para referir a construção do relógio ao desígnio e à suprema arte. Se aquela construção *sem* essa propriedade ou, o que é a mesma coisa, antes que essa propriedade tivesse sido notada, provou que intenção e arte foram aplicadas a ela, a prova pareceria ainda mais forte quando ele chegasse ao conhecimento dessa propriedade posterior, a coroa e a perfeição de todo o restante.

II. Ele refletiria que, embora o relógio diante dele fosse *em algum sentido* o fabricante do relógio que foi manufaturado no curso de seus movimentos, ele o era, contudo, num sentido muito diferente daquele no qual um carpinteiro, por exemplo, é o fabricante de uma cadeira – o autor da sua invenção, a causa da relação das suas partes com o uso delas. Com relação a estas, o primeiro relógio não foi causa em absoluto do segundo; em nenhum sentido como esse foi ele o autor da constituição e da ordem, seja das partes que o novo relógio continha, seja das partes por meio de cuja ajuda e pela instrumentalidade ele foi produzido. Poderíamos possivelmente dizer, mas com grande latitude de expressão, que uma corrente de água moeu o milho, mas nenhuma latitude de expressão nos permitiria dizer, nenhum trecho de conjectura poderia levar-nos a pensar que a corrente de água construiu o moinho, ainda que ele fosse demasiadamente antigo para que soubéssemos quem foi o construtor. O que a corrente de água faz, na questão, não é nem mais e nem menos do que isto: pela aplicação de um impulso não inteligente a um mecanismo previamente arranjado, arranjado independentemente dela e arranjado por inteligência, um efeito é produzido, a saber, o milho é moído. Porém, o efeito resulta de um arranjo. A força da corrente não pode ser considerada a causa ou o autor do efeito, muito menos do arranjo. Entendimento e plano na formação do moinho não foram nem um pouco necessários para qualquer parcela que a água tem no moer o milho; contudo, essa parcela é a mesma que aquela que o relógio teria contribuído à produção do novo relógio na suposição assumida na última seção. Portanto,

III. Embora agora não seja mais provável que o relógio individual que o nosso observador havia encontrado tivesse sido feito imediatamente pela mão de um artífice, essa alteração não afeta de maneira nenhuma a inferência de que um artífice tenha sido originalmente empregado e ocupado na produção. O argumento do desígnio permanece como ele estava. Marcas de desígnio e inven-

---

❺ Essa sugestão parece equivalente a dizer que o relógio simplesmente ocorreu ao acaso, que nada produziu aquela configuração particular de materiais e componentes.

❻ A alegação de Paley, aqui, é plausível para o caso do relógio. Mas quão plausível é a alegação correspondente mais geral: que *qualquer* tipo de ordem nas coisas deve ser produzido por uma inteligência externa, em vez de ser, em alguns casos, um resultado da natureza das próprias coisas?

❼ Paley propõe uma modificação do caso no intuito de torná-lo mais semelhante a criaturas vivas (dado que a sua meta final é extrair uma analogia entre o relógio e os organismos vivos).

ção não estão mais explicadas agora do que estavam anteriormente. Da mesma maneira, podemos perguntar pela causa de diferentes propriedades. Podemos perguntar pela causa da cor de um corpo, da sua dureza, do seu calor; e essas causas podem ser todas diferentes. Estamos agora perguntando pela causa daquela subserviência a um uso, aquela relação com um fim, que percebemos no relógio antes de nós. Nenhuma resposta é dada a essa questão, a qual nos diga que um relógio precedente o produziu. Não pode haver desígnio sem um designador, invenção sem um inventor, ordem sem escolha, arranjo sem alguma coisa capaz de arranjar, subserviência e relação com um propósito sem aquilo que poderia tender a um propósito, meios adequados a um fim – e executando a sua função na realização daquele fim – sem o fim jamais ter sido contemplado ou os meios acomodados a ele. Arranjo, disposição de partes, subserviência de meios a um fim e relação de instrumentos com um uso implicam a presença de inteligência e mente. ❽ Ninguém, portanto, pode racionalmente crer que o relógio insensível, inanimado, a partir do qual o relógio diante de nós foi gerado, foi a causa própria do mecanismo que tanto admiramos nele – que poderia ser verdadeiramente considerado como tendo construído o instrumento, disposto as suas partes, assinalado a sua função, determinado a sua ordem, ação e mútua dependência, combinado os seus diversos movimentos num resultado, sendo esse também um resultado conectado com as utilidades de outros entes. Todas essas propriedades, portanto, ficam tão inexplicadas como estavam anteriormente.

IV. Nem alguma coisa é ganha deixando-se correr a dificuldade ainda mais para trás, isto é, supondo-se que o relógio diante de nós tenha sido produzido a partir de um outro relógio, aquele a partir de um anterior, e assim por diante, indefinidamente. O nosso ir para trás jamais nos traz mais para perto do grau mínimo de persuasão sobre o assunto. A invenção ainda permanece inexplicada. Ainda precisamos de um idealizador. Uma mente designadora não é nem suprida por essa suposição nem dispensada.(...) A máquina que estamos inspecionando demonstra, por sua construção, invenção e desígnio. A invenção deve ter tido um idealizador, o desígnio um designador, não importa se a máquina imediatamente procedeu de uma outra máquina ou não. Aquela circunstância não altera o caso. Aquela outra máquina pode, de maneira semelhante, ter procedido de uma máquina anterior: tampouco isso altera o caso. A invenção deve ter tido um idealizador. Aquela [máquina] anterior [pode ter procedido] de uma que a precede: nenhuma alteração ainda. Um inventor é ainda necessário. Nenhuma tendência é percebida, nenhuma aproximação em direção a uma diminuição dessa necessidade. Dá-se o mesmo com qualquer e toda sucessão dessas máquinas – uma sucessão de dez, de uma centena, de mil; com uma série, tal como com uma outra; com uma série que é finita, tal como com uma série que é infinita. Sejam quais forem os outros aspectos em que elas possam diferir, nesse não diferem. Em todas, igualmente, invenção e desígnio ficam não explicados. ❾

A questão não é simplesmente de que modo o primeiro relógio veio à existência – questão esta que, pode-se pretender, é afastada em se supondo que a série de relógios assim produzidos, um a partir de outro, foi infinita e como consequência não teve nenhum *primeiro*, para o qual foi necessário providenciar uma causa. Este, talvez, teria sido aproximadamente o estado da questão se nada tivesse estado diante de nós senão uma substância não organizada, não mecanizada, sem marca ou indicação de invenção. Poderia ser difícil mostrar que tal substância não poderia ter existido desde a eternidade, seja em sucessão – se fosse possível, o que eu penso que não seja, que corpos não organizados se originassem um do outro –, seja por perpetuidade individual. Contudo, esta não é a questão agora. Supor que isso seja assim é supor que não fez nenhuma diferença se ele tivesse encontrado um relógio ou uma pedra. Tal como se apresenta, a metafísica daquela questão não tem nenhum lugar, pois, no relógio que estamos examinando, são vistos invenção, desígnio e fim, um propósito, meios para o fim, adaptação ao propósito. E a questão que irresistivelmente pressiona sobre os nossos pensamentos é: de onde vem tal invenção e desígnio? A coisa exigida é a mente com

❽ R Esta e a sentença anterior expressam as conclusões gerais às quais o exemplo do relógio supostamente dá suporte.
Às vezes, soa como se Paley pensasse que essas alegações gerais fossem óbvias ou autoevidentes, de modo que pode apelar a elas ao argumentar sobre o relógio (em vez de concluí-las com base naquele argumento). Contudo, se isso fosse assim, ele poderia simplesmente aplicá-las ao olho diretamente, sem preocupar-se com o relógio.

❾ R A alegação é que cada relógio na série levanta a mesmíssima questão de explicação, cuja força não é reduzida nem sequer por uma série infinita.

intenção, a mão adaptada, a inteligência com a qual aquela mão foi dirigida. Essa questão, essa exigência não é abalada aumentando-se um número ou uma sucessão de substâncias destituídas dessas propriedades, e nem o é mais aumentando-se aquele número à infinitude. Se for dito que, na suposição de um relógio ser produzido a partir de outro, no curso dos movimentos daquele outro e por meio do mecanismo dentro dele, temos uma causa para o relógio na minha mão, a saber, o próprio relógio a partir do qual este procedeu, eu nego que para o desígnio, a idealização, a adequabilidade dos meios ao fim, a adaptação de instrumentos a um uso, tudo o que descobrimos no relógio, tenhamos qualquer causa, seja qual for. É vão, portanto, assinalar uma série de tais causas ou alegar que uma série pode ser reconduzida à infinitude; ora, não admito que temos ainda qualquer causa em absoluto para os fenômenos, menos ainda para qualquer série de causas, seja finita ou infinita. Aqui há invenção, mas nenhum inventor; há provas de desígnio, mas nenhum designador. **❿**

V. O nosso observador iria posteriormente também refletir que o fabricante do relógio diante dele foi em verdade e realidade o fabricante de todo relógio produzido a partir dele, não havendo nenhuma diferença – exceto que o último manifesta um talento mais impressionante – entre o fazer um outro relógio com as suas próprias mãos, pela mediação de lixas, tornos, formão, etc., e o dispor, fixar e inserir esses instrumentos, ou outros equivalentes a eles, no corpo do relógio já feito, de modo a formar um novo relógio no curso dos movimentos que ele tinha dado ao antigo. Ele só está operando por um conjunto de instrumentos em vez de outro.

A conclusão que o *primeiro* exame do relógio, das suas funções, da sua construção e do seu movimento sugeria era que ele deve ter tido, por causa e autor daquela construção, um artífice que entendia do seu mecanismo e designou o seu uso. Essa conclusão é invencível. Um *segundo* exame revela-nos uma nova descoberta. Descobre-se que o relógio, no curso do seu movimento, produz um outro relógio semelhante a si; e não só isso, mas percebemos nele um sistema ou uma organização calculada separadamente para aquele propósito. Que efeito teria essa descoberta ou deveria ela ter na nossa inferência anterior? Qual, como já foi dito, senão aumentar além da medida a nossa admiração pelo talento que havia sido empregado na formação de tal máquina? Ou, ao invés disso, ela deverá a uma só vez levar-nos a uma conclusão oposta, a saber, que nenhuma arte ou habilidade, seja qual for, esteve envolvida no assunto, ainda que todas as outras evidências de arte e habilidade permaneçam como estavam, e essa última e suprema peça de arte é agora adicionada ao restante? Pode isso ser mantido sem absurdidade? **⓫** Todavia, isso é ateísmo.

CAPÍTULO TRÊS: APLICAÇÃO DO ARGUMENTO

Isso é ateísmo, pois toda indicação de idealização, toda manifestação de desígnio que existia no relógio, existe nas obras da natureza, com a diferença, da parte da natureza, de ser maior e mais, e isso num grau de excede todo cálculo. Quero dizer que as idealizações da natureza ultrapassam as idealizações da arte na complexidade, sutileza e curiosidade do mecanismo; e mais ainda, se possível, de fato vão além delas em número e variedade. Todavia, em uma grande quantidade de casos, elas não são menos evidentemente mecânicas, nem menos evidentemente idealizações, nem menos evidentemente acomodadas ao seu fim ou adaptadas à sua função do que são as produções mais perfeitas da engenhosidade humana.

Não sei de nenhum método melhor de introduzir um assunto tão amplo do que aquele de comparar uma coisa singular com uma coisa singular: um olho, por exemplo, com um telescópio. **⓬** Até onde vai o exame do instrumento, há precisamente a mesma prova de que o olho foi feito para a visão assim como há para o fato de que o telescópio foi feito para auxiliá-lo. Eles são feitos dos mesmos princípios, sendo ambos ajustados às leis pelas quais a transmissão e a refração dos raios de luz são regulados. Falo não da origem das leis em si mesmas, mas, tais leis sendo fixadas, a construção em ambos os casos é adaptada a elas. Por exemplo, essas leis requerem, para produzir o mesmo efeito, que raios de luz, ao passarem da água ao olho, sejam refrata-

---

❿ Novamente, Paley parece admitir que um inventor é requerido. Contudo, ele não mostrou que este seja o caso até que tenha demonstrado que a série infinita de relógios não pode satisfatoriamente explicar a si mesma – o que significa que ele não pode fazer uso da necessidade de um idealizador como a *razão* por que a série infinita não pode fazer isso.

⓫ Paley está dizendo que, se o relógio original deve ser explicado por um designador, isso vale ainda mais claramente para os relógios que podem criar outros relógios.

⓬ Finalmente, o olho aparece, ainda que a comparação inicial seja com um telescópio (um objeto manufaturado mais semelhante). De certo modo, o argumento teria sido mais simples, caso Paley tivesse começado com o telescópio em lugar do relógio.

dos por uma superfície mais convexa do que quando ela passa do ar para o olho. De acordo com isso, descobrimos que o olho de um peixe, naquela parte dele chamada de lentes cristalinas, é muito mais arredondada do que o olho de animais terrestres. Qual manifestação mais óbvia de desígnio pode haver do que essa diferença? O que poderia um fabricante de instrumento matemático ter feito mais para mostrar o seu conhecimento do seu princípio, a sua aplicação daquele conhecimento, a sua adaptação dos seus meios ao seu fim – eu não direi para exibir o escopo ou a excelência do seu talento e arte, pois nesses toda comparação é indecorosa, mas para testificar conselho, escolha, consideração, propósito?

...

No exemplo diante de nós, é uma questão de certeza, porque é uma questão que a experiência e a observação demonstram, [a saber], que a formação de uma imagem no fundo do olho é necessária à visão perfeita. Sendo, então, necessária a formação de tal imagem – não importa como – para o sentido da visão e o exercício daquele sentido, o aparato pelo qual ela é formada é construído e composto não somente com infinitamente mais arte, mas sobre os mesmíssimos princípios de arte como no telescópio ou na câmara escura. A percepção que surge a partir da imagem pode ser deixada fora da questão; para a produção da imagem, esses são instrumentos do mesmo tipo. O fim é o mesmo, os meios são os mesmos. O propósito, em ambos os casos, é semelhante; a idealização para realizar aquele propósito é, em ambos, semelhante. As lentes dos telescópios e os humores do olho portam uma semelhança completa uns com os outros, na sua figura, na sua posição e no seu poder sobre os raios de luz, ou seja, trazendo cada lápis até um ponto à distância correta das lentes, a saber, no olho, no lugar exato onde a membrana está estendida para recebê-lo. Como é possível, sob circunstâncias de tal afinidade estreita e sob a operação de igual evidência, excluir a idealização de um, reconhecendo no outro, todavia, ter sido empregada a prova de idealização, como a mais manifesta e clara de todas as proposições? **13**

...

CAPÍTULO 5: APLICAÇÃO DO ARGUMENTO CONTINUADO

Toda observação que foi feita no nosso primeiro capítulo acerca do relógio pode ser repetida, com estrita propriedade, acerca do olho, acerca dos animais, acerca das plantas, acerca, de fato, de todas as partes organizadas das obras da natureza. **14** Tal como,

I. Quando perguntamos simplesmente pela *existência* de um Criador inteligente, imperfeição, imprecisão, tendência à desordem, irregularidades ocasionais podem subsistir num grau considerável, sem induzir qualquer dúvida na questão. Assim também um relógio pode frequentemente funcionar mal, pode raramente funcionar de forma exata, pode ser falho em algumas partes, defeituoso em outras, não surgindo a partir disso o menor fundamento de suspeita de que ele não fosse um relógio, não feito ou não feito para o propósito atribuído a ele. Quando falhas são apontadas, e quando se levanta uma questão concernente à perícia do artista ou à destreza com a qual a obra é executada, nesse caso, no intuito de defender essas qualidades de alguma acusação, devemos ser capazes ou de expor alguma intratabilidade e imperfeição nos materiais, ou de apontar alguma dificuldade invencível na execução, em cuja imperfeição e dificuldade o assunto de querela pode ser resolvido. Ou, se não podemos fazer isso, devemos aduzir tais espécimes de arte consumada e invenção como procedentes da mesma mão para poder convencer o inquiridor da existência no caso diante dele de impedimentos como aqueles que mencionamos, embora, o que a partir da natureza do caso é muito provável que aconteça, esses impedimentos sejam desconhecidos e passem despercebidos por ele. Devemos fazer isso no intuito de vingar a habilidade do artista, ou ao menos a perfeição dela, como devemos também julgar a sua intenção e as provisões empregadas para realizar aquela intenção, não a partir de uma instância na qual elas falham, mas a partir da grande pluralidade de instâncias nas quais elas sucedem. Porém, depois de tudo, essas são questões diferentes da questão da existência do artista, ou, o que é o mesmo, se a coisa diante de nós é uma obra de arte ou não; e as perguntas deveriam sempre ser mantidas separadas no pensamento.

13 As similaridades entre o telescópio e o olho são muito grandes. O telescópio é claramente um produto de desígnio inteligente (e poderia ser conhecido como sendo assim, mesmo que nada soubéssemos sobre a manufatura específica de telescópios). Por analogia, Paley alega que o mesmo é (provavelmente) verdadeiro acerca do olho.

14 Finalmente, a comparação entre o relógio e o olho (e coisas orgânicas semelhantes) é feita de maneira explícita.

⑮

R Uma questão é se alguma coisa pode ser adequadamente explicada apenas por apelo a um designador inteligente. Uma segunda questão é quanta inteligência e quanta habilidade devem ser atribuídas ao designador para que a explicação seja adequada. Isso aponta para um ponto fraco nessa versão do argumento com base no desígnio, se for alegado que estabelece a existência de um Deus enquadrando-se na concepção padrão. Paley aqui tenta lidar com esse ponto fraco.

⑯

R Novamente, a ideia por detrás dessa réplica ateísta parece ser que os olhos poderiam simplesmente ter ocorrido ao acaso, como uma dentre muitas possibilidades.

⑮ Assim, de modo semelhante, se dá nas obras da natureza. As irregularidades e as imperfeições são de pequeno ou de nenhum peso na consideração quando tal consideração relaciona-se simplesmente com a existência de um Criador. Quando o argumento diz respeito aos seus atributos, elas são de peso; porém, nesse caso, devem ser tomadas em conjunção com as evidências que possuímos de habilidade, poder e benevolência, exibidas em outras instâncias. E essas evidências podem, em força, número e variedade, ser tais e assim exceder em poder aparentes defeitos a ponto de induzir-nos, no mais razoável motivo, a crer que esses últimos deveriam ser referidos a alguma causa, mesmo que sejamos ignorantes em relação a ela, em vez de referidos à falta de conhecimento ou de benevolência no autor.

...

III. Um modo ateísta de responder às nossas observações sobre as obras da natureza, e às provas de uma Deidade que pensamos perceber nelas, é dizer-nos que tudo o que vemos deve necessariamente ter tido alguma forma e que poderia muito bem ser a sua forma presente como qualquer outra. **⑯** Apliquemos agora essa resposta ao olho, tal como fizemos anteriormente com o relógio. Uma coisa ou outra deve ter ocupado aquele lugar na cabeça do animal, deve ter preenchido, como dizemos, aquele buraco de encaixe; diremos, também, que deve ter sido daquele tipo de substância que chamamos de substância animal, como carne, osso, membrana ou cartilagem, etc. Mas [reflitamos] que deveria ter sido um olho, conhecendo como conhecemos o que um olho compreende, a saber, que deveria ter consistido, primeiramente, de uma série de lentes transparentes – muito diferentes, a propósito, mesmo na substância delas, dos materiais opacos dos quais o restante do corpo é, ao menos em geral, composto, e com os quais o todo da sua superfície, excetuando-se essa porção singular dele, está coberto. Em segundo lugar, deveria consistir de um tecido ou revestimento preto – a única membrana no corpo que é preta – esparramado por detrás dessas lentes, de modo a receber a imagem formada por feixes de luz transmitidos através delas e nos quais somente uma imagem distinta poderia ser formada, a saber, no concurso dos raios refratados. Em terceiro lugar, deveria consistir de um grande nervo, fazendo a comunicação entre essa membrana e o cérebro, sem o qual a ação da luz sobre a membrana, ainda que modificada pelo órgão, seria perdida para os propósitos de sensação. Que essa afortunada conformação das partes tivesse sido o quinhão, não de um indivíduo dentre muitos milhares de indivíduos, como o grande prêmio numa loteria ou como alguma singularidade na natureza, mas o acaso feliz de uma espécie inteira; nem de uma espécie dentre muitos milhares de espécies com as quais temos familiaridade, mas de longe do maior número de todas as que existem, e isso sob variedades não casuais ou caprichosas, mas portando marcas de serem adequadas às suas respectivas exigências; que tudo isso tivesse tido vez meramente porque alguma coisa deve ter ocupado esses pontos na testa de todo animal, ou que tudo isso fosse pensado estar explicado pela breve resposta de que "tudo o que havia ali deve ter tido alguma forma ou outra", é por demais absurdo para ser tornado ainda mais assim por qualquer argumentação. Não estamos contentes com essa resposta, não encontramos nenhum convencimento a modo de explicação de aparências de organização muito menores do que aquelas do olho, tais como observamos em esqueletos de fósseis, ossos petrificados ou outras substâncias que carregam os vestígios de restos animais ou vegetais, mas que, seja com respeito à utilidade ou à situação nas quais são descobertas, podem parecer acidentais o bastante. Não constitui um modo de explicar essas coisas dizer que a pedra, por exemplo, que é mostrada a nós – supondo que a questão diz respeito à petrificação – deve ter contido uma ou outra conformação interna.

...

IV. Há uma outra resposta que tem o mesmo efeito quanto a reduzir as coisas ao acaso, resposta essa que nos persuadiria a crer que o olho, o animal ao qual ele pertence, todo outro animal, toda planta, de fato todo corpo organizado que vemos são somente tantos dentre as variedades e combinações possíveis de ser que o lapso de eras infinitas trouxe à existência; que o mundo presente é a relíquia daquela variedade, milhões de outras formas corpóreas e de outras espécies tendo perecido, sendo, pelo defeito da constituição delas, incapazes de preservação ou de continuação por geração. Ora, não há nenhum fundamento, seja qual for, para essa conjectura, em qualquer coisa que observamos nas obras da natureza; nenhum experimento desse tipo está acontecendo no presente – nenhuma energia desse tipo opera quanto àquilo que é suposto aqui e que estaria constantemente forçando à existência novas variedades de entes. Nem há quaisquer aparências para dar suporte a uma opinião de que toda combinação possível de estrutura vegetal ou animal foi anteriormente tentada. Multidões de conformação, tanto de vegetais quanto de animais, podem ser concebidas como capazes de existência e sucessão, as quais, todavia, não existem. Talvez quase tantas formas de plantas poderiam ter sido encontradas nos campos quanto figuras de plantas podem ser delineadas no papel. Uma variedade sem conta de animais que não existem poderia ter existido. Na suposição aqui afirmada, deveríamos ver unicórnios e sereias, silfos e centauros, as fantasias de pintores e as fábulas de poetas, percebidas por exemplos. Ou, se for alegado que elas podem transgredir as fronteiras da vida e propagação possível, poderíamos no mínimo ter nações de seres humanos sem unhas em seus dedos, com mais ou menos dedos da mão e dedos do pé do que dez, alguns com um olho, outros com uma orelha, com uma narina ou sem o sentido de olfato. Todas essas e mil outras variedades imagináveis poderiam viver e propagar-se. Podemos modificar qualquer espécie de muitos modos diferentes, todos consistentes com a vida e com as ações necessárias à preservação, ainda que fornecendo diferentes graus de conveniência e de prazer ao animal. E, se continuamos essas modificações através das diferentes espécies que são conhecidas como subsistindo, o número delas seria incalculável. Nenhuma razão pode ser dada por que, se essas [espécies perdidas] tivessem jamais existido, elas agora teriam desaparecido. Todavia, se todas as possíveis existências foram tentadas, elas devem ter formado parte do catálogo. **17**

...

A hipótese, de fato, é dificilmente merecedora da consideração que lhe demos. O que pensaríamos de um homem que, porque jamais víramos relógios, telescópios, moinhos de estocagem, máquinas a vapor, etc., sendo feitos, não soubéssemos como foram feitos nem pudéssemos provar pelo testemunho quando ou por quem foram feitos, teria acreditado em nós que essas máquinas, em vez de derivar as suas curiosas estruturas do pensamento e do desígnio dos inventores e idealizadores delas, em verdade não as derivam de nenhuma outra origem que esta: a saber, que tendo uma massa de metais e de outros materiais escorrido, quando derretidos, em todas as figuras possíveis e combinando-se em todas as formas, formatos e proporções possíveis, essas coisas que vemos são as que foram deixadas a partir do incidente como as mais dignas de serem preservadas e, como tais tornaram-se o sortimento restante de um depósito que, em um momento ou em outro, conteve por esse meio todo mecanismo, útil e inútil, conveniente e inconveniente, no qual esses materiais semelhantes poderiam ser lançados? Não posso distinguir a hipótese, tal como aplicada às obras da natureza, dessa solução, que ninguém aceitaria como aplicada a uma coleção de máquinas.

...

VI. Outros escolheram referir todas as coisas a um *princípio de ordem* na natureza. Um princípio de ordem é a palavra; porém, o que se quer dizer com um princípio de ordem como diferente de um Criador inteligente não foi explicado por definição ou exemplo; e sem tal explicação deveria parecer uma mera substituição de palavras por razões, nomes por causas. A própria ordem é apenas a adaptação dos meios a um fim: um princípio de ordem, portanto, pode apenas significar a mente e a intenção que assim os adapta. **18** Ou, se ela fosse capaz de ser explicada em algum outro sentido, há alguma experiência, alguma analogia, para sustentá-la? Um relógio jamais foi produzido por um princípio de ordem; e por que não poderia um relógio ser assim produzido, bem como um olho?

Além disso, um princípio de ordem, atuando cegamente e sem escolha, é um feito negativo pela observação de que a ordem não é universal, o que ela seria se saísse de um princípio constante e necessário, não indiscriminado, o que ela seria se saísse de um princípio não inteligente. **19** Onde se necessita de ordem, ali a

17 R Aqui temos uma antecipação crua de algo como a ideia da evolução. Porém, sem nenhum relato de como algumas variações em vez de outras poderiam ter sido produzidas e selecionadas, não há nenhuma explicação de por que tão poucas possibilidades parecem ser atualmente realizadas.

18 Paley parece arguir aqui que *qualquer* tipo de ordem pressupõe uma mente que a cria. Ele tem algum argumento para essa alegação? Você vê algum problema com ela? (Uma mente não envolve, em si mesma, um tipo de ordem?)

19 R Aqui está uma resposta diferente à alegação de que a própria natureza é ordenada de um modo que explica o olho: os olhos são muito raros em comparação com as espécies de materiais dos quais são compostos, de sorte que não é plausível pensar que são gerados por uma ordem natural pervasiva.

encontramos; onde não se necessita de ordem, isto é, onde, se prevalecesse, ela seria inútil, ali não a encontramos. Na estrutura do olho – pois nós nos mantemos fiéis ao nosso exemplo –, na figura e na posição das suas diversas partes, a ordem mais exata é mantida. Nas formas de rochas e montanhas, nas linhas que dão limite às costas de continentes e ilhas, na forma de baías e promontórios, nenhuma ordem seja qual for é percebida, porque ela teria sido supérflua.

Questões para Discussão

1. Uma diferença entre o relógio e a pedra é que sabemos independentemente disso que as pedras naturalmente ocorrem nas charnecas, enquanto os relógios não. Outra é que o relógio tem traços que são conhecidos como estando presentes em itens manufaturados, e não em itens que ocorrem naturalmente (ver a Anotação 4). Esses traços não pertencem ao olho, e eles no mínimo enfraquecem a analogia entre o relógio e o olho, na qual Paley em última análise se apóia (ou aquela entre o telescópio e olho). Quanto isso afeta o seu argumento?
2. É autoevidente que o relógio (mesmo a série infinita de relógios autorreplicantes) requer uma explicação posterior? É igualmente autoevidente que ele deve ser explicado por apelo a um designador inteligente? Seria esse o caso mesmo que o relógio não se parecesse com qualquer espécie familiar de objeto manufaturado, mesmo que ele se parecesse com uma estrutura produzida organicamente? Por que sim ou por que não? Isso também seria verdade com respeito ao olho?
3. Suponha que tudo acerca do argumento de Paley fosse aceitável. A que concepção dos atributos do designador isso daria suporte? Quão próximos eles estariam dos atributos de Deus na concepção padrão? Quão importante é o fato de que alguns dos traços alegadamente designados são imperfeitos (ver a Anotação 16)?
4. Pense cuidadosamente sobre a premissa do argumento do desígnio. Qual é a correta caracterização dos fatos que alegadamente exigem um designador? Pense primeiro sobre o relógio. O que há exatamente sobre o relógio que nos convence de que ele deve ter tido um designador? Não que o relógio tenha um desígnio, pois isso seria petição de princípio. Paley diz que "as suas partes são estruturadas e juntadas para um propósito", mas isso também parece ser petição de princípio. Tente formular uma descrição do relógio e uma descrição análoga do olho que não sejam petição de princípio e, todavia, ainda deem suporte à conclusão do argumento.

Stephen Jay Gould

Stephen Jay Gould (1941-2002) foi um paleontologista e biólogo evolucionário que lecionou em Harvard. Ainda que os seus escritos sejam numerosos, ele talvez seja conhecido sobretudo por seus breves ensaios no periódico *Natural History*, reunidos em muitos volumes, que explicam e discutem variados tópicos relativos à teoria da evolução.

A próxima seleção é um desses ensaios. Nele, Gould argumenta em favor da teoria da evolução, e portanto contra a hipótese da criação divina, como uma explicação de exemplos específicos de desígnio aparente do tipo ao qual Paley recorre. A premissa principal do argumento é que os detalhes de muitos exemplos afins envolvem estruturas que existem em outros animais que são imperfeitamente adaptadas para um uso particular no caso em questão. De acordo com Gould, isso faz muito sentido de uma perspectiva evolucionária, mas não se encaixa bem com a hipótese de que tais estruturas foram um produto de desígnio inteligente por um criador todo-poderoso.

É importante enfatizar que, embora o apelo à evolução possa ser uma boa resposta à versão *local* do argumento do desígnio, ele não responde em si mesmo à versão *global*, que exige uma explicação para a presença de ordem de qualquer tipo no universo (ver a introdução a este capítulo). Isso é assim porque os detalhes do relato evolucionário

> pressupõem obviamente um fundo de ordem que é, ele mesmo, deixado sem explicação: no caso da evolução, a ordem requerida para a herança genética, a mistura de genes a partir de indivíduos diferentes, a produção de mutações, e assim por diante. Outras explicações científicas de traços específicos do mundo, como, por exemplo, a explicação das montanhas oferecida pela geologia, operam do mesmo modo: elas dão conta de casos específicos de ordem, enfocados de modo restrito por apelo a princípios de ordem gerais e de base. Assim, pois, explicações desse tipo são incapazes de oferecer uma resposta completa à versão global do argumento.

O Polegar do Panda[7]

Poucos heróis resignam-se na primavera de sua vida; o triunfo leva inexoravelmente adiante, com frequência à destruição. Alexandre chorou porque não tinha novos mundos para conquistar; Napoleão, que se estendera por demais, selou a sua sorte nas profundezas de um inverno russo. Contudo, Charles Darwin não deu seguimento à Origem das espécies (1859) com uma defesa geral da seleção natural ou com a sua evidente extensão à evolução humana (ele esperou até 1871 para publicar A descendência do homem). Em vez disso, escreveu a sua obra mais obscura, um livro intitulado Sobre os diversos mecanismos pelos quais orquídeas britânicas e estrangeiras são fertilizadas por insetos (1862).

As muitas excursões de Darwin nas minúcias da história natural – ele escreveu uma taxonomia de percevejos, um livro sobre plantas trepadeiras e um tratado sobre a formação do humus vegetal pelos vermes terrestres – rendeu-lhe uma reputação imerecida de descritor à moda antiga, de certo modo titubeante, de plantas e animais curiosos, um homem que teve uma percepção de sorte no momento certo. Uma erupção de pesquisa sobre Darwin fez com que esse mito ficasse firmemente de repouso durante os últimos 20 anos. Antes disso, um pesquisador proeminente falou para muitos colegas mal-informados quando julgou Darwin como um "pobre juntador de ideias(...) um homem que não pertence aos grandes pensadores".

De fato, cada um dos livros de Darwin ocupou a sua parte no grande e coerente esquema da sua obra de vida, demonstrando o fato da evolução e defendendo a seleção natural como o seu mecanismo primário. ❶ Darwin não estudou orquídeas meramente por causa delas. Michael Ghiselin, um biólogo da Califórnia que por fim encarou a dificuldade de ler todos os livros de Darwin (ver o seu O Triunfo do método darwiniano), identificou corretamente o tratado sobre orquídeas como um episódio importante na campanha de Darwin pela evolução.

Darwin começa o seu livro sobre orquídeas com uma premissa evolucionária importante: a autofertilização continuada é uma estratégia pobre para sobrevivência a longo prazo, dado que os descendentes carregam somente os genes do seu pai singular, e as populações não mantêm variação suficiente para a flexibilidade evolucionária em face da mudança ambiental. Assim, plantas que têm flores tanto com partes masculinas quanto femininas normalmente desenvolvem mecanismos para assegurar a polinação cruzada. ❷ As orquídeas formaram uma aliança com os insetos. Elas desenvolveram uma variedade impressionante de "mecanismos" para atraí-los, garantir que o pólen pegajoso possa aderir nos seus visitantes e assegurar que o pólen anexado tenha contato com partes femininas da próxima orquídea visitada pelo inseto.

O livro de Darwin é um compêndio desses mecanismos, o equivalente botânico de um bestiário. E, como os bestiários medievais, ele tem o propósito de instruir. A mensagem é paradoxal, mas profunda. As orquídeas manufaturam os seus intricados artifícios a partir dos componentes comuns de flores ordinárias, partes normalmente aptas para funções muito diferentes. Se Deus tivesse designado uma

❶
Evolução é a mudança e o desenvolvimento de plantas e animais através do tempo, resultando na emergência de novas espécies (e, normalmente, no desaparecimento de espécies antigas). *Seleção natural* é a hipótese de que isso ocorre porque
a) indivíduos com características variadas existem (através de recombinação e de mutação genéticas) e
b) aqueles cujas características melhoram a sua capacidade de sobreviver (no ambiente específico em questão) têm mais probabilidade de reproduzir, passando, assim, as suas características à descendência (a "sobrevivência do mais apto").

❷
R A mistura de genes a partir de pais diferentes é um meio pelo qual indivíduos com características variadas são produzidos; por isso, a seleção natural pode operar. (Um outro meio desse tipo é a mutação.)

---
[7] Extraído de *The Panda's Thumb: More Reflections in Natural History* (New York: W.W. Norton, 1980)

bela máquina para refletir a sua sabedoria e o seu poder, certamente ele não teria feito uso de uma coleção de partes geralmente modeladas para outros propósitos. As orquídeas não foram feitas por um engenheiro ideal; elas são aparelhadas a partir de um conjunto limitado de componentes disponíveis. Portanto, elas devem ter evoluído de flores ordinárias. ❸

Eis, pois, o paradoxo e o tema comum dessa trilogia de ensaios: os nossos manuais gostam de ilustrar a evolução com exemplos de desígnio bastante favorável – de um mimetismo aproximadamente perfeito de uma folha morta por uma borboleta ou de uma espécie venenosa por um parente comestível. Porém, o desígnio ideal é um argumento desprezível para a evolução, porque ele imita a ação postulada de um criador onisciente. Arranjos estranhos e soluções engraçadas são a prova da evolução – caminhos que um Deus sensível jamais trilharia, mas que um processo natural, restringido pela história, segue forçosamente. Ninguém entendeu isso melhor do que Darwin. Ernst Mayr mostrou como Darwin, defendendo a evolução, consistentemente voltou-se a partes orgânicas e a distribuições geográficas que têm o mínimo sentido. ❹

Pandas gigantes são ursos peculiares, membros da ordem Carnívora. Ursos convencionais são os representantes mais carnívoros da ordem deles, mas os pandas restringiram essa identidade comum de gosto na outra direção – eles desmentem o nome de sua ordem por subsistirem quase que inteiramente da alimentação de bambu. Eles vivem em florestas densas de bambu, em altas elevações, nas montanhas da China Ocidental. Lá eles sentam, não ameaçados por predadores, mascando bambu de 10 a 12 horas por dia.

Como fã de infância de Andy Panda e antigo dono de um brinquedo de pelúcia, vencido por alguma sorte, quando todas as garrafas de leite em verdade tombaram na feira do condado, fiquei deliciado quando os primeiros frutos do nosso degelo em relação à China foram além do pingue-pongue para o envio, por meio de navio, para o zoológico de Washington, de dois pandas. Eu fui e observei com o espanto apropriado. Eles gemiam, esticavam-se e andavam um pouco a passos lentos, mas gastavam aproximadamente todo o tempo alimentando-se do seu amado bambu. Eles sentavam eretos e manipulavam os talos com as suas patas dianteiras, desfazendo-se das folhas e consumindo somente os brotos.

Eu estava encantado com sua destreza e ficava imaginando como o rebento de uma estirpe adaptada para correr poderia usar as suas mãos com tanta habilidade. Eles seguravam os talos de bambu com as suas patas e arrancavam as folhas, fazendo passar os talos entre um polegar aparentemente flexível e os dedos restantes. Isso me intrigava. Eu havia aprendido que um polegar destro, opositor, encontrava-se entre os marcos do sucesso humano. Tínhamos mantido, e inclusive exagerado, essa importante flexibilidade dos nossos predecessores primatas, enquanto a maioria dos mamíferos tinha-o sacrificado ao especializar os seus dedos. Os carnívoros correm, golpeam e arranham. O meu gato pode manipular-me psicologicamente, mas ele jamais digitará ou tocará piano.

Assim, eu contava os outros dedos do panda e recebia uma surpresa ainda maior: eram cinco, não quatro. Era o "polegar" um sexto dedo, evoluído separadamente? Por sorte, o panda gigante tem a sua bíblia, uma monografia feita por D. Dwight Davis, antigo curador de anatomia vertebrada no Museu do Campo de História Natural, de Chicago. É provavelmente a maior obra de anatomia comparativa evolucionária moderna, e ela contém mais do que qualquer um jamais desejaria saber sobre pandas. Davis, é claro, tinha a resposta.

O "polegar" do panda não é, anatomicamente, um dedo em absoluto. Ele é construído a partir de um osso chamado de sesamoide radial, normalmente um pequeno componente do pulso. Nos pandas, o sesamoide radial é bastante alargado e alongado, até que quase se iguale, em extensão, aos ossos metapodiais dos verdadeiros dedos. O sesamoide radial está na base de uma palma na pata dianteira do panda; os cinco dedos formam a estrutura de uma outra palma, o palmar. Um raso sulco separa as duas palmas e serve como um canal para talos de bambu.

O polegar do panda vem equipado não apenas com um osso para dar a ele força, mas também com músculos para sustentar a sua agilidade. Esses músculos, como o próprio osso sesamoi-

---

❸ Esse ponto é elaborado e ilustrado em torno do final da seleção.

❹ A ideia é que um designador inteligente, todo-poderoso, teria criado características que são perfeitamente designadas para a sua função, ao passo que a evolução, tendo de selecionar somente entre aquelas características que de fato ocorrem via combinação genética e mutação, pode muito bem terminar com características que funcionam adequadamente, mas estão muito aquém do nível ótimo.

de radial, não surge *de novo**. Como as partes das orquídeas de Darwin, eles são porções familiares de anatomia remodeladas para uma nova função. O abdutor do sesamoide radial (o músculo que o puxa para longe dos verdadeiros dedos) leva o formidável nome de *abductor pollicis longus* ("o longo abdutor do polegar" – *pollicis* é o genitivo de *pollex*, o latim para "polegar"). O seu nome é traiçoeiro. Em outros carnívoros, esse músculo está anexado ao primeiro dedo ou verdadeiro polegar. Dois músculos mais curtos correm entre o sesamoide radial e o *pollex*. Eles puxam o sesamoide "polegar" para os verdadeiros dedos. ❺

A taxonomia de outros carnívoros nos dá qualquer chave para a origem dessa estranha disposição nos pandas? Davis aponta que os ursos ordinários e os guaxinins, os parentes mais próximos dos pandas gigantes, de longe ultrapassam todos os outros carnívoros no uso das pernas dianteiras para manipular objetos ao alimentar-se. Com o perdão da metáfora retroativa, os pandas, graças aos seus ancestrais, começaram com uma perna para cima para desenvolver uma maior destreza no alimentar-se. Além disso, os ursos ordinários já tem um sesamoide radial levemente alargado.

Na maioria dos carnívoros, os mesmos músculos que movem o sesamoide radial nos pandas conectam-se exclusivamente à base do *pollex* ou verdadeiro polegar. Contudo, em ursos comuns, o longo músculo abdutor termina em dois tendões: um se insere na base do polegar, como na maior parte dos carnívoros, enquanto o outro se liga ao radial sesamoide. Os dois músculos mais curtos também se conectam, em parte, ao radial sesamoide nos ursos. "Portanto", conclui Davis, "a musculatura para operar esse novo mecanismo notável – funcionalmente um novo dedo – não requereu nenhuma mudança intrínseca das condições já presentes nos parentes mais próximos do panda, os ursos. Além disso, parece que a sequência inteira de eventos na musculatura segue automaticamente de uma simples hipertrofia do osso sesamoide".

O polegar sesamoide dos pandas é uma estrutura complexa, formada por um alargamento marcado de um osso e de um rearranjo extenso da musculatura. Todavia, Davis argumenta que o aparato inteiro surgiu como uma resposta mecânica ao crescimento do próprio sesamoide radial. Os músculos mudaram porque o osso alargado os bloqueava um pouco antes de seus sítios originais. Além disso, Davis postula que o sesamoide radial alargado pode ter sido modelado por uma mudança genética simples, talvez uma única mutação que tenha afetado a velocidade e o grau de crescimento. ❻

No pé de um panda, a contraparte do sesamoide radial, chamada de sesamoide tibial, é também alargada, ainda que não tanto quanto o sesamoide radial. Contudo, o sesamoide tibial não dá suporte a nenhum dedo, e o seu tamanho aumentado não confere nenhuma vantagem, até onde sabemos. ❼ Davis argumenta que o aumento coordenado de ambos os ossos, em resposta à seleção natural sobre um apenas, provavelmente reflete um tipo simples de mudança genética. As partes repetidas do corpo não são modeladas pela ação de genes individuais – não há nenhum gene "para" o seu polegar, um outro para o seu dedão ou um terceiro para o seu mindinho. Partes repetidas são coordenadas em desenvolvimento; a seleção para uma mudança num elemento causa uma modificação correspondente nos outros. Pode ser geneticamente mais complexo alargar um polegar e não modificar um dedão do que fazê-los crescer em conjunto. (No primeiro caso, uma coordenação geral deve ser interrompida, o polegar deve ser favorecido separadamente e o aumento correlato de estruturas relacionadas deve ser suprimido. No segundo, um único gene pode fazer aumentar o grau de crescimento num campo, regulando o desenvolvimento de dedos correspondentes.)

O polegar do panda oferece uma contraparte zoológica elegante às orquídeas de Darwin. A melhor solução de um engenheiro é excluída pela história. O verdadeiro polegar do panda está comprometido com um outro papel, por demais especializado para uma função diferente para tornar-se um dedo opositor, manipulador. Assim, o panda deve usar as partes à mão e dispor-se a um osso do pulso alargado e a uma solução de certo modo desajeitada, mas que pode muito bem funcionar. O polegar de sesamoide não vence nenhum prêmio numa carreira

---

* N. de T. Isto é, "como uma novidade", "como uma inovação" sem precedentes.

---

❺ R Portanto, o "polegar" do panda não é, absolutamente, um polegar verdadeiro, mas sim uma estrutura que envolve um osso e músculos que tomam formas bastante diferentes nos parentes do panda. Embora ele funcione bem o suficiente para comer bambus, o ponto de Gould é que um designador inteligente todo-poderoso teria designado uma estrutura específica para esse propósito, em vez de adaptar partes pré-existentes de um modo útil, mas, ainda assim, em certa medida desajeitado.

❻ R A alegação é de que a evolução provê uma explicação melhor do polegar do panda do que a criação divina (ver a Anotação 5). Se Davis estiver certo, uma única mutação poderia ter produzido a estrutura toda (a qual, então, teria sido favorecida pela seleção natural por causa de suas vantagens para a alimentação).

❼ R Essa hipótese ganha suporte pela mudança similar no pé do panda – a qual não produz nenhum valor de sobrevivência em si mesma e, assim, presumivelmente não teria sido designada por um designador inteligente de engenheiro. Ele é, para fazer uso de uma frase de Michael Ghiselin, uma geringonça, não um mecanismo encantador. Contudo, ele faz o seu serviço e excita ainda mais a nossa imaginação, porque se constrói sobre esses alicerces improváveis.

O livro de orquídeas de Darwin está repleto de ilustrações semelhantes. O marisma *Epipactus*, por exemplo, faz uso do seu labelo – uma pétala alargada – como uma armadilha. O labelo é dividido em duas partes. Uma, próxima à base da flor, forma um copo largo cheio de néctar – o objeto da visita de um inseto. A outra, próxima ao limiar da flor, forma um tipo de plataforma de aterrissagem. Um inseto que desce sobre essa pista de decolagem a pressiona e, então, ganha entrada no corpo de néctar logo adiante. Ele entra no copo, mas a pista é tão elástica que ela instantaneamente se distende, prendendo o inseto dentro do copo de néctar. O inseto deve, então, retornar através da única saída disponível – um caminho que o força a roçar contra as massas de pólen. Uma máquina notável, mas totalmente desenvolvida a partir de uma pétala convencional, uma parte prontamente disponível num ancestral de orquídea.

Darwin mostra, então, como o mesmo labelo em outras orquídeas desenvolve-se graças a uma série de artifícios engenhosos para assegurar a fertilização cruzada. Ele pode desenvolver uma prega complexa que força um inseto a desviar a sua probosce ao redor e passar pelas massas de pólen no intuito de atingir o néctar. Ele pode conter canais profundos ou cumes condutores que levam os insetos tanto ao néctar quanto ao pólen. Os canais, às vezes, formam um túnel, produzindo uma flor tubular. Todas essas adaptações foram construídas a partir de uma parte que começou como uma pétala convencional em alguma forma ancestral. Todavia, a natureza pode fazer tanto com tão pouco que ela exibe, nas palavras de Darwin, "uma prodigalidade de recursos para obter o mesmíssimo fim, a saber, a fertilização de uma flor pelo pólen de uma outra planta".

A metáfora de Darwin para a forma orgânica reflete o seu senso de maravilhamento de que a evolução possa modelar tal mundo de diversidade e adequado desígnio com tão limitada matéria-prima:

> Embora um órgão possa não ter sido originalmente formado para algum propósito especial, se ele agora serve para o seu fim, estamos justificados em dizer que ele está especialmente projetado para isso. Pelo mesmo princípio, se um homem tivesse de fazer uma máquina para algum propósito especial, mas tivesse de usar rodas, molas e roldanas velhas, apenas levemente alteradas, poder-se-ia dizer da máquina como um todo, com todas as suas partes, que é especialmente projetada para aquele propósito. Portanto, em todo lugar na natureza, quase toda parte de cada ser vivo provavelmente serviu, numa condição levemente modificada, para propósitos diversos e agiu na maquinaria viva de muitas formas específicas antigas e distintas.

Talvez possamos não ficar lisonjeados pela metáfora de rodas e roldanas recauchutadas, mas considere o quão bem funcionamos. A natureza é, nas palavras do biólogo François Jacob, um excelente funileiro, não um artífice divino. E quem julgará entre essas habilidades exemplares?

Questões para Discussão

1. Por que o exemplo de Gould, do polegar do panda, constitui uma objeção ao argumento do desígnio? Quão boa é essa objeção? Visto que o polegar do panda funciona muito bem, há alguma razão pela qual um designador inteligente poderia não tê-lo criado para aquele propósito? Há um modo no qual a explicação evolucionária é melhor do que o apelo a Deus, embora ambas sejam explicações possíveis? Gould poderia também parecer sugerir que, para estruturas orgânicas ótimas, o desígnio inteligente é uma explicação igualmente boa (ou até mesmo uma explicação melhor?). Ele está certo sobre isso?

2. Como um criacionista poderia responder à objeção de Gould ao mudar da versão local para a versão global do argumento do desígnio? Por que alguém não pode apelar à teoria evolucionária para explicar a ordem do universo como um todo? A ordem do universo como um todo genuinamente precisa de explicação? Por que sim ou por que não?

David Hume

A porção mais extensa dos *Diálogos* de Hume é devotada ao argumento do desígnio, com Cleanthes apresentando a sua versão do argumento e Filo criticando-a em grande extensão. Ainda que tanto a versão local quanto a global do argumento (ver a introdução a este capítulo) estejam refletidas na discussão, o foco principal está na versão global. Assim, pois, a questão é como a ordem pervasiva do mundo (em realidade a do universo) deve ser explicada.

Ver a introdução à seleção extraída dos *Diálogos*, na página 524, para informações sobre Hume, junto com uma descrição dos personagens no diálogo (esta seleção, na verdade, vem imediatamente antes daquela, no livro original).

Problemas com o Argumento do Desígnio,[8] Extraído de *Diálogos sobre a Religião Natural*

...

Para não perder nenhum tempo em circunlocuções, disse Cleanthes, dirigindo-se a Demea,...; explicarei brevemente como concebo essa questão. Olha ao redor do mundo; contempla o todo e cada parte dele; descobrirás que ele nada é senão uma grande máquina, subdividida num número infinito de máquinas menores, as quais novamente admitem subdivisões, até um grau além do que os sentidos e as faculdades humanas podem rastrear e explicar. Todas essas várias máquinas, e mesmo as suas mais diminutas partes, são ajustadas uma a outra com uma acurácia que arrebata em admiração a todos os homens que jamais as contemplaram. A curiosa adaptação de meios a fins, por toda a natureza, lembra exatamente, ainda que em muito exceda, as produções da invenção* humana, do desígnio humano, do pensamento, da sabedoria e da inteligência. Dado que, portanto, os efeitos se assemelham uns aos outros, somos levados a inferir, por todas as regras de analogia, que as causas também se assemelham e que o Autor da Natureza é, de algum modo, semelhante à mente dos homens, embora possuísse faculdades muitos mais amplas, proporcionais à grandeza da obra que ele executou. Por esse argumento, *a posteriori*, e por esse argumento somente, de fato provamos de uma vez a existência de uma Deidade, e a sua semelhança com a mente e a inteligência humanas. ❶ Eu serei tão livre, Cleanthes, disse Demea, a ponto de dizer-te que, desde o início, não pude aprovar a tua conclusão acerca da semelhança da Deidade com os homens, menos ainda posso aprovar os meios pelos quais ousas estabelecê-la. O quê! Nenhuma demonstração do ser de um Deus! Nenhum argumento abstrato! Nenhuma prova a priori! ❷ São essas, nas quais até aqui os filósofos tanto insistiram, tudo falácia, tudo sofisma? Não podemos ir mais longe nesse assunto do que a experiência e a probabilidade? Não direi que isso é trair a causa de uma deidade; mas, certamente, por esse afetado candor, dás vantagem aos ateus, vantagem que eles jamais poderiam obter só por meio de argumento e raciocínio.

Aquilo sobre o que eu, sobretudo hesito nesse assunto, disse Filo, não é tanto que todos os argumentos religiosos são reduzidos por Cleanthes à experiência, quanto que eles parecem não constituir sequer o mais certo e irrefragável argumento daquele tipo inferior. Que uma pedra cairá, que o fogo queimará, que a terra tem solidez, observamos milhares e milhares de vezes; e quando qualquer nova instância dessa natureza é apresentada, tiramos sem hesitação a inferência costumeira. A similaridade exata dos casos dá-nos uma garantia perfeita de um evento similar; e uma evidência mais

❶ Ainda que ambas as versões sejam discerníveis, a ênfase principal, aqui, está no que chamamos de a versão global do argumento do desígnio (ver a introdução do capítulo).

❷ Por uma "prova a priori", Demea tem em mente o argumento cosmológico (muito embora ele não seja estritamente a priori, porque repousa na experiência de que o mundo existe).

---

[8] Extraído de *Dialogues Concerning Natural Religion* (1779).
* N. de R.T. Mais uma vez, traduz-se *"contrivance"* por "invenção". No seguimento do texto, optou-se em alguns casos, na forma verbal e na substantivada, por "planejar" e "planejamento".

forte jamais é desejada nem buscada. Mas, onde quer que partas, minimamente, da similaridade dos casos, diminuis proporcionalmente a evidência, podendo finalmente trazê-la a uma muito fraca *analogia*, que é confessadamente passível de erro e incerteza. Após ter tido a experiência da circulação do sangue nas criaturas humanas, não temos nenhuma dúvida de que ela tem lugar em Tito e Mévio; mas, da sua circulação em sapos e peixes, tem-se só uma suposição, ainda que uma suposição forte, a partir de analogia, de que ela tem lugar nos homens e em outros animais. O raciocínio analógico é muito mais fraco, quando inferimos a circulação da seiva em vegetais a partir da nossa experiência de que o sangue circula em animais, e descobre-se, por experimentos mais acurados, que aqueles que apressadamente seguiram aquela analogia imperfeita, estavam enganados. ❸

Se vemos uma casa, Cleanthes, concluímos com a maior certeza que ela teve um arquiteto ou construtor, porque essa é precisamente aquela espécie de efeito que experimentamos proceder daquela espécie de causa. Mas, certamente não afirmarás que o universo porta tal semelhança com uma casa, que podemos com a mesma certeza inferir uma causa semelhante ou que a analogia é, aqui, inteira e perfeita. A dessemelhança é tão manifesta que o máximo que podes pretender, aqui, é uma adivinhação, uma conjetura, uma suposição acerca de uma causa semelhante, e como essa pretensão será recebida no mundo, deixo para que tu consideres.

Ela com certeza seria muito mal recebida, respondeu Cleanthes; e eu deveria, merecidamente, ser criticado e detestado, caso eu permitisse que as provas de uma Deidade resultassem em não mais do que uma adivinhação ou conjetura. Mas, é todo o ajustamento de meios a fins numa casa e no universo uma semelhança tão tênue? A economia* de causas finais? A ordem, a proporção e o arranjo de toda parte? Os passos de uma escada são manifestamente planejados para que as pernas humanas possam utilizá-los ao escalar, e essa inferência é certa e infalível. As pernas humanas são também planejadas para caminhar e escalar, e essa inferência, eu admito, não é de todo tão certa, por causa da dessemelhança que percebes; mas isso, portanto, merece só o nome de suposição ou conjetura?

Bom Deus! Gritou Demea, interrompendo-o, onde estamos nós? Zelosos defensores da religião admitem que as provas de uma Deidade falhem em ter perfeita evidência! E tu, Filo, de cuja assistência eu dependia, ao provar o adorável caráter de mistério da Natureza Divina, concordas com todas essas extravagantes opiniões de Cleanthes? Pois, que outro nome posso dar a elas?...

Pareces não compreender, respondeu Filo, que argumento com Cleanthes no seu próprio modo; e, ao mostrar-lhe as conseqüências perigosas das suas convicções, espero finalmente reconduzi-lo à nossa opinião. Mas, o que mais te importuna, eu observo, é a representação que Cleanthes fez do argumento *a posteriori*; achando que aquele argumento provavelmente escapará do teu controle e se desvairá no ar, pensas que ele é tão equivocado que dificilmente podes acreditar que ele esteja colocado na sua verdadeira luz. Agora, seja o quanto eu possa dissentir, em outros aspectos, dos perigosos princípios de Cleanthes, devo admitir que ele honestamente apresentou aquele argumento, e devo tentar, assim, afirmar a questão para ti, tal que não entreterás maiores hesitações com respeito a ela.

Caso um homem fosse abstrair de todas as coisas que sabe ou viu, ele seria completamente incapaz, meramente a partir das suas próprias idéias, de determinar que tipo de cenário o universo deve ser, ou dar a preferência a um estado ou situação de coisas sobre um outro. Pois assim como nada que ele claramente concebe poderia ser estimado impossível ou implicando uma contradição, toda quimera da sua imaginação estaria numa posição igual; tampouco poderia ele atribuir qualquer razão justa por que adere a uma idéia ou sistema, e rejeita os outros, que são igualmente possíveis.

Novamente: depois que abre os seus olhos e contempla o mundo tal como ele realmente é, ser-lhe-ia impossível, num primeiro momento, atribuir a causa de qualquer evento, muito menos do todo das coisas ou do universo. Ele poderia mover a sua imaginação desconectada-

---

❸ Muitas versões do argumento do desígnio, tais como a de Paley, são argumentos por analogia. Filo aponta que a força de tal argumento depende fortemente do grau de semelhança entre os casos que estão sendo comparados.

---

* N. de T. A palavra *"economy"*, "economia", aqui, preserva o significado original de "administração" ou "controle".

mente, e ela poderia levá-lo a uma variedade infinita de relatos e representações. Essas seriam todas possíveis, mas, sendo todas igualmente possíveis, ele jamais, de si mesmo, daria um relato satisfatório para a sua preferência por uma delas ao restante. Somente a experiência pode indicar-lhe a causa verdadeira de qualquer fenômeno. ❹

Agora, de acordo com esse método de raciocínio, Demea, segue-se (e é, de fato, tacitamente admitido pelo próprio Cleanthes) que a ordem, o arranjo ou o ajustamento de causas finais não é, de si mesmo, qualquer prova de desígnio, mas só enquanto foi experimentado proceder daquele princípio. Por tudo o que podemos conhecer *a priori*, a matéria pode conter a fonte ou o nascedouro da ordem originalmente, dentro de si mesma, assim como a mente o faz; e não há mais dificuldade em conceber que os diversos elementos, a partir de uma causa desconhecida interna, podem cair dentro do mais incrível arranjo do que conceber que as idéias deles, na grande e universal mente , a partir de uma causa desconhecida e interna semelhante, caem naquele arranjo. A igual possibilidade de ambas essas suposições é concedida. ❺ Mas, pela experiência descobrimos (de acordo com Cleanthes) que há uma diferença entre elas. Ajunte-se diversas peças de ferro, sem delineamento ou forma; elas jamais se disporão ao ponto de compor um relógio: pedra, argamassa e madeira, sem um arquiteto, jamais erguem um casa. Mas, as idéias em uma mente humana, assim vemos, por uma economia inexplicável, desconhecida, arranjam-se de modo a formar o plano de um relógio ou de uma casa. A experiência, portanto, prova que há um princípio de ordem original na mente, não na matéria. A partir de efeitos similares inferimos causas similares. O ajustamento de meios a fins é parecido, no universo, como numa máquina de invenção humana. As causas, portanto, devem ser parecidas. ❻

Eu estava desde o começo escandalizado, devo confessar, com essa semelhança que afirmei, entre a Deidade e as criaturas humanas; e devo concebê-la como implicando uma tal degradação do Ente Supremo que nenhum teísta são poderia suportar. Com o teu auxílio, portanto, Demea, tentarei defender o que, com justiça, chamaste de o adorável caráter misterioso da Natureza Divina, e refutarei esse raciocínio de Cleanthes, supondo que ele admite que eu tenha feito uma justa apresentação dele.

Depois que Cleanthes assentiu, Filo, após uma breve pausa, procedeu da seguinte maneira.

Que todas as inferências, Cleanthes, acerca do fato são fundadas na experiência, e que todos os raciocínios experimentais são fundados na suposição de que causas similares provam efeitos similares, e efeitos similares causas similares, isso eu, presentemente, não disputarei muito contigo. Mas, observa, suplico-te, com que extrema caução todos os justos raciocinadores procedem na transferência de experimentos a casos similares. A menos que os casos sejam exatamente semelhantes, eles não depositam nenhuma confiança perfeita na aplicação da sua observação passada a algum fenômeno particular. Toda alteração de circunstâncias ocasiona uma dúvida acerca do evento e requer novos experimentos para provar certamente que as novas circunstâncias não são de nenhuma significância ou importância. Uma mudança em volume, situação, arranjo, idade, disposição do ar ou corpos circundantes, qualquer desses particulares pode ser associado às mais inesperadas consequências: e a menos que os objetos nos sejam bem familiares, é a mais elevada temeridade esperar com garantia, após qualquer dessas mudanças, um evento similar àquele que anteriormente caiu sob a nossa observação. Os lentos e deliberados passos dos filósofos, aqui, se em qualquer lugar, são distinguidos da marcha precipitada do vulgo, que, impelido pelas menores semelhanças, é incapaz de todo discernimento ou consideração.

Mas, podes pensar, Cleanthes, que a tua costumeira fleuma e filosofia foram preservadas num tão amplo passo como o que tomaste, quando comparaste com o universo, casas, navios, móveis, máquinas, e a partir da sua semelhança em algumas características inferiste uma semelhança nas suas causas? Pensamento, desígnio, inteligência, tais como descobrimos nos homens e em outros animais, isso é não mais do que uma das fontes e princípios do universo, bem como calor e frio, atração e repulsão, e uma centena de outras, que caem sob observação diária. Trata-se de uma causa ativa, pela

❹ Essa alegação reflete a concepção **epistemológica** geral conhecida como **empirismo**: a concepção de que o conhecimento, especialmente o conhecimento de fatos sobre o mundo, depende essencialmente da *experiência*.

❺ Hume rejeita a tendência que vimos em alguns lugares em Paley. De um ponto de vista empirista, o fato de que alguma coisa é ordenada não é nenhuma razão, por si, para concluir que a ordem foi produzida por um designador. O único modo de conhecer que aquela ordem (seja de um tipo particular ou de uma ordem em geral) é provavelmente produzida por um designador inteligente é *observando* aquele tipo de ordem sendo atualmente produzido daquela maneira.

❻ A alternativa a uma ordem que é produzida por um designador inteligente é a ordem que é *natural* ou *intrínseca* à coisa em questão. Que o relógio de Paley não resulta desse modo, a partir de uma ordem intrínseca ou natural, é mostrado tanto (a) pelas experiências de coisas daquele tipo geral atualmente sendo produzidas por um designador quanto (b) também pelas experiências do tipo de material em questão falhando em ter aquele tipo de ordem, quando um designador não está presente. As idéias em uma mente, em contraste, são plausivelmente consideradas como intrínseca ou naturalmente ordenadas, dado que nenhum desses tipos de experiências – (a) e (b) – ocorre em relação a elas. (Note que essa é a reafirmação da concepção de Cleanthes por Filo, e não necessariamente alguma coisa que o próprio Filo aceita).

❼ Filo indica que a analogia entre o universo como um todo e as várias coisas que são conhecidas, no modo recém discutido, como resultando do desígnio é relativamente fraca – e também que existem muitos outros tipos de causas, a serem encontradas no universo, levantando a questão de por que o desígnio inteligente deveria ser singularizado como a causa do todo, ao invés de uma dessas outras ou alguma combinação delas.

❽ Esse é um ponto crucial em relação à versão global do argumento: não temos experiências de universos ordenados inteiros surgindo a partir do desígnio inteligente – e, assim, não podemos saber através da experiência que a ordem de um universo deve ser produzida daquela maneira (e não pode ser intrínseca). (Ver a seleção seguinte, da autoria de Antony Flew, para mais discussão sobre esse ponto).

qual algumas partes particulares da natureza, assim descobrimos, produzem alterações em outras partes. Mas, pode uma conclusão, com alguma propriedade, ser transferida das partes para o todo? A grande desproporção traz obstrução a toda comparação e inferência? Da observação do crescimento de um cabelo podemos aprender alguma coisa acerca da geração de um homem? A maneira de florescimento de uma folha, muito embora perfeitamente conhecida, propicia-nos qualquer instrução acerca da vegetação de uma árvore?

Mas, admitindo que fôssemos tomar as *operações* de uma parte da natureza sobre outra como fundamento do nosso juízo acerca da *origem* do todo (o que jamais pode ser admitido), todavia por que selecionar um princípio tão diminuto, tão fraco, tão limitado, como a razão e o desígnio de animais se encontram nesse planeta? Que privilégio peculiar tem essa pequena agitação do cérebro que chamamos de *pensamento* que devemos, pois, fazê-lo o modelo de todo o universo? A nossa parcialidade a nosso próprio favor de fato o apresenta em todas as ocasiões, mas a sã filosofia deveria cuidadosamente guardar-se contra uma ilusão tão natural.

Longe de admitir, continuou Filo, que as operações de uma parte podem nos fornecer qualquer justa conclusão acerca da origem do todo, não permitirei que alguma parte forme uma regra para uma outra parte, se a última for muito remota da anterior.

...

A natureza, assim achamos, mesmo a partir da nossa limitada experiência, possui um número infinito de fontes e princípios, que incessantemente se descobrem em toda mudança da sua posição e situação. E quais novos e desconhecidos princípios lhe dariam atualidade* numa situação tão nova e desconhecida quanto aquela da formação de um universo, não podemos, sem a máxima temeridade, pretender determinar.

Uma parte muito pequena desse grande sistema, durante um período de tempo muito curto, é muito imperfeita-

---

* N. de T. O verbo *"to actuate"* indica, aqui, o tornar real, o realizar, em contraste ao meramente ser possível.

mente descoberta a nós: e a partir daí nos pronunciamos decisivamente acerca da origem do todo?

Admirável conclusão! Pedra, madeira, tijolo, ferro e latão não têm, nesse momento, nesse diminuto globo de terra, uma ordem ou um arranjo sem arte e idealização humanas: portanto, o universo não poderia originalmente atingir a sua ordem e arranjo, sem alguma coisa semelhante à arte humana. Mas, é uma parte da natureza uma regra para uma outra parte muito distante da primeira? É ela uma regra para o todo? É uma parte muito pequena uma regra para o universo? É a natureza numa situação uma regra certa para a natureza em outra situação, vastamente diferente da anterior? **❼**

... Quando duas espécies de objetos têm sempre sido observadas como estando conjugadas, posso inferir, pelo costume, a existência de uma onde quer que vejo a existência da outra; e isso eu chamo de um argumento a partir da experiência . Mas, como esse argumento pode ter lugar ali onde os objetos, como no presente caso, são singulares, individuais, sem paralelo ou semelhança específica, isso pode ser difícil de explicar. E algum homem me dirá, com séria aprovação , que um universo ordenado deve surgir de algum pensamento e arte, como o humano, porque temos experiência dele? Para verificar esse raciocínio, seria requerido que tivéssemos experiência da origem dos mundos; **❽** e não é suficiente, certamente, que tenhamos visto navios e cidades surgirem a partir da arte e da idealização humanas...

Filo estava procedendo dessa maneira veemente, de algum modo entre gracejo e seriedade, como me parecia, quando observou alguns sinais de impaciência em Cleanthes, e, então, imediatamente parou. O que eu tinha a sugerir, disse Cleanthes, é somente que não abusasses dos termos ou fizesses uso de expressões populares para subverter raciocínios filosóficos. Sabes que o vulgo frequentemente distingue a razão da experiência, mesmo onde a questão se relaciona apenas com questões de fato e existência, ainda que se perceba, onde aquela razão é analisada propriamente, que ela não é nada senão uma espécie de experiência. Provar pela experiência a origem do universo a partir da mente não é mais contrário à fala comum do que provar o movimento da terra a partir do mesmo princípio. E um sujeito implicante poderia erguer todas as mesmas objeções ao sistema copernicano, que incitaste contra os meus raciocínios. Tens outras terras, poderia ele dizer, que viste se movendo? Tens...

Sim! Clamou Filo, interrompendo-o, temos outras terras. Não é a lua uma outra terra, que vemos girar em torno do seu centro? Não é Vênus uma outra terra, onde observamos o mesmo fenômeno? Não são as revoluções do sol também uma confirmação, a partir da analogia, da mesma teoria? Todos os planetas, não são eles terras, que têm uma revolução em torno do sol? Não são os satélites luas, que se movem ao redor de Júpiter e Saturno, e junto com esses planetas primários giram ao redor do sol? Essas analogias e semelhanças, com outras, que eu não mencionei, são as provas únicas do sistema copernicano: e a ti cabe considerar se tens quaisquer analogias do mesmo tipo para dar suporte à tua teoria.

Em realidade, Cleanthes, ele continuou, o sistema moderno de astronomia é agora tão aceito por todos os investigadores, e tornou-se uma parte tão essencial mesmo da nossa mais tenra educação, que não somos comumente muito hesitantes em examinar as razões sobre as quais ele está fundado. Tornou-se agora uma questão de mera curiosidade estudar os primeiros autores sobre esse assunto, que tinham a plena força do preconceito para confrontar, e eram obrigados a voltar os seus argumentos para todos os lados, no intuito de torná-los populares e convincentes...

Nesse procedimento cauteloso dos astrônomos, podes ler a tua própria condenação, Cleanthes, ou, antes, podes ver que o assunto no qual estás envolto excede toda a razão e a investigação humanas. Podes pretender mostrar qualquer semelhança tal entre a fabricação de uma casa e a geração de um universo? Jamais viste a natureza em qualquer situação tal que se assemelhe ao primeiro arranjo dos elementos? Foram mundos jamais formados diante dos teus olhos? E tiveste tempo disponível para observar o progresso todo do fenômeno, desde a primeira manifestação de ordem até a sua consumação final? Se tiveste, menciona, então, a tua experiência e apresenta a tua teoria.

...

Como o mais absurdo argumento, respondeu Cleanthes, nas mãos de um homem de engenhosidade e invenção pode adquirir um ar de probabilidade! Não te dás conta, Filo, de que se tornou necessário para Copérnico e os seus primeiros discípulos provar a semelhança da matéria terrestre e celeste, porque diversos filósofos, cegados por sistemas antigos e com o suporte de algumas aparências sensíveis, tinham negado essa semelhança? Mas, que não é de modo algum necessário que os teístas deveriam provar a semelhança das obras da natureza com aquelas da arte, porque essa semelhança é auto-evidente e inegável? A mesma matéria, uma forma semelhante: o que mais se exige para mostrar uma analogia entre as suas causas, e para verificar a origem de todas as coisas a partir de um propósito e uma intenção divina? As tuas objeções, devo livremente dizer-te, não são melhores do que as absurdas queixas daqueles filósofos que negaram o movimento; e elas deveriam ser refutadas da mesma maneira, por ilustrações, exemplos e instâncias, ao invés de por argumento sério e filosofia.

Supõe, portanto, que uma voz articulada fosse ouvida nas nuvens, muito mais alta e mais melodiosa do que qualquer voz que a arte humana pudesse jamais alcançar: supõe que essa voz fosse estendida no mesmo instante sobre todas as nações e falasse a cada nação na sua própria língua e dialeto; supõe que as palavras exibidas não somente contêm um sentido e significado justos, mas comportam alguma instrução totalmente digna de um ente benevolente, superior à humanidade: poderias, possivelmente, hesitar por um momento acerca da causa dessa voz? E não deves instantaneamente atribuir a ela algum desígnio ou propósito? Todavia, não posso ver senão que todas as mesmas objeções (se merecem esse chamamento) que residem contra o sistema do teísmo podem também ser produzidas contra essa inferência. ❾

Não poderias dizer que todas as conclusões acerca do fato eram fundadas na experiência; que quando ouvimos uma voz articulada na escuridão e a partir daí inferimos um homem é só a semelhança dos efeitos que nos leva a concluir que há uma semelhança parecida na causa, mas que essa voz extraordinária, pela

---

❾ **R** Esse exemplo é tido como mostrando que os princípios gerais subjacentes às objeções de Filo são inválidos. É claro, assim Cleanthes está alegando, que a voz nas nuvens teria de ser explicada por um desígnio ou propósito inteligente. Mas, o mesmo tipo de objeções poderia ser aplicado àquele caso também, se elas tivessem alguma força genuína – ou ao caso do livro natural, que aparece adiante.

PARE (Há alguma diferença importante, do ponto de vista das objeções de Filo, entre esses casos e aquele com o qual Cleanthes está acima de tudo preocupado?).

sua altura, extensão, flexibilidade a todas as línguas, porta tão pouca analogia com qualquer voz humana que não temos razão para supor qualquer analogia nas suas causas; e consequentemente que uma fala racional, sábia e coerente procedeu, não sabias de onde, de algum assobio dos ventos, não de alguma razão ou inteligência divina? Vês claramente as tuas próprias objeções nessas queixas; e, também espero, vês claramente que não podem possivelmente ter mais força num caso que no outro.

Mas, para trazer o caso ainda mais perto ao caso presente do universo, farei suposições que não implicam nenhuma absurdidade ou impossibilidade. Supõe que há uma linguagem natural, universal, invariável, comum a todo indivíduo da raça humana, e que livros são produções naturais que se perpetuam da mesma maneira que animais e vegetais, por descendência e propagação. Diversas expressões das nossas paixões contêm uma linguagem universal: todos os animais selvagens têm uma fala natural, a qual, conquanto limitada, é muito inteligível às suas próprias espécies. E tal como existem infinitamente menos partes e menos idealização na composição mais fina de eloquência do que no corpo mais grosseiro, a propagação de uma *Ilíada* ou de uma *Eneida* é uma suposição mais fácil do que aquela de qualquer planta ou animal.

Supõe, portanto, que entras na tua biblioteca, assim, pois, povoada por volumes naturais, contendo a mais refinada razão e a mais impressionante beleza; poderias possivelmente abrir um deles e duvidar que a sua causa original portava a mais forte analogia com a mente e a inteligência? Quando ele raciocina e discursa, quando ele explicita, argumenta e reforça as suas concepções e tópicos, quando ele se aplica, às vezes, ao puro intelecto, às vezes às emoções, quando ele reúne, dispõe e adorna toda consideração apropriada ao objeto: poderias persistir em afirmar que tudo isso, no fundo, realmente não tinha nenhum significado, e que a primeira formação desse volume no dorso do seu parente original não procedeu a partir de pensamento e de desígnio? A tua obstinação, eu sei, não alcança aquele grau de firmeza: mesmo o teu jogo cético e brincalhonice ficariam envergonhados em tão notória absurdidade.

Mas, se houver qualquer diferença, Filo, entre esse suposto caso e o caso real do universo, ela é toda para a vantagem do último. A anatomia de um animal propicia muitas instâncias mais fortes de desígnio do que a leitura atenta de Lívio e de Tácito; e qualquer objeção que comeces no caso anterior, levando-me de volta a uma cena tão incomum e extraordinária como a primeira formação dos mundos, a mesma objeção tem lugar na suposição da nossa biblioteca vegetante . Escolhe, então, o teu partido, Filo, sem ambiguidade ou evasão; afirma ou bem que um volume racional não é nenhuma prova de uma causa racional, ou admite uma causa semelhante a todas as obras da natureza. **⑩**

...

[Filo replica:]... Tentarei mostrar-te, um pouco mais distintamente, as inconveniências daquele antropomorfismo que abraçaste; e deverei provar que não há nenhum motivo para supor um plano do mundo como sendo formado na mente divina, consistindo de idéias distintas, arranjadas diferentemente, da mesma maneira como um arquiteto forma na sua cabeça o plano de uma causa que pretende executar.

Não é fácil, eu confesso, ver o que é obtido por essa suposição, seja se julgamos a matéria pela *razão* ou pela *experiência*. Ainda estamos obrigados a escalar mais acima, no intuito de encontrar a causa dessa causa, a qual havias assinalado como satisfatória e conclusiva.

Se a *razão* (quero dizer a razão abstrata, derivada de investigações *a priori*) não for igualmente muda com respeito a todas as questões acerca da causa e do efeito, essa sentença pelo menos ele se aventurará a pronunciar, que um mundo mental, ou um universo de idéias, requer uma causa tanto quanto o faz um mundo material, ou universo de objetos; e, se ele for semelhante no seu arranjo, deve exigir uma causa semelhante. Pois, o que existe nesse assunto que deveria ocasionar uma diferente conclusão ou inferência? Numa visão abstrata, elas são inteiramente semelhantes, e nenhuma dificuldade se liga a uma suposição que não seja comum a ambas.

...

Como, portanto, deveremos nos satisfazer acerca da causa daquele Ente, a

---

⑩ PARE — Cleanthes está certo em crer que a anatomia de um animal é mais claramente um resultado de desígnio do que seriam os livros naturais? Você consegue pensar num argumento para a concepção contrária?

quem supões o Autor da Natureza, ou, de acordo com o teu sistema de antropomorfismo, o mundo ideal, ao qual rastreias o material? Não temos a mesma razão para traçar aquele mundo ideal em outro mundo ideal, ou em um novo princípio inteligente? Mas, se paramos, e não vamos adiante, por que ir tão longe? Por que não parar no mundo material? Como podemos satisfazer a nós mesmos sem seguir *in infinitum*? E, depois de tudo, que satisfação há naquela progressão infinita? Lembremo-nos da estória do filósofo indiano e do seu elefante. Jamais foi mais aplicável do que ao presente assunto. Se o mundo material repousa em um mundo ideal similar, esse mundo ideal deve repousar em algum outro, e assim por diante, sem fim. Seria melhor, portanto, jamais olhar além do presente mundo material. Supondo que ele contém o princípio da sua ordem dentro de si mesmo, realmente afirmamos que ele é Deus, e o quanto antes chegamos àquele Ente Divino, tanto melhor. Quando vais um passo além do sistema mundano, apenas excitas um humor investigativo, que é impossível jamais satisfazer. ⓫

Dizer que as diferentes idéias que compõem a razão do Ente Supremo caem numa ordem, de si mesmas e pela sua própria natureza, é realmente falar sem qualquer significado preciso. Se tem um significado, eu gostaria de saber por que não faz também um bom sentido dizer que as partes do mundo material caem numa ordem, de si mesmas e pela sua própria natureza. Pode uma opinião ser inteligível, enquanto a outra não o é?

Temos, realmente, experiência de idéias que caem numa ordem, de si mesmas e sem qualquer causa *conhecida*; mas, estou certo, temos uma experiência muito mais ampla da matéria, que faz o mesmo, assim como em todas as instâncias de geração e vida vegetativa, onde a análise acurada da causa excede toda compreensão humana. Temos também a experiência de sistemas particulares de pensamento e de matéria que não têm nenhuma ordem; do primeiro, na loucura; do segundo, no corrompimento. Por que, então, deveríamos pensar que a ordem é mais essencial a um do que ao outro? E se ela requer uma causa em ambos, o que ganhamos pelo teu sistema, traçando o universo de objetos em um universo similar de idéias? O primeiro passo que realizamos nos enganaria para sempre. Seria, portanto, sábio de nossa parte limitar as nossas investigações ao presente mundo, sem olhar além. Nenhuma satisfação pode jamais ser atingida por essas especulações, que até aqui excedem os limites estreitos do entendimento humano.

... quando é perguntado que causa produz a ordem nas idéias do Ente Supremo, pode ser-lhes assinalada alguma outra razão, antropomorfistas, do que o fato de que é uma faculdade *racional*, e que tal é a natureza da Deidade? Mas, por que uma resposta semelhante não será igualmente satisfatória em explicar a ordem do mundo, sem recorrer a qualquer criador inteligente desse tipo, como vocês insistem, isso pode ser difícil de determinar. Basta dizer que tal é a natureza dos objetos materiais, e que todos eles originalmente estão de posse de uma *faculdade* de ordem e de proporção. Esses são apenas modos mais eruditos e elaborados de confessar a nossa ignorância; tampouco uma hipótese tem qualquer vantagem real sobre a outra, exceto na sua maior conformidade com pré-concepções vulgares. ⓬

Exibiste esse argumento com grande ênfase, respondeu Cleanthes; não pareces perceber o quão fácil é responder a ele. Mesmo na vida comum, se eu atribuo uma causa a algum evento, é alguma objeção, Filo, que eu não posso assinalar a causa daquela causa e responder a toda nova questão que pode incessantemente ser começada? E que filósofos poderiam possivelmente submeter-se a uma regra tão rígida? Filósofos que confessam que as causas últimas são totalmente desconhecidas e percebem que os mais refinados princípios, aos quais traçam os fenômenos, são-lhes ainda tão inexplicáveis quanto esses mesmos fenômenos são para o vulgo. A ordem e o arranjo da natureza, o curioso ajustamento de causas finais, o uso manifesto e a intenção de toda parte e órgão, tudo isso profere na mais clara linguagem uma causa inteligente ou um autor. Os céus e a terra se juntam no mesmo testemunho: o coro inteiro da Natureza ergue um hino para os louvores do seu criador: tu somente, ou quase só tu, perturbas essa harmonia geral. Começam dúvidas abstrusas, queixas e objeções: perguntas a mim qual é a causa dessa causa? Eu não sei, eu não me importo, isso não me diz respeito. Eu

---

⓫ **R** Filo toma agora um diferente alinhavo, exigindo uma explicação para a ordem envolvida na própria inteligência de Deus. O ponto subjacente é que nem toda instância de ordem pode ser explicada por um exemplo posterior de ordem (dado que isso levaria a um regresso infinito). Assim, pois, alguns casos de ordem eventualmente devem ser aceitos como intrínsecos ou naturais. Por que deveria esse ponto de parada ser atingido com Deus, mas não com o universo material?

⓬ **PARE** Há alguma base para preferir a hipótese de ordem mental intrínseca àquela da ordem material intrínseca? Filo alega que a experiência não favorece uma sobre a outra.

encontrei uma Deidade, e aqui encerro a minha investigação. Deixemos aqueles irem adiante, os que são mais sábios ou mais empreendedores.

Não pretendo ser nenhum dos dois, respondeu Filo; e por essa mesma razão eu talvez jamais devesse ter tentado ir tão longe, especialmente quando percebo que devo finalmente ficar contente em sentar-me com a mesma resposta que, sem maior inquietação, poderia ter me satisfeito desde o começo. Se devo ainda permanecer na máxima ignorância das causas, e não posso absolutamente dar uma explicação de nada, jamais estimarei como sendo qualquer vantagem partir por um momento de uma dificuldade que, reconheces, deve imediatamente, na sua plena força, repetir-se sobre mim. Os naturalistas de fato muito justamente explanam efeitos particulares por causas mais gerais, ainda que essas causas gerais elas mesmas devessem permanecer no fim totalmente inexplicáveis; mas, eles certamente jamais pensaram como satisfatório explanar um efeito particular por uma causa particular, a qual não mais devia estar explicada que o próprio efeito. Um sistema ideal, organizado de si, sem um desígnio precedente, não é minimamente mais explicável do que um sistema material que obtém a sua ordem de um modo parecido, nem há mais dificuldade na última suposição do que na primeira. ⓭

...

Mas, para mostrar-te ainda mais inconveniências, continuou Filo, no teu antropomorfismo, peço que faças uma nova inspeção dos teus princípios. *Efeitos semelhantes provam causas semelhantes.* Esse é o argumento experimental; e esse, dizes também, é o único argumento teológico. Agora, é certo que quanto mais semelhantes são os efeitos que são vistos, e quanto mais semelhantes as causas que são inferidas, mais forte é o argumento. Toda reorientação em um dos lados diminui a probabilidade e torna o experimento menos conclusivo. Não podes duvidar do princípio; nem deverias rejeitar as suas conseqüências.

...

Agora, Cleanthes, disse Filo, com um ar de alacridade e triunfo, marque as conseqüências. *Primeiramente,* por esse método de raciocínio, renuncias a toda pretensão à infinitude em qualquer dos atributos da Deidade. Pois, na medida em que a causa deveria somente ser proporcionada ao efeito, e o efeito, na medida em que cai sob o nosso conhecimento, não é infinito, que pretensões temos, nas tuas suposições, de afirmar aquele atributo ao Ente Divino?...

Em segundo lugar, não tens nenhuma razão, na tua teoria, para atribuir perfeição à Deidade, mesmo na sua capacidade finita, ou para supor que ela está livre de todo erro, engano ou incoerências nas suas realizações. Existem muitas dificuldades inexplicáveis nas obras da natureza, que, se admitimos que um autor perfeito está provado *a priori*, são facilmente resolvidas e se tornam só dificuldades aparentes, a partir da capacidade estreita do homem, que não é capaz de encontrar relações infinitas. Mas, de acordo com o teu método de raciocínio, essas dificuldades se tornam todas reais, e talvez se insista nelas, como novas instâncias de semelhança com a arte e a invenção humana. Ao menos deves reconhecer que nos é impossível dizer, a partir das nossas concepções limitadas, se esse sistema contém quaisquer falhas graves, ou se merece qualquer elogio considerável, se comparado com outros sistemas possíveis e mesmo reais.

...

Mas, fosse esse mundo jamais uma produção tão perfeita, deveria ainda permanecer incerto se todas as excelências da obra podem ser atribuídas justamente ao operador. Se observamos um navio, que idéia elevada devemos formar da engenhosidade do marceneiro que estruturou uma máquina tão complicada, útil e bonita? E que surpresa devemos sentir, quando descobrimos que ele é um estúpido mecânico, que imitou outros e copiou uma arte que, através de uma longa sucessão de eras, após múltiplas tentativas, enganos, correções, deliberações e controvérsias, tinha sido gradualmente aprimorada? Muitos mundos poderiam ter sido feitos estropiados e estragados, durante uma eternidade, até que esse sistema fosse descoberto: muito trabalho perdido, muitas tentativas infrutíferas feitas e um melhoramento lento, mas continuado, continuaram durante eras infinitas na arte de fazer-mundos. Em tais assuntos,

---

⓭ Cleanthes responde que o fato de que a busca por explanações deve parar em algum lugar não é nenhuma razão para não aceitar alguma explicação causal particular. Se a explanação divina da ordem do universo material é convincente no modo que ele alega, nesse caso não é nenhuma objeção a ela o fato de que ela ergue uma questão posterior de explanação que podemos ser incapazes de responder.

Mas, isso não atinge o ponto principal de Filo, que é o de que o apelo à ordem intrínseca funciona igualmente bem, seja se você diz que Deus ou o universo material tem uma ordem intrínseca.

quem pode determinar onde a verdade, sim , quem pode conjeturar onde está a probabilidade, em meio a um grande número de hipóteses que podem ser propostas e um número ainda maior que pode ser imaginado? ⓮

E que sombra de argumento, continuou Filo, podes produzir a partir da tua hipótese, para provar a unidade da Deidade? Um grande número de homens se junta ao construir uma casa ou um navio, ao erguer uma cidade, compondo uma comunidade; por que não podem diversas deidades combinar-se, ao projetar e estruturar um mundo? É isso só uma semelhança por demais grande com as questões humanas? Ao partilhar a obra entre diversos, podemos assim muito mais limitar os atributos de cada um e livrar-nos daquele poder e conhecimento extensos, que devem ser supostos numa deidade e que, de acordo contigo, podem somente servir para enfraquecer a prova da sua existência. E se tais criaturas tolas, viciosas, como o homem conseguem ainda frequentemente unir-se ao estruturar e executar um plano, o quanto mais conseguem aquelas deidades ou demônios, a quem podemos supor diversos graus mais perfeitos?

Multiplicar causas sem necessidade é, de fato, contrário à verdadeira filosofia; mas, esse princípio não se aplica ao presente caso. Fosse uma deidade anteriormente provada pela tua teoria, que fosse possuída de todo atributo requerido para a produção do universo, seria desnecessário, eu confesso, (ainda que não absurdo), supor como existente qualquer outra deidade. Mas, enquanto ainda é uma questão, se todos esses atributos estão unidos num único sujeito ou dispersos entre diversos entes independentes, por quais fenômenos na natureza podemos pretender decidir a controvérsia? Onde vemos um corpo erguido numa balança , estamos certos de que há, na balança oposta , o quanto seja impedida da visão, algum peso contrabalançante igual a ele; mas, ainda é permitido duvidar se aquele peso é um agregado de diversos corpos distintos ou uma massa unificada uniforme. E se o peso requerido excede em muito qualquer coisa que jamais vimos conjugada em um único corpo, a suposição anterior se torna ainda mais provável e natural. Um ente inteligente de tal vasto poder e capacidade, tal como é necessário para produzir o universo, ou, para falar na linguagem da filosofia antiga, um animal tão prodigioso, excede toda analogia, e mesmo toda compreensão.

Mas, ademais, Cleanthes, os homens são mortais e renovam a sua espécie por geração; e isso é comum a todas as criaturas vivas. Os dois grandes sexos, masculino e feminino, diz Milton, animam o mundo. Por que deve essa circunstância, tão universal, tão essencial, ser excluída daquelas numerosas e limitadas deidades? Contemple , então, a teogonia dos tempos antigos trazida de volta a nós.

E por que não tornar-se um perfeito antropomorfita ? Por que não afirmar a deidade ou as deidades como sendo corpóreas e como tendo olhos, um nariz, uma boca os ouvidos, etc.? Epicuro mantinha que nenhum homem tinha jamais visto a razão senão em uma figura humana; portanto, os deuses devem ter uma figura humana. E esse argumento, que é merecidamente tão ridicularizado por Cícero, torna-se, de acordo contigo, sólido e filosófico. ⓯

Numa palavra, Cleanthes, um homem que segue a tua hipótese é capaz, talvez, de afirmar, ou de conjeturar, que o universo, alguma vez, surgiu a partir de algo como o desígnio; mas, além daquela posição, ele não pode verificar uma única circunstância e é deixado, depois disso, a fixar todo ponto da sua teologia, pela máxima licença da imaginação e da hipótese. Esse mundo, por tudo o que ele sabe, é muito falho e imperfeito, comparado com um padrão superior, e foi somente o primeiro rude ensaio de alguma deidade infante, que posteriormente o abandonou, envergonhado da sua performance manca. Ele é só a obra de alguma deidade inferior, independente, e é o objeto de escárnio para os seus superiores; ele é a produção da velhice e caduquice em alguma deidade farta em anos e, desde a sua morte, incorreu em aventuras, a partir do primeiro impulso e da força ativa que recebeu dela. Com justiça dás sinais de horror, Demea, face a essas estranhas suposições: mas, essas e mais mil do mesmo tipo são suposições de Cleanthes, não as minhas. A partir do momento em que os atributos da Deidade são supostos finitos, todas essas têm lugar. E eu não posso, da minha parte, pensar que um sistema de teologia tão disparatado e incerto é, em qualquer aspecto, preferível a nenhum sistema em absoluto.

⓮ R O sempre-inventivo Filo levanta ainda uma outra objeção: as características atribuídas ao designador , na base desse argumento, não podem ser maiores do que aquelas requeridas para explicar o atual efeito. Isso não requer poderes infinitos ou mesmo poderes finitos relativamente perfeitos.

⓯ R Nem uma explanação do mundo requer *um* designador. E a analogia entre Deus e os designadores humanos sugere outras características humanas também.

16

Cleanthes retrocede da hipótese geral do desígnio, que ele alega ser comum a todas as várias sugestões de Filo. No parágrafo seguinte, Demea sugere que isso é muito fraco para qualquer religião séria.

(Essa hipótese também ignora o ponto anterior sobre a possibilidade de que o universo seja intrinsecamente ordenado).

Essas suposições eu absolutamente repudio, gritou Cleanthes; elas não me surpreendem, contudo, com nenhum horror, especialmente quando propostas naquela maneira desconexa em que caem de ti. Ao contrário, elas me dão prazer, quando vejo que, pela máxima indulgência da tua imaginação, jamais te livras da hipótese do desígnio no universo, mas estás obrigado, toda vez, a recorrer a ele. A essa concessão eu me associo firmemente; e isso eu considero como uma fundação suficiente para a religião. **16**

...

Deve ser uma construção insignificante, de fato, disse Demea, que pode ser erigida sobre uma fundação tão cambaleante. Enquanto estamos incertos se há uma deidade ou muitas, se a deidade ou as deidades a quem devemos a nossa existência são perfeitas ou imperfeitas, subordinadas ou supremas, mortas ou vivas, qual confiança ou convicção podemos repousar nelas? Que devoção ou culto dirigir a elas? Que veneração ou obediência pagar a elas? Para todos os propósitos da vida, a teoria da religião se torna completamente inútil; e mesmo com respeito às consequências especulativas, a sua incerteza, de acordo contigo, deve torná-la totalmente precária e insatisfatória.

Para torná-la ainda mais insatisfatória, disse Filo, ocorre-me uma outra hipótese, que deve adquirir um ar de probabilidade a partir do método de raciocínio no qual tanto se insistiu, por Cleanthes. Que efeitos semelhantes surgem a partir de causas semelhantes: esse princípio ele supõe ser o o fundamento de toda religião. Mas, há um outro princípio de mesmo tipo, não menos certo, e derivado da mesma fonte de experiência: que onde diversas circunstâncias conhecidas são *observadas* como sendo semelhantes, a desconhecida será *achada* também semelhante. Assim, pois, se vemos os membros de um corpo humano, concluímos que ele também é dotado de uma cabeça humana, ainda que oculta de nós. Assim, pois, se vemos, através de uma fresta na parede, uma pequena parte do sol, concluímos que, fosse a parede removida, deveríamos ver o corpo todo. Em poucas palavras, esse método de raciocinar é tão óbvio e familiar que nenhuma hesitação pode jamais ser feita com respeito à sua solidez.

Agora, se observamos o universo, enquanto cai sob o nosso conhecimento, ele porta uma grande semelhança com um animal ou um corpo organizado, e parece ter ganho atualidade com um semelhante princípio de vida e movimento. Uma circulação contínua da matéria não produz nele nenhuma desordem; uma perda contínua em toda parte é incessantemente reparada, a mais estreita afinidade é percebida ao longo do sistema inteiro; e cada parte ou membro, ao realizar as suas próprias funções, opera tanto para a sua própria preservação quanto para aquela do todo. O mundo, portanto, eu infiro, é um animal, e a Deidade é a *alma* do mundo, dando a ele atualidade e ganhando atualidade por ele.

Tens por demais estudo, Cleanthes, para estar surpreso em absoluto com essa opinião, a qual, sabes, foi mantida por quase todos os teístas da Antiguidade, e de modo principal prevalece nos seus discursos e raciocínios. Pois, ainda que às vezes os filósofos da Antiguidade raciocinem a partir de causas finais, como se pensassem o mundo como sendo produção de Deus, contudo, parece antes ser a sua noção favorita considerá-lo como o seu corpo, cuja organização torna-o subserviente a ele. E deve ser confessado que, na medida em que o universo se assemelha mais a um corpo humano do que ele o faz com as obras da arte humana e da idealização, se a nossa analogia limitada pudesse jamais, com alguma propriedade, ser estendida ao todo da natureza, a inferência parece mais justa em favor da teoria antiga do que da moderna.

Existem muitas outras vantagens também, na teoria anterior, que a recomendam aos teólogos da Antiguidade. Nada mais contrário a todas as suas noções, porque nada é mais contrário à experiência comum do que a mente sem o corpo, uma mera substância espiritual, que não caísse nem sob os seus sentidos nem a compreensão, e da qual eles não tinham observado uma única instância ao longo de toda a natureza. A mente e o corpo eles conheciam, porque sentiam a ambas: uma ordem, um arranjo, organização ou maquinaria interna em ambos, isso eles por semelhante modo conheciam, na mesma maneira; e não poderia senão parecer razoável transferir essa experiência ao universo, e supor a mente e o corpo divinos como sendo também coevos e como tendo, ambos, ordem e arranjo naturalmente inerentes neles e inseparáveis deles.

Aqui, portanto, está uma nova espécie de antropomorfismo, Cleanthes, sobre a qual podes deliberar, e uma teoria que não parece suscetível a quaisquer dificuldades consideráveis. És por demais superior, certamente, a preconceitos sistemáticos para que encontres alguma dificuldade mais em supor um corpo animal como sendo, originalmente, de si ou a partir de causas desconhecidas, possuidor de ordem e organização do que em supor uma ordem semelhante como pertencente à mente. Mas, a préconcepção do vulgo, de que o corpo e a mente deveriam sempre acompanhar um ao outro, não deveria, dever-se-ia pensar, ser inteiramente negligenciada, uma vez que é fundada na experiência vulgar, o único guia que professas seguir em todas essas investigações teológicas. E se afirmas que a nossa experiência limitada é um padrão desigual pelo qual julgar a extensão ilimitada da natureza, abandonas inteiramente a tua própria hipótese, e deves pois, a partir daqui, adotar o nosso misticismo, como o chamas, admitindo a incompreensibilidade absoluta da Natureza Divina. ❶❼

Essa teoria, eu confesso, respondeu Cleanthes, jamais antes me ocorreu, muito embora seja uma teoria muito natural; e eu não posso, num exame e reflexão tão breves, prontamente oferecer qualquer opinião com respeito a ela. És muito escrupuloso, com efeito, disse Filo; fosse eu examinar qualquer sistema teu, eu não teria agido com a metade dessa caução e reserva, ao afirmar objeções e dificuldades quanto a ela. Contudo, se alguma coisa te ocorrer, farás a nós um obséquio ao propô-la.

Por que, então, respondeu Cleanthes, parece-me que ainda que o mundo, em muitas circunstâncias, se assemelhe a um corpo animal; contudo a analogia é também defeituosa em muitas circunstâncias, na maior parte delas materiais: nenhum órgão dos sentidos; nenhum assento de pensamento ou razão; nenhuma origem precisa de movimento e ação. Em poucas palavras, ele parece portar uma semelhança mais forte com um vegetal do que com um animal, e a tua inferência seria até aqui inconclusiva em favor da alma do mundo.

[Filo:]... fosse eu obrigado a defender algum sistema particular dessa natureza (que eu jamais voluntariamente deveria fazer), não estimo nenhum mais plausível do que aquele que atribui um princípio eterno, inerente de ordem ao mundo, ainda que assistido por grandes e contínuas revoluções e alterações. Isso de uma vez soluciona todas as dificuldades; e se a solução, por ser tão geral, não é inteiramente completa e satisfatória, é, pelo menos, uma teoria a que devemos, mais cedo ou mais tarde, recorrer, seja qual for o sistema que abraçamos. Como poderiam as coisas ter sido como são, se não houvesse um princípio original, inerente de ordem em algum lugar, no pensamento ou na matéria? E é muito indiferente a qual desses damos a preferência. O acaso não tem nenhum lugar, em qualquer hipótese, cética ou religiosa. Tudo é certamente governado por leis permanentes, invioláveis. E fosse a essência mais interna das coisas deixada aberta para nós, deveríamos então descobrir um cenário do qual, no presente, não podemos ter nenhuma idéia. Ao invés de admirar a ordem dos entes naturais, deveríamos claramente ver que lhes foi absolutamente impossível, no mais pequeno artigo, jamais admitir qualquer outra disposição. ❶❽

...

Devo confessar, Filo, respondeu Cleanthes, que, de todos os homens vivos, a tarefa que assumiste, de levantar dúvidas e objeções, é-te adequada da melhor forma, e parece, de certa maneira, natural e inevitável a ti. Tão grande é a tua fertilidade de invenção que eu não sinto vergonha de reconhecer a mim mesmo incapaz, de súbito, de solucionar regularmente tais dificuldades fora de propósito, como incessantemente começas sobre mim: ainda que eu veja claramente, em geral, a tua falácia e erro. E eu não questiono, mas tu mesmo estás, no presente momento, no mesmo caso e não tens a solução tão pronta como a objeção, ao passo que deves perceber que o senso comum e a razão estão inteiramente contra ti e que tais caprichos, como os que ofereceste, podem confundir, mas jamais convencer-nos.

...

O que atribuis à fertilidade da minha invenção, respondeu Filo, é inteira-

❶❼ Filo sugere uma outra hipótese, que tem suporte pelo mesmo apelo geral à analogia: o universo como o corpo de um animal, do qual Deus é a alma. (Isso seria muito diferente do teísmo tradicional).

❶❽ Filo retorna à idéia de que a ordem do mundo material é intrínseca a ele, em vez de ser produzida por um designador externo.
(Essa é a principal alternativa ao desígnio inteligente, em relação à versão global do argumento – ver Antony Flew).

mente devido à natureza do assunto. Em assuntos adaptados ao compasso estreito da razão humana, há comumente só uma determinação que traz probabilidade ou convicção com ela, e para um homem de são juízo todas as outras suposições, senão aquela, aparecem inteiramente absurdas e quiméricas. Mas, em tais questões, como a presente, uma centena de concepções contraditórias podem preservar um tipo de analogia imperfeita, e a invenção tem, aqui, pleno escopo para exercer a si mesma. Sem qualquer grande esforço de pensamento, creio que eu poderia, num instante, propor outros sistemas de cosmogonia, que teriam alguma ilusória aparência de verdade, ainda que seja proporção de mil, de um milhão por um, se é o teu ou qualquer dos meus o verdadeiro sistema.

Por exemplo, o que seria se eu reabilitasse a antiga hipótese epicurista? Esse é comumente, e eu creio justamente, estimado como o mais absurdo sistema que jamais foi proposto; contudo, não sei se, com algumas poucas alterações, não poderia ser levado a portar uma vaga aparência de probabilidade. Ao invés de supor a matéria infinita, como fez Epicuro, suponhamo-la finita. Um número finito de partículas só é suscetível de transposições finitas; e deve acontecer, numa duração eterna, que toda ordem ou posição possível deve ser tentada num número infinito de vezes. Este mundo, portanto, com todos os seus eventos, mesmo os mais diminutos, foi anteriormente produzido e destruído, e será novamente produzido e destruído, sem quaisquer restrições e limitações. Ninguém que tenha uma concepção dos poderes do infinito, em comparação com o finito, jamais terá uma idéia dessa determinação. ⓭

Mas, isso supõe, disse Demea, que a matéria pode adquirir movimento, sem qualquer agente voluntário ou primeiro movente .

E onde está a dificuldade, respondeu Filo, de tal suposição? Todo evento, antes da experiência, é igualmente difícil e incompreensível, e todo evento, após a experiência, é igualmente fácil e inteligível. O movimento, em muitas instâncias, a partir da gravidade, a partir da elasticidade, a partir da eletricidade, começa na matéria, sem qualquer agente voluntário conhecido; supor sempre, nesses casos, um agente voluntário desconhecido, é mera hipótese, e uma hipótese à qual nenhuma vantagem se associa. O começo do movimento na própria matéria é tão concebível *a priori* como a sua comunicação a partir de uma mente e inteligência.

Além disso, por que não pode o movimento ter sido propagado por impulso, através de toda a eternidade, e a mesma provisão dele, ou aproximadamente a mesma, ser ainda mantida no universo? Tanto quanto é perdido pela composição do movimento, tanto é ganho pela sua resolução. E seja o que sejam as causas, o fato é certo que a matéria é e sempre tem estado numa agitação contínua, até onde a experiência humana ou a tradição alcança. Não há provavelmente, no presente, no universo todo, uma partícula de matéria em absoluto repouso.

E essa mesma consideração também, continuou Filo, com a qual topamos no curso do argumento, sugere uma nova hipótese de cosmogonia, que não é absolutamente absurda e improvável. Há um sistema, uma ordem, uma economia de coisas, pela qual a matéria pode preservar aquela agitação perpétua que lhe parece essencial e, todavia, manter uma constância nas formas que produz? Certamente há tal economia; pois esse é de fato o caso com o mundo presente. O movimento contínuo da matéria, portanto, em medida menor que transposições infinitas, deve produzir essa economia ou ordem; e, pela sua natureza mesma, aquela ordem, uma vez estabelecida, dá suporte a si mesma, por muitas eras, se não para a eternidade. Mas, onde quer que matéria seja tão equilibrada, arranjada e ajustada a ponto de continuar em perpétuo movimento e, todavia, preservar uma constância nas formas, a sua situação deve, de necessidade , ter toda a mesma aparência de arte e idealização que observamos no presente. Todas as partes de cada forma devem ter uma relação com cada outra e com o todo; e o próprio todo deve ter uma relação com as outras partes do universo, com o elemento no qual a forma subsiste, com os materiais com os quais ela repara o seu desperdício e decadência e com toda outra forma que é hostil ou amigável. Um defeito em qualquer desses [materiais] particulares

---

⓭ **R** Aqui está ainda uma outra hipótese, uma hipótese considerada por Paley: a ordem resulta de reposições randômicas das partículas básicas que compõem o universo.

destrói a forma, e a matéria da qual ela é composta é novamente solta e é jogada em movimentos e fermentações irregulares, até que ela mesma se una a alguma outra forma regular. Se nenhuma forma tal for preparada para recebê-la e se houver uma grande quantidade dessa matéria corrompida no universo, o universo ele mesmo é inteiramente desordenado, seja se for o débil embrião de um mundo nos seus primeiros começos, que é então destruído, ou a carcassa enferrujada de um mundo, elanguescendo-se em idade avançada e enfermidade. Em ambos os casos, um caos se produz, até que finitas, porém inumeráveis revoluções produzam, ao final, algumas formas, cujas partes e órgãos são tão ajustados a ponto de dar suporte às formas, em meio a uma sucessão continuada de matéria.

Suponha-se (pois tentaremos variar a expressão) que a matéria fosse lançada em alguma posição, por uma força cega, não-guiada; é evidente que essa primeira posição deve, em toda probabilidade, ser a mais confusa e mais desordenada imaginável, sem qualquer semelhança com aquelas obras da idealização humana, as quais, junto com uma simetria de partes, descobrem um ajustamento de meios a fins e uma tendência à autopreservação. Se a força que dá atualidade cessa após essa operação, a matéria deve permanecer para sempre em desordem e continuar um imenso caos, sem qualquer proporção ou atividade. Mas, supõe que a força que dá atualidade, seja qual for ela, ainda continue na matéria, essa primeira posição imediatamente dará lugar a uma segunda, a qual semelhantemente será, com toda probabilidade, tão desordenada quanto a primeira, e assim por diante, através de muitas sucessões de mudanças e revoluções. Nenhuma ordem particular ou posição jamais continua um momento inalterada. A força original, ainda permanecendo em atividade, dá um perpétuo desassossego à matéria. Toda possível situação é produzida e instantaneamente destruída. Se um lampejo ou raio de ordem aparece por um momento, é instantaneamente suprimido e confundido por aquela força jamais cessante , que dá atualidade a toda parte da matéria.

Assim, pois, o universo continua por muitas eras, numa sucessão continuada de caos e desordem. Mas, não é possível que ele possa estabelecer-se, ao final, de modo a não perder o seu movimento e a sua força ativa (por aquilo que supusemos inerente nele), mas, todavia, de modo a preservar uma uniformidade de aparência, em meio ao movimento e à flutuação contínua das suas partes? Descobrimos isso como sendo o caso com o universo, no presente. Todo indivíduo está perpetuamente mudando, bem como toda parte de todo indivíduo, e todavia o todo permanece, em aparência, o mesmo. Não podemos esperar por tal posição, ou antes estar assegurados dela, a partir das revoluções eternas da matéria não-guiada , e não pode isso explicar toda a aparente sabedoria e idealização que há no universo? Contemplemos o assunto um pouco e descobriremos que esse ajuste, se atingido pela matéria, de uma aparente estabilidade nas formas, com uma revolução real e perpétua ou um movimento de partes, propicia uma solução plausível, se não uma solução verdadeira da dificuldade. ⓴

É vão, portanto, insistir nos usos das partes em animais ou vegetais e no seu curioso ajuste umas às outras. Eu gostaria saber como um animal poderia subsistir, a menos que as suas partes fossem assim ajustadas? Não percebemos que ele imediatamente perece, sempre que esse ajustamento cessa, e que a sua matéria corrompente tenta alguma nova forma? Acontece, de fato, que as partes do mundo são tão bem ajustadas que alguma forma regular imediatamente reivindica essa matéria corrompida; e, se não fosse assim, poderia o mundo subsistir? Não deve ele dissolver-se assim como o animal, e passar por novas posições e situações, até que em uma grande, mas finita sucessão, ele cai finalmente na ordem presente ou em alguma ordem desse tipo?

Está bem, replicou Cleanthes, disseste-nos que essa hipótese foi sugerida de súbito , no decurso do argumento. Se tivesses tido tempo livre para examiná-la, em breve terias percebido as objeções insuperáveis às quais ela está exposta. Nenhuma forma, afirmas, pode subsistir, a menos que ela possua aqueles poderes e órgãos, requeridos para a sua subsistência: alguma nova ordem ou economia

⓴ R Filo propõe um refinamento interessante da hipótese anterior: uma vez que formas ordenadas de matéria são produzidas (por acaso), essa ordem tende a perpetuar a si mesma.
(Note que isso parece pressupor uma ordem subjacente, pertencente, pelo menos, às próprias partículas).

deve ser tentada, e assim por diante, sem intermissão, até que incorre finalmente alguma ordem, que pode dar suporte e manter a si mesma. Mas, de acordo com essa hipótese, de onde surgem as muitas conveniências e vantagens que os homens e todos os animais possuem? Dois olhos, dois ouvidos, não são absolutamente necessários para a subsistência da espécie. A raça humana poderia ter sido propagada e preservada, sem cavalos, cães, vacas, ovelhas e aqueles inumeráveis frutos e produtos que servem para a nossa satisfação e gozo. Se nenhum camelo tivesse sido criado para o uso do homem nos desertos arenosos da África e da Arábia, teria o mundo sido dissolvido? Se nenhum magneto tivesse sido formatado para dar aquela maravilhosa e útil direção à agulha, teriam a espécie e sociedade humanas sido imediatamente extinguidas? Ainda que as máximas da natureza sejam, em geral muito frugais, todavia instâncias desse tipo estão longe de ser raras, e qualquer uma delas é uma prova suficiente de desígnio, e de um desígnio benevolente, que deu origem à ordem e ao arranjo do universo. ㉑

Finalmente, poderias seguramente inferir, disse Filo, que a hipótese precedente é, até aqui, incompleta e imperfeita, o que eu não hesitarei em admitir. Mas, podemos jamais razoavelmente esperar sucesso maior em quaisquer tentativas dessa natureza? Ou podemos jamais ter esperança de erigir um sistema de cosmogonia que não será passível a nenhuma exceção, e não conterá nenhuma circunstância contrária à nossa experiência limitada e imperfeita da analogia da natureza? A tua própria teoria não pode certamente pretender qualquer vantagem desse tipo, muito embora tenhas incorrido em antropomorfismo, para melhor preservar uma conformidade à experiência comum...

Todos os sistemas religiosos, confessa-se, são sujeitos a dificuldades grandes e insuperáveis. Cada disputante triunfa na sua vez e expõe as absurdidades, as barbaridades e as tomadas perniciosas do seu antagonista. Mas, todos eles, no todo, preparam um triunfo completo para o cético, ele que lhes diz que nenhum sistema deveria jamais ser abraçado com respeito a tais assuntos, por essa razão óbvia de que nenhuma absurdidade deveria jamais ser assentida com respeito a qualquer assunto. Uma suspensão total de juízo é, aqui, o nosso único recurso razoável. E, se todo ataque, como é comumente observado, e nenhuma defesa, entre os teólogos, é bem-sucedido, o quão completa deve ser a vitória *dele*, que permanece sempre, com toda a humanidade, na ofensiva e não tem nenhuma cidade como local fixo e permanente, que ele jamais, em qualquer ocasião, e é obrigado a defender?

...

㉑ Cleanthes objeta que isso não explicaria as "conveniências e vantagens" que o mundo contém. É isso tão claro como ele alega?

(Note que a evolução poderia ser invocada, aqui, como uma explicação posterior, repousando na ordem subjacente).

Questões para Discussão

1. Suponha que Hume esteja certo em dizer que nem toda ordem pode ser explanada, de modo que alguma deve ser intrínseca. Há alguma razão para preferir a concepção de que a mente (ou pelo menos a mente de Deus) é intrinsecamente ordenada à concepção de que o universo material é intrinsecamente ordenado?
2. Faça uma lista das diferentes explicações da ordem do universo que são propostas por Filo, em adição àquela proposta por Cleanthes. São todas essas explanações igualmente plausíveis (o que significaria que nenhuma é muito plausível), ou são algumas melhores do que outras? Por quê?
3. A alegação de Filo (de que você pode postular a existência de uma causa somente se você experimentou tal causa) provoca impaciência em Cleanthes (p. 650). Qual é exatamente a objeção de Cleanthes àquela alegação (em relação ao exemplo do sistema copernicano)? Qual é a resposta de Filo àquela objeção, e como Cleanthes responde? Certamente Cleanthes está correto em afirmar que juízos de dessemelhança (e semelhança) são às vezes "cegados por sistemas antigos". E, claramente, juízos de semelhança e dessemelhança são essenciais para tirar conclusões a partir de "efeitos semelhantes provam causas semelhantes". Que ponto Cleanthes está tentando estabelecer, com a voz nas nuvens e os exemplos de livros naturais?

Antony Flew

Antony Flew (1923-) é um filósofo inglês que lecionou em especial nas Universidades de Keele e Reading. Ele escreveu extensamente sobre muitos tópicos filosóficos, porém é mais conhecido por sua obra na filosofia da religião e sobre Hume. Na seleção que segue, ele apresenta uma objeção fundamental à versão global do argumento do desígnio.

Crítica do Argumento Global a partir do Desígnio[9]

3.17 O movimento de pensamento desejado vai do universo para alguma coisa diferente do universo, ainda que essa outra coisa tenha de ser não nada, mas um indivíduo supremo. Para isso, a linha mais promissora é aquela ilustrada pela segunda formulação citada de Tomás de Aquino.[10] Aqui, o argumento proposto prosseguiria até o Ordenador, a partir da ordem do universo como um todo (...) Um contemporâneo tentando tal linha [de argumentação] desejaria mais provavelmente referir-se de forma explícita à ciência e à uniformidade da natureza. Ele poderia até mesmo falar da última, possivelmente dignificada com maiúsculas, como uma pressuposição da primeira, talvez continuando a afirmar que Deus é a pressuposição última de ambas (...) A questão filosófica, para nós, agora é simplesmente: a ordem na natureza pressupõe ela mesma um Ordenador? ❶

3.18 Algumas pessoas supersofisticadas poderiam desejar desafiar a premissa (...) [Nada] é obtido ao sugerir-se – com alusões talvez às questões humanas ou talvez à mecânica quântica – que a ordem talvez não seja de fato completamente uniforme e todo-abrangente. Aqueles arautos do argumento, que eram também crentes na ocorrência de milagres, normalmente não afirmaram que ela o é. Tomás de Aquino, com efeito, foi notavelmente reservado: "coisas de naturezas diversas juntam-se sob uma ordem, e isso (...) sempre ou em sua maior parte". O ponto crucial dessa visão, e daquela da tradição tomista como um todo, não é tanto a quantidade de ordem, nem mesmo que ela pode parecer ser para o melhor [das coisas da natureza], mas que há ordem de alguma maneira. É a ordem como tal que se crê demonstrar um Ordenador. ❷

3.19 Este é o cerne da questão. É contra isso que o ataque deve e será lançado. Como tão frequentemente acontece na filosofia, uma vez que as manobras preliminares perfiladas localizaram e isolaram a posição-chave, a operação final pode ser breve e a sua tática é simples. Recapitulemos a situação lógica, pois uma apreensão clara disso é um bom guia para o entendimento de muitos confrontos similares entre o teísta e o naturalista. É ponto pacífico que há um bocado de regularidade nas coisas. O teísta alega que isso pressupõe um Ordenador e que esse deve ser, tal como ele requer, diferente do universo. O alvo da ofensiva é mostrar que a ordem não pressupõe nada desse tipo e que ela pertence ao próprio universo. ❸

...

3.20 O cenário oferecido no último parágrafo é, em certo sentido, enganador. Afinal, ele sugere que seja uma questão de tentar tirar o teísta de uma posição já firmemente estabelecida. Em sentido psicológico, isso pode ser verdadeiro. No entanto, seria um equívoco inferir que, em lógica, o ônus da prova reside no naturalista. Bem ao contrário: a suposição – refutável, é claro, por um argumento adverso – deve ser a de que todas as qualidades observadas nas coisas são qualidades pertencentes, por direito natural,

❶ Esta é a questão básica que pertence à versão *global* do argumento do desígnio: qualquer tipo de ordem pressupõe um designador externo, com a alternativa sendo, como já vimos em Hume, que alguma ordem poderia ser intrínseca – nesse caso, intrínseca ao universo material?

❷ Se o grau ou a quantidade de ordem importasse, então o proponente do argumento global estaria de fato dizendo que algum grau de ordem poderia ser aceito como intrínseco, ao passo que um grau maior não poderia. Contudo, se alguma ordem pode ser intrínseca, qual seria a base para tal limite?

❸ R Ou seja, tal ordem é intrínseca à natureza do universo (ou ao material do qual ele é composto).

---

[9] Extraído de *God: A Critical Inquiry* (LaSalle, Ill.: Open Court, 1966).
[10] A referência é à quinta das cinco vias, p. 626.

àquelas próprias coisas; portanto, quaisquer características que nós mesmos pensamos capazes de discernir no universo como um todo são as características não originadas do próprio universo. ④

...

A suposição presente foi aparentemente formulada com clareza pela primeira vez como tal por Estratão, o segundo na sucessão a Aristóteles, como líder do Liceu. Pode ser vista como a realização da tendência naturalista no próprio pensamento do fundador. Esse "ateísmo estratoniciano" é que foi recebido pelo jovem Hume como uma revelação emancipadora: por consideração, seguiremos a Bayle e a Hume ao usar a forma incômoda *estratoniciano* como o adjetivo.

3.21 Como, então, essa suposição pode ser refutada? Por que se deveria pensar que a ordem pressupõe um Ordenador? Uma má resposta seria dizer que as duas ideias estão necessariamente conectadas. Isso de nada adianta, primeiro, e menos significativamente, porque por certo não é verdadeiro que, nos sentidos ordinários das palavras, dizer que há ordem e negar que ela é a obra de um Ordenador é contradizer a si mesmo. Como desígnio de fato pressupõe um designador, ordem não requer, semelhantemente, como uma questão de lógica, um Ordenador: é por isso que o argumento aqui é *quanto ao* desígnio, mas *a partir da* ordem. Segundo, de nada não adianta pela razão mais fundamental de que, mesmo supondo ou que o uso presente e os sentidos de *ordem* ou os novos introduzidos especialmente abalizaram de fato a dedução de um Ordenador a partir da ordem, isso não poderia ainda nos fazer avançar para mais perto da conclusão desejada. Suponha que você de fato introduz esse novo sentido. Um ajuste verbal não pode transformar a situação física. Pode afetar somente os modos nos quais é próprio falar sobre ela. No sentido anterior de *ordem*, tínhamos concordado que há ordem e estávamos analisando se deve haver também um Ordenador. Agora, a situação completamente inalterada é representada como uma situação na qual estamos de acordo que, se há ordem no novo sentido de ordem, então deve haver também um Ordenador. A questão que nos divide é se, naquele novo sentido, há realmente ordem. Esse exercício fútil oferece um puro exemplo de manual acerca da inutilidade de tentar estabelecer uma conclusão substancial por uma manobra com uma definição (...) ⑤

3.22 Um tipo melhor de resposta é argumentar que regularidades não podem surgir por acaso; elas exigem explicação, e a única explicação satisfatória é em termos de propósito e desígnio. Isso é muito mais complicado, e para estabelecer ao menos os pontos principais leva mais tempo. A versão de Tomás de Aquino enfatiza a alegação de que a ordem do universo é de um tipo que envolve coordenação: "Quando coisas diversas são coordenadas, o esquema depende da sua unificação direcionada, tal como a ordem de batalha de um exército inteiro depende do plano do comandante-chefe. O arranjo de diversas coisas não pode ser ditado por suas próprias naturezas privadas e divergentes; em si mesmas elas são diversas e não exibem nenhuma tendência a formar um padrão. Segue-se que a ordem de muitas dentre elas é ou uma questão de acaso ou deve ser atribuída a um primeiro planejador que tem um propósito em mente. O que surge sempre, ou na grande maioria dos casos, não é o resultado de acidente".[11] E aqui estamos nós.

3.23 Isso soa bem. Suponha, por exemplo, que vimos um grande número de professores universitários trabalhando enérgica e harmoniosamente em direção a um objetivo comum; nesse caso, seria de fato razoável – se pudéssemos fazer com que acreditássemos nos nossos olhos – procurar por um coordenador mais do que humano, um Vice-Reitor de gênio. O fenômeno clamaria por explicação. Afinal, todas as coisas ou quase todas as coisas que vimos de professores universitários ensinaram-nos que somos criaturas rabugentas e individualistas: criaturas que têm "as suas próprias naturezas privadas e divergentes", que são diversas e não exibem nenhuma tendência a formar um padrão. Portanto, o tomista exigirá, por paridade de raciocínio, que você reconheça que o nosso Argumento para o Desígnio é válido (...)

3.24 Pois bem, existe uma paridade de raciocínio? Os dois casos são comparáveis? Lembrem-se do que eles são. No

---

④ Isso equivale a dizer que é necessária uma razão para *não* considerar a condição observada de alguma coisa como sendo o seu estado natural – que o ônus da prova reside na concepção de que as qualidades observadas *não* são intrínsecas.

⑤ Assim, a premissa do argumento deveria ser a de que o universo é ordenado num sentido que é simplesmente uma questão de observação e que ambos os lados podem, portanto, aceitar, sendo a questão entre eles se a ordem naquele sentido requer um designador. Não adianta nada tomar como premissa uma asserção de desígnio ou de um tipo de ordem que, por definição, requer um designador, pois, nesse caso, essa premissa será aceitável somente para alguém que já aceita a conclusão, e o próprio argumento não terá nenhuma base.

---

[11] Tomás de Aquino, *Summa contra gentiles*, I 42.

caso familiar e aceito, temos ou poderíamos ter conhecimento independente dos elementos agora tão inacreditavelmente coordenados. ❻ Poderíamos também testar uma hipótese sobre controle por um supremo Vice-Reitor: concebivelmente, poderíamos, e desejaríamos, encontrá-lo sozinho, separado dos colegas que ele guia tão superlativamente bem. Agora, consideremos o outro caso. Aqui, os dois termos-chave se referem, ou supõe-se que se referem, a coisas essencialmente e multiplamente únicas. O universo é, como uma consequência imediata da definição, único; ora, na medida em que ele inclui tudo o que há, não pode haver nenhuma possibilidade de um outro; se houvesse um segundo, não haveria um segundo, mas somente duas partes de um. Deus seria tanto único, por definição, quanto dotado de uma série de atributos, todos os quais também seriam únicos por definição. Essas diferenças criam um hiato decisivo entre os dois casos.

3.25 Por exemplo, Tomás de Aquino afirma que os elementos do universo que ele vê como coordenados são "em si mesmos (...) diversos e não exibem nenhuma tendência a formar um padrão". Como se supõe que ele, ou qualquer outro, sabe disso? Que eles são diversos, isso é óbvio à observação. Contudo, para saber quais tendências eles teriam "em si mesmos", em oposição a saber o que eles fazem e farão, sob várias condições universais, você teria presumivelmente de ser capaz de estudá-los: ou separados do universo, o que é manifestamente insensato, ou sem qualquer controle divino, o que é uma noção que o próprio teísta gostaria de excluir. Olhe para o mesmo ponto estratoniciano fundamental de outra maneira. Todo o nosso conhecimento das coisas, das suas naturezas e tendências, tem de ser fundado em e verificado contra os modos como essas coisas de fato se comportam, sob quaisquer condições em que elas possam estar disponíveis ao nosso estudo. Todavia, se isso é assim, não é confuso insistir que essas coisas não podem naturalmente fazer o que, na nossa experiência, elas fazem? As ideias sobre a natureza das coisas, a menos que devam ser fundadas meramente em nossas definições de palavras, podem ser justificadas apenas por referência ao que somos capazes de descobrir sobre como essas coisas realmente se comportam. ❼

3.26 Uma vez que isso é admitido, segue-se, certamente, que será deveras injustificado seguir adiante, a partir da perversa premissa de que o que parece acontecer naturalmente não obstante isso não pode acontecer assim, para a gratuita conclusão de que esses efeitos poderiam somente ocorrer através da – e, portanto, demonstrar a – agência de alguma coisa totalmente diferente. A força desse argumento é tanto extraordinária quanto trivial. É extraordinária no sentido de que começa afirmando, como se isso fosse óbvio, que as coisas ou a soma das coisas não podem expressar as suas próprias tendências inerentes, apesar de que elas estão de fato, segundo todas as aparências, fazendo exatamente o que advém naturalmente. Uma suposta explicação é então introduzida para esse fenômeno fabricado, em termos de alguma coisa que está, num sentido a uma só vez tanto incomumente literal quanto não literal de maneira alguma, fora desse mundo. A forma do argumento é trivial no sentido de que ela aparece continuamente em e em torno da teologia natural. Por exemplo, com frequência se afirma que os organismos vivos não poderiam ter se desenvolvido naturalmente, a partir da matéria, ela mesma sem vida, ou que a consciência e a inteligência não podem ser os atributos de coisas puramente materiais, e assim por diante. Todavia, de fato, muito embora seja grande o presente mistério dos mecanismos envolvidos, toda a evidência que temos indica que a única vida que conhecemos originou-se, sim, justamente desse modo. É o mesmo acontece com a inteligência, a consciência e coisas semelhantes. Assim, longe de haver uma certeza de que elas não podem pertencer a coisas materiais, a questão é se elas poderiam significativamente ser atribuídas a alguma outra coisa.

...

3.28 "Venha, venha agora", alguém dirá, "por certo não está sendo séria e honestamente afirmado que é ao mero acaso que devemos as majestosas procissões das estrelas, a fabulosa complexidade integradora do olho humano?" Não. Não; naturalmente explicações devem ser buscadas. Não é essa a questão apresentada pelo gênio de Newton e Darwin, e no nosso próprio tempo por todos aqueles que promovem e exploram o grande avanço

---

❻ **PARE** Podemos ter um conhecimento independente dos constituintes do universo, que é paralelo ao conhecimento que Flew supõe que tenhamos sobre os professores universitários? Como?

❼ **R** Não há, em princípio, nenhum modo de saber, por observação, que os constituintes do universo seriam desordenados se deixados a si mesmos. As únicas observações que temos desses constituintes dão suporte à ideia (dada a suposição estratoniciana) de que são *intrinsecamente* ordenados.

PARE Há algum outro modo de defender a concepção contrária, uma concepção que não apela à observação?

> **8** Explicações de menor escala (tais como a evolução) não podem responder à questão global.
>
> **9** Contudo, o ponto imediato é que ele não poderia adquirir tal conhecimento através da observação ou da experiência.

na biologia molecular? Ou as explicações desse tipo (...) de algum modo não são aquilo que se procura? Em resposta, não. O que se procura é algum tipo de explicação da ordenação do universo como um todo, não importa se dele há muito ou pouco. **8** Não importa o quão fundamentais e inclusivas sejam as leis descobertas pela física do futuro, a alegação é de que o próprio universo não poderia surgir por acaso; portanto – tomando ao menos dois passos em um –, deve haver Desígnio.

3.29 Uma vez mais é o caráter necessariamente único do universo que constitui o ponto crucial do problema, mesmo antes de as questões começarem a surgir a partir do caráter único do Designador postulado. Nesse contexto mais peculiar, a base para os usuais contrastes entre o acaso e os seus opostos desaparece, e as questões familiares perdem a sua força familiar e a sua aplicação. Considera-se que deve ser incomensuravelmente improvável que poderia haver tanta ordem sem Desígnio. Um ouvinte que falhasse em apreender o som da letra maiúscula "D" poderia, justa e verdadeiramente, responder: "Bem, imagine isso! E, contudo, naturalmente sabemos que aproximadamente toda ordem é sem desígnio". Porém, nós, alertados quanto ao contexto por aquela maiúscula, perguntamos: "Como ele sabe o que é provável ou improvável acerca de universos?". Pois a sua pergunta, como a arrogante afirmação anterior sobre as tendências que as coisas têm ou deixam de ter "em si mesmas" (3.22), pressupõe que ele sabe alguma coisa que não apenas de fato não sabe, mas que nem ele nem qualquer outro concebivelmente jamais poderia saber. Ninguém poderia adquirir uma experiência de universos para dar-lhe a base necessária a esse tipo de juízo de probabilidade ou improbabilidade, pela razão decisiva de que não poderia haver universos dos quais se teria experiência. **9** Com efeito, a ideia toda de contrastar, por um lado, acaso como aleatoriedade com, por outro lado, aquilo que parece exigir explicação cai por terra nesse caso limitante. Todavia, se essa antítese fundamental deixa de valer, ainda mais inaplicável se torna a antítese relativamente sofisticada entre acaso, como a ausência de propósito, e o que clama por aquele tipo deveras especial de explicação que envolve planejadores e planos. Portanto, não se trata aqui de precisar escolher entre os dentes de ambos os garfos. Antes, a dificuldade é apreciar que e por que nenhuma das escolhas pode surgir. "Universos", como observou C.S. Peirce, "não são tão abundantes quanto amoras silvestres".

3.30 Assim, concluímos que a ordem no universo por si mesma não oferece nenhum aval de qualquer tipo para tentar identificar um Ordenador. A menos que e até que alguma forte razão seja encontrada alhures, e a menos que a identificação separada que foi exigida possa ser alcançada, a suposição do ateísmo estratoniciano permanece irrefutada...

Questões para Discussão

1. Flew está certo sobre a "suposição estratoniciana"? Alguém jamais poderia estar justificado em admitir, na ausência de informação posterior, que o modo como se observa que as coisas se comportam não era o modo natural de comportamento que refletia o seu caráter intrínseco?
2. Pense em todos os diferentes tipos de ordem a serem encontrados no universo. Alguns deles podem ser explicados por apelo a outros, assim como a teoria da evolução explica a ordem de estruturas orgânicas como o olho ou a teoria geológica de placas tectônicas explica situações como a ocorrência e o comportamento de vulcões. Outros, se a suposição estratoniciana está correta, deveriam ser considerados como intrínsecos aos constituintes materiais básicos do universo. A totalidade da ordem pode ser plausivelmente explicada por um desses dois modos?

O argumento ontológico

Santo Anselmo

Santo Anselmo (1033-1109) foi monge beneditino e o segundo Arcebispo de Cantuária após a conquista normanda da Inglaterra. Nesta seleção, Anselmo apresenta a primeira versão do argumento ontológico. Essa versão volta-se à definição de Deus como um ente "acima do qual nada maior pode ser pensado". Anselmo argumenta que tal ente não pode existir meramente no entendimento (isto é, ele não pode ser concebido e não existir na realidade), porque, nesse caso, ele seria menos do que alguma coisa que existe tanto no entendimento quanto na realidade, o que contradiz a definição.

O Argumento Ontológico,[12] Extraído de Proslógio

CAPÍTULO 1: O DESPERTAR DA MENTE PARA CONTEMPLAR A DEUS

(...) Ó Senhor, reconheço e dou graças a Ti porque criaste em mim a Tua imagem, de modo que eu possa lembrar-Te, contemplar-Te e amar-Te. Porém, [essa imagem] foi tão esfacelada pelo desgaste de transgressões, tão ocultada da visão pelas escuras massas de pecados, que a menos que Tu a renoves e a remodeles ela não pode fazer aquilo para o que foi criada fazer. Ó Senhor, eu não almejo ganhar acesso à Tua altivez, porque não considero em absoluto o meu intelecto como sendo páreo para essa [tarefa]. Contudo, anseio entender em alguma medida a Tua verdade, que o meu coração crê e ama. Eu não busco entender para crer, mas creio para entender. E creio mesmo nisto: a menos que eu creia, não entenderei.

CAPÍTULO 2: DEUS VERDADEIRAMENTE [ISTO É, REALMENTE] EXISTE

Portanto, ó Senhor, Tu que me dás entendimento à fé, concede-me entender – no grau em que Tu sabes ser vantajoso – que Tu existes, tal como acreditamos, e que Tu és o que cremos [que Tu sejas]. De fato, cremos que Tu és algo acima do qual nada maior ❶ pode ser pensado. Ou não há, então, tal natureza [como Tu], ❷ pois o Insensato disse no seu coração que Deus não existe?[13] Certamente, porém, quando esse mesmíssimo Insensato ouve as minhas palavras "algo acima do qual nada maior pode ser pensado", ele entende o que escuta. E o que ele entende é no seu entendimento, mesmo que não o entenda [isto é, julgue] existir. Pois o fato de que uma coisa é no entendimento é distinto de entender que [essa] coisa existe. Por exemplo, quando um pintor visualiza o que ele está a ponto de pintar, ele de fato tem no seu entendimento aquilo que ainda não fez, mas ainda não entende que isso existe. No entanto, depois que [o] pintou, ele tem no seu entendimento o que fez e entende que isso existe. Assim, mesmo o insensato está convencido de que aquilo acima do qual nada maior poder ser pensado está pelo menos no seu entendimento; quando ele escuta esse [ente], ele entende [o que escuta], e tudo o que é entendido é no entendimen-

❶ R Isto é, nada mais perfeito ou mais excelente.

❷ R Isto é, nada dessa natureza realmente existe?

---

[12] Extraído de *Anselm of Canterbury*, vol. 1, editado e traduzido por J. Hopkins e H. Richardson (Toronto: Edward Mellen Press, 1974).
[13] Salmo 13.1; 52.1 (14.1; 53.1).

❸
PARE O principal argumento de Anselmo está completo neste ponto. Ele é cogente? A existência de Deus pode ser estabelecida simplesmente por apelo à concepção de Deus?

❹
R Aqui está um relato levemente diferente da grandeza não excedida de Deus: um ente acima do qual nada maior pode ser pensado é, sugere Anselmo, um ente que não pode ser pensado não existir.

to. Todavia, certamente aquilo acima do qual nada maior pode ser pensado não pode ser somente no entendimento. Se fosse somente no entendimento, poderia ser pensado existir também na realidade – algo que é maior [do que existir apenas no entendimento]. Portanto, se aquilo acima do qual maior não pode ser pensado fosse somente no entendimento, então aquilo acima do qual um maior *não pode* ser pensado seria aquilo acima do qual um maior *pode* ser pensado! Ora, certamente essa [conclusão] é impossível. Portanto, sem dúvida, algo acima do qual um maior não pode ser pensado existe tanto no entendimento quanto na realidade. ❸

CAPÍTULO 3: [DEUS] NÃO PODE SER PENSADO NÃO EXISTIR

Com certeza, esse [ente] existe tão verdadeiramente [isto é, realmente] que não pode sequer ser pensado não existir, pois pode ser pensado existir algo que não pode ser pensado não existir; e esse algo é maior do que aquilo que pode ser pensado não existir. ❹

Portanto, se aquilo acima do qual um maior não pode ser pensado pudesse ser pensado não existir, nesse caso aquilo acima do qual um maior não pode ser pensado não seria aquilo acima do qual um maior não pode ser pensado – [uma consequência] que é contraditória. Então, algo acima do qual um maior não pode ser pensado existe tão verdadeiramente que não pode sequer ser pensado não existir.

E Tu és esse [ente], ó Senhor, nosso Deus. Portanto, ó Senhor, meu Deus, Tu existes tão verdadeiramente que não podes sequer ser pensado não existir. E esse é justamente o caso. Se alguma mente pudesse pensar em algo melhor do que Tu, a criatura se ergueria acima do Criador e se colocaria em juízo sobre o Criador – algo que é totalmente absurdo. Com efeito, com exceção de ti somente, tudo o mais que existe pode ser pensado não existir. Portanto, Tu apenas existes mais verdadeiramente que todas as coisas e assim, pois, mais grandemente do que todas as coisas; tudo o mais que existe não existe tão verdadeiramente [como Tu existes] e, por isso, existe menos grandemente do que Tu. Dado, então, que é tão prontamente claro para uma mente racional que Tu existes mais grandemente do que tudo, por que o Insensato diz em seu coração que Deus não existe? – por que [de fato] senão porque [ele é] tolo e insensato!

CAPÍTULO 4: COMO O INSENSATO DISSE EM SEU CORAÇÃO AQUILO QUE NÃO PODE SER PENSADO

Todavia, uma vez que falar em seu coração e pensar são a mesma coisa, como [o insensato] disse em seu coração o que ele era incapaz de dizer, ou como foi ele incapaz de pensar aquilo que ele disse em seu coração? Ora, se ele verdadeiramente [isto é, realmente] – melhor dito, dado que ele verdadeiramente – tanto pensou [o que pensou] porque ele [o] disse em seu coração quanto não [o] disse em seu coração porque era incapaz de pensá-lo], então não é o caso que algo é dito no coração, ou é pensado, de uma só maneira. Ora, de um modo uma coisa é pensada quando a palavra que a significa é pensada, e de outro modo [ela é pensada] quando se entende aquilo que a coisa é. Assim, pois, no primeiro modo, mas não no segundo, Deus pode ser pensado não existir. Realmente, ninguém que entende aquilo que Deus é pode pensar que Deus não existe, muito embora ele diga essas palavras [a saber, "Deus não existe"] em seu coração ou sem significação ou com alguma estranha qualificação. Deus é aquilo acima do qual um maior não pode ser pensado. Qualquer um que corretamente entende isso certamente entende que aquilo [acima do qual um maior pode ser pensado] existe de tal modo que não pode, mesmo concebivelmente, não existir. Portanto, qualquer um que entende que Deus é tal [ente] não pode pensar que Ele não existe.

Graças a Ti, bom Senhor, agradeço a Ti – porque o que em um primeiro momento eu acreditei através de Tua dádiva, agora pela Tua iluminação eu entendo em tal medida que, [mesmo] se eu não quisesse acreditar que Tu existes, eu não poderia falhar em entender [que Tu existes].

Questões para Discussão

1. Suponha que Anselmo esteja certo em dizer que um ente acima do qual nada maior pode ser pensado deve ser *concebido* como existindo na realidade. Decorre disso que ele realmente existe? Por que sim ou por que não?
2. Anselmo observa, em certo ponto, que qualquer coisa que não Deus pode ser concebida não existir. Mas por que a mesma lógica não poderia ser usada para mostrar que outras coisas também devem existir – como sugerido por um dos contemporâneos de Anselmo, um monge chamado Gaunilo? Para usar o exemplo de Gaunilo, por que não se poderia argumentar de modo paralelo que uma *ilha* acima da qual nenhuma maior pode ser pensada deve existir, e o mesmo para outros tipos de coisas? Isso mostra que alguma coisa deve estar errada com o argumento de Anselmo?
3. Suponha que fôssemos definir Deus simplesmente como um ente cuja não existência é inconcebível. Pode-se agora argumentar, até mesmo mais diretamente do que no argumento de Anselmo, que Deus deve existir? Há alguma coisa errada com essa versão simplificada do argumento?

René Descartes

René Descartes (1596-1650), filósofo e matemático francês, foi um dos mais importantes e influentes filósofos de todos os tempos. Na próxima seleção das suas *Meditações* (da qual grande parte do restante está incluída no Capítulo 2), Descartes apresenta uma versão do argumento ontológico. A sua ideia básica é que Deus é, por definição, um ente que tem todas as *perfeições*; e, dado que a propriedade da existência é tal perfeição, segue-se que Deus também deve ter essa propriedade também e, assim, deve existir.

O Argumento Ontológico[14]

O que eu creio que deve ser considerado acima de tudo (...) é o fato de que encontro dentro de mim incontáveis ideias de certas coisas, que, mesmo se talvez não existam em qualquer lugar fora de mim, não podem contudo ser consideradas como nada. E embora, em certo sentido, eu pense nelas livremente, elas não são algo que eu fabriquei; em vez disso, elas têm as sua própria natureza verdadeira e imutável. Por exemplo, quando imagino um triângulo, mesmo se talvez nenhuma figura desse tipo exista fora do meu pensamento em qualquer lugar do mundo e jamais tenha existido, o triângulo ainda tem certa natureza determinada, essência ou forma que é imutável e eterna, que eu não fabriquei e que não depende da minha mente. Isso é evidente acerca do fato de que várias propriedades podem ser demonstradas com respeito a esse triângulo, a saber, que os seus três ângulos são iguais a dois ângulos retos, que o seu lado mais comprido é oposto ao ângulo maior, e assim por diante. Essas são propriedades que eu agora claramente reconheço, queira eu ou não, mesmo se anteriormente eu não tivesse dedicado a elas nenhum pensamento, qualquer que fosse ele, quando imaginei o triângulo. Por essa razão, elas não foram fabricadas por mim. ❶

...

❶ **R** A alegação de Descartes é que, meramente pensando no conceito (ou na **ideia**) de um triângulo, podemos ver que certas propriedades são necessariamente verdadeiras de tal figura, porque elas estão incluídas na sua "natureza, essência ou forma": características como ter ângulos iguais a dois ângulos retos (180 graus) ou ter o lado maior oposto ao seu ângulo maior.

---
[14] Extraído de *Meditations of First Philosophy*, 3. ed., traduzido por Donald A. Cress (Indianapolis: Hackett Publishing Company, 1993).

2 É tão claro o modo como Descartes pensa que a ideia de Deus (ou um ente supremamente perfeito) está presente na nossa mente (ou nas nossas mentes) do mesmo modo simples e não problemático como estão presentes as ideias de figuras (como um triângulo) ou de números? Parte da questão é se a ideia de Deus é tão clara e bem-definida como essas outras ideias. (Ver a Questão para Discussão 1.)

3 R Descartes alega (sem ainda explicar por que motivo) que a existência, com efeito a existência eterna, é parte da natureza de Deus do mesmo modo que ter ângulos iguais a dois ângulos retos é parte da natureza de um triângulo.

4 R Descartes sugere (embora ainda sem explicá-lo plenamente) que é contraditório negar a existência de Deus exatamente do mesmo modo que seria contraditório dizer que alguma coisa é um triângulo, mas não tem uma das propriedades essenciais de um triângulo.

5 R Descartes considera uma objeção que é essencialmente a mesma que será levantada na seleção seguinte de Kant: mesmo que a existência seja parte da natureza ou da essência de Deus, não se segue que exista em realidade tal ente com essa propriedade (não mais que do fato de que o estar contíguo a um vale é essencial à natureza de uma montanha segue-se que ou montanhas ou vales em realidade existem).

6 R Contudo, essa objeção, ele alega, é equivocada. Se uma montanha é inseparável de um vale, não se segue que ambos existam (mas somente que, se um existe, então o outro deve existir). Porém, se a *existência* é inseparável de Deus, então não se pode pensar em Deus sem a existência, do que se segue que Deus deve existir. (Isso é assim porque é a existência, e não alguma outra coisa, que é a propriedade essencial em questão.)

Contudo, se do mero fato de que eu trago à tona a partir do meu pensamento a ideia de algo, segue-se que tudo o que percebo clara e distintamente como pertencendo àquela coisa realmente pertence a ela, então isso não pode também ser a base para um argumento que prova a existência de Deus? Sem dúvida, a ideia de Deus, isto é, a ideia de um ente supremamente perfeito, é uma ideia que eu descubro estar dentro de mim não menos do que a ideia de qualquer figura ou número. **2** E que pertence à natureza de Deus que ele existe sempre, isso é algo que eu entendo não menos clara e distintamente do que é o caso quando demonstro com relação a alguma figura ou algum número que algo também pertence à natureza daquela figura ou daquele número. **3** Portanto, (...) a existência de Deus deveria ter para mim pelo menos o mesmo grau de certeza que as verdades da matemática tiveram até aqui.

Contudo, esse ponto não é totalmente óbvio, num primeiro olhar, mas tem uma certa aparência de sofisma sobre si. Uma vez que em todas as outras questões eu me acostumei a distinguir a existência da essência, eu facilmente me convenço de que ela pode realmente ser separada da essência de Deus e, por conseguinte, Deus pode ser pensado como não existente. Não obstante isso, é óbvio a qualquer um que preste bastante atenção que a existência não pode mais ser separada da essência de Deus do que o seu ter três ângulos iguais a dois ângulos retos pode ser separado da essência de um triângulo, ou do que a ideia de um vale pode ser separada da ideia de uma montanha. Logo, não é menos contraditório pensar em Deus (isto é, um ente supremamente perfeito) como carecendo de existência (isto é, carecendo de alguma perfeição) do que é pensar numa montanha sem um vale. **4**

Porém, admitindo-se que eu não possa pensar mais em Deus como não existente do que possa pensar numa montanha sem um vale, no entanto, certamente não se segue do fato de que penso em uma montanha sem um vale que uma montanha existe no mundo. Semelhantemente, do fato de que eu penso em Deus como existente não parece seguir-se que Deus existe, pois o meu pensamento não impõe nenhuma necessidade sobre as coisas. E assim como alguém pode imaginar um cavalo alado, sem haver um cavalo que tenha asas, do mesmo modo talvez eu possa associar existência a Deus, muito embora nenhum Deus exista. **5**

Todavia, há um sofisma à espreita aqui. Do fato de que sou incapaz de pensar numa montanha sem um vale não se segue que um vale ou uma montanha exista em algum lugar, mas somente que, se existem ou não, uma montanha e um vale são inseparáveis um do outro. No entanto, do fato de que não posso pensar em Deus exceto como existente, segue-se que a existência é inseparável de Deus e que, por essa razão, ele realmente existe. Não que o meu pensamento produza isso ou imponha qualquer necessidade sobre qualquer coisa, mas, em vez disso, a necessidade da coisa em si mesma, a saber, da existência de Deus, força-me a pensar isso. Eu não sou livre para pensar em Deus sem a existência, isto é, um ente supremamente perfeito sem uma perfeição suprema, como eu o sou para imaginar um cavalo com ou sem asas. **6**

Ademais, não deveria ser dito aqui que, muito embora eu certamente precise afirmar a existência de Deus, uma vez que assenti que Deus tem todas as perfeições e que a existência é uma dessas perfeições, não obstante isso aquela asserção anterior não precisa ter sido feita (...) Ainda que não seja necessário que jamais me ocorresse algum pensamento de Deus, sempre que tenho em vista pensar num ente que é primeiro e supremo, e apresentar a ideia de Deus como se ela proviesse do suprimento da minha mente, devo necessariamente atribuir todas as perfeições a ele, mesmo que eu, naquele momento, não enumere todas elas ou perceba cada uma delas individualmente. Essa necessidade é plenamente suficiente, de modo que, mais tarde, quando eu perceber que a existência é uma perfeição, eu corretamente concluo que um ente primeiro e supremo existe. **7**

Da mesma maneira, para mim, não há nenhuma necessidade de jamais imaginar um triângulo, mas, sempre que de fato desejo considerar uma figura retilínea tendo somente três ângulos, devo atribuir-lhe aquelas propriedades, com base nas quais se infere corretamente que os três ângulos dessa figura não são maiores do que dois ângulos retos, muito embora eu não tome nota disso no momento (...)

(...) até onde Deus está em questão, se eu não estivesse sobrecarregado por preconceitos e se as imagens de coisas sensíveis não estivessem importunando o meu pensamento de todas as direções, eu certamente não reconheceria nada mais cedo ou mais facilmente do que ele. Ora, o que, em e de si mesmo, é mais manifesto do que o fato de que um ente supremo existe, isto é, que Deus, a cuja essência somente a existência pertence, existe?

7 Aqui (finalmente!), Descartes explica por que a existência está incluída na natureza ou na essência de Deus: Deus, por definição, tem todas as perfeições (todas as boas qualidades), e a existência é uma dessas perfeições.

Questões para Discussão

1. Quão claro é o conceito de Deus, especialmente a versão que Descartes enfoca: um ente com todas as perfeições? Esse conceito é claro o bastante para tornar possíveis alegações confiantes e justificadas acerca do que ele de fato inclui e do que não inclui?
2. A existência, como Descartes alega, é uma perfeição, uma boa qualidade que um ente perfeito deveria ter? Parece razoável admitir que ter uma perfeição sempre torna algo melhor do ele que seria sem ela, mas isso é verdadeiro a respeito da existência? Você consegue pensar em exemplos de coisas cuja existência não as torna melhores?
3. Suponha que eu gostaria de ter um carro novo, de fato um carro novo perfeito. Eu formo uma concepção de tal entidade, incluindo todas as boas características que um carro poderia ter. A existência é uma delas? Se ela é, segue-se que o meu carro novo perfeito existe em realidade (e, se esse é o caso, onde está ele)? Esse exemplo mostra que algo está errado com o raciocínio de Descartes? Por que sim ou por que não?
4. Compare a versão de Descartes do argumento ontológico com a de Anselmo. O quão diferentes elas são e quão importantes são as diferenças? Descartes é às vezes acusado de tentar definir Deus quanto à existência simplesmente incluindo a existência como uma das características definitórias. A definição de Anselmo acaba sendo a mesma? Por que sim ou por que não?

Immanuel Kant

O filósofo alemão Immanuel Kant (1724-1804) está entre os filósofos mais importantes e influentes de todos os tempos, tendo feito contribuições centrais para a epistemologia, a metafísica, a ética, a estética e a filosofia da religião. Na seleção que segue da sua obra mais importante, a *Crítica da razão pura*, Kant oferece duas objeções ao argumento ontológico. (É claro que ele tem a versão de Descartes explicitamente em mente.) A primeira dessas é aquela brevemente considerada pelo próprio Descartes: mesmo que a propriedade de existência esteja incluída no conceito de Deus, não se segue que Deus existe, dado que ainda se pode rejeitar a aplicação desse conceito a alguma coisa e a existência junto com ele. A segunda e mais famosa objeção é que a "existência não é um predicado", ou seja, não é o tipo de propriedade que pode ser incluída na natureza essencial ou na definição de uma coisa – caso em que o conceito de Deus, tal como Descartes o entende, não é um conceito legítimo.

A Impossibilidade de uma Prova Ontológica da Existência de Deus[15]

Em todas as épocas, os homens falaram de um *ente absolutamente necessário* e, ao fazer isso, tentaram não tanto entender se e como uma coisa desse tipo admite sequer ser pensada, mas antes provar a sua existência. Naturalmente, não há nenhuma dificuldade em oferecer uma definição verbal do conceito, a saber, que é algo cuja não existência é impossível. Contudo, isso não gera nenhuma percep-

---

[15] Extraído de *The Critique of Pure Reason*, traduzido por Norman Kemp Smith (London: Macmillan, 1950).

Notas marginais (coluna esquerda)

❶ Kant está dizendo que meramente definir Deus como um ente necessário não leva a nada, sem um relato de como e por que se supõe que tal ente seja necessário (isto é, existe necessariamente).

❷ Como vimos na seleção anterior, Descartes tenta explicar como a existência de Deus pode ser tanto necessária quanto cognoscível *a priori*, por analogia com alegações sobre as propriedades essenciais de figuras como os triângulos.

❸ Kant argumenta que a verdade necessária de juízos como *todos os triângulos têm três ângulos* (ou o exemplo de Descartes *todos os triângulos têm ângulos iguais a dois ângulos retos*) não pode ser usada para explicar de que modo a existência necessária é possível. O seu ponto é que, no caso de um juízo, a necessidade é sempre meramente *hipotética*: *se* há um triângulo, então ele necessariamente tem três ângulos.

❹ Da mesma forma, assumindo, de momento, o relato de Descartes do conceito de Deus, segue-se somente que, *se* alguma coisa é um ente com todas as perfeições, então aquele ente também existe necessariamente.

❺ Contudo, assim como, se rejeitamos um triângulo (isto é, negamos que há qualquer coisa assim), podemos também consistentemente rejeitar a existência de qualquer coisa com três lados, assim também, se rejeitamos um ente com todas as perfeições, podemos consistentemente rejeitar a existência necessária de tal ente. Tudo o que decorre da concepção cartesiana de Deus, Kant está dizendo, é que, *se* houvesse tal ente, nesse caso ele existiria e existiria necessariamente — mas não que tal ente realmente exista.

❻ E assumir que a existência de Deus não pode ser rejeitada dessa maneira é assumir que tal ente necessariamente existe – assim, pois, **incorrendo em petição de princípio**.

Texto principal

ção nas condições que tornam necessário considerar a não existência de uma coisa como absolutamente impensável. ❶ São precisamente essas condições que desejamos saber para que possamos determinar se, ao recorrer a esse conceito, estamos ou não pensando alguma coisa (...)

(...) Esse conceito, num primeiro momento proposto às cegas e agora tornando tão completamente familiar, foi considerado como tendo o seu significado exposto em um número de exemplos; e, nessa acepção, todo inquérito posterior quanto à sua inteligibilidade pareceu ser deveras desnecessário. Assim, o fato de que toda proposição geométrica, como, por exemplo, a de que um triângulo tem três ângulos, é absolutamente necessária, foi tomado como oferecendo uma justificação em falar de um objeto que se encontra inteiramente fora da esfera do nosso entendimento, como se entendêssemos perfeitamente o que é isso que queremos comunicar pelo conceito daquele objeto. ❷

Todos os exemplos alegados são, sem exceção, considerados a partir de *juízos*, não de *coisas* e da sua existência. No entanto, a necessidade incondicionada de juízos não é a mesma que uma necessidade absoluta de coisas. A necessidade absoluta dos juízos é só uma necessidade condicionada da coisa ou do predicado no juízo. A proposição anterior não declara que os três ângulos são absolutamente necessários, mas que, sob a condição de que há um triângulo (ou seja, de que um triângulo é dado), três ângulos necessariamente serão encontrados nele. ❸ Tão grande, com efeito, é a influência ilusória exercida por essa necessidade lógica que, pelo simples artifício de formar um conceito *a priori* de uma coisa, de tal maneira a ponto de incluir a existência no escopo do seu significado, supusemos, nós mesmos, ter justificado a conclusão de que, como a existência necessariamente pertence ao objeto do seu conceito – sempre sob a condição de que pomos a coisa como dada (como existente) –, estamos também necessariamente, de acordo com a lei de identidade, forçados a pôr a existência do seu objeto e o fato de que tal ente é, portanto, ele mesmo absolutamente necessário – e isso, repetindo, pela razão de que a existência desse ente já foi pensada num conceito que é assumido arbitrariamente e na condição de que pomos o seu objeto. ❹

Se, numa proposição idêntica, rejeito o predicado, enquanto retenho o sujeito, a contradição é o resultado; e eu, portanto, digo que o anterior pertence necessariamente ao último. Todavia, se rejeitamos o sujeito e o predicado igualmente, não há nenhuma contradição; afinal, nada resta que possa ser contradito. Pôr um triângulo e, contudo, rejeitar os seus três ângulos é em si mesmo contraditório; porém, não há nenhuma contradição em rejeitar o triângulo junto com os seus três ângulos. O mesmo é verdadeiro para o conceito de um ente absolutamente necessário. Se a sua existência é rejeitada, rejeitamos a própria coisa com todos os seus predicados, e nenhuma questão de contradição pode então surgir. Não há nada fora dela que seria então contradito, dado que não se supõe que a necessidade da coisa seja derivada de qualquer coisa externa; nem há alguma coisa interna que seria contradita, visto que, ao rejeitar a própria coisa, nós ao mesmo tempo rejeitamos todas as suas propriedades internas. ❺ "Deus é onipotente" é um juízo necessário. A existência não pode ser rejeitada se pomos uma Deidade, isto é, um ente infinito; ora, os dois conceitos são idênticos. No entanto, se dizemos "Não há nenhum Deus", nem a onipotência nem qualquer dos seus predicados são dados; eles são um e todos rejeitados juntamente com o sujeito, e, portanto, não há a menor contradição em tal juízo.

Vimos, assim, que, se o predicado de um juízo é rejeitado junto com o sujeito, não pode resultar nenhuma contradição interna e que isso é válido não importa qual possa ser o predicado. O único modo de evitar essa conclusão é argumentar que existem sujeitos que não podem ser removidos e devem sempre permanecer. Isso, contudo, seria só um outro modo de dizer que existem sujeitos absolutamente necessários; e essa é a suposição que eu coloquei em questão, cuja possibilidade o argumento anterior admite estabelecer. ❻ Ora, eu não posso formar o mínimo conceito de uma coisa que, fosse ela rejeitada com todos os seus predicados, não deixa para trás nenhuma contradição; e, na ausência de contradição, eu não tenho, somente através de conceitos *a priori* puros, nenhum critério de impossibilidade.

...

Eu deveria ter esperado colocar um fim a essas disputas vãs e infrutíferas de um modo direto, por uma determinação precisa do conceito de existência, se não tivesse descoberto que a ilusão causada pela confusão de um predicado lógico com um real (isto é, com um predicado que determina uma coisa) está quase além da correção. Qualquer coisa que quisermos pode ser feita para servir como um predicado lógico; o sujeito pode até mesmo ser predicado de si mesmo, pois a lógica abstrai de todo conteúdo. Todavia, um predicado *determinante* é um predicado que é adicionado ao conceito do sujeito e que o amplia. Consequentemente, não deve já estar contido no sujeito.

"*Ser*" obviamente não é um predicado real, ou seja, não é um conceito de alguma coisa que poderia ser adicionado ao conceito de uma coisa. ❼ É meramente a colocação de uma coisa, ou de certas determinações, como existindo em si mesmas. Logicamente, é apenas a cópula de um juízo. A proposição "Deus é onipotente" contém dois conceitos, cada um dos quais tem o seu objeto – Deus e onipotência. A palavrinha "é" não adiciona nenhum novo predicado, mas só serve para pôr o predicado *na sua relação* com o sujeito. Se agora tomamos o sujeito (Deus) com todos os seus predicados (entre os quais a onipotência) e dizemos "Deus é", ou "Há um Deus", não anexamos nenhum novo predicado ao conceito de Deus, mas só pomos o sujeito em si mesmo com todos os seus predicados e, de fato, o pomos como sendo um *objeto* que está em relação com o meu *conceito*. O conteúdo de ambos deve ser um e o mesmo; nada pode ter sido adicionado ao conceito, que expressa meramente o que é possível pelo meu pensar o seu objeto (através da expressão "é") como absolutamente dado. ❽ Dito de outro modo, o real não contém mais do que o meramente possível. Cem táleres não reais não contêm moeda nenhuma a mais do que cem táleres possíveis. Ora, na medida em que o último significa o conceito, e o anterior o objeto e a colocação do objeto, se o anterior contivesse mais do que o último, o meu conceito, naquele caso, não expressaria o objeto todo e, portanto, não seria um conceito adequado dele. A minha posição financeira, contudo, é afetada muito diferentemente por cem táleres reais do que o é pelo mero conceito deles (isto é, da sua possibilidade). Afinal, o objeto, como ele atualmente existe, não está analiticamente contido no meu conceito, mas é adicionado ao meu conceito (que é uma determinação do meu estado) sinteticamente; e, apesar disso, os cem táleres concebidos não são eles mesmos em nada aumentados por assim adquirirem a existência fora do meu conceito. ❾

Não importa por meio de quais e de quantos predicados possamos pensar uma coisa – mesmo que a determinemos completamente –, não fazemos o menor acréscimo à coisa quando, adiante, declaramos que essa coisa *é*. De outro modo, não seria exatamente a mesma coisa que existe, mas alguma coisa mais do que tínhamos pensado no onceito, e não poderíamos, portanto, dizer que o objeto exato do meu conceito existe (...) Quando, então, penso num ente como a realidade suprema (...) a questão ainda permanece, se ele existe ou não (...)

Logo, não importa o quê e quanto o nosso conceito de um objeto possa conter, devemos sair dele se desejamos atribuir existência ao objeto. No caso de objetos dos sentidos, isso acontece através da sua conexão com alguma das nossas percepções, de acordo com leis empíricas. Porém, ao lidar com os objetos do pensamento puro, não temos meios quaisquer de conhecer a sua existência, dado que ela teria de ser conhecida de uma *maneira completamente a priori*. A nossa consciência de toda a existência (não importa se imediatamente através da percepção, ou mediatamente através de inferências que conectam alguma coisa com a percepção) pertence exclusivamente à unidade da experiência; qualquer [alegada] existência fora desse campo, ainda que não seja realmente tal que possamos declarar ser absolutamente impossível, é da natureza de uma suposição que jamais podemos estar numa posição de justificar. ❿ ...

A tentativa de estabelecer a existência de um ente supremo por meio do famoso argumento ontológico de Descartes, portanto, é meramente um excesso de trabalho e esforço perdidos; não podemos ampliar o nosso estoque de percepção [teórica] por meras ideias mais do que um mercador pode melhorar a sua posição ao adicionar alguns zeros ao seu cálculo de caixa.

❼ Kant agora ergue uma segunda e mais profunda objeção (mas talvez menos claramente correta): embora a existência seja obviamente um *predicado lógico* (ou seja, alguma coisa que pode aparecer como o predicado de um juízo, tal como quando julgamos que alguma coisa existe), ela não é um *predicado real* (ou seja, uma propriedade que pode ser parte do conceito de uma coisa de um certo tipo). Se isso é correto, então o relato cartesiano do conceito de Deus como incluindo a existência deve estar equivocado.

❽ R Kant argumenta a favor da alegação de que a existência não é um predicado real, apontando que, nos casos ordinários, dizer que alguma coisa existe (ou simplesmente que ela é) não a descreve posteriormente, mas só diz que alguma coisa satisfaz o conceito da coisa já entendido.

❾ R Da mesma forma, embora haja uma diferença importante entre cem táleres (uma unidade de moeda da qual a palavra "dólar" é derivada) que são meramente possíveis ou concebidos e cem táleres que realmente existem, essa diferença não está no conceito de cem táleres que está envolvido em cada caso (que é exatamente o mesmo).

❿ A concepção mais geral de Kant, elaborada no obra da qual essa seleção provém, é que a existência de qualquer coisa jamais pode ser determinada numa base *a priori*, mas deve, em vez disso, envolver um apelo, direta ou indiretamente, à experiência sensória. Possivelmente podem existir coisas que não podemos experimentar, mas jamais podemos ter qualquer conhecimento delas.

> *Questões para Discussão*
>
> 1. Analise novamente a réplica antecipatória de Descartes à primeira objeção de Kant (ver a Anotação 5 à seleção prévia e ao texto correspondente). Quem está certo aqui? Se a existência realmente é parte do conceito de Deus, por que não é contraditório negar que Deus existe? Isso mostra (como pensa Descartes) que Deus deve existir, ou mostra apenas que não podemos fazer uso corretamente do conceito de Deus (ou do termo "Deus") para nos referir a alguma coisa que não existe? – ainda que pudéssemos aparentemente dizer que não há nenhuma coisa real que tenha todas as propriedades tradicionalmente atribuídas a Deus.
> 2. Kant tem razão em dizer que "a existência não é um predicado real" – ou seja, não é o tipo de propriedade que pode legitimamente estar contida num conceito? Os seus exemplos mostram que a existência não é parte dos conceitos ordinários que empregamos, mas eles mostram que ela jamais poderia ser parte de algum conceito? A ideia de existência não é por uma razão ou outra vazia ou sem sentido, e assim por que não poderíamos definir um conceito que a inclui? Kant oferece algum argumento claro de que isso é impossível? Se é possível, o que (se é que algo) se segue sobre a existência de alguma coisa que satisfaz tal conceito?
> 3. As críticas de Kant à versão cartesiana do argumento ontológico também se aplicam à versão de Anselmo? Considere separadamente cada uma das principais críticas.

Um argumento contra a existência de Deus: o problema do mal

David Hume

> Seguindo a discussão relativamente breve do argumento cosmológico na seleção anterior, Hume se volta, nos *Diálogos*, a um desenvolvimeto do problema do mal, com Filo fazendo a maior parte do trabalho, após uma abertura inicial (e, do seu ponto de vista, equivocada) oferecida por Demea. (Para informação sobre Hume, junto com uma descrição dos personagens dos *Diálogos*, ver p. 631.)
>
> O interesse principal de Hume nessa discussão reside no mal físico, com apenas breves menções ao mal moral (ver a introdução do capítulo). Ele também é, ao menos na superfície, surpreendentemente relutante em considerar o problema do mal como uma refutação da alegação de que Deus existe, enfatizando, em vez disso, o modo como ele destrói o argumento positivo a favor da existência de Deus que o argumento do desígnio busca oferecer. (Mackie, na próxima seleção, refere-se a isso como uma "apresentação deveras titubeante do problema".)

O Problema do Mal,[16] Extraído de *Diálogos sobre a Religião Natural*

É a minha opinião, confesso, replicou Demea, que cada homem sente, de uma maneira, a verdade da religião dentro do seu próprio peito; e a partir de uma consciência da sua estupidez e miséria, em vez de a partir de qualquer raciocínio, é levado a buscar a proteção daquele Ente do qual ele e toda a natureza são dependentes. Tão cheias de ansiedade ou tão tediosas são até mesmo as melhores

---
[16] Extraído de *Dialogues Concerning Natural Religion* (1779).

cenas da vida que ainda a futuridade é o objeto de todas as nossas esperanças e temores. Nós incessantemente buscamos e tentamos, por orações, adoração e sacrifício, satisfazer aqueles poderes desconhecidos, a quem descobrimos, pela experiência, tão capazes de nos afligir e oprimir. Infelizes criaturas que somos! Que recurso há para nós em meio aos inúmeros males da vida? A religião não sugeriu alguns métodos de satisfação e apaziguou aqueles terrores com os quais somos incessantemente agitados e atormentados? ❶

Estou de fato persuadido, disse Filo, de que o melhor e, com efeito, o único método de trazer a todos a um senso devido de religião é por justas representações da miséria e da infelicidade dos homens. E para esse propósito um talento de eloquência e forte imaginário é mais requisitado do que o de raciocínio e argumento. É necessário provar o que todos sentem dentro de si mesmos? É somente necessário fazer-nos senti-lo, se possível, mais íntima e sensivelmente.

As pessoas, com efeito, replicou Demea, estão suficientemente convencidas dessa grande e melancólica verdade. As misérias da vida, a infelicidade dos homens, as degenerações gerais da nossa natureza, o gozo insatisfatório dos prazeres, das riquezas e das honras, essas frases tornaram-se quase proverbiais em todas as línguas. E quem pode duvidar daquilo que todos os homens declaram como o seu próprio sentimento imediato e experiência?

Nesse ponto, disse Filo, os letrados estão em perfeita concordância com os vulgos; e em todas as letras, sagradas e profanas, insistiu-se no tópico da miséria humana com a mais patética eloquência que a tristeza e a melancolia poderiam inspirar. Os poetas, que falam a partir do sentimento, sem um sistema, e cujo testemunho tem, portanto, maior autoridade, abundam em imagens dessa natureza. De Homero até o Dr. Young, toda a inspirada tribo jamais percebeu que nenhuma outra representação das coisas seria adequada ao sentimento e à observação de cada indivíduo.

Quanto às autoridades, replicou Demea, não precisas buscá-las. Olha em torno, nessa biblioteca de Cleanthes. Eu me arriscarei a afirmar que, exceto autores de ciências particulares, tais como química e botânica, que não têm nenhuma ocasião para tratar da vida humana, há dificilmente um sequer, daqueles inúmeros escritores, de quem o sentido da miséria humana, numa passagem ou noutra, não arrancou uma queixa e uma confissão dela. No mínimo, a ocasião está inteiramente daquele lado, e nenhum autor, tanto quanto posso recordar, jamais foi tão extravagante a ponto de negá-la.

Aqui deves me desculpar, disse Filo; Leibniz o negou e é talvez o primeiro que se aventurou em opinião tão atrevida e paradoxal, ao menos o primeiro que a tornou essencial ao seu sistema filosófico. ❷

E por ser o primeiro, respondeu Demea, poderia ele não ter percebido o seu erro? É esse um assunto no qual filósofos podem propor fazer descobertas, especialmente em idade tão tardia? E pode um homem esperar, por uma simples negação (já que o assunto dificilmente admite raciocínio), pôr abaixo o testemunho unido da humanidade, fundado nos sentidos e na consciência?

E por que deveria o homem, acrescentou ele, pretender uma isenção do montante de todos os outros animais? Crê em mim, Filo, a Terra inteira é amaldiçoada e poluída. Uma guerra perpétua está acesa entre todas as criaturas vivas. Necessidade, fome e desejo estimulam o forte e o corajoso; medo, ansiedade e terror agitam o fraco e o enfermo. A primeira entrada na vida dá angústia à criança recém-nascida e aos seus pais infelizes; fraqueza, impotência e aflição atendem a cada estágio dessa vida e, finalmente, ela acaba em agonia e horror.

Observa também, diz Filo, os artifícios curiosos da natureza, no sentido de tornar amarga a vida de toda criatura viva. O mais forte vive às custas dos mais fracos e os mantêm em perpétuo terror e ansiedade. Os mais fracos, também, por sua vez, geralmente vivem às custas dos mais fortes, e os irritam e molestam sem trégua. Considera aquela espécie inumerável de insetos que, ou bem são procriados no corpo de cada animal, ou voando em torno cravam nele as suas ferroadas. Esses insetos têm ainda outros, ainda menores que eles mesmos, que os atormentam. E assim, pois, de cada lado, de frente e de trás, acima e abaixo, todo animal está cercado por inimigos, que incessantemente buscam a sua miséria e destruição. ❸

❶ Demea abre a porta para Filo, sugerindo que o sofrimento e a miséria oferecem o motivo mais forte para a religião, sendo a ideia principal que a infelicidade da vida terrena faz com que as pessoas tenham esperança e anseiem pelo tipo de pós-vida feliz (a "futuridade") que a religião promete. Há pouca dúvida de que essa tem de fato sido uma motivação forte por detrás da crença religiosa – ainda que a reflexão sobre o resultado da discussão seguinte pareça pôr em questão a racionalidade de qualquer expectativa desse tipo.

❷ R O fato do sofrimento e da miséria humana espalhados seria reconhecido por quase todos. Contudo, o filósofo alemão Leibniz poderia parecer negar isso, alegando que esse mundo é o "melhor de todos os mundos possíveis".

❸ Uma outra dimensão do problema do mal, uma dimensão considerada com frequência como particularmente difícil, é o problema do sofrimento animal – tenha isso em mente ao considerar as teodiceias (soluções buscadas para o problema) discutidas por Mackie e Hick nas próxima seleções.

O homem somente, disse Demea, parece ser, em parte, uma exceção a essa regra. Ora, pela combinação em sociedade, ele pode facilmente dominar leões, tigres e ursos, cuja maior força e agilidade naturalmente os capacitam a dele alimentar-se.

...

[Filo:] (...) considera, Demea, essa mesma sociedade pela qual sobrepujamos aquelas feras selvagens, os nossos inimigos naturais; quais novos inimigos ela mesma não levanta para nós? Qual dor e miséria ela não ocasiona? O homem é o maior inimigo do homem. Opressão, injustiça, desprezo, contumélia, violência, sedição, guerra, calúnia, traição, fraude; por esses meios eles se atormentam mutuamente, e em pouco tempo dissolveriam aquela sociedade que tinham formado se não fosse pelo temor de ainda maiores males que devem associar-se à sua separação. ❹

Porém, ainda que esses insultos externos, disse Demea, causados pelos animais, causados pelos homens, causados por todos os elementos que nos assaltam, formem um catálogo aterrorizante de dores, eles não são nada em comparação com aqueles que surgem dentro de nós mesmos, da condição destemperada da nossa mente e do nosso corpo. Quantos estão sob o persistente tormento de doenças? ❺

...

As desordens da mente, continuou Demea, ainda que mais secretas, não são talvez menos deprimentes e vexatórias. Remorso, vergonha, angústia, raiva, desapontamento, ansiedade, temor, desânimo, desespero; quem jamais atravessou a vida sem incursões cruéis a partir desses elementos atormentantes? Quantos jamais sentiram levemente quaisquer melhores sensações? Trabalho e pobreza, tão temidos por todos, são o montante certo do número de longe maior, e aquelas poucas pessoas privilegiadas, que gozam de facilidade e opulência, jamais alcançam contentamento ou verdadeira felicidade. Todos os bens da vida, unidos, não fariam um homem muito feliz; porém, todos os males, unidos, fariam com efeito uma desventura, e praticamente qualquer um deles (e quem pode estar livre de todos), mais ainda, frequentemente a ausência de um bem (e quem pode possuir todos) é o suficiente para tornar a vida inelegível.

...

E é possível, Cleanthes, disse Filo, que depois de todas essas reflexões, e de infinitamente outras mais que poderiam ser sugeridas, ainda possas perseverar no teu antropomorfismo e afirmar que os atributos morais da Deidade, a sua justiça, benevolência, misericórdia e retidão, são da mesma natureza que essas virtudes nas criaturas humanas? O seu poder nós admitimos ser infinito; tudo o que ele quer é executado, mas nem o homem nem qualquer outro animal é feliz; portanto, ele não quer a felicidade deles. A sua sabedoria é infinita; ele jamais está equivocado em escolher os meios para um fim, mas o curso da natureza não tende à felicidade humana ou animal. Portanto, ele não está estabelecido para esse propósito. Pelo escopo inteiro do conhecimento humano, não há inferências mais certas e infalíveis do que essas. Em que medida, então, a sua benevolência e misericórdia se assemelham à benevolência e à misericórdia dos homens? ❻

As antigas questões de Epicuro ainda não estão respondidas.

Ele está disposto a evitar o mal, mas não é capaz? Nesse caso, ele é impotente. Ele é capaz, mas não está disposto? Nesse caso, ele é malevolente. Ele tanto é capaz quanto está disposto? De onde, então, vem o mal? ❼

Atribuis, Cleanthes (e eu creio com justiça), um propósito e uma intenção à natureza. Mas o que, te suplico, é o objeto daquele curioso artifício e maquinaria que ela exibiu em todos os animais? A preservação de indivíduos somente e a propagação da espécie. Parece o bastante para o seu propósito, se tal posição for puramente sustentada no universo, sem qualquer cuidado ou preocupação com a felicidade dos membros que a compõem. Não há nenhum recurso para esse propósito: nenhuma maquinaria no intuito de meramente dar prazer ou comodidade; nenhuma provisão de pura alegria e contentamento; nenhuma indulgência sem alguma carência ou necessidade acompanhando-a. Ao menos, os poucos fenômenos dessa natureza são suprabalanceados por fenômenos opostos, de importância ainda maior.

---

❹ Aqui temos exemplos do mal *moral*.

❺ A doença é uma parte do problema do mal *natural* (ao menos na medida em que as doenças não são causadas diretamente pelas ações humanas – tal como pelo uso de armas biológicas).

❻ A questão levantada é se a bondade de Deus (a misericórdia e a benevolência – e também talvez a justiça) são as mesmíssimas qualidades (ainda que versões mais perfeitas delas) que atribuímos como virtudes aos seres humanos. Contudo, se não são, qual seria o ponto ou a justificação de usar aqueles termos para descrever Deus?

❼ Aqui está o cerne do problema, que pode ser reformulado como um argumento para a conclusão de que Deus (entendido de acordo com a concepção padrão) não existe.

O nosso senso de música, harmonia e, por conseguinte, beleza de todos os tipos dá satisfação, sem ser absolutamente necessário, para a preservação e a propagação da espécie. Mas que dores atormentantes, por outro lado, surgem da gota, das pedras no rim, das melancolias, das dores de dente, dos reumatismos; onde o ferimento ao animal-maquinismo é ou pequeno ou incurável? Alegria, riso, jogo, brincadeira parecem satisfações gratuitas, que não têm nenhuma tendência maior; irritabilidade, melancolia, descontentamento, superstição são dores da mesma natureza. Como, então, a benevolência divina exibe a si mesma, no sentido dado por vocês, antropomorfistas? Ninguém senão místicos, como vocês gostavam de chamar, pode explicar essa estranha mistura de fenômenos, derivando-a de atributos infinitamente perfeitos, mas incompreensíveis. ❽

E tu, finalmente, disse Cleanthes sorrindo, revelaste as tuas intenções, Filo? A tua longa concordância com Demea, de fato, surpreendeu-me um pouco, mas descubro que estavas todo esse tempo erigindo uma oculta bateria [de ataques] contra mim. E devo confessar que agora caíste num assunto digno do teu espírito nobre de oposição e controvérsia. Se puderes completar o presente ponto e provar que a humanidade é infeliz e corrupta, há de imediato um fim de toda religião. Ora, que propósito há em estabelecer os atributos naturais da Deidade, enquanto os morais ainda são duvidosos e incertos?

Ficas ofendido muito facilmente, replicou Demea, com as mais inocentes opiniões, e também com as mais geralmente reconhecidas, mesmo entre os próprios religiosos e devotos; e nada pode ser mais surpreendente do que encontrar um tópico como esse, concernente à maldade e à miséria do homem, acusado de não menos do que ateísmo e profanidade. Não têm todos os piedosos religiosos e pregadores que satisfizeram a sua retórica sobre um assunto tão fértil, digo, não deram eles facilmente uma solução de quaisquer dificuldades que podem advir a ele? Esse mundo não é senão um ponto em comparação com o universo; essa vida não é senão um momento em comparação com a eternidade. Os presentes fenômenos do mal, portanto, são retificados em outras regiões e em algum período futuro de existência. E os olhos dos homens, estando então abertos a visões mais amplas das coisas, veem a conexão inteira das leis gerais, traçando, com adoração, a benevolência e a retidão da Deidade através de todos os labirintos e intricamentos da sua providência. ❾

Não!, respondeu Cleanthes, não! Essas suposições arbitrárias jamais podem ser admitidas, contrariamente à questão de fato, visível e incontestável. Como pode qualquer causa ser conhecida senão a partir dos seus efeitos conhecidos? Como pode alguma hipótese ser provada senão a partir dos fenômenos manifestos? Estabelecer uma hipótese sobre outra é construir inteiramente no ar, e o máximo que jamais atingimos, por essas conjecturas e ficções, é verificar a mera possibilidade da nossa opinião; contudo, jamais podemos nós, sob tais termos, estabelecer a sua realidade.

O único método de dar suporte à benevolência divina (o que eu voluntariamente abraço) é negar absolutamente a miséria e a maldade do homem. As tuas representações são exageradas; as tuas visões de melancolia são, em sua maior parte, fictícias; as tuas inferências são contrárias ao fato e à experiência. A saúde é mais comum do que a doença, o prazer é mais comum do que a dor, a felicidade é mais comum do que a miséria. E, para um aborrecimento com a qual nos deparamos, chegamos, no cálculo, a uma centena de entretenimentos. ❿

Admitindo a tua posição, respondeu Filo, a qual, contudo, ainda é extremamente duvidosa, deves, ao mesmo tempo, reconhecer que, se a dor for menos frequente do que o prazer, ela é infinitamente mais violenta e durável. Uma hora dela é geralmente capaz de compensar um dia, uma semana, um mês das nossas insípidas diversões comuns. E quantos dias, semanas e meses são passados por muitos nos mais agudos tormentos? O prazer, raramente presente em uma ocasião, jamais é capaz de atingir êxtase e enlevamento; e em nenhum caso ele pode continuar por qualquer tempo no seu mais elevado pico e altitude. Os espíritos evaporam, os nervos relaxam, a fábrica fica desordenada e o entretenimento rapidamente degenera em fadiga e mal-estar. No entanto, a dor frequentemente, bom Deus, quão frequentemente!, eleva-se à tortura e à agonia; e, quanto

---

❽ **R** Filo alude aqui à concepção de Demea de que os atributos de Deus são incapazes de ser entendidos pelos seres humanos, caso em que seria impossível argumentar que um ente com aqueles atributos evitaria o mal. (Contudo, se não temos nenhum entendimento do tipo de ente em questão, nesse caso a concepção padrão e, por conseguinte, a própria alegação de que Deus existe deixa de ter qualquer conteúdo significativo).

❾ **PARE** Os males do tipo que Hume está discutindo poderiam ser genuinamente "retificados em outras regiões e em algum período futuro da existência"? Alguma coisa que acontece naquelas "outras regiões" ou "períodos futuros" poderia realmente solucionar o problema?

❿ **R** Cleanthes argumenta que, se temos somente a nossa situação terrena para continuar, e se ela é realmente tão má quanto Filo alega, então não há nenhuma razão para esperar que um estado desse mesmo tipo diferente, mesmo se possível, realmente ocorrerá. Portanto, o teísta deve negar que a descrição de Filo seja correta, argumentando que os males foram grandemente exagerados.

mais ela continua, mais ainda ela se torna genuína agonia e tortura. A paciência exaure-se, a coragem esgota-se e a melancolia prende-nos, e nada dá termo à nossa miséria senão a remoção da sua causa ou um outro evento, que é a única cura de todo mal, mas que, por causa da nossa loucura natural, consideramos com ainda maior horror e consternação.

Todavia, para não insistir nesses assuntos, continuou Filo, ainda que maximamente óbvios, certos e importantes, devo fazer uso de liberdade para te advertir, Cleanthes, de que puseste essa controvérsia numa questão maximamente perigosa e estás inconscientemente introduzindo um ceticismo total aos mais essenciais artigos de teologia natural e revelada. O quê!? Não há nenhum método de fixar um fundamento justo para a religião, a menos que reconheçamos a felicidade da vida humana e defendamos que uma existência continuada, mesmo neste mundo, com todas as nossas presentes dores, enfermidades, aborrecimentos e loucuras, é elegível e desejável!? Mas isso é contrário ao sentimento e à experiência de todos; é contrário a uma autoridade tão estabelecida que nada pode subvertê-la; nenhuma prova decisiva pode jamais ser produzida contra essa autoridade, e nem é possível para ti calcular, estimar e comparar todas as dores e todos os prazeres na vida de todos os homens e de todos os animais. Então, porque colocas o sistema todo da religião sobre um ponto, que, por sua própria natureza, deve ficar para sempre incerto, tacitamente confessas que aquele sistema é igualmente incerto.

Porém, admitindo tu o que jamais será acreditado, ao menos o que jamais possivelmente podes provar, a saber, que a felicidade animal, ou ao menos a humana, nessa vida, excede a sua miséria, ainda não fizeste nada; afinal, isso não é, de modo algum, o que esperamos de um poder infinito, de uma sabedoria infinita e de uma bondade infinita. Por que, em geral, há qualquer forma de miséria no mundo? ⓫ Não pelo acaso, certamente. A partir de alguma causa, então. É a partir da intenção da Deidade? Mas ela é perfeitamente benevolente. Ela é contrária à sua intenção? Mas ela é todo-poderoso. Nada pode abalar a solidez desse raciocínio, tão breve, tão claro, tão decisivo, exceto se afirmamos que esses assuntos excedem toda a capacidade humana e que as nossas medidas comuns de verdade e falsidade não são aplicáveis a eles, um tópico no qual eu insisti o tempo todo, mas que tu, desde o começo, rejeitaste com escárnio e indignação. ⓬

No entanto, eu ficarei contente em retirar-me ainda desse entrincheiramento, pois nego que jamais possas forçar-me a entrar nele; permitirei que a dor ou a miséria no homem seja *compatível* com o poder infinito e a bondade na Deidade, mesmo no teu sentido desses atributos: o que avançaste com todas essas afirmações? Uma mera compatibilidade possível não é suficiente. Deves *provar* esses atributos puros, não misturados e incontroláveis, a partir dos fenômenos presentes misturados e confusos, e a partir desses somente. Uma tarefa esperançosa! Fossem os fenômenos jamais tão puros e não misturados, sendo, contudo, finitos, eles seriam insuficientes para tal propósito. E mais ainda quando são também tão destoantes e discordantes!

Aqui, Cleanthes, encontro-me tranquilo em meu argumento. Aqui, eu triunfo. Anteriormente, quando argumentamos acerca dos atributos naturais de inteligência e desígnio, eu precisava de toda a minha sutileza cética e metafísica para escapar da tua apreensão. Em muitas concepções do universo, e das suas partes, particularmente as últimas, a beleza e a aptidão de causas finais impressionam-me com tal força irresistível que todas as objeções parecem (o que eu acredito que elas realmente sejam) meras queixas e sofismas; nem podemos imaginar, então, como nos foi jamais possível dar-lhes algum peso. Porém, não há nenhuma visão da vida humana ou da condição da humanidade a partir da qual, sem a maior violência, possamos inferir os atributos morais ou aprender aquela benevolência infinita, conjugada com poder infinito e sabedoria infinita, que devemos descobrir somente pelos olhos da fé. É a tua vez, agora, de puxar o remo de trabalho e dar suporte às tuas sutilezas filosóficas contra os ditados da razão e da experiência manifestas. ⓭

...

Hesito em não admitir, disse Cleanthes, que fui capaz de suspeitar da repetição frequente da palavra *infinito*, que encontramos em todos os escritores de teologia, para saborear mais de lau-

---

⓫ Filo afirma que essa resposta não serve de nada, uma vez que poder infinito e bondade eliminariam todo mal.

⓬ [PARE] Há algum modo pelo qual o teísta possa responder a esse argumento bastante simples que não seja retratando-se com a alegação de que os seres humanos jamais podem realmente entender tais questões?

⓭ E mesmo se o mal não fosse simplesmente incompatível com a existência desse ente (o que Filo não admite realmente), a tentativa de Cleanthes de inferir (via argumento do desígnio) um Deus que satisfaz a concepção padrão está, assim Filo argumenta, fatalmente solapada até mesmo quando os atributos morais de Deus estão em questão.

datório do que de filosofia, e que quaisquer propósitos de raciocínio, e inclusive de religião, estariam mais bem-servidos se ficássemos satisfeitos com expressões mais acuradas e mais moderadas. Os termos *admirável*, *excelente*, *superlativamente grande*, *sábio* e *santo* enchem suficientemente a imaginação dos homens, e qualquer coisa além, para além disso, leva a absurdidades e não tem nenhuma influência sobre as nossas afecções ou nossos sentimentos. Assim, pois, no presente assunto, se abandonamos toda analogia humana, como parece ser a tua intenção, Demea, temo que abandonemos toda religião e não retenhamos nenhuma concepção do grande objeto da nossa adoração. Se preservamos a analogia humana, devemos para sempre considerar impossível reconciliar qualquer mistura de mal no universo com os atributos infinitos; muito menos podemos jamais provar os últimos a partir do primeiro. Contudo, supondo que o Autor da Natureza é finitamente perfeito, ainda que excedendo de longe a humanidade, uma abordagem satisfatória do mal natural e moral pode então ser dada, e todo fenômeno inconveniente pode ser explicado e ajustado. Um mal menor pode então ser escolhido no intuito de evitar um mal maior; inconveniências podem ser submetidas no intuito de alcançar um fim desejável e, numa palavra, a benevolência, regulada pela sabedoria e limitada pela necessidade, pode produzir apenas um mundo como o presente. ⓴

De ti, Filo, que és tão pronto em dar início a concepções, reflexões e analogias, eu com alegria ouviria extensamente, sem interrupção, a tua opinião sobre essa nova teoria; e, se ela merece a nossa atenção, podemos posteriormente, com mais tempo, dar-lhe uma forma.

As minhas opiniões, respondeu Filo, não são dignas de serem tornadas um mistério; portanto, sem qualquer cerimônia, afirmarei o que me ocorre com respeito ao presente assunto. Deve-se admitir, eu penso, que, se de uma inteligência muito limitada, a quem devemos supor extremamente sem familiaridade com o universo, fosse assegurado que seria a produção de um ente muito bom, sábio e poderoso, ainda que finito, ela iria, a partir das suas conjecturas, formar *de antemão* uma noção diferente dele com respeito ao que descobrimos que ele é pela *experiência*; nem ela jamais imaginaria, a partir meramente desses atributos da causa, da qual está informada, que o efeito poderia ser tão cheio de vício, miséria e desordem, como se manifesta em sua vida. Supondo agora que essa pessoa fosse trazida ao mundo, ainda com a garantia de que foi ela o acabamento de tal Ente sublime e benevolente, ela poderia, talvez, ficar surpresa pelo desapontamento, mas jamais se retrataria da sua crença anterior, se fundada em algum argumento muito sólido, dado que tal inteligência limitada deve perceber a sua própria cegueira e ignorância e deve admitir que podem existir muitas soluções desses fenômenos que, para sempre, fugirão à sua compreensão. Todavia, supondo, e esse é o caso real com relação ao homem, que essa criatura não está convencida com antecedência de uma inteligência suprema, benevolente e poderosa, mas é deixada para compor tal crença a partir da aparência das coisas, isso modifica o caso inteiramente, e nem ela jamais encontrará uma razão para tal conclusão. Ela pode estar plenamente convencida dos estreitos limites do seu entendimento; porém, isso não a ajudará a formar uma inferência com respeito à bondade de poderes superiores, visto que ela deve formar aquela inferência a partir do que sabe, não a partir daquilo do que é ignorante. Quanto mais exageras a sua fraqueza e ignorância, mais tímida a deixas, e dás a ela a maior suspeita de que tais assuntos estão para além do alcance das suas faculdades. És obrigado, portanto, a argumentar com ela meramente a partir de fenômenos conhecidos e a abandonar toda suposição ou conjectura arbitrária.

Eu te mostrei uma casa ou um palácio onde não havia nem sequer um cômodo conveniente ou agradável; onde as janelas, as portas, as lareiras, as passagens, as escadas e a economia toda da construção eram a fonte de barulho, confusão, fadiga, escuridão e extremos de calor e frio; certamente condenarias o planejamento sem maior exame. O arquiteto em vão exibiria a sua sutileza e provaria a ti que, se essa porta ou aquela janela fossem alteradas, males maiores seriam acarretados. O que ele diz pode ser estritamente verdadeiro: a alteração de uma parte particular, enquanto as outras partes da construção permanecem, pode somente aumentar as inconveniências. Contudo,

⓴ Cleanthes sugere a possibilidade de uma concepção diferente de Deus: como um ente com poderes mais limitados, a partir daí permitindo que o mal seja explicado pela natureza recalcitrante do material com o qual Deus tem de trabalhar.

Essa é talvez a resposta ao problema do mal que requer o mínimo de modificação da posição teística tradicional. (A possibilidade oposta, de um Deus com poder infinito, mas com bondade limitada, é raramente considerada.)

ainda afirmarias em geral que, se o arquiteto tivesse tido talento e boas intenções, ele poderia ter formado tal plano do todo e ajustado as partes de tal maneira que teria remediado todas ou quase todas as inconveniências. A sua ignorância, ou mesmo a tua própria ignorância de tal plano, jamais te convenceria da impossibilidade dele. Se encontras muitas inconveniências e deformidades na construção, sempre, sem entrar em qualquer detalhe, condenarás o arquiteto.

De forma breve, repito a questão: é o mundo, considerado em geral e tal como aparece a nós nessa vida, diferente do que um homem ou tal ente limitado, de antemão, esperaria de uma Deidade muito poderosa, sábia e benevolente? Deve ser uma estranha pré-concepção afirmar o contrário. E a partir daí concluo que, não importa o quão consistente o mundo possa ser, admitindo certas suposições e conjecturas, com a ideia dessa Deidade ele jamais pode oferecer-nos uma inferência acerca da existência dela. A consistência não é absolutamente negada, apenas a inferência. As conjecturas, especialmente qundo a infinitude está excluída dos atributos divinos, talvez possam ser suficientes para provar uma consistência, mas jamais podem ser fundamentos para qualquer inferência. ⓯

Parece haver quatro circunstâncias das quais dependem todas ou as mais importantes partes dos males que molestam as criaturas sensíveis, e não é impossível que todas essas circunstâncias possam ser necessárias e inevitáveis. Sabemos tão pouco para além da vida comum, ou mesmo da vida comum, que, com respeito à administração de um universo, não há nenhuma conjectura, não importa o quão extravagante, que possa não ser justa, nem qualquer outra que, conquanto plausível, não possa ser errônea. Tudo o que cabe ao entendimento humano, nessa profunda ignorância e obscuridade, é ser cético, ou ao menos cauteloso, e não admitir qualquer hipótese seja qual for, muito menos qualquer uma que não tenha o suporte de nenhuma aparência de probabilidade. Ora, isso eu afirmo ser o caso com relação a todas as causas do mal e as circunstâncias das quais ele depende. Nenhuma delas se manifesta à razão humana, no mínimo grau, como necessária ou inevitável, e nem podemos supô-las dessa forma sem a mais extrema licença da imaginação.

A *primeira* circunstância que introduz o mal é aquele planejamento ou aquela economia da criação animal pela qual as dores, bem como os prazeres, são empregadas para excitar todas as criaturas à ação e fazê-las vigilantes na grande obra de autopreservação. Agora, o prazer somente, em seus vários graus, parece suficiente ao entendimento humano para esse propósito. Todos os animais poderiam estar constantemente num estado de prazer; porém, quando incitados por alguma das necessidades da natureza, tais como a sede, a fome, a vestimenta, em vez de dor, poderiam sentir uma diminuição de prazer, por meio da qual poderiam ser incitados a procurar aquele objeto que é necessário para a sua subsistência. Os homens buscam o prazer tão avidamente quanto evitam a dor; ao menos, poderiam ter sido assim constituídos. Parece, portanto, manifestamente possível levar adiante a ocupação da vida sem qualquer dor. Por que, então, qualquer animal sempre se torna suscetível de tal sensação? Se os animais podem ficar livres dela numa hora, poderiam gozar de uma perpétua isenção dela; e ela exigiu um planejamento tão particular dos seus órgãos para produzir aquele sentimento quanto para dotá-los com visão, audição ou qualquer um dos sentidos. Devemos conjecturar que tal planejamento foi necessário sem qualquer manifestação da razão? E devemos construir sobre aquela conjectura tal como sobre a mais certa verdade?

Todavia, uma capacidade de dor não produziria sozinha a dor se não fosse pela *segunda* circunstância, a saber, a condução do mundo por leis gerais; e nesse momento isso parece necessário para um ente muito perfeito. É verdade; se todas as coisas fossem conduzidas por volições particulares, o curso da natureza seria perpetuamente quebrado, e nenhum homem poderia empregar a sua razão na condução da vida. Mas não poderiam outras vontades particulares remediar essa inconveniência? Brevemente, não poderia a Deidade exterminar todo o mal, onde quer que ele fosse encontrado, e produzir todo o bem, sem qualquer preparação ou longo progresso de causas e efeitos?

Além disso, devemos considerar que, de acordo com a presente economia do mundo, o curso da natureza, ainda que suposto exatamente regular, a nós to-

---

⓯ Filo responde que o mundo que em realidade encontramos não é o que esperaríamos que mesmo um Deus limitado fosse produzir – que, embora ele possa ser compatível com a existência de tal ente, não pode oferecer nenhum argumento positivo para a sua existência. **PARE** Filo procede enumerando quatro circunstâncias principais que resultam no mal e no sofrimento de vários tipos, alegando que nenhuma dessas pode plausivelmente ser pensada como sendo necessária e inevitável, mesmo para um Deus limitado. Pense cuidadosamente sobre cada uma delas enquanto você lê. Ele tem razão?

davia não aparece assim, e muitos eventos são incertos, muitos desapontam as nossas expectativas. Saúde e doença, calma e tempestade, com um número infinito de outros acidentes cujas causas são desconhecidas e variáveis, têm uma grande influência tanto sobre as fortunas de pessoas particulares quanto sobre a prosperidade de sociedades públicas; e, com efeito, toda a vida humana, de alguma maneira, depende de tais acidentes. Um ente, portanto, que conhece as origens secretas do universo poderia facilmente, por vontades particulares, reverter todos esses acidentes ao bem da humanidade, tornando o mundo todo feliz, sem descobrir a si mesmo em alguma operação. Uma frota cujos propósitos fossem salutares à sociedade sempre poderia deparar-se com um bom vento; bons príncipes sempre gozar de boa saúde e longa vida; as pessoas nascidas para o poder e para a autoridade sempre ser dispostas com bons temperamentos e disposições virtuosas. Um pequeno número de eventos como esses, conduzidos regular e sabiamente, mudariam a face do mundo; e, todavia, não mais pareceriam incomodar o curso da natureza ou confundir a conduta humana do que a presente economia das coisas, quando as causas são secretas, variáveis e compostas (...) Por tudo o que sabemos, podem existir boas razões para que a Providência não se interponha dessa maneira, mas elas nos são desconhecidas; e ainda que a mera suposição de que tais razões existem possa ser suficiente para salvar a conclusão acerca dos atributos divinos, ela jamais pode ser suficiente para *estabelecer* aquela conclusão. **16**

Se todas as coisas no universo são conduzidas por leis gerais, e se os animais tornam-se suscetíveis a dor, dificilmente parece possível senão que alguma doença deve surgir nos vários choques da matéria e na variada concorrência e oposição de leis gerais. Contudo, essa doença seria muito rara, não fosse pela *terceira* circunstância que eu me propus mencionar, a saber, a grande frugalidade com a qual todos os poderes e as faculdades estão distribuídos para todo ente particular. Tão bem ajustados são os órgãos e as capacidades de todos os animais, e tão bem adaptados à preservação deles, que, até onde a história ou a tradição alcança, não parece haver qualquer espécie singular que já tenha sido extinta no universo. **17**

Todo animal tem os dotes requeridos; porém, esses dotes são concedidos com uma economia tão escrupulosa que qualquer diminuição considerável deve destruir inteiramente a criatura. Onde quer que um poder seja aumentado, há um abatimento proporcional nos outros. Os animais que excedem em leveza são frequentemente defeituosos em força. Aqueles que possuem ambas ou são imperfeitos em algum dos seus sentidos, ou são oprimidos pelos mais instigantes desejos. A espécie humana, cuja excelência principal é a razão e a sagacidade, é de todas as outras a que mais tem necessidade e é a mais deficiente em vantagens corporais; sem roupas, sem armas, sem comida, sem abrigo, sem qualquer conveniência da vida, exceto o que devem à sua própria habilidade e indústria. Em suma, a natureza parece ter formado um cálculo exato das necessidades das criaturas dela; e, como um *mestre rigoroso*, forneceu-lhes pouco mais poderes ou dotes do que os que são estritamente suficientes para suprir aquelas necessidades. Um *pai indulgente* teria outorgado uma ampla provisão, no intuito de guardar contra acidentes e assegurar a felicidade e o bem-estar da criatura, na mais desafortunada concorrência de circunstâncias. Nenhum curso da vida teria sido cercado por precipícios que, a menor saída do caminho verdadeiro, por engano ou necessidade, envolvesse-nos em tal miséria e ruína. Alguma reserva, algum fundo teria sido providenciado para assegurar a felicidade, pois nem os poderes nem as necessidades teriam sido ajustados com uma economia tão rígida. O Autor da Natureza é inconcebivelmente poderoso: a sua força é tida como grande, se não completamente inexaurível, e não há qualquer razão, tanto quanto possamos julgar, para fazer com que ele observe essa estrita frugalidade em suas ligações com as criaturas. Teria sido melhor, fosse o seu poder extremamente limitado, ter criado um número menor de animais e tê-los dotado com mais faculdades para a sua felicidade e preservação. Jamais é considerado prudente um construtor que assume um plano além do que a sua provisão o capacitará a terminar.

No intuito de curar a maioria dos males da vida humana, exijo não que o homem tivesse as asas da águia, a leveza do cervo, a força do touro, os braços

16 Uma questão frequentemente levantada, tanto sobre o mal natural quanto sobre o moral, é por que Deus não intervém (talvez de um modo muito sutil e não óbvio), quando desastres realmente horríveis ou crimes estão prestes a ocorrer. Talvez haja valor num mundo governado pelas leis regulares (ou, para antecipar discussões em seleções posteriores, um mundo que contenha vontade livre). Mas o seu valor é tão grande e o dano feito a ele por intervenções mesmo ocasionais e sem grande destaque tão sério que seja melhor para Deus não intervir, mesmo quando grandes desastres poderiam ser evitados por ele agir assim?

17 Agora sabemos, naturalmente, que existem espécies que foram "extintas".

do leão, as escamas do crocodilo ou do rinoceronte; muito menos exijo eu a sagacidade de um anjo ou de um querubim. Eu me satisfaço em ganhar um aumento num só poder ou faculdade da sua alma. Que se lhe permita ser dotado de uma propensão maior à diligência* e ao labor, um impulso e atividade da mente mais vigorosos, uma inclinação mais constante à ocupação e à aplicação. Que a espécie toda possua naturalmente uma diligência igual àquela que muitos indivíduos são capazes de atingir por hábito e reflexão, tal que as consequências mais benéficas, sem qualquer mistura de mal, são o resultado imediato e necessário desse dote. Quase todos os males morais, bem como os males naturais da vida humana, surgem a partir da doença; fosse a nossa espécie, pela constituição original da sua estrutura, isenta desse vício ou enfermidade, disso decorreriam imediatamente o perfeito cultivo da terra, a melhoria das artes e manufaturas, a execução exata de todo ofício e dever, e os homens de pronto poderiam plenamente alcançar aquele estado de sociedade, que é tão imperfeitamente atingido pelo mais bem regulado governo. Contudo, dado que a diligência é um poder, e o mais valioso de todos, a natureza parece determinada, adequadamente às suas máximas habituais, a dotá-la nos homens com uma mão muito econômica, e antes para puni-lo severamente por sua deficiência nela do que para recompensá-lo por suas obtenções. Ela planejou de tal maneira a sua estrutura que nada senão a necessidade mais violenta pode obrigá-lo ao trabalho, e ela emprega todas as suas outras necessidades para superar, ao menos em parte, a necessidade de diligência e para dotá-lo com alguma partilha de uma faculdade da qual considerou apto naturalmente privá-lo. Aqui, as nossas exigências podem ser assumidas como muito modestas e, portanto, ainda tanto mais razoáveis. Se requerêssemos os dotes de agudeza e juízo superiores, de um gosto mais delicado de beleza, de uma sensibilidade mais fina à benevolência e à amizade, poder-se-ia dizer de nós que impiamente pretendemos quebrar a ordem da natureza, que queremos exaltar a nós mesmos numa categoria mais elevada de ser, que os presentes que requeremos, não sendo adequados ao nosso estado e condição, seriam somente perniciosos a nós. Mas é difícil, ouso repeti-lo, é difícil que, sendo postos num mundo tão cheio de desejos e necessidades, onde quase todo ente e elemento ou é nosso inimigo ou recusa-nos a sua assistência, tivéssemos também de lutar com o nosso próprio temperamento e fôssemos privados daquela faculdade, a qual somente pode esquivar-se desses múltiplos males.

A *quarta* circunstância de onde surge o mal e a miséria do universo é a habilidade imprecisa de todas as origens e os princípios da grande máquina da natureza. Deve-se reconhecer que existem poucas partes do universo que parecem não servir a algum propósito e cuja remoção não produziria um defeito visível e uma desordem no todo. As partes estão todas conectadas; e nenhuma pode ser tocada sem afetar o restante em maior ou menor grau. Contudo, ao mesmo tempo, deve-se observar que nenhuma dessas partes ou princípios, conquanto úteis, estão ajustadas tão precisamente de modo a manterem-se dentro daqueles limites nos quais consiste a sua utilidade; em vez disso, elas estão, todas elas, em toda ocasião, aptas a correr de um extremo ou outro. Poder-se-ia imaginar que essa grande produção não tivesse ainda recebido a última mão do artífice, tão pouco finalizados em toda parte e tão ásperos são os golpes com as quais é executada. Assim, pois, os ventos são requeridos para trazer os vapores ao longo da superfície do globo e para assistir os homens na navegação; porém, o quão frequentemente, levantando-se as tempestades e os furacões, eles se tornam perniciosos? As chuvas são necessárias para nutrir todas as plantas e os animais da terra; porém, o quão, tantas vezes, elas são defeituosas? O quão frequentemente são excessivas? O calor é exigido para toda a vida e vegetação, mas nem sempre é encontrado na devida proporção. ⓲ Da mistura e secreção dos humores e sucos do corpo dependem a saúde e a prosperidade do animal; porém, as partes não realizam regularmente a sua função própria. O que é mais útil do que todas as paixões da mente, a ambição, a vaidade, o amor e a ira? Mas o quão frequentemente elas quebram os seus laços e causam as maiores convulsões na sociedade? Não há nada tão vantajoso

---

⓲ Esse é um gesto rápido diante do sofrimento que resulta de vários tipos de desastres naturais, o mais óbvio tipo de mal natural.

---

* N. de T. Cf., no original, a palavra *industry*.

no universo, mas que com frequência se torna pernicioso por seu excesso ou defeito; nem está a natureza protegida, com a necessária acuidade, contra toda desordem ou confusão. Talvez a irregularidade jamais seja tão grande a ponto de destruir uma espécie, mas ela é suficiente para envolver os indivíduos em ruína e miséria.

Da concorrência, então, dessas quatro circunstâncias depende de fato toda ou a maior parte do mal natural. Fossem todas as criaturas vivas incapazes de dor, ou fosse o mundo administrado por volições particulares, o mal jamais poderia ter encontrado acesso no universo; fossem os animais dotados com uma ampla provisão de poderes e faculdades, além do que requer a estrita necessidade, ou fossem as diversas fontes e princípios do universo tão precisamente estruturados a ponto de preservar sempre o justo temperamento e meio, deveria ter havido muito pouco mal em comparação com o que sentimos no presente. O que, então, devemos enunciar nesse momento? Devemos dizer que essas circunstâncias não são necessárias e que poderiam facilmente ter sido alteradas no planejamento do universo? Essa decisão parece por demais presunçosa para criaturas tão cegas e ignorantes. Sejamos mais modestos em nossas conclusões. Admitamos que, se a bondade da Deidade (quero dizer, uma bondade como a humana) pudesse ser estabelecida em quaisquer razões toleráveis *a priori*, esses fenômenos, embora inconvenientes, não seriam suficientes para subverter aquele princípio, mas poderiam facilmente, de algum modo desconhecido, ser reconciliáveis com ele. Afirmemos ainda que, na medida em que essa bondade não está estabelecida de antemão, mas deve ser inferida a partir de fenômenos, não pode haver motivos para tal inferência, embora haja tantos males no universo e embora esses males pudessem tão facilmente ter sido remediados, até onde se pode admitir que o entendimento humano é capaz de julgar sobre tal assunto. ❶❾ Sou cético o bastante para admitir que as más aparências, não obstante todos os meus raciocínios, podem ser compatíveis com tais atributos como supões: porém, certamente elas jamais podem provar esses atributos. Tal conclusão não pode resultar do ceticismo, mas deve erguer-se a partir dos fenômenos e da nossa confiança nos raciocínios que deduzimos a partir desses fenômenos.

Olha esse universo ao teu redor. Que imensa profusão de entes, animados e organizados, sensíveis e ativos! Admiras essa variedade e essa fecundidade prodigiosas. Todavia, inspeciona um pouco mais de perto essas existências vivas, os únicos entes dignos de consideração. Quão hostis e destrutivos são eles uns com os outros! Quão insuficientes são todos eles para a sua própria felicidade! Quão desprezíveis ou odiosos ao espectador! O todo não apresenta nada senão a ideia de uma natureza cega, impregnada por um grande princípio vivificante e despejando do seu colo, sem discernimento ou cuidado de pais, as suas crianças mutiladas e abortivas!

Aqui o sistema maniqueísta aparece como uma hipótese própria para solucionar a dificuldade. ❷⓿ Sem dúvida, em alguns aspectos, ele é muito especioso e tem mais probabilidade do que a hipótese comum ao dar um relato plausível da estranha mistura de bem e mal que aparece na vida. Se consideramos, por outro lado, a uniformidade perfeita e a concordância das partes do universo, não descobriremos nele quaisquer marcas do combate de um ente malevolente com um benevolente. Há, com efeito, uma oposição de dores e prazeres nos sentimentos das criaturas sensíveis; porém, não são todas as operações da natureza conduzidas por uma oposição de princípios, de quente e frio, úmido e seco, leve e pesado? A conclusão verdadeira é que a fonte original de todas as coisas é inteiramente indiferente a todos esses princípios e não tem nenhuma consideração maior pelo bem acima do mal do que tem pelo calor acima do frio, ou pela seca acima da umidade, ou pelo leve acima do pesado.

Pode haver quatro hipóteses estruturadas acerca das primeiras causas do universo: que elas são dotadas de uma bondade perfeita, que elas têm perfeita malícia, que elas são opostas e têm tanto bondade quanto malícia, que elas não têm nem bondade nem malícia. Fenômenos misturados jamais podem prover os dois princípios não misturados anteriores. Além disso, a uniformidade e a permanência das leis gerais parecem opor-se ao terceiro. O quarto, portanto, parece de longe o mais provável. ❷❶

---

❶❾ Entretanto, o ponto deveras cauteloso de Hume não é que podemos saber com certeza que um Deus que satisfizesse a concepção padrão modificaria essas várias características do mundo, mas sim que, como não podemos ver nenhuma razão por que tal modificação não é possível (sem custos maiores de algum tipo), o mundo como o encontramos não provê nenhuma boa razão em favor da existência de tal Deus.

❷⓿ O sistema maniqueísta tem dois deuses ou duas forças opostas, uma boa e a outra má, que lutam por controle.

❷❶ PARE Pense sobre a razão dada aqui para rejeitar a possibilidade maniqueísta. Como seria um mundo maniqueísta? Hume tem razão em dizer que ele seria muito diferente do mundo que encontramos?

O que eu disse acerca do mal natural se aplicará ao mal moral, com pouca ou nenhuma variação; não temos mais razão de inferir que a retidão do Ente Supremo assemelha-se à retidão humana do que a sua benevolência assemelha-se à humana. Ou melhor, pode-se pensar que temos ainda causa maior para excluir dele sentimentos morais, tais como nós os sentimos, uma vez que o mal moral, na opinião de muitos, predomina muito mais acima do bem moral do que o mal natural acima do bem natural.

Embora isso não devesse ser admitido, e embora a virtude que há na humanidade devesse ser reconhecida como muito superior ao vício, todavia, enquanto houver algum vício no universo, será deveras enigmático para vocês, antropomorfistas, dar conta disso. Vocês devem atribuir-lhe uma causa sem recorrer à primeira causa. No entanto, assim como todo efeito deve ter uma causa, e aquela causa uma outra, vocês devem ou levar a progressão *in infinitum* ou repousar naquele princípio original, que é causa última de todas as coisas (...) ㉒

Um momento! Um momento!, gritou Demea: por que a tua imaginação te apressa? Junto-me em aliança a ti, no intuito de provar a natureza incompreensível do Ente Divino e refutar os princípios de Cleanthes, que mediria todas as coisas por uma regra ou um padrão humano. Porém, agora eu te descubro incorrendo em todos os tópicos dos maiores libertinos e infiéis e traindo aquela santa causa que aparentemente desposaste. És, então, secretamente um inimigo mais perigoso do que o próprio Cleanthes?

Tardaste tanto em percebê-lo?, respondeu Cleanthes. Peço que creias em mim, Demea, o teu amigo Filo, desde o começo, tem-se divertido às custas de nós dois; devemos confessar que o raciocínio precipitado da nossa comum teologia deu-lhe apenas um por demais justo título de ridículo. A enfermidade total da razão humana, a incompreensibilidade absoluta da Natureza Divina, a grande e universal miséria e a ainda maior miséria dos homens, esses são tópicos estranhos, com certeza, de serem tão carinhosamente brindados por religiosos ortodoxos e doutores. Em épocas de estupidez e ignorância, de fato, esses princípios podem seguramente ser desposados; e talvez concepção nenhuma das coisas seja mais apropriada para promover a superstição do que encorajar a estupefação cega, a timidez e a melancolia da humanidade. Contudo, no presente (...)

Não acuses tanto, interpôs Filo, a ignorância desses reverendos cavalheiros. Eles sabem como mudar o seu estilo com os tempos. Antigamente, era um dos mais populares tópicos teológicos afirmar que a vida humana era vaidade e miséria, bem como exagerar todos os males e dores que ocorrem aos homens. Porém, nos últimos anos, os religiosos, assim pensamos, começam a retratar-se dessa posição e a defender, mesmo que ainda com alguma hesitação, que existem mais bens do que males, mais prazeres do que dores, mesmo nessa vida. Quando a religião permaneceu inteiramente no gênio e na educação, pensou-se que era apropriado encorajar a melancolia, na medida em que, com efeito, a humanidade jamais recorre a poderes superiores tão prontamente como naquela disposição. Todavia, na medida em que os homens agora aprenderam a formar princípios e a tirar consequências, é necessário mudar as baterias de ataque e fazer uso de tais argumentos, já que resistirão a pelo menos algum escrutínio e exame. (...)

Assim, pois, Filo continuou até o fim com o seu espírito de oposição e a sua censura a opiniões estabelecidas. Entretanto, eu poderia observar que Demea não apreciou de forma alguma a última parte do discurso e, pouco depois, tomou ocasião de um pretexto ou outro para deixar a companhia.

㉒ Hume estende a sua conclusão também ao mal moral, ainda que sem muita discussão.

Questões para Discussão

1. Formule o problema do mal como um argumento explícito para a conclusão de que Deus (entendido do modo padrão) não existe (ver a Anotação 7). Isso pode ser feito de um modo que torne o argumento logicamente **válido**, de sorte que ou a conclusão deve ser verdadeira ou uma das premissas deve ser falsa. Qual é a melhor resposta que um teísta pode dar a tal argumento – isto é, qual premissa o teísta deveria negar e como ele poderia defender tal negação?

2. Considere a possibilidade de um Deus mais limitado (ver a Anotação 14), que ou não é capaz ou não está disposto a erradicar o mal. (A concepção maniqueísta [ver a Anotação 20] é de fato uma versão disso, sendo o deus bom o deus que é relevante e sendo o deus mau a força que evita a erradicação do mal). Concepções desse tipo são mais defensáveis do que aquelas que defendem um Deus que satisfaz a concepção padrão? Em caso positivo, quanto mais são defensáveis? (Considere as respostas de Hume.) Quão satisfatório é um Deus limitado do ponto de vista da religião?

3. É presumível que mesmo um Deus limitado pudesse frequentemente intervir quando desastres naturais de vários tipos estão prestes a acontecer, reduzindo a sua gravidade, ainda que não os eliminando inteiramente. Há alguma razão convincente pela qual Deus (na concepção habitual ou na limitada) deveria não fazer isso – algum modo plausível pelo qual o custo seria maior do que o ganho?

J.L. Mackie

J.L. Mackie (1917-1981) foi um filósofo australiano que lecionou tanto na Nova Zelândia quanto na Austrália e, mais tarde, em Oxford. A sua extensa obra inclui discussões influentes sobre a natureza da causação, a natureza da moralidade e diversos tópicos na filosofia da religião, bem como trabalhos sobre Locke e Hume. Nesta seleção, Mackie oferece uma afirmação clara do problema do mal, junto com uma apresentação e avaliação de soluções possíveis.

Mal e onipotência[17]

Os argumentos tradicionais a favor da existência de Deus têm sido profundamente criticados pelos filósofos. No entanto, o teólogo pode, se assim ele deseja, aceitar essa crítica. Ele pode admitir que nenhuma prova racional da existência de Deus é possível. E pode ainda reter tudo o que é essencial para a sua posição, defendendo que a existência de Deus é conhecida de algum outro modo, não racional. Creio, contudo, que uma crítica mais reveladora pode ser feita via o tradicional problema do mal. Aqui pode ser mostrado não que as crenças religiosas falham em suporte racional, mas que são positivamente irracionais, que as diversas partes da doutrina teológica essencial são inconsistentes umas com as outras, de modo que o teólogo pode manter a sua posição como um todo só por uma rejeição muito mais extrema da razão do que no caso anterior. Ele deve agora estar preparado para crer não meramente no que não pode ser provado, mas no que pode ser *desaprovado* a partir de outras crenças que ele também defende.

O problema do mal, no sentido em que estarei usando a frase, é um problema somente para alguém que crê que há um Deus que é tanto onipotente quanto totalmente bom. E este é um problema lógico, o problema de esclarecer e reconciliar um número de crenças: não é um problema científico, que poderia ser solucionado por observações posteriores, ou um problema prático, que poderia ser solucionado por uma decisão ou uma ação. Esses pontos são óbvios; eu os menciono somente porque eles são, às vezes, ignorados pelos teólogos, que às vezes desviam uma afirmação do problema com observações tais como "Bem, você mesmo consegue solucionar o problema?" ou "Este é um mistério que pode ser revelado a nós mais tarde" ou "O mal é alguma

---

[17] Extraído de *Evil and Omnipotence*, Mind, Vol. LXIV (1955).

coisa a ser encarada e superada, não a ser meramente discutida".

Em sua forma mais simples, o problema é este: Deus é onipotente; Deus é totalmente bom; e, todavia, o mal existe. Parece haver alguma contradição entre essas três proposições, de sorte que, se quaisquer duas delas fossem verdadeiras, a terceira seria falsa. Porém, ao mesmo tempo, todas as três são partes essenciais da maior parte das posições teológicas: o teólogo, assim parece, a uma só vez *deve* aderir e *não pode consistentemente* aderir a todas as três. (O problema não surge só para os teístas, mas eu o discutirei na forma como ele se apresenta ao teísmo habitual.)

Contudo, a contradição não surge imediatamente; para mostrá-la, precisamos de algumas premissas adicionais, ou talvez de algumas regras *quasi* lógicas que conectem os termos "bem", "mal" e "onipotente". Esses princípios adicionais são que o bem é oposto ao mal, de forma que uma coisa boa sempre elimina o mal tanto quanto pode e que não existem limites a que uma coisa onipotente pode fazer. A partir disso, segue-se que uma coisa onipotente boa elimina o mal completamente e, então, que as proposições de que uma coisa onipotente boa existe e de que o mal existe são incompatíveis. ❶

SOLUÇÕES ADEQUADAS

Agora, uma vez que o problema está plenamente colocado, fica claro que ele pode ser solucionado, no sentido de que o problema não surgirá se alguém desistir de pelo menos uma das proposições que o constituem. Se você está preparado para dizer que Deus não é totalmente bom, ou que não é de todo onipotente, ou que o mal não existe, ou que o bem não é oposto ao tipo de mal que existe, ou que existem limites ao que uma coisa onipotente pode fazer, nesse caso o problema do mal não surgirá para você. ❷

Existem, então, um bom número de soluções adequadas ao problema do mal, e algumas dessas foram adotadas, ou quase adotadas, por diversos pensadores. Por exemplo, alguns poucos estiveram preparados a negar a onipotência de Deus, e de fato um número maior deles estiveram preparados a manter o termo "onipotência", porém restringindo severamente o seu significado, anotando um bom número de coisas que um ente onipotente não pode fazer. Alguns disseram que o mal é uma ilusão, talvez porque afirmaram que o mundo das coisas temporais, mutáveis, é uma ilusão e que o que chamamos de mal pertence só a esse mundo, ou talvez porque afirmaram que, embora coisas temporais *sejam* em grande parte como nós as vemos, aquelas coisas que chamamos de males não são realmente males. Alguns disseram que o que chamamos de mal é meramente a privação do bem, que o mal em um sentido positivo, o mal que seria realmente oposto ao bem, não existe. Muitos concordaram com Pope, dizendo que a desordem é a harmonia não compreendida e que o mal parcial é o bem universal. Se alguma dessas visões é *verdadeira*, isso, naturalmente, é uma outra questão. ❸ Contudo, cada um deles dá uma solução adequada ao problema do mal no sentido de que, se você a aceita, esse problema não surge para você, ainda que você possa, é claro, ter de encarar *outros* problemas.

No entanto, de modo bastante frequente, essas soluções adequadas são só *quase* adotadas. Os pensadores que restringem o poder de Deus, mas mantêm o termo "onipotência", podem razoavelmente ser suspeitos de pensar, em outros contextos, que esse poder é realmente ilimitado. Aqueles que dizem que o mal é uma ilusão podem também estar pensando, inconsistentemente, que essa ilusão é em si mesma um mal. Aqueles que dizem que o "mal" é meramente privação do bem podem estar pensando, inconsistentemente, que a privação do bem é um mal.(...) Se Pope quis dizer o que ele disse na última linha da sua estrofe dupla, que a "desordem" é só a harmonia não entendida, o "mal parcial" da segunda linha deve, por consistência, significar "aquilo que, tomado isoladamente, falsamente aparece como sendo mal", porém mais naturalmente significaria "aquilo que, isoladamente, realmente é um mal". A segunda linha, de fato, hesita entre as duas concepções, aquela de que "mal parcial" não é realmente um mal, dado que somente a qualidade universal é real, e aquela de que o "mal parcial" é realmente um mal, mas só um mal pequeno.

Em acréscimo, portanto, para soluções adequadas, devemos reconhecer soluções inconsistentes e insatisfatórias,

---

❶ A alegação de Mackie é que com essas suposições adicionais ("regras *quasi* lógicas") a existência de um Deus, ao satisfazer a concepção padrão, é logicamente incompatível com a existência do mal, de modo que seria contraditório asserir a ambos.

❷ O que Mackie quer dizer com uma "solução adequada" é aquela que é logicamente adequada para evitar a contradição alegada, não necessariamente uma solução que é adequada como defesa da existência de Deus.

❸ Mackie menciona aqui diversas possibilidades, sem realmente elaborar qualquer uma delas. Pense sobre se algumas delas podem ser desenvolvidas de uma forma plausível.

nas quais há apenas uma rejeição titubeante ou temporária de uma das proposições que, juntas, constituem o problema. Nessas, uma das proposições constituintes é explicitamente rejeitada, mas ela é abertamente reafirmada ou assumida alhures no sistema.

SOLUÇÕES FALACIOSAS

Além dessas soluções titubeantes que explicitamente rejeitam, mas implicitamente afirmam uma das proposições constituintes, há soluções definitivamente falaciosas, que explicitamente sustentam todas as proposições constituintes, mas implicitamente rejeitam ao menos uma delas no curso do argumento que deixa explicado o problema do mal.

Existem, de fato, muitas soluções que têm o propósito de remover a contradição sem abandonar qualquer uma das suas proposições constituintes. Elas devem ser falaciosas, como podemos ver a partir da afirmação do problema, mas não é fácil ver em cada caso precisamente onde reside a falácia. Sugiro que, em todos os casos, a falácia tem a forma geral antes sugerida: no intuito de resolver o problema, uma (ou talvez mais) das suas proposições constituintes é abandonada, mas de tal maneira que ela parece ter ficado retida, podendo, portanto, ser defendida sem qualificação em outros contextos. Algumas vezes, há uma complicação posterior: a suposta solução move-se para lá e para cá entre duas das proposições constituintes, em um ponto asserindo a primeira dessas, mas abertamente abandonando a segunda, em outro ponto asserindo a segunda, mas abertamente abandonando a primeira. Essas soluções falaciosas frequentemente se voltam a alguma equivocação com as palavras "bem" e "mal", ou a alguma vagueza sobre o modo em que bem e mal são opostos um ao outro, ou sobre o quanto se quer dizer com "onipotência". Proponho examinar algumas dessas soluções e exibir as suas falácias em detalhes. Incidentemente, eu também considerarei se uma solução adequada poderia ser alcançada por meio de uma modificação menor de uma ou mais das proposições constituintes, as quais, contudo, ainda satisfariam todos os requerimentos essenciais do teísmo ordinário.

1. "O bem não pode existir sem o mal" ou "O mal é necessário como uma contraparte do bem".

Às vezes, sugere-se que o mal é necessário como uma contraparte do bem; que, se não existisse nenhum mal, tampouco poderia haver algum bem, e que isso soluciona o problema do mal. É verdade que isso aponta para uma resposta à questão "Por que deveria haver o mal?". Todavia, faz isso somente ao qualificar algumas das proposições que constituem o problema.

Em primeiro lugar, isso põe um limite ao que Deus pode fazer, dizendo que Deus *não pode* criar o bem sem simultaneamente criar o mal, e significa ou que Deus não é onipotente ou que existem *alguns* limites para o que uma coisa onipotente pode fazer. Pode-se replicar que esses limites são sempre pressupostos, que a onipotência jamais significou o poder de fazer o que é logicamente impossível e que, na concepção presente, a existência do bem sem o mal seria uma impossibilidade lógica. ❹ Essa interpretação da onipotência pode, de fato, ser aceita como uma modificação do nosso relato original que não rejeita qualquer coisa que seja essencial ao teísmo, e eu em geral a assumirei na discussão subsequente. Talvez seja a concepção teísta mais comum, mas penso que ao menos alguns teístas defenderam que Deus pode fazer o que é logicamente impossível. Muitos teístas, de qualquer modo, defenderam que a própria lógica é criada ou estabelecida por Deus, que a lógica é o modo pelo qual Deus arbitrariamente escolhe pensar. (Isso, naturalmente, é paralelo à concepção ética de que as ações moralmente corretas são aquelas que Deus arbitrariamente escolhe ordenar, e as duas concepções encontram dificuldades semelhantes.) E *essa* abordagem da lógica é claramente inconsistente com a concepção de que Deus está preso a necessidades lógicas – a menos que seja possível a um ente onipotente obrigar a si mesmo, uma questão que consideraremos mais tarde, quando chegarmos ao Paradoxo da Onipotência. Essa solução do problema do mal não pode, portanto, ser consistentemente adotada junto com a concepção de que a própria lógica é criada por Deus.

Em segundo lugar, essa solução nega que o mal é oposto ao bem no nosso sen-

❹ **PARE** Pense sobre essa concepção da (ou limitação à) onipotência de Deus. Deus também deveria ser capaz de fazer o logicamente impossível, ou isso faz realmente algum sentido? Deus pode criar um quadrado redondo? Deus pode tornar uma contradição verdadeira?

5 Nessa concepção relativa, as coisas más (isto é, as coisas menos boas) teriam de existir – a menos que tudo fosse igual em bondade.

PARE Isso explicaria de modo plausível os males atuais que o mundo contém?

6 Se "bem" e "mal" são entendidos nesse segundo sentido, absoluto, não há nenhuma razão aparente por que o mundo deve conter o mal se ele deve conter o bem.

7 **PARE** O fato de que, por outro lado, não tivéssemos *percebido* o bem é uma razão convincente para que Deus permitisse o mal? É uma razão convincente para permitir o grau e a quantidade de mal que existem em realidade?

8 Note a consequência de certo modo paradoxal de que, se todo o mal que em realidade existe fosse realmente necessário para algum bom propósito, então os esforços humanos de reduzi-lo estariam de fato tornando o mundo como um todo pior.

tido original. Se o bem e o mal são contrapartes, uma coisa boa não "eliminará o mal na medida em que puder". Com efeito, essa concepção sugere que bem e mal não são, em absoluto, estritamente qualidade das coisas. Talvez a sugestão seja a de que bem e mal estão relacionados de modo muito parecido como grande e pequeno. Sem dúvida, quando o termo "grande" é usado relativamente como uma condensação de "maior do que tal e tal" e "pequeno" é usado correspondentemente, grandeza e pequeneza são contrapartes e não podem existir uma sem a outra. Porém, nesse sentido, a grandeza não é uma qualidade, não é um traço intrínseco de alguma coisa; e seria absurdo pensar num movimento em favor da grandeza e contra a pequeneza nesse sentido. Tal movimento seria autorrefutador, dado que a grandeza relativa pode ser promovida somente por uma promoção simultânea da pequeneza relativa. Estou certo de que teísta nenhum estaria contente em considerar a bondade de Deus como análoga a isso – como se aquilo a que ele dá suporte fosse não o *bom*, mas o *melhor*, e como se ele tivesse o objetivo paradoxal de que todas as coisas deveriam ser melhores do que outras coisas. **5**

Esse ponto é obscurecido pelo fato de que "grande" e "pequeno" parecem ter tanto um sentido absoluto quanto um relativo. Não posso discutir aqui se há magnitude absoluta ou não, mas, se há, poderia haver um sentido absoluto para "grande", poderia significar pelo menos de um certo tamanho e faria sentido falar de todas as coisas ficando maiores, de um universo que estava expandindo-se por toda parte, e portanto faria sentido falar de promover a grandeza. Porém, *nesse* sentido, grande e pequeno não são contrapartes logicamente necessárias: qualquer uma das qualidades poderia existir sem a outra. Não haveria nenhuma impossibilidade lógica no ser pequeno de tudo ou no ser grande de tudo. **6**

Nem no sentido absoluto nem no sentido relativo, portanto, de "grande" e "pequeno" esses termos oferecem de fato uma analogia do tipo que seria necessário para dar suporte a essa solução do problema do mal. Em nenhum dos casos, são grandeza e pequeneza *tanto* contrapartes necessárias *quanto* forças mutuamente opostas ou objetos possíveis para suporte e ataque.

Pode-se responder que bem e mal são contrapartes necessárias do mesmo modo que qualquer qualidade e o seu oposto lógico: a vermelhidão pode ocorrer, assim se sugere, somente se a não vermelhidão também ocorre. No entanto, a menos que o mal seja meramente a privação do bem, eles não são opostos lógicos, e algum argumento posterior seria preciso para mostrar que são contrapartes do mesmo modo que opostos lógicos genuínos. Suponhamos que isso pudesse ocorrer. Ainda há dúvida da correção do princípio metafísico de que uma qualidade deve ter um oposto real: sugiro que não é realmente impossível que todas as coisas devessem, por assim dizer, ser vermelhas, que a verdade é meramente que, se todas as coisas fossem vermelhas, não deveríamos perceber a vermelhidão e assim não deveríamos ter nenhuma palavra "vermelho"; observamos e damos nomes a qualidades somente se elas têm opostos reais. Se assim se dá, o princípio de que um termo deve ter um oposto pertenceria apenas à nossa linguagem ou ao nosso pensamento, e não seria um princípio ontológico e, correspondentemente, a regra de que o bem não pode existir sem o mal não estabeleceria uma necessidade lógica de um tipo que Deus simplesmente teria de tolerar. Deus poderia ter feito todas as coisas boas, ainda que *nós* não percebêssemos isso se ele o tivesse feito. **7**

Em terceiro lugar, mesmo se admitirmos que esse *é* um princípio ontológico, ele oferecerá uma solução para o problema do mal somente se se está preparado a dizer "O mal existe, mas apenas um mal que é o bastante para servir como a contraparte do bem". Duvido se algum teísta aceitará isso. Afinal de contas, o requerimento *ontológico* de que ocorreria a não vermelhidão seria satisfeito mesmo se todo o universo, exceto por uma mancha diminuta, fosse vermelho, e, se houvesse um requerimento correspondente para o mal como uma contraparte do bem, uma dose diminuta de mal presumivelmente o faria. Porém, os teístas normalmente não estão dispostos a dizer, em todos os contextos, que todo o mal que ocorre é uma dose diminuta e necessária. **8**

2. "O mal é necessário como um meio para o bem".

Às vezes, sugere-se que o mal é necessário para o bem não como uma contraparte, mas como um meio. Em sua forma simples, isso tem pequena plausibilidade como uma solução do problema do mal, dado que obviamente implica uma restrição severa do poder de Deus. Seria uma lei *causal* que você não pode ter um certo fim sem um certo meio, de modo que, se Deus tem de introduzir o mal como um meio para o bem, ele deve estar sujeito a pelo menos algumas leis causais. Isso certamente entra em conflito com o que um teísta normalmente quer dizer por onipotência. Essa visão de Deus como limitado por leis causais também conflita com a percepção de que as leis causais são elas mesmas feitas por Deus, o que é mais amplamente defendido do que a visão correspondente sobre as leis da lógica. Esse conflito, com certeza, seria resolvido, se fosse possível para um ente onipotente obrigar a si mesmo, e essa possibilidade tem ainda de ser considerada. A menos que uma resposta favorável possa ser dada a essa questão, a sugestão de que o mal é necessário como um meio para o bem resolve o problema do mal só por negar uma de suas proposições constituintes, ou que Deus é onipotente ou que "onipotente" significa o que ele diz. ❾

3. "O universo é melhor com algum mal do que poderia ser se não houvesse nenhum mal".

Muito mais importante é uma solução que, em um primeiro momento, parece ser uma mera variante da anterior, de que o mal pode contribuir para a bondade de um todo no qual ele é encontrado, de modo que o universo como um todo é melhor como ele é com algum mal do que seria se não houvesse nenhum mal. Essa solução pode ser desenvolvida de dois modos. Ela pode ganhar suporte por uma analogia estética, pelo fato de que os contrastes aumentam a beleza, de que em uma obra musical, por exemplo, podem ocorrer dissonâncias que, de alguma forma, aumentam a beleza da obra como um todo. De modo alternativo, ela pode ser trabalhada em conexão com a noção de progresso, no sentido de que a melhor organização possível do universo não será estática, mas progressiva, de que a superação gradual do mal pelo bem é realmente uma coisa melhor do que seria a supremacia eterna incontestada do bem. ❿

Em ambos os casos, essa solução normalmente começa a partir da suposição de que o mal, cuja existência dá surgimento ao problema do mal, é primeiramente o que é chamado de mal físico, o que equivale a dizer a dor. Na apresentação deveras titubeante do problema do mal por Hume, os males que ele enfatiza são dor e doença, e aqueles que o contestam argumentam que a existência de dor e doença torna possível a existência de simpatia, da benevolência, do heroísmo e da luta gradualmente bem-sucedida de doutores e reformadores para superar esses males. De fato, os teístas geralmente agarram a oportunidade para acusar aqueles que enfatizam o problema do mal de adotar uma concepção deficiente, materialista, do bem e do mal, igualando-os com prazer e dor, e de ignorar os bens mais espirituais que podem surgir na luta contra os males.

Contudo, vejamos exatamente o que está sendo feito aqui. Chamemos dor e miséria de "mal de primeira ordem" ou "mal (1)". O que contrasta com isso, a saber, prazer e felicidade, será chamado de "bem de primeira ordem" ou "bem (1)". Distinto desse é o "bem de segunda ordem" ou "bem (2)", que de algum modo emerge em uma situação complexa, na qual o mal (1) é um componente necessário – necessário logicamente, não meramente de forma causal. (Exatamente *como* ele emerge não importa: na versão mais crua dessa solução, o bem (2) é simplesmente o aumento da felicidade por contraste com a miséria; em outras versões, ele inclui a compaixão com o sofrimento, o heroísmo ao encarar o perigo, o decréscimo gradual do mal de primeira ordem e o aumento do bem de primeira ordem.) Também se está supondo que o bem de segunda ordem é mais importante que o bem ou o mal de primeira ordem, em particular que ele mais do que compensa o mal de primeira ordem que ele envolve. ⓫

Agora, essa é uma tentativa particularmente sutil de resolver o problema do mal. Ela defende a bondade e a onipotência de Deus com base em que (numa visão suficientemente ampla) este é o melhor de todos os mundos logicamente possíveis, porque inclui os bens de segun-

❾ Implícito aqui está um critério plausível de onipotência: um ente onipotente é aquele que não precisa de *meios* para os seus fins, mas, em vez disso, pode simplesmente produzi-los de forma direta.

❿ A sugestão é que alguma coisa que é um mal quando tomada por si pode contribuir para um todo mais amplo, que é melhor do que poderia existir sem aquele mal – não porque o mal é um meio essencial para o fim que é o bem, mas porque ele é um constituinte essencial do bom estado. Mackie prossegue desenvolvendo uma versão dessa ideia.

⓫ Essa última suposição é crucial: ao menos em geral, o valor dos bens de segunda ordem devem compensar o valor dos males correspondentes de primeira ordem, ou então o problema não foi realmente solucionado. Observe também a insistência de Mackie de que o mal deve ser *logicamente* necessário para o bem, e não simplesmente um meio para ele. Pense sobre como isso se dá nos exemplos que ele oferece.

da ordem importantes, embora admita que males reais, a saber, males de primeira ordem, existam. Mas ela ainda defende que o bem e o mal são opostos? Não, é claro, no sentido em que estabelecemos originalmente: o bem não tende a eliminar o mal em geral. Em vez disso, temos um padrão modificado, mais complexo. O bem de primeira ordem (por exemplo, a felicidade) *contrasta com* o mal de primeira ordem (por exemplo, a miséria): esses dois são opostos de um modo *claramente* mecânico; alguns bens de segunda ordem (por exemplo, a benevolência) tentam maximizar o bem de primeira ordem e minimizar o mal de primeira ordem; porém, a bondade de Deus não é essa, é antes a vontade de maximizar o bem de *segunda* ordem. Poderíamos, portanto, considerar a bondade de Deus como um exemplo de bondade de terceira ordem ou bem (3). Embora essa abordagem seja diferente da nossa abordagem original, poderia muito bem ser defendido que ela é uma versão melhorada da outra, para dar uma descrição mais precisa do modo como o bem é oposto ao mal, e que ela é consistente com a posição teísta essencial.

Poderia haver, contudo, diversas objeções a essa solução.

Em primeiro lugar, alguns poderiam argumentar que qualidades como a benevolência – e *a fortiori* a bondade de terceira ordem, que promove a benevolência – têm um valor meramente derivativo, no sentido de que elas não são tipos mais elevados de bem, mas meramente meios para o bem (1), isto é, para a felicidade, de modo que seria absurdo para Deus manter a miséria em existência no intuito de tornar possíveis as virtudes da benevolência, do heroísmo, etc. O teísta que adota a presente solução deve, naturalmente, negar isso, mas ele pode fazê-lo com alguma plausibilidade, de sorte que eu não deveria forçar essa objeção. ⓬

Em segundo lugar, segue-se dessa solução que Deus não é, no nosso sentido, benevolente ou compassivo: ele não está interessado em minimizar o mal (1), mas somente em promover o bem (2); e essa poderia ser uma conclusão perturbadora para alguns teístas.

Em terceiro lugar, a objeção fatal é essa. A nossa análise mostra claramente a possibilidade da existência de um mal de *segunda* ordem, um mal (2) que contrasta com o bem (1). Isso incluiria malevolência, crueldade, frieza, covardia e estados em que o bem (1) está diminuindo e o mal (1) está aumentando. E exatamente como o bem (2) é mantido para ser o tipo importante de bem, o tipo que Deus está preocupado em promover, assim também o mal (2), por analogia, será o tipo importante de mal, o tipo que Deus, se ele fosse totalmente bom e onipotente, eliminaria. Contudo, o mal (2) manifestamente existe, e de fato a maioria dos teístas (em outros contextos) enfatiza a sua existência mais do que aquela do mal (1). Deveríamos, portanto, afirmar o problema do mal em termos do mal de segunda ordem, e contra essa forma do problema a presente solução é inútil. ⓭

Uma tentativa de fazer uso dessa solução poderia ser feita, num nível mais elevado, para explicar a ocorrência de mal (2); com efeito, a próxima solução principal que examinaremos faz exatamente isso, com a ajuda de algumas novas noções. Sem quaisquer noções novas, tal solução teria pequena plausibilidade; por exemplo, dificilmente poderíamos dizer que o bem realmente importante foi um bem (3), tal como o aumento de benevolência em proporção à crueldade, o que logicamente requeria, para a sua ocorrência, a ocorrência de algum mal de segunda ordem. No entanto, mesmo se o mal (2) pudesse ser explicado dessa maneira, é bastante claro que haveria males de terceira ordem contrastando com esse bem de terceira ordem; e deveríamos estar bem a caminho de um regresso infinito, em que a solução do problema do mal, afirmada em termos do mal (n), indicaria a existência de um mal ($n + 1$) e um problema posterior a ser resolvido. ⓮

4. "O mal é devido à vontade livre humana".

Talvez a mais importante solução proposta ao problema do mal seja que o mal não deve ser atribuído a Deus, mas sim às ações independentes de seres humanos, os quais supostamente foram dotados por Deus com a liberdade da vontade. Essa solução pode ser combinada com a precedente: o mal de primeira ordem (por exemplo, a dor) pode ser justificado como um componente logicamente necessário do bem de segunda ordem (por exemplo, a compaixão), enquanto o mal de segunda ordem (por exemplo, a

---

⓬ 🛑 Quão plausível é tal negação por parte do teísta? (Ver a Questão para Discussão 1.)

⓭ 🛑 Pense em por que se supõe que isso seja assim. Você consegue pensar em como o teísta poderia replicar?

⓮ 📖 Um *regresso infinito* é uma situação na qual um certo tipo de solução a um problema em um nível cria um problema paralelo, não resolvido, em um nível posterior – de modo que, se o problema posterior é solucionado da mesma maneira, ainda um problema não solucionado posterior é gerado, e assim por diante. Isso torna impossível solucionar todos os problemas em questão por meio de uma solução desse tipo.

crueldade) não é *justificado*, mas é de tal modo atribuído aos seres humanos que Deus não pode ser considerado como responsável por ele. Essa combinação evita a minha terceira crítica à solução precedente. ⑮

A solução em termos de vontade livre também envolve a solução precedente num nível superior. Para explicar por que um Deus totalmente bom deu aos homens vontade livre, ainda que isso levasse a alguns males importantes, deve-se argumentar que seria melhor como um todo que os homens devessem agir livremente, e às vezes errar, do que ser autômatos inocentes, agindo corretamente de um modo totalmente determinado. A liberdade, isso deve ser dito, é agora tratada como um bem de terceira ordem e como sendo mais valiosa do que o seriam os bens de segunda ordem (tais como compaixão e heroísmo), se eles fossem produzidos de modo determinista, e está sendo admitido que os males de segunda ordem, tais como a crueldade, são acompanhamentos logicamente necessários da liberdade, exatamente como a dor é uma pré-condição logicamente necessária da compaixão. ⑯

Penso que essa solução é insatisfatória, sobretudo por causa da incoerência da noção de liberdade da vontade; ⑰ porém, não posso discutir esse tópico adequadamente aqui, ainda que algumas das minhas críticas toquem nesse assunto.

Primeiramente, eu deveria questionar a suposição de que os males de segunda ordem são acompanhamentos logicamente necessários da liberdade. Eu deveria perguntar isto: se Deus fez os homens de tal modo que, nas suas escolhas livres, eles às vezes preferem o que é bom e, às vezes, o que é mau, por que ele não poderia ter feito os homens de tal modo que sempre escolhessem livremente o bem? Se não há nenhuma impossibilidade lógica em um homem escolher livremente o bem em uma ou em diversas ocasiões, não pode haver uma impossibilidade lógica em escolher livremente o bem em toda ocasião. Deus, portanto, não estava diante de uma escolha entre fazer autômatos inocentes e fazer seres que, ao agir livremente, às vezes agiriam de modo errado: estava aberta para ele a possibilidade obviamente melhor de fazer seres que agiriam livremente, mas sempre fariam a coisa certa. ⑱ Obviamente, a sua falha em valer-se ele mesmo dessa possibilidade é inconsistente com o seu ser tanto onipotente quanto totalmente bom.

Se for respondido que essa objeção é absurda, que fazer algumas escolhas erradas é logicamente necessário para a liberdade, pareceria que a "liberdade" deve significar aqui casualidade completa ou indeterminação, incluindo casualidade com respeito às alternativas bem e mal; em outras palavras, que as escolhas e as consequentes ações dos homens podem ser "livres" apenas se não forem determinadas por seu caráter pessoal. Somente com base nessa suposição Deus pode escapar da responsabilidade relativa às ações dos homens; ora, se ele os fez como são, mas não determinou as suas escolhas erradas, isso só pode acontecer porque as escolhas erradas não são determinadas pelos homens como eles são. Mas, nesse caso, se a liberdade é aleatoriedade, como ela pode ser uma característica da *vontade*? E, ainda mais, como ela pode ser o bem mais importante? Que valor ou mérito haveria em escolhas livres, se essas fossem ações randômicas, que não fossem determinadas pela natureza do agente? ⑲

Concluo que, para tornar essa solução plausível, dois diferentes sentidos de "liberdade" devem ser confundidos, um sentido que justificará a visão de que a liberdade é um bem de terceira ordem, mais valioso do que outros bens seriam sem ela, e um outro sentido, mera aleatoriedade, para evitar que atribuamos a Deus uma decisão de fazer os homens de tal modo que às vezes fazem o que é errado, quando poderia tê-los feitos de tal modo que sempre fizessem livremente o que é certo.

Essa crítica é suficiente para desfazer-se dessa solução. Mas, além disso, há uma dificuldade fundamental na noção de um Deus onipotente criador de homens com vontade livre, pois, se a vontade dos homens é realmente livre, isso deve significar que nem mesmo Deus pode controlá-la, isto é, que ele não mais é onipotente. ⑳ Pode-se objetar que a dom divino da liberdade aos homens não significa que ele *não pode* controlar as vontades deles, mas que sempre *deixa de* controlar as suas vontades. Então, podemos perguntar, por que Deus deveria deixar de controlar as vontades

---

⑮ Assim, a sugestão é que o mal natural é explicado pelo apelo aos bens de segunda ordem, dos quais eles é um componente essencial, e o mal moral é explicado por apelo à vontade livre humana.

⑯ **PARE** A alegação tem de ser que um mundo contendo a vontade livre e o mal moral (e também o bem moral) que ele torna possível é melhor do que um mundo que não contém nenhuma dessas coisas. Isso parece plausível?

⑰ Ver o Capítulo 4 para maior discussão do problema da vontade livre.

⑱ **PARE** Deus realmente poderia fazer isso? Ele poderia criar entes que sempre fazem a coisa certa, deixando-os, ao mesmo tempo, genuinamente *livres*?

⑲ Uma questão sobre a vontade livre (ver o Capítulo 4) é se ela consiste somente em ter as próprias ações causalmente determinadas pelas próprias escolhas de alguém (a concepção *compatibilista*) ou se a vontade livre é incompatível com qualquer tipo de determinação causal (a concepção *libertarista*). Mackie levanta uma objeção habitual ao libertarismo, a saber: se as ações (ou as escolhas) não são determinadas, então elas devem ser simplesmente randômicas (de modo que ou o libertarista está errado sobre o que a liberdade requer, ou então a liberdade não tem nenhum valor real). Numa visão compatibilista da vontade livre, Deus poderia aparentemente fazer com que as pessoas sempre fizessem a coisa certa, controlando as escolhas delas, mas ainda assim deixando-as livres.

⑳ Para Deus, ser para sempre incapaz de controlar a ação humana é obviamente incompatível com a sua onipotência.

más? Por que ele não deveria deixar os homens livres para querer corretamente, mas intervir quando vê que eles estão começando a querer erradamente? Se Deus pudesse fazer isso, mas não faz, e se ele é totalmente bom, a única explicação poderia ser que mesmo um ato livre errado da vontade não é realmente um mal, que a sua liberdade é um valor que compensa a sua incorreção, de sorte que haveria uma perda de valor se Deus tirasse ao mesmo tempo a incorreção e a liberdade. ㉑ Contudo, isso se encontra em extrema oposição ao que os teístas dizem sobre o pecado em outros contextos. A presente solução do problema do mal, então, pode ser mantida somente na forma de que Deus fez os homens tão livres que *não pode* controlar as suas vontades.

...

CONCLUSÃO

Das soluções propostas ao problema do mal que examinamos, nenhuma permaneceu de pé frente à crítica. Podem existir outras soluções que requeiram exame, mas este estudo sugere enfaticamente que não há nenhuma solução válida do problema que não modifique ao menos uma das proposições constituintes, de um modo que afetaria seriamente o núcleo essencial da posição teísta.

...

㉑ R O proponente da **teodiceia** da vontade livre terá aparentemente de dizer que qualquer intervenção da parte de Deus, qualquer restrição à vontade livre humana, tornaria o mundo pior.

Questões para Discussão

1. Coisas como benevolência, heroísmo, compaixão, e assim por diante, são **intrinsecamente boas** (de modo que o mundo é melhor por contê-las, junto com os males para os quais elas são uma resposta), ou são apenas **instrumentalmente boas** (porque o mundo de fato contém esses males, ainda que as coisas seriam melhores se nem os males nem as qualidades correspondentes de segunda ordem existissem)? Se as pessoas fossem por demais bem-sucedidas na erradicação de males de vários tipos (doenças, desastres naturais, etc.), seria preferível reintroduzi-los, de maneira a não perder os bens de segunda ordem?
2. Uma questão sobre a teodiceia da vontade livre é por que Deus não intervém, talvez somente de modo muito seletivo, para evitar a ocorrência de pelo menos os tipos mais extremos de ações más: ações tais como o assassinato de seis milhões de judeus durante a Segunda Guerra Mundial. Talvez Deus pudesse ter influenciado Hitler de tal maneira que ele ordenasse que os judeus fossem deportados, em vez de assassinados. Se a vontade livre tem de fato valor positivo significativo, isso envolveria algum custo: a perda de um pouco da liberdade de Hitler mais uma qualificação sobre o "dom da liberdade" dado por Deus em termos gerais. Porém, o ganho seria a salvação de muitas vidas e a eliminação de um bocado de sofrimento – mais diversas escolhas livres por aqueles cujas vidas fossem salvas. É plausível, de algum modo, que o resultado total dessa intervenção divina tornasse o mundo pior? Há alguma outra resposta que o teísta possa oferecer a esse ponto?

John Hick

John Hick (1922-) é um filósofo e teólogo inglês que lecionou na Universidade Cornell, no Seminário Teológico de Princeton, na Escola de Graduação de Claremont e na Universidade de Birmingham (Inglaterra). Ele é um dos principais colaboradores da filosofia da religião contemporânea. Nesta seleção, Hick oferece duas respostas principais ao problema do mal: a *teodiceia da vontade livre* (como uma solução para o problema do mal moral) e o que poderia ser descrito como a *teodiceia da realização da alma*[*] (como uma solução para o problema do mal natural, ao qual ele se refere como o problema do sofrimento).

---

[*] N. de T. Cf. original, *soul-making theodicy*.

O Problema do Mal,[18] Extraído de *Filosofia da Religião*

Para muitos, a objeção positiva mais poderosa à crença em um Deus é o fato do mal. Provavelmente, para a maior parte dos agnósticos é a apavorante profundidade e extensão do sofrimento humano, mais do que qualquer outra coisa, que faz a ideia de um Criador amoroso parecer tão implausível e dispõe-lhes a uma ou outra das várias teorias naturalistas da religião.

Como um desafio ao teísmo, o problema do mal tem sido tradicionalmente posto na forma de um dilema: se Deus é perfeitamente amoroso, ele deve desejar abolir o mal; e se é todo-poderoso, ele deve ser capaz de abolir o mal. Contudo, o mal existe; portanto, Deus não pode ser onipotente e perfeitamente amoroso.

Certas soluções, que de pronto sugerem a si mesmas, têm de ser excluídas na medida em que a fé judaico-cristã está envolvida.

Dizer, por exemplo (com a ciência cristã contemporânea), que o mal é uma ilusão da mente humana é impossível no âmbito de uma religião baseada no severo realismo da Bíblia. As suas páginas refletem fielmente a mistura característica do bem e do mal na experiência humana. Elas recordam todo tipo de tristeza e sofrimento, todo modo da desumanidade do homem para com o homem e da sua existência dolorosamente insegura no mundo. Não há nenhuma tentativa de considerar o mal como alguma coisa senão tenebrosa, ameaçadoramente feia, de despedaçar o coração e esmagadora. Nas escrituras cristãs, o clímax dessa história do mal é a crucificação de Jesus, que é apresentada não só como um caso de sofrimento extremamente injusto, mas como a rejeição violenta e homicida do Messias de Deus. Não pode haver nenhuma dúvida, então, de que para a fé bíblica o mal é mal sem qualquer ambiguidade e está em oposição direta à vontade de Deus.

Por outro lado, solucionar o problema do mal por meio da teoria(...) de uma deidade finita que faz o melhor que pode com um material, intratável e coeterno consigo mesma, é ter abandonado aquela premissa básica do monoteísmo judaico-cristão; afinal, a teoria equivale a rejeitar a crença na infinitude e soberania de Deus.

De fato, qualquer teoria que evitasse o problema da origem do mal ao reproduzi-lo como um constituinte último do universo, co-ordenado com o bem, foi repudiada de antemão pelo clássico ensinamento cristão, primeiramente desenvolvido por Agostinho, de que o mal representa o desencaminhamento de alguma coisa que é boa em si mesma. Agostinho mantém-se firmemente na convicção hebraico-cristã de que o universo é *bom* – ou seja, ele é a criação de um Deus bom para um bom propósito. Ele rejeita completamente a preconceito antigo de que a matéria é má. Há, de acordo com Agostinho, bens mais elevados e inferiores, maiores e menores, em imensa abundância e variedade; porém, tudo o que tem ser é bom no seu próprio modo e grau, exceto na medida em que pode ter se estragado ou corrompido. O mal – não importa se for uma má vontade, uma instância de dor ou alguma desordem ou decadência na natureza – não foi estabelecido ali por Deus, mas representa a distorção de algo que é inerentemente valioso. Tudo o que existe é, como tal e no seu próprio lugar, bom; o mal é essencialmente parasitário sobre o bem, sendo desordem e perversão em uma criação fundamentalmente boa. Esse entendimento do mal como algo negativo significa que ele não é querido e criado por Deus; porém, não significa (como alguns supuseram) que o mal é irreal e pode ser desconsiderado. Pelo contrário, o primeiro efeito dessa doutrina é acentuar ainda mais a questão da origem do mal. ❶

A teodiceia, como muitos pensadores cristãos modernos a veem, é uma tentativa modesta, negativa nas conclusões, em vez de positiva. Ela não pretende explicar, nem deixar de explicar, todo exemplo de mal na experiência humana, mas somente apontar para certas considerações que evitam que o fato do mal

❶
R Mesmo que Deus não queira ou não crie o mal, a questão é por que ele (ou ela) permite que o mal exista.

---
[18] Extraído de *Philosophy of Religion*, 2. ed. (Englewood Cliffs, N.J.: Prentice-Hall, 1973).

(embora ele permaneça amplamente incompreensível) constitua um obstáculo final e insuperável à crença racional em Deus. ❷

Ao indicar essas considerações, será útil seguir a divisão tradicional do assunto. Há o problema do *mal moral* ou da maldade: por que um Deus totalmente bom e totalmente poderoso permite isso? E há o problema do *mal não moral* do sofrimento ou da dor tanto física quanto mental: por que um Deus totalmente bom e totalmente poderoso criou um mundo no qual esse mal ocorre?

O pensamento cristão sempre considerou o mal moral em sua relação com a liberdade humana e a responsabilidade. Ser uma pessoa é ser um centro finito de liberdade, um agente (relativamente) livre e autocontrolado responsável por sua própria decisão. Isso envolve ser livre para agir tanto erradamente quanto para agir corretamente. A ideia de uma pessoa que pode ter infalivelmente a garantia de sempre agir corretamente é autocontraditória. Não pode haver nenhuma certeza, de antemão, de que um agente moral genuinamente livre nunca escolherá erradamente. Como resultado, a possibilidade de agir errado ou do pecado é logicamente inseparável da criação de pessoas finitas, e dizer que Deus não deveria ter criado entes que pudessem pecar acaba por significar dizer que ele não deveria ter criado pessoas.

Essa tese foi desafiada em algumas recentes discussões filosóficas do problema do mal, nas quais se alega que nenhuma contradição está envolvida em dizer que Deus poderia ter feito pessoas que seriam genuinamente livres, mas que poderiam, ao mesmo tempo, ter a garantia de sempre agir corretamente. Segue a citação de uma dessas discussões:

> Se não há nenhuma impossibilidade lógica em um homem escolher livremente o bem em uma ou em diversas ocasiões, não pode haver uma impossibilidade lógica em seu escolher livremente o bem em toda ocasião. Deus, assim, não estava diante de uma escolha entre fazer autômatos inocentes e fazer entes que, ao agir livremente, às vezes fariam o que é errado: estava aberta para ele a possibilidade obviamente melhor de fazer entes que agiriam livremente, mas sempre fazem o que é certo. Obviamente, a sua falha em valer-se ele

mesmo dessa possibilidade é inconsistente com o seu ser tanto onipotente quanto totalmente bom.[19]

Uma réplica a esse argumento é indiretamente sugerida em uma outra contribuição recente à discussão. Se por uma ação livre queremos dizer uma ação que não é forçada exteriormente, mas que flui da natureza do agente, na medida em que ele reage às circunstâncias nas quais se encontra, não há, de fato, nenhuma contradição entre o nosso ser livre e as nossas ações serem "causadas" (pela nossa própria natureza) e, portanto, serem em princípio previsíveis. ❸

Há uma contradição, contudo, em dizer que Deus é a causa de agirmos como agimos, mas que somos entes livres *em relação a Deus*. Há, em outras palavras, uma contradição em dizer que Deus nos fez de tal maneira que, por necessidade, agiremos de certo modo e que somos pessoas genuinamente independentes em relação a ele. Se todos os nossos pensamentos e ações são divinamente predestinados, não importa quão livres e moralmente responsáveis possamos parecer a nós mesmos, não podemos ser livres e moralmente responsáveis na visão de Deus, mas devemos, em vez disso, ser as suas marionetes impotentes. Tal "liberdade" é como aquela de um paciente que age a partir de uma série de sugestões pós-hipnóticas: ele parece inclusive a si mesmo ser livre, mas as suas volições foram em realidade pré-determinadas por uma outra vontade, a do hipnotizador, em relação a quem o paciente não é um agente livre. ❹

Um opositor diferente poderia levantar a questão se negamos ou não a onipotência de Deus, caso admitamos que ele é incapaz de criar pessoas que são livres dos riscos inerentes à liberdade pessoal. A resposta que sempre foi dada é que criar tais entes é logicamente impossível. Não é nenhuma limitação no poder de Deus que ele não possa realizar o logicamente impossível, visto que aqui não há nada a realizar, mas só uma conjunção de palavras sem significado – nesse caso, uma "pessoa que não é uma pessoa". Deus é capaz de criar entes de qualquer

---
[19] J.L. Mackie, "Mal e Onipotência" (ver p. 689 deste livro).

Notas laterais:

❷ Hick faz uso do termo "teodiceia" para referir-se à tarefa intelectual de solucionar ou ao menos reduzir a força do problema do mal. (Para atingir sequer o objetivo relativamente modesto que ele especifica, a contradição que Mackie alegava existir teria de ser evitada.)

❸ Essa seria uma concepção *compatibilista* da liberdade. Ver a Anotação 19 da seleção anterior e o Capítulo 4.

❹ Hick responde que o fato de uma pessoa ser modelada por Deus, de maneira a agir de modos específicos, não seria liberdade genuína, mesmo que as ações dessa pessoa fossem ainda causadas por sua natureza.
(Ele está, portanto, rejeitando uma concepção compatibilista da vontade livre em favor de uma concepção *libertarista*. Ver novamente a Anotação 19 da seleção anterior e o Capítulo 4.)

e de todo tipo concebível; porém, as criaturas que não têm liberdade moral, não importa o quão superiores possam ser aos seres humanos em outros aspectos, não seriam o que queremos dizer por pessoas. Elas constituiriam uma forma diferente de vida que Deus poderia ter trazido à existência, em vez de pessoas. Quando perguntamos por que Deus não criou tais entes em lugar de pessoas, a resposta tradicional é que somente pessoas poderiam, em qualquer sentido significativo, tornar-se "filhos de Deus", capazes de entrar numa relação pessoal com o seu Criador por meio de uma resposta livre e não forçada ao seu amor. ❺

Quando nos afastamos da possibilidade do mal moral como um correlato da liberdade pessoal do homem para a sua atualidade, encaramos algo que deve permanecer inexplicável, mesmo quando pode ser visto como sendo possível. Afinal, jamais podemos oferecer uma explicação causal completa de um ato livre; se pudéssemos, ele não seria um ato livre. A origem do mal moral repousa para sempre encerrada no mistério da liberdade humana.

A conexão necessária entre a liberdade moral e a possibilidade, agora atualizada, do pecado joga luz sobre uma boa quantidade do sofrimento que aflige a humanidade. Ora, uma enorme quantidade de dor humana surge da desumanidade ou da incompetência culpável da humanidade. Isso inclui alguns dos principais flagelos, como a pobreza, a opressão e a perseguição, a guerra e toda a injustiça, a indignidade e a iniquidade que ocorrem mesmo nas sociedades mais avançadas. Esses males são manifestações do pecado humano. Mesmo a doença é fomentada até uma extensão cujos limites ainda não foram determinados pela medicina psicossomática, por fatores emocionais e morais localizados tanto no indivíduo quanto no seu ambiente social. Na medida em que todos esses males são oriundos das falhas humanas e do seu mal agir, a sua possibilidade é inerente à criação de pessoas, habitando um mundo que as apresenta com escolhas reais, seguidas por consequências reais.

Agora podemos voltar-nos diretamente ao problema do sofrimento. Muito embora o volume maior da dor humana atual seja determinável à liberdade humana mal-utilizada como uma causa única ou parcial, permanecem outras fontes de dor que são inteiramente independentes da vontade humana, como, por exemplo, terremoto, furacão, tempestade, enchente, seca e penúria. ❻ Na prática, é frequentemente impossível traçar uma fronteira entre o sofrimento que resulta da maldade e da loucura humanas e aquele que recai sobre a humanidade vindo de fora; ambos os tipos de sofrimento estão inextrincavelmente misturados um com o outro na experiência humana. Para o nosso presente propósito, contudo, é importante notar que a última categoria existe de fato e que ela parece estar construída na própria estrutura do nosso mundo. Em resposta a ela, a teodiceia, se for sabiamente conduzida, segue um caminho negativo. Não é possível mostrar positivamente que cada item da dor humana serve a um propósito divino do bem; mas, por outro lado, parece possível, sim, mostrar que o propósito divino, tal como ele é entendido no judaísmo e no cristianismo, não poderia ser levado adiante num mundo que foi designado como um paraíso hedonista permanente.

Uma premissa essencial desse argumento é relativa à natureza do propósito divino ao criar o mundo. A suposição cética é de que o homem deve ser visto como uma criação completada e de que o propósito de Deus ao fazer o mundo era oferecer um local de habitação apropriado para essa criatura plenamente formada. Visto que Deus é bom e amoroso, o ambiente que ele criou para a vida humana habitar será naturalmente tão agradável e confortável quanto possível. O problema é essencialmente semelhante àquele de um homem que constrói uma gaiola para algum animal de estimação. Uma vez que o nosso mundo, de fato, contém fontes de privação, inconveniência e perigo de tipos inumeráveis, segue-se a conclusão de que esse mundo não pode ter sido criado por uma deidade perfeitamente benevolente e todo-poderosa.

O cristianismo, contudo, jamais supôs que o propósito de Deus na criação do mundo era o de construir um paraíso cujos habitantes experimentariam um máximo de prazer e um mínimo de dor. O mundo é visto, em vez disso, como um lugar de "realização da alma" ou da re-

---

❺ Aqui, a alegação tem de ser que o valor de haver pessoas genuínas com vontade livre, como Hick entende, é maior do que o valor de haver entes semelhantes a pessoas* que não têm liberdade, mesmo admitindo o valor negativo do mal que resulta.

(E também é melhor do que ter uma liberdade que é limitada pelas intervenções divinas ocasionais – ver a Questão para Discussão 2 da seleção de Mackie.)

❻ Aquilo a que Hick se refere como "o problema do sofrimento" é, pois, essencialmente o mesmo que o problema do mal *natural* (ou físico).

---

* N. de T. No original, *person-like beings*.

alização da pessoa, no qual entes livres, estando às voltas com as tarefas e os desafios da sua existência em um ambiente comum, podem tornar-se "filhos de Deus" e "herdeiros da vida eterna". Um modo de pensar teologicamente o propósito continuamente criativo de Deus para o homem foi sugerido por alguns dos primeiros Pais Helenistas da Igreja Cristã, especialmente Irineu. Seguindo as dicas de São Paulo, Irineu ensinava que o homem foi feito como uma pessoa à imagem de Deus, mas ainda não foi trazido como um agente livre e responsável à semelhança finita de Deus, que é revelada em Cristo. O nosso mundo, com todas as suas asperezas, é a esfera na qual esse segundo e mais difícil estágio do processo criativo está tomando lugar. ❼

Essa concepção do mundo (seja ou não posta na estrutura teológica de Irineu) pode ganhar suporte pelo método da teodiceia negativa. Suponha, contrariamente aos fatos, que esse mundo fosse um paraíso no qual toda possibilidade de dor e sofrimento estivesse excluída. As consequências seriam de alcance muito amplo. Por exemplo, ninguém jamais poderia machucar algum outro: a faca do assassino se transformaria em papel ou as suas balas em ar fino; a caixa-forte do banco, roubada em um milhão de dólares, tornar-se-ia miraculosamente cheia com um outro milhão de dólares (sem que esse artifício, por mais que fosse em larga escala, se provasse inflacionário); fraude, engano, conspiração e traição deixariam de algum modo sempre incólume o tecido da sociedade. Além disso, ninguém jamais seria ferido por acidente: o alpinista, o limpador de chaminés ou a criança brincando que cai de uma altura flutuaria ilesa até o chão; o motorista descuidado jamais teria encontro com o desastre. Não haveria nenhuma necessidade de trabalhar, dado que nenhum prejuízo poderia resultar de evitar o trabalho; não haveria nenhuma chamada para estar preocupado com os outros, em momentos de necessidade ou perigo, pois em tal mundo não poderia haver necessidades ou perigos reais.

Para tornar possível essa série contínua de ajustes individuais, a natureza teria de operar por "providências especiais", em vez de correr de acordo com as leis gerais que os homens devem aprender a respeitar, sob pena de sofrer dor ou morte. As leis da natureza teriam de ser extremamente flexíveis: algumas vezes, a gravidade operaria, algumas vezes não; algumas vezes, um objeto seria duro e sólido, algumas vezes mole. Não poderiam existir ciências, pois não haveria uma estrutura duradoura de mundo a investigar. Ao eliminar os problemas e as asperezas de um ambiente objetivo, com as suas leis próprias, a vida se tornaria parecida com um sonho no qual, deleitosamente, mas sem objetivos, flutuaríamos e viveríamos despreocupadamente. ❽

Pode-se pelo menos começar a imaginar tal mundo. É evidente que os nossos conceitos éticos presentes não teriam nenhum significado nele. Se, por exemplo, a noção de prejudicar alguém é um elemento essencial no conceito de uma ação errada, no nosso paraíso hedonista não poderiam existir ações erradas – nem quaisquer ações corretas em distinção às erradas. Coragem e fortaleza não teriam nenhum sentido num ambiente no qual não há, por definição, nenhum perigo ou dificuldade. A generosidade, a bondade, o aspecto *agape* do amor,* a prudência, o altruísmo e todas as outras noções éticas que pressupõem a vida num ambiente objetivo nem sequer poderiam ser formadas. Como consequência, tal mundo, independentemente de quanto possa promover o prazer, seria muito mal-adaptado ao desenvolvimento das qualidades morais da personalidade humana. Em relação a esse propósito, ele poderia ser o pior de todos os mundos possíveis!

Pareceria, então, que um ambiente intencionado a tornar possível o crescimento das características mais belas da vida pessoal em entes livres deveria ter uma boa quantidade em comum com o nosso mundo presente. Deveria operar de acordo com leis gerais e seguras; deveria envolver perigos reais, dificuldades, problemas, obstáculos e possibilidades de dor, fracasso, tristeza, frustração e derrota. Se não contivesse os testes e os perigos particulares que – subtraindo a própria contribuição bastante considerável

❼ Já que Deus é supostamente onipotente, não pode ser o caso de que ele precisa das asperezas do mundo como um *meio* para "realizar almas" (ver a discussão em Mackie). Portanto, a alegação tem de ser que o processo de realizar almas dessa maneira é valioso o bastante para compensar o custo.

❽ Obviamente, há alternativas intermediárias entre este mundo e o mundo real, mundos possíveis com alguns acasos, mas poucos, ou menos extremos. Uma defesa completa da teodiceia da realização da alma terá de reivindicar que todos esses mundos alternativos também são insatisfatórios para o propósito de realizar a alma.

---

* N. de T. No grego neotestamentário, *agape* designa – independentemente do seu entendimento como dom e virtude dada por Deus – o aspecto de genuína e justa dedicação ao outro, a saber, a Deus e ao próximo.

do homem – que o nosso mundo contém, ele teria de conter outros em vez desses.

Perceber isso não é, de modo algum, estar de posse de uma teodiceia detalhada. É entender que esse mundo, com todas "as suas dores do coração e os milhares de sobressaltos naturais dos quais a carne é herdeira", um ambiente tão manifestamente não designado para a maximização do prazer humano e a minimização da dor humana, pode, não obstante isso, ser realmente bem-adaptado ao propósito bem diferente de "realizar a alma". ❾

Essas considerações estão relacionadas com o teísmo como tal. O teísmo especificamente cristão vai além, à luz da morte de Cristo, que é vista paradoxalmente (como o assassinato do Filho divino) como a pior coisa que jamais aconteceu e (como a ocasião da salvação do homem) como a melhor coisa que já aconteceu. Na medida em que o mal supremo tornou-se o bem supremo, ele oferece o paradigma para a reação distintivamente cristã ao mal. Visto da perspectiva da fé cristã, os males não cessam de ser males; e, certamente, tendo em vista a obra salvífica de Cristo, não se pode dizer que eles foram enviados por Deus. Contudo, tem sido a alegação persistente daqueles comprometidos seriamente e de todo coração com o discipulado cristão que a tragédia, ainda que verdadeiramente trágica, pode, não obstante isso, ser transformada, através de uma reação do homem a ela, de uma causa de desespero e alienação de Deus para um estágio na realização do propósito amoroso de Deus para aquele indivíduo. Como o maior dos males, a crucificação de Cristo foi tornada a ocasião da redenção do homem, de modo que o bem pode ser obtido a partir de outros males. Na medida em que Jesus viu a sua execução pelos romanos como uma experiência que Deus desejava que ele aceitasse, uma experiência que deveria ser trazida para a esfera do propósito divino e feita para servir os fins divinos, assim a resposta cristã à calamidade é aceitar as adversidades, as dores e as aflições que a vida traz, no intuito de que possam estar voltadas a um uso espiritual positivo.

Nesse ponto, a teodiceia aponta para frente de duas maneiras acerca do assunto da vida após a morte. (...)

Em primeiro lugar, embora existam muitas instâncias impressionantes do bem sendo triunfantemente retiradas do mal, através da reação de um homem ou de uma mulher a ele, há muitos outros casos nos quais aconteceu o oposto. Às vezes, os obstáculos geram força de caráter, os perigos evocam coragem e altruísmo e as calamidades produzem paciência e firmeza moral. Porém, às vezes, elas levam, em vez disso, ao ressentimento, ao medo, ao egoísmo avaro e à desintegração do caráter. Portanto, pareceria que qualquer propósito divino de realização da alma que está operando na história terrena deveria continuar além dessa vida, caso precisasse, em algum momento, atingir mais do que um sucesso bastante parcial e fragmentário.

Em segundo lugar, se perguntamos se o envolvimento da realização da alma vale toda a faina e toda a tristeza da vida humana, a resposta cristã deve ser em termos de um futuro bom, grande o suficiente para justificar tudo o que aconteceu no caminho até ele. ❿

❾ Quão parecido com o nosso mundo atual esse mundo teria de ser? (Ver a Questão para Discussão 1.)

❿ Hick parece reconhecer aqui que a realização da alma não teria valor suficiente para compensar o custo sem uma pós-vida que as almas evoluídas eventualmente experimentarão. Contudo, nesse caso, a teodiceia da realização da alma não opera sem alguma razão *independente* para pensar que tal pós-vida existe.

Questões para Discussão

1. Quão plausível é que um mundo criado para o propósito de realizar a alma contenha os tipos e graus específicos de mal natural que podem ser encontrados no mundo atual? Ao pensar sobre essa questão, pode ser útil considerar uma analogia: suponha que você esteja desenvolvendo um ambiente para o propósito de construir o caráter de crianças – e que você também se preocupe intensamente com o bem-estar dessas crianças. Que tipos de obstáculos e desafios você colocaria no ambiente designado e que tipos você excluiria?

2. Suponha que admitamos que (contrariamente à alegação de Mackie) Deus não poderia dar às pessoas vontade livre e ainda controlar as suas escolhas, de modo que elas sempre fizessem a coisa correta. Suponha também que a vontade livre ilimitada fosse um valor tão grande que Deus estaria errado em envolver-se até mesmo numa intervenção ocasional. Uma questão que permanece é se a vontade livre deve trazer consigo a possibilidade de escolhas tão horrendas como, por exemplo, a decisão de Adolf Hitler de ordenar o assassinato de seis milhões de judeus no Holocausto. Uma pessoa que tem vontade livre é automaticamente capaz de fazer coisas tão más como aquela? Ou há ainda um limite, ao menos em muitas pessoas livres normais, com respeito ao quanto de mal elas são capazes? Se a última dessas possibilidades é o caso, por que Deus não fez todas as pessoas boas o suficiente, tal que ao menos os males realmente extremos fossem excluídos?

Devemos ter razões para crer em Deus?

Walter Kaufmann

Walter Kaufmann (1921-1980) lecionou filosofia na Universidade de Princeton. Ele é mais conhecido por suas discussões e traduções de Friedrich Nietzsche (filósofo e poeta alemão do século XIX) e por seu trabalho em filosofia da religião. Esta seleção discute uma versão do argumento de Pascal de que a crença em Deus é a melhor aposta em uma situação de incerteza. Tal como Kaufmann percebe, a sua versão é mais completa e explícita do que a do próprio Pascal.

A Aposta de Pascal[20]

Pascal, matemático, físico, polemista e místico, costurou no forro do seu casaco um pedaço de pergaminho, datando do dia da sua grande experiência mística, para lembrá-lo de que o Deus de Abraão, Isaac e Jacó não é o Deus dos filósofos e teólogos. Ele viu a inconsistência das antigas provas da existência de Deus e tinha algumas insinuações de que a fé está relacionada, de algum modo, com compromisso.* A sua tentativa de expressar esse compromisso em seus *Pensées*, publicados postumamente, é, contudo, ainda mais desconcertante do que qualquer das provas dos filósofos e teólogos.

"Ou Deus existe, ou ele não existe", argumenta Pascal; e nenhum das proposições pode ser provada. Sendo assim, devemos apostar: essa palavra estranha é a do próprio Pascal; e, com um interesse desesperado, ele prossegue explicando os pontos de vantagem. Se apostamos que Deus existe e estamos certos, ganhamos tudo; se estamos errados, não perdemos nada. Se você rejeitasse isso, "você seria imprudente". O que mais você poderia perguntar?

Pascal cessa com essas duas possibilidades; contudo, poderíamos muito bem completar o quadro e enunciar todas as quatro possibilidades:

---

[20] Extraído de *Critique of Religion and Philosophy* (New York: Harper, 1958).
* N. de R.T. No original, *commitment*. A palavra tem aqui o significado de algo que se prometeu ou que se assumiu para, ou seja, de uma promessa ou de um voto, podendo significar também o estado mesmo de estar intensamente dedicado a alguma coisa. Assim, o significado de *commitment* oscila, na língua portuguesa, entre "compromisso" e "comprometimento". Se "comprometimento" significa "promessa" ou uma "obrigação por compromisso", "compromisso" deve expressar o estado de "pacto", de "acordo", de "envolvimento garantido", de "obrigação". Resumindo, expressa o "estar comprometido com o que se assumiu". Justifica-se no contexto da adoção de uma atitude religiosa "compromisso" como tradução.

	Deus existe	Deus não existe
Apostamos que Deus existe:	Ganhamos tudo; tiramos a sorte grande; subimos.	Não perdemos nada.
Apostamos que Ele não existe:	Perdemos tudo; não tivemos sorte; descemos.	Não ganhamos nada.

Sem dúvida, essa é a oportunidade de uma vida. Qualquer um que não estiver fora de si apostará que Deus existe. Isso parece muito melhor do que as provas de Anselmo e Tomás de Aquino. Ou também Pascal passou os olhos por cima de alguma coisa?

A primeira objeção na qual as pessoas normalmente pensam é mal-informada. Dizem que não podemos induzir crença meramente representando para nós a grande vantagem da crença. ❶ Porém, é a *lógica* de Pascal que é falha, não a sua psicologia.

"Siga o caminho pelo qual eles começaram; agindo como se eles cressem, recebendo a água benta, rezando missas, etc. Mesmo isso naturalmente fará com que você creia e amortecerá a sua agudeza". A psicologia de Pascal é corroborada por milhões de exemplos em países totalitários: uma vez que as pessoas percebem os riscos aterrorizantes da não crença e as recompensas para a aceitação de crenças, isso leva a maioria dos homens, no máximo em alguns poucos anos, a acreditar de modo bastante firme. Primeiramente, faz-se com que se creia que se crê e em pouco tempo se crê.

Essa é a origem da maior parte da fé religiosa: a criança começa agindo como os adultos que creem e, em breve, ela mesma crê. As provas vêm mais tarde, se é que vêm de algum modo. *A crença religiosa geralmente começa como fazer-crer*.

O que Pascal não percebeu foi a possibilidade de arrepiar os cabelos de que Deus poderia luterizar Lutero. Uma área especial no inferno poderia ser reservada para aqueles que vão à missa. Ou Deus poderia punir aqueles cuja fé é impelida pela prudência. Talvez Deus prefira o abstinente àqueles que se prostituem com alguma denominação que ele despreza. Talvez reserve recompensas especiais para aqueles que negam a si mesmos o conforto da crença. Talvez o asceta intelectual vencerá tudo, enquanto aqueles que comprometeram a sua integridade intelectual perderão tudo. ❷

Há muitas outras possibilidades. Poderiam existir muitos deuses, incluindo um que favorece pessoas como Pascal; porém, os outros deuses poderiam exceder em poder ou superá-lo em maioria, *à la* Homero. Nietzsche poderia muito bem ter aplicado a Pascal o seu comentário cortante sobre Kant: quando ele apostou em Deus, o grande matemático "tornou-se um idiota".

Mesmo uma competência assombrosa em matemática não prové nenhuma salvaguarda contra armadilhas patéticas quando se trata de argumentos sobre religião.(...)

❶ R O ponto da objeção é que uma pessoa não pode simplesmente *escolher* crer em alguma coisa – porque a crença não está dentro do controle voluntário.

❷ O ponto geral nesse e no parágrafo seguinte é que há muitos, ao que tudo indica, indeterminadamente muitos deuses possíveis ou entes parecidos com deus. Assim, uma avaliação plena da aposta teria de levar em consideração os resultados, se qualquer um deles acabasse por existir, em vez de somente aqueles que seriam produzidos pelo tipo muito específico de Deus que Pascal tem em mente.

Questões para Discussão

1. Como Kaufmann relata (ver a Anotação 1), uma objeção muitas vezes feita a Pascal é que não podemos simplesmente escolher crer em alguma coisa porque seria vantajoso proceder assim – quando a razão subjacente é que a crença não está dentro do nosso controle voluntário. Você pensa que é possível simplesmente adotar uma crença porque, por alguma razão, você quer tê-la ou pensa que seria bom fazer isso? (Pense em alguns exemplos.) Agora, considere a resposta de Kaufmann no parágrafo seguinte. Ele está certo em dizer que a crença pode ser atingida do modo como sugere? Isso mostra que a crença é voluntária no final das contas?

2. Na versão de Kaufmann (que segue a Pascal), diz-se que o valor da possibilidade, quando uma pessoa crê (e age correspondentemente), mas Deus não existe, é que nada é perdido. Essa é a avaliação correta? Ou também existem perdas ou ganhos significativos nessa situação? Isso faz alguma diferença para o argumento como um todo?

3. Pascal tem em mente mais ou menos a concepção padrão de Deus, tal como discutida na introdução a este capítulo. Você acha que ele está certo sobre como um Deus desse tipo responderia a alguém que cresse nele (ou nela) por razões prudenciais dessa espécie? O resultado é tão claro quanto Pascal pensa, mesmo que outros deuses possíveis e entes parecidos com deus, por alguma razão, não sejam considerados?

4. Se todos os outros deuses ou entes parecidos com deus possíveis são trazidos à cena, a matriz de escolhas e resultados possíveis torna-se vastamente mais complicada, com muitas diferentes possibilidades para crença e muitos diferentes resultados possíveis. Alguma escolha definitiva de crença ou não crença emerge como racionalmente preferida? Por que sim ou por que não?

William James

William James (1842-1910) foi um filósofo e psicólogo americano que lecionou em Harvard. Um dos fundadores do movimento pragmatista em filosofia, fez importantes contribuições à epistemologia, à metafísica e à filosofia da religião. Uma concepção jamesiana característica é a de que a verdade deve ser medida pelo sucesso prático ("a verdade é aquilo que funciona"). Nesta seleção, James argumenta a favor da permissibilidade racional da crença religiosa, baseada no compromisso voluntário ou na fé, e não na evidência.

A vontade de crer[21]

Na obra de Leslie Stephen, recentemente publicada sob o título de *Vida*, na qual fala sobre o seu irmão Fitz-James, há um relato de uma escola que o último frequentou quando era um menino. O professor, um certo Sr. Guest, costumava conversar com seus alunos dessa maneira: "Gurney, qual é a diferença entre justificação e santificação?"; "Stephen, prove a onipotência de Deus!", etc. No meio do nosso pensamento livre e da indiferença de nossa Harvard, estamos inclinados a imaginar que aqui, na boa e velha Faculdade ortodoxa, a conversação continua a estar de certo modo nessa ordem; e para mostrar a vocês que nós, em Harvard, não perdemos todo o interesse nesses assuntos vitais, eu trouxe comigo hoje à noite algo como um sermão sobre a justificação pela fé para ler a vocês – isto é, um ensaio em justificação *da* fé, uma defesa do nosso direito de adotar uma atitude de crença em questões religiosas, apesar do fato de que o nosso intelecto meramente lógico pode não ter sido coagido a isso. "A vontade de crer", de acordo com isso, é o título do meu ensaio.

Eu por muito tempo defendi para os meus próprios alunos a licicitude* da fé adotada voluntariamente; mas, tão logo se tornaram bem-impregnados do espírito lógico, eles, como uma regra, recusaram-se admitir minha pretensão como filosoficamente lícita, ❶ embora eles mesmos estivessem todo o tempo pessoalmente repletos de uma fé ou outra. Contudo, eu estou por todo esse tempo tão profundamente convencido de que a minha própria posição é correta que o convite de vocês me pareceu uma boa ocasião para tornar as minhas afirmações mais claras. Talvez as suas mentes fiquem mais aber-

❶ Por "filosoficamente lícita", James parece querer dizer que a fé adotada voluntariamente é racionalmente permissível ou aceitável. (Conforme ele esclarece mais tarde, ele não pensa que ela é sempre obrigatória.)

---

[21] Extraído de um discurso dirigido aos Clubes Filosóficos das Universidades Yale e Brown (primeiramente publicado em 1896).
* N. de R.T. Aqui e no restante do texto traduzimos "lawfulness" por licicitude, e "lawful" por lícito.

tas do que aquelas com as quais eu tive de lidar até aqui. Serei o menos técnico que eu puder, ainda que deva começar estabelecendo algumas distinções técnicas que nos ajudarão no final.

I

Chamemos de *hipótese* qualquer coisa que possa ser proposta à nossa crença; e exatamente como os eletricistas falam de fios mortos e vivos, falemos de qualquer hipótese como *viva* ou *morta*. Uma hipótese viva tem apelo como uma possibilidade real àquele a quem ela é proposta. Se pedir a vocês que creiam no Mahdi, a ideia não faz nenhuma conexão elétrica com a nossa natureza – ela recusa-se a cintilar com qualquer credibilidade. Como hipótese, ela está completamente morta. ❷ Para um árabe, contudo (mesmo se ele não for um dos seguidores de Mahdi), a hipótese está entre as possibilidades de pensamento: ela está viva. Isso mostra que o estar-morto e o estar-vivo em uma hipótese não são propriedades intrínsecas, mas relações com o pensador individual que são medidas pela sua disposição para agir. O máximo do estar-vivo numa hipótese significa disposição para agir irrevogavelmente. Na prática, isso significa crença; mas há uma certa tendência a crer sempre que existe uma disposição para agir.

Em seguida, chamemos a decisão entre duas hipóteses de *opção*. Opções podem ser de diversos tipos. Elas podem ser

1. *vivas* ou *mortas*;
2. *forçadas* ou *evitáveis*;
3. *importantíssimas** ou *triviais*.

Para os nossos propósitos, podemos chamar uma opção de *genuína*, quando ela for dos tipos forçado, vivo e importantíssimo.

1. Uma opção viva é aquela em que ambas as hipóteses são vivas. Se digo a vocês "Sejam teosofistas ou sejam maometanos", haveria aqui uma opção morta, porque para vocês provavelmente nenhuma das hipóteses está viva. Mas se digo "Sejam agnósticos ou sejam cristãos", é diferente: treinados como são, cada uma das hipóteses tem algum apelo, ainda que pequeno, para a crença de vocês.

2. Em seguida, se digo: "Escolham entre sair com o guarda-chuva ou sem ele", não ofereço uma opção genuína, pois ela não é forçada. Vocês podem facilmente evitá-la, simplesmente não saindo. E, ainda, se digo "Ou me amem ou me odeiem", "Ou chamem a minha teoria de verdadeira ou chamem-na de falsa", a opção de vocês é evitável. Vocês podem permanecer indiferentes a mim, nem me amando nem me odiando, e podem desistir de oferecer qualquer juízo quanto à minha teoria. Mas se digo "Ou aceitem essa verdade ou vão sem ela", ponho sobre vocês uma opção forçada, pois não há nenhum lugar permanente fora da alternativa. Todo dilema baseado numa disjunção lógica completa, com nenhuma possibilidade de não escolher, é uma opção desse tipo forçado. ❸

3. Finalmente, se eu fosse o Dr. Nansen e propusesse a vocês que se juntassem à minha Expedição ao Polo Norte, a sua opção seria importantíssima, pois talvez fosse a única oportunidade semelhante, e a sua escolha ou excluiria vocês de todo o tipo Polo Norte de imortalidade ou, ao menos, poria a chance dela nas suas mãos. Aquele que se recusa a abraçar uma oportunidade única perde o prêmio tão certamente quanto se tentasse e falhasse. *Per contra*, a opção é trivial quando a oportunidade não é única, quando a aposta é insignificante ou quando a decisão é reversível, se ela mais tarde se provar insensata. Tais opções triviais abundam na vida científica. Um químico acha uma hipótese viva o bastante para gastar um ano na sua verificação: ele acredita nela em certa medida. Mas se os seus experimentos se provam inconclusivos de qualquer modo, ele desiste da sua perda de tempo, não sendo cometido nenhum dano vital.

Facilitará a nossa discussão se mantivermos todas essas distinções em mente.

---

* N. de R.T. No original, *momentous*.

❷ O Mahdi era um líder militar e religioso sudanês, em fins do século XIX, que alegava ser o sucessor de Maomé.

Por "disposição para agir", na passagem que segue, James quer dizer a disposição para agir como se a hipótese fosse verdadeira.

❸ Parece seguir-se disso que se pode fazer com que *qualquer* alegação apresente uma "opção forçada", simplesmente contrastando-a com a sua opção contraditória logicamente.

II

O próximo assunto a considerar é a atual psicologia da opinião humana. Quando olhamos para certos fatos, parece que a nossa natureza passional e volitiva reside na raiz de todas as nossas convicções. Ao olharmos para outros, é como se eles não pudessem fazer nada quando o intelecto diz o seu dizer. Tomemos primeiramente os últimos fatos.

Não parece mesmo às avessas, em face disso, falar das nossas opiniões como sendo modificáveis conforme a vontade? A nossa vontade pode ajudar ou obstar o nosso intelecto na percepção da verdade? ❹ Podemos, simplesmente por querê-lo, crer que a existência de Abraham Lincoln é um mito, e que os retratos dele na Revista McClure são todos de outro alguém? Podemos, por qualquer esforço da nossa vontade, ou por qualquer força de desejo de que isso fosse verdadeiro, crer em nós mesmos como estando bem e por aí quando estamos gemendo com reumatismo na cama, ou sentirmo-nos certos de que a soma das duas notas de um dólar no nosso bolso deve ser cem dólares? Podemos dizer qualquer dessas coisas, mas estamos absolutamente impotentes quanto a crer nelas; e é exatamente desse tipo de coisas que é feito o tecido inteiro das verdades em que acreditamos – questões de fato, imediatas ou remotas, como dizia Hume, e relações entre ideias, que ou estão ou não estão ali para nós, se as vemos assim, e que, se não estão ali, não podem ser ali postas por qualquer ação da nossa parte.

Nos *Pensamentos* de Pascal há uma passagem celebrada, conhecida na literatura como a aposta de Pascal. ❺ Nela, ele tenta nos forçar ao cristianismo, raciocinando tal como se a nossa preocupação com a verdade se parecesse com a nossa preocupação com as apostas em um jogo de azar. Traduzidas livremente, as suas palavras são essas: vocês devem crer ou não que Deus existe – o que farão? A sua razão humana não pode dizer. Um jogo está ocorrendo entre vocês e a natureza das coisas que, no dia do juízo, trará cara ou coroa. Avaliem quais seriam os seus ganhos e as suas perdas, se apostassem tudo o que têm em cara, ou na existência de Deus; se vencerem, em tal caso, ganham a beatitude eterna; se perderem, não perdem absolutamente nada. Se houvesse uma infinitude de chances, e só uma para Deus nessa aposta, ainda assim vocês deveriam apostar tudo que têm em Deus. Ora, embora certamente arrisquem uma perda finita por esse procedimento, qualquer perda finita é razoável, mesmo uma perda certa é razoável, se há pelo menos a possibilidade de um ganho infinito. Vão, então, recebam a água benta e rezem missas; a crença virá e deixará estupefatas as suas hesitações. (...) Por que não deveriam fazê-lo? No fundo, o que vocês têm a perder?

Vocês provavelmente sentem que, quando a própria fé religiosa expressa-se dessa maneira, na linguagem da mesa de jogo, ela é levada aos seus últimos trunfos. Certamente, a própria crença pessoal de Pascal em missas e água benta tinha muitas outras fontes, e essa celebrada página sua não é senão um argumento para outros, uma última e desesperada procura por uma arma contra a dureza do coração descrente. Percebemos que uma fé em missas e água benta, adotada voluntariamente após tal cálculo mecânico, careceria da alma interior da realidade da fé; se estivéssemos no lugar da divindade, provavelmente teríamos prazer particular em afastar da recompensa eterna crentes desse padrão. É evidente que, a menos que haja alguma tendência preexistente em crer em missas e água benta, a opção oferecida por Pascal à vontade não é uma opção viva. Certamente, nenhum turco jamais participou de missas e recebeu água benta; e mesmo para nós, protestantes, esses meios de salvação parecem ser tais impossibilidades prévias que a lógica de Pascal, invocada para elas especificamente, deixa-nos imóveis. Igualmente, o Mahdi poderia escrever-nos, dizendo "Eu sou o Esperado, a quem Deus criou no seu esplendor. Vós sereis infinitamente felizes se vos confessardes a mim; do contrário, sereis tirados da luz do sol. Pesai, então, o vosso ganho infinito, se sou genuíno, em oposição ao vosso sacrifício finito caso eu não o seja!". A lógica dele seria aquela de Pascal, mas ele a usaria em vão sobre nós, pois a hipótese que nos oferece está morta. Nenhuma tendência de agir sobre ela existe em nós, em nenhum grau.

O discurso de crer pelas nossas volições parece, então, a partir de um ponto de vista, simplesmente tolo. De outro ponto de vista, é pior do que tolo, é vil.

---

❹ Uma possível objeção à concepção de James, assim como à aposta de Pascal, é o fato de a crença genuína não ser voluntária. James concorda que uma pessoa não pode apenas voluntariamente crer em qualquer coisa, como mostram esses exemplos.

❺ Ver a seleção prévia, da autoria de Kaufmann, para uma discussão da aposta de Pascal.

Quando alguém se volta ao edifício magnífico das ciências físicas e vê como ele foi criado, que milhares de vidas morais desinteressadas de homens repousam enterradas nos seus simples alicerces, que paciência e adiamento, que resignação de prioridade, que submissão às gélidas leis dos fatos externos estão forjadas nas suas próprias pedras e argamassa; quão absolutamente impessoal ele se ergue na sua vasta sublimidade – afinal, o quão estúpido e desprezível parece todo pequeno sentimentalismo que vem soprando os seus halos de santidade voluntários, pretendendo decidir coisas a partir do seu sonho privado! Podemos ficar impressionados se aqueles que foram criados na austera e masculina escola da ciência se sentissem como cuspindo tal subjetivismo para fora das suas bocas? O sistema inteiro de lealdades que crescem nas escolas de ciência morre contra a sua tolerância, de modo que não é senão natural que aqueles que apanharam a febre científica passassem para o extremo oposto e escrevessem, às vezes, como se o intelecto incorruptivelmente veraz devesse positivamente preferir, no seu copo, amargura e inaceitabilidade ao coração.

> Fortalece a minha alma saber
> Que, embora eu pereça, a Verdade é essa –

Assim canta Clough, enquanto Huxley exclama: "O meu único consolo repousa na reflexão de que, por mais que a nossa posteridade possa tornar-se má, na medida em que eles se mantêm na regra simples de não pretender crer no que não têm razão para crer, [só] porque pode ser-lhes de vantagem assim pretender [a palavra pretender é aqui certamente redundante], não terão alcançado o ponto mais fundo de imortalidade". E aquele delicioso *enfant terrible*, Clifford escreve: "A crença é profanada quando dada a afirmações não provadas e não questionadas, para consolo e prazer privado do crente. (...) Quem assim seria digno dos seus companheiros nessa questão guardará a pureza da sua crença com um fanatismo de cuidado invejoso, para que, a qualquer momento, não repouse em um objeto indigno e pegue uma mancha que jamais possa ser apagada. (...) Se [uma] crença foi aceita sob evidência insuficiente [embora a crença seja verdadeira, como explica Clifford na mesma página], o prazer é um prazer roubado. (...) É pecaminoso, porque é roubado em desrespeito do nosso dever para com a humanidade. Esse dever é o de resguardar a nós mesmos de tais crenças tal como de uma pestilência que pode, em pouco tempo, controlar o nosso próprio corpo e espalhar-se, então, pelo resto da cidade. (...) É errado, sempre, em qualquer lugar e para todos, crer em qualquer coisa sob evidência insuficiente". **6**

III

Tudo isso soa sadio, mesmo quando expresso, assim como dito por Clifford, com, até certo ponto, excesso de emoção robusta na voz. Livre-arbítrio e simples desejar parecem, de fato, no assunto das nossas crenças, ser somente peças de segunda mão para a carruagem. Contudo, se alguém, a partir disso, fosse assumir que a percepção intelectual é o que permanece, depois de desejo, vontade e preferência sentimental terem tomado asas, e que a razão pura é o que, então, estabelece as nossas opiniões, voaria quase tão diretamente nas entranhas dos fatos.

São somente as nossas hipóteses já mortas que nossa natureza volitiva* é incapaz de trazer novamente à vida. Mas o que as tornou mortas para nós é, em grande parte, uma ação prévia, de um tipo antagonista, da nossa "natureza volitiva". Quando digo "natureza volitiva", não me refiro apenas àquelas volições deliberadas, na medida em que podem ter estabelecido hábitos de crença dos quais não podemos agora escapar – quero dizer todos os fatores afins de crença, como medo e esperança, preconceito e paixão, imitação e partidarismo, a pressão circundante da nossa casta e do nosso grupo. De fato, encontramo-nos crendo; dificilmente sabemos como ou por quê. O Sr. Balfour dá o nome de "autoridade" a todas aquelas influências, nascidas do clima intelectual, que tornam hipóteses possíveis ou impossíveis para nós, vivas

R 6 Uma segunda objeção é que crer por escolha (ao invés de crer como um resultado de evidência), mesmo se fosse possível, seria "vil", moralmente inaceitável – essa é, basicamente, a concepção de Clifford.

---

* N. de R.T. Optou-se por esta tradução para o vocábulo "willing" para preservar a relação do mesmo com o vocábulo "will", a saber, vontade, cuja propensão à crença é justamente tema deste ensaio.

❼ James responde que quase todas as nossas crenças resultam da nossa "natureza volitiva", na qual ele inclui todos os fatores diferentes da evidência que produzem crença: medo, esperança, preconceito, pressões sociais, influências (especialmente prestígio), e assim por diante. A sugestão parece ser a de que a crença nesse tipo de base é simplesmente inevitável.

❽ A não existência da verdade pode sequer ser uma possibilidade inteligível? O que significaria simplesmente não haver absolutamente nenhuma verdade? (Seria essa alegação verdadeira?) O que dizer sobre a possibilidade de existir verdade, mas as nossas mentes, de alguma maneira, serem incapazes de compreendê-la?

❾ James parece rejeitar a alegação de que a crença jamais é voluntária, sugerindo que somente alegações não "vivas" não podem ser aceitas voluntariamente. Mas ele parece estar equiparando crença genuinamente voluntária com crença que resulta de fatores "passionais". Não poderia uma crença passional ser ainda involuntária? Ora, essa não é a situação mais provável?

ou mortas. Aqui nesta sala, nós todos cremos em moléculas e na conservação da energia, na democracia e no progresso necessário, no cristianismo protestante e no dever de lutar pela "doutrina do imortal Monroe", todas por quaisquer razões dignas. Vemos essas questões com não mais clareza interna – provavelmente com muito menos – do que qualquer um que descrê nelas poderia possuir. A sua inconvencionalidade possivelmente teria alguns motivos para mostrar, a favor das suas conclusões; mas, para nós, não o *insight*, mas o *prestígio* das opiniões, é o que faz a centelha acender a partir delas e iluminar os nossos adormecidos depósitos da fé.

A nossa razão fica bastante satisfeita, em novecentos e noventa e nove casos de cada mil, se puder achar alguns poucos argumentos que funcionarão, caso a nossa credulidade seja criticada por alguém. A nossa fé é fé na fé de outrem, e nas questões mais importantes isso constitui a maioria dos casos. **❼** A nossa crença na própria verdade, por exemplo, de que há uma verdade e de que as nossas mentes e ela são feitas uma para a outra – o que é essa crença senão uma afirmação apaixonada de desejo, na qual o nosso sistema social nos dá cobertura? Queremos ter uma verdade, queremos crer que nossos experimentos, estudos e discussões devem nos pôr numa posição continuamente melhor para com ela; e, nessa linha, concordamos em batalhar as nossas vidas pensantes. Mas se um cético pyrrônico nos pergunta como sabemos tudo isso, pode a nossa lógica encontrar uma réplica? Não, certamente ela não pode! É simplesmente uma volição contra outra – nós, dispostos a embarcar na vida em uma confiança ou assunção que ele, por sua vez, não se preocupa em fazer. **❽**

Via de regra, descremos de fatos e teorias para os quais não temos nenhuma utilidade. As emoções cósmicas de Clifford não encontram nenhuma utilidade para os sentimentos cristãos. Huxley ataca os bispos porque não há utilidade para o sacerdotismo no seu esquema de vida. Newman, ao contrário, assume o romanismo e julga todos os tipos de razões boas para ali ficar, porque um sistema sacerdotal é, para ele, uma necessidade orgânica e um deleite. Por que tão poucos "cientistas" sequer olham para a evidência a favor da telepatia? Porque eles pensam – como um importante biólogo, ora morto, uma vez me disse – que mesmo se tal coisa fosse verdadeira, os cientistas deveriam se agrupar para mantê-la suprimida e ocultada. Ela desmancharia a uniformidade da Natureza e todos os tipos de outras coisas, sem as quais os cientistas não podem levar adiante as suas buscas. Mas, se a esse mesmíssimo homem tivesse sido mostrada alguma coisa que, como um cientista, ele pudesse fazer com a telepatia, ele não somente poderia ter examinado a evidência, como inclusive a teria julgado boa o suficiente. Essa mesma lei que os lógicos imporiam sobre nós – se eu posso dar aqui o nome de lógicos àqueles que excluiriam a nossa natureza volitiva – não é baseada em nada senão no próprio desejo natural de excluir todos os elementos para os quais, na sua qualidade profissional de lógicos, não podem achar nenhuma utilidade.

Evidentemente, então, a nossa natureza não intelectual influencia sim as nossas convicções. Existem tendências e volições passionais que se movimentam antes e outras que vêm depois da crença, e são somente as últimas que estão atrasadas para o justo, e não estão atrasadas quando a obra passional anterior já estava na própria direção delas. **❾** O argumento de Pascal, em vez de ser ineficaz, parece uma resolução regular, e é o último golpe necessário para tornar completa a nossa fé em missas e água benta. O estado de coisas está evidentemente longe de ser simples; e pura percepção e lógica, independentemente do que puderem fazer idealmente, não são as únicas coisas que realmente produzem os nossos credos.

IV

O nosso próximo dever, tendo reconhecido esse estado de coisas misturado, é perguntar se ele é simplesmente repreensível e patológico ou se, ao contrário, devemos tratá-lo como um elemento normal ao nos decidirmos. A tese que defendo é esta, afirmada brevemente: *A nossa natureza passional não apenas licitamente pode, mas deve, decidir por uma opção entre proposições, sempre que se trata de uma opção genuína que não pode por sua natureza ser decidida segundo razões inte-*

lectuais; pois dizer, sob tais circunstâncias, "Não decida, mas deixe a questão aberta" é em si uma decisão passional – assim como decidir que sim ou que não – e é associada ao mesmo risco de perder a verdade. ❿ A tese, assim expressa de maneira abstrata, estou confiante, logo se tornará bastante clara. Mas devo primeiramente entregar-me a um pouco mais de trabalho preliminar.

...

VII

Um ponto a mais, pequeno, porém importante, e as nossas observações preliminares estarão terminadas. Há dois modos de olhar para o nosso dever, em termos de opinião – modos inteiramente diferentes sobre cuja diferença a teoria do conhecimento parece até aqui ter mostrado muito pouca preocupação. *Nós devemos conhecer a verdade; devemos evitar o erro* – esses são os nossos primeiros e grandes mandamentos como futuros conhecedores; mas eles não são dois modos de afirmar um mandamento idêntico, eles são duas leis separáveis. Embora possa de fato acontecer que, quando cremos na verdade *A*, escapamos, como uma consequência acidental, de crer na falsidade *B*, dificilmente acontece alguma vez que, por meramente descrer em *B*, necessariamente cremos em *A*. Podemos, ao escapar de *B*, cair na crença de outras falsidades, *C* ou *D*, tão ruins quanto *B*; ou podemos escapar de *B* por não crer em qualquer coisa, nem mesmo em *A*.

Creia na verdade! Afaste-se do erro! – essas, nós vemos, são duas leis materialmente diferentes; e por escolher entre elas podemos acabar por colorir diferentemente toda a nossa vida intelectual. Podemos considerar a perseguição da verdade como principal, e a evitação do erro como secundário; ou podemos, por outro lado, tratar a evitação do erro como mais imperativo, e deixar a verdade correr o seu risco. ⓫ Clifford, na passagem instrutiva que citei, exorta-nos ao último curso. Não acredite em nada, ele nos diz, mantenha a sua mente para sempre em suspenso, ao invés de, ao fechá-la sob evidência insuficiente, incorrer no risco terrível de acreditar em mentiras. Você, por outro lado, pode pensar que o risco de estar em erro é uma questão muito pequena quando comparada às bênçãos do conhecimento real, e pode estar pronto para ser enganado muitas vezes na sua investigação, em vez de adiar indefinidamente a chance de adivinhar a verdade. Eu mesmo acho impossível acompanhar Clifford. Devemos lembrar que esses sentimentos do nosso dever sobre verdade erro são, de qualquer modo, apenas expressões da nossa vida passional. Consideradas biologicamente, as nossas mentes estão prontas para ruminar tanto falsidade quanto veracidade, e aquele que diz "Melhor ir sem crença para sempre do que crer numa mentira!" meramente mostra o seu próprio horror privado preponderante a tornar-se um otário. Ele pode ser crítico de muitos dos seus desejos e medos, mas a esse medo ele obedece como um escravo. Ele não consegue imaginar qualquer um questionando a sua força obrigatória. De minha parte, tenho também um horror de ser ludibriado; mas posso acreditar que coisas piores do que ser ludibriado podem acontecer a um homem nesse mundo. Assim, a exortação de Clifford tem para os meus ouvidos um som profundamente fantástico. É como um general informando os seus soldados de que é melhor ficar de fora da batalha para sempre do que arriscar um único ferimento. Não é desse modo que as vitórias, seja sobre inimigos, seja sobre a natureza, são obtidas. Os nossos erros, por certo, não são coisas tão drasticamente solenes. Num mundo onde estamos tão certos de incorrer neles, apesar de toda a nossa precaução, uma certa leveza de coração parece mais saudável do que esse nervosismo excessivo por causa deles. De qualquer modo, parece a coisa mais apropriada para o filósofo empirista.

VIII

E agora, depois de toda essa introdução, entremos diretamente na nossa questão. Disse, e agora o repito, que não somente encontramos de fato a nossa natureza passional nos influenciando em nossas opiniões, mas também que existem algumas opções entre opiniões nas quais essa influência deve ser considerada tanto um determinante inevitável quanto um determinante legítimo da nossa escolha.

❿
PARE Pense cuidadosamente sobre o conteúdo desse princípio, relacionando-o de volta às discussões dos vários elementos, especialmente da ideia de uma opção "genuína".

⓫
R O ponto de James, aqui, é que seria fácil evitar o erro, se não se desse nenhum peso à procura da verdade; e quase tão fácil quanto encontrar a verdade se não houvesse nenhuma preocupação em evitar o erro – pense em como uma pessoa poderia fazer cada uma dessas coisas. O difícil é fazer ambas, levantando, pois, a questão de quanto peso dar a cada um desses objetivos.

Temo, aqui, que alguns de vocês, meus ouvintes, começarão a farejar o perigo e emprestar um ouvido inospitaleiro. Dois primeiros passos de paixão vocês tiveram realmente de admitir como necessários – devemos pensar de tal modo a evitar ludíbrio, e devemos pensar de tal modo a ganhar a verdade; contudo, o caminho mais certo para aquelas consumações ideais, vocês provavelmente considerarão, é de agora em diante não tomar mais nenhum passo passional.

Naturalmente, concordo até onde os fatos permitirem. Onde quer que a opção entre perder a verdade e ganhá-la não é muito importante, podemos jogar fora a chance de *ganhar a verdade*, e de qualquer modo salvar a nós mesmos de qualquer chance de *crer em falsidade*, a saber, por não nos decidirmos até que a evidência objetiva tenha surgido. Em questões científicas, quase sempre esse é o caso; mesmo em negócios humanos, em geral, a necessidade de agir raramente é tão urgente a ponto de uma crença falsa sobre a qual agir seja melhor do que absolutamente nenhuma crença. Cortes da lei, de fato, têm de decidir segundo a melhor evidência disponível para o momento, porque o dever de um juiz é fazer a lei tanto quanto averiguá-la, e (como um juiz erudito certa vez me disse) poucos casos são dignos de serem analisados por muito tempo: a grande coisa é tê-los decidido segundo *algum* princípio aceitável e tê-los tirado do caminho. Mas, em nossas tratativas com a natureza objetiva, nós obviamente somos escrivãos, não fazedores da verdade; e decisões meramente em função de decidir com prontidão e chegar ao próximo assunto é algo que estaria totalmente fora de questão. Por todo o fôlego da natureza física, os fatos são o que eles são independentemente de nós, e raramente há qualquer pressa desse tipo acerca deles tal que os riscos de ser ludibriado por crer numa teoria prematura precisem ser encarados. As questões aqui são sempre opções triviais, as hipóteses são dificilmente vivas (de qualquer modo, não são vivas para nós espectadores), a escolha entre crer na verdade ou na falsidade é raramente forçada. ⑫ A atitude de balanço cético é, portanto, a atitude sábia se fôssemos escapar dos enganos. De fato, que diferença faz, para a maioria de nós, se temos ou não uma teoria dos raios de Röntgen, se cremos ou não na substância-mental* ou se temos uma convicção sobre a causalidade de estados conscientes? Não faz nenhuma diferença. Tais opções não são impostas a nós. Em qualquer acepção, é melhor não fazê-las, mas ainda seguir pesando razões *pro et contra*, com uma mão indiferente.

(...) Concordemos, entretanto, que, sempre onde não há nenhuma opção forçada, o intelecto desapaixonadamente judicial, com nenhuma hipótese preferida, salvando-nos de todo modo, como ele faz, do ludíbrio, deveria ser o nosso ideal.

A questão em seguida se levanta: Não existem, em algum lugar, opções forçadas nas nossas questões especulativas, e podemos nós (como homens que podem estar interessados pelo menos tanto em positivamente obter a verdade quanto em meramente escapar do ludíbrio) sempre esperar com impunidade até que a evidência coercitiva tenha chegado? Parece *a priori* improvável que a verdade devesse estar tão belamente ajustada com isso a nossas necessidades e nossos poderes. Na grande estalagem da natureza, os bolos, a manteiga e a geleia raramente surgem tão emparelhados e deixam os pratos tão limpos. De fato, deveríamos concebê-los com suspeita científica se o fizessem.

IX

Questões morais imediatamente se apresentam como questões cuja solução não pode esperar por prova sensível. Uma questão moral é uma questão não do que sensivelmente existe, mas do que é bom, ou seria bom, se existisse. A ciência pode dizer-nos o que existe; mas, para comparar os méritos, tanto do que existe quanto do que não existe, devemos consultar não a ciência, mas o que Pascal chama de nosso coração. A própria ciência consulta o seu coração quando estabelece que a verificação infinita do fato e a correção da crença falsa são os bens supremos para o homem. Desafie a afirmação e a ciência pode apenas repeti-la de forma oracular ou então prová-la, mostrando que tal verificação e tal correção trazem ao homem todos os tipos de outros bens que

---

⑫ Nenhuma dessas alegações é tão óbvia quanto James parece julgar.

* N. de T. No original, *mind-stuff*.

o coração do homem, por sua vez, declara. A questão de ter crenças morais, ou não tê-las, é decidida pela nossa vontade. As nossas preferências morais são verdadeiras ou falsas, ou elas são apenas fenômenos biológicos estranhos, tornando as coisas boas ou más para *nós*, mas indiferentes em si mesmas? Como pode o puro intelecto de vocês decidir? ❶❸ Se o seu coração não *quer* um mundo de realidade moral, a sua cabeça asseguradamente jamais fará com que você acredite em um. O ceticismo mefistofélico satisfará os instintos de jogo da cabeça muito melhor do que qualquer idealismo rigoroso. Alguns homens (mesmo na idade estudantil) são tão naturalmente frios de coração que para eles a hipótese moralista jamais tem qualquer vida pungente, e na presença arrogante deles o inflamado jovem moralista sempre se sente estranhamente pouco à vontade. A aparência de malícia está do lado deles, a de *naïveté* e candidez sempre junto ao moralista. Contudo, no seu coração inarticulado, ele apega-se ao fato de que não é um tolo, e que há um reino no qual (como Emerson afirma) todo gênio e superioridade intelectual deles não é melhor do que a esperteza de uma raposa. O ceticismo moral não pode ser mais refutado ou provado pela lógica do que o ceticismo intelectual. Quando fixamos nele que *há* uma verdade (seja ela de qual tipo for), fazemos isso com toda a nossa natureza, e resolvemo-nos ficar de pé ou então cair pelos resultados. O cético, com toda a sua natureza, adota a atitude de duvidar; mas qual de nós é o mais sábio só a Onisciência sabe.

Voltemo-nos agora, dessas questões amplas sobre o bem, para certa classe de questões de fato, questões concernentes a relações pessoais, estados da mente entre um homem e outro. *Você gosta de mim ou não?* – por exemplo. Se você gosta ou não, isso depende, em exemplos, se encontrei você no meio do caminho, se estou disposto a assumir que você deve gostar de mim e se mostro a você confiança e expectativa. A fé anterior da minha parte, na existência do seu gostar, é o que faz com que, em tais casos, o seu gostar tenha lugar. Mas se fico afastado e recuso mexer um dedo até que eu tenha evidência objetiva, até que você tenha feito alguma coisa agradável (...) aposto que o seu gostar jamais terá lugar. Quantos corações de mulheres são vencidos pela mera insistência persuasiva de um homem de que elas *devem* amá-lo! Ele não consentirá com a hipótese de que elas não o possam. O desejo por certo tipo de verdade, aqui, produz aquela existência especial da verdade; e assim é em inúmeros casos de outros tipos. Quem ganha promoções, benefícios, apontamentos, senão o homem em cuja vida é visto como ocupando a parte de hipóteses vivas, que as desconta, sacrifica outras coisas por sua causa, antes que elas aconteçam, e assume riscos por elas de antemão? A sua fé age sobre os poderes acima dele como uma reivindicação e cria a sua própria verificação.

Um organismo social de algum tipo, seja qual for, grande ou pequeno, é o que é porque cada membro procede quanto ao seu próprio dever com uma confiança de que os outros membros farão simultaneamente o dever deles. Onde quer que um resultado desejado seja atingido pela cooperação de muitas pessoas independentes, a sua existência como um fato é pura consequência da fé precursora um no outro, daqueles imediatamente envolvidos. Um governo, um exército, um sistema comercial, um navio, uma faculdade, um time de atletas, todos existem nessa condição, sem a qual não só nada é atingido, mas também nada é sequer tentado. Um trem inteiro de passageiros (individualmente corajosos o bastante) será saqueado por um pequeno número de ferroviários, simplesmente porque os últimos podem contar uns com os outros, ao passo que cada passageiro teme que, se fizer um movimento de resistência, levará um tiro antes que qualquer outro lhe dê cobertura. Se acreditássemos que a lotação inteira do trem se levantaria de uma vez conosco, deveríamos, cada um de nós, seriamente levantar, e o roubo de trem jamais seria tentado novamente. Existem, então, casos em que um fato não pode advir, a menos que exista uma fé preliminar na sua vinda. *E onde a fé em um fato pode ajudar a criar o fato*, seria uma lógica insana aquela que dissesse que a fé, correndo na frente da evidência científica, é o "tipo mais baixo de imortalidade" na qual um ente pensante pode incorrer. Contudo, tal é a lógica pela qual os nossos absolutistas científicos pretendem regular as nossas vidas! ❶❹

❶❸ Há duas questões aqui. Uma diz respeito a se existem de fato quaisquer verdades morais, e a segunda é relativa a quais alegações morais são verdadeiras, se quaisquer o são. A resposta a ambas pode ser estabelecida de um modo que satisfaria Clifford?

❶❹ James deveria dizer, aqui, tanto que as nossas ações podem afetar a verdade quanto que as nossas crenças afetam o modo como agimos. Esse é o modo pelo qual a crença (a fé) em um fato pode ajudar a criar aquele mesmo fato.

X

Em verdades dependentes da nossa ação pessoal, então, a fé baseada em desejo é certamente uma coisa legítima e possivelmente indispensável.

Mas agora será dito que todos esses são casos humanos infantis, e nada têm a ver com as grandes questões cósmicas. Passemos, então, a isso. As religiões diferem tanto nos seus acidentes que, ao discutir a questão religiosa, devemos fazê-lo muito genérica e amplamente. O que, então, queremos dizer com a hipótese religiosa? A ciência diz que as coisas são; a moralidade diz que algumas coisas são melhores do que outras; a religião diz essencialmente duas coisas.

Primeiramente, ela diz que as melhores coisas são as coisas eternas, as coisas que se sobrepõem, as coisas no universo que jogam a última pedra, por assim dizer, e dizem a palavra final. "A perfeição é eterna" – essa frase de Charles Secrétan parece uma boa maneira de representar essa primeira afirmação da religião, uma afirmação que, obviamente, não pode ser ainda verificada cientificamente.

A segunda afirmação da religião é a de que nós ficamos melhores se cremos que a sua primeira afirmação é verdadeira. **15**

Agora, consideremos quais são os elementos lógicos dessa situação, *no caso de a hipótese religiosa, em ambas as suas ramificações, ser realmente verdadeira.* (Naturalmente, devemos admitir essa possibilidade desde o princípio. Se devemos discutir a questão, ela deve envolver uma opção viva. Se, para qualquer um de vocês, a religião for uma hipótese que não pode, por qualquer possibilidade viva, ser verdadeira, então vocês não precisam ir adiante. Eu falo para a "restante excedente" apenas). Assim procedendo, vemos, primeiramente, que a religião oferece a si mesma como uma opção *importantíssima*. Supõe-se de nós que ganhamos, já sempre agora, pela nossa crença, e que perdemos, pela nossa não crença, certo bem vital. Em segundo lugar, a religião é uma opção *forçada*, até onde vai aquele bem. Não podemos escapar da questão permanecendo céticos e esperando por mais luz, porque, embora evitemos de fato o erro daquela maneira, *se a religião não for verdadeira*, perdemos o bem, se ela for verdadeira, tão certamente quanto se positivamente escolhemos a descrença. **16**

É como se um homem devesse hesitar indefinidamente em pedir a uma certa mulher para casar com ele, porque ele não estava perfeitamente seguro de que ela se comprovaria um anjo depois que a trouxesse para casa. Excluir-se daquela possibilidade particular de casar-se com um anjo não teria para ele um peso de decisão tão grande quanto o de casar-se com outra pessoa? O ceticismo, então, não é evitação de uma opção; é opção de certo tipo particular de risco. *Melhor arriscar a perda da verdade do que a chance de erro* – essa é a posição exata do vetor de fé de vocês. Ele está ativamente fazendo a sua aposta tanto quanto o crente está; ele está tentando diminuir o espaço da hipótese religiosa, tanto quanto o crente está tentando ganhar espaço para a hipótese religiosa.* Pregar o ceticismo para nós, como um dever, até que "evidência suficiente" para a religião seja encontrada, equivale, portanto, a dizer-nos, em presença da hipótese religiosa, que ceder ao nosso medo de ela ser um erro é mais sábio e melhor do que ceder à nossa esperança de que ela possa ser verdadeira. Não se trata, então, do intelecto contra todas as paixões; trata-se só do intelecto com uma paixão estabelecendo a sua lei. E pelo que realmente está abalizada a suprema sabedoria dessa paixão? Ludíbrio por ludíbrio, que prova há de que o ludíbrio através da esperança é tão pior do que o ludíbrio através do medo? Eu não posso ver nenhuma prova; e simplesmente recuso a obediência ao comando do cientista a imitar o seu tipo de opção, num caso em que a minha própria aposta é importante o bastante para dar-me o direito de escolher a minha própria forma de risco. Se a religião for verdadeira e a evidência para ela for ainda insuficiente, não desejo, ao lançar a frieza de vocês por sobre a minha natureza (que sente, para mim, como se ela tivesse, depois de tudo, algum envolvimento nessa matéria), perder o direito à minha única chance na vida de ficar do lado vencedor – tal chance dependendo, é claro, da minha

---

* N. de R.T. "(...) he is backing the field against the religious hypothesis, just as the believer is backing the religious hypothesis against the field".

---

15 Essa é uma concepção extremamente pobre daquilo que "a religião diz". Há alguma religião atual que diz apenas essas duas coisas?

16 Aqui, a ideia de uma *opção forçada* parece ser entendida de modo um tanto diferente e mais forte do que o explanado anteriormente, um modo que de fato incorpora a ideia de que a escolha é importantíssima: qualquer opção pode ser tornada um lado de uma disjunção exaustiva (ver a Anotação 3). Mas não é simplesmente qualquer opção que será uma opção em que um bem vital pode ser atingido só por aceitá-la, de modo que a escolha seja ou aceitar ou perder aquele bem.

disposição de correr o risco de agir como se a minha necessidade passional de tomar o mundo religiosamente pudesse ser profética e correta. ⓱

Tudo isso está na suposição de que realmente pode ser profético e correto e que, mesmo para nós que estamos discutindo o assunto, a religião é uma hipótese viva que pode ser verdadeira. Agora, para a maioria de nós a religião vem de um modo ainda posterior, que torna um veto à nossa fé ativa ainda mais ilógico. O aspecto mais perfeito e mais eterno do universo é representado nas nossas religiões como tendo forma pessoal. Se somos religiosos, o universo não é um mero *Isso** para nós, mas um *Tu*; e qualquer relação que pode ser possível de pessoa para pessoa poderia ser possível aqui. Por exemplo, embora em um sentido sejamos porções passivas do universo, em outros mostramos uma autonomia curiosa, como se fôssemos pequenos centros ativos por nossa própria conta. Sentimos, também, como se o apelo, para nós, fosse feito para a nossa própria boa-vontade ativa, como se a evidência pudesse estar para sempre retirada de nós, a menos que encontrássemos a hipótese no meio do caminho. Para tomar uma ilustração trivial: assim como um homem que, numa companhia de cavalheiros, não fizesse avanços quaisquer, pedisse um aval para toda concessão e não acreditasse na palavra de ninguém sem prova, cortaria a si mesmo, por tal rudeza, de todas as recompensas sociais que um espírito mais confiante ganharia – assim também, aqui, alguém que se calasse em logicalidade rabugenta e tentasse fazer com que os deuses extorquissem o seu reconhecimento querendo ou não querendo, ou não o obtivessem em absoluto, poderia excluir-se para sempre da sua única oportunidade de provocar o conhecimento dos deuses. ⓲ Esse sentimento, imposto a nós não sabemos de onde, de que por crer obstinadamente que existem deuses (ainda que não fazê-lo seria tão fácil, tanto para a nossa lógica quanto para a nossa vida) estamos fazendo ao universo o serviço mais profundo que podemos, parece parte da essência viva da hipótese religiosa. Se a hipótese fosse verdadeira em todas as suas partes, incluindo essa, então o puro intelectualismo, com o seu veto sobre o nosso fazer avanços voluntários, seria um absurdo; e alguma participação da nossa natureza solidária seria logicamente requerida. Eu, portanto, de um lado, não consigo ver o meu jeito de aceitar as regras agnósticas para a procura da verdade ou concordar em manter a minha natureza volitiva fora do jogo. Eu não posso fazer isso por essa mera razão de que *uma regra de pensamento que me impedisse absolutamente de reconhecer certos tipos de verdade, se aqueles tipos de verdade realmente existissem, seria uma regra irracional.* ⓳

Essa para mim é a grandeza e a pequenez da lógica formal da situação, não importa quais tipos de verdade pudessem materialmente existir.

Confesso que não vejo como essa lógica pode ser evitada. Mas uma triste experiência me faz temer que alguns de vocês possam ainda ficar reticentes em dizer radicalmente comigo, *in abstracto*, que temos o direito de crer ao nosso próprio risco em qualquer hipótese que é viva o bastante para tentar a nossa vontade. Suspeito, contudo, que, se isso for assim, é porque vocês se afastaram do ponto de vista lógico abstrato como um todo e estão pensando (talvez sem percebê-lo) em alguma hipótese religiosa particular que para vocês está morta. A liberdade de "crer no que queremos" vocês aplicam ao caso de alguma superstição patente; e a fé na qual pensam é a fé definida pelo garoto da escola, quando disse "A fé é quando você acredita numa coisa que você sabe que não é verdade". Posso apenas repetir que essa é uma compreensão errada. *In concreto*, a liberdade de crer pode apenas cobrir opções vivas que o intelecto do indivíduo não pode por si mesmo resolver; e opções vivas jamais parecem absurdidades para aquele que as tem para considerar. Quando olho para a questão religiosa como ela realmente se apresenta aos homens concretos e quando penso em todas as possibilidades que ela envolve, tanto prática quanto teoricamente, então esse comando de que devemos pôr uma trava* no nosso coração, instintos e coragem, e *esperar* – agindo, é claro, no meio-tempo, mais ou menos como se a religião *não*

⓱ Este argumento depende fortemente de haver somente duas opções: aceite a "religião" (e tenha uma chance de um grande bem) ou recuse aceitá-la (e perca essa chance). Isso está muito próximo da aposta de Pascal e encara o mesmo problema de que existem realmente muitas opções mais – porque existem muitos deuses possíveis diferentes ou entes semelhantes a deus e religiões correspondentes.

⓲ Aqui, James tenta conectar o tópico da crença religiosa à discussão anterior do modo no qual as crenças de alguém e as ações resultantes podem afetar as relações pessoais. Mas o fato de que a própria existência do ente com quem alguém poderia relacionar-se está em dúvida não faz uma diferença quanto a esse ponto?

⓳ "Reconhecer", aqui, é equivocado, dado que sugere a situação em que a verdade em questão é aparente ou reconhecível de algum modo; seria melhor substituir simplesmente por "acreditar".

---
* N. de T. No original, *It*.

* N. de T. No original, *stopper*.

fosse verdadeira[22] – até o dia da morte, ou até tal momento em que nosso intelecto e nossos sentidos, trabalhando juntos, possam ter revolvido em evidência o suficiente – esse comando parece-me o mais esquisito ídolo jamais manufaturado na caverna filosófica. Fôssemos escolásticos absolutistas, poderia haver mais desculpa. Se tivéssemos um intelecto infalível, com as suas certezas objetivas, poderíamos nos sentir desleais a tal órgão perfeito de conhecimento, em não confiando nele exclusivamente, em não esperando pela sua palavra desvencilhadora. Mas se somos empiristas, se acreditamos que nenhum sino soa dentro de nós para deixar-nos saber com certeza quando a verdade está em nossa apreensão, então parece uma peça fantasticamente inútil pregar de maneira tão solene o nosso dever de esperar pelo sino. De fato, *podemos* esperar, se quisermos – espero que vocês não pensem que estou negando isso –, mas se nós o fazemos, o fazemos ao risco tanto quanto se nós crêssemos. Em ambos os casos, *agimos*, tomando a nossa vida em nossas mãos. Nenhum de nós deveria realizar vetos para o outro, nem deveríamos trocar palavras de abuso. Deveríamos, pelo contrário, delicada e profundamente respeitar a liberdade mental um do outro: só assim deveremos realizar a república intelectual; só assim deveremos ter aquele espírito de tolerância interna, sem o qual toda a nossa tolerância externa é desalmada e que é a glória do empirismo; só assim deveremos viver e deixar viver, em coisas especulativas como em coisas práticas.

Eu comecei por uma referência a Fitz-James Stephen; permitam-me terminar por uma citação dele. "O que você pensa de você mesmo? O que você pensa do mundo?" (...) Essas são questões com as quais todos devem lidar como bem lhes parecer. Elas são enigmas da Esfinge, e de algum modo ou de outro devemos lidar com elas... Em todas as importantes ocupações da vida temos de dar um salto na escuridão... Se decidimos deixar os enigmas não respondidos, essa é uma escolha; se vacilamos em nossa resposta, essa, também, é uma escolha; mas seja qual for a escolha que fazemos, nós a fazemos ao nosso risco. Se um homem decide voltar as costas completamente a Deus e ao futuro, ninguém pode impedi-lo; ninguém pode mostrar além da dúvida razoável que ele *está* enganado. Se um homem pensa diferentemente e age tal como pensa, não vejo como alguém possa provar que ele *está* enganado. Cada um deve agir como pensa ser o melhor; e se ele estiver errado, tanto pior para ele. Estamos num desfiladeiro, no meio da neve rodopiante e da névoa cegante, através da qual obtemos lampejos, aqui e ali, de caminhos que podem ser enganosos. Se ficarmos parados, seremos congelados até a morte. Se tomarmos o caminho errado, seremos esmagados em pedaços. Não sabemos com certeza se há algum caminho correto. O que devemos fazer? "Seja forte e tenha boa coragem. Aja pelo melhor, espere pelo melhor e assuma o que vier... Se a morte finda com tudo, não podemos encontrar a morte de modo melhor".[23]

Questões para Discussão

1. Em que medida, se é que em alguma, é possível crer voluntariamente em coisas? (Ver a discussão de Kaufmann do ponto análogo em relação a Pascal, na página 696). O quanto a resposta a essa questão importa para a posição de James? Mudaria muito a sua concepção se ele falasse somente da permissibilidade racional da crença, resultante de fatores "passionais", sem alegar que tal crença é estritamente voluntária?

2. Suponha que uma opção não é "viva" no sentido que James define. Ela não poderia

---

[22] Dado que a crença é medida pela ação, aquele que nos proíbe de crer na religião como sendo verdadeira necessariamente também proíbe-nos de agir como deveríamos, se acreditássemos de fato que ela é verdadeira. A defesa inteira da fé religiosa depende dessa ação. Se a ação requerida ou inspirada pela hipótese religiosa não é de modo algum diferente daquela ditada pela hipótese naturalista, nesse caso a fé religiosa é pura superfluidade, de preferência podada, e a controvérsia sobre a sua legitimidade é uma peça de bagatela inútil, indigna de mentes sérias. Eu mesmo acredito, naturalmente, que a hipótese religiosa dá ao mundo uma expressão que especificamente determina as nossas reações, e torna-as em grande parte diferentes do que elas poderiam ser num esquema de crença puramente naturalista.

[23] *Liberty, Equality, Fraternity*, p. 353, London, [2]1874.

ser ainda tanto forçada quanto importantíssima? Não há um risco de uma pessoa perder um grande bem por ser incapaz de tomar certas opções seriamente? E se assim for, não há modos de superar essa limitação? Por que alguém não poderia estudar relatos da vida do Mahdi e o pano de fundo das suas concepções escritas por crentes e, talvez, por causa disso, converter a crença no Mahdi em uma opção "viva"? Seria essa uma coisa racional de se fazer, em todos os casos afins? Por que ou por que não?

3. Em um caso em que a crença (a fé) num fato pode ajudar a criar aquele fato mesmo (ou a crença num fato oposto pode ajudar a criar aquele) e em que alguém fortemente quer que um desses fatos seja verdadeiro, é racional crer e agir de um modo que poderia ajudar a produzir aquele fato, muito embora não haja evidência adequada para a crença? É moralmente aceitável fazer isso?

4. O que acontece, se consideramos diferentes opções religiosas (no entendimento bastante amplo de James daquilo que conta como "religioso"): diferentes espécies de deuses ou ensinamentos religiosos que não podem todos ser aceitos ao mesmo tempo? O que você acha que James diria sobre tal caso?

Diálogo Conclusivo sobre Deus e a Fé

Em nossa última discussão, você disse que a principal discussão aqui – a questão relativa ao que torna as ações corretas – era uma das mais importantes para os filósofos. No entanto, a questão se Deus existe, se há um ente onipotente, onisciente e moralmente perfeito que criou o universo, é por certo igualmente importante, se não for ainda mais. O fato de as pessoas crerem ou não em tal ente pode e leva sim a diferenças realmente fundamentais no modo como elas concebem todos os tipos de outras questões e problemas. Para um filósofo, a principal questão é se existem boas razões de algum tipo para crer que Deus existe – ou talvez, em vez disso, boas razões para crer que não há tal ente. Analisemos primeiramente os argumentos a favor da existência de Deus. Eu tenho de admitir que nenhum deles me parece muito cogente.

Não importa se você pensa ou não que qualquer daqueles argumentos, em última análise, funciona, você certamente concordaria que alguns são mais convincentes do que outros. Comecemos com o que sempre me pareceu o menos convincente deles – o chamado argumento ontológico. Embora esse argumento seja, sem dúvida, bastante arguto, é difícil ver como alguém poderia realmente pensar que o mero conceito ou a definição de alguma coisa poderia de algum modo garantir a sua existência. Você não acha que Kant está certo em dizer que expressar um conceito e determinar se há alguma coisa que se encaixa com aquele conceito são *sempre* coisas logicamente distintas uma da outra – que jamais poderíamos decidir se Deus existe simplesmente por entender o conteúdo do conceito de Deus?

Concordo inteiramente. Essa objeção particular ao argumento ontológico sempre me pareceu muito mais forte do que a objeção mais famosa de Kant, que diz que a existência não é um predicado. Um outro modo de atingir o ponto é perceber que *obviamente* eu não posso definir alguma coisa em existência simplesmente acrescentando a existência ao meu conceito dela. Se isso fosse possível, eu poderia, dessa maneira, adquirir todos os tipos de coisas engenhosas: não só a ilha perfeita de Gaunilo, mas também o meu novo carro existente, a minha conta bancária de um milhão de dólares existente, e assim por diante.

Um defensor desse argumento tem alguma boa resposta a tal crítica? Suponho que ele poderia dizer que faz uma diferença *como* a existência torna-se parte do conceito – que você não pode simplesmente adicioná-la arbitrariamente, mas, em vez disso, tem de encontrar alguma especificação mais geral que, pode-se argumentar, a inclui, tal como um ente acima do qual nada maior pode ser pensado ou um ente perfeito. Contudo, é difícil ver por que isso é relevante, pois o ponto básico de saber sobre qual tipo de coisa estamos perguntando jamais pode estabelecer a questão relativa a se realmente há tal coisa.

– Confesso que a resposta que você sugere não parece ajudar. O modo como eu gosto de colocar a questão é dizer que você pode incluir a existência na definição de alguma coisa se você quiser, se diretamente ou como uma consequência de alguma outra coisa, isso não importa. Porém, isso apenas tem o resultado de que o conceito assim definido não pode ser corretamente aplicado a qualquer coisa que não existe – mas não que alguma coisa, de algum modo, tem de vir de repente à existência para satisfazê-lo. Se a existência é realmente parte da concepção padrão de Deus (o que é contestável), isso simplesmente significa que não podemos usar corretamente o termo "Deus" para referir-nos a um ente imaginado que é, de outro modo, exatamente semelhante, mas não existe. Esse é um resultado estranho. Tornaria muito mais difícil para os teístas e ateístas até mesmo dizer sobre o que eles estão discordando, mas não afeta realmente a questão principal referente a se o mundo contém um ente que é adequado à descrição em questão.

– O que dizer, então, sobre o argumento cosmológico? Aqui, o aspecto fundamental subjacente parece-me muito mais plausível, ao menos inicialmente. Parece de fato haver uma questão significativa quanto a por que existe um mundo: por que alguma coisa existe em vez de nada. E a existência de um criador divino proveria uma resposta a essa questão.

– Mas quão boa é essa resposta? Pense um pouco sobre isso. A existência de Deus não pode realmente explicar por que há alguma coisa em vez de nada, dado que tal ente seria ele mesmo parte da *alguma coisa*. Nem mesmo os teístas consideram que Deus de algum modo arrasta a si mesmo à existência a partir do nada. Assim, a coisa correta a se dizer, eu creio, sobre a questão de por que alguma coisa existe em vez de nada é que ambas as alternativas são possíveis de um ponto de vista puramente lógico. Obviamente, sabemos que a possibilidade de *alguma coisa* em vez da possibilidade de *nada* é de fato realizada. Contudo, em princípio, não há modo de explicar por que isso é assim, uma vez que *qualquer* explicação tentada teria de apelar para alguma parte da *alguma coisa*, pressupondo a partir daí parte do que se supõe que ela esteja explicando.

– Um momento – isso não está indo um pouco rápido demais? Os defensores do argumento cosmológico caracterizam Deus como um ente *necessário* ou *autoexistente*. Isso parece significar que Deus é um ente que não poderia ter falhado em existir e que explica a sua própria existência de um modo (admitidamente misterioso) que as coisas ordinárias que existem só de maneira contingente – ou a coleção toda de tais coisas ordinárias – não pode fazer. *Se* essa ideia faz sentido, então ela de certo modo explicaria por que há alguma coisa em vez de nada, dado que se alega que aquela coisa particular deve existir por sua própria natureza.

– Você está certa em afirmar que isso é o que eles diriam. No entanto, um problema é que isso ainda não explica de qualquer modo muito claro por que o mundo *não divino* existe – que é, afinal, a premissa a partir da qual o argumento originalmente parte. O teísta pode simplesmente *estipular* que o ente necessário ou autoexistente também cria outras coisas, de fato essas outras coisas particulares, mas *por que* ou mesmo *como* tal ente faria, isso ainda não está explicado de qualquer maneira que apele à sua natureza como necessária ou autoexistente.

– Humm. Assim, o ponto é que, para atingir inclusive os inícios de uma explicação do mundo não divino, ainda teríamos de introduzir algo como o resto da concepção padrão de Deus como um criador todo-poderoso. E posso ver o que você dirá: que isso, infelizmente, tampouco decorrerá de um modo claro a partir da ideia de um ente necessário ou autoexistente. Portanto, nós não respondemos realmente à questão com a qual começamos.

– Exatamente! Mas um outro problema é que simplesmente não está claro que a ideia de um ente necessário ou autoexistente realmente faça algum sentido. O que o *torna* necessário? *Como* a sua existência é supostamente autoexplanatória? Kant argumentou que o único modo que há para um defensor do argumento cosmológico responder a essa questão é apelando à ideia subjacente do argumento *ontológico*: que a existência é parte da própria concepção de Deus. Porém, nesse caso, se o argumento ontológico não funciona, o argumento cosmológico também não funciona. Eu não vejo nenhuma maneira de *provar* que esse é o único modo de dar sentido à ideia de um ente necessário ou autoexistente, mas devo confessar que não sei de um outro.

Então, dois dos três principais argumentos parecem de fato ter sérios problemas. Isso nos deixa com o argumento do desígnio. Contudo, isso não é tão ruim de um ponto de vista teísta, dado que esse é, certamente, o argumento que tem o mais forte apelo ao senso comum. O ponto de partida básico desse argumento é certamente inegável. O mundo é um reino intricada e maravilhosamente ordenado, sendo particularmente impressionante a ordem envolvida nas criaturas vivas de várias espécies. E toda essa ordem certamente parece clamar por algum tipo de explicação.

Concordo completamente que uma explicação se faz necessária aqui – ou talvez mais de uma. O mundo está repleto de coisas cuja existência não pode ser plausivelmente considerada como mero acaso ou como resultado de qualquer coisa senão de um processo bastante complicado de algum tipo. Eu até mesmo daria um passo adiante e afirmaria que, quando Paley e outros o apresentam, antes de meados do século XIX ou algo assim, o argumento do desígnio era realmente muito convincente. Hume, escrevendo no século XVIII (e assim, pois, em verdade antes de Paley) tem um momento muito difícil ao aparecer com explicações alternativas para a ordem das coisas vivas que fossem bastante plausíveis. E mesmo Kant, tendo reivindicado destruir os outros argumentos, admite que o argumento do desígnio estabelece a existência de algo como um arquiteto supremo, objetando apenas que ele não estabelece a existência de um ente que preenche a concepção plenamente padrão de Deus.

Vejo em que direção você está indo. Você está dizendo que o argumento do desígnio foi apenas convincente até o momento em que Darwin e outros descobriram a teoria da evolução. Porém, depois daquela descoberta, você está sugerindo, a existência de Deus não é mais a melhor explicação para a ordem envolvida nas coisas vivas. De fato, isso é algo que acontece muito frequentemente com argumentos explanatórios. O que parece como a melhor explanação em um ponto deixa de ser depois de uma explanação melhor ser descoberta. Contudo, você precisa dizer de um modo mais completo simplesmente por que se supõe que a evolução seja uma explanação melhor do que aquilo que, hoje em dia, tem sido referido como "desígnio inteligente". Não existem ainda muitos problemas quanto aos detalhes da teoria da evolução?

Obviamente não podemos percorrer a história toda aqui. Todavia, a razão básica por que a evolução é uma explicação superior – e estou certo de que não estou dizendo a você qualquer coisa que você já não saiba – é que ela é bem mais detalhada e específica do que a explicação teísta como também empiricamente testável em todos os tipos de maneiras em que o desígnio inteligente não é. Os biólogos evolucionários não dizem simplesmente que as coisas vivas são *de algum modo* um produto da evolução. Em vez disso, eles são capazes de oferecer muitos detalhes com relação a como e por que diversos traços se desenvolvem e por que conferem uma vantagem com relação à sobrevivência. (Ver a discussão de Gould para alguns exemplos.)

Assim, embora a história evolucionária esteja longe de ser completa, e existam ainda muitos aspectos específicos da ordem de coisas vivas que não estão plenamente explicados, o que você está sugerindo é que de fato aqueles problemas são resultados das mesmas coisas que tornam a explicação melhor, a saber, detalhes e testabilidade. É reconhecidamente difícil imaginar um desígnio inteligente encarando problemas semelhantes. Contudo, isso acontece porque os proponentes do desígnio inteligente nem mesmo tentam explicar como e por que Deus criou as criaturas particulares e os traços específicos que encontramos no mundo. E, porque eles não tentam, a sua concepção também não faz quaisquer predições específicas que poderiam ser empiricamente verificadas ou refutadas. Esse é o motivo pelo qual o desígnio inteligente realmente não é uma alternativa séria à evolução como uma explicação científica.

Naturalmente, a evolução não é a história toda. Existem também muitas outras explicações, oferecidas em outras ciências, para vários aspectos da ordem total do mundo. Pense nas explicações geológicas de coisas como o comportamento de vulcões e até mesmo nos fósseis em que se baseiam os biólogos. E é claro que a bioquímica ofereceu explicações posteriores para a herança de características da qual a evolução depende, da maneira mais central relatos da estrutura e do funcionamento do DNA que compõe os genes.

Mesmo que você esteja certo sobre tudo isso, isso não responde realmente o que a introdução do capítulo chama de versão *global* do argumento do desígnio. Afinal, *nenhuma* dessas explicações específicas realmente permanece por si mesma. Um apelo à evolução, por exemplo, tem de repousar em alguma ordem subjacente que permite que o processo evolucionário funcione – a ordem envolvida na herança de características, nos ambientes estáveis, no funcionamento de organismos individuais, e assim por diante. E o mesmo é verdadeiros para todas essas outras explicações específicas. Na maioria dos casos, essa ordem posterior pode ser abordada ainda por alguma outra explicação (tal como, por exemplo, algumas das ordens requeridas para a evolução são explicadas pela bioquímica). Contudo, a mesmíssima situação também será válida para aquelas explicações posteriores, tornando impossível para *toda* a ordem no mundo – ou o puro fato de que há ordem em absoluto – ser explicada dessa maneira. E o teísta dirá agora que, em última análise, essa ordem de *fundo* só pode ser explicada invocando-se Deus.

É exatamente onde os dois principais pontos de Flew tornam-se crucialmente importantes. O seu primeiro ponto é que é impossível explanar *toda* a ordem, basicamente pela mesma razão por que é impossível explicar *toda* a existência: qualquer explicação de um exemplo de ordem se baseará em alguma outra instância de ordem. Um Deus criativo seria, afinal de contas, um outro caso de ordem – de fato, talvez, o exemplo mais extremo de ordem imaginável! E justamente como Deus não pode impelir a si mesmo para a existência, assim também não faz nenhum sentido supor que tal ente de algum modo ordene a si mesmo. O designador inteligente não designa *a si mesmo* porque ele não poderia designar coisa alguma até que a ordem envolvida na capacidade de designar já estivesse ali.

Nesse caso, você está dizendo que é simplesmente impossível que toda a ordem seja explicada por um tipo de ordem diferente, anterior. Qualquer tentativa de fazer isso levaria a um regresso infinito que jamais teria fim e deixaria sempre, em cada ponto, alguma ordem sem explicação. E não há nenhuma razão para pensar que esses tipos diferentes de ordem, infinitamente muitos, existem. Então, qual é a alternativa?

A única alternativa a um regresso infinito de diferentes tipos de ordem é que algum caso de ordem – ou talvez mais do que um – tem de ser tomado *intrínseco* a tudo o que a tem. O que isso significa é que essa ordem é explicada somente pela existência prévia daquela mesmíssima ordem, e assim por diante para trás no tempo. E agora o outro ponto de Flew – o que ele chama, de certo modo arrogantemente, de "a suposição estratoniciana" – é que, dado que *alguma* ordem tem de ser intrínseca dessa maneira, é mais razoável tomar a ordem geral que observamos no mundo não divino como sendo a ordem intrínseca do que admitir que essa ordem tem de ser produzida por um designador externo, cuja própria ordem teria então de ser intrínseca. Se o mundo não divino é ordenado em toda a experiência que temos dele, por que deveríamos admitir que o seu estado natural ou intrínseco é ser *desordenado*, com a ordem observada sempre sendo produzida de fora?

Flew não exagera um pouco a sua hipótese de trabalho? Certamente, ainda é *possível* que a ordem do mundo não divino não seja intrínseca e que, em vez disso, seja produzida por um designador cuja própria ordem é intrínseca. Não temos de admitir que a ordem do mundo não divino é intrínseca. Contudo, o ponto é que, uma vez que tenhamos percebido que é impossível que toda a ordem seja explicada por alguma coisa externa ao que quer que a tenha, na melhor das hipóteses não há nenhuma razão para favorecer a concepção da ordem divina intrínseca sobre a concepção da ordem intrínseca da natureza. E isso significa que a versão global do argumento do desígnio não é bem-sucedida em mostrar que Deus *deve* existir.

Certo. E há um outro sério problema tanto com a versão local quanto com a versão global do argumento. Mesmo que aceitássemos a existência de um designador com base em um desses argumentos, há alguma razão para pensar que ele tem os atributos especificados na concepção padrão de Deus? Obviamente, não podemos saber que o mundo não divino, cuja ordem estamos tentando explicar, é mais do que finito, de sorte que não há nenhuma base para atribuir conhecimento ou poder *infinitos* ao designador. E, tal como Hume aponta, o problema do mal também levanta sérias dúvidas sobre os supostos atributos morais do designador: a sua bondade, benevolência, misericórdia e justiça.

Voltemo-nos, então, ao problema do mal. Esse é um problema para todo tipo de teísta, não só para aqueles que defendem o argumento do desígnio. E é um problema que a maioria dos teístas reconheceu e tentou afinal resolver – ainda que muitos deles também admitam que seja muito difícil. A questão não é tanto se podemos explicar todo o mal em detalhes. É se podemos dar sentido ao fato geral de que o mal – dor e sofrimento, mas também coisas como malícia e crueldade, bem como insensibilidade diante do sofrimento – é, de algum modo, para ser encontrado no mundo. Por que Deus, se ele existe, não evitaria o mal ou ao menos o reduziria grandemente?

Ainda quero insistir que aquilo sobre o que você está falando deveria realmente ser chamado de o argumento do mal a favor da não existência de Deus – chamá-lo meramente de um "problema" realmente equivale a admitir que o teísmo é verdadeiro. Mackie, com efeito, toma a existência do mal como sendo a base para uma prova *conclusiva* de que Deus não existe. A sua alegação é de que a existência do mal é *logicamente* incompatível com a existência de um Deus tal como concebido no sentido habitual. E naturalmente a existência do mal – e de fato em grandes quantidades – é completamente inegável. Assim, em sua visão, podemos saber de antemão que nenhuma solução ao "problema" é possível – ou ao menos alguma que não altere a concepção padrão de um modo fundamental.

Eu simplesmente não estou convencida de que Mackie esteja certo. Não vejo como excluir absolutamente a possibilidade de que haja, afinal de contas, alguma razão ou algum fundamento racional sutil, complicado, para o mal que o mundo contém – um fundamento que Deus entenda, e nós não (e talvez não possamos). Mas isso realmente não ajuda muito o teísta. Se estamos tentando avaliar a força do argumento (ou a dificuldade do "problema"), temos de confiar em explicações do mal que podemos imaginar e às quais podemos dar sentido. Do contrário, a conclusão correta será que até onde podemos dizer é extremamente *improvável* que haja tal ente – mesmo que a sua existência não esteja conclusivamente excluída.

Então, temos de analisar algumas das explicações para a existência do mal, dada a existência de Deus que foi proposta – que são chamadas de *teodiceias*. Comecemos com a que é talvez a mais padrão de todas, a saber, a teodiceia da vontade livre, que alega que algum mal no mundo resulta das livres escolhas humanas, pelas quais Deus não é responsável. Digo "algum mal" porque essa teodiceia é normalmente oferecida apenas como uma solução para o problema do mal *moral* – isto é, o mal cometido pelo homem. Ela realmente não se aplica ao mal natural ou físico envolvido em desastres naturais, à maioria das doenças, e assim por diante, visto que isso não é resultado de ações humanas. (Ainda que possa haver casos que são difíceis de classificar: doenças que podem ter sido deliberadamente criadas ou deliberadamente espalhadas, ou coisas como os efeitos do aquecimento global, na medida em que os seres humanos são responsáveis por isso.)

Este é, infelizmente, um daqueles lugares onde dois dos nossos principais problemas filosóficos cruzam-se de um modo que torna difícil discuti-los separadamente. O que deveria ser dito acerca da teodiceia da vontade livre depende, em parte, da solução correta ao problema da vontade livre, que é discutido num capítulo diferente do livro. Assim, teremos de falar hipoteticamente por um breve momento. Se uma acepção chamada *compatibilista* da vontade livre estiver correta, uma acepção que torna a liberdade compatível com determinismo causal, então Mackie pode ter razão em afirmar que a teodiceia da vontade livre não funciona. Numa concepção compatibilista, Deus poderia, aparentemente, ter criado pessoas livres que, não obstante isso, são determinadas por ele a sempre escolher livremente o bem, e assim ele ainda seria responsável por criar, em vez disso, pessoas que escolhem livremente o mal. Contudo, inclusive alguns compatibilistas podem ter dúvidas quanto à questão relativa a se ter as suas escolhas determinadas por um outro ente inteligente é compatível com a vontade livre, mesmo se pensam que a liberdade é compatível com a determinação pelas leis da natureza – uma pessoa cujas escolhas são determinadas por outro alguém fica bastante parecida com uma marionete!

Em todo caso, o que os proponentes da teodiceia da vontade livre têm em mente é claramente uma concepção *libertarista* da vontade livre, de acordo com a qual a vontade livre é incompatível com *qualquer* tipo de determinismo. E, nesse caso, parece depreender-se que Deus não poderia criar pessoas livres e ainda garantir que elas sempre farão a coisa certa. Se elas são genuinamente livres, então isso significa que elas são livres para fazer tanto escolhas más ou erradas quanto escolhas boas ou corretas. Se tudo isso está correto, então a teodiceia da vontade livre pode ser bem-sucedida em dar contas do mal moral. (Ainda que existam sérios problemas com a visão libertarista da vontade livre – inclusive dúvidas sobre se ela realmente faz sentido – nos quais não podemos entrar aqui.)

O problema real é que, embora admitamos, por causa dessa discussão, que a visão libertarista é defensável, a teodiceia da vontade livre ainda opera somente se é realmente verdadeiro que um mundo com pessoas livres é melhor o bastante do que um mundo sem elas para compensar o valor negativo do mal que resulta. Não quero dizer que isso necessariamente seja só uma adição dos valores, tal como um utilitarista advogaria (novamente, uma referência a um problema em outro capítulo). Porém, o mundo tem de ser, em algum sentido, melhor como um todo, como resultado, ou então Deus simplesmente estaria cometendo um equívoco ao escolher criar pessoas livres. Talvez isso seja plausível o bastante, uma vez que um mundo sem pessoas (ou só com aquilo que equivaleria a robôs semelhantes a pessoas) poderia parecer um mundo com o qual dificilmente valeria a pena se preocupar. O problema mais difícil é que um mundo como o nosso, no qual as pessoas às vezes escolhem livremente e realmente executam más ações como a guerra e o genocídio, tem de ser melhor do que um mundo no qual Deus cria pessoas livres, mas ainda *intervém* (talvez de uma maneira muito sutil) quando elas estão prestes a fazer alguma coisa realmente má.

Eu penso que esse é o problema mais sério. Naturalmente, não sabemos com certeza se Deus (admitindo por ora que tal ente existe) não está de fato intervindo daquela maneira, de tempos em tempos, no mundo atual. No entanto, mesmo se isso fosse verdade, é difícil acreditar que ainda mais intervenção não seria melhor do que o que tem ocorrido atualmente, apesar do custo da liberdade. Uma parte realmente importante desse ponto aqui é que, nos casos realmente extremos, não restringindo a liberdade de um Hitler, de um Stalin ou de um Osama Bin Laden, é óbvio que se restringe enormemente a liberdade das suas vítimas – se elas estão mortas, não são livres para fazer qualquer coisa. Essa é a principal razão pela qual a teodiceia da vontade livre ainda não me parece funcionar, mesmo deixando de lado problemas com a ideia da própria vontade livre.

Seja o que for que decidamos sobre a teodiceia da vontade livre, há também o problema do mal natural ou físico, que parece, talvez, ainda mais difícil de resolver. Se Deus existe, por que ele criou um mundo no qual ocorrem os desastres naturais como o Furacão Katrina ou o recente tsunami devastador na Indonésia? Um aspecto importante dessa questão, que algumas vezes passa despercebido, é a dor experimentada por animais não humanos em tais casos. Mesmo se a ideia de Hick, de que o propósito do mal natural é "realizar a alma", for uma explicação adequada de por que Deus permitiria os males naturais que acometem os humanos, é terrivelmente difícil estender isso aos animais em geral. E é também terrivelmente difícil negar, como alguns o fizeram, que os animais – mesmo aqueles bem lá embaixo na escala evolucionária – realmente experimentam dor severa.

Muitos teístas são perturbados pela questão da dor animal, e alguns admitem que não têm qualquer solução muito boa para essa dimensão do problema. Ainda que consideremos a teodiceia da realização da alma apenas na medida em que ela se aplica a pessoas humanas, não parece que ela realmente lide muito bem com o espectro todo do mal natural. O problema é que simplesmente não é muito plausível que os males naturais na escala que o mundo contém tivessem sido escolhidos por um ente onisciente, onipotente, perfeitamente benevolente, para o propósito de realizar almas. Isso se aplica especialmente a desastres naturais em larga escala – terremotos, furacões, ondas gigantes, e assim por diante – que matam um grande número de pessoas que têm pouca ou nenhuma chance de responder de um modo que desenvolveria as suas almas. Isso é obviamente verdadeiro, no mais alto grau, no que concerne às crianças pequenas, mas realmente se aplica a todos aqueles que são mortos sem ter qualquer chance real de escapar.

Existem, naturalmente, muitas outras teodiceias – e, por esse motivo, muitos outros argumentos a favor da existência de Deus. Não podemos entrar em todos eles aqui, mas não sei se quaisquer deles são mais plausíveis ou mesmo tão plausíveis quanto aqueles que discutimos.

Não podemos falar sobre todas as teodiceias possíveis ou sobre todos os argumentos possíveis, mas há um importante ponto geral que se aplica a virtualmente todos eles. Quase todos os argumentos (com o argumento ontológico sendo a única exceção muito óbvia) e todas as teodiceias podem ser avaliados do mesmo modo geral. A questão básica é se a *melhor explicação* do mundo tal como o encontramos, incluindo quaisquer outros traços que poderiam parecer relevantes – fatos morais (se é que existem), experiências religiosas, textos religiosos ou seja o que for –, envolve a existência de um ente que se encaixa na concepção padrão de Deus. Ou se, em vez disso, alguma outra explicação (ou conjunto de explicações) é tão boa quanto ou melhor. É importante perceber que existe uma grande quantidade de outras possibilidades aqui: uma explicação que invoca um ente de menor poder ou conhecimento, mas com os mesmos atributos morais; uma explicação que invoca um ente de grande poder e conhecimento, mas com os atributos morais reduzidos ou eliminados; uma explicação que invoca tanto entes bons quanto entes maus, de grande poder, que lutam por supremacia; uma explicação que invoca múltiplos entes menores de vários tipos (como em muitas concepções pagãs); ou uma explicação sem quaisquer entes inteligentes não humanos, mas só forças naturais de vários tipos.

Essa é uma listagem bastante abstrata, que resume um número muito maior de possibilidades específicas. Mas a minha principal reação é esta: a questão central posta por todos esses argumentos e teodiceias é como explicar o mundo não divino – em que isso significa, ao menos inicialmente, o mundo não divino como nós o encontramos, com os traços que ele parece ter. Talvez a coisa mais impressionante sobre o mundo como nós o encontramos é que, apesar de todo o seu básico caráter de ordem, ele ainda parece ser um lugar bastante caótico, no sentido de que parece haver muitos padrões e forças em competição, e não uma estrutura unificada clara. Para tomar a dimensão de valor, basta ver que as coisas parecem às vezes ir muito bem, e às vezes parecem ir muito mal, e normalmente entre algum meio-termo, com todas as espécies de variações. Às vezes, parece haver justiça, mas, às vezes, o mal parece prosperar. Os seres humanos, em particular, parecem todo o tempo oscilar de monstros morais a perfeitos modelos de benevolência e virtude. Tudo isso se encaixa muito melhor em uma concepção de acordo com a qual grande quantidade de *diferentes* forças, inteligentes ou não, estão envolvidas, em vez da direção central e unificada, do controle que alguém esperaria de um Deus do tipo padrão.

Penso que isso está certo. Naturalmente, os teístas dirão que a impressão de caos e múltiplas forças é simplesmente uma ilusão, que por debaixo disso tudo há uma ordem divina inteligível e sistemática, mesmo que entes como nós não possam facilmente apreendê-la. Contudo, ainda que isso pudesse possivelmente ser verdadeiro, o seu ponto é que não há nenhuma boa razão para pensar que o seja. O mundo simplesmente não se assemelha ao produto de um designador supremamente inteligente e supremamente bom. Para uma determinada coisa, há simplesmente diversos aspectos sobre os quais parece muito fácil que ela melhore. Porém, nesse caso, alguma base posterior é necessária para que seja racional decidir que o modo como ela claramente parece ser não é o modo como ela realmente é.

Além disso, o fato de que existem todas aqueles outros possíveis tipos de explicações também mostra o que está errado com a aposta de Pascal. Como Kaufmann aponta, Pascal ignora a possibilidade de outros tipos de deuses, que reagiriam diferentemente do modo como Pascal supõe que Deus reagiria. E, nesse caso, há muitas outras alternativas que envolvem múltiplos entes de uma espécie menor. Assim, mesmo que alguém esteja disposto a apostar em entes semelhantes a deus de alguma espécie, há simplesmente alternativas demais com base nas quais escolher, bem como resultados possíveis demasiadamente numerosos a partir de tais escolhas. Você teria de criar uma grande planilha, listando diferentes deuses possíveis e entes semelhantes a deus, e de que maneira cada um deles trataria você se você fizesse uma escolha de crença ou outra. Provavelmente, todas essas se invalidariam no que diz respeito à desejabilidade de cada escolha, mas a situação seria por demais incerta para levar a uma conclusão definitiva.

Eu concordo, e algo semelhante a isso é verdadeiro também acerca de James. Mesmo que alguém estivesse disposto a realizar um "salto da fé", há simplesmente um número grande demais de saltos diferentes que alguém poderia fazer e nenhum modo aparente de escolher entre eles. A ideia de que a opção escolhida, além de ser importantíssima e "forçada", deve ser "viva" é a parte mais duvidosa da concepção de James. O que é "vivo" para uma pessoa particular é muitíssimo provável que seja simplesmente um resultado de fatos acidentais sobre a sua criação ou o seu temperamento.

Assim, a sua conclusão parece ser a de que simplesmente não há qualquer base racional para a crença num Deus do tipo padrão – ou tampouco para uma aposta racional ou um salto da fé escolhido racionalmente. Creio que você provavelmente tenha razão sobre isso. No entanto, alguém poderia pensar que há uma base não racional para a crença em Deus ou para a crença religiosa em geral. Você, sem dúvida, alegaria que isso simplesmente equivale a um pensamento ilusório. Porém, eu não estou tão certa de que o pensamento ilusório que é genuinamente confortador e também contribui para a coesão e a estabilidade social é uma coisa inteiramente ruim.

Eu não tenho nenhuma dúvida de que a crença religiosa é reconfortante para muitas pessoas, e parece difícil negar que ela muitas vezes contribui para o comportamento moral e pode fortalecer a ordem social. Contudo, ela também pode ser terrivelmente divisora e destrutiva, tal como demonstrado pela história e por muitas situações que estão acontecendo hoje em muitos lugares no mundo. Assim, mesmo que estivéssemos dispostos a adotar algo que é realmente uma crença metafísica profunda apenas com base em suas consequências sociais, está longe de ficar claro que o argumento a favor da crença religiosa tradicional seja muito forte.

8

A VIDA BOA

As seleções de leitura neste capítulo dizem respeito à eterna pergunta: o que é uma – ou *a*? – vida boa? Muitas respostas diferentes foram dadas para essa pergunta. Em um extremo, existem concepções de acordo com as quais somente certos tipos definitivos de vida [são melhores] ou, nas versões mais extremas, somente um único tipo de vida é o melhor (tal como sugerido pela versão da pergunta que faz uso do artigo "a"). Em outro extremo, há concepções de acordo com as quais não há nenhuma resposta objetiva em geral com respeito a que tipo de vida é boa, de maneira que a única consideração relevante são as próprias preferências e os próprios juízos subjetivos das pessoas: se elas pensam que estão vivendo uma vida boa ou satisfatória, então elas estão vivendo tal vida, e não há mais nada para ser dito. Entre esses dois extremos, existem concepções que alegam que, embora o que conta com uma boa vida varie de pessoa para pessoa, e talvez em outras dimensões também, há algumas condições ou exigências objetivas que devem ser satisfeitas para que uma vida seja boa.

Na primeira seleção do capítulo, o filósofo estoico Epicteto oferece uma concepção da vida boa de acordo com a qual o que importa acima de tudo não é nem o sucesso e as realizações subjetivas, nem os prazeres subjetivos de vários tipos, mas sim uma ausência de reações emocionais dolorosas e angustiantes – a boa vida, para Epicteto, é uma vida de paz mental.

Muitas pessoas sentem-se no mínimo atraídas pela ideia semelhante, porém de algum modo mais geral, de que, se uma vida é uma vida boa, isso depende somente do caráter das experiências subjetivas que ela contém, sendo a versão mais óbvia dessa ideia a concepção (uma versão do **hedonismo**) de que uma vida boa é aquela que contém grande quantidade de experiências prazerosas e poucas experiências dolorosas – se é que alguma. Considere, então, a opção de conectar-se na "máquina de experiência", descrita na seleção de Robert Nozick: um computador que lhe oferecerá o conjunto de experiências que você escolher, não importa quais sejam – experiências prazerosas, se isso é o que você quer, ou talvez experiências envolvendo estimulação ou excitação, a aparência subjetiva de diversas espécies de realização, e assim por diante. Se tudo o que importa para uma vida boa é o caráter da sua experiência subjetiva, nesse caso a perspectiva de conectar-se em tal máquina deveria ser altamente atraente. Mas uma vida que assim se encontra divorciada da realidade independente constitui realmente uma vida boa? Nozick sugere que ela não constitui uma vida boa – que uma vida verdadeiramente boa envolve fazer e realizar *em realidade* coisas, e não apenas ter a experiência artificialmente criada de tê-las realizado. E, se isso é correto, então o caráter de sua experiência subjetiva não é a única coisa que importa para determinar se a sua vida é uma vida boa.

As seleções de Thomas Nagel e Susan Wolf levantam um tipo diferente de questão sobre o assunto: uma vida boa, em acréscimo a qualquer outra coisa que ela possa exigir, deve ter *sentido*? E o que exige uma vida dotada de sentido – com efeito, é mesmo possível que uma vida humana seja genuinamente dotada de sentido? Para Nagel, a nossa vida, em um aspecto relevante, é *absurda* – em que isso significa que não podemos evitar atribuir, tanto à nossa vida em geral quanto às suas ocorrências em particular, um tipo de importância que elas, a partir de uma perspectiva mais objetiva, podem ser vistas como não a possuindo genuinamente. Nagel argumenta que é simplesmente parte da condição humana ter disponível para si uma perspectiva mais objetiva a partir da qual a importância de todas as coisas que poderiam parecer atirbuir significado à nossa vida pode ser posta em questão. A visão contrastante de Wolf, mais otimista, é a de que uma vida dotada de sentido é claramente possível e atingível; além disso, a posse de sentido é um aspecto fundamental de uma vida boa. De acordo com a sua concepção, uma vida é dotada de sentido quando ela envolve engajamento nas atividades que objetivamente valem a pena.

Epicteto

Epicteto (55-135), escravo romano, grego de nascimento, foi um famoso filósofo estoico. Ainda que tenha nascido sob a escravidão, foi tornado livre quando ainda era jovem e enviado para estudar o estoicismo. Após anos de estudo, fundou uma escola que ensinava os elementos do estoicismo para alunos de muitas nações. Embora jamais tenha publicado suas ideias, um de seus alunos, Flávio Arriano, publicou notas a partir das aulas de Epicteto. O *Manual* foi extraído de uma obra mais extensa, chamada *Discursos*.

Essa leitura tem uma forma diferente das outras leituras presentes neste livro. Em vez de uma linha contínua de raciocínio, há muitas instruções independentes sobre como viver uma boa vida. Contudo, essas instruções fazem sentido apenas se certas suposições sobre o que é importante para nós, em última análise, são verdadeiras. Epicteto supõe que o que importa acima de tudo para uma boa vida é um estado de paz mental. Para esse fim, as suas instruções enfocam o modo como ganhar controle sobre os próprios desejos. E o meio de atingir isso, num mundo caótico e imprevisível, é controlar os próprios pensamentos e desejos, de forma que eventos externos além do seu controle deixem de importar para você. Uma pessoa que não se preocupa com nada além das reações internas que estão (assim pensa Epicteto) sob o seu controle atingirá a paz mental, ao passo que alguém que dá importância a ocorrências externas (incluindo até mesmo o que ocorre com o seu corpo físico) está destinada à infelicidade e à frustração.

O Manual de Epicteto[1]

❶ **Pare e pense**

PARE Em que medida, se é que em alguma, os pensamentos e os desejos de uma pessoa ("desejo de obter" e "desejo de evitar") estão sob o seu controle? (Ver a Questão para Discussão 2.)

❷ **Comentário**

Por coisas que são "tuas próprias", Epicteto quer dizer aquelas que estão sob o controle do indivíduo; por coisas que são "de outro", ele quer dizer aquelas que são controladas pelos outros – inclusive, em muitas circunstâncias, a segurança e o bem-estar do próprio corpo. Quando diz que as coisas que estão sob controle são "livres", ele quer dizer que *você* será livre se você se importar somente com elas; quando diz que as coisas que não estão sob controle são "servis", ele quer dizer que *você* será servil se você se importar com elas. (Por "grandes coisas", na sentença seguinte, ele quer dizer simplesmente esse tipo de autocontrole.)

1

De todas as coisas que existem, algumas estão em nosso poder, e outras não estão em nosso poder. Estão em nosso poder: pensamento, impulso, desejo de obter* e desejo de evitar** e, em resumo, todas as obras que sejam nossas. Não estão em nosso poder: corpo, propriedade, reputação, cargos importantes e, em resumo, todas as obras que não sejam nossas. ❶ As coisas que estão em nosso poder são por natureza livres, desimpedidas, desprendidas; as coisas que não estão em nosso poder são fracas, servis, sujeitas a impedimento e dependentes de outros. Lembra, portanto, que se achares que as coisas por natureza servis são livres, e as coisas que são por natureza alheias são tuas próprias, serás impedido, lamentarás, perturbar-te-ás, queixar-te-ás tanto dos deuses quanto dos homens; porém, se pensares que somente o teu próprio pertence a ti, e que o que é de outro é de fato de outro, ninguém jamais te compelirá, ninguém te impedirá, não reclamarás de ninguém, não acusarás ninguém, nem uma só coisa farás contra teu querer, ninguém te prejudicará, não terás inimigo, pois nenhuma coisa nociva prevalecerá sobre ti. ❷

Atraído, então, por tão grandes coisas, deves lembrar que, para que te apoderes delas, exige-se mais do que esforço comum; é preciso que abandones algumas coisas por inteiro, enquanto de outras é preciso que te abstenhas de momento. Se desejas também essas – cargos importantes e riqueza –, pode ser que fracasses em obtê-las (...), e por certo fracassarás

---

[1] Extraído da obra *The Stoic and Epicurean Philosophers*, editado por Withney J. Oates (New York: Random House, 1940).
* N. de T. No original, *will to get*.
** N. de T. No original, *will to avoid*.

em te apropriar daquelas coisas que – somente elas – trazem em consequência a liberdade e a felicidade.

Portanto, põe o teu estudo para confrontar toda impressão súbita com as palavras "És uma impressão apenas, e não o que pareces ser". Em seguida, deves colocá-la à prova com as regras que tens, e primeiramente com esta – a prova principal – "Ela se refere às coisas que estão em nosso poder ou às coisas que não estão em nosso poder?" E, caso se refira a algo que não está em nosso poder, sê pronto com a resposta de que ela nada é para ti. ❸

2

Lembra-te que o desejo de obter promete a obtenção do que desejas, e o desejo de evitar promete a não incidência daquilo que evitas; e aquele que deixa de obter o que deseja é infortunado, enquanto aquele que não escapa daquilo que ele deseja evitar é desafortunado. Se, pois, tentas evitar aquelas coisas somente que não são da natureza das coisas que estão sob o teu controle, escaparás de tudo aquilo que evitas; porém, se tentas evitar doença, morte ou penúria, serás desafortunado.

Portanto, não permitas que o teu desejo de evitar tenha preocupação com as coisas que não estão no poder do homem; direciona-o somente a coisas no poder do homem que são contrárias à natureza. ❹ Remove por completo, sem mais demora, o desejo de obter; se desejas obter algo que não está no poder do homem, é necessário que tenhas infortúnio, ao passo que das coisas que estão no poder do homem, que poderias honoravelmente desejar obter, nenhuma está ainda ao teu alcance. ❺ O impulso de agir e o de não agir, esses são a tua preocupação; exercita-os, pois, de maneira comedida, tanto com reservas quanto brandamente.

4

Quando estiveres por empreender alguma coisa, reflete de que tipo é a obra. Se sais para tomar banho, pensa bem nas coisas que acontecem no banho público – água sendo esparramada sobre alguns, outros sendo empurrados, alguns passando dos limites, outros roubando. E, assim, empreenderás a coisa com mais firmeza se de pronto declarares a ti mesmo: "Quero banhar-me e quero guardar o meu caráter* em harmonia com a natureza". E do mesmo modo em cada obra que fazes. Assim, se algo se põe em teu caminho ao te banhares, estarás pronto para responder: "Não queria banhar-me apenas, mas também guardar o meu caráter em harmonia com a natureza; porém, não o guardarei se me sentir irritado com as coisas que acontecem [no banho público]". ❻

5

Perturbam os homens não os acontecimentos, mas os juízos sobre os acontecimentos. Por exemplo, a morte não é nada terrível, pois do contrário também para Sócrates teria se manifestado assim, mas a única coisa terrível sobre a morte é o juízo dos homens de que ela é terrível. ❼ Portanto, quando somos impedidos, perturbados ou entristecidos, jamais coloquemos a culpa nos outros, mas em nós mesmos, isto é, em nossos próprios juízos. Culpar os outros pelos próprios infortúnios é um sinal de falta de educação; culpar a si mesmo mostra que se começou a receber educação; nem culpar a um outro nem a si mesmo mostra que a educação já se completou.

...

8

Não almejes que os acontecimentos ocorram como queres, mas sim que ocorram tal como devem ocorrer, e terás paz.

9

A doença é um impedimento do corpo, porém não do caráter, a menos

---

* N. de T. "Caráter" aqui é tradução para *will* na versão em inglês desta obra, cotejada com o termo grego utilizado por Epicteto, a saber, *prohairesis*. Este é o conceito central da teoria da ação e da filosofia moral de Epicteto, mas não deve ser equiparado ao conceito (agostiniano e moderno) de "vontade".

---

❸ Por uma "impressão súbita", Epicteto quer dizer a consciência de alguma coisa que consideramos desagradável. Se ela diz respeito a alguma coisa "que está em nosso poder" (tal como os nossos próprios desejos), então, devemos mudar; porém, se ela diz respeito a alguma coisa "que não está em nosso poder", então, devemos controlar os nossos próprios desejos e as nossas reações, de modo a não mais nos importarmos com isso.

❹ O principal pensamento aqui é que você não deveria desejar controlar coisas *naturais* – coisas como "doença, morte ou penúria", que resultam de forças que estão além do seu controle. Por "coisas que não são da natureza das coisas que estão sob o teu controle", ele pode querer dizer desejos que se recusam a aceitar o que é natural e, assim, buscam controlar o incontrolável.

❺ Quais são as coisas sob o seu poder que você poderia, honoravelmente, desejar obter, mas que ainda não estão "ao teu alcance"? Talvez o completo autocontrole e a paz mental que o acompanha.

❻ Manter o meu caráter "em harmonia com a natureza" requer não querer evitar coisas que acontecem natural e inevitavelmente. Perco a minha cabeça ao ser empurrado em um banho público lotado somente se eu quis evitar ser empurrado, o que significa querer alguma coisa além do meu controle.

❼ Epicteto alega que não são as coisas (tais como a morte) que são terríveis, mas somente *o juízo* de que alguma coisa é terrível.

que ele não o queira assim. Mancar é um impedimento da perna, porém não do caráter. E isso declara a ti mesmo com respeito a cada coisa que ocorre a ti, pois descobrirás que, embora ele seja um impedimento para alguma outra coisa, ele não é um impedimento para ti.

11

Jamais digas de coisa alguma "Eu a perdi", mas sim "Eu a dei de volta". Morreu o teu filhinho? Foi devolvido. Morreu a tua esposa? Foi devolvida. Foi-te tirado o terreno? Também isto não foi devolvido? Dizes assim, "aquele que tirou o terreno de mim é mau". O que te importa por meio de quem o Doador reclamou isso de volta? Porém, enquanto Ele der, toma cuidado disso, mas não como teu próprio; trata-o como os viajantes tratam uma hospedaria. ❽

12

Se desejas progredir, abandona pensamentos do tipo "Se eu não me preocupar com o que é meu, nada terei com que me sustentar"; "Se eu não castigar o meu filho, ele não prestará". Ora, é melhor morrer na fome, tendo-se tornado livre da dor e do medo, do que viver na abundância, mas perturbado. É melhor, porém, que o teu filho seja mau do que tu seres infeliz. ❾ Começa, portanto, com as pequenas coisas. Derramou-se o teu óleo? Foi roubada a tua porção de vinho? Declara a ti mesmo: "Este é o preço pago pela liberdade frente às paixões*, este é o preço de uma mente tranquila**". Nada acontece de graça. Quando chamas o menino-escravo, pondera que é possível que ele não seja capaz de te escutar e, se ele te escutar, pode ser que não consiga fazer nada do que queres. Porém, ele não é tão importante a ponto de que lhe caiba conceder a ti a paz mental.

---

* N. de T. No original grego, a palavra é *apátheia*, da qual se origina a palavra "apatia" em português.

** N. de T. No original grego, a palavra é *ataraksía*, que também pode ser traduzida como "imperturbação [da mente]".

13

Se desejas progredir, deves contentar-te, com relação às coisas exteriores, em parecer insensato e tolo; não desejes que os homens pensem que sabes todas as coisas. E, se alguém pensar que és alguém importante, descrê de ti mesmo. Não é fácil guardar o teu próprio caráter em conformidade com a natureza e, ao mesmo tempo, guardar as coisas exteriores; ao contrário, se te preocupas com uma dessas coisas, tens de negligenciar a outra.

14

É tolo querer que as tuas crianças, a tua esposa e os teus amigos vivam para sempre, pois isso significa que queres que o que não está sob o teu controle esteja sob o teu controle. Assim também, se quiseres que o teu menino-escravo não cometa erros, és insensato, pois queres que o defeito não seja defeito, mas alguma outra coisa. Porém, se não queres ficar desapontado quanto ao teu desejo de obter, podes alcançar o seguinte. Exercita-te então naquilo que está sob o teu poder. Senhor de cada um é o homem que tem autoridade sobre o que deseja ou sobre o que não deseja para assegurar uma coisa ou mandar embora a outra. Portanto, aquele que deseja ser livre nem deseje algo nem evite algo que dependa de outros; do contrário, ele está determinado a ser um escravo. ❿

15

Lembra-te que deves te comportar na vida tal como te comportarias em um banquete. Um prato é passado em torno e chega até ti: estende a tua mão, pega educadamente uma porção. Passou de lado? Não o detenhas. Ainda não veio até ti? Não fiques impaciente para consegui-lo, mas espera até que chegue a tua vez. Assim também te deves portar para com as crianças, a esposa, os cargos importantes, a riqueza; e um dia serás um digno conviva dos deuses. Contudo, quando, estando postas diante de ti essas coisas, não as apanhas, mas as desprezas, então não apenas serás conviva dos deuses, mas também regerás com eles. ⓫ Por

---

❽ Por "Doador", Epicteto parece querer dizer mais a realidade em sentido lato do que uma deidade pessoal. Pense sobre a analogia da hospedaria: qual seria a sua atitude com relação a um quarto agradável, no qual você ficasse por um breve período de tempo? A concepção de Epicteto é que você deveria tomar essa atitude com relação a todas as coisas além do seu controle às quais você dá valor: crianças, outros entes amados – e até mesmo a sua própria vida.

❾ Essa alegação expressa vivamente o valor supremo que Epicteto situa no próprio estado pacífico da mente. Se você se importa com o seu bem-estar material ou com a conduta de uma criança pela qual é responsável, você será infeliz, porque essas coisas não estão sob o seu controle.

❿ Escravos no sentido comum preocupam-se com coisas que são controladas pelos seus próprios donos ou mestres (que trabalho eles têm de fazer, que comida eles recebem, e assim por diante). Epicteto generaliza esse quadro para dizer que qualquer um que se importa com qualquer coisa que está no controle de outro alguém é, em sentido lato, um escravo.

⓫ Aqui está uma alegação inclusive mais extrema (e aparentemente menos plausível): você deveria desprezar todas as coisas que estão fora do seu controle. Essa atitude é considerada até mesmo melhor do que a atitude descrita anteriormente neste parágrafo; porém, simplesmente por que desprezar tais coisas (em vez de apenas ser indiferente a elas) é considerado melhor, isso não fica claro.

agirem assim, pois, Diógenes, Heráclito e os homens semelhantes a eles eram chamados de divinos e eram merecedores desse nome.

16

Quando vires alguém derramando lágrimas, com pesar, ou porque a criança foi para longe de casa ou morreu, ou por causa da perda de propriedade, atenta para que a impressão não te leve no sentido de serem males externos que o tornam infeliz. De pronto tem à mão este pensamento: "Não é o acontecimento que o aflige, pois esse não aflige a um outro, mas é o seu juízo sobre o acontecimento que o aflige". Portanto, não hesita em simpatizar com ele no que diz respeito a palavras e, se assim houver ocasião, também lamenta junto com ele; cuida, de todo modo, para que não lamentes dentro de ti.

...

19

Podes ser invencível se jamais entras em uma disputa em que não está em teu poder vencer. ⑫ Cuida que, vendo alguém erguido à honra ou muito poderoso, ou, de outro modo, que goza de elevada reputação, que jamais sejas levado pela tua impressão. Se a realidade do bem reside naquilo que está em nosso poder, nesse caso não tem lugar inveja nem rivalidade; e tu mesmo não desejarás ser pretor, nem senador ou cônsul, mas ser livre. Porém, há um só caminho para tanto – o desprezo das coisas que não estão em nosso poder.

...

28

Se alguém entrega, pois, o teu corpo ao primeiro que encontrou no caminho, ficarás indignado; porém, se entregas a tua própria mente ao que por acaso vem pelo caminho, de maneira que, se ele te ultrajar, permites que ela fique perturbada e confundida, não ficas envergonhado por fazer isso?

...

30

Atos apropriados são, em geral, medidos pelas relações com as quais eles se preocupam. "Ele é o teu pai". Isso significa que és chamado a tomar cuidado dele, dar vez a ele em todas as coisas, suportá-lo caso ele te ofenda ou bata em ti.

"Mas ele é um pai mau".

Bem, tens alguma reivindicação natural por um bom pai? Não, apenas por um pai.

"O meu irmão age errado comigo".

Sê, então, cuidadoso em preservar a relação que manténs com ele e não consideres o que ele faz, mas o que tu deves fazer se o teu propósito é manter-te em concordância com a natureza. Afinal, ninguém te fará mal sem o teu consentimento; tu só serás prejudicado quando pensares que estás sendo prejudicado. ⑬ Apenas descobrirás o que é próprio esperar do teu vizinho, cidadão ou pretor se adquirires o hábito de atentar para as relações implicadas por cada um.

33

Estabelece para ti, desde o início, uma marca definitiva e um estilo de conduta, o qual manterás quando estiveres sozinho e também na sociedade dos homens. Sê silencioso na maior parte das vezes, ou, se falares, dize somente o que é necessário e em poucas palavras. Fala, mas raramente, se a ocasião te chama, mas não fales de coisas ordinárias – de gladiadores, de corridas de cavalos, de atletas ou de carnes e bebidas –, pois estes são tópicos que aparecem em todo lugar. Não fales sobre os homens principalmente reclamando, elogiando ou comparando. Se puderes, muda a conversa da tua companhia pela tua fala sobre algum assunto apropriado; porém, se acontecer de ficares isolado entre estranhos, permanece em silêncio. Não rias muito, nem de muitas coisas, nem sem contenção. ⑭

Recusa-te totalmente a fazer juramentos, se isso for possível, mas, se não for, tanto quanto as circunstâncias assim o permitirem.

Recusa os entretenimentos de estranhos e do vulgo. Contudo, se surgir a ocasião de aceitá-los, então faz todo o esforço para evitar cair no estado do vulgo. Cuida que, se o teu companheiro tem

---

⑫ **R** Se você se sente ferido simplesmente por não obter o que quer, e se você quer somente o que tem em seu poder, então você sempre conseguirá o que quer e jamais se sentirá ferido.

Você será "invencível", em certo sentido, mas esse tipo de "invencibilidade" é válida ao preço de não se importar com qualquer outra coisa senão com a sua própria paz mental – nem mesmo com as muitas coisas em que você poderia provavelmente ser bem-sucedido em obter se permitisse a si mesmo importar-se com elas? (Ver a Questão para Discussão 3.)

⑬ Começamos aqui a obter recomendações que vão além da ideia de confinar a sua preocupação a coisas sob o seu controle. Parte da ideia é que não se deve permitir a si mesmo ser prejudicado pelas ações e pela natureza de outros, mesmo que sejam membros da própria família. Contudo, há também uma ideia de fazer o seu próprio *dever*, como, por exemplo, com relação ao seu pai.

⑭ Aqui estão mais recomendações que vão além das concepções expressas anteriormente: Epicteto está recomendando um tipo de estilo de conduta restrito, modesto. Isso não se segue da recomendação de desejar somente aquilo que está sob o seu controle, a menos que todos os outros estilos de conduta devam ser o resultado de desejos por coisas que estão além do controle de alguém (por exemplo, dar importância à estima da parte de outros).

em si uma mácula, aquele que se associa a ele tem a necessidade de partilhar a mácula, muito embora ele, em si mesmo, esteja limpo.

Para o teu corpo, toma simplesmente tanto quanto a tua crua necessidade exige, tal como comida, bebida, vestuário, casa, serviçais, mas corta tudo o que tende à luxúria e à exibição exterior. **⑮**

Evita a impureza até o máximo do teu poder antes do casamento e, se és indulgente com a tua paixão, que isso seja feito dentro da lei. Todavia, não sejas ofensivo ou censurador àqueles que são indulgentes com ela e não fiques sempre trazendo à tona a tua própria castidade. Se alguém te contar que fulano ou sicrano fala mal de ti, não te defendas contra o que ele diz, mas responde "Ele não conhece as minhas outras falhas; do contrário, não teria mencionado somente essas".

Não é necessário, na maior parte dos casos, ir aos jogos; porém, se tiveres ocasião de ir, mostra que a tua primeira preocupação é contigo mesmo, ou seja, deseja que somente aconteça o que de fato aconteça e que vença apenas aquele que de fato vence, pois assim não sofrerás nenhum prejuízo. Contudo, abstem-te inteiramente do aplauso, do ridículo ou da excitação prolongada. E, quando vais embora, não fiques falando muito sobre o que aconteceu lá, exceto na medida em que isso se volta ao teu melhoramento, pois falar sobre isso implica que o espetáculo excitou a tua admiração. **⑯**

Não vás descompromissadamente ou casualmente ouvir conferências; se de fato vais, mantém a tua gravidade e dignidade, não te fazendo ofensivo. Quando estás indo para encontrar alguém, e em particular algum homem de eminência reputada, coloca diante da tua mente o pensamento: "O que teriam feito Sócrates ou Zenão?", e não falharás em fazer uso próprio da ocasião.

Quando vais visitar algum homem importante, prepara a tua mente pensando que não o encontrarás ali, que serás calado, que as portas serão cerradas na tua face, que ele não dará nenhuma atenção a ti. E, se apesar de tudo isso, considerares apropriado ir, vai e suporta o que acontece e jamais digas a ti mesmo "Nada disso foi válido"; pois isso demonstra uma mente vulgar e conflitante com as coisas exteriores.

Na tua conversa, evita menção frequente e desproporcionada dos teus próprios fazeres ou aventuras, pois as outras pessoas não têm o mesmo prazer em ouvir o que aconteceu contigo como tens em recontar as tuas aventuras.

Evita provocar as risadas dos homens; ora, trata-se de um hábito que facilmente escorrega para a vulgaridade e pode muito bem ser o suficiente para diminuir o respeito do teu vizinho.

Também é perigoso cair em linguagem suja; quando qualquer coisa desse tipo acontece, repreende o ofensor se a ocasião o permitir, e, se não o permitir, deixa manifesto a ele, pelo teu silêncio, rubor ou cara amarrada, que estás irritado com as palavras dele. **⑰**

...

41

É sinal de uma mente lenta fixar-se nos cuidados do corpo, prolongar exercício, o comer, o beber e as outras funções corpóreas. Essas coisas devem ser feitas secundariamente; toda a tua atenção deve ser dada à mente.

42

Quando um homem fala mal de ti ou te faz mal, lembra-te que ele o faz ou diz porque pensa que isso lhe é adequado. Não lhe é possível seguir o que parece bom a ti, mas somente o que parece bom a ele, de modo que, se a sua opinião está errada, ele sofre, no sentido de que ele é a vítima do engano. (...) Se ages com base nesse princípio, serás gentil àquele que rivaliza contigo, dizendo a ti mesmo em toda ocasião "Ele pensou que fosse correto". **⑱**

43

Todas as coisas têm duas alças, uma pela qual podes carregá-la, outra pela qual não podes. Se o teu irmão age errado contigo, não pegues isso por aquela alça, a alça do seu erro, pois não podes carregá-la por aquela, mas antes pela outra alça – que ele é um irmão, que cresceu

---

⑮ Se podemos controlar os nossos desejos, por que não tomar tanto quanto você tinha prontamente disponível para o seu corpo, em um ponto, sabendo que depois você sempre pode controlar os seus desejos, se precisar fazê-lo? Por que não aproveitá-lo enquanto você puder, mesmo sem nenhuma expectativa de ter isso no futuro, ao invés de limitar a si ao que a "pura necessidade" requer?

⑯ O ponto fundamental para um estilo de conduta modesto não tem nada a ver com o que os outros pensam, visto que não se supõe que nos importemos com isso. Deve, em vez disso, apelar à exigência de dar forma aos desejos de alguém com relação ao que é a realidade. Se alguém sempre deseja e espera aquilo que acontecerá é o que acontece, então jamais ficará excitado ou impressionado.

⑰ Essa última recomendação parece inconsistente com o conselho anterior, dado que não se supõe que nos importemos com o que os outros fazem.

⑱ A sugestão é talvez que você não ficará irritado (e, portanto, desgostoso) pelas ações de alguém, caso você admita que a outra pessoa pensou que tinha uma boa razão para o que fez.

contigo, e então tu o tomarás pela alça pela qual tu podes carregar. ⓘ⁹

45

Se um homem se lava rapidamente, não digas que ele se lava mal, mas que se lava rapidamente. Se um homem bebe muito vinho, não digas que ele bebe erroneamente, mas que bebe muito. Até que tenhas decidido que juízo o impele, como saberás que ele age mal? Se fazes como eu digo, assentirás às tuas impressões apreensivas e a nenhuma outra. ⓘ²⁰

46

Em nenhuma ocasião chama a ti mesmo de filósofo, nem fales demasiadamente dos teus princípios entre a multidão, mas age conforme teus princípios. Por exemplo, em um banquete, não digas como alguém deve comer, mas come como tu deves. Lembra-te que Sócrates tinha se livrado tão completamente do pensamento de exibição que, quando homens vinham e queriam uma introdução aos filósofos, nesse caso, sim, aceitava-os para serem introduzidos: tão desprendido era ele. E se uma discussão surgir na multidão sobre algum princípio, mantém silêncio na maior parte do tempo; afinal, estás em grande perigo de deixar escapar algum pensamento não digerido. Quando alguém te diz "Tu não sabes nada", mas tu não deixas que isso te provoque, então, estás realmente no caminho correto. Ora, as ovelhas não trazem pasto aos seus pastores e mostram-lhes o quanto elas comeram, mas digerem a sua forragem e depois disso produzem-na na forma de lã e de leite. Faze o mesmo: em vez de exibir os teus princípios à multidão, mostra-lhes os resultados dos princípios que digeriste. ⓘ²¹

48

A posição e o caráter do homem ignorante assim se resumem: ele jamais olha para si mesmo, para benefício ou prejuízo, mas para o mundo fora dele. A posição e o caráter do filósofo é que ele sempre olha para si mesmo, para benefício e prejuízo.

Os sinais de alguém que está fazendo progresso são: ele não se queixa de ninguém, não louva ninguém, não reclama de ninguém, não acusa ninguém, jamais fala de si mesmo como se fosse alguém, ou como se soubesse de alguma coisa. ⓘ²² E se alguém o elogia, ele ri em si mesmo desse elogio; e se alguém fala mal dele, ele não faz nenhuma defesa. Ele segue indo como um convalescente, cuidadoso de não importunar a sua constituição, no seu caminho à recuperação, até que ganhe firme amparo. Ele se livrou do desejo de obter, e o seu desejo de evitar é dirigido não mais ao que está além do seu poder, mas só ao que está em seu poder e é contrário à natureza. Em todas as coisas, ele exercita o seu desejo sem esforço. Se os homens o consideram tolo ou ignorante, ele não dá importância. Em resumo, ele fica alerta e vigilante sobre si mesmo como o seu próprio inimigo, que fica à espreita por ele.

50

Sejam quais forem os princípios que colocas diante de ti, permanece firme neles como leis que será ímpio transgredir. Contudo, não dês nenhuma atenção ao que qualquer um diz de ti; afinal, isso é algo que está além do teu controle.

51

Por quanto tempo esperarás para pensar a ti mesmo digno do mais elevado e para em nada transgredir o claro pronunciamento da razão? Recebeste os preceitos que deves aceitar e os aceitaste. Por que, então, ainda esperas por um mestre, de modo que possas protelar a correção de ti mesmo até que ele venha? Não és mais um jovem; és agora um homem plenamente crescido. Se agora és descuidado e indolente e estás sempre adiando, fixando um dia depois do outro como o limite quando pretendes começar a dar atenção a ti mesmo, então, vivo ou morto, não farás nenhum progresso, mas continuarás surpreendido em ignorância. Portanto, decide-te antes que seja tarde demais para viver como alguém que é maduro e proficiente. Deixa tudo o que parece o melhor para ti ser uma lei que não podes transgredir. E, se encontras qualquer coisa inquie-

---

19 Essa é uma das expressões mais famosas do estoicismo. A sugestão é de que, embora qualquer evento possa ser visto ou avaliado de tal modo que você terá dificuldades em aceitá-lo, ele também pode ser visto de tal modo que você possa aceitá-lo. Se a sua própria paz mental é a coisa mais importante para você, então você deveria ver qualquer evento de acordo com este segundo modo.

PARE (Parece correto afirmar que qualquer evento pode ser visto de tal modo que *você* pode aceitá-lo? Pense aqui em alguns exemplos difíceis com relação a essa tese.)

20 Uma versão mais contemporânea dessa recomendação é: não faça nenhum juízo de valor, mas apenas descreva os eventos em termos neutros quanto ao valor. Antes que se possa propriamente avaliar as ações de alguém, é preciso muitas vezes saber por que a ação foi realizada.

21 Agir de qualquer outro modo – exibir-se ou tentar instruir os outros – faz sentido apenas se alguém se importa com o que os outros pensam ou se quer controlar os outros.

22 Aqui está um outro aspecto do estilo de conduta recomendado por Epicteto: tome responsabilidade por si mesmo – não se queixe dos outros. Porém, você poderia obviamente aceitar essa recomendação, embora rejeitasse a concepção de que deve importar-se somente com o que está sob o seu controle direto.

tante, agradável, gloriosa ou ingloriosa, lembra-te que a hora da luta é vinda, que a disputa olímpica está aqui e não podes mais adiar e que um dia e uma ação determinam se o progresso que atingiste está perdido ou mantido.

Foi desse modo que Sócrates atingiu a perfeição, não dando atenção a nada senão à razão em tudo o que encontrava. E, se ainda não és Sócrates, agora deves viver como alguém que desejaria ser um Sócrates.

Questões para Discussão

1. Um dos principais traços do pensamento de Epicteto é que se deve limitar os seus desejos ao que está em seu poder e, portanto, deve-se aceitar ou submeter-se a tudo o que está fora do seu poder. E dado que tudo o que está realmente em seu poder é o modo como alguém responde, esse alguém deveria importar-se *só* com o modo como se responde. Lembre-se que Epicteto passou o início da sua vida como escravo. Seria a sua concepção uma recomendação plausível para alguém naquela posição específica? A sua plausibilidade está limitada àquela situação ou a alguma situação estreitamente semelhante a ela?

2. Você considera atraente o quadro recomendado por Epicteto? Supondo que o considere, está em seu poder fazer o que ele recomenda? Seria possível arguir que o pensamento de Epicteto é um antídoto importante à obsessão nociva com relação às coisas externas. Mas alguém pode realmente controlar qual juízo faz sobre um evento ou como se sente sobre ele?

3. Suponha que você pudesse escolher entre três possibilidades: no primeiro caso, você quer apenas aquilo que está em seu controle (de acordo com Epicteto) e, assim, você consegue tudo o que quer – mas talvez pouco ou nada além daquelas necessidades bastante limitadas; no segundo caso, você limita os seus desejos a desejos razoáveis – coisas que você esperaria ser capaz de atingir, dada a pessoa que você é – e consegue a maior parte das coisas que quer, mas é ocasionalmente desapontado; no terceiro caso, as suas necessidades são descontroladas e extravagantes, e, ainda que algumas poucas delas sejam satisfeitas, você está desapontado acerca da maior parte delas. De acordo com Epicteto, o primeiro caso é claramente o melhor para os seres humanos: a felicidade consiste em evitar o desapontamento tão completamente quanto possível. Isso parece correto?

4. A recomendação mais fundamental de Epicteto é dar importância somente aos próprios estados mentais. Pense sobre os principais aspectos do tipo de vida recomendado por Epicteto: deve-se tomar responsabilidade por si mesmo, resistindo à tentação de queixar-se dos outros; deve-se viver modestamente, abstendo-se dos desejos mundanos; deve-se aceitar a realidade, rejeitando-se à fútil tentativa de controlar os eventos exteriores. Como essas outras recomendações se relacionam, se é que o fazem, com a recomendação fundamental?

Robert Nozick

Robert Nozick (1938-2002), professor da Universidade de Harvard durante muitos anos, foi um nome importante da filosofia no século XX, fazendo contribuições para muitas áreas, principalmente a filosofia política e a epistemologia.

Nesta seleção, Nozick apresenta um provocativo experimento de pensamento, que levanta questões sobre quais são as coisas que importam para nós, que tipo de coisas fundamentalmente desejamos, o que nos motiva e o que constitui uma vida boa. Para os propósitos deste capítulo, a última dessas questões é a mais relevante.

A Máquina de Experiência[2]

Há (...) enigmas substanciais quando perguntamos o que importa além do modo como as experiências das *pessoas* são sentidas a "partir de dentro".* Suponha que houvesse uma máquina de experiência que lhe proporcionasse qualquer experiência que você desejasse. Neuropsicólogos extraordinários poderiam estimular o seu cérebro de tal modo que você pensaria e sentiria como se estivesse escrevendo um grande romance, ou fazendo amigos, ou lendo um livro interessante. Durante todo o tempo, você estaria flutuando em um tanque, com eletrodos ligados ao seu cérebro. Você deveria se ligar a essa máquina por toda a vida, pré-programando as suas experiências de vida? Se você está preocupado quanto a perder experiências desejáveis, podemos supor que empreendimentos de negócios pesquisaram profundamente a vida de muitas outras pessoas. ❶ Você pode selecionar e escolher a partir da sua grande biblioteca ou do cardápio de tais experiências, selecionando as suas experiências de vida, digamos, pelos próximos dois anos. Depois de passado dois anos, você terá dez minutos ou dez horas fora do tanque para selecionar as experiências dos seus *próximos* dois anos. Naturalmente, enquanto estiver no tanque, você não saberá que está lá; você pensará que tudo está realmente acontecendo. Outros indivíduos também podem ligar-se para ter as experiências que quiserem, de maneira que não há necessidade de ficar desconectado para servi-los. (Ignore problemas como quem fará a manutenção das máquinas se todos se conectarem.) ❷ Você se conectaria? *O que mais pode nos importar a não ser o modo como a nossa vida é sentida a partir de dentro?* Tampouco você deveria se abster de fazer isso por causa dos poucos momentos de angústia entre o momento em que tomou a decisão e o momento em que está conectado. O que são alguns poucos momentos de angústia comparados com uma vida inteira de felicidade (se é isso o que você escolhe)? E por que sentir alguma angústia se a sua decisão *é* a melhor? ❸

O que nos importa além de nossas experiências? Primeiro, queremos *fazer* certas coisas, e não só ter a experiência de fazê-las. No caso de certas experiências, é apenas porque primeiramente queremos fazer as ações que desejamos as experiências de fazê-las ou de pensar que as fizemos. (Mas *por que* queremos fazer as atividades em vez de meramente experimentá-las?) Uma segunda razão para não se conectar é que queremos *ser* de uma certa maneira, ser um certo tipo de pessoa. Alguém que flutua em um tanque é uma bolha indeterminada. Não há resposta à questão de com que se parece uma pessoa que ficou muito tempo no tanque. Ela é corajosa, bondosa, inteligente, espirituosa, amorosa? Não é só o caso de que é difícil dizê-lo; não há um modo por meio do qual ela seja. Conectar-se à máquina é um tipo de suicídio. Parecerá a algumas pessoas, bloqueadas por uma imagem, que nada sobre o modo como somos pode importar exceto à medida que se reflete em nossas experiências. Mas deveria ser surpreendente que o que *nós somos* é importante para nós? ❹ Por que deveríamos nos preocupar somente com o modo como o nosso tempo é preenchido, mas não com o que somos?

Em terceiro lugar, conectar-se a uma máquina de experiência limita-nos a uma realidade artificial, a um mundo não mais profundo ou importante do que aquele que as pessoas podem construir. Não há contato *real* com qualquer realidade mais profunda, embora a experiência a respeito disso possa ser simulada. Muitas pessoas desejam ficar abertas a tal contato e a uma canalização de sig-

---

❶ Suponha que essa pesquisa tenha resultado em um rico catálogo de vidas, um efetivo teste de personalidade que você pode fazer e em alguns princípios gerais confiáveis sobre quais tipos de personalidade combinam com quais tipos de vida no intuito de produzir os melhores resultados. Portanto, você não precisa se preocupar se conhece ou não o bastante sobre as opções ou sobre si mesmo para selecionar a melhor vida para você.

❷ Deixe de lado a possibilidade de que as pessoas que você deixa para trás sentirão falta de você. Suponha, caso isso seja útil, que os programadores criam duplicatas robóticas suas, indiscerníveis para os outros, que tomarão o seu lugar nos seus relacionamentos. E, é claro, os seus amigos e a sua família podem escolher tirar vantagem da máquina de experiência, programando a sua presença na experiência deles.

❸ [PARE] Focando somente naquilo com que você se importa, naquilo que seria bom para *para você*, você se conectaria a essa máquina?

❹ Alguém poderia objetar a Nozick que *quem somos* é algo inteiramente constituído por *aquilo que experimentamos* – caso em que a pessoa flutuando no tanque não é mais do que uma "bolha indeterminada" em relação a qualquer outra pessoa.

[PARE] Você se sentiu atraído por tal concepção?

---

[2] Extraído de *Anarchy, State, and Utopia* (New York: Basic Books, 1974).
* N. de R.T. No original, "*from the inside*", ou seja, puramente a partir da interioridade ou da consciência.

nificado mais profundo.[3] Isso esclarece a intensidade do conflito acerca de drogas psicoativas, que alguns veem como meras máquinas locais de experiência e outros veem como caminhos para uma realidade mais profunda. Aquilo que para alguns equivale a se render a uma máquina de experiência, para outros equivale a uma das razões para *não* se render!

Aprendemos que alguma coisa importa para nós além da experiência ao imaginar uma máquina de experiência e, então, perceber que não a usaríamos. Podemos continuar a imaginar uma sequência de máquinas, cada uma delas designada a preencher falhas sugeridas pelas máquinas anteriores. Por exemplo, uma vez que a máquina de experiência não atende ao nosso desejo de *ser* de um certo modo, imagine uma máquina de transformação que nos transforme em qualquer tipo de pessoa que gostaríamos de ser (compatível com o fato de permanecermos nós mesmos). ❺ Certamente, ninguém usaria a máquina de transformação para tornar-se tal como desejaria ser e em seguida se conectaria à máquina de experiência![4] Por conseguinte, há algo que importa além das experiências de alguém *e* daquilo que se é. E a razão disso não é meramente que as experiências de uma pessoa não estão conectadas com aquilo que se é. Afinal, a máquina de experiência poderia ser limitada a fornecer apenas as experiências possíveis para o tipo de pessoa conectada a ela. É desse jeito que queremos fazer alguma diferença no mundo? Considere então a máquina de resultados, que produz no mundo qualquer resultado que você produziria e injeta o seu *input* vetor em qualquer atividade combinada. ❻ Não perseguiremos aqui os detalhes fascinantes dessas ou de outras máquinas. O que é mais perturbador sobre elas é o fato de viverem a nossa vida por nós. É enganador procurar por funções adicionais *particulares* além da competência das máquinas de fazerem algo para nós? Talvez o que desejamos seja viver (um verbo ativo), nós mesmos, em contato com a realidade. (E isso as máquinas não podem fazer *por* nós.)

❺ PARE Você faria uso da "máquina de transformação" para aprender francês? Você a usaria para se tornar uma pessoa bondosa?

❻ PARE Suponha que uma pessoa se recusasse a se conectar à máquina de experiência porque quisesse ajudar pessoas desafortunadas neste mundo. Ela deveria usar a máquina de resultados se aquilo com o que se importa é o fato de tais pessoas serem ajudadas?

Questões para Discussão

1. Suponha que Grace seja uma jovem de família rica que se apaixona por Bob, um rapaz com pouco dinheiro. Os pais de Grace desaprovam Bob, pois suspeitam que ele esteja interessado apenas no dinheiro de Grace. Ela escuta cuidadosamente as preocupações de seus pais, mas decide, de qualquer modo, casar com Bob. Grace e Bob parecem extraordinariamente felizes por muitos anos, mas os pais de Grace continuam suspeitando dele. Por fim, os pais contratam um detetive, obtendo então provas definitivas de que Bob tem sido visto com outra mulher. Antes que possam informar a Grace, no entanto, descobrem que foi diagnosticado que ela está com

---

[3] As concepções religiosas tradicionais diferem no *ponto* de contato com uma realidade transcendente. Algumas pessoas dizem que esse contato produz êxtase eterno ou Nirvana, mas elas não distinguiram isso suficientemente de um mero prazo *muito* longo na máquina de experiência. Outras pessoas pensam que é intrinsecamente desejável fazer a vontade de um ser superior que criou a todos nós, embora presumivelmente ninguém pensaria assim se descobríssemos que fomos criados como um objeto de distração por alguma criança superpoderosa de uma outra galáxia ou dimensão. Outras ainda imaginam uma eventual união com uma realidade superior, não deixando clara a sua desejabilidade ou onde *nos* deixa essa união.

[4] Algumas pessoas não usariam de modo algum a máquina de transformação, pois fazer isso pareceria uma *trapaça*. Contudo, o uso da máquina de transformação uma vez só não eliminaria todos os desafios. Haveria ainda obstáculos a serem superados por esses novos eus que seríamos, um novo patamar a partir do qual se esforçar por um lugar ainda mais alto. Esse patamar é menos conquistado ou merecido do que aquele provido pela dotação genética ou pelo meio em que se viveu a primeira infância? Porém, se a máquina de transformação pudesse ser usada indefinidamente, com frequência, de maneira que pudéssemos realizar qualquer coisa apertando um botão para transformar a nós mesmos em alguém que pudesse fazê-lo facilmente, não restariam quaisquer limites contra os quais *precisaríamos* lutar ou que *precisaríamos* tentar transcender. Restaria ainda alguma coisa *para fazer*? Será que algumas concepções teológicas colocam Deus fora da realidade do tempo porque um ser onisciente e onipotente não poderia preencher seus dias?

câncer e tem somente seis meses de vida. Quando confrontam Bob, ele sugere que os sogros pensem na dor que a revelação da sua traição causaria a Grace. Depois de se angustiar sobre a decisão, os pais de Grace decidem não contar a ela, e Grace vive outros cinco meses, jamais suspeitando de seu marido ou duvidando do seu amor por ela. Os pais dela fizeram a coisa certa?

2. A terceira razão de Nozick para recusar ligar-se à máquina de experiência recorre ao nosso desejo de nos conectarmos com uma "realidade mais profunda", e ele sugere que a realidade transcendente defendida por algumas religiões pode satisfazer esse desejo. Parece, então, que a terceira razão apelará somente às pessoas religiosas, ou algo como a natureza poderia contar como uma realidade "mais profunda", mesmo para um ateu?

3. Nozick oferece a máquina da transformação como uma resposta à objeção de que alguém poderia resistir a entrar na máquina de experiência porque *ser* realmente alguém que é, por exemplo, amável é mais importante do que meramente experimentar a si como sendo amável: quando você pisa fora da máquina de transformação, você é genuinamente amável. Quão bem-sucedida é essa resposta à objeção original? Alguém poderia argumentar que seria aceitável usar a máquina da transformação para algumas coisas (por exemplo, aprender francês no intuito de fazer uma viagem), mas não para outras coisas (por exemplo, tornar-se uma pessoa bondosa) – que produzir traços de caráter desejáveis dessa maneira fácil e sem esforço significa "trapacear". Há alguma razão pela qual coisas como traços de caráter, para que sejam valiosos ou ao menos maximamente valiosos, devem ser adquiridos "do jeito difícil" e não "do jeito fácil" oferecido por uma máquina de transformação? (Embora a máquina de experiência pareça no mínimo remotamente possível, não fica tão claro que a máquina da transformação faça sentido. Pense sobre a diferença entre as duas máquinas.)

4. O que Epicteto pensaria sobre a máquina de experiência de Nozick? Ele escolheria se conectar a ela se estivesse disponível?

Thomas Nagel

Thomas Nagel (1937-) é um filósofo americano que atualmente leciona na Universidade de New York. Ele fez contribuições importantes para um amplo espectro de áreas, incluindo filosofia da mente, ética, metafísica, epistemologia e filosofia social.

É natural pensar que os filósofos deveriam ter algo a dizer sobre o sentido da vida. Contudo, para a grande maioria dos filósofos do mundo anglofônico, no período recente, essa questão pareceu estar fora dos limites da discussão filosófica sóbria. Nagel é um dos poucos filósofos atuais que fez alguma tentativa de abordar esse assunto. (Susan Wolf, na seleção seguinte, é um outro exemplo.) Nagel argumenta que a nossa vida é, em um sentido importante, *absurda*, porque envolve uma falta de posse objetiva de sentido, embora as suas razões para essa opinião sejam mais complicadas e sutis do que aquelas normalmente oferecidas.

O Absurdo[5]

A maior parte das pessoas sente, ocasionalmente, que a vida é absurda, e algumas sentem isso de forma viva e contínua. ❶ Todavia, as razões normalmente oferecidas em defesa dessa convicção são visivelmente inadequadas: elas não *poderiam* realmente explicar por que a vida é absurda. Por que, então, elas fornecem uma expressão natural para a percepção de que ela o é?

❶ PARE De acordo com Nagel, a maioria das pessoas, ao menos algumas vezes, considera a vida *absurda*, em que isso significa algo como radicalmente fora de sincronia com as expectativas e aspirações humanas. Você (ou talvez alguém que você conheça bem) já teve alguma vez essa experiência? Em caso afirmativo, qual foi o conteúdo dela? De que modo ou em qual sentido a vida lhe pareceu absurda? Tente explicar essa ideia da maneira mais clara que você puder antes de ver o que Nagel tem a dizer sobre isso.

---

5 Extraído de *Mortal Questions* (Cambridge, Mass.: Cambridge University Press, 1979).

I

Considere alguns exemplos. Frequentemente, nota-se que nada do que fazemos agora terá importância em um milhão de anos. Porém, se isso for verdade, então, pela mesma razão, nada do que será o caso em um milhão de anos tem importância agora. Em particular, não tem importância agora que, em um milhão de anos, nada do que fazemos agora terá importância. Além disso, mesmo se o que fizéssemos agora *tivesse* importância em um milhão de anos, como isso poderia evitar que as nossas preocupações presentes sejam absurdas? Se a sua importância agora não é suficiente para realizar isso, como seria útil se elas tivessem importância daqui a um milhão de anos?

Se o que fazemos agora tivesse importância em um milhão de anos é algo que poderia fazer a diferença crucial somente se o fato de ter importância em um milhão de anos dependesse do fato de ter importância, ponto final. Mas, então, negar que qualquer coisa que aconteça agora terá importância em um milhão de anos é incorrer em petição de princípio com respeito ao fato de ela ter importância, ponto final; afinal, naquele sentido não se pode saber que não terá importância em um milhão de anos se (por exemplo) alguém agora é feliz ou miserável sem saber que isso não tem importância, ponto final. ❷

O que dizemos para comunicar a absurdidade de nossas vidas muitas vezes tem a ver com espaço ou tempo: somos minúsculos pontinhos na vastidão infinita do universo; a nossa vida é mero instante, mesmo em uma escala de tempo geológica, para não citar uma escala cósmica; todos nós estaremos mortos a qualquer minuto. Porém, é claro, nenhum desses fatos evidentes podem ser aquilo que *torna* a vida absurda, se ela for absurda. Ora, suponhamos que vivêssemos para sempre; não seria uma vida que é absurda se durar setenta anos ainda infinitamente mais absurda se durasse toda a eternidade? E se nossa vida é absurda por causa do nosso presente tamanho, por que seria ela menos absurdas em qualquer medida se preenchêssemos o universo (ou porque fôssemos maiores ou porque o universo fosse menor)? A reflexão sobre a nossa miudeza e finitude parece estar intimamente conectada com a percepção de que a vida não tem sentido, mas não está claro qual é essa conexão. ❸

Um outro argumento inadequado é o de que, pelo fato de que vamos morrer, todas as cadeias de justificação devam ser abandonadas em pleno ar: estuda-se e trabalha-se para ganhar dinheiro para pagar roupas, moradia, diversão, alimentação, para se sustentar ano após ano, talvez para sustentar a família e seguir uma carreira – mas para que fim último? Isso tudo é uma jornada elaborada que não leva a lugar algum. (Também se exercerá alguma influência na vida de outras pessoas, mas isso simplesmente reproduz o problema, pois elas morrerão também.)

Há inúmeras respostas para esse argumento. Primeiro, a vida não consiste em uma sequência de atividades, cada uma das quais tendo como seu propósito algum membro subsequente da sequência. Cadeias de justificação chegam repetidamente a um fim ao longo da vida e, se o processo como um todo pode ser justificado, isso não tem relação com a finalidade desses pontos finais. Nenhuma justificação posterior é necessária para tornar razoável tomar aspirina para uma dor de cabeça, ir à exibição da obra de um pintor que se admira ou impedir que uma criança ponha a mão sobre a chapa quente. Nenhum contexto mais amplo ou propósito adicional é necessário para impedir que esses atos sejam sem propósito. ❹

Mesmo que alguém desejasse fornecer uma justificação adicional para buscar todas as coisas na vida que são comumente vistas como autojustificadoras, essa justificação também teria de terminar em algum lugar. Se *nada* pode justificar a não ser que seja justificado em termos de algo fora de si mesmo, que também é justificado, então o resultado é um regresso infinito e nenhuma cadeia de justificação pode estar completa. Além disso, se uma cadeia finita de razões não pode justificar coisa alguma, o que poderia ser realizado por uma cadeia infinita, em que cada elo deve ser justificado por referência a algo fora de si próprio? ❺

Uma vez que as justificações devem chegar a um fim em algum lugar, nada é ganho ao negar que elas terminam onde elas parecem terminar, a saber, na vida – ou ao tentar subsumir as justificações

---

❷ Que algo "tem importância, ponto final" significa que ele tem importância *em si mesmo*, fora de qualquer relação com outras coisas (que podem não ter existido) – ter importância, como posteriormente Nagel coloca isso, *sub specie aeternitatis* (desde a eternidade). A maioria das coisas tem importância por causa de sua relação com outras coisas – por exemplo, o dinheiro tem importância por causa daquilo que ele pode oferecer, mas não "tem importância, ponto final".

❸ [PARE] Há, contrariamente ao que Nagel está sugerindo, uma maneira pela qual a "finitude e brevidade" da nossa vida genuinamente dão suporte à ideia de que ela é absurda – ou sem sentido? (Como Nagel deixará claro depois, dizer que a vida não tem sentido não é exatamente a mesma coisa que dizer que ela é absurda, embora as duas alegações estejam intimamente relacionadas.)

❹ [R] É bastante comum pensar que o ponto ou propósito de cada ação deve residir em algum fim ou meta adicional, de maneira que, se a cadeia de atos termina (na morte de uma pessoa ou na morte daqueles que eles afetam), então tudo o que alguém fez foi sem propósito. De fato, porém, Nagel está alegando que muitas atos têm um propósito ou um sentido *em si mesmos*, sem que isso dependa de quaisquer fins adicionais.

❺ Suponha que, como muitas pessoas acreditam, fomos colocados neste planeta por um ser poderoso e que a nossa existência é justificada pela satisfação dos seus propósitos. Então, o que, para além dele, justifica os seus propósitos (e isso é requerido caso seja verdadeiro que "*nada* pode justificar a menos que seja justificado em termos de algo fora de si mesmo")?

ordinárias de ação múltiplas, frequentemente triviais, a um único esquema que controla a vida. Podemos ficar mais facilmente satisfeitos do que isso. De fato, através de sua deturpação do processo de justificação, o argumento faz uma exigência vazia. Ele insiste que as razões disponíveis na vida são incompletas, mas sugere, a partir disso, que todas as razões que chegam a um fim são incompletas. Isso torna impossível fornecer quaisquer razões. ❻

Os argumentos padrão a favor da absurdidade parecem, portanto, falhar como argumentos. Eu acredito, todavia, que eles tentam expressar algo que é difícil de afirmar, mas fundamentalmente correto.

II

Na vida comum, uma situação é absurda quando ela inclui uma discrepância visível entre pretensão ou aspiração e realidade: alguém faz um discurso complexo em apoio a uma proposta que já foi aprovada; um criminoso notório torna-se presidente de uma grande fundação filantrópica; você declara o seu amor por telefone para um anúncio gravado; enquanto você está sendo condecorado, as suas calças caem. ❼

Quando uma pessoa encontra-se em uma situação absurda, ela geralmente tentará mudá-la, modificando as suas aspirações, tentando trazer a realidade a um melhor acordo com elas ou afastando-se por completo da situação. Nem sempre estamos dispostos a ou somos capazes de nos desembaraçar de uma posição cuja absurdidade tornou-se clara para nós. Contudo, é normalmente possível imaginar alguma mudança que removeria a absurdidade – independentemente se podemos ou não implementar isso. A percepção de que a vida como um todo é absurda chega quando percebemos, talvez obscuramente, uma pretensão ou aspiração mais importante que é inseparável da continuação da vida humana e que torna a sua absurdidade inescapável, quase um escape da própria vida.

A vida de muitas pessoas é absurda, temporária ou permanentemente, por razões convencionais que têm a ver com suas ambições particulares, circunstâncias e relações pessoais. Se há um sentido filosófico de absurdidade, contudo, ele deve surgir de uma percepção de algo universal – algum aspecto em que a pretensão e a realidade inevitavelmente se chocam para todos nós. Essa condição é suprida, eu argumentarei, pela colisão entre a seriedade com que levamos a nossa vida e a possibilidade perpétua de considerar tudo aquilo sobre o que somos sérios como sendo arbitrário ou aberto à dúvida.

Não podemos viver a vida humana sem energia e atenção, nem sem fazer escolhas que mostrem que levamos algumas coisas mais a sério do que outras. Entretanto, temos sempre disponível um ponto de vista exterior à forma particular da nossa vida, a partir do qual a seriedade parece gratuita. Esses dois pontos de vista inescapáveis colidem em nós, e isso é o que torna a vida absurda. É absurdo porque ignoramos as dúvidas que sabemos que não podem ser resolvidas, continuando a viver com uma seriedade praticamente não diminuída, apesar delas. ❽

Essa análise exige uma defesa em dois aspectos: primeiro, no que diz respeito à inevitabilidade da seriedade; segundo, no que diz respeito à inescapabilidade da dúvida.

Nós nos levamos a sério tanto se levamos vidas sérias ou não quanto se estamos preocupados primeiramente com fama, prazer, virtude, luxo, triunfo, beleza, justiça, conhecimento, salvação ou a mera sobrevivência. Se levamos a sério as outras pessoas e nos dedicamos a elas, isso só multiplica o problema. A vida humana é repleta de esforço, planos, cálculos, sucessos e fracassos: *buscamos* a nossa vida com graus variáveis de preguiça e energia.

Seria diferente se não pudéssemos dar um passo para trás e refletir sobre o processo, mas fôssemos levados de impulso a impulso sem autoconsciência. Contudo, os seres humanos não agem somente pelo impulso. Eles são prudentes, refletem, medem as consequências, perguntam se o que estão fazendo vale a pena. A sua vida não é apenas repleta de escolhas particulares que se juntam em atividades mais amplas com estruturas temporais: eles também decidem em termos mais amplos o que buscar e o que evitar, quais prioridades devem estar entre os seus vários objetivos e que tipo

❻ Nagel está sugerindo que o argumento a favor da absurdidade da vida falha porque considera sem nenhuma justificação que o único tipo de razão que alguém poderia possivelmente ter para qualquer coisa (dado que uma cadeia infinita de razões é logicamente impossível) ainda não é bom o suficiente.

❼ PARE De acordo com Nagel, a absurdidade resulta quando há uma discrepância entre as nossas pretensões ou aspirações e a realidade. Pense cuidadosamente em como essa descrição aplica-se às situações limitadas descritas aqui. Você consegue pensar em outros exemplos desse tipo?

❽ *Reafirmação/Resumo*

R Que a vida como um todo seja absurda significa que ela envolveria essencialmente uma versão em larga escala desse mesmo tipo de discrepância entre pretensões e realidade. A principal alegação de Nagel é que, embora não possamos deixar de levar a sério muitas coisas em nossa vida, há, ao mesmo tempo, sempre disponível um ponto de vista diferente, mais objetivo, a partir do qual essa seriedade parece desabalizada e até mesmo tola.

de pessoas eles querem ser ou se tornar. Alguns homens são confrontados com tais escolhas pelas grandes decisões que tomam de tempos em tempos; alguns meramente por refletir sobre o curso que suas vidas estão tomando como o produto de incontáveis pequenas decisões. Eles decidem com quem se casar, qual profissão seguir, associar-se ou não ao Country Club ou à Resistência; ou podem simplesmente pensar por que continuam sendo vendedores, acadêmicos ou motoristas de táxi e então param de pensar sobre isso depois de um certo período de reflexão inconclusiva.

Embora possam ser motivados de ato a ato por aquelas necessidades imediatas que a vida lhes apresenta, eles permitem que o processo continue ao aderirem ao sistema geral de hábitos e à forma de vida em que tais motivos têm lugar – ou talvez somente por agarrar-se à própria vida. Gastam quantidades enormes de energia, risco e cálculos sobre os detalhes. Pense sobre como um indivíduo normal preocupa-se com a sua aparência, a sua saúde, a sua vida sexual, a sua honestidade emocional, a sua utilidade social, o seu autoconhecimento, a qualidade dos seus laços com a família, os colegas e amigos, quão bem ele faz o seu trabalho, se ele entende o mundo e o que está acontecendo nele. Levar uma vida humana é uma ocupação de tempo integral, para a qual todos devotam décadas de preocupações intensas. ❾

Esse fato é tão óbvio que é difícil considerá-lo extraordinário e importante. Cada um de nós vive a sua própria vida – vive consigo mesmo 24 horas por dia. O que mais se supõe que ele faça – viver a vida de mais alguém? Os humanos, todavia, têm a capacidade especial de dar um passo para trás e investigar a si próprios e a vida com a qual estão comprometidos, com aquele espanto desprendido que provém de assistir ao esforço de uma formiga em subir um montinho de areia. Sem desenvolver a ilusão de que eles são capazes de escapar de suas posições altamente específicas e idiossincráticas, podem ver isso *sub specie aeternitatis* – e a visão é ao mesmo tempo sóbria e cômica.

O passo para trás crucial não é tomado ao pedir-se ainda outra justificação na cadeia e ao fracassar-se em alcançá-la. As objeções a essa linha de ataque já foram estabelecidas; as justificações chegaram a um fim. Mas isso é precisamente o que fornece uma dúvida universal com o seu objeto. Voltamos atrás para descobrir que o sistema inteiro de justificação e crítica, que controla nossas escolhas e dá suporte às nossas defesas da racionalidade, baseia-se em respostas e hábitos que nunca questionamos, que não deveríamos saber como defender sem circularidade e aos quais continuaremos a aderir mesmo depois de terem sido questionados. ❿

As coisas que fazemos ou queremos sem razões e sem exigir razões – as coisas que definem o que é uma razão para nós e o que não é – são o ponto de partida do nosso ceticismo. Nós nos vemos do lado de fora, e todas as contingências e especificidades de nossos objetivos e buscas tornam-se claras. No entanto, quando tomamos essa posição e reconhecemos o que fazemos como arbitrário, isso não nos separa da vida, e ali está a nossa absurdidade: não no fato de que tal visão externa pode ser tomada de nós, mas no fato de que nós mesmos podemos tomá-la sem deixarmos de ser as pessoas cujas preocupações últimas são consideradas tão friamente. ⓫

III

Pode-se tentar escapar dessa posição ao buscar preocupações últimas mais amplas, a partir das quais é impossível dar um passo para trás – a ideia é de que a absurdidade resulta porque o que levamos a sério é algo pequeno, insignificante e individual. Aqueles que procuram preencher a sua vida com sentido geralmente anteveem um papel ou uma função em algo mais amplo do que eles mesmos. Portanto, procuram a realização no serviço à sociedade, ao Estado, à revolução, ao progresso da história, ao avanço da ciência ou da religião e da glória de Deus.

Contudo, um papel em um empreendimento maior não pode atribuir significado a menos que o empreendimento seja ele mesmo significativo. E o seu significado deve voltar àquilo que podemos entender, ou ele nem mesmo parecerá nos dar aquilo que estamos procurando. Se aprendêssemos que estávamos sendo criados para fornecer alimento a outras criaturas afeiçoadas à carne humana, que planejas-

---

❾ **PARE** Nagel está correto sobre isso? Você pode pensar em alguém que não *busca* dessa maneira ao menos algumas partes ou aspectos da sua vida, alguém para quem tem pouca ou nenhuma importância se as coisas acontecem de uma forma em vez de outra?

❿ **R** Todas as pessoas, de acordo com Nagel, têm a capacidade de "dar um passo para trás" e de ver a sua vida da "perspectiva da eternidade", uma perspectiva que transcende os interesses e as preocupações da sua vida ou mesmo da vida humana em geral. A partir dessa perspectiva, assim ele alega, todas as nossas razões para todas as nossas ações estão abertas à dúvida.

⓫ **R** Assim, podemos pretensamente tomar um ponto de vista a partir do qual seja possível reconhecer que todas as nossas ações e os nossos propósitos são arbitrários. E, todavia, continuamos a nos preocupar seriamente com eles – e é por isso, segundo Nagel, que a nossa vida é absurda. (Realmente *reconhecemos* que as coisas com que nos preocupamos são arbitrárias – *genuinamente* arbitrárias – ou elas meramente *parecem* arbitrárias daquele ponto de vista? Nagel não é claro sobre esse ponto bastante crítico.)

sem nos transformar em costeletas antes que emagrecêssemos muito – mesmo que aprendêssemos que a raça humana havia sido desenvolvida por criadores de animais precisamente para esse propósito –, isso ainda não daria sentido à nossa vida, por duas razões. Primeiro, estaríamos no escuro em relação ao significado da vida daqueles outros seres; segundo, embora pudéssemos admitir que esse papel culinário torne a nossa vida significativa para eles, não está claro como ele a tornaria significativa para nós. ⓬

Reconhecidamente, a forma normal de serviço a um ser superior é diferente disso. Supõe-se que se contemple e partilhe da glória de Deus, por exemplo, de um modo em que os galináceos não compartilham da glória do *coq au vin*.* O mesmo é verdadeiro a respeito do serviço a um estado, um movimento ou uma revolução. As pessoas podem chegar a sentir, quando elas são parte de algo maior, que isso é parte delas também. Elas se preocupam menos com o que é peculiar a si mesmas, mas se identificam o bastante com o empreendimento maior de encontrar o seu papel na realização daquilo.

Contudo, qualquer propósito maior desse tipo pode ser posto em dúvida, assim como os objetivos de uma vida individual podem ser e pelas mesmas razões. É tão legítimo encontrar justificação última ali quanto encontrá-la antes, entre os detalhes da vida individual. Todavia, isso não altera o fato de que as justificações chegam a um fim quando estamos satisfeitos em ter chegado ao fim delas – quando não julgamos necessário seguir procurando adiante. Se podemos dar um passo para trás dos propósitos da vida individual e duvidar do seu propósito, também podemos dar um passo para trás do progresso da história humana, da ciência, do sucesso de uma sociedade ou do reino, do poder e da glória de Deus, questionando todas essas coisas da mesma maneira. ⓭ O que nos parece conferir sentido, justificação, significado, faz isso em virtude do fato de que não precisamos de mais razões depois de um certo ponto.

O que torna a dúvida inescapável em relação aos objetivos limitados da vida individual também a torna inescapável em relação a qualquer propósito maior que estimule a percepção de que a vida é significativa. Uma vez que a dúvida fundamental teve começo, ela não pode ser deixada de lado.

Camus afirma em *O mito de Sísifo* que o absurdo surge porque o mundo falha em satisfazer as nossas demandas por sentido. Isso sugere que o mundo poderia satisfazer aquelas demandas se ele fosse diferente. Porém, agora podemos ver que esse não é o caso. Parece não haver qualquer mundo concebível (que contém a nós) sobre o qual não poderiam surgir dúvidas irresolúveis. Consequentemente, a absurdidade da nossa situação deriva não de uma colisão entre as nossas expectativas e o mundo, mas de uma colisão dentro de nós mesmos. ⓮

IV

Pode-se objetar que o ponto de vista a partir do qual essas dúvidas supostamente são percebidas não existe – que, se tomamos o recomendado passo para trás, aterrissamos em ar rarefeito, sem qualquer base para julgar as respostas naturais que supostamente estamos verificando. Se mantivermos os nossos padrões usuais a respeito do que é importante, então as questões sobre o significado do que estamos fazendo com a nossa vida serão respondidas no sentido usual. No entanto, se não os mantivermos, então aquelas questões não podem significar nada para nós, dado que não há mais qualquer conteúdo para a ideia daquilo que tem importância e, portanto, nenhum conteúdo para a ideia de que nada tem importância. ⓯

Todavia, essa objeção deturpa a natureza do passo para trás. Não se supõe que ele nos dê um entendimento do que é *realmente* importante, de modo que vemos por contraste que a nossa vida é sem significado. No decorrer dessas reflexões, nunca abandonamos o padrão normal que guia a nossa vida. Meramente as observamos em operação e reconhecemos que, se elas são questionadas, podemos inutilmente justificá-las apenas por referência a elas mesmas. Aderimos a elas devido ao modo como somos constituídos; o que nos parece importante, sério ou valoroso não

---

* N. de R.T. Especiaria da culinária francesa preparada com carne de galinha embebida em vinho.

⓬ **R** A alegação de Nagel é a de que fazer uma contribuição para um projeto maior não pode *por si só* atribuir significado à sua vida – não importa se esse projeto maior tem ou não sentido ou significado.

⓭ **PARE** Está claro, como Nagel alega, que o significado ou a justificação de *qualquer* propósito maior (ou da fonte daquele propósito) sempre pode ser questionada da mesma maneira ao "dar um passo para trás" tal como ele indica? Muitas pessoas pensaram que o significado de Deus ou dos propósitos de Deus não podem ser questionados dessa maneira, mas há alguma razão clara pela qual isso é assim? Nagel tem qualquer razão clara a favor da sua alegação contrária?

⓮ Assim, a alegação de Nagel não é somente que a procura por sentido ou significado inquestionáveis em nossas vidas pode falhar, dependendo exatamente de como é a realidade, mas sim que o fracasso é *garantido*. Estamos condenados para sempre a tentar encontrar uma maneira pela qual a nossa vida possa ter sentido ao final, embora, ao mesmo tempo, vejamos claramente que isso não pode ser feito.

⓯ Essa é a objeção mais séria à concepção de Nagel. Ela alega que a suposta perspectiva a partir da qual podemos legitimamente questionar os padrões de significado, pelos quais normalmente avaliamos a nossa vida, em realidade não existe, porque não há nenhuma base alternativa para avaliar o significado à qual possamos apelar.

(16) A primeira resposta de Nagel é que a suposta perspectiva não envolve uma base alternativa ou um padrão alternativo, mas em vez disso nos deixa ver que os nossos padrões dependem dos tipos de criaturas que somos e não se aplicaria se fôssemos criaturas de um tipo diferente.

(Isso é de fato algo que vemos claramente – ou isso é meramente uma possibilidade que não pode ser excluída?)

(17) Aqui está o que parece ser uma resposta bastante diferente: de uma perspectiva mais ampla, não há padrões de significado a serem discernidos – alegadamente mostrando-se a partir daí a arbitrariedade dos padrões comuns de significado que empregamos em nossa perspectiva mais limitada.

(Por que deveríamos supor que a perspectiva mais ampla proporciona a concepção mais acurada, em vez de simplesmente tornar mais difícil ver algo que ainda poderia ser perfeitamente genuíno?)

(18) Nagel retorna à sugestão, brevemente feita antes, de que poderiam existir tipos muito diferentes de criaturas, as quais se preocupam com tipos muitos diferentes de coisas. Mas por que o fato, se é que ele existe, de que poderia haver criaturas que se preocupam com tipos muito diferentes de coisas é *relevante ao* fato se eu deveria ou não levar a sério as coisas com as quais me preocupo?

(19) O camundongo teria agora dúvidas graves sobre aqueles propósitos que ele não pode abandonar. Antes que ele tivesse aquelas dúvidas, a vida dele não era absurda, mas uma vez que tem as dúvidas a sua vida se torna absurda, dado que ele não pode evitar, apesar disso, buscar seriamente aqueles propósitos.

nos pareceria assim se fôssemos diferentemente constituídos. **(16)**

Na vida comum, com certeza, não julgamos uma situação absurda a menos que tenhamos em mente alguns padrões de seriedade, significado ou harmonia com os quais o absurdo pode ser contrastado. Esse contraste não é implicado pelo julgamento filosófico da absurdidade, e pode-se pensar que isso torna o conceito inadequado para a expressão de tais julgamentos. Isso, contudo, não é assim, pois o julgamento filosófico depende de outro contraste que o torne uma extensão natural a partir de casos mais comuns. Ele se afasta destes somente ao contrastar as pretensões da vida com um contexto mais amplo, em que *nenhum* padrão pode ser descoberto, a não ser com um contexto a partir do qual padrões alternativos, que se sobrepõem, podem ser aplicados. **(17)**

...

VI

Quando nos vemos de uma perspectiva mais ampla do que aquela que podemos ocupar em carne e osso, nós nos tornamos espectadores de nossa própria vida. Não podemos fazer muito como meros espectadores de nossas próprias vidas, então continuamos a levá-las e a nos dedicar ao que somos ao mesmo tempo capazes de ver como não mais do que uma curiosidade, como o ritual de uma religião estranha.

Isso explica por que o sentido de absurdidade encontra a sua expressão natural naqueles argumentos ruins com os quais a discussão começou. A referência ao nosso tamanho pequeno e à curta duração da vida e ao fato de que toda a espécie humana eventualmente desaparecerá no final sem deixar um traço são metáforas para o passo para trás que nos permite considerar a nós mesmos a partir de fora e descobrir a forma particular de nossa vida como curiosa e ligeiramente surpreendente. Ao fingir uma visão turva como essa, ilustramos a capacidade de nos vermos sem pressuposições, como ocupantes arbitrários, idiossincráticos, altamente específicos do mundo, uma das incontáveis formas possíveis de vida. **(18)**

Antes de voltar à questão relativa a se a absurdidade de nossa vida é algo a ser lamentado e se possível evitado, deixem-me considerar o que teria de ser abandonado no intuito de evitar isso.

Por que a vida de um camundongo não é absurda? A órbita da lua não é um absurdo também, mas isso não envolve quaisquer buscas ou objetivos. Um camundongo, contudo, tem de trabalhar para ficar vivo. Todavia, ele não é absurdo, porque não tem a capacidade de autoconsciência e autotranscendência que o capacitaria a ver que ele é apenas um camundongo. Se isso *acontecesse*, a vida dele se tornaria absurda, pois a autoconsciência não o faria deixar de ser um camundongo e não o capacitaria a elevar-se acima de suas preocupações de camundongo. Trazendo consigo a sua autoconsciência recém-descoberta, ele teria de voltar à sua vida escassa, ainda que frenética, cheio de dúvidas a que ele foi incapaz de responder, mas também cheio de propósitos que ele não foi capaz de abandonar. **(19)**

Já que o passo transcendental é natural a nós, humanos, podemos evitar a absurdidade recusando tomar aquele passo e permanecendo inteiramente dentro de nossa vida sublunar? Bem, não podemos recusar conscientemente, pois para fazer isso teríamos de estar cientes do ponto de vista que estávamos recusando adotar. A única maneira de evitar a autoconsciência relevante seria ou nunca atingi-la ou esquecê-la – nenhuma das duas pode ser alcançada pela vontade.

Por outro lado, é possível dedicar esforços a uma tentativa de destruir o outro componente do absurdo – abandonando a vida humana, individual, terrena, no intuito de identificar-se o mais completamente possível com aquele ponto de vista universal segundo o qual a vida humana parece arbitrária e trivial. (Esse parece ser o ideal de certas religiões orientais.) Se alguém for bem-sucedido, terá então de arrastar a consciência superior através de uma vida mundana estrênua, e a absurdidade será diminuída.

Contudo, na medida em que esse autodefinhamento é o resultado de esforço, de força de vontade, de ascetismo, e assim por diante, ele requer que alguém leve a si mesmo a sério como indivíduo – que queira despender considerável esforço para evitar ser criatural e absurdo.

Assim, alguém pode minar o objetivo da não mundanidade ao buscá-lo de um modo demasiadamente vigoroso. **20** Não obstante, se alguém simplesmente permitir que a sua natureza animal e individual deixe-se conduzir pelo impulso e responda a ele, sem fazer da busca pelas suas necessidades um objetivo central e consciente, então esse alguém poderia, a um custo dissociativo considerável, alcançar uma vida que fosse menos absurda do que a maioria. Não seria, é claro, uma vida dotada de sentido também; porém, ela não envolveria o compromisso com uma consciência transcendente na busca assídua de finalidades mundanas. E essa é a condição principal da absurdidade – a subsunção de uma consciência transcendente não convencida a um empreendimento imanente limitado como uma vida humana. **21**

A saída final é o suicídio. No entanto, antes de adotar qualquer solução precipitada, seria sábio considerar cuidadosamente se a absurdidade de nossa existência de fato se apresenta como um *problema* para o qual alguma solução deve ser encontrada – um modo de lidar com um desastre *prima facie*. Essa é certamente a atitude com a qual Camus tratou o assunto, e ela ganha suporte a partir do fato de que todos estamos, em uma escala menor, ansiosos para sair de situações absurdas.

Camus – não sob fundamentos uniformemente bons – rejeita o suicídio e outras soluções que considera escapistas. O que ele recomenda é a provocação* ou o desprezo. Ele parece acreditar que podemos salvar a nossa dignidade mostrando os punhos para o mundo, que é surdo às nossas súplicas, e continuar a viver apesar disso. Isso não fará com que nossa vida torne-se não absurda, mas emprestará a ela uma certa nobreza.[6]

Isso me parece romântico e ligeiramente autopiedoso. A nossa absurdidade não autoriza nem tanta aflição nem tanta provocação. Sob o risco de cair em um romantismo por um caminho diferente, argumentarei que a absurdidade é uma das coisas mais humanas que temos: uma manifestação das nossas características mais avançadas e interessantes. (...) ela é possível somente porque possuímos um certo tipo de *insight* – a capacidade de nos transcendermos em relação a nós mesmos em pensamento.

Se uma percepção do absurdo é um modo de perceber a nossa verdadeira situação (mesmo que a situação não seja absurda até que a percepção surja), então qual razão podemos ter para nos ressentirmos ou fugir dela? Da mesma forma que a capacidade para o ceticismo epistemológico, ela resulta da habilidade de entender as nossas limitações humanas. Não precisa ser uma questão que gere agonia, a não ser que façamos com que seja assim. **22** Nem é preciso que isso evoque um desprezo desrespeitoso pelo destino que permita que nos sintamos corajosos ou orgulhosos. Essa dramatização, mesmo que conduzida na vida privada, denuncia uma falha em apreciar a insignificância cósmica da situação. Se *sub specie aeternitatis* não há nenhuma razão para acreditar que qualquer coisa tem importância, então isso também não tem importância, e podemos abordar a nossa vida absurda com ironia em vez de heroísmo ou desespero.

> **20** A outra maneira de eliminar a absurdidade da vida de alguém é parar de levar a vida tão a sério. Contudo, buscar esse curso tão vigorosamente se autoanularia, por ser, afinal de contas, um modo de levar a vida a sério.

> **21** A nossa vida não é absurda meramente porque não tem sentido. O que leva à absurdidade é a dupla apreensão (a) de que a seriedade com que levamos a nossa vida não é justificada e (b) de que não podemos parar de levar a sério a nossa vida.

> **22** Epicteto aprovaria essa atitude de Nagel.

Questões para Discussão

1. Em *O mito de Sísifo*, Albert Camus escreve: "Os deuses condenaram Sísifo a rolar incessantemente uma pedra até o topo de uma montanha, de onde a pedra rolaria de volta com seu próprio peso. Eles pensaram com alguma razão que não haveria punição mais terrível do que um trabalho fútil e desesperançoso". O que você pensa da vida de Sísifo – ela seria sem sentido? Importa se ele gosta ou não da tarefa? –

---

* N. de R.T. No original, *defiance*.
[6] "Sísifo, proletário dos deuses, impotente e rebelde, conhece a dimensão total da sua condição miserável: isso é o que ele pensa durante a sua descida. A lucidez que deveria constituir a sua tortura ao mesmo tempo coroa a sua vitória. Não há nenhum destino que não possa ser superado pelo desprezo." (*The Myth of Sisyphus*, traduzido por Justin O'Brien [New York: Vintage, 1959], p. 90; publicado originalmente: Gallimard, 1942.)

talvez a visão do caminho até o topo da montanha fosse de tirar o fôlego. Se Sísifo percebe completamente o quão fútil é a sua tarefa e, por isso, não leva a sério os seus esforços, então a sua vida não é absurda no mesmo sentido específico apontado por Nagel. Ela é absurda de alguma outra maneira?

2. De acordo com Nagel, é o caráter paradoxal de nossa vida que a torna absurda, em que o paradoxo consiste em sermos incapazes de parar de levá-la a sério, mesmo que possamos ver, de uma perspectiva mais ampla, que não há razão (ou ao menos parece não haver razão) para levá-la a sério. Uma razão crucial para isso, a qual Nagel parece considerar suficiente para a alegação, é que pode haver vidas muito diferentes das nossas, vidas conduzidas por criaturas que levam a sério coisas muito diferentes. É certamente verdadeiro que *a partir de suas perspectivas* não há razão para levar a sério as coisas que nós levamos a sério – assim como a partir da nossa perspectiva não há razão para levar a sério as coisas que tais criaturas levam a sério. Porém, a perspectiva mais ampla não é a perspectiva particular delas. O que é exatamente a perspectiva mais ampla e quão relevante é a possibilidade de outras formas de vida para ela?

3. Suponha que Nagel esteja certo quanto à natureza paradoxal da condição humana: somos incapazes de parar de levar nossa vida a sério, mesmo que possamos ver, a partir de uma perspectiva mais ampla, que não há razão para levá-la a sério. Isso parece ser um problema que precisa de uma solução? Camus acha que sim e recomenda a provocação. Nagel acha que não e parece endossar uma resposta irônica para a absurdidade de nossa vida. O que você pensa que ele quer dizer com isso? Qual lhe parece ser a resposta correta, admitindo que Nagel esteja certo sobre a natureza da condição humana?

4. Suponha que alguém fosse responder a Nagel da seguinte maneira: "Toda essa conversa sobre a perspectiva da eternidade ou de uma perspectiva mais ampla faz pouco sentido real. Talvez possamos ter alguma ideia vaga de tal perspectiva, mas não o suficiente para nos dar qualquer ideia clara de como as coisas se pareceriam de lá. E mesmo se estivéssemos certos (coisa que nunca podemos estar) de que a partir da perspectiva mais ampla as nossas ações ou os nossos padrões de significado não *pareceriam* justificados, isso não é o suficiente para mostrar que eles realmente são injustificados ou arbitrários. O máximo que conseguiríamos seria um conflito entre aquela perspectiva e a nossa perspectiva comum, e o que parece verdadeiro de nossa perspectiva comum é tanto muito mais claro como tem uma pretensão muito maior de ser correto (por causa da sua clareza e aparente cogência) do que qualquer coisa sobre essa perspectiva alternativa evasiva e obscura. Portanto, Nagel não ofereceu nenhuma razão real para pensar que a nossa vida é absurda, ou mesmo para levar a sério a possibilidade do absurdo". Qual das concepções lhe parece mais defensável, a de Nagel ou a do crítico imaginado? Como você argumentaria adicionalmente a favor de um lado ou de outro?

Susan Wolf

Susan Wolf (1952-) é uma filósofa americana que leciona filosofia na Universidade da Carolina do Norte em Chapel Hill. O seu principal trabalho é em ética, sendo especialmente influentes as suas discussões sobre vontade livre e responsabilidade moral. Wolf é uma das poucas filósofas atuais que se propõe a articular e defender uma concepção sobre o sentido da vida. Nesta seleção, ela argumenta que alguém que está ativamente engajado em projetos que são objetivamente valiosos vive uma vida dotada de sentido[*].

---

[*] N. de R.T. Nesta seleção, as expressões *meaning of life*, *meaningful life* e *meaningfulness* foram traduzidas respectivamente como "sentido da vida", "vida dotada de sentido" e "posse de sentido".

Felicidade e Sentido: Dois Aspectos da Vida Boa[7]

O tópico do interesse próprio* levanta questões filosóficas amplas e insistentes – mais obviamente a questão "Em que consiste o interesse próprio?". O conceito, contudo, em oposição ao conteúdo do interesse próprio parece suficientemente claro. O interesse próprio é o interesse de alguém em seu próprio bem. Agir por interesse próprio é agir pelo motivo de promover o seu próprio bem. Se aquilo que alguém faz é realmente em seu interesse próprio depende se isso realmente promove ou, ao menos, minimiza o declínio do seu próprio bem. Embora possa ser difícil dizer se uma pessoa está motivada pelo interesse próprio em um caso particular, e também seja difícil determinar se um dado ato ou uma dada decisão realmente é em seu interesse próprio, o significado das alegações em questão não parece ser problemático. **❶**

Neste ensaio, a minha principal preocupação é mostrar algo a respeito do conteúdo do interesse próprio.[8] Mais especificamente, sustentarei a concepção de que a posse de sentido,** tal como elaborarei, é um elemento importante de uma vida boa. Segue-se, então, que é uma parte de um interesse próprio esclarecido que alguém queira assegurar sentido na sua vida ou, de qualquer modo, permitir e promover uma atividade significativa*** nela. Porém, a aceitação dessa concepção substancial de interesse próprio carrega consigo uma consequência curiosa: o conceito de interesse próprio, que anteriormente parecia ser claro, começa a tornar-se obscuro. Felizmente, ele também parece tornar-se menos importante. **❷**

TEORIAS DO INTERESSE PRÓPRIO

Em *Reasons and Persons*,[9] Derek Parfit distingue três tipos de teorias sobre o interesse próprio – teorias hedonistas, teorias preferencialistas e aquilo que ele chama de "teorias de lista objetiva". As *teorias hedonistas* asseguram que o bem de uma pessoa é uma questão da qualidade percebida de suas experiências. A teoria mais popular do interesse próprio, que identifica o interesse próprio com a felicidade e a felicidade com o prazer e a ausência de dor, é um exemplo primordial de teoria hedonista. **❸** Contudo, a percepção de que algumas pessoas não cuidam muito de sua própria felicidade – e, de modo importante, que elas nem mesmo consideram a sua própria felicidade como o elemento exclusivo em seu próprio bem – tem levado alguns a propor uma *teoria de preferências* do interesse próprio, que identifica o bem de uma pessoa com aquilo que ela mais quer para si mesma. Assim, por exemplo, se uma pessoa se importa mais em ser famosa, mesmo que postumamente famosa, do que em ser feliz, então uma teoria de preferências poderia conceder à fama um peso proporcional na identificação do interesse próprio dela. Se uma pessoa se importa mais com o conhecimento da verdade do que acreditar naquilo que é prazeroso ou confortável crer, então está no seu interesse próprio saber a verdade, por mais desconfortável que ela possa ser. **❹**

No entanto, as preferências de uma pessoa em relação a si mesma podem ser autodestrutivas ou até mesmo bizarras, e pode ser que algumas coisas (incluindo o prazer) sejam boas para uma pessoa, não importa se ela as prefere ou não. Não é absurdo pensar que ser enganado é ruim para uma pessoa (e, assim, que não ser enganado é bom para uma pessoa), não importa se a pessoa em questão conscientemente valoriza isso ou não. A amizade e o amor também parecem ser

---

❶ Nem sempre é fácil dizer o que realmente motiva alguém e nem sempre é fácil saber o que é verdadeiramente bom para alguém; contudo, se o ato de alguém for de fato motivado pelo que pensa ser o seu próprio bem, então é um ato de interesse próprio.

❷ Embora a preocupação última de Wolf (que surge principalmente no final do trabalho) seja com questões pertencentes ao interesse próprio, o cerne do trabalho defende uma concepção particular de vida boa (uma noção que desempenha um papel crucial no argumento dela sobre o interesse próprio).

❸ De acordo com uma teoria hedonista, alguém sempre poderia satisfazer seu interesse próprio ao se conectar à máquina de experiência de Nozick.

❹ Tal teoria não impõe limitações nas preferências de uma pessoa. O bem dela foi incrementado na medida em que suas preferências, sejam lá quais forem, são satisfeitas.

---

[7] Extraído de *Social Philosophy & Policy*, v. 14, n. 1 (inverno, 1997).
* N. de T. No original, *self-interest*.
[8] A visão descrita e defendida aqui mostra a influência das posições de Aristóteles e John Stuart Mill – e a minha total simpatia por elas. Não posso especificar a minha dívida para com eles; isso está em todo o texto.
** N. de R.T. No original *meaningfulness*.
*** N. de R.T. No original, *meaningful activity*.
[9] Derek Parfit, *Reasons and Persons* (Oxford: Oxford University Press, 1984).

coisas cuja bondade explica as preferências das pessoas, em vez de resultar delas. A plausibilidade desses últimos pensamentos explica o apelo das *teorias de lista objetiva*, de acordo com as quais o bem de uma pessoa inclui ao menos alguns elementos que são independentes ou anteriores às suas preferências e ao efeito delas sobre a qualidade percebida de sua experiência. Segundo essa visão, há alguns itens, idealmente especificáveis em uma "lista objetiva", cuja relevância para uma vida plenamente bem-sucedida não é condicionada pela escolha de um indivíduo. ❺

A concepção que estarei antecipando, a saber, que a posse de sentido é um elemento da vida boa, compromete alguém com uma versão deste último tipo de teoria, pois a minha alegação é de que a posse de sentido é um aspecto não derivativo da vida boa – a sua bondade não resulta do fato de que ela nos faz felizes ou do fato de que ela satisfaz as preferências da pessoa cuja vida está em pauta. Assim, segue-se que qualquer teoria que tome o interesse próprio como sendo uma questão completamente subjetiva, em um sentido que identifique o interesse próprio com a qualidade subjetiva das experiências de uma pessoa ou em um sentido que permita os padrões do interesse próprio serem estabelecidos pelas preferências subjetivas, deve ser inadequada. Ao mesmo tempo, seria um erro pensar que o bem objetivo que consiste em uma pessoa viver uma vida dotada de sentido* é um bem completamente independente das experiências ou preferências subjetivas, como se pudesse ser bom que uma pessoa vivesse uma vida dotada de sentido, não importa se isso a torna feliz ou satisfaz as suas preferências ou não. De fato, como veremos, a própria ideia de que as atividades podem tornar dotada de sentido uma vida é, sem a confirmação da pessoa, duvidosa.

O SENTIDO DA VIDA

O que é uma vida dotada de sentido? O ponto central do meu trabalho consistirá em explicar isso, pois a minha esperança é que, assim que a ideia for ex-

primida, será prontamente aceito que ela é um elemento de uma vida plenamente bem-sucedida.

Uma vida dotada de sentido é, antes de mais nada, uma vida que tem em si a base para uma resposta afirmativa para as necessidades ou os anseios que são caracteristicamente descritos como necessários para o sentido. Tenho em mente, por exemplo, o tipo de perguntas que as pessoas fazem em seu leito de morte ou simplesmente na contemplação de sua eventual morte, sobre se as suas vidas foram (ou são) dignas de viver, se tiveram algum propósito, bem como o tipo de questão que alguém faz quando está considerando o suicídio e perguntam-se se têm alguma razão para seguir adiante. Se elas não são familiares nas próprias experiências pessoais, elas podem ser encontradas nos romances russos e na filosofia existencialista. Embora surjam, em sua maior parte, em momentos de crise e de emoção intensa, elas também têm seu lugar em momentos de calma reflexão, quando se consideram as escolhas importantes da vida. Além disso, estão prontamente disponíveis em nossa cultura paradigmas daquilo que se pode considerar vidas dotadas de sentido e sem sentido. As vidas de grandes realizações morais ou intelectuais – Gandhi, Madre Teresa, Albert Einstein – vêm à mente como vidas que são inquestionavelmente significativas (se alguma o é); vidas de desperdício e isolamento – as "vidas de silencioso desespero" de Thoreau, tipicamente anônima para o restante de nós, e a figura mítica de Sísifo – representam a falta de sentido.* ❻

Para quais características gerais da posse de sentido nos levam essas imagens e como elas fornecem uma resposta para os anseios antes mencionados? *Grosso modo,* direi que vidas dotadas de sentido são vidas de engajamento ativo em projetos valiosos. É claro que muito precisa ser dito na elaboração dessa afirmação. Deixem-me começar discutindo as duas expressões principais, "engajamento ativo" e "projetos valiosos".

Uma pessoa está ativamente engajada em algo se ela está ligada, excitada, envolvida com aquilo. Mais obviamente, estamos ativamente engajados nas coisas

---

❺ Somente de acordo com esse terceiro tipo de teoria é que o interesse próprio envolve exigências que são objetivas no sentido de que não dependem do que faz um indivíduo particular feliz nem do que ele de fato prefere. O que são exatamente essas exigências objetivas depende obviamente do que está na "lista objetiva".

❻ Sísifo foi condenado pelos deuses a empurrar uma pedra para cima de uma montanha, simplesmente para deixá-la rolar para baixo, e assim indefinidamente, pelo resto de sua vida.

---

* N. de R.T. No original, *meaningful life*.

* N. de R.T. No original, *meaninglessness*.

e com as pessoas pelas quais e por quem somos apaixonados. Os opostos de um compromisso ativo são o tédio e a alienação. Estar ativamente engajado em algo nem sempre é prazeroso no sentido comum da palavra. As atividades nas quais as pessoas estão engajadas de forma ativa frequentemente envolvem tensão, perigo, esforço ou sofrimento (considere, por exemplo, escrever um livro, escalar uma montanha, treinar para uma maratona, cuidar de um amigo doente). Todavia, existe algo bom sobre o sentimento de engajamento: alguém se sente especialmente vivo (em geral, sem ficar pensando acerca disso). ❼

Que uma vida dotada de sentido deva envolver "projetos valiosos" será, eu espero, mais controverso, pois a expressão sugere um comprometimento com algum tipo de valor objetivo. Isso não é acidental, pois acredito que a ideia da posse de sentido e a preocupação de que as nossas vidas o tenham estão conceitualmente ligadas a tal comprometimento. De fato, essa é a conexão que quero defender, porque não tenho nem uma teoria filosófica do que é o valor objetivo nem uma teoria substantiva sobre o que tem esse tipo de valor. O que está claro para mim é que pode não haver nenhum significado para a ideia de posse de sentido sem uma distinção entre os modos mais ou menos valiosos de alguém passar o tempo. O teste do que é valioso é, ao menos parcialmente, independente do prazer ou das preferências sem fundamento de um sujeito. ❽

Primeiro, considere os anseios e as preocupações que as pessoas têm sobre o sentido, as suas ponderações sobre se suas vidas são dotadas de sentido, os seus juramentos de acrescentar mais sentido às suas vidas. O sentido dessas preocupações e resoluções não pode ser completamente capturado por uma explicação na qual o que uma pessoa faz com a sua própria vida é algo que não interessa, contanto que goste dela ou a prefira. Algumas vezes, as pessoas têm preocupações sobre o sentido, apesar de saberem que as suas vidas até o momento têm sido satisfatórias. Certamente, o seu prazer e o seu "engajamento ativo" com as atividades e os valores que elas agora veem como superficiais parecem apenas aumentar o sentimento da falta de sentido que as aflige. A sua percepção de que as suas vidas até agora têm sido sem sentido não pode ser uma percepção de que as suas atividades não foram escolhidas ou divertidas. Quando elas procuram por fontes de sentido ou pelos caminhos para atribuir sentido às suas vidas, elas estão buscando projetos cujas justificações estão em outro lugar.

Segundo, precisamos de uma explicação referente a por que certos tipos de atividades e envolvimentos parecem-nos contribuir para a posse de sentido, enquanto outros parecem intuitivamente inapropriados. Pense sobre o que dá sentido à sua própria vida, à vida de seus amigos e à vida de seus conhecidos. Entre as coisas que tendem a surgir nessas listas, já mencionei as realizações morais e intelectuais, bem como as atividades em andamento que nos levam a elas. Para a maioria de nós, as relações com os amigos e parentes são até mais importantes. As atividades estéticas (criativas e apreciativas), o cultivo das virtudes pessoais e as práticas religiosas geralmente contam bastante. Por contraste, seria estranho, até mesmo bizarro, pensar em palavras cruzadas, em seriados ou em um tipo de jogo de computador, acerca do qual estou tentando me livrar do vício, como algo que proporciona sentido às nossas vidas, embora não questione que eles nos proporcionem um tipo de satisfação e que são os objetos de escolha. Escolho algumas coisas, como chocolate e aulas de aeróbica, até mesmo por um considerável custo (é irrelevante que essas escolhas particulares possam ser relativas), de forma que devo considerá-las valiosas em algum sentido. Porém, elas não são o tipo de coisas que tornam a vida digna de viver.

Defendo que o "engajamento ativo em projetos valiosos" responde às necessidades a que uma explicação do sentido da vida deve dirigir-se. Se uma pessoa está ou esteve assim engajada ativamente, então ela tem uma resposta para a questão referente a se a sua vida é ou foi valiosa, se ela tem ou teve um propósito. Quando alguém procura por modos de atribuir sentido para a sua vida, está em busca (embora talvez não sob essa descrição) de projetos valiosos pelos quais possa ficar entusiasmado. ❾ Esse enfoque também explica por que pensamos em algumas atividades e projetos, e não em outros, como contribuindo para o sentido

❼ Assim, não importa o quão objetivamente importante a vida de uma pessoa possa parecer (pense em vários exemplos aqui), essa vida não é *dotada de sentido*, de acordo com Wolf, se a pessoa está entediada ou apática em relação a ela.

❽ Suponha, por exemplo, que você realmente goste de contar folhas de grama de diferentes gramados. A afirmação de Wolf é que essa atividade deve ter algum valor independente (além do fato que você goste disso) para que ela tenha valor objetivo. (Ver a Questão para Discussão 2.)

❾ Note que você tem de ser capaz de ficar *entusiasmado* acerca do projeto. Se não está entusiasmado, então você não se engajará ativamente, segundo a visão de Wolf.

da vida. Alguns projetos ou atos particulares são valiosos, mas também muito entediantes ou muito mecânicos para serem fontes de sentido. As pessoas não conferem sentido para a vida reciclando ou assinando cheques para a Oxfam e para a ACLU.* Outros atos e atividades, embora altamente prazerosas e profundamente envolventes, como andar de montanha-russa ou encontrar uma estrela de cinema, não parecem ter o tipo certo de valor para contribuir para o sentido da vida.

Bernard Williams certa vez distinguiu desejos categóricos de outros desejos. Os desejos categóricos nos dão razão para viver – eles não são estabelecidos sob a suposição de que viveremos. Os tipos de coisas que dão sentido à vida tendem a ser objetos de desejo categórico. Nós os desejamos, ao menos eu assim sugeriria, porque os consideramos valiosos. Eles não são valiosos simplesmente porque os desejamos ou simplesmente porque tornam as nossas vidas mais agradáveis. ❿

Grosso modo, então, de acordo com a minha proposta, uma vida dotada de sentido deve satisfazer dois critérios adequadamente conectados. Primeiro, deve haver engajamento ativo e, segundo, esse engajamento deve ser em (ou com) projetos valiosos. Uma vida é sem sentido se falta a ela engajamento ativo com alguma coisa. Uma pessoa que está desanimada ou alienada da maior parte das coisas que está fazendo em sua vida é uma pessoa cuja vida pode ser considerada sem sentido. Note que ela pode de fato estar desempenhando funções de valor. Uma mãe e dona de casa, um doutor ou um motorista de ônibus podem estar fazendo, com competência, um trabalho socialmente valioso. No entanto, porque não está engajada em seu trabalho (ou, como estamos supondo, por nada mais em sua vida), essa pessoa não tem desejos categóricos que lhe forneçam uma razão para viver. Ao mesmo tempo, alguém que *está* ativamente engajado pode também viver uma vida sem sentido se os objetos de seu envolvimento são completamente sem valor. É difícil dar exemplos desse tipo que sejam incontroversos sem ser bizarros. Porém, há exemplos tanto bizarros quanto controversos. Na categoria bizarra, podemos considerar os casos patológicos: alguém cuja paixão exclusiva na vida é colecionar tiras de borracha, memorizar o dicionário ou fazer cópias à mão de *Guerra e Paz*. Os casos controversos incluirão o advogado de uma corporação que sacrifica a saúde e a vida privada pelo sucesso ao longo de sua escalada profissional, o devoto de um culto religioso, ou o criador de porcos que compra mais terra para plantar mais milho, para alimentar mais porcos, para comprar mais terra e plantar mais milho, para criar mais porcos.

Podemos resumir o meu propósito no seguinte lema: "O sentido surge quando a atração subjetiva encontra a atratividade objetiva". A ideia é de que, em um mundo em que algumas coisas são mais valiosas do que outras, o sentido surge quando um sujeito descobre ou desenvolve uma afinidade por uma ou várias coisas tipicamente mais valiosas e tanto tem quanto faz uso da oportunidade de se engajar com ela ou com elas de um modo positivo.

Uma vantagem do lema é que ele evita, de algum modo, a referência enganosa a "projetos". Esse termo não é ideal em sua sugestão de tarefas bem-definidas e bem-orientadas por fins. Para ser mais exata, muitos projetos de fato atribuem sentido à vida – dominar um campo de estudo, construir uma casa, transformar um brejo em jardim, curar um câncer –, mas grande parte do que dá sentido à vida consiste em relações e envolvimentos duradouros, com amigos, com a família, com a comunidade científica, com a igreja, com o balé ou com o xadrez. Esses aspectos duradouros da vida dão origem e são de certo modo constituídos por projetos – você planeja uma festa surpresa para o seu esposo, treina um pequeno time de uma liga, faz um parecer para o artigo de um periódico –, mas o sentido vem menos de projetos individualizados do que de grandes envolvimentos dos quais eles fazem parte. O lema, além disso, é intencionalmente vago, pois se julgamentos pré-teóricos sobre o sentido até mesmo se aproximam da verdade, então não somente os objetos de valor, mas também os tipos de interação com eles, os quais são capazes de contribuir para o seu sentido, são imensamente variáveis. Alguém pode obter sentido ao criar, promover, proteger coisas (valiosas), ao aju-

---

❿ **R** De acordo com a posição de Wolf, a ordem de dependência aqui é muito importante. Se você está atraído por algo porque julga que é valioso, então isso pode dar sentido à sua vida. Porém, se você julga que isso é valioso meramente porque está atraído por ele e você não tem nenhuma razão além do seu próprio prazer de ser atraído por aquilo, então isso não é capaz de dar sentido à sua vida.

---

* N. de T. American Civil Liberties Union ou União Americana para as Liberdades Civis.

dar as pessoas a quem ama e as pessoas necessitadas, ao alcançar níveis de talento e excelência, ao superar obstáculos, ao alcançar entendimento e até mesmo ao desabafar ou apreciar ativamente o que está ali para ser apreciado. ⓫

É parte da nossa tarefa, se não da nossa tendência natural, como filósofos, sermos céticos – sobre a correção desses julgamentos pré-teóricos, sobre a nossa habilidade confiável para distinguir as atividades significativas das atividades não significativas e sobre a coerência dessa distinção. Não estou muito interessada pelas duas primeiras preocupações. Admitindo que as distinções são coerentes e que algumas atividades são mais valiosas do que outras, nossos julgamentos contemporâneos de quais atividades são valiosas, julgamentos esses que são culturalmente limitados, estão condenados a ser parcialmente errôneos. A história está repleta de gênios, artistas, inventores, exploradores desvalorizados, cujas atividades em seu tempo foram desprezadas e de modelos de comportamento e realizações que mais tarde parecem ter sido valorizados. Embora possamos melhorar nossos julgamentos, tanto particulares quanto gerais, através de um esforço não preconceituoso, concentrado e comum para examinar e articular as suas bases (um projeto que me sensibiliza por ser valoroso e intrinsecamente interessante), a esperança ou expectativa de que tal exame produzirá um método seguro para distinguir as atividades valiosas das atividades sem valor parece excessivamente otimista. Por que respeitamos mais as pessoas que se consagram ao xadrez do que as pessoas que se tornam ganhadoras no *pinball*? Por que admiramos mais as estrelas do basquete do que os campeões em pular corda? Por que é mais valioso escrever um livro sobre filosofia da linguagem do que escrever um livro sobre a vida sexual (de alguma celebridade)? É proveitoso perguntar e responder a tais questões, à medida que podemos, para ampliar e corrigir os nossos horizontes e aumentar o nosso entendimento. Porém, não precisa ser um problema sério nossa falta de habilidade para dar respostas completas e adequadas ou para ficarmos confiantes nos detalhes de nossas avaliações. No final das contas, o ponto de reconhecimento da distinção não é hierarquizar vidas dotadas de sentido. Em geral, não há nenhuma necessidade de julgar indivíduos ou até mesmo atividades em que as pessoas querem engajar-se. A questão é, em um nível mais amplo, entender os elementos de nosso próprio bem ou dos outros e ter uma ideia melhor do tipo de considerações que fornecem razões para viver nossa vida de uma maneira em vez de outra. ⓬

O ponto que estou desenvolvendo é que a posse de sentido é uma parte não derivativa do bem de um indivíduo e que ela consiste em um engajamento ativo em projetos e atividades valiosas. Embora me pareça que esse ponto e grande parte de sua utilidade possa ser sustentado apesar das reconhecidas dificuldades de identificar precisamente quais são esses projetos ou atividades, ele poderia ser completamente destruído caso se descobrisse que não existem, de modo algum, coisas tais como projetos ou atividades valiosas – caso se descobrisse, em outras palavras, como Bentham pensou, que qualquer jogo infantil é tão bom quanto a poesia, não por causa de alguma excelência não descoberta até agora nos jogos infantis, mas porque a própria ideia de distinção dos valores é falha e incoerente. Se não há projetos valiosos (em contraste com outros projetos), então não há coisas como vidas mais ou menos significativas e, portanto, não pode ser parte do bem de uma pessoa viver uma vida mais dotada de sentido em vez de uma vida menos dotada de sentido. Se a ideia de que um projeto que vale a pena é uma fraude ou um engano, então a minha posição sobre o interesse próprio está inacabada.

Uma vez que não tenho nenhuma *teoria* do valor pela qual provo a coerência do conceito ou refuto todos os desafios céticos, posso somente reconhecer a vulnerabilidade de minha posição sobre o interesse próprio nesse aspecto. Parece inegável que a maioria de nós acredita que algumas das atividades e alguns dos projetos são mais valiosos do que outros, que achamos certas atividades um desperdício de tempo (ou quase desperdício de tempo) e outras inerentemente valiosas. Essas crenças situam-se atrás das disposições de sentir orgulho ou desagrado com nós mesmos pelo tempo gasto bem ou mal, e elas dão conta de ao menos alguns de nossos esforços em orientar nossas crianças e nossos amigos rumo a algumas atividades e para longe

---

⓫ **R** É tão fácil ver como as atividades que contribuem para os projetos ou objetivos bem-definidos contam para uma vida dotada de sentido que alguém pode até mesmo falhar em apreciar a importância de atividades mais comuns – aquelas que não contribuem com um projeto específico, mas que ainda são importantes para uma vida dotada de sentido por causa dos relacionamentos e envolvimentos que refletem.

⓬ **R** Aceitar a distinção entre atividades significativas e não significativas não pressupõe que, na prática, seja fácil distinguir as duas ou que não possam existir casos discutíveis. Ela também não exige que você esteja preocupado em hierarquizar a vida de seus amigos e de sua família (e de você mesmo) a esse respeito.

⓭ Parece correto a você que todos nós acreditamos que haja uma distinção entre atividades valiosas e sem valor? Até que ponto as pessoas podem concordar sobre quais atividades são valiosas e quais são sem valor?

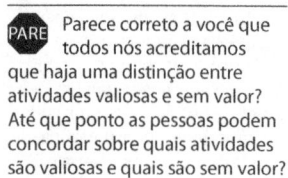

de outras. Quando tento tomar um ponto de vista que nega a distinção entre atividades valiosas e sem valor, não consigo julgá-los convincentes. É uma questão de fé que esses julgamentos não teóricos, ou o cerne deles, sejam filosoficamente defensáveis. As minhas concepções sobre a posse de sentido e sobre o interesse próprio estão construídas sobre a suposição de que eles são defensáveis. **⓭**

DOIS DESAFIOS

A minha proposta até o momento tem sido que a posse de sentido na vida surge do engajamento em atividades valiosas. Tenho defendido a plausibilidade dessa posição em bases que se encaixam bem tanto com as necessidades que são tipicamente referidas como necessidades de sentido quanto com julgamentos concretos das atividades significativas e não significativas que são mais comumente feitos. Dois desafios a essa teoria do sentido devem ser respondidos antes de proceder a um exame da relação entre sentido e interesse próprio.

O primeiro objeta que, contrariamente ao que defendo, a minha abordagem do sentido falha em satisfazer os requisitos que formulei. Ela falha, mais particularmente, em responder às necessidades de no mínimo um tipo de desejo por sentido que os membros da nossa espécie tendem a ter. As preocupações tradicionais sobre o sentido da vida, geralmente lançadas por reflexões sobre a nossa própria mortalidade e sobre a indiferença da nossa posição tão pequena no cosmo, são raramente mitigadas pela reflexão de que alguém pode engajar-se ativamente em projetos valiosos. Ao menos, elas não são mitigadas pela reflexão sobre a disponibilidade desse tipo de projetos que falei, como dedicar-se ao violoncelo, escrever um romance, ser voluntário em um centro de cuidado de crianças ou em uma enfermaria. Tolstói, o autor aclamado publicamente de algumas das maiores obras da literatura já escritas, o pai e o esposo do que ele descreveu (talvez não exatamente) como uma família amada e bem-sucedida, não poderia ter tido nenhuma dúvida de que a vida dele, falando em termos relativos, pudesse ter sido gasta em projetos tão valiosos quanto quaisquer outros. Todavia, ele foi atormentado pelo pensamento de que foi tudo em vão.[10] Nada do que fez parece ter salvo a sua vida de ser sem sentido. Assim como Tolstói, alguns filósofos como Albert Camus[11] e Thomas Nagel[12] veem o sentido ou a posse de sentido da vida como um assunto relacionado com a condição humana. A diferença entre uma pessoa que desperdiça seu tempo em buscas fúteis e superficiais e aquela que faz dele algo e serve à humanidade não pode, nas posições daqueles pensadores, fazer a diferença entre uma vida dotada de sentido e uma vida que não é dotada de sentido.

Tentar dar uma resposta completamente adequada a essa contestação poderia levar-nos muito longe dos propósitos deste trabalho. O tópico intitulado "O sentido da vida" é muito obscuro e complexo, enquanto as diferenças entre os filósofos cujas posições parecem contestar a posição que estou oferecendo requerem respostas diferentes. Contudo, algumas observações breves indicarão ao menos como uma resposta mais detalhada deve parecer e darão alguma razão para pensar que o desafio pode ser respondido.

Entre aqueles que pensam que o sentido na vida, ou a falta dele, está primeiramente relacionado com fatos sobre a condição humana, outros discordam, não com a minha teoria do sentido em geral, mas, pode-se dizer, com a sua aplicação. Em outras palavras, a sua posição compartilha a minha posição de que o sentido surge do engajamento em projetos valiosos, mas atribuem a certos fatos sobre a condição humana um papel crucial em estabelecer se há algum desses projetos. Eles pensam que, se Deus não existe, então nada é mais valioso do que qualquer outra coisa. Nesse grupo, alguns acreditam que Deus é o único padrão possível para julgamentos de valor não subjetivo. Eles pensam que, se Deus não existe, então nenhum tipo de valor moral ou estético ou qualquer outro tipo de valor pode distinguir alguns projetos como

---
[10] Leo Tolstoy, *My Confession*. In: E.D. Klemke (ed.), *The Meaning of Life* (New York: Oxford University Press, 1981).
[11] Albert Camus, *The Myth of Sisyphus and Other Essays* (New York: Vintage Books, 1955).
[12] Thomas Nagel, "The Absurd". In: Nagel, *Mortal Questions* (Cambridge: Cambridge University Press, 1979).

sendo melhores do que os outros. Outros acreditam que, embora possa haver uma diferença entre a literatura nobre e popular, entre virtudes e vícios, não há motivo para julgar aquilo com o que você se ocupa. Nada dura para sempre; a raça humana será destruída; a Terra se chocará contra o Sol. Apenas Deus e a promessa de uma vida eterna ou para nós ou para o universo no qual as realizações têm lugar pode dar sentido para viver a nossa vida de uma maneira em vez de outra. Apenas Deus pode fazer uma vida dotada de sentido realmente possível. **(14)**

A minha própria visão sobre essa posição é que ela expressa uma obsessão irracional com a permanência; porém, é suficiente para o propósito deste ensaio notar que ela não objeta realmente à teoria do sentido que tenho apresentado. Já reconheci que a utilidade da minha posição está na pressuposição de que a distinção entre projetos valiosos e projetos sem valor é defensável e na afirmação de que ao menos o ponto central das nossas crenças sobre o que é valioso e o que é sem valor está basicamente correto. Aqueles que pensam que Deus é uma justificação necessária para essas afirmações e aqueles que acreditam nEle ainda podem considerar aceitável a minha teoria do sentido. Aqueles que pensam que Deus é um fundamento necessário que infelizmente não existe rejeitarão as minhas afirmações substantivas sobre o sentido, por razões já admitidas. **(15)**

Outros, incluindo Nagel e talvez Camus, pensam que há diferenças entre maneiras melhores e piores de viver as nossas vidas. Evidentemente, eles pensam que projetos e atividades podem ser mais ou menos valiosos e que temos algum tipo de razão para favorecer o mais valioso. Contudo, eles não veem esses fatos como proporcionando uma base para o sentido. Assim como o grupo discutido há pouco, eles relacionam o sentido inextricavelmente aos fatos sobre o nosso lugar no espaço-tempo e na ordem do cosmos. Eles pensam que, em um universo diferente, as nossas vidas seriam inevitavelmente sem sentido, não importando o que se fizesse com elas. **(16)** Por outro lado, deve haver algum outro ponto para fazer algo bom ou valioso. Essa visão não converge explicitamente com a minha proposta – de fato, elas parecem estar em contradição imediata. Todavia, parece-me ser basicamente um desacordo no uso das palavras. *A* questão do sentido, que esses filósofos relacionam essencialmente a assuntos sobre nosso significado (ou falta dele) no universo, parece ser realmente um emaranhado de questões com linhas sobrepostas. Embora falar sobre o sentido algumas vezes expresse uma preocupação com a nossa relação com o cosmo, o uso do termo e seus cognatos para se referir às diferenças entre vidas humanas e atividades não é menos comum. Acredito que existam relações entre esses usos diferentes que não têm sido completamente apreciadas e que filósofos como Nagel e Camus têm reconhecido insuficientemente o grau para o qual os valores antropocêntricos podem servir de base para endereçar preocupações sobre nosso lugar no universo. No entanto, esse assunto não é relevante para o meu propósito presente. O meu propósito aqui é apresentar a visão de que é de nosso interesse levar vidas de certo tipo e explorar algumas das implicações dessa visão. Se devemos descrever essas vidas como mais significativas do que outras, ou descrever o desejo de vivê-las como um desejo por sentido, isso é algo relativamente superficial e pode, de qualquer modo, ser deixado para outro dia. Continuarei a usar a minha terminologia e espero que ninguém fique confuso com ela.

O segundo desafio à minha teoria da posse de sentido é mais diretamente relevante à questão da natureza do interesse próprio. Ele consiste em uma teoria alternativa subjetiva do sentido que é forçosamente sugerida, embora não totalmente nos termos que usarei, pela discussão de Richard Taylor sobre o sentido da vida em seu livro *Good and Evil*.[13] De acordo com essa posição, o sentido não é uma questão de os projetos de vida de uma pessoa serem valiosos de uma perspectiva objetiva. (O próprio Taylor parece pensar que nenhum projeto pode chegar a esse padrão.) Em vez disso, a vida de uma pessoa é dotada de sentido, alguém pode dizer, se é plena de sentido *para ela*; e lhe é dotada de sentido se ela pensa ou sente que sua vida é assim.

A sugestão de que algo é significativo para alguém somente na medida em

---

[13] Richard Taylor, *Good and Evil*. (New York: Macmillan, 1970).

(14) De acordo com uma interpretação dessa primeira objeção, Wolf está errada ao afirmar que podemos encontrar sentido no engajamento ativo em atividades valiosas, porque não há atividades que sejam genuinamente valiosas.

(15) PARE Qual papel você considera que Deus tem na determinação do valor das coisas? Considere uma versão da pergunta feira no *Eutífron* de Platão (???): Deus dá valor às coisas porque elas são valiosas ou elas são valiosas porque Deus dá valor a elas? Deus é um indicador confiável de valor *preexistente* ou ele *torna* algo valioso ao atribuir-lhe valor?

(16) De acordo com uma segunda interpretação dessa primeira objeção, Wolf está errada ao afirmar que podemos encontrar sentido ao nos comprometermos ativamente em atividades valiosas, porque o sentido genuíno requer mais do que isso, talvez algo inalcançável para os seres humanos. Consulte a seleção anterior, de Nagel, para uma visão de que existe uma perspectiva mais ampla com respeito à qual é muito duvidoso que as condições de Wolf para a posse de sentido sejam relevantes – muito menos suficientes.

que pensa assim não nos pode ajudar no desenvolvimento da teoria da posse de sentido. Não podemos entender o que seria para alguém pensar que sua vida tem sentido até que tenhamos uma teoria sobre o que é ter sentido. Todavia, a posição que desejo discutir está, em sentido estrito, mais relacionada com um sentimento, ou melhor, com um sentido ou caráter qualitativo que algumas de nossas experiências têm. Podemos usar o termo "realização" para nos referirmos a elas. É agradável ser ou sentir-se realizado ou encontrar uma atividade ou uma relação realizadora, mas é um prazer de um tipo específico que parece estar intimamente relacionado com o pensamento de que nossas vidas ou certas atividades são significativas. Seria possível sugerir que reconhecer isso nos fornece todas as bases de que precisamos para uma teoria da posse de sentido que dá conta das minhas exigências. Podemos entender os anseios das pessoas por sentido como um anseio por esse sentimento particular, um anseio que outros tipos de prazeres não podem satisfazer. Podemos também explicar por que algumas atividades caracteristicamente respondem ao chamado do sentido melhor do que outras. Algumas carregam o sentimento de realização, enquanto outras não. O chocolate é recheio, mas não realização; ele nos dá prazer, mas não desse tipo particular. Quando uma pessoa volta ao passado, querendo saber se a sua vida teve sentido ou procurando por uma maneira de lhe dar mais sentido, ela pode simplesmente estar avaliando a sua vida por seu quociente de realização ou buscando maneiras de melhorá-la.

As ligações muito próximas entre a posse de sentido e realização em que esse enfoque se baseia são importantes para entender tanto o conceito de sentido quanto o seu valor. Que aquela atividade com sentido ou uma vida com sentido seja ao menos parcialmente realizadora é, como esse enfoque sugere, uma verdade conceitual. Contudo, *identificar* a posse de sentido com realizações negligencia aspectos de nosso uso dos termos e aspectos da experiência que são descritos por eles, os quais o meu enfoque mais objetivo da posse de sentido acomoda melhor. ⓱

Uma razão para isso é que a realização não é um sentimento bruto, mas algo com algum conteúdo cognitivo ou concomitante. Que certas atividades tendem a ser realizadoras e outras não parece estar conectado às características das atividades relevantes que tornam esse fato inteligível. Há uma adequação entre certos tipos de atividades e o potencial para a sua realização. Quando uma relação ou um trabalho é realizador, há algo que o torna assim. Alguém se sente apreciado ou amado, ou percebe o sentido de fazer o bem, ou considera o desafio do trabalho recompensador. Não é somente o caso de que as atividades em questão satisfazem as nossas expectativas, embora isso seja uma parte. Algumas coisas são ótimas, mas não realizadoras – minha relação com minha cabeleireira, por exemplo, ou minhas idas semanais ao supermercado.

Essas considerações sugerem que julgamos coisas realizadoras somente se podemos pensar nelas de certo modo. É difícil identificar precisamente uma crença única que está sempre associada à experiência da realização. Ainda assim, proponho que exista alguma associação entre considerar uma atividade realizadora e acreditar, ou ao menos perceber de um modo obscuro e inarticulado, que há alguma coisa independentemente valiosa ou boa sobre ela. ⓲

Na discussão sobre o sentido da vida, Richard Taylor considera o caso de Sísifo e imagina que os deuses, ao injetar alguma substância em suas veias, dão a ele um gosto por rolar pedras. A vida de Sísifo é assim transformada de um cativeiro miserável para uma vida de realização arrebatadora. O próprio Taylor reconheceu que o experimento de pensamento é estranho e que a paixão por rolar a pedra soaria bizarra a seus leitores. Taylor, no entanto, parece pensar que a estranheza do exemplo advém simplesmente do fato de ser incomum. As pessoas normalmente não gostam de tarefas que nunca acabam, fúteis e sem envolvimento mental; nem é esse tipo de disposição que as drogas em geral induzem. Para muitos, porém, o exemplo não é apenas surpreendente, mas de algum modo atemorizante. O estado de se sentir realizado pelo rolar eterno das pedras não é algo abertamente invejável. É claro, para Sísifo, que foi condenado a mover pedras de qualquer forma, há um grande benefício em ficar feliz por seu destino. Todavia, suspeito que a maioria das pessoas pensaria que rolar pedras (o mero rolar pedras, isto

---

⓱ Segundo a análise de Wolf, uma vida dotada de sentido incluirá esses *sentimentos* de realização, mas tais sentimentos não são suficientes para um sentido genuíno, uma vez que o que parece ser realizador para alguém pode ser uma vida sem nenhum valor objetivo.

⓲ A realização, de acordo com Wolf, é claramente diferente de mero prazer. A sua visão parece ser a de que ninguém pode experienciar a realização de uma atividade sem primeiro considerar ou de algum modo perceber a atividade como objetivamente valiosa. A realização, portanto, envolve "conteúdo cognitivo": acreditar em ou perceber algo sobre a atividade em questão. (Se esse conteúdo cognitivo é falso, então o sentimento é consideravelmente equivocado.)

é, sem nenhum propósito ou desenvolvimento de habilidades) não é o tipo de coisa pelo qual alguém deva sentir-se realizado. Que Sísifo esteja realizado com o rolar pedras sugere um entendimento dele como uma vítima (embora uma vítima feliz) de um tipo de ilusão induzido por uma droga. Ele vê algo no rolar pedras que não está realmente lá. ⑲

Se aceitarmos a ideia de que o sentido de realização está necessariamente conectado com crenças sobre seus objetos – se aceitarmos que uma atividade ou um relacionamento pode ser realizador somente se alguém acreditar que ele pode ser, de algum modo, independentemente bom –, então poderemos distinguir duas hipóteses sobre a relação entre sentido e realização. Será que o sentido vem da experiência de realização, não interessando a sua causa, ou uma vida dotada de sentido é aquela na qual um sujeito está realizado por atividades que são adequadas à experiência? A teoria subjetiva sugerida por Taylor opta pela primeira, mas a última parece enquadrar-se melhor com o nosso uso comum do conceito.

Um caso teste é a versão de Taylor do próprio Sísifo. Que Sísifo considere a sua vida realizada baseia-se em uma pressuposição. Mas devemos descrever a vida dele como uma vida com sentido? Esse parece ser para mim um uso errado da palavra. "Ela é dotada de sentido para ele", alguém dirá, e entendemos o que isso significa. Significa que ele considera a sua vida realizada e, talvez, que ele pense que ela é dotada de sentido (ou pensaria isso, caso fosse perguntado). Contudo, para aqueles que consideram o exemplo horrível, isso é parte do problema: ele pensa que sua vida é dotada de sentido no rolar pedras sem propósito e fútil, mas esse não é o caso. ⑳

Podemos construir um segundo teste ao considerar alguém cujo julgamento de um aspecto da vida mudou. Uma mulher previamente feliz no amor descobre que o homem que ela amava estava usando-a. Ela considerava o relacionamento realizador antes de descobrir que o marido a enganava. Ela teria falado, se você tivesse perguntado anteriormente, que a relação contribuiu para o sentido da sua vida. Todavia, o que ela diria agora e o que devemos falar sobre ela? Ninguém pode tirar os sentimentos de realização que ela experimentou durante o período em que fora enganada; porém, parece improvável que ela diria, depois do fato, que o relacionamento realmente tinha dado sentido à sua vida. Com efeito, parte do que faz esse tipo de evento tão triste é que, além da dor causada quando o engano é descoberto, ele retira o valor de todo prazer que veio antes.

Menos quimérico do que o caso de Sísifo são os casos de apego extremado a cultos religiosos, cujos sentimentos de contentamento são causados, mas não justificados, pelas coisas que os produzem. ㉑ Embora devamos ser cautelosos sobre julgar as atividades que os outros consideram valiosas, essa não é uma razão para rejeitar a possibilidade de que as pessoas algumas vezes estejam erradas, que considerar algo realizador pode ser erroneamente induzido pelo estabelecimento de crenças factuais falsas (como a crença na fidelidade de alguém amado ou no estatuto divino de um líder carismático), por drogas ou eletrodos. Se, além disso, eles são levados por tais meios de alterar a mente a conduzir as suas vidas ocupadas por algo que equivale a rolar pedras – assistir a intermináveis reapresentações de *Leave It To Beaver* ou contar e recontar o número de azulejos do chão do banheiro –, então parece-me sumamente de acordo com a linguagem comum descrevê-las como levando vidas dotadas de sentido, não importa quão satisfeitas elas possam se sentir. Se, além disso, tais pessoas acordarem ou saírem disso – se chegarem a adotar um ponto de vista que desvaloriza suas vidas anteriores –, então suas últimas descrições não garantiriam, creio eu, significado às coisas em que elas anteriormente haviam encontrado contentamento.

POSSE DE SENTIDO E INTERESSE PRÓPRIO

Até agora, ocupei-me em apresentar uma concepção do que é a posse de sentido na vida. A minha intenção ao proceder assim, no presente contexto, é fazê-la depender da ideia do interesse próprio. A posse de sentido parece-me um elemento importante de uma vida boa e algo que é com frequência negligenciado ou distorcido por posições contemporâneas do bem-estar individual.

Eu não sei como poderia ser um argumento a favor dessa afirmação. A mi-

---

⑲ **R** Se esse novo Sísifo encontra realização nessa atividade, então ele deve vê-la (erroneamente) como objetivamente valiosa. Se os deuses injetaram algo que fez Sísifo sentir prazer como um resultado de sua atividade, mas não realização, então essa dimensão cognitiva não estaria satisfeita.

⑳ **PARE** Qual julgamento deve ser feito do novo Sísifo? Sua vida é genuinamente dotada de sentido ou apenas parece ser dotada de sentido? (Como ele se sentiria se a droga fosse retirada e a sua atividade ao longo da vida não lhe parecesse muito valiosa? A primeira parte da sua vida ainda poderia ser dotada de sentido porque ele a considerava dotada de sentido naquele momento?)

㉑ **R** Os sentimentos de realização da mulher enganada foram causados por aquilo que ela percebeu como sendo as ações amorosas de seu marido. Quando ela percebe que aquelas ações não eram absolutamente amorosas, então aqueles sentimentos nem de longe parecem ser apropriados. As ações dele não mais lhe dão boas razões para os seus sentimentos de realização. (Tivesse sido o seu marido tão dedicado quanto parecia ser, então os sentimentos dela poderiam ter sido tanto causados *quanto* justificados pelas ações dele.)

(22) Como Wolf candidamente admite, ela não nos ofereceu razões para a sua posição de que há uma distinção entre atividades significativas e não significativas, nem deu razões para a defesa de que a posse de sentido (como ela a definiu) é um elemento importante de uma vida boa. A sugestão é de que essas afirmações parecerão intuitivamente razoáveis, mesmo sem um argumento desenvolvido.

(23) *Definição*

Em uma visão hedonista, somente as próprias experiências de prazer sentidas por alguém (e a prevenção da dor) são relevantes ao seu próprio bem. A interpretação hedonista da realização considera apenas um tipo específico de experiência prazerosa.

(24) Wolf está levantando um ponto que alguém poderia ver como mais uma objeção à sua concepção: se as escolhas das pessoas estão voltadas meramente às experiências subjetivas de realização (em vez de alcançar sentido) – como a sua própria descrição delas parece indicar –, então a ênfase de Wolf no valor objetivo parece estar errada como uma abordagem acerca do que as pessoas realmente se preocupam.

nha esperança, como mencionei antes, é que a mera explicação da afirmação será suficiente para inclinar a maioria das pessoas a concordar com ela. **(22)** Ainda assim, penso que, sem atender explicitamente ao nosso interesse no sentido, tendemos a entendê-lo e descrevê-lo mal, com o resultado eventual de que as formas que nossas vidas tomam têm menos sentido do que poderia ser bom para nós.

A maior parte das pessoas – ao menos a maior parte das pessoas de um grupo, unidas talvez pela classe ou pela educação tanto quanto pela cultura e história – comporta-se de uma maneira que sugere que estão procurando por coisas valiosas para fazer com as suas vidas. Elas buscam ativamente por projetos ou, o que é mais comum, felizmente reconhecem atividades, entre aquelas pelos quais estão atraídas, que acreditam ser valiosas. Em geral, os pensamentos explícitos sobre valor e significado ocorrem em conexão com as maiores decisões da vida, além daqueles momentos de crise a que me referi anteriormente. Algumas pessoas decidem ter filhos porque acreditam que isso dará sentido às suas vidas. Outras decidem não ter filhos porque temem que dar conta das responsabilidades tirará delas o tempo, os recursos e a paz de espírito de que precisam para as outras atividades nas quais encontram sentido. As deliberações sobre seguir ou não uma carreira particular, ou qualquer carreira, podem similarmente envolver preocupações sobre se o trabalho é valioso ou se ele demandaria um tempo e uma energia que afastariam alguém do que é valioso. Mesmo muitas pessoas que não falam explicitamente em termos de sentido ou valor tomam decisões que são mais bem-explicadas em referência a eles. Em outras palavras, o nosso comportamento, incluindo alguns dos nossos discursos, parece revelar uma preferência por uma vida significativa.

Estamos, no entanto, mais aptos para explicar escolhas em termos de realização do que de sentido. Um homem opta pela mais desafiadora de duas carreiras possíveis, mesmo ao custo do estresse e da insegurança. Uma mulher escolhe trabalhar em um emprego com menor remuneração que acredita ser moralmente valioso. As pessoas organizam suas vidas de maneira a destinar algumas poucas horas por semana para levar comida aos asilos, praticar piano ou acompanhar o seu grupo de leitura, embora isso signifique dormir menos, ter menos flexibilidade, ter menos diversão. Por quê? Porque, elas dirão, consideram essas atividades realizadoras. Elas escolhem viver desse modo porque veem isso como sendo, em algum sentido, melhor para elas.

Defender essas escolhas em termos de realizações acaba por estabelecê-las como sendo feitas a partir do interesse próprio. Falar da realização pode, todavia, sugerir uma interpretação mais hedonista do que se está analisando aqui do que a interpretação que ofereci. **(23)** Escolher algo porque é realizador significa, afinal de contas, escolhê-lo por causa do caráter qualitativo da experiência de alguém – e embora atividades realizadoras não sejam sempre tão divertidas ou intensamente prazerosas como algumas das alternativas, pode ser que, no final das contas (considerando, por assim dizer, a distinção de Mill entre a qualidade tanto quanto a quantidade de prazer), uma vida realizadora é quantitativamente melhor e, portanto, mais feliz no sentido mais verdadeiro do que uma vida com tantos ou mais prazeres, mas sem realizações. Assim ao menos as pessoas descritas no parágrafo anterior devem acreditar, e assim nós devemos acreditar se consideramos as suas escolhas racionais, e elas são racionais pelas razões que oferecem. **(24)**

Não faz parte do meu objetivo negar essa sugestão. Pelo contrário, que a realização seja um grande bem qualitativo e que mereça um lugar importante em uma teoria da felicidade adequada são fatores relevantes que contribuem para a minha defesa de que o sentido é um componente de nosso bem. Já vimos que as ligações entre a posse de sentido e a realização são bastante estreitas. Já que uma vida dotada de sentido é necessariamente, ao menos em parte, realizadora, e já que a realização é um dos maiores componentes da felicidade, uma razão muito importante para considerar a posse de sentido como sendo do nosso interesse é que ela traz consigo realização. No entanto, seria enganoso tirar disso a conclusão de que a posse de sentido é um bem instrumental para nós. Seria um erro pensar que o sentido é bom porque é um meio para um bem de realização independente.

É duvidoso que a realização seja um bem independente, embora sentir-se realizado seja prazeroso e sentir-se não realizado não seja prazeroso. Se a realização fosse um bem independente, seguir-se-ia que o sentimento de realização seria desejável não importando qual fosse a sua causa. Teria de ser melhor ser um Sísifo feliz (ou, mais precisamente, um Sísifo realizado) do que um Sísifo infeliz (não realizado), mesmo que isso requeresse que Sísifo perdesse perpetuamente a sua mente normal. Todavia, as opiniões dividem-se sobre essa questão. Muitos valorizam a realização somente sob a condição de que ela esteja baseada em pensamentos e percepções apropriadas. Além disso, mesmo entre aqueles que acreditam que o sentimento realizado é incondicionalmente melhor do que a alternativa, muitos ainda prefeririam que esses sentimentos fossem causados de forma apropriada. Eles podem dizer que é melhor ser um Sísifo feliz do que ser um Sísifo infeliz, mas melhor ainda não ser um Sísifo de modo algum. **25**

Um proponente de uma teoria puramente hedonista do interesse próprio pode apontar que a ocorrência de tais intuições não prova nada. O fato de as pessoas pensarem simplesmente que a realização justificada ou apropriada é melhor do que a realização injustificada e inapropriada não a torna assim. Contudo, para aqueles que têm essas intuições, o ônus da prova parece ficar com o hedonista. A menos que alguém esteja comprometido com uma explicação puramente hedonista de valor à frente de seu tempo, não parece haver razão para duvidar de que o que é principalmente desejável é obter a realização a partir de atividades genuinamente realizadoras, isto é, a partir de atividades cujos sentimentos de realização que as acompanham advêm da percepção correta de seu valor. Em outras palavras, parece não haver razão para duvidar de que o que é principalmente desejável é viver uma vida com sentido, e não viver uma vida que parece ter sentido. Na medida em que preferimos uma vida verdadeiramente dotada de sentido a uma vida que meramente parece ter sentido, uma teoria puramente hedonista do interesse próprio não dará conta dela. **26**

Contudo, uma teoria preferencial do interesse próprio não levaria isso em conta – as teorias preferencialistas simplesmente aceitam as nossas preferências e calcularão o nosso interesse próprio a partir disso. Isso sugere uma teoria alternativa da relação entre sentido e interesse próprio. De acordo com as teorias preferencialistas, o sentido é importante para o nosso bem-estar se e somente se o sentido nos importa. Visto que muitos de nós querem de fato viver uma vida dotada de sentido – uma vez que pensamos que é melhor para nós se o fizermos –, as teorias preferencialistas concordarão que é do nosso interesse que as nossas vidas sejam dotadas de sentido. Do ponto de vista da teoria preferencialista, não há nenhuma necessidade de fazer qualquer outra afirmação objetiva além dessa.

De uma perspectiva prática, pouco importa se aceitamos essa teoria ou outra mais objetiva, particularmente se você crê, como eu, que a preferência por uma vida dotada de sentido é amplamente divulgada e profunda. Se for aceito como um fato da natureza humana (até mesmo um fato estatístico e até mesmo de uma natureza humana criada culturalmente) que as pessoas realmente cuidam do sentido de suas vidas, então isso nos dá razão suficiente para moldarmos as nossas vidas de maneira que encorajarão não só a realização, mas também a posse de sentido, e isso nos dá razão suficiente para moldarmos as nossas instituições políticas e sociais de modo que aumentarão as oportunidades para todos viverem não só felizes e confortavelmente, mas igualmente de forma significativa. **27**

Uma teoria preferencialista, no entanto, não parece refletir precisamente o estatuto que uma vida dotada de sentido tem para a maioria de nós. Parece que a maior parte de nós não vê nossas preferências por uma vida significativa como uma preferência não fundada que temos ocasionalmente. Se pensássemos assim, então julgaríamos como sendo uma questão indiferente se alguém tem ou não tem essa preferência. Certamente, também não teríamos razão para querer manter essa preferência se estivéssemos convencidos de que passaríamos melhor sem ela. Contudo, para a maioria de nós, ao menos assim me parece, ter uma vida significativa é um valor, e não só uma preferência. Não queremos apenas vidas com sentido. Consideramos bom que desejemos isso. Realmente, nosso interesse e nossa preocupação com o sentido é, algumas vezes, mencionado como uma marca de nossa humanidade, como um aspecto que nos

25 R A resposta de Wolf à objeção é apelar novamente para o caso de Sísifo experimentando a realização de um modo que dependa de uma ilusão induzida por uma droga. O fato de que a maioria das pessoas consideraria a situação dele insatisfatória sugere que elas se importam mais do que apenas com as experiências subjetivas de realização. (Ver a Questão para Discussão 3.)

26 PARE Pense novamente sobre a máquina de experiência, de Nozick: se as suas experiências, induzidas por uma máquina incluem uma proporção satisfatória de realização, você se ligaria a ela? De acordo com uma teoria puramente hedonista do interesse próprio, isso seria do seu interesse.

27 A visão preferencialista do interesse próprio é diferente da visão hedonista. De acordo com a posição preferencialista, o interesse próprio consiste na realização da preferência de alguém, quaisquer que sejam essas preferências. Se as pessoas preferem vidas dotadas de sentido, então alcançar tais vidas será parte de seu interesse próprio; porém, se não preferem, então isso não será.

(28) Wolf argumenta, em contraste, que pensamos que é bom ter essa preferência, caso em que o sentido é um valor, e não meramente uma preferência – de modo que pensarmos que as pessoas *devem* preferir isso e, se não preferirem, têm de ser vistas com compaixão.

coloca acima dos animais selvagens. Pensamos que ficaríamos diminuídos como espécie se perdêssemos a aspiração ou o interesse de viver vidas dotadas de sentido, e não somente felizes. Os indivíduos que não têm o desejo de ter suas vidas dotadas de sentido são vistos com pesar ou mesmo com piedade. **(28)**

Além disso, podemos notar que nossas crenças nas coisas não são prova de que são verdadeiras, e novamente devo reconhecer que não tenho nenhuma prova do valor ou da desejabilidade objetiva da posse de valor. Ao mesmo tempo, a afirmação de que uma vida com sentido é preferível (e não só bestialmente preferida) a uma sem sentido parece ser quase tão autoevidente a ponto de não exigir nenhuma prova. Tão logo alguém esteja disposto a aplicar os termos "posse de sentido" e "falta de sentido", pode parecer instável acreditar que uma vida que não é dotada de sentido não é pior do que uma que é dotada de sentido. Mesmo que possamos logicamente distinguir a posição segundo a qual algumas vidas são mais valiosas do que outras da posição que acrescenta que (alguma) posse de sentido é um bem, essa última posição parece mais natural do que aquela que a nega. Embora sejamos incapazes de argumentar de um modo que convença aqueles que não se preocupam em começar a se preocupar com o sentido, a preocupação ou o desejo pela atividade significativa é, para aqueles que a têm, mais racionalmente coerente com outros valores e disposições do que poderia ser a sua falta.

Em relação à questão "Por que se preocupar em viver uma vida dotada de sentido em vez de uma vida não dotada de sentido?", a resposta que acredito melhor expressar um sentido comum reflexivo começará com a conexão entre sentido e felicidade: 90% ou talvez 99% das vezes, uma vida dotada de sentido será mais feliz do que uma vida não dotada de sentido. Os sentimentos de realização que alguém tem ao interagir positivamente e favorecidamente com as coisas ou criaturas (ou "reinos") cujo amor parece merecido são sentimentos maravilhosos, mais valiosos, em termos qualitativos apenas, do que muitos outros tipos de prazeres e valem o custo de suportar quantidades consideráveis de dor. Além disso, a consciência, mesmo obscurecida e inarticulada, da falta de alguma coisa que pode constituir-se em uma fonte de orgulho ou uma fonte de conexão com alguma coisa valiosa fora de si mesmo pode ser terrível, tornando alguém irritável, impaciente e sentindo desprezo de si próprio.

A não ser em um contexto acadêmico filosófico como este, talvez seja não natural insistir nesse ponto. Contudo, se insistirmos, parece-me que a força e o caráter desses sentimentos de prazer e dor não são mais bem-explicados como meros desvios de nossas mentes, condicionadas natural ou culturalmente. Pelo contrário, que nós nos sintamos tão bem ou tão mal de acordo com o nosso senso de conexão a valores fora de nós mesmos, parece-me mais bem-explicado em termos de uma crença subjacente de que uma vida é melhor quando possui essas conexões. O que precisamente é melhor sobre ela é difícil dizer. Porém, talvez isso diga respeito ao nosso lugar no universo: uma vez que somos, cada um de nós, ocupantes de um mundo repleto de valor independente de nossos egos individuais, viver de um certo modo para conectar-se positiva e favorecidamente com alguns valores não subjetivos harmoniza-se melhor com a nossa situação subjetiva do que o faria uma vida cujas ocupações principais podem ser apenas defendidas subjetivamente.

A DESCONSTRUÇÃO DO INTERESSE PRÓPRIO

Neste ensaio, estive preocupada em defender, ou melhor, em elaborar o que considero ser uma visão profunda e amplamente difundida sobre o bem humano individual, a saber, que uma vida plenamente bem-sucedida é, entre outras coisas, uma vida com sentido. Além disso, tenho argumentado que essa afirmação é distorcida se ela for entendida como elemento de uma teoria hedonista ou preferencialista do interesse próprio. Corretamente entendida, ela requer uma rejeição desses dois tipos de teorias.

Não espero que a afirmação de que uma vida boa deva ser dotada de sentido, enquanto afirmação substantiva, seja surpreendente. Contudo, não estamos acostumados a pensar muito explícita ou analiticamente sobre isso; e, em uma consciência popular não refletida, um interesse substantivo em uma vida dotada de sentido frequentemente fica lado a lado com temas que são incompatíveis com ela. Com que frequência você tem ouvido alguém dizer: "Qual é o sentido de fazer algo se não é divertido, ou se você não gosta disso?". Eu escuto esse sentimento expresso muito com muita frequência. (...) Para ser justa, tais expressões tendem a ser limitadas por contextos do interesse próprio. Elas não são intencionadas como rejeições de autoridade racional, de obrigação moral ou legal. Além disso, há em geral uma questão por detrás dessas observações que eu fortemente endossaria. Contra um tipo de vício por trabalho e obsessões neuróticas relacionadas com alguma forma de sucesso e realização, pode ser útil dar um passo para trás e refletir da maneira como essas observações invocariam. Ainda assim, a sugestão de que não há sentido nas coisas se elas não são nem deveres nem divertidas é, estritamente falando, tanto falsa quanto perigosa.

Grande parte do que fazemos seria inexplicável, ou ao menos indefensável, se a sua justificação dependesse de ser um dever ou, mesmo a longo prazo, de sua contribuição maximizadora para o nosso maior contentamento médio. Os relacionamentos com os amigos e com a família, aspectos não obrigatórios de funções profissionais e compromissos de longo prazo com os esforços artísticos, escolares ou atléticos em geral nos levam a dedicar tempo e energia a coisas que são difíceis e desagradáveis, bem como a abandonar oportunidades de relaxamento e divertimento. Pode-se argumentar que muitas dessas escolhas melhoram a nossa felicidade (no seu mais amplo sentido, a nossa diversão) a longo prazo, mas tais argumentos são, na melhor das hipóteses, incertos, e o pensamento de que eles são necessários para a defesa dessas escolhas coloca um tipo lamentável de pressão sobre os compromissos que dão origem a eles. Há, contudo, um propósito – até mesmo um propósito autointeressado – em fazer coisas que estão fora das categorias do dever e da diversão. Alguém pode encontrar uma razão, ou ao menos uma explicação justificadora, para fazer algo no fato de que o ato ou atividade em questão contribui para o sentido de sua vida.

Uma vez que paramos de identificar o interesse próprio com a felicidade, no entanto, outras pressuposições também são minadas. O conceito de interesse próprio torna-se mais difícil de trabalhar. Especificamente, uma concepção de interesse próprio que reconhece a importância do sentido para uma vida boa admite muito mais indeterminação do que as concepções mais tradicionais. Isso é em parte uma função de indeterminação dentro da categoria da própria posse de sentido. Embora a posse de sentido não seja um conceito do tipo tudo ou nada – algumas vidas são mais dotadas de sentido do que outras, uma vida de uma pessoa pode não ter sentido *suficiente* nela para ser satisfatória –, não há um sistema bem-formado para fazer julgamentos comparativos. A posse de sentido de uma vida pode variar dependendo do quanto é gasto na atividade significativa, do quanto as atividades em questão são valiosas ou de quanto o indivíduo está completamente engajado (ou atraído). No entanto, em muitas instâncias, parece absurdo pensar que há uma comparação correta a ser feita. A vida de um grande filósofo, porém solitário, é mais ou menos dotada de sentido do que a de uma dona de casa amada? Parece não haver nenhuma razão para supor que haja uma questão de fato sobre isso. Além disso, do ponto de vista do interesse próprio, não está claro se, depois de um certo ponto, importa se a vida de alguém é mais dotada de sentido. Uma vida dotada de sentido é melhor do que uma vida não dotada de sentido; porém, uma vez que ela é dotada de sentido o suficiente, pode não haver uma razão autointeressada para querer, por assim dizer, atribuir mais sentido a ela. Finalmente, a mistura entre sentido e felicidade pode não ter nenhum ideal determinado. Uma pessoa frequentemente tem de escolher entre tomar um passo que fortaleceria ou expandiria parte de sua vida, contribuindo com o seu sentido (ir para a faculdade, adotar uma criança, envolver-se politicamente), e assumir um papel mais fácil ou mais prazeroso. Quando alguém aceita uma concepção de interesse próprio que reconhece a posse de sentido como aspecto independente do seu bem pessoal, talvez tenha de admitir que em tais casos não pode haver nenhuma resposta à questão do que reside acima de tudo em seu interesse próprio. ㉙

Felizmente, embora o conceito de interesse próprio torne-se mais difícil de aplicar, torna-se menos importante ser

㉙
R Reconhecer que ter sentido é uma parte do interesse próprio torna o interesse próprio menos claramente definido do que ele seria na posição hedonista ou preferencialista. Há muitos tipos de coisas valiosas e muitas fontes potenciais de sentido. E também não há nenhuma resposta clara para a *quantidade* de sentido que uma vida satisfatória deve ter.

㉚ R Porém, quando vemos que ter sentido é importante para o interesse próprio, percebemos que as pessoas podem ter razões para agir que são *independentes* de seu interesse próprio limitado. Alcançar o sentido requer o reconhecimento de coisas que são *objetivamente* valiosas, não importa se elas servem um interesse próprio limitado de uma pessoa ou não. (Para uma discussão relacionada, ver a seleção de Feinberg no Capítulo 6.)

capaz de aplicá-lo. Ao aceitar o valor da posse de sentido como elemento de nosso interesse próprio, necessariamente também aceitamos que uma atividade significativa tem um valor que é de certo modo independente de nosso próprio interesse. Em outras palavras, aceitamos a disponibilidade de um tipo de razão ao fazer coisas que podem competir com o interesse próprio, um tipo que nos levará a qualquer custo para longe da preocupação com o nosso interesse próprio. O que tenho em mente é o tipo de razão dada para a posse de valor da própria atividade significativa (ou do seu objeto).

Lembre-se que uma atividade com sentido envolve engajamento em projetos valiosos. Isso ocorre quando uma atração subjetiva encontra uma atração objetiva. Contudo, reconhecer que uma atividade ou um projeto é valioso consiste em saber, entre outras coisas, que há uma razão para fazer isso – uma razão, ao menos, para fazê-lo se você estiver atraído em fazê-lo. Uma razão para escrever um livro sobre a vontade livre é estimular o pensamento em uma direção proveitosa. Uma razão para plantar bulbos e para limpar o jardim é manter um lugar de beleza natural. Uma razão para costurar uma fantasia de marmota para uma criança de oito anos de idade é fazê-la feliz.

Para aqueles que encontram sentido nas atividades mencionadas, esses tipos de razões predominarão. Estar adequadamente engajado nessas atividades, tal como as pessoas que encontram sentido nelas *estão* engajadas, envolve ser movido pelo seu bem ou valor específico. Alguém assim engajado provavelmente não retrocede da atividade e pergunta "É essa a melhor coisa que posso estar fazendo *para mim*?".

O ponto aqui não é meramente aquele com o qual estamos familiarizados a partir do paradoxo do hedonismo. Não consiste apenas em que, ao não se importar muito com o fato de que as suas atividades serão as melhores para si, o agente mais provavelmente levará uma vida que é a melhor para si. Em vez disso, ele tem uma razão para as suas atividades que não está condicionada a ser o melhor para si próprio. Aceitar uma concepção do interesse próprio que incorpore a posse de sentido envolve, então, rejeitar um lugar tão dominante para o interesse próprio. ㉚ Todavia, a atividade significativa e o interesse próprio não podem ficar psicologicamente muito separados. Uma atividade é significativa somente se alguém pode engajar-se nela, ficar atraído por ela, ficar apaixonado por ela ou pelo objeto em torno do qual ela se move. Tal atividade será sempre de algum modo realizadora e, portanto, fará sempre alguém feliz de algum modo. E, embora a realização e a felicidade sejam apropriadas ou merecidas, isso tudo é para o bem de alguém.

Questões para Discussão

1. Quando Wolf articula as preocupações que as pessoas têm a respeito do sentido (p. 736), ela afirma que podem chegar a ver como "superficiais" certas atividades de que costumam gostar e que, mesmo que tenham se divertido em suas vidas, elas sentem que algo está faltando. Você reconhece esse fenômeno? Você acredita que a maioria das pessoas se preocupa com isso?

2. Wolf insiste que as atividades de uma vida significativa devem ser objetivamente valiosas. Considere o seguinte exemplo: suponha que Katie conte as folhas da grama na praça central da Universidade de Washington. Ela está lá toda manhã, às 8 horas, tira uma hora para intervalo do almoço e para de contar por volta das 17 horas. Ela não vai aos finais de semana, mas raramente falha em qualquer outro horário. (Ela é independentemente rica e, por isso, não precisa trabalhar para viver.) Quando você lhe pergunta por que está contando as folhas de grama, ela responde que acha aquilo fascinante. Ela é muito sistemática, deixando uma marca (não permanente) onde parou no dia a fim de saber onde começar no próximo dia. Quando os estudantes param para conversar, ela leva poucos minutos para mostrar-lhes o que está fazendo, explicando sobre os diferentes tipos de grama ou sobre o seu método de contar; porém, se eles lhe tomam muito tempo, Katie gentilmente diz que deve voltar ao trabalho. A sua família ficou muito incomodada quando ela iniciou essa

atividade e insistiu para que procurasse um terapeuta. Ela obedeceu, mas o terapeuta não detectou nada de errado com ela. Katie tem feito isso por dez anos e não pode imaginar fazer outra coisa. Agora, ela tem a sua própria família e as suas crianças contam para os amigos que a mãe delas trabalha na universidade. Embora Katie não seja paga pelo que faz, ela leva isso muito a sério e aprecia enormemente a atividade. Algumas vezes, ela deseja que não chovesse tanto em Seattle, mas cada emprego tem suas desvantagens. De acordo com Wolf, Katie leva uma vida dotada de sentido? Existe alguma maneira de argumentar que a atividade dela é objetivamente valiosa?

3. Suponha que Sísifo seja controlado pelos deuses de tal modo que continuará a empurrar a pedra para cima da montanha indefinidamente, não importa se ele considere isso realizador e dotado de sentido ou não. Na visão de Wolf, seria claramente melhor permitir que Sísifo fizesse algo com mais valor objetivo. Contudo, como isso é impossível, encontra-se ele melhor achando a sua atividade realizadora, mesmo que isso envolva acreditar erroneamente que ela tenha valor objetivo, ou ele estaria melhor (mesmo que não mais feliz) se não tivesse aquele tipo de ilusão? Se você fosse Sísifo, desejaria saber a verdade ou não?

Diálogo Conclusivo sobre a Vida Boa

Sei que você considera esse tema muito envolvente, mas não tenho certeza de que ele seja genuinamente filosófico.

Pare! Esse é o tema mais filosófico sobre o qual você pode pensar. O que você quer dizer quando afirma que ele não é filosófico?

Para começar, acho que a questão não está clara e que não há uma dialética clara: não há realmente razões para os lados conflitantes dos temas. Considere a questão: o que é uma vida boa? Trata-se de uma questão acerca de *uma* vida boa ou sobre *a* vida boa?

Essa é uma das questões interessantes, mas não há nada de obscuro nela. Se há uma concepção defensável sobre a vida boa, claramente determinada, única, objetiva, uma questão que se aplica a qualquer um – como Aristóteles provavelmente pensou existir –, então a questão é o que é *essa* vida: o que é *a* vida boa? Porém, se há muitas vidas boas diferentes que são possíveis, se a bondade da sua vida depende de fatos particulares sobre seus talentos, suas tendências ou seus fatos contextuais ou históricos particulares, nesse caso a questão é: o que é *uma* vida boa? É necessária uma reflexão cuidadosa para pensar sobre a diferença, mas ela não é obscura.

Ok – muito bem. Mas o que poderia ser considerado como razões pró ou contra a alegação de que há uma pluralidade de vidas boas ou de que há uma vida boa para pessoas como nós (seja se isso significa humanos ou criaturas racionais)?

Bem, parece-me que as razões apresentadas por Nozick são relevantes. Alguém pode inicialmente pensar que uma vida repleta de experiências prazerosas ou experiências que você deseja ter constituiria a vida boa, mesmo que só para você, mas ele oferece razões convincentes para pensar que tal vida não seria de fato nem mesmo *uma* vida boa (sem mencionar *a* vida boa). Ele argumenta que não é o suficiente ter experiências que *parecem* refletir certo tipo de vida, enquanto o seu corpo está vegetando inutilmente em alguma máquina. Ele defende que ter uma vida boa requer que realmente se faça qualquer coisa que você mesmo experimenta estar fazendo. Você não achou convincentes aquelas razões?

Sim, eu achei, mas isso ainda parece um resultado muito modesto. A sua vida não será boa se nenhuma das suas experiências refletir a realidade. Se você me perguntar, eu direi que isso é muito óbvio.

Desculpe-me, a questão que está em discussão agora é se há uma dialética filosófica clara e interessante sobre a vida boa. Dizer que uma posição é obviamente bem-defendida não é mostrar que não há nenhuma dialética. Embora eu também esteja inclinada a concordar com Nozick, não estou tão certa quanto ao fato de que a concepção alternativa não tenha nenhum mérito. Lembre-se que aquele indivíduo não sabe que o que está experimentando falha em captar a realidade.

A pessoa que entrou na máquina de experiência tem tanta razão para pensar, com base em suas experiências presentes, que elas refletem a realidade tanto quanto você tem. Então, por que a vida dela não é tão boa – ao menos para ela – quanto a sua é para você? Sejamos claros aqui: não estou tentando defender essa concepção, mas só insistindo em que há uma concepção ao menos marginalmente plausível que merece um argumento contra ela. E o que mais é preciso para mostrar que há um pouco de dialética filosófica na área?

No entanto, mesmo que eu reconheça que você pode obter algo de interesse filosófico a partir do experimento de pensamento de Nozick sobre a máquina de experiência, isso não a leva muito longe. Eu realmente não consigo ver muito sentido no que Epicteto está dizendo.

Isso é ridículo! É claro que você pode ver sentido nisso. Você apenas pensa que o que ele diz é falso, ou talvez até mesmo bobo, mas isso, na forma mais enfática possível, *não* significa dizer que o que ele diz *não* faz qualquer sentido ou que falha em criar uma opção filosófica interessante, em uma dialética importante sobre vidas boas. Há elementos da concepção de Epicteto em trabalhos tão diferentes quanto as novelas de J.D. Salinger, na filosofia oriental e na psicologia popular contemporânea. A ideia mais central é a de que alguém vai mal em sua própria vida quando tenta demasiadamente controlar os aspectos da realidade que são de fato incontroláveis. Epicteto diz que devemos limitar o nosso "desejo de obter" e o nosso "desejo de evitar". Devemos limitar o nosso desejo de tal modo que só desejemos o que "depende de nós". E a única coisa que "depende de nós", de acordo com Epicteto, são os nossos pensamentos, as nossas emoções e os nossos desejos: as nossas reações psicológicas com relação às coisas.

Há tanta coisa errada nessa concepção que eu não sei nem por onde começar.

Antes de você começar, deixe-me só dizer que oferecer razões para rejeitar as instruções de Epicteto sobre como viver uma vida boa *é* engajar-se na dialética que você defende não existir. Mas, prossigamos, solapando a partir disso a sua posição inicial de que não há nada de interesse filosófico nessa discussão.

Veja – há dialéticas e dialéticas. Não conta como uma dialética filosófica real se as razões contra a concepção são suficientemente fáceis de descartar, porque nesse caso a posição é ruim o bastante para que não conte realmente como uma alternativa viável em primeiro lugar. E parece-me que a concepção de Epicteto falha exatamente dessa maneira.

Não, não, não! Você certamente não está falando sério. As concepções de Epicteto, tanto quanto o seu estilo de expressá-las, incidem exatamente no centro de uma tradição filosófica longa e respeitável chamada "estoicismo" –.

Não se segue do fato de que a concepção tem um nome que ela constitui uma concepção dialética viável!

– que alega que temos uma tendência de desejar coisas que não faz sentido desejar – como desejar que a chuva pare ou desejar que alguém não exista (sem desejar em realidade matar esse alguém). Pense sobre a chuva em Seattle no inverno – você não deseja às vezes que o sol apareça? E você não fica desapontado quando permanece nublado? Mas você não ficaria desapontado se, logo de início, deixasse de querer que as nuvens fossem embora.

Se a concepção alega meramente que devemos monitorar as nossas reações, certificando-nos de que estamos querendo apenas aquelas coisas que faz sentido querer, ou seja, evitando reações não razoáveis mais tarde, então talvez eu não teria nenhuma objeção. Certamente, eu não deveria querer que o sol aparecesse, mas isso não é de fato o que estou fazendo. Não estou confuso sobre o que está em meu poder. Posso *desejar* que o sol esteja lá fora sem querer que ele apareça, mas eu poderia até mesmo concordar com ele que não deveria deixar que as condições do tempo me aborrecessem. Todavia, Epicteto vai longe, muito longe disso. Ele alega que não deveríamos nos sentir mal sobre qualquer evento externo, seja ele qual for – por exemplo, perder um filho ou uma esposa não constitui nenhum motivo para tristeza.

Pensemos cuidadosamente sobre isso. Você está desapontado quando não consegue algo que deseja e, se toma o cuidado de desejar somente aquilo que pode controlar, então você nunca ficará desapontado. Assim, se fica desapontado quando a sua esposa morre, então você deve ter desejado que ela não morresse. E aqui está um argumento a favor da alegação de que você não está sendo razoável ao querer que a sua esposa não morra. Não faz nenhum sentido querer que a sua esposa *nunca* morra, pois ela é mortal. Mas não é isso que você está desejando se, em qualquer momento, você deseja que a sua esposa não morra?

Não está claro para mim que não faça nenhum sentido desejar que a minha esposa nunca morra – mas desejar que ela não morra *agora*, em qualquer agora particular, não é exatamente a mesma coisa que aquilo. E estou bastante certo de que faz sentido querer coisas que não controlo completamente, mas que ainda posso *influenciar*. Em vez disso, eu faria o esforço e arriscaria ficar desapontado do que me submeteria passivamente a seja lá o que for que o mundo lançasse sobre mim. Posso ver algum sentido no que Epicteto diz – mas somente se a sua situação de vida estiver tão ruim que você tenha muito pouca influência sobre a maior parte das coisas que acontecem nela. A concepção dele faz sentido para a vida de um escravo ou de alguém em um campo de concentração; porém para vidas como as nossas, o conselho parece totalmente inapropriado.

Posso ver o ponto daquilo que você está dizendo. Ainda penso, como uma forma de lembrete, que há muitas maneiras diferentes de olhar para as coisas, algumas das coisas que ele diz são úteis – mas concordo com você que ele leva isso muito longe. O que você pensa da seleção de textos de Nagel sobre o absurdo? Certamente, você tem de concordar que a preocupação de que não somos em nada mais importantes do que partículas de poeira incomodou muita gente. O medo de que a nossa vida seja absurda é algo que motivou os filósofos existencialistas durante os meados do século XX.

Bem, não estou muito impressionado com esse último fato e devo dizer que jamais fiquei realmente incomodado pela angústia deveras ácida dos filósofos existencialistas. Na minha concepção, a vida está repleta de atividades interessantes e valiosas e de coisas para aprender – muito mais do que jamais terei tempo em minha curta vida sobre a Terra. Lembre-se, eu realmente gostaria de viver para sempre! Mas, voltando às leituras, Nagel parece-me ser mais obscuro do que ele normalmente é com essa ideia de "dar um passo para trás". O que ele realmente quer dizer com isso? Ele precisa esclarecer essa ideia, visto que não é nada óbvio por que qualquer resultado daquela perspectiva deveras incomum, mesmo reconhecendo que há um resultado definitivo, deveria sobrepor-se ou mesmo pôr em questão o que parece verdadeiro a partir da perspectiva mais engajada por meio da qual levamos as nossas vidas a sério. (Imagine alguém alegando que, por exemplo, pinheiros não existem realmente ou que a existência deles é até mesmo duvidosa só porque, se você "dá um passo para trás" longe o suficiente, você não pode mais vê-los!)

Admito que a ideia de Nagel sobre as duas perspectivas precisa de alguma elucidação. (É uma ideia que ele coloca em uso na sua filosofia da mente e também na sua metafísica.) E note que ele não está insistindo que a visão após o passo para trás é a visão correta, mas só que devemos ao menos ser incomodados pelo fato de que não podemos nem refutar nem eliminar a aparência de que as nossas vidas são arbitrárias quando vistas a partir daquela perspectiva. Ele reconhece que vivemos as nossas vidas com um tipo de seriedade que ignora aquela outra visão, mas preocupa-se com a consistência de assim fazer. É interessante ver que Wolf pensa que não há problema nenhum com a consistência. Na concepção dela, a vida ideal é a vida de engajamento ativo em atividades de valor objetivo, mesmo que as razões para estar ativamente engajado ou ver os projetos como tendo valor objetivo talvez sejam inacessíveis de uma perspectiva mais ampla.

Sim. Bem, devo dizer que Wolf parece-me estar certa a respeito disso.

Estar certa sobre o quê?

Ela está certa sobre o que torna significativa uma vida.

Oh! Há uma questão real, afinal de contas?

— Olhe, isso não significa que haja uma dialética filosófica rica, pois não posso imaginar como alguém poderia discordar dela. Parece-me que o que ela diz é perfeitamente óbvio – mas, sim, acho que ela está certa. Faz sentido dizer que, quanto mais engajado ativamente se está nas atividades de valor objetivo, melhor é a vida. Uma vida na qual alguém não está realmente *engajado* em suas atividades, não importa o quão valiosas possam ser essas atividades, obviamente não é muito satisfatória. E uma vida envolvendo atividades que não são realmente muito *valiosas,* não importa o quão ativamente engajado alguém possa estar nelas, também é, de forma óbvia, uma vida que não é tão boa quanto uma vida na qual as atividades são mais valiosas. Quem poderia negar qualquer aspecto disso?

— Assim, se não há nenhuma dialética, então você deve pensar que não há quaisquer problemas com a visão dela com respeito aos quais seja válido discutir?

— Ah, tudo bem! Eu *estou* um pouco incomodado pelo fato de que ela não sente necessidade de elaborar a sua abordagem do valor objetivo das atividades, da sua distinção entre atividades valiosas e sem valor – embora pense que ela esteja provavelmente certa de que, enquanto existir tal distinção, independentemente daquilo que ela venha a ser exatamente, a sua concepção pode acomodá-la. Concordo de fato que existe tal distinção, mas, por tudo o que sei, a minha concepção sobre isso poderia ser significativamente diferente da dela. Não tenho tanta clareza quanto gostaria de ter sobre se preocupações acerca disso fazem alguma diferença em relação à aceitabilidade da concepção principal de Wolf.

— Também tenho algumas preocupações acerca disso. E o que você achou da resposta dela à objeção baseada no argumento da "partícula de poeira"? Lembre-se – ela considera essa objeção, mas diz então que o tipo de sentido que ela está explicando pode não ser *o* sentido da vida, porém ele é certamente relevante para vidas dotadas de sentido.

— Eu não tinha clareza sobre se ela pensou que o que está chamando de valor objetivo ainda existe do ponto de vista da "perspectiva mais ampla" de Nagel. Se esse for o caso, então ela tem uma resposta perfeitamente boa para ele; contudo, se não for assim, então também ela deveria ficar preocupada com a questão da consistência. Simplesmente não tenho certeza.

— De todo modo, a principal questão é se Wolf – e você mesmo – estão certos de que existem atividades que são objetivamente valiosas. Mesmo deixando de lado o modo específico que Nagel tem de levantar o tema, a questão é o que *torna* essas coisas valiosas: o que *fundamenta* o seu alegado valor objetivo? Assim, o que *você* acredita fundamentar o valor de todas essas coisas interessantes e valiosas que você crê que a vida tem para oferecer – em virtude do que você jamais se sentiu realmente incomodado por esse tipo de pergunta? Caso se suponha que seja valor ou mérito *objetivo*, então não pode simplesmente estar baseado nas preferências subjetivas das pessoas.

— É claro que não! Eu poderia, é claro, estar errado sobre o valor objetivo das coisas particulares que valorizo neste mundo, mas certamente não creio que elas são valiosas só porque penso que o são – nem porque Deus (ou alguma autoridade) o diz. Dizer que há valor objetivo é dizer que ao menos algumas coisas têm *valor intrínseco:* são valiosas *em si mesmas*, não por causa daquilo a que elas conduzem nem por causa do que qualquer pessoa pensa sobre elas. Não tenho uma teoria desenvolvida sobre o que são exatamente essas coisas ou sobre por que elas têm esse estatuto; mas penso que algumas pessoas são claramente melhores do que outras em julgar quais são essas coisas. E elas não estão simplesmente inventando isso, tal como desejam. Há alguma questão de fato sobre o valor ou a falta de valor de quase todas as coisas – mesmo que fazer o julgamento correto em um caso particular possa ser muito difícil.

— Nesse caso, imagino que não seja muito forçoso pensar que algumas vidas são objetivamente melhores do que outras vidas – e que uma investigação filosófica sobre as condições sob as quais isso assim se dá sem dúvida poderia ser muito interessante?

# APÊNDICE I

A REDAÇÃO DE UM ENSAIO FILOSÓFICO

Muitos estudantes já terão escrito muitos ensaios de outros tipos, antes de escrever seu primeiro ensaio filosófico. Embora essa experiência anterior seja valiosa, pois deve ter produzido habilidades de escrita que são essenciais, é inadequada enquanto base para compreender os requisitos de um bom ensaio filosófico. A Filosofia é muito diferente da maioria das outras disciplinas, e a boa redação filosófica reflete essa diferença. Com freqüência, alunos dizem que se tivessem sabido *antes* de escrever seu primeiro ensaio exatamente o que o professor estava buscando e como seu ensaio seria avaliado, teriam feito, afinal, um trabalho bem melhor. Aqui está a sua oportunidade de descobrir quais deveriam ser seus objetivos, antes de começar a escrever.

Quando lhe pedirem para escrever um ensaio filosófico, você já terá lido um pouco de filosofia, assistido a algumas conferências e participado de algumas discussões. Você terá iniciado a prática do "fazer filosófico" com tudo o que ele envolve: estabelecer distinções, esclarecer tanto os termos e conceitos, quanto o conjunto das reivindicações, argumentar a favor e contra essas assertivas, levar em consideração as objeções a tais argumentos, responder a tais objeções e assim por diante. Um bom ensaio filosófico envolve a expressão escrita de todas essas coisas. Volte ao ensaio introdutório sobre o pensamento filosófico no Capítulo 1 (p. 21-22) para lembrar-se da estrutura básica de uma questão filosófica e dos vários tipos de assertivas, argumentos e de outros elementos a ela atinentes.

PRIMEIRO: O QUE FAZ COM QUE UM ENSAIO FILOSÓFICO SEJA DIFERENTE?

Um ensaio filosófico é fundamentalmente uma defesa argumentativa de alguma alegação filosófica. A defesa consistirá, em primeiro lugar, da apresentação da linha principal de argumentação a favor da assertiva (a qual tipicamente envolve alguns argumentos subsidiários na defesa de assertivas intermediarias) e, em segundo lugar, levar em consideração e responder às objeções tanto à sua assertiva principal, quanto ao seu argumento. Uma conseqüência disso é que se você não compreendeu claramente o que é um argumento, você terá muita dificuldade para escrever um bom ensaio filosófico. Um bom ensaio filosófico é uma rica peça de **dialética** filosófica.

Um bom ensaio filosófico não é um mero relato de argumento de outrem, mesmo se esse outrem for René Descartes, Immanuel Kant, ou algum outro filósofo famoso, mas é, por outro lado, um argumento que você (o autor do ensaio) está defendendo por alguma alegação filosófica particular. Reflita com atenção sobre a diferença entre relatar o argumento de alguma outra pessoa e apresentar um argumento que seja seu próprio.

O seu ensaio filosófico deve refletir as categorias que são essenciais aos hábitos mentais filosóficos que você vem aprendendo à medida que lê este livro:

- asserções claramente expostas;
- linhas de argumentação irrefutáveis (incluindo pontos bem desenvolvidos que digam respeito tanto à defesa quanto à ilustração das premissas do argumento);
- objeções claras e cuidadosamente desenvolvidas salientando, possivelmente, falhas sérias nos argumentos;
- respostas que mostrem porque as objeções, embora inicialmente atrativas, não são em última análise convincentes (e pode, de fato, mostrar até mais claramente o quão persuasivo o argumento principal do ensaio realmente é)

Bons ensaios filosóficos têm um caráter que os distinguem, uma forma que lhes é específica. Embora compartilhem de muitos aspectos com ensaios de outras disciplinas, há alguns aspectos de um bom ensaio filosófico que nenhum outro tipo de ensaio possui. Por exemplo, embora todos os bons ensaios devam ser bem escritos, uma redação que seja clara e cuidadosa é especialmente importante em um ensaio filosófico, devido ao caráter sutil e abstrato do pensamento envolvido. Além disso, embora ensaios em muitas outras disciplinas envolvam argumentos no seu desenvolvimento, os ensaios filosóficos são quase exclusivamente argumentativos: o ponto principal, a própria essência de um ensaio filosófico é a argumentação a favor de uma assertiva. Pense a respeito da assertiva que se encontra no ensaio introdutório, que o estudo de filosofia é valioso. Nós *argumentamos* a favor daquela assertiva apresentando e defendendo razões para a assertiva, onde a verdade das razões alegadamente fez com que a verdade da assertiva fosse mais provável. Por outro lado, alguém poderia falar sobre o estudo de filosofia de um modo muito diferente, que não fosse, de modo algum, argumentativo, que nem sequer tentasse dar razões para pensar que a assertiva fosse verdadeira, mas que, ao invés disso, tivesse uma abordagem inteiramente diferente.

SEGUNDO: COMO PROCEDER PARA PRODUZIR UM BOM ENSAIO FILOSÓFICO?

A resposta simples é: leia, pense, escreva, revise, talvez leia novamente, ou leia um pouco mais, pense, escreva, revise, *ad infinitum* (ou até que atinja o prazo estabelecido!). A resposta mais complicada é a que vem a seguir.

Prática de redação anterior à tarefa dada

A redação filosófica é uma forma especialmente valiosa de pensamento filosófico e lhe proporciona uma prática em redação, mesmo antes de você trabalhar em um ensaio formal. Qualquer tipo de redação lhe obriga – mais do que qualquer outro tipo de atividade intelectual – a tornar-se mais claro quanto às suas idéias. Em particular, escrever filosofia é o modo mais ativo e exigente rumo ao engajamento filosófico. Você verificará que quando ouvir uma palestra sobre filosofia, normalmente terá condições de acompanhá-la, e caso tenha feito a leitura previamente, poderá até ser capaz de antecipar algumas das idéias e transições de pensamento. Algumas vezes, você deixará o auditório pensando que realmente entende uma questão, ponto de vista ou linha de pensamento. Um bom teste de sua compreensão é o de tentar fazer uma explicação oral para outra pessoa: algumas vezes você não será sequer capaz de fazer isso (o que sugere que você não a entendeu tão bem quanto pensava); no entanto, algumas vezes, mesmo que você seja capaz de explicá-la oralmente, você seria incapaz de escrevê-la de modo inteiramente claro e acurado. A boa formulação de uma idéia por meio da escrita requer um nível de compreensão e clareza mais elevado do que qualquer outra forma de pensamento ou expressão. Assim sendo, é valioso tentar formular as várias idéias e argumentos que você encontra na escrita, quer isso tome a forma de uma passagem longa ou de simples anotações e lembretes. Isso também lhe proporcionará uma valiosa prática em redação filosófica, mesmo antes que você seja solicitado a escrever um ensaio.

Pense e faça anotações sobre a tarefa

Quando você receber a tarefa de escrever um ensaio, seguidamente lhe serão dadas instruções específicas, que visam guiar seus processos de pensamentos na criação de seu ensaio – e, talvez, também um tópico específico ou escolha de tópicos. Caso sua tarefa inclua questões a serem respondidas em seu ensaio, então se certifique de havê-las respondido. Isso pode parecer óbvio, mas nossa experiência tem demonstrado que muitos alunos simplesmente iniciam sua redação e seguidamente terminam fugindo para suas próprias questões tangenciais, ao invés de seguir as orientações dadas para a tarefa.

Uma vez que você escolheu ou chegou a um tópico, você deve refletir sobre ele o mais profundamente que puder, tentando diferentes linhas de pensamento até encontrar aquela que lhe pareça ser a que será capaz de defender. (Neste momento, você ainda não tem a possibilidade de estar seguro.) Neste estágio, você deve fazer anotações, rascunhando os argumentos e objeções que poderia incluir em seu ensaio. Quanto mais claros forem seus pensamentos, melhor será o seu ensaio: idéias obscuras podem transformar bons escritores em maus escritores. À medida que você pensa a respeito de seu tópico e faz anotações, você pode ter necessidade de retornar à leitura, tendo em mente questões mais específicas. Textos filosóficos têm um tipo de profundidade que continua a recompensar o leitor: você o compreenderá cada vez mais quando o ler pela segunda e terceira vez, e ainda mais quando o abordar com questões específicas às quais deseja responder. Esse processo deveria produzir uma linha de argumentos que você possa defender em seu ensaio, incluindo possíveis objeções e respostas.

Faça o esboço do ensaio

Uma vez que você tenha toda a linha de argumentação bastante clara em sua mente, você deve criar um esboço para seu ensaio. Este pode adquirir muitas formas diferentes, mas a idéia principal é a de que ele deva estabelecer a *estrutura* de seu ensaio: isto inclui a listagem de seus componentes principais, a especificação da ordem na qual ocorrerão e o esclarecimento de como eles se relacionam entre si. O esboço incluirá a colocação de sua proposta principal ou tese, uma especificação de seus argumentos principais e uma listagem de outros problemas e objeções a serem consideradas. (Lembre-se de que a consideração de objeções é uma parte essencial de qualquer ensaio filosófico.) Obviamente, você necessita ver todo o formato do ensaio antes que possa começar a escrever o primeiro rascunho.

Uma das razões pela qual um esboço é importante é que ele pode lhe auxiliar a evitar tropeços potenciais nos quais seguidamente caem aqueles alunos que estão escrevendo ensaios filosóficos pela primeira vez: deixar de antecipar um problema ou objeção que os obriguem a alterar substancialmente seu argumento principal, ou até mesmo mudar sua assertiva principal. Um aluno em grande desgraça é aquele que vem falar com seu professor no dia anterior à entrega do ensaio, em um estado de pânico, porque escreveu quase todo o ensaio e agora encontrou uma objeção que não foi prevista e não pode encontrar como respondê-la. Caso este aluno tivesse elaborado um esboço completo antes de escrever seu primeiro rascunho, ele poderia ter visto não possuir uma resposta a esta objeção – e, assim, poderia ter escolhido outro argumento principal ou até mesmo outra assertiva principal.

A elaboração de um bom esboço é grande parte do trabalho de escrever um ensaio filosófico. Há ainda trabalho importante a ser feito, mas que, em grande parte, consiste de refinamentos.

Escreva o primeiro rascunho

Agora você está pronto para escrever o primeiro rascunho. Trabalhando com base em seu esboço, escreva um rascunho completo de seu ensaio. É importante que isso seja feito com bastante antecedência para que tenha tempo suficiente para fazer a revisão: o primeiro rascunho de um ensaio filosófico raramente diz com exatidão aquilo que você está tentando dizer e freqüentemente apresenta muitos problemas e deficiências de vários tipos, que necessitam correção.

Especialmente em seu primeiro rascunho, assegure-se de incluir muitos "sinalizadores" para auxiliá-lo a manter claramente em mente os modos segundo os quais os pontos que estão sendo levantados são relevantes para o argumento como um todo; alguns (mas não todos) desses podem ser apagados à medida que você revisa e dá acabamento ao ensaio. Por exemplo, no início do ensaio (provavelmente na primeira página) você deve colocar uma frase explicitando a principal assertiva do ensaio: "neste ensaio, argumentarei que não procede o argumento de Descartes na *Primeira Meditação*, que podemos duvidar de qualquer crença baseada na experiência"; ou "neste ensaio, argumentarei que estados mentais são distintos de estados físicos"; ou neste ensaio, defenderei a objeção de Hume à teoria do contrato social". (É permitido – e eu penso até mesmo recomendado – escrever em primeira pessoa.) Uma clara postulação da assertiva principal do ensaio é um sinalizador muito importante (provavelmente o único de tanta importância). Você mencionará muitas outras assertivas filosóficas no ensaio as quais você não debaterá (pressupostos de base, ilustrações de pontos particulares, contrastes de assertivas que você não está debatendo, etc.), e você não deseja criar expectativas, em seu leitor, de que você defenderá todas elas.

Outro tipo de sinalizador, que, novamente, é mais bem expresso em primeira pessoa, é uma palavra ou frase que indica ao leitor o papel que uma assertiva ou passagem desempenha em relação ao argumento do ensaio como um todo. Por exemplo, "Explicarei o argumento de Descartes na *Primeira Meditação*, antes de criticar a premissa crucial" ou "embora esta passagem seja inicialmente plausível, mostrarei que ao fazer a distinção entre dois sentidos diferentes de "mental", torna-se claro que aquele argumento está equivocado" ou "antes de defender a objeção de Hume, explicarei a importância da idéia de consentimento para a teoria do contrato social."

Algumas vezes, sinalizadores são necessários para alertar o leitor de mudanças de perspectiva; por exemplo, "tenho argumentado que crenças introspectivas não estão sujeitas à dúvida com base na hipótese do sonho, mas podemo-nos perguntar o que Descartes diria sobre uma assertiva como essa", ou "a assertiva de Fodor, que explica como um estado físico afeta causalmente outro estado físico é o caso claro paradigmático da causalidade, mas argumentarei que tal pressuposto apresenta sérios problemas".

Por alguma razão, os alunos quando estão escrevendo seus primeiros ensaios filosóficos têm freqüentemente tendência a usar a linguagem mais sofisticada possível. Isso é um sério engano. Você deve tentar usar uma linguagem que seja tão clara e direta quanto possível, em vista do que você está tentando dizer. Não vá pesquisar em um dicionário palavras que pareçam importantes. Simplesmente procure colocar tão clara e simplesmente quanto possível os pontos que deseja estabelecer para poder defender o seu argumento.

Você também deve evitar terminologia filosófica que seja obscura ou desnecessária – o que *não* quer dizer que a terminologia filosófica deva ser evitada. Alguns professores fazem isso dando diretivas aos alunos para escrever de um modo que seja acessível a um determinado público: por exemplo, um aluno de graduação que seja brilhante, mas não conheça filosofia. A idéia que está por traz deste conselho é a de que se você pensar no público de seu ensaio como sendo seu professor, então há uma grande tentação de pressupor um nível demasiadamente alto de compreensão prévia – tanto de terminologia, quanto de questões de base - e, assim, não explique adequadamente suas idéias e argumentos.

Revise (revise, revise)!

Uma vez que você tenha seu primeiro rascunho, coloque-o de lado e conceda-se um dia ou dois antes de voltar a olhá-lo novamente. Você necessita ler o rascunho com renovado vigor, como se estivesse lendo algo que alguma outra pessoa escreveu. Um dos problemas típicos, daqueles que se iniciam na prática de escrever, é pensar que você disse alguma coisa, que, de fato, você não logrou dizer – ao menos não com clareza. Infelizmente, muitos alunos terminam explicando ao seu professor, depois que o ensaio foi entregue e avaliado, o que eles tiveram a intenção de dizer, dando-se conta, no processo de que, aquilo que eles na realidade escreveram, não expressou o que pretendiam dizer. Você precisa revisar aquilo que realmente escreveu e não o que está em sua mente, posto que seu professor, certamente, não terá condições de ler sua mente, mas terá acesso tão somente ao seu ensaio.

Agora faça uma leitura completa do rascunho de seu ensaio, focando com o máximo cuidado naquilo que ele realmente diz. Pressupondo que seu rascunho está adequado, a primeira coisa que você deve procurar nesse primeiro estágio do processo de revisão é se você expressou com exatidão o conteúdo de seu rascunho. Algumas vezes no processo de redação do primeiro rascunho, você pode cair na tentação de explorar uma linha de pensamento que vem a ser uma tangente, que não está relacionada de modo relevante com a assertiva principal que você está defendendo. Em cada parágrafo, você deve se perguntar: qual é o ponto que estou levantando neste parágrafo, e como esse ponto enquadra-se no argumento geral do meu ensaio?

Uma vez que esteja convencido de que a linha de argumento que escolheu foi expressa com clareza e que não tem material algum que não seja pertinente, você pode tentar refinar a sua prosa. Olhando novamente cada um de seus parágrafos, pergunte-se se o ponto está claro e se cada uma das frases expressa de modo claro e sucinto exatamente o que você deseja dizer. Nesse estágio da revisão, é freqüentemente útil a leitura do ensaio em voz alta, quer para um amigo ou colega de quarto, ou simplesmente para você mesmo, prestando cuidadosa atenção a construções desajeitadas ou formulações obscuras. Isto funciona somente se você se concentrar em suas palavras e orações específicas, bem como frases, na medida em que você as lê, pensando novamente sobre o que o ensaio, como está escrito, realmente diz, em contrapartida com aquilo que teve a intenção de dizer.

Os bons ensaios filosóficos são, freqüentemente, revisados três ou quatro vezes. Repetindo, é muito raro que o primeiro rascunho de um ensaio diga o que você realmente quer dizer, ou estar tão bom quanto você o possa fazer – ou seu professor desejar.

TERCEIRO: COMO SEU ENSAIO SERÁ AVALIADO?

Como dissemos, a característica mais importante que um ensaio filosófico deve ter é a de ser uma *defesa arrazoada de uma assertiva filosófica:* você deve ter defendido um argumento a favor de alguma assertiva específica e razoavelmente clara. Seu professor não poderá dizer que você alcançou seu objetivo, a menos que a estrutura de seu ensaio seja clara. (Realmente, tal crédito não lhe será dado, a menos que a estrutura esteja clara.) Conseqüentemente, estruturas claras e bons argumentos realçam substancialmente a qualidade de um ensaio, enquanto estruturas obscuras e argumentos fracos o depreciam.

Como argumentamos no ensaio introdutório, no Capítulo 1, uma defesa forte de uma assertiva filosófica é aquela que leva em consideração objeções e pontos de vista alternativos. Assim sendo, o ensaio que leva em consideração e responde a boas objeções será substancialmente mais forte do que aqueles que não conseguirem fazer isso.

Obviamente, é muito difícil para seu professor dizer se você forneceu um bom argumento ou objeções refletidas, se o seu ensaio não for claro ou bem redigido. Jamais esqueça que seu professor tem acesso somente às palavras que se encontram na página, e *não* ao pensamento em sua cabeça.

Conseqüentemente, um bom ensaio, aquele que na avaliação merecerá um conceito elevado, é aquele que fornece uma defesa irrefutável para uma assertiva filosófica claramente exposta e redigida, na qual a irrefutabilidade da defesa da assertiva inclui a consideração das objeções e as respostas a estas. E um ensaio fraco é aquele que não consegue fazer uma ou mais destas coisas. Não há mistério em volta das condições que devem ser satisfeitas para que você consiga escrever um excelente ensaio filosófico, mas isso requer muito trabalho duro e pensamento cuidadoso – e tudo isso requer que se disponibilize o tempo necessário.

ALGUMAS PERGUNTAS FREQUENTES

Devo escrever sobre minhas próprias opiniões? Se "escrever sobre" quer dizer argumentar a favor de, ao invés de continuar escrevendo desconexamente sobre alguma coisa, e se "opinião" quer dizer uma crença bem elaborada e defendida, ao invés de qualquer coisa que lhe venha à mente no momento, então, sim. Você deve argumentar a favor de uma crença cuidadosamente escolhida, para a qual você pode construir uma irrefutável defesa. Você deve construir um caso para uma assertiva, cujo ponto você possa ver. Talvez a próxima pergunta expresse melhor esta preocupação.

Devo argumentar somente a favor de assertivas nas quais realmente acredito? Algumas vezes os alunos são desaconselhados a argumentar a favor de uma crença fortemente enraizada, porque algumas vezes têm dificuldades em ver a necessidade de qualquer razão, e certamente não podem imaginar qualquer objeção possível à própria crença ou a qualquer argumento em seu favor. Obviamente, não se deve tentar escrever um ensaio filosófico defendendo uma crença dessas. Por outro lado, se a assertiva é algo no qual você não pode imaginar que alguém acredite seriamente, então, similarmente, você encontrará dificuldade em argumentar a seu favor. Assim sendo, defenda assertivas nas quais você acredita com base racional ou cuja crença seja plausível. Algumas vezes a preocupação que se encontra por detrás desta questão é, na realidade, a preocupação que a próxima questão apresenta.

Devo evitar discordar dos pontos de vista do meu professor? Você certamente não necessita argumentar somente a favor das assertivas que seu professor aceita para escrever um bom ensaio. Algumas vezes, os professores discordam sobre qual seja a reposta correta a alguma questão filosófica (alguns, por exemplo, são dualistas quanto à natureza da mente; outros materialistas), no entanto, eles usualmente concordarão quanto à qualidade filosófica de um ensaio. Você necessita defender irrefutavelmente um argumento estruturado com clareza, considerar objeções e respondê-las, a fim de escrever um bom ensaio filosófico, e o seu trabalho será avaliado devidamente. A avaliação do seu ensaio não dependerá da concordância do professor com as assertivas que você sustentou.

Tenho que construir meus próprios argumentos? Ou, quanta originalidade é solicitada de um ensaio filosófico introdutório? Certamente, não se espera de você a construção de seus próprios argumentos sem o auxílio de muitos filósofos que você leu até então. Presumivelmente, você aprendeu muito a partir de leituras, e seus ensaios filosóficos estarão baseados em alguns desses conhecimentos. No entanto, há ainda espaço para alguma originalidade, no modo em que você agencia suas idéias, no modo como você defende suas premissas, e nos exemplos que você dá. Com freqüência, estudantes exercitam sua originalidade em suas escolhas de objeções ou de respostas. Há muitos modos de exercitar certo grau de originalidade ao redigir um ensaio filosófico, sem inventar um argumento totalmente novo para uma assertiva filosófica.

Devo citar o filosofo sobre o qual estou falando? Você pode citar o filosofo em pauta, mas você deve explicar cada citação. Você não pode mostrar que compreende um filósofo por meio de citação de passagens relevantes, sem as explicar – a final de contas seria inteiramente possível saber qual passagem é correta, e, ainda assim, não ter uma compreensão clara do que ele diz! Geralmente, ensaios filosóficos introdutórios são suficientemente curtos, o que não deixa espaço suficiente para citações e também explicações do objetivo visado, e muitos excelentes ensaios introdutórios não fazem absolutamente uso de citações. Algumas vezes esta pergunta é feita porque o aluno ainda não absorveu suficientemente bem a real natureza de um ensaio filosófico. Algumas vezes os alunos são levados a argumentar da seguinte forma: Descartes aceitou alguma assertiva particular, portanto, tal assertiva é verdadeira, a defesa a favor da premissa de que Descartes aceitou a assertiva sendo alguma citação de Descartes nas *Meditações*. Lembre-se, no entanto, que se espera que seu ensaio defenda uma assertiva filosófica, e o fato de que Descartes (ou qualquer outro) pensou algo, não é, enquanto tal, uma razão para se pensar que é verdade. (Tal tentativa de argumentação comete a falácia de raciocínio chamada de *apelo à autoridade*.)

Devo utilizar dicionários usuais para esclarecer termos filosóficos ou citá-los em meu ensaio? Não. Dicionários usuais não contêm definições confiáveis da maioria dos termos filosóficos. (Há dicionários especializados que são muito mais fidedignos.) Você pode precisar usar um dicionário usual para compreender outros termos em algumas de suas leituras.

O que fazer se meu primeiro rascunho é demasiadamente curto? Esta pergunta é muito comum. Alguns alunos ainda têm de aprender como desenvolver um ponto. Eles tentam expor uma idéia complicada, sutil, em muito poucas palavras. Algumas vezes você tem de trabalhar gradualmente uma idéia, e algumas vezes você necessita distinguir seu ponto de outros que o leitor poderia pensar que você está levantando. Um modo de ver como e onde você necessita elaborar suas assertivas é colocá-lo de lado por um dia ou dois, a fim de que você o possa ler como se fora escrito por outra pessoa, e, assim, ter uma visão mais clara do que mais necessita ser dito para tornar o conteúdo mais claro e explícito.

O que fazer se meu primeiro rascunho é demasiadamente longo? Retorne ao seu esboço, e assegure-se de que todos os pontos que você levanta em seu rascunho são necessários para seu argumento. Faça o escrutínio de cada parágrafo, ou até mesmo de cada frase, perguntando-se como se enquadram no seu argumento e se realmente são necessários.

APÊNDICE II

Ao longo da tradução desta obra, tanto os tradutores quanto os revisores técnicos consideraram apropriado, em alguns casos, chamar a atenção do leitor para a palavra ou para a expressão no original em inglês. Isso se deve à convicção de que essas expressões exigiam certa reflexão especial e até mesmo uma justificação detalhada de sua adoção. Visto que tais palavras e expressões acabaram formando um número razoável de entradas, entendemos ser de utilidade para o leitor que elas fossem apresentadas em um apêndice, no qual a palavra em inglês recebe a versão que foi normativa ao longo de todo o livro ou então adotada para uma seleção de textos específica.

Ao mesmo tempo, essas entradas de tradução foram pensadas com o propósito de buscar uma padronização das expressões e dos termos filosóficos na língua portuguesa. No decorrer da leitura desta obra, o leitor provavelmente enfrentará certos "desconfortos" ou "estranhezas" referentes a alguns neologismos, termos ou conceitos que são hoje de uso "acostumado" no tratamento acadêmico referente às temáticas abordadas. Acrescenta-se a isso o fato de que, por se referirem a estudos contemporâneos, não possuem, via de regra, uma veiculação consagrada na língua portuguesa.

Naturalmente, é oportuno que os leitores e os profissionais do ensino da filosofia sintam-se estimulados a opinar acerca da adequação ou não dessas escolhas de tradução. Isso deverá trazer, assim esperamos, o aprimoramento a futuras traduções, reimpressões e reedições de obras filosóficas em nossa língua.

LÉXICO SELETIVO INGLÊS-PORTUGUÊS

actual, actuality: atual, atualidade (em contextos de metafísica clássica, em oposição a "potencial", "potencialidade").

agency: agência (teoria da ação), ou seja, o poder ou a capacidade de ação a partir da existência de um agente.

agent causation: causação por agente.

agent-cause(s): causa(s) por agente.

agent-self: eu-agente.

appearance: fenômeno (em contextos de teoria da mente e da percepção, George Berkeley).

argument from design, design argument: argumento do desígnio.

background conditions: condições subjacentes (John Rawls).

background institutions: instituições básicas (John Rawls).

basicness: sentido básico, caráter básico (de certos direitos).

bestowal of weights: conferimento, concessão, atribuição de pesos (teoria da ação, Robert Nozick).

central state materialism: materialismo de estado central.

clear wrong: injustiça nítida (Thomas M. Scanlon).

commonwealth: Estado.

consenting adults: adultos capazes de dar consentimento (Robert Nozick).

contrivance: invenção, planejamento.

contriver: inventor, planejador.

current slice-time principles: princípios de justiça relativos a uma parcela do tempo presente (Robert Nozick).

default position: posição sob ausência de pressupostos (Thomas M. Scanlon).

design: desígnio (em contextos de teologia natural e filosofia da religião).

Designer: designador (em contextos de teologia natural e filosofia da religião).

divine command theory of morality: teoria da moralidade em termos de comando divino.

Doppelgänger (vocábulo da língua alemã): sósia, duplicata.

eliminative, eliminativism: eliminativo, eliminativismo (neologismo).

enlargement, enlargement of the Self: ampliação, alargamento; ampliação do Eu, alargamento do Eu (Bertrand Russell).

entitlement, entitlement principle: intitulamento, direito; princípio de intitulamento.

entitlement theory: teoria do intitulamento.

event-causation: causação por evento.

event-cause(s): causa(s) por evento.

evolutionary story: história evolucionária ou história evolucionista.

explanatory gap: hiato explanatório.

fair: equitativo, imparcial (contexto da filosofia política de John Rawls).

fairness: equidade (contexto da filosofia política de John Rawls).

first-order desire(s), second-order desire(s): desejo(s) de primeira ordem, desejo(s) de segunda ordem.

fixed schedule of trade-offs: tabela fixa de correspondência (Robert Nozick).

free will: vontade livre, livre-arbítrio.

free will theodicy: teodiceia da vontade livre (John Hick).

fulfilling activity(ies): atividade(s) gratificante(s), atividade(s) realizadora(s) ou atividade(s) significativa(s).

general representatives: (as ideias como) representantes gerais (teoria das ideias de Locke).

greatest happiness principle: princípio da máxima felicidade.

hard incompatibilism: incompatibilismo rígido ou incompatibilismo duro.

human flourishing; to flourish: bem sucedimento humano, prosperidade humana; bem suceder, prosperar.

industry: diligência, empenho (inglês antigo).

just entitlemen; to be just entitled: direito legítimo; ter direito legítimo (filosofia do direito/Robert Nozick).

leviathan: monstro poderoso, leviatã (Thomas Hobbes).

libertarian: libertário (em contextos de teoria política e social); libertarista (em contextos de teoria da ação).

libertarianism, libertarianist: libertarianismo, libertarianista (em contextos de teoria dos direitos).

maximin principle: princípio máximo-mínimo (John Rawls).

maximax principle: princípio máximo-máximo (John Rawls).

meaningful activity: atividade dotada de sentido, significativa.

meaningful life: vida dotada de sentido ou vida dotada de significado.

meaning of life: sentido da vida.

meaningfulness: posse de sentido.

meaninglessness: falta de sentido.

meatist: carneísta (neologismo).

mind-stuff: substância mental (William James).

mysterians, mysterianism: misterianos, misterianismo (neologismos).

no-freedom theorists: teóricos da liberdade zero.

one-one relation: relação um com um (Derek Parfit).

one-many relation: relação um com muitos (Derek Parfit).

Orderer: ordenador (em contextos de teologia natural e de filosofia da religião).

patterned principle: princípio em conformidade com um padrão.

perceptual experience: experiência perceptual.

perceptual idea: ideia perceptual.

perceiving being: ente percipiente (George Berkeley)

perceiver: sujeito-que-percebe (Laurence BonJour)

person-stage(s): estágio(s) de pessoa ou etapa(s) de pessoa.

principle of redress: princípio de reparação.

randomness: aleatoriedade.

redress: reparação.

reflexive self-reference: autorreferência reflexiva.

reflexive self-subsumption: autossubsunção reflexiva.

representative: representante, meio representativo (crítica de Thomas Reid à teoria das ideias).

rules of thumb: regras práticas, regras de senso comum.

self-forming actions: ações autoformadoras.

self-subsuming decision: decisão autossubsumida (Robert Nozick).

sense-datum, sense-data: dado sensório, dados sensórios ou dados dos sentidos.

sense experience: experiência sensória, experiência dos sentidos.

sensible things: coisas sensíveis (George Berkeley).

sentiment: opinião (filosofia moderna, inglês antigo).

soul-making theodicy: teodiceia da relização da alma (John Hick).

the felicific calculus: cálculo felicífico (Onora O'Neill).

token-token identity: identidade exemplar-exemplar ou identidade espécime-espécime.

token physicalism, token physicalists: fisicalismo de exemplar, fisicalistas de exemplar.

type physicalism: fisicalismo de tipo.

thought experiment: experimento de pensamento ou experimento mental.

type-token: tipo-exemplar (em que *token* significa basicamente o indivíduo ou o caso individual de uma espécie, variedade, instância, ocorrência).

unfair, unfairly: não imparcial, não equitativo; de maneira não imparcial, de maneira não equitativa (contexto da filosofia política de John Rawls).

warrant: aval, autorização.

weighing reasons: pesando razões, ponderando razões (Robert Nozick).

weighting reasons: aplicando peso ou dando peso a razões (Robert Nozick).

will-setting actions: ações que assentam, estabelecem, fixam a vontade.

wishful thinking: pensamento ilusório (contexto de teoria do conhecimento), pensamento desejoso.

wrongness: incorreção (contexto da ética e da filosofia moral), em oposição a *rightness* ou "correção".

Nesta obra, diversas palavras da língua inglesa não foram traduzidas, seja porque, reconhecendo-se o estrangeirismo, já foram efetivamente assimiladas ao vocabulário oficial da língua portuguesa, seja porque, por serem amplamente utilizadas, já se encontram na prática incorporadas ao vocabulário cotidiano da língua. Exemplos: *bit(s)*, *chip*, *input*, *insight*, *output*, *hardware*, *pixel(s)*, *software*, *status*, etc.

Em alguns poucos casos, palavras técnicas da filosofia ou áreas interdisciplinares simplesmente não foram traduzidas, não só por se julgar estar estabelecido o seu uso, mas também por se adotar um critério de simplificação – a tentativa de encontrar uma tradução para elas poderia resultar por demais onerosa ao entendimento do leitor. Exemplos: *quale* (singular), *qualia* (plural), *wanton*, etc.

Profa. Dra. Maria Carolina dos Santos Rocha
Prof. Dr. Roberto Hofmeister Pich

APÊNDICE III

ALL BACHELORS ARE UNMARRIED: UMA NOTA SOBRE FILOSOFIA E TRADUÇÃO

A proposição *All bachelors are unmarried*, exatamente e tão só nessa forma e não, de modo alternativo, *All bachelors are unmarried men*, é utilizada repetidamente nesta obra como exemplo, em língua inglesa, de uma proposição analítica implícita ou de um juízo *a priori* implícito (cf. também o Glossário). Ela é um caso típico dos desafios que a tarefa de tradução impõe ao tradutor-filósofo. É também um exemplo de como os esforços desse ofício, apesar da reflexão atenta e da discussão detalhada com pares sobre significado e forma linguística, podem resultar ao final, em termos de rigor e precisão, ainda insatisfatórios. Nesta antologia, tal proposição será sempre traduzida por "Todos os solteiros são não casados", como, de resto, ela tem sido efetivamente traduzida para a língua portuguesa. No entanto, há clareza quanto aos motivos pelos quais ela é ou teria de ser assim traduzida? De outra parte, por quais motivos se deveria prestar atenção ao caráter insatisfatório, mesmo que ao final assumido, de tal versão?

Em primeiro lugar, olhe-se com atenção para a sentença em língua inglesa. *Bachelor*, o termo sujeito, é usado como substantivo *masculino*, visto que significa, na definição completa, "homem adulto solteiro". Ainda que o termo no inglês também comporte esse significado, aqui ele não pode ser traduzido como "bacharel", se por tal palavra deseja-se dizer em português o diplomado, o detentor do primeiro grau universitário ou, em uso arcaico, porém ainda em curso, o "diplomado em direito". No inglês moderno, quando não tem o significado recém-mencionado, *bachelor* designa precisamente "homem adulto solteiro".

Supõe-se que, esse idiomatismo deva-se ao fato de que, na origem, o termo *bachelor* era usado para significar um jovem cavaleiro, aprendiz das armas, que se encontrava em estágio probatório da cavalaria, um jovem cavaleiro que (ainda) servia sob estandarte alheio, um jovem adulto ainda não definitivamente preparado ou estabelecido para a vida social e, portanto, para contrair matrimônio. Comportando tais aspectos da imaturidade de um jovem cavaleiro "em treinamento", já no século XIV *bachelor* associa-se a "jovem membro de uma universidade" e, por conseguinte, a "homem solteiro".

Em inglês, a palavra não é usada para referir-se a uma "mulher adulta solteira"; para tanto, admite-se *bachelor girl* ou *spinster*. Convém lembrar que as duas últimas expressões, aplicadas a pessoas do sexo feminino, têm conotações muito particulares: a primeira é utilizada para designar uma mulher adulta solteira que, porque assim deseja ou pode, tem vida independente de um homem adulto ou dos possíveis benefícios do contrato matrimonial, ao passo que a segunda designa, um tanto pejorativamente, a "solteirona". Cabe salientar que a palavra *bachelor*, hoje em dia, pode ser usada semelhantemente para designar o "solteirão", ou seja, não meramente um "homem adulto solteiro", mas um homem que não conseguiu casar-se ou, porque não intenta fazê-lo, ao que tudo indica não se casará, quando seria natural esperar que o fizesse.

De todo modo, nos usos habituais, e em particular naquele uso observado na proposição citada diversas vezes ao longo deste texto, *bachelor* tem caráter neutro, significando mais simplesmente um homem adulto que não é casado ou que ainda não se casou. Esses conteúdos, portanto, são denotados pelo substantivo *bachelor*, tal como, analogamente, "debutante" denota, em português, "mulher adolescente solteira", ou "corpo" denota "coisa material que ocupa lugar no espaço".

Em segundo lugar, de forma natural e sem maior necessidade de reflexão, o adjetivo *unmarried* significa em português "solteiro". "Solteiro" em português é *a versão imediata e idiomática de "unmarried"* em inglês. Embora pareça tolo e desnecessário fazê-lo, é conveniente, como logo se notará, ressaltar a obviedade de que, ao designar um indivíduo "solteiro", *unmarried* designa alguém que não é ou não está casado e que não foi ou não esteve casado. A partir disso, literalmente, a proposição *All bachelors are unmarried* seria traduzida como "Todos os solteiros [*bachelors*] são solteiros [*unmarried*]".

Percebe-se, assim, que, diante do objetivo almejado com a sentença em língua inglesa – o de ser ela um exemplo de proposição analítica implícita ou juízo *a priori* implícito –, há problemas com essa tradução ("Todos os solteiros são solteiros") e com a anterior ("Todos os solteiros são não casados"), sobretudo pela ausência, em português, de um cognato para *bachelor* (como "homem adulto solteiro"), de um termo que se preste aos mesmos propósitos daquele na língua inglesa. A título de exemplo, a língua alemã possui o cognato perfeito, ou seja, *der Jungeselle*, traduzindo precisamente, sem tirar nem pôr, *All bachelors are unmarried* como *Alle Jungesellen sind unverheiratet*.

Assim, com esses pressupostos acerca da sentença original, deve-se, em terceiro lugar, retornar à tradução adotada e em boa medida estabelecida em português, isto é, "Todos os solteiros são não casados". Ela é problemática por pelo menos quatro motivos:

1. "não casado", um adjetivo com prefixo de negação, não é uma forma idiomática em português, ainda que inteligível, uma vez que, em realidade, destaca meramente o prefixo de negação *un-* em *unmarried*, como via de regra – e aqui a modo de exemplo – o faz *idiomaticamente* o prefixo in- em "incrível", quando "incrível" serve com naturalidade para a tradução de *"unbelievable"*.
2. Ademais, "não casado" rigorosamente não pode ser *sinônimo* de "solteiro", o significado preciso de *"unmarried"* almejado na proposição em inglês. Afinal, em português, alguém "não casado" – visto que logicamente "ser não casado" é o mesmo que "não ser casado – pode perfeitamente ser alguém "divorciado", "desquitado" ou até mesmo "viúvo". Se "não casado" trouxesse, em português, tal equivocidade à sentença em apreço, o exemplo original seria totalmente descaracterizado e desabonado em seus propósitos.
3. Além disso, o adjetivo "não casado", se tomado na proposição "Todos os solteiros são não casados", como seria de fato devido, simplesmente como *sinônimo de conteúdo* do adjetivo "solteiro", de novo tornaria a proposição em apreço apenas uma outra forma de escrever "Todos os solteiros são solteiros", que é uma tautologia ou proposição analítica explícita, assim como as proposições "Todos os gordos são obesos", "Todas as crianças são infantes", "Todos os renatos têm rim" ou "Todos os cordatos têm coração".
4. Em quarto lugar, em um registro de extrema precisão, seria possível afirmar que "não casado", na proposição "Todos os solteiros são não casados", em se tomando esta como uma proposição analítica implícita, explicaria antes o que é "ser solteiro" ou o que é "ser uma pessoa solteira", em geral, e não o que o que é ser um *bachelor*, isto é, "um homem adulto que não é casado".

É de se presumir que a maior parte dos leitores entenderá que "Todos os solteiros são não casados" quer dizer "Todas as pessoas solteiras são não casadas". Contudo, não é esse precisamente o sentido de *All bachelors are unmarried*. Dessa maneira, "Todos os solteiros são não casados"

1. ou incorre, na parte do predicado, em barbarismo linguístico,
2. ou corre o risco de dissolver o propósito do exemplo original,
3. ou vem a constituir, dada a sinonímia sujeito-predicado, uma proposição analítica explícita ou tautologia,
4. ou finalmente vem a formar uma outra proposição analítica implícita que difere do significado daquela proposição original.

No entanto, e para concluir, há como traduzir *All bachelors are unmarried* de um modo melhor do que "Todos os solteiros são não casados"? Dificilmente! Afinal, carece-se de um cognato para *bachelor* em língua portuguesa – e, quando da tradução, ele não pode ser criado *sem mais*, visto que toda tradução opera com explícita preferência às convenções linguísticas já existentes. (Por isso, não é uma alternativa claramente eficiente sugerir ao leitor: "Atenção! Sempre que você ler 'bacharel' em 'Todos os bacharéis são não casados' fique alerta quanto ao fato de que os tradutores estabeleceram uma nova entrada no léxico da palavra 'bacharel' em português, de modo que a palavra também passa a ser, a partir de agora, um cognato de *bachelor* em inglês nos casos em que a palavra significa *unmarried man*").

A chave, pois, para entender não o significado da proposição em si, mas o caráter proposicional que ela possui em inglês e nos casos ora utilizados ao longo do texto, é lembrar, de forma simples, que ela se presta *não* como exemplo de tautologia ou proposição analítica *explícita*, mas como exemplo de proposição analítica *implícita*: aquela cuja conexão dos termos expressa uma necessidade lógico-semântica em função do significado dos termos que pode, portanto, ser objeto de assentimento racional tão logo o sujeito entenda o significado dos termos conectados e, nesse caso, o significado implícito do termo *bachelor*, tal que o predicado apenas diz ou torna manifesto o que já se encontra implicitamente no conteúdo definitório do conceito do sujeito. No caso de uma proposição analítica explícita, como "Todos os objetos azuis são objetos azuis" e "Todos os homens baixos são baixos", o predicado nem sequer torna manifesto o que já se encontra no conceito do sujeito, mas simplesmente reitera, total ou parcialmente, o seu conteúdo.

A proposição "Todos os solteiros são não casados", mantida como tradução de *All bachelors are unmarried*, não é, portanto, pelos motivos alegados, uma tradução ideal; parece *não haver* na língua portuguesa tradução ideal para a correspondente sentença em inglês. Desde que se pressuponha o seu caráter próprio, no original e em português, como regrado pela propriedade de ser uma proposição analítica implícita e que se imagine – com alguma benevolência para com os tradutores – desempenhar ali "solteiro" aquilo que *bachelor* desempenha em língua inglesa, capta-se com correção o que a sentença "Todos os solteiros são não casados" significa.

All bachelors are unmarried é um exemplo padrão e pervasivo em língua inglesa para explicar o ponto teórico sobre a natureza de proposições. Menos elegante seria fazê-lo com outros exemplos, porém tão mais simples! A propósito, analogamente, como já se supõe claro ao leitor, "Todos os solteiros são não casados" pertence à mesma classe de proposições analíticas – devendo ser logicamente entendida sob os mesmos critérios – que "Todas as debutantes são solteiras", "Todos os corpos são volumosos" e "Todos os tradutores são plurilíngues" (afinal "Os tradutores são traidores" e "Os tradutores são honestos", mesmo se verdadeira uma ou outra seriam, a cada vez, proposição contingente).

Prof. Dr. Roberto Hofmeister Pich

GLOSSÁRIO

Uma suave advertência: muitos dos conceitos expressos por termos neste glossário são conceitos sobre os quais ao menos alguns filósofos têm dúvidas ou desconfianças: quanto à sua inteligibilidade última, à sua aplicação ao mundo, ou ambos; na maior parte dos casos, não procuramos, aqui, tomar nota de tais dúvidas e desconfianças.

a posteriori ver ***a priori/a posteriori***.

a priori/a posteriori Essa é uma distinção concernente às razões ou à justificação oferecida para uma alegação. Razões ***a posteriori*** são baseadas ou derivadas da experiência; assim, pois, "***a posteriori***" significa a mesma coisa que empírico. Razões *a priori* são independentes da experiência. De acordo com um racionalista, essas razões derivam da percepção racional ou da intuição racional, operando independentemente da experiência; enquanto um empirista moderado dirá que essas razões estão de algum modo disponíveis independentemente da experiência, mas não dependem da percepção racional. (Por exemplo, a alegação de que ***todos os bacharéis são infelizes*** é ***a posteriori*** [ou empírica], porque pode ser justificada somente por razões derivadas da experiência sensória, mas a alegação de que ***todos os bacharéis são solteiros*** é ***a priori***, porque a experiência sensória não é requerida para a sua justificação – na medida em que entende a alegação, você pode ver claramente que ela é verdadeira).

abdução ver **argumento explanatório**.

abstrato/concreto Uma distinção metafísica entre modos de ser. Coisas concretas existem no espaço e no tempo e interagem causalmente com outras entidades desse tipo ou com coisas que existem no mesmo modo geral. Assim, pois, um objeto material comum é um paradigma de uma coisa concreta, mas a mente ou o espírito de uma pessoa individual particular (de acordo com o dualismo) assemelha-se a um objeto material no sentido de que ela existe no tempo e, na maior parte das acepções, encontra-se em relações causais com o corpo da pessoa (uma coisa material), e por isso mesmo também conta como concreta. Deus, ainda que em certas acepções um ente existente fora tanto do espaço quanto do tempo, é ainda concreto em virtude da sua relação causal com o mundo. Coisas ou entidades abstratas, em contraste, não existem no espaço e no tempo, e não interagem causalmente com as entidades concretas. O paradigma de uma entidade abstrata seria uma propriedade abstrata, tal como vermelhidão, triangularidade ou justiça. Mas tais coisas, como números e conjuntos de objetos, são também, costumeiramente, consideradas abstratas da mesma forma.

acarretar Premissas acarretam uma conclusão quando sua verdade garante a verdade da conclusão; ou, equivalentemente, ali onde não é possível no sentido lógico ou metafísico que as premissas sejam verdadeiras e a conclusão falsa. (Assim, pois, as premissas de um argumento dedutivo válido acarretam a sua conclusão.)

ad hoc Respostas ou qualificações oferecidas meramente com o propósito de atingir alguma objeção ou algum problema, sem ter qualquer mérito independente (a frase latina significa literalmente "para este propósito específico").

agnosticismo ver **teísmo**.

alegação Uma proposição declarada com a intenção de afirmar uma verdade.

altruísmo ver **egoísmo ético**.

analítico/sintético Uma distinção respectiva à estrutura lógica de uma proposição, alegação ou afirmação. Que uma proposição é analítica é frequentemente oferecido (especialmente por proponentes do empirismo moderado) como uma explicação de como ela pode ser justificada ou conhecida ***a priori***. Como Kant define a distinção, uma proposição analítica é uma proposição de forma sujeito-predicado, cujo predicado está ***incluído*** no seu sujeito, seja explicitamente (***todos os homens altos são altos***), seja implicitamente (***todos os bacharéis são solteiros***); enquanto uma proposição sintética é uma proposição que ***não*** tem esse tipo de forma, uma proposição em que o predicado não está contido no sujeito. Outras abordagens de analiticidade foram oferecidas numa tentativa de explicar o aparente estatuto *a priori* de proposições que não se encaixam claramente na definição de Kant. Dessas, as duas mais comuns são

a) que uma proposição é analítica se ela é uma verdade da lógica ou transformável numa verdade da lógica, substituindo-se definições corretas para alguns dos seus termos; e
b) que uma proposição é analítica se ela é verdadeira simplesmente em virtude do seu significado (sendo, em ambos os casos, de outra maneira, sintéticas).

Aqui, a definição (a) é uma generalização bastante óbvia da definição de Kant, que incluiria as proposições que se encaixam na sua definição, mas também proposições como *ou está chovendo ou não está chovendo*. A definição (b), por outro lado, é mais vaga: simplesmente, *como* o significado explana a verdade? (Se ela quer dizer apenas que qualquer um que entende a proposição pode ver ou apreender imediatamente que ela é verdadeira, nesse caso ela não é claramente diferente da definição de **a priori**, tornando **circular** a tentativa de explicar a justificação ou o conhecimento *a priori* por apelo à analiticidade).

analogia, argumento por argumentar a partir da semelhança entre coisas num aspecto para a conclusão de que elas são, portanto, (provavelmente) semelhantes em outro aspecto.

antecedente ver **condicional**.

argumento Um conjunto de alegações, algumas das quais são **premissas**, adiantadas com o propósito de estabelecer a verdade de uma das outras das alegações, a **conclusão**. (Os argumentos podem também incluir conclusões intermediárias ou lemas, alcançadas no processo de raciocinar para a conclusão principal). A verdade das premissas deve ao menos parecer fazer com que a conclusão seja mais provavelmente verdadeira (do que ela pareceria ser, se as premissas fossem falsas), mas isso não precisa em realidade ser assim: um argumento falacioso é ainda um argumento.

argumento a partir da ilusão (às vezes chamado de o argumento a partir da alucinação) Um argumento a favor da concepção de que aquilo de que estamos diretamente ou imediatamente conscientes, em casos normais de percepção, não é um objeto material existente externamente, mas, ao invés disso, alguma coisa mental como uma ideia ou um dado sensório. A premissa crucial do argumento é a alegação de que o caráter intrínseco da experiência perceptual pode ser o mesmo se se está tendo uma experiência verídica (verdadeira) ou não; em outras palavras, a experiência de ilusões ou de alucinações pode parecer tão verídica, tão genuína, quanto uma experiência de um objeto exterior. O objeto exterior claramente não é o objeto da consciência direta no caso da alucinação (dado que não há nenhum objeto) ou no caso da ilusão (dado que o objeto real é muito diferente do objeto experimentado). Mas se o objeto exterior não é aquilo de que estamos diretamente conscientes nesses casos, e se não há nenhuma diferença experiencial entre as experiências verídicas e as não verídicas, nesse caso, é argumentado, o objeto *imediato* da experiência deve ser o mesmo em todos esses casos – e, assim, não pode ser um objeto material exterior. O argumento a partir da ilusão é, pois, um argumento contra o realismo direto.

argumento da primeira causa Um argumento a favor da existência de Deus baseado na alegação de que tudo deve ter uma causa, mas que a cadeia de causas não pode retroceder ao infinito. Desse modo, deve haver alguma causa primeira, incausada (a qual, então, alega-se ser Deus).

argumento dedutivo Um argumento cujas premissas têm o propósito de logicamente **garantir** ou **dar necessidade** à verdade da conclusão (ver **argumento**).

argumento explanatório (ou inferência) Às vezes chamado de *inferência à melhor explanação* ou um argumento *abdutivo*, essa é uma forma de argumento na qual conclui-se que alguma coisa é (provavelmente) verdadeira porque é a **melhor explanação** de alguma outra coisa que se acredita ser verdadeira. Os astrônomos usaram esse tipo de argumento quando argumentaram que existia um nono planeta além de Netuno: o raciocínio apelava ao fato de que existem perturbações na órbita de Netuno; alegava que a melhor explanação para tais distúrbios na órbita de Netuno era a existência de um outro planeta e, assim, concluíram que tal planeta provavelmente existe (aquele que agora conhecemos como o planeta anão Plutão).*

argumento indutivo O tipo de argumento (também chamado de *indução enumerativa* ou *instanciadora*) que infere a partir de muitos casos observados (muitos casos observados de A que também são casos de B e, talvez, também alguns casos observados de A que não são casos de B) para uma alegação geral formulada nos mesmos termos (onde não existem exceções, de que todos os As são Bs; ou, onde há exceções, que alguma porcentagem específica de As são Bs). De modo mais geral, qualquer tipo de raciocínio em que as premissas oferecem bom suporte, porém, não suporte conclusivo para a verdade da conclusão. (Nesse sentido mais geral, mas não no sentido mais estreito, um argumento explanatório seria uma instância de raciocínio indutivo.)

ateísmo ver **teísmo**.

atitude proposicional ver **proposição**.

autoevidente A propriedade que uma proposição tem, quando o seu conteúdo oferece uma razão convincente para pensar que ela é verdadeira. Assim que se entende uma proposição autoevidente, pode-se ver claramente que ela deve ser verdadeira, e aquela visão constitui uma boa razão para crer nela. Proposições autoevidentes são os alegados objetos da percepção racional.

autonomia A habilidade de determinar livremente a própria ação.

axiologia O estudo geral da natureza do **valor**, incluindo o moral, o estético e os valores de outros tipos.

behaviorismo A concepção de que o comportamento corpóreo é de certo modo fundamental para entender os estados mentais. O behaviorismo lógico é a concepção (uma versão do materialismo) de que os estados mentais são redutíveis a (nada mais do que) comportamento e disposições ao comportamento. O behaviorismo metodológico em psicologia é a concepção de que a maneira própria de estudar estados mentais é estudar o comportamento (em oposição a apelar para relatos introspectivos). Essas são concepções distintas, e é possível aceitar o behaviorismo metodológico sem aceitar o behaviorismo lógico.

behaviorismo lógico ver **behaviorismo**.

bem instrumental ver **bem intrínseco/bem instrumental**.

---

* N. de R.T. De todo modo, a comunidade científica, como é sabido, destituiu Plutão, no ano de 2006, do estatuto de planeta, classificando-o como planeta anão ou planetoide.

bem intrínseco/bem instrumental Alguma coisa é um bem intrínseco (ou tem valor intrínseco) se é boa *em si mesma*, boa por causa de si mesma, independentemente de qualquer outra coisa ou de qualquer outro propósito; ao passo que alguma coisa é um bem instrumental se é boa como um *meio* para alguma outra coisa. A felicidade é o exemplo mais óbvio de alguma coisa que é intrinsecamente boa; ao passo que, para todos exceto para os avaros, o dinheiro é meramente um bem instrumental: ele é bom só por aquilo que você pode obter em troca dele, não por causa de si mesmo. É possível que alguma coisa seja boa de ambos os modos: o conhecimento é um exemplo de alguma coisa que se tem com frequência alegado ser intrinsecamente boa, mas que é também instrumentalmente boa.

causa e efeito A relação entre dois eventos, em que um, a causa, precede e produz o outro, o efeito. De acordo com a *teoria de causação por regularidade* (ou *humeana*), o "produzir" nada mais é que os dois eventos ocorrendo regularmente nessa sequência. Em outras concepções, a causação requer uma relação mais forte de **conexão necessária** entre a causa e o efeito.

causação por agente Uma suposta variedade de causação, advogada por algumas concepções libertaristas com respeito ao problema da vontade livre. De acordo com tais concepções, as ações ou as escolhas livres são causadas pelo agente ou pelo eu (visto como uma espécie distintiva de coisa ou de substância), em oposição a ser causadas por um ou mais eventos envolvendo o agente. (Termo contrastante: **causação por evento**.)

causação por evento A variedade mais costumeira e não controversa de causação, na qual um *evento* é causado por outros e anteriores *eventos*. A causação desse tipo é em geral pensada como se conformando às leis da natureza. (Termo contrastante: **causação por agente**.)

ceticismo A concepção de que o conhecimento e inatingível. Pode-se ser um cético sobre o conhecimento em geral ou somente com respeito ao conhecimento em algum domínio limitado (por exemplo, um cético sobre a existência de Deus ou sobre a moralidade).

circular Um termo usado para descrever um argumento, uma definição ou uma explanação que, de maneira ilegítima, pressupõe a coisa que se supõe que ele estabeleça ou explique. Um argumento circular é um argumento em que uma das premissas é ou a conclusão à qual alegadamente se chega ou alguma coisa tão próxima àquela conclusão a ponto de equivaler à mesma coisa, em diferentes palavras. O problema com tal argumento (um argumento que também é dito incorrer em petição de princípio) é que qualquer um que já não aceita de antemão a conclusão (a menos que esteja confuso) também não aceitará a premissa em questão, de modo que o argumento não poderia dar a alguém uma boa razão para aceitar a sua conclusão. De modo análogo, uma definição circular é uma definição onde o termo que está sendo definido (ou alguma coisa tão próxima a ele a ponto de equivaler à mesma coisa) é utilizado ao oferecer-se a definição. Em tal caso, uma pessoa que já não entende o termo sendo definido será incapaz de entender a definição proposta, de modo que a definição não poderia ajudar alguém a entender o termo definido. E uma explanação circular é aquela em que a explanação oferecida ou é idêntica à coisa sendo explanada ou apela a alguma coisa que é explanada pela coisa sendo explanada.

compatibilismo A posição sobre o problema da vontade livre (também chamada de **determinismo suave**) que sustenta que o determinismo causal é compatível com a vontade livre, em que uma ação é livre quando é causada de modo correto (de modo básico, pelos próprios desejos ou anseios do agente, e sem constrangimento externo). Os compatibilistas também sustentam, normalmente, que essa condição é satisfeita para a maior parte das ações humanas, de modo que os seres humanos são de fato genuinamente livres. (Termos contrastantes: **determinismo rígido, libertarismo**).

conceito Uma entidade ou um elemento mental que dá a uma pessoa a habilidade de pensar sobre certo tipo de coisa. Por exemplo, ter o conceito de eletricidade é ser capaz de pensar especificamente sobre a eletricidade. Tanto a natureza dos conceitos quanto o modo como a mente vem a tê-los são questões de controvérsia. (Sobre a última questão, ver **empirismo** e **inato**)

conclusão ver **argumento**.

concreto ver **abstrato/concreto**.

condição necessária/condição suficiente Se X é uma condição necessária para Y, então Y não pode ocorrer ou dar-se a menos que X aconteça ou se dê; ao passo que, se X é uma condição suficiente de Y, então Y não pode deixar de acontecer ou dar-se se X acontece ou se dá. Por exemplo, o oxigênio é uma condição necessária para o fogo (porque não pode haver fogo nenhum a menos que haja oxigênio), mas o oxigênio não é uma condição suficiente para o fogo (porque não há fogo toda vez e em todo lugar onde há oxigênio). Ao passo que ter uma faca atravessada no coração de alguém é uma condição suficiente para a morte (qualquer um a quem isso é feito acaba morrendo), mas não é uma condição necessária (há uma grande quantidade de outras maneiras de morrer). Algumas condições podem ser tanto necessárias quanto suficientes: ser um homem adulto solteiro é tanto necessário quanto suficiente para ser um bacharel: necessário, porque qualquer bacharel deve ter essas propriedades; suficiente, porque essas três propriedades são tudo o que se entende como sendo um bacharel.

condição suficiente ver **condição necessária/condição suficiente**.

conhecimento. A definição própria ou a análise do conhecimento tem sido matéria de contínua controvérsia na filosofia recente. De acordo com o que é frequentemente referido como "a concepção tradicional de conhecimento", é a crença tanto adequadamente justificada quanto verdadeira. (Assim, uma suposição de sorte, mesmo se verdadeira, não conta como conhecimento). O problema com essa definição, levantado por Edmund Gettier, é que parecem existir casos em que todas essas três condições são satisfeitas, mas que não parecem ser casos genuínos de conhecimento. Intuitivamente, existem casos nos quais a crença é verdadeira, não no modo em que a justificação sugeriria, mas, antes, de um modo acidental ou inesperado. No exemplo talvez mais amplamente discutido, você tem excelentes razões para pensar que um dos seus colaboradores específicos (o Sr. Nogot) possui um automóvel Ford e, na base disso, vem a crer naquela alegação mais geral de que um dos seus colaboradores possui um Ford. De fato, contudo, Nogot não possui um Ford (a sua evidência é de certo modo equivocada ou enganosa), mas um outro dos seus colaboradores (o Sr. Havit) possui, sim, um Ford – ainda que você não tenha nenhuma razão para pensar que esse é o caso. Nessa situação, a sua crença geral de que um dos seus colaboradores possui um Ford parece ser tanto justificada (pela sua evidência sobre Nogot) quanto verdadeira (por causa de Havit), mas ainda intuitivamente não ser uma instância de conhecimento. Muitas soluções têm sido oferecidas para esse "problema de Gettier", envolvendo modificações de uma das três condições originais ou então a adição de uma quarta condição, mas nenhuma recebeu aceitação geral. (Uma coisa digna de nota é que a possibilidade de "casos de Gettier" depende da suposição de que é possível para uma crença estar justificada no grau que é adequado para o conhecimento e ainda ser falsa – isso é o que permite que ela seja também verdadeira de um modo acidental ou inesperado.)

consequencialismo A concepção de que uma ação é determinada como certa ou errada é inteiramente pelo valor (bom ou mau) dos resultados ou das consequências. O utilitarismo é a variedade principal do consequencialismo. (Termo contrastante: **deontológico**).

consequente ver **condicional**.

conteúdo intencional ver **intencionalidade**.

contingente ver **necessário/contingente**.

contradição, contraditório Uma contradição é uma proposição que é necessariamente falsa simplesmente por causa das propriedades lógicas da própria proposição, sendo o caso mais claro uma proposição que explicitamente assere e nega a mesmíssima coisa (por exemplo, *hoje é terça-feira e hoje não é terça-feira*), frequentemente referida como uma contradição explícita. (Uma *contradição implícita* é uma proposição que pode ser transformada numa proposição explícita, providenciando definições corretas para alguns dos seus termos componentes (por exemplo, *João é um bacharel e João é casado*). Às vezes, o termo "contradição" é utilizado de modo mais solto, para referir-se a qualquer proposição necessariamente falsa (caso em que ser contraditório não poderia *explicar* falsidade necessária). Duas proposições individualmente não contraditórias contradizem uma à outra se e somente se a conjunção das duas é contraditória (caso em que a verdade de cada uma das duas é suficiente para provar a falsidade da outra). O *princípio de contradição* (às vezes também referido como o *princípio de não contradição*) é o princípio lógico de que uma contradição jamais pode ser verdadeira.

contraexemplo Um exemplo ou um caso particular que mostra que alguma alegação é falsa; se a alegação em questão é, por exemplo, de que todos os bacharéis são infelizes, então um exemplo específico de um bacharel feliz mostraria que a alegação é falsa e, assim, seria um contraexemplo.

corpóreo. Feito inteiramente de componentes corpóreos, físicos ou materiais.

crença O estado mental de aceitar ou assentir a uma proposição particular que é o conteúdo da crença. Se essa aceitação ou esse assentimento está atualmente presente na consciência num momento de tempo particular, a crença é *ocorrente*; se ela toma a forma de uma disposição permanente a assentir, se a questão é levantada, a crença é *disposicional*. (Obviamente, a maioria das crenças que uma pessoa tem são meramente disposicionais em qualquer momento particular.)

dados-sensórios ou dados-dos-sentidos (singular: dado-sensório) Os objetos diretos ou imediatos de consciência na experiência sensória, de acordo com aqueles que rejeitam o realismo direto na base de argumentos como o argumento a partir da ilusão. (John Locke e George Berkeley falam ao invés disso de ideias ou, mais especificamente, de ideias de percepção). Os dados-dos-sentidos são normalmente vistos como entidades mentais, mas alguns filósofos consideraram-nos como em si mesmos nem mentais nem materiais (embora sejam ainda os objetos de atos mentais de consciência ou apreensão).

deontológico Uma concepção que sustenta que a correção ou o caráter errado de uma ação depende de alguma coisa outra que não o valor da consequência da ação. Concepções deontológicas podem dizer, por exemplo, que a correção ou o caráter errado depende da *forma* da ação ou do *princípio* com o qual ela se conforma. Tais concepções frequentemente enfatizam deveres ou direitos como a fonte última da correção ou do caráter de erro.

determinismo ver **determinismo causal, determinismo rígido, compatibilismo**.

determinismo causal A concepção de que todo evento e todo estado de coisas é causado em todo detalhe por eventos ou estados de coisas anteriores, de acordo com leis da natureza; de acordo com essa concepção, dado qualquer estado total particular do universo e dadas as leis atuais da natureza, há somente um futuro genuinamente possível e somente um passado genuinamente possível. Um ente (às vezes referido como o demônio de Laplace, segundo o matemático francês, Pierre Laplace) que conhecesse todas as leis da natureza e todas as coisas verdadeiras, num momento, poderia, assim, inferir a história inteira do universo. O termo é também, às vezes, usado de tal modo que pode ser dito verdadeiro para alguns eventos (aqueles para os quais há uma causa determinante) e falso para outros.

determinismo rígido A posição sobre o problema da vontade livre que nega a existência da vontade livre sob o motivo de que a liberdade é incompatível com o determinismo causal das ações humanas. A versão mais direta do determinismo rígido afirma a verdade do determinismo causal e conclui, então, nessa base, que a liberdade, sendo incompatível com o determinismo causal, não existe. Mas há uma segunda concepção que é também às vezes referida como determinismo rígido: essa concepção aceita a possibilidade de eventos aleatórios ou casuais, mas argumenta que a aleatoriedade é também incompatível com a liberdade; dado que determinismo causal e aleatoriedade são as duas únicas possibilidades, assim alega essa segunda concepção, a liberdade ainda não existe. (Termos contrastantes: **compatibilismo, libertarismo**.)

determinismo suave ver **compatibilismo**.

dever Um dever é uma obrigação, algo que é requerido que uma pessoa faça. Se alguma coisa é um dever legal, então requer-se pela lei que a pessoa a faça; se alguma coisa é um dever moral, então requer-se pela moralidade que a pessoa a faça. Kant distinguiu entre *deveres imperfeitos*, exigências que têm alguma flexibilidade sobre como satisfazê-las, e *deveres perfeitos*, exigências que não têm tal margem de liberdade. Assim, por exemplo, se tenho um dever imperfeito de ajudar os outros, então o modo exato como eu satisfaço aquele dever (a quem eu ajudo e quando faço isso) é algo, em certa medida ao menos, dependente de mim; ao passo que, se tenho um dever perfeito para cumprir as minhas promessas, então eu devo sempre cumprir todas as minhas promessas.

dever imperfeito ver **dever**.

dever perfeito ver **dever**.

dialética Um termo utilizado para descrever a estrutura característica do raciocínio e do argumento filosófico, envolvendo problemas ou questões, concepções ou posições sobre aqueles problemas, argumentos a favor daquelas concepções, respostas àqueles argumentos, réplicas àquelas respostas, e assim por diante; e também argumentos contra aquelas concepções, respostas àqueles argumentos, réplicas àquelas respostas, e assim por diante. O progresso ou a descoberta filosófica podem, às vezes, consistir na descoberta de uma solução definitiva a um problema filosófico, mas mais frequentemente, na adição de novos ingredientes a essa estrutura dialética: um novo argumento ou uma nova objeção, uma nova resposta a um antigo argumento ou a uma antiga objeção, uma réplica posterior, e assim por diante; ou (mais raramente) uma nova posição sobre um antigo problema; ou (o mais raro de fato) um problema ou uma questão genuinamente nova.

direitos No mais importante sentido, que uma pessoa tem um direito significa que há uma alegação a favor dela de que alguns ou todos os outros têm um dever legal ou moral correlativo a honrar (dependendo se o direito é um direito moral ou um direito legal). Assim, ter um direito legal ao pagamento por bens de algum tipo que foram entregues é ter uma reivindicação para pagamento que alguém outro (presumivelmente, o recebedor dos bens) tem um dever legal de honrar. E ter um direito moral de não ser assassinado é ter uma reivindicação de que não se seja assassinado, a qual os outros (nesse caso, presumivelmente todos os outros) têm um dever moral de honrar.

dualismo A concepção metafísica de que a mente e o corpo (ou os estados mentais e os estados corpóreos) são de algum modo fundamentalmente diferentes e distintos um do outro. (Termo contrastante: materialismo) De acordo com o *dualismo de substância*, a mente e o corpo físico (incluindo o cérebro) são duas entidades ou substâncias diferentes, cada uma tendo as suas próprias propriedades distintivas. Os corpos têm propriedades físicas como tamanho, peso e posição espacial; ao passo que as mentes não têm nenhuma dessas carcaterísticas, mas são, ao invés disso, imateriais e espirituais em caráter. Uma segunda versão do dualismo, e diferente num sentido importante, é o *dualismo de atributo* ou *de propriedade*, de acordo com o qual existem dois tipos irredutivelmente diferentes de propriedades, de atributos ou de características, as características físicas (como aquelas listadas anteriormente) e as características mentais ou espirituais (a consciência e as propriedades conscientes mais específicas), mas ambas pertencendo à mesma coisa ou substância. Essa coisa ou substância que tem ambos os tipos de propriedade é aquilo ao que nos referimos como o corpo (ou talvez o cérebro); mas, dado que ele tem ambos os tipos de propriedades, não é em si mesmo nem puramente físico nem puramente mental ou espiritual em natureza. (Uma questão posterior para ambas as versões do dualismo é relativa a quais relações causais, se quaisquer, existem entre os dois tipos de substância ou os dois tipos de propriedades, sendo o interacionismo, o epifenomenalismo e o paralelismo as principais alternativas)

dualismo de atributo ver **dualismo**.

dualismo de propriedade ver **dualismo**.

duplo efeito, lei do (ou princípio do). A concepção de que existe uma diferença moralmente relevante entre as ações cujas más consequências são intencionadas, seja como um fim ou com um meio para um fim, e outras ações cujas más consequências não são intencionadas, embora sejam ainda previstas. Compare, por exemplo, a duas ações seguintes:

1. um doutor realiza uma operação numa mulher grávida para remover um tumor cancerígeno, matando o feto como um efeito colateral previsto, mas não intencionado; e
2. um doutor realiza um aborto numa mulher grávida, cuja vida está ameaçada pela gravidez.

De acordo com a versão padrão do princípio, (1) é permissível (porque a morte do feto não é intencionada), mas (2) não é permissível (porque a morte do feto é um meio para o fim intencionado e, portanto, ela mesma intencionada). E isso ocorre assim mesmo na versão do caso (2) em que tanto a mãe quanto o feto morrerão se nada for feito, e em que o feto é por demais imaturo para sobreviver se o parto se der por intervenção cirúrgica.

egoísmo ético A concepção de que a moralidade requer somente que as pessoas ajam de tal modo que promovam o seu próprio autointeresse, em vez de requerer que as pessoas ajam de modo que promovam o interesse de alguém outro (o que seria um ato *altruísta*). (Termo contrastante: **egoísmo psicológico**.)

egoísmo psicológico A concepção de que, como uma questão de fato psicológico, um ser humano é capaz de ser motivado somente pelos seus próprios interesses egoístas, de que os humanos são incapazes de atos genuínos de altruísmo (atos cuja meta é promover o interesse de alguém outro). (Termo contrastante: **egoísmo ético**.)

eliminativismo A concepção de que as mentes ou os estados mentais simplesmente não existem, apesar do fato de que pensamos que existem (tal como, por exemplo, poder-se-ia dizer que bruxas não existiam, embora pessoas envolvidas nos julgamentos de Bruxas de Salem certamente pensavam que elas existiam). A concepção eliminativista usual é que os estados e as propriedades mentais são postulados por uma teoria plausível, mas em última instância insatisfatória do comportamento humano: a *psicologia popular*.

empírico Dependente da experiência sensória; se uma alegação ou afirmação é empírica, então a justificação da alegação depende da experiência sensória; se uma questão é empírica, então a resposta correta à questão é determinada pela experiência sensória. Ver também *a priori/a posteriori*.

empirismo Uma concepção que enfatiza o papel cognitivo da experiência sensória. O empirismo conceitual é a concepção de que todos os conceitos (ou as ideias) são adquiridos por abstração, a partir da experiência sensória. (Termo contrastante: inato) O empirismo justificatório, por outro lado, é a concepção de que todas as alegações (ou, em algumas versões, todas as alegações que não são analíticas ou meras tautologias definicionais) devem ser justificadas por apelo à experiência sensória. (Termo contrastante: **racionalismo**.)

empirismo conceitual ver **empirismo**.

empirismo justificatório ver **empirismo**.

empirismo moderado A versão do empirismo justificatório que mantém que, embora haja tanto justificação *a priori* quanto *a posteriori* (ou empírica) para alegações, uma justificação *a priori* diz respeito somente a alegações que são analíticas (ou são tautologias) – de modo que não há nenhuma justificação ou um conhecimento sintético *a priori*. (Termos contrastantes: **racionalismo, empirismo radical**.)

empirismo radical. A versão do empirismo justificatório que mantém que não há nenhuma justificação *a priori* para alegações de qualquer tipo – de modo que toda justificação é empírica. (Termos contrastantes: **racionalismo, empirismo moderado**.)

epifenomenalismo A versão do dualismo na filosofia da mente que sustenta que o corpo (ou as propriedades corpóreas) afeta a mente de maneira causal (ou as propriedades mentais), mas que a mente não afeta causalmente o corpo. (Termos contrastantes: **interacionismo, paralelismo**.)

epistemologia O estudo filosófico da natureza do conhecimento e de como ele é adquirido e justificado.

equivocação Um engano ou uma falácia em raciocínio, em que uma palavra ou um termo tem um significado num ponto num argumento e um significado diferente noutro ponto no argumento, de maneira que o argumento parece ser sensato, mas na realidade não é. Um exemplo simples: todos os bancos servem para sentar; o Banco Central é um banco; portanto, o Banco Central serve para sentar.*

ética O estudo filosófico da moralidade: do comportamento certo e errado e, especialmente, de como as pessoas deveriam comportar-se umas em relação às outras.

eudaimonia O termo grego para o estado mais desejável para uma pessoa individual. Ele é às vezes traduzido como "felicidade" e, às vezes, como "prosperidade".

fenomenalismo Uma versão do idealismo que sustenta que os objetos materiais de senso-comum da nossa experiência (coisas como mesas, árvores e montanhas) realmente não são nada mais que os padrões sistemáticos da experiência sensória atual e possível (obtenível) – o que John Stuart Mill chamava de "possibilidades permanentes de sensação". O fenomenalismo difere da versão berkeleyana do idealismo ao não apelar a Deus, mas, antes, tomando a ordem da experiência sensória como não sendo posteriormente explanável.

fisicalismo ver **materialismo**.

formal Independente do conteúdo específico, respectivo só à forma ou à estrutura de alguma coisa. Dizer que o *input* para um sistema de computador é formal é dizer que as operações do sistema dependem apenas dos aspectos do *input* que são independentes do seu significado ou conteúdo (por exemplo, a forma ou a estrutura dos símbolos empregados).

funcionalismo Uma concepção recente na filosofia da mente que identifica estados mentais pelo seu papel causal em relação a *inputs*, *outputs* e outros estados mentais. Tal definição não exige que o estado específico que ocupa tal papel causal seja material em caráter ou que seja imaterial, mas permite que seja ambos. Os funcionalistas costumeiramente creem, contudo, que os estados que em realidade ocupam os papéis causais em humanos normais são estados do cérebro e, portanto, materiais.

harmonia preestabelecida ver **paralelismo**.

hedonismo A concepção de que o prazer ou a felicidade é a única coisa que é intrinsecamente boa. (Como isso sugere, os hedonistas tendem a considerar o prazer e a felicidade como sendo a mesma coisa, mas isso é, de fato, bastante duvidoso: o prazer é normalmente pensado como um tipo de sensação, enquanto a felicidade é um estado da mente mais complicado e mais exigente, no qual as sensações prazerosas ocupam, na melhor das hipóteses, só um papel menor.

idealismo A concepção metafísica de que a realidade consiste somente de mentes ou espíritos e de conteúdos mentais. Isso significa que não existem coisas materiais independentemente (de modo que essa concepção também poderia ser chamada de *imaterialismo*). Ao invés disso, aquilo ao que o senso comum se refere como objetos materiais de vários tipos não são de fato nada mais do que padrões de ideias ou de experiência. Ver também **fenomenalismo**.

ideia. Para Locke, tudo aquilo de que se está imediatamente consciente quando se pensa. Isso parece incluir tanto sensações específicas ou dados-sensórios quanto pensamentos envolvendo conceitos gerais.

ignoratio elenchi Um equívoco em raciocínio que envolve argumentar a favor de uma conclusão que é irrelevante para a questão original – também chamado de *confundir a questão*.

igualitarismo A concepção geral de que todas as pessoas deveriam ser tratadas igualmente. Mais especificamente, a concepção com respeito à justiça distributiva é que toda pessoa deveria ter uma partilha igual de rendimento, riqueza, propriedade e coisas semelhantes.

ilusão, argumento a partir da ver **argumento a partir da ilusão**.

imaterialismo ver **idealismo**.

imperativo categórico Uma exigência moral derivada da razão, que é obrigatória para qualquer ente racional, não importando qual for o caso. (Termo contrastante: **imperativo hipotético**).

imperativo hipotético Uma exigência racional que deriva de um anseio ou de um desejo que a pessoa tem. Por exemplo, *se* você anseia tornar-se um pianista de primeiro escalão, nesse caso você tem uma exigência racional para praticar. (Termo contrastante: **imperativo categórico**.)

inato Implantado no nascimento, ao invés de adquirido através de experiência subsequente. Uma ideia inata (ou um conceito) seria aquela que está de algum modo presente nas habilidades cognitivas de uma pessoa no nascimento. (A concepção contrastante é o empirismo conceitual.) Tal ideia poderia ser uma noção da qual as crianças estão na realidade conscientes ou, mais plausivelmente, uma ideia que precisa ser ativada ou "disparada" pela experiência antes de emergir à consciência – sendo a diferença em relação ao empirismo conceitual que a experiência de disparar não precisaria ser uma experiência a partir da qual a ideia em questão pudesse ser derivada por abstração. Proponentes anteriores do inatismo (como René Descartes) tendiam a pensar em ideias inatas como sendo implantadas por Deus, mas alguns filósofos mais recentes apelaram, ao contrário, à evolução.

incorrer em petição de princípio. O equívoco em raciocínio que consiste em assumir nas premissas a coisa que se supõe que o argumento esteja provando. Também chamado de argumento circular. (Em períodos recentes, esta expressão veio a ser equivocadamente usada na mídia e alhures para significar simplesmente *levantar* a questão).*

inferência A transição de um cojunto de premissas para uma conclusão. Ver argumento.

inteligência artificial (IA) A inteligência que foi construída artificialmente (em oposição à inteligência natural dos humanos). Muitos cientistas (engenheiros e cientistas da computação) creem que é possível, em princípio, construir um computador que seja genuinamente inteligente (esse é o programa da *IA Forte*). Uma concepção bastante diferente (*IA Fraca*) mantém somente que as simulações de computador podem ser úteis no entendimento da inteligência, não fazendo nenhuma reivindicação de que o computador que opera a simulação seja por si inteligente.

---

* N. de R.T. O exemplo foi adaptado à língua portuguesa, uma vez que o original não permitiria uma tradução que explicasse de forma adequada a entrada do verbete: "all banks are next to bodies of water; The First Bank is a bank; therefore, the First National Bank is next to some body of water".

intencionalidade A propriedade geral de ser *sobre* alguma coisa, que é possuída por alguns, mas não por todos os estados mentais e também pela linguagem. Um pensamento acerca de ursos polares é um estado intencional (porque é sobre ursos polares), ao passo que nem um estado solto e flutuante de ansiedade nem uma sensação de vermelhidão ou de dor é sobre qualquer coisa. (Uma sensação de vermelhidão é uma sensação de certo tipo distintivo, mas não é, em si mesma, sobre qualquer coisa.)

interacionismo A versão do dualismo na filosofia da mente que mantém que há interação causal entre mentes imateriais ou estados mentais e corpos materiais ou estados corpóreos: que cada um pode e de fato afeta causalmente o outro. (Termos contrastantes: **epifenomenalismo, paralelismo**.)

intuição racional ver **percepção racional**.

inválido ver **válido**.

justiça distributiva A justiça na medida em que é respectiva à distribuição de mercadorias de valor entre as pessoas.

justificação Em epistemologia, uma razão ou base para pensar que alguma alegação ou opinião é verdadeira; em ética, uma razão para pensar que uma ação é correta.

leis psicofísicas Leis que descrevem correlações regulares entre eventos mentais ou psicológicos e entre eventos materiais ou físicos.

libertarismo (1) Em metafísica, a posição sobre o problema da vontade livre que mantém tanto (a) que a vontade livre é incompatível com o determinismo causal quanto (b) que a vontade livre genuinamente existe (e, assim, que o determinismo causal é falso para pelo menos algumas ações humanas). Assim caracterizada, a concepção libertarista geral é compatível com a ideia de que uma ação livre é simplesmente uma ocorrência aleatória ou casual, mas a maioria dos libertaristas recentes sustentaram que a liberdade é também incompatível com a aleatoriedade. Tal libertarista se compromete, assim, com a existência de uma terceira alternativa com respeito à produção das ações humanas, uma alternativa que é distinta tanto do determinismo causal quanto da aleatoriedade. A mais comum acepção desse tipo apela à causação agente. (Termos contrastantes: **determinismo rígido, compatibilismo**.) (2) Em filosofia política, a concepção que enfatiza a importância da liberdade individual e os direitos individuais e, nessa base, defende governância extremamente limitada.

mal físico ver **mal natural**.

mal moral O mal causado pelas ações humanas (ou, possivelmente, pelas ações de outras criaturas racionais tais como demônios ou anjos) ao invés de por eventos naturais tais como furacões ou tornados. (Ver também mal natural)

mal natural (ou físico). O mal causado por eventos naturais (tais como furacões ou tornados), ao invés de por ações humanas (ver **mal moral**). O mal resultante de doenças, defeitos de nascimento e coisas semelhantes também conta como mal natural, na medida em que não é deliberadamente produzido por seres humanos.

mal, problema do A objeção à existência de Deus (concebido como onipotente e moralmente perfeito) que apela à existência do mal e do sofrimento no mundo. Tal como concebido, Deus aparentemente tanto seria capaz quanto estaria disposto a evitar o mal, de modo que se pergunta por que então o mal existe. (Ver também **teodiceia**.)

máquina de Turing Não uma máquina física, mas, antes, uma especificação abstrata de uma máquina hipotética (inventada por A. M. Turing). Tal máquina tem a capacidade de escanear uma fita dividida em quadrados, apagar o que está num dado quadrado, imprimir alguma coisa num quadrado vazio, mover à esquerda ou à direita sobre a fita e mudar o seu próprio "estado lógico" interno, sendo aquilo que ela atualmente faz, num dado ponto, determinado, de acordo com uma tabela ou um programa da máquina, por aquilo que se encontra no quadrado que ela está escaneando e pelo estado lógico em que ela se encontra ali. A ideia de uma máquina de Turing é a especificação mais geral de um computador, e tal máquina pode fazer qualquer coisa que um computador pode fazer, contanto que lhe sejam dados tempo e memória suficientes (isto é, uma fita suficientemente longa).

materialismo A concepção metafísica (também referida como fisicalismo) de que tudo o que existe é material, de que todo evento, objeto, propriedade ou estado é inteiramente material, de que não existem entidades, aspectos ou propriedades imateriais; na filosofia da mente, a concepção mais específica de que as mentes e os estados mentais em particular podem, de algum modo, ser reduzidos ou inteiramente explicados em termos materiais ou físicos (de modo que o dualismo é falso).

metafísica O estudo filosófico da natureza última e dos constituintes fundamentais da realidade; existem questões metafísicas sobre, por exemplo, a natureza do espaço ou do tempo, a natureza da causação, se todas as coisas são materiais, se as ações humanas são livres ou causalmente determinadas, se os universais existem, e assim por diante.

navalha de Ockham (ou de Occam) Uma suposição intelectual em favor da simplicidade ou da economia teórica (algumas vezes chamada de princípio de parsimônia), pelo qual é-se aconselhado a aceitar somente aquelas entidades genuinamente requeridas para explanar ou para explicar alguma coisa. Ela ganhou o nome segundo Guilherme de Ockham (ca. 1285-1347), filósofo medieval.

necessário/contingente No sentido mais forte e mais comum (necessidade *lógica* ou *metafísica*), uma verdade necessária é uma proposição que não poderia ter sido falsa, que é verdadeira não importa o que aconteça de ser o atual curso de eventos no mundo, que é verdadeira em qualquer mundo ou situação possível (e uma falsidade necessária é uma proposição que não poderia ter sido verdadeira); por sua vez, uma verdade contingente é uma proposição que é verdadeira, mas que poderia ter sido falsa, uma proposição cuja verdade ou falsidade depende do que atualmente existe ou ocorre no mundo, uma proposição que é verdadeira em alguns mundos ou situações possíveis, e falsa em outros (e uma falsidade contingente é uma proposição que é falsa, mas poderia ter sido verdadeira). Por exemplo, alegações matemáticas verdadeiras (tais como 2 + 2 = 4) são verdades necessárias, tal como o são as várias verdades da lógica (tais como *ou hoje é terça-feira ou hoje não é terça-feira*); enquanto alegações tais como *Bill Clinton era presidente em 1997* ou *a população dos Estados Unidos é na atualidade maior do que a população da França* são contingentes, tais como o são a maior parte das alegações comuns sobre o mundo. *Eventos* contingentes são eventos descritos por proposições contingentes e, desse modo, eventos que poderiam ter ocorrido ou poderiam não ter ocorrido. (Para um uso relacionado, mas logicamente mais fraco desses termos, ver **necessidade, causal ou nomológica**.)

necessidade, causal ou nomológica Uma classe de necessidade (e de contingência) mais fraca do que a necessidade lógica ou metafísica (ver necessário/contingente), que resulta das leis da natureza, ao invés de resultar das leis da lógica e da metafísica. Uma proposição é causal ou nomologicamente necessária se ela não poderia ter falhado em ser verdadeira sem alterar as leis atuais da natureza que governam o mundo e, assim, é verdadeira em qualquer mundo possível que obedece àquelas mesmas leis da natureza; enquanto uma proposição é causal ou nomologicamente contingente se tanto a sua verdade quanto a sua falsidade são compatíveis com as leis atuais da natureza (e assim, se ela é verdadeira em alguns mundos possíveis que obedecem àquelas leis da natureza e falsa em outros). Os mesmos termos são também aplicados aos eventos descritos por tais proposições. Por exemplo, a proposição *a atração gravitacional entre dois corpos varia de acordo com o quadrado da distância entre eles* é causal ou nomologicamente necessária (mas não é lógica ou metafisicamente necessária, dado que existem mundos possíveis com diferentes leis de gravitação). Ao passo que muitas alegações ordinárias sobre o mundo (*não está chovendo hoje; há pinheiros no estado de Washington, o ouro é mais caro do que o chumbo*, etc.) são contingentes tanto no sentido causal ou nomológico quanto no sentido lógico ou metafísico. (Qualquer coisa que é lógica ou metafisicamente necessária é também causal ou nomologicamente necessária: se não há nenhum mundo possível no qual ela é falsa, então segue-se em geral que não há nenhum mundo possível com as mesmas leis da natureza no qual ela é falsa. Mas o contrário não é verdadeiro. Esse é o sentido no qual necessidade causal ou nomológica é mais fraca do que necessidade lógica ou metafísica.)

niilismo moral A concepção de que não existem quaisquer alegações morais verdadeiras de qualquer tipo (e assim, pois, de que nenhuma ação jamais é moralmente correta ou errada). O niilismo moral não nega, naturalmente, que as pessoas frequentemente fazem *reivindicações* morais e têm *opiniões* morais; ele simplesmente diz que nenhuma dessas reivindicações ou opiniões é jamais genuinamente verdadeira ou correta. (Termos contrastantes: **objetivismo moral**, **relativismo moral**.)

normativo Ter a ver com normas, regras ou padrões que especificam o modo como alguma coisa propriamente deveria ser.

objeção Uma razão para rejeitar uma alegação, uma opinião ou um argumento.

objetivismo A concepção de que o objeto em questão é o que ele é independentemente do que qualquer um acredita; por exemplo, o objetivismo ético é a concepção de que existem fatos sobre aquilo que é moralmente exigido que não dependem do que ocorre serem as crenças que os humanos têm.

objetivismo moral A concepção de que existem pelo menos algumas alegações morais que são objetivamente verdadeiras, verdadeiras independentemente de qualquer perspectiva limitada ou ponto de vista (também referida, em certa medida equivocadamente, como *absolutismo moral*). Dois tipos possíveis de concepção equívoca sobre essa visão são dignos de nota:

a) As verdades morais objetivas não precisam ser simples (*jamais diga uma mentira*), mas podem, ao invés disso, referir-se a circunstâncias, talvez de maneiras complicadas (*jamais diga uma mentira a menos que dizer a verdade fará maior dano do que bem, e é impossível evitar dizer alguma coisa*).

b) O objetivismo moral não reivindica que existem verdades morais objetivas sobre todo assunto acerca do qual as opiniões morais foram oferecidas; em particular, é possível que, embora o objetivismo moral seja verdadeiro, não existam verdades morais objetivas respectivas a alguns ou a todos os aspectos da moralidade sexual. (Termos contrastantes: **niilismo moral**, **relativismo moral**.)

ocasionalismo ver **paralelismo**

panpsiquismo A concepção de que toda a realidade é, em algum sentido, feita de material mental ou psíquico, mas não necessariamente da mentalidade humana, dado que a mentalidade humana poderia ser simplesmente uma instância de um tipo de coisa mais geral. Isso é diferente do idealismo: ao passo que o idealista reduz as coisas materiais a padrões de experiência, o panpsiquista garante-lhes uma existência independente, mas mantém que elas são, de alguma maneira, em última instância, ainda psíquicas em caráter.

paralelismo A versão do dualismo na filosofia da mente que sustenta que não existem relações causais entre mentes imateriais ou estados mentais e corpos materiais ou estados corpóreos em ambas as direções, que os reinos mental e físico não têm nenhuma influência causal um sobre o outro, apesar de parecerem interagir. As principais versões históricas do paralelismo explicam a aparência de interação por apelo à intervenção divina, seja uma *harmonia pré-estabelecida* estabelecida no começo da criação (de modo que a mente e o corpo são como dois relógios perfeitos, correndo lado a lado, mas nenhum influenciando o outro), seja a constante intervenção divina para conservar os dois reinos em concordância um com o outro (*ocasionalismo*).

percepção racional/*insight* **racional** A apreensão direta ou imediata, independente de qualquer apelo à experiência, da verdade ou da necessidade de uma proposição (também referida como *intuição racional*). De acordo com o racionalismo, tal percepção é a fonte básica de uma justificação e de um conhecimento *a priori*.

pessoa Para os filósofos, essa não é uma categoria biológica, mas uma categoria moral: uma pessoa é um ente (de algum tipo ou espécie) ao qual, em virtude da sua natureza e das suas características, deveria ser concedido o tipo de respeito e direitos comumente atribuídos a seres humanos adultos normais. Assim, alguns animais poderiam acabar sendo pessoas, alguns alienígenas ou extraterrestres poderiam também ser pessoas, e alguns humanos (por exemplo, aquele em coma permanente) não podem de fato ser pessoas.

petição de princípio ver **incorrer em petição de princípio**.

posição original Na abordagem sobre a justiça de John Rawls, o ponto de partida hipotético no qual as pessoas, operando por trás de um "véu de ignorância" (de modo que não conhecem as suas próprias posições na sociedade, os seus talentos naturais e outros traços irrelevantes à justiça) e motivadas só pelo interesse próprio, escolhem os princípios corretos de justiça.

positivismo lógico Um movimento filosófico da primeira parte até meados do século XX, caracterizado por uma perspectiva cientificamente orientada, que advogava tanto um empirismo moderado quanto a concepção de que somente alegações que podem ser verificadas pela experiência sensória ou então reduzidas a tautologias lógicas são significativas.

possível Uma proposição é possivelmente verdadeira, tanto no sentido lógico ou metafísico forte quanto no sentido nomológico mais fraco, se ela não é necessariamente falsa no sentido correlativo. Uma situação ou um evento é possível num desses sentidos se a proposição que a descreve é possível naquele mesmo sentido. Um ***mundo possível*** é um mundo cuja descrição completa é possível num ou noutro desses sentidos (assim, existem mundos lógica ou metafisicamente possíveis e mundos causal ou nomologicamente possíveis, estando o último incluído no primeiro). (Ver também **necessário/contingente** e **necessidade, causal ou nomológica**.)

premissa ver **argumento**.

princípio da razão suficiente (PRS) O princípio metafísico de que para tudo o que acontece e para tudo o que existe deve haver uma razão, explanação ou causa para que seja do modo como é, ao invés de ser de algum outro modo ou de simplesmente não existir.

proposição Um objeto abstrato capaz, em virtude do seu significado ou do seu conteúdo, de ser verdadeiro ou falso. Uma proposição é aquilo que é expresso por uma sentença declarativa, e na visão mais padrão pode ser expressa por muitas diferentes sentenças de diferentes línguas; por exemplo, as sentenças "A neve é branca", "The snow is white", "Das Schnee ist weiss" e "La neige est blanche", todas expressam a mesma proposição. Proposições podem também ser mantidas no pensamento de diversas maneiras: cridas, duvidadas, desejadas como verdade, temidas como verdade, e assim por diante. Qualquer ato de pensamento que tem uma proposição como seu objeto ou conteúdo é chamado de uma ***atitude proposicional***.

proposição condicional (ou simplesmente uma condicional) Uma proposição (ou alegação) complexa que tem a forma ***se A, então B***, e expressando um tipo de dependência entre as duas proposições componentes ***A*** e ***B***. A primeira parte da condicional (a parte ***A***) é chamada de ***antecedente***, enquanto a segunda parte (a parte ***B***) é chamada de ***consequente***. Os filósofos frequentemente fazem uso de condicionais para expressar as suas concepções e os seus argumentos, tornando importante ser capaz de decidir quando uma condicional é verdadeira e quando é falsa. Infelizmente, essa é uma questão que envolve alguma dificuldade. O fato claro é que uma condicional cujo antecedente é verdadeiro e cujo consequente é falso é, por isso, falsa, dado que é esse caso que a condicional claramente garante que não acontecerá. Os lógicos e os filósofos introduziram uma interpretação da condicional (às vezes referida como a ***condicional material***), sob a qual uma condicional é verdadeira nos outros três casos possíveis (tanto antecedente quanto consequente verdadeiros, ambos falsos e falso antecedente com consequente verdadeiro), e é essa construção da condicional que é empregada na lógica simbólica. Mas, é claro que as condicionais na linguagem comum são às vezes verdadeiras e às vezes falsas nesses três casos, sendo a razão que a verdade delas depende (de modo em absoluto não surpreendente) das relações (tais como, especialmente, da causação) entre os eventos descritos pelo antecedente e pelo consequente, e não simplesmente da verdade ou da falsidade dessas alegações. (Considere, por exemplo, a alegação condicional ***se George Washington tivesse sido um elefante, então ele poderia ter ladrado como um cachorro***. Essa é uma alegação tola, mas de acordo com uma interpretação natural, a alegação é falsa, dado que elefantes não podem ladrar como cachorros. Mas de acordo com a interpretação da condicional material, a alegação é verdadeira, porque o antecedente é falso).

propriedades fenomênicas Aquelas propriedades dos estados mentais que têm a ver com o modo em que um estado mental parece ou é sentido a partir de dentro, determinando "com o que se parece" experimentar aquele estado mental; a experiência de uma dor de cabeça, por exemplo, tem uma propriedade fenomênica (ou ***quale***, no plural ***qualia***) muito diferente da experiência de provar um limão, e essas duas são muito diferentes da experiência de um retalho de cor vermelha.

quale (plural: *qualia*) ver **propriedade fenomênica**.

qualidade primária/qualidade secundária Qualidades primárias são aquelas qualidades que qualquer objeto deve ter, não importa a quanta mudança ele resiste ou se está sendo percebido ou não: por exemplo (de acordo com John Locke), o tamanho (a extensão), a forma (a figura), o movimento, o número e a solidez. Uma alegação posterior é que as nossas idéias ou percepções de qualidades primárias retratam acuradamente a sua natureza tal como elas existem nos objetos. Qualidades secundárias, por outro lado, são meros poderes (capacidades causais) do objeto de sistematicamente produzir as ideias em nós ideias, por exemplo, de cores, sons, gostos e cheiros, mas onde em realidade não há nenhuma qualidade no objeto como aquela que é representada na nossa experiência. Assim, pois, por exemplo, uma maçã madura tem genuinamente a forma distintiva e o tamanho que experimentamos que ela tem, mas ela não tem qualquer propriedade como a cor vermelha que experimentamos que ela tem (ainda que ela tenha ***alguma*** propriedade – presumivelmente, alguma combinação das qualidades primárias da sua superfície – em virtude da qual ela sistematicamente causa experiências de vermelho em criaturas como nós).

qualidade secundária ver **qualidade primária/qualidade secundária**.

racionalismo De modo amplo, a concepção epistemológica de que a razão é uma fonte ou base significativa para o conhecimento (nas versões mais extremas, agora raramente, se mantidas, a concepção de que ela é a ***única*** fonte ou base desse tipo). Tal como com o empirismo, existem duas versões principais, uma dizendo respeito à fonte de conceitos e a outra à fonte de justificação. Uma concepção racionalista da posse de conceito diz que alguns ou todos os nossos conceitos são inatos. Uma concepção racionalista da justificação diz que alguma (uma versão moderada do racionalismo) ou toda (uma versão extrema do racionalismo) justificação deriva da percepção racional, ao invés de derivar da experiência sensória. Dado que a justificação ***a priori*** de alegações analíticas não requer percepção racional, isso significa que, em oposição ao empirismo moderado, os racionalistas em justificação mantêm que algumas alegações sintéticas podem ser justificadas ***a priori***.

realismo Uma concepção metafísica sustentando que coisas de algum tipo especificado existem por si mesmas, independentemente de percebedores e conhecedores humanos. Versões do realismo foram sustentadas com respeito a objetos materiais, a universais, a propriedades morais ou verdades, a entidades teóricas na ciência (tais como os elétrons) e muitas outras categorias de coisas. (Termo contrastante, no que diz respeito a objetos materiais: **idealismo**.)

realismo direto (também chamado de realismo ingênuo) A concepção de que os objetos diretos ou imediatos da percepção sensória são objetos físicos do senso-comum (e que esses objetos têm pelo menos em grande medida as características que se percebe que eles têm). (Termo contrastante: **realismo representativo**.)

realismo ingênuo ver **realismo direto**.

realismo representativo (também chamado de **realismo indireto**) A concepção (defendida por René Descartes, John Locke e outros) de que os objetos materiais exteriores não são direta ou imediatamente percebidos, mas, ao invés disso, que o nosso conhecimento de tais objetos é mediado pela experiência de entidades ou estados mentais (chamados de "ideias" por filósofos anteriores e de "dados-sensórios" por filósofos mais recentes) que

a) são causados por objetos materiais e
b) representam, retratam ou assemelham-se a eles.

O nosso conhecimento do mundo material exterior é visto, então, como o resultado de uma inferência (ou, pelo menos, de algo como uma inferência), começando a partir do caráter das nossas ideias ou dos dados-dos-sentidos e concluindo com as crenças sobre os objetos exteriores.

redução Se puder ser mostrado com sucesso que entidades de um tipo (por exemplo, objetos materiais) realmente não são nada mais do que entidades de algum outro tipo, aparentemente diferente, ou algum padrão ou reunião a partir dali (por exemplo, de experiências sensórias), as entidades do primeiro tipo foram reduzidas a, mostradas não ser nada mais do que as entidades do segundo tipo. Isso pode ser valioso por razões de simplicidade ou economia (ver **navalha de Ockham**) e também porque pode evitar problemas ou enigmas que dizem respeito às entidades que são reduzidas. Tentativas de redução foram feitas frequentemente (ainda que seja duvidoso se muitas delas foram bem-sucedidas): de objetos materiais a experiências sensórias (por George Berkeley e pelos fenomenalistas); de universais a traços de uso da linguagem; de entidades teóricas em ciência (tais como os elétrons) a padrões de observação; de estados mentais a estados materiais ou a processos de tipos variados (pelas várias versões do materialismo); e muitas outras. (Termo contrastante: **realismo**.)

reductio ad absurdum Uma forma de raciocinar que argumenta contra uma alegação mostrando que ela leva a uma contradição. Por exemplo, considere a alegação de que alguns bacharéis são casados; substitua "bacharel" pela sua definição "homem adulto solteiro". Agora, você tem uma contradição: algum homem adulto solteiro é casado; ou, de modo levemente mais explícito, algum indivíduo é tanto solteiro quanto casado. Se você puder inferir uma contradição a partir de uma alegação, então (de acordo com o princípio de contradição), aquela alegação deve ser falsa.

relativismo moral A concepção de que existem verdades morais, mas que a verdade moral não é objetiva, mas, ao invés disso, é relativa ao indivíduo (verdades morais diferentes para diferentes indivíduos), à comunidade (verdades morais diferentes para diferentes comunidades), ou a alguma outra coisa (culturas, épocas históricas, etc.). (Termos contrastantes: **niilismo moral, objetivismo moral**.)

representacionalismo ver **realismo representativo**.

semântica O significado ou a referência de palavras e também de estruturas linguísticas mais amplas, como sentenças ou teorias inteiras; também às vezes aplicada a conceitos e a atos de pensamento. Teoria semântica é o estudo sistemático de tal significado e dos princípios que o governam. (Termo contrastante: **sintaxe**.)

sintaxe As relações estruturais formais entre palavras e estruturas linguísticas maiores; também as regras (tais como as regras da gramática) que governam tais relações. Uma pessoa que conhecesse todas as regras da gramática francesa (e, assim, pudesse construir e identificar gramaticalmente sentenças francesas corretas), mas não entendesse os significados de quaisquer palavras em francês (e, assim, não pudesse entender ou traduzir quisquer daquelas sentenças) teria conhecimento da sintaxe do francês, mas não da sua semântica. (Termo contrastante: **semântica**.)

sintético ver **analítico/sintético**.

solipsismo A concepção de que as únicas coisas que existem são a mente e as experiências de uma pessoa singular, aquela a partir de cujo ponto de vista a alegação é formulada. O solipsismo não é de fato uma concepção que alguém advoga (para quem eles a advogariam?), mas é, antes, uma consequência aparentemente absurda à qual as concepções filosóficas às vezes levam – assim, mostrando aparentemente que aquelas concepções são falsas.

substância Alguma coisa capaz de existência independente, em contraste com as propriedades ou as relações, que existem somente em substâncias. Assim, por exemplo, um objeto material como uma mesa seria uma substância, enquanto as propriedades (como a sua cor) ou as relações nas quais ela permanece com outras substâncias (como estar próxima a diversas cadeiras) não o seriam. O termo é também usado para referir ao suposto ingrediente numa substância que é distinto de todas as suas propriedades (e relações) e, de certa maneira, subjaz ou dá suporte a elas (***substratum*** é um outro termo para essa última noção).

tautologia Originalmente, uma proposição que é verdadeira em virtude da repetição trivial (tais como ***homens altos são altos***). Mais geralmente, uma sentença que é verdadeira nesse modo trivial ou cuja negação é ou contraditória ou leva imediatamente a uma contradição (tal como ***ou está chovendo ou não está chovendo***). Às vezes, o termo é construído tão amplamente a ponto de incluir todas as verdades ***analíticas***, mas mais comumente é limitado àquelas que são especialmente óbvias e/ou triviais.

teísmo/ateísmo/agnosticismo O teísmo é a concepção de que Deus existe, enquanto o ateísmo é a concepção de que Deus não existe. O agnosticismo é a concepção de que é ***seriamente*** incerto se Deus existe ou não – de que as razões ou a evidência de cada lado estão niveladas de modo muito próximo, de modo que não podemos saber se tal ente existe ou não e não temos evidência suficiente, de um modo ou de outro, para adequadamente dar suporte a uma ou outra das crenças. (Em tempos mais antigos, o termo "agnóstico" foi às vezes usado para descrever qualquer um que tem qualquer dúvida de que Deus existe, seja se tal pessoa pensa ou não que a evidência está nivelada de modo próximo – assim, muitos que foram assim descritos deveriam antes ser considerados ateus.)

teodiceia Uma tentativa de explicar como e por que a existência do mal no mundo é compatível com a existência de um Deus todo-poderoso e moralmente perfeito.

teoria da identidade, a Uma concepção na filosofia da mente (uma versão do materialismo) de acordo com a qual qualquer tipo de estado mental é idêntico a exatamente um tipo de estado do cérebro. Em contraste com o behaviorismo lógico, reivindica-se que essa identidade é contingente e descoberta por investigação empírica, ao invés de ser uma consequência do significado de conceitos de estado mental. A teoria da identidade é, às vezes, descrita como "materialismo tipo-tipo" (ou fisicalismo), porque cada tipo de estado mental é idêntico com um tipo específico de estado físico. De acordo com o funcionalismo, em contraste, um dado tipo de estado mental poderia ser realizado por tipos diferentes de criaturas, ou mesmo em diferentes seres humanos. (O funcionalismo é, pois, uma versão "exemplar-exemplar" do materialismo, porque cada instância específica ("exemplar") de um estado mental é idêntico a alguma instância específica de um estado físico, embora nenhuma identidade tipo-tipo se mantenha.)

universal Uma propriedade ou característica abstrata, tal como a vermelhidão, a tringularidade ou a justiça. Os filósofos disputaram se os universais

a) existem independentemente das coisas **concretas** (particulares) que são instâncias de tais propriedades (*realismo platônico*, a opinião mantida por Platão),
b) existem só nas suas instâncias (*realismo aristotélico*, a opinião mantida por Aristóteles),
c) existem somente nas mentes das pessoas que as concebem (*conceitualismo*), ou
d) não existem realmente, em absoluto, mas são meramente uma ilusão criada pelo uso das palavras (*nominalismo*).

utilitarismo. A teoria moral em que a correção de uma ação depende somente do caráter bom ou do caráter ruim das suas consequências (essa é a sua ***utilidade***). De acordo com o ***utilitarismo de ato***, a ação moralmente correta é aquela dentre as alternativas disponíveis que conduz à maior utilidade geral, calculada pela totalização das boas consequências e pela subtração das más consequências. De acordo com o ***utilitarismo de regra***, a ação correta é aquela prescrita pelo conjunto de regras morais cuja adoção levaria a uma utilidade maior do que aquela que resultaria da adoção de algum outro conjunto de regras (ou, em algumas versões, pelo conjunto de regras cuja adoção geral levaria a uma utilidade maior do que qualquer outro). Diferentes versões do utilitarismo constroem de diferentes maneiras o caráter bom ou o ruim das consequências: ver utilitarismo hedonista, utilitarismo ideal e utilitarismo de preferência.

utilitarismo de ato ver **utilitarismo**.

utilitarismo de preferência A versão do utilitarismo que sustenta que a utilidade consiste na satisfação de preferências (de modo que, na versão utilitarista do ato, a ação moralmente correta seria aquela que levaria à máxima quantidade de satisfação de preferência, medida tanto pelo número quanto pela força das preferências satisfeitas).

utilitarismo de regra ver **utilitarismo**.

utilitarismo hedonista A versão do utilitarismo que mantém que a utilidade deve ser entendida inteiramente de modo hedonista e, assim, em termos de prazer ou felicidade. Tanto Jeremy Bentham quanto John Stuart Mill são utilitaristas hedonistas. (Termos contrastantes: **utilitarismo ideal**, **utilitarismo de preferência**.)

utilitarismo ideal. Uma versão do utilitarismo que mantém que a utilidade envolve muitos tipos diferentes de coisas intrinsecamente boas (e coisas más correlativas), não só prazer ou felicidade. O conhecimento é um bom exemplo de alguma coisa que seria considerada um bem intrínseco por muitos utilitaristas ideais, mas que é claramente distinto do prazer ou da felicidade. Uma questão posterior é se bens intrínsecos são todos estados da mente de um tipo ou de outro. (Termos contrastantes: **utilitarismo hedonista**, **utilitarismo de preferência**.)

válido Um argumento é válido se é logicamente impossível que as premissas do argumento sejam verdadeiras enquanto a conclusão do argumento é falsa. Qualquer argumento cuja conclusão logicamente poderia ser falsa, mesmo que as suas premissas sejam verdadeiras, é ***inválido***.

verdade A relação metafísica na qual uma proposição ou uma alegação que é acurada ou correta está para com a realidade. Do modo mais natural, toma-se que isso envolve uma relação de ***correspondência*** (de concordância ou acordo) entre o conteúdo da proposição ou alegação e a parte correspondente da realidade (a ***teoria da verdade por correspondência***). Mas supostos problemas com a teoria da correspondência levaram alguns filósofos a propor várias outras abordagens da verdade, tais como a ***teoria da verdade por coerência*** (que uma proposição é verdadeira significa que ela se ajusta com outras proposições de tal maneira que forma um sistema fortemente unificado e coeso), diversas ***teorias pragmáticas da verdade*** (que uma proposição é verdadeira significa que ela leva ao bom-sucedimento prático de algum tipo especificado, quando crida ou aplicada), e outros.

véu de ignorância ver **posição original**.

virtude moral Um traço de caráter moralmente valioso. Exemplos incluiriam coisas tais como a coragem, a temperança, a bondade e a honestidade.

CRÉDITOS

Página 40: Plato, *Five Dialogues*, 2/e, pp. 2-20, trans. Grube/Cooper. © 2002 Hackett Publishing Company. Reprinted by permission. All rights reserved.

Página 50: Plato, *Five Dialogues*, 2/e, pp. 22-24, trans. Grube/Cooper. © 2002 Hackett Publishing Company. Reprinted by permission. All rights reserved.

Página 73: René Descartes, *Meditations on First Philosophy*, 3/e, translated by Donald Cress, pp. 1-4, 13-35, 42-46, 47-59. © 1993 Hackett Publishing Company. Reprinted by permission. All rights reserved.

Página 160: Sextus Empiricus, *Selections from the Major Writings on Skepticism, Man, and God*, ed. Hallie, trans. Etheridge. pp. 59-64. © 1985 Hackett Publishing Company. Reprinted by permission. All rights reserved.

Página 175: Wesley Salmon, pp. 5-13, 27-43, 132-135 from *The Foundations Of Scientific Inference*. © 1967. Reprinted by the permission of the University of Pittsburgh Press.

Página 188: A. C. Ewing, pp. 31-37, 38-39, 41-42, 52-57 from *The Fundamental Questions of Philosophy*. © 1985 Routledge. Reprinted by permission of Taylor & Francis Books UK.

Página 205: John Foster, "A Defense of Dualism" pp. 1-25 from *The Case for Dualism*, John R. Smylines and John Beloff, editors. © 1989. University of Virginia Press.

Página 217: Jerry Fodor, "The Mind-Body Problem," *Scientific American*, January 1981. © 1981 Scientific American, Inc. All rights reserved.

Página 229: A. M. Turing, "Computing Machinery and Intelligence," *Mind*, 1950, Vol. LIX, No. 236, pp. 433-460. © 1950 Oxford University Press. Used with permission.

Página 232: John R. Searle, "Is the Brain's Mind a Computer Program?" *Scientific American*, January 1990. © 1990 Scientific American, Inc. All rights reserved.

Página 239: Jerry Fodor, "Searle on What Only Brains Can Do" *Behavioral and Brain Sciences*, Vol. 3 (September 1980): 431-432. © 1980. Reprinted by permission of Cambridge University Press.

Página 243: John R. Searle, from *Behavioral and Brain Sciences*, Vol. 3 (September 1980): 431-432. © 1980. Reprinted by permission of Cambridge University Press.

Página 251: Frank Jackson, "What Mary Didn't Know," *Journal of Philosophy*, LXXXIII, 5 (May, 1986): 291-95. © 1986 Journal of Philosophy. Reprinted by permission.

Página 258: David Lewis, "Knowing What It's Like" from *Philosophical Papers*, Vol. 1, where it appears as a postscript to "Mad Pain and Martian Pain," pp. 394-395. © 1983 David Lewis. Used with permission from Oxford University Press.

Página 260: David J. Chalmers, "The Puzzle of Conscious Experience," *Scientific American*, December 1985, pp. 80-86. Reprinted by permission of David Chalmers.

Página 286: Bernard Williams "The Self and the Future", pp. 46-63 in *Problems Of The Self: Philosophical Papers 1956-1972*. © 1973 Cambridge University Press. Reprinted with permission.

Página 329: W T. Stace, "Is Determinism Inconsistent with Free Will?" pp. 248-258 from *Religion And The Modern Mind*. © 1952 by W.T. Stace, renewed © 1980 by Blanche Stace. Reprinted by permission of HarperCollins Publishers.

Página 335: Ernst Hook, "Hard and Soft Determinism" from *Determinism and Freedom in the Age of Modern Science*, Sidney Hook, ed. © 1961 The Estate of Sidney Hook. Used with permission.

Página 340: Harry Frankfurt, "Freedom of the will and the Concept of a Person," *Journal of Philosophy*, LXVIII, 1 (January 14, 1971): 5-20. © 1971 Journal of Philosophy. Reprinted by permission.

Página 350: C. A. Campbell, pp. 36-38, 40-51 from *In Defense of Free Will.* © 1967 Routledge. Reprinted by permission of Taylor & Francis Books UK.

Página 357: Reprinted by permission of the publisher form *Philosophical Explanations* by Robert Nozick, pp. 294-307, Cambridge, Mass.: The Belknap Press of Harvard University Press. © 1981 by Robert Nozick.

Página 363: Robert Kane, "Free Will and Modern Science" from *A Contemporary Introduction to Free Will,* pp. 132-147. © 2005 Oxford University Press. Used with permission.

Página 374: Galen Strawson, "Free Will" reprinted from *Routledge Encyclopedia of Philosophy,* edited by Edward Craig, Vol. 3, pp. 743-753, 1998. © 1998 Routledge. Reprinted by permission of Taylor & Francis Books UK.

Página 410: J. J. C. Smart, "Extreme and Restricted Utilitarianism," *The Philosophical Quarterly,* Vol. 46, i185, pp. 345-354. © 1956, Reprinted by permission of Blackwell Publishing.

Página 416: Bernard Williams, "A Critiques of Utilitarianism" pp. 93-102 and 104-118 in *Utilitarianism: For and Against,* J.J.C. Smart and Bernard Williams, eds. © 1973. Reprinted by permission of Cambridge University Press.

Página 424: Peter Singer, "Famine, Affluence, and Morality" *Philosophy and Public Affairs,* Vol. 1, Spring 1972, pp. 229-243. © 1972. Reprinted by permission of Blackwell Publishing.

Página 441: Onora O'Neil et al., *Matters Of Life And Death,* edited by Tom Regan. © 1980. Reprinted by permission of McGraw-Hill Companies, Inc.

Página 455: David T. Ozar, "Rights: What They are and Where They Come From" from *Philosophical Issues in Human Rights: Theories & Applications,* edited by Patricia H. Werhane, A. R. Ginis, and David T. Ozar. © 1986 David Ozar. Used with permission.

Página 468: Judith Jarvis Thomson, "A Defense of Abortion," *Philosophy and Public Affairs,* Vol. 1 No. l, pp. 37-56, Fall 1971. © 1971. Reprinted by permission of Blackwell Publishing.

Página 480: Aristotle, "Nicomachean Ethics" in *The Oxford Translation of Aristotle, Volume 9: Ethics,* edited by W. D. Ross, pp. 1-2, 4-7, 11-17, 24, 28-43, 48-50, 52-61, 72-76, 96-98, 137-139, 142-143 & 261-265. © 1925 Oxford University Press. Used with permission.

Página 493: Rosalind Hursthouse, "Normative Virtue Ethics" from *How Should One Live?" Essays on the Virtues,* edited by Roger Stephen Crips, pp. 19-36: © 1996 Oxford University Press. Used with permission.

Página 503: Rosalind Hursthouse, "Virtue, Theory, and Abortion," *Philosophy and Public Affairs,* Vol. 29, No. 3, Summer 1991, pp. 223-246. © 1991. Reprinted by permission of Blackwell Publishing. ,

Página 509: James Rachels, "The Challenge of Cultural Relativism," from *The Elements of Moral Philosophy,* pp. 12-24. © 1986. Reprinted by permission of McGraw- Hill Companies, Inc.

Página 517: Joel Feinberg, "Psychological Egoism" from *Reason And Responsibility: Readings In Some Basic Problems Of Philosophy,* 9th edition. © 1996. Reprinted with permission of Wadsworth, a division of Thomson Learning. www.thomsonrights.com Fax 800730-2215.

Página 525: Plato, "Are We Better Off Behaving Morally or Immorally?" from *The Republic of Plato,* trans. By Francis MacDonald Cornford, pp. 42-53. © 1941 Oxford University Press. Used with permission.

Página 572: Robert Nozick, "The Entitlement Theory of Justice" from *Anarchy, State, and Utopia.* © 1974 by Basic Books, Inc. Reprinted by permission of Basic Books, a member of Perseus Books Group, LLC.

Página 582: Reprinted by permission of the publisher from *A Theory of Justice* by John Rawls, pp. 3-4, 6, 10-11, 13, 15, 16-17, 27, 52-54, 62-65, 86-89, 91, 109-110, 118-119, 123, 125, 130-131, 132-135, Cambridge, Mass.: The Belknap Press of Harvard University Press. © 1971, 1991 by the President and Fellows of Harvard College.

Página 596: Robert Nozick, "A Critique of Rawls" from *Anarchy State, and Utopia.* © 1974 Robert Nozick. Reprinted by permission of Basic Books, a member of Perseus Books Group.

Página 603: Thomas Scanlon, "Nozick on Rights, Liberty, and Property," *Philosophy & Public Affairs,* Vol. 1 No. 1, Fall 1976. © 1976. Reprinted by permission of Blackwell Publishers.

Página 624: St. Thomas Aquinas, *Basic Writings of Saint Thomas Aquinas, Vol.* 1. Ed. Pegis, pp. 22-23. © 1997 Hackett Publishing Company. Reprinted by permission. All rights reserved.

Página 642: "The Panda's Thumb" from *The Panda's Thumb: More Reflections In Natural History* By Stephen Jay Gould. © 1980 by Stephen Jay Gould. Used by permission of W.W. Norton & Company, Inc.

Página 661: Anthony Flew, pp. 61-68 from *God: A Critical Enquiry.* © 1984 Open Court Publishing. Reprinted by permission of Open Court Publishing Company, a division of Carus Publishing Company, Peru, IL.

Página 665: St. Anselm, pp. 92-95 from *Complete Philosophical And Theological Treatises Of Anselm Of Canterbury,* ed. Hopkins & Richardson. © 2000 The Arthur J. Banning Press. Reprinted by permission.

Página 667: René Descartes, *Meditations on First Philosophy,* 3/e, translated by Donald Cress, pp. 1-4, 13-35, 42-46, 47-59. © 1993 Hackett Publishing Company. Reprinted by permission. All rights reserved.

Página 669: Immanuel Kant, "The impossibility of an ontological proof of the existence of God" pp. 41-58 from *The Critique of Pure Reason,* edited and translated by Norman Kemp Smith. © 1933 by Macmillan Press. Reproduced by permission of Palgrave Macmillan.

Página 683: J. L. Mackie, "Evil and Omnipotence" *Mind,* 1955, Vol. LXIV; No. 254, pp. 200-212. © 1955 Oxford University Press. Used with permission.

Página 690: John Hick, "The Problem of Evil" from *Philosophy of Religion,* 2/e. © 1973. Reprinted by permission of Pearson Education, Upper Saddle River, NJ.

Página 718: Epictetus, *The Discourse and Manual,* edited by P.E. Matheson, pp. 468-483. © 1917 Oxford University Press.

Página 724: Robert Nozick, "The Experience Machine" from *Anarchy, State, and Utopia.* © 1974 Robert Nozick. Reprinted by permission of Basic Books, a member of Perseus Books Group.

Página 727: Thomas Nagel, "The Absurd," pp. 11-17, 19-23 and 53-74 in *Mortal Questions.* © 1979. Reprinted by permission of Cambridge University Press.

Página 734: Susan Wolf, "Happiness and Meaning," *Social Philosophy & Policy,* Vol. 14, No. 1 (Winter 1997): 207-225. © 1997. Reprinted by permission of Cambridge University Press.